RÉPERTOIRE

DES

CONNAISSANCES USUELLES

LISTE DES AUTEURS QUI ONT CONTRIBUÉ À LA RÉDACTION DU 8e VOLUME DE CETTE ÉDITION.

MM.

Arago (Étienne).
Arago (Jacques).
Artaud, insp. gén. de l'enseign. prim.
Aubert de Vitry.
Audiffret (H.).
Baillet de Soudalo.
Bailly, de Blois (docteur).
Bandeville (l'abbé).
Bardin (le général).
Barré (Édouard).
Barthe, anc. membre de l'Ass. nationale.
Barthélemy (l'abbé).
Baucher, professeur d'équitation.
Baudry de Balzac (docteur).
Belfield-Lefèvre.
Benoist (F.).
Bertet-Dupiney.
Billot.
Bordas-Demoulin.
Bouchitté (H.), recteur de l'Académie d'Eure-et-Loir.
Bouillet, ancien proviseur.
Boullée (A.).
Bourdon (Dr Isid.), de l'Acad. de médec.
Boys de Loury (docteur).
Bradi (comtesse de).
Breton, de la *Gazette des Tribunaux*.
Bricheteau (docteur).
Briffault (Eugène).
Brunet (Gustave), à Bordeaux
Capefigue.
Carré (G. L. J.), de Rennes.
Castelnau (Dr H. de).
Castil-Blaze.
Chabrol-Chaméane (E. de).
Champagnac.
Champollion jeune, de l'Institut.
Champollion-Figeac.
Charbonnier (docteur).
Chasles (Philarète), professeur au Collége de France.
Clermont (N.).
Colin.
Colombat de l'Isère (docteur).
Cotterau (Dr P. L.).
Coupin (P. A.).
Cuvier, de l'Académie des sciences.
Danjou (F.).
Delamarche (A.), ingénieur hydrographe.
Delbare (Th.).
Delestre (J.-B.).
Démezil.
Denne-Baron.
Denne-Baron (Mme Sophie).
Descloseaux (Ernest), ancien secrétaire général du ministère de la Justice.
Desmarest (E.), avocat à la Cour d'appel de Paris.
Desmarest (Mme Joséphine).
Dinaux (Arthur).
Dubard, ancien procureur général.

MM.

Du Bois (Louis), ancien sous-préfet.
Duchesne aîné, conservateur de la Bibliothèque impériale.
Duckett (W.-A.).
Dufau (P.-A.).
Dufey (de l'Yonne).
Dunaime (E.)
Dupin aîné, anc. prés. de l'Ass. nationale.
Du Rozoir (Charles).
Dussieux (L.).
Fauche (H.).
Fayot (Frédéric).
Ferry, ancien examinateur à l'École polytechnique.
Flaugergues (Pauline de).
Fondreton (docteur).
Forget, professeur à la Faculté de médecine de Strasbourg.
Fossati (docteur).
Fournier (Édouard).
Français de Nantes (comte), ancien pair de France.
Fresse-Montval.
Friess (Camille de).
Gallois (Napoléon).
Garnier (Joseph).
Gaubert (Dr P.).
Gaultier de Claubry.
Gençvay (A.).
Géruzez.
Gervais (Paul), professeur à la Faculté des sciences de Montpellier.
Golbéry (P. de), anc. procureur général.
Grangez (Ernest).
Guizot (F.), de l'Académie française.
Hennequin (V.).
Hérreau (Edme).
Héricourt (Ach. d').
Husson (Auguste).
Janin (Jules).
Joncières.
Kératry (de).
Kirwan (A. V.), avocat à la cour du *Queen's Bench*, à Londres.
Labat (Dr Léon).
Labitte (Charles), professeur au collége de France.
Laboulaye (Édouard), de l'Institut.
La Grange (mis), sénateur, de l'Institut.
Lainé, anc. généalogiste des ordres du roi.
La Madelène (Jules de).
Laurent (Dr L.), ancien chirurgien en chef de la marine.
Laurent (de l'Ardèche).
Laurentie.
Lavigne (E.).
Legoyt (Alfred).
Le Guillou (docteur).
Lemoine (Édouard).
Lemonnier (Charles).
Lepeintre.

MM.

Leroux de Lincy.
Louvet (L.).
Lucas de Crésantignes.
Marmier (Xavier).
Merlieux (Ed.).
Merlin.
Moléon (V. de).
Mongiave (Eugène G. de).
Munk (S.).
Nisard, de l'Académie française.
Nisard (Charles).
Odolant-Desnos.
Orbigny (C. d').
Ortolan, prof. à la Fac. de droit de Paris.
Ortigue (Joseph d').
Ourry.
Paffe (C. M.), professeur de philosophie.
Page (Théogène), capitaine de vaisseau.
Pariset (Dr), de l'Académie de médecine.
Pecqueur (C.).
Pellissier.
Pelouze père.
Pongerville (de), de l'Académie française.
Presles (baronne de).
Prion (docteur).
Reiffenberg (baron de).
Reybaud (Louis), de l'Institut.
Richer (E.).
Rochefort (Henri de).
Rodet (D.-L.).
Roger (Dr Henri).
Rogron, avocat à la Cour de cassation.
Roland (Pauline).
Romey (Charles).
Saint-Genis (H. de).
Saint-Prosper.
Saint-Prosper jeune.
Salverte (Eusèbe), de l'Institut.
Sandeau (Jules).
Sarrans (B.).
Saucerotte (docteur).
Savagner (Aug.).
Say (J.-B.), de l'Institut.
Sédillot.
Silvestre.
Teyssèdre.
Thibaud (Hippolyte).
Thoré (Th.).
Tiby (Paul).
Tissot, de l'Académie française.
Tollard aîné.
Vaïsse (Léon).
Vaucher (L.).
Vaudoncourt (général G. de).
Vaulabelle (Achille), ancien ministre de l'instruction publique.
Viennet, de l'Académie française.
Viollet-Leduc.
Virey (J.-J.), de l'Académie de médecine.
Vivien, de l'Institut.
Volart (Elise).

Paris. — Typographie de Firmin Didot frères, rue Jacob, 56.

DICTIONNAIRE

DE LA

CONVERSATION

ET DE LA LECTURE

INVENTAIRE RAISONNÉ DES NOTIONS GÉNÉRALES LES PLUS INDISPENSABLES A TOUS

PAR UNE SOCIÉTÉ DE SAVANTS ET DE GENS DE LETTRES

SOUS LA DIRECTION DE M. W. DUCKETT

Seconde édition

ENTIÈREMENT REFONDUE

CORRIGÉE, ET AUGMENTÉE DE PLUSIEURS MILLIERS D'ARTICLES TOUT D'ACTUALITÉ

Celui qui voit tout abrége tout.
MONTESQUIEU.

TOME HUITIÈME

PARIS

LIBRAIRIE DE FIRMIN DIDOT FRÈRES, FILS ET Cie

IMPRIMEURS DE L'INSTITUT, RUE JACOB, 56

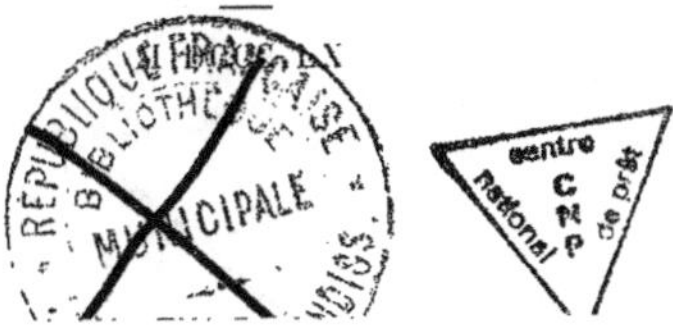

DICTIONNAIRE

DE

LA CONVERSATION

ET DE LA LECTURE.

DOVALLE (Feu). Ce nom, depuis longtemps oublié, eut un certain retentissement dans les derniers jours de la Restauration. C'était celui d'un tout jeune écrivain, attaché à la rédaction d'un petit journal de critique théâtrale. Il fut tué en duel par un directeur, qu'il avait gratuitement insulté. L'origine futile de ce duel, sa fatale issue, impressionnèrent vivement cette multitude indifférente et blasée qu'on appelle le public. Toujours à l'affût des émotions passagères de la foule, les feuilles publiques décernèrent hypocritement les honneurs de l'apothéose à l'étourdi qui venait de payer de sa vie un moment de vivacité; et ce fut alors, parmi nos entrepreneurs de réputations, à qui déplorerait le plus la perte prématurée d'un écrivain qui n'avait encore pu parvenir qu'à se faire admettre dans les rangs de la *bohême* littéraire en possession d'exploiter la vanité des acteurs, mais qui dès qu'il fut bel et bien enterré se trouva subitement avoir eu tous les talents, toutes les qualités de l'esprit et du cœur. La spéculation finit par s'en mêler, et il y eut bientôt dans les journaux de tout format un déluge de *pièces inédites*, offertes à l'admiration du public par des auteurs trop modestes ou trop avisés pour ne pas apprécier la valeur d'un pseudonyme en crédit. Odes, chansons, méditations, contes, romans, composés à Carpentras, à Landernau, à Hazebrouck, à Strasbourg, tout fut intrépidement signé *feu* Dovalle; et Dieu sait où se serait arrêtée cette vaste fraude, si la révolution de Juillet n'était venue donner une autre direction aux spéculations littéraires de la presse marchande.

DOVE (Henri-Guillaume), l'un des plus célèbres physiciens de notre époque, né le 6 octobre 1803, à Liegnitz, où son père exerçait le commerce, se consacra exclusivement, à partir de 1821, à l'étude des sciences mathématiques et physiques. La thèse qu'il soutint pour le doctorat était intitulée : *De barometri mutationibus* (Berlin, 1826). Peu de temps après, il s'établit comme professeur particulier à Kœnigsberg, où il fut nommé agrégé en 1828 ; position qu'il échangea l'année suivante contre une place analogue à Berlin, où par la suite il est devenu professeur titulaire et membre de l'Académie des Sciences, dont les mémoires contiennent un grand nombre de dissertations de lui, relatives à la météorologie. Parmi les ouvrages les plus importants qu'on doit à ce savant, nous citerons surtout ses *Recherches Météorologiques* (1837), son *Essai sur les Variations périodiques de la Température à la surface de la terre* (1843), et son *Rapport sur les observations faites pendant les années* 1848 *et* 1849 *dans les stations de l'Institut météorologique de Prusse* (1851).

DOVER (Poudre de). On appelle ainsi, en médecine, un mélange d'opium et de poudre d'ipécacuanha (dans la proportion pour chacune de ces matières d'environ 3 à 4). Cette poudre est un moyen certain et agréable contre la diarrhée, et on l'emploie aussi comme narcotique et comme sudorifique. On y ajoute quelquefois un sel laxatif (sulfate de soude ou de potasse), addition qui dans beaucoup de cas peut être très-nuisible. Dans ces derniers temps la morphine a un peu détrôné la poudre de Dover.

DOW (Gérard), célèbre peintre hollandais, dont on rencontre aussi quelquefois le nom écrit *Don* ou *Douw*, naquit à Leyde, en 1613. Son père était vitrier; cette profession avait alors pour principale occupation la peinture sur verre, encore fort en honneur à cette époque. Le jeune Gérard étudia donc d'abord la peinture sur verre; mais il l'abandonna à l'âge de quinze ans, pour entrer dans l'atelier de Rembrandt, le Shakspeare de l'école hollandaise. Il n'y resta que trois ans, et prit immédiatement son essor. Tous les biographes qui se sont occupés de Gérard Dow s'étonnent qu'un élève du peintre le plus fougueux, le plus poétique et le moins fini, se soit borné à reproduire des scènes calmes, dans lesquelles il ne fait entrer qu'un petit nombre de figures, et qu'il n'ait quitté le pinceau que lorsqu'il avait épuisé, pour ainsi dire, tous les détails du modèle qu'il avait sous les yeux. Il faut remarquer que Rembrandt n'avait que sept ans de plus que son élève. Ses premiers ouvrages, empreints d'une grande expression, et d'une très-belle couleur, étaient cependant très-étudiés et très-finis. Mais il était d'une avarice extrême, et ses productions furent promptement très-recherchées; c'est à cette double circonstance que l'on attribue la manière plus expéditive et plus heurtée qu'il adopta à une certaine époque, et qu'il n'a plus quittée. Au reste, le séjour de Dow chez Rembrandt ne lui fut pas inutile, et c'est à lui sans doute qu'il doit cet éclat de couleur et cette entente du clair-obscur qui donnent tant de prix et de charme à ses tableaux. Gérard Dow est peintre; il doit ce talent à la nature ou à son maître : peut-être, ce qui est plus vraisemblable, à l'un et à l'autre; maintenant, il lui reste à savoir à quel genre il appliquera ce talent. Il commence par faire des portraits; mais sa manière est minutieuse et lente : il fatigue ses modèles; l'ennui les gagne, et leurs traits s'altèrent. Il s'enferme alors dans son atelier, et se livre à son goût dominant, celui de donner à ses ouvrages tout le fini qu'une étude attentive et prolongée peut produire. Mais, et c'est là le grand mérite de Dow, s'il a mis un temps considérable à exécuter ses tableaux, nulle part, cependant, on ne sent la fatigue; partout, au contraire, son pinceau est délicat sans sécheresse.

On raconte que, pour s'aider dans son travail, il mettait un châssis à carreaux devant les modèles ou les objets qu'il voulait peindre, et qu'il divisait sa toile d'un même nombre de carreaux proportionnellement réduits; qu'il broyait lui-même ses couleurs, qu'il faisait ses pinceaux; que lorsqu'il cessait de peindre, il renfermait ses tableaux et sa palette, et qu'avant de les reprendre il restait quelque temps immobile pour laisser tomber la poussière. Qu'importe? ce ne sont là que des habitudes de travail qui ne donnent pas le talent : chaque artiste a ses manies, chaque époque a ses procédés. Longtemps les peintres italiens ont fait broyer leurs couleurs chez eux; et si les peintres modernes les achètent toutes préparées, la peinture n'y a pas gagné : que l'on considère les ouvrages exécutés depuis trente ans seulement, et l'on sera frappé de l'altération qu'ils ont éprouvée; c'est que les marchands sont beaucoup plus soigneux de leur intérêt que de celui de l'art. Les tableaux de Gérard Dow ont, au contraire, conservé toute leur fraîcheur; il n'a donc pas pris une peine inutile, et c'est sans contredit un avantage incontestable.

Le Musée du Louvre possède un assez grand nombre d'ouvrages de ce peintre; le plus important est celui qui représente *La Femme hydropique :* ce tableau, dans lequel Gérard Dow est sorti de son genre habituel quant au caractère de la scène, fait regretter qu'il n'ait pas entrepris plus souvent des ouvrages de cette nature. Trois personnages composent cette scène, et chacun d'eux, par une expression simple, vraie et bien sentie, concourt à l'effet général, qui ne laisse rien à désirer. Le médecin est grave et tout occupé de son art; la pauvre mère éprouve tout à la fois de l'accablement et de la résignation : on voit qu'elle connait le sort qui l'attend, et qu'elle n'est plus occupée que de sa fille, dont les larmes trahissent les angoisses. Ce tableau, acheté primitivement 30,000 florins, faisait partie du cabinet du roi de Sardaigne, qui le donna au général Clausel; celui-ci en fit hommage au Directoire. C'est une précieuse conquête pour notre Musée; il a été gravé deux fois, notamment, et en dernier lieu, par M. Claessens, qui a reproduit l'original dans sa dimension, et avec un talent fort remarquable; c'est une très-belle estampe. Wille a laissé aussi un grand nombre de planches d'après Gérard Dow.

On croit que Gérard Dow mourut en 1680; on ne pourrait cependant l'affirmer. Ce qu'il y a de certain, c'est qu'il vivait encore en 1664, puisque l'un des tableaux du Musée, *Le Peseur d'or*, porte cette date. Ses principaux élèves furent Schhalken, Mieris et Metzu.

P.-A. Coupin.

DOWN, comté formant l'extrémité orientale de la province d'Ulster (Irlande), situé entre les comtés de Louth, d'Armagh et d'Antrim et la mer d'Irlande, qui y pénètre fort avant, par un bras appelé le *Lough Strangford*, et qui, avec les baies de Carlingford et de Belfast, forme ses limites au sud et au nord, tandis qu'il est borné au sud-est par la baie de Dundrum. Le Newry, qui coule dans la direction du sud, vient se jeter dans la baie de Carlingford; le Ban, qui coule au nord, déverse ses eaux dans un grand lac intérieur appelé *Neagh*. Un canal les met en communication l'un avec l'autre, et un autre relie encore au Neagh le Lagan, qui a son embouchure dans la baie de Belfast.

Les côtes de ce comté sont généralement plates; mais à l'intérieur le sol en est montagneux. Au sud notamment, on y trouve la chaîne granitique des monts Mourne, dont le pic le plus élevé, le *Sleve-Donard*, est à 885 mètres au-dessus du niveau de la mer. Sur quelques points ce sol est marécageux, partout ailleurs il est assez fertile, et le climat sain et tempéré. On y récolte peu de seigle, mais beaucoup d'orge et de pommes de terre. Après les produits de l'agriculture, les principales ressources de la population consistent dans l'élève du bétail, des moutons surtout, la pêche, l'exploitation de mines de fer, de cuivre, de plomb et de houille, et le tissage du lin. Le commerce d'exportation a pour principaux objets les bestiaux, l'orge, les harengs, les toiles et les poteries. Ce comté est divisé en 8 baronnies; sa superficie est de 43 myriamètres carrés. En 1851 sa population était de 317,800 habitants; depuis dix années elle avait diminué de 43,700 âmes, par conséquent de 12 pour 100.

Son chef-lieu *Down* ou *Down-Patrick*, sur le Lough Strangford, l'une des villes les plus anciennes de l'Irlande, siége d'évêché, compte 4,000 habitants, dont la fabrication des toiles est la principale industrie. Tout près de là se trouvent les eaux minérales de Saint-Patrick. Mais l'endroit le plus peuplé de tout le comté est le bourg de *Newry*, construit sur les bords du canal conduisant depuis 1765 à la mer. Sa population, forte de 10,000 âmes, fait un commerce actif en produits métallurgiques, eaux-de-vie de grains, bierres, toiles, beurre et viandes salées.

DOXOLOGIE (du grec δόξα, gloire, et λέγω, je dis), nom que les Grecs ont donné à l'*hymme angélique* ou cantique de louanges que les Latins chantent à la messe, et qu'on nomme communément le *Gloria in excelsis*. Ces divers noms lui viennent des premiers mots par lesquels il commence dans les deux langues. On appelle aussi ce cantique la *grande doxologie*, pour le distinguer de la *petite doxologie*, qui n'est autre que le verset *Gloria Patri*, etc., par lequel on termine le chant ou la récitation de chaque psaume dans l'office divin. Les rubricaires donnent aussi le nom de *doxologie* à la dernière strophe ou à la conclusion de chaque hymne de l'église, où l'on rend gloire aux trois personnes de la Trinité.

DOYAT (Jean de), que quelques biographes nomment mal à propos *Doyac*, naquit, à ce qu'on croit généralement, vers 1445, au château de Doyat, en Auvergne. Procureur général au parlement de Paris, conseiller de Louis XI, et gouverneur du haut et bas pays d'Auvergne, il s'opposa aux empiétements de ce puissant et factieux duc de Bourbon, Jean II, qui, beau-frère du roi de France, profitait de son rang élevé pour porter le trouble au sein de l'État. Ce fut Doyat qui accusa formellement le duc auprès du monarque, et qui dut instruire le procès que le roi de France intenta à ce prince. Si cette conduite lui attira la plus haute faveur de Louis XI, elle lui valut en même temps la plus cruelle inimitié du duc; et à la mort du roi, comme il avait blessé beaucoup de gens, soit dans l'exercice de ses fonctions judiciaires, soit en affichant un luxe écrasant, ses ennemis n'eurent pas de peine à prévaloir contre lui. Il se vit condamné, presque sans information, à être fustigé dans tous les carrefours de Paris, à avoir une oreille coupée et la langue percée. Cet ignominieux supplice dut se renouveler dans la petite ville de Montferrand, jadis théâtre de ses triomphes. Banni du royaume, le malheureux Doyat vit l'affreuse vengeance du duc de Bourbon s'étendre à tous les siens. Il survécut pourtant à tant de malheurs, et vit luire enfin le jour de la réhabilitation. C'était encore sous Charles VIII, quand ce prince venait d'atteindre sa majorité. Le duc de Bourbon avait essayé d'une nouvelle révolte; un des premiers actes du jeune monarque fut d'ordonner la révision du procès de Doyat; il fut solennellement réhabilité, remis en possession de tous ses biens, et rentra même aux affaires à l'époque de l'expédition d'Italie. Doyat mourut en 1498.

DOYEN. Ce mot, qui a plusieurs significations en français, dérive du latin *decanus* (*voyez* Décan), nom que les Romains donnaient au commandant de dix soldats, au président d'un tribunal de dix juges, à l'instar desquels les prélats chrétiens établirent des juges qui les aidaient pour la visite de leur diocèse. Le *doyen*, dans l'Église grecque, et particulièrement à Constantinople, du temps des empereurs, était un officier laïque, sans caractère sacerdotal. Dans les premiers siècles du christianisme, les doyens étaient des espèces d'huissiers chargés du cérémonial et de la décoration des églises. Parmi eux, il y en avait qu'on appelait *lecticaires*, parce que le soin des funérailles leur était confié. Leur chef, qui conservait le titre de doyen, assignait aux prêtres leur rang, soutenait leurs droits, et leur distribuait les rétributions et les aumônes des fidèles. Dans les anciens monastères, le doyen était un supérieur au-dessous de l'abbé, et quelquefois d'un prévôt, qu'il soulageait en surveillant dix religieux. Le nombre de ces doyens était proportionné à celui des moines. Comme le doyen recevait, ainsi que l'abbé, la bénédiction épiscopale, il s'égalait souvent à celui-ci, et lui manquait de subordination. Afin de prévenir ce scandale dans les monastères de son ordre, saint Benoît y établit plusieurs doyens, dont l'autorité, ainsi partagée, était moins à craindre pour l'abbé. Ils avaient l'inspection sur le travail et les exercices de dix religieux, et l'on pouvait les déposer.

On les supprima insensiblement lorsque le nombre des moines eut diminué. Dans quelques abbayes de filles, il y avait des *doyennes*, dont la juridiction était semblable à celle de l'abbesse. Les *doyens ruraux*, dans les diocèses divisés en *doyennés*, étaient des sortes de grands-vicaires, qui inspectaient les curés de campagne. On les vit dès le neuvième siècle, en France, en Allemagne, en Angleterre, où ils avaient quelquefois rang de *chorévêque*. On les appelait dans les Pays-Bas *doyens de la chrétienté*. Inconnus en Italie, jusqu'au quinzième siècle, parce que les diocèses plus nombreux y étaient plus circonscrits; ils furent établis dans celui de Milan par saint Charles Borromée. Le doyen dans les églises cathédrales est le premier dignitaire et le président né du chapitre. On l'appelait *grand doyen* en quelques localités.

Le *doyen* est aujourd'hui le plus ancien, suivant l'ordre de réception, dans un corps, dans une compagnie : le doyen d'une cour impériale, le doyen des avocats, le doyen des maréchaux de France, le doyen de l'Académie Française. A Rome, le *doyen du sacré collége* est le premier cardinal-évêque. C'est également un titre de dignité dans les Facultés de l'université : le doyen de la Faculté des lettres, des sciences, de la faculté de médecine, etc. Autrefois, dans les sociétés particulières, le doyen était le plus âgé, et jouissait, par cela même, d'une plus grande considération. Il avait le pas sur tout le monde, le premier rang dans le cercle, la place d'honneur à la table. Dans les auberges, dans les pensions, dans les prisons même, le doyen avait les mêmes priviléges, et on lui donnait toujours la plus belle chambre. Les temps sont bien changés : le titre de *doyen*, loin d'être envié, est livré au ridicule par les jeunes gens, qui se croient aujourd'hui plus habiles que leurs anciens, qu'ils traitent de *perruques*. On n'avait guère plus de respect, dans ces derniers temps, pour les présidents d'âge de nos assemblées législatives, qui profitaient souvent de cette occasion unique pour adresser à leurs collègues des semonces plus ou moins agréables.

La dignité de doyen s'exprime par le mot *doyenné* en parlant des ecclésiastiques; autrement, on emploie l'expression *décanat*.

H. AUDIFFRET.

DOYEN (Théâtre), spectacle de société qui portait le nom de son fondateur. Doyen était un menuisier, qui peu d'années avant la révolution de 1789 fit construire, dans la rue Notre-Dame-de-Nazareth, un petit théâtre, qu'il louait à des amateurs pour des représentations dramatiques. En 1791 il céda sa salle à une entreprise qui voulait en faire un spectacle élémentaire et moral. La troupe était composée de jeunes gens, et l'orchestre formé d'artistes distingués. L'entrepreneur était un ancien officier de cavalerie; mais la mauvaise gestion de ses deux associés et la pauvreté de son répertoire, dont une mauvaise pièce, intitulée *La Boutique du Perruquier*, était le chef-d'œuvre, le forcèrent de fermer boutique au bout de deux mois. Doyen reprit sa salle, qu'il agrandit et embellit pour les sociétés particulières. Il procurait des acteurs aux troupes d'amateurs qui n'étaient pas complètes, et au besoin il se chargeait d'un rôle, qu'il jouait toujours très-convenablement. Joignant l'exemple au précepte, il dirigeait les décorations, le jeu scénique, et son expérience était aussi utile que ses talents aux comédiens bourgeois qui venaient s'amuser et s'essayer sur son théâtre. Doyen était justement considéré pour son désintéressement et sa probité. Le prix du loyer de sa salle, y compris l'éclairage et le chauffage, était modique, et supporté par les amateurs, en proportion de l'importance des rôles dont chacun d'eux était chargé. De cette école sont sortis plusieurs bons acteurs et chanteurs pour la tragédie, la comédie et l'opéra. Il suffit de citer Picard, Arnal, etc.

La construction de la synagogue israélite, rue de Nazareth, obligea, vers 1815, Doyen à transporter sa salle rue Transnonain. Il continuait de la louer deux ou trois fois la semaine à des sociétés particulières, lorsqu'un arrêté du ministre Corbière prohiba, en avril 1824, tous les théâtres bourgeois où l'on vendait des billets au profit des amateurs qui y jouaient. Malgré de nombreuses réclamations, l'excellence bretonne ne voulut, dans son entêtement, faire aucune exception en faveur de Doyen. Celui-ci trouva plus d'indulgence en 1828 de la part du cabinet Martignac; mais l'année suivante, sous le ministre La Bourdonnais, il fut assigné en police correctionnelle comme entrepreneur d'un théâtre sans autorisation. Doyen intéressa ses juges et son auditoire par la franchise de ses réponses et par ses cheveux blancs. Il fut acquitté, et la cour royale confirma ce jugement le 22 octobre suivant. Deux ans après environ, il mourait, plus qu'octogénaire, n'ayant pas eu la douleur de voir sa maison envahie et une partie de sa famille massacrée par suite des événements d'avril 1834.

H. AUDIFFRET.

DOYEN (FRANÇOIS), peintre d'histoire, naquit à Paris, en 1726; son père, dont les ancêtres avaient exercé la profession de tapissier, était lui-même valet de chambre tapissier dans la maison du roi; il aurait voulu que son fils lui succédât, mais le jeune homme avait reçu en naissant une autre vocation : la nature l'avait destiné à être peintre. L'instinct d'imitation se décèle toujours dès le jeune âge par une foule d'essais plus ou moins grossiers : un amateur crut voir dans ceux du jeune Doyen des dispositions qu'il fallait cultiver, et, sur le consentement de sa famille, il le fit entrer chez Carle Vanloo, auquel il inspira de l'affection et de l'intérêt. Doyen n'avait alors que douze ans; cependant ses progrès furent rapides. A vingt ans il concourut pour le prix de Rome, l'obtint, et partit pour l'Italie deux ans après, en 1748. Arrivé à Rome, il montra une prédilection particulière pour les peintres qui ont brillé par un grand caractère de dessin et par de fortes expressions; il eut la patience de reproduire en entier, sur une toile de deux mètres, le plafond que Cortone a peint dans la galerie du palais Barberini. Après avoir visité les principales villes d'Italie, il revint en France. Pendant longtemps Doyen n'obtint d'autre encouragement que la stérile admiration des connaisseurs. Peu obséquieux de sa nature, il se détermina alors à exécuter pour son propre compte un grand tableau, dont le sujet était *La Mort de Virginie*, et pour lequel il fit de nombreuses études. Cet ouvrage fit beaucoup de sensation; mais s'il trouva des admirateurs passionnés, il eut aussi des détracteurs ardents. Grâce au comte de Caylus, la cour de Parme fit acheter, pour une faible somme, le tableau qui avait coûté deux ans de travaux.

En 1761 Doyen exposa un autre tableau, représentant *Le Combat de Diomède et d'Enée;* aucun biographe n'a fait mention de cet ouvrage, dont Diderot seul a conservé le souvenir dans sa correspondance avec Grimm. Six ans après, en 1767, Doyen exposa *Le Miracle des Ardents*, dont le sujet est puisé dans le souvenir d'une épidémie qui désola Paris en 1129 (*voyez* ARDENTS). Ce tableau, auquel il apporta tous ses soins, est resté son chef-d'œuvre. Il avait été exécuté pour l'église Saint-Roch, où il se voit encore.

A dater de ce moment Doyen fut chargé de plusieurs ouvrages importants, tels que *la chapelle de Saint-Grégoire*, aux Invalides, qui avait été destinée à Carle Vanloo, son maître, que la mort vint surprendre avant d'avoir pu la décorer. Doyen aurait voulu exécuter là une peinture à fresque, comme celles qu'il avait admirées et étudiées en Italie; mais l'emplacement avait été préparé pour une peinture à l'huile, et son désir ne put être accompli. Cet ouvrage faillit lui coûter la vie : il tomba de la hauteur de deux étages, par une trappe que par négligence on avait laissée ouverte; ses élèves le crurent mort. Il fut obligé de garder le lit longtemps; mais à peine se crut-il rétabli qu'il retourna à sa chapelle, et il ne cessa d'y travailler que lorsqu'elle fut achevée. Citons encore *Le Triomphe de Thétis*, et *La Mort de saint Louis*, qui fut placée sur l'autel de la chapelle de l'École-Militaire, etc. Doyen vécut ainsi, tout occupé de son art, jusqu'au commencement de nos troubles politiques. Depuis longtemps il était sollicité d'aller en Russie; il céda aux instances de Catherine, fut également bien traité par elle et par Paul Ier, exécuta plusieurs travaux importants, et mourut à Saint-Pétersbourg, le 5 juin 1801, à l'âge de quatre-vingts ans. Il avait été membre de l'Académie de Peinture.

P.-A. COUPIN.

DOYENNÉ. C'est tout à la fois la dignité et le logement du d o y e n d'un chapitre.

On donne également ce nom à une espèce de poire d'automne, très-fondante, peu parfumée, qu'on appelle aussi *Saint-Michel, poire de neige*, et *beurré blanc d'automne.*

DOZY (REINIER), l'un des plus savants orientalistes de notre époque, né le 21 février 1820, à Leyde, d'une famille d'origine française, venue s'établir dans les Pays-Bas à l'époque de la révocation de l'édit de Nantes, après s'être consacré à l'étude des sciences historiques et philologiques, obtint en 1844 le titre de docteur à l'université de sa ville natale, où depuis 1850 il est titulaire de la chaire d'histoire. Indépendamment d'un grand nombre d'articles et de dissertations insérées dans divers recueils périodiques, tels que le *Journal Asiatique*, et qui annonçaient déjà chez lui des connaissances peu communes dans la langue et la littérature arabes, son premier grand travail fut un *Dictionnaire détaillé des noms des vêtements chez les Arabes* (Amsterdam, 1845), auquel l'Institut royal des Pays-Bas décerna un prix. Depuis il a successivement fait paraître une *Historia Albadidarum* (2 vol. Leyde, 1846-1852); des éditions de l'*History of the Almohades* d'Abdo'l-Wahid al-Marrekoshi (1848); un *Commentaire historique sur le poëme d'Ibn-Abdun* par Ibn-Badrun (1848), avec une introduction, des notes, un glossaire et un index, et de l'*Histoire d'Afrique et d'Espagne* d'Ibn-Adhari (Parties I-III, 1848-1852); de précieuses et savantes *Recherches sur l'Histoire politique et littéraire de l'Espagne pendant le moyen âge* (1849), et un *Catalogus Codicum orientalium bibliothecæ Academiæ Lugduno-Batavæ*, (tomes I et II, Leyde, 1851), ouvrage fait avec un soin remarquable.

DRACHME (Δραχμή), nom par lequel on désignait chez les Grecs l'unité de poids et de monnaie. Soit comme poids, soit comme monnaie, la drachme se divisait en 6 *oboles*; elle était en outre la centième partie de la *mine*, qui était elle-même la soixantième partie du *talent* attique. On n'employait pas les mêmes drachmes dans toutes les parties de la Grèce, et le poids de la drachme varia plusieurs fois dans un même pays. La drachme la plus répandue était la *drachme attique*. D'après les calculs de Barthélemy, et d'après les recherches plus récentes de Letronne, la drachme, prise comme poids, pesait 4 $^{gr.}$,363, et par conséquent la mine équivaut à 436 $^{gr.}$,3 et le talent à 26 $^{gr.}$,578. La drachme attique, prise comme monnaie, était en argent : on frappait, outre les drachmes simples, des *didrachmes* et des *tétradrachmes*.

Pour évaluer la drachme-monnaie, il faut, avec Barthélemy et Letronne, distinguer deux époques : l'une qui s'étend depuis le temps de Solon jusqu'à Périclès, et même jusqu'à Alexandre, c'est-à-dire depuis le commencement du sixième jusqu'à la fin du quatrième siècle av. J.-C.; l'autre, depuis Alexandre jusqu'à J.-C. environ. Dans la première de ces deux époques, la drachme-monnaie pèse, comme la drachme-poids, 4 $^{gr.}$,363; dans la seconde, on la voit diminuer de poids peu à peu, et descendre jusqu'à 4 $^{gr.}$,103. La valeur de la drachme variera également à ces deux époques : ainsi, en admettant un 24e d'alliage dans l'argent, et en comptant l'argent pur et monnoyé au prix de 222 fr.,22 le kilogramme, la drachme la plus ancienne vaudra 0 fr.,9268166 et, par conséquent, la mine correspondante vaudra 82 fr.,68166, et le talent 5560 fr.,8996; la drachme la plus récente vaudra 0 fr., 8704016, la mine vaudra 87 fr.,04016, et le talent 5,222 fr. 1096.

Souvent, chez les écrivains grecs et romains, la drachme attique et le denier romain sont pris l'un pour l'autre, comme ayant une valeur égale, et même un assez grand nombre de passages formels établissent cette identité : c'est ainsi que Pline dit positivement : *Drachma attica denarii argentei habet pondus* (*Hist. Nat.*, XXI, 34). Cependant, il y avait réellement quelque différence de poids, et par conséquent de valeur entre ces deux monnaies, puisque, d'après les évaluations les plus exactes, la première ne pesait que 3$^{gr.}$,88 et ne valait guère que 0fr.8, tandis qu'à l'époque où la drachme était le plus altérée, elle pesait encore 4$^{gr.}$1 et valait 0 fr.87. Mais comme cette différence était peu importante, tandis qu'il était de la plus grande commodité pour deux peuples qui avaient des rapports aussi fréquents que les Grecs et les Romains, d'échanger rapidement et facilement leurs monnaies, on négligeait cette différence, et dans le commerce ordinaire de la vie, dans le payement des denrées, ainsi que pour le salaire des ouvriers, on recevait indifféremment la drachme et le denier l'un pour l'autre.

Dans son *Traité de Métrologie ancienne et moderne*, M. Saigey propose des évaluations un peu différentes de celles qui précèdent. Partant du poids d'eau contenu dans l'amphore (ce qu'il regarde comme le principe des mesures de pesanteur chez les Grecs, de même que chez les Égyptiens), et évaluant ce poids à 19,440 grammes, l'auteur donne à la drachme-poids, qui est la six-millième partie du talent, un poids primitif de 3$^{gr.}$24, et à la drachme-monnaie une valeur de 0 fr.69. Mais, ajoute-t-il, ces évaluations ne s'appliquent qu'aux temps qui précédèrent Solon. Vers 594 avant J.-C, ce législateur ayant introduit une réforme assez importante dans les mesures de toute espèce, le poids de la drachme attique fut élevé à 4 $^{gr.}$5, et sa valeur à 0 fr.,96. M. Saigey reconnaît, comme les auteurs que nous avons déjà cités, que postérieurement la drachme subit des réductions successives. Dès le temps d'Alexandre elle était réduite aux neuf dixièmes de sa valeur primitive, et elle descendit plus tard jusqu'à 0 fr.75.

Les écrivains juifs emploient quelquefois aussi le nom de *drachme*; mais ce n'est pas par l'effet des rapports qui s'étaient établis entre les Grecs et eux, car il ne paraît pas que la drachme soit une monnaie qui leur ait appartenu en propre. Selon Calmet, la drachme était environ le quart du s i c l e.

N. BOUILLET.

DRACOCÉPHALE (de δράκων, dragon, et κεφαλή, tête), genre de plantes herbacées de la famille des labiées et de la didynamie gymnospermie, qui est composé de plus de vingt espèces. L'une d'elles, la *cataleptique* (*dracocephalum virginianum*), offre cela de particulier, que ses fleurs restent dans la position où on les met sur leur tige. Une autre, la *moldavique* ou *melisse de Moldavie* (*dracocephalum moldavicum*), est une plante commune de la Turquie et de la Russie asiatique, dont les feuilles prises en infusion théiforme sont à la fois carminatives, céphaliques, astringentes et vulnéraires.

DRACON, législateur d'Athènes, était archonte éponyme l'an 624 avant J.-C., lorsque le peuple d'Athènes, en proie à l'anarchie, lui confia le soin de lui donner des lois. Naissance distinguée, vertu, sévérité de mœurs, expérience des affaires publiques, il semblait réunir toutes les qualités nécessaires à cette noble tâche; mais son exemple prouva qu'on peut être à la fois un excellent magistrat et un fort mauvais législateur. Ainsi que Moïse, Lycurgue, Solon, en un mot, tous les législateurs anciens qui l'avaient précédé, « il fit, dit l'abbé Barthélemy, un code de lois et de morale; il prit le citoyen au moment de sa naissance, prescrivit la la manière dont on devait le nourrir et l'élever, le suivit dans les différentes époques de la vie, et, liant ses vues particulières à l'objet principal, il se flatta de faire des hommes libres et vertueux; mais il ne fit que des mécontents. » Il ne sut mettre aucune proportion entre les délits et les peines. Il infligea la mort, la confiscation des biens ou le bannissement à perpétuité pour les délits les plus légers comme pour les crimes les plus graves, pour la paresse comme pour l'homicide, pour le vol de quelques herbes dans un jardin comme pour le sacrilége. Il disait qu'il ne connaissait pas de châtiment plus doux pour les moindres transgressions, et qu'il n'en avait pas trouvé d'autres pour les forfaits les plus atroces. Ce fut lui qui le premier condamna à mort les adultères: « Il n'imposa pas de bornes, dit Pausanias, au ressentiment des époux offensés, les laissant libres dans leur vengeance arbitraire, et donnant toute licence à leur fureur jalouse contre les amants de leurs femmes. »

Dracon voulut qu'on fit le procès aux choses inanimées qui avaient tué quelqu'un. Une statue dont la chute causait mort d'homme était bannie et transportée hors de la frontière. Cette disposition ne fut pas seulement observée dans l'Attique; les habitants de Thasos, dans l'île de la mer Égée, l'adoptèrent. Un maniaque avait passé la nuit à battre à coups de fouet une statue d'athlète, qui, à force d'être ainsi ébranlée, avait fini par l'écraser; ils la jetèrent dans la mer. On a remarqué que les lois de Dracon étaient favorables à la doctrine des stoïciens. Elles eurent le sort de toute chose violente: elles ne purent durer. Les sentiments d'humanité dans les juges, la compassion pour les accusés, qu'on s'accoutume à regarder comme plus malheureux que punissables; la crainte qu'eurent les accusateurs et les témoins de rendre un personnage trop odieux; tous ces motifs concoururent à ralentir l'exécution de ces lois. Enfin, un code aussi rigoureux n'amena que l'impunité et l'arbitraire. Athènes retomba dans l'anarchie. Il fallut recourir à Solon, dont la sagesse et la modération donnèrent aux Athéniens, trente ans après Dracon, non les meilleures lois, mais, comme il le disait lui-même, les meilleures qu'ils pussent supporter. De toutes les lois de Dracon, Solon ne conserva que celles qui punissaient de mort les meurtriers. Héraclius disait du code draconien que ces lois n'étaient pas d'un homme, mais d'un dragon. L'orateur Démade supposait plus ingénieusement qu'elles avaient été écrites, non avec de l'encre, mais avec du sang.

On n'est pas d'accord sur la mort de Dracon. Suivant quelques-uns, ses lois excitèrent tant de murmures qu'il fut obligé de se réfugier dans l'île d'Égine, où il mourut bientôt. Selon d'autres, sa fin fut plus glorieuse. Comme il était sur le théâtre, recevant les acclamations du peuple pour les lois qu'il lui avait données, il fut étouffé sous la quantité de robes, de bonnets et d'autres offrandes qu'on lui jeta de tous côtés. Dracon, au dire de Plutarque, fut, comme Solon, un poëte recommandable. Il avait composé un poëme de trois mille vers, intitulé Υποθῆκαι, dans lequel il donnait d'excellents préceptes de morale pratique. De son nom on a formé l'adjectif *draconien*, *draconienne*, pour caractériser un code, une loi, empreints d'une rigueur inepte et barbare. D'ordinaire, le remède aux lois *draconiennes* vient de l'impossibilité même de les appliquer. Charles Du Rozoir.

DRACONTIUS, poëte latin, naquit et vécut en Espagne, au cinquième siècle. Simple prêtre, il illustra son sacerdoce par un poëme sacré qui a pour titre: *Hexameron, seu opus sex dierum, carmine heroico*, à la suite duquel est une élégie à Théodose le jeune, qui avait fait jeter l'auteur en prison. Elle est pénible à lire, et ne fait honneur ni au poëte ni au successeur des Césars; elle rappelle les *Tristes* d'Ovide. Le style du poëte, auquel on ne peut nier un coloris vif, gracieux et large, a toute l'emphase ibérienne. On remarque dans cette œuvre une description du paradis terrestre dont beaucoup d'images reflètent celles de l'Éden de Milton. On a lieu de soupçonner que le poëte anglais a fait quelques emprunts au poëte espagnol. La première édition du poëme de Dracontius parut à Paris, en 1560, in-8°. L'édition qu'en donna le P. Sirmond en France (1619, in-8°) contient 654 vers. A la suite sont les opuscules d'Eugène, évêque de Tolède, où l'on s'étonne de ne pas trouver le complément des 654 vers de l'*Hexameron*, puisque cet évêque, ayant jugé le poëme de Dracontius incomplet, car il y manquait le septième jour de la création, y avait ajouté des vers de sa composition.

Un autre Dracontius, évêque réfractaire au siècle orageux de saint Athanase, se vit frapper d'une épître du saint qui se trouve dans les œuvres de ce père. Denne-Baron.

DRACOSÈS (Constantin). *Voyez* Constantin XII, tome VI, p. 355.

DRAGAGE. La nécessité de conserver ou de créer dans les ports, les bassins, canaux, rivières, lacs ou étangs, une profondeur d'eau convenable pour les besoins auxquels on les a consacrés, oblige de recourir, à certaines époques, à l'enlèvement des sables, des vases et des dépôts de toute autre matière, susceptibles de former des atterrissements et d'encombrer leur fond. C'est cette opération que l'on nomme *curage* ou *dragage*, et qui souvent a pour but d'ouvrir à la navigation ou au flottage les parties d'un cours d'eau que la nature n'avait pas disposées à cet usage. Le procédé du *curage* le plus simple est l'emploi des *dragues à la main*: les unes, formées simplement d'une cuillère en tôle, percées de trous et armées d'un manche flexible, dont la longueur est proportionnée à la profondeur de l'eau, sont destinées à l'extraction du sable, et sont manœuvrées par deux hommes. Les autres, ayant le contour de leur cuillère garni en fer, et terminé en pointe pour pénétrer dans le terrain, servent spécialement à l'enlèvement des vases. Le travail d'une journée au moyen de ces dragues n'est évalué qu'à une quantité de 21 mètres cubes de vase, et 14 mètres cubes de sable, extraits de $1^m,50$ à 2 mètres de profondeur d'eau.

Pour accélérer le travail et diminuer la main d'œuvre, on a dû songer à perfectionner le mode de *curage*, et par le moyen des machines on est parvenu à de grandes améliorations. On désigne le plus généralement par *machines à curer* celles qui sont mues à bras d'homme, et par *machines à draguer* celles qui sont mises en mouvement par la vapeur. La machine à curer la plus simple est formée 1° d'un ponton de 18 à 20 mètres de longueur, sur 6 à 7 mètres de largeur, et $1^m,50$ ou 2 mètres de profondeur; 2° de deux roues, dont l'une a 7 ou 8 mètres de diamètre, et l'autre 4; 3° de deux cuillères creusant le fond et se remplissant alternativement de vase et de sable; elles sont manœuvrées à l'aide de roues que font tourner 5 ou 6 ouvriers marchant dans leur intérieur. Cette machine, dirigée en outre par un conducteur, exige encore un certain nombre de bateaux de décharge, contenant chacun 8 mètres cubes de matière, et conduits par deux hommes. Elle peut extraire 36 mètres cubes par jour à 10 ou 15 mètres de profondeur. Mais son acquisition s'élève de 15 à 18,000 francs, et nécessite de grandes réparations.

Pour l'approfondissement du lit des rivières, on a proposé d'utiliser l'action même du courant, après avoir sillonné le fond par la charrue, les râteaux, herses, etc., au moment où il est à sec, de manière à ce que les eaux, plus élevées, puissent ensuite entraîner dans leur cours les matières rendues mobiles. On a également songé à appliquer à la drague l'action motrice de l'eau, et M. Borgnis, dans son *Traité des Machines employées dans les constructions*, donne les dispositions nécessaires pour établir une drague à roue hydraulique susceptible de produire le plus grand effet : mais cette machine devant à chaque instant changer de position, et la vitesse du courant étant variable et souvent même insuffisante dans les endroits où il importerait le plus de creuser, on aurait besoin de recourir à la drague à vapeur, et cet inconvénient est trop grave pour que l'on veuille s'y exposer.

L'action du vent peut dans certaines circonstances être d'une grande utilité : dans les pays où les vents soufflent d'une manière permanente, on peut établir des moulins dont la force est appliquée à des jeux de pompes, comme en Hollande, pour les épuisements, les travaux de desséchement. M. Hubert, ingénieur de la marine à Rochefort, fit construire un moulin à vent au moyen duquel on parvient facilement à détruire les dépôts de vase qui se renouvellent sans cesse dans ce port en avant des portes des formes de construction, et qui sert en outre de machine à broyer les couleurs, à tourner les essieux, poulies, etc., et de laminoir. Dans le creusement des rivières que l'on veut rendre navigables on rencontre souvent des difficultés que les dragues ordinaires parviennent rarement à vaincre. Quant au curage des canaux artificiels, la facilité de les mettre à sec, ainsi que les chômages souvent nécessités par diverses réparations, avaient fait généralement adopter pour leur nettoiement le procédé de dévasement à sec avec le secours des brouettes, comme pour les terrassements ordinaires. Mais ces chômages obligatoires et l'encombrement produit sur les berges et les chemins de halage pour les enlever ensuite avec de nouveaux frais étaient d'assez graves inconvénients pour que l'on ne cherchât pas les moyens d'affranchir la navigation et les canaux des chômages et des vidanges, d'éviter le dépôt sur les berges des vases et alluvions, dont les miasmes sont souvent pernicieux aux riverains, de n'avoir qu'une fouille, qu'une charge en recevant et en transportant immédiatement aux lieux destinés à les recevoir les matières obtenues par le dragage. Au canal de Beaucaire, on fit usage de pontons; mais leur construction et leur entretien, ainsi que l'inconvénient de faire le curage d'une manière irrégulière, la nécessité de démonter, pour le passage des ponts, leurs roues élevées, la disposition incommode des cuillères, placées sur chaque côté du ponton, déterminèrent l'ingénieur en chef Bouvier à renoncer à ce système et à faire construire une machine de son invention, qui nous paraît avoir complétement atteint le but.

Cette machine, dont les avantages sont confirmés par l'expérience, est établie sur un bateau portant les appareils et mécanismes nécessaires pour la mettre en mouvement sur toute la surface de chaque bassin. Dans une chambre, ou vide ou ménagée à l'arrière et au fond du bateau se trouve une grande roue dragueuse portant sur la circonférence, régulièrement divisée, huit hottes, qui, par suite du mouvement de rotation continuellement imprimé par un manége attelé de deux chevaux, enlèvent la vase, la projettent en dehors en raison de la saillie des godets, et la déversent dans un bateau de décharge. Ce bateau est constamment et régulièrement maintenu à la même distance de l'axe de la roue à godets pendant toute la durée de la charge, et bien que le tirant d'eau augmente au fur et à mesure du remplissage. Le bateau dragueur se meut au moyen de deux cordes enroulées en sens inverse sur un même treuil placé à l'avant, et amarrées d'une part à une assez grande distance sur les bords du canal, l'une à l'amont, l'autre à l'aval de la portion du chenal à dévaser. Le treuil porte une roue à chevilles sur laquelle un homme, par le seul effet de son poids, opère la remonte ou la descente du bateau. Le déplacement latéral à droite ou à gauche s'effectue d'une manière fort simple. Le tirant d'eau étant une fois régulièrement réglé, on assure à la totalité du dragage une profondeur toujours égale et régulière. La machine travaillant dans la vase déblaye 75 mètres cubes par jour, terme moyen : le ponton n'en déblayait que 50.

Les dragues à vapeur sont placées sur des bateaux plats d'une forme particulière, auxquels on a donné le nom de *bateaux dragueurs*. Ces machines se composent d'un ou de deux systèmes de chaînes sans fin, à longues mailles, pleines, égales et articulées, à peu près comme une échelle flexible, sur les traverses de laquelle on fixe un certain nombre de louchets ou hottes, en forte tôle de fer à des intervalles égaux. La chaîne et par conséquent les louchets qui y sont attachés passent sur un tambour qui les fait circuler le long d'un plan ou échelle qu'on peut incliner plus ou moins, et viennnent, en passsant près du fond, tour à tour se charger de terre ou de vase, qu'ils vont ensuite vider à la partie supérieure dans un couloir qui les dirige dans un bateau de décharge, dit *Marie salope*, et placé au-dessous. Le bateau dragueur est simple ou double, suivant qu'il porte une ou deux chaînes sans fin, garnies de leurs louchets. Dans la première construction, la chaîne est placée au milieu du bateau, dans une ouverture ménagée à cet effet dans le sens de sa longueur, et dont l'étendue est suffisante pour le jeu de la drague et du plan incliné. Cette disposition n'est convenable que dans les cas où il ne faut pas fouiller au pied d'un escarpement, car cette drague ne peut creuser qu'à une distance au moins égale à la demi-largeur du bateau. Dans le second cas, on place les plans inclinés et les dragues correspondantes de chaque côté et au dehors du bateau suivant les plans verticaux parallèles aux dragues. Avec cette installation, on peut draguer au pied d'un mur, d'une digue, et aussi près du rivage que l'on veut; mais dans ce cas, pour que le bateau dragueur conserve son équilibre, il faut que les deux dragues fonctionnent en même temps, pour qu'il ne dérive pas; il faut de plus que chacune éprouve la même résistance. On peut cependant remédier à cet inconvénient, et ne faire travailler qu'une seule drague en consolidant le bateau par des amarres convenablement disposées.

Malgré toutes les améliorations que l'expérience a introduites dans les moyens de curage, les dragues à la main continueront d'être utilisées, parce qu'elles se prêtent à toutes les circonstances et à toutes les natures de terrain, que les lances, grappins, charrues et autres instruments peuvent être employés comme accessoires pour émouvoir le sol et augmenter leur action, et que d'ailleurs la construction ou l'acquisition des machines présentent dans beaucoup de localités des difficultés, et qu'elles ne peuvent être employées que dans des travaux de quelque importance, qui réclament un service régulier, constant et soumis aux rigueurs du calcul. E. Grangez.

DRAGÉE, nom donné à un des produits de l'art du **confiseur**, et qui figure dans le grand nombre de bonbons et friandises dont le débit est si considérable à Paris. Le noyau des dragées est formé, tantôt de graines ou de petits fruits, tantôt de morceaux d'écorces ou de racines aromatiques et odoriférantes. On les recouvre ensuite d'une pâte sucrée ou de sucre pur cristallisé. Quelquefois aussi cette pâte renferme une simple liqueur. La pâte est rendue fort blanche ou colorée en rouge, en rose ou en quelque autre couleur. On fait des dragées lisses ou perlées.

Ce mot de *dragée* s'emploie aussi pour désigner une espèce de plomb de chasse fondu à l'eau ou coulée au moule, en grains plus ou moins gros. V. de Moléon.

On donne le nom de *dragées de Tivoli* à des globules calcaires à couches concentriques, dont la forme, la couleur, la structure et le mode de formation rappellent parfaitement les dragées des confiseurs, et qui sont produits par des sources incrustantes, comme aux bains de Tivoli, près de Rome.

DRAGEON (de la basse latinité *traducio*, mot fait du latin *tradux*, qui a la même signification). On donne ce nom aux jeunes tiges qui s'élèvent des racines rampantes des arbres et des arbrisseaux, et même de plusieurs plantes nommées à cause de cela *stolonifères*. Ces jeunes tiges peuvent fournir de nouveaux pieds lorsqu'elles ont acquis assez de force. Lorsque les drageons ont poussé des racines indépendantes de celles qui les ont produits, on les appelle *plants enracinés*. L'olivier, par exemple, pousse beaucoup de drageons sur ses racines supérieures. Si on ne veut point les endommager pour avoir le bourgeon, il suffit de les couvrir de $0^{m},30$ de terre : ils pousseront de nouvelles ranes dans cette terre, et à la fin de la première ou seconde année on les détachera de la mère-racine, en l'endommageant le moins qu'il sera possible. Si cette mère-racine n'est pas très-essentielle au tronc, on la coupera dans sa partie supérieure, et, après l'avoir déterrée sur une longueur de $0^{m},60$ à 1 mètre, elle sera enlevée avec son drageon et plantée tout aussitôt. On appelle cette opération *drageonner*.

Les arbres à bois mou et à racines traçantes sont plus sujets à produire des drageons que les autres. Ces productions sont généralement épuisantes, parce qu'elles s'emparent d'une partie de la sève destinée à la nourriture de la plante qui les porte : on doit donc les extirper aussitôt qu'elles paraissent, à moins qu'on ne veuille en faire de nouveaux sujets, et encore ne doit-on employer ce moyen de propagation qu'avec prudence, parce que les arbres provenus de drageons, n'ayant jamais de racines pivotantes, sont plus sujets à drageonner que les autres. Les terrains frais et légers sont plus susceptibles de fournir des drageons que les terres fortes, parce que les bourgeons ont plus de facilité à les percer et à s'y développer. C'est ce motif qui fait préférer ces terrains pour l'établissement des pépinières. La présence des drageons décèle aussi quelquefois un état de maladie, parce que la sève, n'ayant pas la force de s'élever jusqu'aux branches, est forcée de s'arrêter dans son cours. Les arbres qu'on a ébranchés ou greffés poussent, par ce seul motif, plus qu'auparavant. Les arbres à fruits surtout présentent l'avantage d'une multiplication plus prompte par les drageons, et dispensent de l'opération de la greffe; mais les arbres qui en proviennent durent moins longtemps et drageonnent plus facilement, comme nous l'avons dit plus haut. Quant à leur enlèvement, il demande certaines précautions que le pépiniériste ne doit pas négliger. Il faut leur conserver le plus de racines possible, sans cependant trop dégarnir celles sur lesquelles ils sont implantés.

DRAGON (*Mythologie*). Le dragon, tel qu'on se le représente vulgairement, n'est qu'un être entièrement fictif, animal fantastique, aux replis tortueux, terrible comme le lion, fendant la nue comme l'aigle, vomissant des flammes, fascinant ses victimes et les foudroyant du regard. D'autres le montrent doué d'une grande taille, hérissé de crêtes aiguillonnées, muni d'une longue barbe et de griffes puissantes, assemblage effrayant, auquel se joignent des ailes, moitié de chauve-souris, moitié de poisson. Les naturalistes qui ont prétendu en avoir vu des dépouilles dans des cabinet ou des musées ont été trompés par des momies artistement composées de toutes pièces. On a décoré encore à tort de cette dénomination le *plésiosaure*, fossile découvert par Conybeare, et dont parle Cuvier. Divers auteurs ont cherché quels animaux existants avaient pu fournir l'idée des *dragons*; mais leurs peines sont toujours restées infructueuses. On connaît cependant quelques espèces qui s'en rapprochent, sous certains rapports, fort éloignés, comme le chlamydosaure, reptile de la Nouvelle-Hollande, et autres, tous certainement ignorés des anciens. Il est plus probable que l'imagination déréglée de quelques hommes aura produit le dragon en rassemblant et confondant en un seul être tout ce que le règne animal offrait de plus singulier.

L'antiquité grecque avait placé le dragon à la porte du jardin des Hespérides. Bellérophon et Persée délivrent des princesses gardées par des dragons. Cyrus avait fait adopter cet animal pour emblème aux soldats Perses et aux Mèdes. Nous voyons l'énorme serpent détruit par Régulus transformé par la peur en un dragon colossal, contre lequel il fallut dresser une machine de guerre. Sous les empereurs de Rome et de Byzance, chaque cohorte combattait sous la bannière et la protection d'un serpent ailé. On le retrouve dans les livres des Juifs, dans les légendes chrétiennes, et notamment dans l'*Apocalypse*. On le découvre, enfin, sculpté dans les temples et peint ou brodé sur les enseignes des Chinois et des anciens peuples du Pérou. En Chine comme au Mexique, les naturels ont cru que les éclipses étaient causées par un dragon monstrueux qui menaçait de dévorer le soleil ou la lune, et qu'on devait essayer de mettre en fuite à l'aide d'un formidable charivari d'instruments de cuivre.

Les *dragons ailés* sont une des fictions les plus fréquentes de nos anciens romans, et forment le fond d'un grand nombre de traditions populaires. Ces êtres fantastiques ne manquent pas dans l'*Edda*, n'y eût-il que le dragon noir qui dévorera les corps des malheureux condamnés, au dernier jour. La chevalerie en fit l'emblème des actions éclatantes et le sculpta dans son blason. Quant aux héroïnes mises sous la garde de pareils monstres, on a remarqué que l'art de fortifier les places était très-imparfait chez les Scandinaves. Leurs forteresses n'étaient que des châteaux grossièrement bâtis sur des rocs escarpés, et rendus inaccessibles par des murs épais et informes. Comme ces murs serpentaient autour des châteaux, on les aura désignés sous un nom signifiant aussi dragons et serpents. C'était là que l'on gardait les femmes et les jeunes filles de distinction, qui étaient rarement en sûreté dans ces temps où tant de braves erraient de tous côtés cherchant des aventures : or cette coutume aura donné lieu aux romanciers d'imaginer des princesses gardées par des dragons, et délivrées par d'invincibles chevaliers. C'est ainsi que Gozon, chevalier de Malte, combat un dragon formidable; et cet exploit est chanté par Schiller dans sa ballade *der Kampf mit dem Drachen*. Le chevalier de Belsunce lutte aux environs de Bayonne contre un dragon : il le tue, mais le reptile mourant l'entraîne dans la Nive, qui devient aussi son tombeau. A l'exemple de Bellérophon, de Persée et de tous ces guerriers célèbres de l'antiquité et du moyen âge, le paladin Roland, dans l'Arioste, tue un dragon qui va dévorer une jeune fille, et Pétrarque poignarde le dragon lascif qui s'acharne à la poursuite de Laure.

Nul doute que la mythologie du Nord et celle des Arabes n'aient concouru à multiplier ces fables, qui dans certains cas semblent être l'emblème allégorique des ravages produits par le débordement des eaux. Saint Romain, en 620 ou 628, délivre la ville de Rouen d'un dragon monstrueux. Ce miracle, observe Servin, cité par Eusèbe Salverte, n'est que l'emblème d'un autre miracle de saint Romain, qui fit rentrer dans son lit la Seine débordée et prête à inonder la ville. Le dragon a aussi représenté le génie du mal, le démon. Saint Michel est toujours peint terrassant un dragon vomi par l'abîme infernal, légende qui d'autre part peut avoir un sens astronomique, et, comme plusieurs légendes analogues empruntées aux Égyptiens, aux Hindous et aux Grecs, se rapporter à la victoire du soleil, du printemps sur l'hiver, et de la lumière sur les ténèbres, ou à la position relative qu'occupent dans les cieux les constellations de Persée, de la Baleine et du Serpent, etc. Plus tard, les progrès de la religion du Christ ont été représentés par la mort d'un reptile monstrueux. Le succès des prédications des Hilarion, des Arnel et autres missionnaires qui détruisirent le druidisme chez les Scandinaves, les Bretons et les Gaulois, est figuré par des victoires remportées sur des dragons qui ravagent ces contrées. Saint Georges tue aussi un dragon qui va dévorer la princesse Aïa. Puis chaque ville un peu considérable tient à avoir son dragon particulier. Le dragon de Metz est appelé *le graouilly*, celui de Tarascon *la Tarasque*, celui de Poitiers *la bonne sainte vermine*, ou *la grand'gueule*; à Rouen il se nomme *la gargouille;* à Provins il avait nom *la lézarde*; beaucoup d'autres villes mêlent de semblables images à leurs fêtes, et à Mons, en Belgique, chaque année la place publique offre le combat d'un dragon contre saint Georges, que le peuple a substitué, on ne sait pourquoi, au chevalier Gilles de Chin.

On emploie aujourd'hui ce nom pour qualifier certaines personnes au caractère acariâtre et méchant; c'est dans ce sens qu'on dit souvent d'une femme qu'*elle est un vrai dragon*, et qu'on appelle *petit dragon* un enfant difficile à conduire; une femme d'une sévérité outrée est un *dragon de vertu*. Une espèce de *trombe* est aussi appelée *dragon*. On a donné le nom de *dragon volant* à une pièce d'artillerie aujourd'hui inusitée.

DRAGON (*Astronomie*). Les anciens appelaient *tête* et *queue du dragon* les deux points opposés où l'écliptique est coupé par l'orbite de la lune, et que l'on nomme aujourd'hui *nœud ascendant* et *nœud descendant*.

Une constellation de l'hémisphère boréal, composée de 80 étoiles, porte le nom de *Dragon*, qui a été aussi appliqué autrefois à la Baleine. Le dragon des astronomes modernes est compris dans l'espace que circonscrivent la petite Ourse, la grande Ourse, le Bouvier, Hercule, le Cygne et Céphée.

DRAGON (*Art militaire, Zoologie*). *Voyez* DRAGONS.

DRAGON (Sang de). *Voyez* SANG-DRAGON.

DRAGON DE MER, nom vulgaire de la vive.

DRAGONNADES. On a donné ce nom aux persécutions dirigées sous Louis XIV contre les protestants pour l'exercice de leur culte, parce qu'on y employait les *dragons*, et le mot *dragonnades* a passé dans la langue pour flétrir à jamais l'exécution de cet édit de 1685 qui révoquait l'*édit de Nantes*. Toutefois, les premières *dragonnades* avaient précédé de quelques mois ce grand acte d'intolérance et de tyrannie, et l'avaient été elles-mêmes par les *missions bottées* de Louvois (*voyez* CÉVENNES). Au commencement de l'année 1685, Louis XIV avait envoyé dans le Béarn une armée pour menacer l'Espagne. Pendant le séjour de ces troupes dans cette province, l'intendant Foucaut s'avisa de déclarer que le roi ne voulait plus qu'une religion dans ses États. Aussitôt il déchaîna les troupes contre les calvinistes, qui, par des cruautés inouïes, furent forcés de se convertir, et l'on annonça au monarque que la grâce divine avait opéré ce miracle. La présence d'une armée étant devenue inutile dans le Béarn, par suite des concessions de la cour d'Espagne, Louvois, par une lettre du 31 juillet de la même année, ordonna au marquis de Boufiers d'employer ces troupes à *extirper* l'hérésie dans les généralités de Bordeaux et de Montauban. Telle fut la première expédition connue sous le nom de *dragonnades*. On y employa aussi de l'infanterie; mais comme dans toutes les localités les dragons précédaient les autres corps de l'armée, et qu'assez mal disciplinés dans ce temps-là, ils commettaient le plus d'excès, leur arme eut le triste honneur de donner son nom à ces barbares exécutions.

Le duc Anne-Jules de Noailles, qui commandait dans le Languedoc, doit partager avec le marquis de Boufiers la honte des premières *dragonnades*. Leur succès fut rapide : à la seule vue des troupes les conversions se faisaient par milliers. « Les conversions, écrivait le duc de Noailles, à la fin de l'année 1685, ont été si générales et ont marché avec une si grande vitesse, que l'on n'en saurait assez remercier Dieu ni songer trop sérieusement aux moyens d'achever entièrement cet ouvrage, en donnant à ces peuples les instructions dont ils ont besoin et qu'ils demandent avec instance. » Louis XIV, qui dans toute cette affaire fut si complétement abusé par des courtisans cupides ou fanatiques, était comblé de joie en recevant la liste des conversions qui ne montaient pas chaque jour à moins de 250 à 400. Ce monarque était persuadé que tout son royaume était catholique ou près de l'être; et ce fut là surtout ce qui le porta à révoquer l'*édit de Nantes*. Or voici comment se faisaient ces conversions, dont on exagérait l'importance au roi : un évêque, un intendant, un subdélégué, ou un curé, marchaient à la tête des soldats. On assemblait sur la place de l'endroit les principales familles calvinistes, surtout celles qu'on croyait les plus faciles. Elles renonçaient à leur religion au nom des autres, et les obstinés étaient livrés aux soldats, qui avaient toute licence, excepté celle de tuer.

Il faut lire dans l'*Histoire de l'Édit de Nantes*, publiée en Hollande en 1695, la description détaillée des diverses violences exercées par les soldats logés à discrétion chez les calvinistes réfractaires. Ils faisaient danser quelquefois leurs hôtes jusqu'à ce qu'ils tombassent en défaillance. Ils bernaient les autres jusqu'à ce qu'ils n'en pussent plus. Quand ils ne pouvaient forcer ces malheureux à fumer avec eux, ils leur soufflaient la fumée dans la figure. Ils leur faisaient avaler du tabac en feuilles. Quand ils ne pouvaient les faire boire de bonne volonté jusqu'à l'ivresse, ils leur mettaient un entonnoir dans la bouche pour leur faire avaler du vin ou de l'eau-de-vie. Si dans un pareil état ces malheureux laissaient échapper quelque parole qui pût passer pour un acte de conversion, les dragons les déclaraient catholiques. Ils faisaient boire de l'eau à d'autres, et les contraignaient d'en avaler vingt ou trente verres. Il y en eut quelques-uns à qui l'on versa de l'eau bouillante dans la bouche. Les exécuteurs des *dragonnades* employaient aussi contre leurs victimes le feu, la brûlure, l'estrapade, la suspension par les parties les plus molles et les plus sensibles du corps. Les *dragons* étaient les mêmes en tous lieux : ils battaient, ils étourdissaient, ils brûlaient en Bourgogne comme en Poitou, en Champagne comme en Guienne, en Normandie comme en Languedoc. Paris seul ne fut point exposé à ces horreurs : « Les cris, observe Voltaire, se seraient fait entendre au trône de trop près. » Les exécuteurs des dragonnades n'avaient pour les femmes ni plus de pitié ni plus de respect que pour les hommes. « Ils abusaient, dit un contemporain, de la tendre pudeur qui est une des propriétés de leur sexe, et ils s'en prévalaient pour leur faire de plus sensibles outrages. » Quelle était la conduite des officiers dans ces conjonctures? « Comme la plupart, observe l'historien de l'*Édit de Nantes* avaient plus d'honneur que leurs soldats, on craignit à la cour que leur présence n'empêchât les conversions, et on donna des ordres fort exprès aux intendants de ne les loger point avec leurs troupes, principalement chez les gentilshommes, de peur que par civilité ils ne repoussassent l'insolence des dragons. » Au surplus, on voit d'après les relations du temps, que si les officiers ne partageaient pas les excès de leurs soldats, ils y applaudissaient du moins. C'est ce qui a fait dire à Bayle : « N'est-ce pas une chose qui fait honte au nom chrétien, que pendant que votre soldatesque a été logée dans les maisons de ceux de la religion, les gouverneurs, les intendants et les évêques aient tenu table ouverte pour les officiers des troupes, où on rapportait, pour divertir la compagnie, tous les bons tours dont les soldats s'étaient avisés pour faire peur à leurs hôtes, pour leur escroquer de l'argent. »

Les dégâts commis par les dragons convertisseurs n'étaient que trop comparables à leurs cruautés envers les personnes. « Il n'y avait point de meubles précieux, ou chez les riches marchands, ou chez les personnes de qualité, qu'ils ne prissent plaisir à gâter. Ils ne mettaient leurs chevaux que dans des chambres de parade. Ils leur faisaient litière de ballots de laine, ou de coton, ou de soie; et quelquefois, par un barbare caprice, ils se faisaient donner le plus beau linge qu'il y eût, et des draps de toile de Hollande, pour y faire coucher leurs chevaux.... Ils avaient ordre même de démolir les maisons des prétendus opiniâtres. Cela fut exécuté dans toutes les provinces.... Dans les lieux où les gentilshommes avaient, ou des bois, ou des jardins, ou des allées plantées de beaux arbres, on les abattait sans formalité ni prétexte.... Dans les terres mêmes des princes, on logeait des troupes à discrétion. Le prince de Condé voyait, pour ainsi dire, des fenêtres de sa maison de Chantilly, piller ses sujets, ruiner leurs maisons, traîner les inflexibles dans les cachots. Du seul village de Villiers-le-Bel il fut emporté par les soldats, ou par d'autres voleurs qui prenaient le nom de dragons, plus de 200 charretées de bons meubles, sans compter ceux qu'on brûlait ou qu'on brisait. » Il est à remarquer que, pour prendre part à ce pillage général, de véritables brigands se déguisaient en dragons « et faisaient plus de mal que les dragons mêmes, afin de justifier ce nom épouvantable. »

Les *dragonnades* se multiplièrent durant toute la fin du règne de Louis XIV et même sous Louis XV. De tels excès forment un déplorable contraste avec les progrès réels de la civilisation et de la raison en France. Rien de pareil ne se passa en Angleterre, ni en Allemagne. L'inquisition d'Espagne et de Portugal n'avait rien de plus affreux que les *dragonnades*, et ces exécutions, confiées à une soldatesque effrénée, avaient de plus que le saint-office un caractère manifeste de désordre et d'immoralité. Il est curieux de lire une lettre du 2 février 1686, dans laquelle la reine Christine, qui depuis trente ans vivait à Rome en catholique zélée, flétrissait les *dragonnades* de sa désapprobation, peu suspecte. « De bonne foi, écrivait-elle, êtes-vous bien persuadé de la sincérité des nouveaux convertis? Je souhaite qu'ils obéissent sincèrement à Dieu et à leur roi; mais je crains leur opiniâtreté, et je ne voudrais pas avoir sur mon compte tous les sacriléges que commettront ces catholiques, forcés par des missionnaires qui traitent trop cavalièrement nos saints mystères. Les gens de guerre sont d'étranges apôtres, et je les crois plus propres à tuer, à voler, à violer, qu'à persuader : aussi des relations (desquelles on ne peu douter) nous apprennent qu'ils s'acquittent de leur mission fort à leur mode. » Bayle et quelques écrivains calvinistes emploient le mot de *conversions dragonnées*.

Charles Du Rozoir.

On trouve encore des détails curieux sur les dragonnades dans une *Histoire de la persécution des protestants en la principauté d'Orange, par le roi de France*, (de 1660 à 1687), écrite par Pineton de Chambrun, pasteur de cette église, et publiée en anglais à Londres, en 1689, relation qui existe au *British Museum*, et dont le *Journal des Débats* du 30 novembre 1853 a donné une intéressante analyse.

DRAGONNE, cordon que l'on met à la poignée des sabres ou des épées de cavalerie ou d'infanterie, et qui est en buffle, en passementerie, en galon, ou en torsade d'or ou d'argent. La *dragonne* ne doit pas être considérée comme un ornement inutile : elle rend un grand service dans le combat : le militaire la passe à son poignet, afin de tenir son arme plus solidement et de risquer moins d'être désarmé. Quand un cavalier veut tirer un coup de pistolet, pour avoir le bras droit plus libre, il laisse son sabre pendre à la *dragonne*, mais il ne doit pas trop s'y fier dans une charge, parce que ce cordon peut être coupé. On est dans l'usage de faire alors une seconde dragonne avec le mouchoir. On présume que les dragons usèrent les premiers du cordon de sabre, et que de là lui est venu le nom de *dragonne*.

On a aussi donné ce nom à une batterie de tambours particulière aux dragons.

Dans le langage familier, on appelle *dragonne* une femme méchante et sujette aux emportements. « Et tout cela, pour qui? dit Molière, pour une *dragonne*, une franche *dragonne*. »

DRAGONNE (*Zoologie*). On a donné ce nom à plusieurs reptiles qui ne rappellent par leurs formes ni les dragons de la Fable ni ceux que les voyages des naturalistes modernes nous ont fait connaître : les uns sont de la Guyane, et constituent le genre des véritables dragonnes; d'autres vivent au Brésil, et ont à peu près les mœurs des monitors et des sauvegardes; on les appelle plutôt aujourd'hui *crocodilures*.

P. Gervais.

DRAGONNEAUX, vers aquatiques, très-voisins des entozoaires ou intestinaux, et surtout des filaires, avec lesquels plusieurs naturalistes, et Rudolphi, le prince des helmintologistes, les ont même placés. Ce sont des animaux très-minces, arrondis et longs de 15 à 20 centimètres, que l'on trouve assez communément dans nos eaux douces. Leur organisation est peu connue, ce qui tient à la difficulté qu'on éprouve à les disséquer, mais leurs habitudes ont été assez bien étudiées par M. Charvet. Quant à la position qu'ils doivent occuper dans la série des êtres, elle est encore douteuse pour quelques naturalistes, qui, prenant en première considération la nature du séjour, ne veulent point réunir aux vers intérieurs les dragonneaux qu'ils pensent vivre toujours à l'extérieur. Ils font des premiers une classe à part, et rangent les dragonneaux parmi les vrais annélides. Plusieurs naturalistes, et à leur tête de Blainville, prenant au contraire en première considération le degré d'organisation, ont rapproché les dragonneaux des vers intestinaux; mais ils n'ont fait de la plupart de ceux-ci que de simples familles de la classe des articulés apodes. Un autre trait rapproche encore beaucoup entre eux les filaires et les dragonneaux, et prouve que la considération du milieu qu'habite l'animal n'a pas toujours autant d'importance qu'on le croit : c'est que les derniers ont la faculté d'être tantôt extérieurs et tantôt intérieurs. On les trouve en effet souvent dans les insectes et même, assure-t-on, dans les poissons. Les dragonneaux qui vivent extérieurement commencent à se montrer dès le printemps, et ils disparaissent en automne, mais sans qu'on sache positivement s'ils meurent ou s'ils se cachent dans la vase. Ils sont ovipares, et leurs femelles pondent leurs œufs vers la fin de l'été. Ces œufs, très-petits et très-nombreux, sont disposés en longs chapelets, qui s'échappent par l'extrémité postérieure du corps, laquelle présente dans le sexe qui nous occupe quelques caractères qu'on ne retrouve pas chez le mâle.

On connaît plusieurs espèces de dragonneaux : la plus commune, aujourd'hui nommée *gordius aquaticus* ou *argilaceus*, a été souvent appelée *veau aquatique*, *amphisbène aquatique*, *crin de cheval*, etc. Elle atteint jusqu'à 20 ou 25 centimètres de longueur et 3 ou 4 millimètres seulement de circonférence; elle s'agite dans l'eau avec assez d'agilité, et paraît surtout se mettre en mouvement pendant la nuit.

On appelle aussi *dragonneau*, mais plutôt *ver de Médine*, une espèce très-remarquable d'entozoaire du genre *filaire*; c'est le *filaria medinensis* des helmintologistes modernes.

On nomme aussi quelquefois *dragonneau* un poisson du genre *callionyme*, le *callionymus dracunculus* de Bloch, qui vit dans la Manche.

P. Gervais.

DRAGONNIER, genre de végétaux monocotylédonés de la famille des asparaginées : on en compte vingt à vingt-cinq espèces, qui croissent spontanément dans les régions intertropicales : les uns habitent l'Inde, d'autres la Chine ou les îles de l'océan Pacifique; il en est qui vivent au cap de Bonne-Espérance, et d'autres qui se voient sur la côte orientale ou septentrionale d'Afrique et dans les îles qui la bordent, aux Canaries, par exemple, et à Madagascar; une seule existe dans la partie septentrionale du continent américain : toutes aiment les lieux arides et se tiennent sur les bords de la mer, ou bien sur les montagnes à 800 et même 1,000 mètres au-dessus de son niveau. Plusieurs sont cultivés en Europe, où ils exigent, surtout dans nos contrées, des soins assez grands; on doit les soigner à peu près à la manière des agaves. Lorsqu'ils sont favorablement placés, ils prennent d'assez grandes dimensions; ils restent bas, au contraire, dans les mauvais terrains.

Les fleurs des dragonniers sont en général peu grandes, blanches, jaunâtres ou violacées; elles forment une grappe rameuse et terminale, quelquefois longue de plus d'un mètre. Leur calice est coloré, tubuleux à sa base, composé de six sépales soudés dans une partie de leur longueur. Les étamines, au nombre de six, sont insérées à la base de la partie libre des sépales. L'ovaire est libre, ovoïde, à trois loges contenant chacune une seule ovule. Le style est plus ou moins allongé, et se termine par un stigmate épais et à trois lobes courts, arrondis et obtus. Le fruit est une baie globuleuse, le plus souvent pisiforme, contenant de une à trois graines.

Nous ne citerons qu'une seule espèce de ce genre, le *dragonnier commun* (*dracæna draco*, Linné); originaire de l'Inde. Ce végétal fournit, dit-on, une des espèces de *sang-dragon* qu'on trouve dans le commerce. Cette espèce est curieuse par sa durée et par la grosseur que son stipe peut acquérir. On en cite un individu des environs de la ville d'Orotava aux Canaries. Les Guanches, habitants primitifs des Canaries, lui avaient consacré un espèce de culte. Bethencourt, en 1402, et Cada-Mosto, en 1462, le décrivent déjà comme un arbre très-ancien. En 1799, M. de Humboldt trouva à son stipe plus de quinze mètres de circonférence.

DRAGONS (*Art militaire*). Les historiens militaires et les étymologistes se sont beaucoup exercés au sujet de la création du corps des *dragons*, et sur l'origine de ce nom. Les uns le font dériver du mot *draconaris*, qui chez les Romains désignait une troupe d'élite portant des figures de dragon sur leurs enseignes ou au bout d'une pique; d'autres ont prétendu qu'il tirait son origine du mot allemand *tragen* ou *draghen*, qui veut dire littéralement *infanterie portée*. Aujourd'hui la date de la création des dragons n'est plus douteuse : elle est d'origine française, et entièrement due au maréchal de Brissac. Les dragons portèrent d'abord le nom d'*arquebusiers à cheval*, parce que les premiers soldats de cette arme portaient une arquebuse à rouet, machine qui a bien pu leur valoir le nom de ces animaux mythologiques, qui suivant la Fable lançaient du feu. L'institution de cette milice remonte en France au règne de Henri II, en l'an 1554, époque où l'on fit sous cette dénomination de nombreuses levées. Le duc de Brissac avait été à même de remarquer la brillante conduite des arquebusiers à cheval dans le genre d'hostilités qui leur était propre, la guerre de partisans. En 1554 il profita du séjour des troupes françaises dans le Piémont, dont il avait le commandement, pour y organiser plusieurs compagnies d'arquebusiers, qu'il accoutuma à combattre à pied et à cheval. Cet essai ayant complétement réussi, il en fut successivement créé de nouvelles, qui se répandaient en tirailleurs sur les ailes de l'armée, harcelaient l'ennemi pendant l'action, inquiétaient ses derrières et lui faisaient souvent éprouver des pertes considérables au moment d'une retraite. Dès lors les dragons constituèrent un corps spécial, tout à fait distinct des troupes de l'époque, qui se divisaient en gendarmerie, cavalerie légère et infanterie. Destiné à combattre à pied et à cheval, le dragon reçut une instruction analogue à celle qu'exigent ces deux genres de guerre, afin de pouvoir suppléer, au besoin, à l'une et à l'autre de ces armes, soit dans l'attaque, soit dans la défense, selon la nature du terrain sur lequel l'action se passait. Il fut armé d'un pistolet et d'une hache adaptés, de chaque côté, à l'arçon de la selle, d'une épée, d'une arquebuse, et dans les siéges, d'une serpe ou d'une bêche pour faire le service de pionnier. Dans le dix-septième siècle, l'arquebuse fut remplacée par le fusil à baïonnette. Le dragon portait l'habit court, rouge ou bleu, la culotte en peau jaune et des bottines. Les revers, les parements, le collet et les passe-poils étaient cramoisis, jaunes, verts, ou de la même nuance que l'habit. La coiffure consistait en un bonnet ou chaperon à longue queue, rappelant quelque peu la figure du dragon de la Fable. Quand l'homme combattait à pied, il remplaçait les bottines par des guêtres en cuir rougeâtre avec des boutons pareils.

Dans les premiers temps de leur institution, les dragons, manœuvrant en ligne, se rangeaient sur plusieurs files distantes, faisaient feu de la sorte sur l'ennemi, se déployaient ensuite derrière une colonne d'infanterie pour recharger leurs armes, et revenaient avec promptitude sur leurs adversaires, qui ne résistaient pas toujours à ce second choc. Dès que la poudre venait à leur manquer, ils mettaient l'épée à la main. Plus tard, ils furent employés aux passages des rivières et des défilés, au service des tranchées dans les siéges, à l'escorte des bagages et convois d'artillerie, à battre les routes, à occuper avec célérité un poste où l'infanterie ne pouvait pas arriver assez vite. On les plaçait aussi dans les intervalles des bataillons pour garantir les fantassins du premier choc des assaillants, ou pour protéger une retraite. Louis XIV, sans les dépouiller de leur spécialité, les opposa souvent avec succès à la cavalerie ennemie. Depuis cette époque, ils acquirent une nouvelle réputation dans l'armée, et rivalisèrent constamment de gloire avec les troupes à cheval les plus renommées. Pour suivre l'histoire de cette arme dans ses transformations diverses et ses exploits, nous renverrons à l'article Cavalerie, dans lequel il en est traité en détail.

Trois officiers généraux ont élevé en France la réputation des régiments de dragons : ce sont le maréchal de Brissac, leur fondateur, sous le règne d'Henri II; le maréchal de Boufflers, sous le règne de Louis XIV, et le général Baraguay-d'Hilliers, leur colonel général sous le Consulat et l'Empire. Si les dragons se distinguèrent à toutes les époques de notre histoire militaire, ce ne fut pas cependant sans quelques nuages : leurs excès dans les campagnes du midi de la France, avant et après la révocation de l'édit de Nantes, sont restés écrits en caractères de sang dans nos annales, et leurs cruautés dans les Cévennes ont donné naissance au nom odieux de *dragonnades*. Sous l'Empire, leur vieille renommée alla un instant se briser sous les remparts de la ville d'Ulm; mais cet échec fut bientôt réparé; et les défilés de l'Espagne, les plaines de la Champagne et celles de Waterloo peuvent encore attester leur courage.

DRAGONS (*Zoologie*), petits reptiles voisins des lézards, et rangés par les naturalistes dans le même ordre que ces animaux. Un des traits les plus caractéristiques de leur organisation, c'est la présence sur les côtés du corps de deux expansions membraneuses, formées par la peau des flancs que soutiennent les six premières fausses côtes. Ces expansions forment des espèces d'ailes, ou plutôt des parachutes, qui permettent aux animaux qui les portent de se soutenir quelques instants dans les airs, à peu près comme le font les polatouches. Le corps est couvert d'écailles, la queue est grêle et allongée; mais il n'existe à sa partie supérieure, non plus que sur le dos, aucun développement lophiodermique; les doigts sont armés d'ongles assez aigus, qui permettent aux dragons de grimper facilement, et la tête, triangulaire, offre sous la gorge un goître plus ou moins allongé, suivant les espèces. Tous les dragons connus sont originaires de l'Inde et des grandes îles voisines,

Timor, les Moluques, Java, les Philippines, etc. Ils vivent de petits insectes, qu'ils recherchent sur les arbres, et qu'ils savent même prendre au vol; on assure qu'ils peuvent aussi nager, et qu'ils le font avec facilité. On connaît parmi eux cinq ou six espèces, toutes de petite taille; la plus grande est à peine égale au lézard vert ou des murailles.

Il y a loin, comme on voit, de ces innocents reptiles à ceux dont nous parlent sous le même nom les poëtes et presque tous les naturalistes de l'antiquité ou du moyen âge.

P. GERVAIS.

DRAGUE, MACHINES A DRAGUER. *Voyez* DRAGAGE.

DRAGUIGNAN, ville de France, chef-lieu du département du Var, situé à 783 kilomètres sud-est de Paris, à 60 kilomètres nord-est de Toulon, sur la Pis, branche de l'Artuby, avec une population de 8,972 habitants, des tribunaux de première instance et de commerce, un collége, une bibliothèque publique, qui possède 8,000 volumes, un cabinet de médailles, et un cabinet d'histoire naturelle, un beau jardin botanique, une chambre consultative des manufactures. Cette ville renferme des fabriques de gros draps, de bas, de savon, de sel de saturne; des tanneries, des distilleries d'eau-de-vie, et une filature de soie. L'huile d'olive et les vins du pays sont l'objet d'un très-grand commerce. Draguignan s'élève au milieu d'une vallée fertile qu'environnent de hautes collines, chargées de riches vignobles. Il est bâti avec assez de régularité et d'élégance. De nombreuses et abondantes fontaines contribuent à la propreté et à la salubrité de cette ville, qui n'a du reste été choisie pour chef-lieu du département qu'à cause de sa position centrale.

DRAINAGE. On donne ce nom, dérivé de l'anglais *drain*, au procédé de dessèchement par rigoles souterraines, que l'on emploie dans les terrains humides. Le *drainage* était connu des anciens, et particulièrement des Romains, qui employaient pour la formation de ces rigoles des pierres, des branches d'arbre et même de la paille. Columelle nous a laissé des préceptes détaillés sur l'exécution de ces travaux. « On fera, dit cet auteur, des tranchées de trois pieds de profondeur, que l'on remplira jusqu'à moitié de petites pierres ou de gravier pur, et l'on recouvrira le tout avec la terre tirée du fossé. Si l'on n'a ni pierres ni gravier, on formera, au moyen de branches liées ensemble, des câbles auxquels on donnera la grosseur et la capacité du fond du canal, et qu'on disposera de manière à remplir exactement ce vide. Lorsque les câbles auront été bien enfoncés dans le fond du canal, on les recouvrira de feuilles de cyprès, de pin, ou de tout autre arbre que l'on comprimera fortement, après avoir couvert le tout avec la terre tirée du fossé; aux deux extrémités on posera, en forme de contre-fort, comme cela se pratique pour les petits ponts, deux grosses pierres qui en porteront une troisième, le tout pour consolider les bords du fossé et favoriser l'entrée et l'écoulement des eaux. » Ces moyens d'assainissement, pratiqués de tout temps dans plusieurs parties de la France, sont encore aujourd'hui d'un usage commun dans la Beauce, la Picardie, dans les départements de l'Ain, du Jura, etc. Mais il ne paraît pas que les agronomes français aient jamais essayé de réduire cette pratique à une théorie régulière. Olivier de Serres, dans les pages qu'il consacre à ce sujet, ne fait que répéter à peu près les agronomes latins.

L'Angleterre, au contraire, possède sur les divers procédés d'assainissement plusieurs traités anciens qui permettent de suivre la marche progressive de cet art, maintenant si répandu dans la Grande-Bretagne. Dans celui de Walter Blight, dont la troisième édition fut imprimée en 1652, on reconnaît déjà quelques-uns des vrais principes sur lesquels est fondée la théorie du *drainage*. Dans les écrits postérieurs, on voit ces principes se développer et se répandre peu à peu. On commença par employer les briques et les tuiles au lieu des pierres, des branches et de la paille, pour garnir le fond des *drains* ou tranchées d'assainissement. Mais les briques et les tuiles que l'on employait dans l'origine étaient d'une forme lourde et embarrassante, qui en restreignit nécessairement l'usage. L'invention des briques et des tuiles creuses fut un premier perfectionnement. Toutefois, c'est l'emploi des tuyaux en terre cuite qui a fait du drainage un art véritable. Quoique les premiers essais de ces tuyaux aient eu lieu il y a plus de quarante ans en Angleterre, l'usage ne s'en est généralisé que depuis dix ans dans ce pays, où ils sont employés aujourd'hui d'une manière à peu près exclusive.

En théorie, l'art du drainage se compose de deux parties principales : l'ouverture des tranchées et l'établissement des conduits. La tranchée doit avoir une profondeur suffisante pour que les conduits de drainage ne puissent pas être atteints par les racines des plantes ni par les instruments de labour et de culture. Cette profondeur doit varier suivant la nature du sol et celle des matériaux qui sont employés à les garnir. La tranchée doit être plus profonde dans un sol poreux, où l'eau pénètre de toutes parts, que dans un sol argileux; elle doit être moins profonde avec les drains garnis de tuyaux qu'avec les drains empierrés. Une précaution bonne à prendre, c'est de commencer par ouvrir deux ou trois tranchées d'essai, poussées à des profondeurs successivement croissantes, qui permettront d'étudier l'état du sol. Dans les cas ordinaires, on peut admettre que la profondeur des drains doit être comprise entre $0^m,90$ et $1^m,30$; mais ce principe doit toujours être modifié par des observations préliminaires faites avec soin. Sir Robert Peel, qui dans les dernières années de sa vie avait fait drainer plus de 1,000 hectares de terre, était partisan des drains profonds, c'est-à-dire ayant au moins 1^m20 de profondeur. L'écartement des drains doit également être déterminé d'après la nature du sol. En général, la distance adoptée varie de 7 à 15^m. La distance de 10^m paraît convenir à beaucoup de terrains. Pour ce qui est de la pente, il suffit de 2 millimètres par mètre pour les drains en tuyaux; mais elle ne doit pas être moindre de 5 à 6 millimètres pour les autres espèces de conduits. La direction et le tracé doivent dépendre aussi des circonstances locales, dont la première à considérer est la disposition plus ou moins inclinée du terrain. Enfin la construction des drains doit également être modifiée, selon qu'il s'agit de purger la terre des eaux pluviales, ce qui est le cas le plus ordinaire, ou des eaux provenant des sources qui peuvent exister dans le sol.

La tranchée ouverte, on procède à la pose des tuyaux en terre cuite. Ces tuyaux, tels qu'ils sont généralement employés maintenant, ont de $0^m,30$ à $0^m,40$ de longueur; leur diamètre intérieur varie de $0^m,025$ à $0^m,20$, suivant le volume d'eau dont ils doivent assurer l'écoulement. Leur épaisseur est de $0^m,01$ environ. Les extrémités des tuyaux sont engagées dans des colliers, également en terre cuite, de $0^m,07$ à $0^m,10$ de longueur, dont le diamètre est tel que le tuyau entre facilement dans le collier. La pose de ces tuyaux exige beaucoup de soins. Chaque tuyau s'engage dans le collier de celui qui vient après. Le raccordement de deux lignes de drains se fait au moyen d'une ouverture circulaire pratiquée dans le plus gros tuyau, et dans laquelle pénètre le plus petit. On fait déboucher les drains secondaires dans les drains principaux, pour ne pas multiplier les bouches d'écoulement, qui sont toujours sujettes à être obstruées par les mauvaises herbes ou par d'autres accidents. Il est bon d'établir de distance en distance, sur les lignes de drains un peu importantes, de petits regards. On les construit facilement au moyen d'un bout de gros tuyau percé de deux ouvertures placées vis-à-vis l'une de l'autre, et dans lesquelles débouchent les drains. Ce tuyau est vertical, et repose sur une tuile plate; on en ferme l'ouverture supérieure avec une motte de gazon, une tuile ou une pierre plate, et on la recouvre de terre, en ayant soin de conserver quelque point de repère pour en faciliter la recherche.

Les résultats produits par le drainage sont faciles à concevoir. L'eau de pluie dont le sol est imprégné arrive par infiltration jusqu'aux tuyaux de terre cuite, s'introduit à travers les joints imparfaits de ces tuyaux, s'y réunit en plus ou moins grande quantité, et s'écoule en suivant la pente, par leur extrémité la plus basse, dans les canaux de décharge. Le drainage bien fait agit en double sens : d'une part, il enlève la masse d'eau surabondante et nuisible à la culture; d'autre part, il maintient le degré de fraîcheur et d'humidité convenable à la germination et au développement des plantes. En diminuant l'évaporation de l'eau qui se produit à la surface de la terre, il élève dans une forte proportion la température du sol; il modifie profondément la constitution de la couche arable; il en augmente prodigieusement la fertilité, par l'introduction dans la terre des gaz et des substances nécessaires à la végétation; enfin, il produit une amélioration considérable dans l'état atmosphérique et sanitaire des contrées où ces travaux s'exécutent sur une certaine étendue.

Les bons effets du drainage sur la santé des bestiaux sont encore plus sensibles que sur celle des hommes. La clavelée, la pourriture, cesse d'attaquer les moutons. Aussi voit-on toujours ces animaux se réunir de préférence sur les parties drainées de leurs pâturages. Les eaux qui s'écoulent par les drains sont généralement très-bonnes pour les usages domestiques, et dans beaucoup d'endroits elles alimentent les fontaines et les abreuvoirs des grandes fermes, et même des villages entiers. La température de ces eaux est presque toujours assez basse, quand elles proviennent de drainages profonds. Elles sont aussi très-propres à l'irrigation. On peut donc, toutes les fois que la disposition des lieux le permet, employer les eaux de drainage pour arroser toutes les parties du domaine où l'on peut les faire arriver, soit naturellement, soit par des procédés mécaniques. Quelques propriétaires les utilisent comme force motrice. M. Mangon, auteur d'un livre intitulé *Études sur le drainage au point de vue pratique et administratif*, en cite un, lord Hatherton, dans la Staffordshire, chez lequel toutes les eaux du drainage, amenées dans la cour de la ferme, mettent en mouvement une roue hydraulique qui fait marcher une machine à battre le blé, un hache-paille, une scierie, etc., puis s'écoulent par un canal en pente douce pour être appliquées plus loin à l'irrigation. Cette combinaison du drainage et de l'irrigation peut assurément être signalée comme un grand progrès dans l'art agricole.

Le prix du drainage ne peut s'évaluer d'une manière absolue; il varie suivant les circonstances très-diverses qui peuvent se présenter. Dans les cas ordinaires, on peut admettre en moyenne que le drainage coûte de 200 à 260 fr. par hectare. La question est de savoir si les bénéfices qu'il peut procurer sont en rapport avec une dépense aussi considérable.

D'après les renseignements nombreux et dignes de foi qu'il a recueillis, M. Mangon croit pouvoir évaluer à 4 ou 500,000 hectares au moins l'étendue des terres drainées en Angleterre et en Écosse depuis 1846 jusqu'à ce jour, c'est-à-dire que près d'un trentième du territoire agricole de ces deux pays aurait été plus ou moins amélioré par les travaux de cette espèce. Mais il n'existe à cet égard aucun document officiel et complet. En Irlande, au contraire, on sait, par les renseignements que publie l'administration, que les travaux exécutés ou en cours d'exécution n'embrassent pas moins de 236,000 hectares. La Belgique a suivi cette impulsion : en 1850 il avait été drainé seulement 150 hectares de terrain; en 1851 les travaux se sont étendus à 600 hectares, et en 1852 à peu près à 1,200. Ainsi la pratique de cette méthode est en pleine voie de progrès. A la fin de 1851 il existait en Belgique vingt tuileries où l'on fabriquait des tuyaux de drainage. Le nombre en a presque doublé, dit-on, depuis cette époque. Le gouvernement avait prêté des machines à dix-huit de ces établissements, et, de plus, à l'un d'eux, une somme de 5,000 fr. remboursable en cinq ans, qui devait être exclusivement consacrée à la fabrication de ces tuyaux. Le nombre des tuyaux vendus dans une seule année a été de 1,788,882, dans douze seulement de ces vingt fabriques.

En France, les encouragements accordés jusqu'ici par l'État aux travaux de drainage se réduisent à une somme de 72,508 fr. 80 c. Cette somme a été répartie par l'administration entre un certain nombre de comices agricoles, et principalement consacrée à des achats de machines à fabriquer des tuyaux de drainage. Mais il paraît que, faute d'indications suffisantes, un certain nombre de ces machines sont restées longtemps inactives. Ainsi, rien ou presque rien n'a été encore fait chez nous dans cette voie. Cependant M. Mangon estime à plus de sept millions d'hectares l'étendue des terres auxquelles on pourrait utilement appliquer en France l'opération du drainage. On voit par là combien l'agriculture française est intéressée à la propagation de cette méthode, qui a produit de si beaux résultats chez nos voisins. Il faut pourtant reconnaître qu'elle a pris une extension assez considérable dans les départements de l'Ain et de l'Oise. De son côté, le gouvernement entreprend en ce moment des travaux de drainage dans le but d'assainir l'emplacement occupé par le camp de manœuvre dans la plaine de Satory. Mais ces travaux, exécutés par des soldats, ne peuvent donner qu'une idée incomplète d'un drainage fait par de bons ouvriers sous la direction d'un propriétaire intelligent.

DRAISIENNES. Ce sont de petites voitures composées de trois roues. Les deux dernières sont liées entre elles par un essieu en fer sur lequel repose une boîte garnie d'un siége. Elle renferme un mécanisme particulier qui, au moyen de deux leviers mus par les mains de l'homme placé sur le siége, fait tourner les roues et la voiture. Son mouvement de translation est assuré par une troisième roue, placée sur le devant et plus petite que celles de derrière. Quelquefois le conducteur, au lieu de se mettre sur le siége, se place sur un cheval de bois dont les jambes ne touchent pas à terre. Avec les mains on produit le mouvement alternatif des leviers, et la voiture marche avec une rapidité proportionnée à ce mouvement.

Dans ces sortes de voitures, encore nommées *vélocipèdes*, il est assez dangereux d'aller vite, à moins qu'on ne soit sur une esplanade, n'ayant à droite ni à gauche aucun accident de terrain à redouter, car si la voiture est mal lancée, il est très-difficile de changer sa direction, et l'on va en ligne droite frapper l'obstacle qu'on voudrait éviter, ou se précipiter dans un fossé. C'est plus, à proprement parler, un instrument de gymnastique qu'une voiture. Si notre mémoire est fidèle, nous avons lieu de croire que la première draisienne qui ait paru à Paris fut celle qu'on montait au jardin de Tivoli, à l'époque où ce jardin, situé alors rue de Clichy, réunissait l'élite de la société de la capitale. On assurait à cette époque que son nom dérivait de celui de son inventeur (un certain baron Drais de Saverbrunn, mort en 1851), ou plutôt de son importateur, car il y a longtemps que cette machine est connue et employée en Angleterre, où on l'appelle *hoby-horses*. De temps en temps on en voit fonctionner dans la grande avenue des Champs-Élysées. Peu d'amateurs s'en servent, parce que l'effort qu'il faut faire des deux mains pour se traîner soi-même fatigue au bout de peu d'instants.

V. de Moléon.

DRAKE (Francis). Au temps du roi d'Angleterre Henri VIII, un habitant du Devonshire, nouvellement converti à la foi protestante, quitta son pays accompagné de sa femme, et vint s'établir dans le comté de Kent : il se nommait Drake; sa pauvreté était extrême : ne trouvant d'asile que dans la cale d'un vieux navire, il y posa son gîte, s'y fixa, et sa femme y mit au monde la plus grande partie des douze enfants que le ciel lui envoya dans sa misère, et que la générosité des matelots, auxquels il faisait la prière, lui permit d'alimenter. Francis, l'aîné de cette tribu, gros garçon, dru et gaillard, né en 1545, était à peine en état de servir comme mousse, que son père le donna au patron d'une barque : le vieux patron s'accommoda si bien du caractère franc et décidé et de l'industrie de son apprenti, qu'il lui légua sa barque en mourant. Maître Francis, qui avait alors dix-huit ans, devint commerçant, et fit valoir habilement ses talents : il alla trafiquer jusque dans l'Amérique espagnole. Son âme fière et toute d'une pièce lui donnait une probité commerciale très-remarquable; mais les Espagnols le dépouillèrent du fruit de ses pénibles travaux; il réclama en vain à la cour d'Espagne. Il apprit alors ce que valait la justice humaine, la méprisa, et jura avec un serment de haine de la fouler aux pieds et d'obtenir par la force les droits que cette justice ne voulait pas lui octroyer. Dès lors, moitié corsaire, moitié pirate, il pilla les Espagnols à son tour, et se fit à leurs dépens une fortune plus grande que celle qu'ils lui avaient volée. Au commencement de 1573, il arma deux navires à Plymouth, et partit avec son frère Jean, sans lettres de marque, pour faire la course sur les Espagnols. Renforcé à la Guadeloupe par un troisième navire anglais, il poussa l'audace jusqu'à faire une descente dans le Darien, et attaqua la ville de *Nombre-de-Dios*, qu'il n'eut pas le temps de piller. On dit que dans cette expédition il découvrit du haut d'un grand arbre la mer du Sud, et poussa un cri de joie en pensant au mal qu'il pouvait faire aux Espagnols dans ces parages. En attendant que le moment vînt de réaliser son nouveau projet, il se mit en embuscade dans une crique du Darien, et de là fondit comme un oiseau de proie sur le commerce espagnol, dont il se rendit la terreur par des actions qui tiennent du merveilleux.

Il revint à Plymouth le 9 août de cette même année. Alors il s'occupa de la grande expédition qu'il avait conçue au Darien; mais, quoique riche des dépouilles de l'Espagne, il ne l'était pas assez pour la réaliser seul. Le grossier matelot trouva dans sa haine une éloquence entraînante : il révéla à la cour la faiblesse de l'Espagne dans ses colonies, promit des trésors et des conquêtes, et enchaîna à sa fortune plusieurs seigneurs de l'Angleterre. Le 13 décembre 1577 il partit de Plymouth avec cinq vaisseaux et 163 matelots, sous la protection de la reine Élisabeth. Le premier, il osa suivre la route tracée par Magellan, et montra le pavillon de l'Angleterre à l'océan Pacifique. Il pilla les nations du Pérou, du Chili et des Philippines, détruisit plusieurs établissements espagnols, fit proclamer aux échos de la Californie le nom d'Élisabeth comme leur nouvelle reine; puis, chargé d'or, rassasié de vengeance, et craignant de succomber à des forces supérieures s'il revenait sur ses pas, il fit le tour du globe en traversant la vaste mer du Sud, et les îles aux Épices, et l'océan Indien, où il pressentit les empires qu'y devait fonder un jour l'Angleterre. Il revint jeter l'ancre à Plymouth le 25 septembre 1580, annonçant à ses compatriotes le secret de leur future grandeur. Élisabeth l'accueillit comme un grand homme, l'arma chevalier, et déclara sacré le navire qui l'avait rapporté. Et bientôt après, élevé au grade de contre-amiral, commandant 21 vaisseaux de la grande reine, il devint le fléau de l'Espagne, prit et vendit Santo-Domingo et Carthagène, pilla et brûla Saint-Augustin, recueillit les débris de la colonie anglaise de la Virginie, tout cela dans l'espace d'une année (1585-86); et l'année suivante encore il alla détruire 400 navires dans la baie de Cadix, s'empara d'une caraque qui renfermait les précieuses instructions du commerce des Indes, l'expédia dans sa patrie, et provoqua ainsi la fameuse Compagnie anglaise des Indes, qui se forma sur ses renseignements. Enfin, en 1588, il commanda une escadre de la flotte devant laquelle s'anéantit l'invincible *armada*. Toujours ardent à se venger des Espagnols, il s'offrit encore en 1589 pour ravager les côtes de la Péninsule, et y laissa d'horribles traces de son passage. Sa haine semblait assouvie, lorsqu'en 1591 le bruit se répandit que l'Espagne préparait contre l'Angleterre une flotte plus nombreuse que l'invincible *armada*; le vieux lion se sentit mordre au cœur, secoua sa tête blanchie par l'âge, et partit pour l'Amérique avec 26 vaisseaux et l'amiral Hawkins, qui fut grièvement blessé à Porto-Rico : il brûla Santa-Martha, Nombre-de-Dios, la Hacha..., la Hacha, où il avait reçu la première insulte qui avait allumé sa haine; et sa carrière fut remplie... Son berceau, comme celui de l'alcyon, avait été balancé par les flots de la mer; comme l'alcyon aussi, il s'arrêta, un jour, le 9 janvier 1595, fatigué de la tempête, sur le sommet d'une vague de l'Océan, pencha sa tête sur son épaule, s'endormit, et la vague qui suivit l'ensevelit pour toujours.

Théogène Page, capitaine de vaisseau.

DRAKE (Frédéric), célèbre sculpteur contemporain, est né le 23 juin 1805, à Pyrmont. Fils d'un pauvre mécanicien, il apprit le métier de son père, consacrant ses rares heures de loisir à sculpter pour son plaisir sur bois ou sur ivoire. Après avoir longtemps travaillé dans les ateliers du mécanicien Breithaupt, de Cassel, il se disposait à partir pour Saint-Pétersbourg, à l'effet d'y travailler de son métier, quand un marchand d'objets d'art et de curiosités, ayant aperçu par hasard chez son père une tête de christ sculptée par lui, en offrit un prix qui révéla à l'obscur ouvrier mécanicien qu'il y avait en lui l'étoffe d'un artiste. Drake entra alors dans l'atelier de Rauch à Berlin, mais non pas sans avoir eu à triompher de difficultés et d'objections de toutes sortes de la part de ce maître, qui finit cependant par le prendre en affection et par lui donner même une part importante dans les travaux dont il était chargé.

La première création originale de Drake fut une *Madone avec l'enfant Jésus*, statue en marbre achetée par l'impératrice de Russie. Il fit ensuite le groupe du *Guerrier mourant*, auquel un génie montre la palme de l'honneur, une *Vendangeuse* en marbre, que plus tard l'artiste entreprit de reproduire en dimension colossale. Mais ce furent surtout ses statuettes-portraits qui le rendirent célèbre. En ce genre, on peut citer celles de Rauch, son maître, de Schinkel et des deux Humboldt, comme des productions extrêmement remarquables. Il est peu de collections et de galeries princières en Allemagne qui ne se soient enrichies d'œuvres de cet artiste. Ce fut lui que le roi de Prusse chargea d'exécuter les huit figures colossales assises, représentant les huit provinces de la monarchie prussienne, qui ornent le grand salon blanc du château de Berlin. On a aussi de Drake deux statues colossales du roi Frédéric-Guillaume III en marbre : l'une érigée à Stettin, l'autre décorant le *Thiergarten*, à Berlin. Depuis, il a exécuté la statue colossale en marbre de Rauch, pour le musée de Berlin.

Drake est un véritable artiste, passionné pour son art et déployant dans ses œuvres la grâce et le goût du beau unis à une grande puissance de vérité.

DRAKENBORCH (Arnold), célèbre philologue hollandais du siècle dernier, né le 1er janvier 1684, à Utrecht, fut nommé, en 1716, professeur d'histoire et d'éloquence à l'université de sa ville natale, où il mourut, le 16 mars 1748. Il a rendu d'importants services aux études classiques par ses éditions de divers auteurs latins, entre autres Silius Italicus (Utrecht, in-4°, 1717), Tite-Live (7 vol. in-4°; Amsterdam, 1738-46 [nouvelle édition augmentée, 15 vol., Stuttgard, 1720-28]), où il a fait preuve d'autant de goût que d'érudition.

DRAMATIQUE (Art), art de représenter sur la scène une action (δρᾶμα), soit imaginaire, soit historique, avec ses causes, ses développements, ses conséquences, mettant en relief les passions qui s'y mêlent, et excitant chez le spectateur ou la pitié, ou la terreur, ou l'indignation, ou l'horreur, ou la gaieté, ou le fou-rire. Il est même des œuvres *dramatiques* dans lesquelles se déroule une action intéressante, et qui aboutissent à un dénouement tragique, heureux ou plaisant, sans qu'elles aient été composées pour le théâtre et qu'elles soient susceptibles de s'accommoder à ses exigences. Dans un récit, dans un roman, dans des mémoires, dans un livre d'histoire même, il n'est pas rare de rencontrer des situations *dramatiques*, réelles ou supposées, dévoilant les secrets de l'âme et émouvant plus ou moins le lecteur.

Les documents nous manquent pour déterminer sûrement à quelle époque remonte l'art dramatique, et si les peuples anciens de l'Orient qui ont précédé tous les autres, avaient une littérature dramatique, des théâtres, des auteurs et des pièces. En général, les Orientaux, contemplatifs, religieux, casaniers, durent, avec leurs mœurs patriarcales, être peu enclins d'abord aux jeux scéniques. En instituant leurs jeux, les Grecs, actifs, ingénieux, remuants, courageux, subtils, spirituels, furent, dans un coin montagneux de la sauvage Europe, les inventeurs des premiers spectacles du monde, et parmi les Grecs, c'est peut-être aux Athéniens qu'est due la création du théâtre. Ce qui est hors de doute, c'est qu'on leur est redevable des plus grands progrès dans l'art dramatique : ils eurent à la fois les plus sublimes orateurs et les plus parfaits auteurs dramatiques. La tragédie prit naissance chez eux aux vendanges. La comédie parut à son tour à Athènes ; mais elle ne se borna pas à attaquer les travers sociaux, elle s'en prit personnellement aux hommes, et lança des traits contre les dieux mêmes. Les poëtes comiques, pleins d'audace et ne connaissant point de limites, acquirent par cela même une certaine importance, et exercèrent une censure analogue à celle dont Rome chargeait des magistrats particuliers ; mais l'autorité se lassa de leur licence, et ce scandale fut réprimé sous les trente tyrans. La tragédie, les mimes et la comédie, indépendamment des jeux gymniques, ne pouvaient encore satisfaire la passion des Grecs pour les spectacles : ils avaient en outre les *dicélies*, pièces libres et obscènes ; les *magodies*, sortes de pantomimes muettes, où les gestes seuls exprimaient l'action, et l'*hilarodie*, qui tenait le milieu entre la tragédie et la comédie, et que l'on pourrait peut-être comparer à nos *drames*.

Les Romains furent plusieurs siècles sans spectacles. Enfin, sous le consulat de Licinius, des baladins ou *histrions* furent autorisés à jouer des pantomimes entremêlées de danses et de récits en vers improvisés. A ces représentations succèdent les *satires*. Sous le consulat de C. Claudius, le grec Andronicus donna une pièce régulière. Après lui, Pacuvius et Accius firent jouer les premières tragédies qu'aient eues les Romains. Outre la tragédie et la comédie, ces maîtres du monde avaient les atellanes, espèce de tragi-comédies satiriques ; les *palliatæ*, dont les sujets étaient grecs ; les *prætextatæ*, dont les personnages étaient pris parmi les patriciens ; les *rhintonicæ*, d'un comique larmoyant ; les *tabernariæ*, dont les sujets étaient tirés de tavernes ou cabarets, etc., etc. Des danseurs venus de Toscane paraissaient dans les entr'actes des comédies pour divertir la multitude, qui ne prenait qu'un médiocre plaisir à ces spectacles raisonnables. Jusqu'au règne d'Auguste, le jeu de ces danseurs, du caractère le plus bas et du genre le plus libre, fut le seul que l'on goûtât, lorsque parurent les deux pantomimes Pylade et Bathylle, qui déterminèrent le goût des Romains pour ce spectacle (*voyez* DANSE et BALLET). On sait combien Plaute et Térence s'illustrèrent dans la comédie régulière en introduisant à Rome celle de Ménandre. Les jeux scéniques furent d'ailleurs la grande passion des Romains comme celle des Grecs. Auguste fit des dépenses considérables pour étourdir par des représentations théâtrales les descendants de Romulus sur la perte de leur liberté républicaine. Mais sous ses successeurs la dépravation du goût devint si grande que le peuple des sept collines ne voulut plus applaudir que les gladiateurs et les bêtes féroces du Cirque.

L'art dramatique, qui chez les anciens avait été fondé sur la religion, eut une origine semblable chez les nations modernes du moyen âge, si l'on peut nommer art ce qui inspira les essais dramatiques informes et grossiers dans lesquels, sous le nom de *mystères*, étaient représentés quelques traits du Nouveau Testament. Plusieurs pièces de ce genre, citées par Le Grand d'Aussy, furent jouées à Paris dans le cours du treizième siècle. A l'entrée de la reine Isabeau de Bavière, en 1389, on représenta publiquement des *mystères*, dont les historiens nous ont laissé la description. Suivant les annalistes du concile de Constance, ces spectacles furent introduits dans les États d'Allemagne en 1417, par les évêques anglais, qui firent représenter devant l'empereur le mystère de la naissance de Jésus-Christ. Walter Scott possédait une *proclamation* ou annonce d'une de ces pièces jouée à Chester en 1270. Le premier drame chrétien représenté en Italie fut celui *Della Passione di Nostro Signor*, par Giulano Dati, composé vers 1445. Mais si l'Italie n'eut par la gloire de se présenter la première sur la scène avec des sujets chrétiens, elle peut au moins revendiquer celle d'avoir renouvelé la comédie antique par l'organe du cardinal Bibbiena, auteur de *La Calandra*, en 1490, et plus tard, la tragédie, par la *Sophonisbe* du nonce Trissino.

Dès le seizième siècle le théâtre espagnol brillait d'un grand éclat, malgré l'inquisition, grâce au génie indépendant de Cervantes et de Lopez de Séville, que suivirent bientôt le fécond Lope de Véga, Caldéron, Guilhen de Castro, Diamante, Solis, Moreto, Zamora ; et Gil Vicente en Portugal.

Le théâtre français précéda ceux des pays du Nord, mais il ne commença à prendre lui-même une forme arrêtée qu'après le théâtre espagnol, dont il fut en quelque sorte l'élève. Le public s'était fatigué des *mystères* joués par les confrères de la Passion et même des *sotties*, *moralités* et *farces* composées et jouées par les *enfants sans-souci* et leur chef *le prince des sots*. Les premiers théâtres réguliers qui les suivirent ne furent que des théâtres de colléges, où l'étude et l'observation de la littérature classique fut seule recommandée et ne tarda pas à faire éclore les Jodelle, les Péruse, les Guérin, les Garnier, les Théophile, les Hardy, les Scudéry, les Mairet, les Tristan, qu'effacèrent heureusement bientôt les Rotrou, les Corneille, les Racine, les Molière, les Voltaire. La France s'éleva bientôt dans tous les genres qui composent l'art dramatique. La tragédie lyrique fut importée d'Italie ; elle s'est métamorphosée en opéra, dont les divertissements sont devenus des ballets. Le drame fut créé au dix-huitième siècle ; puis nos auteurs s'affranchirent de règles par trop gênantes : le théâtre anglais et le théâtre allemand leur avaient montré l'exemple. Le vaudeville prit naissance à la foire, ainsi que la parodie ; la comédie italienne forma l'opéra-comique ; enfin le drame engendra le mélodrame.

Quelques personnes ont rêvé pour l'art dramatique une mission morale en dehors de celle qui résulte de la peinture des vices et des passions : on s'est imaginé que le théâtre pouvait offrir une sorte de morale en action. M. Léon Faucher, étant ministre de l'intérieur, créa des prix pour récompenser les pièces dramatiques qui auraient *un but honnête* ; le pape, quoique l'Église défende le spectacle et damne les acteurs, a imité cet exemple en fondant des prix pour les pièces de théâtre qui *exciteront à la vertu* ; l'Académie Française a aussi de bonnes récompenses pour les auteurs dramatiques *vertueux*. Mais ce sont là des essais malheureux. On aime en général fort peu la vertu au théâtre, et le public, qui ne va pas au spectacle pour entendre un prône, laissant les *berquinades* aux théâtres de pension, refuse de se porter aux pièces couronnées, en sorte qu'on en est réduit à récompenser les bonnes intentions. Ce n'est pas certes que l'art dramatique n'ait de l'influence sur les mœurs ; mais cette influence, il ne peut la trouver que dans sa liberté même.

DRAMATURGE. Ce mot, inconnu aux anciens critiques, a été créé par la critique moderne, pour un besoin récent; mais on trouve dans la langue théologique une expression dont l'étymologie et le sens expliquent bien l'origine et la signification du mot *dramaturge*. Dans le principe, l'Église appelait *thaumaturges* ceux qui faisaient de faux prodiges. Plus tard, le nom de *thaumaturge* a été employé aussi, il est vrai, pour désigner celui qui fait des miracles véritables; mais dans les deux mots grecs qui le composent on retrouve la notion vraie, *faiseur de choses surprenantes*. Le *dramaturge* n'est donc point précisément un auteur dramatique, c'est *un faiseur de choses dramatiques*. Cette expression est devenue une nécessité pour signaler ceux qui ont fait de l'art métier et marchandise. On conçoit alors comment le drame même en a rendu l'invention et l'emploi familiers et indispensables. Corneille et Racine, Shakspeare, Gœthe et Schiller, Calderon et Alfieri, les auteurs illustres de tous les siècles et de tous les pays, ne peuvent être, sans injure, traités de *dramaturges*. Ce titre hurlerait de se trouver avant ou après le nom du divin Molière; mais à la tourbe des auteurs, qui ne travaillent que pour le profit du présent, il faut le jeter comme un signe des dédains de l'avenir. Ce sera la destinée de la majorité des auteurs contemporains, que la cupidité a détachés de tout travail loyal et consciencieux; ce sera aussi un opprobre pour la simonie dramatique et le honteux trafic des choses de l'esprit, qui infectent notre siècle.

A l'étranger, le mot *dramaturgie* ne rappelle pas une idée fâcheuse. Les Allemands, les Anglais entendent par dramaturgie la science des règles qui doivent présider à la composition d'une pièce de théâtre et à sa mise en scène : c'est à la fois la poétique du drame et la théorie de l'art théâtral. Lessing a interprété ainsi ce mot en publiant sa *dramaturgie*, et de cette manière, après lui, l'ont entendu Bode, Claudius, Schink, Zimmermann et Tieck, dont les *feuilles dramaturgiques* méritent une mention particulière.

Eugène Briffault.

DRAME (du grec δρᾶμα, qui vient lui-même du verbe δράω, j'agis), pièce de théâtre représentant une action, soit comique, soit tragique, et dans un sens plus restreint, pièce de théâtre, en vers ou en prose, d'un genre mixte entre la tragédie et la comédie, dont l'action, sérieuse par le fond, souvent familière par la forme, admet toutes sortes de personnages, ainsi que tous les sentiments et tous les tons. Telle est la définition de l'Académie. Elle diffère beaucoup de celle qu'on en pouvait donner au dix-septième siècle et au commencement du suivant. Boileau, plus sévère qu'Aristote, ne reconnaît que la *tragédie* et la *comédie*. Corneille avait bien pressenti une sorte de pièce de théâtre qui n'était pas précisément tragique, ni entièrement comique, à laquelle il donna le titre de *tragi-comédie* et de *comédie héroïque*. C'étaient des poëmes dramatiques où intervenaient des personnages historiques, et dont la catastrophe était heureuse : *Le Cid* et *Don Sanche d'Aragon* sont de ce nombre. La rigidité classique prévalut : les pièces de ce genre, conservées en petit nombre au répertoire, prirent le nom de *tragédies*, et les autres furent oubliées. Mais vers le milieu du siècle dernier on voulut trouver un genre intermédiaire, qui ne fût ni la tragédie ni la comédie : on nomma d'abord ce genre mixte *tragédie bourgeoise* ou *comédie sérieuse*; enfin, on s'arrêta au mot *drame*, et cette expression générique, qui s'adressait jusque là à toute action représentée sur le théâtre, fut en cette circonstance détournée de son acception première pour prendre cette nouvelle signification spéciale et restreinte.

Déjà, à l'époque précitée, on cherchait à apporter des modifications au système dramatique établi : quelques auteurs, à la tête desquels se trouve Diderot, sinon par la date, au moins par son talent, après avoir remarqué que les infortunes de la classe moyenne, ou même des condition inférieures de la société, pouvaient exciter l'intérêt, les exposèrent sur la scène avec quelque succès : ces ouvrages furent appuyés par des *poétiques nouvelles*, soit en forme de préface, soit dans des écrits spéciaux, par Sedaine, Mercier et Diderot. Ce dernier regarde encore les lois des trois unités comme nécessaires. Quant à la décence théâtrale, il prend un peu plus de liberté. Il considère les bienséances théâtrales, qui empêchent, dit-il, de mettre sur la scène un lit, un père et une mère endormis, un crucifix, un cadavre, comme rendant les ouvrages *indécents* et *petits*. En cela, les vœux du philosophe ont été remplis, et ses préceptes outre-passés. « Le premier poëte qui nous fit rire avec de la prose, dit-il, introduisit la prose dans la comédie. Le premier poëte qui nous fera pleurer avec de la prose introduira la prose dans la tragédie, et produira la *tragédie domestique* et *bourgeoise*. On distingue dans tout objet moral un milieu et deux extrêmes : il semble donc que, toute action dramatique étant un objet moral, il devrait y avoir un genre moyen et deux genres extrêmes. Nous avons ceux-ci : c'est la *comédie* et la *tragédie*. Mais l'homme n'est pas toujours dans la douleur ou dans la joie. Il y a donc un point qui sépare la distance du genre comique au genre tragique; tels sont les ouvrages de Térence. Ce genre est le genre sérieux, dont l'adoption peut seule empêcher de franchir la barrière que la nature a mise entre les genres, et de mêler dans un même ouvrage le comique avec le tragique. » Après ce dernier souvenir classique, Diderot pose en ces termes les principes de ce *genre sérieux* : « Puisque ce genre est privé de la vigueur de coloris des genres extrêmes entre lesquels il est placé, il ne faut rien négliger de ce qui peut lui donner de la force. Que le sujet en soit important et l'intrigue simple, domestique et voisine de la vie civile. Je n'y veux point de valets, que les honnêtes gens n'admettent point à la connaissance de leurs affaires. Si un valet parle sur la scène comme dans la société, il est maussade; s'il parle autrement, il est faux. Si les nuances empruntées du genre comique sont trop fortes, l'ouvrage fera rire, et il n'y aura plus ensuite ni intérêt ni unité de coloris. Le genre sérieux comporte les monologues; on en peut conclure qu'il penche plutôt vers la tragédie que vers la comédie. Point de personnages épisodiques, ou, si l'intrigue en exige un, qu'il ait un caractère singulier qui le relève. Faites des comédies dans le genre sérieux, faites des tragédies domestiques, et soyez sûr qu'il y a des applaudissements et une immortalité qui vous sont réservés. Négligez les coups de théâtre, cherchez des tableaux, rapprochez-vous de la vie réelle, et ayez d'abord un espace qui permette l'exercice de la pantomime dans toute son étendue. On dit qu'il n'y a plus de grandes passions tragiques à émouvoir, qu'il est impossible de présenter les sentiments élevés d'une manière neuve et frappante. Cela peut être dans la tragédie telle que les Grecs et tous les autres peuples de la terre l'ont composée; mais la tragédie domestique aura une autre action, un autre ton, un autre sublime qui lui sera propre. Elle est plus voisine de nous. C'est le tableau des malheurs qui nous environnent. Quoi! vous ne concevez pas l'effet que produirait sur vous une scène réelle, des habits vrais, des discours proportionnés aux actions, des actions simples, des dangers dont il est impossible que vous n'ayez tremblé pour vos parents, vos amis, pour vous-même! Un renversement de fortune, la crainte de l'ignominie, les suites de la misère, une passion qui conduit l'homme à sa ruine, de la ruine au désespoir, du désespoir à une mort violente, ne sont pas des événements rares : et vous croyez qu'ils ne vous affecteraient pas autant que la mort fabuleuse d'un tyran ou le sacrifice d'un enfant aux dieux d'Athènes et de Rome? Jusqu'à présent dans la comédie le *caractère* a été l'objet principal, et la *condition* n'a été que l'accessoire. Il faut que la condition devienne aujourd'hui l'objet principal, et que le caractère ne soit que l'accessoire. Il n'y a dans la nature humaine qu'une douzaine tout au plus de caractères vraiment comiques et marqués de grands traits; mais l'homme de lettres, le philosophe, le commerçant, le juge, l'avocat, le grand seigneur, l'époux, le père de famille, etc., quels sujets dans un siècle tel que le nôtre! Songez ensuite qu'il se forme tous les jours des conditions nouvelles. »

Plusieurs des innovations proposées par Diderot ont été adoptées par ses successeurs immédiats; cependant, nonobstant l'appel du philosophe aux *dramaturges* et la promesse fastueuse qu'il leur faisait de l'immortalité, combien peu, dans la multitude des premiers ouvrages de ce genre qui ont répondu à cet appel, ont survécu à leur naissance et même à leur succès éphémère! *Le Père de famille* de Diderot, *Le Philosophe sans le savoir* de Sedaine, *Eugénie* peut-être, de Beaumarchais, sont les seuls anciens *drames* qui soient restés au répertoire de la Comédie-Française. Tout le reste, poétique et poëmes, fut bientôt oublié. Le *mélodrame*, dont Diderot semblait avoir la prévision en demandant l'appui de la pantomime et l'attrait du spectacle scénique, remplaça d'abord cette première avalanche de drames, et il y a tout lieu de penser que Diderot, s'il eût vécu de ce temps, eût désavoué une telle descendance. Quand plus tard le *romantisme* fit invasion sur notre scène, le mélodrame fut à son tour abandonné et relégué aux théâtres infimes, d'où il ne tarda pas même à disparaître.

On conçoit que le public, fatigué, blasé des pâles imitations de nos anciens modèles *classiques*, ait désiré des ouvrages qui sortissent de l'ornière, pour suivre une route nouvelle, et que de jeunes écrivains aient répondu à cet appel. De nouveaux systèmes poétiques, auxquels celui de Diderot servit comme de transition, persuadèrent à nos auteurs, dégagés des entraves de la censure comme de celles d'Aristote, qu'ils allaient être créateurs d'une espèce de *drame* inconnu; qu'il suffisait d'oser pour réussir; que les plus hardis seraient les plus habiles, et que les succès allaient devenir à la fois plus faciles et plus durables. On ne saurait encore décider si le génie qui surmonte les difficultés n'est pas plus admirable que l'audace qui les méprise en les bravant : le génie est rare, et il n'appartient qu'à la postérité de juger si parmi nos auteurs il s'est manifesté un véritable génie pendant les trente dernières années qui viennent de s'écouler. Ce qu'il y a de certain, c'est que le génie adopte toutes les formes, et qu'il se fait jour à travers l'enveloppe qui le recouvre : Sophocle, Aristophane, Plaute, Shakspeare, Lope de Vega, Corneille et Molière l'ont prouvé; nos auteurs contemporains peuvent le faire. Toutefois, nous regrettons, et avec sincérité, qu'ils se soient attachés trop exclusivement à retracer ce que notre société peut offrir de repoussant et de hideux. Qu'est-ce donc que ce ridicule versé à plaisir sur les hommes les plus honorés de l'histoire, sur les professions les moins hostiles et les plus estimables, sur les affections les plus douces? Des mères, des enfants, des époux, des amants raillés; des rois, des guerriers, des magistrats, des prêtres, des artistes, des poëtes moqués et méprisés? Quel est cet amour du laid, de ce laid difforme et sale, que la misère et la honte assiègent, qui porte à se complaire dans des peintures de tavernes, de mauvais lieux, de gibets, de tortures? L'avenir sera peut-être encore plus sévère, car à quel résultat conduira un tel déréglement de l'esprit? Le corps social, non plus que le corps humain, ne saurait se nourrir de poisons, et la jeunesse, le peuple, toute une génération, avide d'abord, puis bientôt rassasiée et repue d'un tel aliment, familiarisée, pour tout délassement à son oisiveté, avec l'adultère, le viol, le suicide, l'assassinat et la révolte, ne peut-elle être enfin tentée de mettre cette littérature en action? VIOLLET-LE-DUC.

DRAMMEN, ville commerçante, située au sud de la Norvège, dans le bailliage de Buskerud, évêché d'Aggerhuus, à l'embouchure du petit mais profond et imposant *Dramself* dans le *Drammen* ou *Dramsfjord*, l'une des anses latérales échancrant le *Christianiasfjord*. Elle se compose à bien dire de trois petites villes, séparées l'une de l'autre par des limites naturelles: *Bragernæs* sur le côté nord, *Stromsœ* sur le côté sud du Dramself, réunies par un pont d'environ 200 mètres de long, et *Tangen*, separée de Stromsœ par un petit ruisseau. Sa population, en y comprenant les faubourgs, est de 8,000 âmes. Outre quelques manufactures de tabac et quelques distilleries, on y trouve plusieurs fabriques de cotonnades.

Le commerce, aussi important qu'actif, dont Drammen est le centre lui assigne le troisième rang parmi les villes de la Norvège; mais quant au commerce des bois, elle doit incontestablement figurer en première ligne. Les affaires d'exportation et d'importation de cette place se font surtout avec la Hollande, et aussi avec la France et l'Angleterre; le commerce d'exportation n'emploie guère que des navires norvégiens. Le cabotage y est aussi fort actif. En 1850 et 1851 Drammen souffrit considérablement des ravages causés par de vastes incendies.

DRAP, étoffe de laine pure ou mélangée. On nomme *drapier* celui qui la vend ou qui la fabrique. C'est une des industries les plus lucratives et les plus variées que la France cultive et dans laquelle nous n'avons pas de rivales parmi les nations les plus civilisées du monde entier. La dénomination générale de *draperie* s'applique non-seulement aux draps unis et croisés, mais aussi aux casimirs, cuirs de laine, molletons, flanelles et à toutes les étoffes dont la trame ou la chaîne sont en laine.

Pour se garantir des rigueurs de la saison, surtout dans les régions froides et tempérées, l'homme a dû nécessairement choisir d'abord la matière que de nombreux troupeaux mettaient en quelque sorte sous sa main, et qui jouissait précisément des qualités qui pouvaient la rendre le plus propre à couvrir le corps humain; et en effet, la laine a la propriété de conduire médiocrement la chaleur, d'absorber les vapeurs aqueuses ou la sueur qui s'exhalent des corps, de s'imprégner facilement de toutes les couleurs qu'on veut lui donner, d'offrir à la fois la souplesse, la force, la légèreté et une longue durée. On ne doit donc pas s'étonner de lire dans l'histoire des arts que l'origine de ces étoffes remonte à la plus haute antiquité. Les écrivains les plus reculés, et même Homère, nous apprennent que plusieurs peuplades tondaient leurs troupeaux et employaient la laine en vêtements. Tout porte à croire qu'elle n'a d'abord été que *feutrée* et que ce n'est que plus tard que des peuples plus policés, tels que les Égyptiens, selon Pline, se sont occupés du *tissage* des étoffes. Nous ne rappellerons pas ici l'histoire de l'établissement des manufactures de draps dans les divers pays de l'Europe; nous nous contenterons de faire remarquer, pour ce qui concerne la France, que ce n'est guère qu'à dater du ministère Colbert que nos fabriques prirent une certaine importance; que jusque là celles d'Angleterre, de Hollande, de Flandre, étaient bien supérieures; que la révocation de l'édit de Nantes nous fit perdre cette supériorité, et qu'enfin nous ne sommes parvenus à la reconquérir qu'en faisant contribuer à nos efforts, d'abord l'amélioration de nos laines, due au croisement de nos races indigènes, ensuite les procédés plus parfaits de lavage et de teinture; les soins apportés au cardage, filage, tissage, foulage, lainage, tondage, etc.; toutes opérations qui constituent, ainsi qu'on va le voir, l'art si complexe du fabricant de drap. Cette fabrication varie un peu pour chaque espèce de drap; mais les différences qu'on remarque dans certains draps proviennent beaucoup moins des procédés de fabrication que des qualités de laine choisies et des soins plus ou moins minutieux des apprêts.

Le choix des *laines* est la première opération du fabricant, celle qu'on doit considérer comme la plus importante.

Il doit savoir que le climat, l'espèce de mouton, son éducation, tout influe sur la finesse des toisons; qu'il y a des laines naturellement blanches, noires, rousses, jaunes, bleuâtres; que les toisons se composent de mèches ou de flocons séparés, qu'il y a des laines plus ou moins longues, depuis 3 centimètres jusqu'à 50 et même 60 centimètres, mais que la finesse est généralement en raison inverse de la longueur; que la force de la laine se mesure par le poids ou l'effort qu'il faut employer pour la rompre, et que plus elle est forte et fine, meilleure est sa qualité; que c'est avec la main qu'on s'assure de son degré d'élasticité; qu'enfin les laines de Saxe sont les premières sous le rapport de la finesse, qu'après elles viennent les laines de mérinos de France et d'Espagne, puis celles des moutons anglais et des moutons du Nord-Hollande. Le fabricant pour s'assurer de la finesse des laines peut se servir, soit de l'instrument de Daubenton, soit du *mesureur de laines* (*voyez* ÉRIOMÈTRE). Il est reconnu que plus les laines sont fines, courtes et même un peu molles, plus elles sont propres à fabriquer les draps fins.

Aujourd'hui la laine se vend en balles, toute lavée et triée en diverses qualités, auxquelles on donne les noms de *laine prime*, *seconde*, *tierce*, *kaidas*, *jaune*, etc. Le lavage se fait actuellement au moyen de *lavoirs à laines*. Il se fait à chaud ou à froid. Il a pour objet de la dégraisser, c'est-à-dire de lui faire perdre entièrement son suint et les ordures qui y sont mêlées, et de diminuer de moitié son poids, ce qui rend les transports bien moins coûteux. C'est dans ces lavoirs qu'on exécute aujourd'hui l'*épluchage* et le *détrichage*, que les fabricants exécutaient autrefois dans leurs ateliers. Le *dégraissage* a pour objet d'enlever à la laine le reste de suint et de saletés qui peuvent rester après le lavage, et cela pour que la laine soit disposée à recevoir la teinture. Cette teinture se donne soit à la laine, soit au fil, soit à la pièce tissée. Pour les draps fins, on a soin de teindre la laine, parce qu'alors la teinture est plus égale et plus solide. Le *graissage* des draps s'opère dans une cuve doublée de plomb, dans laquelle on met 10 à 12 pour 100 d'huile. On remue la laine au moyen d'un râteau à dents de fer, jusqu'à ce qu'elle soit parfaitement imprégnée. La laine est ensuite portée à la machine à *ouvrer*, appelée *loup* ou *diable*. C'est un tambour dont le contour est armé de pointes de fer et auquel est imprimée une grande vitesse. Ces pointes servent à diviser les filaments de la laine. On procède ensuite au *cardage* en gros ou *droussage*. En sortant du diable, la laine se roule sur un tambour et forme un manchon. On l'ouvre et on la place sur la *carde à loquette*, afin d'obtenir des boudins d'une longueur indéterminée, qu'on soude les uns au bout des autres, et qui sont destinés au métier à filer. Lorsque la laine est destinée aux draperies fortes et feutrées, on la prépare comme nous venons de l'indiquer: mais si on doit en confectionner des étoffes légères, on la *peigne* au lieu de la carder. Dans toutes sortes de tissus, il faut que la chaîne et la trame soient faites avec des fils tordus à des degrés différents. Il faut donc, dans les filatures, avoir soin de distinguer d'avance les fils fabriqués pour les unes et pour les autres.

Le *tissage* se fait avec le métier à tisser. On a remarqué que le foulage rétrécissait les draps de moitié; dès lors on a le soin de tisser les toiles d'une largeur double. Ainsi, les beaux draps fins de six quarts ont été tissés à douze quarts. Autrefois, pour atteindre de semblables largeurs, il fallait deux tisserands placés à droite et à gauche, qui se renvoyaient réciproquement la navette, quand le premier mouvement ne suffisait pas pour faire arriver cette navette au bord opposé. Aujourd'hui, par l'usage de la *navette volante*, un seul tisserand suffit. Avant de poser la chaîne sur le métier à tisser, on la soumet à l'*ourdissage* et à l'*encollage*. La première opération consiste à disposer les fils qu'on destine à former la chaîne de manière que par une division alterne, qu'on appelle *envergeure* ou *en croix*, sur une longueur donnée, ces fils puissent être montés sur le métier et passer avec rapidité dans les lisses et dans le peigne. La deuxième opération n'est autre chose que l'application qu'on fait aux fils d'un *apprêt* ou *parement*, composé de diverses substances propres à abattre le duvet et à rendre le fil aussi lisse qu'il est possible, afin que la navette glisse facilement, et que les fils résistent davantage à l'action du peigne; cet apprêt sert aussi à donner une élasticité suffisante aux fils pour résister à la tension que le pied de l'ouvrier exerce lorsqu'il veut faire passer la navette. Ces deux opérations achevées, l'ouvrier réserve de quoi faire les lisières, place la toile sur le métier comme à l'ordinaire, fait ouvrir la croisure, et, au moyen de la navette, y passe un fil de la trame, qu'il enfonce dans le fond de l'angle de la croisière, et continue ainsi en frappant tantôt *à par ouvert* et tantôt *à par fermé*, jusqu'à ce qu'il ait fabriqué 0^m,014 d'étoffe. Alors le tisserand *règle* son ouvrage, rétablit les fils dans leur direction, renoue ceux qui sont cassés, etc. Il fait ensuite l'*entre-bande* ou *la tête*, le *chef*, le *cap* de la pièce (l'autre extrémité s'appelle *la queue*). On sait que c'est sur ces bandes qu'on inscrit à l'aiguille le nom du fabricant, qu'on prend les échantillons, etc. Lorsque le tisserand a fabriqué quelques centimètres de longueur, il met le *temple* pour soutenir dans toute sa largeur la pièce qu'il a fabriquée, et pour empêcher le rétrécissement que le *lancé* de la navette pourrait occasionner.

Le drap se tisse à trame mouillée; on ne l'enveloppe pas comme la toile sur un ensouple; on le déroule et on le jette sur le *faudet*, placé sous le métier, et c'est là qu'il sèche. Lorsque le tisserand reprend son travail, il doit, avec une éponge imbibée d'eau, mouiller la dernière partie de la toile fabriquée, afin d'éviter les *clairures*. Il doit aussi veiller avec soin à ce que les fils de la chaîne ne soient ni trop tendus ni trop lâches, et s'ils se cassent, les rétablir tout de suite. Avant de recevoir une pièce de drap achevée, le maître de la fabrique l'examine avec le plus grand soin. Lorsqu'elle est reçue, une *napeuse* y brode le nom du fabricant, celui du drap; l'endroit du drap se trouve être le côté de la toile qui présente le moins de nœuds ou de défauts. Après la réception des draps, on les soumet au *nopage*, c'est-à-dire qu'on dédouble les fils qui seraient doublés, qu'on rapproche les fils dans les clairures; à l'*épincetage*, qui a pour but de détruire les nœuds placés à la surface du drap, au moyen de pinces pointues, et à l'*époutissage*, qui a pour objet de retirer les ordures, les pailles prises dans le tissu, au moyen d'un petit balai de bouleau.

Le *foulage* des draps est l'opération indispensable à faire pour que l'étoffe de laine soit convertie en drap. En France et en Angleterre, on emploie des *maillets* pour le feutrage, et en Hollande et en Flandre des *pilons*. Ce travail comprend trois procédés : le *lavage*, le *dégraissage*, et le *feutrage*. Le *lavage* se fait avec une dissolution d'alcali. Il a pour objet de purger le drap de l'huile, de la colle, qui l'ont imprégné lors des opérations du cardage et du tissage. Il est très-essentiel de l'exécuter avant que la fermentation se soit développée dans le tissu. Dans le *dégraissage*, on emploie la terre glaise des *foulonnées*, qu'on place dans la *pile*. On y laisse tomber un filet d'eau, et on bat ensuite pendant six heures, jusqu'à ce que la graisse du drap soit absorbée par la glaise. Le *foulage* commence lorsque le drap est dégorgé et n'est plus que légèrement humide. On le place dans la pile du foulon, où l'on met d'abord une *eau blanche*. C'est une dissolution savonneuse avec laquelle on arrose le drap pendant qu'on le place dans la pile. Il est ensuite battu pendant dix ou trente heures, selon la qualité du drap; mais on interrompt ce travail toutes les deux heures pour détirer le drap et lui rendre de la dissolution savonneuse mise en réserve. Le foulage donne au drap du corps, du moelleux, de la beauté; mais c'est toujours aux dépens de sa largeur et de sa longueur. Lorsque le drap est foulé, on le fait dégorger dans l'eau claire.

Nous voici arrivés à la dernière division du travail des draps, c'est-à-dire aux *apprêts*. Ils comprennent le *lainage*, le *tondage*, le *ramage*, l'*époutissage*, le *couchage*, le *pressage* et l'*entoilage*. Le *lainage* se donne au moyen d'une machine appelée *laineuse*, et qui a pour objet de laisser prendre aux draps une façon en les tirant en longueur du côté de leur endroit, soit avec des cardes, des brosses dures ou des chardons. On parvient ainsi à couvrir d'un duvet serré la surface du drap et à donner aux poils la même direction. Le *tondage* se faisait autrefois par des ouvriers munis de cisailles ou *forces*, qui rasaient le drap dans toute sa longueur et largeur. On y a substitué depuis longtemps des machines très-perfectionnées, appelées *tondeuses*, et au nombre desquelles on place en première ligne celle de John Collier. L'objet de la tondeuse est de découvrir le tissu ou corde du drap pour que les chardons l'atteignent, pénètrent en démêlant les poils et les amènent à sa surface. Le *ramage* des draps s'entend de l'opération qui a pour objet de les mettre à *la rame* pour en faire disparaître les plis et leur donner une largeur uniforme dans toute leur longueur. Le *couchage* du poil des draps sert à donner, au moyen d'une machine de rotation, une même direction aux poils de l'étoffe du côté de l'endroit. Quand il est terminé, on plie la pièce et on l'envoie au *pressage*. Enfin, quand il a reçu toutes les façons, le drap est *endossé*, c'est-à-dire enveloppé. On laisse sortir le chef, pour qu'on puisse reconnaître tout de suite la marque, et on l'enveloppe de papier et d'une toile légère pour le livrer au commerce.

D'après ce tableau, tracé rapidement et présentant plus de seize opérations distinctes, on peut se faire une juste idée de l'étendue qu'exige une manufacture, si on y doit exécuter tous les travaux. Ce n'est qu'en parcourant les beaux établissements de Sedan, de Louviers et d'Elbeuf, qu'on peut avoir une opinion fondée sur le grandiose de notre fabrication en ce genre, fabrication qui a surtout pris des développements immenses depuis l'application des machines à vapeur. Il nous suffira d'ajouter qu'on estime à plus de 259 millions la valeur totale des produits que cette industrie livre annuellement au commerce; que sur cette somme on doit compter pour la consommation intérieure environ 224 millions, et qu'en admettant en France 30 millions d'habitants, on peut porter, terme moyen, à 7 fr. 50 la dépense annuelle d'habillement de chaque individu. Voilà un chiffre indicateur d'une grande prospérité. V. de Moléon.

Pendant un siècle et demi, les draps français ont offert sur ceux de toutes les autres nations une supériorité décidée sous le rapport de la qualité et de l'éclat de la couleur. Ils trouvaient, surtout dans le Levant, des débouchés d'une grande importance. Les guerres de la révolution interrompirent le cours régulier des échanges; d'autres habitudes se créèrent, et le commerce français lutte maintenant avec peine contre la redoutable concurrence que lui font l'Angleterre et la Belgique. Cette concurrence devient même de plus en plus funeste à nos manufacturiers; en effet, l'exportation des draps français avait été de 1,030,000 kilogrammes, moyenne annuelle des cinq années 1817-1821, et après être graduellement descendue jusqu'à 442,000 kilog. en 1831, elle n'a plus offert que le chiffre de 690,000 kilog., moyenne de 1833-1836. Se relevant dans une proportion assez forte, elle a été de 714,000 kil. en 1843 et de 921,000 en 1844. L'Amérique du Nord et celle du Sud, le Levant, l'Italie, l'Espagne sont les contrées pour lesquelles nos expéditions sont le plus considérables. Quant à la valeur officielle, elle résulte de l'estimation de 27 francs par kilog. qu'a adoptée la douane; après avoir flotté de 26 à 30 millions il y a une vingtaine d'années, après être tombée à 15 et même à 12, elle est restée à 19,300,000 francs en 1843, à 24,878,000 en 1844. Dans la réalité des choses, cette valeur officielle est supérieure à la valeur réelle de la marchandise exportée; le règlement des premiers à la sortie opéré en 1844 porte 924,000 kilog. de drap, d'une valeur déclarée de 21,900,000 francs. Cette valeur de fabrique sur laquelle est perçue un *drawback* de 9 pour 100, les déclarants la portent aussi haut qu'il est possible de la faire admettre. Il est donc juste de ne pas regarder comme allant au delà d'une vingtaine de millions le montant de nos exportations de drap en 1844. Les droits élevés mis sur la matière première paralysent l'essor de nos fabriques. Afin de protéger la propriété foncière, un droit de 33 pour 100, réduit ensuite à 22, est venu frapper les laines étrangères; cette taxe trop élevée cause à l'industrie un mal que ne peut réparer la prime. L'Angleterre a donné à ses exportations de draps un développement des plus remarquables, en suivant une marche tout opposée. Après avoir frappé d'un droit fort léger les laines étrangères, elle a pris le parti de les affranchir de tout impôt à l'entrée; elle a de même supprimé les taxes sur toutes les matières qui servent à la teinture; elle laisse au manufacturier, au commerçant, la liberté la plus complète d'extraction. La valeur déclarée des tissus de laine qu'elle a exportés fut de 5,600,000 livres sterling en 1820, de 6,500,000 en 1822, de 6 millions en 1824; elle fléchit ensuite de 5,500,000 à 4,500,000 sterling pendant quelques années; elle a offert en 1843 le chiffre de 6,790,000 l. st.; en 1844, celui de 8,204,000 l. st.; en 1845, celui de 7,674,000. C'est une valeur qui équivaut à 180,000,000 de francs tout au moins. On voit combien sous ce rapport les débouchés ouverts aux fabriques de la Grande-Bretagne l'emportent sur ceux dont l'industrie française est en possession.

G. Brunet.

DRAP D'OR (Camp du). *Voyez* Camp du Drap d'Or.

DRAP D'OR (*Conchyliologie*). *Voyez* Cone (*Histoire naturelle*).

DRAPEAU. Ce mot est moderne, quoique la chose qu'il exprime soit de toute antiquité (*voyez* Enseigne). Il n'y a eu de *drapeaux* proprement dits en France que depuis Charles VIII; l'armée de ce prince en emprunta le nom à l'Italie. Jusque là nos pères avaient marché sous des **bannières**, des **étendards**, des **pavillons**, des **pennons**, etc. Henri Étienne, conservateur zélé de la vieille langue, se plaignait, en 1583, de l'introduction, ou même de l'intrusion de cette expression italique, qu'on a d'abord écrite *drapel*, *drappeau*. Le sens de ce mot resta mal défini jusqu'à Charles IX. Aussi Brantôme appelle-t-il encore *arbre* ce que nous nommons *drapeau*. D'abord, *enseigne* et *drapeau* ont été synonymes, car l'enseigne était propre aux fantassins, comme le drapeau était et a continué d'être à leur usage. Mais les poëtes, les historiens, ont donné au terme *enseigne* une signification plus générale, et *drapeau* seul s'est conservé comme terme de l'art et de la loi alors que les cavaliers avaient pour enseigne l'étendard ou le guidon.

L'histoire du drapeau français est mal connue : des emblèmes, des attributs, des chiffres, des portraits, ont bariolé les immenses draperies attachées à une lourde pique. La couleur de cette draperie n'a été réglée par la loi qu'une seule fois, en 1789 (*voyez* Couleurs nationales). Sous Louis XIV, temps des régiments de princes et de seigneurs pour la plupart, leurs drapeaux étaient à armoiries diverses. Sous Louis XV, temps des régiments de provinces, presque tous, la couleur de l'étoffe a continué d'être diverse, mais partagée en général d'une croix blanche. Pendant longtemps il y eut autant de drapeaux que de compagnies; au temps du maréchal de Saxe, il y en avait trois par bataillon. Ils se sont bientôt réduits à un seul. La révolution de 1789 adopta le drapeau tricolore. On remplaça les cravates blanches par des cravates tricolores. Ils portaient d'un côté cette inscription : *Discipline et obéissance à la loi*; de l'autre le numéro du régiment et les noms des actions éclatantes où il s'était trouvé. Sous l'empire (1804), la première inscription fût remplacée par ces mots : *L'empereur à tel régiment*, entourés de feuilles de chêne. A la Restauration, les drapeaux reprirent la couleur blanche, et furent de nouveau décorés de l'écusson aux armes de France. A l'époque de l'organisation des légions départementales (1815-1816), on donna un drapeau par légion et un grand fanion par bataillon. La révolution de Juillet 1830 fit reparaître les couleurs nationales, abandonnées depuis quinze années. Après la révolution de Février, on changea les drapeaux. Les couleurs restèrent dans le même ordre, mais le morceau d'étoffe fut moins grand; on mit alors ces mots sur les drapeaux : *Liberté, égalité, fraternité*, et au milieu *Unité*. Au 10 mai 1852, eut lieu une nouvelle distribution de drapeaux avec l'inscription de quatre ou cinq batailles auxquelles s'est trouvé le régiment. Pour l'École de Saint-Cyr, l'inscription est celle-ci : *Ils s'instruisent pour vaincre*. Avant 1789, la hampe des drapeaux était surmontée d'un fer de six pouces de longueur, terminé en pointe comme le fer d'une hallebarde. Sous l'Empire, ce fer fut remplacé par un aigle aux ailes éployées. Sous la Restauration, c'était un fer de lance en forme de fleur de lys, remplacé à la révolution de Juillet par le coq gaulois. Après Février, ce fut un fer de lance avec une couronne au milieu de laquelle on voyait un coq, puis au-dessous, dans un carré, les lettres R. F. Depuis le 10 mai 1852 l'aigle aux ailes éployées a remplacé la lance; il est doré pour la troupe, argenté pour la garde nationale.

Avant la révolution de 1789, lorsqu'un régiment était en bataille ou en ligne, la *garde du drapeau* était confiée à quatre sergents et à huit caporaux. Depuis cette époque elle appartient aux fourriers. Les drapeaux et étendards, placés au centre du régiment, saluent lorsque le saint-sacrement passe devant la troupe; ils saluent aussi le chef de l'État, les princes, les grands dignitaires, les ministres et les maréchaux, lorsqu'ils traversent le front d'un régiment ou qu'ils le passent en revue. Les généraux commandant les divisions et subdivisions militaires sont salués du drapeau ou de l'étendard à leur entrée d'honneur dans les places de leur commandement qu'ils viennent visiter. Il en est de même pour les inspecteurs généraux en tournée. On place une garde et une sentinelle au drapeau, qui est déposé chez le commandant du corps. L'officier qui est chargé de le porter se nomme *porte-drapeau* dans l'infanterie et *porte-étendard* dans la cavalerie.

De nos jours, l'Autriche et l'Espagne ont le drapeau rouge et blanc; la Prusse, les Deux-Siciles et le Portugal blancs, ce dernier avec un carré rouge; la Russie rouge, à croix bleue, prise des quatre coins du drapeau; la Grande-Bretagne rouge, avec une triple croix bleue et rouge; la Bavière bleue, avec un carré blanc, coupé d'une croix bleue; la Saxe, bleu et blanc, à bandes verticales; la Suède, bleu, avec une croix jaune; le Danemark rouge, avec une croix blanche; la Sardaigne, dont le drapeau particulier est blanc, avec une croix rouge, a gardé depuis 1848 le drapeau italien vert, blanc et rouge; la Hollande, orange, blanc et bleu, à bandes verticales; la Belgique, noir, jaune et rouge; le Brésil, vert et jaune. Au drapeau se rattache l'honneur du corps qui le possède. Il devient pour lui non-seulement un signe de ralliement, mais encore comme un objet de vénération. On peut donc le comparer au palladium des anciens, qui était regardé par eux comme la source et le gage de la victoire. La perte d'un drapeau faite par un régiment au milieu d'une bataille est pour lui une flétrissure. Il doit pour en mériter un nouveau en prendre à l'ennemi, ou prouver par un éclatant fait d'armes que cette perte n'a pas été occasionnée par une lâcheté, mais seulement par une circonstance malheureuse. Encore, quelques grands capitaines ne se contentent-ils pas d'une seule réparation. Dans les champs d'Austerlitz, et après qu'une brillante victoire venait de couronner la valeur de nos troupes, Napoléon passait la revue de l'armée. Un régiment seul était sans drapeau : « Soldats du 4e, s'écrie alors le général d'une voix terrible, soldats du 4e, qu'avez-vous fait de l'aigle que je vous avais donnée?... » Le colonel s'approche, et, sans répondre un mot, il présente six drapeaux enlevés aux Russes et aux Autrichiens. « Cela prouve que vous n'avez pas été des lâches, reprend le vainqueur d'Austerlitz, mais vous avez pu être imprudents. Ces six drapeaux ne me rendent pas mon aigle. » A la bataille suivante, le brave régiment se faisait décimer pour conquérir un nouveau drapeau.

La *bénédiction des drapeaux* est une cérémonie chrétienne, dont on fait remonter l'institution à l'empereur Léon, dans le neuvième siècle. Elle avait lieu jadis au milieu du déploiement de toute la pompe militaire. Chaque porte-drapeau baisait la main du célébrant (ordinairement c'était un évêque), en recevant l'enseigne, et celui-ci lui donnait le baiser de paix, en disant : *Pax tibi* (que la paix soit avec vous!) « Les soldats, disait le maréchal de Saxe, doivent se faire une religion de ne jamais abandonner leur drapeau. Il leur doit être sacré, et l'on ne saurait y attacher trop de cérémonies pour le rendre respectable et précieux. Si l'on peut y parvenir, on peut aussi compter sur toutes sortes de bons succès. La fermeté des soldats, leur valeur, en seront les suites. » Qui ne connaît le beau discours prononcé par Massillon à la bénédiction des drapeaux du régiment de Catinat, l'un des chefs-d'œuvre de l'art oratoire? Au 10 mai 1852 les drapeaux furent bénis par l'archevêque de Paris, M. Sibour.

Quant au *serment du drapeau*, proprement dit, il remonte à la plus haute antiquité et se pratiquait toujours avec pompe. Chez les Romains, le serment prêté aux enseignes se faisait en présence des augures, et après une énergique allocution du général. Les nations qui les premières embrassèrent le christianisme entourèrent cette pompe des mystères de la religion. Ils firent bénir leurs enseignes par les évêques, sur un autel établi en plein air, en présence de toute l'armée. Cette cérémonie, qui se pratiquait dans les circonstances extraordinaires, était aussi accompagnée de la plus grande solennité. Cet usage traversa tout le moyen âge sans subir aucune altération; ce n'est que depuis le seizième siècle que l'on supprima quelques-unes des anciennes coutumes. Aujourd'hui, dans les cérémonies ordinaires, le drapeau est béni dans l'église métropolitaine du lieu où le régiment tient garnison. La bénédiction achevée, il est amené devant le front du corps auquel il est destiné. C'est alors que le général, accompagné de l'intendant militaire, en fait la remise solennelle et requiert des officiers et de la troupe la prestation du serment prescrit par la loi. Cela s'appelle la *réception des drapeaux*. Procès-verbal de la cérémonie est immédiatement adressé au ministre de la guerre. Les souverains se réservent ordinairement le soin de donner eux-mêmes les drapeaux aux corps de l'armée. Cela se pratique après un changement de gouvernement, qui amène toujours une nouvelle prestation de serment de la part des troupes. Quelques mois après le couronnement de Napoléon Ier, les drapeaux surmontés de l'aigle furent solennellement délivrés : même cérémonie eut lieu à la rentrée de Louis XVIII; au retour de l'île d'Elbe, le 27 mars, et le 2 mai 1831 après l'avénement de Louis-Philippe; à l'issue de la proclamation de la république, en 1848; et quand Louis-Napoléon, après le coup d'État du 2 décembre 1851, rendit à l'armée française les aigles de l'empire.

Les drapeaux pris sur l'ennemi sont généralement conservés dans un lieu public. Autrefois on les suspendait aux voûtes de Notre-Dame, aujourd'hui ils ornent la chapelle des Invalides. Lors de l'entrée des alliés à Paris, on les brûla en grande partie; cependant on en a retrouvé depuis. Anciennement l'archevêque marchait dessus en les recevant.

DRAPEAU ROUGE. Les enseignes des armées romaines furent longtemps de pourpre. En France, l'oriflamme de Saint-Denis était couleur de feu. Le Père Daniel dit que, dans l'entrée de Charles VIII à Rome, l'étendard royal était de satin cramoisi. Le rouge entra pour sa part dans le drapeau tricolore en 1789. Bientôt l'Assemblée constituante vota une loi **martiale** destinée à la répression des émeutes qui se multipliaient. D'après cette loi, chaque fois que les circonstances en nécessiteraient la proclamation, le canon d'alarme serait tiré, et le *drapeau rouge* arboré sur la maison commune pour annoncer aux attroupements qu'ils eussent à se dissiper : après quoi, en cas de refus, le magistrat, revêtu de ses insignes, devait sommer verbalement, par trois fois, le rassemblement de se séparer, faute de quoi on commandait le feu. Le 17 juillet 1791 le drapeau rouge fut déployé au Champ-de-Mars par **Lafayette** et **Bailly**, et la loi fut appliquée contre des individus qui demandaient la déchéance de Louis XVI. La loi martiale fut abolie par la Convention, mais on revit encore bien des fois, depuis, des lois contre les **attroupements**; et le drapeau rouge finit par devenir l'étendard de l'insurrection, par opposition au drapeau tricolore. Sous Louis-Philippe, le drapeau rouge fut l'enseigne de la Société des Droits de l'Homme. Après la victoire de Février, le drapeau rouge fut arboré sur quelques barricades, et on essaya de l'imposer au gouvernement provisoire; mais M. de Lamartine entraîna les avis par cette antithèse : « Le drapeau tricolore, citoyens, a fait le tour du monde avec la république et l'empire, avec vos libertés et vos gloires. Le drapeau rouge n'a fait que le tour du Champ-de-Mars, traîné dans le sang du peuple. » Le même jour le drapeau rouge disparaissait de la dernière barricade. Bientôt il reparaissait dans quelques clubs, et enfin sur certains points il servit de signe de ralliement à l'insurrection de Juin, restant le symbole de la démocratie la plus avancée.

DRAPERIES. Ce mot, dans les beaux-arts, sert à désigner les étoffes que l'artiste représente dans ses compositions, soit qu'elles entrent dans l'habillement des figures, soit qu'on les emploie comme ornements propres à faire connaître les usages, les costumes ou les mœurs, ou bien pour décorer des fonds et produire plus d'effet en faisant mieux ressortir les figures du premier plan. Cette partie de l'art est fort importante, et l'on peut voir dans une foule de tableaux combien il est nécessaire en ceci, comme en tout, d'étudier et de copier la nature, pour ne pas tomber dans les absurdités que l'on rencontre dans beaucoup des ouvrages de la plus grande partie du dix-huitième siècle.

Les statuaires anciens nous ont laissé d'excellents exemples dans l'art de jeter les draperies : parmi les peintres modernes, on doit citer en première ligne Raphael et Poussin. Les draperies doivent toujours être en rapport avec le genre que l'on traite, et le peintre de portraits même doit avoir soin d'assortir les étoffes et les couleurs à l'âge, à la profession et au tempérament de ceux qu'il représente : les vêtements d'un vieillard ne devront pas être faits d'étoffes légères, et leur mouvement sera faible comme les membres qui les portent; les jeunes filles, et surtout les nymphes, auront des voiles de gaze ou de mousseline, dont les plis céderont facilement à l'impression du zéphyr. Quoique les statuaires anciens aient souvent employé des plis très-fins dans l'ajustement de leurs statues, on peut dire que généralement les plis des draperies doivent être larges et en petit nombre parce que de petites formes multipliées égarent la vue, et partagent l'attention. Si le caractère des vêtements, si la finesse des étoffes, exigent de petits plis, ils doivent au moins être distribués par groupes, en sorte que plusieurs de ces petits plis ne soient que des parties subordonnées d'une même masse formée par un pli principal.

Les draperies peuvent contribuer à faire bien connaître l'action ou l'expression des personnages. L'un d'eux, par exemple, vole-t-il dans les airs, la draperie doit faire connaître si la figure monte ou descend. Si elle monte, une colonne d'air supérieure pèse sur sa draperie; si elle descend, au contraire, l'air soutient et soulève ses draperies. On doit encore voir par le jeu des draperies si une figure est en action, ou si l'action a cessé, si le mouvement a été lent, vif ou violent. L'artiste doit aussi avoir soin de choisir ses draperies, et ne pas employer, par exemple, des étoffes vénitiennes dans des scènes de l'Europe septentrionale, ni de la soie dans des sujets tirés de l'histoire ancienne. En drapant ses figures, un artiste ne doit pas oublier que le nu est la partie principale; que les draperies ne sont qu'un accessoire destiné à le couvrir, et non à le cacher; qu'elles ne doivent point être l'effet du caprice, mais que l'on doit en sentir et en reconnaître la nécessité; que par conséquent les vêtements ne doivent être ni étroits et guindés, parce qu'ils gêneraient les mouvements, ni trop amples, parce qu'ils les embarrasseraient. Dans un raccourci surtout, l'artiste qui éprouverait quelque embarras pour le bien rendre aurait grand tort de penser qu'il peut cacher son ignorance ou sa paresse sous un amas de plis inutiles. Le critique éclairé remarquera le défaut, par l'affectation même que l'on a mise pour le cacher. On doit donc toujours sentir le nu sous les draperies, on doit surtout pouvoir deviner, par la disposition des plis, la place des jointures et des emmanchements. Afin de ne pas se fourvoyer, un artiste doit avoir l'attention de dessiner sa figure nue avant de la draper. Sans cette précaution, il pourait courir le risque de s'égarer, et ajouter ou retrancher sans s'en apercevoir à la proportion de certaines parties dont le contour et les formes se perdent quelquefois sous les plis.

Pour avoir plus de facilité à copier les draperies, les peintres se servent ordinairement de mannequins, figures ayant des jointures en bois à tous les membres. Mais ils doivent faire bien attention que par ce moyen leur draperie n'a pas la souplesse qu'elle aurait eue s'ils l'avaient étudiée sur la nature. Souvent on dit qu'une draperie *sent le mannequin* lorsqu'il y a de la roideur et de la dureté dans ses plis. Les artistes doivent donc faire une grande attention à s'assurer si leur mannequin leur offre des plis semblables à ceux qu'ils trouveraient sur le modèle vivant. Il est nécessaire de faire ici une observation de la plus haute importance, c'est qu'il ne suffit pas toujours d'imiter la nature, il faut encore chercher ce qui est convenable. Ainsi, dans un portrait, il est tout simple de faire tenir un mouchoir à la main; mais s'il se trouve former un tampon, le peintre aurait beau l'imiter avec une grande perfection, il ne donnerait pas une preuve de goût. Il faut donc avoir soin de bien disposer une draperie; mais il faut qu'il s'y trouve quelque chose de naïf, qui ne fasse sentir en rien l'arrangement, et qui rappelle la nature dans sa simplicité, son abandon et ses heureux hasards.

Il est encore une autre manière d'étudier les draperies; c'est de les mouiller avant de les placer; souvent par ce moyen on obtient des résultats heureux, et les statuaires anciens nous en fournissent un grand nombre d'exemples; mais l'artiste doit bien s'assurer, avant de copier la draperie, que souvent il a jetée au hasard, si réellement les plis sont heureux, et surtout naturels, car c'est toujours l'imitation de la nature que l'on doit chercher sans relâche.

Duchesne aîné.

DRAPIERS (Corporation des). Au nombre des plus anciens corps de métiers qui existaient dans Paris avant la révolution de 1789, on comptait avec raison celui des *drapiers*. Il est difficile de fixer la date où précisément cette corporation commença son établissement; ce qu'il y a de certain, c'est que, en 1183, le roi Philippe-Auguste allouait, moyennant cent livres de cens, à la corporation des drapiers vingt-quatre maisons confisquées sur les juifs. Ces maisons étaient situées dans la Cité, non loin du Palais, dans la rue qu'on appelait alors *Judæaria Pannificorum*.

Depuis, cette rue porta le nom *de la Vieille Draperie*, qu'elle a gardé jusqu'à sa suppression.

En 1219 la corporation jouissait d'une grande importance. Par un acte de cette année un bourgeois de Paris, nommée Raoul Duplessis, céda à la corporation une maison avec son pourpris, située derrière le mur du Petit-Pont, plus les droits qu'il percevait sur diverses maisons contiguës à l'hôtel, où les confrères tenaient leurs réunions. Plus tard, ils transportèrent leurs réunions sur la rive droite de la Seine, rue des Déchargeurs, dans une maison appelée les *Carneaux*. « En 1527, dit Sauval, c'était un vieux logis qui appartenait à Jean-le-Bossu, archidiacre de Josas, que les drapiers eurent de lui pour le prix de 1,800 livres, et en échange d'une autre maison située rue du Chevalier du Guet. » Ce bureau, construit au commencement du dix-septième siècle, était surtout remarquable par la richesse de son frontispice. L'architecte Libéral Bruant en était l'auteur.

Philippe-Auguste avait accordé à la corporation des drapiers plusieurs priviléges : en cas d'une taille imposée sur la ville, eux seuls avaient le droit de déterminer la somme qu'ils pouvaient payer, et de la percevoir sur leurs confrères. Ils prétendaient aussi avoir reçu de ce roi la halle aux draps, avec l'autorisation d'en nommer le gardien. Le *Livre des Métiers* d'Étienne Boileau ne renferme aucune disposition relative aux drapiers. On peut conclure de ce silence gardé par le prévôt de Paris au sujet d'une corporation qui existait sûrement à la fin du quatorzième siècle, qu'elle avait des statuts établis depuis longues années, et que par conséquent elle n'avait pas besoin d'être organisée.

Au commencement du seizième siècle, les drapiers, voyant les autres corps de métiers pourvus depuis peu de règlements complets, crurent nécessaire de renouveler les leurs et de les faire confirmer par des lettres patentes émanées du roi. Au mois d'avril 1309, ils obtinrent de Philippe le Bel une ordonnance qui non-seulement remettait en vigueur tous les usages de leur confrérie, déjà ancienne, mais encore réglait l'exercice de leur commerce. Au nombre des articles relatifs à la confrérie, on remarque ceux-ci : Chaque pièce de drap achetée par un confrère doit à la société un denier parisis, pour du blé donné aux pauvres. Le confrère retiré du commerce doit par an huit sous parisis. Les articles relatifs au commerce du drap sont au nombre de trente-deux; quelques-uns sont fort détaillés; tous attestent l'importance qu'avait alors dans Paris cette branche d'industrie. La corporation des drapiers se divisa au quinzième siècle en deux communautés, l'une, des *drapiers* proprement dits, et l'autre, des *drapiers chaussetiers*. Des intérêts divers les ont souvent divisées. Elles se réunirent en 1623, et en 1648 les deux communautés s'assemblèrent dans la même église. D'après l'arrêt du conseil de 1687, le corps des drapiers avait seul le droit de vendre, soit en gros, soit en détail, en magasin et en boutique, toutes sortes de draperies de laine et de soie. Il pouvait aussi, concurremment avec le corps des merciers, vendre toutes sortes de serges, de bouracans et d'étoffes de toile.

Les drapiers ont toujours été placés en tête des six corps de métiers, et leurs chefs occupaient le premier rang dans les cérémonies. Il y avait six maîtres et gardes préposés à la conservation des priviléges de la corporation et au maintien de ses statuts et règlements. Les drapiers, depuis le 27 juin 1629, avaient pour armoiries un navire d'argent à la bannière de France, en champ d'azur, un œil en chef, avec cette légende : *Ut cæteras dirigat;* ce qui donnait à entendre que leur corporation était la première des six corps de métiers. LE ROUX DE LINCY.

DRAP MARIN. On nomme ainsi une couche épidermoïde comme feutrée, qui recouvre la surface extérieure d'un grand nombre de coquilles marines, principalement de bivalves.

Les amateurs et les marchands d'histoire naturelle emploient souvent le mot *drap* suivi de telle ou telle épithète pour indiquer diverses espèces de coquilles, surtout celles du genre *cône*. On peut citer comme exemple les *draps d'argent, d'or à dentelle, d'or violet, orangé, piqueté*, etc., qui sont les *conus stercus muscarum, textilis, abbas archiepiscopus, auratus* et *nussatella*, de Linné; le *drap mortuaire* est une olive, l'*oliva lugubris*. P. GERVAIS.

DRAP MORTUAIRE. Ce nom n'est pas seulement usité pour désigner une coquille (*voyez* DRAP MARIN). Il s'applique encore vulgairement à un insecte du genre *cétoine*, le *cetonia stictica* de Latreille. On appelle aussi *drap mortuaire* une variété de marbre lumachelle qui est d'un noir foncé, parsemé de coquilles blanches, coniques, de deux à trois centimètres de long.

DRAPPÈS, chef sénonais, fut l'un des plus redoutables adversaires contre lesquels César eut à lutter dans les Gaules. Dans la longue et rude campagne que couronnèrent la prise d'Alésia (*voyez* ALISE) et la soumission de Vercingétorix, on l'avait vu, à la tête d'une bande d'esclaves fugitifs et de bannis, harceler et inquiéter sans cesse l'armée romaine; et quand, plus tard, une nouvelle insurrection éclata dans les Gaules, il n'avait pas été sans exercer une influence décisive sur ce mouvement patriotique. Mais l'habileté de César triompha encore de cette coalition, qui eût pu être si fatale à ses troupes et à sa fortune. Il battit successivement, soit en personne, soit par ses lieutenants, les Carnutes, les Bellovaques et les Andes. Drappès, obligé de céder à l'étoile de César, se jeta, avec 5,000 hommes, qu'il était parvenu à rallier, dans Uxellodunum, où, assiégé bientôt après par Caninius, il fut fait prisonnier dans une sortie. Redoutant la vengeance d'un vainqueur qui avait à punir en lui l'un des instigateurs d'une insurrection qui avait un instant compromis la puissance romaine dans ces contrées, il se laissa mourir de faim, pour échapper au supplice cruel qu'il croyait lui être réservé.

DRASTIQUES. On nomme ainsi des médicaments purgatifs très-énergiques, dont l'usage est restreint à un bien petit nombre de cas par les praticiens sages. Tels sont le suc de nerprun, l'ellébore, la gomme-gutte, la scammonée, le jalap, la coloquinte, etc. Ces substances irritent profondément la membrane muqueuse des voies digestives; administrées à des doses très-modérées, elles déterminent des évacuations muqueuses très-abondantes, et quelquefois, au contraire, de violents et inutiles efforts pour aller à la garde-robe; à des doses un peu fortes, les drastiques peuvent causer un véritable empoisonnement. Des propriétés aussi actives sont exploitées néanmoins par le charlatanisme, au risque de faire périr bon nombre de malades : en effet les drastiques entrent dans la composition de la plupart de ces soi-disant *panacées*, telles que les poudres d'Ailhaud, la médecine Leroy, etc., auxquelles le vulgaire attribue une efficacité presque surnaturelle, et qui captivent sa faveur souvent aveugle. Il est vrai que quelques cures brillantes leur doivent de temps en temps être attribuées; elles n'ont été obtenues qu'avec de grands risques, et sont publiées avec emphase, tandis que les nombreux accidents que ces remèdes déterminent ne sont que notés timidement par les médecins; ils craignent de se commettre avec l'hydre du charlatanisme. BAUDRY DE BALZAC.

DRATSCH. *Voyez* DURAZZO.

DRAVE ou DRAU, l'un des affluents les plus importants du Danube, provient de deux sources principales, situées dans la partie orientale du Tyrol. Tant qu'elle n'atteint pas le duché de Carinthie, cette rivière reste aussi peu large que peu profonde. Mais alors elle devient navigable dès Villach, et traverse un pays moins montueux et où rarement sa vallée se trouve resserrée par quelque groupe plus considérable de montagnes. Il en est de même dans toute la Styrie méridionale, où elle baigne les murs de Marburg et Friedau; et à Warasdin elle atteint le territoire hongrois, après avoir formé la ligne de démarcation séparant la Hongrie au nord, de la Croatie et de la Slavonie au sud. Dans ce long parcours, elle traverse d'un cours lent et souvent embarrassé des contrées basses et parfois marécageuses; mais au moment où elle vient se jeter dans le Danube à Almas, au-dessous d'Essey, elle présente un volume d'eau large et puissant. Son cours entier embrasse une étendue de 61 myriamètres. A partir de Villach elle donne lieu à un mouvement de navigation important, quoique diverses chutes et cataractes l'entravent au-dessus de Vœlkermarkt. Le plus important de ses nombreux affluents est la Mur ou Muhr, dont le parcours est d'environ 50 myriamètres. C'est le plus important cours d'eau de la Styrie. Il devient navigable à Iudenburg, traverse Gratz, et se deverse dans la Drave, au-dessous de Warasdin.

DRAWBACK, mot que nous avons tiré de la langue anglaise (*draw*, tirer, *back*, en arrière), et usité dans le commerce pour exprimer la remise ou la restitution à la sortie de la taxe perçue sur certaines marchandises lors de leur entrée. Chez nous, la douane est autorisée à rembourser cette taxe aux denrées étrangères qui ont été manufacturées en France. Le commerce de transit et l'exportation se trouvent ainsi encouragés; mais de graves reproches peuvent être adressés à ce système. Comme la douane est obligée de prendre pour base le rendement d'une matière première quand elle est fabriquée, pour restituer les droits à la sortie, il est rare qu'elle ne soit pas trompée, car il est toujours possible d'enfler le chiffre des déchets, et de présenter un produit comme le résultat de données exotiques, quand souvent on y a introduit plus ou moins de matières indigènes.

Voici encore d'autres inconvénients. Le commerçant qui importe cherche tous les moyens d'atténuer la valeur réelle de ses marchandises, pour éviter en partie de payer les droits, souvent énormes, auxquels elles sont assujetties, tandis que celui qui exporte tend à exagérer cette valeur pour obtenir un plus fort *drawback*. Leurs profits s'accroissent donc ainsi aux dépens du trésor. Ajoutons que la contrebande, ce contre-poids des mauvaises lois de douanes, ne cesse d'introduire, par les moyens les plus ingénieux, une foule de produits qui s'exemptent des droits, mais qui n'en réclament pas moins à la sortie leur part du *drawback*. N'a-t-on pas vu des sucres sortir au grand jour par la frontière, et rentrer la nuit par petites portions, pour ressortir le lendemain en masse, et faire ainsi la navette en dépit de la douane! On connaît de hauts et puissants seigneurs de l'industrie qui, ayant trouvé ce moyen bon, mettaient à profit sur la frontière cet expédient que leur offrait la contrebande, et faisaient ailleurs des lois contre les contrebandiers. Quelquefois le *drawback* excède le droit payé sur un article; dans ce cas l'excédant forme réellement une prime et doit être considéré comme tel. J[h] GARNIER.

DRAYOIRE, DRAYURE. Voyez CORROYEUR.

DREBBEL (CORNELIS), physicien et mécanicien célèbre, n'était d'abord qu'un simple paysan. Né en 1572, à Alkmar, dans la Hollande méridionale, et doué d'un rare esprit d'observation, il parvint en peu de temps, grâce aux belles expériences qu'il fit en optique et en mécanique, à une telle réputation de savoir, que l'empereur Ferdinand II lui confia l'éducation de ses fils, et plus tard le nomma membre de son conseil. En 1620 il fut fait prisonnier et dépouillé de tout ce qu'il possédait par les troupes de l'électeur palatin, Frédéric V; mais l'intervention du roi d'Angleterre, Jacques Ier, beau-père de l'électeur palatin, le fit rendre à la liberté; depuis cette époque, il vécut constamment à Londres, tout entier aux travaux de la science, et mourut dans cette ville, en 1634.

Les renseignements que nous ont transmis ses contemporains sur ses diverses tentatives scientifiques semblent fabuleuses. Ce qu'il y a d'incontestable, c'est que, pour le temps où il vivait, il possédait en optique et en mécanique des connaissances extrêmement étendues, et qu'on lui est redevable de l'invention de divers instruments, par exemple, celle du microscope composé, sorte de terme moyen entre le télescope et le microscope, et enfin, en 1630, de l'invention, bien autrement importante, du thermomètre que Halley, Fahrenheit et Réaumur perfectionnèrent après lui. Quelques personnes lui attribuent aussi, mais à tort, l'invention du télescope.

DREBBEL (NICOLAS), Hollandais, fort peu connu d'ailleurs, découvrit, vers la fin du seizième siècle, à l'occasion de diverses expériences de chimie auxquelles il se livrait, l'art de teindre en écarlate; secret qu'il confia à sa fille, et dont le mari de celle-ci, appelé Cuffler, fit la première application à Leyde.

DRÈCHE, anciennement *dresche*, orge dont on a arrêté la germination au moyen de la chaleur, et qui sert à faire de la bière. Il y a de la *drèche blanche* et de la *drèche brune*. Le marc de la drèche peut servir à la nourriture des troupeaux, et surtout des vaches laitières, mais seulement quand il est frais : la drèche aigre leur serait préjudiciable. On emploie quelquefois aussi la drèche en médecine, comme antiscorbutique et antiscrofuleuse.

DRENTHE, province la plus pauvre et la moins peuplée du royaume des Pays-Bas, bornée à l'est par le Hanovre, au nord par la province de Groningue, à l'ouest par la Frise, et au sud par l'Over-Yssel. Sa superficie est d'environ 24 myriamètres carrés, et sa population de 85,000 âmes. Son sol, presque entièrement plat, ne se compose guère que de marais, de tourbières et de sables. Une population pauvre sait cependant tirer de ce sol ingrat assez bon parti pour lui faire produire des pommes de terre et du sarrasin, et elle y élève un peu de bétail. C'est là que la Hollande a tenté ses premiers essais de colonies agricoles, dont les résultats d'ailleurs n'ont pas répondu à ses espérances.

Meppel sur l'Aa, avec 6,000 habitants, est le chef-lieu de la Drenthe; un canal la met en communication avec *Assel*, bourg de 2,000 âmes, bâti sur l'Hornedip.

Au moyen âge la Drenthe formait un comté qui dépendait de l'Empire d'Allemagne, et que l'empereur Henri III concéda aux évêques d'Utrecht, à titre de fief. Au commencement du seizième siècle, le duc de Gueldre s'en rendit maître; mais le successeur de ce prince dut, en 1538, la restituer à l'empereur Charles-Quint, qui l'incorpora aux Pays-Bas, dont elle a depuis lors toujours partagé les destinées.

DREPANIUS (LATINUS PACATUS), poëte et orateur latin, né à Bordeaux ou à Agen, fut l'ami d'Ausone. Envoyé à Rome, en 388, pour féliciter Théodose de la victoire que ce prince avait remportée sur Maxime, il prononça à cette occasion dans le sénat un panégyrique de l'empereur, qui s'est conservé jusqu'à nos jours, et dont Aratzenius a donné une édition en 1753. Théodose, reconnaissant, nomma l'orateur proconsul en Afrique, puis intendant du domaine.

DRESDE, capitale du royaume de Saxe, bâtie dans une charmante vallée, sur les deux rives de l'Elbe, se compose de la vieille ville (*Alt-Stadt*) et de ses trois faubourgs, sur la rive gauche du fleuve; de la *Friedrichstadt* (ville de Frédéric), séparée de la première par la Werseritz et construite par Auguste II sur l'emplacement d'un village appelé Neu-Ostra; de la ville neuve (*Neu-Stadt*), sur la rive droite de l'Elbe, quartier qui ne porte ce nom que depuis 1730 et qui auparavant s'appelait vieux Dresde; enfin, de l'*Antonstadt*, qui depuis 1835 constitue une quatrième partie de la ville, comprenant les constructions et les établissements nouvellement élevés au nord de la ville neuve. Au nord-ouest de l'Antonstadt, on trouve *Scheunenhœfe* et *Stadt-Neudorf*, qui peuvent être considérés comme ses faubourgs.

Dresde est une *jolie* ville, mais, d'après les idées de l'architecture moderne, on ne saurait dire que c'est une *belle* ville. Dans la vieille ville on compte quatre places, et deux dans la ville neuve. En 1834 la population de cette capitale était de 66,133 habitants, et en 1849 de 94,000, dont 88,181 luthériens, 553 réformés, 4,411 catholiques romains, 238 catholiques allemands, 37 catholiques grecs et 672 israélites. Depuis l'ordonnance municipale de 1832, les quatre différents quartiers de la ville ne forment qu'une seule et même commune. L'éclairage de la voie publique date de 1705 pour la vieille ville, de 1728 pour la ville neuve, de 1780 pour la Friedrichstadt, de 1784 pour les faubourgs de la vieille ville. Les premiers essais d'éclairage au gaz eurent lieu sur la place du château, sous le règne du roi Antoine : et à partir de 1828 on s'est occupé de l'introduire successivement dans les différentes parties de la ville.

Dresde abonde en monuments et en trésors artistiques de tous genres; et c'est à bon droit que Herder l'a surnommée la *Florence de l'Allemagne*. Parmi ses nombreuses églises, on distingue surtout celle de Notre-Dame, construite de 1726 à 1745, et pourvue d'une tour haute de 110 mètres; l'église catholique, construite de 1737 à 1756, sur les plans de Gaetano Chiaveri, où l'on admire un magnifique orgue de Silbermann, 59 statues de saints par Mattieli, un grand tableau d'autel par Raphael Mengs, et une foule d'autres toiles pour chapelles latérales et plafonds par Mengs, Retari, Sylvestre, Torelli et autres; l'église Sainte-Sophie ou église évangélique de la cour, restaurée depuis 1835, construite de 1551 à 1557, pour le couvent des moines gris, terminée dans sa configuration actuelle à la fin du seizième siècle, par la veuve de Christian Ier, avec un portail magnifiquement sculpté, qui appartenait primitivement à la chapelle protestante du château, et un *Ecce Homo* en albâtre ; enfin, l'église de la Sainte-Croix, détruite lors du bombardement de Dresde en 1760, reconstruite de 1764 à 1792, sur les plans de Schmidt d'abord, et ensuite d'Exner, avec un tableau d'autel par Schœnau, représentant le crucifiement de Notre Seigneur J.-C. et où se fait un service divin en langue *wende*. La synagogue a été construite, dans le style oriental d'après les plans de Semper.

Le château royal, édifice informe, commencé en 1534 par le duc Georges et terminé par Auguste II, est surmonté d'une tour haute de 118 mètres; sa chapelle renferme plusieurs beaux tableaux de Guido Reni, d'A. Carrache, du Poussin et de Rembrandt. La salle du trône est ornée de grandes fresques par Bendemann. Le palais des princes, construit en 1718 par Auguste II, embelli en 1760 par son successeur, considérablement modifié et agrandi en 1843 et 1844, est habité aujourd'hui par le prince Jean et par ses fils les princes Albert et Georges. Le *Zwinger*, commencé en 1711, sur les plans de Pœppelman, et qui ne devait être que le vestibule d'un palais autrement grandiose, est un édifice dans le goût de l'ancienne architecture française, dont l'ornementation a peut-être le défaut d'être trop riche, et qui renferme de précieuses collections d'art et d'antiquités. Des six pavillons qui ornent le *Zwinger*, celui du sud et une partie de la galerie adjacente ne sont plus qu'une ruine depuis la journée du 6 mai 1849. Au centre de l'édifice s'élève depuis 1843 le monument en bronze du roi Frédéric-Auguste Ier, autour duquel on range en été cent orangers.

L'arsenal fut achevé en 1760 ; il occupe une place importante dans l'histoire de la révolution de mai 1849. Depuis lors des grande précautions ont été prises pour le mettre à l'abri d'un coup de main.

Le théâtre, bâti à côté de l'église catholique, est un des plus beaux monuments qu'on puisse voir à Dresde. Sa façade est ornée des statues colossales de Gœthe, de Schiller, de Gluck et de Mozart par Rutschel; et ses deux frontons latéraux, de groupes représentant Oreste poursuivi par les furies, et la Musique s'élevant sur les ailes d'un aigle, œuvre du même artiste. C'est pour la frise du côté de derrière que Hæhmel a exécuté en relief son célèbre Triomphe de Bacchus. Les statues de Molière, d'Aristophane de, Shakespear et d'Euripide sont aussi de lui. La magnificence de l'ornementation intérieure de ce théâtre répond à la richesse de son extérieur, et en fait l'une des plus belles salles de spectacle qu'il y ait en Allemagne.

Les étrangers ne manquent pas d'aller visiter le local de l'Académie, autrefois palais du duc Charles de Courlande ; la salle des États, construite en 1775 par Krubsacius; le palais des Princes, dans le faubourg de Pirna, et l'ancien palais du prince Maximilien, dans l'allée d'Ostra, tous deux appartenant aujourd'hui au prince Jean ; les anciennes écuries, où, en attendant l'achèvement du nouveau musée, a été déposée la précieuse collection de tableaux si célèbre dans le monde artistique sous le nom de *Galerie de Dresde*; la grand'garde, construction grandiose, ornée de deux statues en pied, représentant *la Saxe* et *Mars*, placées dans un fronton supporté par six colonnes d'ordre ionique; les écuries du roi, disposées pour contenir trois cents chevaux ; l'orangerie; l'hôtel des postes, construit en 1831, et l'École des arts et métiers, construite en 1845; enfin, l'hospice de la Maternité, qui date de 1838.

Le *Palais Bruhl*, situé rue Augustus et construit en 1737, est célèbre par les souvenirs historiques qui s'y rattachent. D'abord théâtre de la vie voluptueuse du tout-puissant ministre, il fut habité plus tard par tous les ennemis de la politique saxonne que favorisait la victoire. Dans ces derniers temps surtout, il en fut plus que jamais mention, car c'est là que, du 27 décembre 1850 aux premiers jours de 1851, se tinrent les célèbres *Conférences de Dresde*, dont le but était la reconstitution politique et douanière de l'Allemagne. La façade de ce palais qui regarde l'Elbe touche à ce qu'on appelle la *Terrasse de Bruhl*, jardin qui fut primitivement créé sur les remparts de la ville et appartenait au comte de Bruhl; il forme aujourd'hui la plus belle promenade publique qu'il y ait à Dresde.

Dans la ville neuve il faut surtout citer le *Blockhaus*, les casernes, l'école des cadets, le *Jægerhof* et le *Palais Japonais*.

Il nous serait impossible d'ailleurs de présenter ici l'énumération complète et raisonnée de tous les monuments qui décorent la capitale de la Saxe ; mais pour justifier l'épithète d'*Athènes moderne*, qu'on lui donne souvent, nous citerons ses principaux établissements scientifiques et artistiques.

On n'y compte pas moins de 14 écoles publiques ou colléges, dans lesquels l'enseignement supérieur est distribué par 169 professeurs et maîtres ; plus, une école de médecine et de chirurgie, une école des arts et métiers, une école d'architecture, une école militaire et une école d'artillerie. L'Académie des Beaux-Arts de Dresde, ouverte en 1764, et la Chapelle royale, fondée par Auguste II, sont à bon droit célèbres en Europe, et ne contribuent pas peu à l'éclat que la culture des arts projette depuis longtemps à Dresde. Le théâtre de la cour était autrefois exlusivement consacré à l'opéra italien. Ce n'est que depuis 1817 qu'on y a introduit l'opéra allemand, qui vingt ans après avait presque complétement étouffé son rival, grâce aux œuvres de Weber, qui presque toutes y furent représentées pour la première fois, ainsi qu'à l'incomparable talent de Mme Schrœder-Devrient, cette admirable cantatrice que tous les théâtres lyriques de l'Europe enviaient à l'Allemagne.

C'est à l'électeur Auguste II que Dresde est redevable de la plus grande partie des trésors scientifiques et artistiques qui assignent à cette ville un rang si éminent parmi les capitales de l'Europe. Ce prince consacra à ces différentes acquisitions des sommes énormes.

La bibliothèque royale, située dans le Palais Japonais, et ouverte au public, contient environ 300,000 volumes et est surtout riche en ouvrages relatifs à l'histoire de France et à l'histoire d'Allemagne. Elle renferme en outre 182,000 dissertations et brochures, 2,000 incunables, 20,000 cartes et

2,800 manuscrits. La bibliothèque du Palais des Princes, fondée vers le milieu du siècle dernier, par l'électrice Maria-Antonia de Saxe, est riche de plus de 20,000 imprimés. Parmi les autres dépôts scientifiques nous citerons encore, bien qu'ils ne soient pas ouverts au public, la bibliothèque de l'Académie de Médecine et de Chirurgie, riche de 10,000 volumes; celle de la Société Économique, 8,000 vol.; celle de l'École Vétérinaire, 5,000 vol.; celle de l'École des Arts et Métiers, 3,000 vol.; la bibliothèque particulière du roi, riche de 8 à 9,000 volumes, pour la plupart relatifs à la botanique; et la bibliothèque de l'École des Cadets, contenant environ 8,000 volumes.

Le cabinet des médailles, situé également dans le Palais Japonais, est surtout riche en médailles relatives à l'histoire de la Saxe.

Le muséum d'histoire naturelle, disposé dans le *Zwinger*, est particulièrement riche en échantillons de minéraux; on y voyait aussi naguère de remarquables collections zoologiques; mais en mai 1849 la majeure partie en devint la proie des flammes.

Le musée historique, qui occupe un local voisin, dans le même palais, a été formé d'articles tirés soit de l'ancien arsenal, soit de l'ancienne *chambre d'arts*, et abonde en objets intéressants pour l'histoire des mœurs et pour l'ethnographie.

La galerie de tableaux, disposée provisoirement dans les anciennes Écuries, et qui occupe incontestablement le premier rang parmi les trésors artistiques de Dresde, renferme au delà de 1,500 toiles, pour la plupart œuvres d'artistes des écoles italienne et flamande. La collection de l'école italienne est l'une des plus riches qu'il y ait en Europe. On y remarque notamment des tableaux de Raphael (la *Madone sixtine*), du Corrège (*la Nuit* et *la Madone de Saint-Sébastien*), du Titien (*le Denier de César* et *la Vénus*), d'André del Sarto (*le Sacrifice d'Abraham*), de Francia, de Paul Véronèse, de Jules Romain, de Léonard de Vinci, de Garofalo, de Bellino, du Pérugin, d'Annibal Carrache, de Guido Reni, de Carlo Dolce, de Cignani, etc. L'école flamande compte 41 toiles de Rubens, 21 de Van Dyck, et un grand nombre de Rembrandt, de Snyders, de J. Breughel, de Ruysdael, de Sachtleeven, de Wouvermann, Éverdingen, Berghem, Gérard Dow, Teniers, Van der Werff, Ostade, Potter, Hondkoeter, etc., etc. De toutes les productions de l'école allemande, la Sainte Vierge de Holbein est la plus belle. En fait de productions de l'école française, il faut citer plusieurs Poussin et surtout des Claude Lorrain (Consulter le *catalogue de la galerie de Dresde*, par Matthai; Dresde, 1844).

Le cabinet d'estampes du *Zwinger* en contient environ 300,000, et est divisé en douze classes. Citons aussi, quoique l'accès n'en soit pas permis au public, la belle collection particulière du roi, où, entre autres dessins originaux, se trouve celui du *Massacre des Innocents* par Raphael.

La collection de porcelaines exposée au *Palais Japonais* offre le plus riche assortiment de porcelaines d'Asie; et les porcelaines de Saxe qu'elle comprend sont d'un intérêt extrême au point de vue technologique, parce que l'observateur a sous les yeux des échantillons à l'aide desquels il peut étudier les progrès qu'a successivement faits en Saxe ce genre de fabrication.

N'oublions pas dans cette rapide énumération de ce que Dresde offre de curieux à voir, ses établissements de bienfaisance et de charité. Il est peu de villes en Europe où la charité publique et privée se soit montrée plus intelligente et plus zélée. Le grand hôpital de la ville, transféré depuis 1848 dans l'ancien palais Marcolini, reçoit annuellement environ 800 malades. Viennent ensuite l'hôpital Hohenthal et l'hospice catholique; et en 1844 une institution protestante, assez semblable à celle des *sœurs de la charité* dans la religion catholique, a été fondée sous la dénomination de diaconesses. La Société de Femmes, la Société de Bons Conseils et de Bonnes Actions, et depuis 1848 la Société de Subsistance, sont des associations charitables qui font beaucoup de bien et soulagent beaucoup de souffrances. En 1850 la ville de Dresde avait dépensé en secours aux indigents une somme de 62,800 écus. La *maison des pauvres* est un établissement à part, en activité depuis 1718; on y a joint un atelier de tissage. Le mont-de-piété, fondé en 1769, est placé depuis 1828 sous la même direction que la caisse d'épargnes, créée en 1821; et à l'instar de ce qui se pratique dans d'autres grandes villes, il y a maintenant à Dresde des distributions gratuites de soupe aux pauvres.

L'activité commerciale et manufacturière de Dresde est fort grande. Parmi les industries qui y ont acquis le plus d'importance, il faut citer la joaillerie, l'orfévrerie, la fabrication des instruments de musique, des chapeaux de paille et de la sparterie, des papiers peints, des fleurs artificielles, des articles de bimbeloterie, des couleurs fines, du chocolat, le raffinage des sucres, etc. L'importance toujours croissante du commerce des céréales a déterminé le gouvernement à y établir, en 1850, une halle aux blés.

Sans doute la vie sociale à Dresde n'a pas l'animation qu'elle a dans d'autres grands centres de population. Mais le nombre d'étrangers, toujours de plus en plus considérable, qui viennent chaque année s'établir dans cette capitale y accroît sans cesse le mouvement. Les environs de cette ville sont délicieux, et offrent les plus ravissantes promenades. Les plus fréquentées sont le grand parc, le terrain Plauen, le village de Racknitz, où on a élevé un monument à la mémoire de Moreau, la montagne d'Or, les bains de Linke, le restaurant Felsner, le petit Château de Chasse, l'Élysée, et un peu plus loin que tous les endroits que nous venons de nommer, la vallée de Muglitz, avec le château de Weesenstein; enfin, les plaines et les collines qui se succèdent le long des rives de l'Elbe jusqu'à Pilnitz. Consultez Goltschalk, *Dresde et ses environs* (Dresde, 1851).

L'histoire fait mention de l'existence de Dresde dès l'année 1206; mais ce n'est qu'à partir de 1216 qu'elle est désignée officiellement comme ville. A l'origine elle était comprise dans l'évêché de Meissen. Henri l'Illustre y fixa sa résidence en 1270; mais à la mort de ce prince Dresde fut vendue à Wenceslas de Bohême, et plus tard au margrave Waldemar de Brandebourg; et ce ne fut qu'en l'année 1319 qu'elle fut replacée sous l'autorité de son légitime souverain Frédéric le Mordu. Lors du partage effectué en 1485 entre Ernest et Albert, elle fut attribuée à la ligne *Albertine*, et resta depuis lors la résidence des princes de cette maison. En 1491 elle ne comptait guère encore que 5,000 habitants, quand un incendie la détruisit de fond en comble. On la reconstruisit alors, sur un plan nouveau. L'électeur Georges le Barbu l'entoura de fortifications, de 1520 à 1528; et en 1545 l'électeur Maurice ajouta encore à ses moyens de défense. La réformation y fut introduite en 1539, par l'électeur Henri le Pieux. L'électeur Auguste (1553) contribua beaucoup à l'embellir; il fit paver ses rues, et y établit des égouts. Mais l'époque la plus brillante pour Dresde fut le règne d'Auguste, qui fut en même temps roi de Pologne. Ce prince y multiplia les palais, et mit à profit divers incendies qui y éclatèrent pour réédifier ses anciens quartiers sur de nouveaux plans. La guerre de sept ans arrêta l'essor de sa prospérité; en 1758 les Prussiens incendièrent les faubourgs de Pirna et de Willsdruff; le bombardement de 1760 y causa les plus effroyables dévastations. La ville se releva de ses ruines sous les règnes paisibles des électeurs Xavier et Frédéric-Auguste. En 1810 on commença à raser les fortifications de la ville; mais ces travaux furent suspendus par l'expédition de Russie, et la campagne de 1813 amena de nouvelles et immenses calamités pour la ville de Dresde, sous les murs de laquelle fut alors livré un de ces combats de géants à la suite desquels l'empire de Napoléon devait finir par s'écrouler. La *bataille de Dresde* fait l'objet de l'article qui suit.

Au rétablissement de la paix générale, Dresde, où le roi Frédéric-Auguste avait pu revenir fixer sa résidence, vit peu à peu disparaître les traces des cruels désastres dont elle avait eu à souffrir pendant la campagne de 1813. La destruction de ses fortifications, qu'on pût entreprendre de nouveau, à partir de l'année 1817, ne contribua pas peu à donner quelque chose de plus riant au caractère de sa physionomie générale.

Sous le règne du roi Antoine, qui fit promptement terminer divers grands édifices commencés sous ses prédécesseurs, Dresde s'est tellement agrandi du côté de la ville neuve, qu'en 1835 on a fini par ériger toutes les constructions nouvelles en un quartier particulier, qui a reçu le nom d'*Antonstadt*. L'insurrection qui éclata à Dresde le 9 septembre 1830, et à la suite de laquelle fut octroyée la constitution du 4 septembre 1831, eut pour résultat une réforme complète du système de police urbaine et l'introduction du régime municipal à Dresde. Le gouvernement du roi aujourd'hui régnant a efficacement contribué à l'essor si remarquable qu'a pris dans ces derniers temps l'extension de la ville; et de son côté l'administration municipale n'a rien négligé pour contribuer à l'embellissement et à l'assainissement de la capitale du royaume.

La révolution dont Dresde fut le théâtre en mai 1849 (*voyez* SAXE) y amoncela, il est vrai, de nouvelles ruines, dont les dernières traces ne tarderont cependant pas à disparaître devant la tendance manifeste de la population à embellir toujours davantage la capitale à mesure qu'elle s'agrandit. Or les chiffres que nous avons cités au début de cet article suffisent pour faire apprécier la puissance de son mouvement ascensionnel.

DRESDE (Bataille de). Ce ne fut point, à vrai dire, une de ces batailles rangées, préparées d'avance par les deux partis, et devenant le point de jonction ou de contact de deux armées qui se cherchent et manœuvrent pour se rencontrer; ce fut la combinaison d'un seul ennemi non prévue par l'autre, et dérangée par son retour subit sur un point qu'il avait abandonné; ce fut le principal événement d'un vaste plan de campagne, de grandes manœuvres stratégiques qui échouèrent partout, hors sur le point que le vainqueur avait négligé. Or cet événement tire moins d'importance de lui-même que des faits qui le précédèrent ou qui le suivirent.

L'armistice du 4 juin, signé par Napoléon après la bataille de Bautzen, avait jeté dans l'armée française de grandes espérances de paix générale. La gloire de cette armée s'était relevée des effroyables désastres de la retraite de Moscou. La paix était le vœu de tous; et si Napoléon ne le partageait pas, il est difficile de concevoir ce qu'il espérait de cet armistice. Ses ennemis ne l'avaient conclu, d'après leur aveu, que pour attendre de nouveaux renforts et attirer dans leurs rangs l'empereur d'Autriche, au mépris des liens qui l'unissaient au souverain de la France. Napoléon ne désespéra point de sa fortune, et osa menacer tout à la fois les deux capitales de la Prusse et de l'Autriche. Après s'être laissé amuser par un fantôme de congrès qu'on lui promettait d'assembler à Prague, il fut encore trompé par ses propres illusions. Il ne pouvait se persuader que ses ennemis auraient l'audace de venir se placer sur ses derrières. Il croyait que Saint-Cyr et ses 22,000 conscrits suffiraient pour couvrir la ville de Dresde.

Dès le 11 août 1813 l'armistice lui fut dénoncé, et la reprise des hostilités fixée au 18. La loyauté voulait que jusque là aucun mouvement de troupes ne fût fait. Napoléon seul observa cette convention. Dès le 12 les divisions russes et prussiennes s'avançaient vers Prague, et poussaient leurs colonnes jusque sur le Bober, où se trouvaient cantonnés les corps de Macdonald, de Lauriston et de Marmont. L'empereur Alexandre avait rejoint le 15 François II à Prague; le général français Moreau y arriva le 16. Parti d'Amérique à la nouvelle des désastres de Moscou, sur la supposition que Napoléon ne pourrait plus tenir en France, et qu'il n'aurait qu'à se présenter pour recueillir son héritage ou pour rétablir la république, Moreau, détrompé à son arrivée par les victoires de Lutzen et de Bautzen, se laissa entraîner par Bernadotte dans les voies de la coalition européenne. Le roi de Prusse arriva le 17 à Prague. Le plan des alliés consistait à occuper Dresde, en débouchant en Saxe par la rive gauche de l'Elbe, à s'emparer de tout le cours de ce fleuve, à couper à Napoléon toutes les communications avec la France, et à soulever contre lui tous les princes de la confédération du Rhin, dont la fidélité était déjà ébranlée : 500,000 alliés devaient concourir à l'exécution de ce plan.

Napoléon n'avait pour résister à tant d'ennemis qu'une force de 312,000 Français ou confédérés. Davoust était en face de Walmoden avec 30,000; 25,000 Bavarois se rassemblaient à Munich sous le comte de Wrède pour s'opposer à la marche du prince de Reuss, et les Français les trouvèrent en face d'eux, trois mois après, à Hanau. Oudinot s'avançait sur Berlin et sur Bernadotte avec 60,000 combattants. 100,000 autres faisaient tête à Blucher. Ney, avec 50,000, était posté dans la Lusace, en face de Zittau. Saint-Cyr couvrait Pirna avec 22,000, et Napoléon manœuvrait entre tous ces corps avec les 25,000 hommes de sa garde. Éclairé, dès son arrivée à Bautzen, par les rapports de ses espions et par ceux du maréchal Ney, il forma le projet de tourner la grande armée des alliés, et poussa le 19 une forte reconnaissance sur les montagnes de la Bohême. Son avant-garde pénétra jusqu'à Gabel, tirailla avec le corps autrichien de Bubna; mais elle ne poussa pas plus avant. Alors Napoléon changea tout à coup ses dispositions et, se bornant à élever quelques redoutes sur cette trouée, il ne songea plus qu'à revenir sur Dresde, après avoir imposé à Blucher par une démonstration vigoureuse sur le Bober. Dès le 22 il fit donc volte-face avec sa garde et le sixième corps, emmenant avec lui le maréchal Ney.

Cependant, l'armée des souverains avait débouché sur Dresde. A son approche, Saint-Cyr se hâta de réunir les trois divisions qui avaient combattu dans la journée du 22, et, laissant celle de Mouton-Duvernet sur la rive droite de l'Elbe pour garder le passage du fleuve, il arriva assez à temps devant Dresde, où le général Durosnel n'avait que les Westphaliens à sa disposition, pour repousser l'attaque du prince Koudachof, qui formait l'avant-garde de l'armée alliée. Saint-Cyr répartit ses 15,000 soldats dans les redoutes et le grand jardin, tirailla toute la journée du 24 contre la division russe, la débusqua le 25 des hauteurs de Strehlen, et put reconnaître de là les masses qui allaient l'accabler. Le roi Murat, arrivé ce même jour, assista à cette reconnaissance, et n'écoutant, suivant son usage, que sa désastreuse intrépidité, poussant sa cavalerie contre des forces triples, lui fit éprouver des pertes considérables. Les tâtonnements de Schwartzenberg sauvèrent Saint-Cyr d'une ruine totale, et donnèrent le temps à Napoléon de venir à son secours.

Le général autrichien ignorait sans doute la position critique de la garnison de Dresde, et, malgré les représentations de Moreau, il voulut attendre des renforts. Saint-Cyr, ne doutant point qu'il ne fût attaqué le 26 par toutes les forces de l'ennemi, fit ses dispositions de défense. Une batterie fut placée sur la rive droite de l'Elbe pour soutenir son extrême gauche. Berthezène fut chargé de la défense du Grossen-Garten (Grand Jardin). Claparède occupa les redoutes et les palanques qui couvraient le faubourg de Pirna, jusqu'à la route de Freyberg; les Westphaliens se placèrent à sa droite, et la division Razout, gardant le front de la Friederich stadt, appuya son extrême droite à l'Elbe, au-dessus de Dresde. Ainsi, 20,000 hommes allaient lutter contre les 190,000 de Schwartzenberg. Le 26, au matin, les russes de Wittgenstein et les Prussiens de Kleist attaquèrent de front le Grand-Jardin et la division Berthezène, qu'ils auraient facilement débusquée s'ils avaient songé à la tourner. Ses jeunes conscrits se défendirent avec une rare intrépidité; et chaque pouce de terrain fut disputé avec un acharnement incroyable. Napoléon arriva pendant la bataille. Saint-Cyr le rencontra vers onze heures en face des Russes. L'empereur parcourut le front de cette petite armée, annonçant l'arrivée de sa garde; et voyant que la barrière de Dippoldiswald n'était pas encore attaquée, il sortit des lignes pour reconnaître les positions ennemies. Un poste placé dans une grande fabrique qui dominait le vallon de la Weisseritz en avait été chassé par l'avant-garde de Colloredo. Napoléon le fit reprendre par un bataillon de la division Claparède; mais ce bataillon n'y put tenir contre les forces qui l'assaillirent.

Quatre coups de canon, tirés des hauteurs de Racknitz, furent le signal d'une attaque générale, à laquelle Schwartzenberg s'était enfin décidé sans attendre l'arrivée de Klenau. Il était alors quatre heures du soir. Colloredo, précédé d'une artillerie formidable, marcha sur la redoute qui couvrait la porte de Dippoldiswald; ses coups plongeaient sur les retranchements, ses obus et ses boulets labouraient les rues de Dresde et incendiaient le faubourg. Ses tirailleurs pénétraient même dans la ville. Toutes les réserves de Saint-Cyr étaient engagées; les deux tiers du Grand-Jardin n'appartenaient déjà plus à la division Berthezène, que les Russes tournaient enfin par son extrême gauche, en suivant la rive du fleuve; les redoutes étaient démantelées. Si cette attaque avait eu lieu dès le matin, Dresde eût été enlevée. Mais les premières colonnes de la vieille garde impériale venaient d'arriver au faubourg de Pirna. Napoléon les avait formées en carré, et quelques bataillons s'étaient portés aux principales barrières. Cependant il ne voulait les engager qu'à la dernière extrémité. Il attendait encore la jeune garde, dont la tête entrait à peine dans la Neustadt. Ces troupes avaient fait plus de 165 kilomètres en quatre jours. Mais il était urgent de les faire donner; et elles ne furent prêtes qu'à la chute du jour. Le maréchal Mortier déboucha par la barrière de Pillnitz avec les divisions Decouz et Roguet, pour attaquer les Russes de Wittgenstein. Ney dirigea les divisions Barrois et Dumoutier par la porte de Pirna pour refouler les Prussiens. Murat appuyait ce mouvement avec la cavalerie de Pajol et de Latour-Maubourg. Les Russes et les Prussiens se replièrent en désordre. Les Autrichiens avaient pendant ce temps enlevé les redoutes qui leur étaient opposées, et ils s'élançaient sur le jardin Machzinsky, du haut duquel les Français foudroyaient leurs colonnes. Le général Ruty, à la tête de quelques bataillons de la jeune garde, et la division Berthezène, qui avait appuyé sur le centre, firent un commun effort pour reprendre les redoutes, et repoussèrent les Autrichiens sur les hauteurs de Racknitz. La nuit seule suspendit le carnage; et Napoléon put attendre en paix les renforts que lui amenaient les maréchaux Marmont et Victor et le général Vandamme.

Des torrents de pluie tombèrent toute la nuit; mais ce contretemps, également nuisible aux deux partis, n'arrêta point les dispositions de l'empereur. Vandamme reçut ordre de passer l'Elbe à Kœnigstein, au-dessus de Dresde, et de se porter sur l'extrême droite des alliés. La cavalerie de Nansouty liait ce corps à la petite armée de l'empereur. Les deux divisions de Mortier étaient en avant du Grand-Jardin, entre l'Elbe et le village de Seidnitz; Saint-Cyr s'étendait de là jusqu'à Strehlen; Ney couvrait le centre et la barrière de Dippoldiswald; Murat et Victor tenaient l'extrême droite, entre la Weisseritz et l'Elbe, au-dessous de la ville. Marmont bivouaquait sur la rive droite en arrière de la Neustadt. Cette petite armée, forte à peine de 55,000 hommes, occupait ainsi le fond du bassin de Dresde, tandis que les alliés garnissaient les hauteurs du vaste amphithéâtre circulaire qui domine cette capitale. Leur nombre et leur position leur assuraient la victoire s'ils avaient osé la ressaisir, et s'ils avaient suivi les conseils du Suisse Jomini et de Moreau. Mais les averses qui continuèrent pendant toute la journée du 27 déconcertèrent les plans de Schwartzenberg. Une nuée de tirailleurs engagea le combat vers sept heures du matin, et une vive canonnade se fit entendre sur toute la ligne. Ney fondit sur les Russes de Wittgenstein, et leur fit perdre du terrain. Le centre ne sortit point de ses retranchements, et trompa les espérances de Schwartzenberg, qui voulait attirer nos troupes dans la plaine. Mais la gauche de l'armée française obtint des avantages plus considérables. Murat, suivi de la cavalerie de Latour-Maubourg, s'élança sur la chaussée de Freyberg, où Klenau n'était pas encore arrivé, tomba sur l'extrême gauche des Autrichiens, dont l'infanterie ne pouvait faire usage de ses armes, leur enleva quinze mille hommes, sabra les carrés qui essayèrent de se défendre, et, jetant la terreur dans l'armée ennemie, lui prit douze drapeaux et une nombreuse artillerie. Vandamme avait de son côté passé l'Elbe et débordé l'extrême droite des Russes en repoussant les troupes d'Osterman et le corps du prince Eugène de Wurtemberg. La victoire était restée aux Français sur tous les points, et un grand événement avait ajouté aux avantages de cette journée. Un boulet avait vengé la France de la trahison de Moreau, et la moitié de l'armée française avait appris sa mort avant de savoir même son arrivée.

Marmont et le sixième corps n'avaient pris aucune part à cette victoire. Ils n'arrivèrent sur le champ de bataille qu'à la chute du jour et quand les derniers coups de canon se faisaient entendre; mais on s'attendait à reprendre l'offensive dès le 28, et l'ordre était déjà donné de gravir les hauteurs inexpugnables où les alliés s'étaient retranchés. Schwartzenberg et les trois souverains n'osèrent pas attendre l'attaque des Français. Déconcertés par les succès de Murat, et craignant d'être coupés de la Bohême par Vandamme, ils se replièrent par trois routes vers les montagnes de Tœplitz. Napoléon, surpris de ne plus les retrouver le lendemain dans leurs positions, lança ses colonnes à leur poursuite, et à chaque pas que les Français faisaient dans les gorges escarpées et les défilés tortueux qu'ils avaient à traverser, ils témoignaient leur surprise de ne pas être arrêtés par les canons ennemis. Ils n'étaient occupés qu'à ramasser des bagages, des caissons et des traînards que les alliés laissaient après eux sur toutes les routes. L'armée française avait atteint la crête des montagnes, et n'avait plus qu'à forcer le défilé de Tœplitz pour se jeter dans les plaines. Napoléon en décida autrement, et perdit tout le fruit de sa victoire. Dès le 29 au soir il reprit la route de Dresde, au lieu de se rapprocher de ses avant-gardes. **Vandamme**, s'étant imprudemment avancé sans être soutenu, fut enveloppé et pris le 29 à Kulm; son corps d'armée fut mis en pièces. Oudinot, qui marchait sur Berlin, avait essuyé des revers. Macdonald, repoussé par Blucher aux bords de la **Katzbach**, avait perdu tout le corps de Lauriston sur le Bober, et se repliait en toute hâte sur Bautzen. Napoléon, instruit de ces désastres, s'était empressé de voler en Silésie, à la tête de sa garde. Mais ses manœuvres ne furent plus qu'une suite de marches et de contre-marches qui aboutirent aux désastreuses journées de **Leipzig**; et la bataille de Dresde ne fut plus qu'un fait glorieux à inscrire dans nos fastes militaires.

VIENNET, de l'Académie Française.

DRESSOIR. Cet ancien meuble, qui est redevenu à la mode depuis quelques années, avait primitivement la forme d'un **buffet** à plusieurs rangs ou gradins; souvent il reposait sur des piliers tournés et sculptés. Dans sa partie inférieure, les dames mettaient le plus communément leurs joyaux, chaînes, boutons, anneaux, patenôtres, étuis et coffrets curieux. Les tablettes ou gradins de la partie supérieure étaient garnis de vaisselle d'or et d'argent. Souvent sur les bords de ces gradins on plaçait des fleurs. Parmi les redevances que les habitants de Chaillot payaient chaque année à l'abbé de Saint-Germain-des-Prés, on comptait deux grands bouquets et une demi-douzaine de petits pour mettre sur le *dressoir*. Quoique ce meuble fût ordinairement en cyprès, ou d'un autre bois rare, les princes en avaient d'or ou d'argent : ce luxe même des souverains séculiers s'étendit aux riches prélats, suivant l'auteur des *Vigiles de Charles VII*. « Les femmes de grande qualité, dit Legrand d'Aussy dans sa *Vie privée des Français*, lorsqu'elles étaient en couche et qu'elles commençaient à recevoir des visites, plaçaient dans leur chambre un *dressoir*, qui n'était pas le même pour toutes. Un ouvrage de la fin du quinzième siècle, intitulé *Les Honneurs de la Cour*, nous apprend qu'il y avait sur cela une étiquette. Pour les comtesses et autres grandes dames, le dressoir portait un dais de velours avec dossier; mais il ne pouvait avoir que trois gradins. Sur les gradins on devait placer de grandes coupes, des pots, des flacons d'argent, et sur la coupole deux drageoirs, deux chandeliers d'argent ou d'autres pièces pareilles à celles des gradins. Les fils puînés de chevaliers banerets pouvaient donner à leurs femmes en couche un dressoir à deux degrés. Enfin, pour les femmes *de bon lieu*, mais non titrées, il devait être sans gradins. » Le même livre, au sujet du *dosseret* ou dais qui surmontait le dressoir, ajoute « *Item*, sur le *dressoir* doit avoir un *dosseret* de velour comme le ciel d'un lict..., et fault que le dict *dosseret* soit de velour ou d'autre soye, et sy est à sçavoir que celles qui ont les deux couchettes peuvent bien avoir le dosseret de velour sur velour. *Item*, j'ay ouy dire que nulles ne doivent avoir le *dosseret* bordé d'autre couleur, n'est que ce sont grandes princesses. » Les dressoirs de métal, couverts d'or ou d'argent, étaient plus particulièrement offerts aux princes souverains. Quand l'empereur Charles IV vint en France, à son passage par Orléans, la ville lui offrit un dressoir doré, estimé 8,000 livres. En 1571 Paris présenta à la reine Élisabeth, femme de Charles IX, un *buffet* de vermeil. Ce nom, d'après Legrand, avait remplacé au seizième siècle celui de dressoir. LE ROUX DE LINCY.

DREUX, ville de France, chef-lieu d'arrondissement dans le département d'Eure-et-Loir, à 32 kilomètres au nord de Chartres, sur la Blaise, près de son embouchure dans l'Eure, avec 6,764 habitants, des tribunaux de première instance et de commerce, deux typographies, des tanneries importantes, de forts marchés pour grains et denrées. Cette ville est dominée par un côteau, que couronnent les ruines de l'ancien château fort des comtes de Dreux. Au milieu de ces ruines se trouve une chapelle fondée par la duchesse douairière d'Orléans, et qui renferme les tombeaux de cette famille : cette chapelle remplace l'ancienne église collégiale et royale de Saint-Étienne, édifice roman, bâti par Louis le Gros, en 1119, démoli en septembre 1793. L'église paroissiale offre la réunion de l'architecture des treizième, quatorzième, seizième et dix-septième siècles; l'hôtel de ville est du seizième siècle.

Cette ville est fort ancienne; on a même cru trouver l'origine de son nom dans celui des *Druides*, qui avaient sur son territoire leur collége sacré et leur siége principal. Ce qui est plus certain, c'est que ce territoire formait lors de l'invasion des Romains le pays des *Durocasses*, peuple qui a peu marqué dans l'histoire des Gaules. Les Anglais s'emparèrent de Dreux en 1188, et l'incendièrent. En 1562 les catholiques et les calvinistes s'y livrèrent l'une des plus sanglantes batailles dont l'histoire de nos guerres civiles ait gardé le souvenir (*voyez* plus loin). En 1593 Henri IV s'en empara, après un siége de dix-huit jours, remarquable par l'opiniâtre résistance des assiégés. Les murailles furent rasées, et Dreux perdit dès lors son importance politique.

DREUX (Comtes de). On n'a que des notions fort incertaines sur les premiers comtes de Dreux; on sait seulement qu'Ève, fille et héritière du comte Landri, porta en dot le comté de Dreux, vers l'an 960, à Gautier Ier, comte de Vexin. Il échut ensuite à Godefroi, leur troisième fils; mais peu après Richard Ier, duc de Normandie, en était possesseur, on ne sait à quel titre. Le duc Richard II, son fils, en mariant sa sœur Mahaut (1005) à Eudes II, comte de Chartres et de Blois, lui avait constitué en dot la moitié du château et du comté de Dreux. Mahaut étant morte sans enfants, en 1017, Richard II dut réclamer la restitution de cette dot. Mais le comte de Blois, non content de retenir le château, envahit la totalité du domaine et s'y maintint, par la force des armes. Le traité qui mit fin à leur querelle enleva à Richard jusqu'à la suzeraineté sur le comté de Dreux, qui de ce moment passa sous celle de la France. Quelque temps après, Eudes céda ce comté au roi Robert, qui le réunit à la couronne.

Robert Ier, fils du roi Louis le Gros, fut apanagé du comté de Dreux en 1137, par le roi Louis le Jeune, son frère, qu'il accompagna dix ans plus tard à la croisade. Il paraît qu'au siége de Damas (1148) on eut peu d'égards aux avis du comte de Dreux pour l'attaque de cette place. Les revers qui signalèrent cette malheureuse expédition furent le signal d'une rupture entre ce prince et le roi Louis le Jeune. Robert revint en France, plein du projet d'enlever à Suger la régence du royaume. Mais les états, rapidement assemblés par l'habile ministre, firent échouer ce dessein. Au retour de Louis le Jeune, Robert ne songea qu'à réparer ses torts par une constante fidélité. En 1150 il devint lieutenant dans la guerre qui soumit le duché de Normandie au jeune duc Henri, depuis roi d'Angleterre. La ville de Séez paya par sa destruction la résistance qu'elle osa lui opposer. Il fut le fondateur de la ville de Brie-Comte-Robert, et ce fut lui qui, en 1159, affranchit la ville de Dreux et l'érigea en commune. On lui dut aussi la fondation (1188) de l'église de Saint-Thomas-du-Louvre, à Paris, destinée à favoriser les études des écoliers sans fortune, établissement qui fut le premier de ce genre dans la capitale du royaume. Robert Ier mourut le 11 octobre de cette année.

Agnès de Baudement, dame de Braine, qu'il avait épousée en troisièmes noces, le rendit père, entre autres enfants, de Robert II, qui suit, et de *Philippe de* DREUX, évêque de Beauvais, célèbre dans nos vieilles chroniques par sa passion pour les armes. Ne pouvant maîtriser ce penchant, si contraire aux devoirs de son état, quoique l'exemple en fût commun alors, on le vit, pour ne pas violer trop ouvertement les canons de l'Église, qui lui interdisaient l'usage du glaive, s'armer d'une massue, et, couvert d'une cotte d'armes, donner l'exemple dans vingt batailles aux plus intrépides chevaliers. Il fit sentir la vigueur de son bras aux infidèles dans les croisades de 1178 et 1190. Fait prisonnier dans cette dernière expédition, et conduit à Bagdad, il racheta bientôt après sa liberté, et revint en France. Au premier signal de la guerre contre les Anglais, Philippe de Dreux reprit les armes. Fait prisonnier en 1197 par Marcadé, l'un de leurs généraux, Richard Cœur de Lion lui fit subir une dure captivité jusqu'en 1202. Plus tard il se signala encore dans la guerre contre les Albigeois, en 1210, contre le comte de Boulogne, allié des Anglais, en 1212, et surtout, en 1214, à la bataille de Bouvines, où ce prélat guerrier renversa le comte de Salisbury d'un coup de sa redoutable massue. Il mourut le 4 novembre 1217.

Robert II fut investi du comté de Dreux par son père en 1184. Comme son frère, il partit pour la croisade, et fut l'un des chefs qui contribuèrent le plus à la prise de Ptolémaïs. Revenu en France avec Philippe-Auguste, Robert II contribua, en 1196, à lui soumettre le château d'Aumale. Il le servit avec le même succès au siége de Rouen, en 1204. Lors de la guerre des Albigeois, il conduisit un corps considérable à Simon de Montfort, et se fit remarquer par ses exploits à Bouvines. Robert II mourut le 28 décembre 1218. Il laissa d'Yolande de Coucy, qu'il avait épousée en 1184, et qui mourut en 1224, entre autres enfants, Robert III, qui suit, et *Pierre* DE DREUX, surnommé *Mauclerc*, dont est issu la dernière branche ducale de Bretagne.

Robert III, comte de Dreux et de Braine, combattit d'abord en Bretagne avec son frère Pierre Mauclerc, puis, fait prisonnier par les Anglais, fut conduit à Londres, où il resta jusque après la bataille de Bouvines. En 1216 Robert III accompagna le prince Louis lorsque celui-ci, appelé par le vœu des barons anglais, alla se faire couronner à Londres. Après son abdication, le comte de Dreux revint en France, et suivit le même prince (alors Louis VIII) au siége d'Avignon, en 1225. Au commencement de la minorité de Louis IX, Robert III se montra hostile à la reine Blanche; mais il rentra bientôt dans le devoir, et fit même partie de l'expédition dirigée par le roi en personne contre son frère, le duc de Bretagne, qu'il parvint à réconcilier avec le jeune monarque. Le comte de Dreux mourut le 3 mars 1233. Il avait épousé Ænor, héritière de Saint-Valery, et laissa entre autres enfants *Jean Ier*, qui prit la croix avec saint Louis en 1248, et mourut avant d'aborder à la Terre Sainte, à Nicosie, capitale de l'île de Chypre, à la fin de la même année. Sa postérité mâle posséda le comté jusqu'en 1345, où mourut *Pierre*, frère et successeur de *Jean III*. Les prédécesseurs de Pierre depuis Jean Ier avaient été *Robert IV*, (1249-1282); *Jean II* (1282-1309); *Robert V* (1309-1329); *Jean III* (1329-1331). *Pierre III* ne laissa qu'une fille, *Jeanne Ire*, morte au berceau.

Jeanne II, sa tante, lui succéda avec Louis, vicomte de Thouars, son époux. Elle laissa un fils, *Simon*, vicomte de Thouars, et comte de Dreux en 1355, tué dans un tournoi le jour de ses noces, en 1365, et deux filles, *Péronnelle* et *Marguerite*, qui vendirent, en 1377 et 1378, ce comté au roi Charles V; il fut alors réuni à la couronne. Il en fut distrait plusieurs fois. Charles VI le donna à viager, en 1382, au sire d'Albret, mort en 1401, puis en 1407 au duc d'Orléans, en augmentation d'apanage. Ce prince ayant été assassiné le 23 novembre de cette année, Charles VI investit de nouveau la maison d'Albret du comté de Dreux. Les Anglais s'en emparèrent en 1418, et le possédaient encore en 1438. Lorsque les Anglais en furent expulsés, Charles VII en commit la garde, en 1438, à Guillaume Brouillart, et par lettres du 16 novembre 1444 il le rendit à *Charles II*, sire d'Albret, fils du connétable. Il y eut une nouvelle reversion à la couronne en 1551, à la suite d'un long procès, où il fut reconnu que ce comté, faisant partie de l'ancien domaine, avait été indûment transporté au connétable d'Albret. La reine Catherine de Médicis en eut la jouissance de 1559 à 1569. Dreux fut un moment érigé en duché-pairie en faveur de *François*, comte d'Alençon, puis duc d'Anjou, mort en 1584. Redevenu comté, il fut engagé à *Charles de Bourbon*, comte de Soissons. Après la mort du comte *Louis* son fils (1641), le comté de Dreux échut à *Marie d'Orléans*, duchesse de Nemours, sa petite-fille, morte sans enfants, en 1707. *Louis-Joseph*, dernier duc de Vendôme, en fit l'acquisition, et le laissa à sa veuve, *Marie-Anne de Bourbon-Condé*. Celle-ci, morte sans enfants, en 1718, avait légué le comté de Dreux à sa mère, *Anne*, princesse palatine, dont la succession fut ouverte en 1723. Il échut alors à la branche légitimée de Bourbon, ducale du Maine et d'Aumale, dont les ducs d'Orléans ont hérité. LAINÉ.

DREUX (Bataille de), 19 décembre 1562. L'étincelle sortie du cerveau de Luther avait ébranlé l'Europe. En France, on avait fondé d'abord quelque espoir de conciliation sur les conférences de Poissy; mais les deux partis n'y parurent que pour envenimer leur querelle, et en sortirent pour faire bientôt valoir leurs arguments sur les champs de bataille. Ce fut à Vassy que le signal fut donné. Au massacre fortuit ou prémédité de quelques protestants par les gens du duc de Guise, les religionnaires répondirent par un soulèvement général. Après des succès divers, le prince de Condé, un des principaux chefs huguenots, voulut s'emparer de Paris; mais il échoua par les intrigues de Catherine de Médicis. Obligé de se retirer devant des forces supérieures, il marcha sur Chartres, qu'il somma inutilement de se rendre, et il dirigeait sa retraite vers la Normandie, où il devait rejoindre un corps de troupes anglaises, lorsqu'il fut atteint près de Dreux par l'armée royale.

C'était la première fois que les deux partis se rencontraient en rase campagne : tous deux invoquaient le nom du roi, et tous deux employaient les armes de l'étranger. Des Espagnols et des Suisses servaient dans l'armée royale, des Allemands dans celle des religionnaires. La première, forte de 13,000 fantassins et de 2,000 chevaux, était commandée par le vieux connétable de Montmorency. A côté de lui paraissait le chef des Guises, qui n'avait accepté d'autre commandement que celui de sa compagnie d'hommes d'armes, titre modeste qui cachait un grand pouvoir. L'armée calviniste ne comptait que 8,000 fantassins, mais elle était soutenue par 4,000 hommes de bonne cavalerie. Ce fut le maréchal de Saint-André qui donna le plan de la bataille, approuvé par ses deux collègues. L'armée fut disposée en croissant, chaque corps d'infanterie placé à côté d'un régiment de cavalerie. Condé rangea ses troupes dans un ordre semblable. Une décharge de quatorze pièces de canon, partie du centre, annonça le commencement de l'action. Le connétable, s'apercevant du désordre causé par son artillerie dans les rangs des mousquetaires protestants, se précipite à la tête de sa cavalerie et achève leur déroute. Mais l'amiral de Coligny, accouru à leur secours avec deux escadrons de reitres, tombe sur le corps d'armée du connétable, son oncle, le renverse et s'empare de Montmorency atteint d'une grave blessure. En même temps, Mouy et d'Avaray, prenant en flanc la légion suisse, composée de vingt-deux enseignes, parviennent momentanément à l'entamer. Damville, second fils du connétable, en voulant les secourir, est enveloppé par les reitres et rejeté sur l'aile droite après avoir perdu Montberon, son frère. Les Bretons, autre troupe du centre, ayant lâché pied, tous les efforts des protestants se concentrent sur les Suisses. Chargés en queue par le prince de Condé, et vivement harcelés par les reitres, ils soutinrent ces attaques avec une constance héroïque, reformant leurs rangs aussitôt qu'ils étaient rompus. Non-seulement ils repoussèrent avec perte deux nouvelles charges de La Rochefoucauld et de Mouy, mais encore ils reprirent huit pièces d'artillerie enlevées par les religionnaires. Ce fut peut-être au sang-froid intrépide de ces étrangers que l'armée royale dut son salut. Néanmoins, cette belle résistance ne put empêcher la déroute du centre, privée de son chef; elle fut si complète que des fuyards coururent sans s'arrêter jusqu'à Paris, et y annoncèrent la perte de la bataille.

D'Ossun lui-même, que ses exploits dans les guerres d'Italie avaient fait surnommer *le brave*, s'était enfui comme les autres, saisi d'une terreur panique; il en mourut de honte. La victoire paraissait acquise aux calvinistes. Cependant, l'aile droite tout entière de l'armée catholique n'avait pas encore donné; c'était celle où se trouvaient Saint-André et le duc de Guise. Quelle était la cause de leur inaction? Voulaient-ils laisser battre le connétable, ou profiter du désordre où la victoire ne manquerait pas de jeter les soldats de Condé? La noblesse de caractère du prince lorrain est tout en faveur de cette dernière conjecture. On le voyait, les yeux fixés sur l'ennemi, s'agiter sur son cheval, et, pour ne pas perdre le moindre mouvement, se hausser sur ses étriers, quoiqu'il fût d'une taille avantageuse. Tout à coup il s'écrie : « Compagnons, ils sont à nous ! » Par son ordre, les Gascons, suivis des Espagnols, marchent sur l'infanterie protestante, qu'ils enfoncent. Lui-même, avec Saint-André, s'élance sur la cavalerie débandée du prince de Condé, et la met en déroute. C'est en vain que le prince, l'amiral et D'Andelot s'efforcent de ramener les reitres à la charge; ils ne peuvent vaincre l'effroi de ces troupes, et sont obligés de les suivre. Condé, blessé à la main, et ne pouvant se résoudre à quitter le champ de bataille, fut pris par Damville au moment où il changeait de cheval. Un corps de 2,000 lansquenets, retranchés dans des masures, avait arrêté quelques instants le duc de Guise, et donné le temps à l'amiral de rallier sur une éminence 300 hommes d'armes français et 1,000 Allemands. Saint-André, qui s'en aperçut, se mit aussitôt à les charger; mais, renversé de cheval dans ce dernier choc, et fait prisonnier, il fut tué à bout portant d'un coup de pistolet par Baubigny, son ennemi personnel. Le duc de Guise les fit alors prendre en flanc par les arquebusiers, et fut bientôt entièrement maître du champ de bataille.

Cette action avait duré cinq heures. Elle coûta aux deux armées six à sept mille hommes tués, outre leurs généraux en chef faits prisonniers. Condé reçut un accueil généreux du duc de Guise; les deux princes mangèrent ensemble, et couchèrent dans le même lit. Catherine aussi lui témoigna toutes sortes d'égards, dans l'espoir d'obtenir la paix. Il y avait à peine trois ans que Condé avait failli payer de sa tête la part douteuse qu'on le soupçonnait d'avoir prise à la conjuration d'Amboise. Les résultats de la bataille de Dreux ne répondirent pas à son importance. Le duc de Guise en tira plus d'avantages que le parti catholique. Il était débarrassé de ses deux collègues, avait reçu pour la troisième fois le titre de lieutenant général du royaume, et jouissait d'une influence sans bornes, fondée sur l'enthousiasme du peuple et la crainte de la cour. Mais le parti protestant n'était point abattu : Coligny avait joint en Normandie le renfort que l'Angleterre lui envoyait; D'Andelot, son frère, s'était jeté dans Orléans, emmenant avec lui le connétable prisonnier. La guerre continua, et ne cessa que l'année suivante, par l'assassinat du duc de Guise et par l'édit d'Amboise.

LAINÉ.

DREUX-BRÉZÉ (Famille de). *Voyez* BRÉZÉ.

DREUX DU RADIER (JEAN-FRANÇOIS), avocat et littérateur. Ses plaidoyers et ses écrits ne lui ont valu qu'une place fort médiocre au barreau comme au Parnasse. Né à Châteauneuf en Thymerais, le 10 mai 1714, il y remplit durant plusieurs années l'office de lieutenant civil et criminel; puis il s'en démit pour se livrer exclusivement aux lettres, dont il avait le goût plus que la vocation. Tour à tour historien, poëte, traducteur et journaliste, il a fait, à ces différents titres, de nombreux ouvrages, qui s'élèvent à vingt-sept, auxquels il faut ajouter soixante dissertations insérées dans les journaux du temps, et une vingtaine de manuscrits. Comme poëte, il a rimé Perse en français, et l'a traduit de plus en prose latine et française. Mais c'est en qualité d'érudit et d'historien qu'il a produit une foule de livres plus ou moins médiocres et oubliés depuis longtemps. En effet, la *Bibliothèque historique et critique du Poitou*, *l'Europe illustre*, la *Vie de Witikind*, les *Tablettes historiques* et les *Anecdotes des Rois de France*, et plusieurs autres compilations ne figurent plus que dans de vieux catalogues. Mais si tout ce qui est sorti de la plume de Du Radier pèche par un style lourd et diffus, par des aperçus vulgaires, ses œuvres historiques se recommandent cependant par la variété et l'exactitude des recherches : c'est ce qui a sauvé de l'oubli ses *Anecdotes sur les Reines et Régentes de France*, quoique l'auteur n'ait rempli qu'imparfaitement les conditions du sujet. Il n'a ni la grâce ni la vivacité nécessaires à tout conteur d'anecdotes, et, grave à contretemps, il glace son récit au lieu de chercher à l'animer. Quoi qu'il en soit, cette dernière production mérite d'être lue; car si elle n'amuse pas toujours, elle instruit. Son *Histoire des Fous en titre d'office* contient aussi des particularités curieuses et peu connues. Enfin, Dreux du Radier a coopéré à la rédaction du *Glaneur français*, feuille littéraire, où il a inséré un assez grand nombre d'articles. Il mourut le 1er mars 1780, âgé de soixante-six ans

SAINT-PROSPER, jeune.

DREVET (PIERRE), graveur, né à Lyon, en 1664, reçut dans cette ville les premières notions de son art du célèbre Gérard Audran. Venu à Paris pour se perfectionner, il s'y livra entièrement au genre du portrait, dans lequel, en cherchant à rivaliser avec la peinture, il sut se faire une manière particulière. Il a surtout réussi dans son beau portrait de Louis XIV. On peut encore citer ceux du cardinal de Fleury, de la duchesse de Nemours, de Boileau, de Villars, de Dangeau, de Philippe V, etc. Membre de l'Académie depuis 1707, Drevet mourut à Paris, en 1739.

DREVET (PIERRE), fils et élève du précédent, né à Paris, en 1697, y mourut la même année que son père, dont il surpassa le talent. Quoique mort à la fleur de l'âge, il grava un grand nombre de portraits, qui sont tous des chefs d'œuvre; dans le nombre, on admire ceux de Mlle Lecouvreur, du cardinal Dubois, de Sainte-Marthe, de Dufay, de Samuel Bernard, de l'architecte Robert de Cotte (d'après Rigaud), et surtout celui de Bossuet, qu'il fit à l'âge de vingt-six ans, et qui suffirait seul à le placer au premier rang parmi les graveurs. Drevet a traité aussi plusieurs sujets d'histoire, parmi lesquels il faut citer : *Adam et Ève*, et *Rébecca*, d'après Coypel; *Jésus-Christ au Jardin des Olives*, d'après Restout; la *Présentation au Temple*, d'après Boulongne, etc. Cette dernière estampe est très-recherchée.

DREVET (CLAUDE), neveu et cousin des précédents, né à Lyon, en 1710, mort à Paris, en 1782, suivit les traces de sa famille. On a de lui plusieurs beaux portraits, entre autres celui de M. de Vintimille, archevêque de Paris.

DRILLES ou NARQUOIS, soldats qui mendiaient l'épée au côté. Ils faisaient partie de cette vaste association de filous ou de mendiants valides qui pendant plusieurs siècles aspira la substance de Paris, troubla, inquiéta les habitants de cette capitale, et constituait la grande société des *gueux* ou *belîtres*, qui remplissaient les *cours des Miracles*. Une partie des *compagnons du devoir* portent aussi le nom de *drilles* (*voyez* COMPAGNONNAGE).

DROGHEDA, ville maritime de 16,900 habitants, située dans le comté de Louth, province de Leinster (Irlande), sur la Boyne, qui y est navigable, et sur le canal de Drogheda, lequel aboutit au canal du Roi, possède un port sûr, mais peu profond. Cette ville, régulière et généralement bien bâtie, est le grand marché des toiles à sac et des toiles de tous genres. On y trouve d'importantes fabriques de toile, des distilleries, des brasseries, et elle fait un commerce des plus actifs en grains et en toiles, notamment avec Whitehaven dans le Cumberland, d'où elle tire de la houille.

A peu de distance de Drogheda, et sur les bords de la Boyne, on voit un obélisque de 50 mètres d'élévation, érigé en commémoration de la victoire remportée en cet endroit, en 1690, par les troupes de Guillaume III sur l'armée de Jacques II. Sur le mont Bevras, situé tout près de là, on voit une pierre en forme de barque sur laquelle une tradition locale veut que se soit embarqué saint Denis quand il se rendit en la Gaule. La fontaine Saint-Jean est un lieu de pèlerinage extrêmement fréquenté.

Drogheda s'appelait autrefois *Tredah*; en 1649 elle fut prise d'assaut par Cromwell.

DROGMAN ou DRAGOMAN, de l'italien *dragomano*, dérivé lui-même de l'arabe *Tardschouman*. C'est le nom qu'on donne dans le Levant aux interprètes. Les drogmans ou interprètes sont fort anciens. On voit dans la Bible qu'il y en avait du temps d'Esdras; et Ville-Hardouin, historien des croisades, ainsi que d'autres auteurs de la basse latinité, en décrivant la cour byzantine, font mention d'un maître des drogmans, dont ils écrivent le mot de diverses manières. *Drogman*, quoique plus vieux, a prévalu sur *dragoman* dans les Échelles du Levant, et il a été adopté en français pour désigner les hommes qui à la Porte-Othomane, et dans les cours de l'Orient, de Barbarie, sachant plusieurs langues, font métier de servir d'interprètes entre les marchands étrangers et les gens d'affaires du pays qui ne peuvent s'entendre. Ce qui fut de bonne heure un besoin pour les relations commerciales le devint plus tard pour celles de la diplomatie. Les ambassadeurs titrés que les souverains de l'Europe envoyaient à Constantinople, à Maroc, etc.; les évêques *in partibus*, les missionnaires qui portaient aux monarques de la Perse et de l'Inde les lettres du pape et des princes chrétiens, les consuls, les facteurs, les agents chargés des intérêts politiques et commerciaux des nations européennes, dans les Échelles du Levant, dans les États barbaresques et les pays lointains de l'Asie, ignoraient et ignorent encore pour la plupart le turc, l'arabe, le persan, le grec moderne, etc. Comment se faire entendre? comment traiter avec les puissances musulmanes? comment ces puissances pouvaient-elles traiter avec celles de l'Europe? Par l'intermédiaire de drogmans grecs, arméniens, juifs et banians. Mais au treizième siècle les drogmans étaient encore si rares, que les moines envoyés par saint Louis au grand khan de Tatarie ne purent se faire comprendre, et que l'audience se passa tout entière en coqs-à-l'âne et en pantomime.

A Constantinople, l'emploi de premier drogman, l'un des postes les plus importants de la Porte-Othomane, est d'ordinaire occupé par un Grec appartenant à l'une des plus illustres familles de sa nation. En outre, les diverses ambassades étrangères et tous les consuls dans les différents ports du Levant entretiennent à leurs gages des drogmans particuliers, grecs ou arméniens d'origine, mais le plus souvent, à Constantinople, appartenant à quelque famille de Péra. Nos ambassadeurs, nos agents consulaires, qui ne savent presque jamais un seul mot des langues parlées dans les pays où on les accrédite, mais qui se tirent d'affaire là où la langue française est admise pour les relations de la politique et de la vie sociale, sont dans le Levant à la discrétion de leurs drogmans, classe d'hommes en général souples, adroits, intrigants et perfides, qui souvent les audacieusement et trompent impunément. La plupart de ces drogmans, flétris dès leur enfance par l'esclavage, et méprisés par les musulmans, ont trahi la France pendant la révolution, en se dévouant aux intérêts de ses ennemis, en divulguant les secrets de sa politique. H. Audiffret.

DROGUISTE, négociant faisant le commerce des substances simples qui entrent dans la matière médicale. C'est du moins l'acception ancienne et rigoureuse du mot, et elle serait restée ainsi circonscrite et exacte, s'il n'y avait eu des envahissements d'attributions. Ces envahissements présentent, à cause des préparations auxquelles on se livre sans titre, un danger réel pour la société. « Le droguiste, dit Robiquet, est le marchand qui fait le commerce en gros des épices et des drogues *simples* qui s'emploient dans les aliments, dans la médecine et dans les arts. Ce commerce est d'une étendue immense, et cependant on veut y ajouter celui des principaux produits qui sont d'une grande consommation dans les arts : tels sont les acides minéraux, les alcalis, les aluns, les couperoses, etc., etc. Et la plupart des droguistes, encore peu satisfaits de ce beau domaine, envahissent en outre celui de la pharmacie. Ils fabriquent ou font fabriquer illicitement presque tous les composés médicamenteux qu'ils vendent en gros et qu'ils débitent aussi en détail. Cet abus, qui a excité, mais toujours inutilement jusqu'à présent, de vives réclamations, a porté le plus grand préjudice aux pharmaciens. Comment ceux-ci pourraient-ils en effet lutter avec les droguistes qui leur vendent les matières premières et leur font payer chèrement celles de choix, pour ne se réserver que les qualités inférieures qu'ils font entrer dans leurs compositions? »

Cette dernière phrase intéresse le public; elle lui apprend quel est le degré de confiance qu'on doit accorder à un grand nombre de préparations qui se trouvent dans le commerce. Avec justes raisons, Robiquet exige beaucoup d'instruction chez les droguistes, et leur demande d'ailleurs une bonne foi qui chaque jour semble devenir plus rare. C'est au nom de la santé publique qu'il fait cet appel à la probité. Mais, craignant bien qu'une telle recommandation ne soit souvent insuffisante, il propose au gouvernement un moyen de surveillance et de répression des abus dans le commerce de la droguerie. Nous n'examinons pas ici si le plan tracé par M. Robiquet est exécutable, nous l'exposons.

Le savant pharmacien voudrait voir établir sur toutes nos lignes de douanes des hommes instruits pour la surveillance des drogues à l'entrée, sous le rapport seulement des qualités, de l'exactitude et de la fidélité dans les spécifications des marchandises. Il voudrait même que ces places fussent données au concours. On préviendrait, par cette sage mesure, toute introduction à l'intérieur des marchandises expédiées de l'étranger, sous de fausses dénominations, ou qui ont été falsifiées. En effet, ne doit-on pas frémir des terribles conséquences qui résultent souvent de l'infidélité. Prenons pour exemple l'introduction de l'écorce d'angusture: ce médicament énergique et salutaire, que dans certains cas on a trouvé supérieur à l'écorce du Pérou pour le traitement des fièvres, a causé, par l'effet d'une fatale méprise, des accidents graves. Cependant l'angusture vraie est un remède héroïque; il ne s'agirait que de savoir la distinguer de la fausse. Les juges compétents ont établi entre les deux angustures des différences visibles, au nombre de onze; il ne s'agit que d'être connaisseur, et c'est ce que demande Robiquet. Il insiste surtout, avec beaucoup de raison, pour qu'un droguiste sans études préalables, et qui est dispensé de toutes les épreuves auxquelles on est soumis pour obtenir un diplôme de pharmacien, ne soit plus autorisé à distribuer des poisons sous le nom de médicaments; pour que l'on ne puisse plus mouler de l'argile pour lui donner la forme et le nom de *tutie*, fondre et colorer de la résine pour en faire du prétendu *sang de dragon*, fabriquer du castoréum et du musc, teindre en rouge le quinquina jaune, ou ajouter du marbre pilé à de la crème de tartre. Il trouve étrange que la loi, qui défend sous des peines très-rigoureuses de mettre de l'eau dans le tabac, ne punisse pas celui qui ajoute du sang au musc, de la fécule à l'opium, de la résine au castoréum, du carthame au safran, de l'écorce de marronnier au quinquina, etc., etc., parce que ces bagatelles n'intéressent que la vie des citoyens, et que le fisc n'y perd rien. Il voit le droguiste, retranché derrière la question de bonne foi, dire impudemment et impunément à ses victimes, qu'il a revendu la marchandise telle qu'il l'a achetée, qu'il s'est contenté d'un bénéfice légitime, et que dès lors il se croit à l'abri de tout reproche : c'est à l'acquéreur à s'y connaître, à voir ce qui lui convient. Mais pourquoi, en suivant la conséquence, l'orfèvre, qui ne fabrique pas lui-même et qui se borne à revendre ce qu'il a acheté, n'aurait-il pas aussi le privilége de faire le commerce d'alliages à bas titre, vendus pour métal pur?

On appelle aujourd'hui *négociant-droguiste* celui qui fait le commerce en gros de la droguerie, et *droguiste* celui qui livre en détail au consommateur. Ce commerce se divise 1° en *droguerie-médicinale* : celle-ci comprend toutes les substances employées dans l'art de guérir; 2° en *droguerie-teinture*, achat et revente des substances, tant simples que composées, qui sont employées dans l'art de la teinture; 3° *droguerie-épicerie*, branche de commerce dans laquelle on s'occupe plus particulièrement des denrées coloniales, des épiceries fines, etc. On voit que les attributions du droguiste se sont bien élargies!

Les substances employées dans la médecine et dans un grand nombre d'arts nous viennent principalement des pays lointains; la plupart se traitent par le canal des compagnies anglaise et hollandaise. Nous recevons aussi des Antilles, des États-Unis de l'Amérique, du Brésil, du Chili, du Pérou ou de leurs entrepôts, des cacaos, des bois de teinture et d'ébénisterie, des potasses, des ipécacuanhas, des quinquinas, des jalaps, des cochenilles, etc. De la Russie nous tirons des rhubarbes, des cantharides, des colles de poisson, du semen-contra, du musc, du castoréum, etc. Du Levant, de Smyrne, d'Alexandrie, d'Alep, il nous vient des follicules de séné, des scammonées, de l'opium, des safrans, des galles, des gommes-résines, etc.. Des Indes orientales, de la Chine, de l'Indostan, on nous apporte des thés, des cannelles, du sang-dragon, des vermillons, etc. La droguerie est donc une des plus belles branches de commerce qui existent; illimitée dans ses spéculations, aucune autre n'est à même d'établir des relations plus variées, plus multipliées et plus étendues. PELOUZE père.

DROHICZYN. *Voyez* PODLACHIE.

DROIT, DROITE (*Géométrie*). Nous ne dirons rien des *lignes droites*, comparées à celles qu'on désigne sous le nom de *courbes*, lesquelles, par la nature de leurs propriétés, n'ont pas de définition commune possible.

L'*angle droit* ou de 90° est celui qui résulte de la rencontre de deux lignes perpendiculaires l'une à l'autre.

On appelle *parallélipipède droit* celui dont les arêtes latérales sont perpendiculaires à la base. La même définition s'applique au *prisme droit*.

Le *cône droit* est celui dont l'axe est perpendiculaire à la base. Il en est de même du *cylindre droit*.

En trigonométrie, le *sinus* recevait autrefois le nom de *sinus droit*, pour le mieux distinguer du *sinus verse*.

En cosmographie, la sphère est dite *droite* pour tous les points dont l'horizon rationnel passe par les pôles : la sphère est droite pour tous les points de l'équateur.

DROIT. Le mot *Droit* est un de ceux qui admettent le plus grand nombre d'acceptions. On s'accorde à tirer son étymologie du latin barbare *drictum*, corruption de *directum*, supin du verbe *dirigere*, composé de la particule *di*, qui exprime séparation, et de *regere*, conduire d'un lieu à un autre. Mais quelles que soient les idées particulières que l'on attache à ce mot, les termes qui lui correspondent dans presque toutes les langues offrent dans leur composition le radical *rect*, qui partout exprime au sens physique ce qui n'est pas *courbe*, ce qui conduit d'un point à un autre en ligne droite, c'est-à-dire par le plus court chemin, et au sens moral tout ce qui *dirige* ou est bien *dirigé* vers un but quelconque. Ainsi, dans toutes ses significations ce root et tous ses analogues dans les autres langues supposent toujours une idée générale et dominante de *perfection*, de *supériorité*, *d'excellence*, *d'utilité*, de *bon*, de *vrai*, et tout au moins de convenance.

Un mot qui partout exprime une idée d'excellence devait surtout être employé pour désigner une science qui sans contredit est la première de toutes, puisqu'elle a pour objet la félicité des peuples et celles des individus, *la science des lois*. Aussi, parmi tant d'autres acceptions, tous les mots correspondant à notre français *droit* signifient soit la science des lois, autrement des règles des actions morales de l'homme, soit la collection de ces règles, soit enfin les attributs ou facultés que nous tenons de la loi. Sous les deux premiers rapports, *droit* exprime la même idée que le *jus* des Romains. *Jus est ars æqui et boni, seu collectio præceptorum ad vitæ normam recte restituendam.* Il a une signification moins étendue que celle de *rectum*; sous le troisième, il correspond au pluriel de *jus* (*jura*, les droits); *jus*, de *jubere*, commander, ordonner, parce que la loi commande et ordonne.

Du droit considéré comme science.

La science des lois est la connaissance des règles des actions morales de l'homme, rendue certaine et évidente par l'exposition raisonnée des principes d'où ces règles découlent.

Pour embrasser dans toutes ses parties cette science immense, qui s'étend à tous les rapports possibles qui dérivent de la nature de l'homme et des divers états dans lesquels on peut le concevoir, il suffit de le considérer dans l'état de *nation*, autrement de *société civile*. C'est en effet dans cet état, qui suppose tous les autres, celui de *famille*, celui de *société* purement naturelle de l'homme avec ses semblables, en un mot tous les états dans lesquels l'homme peut être placé par la force naturelle des choses, soit perpétuellement, soit accidentellement, que ses rapports sont plus étendus et les lois plus multipliées.

D'un autre côté, si comme membre d'une société civile l'homme est soumis à des lois émanées d'un pouvoir humain, dont il a établi ou dont il reconnaît l'autorité, il n'en continue pas moins d'obéir à des lois d'un ordre supérieur, qui dérivent de la volonté même de Dieu, et auxquelles celle des hommes ne peut porter aucune atteinte.

Il est donc vrai qu'en considérant la science des lois comme celle des principes et des règles d'après lesquels les nations sont ou doivent être gouvernées, on ne fait abstraction d'aucune des parties qui la composent.

Cette science, ainsi considérée, peut être envisagée sous deux points de vue principaux : comme science qui expose et développe les principes qui servent de base aux bonnes lois; comme science qui apprend à connaître les lois d'une nation, à les interpréter et à les appliquer avec justesse.

Sous le premier point de vue, elle offre une théorie dont les principes se puisent : 1° dans le *droit naturel*, car il renferme tous les éléments de ce qui est bon, juste et utile; il est donc la base immuable, le régulateur certain et permanent, le complément nécessaire de toute loi positive; 2° dans l'*histoire*, dont les monuments, signalant l'influence des institutions sur le sort des peuples, offrent aux méditations du législateur les grandes leçons de l'expérience, et l'avertissent des changements et des modifications que commandent les circonstances des temps et des lieux; 3° enfin, dans les *codes actuels* des nations, lorsque leurs dispositions ont eu sur la prospérité de l'État une influence dont les heureux effets seraient démontrés par l'expérience, ou pourraient l'être par le raisonnement.

Sous le second point de vue, la science des lois embrasse non-seulement la connaissance du texte des lois existantes et des principes qui servent à les interpréter et à les appliquer, mais encore celle de certaines maximes qui, n'étant pas formellement consacrées par la loi positive, appartiennent à la doctrine parce qu'elles sont généralement admises par les légistes et par les magistrats.

La théorie des lois est particulièrement la science du législateur; les lois faites constituent spécialement celle du magistrat et du jurisconsulte. La première n'a point été écrite et ne le sera peut-être jamais dans toute son étendue; car les règles positives dépendent essentiellement de circonstances qu'il est impossible de prévoir. C'est en considérant ces deux sciences comme réunies, qu'on les a désignées sous les dénominations générales de *jurisprudence*, *législation*, *droit*.

Mais des termes employés souvent dans une même science pour exprimer des idées différentes sont nécessairement incommodes lorsqu'on les emploie pour synonymes; il convient de s'en tenir à un seul. Fixons entre les trois mots celui qu'il convient de préférer.

Jurisprudence désigne plutôt l'usage des principes et des règles qui composent la science des lois que la science elle-même prise dans toute son étendue. Ainsi la jurisprudence est *l'art*, non la *science*. Une science en effet est un enchaînement de principes; un art, au contraire, n'est que l'habitude d'appliquer à la pratique la connaissance des principes. La jurisprudence est donc l'habitude pratique de bien interpréter les lois et de les appliquer de même à toutes les espèces qui se présentent. De là, dans notre langue, l'usage où l'on est de se servir de ce mot pour indiquer une suite de décisions rendues sur les mêmes motifs, dans des espèces semblables ou tout à fait analogues; décisions dont le nombre et l'uniformité font présumer la juste application de la loi.

Législation n'exprime, dans son sens étymologique, que l'action de porter les lois, ce qui suppose la connaissance des principes qui leur servent de base : ce mot ne peut donc désigner que la théorie des lois et l'art de les porter.

Mais le mot *droit*, qui, dans son acception étymologique, dans le sens le plus général, et auquel tous les sens particuliers ont quelque rapport, signifie, comme nous l'avons dit, tout ce qui *dirige* ou est bien *dirigé*, embrasse dans sa signification tous les principes, toutes les règles qui servent à diriger l'homme sur la ligne qu'il doit suivre pour atteindre le but de son être.

Du droit considéré comme collection de lois.

Nous avons dit que les jurisconsultes romains ont appelé *droit* (*jus*) la collection des règles ou préceptes d'après lesquels l'homme doit diriger sa conduite. Ces règles ou ces préceptes sont ce qu'on appelle des *lois*. Les lois sont par conséquent les règles de la conduite ou des actions morales de l'homme, c'est-à-dire des actions qui ont pour principe le libre exercice de son intelligence et de sa volonté. Ainsi, pour déterminer les différentes acceptions du mot *droit* dans le sens général où il signifie une collection de lois, il faut savoir combien on distingue d'espèces de lois.

Un supérieur peut seul imposer des règles de conduite à un être intelligent et libre. Le premier supérieur légitime de l'homme est Dieu ; mais après lui l'homme en société est soumis à une autorité constituée ou reconnue par l'association dont il fait partie et à laquelle il doit obéissance.

De là, quant à leurs sources, deux grandes divisions des lois en lois *naturelles* ou *divines*, et en lois *humaines* ou *positives*. Les lois naturelles sont les règles de justice et d'équité enseignées à l'homme par les seules lumières de la raison et que la nature même a gravées dans tous les cœurs. Les lois naturelles prescrivent à l'homme des devoirs *envers Dieu*, envers *lui-même*, envers *ses semblables*, et envers *tous les objets extérieurs*.

Quelque imposante que soit la sanction que les lois naturelles trouvent dans leur divine origine et dans la croyance d'un Dieu rémunérateur de la vertu et vengeur du crime, ces lois ne sont néanmoins que des principes de morale. D'un côté, il est par trop facile d'en contester l'application dans leurs conséquences les plus éloignées; de l'autre, elles ne peuvent opposer aux passions désordonnées que les conseils de la vertu, les murmures ou les remords de la conscience. C'est parce que la morale ne se trouvait pas appuyée d'une autorité extérieure qui en fixât les conséquences et qui obligeât à en observer les préceptes, que les hommes réunis en corps de nation ont imaginé les *lois positives*, formées pour prêter ce double secours aux lois naturelles.

Les lois positives, ainsi appelées parce que leurs dispositions sont constantes, certaines, assurées, incontestables, puisqu'elles sont *posées*, pour ainsi dire, et fixées par une volonté expresse et publiquement manifestée, sont ou *convenues* entre les nations ou *consacrées* solennellement *chez chacune d'elles* par une autorité à laquelle on doit obéir, lorsqu'elle est revêtue de pouvoirs suffisants et légitimes pour commander. Dans le premier cas, elles obligent les nations entre elles. Dans le second cas, elles obligent indistinctement tous les membres d'un État, en leur imposant, dans les mêmes positions ou circonstances où elles les supposent, et souvent sous des peines, l'obligation de faire, de ne pas faire, ou de souffrir quelque chose.

Après ces définitions des lois naturelles et positives, nous nous garderons de dire, avec les juriconsultes romains, que *droit naturel* est ce que la nature enseigne à tous les animaux, *jus quod omnia animalia natura docuit*. Le mot droit emporte en effet, et nécessairement, la distinction de ce qui est juste ou injuste, permis ou défendu. On ne peut donc l'appliquer à des actes sans moralité et qui ne sont qu'un résultat de l'instinct animal. Définir ainsi la loi naturelle, c'est confondre la règle des actes purement physiques avec celle des actions morales, qui impose à l'homme des obligations dont il peut connaître la cause, apercevoir les motifs, et en général prévoir et calculer les effets. Concluons donc, avec l'illustre chancelier D'Aguesseau, que le droit naturel est le système ou l'ensemble des règles que l'auteur de toutes choses a, pour ainsi dire, gravées dans le cœur de l'homme, et que la *droite* raison indique, à quiconque, exempt de passions vicieuses, est attentif à examiner de sang-froid, et dans la vue d'agir en conséquence, quelles sont les actions qui tendent le plus sûrement à sa conservation, à son perfectionnement et à son bonheur. Ce droit régit également les individus et les sociétés.

Comme réglant les rapports des peuples entre eux, on l'appelle *droit des gens* (*jus inter gentes*); toutes les règles qu'il renferme ne sont que des conséquences de ce principe posé par Montesquieu : « Les diverses nations doivent se faire pendant la paix le plus de bien, et dans la guerre le moins de mal qu'il est possible, sans nuire à leurs véritables intérêts. »

Par opposition à *droit naturel*, ces mots : *droit positif*, indiquent dans leur ensemble toutes les lois faites par les hommes soit pour créer, organiser, diriger et surveiller les institutions nécessaires au bien-être des sociétés politiques, soit pour fixer les droits de leurs membres, déterminer leurs obligations dans les rapports qu'ils ont entre eux et dans le commerce de la vie civile.

Les lois qui composent le droit positif sont ou convenues entre les nations, ou, comme nous l'avons dit, solennellement émanées chez chacune d'elles d'une autorité munie de pouvoirs légitimes et suffisants. Dans le premier cas, elles forment le *droit des gens positif*, désigné dans ces derniers temps, par quelques publicistes, par le néologisme *droit international*.

Le droit positif des nations entre elles se compose, outre les règles d'équité qui forment le droit des gens naturel, d'usages généralement admis, et de conventions consignées dans les traités. Mais en donnant ainsi le nom de *droit* à cet assemblage d'usages ou de règles positives qui régissent les intérêts des nations entre elles, nous employons le langage ordinaire des jurisconsultes, sans néanmoins admettre que cette locution soit exacte. En effet, les peuples ne sont soumis à d'autres lois qu'à celles de la nature ; car la loi est toujours émanée d'un supérieur légitime, et les nations sont entre elles dans un état d'indépendance parfaite. Or, pour qu'il existât un droit des gens positif, il faudrait qu'il y eût expression de la volonté générale de tous les peuples, soit par eux-mêmes, soit par représentants : c'est ce qui n'est pas et ce qui ne sera peut-être jamais. Il n'y a donc réellement entre les nations que les conventions des traités qui lient seulement les parties contractantes : c'est ce qu'on appelle la *loi du contrat*; mais ce n'est pas une loi dans le vrai sens du mot.

Dans le second cas, c'est-à-dire lorsqu'il s'agit des lois imposées aux membres d'une nation par l'autorité constituée pour la gouverner, le droit positif forme le droit *propre* ou *particulier* de cette nation. Les Romains l'appelaient avec justesse *droit civil* ou de la *cité*, attendu que ce mot *cité* désignait parmi eux le corps social. C'est en ce sens que l'on dit encore *droit romain*, *droit français*, *droit allemand*.

Considérées quant à leur objet, les lois qui composent le droit particulier à chaque peuple se divisent en plusieurs classes.

Celles qui établissent les rapports réciproques entre les membres de la société et l'autorité qui les gouverne, qui déterminent la forme du gouvernement et de l'administration générale de toutes les parties dont il se compose, forment, dans leur ensemble, ce que l'on appelle le *droit public*, et il se subdivise à son tour suivant les différentes matières dont il traite.

Ainsi l'on appelle *droit constitutionnel* l'ensemble des lois fondamentales qui constituent le gouvernement, c'est-à-dire la manière dont la souveraineté est exercée chez un peuple, et qui ont pour objet immédiat l'organisation et l'administration générales du corps politique, ou, en d'autres termes, son gouvernement;

Droit administratif, les lois dont l'exécution est confiée aux divers fonctionnaires ou agents distribués sur les divers points du territoire, et dont l'objet est l'administration générale ou locale des affaires publiques, dans tous les détails qu'elle embrasse.

Droit criminel, celles qui tendent à réprimer par des peines les infractions aux lois portées pour le maintien de l'ordre social et de la tranquillité publique, etc.

Les lois qui traitent de la compétence et de la procédure des autorités judiciaires font essentiellement partie du droit public; mais en aucune langue on n'emploie pour en désigner la collection le mot *droit* avec un qualificatif.

Les lois qui règlent les rapports particuliers et réciproques des individus d'un même peuple, et concernant leurs intérêts privés, forment leur *droit privé*. On l'appelle aussi *droit civil*, dans le langage de la jurisprudence des nations modernes; mais c'est improprement, puisque ces expressions, dans un sens très-exact, désignent le droit particulier d'un peuple, qui comprend le droit public et le droit privé.

Le droit privé considère : les *personnes*, afin de régler leur état, en raison duquel varient leurs droits et leurs devoirs ; 2° les *choses*, pour déterminer les droits des individus sur elles, fixer l'ordre des successions, et la communauté entre époux, etc.; 3° les *obligations*, pour en déterminer la nature, les caractères, la légalité et les effets, soit qu'elles dérivent immédiatement des dispositions de la loi, sans engagement de la personne, soit qu'elles prennent leur source dans la convention autorisée par la loi.

Le droit privé se subdivise en *droit personnel* et en *droit réel*. Le premier est désigné en jurisprudence sous la dénomination de *statuts personnels*, et embrasse les lois qui régissent l'état et la capacité des personnes, lois en quelque sorte inhérentes à chaque individu né sous leur empire, car elles le suivent partout. Telles sont celles qui concernent les conditions requises pour le mariage, la majorité, la puissance paternelle; elles régissent les Français, lors même qu'ils résident en pays étranger. Le second, qui reçoit la dénomination de *statuts réels*, se compose des lois qui régissent les immeubles, sans égard à la qualité des personnes qui les possèdent. Ces lois n'ont d'effet que pour les immeubles situés dans les limites du territoire soumis à l'autorité dont elles émanent, mais aussi elles s'appliquent indistinctement; ainsi, tous les biens immeubles situés en France sont régis par les lois françaises.

On a vu par ce qui précède que la fin immédiate du *droit public* est l'avantage de la société envisagée en masse, ou autrement en corps, et que celle du *droit privé* regarde au contraire immédiatement les intérêts des particuliers. C'est par là qu'on les distingue, et c'est aussi d'où résultent les différences essentielles à remarquer entre ces deux droits, lorsqu'il s'agit d'appliquer les lois de l'une ou de l'autre espèce.

Dans tout ce qui appartient au droit public, les dispositions de la loi sont absolument indépendantes des conventions particulières par lesquelles on y dérogerait; car il ne peut dépendre des particuliers de substituer, par rapport à des objets qui intéressent le corps social, leur volonté privée à celle du législateur.

Est-il, au contraire, question de droit privé, les particuliers peuvent y déroger par leurs conventions, parce qu'il est libre à chacun de renoncer à une faveur que la loi lui accorde.

En général les difficultés que présente le droit public, abstraction faite de l'intérêt privé des personnes, ne sont point de la compétence de l'autorité judiciaire, et ne peuvent être décidées que par l'autorité législative, le gouvernement ou l'administration locale, suivant les circonstances; au contraire, toutes les contestations en matière de droit privé appartiennent essentiellement à l'ordre judiciaire. Mais il est à remarquer que parmi les lois qui font partie soit du droit public, soit du droit privé, il se rencontre souvent des dispositions que l'on a appelés *mixtes*, parce qu'elles tiennent à l'un et à l'autre par leur objet. Ainsi, dans le droit privé, plusieurs dispositions concernant l'état des personnes tiennent au droit public, en ce sens que nul ne peut, par l'effet de sa volonté propre, apporter aucun changement à son état qu'il tient de la société. Par exemple, un homme ne peut se constituer en état de majorité, lorsque la loi le répute mineur, ni s'affranchir des obligations qu'elle lui impose comme époux, comme père, comme fils, etc. Ces mêmes dispositions n'en appartiennent pas moins au droit privé, parce qu'elles ne sont établies que pour servir à régler les intérêts privés des personnes, en raison des différentes situations naturelles ou accidentelles, perpétuelles ou passagères, mais prévues par la loi, dans lesquelles l'individu se trouve ou peut se trouver. De même toute loi prohibitive en matière civile ou, pour mieux dire, en matière privée, tient au droit public, parce que les motifs de la prohibition prennent évidemment leur source dans l'intérêt qu'a la société entière à ce que les intérêts privés ne lui apportent aucun préjudice.

Parmi les lois relatives à l'organisation judiciaire et à la compétence, celles qui établissent l'ordre de juridiction, quant au ressort et au pouvoir du juge, sont exclusivement de droit public. Nous l'avons déjà dit. Cependant en justice civile il est des dispositions auxquelles on peut déroger, parce qu'elles n'ont été portées que pour l'avantage personnel des justiciables. Telles sont, entre autres, celles qui ont trait à l'incompétence d'un tribunal relativement au domicile du défendeur, etc. Il en est ainsi, dans la procédure civile, à l'égard des dipositions qui ne seraient également établies qu'en faveur des parties litigantes, comme les délais pour l'exercice des actions, et toutes les nullités d'exploits ou d'actes de procédure. Mais, à peu d'exceptions près, toutes les dispositions qui composent le droit criminel sont rigoureusement de droit public.

Du droit considéré comme attribut des personnes.

Ce que la loi établit par les commandements ou par les prohibitions qu'elle renferme constitue pour celui qui se trouve dans les cas qu'elle a prévus, soit un *droit*, soit un *devoir*.

On a d'abord appelé droit ce qui était ordonné par la loi, d'une manière générale et abstraite ; ensuite, rapportant ses dispositions à l'individu même auquel elles pouvaient être appliquées, on a fait du droit un *attribut* de la personne, et en ce sens *droit* désigne ce que la loi a réglé à l'égard de chacun, et ce qu'elle l'autorise à faire, à ne pas faire ou à exiger. Le droit est donc une faculté légale, c'est-à-dire accordée par la loi.

Ces trois mots *loi*, *droit*, *devoir* sont essentiellement corrélatifs, c'est-à-dire que l'idée que chacun d'eux présente suppose nécessairement celle que les deux autres expriment. Ainsi, d'un côté la loi, une fois portée, fait supposer le droit et le devoir, puisque l'effet direct et principal de ses commandements est d'autoriser ou d'obliger. D'un autre côté, si les actions commandées par la loi sont des devoirs pour celui qui est obligé de les faire, elles forment un droit pour celui à qui la loi donne la faculté d'exiger qu'on les fasse. Réciproquement, s'abstenir des actions défendues par la loi est un devoir d'où naît un droit en faveur de celui à qui la loi reconnaît avoir intérêt à ce que ces actions ne soient pas faites, et ce droit consiste dans la faculté de les empêcher ou de demander la réparation du préjudice qu'elles ont causé. Dire qu'un droit s'acquiert, c'est donc dire qu'un devoir s'établit; et tout ce qu'on affirme d'un droit est affirmé d'un devoir correspondant; en d'autres termes, du droit d'une personne dérive le devoir d'une autre, en raison de ce que l'exercice de ce droit exige que celle-ci fasse, donne ou supporte.

De ce que les droits et les devoirs prennent leur source dans la loi, il résulte que l'on peut distinguer entre eux autant d'espèces que l'on peut distinguer d'espèces de lois. On appelera droit *naturel* toute faculté que l'homme tient immédiatement des lois de la nature; droit *positif*, toute faculté dérivant de la loi positive, et il en sera ainsi des devoirs.

Les droits et devoirs qui dérivent de la loi positive sont *politiques* ou *privés*, autrement *civils*. Les premiers prennent leur source dans les lois qui concernent l'ordre public. De là premièrement les *droits civiques*, *droits de cité* ou *du citoyen* : ce sont ceux qui accordent à un individu réunissant certaines conditions exigées par la loi une participation quelconque au droit soit d'élire, soit de désigner les hommes qu'il juge capables d'exercer les fonctions publiques, soit d'être appelé lui-même à ces fonctions; secondement, les droits des fonctionnaires publics, dans l'exercice légal de leurs attributions.

Les *droits privés* se subdivisent en *droits des personnes*, et en *droits personnels*, *réels* et *mixtes*. Les droits et devoirs des personnes sont ceux qui dérivent de leur état de mineur, père, fils, époux, etc. Les *droits personnels* (*jus ad rem* des Romains) sont ceux qui dérivent de l'obligation légale ou conventionnelle de la personne. Ils sont ainsi appelés parce qu'ils la suivent toujours, en ce sens que cette même personne ou ses ayant-cause ont seuls la faculté de les réclamer en justice de celui qui a contracté l'obligation.

Les *droits réels* (*jus in re* des Romains) sont ceux d'une personne sur une chose, indépendamment de l'obligation personnelle du *détenteur*. Ils sont ainsi appelés parce qu'ils sont inhérents à la chose et la suivent, en quelques mains qu'elle passe.

Les *droits mixtes* sont ceux qui participent tout à la fois de la nature des droits personnels et de celle des droits réels.

Les dispositions expresses des lois, les principes ou maximes de la jurisprudence, sur ces différentes espèces de droits, tendent toutes à déterminer comment ils s'acquièrent, se conservent, se prouvent et se perdent, se transportent et se recouvrent; et tout cela n'a lieu que par la seule force de la loi positive, à l'occasion de quelque fait licite ou illicite.

G.-L.-J. Carré (de Rennes).

Le mot *droit*, dans les différents sens que lui donne la langue française, forme encore, joint à d'autres mots, quelques expressions composées qui ont besoin au moins d'être définies ici.

Ainsi *droit commun* se dit du droit général par opposition au droit particulier, au droit local. La disposition de droit commun est celle qui s'applique à tous les cas, à toutes les circonstances, à moins qu'il n'y ait une exception formellement prévue par une loi positive.

Le *droit étroit* ou *droit strict* se dit des dispositions rigoureuses qui doivent être appliquées d'après la lettre de la loi, et qui par cela même ne sont susceptibles d'aucune extension. Les lois pénales sont de *droit étroit*. Les Romains connaissaient les obligations de droit étroit (*stricti juris*) ou obligations unilatérales, comme le prêt, dans lesquelles il fallait remplir strictement la convention, telle qu'elle était écrite; et ils les opposaient aux contrats synallagmatiques et de bonne foi (*bonæ fidei*).

On appelle *droit acquis* celui qui est déjà acquis à une personne avant le fait ou l'acte qu'on lui oppose pour l'en dépouiller. Par opposition, on nomme *droit éventuel* celui qui ne consiste que dans une simple expectative.

Les *droits actifs et passifs* sont ceux qui comprennent tout à la fois des biens et des charges, les créances et les dettes.

Les *droits successifs* sont les droits qu'on a recueillis à titre de succession; les *droits litigieux*, ceux dont le sort dépend d'un procès.

On connaît encore les droits *de présentation*, *de rétention*, *de retour*, *de suite*, etc.

Enfin, le mot *droit* se prend souvent dans l'acception d'imposition, redevance, salaire, taxe. C'est ainsi que l'on dit *droits d'actes*, impôts auxquels sont assujettis les actes, de timbre, d'enregistrement, de mutation, d'hypothèques, de greffe, etc., etc.

DROIT (École de). L'École de Droit de Paris s'élève en face et sur le côté gauche de l'église Sainte-Geneviève; elle a été construite sur les dessins de Soufflot, à qui ce monument mesquin fait assez peu d'honneur. Il est difficile de reconnaître dans ce plan semi-circulaire, dans ce maigre pérystile et cette lourde colonnade qui supporte extérieurement l'édifice, le génie grandiose de l'architecte de Sainte-Geneviève. L'École actuelle vint remplacer l'ancienne École de Droit de Paris, située rue Saint-Jean-de-Beauvais, et qui avait été fondée en 1384. L'inauguration de cette école eut lieu en grande pompe, le 24 novembre 1783; mais survint bientôt la révolution, qui suspendit l'enseignement officiel du droit; l'école reçut alors diverses autres destinations. La municipalité du quartier y siégea, et le tribunal de cassation y tint quelque temps ses séances.

L'école de droit fut rouverte à la promulgation du Code Napoléon. Elle fut réorganisée par le décret du 14 mars 1804, qui régla chacune des matières de l'enseignement, la durée des études, le nombre des examens (*voyez* Facultés).

En 1820, le bâtiment de l'École de Droit étant devenu insuffisant, à cause de l'accroissement considérable du nombre des élèves, une seconde section fut établie dans l'église de la Sorbonne, qu'on disposa à cet effet. Cette section fut ensuite transférée au collége du Plessis; enfin la construction d'un nouvel et vaste amphithéâtre, adossé au derrière de l'édifice, a permis de réunir au même endroit les nombreux auditeurs des cours.

DROIT (Facultés de). *Voyez* Facultés.

DROIT ADMINISTRATIF. Cette branche du droit public a pris depuis peu de temps seulement sa place distincte dans la science générale du droit : il y a quarante ans, elle n'avait pas de désignation propre. Les écrits de M. de Cormenin, de Macarel et de Degérando ont restitué au *droit administratif*, en le faisant connaître, le caractère d'importance qui lui appartient, et dont il n'avait pas joui avant eux : des chaires publiques ont été ouvertes à son enseignement, des publications diverses retracent ses éléments, rapportent ses applications variées; il n'est plus permis à l'homme d'État, au publiciste, au jurisconsulte, d'ignorer ses principes et ses règles.

Le *droit administratif* comprend l'ensemble des règles qui régissent les rapports de l'administration avec les administrés; il tient, pour ainsi dire, le milieu entre le *droit politique*, qui embrasse les lois constitutives du corps de la nation, la forme du gouvernement, les attributions des grands pouvoirs de l'État, et le *droit civil*, qui se renferme dans les relations privées des citoyens; il participe du premier par les liens qui l'unissent à l'organisation politique, et du second par l'action qu'il exerce sur les droits et les intérêts privés. Dans un pays où 36 millions d'habitants et 530,000 kilomètres carrés de territoire sont soumis aux mêmes lois, aux mêmes formes de gouvernement, l'administration publique est nécessairement investie d'un pouvoir étendu et d'attributions nombreuses. Nous ne voulons pas justifier les abus de la centralisation : elle a été souvent portée à l'excès; mais en beaucoup de points sa nécessité et ses avantages ne peuvent être contestés. La France a besoin d'un gouvernement fort et capable de faire sentir sur tous les points du territoire sa présence et son action : l'unité nationale est à ce prix, et notre indépendance, notre dignité, notre autorité en Europe sont les fruits de cette puissante unité créée par la révolution de 1789, achetée au prix de grands sacrifices, mais consacrée par d'immenses bienfaits.

Chaque jour les nécessités du gouvernement appellent le concours actif de l'administration, et la mettent en rapport avec les administrés. Le service public exige des dépenses considérables, que l'impôt seul peut couvrir; l'impôt doit être levé et se répartir avec exactitude sur tous les individus, sur toutes les parcelles du territoire, sur toutes les valeurs que la loi a ordonné d'atteindre. Le gouvernement a ses propriétés, ses établissements; il doit veiller à leur entretien, à leur conservation. L'intérêt des citoyens réclame l'ouverture de voies de communication, la construction d'édifices destinés à encourager les progrès des arts ou consacrés à des emplois d'utilité générale; de grands travaux publics sont entrepris. La loi, en reconnaissant des droits collectifs, aux communes, aux arrondissements aux départements, a soumis ces divers corps à des obligations spéciales, et les a placés sous une tutèle étroite; une surveillance constante doit les maintenir dans la ligne de leurs devoirs et prévenir ou réprimer leurs empiétements. La sûreté, la salubrité, le bon ordre, sont les premiers besoins des citoyens, la première dette de l'État; des règlements, des mesures de police, protègent ces grands intérêts. Dans toutes les occasions où le gouvernement se trouve ainsi en cause, l'administration intervient au nom de la société, pourvoit aux diverses nécessités, aplanit les obstacles et brise les résistances. C'est là son droit et souvent son devoir. Le gouvernement qui n'aurait pas en lui-même les moyens de subvenir à ses besoins, à ses services, à l'ordre et à la sûreté publique, manquerait de tous les éléments de force et de durée.

Pour l'accomplissement de son mandat, l'administration a ses formes propres : nos lois de liberté et de garantie ont dû, tout en reconnaissant ses droits, lui imposer des règles, lui prescrire des limites, subordonner son action à certaines conditions. A côté de ces lois écrites, se sont placées d'autres règles que la nature des choses a introduites, que la tradition des précédents a couvertes de l'autorité de l'expérience. L'administration a aussi ses principes, lesquels tiennent à son essence même, à son but particulier, à sa mission légale. Nous n'en citerons qu'un seul : pour elle l'intérêt privé doit toujours plier devant l'intérêt général.

Enfin, l'administration a ses juges et ses conseils spéciaux; aux termes de la constitution, elle appartient tout entière au chef de l'État. L'Assemblée constituante, en traçant entre l'administration et le pouvoir judiciaire une ligne salutaire de démarcation, a retiré aux tribunaux toute autorité sur l'administration. Cependant, celle-ci avait besoin de contrôle, ses actes pouvaient motiver des plaintes, occasionner des recours : les juridictions et les conseils administratifs ont été créés. Ainsi avec des formes et des principes spéciaux, l'administration a aussi des juridictions spéciales. L'ensemble de ces formes, de ces principes, les bases de ces juridictions, constituent le *droit administratif*, et l'on peut juger de son importance par cette seule définition.

Les garanties politiques écrites dans les constitutions excitent à juste titre l'attention et les sollicitudes des citoyens : elles sont la base de notre organisation constitutionnelle et la source de nos droits. Nous ne voudrions pas affaiblir les vives susceptibilités qu'elles tiennent en éveil, ni blâmer les efforts constants dirigés vers leur développement et leur amélioration. Cependant, qu'il nous soit permis de désirer que des efforts égaux se dévouent à l'étude et à l'amélioration du *droit administratif*. Les libertés politiques écrites dans une constitution ne peuvent être méconnues sans que tout le droit public de la nation soit mis en question; elles ne sont jamais ouvertement violées sans que le peuple vienne revendiquer ses droits et punir l'auteur de cette violation, quel qu'il soit. Quelles facilités n'a pas au contraire un pouvoir dont toutes les attributions ne sont pas nettement fixées, et qui souvent ne tire son droit que des lois de la nécessité? Le pouvoir administratif touche à nos plus chers intérêts; nous nous trouvons chaque jour en contact avec lui; nous le rencontrons dans presque tous les accidents de la vie sociale. Il atteint nos personnes quand il procède à l'application des lois qui prescrivent certains services publics, le recrutement, la garde nationale, les prestations en nature; il atteint nos biens, quand il prononce sur le règlement des cours d'eau, des dessèchements, des défrichements, sur les plantations voisines des routes; il atteint le produit de notre industrie, les revenus de nos terres, quand il procède à l'assiette et au recouvrement de l'impôt. De telles attributions valent bien que l'on s'en occupe. Que l'administration soit forte et son action libre et respectée; nous le voulons, non dans son intérêt, mais dans celui du pays, qui ne peut en différer. Mais que ses pouvoirs soient clairement définis, les excès fermement réprimés, que les droits des citoyens, qui font aussi partie de la chose publique, obtiennent les garanties auxquelles ils sont fondés à prétendre, et que le *droit administratif* présente enfin la solution du grand problème de la conciliation de l'intérêt public avec l'intérêt privé. C'est là un digne sujet d'étude pour le législateur : aucun n'a plus de droits aux méditations des hommes publics et aux travaux de la jeunesse qui veut se préparer à contribuer à son tour à l'amélioration de nos lois et aux progrès de nos institutions publiques.

VIVIEN, de l'Institut.

DROIT ALLEMAND (*jus germanicum*). Les tribus germaines, qui, en s'unissant toujours plus étroitement finirent par former la nation allemande, entrèrent dans cette communauté politique au milieu de circonstances très-différentes, à des époques très-éloignées les unes des autres, avec de très-grandes variétés de civilisation et des notions de droit très-diverses. Une partie de l'Allemagne méridionale et occidentale se trouvant depuis longtemps réduite à l'état de province romaine, on comprend que la civilisation romaine y ait exercé une influence prépondérante. Les tribus slaves qui s'établirent au nord n'adoptèrent au contraire les mœurs et la langue des Germains que fort longtemps après. Parmi elles, l'adoption du christianisme fut le premier pas vers l'établissement d'un ordre légal. La conversion à la foi nouvelle coïncide avec la création de leurs premières lois, que l'on considère très-mal à propos comme la rédaction écrite de règles de droit préexistantes, puisque la majeure partie de ces lois se composent de règles qui ne furent établies pour la première fois qu'à cette même époque. Ces lois anciennes, qu'il faut considérer en partie comme des capitulations entre les vainqueurs et les vaincus, en partie comme des espèces de compromis entre le paganisme et l'antique licence d'une part, et la religion chrétienne et les notions de droit qu'elle suppose d'autre part, et tantôt comme des traités entre la liberté populaire et la souveraineté des princes, entre un chef et les hommes qui se ralliaient autour de lui, entre des communes et les officiers du prince, datent du cinquième au neuvième siècle. Nous citerons les lois des Wisigoths, par le roi Éric (466-484); des Francs saliens, vers la fin du cinquième siècle; des Bourguignons, vers 517; des Francs ripuaires, de 511 à 534; des Bavarois et des Allemands, de 613 à 638, des Frisons, des Saxons, des Anglais, à l'époque de Charlemagne; des Lombards, de 643 à 724; des Angles-Saxons, d'Athalbert de Kent, de 501-604, jusqu'à la conquête des Normands.

Les capitulaires royaux rendus à une époque postérieure, alors que le pouvoir royal était parvenu à acquérir plus de force et d'indépendance, forment la seconde partie de l'histoire du *droit allemand.*

A partir du dixième siècle, la féodalité devint presque partout la base de la propriété territoriale, et même du droit public; mais les progrès de l'agriculture, de l'industrie et du commerce, firent bientôt naître dans toute l'Europe occidentale le besoin d'un système de droit plus régulier et plus complet, d'autant plus que le droit romain, qui ne tarda pas à être enseigné de nouveau dans la haute Italie, attirait de toutes parts des écoliers, et s'infiltrait plus ou moins à travers toutes les constitutions juridiques. L'esprit d'émulation et celui d'opposition conduisirent à rédiger en forme systématique les vieux droits nationaux, et la compilation d'Ekkard de Repkow, appelée plus tard (de 1215 à 1235) le *Miroir des Saxons*, eut en Allemagne une longue suite d'imitations, d'extraits, etc., pendant qu'à la même époque, dans tous les États européens, depuis Naples (*Code de l'empereur Frédéric II*, par Pierre Desvignes, 1231), jusqu'au nord (*Droit jutlandais du roi Waldemar II*, 1240), le même mouvement s'opérait, et qu'une foule de villes se constituaient un droit particulier, autant par des lois expresses que par l'usage. L'éclat dont brillait le droit romain (le droit féodal lombard en faisait partie) n'en devint pas moins plus grand et plus universel, et finit par exercer une grande influence même sur les affaires publiques. La législation commune de l'Empire fut de plus en plus restreinte dans son action par la puissance des princes, qui s'augmentait chaque jour. Les droits nationaux continuèrent cependant à être en vigueur dans les tribunaux, et, quoique différents dans leurs détails, ils eurent beaucoup de bases communes, jusqu'à ce qu'enfin, surtout à partir du quinzième siècle, il se manifesta dans la législation particulière de chaque État une activité toujours plus grande. Vers l'époque de la guerre de Trente ans, on commença à abandonner la méthode romaine, et à étudier le droit national à ses sources historiques.

Quand aujourd'hui on parle du *droit allemand*, on entend par là le droit particulier, en tant que les sources du droit en vigueur en Allemagne ne dérivent pas de la législation romaine ou papale, non plus que des législations particulières de chaque État.

DROIT AU TRAVAIL, DROIT A L'ASSISTANCE. *Voyez* TRAVAIL et ASSISTANCE PUBLIQUE.

DROIT CANON ou DROIT CANONIQUE. Cette expression se prend dans deux sens différents; pour désigner la science même du droit ecclésiastique ou la collection des éléments divers dont cette science se compose, les recueils des lois, des canons, des usages de l'Église, formés des décisions des conciles, des constitutions des papes, des écrits des saints pères, des lois civiles, des ordonnances des princes, en matière ecclésiastique. Avant le douzième siècle plusieurs collections de ce genre, plus ou moins exactes, avaient paru sous différents titres, soit en grec, soit en latin, les unes suivant l'ordre du temps, les autres par ordre de matières. Les principaux compilateurs étaient : pour les Grecs, Jean d'Antioche, Photius de Constantinople, etc.; pour les Latins, Denis le Petit, Isidore de Séville, Isidore Mercator, Burchard de Worms, Yves de Chartres, etc. Ces premières collections n'ont plus aucune autorité nulle part, au moins par elles-mêmes. A l'imitation de ces écrivains, Gratien composa en 1151, sous le pontificat d'Eugène III, son célèbre ouvrage *Concordia discordantium canonum*, que l'on appelle généralement *Décret de Gratien*, non pas en suivant l'ordre des conciles ou des papes, mais en suivant l'ordre des matières. Il compose la première partie du *Corpus juris canonici*; les autres parties de ce recueil sont les *Décrétales de Grégoire IX*, le *Texte de Boniface VIII*, les *Clémentines*, les *Extravagantes de Jean XXII* et les *Extravagantes communes.* Le décret de Gratien, les extravagantes de Jean XXII et les extravagantes communes n'ont d'autre autorité que celles que peuvent avoir les constitutions qui y sont rapportées; quant aux Décrétales, au Texte et aux Clémentines, il n'est pas douteux que dans les pays d'obédience, où le pape réunit le spirituel et le temporel, elles ne doivent être exécutées comme lois émanées du souverain. Les constitutions et les bulles postérieures des papes forment les autres sources du droit canon d'Occident avec les canons du concile de Trente et ceux des autres conciles généraux ou particuliers tenus dans les derniers temps, lesquels pour n'être pas réunis en corps de compilations, ne laissent pas d'avoir la même autorité.

En France, le droit ecclésiastique repose principalement sur les différents concordats et les lois qui en règlent l'exécution, sur les coutumes et les libertés de l'Église gallicane. « Les canons sur lesquels sont fondées ces libertés, dit l'auteur du *Code ecclésiastique français*, ne sont pas ceux qui sont compris dans le décret de Gratien, ni même dans les collections de Burchard, d'Yves de Chartres, ni encore moins dans les compilations de Grégoire IX et des papes, ses successeurs, puisque ces recueils contiennent une infinité de décrets auxquels l'Église de France ne s'est point soumise, et que ses libertés sont beaucoup plus anciennes que ces recueils, mais la compilation des canons qui étaient observés sous la première race de nos rois, et qui comprenaient quelques épîtres décrétales des papes, les canons des premiers conciles généraux et ceux de quelques conciles particuliers. Ce sont ces premiers canons qui forment parmi nous un droit commun, tels qu'ils étaient observés pendant les premiers siècles dans toute l'Église. Les autres nations ont changé leur droit, et nous avons conservé en plus de points que les autres l'ancienne discipline : c'est ce qui fait la différence qu'il y a entre la jurisprudence de l'Église gallicane et celle des autres Églises. »

L'ouvrage que nous venons de citer, abrégé du grand travail de D'Héricourt, peut être considéré comme le droit canonique français mis en harmonie avec la législation actuelle.

L'abbé C. BANDEVILLE.

Le droit canon des Églises d'Orient comprend le Συνόδικον, *sive pandectæ canonum apostolorum et conciliorum*, avec des commentaires de Balsamon, de Zonaras et de Blastarès; et le *Nomocanon* de Photius, avec le commentaire de Balsamon.

Les protestants n'ont guère de droit ecclésiastique général, bien que cette science s'enseigne dans leurs facultés de théologie; elle dépend chez eux de la constitution particulière des États.

DROIT CIVIL. Ce mot, *civil* qui, ajouté au mot *droit*, lui donne une signification particulière, dérive lui-même du mot *civitas* (cité), parce qu'à la différence du *droit des gens*, commun à tous les peuples, le droit civil est propre à telle nation : dans cette acception, le *droit civil* embrasse toutes les lois qu'un peuple s'est données, et il comprend par suite, comme l'observe fort bien un de nos plus illustres jurisconsultes, le docte Domat, « plusieurs matières du droit public, du droit des gens, et même du droit ecclésiastique, puisqu'il arrive souvent des affaires et des différends entre les particuliers dans des matières du droit public, comme, par exemple, dans les fonctions des charges, dans la levée des deniers publics et en d'autres semblables; et qu'il en arrive aussi dans des matières du droit des gens, par suite des guerres, des représailles, des traités de paix, et même dans des matières ecclésiastiques, comme pour les bénéfices et autres. Et enfin, la distribution de la justice aux particuliers renferme l'usage de plusieurs lois qui sont des règlements généraux de l'ordre public, comme celles qui établissent les peines des crimes, celles qui règlent l'ordre judiciaire, les devoirs des juges et leurs différentes juridictions. »

Considéré de cette manière, le droit civil remonte au berceau de chaque peuple : rude et sauvage chez ces peuplades grossières, à peine échappées de leurs forêts, on voit bientôt le droit civil s'adoucir et même s'amollir à mesure que les mœurs deviennent elles-mêmes plus douces et plus faciles : composé d'un petit nombre de préceptes et d'usages pour les peuples nouveaux, dont les besoins sont peu nombreux, il se grossit successivement à mesure que les relations se multiplient, que les besoins réels ou factices s'accroissent, et que le luxe grandit : au reste, il faut dire du droit civil ce que Montesquieu dit des lois civiles : « Il doit être tellement propre au peuple pour lequel il est fait, que c'est un très-grand hasard si le droit civil d'une nation peut convenir à une autre : il faut qu'il se rapporte à la nature et au principe du gouvernement qui est établi ou qu'on veut établir. Il doit être relatif au physique du pays, au climat glacé, brûlant, ou tempéré; à la qualité du terrain, à sa situation, à sa grandeur; au genre de vie des peuples, laboureurs, chasseurs ou pasteurs; il doit se rapporter au degré de liberté que la constitution peut souffrir, à la religion des habitants, à leurs inclinations, à leurs richesses, à leur nombre, à leur commerce, à leurs mœurs, à leurs manières, etc. » Le même auteur donne pour cause de l'établissement du droit civil la *guerre :* « Sitôt, dit-il, que les hommes sont en société, ils perdent le sentiment de leur faiblesse; l'égalité qui était entre eux cesse et l'état de guerre commence. Chaque société particulière vient à sentir sa force; ce qui produit un état de guerre de nation à nation. Les particuliers dans chaque société commencent à sentir leur force; ils cherchent à tourner en leur faveur les principaux avantages de cette société ; ce qui fait entre eux un état de guerre. Ces deux sortes d'état de guerre font établir les lois parmi les hommes. Considérés comme habitants d'une si grande planète qu'il est nécessaire qu'il y ait différents peuples, ils ont des lois dans le rapport que ces peuples ont entre eux ; et c'est le *droit des gens.* Considérés comme vivant dans une société qui doit être maintenue, ils ont des lois dans le rapport qu'ont ceux qui gouvernent avec ceux qui sont gouvernés ; et c'est le *droit politique;* ils en ont encore dans le rapport que tous les citoyens ont entre eux, et c'est le *droit civil.* »

Le *droit civil français* se composait autrefois du *droit romain* et des *coutumes :* ces deux droits se partageaient la France : comme dans l'origine le droit romain était la seule loi écrite qu'il y eût dans le royaume, l'on appelait *pays de droit écrit* les provinces où le droit romain était observé comme loi, et *pays de droit coutumier* les provinces qui obéissaient aux coutumes. Il n'est pas inutile de dire ici quelques mots sur l'origine de ce droit.

Les coutumes de France qui sont opposées aux lois proprement dites, c'est-à-dire au droit romain et aux ordonnances, édits et déclarations de nos rois, étaient, dans l'origine, des usages non écrits, lesquels, par succession de temps, ont été rédigés par écrit. « Lorsque les nations germaines conquirent l'empire romain, dit l'illustre auteur de l'*Esprit des Lois*, elles y trouvèrent l'usage de l'écriture, et, à l'imitation des Romains, elles rédigèrent leurs usages par écrit, et en firent des codes. Les règnes malheureux qui suivirent celui de Charlemagne, les invasions des Normands, les guerres intestines, replongèrent les nations victorieuses dans les ténèbres dont elles étaient sorties : on ne sut plus lire ni écrire; cela fit oublier en France et en Allemagne les lois barbares écrites, le droit romain et les *capitulaires.* L'usage de l'écriture se conserva mieux en Italie, où régnaient les papes et les empereurs grecs, et où il y avait des villes florissantes, et presque le seul commerce qui se fît pour lors. Ce voisinage de l'Italie fit que le droit romain se conserva mieux dans les contrées de la Gaule autrefois soumises aux Goths et aux Bourguignons, d'autant plus que ce droit y était une loi territoriale et une espèce de privilége. Il y a apparence que c'est l'ignorance de l'écriture qui fit tomber en Espagne les lois visigothes; et par la chute de tant de lois, il se forma partout des coutumes. »

Le *droit coutumier* du royaume était composé d'environ 300 coutumes différentes, tant générales que locales, dont la plupart n'ont été rédigées par écrit que vers le quinzième siècle. Ce droit traitait de plusieurs matières dont s'occupait aussi le droit romain, telles que les successions, les testaments, etc. ; mais il y avait des objets qui étaient propres au droit coutumier, tels que la communauté, le douaire, etc.

Le *droit civil*, pris dans une acception moins générale, s'entend des lois qui règlent les matières civiles seulement, c'est-à-dire les intérêts respectifs des particuliers entre eux, relativement à leurs personnes, à leurs biens et à leurs conventions. Il se distingue ainsi des autres branches du droit qui reglent les matières criminelles, commerciales, etc. Il est aussi en ce sens opposé au *droit public*, qui règle les rapports des gouvernements avec ceux qui sont gouvernés, et il prend alors le nom de *droit privé.* Ce droit se retrouvait tout entier parmi d'autres matières étrangères dans le droit romain et dans les coutumes dont nous venons de parler. C'était une calamité pour la justice que cette diversité, qui existait non-seulement entre les lois romaines et les coutumes, mais encore entre les coutumes elles-mêmes. Cependant, quelque besoin qu'on éprouvât d'une législation uniforme, il est certain qu'on l'attendrait encore sans la révolution de 1789, parce que cette législation ne pouvait sortir que des ruines de toutes nos vieilles institutions, dont cette révolution immense couvrit le sol de la France. Cette législation, qui est la même pour toutes les provinces, est aujourd'hui recueillie dans plusieurs codes consacrés à chaque branche spéciale du droit. Le *droit civil* ou *privé* fait l'objet du premier et du plus important de ces recueils de lois. Il reçut d'abord le nom du génie puissant sous les auspices duquel il fut publié. Il porta ensuite le titre de *Code Civil.* Depuis 1852 il a repris le nom de *Code Napoléon*

Observons en finissant qu'il faut distinguer le *droit civil* des *droits civils.* Les droits civils sont de certains avantages que garantit le droit civil : tels sont le droit de se marier, de tester, de succéder, etc. ROGRON.

DROIT COMMERCIAL. Ce droit a un caractère particulier : de sa nature, il est cosmopolite, comme le commerce qui le fait naître. Il ne considère pas les hommes dans un seul peuple, ainsi que font le droit civil et le droit public, mais les hommes sur tout le globe : l'Européen, l'Asiatique, l'Africain, le citoyen de l'Amérique et le colon de l'Océanie, traversant les mers pour se joindre et pour traiter ensemble. Ce sont des relations universelles que le droit commercial a pour objet de régler; il n'aura donc pas atteint le point de perfection législative que réclame sa nature, tant qu'il n'aura pas l'universalité et l'unité : la législation commerciale devrait être une et générale pour tous. Ce droit est réglé par les lois positives, qui font la spécialité de chaque peuple, et par la coutume commerciale, qui fait l'universalité. Parmi les nations modernes, on peut dire que la coutume commerciale a commencé en Italie, et la législation positive en France. La France n'a pas été la première à imaginer et à pratiquer les diverses opérations commerciales, mais la première à en formuler les règles. Elle ne s'est pas montrée la première commerçante et industrielle, mais la première philosophique et législative. Les deux monuments de droit commercial les plus anciens et les plus importants du moyen âge ont été posés, dans le milieu et vers la fin du onzième siècle, sur deux points différents du littoral de la France, Marseille et Bordeaux. Marseille, commerçante par origine et par destination, placée comme un riche navire à l'ancre sur les bords de la mer

Méditerranée, correspondant par cette mer avec l'Afrique, l'Italie, les Échelles du Levant, et par le Rhône et la Saône avec l'intérieur et le nord de la France, avait toujours conservé des traces ineffaçables de ses anciennes coutumes, de ses anciennes lois de commerce maritime. Ces usages, recueillis, disposés en ordre, furent adoptés par les navigateurs de ces parages, traduits dans la plupart des langues, et reçus en vigueur comme lois traditionnelles, sous le nom de *Consulat de la mer*. Bordeaux, lié à l'Océan par la Dordogne et la Garonne réunies, exploitant les côtes d'Espagne et les mers du Nord avec ses marins empruntés à la Bretagne, avait pour point de ralliement de ses navires et de ceux qui fréquentaient son port, l'île d'Oléron, à l'embouchure de la Gironde. Cette île a donné son nom à un autre monument du droit commercial : *les Jugements ou Rolles d'Oléron*. « Ce est la copie des Rolles de Oléron et des Jugements de mer, » dit le manuscrit qui nous est parvenu de ce monument; et il est appuyé par cette formule de témoignage : « Donné témoing le scel de l'isle d'Oléron establi aux contractz de ladicte isle, le jour du mardi après la feste de Saint-André, l'an de grâce mil deux cent soixante-six ».

Ces deux actes appartiennent chacun au droit commercial maritime, l'un pour les navigateurs de la Méditerranée, l'autre pour ceux de l'Océan. Ils ont eu force de loi, non pas en vertu de la puissance législative d'aucun prince, mais en vertu de la puissance du commerce. Les nations correspondantes de Marseille et de Bordeaux s'en sont disputé la création : l'Italie, Pise surtout et l'Espagne ont revendiqué le *Consulat de la mer*, tandis que les Anglais prétendaient aux *Rolles d'Oléron*. Mais ces prétentions sont aujourd'hui abandonnées, même pour le *Consulat de la mer*, dont le langage provençal atteste l'origine. Quelques ordonnances furent rendues sur le commerce intérieur par les rois de France, et notamment par Charles VI, en 1480. Mais ici la découverte de l'Amérique vint ouvrir une voie plus large. Les relations commerciales s'étendirent dans un nouveau monde, parmi de nouvelles races d'hommes, sur de nouveaux produits; la sphère des usages commerciaux s'agrandit, les simples recueils des siècles passés furent insuffisants, et dans les divers États européens parurent des règlements nouveaux sur les colonies, sur leurs produits, sur leur commerce, sur leur navigation.

L'époque la plus brillante en France pour la législation commerciale, comme pour tant d'autres choses, fut celle de Louis XIV. Ce fut alors que parurent deux ordonnances qui formèrent deux véritables codes, l'un pour le commerce terrestre, l'autre pour le commerce maritime. L'ordonnance du mois de mars 1673, surnommée dès son origine le *Code marchand*, traita dans ses douze livres : des apprentis négociants et marchands; des agents de banque et courtiers; des livres des négociants et marchands; des sociétés; des lettres et billets de change; des intérêts des changes et rechanges; des contraintes par corps; des séparations de biens; des défenses et lettres de répit; des cessions de biens; des faillites et banqueroutes; et enfin de la juridiction des consuls. Tandis que l'ordonnance du mois d'août 1681, surnommée de son côté le *Code de la Marine*, exposa les règles du commerce de mer dans cinq livres, traitant : des officiers de l'amirauté; des gens et des bâtiments de mer; des contrats maritimes, chartes-parties, engagements et loyers des matelots; prêts à la grosse, assurances, prises; de la police des ports, côtes, rades et rivages; et enfin, de la pêche en mer.

C'était alors l'époque où l'on reconnaissait en France cet axiome : *si veut le roi, si veut la loi;* où un seul homme pouvait faire les lois avec cette formule : *nous voulons, tel est notre bon plaisir;* et cependant ces ordonnances, non plus que toutes celles qui réglèrent alors les divers points de la législation, ne furent pas l'œuvre du bon plaisir du roi ni de ses entours, mais l'œuvre de commerçants notables, de jurisconsultes célèbres convoqués et travaillant en commun. Aussi, propagées parmi les peuples industriels, ces deux ordonnances, et surtout celle de la marine, ne tardèrent pas à être reçues, même en Angleterre, comme formant le droit commun du commerce. Aujourd'hui encore leur étude est de la plus grande utilité pour celle du droit commercial moderne.

Cependant, les vices de la constitution politique de ces temps s'étendaient sur le commerce et sur ses lois d'organisation. Une race d'hommes, les nobles, ne pouvait se livrer au commerce sans déroger. Les corporations, les jurandes, les maîtrises, les difficultés du *chef-d'œuvre*, opposaient des entraves intolérables à l'exercice des professions industrielles et commerciales. Toutefois, la force de ce besoin de liberté et d'égalité que le commerce porte en lui se fait encore sentir ici, même avant que la régénération sociale de 1789 ait eu lieu. En 1614 les états généraux proclamaient que rien n'est plus honorable que d'équiper des navires. En 1627 l'ordre de la noblesse demandait dans quelques-uns de ses cahiers « que les gentilshommes pussent avoir part et entrer dans le commerce, sans déchoir de leurs privilèges ». Sous Louis XIV, un édit du mois d'août 1699 ordonne « que tous gentilshommes puissent.... entrer en société et prendre part dans les vaisseaux marchands, denrées et marchandises d'iceux, sans que pour raison de ce ils soient censés et réputés déroger à la noblesse, pourvu toutefois qu'ils ne vendent point en détail. » L'ordonnance de la marine répète les mêmes dispositions; et un autre édit, du mois de décembre 1701, permet « à tous nobles par extraction, par charge ou autrement..... de faire librement toutes sortes de commerces en gros, tant en dedans qu'en dehors du royaume.... sans déroger à la noblesse »; il les dispense à cet effet « d'être reçus dans un corps ou en apprentissage »; mais en même temps le même édit se plaint que la noblesse se refuse à profiter de ces dispositions. La législation était sur ce point plus avancée que les mœurs. Cependant elle distinguait elle-même entre les différents commerces : celui de mer, celui de manufacture, et celui de détail, le grand et le petit. On disait : le noble armateur, le noble verrier, que la noblesse pure prenait encore en mépris!

Quant aux inconvénients nombreux des corporations, des jurandes et des maîtrises, la législation y porta coup, même avant 1789. Un édit de février 1776 supprima ceux qui étaient devenus les plus intolérables; mais au mois d'août suivant ils furent pour la plupart rétablis, par un autre édit. Enfin, la révolution de 1789 vint régénérer la société et toutes les institutions. Le commerce et le droit commercial devaient s'en ressentir. L'Assemblée constituante décrète, par la loi du 23 juin 1790, que « la noblesse héréditaire est pour toujours abolie »; et par celle du 2 mars 1791, « qu'il sera libre à toute personne de faire tel négoce ou d'exercer telle profession, art ou métier, qu'elle trouvera bon ». Dès lors le commerce et l'industrie se trouvèrent débarrassés des entraves de castes et de corporations. Cependant il leur fallut traverser l'époque des bouleversements et de l'oppression révolutionnaire; il leur fallut subir le système destructeur des réquisitions et du *maximum*. C'était une crise pour tous et pour tout.

Quand la crise fut passée, il se trouva que la réforme avait commencé pour la législation commerciale par les points où elle s'unit à la législation politique et administrative, et qu'en tête du droit commercial proprement dit se trouvait inscrit ce principe fondamental : liberté de commerce et d'industrie pour tous les citoyens. Il restait à mettre ce droit dans ses règles écrites et dans ses détails sur les relations privées en harmonie avec le nouvel état social. Ce fut l'œuvre de cet homme qui à la gloire du grand capitaine unit celle du grand législateur. Les conquêtes du capitaine ont passé; celles du législateur nous restent encore. Le *Code Civil* était à peine terminé depuis trois mois, que le premier consul veut un code de commerce. En 1807 le Code de Commerce était promulgué. Depuis, à l'user, quelques lacunes et quelques imperfections ont été reconnues; la législation sur les faillites et sur les banqueroutes a été refaite; une matière nouvellement survenue, celles des assurances terrestres, n'y est pas traitée. C'était la tâche du législateur à venir; elle devrait être déjà remplie.

Ce serait erreur de croire que la législation commerciale gît en entier dans le Code de Commerce. Pour l'embrasser dans toute son étendue, il ne suffit pas de la prendre uniquement dans les règles du droit privé sur les actes, et sur les contrats commerciaux; il faut l'étudier aussi dans ce qu'elle a de commun avec le droit politique, avec le droit administratif, avec les contributions publiques, avec les relations étrangères et coloniales. Il faut saisir le commerçant dans toutes les situations de sa vie industrielle, dans tous ses rapports avec les ouvriers et les employés, avec les autres commerçants et les particuliers, avec l'administration et les corps politiques; et sur tous ces points savoir exposer la législation privée, administrative et publique. C'est de cet ensemble que se compose la législation commerciale prise dans sa sphère la plus grande.

L'enseignement public du droit commercial est chez nous bien négligé. On fait dans quelques-unes des facultés de droit quelques cours sur le Code de Commerce; mais il n'en existe nulle part pour ceux auxquels cet enseignement devrait principalement s'adresser, c'est-à-dire pour les commerçants. On croirait, dans ce système, que la connaissance du droit commercial est réservée exclusivement aux avocats. On l'enseigne publiquement pour faire et pour soutenir des procès, mais non pour apprendre à les prévenir et à les juger. Cependant, quels fruits ne retireraient pas d'un tel enseignement, approprié à leur destination et à leurs heures de loisir, les jeunes gens du commerce, si nombreux, et qui auraient tant besoin que la sollicitude de l'instruction publique se tournât quelque peu sur eux! Quels fruits n'en retireraient pas les commerçants pour la direction de leurs affaires, et pour les devoirs qu'ils peuvent avoir à remplir; car puisque notre législation leur remet le soin d'appliquer eux-mêmes les lois commerciales dans les tribunaux de commerce, comment ces lois ne leur sont-elles pas enseignées publiquement? J.-L.-E. ORTOLAN.

DROIT COMMUN. *Voyez* DROIT.

DROIT CONSTITUTIONNEL. Cette expression paraît moderne; cependant elle représente une chose de tout temps et de tout pays. Le droit constitutionnel est celui qui règle l'organisation intérieure et l'exercice des pouvoirs de la souveraineté dans chaque État. Qu'il soit fondé sur un acte écrit nommé *charte*, *constitution*, ou de toute autre manière, ou seulement sur des coutumes et sur des traditions séculaires, il n'en existe pas moins. Mais qui dit *droit constitutionnel* suppose nécessairement qu'il existe au moins une certaine équité dans la distribution et dans l'exercice des pouvoirs sociaux. On ne peut pas appeler du nom de *droit* le système qui reconnaît et organise le pouvoir absolu, qui fait la part d'un seul ou de quelques-uns à l'encontre de tous; ce n'est pas là un droit constitutionnel : c'est, au contraire, la violation du droit naturel des populations et des particuliers.

L'histoire de l'Europe nous offre à remarquer deux systèmes de droit constitutionnel bien distincts : celui du moyen âge, et le système moderne.

L'Europe, après avoir reçu des légions de Rome et de Byzance l'*organisation romaine*, de l'invasion des hommes du Nord l'*organisation barbare*, et de la corruption de ces deux systèmes superposés l'un sur l'autre l'*organisation féodale* reçut, dans un quatrième changement l'*organisation des anciennes constitutions*. L'établissement des *communes* ou *municipalités* fut le premier germe de ces constitutions. C'est un grand et curieux spectacle que de voir ces germes, portés comme par les vents d'un pays à l'autre, se répandre, se nourrir, se lever et couvrir la face de l'Europe de *villes libres*, de *communes*, de *municipalités*, de *villes de loi*, passant, au dixième siècle, de l'Italie en Espagne, gagnant la Flandre, suivant les bords du Rhin, ceux de la Baltique, arrivant jusque dans l'intérieur de l'Allemagne; en France, pénétrant par deux points, d'abord dans le midi, par les cités de la Provence, ensuite dans le Nord, par la Flandre, par le Brabant et par le Hainaut. L'institution des communes introduisit dans la société une classe nouvelle, celle de la *bourgeoisie*. Devenues *villes libres*, sujets immédiats, les cités durent au suzerain, comme tout autre vassal, *aide et conseil*, *service à l'ost et aux plaids* : par là elles se trouvèrent admises, d'après la loi féodale elle-même, dans sa *cour* ou *réunion de féaux*; et cette admission de la bourgeoisie, changeant le caractère de ces cours féodales, les transforma en *assemblées d'états*. Cette institution des états se répandit à son tour. Ainsi, des règles mêmes de la féodalité sortit une représentation nationale, représentation du moyen âge, conservant les vices de son origine. Ainsi, dès les premières années du quatorzième siècle, les diètes de Suède, de Norvège, de Danemark, de Pologne, de Hongrie, de Bohême et d'Allemagne, les assemblées des républiques d'Italie, des Pays-Bas, et de la ligue hanséatique, les cortès des Espagnes et du Portugal, le parlement d'Angleterre, les états généraux de France, les assemblées des cantons suisses, nous montrent sur tout le sol de l'Europe les nations représentées d'une manière plus ou moins imparfaite, il est vrai, mais enfin debout, délibérant elles-mêmes lorsqu'il s'agit de leurs grands intérêts.

Bien que le droit constitutionnel ainsi introduit ne fût pas assis dans chaque pays sur une loi unique et fondamentale, formant constitution, cependant il n'était pas abandonné partout à l'empire des usages et des précédents. Une suite d'actes positifs et quelquefois des constitutions venaient successivement l'organiser. Ainsi, la Suède, le Danemark, la Pologne, avaient la série des statuts et décisions de leurs diètes; et plus tard, dans la Suède, la constitution de 1442, formée de leur réunion; la Hongrie avait ses décrets, pardessus tous celui d'Étienne, son premier roi (1035), et celui d'André II, la charte de sa noblesse (1242); la Bohême, ses lois et constitutions provinciales, l'Allemagne sa *bulle d'or* de 1356, les Espagnes leurs *fueros*, l'Aragon son privilége général de 1283, le Portugal sa *loi de Lamégo* de 1145, les cités italiennes leurs chartes ou leurs constitutions souveraines, la ligue hanséatique ses recès et actes de confédération, l'Angleterre sa grande charte de 1215 et ses statuts, enfin la Suisse sa confédération de 1291, et son acte d'alliance de Brunnen, en 1315.

Ces constitutions se classent à nos yeux dans trois systèmes, formant l'ensemble du droit constitutionnel de l'Europe au moyen âge : le premier se compose d'un grand nombre de petites républiques séparées : ce sont celles de l'Italie; le second présente trois confédérations : l'une *féodale*, celle de l'Empire d'Allemagne; l'autre *mercantile*, celle de la ligue hanséatique; la troisième *montagnarde*, celle des cantons suisses; enfin, le troisième système offre des royaumes, tous électifs dans leur origine, avec des assemblées d'états : tels sont ceux de Suède, de Norvège, de Danemark, de Pologne, de Bohême, de Hongrie, des Espagnes, du Portugal, d'Angleterre et de France. Dans les six premiers royaumes du nord, l'élection de la couronne se conserva jusqu'au seizième siècle; dans les quatre derniers, vers le midi, cette élection avait été graduellement remplacée par l'hérédité du trône.

Ces anciennes assemblées par états n'avaient qu'un pouvoir législatif inégalement reconnu et inégalement exercé dans les divers royaumes; mais il est des points sur lesquels toutes ont eu la souveraineté. Ainsi, elles ont toutes décidé souverainement des questions élevées sur la succession au trône, sur les régences, sur les aliénations de territoire, et surtout de l'impôt. Car, du nord au midi de l'Europe, dans la constitution de Suède comme dans celle d'Aragon, dans les décrets de la Pologne et de la Hongrie, aussi bien que dans la grande charte et dans les statuts de l'Angleterre, dans les usages des royaumes d'Espagne comme dans ceux de la France, partout on trouve écrite en loi, ou passée en coutume incontestée, cette maxime de droit public, que nul tribut ne peut être imposé sans le consentement des contribuables. Voilà pourquoi Philippe de Commines, même à la cour de Louis XI, ne craint pas de s'écrier dans son vieux langage : « Il n'y a roy ni seigneur sur terre qui ait pouvoir, outre son domaine, de mettre un denier sur ses sujets sans octroy et consentement de ceux qui le doivent payer, sinon par tyrannie ou violence. » Le droit de résistance au roi, et même de déposition, s'il violait les libertés publiques, était généralement consacré par les faits, par les coutumes, souvent par les lois elles-mêmes. « Et s'il arrive (ce qu'à Dieu ne plaise) que je viole en quelque chose mon serment, les habitants du royaume et de toutes les provinces ne me devront plus rien ; mais par ce seul fait je les reconnais déliés de toute foi, de toute obéissance, » disait le roi de Pologne dans son serment d'inauguration. « Et s'il arrive que nous ou l'un de nos successeurs, nous voulions jamais contrevenir à ces dispositions, qu'en vertu de ce décret même, les évêques, les barons et les nobles du royaume, présents ou futurs, tous en masse et chacun en particulier, aient à perpétuité la libre faculté, tant envers nous qu'envers nos successeurs, de nous contredire et de nous résister, » disait le décret d'André II, la charte de Hongrie. La résistance armée était un vieil usage que la noblesse polonaise, la noblesse hongroise, la noblesse de Castille, d'Aragon, et des autres royaumes, revendiquaient comme une propriété immémoriale, quand ils voulaient obtenir par l'épée le redressement des griefs.

Mais ce système du droit constitutionnel au moyen âge renfermait en lui-même les vices les plus funestes. Le premier était un vice *social :* l'ignorance profonde des populations ; le second un vice *fondamental :* ces chartes générales et particulières, ces diplômes, ces priviléges, qui servaient de fondement au système incoordonné des constitutions, même dans les cas où les populations les avaient obtenus les armes à la main, étaient déclarés *octroyés*. Le régime féodal avait fait oublier le droit naturel, que tout part du peuple ; et les rois et les princes avaient paru propriétaires du sol, des hommes, des institutions et des libertés. Un principe vivifiant, sans lequel il n'existe aucune constitution juste et libérale, était inconnu au droit constitutionnel du moyen âge : ce principe, c'est celui de l'égalité devant la loi. Tout dans la société légale établie par ces anciennes constitutions n'était qu'inégalité : inégalité dans les hommes, dans les provinces, dans les villes, dans les universités, dans les corporations, séparées en diverses classes ; réclamant chacune leurs priviléges, leurs franchises, leurs immunités, de telle sorte que ce qui était privilége pour les uns était surcharge pour les autres. Ce vaste réseau d'inégalités enveloppait le sol, embrassait toute la chaîne sociale, et descendait des masses jusqu'aux individus. La liberté du commerce et de l'industrie était détruite par les corporations d'arts et de métiers. La liberté individuelle n'existait pas. Dans deux constitutions seulement elle était protégée par deux institutions légales, en Aragon par le privilége de *manifestacion*, en Angleterre par le *writ d'habeas corpus*. Dans quelques pays, elle était stipulée d'une manière générale, mais sans moyen efficace de garantie ; dans d'autres, pour les nobles seulement ; ailleurs, pour personne ; en France, elle était livrée à la merci d'une lettre de cachet, c'est-à-dire de la colère, du caprice, de l'insouciance, et toujours *du bon plaisir* d'un seul homme.

Les assemblées d'états par toute l'Europe étaient divisées par ordres, conséquence de l'inégalité des citoyens, et, en outre, par gouvernements, villes ou communautés, conséquence de l'inégalité territoriale. De sorte qu'au lieu de n'être qu'une seule et grande représentation de la nation, elles se fractionnaient en un grand nombre de petites représentations défendant des intérêts divers et souvent opposés, des classes jalouses et ennemies les unes des autres, parmi lesquelles la plus nombreuse, celle des communes, était la plus humiliée, soit qu'on ne lui accordât, comme dans les diètes d'Allemagne, qu'une voix consultative, soit qu'elle dût, comme en France, rester devant les autres debout, tête nue, et que son orateur ne pût parler en son nom qu'en se jetant à genoux aux pieds du monarque.

Nous arrivons à l'un des points les plus importants du droit constitutionnel, à celui sans lequel tous les droits, toutes les libertés, restent sans défense : au système de la fortune publique. Le pouvoir des rois sera toujours subordonné au vœu de la nation, s'il ne reçoit que d'elle ses revenus. La nation sera toujours opprimée si le monarque peut sans son consentement alimenter son trésor public. Avec l'argent, on a la force, on achète des armées, des magistratures, des administrations, des consciences. Le libre vote de l'impôt est donc la sanction de toutes les libertés. L'ancien droit constitutionnel consacrait bien ce principe, que les rois ne pouvaient rien exiger outre leur domaine sans le consentement des contribuables ; mais les domaines royaux étaient considérables, et destinés à subvenir presque seuls aux dépenses de l'État. Les assemblées, dans la plupart des pays, y avaient ajouté imprudemment à perpétuité certains revenus publics, tels que celui des forêts, des mines, des lacs et des péages. En assignant ainsi aux rois une fortune fixe et perpétuelle, on avait cru s'affranchir des impôts périodiques, et l'on s'était livré à leur merci. Car il ne suffit pas que l'impôt soit voté librement, il faut encore qu'il le soit pour un temps fort court, afin que les rois ne puissent se passer du peuple, et employer son argent à éteindre ses libertés. Il faut encore que l'impôt pèse également sur tous, qu'il soit perçu fidèlement et régulièrement, que son emploi soit assigné, et plus tard vérifié. Sous le règne des anciennes constitutions, le clergé et la noblesse étaient francs d'impôts ; la perception était affermée aux enchères à des traitants, qui pressuraient le peuple comme matière à spéculation. L'assignation des fonds pour un emploi déterminé n'existait pas, non plus que la reddition et la vérification des comptes. Le roi devenait maître absolu de tout ce qui parvenait dans sa caisse. Ainsi, les monarques avaient des ressources suffisantes pour se passer des assemblées publiques et pour reculer leur convocation, même dans les pays où elle avait une époque déterminée.

Dans la plupart des royaumes, la justice, comme la loi, s'était morcelée féodalement en justice ecclésiastique, justice royale, justice seigneuriale, justice des villes libres, justice des universités et des corporations. Des lois criminelles, des lois de sang, prodiguaient la peine de mort et les plus affreux supplices ; les instructions étaient secrètes, les interrogatoires violents, et la torture précédait, amenait la condamnation. Le service militaire ne pesait en principe et en apparence que sur les nobles ; mais en réalité il retombait sur les vassaux et sur les paysans, forcés de suivre leur seigneur à la guerre. Cette grande idée de faire de ce service un impôt public, tombant également et tour à tour sur chaque génération de citoyens, n'était pas encore née. La confusion des pouvoirs, la faiblesse et le désordre de l'administration et de la police intérieure livraient les provinces aux vexations et aux déprédations des gouverneurs ; les chemins, les rues, les maisons, au brigandage des voleurs ; les côtes et les mers, à la merci des pirates et des écumeurs. La cour de Rome et le clergé local exerçaient dans chaque État, sur les masses et sur les individus, une influence, un empire que les circonstances pouvaient porter jusqu'au fanatisme; et le pouvoir spirituel tenait souvent en échec le pouvoir public. Enfin, dans ce système d'organisation sociale, manquaient encore deux éléments constitutionnels, qui devaient plus tard naître et s'étendre sur l'Europe, sauve-garde et véhicule des libertés modernes : la presse et la publicité! Cependant, ce fut à cette époque, ce fut du sein même de ces anciennes constitutions et de ces assemblées du moyen âge divisées par états que naquit le système constitutionnel qui forme aujourd'hui le droit commun des monarchies libres de l'Europe : celui du gouvernement représentatif à deux chambres.

L'état social de l'Angleterre au treizième siècle et les dispositions de la grande charte ne nous révèlent pas dans ce royaume une organisation politique différente de celle qui existait alors dans les autres pays. Un roi, de hauts prélats et le clergé, des pairs et grands barons, des francs tenanciers ou vassaux immédiats, des arrière-vassaux, des serfs, des cités, des villes et des ports ayant quelques priviléges, quelques immunités, c'est toujours la même composition personnelle. Quant au *conseil commun*, à l'assemblée parlementaire du royaume, un premier ordre, celui des archevêques, évêques et abbés, *lords* ou *pairs spirituels;* un second ordre, celui des comtes et grands barons, *lords* ou *pairs laïques;* enfin, un troisième ordre, celui de tous les francs tenanciers, toute la noblesse inférieure et immédiate, bannerets, chevaliers ou écuyers; en un mot, un roi, avec une seule assemblée divisée en plusieurs ordres, composée d'éléments cléricaux et aristocratiques, telle est la première formule de la constitution anglaise.

Comment de là est-il sorti un système de droit constitutionnel tout différent de celui des autres nations, tout nouveau dans l'histoire du monde, celui d'une monarchie entourée de deux chambres, l'une héréditaire, aristocratique, l'autre élective, populaire? D'abord, les francs tenanciers, qui pour la plupart considéraient comme une charge l'assistance régulière au parlement, et qui d'ailleurs étaient en trop grand nombre, au lieu de s'y rendre tous, s'y firent représenter seulement par deux chevaliers élus dans chaque comté; ce qui substitua pour la petite noblesse, au lieu de l'intervention directe et personnelle, l'intervention représentative. En second lieu, de leur côté, les villes et bourgs, qui, d'après la grande charte et d'après le statut de 1296, *de tallagio non concedendo*, ne pouvaient être imposés sans leur consentement, se firent représenter aussi au parlement chacun par deux fondés de pouvoirs, par deux députés. On était d'ailleurs à l'époque où l'organisation, l'institution des communes, venue d'Italie, renaissait et se propageait en Europe, et l'Angleterre en cela ne fit que suivre le mouvement général. Le parlement anglais contint alors quatre ordres distincts : le premier *le haut clergé*, le second *la haute noblesse*, dont les membres étaient convoqués individuellement et directement par le roi, à cause de leur dignité sacerdotale, ou de leur possession territoriale; le troisième *la petite noblesse*, et le quatrième *les communes*, dont les membres étaient simplement des fondés de pouvoirs, des députés envoyés par élection au nom des comtés, des villes ou des bourgs. Les deux premiers, par leur hiérarchie féodale, étaient dès l'origine membres du parlement féodal, conseillers et coopérateurs du roi dans les affaires politiques; les deux autres n'étaient appelés dans leur première mission que pour voter l'impôt.

Dans cette composition et dans cette division par ordres, rien ne différait encore des autres assemblées d'états qui existaient en Europe. Mais il arriva qu'après avoir délibéré et voté séparément par ordres, comme dans les autres assemblées européennes, le haut clergé et la haute noblesse, pairs spirituels et pairs laïques, se rapprochaient d'un côté, tandis que la petite noblesse et les communes, députés des comtés et des villes ou bourgs, se rapprochaient de l'autre. La date, la source, la nature de leurs pouvoirs, opéraient de part et d'autre cette séparation et ce rapprochement réciproque. Après n'avoir agi que comme partie d'une même assemblée, délibérant à part, seulement pour l'ordre des délibérations et à cause de la similitude ou de la différence des intérêts, après n'avoir été séparé que par une simple cloison, sauf à se réunir pour les actes généraux de l'assemblée, le parlement finit par se trouver fractionné en deux, et par présenter deux chambres distinctes, celle des lords ou pairs d'un côté, contenant les lords ecclésiastiques et laïques, et celle des communes de l'autre, contenant les députés des comtés et des villes. Dès lors, le gouvernement d'Angleterre put être nommé un gouverment *par roi, lords* et *communes;* et parmi les divers systèmes de droit constitutionnel se présenta pour la première fois celui d'une monarchie avec deux chambres.

Cette espèce de constitution ne fut donc pas le résultat de la science législative, d'un acte fondamental, de calculs prévoyants sur l'équilibre des pouvoirs; mais elle fut le produit du temps, des événements et des situations. Elle se trouva créée, pour ainsi dire, sans qu'on s'en doutât, progressivement et par voie de conséquence. La chambre des pairs fut convoquée directement par lettres du roi adressées à chaque pair, parce qu'ainsi l'étaient les prélats et hauts barons de l'antique parlement dont parle la grande charte. Elle fut inamovible quant aux prélats, et héréditaire *territorialement* quant aux grands barons, parce que c'était là une des conséquences de la dignité ecclésiastique et de la tenure féodale. Elle ne put exister comme chambre politique hors le temps des sessions de la chambre des communes, parce que ces deux chambres n'étaient que deux fractions d'une même assemblée. Elle eut le pouvoir judiciaire dans les grands procès politiques et dans les jugements des ministres, parce qu'elle avait jadis exercé ce pouvoir comme cour féodale des pairs et conseil du roi. La chambre des communes acquit le droit de participer au pouvoir législatif et aux discussions d'intérêt général, en joignant au bill des subsides des pétitions sur des lois à faire, ou sur les griefs à réparer, et en subordonnant le vote de l'impôt à ces réparations. La nécessité d'une convocation périodique du parlement fut introduite. Ensuite vinrent la nomination des présidents ou orateurs, la liberté de la parole, l'inviolabilité des membres du parlement, l'assignation spéciale des fonds votés pour chaque dépense, l'examen des comptes, l'accusation des ministres par les communes devant les lords; l'initiative de l'une et de l'autre chambre, aussi bien que du roi, pour les autres propositions; et tant d'autres principes érigés aujourd'hui en corps de science.

Le système sur la création des lords, sur l'élection des députés, suivit le même mode de développement passant par bien des incertitudes de pouvoir, bien des inégalités de hasards ou d'accidents, avant de prendre un caractère permanent. Ce fut ainsi que des lords par *tenure*, c'est-à-dire par leur possession territoriale, on arriva aux lords par *writ*, c'est-à-dire par simple convocation temporaire, puis aux lords par *statut*, c'est-à-dire par disposition législative des deux chambres, et enfin aux lords par *patentes*, c'est-à-dire par simple nomination du roi. Ainsi naquit cette prérogative de création des pairs, considérée aujourd'hui comme un des attributs essentiels de la couronne, et comme le moyen constitutionnel de briser sans secousse la majorité de la chambre haute. Alors cette chambre fut par ses anciens membres féodaux la représentation des grandes aristocraties de territoire, par les nouveaux celle des grandes aristocraties de dignité; et ensuite l'importance du pouvoir législatif augmentant, tandis que celle de la seigneurie féodale décroissait, la dignité de lord parut attachée à la personne plutôt qu'à la terre, et devint héréditaire *personnellement*, au lieu de continuer à l'être *territorialement*. Dans la chambre basse, bien que l'on eût souvent dès les premiers temps proclamé la nécessité de la liberté et de la régularité des élections, rien n'était moins libre et plus irrégulier. Le grand vice provenait de ce que la chambre basse n'avait pas encore dans ses attributions le droit de juger elle-même la validité ou la nullité de l'élection de ses membres; il fallait s'adresser au roi ou à son conseil, ou à la cour des lords; et ce ne fut que du jour où la chambre des communes acquit exclusivement cette attribution qu'on put espérer plus de régularité.

Ainsi, l'on voit que la constitution anglaise se développa comme elle avait pris naissance, par la force des choses et par les usages plutôt que par les lois. Si bien que son étude n'est à vrai dire que celle de l'histoire et des précédents, et qu'il serait non-seulement difficile de chercher, mais encore impossible de trouver dans le livre des statuts des dispositions législatives pour justifier chaque droit parlementaire. Aux bienfaits naissants de ces institutions progressives se joignaient encore ceux de l'institution du jury, qui portée dès les premières invasions sur le sol britannique, au lieu de s'y détériorer et d'y périr, y fructifia, s'y étendit, et s'appliqua non-seulement aux matières criminelles, mais encore aux matières civiles.

Tel fut l'ancien système du droit constitutionnel de l'Europe. Mais entre la période de ses anciennes constitutions et celle des constitutions modernes se trouve une période intermédiaire, celle du pouvoir absolu. Il y a plus de deux siècles que les anciennes constitutions tombèrent en Europe sous l'oppresion du pouvoir royal. Leur règne embrassa environ quatre cents ans, depuis le commencement du douzième siècle jusqu'à la fin du quinzième. Elles occupent cet espace de temps qui porte le nom de *moyen âge*, dont les vagues limites sont si incertaines à définir; et la même incertitude s'étend en quelque sorte sur elles. Ainsi, l'Europe qu'exploite la littérature contemporaine, cette ancienne Europe *dramatique*, est aussi l'ancienne Europe *constitutionnelle*. Après ces temps est venue la suprématie du sceptre. Les anciennes constitutions ont succombé presque toutes sous la domination des familles royales ou impériales; quelques vestiges seulement en sont restés çà et là, et plus de deux cents ans de monarchisme illimité ont suivi. De sorte qu'elles n'ont pas fait transition aux constitutions modernes, mais bien au pouvoir absolu : les vices féodaux dont elles étaient infectées ne pouvaient les conduire que là. L'Angleterre elle-même ne fut pas exceptée de cette décadence, et elle subit durant la période du pouvoir royal absolu le sort commun des royaumes européens.

Mais ce pouvoir absolu, qui dans toute l'Europe s'était élevé sur les ruines des anciennes institutions, allait crouler à son tour. Déjà, dans les premières années du dix-huitième siècle, la Hollande, le Portugal, l'Angleterre, la Hongrie, l'Écosse, la Suède, avaient offert une série de révolutions, les unes d'indépendance extérieure, les autres de liberté interne, qui l'avaient détruit ou ébranlé sur divers points, et qui régénérant le droit antique et naturel de l'élection du monarque, renversant ces prétendus droits divins de propriété des peuples, introduits par l'usurpation, venaient d'élever au pouvoir sur le fondement de la volonté nationale quatre dynasties nouvelles et élues : la maison de Bragance en Portugal, celle de Brunswick en Angleterre, celle d'Ulrique-Éléonore en Suède, et celle de Nassau-Orange au stathoudérat héréditaire de Hollande. Mais ces révolutions n'avaient pas pour but d'apporter à l'organisation sociale et au droit constitutionnel des bases nouvelles : il s'agissait seulement de refaire les libertés du moyen âge, de ressusciter les antiques institutions méconnues par le pouvoir royal; c'étaient encore des états, des ordres, des franchises et des immunités qu'on voulait opposer à ce pouvoir. Tel est le caractère de ce premier âge des révolutions, âge imparfait et imitateur, dans lequel le manque d'expérience et de savoir nuit à la volonté, mais où déjà l'on doit compter comme un résultat immense le sentiment qui se développe au cœur des nations.

La France fut étrangère à ce premier âge révolutionnaire; elle n'avait dans le passé aucune charte, aucune franchise, aucune institution générale enracinée au cœur de la nation; elle ne prit donc aucune part au mouvement européen qui eut pour but de reconquérir ces chartes et ces franchises; mais le moment approchait où, dégagée de tous ces langes de la liberté en enfance, rompant tout d'un coup avec un passé qui n'avait rien pour elle, elle allait s'élancer dans une voie inconnue, et pousser la société européenne vers un but révolutionnaire et constitutionnel tout nouveau. La révolution française éclate en 1789. Il s'agit, non plus d'imiter le passé, mais de le détruire; non plus de conquérir des priviléges, mais de les effacer tous. Il faut changer, non pas seulement le mode de gouvernement, mais la société elle-même; il faut que le niveau passe sur le sol, sur les villes, sur les hommes, et que le grand principe de l'égalité devant la loi vienne séparer les temps actuels des temps passés. Telle fut l'œuvre de cette révolution. Le droit constitutionnel moderne naquit alors. Après avoir passé par différentes formes et par de rudes épreuves, depuis le système sanglant du salut public républicain jusqu'à la domination impériale du glaive; après avoir entraîné, dans chacune de ses phases, des États, tour à tour républiques ou royaumes, satellites de la France, il paraît aujourd'hui s'arrêter de préférence, en Europe, à la forme du gouvernement représentatif à monarchie héréditaire et à deux chambres. L'Angleterre, l'Espagne, le Portugal, la Sardaigne, la Belgique, la Prusse et beaucoup d'autres États allemands ont adopté ce système. Plusieurs autres nations l'avaient mis en pratique avant les événements de 1848. La France l'a répudié pour en revenir au régime impérial. Les constitutions de Naples, de Toscane, ont été suspendues; celles d'Autriche, de Hongrie, de Pologne, de Rome ont été abolies.

Nos soldats et nos drapeaux, après avoir parcouru toutes les capitales de l'Europe, furent expulsés comme des objets de haine et des instruments d'oppression; mais combien partout où ils avaient passé le souffle puissant de la révolution française n'avait-il pas fait avancer l'Europe et hâté son avenir! Ces grands mouvements des armées, ces grandes communications des nations, avaient lancé le siècle et ouvert un nouveau monde, une nouvelle intelligence aux populations, même à celles qui, jusque là clouées sur la terre de la glèbe, paraissaient condamnées à l'immobilité de la servitude. Les principes de l'égalité sociale, tous les nobles sentiments de grandeur et de gloire s'étaient propagés. A notre contact, l'Italie avait eu une grande administration, un ordre judiciaire uniforme, l'abolition des abus cléricaux et de la tyrannie des petits princes; la Suisse avait dû le renversement du patriciat aristocratique des villes, de la domination oppressive des cantons souverains, et l'élévation des bailliages et des sujets au rang des confédérés; la Belgique et la Hollande y avaient gagné l'esprit d'unité pour chacune, l'amour d'une liberté générale, la même pour tout le territoire, à la place du vieux système de franchises, de priviléges et d'immunités différentes pour chaque province; l'Allemagne, le remplacement de ses milliers de petits souverains par une trentaine d'États, au nombre desquels figuraient quatre royaumes : grande extirpation féodale, pas immense vers une existence nationale et forte, et dans quelques-uns de ces États l'abolition du servage et des droits féodaux; la Pologne, si elle n'avait pas été reconstituée avec tout son territoire envahi, avait du moins recommencé à vivre, et cette vie, si faible qu'elle fût, et la constitution qu'elle avait reçue, étaient des germes pour l'avenir; enfin, l'Espagne devait à notre exemple son mouvement libéral et sa constitution des cortès de 1812.

Le sentiment lui-même d'indépendance qui avait jeté tous

les peuples contre nous était un puissant élément de progrès. L'oppression militaire que nous avions portée sur l'Europe avait été repoussée; le sol de la patrie avait été délivré; notre domination, moyen de régénération violent, mais transitoire, avait passé comme un temps d'épreuves, et le bien qu'elle avait produit restait seul après elle. Méconnu alors, déjà cependant il portait ses fruits. C'était une barrière contre laquelle venait s'arrêter après la victoire le pouvoir réactionnaire des rois; impuissants à le détruire, ils durent, sur bien des points, en subir les conséquences, et ils les subissent encore aujourd'hui. On peut dater de 1815 la naissance des constitutions actuelles des États européens. A l'exception de celles d'Angleterre et de Suède, aucune n'a une origine plus récente. Si l'organisation politique de 1815 a formé une première époque pour la création des constitutions actuelles, notre révolution de 1830 en ouvrit une seconde. Les actes qu'elles sont produits ont été conçus sous l'empire de principes et dans un esprit diamétralement opposés. Le système constitutionnel s'emparait de tous les esprits lorsque éclata la révolution de 1848. Les chartes octroyées ne parurent plus alors suffisantes. Le torrent révolutionnaire rentra dans son lit, grâce à l'inertie de la France. Plusieurs princes en profitèrent pour retirer leurs concessions; bientôt peut-être penseront-ils devoir revenir à d'autres idées. Déjà bien des pays où la constitution avait été modifiée dans le sens du pouvoir ont dû relâcher les liens sous lesquels ils espéraient étouffer la voix des peuples.

Au point où nous sommes parvenus, l'Europe, sous le rapport du droit constitutionnel, nous paraît offrir quatre divisions bien marquées : une première, celle des pays de pouvoir absolu; une seconde, celle des constitutions empreintes encore des vices du moyen âge; une troisième, celle des constitutions entrées dans la voie nouvelle; enfin une quatrième, celle des constitutions qui sont encore en question. Mais une propagande invisible et immatérielle pousse les siècles et les nations.

J.-L.-E. ORTOLAN, Professeur à la Faculté de Droit de Paris.

DROIT COUTUMIER. D'après les *commentaires* de César, on ne peut douter que les Gaulois ne fussent régis par un droit civil leur appartenant en propre : la communauté conjugale y était établie et la puissance paternelle fort étendue. Il est permis de croire, malgré l'opinion contraire de Grosley, que les diverses peuplades qui se partageaient le territoire des Gaules avaient des coutumes assez différentes. Bouhier, Eusèbe de Laurière, Bretonnier et Dubos assurent que l'effet de la conquête romaine fut d'introduire dans ce pays le droit civil des vainqueurs et de le substituer aux anciennes coutumes. Ce fait n'est pas douteux pour la partie conquise et réduite en province avant les guerres de César; mais il n'en fut pas de même pour les autres parties de la Gaule, et de graves autorités pensent qu'elles conservèrent l'usage de leur ancien droit civil. Toutefois, dans l'espace de cinq siècles qui sépare la conquête romaine des invasions germaniques, la multitude des rapports qui s'établirent entre les Gaules et Rome, le nombre des Gaulois, même des cités entières qui acquirent les droits romains, les conséquences que dut produire l'édit de Caracalla qui conférait la qualité de Romain à tous les sujets de l'empire, durent effacer la plupart des différences qui existaient entre l'ancien droit gaulois et le droit romain.

Après la conquête barbare, à côté des lois des peuples vainqueurs qui régissaient chacun d'eux en particulier, les lois des Saliens, des Ripuaires, des Bourguignons, des Allemands, des Bavarois, le droit romain, plus ou moins modifié, resta la loi des vaincus dans ce même pays, et ce droit fut encore la loi des vainqueurs et des vaincus dans la partie de la Gaule conquise par les Visigoths. Le temps devait amener la destruction de cet état de choses. L'établissement d'un droit uniforme, dans lequel les lois personnelles et quelques coutumes locales qui commençaient à s'introduire pour suppléer à l'insuffisance des lois écrites auraient été fondues, était digne du génie de Charlemagne. Il y préparait ses peuples par ses Capitulaires généraux; mais il n'eut point dans ses successeurs d'héritiers de son génie. Cependant les lois personnelles n'avaient prévu que peu de cas relatifs au droit civil : on était forcé de recourir alors aux capitulaires généraux, et à leur défaut au droit romain même, dont l'étude n'était pas négligée, ainsi que le prouvent les travaux de Magnon, archevêque de Sens, et de Benedictus Levita.

Indépendamment de la juridiction ecclésiastique, qui s'étendait à toutes les questions de l'état civil, des règles particulières étaient nécessaires pour déterminer l'état des vilains; et sans doute ces règles donnèrent lieu à des coutumes particulières. D'un autre côté les concessions d'immeubles faites par les rois à leurs *leudes*, et quelquefois même par des particuliers à des personnes qui s'attachaient à leur fortune, avaient créé entre le donateur et le donataire un lien de fidélité et de vasselage qui sous un grand nombre de rapports pouvaient donner lieu à des contestations. La propriété de ces immeubles et la nature de ces relations exigeaient des règles qu'on aurait vainement cherchées dans les lois germaniques. Le premier et peut-être le seul document authentique dans lequel on trouve la preuve formelle de la décadence du système des lois personnelles est un capitulaire de Charles le Chauve de 864. Il reconnaît explicitement que certaines provinces sont et certaines autres ne sont pas régies par la loi romaine, et que ce n'est plus parce que tel individu est de telle ou telle origine que telle loi lui sera appliquée, mais parce qu'il habite telle ou telle partie du royaume.

A cette même époque (fin du neuvième siècle), la féodalité se constitua. Les lois anciennes, fondées sur la liberté, ne se trouvèrent plus en harmonie avec le nouvel ordre de choses. Il restait, il est vrai, un petit nombre de propriétaires hors de vasselage par le droit; mais leur indépendance même était précaire. Cependant le système féodal eut l'avantage de faire disparaître les dernières traces d'une distinction, déjà très-effacée, entre les hordes conquérantes et les peuples conquis. On n'eut plus à se demander qui était Franc ou Ripuaire, Gaulois ou Romain, et un grand nombre d'hommes libres appartenant aux hordes conquérantes tombèrent dans le servage et le villenage, sous la domination des possesseurs de fiefs. On sait que dans la hiérarchie féodale le tribunal du seigneur inférieur ressortissait à celui du seigneur supérieur, et celui-ci à un autre supérieur, jusqu'en remontant au roi, chef de la hiérarchie. Cette multiplicité d'appels était sans doute abusive; mais les réunions de fiefs et d'arrière-fiefs, la renonciation volontaire que faisaient un grand nombre de seigneurs à leur droit de juridiction en corrigèrent les inconvénients. Ces juridictions patrimoniales conservèrent l'usage de l'organisation des procédures anciennes. Le seigneur appelait à sa cour féodale ses vassaux, et lorsque des tribunaux de bourgeoisie eurent été formés, son délégué appelait les plus notables parmi les hommes libres non nobles. Peu importait que les parties traduites devant le tribunal institué par le seigneur démontrassent qu'elles étaient de race germanique, le tribunal appliquait la seule loi qu'il connût. Mais quelle était cette loi? Ce n'était point le droit romain ou le droit canonique qu'on pouvait interroger; ils n'avaient rien statué à l'égard des nouvelles relations de la société féodale. Ce n'était pas le droit germanique et les Capitulaires, car ils ne présentent pas des traces de l'origine des fiefs, quoi qu'en aient dit quelques auteurs modernes. Tout fut donc en cette matière abandonné à la liberté des cours féodales et au domaine de la jurisprudence. Il faut reconnaître d'ailleurs que la balance pencha presque toujours en faveur des droits et de l'autorité du seigneur. Nous n'avons pas à parler ici du droit féodal. Quant au droit purement civil, destiné à régir tous les hommes libres, quelle que fût leur qualité de roturiers ou de nobles, excepté dans le cas où ces derniers et leurs biens ressortissaient au droit féodal, on peut supposer avec vraisemblance que les usages des nouvelles juridictions se composaient des lois personnelles pratiquées par le plus grand nombre des habitants d'un même territoire. Souvent différentes lois furent combinées et fournirent en quelque sorte leur contingent. Quelquefois les principes du droit féodal s'y glissèrent, et c'est probablement ce qui peut expliquer l'introduction dans les coutumes du retrait lignager et d'une partie des règles relatives aux propres de souche et ligne. On fit assez souvent aussi des emprunts au droit romain, qui même à l'époque à laquelle les rédactions des coutumes ont été plus développées régissait, comme raison écrite, dans les pays coutumiers la matière des contrats.

Ce fut alors que se manifesta la grande division qui a subsisté jusqu'à nos jours, et dont la promulgation du Code Napoléon n'a pas entièrement effacé les traces, entre les pays coutumiers et les pays régis par le droit romain, que les jurisconsultes s'accordaient à nommer pays de droit écrit. Cependant le droit romain ne fut jamais adopté d'une manière absolue dans les provinces au delà de la Loire; souvent même il fut modifié par les usages locaux, qui ont conservé leur autorité jusqu'à nos jours. Dans les pays du nord de la France, le nombre des habitants, que d'anciens souvenirs attachaient au droit romain, s'étant trouvé moins considérable que celui des habitants dont les codes ou les usages germaniques avaient été la loi personnelle, ces codes et ces usages prédominèrent, devinrent la règle habituelle des tribunaux, et finirent par former les premiers éléments des *coutumes*. C'est donc dans les codes et les usages apportés en France par les conquérants de la Germanie qu'il les faut chercher. Le recueil de capitulaires de Baluze, la collection de chartes, diplômes et autres documents relatifs à l'histoire de France par Bréquigny, prouvent d'une manière incontestable que les codes germaniques, les capitulaires, les formules et autres documents qui s'y rattachent contenaient déjà une multitude de documents qui ont dû servir à constituer le droit coutumier. La jurisprudence des tribunaux fit le reste, autant qu'on en pouvait obtenir quelques résultats satisfaisants à une époque où les jugements n'étaient pas conservés par écrit dans des dépôts publics, où les *records de cour*, c'est-à-dire l'attestation par témoins que telle ou telle décision avait été rendue, étaient le seul moyen d'aider à la mémoire.

Cependant ce développement et ce perfectionnement eurent lieu certainement, puisqu'au bout de quatre siècles nous en trouvons tous les résultats réunis en une sorte de corps dans les Établissements de saint Louis. A cette époque commença pour le droit coutumier une ère nouvelle. Auparavant, peut-être, des praticiens instruits avaient déjà rédigé les styles et les usages des juridictions auprès desquelles ils exerçaient; quelques seigneurs avaient même attaché leur nom à des travaux de ce genre; mais un petit nombre de ces ouvrages est parvenu jusqu'à nous. Au quatorzième siècle, au contraire, plusieurs grands vassaux suivirent l'exemple de saint Louis. Vers ce temps parurent deux écrits remarquables de Pierre Defontaines et de Beaumanoir. Avant eux très-probablement, Vincent de Beauvais avait, dans son *Speculum doctrinale*, présenté un excellent tableau du droit civil et coutumier. Plus tard furent rédigées les *Décisions* de Jean Desmares, la compilation intitulée *Grand Coutumier de Charles VI*, et la *Somme rurale* de Bouteillier.

Mais ce n'est pas dans ces ouvrages que l'on trouvera l'état primitif du droit coutumier. Vainement aussi le chercherait-on dans les plus anciennes rédactions des coutumes qui régissaient la France avant 1789, rédactions qui ont été faites en vertu d'une ordonnance de 1453. Car elles étaient déjà fort éloignées des *Établissements* de saint Louis; et d'ailleurs elles ont été souvent révisées. Les Établissements de saint Louis eux-mêmes ont fait des emprunts considérables au droit romain. S'il était possible de réunir la totalité ou du moins le plus grand nombre des chartes de coutumes qui ont précédé ou suivi l'affranchissement des communes et en même temps les chartes de communes, et si l'on en extrayait toutes les dispositions relatives au droit civil, on serait en état de constater le droit coutumier qui existait alors.

Cependant au milieu de ces ténèbres épaisses apparaît un monument précieux, qui, appartenant, au moins pour ses bases principales, à la fin du onzième siècle, placé à une égale distance des premiers instants où les usages coutumiers se sont formés et du temps où les *Établissements* de saint Louis ont paru, devient un fanal dont la lumière peut guider nos pas. Ce monument est le recueil connu sous le nom d'*Assises de Jérusalem*. Des preuves incontestables attestent que les dispositions qu'il contient ont été empruntées aux usages de la France contemporaine. C'est ainsi qu'un document rédigé hors de notre pays, pour un royaume dont la durée éphémère semblait difficilement pouvoir assurer la conservation de ses lois, devient aujourd'hui le plus précieux moyen de suppléer au silence gardé par nos autres monuments nationaux sur l'ancien état de la législation française.

DROIT CRIMINEL. On nomme *droit criminel* l'ensemble des lois qui définissent les infractions contre la paix et la sécurité du pays et des habitants, en règlent la poursuite, en prescrivent le châtiment, en fixent les peines.

Le droit criminel est légitime au même titre que l'existence de la société pour laquelle il constitue une condition de conservation. La défense de la société ne consiste pas seulement dans la faculté de se défendre d'un danger présent; il est nécessaire que la perspective d'un certain mal arrête ceux de ses membres qui auraient l'intention de l'attaquer. Au délit doit répondre la peine. La peine est à la fois un châtiment, un moyen préventif et un moyen de correction ou d'amélioration.

Cependant, les plus graves objections se sont produites contre les principes mêmes sur lesquels s'appuie le droit criminel. Et d'abord, quant à l'exemplarité de la peine, on a dit qu'il ne peut jamais être permis de tourmenter ou de faire périr un homme pour que d'autres reçoivent de sa mort ou de ses souffrances une impression qui les détourne de commettre le crime. Ce but, dit Beccaria, n'est même pas atteint, car dans le cœur humain la crainte qu'inspire la peine est de bien peu de poids. Quant au perfectionnement moral que la peine serait destinée à produire, laissant de côté la question de savoir si tel est bien l'objet immédiat de la législation criminelle, on doit reconnaître qu'il ne devrait pas alors exister de peine qui rende impossible l'amélioration morale du coupable, soit en éteignant à tout jamais en lui le sentiment de l'honneur, soit en tranchant le fil de ses jours.

Autrefois le droit criminel, en France, tirait son origine de la législation des barbares. Cette législation avait pour principe que tous les délits qui ne blessaient pas directement le prince ou l'État pouvaient se racheter à prix d'argent par une composition ou indemnité. Dans le système féodal, des changements nombreux furent apportés à cet état de choses : le système du jugement par les pairs fut admis et le combat judiciaire fut longtemps en vigueur. L'institution du ministère public, une des choses les plus utiles à la société, ne tarda pas à se produire; mais la civilisation imparfaite d'alors et l'esprit du temps firent tomber la justice criminelle dans d'épouvantables abus. Après différentes vicissitudes, dans lesquelles l'humanité avait rarement sa part, François Ier rendit en 1539, quelques années après la publication de la Caroline de Charles-Quint, une ordonnance qui supprimait les abus les plus criants de l'instruction criminelle, mais qui cependant conservait l'usage de la torture, limitait la défense et enveloppait d'un profond secret les différentes phases de l'instruction. En 1670, Louis XIV restreignit l'application de la torture et divers cas d'emprisonnement provisoire. Plusieurs édits, ordonnances et déclarations royales parurent ensuite ayant pour objet de régler certaines matières du droit criminel. Tels furent l'édit sur le duel de 1679, la déclaration de 1683 sur les lettres de rémission, celle de 1731 sur les cas prévotaux, l'ordonnance de 1737 sur le faux, celle de 1761 sur les délits militaires. Par une déclaration rendue en 1780, Louis XVI abolit la question préparatoire; mais la question préalable subsista comme aggravation de la peine de mort. L'institution du jury fut posée en principe le 16 août 1790, par l'Assemblée constituante, et organisée par la loi du 16 septembre 1791. La même assemblée abolit la torture dans tous les cas, la flétrissure et la mutilation; elle réduisit la peine de mort à la simple privation de la vie, et établit l'égalité entre les coupables sous le rapport du châtiment; elle abolit également le préjugé de la communication de la note d'infamie à la famille du condamné. Le 6 octobre 1791, un code pénal régulier remplaça les peines arbitraires. Le code de brumaire an IV est rendu par la Convention. En 1811 on met en vigueur le Code Pénal et le Code d'Instruction criminelle, décrétés en 1808 et en 1810 par le corps législatif, et dont l'exécution avait été subordonnée à la mise en activité du nouvel ordre judiciaire arrêté par la loi du 20 avril 1810. Depuis cette époque ces deux codes ont subi des changements et améliorations notables; les plus importants résultent de la loi du 24 avril 1832, dont les dispositions ont été incorporées dans le texte primitif. Le Code Pénal a laissé subsister un grand nombre de lois spéciales; d'autres ont été rendues depuis. Il se rencontre en outre dans le Code Civil et dans le Code de Commerce des dispositions qui incriminent comme des délits des actions déterminées.

DROIT D'AÎNESSE. *Voyez* Aînesse (Droit d').

DROIT D'ANCRAGE. *Voyez* Ancrage.

DROIT D'ASILE. *Voyez* Asile (Droit d').

DROIT DE BOURGEOISIE. *Voyez* Bourgeoisie (Droit de).

DROIT DE BRIS ET NAUFRAGE. *Voyez* Bris et Naufrage (Droit de).

DROIT DE CIRCULATION. *Voyez* Boissons (Impôts sur les).

DROIT DE CITÉ. *Voyez* Cité (Droit de).

DROIT DE CONSOMMATION. *Voyez* Boissons (Impôts sur les).

DROIT DE COURSE. *Voyez* Course en Mer.

DROIT DE LA FABRICATION DE LA BIÈRE. *Voyez* Boissons (Impôts sur les).

DROIT DE LA GUERRE. *Voyez* Droit des Gens.

DROIT DE LICENCE. *Voyez* Boissons (Impôts sur les).

DROIT D'ENREGISTREMENT. *Voyez* Enregistrement.

DROIT D'ENTRÉE *Voyez* Boissons (Impôts sur les).

DROIT D'ENTREPÔT. *Voyez* Entrepot.

DROIT DES GENS ou DROIT INTERNATIONAL. Ce terme de *droit des gens* vient d'une traduction gothique de l'expression latine *jus gentium*. On a beaucoup et beaucoup trop écrit sur le droit des gens, mais nous n'avons aucun ouvrage qui établisse et développe les droits et les devoirs réciproques des nations : il ne faut pas s'en étonner. Jusqu'ici, et depuis les siècles les plus reculés, le droit public n'a été établi que sur des faits existants et accomplis, sur des précédents : les principes de la loi naturelle n'y sont entrés pour rien. Le premier droit entre les nations a été celui du plus fort : la propriété se composait aussi bien de ce qu'on arrachait par la force que de ce qu'on pouvait acquérir légalement. C'est le droit que les deux peuples les plus éclairés de l'antiquité, les Grecs et les Romains, ont appliqué aux peuples avec qui ils ont été en contact; c'est le seul droit qui régit les conquérants et qui ait pu justifier les conquêtes. Les peuples modernes, depuis l'invasion des hordes de sauvages qui ont détruit l'empire romain jusqu'au partage de la Pologne, ou, pour mieux dire, jusqu'au congrès de Vienne, disons même jusqu'au moment où nous écrivons, n'en ont pas suivi d'autre. Montesquieu lui-même n'a pas envisagé le droit des gens sous un autre point de vue, lorsqu'il écrivait « qu'un peuple a le droit de faire la guerre à un autre, lorsqu'il craint que celui-ci devienne trop fort; que le droit de conquête dérive du droit de guerre, et que la conquête est une *acquisition*, et non pas une *usurpation* ».

L'exercice de ce dernier droit a eu lieu sous quatre modifications diverses, que Montesquieu appelle *manières de traiter un pays conquis*. Ou l'on a exterminé les citoyens, ou on les a arrachés de leurs foyers pour les conduire au loin en esclavage : c'est ainsi que les barbares, avant de passer définitivement le Rhin et le Danube, ont traité les provinces de la Gaule, de l'Italie, de la Grèce, qu'ils ravageaient. On n'a détruit que la nationalité, en conservant les individus, qu'on a dispersés dans d'autres sociétés : de nombreux exemples de ces transplantations de peuples se trouvent dans l'histoire, entre autres celles des Liguriens par les Romains et des Saxons par Charlemagne. On a laissé le peuple conquis se gouverner selon ses lois, en ne se réservant que l'exercice du gouvernement; mais il est bien rare de voir des nations conquises par la force des armes traitées avec autant de douceur, si ce n'est par une capitulation expresse, accordée par la crainte d'avoir à soutenir une lutte que la prolongation pouvait rendre dangereuse. Enfin, on donnait aux peuples conquis un nouveau gouvernement, en leur imposant ses propres lois : c'est ainsi que la plus grande partie des nations qui ont composé l'empire romain y ont été réunies, et que se sont formés presque tous les empires modernes. Mais Montesquieu a oublié une cinquième modalité de l'exercice du droit de conquête : c'est l'application qu'en ont fait les Francs, les Bourguignons, les Goths, les Lombards, lorsque, quittant leur pays, ils sont venus s'établir en Gaule, en Espagne et en Italie : c'est celle de réduire les peuples conquis à la condition de serfs à la glèbe. Elle est cependant une conséquence directe du droit du plus fort et des motifs qui engageaient ces peuples demi-sauvages à ravager leurs voisins ou à quitter leur foyers : voler, sans autre perspective que celle d'être obligés après de se livrer encore aux travaux domestiques, ne pouvait leur convenir. Il en résulta que tant qu'ils conservèrent leurs anciennes habitations ils entraînèrent à la suite de leurs excursions tout ce qui parmi les vaincus était capable de travailler, et l'employèrent à leur service personnel. Lorsqu'au contraire les fondateurs et les ancêtres de la noblesse féodale eurent ravi le territoire des vaincus pour s'y établir eux-mêmes, le même intérêt leur commandait de conserver les individus, afin d'avoir des travailleurs, et de les attacher à la terre qu'ils avaient possédée, au même titre que les bêtes de somme. La religion n'eut aucune influence sur cette économie de sang versé, puisque le clergé eut sa large part de serfs, et qu'il résista le plus longtemps aux affranchissements.

Nous n'entrerons pas dans l'examen détaillé des principes développés dans les ouvrages de Grotius, de Puffendorf et des autres auteurs de droit public écrit et enseigné; nous nous contenterons de rapporter le jugement qu'en porte Montesquieu, malgré l'erreur où il est encore lui-même sur les véritables principes qui doivent lui servir de base : « Les auteurs de notre droit public, dit-il, fondés sur les histoires anciennes, étant sortis des cas rigides, sont tombés dans de grandes erreurs. Ils ont donné dans l'arbitraire; ils ont supposé dans les conquérants un droit, je ne sais quel, de tuer, ce qui leur a fait tirer des conséquences terribles comme le principe, et établir des maximes que les conquérants eux-mêmes, lorqu'ils ont le moindre sens, n'ont jamais prises... Ce qui les a fait penser ainsi, c'est qu'ils ont cru que le conquérant avait le droit de détruire la société : d'où ils ont conclu qu'il avait le droit de détruire les hommes qui la composent, ce qui est une conséquence faussement tirée d'un faux principe... Du droit de tuer dans la conquête, les politiques ont tiré le droit de réduire en servitude; mais la conséquence est aussi mal fondée que le principe... » Tel est pourtant l'empire des préjugés d'éducation et de caste, que Montesquieu se croit obligé d'accorder qu'on a le droit de réduire en servitude lorsqu'elle est nécessaire pour la conservation de la conquête; seulement, elle ne doit être que temporaire. Puisque les ouvrages de Grotius, de Puffendorf et de leurs commentateurs ou continuateurs ne sont qu'une collection de conséquences plus ou moins exactement déduites d'une série de principes faux, et délayés jusqu'à la niaiserie dans une foule d'applications futiles, on concevra facilement que Voltaire avait raison de dire que rien plus que leur lecture, et mieux encore leur étude, ne peut contribuer à rendre un esprit faux, obscur, confus, incertain. En effet, qu'est devenue la diplomatie, née de cette étude, si ce n'est l'art d'appliquer des sophismes et, où ceux-ci ne suffisent pas, des mensonges dans un but d'intérêt particulier, et qui n'a rien de commun avec l'avantage des nations? Combien n'a-t-elle pas fait et ne fait-elle pas encore de mal? et où est le bien qu'elle ait jamais produit? Laissons donc de côté tout ce fatras, contraire à toute justice et honteux pour l'humanité, et essayons de rechercher les véritables principes du droit des nations.

Ce qu'un citoyen, une famille, sont à la nation à laquelle ils appartiennent, une nation le doit être à l'égard de la totalité du genre humain. Les droits conférés et les devoirs imposés par la loi naturelle sociale, résultant du fait même de la création de l'homme, ne le sont point à une fraction seule de l'humanité qu'on appelle *nation*; ils ne varient point de fraction à fraction : ils sont les mêmes pour toute l'espèce. Le respect que chaque citoyen doit aux droits de ses concitoyens, chaque nation le doit aux autres, qui sont ses co-nations dans l'espèce. Les droits de l'homme sont sans contredit la conservation de son individu et celle de sa famille, le libre exercice de ses facultés physiques et intellectuelles, la possession paisible et la jouissance des produits de ces mêmes facultés; ses devoirs sont de respecter ces mêmes droits dans chacun de ses concitoyens, et de ne jamais y porter atteinte. Les droits sont circonscrits par les devoirs, et les devoirs sont limités par les droits. Il en est de même des nations entre elles. La guerre, dont le résultat inévitable est la destruction des individus et la spoliation des propriétés individuelles ou communes, est donc un état contraire à la loi naturelle sociale. D'individu à individu, comme de nation à nation, hors le cas de légitime défense, elle est injuste et criminelle. La nation qui défend son existence politique et ses possessions, ou qui cherche à la reconquérir, fait usage des droits que lui confère la loi naturelle sociale; celle qui veut ravir ou détenir ce qu'elle a ravi méconnaît ses devoirs et viole les droits d'autrui : il ne saurait donc y avoir un droit de conquête ni de droits qui en dérivent, puisqu'une conquête n'est qu'une usurpation, et qu'elle ne saurait conférer de droits.

Les relations habituelles des nations entre elles devraient donc être celles de paix, de bonne harmonie et de secours mutuels, les seules qui soient conformes aux devoirs imposés par la loi naturelle sociale; la guerre est un état exceptionnel, qui par là même doit être transitoire. Il ne faut cependant pas en conclure qu'elle puisse ou doive rompre tous les liens de l'humanité, donner une étendue illimitée aux droits et dispenser des devoirs même dans le cas de la plus légitime défense.

Le premier cas qui se présente est relatif à ce qu'on appelle le *droit d'intervention*, c'est-à-dire d'immixtion d'une nation dans les affaires ou les intérêts d'une autre. Cette immixtion peut avoir lieu de trois manières, soit pour empêcher un conflit entre deux nations dont les intérêts sont en collision, soit dans le cas de dissensions civiles, pour y mettre fin par un accommodement entre les partis combattants, soit enfin lorsqu'une nation, changeant la forme de son gouvernement, en adopte une qui déplaît à une ou plusieurs de ses voisines. On concevra facilement que la première manière d'intervenir est entièrement conforme aux prescriptions de la loi naturelle sociale. Cette manière d'intervenir prend le nom de *médiation* : c'est le rôle le plus honorable et celui que devrait le plus ambitionner le gouvernement d'une grande nation civilisée. Est-il permis, et jusqu'à quel point, à une nation d'intervenir dans les dissensions civiles qui agitent une autre nation? Ici nous répondrons hardiment qu'il ne saurait être permis d'intervenir qu'à titre de médiation et pour parvenir à une pacification volontaire, par un accommodement entre les partis rivaux. Cette médiation ne saurait même être imposée : il faut qu'elle soit réclamée au moins par un des deux partis et acceptée par l'autre : c'est donc un des actes politiques les plus délicats, et qui demandent le plus de prudence. Intervenir en faveur d'un des partis contendants ne saurait être permis dans aucun cas : ce serait une violation directe des vrais principes du droit des nations, quand même il s'agirait de celui à la tête duquel se trouve le gouvernement. En effet, les gouvernements ne sauraient être institués pour imposer aux nations leurs opinions ou celles d'une minorité qui se joindrait à eux : ils ne sont que les agents d'exécution des volontés de la nation à la tête de laquelle ils sont placés; et cette volonté ne saurait avoir force de loi que lorsqu'elle est formulée par les votes de la majorité effective des citoyens qui la composent. Il ne faut pas se laisser abuser par la qualification de *rebelles*, dont on voudrait flétrir un des partis rivaux : il ne peut y avoir de rebelles, dans le sein d'une nation, qu'une minorité qui voudrait comprimer les vœux et froisser les intérêts de la majorité.

Il résulte évidemment de ce que nous venons de dire que le dernier motif d'intervention que nous avons indiqué n'en saurait être un légitime. Le droit de souveraineté, qui, d'après la loi naturelle sociale, appartient à toutes les nations à un degré égal, leur donne celui de se constituer à leur gré, et de modifier ou de changer leurs constitutions quand elles le veulent; chacune est pour elle-même le seul juge compétent pour décider ce qui lui convient ou ne lui convient pas : toutes doivent respecter dans chacune d'elles ce droit, qui leur est commun. Mais si une violation pareille avait lieu, ce ne serait pas en s'abstenant seulement qu'on pourrait accomplir les devoirs imposés par la loi naturelle sociale; si les nations ne se garantissaient pas réciproquement les droits dont elles jouissent, elles resteraient souvent sans défense contre les spoliations : elles ont donc le devoir de s'opposer par la force des armes, s'il le faut, à une intervention de l'espèce de celle dont nous nous occupons. La vérité de ce principe est tellement sentie, même par le jésuitisme diplomatique, que de nos jours lorsqu'on a voulu recourir à une intervention de ce genre, on a inventé de prétendus dangers révolutionnaires, afin d'essayer de la justifier en lui donnant la couleur d'une défense légitime. La futilité de ce prétexte ne lui permet pas de couvrir la mauvaise foi de ceux qui s'en servent. Il n'y a pas lieu à craindre jamais qu'une nation bien gouvernée, et qui trouve dans sa constitution intérieure les garanties de la tranquillité et de la prospérité de tous ses citoyens, soit tentée d'en changer, par l'exemple de ses voisins. Si au contraire elle est mal gouvernée, et que par sa constitution intérieure le bien-être et la prospérité, qui doivent être le partage de tous, se trouvent confisqués au profit d'une minorité, d'une aristocratie de caste, de métier ou de faction, ceux qui les gouvernent ont, sans effusion de sang et sans violer les droits d'autrui, un moyen bien facile et bien simple de se soustraire à la correction qui peut atteindre, par une révolution, leur impéritie ou leur mauvaise foi : c'est de se prêter volontairement aux changements nécessaires pour retrouver la sécurité qu'ils n'ont plus.

Les questions du commerce et de la navigation, considérées sous le rapport du droit des nations, ont donné lieu à un grand nombre de stipulations, ont fait éclore plus d'un système, et établir des principes qui ne nous paraissent pas conformes à ceux du droit naturel. Ces derniers sont cependant clairs et précis. Chaque nation, de même que chaque individu, a le droit incontestable de jouir sans trouble de tout ce qui est sa propriété, c'est-à-dire de tout ce qui est le produit de ses travaux matériels et intellectuels; mais son droit ne va pas plus loin, et ne saurait jamais s'étendre sur ce qui constitue la propriété des autres. La prescription ne saurait non plus être alléguée pour légitimer une usurpation; elle peut et elle doit même être admise dans le droit civil, qui règle les intérêts des individus entre eux ou envers la nation à laquelle ils appartiennent, afin de mettre fin à des litiges qui deviendraient interminables. Mais elle ne saurait être admise entre les nations, parce qu'elle n'existe pas dans le droit naturel, seule base de leurs relations réciproques. Il en résulte que chaque nation a le droit d'imposer au commerce de ses voisins, sur son propre territoire, les limites et les restrictions qu'elle juge convenables, sauf à se soumettre aux représailles qu'elle justifie. Il est évident que ce droit s'étend aux colonies et aux possessions lointaines que chaque nation peut avoir acquises, puisqu'elles sont aussi sa propriété; mais peut-il également s'étendre jusqu'à imposer des bornes à la navigation dans l'étendue de ces mers, au profit d'une ou de plusieurs des nations qui les parcourent? Il serait, je pense, absurde de prétendre que les mers soient le produit du travail ou de l'intelligence d'aucune nation, ce qui pourrait en donner la propriété. L'abus de la force a donc pu seul établir des restrictions à la liberté de la navigation; et le plus puissant, afin de conserver ce qu'il a acquis par ce moyen, a dû chercher à s'arroger le droit d'empêcher tout autre de devenir aussi puissant ou plus puissant que lui. Cette nouvelle prétention, basée sur des principes dont les tribunaux de toutes les nations répriment sévèrement l'application entre particuliers, se résout alors en actes de piraterie, dont le moins odieux n'est pas à coup sûr la destruction de la flotte danoise à Copenhague. Cependant, ce dernier acte que nous citons n'est qu'une conséquence naturelle d'un principe posé par l'auteur de l'*Esprits des Lois* (liv. X, c. II, § 3). Ce n'est pas à beaucoup près la seule aberration qu'on pourrait relever dans cet ouvrage, que le développement des principes du droit naturel, un des grands progrès de nos jours, a de beaucoup dépassé.

Ce qu'on appelle le *droit de la guerre* a également reçu des définitions, et donné lieu à la création ou plutôt à l'invention de principes plus ou moins absurdes et révoltants. En vain y chercherait-on une base dans la morale ou dans le droit naturel qui lui est conforme. On a procédé par une collection de précédents; et quels précédents! Il en est beaucoup que les flibustiers auraient à peine osé avouer. Dans l'état où l'ont laissé les publicistes dont les ouvrages s'appellent encore classiques, le code du droit de la guerre tendrait à légitimer les crimes qui tiennent le premier rang pour la répression dans le code pénal de toutes les nations. Si, heureusement pour l'humanité, la guerre n'est plus aussi féroce, aussi sanguinaire qu'elle l'était autrefois, cette amélioration est due aux seuls progrès des lumières, qui nous ramènent vers les vrais principes de la morale, et non à coup sûr aux travaux des publicistes, qui se seraient rapprochés du bon sens et de la raison en créant un nouveau code. Selon le principe du droit naturel, la guerre ne doit naître que de la nécessité de se défendre d'une agression, ou de réclamer par les armes la réparation d'une injure ou d'un dommage qu'on n'a pas pu obtenir par la voie de l'équité. Elle est alors un conflit entre deux nations qui se choquent en masse, et non pas une lutte individuelle entre les citoyens qui les composent. Une lutte pareille, remettant chaque citoyen à l'usage libre et arbitraire de sa volonté et de ses facultés, suspendrait indéfiniment le lien social et tendrait à la dissolution des sociétés : ce serait un véritable brigandage. La guerre ne détruit donc pas, en les anéantissant, les relations que le droit naturel établit entre les nations, et ne change point les principes sur lesquels elles reposent; elle ne fait que les suspendre ou les modifier en partie, et seulement en ce qui est relatif au but qu'on doit s'y proposer, sa propre défense ou le redressement d'un tort. Il en résulte donc les principes suivants : le conflit de deux nations en état de guerre ne doit avoir lieu que par les forces et les ressources qui dans chacune appartiennent à la nation entière. Il ne saurait y avoir de vainqueurs et de vaincus que les éléments qui y prennent part, c'est-à-dire les forces et les ressources nationales, autrement, les hommes armés, les munitions et les attirails de guerre; car la victoire n'est que le succès qui couronne une lutte, et où il n'y a pas de lutte, il n'y a pas de victoire.

Les droits de la victoire ne peuvent être exercés qu'à l'égard de la nation vaincue en corps, et jamais en détail à l'égard des individus qui la composent, et qui ne sont point au nombre des éléments matériels du conflit; car ces droits ne peuvent consister que dans la réparation du tort ou du dommage éprouvé et dans l'indemnité des dépenses faites pour l'obtenir; et il est facile de voir que la réparation est due par la nation entière, et non par une portion plus ou moins grande des individus qui la composent. Il n'est pas moins évident que les actes commis contre les individus, et qui ne sauraient faire partie de la réparation au delà de laquelle ne peut s'étendre le droit de la guerre, ne doivent point être commis : la dévastation, l'incendie, le pillage, l'agression des personnes restent toujours des crimes, punissables dans ceux qui les commettent et les ordonnent. A l'égard des hommes, s'ils sont armés, le droit de la guerre ne permet pas de faire plus que de les mettre hors d'état d'accomplir la mission qu'ils ont reçue de combattre, c'est-à-dire de les désarmer et de les retenir ainsi : leurs personnes doivent être respectées et mises à l'abri de tout mauvais traitement; s'ils sont désarmés, ils doivent être respectés et protégés de même qu'ils le seraient par leur propre gouvernement. A l'égard des choses, tous les objets matériels servant directement à la guerre peuvent être légitimement acquis au vainqueur qui s'en rend maître : toutes les autres propriétés doivent être respectées et protégées de même que les personnes. Il en résulte que l'occupation d'une province ennemie peut bien autoriser le vainqueur à y saisir les ressources qu'en tire la nation à laquelle il fait la guerre, et les appliquer à son usage, mais que les contributions de tous genres qu'il peut lever dans ce but ne doivent pas dépasser le montant des prestations auxquelles cette province est imposée par son propre gouvernement : aller au-delà serait attaquer les propriétés particulières et violer les droits des nations.

On voit que la conquête ne trouve aucune place dans un code tracé d'après les principes du droit naturel. En effet, ainsi que nous l'avons déjà dit, la conquête, c'est-à-dire le droit de s'approprier la domination de tout ou d'une partie du territoire de la nation vaincue, est une usurpation qu'aucun terme de prescription ne saurait légitimer : une acquisition pareille ne peut être légitimée que par la cession volontaire, non-seulement de la nation qui consent à aliéner une partie d'elle-même, mais encore de ceux que cette aliénation touche plus particulièrement.

Nous n'avons fait aucune distinction entre la guerre maritime et la guerre continentale, parce que le droit naturel social qui régit les relations des nations est le même sur l'un et l'autre élément : corps francs et corsaires ne sont que des auxiliaires volontaires que les nations belligérantes appellent à augmenter leur état militaire. Elles ne peuvent les employer, de même que la milice régulière, que dans les limites tracées par le droit des nations, et les primes qu'elles peuvent leur accorder ne doivent jamais en autoriser la violation : hors de là, l'action des uns et des autres ne serait qu'un brigandage autorisé. Nous ne nous occuperons donc pas du code des prises, qui n'est que le code des flibustiers converti en loi par l'abus de la force.

Les principes que nous avons développés simplifient beaucoup la question des neutres. En effet, qu'est-ce qu'une déclaration de neutralité? C'est un acte par lequel une nation déclare ne vouloir prendre aucune part à la lutte établie entre deux autres, et vouloir au contraire conserver avec toutes deux ses relations de paix et d'harmonie. Ses droits restent donc intacts à l'égard de l'un et de l'autre des belligérants, et aucune des conséquences du droit de la guerre ne saurait l'atteindre. Mais, réciproquement, ce qu'on appelle la *contrebande de guerre*, c'est-à-dire la fourniture d'aucun des objets qui constituent le personnel et le matériel de la guerre, ne peut être permise directement aux nations neutres envers les belligérantes, par un motif aussi clair qu'il est naturel : en aidant l'une des deux à faire la guerre, elle ment à sa neutralité, et donne à l'autre le droit de la considérer comme ennemie; en les aidant toutes deux, elle se place dans une position de mauvaise foi qui dispense les belligérants des égards auxquels elle aurait droit dans toute autre situation. Lorsqu'une place est réellement bloquée, c'est-à-dire entourée de forces suffisantes pour empêcher la garnison et les habitants d'en sortir, elle est dans une situation exceptionnelle, qui permet à celui qui la bloque d'empêcher les neutres de communiquer. Mais dans toute autre situation, la déclaration de blocus est une fiction inadmissible dans le droit des nations, en ce qu'elle les viole envers les neutres; qu'elle n'est qu'un effet de l'abus de la force, qui seule peut l'appuyer, et que cet abus est un délit, et non un droit.

On a donné le nom de *blocus continental* à deux actes qui n'ont rien de commun dans leur exécution ni dans les principes sur lesquels ils reposent : le premier, qui consiste dans le refus que fait une nation de recevoir sur son territoire, et même partout où s'étend son influence, les produits provenant d'une autre nation, est en tout conforme aux vrais principes du droit des nations, et celle qui l'exerce ne saurait être exposée qu'à des représailles de même nature. Mais il n'en est pas de même du second, c'est-à-dire de la prétention qu'élèverait une nation à vouloir empêcher toutes celles qui ne sont pas ses alliées de recevoir les produits de son ennemie ou d'y apporter les leurs, surtout lorsqu'elle ne tient pas réellement toutes les communications empêchées par des forces suffisantes pour les fermer en réalité. Pour réaliser cette prétention, elle est obligée de recourir à une fiction inadmissible, à un mensonge qu'elle ne peut soutenir que par l'abus de la force, et elle se met en état effectif de piraterie envers les nations dont elle devrait respecter les droits. Toutes ont le droit et le devoir de résister, et celles qui se soumettent aux violations de l'un des belligérants, et continuent avec l'autre une neutralité qui n'est plus que fictive, commettent un acte de mauvaise foi, qui dispense de la respecter. On a également discuté la question de neutralité sous le point de vue du pavillon et de la garantie qu'il pouvait donner aux marchandises qu'il couvrait, et on en a déduit le droit de visite. Posons un instant cette question sous son vrai point de vue. Est-il permis à une des puissances belligérantes de violer le territoire des neutres, afin de s'assurer qu'il n'existe pas dans leurs magasins des objets de guerre destinés à son ennemi?..... Elle n'est plus qu'absurde..... Cependant, un navire est non-seulement la propriété de la nation dont il porte le pavillon, mais il est réellement, et non fictivement, une portion de son territoire. Gal G. DE VAUDONCOURT.

DROIT DES NEUTRES. *Voyez* DROIT DES GENS, NEUTRALITÉ, NEUTRES.

DROIT DES PAUVRES. *Voyez* DÉCIME.

DROIT DE TONNAGE. *Voyez* TONNAGE.

DROIT DE VENTE EN DÉTAIL. *Voyez* BOISSONS (Impôt sur les).

DROIT DE VIE ET DE MORT. A l'origne de toute société, on attribua généralement droit de vie et de mort au père sur son enfant, au soldat sur son prisonnier, au maître sur son esclave, parce qu'on admettait que le père ayant donné la vie à son fils avait le droit de la lui retirer, que le soldat qui avait accordé la vie au vaincu pouvait disposer de ce vaincu devenu sa chose (*mancipium de manum captum*), et qu'il en était de même pour le maître vis-à-vis de son esclave. L'esclave se nommait *servus*, en latin, de *servatus*, conservé, épargné. Toutes les législations en se perfectionnant se sont efforcées de restreindre et de supprimer ces révoltants abus du droit de propriété.

DROIT DE VISITE. *Voyez* VISITE (Droit de).

DROIT D'INTERVENTION. *Voyez* DROIT DES GENS et INTERVENTION.

DROIT DIVIN, principe que l'on oppose à celui de la souveraineté du peuple, et suivant lequel, tout pouvoir venant de Dieu, le dépositaire de la puissance devient *sacré* et n'a de compte à rendre de sa conduite qu'à Dieu même. Les partisans de l'absolutisme veulent qu'à l'instar du monde, chaque peuple soit gouverné par un chef unique, un *monarque*, à la volonté duquel se plient toutes les volontés, sans quoi, disent-ils, la discorde et l'anarchie se mettent au sein de la société, composée de tant d'éléments divers, toute société devenant impossible si une seule main ne réunit, ne comprime et ne dirige toutes ces forces contraires. Telle est, ajoutent-ils, la volonté de Dieu, qui a imposé les rois aux nations comme il a préposé un chef à la famille. Les rois tiennent donc leurs droits de Dieu même, voilà ce qui fait leur *légitimité*. L'Église catholique avec sa puissante hiérarchie, l'infaillibilité de son chef, sa croyance à la révélation de ses livres sacrés, sa soumission aux puissances, semble surtout favorable à cette doctrine du *droit divin*, et en effet le pape et les évêques s'intitulent *par la miséricorde divine*, comme les souverains temporels se déclarent *par la grâce de Dieu*; mais les puissances schismatiques ne tiennent pas moins à faire remonter leurs droits à Dieu même. On a vu d'ailleurs, dans notre article CATHOLICISME, un savant évêque, interprétant les mots *droit divin* dans un sens plus libéral, repousser cette doctrine absolue qui au nom de la religion prétendrait enlever aux hommes les droits de se gouverner eux-mêmes et favoriserait le despotisme. L. LOUVET.

DROIT D'OCTROI. *Voyez* OCTROI et BOISSONS (Impôts sur les).

DROIT DU PLUS FORT (Le) n'est, suivant l'auteur d'*Émile*, qu'un jeu de mots, et il a raison. La force commande, impose, oblige, contraint, mais ne constitue pas un droit, puisqu'elle ne règne qu'autant qu'elle est force, et qu'elle obéit dès qu'une force supérieure se manifeste. Toute force qui surmonte la première succède à son droit, ajoute le même philosophe dans son *Contrat social*, et il demande ce qu'est un droit qui périt quand la force cesse. Aussi cette monstrueuse alliance de mots, qu'il appelle un galimathias inexplicable, n'est-elle employée que d'une manière ironique par ceux qui subissent l'empire de la force; et, à l'exception du brigand qui vous met le pistolet sur la gorge pour vous arracher la bourse ou la vie, tous ceux de son espèce qui, sous le nom de conquérants, font le malheur de leurs contemporains et l'ornement de l'histoire, ou qui, sous le nom de tyrans, oppriment les peuples qui leur sont soumis, essayent-ils de donner à leur domination forcée une apparence de justice. L'Écriture a cependant consacré, légitimé, ce droit du plus fort dans l'usurpation de Nemrod, et, malheureusement pour l'humanité, le monde a érigé ce droit en principe. On s'est efforcé, il est vrai, de régulariser le droit de la guerre, qui n'est que le droit du plus fort, à lui imposer des règles; mais le plus fort ne fait dans ce cas que ce qu'il veut : il viole les règles suivant son intérêt, et dans le but de la conservation de sa conquête ou de la spoliation des vaincus; et si l'histoire l'en blâme, si Dieu l'en punit, ce qui n'est pas bien prouvé pour tout le monde, mais ce qu'on avance généralement pour la consolation des opprimés, ou dans l'espoir de corriger les oppresseurs, il n'en est personnellement comptable envers les hommes qu'à l'instant où il redevient le plus faible. J'en connais fort peu qui n'aient point abusé de ce prétendu droit; et les historiens, qui ont été jusqu'ici pour la plupart les plus grands courtisans de la force, se sont montrés plus empressés de recueillir les traits de clémence qui ont honoré les grands ravageurs des nations et des empires, que de nous peindre les calamités sans nombre que ces privilégiés de la force ont semées en passant sur leur route sanglante.

Il n'en est pas moins vrai que c'est la force, ou, si l'on veut, le droit du plus fort qui a donné le vieux monde aux Romains et leur empire aux barbares du Nord, qui a soumis l'Asie aux musulmans, comme elle l'avait soumise aux Perses; qui a allumé les bûchers des Albigeois et des Calvinistes; qui a jusqu'ici renversé et créé les couronnes, subjugué et affranchi les peuples, constitué enfin tous les établissements politiques du globe. Nous sommes convenus d'attribuer tout cela à Dieu, et les chefs des peuples ont largement abusé de cette fiction. Mais elle appartiendrait plutôt aux peuples, car il a été écrit dans le plus ancien livre connu que la voix du peuple était celle de Dieu. Convenons toutefois que dans la plupart de ces révolutions la force s'est réunie à l'intelligence; et c'est ainsi seulement qu'Aristote la conçoit dans sa *Politique*. Il partage le sentiment de ceux des anciens qui tenaient pour une chose horrible que celui qui a été victime de la violence fût esclave de celui qui avait pu le contraindre, et lui obéit par cela seul qu'il avait la supériorité ou l'avantage de la force. Mais il reconnaissait la supériorité de l'intelligence, et il en tirait la même conséquence, en louant cette maxime d'Euripide :

Que l'Hellène au barbare est fait pour commander.

Cela n'était pas plus juste; et si les peuples de l'Asie n'étaient point arrivés au même degré d'intelligence que les Grecs, ce n'était pas une raison pour qu'ils fussent soumis à quelques bourgades de l'Europe. Aristote déguise ici le le droit du plus fort sous le droit du plus intelligent. Il est plus dans le vrai quand il pose en principe que le droit de commander n'appartient qu'à la raison et à la vertu, et que l'injustice qui a les armes à la main est ce qu'on peut imaginer de plus pervers.

Les stoïciens ne donnaient le titre de vertu à la force que lorsqu'elle combattait pour la justice; et Cicéron, en rapportant cette définition, ajoute que personne ne peut atteindre la gloire résultant de la force, s'il la poursuit par la violence et la fourberie. Il ne voit rien d'honnête, comme Platon, dans ce qui manque de justice; mais ceux qui ont la force en main se moquent de tous ces axiomes philosophiques, et à ce compte il est peu d'hommes vertueux parmi les fondateurs d'empires et de dynasties. L'intelligence vient à leur secours pour affermir leur domination; et cet ascendant qu'un homme prend sur une multitude de ses semblables, s'il commence par la force, n'est fortifié que par l'intelligence. Le commun des hommes s'y prête merveilleusement; Sénèque a raison de dire que la servitude en retient fort peu, et que le plus grand nombre se livre au contraire à la servitude. C'est là ce qui dans tous les temps a constitué la force d'un individu sur les autres individus de son espèce; et il faut rendre cette justice aux hommes supérieurs, qu'une fois établis dans leur autorité, ils ont moins de vanité par eux-mêmes que leurs inférieurs ne veulent leur en donner. Alexandre se moquait de ceux qui prétendaient le déifier; et son lieutenant Antigonus répondait à ceux qui le nommaient fils du soleil, que le serviteur qui vidait sa chaise percée savait bien qu'il n'en était rien.

Que conclure de tout cela? C'est que les hommes sont en général disposés à se soumettre au droit du plus fort, et qu'il faut souhaiter que ce droit appartienne au plus juste. Le républicain La Boëtie se révoltait en vain contre la première de ces maximes; il avait beau établir notre liberté naturelle et soutenir que nous étions nés en possession de défendre notre franchise. Les nombreux échos qu'il a trouvés dans notre siècle auront beau répéter ses axiomes politiques. Les républiques, comme les monarchies, sont soumises au droit du plus fort, jusqu'à ce que le plus fort devienne le plus faible. Le décemvir Appius, le tribun Marius, le dictateur Sylla, les deux triumvirats, l'ont prouvé dans Rome, Périclès et Pisistrate dans Athènes, les Médicis à Florence, Robespierre chez les Français. Tous ces exemples et une foule d'autres nous ramènent à ce principe d'Aristote : « que par le fait de la nature, et pour le but de la conservation des espèces, il y a partout un être qui commande et un être qui obéit; que celui que son intelligence rend capable de prévoyance a naturellement l'autorité et le pouvoir du maître, tandis que celui qui n'a que les facultés corporelles doit naturellement obéir ». Souhaitons seulement que le pouvoir ou le droit du plus fort ne passe pas à ceux qui n'ont que les facultés corporelles, et fasse le ciel que, suivant la maxime de Cyrus, le droit de commander appartienne toujours à des hommes qui vaillent mieux que ceux auxquels ils commanderont! Repoussons le droit du plus fort tant qu'il ne sera point dans les mains du plus intelligent et du plus juste. Mais gardons-nous de le nier, quelque absurde qu'il soit, nous donnerions un démenti à l'histoire du pauvre genre humain.

VIENNET, de l'Académie Française.

DROIT DU SEIGNEUR. *Voyez* PRÉLIBATION.

DROITE. *Voyez* CORPS D'ARMÉE et COTÉ DROIT.

DROIT ÉCRIT. Cette expression s'emploie dans un sens général pour désigner toutes les lois rédigées par écrit. On s'en sert encore ordinairement pour les lois qui dès leur origine furent rédigées par écrit, à la différence de celles qui ne l'ont été que longtemps après, comme les coutumes de l'ancien droit français. Les Grecs et les Romains avaient un droit écrit et un droit non écrit.

En France, on appela le droit romain *droit écrit*, parce que dans l'origine c'était le seul droit écrit qu'il y eût. Les *pays de droit écrit* étaient par conséquent ceux où le droit romain était observé comme loi positive. Les pays de droit écrit étaient le Languedoc, la Guienne, la Beauce, la Navarre, les provinces basques, le Roussillon, la Provence, le Dauphiné, le Lyonnais, le Mâconnais et une partie de la Saintonge, de l'Auvergne et de la Basse-Marche.

DROIT ÉTROIT. *Voyez* DROIT.

DROIT FÉODAL. Il avait pour objet de régler les relations des seigneurs féodaux, soit vis-à-vis de leur suzerain, soit entre eux, soit avec leurs vassaux. Né avec la féodalité, il ne périt pas avec elle; il prit même alors, comme science, une extension nouvelle.

Le droit féodal n'avait guère pénétré dans les provinces méridionales de la France; il en fut autrement dans le nord, où il devint l'un des éléments les plus actifs du droit coutumier. Cependant dans ces dernières provinces elles-mêmes il ne fut point accueilli partout avec la même faveur;

dans un grand nombre de *coutumes* le droit féodal fut admis comme le principe qui formait la base nécessaire de toute la législation; dans d'autres coutumes, en plus grand nombre encore, le droit féodal ne fut accueilli que comme exception; de là cette division des coutumes en *coutumes féodales* et en *coutumes allodiales* ou de *franc alleu*, suivant que la coutume admettait l'une ou l'autre de ces maximes fondamentales contraires, *nulle terre sans seigneur*, ou *nul seigneur sans titre*. Dans les coutumes féodales, pour posséder il fallait l'agrément du seigneur, parce que tout lui appartenait; pour acquérir il fallait un titre de concession émané du seigneur suzerain. Mais il arrivait rarement que le seigneur consentît à vendre une partie du territoire, car il ne voulait pas se dépouiller; il donnait à *censive*, il donnait à *emphythéose* et conservait soigneusement pour lui le titre de propriétaire. Plus tard, dans les chartes concédées aux communes le droit féodal demeura inscrit comme principe général. Au contraire, dans les coutumes allodiales le droit de propriété privée resta inscrit dans la loi comme principe général, et celui qui résultait du seul fait de la féodalité ne fut qu'une exception, qu'il fallait justifier par preuve.

Quoiqu'il se modifiât suivant les diverses coutumes, le droit féodal avait partout la même autorité. Partout se retrouvait cette sujétion du vassal à l'égard du seigneur, cette sujétion du seigneur servant à l'égard du seigneur dominant, qui était lui-même le vassal d'un seigneur suzerain, en sorte que le système féodal ne présentait qu'une succession non interrompue de vassaux et d'arrière-vassaux attachés à une chaîne commune. Le vassal ne pouvait posséder que sous le bon plaisir de son seigneur féodal, à la charge de lui rendre foi et hommage, et de déclarer que ce qu'il tenait, il ne le tenait que de lui, et qu'il était toujours prêt à lever la bannière pour se ranger sous sa loi. Si le possesseur du *fief* refusait de rendre hommage, ou s'il ne rendait qu'un hommage incomplet, le seigneur suzerain usait du droit de saisie féodale : on disait qu'il mettait le fief en sa main; et le possesseur du fief n'avait d'autre recours que de se placer sous la protection royale, en mettant lui-même son *fief* dans la main du roi, ce qui suspendait les effets de la saisie. Le résultat immédiat de la saisie était d'accorder au seigneur dominant la pleine possession et jouissance du fief tout entier pendant la main-mise, à la charge d'en user comme un bon père de famille. Lorsque l'hommage était rendu, le seigneur suzerain vérifiait si l'hommage était régulièrement fait, s'il était présenté par une personne noble, les nobles seuls pouvant être possesseurs de fiefs, s'il avait été légitimement transmis, et s'il remplissait toutes les conditions imposées d'ancienneté. Ces vérifications faites, le contrat entre le seigneur et le vassal se trouvait formé, et il ne pouvait être rompu qu'autant que le vassal méconnaissait ses devoirs, se rendait coupable de foi mentie, ce qui autorisait la saisie du fief et sa dépossession pour cause de *félonie*. A chaque mutation de fief, l'acte de *foi et hommage* devait être renouvelé, et il était immédiatement suivi d'un acte de *dénombrement* ou *aveu*, qui contenait, par le même, l'énumération de tous les droits attachés au fief en mouvance; et si la mutation avait une autre cause qu'un droit héréditaire ou un acte de donation, si elle provenait d'acquisition, le seigneur suzerain était libre d'exercer dans un délai déterminé le *retrait féodal :* en remboursant le prix porté au contrat et les loyaux coûts, il avait le droit de se faire subroger, en son lieu et place, dans tous les effets du contrat; l'*arrière-fief* se trouvait réincorporé au fief dominant. Du reste, chaque mutation entraînait la nécessité de payer entre les mains du seigneur suzerain des droits qui le portaient à multiplier les démembrements afin d'augmenter ses revenus : c'est ainsi que le droit de *justice* avait été lui-même divisé et subdivisé, de telle sorte que les arrière-seigneurs n'en avaient pas l'exercice.

Quant aux derniers vassaux, ceux qui n'avaient plus d'arrière-vassaux dont ils puisent exiger l'hommage, ceux qui n'étaient pas nobles, tous n'étaient pas serfs attachés à la glèbe; quelques-uns étaient libres de quitter les terres du seigneur; d'autres, appelés *forains*, étaient des étrangers qui étaient venus s'établir dans la seigneurie sous la foi des promesses qui leur avaient été faites, ou qui avaient réclamé la protection seigneuriale. Mais tous étaient généralement assujettis aux droits de dîme, de censive, de guet et de garde, de banalité de four, de marché et de corvées arbitraires (*voyez* DROITS FÉODAUX). En 1789 les dernières traces de ce régime odieux disparurent complétement; tout ce qui se rattachait au droit féodal fut frappé de proscription; tous les droits furent supprimés sans indemnité, et tous les actes entachés de féodalité déclarés nuls.

Le droit féodal existe encore chez différentes nations de l'Europe, notamment dans certaines parties de l'Allemagne et de l'Italie.

DROIT FRANÇAIS. Le droit français se compose des codes, lois, coutumes et institutions diverses qui ont régi ou qui régissent encore la France.

L'origine du droit français ne dérive pas d'une source unique; les usages de nos ancêtres les Gaulois se retrouvent dans quelques dispositions du *droit coutumier*; mais il faut surtout rapporter la plus grande part dans l'enfantement du droit français au *droit romain* et au droit barbare, c'est-à-dire aux lois des Francs saliens, des Francs ripuaires, des Bourguignons, des Wisigoths et des Normands. Le *droit canon* eut également une certaine influence sur son développement.

Le droit français se compose des *capitulaires* des rois de la première et de la seconde race, des *ordonnances*, des *édits*, *établissements* ou *déclarations* des rois de la troisième, et des *coutumes*. Si l'on ajoute à toutes ces dispositions les *arrêts de règlement* que rendaient les parlements, on aura l'ensemble du droit français antérieur à la Révolution. La Révolution produisit une législation intermédiaire, qui a été en majeure partie abrogée depuis.

Aujourd'hui le droit français se compose des cinq *codes* de quelques ordonnances éparses de l'ancienne législation et du très-grand nombre de lois, ordonnances, décrets et actes des gouvernements insérés au *Bulletin des lois*.

DROIT INTERNATIONAL. *Voyez* DROIT DES GENS.

DROIT MARITIME. Les lois, règlements et usages consacrés par le temps, suivis pour la navigation, le commerce par mer, et dans les rapports, soit hostiles, soit de bonne amitié, des puissances navales entre elles, constituent ce qu'on appelle le *droit maritime*. Il se distingue en *droit privé* et en *droit public*, suivant que les intérêts qu'il est appelé à régler sont particuliers à une nation, considérée isolément et indépendamment de toute relation avec les autres, ou qu'ils sont communs à deux ou à plusieurs nations différentes. Dans ce dernier cas, le droit maritime fait naturellement partie du *droit des gens*.

Le *droit maritime privé des Français* est fondé sur les édits, ordonnances et déclarations de nos anciens rois, et sur les lois émanées des divers gouvernements qui se sont succédé depuis. Le plus ancien de ces édits est celui rendu par François Ier, en 1517, sur la juridiction de l'amiral.

Le droit maritime a dû éprouver de grandes variations, se modifier beaucoup et se perfectionner à mesure que les rapports entre les peuples sont devenus plus étendus. Le plus ancien système de code maritime dont l'histoire fasse mention est celui des Rhodiens, que leurs victoires avaient rendus maîtres de la mer, plus de 900 ans avant le commencement de l'ère chrétienne. Ce code fut par la suite en partie adopté par les nations maritimes, et altéré ou étendu par elles, à raison des progrès de la navigation, des développements du commerce, ou des considérations de leurs intérêts particuliers. Mais la législation maritime continua à être imparfaite et incomplète jusqu'à l'époque du règne de Louis XIV. Sous ce prince fut publiée la célèbre ordonnance de la marine, signée par lui le 10 décembre 1680. Rédigée par une main habile, sous l'inspection du célèbre Colbert, avec la coopération des hommes les plus savants d'alors, et en s'appuyant de l'avis de différents parlements, des tribunaux d'amirauté et des chambres de commerce, cette ordonnance renferme tout ce que l'expérience et la sagesse des siècles avaient reconnu de plus utile et de plus équitable dans les institutions maritimes des différentes nations européennes. Des motifs d'intérêt particulier à telle ou telle nation ont pu faire adopter depuis des règlements ou des mesures qui ne s'y trouvent pas, ou qui s'en écartent, mais ce n'en est pas moins le code le plus généralement estimé de tous ceux qu'on a jusqu'à présent publiés pour la marine. Divisé en cinq livres, chaque livre en plusieurs titres, et chaque titre en un grand nombre d'articles, il règle tout ce qui concerne les attributions des officiers de l'amirauté, les navires et les gens de mer, les contrats maritimes, la police des ports, côtes, rades, etc.; enfin, les pêches faites en mer. Neuf ans plus tard, une autre ordonnance du même monarque régla tout ce qui est relatif à la marine royale et aux armées navales.

Ce qui ne touche que le droit privé d'un peuple, soumis aux mêmes conditions que ses lois intérieures, exige des sujets la même obéissance que celles-ci, et l'étranger que ses affaires conduisent dans les pays est également obligé de s'y conformer. Mais à l'égard de ce qui tient au droit maritime public, l'étranger n'est tenu de s'y conformer qu'autant qu'il s'agit de dispositions consenties, positivement ou tacitement, par la nation à laquelle il appartient. Les mêmes principes de droit maritime public ne sont pas généralement reconnus par toutes les nations; et comme il n'existe pas de code complet de ce droit, il se présente souvent dans les relations internationales des circonstances où l'on ne voit rien de mieux à faire que de se déterminer par analogie, c'est-à-dire que d'appliquer à des cas à peu près semblables les décisions prises pour ces cas analogues, soit qu'elles l'eussent été en s'appuyant sur quelque précédent, soit qu'on se fût conformé à d'anciens usages.

C'est un principe général et reconnu de toutes les nations de l'Europe, que la mer est libre, c'est-à-dire que toutes ont un droit égal à y naviguer; mais cette liberté absolue ne s'entend rigoureusement et ne s'applique qu'au grand Océan, aux vastes mers qui séparent l'ancien continent du nouveau et entourent le globe terrestre. Quand aux mers d'une moindre étendue, il en est plusieurs qui sont considérées comme étant la propriété particulière d'une ou de plusieurs nations établies sur leurs bords. Ainsi, la mer Noire, longtemps regardée comme appartenant exclusivement à la Turquie, laquelle en occupait tous les bords, est aujourd'hui partagée entre elle et la Russie, que la conquête a établie sur une partie considérable de ses côtes. La mer de Marmara, le Bosphore de Thrace, le canal des Dardanelles et une partie de l'Archipel sont sous la domination des Turcs, et les nations étrangères n'y peuvent naviguer que sous le bon plaisir de la Porte Ottomane. Les trois détroits qui séparent la Suède du Danemark sont reconnus comme appartenant à ce dernier royaume. Le passage du Sund n'ayant, dans sa partie navigable, pas au delà d'une double portée de canon de largeur, le roi de Danemark a pu imposer un droit de péage sur tous les vaisseaux étrangers qui entrent dans la Baltique ou qui en sortent; et tous les gouvernements, en reconnaissant ce droit, ont mis leurs sujets dans l'obligation de le payer. L'Angleterre a la prétention d'être maîtresse des mers qui l'entourent. Aucune nation ne conteste sa suprématie sur le canal qui la sépare de l'Irlande; mais la France prétend avec raison avoir des droits parfaitement égaux sur le Pas-de-Calais et sur la Manche entière. Tous les rivages de la mer, jusqu'à la distance de deux portées de canon au large, toutes les embouchures de rivières, appartiennent ou sont regardées comme la propriété des nations établies sur leurs bords; et elles peuvent y interdire la pêche et même la navigation aux étrangers.

Les mers dépendantes du continent européen, et dont la liberté est reconnue par toutes les nations, sont : la mer Blanche, la mer du Nord, le golfe de Gascogne, les mers d'Espagne et de Portugal, le détroit de Gibraltar, la Méditerranée, à l'exception du détroit de Messine, appartenant à Naples; enfin, le golfe Adriatique et les portions de l'Archipel sous la protection de l'Angleterre ou sous la domination du roi de Grèce.

Les nations, au lieu d'user du droit qui leur appartient, d'interdire l'entrée de leurs ports aux vaisseaux étrangers, trouvent beaucoup plus avantageux de les y admettre, d'y recevoir leurs cargaisons et de leur permettre de les vendre, et de se charger en retour des denrées et des marchandises produits du sol ou de l'industrie du pays. Les droits d'ancrage et de tonnage perçus sur ces vaisseaux servent à l'entretien des ports où on les lève, et ceux que la douane fait payer sur les marchandises importées et sur celles qu'on exporte constituent presque partout une portion considérable des revenus des gouvernements.

Autrefois, le droit maritime des nations autorisait les gouvernements à s'emparer et à faire leur propriété des cargaisons et des débris de tous vaisseaux naufragés sur leurs côtes. Toutes les grandes puissances maritimes ont renoncé à ce droit barbare (*voyez* Bris et Naufrage [Droit de]).

Depuis longtemps, dans les guerres de terre, les propriétés particulières sont respectées par les deux partis, et il n'est pas non plus porté atteinte à la liberté des personnes inoffensives et étrangères au service des armées. Il semblerait que dans les guerres de mer il en dût être de même, et que chaque parti belligérant devrait laisser naviguer tranquillement tout bâtiment marchand appartenant au parti opposé qui, ne s'occupant que de commerce, ne transporterait aucune munition de guerre. Non-seulement il n'en est rien, mais, indépendamment des bâtiments armés par les gouvernements eux-mêmes pour soutenir la guerre, et qui s'emparent indistinctement de tous les navires de commerce qu'ils rencontrent portant le pavillon de la nation contre laquelle ils sont en guerre, les armateurs particuliers mettent en mer, avec l'approbation de leurs gouvernements respectifs (*voyez* Course en Mer), des vaisseaux armés dont l'unique but est de chercher et de prendre également tous les bâtiments de commerce, sous pavillon ennemi, qu'ils peuvent rencontrer. Arrêtés par un bâtiment de l'État ou par un corsaire, le navire de commerce et sa cargaison deviennent propriété du preneur, et son équipage, fait prisonnier de guerre, ne recouvre la liberté que lorsqu'un traité de paix ou d'échange viendra la lui rendre.

Ce droit de s'emparer sur mer des propriétés particulières, et qui a pour conséquence d'autoriser ceux qui l'exercent à chercher ces propriétés partout où elles peuvent se trouver, retombe sur les bâtiments de commerce neutres, et leur fait souvent éprouver tous les inconvénients de la guerre, auxquels ils ne devraient être exposés que dans le cas où ils auraient dans leur cargaison des munitions de guerre destinées à l'ennemi de celui qui les arrête, ou dans celui où ils tenteraient, à leurs risques et périls, d'entrer dans un port déclaré en état de blocus. Dans l'état actuel des choses, il suffit qu'un bâtiment neutre soit reconnu porteur d'une cargaison ou d'une partie de cargaison appartenant à un ou à plusieurs particuliers de la nation avec laquelle on est en guerre, pour qu'on puisse légitimement l'arrêter, le conduire dans un port, et faire condamner, comme étant de bonne prise, la cargaison dont il est porteur. Souvent même il arrive qu'un neutre est saisi sous le simple prétexte que ses papiers ne sont pas parfaitement en règle, et qu'on a des motifs de croire qu'il est chargé pour le compte d'armateurs de la nation ennemie. Traduit alors devant un conseil de prises, le vaisseau sera déclaré valablement saisi, et sa cargaison de bonne prise, s'il n'est pas prouvé avec la dernière évidence que cette cargaison est réellement propriété neutre. Et si cette preuve peut être donnée, si le bâtiment est relâché, il en résulte toujours pour les armateurs de très-grands dommages, à raison des retards qu'ils ont éprouvés, de la détérioration de leurs marchandises, etc., dommages que ne sauraient couvrir les indemnités qu'ils recevraient, dans le cas où ils pourraient en obtenir.

Plusieurs puissances maritimes, la France, les États-Unis d'Amérique, entre autres, ont cherché à faire prévaloir le principe que le pavillon doit couvrir la marchandise; mais l'Angleterre s'est toujours refusée à l'admettre.

Le droit de mettre en état de blocus un port de mer ennemi résulte naturellement de celui qu'on a de chercher à s'emparer de ce port, puisqu'on le fera d'autant plus sûrement et le plus promptement que ceux qui le défendent se trouveront plus dépourvus de ressources. Mais pour que ce blocus soit légitime, il faut qu'il soit réel et soutenu par une force navale réelle. Ce n'est que par un abus auquel les neutres ne doivent jamais volontairement se soumettre qu'on se permet quelquefois de déclarer en état de blocus non-seulement un port, mais une étendue plus ou moins grande de côtes, sans être en état de l'appuyer par une force navale suffisante.

Le droit maritime public, ainsi qu'on peut en juger, n'est pas uniforme pour toutes les nations, et partout il est susceptible d'améliorations que la justice et l'humanité finiront sans doute par obtenir des progrès de la civilisation.

V. De Moléon.

DROIT MILITAIRE. *Voyez* Militaire (Législation).

DROIT MUNICIPAL. *Voyez* Municipal, Municipalité.

DROIT NATUREL. Nous le définirons l'autorisation que l'homme tient de la nature d'aller librement à la fin qu'elle lui a marquée. Nous croyons cette définition plus exacte que celles qu'on a données du mot *droit*, et d'après lesquelles il nous semble avoir reçu un sens beaucoup trop large. Jusqu'à présent en effet on a considéré le droit comme la règle que la nature prescrit à l'homme, et à laquelle il doit conformer toutes les actions de sa vie. Burlamaqui, l'auteur du traité le plus estimé sur le droit naturel, ne le définit pas autrement; un de nos plus célèbres professeurs a intitulé *Cours de Droit naturel* des leçons qui ont pour objet le développement de toute la morale. Or, il y a ici abus de mots, et il est évident que l'idée de droit a été confondue avec celle de devoir. Cette confusion n'est pas surprenante; car il existe entre ces deux idées les rapports les plus étroits. C'est précisément à cause de leur profonde analogie que nous nous attacherons à les distinguer avec soin l'une de l'autre : cette distinction nous servira à déterminer l'idée de droit d'une manière plus rigoureuse et à lui assigner son caractère propre et essentiel.

Le devoir, c'est l'obligation morale où nous sommes d'aller à la fin pour laquelle nous sommes créés, c'est l'ordre que nous intime la nature d'aller à notre fin. Ainsi, par exemple, l'intention manifeste de la nature étant que notre existence se prolonge jusqu'au terme qu'elle-même lui prescrit, nous sommes moralement obligés de nous y conformer et de veiller à notre conservation : voilà notre devoir. Mais qu'un être libre vienne opposer sa volonté à celle de la nature et attenter à notre vie, alors non-seulement l'ordre que nous avons reçu subsiste toujours, mais par là même nous sommes *autorisés* à repousser l'agression dirigée contre nos jours et à faire prévaloir la volonté du Créateur contre toute volonté qui lui serait contraire. Cette autorisation, cette permission, pour ainsi dire, qui nous est accordée d'opposer la force à tous ceux qui voudraient mettre obstacle à l'accomplissement de notre fin, voilà ce qui constitue proprement le droit. On voit donc que cette idée renferme quelque chose de plus que celle de devoir. Le droit n'est pas seulement un ordre intimé, une règle présente, c'est un pouvoir moral dont nous sommes investis en naissant, à cette fin de faire respecter les desseins du Créateur à notre égard. Si nous ne considérons en nous que le devoir, nous ne sommes à nos yeux que des sujets de la loi, courbés sous son joug, impérieusement obligés de l'exécuter fidèlement. Mais si nous considérons en nous les *droits* que nous tenons de la nature, alors nous ne sommes plus seulement des sujets de la loi, nous sommes ses ministres et ses défenseurs, nous sentons entre nos mains les armes qu'elle y a placées pour protéger son exécution. Revêtus de la puissance qu'elle nous a déléguée, nous faisons plus que lui obéir, nous commandons qu'on lui obéisse et qu'on la respecte en notre personne. Un soldat a reçu de son chef une mission importante; il fera son devoir en l'accomplissant, et il usera de son droit en contraignant tous ceux qui lui feraient obstacle à la lui laisser accomplir.

On conçoit que le droit, sous un certain point de vue, se confonde avec le devoir, et qu'on puisse dire avec raison que celui qui fait respecter son droit ne fait que remplir un impérieux devoir. En effet, puisque nous avons reçu ordre d'atteindre une certaine fin, c'est encore un devoir pour nous d'exiger de nos semblables qu'ils nous la laissent atteindre; et tout ce que nous faisons dans ce but, pouvant être considéré comme un moyen indispensable pour accomplir notre loi, devient par là même obligatoire; mais il ne faut pas néanmoins confondre le moyen avec la fin, s'il porte des caractères qui lui sont propres et qui l'en distinguent. Ainsi, quand nous ôtons la vie à un de nos semblables pour défendre la nôtre, cette action devient obligatoire dans ce cas; mais on ne pourrait pas dire assurément qu'elle l'est en thèse générale; ce n'est qu'une nécessité qui nous a été imposée par l'effet de certaines circonstances, et nous aurions dû, au contraire, nous abstenir d'une semblable action, s'il eût été possible. L'homme qui use de son droit ne fait du bien qu'à lui-même, et souvent il cause du mal en le faisant valoir. Hâtons-nous de le dire, ce mal ne lui est pas imputable, la nature le lui a permis et l'absout. Mais remarquons aussi qu'on ne peut mettre sur la même ligne le devoir qui consiste à agir pour le bien de nos semblables comme pour le nôtre, et le droit qui consiste à agir envers les autres de manière seulement à les empêcher de nous nuire. On ne remplit donc en usant de son droit qu'un devoir envers soi-même, et on ne le remplit la plupart du temps qu'en employant des moyens coërcitifs et violents. Ainsi, dans l'exemple que nous avons choisi plus haut, l'action d'un homme qui ôte la vie à son semblable pour conserver la sienne n'est bonne que pour lui seul, et ce n'est point parce qu'il a commis un homicide qu'il a fait son devoir, c'est parce qu'il a défendu ses jours. Tuer était son droit, se protéger était son devoir. On ne peut donc regarder le devoir et le droit comme choses identiques. Ce qui caractérise l'accomplissement du devoir, c'est d'aller à la fin qui nous est marquée. Ce qui caractérise l'usage qu'on fait de son droit, c'est de renverser *avec autorisation* les obstacles qui nous empêchent de l'atteindre.

Si nous envisageons le droit naturel dans son principe, nous trouverons qu'il a la même origine que le devoir, et qu'il s'appuie sur les mêmes fondements. En effet, si la raison nous commande, au nom de celui dont elle nous manifeste la pensée, de nous conformer à cette pensée et d'exécuter la loi qu'il nous impose, c'est encore la raison qui nous autorise à tous les actes nécessaires pour assurer l'exécution de cette loi. L'exercice du droit n'étant qu'un moyen dont l'emploi est indispensable dans certains cas pour arriver à notre fin, celui qui a voulu la fin a voulu aussi le moyen, pour nous servir d'une locution vulgaire. Nous tenons donc cette autorisation de l'auteur même de notre nature; voilà pourquoi elle a été appelée *droit naturel*.

Le droit étant le fait de la nature et une prérogative que chacun de nous a reçue avec la vie, il suit de là que tous les hommes sont égaux en droit, puisqu'ils ont tous une fin commune, et que par conséquent ils sont tous autorisés à user des moyens nécessaires pour accomplir cette fin. Le prolétaire ignorant, le sauvage de l'Orénoque, sont fondés en droit à faire respecter leur personne, leur liberté et toutes les facultés dont les a doués le Créateur, aussi bien que l'homme placé au faîte de la grandeur et de la puissance.

Le droit naturel est imprescriptible et inaliénable, c'est-à-dire qu'il n'est au pouvoir de personne de nous en dépouiller. On peut le méconnaître, le fouler aux pieds, mais on ne peut l'anéantir; il survit à toutes les atteintes qu'on lui porte. Le droit tout rationnel et tout moral de la nature n'a pas besoin d'être revendiqué ni exercé pour subsister. De ce que l'enfant est incapable de faire valoir ses droits, il ne les possède pas à un moindre degré que l'homme fait, qui a toute la force nécessaire pour faire respecter le sien.

Le bon sens du genre humain a compris de bonne heure cette vérité, et c'est pour protéger les droits du faible contre l'oppression du fort que les lois ont été établies et fortifiées de la puissance nécessaire à leur exécution. Pour qu'on pût contraindre à les respecter et appliquer des peines pour la violation de chacun, il a fallu les déterminer, les *écrire;* de là l'origine du droit positif ou *écrit*, qui ne diffère en principe et ne devrait différer en fait du droit naturel, que parce qu'il est enregistré pour ainsi dire par les hommes, et qu'il est protégé par des institutions sociales qui le garantissent contre la violence, tandis que la nature, ayant inégalement réparti la force entre les individus, n'a point donné à chacun des armes suffisantes pour repousser l'oppression. Voilà pourquoi les institutions humaines, créées pour assurer l'exécution de la justice, tout imparfaites qu'elles sont, ont un caractère de sainteté qui commande la vénération des hommes, car elles suppléent à une lacune que la nature a laissée à dessein, il est vrai, et elles continuent son ouvrage; sans elles, le droit naturel serait comme s'il n'était pas, les lois du Créateur seraient à chaque instant outragées, la société ne pourrait subsister, et il n'y aurait de droit que pour le plus fort.

Nous venons de dire que le droit écrit ne devrait point différer en fait du droit naturel. Il est malheureusement trop vrai qu'il en a toujours différé, et que s'il s'en rapproche aujourd'hui davantage, il est loin encore d'être identique avec lui. On conçoit facilement la raison de cette dissemblance, car du moment où l'on réfléchit qu'il a été écrit par les hommes, on doit penser que l'erreur et l'intérêt ont dû souvent présider à cette rédaction. Les hommes chargés de former le code de nos droits, tout guidés qu'ils pussent être par des idées de justice, devaient subir l'influence des préjugés de leurs contemporains, et consacrer les privilèges créés par la force et sanctionnés par le temps. Le droit écrit ne s'est rapproché du droit naturel que peu à peu, et avec le développement des lumières philosophiques. La déclaration des droits de l'homme et du citoyen, sous les auspices de laquelle furent placés les travaux de nos assemblées révolutionnaires, fut le premier pas (et il est bien récent) fait avec intention pour assimiler autant que possible les lois humaines aux lois de la nature. Eh bien, les auteurs de cette œuvre hardie et sublime n'avaient point encore pensé à tout; il y a mieux, elle n'a pu, elle-même, recevoir encore son entier accomplissement, quoiqu'elle ait laissé dans notre législation des traces profondes.

Non-seulement les lois écrites sont loin d'être conformes aux droits de la nature, soit par l'incapacité où sont encore un grand nombre d'hommes de faire valoir les leurs ou de les exercer, soit par suite des préjugés et des privilèges qui ont pris racine dans la société, mais il est des droits qu'on n'a jamais écrits et qu'on ne pourra jamais écrire. Ce sont tous ceux que l'on ne peut contraindre par la force à faire respecter, et qui pour cette raison ont été nommés *imparfaits*. Car les lois ne peuvent consacrer que les droits parfaits ou rigoureux, c'est-à-dire ceux-là seuls au respect desquels elles peuvent contraindre. Ceci nous conduit à établir une distinction importante entre les droits que nous tenons de la nature. Nous avons déjà divisé nos devoirs envers nos semblables en devoirs négatifs ou parfaits, et en devoirs positifs ou imparfaits : les premiers consistent à s'abstenir de faire du mal, les seconds à agir efficacement pour le bien. Or, les droits correspondent exactement aux devoirs envers autrui. Car, l'obligation d'agir de telle manière envers notre semblable constitue pour lui le droit d'exiger ou de réclamer de nous au nom de la nature que nous agissions comme nous y sommes obligés, vu qu'il ne pourrait aller librement à sa fin, comme la nature l'y autorise, si nous l'en empêchions ou si nous ne l'aidions pas à l'atteindre. Ainsi, le devoir de respecter notre semblable dans le bien-être de ses organes constitue pour lui le droit de repousser par la force les mauvais traitements et la violence. L'obligation où nous sommes de l'aider à développer son intelligence constitue pour lui le droit de réclamer de nous les bienfaits de l'instruction. Mais, de même que parmi nos devoirs les uns sont de telle nature qu'on peut nous contraindre à les observer, et les autres tels aussi qu'on ne peut nous obliger par la force à les accomplir sans détruire la liberté dans l'homme et lui enlever tout mérite; de même il est des droits que nous pouvons *exiger* qu'on respecte, et il en est d'autres que nous ne pouvons forcer à respecter, et dont les exigences doivent être librement satisfaites. Ainsi, nous pouvons contraindre à ce qu'on n'attente pas à notre vie, à notre liberté, à notre réputation, etc., en un mot à ce qu'on ne nous fasse pas de mal; et nous ne pouvons contraindre à ce qu'on se montre envers nous humain, généreux, reconnaissant, à ce qu'on nous donne de sages conseils, d'utiles exemples, en un mot à ce qu'on nous fasse du bien. Les droits de la première espèce, ceux qu'on peut contraindre à faire respecter, sont les *droits parfaits* ou *rigoureux;* les autres, ceux pour lesquels on peut réclamer, mais sans avoir recours à la force, constituent ce qu'on appelle les *droits imparfaits*.

Il nous reste à envisager le droit dans ses applications particulières, c'est-à-dire à énumérer les principales circonstances où nous pouvons le faire valoir, à rechercher, en un mot, quels sont nos différents droits.

Puisque le droit est l'autorisation que nous donne la nature d'aller librement à notre fin, autant il y a en nous de tendances particulières qui nous y conduisent, de facultés dont le bien-être et le développement nous sont nécessaires pour y arriver, autant nous aurons de droits différents. Car ces facultés, ces tendances, nous étant indispensables pour accomplir notre loi, chacune d'elles constitue en nous le droit d'exiger qu'on la respecte, de réclamer qu'on lui prête secours. Or, les divers éléments de notre nature qui concourent à nous faire atteindre notre fin sont : 1° notre existence matérielle, le bien-être de nos organes; 2° notre activité et tous les moyens par lesquels elle se développe, notre honneur, ce bien qui résulte pour nous du bon emploi que nous avons fait de notre activité; 3° notre intelligence, et ce qui constitue son bien, la vérité; 4° la sensibilité et toutes ses affections légitimes; 5° les tendances qui nous mettent en rapport avec nos semblables, et qui contribuent à leur bien; 6° enfin, les tendances qui élèvent notre âme jusqu'à la Divinité, et qui établissent entre elle et nous une relation si admirable et si précieuse. De la nécessité rationnelle de satisfaire et de faire respecter ces diverses tendances, vont découler autant de droits particuliers.

Ainsi : 1° nous avons droit à la conservation de notre existence et de notre bien-être matériel ; nous sommes autorisés à repousser toute atteinte dirigée contre notre personne ; nous avons également droit à l'*assistance* de nos semblables dans la maladie ou dans le danger ; seulement, nous n'avons dans ce cas que des droits imparfaits, c'est-à-dire des droits que nous ne pouvons *contraindre* à faire respecter.

2° Nous avons droit à ce qu'on respecte notre *liberté individuelle*, dont la privation anéantit en nous toute activité ; à conserver la *propriété* des biens que nous avons acquis par notre travail, ou dont nous sommes devenus possesseurs par l'effet d'une donation qui ne porte préjudice à personne ; à en disposer à notre gré, pourvu que l'usage que nous en faisons ne soit point nuisible à nos semblables ; à exiger l'accomplissement des engagements qu'on a pris envers nous, par suite d'un prêt, d'un échange, etc. Le droit de conserver tout ce qu'on possède en vertu de la législation sous le régime de laquelle on est placé, n'est le fait que de la loi écrite : il est évident qu'il faut que cette loi écrite intervienne pour régler ce qui appartient légitimement à chacun, autrement la société serait en proie à un affreux désordre ; seulement, c'est à la loi à le régler le plus possible d'après les principes de justice naturelle. Nous avons droit à nous faire respecter dans notre réputation, dans notre honneur, le plus précieux de nos biens, et par conséquent à repousser l'injure et la calomnie, à exiger la réparation du tort qui nous a été fait à cet égard. Nous avons aussi droit à ce qu'on nous aide à repousser l'oppression, à sortir de la misère, etc. : cependant, ces secours, ces bienfaits, ne sont pas choses que nous puissions exiger.

3° Nous avons droit à la conservation et au libre exercice de nos facultés intellectuelles, à l'instruction, à la libre transmission des connaissances, à la véracité de la part de nos semblables, car la vérité est un bien que tous doivent à tous, et l'on cause un préjudice réel à celui à qui on la dérobe.

4° Nous avons le droit de prendre tous les plaisirs dont la jouissance ne lèse en rien les intérêts de la société, d'aimer ce qui peut être l'objet de nos affections sans nuire à personne, de recevoir des consolations quand nous sommes dans la douleur, d'être payés de reconnaissance pour la bienveillance que nous avons témoignée.

5° Nous avons le droit d'exercer notre humanité et notre bienfaisance, de donner de sages conseils, d'utiles enseignements, etc. Comme, par un motif bien évident, on n'a jamais cherché à contester ce droit, on n'a jamais pensé non plus à en tenir compte : cependant, il existe au même titre que les autres, car si l'on voulait m'empêcher de secourir mon semblable, qui souffre ou qui est en danger, il y aurait autant d'injustice qu'à m'empêcher de marcher ou de voir. Nous avons aussi le droit, dans certains cas, d'exercer notre autorité sur les autres. En effet, il est conforme à notre fin et au bien, en général, que nous soumettions à notre direction ceux d'entre nos semblables qui ont besoin de notre tutèle, et que la nature y a confiés. Ainsi, un père aura droit de commander à ses enfants tout ce qui est juste et conforme à leurs intérêts, jusqu'à ce qu'ils soient en âge de se conduire par eux-mêmes. Les hommes les plus éclairés et les plus honnêtes d'entre une nation ont seuls droit de concourir par eux-mêmes ou par leurs délégués à la confection des lois et à l'administration des affaires. Il est évident que la nature n'accorde pas ce droit aux hommes ignorants ou immoraux : car les uns ne sauraient point ce qui convient au bien de tous, les autres ne feraient les lois que dans l'intérêt de leurs mauvaises passions. Il y a dans une nation autant d'électeurs nommés par la nature, si je puis parler ainsi, qu'il y a d'hommes suffisamment éclairés et suffisamment probes pour nommer les plus dignes représentants des intérêts de tous. C'est la nature ou, si l'on veut, la raison qui exige ces conditions inséparables de capacité et de probité. Quand le seront-elles, quand pourront-elles l'être par les lois?

6° Enfin, nous avons droit à la libre profession des opinions religieuses qui nous paraissent les plus rationnelles, et à l'exercice du culte pour lequel nous avons le plus de sympathie, en tant que la religion et les pratiques que nous avons adoptées n'entraînent aucun préjudice pour la société au milieu de laquelle nous vivons ; ce droit a reçu communément le nom de *liberté de conscience*.

Tels sont les droits principaux que nous tenons de notre Créateur, droits sacrés, que nous devons soutenir hautement et avec énergie ; car nous serions aussi coupables d'en faire lâchement l'abandon que nous le serions de mépriser ceux de nos semblables ; ce serait manquer formellement aux intentions manifestes de celui qui nous en a investis, et livrer à la merci des méchants sa créature, qu'il appelle à de plus nobles destinées. C.-M. PAFFE.

DROIT PÉNAL. *Voyez* DROIT CRIMINEL et PÉNALITÉ.

DROIT POSITIF ou DROIT HUMAIN. *Voyez* DROIT.

DROIT PRIVÉ. *Voyez* DROIT.

DROIT PUBLIC. Le droit public comprend deux grandes sections : le *droit public intérieur*, ou *droit constitutionnel;* et le *droit public extérieur*, ou *droit des gens*.

Le droit public intérieur a pour but de fixer les conditions essentielles de cette sorte de transaction qui unit l'individu à l'État ; de préciser pour les diverses manifestations de la liberté humaine leur point d'intersection avec le droit de la société. « La liberté humaine, dit Rossi, se révèle par des faits matériels et par des faits moraux : par ces faits nous pouvons agir sur nous-même, sur nos semblables, et sur les objets dont nous sommes entourés. Le point d'arrêt, nous le rencontrons ou dans le droit des individus ou dans le droit de l'État. Les manifestations de l'activité individuelle ne cessent d'être légitimes, dans la sphère de la justice sociale, que lorsqu'elles blessent le droit à l'égard des individus ou qu'elles ôtent à l'État les moyens d'atteindre le but de la société civile. De là la division du droit national en *droit public* et en *droit privé*, selon qu'il tend à concilier entre elles les activités individuelles ou bien l'action des individus et celle de l'État. Sans doute tout excès de l'activité individuelle au préjudice des individus est en même temps une cause de perturbation pour l'État ; toute atteinte aux droits propres de l'État est plus ou moins préjudiciable aux individus qui le composent. Cependant, on distingue ici l'intérêt direct de l'intérêt indirect ; on ne place pas sur une seule et même ligne les rapports de famille et d'individu à individu, et les rapports des individus et des familles avec l'État. Les premiers, qui concernent essentiellement l'état civil des personnes, l'acquisition et la transmission des biens, sont réglés par la loi civile ; les seconds, par la loi constitutionnelle proprement dite et les lois organiques qui la complètent. Et comme la loi pénale n'est que le dernier mot du droit social en toutes choses, la sanction humaine et immédiate qui s'applique en des mesures diverses à tous les faits contraires au droit qui atteignent un certain degré de gravité, il y a par la nature même des choses un droit pénal privé et un droit pénal public : le premier, complément de la loi civile ; le second, de la loi constitutionnelle. »

[Du jour où le genre humain dispersé sur la terre s'est constitué en peuplades, ces associations partielles ont eu des intérêts divers et par suite des démêlés. Partout les forts ont voulu opprimer les faibles, et quelquefois ils se sont coalisés pour parvenir plus sûrement à leur but. Les faibles, à leur tour, ont cherché à sauver leur indépendance, soit en se ménageant une protection puissante, soit en s'alliant à ceux que rapprochait d'eux la même infériorité de forces. Quelque simples, quelque peu solides que fussent ces premiers pactes, la **diplomatie** a commencé avec eux, elle en a rédigé les clauses, elle a cherché à en assurer la durée; et pour chaque partie contractante elle est devenue bientôt ce qu'elle est aujourd'hui, l'art d'atténuer les charges et d'accroître les bénéfices. Peu à peu, cependant, la puissance du nombre et de la force a été balancée par la perfection des armes et la supériorité de la discipline militaire; les nations, plus civilisées, ont mieux apprécié les sources de richesse que leur ouvrait l'**échange** de leurs productions; elles ont discerné les avantages militaires attachés à certaines positions, soit dans l'intérieur des terres, soit sur le littoral de la mer, et les avantages politiques que l'on peut attendre de la séparation ou de la réunion des peuplades voisines et du changement ou de l'amélioration de leur gouvernement. Les intérêts publics se sont ainsi compliqués, pour arriver au point où ils le sont aujourd'hui, à un point tel qu'il ne nous est souvent pas permis de rester indifférents à ce qui se passe dans une ville que les mers et une distance énorme séparent de nous.

Les intérêts d'une nation varient avec les circonstances; souvent ils sont méconnus, ou imparfaitement sentis; toujours ils sont dominés plus ou moins, dans les rapports avec les autres peuples, par le texte et l'esprit des pactes que la nation a souscrits ou reconnus : la première partie de la science diplomatique sera donc la connaissance du *droit public*, c'est-à-dire de la collection complète et comparée des traités, des conventions écrites ou même verbales, qui ont uni les peuples, réglé leurs engagements, terminé leurs démêlés et fondé leurs alliances. Les principes qui doivent diriger l'application du droit public ont occupé des écrivains profonds; et ces principes, qui sembleraient devoir être bien fixés, ont varié suivant les temps et les pays. Entre de nombreux exemples, je n'en citerai qu'un, qui me paraît décisif. Les Romains au temps de la république usaient de la victoire d'une manière peu conforme aux idées modernes; ils punissaient les promoteurs d'une guerre injuste; et avec un gouvernement coupable de l'assassinat de leurs ambassadeurs, ils n'eussent jamais signé la paix sans exiger avant tout la punition des auteurs du crime, quels qu'ils fussent. Ce n'est point ici le lieu d'examiner s'ils n'ont pas abusé du principe dont ils faisaient ainsi l'application, et s'ils n'ont point en ce cas consulté l'intérêt et l'ambition plus souvent que les règles de l'équité; c'est le principe même que j'expose. Ils se fondaient sur la justice de la peine infligée aux artisans d'une guerre qui avait moissonné les hommes par milliers, désolé des provinces et légué aux vainqueurs presque autant de maux qu'aux vaincus. Une doctrine directement opposée a prévalu depuis des siècle. Le dogme du **droit divin**, étayé par le despotisme religieux, a placé les chefs des nations à une hauteur pour ainsi dire inaccessible : ces êtres privilégiés ne reconnaissent aucune juridiction humaine; ils ne répondent de leurs actions qu'à Dieu seul. Un texte religieux, répété chaque jour dans les églises chrétiennes (*tibi soli peccavi*, j'ai péché envers toi seul [*Psalm.*, LIV, 5]), consacre cette doctrine. Des chaires, où elle était prêchée comme un article de foi, elle a passé dans l'enseignement politique Les rois en ont trop bien senti la valeur pour y porter atteinte, même en se vengeant de leurs ennemis. Ils se sont considérés entre eux comme les membres d'une même famille; ils se sont réciproquement reconnus inviolables, afin de ne pas accoutumer les peuples à les croire des magistrats responsables.

Qu'en s'appuyant du même argument que les Romains, un homme essaye aujourd'hui de faire revivre leur principe de droit public, ce sera pour nous un être féroce, ou tout au moins un insensé, qui voudrait faire reculer la civilisation jusqu'aux limites de la barbarie; les contemporains de Paul-Émile ou de Cicéron penseraient au contraire que ce sont les modernes qui ont fait un pas rétrograde, en créant un privilège d'impunité pour les hommes dont les erreurs, les fautes et les crimes causent le plus de maux au genre humain.

La variabilité des principes nous autorise à ne point remonter trop haut dans l'histoire de la diplomatie : les faits empruntés à un passé reculé fourniraient peu d'instruction à une génération qui les juge dans un esprit tout à fait étranger aux âges dont ils ont rempli la durée. Prenant pour point de départ l'époque où une civilisation nouvelle s'établit lentement sur les débris de l'empire romain, au sein de l'Europe ravagée et partagée par les barbares du Nord, nous sommes frappés d'abord d'un fait important : le droit public, à peine renaissant, fut singulièrement compliqué par l'influence du système féodal, régnant alors dans toute sa force. Dans ce système, les populations fractionnées se confondaient avec la terre qu'elles fertilisaient, pour former la propriété héréditaire de quelques chefs, seigneurs, princes ou monarques. Aucun de ces chefs ne soupçonna que la politique pût sous ce rapport reconnaître d'autres règles que la loi civile. Une seigneurie, une principauté fut un patrimoine comme une métairie : le propriétaire en disposait comme d'un champ ou d'un meuble, sans s'inquiéter du sort ou des vœux des populations; il la transmettait à son héritier naturel ou adoptif; cet héritier, fût-il un autre prince, appelé à régner sur des régions fort éloignées du pays que le droit de succession faisait siennes, faisait tomber sous sa puissance. Tout cela était si solidement établi par l'usage, que jusque dans le dix-huitième siècle les renonciations les plus explicites et les plus solennelles à l'héritage politique le plus contestable ne parurent que des formalités insignifiantes, peu capables d'engager l'avenir, aussitôt du moins qu'on se sentirait assez fort pour les révoquer impunément. On conçoit sans peine combien un pareil ordre de choses donnait de prise à la discussion entre des princes, souvent inégaux en puissance, mais également ambitieux, également convaincus que pour s'agrandir tout était permis, et que le succès rendait tout légitime. La guerre devenait bientôt l'arbitre du droit contesté; mais c'était en vain que la victoire le fixait, et qu'il était consacré par un traité authentique. Le vainqueur prétendait bien que le traité établissait en sa faveur un droit à tout jamais irrévocable; mais le prince qui avait succombé regardait comme nulle la reconnaissance forcée de ce qui lui paraissait une spoliation, et se promettait de l'annuler en des temps meilleurs. Enfin, d'autres princes que la prudence avait empêchés de soutenir leurs prétentions les armes à la main ne supposaient pas qu'elles fussent périmées par leur inaction involontaire. La conclusion de chaque traité faisait en conséquence éclore de nombreuse protestations, qui promettaient aux cantons et aux États cédés de voir encore lutter pour leur possession des maîtres nouveaux. Et ces protestations mêmes n'exprimaient point toutes les réclamations que l'ambition tenait en réserve pour un avenir indéfini : le faible qui n'osait protester était de tous celui qui se résignait le moins, et dont les abandonnements avaient le moins de valeur.

C'est pourtant l'ensemble des pactes où étaient consignés ces rêves de l'ambition que l'on a longtemps appelé le *droit public* de l'Europe. On aperçut enfin qu'en changeant les relations et les intérêts des divers États, les événements avaient annulé la plus grande partie de l'ancien droit public. Pour apprécier les rapports nouveaux qui en étaient la conséquence, et les intérêts qu'ils avaient créés, et les droits qu'ils avaient laissés subsister, il parut suffisant de s'en référer aux traités qui avaient succédé à des guerres longues et presque universelles. A ce titre, le traité de **Westphalie** devint, après la guerre de trente ans, la base du droit public, et le fondement du repos de l'Europe. Ses clauses, rappelées toujours dans les traités subséquents, semblaient autant de principes inébranlables. Mais la coalition de l'Europe presque entière contre Louis XIV amena à la fin de la guerre de la succession un autre ordre de choses, dont le traité d'Utrecht formula les dispositions principales. Les traités de Vienne (1735) et d'Aix-la-Chapelle (1748) ne tardèrent pas à le modifier par d'importantes innovations. Deux événements postérieurs révèlent à l'observateur combien plus encore le progrès du temps et des affaires avait écarté la politique de la ligne tracée dans ce pacte prétendu immuable : le premier partage de la Pologne (1773) et l'asservissement de la Hollande.

La révolution française et la coalition de tous les rois de l'Europe contre un peuple qui ne voulait qu'être libre préparèrent la création d'un droit public absolument nouveau. Mais avant d'en rédiger les termes, il fallait le fixer : ce ne pouvait être l'œuvre que de la victoire ; à la victoire appartenait de décider qui de la liberté ou de l'absolutisme en poserait les bases. Malgré l'étroitesse habituelle de ses vues, le Directoire de la république aperçut cette vérité : le génie de Napoléon la méconnut. Mais le Directoire ne possédait ni la force morale, ni l'habileté, ni la considération nécessaire pour fonder en Europe le droit public des nations libres ; Napoléon, qui pouvait tout, ne songea qu'à reconstruire l'ancien système, en y assignant seulement la première place à la France impériale, erreur qui eût suffi pour le perdre, alors même que l'inconstante fortune des combats ne l'aurait point abandonné. Nos adversaires, plus conséquents dans leurs vues, tendirent au but avec une persévérance que les revers ne découragèrent que momentanément. Posant en principe que la nation française n'était qu'un rassemblement de rebelles, ils ne regardèrent tous les traités conclus avec elle que comme des stipulations transitoires et des trèves dont le terme expirerait chaque fois que leur sourirait la fortune. Enfin, lorsqu'en 1814 et 1815, aidé du parjure et de la trahison, le nombre l'eut emporté sur le courage et la justice, le droit public des *souverains* fut fondé, l'alliance des princes contre les peuples fut conclue, et dérisoirement sanctifiée par le nom dont on la décora ; les chefs des nations se garantirent mutuellement un pouvoir absolu sur des hommes que plus que jamais ils regardèrent comme leurs sujets et leur propriété. Tout autre intérêt fut subordonné à celui-là, tout motif de contestation ajourné, toute précaution négligée contre les ambitions futures ; on ne parla plus, comme au dix-septième siècle, d'un prétendu équilibre de l'Europe, que dérangeait toujours l'issue des guerres entreprises pour l'affermir ; ce ne fut même que secondairement que l'on fit valoir le système de compensation, en vertu duquel un État réclame le droit de s'agrandir aux dépens de ses voisins faibles, parce qu'un autre État a obtenu quelque agrandissement : pour la première fois peut-être depuis des siècles les organes des rois exprimèrent avec franchise leurs prétentions ; on donna ouvertement pour principe au droit public, et à la diplomatie pour but essentiel, le soin de river les fers des nations.

Abaissée, affaiblie et livrée à une dynastie antinationale, qui ne compta jamais que sur l'appui de l'étranger, la France resta sans alliance : les alliés de ses maîtres étaient ses plus grands ennemis. Au mépris des droits et des sentiments de nationalité, les peuples se virent jetés par lambeaux à de nouveaux propriétaires. L'Europe politique ne fut qu'un vaste marché, où la diplomatie, réglant les concessions, les transactions et les compensations, distribua les territoires et les populations avec la même indifférence que l'on vend des bestiaux et le champ qui les nourrit. Cependant, les princes du second et du troisième ordre, qui jadis pouvaient compter sur l'appui de la France, s'aperçurent qu'en voulant se soustraire à sa prépondérance temporaire, ils s'étaient précipités sous un joug durable, contre lequel la diplomatie n'avait plus de protection à leur offrir. Les grandes puissances se trouvèrent avoir prodigué l'or et le sang des peuples pour élever la Russie au-dessus d'elles-mêmes. Mais ces considérations, qui il y a un siècle auraient mis l'Europe entière en armes, ont paru d'un intérêt secondaire devant la crainte qu'inspire la propagation des principes de liberté.

En brisant avec violence un anneau du réseau monstrueux qui enlace l'Europe, la révolution de Juillet 1830 sembla devoir le rompre tout entier, et l'histoire dira quelles causes s'y sont opposées. Le système de la sainte alliance subsista ; il étendit et consolida ses bases. Le système des traités de 1815 est resté le *droit public de l'Europe*.

Eusèbe Salverte, ancien député.]

La révolution de Février se garda bien de briser les traités de 1815 ; seulement elle proclama le droit général d'insurrection basé sur le principe de non-intervention des peuples voisins. Mais bientôt la France, malgré sa constitution, replaça le pape sur son trône, dans la crainte de le voir rétablir par l'Autriche, qui avait déjà rétabli plusieurs petits princes de l'Italie et repoussé la Sardaigne ; la Russie aida l'Autriche à renverser la nationalité hongroise ; et quand la France changea encore son gouvernement, elle dut donner son adhésion aux traités de 1815. Cependant la Grèce est indépendante, la Belgique est séparée des Pays-Bas, l'Autriche s'est depuis longtemps emparée de Cracovie, la Russie marche sur Constantinople ; or ce déplacement d'équilibre ne peut pas manquer de donner de nouvelles bases au droit public européen. Rien ne peut se faire désormais sans l'assentiment de la majorité des grandes puissances ; finiront-elles par s'entendre pour absorber les petites nations, ou émanciperont-elles toutes les nationalités, s'entourant de petits peuples libres, chargés, comme on l'a dit, d'adoucir les frottements de la politique ? L'avenir seul nous l'apprendra.

L. Louvet.

DROIT ROMAIN. Le droit d'un peuple ne se forme pas tout d'un coup ; expression et résultat de sa civilisation, il se développe et se modifie avec elle. Ces transformations, surtout celles qui affectent le droit civil et privé, sont souvent lentes à s'accomplir : elles existent d'abord en germe, et c'est seulement à de certaines époques qu'elles sont mises en évidence et faciles à constater. C'est d'après ces idées qu'en adoptant une division indiquée par Gibbon et admise par Hugo et Mackeldey, on a partagé l'histoire du droit romain en quatre périodes : 1° depuis la fondation de Rome jusqu'à la loi des Douze Tables ; 2° depuis les Douze Tables jusqu'à Cicéron ; 3° depuis Cicéron jusqu'à Alexandre Sévère ; 4° depuis Alexandre Sévère jusqu'à Justinien.

Dans la première période, vaste champ ouvert aux hypothèses et aux déductions, la législation reposait principalement, comme chez tous les peuples à leur naissance, sur les croyances et les mœurs ; elle prenait aussi son origine dans les lois proposées par le roi et le sénat, et sur lesquelles on votait dans les comices, d'abord par curies, et depuis Servius Tullius par centuries. Ces lois, appelées *curiates* et *centuriates*, furent rassemblées, à ce que disent Denys d'Halicarnasse et Pomponius, par un certain Sextus ou Publius Papirius, grand-prêtre du temps de Tarquin, le dernier roi ; nous ne possédons que quelques fragments de ce premier recueil de droit romain, et encore sont-ils fort douteux.

Cependant, les rapports politiques du nouvel État, et sans doute aussi les dissensions civiles qui s'élevèrent dans le sein de la république, firent bientôt sentir le besoin d'une législation précise, uniforme, où chacun pût lire et constater ses droits ; de là la loi des Douze Tables (an 300 de Rome), dont il existe encore de nombreux fragments, et elle ne cessa pas d'être jusqu'à Justinien la base du droit public et privé des Romains. Mais la loi des Douze Tables, résultat des querelles entre les patriciens et les plébéiens, et qui fut à Rome le premier signal de l'égalité devant la loi, ne pouvait encore suffire aux exigences d'un État qui tous les jours devenait plus puissant. Cette loi fut donc à son tour modifiée et complétée par la législation (*jus scriptum*) et par les coutumes et les usages (*jus non scriptum*).

A la législation appartenaient les lois que le peuple romain votait dans les comices par centuries, les plébiscites que les plébéiens rendaient en l'absence des patriciens, et les senatus-consultes ou arrêtés pris exclusivement par le sénat. Toutefois, il est facile de concevoir qu'au milieu des agrandissements successifs de la puissance romaine, ces actes législatifs eurent plus en vue le droit politique et public que le droit privé. A l'égard du droit privé, la loi des Douze Tables en resta bien toujours comme la base fondamentale, mais elle ne contenait qu'une suite d'actes symboliques, dont les formules avaient beaucoup d'obscurité. De là des interprétations introduites par les mœurs, des décisions des magistrats et les réponses des jurisconsultes. Et tel fut cependant le respect que l'on ne cessa de porter à ce vieux monument, que l'on s'efforça toujours, au moyen de fictions bizarres, d'y rattacher les interprétations qui lui étaient le plus opposées. C'est en ce triple sens qu'il faut entendre le droit de coutume des Romains. Peu à peu ces interprétations furent recueillies, et firent disparaître la loi des Douze Tables, qu'on citait bien toujours, mais qui, à vrai dire, n'existait plus que de nom.

Cet état de choses dura jusqu'à Cicéron (650 de Rome), et dès cette époque l'on commence à voir s'affaiblir les lois, les plébiscites et les sénatus-consultes. En effet, lorsque Rome ne conserva plus de la liberté que les formes, et qu'elle se fut soumise à la domination d'un maître, le prince n'eut garde de laisser subsister des pouvoirs qui auraient annulé son autorité; il absorba donc en quelque sorte la législation, car il avait un immense intérêt à régler suivant sa volonté les bases du droit public et politique. Les empereurs rendirent alors eux-mêmes des constitutions qui furent pour le droit ce qu'avaient été les lois, les plébiscites et les sénatus-consultes.

D'un autre côté, la puissance impériale envahit aussi le droit privé, et prit ombrage de cette liberté d'interprétation que les magistrats avaient eue auparavant. Le rôle de ces derniers devint alors purement passif, car les princes accordèrent à certains jurisconsultes qu'ils désignèrent le privilége exclusif de répondre en leur nom. Adrien même détermina d'une manière plus précise le degré d'autorité que ces réponses devaient avoir, en établissant que si les avis des jurisconsultes autorisés étaient unanimes, ils auraient force de loi, et seraient suivis par les juges, et que s'ils étaient partagés, le magistrat se conformerait à celle des deux opinions qui lui paraîtrait la plus équitable. On voit par là que les juges se trouvaient entièrement annulés, puisqu'ils étaient obligés de suivre une opinion qui leur était tracée d'avance. On conçoit dès lors toute l'importance que reçurent les travaux des jurisconsultes : aussi depuis Cicéron jusqu'à Alexandre Sévère la science brilla-t-elle d'un plus vif éclat, et c'est dans cet intervalle que se placent tous ces jurisconsultes qui ont fondé le droit romain sur des bases impérissables.

Depuis Alexandre Sévère jusqu'à Justinien, aucun jurisconsulte ne s'illustra. Le feu de la science semble s'éteindre au milieu des déchirements et de la décadence de l'empire, car les esprits étaient trop absorbés dans les agitations de la vie publique. Constantin cependant avait senti que l'administration de la justice réclamait quelque mesure, et à défaut de jurisconsultes existants, il voulut déterminer au moins l'autorité qu'on devait accorder aux écrits des jurisconsultes anciens. Cent ans après, Valentinien III fit publier pour l'Occident une ordonnance semblable. Par cette ordonnance, il établit qu'on devait accorder force de loi à tous les ouvrages de Papinien, de Paul, de Gaïus, d'Ulpien, de Modestinus, et ensuite à ceux dont les opinions et les traités avaient été adoptés et expliqués par ces cinq derniers. Quand les avis étaient partagés, la pluralité des suffrages décidait; quand ils étaient égaux, celui de Papinien était prépondérant, et quand lui-même n'avait rien dit, le juge se rangeait du côté qui lui paraissait préférable.

Ce qui venait d'être fait pour les écrits des jurisconsultes fut entrepris plus tard pour les constitutions des empereurs par les jurisconsultes Grégoire et Hermogène, qui vivaient vers le milieu du quatrième siècle; les recueils qu'ils publièrent sont connus sous les noms de *Codex Gregorianus* et *Hermogenianus*; il ne reste que quelques fragments de ces deux ouvrages.

Mais ce n'était là que l'œuvre de deux particuliers, qui ne pouvait avoir aucune autorité légale. Théodose le jeune le comprit, et à l'aide de plusieurs jurisconsultes, à la tête desquels se trouvait Antiochus, il publia en 438, sous le nom de *Code pour l'empire d'Orient*, un recueil d'édits des empereurs, que son gendre Valentinien III adopta pour l'Occident. Ce recueil porte le nom de *Code théodosien*.

Depuis Alexandre Sévère, les travaux de la science s'étaient donc bornés à déterminer l'influence des anciens jurisconsultes, et à quelques recueils de constitutions. Enfin arriva Justinien, qui parvint à l'empire en 527. Avec lui, la science sembla se réveiller d'un long sommeil; et pendant son règne, qui dura vingt-huit ans, il s'occupa plus spécialement de la législation. Il eut le bonheur de trouver autour de lui des hommes capables de le seconder, et avec leur secours il promulgua plusieurs recueils dont la réunion forme le *Corpus juris civilis*. E. de Chabrol.

Le *droit romain* occupe une place des plus importantes dans l'histoire et un rang élevé dans la science du droit. Cette importance, qu'il conserve de nos jours encore, il en est surtout redevable à l'action que la domination romaine exerça sur l'ensemble du développement de la civilisation européenne; mais ses propres principes lui ont aussi assuré une durable influence sur la jurisprudence, même dans nos temps modernes. Ce qui aujourd'hui encore, dans quelques contrées de l'Europe, est formellement en vigueur sous le nom de *droit romain*, ne se compose guère que de débris et de fragments que les progrès de la science moderne ont ensuite successivement recouverts de nouvelles formes; et pourtant, la substance de bon nombre de ces nouvelles formules n'est au fond que du droit romain modifié et accommodé aux changements opérés dans les mœurs par la civilisation. Ces principes sont même la base de la plupart des institutions juridiques de création nouvelle; et son esprit ne survit pas seulement dans ce qui a été tiré de lui ou créé d'après lui, c'est encore lui qui anime et vivifie toute conception scientifique et toute application législative du droit moderne. On peut apprécier cette incontestable influence du droit romain dans ses causes comme dans ses résultats, d'après son développement historique; car, ainsi qu'on l'a dit souvent, cette influence n'a rien de conventionnel et d'artificiel, c'est l'expérience et la tradition ayant jeté de vigoureuses racines dans le sol de l'actualité.

Les débuts de la jurisprudence romaine, comme ceux de toute la civilisation romaine, ont beaucoup de rapports, tantôt directs, tantôt indirects, avec la Grèce. Toutefois, ces influences étrangères disparurent de bonne heure dans l'énergie particulière de l'élément romain, qui se créa lui-même des règles, sévères et étroites sans doute, mais stables et positives. La position du père de famille à l'égard des siens, les droits des patriciens et des plébéiens, tels furent les points principaux que les lois de la république en voie de développement s'efforcèrent de fixer. Quelques brefs et rigoureux axiomes de droit furent en outre jugés indispensables au maintien de l'ordre public. On pourvut à ce besoin par la loi fondamentale romaine, la loi des Douze Tables, et par les résolutions de l'assemblée générale des citoyens, les *plébiscites*. Rarement le sénat intervint dans la législation au moyen de *sénatus-consultes*. Par contre, le droit privé proprement dit se forma des *édits du préteur*, c'est-à-dire de principes se renouvelant chaque année, mais conservant une certaine unité et faisant de la sorte progresser le droit lui-même; principes que les magistrats romains supérieurs, en entrant en fonctions, avaient habitude de poser à l'avance comme devant servir de base à leurs décisions. Dans les édits et dans le *jus honorarium* qui en résulta, il n'y avait pas seulement un moyen puissant pour amender la législation proprement dite et pour tempérer ce qu'elle avait d'étroit et de rigoureux, mais aussi pour en préparer la réforme. Lors de la transformation de la république en empire, et sous les premiers empereurs, de plus grands progrès législatifs furent obtenus, la plupart ayant trait au droit criminel et à la procédure judiciaire (*leges Corneliæ, Juliæ*, etc., etc.). De là provinrent, sous la domination impériale, les constitutions et les rescrits des empereurs, qui à la longue finirent par absorber toutes les autres formes de législation. Mais la culture scientifique du droit, et surtout du droit civil, devint en outre le sujet d'efforts des plus féconds de la part de jurisconsultes distingués : l'autorité, acquise par leurs travaux et par les ouvrages où ils étaient consignés fut fixée et régularisée sous les empereurs postérieurs par des mandements exprès. Ce dernier stade du développement du droit romain est en même temps la base la plus précieuse et la plus large de la codification qui fût faite sous Justinien, et qu'on désigne sous le nom de *Corpus juris civilis*. Le droit public est la partie la plus faible, la moins digne, de ce corps de lois; la partie la plus vigoureuse, la plus rationnelle, c'est le droit civil, sauf cependant le droit de la famille, qui chez les Romains fut déshonoré par l'esclavage, par une conception peu noble des rapports des enfants au père et par la position faite à la femme à l'égard de son mari, position encore bien éloignée des idées plus humaines que devait faire prévaloir le christianisme. Dans le droit criminel, il est étroit, sévère jusqu'à la cruauté; développé sans doute sur une base solide, mais défiguré à beaucoup d'égards dans la procédure. En ce qui est de la forme, il nous a été transmis surtout comme une collection de fragments, d'explications scientifiques émanant de jurisconsultes romains, collection qui, bien que défectueusement coordonnée, tire sa valeur de la manière sagace et en même temps essentiellement pratique dont les diverses questions de droit y sont traitées; caractère qui se retrouve dans toutes ses parties, et qui lui donne autant d'importance dans les formes que dans le fond. Les fragments qui dans les *Pandectes* appartiennent encore à l'œuvre de codification, ou n'ont d'autre utilité que d'aider à approfondir le système du droit proprement dit, comme les *Institutes*, ou bien sont un complément législatif, souvent fort peu utile, comme le *codex* et les *novelles*.

Cette codification fit du droit romain un tout complet. La législation des empereurs romains postérieurs ne réagit pas plus sur lui que celle des empereurs de Byzance, bien que le droit romain ait exercé une influence décisive sur le développement ultérieur du droit européen. A l'époque de la migration des barbares et de l'apparition du principe germanique dans la civilisation et le développement politique de l'Europe, cette influence ne fut que secondaire. Si les Romains subjugués conservèrent leur droit dans les provinces conquises par les Germains; si même, au moyen de remaniements particuliers, tels que le *Breviarium alaricianum* des Visigoths et la *Lex Romana* des Bourguignons, ce droit nouveau fut adopté alors jusqu'à un certain point par ces peuples, et si d'un autre côté un grand nombre de dispositions du droit public passèrent dans les institutions des nouveaux États, le droit germanique n'en resta pas moins pendant des siècles au premier plan. Celui-ci se développa dans sa force et dans son indépendance particulières; et ce n'est que parce qu'il lui manqua d'être scientifiquement traité, faute de ces connaissances générales fruits d'une civilisation plus avancée, que ne possédait point le moyen âge allemand, que le droit romain, dont les sources principales furent remises en lumière au douzième siècle en Italie, s'introduisit peu à peu de là en Allemagne dans tous les tribunaux. Il était naturel que la possession immédiate d'un droit perfectionné et cultivé satisfît mieux les esprits que la lente formation des principes d'un droit germanique devant précéder les rapides progrès d'un droit spécial. Cette circonstance contribua donc tout autant à l'adoption, non incontestée cependant, du droit romain que l'idée suivant laquelle l'empire romain se continuant en Allemagne, les lois romaines devaient être appliquées par les tribunaux et les cours de justice de l'Allemagne, comme une conséquence découlant naturellement de ce fait politique.

On ne mettait pas alors en doute que les principes du droit romain ne fussent valables par toute la chrétienté. On ne tarda pas toutefois à reconnaître qu'il existe des systèmes complets de droit auxquels ils ne sont pas applicables; et l'organisation judiciaire propre à certains pays fut longtemps un obstacle à ce qu'on y adoptât complétement le droit romain. Cette adoption n'eut lieu dans les divers pays ni à la même époque ni avec la même étendue. En Italie et au midi de la France, dans les pays dits de *droit écrit*, le droit romain jeta tout de suite de profondes racines; mais son adoption fut moins complète et plus tardive au nord de la France (dans ce qu'on appelait *les pays de droit coutumier*), où jusque dans ces derniers temps on persista à ne point le regarder comme une loi positive, mais uniquement comme une autorité pour les principes généraux de droit naturel, et où aujourd'hui encore on ne l'invoque qu'à l'appui des prescriptions du Code Civil. En Angleterre, jamais il ne fut adopté dans les tribunaux civils et séculiers, et en Écosse il ne le fut que partiellement; les tribunaux ecclésiastiques, au contraire, l'ont toujours suivi dans ces deux pays comme une règle véritable de droit. On l'applique donc dans toutes les causes qui ressortissent à ces tribunaux. Il est également en vigueur dans les cours d'amirauté, parce que ce sont là le plus généralement des juridictions spéciales. Toutefois, dans les cours ecclésiastiques comme dans les cours d'amirauté, on lui fait subir des modifications essentielles.

En Allemagne le droit romain a reçu une consécration légale, confirmée aussi dans les lois de l'Empire, par exemple dans le règlement de la chambre aulique, et dans un grand nombre de lois locales, particulières à certains pays. Toutefois, les lois nationales conservèrent partout la prééminence, et ce ne fut qu'à défaut de celles-ci que le droit romain trouva son application comme loi subsidiaire; d'ailleurs, il ne fut jamais en vigueur pour les parties qui se rapportent à des institutions juridiques purement romaines, dont les analogues n'existent pas en Allemagne, non plus que dans toutes les questions judiciaires particulières à l'Europe moderne seule, par exemple les questions de fiefs, de primogéniture, de droit commercial, etc.; de même que dans les questions de droit politique, et là où dominent les opinions fondées sur l'idée religieuse.

DROITS CIVILS. *Voyez* CIVILS (Droits).

DROITS CIVIQUES. *Voyez* CIVIQUES (Droits).

DROITS DE DOUANES. *Voyez* DOUANES.

DROITS DE FAMILLE. Les droits de famille se rapportent : 1° à l'autorité maritale, 2° à la *puissance paternelle*, 3° aux droits et obligations réciproques de tous les membres d'une même famille. Ils forment la base du droit de *succession*, et donnent lieu à la dette d'*aliments* entre époux, ascendants et descendants. Quant aux parents collatéraux, à leur égard les droits de famille se réduisent à prendre part aux délibérations du *conseil de famille*. L'interdiction des droits de famille et spécialement de donner son suffrage dans les délibérations de famille, d'être tuteur et curateur, est au nombre des peines correctionnelles et de droit, l'accessoire d'une condamnation à une peine afflictive et infamante; elle constitue même l'un des éléments de la dégradation civique.

DROITS DE L'HOMME. Il est des droits qui sont partie inhérente à la constitution de l'homme, qu'aucune organisation sociale ne peut lui enlever sans le dégrader, sans manquer à sa création, à sa destination : ce sont les *droits de l'homme*. Là où ils n'existent pas, celui que Dieu fit à son image est avili à l'image des animaux; là où ils n'existent pas tous, dans toute leur étendue, l'homme n'est pas entier : la moindre atteinte qui leur est portée, si légère qu'elle soit, est une atteinte contre la nature de l'homme. Il ne faut pas chercher ces droits dans l'homme à l'état isolé et sauvage, mais dans l'homme vivant en société, car la nature de l'homme n'est pas l'isolement, mais l'association. Cependant, aussi loin que porte le souvenir des siècles, il faut le dire, les gouvernements politiques des sociétés les ont toujours plus ou moins opprimés, détruits, et le commun des populations a souvent paru en perdre jusqu'au sentiment. Apparence mensongère, car, si dégradé que soit le cœur humain, le germe de ce sentiment y reste toujours.

Longtemps on n'a considéré la recherche et la définition de ces droits que comme appartenant aux abstractions de la philosophie, et les devoirs qu'ils imposent entre les hommes comme des principes de morale ou de religion, ayant pour but d'adoucir et de corriger les rigueurs des lois sociales. Ce fut l'Amérique qui la première érigea en législation positive des gouvernements la proclamation des droits de l'homme : après sa révolution, la république des États-Unis déclara solennellement à la face du monde ces vérités immuables. « Tous les hommes naissent libres et égaux; ils ont essentiellement et naturellement, sans pouvoir en être dépouillés par aucun contrat, le droit de jouir de la vie et de la liberté, d'acquérir et de posséder, de chercher et d'obtenir le bonheur et la sûreté. Tout homme doit jouir de la plus entière liberté de conscience et de culte. La liberté de la presse doit être inviolablement maintenue. Aucun homme ne doit être privé de sa vie, de sa liberté ou de ses biens, que par jugement de ses pairs. Il faut éviter les lois qui ordonnent l'effusion du sang; des peines ou des amendes cruelles et inusitées ne doivent jamais être établies. Toute autorité appartient au peuple et émane de lui. — Les magistrats ne sont que ses dépositaires, ses agents, et lui doivent compte. Les gouvernements sont institués pour le bien commun, pour la protection et la sûreté du peuple : le meilleur de tous est celui qui est le plus propre à produire la plus grande somme de bonheur et de sûreté. Toutes les fois qu'il est reconnu incapable de remplir ce but, ou qu'il y est contraire, la pluralité de la nation a le droit indubitable, inaltérable, de l'abolir, de le changer et de le réformer. Le peuple n'est lié que par les lois qu'il a consenties par lui-même ou par ses représentants légitimes. Aucun subside, charge, taxe, impôt ou droit quelconque, ne peuvent être établis ni levés sans son consentement. Les pauvres ne doivent pas être imposés pour le maintien du gouvernement. » Tel était en somme le préambule des constitutions de la Virginie, du Maryland, du Delaware et des autres États de la confédération naissante, l'an 1776. C'étaient les maximes des moralistes les plus humains, des philosophes les plus hardis, érigées en lois et mises en action. Et cependant, au sein de ces mêmes États, ou du moins de la plupart, en présence de ces déclarations, et de ce principe naturel : « Tous les hommes naissent libres et égaux, » l'esclavage est maintenu, et toute une classe d'hommes est la propriété de l'autre! tant il est vrai que l'intérêt l'emporte toujours sur les principes.

Treize ans après, la révolution française ouvrait en Europe l'ère d'une grande régénération sociale. L'imitation des déclarations américaines devint une chose de vogue avant d'être une institution. Chacun voulut publier sa déclaration des droits de l'homme et du citoyen. Condorcet et le bailliage de Paris, avant même la réunion des états généraux; Pétion, Lafayette, Sieyès, Mounier, Thouret, Rabaut-Saint-Étienne, Target, Mirabeau, et d'autres encore, après cette réunion. Tous ces projets se ressentaient de l'état des choses et des esprits. Il y avait tant à détruire et tant à édifier, tant de théories et si peu d'expérience; tant d'enivrement, d'illusions, et si peu de prévoyance des dangers; tout paraissait si beau, si noble, si pur dans la liberté! D'ailleurs, comme dans toute émancipation nouvelle, la grande préoccupation, c'étaient les droits de l'homme, avant ceux de la société. On voulait garantir les intérêts privés, on oubliait les intérêts publics. Plusieurs de ces déclarations étaient de véritables traités, moitié dogmatiques, moitié législatifs, avec des divisions sans nombre, par sections, par titres et par chapitres. Telle était celle de Condorcet, qui à côté de propositions hasardées ou préjudiciables fournissait quelques bonnes inspirations et d'amples matériaux pour les détails de la législation politique et des institutions à établir; telle était encore celle de Sieyès, ensemble de déductions logiques, long raisonnement par syllogisme continu. Enfin, de tous ces projets, l'Assemblée constituante fit sa déclaration des droits de l'homme et du citoyen, qu'elle décréta au mois d'août 1789, et qui était incontestablement supérieure, comme déclaration, à toutes les autres. La souveraineté nationale, l'égalité devant la loi, l'admissibilité de tous aux dignités et aux emplois publics, la liberté individuelle, la liberté de conscience, la liberté de parler, d'écrire, d'imprimer, sauf à répondre des abus; le vote libre et la juste répartition de l'impôt, l'obligation d'en rendre compte, l'inviolabilité de la propriété, furent proclamés en quelques articles simples et nobles; ce fut le préambule de la nouvelle constitution.

L'ère de la république montagnarde eut à son tour, en 1793, ses projets et sa déclaration des droits. Alors la préoccupation était l'inverse de ce qu'elle avait été quatre ans auparavant. Carnot ne voulait pas qu'on s'occupât des droits de l'homme, mais seulement des droits du citoyen; sa déclaration était plutôt une déclaration de droits pour la société contre les citoyens, que pour les citoyens dans la société : « Les droits de la cité vont avant ceux du citoyen. Le salut du peuple est la suprême loi : » tel était son point de départ, sa base fondamentale: « La société a le droit d'exiger que chacun de ses membres contribue à la prospérité publique.... La société a le droit d'exiger que chaque citoyen soit instruit d'une profession utile.... La société a le droit d'établir un mode d'éducation nationale. » *La société a le droit*, c'était là sa formule pour la majeure partie de ses articles; quant aux droits qu'il reconnaissait aux citoyens, il plaçait en tête le suicide : « Tout citoyen a le droit de vie et de mort sur lui-même. » Puis cette autre maxime, si naturelle à l'esprit de celui qui devait organiser la victoire : « Tout citoyen est né soldat. »

A la même époque, Robespierre présentait aussi son projet de déclaration, le seul de tous ceux publiés, soit en Amérique, soit en Europe, le seul où le droit de propriété, loin d'être stipulé comme une des premières garanties dues à l'homme par la société, fût livré à discrétion et réduit à la portion qu'il plairait au pouvoir législatif de fixer : « La propriété est le droit qu'a chaque citoyen de jouir et de disposer de la portion de biens qui lui est garantie par la loi. » Telle était cette définition, à laquelle étaient réservés de nos jours les honneurs de la résurrection. Si Robespierre, par sa déclaration, réduisait le droit de propriété à portion congrue, il avait soin d'y stipuler l'obligation pour la société de pourvoir à la subsistance de tous ses membres, et le droit de salaire public pour les citoyens des sections qui assistaient aux assemblées. C'était dans ce projet que se trouvaient encore ces axiomes du jour : « Quand le gouvernement opprime le peuple, l'insurrection est le plus saint des devoirs. Les hommes de tous les pays sont frères. Les rois, les aristocrates, les tyrans, quels qu'ils soient, sont des esclaves révoltés contre le souverain de la terre, qui est le *genre humain*, et contre le législateur de l'univers, qui est *la nature.* »

Toutefois, les corps, êtres collectifs, sont toujours moins en avant que les individus extrêmes qui les entraînent. La Convention montagnarde n'adopta ni les déclarations de carnot, ni celles de Robespierre; ce fut le projet débattu sous l'empire des girondins, et présenté par Condorcet, qui servit de base à sa déclaration des droits (du 24 juin 1793). Loin d'admettre les idées de Robespierre sur la propriété, elle définit soigneusement ce droit « celui qui appartient à tout citoyen de jouir et de disposer de ses biens, de ses revenus, du fruit de son travail et de son industrie »; elle en proclama énergiquement la garantie, se contentant d'emprunter au chef de la montagne son préambule et quelques principes légèrement modifiés, tels que ceux-ci: « La société doit la subsistance aux citoyens malheureux. Quand le gouvernement viole le droit du peuple, l'insurrection est le plus sacré et le plus indispensable des devoirs. Que tout individu qui usurperait la souveraineté soit à l'instant mis à mort par les hommes libres. »

L'ère directoriale, époque de réaction contre l'austérité, la rudesse et la terreur républicaines, époque d'entraînement vers les plaisirs, vers la douceur des manières et des relations sociales, ne publia pas une déclaration des droits seulement, mais une déclaration des droits et des devoirs de l'homme et du citoyen (5 fruct. an III, 22 août 1795); et dans la seconde partie, intitulée *devoirs*, elle insèra ces maximes de miel, ces principes de la morale la plus adoucie: « Ne faites pas à autrui ce que vous ne voudriez pas qu'on vous fît. Faites constamment aux autres le bien que vous voudriez en recevoir. Nul n'est bon citoyen s'il n'est bon fils, bon père, bon ami, époux. C'est sur le maintien des propriétés que reposent la culture des terres, toutes les productions, tout moyen de travail et tout l'ordre social. »

Ainsi, les trois premières phases de notre révolution ont tour à tour imprimé leur cachet aux déclarations des droits dont elles ont fait précéder leur constitution; mais ce fut là que s'arrêtèrent ces déclarations. Lors de l'établissement du consulat à vie, de l'empire héréditaire, il n'en était plus question. Il en reparut quelques vestiges dans la charte de 1814, et par émulation, dans l'acte additionnel aux constitutions de l'empire, sous une forme moins large, moins moraliste, mais plus législative, comme un chapitre de la constitution, intitulé dans la charte, *Droit public des Français*, dans l'acte additionnel, *Droit des citoyens*. Quelques mois plus tard, au moment où l'Europe coalisée avait fait irruption dans la France, où ses baïonnettes se hérissaient, se pressaient autour de Paris, où quelques braves tombaient sous ses murs, où le canon de Montmartre et de Saint-Chaumont s'éteignait, où la capitale allait être envahie, le 5 juillet 1815, la chambre des représentants, sur la proposition d'un de ses membres, Garat, publia encore une déclaration des droits.

L'expérience de ces vicissitudes peut nous faire justement apprécier aujourd'hui quel doit être le caractère, quelle peut être l'utilité d'une déclaration des droits. Son caractère consiste, ainsi que le disait à l'Assemblée constituante le général Lafayette « dans la vérité et dans la précision; elle doit dire ce que tout le monde sait, ce que tout le monde sent. » Elle ne devrait énoncer que des principes incontestables, propres à tous les régimes, puisque les droits qu'elle a pour but de proclamer sont des droits naturels, essentiels à l'homme, droits éternels, dont aucun régime ne peut justement le dépouiller. Du moment qu'une déclaration des droits sort de cette limite, elle perd son caractère. C'est ce qui est presque toujours arrivé. L'utilité de pareilles déclarations publiées non pas par de simples moralistes, mais par le pouvoir constituant lui-même, se fait sentir surtout au commencement des régénérations sociales, quand il faut instruire les populations, apprendre aux hommes leurs droits, leur faire honte de ce qu'ils ont subi, les enflammer d'un côté à briser, de l'autre à conquérir et à défendre, lorsqu'il faut enfin former l'esprit public, enraciner et nationaliser en lui le sentiment et l'amour des droits de l'homme. Cette utilité peut exister encore à la fin des crises, des luttes gouvernementales, lorsqu'avant de cesser la lutte, il faut faire ses conditions. Alors une déclaration des droits, arrêtée de part et d'autre, forme la base du traité: ce sont des stipulations préliminaires, des principes généraux sur lesquels il est plus facile de s'accorder. Hélas! quand vient le moment de les mettre en action, quand il s'agit de les traduire en lois et en institutions pratiques, arrivent les restrictions, les mécomptes et la mésintelligence. Mais une fois que l'esprit public est formé, que l'éducation nationale s'est achevée dans les révolutions politiques, que les principes naturels dont se composent les déclarations des droits sont constants et passés en popularité, alors ces déclarations, comme actes émanés des pouvoirs publics, ont perdu toute leur utilité. Alors il ne faut plus en retenir dans la législation politique que ce qui a réellement un caractère législatif, en laissant à la morale et à la philosophie ce qui leur appartient. Telle paraissait notre situation après 1830: les conquêtes législatives de nos révolutions sur les déclarations des droits de l'homme et du citoyen passèrent dans le premier chapitre de la charte de 1830, sous le titre de *Droit public des Français*.

J.-L.-E. Ortolan.

La révolution de 1848 ramena la mode des déclarations de droits. Plusieurs projets furent présentés et discutés à l'Assemblée constituante, et la constitution débuta par une sorte de déclaration des droits et des devoirs. La France s'est constituée en république, y est-il dit, pour marcher plus librement dans la voie du progrès et de la civilisation, assurer une répartition de plus en plus équitable des charges et des avantages de la société, augmenter l'aisance de chacun par la réduction graduée des dépenses publiques et des impôts, et faire parvenir tous les citoyens, sans nouvelle commotion, par l'action successive et constante des institutions et des lois, à un degré toujours plus élevé de moralité, de lumière et de bien-être. La république reconnaît des droits et des devoirs antérieurs et supérieurs aux lois positives. Elle a pour principe la liberté, l'égalité et la fraternité. Elle a pour base la famille, le travail, la propriété et l'ordre public. Les citoyens doivent aimer la patrie, servir la république, la défendre au prix de leur vie, participer aux charges de l'État, en proportion de leur fortune; ils doivent s'assurer par le travail des moyens d'existence, et par la prévoyance, des ressources pour l'avenir; ils doivent concourir au bien-être commun, en s'entr'aidant fraternellement les uns les autres, et à l'ordre général, en observant les lois morales et les lois écrites qui régissent la société, la famille et l'individu. La république doit protéger le citoyen dans sa personne, sa famille, sa religion, sa propriété, son travail, et mettre à la portée de chacun l'instruction indispensable à tous les hommes; elle doit par une assistance fraternelle assurer l'existence des citoyens nécessiteux, soit en leur procurant du travail dans les limites de ses ressources, soit en donnant, à défaut de la famille, des secours à ceux qui sont hors d'état de travailler. Comme on le voit, l'assemblée de 1848 tournait la difficulté des questions mises à l'ordre du jour par le socialisme, en stipulant un devoir d'assistance de la part de l'État. La constitution de 1852 a simplement déclaré prendre pour base les principes de 1789.

L. Louvet.

DROITS DE L'HOMME (Société des). Le mouvement imprimé aux esprits par les événements de 1830 ne pouvait s'arrêter à l'établissement du 7 août; la révolution de Juillet devait remuer à la fois les masses et les idées; les masses se groupèrent pour asseoir et échanger leurs idées;

les hommes politiques, reconnaissant l'association comme le moyen le plus sûr, le plus actif d'instruction populaire, eurent, dès l'instant du triomphe, la pensée de se former en club. La *Société des Amis du Peuple* paraissait déjà sous les dernières vapeurs du canon de l'hôtel de ville et des Tuileries. Poursuivie, traquée, à moitié dissoute en 1832, elle avait donné l'exemple; et quand arrivèrent les journées de juin, une association de prolétaires, s'appelant les *Cohortes gauloises*, prit chaudement part à la lutte. La *Société des Droits de l'Homme* se forma dans le principe des débris des *Cohortes gauloises* et de quelques membres de la *Société des Amis du Peuple*; elle adopta pour formule de ses principes la *Déclaration des droits de l'homme*, proposée à la Convention par Robespierre. Quelques ouvriers, d'un patriotisme intelligent, d'une ardeur infatigable, assumèrent sur leur tête la grave responsabilité de sa fondation. Pour échapper à l'article 291 du Code Pénal, cette société ne formait pas un tout; elle se composait de parties désagrégées, aboutissant toutes, par des chefs, au comité, qui était inconnu. Ces parties se nommaient *sections;* chaque section se composait de dix membres au moins, de vingt au plus; dès que ce nombre de vingt était atteint, la section se dédoublait. La section était présidée par un *chef*, que remplaçait au besoin un *sous-chef;* pour la rapidité des convocations, pour la facilité des renseignements à prendre sur les récipiendaires, il y avait dans chaque section trois *quinturions*, dont les fonctions n'étaient pour eux qu'un surcroît de besogne. Les sections étaient inspectées dans le principe par de simples chefs de série, ayant sous leur direction de trois à cinq sections, auxquelles ils transmettaient les ordres du comité, et aux séances desquelles ils venaient assister. Telle était vers l'automne de 1833 la *Société des Droits de l'Homme*, fuyant le grand jour, et cependant ne se cachant pas dans l'ombre, pleine de prolétaires dont l'intelligence politique se développait dans de fraternelles réunions, se tenant où l'on pouvait, dans les greniers, chez les marchands de vins, au fond des ateliers.

En ce temps-là les membres de la *Société des Droits de l'Homme* eurent un jour le sentiment de leur force. Deux combattants de juin, Cuny et Lepage, avaient été condamnés à mort. Le bruit de leur exécution se répandit dans Paris; deux heures après, toutes les sections étaient en permanence, prêtes au combat, décidées à verser tout leur sang avant de laisser s'accomplir l'exécution politique qu'elles redoutaient. La *Société des Droits de l'Homme* improvisa en quelques instants son plan stratégique pour l'attaque et pour la défense; les sections allèrent prendre leur poste de combat, tandis qu'une partie se porta vers la barrière Saint-Jacques, bien décidée à empêcher, coûte que coûte, de dresser l'échafaud : heureusement l'échafaud ne se dressa pas.

Vers cette époque, des dissensions intestines faillirent amener la dissolution de la Société. Des hommes ayant déjà fait leurs preuves dans le parti républicain s'étaient réunis à elle; mais ils n'avaient pas voulu se courber devant un noyau inconnu, invisible; les sociétaires, de leur côté, demandaient des chefs ayant un nom dans le parti; les recrues se formèrent donc en un comité nouveau; et l'ancien, après avoir essayé de lui arracher une à une toutes les sections qu'il entraînait, finit par céder à l'opinion de tous les membres de l'association, et s'annihila devant lui. La Société, augmentée d'un nombre considérable d'adeptes, reçut alors un complément d'organisation. Les chefs de séries s'assemblèrent entre eux, sous la présidence d'un commissaire ou d'un sous-commissaire de quartier. Les sections eurent droit de vote pour la formation du comité; le dépouillement seul du scrutin devait être secret. Encore n'en fut-il pas longtemps ainsi, car un jour le manifeste du comité fut imprimé, et, entre autres noms, l'on vit au bas ceux de Voyer d'Argenson, Audry de Puyraveau, de Ludre et de Laboissière, députés; de Godefroi Cavaignac, de Guinard, de Recurt, de Lebon, etc.

Au commencement de 1833, la *Société des Droits de l'homme* était devenue nombreuse, redoutable; la police traquait les sections partout où elle pouvait les trouver réunies, et les dispersait impitoyablement : nous vîmes plusieurs sections, vendues par un chef de série que la police y avait adroitement introduit, pourchassées de maison en maison, de marchand de vins en marchand de vins, aller se réfugier le soir dans les allées du Luxembourg, et y continuer paisiblement les réceptions ou les discussions commencées. L'on ne saurait dire avec quel feu les hommes du peuple surtout, une fois entrés dans la société, s'occupaient de son extension; nous avons pu admirer le dévoûment aveugle, la subordination, la discipline, l'exactitude de braves gens qui à peine arrachés à leurs travaux accouraient aux réunions avant de prendre le temps de se délasser, et faisaient recevoir tous leurs amis : dans l'espace d'à peine un mois, une seule section en avait enfanté quatre par ses dédoublements. Les hommes auxquels on demandait ainsi leur temps, leur liberté, leur vie peut-être, ajoutaient encore à ce sacrifice des sacrifices pécuniaires pour les dépenses de la Société : elle avait ses publications, ses ordres du jour, ses nécessiteux, et l'on subvenait à tout cela.

Lors de l'anniversaire des journées de Juillet, en 1833, jour de l'inauguration de la statue de Napoléon sur la colonne Vendôme, la *Société des Droits de l'Homme* fut pour la seconde fois en permanence : toutes les sections, s'attendant peut-être au combat, se trouvèrent au grand complet : les sectionnaires gardes nationaux firent pendant la revue retentir dans les rangs le cri de : *A bas les forts détachés!* devant lequel la pensée des fortifications dut céder une première fois. La Société continua à voir ensuite ses rangs se grossir; elle s'affilia des associations de province, organisées sur les mêmes bases, et bientôt elle disposa de forces considérables. Toute puissante à Paris, à Lyon, dans beaucoup d'autres villes importantes, elle commençait à se répandre sur toute la surface de la France, et l'autorité, liée par l'article 291 du Code Pénal sur les associations, ne pouvait que laisser faire un ennemi qui grandissait à vue d'œil. Le ministère ne trouva d'autre moyen, pour rompre les innombrables anneaux de cette immense chaîne qui commençait à l'étreindre, que de proposer aux chambres le vote d'une loi exceptionnelle, la loi sur les associations, qui amena les journées d'avril 1834. C'est sur la place publique, les armes à la main, que la *Société des Droits de l'Homme* se dispersa pour la dernière fois; mais d'autres sociétés secrètes naquirent aussitôt de ses cendres.

Napoléon Gallois.

Le comité central de la *Société des Droits de l'Homme* était, comme on sait, présidé par Godefroi Cavaignac. Le manifeste saisi qui figura dans l'acte d'accusation du procès d'avril, contenait les paragraphes suivants, signés dudit président :

« L'association comptera principalement sur l'appui de ceux qui, déshérités de leurs droits politiques, à peine protégés par des lois civiles faites par les riches et pour les riches, succombent sous l'excès du travail et le fardeau des charges publiques; sur l'appui de ceux à qui la nature impose le devoir de ressaisir, ne fût-ce qu'en faveur de leurs enfants, leur titre et leur dignité d'homme et de citoyen.

« Que si cet appel, en même temps qu'il produirait pour la *Société des Droits de l'Homme* ce concours profitable à la cause commune, attirait sur elle aussi de nouvelles persécutions de la part des oppresseurs, elle invoquerait à la fois la pureté de ses motifs, l'énergie de ses sentiments et ce jour prochain où le peuple fera justice; il est doux de souffrir pour sa cause quand on connaît sa misère; quand on connaît sa force, il est facile de braver des attentats qui l'éveillent, une oppression qui s'en va finir. »

Voici ce qu'on remarque dans d'autres pièces saisies à la même occasion :

« A bas tous les priviléges, *même ceux de la naissance!* A bas le monopole de la richesse! A bas l'*exploitation de l'homme par l'homme!* A bas les *inégalités sociales!* A bas cette infâme organisation où de nombreux parasites se donnent la peine de naître pour vivre largement, dans l'oisiveté, du travail de leurs malheureux frères! Que l'individualisme qui ronge la société fasse place au dévoûment, qui seul peut la faire fleurir. Plus de factions, plus de tiraillements, plus de castes. Vivent l'harmonie et l'unité politiques! Vive la république *centralisée!* Vive le suffrage universel! Vive le peuple, souverain de droit! Il le sera bientôt de fait. Au peuple appartient la sanction de toutes les lois, préparées d'abord par ses mandataires; c'est lui qui instituera et changera à son gré la forme de gouvernement, qui choisira ses magistrats suprêmes, qui les révoquera quand il lui plaira, et qui les punira quand ils auront prévariqué.

« C'est le peuple qui garde et cultive le sol; c'est lui qui féconde le commerce et l'industrie; c'est lui qui crée toutes les richesses. A lui donc appartient le droit *d'organiser la propriété*, de faire une équitable répartition des charges et des jouissances sociales; en un mot, d'ordonner la chose publique de la manière la plus avantageuse au bien de tous.

« Voilà ce qui nous occupe dans nos *ténébreux conciliabules.* Voilà ce dont la presse ne parle guère; elle ne travaille en général qu'à un changement *politique*. Cependant, les plus grandes révolutions ne sont pas les révolutions politiques. Quand elles ne sont pas accompagnées de révolutions sociales, il n'en résulte rien ou presque rien. L'autorité change de mains, mais la nation reste dans le même état.

« *Abolir l'exploitation de l'homme par l'homme*, détruire le privilége révoltant de quelques oisifs qui regorgent de superfluités et de richesses, dérobées à la multitude des travailleurs indigents; rappeler tous les hommes à leur dignité, à la liberté, à l'égalité des droits politiques, et surtout à une juste répartition des avantages et des charges de la société, voilà notre but....

« La révolution que nous attendons, et qui dans tous les esprits doit consacrer la prééminence de la richesse des bras sur toutes les autres, sera accomplie quand les ouvriers seront assez instruits pour revendiquer eux-mêmes les droits dus à l'excellence de leur propriété... Dans un système large et bien entendu d'instruction publique, le travail glorifié serait la première richesse; *les capitalistes en terres ou en argent seraient à genoux devant le travail;* à leur tour ils deviendraient *suppliants* en face des travailleurs, et l'OUVRIER DICTERAIT ALORS SES CONDITIONS.... Notre organisation industrielle et sociale tout entière *incline progressivement vers une fin hideuse d'immoralité, l'asservissement du pauvre au riche, et l'exploitation de l'homme laborieux par le bourgeois fainéant.* »

Le même acte d'accusation dit encore : « *La Société des Droits de l'Homme* exalte l'assassinat politique. Un écrit ayant pour titre *Instructions*, et signé par l'accusé Lebon, a pour but de signaler les symptômes révolutionnaires qui se remarquent en Europe et spécialement en France; on y parle des *sociétés secrètes* qui forment de rudes ennemis des despotes et des chiens de cour, et l'on ne craint pas d'ajouter : « *Sand et Stabs sont un exemple pour nous.* »

« La même association reconnaît à l'État le droit de prendre les biens de tous les citoyens. Elle se déclare toujours armée pour le combat et ne vouloir recruter que des hommes prêts à se battre. Chacune de ses sections reçut un nom spécial : *Marat, Couton, Saint-Just, Robespierre, chute des Girondins, quatre-vingt-treize, des montagnards, des Jacobins, des gueux, guerre aux châteaux, abolition de la propriété, Babeuf, des truands, mort aux tyrans, 5 et 6 juin, des Piques, Canon d'alarme, Tocsin Barricade-Méry, Insurrection de Lyon, 21 janvier, Maillard, Louvel.* Ne perdons pas de vue, ajoute l'acte d'accusation, que les noms étaient donnés aux sections par le comité.

« *La Société des Droits de l'Homme* de Paris, disait un ordre du jour du comité central, daté de pluviôse an 42 (février 1834), peut dès à présent se considérer *comme une société mère de plus de trois cents associations qui se rallient, sur tous les points de la France, aux mêmes principes et à la même direction.*

« Enfin, l'association avait dès lors adopté le *drapeau rouge.* Deux militaires, dit l'acte d'accusation, furent attaqués et désarmés. Le *drapeau rouge* de la Société des Droits de l'Homme fut arboré à la porte d'un cabaret, puis arraché par la police. »

DROITS DE NAVIGATION. *Voyez* NAVIGATION.

DROITS D'ENTRÉE, DROITS DE SORTIE. *Voyez* DOUANES.

DROITS FÉODAUX ou SEIGNEURIAUX. Les droits féodaux s'appelèrent d'abord *lods*, c'est-à-dire *honneurs.* C'était comme des reconnaissances faites au seigneur par le vassal des aliénations ou transmissions de *fiefs.* Les droits féodaux peuvent se diviser en *militaires*, en *fiscaux* et en purement *honorifiques.* Le droit le plus important du seigneur était le droit de *justice;* venaient ensuite le *cens*, la *corvée*, la *dîme*, les droits de *quint* et de *requint* pour aliénation de fiefs nobles, de *lods* pour aliénation de roture, de *retrait seigneurial*, de *retrait censuel*, de *relief*, de *chambellage*, de *marciage*, qui tous trois s'appliquaient encore aux mutations de fiefs ou de rotures, de *pêche*, de *tonlieu*, droit de douanes sur les marchandises transportées par terre et par eau, et plus tard sur les objets vendus dans les foires, de *travers*, également sur les denrées transportées, de *rouage*, taxe levée sur les voitures, comme indemnité du dommage causé aux chemins, et aussi taxe sur le transport des vins, de *forage*, sur la vente du vin en détail, de *banvin* par lequel le seigneur interdisait pendant un certain temps toute vente de vin sur ses terres afin de s'en réserver le monopole, de *cens d'usage* et de *terceau*, redevances prélevées en nature sur la vendange, de *champart*, de *maréchaussée*, fourniture de foin et d'avoine pour le seigneur, de *past*, d'*auberge* ou *hébergement*, de *brende*, par lesquels le seigneur avait le droit d'aller manger et loger chez son vassal, de *banalité*, de *chasse*, de *prélibation*, *marquette* ou *cuissage*, de *bâtardise*, par lequel le seigneur succédait au bâtard décédé ab intestat, de *mainmorte*, de *taille* ordinaire et extraordinaire, de *censement*, payé pour la protection du seigneur, d'*aubaine*, d'*épave*, d'*affouage*, de *bris*, de *colombier*, etc. En outre, il y avait un grand nombre de redevances bizarres : ici on apportait au manoir un œuf garrotté dans une charrette traînée par quatre bœufs, ou un serin sur une voiture à quatre chevaux; là les manants devaient courir la quintaine devant le seigneur, lui donner l'aubade, chanter une chanson à sa dame, imiter la marche des ivrognes, danser une bourrée, jeter leur chapeau au bout d'une perche, en courant. Ailleurs, il fallait, à certains jours, venir baiser la serrure, le cliquet ou le verrou du manoir, faire trois cabrioles, etc.

Venaient ensuite les *droits honorifiques*, concédés par le clergé à la noblesse. On en distinguait de deux sortes : les *grands honneurs* n'appartenaient qu'aux hauts justiciers et aux patrons et fondateurs d'églises; ils ne pouvaient se céder ni se communiquer, si ce n'est à la femme et aux enfants. Parmi ces priviléges on rangeait *l'encensement*, les *droits de banc et de sépulture dans le chœur*, l'honneur des *prières nominales* au prône, le droit *de recevoir l'eau bénite séparément et avec distinction* avant tous autres paroissiens. Les *honneurs moindres*, et qui n'étaient que de préséance, consistaient dans le pas à l'offrande, à la procession, etc. Le *droit de patronage* accordé aux personnes qui avaient doté ou fondé une église ou chapelle leur donnait aussi la faculté de présenter un candidat pour le bénéfice de cette église.

Tous les priviléges féodaux ont été abolis par l'Assemblée constituante dans la mémorable nuit du 4 août 1789.

DROITS HONORIFIQUES. *Voyez* DROITS FÉODAUX.

DROITS IMPARFAITS. *Voyez* DROIT et DROIT NATUREL.

DROITS LITIGIEUX. *Voyez* DROIT et LITIGE.

DROITS PARFAITS. *Voyez* DROIT et DROIT NATUREL.

DROITS PERSONNELS. *Voyez* DROIT.

DROITS POLITIQUES. Les *droits politiques*, qu'on nomme aussi droits *civiques*, sont ceux en vertu desquels on est admis à concourir médiatement ou immédiatement à l'exercice des grands pouvoirs de l'État, et à remplir les fonctions publiques; ils confèrent la capacité d'être électeur, d'être éligible au corps législatif, de siéger au sénat, d'exercer les fonctions de juré, de remplir des emplois soit dans l'ordre administratif, soit dans l'orde judiciaire, de concourir en qualité de témoin aux actes reçus par un notaire, etc. Les droits politiques sont inhérents à la qualité de *citoyen*, qui s'acquiert par la naissance et la naturalisation. Cette qualité n'est pas à elle seule suffisante; leur exercice a été soumis à une foule de restrictions, parmi lesquelles nous citerons les suivantes : il faut avoir trente ans pour être éligible au corps législatif et faire partie du jury; vingt-et-un ans pour être électeur, vingt-cinq ans pour être juge ou suppléant dans un tribunal de première instance, ainsi que procureur impérial, notaire et avoué.

L'interdit, le failli, sont privés de l'exercice de leurs droits politiques; la perte de la qualité de Français, la mort civile, et la condamnation à des peines afflictives et infamantes emportent la privation des droits politiques. L'interdiction momentanée des droits politiques peut être prononcée par les tribunaux jugeant correctionnellement.

DROITS PROHIBITIFS, DROITS PROTECTEURS, DROITS RESTRICTIFS. *Voyez* DOUANES, PROHIBITION, PROTECTION, etc.

DROITS RÉELS. *Voyez* DROIT.

DROITS RÉGALIENS. Les *droits régaliens* sont ceux qui, suivant les lois constitutionnelles du royaume ne peuvent appartenir qu'au roi. Tel est le droit de battre monnaie et celui de faire la guerre ou la paix, de créer des offices, etc.

DROITS RÉUNIS. C'est le nom qu'on donna sous le Consulat et l'Empire à certaines *contributions* indirectes formant une régie, et comprenant les taxes sur les *boissons*, les *cartes*, les *tabacs*, etc. Nous nous souvenons d'avoir entendu raconter plus d'une fois par Beugnot le père l'histoire de la longue lutte du conseil d'État contre Bonaparte lorsque le premier consul proposa l'établissement des *droits réunis*. L'opposition du conseil fut très-vive; il repoussait toutes les combinaisons du consul, insistant principalement contre les formes du recouvrement, comme ne pouvant qu'entraîner une foule de vexations insupportables, qui feraient renaître une hostilité perpétuelle entre une armée de préposés et les populations. Bonaparte, presque seul à défendre son plan, le fit adopter à force de persévérance et de souplesse d'esprit. Cette hostilité, que l'on craignait de voir se renouveler entre les employés du fisc et les contribuables, ne paraissait nullement l'inquiéter. Il se rassurait sans doute en se rappelant la vieille maxime : *Divide, et impera.* AUBERT DE VITRY.

DROITS SEIGNEURIAUX. *Voy.* DROITS FÉODAUX.

DROITS SUCCESSIFS. *Voyez* DROIT.

DROIT STRICT. *Voyez* DROIT.

DROITURE. C'est en affaires et en procédés la route directe du bien; aussi, quand on ne redoute pas le grand jour, l'appelle-t-on sur toutes ses démarches : c'est un témoin avec lequel l'honnête homme aime à frayer. La réputation de droiture est trop précieuse pour ne pas s'acquérir avec lenteur; il faut qu'on ait le temps de vous juger sur un grand nombre d'actions; il faut encore qu'on puisse les comparer entre elles. Mais sortez-vous triomphant de cet examen, vous possédez plus que des richesses, qui d'un moment à l'autre peuvent vous être ravies; vous tenez entre vos mains la certitude de tout grand avenir, l'estime publique. Au dix-neuvième siècle, on tombe du sort le plus brillant dans la détresse la plus profonde. Est-on assez heureux pour avoir été plein de droiture, on trouve des appuis, surtout dans les provinces; enfin, on lègue à ses enfants un patrimoine indestructible, à l'aide duquel ils remontent tôt ou tard à une situation honorable. Il y a de très-petits esprits, convaincus qu'on ne peut obtenir de succès que par l'astuce : c'est une grave erreur. On ne réussit de cette manière qu'une ou deux fois, et encore dans quelques détails, auxquels ceux que vous trompez apportent peu d'attention. Mais dans tout ce qui a une véritable importance il n'y a de base large et solide que la droiture : c'est sur elle seule que s'élèvent les grandes fortunes. La droiture, au reste, n'est pas incompatible avec ce genre d'adresse qui n'est qu'un heureux emploi des moyens légitimes qui sont en notre pouvoir. Il existe une foule de circonstances où pour décider les hommes à remplir leurs devoirs, ou même à comprendre leur intérêt, il faut user d'à-propos, de tact et de mesure : une droiture qui les heurterait de front serait donc nuisible, parce qu'elle serait maladroite. Il y a plus : grâce à notre droiture, nous parvenons à faire preuve d'habileté, parce que nous savons qu'on compte sur nous pour tenir certains engagements; alors nous tournons les obstacles que nous ne pourrions enlever de vive force.

Dans le siècle dernier, on citait Duclos comme étant *droit* et *adroit;* mais on donnait la préséance à la première qualité, qui dérive de la morale, sur la seconde, qui n'est qu'un produit de l'intelligence. Il y a des caractères privilégiés qui naissent pleins de droiture; mais pour le commun des hommes, c'est l'affaire d'une bonne éducation. La droiture s'apprend encore par une série de bons exemples domestiques; c'est, en définitive, le plus beau, le plus noble developpement auquel puisse atteindre la raison humaine. Il est à remarquer que pour nous montrer *droits* nous avons, dans bien des circonstances, à soutenir une lutte entre le devoir, qui nous conseille, et les passions ou les intérêts du moment, qui cherchent à nous entraîner. Les gens de la campagne n'apportent en général aucune espèce de droiture dans leurs petites transactions journalières; la moralité leur manquant, ils cèdent à l'avidité du gain. Il ne faut demander encore aucune espèce de droiture aux peuples sauvages; pour satisfaire même de simples caprices, ils ont recours à des ruses, à des finesses, qui étonnent par la multiplicité des combinaisons qu'elles supposent : les récits des voyageurs, depuis plus de quatre cents années, sont tous d'accord sur ce point. Aussi les civilisés sont-ils forcés d'apporter dans leurs rapports avec ces enfants de la *nature* une méfiance continuelle. Ce qui jette une teinte d'avilissement sur les femmes coquettes, c'est le défaut de droiture dans un sentiment où tout doit être bonne foi et sincérité. En dépit de leurs ressources, elles parviennent toujours, après bien des inquiétudes et des peines d'esprit, à tomber dans le mépris universel : on ne les croit plus, quand même elles expriment ce que véritablement elles sentent. SAINT-PROSPER.

DRÔLE. C'est ici un de ces mots mal définis, que la souplesse et l'inconstance de l'esprit français ont revêtus de mille nuances et appropriés à mille usages. D'après le dictionnaire de MM. Nodier et Verger, *drôle* viendrait de l'allemand *drolling*, qui signifie *gaillard, plaisant*. Ménage le dérive du latin *trossulus*, lequel désignait chez les anciens un homme qui fait le beau, qui se pique d'être élégant, un dameret, un petit-maître. Caseneuve, dans ses *Origines*, nous semble avoir rencontré plus juste en le faisant venir du danois *trole*, qui signifie *démon*, *lutin*, *farfadet*. Arnault, adoptant cette étymologie, s'exprime ainsi dans un chapitre de ses *Mélanges de critique* : « *Drôle*, dans l'origine, est le nom d'un agent infernal, d'un lutin, d'un follet, d'un farfadet, mince génie, petit esprit, pauvre diable, assujetti à un sorcier, ou même à un homme qui n'est pas sorcier. Le *drôle* est très-actif et très-alerte. Il travaille dans l'ombre et sans bruit. Nettoyer l'écurie, panser les chevaux, et tout cela sans se montrer, telle est son habitude. Son plus grand plaisir est d'étriller les pauvres bêtes. Le *drôle* s'attache volontiers au maître qu'il sert. En cela, il diffère un peu de certains hommes auxquels on donne son nom. »

Quelques auteurs font venir le mot *drôle* de *draucculus*, diminutif de *draucus*, employé dans la basse latinité pour désigner un homme perdu de débauches. Cela devrait faire supposer qu'il est toujours pris en mauvaise part, ce qui n'est pas, puisqu'on est quelquefois obligé de lui accoler une épithète pour lui donner cette interprétation, comme lorsqu'on dit d'un homme que c'est un *mauvais drôle*. Dire d'un enfant que c'est un *petit drôle* n'emporte pas toujours une idée défavorable, et souvent l'on ne prétend faire entendre autre chose par ces mots, sinon que c'est un enfant éveillé et plein de malice. Dire d'un homme que c'est un *drôle de corps* n'implique pas non plus une idée fâcheuse, et qui lui soit contraire; c'est dire simplement que c'est un homme original ou plaisant. Scarron, par exemple, était un *drôle de corps*, au physique et au moral. Le dauphin disait, en parlant du cardinal de Rohan : « C'est un prince très-recommandable, un prélat très-respectable et un *drôle bien découplé*. » Mirabeau appelait l'avocat Chapelier la *fleur des drôles*. Aujourd'hui, le mot *drôle* désigne plus généralement un individu dont la morale inspire peu d'estime, et qui, sans être tout à fait un fripon, n'est rien moins qu'un galant homme. Arnault, qui partage cette opinion, l'appuie par les distinctions suivantes : « Le drôle a moins d'honneur qu'un polisson et plus de probité qu'un escroc. On peut être un drôle et n'avoir jamais rien eu à démêler avec la justice. On peut même être un drôle et rendre la justice; car il en est des drôles comme des honnêtes gens, il y en a partout. »

Des personnes cette qualification est passée aux choses, et l'on dit d'une histoire, d'un conte, d'un récit, d'un mot, qu'ils sont *drôles*, pour dire qu'ils sont plaisants, amusants, originaux, récréatifs.

Nous n'avons pas grand'chose à dire du substantif féminin *drôlesse*, qui ne s'emploie qu'en mauvaise part, de l'adverbe *drôlement*, du substantif *drôlerie* et de l'adjectif *drôlatique*, qui conservent également le même sens.

Edme Héreau.

DROLLING. Ce nom appartient à deux peintres distingués : le père qui l'a commencé noblement; le fils, qui a agrandi l'héritage paternel.

DROLLING (Martin) naquit à Oberhergheim (Haut-Rhin), le 17 septembre 1750. Venu au monde dans une maison de vignerons, on le destinait (et c'était une grande ambition de la famille) à être *homme de plume*, c'est-à-dire commis de bureau, huissier ou clerc de procureur. Son étoile le guida dans une autre voie. Un jour elle l'arrête à la porte d'un peintre en voitures de la ville de Schelestadt. Ce brave homme donnait ses moments de loisir à des tableaux d'église, et le jeune Drolling arriva devant l'artiste artisan dans un de ces moments-là. En observant *comment cela se faisait*, en voyant grandir sous ses yeux un saint Martin évêque, qu'il prit pour le bon Dieu, tant il était illuminé et resplendissant de rayons orange, la vocation du jeune Drolling se déclara. Adieu la plume, et vive le pinceau! Bon gré, malgré, le brave vigneron son père consentit à le mettre en apprentissage chez l'artiste en panneaux de carrosses et en *ex-voto* de chapelles. Après avoir passé quatre ans auprès d'un tel maître, qu'il ne tarda pas à éclipser, Martin Drolling se rendit à Strasbourg, où il ne pouvait pas plus développer son talent que se créer une existence; aussi l'ambition, la vanité peut-être, le poussant, se mit-il en route pour Paris.

La rue Saint-Jacques à Paris était, dans la pensée de Drolling, l'*eldorado* des artistes; cette croyance lui venait de ce qu'il avait lu au bas de toutes les estampes de saints qu'elles se vendaient dans cette bienheureuse rue. C'est aussi de ce côté qu'il se dirigea avec une pacotille de toiles barbouillées. Arrivé chez un marchand brocanteur, il étale devant lui ses chefs-d'œuvre. Le brocanteur regarde, critique, conseille; enfin, et c'est l'essentiel, il conclut marché avec le peintre, pour ses travaux faits et pour son travail à faire, à raison de trente sous par tableau... Triste *eldorado*! quelques domestiques de bonnes maisons étaient les pratiques du brocanteur et ses amis de cabaret; ils firent faire leur portrait au jeune artiste, et ils lui en procurèrent d'autres, car Drolling les servait à souhait, en entourant leurs figures d'objets matériels, de détails de cuisine ou de chambre à coucher, ce qui, du reste, faisait rentrer le peintre dans le véritable genre de son talent. Cette vie d'expédients ne put abattre la force morale de Drolling; il s'était dit : J'arriverai, et il marchait toujours. L'académie de dessin était la première étape à laquelle il visait. Il y parvint à force de démarches, et bientôt Mme Lebrun le choisit pour exécuter les accessoires de ses tableaux. Poussé en avant, ensuite, par Greuze, Drolling ne tarda pas à se faire un nom par des tableaux de genre, composés avec goût, exécutés avec habileté, arrivant à l'illusion par la couleur vraie des objets et par les effets de la lumière distribuée avec autant d'esprit que de science. *Le Commissionnaire*, *Maison à vendre*, *la Marchande d'oranges*, *la Marchande de pommes*, *la Salle à manger*, *la Laitière*, fondèrent tour à tour et augmentèrent sa réputation, si bien qu'à la fin de sa carrière il se trouva à la tête des peintres de genre à la manière française. Drolling eut le tort de faire quelques tableaux dans un style plus relevé; ces tableaux, qu'il envoyait aux expositions, étaient médiocres, et donnaient satisfaction aux ennemis des petites toiles. Plus le sujet s'élevait, plus le talent du peintre se trouvait hors de mesure avec la tâche qu'il s'imposait; on ne le reconnaissait guère dans ces pages qu'au mérite de la couleur. Pourquoi toucha-t-il à *Sapho* et à *Phaon?* Il n'aurait pas dû aller plus loin que cette charmante *maîtresse d'école* où il a porté l'art familier à un haut degré, en joignant à une belle couleur, à une excellente distribution du jour, à l'exactitude de la nature morte, l'animation des groupes, le mouvement vrai des personnages et la fine expression des physionomies. Martin Drolling mourut en 1817.

DROLLING (Martin-Michel), fils du précédent, naquit en 1786. Plus heureux que son père, il eut d'abord un guide naturel dont l'expérience le poussa dans la bonne voie. Après avoir reçu dans sa famille les premiers principes de l'art, Drolling fils entra en 1807 à l'école de David, et en 1810 il remporta le prix de Rome. Le sujet du concours était *la Querelle d'Achille et d'Agamemnon*. Une fois arrivé à Rome, il se livra à de graves études, et, déjà consciencieux dans l'accomplissement d'un devoir, il s'acquitta, par de nombreux envois, envers l'État qui l'entretenait auprès des chefs-d'œuvre de Michel-Ange et de Raphael. Ses études, ses compositions, se distinguèrent toujours par un beau choix de modèles, par la sévérité de la ligne et par une couleur très satisfaisante. On touchait alors au moment où le dessin cesserait d'avoir des faveurs exclusives; mais le jeune Drolling ne devait pas abandonner la beauté idéale, le style qu'on a désigné sous le nom de *classique*. Son dernier envoi de Rome : *la Mort d'Abel*, en fut comme le garant. Le public s'en occupa beaucoup à cette époque; la critique le prit pour texte de ses amplifications; mais nul ne put s'empêcher de reconnaitre dans cette très-remarquable page les qualités de l'art les plus éminentes : dessin plein de naturel, expression de têtes admirablement bien sentie, couleur puissante et vraie, composition, enfin, pleine de mouvement et de force. En 1822, Drolling augmenta sa réputation en exposant à la fois *Orphée et Eurydice*, une figure de *la Force*, et *Le bon Samaritain*. Ce dernier tableau était remarquable par l'intelligence du sujet autant que par le style pur et élevé des personnages. La figure de *la Force* était moins irréprochable; mais toutes les qualités de l'artiste, dessin noble et correct, couleur ferme et attrayante, sagesse de composition, se retrouvèrent dans l'*Orphée*, dont la gravure s'empara bien vite. Au salon de 1827 Drolling exposa *Ulysse enlevant Polyxène à sa mère*. La tête de Polyxène est d'une grande beauté, et le tableau tout entier, que le gouvernement acheta pour le placer au Luxembourg, est d'une solide exécution.

Plusieurs tableaux consacrèrent successivement et agrandirent encore la juste renommée de Drolling. Comme la plupart des bons peintres d'histoire, il a excellé dans le portrait; nous nous rappelons celui du général Lagrange, et surtout celui de Manuel. Drolling a réussi dans tous les genres de peinture : dans son plafond de l'une des salles du conseil d'État, au Louvre, représentant *La loi qui descend sur la terre pour y établir son empire*, il se fit distinguer par la volonté arrêtée de ne pas abandonner les formes les plus pures de l'art grec, l'élévation du style, la correction du dessin, l'arrangement dominé par le goût; noble persistance, alors que les plafonds commençaient à laisser voir, en se débarrassant de leurs échafauds, la représentation de scènes terrestres qu'on est tant surpris de trouver dans le ciel des appartements. Drolling ne s'est pas fait moins d'honneur par son tableau peint sur mur, à l'église Notre-Dame-de-Lorette : *Le Christ au milieu des docteurs* est une des bonnes compositions de cette coquette demeure de Dieu.

En 1830, alors que l'on trouvait quelque avantage à secouer dans l'air l'idée patriotique, le gouvernement commanda à des artistes d'élite six tableaux pour la grande salle de l'hôtel de ville. Ces tableaux devaient représenter des scènes de la révolution de nos pères. Mais bientôt l'administration cessa de presser les artistes chargés de ces tableaux, et on les pria de s'interrompre, en les chargeant d'autres travaux. C'est ainsi que Drolling eut une chappelle à décorer à Saint-Sulpice.

Drolling restera comme un des plus habiles maitres de l'école de David dont il s'est fait, non le copiste, mais le continuateur, en ajoutant aux qualités puisées auprès du grand élève de Vien la couleur et le mouvement. Drolling a su se garantir des défauts des serviles imitateurs du peintre de Romulus, à savoir le dessin roide et allongé, les nus à contre-sens et les draperies en tuyaux d'orgue. Drolling n'eût jamais rendu la nouvelle réaction inévitable, et peut-être nécessaire; il est classique dans la belle acception du mot; pour lui les études approfondies de l'antiquité ont été le chemin vers l'interprétation de la nature; et quand, dans ses idées de progrès, il a cherché la puissance de la couleur, il n'a point attiré l'œil par ces brillants effets qui ne sont presque toujours que d'insignes mensonges. Si Drolling se recommandait comme artiste par d'éminentes qualités, il était recommandable au même degré par les vertus de l'homme privé et du citoyen. Dégagé d'ambition, modeste, inflexible pour ses opinions, qui ont commencé à se manifester quand son atelier était un des centres actifs de la *charbonnerie*, il avait vu avec bonheur la proclamation de la république. Drolling fut nommé membre de l'Institut en 1833, et professeur à l'École des Beaux-Arts en 1837.

Étienne Arago.

Drolling venait d'achever la chapelle Saint-Paul, à l'église Saint-Sulpice, quand la mort le frappa, le 9 janvier 1851. Outre les tableaux déjà cités, on lui doit encore *Saint Surin*, peint pour l'église de Bordeaux; *La communion de la reine Marie-Antoinette*, à la chapelle de la Conciergerie; un plafond pour le Louvre représentant *Louis XII proclamé le père du peuple*; et *Le Cardinal de Richelieu mourant présentant à Louis XIII la donation de son palais*, pour la galerie d'Orléans au Palais-Royal. Son pinceau ne se refusait pas, comme on voit, à reproduire les rois et les saints.

La sœur de Drolling, *Louise-Adéone* Drolling, née en 1797, à Paris, mariée à M. Pagnière, architecte, en premières noces, et à M. Joubert en secondes noces, s'exerça aussi avec succès dans le genre et le portrait. Elle exposa pour la première fois, en 1821, une *Jeune fille qui calque à une croisée*, et en 1827 une *Jeune fille montrant une souricière à un chat*, une *Jeune religieuse dans sa cellule, pleurant le monde*, et *La marchande de balais*.

L. Louvet.

DROMADAIRE ou CHAMEAU A UNE BOSSE. Le chameau qui n'a qu'une seule bosse portait chez les anciens le nom de *chameau d'Arabie*; c'est ainsi du moins que l'appellent Aristote et Pline, par opposition à celui à deux bosses, qu'ils nomment *chameau de Bactriane*. En effet, la première de ces espèces est la seule que les Arabes emploient et qu'ils aient conduite dans les divers lieux où ils se sont établis, en Syrie, en Babylonie et dans tous les pays qui s'étendent le long des côtes de l'Afrique, depuis l'Abyssinie jusqu'au royaume de Maroc. Il y a dans cette espèce une race plus petite et beaucoup plus rapide à la course, qu'on appelle en arabe, *maïhari* ou *raguahil*. Diodore et Strabon l'ont nommée κάμηλος δρομάς, ou *chameau coureur*, d'où les modernes ont fait le mot *dromadaire*, qu'ils ont étendu, contre son étymologie et contre l'usage des Grecs et des Arabes, à toute l'espèce du chameau d'Arabie. Comme cette extension, consacrée par Buffon et par Linné, a été adoptée par tous les naturalistes, nous ne nous en écarterons point dans cet article, et c'est dans ce sens général que nous y emploierons le mot *dromadaire* (*camelus dromedarius*, Linné).

Les dromadaires ont depuis $1^{m},60$ jusqu'à $2^{m},30$ de hauteur au garrot. Leur bosse est placée sur le milieu du dos, arrondie et jamais tombante. Leur museau est moins renflé que celui des chameaux. Leur poil, doux, laineux, est fort inégal, et plus long qu'ailleurs sur la nuque, sous la gorge et sur la bosse; sa couleur est d'un blanc sale dans la jeunesse, et devient avec l'âge d'un gris roussâtre plus ou moins foncé. Il y a, comme dans le chameau, des callosités dénuées de poil au coude et au genou des jambes de devant, à la rotule et au jarret de celles de derrière, et une beaucoup plus grande sur la poitrine. C'est sur ces callosités que les dromadaires se couchent, et quelques personnes ont pensé qu'elles sont produites à la longue par les contusions que doivent donner à ces animaux leurs chutes répétées; cependant les jeunes les apportent en naissant. L'intérieur du dromadaire ne diffère en rien d'important de celui du chameau.

C'est de tous les animaux domestiques le plus nécessaire dans les pays que les Arabes habitent ou parcourent. Sans la sobriété étonnante du dromadaire, sans la faculté dont il jouit de supporter longtemps la soif, sans sa facilité à traverser rapidement d'immenses espaces couverts d'un sable brûlant, il n'y aurait plus de communication entre l'Égypte et l'Abyssinie, entre la Barbarie et les contrées situées au delà du Sahara, entre la Syrie et la Perse; l'Arabie heureuse serait absolument isolée du reste de la terre.

Les grands dromadaires portent depuis trois cent cinquante jusqu'à cinq ou six cents kilogrammes, et font, ainsi chargés, quarante-cinq kilomètres par jour; mais le dromadaire de course, qui ne porte point de fardeaux, en fait jusqu'à cent trente-cinq, pourvu que ce soit en plaine et dans un terrain sec. Ils deviennent presque inutiles dans les pays pierreux et montueux, et plus encore dans les pays humides; l'humidité leur fait enfler les jambes, et on les voit tomber subitement. L'une et l'autre variété marche ainsi pendant huit ou dix jours, ne mangeant que des herbes sèches et épineuses qui croissent dans le désert; lorsque la route dure plus longtemps et qu'on veut les maintenir en bon état, on y ajoute de l'orge, des fèves ou des dattes en petite quantité, ou enfin un peu de pâte faite de fleur de farine; si on se dispense de ce soin, le dromadaire ne laisse point d'aller encore, mais il maigrit, et sa bosse diminue au point de disparaître presque entièrement. Le chameau à deux bosses ne pourrait supporter une aussi longue diète. Le dromadaire peut se passer de boire pendant sept ou huit jours. Après une si longue abstinence, il sent l'eau de très-loin, et s'il s'en rencontre à sa portée, il y court rapidement, bien avant qu'on puisse la voir. On maintient cette habitude même dans le temps de repos, en ne lui donnant à boire qu'à des époques éloignées.

On leur apprend dès leur jeunesse à s'agenouiller pour se faire charger; ils ne se relèvent point lorsqu'ils sentent que le fardeau est trop lourd pour leurs forces; il y en a qui se chargent seuls, en passant la tête sous l'espèce de bât auquel les ballots sont attachés. On est obligé de faire un bât particulier pour chaque individu, et d'avoir soin qu'il ne touche pas le haut de la bosse : autrement celle-ci se meurtrirait, et la gangrène et les vers s'y mettraient bientôt; quand cet inconvénient arrive, on met sur la place du plâtre râpé bien fin, qu'il faut changer souvent.

Ces animaux sont très-doux, excepté dans le temps du rut, où ils sont comme furieux. Aussi on coupe tous les mâles de service, et on n'en conserve qu'un seul entier pour huit ou dix femelles. On brûle même les parties extérieures des femelles que l'on veut employer, afin de prévenir les désordres que la chaleur occasionnerait. C'est au printemps que le rut commence; la femelle est couchée sur ses jambes pendant l'accouplement, qui n'a lieu qu'avec beaucoup de peine et après que le mâle a été longtemps excité. La gestation est de douze mois; il ne naît qu'un seul petit; il n'a que $0^{m},60$ de haut en naissant, mais il croît si vite dans les premiers moments de sa vie, qu'au bout de huit jours il a déjà près d'un mètre; il tette pendant un an, et n'a atteint toute sa grandeur qu'à six ou sept ans. Le dromadaire peut en vivre quarante ou cinquante.

La chair des jeunes dromadaires est aussi bonne que celle du veau; les Arabes en font leur nourriture ordinaire; ils la conservent dans des vases où ils la couvrent de graisse. Ils en mangent aussi le lait, qui est épais et nourrissant, et dont ils préparent du beurre et du fromage. La femelle donne du lait dès l'instant où elle a mis bas jusqu'à celui où elle a conçu de nouveau. Le membre du mâle préparé sert de fouet pour monter à cheval. Le poil de dromadaire s'emploie à plusieurs sortes d'étoffes, des feutres et d'autres préparations. Il n'est pas jusqu'à sa fiente, qui ne soit une ressource dans ces pays arides; c'en est le principal combustible, et on prépare avec la suie qui en résulte une quantité de sel ammoniaque.

G. Cuvier, de l'Académie des Sciences.

DROMADAIRES DE GUERRE. Dans les contrées dont le dromadaire et le chameau sont originaires, les armées se sont servies en tout temps de ces deux espèces d'animaux, ainsi que des éléphants, comme auxiliaires dans les combats. Les légions en eurent dans leurs rangs, ou à leur suite; c'est un fait attesté par Frontin, Hérodien, Plutarque, etc., etc. Cyrus en fit usage dans la bataille contre Crésus, et ils contribuèrent beaucoup à la victoire, en portant la terreur et le désordre dans la cavalerie ennemie. Tite-Live fait mention d'archers arabes montés sur des chameaux et armés d'épées, longues de deux mètres, afin de pouvoir atteindre l'ennemi du haut de ces grands animaux; mais le plus habituellement ceux qui les montaient se servaient de flèches : quelquefois deux archers se plaçaient sur le même chameau, adossés l'un à l'autre, afin de pouvoir faire face également à l'attaque et à la défense.

[Bonaparte, général en chef, institua dans la campagne d'Égypte, en janvier 1799, un régiment français, composé de deux escadrons, à quatre compagnies de soixante hommes, porté sur les *vaisseaux du désert*, comme disent les Arabes. Quoique ces montures se composassent presque exclusivement de chameaux, les cavaliers ainsi montés étaient généralement appelés *dromadaires*. Cette cavalerie ou plutôt cette infanterie montée rappelait les anciens archers de la milice perse, les *dimaques* grecs, les dragons français, quand ils n'étaient encore qu'infanterie à cheval. Les dromadaires résistaient aux Bédouins, désolaient les cavaliers arabes, surprenaient les mamelouks et suppléaient, à l'impuissance des chevaux de France, car le quadrupède d'Égypte est un animal vite, sobre, facile à discipliner; il escadronne sans beaucoup d'étude; il est capable d'entreprendre un trajet d'une durée de vingt ou de vingt-quatre heures, et de l'accomplir sans s'arrêter; mais il n'est propre qu'aux pays de sable. Il portait d'abord deux hommes, pourvus d'armes, de munitions, d'eau et de subsistance pour cinq ou six jours; mais ensuite il ne porta qu'un soldat, à cause de la difficulté de faire vivre en bonne intelligence ces cavaliers jumeaux. La seconde place du cavalier fut plus utilement employée à transporter des vivres et des munitions. En route, l'homme se tenait à peu près accroupi sur le dos de l'animal, et le guidait aisément, non avec une bride, mais à l'aide d'un anneau de fer passé dans les narines du chameau, comme on conduit en Italie les buffles. La bête s'agenouillait au signal que lui en donnait le cavalier par un certain cri ou sifflement, et au moyen d'une génuflexion du chameau, le soldat montait ou descendait avec facilité. Un seul homme gardait plusieurs de ces animaux, quand ses camarades avaient mis pied à terre et entamaient le combat. Les officiers avaient des pistolets et ils étaient munis de boussoles pour se diriger dans le désert. L'uniforme, dessiné par Kléber dans le goût oriental, était très-brillant. Les soldats avaient un fusil de dragon, avec baïonnette, et un sabre de hussard. Les cavaliers arrivés en présence de l'ennemi, les chameaux fléchissaient le genou, et les hommes, descendant avec leurs armes, entravaient les montures, les pelotonnaient toutes ensemble, laissant au milieu un espace vide pour les gardiens; après quoi, le reste, manœuvrant en dehors du groupe, engageait l'action avec les Arabes.

Général Bardin.]

Après notre conquête d'Alger, l'excessive mobilité des tribus arabes de l'intérieur, la rapidité avec laquelle leurs cavaliers franchissent les grandes distances, opposèrent longtemps de sérieux obstacles à l'affermissement de notre domination. Comment en effet triompher d'un ennemi presque insaisissable et imposer une obéissance durable à des populations fugitives? Dès 1843 une expédition avait été menée à bonne fin dans le petit désert à l'aide de fantassins montés sur des mulets. Bientôt on remplaça les mulets par des chameaux et des dromadaires. Ces animaux, qui en Afrique coûtent quatre fois moins qu'un mulet, subsistent avec ce qu'ils trouvent, portent un fardeau triple, peuvent servir vingt ans, parcourent de grands espaces, sans éprouver les besoins des autres bêtes de somme, et supportent plusieurs jours des privations de boisson et d'aliments. Les cavaliers qui les montent se placent sur une espèce de bât creusé vers le milieu et garni à chacun des arçons d'un morceau de bois planté verticalement, qu'ils saisissent, des deux mains, pour résister au trot allongé de l'animal qui produit l'effet du roulis d'un vaisseau. Le commandant Carbuccia organisa à la Maison-Carrée un escadron de cent dromadaires, avec deux cents hommes. Il y avait ainsi deux hommes pour un dromadaire; un seul montait, un autre conduisait; ils se relayaient à chaque halte; tous deux pouvaient monter au besoin. C'est sur l'arrière du bât que le cavalier était assis; le devant était occupé par les sacs des deux soldats, deux outres contenant de quatre à cinq litres d'eau chacune, un grand sac de toile renfermant pour un mois de vivres en biscuit, sel, sucre, café et riz. Devenu colonel commandant, M. Carbuccia adressait au maréchal Bugeaud deux rapports sur cette intéressante question, qui lui fournissait plus tard la matière d'un livre intitulé : *Du dromadaire comme bête de somme et comme monture de guerre; de son utilité en Algérie et de son emploi à l'armée d'Égypte en* 1799. Malheureusement cette organisation d'essai, provisoire d'abord et incomplète, fut abandonnée après la mort du duc d'Isly. Aujourd'hui on semble y revenir d'une manière sérieuse.

Dans le mois de février 1853 on achevait en effet d'organiser à Laghouat un équipage de cinq cents chameaux, destinés à transporter de l'infanterie dans toutes les parties reculées du Sud algérien. Rien n'était négligé pour que le soldat pût commodément et sans fatigue se servir de ce nouvel instrument de guerre pour traverser *le pays de la soif*, sans inquiétude, en transportant avec lui l'eau nécessaire et des vivres suffisants pour une course de longue durée (60 à 80 kilomètres par jour). Déjà le commandant Du Barrail avait expérimenté avec succès ce mode rapide de transport, même sur des malades. Notre rayon d'action s'étendait ainsi de plus en plus, et nous étions à la veille d'atteindre nos ennemis presque à toute distance.

Eug. G. de Monglave.

DRÔME (Département de la). Formé d'une partie du Dauphiné et d'une petite partie de la Provence, il est borné au nord par le département de l'Isère à l'est, par le même et celui des Hautes-Alpes au sud, par les départements des Basses-Alpes et de Vaucluse et à l'ouest, par celui de l'Ardèche, dont le Rhône le sépare.

Divisé en quatre arrondissements, dont les chefs-lieux sont Valence, Die, Montélimart, Nyons, vingt-huit cantons et trois cent soixante-deux communes, il compte 326,846 habitants. Il envoie trois députés au corps législatif, forme la 7e subdivision de la la 8e division militaire, fait partie du 14e arrondissement forestier ressortit, à la cour d'appel de Grenoble, et forme le diocèse de Valence. Son académie comprend deux colléges et une école normale primaire.

Sa superficie est de 654,179 hectares, dont 259,101 en terres labourables, 165,176 en bois, 143,365 en landes, pâtis, bruyères, 23,936 en vignes, 17,953 en prés, 3,009 en cultures diverses, 2,806 en oseraies, aunaies, saussaies, 1,457 en propriétés bâties, 996 en vergers, pépinières et jardins, 166 en étangs, abreuvoirs, etc., 14,073 en rivières, lacs, ruisseaux, 1,238 en forêts, domaines non productifs, 9,082 en routes, chemins, places publiques, rues, 691 en cimetières, églises, presbytères, bâtiments publics. Le nombre des propriétés bâties est de 68,712, dont 67,444 consacrées à l'habitation, 552 moulins, 5 forges et hauts fourneaux, 711 fabriques et usines diverses. Le département paye 1,222,547 fr. d'impôt foncier.

Situé dans le bassin du Rhône, sur la rive gauche de ce fleuve, il est arrosé en outre par le Dolon, la Galaura, l'Isère, la Drôme, qui lui donne son nom, le Roubion, le Lez, l'Aigues, l'Ouvèse et un grand nombre d'autres petits affluents du Rhône. Le pays est montagneux et élevé dans sa partie orientale, couvert par les derniers contreforts des Alpes, qui encaissent la vallée du Rhône. Les points culminants sont la Roche-Courbe, haute de 1,591 mètres, et la Pierre-Chauve, de 1,309. Le sol est peu fertile en général, excepté dans la vallée du Rhône.

On trouve des ours, des bouquetins, des chamois et des oiseaux de proie dans les montagnes, des loups et des renards dans les forêts, des castors dans les îles du Rhône et sur les bords de quelques étangs, du gibier gros et menu de toute espèce. Le sapin, le hêtre et le chêne sont les essences dominantes dans les forêts, la flore des montagnes est riche et variée. Le pays renferme des oliviers, des amandiers, des châtaigniers, des mûriers; on y recueille des truffes estimées. Le fer n'est exploité qu'en petite quantité dans ce département, dont les autres produits minéraux sont de beaux marbres blancs et de beaux granits, du grès à meule, des pierres de taille, du gypse, de la craie, de la pierre à chaux, du sable pour verreries, de l'argile à creusets, à faïence et à poterie, de la terre à porcelaine.

Parmi plusieurs sources minérales, celle de Dieu-le Fit est la plus fréquentée.

L'agriculture est arriérée : on récolte surtout des céréales en quantité insuffisante, des olives et de la garance, des vins et des fruits méridionaux. Les vignobles du département sont classés parmi les premiers de l'empire, et leurs produits sont les *vins du Rhône*, dont les meilleurs, les blancs et les rouges de l'**Ermitage**, sont estimés à l'égal de plusieurs vins fins de la haute Bourgogne et du Bordelais. Le même crû donne d'excellents vins de liqueur, dits vins *de paille*. On élève beaucoup de chevaux et de mulets, du gros bétail, des moutons de bonne race, des porcs, des volailles; les abeilles, en assez grande quantité, donnent un miel estimé. Mais les vers à soie sont le plus grand produit de l'industrie et l'une des principales richesses du pays.

Le filage de la soie et la fabrication des lainages communs, de la poterie, de la porcelaine, des faïences, creusets, tuiles et briques sont les branches les plus considérables de l'industrie; viennent ensuite la préparation des cuirs, peaux mégissées et maroquins, la fabrication du sucre de betteraves, des soieries, de la bonneterie, des cotons, des gants de Valence, des cordages.

Cinq routes impériales, cinq routes départementales et 4 818 chemins vicinaux sillonnent ce département, dont le chef-lieu est *Valence*; les villes et endroits principaux : *Die*, *Montélimart*, *Nyons*, *Romans*, *Chabeuil*, chef-lieu de canton, situé à dix kilomètres au sud-est de Valence, sur la Véore, avec 4,826 habitants. Une industrie active, de nombreuses filatures de soies, des mégisseries, des papeteries et une fabrication de boissellerie. Cette ville est ancienne; on y voit encore une tour de son ancien château fort. *Livron*, situé à 9 kilomètres au sud de Valence, près de la rive droite de la Drôme et de son confluent avec le Rhône, avec 4,022 habitants, des martinets à instruments aratoires, des moulineries de soie, une scierie de marbre, une huilerie, des fours à chaux, des tuileries, des tanneries, et dans les environs une récolte de vins rouges communs. C'était autrefois une place de guerre fort importante. Les protestants, commandés par Dupuy-Montbrun, y soutinrent en 1574 un long siége contre les troupes du roi, fortes de 18,000 hommes et commandées par le maréchal de Bellegarde et Henri II en personne. *Loriol*, chef-lieu de canton, à cinq lieues au sud de Valence, avec 3,588 habitants, des filatures et fabriques de soie et organsin, une pépinière, un commerce de peaux. Cette ville est séparée du bourg de Livron par la Drôme, que l'on y traverse sur un pont magnifique. *Saint-Vallier*, chef-lieu de canton, à 32 kilomètres au nord de Valence, sur la rive gauche du Rhône, au confluent de la Galaure, est entouré de riches coteaux, tout couverts de vignes, de vergers et d'aubépine. La ville, qui renferme 3,007 habitants, n'offre rien de bien digne d'être signalé, si ce n'est son château, ancienne maison de plaisance de Diane de Poitiers, et dont les ornements d'architecture gothique sont encore bien conservés. *Tain*, à 18 kilomètres au nord-ouest de Valence, est situé sur la rive gauche du Rhône, au bas du coteau de l'Ermitage, et compte 2,742 habitants. Tain possède le premier pont suspendu qui ait été fait en France. Ce pont réunit la solidité à l'élégance, et sert de communication entre Tain et Tournon.

Crest, sur la rive droite de la Drôme, chef-lieu de canton, à 27 kilomètres de Die, avec 4,948 habitants et une église consistoriale. Cette ville, qui a toujours été fortifiée, était encore vers la fin du siècle dernier sous la dépendance des princes de Monaco. Elle fut pendant quelque temps le chef-lieu du duché de Valentinois. On peut juger de l'importance de l'ancien château fort qui dominait la ville d'après les restes qui subsistent encore, et qui produisent un effet très-pittoresque. *Dieu-le-Fit*, au confluent de l'Abron et du Faux, chef-lieu de canton, à 25 kilomètres à l'est de Montélimart, est une jolie petite ville, très-industrieuse, dont la population est d'environ 4,222 habitants. Elle possède une église consistoriale calviniste et trois sources d'eaux minérales assez fréquentées. C'est la principale ville manufacturière du département. Une importante fabrication de poterie renommée occupe plus de 900 ouvriers. *Grignan*, chef-lieu de canton, à 19 kilomètres, a été en partie dévasté pendant la révolution. Dans l'église paroissiale, on voit le tombeau de Mme de Sévigné. La population de Grignan est de 1,948 habitants. *Pierre-Late*, à 26 kilomètres au sud de Montélimart, est situé près de la rive gauche du Rhône, au pied d'un énorme rocher. Ce rocher, *petra lata*, duquel la ville a emprunté son nom, est de nature calcaire et stratifiée. Sa position isolée a donné lieu à plusieurs conjectures. On a supposé avec vraisemblance qu'il a été séparé des collines auxquelles il aurait appartenu par la violence des eaux. La petite ville de Pierre-Latte a une origine fort ancienne, et était autrefois entourée de fortes murailles sous la défense d'une citadelle. Elle fut à différentes époques le chef-lieu d'une seigneurie possédée par les princes de Conti. Sa population actuelle est de 3,483 habitants.

DRONGE, mot tout latin (*druncus, drungus*) qu'emploie Végèce, pour donner une idée de colonnes mobiles ou de camps volants, comme le témoigne Maizeroi. L'*Encyclopédie* tire *drongus* de *truncus*, bâton, parce que le bâton était la marque distinctive du dronguaire. Le mot *dronge* devint grec, après l'abolition de la *légion*, et s'appliqua à un genre d'agrégation comparable à une chiliarchie. Léon représente le dronge de la milice byzantine comme un bataillon de mille hommes au moins, de deux mille au plus, et comme la troisième partie d'une *turme*; il le divise en cinq *bandes*, et le place sous les ordres d'un *dronguaire*. Le mot *dronge* paraît s'être appliqué à la cavalerie aussi bien qu'à l'infanterie.

Gal BARDIN.

DRONTE, genre d'oiseaux, sur la nature duquel les naturalistes n'ont point encore d'opinion véritablement arrêtée. Les drontes sont des animaux très-intéressants, et dont l'histoire se lie aux points les plus relevés de la philosophie des sciences naturelles. Très-communs vers la fin du seizième siècle dans l'Ile de France (Maurice), ces oiseaux paraissent avoir été entièrement détruits, et quelques recherches qu'aient exécutées les voyageurs modernes, ils n'ont pu se procurer sur eux aucun renseignement positif. Toutefois, leur ancienne existence ne peut être révoquée en doute; quelques-unes de leurs parties, une tête et plusieurs pattes, sont conservées en Angleterre; un individu entier et empaillé a même existé pendant quelque temps dans le même royaume, mais il a été maladroitement détruit à cause de son état de vétusté. Un portrait à l'huile du même animal fait en Hollande, d'après un individu rapporté vivant, existe aussi aujourd'hui dans la collection du Muséum britannique; le dessin en a été publié par de Blainville. Ces débris, seuls restes d'un oiseau aussi remarquable, attestent de la manière la plus positive que le dronte a existé : les navigateurs du seizième et du dix-septième siècle nous ont d'ailleurs laissé sur lui de nombreux détails.

La première notion que l'on puisse rapporter au dronte, ou *dodo*, se trouve dans l'histoire de la découverte du passage aux Indes, en doublant le cap de Bonne-Espérance, découverte que les Portugais firent en 1497. On lit que Vasco de Gama, après avoir doublé le cap des Tourmentes, découvrit à soixante lieues au-delà une baie, *angra de San-Blaz*, auprès d'une île où il vit un très-grand nombre d'oiseaux de la forme d'une oie, mais avec des ailes semblables à celles des chauves-souris, et que les matelots les nommèrent *oiseaux solitaires*. En 1499, des Portugais, à leur retour en Europe, touchèrent encore à Blaz; ils y prirent un grand nombre des mêmes animaux, qu'ils comparèrent à des cygnes, ce qui les détermina à donner à l'île le nom d'*ihla de Cisnes*, c'est-à-dire *île aux Cygnes*. En 1598, l'amiral hollandais Van Neck enleva aux Portugais la possession de l'île des Cygnes, à laquelle il donna le nom d'*île Maurice*; les singuliers animaux qu'on y voyait furent qualifiés de la dénomination de *waly-voges*, ou oiseaux de dégoût, tant à cause de leur forme désagréable que de la dureté de leur chair. Clusius parle aussi du dronte; sa description nous apprend que cet oiseau égalait et même surpassait le cygne en grandeur, mais que sa forme était tout à fait différente. La tête, grande, était comme recouverte d'une sorte de capuchon (d'où le nom de *cygnus cucullatus*); le bec n'était pas aplati, mais épais et oblong, et recourbé en crochet à son extrémité; le corps était couvert de plumes rares et courtes; il manquait d'ailes, mais présentait à leur place quatre ou cinq pennes un peu longues; la partie postérieure du corps était épaisse et fort grasse; elle offrait au lieu de queue quatre ou cinq plumes de couleur cendrée, égales, crépues et enroulées. Quant aux pieds, ils avaient quatre doigts, tous pourvus d'ongles et dirigés comme chez la plupart des autres oiseaux, c'est-à-dire trois en avant, et le quatrième en arrière.

Kerbert, Wiquefort, Nieremberg, Bontrus, Willugby, Edwards, etc., ont aussi parlé du dronte; mais ils ont peu éclairé son histoire; Linné, dans la 12e édition du *Systema Naturæ*, le décrivit sous le nom de *didus ineptus*, à cause de son peu d'agilité, et en fit un genre voisin des autruches : cette manière de voir est celle qu'ont adoptée depuis plusieurs naturalistes. Cuvier, au contraire, a pensé que le dronte se rapprochait davantage des oiseaux aquatiques, et principalement des pingouins. Mais de Blainville estime qu'ils devaient être placés dans l'ordre des accipitres, à côté des vautours, avec lesquels ils ont de commun, 1° la forme du bec, 2° la tête dépourvue de plumes, 3° les pattes faibles, sans membranes et sans ergots, ce qui les éloigne des palmipèdes et des gallinacés; et enfin, la position des narines, le système de coloration de la tête et du bec, etc., qui rappellent également ce qu'on voit chez les vautours. Toutefois, les habitudes des drontes n'étaient pas celles de ces oiseaux : c'étaient des animaux éminemment terrestres, fuyant l'eau et incapables de voler; la course devait même leur être assez pénible, à cause de leur adiposité générale; le régime différait aussi de celui des vautours, car les drontes mangeaient des graines, et ils avalaient même des pierres pour faciliter leur digestion; peut-être cependant associaient-ils à ces graines quelques productions animales, telles que des insectes, et plus probablement encore des reptiles.

P. GERVAIS.

DRONTHEIM, en danois TRONDHIEM, la *Nidaros* (c'est-à-dire : *embouchure de la Nid*) des anciens Scandinaves, chef-lieu de l'évêché du même nom, et la troisième des villes du royaume de Norvège, eu égard à son importance et au nombre de ses habitants, est bâtie sur la Nid, au fond d'un vaste golfe, appelé *Trondhiemsfjord*, qui offre des facilités de tout genre au commerce considérable dont elle est le centre. Cette ville, dont les rues sont belles et régulières, est généralement bien bâtie; et peu à peu les maisons en pierre y remplacent, aux termes des règlements de police, les maisons de bois, jadis seules en usage. Parmi les édifices publics qu'elle renferme, nous citerons le *Kongsgaard* (ou Palais du Roi), ainsi que l'antique et vénérable cathédrale. Quoique ce monument ne soit qu'une faible partie (la plus ancienne) de l'antique église bâtie jadis sous l'invocation de saint Olaüs, ce n'en est pas moins le plus remarquable édifice de style gothique que possède la Norvège. Drontheim est le siége d'un évêché et le chef-lieu d'un bailliage. On y trouve une direction des mines, une bourse, une banque et divers établissements scientifiques, entre autres une bibliothèque publique, une collection de médailles, un musée, une société norvégienne des sciences et des arts, fondée en 1760, ainsi que diverses institutions d'utilité publique ou de bienfaisance, par exemple une école de sourds-muets, un établissement pour le traitement des aliénés, et de nombreuses écoles. Le chiffre de la population est de 14,000 âmes. Les habitants se livrent au commerce et à la navigation. Ils possèdent aussi quelques fabriques, des distilleries et des raffineries de sucre. Le commerce extérieur de Drontheim, bien qu'il ne soit plus, comme autrefois, limité aux seuls produits de la pêche, a cependant perdu de l'importance qu'il avait acquise et ne saurait se comparer avec celui de Bergen. Il se fait généralement avec des navires appartenant au port même, et consiste en bois de charpente, poissons secs et salés, harengs, huile de poisson, pelleteries, fer et cuivre provenant des mines voisines. Le poisson sec et salé s'expédie en Hollande, en Espagne, en Portugal et en Italie; les harengs, en Danemark et dans les ports de la Baltique; le bois de construction, en France; le cuivre, à Amsterdam, à Altona et à Copenhague. Le commerce intérieur, tant par terre que par mer, est fort important, surtout avec les contrées situées tout à fait au nord de la Norvège. Le port de Drontheim, auquel on arrive par une vaste et belle rade, est bon, mais peu profond du côté de l'embouchure de la rivière.

Sur un rocher situé au milieu de ce port s'élève la forteresse de *Munkholm*, ancienne abbaye, devenue plus tard une prison d'État, et, du côté de la terre, la ville est protégée par trois forts détachés, *Mœllenberg*, *Christiansteen* et *Christianfjeld*. Les environs de Drontheim sont extrêmement romantiques. Fondée en l'an 997, par Olaf Trygwason, sur l'emplacement de la cité scandinave de *Nidaros*, Drontheim fut longtemps la résidence des rois de Norvège. Incendiée par Jarl Svend, elle fut reconstruite par saint Olaüs II. A partir de 1152 elle devint le siége de l'archevêché du royaume, et depuis Magnus V (1164) les rois de Norvège se firent toujours sacrer et couronner dans sa cathédrale. En 1524 le roi Frédéric Ier déclara que ce serait à Drontheim qu'aurait toujours lieu le couronnement des rois électifs de Norvège. Comme cette ville était généralement bâtie en bois, et l'est encore de nos jours, elle a eu à diverses reprises horriblement à souffrir des ravages du feu; depuis cinq cents ans elle a été maintes fois plus ou moins complétement réduite en cendres. Les catastrophes de ce genre les plus récentes sont celles de 1827, de 1841, 1842 et 1846.

Une exposition de tableaux et d'objets d'art a eu lieu pour la première fois à Drontheim en 1853.

DROSCHKI, pluriel du mot russe *Droschké*; nom d'une voiture découverte, à roues basses et garnies de *paracrottes*, ordinairement à deux places. La partie de cette voiture qu'on appelle le *wurst*, constitue en réalité un troisième siége; seulement, il est disposé en long, et celui qui s'y assied doit se placer soit de côté, soit à reculons. On voit d'ailleurs des *droschki* à quatres places, et couverts.

Les voitures de louage qu'on emploie à Saint-Pétersbourg et à Varsovie pour faire des courses en ville, affectant généralement la forme des *droschki*, l'usage s'est à la longue introduit dans la plupart des grandes villes du nord de l'Europe de désigner ainsi ce que nous autres Français nous persistons, avec raison, à appeler des *fiacres*. C'est moins poétique peut-être, mais c'est plus vrai.

DROSOMÈTRE ou DROSOSCOPE (de δρόσος, humidité, et μέτρον, mesure, ou σκοπεύω, j'observe). C'est le nom d'un appareil dont on se sert pour déterminer la quantité de rosée tombée dans un temps donné. Autrefois on se servait à cet effet de plaques métalliques qu'on exposait à l'humidité de l'atmosphère pendant un certain temps, et on apprenait ensuite la quantité de rosée tombée en tenant compte de l'augmentation du poids de la plaque. Le meilleur procédé consiste à suspendre en plein air des balles de coton cardé, que l'on pèse au commencement et à la fin de l'expérience.

DROSSART, en allemand *Drost*. C'était, au moyen âge, en Hollande et dans la basse Saxe le titre de l'administrateur noble d'un cercle ou d'un bailliage, qui rendait la justice au nom du seigneur de l'endroit, et devant lequel était tenu de comparaître tout individu habitant ce bailliage, quelle que fût d'ailleurs sa condition. Aujourd'hui ce n'est plus qu'un titre honorifique, particulier à la noblesse de certains pays du Nord.

En 1822 le gouvernement hanovrien eut l'ingénieuse idée d'inventer le titre de *landdrost* (drossart du pays), bien autrement honorifique encore, et créé en faveur des *présidents* (préfets) de six *régences* (préfectures) de Hanovre, Hildesheim, Lunebourg, Stade, Osnabruck et Aurich. Il y a aussi un *drossart* dans le Lauenbourg et en Holstein, dans la seigneurie de Pinneberg.

DROSTE, nom d'une famille de barons de l'Empire, établie depuis plusieurs siècles dans le pays de Munster, et qui se compose aujourd'hui de deux branches, les *Droste-Hulshoff* et les *Droste de Vischering*, l'une et l'autre demeurées catholiques.

DROSTE-HULSHOFF (CLÉMENT-AUGUSTE de), savant canoniste, né le 2 février 1793, à Cosfeld en Westphalie, mort à Wiesbaden, le 13 août 1832, se consacra de bonne heure à l'état ecclésiastique, et étudia la théologie et la philosophie sous Hermès à Munster. De 1814 à 1817 il remplit les fonctions de professeur au collége de cette ville; mais ayant résolu alors de se vouer entièrement à l'étude du droit ecclésiastique, il abandonna cette carrière pour aller étudier de nouveau à Gœttingue, et obtint le titre de docteur dans cette université. En 1823 il fut nommé professeur agregé, et en 1825 professeur titulaire à l'université de Bonn.

Le premier de ses ouvrages qui appela sur lui l'attention fut son *Manuel de Droit naturel et de Philosophie* (Bonn, 2e édit., 1831). Il avait déjà publié une dissertation *Sur le droit naturel considéré comme source du droit ecclésiastique* (1822). Il publia ensuite des *Considérations sur la philosophie du droit* (1824), puis une *Introduction au droit criminel allemand* (1826); mais son principal ouvrage, ce sont ses *Principes du Droit commun Ecclésiastique des catholiques et des protestants en Allemagne* (1828). Dans tout ce qu'il a écrit, Droste-Hulshoff, s'est constamment montré fidèle partisan des doctrines et des opinions d'Hermès.

DROSTE-HULSHOFF (ANNETTE-ÉLISABETH, baronne de), cousine du précédent, née en 1798, morte en 1848, femme aussi instruite qu'aimable et spirituelle, a laissé des *Poésies* qui lui assignent incontestablement le premier rang parmi les femmes allemandes qui se sont occupées de poésie lyrique. La forme n'en est pas seulement parfaite; elles respirent en outre les sentiments de l'âme la plus tendre et la plus naïve. On voit que l'auteur est profondément convaincue de la vérité des dogmes du catholicisme; mais ses convictions, si vives qu'elles soient, ne dégénèrent jamais en fanatisme. Personne ne se montre plus tolérant, et tout ce qui s'échappe de sa plume est empreint d'une gaieté douce et aimable, en même temps qu'empreint d'un cachet tout particulier de distinction comme pensée.

DROSTE DE VISCHERING (CLÉMENT-AUGUSTE, baron de), archevêque de Cologne, célèbre par ses longs démêlés avec le gouvernement prussien, naquit le 22 janvier 1773, au château de Vorhelm, près de Munster. Comme ses deux frères aînés, dont l'un mourut évêque de Munster le 2 août

1840, et l'autre mourut chanoine capitulaire de la même église dès 1826, il se destina de bonne heure à l'état ecclésiastique. Peu de temps après avoir terminé ses études théologiques, il fut nommé chanoine de la cathédrale de Munster, et ordonné prêtre en 1798; mais il ne remplit les fonctions du ministère qu'à partir de l'année 1806. Nommé dès 1805 vicaire général du diocèse de Munster, il fut appelé en 1835 à l'archevêché de Cologne, après s'être formellement engagé vis-à-vis du gouvernement prussien à faire exécuter comme évêque, dans la question des mariages mixtes, le compromis passé l'année précédente conformément à un bref du pape, en date de 1830. Mais peu de temps après son intronisation il prit diverses mesures qui amenèrent les difficultés que le gouvernement prussien vit bientôt naître entre lui et le saint-siége. Ainsi, il débuta non-seulement par refuser l'*imprimatur* au *Journal de Philosophie et de théologie catholiques* publié par Hermès, mais encore il interdit, en janvier 1837, aux élèves et professeurs du séminaire de Bonn la lecture des ouvrages de cet écrivain, véhémentement suspect d'hérésie à ses yeux. Bientôt il interdit des professeurs coupables de ne point croire aux dangers qui pouvaient résulter des doctrines philosophiques d'Hermès, pour la pureté de la foi catholique; et il imposa à tous ceux qui voulaient obtenir de lui soit l'ordination, soit une charge d'âmes, l'obligation de signer un engagement comprenant dix-huit propositions, dont la dernière interdisait, en matière de discipline ecclésiastique, tout recours à l'autorité séculière. Au lieu de se prêter aux ouvertures conciliatrices du curateur de l'université de Bonn, l'archevêque continua à persécuter et à interdire tous les prêtres qu'il soupçonnait d'*hermésianisme*. Sa conduite dans la question des mariages mixtes mit le comble au juste mécontentement de l'opinion et du gouvernement. En septembre 1837 il s'avisa tout à coup de prétendre que le mariage suivant le rite catholique entre catholiques et protestants était prohibé par le bref de 1830, si préalablement les conjoints ne prenaient pas l'engagement de faire élever leurs enfants dans la religion catholique, et il n'autorisa plus les mariages mixtes qu'autant qu'il avait été satisfait à cette condition. Mis en demeure par le gouvernement prussien d'avoir soit à exécuter ses engagements, soit à s'abstenir de ses fonctions jusqu'à ce que Rome eût prononcé, il s'y refusa obstinément; alors le cabinet de Berlin, bien décidé à en finir avec l'espèce d'agitation qu'on voulait, à l'exemple de l'Irlande, répandre parmi les populations catholiques des provinces rhénanes, en leur faisant accroire qu'elles étaient persécutées par l'intolérance despotique d'un pouvoir essentiellement ennemi de leur foi, fit un beau jour enlever de son siége archiépiscopal ce prêtre factieux, qui fut conduit et détenu provisoirement à Minden, où il joua à fort bon marché le rôle de martyr. Les négociations que le gouvernement prussien ouvrit alors avec la cour de Rome pour obtenir que, par l'intervention du saint-siége, Droste de Vischering donnât sa démission, se terminèrent par un compromis en vertu duquel on lui donna pour coadjuteur l'évêque de Spire, qui resta chargé désormais de l'administration spirituelle du diocèse de Cologne. En 1841 Droste de Vischering fut autorisé à revenir à Cologne; mais il n'y fit qu'un court séjour, et se retira bientôt après à Munster, où il mourut, le 19 octobre 1845.

DROUAIS (Germain Jean), fils et petit-fils de peintre, naquit à Paris, le 25 novembre 1763. Après lui avoir enseigné les premiers éléments de son art, son père le confia aux soins de Brenet. De cette école il passa dans celle de David, dont les premiers ouvrages avaient vivement excité l'attention publique, et qui se présentait comme un réformateur. Par ses préceptes comme par ses tableaux, David indiquait la nouvelle route qu'il fallait suivre. Drouais fut un des premiers à s'y précipiter, avec l'ardeur propre à son âge, et bientôt il fut suivi d'autres élèves, tels que Girodet, Gérard, Gros, etc., qui prouvèrent par leurs productions que les conseils et le bon exemple n'étouffent jamais le génie.

Drouais, placé sous les yeux de David, se montra infatigable pour le travail, et fit des progrès immenses; il concourut pour la première fois, en 1783, au grand prix de Rome. Quelques jours avant l'exposition, les concurrents, qui jusque là s'étaient soigneusement cachés aux regards de leurs camarades, ouvrent leurs loges, et ils examinent réciproquement leurs tableaux avec une curiosité inquiète et empressée, mais consciencieuse. Drouais, par une modestie qui l'honore, après avoir reporté ses regards sur son propre ouvrage, se croit au-dessous de ses camarades; il coupe son tableau, et en apporte les lambeaux chez son maître, qui s'écrie, après les avoir examinés : « Malheureux ! qu'avez-vous fait? Vous cédez le prix à un autre! — Vous êtes donc content de moi? lui répondit le jeune homme. — Très content. — Eh bien! j'ai le prix, c'est le seul que j'ambitionne; celui de l'académie tombera sur un autre à qui il sera peut-être plus nécessaire qu'à moi; l'année prochaine j'espère le mériter par un meilleur ouvrage. » Ce qui prouve jusqu'à quel point Drouais s'était abusé sur lui-même et sur les autres, c'est qu'il ne fut point décerné de prix. L'année suivante, notre jeune peintre concourut de nouveau; le sujet donné était *La Cananéenne aux pieds de Jésus-Christ*. La surprise et l'admiration furent universelles lorsque son tableau fut exposé; il obtint le prix d'une voix unanime. Drouais était adoré de ses camarades et même de ses rivaux; ils le couronnèrent de lauriers, et, malgré sa résistance, le portèrent en triomphe, d'abord chez son maître et ensuite chez sa mère. Cette ovation toute d'enthousiasme, faite à un âge où les sentiments sont généreux et sincères, redoubla chez Drouais son amour pour l'étude. L'année suivante il partit pour Rome avec son maître. Voici ce que David écrivait à une époque où une mort prématurée était venue lui enlever son élève chéri : « Je pris le parti de l'accompagner, autant par attachement pour mon art que pour sa personne: je ne pouvais plus me passer de lui; je profitai moi-même à lui donner des leçons, et les questions qu'il me faisait seront des leçons pour ma vie : j'ai perdu mon émulation. »

Arrivé à Rome, Drouais commença par porter des regards avides sur toutes les productions dont il était entouré; mais bientôt il se concentra dans l'étude de l'antique et de Raphael. Après une année de séjour à Rome, David fut obligé de quitter son élève, et revint à Paris. Pendant son séjour, il avait fait *Le Serment des Horaces*; et les éloges dont ce tableau avait été l'objet étaient pour Drouais un puissant stimulant. *Marius à Minturne* fut la première composition qu'il fit seul et sans conseils; il ne produisit cet ouvrage à l'exposition publique de Rome qu'avec cette méfiance habituelle qu'il avait de lui-même; mais il obtint à Rome et à Paris, où il fut envoyé, un beau et grand succès. A *Marius* succéda *Philoctète exhalant ses imprécations contre les dieux*; puis, cette figure à peine achevée, il médita une nouvelle et plus grande composition, *C. Gracchus sortant de sa maison, accompagné de ses amis, pour aller apaiser la sédition où il périt*. Toutes ses études étaient faites; les figures étaient déjà tracées sur la toile, mais l'excès du travail produisit une fièvre inflammatoire; la petite vérole s'y joignit, et, malgré les soins les plus assidus et les plus tendres, il succomba, le 13 février 1788, après quelques jours de maladie, n'ayant pas encore atteint sa vingt-cinquième année. Cette mort prématurée causa d'universels regrets; ses condisciples lui élevèrent, dans l'église Sainte-Marie, *in Via Lata*, un monument funéraire.

Drouais avait reçu de la nature les dons le plus aimables : il était grand et bien fait; ses traits avaient de la régularité, de la noblesse et de la douceur; il était bienveillant et affectueux avec tous ses camarades. Possesseur de plus de vingt mille francs de rentes, il semblait ne pas attacher plus de prix aux avantages de la fortune qu'aux agréments de la figure. Il est difficile sans doute de dire jusqu'où Drouais aurait pu parvenir; les tableaux qu'il a laissés contiennent certainement l'indice d'un beau talent, mais on peut leur reprocher d'offrir une imitation trop servile du faire et de la manière de son maître. Cependant on doit rendre à David cette justice, qu'il eut toujours pour principe de diriger ses élèves et non d'en faire des imitateurs. P.-A. COUPIN.

DROUET (JEAN-BAPTISTE). Le 21 juin 1791 deux voitures passaient dans la ville de Sainte-Menehould (Marne), déjà mise en rumeur par l'arrivée inopinée de plusieurs détachements de cavalerie; dans une de ces voitures, le maître de poste de la ville, ancien dragon, homme fort dévoué aux principes de la révolution, croit reconnaître Louis XVI à la ressemblance de son effigie empreinte sur les assignats; il se précipite à leur poursuite, arrive à Varennes par des chemins de traverse, fait barricader le pont de cette ville, et décide l'arrestation du roi fugitif. La Constituante lui vota trente mille francs à titre de récompense nationale; mais Drouet refusa toute gratification pécuniaire, et se borna à demander un grade dans la gendarmerie de son département. Le 20 novembre il ne l'avait pas encore obtenu, et lorsqu'il se présenta ce jour-là devant l'assemblée législative pour le solliciter de nouveau, celle-ci l'admit solennellement aux honneurs de la séance. Plus tard, il fut envoyé à la Convention par ses concitoyens; il y siégea sur les bancs de la Montagne et fut, dans la journée du 1er juin 1793 l'un des adversaires les plus acharnés des girondins. Il avait voté la mort de Louis XVI dans les termes suivants : « Louis a conspiré contre l'État. Par une suite de trahisons il a fait couler à grands flots le sang des citoyens. Il a ouvert les portes du royaume aux ennemis, qui ont apporté la misère et la mort dans mon pays. Tant d'outrages faits à la nation, qui le comblait de ses bienfaits, ne peut se laver que dans le sang. Je le condamne à la mort. »

Drouet fut un des premiers à se prononcer pour un régime de terreur et à demander des mesures sévères contre les suspects : il le fit avec une violence qui souleva contre lui les murmures des montagnards eux-mêmes. Envoyé à l'armée du Nord, il s'enferma avec une partie de l'armée dans Maubeuge, alors bloqué par les Autrichiens. La position de nos troupes était déplorable; il conçut la résolution énergique de traverser les lignes ennemies, et de se rendre à Paris pour en faire part à la Convention. Il sortit donc de la place le 2 octobre 1793, avec une escorte de cent dragons, et s'engagea au milieu des Autrichiens. Un combat sanglant eut lieu. Drouet tomba dans un fossé, et fut démonté. Il prit le cheval d'un autre dragon, fit monter en croupe derrière lui un soldat, et voulut aller plus loin. Chargé par des hussards, il fut littéralement taillé à coups de sabre. Le prisonnier déclara sa qualité de représentant, ce qui lui attira d'abord quelques égards; mais quand il eut dit son nom, il fut accablé de mauvais traitements. Le récit des souffrances de Drouet pendant sa captivité émut alors la France entière. Il avait été placé dans un cachot humide, les fers aux pieds, la tête et les mains enchaînées, enfermé en Moravie, dans la forteresse du Spielberg : il essaya de s'évader, se brisa le pied dans sa tentative, et se vit plus étroitement incarcéré. Il ne fut rendu à la liberté qu'en 1795, lors de l'échange de la duchesse d'Angoulême contre les représentants prisonniers.

Il vint siéger au conseil des Cinq-cents, et reçut de toutes parts des marques non équivoques de sympathie. Drouet déclara qu'il eût été terroriste sous la Terreur. Il se lia avec les hommes les plus avancés du parti populaire, et fut arrêté pour la conspiration Babeuf : il s'évada cependant, et l'on prétend que le Directoire, n'osant pas frapper un homme dont la popularité était si grande, contribua à cette évasion. Drouet se cacha, se rendit d'abord en Suisse, puis il s'embarqua pour les Indes; le navire qui le portait fut obligé de relâcher à Sainte-Croix de Ténériffe, que bloquaient les Anglais. Un combat terrible eut lieu entre ceux-ci et nos troupes; Drouet, tout proscrit qu'il était, n'hésita point à y prendre part, et se battit avec un courage que tout le monde reconnut. Ayant appris alors qu'il avait été acquitté par contumace dans le procès de Babeuf, il revint en France. C'est dans un journal intitulé : *Le Point du Jour*, et ayant pour épigraphe : *Fiat lux !* qu'il avait appuyé et développé les doctrines de Babeuf. Cette feuille exista jusqu'en l'an VII.

Après le 18 brumaire, Drouet accepta du premier consul les fonctions de sous-préfet de Sainte-Menehould, dans lesquelles il vécut ignoré pendant toute la durée de l'empire. Après les cent-jours, il fut compris dans la loi dite d'*amnistie*, qui exilait les conventionnels régicides ayant accepté des fonctions depuis le retour de Cannes : Drouet avait été alors nommé membre de la chambre des représentants de 1815. L'exil lui parut plus terrible que la mort; il résolut de s'y soustraire, et alla se cacher, sous un nom supposé, à Mâcon, où il mourut le 11 avril 1824. Il était né en 1763.

Napoléon GALLOIS.

DROUET D'ERLON (JEAN-BAPTISTE, comte), maréchal de France, naquit à Reims le 29 juillet 1765. Enrôlé par des racoleurs, il servit dans le régiment de Beaujolais depuis 1782 jusqu'à 1787, année où il obtint par grâce d'être congédié. Il rentra comme caporal au bataillon des chasseurs de Reims, le 7 août 1792. Nommé capitaine le 1er avril 1793, il servit d'aide de camp au général Lefebvre jusqu'en septembre 1795, époque à laquelle il fut promu au grade d'adjudant général à l'armée de Sambre-et-Meuse. Il passa successivement avec ce titre à l'armée d'Angleterre, puis à celle du Danube. Le 25 juillet 1799 il obtint les épaulettes de général de brigade, et servit en cette qualité d'abord dans la 1re division militaire, ensuite au camp de Nimègue, devenu armée de Hanovre. Promu, le 27 août 1803, au grade de général de division, il alla rejoindre le premier corps de la grande-armée. Chef d'état-major du dixième corps, puis du corps de réserve en 1807, il commande la 11e division militaire jusqu'au 7 mars 1809. A dater de cette époque, les emplois les plus honorables le mettent en relief et attirent sur lui l'attention et la bienveillance de l'empereur. Nommé chef d'état-major du corps d'armée bavarois, puis commandant de ce même corps, qui formait le septième de l'armée d'Allemagne, il donne en toute occasion des preuves d'une sagacité et d'une ardeur qui achèvent de lui gagner l'estime de Napoléon. Le 4 juillet 1810 il commanda la division d'arrière-garde de l'armée d'Espagne. Un mois plus tard, il est mis à la tête de l'armée du centre, qu'il ne quitte qu'en 1814 pour la 16e division militaire.

Le duc de Berry, en passant par Lille, lui donna le grand cordon de la Légion d'Honneur. A la même époque il présida le conseil de guerre qui acquitta le général Exelmans. Accusé de complicité dans l'affaire du général Lefebvre-Desnouettes, il fut arrêté à Lille, le 13 mars 1815; mais il parvint à s'échapper, et resta caché jusqu'au moment où il apprit le retour de Napoléon de l'île d'Elbe; alors il se montre aux troupes, les harangue, reprend son commandement, et s'empare de la citadelle. L'empereur le nomme pair de France, et lui donne le commandement du premier corps de son armée. Il se trouva à Fleurus, à Ligny, à Waterloo, et enfin sous Paris, dans les premiers jours de juillet, appuyant le mouvement de Vandamme sur Versailles. Inscrit le second sur la liste des généraux que le gouvernement royal ordonnait de juger, le 24 juillet 1815, il parvint à se sauver, et fut porté sur la liste des trente-huit voués à l'exil. Le conseil de guerre de la 11e division militaire le condamna à mort par contumace, le 10 août 1816, comme traître au roi et à la patrie. Réfugié en Allemagne, il profita, pour rentrer en France, du bénéfice de l'amnistie du 28 mai 1825, et fut admis à jouir du traitement de réforme de son grade. Peu de temps après, on le comprit dans le cadre de disponibilité de l'état-major général. La révolution de Juillet le réintégra dans son titre de pair de France, le 19 novembre 1831 ; et le nouveau gouvernement lui confia un commandement dans la Vendée, avec des pouvoirs extraordinaires. Nommé commandant de la 12e division militaire en 1832, il fut choisi le 27 juillet 1834 pour gouverneur général des possessions françaises dans le nord de l'Afrique.

Ses premiers actes purent faire croire qu'il adopterait à l'égard des populations arabes le système conciliateur du général Voirol. Malheureusement c'était un homme facile à circonvenir. Dans le but de protéger les Européens qui fréquentaient le marché de Bouffarick, il y fit construire un camp qui porte son nom, et qui est aujourd'hui un des plus beaux établissements militaires de l'Algérie. Le général Duvivier, qui se défendait avec courage à Bougie contre les attaques multipliées des Kabyles, finit par être rappelé de son commandement, parce qu'on était parvenu à faire croire au gouverneur général que ce brave officier ne songeait à guerroyer que dans des vues d'ambition personnelle. Le général Desmichels fut destitué de son commandement à Oran pour avoir passé avec l'émir un traité honteux pour notre honneur, traité dont la seconde partie seule avait été communiquée au gouvernement. Quand Abd-el-Kader vit toutes ses espérances déçues par le rappel du général Desmichels, il eut peur de la guerre, et envoya au gouverneur général des propositions de paix. Ben-Durand, son agent, parvint à égarer le gouverneur général au point de l'empêcher de sévir contre l'émir, qui venait de franchir les limites du Chélif, malgré ses défenses réitérées. Le général Trézel, qui avait remplacé le baron Desmichels à Oran, prit le parti de faire respecter la volonté de la France, et se porta en avant sur l'émir, le succès couronna d'abord son énergique manifestation, mais dans sa retraite l'ennemi l'assaillit dans la forêt de Muley-Ismael, située à l'embouchure de la Macta, et fit de cette brave colonne un massacre épouvantable. Effrayé de son propre succès, Abd-el-Kader adressait déjà des envoyés au comte d'Erlon, lorsque celui-ci fut rappelé et le général Rapatel chargé de remplir en son absence les fonctions de gouverneur général par intérim.

Au mois de juillet 1835, le comte d'Erlon, en rentrant en France, reprit le commandement de la 12e division militaire. Il fut élevé le 9 avril 1843 à la dignité de maréchal de France, et mourut neuf mois après, le 25 janvier 1844, à la suite d'une affection catarrhale. Il laissait un fils, alors capitaine de cavalerie dans l'armée française, et une fille, à laquelle les chambres votèrent une pension annuelle de 3,000 fr.

L. Louvet.

DROUINEAU (Gustave), auteur dramatique et romancier, né à La Rochelle, le 22 février 1800, fut destiné par ses parents au notariat, après qu'il eut achevé ses études ; mais le peu d'aptitude qu'il montrait pour cette carrière l'obligea bientôt à y renoncer, pour en adopter une autre. Il débuta dans celle de l'enseignement, à l'âge de dix-huit ans, au collége de Civray, département de la Vienne, par les fonctions de professeur, qui ne lui convenaient pas davantage. Ses facultés excentriques et son imagination poétique ne pouvaient manquer de lui rendre insupportables les arides et pénibles devoirs de la pédagogie. De retour à La Rochelle, ou il fit une nouvelle et aussi inutile tentative dans une autre branche de l'enseignement, il se persuada que le barreau lui offrirait plus de moyens de satisfaire son ambition et son amour-propre. Il vint donc à Paris vers 1824, pour y faire son droit ; mais il était écrit que Drouineau ne serait ni avocat, ni instituteur, ni notaire, car il devint auteur dramatique en fréquentant le Théâtre-Français. Il débuta par un drame de *Fiesque*, imité de Schiller, sans pouvoir néanmoins parvenir à faire représenter cette pièce, parce qu'elle se trouvait en concurrence avec la tragédie de M. Ancelot, sous le même titre. Le second ouvrage de Drouineau n'eut pas le même désappointement. *Rienzi, tribun de Rome*, tragédie en cinq actes, réussit complétement, en 1826, à l'Odéon. Le succès de cette pièce, aussi remarquable par le style que par la conception, se soutint à ses diverses reprises. Elle fut traduite en anglais et jouée à Londres, sur le théâtre de Covent-Garden. En 1828 il donna avec Merville, au théâtre de la Porte-Saint-Martin, *L'Écrivain public*, mélodrame en trois actes, qui fit peu de sensation. Il en fut dédommagé par le succès d'estime qu'obtint la même année, à l'Odéon, *L'Espion*, drame en cinq actes et en prose, qu'il avait composé avec Fontan et M. Léon Halevy, et plus encore, en 1830, par l'accueil que reçut au Théâtre-Français son drame en cinq actes et en vers, *Françoise de Rimini*. L'introduction du personnage de *Dante* dans la pièce de Drouineau, quoique peu vraisemblable, parut une heureuse innovation.

La révolution de Juillet ayant interrompu les représentations de ce drame, la susceptibilité de l'auteur en fut offensée, et il cessa de travailler pour le théâtre. Il avait cependant pris une part active à cette révolution : le 29 juillet il avait été nommé membre du conseil municipal de son arrondissement, et le 10 août on avait lu sur la scène française *Le Soleil de la Liberté*, stances de sa composition. Drouineau se borna dès lors à écrire des romans. Il avait déjà révélé son talent dans ce genre, en publiant *Ernest, ou les travers du siècle* (1829, 5 vol. in-12 ; deux éditions). Dans ce livre, qui, malgré son titre, un peu vague, attira l'attention, l'auteur attaque l'instruction publique, qu'il trouvait alors peu en harmonie avec les institutions constitutionnelles, et qui, jetant tous les esprits dans le même moule, et leur donnant la même impulsion, encombrait toutes les voies ouvertes à l'ambition. Les autres romans de Drouineau sont : *Le Manuscrit vert* (2 vol. in-8°, 1831 à 1834 ; trois éditions) ; *Résignée* (2 vol. in-8°, 1832 à 1834 ; trois éditions) ; *Les Ombrages*, contes spiritualistes (in-8°, 1833 ; deux éditions) ; *L'Ironie* (1833, 2 vol. in-8°). Il a donné en outre : des *Confessions poétiques* (1833, in-8°) ; et une *Lettre à Cauchois-Lemaire* (1833). Tant de travaux ne l'empêchaient pas d'être attaché, depuis 1831, à la rédaction du *Constitutionnel*, où il insérait des articles sur la législation et l'économie politique. Mais son inconstance et ses variations dans le choix d'un état, ainsi que dans ses ouvrages littéraires, annonçaient un esprit faible et un cerveau mal organisé, que l'excès du travail acheva de déranger. Aussi fut-il atteint d'une aliénation mentale qui obligea sa famille à le rappeler à La Rochelle, où il mourut fou, au mois de janvier 1835, dans la trente-cinquième année de son âge.

H. Audiffret.

DROUOT (Louis-Antoine, comte), naquit à Nancy, le 11 janvier 1774. En 1793 il entra à l'École d'Artillerie, et la même année fut nommé lieutenant. Durant toutes les guerres que la république eut à soutenir contre l'Europe coalisée, Drouot se comporta toujours en brave soldat. Son courage et ses talents militaires attirèrent en Égypte l'attention de Bonaparte. Enfin, en 1808, il fut nommé colonel-major de l'artillerie à pied de la garde impériale. A Wagram, à Lutzen, à Bautzen, à Wachau, Drouot, par la fécondité de ses ressources et la promptitude de ses manœuvres, agrandit encore le rôle capital que joue l'artillerie dans le système moderne de la guerre. Le 3 septembre 1813 l'empereur récompensa ses nombreux services par le grade de général de division. Il l'avait déjà choisi pour un de ses aides de camp, et le regardait comme le premier militaire de son arme. A Sainte-Hélène il a dit de lui : « Il n'existait pas dans le monde deux officiers pareils à Murat pour la cavalerie, et à Drouot pour l'artillerie. » Après s'être signalé de nouveau dans la campagne de 1814, à Nangis et devant le défilé de Vauclos, Drouot refusa de se soumettre à la famille que l'étranger imposait à la France. Il accompagna Napoléon à l'île d'Elbe, dont il fut nommé gouverneur, et plus tard s'opposa au projet de débarquement. Ses conseils n'ayant pas été suivis, il accompagna l'empereur, et débarqua avec lui au golfe Juan, le 1er mars 1815. D'Antibes à Paris, il commanda cette intrépide avant-garde qui rouvrait à l'empereur un passage triomphant à travers la France. Il fut élevé à la pairie le 2 juin de la même année, et peu de jours après partit pour l'armée qui se rassemblait sur la frontière belge. Dans cette courte campagne, et surtout dans la funèbre journée de Waterloo, Drouot déploya une énergie et une habileté admirables ; mais ses efforts, ainsi que ceux de l'empereur et tant de braves, durent céder devant un ennemi deux fois plus nombreux, que favorisaient en outre la mollesse, l'impéritie ou la trahison de quelques généraux. Après la défaite de notre armée, il s'occupa activement à en rallier les débris, puis il se rendit à Paris, où il essaya de ranimer le patriotisme des représentants de la nation. Mais là encore ses efforts furent aussi inutiles qu'à Waterloo. L'empereur lui confia alors le commandement de la garde impériale, et le chargea de la défense de Paris ; mais déjà la capitulation était signée, et Drouot fut forcé de ramener la garde derrière la Loire. Il eut besoin de toute son énergie et de l'influence qu'il avait aquise sur l'esprit de ses soldats pour les empêcher de reprendre les armes. Ce fut encore à sa voix que la garde consentit à se disperser, lorsque les Bourbons, rentrés en France, se hâtèrent de licencier ces vaillants défenseurs de la patrie.

De ce moment la carrière militaire de Drouot fut terminée. La réaction royaliste poursuivait de ses fureurs toutes nos gloires militaires : Drouot ne pouvait être oublié. Il se constitua volontairement prisonnier, et, le 6 avril 1816, comparut devant un conseil de guerre que présidait le lieutenant général d'Anthouard. Les témoins entendus furent tous d'accord pour faire l'éloge de la probité et de la loyauté de l'accusé. Quant à lui, il se défendit avec une noblesse et une simplicité dignes des temps antiques. « Si, dit-il, je suis condamné par les hommes, qui ne jugent les actions que sur les apparences et d'après les événements, je serai absous par mon juge le plus implacable, ma conscience. Tant que la fidélité aux serments sera sacrée parmi les hommes, je serai justifié ; mais quoique je fasse le plus grand cas de leur opinion, je tiens encore plus à la paix de ma conscience. J'attends votre décision avec calme. Si vous croyez que mon sang soit utile à la tranquillité de la France, mes derniers moments seront encore doux. » Drouot ne fut acquitté qu'à la simple majorité de quatre voix contre trois ! Une fois rendu à la liberté, il se retira à Nancy, auprès de son vieux père. L'empereur en mourant lui ayant légué une somme de cent mille francs, Drouot, avec une partie de cette somme, acheta, dans les environs de Nancy, une petite propriété. L'étude et les travaux champêtres le consolèrent, autant que cela était possible, des malheurs et de l'abaissement de son pays.

A la nouvelle des ordonnances du 25 juillet 1830 et de l'insurrection parisienne, la garde nationale de Nancy se réunit, arbora le drapeau tricolore, et les patriotes se groupèrent autour du général Drouot. Après l'érection d'un nouveau trône, on offrit au vétéran de l'empire le ministère de la guerre, un siége à la chambre des pairs, et le commandement de l'École Polytechnique ; mais il refusa tout, et ne voulut pas quitter sa modeste retraite. C'est ainsi qu'il justifia ces paroles de l'empereur : « Drouot est un homme qui vivrait aussi satisfait, pour ce qui le concerne personnellement, avec quarante sous par jour qu'avec les revenus d'un souverain. Sa morale, sa probité et sa simplicité lui eussent fait honneur dans les plus beaux jours de la république romaine. » Depuis plusieurs années, le général Drouot était accablé d'infirmités, suite de ses nombreuses campagnes et des fatigues qu'il avait endurées. Plus tard, il fut frappé d'une cécité complète, et mourut à Nancy, en 1847. Il employait la plus grande partie de sa fortune en bonnes œuvres et en fondations utiles. Le P. Lacordaire prononça son *Éloge funèbre*. Nancy lui a élevé un monument.

BERTET-DUPINEY.

DROUYN DE L'HUYS (ÉDOUARD), en ce moment ministre des affaires étrangères, est né le 19 novembre 1805, à Paris. Son père, M. DROUYN, ancien receveur général, est mort en 1850.

M. Drouyn de L'Huys commença ses études à Bourbon-Vendée et vint les terminer à Paris, où il remporta le prix d'honneur de l'université en 1823. Il suivit ensuite les cours de l'École de Droit, et se fit recevoir licencié. Peu de temps après, c'est-à-dire vers la fin de 1830, *M. Drouyn* ou *M. de L'Huys*, car il prenait l'un ou l'autre de ces noms suivant le besoin, fut attaché à l'ambassade de France en Espagne. En 1834, il fut nommé secrétaire de légation et chargé d'affaires à La Haye. En 1835, le poste de premier secrétaire d'ambassade à Madrid étant devenu vacant, il fut confié à M. Drouyn. Enfin, il fut élevé aux fonctions de directeur des affaires commerciales au ministère des affaires étrangères en 1840.

Jusque là tout allait bien : aussi quand en 1842 il voulut être député, il le fut. Melun l'envoya à la chambre remplacer le duc de Praslin, nommé pair de France ; mais tout en se déclarant alors attaché de cœur et d'âme à la monarchie de Juillet, il proclamait hautement qu'il n'était rien moins que disposé à sanctionner toutes les propositions du gouvernement. Cette indépendance déplut avec raison à M. Guizot, qui ne comprenait pas qu'un de ses subordonnés pût servir sa politique dans ses bureaux et la desservir à la chambre. M. Guizot ayant vu M. Drouyn de L'Huys voter la proposition de M. de Carné pour blâmer l'indemnité accordée par le gouvernement au missionnaire anglais Pritchard, le destitua. Certes M. Drouyn de L'Huys, ministre de Louis-Philippe, en eût fait autant à l'égard de tout subordonné qui se serait volontairement placé dans la même position que lui ; mais en revanche, à l'en croire du moins, il nous eût accordé la réforme électorale et le droit de réunion, il nous eût rendu l'équilibre du budget en réduisant les impôts ; il nous eût débarrassés des abus du népotisme, de la camaraderie, des influences ; il n'eût eu égard qu'à la capacité, sans s'inquiéter des opinions ; il nous eût, enfin, replacés à la tête des nations. La question n'est plus aujourd'hui de savoir s'il lui eût été possible de tenir de si belles promesses ; ce qu'il y a de certain, c'est qu'il fit grand bruit de sa destitution ; il l'apporta à la tribune, cria à la corruption, à la vénalité des consciences, et sut fort habilement élever sa petite personnalité à la hauteur d'un principe : l'indépendance des fonctionnaires. Dès lors, toujours par attachement pour la dynastie de Juillet, il vota avec le centre gauche. Dans une grande occasion, il fit un discours sur les affaires de la Plata, que l'opposition applaudit fort, mais auquel M. Guizot ne répondit que par un dédaigneux silence. Les électeurs de Melun ne lui en restèrent pas moins fidèles en 1846.

Vint la fameuse campagne des banquets réformistes. M. Drouyn de L'Huys en fut un des principaux instigateurs. Partout il prononçait d'interminables discours où il se posait toujours en victime de la corruption. M. Guizot avait eu beau lui dire, et suivant nous avec un grand sens : « Je ne prétends pas du tout enchaîner la liberté du fonctionnaire député et l'empêcher de voter comme il lui plait ; mais je vous dis : Si vous ne pensez plus comme nous, si vous voulez voter contre nous, quittez l'administration. » A cela, M. Drouyn de L'Huys répondait au banquet de Meaux en homme qui sait sa rhétorique : « Le cynisme des apostasies, le tarif des consciences, qui n'est plus un secret pour personne ; le grand bazar des faveurs ouvert à toutes les cupidités ; les votes mis à l'enchère, la simonie politique faisant entrer dans le commerce la chose la plus inaliénable et la plus sainte, je veux dire la conviction ; tels sont les scandales qui affligent les honnêtes gens de tous les partis. » Puis, s'attaquant aux conservateurs : « Qu'avez-vous conservé ? leur disait-il. Avez-vous *conservé* la fortune de l'État? Demandez-le à la commission du budget, qui vous reproche la progression incessante du déficit, des dépenses et de l'impôt. Avez-vous *conservé* le bon ordre et l'intégrité dans l'administration? Les tribunaux répondent en poursuivant les concussions qui se révèlent de toutes parts dans les services publics et sur lesquelles vous avez si longtemps fermé les yeux. Avez-vous *conservé* nos alliances et notre dignité? Demandez-le à l'Italie, que vous livrez à l'Autriche; à l'Espagne, que vous abandonnez à l'Angleterre; au Maroc, où vous nous faites payer notre gloire; à Taïti, où vous nous faites payer nos faiblesses. Avez-vous *conservé* à la France sa légitime place à la tête de la civilisation, dans l'ordre physique, intellectuel et moral? Demandez-le à vos propres amis; c'est à l'un d'eux qu'appartient le mérite d'avoir caractérisé les résultats de votre administration par ce mot : *Rien, rien, rien!* (*Voyez* DESMOUSSEAUX DE GIVRÉ). Qu'avez-vous donc *conservé*, si ce n'est, par aventure, cette foule d'abus dont vous *profitez*. » Puis, dans l'opposition M. Drouyn de L'Huys voyait d'inoffensifs rentiers, de paisibles propriétaires, qui savent mieux que personne que l'ordre et la paix sont les bases les plus solides de la propriété, mais qui sont aussi fermement persuadés que dans notre pays l'ordre ne peut reposer que sur la liberté sincère, et la paix sur la dignité satisfaite. « La paix se commande, ajoutait-il, elle ne se demande pas. » A Coulommiers, il terminait ainsi son discours : « Réservons notre encens pour cette glorieuse trinité de notre politique : l'honneur, l'ordre et la liberté. » Enfin à Melun il se glorifiait lui-même au milieu de ses électeurs, devinant bien qu'un jour, devenu ministre, il nous ferait jouir de tous ces biens.

Les banquets ne portèrent pas les fruits qu'attendaient les partisans de la réforme. Dans la discussion de l'adresse qui précéda la révolution de Février, M. Drouyn de L'Huys fut un des orateurs qui firent preuve de plus d'acharnement contre le ministère et contre M. Guizot en particulier. Lorsque le banquet dit du douzième arrondissement eut été interdit, il signa la proposition déposée par M. O. Barrot pour la mise en accusation du ministère coupable d'avoir violé les garanties de la liberté, attenté aux droits des citoyens, d'avoir violemment dépouillé les citoyens d'un droit inhérent à toute constitution libre. Le lendemain l'émeute devenait une révolution; la réforme avait enfanté la république. Ce n'était pas là ce que voulait M. Drouyn de L'Huys; cependant il ne bouda pas le nouvel ordre de choses; il se fit élire représentant à la Constituante par le département de Seine-et-Marne. Il y fit partie de la majorité, et entra dans le comité des affaires étrangères. Après l'élection de Louis-Napoléon à la présidence, il fut nommé ministre des affaires étrangères, et ce fut lui qui, en cette qualité, signa les instructions secrètes données par le cabinet au général Oudinot lors de l'expédition de Rome. Le 2 juin 1849, il quitta le ministère, et un mois après il alla remplir à Londres les fonctions d'ambassadeur. Encore une fois ministre des affaires étrangères, du 2 au 20 janvier 1850, il retourna occuper l'ambassade de Londres, puis reprit de nouveau le portefeuille des affaires étrangères dans le cabinet de transition qui dura du 10 au 24 janvier 1851. Membre de la commission consultative nommée après le coup d'État du 2 décembre 1851, il entra au sénat, dont il fut d'abord un des vice-présidents, et redevint ministre des affaires étrangères à la place de M. de Turgot, le 28 juillet 1852. Il avait eu déjà à discuter avec l'Angleterre la question grecque, il eut ensuite à rassurer la Grande-Bretagne sur les bonnes intentions de l'empire à l'occasion des réfugiés. Enfin la question des Lieux-Saints, prétexte d'une querelle des Russes contre les Turcs, ramena l'entente cordiale entre l'Angleterre et la France; mais dans cette affaire notre diplomatie se laissa longtemps bercer d'illusions; le désastre de Sinope seul ouvrit les yeux aux puissances occidentales, et de la guerre qui commence en ce moment (mars 1854) sortira peut-être une conflagration générale de l'Europe, dont il serait difficile de prévoir l'issue. Si M. Drouyn de L'Huys, par la part qu'il a prise à toute cette affaire des Lieux-Saints, a assumé une grave responsabilité devant l'histoire, notre impartialité nous oblige de reconnaître que le langage de ses circulaires et de ses instructions a toujours été ferme et digne. *Voyez* LIEUX-SAINTS, ORIENT (Question d'), RUSSIE.

L. LOUVET.

DROZ (PIERRE-JACQUET), mécanicien célèbre, né le 28 juillet 1721, à La Chaux-de-Fonds, dans la principauté de Neufchâtel, avait d'abord été destiné à l'état ecclésiastique, mais renonça à cette carrière par suite de son penchant décidé pour les travaux mécaniques, et devint horloger. Bientôt, s'élevant au-dessus des travaux purement manuels de cette profession, il s'attacha à perfectionner diverses branches de l'horlogerie, et il parvint aussi à introduire dans les montres ordinaires une sonnerie et un jeu de flûte. Ses tentatives pour trouver le *mouvement perpétuel* le conduisirent à diverses autres inventions importantes. C'est ainsi que, par la combinaison de deux métaux de dilatabilité différente, il fabriqua une pendule qui allait sans être remontée tant que les rouages n'en étaient point usés par le frottement. Son automate écrivain, qui, au moyen d'un mécanisme intérieur, remuait visiblement les doigts et les mains, et traçait des lignes et des contours fort nets, excita l'admiration générale. Son dernier travail fut une montre astronomique; mais il mourut à Biel, le 28 novembre 1790, avant de l'avoir terminée.

DROZ (HENRI-LOUIS-JACQUET), fils du précédent, né le 13 octobre 1752, à la Chaux-de-Fonds, se livra dès sa première jeunesse à l'étude et à la pratique de la mécanique, sous la direction de son père. A l'âge de vingt-deux ans, il vint à Paris, où, entre autres chefs-d'œuvre de son invention qui piquèrent au plus haut degré la curiosité publique, il exposa un automate représentant une jeune fille qui jouait divers morceaux de musique sur le piano, suivait de l'œil et de la tête le cahier de musique placé sur l'instrument, puis, quand l'air était fini, se levait et saluait poliment la société. Dans cette capitale, il fabriqua, avec l'aide d'un artiste formé par son père, des mains artificielles à l'usage d'un individu qu'un accident avait mutilé, et qui, au moyen de ce mécanisme, pouvait exécuter à peu près les mêmes mouvements qu'avec des mains naturelles. « Jeune homme, lui dit à cette occasion Vaucanson, vous commencez par où j'aurais voulu finir. » Il mourut en 1791, à Naples, où l'avait conduit le soin de sa santé. Ses automates, et ceux de son père sont aujourd'hui en Amérique.

DROZ (JEAN-PIERRE), parent des précédents, naquit à la Chaux-de-Fonds, en 1746. Son père, fabricant de faux, lui donna de bonne heure d'excellents principes sur la préparation des métaux, et l'envoya, à l'âge de dix-huit ans, à Paris, où il s'appliqua particulièrement à la gravure des médailles et aux procédés du monnayage. En 1783 il obtint de faire à ses frais, sur un balancier de la monnaie de Paris, des expériences qui eurent le plus grand succès, et en 1786 il frappa avec le même balancier les monnaies d'or et d'argent de cette année. Le célèbre Boulton, charmé de la perfection des pièces frappées par Droz, lui proposa de s'associer avec lui. Droz ayant accepté, se rendit en Angleterre, où il établit un atelier de monnayage composé de huit découpoirs et de huit balanciers mûs par la vapeur, et dont le service se faisait avec tant de promptitude et de régularité qu'un balancier pouvait frapper soixante pièces par minute et qu'un enfant suffisait au service de deux balanciers. C'est dans cet atelier que fut fabriquée cette belle monnaie de cuivre qui circula quelque temps en France sous le nom de *monnerons*.

De retour en France depuis 1790, Droz fut appelé, sous le Directoire, à remplir les fonctions de directeur de la monnaie des médailles, emploi qu'il exerça jusqu'en 1814, époque à laquelle il fut destitué. Il avait cependant apporté de grands perfectionnements à la monnaie des médailles. Vers

1803, il publia un petit ouvrage dans lequel il donne quelques explications sur ses procédés.

Droz s'est aussi occupé de la multiplication des planches en taille-douce, et il est le premier qui y soit parvenu. En 1792, il avait fourni au gouvernement quatorze mille planches parfaitement identiques pour l'assignat de 25 francs. Son procédé est tellement simple qu'il n'employait que la pression du balancier pour transporter sur un coin d'acier la gravure la plus fine. Droz est mort le 2 mars 1823.

DROZ (François-Xavier-Joseph), naquit à Besançon, le 31 octobre 1773, et manifesta de bonne heure un goût ardent pour les lettres; il n'était pas encore sorti du collége que déjà lui aussi avait composé une tragédie. Mais sa famille le destinait à la magistrature. Il commença donc des études de droit, que la Révolution vint interrompre. Le jeune Droz en adopta avec sa modération naturelle les principes les plus sages; et quand la France se vit assaillie par l'Europe coalisée, il courut la défendre, les armes à la main. Il servit trois ans, et en dernier lieu en qualité d'officier d'état-major; puis, quittant la carrière militaire, il entra dans celle de l'enseignement, et fut nommé professeur de belles-lettres à l'école centrale du département du Doubs. C'est à cette époque qu'il publia ses premiers écrits, qui furent un *Essai de l'art oratoire* et un *Examen des lois relatives à l'industrie*. Il n'y avait rien de bien extraordinaire dans tout cela. Les écoles centrales ayant été dissoutes pour faire place aux établissements universitaires, Droz se rendit à Paris, où il se consacra tout entier à la littérature. En 1806 il publia son *Essai sur l'art d'être heureux*, consacré à l'enseignement d'un épicuréisme sentimental qui laisse subsister l'approbation de la conscience et les espérances de la religion; petit traité d'hygiène morale fort inoffensif, mais qui ne résoud nullement le problème du bonheur. En 1811, l'Académie Française ayant proposé pour sujet de prix l'éloge de Montaigne, une médaille d'or égale à la valeur du prix obtenu par M. Villemain fut décernée à Droz. En 1815 il fit paraître ses *Études sur le Beau dans les Arts*, qu'il regardait comme le complément de son *Essai sur l'art d'être heureux*, complément qui n'est ni supérieur ni inférieur à l'œuvre. En 1822 il publia, en collaboration avec Picard, un roman intitulé : *Les Mémoires de Jacques Fauvel*, qui eut peu de succès et qui est oublié depuis longtemps. « C'est, dit M. Mignet, une sorte de Gil-Blas, moins spirituel et plus honnête que celui de Le Sage : il aurait pu égayer, et toucher, si Picard n'avait pas cherché quelquefois à y être sentimental et Droz à y être comique. » L'année suivante parut le livre intitulé : *De la philosophie morale, ou des différents systèmes sur la science de la vie*, qui lui valut en 1824 le prix Monthyon en faveur des ouvrages les plus utiles à la morale. Ce fut l'Académie Française qui le lui décerna, et l'année d'après elle l'appelait dans son sein. Cet homme, d'une portée d'esprit peu éminente, mais d'un caractère honnête et bon, y comptait de longue main un trop grand nombre d'amis pour qu'ils ne s'empressassent pas de lui faire une toute petite place au milieu d'eux.

Droz publia la même année ses *Applications de la Morale à la Politique*, travail qui, comme tous ceux qui l'avaient précédé, respire une douce philanthropie, mais dans lequel, avec la meilleure volonté du monde, on trouve plus de bon sens et de sentimentalité que de rigueur philosophique. A cet ouvrage succéda, en 1829, l'*Économie politique, ou principes de la science des richesses*. C'est plutôt un recueil d'exercices académiques que le produit d'une réflexion originale et forte. Appelé en 1832, par l'innocuité de ses précédents et le nombre toujours croissant d'amis qu'elle lui conciliait, à faire partie de l'Académie des Sciences morales et politiques, dont l'Institut venait de s'enrichir, Droz préparait alors un grand travail historique qui parut en 1839, sous ce titre : *Histoire de Louis XVI pendant les années où l'on pouvait prévenir ou diriger la révolution française* (2 vol. in-8°); un troisième volume intitulé : *Mirabeau et l'Assemblée constituante* (1842), compléta cet ouvrage, le plus important de l'auteur, et qui cependant, comparé surtout aux grands travaux historiques de notre temps, ne s'élève guère au-dessus de l'œuvre consciencieuse d'un modeste régent de collége communal. A défaut d'autre mérite, on y trouve du moins cette douce moralité qui est le cachet de toutes les œuvres de Droz et qui ne se fait pas moins remarquer dans ses *Aveux d'un Philosophe chrétien* et dans ses *Pensées sur le Christianisme*, derniers écrits où l'auteur, qui dans ses précédents ouvrages s'était simplement montré philosophe religieux, se prononce nettement pour la foi catholique.

« Les dernières années de Droz s'écoulèrent, dit M. Mignet, dans les méditations de la sagesse philosophique et dans les œuvres de la pratique chrétienne. Il vécut au delà des jours que semblait lui promettre une santé débile. En voyant son corps amaigri, qu'il surchargeait de vêtements, comme pour y retenir la chaleur prête à le quitter, son front devenu si pâle, son noble visage affaissé, ses mouvements tardifs, sa parole ordinairement lente, arrivant avec plus de peine encore sur ses lèvres presque immobiles, on eût dit qu'il allait s'éteindre. Les soins les plus affectueux, des précautions habiles, un air attiédi et aromatisé, préparé tout exprès pour sa poitrine délicate, l'aidèrent à passer encore plusieurs hivers. Mais en 1850, à la saison d'automne, il voulut continuer à remplir des devoirs qui lui étaient chers, et il se rendit, le samedi 2 novembre, à l'Académie des Sciences morales et politiques, et le mardi suivant à l'Académie Française. En sortant de cette Académie, il eut froid, et ce fut bientôt le froid de la mort. Sa poitrine fut reprise d'un mal déjà fort ancien, qui n'eut rien de violent, et qui devait l'éteindre sans le faire souffrir. Le quatrième jour, sentant décliner de plus en plus ses forces, et comprenant que le moment suprême approchait, il demanda les derniers secours de la religion, et prit un tendre congé de ses amis et de ses enfants, en leur disant avec une ineffable sérénité et la douceur des immortelles espérances : *Au revoir!* Peu de temps après, au silence de sa respiration, on s'aperçut qu'il avait cessé de vivre ».

DRU. Voici encore un de ces mots qui ont reçu de l'usage diverses acceptions, qui semblent devoir se rapporter difficilement à une seule et même origine. Il se dit, si l'on en croit le *Dictionnaire de l'Académie*, des petits oiseaux qui sont prêts à s'envoler du nid : *Ces moineaux sont drus, ils sont drus comme père et mère*. Il signifie figurément et familièrement, gaillard, vif, gai : *Ces enfants sont drus, cette fille est déjà drue; vous voilà bien dru aujourd'hui. Dru* se dit encore des choses dont les parties sont en grande quantité et près à près : *Ces blés sont fort drus, l'herbe est bien drue dans cette prairie, une pluie drue et menue*. Il se prend quelquefois adverbialement dans le même sens. *Ces blés sont semés bien dru, la pluie tombait dru et menu, les balles pleuvaient dru et menu*, ou proverbialement et par exagération, *pleuvaient dru comme mouches*. Si nous essayons de remonter à l'étymologie de ce mot pour mieux en déterminer le sens, nous trouverons que Roquefort le fait venir du latin *densus* « en y insérant, dit-il, la lettre *r*. » Le Dictionnaire de Trévoux l'emprunte par metathèse à dur. Guichart dit que *dru* vient du grec ἁδρός, qui signifie *fort, robuste*. Charles Nodier lui donne la même origine, puisqu'il le dérive du grec δρῦς, chêne, de la même manière, dit-il, que *robuste* vient du latin *robur*.

Les premiers écrivains français exprimaient par *dru* ou *drud* un ami, un compagnon. Dans nos anciens romanciers, ce mot est employé comme synonyme de *féal, fidèle, bon ami, amant, galant*, etc. On en avait formé le substantif *druerie* qui signifiait également *amitié, amour, galanterie*.

Edme Héreau.

DRUEY (Charles), l'un des plus éminents hommes d'État de la Suisse, né vers la fin du siècle dernier, descend d'une famille du canton de Vaud. Il se consacra de bonne heure à l'étude du droit, et, par un long séjour aux universités de l'Allemagne, acquit une connaissance approfondie de la langue et de la science de ce pays. De retour dans ses foyers, il fit preuve d'autant d'activité d'esprit que d'habileté de conduite; et, en se mêlant aux mouvements politiques de son époque dans le sens du parti progressiste, il ne tarda point à être considéré comme l'un de ses chefs. A propos des luttes politico-religieuses dont le canton de Vaud fut alors le théâtre, il rédigea une pétition dans laquelle on réclamait en faveur des femmes le droit de prendre part à l'administration de l'Église, et une autre ayant pour but de faire abolir la profession de foi religieuse helvétique comme dogme obligatoire, en même temps que d'amener une organisation démocratique de l'Église en appelant les communes à élire directement leurs pasteurs. Quand enfin fut rendue, en décembre 1839, la loi ecclésiastique encore aujourd'hui en vigueur et par laquelle l'obligation d'enseigner conformément aux Saintes Écritures fut substituée à celle de la profession de foi religieuse helvétique, M. Druey, à la suite de cette victoire remportée par ses amis politiques, fut élu membre du conseil d'État, et bientôt après (1841) premier député de son canton à la diète fédérale. Une divergence d'opinions entre lui et la majorité du grand conseil à propos de la question des couvents de l'Argovie, le porta à renoncer à la direction des affaires. Il se mit alors à la tête de l'opposition contre le parti d'un juste milieu irrésolu, qui se trouva pendant quelque temps en possession du pouvoir, et, au moyen de l'*Association patriotique*, qui compta bientôt partout un grand nombre d'adhérents, il exerça une toute-puissante influence sur les populations du canton de Vaud.

Dans la question des jésuites soulevée par les affaires de l'Argovie, M. Druey commença, il est vrai, par se déclarer d'abord dans *Le Nouvelliste Vaudois* et ensuite officiellement contre leur expulsion du sol de la Confédération; mais plus tard il se rangea à cette opinion, quand il lui fut démontré qu'elle était celle de la grande majorité des citoyens de la Confédération en général, et du canton de Vaud en particulier. Les instructions insuffisantes à la diète votées par le grand conseil dans cette même question des jésuites provoquèrent tout à coup, au commencement de l'année 1845, la tenue d'une grande assemblée populaire sur le Mont-Benon, près de Lausanne, et par suite la démission du conseil d'État, la nomination d'un gouvernement provisoire et plus tard la convocation d'un nouveau conseil d'État. M. Druey fut alors nommé président de ce gouvernement provisoire, et plus tard aussi du conseil d'État renouvelé. Il prit une part des plus actives aux travaux qui préparèrent la nouvelle constitution démocratique du canton de Vaud, de même que, en sa qualité de premier député à la diète fédérale, à l'adoption et à la mise à exécution des décrets rendus par cette assemblée pour expulser les jésuites du territoire helvétique, dissoudre le *Sonderbund* et opérer dans la constitution fédérale la réforme qui rencontraient depuis si longtemps tant d'obstacles.

Sous l'empire de la nouvelle constitution, M. Druey a été déjà élu à deux reprises membre de la diète fédérale, et, comme président de cette assemblée, placé à la tête du pouvoir exécutif de la Confédération pour l'année 1850.

DRUIDES. C'était le nom qu'on donnait aux ministres de la religion chez les Gaulois. On a beaucoup disputé sur l'étymologie de ce mot, et, selon l'usage des étymologistes, on s'est adressé jusqu'aux dictionnaires hébreux, pour y chercher ce qu'on ne pouvait y trouver. Le nom de *druide* est un simple appellatif, comme le plus grand nombre des substantifs radicaux de toutes les langues. En gaëlic, *draoi* ou *druides* signifie devin, augure, magicien; *druidheacht*, divination et magie. Cette étymologie est la plus simple et la plus naturelle. L'origine de l'institution ne pourrait être connue que par des mémoires contemporains, qui n'existent pas et ne sauraient exister. Il y avait des druides non-seulement dans la Bretagne, habitée par des peuples gaulois, mais bien certainement dans la Gaule Cisalpine, et dans la vallée méridionale du Danube, également habitée par des peuples gaulois; mais il n'y en avait pas en Germanie, ainsi que le prétendent, sans aucun fondement, ceux qui pensent que les Germains sont les frères des Gaulois, et les affublent en commun de l'appellatif imaginaire de Celtes; ou plutôt les ministres du culte chez les Germains ne portaient pas le nom de *druides*. Le culte parmi eux était organisé d'une manière tout à fait différente. Ses ministres ne formaient pas, comme chez les Gaulois, une classe séparée du gouvernement politique. Les *druthins* (seigneurs) des Germains étaient tout à la fois prêtres, chefs civils et chefs militaires. Leur hérédité en faisait une caste, dont les chefs ont pris plus tard le nom de rois.

Selon César (*de Bello Gallico*), la science druidique fut inventée en Bretagne, et de là apportée dans la Gaule. Quoiqu'il soit évident que la Gaule a été peuplée avant la Bretagne et l'Irlande, et qu'elle a fourni les premiers colons de ces deux contrées, il est à la rigueur possible que l'organisation hiérarchique du corps des druides et le système de leur doctrine aient été rédigés en Bretagne. Cependant, il est bien plus croyable qu'il y avait plusieurs écoles de druides sur le continent et dans les îles, et que celle ou une de celles de la Bretagne était seulement la plus célèbre sous le rapport de l'instruction. En effet, César ne dit pas que tous ceux qui voulaient devenir druides étaient obligés d'aller étudier en Bretagne, mais simplement que ceux qui voulaient s'instruire davantage y allaient à cet effet. Une nouvelle preuve que la Bretagne n'était pas le chef-lieu de l'organisation des druides, c'est que leur assemblée générale se tenait au milieu d'un bois consacré dans le pays des Carnutes, qui était considéré comme le centre de la Gaule. Sans doute, en comprenant sous ce nom la Bretagne et l'Irlande, il en résulte que c'était nécessairement dans ce même bois sacré qu'avait lieu l'élection du chef des druides. On a cru que ce bois était aux environs de Dreux, et que cette ville tirait son nom des druides; mais c'est une simple supposition. Le nom de Dreux (*Duro-Cath* ou *Caz*) signifie un *fort près d'une rivière*.

Les privilèges des druides étaient fort étendus: ils formaient le premier ordre de la nation; ils étaient les juges de la plupart des contestations publiques et privées; ils connaissaient de tous les délits, du meurtre, des discussions d'héritages et des délimitations des propriétés; ils distribuaient les peines et les récompenses, et leurs jugements étaient d'autant plus respectés que toute transgression était punie par l'excommunication. Celui qui était frappé de cette peine était regardé comme un scélérat et un impie; il était abandonné même de ses proches; chacun fuyait sa conversation et jusqu'à son approche, afin de ne pas être souillé lui-même; il perdait tous ses droits civils et la protection des lois et des tribunaux. Les druides étaient exempts de toute espèce d'impôts et du service de guerre, qui leur était interdit. La vénération qu'on leur portait était si grande que s'ils se présentaient entre deux armées combattantes, le combat cessait sur-le-champ, et les partis s'en remettaient à leur arbitrage.

Tout ce que nous savons, du reste, relativement à la doctrine religieuse enseignée par les druides se réduit à des fragments répandus dans différents ouvrages des anciens, et particulièrement dans ceux de César, Diodore de Sicile, Valère-Maxime, Lucain, Ammien-Marcellin, Cicéron, Athénée. Il en résulte qu'ils enseignaient l'immortalité de l'âme et son passage dans un autre monde, la mort n'étant que le point de séparation entre deux existences. Il devait en résulter la doctrine des peines et des récompenses; et cette croyance explique naturellement le courage indomptable des Gaulois et leur mépris de la mort. Ils enseignaient la position et le mouvement des astres, et la grandeur du ciel et de la terre, c'est-à-dire qu'ils s'appliquaient à la géographie, à l'astronomie et sans doute à l'astrologie. Cicéron ajoute qu'ils s'adonnaient aussi à l'étude des secrets de la nature et à la physiologie. De là naissait naturellement leur prétention à l'art de la divination et à la magie. Nous n'avons pas besoin de dire que leur première et leur principale étude était la théologie et la morale qui en dérive. Mais nous n'avons aucune lumière à cet égard, et nous ne connaissons même que très-imparfaitement leur système théogonique; car les écrivains grecs et latins, en rapportant le nom et les fonctions des divinités gauloises à leur propre théogonie, nous ont réduits à des conjectures auxquelles l'étude étymologique peut seule donner quelques probabilités. César dit que leur divinité principale était Mercure, qui présidait aux arts, aux voyages et au commerce. Venaient ensuite Apollon, Mars, Jupiter et Minerve. Lucain et d'autres écrivains placent Teutatès en tête, et après lui Hesus, Belenus, Taranis, Hercule Ogmius. César dit que les druides prétendaient descendre de *Dis*, qu'il traduit par Pluton, et que cette origine faisait qu'ils comptaient par nuits et non par jours. Cette dernière opinion n'est qu'une équivoque, née de ce que *Dis* ou *Dia* était chez les Gaulois un des noms de l'Être-Suprême, dont deux autres étaient *Æsar* (Hésus), l'ancien des âges ou l'éternel, et *Abais* ou *Aiboll*, l'infini, *Belenus* ou *Beal* ou *Beas*, était un des noms du soleil, qui s'appelait aussi *Attis* ou *Atheithin*, le chaleureux, et *Granius* ou *Griann*, le lumineux. *Teutatès* ou *Tuitheas* était le dieu du feu, de la mort, de la destruction.

Selon le rapport unanime des anciens écrivains, la doctrine druidique n'était point écrite : l'enseignement en était purement oral, et les élèves étaient obligés d'étudier vingt ans pour la bien posséder. Il nous semble qu'il y a dans cette assertion une erreur qui vient de l'attention jalouse avec laquelle les druides cachaient leur science aux profanes. La mémoire s'affaiblit inévitablement avec l'âge, et s'ils n'eussent rien eu d'écrit, il en serait résulté que les plus âgés, c'est-à-dire les chefs, se seraient trouvés inférieurs aux plus jeunes dans les détails de la doctrine. Les druides avaient une écriture sacrée, que la tradition gallique nous apprend avoir porté le nom d'*ogham;* c'est de là que l'*Hercule Ogmin*, de Lucien et d'Ammien-Marcellin, a tiré son nom. Il est donc plus que probable qu'ils avaient des livres écrits avec ces caractères. Malheureusement il n'en reste plus. Ceux qui avaient échappé aux édits des empereurs romains, dans la Gaule et dans la Bretagne, ont été détruits par les premiers propagandistes chrétiens; en Irlande, ils le furent par saint Patrick, et en Ecosse par saint Colomban. Mais, quoique les druides eussent une écriture pour conserver les secrets de leur doctrine, la langue gauloise n'était que parlée par la masse de la nation, et nous ne trouvons aucune trace de caractères gaulois vulgaires, à moins qu'on ne veuille faire passer pour tels les runes, qui n'ont point été inventées par les Scandinaves. César nous dit que les Helvétiens se servaient pour leurs écritures publiques des lettres grecques (mais non de la langue grecque, ainsi que quelques personnes on voulu le prétendre); les Étrusques avaient évidemment emprunté l'alphabet pélasgique.

On a divisé le corps des druides en plusieurs classes : les *druides* proprement dits, les *divins*, les *saronides*, les *semnothées*, les *silodures* et les *bardes* Quant à ces derniers, c'est à tort qu'on les compte parmi les druides, et que quelques écrivains ont voulu même en faire une corporation de ministres du culte, qui aurait précédé celle des druides. Les bardes, de même que les *skaldes* des Germains, n'étaient que des poëtes attachés aux grands et aux chefs, et qui se chargeaient non-seulement de chanter les actions des héros morts, mais d'improviser les louanges des vivants, les oraisons funèbres et les chants de guerre. Ont-ils aussi célébré les mystères de leur religion, comme les skaldes? C'est ce qu'on ne saurait dire, aucun chant des bardes, parmi ceux qui se sont conservés, ne contenant rien de relatif aux dogmes et aux cérémonies d'une religion quelconque. La divination étant l'attribut commun des druides, tous étaient devins, et il n'y a pas lieu à les diviser sous ce rapport en classes, si ce n'est peut-être dans l'exercice des différentes fonctions qu'ils se partageaient. Il en est de même des *semnothées*, dont le nom, dérivé de *saimh*, extase, signifiait les extatiques ou les contemplateurs; et des *siloduri*, les instructeurs ou instituteurs, de *sealadh*, enseignement. Quant au nom de *saronides* (*sar-naoidh* ou *sar-nidh*, très-vénérable), il pourrait bien n'être qu'un titre attribué à leurs chefs.

Il y avait des *druidesses*, soit qu'elles fussent femmes ou filles de druides, ou simplement agrégées à la corporation : car on ne saurait admettre que les druides eussent voulu permettre l'exercice de la magie, de la divination et du sacerdoce à des femmes qui n'auraient pas été membres de leur corps et soumises à leur discipline. Les vestales gauloises de l'île de *Sena* (Sain, sur la côte du Finistère, non loin de Pont-Croix), prêtresses, devineresses et magiciennes; celles qui prédirent à Aurélius et à Dioclétien l'empire, et à Alexandre-Sévère sa destinée funeste, étaient des druidesses. Une inscription trouvée à Metz donne le titre de druide à la prêtresse *Arète* (*Druis antistisa*). Elle était aussi une druidesse, cette infortunée Julia Alpina, pontife de la déesse *Aventia*, que son épitaphe nous apprend être morte à vingt-trois ans, de la douleur de n'avoir pu sauver la vie à son père, victime de la cruauté de Cécina, lieutenant de Vitellius. Gal G. DE VAUDONCOURT.

DRUIDIQUES (Monuments). On appelle ainsi les monuments qui appartiennent à l'art celtique. Ils sont *monolithes* ou *polylithes*, c'est-à-dire formés les uns d'une énorme pierre presque toujours brute, d'un simple fragment de rocher, les autres d'un assemblage de pierres de la même nature, tellement disposées qu'on croirait que la main de Dieu seul a pu opérer ce travail, tant la pensée se refuse à en attribuer à l'homme la puissance. Les plus simples sont les *peulvans* ou *menhirs;* les *cromlechs* (de *cromme* courbe, et *lec'h*, pierre sacrée), peulvans verticaux, placés à certaines distances les uns des autres, sur un plan circulaire, elliptique ou demi-circulaire, quelquefois entoures de fossés; les *pierres branlantes*, les *lichavens;* les alignements ou *pierres alignées;* les *allées couvertes*, espèces de galeries dont les parois sont formées de pierres plantées verticalement, d'une grosseur et d'une hauteur à peu près égales, supportant plusieurs tables horizontales, en manière de comble ou de terrasse, fermées à une des extrémités, et appelées vulgairement *coffres de pierres*, *roches aux fées*, *grottes aux fées*, *palais des géants*. On en trouve trois en France : celle d'Essé, qu'on nomme la *roche aux fées*, qui a 18^m,66 de long sur 5^m,33 de large; celle de Bagneux, qui a 20 mètres de long sur 5 de haut; la troisième située en Bretagne, de 20 mètres de long. Enfin, un autre monument celtique plus intéressant que tous les autres, parce qu'on connaît très-bien les usages auxquels il était destiné, est le *tumulus*.

Les sentiments des antiquaires varient beaucoup sur la la destination de ces divers monuments. Ce sont des conjectures plus ou moins ingénieuses et telles qu'il plaît à l'esprit d'en inventer, quand l'obscurité de la matière, admettant tous les jugements, accepte aussi toutes les contradictions; mais, à l'exception de celles qui s'appliquent au *dolmen* et au *tumulus*, et qui semblent fondées, les autres ne sont que de pures fantaisies de l'imagination, une sorte d'escrime archéologique, où les tenants se réfutent et se combattent moins avec des raisons qu'avec des mots.

On a dit, par exemple, que le *peulvan* ou *menhir* était l'emblème de la Divinité, ou le signe commémoratif de quelque grand événement, comme une bataille, une victoire, un traité, ou la sépulture d'un guerrier ou d'un roi, ou enfin une marque de délimitation entre deux territoires; que le *cromlech* servait à la fois de temple et de cour de justice, que les prêtres y séjournaient avec leurs familles, y délibéraient sur les affaires de l'État, y répondaient à ceux qui venaient les consulter sur l'avenir ou sur les dogmes; qu'on y tenait des assemblées militaires ou civiles; qu'on y inaugurait les chefs et même qu'on les y inhumait; que le *lichaven* était une espèce d'autel d'oblation; que la *pierre branlante* était une pierre probatoire, à l'aide de laquelle on recherchait la culpabilité des accusés, et que ceux-ci étaient convaincus dès qu'ils ne pouvaient la faire remuer, ou bien que ses mouvements révélaient les secrets des oracles, ou enfin qu'ils étaient un emblème du monde suspendu dans l'espace; que les *pierres alignées* étaient ou les anciennes fortifications d'un camp romain, assertion absurde, ou le résultat d'un bouleversement naturel du globe, assertion non moins absurde, ou encore, suivant l'opinion des paysans bretons, une armée changée en rochers par saint Cornilly, la seule explication qui pût renchérir sur les deux précédentes. On ne dit rien des *allées couvertes*, si ce n'est qu'elles sont l'ouvrage des fées, lesquelles y tenaient leurs assises : à la bonne heure! Mais le *dolmen* et le *tumulus* s'expliquent assez d'eux-mêmes. Le premier, par sa forme, indique clairement qu'on y immolait des victimes, et le second, par des fouilles qui l'ont démontré, qu'on y enterrait des morts. Il n'y a donc pas de contestation là-dessus. Quoi qu'il en soit, on ne risque pas de se tromper en disant que tous ces monuments avaient en général un caractère plus ou moins religieux, dans ce sens que la religion entrait toujours pour quelque chose dans le but de leur érection. Quant à dire que les druides, qui y étaient particulièrement préposés, voulaient par là faire preuve d'une puissance surnaturelle, il nous semble que cette opinion se réfute assez par l'impossibilité où ils étaient de manier, de charrier et d'élever ces pierres sans le secours d'une immense quantité de bras, et par la nécessité de mettre alors toute une population dans le secret de leur faiblesse.

Le catholicisme a détruit beaucoup de monuments celtiques. Les rois de France de la première race, de concert avec leurs grands vassaux, enjoignirent aux habitants des campagnes, sous les peines les plus sévères, de briser toutes ces pierres, auxquelles on rendait un culte. Celles que la superstition sauva de la ruine furent dans la suite surmontées d'images de saints ou de croix, et le druidisme ne périt pas tout entier, grâce à cette supercherie. Aussi reste-t-il encore beaucoup de ces monuments, assez du moins pour satisfaire la curiosité du voyageur et exercer la sagacité de l'archéologue : sans compter, comme le dit très-bien M. Batissier, dans son *Art monumental*, « qu'il se trouve encore tous les jours des antiquaires inexpérimentés qui à eux seuls divinisent plus de pierres, construisent plus de monuments celtiques, que ne l'ont fait les prêtres gaulois; et si toutes les découvertes qui sont annoncées étaient authentiques, le sol de la France serait couvert d'un plus grand nombre de *dolmen* et de *menhirs* que d'églises. »

Charles Nisard.

DRUMMOND, célèbre famille écossaise faisant remonter son origine à un certain Maurice qui aurait commandé le navire sur lequel Edgar Atheling et sa sœur, la princesse Marguerite, revinrent de Hongrie en Angleterre, vers l'année 1060. Quand Marguerite épousa Malcolm III, Maurice l'accompagna en Écosse, où il s'établit. C'est de lui que descendait, à la onzième génération, sir *John* Drummond de Stobhall, dont la fille, Arnabella, en épousant Robert III (1390-1406), devint la souche de la famille royale des Stuarts et de la plupart des maisons souveraines de l'Europe. Son fils aîné, *John* Drummond, fut l'aïeul de lord Drummond, comte de Perth. C'est de son fils cadet, *William*, que descendait le poëte *William* Drummond de Howthornden (né en 1595, mort en 1649), qu'on compare à Spenser pour l'harmonie de sa versification, et à qui ses *Tears on the death of Mœliades* (1662), cycle d'élégies sur la mort du prince Henri, fils de Jacques Ier, ses *Wandering muses, on the river Forth feasting* (1617), mais surtout ses sonnets valurent une grande réputation parmi ses contemporains. Il était lié de la plus étroite amitié avec Ben Johnson.

James Drummond, premier comte de Perth (mort en 1611), fut l'arrière-grand-père de *James* Drummond, quatrième comte de Perth, l'un des ministres favoris de Jacques II. Né en 1648, il fut nommé, en 1678, membre du conseil privé et en 1684 chancelier d'Écosse. Sa dureté et ses habitudes arbitraires le rendirent l'objet de la haine générale, qui s'accrut encore quand il se fut converti au catholicisme. Après la révolution de 1688, il chercha à prendre la fuite, mais n'y put réussir. Arrêté, il fut enfermé dans le château de Stirling, où il demeura prisonnier jusqu'en 1693. Remis alors en liberté, il passa sur le continent, traversa la France, et se rendit en Italie, d'où il revint grossir la petite cour de Saint-Germain. Il fut alors créé duc de Perth par Jacques II, qui lui conféra l'ordre de la Jarretière et qui le nomma son grand-chambellan en même temps que gouverneur du prince de Galles. Il mourut à Saint-Germain, le 11 mars 1716. Ses *Letters from James, earl of Perth, to his sister, the countess of Errol* (Londres, 1845), ont été publiées par les soins de la *Camden Society*. Son petit-fils, *James* Drummond, duc de Perth, fut l'un des plus zélés défenseurs de la cause du malheureux Charles-Édouard, se couvrit de gloire aux batailles de *Preston-Pans* (1745) et de *Culloden* (1746), et parvint ensuite, à travers mille dangers, à regagner le sol de la France, où il mourut peu de temps après.

Le frère du premier duc de Perth, *William* Drummond, fut créé par Jacques II d'abord *comte*, puis *duc* de Melfort. C'est de lui que descend la famille de ce nom dont le titre n'est pas reconnu en Angleterre. *James* Drummond, troisième duc de Melfort, fut le père de *Charles-Édouard* Drummond, duc de Melfort, né en 1752, mort à Rome, le 9 avril 1840, avec le titre de prélat et de protonotaire apostolique. Son neveu, *Édouard* Drummond, prend le titre de duc de Melfort.

De *James*, second lord Drummond, descendait *James* lord Madertuy (1609), dont le petit-fils, *William* Drummond, fut créé en 1686 vicomte Strathalland. Serviteur fidèle du roi Charles Ier, il combattit pour sa cause en Irlande et à la bataille de Worcester, et passa ensuite en Russie où le tsar Alexis Michaïlovitch lui conféra le grade de lieutenant général. A la restauration, il revint dans sa patrie, fut nommé commandant supérieur des troupes stationnées en Écosse, et mourut en 1688. Son petit-fils étant mort en 1711 sans laisser d'enfants, son titre passa à *William*, descendant du fils puîné du premier lord Madmerty, mort de la mort des braves, dans les champs de Culloden, pour la défense de son principe et de son roi.

Le petit-fils de ce dernier, *James Andrew John Lawrence* Drummond, né en 1767, fut rétabli en possession du titre de vicomte Strathallan par un acte du parlement, rendu en 1824. Il avait épousé en 1809 une fille du duc d'Atholl, et mourut en 1851. Son fils aîné, *William Henri*, a hérité de son titre.

Le frère cadet d'*Andrew* Drummond, vicomte Strathallan, tué à Culloden, fut le fondateur de la célèbre maison de banque *Drummond et Cie* de Londres, à laquelle appartient aujourd'hui *Henry* Drummond, né en 1786, élu en 1847 membre de la chambre des communes par le West-Surrey. Dans la session de 1851, la discussion du *Titelbill* a fourni à cet honorable membre du parlement l'occasion de se livrer contre les couvents et leur population à des attaques qui scandalisèrent grandement ceux de ses collègues professant la religion catholique.

DRUMMOND (Sir WILLIAM), archéologue distingué, ambassadeur d'Angleterre à Constantinople en 1801, puis à Palerme en 1808, et mort à Rome, le 29 mars 1828, appartenait à une autre ligne de la famille dont il est question dans l'article précédent. Si nous lui accordons ici une mention spéciale, c'est que notre intention est bien moins de parler d'un diplomate qui rendit dans sa carrière politique des services réels sans doute, mais au total peu brillants, que d'un écrivain dont un ouvrage, devenu rare aujourd'hui en Angleterre, y produisit un certain scandale.

Sir William Drummond avait débuté en 1794 par un *Examen des gouvernements d'Athènes et de Rome*. Il publia ensuite successivement des *Dissertations sur un manuscrit trouvé à Herculanum* et un *Essai sur une inscription punique découverte à Malte*. Grâce à ses travaux d'érudition, il fut admis dans le sein de plusieurs sociétés savantes; puis il se délassa du grec et du carthaginois en écrivant un poëme dont le héros était le farouche Odin, ce demi-dieu scandinave, ivre d'hydromel et altéré de combats. Cette épopée, qui ne méritait guère d'être lue, tomba bien vite au fond du fleuve d'oubli, à côté de tant de millions de vers tout aussi inconnus. Revenant à des études plus sévères, l'auteur publia en 1824 quatre volumes in-8°, sous le titre d'*Origines* ou *Remarques sur l'origine de divers empires, États et cités*. Il y a dans cet ouvrage une érudition vaste, mais assez mal digérée, peu de méthode et force paradoxes, qui ont le malheur de ne point être piquants. En 1811, sir William Drummond avait fait imprimer à un petit nombre d'exemplaires, et pour être distribué seulement à quelques amis, l'ouvrage auquel nous faisons allusion au début de cet article, et que plusieurs théologiens anglicans, entre autres le révérend G. Doyly, crurent devoir réfuter avec beaucoup d'acrimonie. Dans cet écrit, intitulé *Œdipus judaicus*, il s'efforçait de prouver que la plus grande partie de l'Ancien Testament n'est qu'une allégorie; il refusait à la Genèse et au livre de Josué toute espèce de vérité historique, et prétendait que les écrits portant le nom de Moïse avaient pour but l'exposition d'un système astronomique : suivant lui, par exemple, les douze tribus d'Israel n'étaient que l'emblème des douze signes du Zodiaque. Dans sa préface, il s'annonçait franchement comme déiste. On comprend facilement que les idées qu'il émettait dans cet *Œdipus judaicus*, empruntées en partie à Dupuis et à Volney, durent vivement froisser les opinions qui dominent dans la biblique Angleterre. G. BRUNET.

DRUPE. Les botanistes appellent ainsi un fruit le plus souvent charnu ou pulpeux, mais caractérisé par la présence d'un seul noyau. Ce fruit, pulpeux dans le prunier, charnu dans l'abricotier, sec, cassant et coriace dans l'amandier, fibreux dans le chou palmiste, etc., est filamenteux dans le manglier, et lactescent dans l'illipé; il est, au contraire, sébacé, c'est-à-dire gras et semblable à du suif, dans le bosé des Canaries, et fongueux dans la lobélie éclatante ; dans le *duhamelia coccinea* il est, au contraire, subéreux. On distingue un très-grand nombre de variétés parmi les drupes : les uns, comme ceux du cornouiller, sont appelés *fausses baies*; ils ressemblent à une baie par la forme, le volume et la nature de la pulpe, mais ils n'ont qu'un seul noyau. Les faux drupes sont des fruits que l'on prendrait au premier aspect pour des drupes, mais qui n'ont cependant aucun rapport avec ces sortes de fructifications : on peut citer comme exemple les fruits du raisinier, les baies sèches du muscadier et les gousses membraneuses du ptérocarpe d'Amérique.

L'épithète de *drupacé* s'applique à tous les fruits charnus à noyaux, qu'ils en contiennent un ou plusieurs. Mais le nom de *drupacées* n'appartient qu'à une tribu des rosacées dont le fruit est un drupe. P. GERVAIS.

DRURY-LANE (Théâtre de). Cette salle de spectacle, construite en 1811, sur les dessins de Benjamin Wyat, est, avec celle de *Covent-Garden*, l'une des plus considérables de la ville de Londres. Elle peut contenir 2,800 spectateurs. Fleetwood, Green, Garrick et Sheridan ont successivement été directeurs de ce théâtre, où l'on joue l'ancien répertoire et des pièces à spectacle, tirées le plus souvent de nos opéras-comiques français, dont on a retranché la musique, sans doute à titre de *hors d'œuvre inutile*, ainsi que cela se pratique d'habitude dans nos petites villes de département.

DRUSE. Les mineurs allemands appellent ainsi les cellulosités des filons. Ces cellules sont généralement tapissées de petits cristaux. On donne aussi ce nom aux cristaux renfermés dans la druse. Ainsi, on dit une druse calcaire ou quartzeuse, pour désigner un groupe de cristaux de spath calcaire ou de quartz renfermés dans une druse. Les cristaux qui tapissent l'intérieur des géodes sont des *druses*.
L. DUSSIEUX.

DRUSES, peuplade de Syrie, dont on évalue le territoire à environ 55 myriamètres carrés et qui habite, au sud des Maronites (avec lesquels des Druses sont souvent mêlés), le versant occidental du Liban, et presque tout l'Anti-Liban, depuis Beyrout jusqu'à Sour, et depuis la Méditerranée jusqu'à Damas. Les données sur le chiffre total de cette peuplade varient entre cent et cent soixante mille âmes. Ce qu'il y a d'incontestable, c'est que les Druses peuvent mettre en campagne de 15 à 20,000 hommes armés. Ils vivent sous une espèce de démocratie mêlée de féodalité et tempérée par l'influence des vieilles familles, à la tête desquelles se trouvait naguère encore un grand-émir, vassal de la Porte-Othomane, élu par les autres émirs et chéiks, comme chef suprême et collecteur général des impôts. La nombreuse noblesse composée des émirs et des chéiks, et qui jamais ne s'allie hors de sa caste, forme avec les autres propriétaires terriens une espèce d'assemblée d'états qui se réunit à Déir-el-Kammar, la ville la plus importante de toute la contrée. Cette assemblée décide de toutes les mesures à prendre dans l'intérêt général : elle fixe notamment le chiffre de l'impôt, et c'est d'elle que dépend la puissance du grand-émir, qui n'a point de troupes à lui. Les divers émirs et chéiks sont à peu près indépendants, puisque leurs personnes et leurs propriétés sont également inviolables. En temps de guerre, ils sont les chefs naturels de la nation, et c'est à eux que revient le soin d'armer et d'entretenir les troupes levées dans leurs districts respectifs. En temps de guerre, tous les hommes en état de porter les armes sont astreints au service militaire et tenus de se rendre sous les drapeaux munis d'armes et de provisions de tout genre.

Jadis complétement indépendants, les Druses sont vis-à-vis de la Porte dans un état de vasselage à peu près nominal, car il ne consiste que dans le payement annuel d'un minime tribut, librement débattu et consenti. Jaloux de leurs antiques libertés, ils se montrèrent toujours prêts à les défendre contre les Turcs et les Arabes; et, grâce à leur bravoure naturelle ainsi qu'aux difficultés de leur sol, tout hérissé de montagnes, ils ont toujours jusqu'à présent réussi à les conserver. Ainsi que les Bedouins, ils regardent l'hospitalité et la vengeance due au sang versé comme également sacrées. Du reste, la ruse, la perfidie et la jalousie sont, comme chez tous les Orientaux, les traits distinctifs de leur caractère. La pluralité des femmes est licite chez eux ; cependant il n'y a que les grands qui se la permettent. Ceux d'entre eux qui savent lire et écrire sont en très-petit nombre; aussi sont ils dans l'habitude d'abandonner aux Maronites le soin de toutes les affaires qui doivent se traiter par écrit ou qui exigent une intelligence supérieure et exercée. Ils sont très-propres, très-sobres et très-laborieux ; la culture de la vigne, de l'olivier, du tabac et de la soie forme leur principale industrie. Leur langue est l'arabe. Leur religion est une doctrine mystérieuse, au sujet de laquelle nous ne possédons encore que fort peu de renseignements. Tout ce que nous savons, c'est que cette religion se rattache à la secte si répandue des Ismaélites; c'est que des idées panthéistes, la croyance à la migration des âmes et à des incarnations de la Divinité, y jouent un grand rôle, enfin que des vestiges de l'ancien culte oriental de la nature s'y trouvent entremêlés de la manière la plus bizarre avec des doctrines chrétiennes, judaïques et mahométanes. Les Druses n'ont point à proprement parler de prêtres; ils sont seulement partagés en initiés et en profanes. Les initiés, dits *akal*, dont font partie la plupart des émirs et des cheïks, forment un ordre mystérieux ayant divers degrés, seul en possession des livres saints, et qui pour célébrer le culte se réunit en assemblées secrètes où les femmes sont admises à certains degrés. Le reste de la nation, les *dstahhel*, n'a pas la moindre connaissance du fond même de sa religion. Consultez S. de Sacy, *Exposé de la religion des druses* (2 volumes, Paris, 1838).

Les Druses paraissent avoir conservé leur antique indépendance au milieu des gorges de leurs montagnes, aussi bien lors des conquêtes des khalifes arabes qu'à l'époque de celles des croisés, et, plus tard, sous la domination des sulthans turcs. On peut remonter leurs annales historiques jusqu'à leur fondateur, Hakim, l'un des khalifes fatimides (996-1021). Mais ce ne fut qu'en 1588 que le sulthan Amurat III réussit à les faire soumettre par Ibrahim, pacha de Saïd, lequel expulsa du pays leurs anciens chefs, et leur imposa un chef suprême, qui reçut le titre de grand-émir; mais, contre son intention, cette mesure eut pour résultat de conserver intactes l'unité et la nationalité du peuple druse. C'est ainsi que, dans les premières années du dix-septième siècle, Fakr-Eddin, prince des Druses, réussit à augmenter considérablement leur territoire et leur puissance aux dépens des Turcs. Mais des divisions intestines qui éclatèrent parmi les Druses mirent fin à son autorité, et la firent tomber entre les mains d'Amurat, par ordre de qui il fut étranglé, à Constantinople, en 1631. La dignité de grand-émir demeura bien dans la famille de Fakr-Eddin; mais jamais depuis lors les grands-émirs n'ont pu récupérer leur première puissance.

Ce ne fut que lorsque le grand-émirat passa dans la famille Shehab, qu'on vit renaître l'importance et la puissance des Druses, surtout sous Melhem (1740-50). Sous l'émir Béchir, élevé en 1799 à la dignité de grand-émir, et tantôt l'adversaire, tantôt l'allié du fameux Djezzar, pacha de Saint-Jean-d'Acre, la puissance des Druses fut soumise aux vicissitudes les plus diverses, surtout depuis la conquête de la Syrie par Méhémet-Ali, vice-roi d'Égypte. D'abord alliés des Égyptiens, ils finirent par trouver leur joug trop tyrannique, et se tournèrent complétement contre eux, surtout en 1834; mais Ibrahim-Pacha réussit à les soumettre et à les désarmer. L'émir Béchir fit alors cause commune avec les Égyptiens jusqu'en 1840, époque où, pour ne pas s'être assez à temps détaché de leur parti, il fut dépouillé de sa dignité par la Porte, qui le remplaça par l'émir Béchir-el-Kassin. A l'instigation des Anglais, qui leur fournirent des armes et des munitions, les Druses s'insurgèrent avec les Maronites contre les Égyptiens, et devinrent ainsi la cause principale de la chute de la puissance égyptienne en Syrie. Mais l'espoir qu'ils avaient conçu de recouvrer leur antique liberté fut bien trompé. A peine la Syrie fut-elle replacée sous l'autorité de la Porte, que les intrigues croisées des Français et des Anglais amenèrent entre les Druses et les Maronites des divisions que la Porte sut attiser, et dont elle profita pour détruire l'indépendance de ces deux peuplades, qui, depuis l'arrivée au pouvoir de l'émir Béchir, avaient toujours été si étroitement unies. Cette lutte intestine se prolongea pendant près de deux années, au bout desquelles la Porte déposa l'émir El-Kassin, et, sous prétexte de pacifier le Liban, envoya un administrateur turc, le renégat Omer-Pacha, gouverner les Druses et les Maronites. La conduite tyrannique de ce pacha irrita tellement les Druses, qu'oubliant leurs dissensions avec les Maronites, ils se soulevèrent de nouveau contre la Porte, demandant qu'on leur rendît un grand-émir qui leur fût commun avec les Maronites. Ces troubles continuels provoquèrent l'intervention des puissances chrétiennes à Constantinople. Après de longues négociations, elles obtinrent de la Porte le rappel d'Omer-Pacha et son consentement à ce qu'à l'avenir les Druses et les Maronites fussent placés sous la dépendance d'un kaïmakan turc, distinct pour chaque peuplade, et à ce qu'une espèce de conseil fût adjoint à ce fonctionnaire pour l'assister dans la direction des affaires intérieures du pays. Ce replâtrage est loin d'avoir satisfait les deux peuples; de là l'état toujours incertain du Liban.

DRUSILLE (JULIA DRUSILLA), l'une des filles de Germanicus et d'Agrippine, naquit à Trèves, l'an 15 de l'ère chrétienne. Elle n'hérita point de leurs vertus. Caligula, son frère, après l'avoir déshonorée, la maria, dès qu'elle eut dix-sept ans, à Lucius Cassius Longinus, homme consulaire, suivant les uns, à un certain Lépidus, selon d'autres, l'enleva bientôt à son époux, et la traita publiquement comme sa femme légitime. Ce commerce incestueux dura jusqu'à la mort de Drusille, en 38 (l'an 791 de Rome), et Caligula se livra alors à toutes les extravagances de la douleur la plus impie. Il suspendit toutes les fonctions publiques, défendit, comme un crime capital, de rire, de prendre des bains, de dîner en famille, sortit de Rome, au milieu de la nuit, pour courir de la Campanie à Syracuse et de Syracuse dans la Campanie, se laissa croître la barbe et les cheveux, et, ne pouvant plus jouir de Drusille vivante, en fit une divinité, par le nom seul de laquelle il jura désormais. Un sénateur, Livius Germinius, non content de déclarer qu'il l'avait vu monter au ciel et converser avec les dieux, lança des imprécations contre lui-même et contre ses enfants, si ce qu'il disait n'était pas vrai. Cette basse flatterie lui valut une grosse fortune. Les villes de la Grèce, à leur tour, se disputèrent l'honneur de révérer Drusille comme une déesse. Plusieurs médailles frappées dans ces contrées lui donnèrent ce titre avec celui d'Auguste; et le cabinet des médailles de la Bibliothèque Impériale en possède une où elle est qualifiée d'*aphrodite*. Dion, en décrivant fort au long les jeux que Caligula décréta pour sa sœur, nous apprend qu'il fit placer dans le Forum son portait sous les traits de Vénus, et que, pour conserver le souvenir de cette sœur trop aimée, il donna le nom de Drusille à la fille qu'il eut de Césonie. Il ne crut pas trop faire pour elle en lui accordant les mêmes honneurs qu'avait obtenus Livie, femme d'Auguste; il voulut encore qu'elle fût appelée la déesse *Panthée*. Caligula étant tombé malade la première année de son règne, l'avait instituée la légataire universelle de ses biens et même de l'empire. Eug. G. DE MONGLAVE.

DRUSUS. Ce fut l'an de Rome 472, 282 avant l'ère chrétienne, que les Livius, famille non moins ancienne qu'illustre, bien que plébéienne, comptant huit consuls, deux censeurs, un dictateur et un général de la cavalerie, prirent ce surnom. Il passa à M. Livius, d'un chef de Gaulois contre lequel ce Romain combattit corps à corps, et qu'il tua de sa main sur le champ de bataille. Ce surnom, tantôt glorieux, tantôt objet de mépris, tour à tour l'amour ou la haine du peuple, traversa les fastes de la ville de Romulus jusqu'au fils infâme de Livie, et au monstre impérial qu'Agrippine conçut dans son sein; car ce fut du sang des faux républicains, ou plutôt des démagogues, des Livius, que sortirent Tibère et Néron.

DRUSUS (M. LIVIUS) fut tribun du peuple avec Caius Gracchus, l'an de Rome 630; il finit par obtenir le consulat l'an de Rome 639 (112 avant J.-C.), en récompense de plusieurs victoires remportées sur les Scordisques, peuples belliqueux de la Pannonie. Le sénat, qui avait conçu de l'ombrage de l'immense crédit du tribun Gracchus, s'empressa de lui opposer son collègue M. Livius, que sa richesse et son éloquence plaçaient haut parmi les plébéiens. Ce dernier, poussé par ce corps tout puissant, ne tarda pas à surpasser en popularité le tribun bien aimé; par un édit, il affranchit les pauvres, auxquels son collègue avait distribué des terres, de tout impôt annuel. Il attira aussi sur lui seul toute la bienveillance des alliés, et s'entoura de leur appui en les assimilant aux citoyens, défendant aux généraux de les battre de verges. Dans toutes ses harangues, l'adroit tribun proclamait que c'était aux instances du sénat qu'étaient accordées au peuple ces faveurs inouïes jusqu'alors. Quand le sort eut désigné C. Gracchus pour aller relever les murs de Carthage, ruinée par Scipion, M. Drusus, maître des lieux, de la tribune et du peuple, l'accusa, lui et Fulvius, ami dévoué de ce tribun; et dès lors C. Gracchus perdit à jamais la faveur du peuple, qui l'abandonna.

DRUSUS (M. Livius), fils du précédent, fut élu tribun du peuple l'an 91 avant J.-C. Faux démagogue comme son père, il servit la noblesse en flattant le peuple, mais sans mesure. Il poussa les profusions à l'excès: colonies nouvelles, lois agraires, distributions de blé, rien ne lui coûtait; il disait en riant « qu'il ne laisserait plus aux autres que les étoiles et la lune à distribuer ». Le trésor public ne pouvant suffire à ces prodigalités, le premier il s'avisa d'altérer les monnaies d'un huitième d'alliage, autre moyen de ruine pour l'État. Au sein même du sénat, dont il était l'agent populaire, il trouva deux redoutables adversaires, le consul Philippe et le jeune Servilius Cæpio, naguère son ami. Le farouche démagogue menaça Cæpio de la roche Tarpéienne, et fit traîner Philippe en prison avec tant de violence que le sang lui jaillissait des narines: « C'est du jus de grives, » dit le tribun; allusion tant soit peu cruelle à ce mets qu'affectionnait le consul. Bientôt il ne tarda pas à accumuler sur sa tête les haines implacables de tous les chevaliers romains; il proposa de diviser la puissance de la judicature, dont leur ordre était seul investi, entre eux et le sénat, avec une loi qui punit les prévaricateurs, qui, jusque là, avaient joui de la plus grande impunité. Le sénat, le peuple, les alliés, soutinrent cette loi de tout leur pouvoir, et M. Drusus de toute sa violence accoutumée: elle passa aux suffrages unanimes des tribus. Le peuple gorgé, le sénat satisfait, tous deux n'ayant plus rien à attendre de M. Drusus, l'abandonnèrent à la fureur sourde de ses nombreux ennemis, qu'augmentait encore la menace de la guerre sociale, dont par ses vaines promesses aux alliés il avait jeté les premières étincelles. Quoique se tenant sur ses gardes, marchant toujours entouré d'amis et de clients, un soir qu'il rentrait chez lui, il reçut un coup de couteau d'un inconnu, qui se perdit dans la foule, et en mourut quelques jours après, l'an de Rome 661. Cicéron et quelques autres accusent de ce meurtre le tribun Q. Varius: ce qui prouve qu'il partait d'un bras puissant, c'est qu'il ne fut fait aucune enquête. Après lui, toutes les lois qu'il avait inspirées furent abrogées par le consul Philippe, sous prétexte qu'elles n'avaient point été sanctionnées par les auspices; et le sénat, comme saisi d'un étrange esprit de contradiction, détruisant son propre ouvrage, le laissa faire.

DRUSUS (L.), père de Livie Drusille, première impératrice romaine, femme d'Auguste, se tua dans sa tente après la défaite de Brutus et de Cassius dans les plaines de Philippes: il se méfiait, peut-être avec raison, de la générosité du vainqueur, qui n'était point encore son gendre, et qui tout ivre de sa victoire, immola coup sur coup à sa vengeance tant de personnages illustres. Ce fut donc Livie qui apporta ce surnom de *Drusus* dans la maison de Tiberius Néron, son premier mari.

DRUSUS (Claudius Néron), fils de Tibère Néron et de Livie, naquit l'an 38 ou 39 avant J.-C. Livie, sa mère, était enceinte d'environ six mois de cet enfant, quand son mari Tibérius Néron, grand-pontife, la céda à Auguste, qui en était devenu éperdûment épris, lors de la fuite de ces deux époux à Putéoles. Claudius Néron Drusus, âgé seulement de cinq ans, eut bientôt à pleurer la mort de son père. Auguste l'adopta avec son frère aîné, depuis empereur d'une si horrible célébrité. Les belles qualités du plus jeune fils de Livie, élevé dans le palais impérial, ne tardèrent pas à se développer. Cette maturité de raison et de talents, avec l'influence d'Auguste, fit que, cinq ans plus tôt que ne le voulait la loi, il fut investi des hautes charges de l'État. Choisi par Auguste, de concert avec le sénat, pour aller soumettre les Rhètes dans les Alpes, il mit cette nation sous le joug, et fut bientôt de retour à Rome, où l'attendaient les insignes de la préture, qui n'étaient décernés par la loi qu'à l'âge de quarante ans. Mais la couronne la plus belle et la plus durable qu'il reçut fut une ode magnifique qu'Horace lui adressa à l'occasion de cette victoire. Sur ces entrefaites, la Gaule, toujours remuante, avait nécessité la présence d'Auguste dans cette contrée; cet empereur y laissa Claudius Néron Drusus pour la réduire ou la pacifier. Le jeune prince la soumit autant par la persuasion et la douceur que par la valeur de ses armes; bien plus, un temple et un autel furent consacrés par les peuples de cette contrée à Auguste, comme à un Dieu, auprès de Lugdunum (Lyon), au confluent de l'Arar et du Rhodanus (la Saône et le Rhône); on en voit encore des débris. Soixante nations gauloises concoururent à l'édification de ce temple, et chacune d'elles l'orna d'une statue. Les Gaulois servirent même d'auxiliaires à Drusus dans ses guerres de la Germanie.

Ce fut dans ce temps qu'il passa le Rhin, tailla en pièces dans leurs pays mêmes les Usipiens et les Sicambres, et enrichit ses auxiliaires et ses légions de leurs dépouilles. Le premier, par un éclair de génie, il forma le dessein de porter par mer la guerre chez les peuples au-delà de la rive droite du Rhin, afin d'éviter à son armée une marche longue et pénible: à cet effet, il créa une flottille, et fit creuser un canal qui joignit ce fleuve rapide à l'Aliso (aujourd'hui l'Yssel), et par là descendit avec ses vaisseaux dans l'océan Germanique. Cette entreprise était des plus hardies pour l'époque. Le reflux, dont Drusus, ainsi que toutes les nations voisines de la Méditerranée, n'avait aucune connaissance, ayant laissé ses vaisseaux à sec sur la plage, il en demeura frappé d'une si grande terreur, que sans le secours des Frisons, ses nouveaux alliés, c'en eût été fait de lui et de ses légions. Drusus laissa en Germanie jusqu'au nombre incroyable de cinquante forteresses. Après avoir soumis ou contenu les peuples de ces contrées et fortifié son camp contre toute attaque, il revint à Rome recevoir les honneurs de la préture. L'année suivante, tout le feu de la guerre s'était rallumé dans la Germanie avec plus de violence que jamais, au point qu'Auguste, pour surveiller tant de nations révoltées contre son joug, fut obligé de passer dans les Gaules. Drusus, de son côté, honoré du consulat l'an 745 de Rome, rejoignit ses légions, qu'il mena contre les barbares, passa le Weser, et porta ses armes jusqu'à la rive de l'Elbe, où l'attendaient de nouveaux triomphes et la mort. Ce fut à trente ans, l'an 9 avant J.-C., qu'apparut, sur son lit funèbre, aux légions fondant en larmes, le plus magnanime, le plus affable, le plus populaire, le plus brave des généraux qu'elles eussent jamais eus à leur tête.

La mort de Drusus est expliquée diversement: il fut emporté par une fièvre subite, selon Dion-Cassius; il périt d'une chute de cheval, selon Tite-Live. Suivant Suétone, quelques-uns l'attribuèrent à la jalousie d'Auguste et aux craintes que lui donnait cet esprit libéral qui avait déjà tant d'empire sur le peuple et l'armée, et qui, dit-on, méditait le retour de la république. Mais Suetone et Tacite surtout, ce juge si sévère, lavent entièrement Auguste d'un si noir soupçon. Le beau surnom de *Germanicus*, que lui décerna le sénat à lui et à ses descendants, survit et survivra longtemps aux statues et aux autels qu'on lui dressa comme à un dieu. Il eut trois enfants de son épouse Antonia la jeune, seconde fille d'Antoine, et d'Octavie, Germanicus, Claude, depuis empereur de si triste mémoire, et Livie ou Liville.

DRUSUS, fils de l'empereur Tibère et de Vipsanie sa première femme, épousa Livie ou Liville, sa cousine germaine, indigne fille du généreux Claudius Néron Drusus et de la vertueuse Antonia, et il l'aima tendrement. Désigné à la dignité de consul l'an 13 avant J.-C., ce ne fut que trois années après qu'il en prit les insignes et exerça cette magistrature. L'année d'ensuite, Tibère l'envoya, lui et Séjan, pour faire rentrer dans l'obéissance les légions révoltées dans la Pannonie. La présence, naturellement imposante, du fils de l'empereur les contint un instant; mais leur silence même et leur respect farouche avaient quelque chose de plus effrayant que des murmures. Drusus, dont la parole était peu facile, leur lut les lettres de son père, qu'il accompagna d'une courte harangue. Les légions y répondirent par la demande d'une paye d'un denier par jour, de congés après seize ans de service, d'une récompense en argent au bout de ce terme, où le vétéran serait dispensé de rester sous les enseignes. Drusus leur opposa les ordres précis de son père et la nullité de sa puissance : alors le tumulte et l'effervescence devinrent de plus en plus menaçants, lorsqu'un événement fortuit, phénomène naturel, une éclipse de lune, jeta tout-à-coup l'effroi dans le camp : elles s'imaginèrent que les dieux, vengeurs des princes outragés, manifestaient leur colère par ces ténèbres instantanées, et que d'horribles châtiments allaient tomber du ciel sur elles. Cet événement, plus éloquent mille fois que la harangue de Drusus, fut exploité par le fils de Tibère, qui leur envoya le centurion Clemens, dont les reproches, appropriés à la circonstance, les ramenèrent sans peine; elles firent leur soumission. Drusus, sans perdre un instant, fit exécuter les chefs de la rébellion, mesure efficace, qui lui coûta peu, vu la dureté naturelle de son caractère. Les affaires de la Germanie et de l'Illyrie l'occupèrent ensuite; de là il revint à Rome recevoir les honneurs de l'ovation, puis entra dans son second consulat conjointement avec son père.

Peu de temps après, un soufflet que ce prince, dans sa violence accoutumée, donna à l'infâme ministre de Tibère, arrêta court ses destinées impériales. Séjan médita dès lors la plus atroce vengeance, bien digne du règne de Tibère. Sous le masque de l'amour le plus tendre, il s'empara du cœur de Livie, l'épouse de Drusus, et promit à son ambition le titre d'impératrice lorsque lui-même serait élevé à l'empire. Afin de la laisser sans soupçon, il répudia Apicata, sa femme, dont il avait eu trois enfants. Pour parvenir à de telles fins, il fallut se défaire de Drusus : ce crime fut proposé par Séjan à Livie, qui sans hésiter en accepta la commission : on se décida pour un poison lent. Il fut préparé par le Grec Eudemus, médecin du palais, esclave qu'ils avaient acheté, et la coupe fut présentée par Lygdus, jeune et bel eunuque, trop cher à l'infortuné Drusus, et que l'impudique Séjan, insinuent quelques historiens, ne rougissait pas d'associer par d'infâmes amours à une princesse du sang des Césars. Drusus succomba à ce noir forfait, l'an 21 de l'ère chrétienne. On lui fit de magnifiques funérailles, dont la pompe surpassa encore celle des obsèques de Germanicus, son frère adoptif il ne se commettait pas un crime dans la famille impériale, que Tibère n'en fût accusé : on le soupçonna de la mort de Drusus, mais à tort; seulement il prononça froidement, sans une larme paternelle, l'éloge funèbre de son fils. La question que huit ans après on appliqua à Eudemus et à Lygdus ne laissa aucun doute sur les auteurs de cette mort : il en fut fait justice, et Livie avec son crime fut livrée par Tibère à la sévérité d'Antonia, sa mère, qui, dans son indignation, fit jeter sa fille dans un cachot, où elle la laissa mourir de faim.

DRUSUS, second fils de Germanicus et d'Agrippine, la fille de M. Vipsanius Agrippa et de Julie, fille d'Auguste, dès le jour qu'il eut revêtu la robe virile, l'an 25 de J.-C., porta ombrage au jaloux Tibère, dont il était le petit-fils. Dans la vue de plaire à ce prince, non moins vain que cruel, le sénat avait décerné au jeune Drusus les mêmes honneurs qu'à Néron, son frère aîné; et le grand pontife et les prêtres l'avaient mis dans leurs prières sous la protection des dieux. L'empereur en fut choqué : il blâma le sénat et les prêtres, auxquels il en fit des reproches, prenant pour prétexte le danger qu'il y avait d'enfler le cœur d'une jeunesse naturellement présomptueuse. Cependant, dans la suite, par dissimulation peut-être, il sembla prendre sous sa protection et placer sous celle du sénat ses deux petits-fils, qu'il lui présenta par la main. Le sort de ces orphelins, ces fils du généreux Germanicus, quoique frêle objet des caprices d'un tyran, paraissait être fixé par cette démarche si solennelle, jusqu'à ce qu'intervînt l'infâme Séjan, qui allait éclaircissant par la mort la famille impériale, à laquelle il tentait de succéder, et que Tibère, par une complaisance inexplicable, laissait faire. Il jeta d'abord les yeux sur l'aîné des enfants de Germanicus, Néron, neveu de sa malheureuse victime, et fils de Tibère. Il arma contre ce jeune prince la jalousie naturelle de Drusus, son frère, qui en lui voyait le préféré d'Agrippine leur mère. Tous deux élevèrent un simulacre de conspiration, présumée ourdie par Néron contre Tibère lui-même. Ce jeune prince fut aussitôt déclaré ennemi de l'État, l'an 30 de J.-C. Comme son oncle, il eut à souffrir une longue agonie : exilé sur une roche déserte, ce prétendant à l'empire du monde y mourut de désespoir, de dénuement et de faim. Restait Drusus, qui gênait Séjan, assassin et juge à la fois. Il fit jeter le fratricide dans un cachot, sous le palais impérial même qu'il avait convoité. Le malheureux y avait vécu trois ans, quand, déjà privé de la lumière du soleil, un caprice de mort, un ordre de Tibère enjoignit qu'on cessât de lui porter des aliments : il lutta contre la mort pendant neuf jours, au bout desquels il expira dans les tortures de la faim, l'an 33 de J.-C., après avoir dévoré la bourre de son matelas. Ce fut la seule fois que Tibère ne se montra point dissimulé : par une franchise atroce, il se vanta en plein sénat du supplice de son petit-fils. Ce corps, tout corrompu qu'il était, en fut effrayé et stupéfait : il ne prévit que trop celui de la mère et de la vertueuse épouse de Germanicus. DENNE-BARON.

DRYADES, divinités bocagères, dont la création appartient au génie des Grecs. C'est une de leurs plus riantes explications des phénomènes de la nature. Ce peuple, à l'imagination de feu, crut tout arbre un être vivant, prit ses fleurs pour la couronne d'hyménée d'une vierge, ses fruits pour les enfants suspendus au sein maternel, leur feuillage pour une chevelure, et leur bruit pour des soupirs : aussi attacha-t-il à la co-existence des arbres, non des êtres masculins, mais des nymphes. C'est sans doute pour ce motif que tous les noms d'arbres sont féminins chez les anciens. Une preuve encore que l'antiquité avait croyance en cette vie sensible et pathologique des arbres c'est qu'elle consacrait des statues inorganiques de marbre, de pierre, de métal ou de bois mort pour y appeler l'âme du dieu, et que quant aux arbres, elle s'abstenait de ce rite. Les Grecs nommèrent ces divinités *dryades*, du mot δρῦς, chêne, parce que ce bel arbre, toujours verdoyant, vit le plus vieux de tous, et qu'il convenait mieux ainsi aux destins bornés de ces divinités terrestres, car les dryades mouraient, témoin la dryade Eurydice, épouse d'Orphée. Hésiode seul, usant à la fois de son crédit de théologue et de sa licence de poëte, dans un fragment de Plutarque, leur donne 933,120 années d'existence, sans doute lorsqu'il ne leur arrivait pas quelque accident, tel que d'être dévorées par une bête féroce, piquées par un serpent, comme la jeune épouse d'Orphée, ou assaillies par quelque barbare qui leur arrachait la vie. Ce nombre de 933,120 années cache sans doute un symbole cosmologique.

Les anciens, les poëtes surtout, et parmi eux Ovide et Properce, confondaient les *dryades* avec les *hamadryades*. Mais les mythologues, ces sévères historiens des dieux ne le permettent point, et ils ont classé rigoureusement ces divinités. Les hamadryades, selon eux, prisonnières dans l'arbre qu'elles habitaient, végétaient pour ainsi dire avec lui; ces deux natures devaient donc naître et mourir ensemble. Les dryades, au contraire, libres et errantes dans les bois, formaient des danses autour de leurs arbres chéris, dont les troncs leur servaient de retraite, ou pour le sommeil, ou contre l'orage, ou contre l'ardente poursuite des profanes amants. Syrinx d'Arcadie ne fut donc point une hamadryade, comme il est dit quelque part, mais une dryade, puisqu'elle descendit le mont Lycée devant le dieu Pan, qui la poursuivait; non plus que la nymphe Biblis de Carie. Elles contractaient des mariages selon leur bon plaisir; et souvent, raconte le chaste Homère, elles allaient avec les satyres dans les antres verts et secrets rendre hommage à Vénus. Pausanias dit qu'Arcas, fils de Jupiter et de Calisto, eut, comme Orphée, une dryade pour épouse. Clorinde, dans le Tasse, enfermée dans un pin et blessée par Tancrède, était pour le moment une hamadryade, et Armide, cachée dans un myrte enchanté, était une dryade, à cause de la jouissance qu'elle avait de sa liberté. Quand la cognée entamait un arbre habité par une hamadryade, il en sortait des plaintes et du sang. Les hamadryades et les dryades étaient reconnaissantes envers ceux qui respectaient leurs asiles, les protégeaient, et par leurs soins prolongeaient leur existence; mais elles se vengeaient horriblement de ceux qui les mutilaient, témoin le supplice du malheureux *dryadicide* Erésicthon, qu'elles frappèrent d'une faim insatiable. On suspendait aux arbres dryadiques des couronnes, des offrandes, des tableaux votifs. Cette religion bocagère, si futile en apparence, était d'une grande importance et d'une création politique admirable; elle empêchait la mutilation des forêts, et veillait à leur conservation, si essentielle à la salubrité de l'atmosphère. Pour abattre un arbre, il fallait la permission d'un ministre des dieux mêmes.

On nomme aussi quelquefois *dryades* les druidesses, ces anciennes femmes inspirées des Gaules et de la Germanie, qui prédisaient l'avenir et demeuraient sous les chênes.

Les anciens représentaient les dryades comme de jeunes femmes, à la taille haute et robuste, au teint frais et animé, à la chevelure éparse, flottant aux caprices des vents, le front ceint d'une couronne verdoyante de chêne orné de ses glands, avec les extrémités du corps, ainsi que nos arabesques, terminées en rinceaux enlacés, imitation du pied et des racines capricieuses des arbres. Ils leur mettaient en outre à la main une cognée, avec laquelle elles avaient coutume d'écarter les profanes de leurs saints asiles et de se défendre de leurs outrages. DENNE-BARON.

DRYDEN (JOHN), naquit le 9 août 1631, à Oldwinkle-All-Saints, près d'Oundle, dans le comté de Northampton. Il reçut les premiers éléments de son éducation à Tickmarsh, et obtint ensuite une bourse à l'école de Westminster, puis, au concours, une bourse au collége de la Trinité à Cambrige. De plusieurs témoignages du temps, il résulte que sa conduite dans cet établissement ne fut pas tout à fait exemplaire.

En quittant l'université, Dryden entra dans la vie active sous le protectorat de Cromwell. Quelques parents qui étaient fort en faveur près du protecteur lui aplanirent autant qu'il fut en eux les voies du monde. Plus d'un d'entre eux partageait les opinions du jour, et Dryden s'y abandonna avec la fougue ordinaire aux hommes dont l'imagination est la faculté dominante. Sa première muse fut donc puritaine, et la mort de Cromwell fut le premier sujet qui l'inspira dignement. Il eût été difficile, certes, de découvrir alors dans l'auteur des *Heroic Stanzas* (1658), dans le chantre puritain du protecteur de la république, l'étoffe du futur royaliste, et, qui plus est pour les Anglais, du futur catholique. Depuis ce moment on peut dire que Dryden ne cessa plus d'écrire. Richard Cromwell n'ayant pas su soutenir l'héritage politique de son père, et la trahison de Monk ayant ouvert les portes de l'Angleterre aux Stuarts, Dryden publia, en 1660, un poëme où il chantait cet événement. Ce poëme était intitulé *Astrea redux*. Après la célébration du retour de cette famille, il fallait bien célébrer le couronnement du roi Charles II. Le poëte n'y fit faute; et la même année parut une assez longue pièce de lui sur le couronnement. Au poëme sur le couronnement ne se borna pas le zèle du poëte de la restauration. Outre deux pièces dans le même intérêt, l'une adressée au chancelier Hyde, l'autre dirigée contre les Hollandais, qui avaient le très-grand tort de battre assez bien alors la marine du monarque anglais, il trouva moyen d'écrire en fort beaux vers un poëme fort sot encore et toujours en l'honneur de Charles II, le célèbre *Annus mirabilis*, ou l'*Année merveilleuse* (1666). Pas une des merveilles de cette admirable année n'est restée dans la mémoire des hommes; mais le poëte voyait tout au travers de son prisme, qui grossissait fort les objets, non sans les embellir considérablement aussi. L'excuse de tout cela, c'était l'art, c'était le progrès réel que Dryden faisait faire à la langue poétique, au milieu même de l'absence de toute idée poétique nouvelle. Il brillait par l'expression; il était curieux du style, soigneux du nombre, nouveau sous ces deux rapports. Aussi apprit-il aux Anglais, selon l'opinion, un peu exagérée, de Pope, car Shakspeare et Milton étaient en cela comme en tout des maîtres autrement supérieurs, « à joindre dans le vers à la variété la plénitude d'une harmonie soutenue, et le majestueux développement de la période à une divine énergie ». Si Dryden n'a pas complétement justifié cet éloge de Pope, il faut l'attribuer surtout à sa mauvaise fortune, qui ne lui permit pas de travailler pour sa réputation; il travaillait pour vivre, et il travaillait vite, parce qu'il avait de grands besoins.

Le théâtre offrait alors, comme aujourd'hui, plus de ressources que les autres branches de la littérature; pour peu qu'on y réussit, on était sûr de ne pas mourir de faim. Dryden se tourna vers le théâtre, et y débuta par une comédie intitulée *The Wild gallant* (L'Amant libertin) : on ne sait pas bien exactement en quelle année. Ce début fut malheureux, et, à vrai dire, le mérite de quelques détails ne rachète point suffisamment dans cette comédie l'absence de conception forte et surtout de moralité. Dryden réussit mieux quelques années plus tard. *The rival Ladies* (Les dames rivales) qu'il donna en 1664, eurent un succès qui adoucit pendant quelque temps les amertumes de la vie privée de l'auteur, toujours en lutte avec les difficultés de l'existence matérielle. *The indian Emperor* suivit d'assez près *The rival Ladies*. Cet empereur indien n'est autre que Montézuma, et le sujet de la pièce, par conséquent, est la conquête du Mexique par Fernand Cortez, sujet présenté là sous des couleurs fort romanesques et manquant totalement de couleur locale, comme on dirait aujourd'hui. *The indian Emperor* fut néanmoins fort applaudi. Pendant près de trente ans, le public accueillit avec faveur tout ce que Dryden donna au théâtre; et il n'a pas donné moins de vingt-huit pièces, soit tragédies, soit comédies. Toutes ont été recueillies et publiées en 1725, en 6 vol. in-12, précédées d'un *Essai sur la Poésie dramatique*. *Don Sébastien* et *La Conquête de Grenade* firent grand bruit, et attirèrent la foule pendant longtemps. Ses dialogues sur la poésie dramatique sont fort remarquables. Ce sont d'excellents morceaux de critique, pleins de vues ingénieuses, de finesse et de piquantes révélations.

Ainsi s'était fondée la réputation de notre auteur; et il était vers ce temps dans la plénitude de sa gloire et tout à fait en possession de la faveur du public. Cependant, et bien qu'en 1668, à la mort de Davenant, il eût été nommé lauréat et historiographe de Charles II, place à laquelle était attaché un traitement fixe, la situation financière du poëte était toujours fort mauvaise. Vers ce temps même il paraît que les prodigalités ruineuses de Charles II avaient tellement obéré le trésor royal, que le traitement de Dryden lui était payé fort irrégulièrement. Les plaintes du poëte contre le sort ne prirent point fin, malgré sa gloire. Nous voyons tristement, au contraire, qu'elles continuèrent plus vives que jamais. « Je n'ai guère lieu, disait-il, de remercier mon étoile pour être né Anglais. » Et, poursuivant avec une amertume croissante, il ajoutait : « C'est assez pour un siècle d'avoir négligé Cowley et vu Butler mourir de faim. » Ses soucis étaient cuisants, comme on voit, et ses besoins, de première nécessité, si l'on peut ainsi dire.

A ses embarras matériels se joignirent bientôt les attaques furieuses de ses ennemis, parmi lesquels le duc de Buckingham peut être compté comme un des plus venimeux. Ce que depuis Palissot fit pour Jean-Jacques Rousseau, le duc de Buckingham le fit alors pour Dryden : il traduisit le poëte en plein théâtre, selon l'opinion commune, sous le nom de *Bayes*, dans une comédie satirique devenue célèbre à cause même de cette attaque : *The Rehearsal* (La Répétition). Ses satires lui attirèrent, dit-on, aussi quelques affaires désagréables de diverses natures. On parle notamment de coups de bâton que lui aurait fait donner le comte de Rochester, pour quelques traits satiriques contre lui et contre la duchesse de Portsmouth, contenus dans l'*Essai sur la Satire*, publié en 1679.

La révolte du duc de Monmouth inspira à Dryden un poëme intitulé *Absalon et Achitophel*, composition bizarre, quoique semée de grandes beautés (1681). Nonobstant les nombreux symptômes précurseurs de la révolution de 1688, l'imprévoyant Dryden ne se lassait pas de plaider pour la famille des Stuarts, auxquels il avait fait, du reste, très-bon marché de sa plume; car jamais les deux tristes monarques qui achevèrent d'en ruiner la fortune et les droits ne surent même dignement récompenser ceux qui s'étaient dévoués à leur cause. Dryden acheva de s'incorporer pour ainsi dire à la restauration, qui allait périr, en faisant profession publique de catholicisme six mois avant l'expulsion définitive des Stuarts du sol de l'Angleterre. Cette conversion du poëte dans ces derniers jours d'un règne *qu'on se hâtait de dévorer*, selon la belle expression de Corneille, fut d'autant plus vivement blâmée qu'elle ne paraissait pas généralement désintéressée. C'est de cette époque que datent son poëme didactique *Religio laici*, plaidoyer poétique fort plat en faveur de la religion révélée et son poëme allégorique *The Hind and the Panther*.

Vint 1688, qui dissipa toutes ses illusions; et avec les Stuarts disparut aussi l'aisance relative de Dryden. Cette fois, et nous le disons en son honneur, il ne se fit point un si prompt revirement qu'en 1660 dans les opinions et les sentiments du poëte : il ne chanta pas incontinent la palinodie en faveur des nouveaux venus. Il ne figura pas toutefois non plus bien activement dans les rangs de l'opposition jacobite, et se détacha même jusqu'à un certain point de la politique. Virgile et les poëtes antiques l'occupèrent tout entier en ces années qui suivirent 1688. La traduction de Virgile parut en 1697, et doit être considérée comme un des ouvrages qui font le plus justement honneur au talent de Dryden, et aussi comme l'un de ceux qui ont le plus contribué à rendre son nom classique. C'est en effet une des meilleures traductions du poëte latin qui aient paru dans aucune des langues de l'Europe. Elle est écrite avec onction, élégance et charme, et pour tout dire en un mot, avec un beau et réel sentiment du caractère propre du cygne de Mantoue. On raconte que le libraire Tonson, voulant la dédier au roi nouveau pour lui faire sa cour, ne put jamais obtenir le consentement de Dryden, qui ne voulut pas ajouter à ses apostasies passées par une apostasie nouvelle. Tonson alors ne vit rien de plus flatteur pour le monarque intrus que de faire retoucher les planches qui devaient orner l'édition, et de faire donner au pieux Enée, partout où il figurait, le nez camus distinctif du royal visage du nouveau conquérant de l'Angleterre.

Dryden coopéra à la traduction des *Métamorphoses* d'Ovide, publiée par le docteur Carth. Il traduisit complètement Juvénal et Perse, dont il reproduisit assez bien, par endroits, l'âpre et énergique concision. Il se livra aussi à quelques traductions en prose d'une plus facile exécution, et l'on a de lui celle du poëme latin, d'ailleurs estimé, de Dufresnoy, *Sur la Peinture*. Il serait trop long d'énumérer ses nombreux ouvrages article par article. Nous citerons cependant sa célèbre ode sur le jour de la Sainte-Cécile, *Alexanders feast*, et ses *Fables anciennes et modernes, traduites en vers d'après Homère, Ovide, Boccace et Chaucer*, en 2 volumes, qu'il mit au jour en 1698, peu de temps après la publication de sa traduction de Virgile.

Dryden mourut le 1er mai 1700, âgé d'un peu moins de soixante-dix ans, laissant trois fils, qui tous trois cultivèrent les lettres avec quelque distinction. Edm. Malone a donné en 1800 les *Œuvres critiques et mêlées de Dryden*, avec des notes assez curieuses, une vie et des lettres de l'auteur, dont quelques-unes inédites, et qui jettent un grand jour sur son caractère et ses malheurs (Londres, 1800, 4 vol. in-8°). On a de nombreuses éditions des divers ouvrages de Dryden, antérieures et postérieures à la publication de Malone, mais aucune édition complète n'en avait été donnée au public, lorsqu'en 1818 parurent enfin jusqu'aux moindres essais du poëte, recueillis par un éminent et glorieux éditeur, sir Walter Scott. Cette édition, aussi correcte que complète, est accompagnée de la vie de Dryden par le célèbre romancier écossais. C'est à ce beau travail qu'il faut renvoyer tous ceux qui voudraient connaître à fond John Dryden et ses ouvrages.

Charles Romey.

DSCHAMY. *Voyez* Djami.

DSCHINGIS KHAN, DSCHINGIS-KHANIDES. *Voy.* Djinghiz-Khan et Djinghis-Khanides.

DSONGARIE ou SONGARIE. On désignait autrefois et on désigne même encore quelquefois aujourd'hui sous cette dénomination toutes les contrées de l'Asie centrale qui se trouvaient au pouvoir de la horde mongole des *Dsongares* ou *Songares*, ainsi appelés (de *soni*, gauche, et *gar*, main), parce qu'ils habitaient à la gauche (ou à l'ouest) du Thibet. Les Songares sont appelés par les Chinois *Éleoutes* (corruption du mot mongol *Oirad*, alliés); et c'est aussi sous ce nom que les missionnaires jésuites en ont parlé.

Dans la seconde moitié du dix-septième siècle, Kaldan ou Boushton-Khan, prince de cette nation, essaya de jouer le rôle de Djinghiz-Khan; il se rendit maître de la Mongolie et de toute l'Asie centrale, et pénétra même jusqu'en Chine. Mais il y trouva dans les Mandchoux des adversaires supérieurs en force. Kaldan et les hordes qu'il traînait à sa suite furent vaincus dans différentes rencontres. Alors les Chinois, à leur tour, envahirent l'Asie centrale et s'emparèrent de la petite Boukharie ou Turkestan oriental, ainsi que des grandes villes *Jarkend* et *Kaschgar*. Toutes ces contrées et toutes ces nations, à l'époque où florissait la puissance des Dsongares, obéissaient à leurs princes; c'est ce qui explique comment on en vint à les comprendre sous la dénomination commune de *Dsongarie*.

On prétend que dans leurs dernières luttes contre ce peuple mongole (1756-1759), les Chinois égorgèrent plus d'un million d'individus, sans distinction de sexe ni d'âge.

Un faible débris de cette horde, fort de 20,000 têtes environ, se réfugia alors en Sibérie, où on les incorpora aux Kalmoucks du Wolga. Le très-petit nombre de Dsongares qui restèrent sous l'autorité de l'empereur de la Chine furent répartis entre les commandants des différentes villes de la Boukharie, et astreints à embrasser la vie agricole. C'est ainsi que les Dsongares ont fini par disparaître de l'histoire comme nation indépendante.

DUALISME (du mot latin *duo*, deux). On appelle ainsi, en philosophie, tout système qui explique l'essence des choses par la coexistence de deux principes différents, indépendants l'un de l'autre et également éternels, comme l'*idéal* et le *réel*, ou encore la *matière* et l'*intelligence*. Le dualisme peut être dogmatique, critique ou sceptique. Dans une acception plus restreinte, ce terme ne s'emploie que pour désigner un système philosophique admettant soit l'existence dans la nature de deux principes opposés, l'un *bon* et l'autre *mauvais*, comme dans la doctrine de Zoroastre (c'est le *dualisme théologique*), soit l'existence dans l'homme de deux principes différents, c'est-à-dire d'un principe intelligent et d'un principe matériel, de l'âme et du corps (c'est le *dualisme anthropologique*). On appelle *dualistes* ceux qui partagent ces opinions, *empiriques* ceux qui n'admettent particulièrement la différence et l'antagonisme de deux principes qu'autant que la conscience les perçoit, et *dualistes transcendants* ceux qui attribuent une vérité objective à cet antagonisme. Le *dualisme* a pour contraire le *monisme* ou *unitarisme*.

Bien différent du *matérialisme*, qui ne voit dans l'homme qu'un agrégat de matière, et du *spiritualisme*, qui n'y veut voir qu'un esprit, le *dualisme anthropologique* nous considère comme composés de deux principes d'activité différents, l'*âme* et le *corps*. Les partisans de cette doctrine arrivent, de conséquence en conséquence, à admettre que nos idées proviennent, soit de l'expérience sensible, soit du travail propre de l'esprit; opinion également opposée au *sensualisme* des matérialistes, qui fait dériver toutes nos idées des sens, et à l'*idéalisme* des spiritualistes, suivant lequel aucune idée ne nous vient par l'intermédiaire du corps. Enfin, il conduit au *dualisme moral*, suivant lequel deux espèces de motifs président habituellement à nos déterminations, les uns sensibles et égoïstes (ce sont les seuls qu'admettent les matérialistes), les autres rationnels et désintéressés (c'est là ce que pensent les spiritualistes).

Le *dualisme théologique* ou *dithéisme*, qui a pour contraire le *monothéisme*, consiste à supposer deux principes, deux dieux, en d'autres termes, deux êtres, deux génies non créés, indépendants l'un de l'autre, coéternels, dont on regarde l'un comme le principe du bien, et l'autre comme le principe du mal. Cette opinion, qui est le contraire de la doctrine de l'unité de Dieu, est fort ancienne, et a été extrêmement répandue dans toute l'antiquité. Elle fut commune aux Chaldéens, aux Égyptines et aux Grecs. Pythagore, Empédocle, Héraclite, Anaxagore, le divin Platon lui-même (du moins Plutarque l'en accuse) et Aristote la partagèrent; et le Persan Manès, généralement reconnu comme l'auteur de la secte des manichéens, la remit en honneur au troisième siècle de notre ère. On sait les luttes aussi longues que sanglantes que l'Église dut soutenir pour extirper de son sein une hérésie demeurée célèbre dans l'histoire des aberrations de l'esprit humain, sous le nom de *manichéisme*, et pour laquelle saint Augustin avoue qu'il eut longtemps du penchant. Elle provient de la difficulté d'expliquer l'existence du mal dans le monde, de toutes les questions agitées par les hommes la plus controversée et la plus digne assurément d'être étudiée. Rien de plus obscur, dit saint Augustin, rien de plus malaisé à expliquer que cette question : *Comment, Dieu étant tout-puissant, peut-il y avoir tant de maux dans le monde sans qu'il en soit l'auteur?* Ce fut uniquement pour éviter une conséquence si impie, remarque Formey, que les philosophes païens, et après eux des philosophes qui, malgré leurs erreurs, ne laissaient pas de croire en Jésus-Christ, supposèrent deux principes éternels, l'un présidant au bien, et l'autre au mal. De là les égarements de Basilide, de Valentin, de Marcion, de Bardesanes. Leur motif, dans le fond, était louable, car de toutes les hérésies il n'y en a point qui mérite plus d'horreur que celle de faire Dieu auteur et complice des maux. Quelque hypothèse que l'on adopte pour expliquer la Providence, la plus injurieuse à Dieu et la plus incompatible avec la religion sera toujours celle qui donne atteinte à la bonté ou à la sainteté de Dieu, ces deux perfections étant la base de la foi et des mœurs. D'ailleurs, il n'est nullement besoin de recourir à deux principes pour justifier sa providence et rendre raison du mal.

DUBAN (Félix-Jacques) est un de ces architectes dont on louera toujours les connaissances théoriques et le goût délicat sans estimer beaucoup leurs travaux. Habiles lorsqu'ils ont le crayon à la main, ils hésitent, ils se trompent quand il faut bâtir le moindre édifice. M. Duban est né à Paris : il suivit les cours de l'École des Beaux-Arts, et y remporta en 1823 le grand prix d'architecture. Il partit bientôt pour l'Italie, où il séjourna de 1825 à 1830, étudiant avec ses collègues, H. Labrouste, Duc et Vaudoyer, les merveilles de l'art antique et de la renaissance. A son retour, il exposa au Louvre, en 1831, une *Restauration d'une maison de Pompée*, et en 1833 une *Salle d'une villa antique* et diverses études faites à Rome. M. Duban s'annonçait comme un architecte soigneux, déjà érudit, et plus attentif qu'on ne l'était alors aux détails de l'ornementation. Le gouvernement lui confia, vers 1834, la continuation des travaux de l'École des Beaux-Arts. M. Duban s'acquitta de cette mission avec un zèle extrême; mais on a contesté au monument qu'il a élevé les qualités fondamentales que doit posséder tout édifice. Il est certain que la salle du rez-de-chaussée, qui devait servir d'asile aux moulages des statues antiques est restée inoccupée, le plancher de la salle supérieure n'ayant pas été jugé assez solide et étant aujourd'hui soutenu par des colonnettes de fer, qui ne sont ni élégantes ni conformes aux plus vulgaires lois de l'art. L'ensemble du bâtiment est d'ailleurs sans grandeur et sans harmonie; les cours intérieures sont d'une morne tristesse : l'ornementation seule paraît avoir sérieusement préoccupé M. Duban. « Ce ne sont que festons, ce ne sont qu'astragales : » malheureusement l'unité se perd dans cet assemblage de motifs incohérents. M. Duban a aussi placé dans la cour de l'École la façade du château d'Anet et l'arc du château Gaillon. Il a conservé le titre d'architecte de l'École des Beaux-arts, et c'est en cette qualité qu'il a été chargé de mettre en ordre les restes mutilés de l'ancien hôtel de la Trémouille (janvier 1854).

Les travaux de M. Duban révélaient en lui, sinon un artiste véritable, un inventeur fécond, du moins un *curieux* plein de science et respectueux pour les monuments du passé. Aussi lorsqu'une loi du 22 juin 1845 eut autorisé la restauration du château de Blois, ces travaux lui furent-ils confiés. Il faut le dire, il s'en acquitta à merveille. Il organisa une petite armée d'ouvriers habiles, il fit réparer ou refaire toutes les sculptures endommagées, enfin il rajeunit le château sans trop en altérer le caractère. A la suite de la révolution de Février, M. Duban fut nommé architecte du Louvre, et il se mit aussitôt en mesure de dépenser les deux millions que l'Assemblée constituante avait appliqués par la loi du 12 décembre 1848 à la restauration du musée. Il dirigea avec un soin dont il faut lui tenir compte les travaux de la galerie d'Apollon, œuvre facile d'ailleurs, puisqu'il lui suffisait de suivre exactement l'ornementation indiquée par Lebrun. Il fut moins heureux dans la décoration du grand salon et de la salle des sept cheminées. Il fallait inventer, il se trompa lourdement. Ce travail souleva les plus violentes critiques, et nous sommes forcés de reconnaître qu'elles étaient toutes méritées. Les plafonds sont du goût le plus baroque et le plus chargé, les murailles sont d'un ton brillant qui nuit le mieux du monde aux tableaux; partout l'or et le clinquant sont prodigués comme dans un estaminet du Palais-Royal. M. Duban a surveillé en même temps l'habile restauration des sculptures de la façade du bord de l'eau, et enfin la décoration intérieure de la cour. Il échoua complétement dans ce dernier travail : les petits jardinets, plusieurs fois remaniés, les lourdes balustrades de pierre qu'il y mettait un matin pour les enlever le lendemain, obtinrent un grand succès d'ironie, et égayèrent même le crayon des caricaturistes. Le résultat définitif d'un effort si pénible et si coûteux est tout à fait mesquin et vraiment peu digne de l'ancien palais de François Ier. Toutefois, M. Duban, qui avait été nommé chevalier de la Légion d'honneur à la suite de la construction de l'École des Beaux-Arts (2 février 1836), fut nommé officier à l'occasion des travaux du Louvre (6 juin 1851). Il a d'autres titres encore : il est membre de la commission des monuments historiques et de celle des arts et des édifices religieux. Il a failli remplacer Achille Leclère à l'Institut; enfin, s'il a donné au mois de janvier 1854 sa démission d'architecte du vieux Louvre, il a été nommé quelques jours après inspecteur général des bâtiments civils. *Uno avulso, non deficit alter* : à une fonction qui s'éteint, succède une fonction nouvelle.

DUBARRY (Marie-Jeanne GOMART-VAUBERNIER, comtesse) naquit à Vaucouleurs, en 1744. Elle eut pour parrain le munitionnaire Dumonceau, que le hasard avait conduit à Vaucouleurs, et pour marraine la femme du directeur des Fermes. Gomart-Vaubernier n'était qu'un commis subalterne. La cérémonie du baptême fut un événement : un parrain directeur général des vivres! c'était une bonne fortune pour la famille Vaubernier. Après la cérémonie, les gens du financier firent pleuvoir sur la population une grêle de dragées et de petite monnaie. Le parrain ne se montra généreux que ce jour-là. Mais la marraine pourvut avec une libéralité toute financière aux besoins de sa filleule. Le père mourut, et sa veuve, se trouvant sans ressource, partit, avec la petite Marie-Jeanne, pour Paris. Elle n'avait d'espoir que dans la générosité du fournisseur, qui se borna d'abord à un secours mensuel de douze livres. Plus tard, il plaça sa commère chez une de ses maîtresses, et mit sa filleule au couvent de Sainte-Anne. Elle en sortit à l'âge de quinze ans, et fut mise en apprentissage chez Mme Labille, marchande de modes, rue de la Ferronnerie. Jolie et coquette, elle eut bientôt des amants, et devint une des pensionnaires de la fameuse Gourdan. Ce fut là qu'elle connut le comte Jean Dubarry, dit le *grand roué*, qui bientôt la prit chez lui. Il tenait un de ces tripots privilégiés, rendez-vous des grands seigneurs joueurs et libertins. Le comte Jean était lié d'intérêt avec Lebel, valet de chambre et agent secret des plaisirs du vieux roi Louis XV. Lebel n'avait pas besoin de s'occuper des dames de la cour : elles s'offraient d'elles-mêmes. L'obstination de Melle de Saint-Roman à faire légitimer un fils qu'elle avait eu de S. M. avait contrarié le prince, et une double lettre de cachet avait séparé la mère et l'enfant. Cette rupture avait mis en émoi toutes les ambitions, et ranimé des espérances longtemps déçues. La belle duchesse de Gramont, sœur du premier ministre, n'offrit au roi qu'une conquête facile. Tous les courtisans, le duc de Richelieu lui-même, qui avait poussé la *complaisance* jusqu'à prêter sa petite maison de Saint-Ouen pour la première entrevue de Louis XV et de Mme de Pompadour, s'évertuaient à chercher une nouvelle favorite. Le roi avait vieilli, il était devenu sombre et mélancolique. Le comte Jean, confident et ami de Lebel, lui proposa Melle Lange : c'était le nouveau nom de Melle Vaubernier. Lebel hésitait : il tremblait que le roi ne fût informé des antécédents de la demoiselle; mais il n'avait pas le choix des moyens, et puis la *petite* avait vu la bonne compagnie; elle s'était formée dans la société de Mme de Lagarde, maîtresse de l'abbé Terray, et dans les salons du comte Jean; elle avait de l'esprit naturel, le ton un peu leste et grivois. On lui fit la leçon; elle promit de s'observer, n'en fit rien, et réussit. Le roi fut enchanté.

Le duc de Richelieu avait été en tiers dans cette intrigue avec Lebel et le comte Jean; il n'avait compté que sur un caprice, il s'aperçut bientôt que c'était une passion. Il fallait un nom titré à la nouvelle favorite. S. M. ne pouvant avouer un amour bourgeois, le comte Jean proposa son frère Guillaume, qui épousa, et, la cérémonie faite, repartit pour Toulouse, chargé d'or et nanti d'une énorme pension. Ce mariage pour la forme n'était qu'un scandale de plus; mais telles étaient les mœurs de la cour. Le doyen des ministres, le duc de la Vrillière, n'avait-il pas fait épouser sa maîtresse au marquis de Langeac, qui par le même contrat, et moyennant une somme convenue, s'était engagé à vendre son nom, ses droits d'époux, et à reconnaître les quatre enfants de ce ministre? L'étiquette exigeait encore que la nouvelle comtesse fût présentée; il lui fallait une marraine, et cette marraine ne pouvait être qu'une dame titrée, ayant ses entrées à la cour. Le choix tomba sur Mme de Béarn. Elle montra des scrupules, qui disparurent à l'aspect d'un brevet d'une grande charge pour son fils, et d'un bon de cent mille livres sur le trésor. Une indisposition du roi avait ramené près de lui sa famille : le parti Choiseul, renforcé par le duc de Vauguyon, et la coterie dévote retardèrent ce grand jour. Ce conflit d'intrigues occupait toute la cour. Enfin, le *Bulletin de Paris*, du 24 janvier 1769, apprit à la capitale et à la France le terme de cette grave négociation. « Le roi, en revenant de la chasse, avait annoncé qu'il y aurait présentation le lendemain...; qu'elle serait unique. C'était une présentation dont il était question depuis longtemps. Enfin S. M. avait déclaré que c'était celle de Mme la comtesse Dubarry. Le soir, un bijoutier apporta pour cent mille livres de diamants à cette dame. Le lendemain, l'affluence fut si grande qu'on la jugea plus nombreuse que celle occasionnée précédemment par le mariage du duc de Chartres, au point que le monarque, étonné de ce déluge de spectateurs, demanda si le feu était au château. » La nouvelle favorite ne manqua ni de grâce ni de dignité dans cette cérémonie, et s'acquitta de son rôle avec une aisance et un aplomb qui étonnèrent les vieux courtisans. Suivant l'usage, la famille royale était là. On remarqua que madame Adélaïde ne releva pas la récipiendaire lorsque après la cérémonie elle se baissa pour baiser le bas de la robe de cette princesse, qui peu après se retira de la cour avec sa sœur.

Bientôt, les deux partis qui divisaient la cour se dessinèrent. Le duc de Choiseul affectait de bouder la nouvelle favorite, qui voyait à ses pieds les ducs de Richelieu, d'Aiguillon et toute la cohue de l'Œil de-Bœuf. Cette division affligeait Louis XV; il aurait voulu inspirer à tout ce qui l'entourait ses sympathies pour sa belle maîtresse. M. de Choiseul était tout le ministère; il réunissait les portefeuilles les plus importants, et ses collègues n'étaient que ses commis. Le roi ne pouvait se passer de lui; il le croyait du moins. Il n'imagina rien de mieux pour conserver son premier ministre et sa maîtresse qu'un voyage à Marly. Il se flattait que les courtisans qui lui refusaient leur hommage seraient désabusés en la voyant de plus près. Toutes les exigences de l'étiquette étaient oubliées à Marly. Aussi était-ce une faveur insigne que d'y être admis. Le roi eut soin de mettre sur la liste toutes les femmes qu'il savait être prévenues contre sa maîtresse. Ce voyage de Marly fut triste et monotone; les dames s'éloignèrent de la favorite; le jeu même ne put les réunir; Mmes de Béarn et d'Alogny seules restèrent près d'elle.

Habituée à une vie active, indépendante, Mme Dubarry s'ennuyait à Versailles, et souvent elle venait *incognito* chez son beau-frère, qui occupait un fort bel hôtel aux Champs-Élysées. Une brillante distraction l'y attendait. Le comte de Coigny, qui avait été un de ses adorateurs, revint à Paris après une longue absence. Il ignorait la fortune de Mlle Lange; il la retrouve chez Dubarry: elle lui apprend son nouveau nom et son mariage; le comte de Coigny n'en devient pas moins entreprenant. La comtesse se lève, sonne; un laquais paraît, et elle lui dit, avec toute la dignité dont elle était capable : « M. le comte demande ses gens. » Puis elle le reconduit jusqu'à la porte du salon, en ajoutant : « Monsieur le comte, on vous verra à Versailles. » Ces derniers mots sont un coup de foudre. Le jeune seigneur rentre chez lui, s'informe, et apprend le prodigieux changement de fortune de celle qui fut sa maîtresse. Il se hâte d'écrire une lettre d'excuses, de respect et implore, le pardon d'un crime involontaire. Mme Dubarry fit plus que lui pardonner, elle lui témoigna la plus généreuse bienveillance.

Mais de tous les courtisans nul ne se montra plus servilement dévoué à la favorite que le chancelier Maupeou; il ne l'appelait que sa belle cousine; il affirmait, avec la plus impassible assurance, qu'il était son parent. Il se prêtait avec la plus humble complaisance aux moindres caprices de Zamor, nègre favori de la comtesse. Tout le monde au reste était à ses pieds. Cela n'a rien qui doive étonner. La comtesse elle-même devait être habituée aux plus extravagants hommages. Elle avait vu plus d'une fois le chef de la magistrature de France et le nonce du pape lui présenter des pantoufles à son petit lever; une grande dame eût été fière de pareils hommages : Jeanne Vaubernier s'en amusait. Abandonnée à ses propres inspirations, elle était sensible et bonne. Plusieurs faits l'attestent; et sans parler de cette jeune personne qu'elle délivra de la clôture et du parc aux Cerfs, et qu'elle fit rendre à sa famille, à son fiancé, qu'elle aimait, nous citerons une jeune fille de Liancourt, séduite par un prêtre, qui, étant accouchée d'un enfant mort, n'avait pas déclaré sa grossesse; la législation d'alors la condamnait à mort. Elle écrivit au chancelier, qui accorda un sursis, et Mme Dubarry obtint grâce entière. Ce fut aussi à ses sollicitations que le comte et la comtesse de Lonerme durent la vie. Ils avaient été condamnés à mort *pour rébellion à justice*. Leurs familles s'étaient jetées aux pieds du roi. La favorite se joignit à elles, en déclarant qu'elle ne se relèverait pas sans avoir obtenu la grâce des deux époux. Elle fut accordée à l'instant.

Mme Dubarry se trouva presqu'à son insu lancée dans les intrigues politiques, et devint l'instrument de l'ambition et des vengeances de Richelieu, de d'Aiguillon et de Maupeou. Tout cela ne serait pas arrivé si Choiseul ne se fût pas associé aux ressentiments, aux petites passions de sa sœur; s'il n'eût pas affecté plus que de l'antipathie pour la nouvelle favorite. Mais l'homme d'État se laissa battre à coups d'épingle par une jeune folle, qui n'avait d'autres armes contre lui que de grivoises saillies. Louis XV ne pouvait plus vivre sans elle. Il s'était contraint quelque temps par respect pour lui-même. Bientôt il brava toutes les convenances. Mesdames lui avaient témoigné le plus vif désir d'aller visiter les nouveaux jardins de Chantilly. Le roi leur avait promis de les accompagner. La favorite ne pouvait être du voyage; son royal amant la pria de venir le rejoindre *incognito*. Il fallait mettre le prince de Condé dans la confidence, et celui-ci, pour que le roi fût à son aise, lui écrivit qu'il l'attendait au retour de Compiègne sans mesdames. Ces princesses restèrent à Versailles, et la favorite eut tous les honneurs des fêtes que donna le petit-fils du vainqueur de Rocroy. Il ne lui manquait que le titre de reine. Il lui prit fantaisie d'aller voir le salon d'exposition. L'entrée fut interdite au public, et l'Académie de Peinture se trouva réunie pour la recevoir et la complimenter. Tous les journaux de l'époque ont vanté la fête magnifique que lui donna le financier Bouret, dans son fastueux pavillon de Croix-Fontaine, le 27 septembre 1769. Le galant financier avait fait adapter à une statue de Vénus, sculptée par Coustou pour le roi de Prusse, une tête d'après celle de Mme Dubarry. Le roi donnait à sa maîtresse 300,000 livres par mois, sans les cadeaux. Le 1er janvier 1770 elle entra chez le roi, et lui demanda gaiement pour étrennes *les loges de Nantes*, objet de 40,000 livres de rentes, non pour elle, mais pour sa bonne amie la maréchale de Mirepoix. Le roi sourit, et déclare qu'il en a disposé. La comtesse boude, et s'écrie : « Voilà la quatrième faveur que je sollicite et que vous me refusez : le diable m'emporte si jamais je vous importune! » Le prince, enchanté, lui remit le brevet de ce privilége; il était pour elle-même. Toute la cour fut émerveillée de la galanterie de S. M., et la maréchale de Mirepoix ne perdit point pour attendre.

Choiseul, toujours attaqué, était toujours en faveur auprès du vieux roi. L'influence de Mme Dubarry allait être mise à une épreuve redoutable : ce premier ministre était sur le point de devenir plus puissant que jamais. Il avait vu naître, pendant son ambassade à Vienne, l'archiduchesse Marie-Antoinette, et il venait de la placer sur les marches du plus beau trône de l'Europe en la mariant au dauphin. On vantait l'esprit et les grâces de la jeune princesse, que des liens plus forts que ceux de la reconnaissance attachaient, disait-on, à Choiseul. On ne doutait pas qu'elle ne parvînt à supplanter la favorite dans la confiance du monarque. Les courtisans, avides d'intrigues, comptaient sur une révolution de cour. Quelques-uns avaient conseillé à Mme Dubarry d'aller aux eaux pendant les fêtes du mariage. Richelieu n'eut pas de peine à la déterminer à rester. Son absence eût compromis ses intérêts et privé la cour de son plus bel ornement. Le galant maréchal réussit, et, d'un autre côté, il conseilla au roi de recevoir la jeune princesse, non à Versailles, mais à La Muette. Toutes les dames allèrent au-devant d'elle. Mme Dubarry prit sa place au banquet royal. Ces grandes scènes d'apparat ne sont jamais improvisées. La princesse dut faire violence à ses propres sentiments, et ne pas compromettre son avenir par une attaque trop brusque. Louis XV s'étant oublié au point de lui demander ce qu'elle pensait de Mme Dubarry, elle répondit, avec tout l'abandon de la plus naïve franchise : *Charmante, papa, adorable*. Le gros des courtisans fut désappointé; ils s'attendaient à voir *la fille des Césars* écraser de son mépris l'insolente courtisane qui osait se placer entre elle et le roi. La cour se rendit quelque temps après à Compiègne; la dauphine invita le monarque à souper; il y vint avec sa maîtresse, à qui il donnait la main. La princesse l'embrassa en lui disant : « Ah, papa! je ne vous avais demandé qu'une grâce, et vous m'en accordez deux. »

Les deux factions qui divisaient la cour s'observaient, et les hostilités devaient bientôt éclater. Le duc d'Aiguillon, soutenu par la favorite et par tous ses entours, allait succomber. Sa chute paraissait aussi imminente que juste; sa conduite envers le parlement de Rennes et les états de Bretagne avait soulevé contre lui tous les magistrats, toute la noblesse et la population entière de cette province. Le parlement de Rennes avait commencé son procès; le duc d'Aiguillon avait obtenu un ordre du roi qui évoquait l'affaire au parlement de Paris, sur le motif que sa qualité de pair de France ne le rendait justiciable que de la première cour du royaume. L'accusation était grave; le chancelier lui-même ne put dissimuler au duc qu'il avait tout à craindre de l'issue du procès. Mme Dubarry vint encore au secours de son protégé. Louis XV tint un lit de justice, fit déclarer par son chancelier que le duc d'Aiguillon lui paraissait complétement justifié; puis il fit enlever toutes les pièces de la procédure. Le duc, pour témoigner sa reconnaissance à celle qui lui avait sauvé plus que la vie, lui fit cadeau d'une voiture magnifique, dont la construction et les riches ornements avaient coûté 52,000 livres. Habituée à ne faire que sa volonté, la favorite, sans égard pour les avis de ses conseillers, osa se montrer dans ce scandaleux équipage, et de sanglantes épigrammes la poursuivirent dans tout Paris. Le malencontreux *vis-à-vis* rentra dans sa remise pour n'en plus sortir. Mais la cour de la favorite n'en fut ni moins nombreuse ni moins brillante; et le duc de Gesvre, qu'elle appelait son *singe*, ne manquait pas, chaque fois qu'il ne pouvait être admis en sa présence, d'écrire dans la loge de son suisse : *Le sapagou de madame la contaisse ait venu pour lui randre cais omages.*

Le chancelier Maupeou méditait alors la destruction des parlements; mais il ne pouvait réussir tant que Choiseul conserverait le pouvoir. Une attaque ouverte eût été absurde; ce n'est pas par la flatterie, c'est par la peur que l'on domine les rois. Maupeou le savait bien, et il établit son fantôme entre le monarque et sa maîtresse; il fit placer dans le boudoir, en face du canapé où Louis XV avait l'habitude de s'asseoir, un portrait de Charles Ier par Van Dick; et la favorite, à qui le chancelier avait fait la leçon, répétait à son royal amant : « Vos parlements veulent vous traiter comme celui d'Angleterre a traité Charles Ier. » Elle ajoutait que son premier ministre Choiseul ne faisait qu'un avec les parlements. La sœur de ce ministre, la duchesse de Gramont, qui n'était plus une rivale pour Mme Dubarry, s'était éloignée de la cour, et avait été promener aux eaux son dépit et sa honte. On persuada au roi que ce voyage n'avait d'autre but que de soulever les parlements contre son autorité. Louis XV, toujours indécis, avait déjà écrit et déchiré plusieurs lettres de renvoi de Choiseul. Enfin, le 24 décembre 1770, une dernière fut signée et signifiée au duc premier ministre à une heure du matin. Elle l'exilait à Chanteloup. Un mois après, le parlement de Paris était lui-même exilé.

Dans le remaniement nouveau, l'abbé Terray réunit au portefeuille des finances celui de la marine. Il ne tenait au reste les clés du trésor que pour l'ouvrir aux Dubarry. Le comte Jean y puisait à pleines mains; il gouvernait la favorite, qui gouvernait le roi. D'ailleurs, tous ces commérages politiques n'étaient guère de son goût, à elle : les petits soupers, les petits spectacles de Choisy, quelques intrigues de coulisse, elle n'aimait rien au delà. La passion de Louis XV était une véritable monomanie; on le voyait rire à pleine gorge aux farces plus que grivoises que la favorite faisait jouer dans sa résidence. Les grands seigneurs, les prélats, les dames de la cour, sollicitaient l'honneur d'être admis à ces représentations, dont le cynisme n'eût pas été toléré sur les tréteaux du boulevard. On applaudissait aux propos les plus graveleux, aux saillies les plus cyniques. Le monarque était enchanté; toute distance avait disparu. Qui eût reconnu le chef d'un grand empire dans ce vieillard préparant le déjeûner de sa maîtresse? A quel autre qu'à un valet une femme aurait-elle pu dire : « Prends garde, La France, ton café f.... le camp! » Cette femme, jeune et jolie, valait bien, au reste, la vieille veuve de Scarron, qui s'était fait épouser par le *grand roi*. Faut-il s'étonner que Mme Dubarry ait eu l'intention de se faire épouser par son successeur? Louis XV ne vivait que par elle et pour elle. Le comte Jean, qui n'appelait le roi que *Frérot*, désirait que cet indécent sobriquet devînt pour lui une utile réalité; il gourmandait sa belle-sœur, qui refusait de se prêter à ses vues. Elle était mariée, mais on pouvait faire annuler son mariage. Bientôt ce ne fut plus un simple projet, et le comte Jean employa tous ses moyens et toute son adresse pour arriver au succès. On fit circuler dans le monde des mémoires, des consultations sur la nécessité du divorce. Mais satisfaite de son sort, jamais la Dubarry ne songea le moins du monde à le changer.

Tandis que le monarque et sa cour étaient aux pieds de la favorite, son mari, qu'elle avait fait colonel d'infanterie, chevalier de Saint-Louis, et auquel elle avait assigné de gros revenus, ne pouvait se montrer à Toulouse sans être hué. Une bonne action le réhabilita. Lors de l'émeute de 1771, une femme du peuple accusée d'avoir frappé un capitoul allait être condamnée à la potence. Le comte Guillaume monte en voiture, arrive à l'hôtel de ville, dont il force l'entrée, menace de son crédit les capitouls, et sauve la victime. Le parlement se disposait à le décréter de prise de corps; mais cette cour, bientôt réduite à se défendre elle-même contre le chancelier Maupeou, abandonna cette affaire, qui n'eut pas de suite. Cependant l'exil de Choiseul avait opéré un grand changement dans la conduite de la dauphine. La nouvelle cour se grossissait chaque jour; celle du vieux roi et de sa maîtresse ne se composait plus que des ducs de Richelieu, d'Aiguillon et des autres roués de la régence. La suppression des parlements éprouvait partout de grands obstacles; Maupeou avait pu les dissoudre, mais non les détruire. Les nouveaux tribunaux qu'il avait créés étaient frappés d'impuissance, et le nom de la favorite se mêlait à celui de l'auteur de tant de bouleversements. Le comte Jean n'en suivait pas moins son projet. Le duc d'Orléans avait épousé sa maîtresse, Mme de Montesson; mais ce mariage n'avait pas été reconnu : il sollicitait l'appui de la favorite : « Soyez tranquille, gros père, lui dit-elle; votre affaire s'arrangera : j'y suis fortement intéressée. » Les poëtes à la suite enivraient la Dubarry d'encens, et la consolaient des satires et des épigrammes des autres. Voltaire se distinguait parmi les rimeurs courtisans; il avait chanté Mme de Pompadour, il ne se montra pas moins dévoué à celle qui lui succédait.

Cependant, la favorite qui s'était flattée de jouer jusqu'au bout le rôle de Mme de Maintenon, voyait s'évanouir sa plus chère espérance. Les dévots s'étaient rapprochés du roi, et, pour mettre un terme au scandale, on lui avait proposé d'épouser la princesse de Lamballe, intime amie de la dauphine. Ce mariage, tout de convenance, aurait réuni les deux cours. Mme Dubarry en fut informée, et, avec sa franchise ordinaire, elle s'en plaignit à Louis XV, qui lui répondit : « Je pourrais plus mal faire. » Cette bouderie pouvait se transformer en rupture sérieuse et peut-être irrévocable : les *amis du prince* et de la favorite prirent l'alarme; ils s'établirent médiateurs entre les deux amants, et amenèrent une réconciliation. Louis XV revint plus enchanté que jamais, et tel qu'il avait été dans les bosquets de Luciennes, lorsqu'il disait à son architecte : « Des pierres, du marbre, des dorures! Que ne puis-je lui donner un palais digne d'elle, un palais de diamants? » Cependant les dévots espéraient beaucoup de l'époque de Pâques, et surtout de l'éloquence hardie de l'abbé de Beauvais. Déjà, dans un premier sermon, il avait tonné contre la dépravation de la cour; il avait tracé des portraits si fidèles qu'il était impossible de ne pas reconnaître les originaux. Le duc de Richelieu s'était reconnu. « Monsieur le duc, lui dit le roi en sortant de la chapelle, le prédicateur a jeté bien des pierres dans votre jardin — Oui, sire, répondit le vieux courtisan, et d'une manière si forte qu'elles ont rejailli dans le parc de Versailles. » Le sermon du jeudi saint porta des coups plus directs encore à l'âme du vieux monarque. « Encore quarante jours, disait l'orateur, et vous paraîtrez devant Dieu pour être jugé selon vos œuvres. » Mme Dubarry ne put ramener le calme dans le cœur de son amant; elle le pressait de punir l'*insolence* du prédicateur. « Il a fait son métier, » répondit le roi; et il lui donna l'évêché de Senez.

Un autre événement imprévu frappa Louis de terreur : le ministre d'État Chauvelin, qu'il affectionnait, et qui était du même âge que lui, se tenait appuyé sur le dos de son fauteuil; Mme Dubarry jouait au piquet avec le monarque; tout à coup M. de Chauvelin tombe frappé d'apoplexie foudroyante. La favorite, inquiète, éperdue, écrit à sa mère, qu'elle a fait marquise de Montrable : « Je ne pourrai, ma chère maman, vous allez voir comme je vous l'avais promis. La situation du roi ne me permet pas de le quitter. Depuis la mort du marquis de Chauvelin, il est d'une mélancolie qui m'inquiète beaucoup ; elle a encore été augmentée par ce maudit sermon de l'abbé de Beauvais... Je viens de proposer un voyage à Trianon. Nous nous efforçons de rétablir la tranquillité dans son esprit et de lui rendre un peu de gaieté. Je vous verrai, ma chère maman, aussitôt que je le pourrai. »

Le voyage à Trianon eut lieu : on espérait beaucoup du séjour du prince dans cette résidence, où les amis de la Dubarry étaient seuls admis. Pour ranimer le vieux monarque, on avait substitué à la comtesse la fille d'un menuisier, jeune et jolie. Elle était attaquée de la petite vérole ; les symptômes de cette maladie ne s'étaient pas encore manifestés; mais dès le lendemain au soir le roi se plaignit d'un malaise, dont on ne put d'abord connaître la cause. La favorite et ses fidèles, les ducs de Richelieu et d'Aiguillon, voulaient le retenir à Trianon ; mais La Martinière, premier chirurgien, qui avait toute la confiance du monarque, le fit, malgré eux, transporter à Versailles, où bientôt la petite vérole se déclara. La cour fut tout à coup déserte. Les princesses, filles du roi, osèrent seules braver la contagion. Mme Dubarry ne pouvait s'y montrer avec elles, mais elle etait franchement attachée à Louis XV. Elle resta à Versailles. Les premiers bulletins, rédigés sous la dictée de Richelieu et d'Aiguillon, dissimulaient la gravité du mal. Le duc d'Aumont, premier gentilhomme de la chambre, se retira, dans la crainte d'être blâmé pour quelques indiscrétions qu'il n'aurait pu empêcher. Il avait laissé des ordres secrets à Laborde, valet de chambre, qui chaque soir, après avoir fait sortir tout le monde, allait chercher la favorite et l'amenait au lit du malade. Au moment où l'on se croyait le plus éloigné de la catastrophe, elle éclata ; Mme Dubarry était à peine entrée dans la chambre du roi que, sans lui donner le temps de s'approcher du lit : « Madame, lui dit-il, je suis mal, je sais ce que j'ai à faire; je ne veux pas recommencer la scène de Metz. Il faut nous séparer. Allez-vous-en à Ruel, chez M. d'Aiguillon; soyez sûre que j'aurai toujours pour vous l'amitié la plus tendre. » La favorite s'était arrêtée, immobile de surprise et de douleur. Elle s'en retourna sans proférer un seul mot. Le lendemain, 5 mai, elle partit pour Ruel. Le duc d'Aiguillon était encore tout-puissant, et le roi pouvait survivre à sa maladie. L'abbé de Mondoux, qui l'avait confessé, lui avait refusé l'absolution tant que sa maîtresse serait si près de lui ; il exigeait qu'elle se retirât à Chinon, terre qui appartenait au duc de Richelieu. M. d'Aiguillon parvint, avec l'aide du cardinal de la Roche-Aimon, à fléchir l'abbé de Mondoux. Mme Dubarry resta donc à Ruel, et Louis XV fut administré le 6, à six heures du matin. Le 10 mai, à deux heures après midi, il expira.

Bientôt Ruel fut aussi désert que Versailles ; les courtisans de tous les partis affluèrent au château de La Muette, où résidait le nouveau roi. Mme Dubarry fut exilée au couvent du Pont-aux-Dames, près de Meaux. On assure qu'à la réception de cet ordre, elle s'écria : « Le beau f.... règne, qui commence par une lettre de cachet! » Cette anecdote est au moins invraisemblable, car il est certain qu'elle soutint sa disgrâce avec une grande résignation. Les bâtiments du couvent étaient en ruine. L'architecte du roi, Ledoux, reçut l'ordre d'y construire un corps de logis assez considérable, qu'habita Mme Dubarry. Le duc d'Aiguillon resta fidèle à son dévouement à toute la famille. Il facilita et procura au comte Jean, dit le *grand roué*, les moyens de se retirer en Suisse. Le comte Guillaume, mari de la favorite, vécut fort tranquille à Toulouse. Elle-même obtint la permission de sortir du couvent du Pont-aux-Dames, à la seule condition d'habiter à douze lieues de Paris et de Versailles. Elle vendit à *Monsieur*, frère du roi, son magnifique hôtel de Versailles, et acheta la terre de Suivrain, où elle se retira, au commencement de 1775. Elle vivait toujours dans la même intimité avec le duc et la duchesse d'Aiguillon. Sur le motif vrai ou supposé de l'insalubrité de Suivrain, il lui fut enfin permis de retourner à Luciennes. Louis XVI lui conserva une forte pension, et fit acquitter une partie de ses dettes, qu'on évaluait à 1,200,000 livres. Elle reçut la visite de l'empereur, frère de la reine. Des artistes, des gens de lettres qu'elle avait généreusement accueillis dans sa prospérité, quelques seigneurs de l'ancienne cour, demeurèrent fidèles à la reconnaissance. Il lui restait une grande fortune; elle avait conservé un train de maison considérable, beaucoup de meubles et d'effets précieux. Une partie de ses diamants lui fut volée le 20 avril 1776. Sa visite fut une des dernières que reçut Voltaire lors de son retour à Paris, en 1778.

M. de Tournon, qui s'était estimé fort heureux de donner sa fille au neveu de Mme Dubarry, fit annuler le mariage. Ce ne fut pas sans une extrême peine qu'elle se vit appeler en témoignage dans le fameux procès du **collier**. Mme de La Motte, alors demoiselle, lui avait demandé à entrer à son service, et avait signé sa lettre *De France*. Mme Dubarry confirma le fait, en ajoutant qu'elle avait brûlé la lettre originale, après avoir répondu à la demoiselle de *Valois* qu'elle ne pouvait accepter les services d'une demoiselle du sang de France, et avait joint quelques louis à sa réponse. On trouva dans ses papiers une volumineuse correspondance toute d'affection, très-variée par la qualité des correspondants. Un second vol, beaucoup plus considérable que celui de 1776, acheva de la dépouiller de la presque totalité de ses diamants. La révolution venait d'éclater; beaucoup de nobles et d'anciens ministres avaient déjà émigré. Mme Dubarry fit de fréquents voyages à Londres pour recouvrer ses diamants, les voleurs ayant été arrêtés dans cette ville. On a prétendu que ce vol n'était pas réel, que ce n'était qu'un prétexte imaginé pour déguiser le véritable motif de ces voyages. Quoi qu'il en soit, elle fut arrêtée en juillet 1793, à Luciennes. Traduite devant le tribunal révolutionnaire, elle fut condamnée à mort, et subit son arrêt le 17 frimaire an II (7 décembre 1793) pour crime de conspiration. Les habitants de Luciennes avaient présenté vainement une pétition à la Convention nationale pour solliciter sa grâce. Vandeniver père et fils, ses banquiers et ses correspondants, considérés comme ses complices, subirent le même sort. Le courage dont elle avait fait preuve jusqu'à sa condamnation l'abandonna dès qu'elle entendit prononcer son arrêt. Elle ne cessa de demander grâce; elle poussait des cris perçants et implorait la pitié du peuple. Sur l'échafaud, au moment fatal, on l'entendit s'écrier : *Monsieur le bourreau, encore un moment!*

Son nègre Zamor, nommé par Louis XV gouverneur de Luciennes, avait quitté la maison de sa bienfaitrice avant son emprisonnement; il vivait encore en 1830, n'ayant d'autre moyen d'existence que le produit des leçons de lecture et d'écriture qu'il donnait dans des maisons particulières. Le comte Jean, d'abord retiré à Lausanne, était rentré en France, où il se montrait dévoué à la cause constitutionnelle, ce qui lui avait valu le grade de chef de bataillon de la garde nationale de sa section. Il n'en fut pas moins arrêté après le 10 août et condamné à mort par le tribunal révolutionnaire de Toulouse. Il subit avec courage son arrêt le 18 nivôse an II (7 janvier 1794). Son frère, le comte Guillaume, mari de la favorite, fut plus heureux; il termina paisiblement sa longue carrière le 28 novembre 1811. Son fils unique, qu'il avait eu d'un autre mariage, embrassa le parti des armes, et s'éleva par ses services au grade de colonel. DUFEY (de l'Yonne).

DUBARTAS. *Voyez* BARTAS.

DUBELLAY (Famille), une des plus anciennes de l'Anjou. Elle a fourni plusieurs hommes d'État, un cardinal, et un poëte.

DUBELLAY (GUILLAUME) fut considéré comme l'un des plus grands capitaines et des plus habiles négociateurs de son temps. Fait prisonnier à la désastreuse bataille de Pavie, il n'obtint sa liberté qu'au prix d'une forte rançon. Il ne pouvait se dissimuler les fautes graves de François Ier. Il savait mieux que personne que l'imprudente étourderie de ce prince était l'unique cause de sa défaite. Mais le roi avait cruellement expié cette faute, dont il fut la déplorable victime. Devenu libre, G. Dubellay, au lieu de rester tranquille dans ses domaines, n'avait qu'une pensée au cœur, la captivité de François Ier. On ignorait en France comment Charles-Quint traitait son illustre prisonnier. Dubellay se dévoue; il n'est effrayé par aucun obstacle; il sait que Charles-Quint tient le roi au secret; que toutes les frontières en deçà et au delà des Pyrénées, sont sévèrement gardées; que le prisonnier est privé de toute communication. Dubellay part seul, franchit les Pyrénées et parvient jusqu'à Madrid; il n'a pas craint de prolonger sa route en ne marchant que la nuit et par des chemins détournés. Son courage et son adresse ont triomphé de tous les obstacles : il a vu le prisonnier, il ne perd pas un instant, et se remet en route après une mystérieuse entrevue, et revient apporter à la régente des nouvelles du roi son fils. Envoyé en Italie l'année suivante (1527), il sauva la ville de Florence du pillage ordonné par le connétable de **Bourbon**. Il ne dépendit pas de lui de sauver également Rome. Mais le pape avait négligé les avis qu'il lui avait donnés; il crut aux perfides promesses du vice-roi de Naples, négligea ses moyens de défense, et se vit bientôt forcé de se réfugier au château Saint-Ange. G. Dubellay, n'ayant avec lui que le brave Renfio-Cerès, et deux mille hommes rassemblés à la hâte, tint quelque temps en échec les troupes du connétable. Il fallut céder à la nécessité; mais il obtint pour lui et les siens une honorable capitulation, tandis que le pape fut contraint de se mettre à la merci du vainqueur et de subir toutes les conditions qu'il voulut lui imposer.

Ce fut une époque de honte et de désastres que la régence de Louise de Savoie. La haine de cette princesse pour le connétable de Bourbon avait affligé la France du double fléau de la guerre civile et de la guerre étrangère; toute l'Europe était à feu et à sang pour un dépit amoureux. Les hommes que leurs talents, leur expérience et leur dévouement appelaient à la direction des affaires et des armées en étaient écartés, et leurs avis mêmes rejetés. G. Dubellay en fit plus d'une fois la triste expérience. Informé des motifs de mécontentement du célèbre **Doria**, son ami, il insista vainement pour qu'on lui donnât satisfaction; vainement il représenta qu'en refusant de faire droit à ses justes réclamations, on perdrait un utile et puissant auxiliaire; on ne tint nul compte de ses prévisions : une sorte de fatalité semblait entraîner la régente et son conseil vers l'abîme. Homme de guerre et homme d'État, G. Dubellay avait parfaitement compris cette question de haute politique; un prêtre ambitieux, sans talent comme sans loyauté, combattit son avis et triompha. Les tristes prévisions du grand capitaine ne tardèrent pas à se réaliser; la défection de Doria fut bientôt suivie de la perte de Gênes et de toutes nos conquêtes en Italie.

Comme diplomate et comme guerrier, G. Dubellay se distingua dans toutes les négociations et dans toutes les campagnes du règne de François Ier. C'était l'homme de l'Europe le mieux instruit des secrets de tous les cabinets. Tout était vénal alors : il savait à propos distribuer l'or, et surtout bien choisir ses *correspondants* : « Entre grands points du capitaine qu'avoit M. G. Dubellay, dit Brantôme, c'est qu'il dépensoit fort en espions, ce qui est très-requis en un grand capitaine... Et estoit fort curieux de prendre langue et avoir avis de toutes parts, de sorte qu'ordinairement il en avoit de très-bons et vrays, jusques à savoir les plus privés secrets de l'empereur (Charles-Quint), et de ses généraux, voire de tous les princes de l'Europe, dont l'on s'estonnoit fort, et l'on pensoit qu'il eust un esprit familier qui le servit en cela : c'estoit son argent, n'espargnant pas le sien quand il vouloit une fois quelque chose... » Charles-Quint disait que cet homme seul lui avait fait plus de mal et déconcerté plus de desseins que tous les Français ensemble. Il mourut en 1545, laissant des mémoires fort intéressants. Ils se recommandent par une connaissance approfondie des hommes et des choses de son temps et par une rare impartialité : c'est l'ouvrage d'un habile homme d'État et d'un honnête homme.

DUBELLAY (JEAN), frère du précédent, eut aussi une grande part dans les affaires de son temps. François Ier lui confia des emplois considérables et plusieurs ambassades importantes. Il fut successivement évêque de Bayonne, de Limoges, du Mans, archevêque de Bordeaux, évêque de Paris, et enfin cardinal. Il seconda très-activement **Budé** pour l'établissement du **Collége de France**. Les conseillers habiles et consciencieux n'ont pas manqué à François Ier; mais que pouvaient leurs talents et leurs efforts contre les intrigues et le cailletage des courtisans et des dames *de la petite bande?* Les entreprises les plus sagement combinées échouaient toujours au moment de l'exécution, confiée à l'impéritie, à l'indiscrétion des favoris et des favorites. Jean Dubellay avait été chargé auprès d'**Henri VIII**, après son frère Guillaume, d'une mission aussi importante que difficile : il s'agissait de déterminer ce prince à ne pas rompre avec Rome pour l'affaire du divorce. L'habile négociateur avait amené Henri à consentir aux propositions du pape, pourvu qu'on lui donnât le temps et la faculté de défendre sa cause par procureur. J. Dubellay avait obtenu l'assentiment du pape Clément XII; il ne s'agissait plus que d'avoir la procuration d'Henri VIII, et J. Dubellay s'était hâté de dépêcher un courrier à ce prince. Mais, avant le retour du courrier, les agents que Charles-Quint entretenait à la cour de Rome firent fulminer l'excommunication et l'interdit sur les États du roi d'Angleterre. Le courrier arriva deux jours après. J. Dubellay ne put déterminer le pape à révoquer la fatale bulle, ni même à en suspendre l'exécution. Il eut la douleur de voir consommer le schisme. Il revint à Paris, et continua avec plus de zèle que de succès à servir François Ier dans les affaires du cabinet. Mais à la mort de ce prince il fut exclu du conseil par les intrigues des Guises, et se retira à Rome. Son cousin, *Eustache* DUBELLAY, lui avait succédé dans l'évêché de Paris. Le pape lui donna celui d'Ostie. Jean Dubellay fut moins le protecteur que l'ami des gens de lettres. **Rabelais** l'avait accompagné dans son voyage à Rome. Ses harangues, une apologie de François Ier et ses poésies latines, divisées en trois livres, ont été publiées en un volume in-8° par Robert Etienne, en 1546. Il mourut à Rome, le 16 février 1560, âgé de soixante-huit ans.

DUBELLAY (MARTIN), frère des précédents, devint *roi* d'Ivetot par son mariage avec Isabelle Chenu. Il fut le dernier : après lui, cette royauté dérisoire tomba en *quenouille;* car il mourut sans postérité mâle. Comme son frère Guillaume, il fut en grande faveur auprès de François Ier, qui l'employa dans ses armées, et lui confia d'importantes négociations diplomatiques, le gouvernement de Normandie, et le fit chevalier de ses ordres. Martin Dubellay, passionné pour l'étude dès ses plus jeunes années, avait observé en homme d'État les événements politiques de son temps; et les grands emplois qu'il remplit le mirent à même de les bien connaître. Ses mémoires sont justement estimés : ils contiennent ce qui s'est passé de plus remarquable depuis 1513 jusqu'au règne d'Henri II. Ils se divisent en dix livres : les quatre premiers et les deux derniers sont de lui, les autres ont été rédigés par son frère Guillaume. Ils sont écrits en français, et ont été traduits en latin et publiés à Francfort en un volume in-folio, en 1574, sous le titre de *Guillelmi et Martini Bellaiorum latine facta ab Hugone Suzao*. Martin Dubellay mourut à Glatigny, le 9 mars 1559.

DUBELLAY (René). Ses frères avaient obtenu pour lui l'évêché du Mans. Il se dévoua tout entier à l'administration de son diocèse, se délassant des travaux de l'épiscopat par la culture de ses beaux jardins, et y réunissant les fleurs les plus rares. Écrasés, ruinés par le logement des gens de guerre, et par les impôts dont on les accablait, les habitants du Mans implorèrent son intervention auprès du roi. Ces malheureux étaient réduits à se nourrir d'un pain grossier fait avec du gland. Le pieux prélat n'hésita point à accepter cette honorable mais difficile mission. Ayant obtenu la promesse d'un dégrèvement d'impôt et de logement de gens de guerre, il se disposait à retourner au Mans; mais il ne devait plus revoir sa campagne chérie, ni les malheureux pour lesquels il avait quitté sa retraite. Il décéda à Paris, en 1546, et fut inhumé dans l'église Notre-Dame. Son cœur fut porté au Mans. DUPEY (de l'Yonne).

DUBELLAY (JOACHIM), neveu des précédents, un des premiers poëtes français dont les vers offrent du nombre, de la grâce, de la facilité et de l'abondance, naquit en 1524, au château de Liré, près d'Angers. Son éducation, confiée à la tutelle d'un frère aîné, fut très-négligée; mais ce frère étant mort jeune, il devint à son tour tuteur d'un neveu; et de longs procès ruinèrent sa fortune et sa santé. Retenu deux ans au lit, il se mit à étudier les auteurs grecs et latins, ainsi que le petit nombre des poëtes qui avaient écrit jusque alors dans notre langue. Le désir qu'il éprouva de les imiter lui valut le titre d'*Ovide français*. D'une constitution maladive, et atteint dès sa jeunesse d'une surdité presque complète, il livra sa vie entière à l'étude et au travail. D'heureux et rapides succès le firent accueillir à la cour de François Ier et de sa sœur la reine de Navarre. Il avait embrassé l'état ecclésiastique, mais n'en menait pas moins une vie assez mondaine, partageant son temps entre l'amour et les plaisirs. Il avait une maîtresse angevine, nommée *Viole*, qu'il a célébrée sous l'anagramme d'*Olive*. Pétrarque avait composé 300 sonnets pour sa Laure; Joachim en consacra 115 à sa maîtresse, et les appela ses *cantiques*.

Le cardinal Dubellay, retiré à Rome, appela près de lui son neveu, qui séjourna plus de trois ans en Italie. Il y composa 67 sonnets, qui furent publiés à Paris en 1558, et réimprimés en 1562, sous le titre de : *Antiquités de Rome, contenant une générale description de ses monuments et comme une déploration de sa ruine*. Edmond Spencer les traduisit en vers anglais, en 1611. A Rome, Joachim écrivit encore, sous le titre de *Regrets*, 183 sonnets, qui augmentèrent sa réputation. Il y poursuit jusque dans le conclave les vices qui rongeaient alors le cœur du monde chrétien. On l'appelait déjà *le prince du sonnet*, comme on appelait Ronsard *le prince de l'ode*.

A son retour d'Italie, il fut nommé chanoine de Notre-Dame par son cousin Eustache Dubellay, alors évêque de Paris, brilla encore à la cour de Henri II, et fit imprimer, sous les titres d'*hymne*, de *discours*, d'*ode*, d'*épithalame*, quatre petits ouvrages sur les événements du temps. Sourd, il adresse à son ami Ronsard, sourd aussi, un poëme sur *la surdité*. On a encore de lui un *Discours de la Poésie*, des élégies, des odes, des épithalames, une traduction en vers des cinquième et sixième livres de l'*Énéide*, et une *Défense et illustration de la Langue Françoise*, le seul de ses écrits en prose. Il a cultivé aussi les muses latines, mais avec moins de succès. Son recueil en ce genre, publié en 1569, a pour titre *Xenia et alia carmina*. Il mourut d'apoplexie, à Paris, le 1er janvier 1560, au moment où le cardinal Dubellay venait de le désigner pour son successeur au siége de Bordeaux. Ses œuvres françaises complètes ont été recueillies en 1567. Eug. G. DE MONGLAVE.

DUBICZA ou DUBITZA, appelé aussi *Turkisch-Dubicza*, forteresse turque située dans le sandjak de Croatie du pachalik de Bosnie, sur la rive droite de l'*Unna*, à 12 kilomètres au-dessous de son embouchûre dans la Save, compte environ 6,000 habitants, dont le plus grand nombre professent la religion catholique.

Après avoir été l'un des fiefs de l'ordre de Saint-Jean de Jérusalem, Dubicza appartint ensuite aux seigneurs de Zrin. Dans le seizième et le dix-septième siècle, elle fut la cause de fréquents démêlés entre la Porte et l'Autriche. Prise d'assaut par les troupes impériales en 1685, et encore une fois en 1587, la paix de Passarowitz, en 1718, l'adjugea définitivement à la Porte. En 1788 les Turcs y résistèrent longtemps, dans un siége mémorable, à tous les efforts du feld-maréchal Loudon, qui cependant les contraignit à capituler le 17 août.

En face de *Turckisch-Dubizca*, sur la rive gauche de l'Unna, se trouve situé un bourg du même nom, dit *Œstreichisch-Dubicza*, et qui fait partie du second régiment du banat du généralat de Croatie.

DUBIENKA, petite ville de 2,000 âmes, sur le Boug, dans le gouvernement de Lublin (Pologne), est célèbre dans l'histoire, à cause de la victoire que Kosciusko, à la tête de 4,000 polonais, y remporta en rase campagne, le 17 juillet 1792, sur les Russes, qui lui étaient trois et même quatre fois supérieurs en forces.

DU BIEZ (OUDART), l'un de nos plus illustres capitaines au seizième siècle, servit avec éclat, en Italie, sous François Ier et sous Henri II. Il reçut le bâton de maréchal de France en 1542. Deux annees après, il réussissait, de concert avec le connétable de Montmorency, à faire avorter l'expédition tentée contre la Provence par Charles-Quint. Il ne fut pas moins heureux en Picardie, où il battit l'armée anglaise en deux rencontres (1545); mais, à quelque temps de là, il se vit enveloppé dans la disgrâce de son gendre, Jacques de Coucy-Vervins, qui avait été contraint de rendre la place de Boulogne aux Anglais. Mis en jugement l'un et l'autre par ordre de Henri II, ils furent condamnés à mort. Coucy seul fut exécuté. Le roi fit grâce de la vie au maréchal, qui resta pendant trois années étroitement enfermé dans le château de Loches. Rendu alors à la liberté, il mourut de chagrin, en 1551. En 1575 sa mémoire et celle de Jacques de Coucy furent solennellement réhabilitées.

DUBITATION (du latin *dubitatio*, doute, incertitude). C'est une des nombreuses figures qu'admet la rhétorique pour ajouter plus de force et de grâce au discours. L'orateur qui l'emploie a l'air de douter d'une proposition qu'il veut prouver, afin de prévenir les objections qu'on peut lui faire. Elle le fait paraître comme incertain de ce qu'il doit dire, de ce qu'il doit faire : « De quel nom l'appellerai-je, etc. ? » La *dubitation* appartient aux *figures de pensée*, parce qu'elle subsiste malgré le changement des mots, pourvu que le sens reste le même. BILLOT.

DUBLIN, comté de la province de Leinster (Irlande), sur la mer d'Irlande, entre les comtés d'East-Meath, de Kildare et de Wicklow, comprend une superficie d'environ 15 myriamètres carrés, et, sans compter la capitale du même nom, a une population de 147,500 habitants. C'est l'un des plus exigus comtés de l'Irlande. Montagneux au sud, il est partout ailleurs plat, fertile et parfaitement cultivé, en même temps que ses côtes sont échancrées par une foule de baies, d'anses et de criques, et bordées de phares nombreux. Il est arrosé par la Liffey, le Dodder et un grand nombre de petits ruisseaux, ainsi que par le canal du Roi et par le Grand-Canal. L'agriculture et le jardinage, la pêche, notamment celle du homard et des huîtres, constituent, avec la fabrication des étoffes de coton, les principales industries des habitants. Ils y joignaient autrefois le tissage des toiles; mais ce genre de fabrication ne prospère plus aujourd'hui qu'au sud et dans l'ouest de l'Irlande.

DUBLIN, chef-lieu du comté du même nom et en même temps capitale de l'Irlande, siége du lord-lieutenant et de toutes les autorités administratives supérieures du royaume, ainsi que du primat protestant d'Irlande et d'un archevêque catholique, l'une des plus grandes et des plus belles villes de l'Europe, construite presque circulairement et entourée d'une belle allée d'arbres (*Circular road*) de 2 myriamètres environ d'étendue. Elle est située au fond de la baie de Dublin ou de la Liffey, laquelle n'a pas moins de 3 myriamètres d'étendue, et dont la largeur à son embouchûre, entre Howth-Hill et Dalkey, est de 3 myriamètres. Une foule de maisons de campagne, de villages et de métairies garnissent et égayent les rives de cette baie, plates au sud et montagneuses au nord.

Dublin est divisé en vingt-une paroisses et six faubourgs, et, d'après le recensement fait en 1851, renferme une population de 254,850 habitants. C'est une augmentation de 21,000 âmes sur le chiffre donné par le recensement opéré en 1841, et de 50,700 sur celui de 1831. Les deux tiers de cette population professent la religion catholique.

La Liffey divise la ville en deux parties reliées entre elles par sept ponts, dont les plus beaux sont *Essex*, *Queen* et *Carlisle-Bridge*. Ses rues, parmi lesquelles nous mentionnerons surtout *Sackville Street* large de 60 mètres, sont pour la plupart larges et régulières; les maisons, hautes et bien bâties. On voit à Dublin un grand nombre de monuments et de belles et spacieuses places publiques, entr'autres *Merrion-Square*, *Fitz-William-Square*, *College-Green* et surtout *Saint-Stephans Green*, ainsi que *Phœnix-Park*, situé à l'extrémité occidentale de la ville, la plus vaste et la plus magnifique place qui existe en Europe. Quelques-uns des petits quartiers de la ville, par exemple celui de *Liberty*, habité par la lie du peuple, et dont les maisons, assez semblables à des huttes, donnent au voyageur comme un avant-goût de la dégradante misère qui frappera partout ses regards en Irlande, offrent un pénible contraste avec cette magnificence. Les plus beaux édifices de Dublin sont le château (*the Castle*), vaste construction de diverses époques, le palais du lord-lieutenant et des autorités administratives supérieures, les archives (dans la Tour de Buckingham), la trésorerie, l'arsenal, la nouvelle chapelle du château, de style gothique; mentionnons encore l'hôtel du duc de Leinster, la douane, l'hôtel de ville, l'hôtel des postes, le palais de justice, la halle aux blés, les bâtiments de l'université (*Trinity College*), habités par 300 étudiants, avec deux beaux et vastes jardins, une bibliothèque, un musée, un amphithéâtre d'anatomie, etc.; l'ancien palais du parlement, occupé aujourd'hui par la banque; la bourse; la caserne, qui peut contenir 6,000 hommes; le *Richmond-général-penitentiary*, le nouveau théâtre construit en 1821, etc., etc.

On compte à Dublin vingt-six temples anglicans, dont les plus remarquables sont l'antique et vénérable cathédrale placée jadis sous l'invocation de Saint-Patrick, vaste édifice gothique renfermant de beaux tombeaux, *Christ-Church*, et *Saint-Georges Church;* dix-huit églises et chapelles catholiques, entre autres la superbe église métropolitaine; environ quarante chapelles à l'usage des sectes dissidentes et une synagogue. Outre son université, qui fut fondée dès 1320, mais qu'on n'ouvrit qu'en 1591, Dublin possède une Académie royale des Sciences, une Société des Sciences naturelles, une Société d'Agriculture, une Académie de Peinture et beaucoup d'autres institutions scientifiques. Les établissements de charité en tout genre y abondent. Parmi ses nombreuses manufactures, il en est peu qui soient montées sur une large échelle. Les principales sont celles où l'on fabrique des étoffes de soie, de laine et de coton et de la toile. Viennent ensuite les fabriques de chapeaux, d'amidon, de tabac et de verroteries, plusieurs raffineries de sucre et d'importantes distilleries. En revanche, Dublin est le centre du commerce de l'Irlande. On en exporte surtout des eaux-de-vie, des grains, des bestiaux, des viandes salées, du lard et des toiles. Le nouveau port, qui tire son nom d'un village contigu, *Kings-Town* (jadis *Dunleary*), situé à quelque distance à l'est de l'ancien, et relié depuis 1834 à Dublin par un chemin de fer de cinq milles et demi anglais, est un énorme travail qui date de 1817, construit en granit et entouré de digues gigantesques. L'ancien port, formé également à l'aide d'une digue, construite de 1748 à 1755 avec des blocs de granit, et s'avançant en pleine mer sur une étendue de près d'un mille, est maintenant désert et tombe en ruines. Un autre grand port extérieur, situé au nord de l'entrée de la baie de Dublin, à Howth-Hill, dans un endroit mal choisi et dont la construction ne coûta pas moins 300,000 liv. st., se trouve déjà tout ensablé et hors d'usage. Le canal du Roi, conduisant à 14 milles plus loin à l'ouest jusqu'à Tarmonbarry sur le Shannon, vient se déverser dans la baie de Dublin, à peu de distance de la ville. La Liffey, qui se jette également dans la baie, à Ringsend, reçoit les eaux du grand canal venant du sud-ouest. Des bassins entourés de grands chantiers ont été disposés à l'embouchûre de chacun de ces deux canaux.

Dublin (en langue irlandaise *Balacleigh*, en vieille langue erse *Ath-Cliath* ou *Bally-ath-Cliath*, ce qui veut dire : *ville située au gué des claies*, fut construit en 851, par des Normands (qu'on appelait là des *hommes de l'est*), sur le territoire de Fingal, sous le nom de *Diflin* ou *Divilin*, et devint dès le dixième siècle le siége d'une maison royale irlando-normande qui se convertit à la foi chrétienne en 948. Son évêché, érigé plus tard en archevêché, date de 1018. Prise d'assaut en l'an 1171 par le comte anglais Strongbow, Dublin prêta le serment de fidélité au roi d'Angleterre Henri II, le 12 novembre 1172, et forma alors jusqu'au quinzième siècle un comté particulier. En 1409, cette ville obtint le droit d'élire son maire, qui reçut le titre de *lord* à partir de 1665. Jusqu'à O'Connel, c'est à Dublin que l'opposition politique et religieuse de l'Irlande contre le gouvernement anglais a toujours eu son principal centre d'action.

DU BOCCAGE (Mme). *Voyez* Boccage.

DUBOIS (Nicolas PIGARD, *dit*), aventurier, né à Coulommiers, dans les dernières années du seizième siècle, et dont la fin tragique, arrivée en place de Grève sous le règne du cardinal Richelieu, caractérise parfaitement cette époque d'ignorance, de crédulité, de violence et de corruption. Successivement barbier-chirurgien, valet de chambre, capucin, puis prêtre, Dubois jeta le froc aux orties, et se fit luthérien; puis, trouvant profit à venir à résipiscence, à abjurer les doctrines de Luther, il rentra dans le giron de l'Église catholique, et se rendit à Paris, où il annonça hautement avoir enfin trouvé le secret de faire de l'or. La connaissance d'un si savant homme était trop précieuse à faire pour que le cardinal ne se hâtât pas d'ordonner qu'on le lui présentât. Introduit devant l'*homme rouge*, Dubois joua son rôle avec un imperturbable aplomb, et il triompha des dernières hésitations de Richelieu en lui offrant de faire publiquement le grand œuvre en présence du roi, de la reine et de toute la cour. Au jour dit, on plaça un creuset sur un fourneau. Dubois y jeta des balles de mousquet avec un grain de poudre de projection, puis recouvrit le tout de cendre, qu'au bout d'un certain temps il supplia le roi d'écarter lui-même avec un soufflet. Louis XIII s'acquitta de ce rôle avec tant de brusquerie, que tous les assistants, la reine elle-même, furent aveuglés, et en même temps apparut aux yeux de tous un lingot de l'or le plus pur. Le roi, enthousiasmé, embrassa Dubois, l'anoblit et lui conféra, séance tenante, le titre de *président des trésoreries de France*. Une seconde exhibition de ce tour de passe-passe eut lieu avec un succès égal. Il ne restait plus qu'à opérer en grand pour tirer parti de cette admirable découverte : l'impatience de tous les spectateurs hâtait le moment où les plus incrédules seraient convaincus. Dubois crut se tirer d'embarras en cherchant à gagner du temps. Les moyens dilatoires auxquels il eut recours éveillèrent quelques soupçons, et l'on reconnut alors que l'on avait été dupe d'un fripon. Conduit à Vincennes, puis transféré à la Bastille, il fut traduit au parlement, qui lui fit appliquer la question. Notre aventurier avoua tout; mais le cardinal était trop furieux d'avoir été joué si publiquement, pour ne pas exiger que le parlement punit sévèrement l'ex-président des trésoreries de France. Il fut donc condamné à être pendu, et l'arrêt reçut son exécution de 25 juin 1637.

DUBOIS (Guillaume), l'abbé Dubois, ou le cardinal Dubois, un des noms les plus flétris par l'histoire. Que faire? une biographie? Elle est partout. Une diatribe? Elle est inutile. Une apologie? Elle est impossible. Cependant, il ne faut pas croire qu'il n'y ait rien de nouveau à dire sur cet homme extraordinaire. Une chose nouvelle assurément, ce serait de dire qu'il a été calomnié. L'abbé Dubois calomnié! qui le croira? Mais ne peut-on calomnier le vice même et l'infamie? L'abbé Dubois s'est trouvé en butte à la fois aux grands seigneurs et aux philosophes : aux grands seigneurs, parce que c'était un homme nouveau, un homme de rien, un fils d'apothicaire; aux philosophes, parce qu'il portait l'habit de prêtre : il est vrai qu'il le déshonorait, mais ce n'était pas leur souci. Aussi est-ce merveille de voir l'ensemble et le bon accord d'injures méprisantes qui se trouve entre Saint-Simon, le type de la fierté ducale, et Duclos, le copiste plébéien de son âpreté et de sa morgue. Ce qu'il y a de remarquable, c'est que les mémoires les plus scandaleux du temps ne renferment point de détails précis sur les ignominies de Dubois. De nos jours, un écrivain d'une plume âcre et mortelle, Lemontey, a ressaisi cette mémoire souillée, et l'a plongée dans un opprobre tout nouveau; et cependant, il n'a pas, plus que les contemporains, cité de ces faits formels, des souvenirs circonstanciés, de ces récits anecdotiques, qui clouent un nom propre à un poteau éternel d'infamie. On dirait que Dubois a pu soustraire les particularités de sa vie, mais non point sa vie même, aux flétrissures de l'histoire. Cela tient peut-être à l'extrême activité avec laquelle il sut la remplir, de telle sorte qu'il fut aisé de voir le cynisme effronté de ses habitudes, mais qu'il ne le fut pas autant de prendre sur le fait chacun de ces scandales.

Il naquit à Brives-la-Gaillarde, le 6 septembre 1656. Quelques mémoires racontent qu'il fut envoyé à Paris à l'âge de douze ans, avec l'espérance d'une bourse, qu'il n'obtint pas, et qu'il fit ses études au collége de Pompadour, tout en servant de domestique au principal de cette maison. Puis il fut précepteur, d'abord chez un marchand nommé Marroy, ensuite chez le président de Gourgues, enfin chez le marquis de Pleuvant, maître de la garde-robe de *Monsieur*. Ce fut l'origine de sa fortune dans la maison d'Orléans; car par-là il connut M. de Saint-Laurent, qui faisait l'office de précepteur du duc de Chartres. Celui-ci, fatigué des incertitudes qui troublaient cette éducation, appela à son aide l'abbé Dubois, qui d'abord ne fut chargé que de la préparation des devoirs du jeune prince. « On l'habilla convenablement pour lui donner la vraie figure d'un abbé, relever un peu son extérieur piètre et bas, et le rendre présentable. » Ainsi s'exprime Duclos. On dirait une imitation de Saint-Simon, qui reproche à Dubois d'être *un petit homme maigre, effilé, chaffoin, à perruque blonde, et à mine de fouine*. Le duc de Chartres avait vu passer autour de lui plusieurs gouverneurs. La mort les lui ravissait tous. Saint-Laurent mourut de même, et l'abbé Dubois, qui avait su par sa souplesse se rendre utile dans son office subalterne, fit croire aisément qu'il le serait davantage dans un office plus élevé. On lui laissa achever une œuvre déjà gâtée par beaucoup d'autres, et c'est ici que commence une première accusation contre sa renommée.

Ce fut, disent les mémoires, par la corruption de son disciple que l'abbé Dubois acquit de l'autorité. Il faut ajouter que la corruption venait de toutes parts au duc de Chartres; et si l'abbé Dubois ne prostitua pas son innocence, du moins il ne la défendit pas contre ses empoisonneurs. La maison d'Orléans était déjà un centre de scandale, où aboutissaient, sous un semblant d'indépendance politique, les vices mécontents de la dignité que Louis XIV imposait à la débauche. La Palatine, au milieu de cette cour, faisait contraste par sa vertu singulière, mélange de liberté cynique et de sévérité rieuse; et l'abbé Dubois s'accommodait à toutes ces mœurs par la flexibilité de ses vices. Lorsque le duc de Chartres se fut élevé à de tels exemples, Louis XIV, qui sentait un vague besoin d'agrandir ses anciennes faiblesses comme pour les faire excuser, chercha à le marier à une de ses filles légitimées, mademoiselle de Blois. La fierté allemande de la Palatine était un obstacle par son ascendant sur son fils. L'abbé Dubois servit à le vaincre en disposant le jeune prince à se soumettre à la volonté du roi.

De là une fortune nouvelle. Déjà il avait obtenu en 1690 un canonicat à l'église Saint-Honoré, et l'abbaye d'Airvan, sans être dans les ordres. Le roi y ajouta l'abbaye de Saint-Just. Étonnante manière d'honorer des services qui ressemblaient à de la dégradation! Dès ce moment l'abbé Dubois marche vite dans la prospérité. La dextérité de son esprit et la souplesse de son caractère lui étaient en aide. Tous les rôles lui allaient. Habile aux négociations délicates, comme aux entremises ignominieuses, il parut même avec éclat dans les camps. Il avait demandé à suivre le duc de Chartres lorsque celui-ci s'en alla faire ses premières armes sous le maréchal de Luxembourg. A Steinkerque, il parut dans tous les dangers de la mêlée. « Il va au feu comme un grenadier, disait le maréchal. » Il inspira à son disciple une action d'humanité au milieu de la bataille. Le prince était ému des gémissements des blessés : « Envoyez, lui dit Dubois, vos équipages enlever ces malheureux. » Ce fut lui qui fit le récit de cette journée, et Louis XIV en fut satisfait. Peu de temps après, le roi l'envoya à Londres, au secours de M. de Tallard, ambassadeur de France. Là commencèrent ses premières relations politiques. Mais son activité effaroucha l'ambassadeur, qui craignit de n'être pas maître des négociations à côté d'un tel auxiliaire. On le rappela, et Louis XIV lui dit cette parole délicate : « Voilà ce que c'est que d'avoir tant d'esprit! On ne saurait aller par le monde avec le mérite que vous avez sans se faire des affaires. »

L'abbé Dubois revint auprès du duc de Chartres, devenu bientôt duc d'Orléans par la mort de son père. Les intrigues et les infamies allaient grossissant dans cette maison, troublée à la fois par la débauche, l'ambition, et je ne sais quel ignoble goût pour les sortiléges. Le duc d'Orléans s'était révélé à Louis XIV avec sa nature cynique et son indifférence effrontée pour les jugements publics. Apparemment l'abbé Dubois sut alors déguiser la part qu'il prenait à ces corruptions. Le duc d'Orléans semblait se venger de son mariage par un excès de hardiesse dans ses vices. Sa mère se complaisait de son côté à ce spectacle de désordres, comme à une humiliation du roi; et ainsi rien ne modérait cette précipitation du duc d'Orléans et de sa cour dans les fureurs des dissentiments domestiques et dans le délire des orgies. Il y eut seulement un moment de calme à la naissance de son premier fils. Le roi espéra de meilleurs exemples. Il fut parrain du jeune prince, et il lui donna la pension de premier prince du sang. Puis, les événements politiques semblaient faire oublier les scandales. Louis XIV avait engagé sa vieillesse dans une guerre pleine de grandeur; il avait envoyé son petit-fils, le duc d'Anjou, prendre possession du trône d'Espagne. Toute l'Europe s'était émue et soulevée. Le roi, frappé par d'affreux revers, soutenait ses malheurs avec gloire. Il voulut que le duc d'Orléans prît sa part de la défense de la monarchie, de toutes parts fléchissant sous le poids des armes. Le duc d'Orléans avait de son côté pensé à son intérêt, et, dans l'incertitude des succès du duc d'Anjou, il avait fait réserver son droit au conseil de Castille, et l'abbé Dubois avait servi d'instrument à cette négociation clandestine. Le duc d'Orléans n'en alla pas moins commander en Italie, et l'abbé Dubois le suivit encore, mêlant toujours le courage militaire à l'habileté politique, mais ne paraissant que dans les choses qui ne devaient point heurter la susceptibilité de Louis XIV. D'Italie, le duc d'Orléans passa en Espagne, portant partout sa renommée de corruption et de cynisme, et ne l'atténuant pas même par la gloire de quelques faits d'armes. Dubois ne l'avait pas suivi en Espagne. Mme des Ursins, toute puissante auprès de Philippe V, avait redouté ce génie de souplesse. On le perd de vue pendant quelques moments.

Mais apparemment il se mêla à de sales intrigues, car à la mort de Louis XIV, lorsque le duc d'Orléans arriva à la régence, sa mère, la Palatine, se hâta de lui dire qu'elle n'avait qu'une grâce à lui demander, c'était de ne jamais employer ce fripon d'abbé Dubois, le plus grand coquin qu'il y eût au monde. « Il sacrifierait, ajouta-t-elle, l'État et vous au plus léger intérêt. » Vaine supplication ! Dubois maîtrisait le duc d'Orléans, et son habileté active et déliée lui était plus que jamais nécessaire. Il le fit conseiller d'État, et lui confia bientôt toutes les affaires. Dès ce moment la politique se ressentit de ce caractère de légèreté rieuse et débauchée qui avait marqué toute la conduite privée du duc d'Orléans. Les *roués* devinrent des hommes d'État, et il fut facile à l'abbé Dubois de n'être pas déplacé parmi ces nouveaux politiques. Il les dominait d'ailleurs par son intelligence et son activité; et comme l'ambition de monter toujours était sa plus ardente passion, la débauche ne lui fit point oublier les affaires, et il arriva au sommet pour avoir su laisser dormir son maître dans les voluptés. Du reste, il changea tout aussitôt le système politique de la France, en la jetant dans les intérêts de l'Angleterre, et il mit à cette œuvre, si dissemblable de la pensée de Louis XIV, autant d'habileté que d'effronterie. Peu lui importaient les souvenirs, encore récents, de l'usurpation anglaise. Il vit précisément dans cette royauté nouvelle un intérêt commun avec le duc d'Orléans, qui avait aussi fait son usurpation en France en s'emparant de l'autorité tout entière, en brisant ce *gouvernement de roture*, comme dit Saint-Simon, que Louis XIV, tout *despote* qu'il était, avait constitué de force à l'aide de la bourgeoisie de France. Dubois faisait même de cette usurpation de Georges un exemple utile pour le duc d'Orléans; car, après les morts mystérieuses qui avaient ravagé la postérité de Louis XIV, on pouvait faire de la mort de Louis XV lui-même une possibilité, et Dubois depuis longtemps avait disposé le duc d'Orléans à braver ce titre, toujours formidable d'usurpateur, et qui aurait subsisté, disait-il, malgré toutes les renonciations de Philippe. V.

De là toute la politique extérieure de la régence. On ne saurait nier que Dubois n'ait déployé dans cette œuvre un génie d'astuce très-supérieur aux finesses cauteleuses de Mazarin. Il avait à combattre à la fois le parti des princes, la vieille diplomatie de Louis XIV, l'aversion personnelle du roi Georges contre le régent, le caractère insouciant et affaissé du régent lui-même, et enfin un rival très-redoutable, le terrible Alberoni, ministre du roi d'Espagne, Italien fait à tous les manéges de la politique. Dubois préluda à sa politique par le traité de la triple alliance, qu'il alla faire en personne, courant de Paris à Londres, et de Londres à La Haie, sous des apparences de frivolité. Le succès passa l'espérance du régent, qui du sein de la débauche laissait à peine échapper son regard sur l'Europe. Dubois fut ministre des affaires étrangères à son retour à Paris. Son activité redoubla. Il lui fallait soumettre l'Espagne à ses vues. Alberoni se défendit par une sotte conspiration, fabriquée à Paris par des femmes, rédigée par la plume élégante du cardinal de Polignac, et confiée à l'exécution de Cellamare, ambassadeur sans esprit, et qui allait droit à tous les piéges de la police du ministre. Dubois eut le tort de descendre à des conspirations semblables. De tels moyens ne suffisaient pas à de telles haines. Alberoni se mit à faire appel à l'Europe. Dubois fit appel à l'Angleterre. La lutte devint inégale, car l'Angleterre seule répondit à ces provocations. Alberoni put seulement tenir quelques moments en suspens les résolutions de la Hollande. Mais pendant qu'il triomphait de ce succès ambigu, les ports espagnols étaient brûlés par la flotte anglaise : d'affreuses destructions, dictées par Dubois, déshonoraient sa politique. Les armées françaises se répandaient sur l'Espagne, comme sur une terre barbare et ennemie, et Alberoni, vaincu par cet assemblage d'efforts violents et inattendus, put, en disparaissant des affaires, jeter à l'Europe de tristes plaintes, mais sans rien changer à la destinée du siècle.

Ainsi se compléta le système de Dubois. La triple alliance devint la quadruple alliance, par l'accession forcée de Philippe V. La paix sembla régner, et le régent put dormir paisible dans ses orgies. Dubois était maître de toutes les affaires. Il aspira aux honneurs ecclésiastiques. A la mort du cardinal de la Trémouille, il voulut être archevêque de Cambrai. « Toi archevêque! dit le régent; mais tu es un sacre! Quel est l'autre sacre qui voudra te sacrer? — Oh ! s'il ne tient qu'à cela, répondit Dubois, mon affaire est bonne; j'ai mon sacre tout prêt. — Eh ! qui diable est celui-là ? dis donc. — Votre premier aumônier, monseigneur l'évêque de Nantes; il est dans votre antichambre, je vais vous l'amener; il sera charmé de la préférence, car vous me promettez l'archevêché. » Ainsi Dubois fut archevêque. Après cela, les mémoires n'ont-ils pas brodé ces récits d'ignominie. Tous racontent que Dubois, qui n'était que tonsuré, reçut tous les ordres le même jour. Le *Journal de Dorsanne*, peu favorable à Dubois, atténue l'ignominie. Il dit que Dubois reçut les ordres mineurs et le sous-diaconat le samedi 24 février 1720, des mains de M. de Tresssan, évêque de Nantes, à Canteleu, près de Triel. Le lendemain, on le fit diacre; il ne fut prêtre que le dimanche suivant. Le cardinal de Noailles avait refusé de prendre part à ce trafic des choses saintes. On se réfugia dans le diocèse de Rouen. Dubois revint prêtre à Paris. Ce fut une longue risée. Il citait saint Ambroise pour s'excuser. Tout ressemblait à une moquerie. Cependant, il y eut des hommes de vertu qui purent prendre au sérieux cette comédie sacrilége. Car Dubois s'était constamment montré favorable au clergé. Peut-être même la piété sincère ne soupçonnait-elle pas l'infamie. Ainsi peut s'expliquer la part que Massillon prit, avec quelques autres, au sacre du nouvel archevêque.

Le reste de la vie de Dubois se passa dans la splendeur de la puissance. Il fut cardinal et premier ministre. Tout est dit sur les intrigues qui se jouèrent à Rome pour obtenir ce premier titre; mais peut-être faut-il s'arrêter devant une certaine nécessité qui sembla dominer le pape, embarrassé, comme il l'était, dans les intrigues de la politique et dans les querelles opiniâtres d'une secte contre laquelle l'abbé Dubois semblait avoir publiquement fait alliance avec Rome et les jésuites. Ce fut seulement un indice de plus de l'habileté effrontée de Dubois, de voir le chapeau de cardinal sollicité à la fois par les deux rois rivaux d'Angleterre, l'un catholique, l'autre protestant, l'un par l'espérance des services promis, l'autre par reconnaissance des services rendus. Lorsque Dubois fut ainsi arrivé au faîte, la jalousie comme le mépris se firent jour sous mille formes. Le régent riait de cette élévation, qui était pour lui comme un cynisme de plus, mais qui le laissait en repos dans ses nuits de débauche et de folie. On cite un mot affreux de la Fillon, célèbre entremetteuse, qui s'en alla un jour par moquerie demander au régent l'abbaye de Montmartre. Le régent se prit à rire. L'abbé Dubois riait plus fort. La Fillon gardait son sérieux. On ne comprenait rien à cette scène. Tout à coup l'impudente femelle se tourne vers Dubois : *Tu es bien archevêque, toi!* lui dit-elle. Toute cette farce allait à une épigramme digne de Satan. Cependant, la flatterie se mêla à ces mépris. Quelques grands seigneurs résistèrent d'abord par étiquette à la grandeur du parvenu, puis ils se soumirent en ricanant. D'ailleurs, la débauche et l'avarice étaient la préoccupation universelle, et la banque de Law, en ruinant la nation, avait mis dans les mains de Dubois l'instrument le plus assuré de la servitude de la cour. La flagonnerie devint ignoble après que la morgue eut été insultante. Elle passa des grands seigneurs aux écrivains. L'Académie française voulut avoir Dubois dans son sein, et Fontenelle, qui le reçut, lui fit une harangue comme au plus grand des ministres et au plus vénérable des prêtres. Enfin, quelque chose de plus sérieux couronna ces flatteries : Dubois fut nommé président de l'assemblée du clergé. On lui fit des honneurs extraordinaires ; il les reçut comme s'il les eût mérités, et lui-même fit un discours ecclésiastique digne d'un apôtre.

Toute cette vie d'homme est étrange ! Il la termina presque aussitôt après par une maladie atroce et par des douleurs au milieu desquelles il eut la vanité de jouer une dernière parade de cardinal. On raconte qu'étant monté à cheval dans une revue royale, pour jouir des honneurs de premier ministre, le mouvement du cheval fit crever un abcès intérieur, et il fallut recourir à une opération horrible. L'abbé Dubois se donnait du courage en jurant et en blasphémant. Ce fut une affreuse fin d'une vie de souillure. Le duc d'Orléans voyait tout ce spectacle en riant. Un orage s'étant déclaré, il écrivit à un de ses *roués* : *Voilà un temps qui, j'espère, fera partir mon drôle!* Il fallut penser aux sacrements. Dubois songea à la manière dont un cardinal devait les recevoir. On dressa un cérémonial pour les apprêts de la mort. Ce fut une longue délibération. La vanité absorba les derniers moments de ce prêtre, qui avait tant à s'humilier devant le ciel et devant la terre. Il mourut en grinçant des dents, laissant une immense fortune, ramassée dans la ruine de l'État. Saint-Simon donne la liste de ses revenus, qu'il porte à plus d'un million et demi, en y comprenant une pension d'Angleterre, que quelques-uns contestent, mais qu'au moins il avait gagnée. Duclos parle de deux millons, sans compter, dit-il, l'argent comptant et un mobilier immense. Dubois ne disposa pas de ses biens. Il avait un frère médecin, qu'il avait laissé dans une position modeste, et qui reçut à sa mort un capital de 800,000 fr., provenant de deux brevets de retenue que le ministre s'était donnés sur la charge de secrétaire d'État et sur la surintendance des postes.

Après ce qui vient d'être dit, un jugement sur Dubois semble tout fait. Dubois fut un homme de grande habileté, mais d'une habileté accommodée aux mœurs de son époque, de cette habileté que de nos jours on nomme *rouerie*, parce qu'elle ne cherche pas à dominer le mal par le génie du bien, mais qui suit la corruption en se jouant, et hâte la dégradation publique pour la maîtriser. Habileté funeste aux États, et qui ne fait qu'amonceler pour d'autres temps des éléments de révolution ! Dubois fut un homme d'affaires, actif, délié, souple, hypocrite, selon les nécessités ; maître de lui-même au dehors, incapable de se posséder dans son intérieur, se laissant aller à des colères d'enfant, cassant ses meubles et déchirant ses tapis comme un forcené, puis paraissant calme et modéré au milieu du monde. Il jurait par habitude, et ses jurements étaient infâmes. Il fallait avoir le courage de résister à ses tempêtes, on était sûr de le maîtriser. Dubois n'était pas méchant. L'histoire ne cite aucun de ses actes de vengeance personnelle. Il se délivra des opposants par la corruption. On laissa passer sa mort sans trop de sarcasmes. On lui fit de grands honneurs. Quelques épigrammes licencieuses se mêlèrent à ces apothéoses. On cite encore celle-ci :

> Rome rougit d'avoir rougi
> Le cardinal qui gît ici.

Cependant on lui consacrait des monuments. Coustou lui éleva un beau mausolée dans l'église Saint-Honoré, où il fut enterré. Lors de la démolition de cette église, il fut transféré à Saint-Roch, enlevé de là en 1793, recueilli au Musée des Monuments français, puis réintégré à Saint-Roch, où il est encore. LAURENTIE.

DUBOIS (ANTOINE, baron), un des chirurgiens et des accoucheurs les plus célèbres de Paris au commencement de ce siècle. Né à Gramat (Lot), le 19 juin 1756, il fit quelques études au collége de Cahors. A vingt ans il vint à Paris, plein de zèle, mais si dénué que, pour vivre en étudiant, il ne vit d'autres ressources que d'entrer chez un huissier, et de copier des exploits et des protêts. Tout en remplissant ses devoirs, il suivait un cours de philosophie au collége Mazarin et les leçons de Desault à l'Hôtel-Dieu. En portant une assignation ou un commandement, il assistait à une amputation, et voyait quelques malades à l'hôpital. Dubois a su prouver par son exemple combien a de pouvoir sur les destinées d'un homme intelligent la fermeté d'une volonté persévérante. Lui dont les commencements furent si humbles et si pénibles, il devint successivement professeur aux écoles de chirurgie, à l'École de Santé, puis à l'École de Médecine, dont il fut le doyen en 1830, après une injuste destitution dont l'effet ne cessa que sous le ministère libéral de M. de Martignac, en 1828. Il fut chirurgien en chef de l'hôpital de l'Observance, officier de la Légion-d'Honneur, membre de l'Académie de Médecine, qu'il présida à plusieurs reprises. Le premier accoucheur de son temps, il succéda à Baudelocque, et fut chargé en chef de l'hospice de la Maternité, où fut améliorée par ses soins l'institution si utile des élèves sages-femmes. Le peuple a donné son nom à la maison de santé que l'administration des hôpitaux de Paris a instituée aux dépens de la ville, d'abord dans la rue du Faubourg Saint-Martin, d'où plus tard elle fut transférée rue du Faubourg Saint-Denis. Enfin, après la naissance du roi de Rome, Dubois, accoucheur de l'impératrice, fut créé baron.

[C'est dans des temps d'agitation que j'eus le bonheur de le connaître et de m'attacher à lui par la gratitude et l'admiration. Il était mon maître; il était plus, il était mon ami. En 1798 je le vis partir pour l'Égypte; il entra dans la gloire de cette expédition qui a laissé en Orient des impressions ineffaçables. Mais l'échec qu'en reçut sa santé le ramena bientôt parmi nous. Avec quelle supériorité il professa, dans l'hospice de l'École de Médecine, cette clinique de perfectionnement qu'il reprit à son retour, et qui demandait avec une grande dextérité manuelle, avec une expérience consommée, cette finesse de jugement qui la prépare et la devance, cette profondeur de vue, ce tact délicat, prompt et sûr, dont il a donné tant de preuves, et qui formaient le caractère de son talent ! Barthez mourant de la pierre le fit appeler auprès de lui ; j'assistai à la conférence. Que ne puis-je reproduire ici les traits vifs de logique et de bonté qui étincelaient dans les paroles de Dubois, et qui firent plier tous les arguments du malade ! Ces éminentes qualités d'esprit, que rehaussait encore un grand fonds de tendresse et de pitié pour la douleur, ont brillé du même éclat dans ses leçons sur l'art des accouchements, art qu'il a délivré d'une foule de pratiques dangereuses, qu'il a dégagé des vaines superfluités sous lesquelles l'étouffaient l'amour-propre et la petite envie de se singulariser ; art qu'il a ramené à la simplicité de quelques points fondamentaux, et rendu, par cette simplicité même, accessible à l'intelligence des élèves sages-femmes qu'il formait à la Maternité, et qui dispersées dans la France y ont répandu ces instructions conservatrices des familles, ces précieuses parcelles d'un génie ferme et lucide qui veille autour des mères et des enfants pour les protéger.

Dubois fut lui-même enveloppé dans les revers de la politique. Il eut à se plaindre de la persécution et de l'iniquité. Au lieu des justes récompenses qu'il méritait, il eut à gémir d'une disgrâce (21 novembre 1822 [*voyez* DESGENETTES]). Mais il m'est doux de pouvoir déclarer en ce moment que si la fermeté de son indépendance inspira quelque ombrage, en revanche jamais la loyauté de son caractère ne fut méconnue; que, conduite par l'estime profonde qu'il avait universellement inspirée, une main amie lui fut tendue, et lui ménagea du moins une consolation, faible, il est vrai, mais la seule dont cette main pût disposer.

Dr PARISET, de l'Académie de Médecine.]

Antoine Dubois mourut en 1837. Il avait pris au sérieux les habitudes de la république et négligé de s'en corriger. Il tutoyait tous ses confrères, jeunes et vieux; et bien qu'homme d'esprit, sa conversation familière était d'une franchise quelquefois un peu cynique. Doué de peu de facilité et sentencieux de sa nature, il avait coutume de répéter trois fois le mot essentiel et final de chaque phrase. Comme Beaudelocque, il avait eu à souffrir des libelles du docteur Sacombe, poëte médiocre qui s'ingérait d'accouchements, et qui assaisonnait ses vers de calomnies, lorsque la médisance ne lui suffisait pas. Dubois était le chef d'une nombreuse famille : on lui a connu sept ou huit gendres, MM. Béclard, Ferrus, F. Cadet-Gassicourt, Achille Richard, etc. Attaqué de la pierre, il dut sa guérison à la lithrotritie, bien qu'il eût contre cette récente découverte des préventions qu'on aurait crues insurmontables. Il était doué d'une physionomie pleine d'assurance et de gaieté, et il avait pris pour devise : *Bene agere ac lætari.*

DUBOIS (PAUL, baron), fils du précédent et son successeur à l'hospice de la Maternité, comme accoucheur en chef. Il lui a de même succédé comme professeur à la faculté et comme chirurgien-accoucheur à l'hôpital clinique de l'École; mais il n'a dû ce dernier poste qu'à un concours d'où il est sorti vainqueur. Plus instruit que son père, mais sans doute d'une volonté moins ferme et d'un caractère moins énergique et moins hardi, il est plus bienveillant, plus poli, et naturellement plus désintéressé. Il a su corriger, par une excellente éducation, l'âpreté familière à quelques chirurgiens. On trouve en lui du médecin d'autrefois, et du *gentleman* d'aujourd'hui. Il professe avec distinction, opère avec dextérité, et disserte clairement. Sa parole est correcte et bien ordonnée; son style a de l'élégance : c'est un des plus habiles accoucheurs de l'époque, et peut-être en est-il le plus savant. M. Paul Dubois est depuis longtemps membre de l'Académie de Médecine. Depuis quelque temps il a le titre d'accoucheur de l'impératrice; il est de plus, depuis deux ans, doyen de la faculté de médecine de Paris. Ses publications sont peu nombreuses. On a de lui : un *Mémoire sur les mouvements instinctifs de l'enfant dans le sein maternel;* un autre *sur l'opération du bec de lièvre dans la première enfance;* quelques thèses, et de savants rapports. Il se propose de composer sur l'art des accouchements un grand ouvrage, dont quelques journaux de médecine ont publié les premiers chapitres. Allié à une famille anglaise, M. Paul Dubois est possesseur d'une belle fortune.

DUBOIS (PAUL-FRANÇOIS), dit *de la Loire-Inférieure*, directeur de l'École normale, est né à Rennes, le 2 juin 1793. Reçu, par concours, boursier au lycée communal de Rennes, il en sortit à dix-sept ans, pour entrer, par concours encore, à l'École normale. A dix-neuf ans, il fut nommé professeur au collége de Guérande. Le 7 juillet 1815 il défendait à Guérande le drapeau tricolore, qu'il rapportait à Nantes quelques jours après, avec le 65me de ligne. Destitué pour sa conduite en cette circonstance, M. Dubois rentra dans l'université en 1816. Il fut alors envoyé comme professeur de grec au collége de Falaise, y devint régent de rhétorique, et y resta jusqu'à l'année 1818. M. Dubois passa du collége de Falaise à celui de Limoges, d'où il fut appelé à une chaire de faculté à Besançon. Après y avoir professé quelque temps avec un vif éclat la littérature française, il fut mandé à Paris, et chargé de la chaire de rhétorique au collége Charlemagne.

Si remplie que fût la vie de M. Dubois par les devoirs du professorat, il n'en trouva pas moins, de 1815 à 1820, le temps de s'essayer dans la carrière du journalisme. Ses premiers articles, insérés dans *Le Censeur européen*, vers 1818, furent remarqués. Une brochure publiée pour réfuter un écrit dans lequel M. de Châteaubriand accusait, devant l'Europe entière, la liberté française, fournit au jeune écrivain l'occasion de montrer combien son âme était imbue des principes de notre révolution. Destitué arbitrairement en 1821, privé d'un traitement qui était son unique ressource, M. Dubois recourut à sa plume; et quand les *Tablettes universelles* furent fondées en 1822, il en devint un des plus actifs collaborateurs. Il s'y rencontra avec MM. Mignet, Thiers, Rémusat, etc. Benjamin Constant, qui y travaillait aussi, remarqua les articles de M. Dubois. En même temps celui-ci traduisait pour la *Collection des Mémoires relatifs à l'histoire de France*, publiée sous le nom de M. Guizot, l'*Histoire de l'église de Reims*, de Flodoard.

Après avoir terminé ce travail, M. Dubois fonda en 1825, avec M. Pierre Leroux, *le Globe*. De 1824 à 1831, que ce recueil resta aux mains de M. Dubois, il dut à sa plume de nombreux articles de littérature, de politique, de polémique religieuse. En 1828, après sept années d'ostracisme, M. Dubois fut réintégré sur le tableau des membres de l'université, par M. de Vatimesnil; mais il n'en garda pas moins la direction du *Globe*, et jamais sa situation officielle n'apporta la moindre modification dans ses opinions ou dans leur expression. Quand vint la réaction contre-révolutionnaire de 1829, il donna de sévères avis au pouvoir, et le 15 février 1830 il prédisait dans son journal la révolution qui allait éclater quelques mois plus tard. Le gouvernement fit poursuivre le courageux publiciste, et le 10 mars 1830 M. Dubois comparaissait, pour répondre de son article, devant un tribunal qui avait reçu l'ordre de le trouver coupable. Il fut condamné à quatre mois de prison et à deux mille francs d'amende, et la révolution de Juillet le trouva sous les verroux. Certains membres du conseil de l'université, ne trouvant sans doute pas l'écrivain suffisamment puni, jugèrent à propos de lui intenter un second procès devant le conseil de l'université. Ils demandèrent sa radiation du rôle des fonctionnaires; et s'ils ne purent l'obtenir, du moins ils eurent le triomphe de voir M. Dubois publiquement réprimandé et censuré. Peu de temps après la révolution de Juillet, M. Dubois cessa de prendre part à la rédaction du *Globe*, qui passa de ses mains dans celles des Saint-Simoniens.

Le nouveau gouvernement le nomma inspecteur général des études au mois de septembre 1830. La ville de Nantes l'envoya comme son représentant à la chambre des députés aux élections de 1831; et depuis lors M. Dubois ne cessa pas d'y représenter le même arrondissement. Une fois, son opposition à certaine mesure que voulait prendre le ministère le fit frapper d'une brutale destitution, et il poursuivit, moins comme un intérêt personnel, que comme un devoir, sa réintégration, qu'il obtint, non sans peine. Des nombreux discours de M. Dubois, nous ne mentionnerons ici que celui qu'il prononça sur l'hérédité de la pairie. Son discours dans la question sur les entrepôts, où il se prononçait hautement contre la maxime du *laissez-faire, laissez-passer*, n'eut pas moins de succès. Nommé professeur de littérature française à l'École Polytechnique, M. Dubois a été plus tard créé conseiller de l'université. Le ministère du 1er mars 1840 l'appela à la direction de l'École Normale, en remplacement de M. Cousin; et il est depuis lors resté à la tête de cet établissement, malgré les révolutions et les changements de gouvernement.

DUBOIS DE CRANCÉ (EDOUARD-LOUIS-ALEXIS), naquit à Charleville (Ardennes), en 1747, d'une ancienne fa mille bourgeoise. Destiné à la profession des armes, il entra dans les mousquetaires. On attribue son élimination de ce corps à l'emploi de lettres des noblesse supposées, ce qui ne l'empêcha pas d'être nommé lieutenant des maréchaux de France. Ce reproche, bien ou mal fondé, qui avait signalé par un affront ses premiers pas dans la carrière militaire, l'avait profondément irrité contre cette noblesse qui l'avait repoussé de ses rangs; il s'en montra depuis l'un des plus implacables adversaires. Elu député du tiers aux états généraux de 1789, par l'assemblée du bailliage de Vitry-le-Français, il défendit de tous ses vœux et de tous ses moyens la cause de la révolution. Son opposition n'était pas l'effet d'une exaltation haineuse, irréfléchie; il croyait, avec la majorité du côté gauche, que la forme monarchique n'était point incompatible avec le principe de la souveraineté nationale. Il soutint à la tribune le plan proposé par le ministre de la guerre pour la réorganisation de l'armée et l'établissement régulier des gardes nationales. Il avait été nommé secrétaire de l'Assemblée constituante, à la fin de 1789 : il prit une part active aux travaux du comité militaire ainsi qu'à toutes les discussions relatives à l'armée et aux mesures d'ordre pour la sûreté intérieure. Le 28 février 1790, il demanda que le roi fût déclaré chef suprême de l'armée. Il se prononça contre la nouvelle qualification de *roi des Français*, contribua, dans la séance du 4 mai 1790, à faire décréter la réunion du comtat Venaissin à la France, prit l'initiative pour l'affranchissement des noirs, et demanda que tout noir fût libre de plein droit en entrant sur le territoire français. Nommé maréchal-de-camp après la session, il refusa d'être employé dans l'armée commandée par Lafayette, et préféra entrer comme simple grenadier dans la garde nationale.

Élu député à la Convention nationale par le département des Ardennes, il fut nommé commissaire pour aller destituer le général Montesquiou, contre lequel il provoqua ensuite un décret d'accusation, puis envoyé, au mois de novembre 1792, auprès de Dumouriez, pour vérifier les plaintes de ce général contre le ministre de la guerre Pache. Cette mission fut sans résultat. Dans le procès de Louis XVI, il vota la mort, et le 25 janvier 1793 il proposa le plan de la nouvelle organisation de l'armée. La différence de solde, de régime, d'uniforme, avait déjà excité quelque opposition entre les régiments de ligne et les bataillons de volontaires nationaux; ces distinctions pouvaient avoir les plus funestes conséquences : Dubois de Crancé fit adopter la division en demi-brigades, composées chacune d'un régiment de ligne et de deux bataillons de volontaires. Cette fusion s'opéra sans la plus légère opposition, et cette organisation, sanctionnée par la victoire, se maintint jusqu'à l'empire. Dubois de Crancé fut nommé président de la Convention, le 25 février : il entra le 25 mars suivant au comité de salut public, et fut envoyé en mission à Lyon avec son collègue Gauthier. De graves reproches lui ont été faits sur sa conduite pendant le siége de cette malheureuse cité : ils étaient sans doute exagérés, puisque Couthon l'accusa de *modérantisme*, et le fit rappeler. Il publia sa justification, dans laquelle on ne peut reconnaître cette modération dont on lui avait fait un crime. « Moi-même, écrit-il, j'ai proposé, si l'on entrait de vive force, de n'entrer que l'épée d'une main et la torche de l'autre. » Dans le même mémoire il se plaint de Couthon. De retour à Paris, Dubois de Crancé entreprit aussi de se justifier à la tribune des Jacobins; mais la faction Robespierre et Couthon le fit rayer du tableau des membres de cette société. Il y rentra après le 9 thermidor, dénonça Malouet, et proposa la liberté de la presse et la mise en liberté de tous les détenus politiques.

Accusé par Duhem d'être de connivence avec Tallien et Fréron contre les patriotes, il n'en persista pas moins à réclamer l'épuration des jacobins, et sa proposition fut décrétée par la Convention. A la tribune des Jacobins, il voulait que l'on demandât à chaque membre épuré *ce qu'il avait fait pour être pendu en cas de contre-révolution*... A cette tribune, à celle de la convention, au comité de salut public, où il rentra quelques mois après le 9 thermidor, Dubois de Crancé semblait se multiplier par une infatigable activité. Une seule pensée domine dans ses discours et ses rapports, la fusion de toutes les nuances de l'opinion républicaine, l'isolement de tous les hommes dont les précédents ne rappelaient que des souvenirs irritants. Il demandait en même temps et la suspension des procédures contre les anciens membres du comité de salut public, et l'annulation de toute confiscation prononcée depuis le 14 juillet 1789. Il contribua puissamment à la défaite des insurgés de prairial. La veille du combat du 13 vendémiaire, il détermina la Convention à accepter les services offerts par les clubistes du Panthéon, qu'on appelait aussi *terroristes*; il fut, après cette orageuse et sanglante journée, nommé membre du comité extraordinaire, chargé de présenter les mesures de salut public qu'exigeaient les circonstances, et appuya de tous ses moyens la loi d'amnistie du 3 brumaire an IV, en faveur des condamnés pour opinion politique, excepté ceux qui se trouvaient compromis dans l'attaque du 13 vendémiaire. Réélu au Conseil des Cinq-Cents l'année suivante, il appuya l'impôt en nature, et renouvela ses dénonciations contre les journaux royalistes. Appelé pour la seconde fois à ce conseil par l'assemblée scissionnaire des Landes, il n'y fut pas admis. Son élection fut déclarée illégale; il fut ensuite nommé par le Directoire inspecteur général d'infanterie, et l'année suivante ministre de la guerre, en remplacement de Bernadote. Rendu à la vie privée après l'événement du 18 brumaire an VIII, il se retira à la campagne, et mourut à Rethel, le 29 juin 1814. DUFEY (de l'Yonne).

DUBOS (JEAN-BAPTISTE), naquit à Beauvais, en 1670. Il renonça de bonne heure à l'étude de la théologie, pour se livrer exclusivement à celle du droit public. Le régent et le cardinal Dubois l'employèrent avec succès dans plusieurs négociations secrètes. Retiré de la carrière politique, il se jeta dans celle de l'histoire et de la littérature. Nommé membre de l'Académie Française en 1720, il en devint secrétaire perpétuel, à la place d'André Dacier, en 1722. Son premier ouvrage fut l'*Histoire des quatre Gordiens, prouvée et illustrée par des médailles*. L'opinion qui n'admet que trois empereurs de ce nom n'en a pas moins prévalu en dépit de l'honorable académicien. Chargé en 1701 de plusieurs négociations en Hollande et en Angleterre, pour décider ces deux nations à la paix, il publia dans ce but un ouvrage intitulé : *Les intérêts de l'Angleterre mal entendus dans la guerre présente*. Il fit paraître plus tard l'*Histoire de la Ligue de Cambrai*. « Cette histoire, dit Voltaire, est profonde, politique, intéressante; elle fait connaître les usages et les mœurs du temps, et est un modèle en ce genre. » L'*Histoire critique de l'Établissement de la Monarchie française dans les Gaules* (3 vol. in-4°) tend à prouver que les Francs furent appelés par les Gaulois pour les gouverner. Ce système, exposé avec beaucoup d'art par l'abbé Dubos, a été réfuté par Montesquieu, dans l'*Esprit des Lois*. En 1719 Dubo fit paraître deux vol. in-12 de *Réflexions critiques sur la Poésie et sur la Peinture*. Tous les artistes peuvent lire encore cet ouvrage avec fruit. « Ce n'est pas un livre méthodique, dit Voltaire, mais l'auteur pense et fait penser. Il ne savait pourtant pas la musique; il n'avait jamais pu faire de vers et n'avait pas un tableau, mais il avait beaucoup lu, beaucoup vu et beaucoup réfléchi. » L'abbé Dubos fit aussi paraître un manifeste de Maximilien, électeur de Bavière, contre Léopold, empereur d'Allemagne, relativement à la succession d'Espagne. Il mourut à Paris, le 23 mars 1742, âgé de soixante-douze ans. Il répétait en mourant ce mot d'un ancien : *Le trépas est une loi, et non pas une peine*. Et il ajoutait : *Trois choses doivent nous consoler de la vie : les amis que nous avons perdus; le peu de gens dignes d'être aimés que nous* *laissons après nous; le souvenir enfin de nos sottises et l'assurance de n'en plus faire.* Jules SANDEAU.

DUBOS (CONSTANT), né en 1768, mort en 1844, à Massy, près de Longjumeau, était un des doyens de l'université. Il avait professé la rhétorique au collège Louis le Grand (lycée Impérial) conjointement avec le savant Burnouf père. C'était un professeur de la vieille roche, très-épris et très-justement épris d'une savante passion pour la double antiquité; correct écrivain, d'une grâce parfaite, poëte ingénieux, il a laissé un petit recueil charmant intitulé *Les Fleurs*, et l'on peut dire que peu de poëtes ont célébré d'une façon plus retenue et plus élégante à la fois ces aimables créations du printemps, de la mythologie et du soleil. En sa qualité de poëte, il était un causeur ingénieux, bienveillant, facile à vivre, d'une politesse parfaite. Devenu vieux, il avait épousé une jeune femme, qui lui donna trois enfants, dont elle est restée l'unique appui. Pendant le rude hiver de 1838, la fièvre ne le quitta pas de six mois, et dans ses nuits d'insomnie il traduisit en vers les *épigrammes* de Martial! sinon toutes les poésies de ce bel esprit qui bravait l'honnêteté avec si peu de vergogne, du moins presque toutes. « Mais, disait-on à Dubos, pourquoi donc ne pas traduire Horace, votre poëte? » Et il répondait avec son bon sourire : « C'est que, mes enfants, ce serait transvaser du vin de Champagne; dans le trajet, la mousse serait perdue; au contraire, un peu de malice et d'épigramme, ça reste au fond du verre, et avec de l'habileté rien ne se perd. » Bon, vrai, bienveillant, il a été jusqu'à la fin fidèle à sa double divise : *Mens hilaris, requies moderata*. Il mourut en recommandant encore à ses enfants ce qu'il recommanda toute sa vie à ses élèves : *Aimez les bons livres et recherchez les honnêtes gens!* Jules JANIN.

DUBOUCHAGE (Famille GRATET), originaire du Dauphiné, et anoblie par des charges de judicature à la fin du seizième siècle; elle s'est divisée en plusieurs branches qui se sont illustrées sous les noms distinctifs de *Dolomieu* et de *Dubouchage*, empruntés à leurs fiefs. Elle a donné plusieurs présidents à la cour des comptes de Grenoble et au bureau des finances de la généralité du Dauphiné Dolomieu, géologue distingué, appartenait à cette famille.

François-Joseph Gratet, vicomte DUBOUCHAGE, né à Grenoble, en 1749, entra fort jeune dans le corps d'artillerie de la marine, parcourut rapidement les premiers grades, et reçut en 1792, avec le brevet de maréchal-de-camp, le titre d'inspecteur général de cette arme. Louis XVI l'appela quelque temps après au ministère de la marine et des colonies, et lui confia par intérim le portefeuille des affaires étrangères. A la journée du 10 août, il se déclara dans le conseil du roi pour des mesures de vigueur, qui n'eussent fait, sans doute, qu'accroître les désastres. Il se rendit avec Louis XVI à l'Assemblée législative, et pendant le trajet donna le bras à la reine. Quelques jours après il fut obligé d'émigrer, pour se dérober à la vengeance populaire, qui mit au pillage l'hôtel de la marine. Rentré en France sous le Consulat, il continua de servir, par une correspondance clandestine, la cause à laquelle il s'était dévoué. Arrêté en 1806, il ne put être mis en jugement faute de preuves; mais il n'obtint que sous caution son élargissement et la permission de résider à Paris. Louis XVIII le créa lieutenant général en 1814, et lui confia en 1815 le portefeuille de la marine. Des mesures désastreuses, dictées par l'esprit de réaction et de parti, signalèrent sa courte administration. Le 23 juin 1817, le vicomte Dubouchage, remplacé au ministère par M. Molé, fut créé pair, et alla grossir les rangs de la contre-révolution dans la chambre haute. Il mourut sans laisser d'enfants, le 12 avril 1821.

Gabriel Gratet, vicomte DUBOUCHAGE, né à Grenoble, le 3 juin 1777, neveu du précédent et fils d'un ancien préfet des Alpes-Maritimes sous le premier empire, fut député de l'Isère en 1815 et 1816. Il ne put être réélu à la session suivante, n'ayant pas l'âge requis par la nouvelle loi. Louis XVIII le créa en 1823 pair de France, au même titre que son oncle, dont il avait adopté les opinions; ce fut un des plus fougueux contre-révolutionnaires de la chambre haute. Resté au Luxembourg sous le gouvernement de Louis-Philippe, il était du bien petit nombre de membres de cette chambre qui osaient y faire entendre quelques paroles d'opposition. La révolution de Février le rendit à la vie privée.

DUBOURG (ANTOINE) était président au parlement de Paris lorsqu'il fut nommé par François Ier chancelier de France, en 1535, après la mort du cardinal Duprat. L'édit de tolérance pour les partisans de la réforme religieuse, que le roi donna à Coucy, est daté du même jour (16 juillet) que les lettres de provision de l'office de chancelier qu'il accorda à Antoine Dubourg. Il n'est pas impossible que ce magistrat respecté, oncle d'Anne Dubourg, qui, vingt-quatre ans plus tard, fut un des plus illustres martyrs de la réformation, ait engagé le roi à user de plus d'indulgence. Mais il n'eut guère le temps de développer ses talents dans ses nouvelles fonctions ni d'établir son crédit. En 1538, le roi étant allé visiter la ville de Laon, la foule du peuple qui s'empressait pour le voir fut si grande que le chancelier Dubourg, qui était à sa suite, fut renversé de sa mule, foulé aux pieds des chevaux, et cruellement écrasé. Il mourut fort peu de temps après.

DUBOURG (ANNE), neveu du précédent, naquit en 1521, à Riom, en Auvergne. On le destina d'abord au ministère ecclésiastique, et il reçut même l'ordre de prêtrise. Il s'acquit beaucoup de réputation par son esprit, ses connaissances variées, et surtout par la manière dont il enseigna à Orléans la science du droit. En 1557 il fut reçu conseiller-clerc au parlement de Paris. C'était l'époque où les esprits étaient violemment agités en France par la réforme religieuse : Anne Dubourg adopta avec chaleur les opinions de Calvin, et ce fut là ce qui le perdit. En 1559, un jour destiné aux séances appelées *mercuriales*, le roi Henri II se rendit au parlement. Les persécutions contre les protestants, dont François Ier avait donné l'exemple, continuaient sous son successeur : Henri II avait ordonné au parlement de délibérer sur le genre de peine à leur infliger; mais il ne trouva point chez tous les membres la docilité qu'il se croyait en droit d'attendre d'eux : plusieurs, Viole, Ferrier, Duval, Paul de Foix, André Fumée, Eustache Delaporte, au lieu de parler contre les sectaires, s'élevèrent avec vigueur contre la corruption qui déshonorait l'Église romaine. Louis Dufaur même alla jusqu'à dire en face au souverain : « Craignez qu'on ne vous dise, comme autrefois Élie à Achab : C'est vous qui troublez Israel. » Anne Dubourg ne craignit pas de faire des applications plus directes encore. Il dit « que les hommes commettaient contre les lois plusieurs crimes dignes de mort, tels que les blasphèmes réitérés, les adultères, les débauches de toute espèce, et que ces crimes restaient excusés ou impunis, malgré leur énormité, tandis que l'on demandait des supplices contre des gens à qui l'on ne pouvait reprocher aucun crime. Car enfin, ajouta-t-il, peut-on imputer le crime de lèse-majesté à des hommes qui ne font mention des princes que dans leurs prières, pour appeler sur eux la protection du Très-Haut? On sait parfaitement qu'ils ne sont pas séditieux; mais on affecte de les regarder comme tels, parce que, s'appuyant sur l'Écriture Sainte elle-même, ils ont arraché tout prestige à la puissance romaine et exposé au plein jour la turpitude d'une Église qui penche vers sa ruine; parce qu'enfin ils demandent de salutaires réformes, qui seules peuvent ramener la religion à sa dignité primitive. »

Il y avait du courage dans ces paroles; le roi s'en irrita : il donna au connétable de Montmorenci l'ordre d'arrêter Dufaur et Dubourg, qui tous deux furent conduits à la Bastille. Peu d'heures après, ce fut le tour des six autres conseillers : trois, Ferrier, Duval et Viole, se dérobèrent au supplice par la fuite; les trois autres y échappèrent à l'aide d'un apparent repentir. Trois jours plus tard, Anne Dubourg fut interrogé sur sa religion; l'évêque de Paris le déclara hérétique, le dégrada du sacerdoce dont il était revêtu, et le livra au bras séculier, c'est-à-dire au juge royal, pour être puni. L'archevêque de Sens, alors métropolitain de Paris, était assisté dans cette sentence par l'inquisiteur Antoine de Mouchy, qui se faisait appeler *Démocharès*. Anne Dubourg en appela. Sur ces entrefaites, Henri II mourut; mais les opinions nouvelles eurent des persécuteurs encore plus acharnés dans la personne des Guises, qui gouvernaient la France au nom du faible François II. Le procès d'Anne Dubourg fut repris avec une nouvelle activité. On crut que par ses divers appels il voulait retarder son jugement; mais, dans un mémoire qu'il envoya au parlement, il assura que, s'il épuisait ainsi tous les degrés de juridiction, c'était pour ne rien omettre de ce qui pouvait manifester la justice de sa cause, et non parce qu'il reculait devant un supplice non mérité. Ce mémoire était un véritable acte d'accusation contre le pape et contre la papauté: Dubourg y protestait avec force qu'il voulait vivre et mourir en confessant la foi dont il publiait les principes. L'électeur palatin écrivit à François II pour solliciter la grâce du condamné : on a prétendu que, frappé de sa réputation, il avait voulu lui confier la direction de son université de Heidelberg. Mais un événement funeste acheva de perdre la victime. Dubourg avait recusé vainement le président Minard, un de ses juges les plus hostiles; on prétendait même qu'il l'avait menacé en lui disant : « Dieu saura t'y forcer. » Minard, l'homme de confiance du cardinal de Lorraine, fut assassiné à six heures du soir, en sortant du palais. Ce fut à l'occasion de ce meurtre que fut rendue l'*ordonnance minarde*, qui fixait la fin de l'audience de relevée à quatre heures du soir, depuis la Saint-Martin jusqu'à Pâques. Trois jours après cet événement, Anne Dubourg fut condamné à mort. L'historien du Concile de Trente, s'appuyant sur le témoignage des historiens du temps, entre autres sur celui de De Thou, impute cette sentence barbare, non pas tant à l'inclination des juges, qu'à la volonté absolue de la reine, « irritée, dit-il, de ce que les luthériens publiaient partout dans leurs libelles que la blessure que le roi avait reçue dans l'œil était une punition de Dieu pour les menaces qu'il avait faites à Dubourg, qu'il voudrait voir brûlé ». Pendu et brûlé effectivement en place de Grève, il subit avec fermeté son supplice, le 23 décembre 1559, après s'être écrié sur l'échafaud : *Mon Dieu, ne m'abandonnez pas, de peur que je ne vous abandonne!* Il était âgé de trente-huit ans. Il avait publié plusieurs ouvrages entièrement oubliés aujourd'hui. Sa mort ne fit que produire de nouveaux prosélytes à la religion réformée, dont les sectateurs le mirent au nombre de leurs plus illustres martyrs. Auguste Savagner.

DUBOURG (Le *général*). Sa carrière militaire ne nous est point connue..... C'est au milieu de la mêlée de juillet 1830 que ce nom nous apparaît pour la première fois. Dubourg fut le premier, le seul peut-être, qui eut alors le courage ou plutôt l'heureuse idée de revêtir un uniforme d'officier général, et de combattre au milieu des citoyens avec de grosses épaulettes étoilées. M. Louis Blanc, dans son *Histoire de dix ans*, raconte en ces termes sa première apparition dans la lutte : « C'était dans la nuit du 28 au 29 juillet. Un inconnu aborde deux citoyens armés, sur la place des Petits-Pères. « Le combat recommence demain, dit-il; je suis militaire : avez-vous besoin d'un général? — D'un général? répond l'un d'eux. Pour en faire un, en temps de révolution, il suffit d'un tailleur. — Vous voulez être général? ajoute le second. Eh bien! prenez un uniforme, et courez où l'on se bat. » Le lendemain, le général Dubourg avait suivi ce conseil, et le peuple criait : « Vive le général Dubourg! » Le général était au marché des Innocents le 29; plus tard, il arriva à l'hôtel de ville. « Général, lui dit un jeune homme qui amenait un tapissier pour faire faire des drapeaux, de quelle couleur le drapeau? — Il nous faut un drapeau noir; et la France gardera cette couleur jusqu'à ce qu'elle ait reconquis ses libertés. » Le général Dubourg était alors roi de Paris; mais sa royauté cessa à l'arrivée de Lafayette, au-devant duquel il se rendit en s'écriant : « A tout seigneur tout honneur! » Ce fut plus tard au tour du duc d'Orléans à se rendre à cet hôtel de ville, d'où l'on sortait avec le pouvoir. Quand Lafayette eut fait au prince les honneurs de la commune, Dubourg s'avança vers une des fenêtres, et, montrant au roi futur la multitude armée qui remplissait la place, il s'écria : « Monseigneur, vous connaissez nos besoins et nos droits; si vous les oubliez, nous vous les rappellerons. » La réponse du duc d'Orléans fut aigre, dure : dès ce moment le général soldat de la révolution de Juillet fut en disgrâce, et cette disgrâce, que lui avait attirée sa défiante franchise, s'est perpétuée.

Nous pensons que le *général* Dubourg a cessé de vivre; mais depuis quand? Nous l'ignorons. En 1833 il était un des pensionnaires de la maison de santé du docteur Pinel à Chaillot. Napoléon Gallois.

DU BREUIL (Guillaume), jurisconsulte célèbre du quatorzième siècle, né à Figeac, en Quercy, mort vers 1345, était avocat du roi à Paris en 1325. Vers l'année 1330, il composa un livre intitulé : *Le Style du Parlement* (*Stylus curiæ Parlementi Franciæ*), qui jusqu'à la fin du seizième siècle resta le manuel des gens de loi, qu'on invoquait à chaque instant comme autorité, et dont les doctrines sont mentionnées et même confirmées par diverses ordonnances de Philippe de Valois, de Jean le Bon et de Charles VII.

DUBREUIL (Toussaint), peintre. On ignore le lieu et l'année de sa naissance; on sait seulement qu'élève du père de Freminet, premier peintre de Henri IV, il eut assez de talent pour le devenir aussi lui-même et pour être chargé de continuer, de concert avec Bunel, à Fontainebleau, la suite des cinquante-huit tableaux où le Primatice et Nicolo dell' Abate avaient représenté l'histoire d'Ulysse. Il termina ou répara d'autres peintures des mêmes maîtres, dans la salle des Cent-Suisses ou dans la grande galerie, et peignit à fresque les aventures d'Hercule, qui devaient former vingt-sept tableaux; mais il n'en termina que quatorze. Il avait peint, dans la galerie des Cerfs, des vues de Fontainebleau et de treize autres demeures royales. Dubreuil travailla aussi avec Bunel à la petite galerie du Louvre (galerie d'Apollon); mais leurs ouvrages périrent dans l'incendie de 1660. Il mourut en 1602 ou 1603.

DUBUFE (Claude-Marie). Il faut, dans l'histoire de l'art, tenir compte de toutes les renommées. M. Dubufe le père n'a jamais obtenu les sympathies des connaisseurs et des critiques; il a toujours été au contraire le point de mire de leurs récriminations et de leurs épigrammes. Et cependant il est célèbre autant que pas un peintre, et les gens du monde l'ont pris sous leur protection toute puissante. Rien dans ses commencements ne révéla l'artiste dont les portraits devaient exciter plus tard tant d'admiration. Né à Paris, à la fin du règne de Louis XVI, et entré assez jeune dans l'atelier de David, M. Dubufe y peignit des figures académiques sans caractère et sans beauté. Il débuta au salon de 1810 par un tableau qui représentait *un Romain se laissant mourir de faim plutôt que de toucher à un dépôt d'argent qui lui a été confié*; et il exposa successivement *Achille prenant Iphigénie sous sa protection* (1812), *Jésus-Christ apaisant une tempête* (1819) et quelques tableaux qui n'étaient ni meilleurs ni pires que tous ceux que faisaient alors les nombreux élèves de David. Le premier succès de M. Dubufe date du salon de 1822, où il exposa, à côté d'une scène tirée de *Psyché, Apollon et Cyparisse*, composition naïvement prétentieuse, que le gouvernement acheta et qu'on peut voir aujourd'hui au musée du Luxembourg. C'est une peinture qui vise à l'élégance et qui n'arrive qu'à la fadeur.

Pendant les années qui suivirent, M. Dubufe peignit plusieurs tableaux religieux, entre autres *Jésus-Christ marchant sur la mer* (1824; église Saint-Leu) et la *Délivrance de saint Pierre* (1827; Saint-Pierre de Chaillot).

La préfecture de la Seine était généreuse envers l'artiste; mais ce n'était pas assez pour les ambitions de M. Dubufe. Il briguait des suffrages plus retentissants; c'est à la foule qu'il voulait plaire. Il atteignit son but en exposant les *Souvenirs* et les *Regrets* (1827). Le public n'est pas difficile en matière d'art : il ne s'occupe que du sujet, et son idéal est réalisé lorsque la propreté de l'exécution s'allie à la sentimentalité d'une donnée vulgairement intéressante. La gravure s'empara des *Souvenirs* et des *Regrets*; et bientôt ces deux planches eurent leur place marquée dans tous les boudoirs, dans toutes les alcôves. M. Dubufe comprit alors de quel côté il devait marcher; mais il n'entra pas dans cette voie frivole sans vider quelques coupes amères. Lorsque, au salon de 1831, il montra *Le Nid* et *Le Mésange* (acquis par M. le comte Perregaux), il eut à subir les rebuffades de la critique sérieuse. Un écrivain qui passe à juste titre pour un bon juge, sinon pour un juge bienveillant, Gustave Planche, écrivit un peu durement à propos de ces toiles et des portraits qui les accompagnaient : « Ce n'est pas même de la mauvaise peinture. » Nous sommes forcé d'ajouter que tout ce qu'on a écrit depuis sur ou contre M. Dubufe n'est qu'un développement de cette thèse. Le peintre prit assez philosophiquement son parti : une médaille de première classe, un succès désormais très-productif achevèrent de le consoler. Dès lors, bien que M. Dubufe ait peint plusieurs figures de fantaisie du même ordre que celles qui l'avaient illustré, il s'adonna surtout au portrait.

Parmi les personnages diversement célèbres qui ont posé devant lui, il faut citer le roi Louis-Philippe, la reine des Belges (1837), le député Nicolas Kœchlin (1841), le musicien Zimmermann (1847), etc. Mais c'est particulièrement dans les portraits de femmes que M. Dubufe fit merveille. Il est peu de grande dame de la noblesse ou de la finance qui n'ait chez elle son portrait de sa main. Pourquoi ce succès? Parce que, semblable, — moins le talent, — à Nattier, que la duchesse du Maine appelait *M. l'Enchanteur*, M. Dubufe sait voiler jusqu'aux moindres imperfections de ses modèles, qu'il donne, même aux moins charmantes, un teint de lis et de rose pâle, qu'il les habille et les déshabille, comme la plus savante couturière. Il est vrai que sous le rapport de l'art ses portraits sont d'un dessin à peine correct, d'une touche inconsistante et plate, d'un coloris gracieusement faux. On n'y trouve d'ailleurs aucun caractère, aucun sentiment du type individuel. Comme la ville, la cour se montra bienveillante pour M. Dubufe. Le 9 août 1837 il fut nommé chevalier de la Légion-d'Honneur. Depuis quelques années M. Dubufe, dont le pinceau commence à se lasser, est plus sobre de portraits. Il a exposé en 1849 une figure de *La République*, et en 1852 une *Jeune Villageoise* et des *Animaux* auxquels on n'a attaché qu'une attention médiocre. Mais il a conservé auprès des gens du bel air et des femmes de *high life* sa réputation passée, et c'est justice. N'est-ce pas à ceux dont le caprice est parvenu à créer une illustration qu'il appartient d'en prendre souci.

DUBUFE (Édouard), fils du précédent, paraît vouloir hériter de sa méthode et de son succès. C'est son père qui lui a enseigné le maniement du pinceau, et il faut dire que M. Édouard Dubufe se sert de cette arme avec plus de fermeté que l'auteur des *Souvenirs* et des *Regrets*. Il se montra pour la première fois au salon de 1839, avec *L'Annonciation* et *Une Chasseresse*, qui restera peut-être la meilleure de ses études. L'année suivante, il emprunta à un livre de M. de Montalembert le sujet du *Miracle des Roses*, qui obtint beaucoup de succès auprès des grisettes sentimentales, et eut bientôt les périlleux honneurs de la gravure. On vit ensuite de sa main *Tobie*, qui lui mérita une première médaille au salon de 1841; *La Foi, l'Espérance et la Charité* (1842); *Bethsabée* et *La Prière du matin* (1834). Ce dernier tableau, d'une exécution vulgaire et pauvre, et d'un coloris à la fois brutal et faux, est placé au musée du Luxembourg. Sans abandonner les sujets de sainteté, car il exposait en 1845 et 1846 diverses compositions religieuses, M. Édouard Dubufe, entraîné par l'exemple paternel, s'essaya bientôt dans le portrait, et il y réussit par l'emploi des mêmes moyens. Il peint volontiers les jeunes femmes : on a remarqué de lui les portraits de Mmes Jules Janin et Paul Gayrard (1846), de la comtesse G. de Montebello, de la baronne Gaston d'Hauteserve et enfin de l'Impératrice (1853). Cette dernière effigie, nous le disons avec regret, n'est pas digne de l'illustre modèle, et elle excita au salon dernier plus de curiosité que d'admiration. M. Édouard Dubufe n'en fut pas moins nommé chevalier de la Légion-d'Honneur. Les belles dames de l'Empire ont pour son talent les sympathies que les coquettes de 1830 ont eues pour celui de son père. Leur peinture à tous deux est inconsistante et fade, leurs attitudes sont maniérées; leur dessin est incorrect et sans accent.... Et voilà pourquoi les connaisseurs sérieux ne sont pour rien dans cette double renommée.

DUC (*dux* chez les Latins, δυκας chez les Grecs du Bas-Empire). Ce mot dérive de *ducere*, conduire : ainsi, les ducs étaient les *ductores exercituum*, conducteurs ou chefs des armées. Dans l'origine, le rang des ducs était inférieur à celui des comtes. Les premiers n'avaient que le grade de tribuns, les seconds étaient consuls et préfets légionnaires. Ces deux officiers étaient subordonnés au maître de la milice. Lorsque Constantin le Grand divisa les comtes en trois classes, les ducs furent compris dans la dernière, et y demeurèrent longtemps. Mais sous Théodose et ses fils Arcadius et Honorius, leur dignité s'accrut beaucoup. On vit alors plusieurs provinces soumises à l'autorité d'un seul *duc*, et des conquérants tels qu'Alaric et Attila n'ont point dédaigné ce titre. Les ducs, ainsi que les comtes, étaient chefs de l'administration publique, de la justice et des armées dans les départements qui leur étaient confiés. Les derniers empereurs avaient établi treize ducs en Orient et douze en Occident. Leurs gouvernements étaient, en *Orient* : la Lybie, l'Arabie, la Thébaïde, l'Arménie, la Phénicie, la Mésie seconde, l'Euphrate et la Syrie, la Scythie, la Palestine, la Dacie, l'Osrhoène, la Mésie première et la Mésopotamie; en *Occident* : la Mauritanie, la Séquanaise, la Tripolitanie, l'Armorique, la Pannonie seconde, l'Aquitanique, la Valérie, la Belgique seconde, la Pannonie première, la Belgique première, la Rhétie et la Grande-Bretagne.

Lorsque les Goths, les Francs et les autres barbares envahirent successivement les provinces de l'empire, ils conservèrent les dignités de comte et de duc, si toutefois ils ne les avaient pas déjà empruntées des Romains. Mais chez des peuples qui devaient toute leur puissance à la force du glaive, aucune dignité ne pouvant prévaloir sur le commandement des armées, les ducs, comme chefs militaires, eurent une prééminence marquée sur les comtes, dont le titre s'appliquait sous le Bas-Empire à diverses charges de la couronne et à diverses magistratures. Il n'y eut d'exception sous les premiers Mérovingiens que pour le comte-maire du palais, chef de la milice et des offices, jusqu'au temps où les ducs cumulèrent les deux dignités. Dans la hiérarchie observée par les Francs et les autres barbares, les comtes ne furent plus que les lieutenants des ducs. Le gouvernement de ceux-ci s'étendait toujours à plusieurs provinces, celui des comtes se bornait à un seul pays, souvent même à une seule localité. Les différents royaumes que formèrent les enfants de Clotaire Ier eurent chacun leurs duchés ou gouvernements généraux. Le duché Dentelin faisait partie de la Neustrie. Gontran, roi d'Orléans et de Bourgogne avait pour ducs Nicétius, qui commandait dans l'Auvergne, le Rouergue et le diocèse d'Uzès, et Ermadius dans le Poitou et la Touraine. Ces officiers réunissaient dans leurs mains la triple administration de la force publique, de la justice et des finances. Quoique leurs fonctions fussent révocables et que leur gestion fût soumise au contrôle de délégués de la couronne (*missi dominici*), la voix du peuple ou du conseil des grands qui présidaient à leur élection donnait un poids immense à leur autorité. Elle s'accrut si rapidement par les dissensions des Mérovingiens, qu'on les voit dès la fin du sixième siècle (582) ajouter au rôle de tuteurs des rois la prétention de disposer à leur gré de la couronne. Parmi les causes qui élevèrent si haut la puisssance des ducs, il faut mettre en première ligne la richesse territoriale de ces grandes familles. Les chefs qui s'étaient attachés à la fortune de Clovis avaient été largement dotés par la conquête. Leur clientèle nombreuse, le souvenir récent de leurs exploits et leur étroite alliance avec les autres grands possesseurs saliens en faisaient des appuis nécessaires ou des contradicteurs redoutables. De là leur influence populaire et l'origine d'un pouvoir qui, projetant son ombre gigantesque sur le pouvoir royal, finit par l'éclipser. Dès la fin du septième siècle, le titre de *prince* ou *chef* des Francs était passé aux *ducs* de France. On a prétendu que les *ducs-maires* du palais sous la première race avaient porté quelquefois le titre d'*archiduc*, pour indiquer leur supériorité sur les autres ducs. Ce fait n'est pas improbable, mais on n'en trouve pas de traces dans les monuments de cette période.

Sous la seconde dynastie la dignité de duc se maintint dans tout son lustre, et ce fut encore à la faveur du pouvoir attaché à cette dignité que Hugues Capet plaça sa dynastie sur le trône de France par le concours des mêmes causes et des mêmes conjonctures qui avaient ménagé l'élévation des carlovingiens. Ce fut aux envahissements successifs du pouvoir local que la féodalité dut son origine. La concession tacite ou expresse d'hérédité attachée d'abord aux duchés de France et d'Aquitaine s'étendit sous les carlovingiens aux duchés de Bourgogne, de Normandie et de Gascogne, ainsi qu'au gouvernement des marches et aux comtés intérieurs; elle devint générale pour toutes les autres tenures subalternes à l'avénement de Hugues Capet.

Devenus maîtres sans contrôle dans leurs légations respectives, les ducs ne tardèrent point à se proclamer possesseurs au même titre que les rois. Ils prennent le sceptre et la couronne, promulguent des lois pour leurs sujets, naguère leurs subordonnés, frappent des monnaies à leur effigie, et font la guerre en leur nom à la royauté elle-même, dont ils balancent ou partagent plusieurs fois la suprême autorité. Tels ont été le fameux Eudes, Gui, duc de Spolète, un instant le compétiteur d'Eudes, Robert II, fils de ce dernier, et Raoul. La confédération des fiefs avait pris une telle extension lors des invasions des Sarrasins et des Normands, qu'à la mort de Louis d'Outremer il ne restait plus en propre aux rois de France que quelques villes, dont Reims et Laon étaient les principales. Le reste du royaume était partagé entre les ducs et les comtes, sous l'obligation, presque toujours éludée, du service et de la fidélité envers la couronne. L'avénement au trône du fils de Hugues le Grand fut le prélude d'une véritable restauration nationale. Éclairés par la chute de deux dynasties, les Capétiens se gardèrent bien de déléguer à d'autres mains le gouvernement du duché de France, qui avait si souvent conduit au pouvoir royal. Ce duché, éteint en 887, ne fut plus rétabli.

Le duché de Gascogne fut adjoint à l'Aquitaine en 1052, et ces provinces, un instant réunies par le mariage de Louis le Jeune avec Éléonore, ne revinrent définitivement à la couronne qu'en 1204, par confiscation, en même temps que la Normandie. Ce dernier duché fut donné quelquefois à titre d'apanage à des princes du sang, mais sans séparation du fisc de souveraineté. Une partie de l'Aquitaine avait été restituée en fief à l'Angleterre en 1259, sous la dénomination de duché de Guienne. Elle fut reconquise en 1453 et réunie à la couronne. La souveraineté ducale s'éteignit en Bourgogne en 1477, et en Bretagne en 1514. Enfin le duché de Narbonne, qui depuis la réduction des anciennes pairies du royaume, au nombre de douze, était devenu la première pairie laïque, fut cédé en 1229 au roi saint Louis par Raimond VII, comte de Toulouse, dont les autres États échurent plus tard au frère du même monarque, Alfonse, comte de Poitiers, et firent reversion définitive à la couronne en 1361.

Nous touchons à l'époque où commence la décroissance progressive de la dignité ducale. Les duchés de Bourbon, érigé en 1327, d'Orléans en 1344, d'Auvergne, de Berry, de Touraine, en 1360, de Valois en 1406 et d'Alençon en 1414, ne présentent plus que des fractions plus ou moins considérables des grandes légations mérovingiennes. Le sang royal des possesseurs de ces nouveaux fiefs leur prête, il est vrai, un éclat qui en rehausse longtemps la dignité; mais ni la patrimonialité, ni les droits régaliens ne comptent plus au nombre de leurs priviléges; la subordination de ces fiefs est absolue, et les princes qui les gouvernent, quoique placés sur les degrés du trône, ne sont plus que les premiers sujets du roi.

En observant l'ordre des temps pour les autres érections ducales en faveur des princes du sang, on remarque toujours les mêmes tendances à restreindre les circonscriptions. A partir de 1498 le titre ducal fut déféré à d'illustres familles, appelées à la pairie sous ce titre: les Montmorency furent créés ducs en 1551. Il est inutile de dire que ces duchés-pairies, assis sur des fortunes de 50, 100 et même 200,000 livres de rente, n'ont plus d'autre analogie avec les anciens duchés provinciaux que celle du titre de l'hérédité et des prérogatives personnelles. Cependant le rang de duc-pair, entré dans le domaine des récompenses publiques, fut toujours considéré comme la plus éminente. Jusqu'à la Révolution, cette dignité n'a souffert de préséance pour les honneurs de la cour que celle des princes du sang, et elle la disputait aux princes étrangers issus de maisons souveraines. Il y avait en France plusieurs prélats qui jouissaient du titre de duc; tels furent, dès le règne de Philippe-Auguste et jusqu'en 1790, l'archevêque-duc de Reims, l'évêque-duc de Laon et l'évêque-duc de Langres. L'archevêque de Paris prit rang parmi ces pairs religieux par l'érection de Saint-Cloud en duché-pairie, en 1674. Outre les ducs et pairs laïcs et ecclésiastiques, il y avait encore deux sortes de ducs, les ducs non pairs héréditaires, dont la première création remonta à celle du comté de Bar en duché (1354), et les ducs à vie ou à brevet, qui ne datent que du règne de Louis XIV. Tous jouissaient des honneurs du Louvre, ainsi que les grands d'Espagne, auxquels on accordait le titre et les distinctions honorifiques des ducs.

Quoique les Romains eussent fait connaître la dignité ducale en Angleterre, elle ne fut conservée ni par les barbares qui envahirent ce pays, ni par les Normands qui en firent la conquête en 1066. Ce ne fut qu'à partir de 1337 qu'on commença à y ériger des duchés qui donnèrent le premier rang à la pairie. Le titre de comte, connu depuis l'heptarchie, ne fut plus qu'en seconde ligne, et plus tard en troisième, lorsque le titre de marquis eut prévalu. Comme en France, le titre ducal fut affecté originairement à des provinces ou à de grandes localités, telles que les duchés d'York, de Clarence, Lancaster, Cumberland, Sussex, Cambridge, Glocester, etc., tous apanages de princes du sang. Le même titre fut concédé aux grandes familles dès 1388. Notre parlement en 1789 comptait cinquante ducs et pairs; celui de la Grande-Bretagne n'en compte aujourd'hui que vingt, non compris les membres de la famille royale. Cette disproportion s'explique par la constitution respective des deux chambres. Les marquis, comtes, vicomtes et barons partagent avec les ducs le privilége de la pairie anglaise, tandis qu'en France, depuis l'extinction du dernier comté-pairie d'Eu (1775), il n'y avait plus que des pairies ducales au parlement.

Le titre de duc, aboli chez nous par la révolution, reparut sous l'empire, assis sur de riches dotations. Des maréchaux, des ministres, des grands dignitaires, furent créés ducs. La Restauration confirma ces titres, et les confondit avec les anciens dans la nouvelle pairie. Plusieurs ducs et pairs ou non pairs ont été créés depuis par Louis XVIII et Charles X. En Angleterre un duc-pair a le titre de *grâce*. Louis XVIII voulut qu'un pair de France fût une *seigneurie*.

Dans la famille royale, comme c'était la proximité du sang qui réglait la prééminence du titre, celui de duc fut souvent primé par le titre de comte, celui de prince y était inférieur à ces deux titres, tous dominés par celui de dauphin depuis 1356. Dans les grandes familles, le titre de duc prévalait aussi sur celui de prince. Ainsi, les princes de Léon et de Soubise dans la maison de Rohan, et les princes de Tingry et de Robecque chez les Montmorency, étaient cadets des ducs.

En Allemagne, le titre ducal a conservé intégralement son ancienne splendeur. Dans la hiérarchie, il vient après le titre royal et immédiatement avant le titre princier. L'idée de la souveraineté y est inséparable de la dignité ducale. Ce fut sous le règne de l'empereur Henri IV que les ducs commencèrent à usurper le droit de souveraineté, qu'ils exercèrent sans contestation depuis Lothaire II de Saxe, et qui leur fut reconnu ensuite par lettres patentes impériales. Plusieurs des ducs primitifs échangèrent ce titre contre celui d'*électeur*, et plus tard contre ceux de grand-duc, et même de roi, comme dans les maisons de Saxe, de Bavière et de Wurtenberg. Il y a aujourd'hui sept grands-duchés dans la confédération germanique; ce sont ceux de Bade, de Hesse-Darmstadt, de Luxembourg, de Saxe-Weimar, de Mecklenbourg-Schwerin, de Mecklenbourg-Strelitz et d'Oldenbourg, et huit duchés : ceux de Holstein, de Brunswick, de Nassau, les trois de Saxe et les deux d'Anhalt.

Le titre de duc est celui que portaient originairement les les czars de Russie. Celui de grand-duc distingue les princes de cette maison impériale, comme celui d'archiduc est aux princes de la maison d'Autriche. Les rois de Pologne étaient grands-ducs de Lithuanie; et les rois de Prusse ducs de Silésie. En Suède et en Danemark le titre ducal est inusité parmi la noblesse, et n'a été porté quelquefois que par des princes de la famille régnante, sauf dans ce dernier pays le fameux duché de *Glucksbjerg* (*voyez* Decazes).

L'Italie comptait beaucoup de ducs souverains, tels que le grand-duc de Toscane, les ducs de Mantoue, Parme, Modène, la Mirandole, Milan, Montferrat, Massa, Ferrare, Guastalla, Reggio, etc. Les chefs des républiques de Venise et de Gênes étaient des doges ou ducs électifs. Il existe aussi beaucoup de ducs non souverains dans les États du pape.

Enfin ce titre est répandu aux Pays-Bas, en Sardaigne, dans le royaume de Naples, en Portugal et en Espagne.

En résumé, le titre de duc paraît encore dans plusieurs contrées avec les attributs de grandeur et de puissance qu'il avait à son origine. En Angleterre, en Espagne, en Italie, ce titre continue à exprimer la plus haute position sociale; en France, ce n'est plus qu'une tradition de l'ancien ordre politique et une qualification nobiliaire. Lainé.

DUC (*Ornithologie*), groupe d'oiseaux de proie nocturnes, appartenant au genre *chouette*. Les ducs ont autour des yeux un disque de plume incomplet; leur tête est surmontée de deux aigrettes susceptibles de se redresser; les ouvertures de leurs oreilles sont grandes et leur bec est courbé dès sa base. On ne distingue parmi eux que deux ou trois espèces, dont une seule, le *grand-duc* (*strix bubo*, Gmelin), se voit en Europe; encore n'est-elle pas particulière à cette partie du monde; au contraire, c'est bien plus abondamment qu'on la rencontre dans l'Afrique (depuis la Barbarie jusqu'au Cap de Bonne-Espérance) et dans plusieurs régions de l'Asie. Les contrées de l'Europe qu'elle fréquente de préférence sont l'Espagne, l'Italie et la France. Chez nous, elle est loin d'être commune, mais cependant elle existe à peu près sur tous les points, recherchant principalement les lieux boisés et élevés : on la voit quelquefois aux environs de Paris. Le grand-duc est le plus volumineux des oiseaux de proie nocturnes; sa taille dépasse celle de la buse. Il se nourrit de mulots, de souris et d'autres petits mammifères, ainsi que d'oiseaux et de reptiles. Son plumage, entièrement fauve, est tacheté d'innombrables raies longitudinales brunes, et de plus petites disposées transversalement. Des deux autres espèces connues dans le genre *duc*, l'une est dans une grande partie de l'Amérique, et l'autre a été établie d'après un individu conservé au Museum de Paris, mais dont on ignore la patrie.

L'oiseau que Buffon a nommé *moyen duc* est le *hibou commun* (*strix otus* de Linné), et son *petit duc* est le *strix scops* de Linné. P. Gervais.

DUCANGE (Charles du FRESNE, seigneur) naquit à Amiens, le 18 décembre 1610, d'une noble famille, dont la souche remontait à Hugues du Fresne, bailli d'Aire en 1214. Après avoir terminé ses premières études chez les jésuites de sa ville natale, et avoir fait son droit à Orléans avec un égal succès, il se fit inscrire au tableau des avocats en 1631, et plaida pendant quelque temps au barreau de Paris. Mais cette carrière ne pouvait fixer un esprit comme le sien. S'étant retiré auprès de son père, il tint à sa vieillesse une fidèle compagnie, amassant à ses côtés, sans autre but que celui de satisfaire son penchant et sans aucune péoccupation d'avenir, ces trésors de science qui devaient l'illustrer, et qui embrassaient la théologie, la philosophie, la jurisprudence, les humanités, l'histoire sacrée et profane, ancienne et moderne, générale et particulière. La mort de son père le rendit à la liberté, et lui permit, en 1638, de contracter un nœud aux douceurs duquel il s'était refusé jusque là, pour n'avoir pas à partager son cœur entre ses affections filiales et les devoirs d'un nouvel état. Mais ni Catherine du Bos, qu'il rendit parfaitement heureuse, et qui lui survécut avec deux fils et deux filles entre les dix fruits de leur hymen, ni un office de trésorier de France en la généralité d'Amiens, acheté, sept ans après, au seigneur de Dancourt, son beau-frère, ne l'empêchèrent de trouver des loisirs et des heures précieuses pour l'étude. Le premier ouvrage qu'il publia est une *Histoire de l'Empire de Constantinople sous les empereurs français*, avec une version nouvelle de Geoffroi de Villehardouin, soldat-historien de la conquête, et un texte plus pur, *illustré* d'observations historiques et d'un glossaire (au Louvre, 1657, in-folio). C'est moins, il faut le dire cependant, une histoire élégante, animée, rapide, que l'œuvre consciencieuse d'un érudit, plus occupé du fond que des formes. Son expression a vieilli; sa phrase, pénible, entortillée, est souvent équivoque ou obscure; sa narration languit, embarrassée par les citations, les longues énumérations généalogiques et les discussions minutieuses, dont il surcharge un sujet où se croisent déjà trop d'intérêts compliqués.

Son second ouvrage, qui a pour titre : *Traité historique du chef de saint Jean-Baptiste* (Paris, 1665, in-4°), fut composé pour revendiquer la possession de cette relique, que plusieurs villes disputaient à sa ville natale. En 1668, Ducange, pour soustaire sa famille au fléau de la peste, qui ravageait cette ville et ses environs, vint fixer sa demeure à Paris. Cette année même, il mit sous presse, dans cette capitale, l'*Histoire de saint Louis*, *écrite par le sire de Joinville*, édition in-folio, enrichie de notes curieuses et de vingt-six dissertations sur l'origine des pannes et des couleurs héraldiques, les cris d'armes, la réception, le solde et la hiérarchie des chevaliers, l'oriflamme, la rançon de saint Louis, la prééminence de nos rois, etc. Vint ensuite une édition de *Jean Cinname*, historien des empereurs Jean et

Manuel Comnène, avec une traduction latine en regard du texte grec, accompagnée de notes historiques et philologiques, tant sur l'ouvrage en lui-même que sur *Nicéphore de Brienne et Anne Comnène*. Dans ce même volume in-folio (Paris, Imprimerie royale, 1670), Ducange publia la *Description de Sainte-Sophie*, par Paul le Silentiaire, texte grec accompagné d'une version latine et suivi d'un riche commentaire.

Cependant, Colbert méditait un monument digne d'un grand siècle et d'une grande nation : c'était une collection de tous les historiens qui avaient écrit en divers temps sur des parties de notre histoire, projet qui ne fut exécuté que sous Louis XV. Ce ministre, qui appréciait Ducange et se plaisait à l'entretenir souvent dans sa bibliothèque, jugea que personne n'était plus propre que lui à exécuter un aussi vaste travail, et celui-ci, répondant à ses désirs, composa un volumineux rapport où il passait en revue nos annalistes et nos chroniqueurs, l'époque où ils avaient fleuri, l'histoire qu'ils avaient traitée, le mérite de leur style et le poids de leur autorité, et dont on peut lire un extrait dans la *Bibliothèque historique* du père Lelong. Ce travail n'obtint pas l'approbation du gouvernement, qui prescrivit à Ducange un plan si peu fait, selon lui, pour répondre à la dignité de la France, qu'il renvoya toutes les pièces qu'il avait entre les mains. Libre de cette entreprise, qui eût consommé plusieurs de ses années, il se livra tout entier à la composition du glossaire latin que l'Europe attendait avec impatience, et qui lui fut donné en 3 vol. in-fol. (Paris, 1678) sous ce titre : *Glossarium ad scriptores mediæ et infimæ latinitatis, in quo*, etc. Dans ce livre, l'auteur ne se borne pas à expliquer les mots dont la signification a été détournée par la barbarie des temps, ni à interpréter les termes étrangers naturalisés latins par le droit de conquête; ces mots donnent lieu souvent à de véritables dissertations, étendues, approfondies et complètes sur la théologie ou la jurisprudence, sur les mœurs du moyen âge, sur les usages de la vie publique ou privée, sur le rit des églises et l'étiquette des cours, sur les dignités civiles, ecclésiastiques ou militaires. Nous anticiperons sur l'ordre chronologique pour ne pas séparer du glossaire latin celui que les savants ont coutume de lui associer dans leur estime et leurs éloges : *Glossarium ad scriptores mediæ et infimæ græcitatis; accidit appendix ad glossarium mediæ et infimæ latinitatis, una cum brevi etymologico linguæ gallicæ ex utroque glossario.* (Paris, 1688, 2 vol. in-folio.) On conçoit à peine que ces deux glossaires soient l'œuvre d'un seul homme. Aussi furent-ils accueillis comme une conquête de l'érudition moderne sur les ténèbres du moyen âge, aux applaudissements unanimes de l'Europe savante.

L'intervalle qui sépare la publication de ces deux ouvrages ne fut pas stérile : l'auteur donna in-folio (Paris, 1680), l'*Histoire Byzantine*, éclaircie par un double commentaire, dont l'un contient, outre les familles et les généalogies des empereurs de Constantinople, avec leurs médailles et quelques portraits, les familles dalmatiques et turques; l'autre, une description de Constantinople, telle que fut cette ville sous les empereurs chrétiens. L'année 1686 s'enrichit d'une édition nouvelle en 2 vol. in-fol., des *Annales de Zonare*, texte grec, avec une version latine de Jérome Wolphius, revue et annotée par Ducange. Quelques notes sur Nicéphore Grégoras, insérées dans les volumes qu'en a donnés Boivin, sont dues encore à ce savant infatigable, le seul homme de France et peut-être de l'Europe, comme on l'a dit, qui eût lu d'un bout à l'autre la *Byzantine* en grec. Il termina ses communications avec le public en lui léguant (Paris, 1689), in-folio, le *Chronicon paschale a mundo condito ad Heraclii imperatoris annum vicesimum*, tissu anonyme de divers auteurs, manuscrit découvert, au milieu du dix-septième siècle, en Sicile, et mis au jour avant lui sous des titres qui en donnent une fausse idée, puisqu'il n'embrasse ni les fastes de la Sicile (*fasta sicula*) ni l'histoire d'Alexandrie (*chronicon Alexandrinum*). Mais Ducange en réimprimant le texte corrigé, avec une nouvelle traduction latine, accompagnée de notes historiques et chronologiques, l'annonça sous un titre plus exact, car il est à la fois une *chronique* sèche et une supputation des années, des mois et des lunes, afin de trouver les jours auxquels on doit célébrer *Pâques* et les fêtes mobiles.

C'est pendant l'impression de cet ouvrage qu'il fut attaqué d'une rétention d'urine, après cinquante-cinq années d'une santé parfaite. Rien n'égala les douleurs aiguës de ses derniers jours, que sa constance à les supporter, vertu qu'il avait puisée dans une piété solide, le guide de toute sa vie et la compagne de sa mort. Il expira à Paris, âgé de soixante-dix-huit ans, le 23 octobre 1688. Baluze, chargé par l'éditeur mourant de surveiller l'impression du *Chronicon paschale*, a tracé le portrait de son ami Ducange dans une épître latine, écrite à la postérité sous l'adresse de l'abbé Renaudot et mise en tête de l'édition. « Ducange, y est-il dit, était d'une taille un peu au-dessous de la moyenne; il avait la tête bien proportionnée, les yeux charmants et pleins de feu, une belle figure, les traits distingués et l'air noble. S'il ne jouissait pas d'une extrême opulence, il possédait néanmoins une fortune honnête, et n'en désira jamais une plus grande, répétant qu'un homme de lettres devait se contenter d'une aisance qui lui permît de satisfaire son goût pour les livres. D'une humeur égale, jamais incommode, ne fatiguant personne, se prêtant sans réserve à ceux qui imploraient son appui, communiquant avec facilité les fruits de ses études, il était plus enclin à mériter les récompenses qu'à les solliciter. En effet, parmi les membres de l'Académie des Inscriptions et belles-lettres, on n'a pas vu siéger ce savant laborieux, dont les travaux égalaient peut-être ceux de la compagnie entière. » Le gouvernement vint aussi trop tard honorer, par une modique pension de huit cents livres, les deux dernières années d'une vie si pleine. Louis XIV en accorda une de 2,000 aux quatre enfants qu'il laissa.

Les vastes labeurs dont nous avons parlé ne sont pas les seuls qui honorent la mémoire de Ducange. Il laissa plusieurs manuscrits en état d'être imprimés, et un recueil immense d'extraits, de pièces et de matériaux pour la composition d'ouvrages aussi étendus et non moins importants que ses ouvrages publiés. Ils sont déposés à la Bibliothèque Impériale, et l'impression en a été plusieurs fois annoncée. Qu'il nous suffise d'en extraire les titres suivants : *Histoire des principautés et des royaumes de Jérusalem, de Chypre et d'Arménie sous les princes latins; Histoire des comtes d'Amiens, des comtes de Ponthieu, des vicomtes d'Abbeville, des seigneurs de Saint-Valery*, etc; *Projet d'une histoire de Picardie; Recueil de matériaux pour une histoire de France par dignités; Traité des armoiries, de leur origine et usage; Ébauche d'un dictionnaire universel sur différentes matières, continué depuis A jusqu'à V; Esquisse d'une géographie universelle de la Gaule*, abîme d'érudition et le fruit de la plus immense lecture. Ce merveilleux savoir mérita la qualification de *Varron français* à l'esprit laborieux qui l'avait acquis, honneur au-dessus duquel Bayle semblerait l'exhausser, car il écrit que les nations les plus illustres ne sauraient mettre aucun des leurs en parallèle avec notre Ducange; « homme extraordinaire, s'écrie Baillet, suscité pour délivrer huit ou neuf siècles de la tyrannie des barbares! »

Hippolyte Fauche.

DUCANGE (Victor-Henri-Joseph BRAHAIN), romancier et auteur dramatique, naquit à La Haye, de parents belges, en 1783. Fort jeune, il fut envoyé à Paris, où il fit de très-bonnes études. A sa sortie du collége, quelques années de voyages lui procurèrent ce que les Anglais regardent comme l'éducation complémentaire. De retour à Paris, en 1807, il entra en qualité d'employé dans l'administration du cadastre, et passa ensuite dans celle des douanes, où il perdit sa place en 1814. Dès ce moment il ne demanda plus qu'à sa plume féconde ses moyens d'existence. Il se livra d'abord à la composition des romans. Ses deux premiers essais, *Agathe, ou le petit vieillard de Calais*, et *Albert, ou les amants missionnaires*, un peu faibles de plan, mais écrits avec chaleur et gaieté, signalèrent en lui un ingénieux imitateur de Pigault-Lebrun. *Léonide, ou la vieille de Surène*, fit plus d'honneur encore à son talent, par un heureux mélange d'intérêt et de comique : c'est sans contredit le meilleur roman de l'auteur, et en même temps un des bons romans de cette époque. Sans offrir un égal mérite, *La Luthérienne*, *Les trois Filles de la Veuve*, *L'Artiste et le Soldat*, furent justement distingués parmi les mille et une productions de la littérature romancière du temps. Ducange, il faut le dire, contribua pour sa part à les rendre trop nombreuses. Entraîné par sa facilité prodigieuse, il produisit trop de romans, et surtout en multiplia trop les volumes. Il eut aussi le tort d'y donner accès à la politique, qui devrait bien n'intervenir jamais dans nos distractions et nos plaisirs. On concevra toutefois que Victor Ducange cédât à la tentation d'épancher sa rancune contre la Restauration, qui, dans sa guerre contre la presse, n'épargnait pas même à de légers romans de très-graves condamnations. C'est ainsi que pour venger les jésuites, déguisés alors en Pères de la *Foi*, *Valentine, ou le pasteur d'Uzès*, valut à son auteur sept mois de prison et 600 fr. d'amende. Plus tard, quelques lignes de *Thélène*, un peu trop érotiques sans doute, mais dont on eût trouvé l'équivalent dans bien d'autres œuvres du jour, firent encore condamner Ducange à la prison et à l'amende. Cette fois il alla demander un asile à son pays natal; mais au bout de deux ans le besoin de revoir sa patrie adoptive l'emporta, et, au prix d'une détention de deux mois, dans les prisons de Lille, il acheta le droit de revenir continuer sa carrière littéraire à Paris.

Ses compositions dramatiques surtout lui rendaient nécessaire le séjour de la capitale. C'est dans ce genre principalement que Victor Ducange obtint de brillants succès et occupa un rang distingué. Peu d'écrivains ont donné au drame moderne plus de vigueur et d'énergie. Quelles profondes émotions n'ont pas fait naître *Calas*, *Thérèse*, *Trente Ans de la Vie d'un Joueur?* Le répertoire nouveau du Théâtre-Français a-t-il beaucoup d'ouvrages d'un intérêt égal à celui de ce drame si touchant d'*Il y a seize ans*, joué sur la scène secondaire de la Gaîté? Le drame, tel que l'a créé Victor Ducange, a tué le mélodrame à tyrans, à niais, à style emphatique, et sans sa mort prématurée, il pouvait aspirer sans doute à de nouveaux triomphes. Il s'était aussi essayé dans le vaudeville, mais avec moins de bonheur : ses conceptions, ses combinaisons dramatiques s'y trouvaient trop à l'étroit, et même pour des vers de couplets, les siens étaient trop négligés. Ducange n'était devenu homme de lettres qu'à trente ans; il mourut à peine âgé de cinquante, le 15 octobre 1833. Pendant ces vingt années il avait composé soixante-six volumes de romans, et près de quarante pièces de théâtre. On a publié depuis son décès deux ouvrages qu'il avait laissés en manuscrit : *Les Mœurs*, recueil de quelques nouvelles, et *Joasine, ou la fille du prêtre*. OURRY.

DUCAS, famille byzantine, dont le nom se rencontre souvent dans l'histoire du Bas-Empire, à partir des empereurs de la dynastie macédonienne. Au neuvième siècle, nous apparaissent deux *Andronic* Ducas. *Constantin*, fils du second, disputa la couronne à Constantin Porphyrogénète en 912, et périt assassiné, ainsi que l'un de ses trois fils et son cousin Michel. L'histoire fait ensuite mention de plusieurs autres Ducas avant Constantin XI, ou X selon d'autres chronologistes, qui régna à Byzance de 1059 à 1067. Son fils *Michel*, encore en bas âge à la mort de l'empereur, se vit frustré de la succession par Eudoxie, sa mère; et le fils de ce dernier, nommé *Constantin*, après avoir été fiancé à la princesse Anne Comnène, mourut sans arriver au trône. Il fut remplacé par Nicéphore de Brienne. Enfin *Alexis V*, surnommé Murzuphle (sourcils épais), empereur en 1204, *Jean III Batatzès*, qui régna avec plus de gloire que beaucoup de ses prédécesseurs, de 1221 à 1255, et son fils *Théodore Lascaris II*, continuateur de l'œuvre de son père jusqu'en 1559, appartenaient également à la famille Ducas, dont le dernier rejeton fut, dit-on, témoin de la prise de Constantinople, cette triste catastrophe qui mit fin à l'empire grec (*voyez* l'article suivant).

DUCAS (MICHEL), historien byzantin, issu d'une famille qui prétendait descendre des empereurs grecs de ce nom, était contemporain de la prise de Constantinople par Mahomet II; il a écrit l'histoire de l'empire d'Orient, depuis Jean Cantacuzène jusqu'à l'année 1453. Il fut ministre de Dominique et de Nicolas Cataluso, seigneurs de l'île de Lesbos. Ce dernier l'employa à diverses négociations auprès de Mahomet II, postérieurement à la prise de Constantinople; mais en 1462 le sultan cessa de se contenter du tribut que lui payaient les princes de Lesbos, et s'empara de leur île. Il paraît que Ducas se réfugia alors en Italie, et que dans sa vieillesse il écrivit l'histoire qui nous est parvenue. Elle a été publiée pour la première fois par Ismaël Boulliaud, avec une version latine, et imprimée au Louvre en 1649, in-fol. Elle fait partie de *la Byzantine*. Le président Cousin l'a traduite en français.

DUCASSE, fête communale des villes et villages du nord de la France, de la Flandre, du pays wallon et de la Belgique. *Ducasse* est, en patois wallon, l'équivalent de *dédicace*. Cette fête, dans la partie où domine le flamand, s'appelle *kermesse*, des deux mots *kerk mess* (foire d'église). Parmi celles qui portent le nom de *ducasse*, on cite surtout celle de Cambrai.

DUCAT, monnaie d'or réelle et de compte dont les diverses espèces, très-multipliées, sont depuis longtemps en circulation dans une grande partie de l'Europe. Les premiers *ducats* furent frappés au douzième siècle en Sicile, et reçurent ce nom de la devise : *Sit tibi, Christe, datus, quem tu regis, iste ducatus*, qui s'y trouvait inscrite. A partir du douzième siècle, on frappa beaucoup de ducats d'espèces différentes en Italie, et notamment plus tard à Venise, où on les appela *zecchini* (sequins), nom dérivé de l'atelier de la monnaie de cette ville, *Zecca*. D'Italie, l'usage des ducats se répandit dans tout le continent, en Suisse, dans tous les États germaniques, en Russie, en Suède, en Danemark, en Hollande et même en Espagne. Mais le ducat espagnol n'est plus qu'une monnaie de compte imaginaire.

En Allemagne, où le règlement monétaire de 1559 les admit comme monnaie d'Empire, les ducats finirent à la longue par remplacer les florins d'or, et la plupart des princes souverains de l'Empire en firent frapper à leur effigie. Les ducats de Kremnitz (Hongrie), en général tous les ducats d'Autriche (appelés aussi *kaiserliche*), et les ducats de Hollande furent de tous ceux dont la circulation acquit les proportions les plus considérables. Ces derniers ont même été imités, sauf de minimes différences dans l'empreinte, dans quelques autres pays, par exemple en Pologne à l'époque de l'insurrection de 1831. Cette espèce de contrefaçon se fait surtout en Russie, où les ducats sont d'une grande utilité pour les relations commerciales avec l'Asie.

Outre le ducat simple, on en a frappé de doubles et même de décuples; de même, on l'a fractionné de diverses manières, et l'on a frappé des pièces d'or représentant 1/32 de ducat, connues sous le nom de *lentilles-ducats*, et qui sont plutôt des médailles que des monnaies. Le ducat de Kremnitz vaut 12 fr. 21 c.; celui de Salzburg, 11 fr. 86; celui de Augsbourg, 11 fr. 75; celui de Nuremberg, 11 fr. 86; ceux de Francfort, de Saxe (1797), de Hambourg, 11 fr. 92; celui de Copenhague, 9 fr. 47; le ducat spéciès, de la même ville, 11 fr. 86; celui de Hollande, 11 fr. 90; celui de Russie, 11 fr. 86; le même depuis 1796, 11 fr. 99; celui de Suède, 11 fr. 70; celui de Cologne et de Trèves, 11 fr. 86; celui de Liége, 11 fr. 79.

Ducado est le nom qu'on donne en Espagne à une monnaie de compte de diverses espèces. Le *ducado de plata* vaut 11 réaux d'argent ou 20 12/17 réaux de cuivre; le *ducado de vellon*, ou ducat de cuivre, 11 réaux de cuivre. Le *ducado de cambio*, ou ducat de change, est plus important : 289 = 6,000 réaux de cuivre.

Ducato del regno est aussi le nom de l'unité monétaire d'argent frappée dans le royaume des Deux-Siciles. Elle est divisée en dix *carlini* ou 100 *grani*, et dans l'île de Sicile, en 100 *bajocchi* et 1,000 *piccioli*. Le *ducato* est au titre de 13 ½ d'argent, et pèse grammes 22,94.

Le *ducaton* est une monnaie hollandaise d'argent, qu'on ne frappe que comme monnaie de la fabrication; elle équivaut à 3 florins 15 cents de Hollande (7 fr. 10 c.), et est quelquefois désignée aussi sous le nom de *ruyder* (cavalier).

DU CAURROY (François-Eustache), chanoine et maître de musique de la Sainte-Chapelle de Paris et de la chapelle des rois Charles IX, Henri III et Henri IV, né à Gerberoi, en Picardie, d'une famille noble et ancienne de ce pays, fut déclaré *le prince* des musiciens de son temps; et il est juste de dire qu'il méritait à plusieurs égards la réputation dont il jouit. Il mourut le 7 août 1609, âgé de plus de soixante ans, et fut inhumé dans l'église des Grands-Augustins, où on lui érigea un tombeau sur lequel on lisait une épitaphe composée par le cardinal Duperron. Du Caurroy ne publia ses œuvres que peu d'années avant sa mort, n'ayant pas voulu, comme il le dit lui-même, mettre au jour dans sa jeunesse des ouvrages qu'il aurait désavoués dans un âge plus avancé. On a de lui : *Missa pro defunctis* : cette messe fut pendant longtemps la seule qu'on exécutât à Saint-Denis aux obsèques des princes et des rois; *Preces ecclesiasticæ*, à 4, 5 et 6 voix, et Fantaisies, à 3, 4, 5 et 6 parties. La 38e fantaisie est une étude curieuse pour le temps sur les six notes *ut, re, mi, fa, sol, la*. On a aussi attribué à Du Caurroy la musique de nos anciens noëls, ce qui est inexact pour la plupart de ces airs, qui remontent à une époque plus reculée. F. Danjou.

DU CAYLA (Mme). *Voyez* Cayla.

DUCCIO DI BUONINSEGNA, peintre de Sienne, qui suivit la direction de Cimabue, regardé généralement comme le créateur de la peinture moderne. Duccio était le fils, et suivant d'autres, seulement l'élève de Segna ou Buoninsegna, peintre de Sienne. A cela se borne tout ce qu'on sait de sa naissance. Ce qui paraît certain d'ailleurs, c'est qu'en 1282 il était déjà établi comme maître à Sienne, et qu'en 1308 il fut chargé d'une grande toile pour le maître autel de la cathédrale de cette ville; travail qu'il acheva en 1311, et qui obtint un grand succès. Le jour où ce tableau fut pour la première fois exposé en public, la population, enthousiasmée, fit entendre les plus vives acclamations, et conduisit processionnellement l'œuvre de l'artiste à la cathédrale, toutes cloches en branle. Ce tableau, qui est en deux parties, l'une faisant face au spectateur, l'autre regardant l'abside, se voit encore aujourd'hui dans la cathédrale de Sienne. Seulement, on l'a dédoublé. L'une de ses parties orne les murailles du chœur, et l'autre la sacristie. La première représente la sainte Vierge avec l'enfant Jésus, entourée d'anges, de saints et des quatre patrons de la ville; l'autre, l'histoire de la Passion de Jésus-Christ en 26 petits compartiments. Dans l'une et l'autre, il règne une délicatesse et une perfection incroyables pour une époque si reculée. Sentiment du beau, composition vigoureuse, motifs nouveaux, étude approfondie du sujet, on trouve toutes ces qualités réunies au plus haut degré dans l'œuvre de Duccio, quoiqu'elle n'égale pas les œuvres de l'art byzantin que l'artiste a prises pour modèle.

Suivant Rumohr, Buoninsegna serait mort peu de temps après avoir terminé ce grand tableau, qu'en 1850 Émile Braun a publié en 26 planches de la moitié de la grandeur de l'original, d'après les dessins de F. de Rhoden, gravé par Bartoccini.

DUCENAIRE et DUCENTAIRE. Le mot tout latin *ducenarius*, *ducentarius*, est mentionné dans Végèce. Suivant l'interprétation de Turpin, c'était un officier d'infanterie, commandant dans la milice romaine un grand *manipule*. D'autres auteurs prétendent vaguement que c'était un capitaine de 200 hommes. L'*Encyclopédie* témoigne que quand la légion fut portée à 6,000 fantassins, le *manipule* fut sous les ordres d'un ducenaire.

Gal Bardin.

DU CERCEAU (Androuet). *Voyez* Androuet.

DUCERCEAU (Jean-Antoine), né à Paris, le 12 novembre 1670, étudia d'abord chez les jésuites, et fut reçu dans leur compagnie à l'âge de dix-huit ans. De bonne heure il se fit connaître par trois poëmes latins : *Papiliones*, *Gallinæ*, et *Balthazar*, qu'il publia en 1695 et 1696; enfin, en 1705, il donna sous le titre de *Carmina varia*, le recueil de ses poésies latines, parmi lesquelles figure le drame de l'*Enfant prodigue* (*Filius Prodigus*), qu'il traduisit ensuite en français. Ajoutez à cette pièce *Les Incommodités de la Grandeur*, *L'école des Pères*, *Ésope au Collège*, *Les Cousins*, comédies, et *Le Destin du nouveau Siècle*, intermède mis en musique par Campra, et vous connaîtrez à peu près le cercle où le pâle talent dramatique du Père Ducerceau s'est renfermé. Au surplus, ces pièces sentaient assez leur médiocrité pour ne pas oser se montrer sur le théâtre du grand monde; le collége Louis le Grand et celui des jésuites, qui étaient à peu près les seuls qui les admiraient et les applaudissaient, les réservaient pour le plaisir des écoliers et des révérends Pères. Une surtout dut faire pâmer d'aise tous les pédants et tous les cuistres qui assistèrent à sa première représentation : c'est la comédie manuscrite intitulée : *La Défaite du Solécisme*. Toutefois, celle des *Incommodités de la Grandeur* eut l'honneur d'être représentée au Louvre, devant Louis XV et toute sa cour; c'est en effet, sauf *L'Enfant prodigue*, le moins faible de ses drames. En 1707 le Père Du Cerceau trouva un éditeur assez compatissant pour le ressusciter en trois volumes, qui contiennent toutes ses pièces françaises. *Euloge, ou le danger des richesses*, tragi-comédie; *Le Point d'Honneur*, *Le Riche imaginaire* et l'intéressante pièce de *La Défaite du Solécisme* sont restées manuscrites.

Ce jésuite est encore auteur d'un *Recueil de poésies françaises*, consistant en contes, fables, épîtres et épigrammes, en partie imitées de Martial, et qui eut le bonheur d'être souvent réimprimé; l'auteur de *Vert-Vert*, alors à la mode, ami et confrère du Père Ducerceau, n'a pas peu contribué au succès de ces éditions. Quoi qu'il en soit, la postérité n'a pas sanctionné les titres d'*enjoué*, d'*amusant*, que Gresset donne à son ami. Voltaire n'était pas non plus de son avis. « Les poésies françaises de ce jésuite, dit-il, où l'on trouve quelques vers heureux, sont du genre médiocre. » La facilité du Père Ducerceau, jointe à la précipitation avec laquelle il travaillait, devenait stérile par l'abus de ce dernier défaut. Vainement voulait-il imiter l'élégant badinage de Marot, il confondait trop souvent le familier avec le bas, et le naïf avec le trivial. On a cependant quelque plaisir à lire son conte de *La nouvelle Ève*. On citait avec engouement dans son siècle sa petite pièce intitulée *Les Pincettes* : elle ne mérite pas cette faveur. Sa prose vaut encore moins que ses vers. Il a composé un lourd traité dont le titre est *Réflexions sur la poésie française*. Il y donne une règle pour distinguer les vers de la prose. Qui se serait imaginé qu'il fallût des règles pour cela?

On lui doit aussi une *Histoire de la dernière Révolution de la Perse*, et l'*Histoire de la Conspiration de Rienzi*, à laquelle le Père Brumoy mit la dernière main. Cet ouvrage est le plus estimé de ceux qu'il écrivit en prose; on le lit avec intérêt. Ducerceau fut aussi un des rédacteurs du Journal de Trévoux; on y remarque ses dissertations sur la musique des anciens. Sa critique de l'*Histoire des Flagellants*, de l'abbé *Boileau*, ne laissa pas que de faire du bruit; elle lui valut de la part du satirique, frère de l'abbé, une épigramme que le Père Ducerceau se garda bien de relever.

Le culte des muses n'absorbait pas tout entier cet honnête écrivain. Voué de cœur à l'enseignement de la jeunesse, il professa les humanités dans quelques colléges de sa compagnie, et principalement à Rouen et à La Flèche. Il fut nommé ensuite précepteur de Louis-François de Bourbon, prince de Conti. Il avait accompagné son élève à Véret, château du duc d'Aiguillon, près de Tours, quand ce jeune prince, fier d'avoir obtenu un fusil de chasse qu'on lui avait longtemps refusé et le maniant tout chargé, tua sur place le malheureux jésuite, le 4 juillet 1730. Pendant plusieurs jours l'enfant, inconsolable, ne cessa de crier d'une voix déchirante: « J'ai tué le Père Ducerceau! » Le révérend Père avait à peine soixante ans. Quoique fort doux de caractère, il s'était trouvé mêlé, en 1696, aux débats de sa compagnie avec le poëte Santeul à l'occasion de l'épitaphe que celui-ci avait composée pour le grand janséniste Arnauld.

Denne-Baron.

DUCHATEL ou DUCHASTEL (Tanneguy), fameux capitaine du parti des Armagnacs, dont il fut pendant quelque temps le véritable chef, chambellan du roi, prévôt de Paris et grand-maître de France, descendait d'une antique et illustre famille de Bretagne. Dès sa jeunesse il se signala par de brillants faits d'armes. Son frère aîné, *Guillaume*, chambellan du roi Charles VI, qui avait été en 1402 l'un des sept combattants du sire de Barbazan, était mort en 1404, dans une tentative qu'il avait dirigée contre l'île de Jersey. Impatient de le venger, *Tanneguy* réunit à ses frais une troupe de quatre cents hommes d'armes, avec lesquels il opéra une descente sur les côtes d'Angleterre, où il exerça de cruelles représailles, et s'en revint en Bretagne chargé de butin. Plus tard, il accompagna en Italie Louis, duc d'Anjou, à qui il rendit des services signalés dans sa tentative pour reconquérir le royaume de Naples. A son retour, il s'attacha au dauphin Louis, duc de Guienne. Nommé, en 1413, prévôt de Paris par les princes auxquels la démence du malheureux Charles VI laissait alors un pouvoir dont ils abusaient d'une si déplorable façon, il déploya dans l'exercice de ces fonctions, et pour le soutien du parti des Armagnacs, d'inexorables rigueurs, qui, jointes à la rupture du traité de Montereau, poussèrent enfin les Parisiens à bout. En 1416 ceux-ci se décidèrent à livrer leur ville aux Bourguignons. Averti à temps par les cris de victoire des conjurés, Tanneguy Duchâtel put non-seulement se sauver, mais encore emmener avec lui le dauphin Charles, dernier rejeton du sang royal, âgé de treize ans. Sans même donner à ce jeune prince le temps de s'habiller, il l'enveloppa dans la couverture de son lit, l'emporta dans ses bras jusqu'à la sortie de son hôtel, le fit monter à cheval, et s'enferma avec lui dans la Bastille; service que Charles VII sut plus tard reconnaître en appelant son sauveur aux plus hautes dignités de l'État.

Quand les deux factions qui se disputaient le pouvoir voulurent tenter un rapprochement, Tanneguy Duchâtel fut l'un des négociateurs qui amenèrent la fameuse entrevue de Montereau, le dimanche 10 septembre 1419. Jean sans Peur ne consentit à s'y rendre pour s'aboucher avec le dauphin, son neveu, que sur les assurances réitérées que lui donna Tanneguy que sa personne serait placée sous sa propre sauvegarde. Mais les *Mémoires* de Pierre de Fenin l'accusent d'avoir indignement manqué à la foi jurée, et les témoignages recueillis par les écrivains les plus consciencieux ne permettent pas de douter de son crime. Mis en défiance par des amis prudents, le prince parut un instant hésiter, et alors Tanneguy lui renouvela de plus belle ses protestations. Jean sans Peur continua donc à s'avancer vers le pont, où le dauphin l'attendait dans une loge en charpente, dressée pour l'entrevue. Adroitement séparé de sa suite pendant quelques instants par Tanneguy, qui lui avait fait hâter le pas, le duc de Bourgogne pliait, en signe d'hommage, le genou devant le dauphin. A ce moment, le terrible gentilhomme breton, le poussant par derrière, leva sur lui une hache d'arme avec laquelle il l'abattit, et d'autres se hâtèrent d'achever la trop confiante victime... Malgré la barbare rudesse des mœurs de cette époque, l'opinion publique fit bonne justice de cet infâme guet-apens, dont elle accusa tout aussitôt Tanneguy Duchâtel d'avoir été le principal instigateur et auteur. Celui-ci chercha à se disculper, et prétendit que dès le commencement du tumulte il n'avait encore, comme autrefois à Paris, songé qu'à mettre le dauphin en sûreté. Nul ne se présenta pour relever son défi lorsqu'il offrit de maintenir son serment par les armes contre deux chevaliers; mais sa culpabilité n'en resta pas moins généralement établie dans tous les esprits.

Devenu roi par la mort de son malheureux père en 1422, Charles VII continua encore pendant quelque temps à se laisser guider par les conseils de Tanneguy Duchâtel; mais il finit par se fatiguer à la longue de l'esprit de domination de ce farouche seigneur, qui un jour tua de sa propre main, en plein conseil et en présence du roi, le comte Guichard, dauphin d'Auvergne, dont le crédit naissant lui portait ombrage. Ce meurtre demeura, à la vérité, impuni; mais c'en fut fait dès lors du crédit de Tanneguy, que le roi ne tarda pas à sacrifier au connétable de Richemond, et qui fut relégué à Beaucaire avec le vain titre de sénéchal. En 1443 Charles VII parut cependant se ressouvenir de l'homme qui, vingt-sept ans auparavant, lui avait sauvé la vie; il le nomma grand-maréchal de Provence, et en 1448 il l'envoya en ambassade à Rome. Tanneguy Duchâtel mourut au retour de cette mission, en 1449, âgé de quatre-vingts ans.

Son neveu, *Tanneguy* Duchatel, vicomte *de la Bellière* (titre qu'il avait pris depuis son mariage avec l'héritière de cette maison), fut le seul des courtisans de Charles VII qui n'abandonna point ce malheureux prince pour aller grossir la foule qui se pressait autour du dauphin, héritier de la couronne. Quand Charles VII, frappé de la crainte d'être empoisonné par son fils, se décida à se laisser mourir de faim, le vicomte de la Bellière resta seul encore pour rendre au roi défunt les derniers devoirs qui lui étaient dus. Il avança de ses deniers pour ses obsèques une somme de 30,000 écus, que Louis XI oublia pendant dix ans de lui rembourser. Plus tard, cependant, il lui accorda toute sa faveur, et l'employa tour à tour dans des guerres et des négociations. En 1477, au siége de Bouchain, Louis XI s'appuyait sur l'épaule de la Bellière au moment même où un coup de fauconneau atteignit celui-ci mortellement. Il ne laissait que des filles. Mais un frère aîné, *François*, continua la postérité des sires Duchâtel, Leslen, Lesourni, Lescoet, etc., laquelle, après s'être divisée en plusieurs rameaux, s'est perpétuée jusqu'à nos jours en Bretagne, où elle compte encore quelques représentants.

DUCHATEL ou CASTELAN (Pierre), l'un des plus savants hommes du règne de François Ier, né vers 1480, à Arc, en Barrois, se trouva orphelin dès l'âge de six ans. Il fit ses études au collège de Dijon, où ses progrès furent tels, que dès sa seizième année il était en état d'enseigner le latin et le grec. La recommandation d'Erasme décida Frobenius, célèbre imprimeur de Bâle, à lui confier, dans sa typographie, les fonctions de correcteur, qu'il remplit quelque temps. Ayant appris alors que son ancien professeur Turrel était traduit devant le parlement de Dijon sous prévention de sacrilége, il quitta tout pour aller le défendre, et eut le bonheur de l'arracher par son éloquence à une mort imminente. Il entreprit ensuite successivement des voyages en Italie (où le spectacle des corruptions de la cour de Rome lui inspira une répulsion qui le rendit très-tolérant en matière de religion), en Égypte, en Palestine et en Syrie. A son retour, il fut présenté par le cardinal Dubellay à François Ier, qui commença à l'attacher à sa personne pour s'entretenir avec lui pendant ses repas; car Duchâtel parlait avec grâce, et savait à propos faire usage de ses connaissances, très-variées. Ce roi disait de lui : *C'est le seul homme dont je n'aie pas épuisé la science en deux ans.* Dans les conversations que le monarque avait avec les savants qui l'entouraient, Duchâtel se distinguait par une liberté courageuse et par une éloquence utile. Cette liberté déplaisait à quelques courtisans, et son éloquence à quelques beaux esprits : ils firent une cabale pour le perdre : ils essayèrent d'en dégoûter François Ier; ils affectèrent de contredire Duchâtel avec amertume et avec acharnement; ils tâchèrent de le confondre, sans pouvoir y réussir. Le roi les laissait faire, parce que cette contradiction aiguisait les esprits et produisait la lumière; mais il fit dire à Duchâtel par le dauphin qu'il ne se décourageât point, et qu'il continuât sur le même ton; que le seul moyen de perdre sa faveur serait de contenir son zèle et de sacrifier la vérité.

Duchâtel remplaça Colin dans ses fonctions de lecteur du prince; ce qui a donné matière à des bruits injurieux pour lui. Théodore de Bèze (*Histoire des Églises réformées*), pour le punir de ne s'être pas fait protestant, a raconté que Duchâtel avait détruit dans Colin le premier auteur de sa faveur et de sa fortune. Rien n'est moins prouvé que cette assertion. En 1539 François Ier lui donna l'évêché de Tulle, et en 1544 celui de Mâcon. En 1546, lors des atroces persécutions qui firent périr Étienne Dolet sur un bûcher, Duchâtel fit de courageux et inutiles efforts pour sauver la vie à ce savant. L'évêque de Mâcon eut encore des démêlés assez vifs avec le cardinal de Tournon au sujet des protestants, que celui-ci voulait toujours brûler avec une cruauté dévote, et que l'évêque demandait qu'on traitât avec une indulgence chrétienne. L'intolérance l'emporta, et le cardinal reprocha à l'évêque sa charité : *J'ai parlé en évêque*, lui répondit Duchâtel; *vous agissez en bourreau.* C'est ce même Duchâtel qui, entendant le chancelier Poyet dire à François Ier qu'il était le maître des biens de ses sujets, lui dit avec indignation : « Portez aux Caligula et aux Néron ces maximes tyranniques, et si vous ne vous respectez pas vous-même, respectez un roi ami de l'humanité, qui sait que le premier de ses devoirs est d'en consacrer les droits. » Les recueils d'anecdotes disent que François Ier, demandant un jour à Duchâtel s'il était d'extraction noble, celui-ci répondit : « Sire, Noé dans l'arche avait trois fils; je ne vous dirai pas bien précisément duquel des trois je suis descendu. »

Lorsque ce monarque mourut, en 1547, Duchâtel prononça son oraison funèbre à Notre-Dame de Paris et à Saint-Denys : cette oraison funèbre est fameuse par le ridicule des tracasseries qu'elle pensa exciter. Le prédicateur avait dit qu'une âme aussi vertueuse que celle de son héros avait dû monter tout droit au ciel. Les théologiens n'aimaient pas Duchâtel, qui les méprisait; ils prétendirent qu'il avait voulu nier le purgatoire, et ils envoyèrent des députés à la cour; mais ils ne trouvèrent personne à qui parler. Henri II fit Duchâtel grand-aumônier de France en 1547, et évêque d'Orléans en 1551. Il mourut d'apoplexie en chaire, dans sa ville épiscopale, en 1552. On a conservé de lui un petit nombre d'écrits. Auguste SAVAGNER.

DUCHATEL (TANNEGUY, comte), né à Paris, le 19 février 1803, était ministre de l'intérieur lorsque éclata la révolution de Février 1848. Il ne faudrait pas trop prendre au sérieux ce titre de *comte*, ni surtout ce prénom de *Tanneguy*, que M. Duchâtel reçut d'un caprice historique de feu son père. La noblesse de la *maison* Duchâtel date tout simplement de l'empire. En 1789 M. Duchâtel père (membre de la chambre des pairs depuis 1833, et mort en 1845) était un modeste employé des domaines et de l'enregistrement à Bordeaux. La révolution lui aplanit la route des emplois lucratifs, et l'empire lui valut les fonctions de directeur général de cette même administration des domaines qui avait eu les prémices de son activité bureaucratique, en même temps que les titres de conseiller d'État et de comte.

M. *Tanneguy* Duchâtel, avocat sans causes sous la Restauration, chercha à se faire une position en suivant, comme tant d'autres, les voies du libéralisme. L'un des premiers bailleurs de fonds du *Globe*, quand cette feuille était un des organes les plus avancés des libéraux, il profita des droits que lui assurait ce titre pour enrichir de sa prose économique les colonnes du journal dont il était l'un des patrons. Sans doute l'ex-ministre rougirait aujourd'hui de l'audace démagogique du publiciste. C'est aussi à cette époque qu'il composa son *Traité de la Charité dans ses rapports avec l'économie sociale*, ouvrage envoyé, en 1829, au concours ouvert sur cette question par l'Académie Française pour l'un des prix extraordinaires de la fondation Monthyon. Ce malencontreux *factum* n'obtint pas même, en dépit des efforts actifs de la *camaraderie*, l'aumône d'une mention honorable. L'auteur s'y posait néanmoins franchement en disciple de Malthus, dont il préconisait les égoïstes doctrines. Il ne voyait d'autre remède aux souffrances des classes pauvres que cette formule : *travail, économie* et *prudence dans le mariage*, panacée merveilleuse qui devait guérir toutes leurs souffrances; mais il oubliait d'indiquer les moyens d'assurer ce *travail*, qui manque si souvent, et de pratiquer l'*économie* au milieu du dénuement. Quant à la *prudence dans le mariage*, c'était là un de ces mots imprudents et malheureux dont la malveillance ne manque jamais de tirer parti pour les jeter en toute occasion à la tête d'un homme politique. M. Duchâtel n'a donc qu'à s'en prendre à lui-même des aigres récriminations et même des accusations pleines de perfidie que lui a values un conseil dans lequel nous ne voulons voir, nous, qu'une naïveté.

M. Duchâtel avait été élevé au milieu des doctrinaires; il avait sucé le lait contre-révolutionnaire de cette école pseudo-libérale. Dès lors il devait arriver avec ses premiers amis; il arriva en effet. C'est en 1832 qu'il fut pour la première fois élu député. Il fallait pousser l'économiste vulgaire du *Globe* : on le fit rapporteur du budget, et le budget parut admirable dans la bouche du député de Jonzac. Ses anciens camarades du *canapé* avaient à bon droit fondé sur lui de belles espérances. En effet, il devint un de ces hommes auxquels un cabinet quelconque pouvait offrir à cette époque un portefeuille, sans crainte de voir leurs prétentions ambitieuses s'élever jusqu'à une présidence du conseil, ou leur indépendance se révolter contre les obligations qu'on leur imposerait. On fit donc de lui un ministre : le choix du portefeuille lui importait peu; il accepta le département du commerce. M. Duchâtel présenta alors son fameux projet de loi sur les sucres, qui fut aussitôt proclamé son plus beau titre de gloire : malheureux projet, dont M. Lacave-Laplagne, devenu ministre à son tour, ne crut pouvoir mieux faire que de provoquer le rejet. M. Duchâtel ouvrit ensuite l'enquête commerciale : c'était là une chose sérieuse; mais, effrayé et des faits qu'elle révélait et des exigences de nos gros manufacturiers, il s'empressa de l'étouffer lui-même. Inutile d'ajouter que du reste toutes les mesures illibérales trouvèrent dans M. Duchâtel un appui docile. Cependant, il fut une première fois éliminé du cabinet, mais pour y rentrer triomphalement, le 6 septembre 1836, en qualité de ministre des finances.

Renversé de nouveau à l'avénement du ministère Molé, il figura avec les autres doctrinaires parmi les plus acharnés champions de la *coalition*. Son opposition fut alors audacieuse, virulente, comme celle de ses chefs. Mais le comte *Tanneguy*, devenu ministre, eût traité de facticux et d'ennemi de l'ordre de choses le député qui aurait essayé de faire revivre ces souvenirs de la coalition. Il ne pouvait pas ne point retrouver un portefeuille : à l'avénement du cabinet Guizot, il devint de nouveau ministre; mais cette fois ce fut à l'intérieur qu'on le fit figurer comme *utilité*. Il trônait paisiblement rue de Grenelle. Tout néanmoins n'y était pas roses pour lui : il avait la manie de deviner les *rébus illustrés* : on en riait; il avait le malheur d'être doué d'un embonpoint qui tournait grandement à l'obésité : tout le monde s'entendait pour le plaindre de cet embonpoint de chanoine; la plus cruelle mortification qu'on pût lui causer, c'était de faire allusion à son volumineux abdomen. Jusque là, c'étaient simples vétilles; mais au parlement on poussa les choses plus loin : M. Duchâtel dut dix fois se disculper de manœuvres, de fraudes électorales attribuées avec beaucoup de fondement à son administration. On lui demanda dix fois compte de la non-exécution de la loi sur la garde nationale; alors, lui, l'homme préposé par-dessus tous les autres à l'exécution franche et sincère des lois, il affectait un superbe dédain; il se déclarait coupable d'avoir violé la loi, ajoutant, comme un défi extrà-constitutionnel : « *Je l'ai pris sous ma responsabilité!* » Véritable Tristan du Système, M. Duchâtel, en sa qualité de ministre de l'intérieur, donnait un funeste exemple, trop bien suivi par ses successeurs : il faisait jeter pendant cinq années les condamnés politiques de son temps dans les cellules du Mont-Saint-Michel, d'où la plupart sortaient fous ou mourants; et cela sans qu'une loi lui permît d'appliquer à ces malheureux détenus, victimes de nos luttes intestines, l'odieux et homicide système cellulaire. Lorsque l'opposition parla de réforme, il répondit que le pays était *satisfait*. Les banquets réformistes s'organisèrent, et quand il voulut les interdire, la révolution de Février éclata. M. Duchâtel, orateur assez disert, mais peu brillant, une fois tombé du ministère, n'a pas même eu la consolation de s'annihiler dans la tourbe des centres. Il crut d'abord devoir se réfugier en Angleterre; mais on ne pouvait lui en vouloir, et bientôt il revint trôner à l'Académie des Beaux-Arts, qui l'avait choisi pour membre libre en 1846. Comme d'ailleurs il a mis lui-même en pratique l'une des merveilleuses recettes qu'il recommandait aux pauvres dans son *Essai sur la Charité*, et qu'il a eu la prévoyante prudence d'épouser une petite-fille du fameux fournisseur Vanlerberghe, qui lui a apporté en dot une fortune immense, il n'en est pas moins demeuré, en dépit des révolutions, un haut et puissant personnage. Que les pauvres imitent donc son exemple, et avec du *travail* et de l'*économie* ils amélioreront eux-mêmes leur position, sans rien devoir à l'assistance publique.

DUCHATEL (Napoléon), frère du précédent, était autrefois simple capitaine d'état-major; le capitaine vit son frère député, et voulut être député à son tour; il le devint, et il vota aussi ministériellement que possible. Tanneguy fut ministre; Napoléon désira être quelque chose de plus que député. On en fit un préfet, que la ville de Pau eut l'honneur de posséder pendant plusieurs années. Il portait certainement un trop grand nom pour demeurer enfoui dans les Basses-Pyrénées; il était bien en cour, bien au ministère : on fit fraternellement de lui un préfet de la Haute-Garonne peu de temps après les événements de Toulouse, lors du recensement. A Toulouse, M. Napoléon Duchâtel eut l'avantage d'être très-impopulaire et de vivre en continuelle mésintelligence avec la majorité du conseil municipal. C'étaient là des titres incontestables pour arriver plus haut. Il devint pair de France en 1845, mais la chute de son frère entraîna la sienne.

Et ces deux grands débris se *consolent* entre eux.

Napoléon Gallois.

DU CHATELET (Gabrielle-Émilie, marquise), née en 1706, était fille du baron Le Tonnellier de Breteuil, introducteur des ambassadeurs. Son esprit, ses dispositions précoces, décidèrent son père à lui donner une éducation plus soignée que celle qui était alors en usage pour les filles même des plus grands seigneurs; elle apprit non-seulement l'anglais et l'italien, mais aussi le latin, et commença dans sa jeunesse une traduction de Virgile. Sa naissance, sa fortune, plus encore que ses talents, la firent rechercher en mariage par beaucoup de nobles personnages, parmi lesquels son père lui choisit pour époux le marquis Du Châtelet-Lomond, lieutenant général, d'une grande famille de Lorraine. Cet hymen, tout à fait de convenance sous le rapport du rang, des biens, de l'âge même, réunissait un couple moins bien assorti relativement aux goûts et aux caractères. Froid, morose, peu sensible aux jouissances intellectuelles, le marquis Du Châtelet ne pouvait guère vivre dans une intimité bien tendre avec une jeune femme à la fois éprise des plaisirs de son âge et passionnée pour les lettres, la poésie et les sciences. Toutefois, il n'y eut entre eux qu'une de ces demi-séparations décentes dans lesquelles n'interviennent point les tribunaux, et qui, assez communes à cette époque de mœurs peu sévères, n'en laissaient pas moins à chacun des époux une liberté presque complète. Mme Du Châtelet usa de la sienne pour former une liaison plus douce pour son cœur, plus satisfaisante pour son esprit : elle se retira à Cirey, terre qu'elle possédait en Lorraine, où Voltaire la suivit et partagea avec elle cette retraite studieuse. Là, pendant plusieurs années, tandis que le grand poëte composait ses chefs-d'œuvre littéraires et dramatiques, sa compagne abordait avec succès de hautes questions scientifiques : son premier ouvrage fut une *Dissertation sur la nature du feu*, qui fut honorablement mentionnée dans le concours ouvert par l'Académie des Sciences. L'épigraphe, fournie par Voltaire, était ce distique latin, remarquable par son élégante concision :

Ignis ubique latet, naturam amplectitur omnem :
Cuncta fovet, renovat, dividit, unit, alit.

Deux ans après, la marquise publiait une œuvre d'une tout autre portée, ses *Institutions de Physique*, résumé de la philosophie systématique du célèbre Leibnitz, que non-seulement peu d'hommes auraient pu tracer, mais que très-peu même dans ce siècle, pouvaient comprendre et apprécier. En même temps cette jeune femme soutenait avec avantage une discussion sur la question abstraite des *forces vives* contre le savant académicien Mairan. Plus tard, se refroidissant sur l'attrait que lui avaient offert les rêves brillants du philosophe allemand, les découvertes de Newton lui inspirèrent une profonde admiration. Elle voulut partager aussi avec Voltaire l'honneur de les révéler à la France; mais la traduction des *Principes de Newton*, terminée peu de temps avant sa mort, ne parut qu'en 1756, revue et annotée par le savant géomètre Clairaut. C'est à Lunéville, et dans le palais du roi Stanislas, qui l'avait appelée à sa cour, ainsi que son illustre compagnon d'études, que cette femme distinguée mourut, d'une suite de couches, en 1749, à peine âgée de quarante-trois ans.

Voltaire regretta vivement son *amie*. Sa douleur s'exhala dans plusieurs pièces de vers ou de prose, qui n'empêchèrent pas la chronique scandaleuse de prétendre que le jeune Saint-Lambert avait parfois fait oublier à *Émilie* l'auteur de *La Henriade*. Cette chronique nous a même conservé à ce sujet une anecdote piquante. On prétend qu'après la mort de Mme Du Châtelet, Voltaire, mettant en ordre, avec le mari, les papiers et les bijoux de la défunte, cherchait à soustraire aux regards de celui-ci une petite boîte où il savait que son portrait devait se trouver. Ce soin éveilla, nous ne dirons pas la jalousie, mais la curiosité du marquis Du Châtelet. Il se saisit de la boîte, l'ouvrit : que contenait-elle ? le portrait de Saint-Lambert. « Croyez-moi, dit alors l'homme d'esprit au marquis, ne faisons bruit de ceci ni l'un ni l'autre : » recommandation qui rend l'authenticité de l'anecdote tant soit peu suspecte. Ce qui paraît plus certain, c'est que la longue et constante liaison de l'homme de lettres et de la *femme de science* ne fut pas sans nuages. L'auteur des *Lettres péruviennes*, Mme de Graffigny, qui passa quelque temps auprès d'eux à Cirey, avait laissé en manuscrit des détails assez curieux sur les tracasseries de ce ménage littéraire. Ils ont été imprimés en 1820, sous le titre de *Vie privée de Voltaire et de Mme du Châtelet*. Il avait paru aussi, quelques années auparavant, un volume contenant des *lettres inédites* de cette dame, et deux traités, également inédits, de sa composition, l'un *sur le bonheur*, l'autre *sur l'existence de Dieu*. Tous les témoignages contemporains s'accordent à nous représenter Mme du Châtelet comme bonne et obligeante, même pour ses critiques. Si ses ouvrages scientifiques ne sont plus à la hauteur des connaissances actuelles, il lui restera dans la postérité la gloire d'avoir été l'amie, l'aristarque de Voltaire, et une femme célèbre sans orgueil, savante sans pédantisme.

OURRY.

DUCHÂTELET (PARENT). *Voyez* PARENT-DUCHATELET.

DUCHÉ, État souverain ou fief de dignité. Cette dénomination existe dans la plupart des constitutions aristocratiques. Les républiques de Venise et de Gènes étaient des duchés. On a expliqué au mot DUC ce qu'étaient les duchés sous la première et la seconde race des rois francs. Lorsque ces grandes légations se rendirent indépendantes, elles s'attachèrent ou s'assujétirent les bénéfices inférieurs, tels que les comtés, les vicomtés, les baronnies; et cette police, consacrée par le régime féodal, a subsisté longtemps après la réunion des grands duchés à la France. Dans les treizième, quatorzième et quinzième siècles, il y eut encore quelques provinces et plusieurs localités considérables érigées en duchés pour les princes du sang. Mais la réserve du **retrait** et de la souveraineté établissait une ligne de démarcation immense entre ces nouveaux duchés et ceux que l'usurpation avait mis au pouvoir des grands vassaux. Par imitation, mais sur une échelle beaucoup plus restreinte, on institua des duchés en faveur des grandes familles. Ces duchés princiers et particuliers étaient de deux sortes, duchés-pairies et duchés simples ou non pairies. Ils avaient le même rang comme fiefs de dignité et comme juridictions seigneuriales du premier ordre, si ce n'est que les duchés-pairies étaient de plus grands offices. On a compté depuis l'érection de la Bretagne en duché-pairie (1297) 49 créations de duchés-pairies, 45 de duchés simples et 30 duchés-pairies non enregistrés. L'ancienneté du duché assignait le rang à la cour, comme l'ancienneté de la pairie le réglait au parlement, les princes du sang exceptés. L'enregistrement des patentes d'institution y était de rigueur pour que la dignité fût héréditaire; autrement, elle demeurait personnelle, ne donnait à celui qui l'avait obtenu d'autres prérogatives que les honneurs du Louvre et des maisons royales, et finissait avec sa vie. Presque tous les duchés-pairies étaient masculins. Il y en eut cependant d'érigés pour ligne mâle et femelle, d'autres pour des femmes avec transmission à leurs seuls enfants mâles. On a aussi érigé plusieurs duchés-pairies personnels, tels qu'Angoulême, en 1514, par Louise de Savoie, mère de François Ier; Graville, en 1567, pour le cardinal de Bourbon (le même que Mayenne fit élire roi sous le nom de Charles X), et Montargis, en 1570, pour Renée de France, fille de Louis XII et veuve du duc de Ferrare. On connaît quelques exemples de duchés qui survivaient à la pairie. Celle-ci venant à cesser à défaut de virilité, le duché passait à des femmes qui pouvaient le transmettre à des familles étrangères. Les duchés-pairies et non pairies jouissaient de très-beaux priviléges, qui furent graduellement retirés ou circonscrits jusqu'à ce que la révolution de 1789 eut achevé de les détruire avec toutes les autres distinctions seigneuriales.

LAINÉ.

DUCHÉ DE VANCY (JOSEPH-FRANÇOIS), né à Paris, le 29 octobre 1668, était fils d'un gentil-homme ordinaire de la chambre du roi, qui ne lui laissa pour tout héritage qu'un nom honorable et une bonne éducation. Doué d'un peu de talent, il se crut poëte, et grossit le nombre des faibles imitateurs de Racine, dont la renommée passagère éclaira les derniers jours de Louis XIV. La trame lâche et mal tissue de ses pièces, la fadeur languissante des passions qui y sont développées, l'insignifiance des caractères et des personnes qu'il met en scène, n'ont point permis à ses opéras et à ses tragédies de se maintenir au répertoire. Le succès éphémère dont il a joui et qui coïncide avec la décadence du grand roi et l'affaiblissement de la France, avait pour justification, sinon pour cause, le choix moral et religieux des sujets empruntés à l'Écriture Sainte que se plaisait à traiter le protégé de Mme de Maintenon. C'était un homme de bonne maison, mais pauvre : il avait rimé dans sa jeunesse quelques stances pieuses qui avaient charmé la favorite. Elle en avait parlé au ministre Pontchartrain, qui avait cru devoir aller faire visite au pauvre poëte. Celui ci crut d'abord qu'il s'agissait de le conduire à la Bastille; mais il fut tout à fait rassuré quand on lui octroya la permission de faire jouer à Saint-Cyr ses *drames sacrés ;* ce qui ne l'empêchait pas de prêcher une morale plus mondaine et moins édifiante dans ses pièces lyriques et ses ballets qu'on représentait à l'Opéra.

Du reste, sa poésie galante est aussi fade, aussi froide que sa poésie sacrée est faible et languissante. Dans ses opéras, que Voltaire a trop loués, on trouve cependant quelques bonnes dispositions scéniques et une certaine adresse à tirer parti des prestiges du théâtre. Mais on y chercherait en vain l'élégance tendre et flexible de **Quinault**. On cite pourtant son *Iphigénie en Tauride*, qui eut du succès. Parmi ses pièces sacrées jouées à Saint-Cyr, *Absalon* se distingue par le mérite vulgaire de l'intérêt et par la facilité malheureuse d'un style sans éclat et sans nouveauté. On y remarque néanmoins quelque entente scénique et une certaine étude des caractères. Les deux pièces de *Jonathas* et de *Débora* sont mauvaises. Aussi le Théâtre-Français refusa-t-il de les jouer du vivant de l'auteur. Duché a donné à l'Opéra, outre son *Iphigénie*, *Les Fêtes galantes*, *Les Amours de Momus*, *Théagène et Chariclée*, *Céphale et Procris* et *Scylla*. Il faut joindre à ces titres littéraires une traduction de Phocilide, avec notes, pensées et critiques (1698), et un recueil d'*Histoires édifiantes* et de *Poésies sacrées*, composées spécialement pour Saint-Cyr. Devenu valet de chambre du roi et membre de l'Académie des Inscriptions, il se lia avec Rousseau, qui lui adressa quelques vers, et mourut jeune encore en 1704.

DUCHÊNE (Le Père). Ce n'est pas ici un nom d'homme, comme on l'a souvent cru, mais un titre de *journal*. Le premier qui le prit n'était pas quotidien, et sa publication avait lieu à des époques indéterminées; il n'excédait pas ordinairement une demi-feuille in-8°, et, aux *jurons* près, qui le plus souvent n'étaient indiqués que par des initiales, le style en était correct et spirituel. Ses doctrines avaient pour principe la monarchie *constitutionnelle*, telle que l'avait inaugurée la première Assemblée nationale. L'auteur, qui gardait l'anonyme, était un employé de la poste aux lettres, nommé Lemaire.

Le second journal qui porta ce titre ne fut que la contre-partie du premier : il était essentiellement ultra-révolutionnaire. Le rédacteur, **Hébert**, était un de ces aventuriers politiques qui, en ces temps orageux, s'élancèrent dans le champ de la polémique ardente pour se créer une position et des moyens d'existence. « Les folies de ce pamphlet, dit un biographe contemporain, ses grossières injures, son cynisme effronté, ses mots orduriers, entremêlés de jurements et de blasphèmes, enchantèrent les énergumènes ignorants. » Tous les actes des assemblées nationales, les principales autorités, les hommes connus par leur dévouement à la cause de la liberté, par leurs lumières, par leurs vertus publiques et privées, étaient chaque jour attaqués dans cette feuille ordurière avec le plus impudent et le plus obscène cynisme. Chaque jour, d'innombrables colporteurs se dispersaient dans Paris, criant, de toute la force de leurs poumons : *La grande colère du père Duchêne. Il est b........ en colère aujourd'hui le père Duchêne!* Chacun de ces écrits quotidiens était signé Hébert. L'auteur atteignit son but : il obtint de l'argent et un emploi : il fut nommé substitut du procureur de la commune de Paris, et osa braver la Convention en flagornant Robespierre et quelques membres du comité de salut public. Il avait compté sur leur appui ; il fut accusé par eux, traduit au tribunal révolutionnaire comme conspirateur, et périt sur l'échafaud.

Il parut vers la même époque un autre journal, dans le sens contre-révolutionnaire, intitulé : *La Mère Duchêne*. Ce titre populaire ne trompa personne sur les véritables doctrines et les intentions des auteurs. Il ne put pénétrer dans les masses auxquelles on le destinait. Ce n'était qu'une continuation des *Actes des Apôtres*, moins l'esprit et le talent, qui, à défaut de logique, distinguaient les auteurs de ce recueil. Dufey (de l'Yonne).

En 1848, il parut un autre *Père Duchêne*, qui n'eut pas précisément le succès de l'ancien, et qui, s'il n'envoya pas ses auteurs à l'échafaud, les fit envelopper du moins dans plus d'une proscription (*voyez* Journaux).

DUCHESNE (André), né en 1584, à l'île Bouchard, en Touraine, fit de bonne heure une étude sérieuse de l'histoire et de la géographie, spécialité qui lui assura une grande réputation. Il devint géographe et historiographe du roi, et le cardinal de Richelieu lui témoigna une bienveillance toute particulière. Sa vie, du reste, n'offre rien de remarquable. Il mourut en 1640, écrasé par une charrette, à l'âge de cinquante-six ans. Son nom a été rendu en latin *Chesneus, Duchenius, Quercenatus, Querneus*. Il a laissé de nombreux ouvrages, parmi lesquels on distingue les histoires généalogiques des maisons de Chastillon-sur-Marne, de Montmorency, de Vergy, des comtes d'Albon et dauphins de Viennois, et des maisons de Guines, d'Ardres, de Gand, de Coucy, de Dreux, de Bar-le-Duc, de Luxembourg, etc. Il avait commencé une description générale de la France : on l'imprimait même déjà en Hollande; mais elle fut interrompue, sans que l'on sache pourquoi. On recherche encore les volumes publiés de la collection à laquelle il a donné le titre de *Historiæ Francorum Scriptores*. Ces volumes sont au nombre de cinq, dont les deux derniers ont été donnés au public par son fils *François* Duchesne, né en 1616, mort en 1693, et qui fut aussi historiographe de France. Auguste Savagner.

DUCHESNOIS (Catherine-Joséphine Rafin, connue sous le nom de Mlle), la première tragédienne de son époque, naquit vers 1780, à Saint-Saulve, bourg aux portes de Valenciennes. Son père, qui tenait dans ce lieu une petite auberge, avait peu d'aisance; mais sa sœur aînée, qui occupait un emploi assez avantageux dans la maison de *Monsieur*, la fit venir à Paris, et la plaça dans une pension, où elle reçut une éducation soignée. A l'âge de huit ans, la jeune pensionnaire eut occasion de voir Mlle Raucourt dans *Médée*, et cette soirée lui révéla sa vocation. Dès lors elle ne rêva plus que théâtre. En vain chercha-t-on à la détourner de cette carrière en la plaçant, à son retour à Valenciennes, comme femme de chambre, demoiselle de compagnie ou de comptoir. Ce qu'il y a de certain, c'est que des amateurs de la ville ayant résolu de donner des représentations pour les pauvres, Joséphine réussit à se faire admettre dans la troupe, représenta *la Paix* dans une pièce de circonstance, intitulée : *L'Entrevue de Bonaparte et du prince Charles* joua Sophie, dans le mélodrame de *Robert, chef de brigands*, et se distingua surtout dans le rôle de Palmyre de *Mahomet*, où elle enleva les suffrages de ses concitoyens.

Exaltée par ses succès, entraînée par un irrésistible penchant, elle s'enfuit de sa terre natale, et revint chez sa vieille sœur, qui non-seulement lui pardonna, mais chercha encore les moyens de favoriser ses projets. L'aspirante fut d'abord présentée au comédien Florence, espèce de *factotum*, maître Jacques du Théâtre-Français, qui déclara magistralement qu'on n'en ferait jamais rien : heureusement deux poètes la jugèrent autrement : Vigée et Legouvé l'entendirent, l'encouragèrent, et le dernier surtout perfectionna par ses leçons ce talent encore novice. Mais il s'agissait d'obtenir un début sur la scène française ; et ce n'était point facile pour une actrice qui n'avait l'honneur d'être élève ni du Conservatoire, ni d'aucun acteur en crédit. Mme de Montesson aplanit cet obstacle, et Mlle Duchesnois débuta *par ordre*, le 12 juillet 1802, sous les auspices de l'auteur du *Mérite des Femmes*. Elle avait alors de vingt-deux à vingt-cinq ans ; elle parut dans le rôle de *Phèdre*, le plus difficile, peut-être du répertoire tragique. Le succès mérité qu'elle y obtint fut si grand, qu'elle le joua huit fois dans le cours de ses débuts, et y excita toujours le même enthousiasme. Ce fut par ce rôle qu'elle les termina, le 18 novembre, et elle fut couronnée contre le gré des acteurs. Son triomphe avait été moins éclatant dans Roxane de *Bajazet*, dans *Ariane* et dans *Didon;* elle avait semblé baisser dans *Sémiramis*, où il faut moins d'âme que de représentation ; mais elle s'était relevée dans l'Hermione d'*Andromaque*, bien que ce personnage fût moins favorable à son talent et à ses moyens que celui de *Phèdre*.

Déjà les connaisseurs regardaient Mlle Duchesnois comme l'espoir de la scène tragique dans l'emploi des *reines* et des *grandes princesses*. Mais l'envie s'efforçait de flétrir ses lauriers. Le sévère critique Geoffroy, qui ne se piquait pas de sensibilité, n'avait pu s'empêcher de donner des éloges dans son feuilleton à l'actrice qui lui avait fait répandre des larmes malgré lui ; mais ces éloges restrictifs n'étaient pas des louanges, tant s'en faut : il les réservait pour la nouvelle actrice qui allait rivaliser avec Mlle Duchesnois. Annoncée depuis quelque temps, Mlle Georges Weimer, dans toute la fraîcheur de la jeunesse et de la beauté, débuta, peu de jours après, le 29 novembre, par le rôle de Clytemnestre dans *Iphigénie en Aulide*. Malgré l'anomalie, l'invraisemblance de voir une reine, une mère plus jeune que sa fille, les spectateurs s'emparèrent de la débutante. Les journalistes prirent parti pour l'une ou l'autre des deux actrices. Geoffroy fut le chef de la cabale qui soutenait Mlle Georges. Il lui prodigua les adulations les plus exagérées, et accabla Mlle Duchesnois du ridicule le plus amer et des humiliations les plus outrageantes. Le public se partagea entre les deux étendards, et la salle devint une arène où les partis se livrèrent chaque soir des combats aussi inutiles qu'extravagants. Ce fut surtout lorsque Mlle Georges voulut jouer *Phèdre* que le scandale et le tumulte n'eurent plus de bornes. L'armée de Mlle Duchesnois franchit l'orchestre, escalada le théâtre et força les comédiens à promettre qu'elle jouerait Aménaïde dans *Tancrède* pour son admission, à condition que, pour la sienne, Mlle Georges jouerait *Mérope*. Après avoir laissé le champ libre à sa rivale pendant près de deux mois, Mlle Duchesnois parut en effet dans le rôle d'Aménaïde, le 19 février 1803. Mais, malgré les applaudissements qu'elle y reçut, malgré les recettes qu'elle procura à ses ingrats camarades, il fallut l'intervention de l'autorité pour décider sa réception. Ce fut sur l'ordre de l'impératrice Joséphine, par la protection de Chaptal, alors ministre de l'intérieur, et par arrêté du préfet du palais, qu'elle fut reçue sociétaire, à quart de part, le 22 mars 1804.

Aux persécutions, aux injures, Mlle Duchesnois n'avait répondu que par la résignation, la patience, la douceur et un redoublement de zèle. Sa santé en fut altérée; mais son talent, stimulé par l'exemple de Talma, fit de rapides progrès, et elle prouva dans *Clytemnestre*, dans *Agrippine*, dans *Mérope*, dans *Athalie*, qu'il ne se concentrait pas dans les sentiments tendres, comme ses ennemis ne cessaient de le répéter, mais qu'il avait assez de noblesse et d'énergie pour lui permettre d'aborder au besoin les grands rôles tragiques. Il est fâcheux, néanmoins, que la rivalité de ces tragédiennes, les plus célèbres de leur époque, ait nui à l'art dramatique en empêchant la réunion de deux talents aussi opposés, et qui eussent contribué peut-être ensemble à sa perfection. Malgré la protection de puissants personnages, qui prirent à elle le plus vif intérêt, Mlle Georges fut forcée d'abandonner le champ de bataille. Quant à Mlle Duchesnois, contrariée dans ses louables efforts par une santé délabrée, elle ne parut bientôt sur la scène qu'à de longs intervalles, remplis par des actrices peu dignes de la remplacer. Les rôles nouveaux qu'elle créa furent en général peu dignes de son talent. Ce fut d'abord Hécube, dans *Polyxène;* puis Andromaque, dans *Hector; Jeanne d'Arc;* Archidamie, dans *Léonidas*, et surtout *Marie Stuart*, qui eût suffi à une autre réputation que la sienne.

Mlle Duchesnois n'était pas belle; le premier coup d'œil même ne lui était pas favorable; elle avait la figure peu avantageuse, le nez irrégulier, la bouche grande, mais des yeux noirs remplis de feu, une physionomie noble et expressive, qui faisait oublier ses défauts; une taille élégante sans être cependant majestueuse; un son de voix enchanteur, plus propre néanmoins à exciter la pitié que la terreur et à exprimer les accents de l'amour que les transports de la rage. Chez elle la sensibilité la plus vraie, la plus entraînante, complétaient la séduction. Elle avait ce que les belles femmes ont rarement, de la chaleur, de la sensibilité; son cœur parlait, et elle faisait pleurer parce qu'elle pleurait elle-même. Il faut convenir cependant qu'elle était assez souvent monotone et que, ne jouant que d'*instinct* les personnages avec lesquels elle ne savait pas toujours s'identifier, elle s'égarait parfois en recourant à un système conjectural dans sa manière de sentir et de rendre les autres rôles. Aussi peut-on presque dire que lorsqu'elle n'était pas sublime, elle était mauvaise. Sa diction était alors peu soignée, elle manquait d'haleine; elle fatiguait souvent par ce qu'on appelait le *hoquet dramatique*; son geste était nul et vague. Elle semblait enfin avoir pris de Talma un tremblement de voix et de main qui prêtait au ridicule.

Ses fréquentes absences, auxquelles le public avait fini par s'accoutumer, firent qu'il ne s'aperçut pas de sa retraite définitive, qui eut lieu en 1830, sans annonce, sans représentation à bénéfice. Une des plus cruelles maladies de son sexe termina ses jours, après de longues souffrances, le 8 janvier 1835. Mlle Valmonzey, qui lui succéda, et qui n'était reçue que depuis 1828, ne lui survécut que deux mois. Mlle Duchesnois était bonne, obligeante, charitable pour toutes les misères, toutes les opinions et tous les partis. Elle a souvent été payée d'ingratitude, notamment par un homme qu'elle secourut et consola dans le malheur et l'exil, dont elle paya les dettes, et qui la délaissa pour s'attacher à sa rivale. Mlle Duchesnois en avait eu une fille charmante, qu'elle maria fort avantageusement. Elle laissa également deux fils, dont l'aîné lorsqu'il perdit sa mère était officier à l'armée d'Afrique et décoré de la Légion d'Honneur.

H. Audiffret.

DUCHESSE, épouse d'un duc, héritière d'un duché, ou dame revêtue de cette dignité par lettres patentes. Les duchesses jouissaient de prééminences particulières à la cour, comme les entrées, le tabouret chez la reine, etc. Ce titre fut concédé à des princesses et à plusieurs maîtresses des rois de France, telles que Diane de Poitiers, créée duchesse de Valentinois en 1550; Gabrielle d'Estrées, duchesse de Beaufort en 1597; Mlle de La Baume-le-Blanc, duchesse de La Vallière en 1667; et Mademoiselle de Nesle, duchesse de Châteauroux en 1744. Les titres de Beaufort et de la Vallière étaient assis sur des duchés-pairies. Louis XVIII avait accordé le titre de duchesse à la marquise de Tourzel, gouvernante des enfants de France. Lainé.

DUCIS (Jean-François), issu d'une famille de Savoie, naquit à Versailles, le 14 août 1733. Ses parents tenaient en cette ville un magasin de faïence et de verrerie, qui passa dans la suite à l'un des frères du poëte. Leur mère était une femme spirituelle, pleine de sens, et douée d'un goût naturel pour les lettres. Il reçut de ses parents une éducation fortement religieuse, dont l'empreinte ne s'effaça jamais de son cœur. Placé à l'âge de onze ans dans une petite pension à Clamart, il y commença d'assez faibles études, qu'il vint achever à Versailles, au collége d'Orléans. Un caractère ouvert, un sens droit, des mœurs pures et beaucoup de piété, une aversion marquée pour les mauvaises sociétés, inspiraient tant de sécurité à ses parents qu'ils le laissaient à peu près maître de ses actions, de sorte que dès l'âge de dix-huit ans le jeune Ducis pouvait être cité à la fois comme le fils le plus soumis et comme l'enfant le plus habitué à faire sa volonté. Cette liberté fortifia singulièrement en lui le penchant à l'indépendance. C'est en pleine jouissance de cette liberté, qui lui était si chère, que Ducis, emmené comme secrétaire par le maréchal de Belle-Isle, chargé de l'inspection de toutes nos places fortes, se vit astreint à un travail qui était une espèce d'esclavage. Le poëte futur, car il ne l'était pas encore, s'acquitta cependant de ses devoirs avec une scrupuleuse exactitude. Aussi, l'année suivante, le maréchal, devenu ministre de la guerre, le plaça-t-il dans ses bureaux. Il fallait faire les fonctions d'expéditionnaire, copier des états de service, des brevets de nomination. Cet emploi de son temps causa une douleur si vive à Ducis, que ses confrères en furent touchés et se chargèrent de sa besogne. Le ministre sut le chagrin de Ducis, et prit le parti de lui rendre sa chère liberté, en laissant son nom sur l'état des appointements.

Ainsi dégagé de toute servitude, Ducis partageait son temps entre ses affections de famille et ses nouvelles relations avec quelques hommes de lettres de la capitale. Il donnait à son esprit deux sortes d'aliments, les sermons du père de Neuville, alors en réputation, et les tragédies de Corneille, pour lequel il avait une prédilection marquée. Mais Corneille eut bientôt un rival dans le cœur de Ducis, et ce rival fut Shakspeare. Après une certaine tragédie d'*Amélise*, qui n'avait ni vice ni vertu, Ducis produisit *Hamlet*. On put dès lors tirer son horoscope comme poëte tragique. Ducis, le Bridaine de la tragédie, avait trouvé dans son âme des beautés grandes et fortes, un pathétique sombre et terrible, mais tempéré par des accents de nature qui manquent à Crébillon. Riche des plus heureux larcins faits à Shakspeare, il l'avait pourtant mutilé, tantôt faute de génie, tantôt par les conseils de la raison. *Hamlet* obtint un grand succès, sans pourtant satisfaire les connaisseurs, qui en rendant justice à des situations pathétiques, particulièrement à la scène de l'urne, tout entière de son invention, reconnurent d'abord que l'auteur ne saurait jamais produire une tragédie d'une belle ordonnance et conduite avec art. Dans *Roméo et Juliette*, Ducis dut à Shakspeare et au Dante des choses d'une admirable beauté, qu'il rendit plus admirables en leur imprimant un caractère particulier de chaleur et d'effet dramatique. Mais il ne sut pas retrouver le charme, la naïveté, la grâce enchanteresse des amours de Roméo et de Juliette. Cependant, il fallut bien reconnaître qu'il avait été souvent judicieux dans ses suppressions, et avait rendu plus d'un service à l'original.

Ducis, en voulant reproduire Euripide et Sophocle dans *Œdipe chez Admète*, a enfanté une composition essentiellement vicieuse. Le premier de ces deux poëtes, qui avait dans le cœur ou dans le talent une sensibilité vraie, a semé le rôle d'*Alceste* de traits d'une simplicité, d'un naturel, et d'un charme inexprimables. Mais Ducis n'a rien compris à ce genre de beautés : il n'était ni assez simple, ni assez naïf, ni artiste assez délicat et assez pur pour les sentir et les rendre. Toutefois, il a mis des choses vraiment touchantes dans la bouche d'Alceste. On doit le louer encore d'avoir su éviter des fautes énormes du poëte grec, qui viole toutes les convenances en prêtant au père d'Admète le plus lâche amour de la vie. Quant au rôle d'*Œdipe*, il fait le plus grand honneur à Ducis. En effet, si on le compare à Sophocle lui-même, le poëte français a des accents pathétiques, et des cris qui sortent du fond des entrailles. Ducis, alors âgé de cinquante ans, avait dédié sa pièce à Monsieur, qui exprima le désir que le poëte fût admis à l'Académie Française en remplacement de Voltaire, et il obtint presque toutes les voix depuis longtemps promises à Le Mierre, vétéran des candidats. *Le roi Léar*, nouvel emprunt fait à la muse de Shakspeare, obtint un succès d'enthousiasme et de larmes, et confirma le titre de *poëte des pères* donné à Ducis. Aujourd'hui, les vices du plan et la faiblesse d'un style incorrect et prosaïque choquent le lecteur. La pièce, reprise après son heureuse apparition, a paru froide et traînante. Dans l'origine, le rôle du roi était joué par Brizard, qui, avec ses beaux cheveux blancs, sa figure noble, son action simple et vraie, et des accents tirés du cœur, n'était pas un acteur, mais le personnage. *Macbeth*, où la terreur est quelquefois portée si loin, laissa dans les esprits un sentiment de fatigue et de froideur que des éclairs de génie ne pouvaient effacer. La pièce restera toujours marquée de ce cachet. Mais Talma, le plus tragique des interprètes de toutes les affections sombres et profondes, faisait jaillir du rôle de Macbeth des choses dont les unes donnaient la sueur froide au spectateur, tandis que d'autres le ravissaient d'admiration. A cette époque il manquait une actrice pour le rôle de lady Macbeth, que Mlle Raucourt ne sut jamais passionner. Seulement, elle était fort belle de représentation dans la scène du somnambulisme, où elle produisait un effet extraordinaire. La pièce française enlève à Shakspeare des beautés du génie et ces savantes préparations qui, jetées dans l'exposition ou dans les premiers actes, font ressortir une situation au moment où elle vient à éclater; mais en même temps Ducis corrige souvent son modèle avec autant de goût que de bon sens.

Othello est, avec le *Charles IX* de Chénier, l'une des pièces dans lesquelles Talma, qui peu auparavant jouait les rôles de jeune premier avec succès, mais sans produire de puissantes émotions, trouva tout à coup en lui un nouvel homme, et fit des pas de géant dans la carrière. A côté de lui, une jeune actrice, Mlle Desgarcins, dont nous n'avons retrouvé les accents chez aucune autre actrice du temps, prêtait la plus touchante sensibilité au rôle de Desdémone. L'auteur ne se consola jamais de la perte de Mlle Desgarcins. Ducis obtint un véritable triomphe. On regretta dans la pièce française l'admirable conception de ce rôle d'*Iago*, qui est un chef-d'œuvre dans la pièce anglaise, mais qui demande pour interprète un grand acteur. Ducis nous apprend lui-même qu'il n'avait pas cru possible de faire supporter le personnage.

Ducis n'a fait qu'une tragédie vraiment originale, c'est-à-dire entièrement de son invention, *La Famille arabe*. Le fond, la forme, le genre, le plan de cette composition, tout lui appartient. Rien de plus aisé que de signaler les défauts de la pièce, rien de plus difficile que d'égaler les beautés, que le seul Ducis a produites sur la scène. Ducis avait au fond de son ardente imagination un enthousiasme extraordinaire pour l'amour; il se représentait vivement les charmes, les douleurs, les supplices de cette passion, dans des transports idéals avec une femme qu'il croyait adorer, accuser, supplier, menacer, et adorer encore, en laissant tomber de brûlantes larmes *sur ses pieds adorés*. De là son désir de mettre sur la scène un amour comme on n'en avait point encore vu, tel qu'il le concevait dans sa pensée, en se faisant lui-même l'Arabe du désert. De là, enfin, les deux rôles de Faran et d'Onéide. Il est remarquable que Talma, qui croyait être d'origine arabe, joua le rôle passionné de Faran avec une énergie, avec une profondeur, avec une exaltation qu'il n'a jamais pu trouver pour exprimer ce que j'appellerai un amour français, même dans l'Oreste d'*Andromaque* et dans le *Vendôme* de Voltaire. A la première représentation, *Phédor et Valdamir*, dernière tragédie de Ducis, fut traitée avec une indigne barbarie par la jeunesse dont le parterre était rempli. On avait fait un bruit épouvantable, au milieu duquel partaient des rires et des sifflets, qui formaient la plus discordante musique. C'est au sortir de ce scandale et de ce revers que l'auteur nous dit avec une singulière bonhomie. « Encore si l'on sifflait comme dans l'ancien régime; mais je ne sais quels instruments ils ont inventés maintenant: il y a de quoi rendre sourd un pauvre auteur pour le reste de sa vie. »

Ducis a publié un volume de poésies diverses, qui méritent une attention particulière. A travers des longueurs, des répétitions fréquentes, de l'emphase, on trouve dans ses épîtres de très-belles choses, tels sont les vers sur Néron adressés à Legouvé. *La Solitude et l'Amour* est une pièce très-remarquable par la verve, la couleur et la variété : elle semble une inspiration donnée au poëte par son sujet de *La Famille arabe*. Ducis avait une prédilection particulière pour La Fontaine, qu'il imite souvent avec bonheur. En lisant tel passage de l'*Épître à Bitaubé*, on est tenté de dire : c'est du La Fontaine. Mais aussi quelquefois l'imitateur ne ressemble guère au modèle, et tombe dans une ridicule affectation de sensibilité. Plusieurs autres pièces en vers de huit syllabes respirent une bonhomie charmante, quoique l'auteur y célèbre un petit parterre, un petit potager, un petit bois, qu'il ne posséda jamais que dans son imagination. Son talent tenait à son caractère : il en a les défauts et les beautés : si la nature lui eût donné un jugement supérieur, il se serait élevé au rang des maîtres en ajoutant à leurs hautes qualités des dons particuliers pour exciter la terreur et la pitié; il était né surtout pour faire couler des larmes. Il a beaucoup perdu depuis que ses ouvrages n'ont plus eu Talma pour interprète. Ducis était un homme de mœurs simples, d'une humeur inégale, d'un caractère sauvage, qui pourtant s'apprivoisait volontiers. En descendant de son trépied, il aimait à revenir à la société; mais il fallait choisir ses heures et le recevoir quand il avait envie de voir les autres, de leur plaire et d'en être applaudi. Il aimait à dire ses vers, auxquels sa voix puissante et ses entrailles de père, donnaient un accent que le talent du plus grand acteur aurait eu peine à reproduire. Il faut ajouter que ses gestes, naturels et pathétiques, sa tête de vieillard, l'une des plus belles qui fut jamais, ajoutaient singulièrement à l'effet dramatique de sa déclamation. Les applaudissements ne flattaient pas seulement Ducis; ils excitaient en lui une satisfaction intime et profonde, qui remplissait longtemps toute son âme.

Il avait toute l'indépendance, toute la liberté, toutes les sortes d'enthousiasme qui peuvent conduire à la liberté. Il salua donc avec joie la Révolution, et quoiqu'il eût été quelque temps secrétaire ordinaire de Monsieur (depuis Louis XVIII), il embrassa la république avec transport. On a voulu nier ces deux faits, mais ils sont connus de tous ceux qui ont vécu avec Ducis ou qui l'ont approché. Après avoir chéri Bitaubé, Florian, Bernardin de Saint-Pierre, Thomas surtout, le choix particulier de son cœur, et son fils d'adoption, il aimait le génie et la personne de David, dont les tableaux l'inspiraient comme une scène de Corneille. Il applaudissait en père et en maître notre jeune école dramatique, alors composée des Arnault, des Legouvé, des Lemercier, tous plongés dans les sources de l'antiquité républicaine. Ducis approuva même le plus terrible exemple des sévérités de la république naissante. Cependant, il ne fut rien qu'un poëte pendant la période révolutionnaire; il ne voulut être rien de plus sous le consulat. Un moment sensible au penchant, aux prévenances délicates de Bonaparte, il s'en écarta bientôt, par suite de son humeur sauvage, de sa susceptibilité ombrageuse et de son républicanisme sincère. L'empereur plaisait encore moins que le premier consul à Ducis : il ne faut donc pas s'étonner que ce dernier n'ait pas voulu entrer dans le sénat conservateur. Il refusa aussi la décoration de la Légion d'Honneur. On a voulu attribuer ce refus à l'amour de l'égalité; mais alors pourquoi recevoir cette décoration des mains de Louis XVIII? Au contraire, rien de plus noble, de plus délicat que la conduite de Ducis au sujet des prix décennaux, quand il refusa la couronne pour la renvoyer à l'auteur des *Templiers*.

Au reste, ce qui honore Ducis, c'est que son amour naturel pour l'indépendance ne fit que s'accroître avec l'âge. Impatient de toute espèce de joug, craintif de toute servitude, fuyant les palais comme des séjours empestés, craignant le contact des hommes puissants, souvent seul avec son génie familier, la poésie, il vivait de lui-même. Il avait pourtant des amis chez lesquels il apparaissait tout à coup, et qui venaient le voir. Andrieux, Campenon, Arnault, Lemercier, composaient sa cour poétique. Gérard y représentait David et la peinture, et mêlait l'atticisme de son esprit aux hommages dont Ducis était l'objet. Le patriarche de la littérature se livrait souvent à une gaieté charmante dans les entretiens de cette petite confrérie d'hommes d'esprit et de talent. Chose remarquable, Ducis, malgré son amour-propre exalté, montrait une docilité d'enfant pour ces jeunes amis, dont il faisait autant de censeurs. Quand il avait produit quelque chose de nouveau, Andrieux ou Talma émondaient les jets de son génie aventureux et prodigue; et lui, souffrait sans se plaindre, quelquefois même il encourageait cette opération si douloureuse pour un auteur. Il a mis au jour des preuves de sa reconnaissance pour ses judicieux mutilateurs. Excepté une pièce d'un ton sauvage, qui contient une lâche apostasie de ses opinions républicaines et une déclamation satanique contre Napoléon et contre la France, qu'une main amie eût dû livrer aux flammes, Ducis n'a pas écrit une ligne de prose, pas enfanté un vers que la moralité puisse blâmer. Il avait épousé une petite nièce de Bourdaloue, qu'il perdit à la fleur de l'âge, ainsi que quatre enfants qu'il avait eus d'elle. Personne n'était d'une dévotion plus sincère que lui. Il aimait et pratiquait tous les devoirs de la religion; il chérissait ses ministres, et leur abandonnait en toute humilité la direction de sa conscience. Il a célébré en beaux vers le curé de Rocquencourt : sans doute, ce digne pasteur pardonnait à son pénitent l'amour du théâtre, et peut-être pensait-il dans sa pieuse indulgence que cette passion serait pardonnée à un chrétien si exemplaire. Ducis était depuis longtemps sujet à des maux de gorge; une affection de ce genre l'enleva, le 22 mai 1816, dans la ville de Versailles, où il fut très-simplement enterré au cimetière de sa paroisse.

TISSOT, de l'Académie Française.

DUCKWITZ (ARNOLD), ancien ministre de l'Empire d'Allemagne en 1848, né le 27 janvier 1802, à Brême, embrassa la carrière commerciale, et, après avoir passé plusieurs années en Angleterre et dans les Pays-Bas, s'établit en 1829 dans sa ville natale. Reconnaissant l'insuffisance des voies de communication de Brême avec l'intérieur de l'Allemagne, il consacra ses efforts non pas seulement à l'amélioration de la navigation du Weser et en particulier à l'introduction de la navigation à vapeur sur ce fleuve, mais encore à propager l'idée de l'unité de douanes pour l'Allemagne. C'est dans ce but qu'il fit paraître un mémoire *sur les rapports de la ville de Brême avec le Zollverein* (1837) et qu'il soutint la même thèse dans un grand nombre d'articles publiés par la *Gazette d'Augsbourg*. Élu en 1841 membre du sénat de Brême, M. Duckwitz se trouva appelé par sa position nouvelle à s'essayer sur le terrain de la diplomatie dans les importantes négociations avec le gouvernement hanovrien auxquelles donnaient lieu la construction du chemin de fer de Brême à Hanovre et les travaux entrepris pour l'amélioration du cours du Weser au-dessous de Brême. C'est vers le même temps que s'ouvrirent les négociations ayant pour objet une union entre le Zollverein et les États riverains de la mer du Nord. Elles aboutirent, en 1847, à la ligue allemande de commerce et de navigation, qui, d'ailleurs, resta à l'état de simple projet. M. Duckwitz a exposé dans un mémoire (Brême, 1847) les idées émises sur cette question par les différents négociateurs. Il a en outre pris une part des plus importantes à l'établissement d'une ligne régulière de paquebots à vapeur entre l'Amérique et l'Allemagne, et au commencement de l'année 1847 il conclut avec l'administration des postes de l'Union américaine un traité des plus avantageux.

Élu au mois de mars 1848 membre du parlement préparatoire, puis du comité des cinquante, il y combattit énergiquement les propositions extravagantes qui s'y produisirent, et refusa ensuite de se laisser porter candidat pour l'assemblée nationale. Envoyé en juin de la même année à Francfort par la ville de Brême, en qualité de commissaire pour prendre part à des conférences relatives au commerce de l'Allemagne, il publia à cette occasion un *memorandum* où il traitait des douanes et du commerce de la patrie commune. Au moment où il allait quitter Francfort, il y fut retenu par l'offre du portefeuille du commerce dans le ministère de l'Empire. Mais, quoiqu'il eût accepté cette position, les circonstances ne lui permirent pas de modifier le système général des douanes et du commerce de l'Allemagne autrement que sur le papier. Il réusit du moins à réaliser la pensée d'une marine militaire allemande; et les difficultés qu'elle rencontrait dans l'exécution lui fournirent le sujet d'un livre *sur la fondation d'une marine militaire allemande* (Brême, 1849). Revenu en mai 1849 dans sa ville natale, il y reprit en septembre suivant sa place au sénat. On a en outre de lui des *Observations sur la révision du projet de constitution de l'Allemagne* (Brême, 1849).

DUCKWORTH (JOHN-THOMAS), amiral anglais, s'était distingué dans les guerres de l'indépendance américaine et de la révolution française. Entré au service en 1776, comme simple aspirant, nommé vice-amiral en 1804, en février 1806 il détruisit dans la rade de Santo-Domingo une escadre française aux ordres de l'amiral Leissègues. L'année suivante, le gouvernement anglais lui confia une mission qui exigeait autant de résolution que d'habileté.

La victoire d'Iéna, l'occupation de la Prusse et de la Pologne, amenaient la Turquie à se jeter dans les bras de la France; l'Angleterre, sentant que ses alliés othomans lui échappaient, envoya une flotte afin de demander que les vaisseaux turcs lui fussent remis; en cas de refus, il fallait bombarder Constantinople. Le 11 février 1807, Duckworth se présenta à l'entrée des Dardanelles, ayant avec lui huit vaisseaux, deux frégates et deux galiotes à bombes. Le passage des détroits est forcé; le feu, mal dirigé, des batteries turques tue seulement six hommes aux Anglais. En débouchant dans la mer de Marmara, on rencontra une escadre composée d'un vaisseau de 64 canons et de quatre frégates. Le tout est attaqué, jeté à la côte, brulé, après une faible résistance; et bientôt la flotte anglaise se trouve en vue de Constantinople. Cette capitale était en fort mauvais état de défense; mais, encouragée, dirigée par l'ambassadeur français, Sébastiani, la population entière rivalise de zèle et d'ardeur pour repousser l'ennemi; des moyens de résistance s'élèvent de toutes parts, tandis qu'on amuse par des négociations, à dessein retardées et embrouillées, l'amiral anglais, d'autant plus embarrassé que l'ambassadeur britannique qu'il a avec lui, et qui doit le diriger, Arbuthnot, est tombé malade.

Quelques jours s'écoulent en allées et venues, en échange de lettres, en protocoles. Le moment d'agir étant passé et la Porte se refusant à toutes les demandes de l'Angleterre, l'amiral comprend qu'il va se trouver dans une position de plus en plus critique; il s'éloigne de Constantinople, et le 3 mars il repasse les Dardanelles. Mais les fortifications qui garnissent cette étroite avenue avaient été réparées, et les vaisseaux anglais se trouvent exposés aux coups de bouches à feu d'un calibre énorme, qui lancent des boulets de pierre du poids de sept ou huit quintaux. La perte totale de l'escadre fut de 200 hommes environ; plusieurs bâtiments avaient souffert de graves avaries, et l'expédition était complétement manquée. Après cet échec, Duckworth ne prit plus une part active aux opérations militaires; il passa le reste de ses jours dans la retraite, oublié de ses compatriotes, dont l'orgueil ne peut supporter l'idée d'une non-réussite.

G. Brunet.

DUCLERCQ (Jacques), écuyer, sieur de Beauvais, en Ternois (Pas-de-Calais), né en 1420 ou 1424, à l'époque de la plus grande puissance de la fastueuse maison de Bourgogne, conseiller de Philippe le Bon en la châtellenie de Lille, Douai et Orchies, est auteur de Mémoires aussi curieux qu'intéressants (de 1448 à 1467). Ces Mémoires restèrent longtemps inédits, dans la riche bibliothèque de Saint-Vaast d'Arras; et encore lorsqu'ils furent imprimés pour la première fois, en 1785, dans la collection des *Mémoires relatifs à l'histoire de France*, furent-ils tronqués par les éditeurs, sous le prétexte que les détails supprimés se retrouvaient dans les récits d'Olivier de la Marche et de Richemond. Longtemps on crut le manuscrit original perdu; mais il fut retrouvé dans la bibliothèque communale d'Arras, et le baron de Reiffenberg publia ces Mémoires, en 1823, à Bruxelles (4 vol. in-8°). Ils ont été aussi reproduits dans la collection de Buchon, et d'une manière on ne peut plus incomplète dans la collection Michaud et Poujoulat, première série. Depuis lors un autre manuscrit, plus complet encore que tous ceux connus jusqu'à ce jour, a été retrouvé dans la même bibliothèque par M. J. Quicherat. Les renseignements circonstanciés que donne Duclercq sur les Vaudois d'Arras rendent sa chronique une des plus utiles à consulter pour l'histoire du quinzième siècle. On sait d'ailleurs peu de choses sur sa vie; on sait seulement qu'il épousa à vingt-deux ans la fille d'un gentilhomme flamand, nommé Balduin de la Lacherie, et qu'il mourut en 1469.

A. d'Héricourt.

DUCLOS (Charles Pineau), fils d'un chapelier, naquit à Dinan, en Bretagne, vers la fin de 1704. Envoyé de bonne heure à Paris pour y faire ses études, il y reçut une éducation distinguée. Ses études achevées, il rechercha la société des beaux esprits du temps, et fut très-bien accueilli par eux. Cette société se composait en grande partie de jeunes gens nobles et riches qui aux débauches de tout genre joignaient encore celles de l'esprit. Ce fut elle qui publia ces mille folles productions qui inondèrent la régence et le règne de Louis XV, sous les titres de *Recueils de ces messieurs*, d'*Étrennes de la Saint-Jean*, d'*Œufs de Pâques*, etc. Entraîné par l'exemple, et peut-être aussi par l'ardeur de son âge, Duclos sacrifia à la mode, et publia le roman d'*Acajou et Zirphile*. Ce roman fut, dit-on, le résultat d'une espèce de pari ouvert dans cette société : ce fut le public qui perdit la gageure. Duclos avait fait précédemment deux autres romans qui avaient obtenu plus de succès : *La baronne de Luz*, et *Les Confessions du comte de* ***. Dégagé de ces liaisons, qu'il eut bientôt le courage de briser, il se jeta dans des études sérieuses, qui convenaient mieux à la nature de son talent et à la dignité de son caractère. Son *histoire de Louis XI* lui valut la place d'historiographe de France, vacante par la retraite de Voltaire en Prusse. Ce fut en sa qualité d'historiographe de France qu'il composa des *Mémoires secrets sur les règnes de Louis XIV et de Louis XV*, qu'il ne voulut point publier durant sa vie, et qui ne parurent en effet qu'après sa mort. « On m'a souvent pressé, dit-il dans la préface de ces mémoires, de donner quelques morceaux du règne présent; j'ai toujours répondu que je ne voulais ni me perdre par la vérité ni m'avilir par l'adulation; mais je n'en remplis pas moins mon emploi. Si je ne puis parler aux contemporains, j'apprendrai aux fils ce qu'étaient leurs pères. »

J.-J. Rousseau définissait Duclos un homme droit et adroit. Le chancelier d'Aguesseau disait de l'*Histoire de Louis XI* : « C'est un ouvrage composé d'aujourd'hui avec l'érudition d'hier. » Le style en est élégant, mais sec. On voit que l'auteur s'est proposé Tacite pour modèle; mais il y a loin de la concision de l'historien latin à la sécheresse de l'écrivain français. « La vue de Duclos, dit Senac de Meilhan, à propos de cette histoire, est nette, juste, mais ne s'étend pas loin; il connaît l'homme, mais celui de Paris, d'un certain monde, du moment où il écrit. Il sait tracer les mœurs, les ridicules, les vices, les fausses vertus des gens avec lesquels il soupait; et il n'avait point soupé avec Louis XI. » Senac de Meilhan, dans ces quelques lignes, fait toucher du doigt la partie infime du talent de Duclos, considéré comme moraliste.

Duclos n'a vu et n'a peint que les hommes de son époque : l'homme de tous les temps lui a échappé. Louis XV disait, en parlant des *Considérations sur les Mœurs* : « C'est le livre d'un honnête homme. » C'est à coup sûr, en même temps, le livre d'un homme d'infiniment d'esprit. Jamais la sagesse ne se montra plus ingénieuse; mais la pensée y manque souvent d'étendue et de profondeur; elle s'attache trop à saisir les nuances fugitives de la mode et de la fantaisie, et pas assez à établir et à fixer les lois qui régissent invariablement le cœur de l'homme. Duclos lui-même ne nous trouverait pas trop sévère, lui qui disait, en parlant de lui-même : « Je ne regarde pas tout, mais ce que je regarde, je le vois bien. Je n'ai point de coloris, mais je serai lu. » « Le monde, dit La Harpe, à propos des *Considérations sur les Mœurs*, y est vu d'un coup d'œil rapide et perçant. Il est rare qu'on ait rassemblé plus d'idées justes et réfléchies, et plus ingénieusement encadrées. Cet ouvrage est plein de mots saillants, qui sont des leçons utiles. C'est partout un style concis et serré, dont l'effet ne tient ni à l'imagination ni au sentiment, mais au choix et à la quantité de termes énergiques, et quelquefois singuliers, qui forment la phrase, et sont tous des pensées. Il en résulte un peu de sécheresse; mais il y a, en revanche, une plénitude et une force de sens qui plaît beaucoup à la raison. »

Les *Mémoires secrets sur les règnes de Louis XIV et de Louis XV* devaient nécessairement réunir à un haut degré toutes les qualités de l'esprit de Duclos. L'auteur a vécu avec la plupart de ceux qu'il a peints : il *avait soupé* avec eux; il les avait observés avec cette sagacité fine et profonde qu'il a développée dans les *Considérations sur les Mœurs* : c'était le vrai caractère de son talent. Obligé en 1766 de s'éloigner de France, pour échapper aux persécutions dont il était menacé, à cause de quelques propos trop vifs et trop amers en faveur de La Chalotais, son compatriote et son ami, Duclos partit pour l'Italie, et à son retour il écrivit la relation de son voyage. « Cet écrit, dit Chamfort, ne peut qu'honorer le talent et la mémoire de Duclos. On y retrouve son esprit d'observation, sa philosophie libre et mesurée, sa manière de peindre par des faits, des anecdotes, des rapprochements heureux. »

Duclos fut nommé membre des plus célèbres académies

de la capitale, des provinces et de l'étranger : celle des Inscriptions le reçut en 1739, et l'Académie Française en 1747. Il fut élu, après la mort de Mirabaud, secrétaire perpétuel de cette dernière compagnie. Toutes deux lui durent beaucoup de réformes utiles. Comme membre de l'Académie des Inscriptions, il composa des mémoires curieux sur les druides, sur l'art théâtral chez les Romains et les Français, sur les épreuves appelées *jugements de Dieu*, sur l'origine des révolutions des langues celtique et française, des *Considérations sur le Goût*, des fragments historiques faisant suite aux *Mémoires secrets*. Comme membre de l'Académie Française, il travailla à la rédaction de l'édition du *Dictionnaire* publiée en 1762, et il fit des *Remarques* sur la grammaire générale et raisonnée de Port-Royal. Ce fut lui qui fit substituer les éloges des grands hommes aux vulgarités qui défrayaient les sujets des prix d'éloquence : il soutint plus d'une fois avec courage et constance les prérogatives et la dignité de sa compagnie. Comme citoyen, il n'obtint pas moins de distinctions. Quoique domicilié à Paris, il fut nommé en 1744 maire de Dinan. En 1755 il fut anobli, par des lettres patentes du roi. Il devint plus tard député du tiers aux états de Bretagne. Il mourut à Paris, le 26 mars 1772, âgé de soixante-neuf ans.

Duclos fit longtemps cause commune avec le parti philosophique; mais les excès du chef de ce parti et de quelques-uns de ses sectaires finirent, sinon par l'en détacher, du moins par le rendre plus circonspect. C'est en parlant d'eux qu'il disait : « Ils sont là une bande de petits impies qui finiront par m'envoyer confesser. » Peu d'hommes ont jeté dans la conversation plus de pensées fines et fortes, plus de maximes neuves et brillantes, plus d'anecdotes gaies et charmantes. La parole était pour lui une arme courte, à deux tranchants. Il disait, en parlant d'un mauvais écrivain : « Un tel est un sot : c'est moi qui le dis, c'est lui qui le prouve. » D'Alembert disait de lui : « De tous les hommes que je connais, c'est celui qui a le plus d'esprit dans un temps donné. » Jules SANDEAU.

DUCORNET (LOUIS-CÉSAR-JOSEPH), peintre d'histoire. Privé des bras par vice de conformation, et n'ayant, pour soutenir un corps contrefait que des jambes exiguës, sans autre mouvement articulaire apparent qu'au bassin et au pied, où l'on ne compte que quatre orteils, cet artiste s'est fait de son talent une profession utile; il a produit plusieurs tableaux estimables, même en ne considérant pas les obstacles naturels que leur auteur a dû surmonter pour la mise en œuvre de sa pensée féconde. Ducornet est né le 10 janvier 1806, à Lille. Ses parents, n'ayant pas de fortune, songèrent de bonne heure à lui donner une éducation propre à le mettre à même de subvenir par la suite à ses besoins : ils voulurent d'abord faire de leur fils un professeur d'écriture, ou bien un graveur de musique; mais, indocile au vœu de sa famille, il employait presque tout son temps à figurer des *bons hommes*. Le maître de Ducornet, tout en grondant son écolier de son inapplication aux règles de l'écriture, ne pouvait s'empêcher de sourire aux inspirations de l'enfant, constamment préoccupé du soin de dessiner tout ce qu'il avait sous les yeux. Frappé des résultats de ce penchant irrésistible, l'écrivain en fit part à Wattau, professeur à l'école de dessin de Lille : ce dernier, étonné des naïves compositions sur lesquelles on appelait son jugement, s'empressa d'en aller visiter l'auteur, et lui proposa d'entrer à l'établissement public placé sous sa direction. Ducornet accepta cette offre avec reconnaissance, et c'est ainsi qu'à dater de 1819 il put se livrer exclusivement à sa vocation prédominante. Un an après cette admission, le jeune débutant fit accueillir à l'exposition de peinture et d'industrie de la ville de Douai quelques-uns de ses premiers essais, et fut assez heureux pour obtenir à cette occasion une médaille de seconde classe.

En 1822, et sur une figure dessinée d'après nature, Ducornet remporta le premier prix à l'école où les éléments de son art lui avaient été enseignés : ce succès attira sur le vainqueur l'attention de l'un des juges du concours : cet amateur éclairé sollicita près des autorités de la ville natale de son protégé une pension alimentaire en faveur d'un sujet aussi bien partagé sous le point de vue moral que dénué de toute ressource relativement à l'existence purement matérielle. Les trois cents francs par année dont Lille honora le mérite de Ducornet ne suffisaient point : le célèbre Gérard, à qui les députés lillois avaient montré les productions de leur compatriote, fit quelques démarches auprès du roi : ce prince constitua sur sa liste civile une rente de 1,200 fr. au jeune lauréat, à compter du mois de juillet 1824. Riche alors, Ducornet vint à Paris, où l'auteur de la bataille d'Austerlitz le fit entrer dans l'atelier des élèves de Lethière. Grâce aux soins bienveillants de cet habile directeur, le provincial abandonna bientôt une manière sèche et aride, et s'appliqua tellement qu'au mois de mars 1825 il obtint une troisième médaille à l'école royale de peinture et de sculpture, où il n'avait été appelé, lors de sa présentation, que le deuxième de la liste supplémentaire. En remportant l'année suivante une seconde médaille, il se classa parmi les élèves les plus distingués de l'Académie. En 1828 Ducornet essaya ses forces en peignant *Les Adieux d'Hector et d'Andromaque*, dont il fit hommage à ses concitoyens. Admis en loge pour concourir au grand prix de Rome, il balança la seconde palme; alors, pour l'encourager à continuer ses dignes efforts, le ministère le chargea de représenter, sur une toile de $3^{m},66$ sur $1^{m},66$, *Saint Louis rendant la justice sous un chêne*. Cette composition, où l'on distingue d'heureux détails, parut au salon de 1831; elle est maintenant au musée de Lille.

Ducornet cessa vers ce temps de suivre l'Académie. Des portraits qu'il exposa dans la ville de Cambrai lui valurent une médaille de bronze; nous citerons surtout celui où il s'est représenté s'occupant de sa profession, comme extrêmement remarquable par la ressemblance et le modelé des formes. En 1833, son tableau des *Esclaves*, acheté depuis par le musée d'Arras, réunit les suffrages du jury de Douai : une médaille d'argent en fut le témoignage authentique. En 1834, il exposa *Marguerite consultant une fleur pour savoir si elle est aimée de Faust*. L'année suivante on vit, au grand salon carré du Louvre, un *Christ apparaissant à la Madeleine*. Ces personnages, de grandeur naturelle, sont traités largement; le dessin en est correct, et le coloris offre plus d'une partie bien rendue. Ce tableau fut acheté par le ministre de l'intérieur. Depuis il a encore exposé, outre un grand nombre de portraits : *La perruque, ou les joyeux amis* (1836); une *Odalisque* (1837), *La mort de la Madeleine* (1840); *Le Repos de la sainte famille en Égypte* (1841); *Le retour* (1842); *Le Christ au tombeau* (1843); *Le Christ en croix* (1845); *Saint Denis prêchant dans les Gaules*, et *Vision de sainte Philomène* (1846).

Ducornet fournit l'un des plus frappants exemples de l'action cérébrale sur l'économie et les agents de la volonté. Chez lui, la seule conscience de ses facultés intellectuelles a dû déterminer cette impulsion si forte, malgré l'imperfection des instruments destinés à la seconder. Ainsi, l'on n'aperçoit aucune trace d'appendice brachial à l'extérieur du moignon de l'épaule, où l'on sent très-bien, du reste, le jeu combiné des muscles attachés à l'omoplate, bien que ces muscles n'aient pas à soulever de bras ou bien à lui servir de point d'appui. Si l'on étudie ensuite avec attention les extrémités inférieures, on peut croire qu'il y a soudure dans l'articulation d'un fémur extrêmement court, avec les deux os de la jambe, bien que la pression du doigt ne fasse sentir que la malléole interne, sans pouvoir constater la présence de l'externe, propre à corroborer l'existence du second os (le péroné). L'ensemble de l'extrémité inférieure est en quelque sorte une tige osseuse, terminée en haut par un fémur, et en bas par un tibia. Il se développe vers la portion coxo-fémorale une masse charnue pouvant comprendre en raccourci les muscles communs au bassin et à la cuisse. Les muscles de la jambe proprement dits sont mieux exprimés, leur extension étant plus grande. Le pied ne possède que quatre orteils, et, vu le grand intervalle existant entre le premier et le suivant, on serait conduit à penser que c'est le second orteil qui manque; cet arrangement facilite singulièrement le mécanisme des phalanges : Ducornet s'en sert comme des doigts d'une main. Il fait, avec un agilité inconcevable, passer d'un pied à l'autre porte-crayon, estompe, canif ou tout autre objet selon le besoin du moment. L'exercice a tellement modifié les flexions, bornées d'abord, de ce pied, qu'il peut reproduire les contours les plus fins avec une précision égale à celle d'une main habile, dirigée par une puissance intellectuelle semblable. Dans la conversation, Ducornet, assis, gesticule avec ses jambes comme un autre agit avec ses bras, tant la corrélation des mouvements internes et externes est une loi positive de notre organisation. La physionomie de Ducornet présente une mobilité remarquable. Son front, large et haut, atteste la capacité d'intelligence dont la nature l'a doué, pour tirer tout le parti possible d'une structure incomplète. Un œil vif et spirituel, des traits agréables, dénotent un caractère enjoué, bienveillant et actif. Sa personne entière inspire un intérêt d'autant mieux senti que l'on a plus de temps pour apprécier les connaissances variées dont il sait embellir son existence. La nature n'a cependant pas réduit Ducornet à lui-même; elle a commis au soin de cet être physique inachevé l'être complémentaire le plus enclin à s'adapter, si l'on peut s'exprimer de cette façon, à cet organisme particulier. Le père de Ducornet remplit auprès de son fils cette fonction bien respectable et bien digne d'éloges : c'est ce compagnon inséparable, attentif, qui transporte sur ses épaules le peintre, soigneux de ne pas fatiguer des pieds si bien utilisés à la culture des beaux-arts; c'est constamment lui qui s'adjoint à tous les actes que Ducornet ne peut accomplir avec ses seuls moyens; c'est lui qui monte Ducornet sur son échafaudage, l'en descend, l'habille, en un mot, le complète. J.-B. Delestre.

DUCOS (Jean-François), naquit à Bordeaux, en 1765. Il était fils d'un négociant estimé de cette ville. La profession de sa famille se trouvant peu en rapport avec ses dispositions intellectuelles, il se livra à l'étude de la littérature et de la philosophie. Il puisa dans les écrits de Rousseau et des plus profonds penseurs du dix-huitième siècle cet amour de la liberté et cette haine du despotisme qui le firent distinguer parmi ses concitoyens. En 1791, les électeurs de la Gironde l'envoyèrent siéger à l'Assemblée législative. Ducos y fit partie de cette phalange républicaine qui a reçu son nom du département de la Gironde, et il en suivit la fortune. Dès son arrivée à l'assemblée, il combattit avec force pour la motion de Couthon, qui voulait que les mots de *sire* et de *majesté* cessassent d'être employés dans les communications entre le roi et les représentants de la nation. Il appuya vivement son collègue Bazire, lorsque celui-ci demanda la dissolution de la garde de Louis XVI. Le 3 août, il accusa le roi de tromper l'assemblée, et prouva que la conduite du monarque était en opposition avec ses paroles. S'il ne travailla pas directement à la journée du 10 août, il y avait néanmoins puissamment contribué par ses discours à l'assemblée. Au mois de septembre suivant, Bordeaux le récompensa du patriotisme qu'il avait déployé, en le nommant député à la Convention nationale.

Mais ici la position des girondins se trouva tout autre : ils formèrent le côté droit de la nouvelle assemblée, tandis qu'ils avaient constitué le côté gauche de la législative. Malgré ses liaisons avec ses amis de la Gironde, Ducos se montra plus indépendant de la coterie qui dominait ce parti. Il aurait volontiers pactisé avec la Montagne, et désirait, comme Condorcet, réunir en un seul faisceau tous les vrais patriotes des différentes sections de l'assemblée. Ainsi, lors du procès de Louis XVI, il se sépara de ses amis, rejeta l'appel au peuple, et vota purement et simplement la mort du roi, tandis que les autres girondins appuyèrent avec éloquence l'appel au peuple, et ne votèrent la mort qu'avec la restriction de Maille, qui voulait qu'on examinât s'il ne serait pas convenable de surseoir à l'exécution. Malgré la conduite de Ducos dans ce procès mémorable, il fut compris dans la proscription du 31 mai. Cependant, l'accusateur le plus ardent des girondins, Marat, réclama vivement en faveur de Ducos, et le fit rayer de la liste fatale. Il fut sans doute redevable de cette protection inespérée à son vote dans le procès du roi. Dans le courant de juin, Ducos prit part à la discussion du projet de constitution présenté par Hérault de Séchelles, au nom du comité de salut public. Dans la séance du 12, il combattit la proposition de Thuriot, qui demandait que les électeurs fussent libres de voter à haute voix ou par écrit. Le 15, il s'opposa à l'absurde motion d'Azéma, qui voulait que la déclaration de guerre fût rangée au nombre des lois et soumise à la sanction des assemblées primaires. La Convention se rangea à l'opinion de Ducos. Dans la journée du 17, il prit la parole en faveur de la proposition de Levasseur, pour faire exempter de toute contribution les citoyens réduits au strict nécessaire. Malgré ses efforts, cette proposition, combattue par Fabre d'Églantine, Cambon et Robespierre, fut écartée par l'ordre du jour.

Le danger qu'avaient fait courir à Ducos ses liaisons avec les girondins ne put le décider à garder le silence sur les accusations portées contre ses amis. Il saisit toutes les occasions de protester de leur innocence. Malheureusement, plusieurs des girondins décrétés avaient échappé à la surveillance de leurs gardiens, s'étaient réfugiés dans les provinces, et tentaient d'y exciter un mouvement contre Paris. Le dévoûment de Ducos ne pouvait donc avoir pour résultat que de lui faire partager le sort de ses imprudents amis. En effet, il fut compris dans l'acte d'accusation porté par Amar contre les girondins, au nom du comité de sûreté générale. Le 30 octobre 1793, à minuit, le tribunal révolutionnaire prononça la sentence de mort contre les vingt deux accusés. En entendant l'arrêt, Boyer-Fonfrède, jeune homme de vingt-sept ans et beau-frère de Ducos, se jeta dans les bras de celui-ci en lui disant : « Mon frère, c'est moi qui te donne la mort. — Console-toi, répond Ducos, nous mourrons ensemble. » Le lendemain, 31 octobre, ils marchèrent au supplice avec la plus admirable fermeté et en chantant :

> Plutôt la mort que l'esclavage,
> C'est la devise des Français.

Enfin, en plaçant la tête sous le couteau fatal, Ducos s'écria : « Vive la république! » Bertet-Dupiney.

DUCOS (Théodore), aujourd'hui ministre de la marine et des colonies, sénateur, etc., neveu du précédent, est né à Bordeaux le 22 août 1801. Son père, *Armand* Ducos, mort à Bordeaux le 9 mars 1851, fut sous-préfet de la Réole en 1830, et conseiller de préfecture en 1847. M. Théodore Ducos, élevé à Sorèze, embrassa la carrière commerciale. Négociant à Bordeaux, il devint juge au tribunal de commerce et membre de la chambre de commerce, de cette ville. Un mémoire qu'il rédigea au nom de cette chambre de commerce lui valut en 1834 la députation, qu'il conserva jusqu'à la révolution de Février. A la chambre des députés, il vota contre les lois de septembre et contre la loi de disjonction, pour les incompatibilités et l'adjonction des capacités, contre la dotation, les fortifications et le recensement. Comme on le voit, M. Ducos appartenait à cette opposition qui, sans se séparer de la dynastie de Juillet, trouvait son gouvernement trop peu libéral. Il fit des rapports sur la pêche de la morue, la police du roulage, les crédits relatifs aux affaires de la Plata, etc. Il reprit une fois la proposition de M. Gauguier, sur les incompatibilités, et en fit une sur l'admission des capacités à la participation des droits électoraux.

Après la révolution de Février, M. Ducos fut nommé membre de l'Assemblée constituante par le département de la Gironde. Il y vota avec la réunion de la rue de Poitiers. C'est lui qui rédigea le fameux rapport de la commission chargée d'examiner les comptes du gouvernement provisoire, et qui fit insérer dans la constitution de 1848 ces mots : « La république a pour base la famille, la propriété, l'ordre public, » comme correctifs de cette déclaration : « Elle a pour principe la liberté, l'égalité, la fraternité. » Un membre qui n'aimait pas les trilogies sans doute fit introduire *le travail* dans l'amendement de M. Ducos.

Non réélu aux élections de mai 1849 pour la Législative, M. Ducos vit réparer cet échec par le département de la Seine, aux élections complémentaires du 8 juillet, où les candidats de l'union électorale eurent un véritable succès. Le président de la république lui confia le ministère de la marine et des colonies le 9 janvier 1851, en remplacement de l'amiral Romain-Desfossés, démissionnaire; mais il ne conserva ce poste éminent que jusqu'au 24 du même mois, et se retira devant le vote de l'assemblée qui déclarait que le ministère n'avait pas sa confiance, parce qu'il avait destitué le général Changarnier. Rappelé à Paris lors de la crise ministérielle d'octobre 1851, il n'entra pourtant dans le ministère qu'après le coup d'État, le 3 décembre 1851, comme ministre de la marine et des colonies, et il a gardé ce portefeuill jusqu'à ce jour. Le 4 mars 1853, l'empereur l'a nommé sénateur; chevalier de la Légion d'Honneur le 3 janvier 1852, il était nommé grand-officier du même ordre le 13 janvier 1854, pour avoir, avec un budget si réduit, préparé, dit la lettre impériale, des ressources qui permettraient d'un jour à l'autre de doubler ou de tripler nos escadres. L. Louvet.

DUCOS (ROGER-), né à Dax, en 1754, était avocat lorsque la révolution éclata. Sa carrière politique date de la Convention. Député des Landes à cette grande assemblée, il y vota la mort de Louis XVI dans les termes suivants : « J'ai déclaré Louis coupable de conspiration. J'ai ouvert le Code Pénal : il prononce la mort. J'ai vu dans quelques opinions imprimées qu'on le présentait plutôt comme complice que comme auteur des attentats. J'ai encore consulté le Code Pénal : j'y ai vu la même peine contre les complices. Je vote donc la mort! » Roger-Ducos fut, au commencement de l'an II, élu secrétaire de la Convention. Rallié à la Montagne, il se prononça chaudement contre les girondins, dans les journées des 31 mai et 2 juin. Il fit partie du comité des secours publics; il eut aussi l'honneur d'être envoyé en mission en Belgique, en l'an III. On peut dire que Roger-Ducos, qu'on appelait Ducos l'aîné, fut un des députés les plus silencieux de la Convention nationale. Cependant, un jour où cette assemblée discutait un traité de paix avec la Toscane, il reçut de ses collègues, habitués à respecter toutes les nationalités, une assez rude leçon; Roger-Ducos s'était écrié : « Il est bien étonnant qu'on parle d'indemnité avec une petite nation comme la Toscane; l'État de Toscane ne vaut pas deux de vos départements! » Ce langage dédaigneux pour notre nouvelle alliée fut couvert de murmures, et l'orateur fut rappelé à l'ordre. Roger-Ducos fit partie du Conseil des Anciens; il en fut un des secrétaires, en l'an IV; il présida ce conseil, en remplacement de Laffon-Ladebat, dans la célèbre séance de *fructidor* an V. De nouveau élu membre du Conseil des Anciens, en l'an VI, par l'assemblée de l'Oratoire, à Paris, il vit sa nomination annulée, comme entachée de jacobinisme, et se retira dans ses foyers, où il fut investi des modestes fonctions de juge de paix.

Un beau jour, cependant, le petit magistrat se trouva tout à coup appelé aux premières fonctions de la république : Barras l'avait fait nommer directeur, après le 30 prairial an VII. Roger-Ducos marcha avec Barras jusqu'au retour de Bonaparte; comme Barras, il fut d'accord avec le vainqueur d'Arcole et des Pyramides pour amener la révolution du 18 brumaire. Bonaparte le récompensa de sa condescendance en le faisant consul provisoire; Sieyès, dont le 18 brumaire devait à jamais enterrer l'ambition, avait espéré la présidence du consulat; il comptait sur la voix de son ancien collègue de la Convention. « Qui est-ce qui nous présidera? s'écria dans la première réunion le constitutionnaliste devenu consul? — Vous voyez bien, répond Roger-Ducos, que c'est le général qui préside. » Dès ce moment Napoléon était premier consul. Roger-Ducos, sorti du consulat, fut comblé des faveurs de Bonaparte. Celui-ci le nomma d'abord sénateur et vice-président du sénat. Il le fit plus tard comte de l'empire, et lui affecta la sénatorerie d'Orléans. Et cependant, Roger-Ducos vota, en 1814, la déchéance de l'empereur! Napoléon ne l'en fit pas moins siéger à la chambre des pairs des cent-jours, ce qui valut à Roger-Ducos d'être compris dans les listes d'exil dressées par la Restauration contre les conventionnels régicides. Il se retirait en Autriche, au printemps de 1816, lorsque les chevaux de sa berline s'emportèrent près d'Ulm : il sauta par la portière; les roues de la voiture lui passèrent sur le corps, et il expira.

Napoléon Gallois.

DU COUEDIC DE KERGOUALER (Charles-Louis, vicomte), un de ces intrépides officiers qui ont illustré la marine française, naquit le 17 juillet 1740, au château de Kerguelen, en Bretagne. Entré dans la marine en 1756, il fut, en 1778, nommé commandant en chef de la frégate *La Surveillante*. Il était alors lieutenant de vaisseau. C'était au moment où la France, qui venait de se déclarer pour les États-Unis contre le gouvernement anglais, allait avoir à soutenir une guerre maritime avec une marine presque ruinée. L'intrépidité de nos soldats devait compenser notre infériorité matérielle. Du Couëdic avait déjà fait de nombreuses prises aux Anglais; il avait livré d'heureux combats à plus d'un corsaire de cette nation, lorsque, le 7 octobre 1779, il rencontra, à la hauteur d'Ouessant, *Le Québec*, frégate anglaise, commandée par le capitaine Farmer, un des meilleurs marins de la Grande-Bretagne. Le combat, héroïquement soutenu des deux parts, se termina à l'avantage de la France : *Le Québec* sauta en l'air, mais non sans avoir fait essuyer de nombreuses avaries à son adversaire, dont le navire fut rasé et désemparé durant le combat. Du Couëdic lui-même avait été mortellement atteint. Après avoir reçu à la tête un coup de biscaïen, sous lequel il s'était évanoui, mais qui ne l'avait pas empêché de reprendre le commandement dès qu'il avait recouvré l'usage de ses sens, il reçut ensuite une balle dans le ventre. Son admirable fermeté n'avait laissé aucun de ceux qui l'entouraient s'apercevoir de ce nouvel accident, lorsqu'une seconde balle vint se loger près de la première. C'est alors que, se sentant mortellement frappé, le lieutenant commanda l'abordage, pour profiter de ce qui lui restait encore de vie. Après avoir vu sauter *Le Québec*, Du Couëdic, qui avait vainement sommé les Anglais de se rendre, s'occupa de sauver ceux des matelots que n'avait pas tués l'explosion. Il en échappa vingt-quatre, qui rentrèrent à Brest avec le vainqueur mourant. En apprenant la belle conduite de Du Couëdic, Louis XVI lui envoya le brevet de capitaine de vaisseau; mais ce brave ne devait pas jouir de son nouveau grade. Il ne le reçut que peu de temps avant sa mort, qui eut lieu le 7 janvier 1780. La veuve du vaillant marin obtint une pension de deux mille livres, réversible, après sa mort, par portions égales sur ses enfants. Pour conserver la mémoire du noble commandant de *La Surveillante*, un monument portant les armes de la famille Du Couëdic fut élevé à Brest.

Pauline Roland.

DUCPÉTIAUX (Édouard), publiciste belge, qui s'est particulièrement occupé des moyens de remédier au paupérisme et d'améliorer le régime des prisons, né à Bruxelles, le 29 juin 1804, fut reçu avocat et bientôt devint l'un des principaux collaborateurs du *Courrier du Pays-Bas*, journal publié à Bruxelles et organe le plus accrédité de l'opposition. Un procès de presse, par suite duquel il encourut une condamnation à un an de prison, lui valut l'honneur d'être compris au nombre des martyrs de l'oppression hollandaise. Aussi, après les journées de septembre 1830, en fut-il dédommagé par la place d'inspecteur général des prisons et établissements de bienfaisance de Belgique, qu'il occupe aujourd'hui, et à laquelle lui donnait droit un ouvrage contre la peine de mort, écrit dès 1827. Parmi les nombreux ouvrages dont on est redevable à M. Ducpétiaux, nous citerons surtout les suivants : *De la condition physique et morale des jeunes ouvriers* (2 vol., Bruxelles, 1842); *Enquête sur la condition des classes ouvrières, et sur le travail des enfants dans les manufactures* (3 vol., Bruxelles, 1846); *Mémoire sur les écoles de réforme* (1848); *Mémoire sur le paupérisme des Flandres* (1850); *Rapport sur les colonies agricoles, écoles de réforme*, etc. (1851). Indépendamment de la part si active prise par M. Ducpétiaux à la réforme du système pénitentiaire de la Belgique, on doit une mention toute spéciale à sa création la plus récente, *l'École de réforme* pour les jeunes détenues de Ruysselede (Flandre).

DUCQ (Jean Le). *Voyez* Le Ducq.

DUCRAY-DUMINIL (François-Guillaume) ne figurerait pas à coup sûr dans notre Dictionnaire s'il n'eût écrit que les innocents articles dramatiques qui formaient la littérature des *Petites affiches*. Né à Paris, en 1761, il avait succédé dans cette tâche, en 1790, à l'abbé Aubert, critique un peu moins benin. L'honnête Ducray ne s'y permit jamais la plus légère malice; et quand il se voyait obligé d'enregistrer la chute d'une pièce, il ne manquait pas d'y joindre cette phrase consolatrice : « L'auteur est un homme d'esprit, qui prendra sa revanche. » Croirait-on que cet être inoffensif se trouva cependant compromis en 1793, époque qui ne plaisantait guère, par une annonce de son pacifique journal? Directeur général de la rédaction, il y avait laissé passer l'indication d'une vente à faire en assignats démonétisés; il eut le dangereux honneur d'être arrêté par décret spécial de la Convention, et recouvra toutefois sa liberté peu de temps après.

Plus tard, Ducray-Duminil se livra entièrement à la composition des nombreux romans qui ont popularisé son nom et sa renommée, et parmi lesquels on distingue *Alexis, ou la maisonnette dans les bois; Victor, ou l'enfant de la forêt; Cœlina, ou l'enfant du mystère; Paul, ou la Ferme abandonnée; Les soirées de la chaumière*, etc., etc. On ne peut refuser à l'auteur de ces ouvrages une grande fécondité d'imagination; on y trouve en général des plans bien tracés, de l'intérêt, et surtout une moralité parfaite. Le bon Ducray se permettait bien aussi le crime (pour ses héros toutefois, car il n'a guère que des héroïnes sentimentales et vertueuses), mais c'était toujours pour le faire punir et assurer le triomphe de l'innocence au dénoûment. Aussi fut-il pendant vingt ans la providence du mélodrame, dont les auteurs lui empruntèrent gratuitement non-seulement des intrigues, mais des pages entières de dialogue. *La Femme à deux maris*, le chef-d'œuvre du genre, en fournit un exemple notable. On a justement reproché à son style de grandes incorrections et un naturel parfois plus que naïf; ce qui n'a pas empêché sans doute plus d'un auteur puriste de lui envier sa vogue romancière et les éditions multipliées de ses ouvrages (*Lolotte et Fanfan* en a eu jusqu'à *dix*; *Victor* en eut *neuf* en *neuf* ans).

Ducray avait aussi travaillé pour le théâtre, mais il n'y obtint que des succès médiocres. Il était membre de l'Académie des Arcades de Rome, de quelques sociétés littéraires de Paris, et du *Caveau moderne*, où il figurait plutôt comme un franc et joyeux convive que comme un bon chansonnier. Il mourut le 29 octobre 1819, à l'âge de cinquante-huit ans, dans sa maison de campagne de Ville-d'Avray, près de Versailles; car ses nombreux écrits lui avaient procuré une aisance honorable. Ourry.

DUCROIRE ou DÉCROIRE, en italien, *del credere* (mots qui ont passé avec la même signification dans divers idiomes européens), termes d'usage dans le commerce pour désigner une prime allouée à un consignataire ou c o m m i s s i o n n a i r e qui répond alors des débiteurs auxquels il vend la marchandise qui lui est confiée en commission : de telle sorte que si, pour le marché par lui fait, il reçoit en payement des effets créés ou endossés par celui avec lequel il traite, il doit en garantir le payement par un endos ou un aval. Le ducroire est ordinairement le double du droit de commission ordinaire. On appelle aussi *ducroire* le commissionnaire et le commettant. Ainsi on est ducroire soit quand on confie une marchandise, soit quand on s'engage à la vendre moyennant une commission de garantie stipulée.

DUCTILITÉ. La *ductilité* des corps est la propriété qu'ils ont de pouvoir s'étendre sans se rompre, soit sous le marteau, soit en les faisant passer entre des rouleaux, ou dans les trous d'une filière. Il y a des corps, tels que le verre, qui ne sont ductiles qu'autant qu'ils sont chauffés à un degré convenable; d'autres, comme l'or, le fer, le cuivre, etc., s'étendent même quand ils sont froids. La ductilité diffère de l'élasticité, en ce que par cette dernière propriété le corps déformé reprend son premier état, quand l'action de la force qui le comprimait cesse : par la ductilité il conserve la forme qu'on lui a fait prendre. Teysseдre.

DUDAÏM, nom d'un végétal cité dans la Bible comme favorisant la conception, ou comme médicament aphrodisiaque, sur lequel une foule de savants commentateurs ont disserté. Avoir des enfants est le premier vœu des femmes de l'Asie : *Da mihi pueros, alioquin morior*, disait Rachel à Jacob, car la stérilité est un opprobre. Rachel eut donc recours à cet aphrodisiaque, devenu fameux par la difficulté qu'ont trouvée les interprètes de la Bible à découvrir l'espèce de plante qui le produit. Rachel demande à Lia, sa sœur, les *dudaïm* trouvés aux champs, au temps de la moisson des blés, et apportés par son fils Ruben (*Genèse*, xxx, 14-16). Les Septante et la Vulgate traduisent ce mot par *mandragore*. Mais le *dudaïm* est encore cité dans le *Cantique des Cantiques* (ch. VII, v. 14), pour la bonne odeur de ses fleurs, dont on faisait des bouquets, tandis que la m a n d r a g o r e est très-vireuse. Celle-ci, d'après l'expérience, a plutôt causé la stupeur et refroidi l'amour qu'elle n'a été propre aux usages auxquels Machiavel et notre La Fontaine la destinaient, l'un dans sa comédie, et celui-ci dans ses Contes. D'autres auteurs ont cherché ce précieux *dudaïm*, qui procure des enfants, dans cette petite espèce de melon jaune, d'odeur suave, cultivé en Perse pour l'agrément, sous le nom de *destenbuje*; c'est le *cucumis dudaïm*, Lin., introduit en quelques jardins, et dont les fruits, de la grosseur des coloquintes, se conservent dans les appartements ou avec les vêtements à cause de leur parfum. D'autres érudits ont cherché dans les truffes, dans des fruits divers, dans quelques fleurs suaves, ce *dudaïm* célèbre. L'étymologie pouvait offrir un renseignement utile pour retrouver un aussi merveilleux remède. Le terme hébreu *dudaïm* vient de *dadim*, mamelles, ou de *dodim*, jumeaux, voisins, *didyme*; ce qui annonce que ce végétal a des parties groupées deux à deux. Il fleurit au temps de la moisson, en Mésopotamie, c'est-à-dire en mai; son odeur est suave, et l'on en forme des bouquets; enfin, il a des qualités aphrodisiaques. Tous ces caractères conviennent fort parfaitement aux *orchidées*, surtout à celles d'où se tire le s a l e p en Orient. J.-J. Virey.

DU DEFFANT (MARIE DE VICHY CHAMROND, marquise) naquit en 1697, d'une famille noble, de la province de Bourgogne. Médiocrement partagée des biens de la fortune, médiocrement élevée dans un couvent à Paris, ne pouvant, quoique remarquable par son esprit, ses grâces, sa beauté, espérer faire un mariage de son choix, elle accepta le premier parti convenable qui s'offrit, et que ses parents lui proposèrent, le marquis du Deffant, beaucoup plus âgé qu'elle, et avec lequel elle n'avait aucune conformité de goûts, d'inclinations et d'humeurs. Cette union ne fut pas heureuse : on ne sera pas étonné que Mme du Deffant, qui avait une particulière et invincible disposition à l'ennui et qui s'ennuyait de tout le monde, se soit bientôt ennuyée de son mari. Ils se séparèrent, et une tentative qu'ils firent dans la suite pour se réunir ne servit qu'à donner plus d'éclat et même une sorte de ridicule à leur mésintelligence. Mlle Aïssé, autre femme célèbre de ce temps, raconte ces événements d'une manière très-favorable à Mme du Deffant. « Un amant qu'elle avait, dit-elle, l'a quittée quand il a appris qu'elle était bien avec M. du Deffant, et lui a écrit des lettres pleines de reproches. Il est revenu, l'amour-propre ayant réveillé des feux mal éteints. La bonne dame n'a suivi que son penchant, et, sans réflexion, elle a cru un amant meilleur qu'un mari : elle a obligé le dernier à abandonner la place. Elle reste la fable du public, méprisée de son amant, blâmée de tout le monde, délaissée de ses amis : elle ne sait comment débrouiller tout cela. »

On ignore quel est cet amant dont parle Mlle Aïssé : belle, jolie, spirituelle, et ne se piquant pas de principes très-rigoureux, Mme du Deffant dut en avoir plusieurs. On prétend qu'elle fut l'objet passager des goûts du régent duc d'Orléans; elle inspira un sentiment plus durable au président Hénault; mais enfin l'âge de la galanterie passa, et ce fut alors que Mme du Deffant, veuve et maîtresse d'une fortune assez considérable, devint célèbre et acquit une grande considération. Sa maison fut le rendez-vous de ce que Paris renfermait d'illustre parmi les Français et les étrangers : grands seigneurs, ministres, hommes d'esprit de toutes les conditions, femmes belles et aimables, tous regardaient comme un avantage et tenaient, pour ainsi dire, à honneur d'y être admis. Mme du Deffant faisait le charme des conversations d'un cercle aussi bien choisi, et son esprit était toujours au niveau de l'esprit de ceux qui chez elle en avaient le plus.

Cependant, tant de succès et de distractions ne pouvaient la dérober au cruel ennemi de sa vie entière, à l'ennui. Elle en était accablée, excédée, s'en plaignait à tout le monde, demandait des remèdes à tout le monde, n'en trouvait point, et toujours s'ennuyait horriblement. Elle dut ennuyer ses contemporains à force de le dire, et, dans sa correspondance elle ennuie quelquefois ses lecteurs à force de l'écrire. Une cruelle circonstance accrut cette déplorable disposition de son âme : à cinquante-quatre ans, elle devint aveugle.

Ce fut au moment où elle était menacée de perdre la vue qu'elle fit la connaissance de Mlle de Lespinasse; elle crut trouver dans cette jeune personne, pleine de vivacité et d'esprit, une ressource contre le double malheur d'être aveugle, ou, comme elle le dit énergiquement elle-même, *plongée dans un cachot éternel*, et d'être en proie à cette fatale maladie de l'ennui. Cette ressource lui manqua cruellement après quelques années d'une réunion qu'elle avait espéré voir durer jusqu'à la mort. C'est une circonstance malheureuse dans la vie de Mme du Deffant par les tracasseries qui accompagnèrent et suivirent cette séparation. Mlle de Lespinasse, plus jeune, eut plus de partisans; plus active, elle les mit plus vivement dans ses intérêts; elle se jeta d'ailleurs dans le parti des philosophes, des encyclopédistes, des économistes, de ceux qui alors faisaient et défaisaient les réputations : elle s'en fit des panégyristes; elle en fit des détracteurs de Mme du Deffant. Il serait difficile de juger actuellement ce procès; il est à croire qu'il y eut des torts réciproques. Mais quand on considère que Mlle de Lespinasse était l'obligée et Mme du Deffant la bienfaitrice, quand on voit les attentions délicates dont celle-ci prévint la jeune compagne qu'elle s'était associée, la considération dont elle l'entoura à son arrivée dans le monde, la lettre pleine de noblesse qu'elle lui écrivit au moment de leur séparation, en réponse à une lettre assez froide et assez commune qu'elle en avait reçue, la modération avec laquelle elle en parla toujours dans la suite, on est porté à croire que dans la répartition des torts ce n'est pas elle qu'il faut charger des plus graves. Il est d'ailleurs bien probable que Mlle de Lespinasse, avec son caractère ardent et son âme passionnée, était d'une société encore plus difficile que Mme du Deffant, avec sa raison calme, son esprit un peu défiant, son cœur un peu froid.

Ce fut à l'époque de cette fâcheuse tracasserie que Mme du Deffant connut Horace Walpole, fils du célèbre ministre anglais, et c'est à cette connaissance qu'elle doit sa plus grande célébrité, parce que ses liaisons avec ce seigneur anglais donnèrent lieu à une correspondance qui, publiée de nos jours, a mieux fait connaître sa personne, son caractère son esprit, et a excité, à plus d'un titre l'attention générale. Mme du Deffant y passe en revue une infinité d'objets; elle dit son sentiment sur tout avec une extrême franchise; elle juge et les personnes, et les choses, et les livres, et les auteurs, et les gens du monde, et les hommes, et les femmes de sa société avec une sévérité excessive. Toutefois, ses jugements littéraires sont pour la plupart très-sains, et annoncent l'esprit le plus fin et le goût le plus délicat. Quelques critiques particulières sont sans doute d'une rigueur outrée; mais, à tout prendre, l'ensemble de ses opinions sur la littérature de cette époque est très-juste; rien n'annonce plus de justesse d'esprit et de délicatesse de goût.

Cet esprit de causticité qui n'épargne personne a confirmé l'opinion qu'on avait déjà d'elle de son temps, qu'elle n'avait aucune affection dans le cœur. Ses contemporains nous ont transmis plusieurs anecdotes qui accusent la froideur et l'insensibilité de son âme. Elle disait à Pont-de-Veyle, aussi froid qu'elle, et avec qui elle paraissait vivre dans l'intimité depuis quarante ans : « Depuis que nous sommes amis, il n'y a jamais eu un nuage dans notre liaison. — Non, Madame. — N'est-ce pas parce que nous ne nous aimons guère plus l'un que l'autre? — C'est possible. » Le jour de la mort de cet ami, elle alla à un grand souper chez Mme de Marchais; on lui parla de la perte qu'elle venait de faire : « Hélas! dit-elle, il est mort ce soir à six heures; sans cela, vous ne me verriez pas ici. » Et après ce tendre propos, elle soupa fort bien. Du reste, elle regardait ce plaisir comme la plus solide distraction à l'ennui qui la dévorait. Naturellement gourmande, elle écrivait à Walpole : « Les soupers sont une des quatre fins de l'homme; j'ai oublié les trois autres. » Il serait pourtant aisé de citer plusieurs passages de sa correspondance qui prouveraient qu'après avoir été sensible à l'amour dans sa jeunesse, elle ne fut pas insensible plus tard à l'amitié.

On a imprimé, à la suite de sa correspondance avec Walpole, ses *Lettres à Voltaire*, qui, frappé de la justesse de ses observations et de ses jugements, l'appelait l'*Aveugle clairvoyante*. Elles ne font pas moins que les autres honneur au goût et à l'esprit de Mme du Deffant. On a prétendu qu'elles prouvaient la fausseté de son âme : il est vrai qu'elle s'y relâche sur quelques points de cette franchise dont elle fait parade dans son autre correspondance; affectant pour Voltaire une amitié qu'elle n'a pas, et louant quelques-uns de ses ouvrages, qu'elle a traités ailleurs avec un souverain mépris. Elle continua ce commerce de lettres avec Voltaire et Walpole jusque dans un âge très-avancé, et les deux correspondances ne se ressentent à aucune époque de l'affaiblissement de l'esprit ni des glaces de la vieillesse. Présentée, à quatre-vingts ans, à l'empereur Joseph II, qui voyageait en France, elle l'étonna par l'à-propos et la justesse de ses réponses. Longtemps avant sa mort, elle avait désiré devenir dévote et chercher dans les pratiques de la religion ou des consolations, ou une ressource contre l'ennui. Dans une extrême vieillesse, elle revint à cette idée, et en fit part, sans respect humain, à Walpole. Elle eut ensuite des conversations avec un ex-jésuite. La Harpe dit que c'était le père Lenfant, célèbre prédicateur, qui devait être plus tard une des victimes du 2 septembre; elle lui trouvait *beaucoup d'esprit* et en était *très-contente*. Quelques moments avant sa mort, elle fit appeler le curé de Saint-Sulpice : « Ni questions, ni raisons, ni sermons, » lui dit-elle; et elle expira le 24 septembre 1780, à plus de quatre-vingt-trois ans.

On a publié en outre sa *correspondance* avec D'Alembert, le président Hénaut, Montesquieu, la duchesse du Maine, etc. On a beaucoup loué ses bons mots : c'est elle qui a dit de l'*Esprit des Lois*, que c'était de l'*esprit sur les lois*. Deux personnes se disputant sur le miracle de saint Denis, et soutenant, l'une qu'il n'avait porté sa tête dans sa main que quelques minutes, l'autre qu'il l'avait portée de Montmartre à Saint-Denis : « Dans de pareilles affaires, dit-elle pour terminer la querelle, il n'y a que le premier pas qui coûte. »

DUDEVANT (Amantine-Aurore DUPIN, baronne). Voyez Sand (George).

DUDLEY, ville manufacturière du comté de Worcester (Angleterre), située en partie sur le territoire du Staffordshire. Indépendamment des ruines d'un prieuré dont la fondation remonte à l'année 1161, on y voit deux églises, dont la plus ancienne contient des tombeaux et des peintures sur verre fort remarquables, tandis que la plus récente, l'église de Saint-Thomas, ne date que de 1814. Des ruines du *Dudley-Castle*, situé sur une hauteur qui domine la ville, on découvre sept comtés à la fois.

La ville de Dudley renferme 40,000 habitants et est le centre d'une active fabrication d'articles en fer et en verre. Les carrières, les mines de fer et de houille qui l'avoisinent sont exploitées par sa population, et augmentent son commerce auquel le *Dudley-Canal*, aboutissant au *Grand jonction's Canal*, assure d'utiles et faciles débouchés.

Il y a déjà plusieurs années que dans le bassin houiller de Dudley, qui est particulièrement riche en minerai de fer, un vaste incendie intérieur consuma des millions de quintaux métriques de houille, et la nuit de légères flammes s'échappant à travers les fissures du sol en trahissent encore aujourd'hui l'existence.

DUDLEY, famille anglaise, descendant de sir *John Sutton*, qui vers 1320 épousa la sœur et l'héritière de John de Sommerie, seigneur de Dudley, et dont le fils, John de Sutton, fut créé pair du royaume et appelé à siéger à la chambre des lords avec le titre de *baron Dudley*.

John Sutton, quatrième lord Dudley, fut l'un des plus braves généraux de Henri VI dans les guerres de la *rose blanche* et de la *rose rouge*, et fut récompensé des services qu'il rendit à ce prince par l'ordre de la Jarretière, ce qui ne l'empêcha pas de se soumettre plus tard à Édouard IV. Il mourut en 1482. Il avait eu deux fils, *Édouard* et *John*, dont l'aîné le précéda dans la tombe; en conséquence, le fils d'Édouard, *John*, fut le cinquième lord Dudley. Le cadet, John, prit aussi le nom de son père, et devint la souche d'une famille qui a joué un rôle important dans l'histoire d'Angleterre. Son petit-fils, *Edmond* Dudley, jurisconsulte célèbre et ministre de Henri VII, aida ce prince, d'accord avec un autre de ses favoris, sir Richard Empson, à remplir ses coffres par toutes sortes d'exactions, et se rendit tellement odieux au peuple, qu'à la mort du roi il fut arrêté et condamné à mort par une commission (1510).

Son fils, *John* Dudley, né en 1502, hérita de sa mère du titre de vicomte *Lisle*, qui lui fut donné en 1543 par Henri VIII, dont il avait su capter les bonnes grâces. Il fut même nommé par ce prince grand-amiral, et lui rendit de bons services dans les guerres contre l'Écosse et contre la France. A l'avénement au trône d'Édouard VI (1547), Dudley fut créé *comte de Warwick*, et après avoir renversé le protecteur Somerset, il s'empara de toute la confiance du jeune et valetudinaire monarque, qui lui octroya le titre de *duc de Northumberland*, et, à son instigation, désigna sa cousine lady Jane Grey pour héritière du trône, au mépris des droits des princesses Marie et Élisabeth. Northumberland fit épouser à Jane Grey le plus jeune de ses fils, lord *Guilford* Dudley, et à la mort d'Édouard, la fit proclamer reine. Mais il échoua dans ses ambitieux projets, et on peut dire que sa fortune s'écroula encore plus rapidement qu'elle ne s'était élevée. Fait prisonnier par les troupes de Marie et dépouillé de tous ses titres et dignités, il mourut, comme son père, sur l'échafaud, le 22 août 1553. De ses cinq fils, il y en eut deux qui périrent dans les guerres contre la France. Le troisième, *Ambroise* Dudley, fut, en 1561, retabli par Élisabeth en possession d'une partie des biens de son père, ainsi que du titre de comte de Warwick, mais mourut sans laisser d'enfants. Le quatrième, *Robert*, fut le fameux comte de Leicester; et le cinquième, *Guilford*, fut executé en même temps que sa femme, en 1553.

De lady Sheffield, qu'il avait épousée secrètement, Leicester eut un fils, sir *Robert* Dudley, né en 1573, à Sheen, dans le comté de Surrey, qui à la mort de son père, en 1588, hérita du château de Kenilworth et d'autres domaines. Mais n'ayant pu prouver la légitimité de sa naissance, il s'éloigna d'Angleterre, et passa le reste de sa vie en Italie, pendant que Jacques Ier confisquait ses biens. Il s'y occupa beaucoup de sciences, notamment de navigation, d'architecture et de physique, et composa divers ouvrages, dont le plus célèbre a pour titre *Arcano del Mare* (Florence, 1630). En 1620 l'empereur Ferdinand lui conféra la dignité de duc. La ville de Livourne lui est redevable de sa prospérité, car c'est lui qui détermina le grand-duc de Toscane à la déclarer port franc, qui y fit construire un môle et qui par son influence y attira bon nombre de marchands anglais. Il avait épousé en Angleterre *Alice*, fille de sir Thomas Leigh, laquelle, en 1644, fut créée par Charles Ier *duchesse de Dudley* en réparation de l'injustice faite à son époux. Elle mourut en 1670, sans laisser d'héritiers mâles. En revanche, sir Robert eut plusieurs fils naturels, dont le plus âgé, *Charles* Dudley, prit à la mort de son père le titre de duc de Northumberland.

John, le cinquième lord Dudley dont il a été fait mention plus haut (mort en 1487), fut le grand-père de *John*, septième lord Dudley. Faible d'esprit, celui-ci se laissa déterminer par son parent John Dudley, duc de Northumberland, à lui céder *Dudley-Castle*, le manoir berceau de la famille Dudley; aussi le surnomma-t-on par moquerie *lord Quondam*. Son fils, sir Edward Sutton, fut toutefois remis en 1554, par la reine Marie, en possession du manoir paternel en même temps que du titre de baron Dudley. Il mourut en 1586, après s'être distingué dans les guerres contre l'Écosse.

Son fils, *Edward*, neuvième lord Dudley, mourut en 1643, sans laisser de descendance mâle. Ses titres et ses domaines passèrent alors à sa petite-fille *Frances*, fille de son fils Ferdinand, mort avant lui, laquelle se maria avec *Humble* Ward, fils d'un riche orfèvre de Londres que Charles Ier créa baron Ward en 1644. Son fils, *Edward*, succéda en 1670 à son père comme lord Ward, et à la mort de sa mère, en 1697, hérita du titre de lord Dudley.

Le petit-neveu de ce dernier, *John*, fut créé en 1763 *vicomte Dudley et Ward*, et mourut en 1744. Son petit-fils fut *John William Ward*, comte de Dudley, homme d'État et savant célèbre, né le 9 août 1781. Après avoir reçu une excellente éducation, il entra dès l'année 1802 à la chambre des communes où il brilla bientôt comme orateur, et où par la suite il devint l'un des chefs du parti libéral conservateur. Le 25 avril 1823, il succéda à son père en qualité de vicomte Dudley, et lors de la formation du ministère Canning (30 avril 1837), il fut nommé ministre des affaires étrangères, puis en septembre de la même année créé comte. A l'arrivée aux affaires de Wellington (1828), il donna sa démission, et vécut depuis lors étranger à la politique. C'était un homme d'infiniment de talent, d'un profond savoir et du plus noble caractère, mais d'une excentricité qui finit par dégénérer chez lui en dérangement complet des facultés intellectuelles. C'est lui que Bulwer a peint sous le nom de lord Vincent dans son *Pelham*. Il mourut le 6 mars 1833, à Norwood. Sauf quelques articles insérés dans le *Quaterly Review*, il a peu écrit. Sa correspondance avec l'évêque de Llandaff (Londres, 1840) contient beaucoup de matériaux précieux pour l'histoire contemporaine. Avec lui s'est éteint le titre de *Dudley*. Mais la baronnie *Ward* et les biens de la famille ont passé à un parent éloigné, à *William* Humble Ward, prêtre de l'Église anglicane (mort le 6 décembre 1835), dont le fils, *William* lord Ward, né le 27 mars 1827, connu par son immense fortune et par son goût pour les arts, use de son influence dans la ville de Dudley au profit du parti tory.

DUDON (Le baron), l'un des hommes de la Restauration qui ont le plus compromis le gouvernement de la branche aînée des Bourbons par l'exagération de leur zèle monarchique, et qui ont le plus contribué par leurs violences à le rendre impopulaire, devait tout à l'empire, jusqu'à ce titre de baron, qui avait fait de lui une manière de gentilhomme. Il avait débuté, en 1806, par une place d'auditeur au conseil d'État, et avait rapidement fait son chemin dans l'administration. En août 1815 le gouvernement royal lui conféra le titre de conseiller d'État en service extraordinaire, et un an après il le chargea de présider la commission mixte établie pour *liquider* les créances des étrangers contre la France. Assez mal édifiée sur l'origine de la grande fortune qui vers ce même temps advint tout à coup à ce fonctionnaire, l'opinion publique en voulut absolument trouver la source dans la partialité avec laquelle il avait mené les travaux de cette immense négociation. Membre de la chambre des députés, où il siégeait à l'extrême droite, le baron Dudon ayant signalé, dans la discussion qui s'éleva, le 28 février 1822, à propos des troubles provoqués par l'apparition des missionnaires à l'église des Petits-Pères, un groupe de jeunes gens qui s'étaient avancés par la rue des Bons-Enfants, *dans l'intention*, disait-il, *de piller la Banque de France* : « Servez-vous du mot propre, s'écria une voix de la gauche, et dites qu'ils voulaient la *liquider!* » Ce mot terrible eut un succès prodigieux; les journaux, les brochures du temps, le commentèrent à perte de vue, et le malencontreux orateur ne put s'en relever. Aujourd'hui, le baron Dudon, fonctionnaire public, trouverait sans peine dans l'arsenal de nos lois pénales les moyens d'imposer silence à toutes les imputations fâcheuses auxquelles donna lieu à cette époque sa fortune subite, et les tribunaux s'empresseraient de frapper d'amendes énormes les journaux et les brochures où l'on se permettrait à cet égard les plaisanteries un peu vertes dont il était périodiquement l'objet de la part des feuilles satiriques existant sous la Restauration. Alors il n'eut d'autre ressource pour faire taire la malveillance que de se draper dédaigneusement dans le dévouement le plus aveugle et le plus ardent pour la monarchie légitime, laquelle s'en montra très-reconnaissante et lui fit toujours, tant qu'elle dura, une bonne part dans la distribution des emplois honorifiquement lucratifs dont elle disposait. Depuis la révolution de Juillet, M. le baron est retombé dans sa première obscurité; il est même probablement mort dans l'oubli, et c'est uniquement pour rendre intelligible aux générations actuelles la lecture des pamphlets publiés sous la Restauration que nous avons dû expliquer le sens qu'y avait le mot *liquidation*, invariablement accolé au nom de Dudon, que les amateurs de calembours de l'époque stigmatisaient aussi du sobriquet de *cosaque Dudon*.

DUÈGNE. Ce mot vient de l'espagnol *dueña* : dans la péninsule, il désigne, en général, une matrone à qui est confiée la surveillance des femmes du logis. C'est encore une espèce de femme de charge, ordonnant la dépense et le gouvernement intérieur du ménage. Le roman de *Gil Blas* nous l'a admirablement révélée sous ce double aspect. Dans les grandes maisons, placée près d'une jeune épouse ou d'une jeune fille, elle exerce sur elles l'autorité d'une mère, réglant leurs devoirs, dirigeant leurs actions, et les mesurant aux règles de la bienséance et de l'honnêteté. Toutefois, s'il faut en croire les vieux romans et les vieilles comédies, les *duègnes* s'acquittent assez mal de leur mission : en effet, on les voit sans cesse du parti des femmes contre les maris, des filles contre les pères, des pupilles contre les tuteurs; elle jouent, en un mot, un rôle analogue à celui de nos soubrettes, dont elles montrent parfois tout l'esprit, et surtout la complaisance. Mais si depuis longtemps l'influence des soubrettes a disparu parmi nous, et ne vit plus que sur le théâtre, il en est de même de leurs vieilles sœurs en Espagne, où le *cortejo* (cavalier servant), en usurpant les fonctions des duègnes, a sapé leur toute puissance.

Les duègnes ont été importées chez nous dès le dix-septième siècle, lorsque deux reines espagnoles vinrent successivement partager le trône de nos rois. Le théâtre, à son tour, s'en est emparé; et ce nom est resté à l'un de nos emplois dramatiques. A cinquante ans, *la soubrette* passe *duègne*. Nous en avons eu d'excellentes à Paris, Mme Desmousseaux, entre autres, au Théâtre-Français, et, de nos jours encore, Mme Grassaux à l'Odéon. Hors de la scène, en France, *duègne* se prend toujours en mauvaise part : il signifie une entremetteuse, dont l'office consiste à conduire une jeune personne dans les lieux publics, afin de la produire aux regards des hommes. Jadis, les jeunes filles distinguées par la naissance ou par la fortune avaient près d'elles des espèces de *duègnes* ou gouvernantes pour façonner leurs manières et garantir leurs mœurs; aujourd'hui, elles n'ont guère d'autre surveillante que leur mère.

Saint-Prosper jeune.

DUÈGNE (*Art théâtral*). Que de douleurs cachées dans ce mot-là! que d'illusions à jamais perdues! et comme c'est une chose triste de voir cette femme assise, comme Marius, sur les ruines de sa jeunesse, sur les débris de sa beauté! La jeunesse de cette femme était toute sa dignité; son beau visage lui donnait son rang dans le monde des êtres heureux; l'esprit et la grâce de son talent plaçaient sur son front adoré ces faciles rayons qui forment l'auréole dont le vulgaire est ébloui; ses fraîches matinées se passaient dans tous les enchantements de la vanité et de l'orgueil; sa nuit même était rayonnante d'étoiles; elle dépensait sa vie dans le mensonge charmant de toutes les passions riantes. O grands dieux! quels changements soudains, quelles révolutions cruelles dans toute cette personne si vantée! Un beau matin, cette merveille se réveille surannée, perdue, oubliée; c'est à peine si elle a encore un reste de vieux nom, et ce vieux nom, effacé si vite, n'agite plus que des souvenirs passés de mode; la fleur brillante s'est fanée, le parfum suave s'est évanoui, l'amphore joyeuse ne contient plus qu'une lie parasite; c'en est fait, cette beauté n'est plus qu'un songe! Hélas! désormais la pauvre dame aura plus d'avantage à montrer son esprit que son visage; folâtre naguère, et qui concluait volontiers à toutes les conclusions plus ou moins permises, aujourd'hui elle n'a plus d'autre ressource que de devenir un dragon de vertu; son tendre cœur.... son chien de cœur, n'a plus rien à faire qu'à surveiller, qu'à troubler les amours des jeunes gens;

Agnès est devenue la dame suivante qui prêche d'une voix rêche la modestie et l'honnêteté des vieux temps, Iphigénie aux longs voiles qui laissaient entrevoir sa beauté, se vante gravement d'être la première baillive « qui ait porté des pretintailles dans la ville de Bayonne! » Marton l'espiègle est venue parmi les dames sérieuses; elle est passée *ancêtre* tout d'un coup, et elle tient gravement sa place parmi les générations refrognées.

Cette *duègne* que vous voyez là chargée de malédictions et d'outrages, l'effroi des jeunes femmes, la terreur des gens, le plus triste remède qui se puisse trouver à l'amour, cette malheureuse beauté éclopée qui n'a pas d'autre ressource que de se rire au nez à elle-même et de faire la parodie de ce qu'elle était autrefois, ce philosophe au vieux visage qui avale, sans les mâcher, les pilules amères que l'on jette à sa vieillesse, elle a été cependant une des fringantes comédiennes que Molière, et Regnard, et Marivaux, et Beaumarchais, ont fait agir, ont fait parler, ont fait aimer! Et pourtant il faut des *duègnes* à la comédie, comme il lui faut des *amoureuses* : pas de maître sans valet, pas de seigneur sans confident, pas de dame sans sa suivante, pas de jeune-premier sans barbon. De sa nature, la *duègne* est l'ennemie jurée de tout ce qui est la joie, le plaisir, le bonheur. « Elle veut à toute force que l'approche d'un homme déshonore une fille; elle nous sermonne perpétuellement sur ce chapitre, et nous figure tous les hommes comme des diables qu'il faut fuir! » Elle paraît, soudain s'en va toute gaieté et toute espérance; elle est la voix qui gronde, la voix qui menace; elle fait taire la voix qui promet ou qui donne; vous la voyez apparaître à tous les moments difficiles et charmants; elle est, de sa nature, impitoyable, acariâtre, querelleuse, maussade, ennemie du rire, amie du *comme il faut*, prévoyante et vaine, difficile et vaniteuse; elle ne dort que d'un œil, elle ne mange que d'une dent, mais en revanche elle est tout yeux et tout oreilles; elle en veut à tout ce qui est jeune, galant, amoureux, paré; dangereuse ennemie, et d'autant plus dangereuse qu'à chaque mot qui n'est pas pour elle, elle se souvient avec amertume du triomphe de ses beaux jours. Quand on repasse en soi-même le désenchantement de tant de malheureuses femmes forcées par l'âge de jouer le rôle odieux dans la même comédie dont elles ont rempli si longtemps l'emploi brillant et passionné, on ne peut s'empêcher de leur souhaiter la vie et la mort de cette jeune fille dans ce vers charmant qui me revient en pensée :

> Elle tomba, rit et mourut.

Mourir, ce n'est rien dans le monde des arts; *vieillir*, c'est tout : ce n'est pas parce qu'elle est tombée dans une position infime que la *duègne* est à plaindre, c'est parce qu'elle est vieille. La comédie ne sait que cela de triste, *la vieillesse*; peu lui importe tout le reste. Le maître et le valet, le monarque et le sujet, la dame et la soubrette, tous sont égaux devant la comédie : elle n'a de malédictions que pour les *vieillards*. L'esclave, si elle est jeune, la suivante, si elle est belle, nous en aurons fait bien vite autant de grandes dames, reines des fêtes et des élégances : si tu le veux, Briséis, la belle esclave, Achille t'achètera une reine troyenne pour te servir. La soubrette, c'est un peu la duègne, mais une duègne de dix-huit ans; jeune et jolie, elle prend le parti de ce qui est beau, de ce qui est jeune; elle prêche pour le jeune homme, elle est l'ennemie naturelle du vieillard; elle a sa part, et sa bonne part, dans les intrigues galantes dont elle est la cheville ouvrière.

Dans la comédie et dans le drame des anciens, la duègne était volontiers la *nourrice*, bonne femme aux mamelles taries, qui ne pourrait soutenir de comparaison avec le fichu écorné et la cornette effrontée de Lisette.

Le beau métier vraiment pour une femme qui a joué les grands rôles, qui a porté tour à tour le sceptre, la houlette et l'éventail, dont tout l'art consistait à soulever les passions, à charmer les âmes, à faire battre les cœurs, de tomber soudain dans cette morte-mort des rôles raisonneurs, et de n'être plus que le témoin oisif des passions qui vous entourent! Grande misère, de changer son jupon de soie contre un jupon de bure! O misère! de toute nécessité, vous, la reine déchue de toutes les élégances, vous que l'on citait hier encore comme un modèle dans l'art de s'habiller, le plus grand des arts pour une femme, vous êtes forcée, par votre nouvel emploi, de vous affubler d'un habit ridicule, d'un chapeau ridicule; que dis-je? on ne vous trouve pas assez laide, malheureuse créature, et si vous n'y prenez garde, l'huissier du théâtre vous portera l'ordre d'avoir à ajouter des rides à vos rides; votre dent est trop blanche, prenez-y garde! votre main est trop fine, c'est un crime! Que voulez-vous faire de ce pied leste et pimpant qui jure avec les soixante ans dont vous vous êtes chargée à plaisir? En même temps, couvrez-vous de cheveux blancs, amortissez le feu de vos vives prunelles, prenez garde que quelques étincelles de feu et d'esprit ne sortent malgré vous de la cendre des morts où vous êtes ensevelie; surtout point de réminiscence de jeunesse, méfiez-vous des rechutes de vos tendresses passées, étouffez dans votre âme navrée cette espérance qui nous pique et nous mène d'ordinaire jusqu'à la mort; oubliez tout le passé, et souvenez-vous que désormais vous devez vous contenter d'ouvrir la porte aux passions qui attendent sur le seuil de la comédie, et de les introduire avec de grandes salutations. Oh! ces poëtes grecs et ces poëtes latins! ils sont sans pitié pour la *duègne*, ils la traitent comme la dernière des scélérates, ils la frappent à tout rompre, ils l'accablent d'injures et d'immondices, ils ne laissent pas une seule trace de l'idée divine sur ces têtes défigurées par le ravage des passions, ils nous montrent la *duègne* chancelante dans l'ivresse; infirme, malade, jouant le rôle d'un chien de garde, d'un chien hargneux et galeux, attaché par une chaîne de fer à la porte de ces maisons pleines de licence! Molière, et à son exemple tout notre théâtre, est plus bienveillant pour la *duègne* que ne l'ont été les poëtes antiques, et l'on dirait qu'il a prévu qu'une *duègne* fermerait de sa main pédante tout le grand siècle. La *duègne* est donc un personnage très-rare dans les comédies de notre poëte, et toutes les fois qu'il peut employer un homme à ces basses œuvres de la comédie, il n'y manque guère. Le seul rôle de duègne qui se trouve dans les comédies de Molière, la duègne qui est restée la plus belle duègne du théâtre, c'est Mme Pernelle, du *Tartufe*. « Donnez-moi deux rôles comme Mme Pernelle, nous disait Mlle Mars, et je reste au théâtre encore dix ans. » Quelle plus belle louange, quand on a été Célimène toute sa vie, consentir à n'être plus que Mme Pernelle!

Un jour, repassant à part moi les cent mille accidents de la vie littéraire et dramatique, je trouvai, en fin de compte, que cet être si disgracié dans la comédie, la *duègne*, avait pourtant fini par faire son chemin dans le roman et dans le monde. Voyez! la duègne est partout; elle commande, elle règne, elle éclipse tout ce qui est la beauté, tout ce qui est la grâce et la jeunesse; dans le roman, on ne peut guère plus commencer à aimer qu'après trente ans bien sonnés, et encore est-on un peu jeune; au théâtre, pendant qu'une fille de vingt ans à peine est forcée d'accepter les rides de Mme Pernelle, la duègne joue les beaux rôles des jeunes transports; le barbon a trente ans à peine, l'Achille en a cinquante; dans le monde, la jeune femme est effacée, et la duègne passe la tête haute et vêtue des habits du printemps. Ces beaux romans où l'artiste est traité de Turc à More, où le génie jeune, inspiré, réel, dévoué, charmant, est sacrifié aux caprices menteurs de prétendues grandes dames, réduites à calomnier même leur vie passée, c'est la duègne qui les écrit, c'est la duègne qui les compose avec un fiel aigri beaucoup plus qu'avec ses souvenirs; aujourd'hui personne ne veut plus, personne ne sait plus vieillir. La femme de bonne foi, et qui avoue son âge, est tout étonnée un beau jour d'être plus vieille que sa propre mère; la comédienne, cette chose autrefois si passagère, est devenue immortelle; et pour que cette rose reste toujours fraîche et pimpante, il faut que les plus jeunes se fassent les mamans de ces fraîches sempiternelles! Où sont-elles, ces vieilles femmes à qui l'on trouvait *bon visage*, et qui répondaient en souriant : C'est déjà beaucoup d'avoir un visage! Où sont-ils ces bons et sincères vieillards qui répondaient : Ça va bien, mais nous mourrons bientôt! Aujourd'hui surtout, on peut le dire, dans les arts et dans le monde, on ne sait plus ni qui vit ni qui meurt! Jules Janin.

DUEL, terme de grammaire employé pour désigner un nombre particulier à quelques langues, comme l'hébreu, le grec, le polonais, dans lesquelles le singulier désigne l'unité, le *duel* la *dualité*, le pluriel la pluralité. Cette distinction entre la *dualité* et la *pluralité* ajoute, sans aucun doute, à la richesse d'une langue; mais elle en complique le mécanisme et en rend l'étude et l'usage difficiles aux étrangers. Le *duel* ne s'introduisit que tard dans la langue des Hellènes, et y fut toujours assez peu usité. En hébreu, le duel ne s'emploie guère que pour les choses qui sont naturellement doubles, comme les pieds, les mains, les oreilles, les yeux, etc.

DUEL (du mot latin *duellum*, fait lui-même de *duo*, deux, *combat entre deux personnes*). Le duel est un combat entre deux personnes pour leurs querelles personnelles, dans un lieu indiqué par un défi ou un appel en forme de cartel. Les armes le plus communément adoptées dans les duels sont à présent le pistolet ou l'épée, et le sabre parmi les militaires. Ce sont pour l'ordinaire les témoins qui règlent les conditions du combat et veillent à leur exécution.

Au point de vue du droit, de la philosophie et de la morale, le duel est injuste, parce que l'offensé reste seul juge dans sa propre cause, au lieu de s'en remettre à la société, seule investie du droit de châtiment; il est absurde, parce qu'il ne présente pas de degrés dans le châtiment même et que la plus légère offense, comme la plus atroce injure, y est trop souvent punie de mort; parce que ce n'est pas une réparation où le droit soit respecté, attendu que l'offensé court les mêmes chances que l'offensant, et quelquefois de plus grandes; et enfin parce qu'il suppose que le courage physique peut réparer un tort moral.

Tout a été dit sur le duel. On l'a attaqué avec le sarcasme et la caricature comme avec les armes de la raison et de l'éloquence. Rousseau a écrit sur lui deux ou trois pages sublimes dans *La Nouvelle-Héloïse*; et, comme l'a dit un spirituel écrivain, elles n'ont empêché de se battre que ceux qui, si Rousseau ne les avait pas écrites, ne se seraient pas battus davantage. En effet, aux yeux d'un grand nombre d'hommes, le duel, loin d'être un fait odieux, un crime, est au contraire une chose nécessaire à l'existence des sociétés. Il y a, disent-ils, des injures que les tribunaux sont impuissants à réparer; il y a des plaies de famille dont on ne peut demander satisfaction qu'en augmentant cent fois son déshonneur; il est dès lors permis à chacun de se faire justice à soi-même, puisque les voies ordinaires ne sauraient la donner. Des hommes d'État, des écrivains distingués ont défendu le duel à la tribune, dans leurs livres, entre autres Robert Peel, Guizot, Berryer, Lemontey, Brillat-Savarin, etc.

Considéré sous un point de vue général, le duel serait un usage aussi ancien que le monde, car de tout temps les inimitiés ont dû amener des coups de part ou d'autre; on se hait, on se bat : il suffit pour cela d'être deux et de se rencontrer. Les combats singuliers, les défis ont existé de tout temps. Cependant, l'antiquité ne connaissait pas le duel tel que nous le pratiquons. Cette coutume nous est venue des peuples du Nord, qui ne connaissaient pas d'autre manière de soutenir leurs prétentions. Chez eux tout ne s'obtenait que par l'épée. C'est ainsi qu'un jeune homme faisait la demande d'une fille, et le refus, quoique fondé, nécessitait toujours un duel avec le rival heureux. Lorsque la valeur militaire était estimée par-dessus tout et qu'elle tenait lieu de toutes les vertus, il était naturel de demander à la force individuelle et au courage physique la vengeance de l'injure reçue, d'autant plus que les idées religieuses de l'époque tendaient à voir dans l'issue du combat le *jugement de Dieu*. Aussi le duel des barbares devint bientôt, sous le nom de combat judiciaire, partie intégrante de la législation de presque tous les peuples européens. Mais ce n'est que lorsque les duels judiciaires cessèrent d'être ordonnés par les tribunaux que commencèrent les duels proprement dits, les duels particuliers; et grâce à un faux sentiment du point d'honneur, ces rencontres ne tardèrent pas à se multiplier entre gentilshommes.

Voici un résumé des règles que les duellistes reconnaissaient au seizième siècle; nous les empruntons à Brantôme, dans son curieux *Discours sur les Duels*. Il commence par recommander de ne pas combattre sans témoins, d'abord pour ne pas priver le public d'un beau spectacle, et ensuite pour ne pas être exposé à être recherché et puni comme meurtrier. « Les combattants, ajoute-t-il, doivent être soigneusement visités et tastés pour savoir s'ils n'ont drogueries, sorcelleries ou maléfices. Il est permis de porter reliques de Notre-Dame de Lorette et autres choses saintes. En quoi pourtant il y a dispute si l'un s'en trouvoit chargé et l'autre non; car en ces choses il faut que l'un n'ait pas plus d'avantage que l'autre. Il ne faut pas parler de courtoisie : celui qui entre en champ clos doit se proposer vaincre ou mourir, et surtout ne se rendre point; car le vainqueur dispose du vaincu tellement qu'il en veut, comme de le traîner par le camp, de le pendre, de le brusler, de le tenir prisonnier; bref, d'en disposer comme d'un esclave. » Il faut lire les mémoires contemporains pour se faire une idée des meurtres de toutes sortes que l'on regardait comme des duels. Les ouvrages de Brantôme, de d'Audignier, de L'Estoile et de Tallemant des Réaux, le prouvent à chaque page. Ce fut vers 1580 que s'introduisit la règle pour les seconds de prendre fait et cause pour leurs tenants; jusque là ils n'avaient été que témoins, et cet usage est avec raison blâmé par Montaigne : « C'est une espèce de lascheté, dit-il, qui a introduit en nos combats singuliers cet usage de nous accompagner des seconds, et tiers, et quarts. C'étoit anciennement des duels; ce sont à cette heure rencontres et batailles. Outre l'injustice d'une telle action et vilenie d'engager à la protection de votre honneur aultre valeur et force que la vostre, je trouve du désavantage à mesler sa fortune à celle d'un second. Chacun court assez de hasard pour soy, sans le courir encore pour un aultre. »

Parmi les plus célèbres duellistes de cette époque, il faut citer les *mignons* de Henri III. La manie des querelles était, du reste, devenue si commune que Montaigne disait : « Mettez trois François aux déserts de Libye, ils ne seront pas un mois ensemble sans se harceler et s'égratigner. » Pierre de L'Estoile porte à sept ou huit mille le nombre des gentilshommes qui périrent en combat singulier depuis l'avénement de Henri IV jusqu'à l'année 1607. On songea alors sérieusement à réprimer les duels. Déjà l'édit de 1569, l'ordonnance de Blois en 1579, un arrêt de la tournelle du parlement de Paris, en date du 26 juin 1599, avaient défendu à tous sujets du roi, de quelque qualité et condition qu'ils fussent, de prendre de leur autorité privée par duels la réparation des injures et outrages, sous peine de crime de lèse-majesté, confiscation de corps et de biens, tant contre les vivants que contre les morts. Un édit daté de 1602 ordonne à la partie offensée d'adresser sa plainte au gouverneur de province pour être soumise au jugement des connétables et maréchaux de France. Ce fut là l'origine de la juridiction du *point d'honneur*. Mais cette nouvelle institution n'empêcha pas les duels; ils prirent même bientôt un nouveau développement. Ainsi, nouvelles défenses en 1609, 1611, 1613, qui constatent presque toutes dans leurs préambules le résultat insignifiant et regrettable des dispositions antérieures. Richelieu n'eut garde de laisser tomber des lois qui pouvaient si bien le servir dans le projet qu'il avait formé d'abaisser la noblesse; et l'on vit successivement paraître l'edit de 1623, les déclarations de 1624 et 1626, et le règlement de 1634. Parmi les nobles têtes que fit alors tomber pour duel la hache du bourreau, nous ne citerons que celle de François de Montmorency, comte de Bouteville. Sous Louis XIV la sévérité devint inouie. Pendant la minorité de ce prince la noblesse avait perdu plus de quatre mille de ses membres; il ne l'oublia pas quand il fut devenu le maître, et il dépassa les rigueurs de Richelieu même. On ne tint plus compte de l'issue du combat dans la condamnation : la mort pour tous les coupables, leurs châteaux démolis, leurs futaies coupées, leur noblesse effacée, leur postérité stygmatisée de roture et d'infamie et par-dessus tout, comme on l'a dit si bien, la disgrâce du grand roi, tel était le caractère effrayant de cette législation dont l'exagération même prouve la colère et l'impuissance du législateur. Et cependant, ce même souverain qui châtiait les duellistes avec une telle rigueur ne savait pas, au témoignage de son propre fils, se mettre lui-même au-dessus du préjugé commun, « J'ai vu, a dit le comte de Toulouse, le feu roi bien sévère sur les duels; mais en même temps si dans son régiment, qu'il approfondissait plus que les autres, un officier avait une querelle et ne s'en tirait pas selon l'honneur mondain, il approuvait qu'on lui fit quitter le régiment. » Il y avait des compagnies de gendarmes où l'on ne recevait personne qui ne se fût battu au moins une fois, ou qui ne jurât de se battre dans l'année.

La fureur des duels se ralentit dans les dernières années du règne de Louis XIV; mais elle se ralluma presque aussi vive que jamais sous la régence, et Philippe d'Orléans avait bien autre chose à faire qu'à s'en occuper. Louis XV, dès la première année de sa majorité, renouvela les anciens édits par une déclaration en date du mois de février 1723. Mais cette déclaration ne fut pas observée, et les duels ne diminuèrent pas. Les plus célèbres qui eurent lieu sous les deux derniers règnes de l'ancienne monarchie furent ceux du marquis de Richelieu, du marquis de Létorières, de Sainte-Foix, du chevalier de Saint-Georges, du fameux chevalier d'Eon, et enfin celui du comte d'Artois (depuis Charles X) avec le duc de Bourbon-Condé (*voyez* Tome V, p. 238). Avec la révolution commencèrent les duels politiques. Les plus célèbres depuis cette époque sont ceux de Charles de Lameth et du duc de Castries, du baron Durand de Mareuil avec le comte Dolgorouki à Naples, du général Gourgaud et du comte P. de Ségur, à propos de l'*Histoire de Russie* de ce dernier, du colonel Pepe avec M. de Lamartine, de Bugeaud et de Dulong, d'Armand Carrel et de M. E. Girardin, de MM. Granier de Cassagnac et Lacrosse, Dujarrier et Rosemond de Beauvallon, Clément Thomas et Arthur Bertrand, au sujet de la Légion d'Honneur, Thiers et Bixio, Proudhon et F. Pyat, etc.

Malgré le vœu énergiquement exprimé par un grand nombre de membres de l'Assemblée constituante, le pouvoir législatif ne se prononça pas pendant tout le cours de la révolution sur la question du duel. Lors de la rédaction du Code Pénal, le législateur, désespérant de changer les mœurs publiques, affecta la même indifférence. « Quant au duel, dit Treilhard, nous ne lui avons pas fait l'honneur de le nommer. » De cette absence complète de législation, il résulta que pendant près d'un demi-siècle le duel ne fut plus l'objet d'aucune poursuite. La cour de cassation décidait que la loi pénale était muette sur le duel, et qu'elle ne pouvait être appliquée à l'homicide ou aux blessures qui en étaient le résultat. De nombreux arrêts consacrèrent alors cette doctrine, et décidèrent qu'il en serait référé au roi pour l'interprétation de la loi. De là de nombreux projets successivement présentés soit aux chambres les 14 février 1829 et 11 mars 1830, soit au conseil d'État en 1832, projets qui n'eurent point de résultats. Dès ce moment pourtant la cour de cassation reconnaissait que dans le cas de perfidie ou de déloyauté le duel retombait sous le coup de la pénalité établie pour l'homicide et les blessures volontaires. Mais en 1837, à la suite de plusieurs réquisitoires de M. Dupin aîné, la cour abandonna tout à coup son ancienne doctrine, et depuis lors elle a décidé invariablement que l'homicide ou les blessures résultant du duel devaient être poursuivies et punies conformément aux dispositions générales du Code Pénal.

Or, qu'arrive-t-il? Si l'un des adversaires a succombé dans la rencontre, l'accusé est traduit devant la cour d'assises pour meurtre commis avec préméditation ou assassinat; et comme il est sous le coup d'une condamnation capitale, le jury l'acquitte infailliblement; si au contraire il n'y a eu que de simples blessures, ces blessures, au lieu d'être considérées comme des tentatives d'assassinat, sont prises pour ce qu'elles sont matériellement et considérées comme délit principal. L'accusé est traduit devant les tribunaux correctionnels, et ces tribunaux, placés sous le contrôle de la cour de cassation, condamnent invariablement. Si bien que l'intérêt du duelliste est d'augmenter autant que possible les charges qui s'élèvent contre lui : son acquittement est à ce prix.

Assurément une législation qui amène de pareils résultats est une législation vicieuse. A l'exemple de toutes les nations policées, qui ont une loi spéciale sur le duel, l'Angleterre, les États-Unis (où cependant les rencontres sont si fréquentes), la Belgique, l'Autriche, la Prusse, l'Espagne, la Suède, le Portugal, la Russie, divers modes de répression ont été proposés en ces derniers temps contre le duel, et l'on serait en droit d'attendre de bons résultats de quelques-uns d'entre eux. L'Assemblée législative, dans les derniers temps de son existence, avait même été saisie à ce sujet d'une proposition spéciale; les événements du 2 décembre ont empêché qu'il y fût donné suite. W.-A. Duckett.

La question du *duel* a toujours occupé une grande place dans les esprits, elle en a même occupé dans la législation; et si les lois ont toujours été impuissantes à le réprimer, c'est peut-être parce qu'on a cherché la répression dans la chose que les duellistes redoutent le moins, la peine de mort. En effet, le duelliste fait le sacrifice de sa vie, il croit devoir s'en honorer, et le préjugé lui fait croire qu'il perdrait son honneur s'il ne risquait pas sa vie. Il s'expose à être tué ou à tuer. Par conséquent, lui dire d'avance : « Si tu te bats, si tu risques ta vie, ou celle d'autrui, tu mérites la mort, » c'est le menacer de ce dont il n'a pas peur. Si, au contraire, la loi avait cherché des répressions morales, qui missent en péril, non pas la vie, mais l'honneur et la considération, on aurait obtenu un meilleur résultat. La loi eût dû faire courir des risques réels à la considération et aux droits civils et politiques des duellistes. Alors, placé entre ce qui eût été le préjugé d'une part et le résultat réel de la législation de l'autre, on eût peut-être obtenu la répression du duel. Ainsi, tel homme refusera de se battre s'il ne craint que la peine de mort; on lui dira : « Tu es un lâche. » Mais s'il avait à redouter d'être exclu de toute fonction civile publique, du droit d'être témoin en justice, du droit de tester, en un mot d'être privé de tous les avantages sociaux, l'homme le plus décidé à affronter la mort, et qui la craint le moins, trouverait dans son intérêt, dans sa considération d'homme, dans son avenir et dans celui de sa famille, des motifs honorables de préférer au duel le respect à la loi.

Le duel n'est qu'un acte de barbarie; c'est quand les lois étaient insuffisantes, quand il n'y avait pas de tribunaux assez puissants, que l'homme en appelait au combat singulier. On se donnait un démenti, et dans un siècle de chevalerie, on croyait faire de l'honneur en suppléant par la force à l'absence de civilisation. Quand la monarchie fut mieux établie, quand l'État fut rappelé à l'unité, quand les seigneurs féodaux, qui se croyaient égaux, et qui étaient toujours prêts à croiser la lance ou à tirer l'épée, furent forcés de reconnaître que toute justice émanait du roi, dès ce moment ce ne fut plus un honneur de se battre, mais une infraction à la loi.

Comment! dans la vie ordinaire, quand deux hommes ont une rixe, s'ils échangent quelques coups de poing, c'est un délit; on reproche à celui qui a frappé d'avoir abusé de sa force; le duel à coups de poing est puni par les tribunaux correctionnels : mais si, au lieu de quelques coups, c'est la mort, ou des blessures avec effusion de sang, alors c'est un honneur, c'est l'impunité! Le principe du mal est le même dans les deux cas : c'est qu'à la place de l'injure, qui souvent devrait être dédaignée, ou d'une répression qui devrait être demandée aux tribunaux, on se fait législateur. Mais le mal est incomparablement plus grand dans le second, car pour ce qui est au-dessous même d'un délit correctionnel on inflige la peine de mort. Ainsi, chacun, au gré de son caprice, se fait tout à la fois législateur, juge et exécuteur de la sentence qu'il a portée contre celui avec lequel il se bat.

Il appartient donc au législateur de porter remède à ce mal. Même dans l'état actuel de la législation, chaque fois qu'il y a un duel, je voudrais qu'il y eût une instruction, ne fût-ce qu'une instruction de *coroner*, c'est-à-dire de personnes rassemblées à l'entour du corps, en manière de jury; je voudrais qu'il y eût une instruction judiciaire, que toute affaire de ce genre fût portée devant un jury. Ce serait le jugement du pays : le jury partagerait quelquefois la sévérité du pays; d'autres fois il se laisserait aller à l'influence du préjugé, il admettrait des excuses, et quand il y aurait des circonstances atténuantes, il serait indulgent. Mais du moins il y aurait satisfaction à la morale, à la loi de la société; mais on ne proclamerait pas que le coup de poing est interdit, et que l'arme est permise; qu'une blessure faite avec le poing est défendue, et que la mort causée par l'épée ou le pistolet est tolérée avec impunité.

D'ailleurs, il y a des querelles misérables, pour des motifs indignes, qui ne mériteraient pas qu'on s'en occupât un instant; et quand on combat un préjugé comme celui-là, n'est-ce pas un excellent moyen de le détruire que cette solennité judiciaire qui appellerait au moins l'exposé des faits? Lorsque ce ne serait qu'une querelle futile pour la préséance dans un théâtre, pour une prétendue insulte faite à une femme, pour avoir été coudoyé, pour opinion, pour un regard de travers, et que le public, au lieu de lire dans un journal que deux hommes se sont rencontrés, qu'ils ont satisfait à l'honneur (car ce sont là leurs termes, et ils parlent toujours de pareille chose avec éloge), lorsque le public, dis-je, entendrait la voix sévère du magistrat qualifier le duel et ses circonstances comme ils le méritent, ne serait-ce pas un moyen pour détruire ce préjugé? Souvent le duelliste, en remportant son acquittement, remporterait aussi certaine animadversion publique qui contribuerait à faire disparaître cette barbarie de nos mœurs. Je déplore que quelques tribunaux aient été subjugués par cette funeste erreur. Il ne s'agit pas d'abord de juger s'il y a duel ou non; il y a un homme mort, n'est-ce donc pas un motif nécessaire pour procéder? Il faut que l'affaire arrive au jury : si l'accusé peut présenter des excuses légitimes, s'il y a des circonstances atténuantes, le jury y aura égard, les magistrats modéreront la peine; mais il faut que justice soit faite. Voilà les sentiments qu'a fait naître en moi le duel en présence du préjugé général, de l'insuffisance des lois et de l'inaction des magistrats. Il faut apprendre aux hommes à ne reconnaître pour maîtres et pour règle que la loi et le magistrat, DUPIN aîné,

ancien procureur général à la cour de cassation.

DUELLISTE. Celui qui se bat en duel, dit l'Académie. Les rois de France juraient à leur sacre de ne point faire grâce aux duellistes. Dans un sens plus restreint et plus ordinaire, ce nom se donne à l'homme qui se bat *souvent* en duel, qui cherche les occasions de se battre en duel : c'est un duelliste, un grand duelliste, un duelliste de profession.

Le *duelliste* est le descendant du *bravo*, avec cette différence que celui-ci travaillait pour le compte d'autrui, tandis que celui-là n'opère généralement que dans son intérêt privé, ou plutôt dans celui de sa forfanterie, de son orgueil, de son caprice; et sûr de son œil, de sa main, de son habitude des armes, vous accuse, quand vous ne pensiez pas à lui, de l'avoir regardé de travers, pousse sur-le-champ, malgré vos consciencieuses explications, les choses à l'extrême, vous tue, essuie son épée ou désarme son pistolet, salue avec élégance et se retire.

C'est le frère, le cousin, le proche parent du *bretteur*, du *bravache*, du *ferrailleur*, du *spadassin*, autres catégories de gens toujours prêts, sur le moindre prétexte, à tirer la *brette* pour venger une insulte imaginaire, ou faisant même métier de provoquer l'homme le plus inoffensif, qui parfois leur donne de sévères leçons.

Le *duellisme* a eu son temps, comme toutes les autres épidémies physiques et plus ou moins immorales. Sous le premier empire, par exemple, le bourgeois, le *pékin*, était la bête noire du *troubadour*, du troupier. Sous la Restauration, le *libéral* ou *libéré* fut celle du garde du corps et du mousquetaire. Ces folies sont maintenant loin de nous. Le *duellisme* systématique est devenu du plus mauvais ton, et à peine reste-t-il aux abords des Phrynés de carrefour le partage de misérables aussi lâches en masse que leurs prédécesseurs étaient quelquefois intrépides.

DUERO. *Voyez* DOURO.

DUFAURE (JULES-ARMAND-STANISLAS), avocat, ancien député, ancien ministre, ancien représentant, est né en 1799. Il fit à Paris ses études de droit et y fut reçu docteur. Déjà, en 1817 et 1818, dans une conférence de jeunes étudiants, où se trouvaient avec lui MM. Chaix-d'Est-Ange et Vivien, depuis ses collègues, il avait attiré l'attention par un talent de parole remarquable et par l'ardeur de patriotisme si familière à la jeunesse de cette époque. Il débuta peu après au barreau de Bordeaux, cette féconde pépinière d'orateurs et de ministres. Il s'y distingua par la puissance de sa dialectique, la vigueur de son argumentation et la droiture de son caractère, et il y occupait depuis longtemps le premier rang, quand éclata la révolution de Juillet. Ce grand événement, auquel il prit une part active et courageuse, ne le détourna qu'un instant de son cabinet d'avocat, et ce n'est qu'aux élections de 1834 que les électeurs de l'arrondissement de Saintes le firent entrer dans la vie politique, pour laquelle il renonça entièrement, quelques années plus tard, à ses travaux judiciaires. Aussitôt après son entrée dans la chambre, il justifia la réputation qui l'y avait précédé. En 1834 et 1835 il s'opposait avec éloquence à la mise en jugement d'Audry de Puyraveau devant la chambre des pairs, à l'occasion du procès d'avril, et combattait les lois de septembre. L'opposition avait trouvé en lui un défenseur puissant et énergique. Cependant, le gouvernement, détourné pendant quelques années des voies de la modération par la violence des partis, était obligé de modifier sa politique. Le ministère du 11 octobre s'était dissous pour faire place à celui du 22 février, présidé par M. Thiers, et formé dans le but d'apaiser les esprits et de rapprocher tous les hommes qu'unissait un attachement égal au gouvernement nouveau. En témoignage de cette résolution, M. Dufaure fut nommé conseiller d'État en service ordinaire; mais il conserva peu de temps ces fonctions. Le cabinet du 22 février s'étant retiré quelques mois plus tard, il s'empressa de donner sa démission, et retourna s'asseoir sur les bancs de l'opposition, où il demeura jusque après la coalition, continuant à se livrer assidûment à tous les travaux de la chambre et prenant part aux principales discussions.

Sa position était trop élevée pour qu'il ne fût pas appelé à jouer un rôle dans les complications ministérielles qui suivirent la chute du ministère du 15 avril. Il avait été désigné pour faire partie d'une combinaison que fit manquer M. Dupin, après y avoir d'abord adhéré. A l'occasion des interpellations provoquées par cet incident, il prononça un de ses discours les plus heureux et les plus applaudis. Peu de temps après, il entrait dans le cabinet du 12 mai. Ce cabinet, formé à la hâte, sous l'impression de l'attentat qui le jour même ensanglantait les rues de Paris, ne répondait pas aux besoins du moment. Composé en apparence pour satisfaire les opinions qui venaient de triompher dans les élections, il ne comprenait pas dans ses rangs les hommes qui avaient le plus contribué à ce triomphe; il n'avait point de chef réel, de programme arrêté; il devait nécessairement rompre et diviser l'opposition, qui n'avait pas trop de toutes ses forces pour recueillir les fruits d'une victoire longtemps disputée. M. Dufaure fut blâmé d'avoir accepté un portefeuille dans ce cabinet. Il y fut sans doute entraîné par la préoccupation trop vive de dangers publics dont on exagérait à ses yeux la gravité. Quoi qu'il en soit, il ne lui arriva point, comme à tant d'autres, de perdre au ministère la réputation qu'il s'était faite sur les bancs de la chambre. Probe, laborieux, rompu aux affaires, il se voua avec un grand zèle aux soins des travaux publics, dont on avait fait un département pour lui, proposa les mesures que rendait nécessaires la situation précaire où se trouvaient alors les entreprises de chemins de fer, et soutint ces mesures à la tribune avec un succès qu'ont pu lui envier plus d'une fois les ministres ses successeurs. Comme homme politique, il se défendit loyalement, au risque de déplaire à ses collègues moins décidés, de tout désaveu de ses opinions ou de ses votes antérieurs. Le cabinet du 12 mai ne devait pas tarder à subir les conséquences de sa composition bâtarde. A peine comptait-il huit mois d'existence, quand la loi de dotation, qui avait déjà contribué à la dissolution du ministère du 6 septembre, et qu'il présenta à son tour, fut rejetée par une coalition formée en partie des députés les plus hostiles à celle qui avait renversé M. Molé. C'était le temps où un cabinet qui échouait sur une mesure importante croyait de son honneur de se retirer. Les ministres, sur l'insistance de M. Dufaure, se soumirent à cette loi.

Le cabinet du 1er mars prit les affaires. Pendant la durée de ce cabinet, M. Dufaure se contenta de l'observer; il l'appuya, dit-on, de son vote quand la chambre fut appelée à se prononcer sur les fonds secrets, et évita de s'en déclarer le partisan ni l'adversaire. Cette neutralité ne se prolongea point longtemps. Lorsque la chambre se réunit de nouveau, l'administration du 29 octobre avait succédé au 1er mars. M. Dufaure avait refusé d'y entrer, quoiqu'elle comptât plusieurs de ses anciens collègues du 12 mai, parce qu'il devait y rencontrer comme garde des sceaux M. Martin (du Nord), un des ministres du 15 avril, et comme ministre des affaires étrangères et personnage prépondérant M. Guizot, en qui il voyait toujours un adversaire politique, malgré les rapprochements de la coalition. Mais, tout en refusant sa solidarité ministérielle, il avait promis son appui politique, et il fut de ceux qui se prononcèrent le plus vivement le 1er mars. Il se trouva ainsi momentanément dans le parti ministériel, qui le fit vice-président de la chambre, et en lutte avec l'opposition, qui n'avait pas abandonné un ministère accusé d'avoir ressenti avec trop de susceptibilité une blessure faite à la dignité de la France. Les souvenirs honorables de son administration le désignaient pour faire partie des commissions qui préparaient les grandes lois de travaux publics. Il fut successivement rapporteur de la loi sur l'expropriation pour cause d'utilité publique, et de celle qui avait pour objet les travaux extraordinaires de défense du royaume. Il se prononça contre la loi des fortifications. Cependant, les conditions auxquelles il avait subordonné son adhésion n'étaient point réalisées. La convention conclue pour faire rentrer la France dans le concert européen, cette convention dont M. Guizot avait nié l'existence alors qu'elle était déjà acceptée, n'avait obtenu de lui qu'une triste et muette approbation. Il condamnait le traité du droit de visite. En 1842 il se prononça ouvertement contre le ministère; en même temps il se déclarait étranger à toute combinaison nouvelle, et contribuait ainsi à maintenir les ministres, que plusieurs députés ne voulaient renverser qu'avec la certitude qu'une autre administration se formerait immédiatement. Malgré ce dissentiment, il fut encore rapporteur de la loi de 1842 sur les chemins de fer, et assura l'adoption de cette loi, malheureuse conception appuyée sur des combinaisons électorales qu'il essaya vainement de déjouer, expédient qui ne laissera guère d'autre souvenir que la médaille monstre frappée en son honneur.

Depuis lors jusqu'à la révolution de 1848, M. Dufaure garda une attitude hostile au ministère, sans pourtant contracter avec l'opposition une alliance permanente. Il fut le centre et le chef d'un de ces groupes de députés qui contribuèrent à affaiblir l'opposition en la privant d'unité; et ses adversaires, le voyant ainsi dresser un camp à part, l'accusèrent de céder à un sentiment de vanité et d'obéir à des ressentiments personnels plus qu'à des convictions politiques. Soit lassitude, soit découragement, soit absence de cette résolution d'esprit qui fait les chefs de parti dans les gouvernements parlementaires, il se borna à exprimer de loin en loin son opinion dans les débats politiques et sur des questions spéciales; il ne prêta pas à l'opposition cette assistance de tous les instants qui ne laisse point de relâche à un ministère. Il pouvait être un général dirigeant le combat, il ne fut qu'un volontaire se livrant à des escarmouches. Pendant quelque temps, il avait passé pour le maître de la situation; et quand il s'était séparé du ministère du 29 octobre, on avait pu croire que son éloignement entraînerait la chute de ce cabinet. Ces prévisions ne se réalisèrent pas. Administrateur éminent plutôt qu'homme politique, il parut ne point rechercher d'autre gloire que celle qui s'attache à des travaux utiles et consciencieux, et se voua principalement à quelques lois d'intérêt matériel, qu'on était trop heureux de confier à un rapporteur dont l'éloquence et la probité ne laissaient point soupçonner de combinaisons trop souvent égoïstes. Au commencement de la session de 1845, les voix de l'opposition l'appelèrent de nouveau à la vice-présidence de la chambre, fonctions dans lesquelles il déploya autant de fermeté que de netteté d'esprit.

[Fidèle à ses principes, M. Dufaure ne voulut pas prendre part à la fameuse campagne des banquets réformistes, en 1847, parce qu'il les jugeait inconstitutionnels. Le 22 février 1848, lorsque M. O. Barrot eut déposé sa demande de mise en accusation du ministère sur le bureau de la chambre des députés, M. Dufaure, passant devant le banc des ministres, leur dit avec un accent énergique : « Si vous aviez laissé faire le banquet, c'est alors que vous auriez mérité d'être mis en accusation. » Après la révolution de Février, le département de la Charente-Inférieure l'envoya encore à l'Assemblée constituante, où il fut sur le point d'arriver à la présidence à la place de M. Sénart, ce qui poussa le général Cavaignac à lui confier le portefeuille de l'intérieur, à la fin de septembre. Ce fut sous son administration que se fit l'élection présidentielle. Il se montra très-hostile à la candidature de Louis-Napoléon, et se retira le 20 décembre 1848. Élu le 13 mai 1849 à l'Assemblée législative par les départements de la Charente-Inférieure et de la Seine, il opta pour le premier, et le 2 juin il fut rappelé au ministère de l'intérieur. Il y représentait les opinions des membres du cercle constitutionnel, qui avait été fondé sous sa présidence. Lancé dès lors dans la réaction, il se chargea de faire exécuter une foule de lois de compression : des gardes nationales furent dissoutes, les réunions politiques interdites, la liberté de la presse fut entravée, la loi dite de la liberté de l'enseignement présentée, Paris maintenu en état de siége, etc. Cependant M. Dufaure, en entrant au ministère, déclarait que s'il avait accepté un portefeuille, ainsi que MM. de Tocqueville et de Lanjuinais, c'était uniquement dans l'intérêt de la constitution, menacée sans doute, suivant les expressions de M. O. Barrot, par *les plus détestables passions*. Aussi M. Dufaure ne garda-t-il pas longtemps son ministère. Un message à l'assemblée lui apprit, le 31 octobre, qu'il était remplacé par M. Ferdinand Barrot. Rentré dans l'opposition avec la majorité, il attaqua vivement le ministère Baroche qui avait *remercié* le général Changarnier de ses bons services. Dans la discussion sur la révision de la constitution, il parla contre ce projet, exprimant l'espoir que le président ne se représenterait pas illégalement en 1852. « On s'habituera, disait-il, à renouveler le président comme on s'est habitué à renouveler les chambres. » Le coup d'État du 2 décembre vint lui apprendre qu'il s'était trompé. Quelque temps après, il se faisait inscrire au tableau des avocats de Paris. L. LOUVET.]

DUFAY DE CISTERNAY (CHARLES-FRANÇOIS), né à Paris en 1698, mort le 16 juillet 1739, membre de l'Académie des Sciences, fut le premier directeur spécial du Jardin du Roi, qui, tombé dans le plus grand abandon, ne tarda pas, grâce à lui, à devenir le plus beau et le plus riche de l'Europe. Dufay était un des membres les plus actifs de la savante compagnie qui se l'était agrégé; c'est ainsi qu'il présenta plusieurs mémoires aux six différentes sections dont elle se composait, relatifs à la géométrie, à l'astronomie, à la mécanique, à l'anatomie, à la chimie et à la botanique. Sur sa demande, Buffon lui succéda dans l'intendance du Jardin du Roi.

DUFOUR (GUILLAUME-HENRI), général au service de la confédération helvétique, né en 1787, à Constance, d'une famille originaire de Genève, fit dans cette dernière ville les études préparatoires nécessaires à ceux qui se destinent à la carrière du génie militaire. Genève ayant été incorporée au territoire français, le jeune Dufour entra dans un de nos régiments comme sous-lieutenant. Il était capitaine et décoré de la Légion d'Honneur quand l'empire s'écroula, et il avait fait preuve de zèle et de talent, en 1815, dans les travaux de fortification entrepris à Grenoble, de même que dans la défense de cette place.

Quand le canton de Genève eut été restitué à la Confédération helvétique, le capitaine du génie Dufour reprit son rang dans l'armée fédérale, et en 1827 il y occupait dans l'état-major général le grade de colonel. En 1831, la diète ayant jugé utile de réunir pour la défense de la neutralité suisse un corps d'armée placé sous les ordres du général Gugier de Prangin, le colonel Dufour lui fut adjoint comme chef d'état-major. Nommé bientôt après quartier-maître général, et toujours réélu depuis à ces fonctions par la diète, il rendit d'importants services à sa patrie et comme instructeur en chef du corps du génie à l'école militaire de Thun, et en dirigeant pendant plusieurs années les travaux de triangulation entrepris pour lever la carte topographique du territoire de la Confédération. En 1847, le colonel Dufour, parvenu à l'âge de soixante ans, était le plus ancien officier de son grade de l'état-major général, quand la diète fédérale lui conféra le grade de général et l'appela au commandement en chef du corps d'armée destiné à soumettre le Sonderbund. 100,000 hommes environ se trouvèrent sous les armes quelques semaines après. Le but du gouvernement helvetique, en faisant une si formidable démonstration contre des factieux, n'était pas seulement d'écraser la rébellion tout de suite, et sans lui donner le temps de prolonger sa résistance, mais aussi de montrer à l'étranger qu'une intervention armée de sa part dans les divisions intestines de la Confédération ne serait pas sans difficultés ni périls. On voulait en même temps mettre à profit cette espèce de levée en masse pour habituer l'armée fédérale aux grandes manœuvres de guerre, pour la passer en revue et étudier ce qu'il pouvait y avoir encore de défectueux dans son organisation. Le général Dufour s'acquitta de cette double mission avec autant de succès que de talent, de même qu'il fit preuve de modération et d'humanité à l'égard des vaincus. En témoignage de la reconnaissance publique, la diète lui vota un sabre d'honneur et un don de 40,000 francs. Le rapport adressé par le général Dufour à la diète pour lui rendre compte de ses opérations signalait les parties faibles de l'organisation de l'armée fédérale, la nécessité d'accroître l'effectif de la cavalerie et de créer un corps de guides à cheval; et le gouvernement helvétique a depuis fait droit à ces diverses observations. Le succès des opérations coërcitives entreprises contre le *Sonderbund* a eu surtout l'utile résultat de resserrer davantage les liens de la Confédération, et d'empêcher d'imperceptibles minorités d'essayer de faire prévaloir leurs volontés particulières au mépris de l'acte fédéral. Quoique le général Dufour se soit abstenu le plus souvent dans les luttes des partis existant dans son pays, on sait que par ses opinions il appartient au parti conservateur modéré. On a de lui : *Mémoires sur l'artillerie des anciens et sur celle du moyen âge* (1840); *Manuel de Tactique pour les officiers de toutes armes* (1842); *De la fortification permanente* (1850).

DUFRÉNOY (ADÉLAÏDE GILLETTE BILLET, Mme), femme poëte, née à Paris, le 3 décembre 1765, était fille de Jacques Billet, joaillier de la cour de Pologne. Elle goûta dans son enfance et pendant sa jeunesse tous les plaisirs de la vie opulente, dans une famille où les soins du commerce n'excluaient pas le goût des délassements littéraires. M. Billet attirait chez lui quelques hommes de lettres, aimables convives, dont la conversation charmait la jeune fille, qui devait à son tour arriver à la célébrité. M. Billet, qui aurait préféré que sa fille fût d'un autre sexe, l'élevait en conséquence, et lui fit apprendre le latin, où elle réussit au point de traduire Horace et Virgile. M. Laya, son parent, lui inspirait en même temps le goût de la poésie française, et l'initiait aux procédés de la versification. Elle passa plus tard aux mains d'une tante, supérieure de la maison des sœurs hospitalières de la Roquette. Elle y eut de saints exemples et de pieuses leçons : c'est là qu'elle dévorait presque à la dérobée les sermons de Massillon, de Bourdaloue, l'*Imitation de Jésus-Christ*, la *Vie des Saints* : sa tante n'autorisait guère d'autres lectures que l'Évangile, les Épîtres des Apôtres et le grand Cathéchisme de Montpellier. Rien de tout cela ne préparait ni au sentiment ni à la peinture de l'amour qui révéla le génie poétique de Mme Dufrénoy. Elle aspirait alors à imiter les saintes, dont les vertus et le courage la remplissaient d'admiration, et elle aurait voulu, comme elle l'a dit, cueillir la palme du martyre. Elle était réservée à d'autres épreuves, bien douloureuses souvent, et quelquefois héroïques. Dévouée comme femme, comme mère, comme amie, Mme Dufrénoy a accompli de nobles sacrifices, dont elle a été payée par la gloire.

A peine âgée de quinze ans, elle se laissa marier, sans répugnance comme sans empressement, à M. Petit-Dufrénoy, procureur au Châlet de Paris, homme d'esprit et de plaisir, qui eut et qui méritait la confiance de Voltaire dans des affaires d'intérêt épineuses et délicates. L'aisance que Mme Dufrénoy avait trouvée dans la maison de son père était remplacée par le luxe dans celle de son mari. Toutefois, ce luxe ne pouvait pas ébranler une fortune solidement établie et maintenue par les produits d'une charge importante; mais la Révolution survint et troubla cette prospérité, qui semblait inaltérable. Au terme de la tourmente révolutionnaire, M. Dufrénoy possédait pourtant encore dans le faubourg Poissonnière un magnifique hôtel; mais un incendie détruisit en une nuit ce débris de sa fortune. « Mme Dufrénoy soutint ce revers avec fermeté, a dit M. Jay; elle avait un fils, né avec d'heureuses dispositions, dont l'existence devait être assurée; elle se livra sans hésitation aux travaux les plus incompatibles avec ses habitudes et ses goûts; mais la tendresse maternelle surmonta tous les obstacles. Cette femme élevée dans l'aisance, familiarisée avec les élégances de la vie, et dont la brillante imagination entretenait avec le monde idéal un commerce assidu, passait les jours et les nuits à faire des copies pour les avocats, les avoués et les hommes d'affaires. Son fils fut placé dans une maison d'éducation; elle soutint son mari, que menaçait une infirmité redoutable, la perte entière de la vue. Rien de plus digne d'admiration que ce dévoûment de tous les jours, de toutes les heures, que cette lutte perpétuelle contre des besoins sans cesse renaissants ! Mme Dufrénoy en trouvait la récompense dans l'affection d'une mère et d'une sœur tendrement aimées, et dans l'estime de tous ceux qui connaissaient sa position, ainsi que la constance et le but de ses efforts. »

Pendant la période orageuse de la révolution et avant ses derniers désastres, Mme Dufrénoy, qui n'avait pas vu sans pitié, sans généreux effroi, les excès de la terreur, avait été obligée de s'abriter dans une retraite peu éloignée de Paris, à Sevran, près de Livry, où elle offrait l'hospitalité à quelques proscrits sérieusement compromis. Fontanes, jeune poëte élégant, homme aimable, fut reçu avec empressement, ainsi que l'abbé Sicard. Dans les longs loisirs de cette retraite menacée, la culture des lettres était un besoin et une diversion, et on peut croire que lorsqu'elle cessa, Mme Dufrénoy, dont le goût et le talent, déjà éclairés par les conseils de M. Laya, s'étaient fortifiés sous les yeux d'un maître habile, possédait tous les secrets de l'art délicat qui fera vivre la peinture des émotions de son âme. Sous le consulat, M. Dufrénoy, dont la santé s'était cruellement affaiblie, obtint le greffe d'Alexandrie; mais bientôt, frappé de cécité complète, il laissa à sa jeune femme les fonctions de son emploi, médiocrement poétique. L'imagination de Mme Dufrénoy ne périt pas dans ces travaux, qui devaient l'éteindre. A Alexandrie, comme à Paris, elle soutint courageusement des labeurs ingrats qui faisaient vivre ceux auxquels sa vie était dévouée; mais il fallut quitter l'Italie, car cette suppléance ne pouvait pas être définitive. Les deux époux revinrent à Paris. Mme Dufrénoy reprit son travail de copiste pour les avocats, car on plaidait toujours; et comme en même temps on recommençait à instruire les enfants, elle composa des livres d'éducation qui enrichirent ses libraires, et qui lui furent de quelque ressource. Ils servirent d'ailleurs à justifier les libéralités d'un gouvernement qui voulait faire revivre le goût des lettres en les encourageant.

Mme Dufrénoy obtint de l'empereur, sur la recommandation de M. Arnault et par le crédit de M. de Ségur, une pension qui mit fin au travaux que lui imposait la nécessité, mais où elle a laissé l'empreinte de son talent. Plusieurs de ces ouvrages sont encore lus et estimés. Ce fut alors que parut le premier recueil de ses œuvres poétiques. Le succès fut tel qu'il étonna l'auteur même. Mme Dufrénoy ne s'attendait pas à ce concert d'éloges; moins encore espérait-elle désarmer les critiques qui défendaient l'encre *aux doigts de rose*. Le talent de Mme Dufrénoy est incontestable; mais ce talent même n'eût pas suffi, si ses poésies n'avaient pas été le cri de son âme. Dans l'ivresse du bonheur ou dans l'amertume des regrets, bien d'autres diront après Béranger :

> Veille, ma lampe, veille encore,
> Je lis les vers de Dufrénoy.

On l'a dit avant nous, « son recueil forme comme un poëme continu, une sorte de petit roman, où se succèdent se fondent, en teintes harmonieuses, les degrés, les incidents, les nuances variées de la même passion. Tout y est : l'exposition, le développement, les péripéties, la catastrophe. Tour à tour la joie, la tristesse, l'inquiétude, l'espoir, le dépit, les regrets, y éclatent en des tons divers, mais issus d'un même accent passionné. » Ce recueil, qui attira sur Mme Dufrénoy les premiers rayons de la gloire, fut publié en 1807; mais il avait été précédé de quelques pièces fugitives insérées dans les journaux et goûtées au passage par les connaisseurs, qui n'attendent pas le bruit de la renommée pour donner leur estime. Les dernières années de l'empire furent heureuses pour Mme Dufrénoy. L'Académie Française lui décernait, en 1814, le prix de poésie pour le poëme des *Derniers moments de Bayard*. L'*Épître sur le bonheur de l'étude* et le *Dévouement des médecins français et des sœurs de Sainte-Camille*, composés dans l'espérance du même succès, laissèrent la palme à de jeunes rivaux. La chute de Napoléon et plus encore l'abaissement de la France frappèrent au cœur Mme Dufrénoy, qui a devancé les *Messéniennes* de Casimir Delavigne, par *les Plaintes*, si poétiques et si touchantes, *d'une jeune Israélite*.

Cependant, elle aurait trouvé quelque consolation au retour des Bourbons, pour lesquels elle conservait un secret attachement, si ceux-ci, profitant des leçons de l'exil, avaient apporté la liberté pour racheter nos revers. Mais les fautes de la famille restaurée, mais les rigueurs de la réaction qui suivit les cent-jours, la placèrent dans l'opposition libérale qui tint en échec l'aristocratie et le clergé, au nom des droits du pays et des franchises de la pensée humaine. Son salon, fréquenté par les hommes les plus distingués du parti libéral, était un foyer d'opposition modérée, une fronderie spirituelle, où elle régnait par le charme de son esprit et la grâce de ses manières. MM. Benjamin Constant, de Ségur, Béranger, Jay, Viennet, Tissot, de Pongerville, bien d'autres encore, tous lettrés et opposants, offraient autour d'elle l'image de ces cercles animés de la fin du dix-huitième siècle, où sous les yeux d'une femme d'esprit les philosophes ruinaient à coups d'épigrammes la vieille monarchie. N'oublions pas un événement qui combla de joie Mme Dufrénoy; son fils, en se mariant, lui donna pour bru une jeune femme d'un esprit supérieur, pleine de grâces et de naturel, la fille de Jay : ce fut pour elle une nouvelle amitié, dont la vivacité la rajeunissait. Elle était heureuse, heureuse avec sécurité; ce fut alors qu'il lui fallut mourir. Sa mort fut presque instantanée. Elle expira le 7 mars 1825.

DUFRÉNOY (Pierre-Armand), membre de l'Académie des Sciences, directeur de l'École des Mines, inspecteur général des mines de première classe, commandeur de la Légion d'Honneur, fils de la précédente, naquit à Sevran (Seine-et-Oise), vers la fin du siècle dernier. Élevé au Lycée Impérial, où il obtint de brillants succès dans les classes de mathématiques et de physique, M. Dufrénoy fut admis, en 1811, à l'École Polytechnique, dont il fut un des quatre majors. Il en sortit en 1813, pour entrer, à l'âge de vingt et un ans, dans le corps impérial des mines.

La facilité de travail de M. Dufrénoy lui permit de se livrer avec ardeur à ses goûts scientifiques, sans négliger ses fonctions administratives. De 1819 à 1838, il fit paraître une série de mémoires qui, réunis à ceux de M. Élie de Beaumont, ont donné des bases nouvelles à la géologie. Ces mémoires sont trop nombreux pour qu'il soit possible de les citer ici ; nous indiquerons seulement, pour donner une idée de ses travaux : 1° *Considérations générales sur le plateau central de la France, et particulièrement sur les terrains secondaires qui recouvrent les pentes méridionales du massif primitif qui les compose*; 2° *De la relation des terrains tertiaires et des terrains volcaniques en Auvergne*, mémoire qui donne la solution du problème de l'alternance des terrains volcaniques en Auvergne avec les terrains tertiaires; 3° *Caractères particuliers que présente le terrain de craie dans le sud de la France, et principalement sur la pente des Pyrénées.* Ce beau travail a montré que des terrains très-modernes pouvaient présenter des caractères de terrains anciens, par suite du métamorphisme. Il a prouvé que les Pyrénées et les Cévennes étaient d'un âge plus récent qu'on ne le pensait, ce qui a eu pour conséquence de changer la *chronologie* de ces terrains et de donner des *lois* nouvelles pour la recherche de la *houille* dans ces contrées. 4° *De la position géologique du calcaire siliceux de la Brie et des meulières des environs de La Ferté. Des terrains tertiaires du bassin du midi de la France. Des terrains volcaniques des environs de Naples.* Ce mémoire important contient sur la formation du Vésuve et de la Somma une théorie toute nouvelle, qui est devenue une des lois de la géologie moderne. L'auteur y démontre notamment que la Somma et le Vésuve sont le résultat de phénomènes différents; que les deux villes d'Herculanum et de Pompéi sont recouvertes par des débris du tuf ponceux, et que l'enfouissement de ces deux villes doit être en grande partie le produit d'un éboulement par suite de l'éruption du Vésuve, et non pas d'un recouvrement de laves. En même temps, M. Dufrénoy publiait ses mémoires minéralogiques et cristallographiques.

Au milieu de ces importantes publications, M. Dufrénoy poursuivait, de concert avec M. Elie de Beaumont, l'exécution de la grande *Carte géologique générale de France,* qui est un de leurs plus beaux titres de gloire et une œuvre tout à fait monumentale. Les auteurs ont consacré à ce travail plus de dix-huit ans d'un labeur véritablement homérique. Treize années (1823 à 1836) ont été employées par ces deux savants à l'exploration des différentes parties de notre sol, de l'Angleterre et du nord de l'Espagne. Ils ont ainsi parcouru, soit ensemble, soit séparément, et toujours à pied, plus de *quatre-vingt mille kilomètres* de développement. Cinq années (1836-1841) ont été consacrées à la rédaction du texte explicatif qui accompagne la carte et reproduit les observations faites sur les lieux, et aux travaux de gravure et de coloriage qui n'ont été confiés qu'aux premiers artistes. C'est en 1841 qu'eut lieu l'achèvement de ce grand travail, et que la *Carte géologique générale de la France* fut livrée au public. Cette carte est à l'échelle de $\frac{1}{500000}$, et se compose de six feuilles, qui réunies forment un carré de deux mètres environ de côté. Non-seulement toutes les masses minérales existant à la surface du sol y sont figurées par des couleurs, mais on a tracé le relief des montagnes de manière à donner une idée de la géographie physique de la France. Elle est accompagnée d'un ouvrage en trois volumes in-4°, qui, sous le titre modeste d'*Explication de la Carte géologique de la France,* comprend la description géologique de toute la France et le résumé des théories de ces deux géologues. Ils ont joint au premier volume une petite carte qui sert de tableau d'assemblage des six feuilles de la grande carte, et dont l'exactitude scrupuleuse dispense de recourir à chaque instant à la grande carte au milieu de la lecture de l'ouvrage. Dans ce travail, fait en commun, la participation de MM. Dufrénoy et Elie de Beaumont reste cependant distincte, chacun ayant exploré la moitié de la France. Néanmoins, unis par une conformité parfaite de vues et de principes, ils ont su apporter dans toutes les parties de ce grand ouvrage un accord et une harmonie admirables.

M. Dufrénoy n'était pas absorbé tout entier par cette publication, ni par le double enseignement minéralogique et géologique dont il est chargé à l'École des Mines et au Jardin des Plantes; il s'occupait encore activement de son grand *Traité de Minéralogie,* dont la publication produisit une vive sensation dans l'Europe savante. Cet ouvrage se compose de quatre gros volumes in-8°. Les trois premiers, d'environ 700 pages chacun, sont consacrés au texte; le quatrième contient un atlas qui est un modèle de précision géométrique et de pureté de dessin. Chargé, en 1833, d'une mission en Angleterre par l'administration supérieure, M. Dufrénoy y rassembla les matériaux d'un mémoire métallurgique des plus importants, qu'à son retour il publia sous le titre d'*Emploi de l'air chaud dans les usines à fer de l'Écosse et de l'Angleterre.* La publication de cet ouvrage n'eut pas moins de succès en Angleterre qu'en France, et les Anglais s'empressèrent de le traduire dans leur langue. Déjà, et dès l'année 1827, M. Dufrénoy avait fait paraître, en collaboration avec M. Elie de Beaumont, un autre ouvrage métallurgique qui est devenu le rudiment et le guide de nos ingénieurs et de nos industriels. Cet ouvrage est intitulé : *Voyage métallurgique en Angleterre, ou recueil de mémoires sur le gisement, l'exploitation et le traitement des mines d'étain, de cuivre, de plomb, de zinc et de fer.*

M. Dufrénoy est un des membres les plus actifs de l'Académie des Sciences. Les nombreux rapports qu'il y fait chaque année se distinguent, comme tous ses ouvrages, par un style facile et élégant, toujours pur et concis. M. Dufrénoy est professeur de minéralogie à l'École impériale des Mines et professeur de géologie à l'École impériale des Ponts et Chaussées; pendant plusieurs années il fit le cours de minéralogie du Jardin des Plantes, en remplacement de Brongniart, à qui il succéda. Comme minéralogiste, M. Dufrénoy a le mérite d'avoir simplifié et pour ainsi dire popularisé l'étude de la minéralogie, en rendant accessible à tous la *cristallographie,* à laquelle il a imprimé une précision toute mathématique. Géomètre et chimiste, il a eu sur ses devanciers l'avantage de donner aux espèces minérales qu'il a découvertes le caractère de la certitude, en les soumettant au double contrôle du calcul de la forme géométrique et de l'analyse chimique. Armé de ce double moyen de preuves, il a fait rejeter de la classification minéralogique une foule d'espèces minérales qui y avaient été introduites d'après l'étude seule de leurs caractères chimiques; enfin, il a eu l'idée ingénieuse d'appliquer à la minéralogie la méthode *dichotomique,* que Lamarck avait introduite avec tant de succès dans la botanique, ce qui facilite singulièrement la connaissance des minéraux. Comme géologue, M. Dufrénoy s'est placé, avec M. Elie de Beaumont, à la tête de la nouvelle école française. GÉRUZEZ.

DUFRESNE (JEAN-FRANÇOIS). *Voyez* DAUPHINS (Faux).

DUFRESNY (CHARLES RIVIÈRE), naquit à Paris, en 1648. Il était arrière-petit-fils de la belle jardinière d'Anet et de Henri IV, à qui même il ressemblait assez de figure. Il avait de plus hérité de son goût excessif pour les femmes, et, en outre, aimait la bonne chère. Louis XIV l'avait pris en affection, à cause de la communauté de descendance naturelle, et peut-être aussi de celle des penchants voluptueux. Mais les penchants de Dufresny étaient si désordonnés qu'ils l'empêchèrent d'avoir jamais une fortune assurée, même avec toute la bienveillance du puissant personnage dont il était l'arrière-petit-cousin secret. Le monarque en effet fit de Dufresny, déjà son valet de chambre, le contrôleur de ses jardins, et lui donna le privilége de la manufacture des glaces, ce qui eût dû suffire à le rendre millionnaire. Dufresny vendit à perte cette autorisation de s'enrichir. Lorsqu'il s'agit de la renouveler, Louis XIV, ne se lassant pas d'être libéral pour un homme qui ne cessait pas d'être dépensier, lui fit assurer par les nouveaux entrepreneurs une pension de 3,000 livres. Dufresny, toujours plus avide du fonds que du revenu, la leur vendit à vil prix. Un jour il s'avisa de vendre aussi sa charge de valet de chambre, pour se faire auteur dramatique; mais il eut l'immense tort de vouloir se faire une ressource du théâtre. En 1670 il obtint un nouveau privilége, celui du *Mercure :* il le vendit comme il avait vendu celui des glaces, comme il aurait vendu cent autres priviléges. Dufresny fut donc un des plus célèbres *bourreaux d'argent* qu'on ait connus. Ce fut dans un de ces accès de pénurie, dont il était si souvent attaqué, qu'il épousa sa blanchisseuse, pour l'appât d'à peu près cinquante louis d'épargnes qu'elle lui apportait en dot. Toutefois, le fait n'est pas bien avéré, et n'a guère pour garant que Le Sage, qui le rapporte dans son *Diable boiteux*.

Parvenu à une grande vieillesse, toujours dans le même état besoigneux, il adressa au régent une demande de secours : c'était au moment où le système de Law était dans toute sa vogue. Le régent mit de sa main le mot *néant* sur le placet de Dufresny, ce qui n'empêcha pas que le lendemain il ne lui fît compter 200,000 livres. A la vérité, c'était en actions de la Compagnie de Mississipi, dont il n'était pas avare. Cependant, elles ne perdaient point encore, et Dufresny eut le bon esprit de les employer à des acquisitions de propriétés : il en fit construire une jolie résidence, qui fut nommée la *maison de Pline*, et qu'il laissa en succession. Ce fut la seule opération sage qu'il fit dans sa vie. Il mourut le 6 octobre 1724, non pas dans la misère, comme Voltaire l'a dit, mais après que ses héritiers, gens dévots jusqu'au scrupule, l'eurent fait consentir à ce que ses manuscrits fussent brûlés. Il est probable que la postérité n'y a pas beaucoup perdu, si l'on en juge par les fragments qui nous en sont restés. Dufresny avait néanmoins reçu de la nature une disposition bien réelle pour la littérature et le théâtre; pour mieux dire, il en avait pour tout ce qui tient aux beaux-arts, et c'était peut-être par le même principe qu'il était passionné pour le plaisir. Mais ce qui lui manquait, c'était l'instruction, c'était l'étude, c'était cet esprit de combinaison qui est nécessaire dans les compositions qui doivent le plus à l'imagination, pour en régler les effets et les faire concourir au but de la conception principale. Dufresny était un homme d'inspiration, de sensation, de verve même, mais il n'avait ni méthode ni règle.

Il se distinguait, du reste, par une grande aptitude pour les constructions de toute espèce, et Louis XIV goûta les plans de jardins qu'il lui présenta, quoique trop dispendieux pour être exécutés. La tournure poétique de son esprit lui avait fait deviner le genre des jardins anglais, qu'il préférait de beaucoup au genre noble et compassé de Lenôtre. Il eût été peintre, dessinateur et musicien du premier rang, comme il eût été poëte distingué, s'il n'avait voulu être que l'un ou l'autre à la fois : il a fait beaucoup d'airs, de couplets, et retouchait et découpait habilement des tableaux et des estampes. En un mot, esprit sans culture, il ignorait les règles des arts, et avait le génie de presque tous. Il fit jouer un grand nombre de pièces qui eurent très-peu de succès. Ses grandes comédies sont pleines de longueurs, les petites sont trop écourtées : aussi ne put-il faire réussir les premières qu'en y retranchant un, deux, trois et quelquefois quatre actes. Environ huit de ses œuvres dramatiques lui ont survécu, dont deux ou trois se jouaient il y a soixante ans; on n'en donne plus une seule aujourd'hui. Du reste, Dufresny est un comique plein d'originalité, qui a tracé des caractères neufs et singuliers, et qui saisissait les ridicules avec une grande sagacité. Son dialogue, quoique imparfait, plaît par les bons mots et les bonnes plaisanteries dont il est parsemé. L'esprit n'y manque pas, il y est même trop abondant; il en a donné à tous ses personnages, et en cela il semble avoir devancé Marivaux. Ses intrigues sont un peu forcées, ses dénouements presque tous brusques.

Celles de ses pièces qu'on peut lire encore sont : *Le Mariage fait et rompu*, *La Réconciliation normande*, *Le Double Veuvage*, *L'Esprit de Contradiction*, *Le Dédit*. Cette dernière est celle qui a été représentée le plus fréquemment, et le sujet en est original et piquant; mais elle a trop de brièveté, et l'intrigue en est trop précipitée. *La Réconciliation normande*, jadis chef-d'œuvre de l'auteur, est longue et embrouillée. On y trouve, ainsi que dans ses autres pièces, quelques vers qui ont mérité de rester dans la mémoire des amateurs.

Dufresny fut long-temps l'ami intime de Regnard; mais il se brouilla pour la vie avec lui, à cause du *Joueur*, dont celui-ci lui vola le sujet, et même des scènes entières.

LEPEINTRE.

DUGALD-STEWART. *Voyez* STEWART.

DUGAS-MONTBEL (JEAN-BAPTISTE), né en 1776, à Saint-Chamond, dans le Forez, fut élevé à Lyon, chez les oratoriens. A sa sortie du collége, il s'enrôla dans un de ces nombreux bataillons de volontaires enthousiastes qui allaient défendre aux frontières l'indépendance de leur patrie. Mais, dès que les premiers dangers furent conjurés, il revint dans ses foyers suivre la profession commerciale de sa famille, propriétaire d'une des plus importantes fabriques de rubans du pays. Fréquemment appelé à représenter à Paris les intérêts de la maison dont il n'avait pas tardé à devenir l'un des chefs, il consacrait les instants de loisir que lui laissaient ses occupations commerciales, à suivre les cours des plus célèbres professeurs et à refaire ainsi une éducation restée incomplète. Il s'était également lié avec plusieurs vaudevillistes, et c'est en collaboration avec l'un d'eux qu'en 1800 il fit jouer une pièce intitulée *La Femme en parachute*, qui eut un grand succès. L'Académie de Lyon admit en 1803 Dugas-Montbel dans son sein. Mais bientôt ses affaires commerciales devinrent assez heureuses, pour qu'à l'âge de trente ans il pût avoir l'*otium cum dignitate*, si favorable à la culture des lettres. Il cessa dès lors de diriger sa maison, dans laquelle il se contenta de conserver un intérêt assez important, pour se consacrer entièrement à la littérature.

C'est seulement à cette époque qu'il commença l'étude de la langue grecque, et ses progrès y furent si rapides, que lorsqu'en 1810 il vint se fixer à Paris, il pouvait déjà à bon droit passer pour un de nos hellénistes les plus distingués. En 1815 parut sa traduction de l'*Iliade*, et en 1818 celle de l'*Odyssée* et de la *Batrachomyomachie*. Ces traductions des poëmes homériques, dont une seconde édition, revue avec soin, parut de 1828 à 1833, en neuf volumes in-8°, sont sans contredit les meilleures que nous ayons. Dugas-Montbel en effet s'est bien gardé de chercher à donner de l'esprit à Homère et à l'arranger à la moderne. On retrouve dans la simplicité des phrases de l'habile traducteur, dans la naïveté pittoresque de ses expressions, le goût antique reproduit dans toute sa pureté. Un commentaire aussi riche que judicieux, et une *Histoire des Poésies homériques*, où Dugas-Montbel a remplacé la grande et mystérieuse individualité d'Homère par un Homère multiple et collectif, symbole du peuple grec célébrant lui-même ses gloires et ses origines, ajoute un prix tout particulier à ce beau travail, qui ouvrit à l'auteur les portes de l'Académie des Inscriptions. La révolution de 1830 vint malheureusement l'arracher à ses études favorites. Élu à cette époque député par le département du Rhône, Dugas-Montbel fut encore réélu en 1831 et 1834, et mêlé ainsi forcément aux grandes luttes politiques qui signalèrent l'établissement de la monarchie de Louis-Philippe. Il se fit remarquer à la chambre par ses opinions austères et désintéressées, par sa noble indépendance, par son zèle, aussi actif qu'éclairé pour les intérêts de l'industrie et du commerce. Sa santé, déjà affaiblie depuis quelque temps, ne résista pas aux fatigues de la vie parlementaire; et le 30 novembre 1834 il rendit le dernier soupir dans les bras de ses amis, léguant à sa ville natale sa riche bibliothèque et la somme nécessaire pour la consacrer au service du public.

DUGAZON (JEAN-BAPTISTE-HENRI GOURGAULT, *dit*), concitoyen de Dazincourt, son émule, naquit à Marseille, un an avant ce dernier, en 1746. Fils d'un acteur, après avoir joué lui-même sur plusieurs théâtres de province, il débuta à la Comédie-Française en 1771, et y fut admis pour doubler Préville, dont il avait reçu des leçons. Après la retraite de ce grand comédien, il recueillit une forte partie de sa succession dramatique, et la chaleur, la verve, le mordant de son jeu, lui assurèrent une place distinguée sur notre premier théâtre. A l'époque de la révolution de 1789, Dugazon en adopta chaudement les principes, et devint aide de camp de Santerre; on lui a même reproché depuis des opinions très-exaltées; il est juste, toutefois, de dire qu'elles ne l'entraînèrent jamais à des actes coupables, et que cette effervescence ne s'exhala qu'en paroles et en écrits. Il fit jouer en effet dans les années suivantes, au Théâtre dit alors de la République, où il avait passé avec quelques-uns de ses camarades, plusieurs ouvrages fortement empreints de la couleur du temps, entre autres deux comédies en trois actes, *Le Modéré*, et *L'Émigrante, ou le père jacobin*.

Après le 9 thermidor, lorsqu'il reparut sur la scène, il fut d'abord reçu avec quelque défaveur; mais le public ne boude pas longtemps ses acteurs chéris, surtout quand on n'a pas de torts sérieux à leur reprocher. Dugazon rentra bientôt complétement en grâce près de lui, et l'on apprécia plus que jamais ce talent vrai et chaleureux, dont le seul défaut était de charger parfois un peu trop le comique, de manière à le rapprocher du bouffon. Il excellait surtout dans ce qu'on appelle les rôles *en dehors* : Mascarille, de *L'Étourdi*, le peintre Fougère, de *L'Intrigue épistolaire*, M. Jourdain, du *Bourgeois gentilhomme*. On se rappelle aussi quelle gaieté il excitait dans les personnages du maître de danse et des deux autres *originaux* qu'il avait ajoutés à la pièce de ce nom.

Dugazon n'avait pas reçu une éducation très-soignée, mais il avait beaucoup d'esprit naturel et de facilité pour composer des vers et des chansons. C'était aussi un des plus habiles *mystificateurs* de la capitale : les tours plaisants qu'il joua à son camarade Désessarts sont connus de tous. Un talent dont on doit lui savoir plus de gré, c'est celui de professeur de déclamation théâtrale, qu'il possédait au plus haut degré. Talma, Lafond, Mme Branchu, Nourrit père, furent successivement ses élèves. Dugazon était naturellement obligeant et généreux. Un jour qu'il avait donné, non à un ami, mais à une simple connaissance, dont la garde-robe avait grand besoin d'être remontée, quelques-unes de ses chemises, d'une toile très-fine, sa femme lui fit, après coup, observer qu'il aurait pu les garder, et en faire faire de plus communes pour celui qu'il voulait en gratifier. « Oui, dit-il vivement, mais il ne les aurait pas eues tout de suite. » Marié d'abord à l'actrice distinguée dont nous allons parler, Dugazon, qui en était séparé depuis longtemps, profita de la loi du divorce pour former une seconde union, avec une femme aimable et spirituelle, qui lui survécut. Il mourut le 11 octobre 1809, peu de temps après sa retraite du théâtre, dans une propriété qu'il avait à Sandillon, près d'Orléans. Il était presque tombé en enfance.

DUGAZON (Louise-Rosalie LEFÈVRE, Mme), jeune et jolie personne, née à Berlin, en 1755, était une des danseuses qui figuraient autrefois dans le corps de ballet attaché au théâtre de l'Opéra-Comique, qu'on nommait encore Comédie-Italienne. Dugazon eut occasion de la connaître; il lui trouva des dispositions pour la scène, et en fit à la fois sa femme et son élève. Mme Dugazon se plaça bientôt au premier rang, surtout dans les rôles de villageoises tendres et ingénues (Babet, de *Blaise et Babet*, Thérèse, des *Amours d'été*, Colette, de *La Dot*, etc.), qui charmaient alors un public moins blasé, et donnèrent naissance à l'emploi nommé depuis, dans nos théâtres de province, les *Dugazon-Corset*. Son talent prit ensuite un essor plus étendu. *Nina* fut son triomphe, et fit dire avec justice que « les paroles étaient de Marsollier, la musique de Dalayrac, et la *pièce* de Mme Dugazon ». Les rôles d'Isaure, de Camille, etc., achevèrent de consolider sa renommée théâtrale. Ce n'était point sans doute une cantatrice, c'était une comédienne *parlant le chant* avec l'accent le plus vrai ou l'expression la plus passionnée. Lorsque les années arrivèrent, Mme Dugazon eut le bon esprit de sentir qu'il lui fallait changer d'emploi; elle prit celui des mères, qui fut pour elle une source de nouveaux succès. Là on la trouve encore tendre et dévouée dans *Marianne*, naturelle et comique dans la bonne Lémaïde, du *Calife de Bagdad*. Aussi la vit-on avec regret quitter une scène où, suivant l'application flatteuse qu'on lui faisait toujours d'un couplet du *Prisonnier*, son *déclin* gardait l'éclat de son *aurore*. Mme Dugazon, qui, malgré son divorce, avait conservé le nom de son époux, se retira du théâtre en 1806, et mourut à Paris, en 1821. Son fils, *Gustave* Dugazon, élève de Berton et connu par quelques compositions musicales d'un genre agréable, fut enlevé aux arts en 1832.

Ourry.

DUGHET (Gaspard), dit *le Guaspre*, né à Rome, en 1613, était le fils d'un Parisien établi dans cette ville et beau-père du Poussin, qui se plut à cultiver dans le jeune Gaspard Dughet d'heureuses dispositions pour la peinture. Bientôt l'élève devint l'heureux rival du maître; il sut le premier rendre le mouvement des feuilles et celui des nuages. Sa facilité était telle, qu'il lui arriva souvent, comme à Salvator Rosa, de commencer et de terminer dans une même journée un paysage d'assez grande dimension et enrichi de figures. Les palais Pamfili, Doria, Colonna et l'église de San-Martino contiennent de lui de grandes et belles peintures à l'huile et à fresque. Son œuvre n'est pas moins considérable que varié; on en peut juger par les gravures que des artistes anglais ont toutes exécutées d'après les originaux que possèdent les différentes galeries de la Grande-Bretagne. *Le Guaspre* mourut célibataire, à l'âge de soixante-deux ans, laissant à peine de quoi se faire enterrer, après avoir cependant gagné des sommes immenses, tant l'empressement était grand parmi les princes et les riches amateurs pour se procurer les produits de son pinceau.

Son frère puîné, *Jean* Dughet, comme lui élève du Poussin, s'adonna exclusivement à la gravure, après s'être d'abord essayé, sans grand succès, dans la peinture. Son œuvre ne se compose guère que de sujets empruntés au Poussin.

DUGOMMIER (Jean-François COQUILLE), naquit à la Guadeloupe, en 1736. Fils d'un colon immensément riche, il embrassa dès l'âge de seize ans la profession des armes, se distingua et obtint la croix de Saint-Louis. Ayant été compris dans une grande réforme, il se retira dans ses belles propriétés, qui s'élevaient à une valeur de deux millions. Mais lorsque la Révolution éclata, son patriotisme énergique le fit nommer colonel général des gardes nationales de la Martinique, où il défendit vigoureusement le fort Saint-Pierre contre les troupes rebelles du traître Béhague; mais il fallut céder au nombre, car les insurgés, appuyés par les colons, étaient bien supérieurs en forces, et Dugommier ne put échapper à leurs projets de vengeance qu'en passant en France, où il arriva en 1792, comme député à la Convention, chargé de défendre les intérêts de l'île qui l'avait vu naître. Il fit alors auprès des ministres tout ce qu'il put pour les engager à délivrer les colonies du joug qui les accablait. L'Angleterre ayant rompu toutes les communications de la France avec ses propriétés d'outre-mer, Dugommier, voulant être utile à la mère-patrie, sollicita des fonctions dans nos camps, et fut nommé général de brigade à l'armée d'Italie.

Militaire brillant, plein d'audace et de sang-froid, sa conduite le fit bientôt nommer général de division, et ce fut avec ce grade qu'il prit le commandement de l'armée française destinée à reprendre Toulon, livré à l'amiral anglais Hood. Là il eut à lutter contre Fréron et Barras, qui voulaient lever le siége; mais, soutenu par Bonaparte et par le représentant Gasparin, il s'y opposa. Dans la nuit du 18 au 19, le petit Gibraltar fut pris. « Allez vous reposer, dit le jeune officier d'artillerie à son brave général : nous venons de prendre Toulon, vous pourrez y coucher après-demain. »

En effet, le 21 décembre 1793 le drapeau de la république flotta sur les murs de la ville reconquise. Dugommier ne souilla point ses lauriers par l'abus de la victoire. Modeste et humain, il gémit des excès des proconsuls, voulut intervenir entre les deux partis; mais son pouvoir ne répondait pas à ses bonnes intentions : il fut forcé de quitter ses troupes victorieuses pour aller prendre le commandement de l'armée des Pyrénées-Orientales, où il voulait emmener le jeune officier d'artillerie dont il avait admiré le sang-froid et le génie au siége de Toulon. Plus tard, sur le rocher de Sainte-Hélène, Napoléon aimait à parler des talents et de *la bravoure bonhommière* de Dugommier.

C'est aux sages dispositions de ce nouveau chef que l'armée des Pyrénées dut les lauriers qu'elle cueillit; c'est à lui que revient l'honneur des journées des 11 et 12 floréal, la prise de Saint-Elme, de Collioure, de Port-Vendre, de Bellegarde et l'évacuation du territoire de la république par les armées de Charles IV. Après avoir forcé l'ennemi à se mettre sur la défensive, Dugommier résolut de frapper un coup plus décisif. Le général républicain, placé au centre de son armée sur la montagne Noire, voyait déjà la victoire sourire aux efforts de son lieutenant Augereau, lorsqu'un obus éclata sur sa tête, et le frappa à côté de ses deux fils. En tombant, il s'écria : « Cachez ma mort aux soldats, et laissez-les achever leur victoire. » Le soir de ce jour (17 novembre 1794), lorsqu'on leur apprit la mort du *libérateur du midi*, un cri de douleur s'éleva : « Nous avons, disaient-ils, perdu notre père! » La Convention, partageant ces regrets, ordonna de graver le nom du guerrier mort glorieusement sur la colonne qui devait être élevée dans le Panthéon aux chefs valeureux de la république. A. Genevay.

DUGONG, genre de cétacés, établi par Lacépède et caractérisé par le double cône des dents pénultièmes, par deux défenses ou grandes dents incisives dirigées en bas et saillantes sous le mufle, par des lèvres hérissées de moustaches et une queue divisée en deux lobes. C'est à MM. Diard et Duvaucel que l'on est redevable des premières notions exactes sur cet animal, que les naturalistes rapprochaient du morse et du lamantin. Ces deux voyageurs français, explorant l'archipel et le continent indiens pour enrichir l'histoire naturelle, avaient pris un dugong de $2^{m},30$ de long, près de Singapour; ils écrivirent sur lui un mémoire inédit, lequel a fourni de précieux renseignements aux naturalistes modernes, et particulièrement à Frédéric Cuvier. Nous ne rapporterons pas tous les détails qu'ils ont donnés; nous dirons seulement que la forme extérieure du dugong a la plus grande analogie avec celle du lamantin, dont elle ne diffère guère que par la nageoire dorsale, en forme de croissant, par l'absence d'ongles aux nageoires pectorales, et par la lèvre supérieure, prolongée; et qui a été comparée à la trompe d'un éléphant tronquée un peu au-dessous de la bouche. Les yeux sont très-petits et recouverts par trois paupières; le trou de l'oreille est aussi très-étroit.

Le mot malais *dou-goung* signifie *vache marine*; dans leur langue, les Hollandais donnent le même nom à cet animal, appelé par les voyageurs *sirène* ou *poisson-femme*. Les Malais reconnaissent deux espèces dans ce genre; mais il est présumable qu'il n'y en a qu'une, le *dugong trichechus*, avec des différences spécifiques. Le dugong s'écarte peu du détroit de Singapour et des parages des îles Philippines; sa chair, semblable quant au goût, à celle du bœuf, est réservée pour la table du sultan ou des rayas; on le harponne pendant la nuit, mais il est rare qu'on en prenne qui aient plus de trois mètres : ceux de cette taille échappent presque toujours. N. Clermont.

DUGUAY-TROUIN (René), l'un de nos marins les plus célèbres, naquit à Saint-Malo, le 10 juin 1673. Son père, riche armateur de cette ville, le fit débuter en 1689, à l'âge de seize ans, en qualité de volontaire, sur une de ses frégates, nommée *La Trinité*, et son apprentissage eût commencé par un naufrage si le vent n'avait tourné tout à coup au moment où le bâtiment allait se briser contre les rochers. L'ardeur du jeune Duguay-Trouin ne fit que s'en accroître. Monté sur une autre frégate, il sauta le premier à l'abordage d'un vaisseau de 40 canons, et l'enleva aux Anglais. Un commandement lui fut enfin confié par son père. Ce fut pour lui une occasion de se signaler par de nouveaux actes d'intrépidité. Dans la campagne de 1691, il brûla deux navires et s'empara d'un château sur la côte de Limerick. Dans la suivante, il prit deux vaisseaux de guerre, douze marchands, et en amena dix en France à la vue d'une escadre anglaise. Il échappa, peu de temps après, dans les parages de Bristol, à un vaisseau de 60, fit de nouvelles prises en rentrant à Saint-Malo, et se distingua de manière à attirer enfin sur lui les regards de Louis XIV, qui lui donna le commandement d'une flûte de 32 canons.

Son début dans la marine royale ne fut pas heureux. Il soutint un terrible combat contre un vaisseau suédois, vit décimer son équipage par la fièvre, et fut contraint d'aller se radouber à Lisbonne. Rentré à Brest avec une prise qu'il avait faite sur sa route, il en ressortit sur la frégate *L'Hercule*, s'empara de six riches navires anglais et hollandais, combattit et prit deux vaisseaux de guerre qu'un songe lui avait fait voir prêts à l'aborder pendant la nuit, et que l'aurore lui fit effectivement découvrir à portée de canon. Attaqué en 1694, sur la frégate *La Diligente*, par six autres vaisseaux de 60 et de 70, abandonné par son équipage, par ses officiers même, que décourageait une lutte aussi inégale, il ne se rendit qu'après avoir été renversé par un boulet, qui heureusement n'avait plus assez de force pour le tuer. Conduit à Plymouth, il y fut traité comme un héros de vingt-et-un ans; mais sa frégate ayant été reconnue dans le port par un capitaine anglais qu'il avait bravé et canonné en pleine mer sous un autre pavillon que le sien, il perdit la liberté qu'on lui avait laissée, fut mis en prison par un ordre de l'amirauté, et menacé même d'un jugement. Une amourette le tira de ce mauvais pas. Une jeune marchande qu'il avait séduite était courtisée en même temps par un Français réfugié, capitaine d'une compagnie anglaise qui était chargée de la garde de sa prison. Cette femme lui procura les moyens de s'évader avec quatre des siens. Une chaloupe achetée à un bâtiment suédois le transporta sur les côtes de Bretagne, à travers des périls de toute espèce; et il ne toucha la terre que pour courir à Rochefort et prendre le commandement du vaisseau *Le Français*.

Duguay-Trouin signala sa vengeance par des traits d'héroïsme. Deux vaisseaux plus forts que le sien et six navires marchands devinrent sa proie, dans cette croisière, après un combat opiniâtre; et Louis XIV lui en témoigna sa reconnaissance par le don d'une épée. Désigné pour faire partie de l'escadre du marquis de Nesmond, il le quitta en 1695 pour croiser sur les côtes du Spitzberg, avec un autre vaisseau, et le Port-Louis le vit rentrer avec trois navires anglais, dont il s'était emparé dans les parages de l'île Feroë, malgré la disproportion de ses forces. Une audience du roi, qu'il brûlait depuis longtemps de connaître, fut la récompense de tant de services, et il ne quitta Paris que pour reprendre la mer sur un des vaisseaux qu'il avait pris. Il s'en servit pour amorcer trois navires qui attendaient dans le port de Vigo un vaisseau chargé de les escorter jusqu'à Lisbonne, navigua de conserve avec une escadre anglaise, au milieu de laquelle le hasard l'avait fait tomber, et fut assez heureux pour lui échapper, avec ses deux prises, après avoir vainement essayé de lui enlever une frégate. La prise d'une escadre hollandaise et un combat des plus meurtriers signalèrent sa croisière de 1697, après laquelle il eut peine à regagner le Port-Louis sur un vaisseau près, à chaque instant, de couler bas. Il y retrouva son escadre et ses captures, dont une tempête l'avait séparé; et ayant appris que le baron de Wassenaer, amiral hollandais, avait été maltraité par le capitaine du *Sans-Pareil*, son propre parent, il lui en fit les plus amers reproches, en ajoutant que quiconque n'était pas capable d'aimer et de respecter un ennemi vaincu ne pouvait avoir le cœur bien placé.

Cette dernière action le fit admettre dans le corps de la marine, où il n'avait servi jusque là qu'en qualité d'auxiliaire; et, chose étonnante, après avoir commandé une division de cinq bâtiments de guerre, il ne reçut que le grade officiel de capitaine de frégate légère. La paix de Ryswick le condamna enfin à goûter dans les ports quatre ans de repos, qu'il employa à s'instruire dans la théorie d'un art dont il ne connaissait que la pratique. Mais la guerre de la succession le remit en mer en 1702 avec deux frégates. Celle qu'il montait prit un vaisseau hollandais à l'abordage, et l'un de ses jeunes frères eut l'honneur de s'élancer le premier sur le pont ennemi. Toute cette famille se distinguait par sa témérité. Il avait vu périr un autre de ses frères dans une descente sur la côte de Vigo, courageuse imprudence qu'il se reprocha toute sa vie. Une tempête le désempara vers la fin de cette campagne, et il eut peine à regagner le port de Brest, où l'attendait le commandement de trois vaisseaux et de deux frégates. Instruit que quinze gros bâtiments marchands hollandais arrivaient des Grandes-Indes, il courut les attendre par le travers des Orcades, et y voyant arriver un pareil nombre de navires, il crut toucher au terme de ses désirs. Sa joie fut de courte durée : c'était la flotte hollandaise qui venait protéger le retour du convoi. Sa valeur et son habileté le tirèrent de ce danger : il désempara tous les vaisseaux qui vinrent l'attaquer, et fit voile pour le Spitzberg, où il prit, brûla ou rançonna quarante baleiniers, dont quinze le suivirent au port de Nantes avec leurs cargaisons. Il en sortit en 1704 avec deux vaisseaux neufs, pour croiser vers les Sorlingues, prit *Le Coventry*, de 54 canons, avec une partie du convoi qu'il escortait, et, après avoir mis ses prises en sûreté dans le port de Brest, il en sortit avec quatre bâtiments de guerre, dont trois l'abandonnèrent lâchement dans un combat qu'il eut à soutenir contre les Anglais. Il aima mieux reprendre la mer sous les ordres de Roquefeuille que de continuer à commander lui-même à des hommes dont il avait à se plaindre et qu'on s'obstinait à laisser sous ses ordres. Mais il est à remarquer que jusque là le sort ne l'avait jamais servi dans une position subalterne; et le reste de cette campagne ne fut qu'une croisière inutile.

Il prit en 1705 une éclatante revanche. Toujours monté sur *Le Jason*, escorté d'un autre vaisseau et d'une frégate commandée par son jeune frère, il s'empara du vaisseau de 72 *L'Elisabeth*, poursuivit *Le Chatam* jusque dans les ports d'Angleterre, et fit amener au retour un fort corsaire de Flessingue, après un combat de deux heures, pendant qu'un autre de la même force tombait au pouvoir de son frère, dont un coup de vent l'avait séparé. Mais ce jeune homme, blessé peu de jours après dans un autre abordage, vint mourir à Brest dans ses bras. La douleur ne lui laissa que le désir de le venger, et l'occasion lui en fut offerte par ce même vaisseau *Le Chatam* qu'il avait manqué dans sa précédente croisière. Mais au moment où il allait s'en emparer, vingt autres vaisseaux anglais se montrèrent assez près de lui; il lâcha prise, commanda à *L'Auguste*, sa conserve, de faire fausse route, et prit lui-même une direction contraire. Précaution inutile! la flotte ennemie se sépara. Six de ces vaisseaux chassèrent *L'Auguste*, et les quinze autres se mirent à la poursuite du *Jason*. Duguay-Trouin fut enveloppé par eux au commencement de la nuit, et n'ayant plus qu'à sauver la gloire du pavillon, il prit la résolution d'aborder le commandant ennemi. Mais un fort vent, que son expérience lui avait fait pressentir, le fit renoncer à sa première idée; il prépara toutes ses voiles, les hissa vivement dès que le vent fut arrivé sur lui, et vaillamment poursuivi par la flotte entière, lâchant ses bordées sur ceux qui étaient près de l'atteindre, il fut assez heureux pour rentrer au Port-Louis, où il apprit que *L'Auguste* était tombé au pouvoir des Anglais. Réduit au seul *Jason*, Duguay-Trouin ne se hâta pas moins de reprendre la mer, prit deux frégates anglaises dans les eaux du Tage, trois bâtiments marchands dans le golfe de Gascogne, et revint au port de Brest avec ses prises. Un ordre du roi le fit repartir pour Cadix, qui était menacé d'un siége; mais un convoi de deux cents voiles portugaises, escorté par six vaisseaux de guerre, s'étant trouvé sur son chemin, il ne craignit pas d'engager une lutte aussi inégale, dont il ne recueillit que de la gloire, après deux jours de combat où son intrépidité fut trahie par les timides manœuvres de ses lieutenants. L'amiral portugais Santa-Cruz y périt, et ses vaisseaux délabrés eurent peine à gagner le port de Lisbonne. Cadix reçut la division de Duguay-Trouin, qui ne tarda point à se plaindre de la vanité espagnole. Ne trouvant que de l'insolence et de la brutalité dans le gouverneur Valdecañas, que Louis XIV força son petit-fils à disgracier, il se hâta de cingler vers la Bretagne, où il amena un riche convoi anglais et la frégate qui le protégeait.

Nommé chevalier de Saint-Louis, en 1706, il vint à Versailles recevoir cet ordre de la main du roi, qui lui remit en même temps le commandement de cinq bâtiments de guerre. Après une croisière dans les parages de Lisbonne, il se rangea sous le pavillon de Forbin, pour arrêter dans la Manche une flotte de deux cents voiles que les Anglais envoyaient en Espagne avec des troupes et des munitions de guerre. Duguay-Trouin accuse Forbin d'irrésolution; celui-ci se plaint à son tour de l'impétuosité de son compagnon. Mais il résulte des Mémoires de l'un et de l'autre que les vaisseaux de Duguay-Trouin en prirent aux Anglais trois d'une force supérieure, et que ceux de Forbin n'en prirent qu'un de 56 canons. Un cinquième, le plus fort de tous, fut brûlé dans moins d'un quart-heure, et Duguay-Trouin, qui l'avait abordé, ne se dépêtra d'un voisinage si dangereux qu'après avoir mis ses mâts, ses vergues et ses cordages en pièces. Les bâtiments du convoi s'échappèrent de divers côtés, et le rival de Philippe V ne reçut pas cet important secours. Revenu à Versailles après ce nouveau triomphe, il ne s'occupa que de l'avancement des officiers de son escadre, refusa même une pension de mille livres, à condition qu'elle serait donnée à son lieutenant, et ne sollicita pour lui et pour son frère que des lettres de noblesse. Le roi le remit à une autre occasion, et lui confia une escadre plus considérable pour exécuter une entreprise dont Duguay-Trouin s'était réservé le secret. Il s'agissait d'aller attendre la riche flotte du Brésil aux Açores et de battre les sept vaisseaux de guerre que le roi de Portugal envoyait au-devant d'elle.

L'expédition manqua, parce que, pour la première fois de sa vie, Duguay-Trouin s'avisa de prendre conseil de ses capitaines, et que ceux-ci ne jugèrent pas à propos d'attaquer l'escadre portugaise dans le port où elle stationnait. La tempête et le manque d'eau dispersèrent à son tour l'escadre française, et son chef gagna le port de Vigo avec le dépit de n'avoir pas ajouté ce triomphe à tant d'autres. Ce qui le désolait davantage, c'est que tous ces armements étaient à ses frais, car il servait Louis XIV de sa fortune comme de son épée, et que tous ses bénéfices s'y étaient presque entièrement épuisés. Il en sacrifia le reste pour armer une faible escadre, avec laquelle il livra un glorieux combat à une escadre anglaise près du cap Lézard. Ce fut encore la tempête qui le força d'abandonner cette proie, qui eût réparé une partie de ses pertes; et d'autres combats livrés dans cette même année 1709 y ajoutèrent encore. Louis XIV n'avait alors que des parchemins pour récompenser tant de services; il n'attendit pas une nouvelle demande de Duguay-Trouin, et lui accorda, à lui et à son frère, ces lettres de noblesse qui étaient l'unique objet de leur ambition. L'annonce d'un convoi des Indes lui fit reprendre la mer. Il s'empara du *Glocester*, de 66 canons, qui allait protéger ces marchands; mais le convoi lui-même fut sauvé par un épais brouillard; et une dyssenterie, qui mit en danger les jours de Duguay-Trouin, le força à rentrer dans le port de Brest.

C'est pendant sa convalescence qu'il forma le projet d'aller attaquer la ville de Rio-Janeiro, où le capitaine Duclerc était resté prisonnier avec ses troupes. Les Portugais, effrayés de ce coup de main, qui en faisait prévoir d'autres, avaient accru les forces et les fortifications de cette colonie. Mais le danger ne faisait qu'augmenter le courage de Duguay-Trouin : à l'aide de sept riches maisons, il forma un nouvel armement, composé de sept vaisseaux de ligne et de huit frégates; le roi y joignit des troupes de débarquement; et le 12 septembre 1711, à la pointe du jour, cette escadre se trouva à l'entrée de la rade de Rio-Janeiro. Cette entrée fut à l'instant forcée sous le feu des dix ou douze batteries qui la défendaient; l'escadre protugaise, embossée près de la ville, rompit ses amarres et s'échoua sur la plage, au lieu de combattre. Mais en arrivant devant les remparts, Duguay-Trouin les trouva si forts, si bien garnis de troupes et d'artillerie, qu'un autre que lui eût reculé. Il apprit en même temps qu'un paquebot anglais, envoyé par la reine Anne, avait prévenu les Portugais de cette attaque, et que 12 ou 13,000 hommes étaient armés pour le repousser. Le héros malouin n'était pas venu de si loin pour renoncer à son entreprise. Il fit incendier les vaisseaux échoués, s'empara d'abord de l'île *das Cobras*, y établit des batteries, prit tous les vaisseaux marchands qui se trouvèrent à sa portée, et fit ses dispositions pour débarquer. Trois mille trois cents hommes furent mis à terre le 14, et les batteries de siége furent dressées. Mais au premier bombardement, les troupes et les habitants n'attendirent point l'assaut. Ils se sauvèrent dans les montagnes; et Duguay-Trouin ne trouva plus dans Rio-de-Janeiro que les Français qu'il était venu délivrer. Il comptait régulariser le pillage de cette ville pour mieux indemniser les armateurs, au nombre desquels était le comte de Toulouse. L'avidité des soldats le trompa. Les captifs délivrés furent les premiers à piller les maisons. Il fit en vain des exemples terribles. Ce pillage fut fait dans un tel désordre que les bénéfices des vainqueurs ne furent pas en proportion des énormes pertes des vaincus. Duguay-Trouin, ne pouvant garder sa conquête, ne songea plus qu'à traiter de la rançon d'une ville qu'en cas de refus il menaçait de réduire en cendres. Le gouverneur paya six cent mille cruzades, et l'escadre française remit à la voile avec l'or et le butin qu'elle avait recueillis. Duguay-Trouin avoue dans ses Mémoires qu'après s'être remboursés de leurs avances, ses armateurs reçurent 92 pour 100 de bénéfice. Ces sortes d'expéditions nous paraissent aujourd'hui bien étranges : c'était faire la guerre à la manière des flibustiers. Louis XIV récompensa ce grand service par une pension de 2,000 livres, et bientôt après par le grade de chef d'escadre.

Le régent ne fut pas moins favorable à Duguay-Trouin. Nommé membre du conseil de la Compagnie des Indes, il n'y entra que pour en modifier la fastueuse composition. Le faible état de sa santé l'empêcha bientôt d'y paraître. Tant de fatigues avaient avancé sa vieillesse; mais, quoique paraissant rarement à la cour, il n'y fut pas oublié : Louis XV le comprit en 1728 dans une promotion de commandeurs de Saint-Louis, le nomma lieutenant général, et le chargea en 1731 de châtier les Barbaresques. Duguay-Trouin explora les côtes d'Alger, de Tunis et de Tripoli, délivra un grand nombre de captifs et conclut des traités avantageux pour le commerce de France. Ce fut sa dernière expédition. Miné par un mal sans remède, épuisé par cette vie de fortes émotions et d'aventures téméraires, il mourut le 27 septembre 1736, à l'âge de soixante-trois ans. Jamais homme ne porta plus loin le sentiment de l'honneur et le désintéressement de l'héroïsme. Il avait pour Louis XIV une passion qui ne se démentit jamais, et, quoique peu courtisan de sa nature, dès que ses armements lui laissaient un loisir, il courait à Versailles pour le seul plaisir de voir le grand roi. Ses biographes s'accordent tous à louer ses grandes qualités, que relevait encore une modestie peu commune. Ils ne lui trouvent d'autre défaut qu'un grand amour pour les femmes. Celles qui nous liront seront sur ce point disposées comme nous à l'indulgence.

VIENNET, de l'Académie Française.

DUGUESCLIN (BERTRAND), connétable de France, un des hommes les plus célèbres de son époque, descendait d'une des premières familles de l'Armorique, sur l'origine de laquelle on a fait bien des contes merveilleux. Quelques-uns le font venir d'un roi maure, appelé Aquin, établi vers le huitième siècle dans la province de Bretagne, où il bâtit un château nommé *Glay*, d'où les mêmes commentateurs tirent aussi le nom de Glayaquin, et par corruption de *Gleaquin*, *Gleasquin*, *Guéaclin*, et enfin *Duguesclin*. On ajoute que ce roi, défait par Charlemagne (qui n'alla jamais en Bretagne), s'embarqua si précipitamment qu'il laissa sur le rivage un enfant d'un an, que le vainqueur fit baptiser et nomma Glaiacquin. Une autre version, consacrée par des titres longtemps conservés à l'évêché de Dol, considère cette maison comme une branche détachée de celle de Dinan, qui se fondit dans les maisons d'Avangour et de Laval. On ne sait même pas au juste l'époque de la naissance (vers 1314, au château de La Motte-Broon, près de Rennes) de cet homme extraordinaire. Observons toutefois que les premières histoires authentiques de Duguesclin ont eu pour canevas des romans en vers, où l'on raconte, dans le style de l'époque, les hauts faits et prouesses de ce héros, comme par exemple le *Roumant de Bertrand du Glaicquin*, qui a servi de base au *Triomphe des Neuf Preux*, ou *histoire de B. Duguesclin* (1437), ou encore : *Histoire des Prouesses de B. du Glesclin*, etc. (1529).

Ce héros avait la tête monstrueuse, les traits difformes, l'œil petit, mais vif et perçant : « Je suis fort laid, disait-il; je ne serai jamais bien venu des dames; mais en revanche je saurai toujours me faire craindre de mes ennemis. » Il était en effet d'une force extraordinaire, et l'exercice des armes faisait son unique occupation. D'un naturel fier, dur, intraitable, soit par défaut de capacité, soit plutôt par un mépris de ce qu'on appelle éducation, puisé dans les habitudes de la noblesse de ce temps, il ne put ou ne voulut jamais apprendre à lire. Son début dans la carrière chevaleresque fut un coup de maître, et le plaça dès lors, quoique âgé seulement de dix-sept ans, au rang des premiers champions de l'époque. C'était en 1338, dans un tournoi donné à l'occasion du mariage de Jeanne, comtesse de Penthièvre, avec Charles de Châtillon, comte de Blois. Étant parvenu à s'introduire dans la lice, malgré la défense de son père, qui était au nombre des combattants, il renversa douze chevaliers d'autant de coups de lance. Nous laissons à penser quel tonnerre d'acclamations! Lorsque sa visière eût été levée, son père lui pardonna, et, ivre de joie, le porta lui-même en triomphe, le déclara l'orgueil, la gloire de sa famille, composée de dix enfants, dont Bertrand était l'aîné. Dès lors il prit une devise : *Notre-Dame Guesclin*, dont le cri suffisait pour épouvanter l'ennemi, et porta constamment les armes.

Dans la querelle de Jean de Montfort avec Charles de Blois pour le duché de Bretagne, il prit le parti du dernier. La France était alors ravagée par les Anglais, qui en occupaient les plus belles provinces; ce qui laissait au caractère si hardi et si martial de Duguesclin toute latitude pour guerroyer à souhait, et il ne s'en faisait faute. C'étaient chaque jour de nouveaux convois, de nouveaux détachements isolés qu'il enlevait. Il soutint, au siége de Vannes, avec vingt hommes déterminés, une lutte de toute une nuit contre 2 à 3,000 Anglais. Il enleva par surprise, en 1356, le château de Fougerai, et se distingua peu après devant Rennes, qu'assiégeaient les Anglais, par un trait d'éclat qui fut admiré, même de ces derniers. Il se présente au point du jour à l'entrée du camp ennemi, avec 100 hommes choisis : tout ce qui s'oppose à sa marche est égorgé en quelques instants; les tentes sont incendiées au milieu de la confusion, et il s'empare d'un convoi de 200 chariots, avec lequel il entre triomphant dans Rennes. Le célèbre duc de Lancastre, qui commandait le siége, voulut le voir, et lui envoya un héraut. Pendant cette entrevue, un chevalier anglais, nommé Bembro, réputé parmi les siens d'une force de corps prodigieuse, vint l'accuser d'avoir tué un de ses parents, lors de la surprise de Fougerai, et demanda à faire contre lui trois coups d'épée : « Six et plus, si vous voulez, » répondit Duguesclin en lui serrant la main. Le combat eut lieu le lendemain, entre la ville et le camp, aux yeux des deux partis. Bembro tomba expirant d'un coup de lance, à la vue des Anglais consternés, qui pour se venger tentèrent un assaut. Duguesclin, dans une sortie, les défit sur trois points, et les contraignit à lever le siége. C'était au moment où le prince de Galles, neveu de Lancastre, était aux prises avec les Français dans les champs de Poitiers. Charles de Blois, pour récompenser Duguesclin d'avoir fait lever le siége de Rennes, lui donna une belle terre nommée La Roche-Derrien. Un chevalier anglais, Thomas de Cantorbery, non moins fort que Bembro, et jaloux de Duguesclin, le provoqua en duel : le combat eut lieu dans Dinan, sous les yeux de Lancastre et de ses principaux officiers. Thomas, vaincu, fut chassé honteusement de son corps, et le siége de Dinan fut levé.

Le roi Jean, prisonnier des Anglais, revint vers ce temps en France sur parole, et, n'ayant pu compléter sa rançon, retourna à Londres, où il mourut dans les fers. Peu auparavant, Duguesclin était entré à son service. Quoiqu'il fût réputé le premier homme de guerre de son temps, la séparation de la Bretagne, sa patrie, d'avec la France, l'avait tenu presque constamment attaché, comme on l'a vu, au service de Charles de Blois, quand il ne guerroyait pas pour son propre compte. Il obtint de la France le gouvernement de Pontorson et une compagnie de 100 lances. Il débuta, pour premier exploit comme officier du gouvernement, par chasser les Anglais de la Normandie. Il se rendit peu après à Nantes, et y épousa Thiephaine Raguenel, riche héritière d'une illustre maison. Il eut plus tard une seconde femme, Jeanne de Laval, fille de Jean de Laval, seigneur de Châtillon. La Normandie ayant été envahie de nouveau, à la rupture de la trêve par Charles de Blois, Duguesclin s'y porta en toute hâte, battit les Anglais dans plusieurs rencontres, et leur reprit la plupart des places fortes dont ils s'étaient emparés. Nommé commandant de l'armée bretonne par Charles de Blois, qui lui envoya en même temps un bâton d'argent, semé d'hermines, il assiégea Bécherel et défit Montfort, qui était venu l'attaquer dans ses lignes. Le sort de la Bretagne, disputée par Charles et Montfort, allait se décider dans une bataille, lorsque la souveraineté de cette province fut partagée entre les deux prétendants, par l'entremise des évêques. Duguesclin fut donné en otage à Montfort, qui à la rupture de la trêve refusa de lui rendre la liberté. Le héros breton parvint à s'échapper, et se rendit à la cour de Charles V, qui avait succédé au roi Jean, et qui lui fit le plus brillant accueil.

Le roi de Navarre, Charles le Mauvais, avait envahi la Normandie, qui, autant par la proximité de la capitale que par la fertilité de son sol, servait de point de mire à toutes les bandes d'aventuriers armés qui se ruaient sur la France. Duguesclin fut nommé commandant en chef de toutes les troupes de Charles V, avec mission de reconquérir cette province : c'était la première bataille qu'il allait livrer depuis la mort du roi Jean, en 1364, et il se servit de cette circonstance pour stimuler l'ardeur de ses soldats : « Or, avant, mes amis, s'écria-t-il sur le point de donner le signal de la charge, la journée est à nous. Pour Dieu, souviegne-vous que nous avons un nouveau roi en France, et que sa couronne soit étrennée par nous : » L'armée de Charles le Mauvais était commandée par le fameux captal de Buch, retranché sur l'Eure! il fut complétement défait, et tomba lui-même au pouvoir de ses ennemis. Cette journée, connue sous le nom de bataille de Cocherel, valut à Duguesclin le titre de maréchal de Normandie, avec le don du comté de Longueville. La fortune lui avait constamment souri jusque là. Il allait bientôt éprouver son inconstance : il perdit la bataille d'Aurai, livrée le 29 septembre 1364, contre Montfort et les Anglais ligués. Olivier de Clisson se trouvait dans les rangs des soldats de la Grande-Bretagne, que commandait le redoutable Chandos. L'épée de ces deux guerriers jonchait le champ de bataille de soldats français; la massue de Duguesclin ne produisait pas moins de ravages dans les rangs anglais. Charles de Blois fut tué : cet incident abattit le courage des siens. Duguesclin, resté avec cinq ou six chevaliers seulement, qui ne l'avaient pas quitté, combattait encore avec une sorte de fureur : « Rendez-vous, messire Bertrand, lui dit Chandos, cette journée n'est pas vôtre. » La massue du guerrier breton avait fini par se briser entre ses mains, par suite de tant de chocs redoublés sur les hommes de fer qui le pressaient. Il n'était plus armé que de ses gantelets : force lui fut d'accepter la proposition de Chandos. Cette journée, par suite de la mort de Charles de Blois, amena la paix entre la France et l'Angleterre.

Mais à peine eut-elle été signée, que les seigneurs français, bretons, anglais, se réunirent avec la résolution de faire la guerre pour leur propre compte. Bon nombre de soldats, que la paix laissait aussi sans ressource, se réunirent à eux, et cette masse, d'environ 30,000 hommes, s'étant organisée, tant bien que mal, sous le nom de *grandes compagnies*, se répandit dans les provinces, où elle porta la désolation et l'épouvante. Les peuples se plaignirent en vain; le roi fut contraint de laisser subsister un désordre qu'il n'était pas assez fort pour réprimer. Sur ces entrefaites, Duguesclin revint à la cour de France, ses amis s'étant cotisés pour payer sa rançon, qui fut de 100,000 fr. Charles V le reçut plein de joie, et mit à sa disposition ses trésors et son armée pour en finir avec les *grandes compagnies*, par la paix ou par la guerre, comme il le jugerait le plus convenable. Elles étaient alors rassemblées dans les plaines de Châlons. Duguesclin alla les trouver, accompagné de 200 cavaliers. Il fut reçu avec enthousiasme; on lui offrit aussitôt le commandement en chef, et il répondit : « La plupart de vous ont été mes compagnons d'armes, et vous êtes tous mes amis. Vous devez secourir et conserver les provinces, au lieu de les ravager, et je vous en apporte les moyens. L'Espagne gémit dans les fers des Sarrasins. Pour vous aider à faire la route, le roi vous donne 200,000 florins d'or. Nous trouverons peut-être en chemin quelqu'un qui nous en donnera autant : je serai du voyage. » Ce discours est accueilli par des acclamations unanimes. On jure de suivre Duguesclin, nommé général en chef. L'élite de la noblesse accourt sous ses drapeaux. On part, et l'on arrive aux portes d'Avignon, où siégeait alors la cour de Rome : c'était sur elle que Duguesclin avait compté pour 200,000 nouveaux florins d'or. La demande en fut faite, ainsi que celle de lever une excommunication que le pape avait lancée sur les grandes compagnies; l'absolution fut accordée aussitôt et de bon cœur : c'était le moins que pût faire le saint-père pour des champions qui allaient guerroyer les infidèles Sarrasins; l'argent fut refusé net. Les soldats s'emportèrent; le pape, pour les maintenir en respect, menaça de refuser l'absolution, ce qui ne produisit aucun effet. Alors ils se livrèrent dans les campagnes aux plus grands désordres, pillèrent, incendièrent les villages; les flammes furent bientôt aux portes d'Avignon. Alors le souverain pontife, revenant à résipiscence se hâta de les *désexcommunier*, et consentit à payer 100,000 fl. Ce compromis arrangea tout.

L'armée se remit en marche, et pénétra, en 1365, dans la Castille. Pierre le Cruel (Don Pèdre), qui y régnait alors s'était souillé de plus de crimes que tous les Sarrasins ensemble, non compris le meurtre de son frère et l'empoisonnement de Blanche de Bourbon, sa femme, belle-sœur de Charles V. Duguesclin fut assez sage pour prendre contre cet homme féroce la défense des droits de Henri de Transtamare, au lieu de poursuivre une vaine et injuste expédition. Il chassa don Pèdre de toutes les places qu'il avait conquises dans l'Aragon, soumit à Henri celles de la Castille, et le salua, le premier, roi de cette province, de Séville et de Léon. Il alla lui-même ensuite le faire couronner à Burgos, et reçut pour récompense les titres de duc de Molina et de connétable des royaumes de Castille et de Léon, avec deux comtés qui lui furent donnés en présent, celui de Transtamare et celui de Soria. Don Pèdre s'était réfugié à Bordeaux, auprès du prince de Galles, qui passa les monts avec une puissante armée, pour le rétablir sur le trône. Duguesclin, de retour en France, fut à peine informé du danger de Henri qu'il courut à son secours avec tous les soldats qu'il put rassembler. Les deux armées, fortes chacune d'environ 100,000 hommes, se rencontrèrent, en 1367, dans les plaines de Navarette. Contre l'avis de Duguesclin, Henri livra la bataille, et la perdit. Le chevalier breton, resté presque seul, s'était adossé à un mur, et se défendait avec le courage du désespoir : « Point de quartier pour Duguesclin ! » cria don Pèdre, qui se trouvait mêlé parmi les vainqueurs. Le héros l'entendit, et le renversa sans connaissance d'un coup d'épée. Cet homme, aussi lâche que cruel, étant revenu à lui, et apercevant dans la tente du prince de Galles Duguesclin désarmé, qui s'était rendu à ce dernier, tira sa dague pour l'en frapper. Le prince, indigné, l'arrêta, et prit le plus grand soin de son prisonnier, qui fut transféré à Bordeaux.

Henri, s'était réfugié à Toulouse auprès du duc d'Anjou, frère du roi de France. Don Pèdre, qui avait offert en vain des trésors pour la tête d'un ennemi dans les fers, ne tarda pas à se faire haïr, plus encore qu'auparavant, par suite de ses cruautés et de ses vengeances. Il s'aliéna même le prince de Galles, par suite du refus de satisfaire aux conditions pour lesquelles il en avait été secouru. Henri, pendant ce temps, était parvenu, déguisé en pèlerin, à avoir une entrevue à Bordeaux avec Duguesclin, prisonnier. On usa d'un singulier stratagème pour faire rendre la liberté au chevalier breton : le sire d'Albret dit au prince de Galles qu'on répandait généralement le bruit que c'était la crainte seule qui l'empêchait de mettre Duguesclin en liberté : « Je ne crains personne, répondit vivement et avec fierté le prince, piqué d'une pareille supposition, et pour le prouver, je veux que Duguesclin soit libre sur le champ. » Ce qui eut lieu en effet. Édouard ne fut pas du même avis, et voulut mettre son ennemi à rançon : il s'ensuivit une singulière difficulté sur le prix : Duguesclin, craignant d'être taxé à une trop forte somme, et ayant fait observer la faiblesse de ses ressources pécuniaires, Édouard ne demanda que 100 livres. Le chevalier breton, ne se croyant pas traité avec assez de dignité, offrit 100,000 florins d'or. Après débats, on convint de 70,000 florins, somme dont Duguesclin ne voulut absolument rien rabattre, et qu'il aurait payée à Bordeaux même, s'il eût voulu accepter les offres des chevaliers anglais. Cette scène a fourni à Arnault le sujet d'une comédie jouée en 1814, sous ce titre : *La Rançon de Duguesclin.*

Le chevalier breton revint à Paris, où le roi le combla d'honneurs. Par son ordre, il avait été traité en souverain partout où il avait passé. Henri de Transtamare était rentré en Espagne, où il luttait sans succès décisif contre don Pèdre, soutenu par des rois africains. Duguesclin, appuyé par la France et par Rome, alla le secourir, et défit les rois maures, près de Cadix, dans une bataille où don Pèdre resta prisonnier. Henri et Duguesclin étant allés le voir dans la tente où il était gardé, il devint furieux à cette vue, arracha la dague d'un chevalier voisin, et se jeta sur Henri, qui le tua en se défendant, ce qui termina la guerre. Duguesclin, à son retour d'Espagne, fut nommé connétable de l'armée française. Les Anglais, qui étaient alors aux portes de Paris, cessèrent partout d'être victorieux. Il les chassa de la Normandie, passa ensuite dans la Guienne, révoltée contre le prince de Galles, en conquit la plupart des places fortes, et soumit presque toute la province. Il reprit aussi le Poitou, la Saintonge, le Rouergue, le Périgord, une partie du Limousin, etc. Les Anglais étant de nouveau, à la voix de Montfort, rentrés en Bretagne avec une armée de 60,000 hommes, il marcha aussitôt contre eux, les défit et les poursuivit jusqu'à Bordeaux, où leur armée, par suite de ses défaites, des fatigues et des privations de tous genres qu'elle avait essuyées, arriva réduite à peine à 6,000 hommes. Montfort avait été obligé de la suivre dans sa fuite. Duguesclin occupa ensuite le comté de Foix et de Bigorre, et força, par la prise de Lourde, en 1373, le prince à demander la paix.

Cependant, Montfort était de nouveau rentré en Bretagne avec les Anglais. Sommé de comparaître devant Charles V, il refusa, et le roi réunit la Bretagne à la France. Les Bretons, attachés au gouvernement de leur province, désertèrent en foule les drapeaux de Duguesclin, qui fut regardé comme l'oppresseur de sa patrie. Ses amis, ses parents même l'abandonnèrent. L'envie, qui n'avait encore pu se déchaîner contre lui, profita de cette circonstance pour le perdre, s'il était possible. Il fut calomnié auprès du roi, qui prêta l'oreille à toutes les insinuations qu'on lui fit sur le compte de son ancien favori, et en parla même de la manière la plus désobligeante. Duguesclin, navré de tant d'ingratitude, abandonna l'armée, et remit l'épée de connétable, jurant de ne jamais la reprendre. Il avait résolu de se retirer en Espagne, auprès de Henri. Arrivé à Pontorson, il crut devoir écrire au roi, moins pour se justifier que pour lui laisser un simple exposé de sa conduite, à l'abri de tout reproche. Charles V reconnut le tort qu'il avait eu envers Duguesclin, et fit tous ses efforts, mais inutilement, pour l'engager à reprendre l'épée de connétable. Duguesclin voulait néanmoins se signaler par un dernier exploit avant de quitter la France. Il se rendit devant le château de Randan (Gévaudan), qu'assiégeait le maréchal de Sancerre, son ami, et contraignit le gouverneur à demander une capitulation qui devait s'exécuter dans quinze jours s'il n'était pas secouru. Il fut pendant cet intervalle atteint d'une maladie, dont il mourut, le 13 juillet 1380, à l'âge de soixante-six ans. Son dernier conseil à ses amis fut de ne pas oublier, dans quelque pays qu'ils fissent la guerre, que les gens d'église, les femmes, les enfants, les vieillards et tout le pauvre peuple, ne devaient jamais être considérés comme ennemis. Le gouverneur, lors de la reddition du fort, n'en voulut remettre les clefs que sur le tombeau de Duguesclin, ce qu'il fit après s'être mis à genoux. BILLOT.

DUHAMEL (JEAN-BAPTISTE), né à Vire, en 1624, mort à Paris en 1706, entra, en 1643, à l'Oratoire, et fut ensuite curé de Neuilly-sur-Marne. Il cultiva avec succès toutes les sciences, notamment la physique; et les travaux encyclopédiques auxquels il s'était livré le désignèrent naturellement au choix de Colbert, lors de la fondation de l'Académie des Sciences, pour les fonctions de secrétaire perpétuel de cette compagnie. Ses principaux ouvrages sont : *Astronomia physica* (Paris, 1660); *De Consensu veteris et novæ Philosophiæ, libri* IV (1613). On a aussi de lui une histoire de l'Académie des Sciences en latin, et quelques opuscules de théologie.

DUHAMEL (JEAN-PIERRE-FRANÇOIS-GUILLOT), né en 1730, près de Coutances, mort à Paris, en 1816, inspecteur général des mines, était membre de l'Académie des Sciences depuis 1786, et dès la fondation de l'École des Mines y avait été chargé de la chaire d'exploitation et de métallurgie. On a de lui un ouvrage intitulé : *Géométrie souterraine* (1787), et qui, bien que resté inachevé (il n'en a paru qu'un seul volume), est encore aujourd'hui un des meilleurs guides que les mineurs puissent adopter. Duhamel s'est surtout distingué comme métallurgiste. C'est lui qui le premier parvint à fabriquer en France un acier qui ne le cédait en rien aux meilleurs aciers anglais.

DUHAMEL DU MONCEAU (HENRI-LOUIS), un des savants les plus utiles et les plus laborieux du dix-huitième siècle, naquit à Paris en 1700, d'Alexandre Duhamel, seigneur de Denainvilliers, et d'Anne Trottier. Sa famille, d'origine française, avait longtemps résidé en Hollande. Le jeune Duhamel, élève du collége d'Harcourt, y perdit son temps, car il ne fit que peu ou point de progrès dans les études qu'on lui faisait suivre. Mais dès qu'il put jouir de son indépendance, il s'adonna avec une ardeur toute particulière à l'étude des sciences physiques, pour lesquelles il avait un goût extraordinaire. Il alla se loger près du Jardin des Plantes, le seul établissement public à Paris où l'on enseignât alors la physique, la botanique, etc. Il se lia d'amitié avec les professeurs Dufay, Geoffroi, Lémery, Jussieu, Vaillant. Dès l'âge de vingt-huit ans il jouissait déjà d'une grande estime auprès des savants qui le connaissaient. L'Académie des Sciences ayant été consultée par le gouvernement sur une maladie qui faisait périr le safran, le jeune Duhamel fut chargé par l'illustre société d'étudier la nature de cette maladie. Il répondit à cette marque de confiance par un mémoire, fort bien fait, dans lequel il démontrait que la mortalité du safran était causée par une plante parasite. L'Académie fut si satisfaite des recherches et des explications du jeune savant, qu'elle se hâta de l'admettre dans son sein.

Depuis cette époque (1728) jusqu'à sa mort, arrivée en 1782, Duhamel ne cessa de produire des mémoires ou des ouvrages complets sur un grand nombre de matières, toutes d'utilité publique. On lui doit une explication très-ingénieuse de la formation des os, qui paraît avoir beaucoup de rapports avec la manière dont les arbres croissent en grosseur. Hans-Sloane, président de la Société royale de Londres, lui ayant écrit que les os des jeunes animaux qu'on avait nourris avec de la garance étaient colorés en rouge, il répéta cette expérience, et il éleva de jeunes animaux, qu'il nourrissait alternativement avec des aliments mêlés de garance et des aliments ordinaires sans garance. Quand on sciait les os de ces animaux en travers, on observait des couches concentriques alternativement rouges et blanches, qui correspondaient aux époques où les animaux avaient été nourris avec de la garance ou sans garance : d'où il tira la conclusion que les os augmentent en volume par l'ossification des matières qui forment le périoste, comme les arbres par l'endurcissement des couches de l'écorce qui touchent immédiatement le bois. Ayant fait de profondes études sur la greffe des arbres, il jugea qu'une semblable opération devait réussir sur les animaux. En effet, il implanta sur la tête d'un coq, dont il avait coupé la crête, l'ergot d'un autre coq. Cette greffe animale, à laquelle les savants avaient refusé de croire jusque alors, réussit parfaitement : l'ergot devint une véritable corne, formée de lames comme celles des bœufs.

Parmi les nombreux écrits de l'infatigable académicien, on remarque son *Traité des Pêches maritimes, des rivières et des étangs*, 1769, 3 volumes grand in-folio; *Traité de la Culture des Terres* (6 volumes in-12, 1751 à 1760), dont il donna un abrégé en 1754, sous le titre d'*Éléments d'Agriculture; Physique des Arbres; Des semis et plantations des arbres; De l'exploitation des bois; Traité des arbres à fruits; Traité de la conservation des grains, et en particulier du froment* (1753); *Traité de la garance et de sa culture; Traité des arbres et arbustes qui se cultivent en France en pleine terre* (Paris 1755); vingt *Traités* sur les arts et métiers, *de l'épinglier, du cirier, du cartier, de la forge des enclumes, du raffineur de sucre, de la draperie, du couvreur, des tapis façon de Turquie, de la forge des ancres, du serrurier, du potier de terre, de la fabrication du savon, de l'amidonnier, de la fabrication des pipes à fumer, de la colle forte, du charbon*, etc. A ces nombreux ouvrages, presque tous in-folio, accompagnés d'une multitude de planches, ajoutez plus de soixante mémoires, insérés dans les recueils de l'Académie des Sciences. On aurait de la peine à concevoir que la vie d'un seul homme eût pu suffire à l'exécution de tant de travaux; mais Duhamel avait dans un frère un laborieux collaborateur, qui, résidant à Denainvilliers, terre dont il portait le nom, y faisait toutes les expériences que notre auteur lui indiquait. Duhamel, en outre, profitait des travaux des autres. On lui reproche d'être prolixe et diffus dans ses écrits et de ne pas savoir combiner un système; mais on ne peut lui refuser la clarté : le désir d'être compris de ses lecteurs l'emporte chez lui sur toute autre considération.

Duhamel fut nommé par le ministre Maurepas inspecteur général de la marine. Dès lors il fit une étude spéciale des diverses sciences qui ont rapport à la navigation. La construction des vaisseaux, la fabrique des voiles et des cordages, la connaissance et la conservation des bois, les moyens de conserver la santé des équipages en mer, etc., furent l'objet de plusieurs traités qui, comme la plupart de ses autres ouvrages, sont d'immenses recueils de faits et d'expériences. Duhamel correspondait avec tous les savants de l'Europe : il répondait exactement à toutes les lettres qu'il recevait. Le 22 juillet 1782, il fut frappé d'une attaque d'apoplexie, presque en sortant de l'Académie. Il passa vingt-deux jours dans une sorte d'assoupissement, et mourut dans la quatre-vingt-deuxième année de son âge, sans avoir éprouvé de douleurs. Malgré les sollicitations de sa famille, il était resté célibataire, craignant que les embarras du mariage ne le détournassent de ses travaux. TEYSSÈDRE.

DUILLIUS (CAIUS ou, selon quelques-uns, NEPOS), consul l'an 492 de la fondation de Rome, 261 ans avant l'ère chrétienne, eut pour collègue Cn. Cornelius Scipio Asina. Tous deux entraient en fonctions dans un temps difficile, le commencement de la cinquième année de la première guerre punique, dont le génie et la valeur de Duillius firent une des plus glorieuses époques. Carthage était maîtresse de la mer; ses seules flottes sillonnaient la Méditerranée, ses seuls navires marchands et ceux de Tyr, sa colonie, côtoyaient les déserts de l'Océan, alors que Rome, n'ayant que quelques frêles embarcations d'emprunt, se voyait forcée de borner ses courses maritimes du port d'Ostie aux rivages de l'Asie Mineure. Rome, qui préludait à la conquête du monde connu, rougissait de cette infériorité; la grande âme de Duillius conçut instantanément le projet de construire une flotte; une galère carthaginoise échouée en fut le modèle. Aussitôt mille bras se mirent à l'œuvre, des forêts furent abattues, et, selon la belle expression de Florus, « les arbres, comme par la puissances des dieux, se métamorphosèrent en vaisseaux. » En effet, au bout de soixante jours, étaient prêtes à faire voile cent galères à cinq rangs de rames, et vingt à trois rangs. Des rameurs exercés nuit et jour sur des bancs à la côte furent comme improvisés. Toutefois, le commandement de l'armée de Sicile était échu à Duillius, et celui de la flotte à Cornelius. Ce dernier prit la mer avec tous ses vaisseaux, et avec une escadre de seulement dix-sept galères il entra dans les eaux de Lipari, où les principaux de cette île l'avaient attiré, sous la promesse de lui livrer la ville. Là, victime de la foi punique, étant monté à bord du vaisseau amiral africain, sous prétexte d'un accommodement, il fut saisi, fait prisonnier, lui et les siens, et dirigé vers Carthage. L'escadre tomba au pouvoir de l'ennemi. Mais comme les restes considérables de la flotte romaine marchaient à distance, au détour d'un cap qu'ils doublaient, les vaisseaux carthaginois, qui ne l'avaient pas vue, donnant au milieu, furent entourés à l'improviste, pris ou coulés bas.

A cette nouvelle, Duillius, laissant aux tribuns le commandement de l'armée de terre, prit celui de la flotte. Il rencontra bientôt, dans les parages de Myle, aujourd'hui Melazzo, sur la côte nord de Sicile, celle des Carthaginois, forte de cent trente vaisseaux. Annibal en était l'amiral; il montait une superbe galère à sept rangs de rames, qu'avait montée Pyrrhus. Le présomptueux Carthaginois crut avoir si bon marché de cette flotte faite d'hier et de l'inexpérience des Romains en mer, qu'il dédaigna de se mettre en rang de bataille, donnant sans ordre et à force de rames contre cette flotte nouvelle, qui attendait le choc, pesante qu'elle était et armée à sa proue d'une machine redoutable, nommée *corbeau*, dont l'ennemi ne connut l'usage que lorsqu'il en sentit les terribles effets : c'était une masse conique, de fer fondu, de la figure de l'oiseau dont elle portait le nom. Polybe en a fait la description. Armée de crochets, elle était suspendue à une espèce de *grue* par une chaîne de fer, qui, instantanément lâchée, la faisait lourdement tomber sur le pont de la proue du vaisseau ennemi, le crevait, et, développant ses griffes mobiles, le saisissait et l'attachait irrésistiblement à la galère romaine. Là les légions, combattant de pied ferme, ainsi que sur la terre, où elles étaient si redoutables, taillèrent en pièces plus de trois mille Africains et en firent captifs sept mille. Quatorze galères furent coulées bas et trente-une furent prises. De toute cette flotte, qui naguère blanchissait sous ses rames la mer de Sicile, il ne resta qu'une chaloupe, que, comme par dérision, la fortune avait laissée à l'amiral carthaginois pour qu'il put s'y embarquer et fuir.

La délivrance de Ségeste, ville de Sicile près de la mer, dont l'ennemi pressait le siége, et, plus avant dans l'île, la prise de Macella, furent les fruits de cette victoire. Une colonne rostrale d'un beau marbre blanc fut votée par le sénat au consul victorieux; elle fut érigée dans le Forum. Un succès si inattendu, si inouï, avait plongé à la ville de Rome dans une telle joie, qu'elle voulut que chaque fois que l'exterminateur de la flotte carthaginoise sortirait de souper chez ses amis, il fût précédé de flambeaux et de joueurs de flûte, comme l'époux à une fête nuptiale.

La loi *Duillia* qui porte son nom interdisait l'inhumation des morts dans l'intérieur de la ville, et n'exceptait de cette défense que les vestales, exception étendue dans la suite aux empereurs. DENNE-BARON.

DUISBOURG, ville de 8,000 âmes, dans l'arrondissement de Dusseldorf, province du Rhin (Prusse), non loin du Rhin et de la Ruhr, que des canaux mettent en communication l'un avec l'autre, de même qu'avec la ville, est le centre d'un commerce fort actif, notamment en denrées coloniales, en houille et bois, et le siége de fabriques importantes. Le tabac occupe le premier rang parmi les produits de celles-ci (il est de près du septième de la consommation totale du *Zollverein*). Les fabriques de soude et d'acide sulfurique qui existent à Duisbourg sont au nombre des plus considérables qu'il y ait en Europe. Cette ville possède en outre des raffineries de sucre, des manufactures de savon. On y fabrique aussi de l'outremer et divers composés de chlore.

L'université fondée en 1655 à Duisbourg fut supprimée en 1818.

DUJARDIN (CARLE), peintre célèbre, né à Amsterdam, en 1640, fut élève de Berghem, dont il mit à profit les leçons, mais qu'il quitta fort jeune pour aller en Italie, où son talent se perfectionna promptement. Ses tableaux furent bientôt très-recherchés; mais, soit inconstance, soit désir de revoir son pays, il quitta Rome, et passa par la France. Quelques riches amateurs de Lyon voulurent le fixer dans leur ville; beaucoup de tableaux lui furent commandés et généreusement payés. Mais Dujardin faisait des dépenses excessives, que tout son talent ne pouvait couvrir : tourmenté par ses créanciers, il ne trouva d'autres moyens de les satisfaire que d'épouser son hôtesse, riche à la vérité, mais d'un âge déjà avancé. Le remède était pire que le mal; honteux d'un mariage si peu conforme à ses goûts et à son caractère, il quitta Lyon, et revint à Amsterdam, où ses compatriotes se disputèrent ses ouvrages.

Dujardin aurait pu mener une vie heureuse; mais le dégoût qu'il éprouvait pour sa femme lui rendait le séjour d'Amsterdam désagréable, et le voilà de nouveau tourmenté du besoin de le quitter. L'occasion ne se fit pas attendre : un de ses amis, qui partait pour l'Italie, l'engagea à l'accompagner jusqu'au Texel; il accepte, mais, au lieu de revenir à Amsterdam, il monte avec lui dans le vaisseau qui faisait voile pour Livourne. A peine débarqué en Italie, il se dirige vers Rome, où il retrouve ses anciens compagnons de plaisirs et de travaux, qui le reçoivent à bras ouverts. Là il recommence sa joyeuse vie; et lorsque son ami, après avoir fait le tour de l'Italie, vient le reprendre pour le ramener dans sa patrie, Dujardin, prétextant qu'il avait beaucoup de tableaux à finir, le laisse partir seul. Quelques années après, notre peintre quitte Rome et vient à Venise, où sa réputation l'avait devancé. Un de ses compatriotes, qui pensa pouvoir tirer parti de ses rares talents, lui fit un accueil empressé, et lui offrit de prendre un logement chez lui. Dujardin, incapable de tout soupçon, accepte. Cette fois, si, comme il y a tout lieu de le croire, il s'abandonne à ses goûts habituels, ce ne sera pas un mariage disproportionné qui le tirera d'affaire, et il faudra bien qu'il s'acquitte en tableaux; mais l'espérance de l'officieux spéculateur fut trompée : Dujardin tombe malade, et le 20 novembre 1678 une indigestion, survenue pendant sa convalescence le conduit au tombeau, à trente-huit ans. Les arts en Italie ont aussi leur culte, et Dujardin, quoique protestant, eut des obsèques dont la pompe exprimait l'estime que l'on avait pour son talent.

Malgré sa dissipation, ce peintre a laissé un grand nombre d'ouvrages; il a principalement représenté des scènes pastorales et des animaux; sa couleur est brillante et vraie, sa touche spirituelle et fine; il eut plus de force et de vigueur de ton que son maître, qualité qu'il dut sans doute à son séjour en Italie. Peu de peintres ont aussi bien rendu que lui les différents effets du soleil; de larges masses et des ombres fortes donnent à ses tableaux un caractère particulier, qui en fait reconnaître facilement l'auteur. Quelques animaux et quelques figures placés avec art sur un beau fond de paysage, avec un ciel clair, tel est ordinairement le thème qu'il adopte. Dujardin a rivalisé avec Paul Potter dans la manière de peindre les animaux, dont il a toujours reproduit les formes et les habitudes avec beaucoup de vérité et de charme. Le Musée possède plusieurs tableaux de ce peintre, entre autres un *Calvaire*; mais le plus important est celui qui représente un *Charlatan*, l'un de ses meilleurs ouvrages. Ce tableau a été très-bien gravé par Boissieu. Carle Dujardin a laissé aussi des paysages, avec un grand nombre de figures et d'animaux, gravés à l'eau-forte. Comme cette collection porte la date de 1652, il y aurait lieu de penser que cet artiste, avant de s'occuper de la peinture, commença par étudier la gravure; au reste, quoiqu'il dût être très-jeune lorsqu'il exécuta ces planches, on y retrouve une partie des qualités qui font le mérite de ses tableaux.

P.-A. COUPIN.

DUJARRIER (Affaire). Il s'agit ici d'un duel qui entraîna mort d'homme. La victime était le gérant-administrateur du journal *La Presse*. Les faits qui avaient précédé cette rencontre si fatale, les circonstances qui l'avaient accompagnée, donnèrent lieu à un procès criminel, qui eut un grand retentissement, et dont les débats, par suite des révélations faites à l'audience, jetèrent la plus fâcheuse lumière sur les mœurs et les habitudes d'une certaine classe d'hommes formant ce qu'on appelle encore aujourd'hui fort improprement *la littérature en gants jaunes*.

Le 10 mars 1845 un *bal d'artistes* avait lieu par souscription dans les salons d'un traiteur du Palais-Royal. Chacun sait que ces sortes de réunions sont le rendez-vous de la plus dangereuse société qu'il y ait dans la grande ville; qu'elles se composent de filles entretenues, d'individus ayant tout intérêt à dissimuler, sous l'élastique qualification d'*artistes* ou d'*hommes de lettres*, ce qu'il y a de mystérieux et de honteux dans leurs moyens d'existence, et surtout de force niais accourus du fond de leurs provinces pour manger en quelques mois à Paris l'héritage paternel; très-sincèrement convaincus d'ailleurs qu'il leur a suffi d'acheter un billet de bal chez une des *dames patronesses*, indiquées dans les annonces des journaux, pour être admis d'emblée dans la plus grande et la meilleure compagnie, dès lors regrettant médiocrement les pièces d'or qu'en échange d'un si insigne honneur, quelque *grec* se chargera infailliblement de faire passer de leur poche dans la sienne pour leur apprendre les manières du grand monde. Quand les *niais* s'avisent d'essayer de se plumer entre eux, les choses ne se passent pourtant pas d'ordinaire aussi paisiblement; de part et d'autre, au contraire, les plus misérables prétentions, les vanités les plus féroces s'en mêlent; et l'on persiste à vouloir, pour le plus futile prétexte, tuer son adversaire, parce qu'il est admis dans ce monde là qu'un duel, un duel bien bruyant, bien scandaleux, est indispensable pour achever de poser un homme vraiment *comme il faut*.

Le gérant de *La Presse*, Dujarrier, appartenait précisément à cette dernière catégorie d'imbéciles. Homme d'affaires des plus fûtés, il avait eu la faiblesse, après fortune faite, de vouloir passer *homme élégant*. Enfant naturel, élevé par la charité publique à l'École des Arts et Métiers de Châlons, on l'avait vu tenir pendant trois ans un bureau d'*omnibus* sur la place Saint-Sulpice. Il était entré ensuite, vers 1834, dans une maison de banque où se *tripotaient* des masses d'actions industrielles de toutes couleurs, y avait appris bien vite la *manière de s'en servir*, puis, décidé à voler de ses propres ailes, avait enfin monté lui-même une *maison de banque et de commission*. Son début dans les affaires avait été, on peut le dire, un coup de maître. Connaissant à fond la matière exploitable et la crédulité des agioteurs de la bourse de Paris, il avait acheté une mine de houille située dans le bassin de Mons, mais depuis longtemps complétement vide de charbon, et ne l'avait pas moins mise intrépidement en actions, réalisant de la sorte un bénéfice net de 4 à 500,000 francs. Alors, avec un grand sens, il s'était empressé de renoncer au *tracas des affaires*, et avait acheté au rabais un nombre d'actions du journal *La Presse* suffisant pour avoir droit de siéger à l'assemblée générale des actionnaires; ensuite, *pour faire quelque chose*, il avait poussé à la dissolution de la société et à la licitation du journal, qui effectivement furent juridiquement ordonnées. Vendue aux enchères, *la Presse* fut acquise par MM. E. Girardin et Dujarrier douze cents et quelques francs. Ce journal, en pleine voie de prospérité, car il comptait déjà de 14 à 15,000 abonnés, avait coûté 600,000 fr. à ses premiers actionnaires. On voit que Dujarrier savait habilement employer ses loisirs, et qu'il avait encore fait là une excellente affaire. Acheter 1,200 fr. une propriété qui en vaut plus de 600,000 est évidemment le fait d'hommes heureux, mais habiles avant tout. Dujarrier, d'ailleurs, s'il avait abandonné à son coassocié la gestion politique et littéraire de *La Presse*, s'en était réservé à lui-même la gestion administrative et financière.

Depuis plusieurs années gérant d'un journal influent, Dujarrier comprenait vaguement qu'il lui manquait pourtant encore quelque chose pour se faire tout à fait pardonner l'humilité de son passé dans le cercle élégant et frivole au milieu duquel il vivait. En vain il avait pris pour maîtresse une figurante du corps de ballet de la Porte-Saint-Martin à laquelle un grand nombre d'aventures excentriques et incroyables avaient déjà donné une certaine célébrité dans le monde des filles entretenues, cette *Lola Montès* qui devait encore autrement faire parler d'elle quelques années plus tard par le scandale de sa liaison avec le roi Louis de Bavière. Rien n'y faisait; et il n'avait encore pu se faire accepter dans le cercle de viveurs où s'écoulait sa vie qu'à titre de *père aux écus*. Or il avait trente-deux ans à peine. On conçoit qu'une telle position le blessât profondément. Aussi en était-il venu à penser qu'il n'avait d'autre moyen d'en sortir qu'un duel qui fit un peu de bruit, et qu'après cela rien ne manquerait plus à son bonheur ni à son mérite.

Le *bal d'artistes* qui eut lieu le 10 mars 1845 dans les salons des Frères-Provençaux lui fournit enfin l'occasion tant désirée. Suivant l'usage, c'est à la table de jeu que prit naissance la querelle indispensable. Son adversaire était un homme à peu près du même âge, attaché à la rédaction de diverses feuilles ministérielles, un certain Rosemond de Beauvallon, créole de la Martinique, et beau-frère d'un autre écrivain ministériel, fameux entre tous les valets de plume que le ministère Guizot entretenait à sa solde et qu'il chargeait de vanter incessamment les incomparables bienfaits du système de juste-milieu et les charmes du gouvernement personnel, M. Granier de Cassagnac. Dujarrier ne pouvait mieux tomber pour une première affaire. Rosemond de Beauvallon avait maintes fois fait ses preuves sur le terrain, et passait parmi les femmes de théâtre pour le brave des braves. En s'attaquant à l'administrateur de *La Presse*, il avait eu surtout en vue de satisfaire certaines rancunes, certaines jalousies de métier qui ne pardonnent jamais. *La Presse*, aujourd'hui l'une des colonnes du parti républicain, avait alors la prétention de représenter et de régenter le parti conservateur; et il lui arrivait souvent de donner de la férule sur les doigts des écrivains à la solde d'un pouvoir qu'elle accusait hautement de ne savoir rien conserver et de pousser la monarchie de Juillet à sa ruine. *Inde iræ!*

Le lendemain, 11 mars, Dujarrier tombait atteint en pleine poitrine par la balle de son adversaire. Certaines circonstances du duel, certains faits qui l'avaient précédé et qui étaient de nature à faire penser que tout ne s'y était pas passé loyalement, étant parvenus à la connaissance du parquet, Rosemond de Beauvallon fut arrêté, et passa en cours d'assises. Son beau-frère, M. Granier de Cassagnac, qui lui avait servi de second et qui fut appelé à déposer, faillit un moment être envoyé lui-même sur la sellette, et indisposa vivement les magistrats et le public par la manière insolente dont il répondit aux questions du président et à celles du ministère public. Chacun sentait que l'écrivain stipendié par M. Guizot pour défendre sa politique envers et contre tous se croyait une puissance politique, qu'il parlait et qu'il agissait en conséquence. La réponse du jury n'en fut pas moins affirmative sur les questions qui lui furent posées. En conséquence, Rosemond de Beauvallon fut condamné à dix années de détention; peine flétrissante et qui emporte l'interdiction de tous droits civils.

Les dépositions des témoins de la scène à la suite de laquelle avait eu lieu la provocation impressionnèrent vivement le public. Celle de *Lola Montès* ne fut pas des moins dramatiques; elle en fit décidément le *lion* du moment, et ne contribua pas peu à la haute fortune que cette prostituée devait faire deux ans plus tard à Munich.

DULAURE (Jacques-Antoine), naquit en 1755, à Clermont-Ferrand, et mourut à Paris, le 19 août 1835. Ses premières études, et surtout celles du dessin et des mathématiques, semblèrent déterminer sa vocation, d'abord pour l'architecture, ensuite pour le génie civil. Venu à Paris en 1779, il y fut un des élèves de Rondelet. Il porta ensuite ses vues vers la carrière des ponts et chaussées ; mais il y rencontra, dans la guerre de l'indépendance américaine, un obstacle aux travaux auxquels il prenait part pour la confection d'un canal entre Bordeaux et Bayonne. Il chercha alors ses moyens d'existence dans des leçons de géométrie qu'il donnait, et dans des écrits où il s'efforçait d'employer d'une manière utile ou piquante ses connaissances en mathématiques, en archéologie, en géographie, en histoire et dans les arts du dessin. En 1781, un mémoire adressé à l'Académie des Sciences, sur un instrument inventé par lui pour la levée des plans et des cartes topographiques, fut l'objet d'un rapport favorable soumis à ce docte corps par Bossut et Cousin. De 1785 à 1789, des publications nombreuses et de genres divers occupèrent sa plume, et réussirent, les unes par l'indépendance de ses opinions, la hardiesse de ses critiques, d'autres par les mêmes qualités assaisonnées du cynisme des anecdotes qu'il s'était plu à recueillir. Parmi celles de cette triste catégorie, on distingua ses lettres et dialogues sur les nouvelles salles du Théâtre-Français et du théâtre de l'Opéra-Comique (1782 et 1783), ainsi que son attaque dirigée contre l'enceinte des nouvelles barrières de Paris (1787). Cette lettre, publiée anonyme et attribuée à Mirabeau, excita la colère de la ferme générale, et fut saisie.

Parmi ses écrits d'un autre genre, on remarqua 1° une *Description des Curiosités de Paris* (1785), également saisie comme contenant des faits scandaleux : cette œuvre n'en obtint pas moins, ou plutôt dut à ces poursuites trois éditions successives, la dernière de 1790 ; 2° une *Nouvelle Description des Environs de Paris* (2e édit., 1787), dédiée au roi de Suède Gustave III, alors à Paris ; 3° une *Pogonologie, ou histoire philosophique de la barbe* (1786) ; 4° en 1788, *Singularités historiques :* ce livre, non moins choquant que les précédents par les prédilections de l'auteur pour les gravelures et les obscénités, fut réimprimé plusieurs fois, et la dernière en 1825 ; 5° enfin, plusieurs pamphlets satiriques contre la noblesse et les prêtres, reproduits et amplifiés pendant les premières années de la révolution ; et des journaux en opposition à ces ordres privilégiés, tels que *Le Thermomètre du jour, Les Évangélistes du jour*, feuille dirigée contre les atellanes célèbres dites les *Actes des Apôtres*. Les études historiques de Dulaure lui avaient inspiré une violente et profonde aversion contre la féodalité, la puissance cléricale et le pouvoir absolu. Tous ses travaux sur l'histoire en ont plus ou moins porté l'empreinte. Une publication beaucoup plus sérieuse et plus importante réclama toute son application pendant les trois années de 1788 à 1790. Il s'agissait d'une *Description de la France*, en 18 volumes. Il en fit paraître six durant cet intervalle. L'ouvrage était divisé en provinces. La nouvelle distribution du royaume en départements, décrétée par l'Assemblée constituante, lui fit abandonner son œuvre.

Lors de la convocation de la Convention en 1792, Dulaure fut appelé à cette assemblée par le département du Puy-de-Dôme. Il s'était déjà signalé au fameux club des Jacobins par sa double hostilité contre les partisans de l'ancien régime et contre la faction sanguinaire que dirigeaient Robespierre, Danton et Marat. Les tribuns farouches, auteurs des massacres de septembre, ne pouvaient compter parmi leurs prosélytes un homme en qui des préventions passionnées n'avaient pu étouffer l'amour de la justice et de l'humanité. Il se rallia donc à ceux qu'il regardait seuls comme les vrais amis de la république, objet de son culte, aux députés de la Gironde et à la majorité dont ils étaient les guides, et vota la mort de Louis XVI sans sursis ni appel. Sa conduite fut ensuite, pendant toute la durée de la Convention, celle d'un patriote courageux, éclairé, instruit, étranger à tout esprit d'intrigue et de parti. Proscrit cinq mois après, le 3 mai 1793, par la faction victorieuse, réfugié d'abord avec sa femme chez le représentant Pénières, ensuite à Saint-Denis, pour ne plus compromettre la sûreté de son ami, il échappa par la fuite à l'échafaud. Parvenu en Suisse à travers mille dangers, il y attendit la fin du règne de la terreur, vivant du travail de ses mains et de son talent pour le dessin. Rappelé au sein de la Convention au moment où il rentrait en France, en invoquant des juges, il s'y fit remarquer par des travaux utiles sur l'instruction publique, et sous le gouvernement créé par la constitution de l'an III, trois départements l'appelèrent à l'un des conseils législatifs. Son âge, de moins de quarante ans, le classa parmi les membres du Conseil des Cinq-cents. Il y donna de nouvelles preuves de savoir et de zèle. Attaché au gouvernement que renversait la révolution de 18 brumaire, il rentra alors dans la vie privée. La banqueroute d'un notaire lui ayant enlevé le fruit de ses économies, il accepta de Français de Nantes les fonctions de sous-chef dans l'administration des droits réunis, et les conserva jusqu'en 1814. Depuis, et pendant les vingt et une dernières années de sa vie, il ne dut qu'aux lettres et à ses travaux multipliés avec une activité infatigable les moyens de subvenir à une existence indépendante.

Parmi ses travaux, ses écrits sur la révolution, dans laquelle il avait figuré comme auteur et comme victime, ne sont pas les plus dignes de mémoire. Dans sa volumineuse publication sous le titre d'*Esquisse des principaux événements de la révolution*, on reconnait trop les traces de la précipitation ; on sent trop une œuvre de commande. Deux autres écrits de même genre, le *Tableau de sa conduite politique*, et les *Causes secrètes des excès de la révolution*, publiées d'abord dans le recueil *le Censeur*, et ensuite à part, offrent des détails intéressants et des révélations curieuses. Comme beaucoup d'autres, Dulaure a cru reconnaître et a signalé la double influence de l'étranger et des chefs de l'émigration sur nos discordes et nos troubles civils. La tyrannie qui pendant deux ans (1793 et 1794) ensanglanta et désola la France, en tenant sous la hache l'Assemblée qui la gouvernait, n'était aux yeux de cet écrivain qu'un instrument mis en action par les puissances avides de notre ruine. Dans Robespierre, Danton, Marat, il ne voit que les principaux agents de ces puissances, secondés par un grand nombre d'agents subalternes et par une multitude fanatique. Les publications plus réellement historiques de Dulaure lui ont mérité une renommée fondée sur de meilleurs titres. Ses nombreux mémoires sur les antiquités de la Gaule et de la France, par l'étendue des recherches, la profondeur de l'érudition, la sagacité des inductions, ont droit à l'estime des hommes studieux. En 1811 l'Institut accorda une mention honorable à un mémoire de Dulaure, dont l'objet était l'*État géographique de la Gaule sous la domination romaine*.

Mais l'œuvre capitale de ce laborieux écrivain, celle sur laquelle sa réputation est le plus solidement établie, c'est son *Histoire physique, civile et morale de Paris*, publiée pour la première fois en 1821 (7 vol. in-8°), et souvent réimprimée depuis, avec des additions de l'auteur ou de continuateurs plus ou moins intelligents. Cet ouvrage a essuyé beaucoup de critiques : on lui a reproché le défaut de plan et de méthode, ce qui oblige l'auteur à revenir souvent sur ses pas. Au total, néanmoins, c'est autant une revue morale et politique de l'histoire de France, qu'une histoire particulière de sa capitale. Dulaure se complait trop, évidemment, dans le tableau du mal. Sous sa plume, animée par une indignation qu'il sait rarement maîtriser, le récit des erreurs, des travers, des vices et des crimes des hommes puissants, la peinture des misères de la multitude opprimée et souffrante, sont tracés avec des couleurs vives et fortes. Quand il accuse, son pinceau est souvent plein de vigueur, son style devient éloquent. Mais à côté de ces tableaux rembrunis, ou même effrayants, il néglige d'offrir au lecteur ceux qui pourraient le consoler. On dirait qu'au moment même où la vérité lui dicte l'éloge, il craint de s'y livrer :

on sent qu'il fait des efforts pour être juste, et que la louange lui répugne. Alors on se rappelle involontairement le conseil de Marc-Aurèle : « Ne te livre point outre mesure à l'indignation que t'inspirent les méchants, de peur de leur ressembler. » Si les efforts de Dulaure pour suivre cette recommandation d'un sage ont été trop rarement heureux, n'en rendons pas moins justice à la droiture de ses intentions, à sa compassion pour les malheureux, à ses recherches savantes, aux soins qu'il a pris pour apprécier sainement les causes et les conséquences des événements qu'il raconte. Très-peu d'écrivains avant lui avaient cherché des lumières dans les registres du parlement et dans les documents que présentent en foule nos archives nationales. Une étude approfondie de ces collections lui a fourni des renseignements précieux, et l'a mis à portée d'éclaircir des faits ignorés ou mal connus. Les résultats utiles de ces recherches doivent plus que compenser auprès des juges impartiaux sa facilité à admettre, d'après des autorités fort suspectes, quantité d'anecdotes, la plupart indignes de figurer dans une œuvre sérieuse.

Nous ne devons pas oublier le concours utile de Dulaure aux *Voyages pittoresques et romantiques dans l'ancienne France*, publiés par M. Taylor et Charles Nodier. Il y a fourni la plupart des documents historiques sur l'Auvergne, sa province natale. L'histoire particulière qu'il a laissée de cette contrée si remarquable a été acquise par la ville de Clermont-Ferrand, et a valu à sa veuve une pension de 600 francs. On trouve, enfin, des notions curieuses dans son *Histoire abrégée des différents Cultes*, etc., qui réunit en 2 vol. in-8°, 1825, deux ouvrages précédemment publiés.

AUBERT DE VITRY.

DULAURENS (HENRI-JOSEPH) était fils d'un chirurgien-major du régiment de Laroche-Guyon. Il naquit à Douai, en 1719. En proie à une ferveur religieuse fruit de sa vive imagination, et qui fut encore attisée par sa mère, il entra, au sortir du collége, chez les chanoines de la Trinité en qualité de novice, et y fit profession à l'âge de dix-neuf ans. Il ne tarda pas à s'apercevoir qu'il s'était trompé sur sa vocation, et se dégoûta du cloître, où il était exposé à des inimitiés que lui avait suscitées la causticité de son esprit. Pour s'en délivrer, il essaya d'entrer dans l'ordre de Cluny, et vint à Paris à cette occasion. Sa demande ayant été repoussée, il resta dans la capitale, sans plus songer à revenir dans son couvent. Les heureuses dispositions qu'il avait reçues de la nature avaient été fécondées par l'étude ; c'est à cette source qu'il puisa pour subvenir à ses besoins. Il composa des livres de toutes espèces, qui lui acquirent quelque renommée, mais ne purent l'arracher à la pauvreté. En 1761, quand les disciples de Loyola, flétris dans l'opinion, étaient traduits devant les parlements, il décocha contre eux une philippique, *les Jésuitiques*, qui obtint les honneurs d'une seconde édition. Effrayé d'un succès qui, en attirant sur lui l'attention, l'aurait peut-être ramené dans son cloître, il quitta précipitamment la France pour se réfugier en Hollande, et fit à pied ce long voyage, faute d'argent. Dans cette république, la presse jouissait d'une sorte d'indépendance, qui tournait surtout au profit des libraires du pays. Dulaurens leur offrit ses services ; mais n'ayant pas eu à se louer de leurs procédés, il les quitta, et se rendit à Francfort, ensuite à Liége, où sa vie errante se termina tout à coup par une catastrophe. Traduit devant la chambre ecclésiastique de Mayence, espèce d'inquisition au petit pied, il fut mis en jugement comme prévenu d'avoir outragé la religion et les mœurs. Il faut avouer que tous ses ouvrages ne justifiaient que trop cette accusation ; aussi fut-il, en 1767, condamné à une prison perpétuelle. On l'enferma à Mariabonn, maison de détention située sur les bords du Rhin, et réservée aux prêtres ayant manqué aux devoirs de leur ministère ; il y mourut captif, en 1797.

De toutes les productions de cet écrivain, la seule qui lui ait survécu est un roman philosophique, intitulé *Le Compère Mathieu, ou les bigarrures de l'esprit humain*, qui fut, lors de son apparition, attribué à Voltaire. Cet ouvrage a été en effet inspiré par Pantagruel et Candide, mais l'imitateur est resté fort au-dessous de ses modèles. Le héros de son livre n'inspire aucun intérêt : c'est un libertin sans principes, plongé dans tous les désordres, sans avoir même pour excuse l'enivrement d'une passion. Le reste du bagage littéraire de Dulaurens se compose de deux poëmes : *Le Balai* et *La Chandelle d'Arras*, chacun en dix-huit chants ; tous les personnages sont des moines et des religieuses, auxquels il fait jouer des rôles ridicules et odieux. Il a fait encore une pièce de circonstance, *La Térésiade*, ayant pour sujet le couronnement de Charles VI ; puis un roman : *Smirce, ou la fille de la nature*, dont l'intrigue est habilement tissue.

SAINT-PROSPER.

DULCINISTES, sectaires qui prennent leur nom de *Dulcin*, leur chef. Né à Novare, dans le treizième siècle, il remplaça Segarel, dont il développa les opinions. Comme lui, il annonçait que le règne du Saint-Esprit avait commencé l'an 1300, pour durer jusqu'à la fin des siècles ; que, l'an 1300 aussi l'autorité du pape, vicaire de Jésus-Christ, avait entièrement cessé, et qu'on ne lui devait plus d'obéissance. Il affichait un profond mépris pour les choses les plus saintes de l'Église catholique et pour ses cérémonies les plus solennelles. Il prêchait la communauté des biens, et l'avait établie parmi ses disciples ; mais il est permis de douter qu'il se soit livré avec eux à de scandaleuses débauches. On sait en effet que cette accusation banale d'immoralité était indistinctement, et sans preuves, dirigée contre tous les hommes qui, durant le moyen âge, voulaient faire avancer la raison humaine. Dulcin s'était fait de nombreux partisans dans le diocèse de Verceil. Il fut arrêté, par ordre du pape Clément V, et brûlé avec sa femme, nommée Marguerite, en 1307. Dès lors ses disciples furent dispersés ; on dit pourtant qu'ils subsistèrent pendant plusieurs siècles à Mérindole et à Cabrières. Auguste SAVAGNER.

DULIE (Culte de). *Voyez* CULTE.

DULMEN, seigneurie appartenant aux ducs de Croy et située en Prusse, dans le cercle de Koesfeld, arrondissement de Munster (Westphalie). Elle comprend une superfice de quatre myriamètres carrés, avec une population de 16,000 âmes. Elle a pour chef-lieu la petite ville de *Dulmen*, avec un château ducal, un tribunal de première instance, trois églises catholiques et 3,500 habitants, dont la fabrication des toiles constitue la principale industrie. Une autre petite ville appartenant à cette seigneurie, située sur la Lippe et la Stever, a nom *Haltern* ; elle renferme 2,100 habitants et quelques fabriques de lainages et de toiles. Entre ces deux villes on trouve le village de Sythe ou Siethen, où, en 758, Pepin vainquit les Saxons.

DULONG (PIERRE-LOUIS), physicien et chimiste des plus distingués, né à Rouen, le 12 février 1785, devint orphelin à l'âge de quatre ans. C'est sans aucun secours étranger que se développèrent en lui les germes de tant de belles qualités que la nature avait déposées dans son âme et dans son intelligence. C'est presque par ses seuls efforts qu'il conquit, à seize ans, le titre d'élève de l'École Polytechnique. Une grave indisposition l'obligea de quitter avant la fin de la seconde année cette école où il devait reparaître avec tant d'éclat comme examinateur de sortie et comme professeur et directeur des études. Forcé de renoncer aux armes savantes ou aux ponts et chaussées, Dulong s'adonna à l'art de guérir, et exerça quelque temps la médecine à Paris, dans un des quartiers les plus pauvres du 12e arrondissement. La clientèle s'augmentait à vue d'œil, mais la fortune diminuait avec la même rapidité ; car Dulong ne vit jamais un malheureux sans le secourir, car il s'était cru obligé d'avoir un compte ouvert chez le pharmacien au profit des malades, qui sans cela n'auraient pas pu faire usage des prescriptions. Les sciences parurent une carrière moins ruineuse, et Dulong quitta la médecine pour les cultiver; il n'avait pas songé que là aussi surgiraient de continuelles occasions de dépense.

La botanique l'occupa d'abord, et l'enfant de la Normandie parcourut cette terre féconde en herborisant. Revenu à Paris quand était dans toute sa force le mouvement imprimé à la chimie par les belles découvertes de Davy, il s'associa aux efforts si souvent glorieux des chimistes français. Entré comme préparateur dans le laboratoire de M. Thénard, il ne tarda pas à se faire connaître par des travaux du premier ordre. Ses *Recherches sur la décomposition mutuelle des sels insolubles et des sels solubles* le placèrent, dès son début dans la science, à côté des maîtres qui établirent les premières bases de la statique chimique. La même année fut signalée par une grande découverte de Dulong. Le chlorure d'azote avait passé inaperçu sous les yeux de Vauquelin; il n'échappa point au regard plus pénétrant du nouvel adepte de la science. Cette substance faillit lui coûter la vie; elle s'annonça par une terrible détonation et par des dégâts affreux. La plupart des objets qui se trouvaient dans le laboratoire furent brisés. Au milieu de cette dévastation, Dulong en fut quitte pour de fortes contusions: aussi trouva-t-il que ce n'était pas payer assez cher une découverte importante: il recommença ses expériences quelques mois après, et put se rendre compte, non sans éprouver de grandes souffrances, des propriétés de ce composé, l'un des plus terribles dans ses effets; enfin, l'année suivante, ayant voulu reprendre ses dangereux travaux, une nouvelle détonation lui enleva un œil et deux doigts de la main. Sublime courage! nobles blessures! Affronter la mort pour faire progresser la science, n'est-ce pas conquérir plus de gloire qu'il n'en revient au soldat mutilé sur le champ de bataille?

Après avoir mis fin aux longues discussions élevées par les savants les plus distingués sur les *combinaisons du phosphore avec l'oxygène*, après avoir décrit l'*acide phosphoreux*, dont l'existence n'avait pas encore été soupçonnée, après ses belles découvertes sur les propriétés de l'*acide hyponitrique*, après avoir, enfin, pris rang parmi les chimistes les plus éminents, Dulong aborda les plus hautes questions de la physique; on n'oubliera jamais ses recherches faites avec Petit sur la *Théorie de la Chaleur*, mémoire couronné par l'Académie; ses travaux considérables sur *la Chaleur spécifique des Corps* laisseront pareillement dans la science des traces éternelles. Une *Analyse de l'Eau*, qu'il fit en commun avec Berzelius, signala les erreurs des analyses anciennes. Ces deux savants corrigèrent aussi les données acceptées sur la composition de l'acide carbonique; et comme tout s'enchaîne dans les sciences pour les esprits logiques, cette dernière analyse conduisit Dulong à des recherches sur la chaleur dégagée par la respiration des animaux. Ses recherches sur la réfraction des gaz n'attestent pas moins sa grande perspicacité que son habileté extrême; enfin, dans son dernier travail, la *détermination de la force élastique de la vapeur d'eau à des températures élevées*, il a prouvé au monde savant qu'il n'avait rien perdu ni de son génie, ni de son désintéressement, ni de son courage. Nous avons fait voir comment, dans la recherche d'une vérité utile, il se laissa tout aussi peu arrêter par des difficultés d'argent que par les dangers d'explosion; sa mort, qui arriva le 18 juillet 1838, apprit l'étendue des ravages que ses admirables expériences avaient faits dans son patrimoine. Dulong ne laissa à sa famille que le souvenir de ses glorieux travaux.

Dulong suivit aussi avec distinction la carrière du professorat: nommé d'abord maître des conférences à l'École Normale, il fut ensuite appelé à la chaire de chimie à la Faculté des Sciences et à celle d'Alfort. Désigné plus tard comme professeur à l'École Polytechnique, il fut aussi examinateur de sortie, et, enfin, les huit dernières années de sa vie il occupa, à la satisfaction des élèves et à la gloire de cette école nationale, la place de directeur des études. Dulong fut membre de l'Académie des Sciences (section de physique), et durant quelque temps l'un de ses secrétaires perpétuels.

Cette vie si pleine et si courte cependant, ces traits caractéristiques de l'esprit de Dulong, de ses ouvrages, de sa conduite, sont connus et justement appréciés du monde entier. Peut-être ne sait-on pas aussi généralement qu'avec des dehors froids, le savant illustre avait le cœur le plus affectueux, le plus aimant. D'une modestie extrême quand il parlait de ses travaux, il se montrait d'une grande bienveillance en s'exprimant sur les travaux des autres. On peut dire que jamais un mot blessant n'est sorti de sa bouche. Jamais un sentiment de jalousie n'effleura cette belle âme. Les sciences étaient pour Dulong une passion, mais une passion noble, pure, dégagée de toute considération d'amour-propre, de toute vue intéressée ou personnelle. Aussi la jeunesse lui montrait-elle une confiance sans bornes, aussi recourait-elle à ses conseils avec un entier abandon.

Étienne Arago.

DUMANIANT (André-Jean BOURLAIN, *dit*), comédien, auteur dramatique et romancier, naquit à Clermont, en Auvergne, en 1754. Issu d'une famille de robe, il suivit quelque temps la carrière du barreau; mais, entraîné par la passion du théâtre, il débuta à Paris, à la Comédie-Française, parcourut la province sous le nom de Dumaniant, et y fit jouer une comédie en un acte et en vers, *Le Français en Huronie*, imprimée pour la première fois à Paris, en 1778. Il donna la même année et fit imprimer à Avignon *Le Pardon inutile, ou l'amour sans caractère*, comédie en trois actes, en vers. On trouve dans la *Revue rétrospective* de 1830 une piquante correspondance où il priait les Comédiens français de lui dire, après avoir examiné plusieurs pièces qu'il leur envoyait, s'il devait continuer à suivre la carrière dramatique ou y renoncer. En 1785 Dumaniant entra au théâtre des Variétés du Palais-Royal, et y donna *Le Médecin malgré tout le monde*, comédie en trois actes, en prose (1780); *Le Dragon de Thionville*, fait historique en un acte, en prose (1786 et 1793), pièce bien accueillie, quoiqu'elle fit plus d'honneur au patriotisme qu'au talent de l'auteur; *Guerre ouverte, ou ruse contre ruse*, comédie en trois actes et en prose (1786). C'est le chef-d'œuvre de Dumaniant, malgré la ressemblance du dénouement avec celui du *Barbier de Séville*.

Il fit jouer ensuite *La Loi de Jatab, ou le Turc à Paris*, un acte en vers (1787); *La Nuit aux Aventures, ou les deux morts vivants*, en trois actes, en prose (1787); *Les Intrigants, ou assaut de fourberies*, en trois actes, en prose (1787); *L'Amant femme de chambre*, en un acte, en vers (1788); *Les Deux Cousins, ou les Français à Séville*, trois actes, en prose (1788); *Urbelise et Lanval, ou la journée aux aventures*, en trois actes, en prose (1788); *L'honnête Homme, ou le rival généreux*, trois actes, vers (1789); *Minnore, ou les Deux Épouses*, trois actes (1789); *Ricco*, deux actes, prose (1789), pièce qui eut une vogue infinie; *Le Soldat prussien*, imité de l'allemand, trois actes, prose (1789). Dans cet intervalle Dumaniant avait aussi donné au théâtre de Beaujolais: *La belle Esclave, ou Valcour et Zeila*, opéra-comique en un acte (1787); et au théâtre de Monsieur, *Éléonore de Gonzague*, comédie en deux actes, en prose (1789). Il suivit, en 1790, Gaillard et Dorfeuille au théâtre du Palais-Royal (aujourd'hui Théâtre-Français), et y fit représenter *La double Intrigue, ou l'aventure embarrassante*, comédie en deux actes et en prose, in-8°, dont le succès confirma la réputation que l'auteur modeste avait acquise sur d'autres théâtres; mais les *Soixante mille francs* ne la soutinrent pas, et *Le Prodigue par bienfaisance, ou le chevalier d'industrie*, pièce en trois actes et en prose, jouée en 1791, ne put la relever. Il fit représenter cette même année une tragédie en cinq actes, en vers, *Alonzo et Rosamore, ou la vengeance*, qui n'eut qu'une représentation, et qu'il fit reparaître et imprimer, en 1793, sous le titre d'*Alonzo et Cora*.

Lorsqu'en 1792, l'émigration de Talma, Dugazon, Mme Vestris et autres comédiens français du faubourg Saint-Germain, eut renforcé la troupe du Palais-Royal, qui prit alors le nom de Théâtre-Français de la rue Richelieu, et bientôt après celui de Théâtre de la République, la plupart des anciens acteurs, ayant été congédiés, passèrent au Théâtre du Palais ou de la Cité, dont l'ouverture eut lieu le 20 octobre. Dumaniant, qui continua d'abord d'y jouer les rôles de père, cessa de paraître sur la scène en 1793; mais en renonçant à l'état de comédien, où il aurait toujours été médiocre, il resta attaché à l'administration de ce théâtre, qui prit alors le titre de *Cité-Variétés*. Il y fit représenter, en 1792, *La Journée difficile, ou les femmes rusées*, comédie en trois actes, en prose; *La Mort de Beaurepaire*, fait historique en deux actes; en 1793, *Le Projet de fortune*, opéra-comique en un acte; *Beaucoup de bruit pour rien*, comédie en trois actes, en prose, imitée de l'espagnol de Calderon; *Les deux Roussel, ou les voyages et aventures de Cadet-Roussel*, en deux actes; *Le Pirate*, pantomime en trois actes; en 1794, *La Chute du Tyran, ou la journée du neuf thermidor*; en 1795, *Isaure et Gernonce, ou les réfugiés religionnaires*, drame en trois actes, en prose; en 1798, *Les Ruses déjouées*, comédie en trois actes et en prose, qui réussit beaucoup. Cette année Dumaniant cessa de faire partie de l'administration du théâtre de la Cité, auquel il vendit tous ses ouvrages dramatiques, moyennant une rente viagère. Il fut alors nommé membre de la Société Philotechnique, et donna au théâtre des Variétés-Montansier: *Le Secret découvert, ou l'arrivée du maître*; *Jodelet*; *Les Brouilleries* (1799); *Le Duel de Bambin* (1801), *Brisquet et Joli-Cœur* (avec Servières), 1804; au Théâtre-Français (avec Pigault-Lebrun), *Les Calvinistes, ou Villars à Nîmes*, comédie historique, 1801.

Dumaniant eut la direction du théâtre de la Porte-Saint-Martin, de 1803 à 1805, puis il en fut administrateur jusqu'en 1806. Il y donna *Le Français à Alger*, mélodrame en trois actes, 1804. Son ancien camarade Alexandre Duval ayant été nommé directeur de l'Odéon en 1808, il en devint secrétaire général, et conserva cette place jusqu'en 1816, où Duval fut remplacé par Picard. Dans cet intervalle, Dumaniant donna quelques pièces à l'Ambigu et au théâtre Molière. Il fit aussi représenter au théâtre de l'Impératrice, avec Désaugiers, *L'adroite Ingénue, ou la partie secrète*, comédie en trois actes et en vers; seul, *Soyez plutôt maçon*, en un acte et en prose (1804); *L'Espiègle et le Dormeur, ou le revenant du château de Beausol*, en trois actes, prose (1806), pièce fort gaie, qui obtint un très-grand succès; avec Henrion, *L'Homme en deuil de lui-même*, en un acte et en prose, dont l'invraisemblance égale la gaieté (1806); et beaucoup d'autres, oubliées aujourd'hui.

De 1819 à 1824, Dumaniant devint entrepreneur breveté de spectacles dans les départements; il mourut à Paris, le 24 septembre 1828. Ses travaux dramatiques se distinguent principalement par un dialogue plein de verve, une intrigue fortement compliquée, et une foule de situations comiques. Aucun auteur moderne ne l'a surpassé dans les imbroglios. Il est auteur de quelques romans: *L'Enfant de mon père, ou les torts du caractère et de l'éducation* (1798); les *Amours et aventures d'un Émigré* (1798); *Trois mois de ma vie, ou histoire de ma famille* (1811). On a encore de lui: *La mort de Bordier*, acteur des Variétés, pendu dans une émeute à Rouen, notice sur cet événement; *Herclès*, poëme en trois chants, suivi de *La Création de la femme* (1805); une *Grammaire en chansons* (1805), dont les journaux rendirent un compte peu favorable.

H. AUDIFFRET.

DUMANOIR (PHILIPPE), l'un de nos plus spirituels et de nos plus féconds vaudevillistes, est né à la Guadeloupe, le 25 juillet 1808. Ses parents l'envoyèrent, à l'âge de dix ans, faire ses humanités à Paris. En quittant le collége Bourbon, il alla s'asseoir sur les bancs de l'École de Droit. Notre étudiant se sentit tout d'abord fort peu de goût pour les études juridiques, et se prit, au contraire, d'une vive inclination pour la carrière d'écrivain dramatique. Il débuta, à la façon des maîtres, par un petit chef-d'œuvre de goût, de grâce, de fraîcheur, que le public alla voir et applaudir cent fois, *La Semaine des Amours*. Le bruit de ce succès, l'une des bonnes fortunes du théâtre des Variétés, ouvrit sur-le-champ à notre heureux auteur les portes de toutes les autres scènes de vaudeville, et depuis ce moment M. Dumanoir n'a cessé de se créer de nouveaux titres à l'estime, disons mieux, à la reconnaissance du public, par une foule de charmantes pièces, admirablement appropriées au talent des artistes qui lui ont servi d'interprètes, et dont quelques-unes ont toute la verve, toute la portée, toute la valeur littéraire des meilleures comédies. M. Dumanoir a également abordé le domaine du drame avec le bonheur et le talent qui ont caractérisé ses autres productions, et l'on peut citer notamment *Don César de Bazan* comme l'un des plus éclatants et des plus légitimes succès qui aient depuis longtemps attiré la foule aux théâtres du boulevard. En 1838, M. Dumanoir prit la direction des Variétés, qu'il ne garda que jusqu'en 1841.

On remarque parmi ses très-nombreuses pièces: *L'Homme qui bat sa femme*, *Les Vieux péchés*, *Sophie Arnould*, *Un Mari charmant*, *La Fiole de Cagliostro*, *La Marquise de Pretintailles*, *Le Cabaret de Lustucru*, *Pierre d'Arezzo*, *Les premières armes de Richelieu*, *Indiana et Charlemagne*, *Le Vicomte de Létorière*, *La Nuit aux Soufflets*, *Les Aides de camp*, *La Vendetta*, *Ma Maîtresse et ma Femme*, *Brelan de Troupiers*, *Le Code des Femmes*, *Mme Bertrand et Mlle Raton*, etc., etc. En 1848 et 1849, il a aussi travaillé à quelques pièces de circonstances.

Alfred LEGOYT.

DUMARSAIS (CÉSAR CHESNAUX) naquit à Marseille, en 1676. La fortune que son père lui avait laissée ayant été dissipée par sa mère, une vaste bibliothèque fut le seul héritage qu'il recueillit. Il fut mis chez les oratoriens de cette ville, où il fit ses études. Ayant achevé son éducation, il vint à Paris, s'y maria, et fut reçu avocat au parlement en 1704, fonctions qu'il quitta peu de temps après, par suite des désagréments que sa famille lui fit essuyer. Il entra bientôt comme précepteur chez le président Maisons. Mais il fut trompé dans son espoir. Son élève mourut, et Dumarsais fut réduit à chercher une autre place. Law l'ayant choisi pour être le précepteur de son fils, le départ de cet aventurier pour Venise le mit une seconde fois sur le pavé. Il entra alors dans la maison du comte de Beaufremont, où il enseigna le latin à son fils au moyen de versions interlinéaires, méthode dont on a de nos jours attribué l'invention à M. Jacotot. Cette éducation terminée, Dumarsais fonda un pensionnat au faubourg Saint-Victor. Les fausses espérances qu'il avait conçues du retour d'un de ses fils qui habitait l'Amérique contribuèrent à sa fin; il mourut à Paris, le 11 juin 1756.

Dumarsais joignait à des mœurs douces une grande probité. D'Alembert ne l'appelait que le La Fontaine des philosophes. Comme beaucoup d'hommes de mérite, il ne fut réellement apprécié qu'après sa mort. Étranger à toute coterie, à toute intrigue, il put à peine, de son vivant, vendre un seul de ses livres, et cependant, pour la rectitude, la sagacité et les recherches ingénieuses, ils le placent au premier rang des grammairiens du dix-huitième siècle. Ses œuvres principales se composent d'un *Traité des Tropes*, de toute la partie de l'*Encyclopédie* qui concerne la grammaire et la rhétorique, et de plusieurs opuscules. On lui a attribué faussement une *Analyse de la religion chrétienne*, et un *Essai sur les Préjugés*, ouvrages écrits dans l'esprit irréligieux du dix-huitième siècle. On possède une édition complète de ses œuvres en sept volumes in-8°, dans lesquels on remarque sa *Logique* et ses *Principes de Grammaire*.

G. FRIES.

DUMAS (MATTHIEU, comte), né à Montpellier, en 1753, mourut à Paris en 1837. Fils d'un trésorier des finances, il était à sa mort lieutenant général, conseiller d'État, pair de France, grand'croix de la Légion-d'Honneur, etc., et toutes ces dignités, il les avait acquises lentement, grade par grade, sans faveurs, ni de la fortune, ni des hommes. Sous-lieutenant au régiment de Médoc à l'âge de quinze ans, il sut utiliser les loisirs de la vie de garnison en se faisant un système d'études sur la théorie de la guerre. Deux ans plus tard, il assista, comme aide de camp du comte de Puységur, aux préparatifs qui se faisaient pour une descente en Angleterre. Cette expédition avorta. Les ministres de Louis XVI, n'osant attaquer l'Angleterre au cœur, la frappèrent aux extrémités : l'indépendance des États-Unis fut reconnue, et, après un traité conclu avec eux, un secours de douze mille hommes leur fut envoyé. Le général Rochambeau en eut le commandement, et prit pour un de ses aides de camp Matthieu Dumas. En Amérique, il se fit apprécier par ses talents d'organisateur, son activité infatigable et sa bravoure. A peine de retour en France, il fut chargé de parcourir les ports, les places de l'Archipel et des côtes de l'Asie jusqu'à Constantinople, pour recueillir des notions précises qui pouvaient être d'une grande utilité, dans le cas où l'ambition de Catherine ferait éclater en Orient une guerre à laquelle la France devrait prendre une part active. Cette mission, à peine terminée, fut suivie d'une seconde en Allemagne, et plus tard, et dans le même but, d'une troisième en Hollande. Après quoi, il entra, en qualité de rapporteur, au conseil de la guerre.

Cependant, la révolution approchait, elle allait départir à Matthieu Dumas un rôle plus élevé et plus périlleux. Son éducation, ses lumières, son voyage en Amérique, en avaient fait un sincère ami de la liberté; mais sa rare modération, un jugement sûr, une tête froide, et, plus que tout cela, l'absence de toute passion envieuse et avide, l'avaient préservé de cette fièvre révolutionnaire, de cet esprit de destruction radicale, auxquels si peu d'hommes surent échapper. Il assista, comme témoin d'abord et bientôt comme acteur, aux grands événements de cette époque. Lorsque Louis XVI fut arrêté à Varennes et ramené à Paris, l'Assemblée nationale envoya vers lui trois commissaires et un officier supérieur, qui devait prendre le commandement de toute la force armée accourue sur son passage. Les commissaires étaient Barnave, Pétion et Latour-Maubourg; l'officier supérieur, Matthieu Dumas. Ils rencontrèrent près de Dormans, entre Châlons et Châteauthierry, les deux voitures où se trouvaient la famille royale, trois gardes du corps attachés sur le siége de l'une d'elles, et deux femmes de chambre au service des princesses. Des gardes nationales à pied et à cheval servaient d'escorte, allant pêle-mêle dans la plus grande confusion. Rien d'aussi lamentable que cette marche lente, désordonnée, tumultueuse, image anticipée des funérailles de la royauté. Elle se prolongea trois jours et trois nuits, à travers des dangers continuels, des attaques soudaines, des vociférations insultantes. Barnave, Latour-Maubourg et Matthieu Dumas firent assaut de fermeté, de vigilance, de sang-froid et de noble déférence; nous n'avons pas à nous occuper de Pétion.

Matthieu Dumas fut nommé quelque temps après maréchal de camp, investi, en cette qualité, du commandement de Metz, et plus tard, malgré son absence, appelé par les électeurs de Seine-et-Oise à l'Assemblée législative. C'était son début sur la scène politique. Il y entra avec ses principes de liberté modérée, d'attachement à la constitution, d'aversion pour l'anarchie. Il alla s'asseoir au côté droit, parla et vota contre toutes les mesures violentes et impolitiques, combattit les décrets contre les prêtres non assermentés et contre l'émigration, et s'opposa plus d'une fois énergiquement à ceux de mise en accusation, provoqués par les ressentiments passionnés des partis girondin et jacobin. Il fut élu président, et, pendant le mois que durait alors cette fonction, se fit remarquer par sa fermeté contre les plus célèbres démagogues. C'était au péril de la vie qu'on s'engageait dans ces luttes, et la tribune était alors un champ de bataille. Au milieu de ces agitations incessantes, il sut trouver du temps et du calme pour d'importants travaux, et fit prévaloir ses idées sûres et pratiques pour le recrutement, l'organisation des armées et la discipline, alors fortement ébranlée. Il resta fermement à son poste jusqu'au 20 septembre, c'est-à-dire jusqu'à la dissolution de l'Assemblée législative. Courant risque à tout moment d'être arrêté ou assassiné, il ne se détermina pourtant qu'avec peine à sortir de France. Aussi s'empressa-t-il d'y rentrer trois ou quatre mois après, pour éviter les conséquences des décrets portés contre les émigrés. Il y passa une année au plus fort de la Terreur, poursuivi, traqué par les agents du comité de salut public, errant çà et là sous divers déguisements, n'acceptant qu'à regret, et toujours pour peu de temps, l'asile offert par l'amitié, car sa présence y appelait la proscription. Pour échapper à cette misérable existence, il se décida encore à quitter la France, et parvint, grâce à l'ingénieuse amitié de Théodore de Lameth, à se réfugier en Suisse. Il resta dans ce pays, sous un faux nom, jusqu'au 9 thermidor, faisant diversion aux tristesses de l'exil par des travaux historiques qu'il devait publier plus tard.

Après sa rentrée en France, il fut élu, par le département de Seine-et-Oise, membre du Conseil des Anciens, où il forma avec Portalis, Tronçon-Ducoudray, Barbé-Marbois, Lebrun, Dupont de Nemours, et deux des cinq directeurs, Carnot et Barthélemy, un parti qui acquit bientôt une influence souveraine, et qui, sans aucune arrière-pensée monarchique, ennemi de toute réaction, voulait que le gouvernement nouveau s'appliquât à cicatriser les plaies encore saignantes de la patrie, prouvât sa force par sa modération, calmât les ressentiments, rapprochât les esprits, et fît prévaloir sur les débris de l'anarchie le maintien des lois, la liberté de la presse, le respect de l'opinion publique. Mais la révolution ne pouvait si tôt s'arrêter. Ces généreux amis de la vraie liberté furent traités de factieux, et l'odieux attentat du 18 fructidor les relégua dans des régions désolées et mortelles, où la plupart périrent. Matthieu Dumas échappa miraculeusement aux rigueurs de cet exil, et trouva un refuge à Hambourg d'abord, ensuite dans le Holstein. Il n'y resta pas oisif, et c'est là que, par ses deux volumes intitulés *Précis des Événements militaires*, il commença l'histoire de nos guerres, qu'il devait continuer depuis pendant ses loisirs sous la Restauration, qui forme 19 volumes, et qui embrasse une période de dix années, depuis le congrès de Rastadt, en 1797, jusqu'à la paix de Tilsitt, en 1807. Ce grand ouvrage obtint dès son apparition un succès qui s'est maintenu depuis.

Au 18 brumaire, Matthieu Dumas rentra en France, et cette fois pour n'en plus sortir. Le premier consul ne tarda pas à mettre à profit sa capacité éprouvée dans l'administration civile et dans celle de la guerre particulièrement. Il l'envoya d'abord à Dijon pour y organiser la deuxième armée de réserve, et de là en Suisse, où Matthieu Dumas assista au fameux passage du Splügen et sauva l'artillerie d'avant-garde. Nommé conseiller d'État après cette mémorable campagne, il fut chargé de traiter diverses questions importantes sur l'organisation de l'armée et sur l'administration de la guerre, puis de soutenir au Tribunat et au Corps législatif la discussion du décret relatif à la création de la Légion d'Honneur.

Matthieu Dumas était un de ces hommes comme il en fallait à Napoléon, toujours dispos d'esprit et de corps, toujours prêts, comprenant à demi-mot, et qui dans l'exécution joignent la prudence à l'activité. Aussi le voyons-nous investi sans cesse, et dans toutes les parties de l'Europe, de fonctions diverses, qui ne lui laissent aucun repos, à Boulogne au moment des préparatifs de descente en Angleterre, à Ulm, à Elchingen, à Austerlitz, en Illyrie, enfin à Naples, auprès du roi Joseph, qui le fait d'abord ministre de la guerre, puis grand-maréchal du palais, l'emmène ensuite avec lui en Espagne, où il devient de nouveau aide-major général de l'armée impériale. D'Espagne il passe en Allemagne avec les mêmes fonctions, se trouve aux batailles d'Essling et de Wagram, règle les conditions et signe l'armistice de Znaïm. Intendant général de la grande armée, il assiste aux glorieux combats et aux désastres de l'expédition de Moscou; enfin, dans la campagne de Saxe, nous le retrouvons sur le champ de bataille de Lutzen, puis à Dresde, où, au mépris d'une honorable capitulation, indignement violée par nos ennemis, il est fait prisonnier et envoyé en Hongrie. Rentré en France après les événements de 1814, le gouvernement de la Restauration le rappela d'abord au conseil d'État, et le nomma directeur général de la liquidation de l'arriéré de la guerre; il fut même question de lui confier le ministère de la marine. Il croyait, ce qu'on croit toujours, et ce qui est si rare, que les rudes leçons du malheur avaient profité. Les Bourbons apportaient la Charte; et d'ailleurs, dans la campagne de Saxe, il avait, par quelques observations, mécontenté Napoléon, qui n'aimait pas les *raisonneurs*.

Au 20 mars, l'empereur l'ayant chargé de l'organisation des gardes nationales, il ne crut pas devoir se refuser à cette mission, qu'il avait remplie en 1789, et qu'il devait remplir encore en 1830. A la rentrée des Bourbons, il fit partie de la commission de défense, fut rappelé au conseil d'État, et chargé par le maréchal Gouvion-Saint-Cyr de soutenir aux chambres la discussion de la loi de recrutement. Porté deux fois sur une liste de pairs par M. Decazes, son nom en fut deux fois effacé par Louis XVIII. Ce double refus annonçait une disgrâce; il ne l'attendit pas longtemps. La réaction ultra-royaliste qui suivit la mort du duc de Berry l'éloigna tout à fait des affaires, et le condamna à la retraite. Appelé à la chambre en 1827 par les électeurs du 1er arrondissement de Paris, il prit une part très-active, sinon au grand mouvement de Juillet, du moins aux mesures qui réussirent à le contenir et à le régler. La réintégration du général Dumas au conseil d'État et sa nomination à la pairie ferment son honorable et utile carrière. Atteint, dans les dernières années de sa vie, d'un affaiblissement de la vue, qui devint une cécité presque complète, il adoucit les ennuis de cette cruelle infirmité en dictant à son fils des Mémoires que sa modestie ne voulut nommer que des *souvenirs*, et qui ne contiennent ni un mot de blâme pour ses ennemis ni un mot d'éloge pour lui-même.

[DUMAS (Christian-Léon, comte), fils du précédent, né à Paris, le 14 décembre 1799, entra dans l'armée en 1815, et servit dans le corps d'état-major dès sa fondation, en 1818. Pendant la campagne d'Espagne en 1823, il fit partie de l'état-major du maréchal Molitor. De 1825 à 1830 il fut aide de camp du maréchal Soult, et Louis-Philippe se l'attacha en la même qualité le 31 juillet 1830. Envoyé en Afrique avec le duc de Nemours, il fut blessé à l'assaut de Constantine, et nommé lieutenant-colonel, puis colonel en 1842. En 1845 il fut nommé député à Rochefort, et dans la chambre, où il siégeait au centre, il se fit remarquer dans les discussions des questions de guerre et de marine. A la révolution de Février il était maréchal de camp, et le gouvernement provisoire le mit à la retraite: l'Assemblée législative le releva de cette sorte de déchéance; mais il ne voulut pas profiter du décret réparateur, et ne demanda pas sa réintégration dans les cadres de l'activité, préférant rester auprès du roi, dont nous le retrouvons portant le cercueil à ses obsèques en 1850. C'est assez dire qu'il est demeuré fidèlement attaché à la famille d'Orléans. L. Louvet.]

DUMAS (Jean-Baptiste), professeur de chimie à la Faculté des Sciences de Paris, membre de l'Académie des Sciences, vice-président du conseil supérieur de l'instruction publique, ancien ministre du commerce et aujourd'hui membre du sénat, est né en juillet 1800, à Alais, département du Gard. Après avoir terminé, dès l'âge de douze ans, ses études classiques, il apprit la pharmacie dans sa ville natale, et se rendit à Genève en 1814, pour y perfectionner son instruction. Admis comme élève dans une pharmacie, il s'y livra avec ardeur à l'étude de la botanique, de la chimie et de la médecine. Decandolle ne tarda pas à le distinguer. Associé dès lors au savant docteur Prévost de Genève, il publia avec lui diverses observations tout à fait neuves sur la fibre musculaire. De belles recherches sur l'ovule des mammifères et sur les globules du sang achevèrent de rendre célèbres dans le monde savant les noms alors inséparables de Prévost et Dumas. Genève était désormais un théâtre trop restreint pour l'activité de M. Dumas. En 1821 il prit le parti de se rendre à Paris, où l'avait depuis longtemps devancé sa réputation : aussi ne doit-on pas s'étonner de le voir dès 1823 nommé répétiteur de chimie à l'École Polytechnique; et cette position, qu'il ne devait qu'à ses travaux, fixa sa vocation. Ce fut vers la même époque qu'il devint le gendre du savant Alexandre Brongniart.

Dès lors il se livra exclusivement à des travaux de chimie, et il s'est depuis rendu recommandable par une suite non interrompue de recherches qui ont pour la plupart exercé une influence décisive sur le système actuel des connaissances chimiques. Encore bien que ses théories, surtout celle des substitutions, n'aient pas, à beaucoup près, été généralement admises en Europe, et quoique pour la plupart elles aient été vivement combattues par Berzelius et les chimistes allemands, on peut à bon droit le considérer comme un des chefs distingués de l'école française. A l'exception de ses premières recherches sur la pesanteur spécifique des gaz, et de ses recherches récentes sur l'équivalent de l'acide carbonique et de l'hydrogène, desquelles il conclut que tous les équivalents chimiques sont des multiples simples de l'hydrogène, ses principaux travaux ont eu pour objet la chimie organique. Nous citerons, entre autres, ses belles expériences sur les alcaloïdes, sur les combinaisons de l'éther, sur l'esprit de bois et ses combinaisons, sur les huiles éthérées, sur l'indigo, sur l'acide citrique, et sur l'influence que les corps organiques reçoivent des alcalis. Dans ces divers travaux, il s'est toujours attaché à faire prévaloir certaines doctrines théoriques concernant la constitution des corps; et les vues qu'il a développées sur la nature des combinaisons organiques et sur l'action que le chlore et d'autres corps semblables exercent sur ces combinaisons, diffèrent essentiellement des théories admises par les savants de l'Allemagne. On pourrait peut-être lui reprocher d'avoir quelquefois formulé ses théories, non pas avant d'avoir expérimenté, mais en faisant dire aux expériences beaucoup plus qu'elles ne disent en effet. Dans ces derniers temps, et par suite des travaux de M. Liebig sur ces matières, il s'est occupé avec ardeur, en société avec MM. Boussingault et Payen, des questions de chimie et de physiologie qui se rattachent aux actes de nutrition, et en particulier à la formation de la graisse. Il prétend ne retrouver dans les corps vivants que les principes préformés qu'y importe la nourriture, n'admettant ni de transformation ni de métamorphoses du fait de la vie. Mais les opinions qu'il a émises à cet égard, et surtout sa négligence en fait de citations d'étrangers, ont amené entre lui et M. Liebig les plus vives discussions. Cependant on se plaît à reconnaître que, bien que susceptible à l'excès, il a presque toujours mis de son côté la modération et les convenances, sinon l'originalité. Il y a moins de dix ans, il avait eu aussi maille à partir avec Berzelius, le savant de l'Europe le moins habitué à la censure et à la résistance.

M. Dumas, chef d'une école de jeunes chimistes pleins de savoir et d'ardeur, malgré l'exagération de quelques-unes de ses théories, n'en est pas moins l'un des chimistes les plus éminents de l'époque. La plus grande partie de ses travaux sont consignés dans les *Annales de Chimie et de Physique*. Son *Traité de Chimie appliquée aux Arts* (6 vol., 1828-1843); ses *Leçons sur la Philosophie chimique* (Paris, 1837), et son *Essai sur la Statique chimique des êtres organisés* (Paris, 1841), ont été traduits en allemand et lus de toutes parts. On trouve en lui un habile écrivain, abordant sans obscurité les vues générales et philosophiques, mais surtout un orateur agréable, auquel on souhaiterait seulement plus de hardiesse et surtout assez d'empire sur ses impressions pour dompter cette petite toux nerveuse qui coupe çà et là ses discours, et qui fit le plus grand tort, en 1844, à sa défense officielle du projet de loi *sur la refonte des monnaies de billon*.

En 1849, M. Dumas fut envoyé à l'Assemblée législative par le département du Nord. Il y défendit surtout l'industrie du sucre indigène. Devenu ministre de l'agriculture et du commerce le 31 octobre, il quitta ce ministère le 9 janvier 1851, et attacha surtout son nom à la loi sur les encouragements à donner aux lavoirs et aux bains publics. Au 2 décembre 1851, il entra dans la commission consultative, et devint sénateur, puis membre du conseil supérieur de l'Instruction publique. Il dut alors quitter la place de doyen de la Faculté des Sciences. Il est en outre membre de l'Académie de Médecine (1843), président de la Société d'Encouragement depuis 1845 et membre de la commission municipale et départementale de la Seine depuis le 1er janvier 1854. La science perd sans doute à cette accumulation d'honneurs et de fonctions; la politique y gagne-t-elle?

DUMAS (Alexandre), auteur dramatique et romancier célèbre, un des écrivains les plus féconds de notre temps, est né le 24 juillet 1803, à Villers-Cotterets.

[Des généalogistes flatteurs, comme il s'en trouve toujours quand un grand homme surgit, ont prétendu que sa famille, rameau de celle de *Davy de la Pailleterie*, était originaire des environs de Bolbec, au pays de Caux. A les en croire, elle y aurait tenu un rang distingué dans la noblesse et aurait été maintenue lors de la recherche de 1669. *Charles* Davy, seigneur de la Pailleterie, était gentilhomme ordinaire de la chambre du roi Henri IV. Son petit-fils, *Anne-Pierre* Davy, qualifié *marquis de la Pailleterie*, fit admettre, sur preuves de noblesse, une de ses filles à la maison royale de Saint-Cyr, en 1712, et son fils aîné parmi les pages de la petite écurie du roi. *Alexandre-Antoine* Davy de la Pailleterie, commissaire d'artillerie, né en 1710, fut aide de camp du duc de Richelieu, au siége de Philippsbourg, en 1734, et lui servit de second lorsqu'il tua en duel le prince de Luxembourg. On a raconté que ce marquis était allé à Saint-Domingue; et que mêlant son noble sang à un sang moins pur, il avait eu à Jérémie, en 1762, d'une femme africaine, un fils aux cheveux crépus, lequel devint si fort qu'il étouffait un cheval entre ses jambes, rien qu'en les serrant sur les étriers. Ce rejeton de marquis vint à Bordeaux, et entra dans l'armée sous le nom de Dumas, qui était celui de sa mère. Son avancement fut rapide, tant la république était heureuse d'avoir à reconnaître le courage d'un homme qu'on pouvait prendre pour un homme de couleur. Après avoir fait sa première campagne sous Dumouriez, et s'être distingué au siége de Lille, il devint lieutenant-colonel des hussards du Midi, puis général de brigade, et enfin général de division, en l'espace de moins d'un an, Pont-à-Marque, Saint-Bernard, Mont-Cenis, Mantoue, Neumarck, Brixen, le Caire sont les brillants faits d'armes du général *Thomas-Alexandre* Dumas, mort en 1807, à Villers Cotterets. Mais à quoi bon rappeler tous ces titres? Alexandre Dumas n'a pas besoin d'aïeux; son talent vaut bien une noblesse.]

Le général Dumas ne laissa à son fils Alexandre, de qui nous avons surtout à nous occuper ici, d'autre fortune que son nom. M. Dumas a lui-même raconté en plusieurs endroits comment, à l'âge de vingt ans, il vint à Paris avec cinquante francs, prélevés par sa mère sur la petite somme qui lui restait entre les mains. Il alla voir d'abord d'anciens amis de son père, les maréchaux Victor et Jourdan, le général Sebastiani, dont le froid accueil le découragea. Cependant, le général Foy, pour lequel il avait une recommandation, parvint à le faire entrer comme surnuméraire dans le secrétariat du duc d'Orléans, avec 1,200 francs d'appointements. Le jeune homme se sentit très-mortifié, il l'avoue de bonne grâce, lorsqu'il apprit que sa belle écriture était le seul mérite qui lui eût valu cette place, par laquelle il était pour le moment à l'abri du besoin. Mais, malgré cette blessure faite à son amour-propre, il ne tarda pas à reconnaître qu'en effet son éducation avait été fort négligée, qu'il avait tout à apprendre, et il se remit avec courage à refaire son éducation. Le temps que lui laissaient ses occupations de bureau, il l'employa à des études qu'il sentait lui être indispensables, et, grâce à la vigueur de son tempérament, il put même y consacrer une partie de ses nuits. Bien que ses travaux n'eussent pas encore de direction certaine, il paraît que déjà une vague inquiétude tourmentait son imagination, et il se mit à écrire quelques nouvelles, qui parurent en un petit volume in-12, dans l'année 1826. Comme M. Alexandre Dumas n'a pas avoué ces premiers-nés de sa verve, et qu'il ne les a pas compris dans ses œuvres complètes, nous nous bornerons à en faire ici cette simple mention.

Un événement littéraire qui fit alors quelque sensation, l'apparition des acteurs anglais à Paris, au mois de septembre 1827, fut l'étincelle qui devait éveiller l'inspiration encore assoupie dans l'âme du jeune poëte. La représentation de l'*Hamlet* de Shakspeare, à laquelle il avait assisté, excita en lui des émotions toutes nouvelles, et lui donna la curiosité de lire les ouvrages du grand tragique anglais, dont il ne connaissait jusque alors aucune pièce. De là il en vint aux autres théâtres étrangers, et passa tour à tour en revue les œuvres de Schiller, de Gœthe, de Calderon. Ses premiers essais furent une imitation du *Fiesque* de Schiller, et une tragédie des *Gracques*, que l'auteur condamna lui-même à l'oubli. Enfin, la mort de Monaldeschi, assassiné à Fontainebleau par l'ordre de Christine, lui parut un sujet dramatique. Il se mit à le traiter, et, plus satisfait cette fois, il voulut présenter sa pièce au Théâtre-Français. Charles Nodier l'ayant mis en rapport avec M. Taylor, alors commissaire royal près la Comédie-Française, il obtint une lecture, et son ouvrage fut assez favorablement accueilli. Mais il aurait pu attendre longtemps son tour pour la représentation, lorsque le jeune auteur, ayant composé en quelque mois le drame de *Henri III*, le présenta aux sociétaires, qui le reçurent et le mirent aussitôt en répétition. Cette pièce fut représentée le 10 février 1829.

Pour bien se rendre compte du succès retentissant qui accueillit cet ouvrage, il faut se rappeler la crise littéraire au milieu de laquelle il apparut. On n'a pas oublié la satiété du public, auquel s'adressaient les copies de plus en plus pâles de la vieille tragédie française. Cette lassitude commença à se révéler peu après les premières années de la Restauration. Notre littérature décrépite cherchait une fontaine de Jouvence; mais où creuser pour faire jaillir la source désirée? Le succès mérité d'une nouvelle école d'historiens, coïncidant avec la vogue du grand romancier écossais, contribua à tourner les esprits vers l'exploration du passé : romans, drames, tragédies, tout fut emprunté à l'histoire; on mit les chroniques en scène, on s'engoua de la couleur locale, et l'on crut avoir découvert une source intarissable de poésie. Il est aisé de retrouver dans le *Henri III* de M. Alexandre Dumas les traces de cette disposition générale. Mais, hâtons-nous de rendre justice à l'auteur, le placage historique, le mélange du sérieux et du bouffon, l'emploi des sarbacanes et des bilboquets, n'étaient pas les seuls mérites de cet ouvrage. A la physionomie nouvelle de l'action se joignait un vif attrait de curiosité; l'intérêt, d'abord incertain, allait croissant, et se concentrait avec force dans les derniers actes; la chaleur et l'énergie du dialogue, un sentiment très-juste des effets du théâtre, annonçaient dès lors une vocation dramatique très-décidée. Le succès fut immense; ce fut un triomphe pour la jeune école, dont les démonstrations eurent quelque chose de délirant, et la ronde qui se dansa immédiatement après la représentation dans le foyer du Théâtre-Français pouvait se dispenser de prendre pour cri de ralliement : *Enfoncé Racine!*

Quoi qu'il en soit, cette réussite devait donner à l'auteur plus de facilité pour faire jouer son premier ouvrage. *Christine* fut représentée sur le théâtre de l'Odéon le 30 mars 1830. Là encore on retrouva de la passion, de l'intérêt, et l'art de combiner des situations dramatiques. Cependant, le style laissait beaucoup à désirer. La pièce était en vers, mais en vers dont la cadence brisée justifiait trop la prétention de ressembler à de la prose et à de la prose bizarre et sans harmonie. L'année suivante, *Antony* fut joué sur le théâtre de la Porte-Saint-Martin. A partir de cette époque, chaque pièce nouvelle de M. Alexandre Dumas fut en quelque sorte un événement littéraire. Le sujet et l'action, plus rapprochés de nous, pris dans nos mœurs, et aspirant à peindre la société actuelle, étaient de nature à exciter des émotions plus vives et plus intimes. *Antony* personnifiait en effet le drame moderne, avec ses qualités comme avec ses défauts. Le héros est un de ces Lovelaces bourgeois qui exercent sur les femmes une fascination miraculeuse. Placé dans une position exceptionnelle par sa naissance, il jette le défi à la société; c'est l'apologie de toutes les mauvaises passions, c'est l'adultère mis en présence du mariage, et glorifié avec un aplomb imperturbable, et pour ainsi dire avec une sécurité de conscience qui pouvait exercer de cruels ravages sur les âmes jeunes et inexpérimentées. L'auteur a jeté dans l'action le rôle d'une certaine vicomtesse de Lancy, qui, de même qu'Ernestine dans *Angèle*, étale des vices un peu trop sans façon; ce luxe d'immoralités est mis là sans doute comme repoussoir, et pour sauver ce que la situation des principaux personnages aurait pu avoir de trop heurté. M. Dumas eut en même temps l'habileté de lier à sa fable la cause du drame romantique, et d'en faire presqu'un des ressorts de son action.

Charles VII, *Térésa*, *Richard Darlington*, *La Tour de Nesle*, se succédèrent rapidement. Les deux dernières pièces furent faites en commun avec des collaborateurs, et la discussion même à laquelle donna lieu la question de propriété de *La Tour de Nesle* prouve que dès lors le nom de M. Alexandre Dumas avait acquis cette vogue de popularité qui suppose d'avance le succès. *Angèle* est de 1834 : cet ouvrage a l'allure aisée d'un talent déjà mûr, qui se joue des difficultés, et qui se tire habilement des situations les plus périlleuses. Si le côté immoral de certains caractères y est affiché avec un peu trop d'effronterie, on y trouve en revanche une intrigue savamment conduite, un dialogue rapide et naturel, des mots sortis des entrailles, enfin un dénoûment neuf et saisissant. *Catherine Howard* et *Napoléon* parurent la même année. *Kean* et *Don Juan de Maraña* sont de 1836. Dans ce nouveau Don Juan, l'auteur semble avoir voulu reproduire la variété, le mouvement et l'action compliquée du théâtre espagnol. La prétention d'imiter la forme des mystères du moyen âge n'a pas paru également heureuse ; le bon et le mauvais ange, dans lesquels est personnifiée la conscience de Don Juan, sont une de ces inventions qui feraient rétrograder l'art dramatique jusqu'aux époques de son enfance. Le mélange des vers et de la prose, admis dans les pièces de Shakspeare, a semblé sur la scène une innovation bizarre. Toutefois, il est juste de dire qu'ici la versification de M. Alexandre Dumas est devenue plus harmonieuse et plus pure; on a remarqué surtout une imitation de l'hymne à la Vierge, pleine de grâce et de poésie. Il n'est pas besoin d'ajouter que le drame offre des scènes de passion pleines de vigueur, notamment celle où Don Juan, qui, touché de repentir, s'est fait chartreux, oppose aux provocations de son frère l'humilité la plus contrite, jusqu'à ce que, poussé à bout par le dernier outrage, il saisit enfin le fer que lui tend son frère, et le tue.

Ces œuvres multipliées, par lesquelles M. Alexandre Dumas alimentait à la fois le Théâtre-Français, l'Odéon et les théâtres du boulevard, ne suffisaient pas à absorber l'activité de son esprit. Ses *Impressions de Voyage*, et des travaux historiques, tels que *Gaule et France*, et les *Chroniques de France*, attestent sa facilité prodigieuse; les *Impressions de Voyage* en particulier sont écrites avec une verve qui entraîne le lecteur : descriptions, anecdotes, réflexions, tout s'enchaîne sans effort; le récit de l'ascension de Jacques Balmat sur le Mont-Blanc est un morceau plein d'intérêt. Çà et là l'auteur a cousu quelques lambeaux d'histoire, qu'on reconnait pour des produits tout frais de ses études de la veille. Ses travaux historiques portent ainsi la trace d'une éducation refaite à la hâte. A mesure que l'auteur apprend quelque chose de nouveau, il s'empresse de le convertir en livre et de le rendre au public. Du reste, cette excessive facilité de produire et ce don de l'improvisation paraissent être un des caractères principaux du talent de M. Dumas.

Jusque ici, dans cette carrière de quelques années, si courte et pourtant si abondamment remplie, nous n'avons encore vu, pour ainsi dire, qu'une moitié de lui-même A côté du mérite de la composition dramatique va se révéler en lui l'invention du romancier. Sans passer en revue tous les romans qu'il a écrits, nous devons une mention particulière aux plus remarquables. *Les trois Mousquetaires* ont excité et tenu en haleine la curiosité publique par une action vaste et compliquée, par une intrigue fortement nouée, par des caractères bien conçus et heureusement soutenus jusqu'au bout, enfin, par une foule de détails ingénieux et par une verve intarissable d'esprit et d'imagination. Il semble que cette forme d'improvisation quotidienne, imposée par les romans-feuilletons, contre laquelle vient échouer l'impuissance des talents médiocres, soit un stimulant de plus pour la bouillante activité intellectuelle de M. Alexandre Dumas. Une fois qu'il a marqué le but auquel doit aboutir sa course, il lâche la bride à son imagination, la laisse courir avec une aventureuse insouciance, s'inquiétant peu de son humeur vagabonde, et comptant sur les heureuses rencontres que le hasard ne refuse pas au génie. Il faut dire aussi qu'à côté des caprices de sa fantaisie errante, se trouve toujours la connaissance intime des secrets du cœur humain, la peinture fidèle de la société, et une vue nette des choses de la vie que la poëte semble avoir expérimentée sous toutes ses faces.

Le Comte de Monte-Christo est aussi un des romans modernes qui ont le plus vivement captivé l'intérêt des lecteurs. L'idée première n'est autre que celle des *Mystères de Paris* de M. Eugène Süe. C'est un homme qui se fait l'instrument de la Providence, et qui rend la justice distributive en ce monde, dispensant le châtiment et la récompense à chacun selon ses mérites. Seulement, la puissance souveraine dont le prince Rodolphe était armé est remplacée chez le comte de Monte-Christo par la possession de trésors fabuleux, tels qu'on n'en voit guère que dans *Les Mille et une Nuits*. C'est sur cette donnée que repose toute l'action. La première partie surtout renferme de véritables beautés. Une création tout à fait à part est le caractère de l'abbé Faria, détenu dans une prison d'État sous l'empire, et traité comme fou, tout en déployant les qualités les plus rares, sagacité profonde, savoir, persévérance, résignation. Le principal personnage, Edmond Dantès ou Monte-Christo, se distingue du prince Rodolphe en ce qu'il a une vengeance personnelle à exercer : il en résulte quelque chose de plus passionné dans sa physionomie. Néanmoins, l'auteur, dans sa complaisance pour lui, finit par en faire un être par trop supérieur et par trop exempt des faiblesses humaines.

Tout en se livrant à la composition des romans, M. Alexandre Dumas n'a pas abandonné le théâtre. Le brillant succès de *Mademoiselle de Belle-Isle*, à la Comédie-Française, le prouve suffisamment. En 1846 il a fait représenter *Une Fille du Régent*, comédie en cinq actes. On y a retrouvé son talent dramatique, la connaissance de la scène, la vivacité du dialogue. Mais on y a critiqué le romanesque des situations et des *quiproquos* trop prolongés. Qu'il nous soit permis, toutefois, de regretter qu'un écrivain si heureusement doué prodigue trop souvent sa vive intelligence à des productions éphémères. ARTAUD.

A cette époque, comme César, qui dictait quatre lettres à la fois, M. Alexandre Dumas, établi à Saint-Germain-en-Laye, aux portes de Paris, où il s'était fait bâtir un pavillon coquet, qu'il appela le *Château de Monte-Christo*, fournissait simultanément à quatre journaux leur feuilleton quotidien. C'est ainsi que parurent de front : *Le Chevalier de Maison Rouge*, *La Guerre des Femmes*, *Le Bâtard de Mauléon*, trois romans qui se partagèrent la curiosité et l'admiration toujours éveillées du public. Mais, comme on vient de le dire, le succès des *Trois Mousquetaires* éclipsa tous les autres. Cet ouvrage, semi-historique, plein d'invention, de verve et d'intérêt, eut une vogue prodigieuse, et fut lu non-seulement en France, mais dans toute l'Europe avec une avidité sans égale. Il se divise, à l'heure qu'il est, en trois parties, dont la dernière, *Le Vicomte de Bragelonne*, vient à peine d'être terminée. Nous pensons bien qu'elle ne restera pas sans suite.

En cet heureux temps, on racontait que les bronzes, les statues, les tableaux de Monte-Christo avaient été payés par *Les trois Mousquetaires*, que les huit chevaux qui garnissaient les écuries de l'auteur de *Christine* étaient dus à *La Dame de Montsoreau*, et que les deux maisons de campagne qui s'élevaient à l'horizon devaient être acquittées par *Le Comte de Monte-Christo*. On disait encore que M. Alexandre Dumas estimait ses revenus de la dernière année à 186,000 fr.

Le travail écrasant et journalier auquel se livrait sans relâche l'intarissable écrivain lui laissait pourtant encore le loisir de refondre pour la scène la plupart de ses romans; et le public ne tarda pas à aller saluer de ses bravos à l'Ambigu ces mêmes *Mousquetaires* dont il avait l'imagination toute pleine. Jugeant avec raison qu'une telle fécondité suffirait amplement à l'approvisionnement d'un théâtre spécial, M. Alexandre Dumas imagina de s'en faire bâtir un à lui. Un mois après, grâce au duc de Montpensier, le privilége était obtenu, et au bout de six mois à peine le théâtre bâti, car l'infatigable romancier semble communiquer à tout ce qu'il approche cette fièvre d'improvisation qui le dévore. Pour ne pas perdre une minute d'un temps si précieux, M. Dumas faisait les répétitions de ses pièces au petit théâtre de Saint-Germain, qu'il avait acheté, et c'est sur cette scène que fut joué pour la première fois *Hamlet*, qu'il avait traduit en vers en collaboration avec M. Paul Meurice. Les auteurs ont su conserver dans cette imitation tous les puissants effets du drame anglais, étrangement affaiblis par Ducis, et donner à leur poésie cette tournure exceptionnelle qui caractérise le génie de Shakspeare.

M. de Salvandy, alors ministre de l'instruction publique, vint arracher pour un moment M. Alexandre Dumas à ses gigantesques travaux en lui confiant une mission d'exploration en Afrique. Invité au mariage du duc de Montpensier, il s'arrêta quelque temps en Espagne, signa au contrat, et monté sur un bâtiment de l'État, qu'il se crut presque autorisé à regarder comme sien, il poursuivit son voyage en Algérie, qu'il visita complétement, en compagnie de son fils et de M. Maquet, son collaborateur. Le bey de Tunis le reçut avec les plus grands égards. Il trouva à son retour ses pièces prêtes à être jouées. Le théâtre baptisé d'abord du nom de *Théâtre Montpensier* dut, par suite de quelques susceptibilités venues d'en haut, changer ce nom en celui de *Théâtre Historique*. Il s'ouvrit par *La Reine Margot*, drame émouvant, tiré d'un des meilleurs romans de l'auteur. On courut y applaudir *L'Intrigue et l'Amour*, et *Le Chevalier de Maison Rouge*, épisode du temps des girondins. Le succès de cette dernière pièce fut immense, et son refrain devint la *Marseillaise* des journées de Février. Vinrent ensuite *Monte-Christo*, pièce en deux soirées, que l'auteur fut obligé de réduire en une; *Catilina*, *La Jeunesse des Mousquetaires*, *La Guerre des Femmes*, *Le Comte Herman*, qui, malgré son mérite, ne fut que médiocrement goûté; *Urbain Grandier*, *Pauline*, *Les Frères corses*, *La Chasse au chastre*. Mais le Théâtre Historique, quoique généralement suivi, ne portait pas en lui des éléments de durée : sa rapide construction avait absorbé des sommes énormes, sa position lui nuisait; il tomba. M. Alexandre Dumas avait compté profiter des 400,000 fr. de bénéfice que rapportaient, suivant lui, chaque trimestre aux directeurs des théâtres des boulevards ses feuilletons métamorphosés en drame. Au lieu de ces prodigieux bénéfices, il dut vendre ses propriétés, demander à faire cession de biens, et les tribunaux en fin de compte, méconnaissant l'homme de lettres sous le directeur de théâtre, le déclarèrent un jour en faillite.

Cependant, les tracas d'une administration embarrassée, si bien faite pour dessécher l'esprit, n'avaient rien enlevé à M. Dumas de sa verve et de son courage. Parti pour Bruxelles le 10 décembre 1851, il nous envoya de Belgique, pendant près de deux ans qu'il y resta, une série de romans, tous plutôt dévorés que lus, car il est remarquable que le public ne se lasse pas plus de lire M. Dumas que celui-ci d'écrire; tels sont *Le Collier de la Reine*, *Ange Pitou*, *La Comtesse de Charny*, *Isaac Laquedem*, dont cinq volumes seulement ont paru sur vingt-cinq ou trente dont se composera l'ouvrage, la publication en ayant été suspendue par ordre supérieur. Tels sont encore *Le Pasteur d'Asbourn*, *Les Forestiers*, et en dernier lieu ses *Mémoires*, qui ne sont autre chose que l'histoire des grands événements et des hommes remarquables au milieu desquels il a vécu. On lui a beaucoup reproché, avec quelque raison peut-être, d'y avoir laissé percer une certaine forfanterie, inhérente, il faut l'avouer, à sa nature fiévreuse et à son caractère bouillant. Le livre n'en est pas moins un des plus curieux qu'on ait écrits depuis longtemps. M. Alexandre Dumas y divulgue sans crainte à son lecteur tous les mystères des coulisses politiques et théâtrales. Avec son style parfois incorrect, mais toujours piquant et varié, il y raconte tout ce qu'il a entendu, tout ce qu'il a vu, tout ce qu'il a fait, au risque de choquer des amours-propres et même de soulever des réclamations. Quelquefois, il faut bien le dire, son imagination prête à l'histoire; mais qu'y faire? M. Alexandre Dumas n'écrit guère l'histoire autrement; et qu'importe après tout que ce soit plus ou moins vrai, si c'est amusant? D'ailleurs, cet abandon de l'écrivain, cette absence d'apprêt, ce décousu dans la narration, est précisément ce qui fait le plus grand charme des Mémoires, dont vingt-cinq volumes ont déjà été publiés, et qui en comprendront plus du double.

M. Alexandre Dumas, qui depuis quelques années déjà avait presque abandonné le drame pour la comédie, puis la comédie pour le roman, semble vouloir de nouveau reprendre sa place laissée vide au théâtre. L'Odéon prépare de lui un grand ouvrage. Le Théâtre-Français a donné sa petite comédie de *Romulus*, qui a réussi, en attendant *La Jeunesse de Louis XIV* et *La Jeunesse de Louis XV*, écrite tout entière en quatre jours, suivant la lettre de l'auteur à M. Arsène Houssaye; la censure arrêta ces deux pièces : l'une a déjà été jouée néanmoins à Bruxelles. Mentionnons aussi *Olympe de Clèves*, reçue au vaudeville, et arrêtée comme les deux autres. Enfin, le célèbre romancier, qui sait combien il peut compter sur toutes les sympathies du public, n'a pas hésité à fonder un journal quotidien, destiné à entretenir ses lecteurs de ses projets, de ses idées, de ses intérêts. Ce journal qu'il a appelé *Le Mousquetaire*, du nom du plus populaire de ses ouvrages, continue la publication de ses Mémoires, commencée dans *La Presse*. Las d'enrichir les journaux quotidiens, il a voulu s'enrichir lui-même; qu'il y prenne garde cependant! il pourrait en être du journal de M. Alexandre Dumas comme du théâtre de M. Alexandre Dumas. Son nom, tout populaire qu'il est, pourrait ne pas suffire.

Après la révolution de Février, M. Alexandre Dumas, qui devait bien quelque chose à la dynastie déchue, mais dont les idées avaient toujours eu une tendance républicaine, s'était jeté dans le tourbillon politique qui entraînait alors tous les esprits. Il eut son journal : *La Liberté*. Il se présenta aux élections en qualité d'*ouvrier de la pensée*, préconisant l'*aristocratie de l'intelligence*, rappelant qu'il avait fait vivre nous ne savons plus combien de milliers d'*ouvriers*, depuis le chiffonnier qui apporte les éléments du papier jusqu'aux compositeurs, aux acteurs, etc. Au nombre de ses services, il mettait surtout celui d'avoir appris l'histoire à des millions d'individus par ses drames et ses romans. Ici le peuple souverain fut ingrat. Le nom d'Alexandre Dumas ne sortit pas de l'urne; lui s'en vengea en écrivant l'histoire des événements qu'il ne pouvait pas aider à diriger. *La Liberté* était échappée de ses mains, il fit *Le Mois*, et il put dire avec orgueil : *La Providence écrit, je tiens la plume!*

M. Alexandre Dumas est de tous les écrivains de nos jours celui qui a été le plus discuté, le plus nié, le plus honni même. Il n'a presque pas publié de roman qui n'ait amené son pamphlet, presque pas fait jouer de drame qui n'ait produit son scandale. Ceux qui avaient passé leur vie à copier Racine l'ont accusé de dépouiller Schiller et Gœthe. Les petits génies méconnus, toujours prêts à se vanter d'un talent qu'ils n'ont pas, n'ont pu lui pardonner d'avouer franchement un talent qu'il avait. Chacun de ses collaborateurs lui a été reproché comme un crime par ces mêmes auteurs qui se mettent à quatre pour bâtir un vaudeville. Ses collaborateurs ont voulu s'essayer seuls, et l'absence du souffle vivificateur s'est toujours fait sentir. Style, originalité, imagination, on lui a refusé tout; mais ces discussions stériles et ces accusations envieuses n'ont eu qu'un résultat, c'est de prouver que M. Alexandre Dumas est l'un des plus habiles romanciers et incontestablement le plus grand dramaturge de l'époque. L. Louvet.

DUMAS fils (Alexandre), fils du précédent, romancier et auteur dramatique, est né à Paris, le 28 juillet 1824. Avant d'être le fils de ses œuvres, ou plutôt de son œuvre, l'auteur de *La Dame aux Camélias* était sûr d'obtenir auprès du public, par droit de naissance, la sympathie qu'il peut maintenant réclamer par droit de conquête. Lancé forcément, de bonne heure, dans tout ce que la littérature contemporaine possède d'hommes en vogue, M. Dumas fils n'avait rien de mieux à faire qu'à suivre la route qui s'ouvrait devant lui; aussi le voyons-nous dès l'âge de seize ans, encore élève au collége Bourbon, signer de petites poésies, charmantes d'ailleurs, qu'il réunit plus tard en un volume, sous le titre modeste de *Péchés de Jeunesse*. Il écrivit depuis un assez grand nombre de romans qui, sans sortir du cadre vulgaire, furent lus et goûtés. Nous citerons, entre autres, les *Aventures de quatre Femmes et d'un Perroquet* (6 vol.), *Le Roman d'une Femme* (4 vol.), *Le docteur Servant* (2 vol.), *Antonine* (2 vol.), *La Vie à vingt ans* (2 vol.), *Trois Hommes forts* (4 vol.), *Césarine* (1 vol.), *Diane de Lys et Grangette* (3 vol.), *Tristan le Roux* (3 vol.), et un volume de *Nouvelles*.

Néanmoins, M. Dumas fils, intelligence vive, mais éclose avant l'âge et fatiguée de bonne heure, était toujours resté, faute d'études sérieuses, à l'état d'embryon littéraire, quand l'idée lui vint, à l'exemple de nos plus célèbres auteurs, qui mettent presque toujours

Leurs drames en romans et leurs romans en drames,

d'arranger pour le théâtre un de ses premiers ouvrages, le meilleur peut-être, dans lequel, sous le titre de *La Dame aux Camélias*, il avait retracé l'histoire de la grandeur, de la décadence et de la mort d'une courtisane longtemps célèbre. Grâce à un style élégant et simple, où la sobriété n'exclut pas l'originalité, grâce à quelques pages pleines de sentiment et de jeunesse, cette réhabilitation hasardée avait déjà obtenu, sous forme de volumes, un assez beau succès de cabinet de lecture, quand il résolut de le produire sur la scène, et bien lui en prit. Longtemps retenue par la censure sous le ministère de M. Léon Faucher, jouée enfin le 2 février 1852, au Vaudeville, sous l'administration de M. de Morny, à qui elle est dédiée, *La Dame aux Camélias* a, pendant cent représentations consécutives occupé victorieusement l'affiche, et ne l'a pas quittée sans laisser au public parisien des souvenirs encore brûlants. Succès d'esprit et de larmes, rien n'y a manqué. La nouveauté de l'idée, la hardiesse des situations, la curiosité de ceux qui avaient connu l'héroïne, une foule de mots heureux et de traits d'observation ingénieuse, tout a contribué à la réussite de l'ouvrage, et tout le monde a voulu s'initier aux mystères de cette classe exceptionnelle de la société que l'auteur, plus que tout autre peut-être, était à même de montrer dans son jour véritable. Bientôt la pièce, dont la vogue s'était fortifiée par une certaine opposition, a couru la province, non sans choquer la susceptibilité de quelques préfets, qui l'ont interdite. De là elle a passé à l'étranger, et Paris vient de la reprendre.

Encouragé par ce triomphe, M. Dumas fit, comme pendant et contre-partie de *La Dame aux Camélias*, *La Dame aux Perles*, drame en cinq actes, que la censure a longtemps retenue, et qui a fini pourtant par être jouée au Gymnase (1853) sous le titre de *Diane de Lys*, avec quelques changements de personnages et de détails. Avant d'avoir obtenu un laissez-passer pour son œuvre l'auteur, en attendant la sanction du parterre, en avait fait un roman en quatre volumes, qui n'eut pas le succès qu'obtint justement la pièce.

Le dernier ouvrage de M. Alexandre Dumas fils est une jolie nouvelle en deux volumes intitulée : *Sophie Printemps*. Il faut citer, en outre, plusieurs publications qui ont paru à diverses époques, sans avoir été jusque ici réunies en volumes, telles que *La Ligue*, dans La *Gazette de France*; *la Fronde*, dans le même journal; et Les *Lettres d'un Provincial* dans *La Presse*, formant en tout la valeur de sept à huit volumes. On peut voir par le nombre des publications du jeune auteur que le fils n'a point dégénéré du père, en fécondité du moins; car, malgré des qualités solides et un talent réel, rien avant son drame ne l'avait encore signalé à l'attention sérieuse du public, et l'on peut dire, sans l'ombre de mauvais vouloir, que jusqu'à présent la réputation de M. Dumas fils commence à la première et finit à la cent soixantième représentation de *La Dame aux Camélias*.

Henri de Rochefort.

DUMBARTON ou DUNBARTON, et encore *Dumbritton*, l'un des comtés du sud de l'Écosse, appelé autrefois *Lennox*, entre les comtés de Perth, de Stirling, de Lanark et de Renfrew, le golfe de Clyde ou de Dumbritton, et la mer d'Irlande. Sa superficie est d'environ 6 myriamètres carrés, avec une population de 45,000 âmes. Ce comté, couvert en grande partie par les ramifications occidentales des monts Grampians, qui s'élèvent à plus de 1,000 mètres au-dessus du niveau de la mer, offre au voyageur un grand nombre de lacs (ou *lochs*), entre autres le poissonneux *loch-Lomond*, le plus vaste et le plus pittoresque lac qu'il y ait en Écosse. Il va se jeter au sud, par le Leven, dans la Clyde, qui, avec le canal de Forth-Clyde, contribue beaucoup à faciliter les communications commerciales. Le sol, dont un quart seulement est susceptible d'être mis en culture et fertile seulement aux abords des rivières et de la mer, fournit en abondance du fer, de la houille, de la pierre à bâtir et de l'ardoise. On y élève beaucoup de gros bétail, de moutons et de cochons. La pêche du hareng et du saumon y est très-productive, de même qu'une industrie des plus actives exploite les mines de fer et de houille, met en œuvre les produits métallurgiques, fabrique des étoffes de laine et des cotonnades.

Dumbarton, son chef-lieu, petite ville de 5,000 habitants, bâtie au confluent de la Clyde et du Leven, est renommée par son vieux château fort, construit sur un rocher basaltique de 200 mètres d'élévation, et commandant au loin la Clyde, qui en baigne la base. Elle est le centre d'une importante fabrication d'articles de verroterie et d'étoffes de coton. Des foires annuelles y entretiennent un mouvement commercial des plus actifs, favorisé par des lignes régulières de paquebots avec Port-Glasgow, Greenock et Glascow.

Le château de Dumbarton, considéré jadis comme la clef des hautes terres de l'ouest, fut pris d'assaut en 1551 par les Anglais.

DUMÉRIL (André-Marie-Constant), doyen d'âge des professeurs de l'École de Médecine de Paris, membre de l'Institut, etc., est né à Amiens, en 1774; il débuta par des succès dans la science qu'il devait professer plus tard, et à laquelle il devait communiquer une impulsion nouvelle. En 1793 il était, à Rouen, prévôt d'anatomie, en 1798 chef des travaux anatomiques à Paris, place disputée par Dupuytren; et deux ans après il occupait la chaire d'anatomie dans la Faculté, chaire qu'il échangea en 1822 pour celle de physiologie, et en 1830 pour celle de pathologie interne. L'histoire de l'homme n'est qu'une petite page du grand livre de la création : par ses connaissances étendues en zoologie, M. Duméril marqua d'un caractère nouveau l'enseignement anatomique; ce ne fut plus la description d'un seul individu, mais le tableau du règne animal dans son ensemble. En un mot, il eut le mérite de faire de l'*anatomie comparée* à une époque où cette science était toute nouvelle, et sur un théâtre (l'École de Médecine) où elle fut toujours si peu cultivée qu'elle attend encore un professeur et qu'elle n'a eu un musée qu'en 1845. Ce progrès remarquable dans les études anatomiques tenait à la direction double que M. Duméril ne cessa d'imprimer à ses travaux. Remplaçant de Cuvier pour l'histoire naturelle à l'école centrale du Panthéon, puis suppléant de Lacépède pendant vingt-deux ans à la chaire d'erpétologie et d'ichthyologie au Jardin des Plantes, et enfin professeur titulaire, il sut faire tourner au profit de l'enseignement ce cumul scientifique, et allier les vues larges et profondes du naturaliste à l'esprit exact et rigoureux de l'anatomiste.

M. Duméril était allé en Espagne, par décret impérial de 1805, afin d'y observer la fièvre jaune. Six ans après il remplaça comme médecin de la Maison de Santé M. Delaroche, son beau-père, enlevé par le typhus qui régnait dans cet établissement. Sa réputation méritée comme praticien, ses ouvrages scientifiques, ses travaux multipliés comme secrétaire de la société savante créée près la Faculté de médecine, lui valurent une place à l'Académie de Médecine et le titre de médecin consultant du roi; et dès l'année 1814 il avait obtenu un titre bien autrement glorieux, le plus élevé auquel un savant puisse prétendre, celui de membre de l'Institut. Outre plusieurs mémoires insérés dans le *Magasin encyclopédique*, dans le *Bulletin de la Faculté de Médecine*, dans le *Dictionnaire des Sciences naturelles*, etc., M. Duméril a publié de nombreux ouvrages, dont voici les principaux : *Zoologie analytique* (1806), *Considérations générales sur les insectes* (1823), *Traité élémentaire d'Histoire naturelle* (1830), *Leçons d'Anatomie comparée de Cuvier* (dont il rédigea les deux premiers volumes), *Histoire naturelle complète des Reptiles* (1835-1839).

Dr Henri Roger.

Un des fils de M. Duméril est docteur ès sciences et en médecine, professeur agrégé à la Faculté, et aide-naturaliste au Jardin des Plantes. Ce jeune médecin est auteur de recherches fort remarquables *sur la chaleur animale* et de plusieurs autres travaux.

DUMERSAN (Marion), vaudevilliste et conservateur des médailles à la Bibliothèque Nationale, né le 4 janvier 1780, était, dit-on, d'une ancienne famille de Bretagne. Rien n'annonçait du moins le gentilhomme dans l'auteur des *Saltimbanques*, et il faut bien qu'il nous l'affirme, pour que nous puissions croire à l'antiquité de sa race. Il a pris la peine de nous expliquer aussi que ce nom de Marion n'est pas un prénom : il n'en a pas reçu; mais bien un nom de famille, *du Mersan* étant sans doute un nom de fief. L'auteur du *marquis de Carabas* a été mieux inspiré, nous le croyons, lorsqu'il a répudié

Le *de* qui précède son nom.

Grâce aux confidences de notre auteur, nous savons aussi qu'il apprit à lire dans Molière et dans Racine; qu'à sept ans il fit des vers, qu'un jour il fit un sermon, qu'un autre jour il alla au spectacle et retint la pièce tout entière, qu'il transcrivit en rentrant chez lui. Tout cela n'annoncerait pas positivement un châtelain. Mais vient la révolution, la famille Marion du Mersan est menacée; elle émigre. Pourtant, en 1795, Millin s'intéresse au jeune Marion, qui réunit alors sa particule à son nom de domaine, à la mode révolutionnaire. Millin le place près de lui au département des médailles de la Bibliothèque Nationale. La numismatique n'était pas complétement le fait du jeune homme, mais enfin il s'habitue, et sur son bureau d'archéologue il écrit des pièces de théâtre. En 1798 il fit jouer au boulevard *Les Têtes à la Titus*, critique des mœurs du temps, qui eut du succès. En deux ans il donna dix-huit pièces, parmi lesquelles on remarqua *L'Ange et le Diable*, drame en cinq actes, qui eut plus de cent représentations. De 1801 à 1810 il donna trente-deux pièces à différents théâtres. Les plus célèbres furent : *Maître André et Poinsinet*, *L'Intrigue sur les toits*, *le Pont des Arts*.

Il nous apprend encore qu'il vit s'écrouler l'Empire et s'élever la Restauration, sinon avec indifférence, du moins avec *mesure et décence*. C'est-à-dire qu'il garda sa place, quoiqu'il crût devoir payer son tribut d'opposition aux abus que les Bourbons de la branche aînée avaient introduits avec eux. Il le fit à sa manière, c'est-à-dire par des vaudevilles. Il écrivit *Le Valet de ferme*, *L'Enseignement mutuel*, *M. Bon-Enfant*, et surtout *Le Soldat laboureur*, dont les couplets patriotiques retentirent aux deux bouts de la France. Plus de deux cents pièces jaillirent encore de sa plume, soit écrites par lui seul, soit en collaboration. Qui ne se rappelle sans être pris d'un fou rire : *Le Tyran peu délicat*, *Les Anglaises pour rire*, *Le Coin de Rue*, *Les Bonnes d'Enfants*, *Les Cuisinières*, *Les Ouvriers*, *Les Brioches à la mode*, *M. Cagnard*, *Voltaire chez les Capucins*, *Mme Gibou et Mme Pochet*, *Les Amours de Paris*, *La Descente de la Courtille*,

Les Bédouins de Paris, *La Camarilla*, *Les Saltimbanques?*

En même temps Dumersan écrivait quelques ouvrages de numismatique, quelques articles d'encyclopédie; mais, peu soucieux de se tenir au courant d'une science qu'il était pourtant censé représenter, il ignorait même les procédés en usage à la Monnaie de Paris pour la frappe des médailles : aussi vit-il plusieurs fois ses droits méconnus; enfin, il devint conservateur-adjoint du Cabinet des Médailles en 1842, et chevalier de la Légion d'Honneur par-dessus le marché. Dumersan est mort en 1849. On lui doit aussi des romans, des poëmes, des contes et nouvelles, des articles de critique, des études de mœurs, etc. Il honnissait les romantiques, vilipendait les poëtes de la Révolution, méprisait Béranger, et pourtant ses vers à lui sont déjà presque oubliés. L. LOUVET.

DUMESNIL (MARIE-FRANÇOISE), célèbre tragédienne, naquit à Paris, de parents pauvres, en 1713. Après avoir joué la comédie en province, notamment à Strasbourg et à Compiègne, elle fut appelée à Paris, et débuta, le 6 août 1737, au Théâtre-Français, par le rôle de Clytemnestre, dans *Iphigénie en Aulide* de Racine, puis par ceux de Phèdre, dans la tragédie de ce nom, et d'Élisabeth, dans *Le Comte d'Essex* de Thomas Corneille. Son succès fut immense, et Boissy, dans sa comédie l'*Apologie du Siècle*, sut fort bien apprécier le talent de la débutante par une tirade que termine ce vers vraiment prophétique :

Elle ne suit personne et promet un modèle.

Après avoir joué *Phèdre* devant la cour à Fontainebleau, Mlle Dumesnil fut reçue sociétaire le 8 octobre de la même année, sans avoir passé par l'intermédiaire de l'admission à l'essai. Elle méritait bien cette exception honorable. En effet, aucune actrice avant elle n'avait excité d'aussi profondes impressions dans l'âme des spectateurs, n'avait produit une illusion plus complète ; jamais jusqu'à elle on n'avait mieux exprimé le désordre du désespoir maternel dans *Mérope*, ni les criminelles fureurs de l'ambition déconcertée dans la Cléopâtre de *Rodogune*. La première fois qu'elle parut dans ce rôle terrible, le parterre, effrayé des imprécations qu'elle vomissait avant d'expirer, recula par un sentiment spontané d'horreur, laissant un grand espace vide entre ses premiers rangs et l'orchestre. Ce fut aussi à une représentation de la même tragédie qu'en prononçant, dans les convulsions de la rage, ce vers :

Je maudirais les dieux s'ils me rendaient le jour,

elle se sentit frapper d'un vigoureux coup de poing dans le dos par un vieux militaire, qui, placé sur le théâtre derrière elle, lui adressa en même temps cette énergique apostrophe qui interrompit le spectacle : *Va, chienne, à tous les diables!* Mlle Dumesnil regardait avec raison cette injure et ce coup de poing comme l'éloge le plus sincère et le plus flatteur qu'elle eût jamais reçu. Elle jouait avec la même supériorité Agrippine dans *Britannicus*, *Athalie*; Léontine dans *Héraclius*, et Hermione dans *Andromaque*; mais dans ce dernier rôle les scènes d'ironie descendaient un peu trop jusqu'au ton familier de la comédie.

Le début et la réception de Mlle Clairon, en 1743, auraient pu porter atteinte à toute autre réputation moins justement acquise que celle de Mlle Dumesnil; mais la sienne était trop bien établie, le talent dont la nature l'avait douée était trop réel, trop incontestable, pour qu'elle eût à redouter une concurrence quelconque. Si le public se partagea entre les deux rivales, il n'en résulta toutefois ni cabales, ni querelles, ni combats, comme on l'a vu dans tant d'autres occasions. Les partisans de l'une rendaient justice à l'autre, et sans chercher à comparer, à mettre en opposition deux talents qui n'avaient pas entre eux le moindre rapport, ils jouissaient également d'une réunion qui, en illustrant la scène, variait les plaisirs et l'admiration du public. La retraite prématurée de Mlle Clairon lui avait laissé sans partage le sceptre tragique. Les principaux rôles qu'elle établit pendant sa longue carrière dramatique furent : Mérope, Zulime et Sémiramis, dans les tragédies de Voltaire qui portent ces titres; Clytemnestre dans *Oreste*, du même auteur; la *Gouvernante* dans la comédie de La Chaussée; Mme Van-Derck dans le *Philosophe sans le savoir*, de Sedaine, etc. Marmontel, qui lui avait confié un principal rôle dans *Les Héraclides*, lui attribua méchamment, et peut-être à tort, la chute de cette tragédie, qui ne s'est jamais relevée. Il prétend que cette actrice, ayant demandé pendant le premier entr'acte un verre d'eau et de vin, suivant son habitude, avala par inadvertance un verre de vin pur qu'on lui présenta, et que, dans son étourdissement, elle ne fit plus que balbutier son rôle de la manière la plus risible. Voltaire rendait plus de justice à Mlle Dumesnil; et quoiqu'il lui ait donné moins de rôles et moins de louanges qu'à Mlle Clairon, dont il redoutait le caractère altier et vindicatif, il préférait le talent et la bonhomie de la première.

Cette actrice n'était pas belle, et généralement on trouvait qu'elle ne soignait pas assez sa démarche, sa tenue et ses gestes; mais, malgré son physique grêle, elle avait un caractère de tête imposant, et la fierté de son regard lui donnait bien la majesté d'une reine, même sans le prestige du costume. On raconte qu'à une répétition générale du *Comte d'Essex*, pour les débuts de Larive, élève de Mlle Clairon, l'actrice retirée assistait dans une parure très-élégante, avec une brillante et nombreuse assemblée qu'elle avait invitée. Arrive Mlle Dumesnil, vêtue du simple et modeste casaquin qu'elle portait ordinairement chez elle. Mlle Clairon et les grandes dames qui garnissent les loges plaisantent et rient indécemment d'une toilette aussi négligée; mais bientôt Mlle Dumesnil, chargée du rôle d'*Élisabeth*, fait pleurer et frémir les spectateurs, et les rieuses ne peuvent s'empêcher de l'applaudir.

Les amateurs vulgaires trouvaient que le talent de cette actrice était inégal, parce qu'elle n'avait pas la déclamation majestueuse, mais uniforme, emphatique, et monotone de Mlle Clairon. Sa manière était de réciter simplement et avec volubilité, de déblayer les morceaux languissants, les détails peu intéressants, pour se hâter d'arriver aux passages les plus marquants, où, se relevant avec énergie, elle frappait les grands coups, excitait au plus haut degré la terreur ou la pitié, et ne manquait jamais de produire les effets les plus admirables. Dans *Mérope*, elle donna le premier exemple d'une heureuse innovation : au lieu de marcher gravement plus ou moins vite, comme on avait pensé jusque alors que l'exigeait la dignité tragique, elle courait rapidement pour sauver Égyste et arrêter le bras du tyran prêt à le poignarder.

Dorat a parfaitement caractérisé cette actrice dans son poëme de *La Déclamation*. Retirée en 1776, avec 5,000 fr. de pension du théâtre et du roi, et avec le produit d'une représentation qui fut donnée en 1777 à son bénéfice, Mlle Dumesnil passa le reste de ses jours dans le sein de l'amitié. Elle avait été simple dans ses mœurs, douce avec les comédiens; et comme elle n'avait pas employé les mêmes moyens que sa rivale pour se faire 18,000 livres de rente, ni affiché comme elle la prétention d'être le premier ministre d'un petit prince d'Allemagne, elle n'eut rien à changer à son train ni à ses habitudes. La révolution lui ayant fait perdre la majeure partie de ses revenus, elle vécut quelques années dans un état voisin de l'indigence, reçut des secours sous le gouvernement consulaire et mourut à Boulogne-sur-Mer, le 20 février 1803, âgée d'environ quatre-vingt-onze ans, trois semaines après Mlle Clairon, et quatre ans après avoir laissé publier sous son nom des *Mémoires* qui offrent peu de détails sur sa personne, et qui ne sont qu'une réfutation de ceux que son ancienne rivale venait de livrer au public.

H. AUDIFFRET.

DUMFERMLINE ou DUNFERMLINE, riche ville du comté de Fife, en Écosse, bâtie sur une colline, dans une belle contrée, compte une population de 14,000 âmes. On y trouve d'importantes manufactures de linge de table et d'étoffes de coton, dont les produits, joints à ceux des mines de houille et des vastes carrières de chaux qui avoisinent la ville, donnent lieu à un commerce des plus animés. On y remarque les ruines d'un vieux manoir, jadis résidence favorite du roi d'Écosse Malcolm, et où naquit Charles Ier, ainsi que les débris d'une vaste et antique abbaye de l'ordre des Bénédictins. On y montre en outre le tombeau de Robert Bruce.

DUMFRIES, l'un des comtés occidentaux de l'Écosse méridionale entre les comtés de Lanark, de Peebles, de Selkirk, de Roxburgh, de Kirkcudbright et d'Ayr, le golfe de Solway, la mer d'Irlande et le comté anglais de Cumberland, occupe une superficie d'environ 25 myriamètres carrés, avec une population de 78,500 habitants. Parcouru par des ramifications des monts Chéviots, il est généralement montagneux, surtout au nord, ne présente sur une étendue assez vaste que landes incultes et arides et aussi de loin en loin quelques marais. Ce comté est arrosé par l'Annan, le Nith et l'Esk. Le climat en est tempéré, mais humide; le sol, fertile sur les bords des cours d'eau et dans les expositions favorables, offre dans les vallées de riches pâturages, particulièrement favorables à l'élève des moutons. Au pied de l'Hartfell, haut de 850 mètres, on trouve de riches dépôts houillers, et à Moffat, où existe aussi une source sulfureuse extrêmement fréquentée, des alunières; de même qu'à Leadshill, sur la limite du comté de Lanark, des mines de plomb qui donnent lieu à une exploitation des plus actives. La pêche, l'agriculture, l'élève du bétail et l'exploitation des mines constituent les principales ressources des habitants.

Ce comté forme trois vallées bien distinctes : celles d'Annan, d'Esk et de Nith. Il a pour chef-lieu *Dumfries*, bâti sur le Nith, qui y est navigable et qu'on y passe sur deux ponts. On y trouve un château, un bel hôtel de ville, la prison du comté, un théâtre, plusieurs églises et des chapelles à l'usage des *dissenters*, un collége, un monument à la mémoire du poëte Robert Burns, et un autre à la mémoire du duc de Queensberry. Sa population, forte d'un peu plus de 11,000 âmes, s'occupe de la fabrication des toiles, des objets de bonneterie, des bougies, etc., et fait un commerce assez actif en même temps qu'un cabotage important.

Il faut auss citer, parmi les localités remarquables du comté de Dumfries, les sources minérales de Moffat et le fameux hameau de Gretna-Green.

DUMNONII, nom d'un peuple de la Bretagne IIe, dont le territoire, situé au sud-ouest de l'île, occupait la pointe sud-ouest de Cornouailles, appelée aujourd'hui cap Lizard, et nommée jadis *Dumonnium Promontorium*.

DUMNORIX. L'exil volontaire de Divitiac avait fait passer à son frère Dumnorix une partie de son crédit et de sa puissance. A l'époque où se préparait la grande émigration des Helvètes, celui-ci tenait le premier rang dans la cité éduenne. Plus jeune que Divitiac, ambitieux, chez un peuple dont il flattait les passions, il aspirait ouvertement à s'emparer du gouvernement de son pays. Le chef des Helvètes, Orgétorix, chargé de diriger l'émigration et de demander pour elle le passage aux nations voisines, avait lié des intrigues avec quelques nobles gaulois, séquanes et éduens, mécontents du gouvernement de leur pays ou impatients de s'en rendre maîtres. Il leur promettait, en échange de leur concours, son armée et ses ressources pour leur frayer la route du pouvoir et les y maintenir. Dumnorix ouvrit l'oreille à ces propositions : il accepta en mariage la fille ou la sœur d'Orgétorix, et disposa tout pour favoriser ses desseins. Celui-ci, d'ailleurs, ne s'était pas oublié dans son plan. Chargé d'une mission temporaire, il espérait, à l'aide de ses alliés, régner sur les Helvètes. Ses projets furent découverts; il fut mis en jugement. La peine devait être la mort. Orgétorix parvint à s'échapper; et tandis que la cité helvétienne se préparait à le poursuivre, il mourut. On soupçonna que c'était de ses propres mains. Dumnorix n'en tint pas moins la promesse qu'il lui avait faite de faciliter le passage des Helvètes sur les terres de leurs voisins. Son mariage le liait à la cause de ce peuple. Grâce à l'arrivée soudaine de César à Genève, à ses immenses et rapides travaux sur la rive gauche du Rhône pour boucher le passage aux Helvètes entre ce fleuve et le Jura, la horde ne pouvait plus pénétrer dans la Gaule centrale qu'en passant par le pays des Séquanes (Franche-Comté). Il s'agissait d'obtenir la permission de ceux-ci. Dumnorix y employa son crédit et ses largesses. Il réussit à décider les Séquanes à recevoir les Helvètes sur leur territoire, et à faire que les deux peuples s'engageraient réciproquement par otages, les Séquanes à ne point s'opposer au passage des Helvètes, les Helvètes à l'effectuer sans violences, ni dégâts. Plus tard, par d'incessantes intrigues, Dumnorix, allié malgré lui de César, qu'il haïssait, essaya de le contrarier dans la guerre des Helvètes, tantôt en se faisant battre, malgré l'avantage du nombre, par l'arrière-garde de la horde, tantôt en empêchant les envois de blé des Éduens. A la considération de Divitiac, César, informé de ses menées, crut devoir l'épargner.

A partir de cette époque jusqu'à la seconde expédition de César en Angleterre, Dumnorix n'est pas nommé une seule fois dans les *Commentaires*. Dans cet intervalle de quatre années, que devint-il? Continua-t-il d'accompagner César dans ses campagnes, ou se tint-il à Bibracte (Autun), attendant et espérant quelque revers des Romains qui le rendît à la liberté et à ses espérances? Quand il reparaît, c'est avec les sentiments qu'on lui a vus d'abord, et une haine d'autant plus forte, qu'il avait dû la contenir et la cacher. César, qui ne voulait point laisser en Gaule, sur ses derrières, d'ennemis actifs et entreprenants, lui avait enjoint, ainsi qu'à d'autres chefs, de le suivre dans son expédition maritime, à titre d'otage. Il tenait surtout à avoir auprès de lui Dumnorix, connaissant son caractère avide de nouveautés, son ambition, son courage, son grand crédit parmi les Gaulois. Par une contradiction qui prouve qu'à beaucoup d'audace Dumnorix joignait beaucoup de légèreté, dans le même temps qu'il haïssait César, il se vantait dans l'assemblée de sa nation d'en avoir reçu la promesse qu'il serait roi de son pays, propos qui avait fort blessé les Éduens, lesquels toutefois n'osaient s'en plaindre, ne sachant pas si Dumnorix mentait ou disait vrai, et craignant également Dumnorix et César. Quoi qu'il en soit, quand Dumnorix se vit désigné parmi ceux qui devaient accompagner César, il eut d'abord recours aux supplications pour rester dans la Gaule, disant, tantôt qu'il craignait la mer, à laquelle il n'était pas accoutumé, tantôt qu'il était retenu par des scrupules de religion. Puis, ayant perdu tout espoir, il se mit à prendre à part les chefs du pays, se plaignant de cette violence et les invitant à rester sur le continent. « Ce n'était pas sans motif, disait-il, que César dégarnissait la contrée de toute sa noblesse : son dessein était de faire périr, à son arrivée en Bretagne, des hommes dont il n'osait pas se débarrasser en présence de leurs concitoyens. » En même temps il leur engagea sa foi et leur demanda la leur pour faire tout ce qu'ils croiraient utile à la Gaule. Plusieurs rapports instruisirent le général romain de ses menées. Voici son récit, auquel il ne faut rien changer. « A ces nouvelles, dit-il, César, qui avait donné tant de marques de considération à la nation éduenne, résolut de ne rien négliger pour effrayer et arrêter Dumnorix. Pendant les vingt-cinq jours environ qu'il resta dans le port, retenu par le vent du nord-ouest, il s'appliqua à contenir Dumnorix dans le devoir, et néanmoins à ne rien ignorer de ses démarches. Enfin, le temps devint favorable, et César ordonna aux troupes de s'embarquer.

Tandis que les préparatifs tenaient tout le monde occupé, Dumnorix sortit du camp avec la cavalerie éduenne, à l'insu de César, pour retourner dans son pays. A cette nouvelle, César suspendit le départ, et envoya à la poursuite de Dumnorix une grande partie de sa cavalerie, avec ordre de le ramener, ou, s'il résistait et n'obéissait p de le tuer, bien certain qu'absent il avait tout à craindre d'un homme dont il ne s'était pas fait respecter présent. Dumnorix, atteint par la cavalerie, résista et mit l'épée à la main, implorant la fidélité des siens, et s'écriant à plusieurs reprises qu'il était libre et citoyen d'un pays libre. Les cavaliers, selon l'ordre qu'ils en avaient reçu, l'entourent et le mettent à mort. Quant aux cavaliers éduens, ils revinrent tous vers César. »

Ainsi périt Dumnorix, peu regretté des Gaulois, parce que sa haine contre César venait moins de son amour pour l'indépendance de son pays que du dépit d'avoir vu son frère Divitiac rétabli et ses projets d'usurpation renversés.

Désiré Nisard, de l'Académie Française.

DUMOLARD (Joseph-Vincent), né à Laffrey, près de Vizille, en Dauphiné, fut d'abord avocat au parlement de Grenoble. En 1791 il fut nommé député de l'Isère à l'Assemblée législative. Il se montra dès l'origine partisan des principes constitutionnels. Après la journée du 20 juin 1792, il défendit Louis XVI dans les journaux, et, le 8 août suivant il s'opposa au décret d'accusation contre le général Lafayette. Il cherchait ainsi à prévenir la révolution du 10 août, dont trois années plus tard, en 1795, le 23 thermidor an III, il fut obligé de faire l'éloge comme président du Conseil des Cinq-Cents. Affilié au parti de Clichy, il fut l'un des proscrits du 18 fructidor. Chénier, dans son *Discours sur la calomnie*, s'était montré envers lui ennemi implacable. Dans une variante de cette œuvre, on trouve ce trait piquant :

..... en passant dans la rue,
Vous nommez Démosthène, et Dumolard salue.

Il eut le bonheur d'échapper à la déportation à Sinnamary, et se cacha en attendant des temps plus heureux. Il salua avec joie le 18 brumaire; mais s'il se montra l'admirateur du général si souvent victorieux, il ne lui prodigua point les flatteries, et passa quelques années comme oublié dans la sous-préfecture de Cambrai. Ce n'était point le département de l'Isère, mais celui de l'Yonne, où il avait acquis d'importantes propriétés, qui l'avait appelé au Conseil des Cinq-Cents. Ce fut aussi le département de l'Yonne qui le présenta comme candidat pour le Corps législatif, où il fut élu par le sénat. Il se démit alors de ses fonctions administratives; et dans cette assemblée, si justement nommée le *conseil des muets*, son opposition modérée ne put se manifester qu'au sein des comités secrets.

Par suite de la charte de 1814, qui maintenait provisoirement le corps législatif, sous le nom de *chambre des députés*, Dumolard y devint un des organes de l'opposition. Il combattit par un discours véhément la loi de la presse et de censure des journaux, dont le rapporteur, l'académicien Raynouard, demandait le rejet au nom de la majorité (cinq contre quatre), et le termina ainsi : « Nous avions un avenir, Français! cet avenir, on veut l'éteindre et couvrir à jamais d'un voile de plomb la statue de la Liberté! Le souffrirez vous? » Le *Journal des Débats* seul rapporta cette péroraison, que le parti libéral lui-même considérait non-seulement comme hardie, mais comme imprudente. Elle fut accueillie par des clameurs tumultueuses et des demandes de rappel à l'ordre. Dumolard eut encore à essuyer les plus vives clameurs lorsqu'un orateur ayant demandé non-seulement la remise des biens d'émigrés non vendus, mais encore la restitution des biens entièrement vendus, sauf l'indemnité aux acquéreurs, Dumolard, bouillant d'indignation, s'écria : « Vous sonnez le tocsin de la guerre civile! » Les feuilles publiques reçurent défense de mentionner cette apostrophe et la phrase qui l'avait motivée. Appelé à la chambre des représentants pendant les cent-jours, Dumolard refusa d'accepter les fonctions de préfet des Basses-Alpes et d'entrer au conseil d'État; il fut élu secrétaire de cette assemblée, dont la session fut à peine de trois semaines. Il y parla peu, et parut dès les premiers moments désespérer de la fortune publique. Pendant la lecture de la capitulation de Paris, il se couvrit le visage de ses mains. Il s'abstint ensuite de toute participation à la vie publique, et mourut dans un de ses domaines en Bourgogne, d'une attaque d'apoplexie foudroyante, en 1820. Breton.

DUMOLARD (Henri-François-Étienne-Élisabeth Orcel), auteur dramatique, né à Paris, le 2 octobre 1771, et parent de l'ancien député Dumolard, était fils d'un magistrat honorable, mais sans fortune. Privé à l'âge de quinze ans, par la mort de son père, des moyens de continuer ses études, il n'eut d'autre ressource pour aider sa mère que le métier de copiste. Mais dans ses loisirs il cultivait les lettres, étudiait les lois, l'histoire, et se procurait ainsi des consolations et quelques moyens d'existence. Cependant, il fut un des secrétaires de l'administration générale de la police en 1789 et 1790, puis défenseur officieux des accusés sous le gouvernement révolutionnaire; avocat au barreau de la capitale en 1796, ensuite vérificateur au trésor public jusqu'en 1813, et enfin il se fit recevoir avocat à la cour royale de Paris en 1814. Les pénibles devoirs de ces diverses fonctions n'étant pas en rapport avec leurs faibles produits, Dumolard avait eu besoin de se livrer à la littérature dramatique. Il en avait pris le goût dès sa plus tendre enfance en fréquentant le Théâtre-Français. Mais ce ne fut qu'à trente et un ans que ses autres travaux lui permirent de faire représenter son premier ouvrage pour lequel Alexandre Duval presque seul lui avait donné des encouragements et des conseils. *Le Philinte de Destouches, ou la Suite du Glorieux*, comédie en cinq actes et en vers, fut représenté en 1802 au théâtre Molière, et obtint un succès complet. Son drame de *Vincent de Paul*, en trois actes et en vers, fut également bien accueilli en 1804 au théâtre Louvois.

Dumolard fit ensuite jouer *La Mort de Jeanne d'Arc*, imité de Schiller, au théâtre d'Orléans; *Le Mari instituteur, ou les nouveaux époux*, en un acte et en vers, à la Porte-Saint-Martin; et *Bon Naturel et Vanité, ou la petite école des femmes*, également en un acte et en vers, au théâtre Louvois. *La mort de Bayard*, tragédie en trois actes, refusée au Théâtre-Français et reçue en 1812 à l'Odéon, n'y fut point représentée, parce que la censure impériale et le ministre de la police, duc de Rovigo, trouvèrent mauvais que l'auteur eût donné un beau rôle au connétable de Bourbon, l'accusant de vouloir ainsi ramener une race proscrite. Il fut arrêté, et ne dut qu'à Réal sa mise en liberté. Sous la Restauration, sa pièce, goûtée par les ministres et par plusieurs personnages importants, fut refusée au nom de Louis XVIII, par le duc de Blacas, qui en garda le manuscrit. Une autre tragédie, *Une Journée de la Ligue*, en trois actes, fut également mise à l'index, parce que la peinture du caractère de Philippe II pouvait sembler inconvenante, lorsque la France envoyait une armée rétablir en Espagne le pouvoir absolu de Ferdinand VII. Plusieurs autres pièces furent encore refusées par les administrations théâtrales sous différents prétextes. Dumolard avait donné au Théâtre-Français *La Fontaine chez Fouquet*, comédie en un acte et en prose, qui avait été sifflée en 1809.

Tant de contrariétés éprouvées pour ses ouvrages, dans les premiers genres dramatiques, l'avaient déterminé à s'essayer dans le vaudeville. En 1804, il fit jouer au théâtre des Jeunes-Élèves : *Une Heure d'Alcibiade*, et à partir de 1805 différentes pièces au Vaudeville et aux Variétés. Quoique son ambition littéraire, justifiée par des succès, mais presque toujours contrariée, se fût à peu près bornée à quelques bonnes chances partagées avec des collaborateurs, la mort d'un fils unique, âgé de dix-huit ans, en 1811, et la perte d'un modique emploi, qui avait précédé de peu ce malheur, le déterminèrent à rentrer dans la carrière du barreau, en 1814, après avoir entièrement renoncé à celle du théâtre. Mais au Palais comme en littérature, comme partout, le talent, le mérite, ne sont pas toujours des titres suffisants pour réussir. Retiré à Montmartre, il publia en 1834 une édition de son *Théâtre*, et il fit paraître en 1845 les *Entretiens de l'autre monde*, piquants récits contemporains, qui furent bien accueillis. Il mourut le 21 décembre 1845. H. AUDIFFRET.

DUMOLARD (BOUVIER-), qui remplissait à Lyon les fonctions de préfet, lorsque éclatèrent, en décembre 1831, dans cette populeuse et industrieuse cité, les scènes insurrectionnelles qui la mirent complétement au pouvoir des ouvriers de la fabrique de soie, n'est point, que nous sachions, parent du législateur dont il a été question dans l'article qui précède. On n'a point oublié sans doute que la première insurrection de Lyon mit *l'établissement* de Juillet à deux doigts de sa ruine. Si, au lieu de la fameuse devise inscrite sur les drapeaux des insurgés : *Vivre en travaillant ou mourir en combattant!* un homme politique avait soufflé aux ouvriers d'y graver les mots magiques de *Vive l'empereur!* la quasi-légitimité allait rejoindre la branche aînée de l'autre côté du Rhin, car à ce moment le fils du grand homme vivait encore... Si Napoléon II avait été proclamé à Lyon, comme en 1815, l'aigle impériale eût volé de clocher en clocher. M. Bouvier-Dumolard, surpris par un mouvement populaire dont la répression était impossible avec les faibles ressources qu'il avait à sa disposition, dut parlementer avec l'émeute, et, pour éviter de plus grands malheurs, consentir à lui confier pendant quelques jours la garde de la seconde ville du royaume. Casimir Périer ne pardonna point à son subordonné d'avoir manqué d'énergie en présence du danger et d'avoir *pactisé* avec la révolte. Les termes dont il se servit à la tribune des députés amenèrent entre lui et M. Dumolard, dans la salle des conférences, un conflit violent, à la suite duquel le préfet de Lyon fut destitué et dépouillé même de son titre honorifique de conseiller d'État en service extraordinaire. M. Bouvier-Dumolard, à qui le gouvernement de juillet a constamment gardé rancune jusqu'à sa chute, sans lui savoir gré d'avoir tout au moins empêché que le nom de Napoléon II fût prononcé dans ces critiques et décisives circonstances, est rentré dans la carrière industrielle, d'où les événements de Juillet l'avaient fait sortir. Nous croyons qu'il dirige encore, comme sous la Restauration, dans l'un de nos départements de l'est, une manufacture de produits chimiques dont il est propriétaire.

DUMON (SYLVAIN). C'est au département de Lot-et-Garonne que la France est redevable de M. Sylvain Dumon; c'est là qu'il est né, en 1797. Sous la Restauration, cet avocat de Gascogne n'était guère connu que comme un libéral très-avancé, et il avait sans doute voulu donner une preuve de son libéralisme lorsqu'il défendit des accusés de la conspiration militaire de 1822. La révolution de 1830 une fois faite, on offrit à M. Dumon sa part du gâteau; il refusa stoïquement le siége d'avocat général à la cour royale d'Agen. Député en 1831, il marcha de conserve avec les doctrinaires, déblatéra contre la presse, se constitua l'un des défenseurs de l'hérédité de la pairie, et se montra, dans la discussion du budget de la justice, plus ministériel que le ministre lui-même. M. Dumon était le criminaliste de la chambre; à lui revint l'honneur de défendre le projet de loi pour les réformes pénales. Tout doctrinaire qu'il fût, M. Dumon se vit obligé, dans la discussion de ces réformes, de parler un peu, comme tout le monde, le langage de la révolution. Dès 1832 il était fort agréablement pourvu; à la fin de la session de 1831, on lui avait offert le poste d'avocat général à la cour royale de Paris, position à laquelle il avait cru devoir préférer celle de conseiller d'État. Déjà sans doute M. Dumon rêvait un portefeuille.

Devenu conseiller d'État, M. Dumon ne cessa pas de s'enfoncer dans les voies de la réaction contre-révolutionnaire : est-il nécessaire de dire qu'il vota la loi contre les associations; enfin que la juridiction de la cour des pairs, pour les délits politiques, lui sembla tellement admirable qu'il vota les lois de septembre des deux mains? Il avait, du reste, préludé à ce vote en soutenant comme rapporteur, en 1834, le projet de loi pour la construction de la salle des procès politiques au Luxembourg. Il vota de plus les 25 millions accordés généreusement aux États-Unis par les ministériels du Palais-Bourbon. La sucrerie indigène lui dut alors sa décadence, tant il se prononça fortement pour l'impôt qui la frappait. Dans la coalition, il vota contre l'adresse de 1839. En 1840 il se prononça pour cette malheureuse dotation, que la chambre repoussa; et pour les fortifications de Paris, qu'elle adopta trop facilement. Mais fidèle à ses principes anti-réformistes, hautement manifestés dans toutes les sessions, il repoussa la proposition tendant à établir l'incompatibilité entre certaines fonctions publiques salariées et le mandat de député. Le conseiller d'État, qui jugeait ainsi dans sa propre cause, repoussa énergiquement l'adjonction des capacités. Enfin, son dévouement obtint la récompense qu'il ambitionnait depuis si longtemps : un beau jour, on vit l'avocat d'Agen entrer fièrement au milieu de ses collègues de la chambre un portefeuille sous le bras. L'avocat était devenu ministre. De la justice? Non; mais des travaux publics. Dès lors, M. Dumon se posa en adversaire impitoyable de l'exploitation des chemins de fer par l'État; grâce à ses efforts, se déroula l'agiotage immoral des compagnies; grâce à sa facilité, la fusion, c'est-à-dire la coalition des compagnies entre elles, si funeste aux intérêts de l'État, se trouva hautement sanctionnée et approuvée. A la fin, il changea de ministère, et prit le portefeuille des finances. La révolution de Février le lui enleva. Depuis, il a publié des notes pour défendre les finances de la monarchie. N. GALLOIS.

DUMONCEAU (JEAN-BAPTISTE), comte *de Bergendael*, maréchal de Hollande, né le 6 novembre 1760, à Bruxelles, étudiait l'architecture à Rome, quand, en 1787, l'insurrection des Pays-Bas contre les Autrichiens le ramena dans son pays. Il y prit une part des plus actives, et en juin 1790 il commandait un petit corps franc de chasseurs de Namur. La compression de ce mouvement le contraignit, ainsi que bon nombre de ses concitoyens, à venir se réfugier en France où, lorsqu'en 1792 éclata la guerre avec l'Autriche, il fut chargé de l'organisation d'un corps de réfugiés belges, à la tête duquel il fut placé avec le grade de lieutenant-colonel. La valeur dont il fit preuve aux affaires de Jemmapes et de Neerwinde lui valut d'être promu au grade de général de brigade. Après la bataille de Fleurus, il envahit la Hollande à la suite de Pichegru, et fut nommé commandant la place à La Haye. En 1795, la nouvelle république batave le créa lieutenant général. L'année suivante il fit preuve tout à la fois de fermeté et de modération dans la répression des troubles qui éclatèrent dans le nouvel État. Appelé en mai 1797 au commandement d'une division batave désignée pour faire partie d'une expédition en Irlande, il battit deux années plus tard, le 19 novembre 1799, à Bergen, les forces russes et anglaises qui avaient envahi la Hollande sous les ordres du duc d'York. En 1800 Dumonceau fut chargé de conduire en France un corps batave; et après la bataille de Hohenlinden, il prit possession de la citadelle de Marienburg près de Wurtzbourg. En 1805 il reçut la mission de réorganiser l'armée batave; mais à quelque temps de là il eut ordre d'aller rejoindre le corps d'armée de Bernadotte sur les bords du Danube.

Quand la république batave eut été transformée en royaume de Hollande, Dumonceau alla remplir à Paris les fonctions d'ambassadeur du nouveau roi; et quand la guerre éclata de nouveau avec la Prusse, il revint prendre sa place dans les rangs de l'armée hollandaise. Après s'être emparé de Hameln, il marcha sur Brême, et fut nommé en 1807 maréchal de Hollande. A la suite de la campagne de Poméranie, il fut appelé à faire partie du conseil d'État, et comme récompense de la décision avec laquelle il avait débusqué les anglais de l'île Walcheren, en 1809, il fut créé l'année suivante comte de *Bergenduel*.

Quoiqu'il eût combattu la réunion de la Hollande à la France, Napoléon ne l'en créa pas moins, en 1811, comte de l'empire, en même temps qu'il lui confiait le commandement de la seconde division militaire. Dans la campagne de 1813, Dumonceau rendit d'importants services à l'empereur. A la bataille de Dresde, le 26 août, ce fut lui qui délogea les Russes des crêtes de Pirna; et après la malheureuse affaire de Kulm il réussit à traverser en bon ordre avec son corps les forces prussiennes et autrichiennes. Fait prisonnier lors de la capitulation de Dresde, il ne rentra en France qu'en 1814. Louis XVIII le confirma dans ses titres et dignités, et le nomma au commandement de son ancienne division militaire, dont le chef-lieu était Mézières. Il le conserva aussi après le retour de Napoléon de l'île d'Elbe. La seconde restauration le ramena dans sa patrie, où l'objet du respect général, il fut élu membre de la seconde chambre par le Brabant méridional. Il mourut à Bruxelles, le 29 décembre 1821.

DUMONIN (Jean-Édouard), poëte français du seizième siècle, prodige d'érudition et de verve désordonnée, naquit à Gy (Haute-Saône) en 1557. A seize ans il s'était déjà fait une brillante réputation, grâce à la facilité avec laquelle il composait des vers grecs et latins. L'italien, l'espagnol, l'hébreu, le syriaque, lui devinrent promptement familiers. Son ardeur de tout connaître lui fit faire de larges excursions dans les domaines de la théologie, de la philosophie, de la médecine, des mathématiques. Mais la méthode, l'esprit d'ordre et de critique manquaient à ce savoir encyclopédique, et dans ce bouillonnement d'étude opiniâtre et d'épanchement polyglotte, il n'y avait ni discrétion ni mesure. Peut-être, revenu des premières ardeurs de la jeunesse, eût-il conquis une place brillante, soit comme poëte, soit comme érudit et penseur; mais il n'en eut pas le temps: en 1585, à l'âge de vingt-huit ans, il tomba sous le poignard d'un assassin à la porte du collége de Bourgogne, qu'il habitait.

Ses écrits sont assez nombreux; mais on les consulte peu, car il n'existe guère d'écrivain moins facile à comprendre que lui; il semble n'avoir rien épargné pour être aussi obscur, aussi inintelligible que possible. Dans son poëme du *Phénix*, dans son *Quarême divisé en trois parties*, dans toutes ses compositions poétiques, il se plaît à cacher un système nébuleux de métaphysique hasardeuse sous un amas d'expressions embrouillées. Pour rester constamment énigmatique, il déploie toutes les ressources d'une immense lecture et de la mémoire la plus tenace. Son système constant est d'employer les composés les plus étranges, les mots les plus rares, les plus inouis, les locutions les plus éloignées de la langue vulgaire, écrite ou parlée.

Parfois, il voulut faire des vers galants: il célébra la beauté d'une demoiselle d'Orléans, dont l'*œil lui avait dardé des chaînes*, et travailla aussi pour le théâtre; mais on doute fort que les deux tragédies qui nous restent de lui aient été représentées. La première a pour titre: *la Peste de la peste*. Ce mal qui répand la terreur y joue en effet un rôle fort important, mais à la fin du dernier acte on lui tranche la tête. La seconde tragédie, intitulée: *Orbec Oronte*, est un amas d'atrocités, de festins qui rappellent ceux d'Atrée et de Thyeste, d'homicides, de suicides; mais le tout est imprégné d'une horreur tragique qu'Eschyle n'eût pas désavouée, et qui ferait impression si le style de l'auteur ne devenait pas à chaque instant d'une affectation ridicule. Tout cela fut fort admiré en son temps; et un demi-siècle après la mort de Dumonin, le judicieux et savant Gabriel Naudé se laissait aller à le ranger parmi les personnages qui ont le plus approché de Pic de la Mirandole. G. Brunet.

DUMONT (Henri), organiste de l'église Saint-Paul, à Paris, né à Liége, en 1610, mort à Paris, en 1684. Vers 1640 il fut nommé maître de musique de la chapelle de Louis XIV. Le nom de Dumont est très-connu, à cause des messes en plain-chant qu'il a composées; on a de lui cinq grand'messes, que l'on appelait *messes royales*, et que l'on chantait encore dans plusieurs églises à la fin du dix-huitième siècle. Dumont, sollicité par Louis XIV de faire exécuter des motets avec accompagnement d'orchestre, aima mieux se retirer du poste honorable qu'il occupait que de consentir à une innovation qu'il considérait comme opposée au caractère de la musique religieuse. Dumont est le dernier défenseur de l'ancien chant ecclésiastique, qui devint dans les deux derniers siècles un objet de mépris pour les artistes et les gens du monde. Ce changement du goût pour la musique coïncidait avec l'abandon du style ogival ou gothique dans la construction des monuments religieux. Aujourd'hui, Dumont trouverait beaucoup de partisans de ses doctrines, car les beautés du plain-chant commencent à être appréciées généralement. F. Danjou.

DUMONT (Pierre-Étienne-Louis), l'un des plus zélés propagateurs des doctrines de la philosophie utilitaire de Bentham, né de parents pauvres, le 18 juillet 1759, à Genève, partit en 1783, après avoir terminé ses études théologiques, pour Saint-Pétersbourg à l'effet d'y remplir les fonctions du ministère sacré. Malgré les succès qu'il obtint dans cette capitale comme prédicateur, il quitta la Russie dès 1785, pour se rendre à Londres, où il se chargea de l'éducation des enfants de lord Shelburne, devenu plus tard marquis de Lansdown. Ses talents et ses vertus lui firent bientôt un ami de ce ministre, dont la protection lui valut une fructueuse sinécure. C'est à cette époque qu'il se lia avec la plupart des hommes d'État anglais, notamment avec Sheridan, Fox, lord Holland et sir Samuel Romilly. L'enthousiasme qu'excitait la révolution française l'amena à Paris en 1789, avec son ami Romilly; il y séjourna pendant les années 1790 et 1791, et les relations qu'il eut avec la plupart des hommes importants de cette époque lui permirent de rendre plus d'un service à sa patrie, dont l'indépendance était dès lors menacée par des projets d'incorporation à la France.

On peut lire dans ses *Souvenirs sur Mirabeau et sur les deux premières Assemblées législatives* (Paris, 1832) des détails du plus haut intérêt sur ses rapports avec tout ce que le parti de la liberté comptait en France d'hommes de talent, et notamment avec Mirabeau, dont il lui fut donné de pouvoir étudier de près le génie, le caractère et la conduite publique, car il fut du petit nombre de ceux que cet homme étonnant admit dans son intimité. Il passe même généralement pour avoir pris une part importante à quelques-uns des travaux de Mirabeau et de lui avoir plus d'une fois fourni des idées et des inspirations. Ils entreprirent de concert la publication du *Courrier de Provence*, feuille destinée à vulgariser et à propager les doctrines de la révolution; mais ce fut à Dumont qu'échut la plus forte part de la tâche commune. En 1792 Dumont retourna en Angleterre. C'est vers cette époque qu'il commença à mettre en ordre les travaux manuscrits de son ami Jérémie Bentham, à les traduire et à les commenter. Il estimait avec raison que les manuscrits de J. Bentham ne seraient jamais publiés, ou que s'ils l'étaient dans leur forme originelle, ils ne produiraient aucune sensation. On connaît en effet l'obscurité et le néologisme du philosophe anglais; ses plaisanteries grotesques, ces notions triviales que ses compatriotes appellent *truism*, la niaiserie de ses énumérations, etc. Sans Dumont, ont dit les anglais eux-mêmes, jamais Bentham n'eût eu l'honneur de donner son nom à une secte philosophique,

Le fait est que si l'idée-mère du système utilitaire et de ses principales conséquences lui appartient, c'est à Dumont seul que revient le mérite de l'exposé clair et simple des principes, de la déduction logique et de l'enchaînement des conséquences, du choix des exemples, en un mot de tout le travail de la rédaction. C'est de la sorte que parurent successivement à Genève : le *Traité de Législation civile et pénale* (3 vol., 1802); la *Théorie des Peines et des récompenses* (2 vol., 1810); la *Tactique des Assemblées législatives* (1815); le *Traité des Preuves judiciaires* (1823); le livre *de l'Organisation judiciaire et de la codification* (1828). La plupart de ces ouvrages ont été plusieurs fois réimprimés; et bien que le nom de Dumont n'y figure au titre que comme simple éditeur, ils lui assignèrent tout de suite un rang éminent parmi les publicistes contemporains. Aussi, en 1809, l'empereur Alexandre confia-t-il à Dumont une place dans la commission chargée de rédiger un code pour son empire.

Après les événements de 1814, Dumont rentra à Genève, et y fut élu membre du grand-conseil. Il mourut en 1829, à Milan, où il était allé faire un voyage d'agrément.

DUMONT (ANDRÉ), chevalier de la Légion d'Honneur, membre de la Convention et du Conseil des Cinq-Cents, préfet du Pas-de-Calais, etc., naquit en 1764, à Oisemont. Dumont fut un de ces hommes d'énergie et d'intelligence qui, fascinés par les rêves de réforme du dix-huitième siècle, abandonnèrent leur fortune et leur vie comme un enjeu dans les chances des événements révolutionnaires. A l'âge de vingt-six ans, membre de la Convention, le jeune représentant de son pays vint, rempli de zèle et d'enthousiasme, partager les travaux d'un sénat unique dans les fastes du monde. L'édifice social fondé par quatorze siècles de labeurs, d'essais, de tourments et de gloire, s'écroula jusqu'en ses plus profondes bases. La Convention, assemblée sur des ruines, aux cris de détresse de la France, reçut la mission de sauver la patrie et de reconstruire l'édifice renversé. De fortes institutions sont créées dans le bouillonnement des partis. Les périls, les souffrances, l'exil, la mort, rien n'arrête la marche de la Convention; son sang coule mêlé au sang de ses ennemis, et la révolution, ainsi que le dit alors un de ses plus célèbres promoteurs, la révolution, comme Saturne, dévore ses enfants. André Dumont apporta ses lumières, son ardent patriotisme, dans les délibérations publiques, et son zèle et son amour de l'ordre dans l'intérieur des comités. Au 1er prairial, pendant la terrible tourmente où l'ordre légal luttait douloureusement avec la fureur populaire, Dumont occupait le fauteuil; sa fermeté imposa à la révolte, et mit un frein à la fureur du meurtre. André Dumont, chargé d'aller rédiger dans le sein du comité de sûreté générale la proclamation votée par la Convention, venait de confier la présidence au vertueux et intrépide Boissy-d'Anglas, qui apprécia l'immense service que son jeune collègue avait rendu à la représentation nationale. Au 9 thermidor, Dumont contribua puissamment à renverser la tyrannie du *comité de salut public*. Il sauvait alors la vie à de nombreuses victimes, sans se douter qu'il sauvait aussi la sienne, car il se trouva sur la liste des victimes dévouées au sanglant dictateur. Dans le cours de la terreur de 93, la Convention envoyait des proconsuls aux armées et dans les départements. Ces représentants, chargés d'attiser le feu révolutionnaire, étaient investis de l'absolu pouvoir. La mort obéissait à leur premier signal : ils perdaient ou sauvaient le pays qui leur était livré. Dumont sentit qu'il se devait tout entier au département qui l'avait vu naître. Il craignait pour son pays le sort qu'éprouvaient déjà plusieurs provinces sous la tyrannie sanglante de plusieurs proconsuls. Il réclama et obtint la faveur d'une mission dans le département de la Somme, et parvint à le préserver du terrorisme qui décima bientôt le nord de la France sous la hache du féroce Le Bon. « On me demandait aussi, dit-il, dans son *compte-rendu*, on me demandait du sang, je leur versais des flots d'encre. » En effet, le proconsul, maître absolu de la vie et de la fortune de ses concitoyens, ne s'occupa qu'à protéger le malheur et la faiblesse, à maintenir l'ordre, à faire cesser la disette, à protéger les monuments des arts et des sciences. Dumont fut calomnié. Ses fautes ou ses erreurs, infailliblement nées des circonstances, furent envenimées. Souvent il fut en butte aux accusations les plus absurdes; un de nos plus illustres écrivains, Joseph Chénier, trompé par quelque fausse délation, lui reprocha d'avoir proscrit son frère André Chénier, que Dumont, au contraire, avait puissamment protégé dans sa mission à Breteuil, où André Chénier avait exaspéré la population. Le trait lancé par une main si forte cause une blessure profonde; mais il n'est pas moins fâcheux pour le grand poëte d'avoir commis une injustice qu'il n'a pas eu le temps de réparer. Rien n'est plus difficile que de peser avec une exacte équité la conduite d'un homme politique, qui, jeune et bouillant de l'ardeur que les révolutions allument dans les esprits les plus calmes, traverse les orages populaires, menacé par tous les partis, assailli par tous les événements; mais s'il est des erreurs dont les circonstances amoindrissent l'odieux, les faits ne restent pas moins comme des accusateurs inflexibles. Louis XVI venait d'être condamné à la captivité et à la déchéance par l'Assemblée législative. La royauté déchue, humiliée dans le prince qui n'avait pu en supporter le poids, est traînée devant le jury national, et dans ces jours où la terreur aveuglait tous les partis, dans cet universel abandonnement des principes qui régissent les États, la tête consacrée par la couronne tombe sous les pieds d'une foule qui écrase toujours avec joie ce qu'elle a envié et redouté. André Dumont eut le malheur de voter avec la majorité. Dans la tourmente effroyable des partis, à la face de l'Europe menaçante, la Convention se montra inexorable, et ne reconnut pas que, dans l'intérêt de tous, il est un rang inaccessible à la rigueur des lois. La Convention, dit-on, crut sauver la patrie par un attentat dont l'Angleterre avait offert le premier exemple. L'Angleterre expia sa coupable erreur. Cependant la Convention s'élança aveuglément dans le même abîme, et croyant ne céder qu'à une horrible nécessité, ne vit pas qu'elle frappait la nation au cœur dans celui qui fut son véritable représentant. Elle ne vit pas que le respect de l'autorité, la religion du pouvoir ne peuvent être méconnus sans produire un mal plus grand que tous les malheurs qu'on espère éviter. André Dumont, nommé à la fois par onze départements, fit partie de l'Assemblée qui succéda à la Convention, et de là passa au Conseil des Cinq-Cents. Bientôt la France, victorieuse et calme, mais lassée du faible gouvernement directorial, reçut une nouvelle organisation du vainqueur de l'Italie, échappé au désastre de la glorieuse armée d'Égypte. Napoléon sentit que la France ne pouvait remonter à son rang que par l'unité dans le pouvoir : il venait d'illustrer la patrie par ses victoires, il la sauva par son génie. Il recueillit les débris de nos antiques institutions, reconstruisit l'édifice des lois, modifiées selon les mœurs et les intérêts du siècle, et conciliant le passé et le présent, refit une France nouvelle, brillante de la gloire de son chef. André Dumont, à qui on offrit de hauts emplois, demanda la sous-préfecture d'Abbeville. Il voulut vivre parmi les concitoyens qu'il avait servis. Il y avait quelque noblesse et une grande sécurité de conscience à revenir sous le simple titre de sous-préfet dans le lieu même où il avait exercé le pouvoir absolu. L'ancien proconsul fut aimé dans le sous-préfet, et des services nouveaux rappelèrent ses anciens et importants services. A l'époque désastreuse où l'invasion étrangère ramena l'antique race des Bourbons, il se retira à la campagne, et gémit en silence sur l'infortune de la patrie. En 1815, après le retour prodigieux de l'île d'Elbe, l'empereur lui envoya la décoration de la Légion d'Honneur, et sa nomination à la préfecture d'Arras. Pendant le règne si court et si funeste des cent-jours, il rendit d'importants services à la cause nationale. Le désastre de Waterloo livra une seconde fois la France aux étrangers. De nobles citoyens furent bannis. André Dumont, ayant accepté un emploi dans les cent-jours, subit un exil en Belgique, d'où il ne fut rappelé que par la révolution de 1830; il mourut à Amiens, quelques années après son retour.

De Pongerville, de l'Académie Française.

DUMONT (Augustin-Alexandre), membre de la section de sculpture de l'Académie des beaux-arts, est né à Paris, en 1801, dans une famille d'artistes. *Jacques-Edme* Dumont, son père, avait joui autrefois comme statuaire d'une certaine réputation. Rompu à la pratique de son art, il fut le premier maître de son fils, qui, entra bientôt après chez Cartellier. A vingt ans, M. Augustin Dumont remporta le second prix de sculpture : il obtint le premier en 1823, et partit pour Rome. Il y exécuta *L'Amour tourmentant l'âme sous l'emblème d'un papillon*, œuvre académique, très-froide et très-gourmée, qui fut exposée en 1827, et qui décore aujourd'hui le musée du Luxembourg. Le groupe que M. Dumont fit paraître ensuite, *Leucothoé et Bacchus* (1831) eut plus de succès, et méritait en effet d'être mieux accueilli. On a longtemps vu au Palais-Royal ce marbre sagement étudié, et l'on y a remarqué, sous le modèle des chairs, une morbidesse dont les élèves de Cartellier ne se sont pas ordinairement montrés fort soucieux. Les monuments publics de Paris s'enrichirent bientôt des productions de M. Dumont. Il exécuta pour la Chambre des Députés une statue de *La Justice* (1833); pour la colonne de la place de la Bastille, *Le Génie de la Liberté* (1836); pour Notre-Dame-de-Lorette, une *Vierge* en marbre (1839); pour la Madeleine une figure de *Sainte Cécile*, et pour Versailles les statues de Poussin (1836), de Louis-Philippe (1838), de François Ier (1839), etc. Ces statues sont pour la plupart l'œuvre d'un ciseau habile, mais sans chaleur et sans invention. Il est regrettable surtout que la plus importante de ces figures, *Le Génie de la Liberté*, réponde si peu à la pensée de l'auteur. Le *Génie* de M. Dumont ne plane pas sur la grande ville; il s'envole, il la quitte, il va disparaître... cruelle et involontaire épigramme, que le gouvernement de 1830 eut l'indulgence de tolérer. Un buste de *Pierre Guérin* (1831), placé à Rome, dans une des salles de l'École française; une *Étude de jeune Femme*, exposée en 1844 et acquise pour le Luxembourg; une statue du *maréchal Bugeaud*, inaugurée à Alger le 14 août 1852, et celle du *Commerce*, figure un peu lourde et insignifiante, placée à l'un des angles de la Bourse, à Paris, complètent l'œuvre, peu abondante, de M. Augustin Dumont. Depuis 1844 il s'est abstenu de rien envoyer aux expositions publiques. M. Dumont d'ailleurs travaille peu.

DUMONT D'URVILLE (Jules-Sébastien-César), navigateur célèbre, naquit à Condé-sur-Noireau, le 23 mai 1790. Son nom de *d'Urville*, le seul qu'on lui donnât dans sa province, provenait d'un fief qu'avait acquis un de ses ancêtres. La charge de bailli, qu'un de ses ascendants avait achetée au prix de 12,000 livres tournois, se trouvait héréditairement dans sa famille depuis 1689. Gabriel d'Urville, son père, en fut pourvu dès sa majorité, et ce fut ainsi qu'il put s'allier à la famille de Croisilles, une des premières de la contrée. Neuf enfants naquirent de ce mariage, et notre grand navigateur était un des plus jeunes et de tous le plus chétif, ce qui ne l'empêcha pas de survivre à tous. Il passa son enfance à Condé, à Caen et à Bayeux, où quelques titres nobiliaires avaient forcé Mme veuve d'Urville à chercher un refuge contre les ressentiments vindicatifs de sa bourgade en révolution. Là le jeune d'Urville eut pour principal précepteur son oncle, l'abbé de Croisilles, en sorte que son éducation fut surtout domestique, ce qui nuisit quelque temps à son avancement et peut-être à son bonheur, en motivant par quelques singularités la réputation d'excentricité qu'on lui avait faite. A sept ans il herborisait avant de savoir écrire. Toutefois, il termina ses études aux colléges de Bayeux et de Caen. Mais comme sa mère craignait pour ses mœurs l'influence des mondains exemples, elle le fit résider chez elle, tout en l'envoyant comme externe au collége; de là vint qu'il ne put entrer à l'École Polytechnique, et ce fut la source d'un de ses plus vifs chagrins. Chez sa mère il négligeait la physique pour dévorer des romans, l'algèbre pour la botanique, débauche d'esprit que la vie de collége eût rendue impossible.

Recommandé par le préfet Caffarelli à son frère, préfet maritime, le jeune d'Urville fut admis dans la marine de Brest en qualité d'aspirant *provisoire*, aux appointements de 18 francs par mois; il avait dix-sept ans, et il prit rang sur *L'Aquilon*. Au bout de l'année, il était le premier inscrit par ordre de mérite sur une liste de soixante aspirants. Satisfait de son grec et de son latin de collége, d'Urville appliqua son zèle à étudier l'hébreu, l'anglais et l'allemand; il embrassa encore beaucoup d'autres études, apprit d'autres langues moins répandues, effleura plusieurs sciences à la fois ou tour à tour. Son attention se détournait si fréquemment, qu'il ne recueillait des études étrangères à son état que des connaissances fort superficielles, peu capables d'alimenter son esprit ou d'occuper positivement son imagination : aussi fut-il durant quelques années un des hommes les plus ennuyés qui aient jamais été. Ce grand nombre d'idiomes qu'il cherchait à s'assimiler produisait en lui quelque confusion d'idées et comme un vide moral, qui nuisait à son intelligence, ne laissant toute latitude qu'à son courage, la plus rare, la plus persévérante et la moins influençable des facultés de l'âme.

Pour distraire ses ennuis, d'Urville épousa en 1815, à l'âge de vingt-cinq ans, une très-belle Provençale, fille d'un horloger de Toulon; mais ce ne fut qu'après avoir consacré une partie de sa jeunesse à la poursuite sentimentale du bonheur. Dégoûté de son état, surtout par l'inaction à laquelle le condamnait l'égoïsme de quelques supérieurs, il ne tint pas à lui qu'alors il ne divorçât d'avec la marine. Cependant, depuis quelques années, il avait le grade d'enseigne. Enfin, l'amiral Hamelin l'ayant fait admettre à participer aux travaux hydrographiques de la gabare *La Chevrette*, d'Urville partit pour l'archipel grec le 3 avril 1819, laissant à ceux qui l'envoyaient l'opinion qu'il était certes le marin le plus instruit de Toulon, mais aussi le plus spéculatif et en conséquence le plus inutile. Il se montra surtout bon botaniste et antiquaire exercé, visitant avec la curiosité la plus investigatrice non-seulement les côtes du Pont-Euxin, mais plusieurs villes grecques. Ce fut en 1820 que le consul de France en Grèce lui fit voir, près de Milo, une statue de marbre un peu tronquée, qu'un rustre de la contrée avait trouvée dans son champ; le paysan en voulait 150 piastres grecques (environ 116 fr.), somme que le consul ne se souciait pas d'avancer, doutant que la statue la valût. D'Urville, lui, ne s'y méprit point; ce marbre lui parut un chef-d'œuvre, et il y vit dès le premier coup d'œil la Vénus *victrix*, détériorée par le temps; il l'estima, sans hésiter, à 5,000 fr. Mais comme il avait moins d'argent que de goût, ce fut l'ambassadeur de France à Constantinople, le marquis de Rivière, qui, sur son témoignage et ses récits, fit acheter le torse par M. de Marcellus, premier secrétaire de l'ambassade, au prix de 600 piastres (moins de 500 fr.). Une fois à Paris, la Vénus de Milo fut estimée à 300,000 fr. et admirée à l'équipollent. Tout l'honneur de cette conquête sur l'antiquité revint comme de raison à l'ambassadeur, dont le nom, dans ce premier moment, fut seul inscrit sur le marbre.

De retour à Paris, d'Urville fut nommé lieutenant de vaisseau et décoré. Peu après il obtint, pour l'Océanie, l'expédition de *La Coquille*, ayant pour chef le capitaine L.-Isid. Duperrey et pour adjoint le très-regretté J. de Blosseville. Le voyage, entrepris le 11 août 1822, dura trente et un mois, et il eut pour résultats d'abondantes collections de plantes et d'insectes, une flore des Malouines en latin et la découverte des quatre îles de Clermont-Tonnerre, de Lostange, de Duperrey et de d'Urville. A son retour à Marseille, en mars 1825, d'Urville fut nommé capitaine de frégate, et peu de temps après un autre voyage de recherches dans le grand Océan fut ordonné par le roi, expédition dont d'Urville fut le chef et l'inspirateur. En conséquence, la corvette *La Coquille* fut de nouveau appareillée; mais elle quitta son nom pour prendre celui de *L'Astrolabe*, nom de l'un des vaisseaux du naufragé Lapérouse, à la recherche duquel était en partie destinée l'expédition. Le départ fut fixé au 22 avril 1826; et quant au retour, il n'eut lieu à Marseille qu'au bout de trente-cinq mois, glorieusement remplis. Pendant les cinq ans et demi qu'avaient employés ces deux premiers voyages, *La Coquille-Astrolabe* avait parcouru cinquante mille lieues, réalisé des découvertes inattendues, exploré des côtes d'un développement immense, découvert une magnifique baie et des mouillages inconnus, ajouté à tant d'autres une douzaine d'îles que Cook n'avait point aperçues, complété l'étude du groupe innombrable des îles Viti, et dissipé les doutes dont l'existence des îles Loyalty restait encore environnée. La plupart de ces découvertes furent datées de son second voyage; mais il est permis de penser que d'Urville avait réservé de son voyage précédent, fait en commun avec M. Duperrey et vers les mêmes parages, la plupart de ses observations personnelles, pour le moins ébauchées dès cette première expéditon; toujours est-il que le seul voyage commencé sous son commandement en 1826 eut pour résultats 65 cartes et plans, plus de 1,260 dessins pittoresques, 4,000 autres dessins d'histoire naturelle, 8 à 10,000 espèces de divers animaux de toutes classes, plus de 3,000 planches anatomiques circonstanciées, des échantillons de roches peu connues par centaines, et jusqu'à 6,600 espèces de plantes. « C'est à ce point, disait G. Cuvier, sur un ton de vive gratitude, que les souterrains mêmes des galeries d'Histoire Naturelle ne suffisent pas pour contenir tant de riches récoltes. » Et pourtant ce fut après ce voyage si productif que sa candidature échoua à l'Académie des Sciences, où les novices reçoivent souvent un meilleur accueil que des profès s'annonçant imprudemment comme rivaux.

Nommé capitaine de vaisseau le 8 août 1829, il consacra toute l'activité de son esprit à la publication des premières parties de son voyage. Modeste et retiré du monde, vivant loin de ses plaisirs, il n'assistait guère qu'aux séances de la Société de Géographie, ne voyant que quelques anciens amis, dont ses jeunes subordonnés de *L'Astrolabe* accroissaient le nombre. Il en était à la publication du quatrième volume de son voyage, quand la révolution de Juillet lui décerna la mission de reconduire Charles X hors de France. « Où dois-je aller? demanda d'Urville. — Où le roi voudra, lui fut-il répondu, hormis Jersey, Guernesey et les Pays-Bas. » Il aborda à Portsmouth le 23 septembre, et il fut le premier qui arbora dans un port anglais le nouveau pavillon tricolore. D'Urville eut la délicatesse de ne mettre aucun uniforme pendant ce voyage politique, qui dura six jours; et il eut de si grands égards pour d'augustes infortunes, que le duc d'Angoulême finit par lui dire, en parcourant l'atlas de son voyage : « Je m'étonne, commandant, qu'on ne m'ait jamais présenté ni votre personne ni vos ouvrages. »

Tout en continuant la rédaction de son voyage, d'Urville déféra aux caprices du jour, en publiant séparément en deux volumes un ouvrage illustré qu'on intitula : *Voyage pittoresque autour du monde*. Ce voyage, purement imaginaire, qui aurait dû être un résumé systématique des principaux voyages de découvertes, obtint un grand succès.

Dumont d'Urville fut ensuite employé comme commandant du port dans la préfecture maritime de Toulon. Mais en 1837 il dut, sur l'ordre du roi Louis-Philippe, partir pour explorer les mers voisines du pôle austral. Ce dernier voyage de circumnavigation fait la principale gloire de d'Urville. Il commandait *L'Astrolabe* et *La Zélée*; il avait avec lui des officiers du plus grand mérite, hommes de cœur et d'intelligence, des jeunes gens d'une intrépidité éprouvée; tous voulaient conquérir une réputation, tous y ont réussi. Les deux corvettes partirent de Toulon le 7 septembre 1837, traversèrent le détroit de Gibraltar, touchèrent à Ténériffe, et, courant au sud-ouest, elles arrivèrent devant Rio-Janeiro, où l'on fit une station de quelques heures. Dumont d'Urville, impatient des glaces polaires, se dirigea au sud, longea toute la Patagonie, et, forcé par les vents contraires, pénétra dans cette fissure immense à l'aide de laquelle le Portugais Magellan arriva le premier par l'ouest dans le vaste océan Pacifique. Ici Dumont d'Urville cherche les baies, les criques, les anses où les navires peuvent trouver un sûr abri contre les rafales carabinées du sud : ce sont des dangers sans nombre à braver; à chaque élan, *L'Astrolabe* et *La Zélée* courent risque d'ouvrir leurs quilles de cuivre contre les rochers sous-marins, que les cartes nautiques n'indiquent guère que d'une manière incorrecte. La botanique, la zoologie, la minéralogie, font d'amples récoltes dans ces haltes répétées, et M. Leguillou, entre autres, dont nos lecteurs ont déjà vu le nom figurer au bas de divers articles de ce livre, Leguillou, chirurgien-major de *La Zélée*, brave avec courage l'intempérie de la saison pour enrichir son herbier et ses souvenirs. Dumont d'Urville s'élance au milieu des glaces. En s'avançant vers le sud-ouest, *L'Astrolabe* reconnaît des terres qui n'étaient marquées sur aucune carte. « Je donnai, dit Dumont d'Urville, le nom de *Louis-Philippe* à la grande terre qui s'étendait indéfiniment dans le sud-ouest, pour consacrer le nom du roi qui avait eu la première idée des recherches vers le pôle austral; la côte basse qui s'étendait dans l'est fut appelée *terre de Joinville*. Ensuite, l'île haute, qui semblait occuper la moitié du canal laissé entre les deux grandes terres, reçut le nom d'*île Rosamel*, du ministre qui avait accueilli mes projets, et sous les auspices duquel notre campagne avait été entreprise. Enfin, une vaste ouverture qui séparait la terre Louis-Philippe de la terre de la Trinité, fut baptisée *canal d'Orléans*. » Cependant, le scorbut, ce redoutable visiteur des navires, vient s'abattre sur *L'Astrolabe* et *La Zélée*. On repart, on met le cap au sud, et l'on touche enfin au Chili, dans la rade de Valparaiso, dont Dumont d'Urville étudie les richesses et les pauvretés. L'équipage remis à peu près de ses fatigues, les corvettes radoubées à peu près de leurs déchirures, leur capitaine de vaisseau plonge dans le vaste océan Pacifique, parcourt la ceinture d'îles qui coupe en deux cette mer immense, depuis l'Amérique jusqu'à la Malaisie; il lutte contre les flots, contre les moussons, contre les sauvages habitants de quelques-uns de ces archipels; il étudie les mœurs et les usages de ces nations à moitié vaincues par la civilisation qui veut les envahir, mais attachées encore à leurs dogmes primitifs, à leur première indépendance.

Dumont d'Urville avait déjà, dans un précédent voyage de circumnavigation, découvert à Vanikoro les restes du malheureux naufrage de Lapérouse et élevé sur cette île inhospitalière un monument funéraire à la mémoire des illustres navigateurs. Le voici maintenant, courant d'archipel en archipel, visitant les îles les plus sauvages et les plus ignorées, étudiant les criques et les anses de cette Bornéo mystérieuse, qui recèle tant de richesses; et toutes ces courses, il les fait au milieu de périls sans nombre, souvent contre les moussons, qui *engagent* les deux navires et les menacent d'une destruction prochaine. On essayerait vainement de rappeler les noms de tous les îlots, de toutes les roches madréporiques, de tous les bas-fonds, de tous les caps signalés sur les cartes de l'explorateur dont nous écrivons la vie. Mais la dyssenterie, ce redoutable compagnon de voyage des navires au long cours, pèse enfin sur les équipages de *L'Astrolabe* et de *La Zélée*. Les deux navires piquent d'abord vers l'île de France, puis, virant de bord, ils font route vers Hobbart-Town, où Dumont d'Urville se livre à de nouvelles recherches, malgré les pertes douloureuses qui ont échelonné sa course pendant cette rude traversée. Le voilà de nouveau près des glaces polaires; il s'y enfonce une seconde fois, découvre une terre qu'il appelle *Adélie*, du nom de sa femme, et, enclavé entre l'éternelle banquise et les montagnes mouvantes qui l'emprisonnent, il ordonne à un de ses canots d'aller poser un pied audacieux sur une île nouvelle dont on récusait l'existence. Du Bouzet et quelques autres officiers des corvettes achèvent, avec un bonheur inouï, ce petit voyage semé de tant de périls. Cependant un ouragan se déclare, un de ces ouragans dévastateurs qui font crier les navires, les ouvrent et lancent leurs débris sur les plages désolées. Dumont d'Urville manœuvre avec une admirable précision, et sauve les deux corvettes aux abois. La tâche du célèbre navigateur est à peu près accomplie; il fait voile vers le nord; touche à la Nouvelle-Zélande, mouille dans presque toutes les rades de cette île si fatale aux Européens, repart, arrive jusqu'au dangereux détroit de Torrès, où il s'échoue, et dont il ne franchit enfin les désastreuses sinuosités qu'après un courage et des efforts inouïs. Le voilà dans une mer libre; il mouille à Timor, dans la rade de Coupang, Timor, île de laves, occupée par des Portugais et des Hollandais, qui se la disputent incessamment; et, fier des richesses botaniques et zoologiques recueillies aux Mariannes, aux Carolines, aux Fitgi, à l'archipel de la Société, aux Mangarevas, aux Philippines, dans toutes les îles Malaises, et surtout à Java, il court à l'ouest sous toutes voiles, touche à Bourbon, salue l'île de France, glisse devant le Cap et Table-Bay, laisse de nouveau tomber l'ancre à Sainte-Hélène, et rentre enfin à Toulon le 9 novembre 1840, après une absence de trente-huit mois. Il débarqua la nuit, afin de dissimuler le dénuement inouï de ses navires et l'état piteux des équipages.

Aussitôt qu'il fut de retour en France, Dumont d'Urville, créé contre-amiral, s'occupa de la publication de son voyage, qui parut sous le titre de *Voyage au pôle sud et dans l'Océanie, sur les corvettes* L'astrolabe *et* La Zélée, *exécuté par ordre du roi, pendant les années* 1837, 1838, 1839, *et* 1840. Sur les trente-quatre volumes que devait renfermer cet ouvrage, où la zoologie, la botanique, l'anthropologie, la minéralogie, la géologie, la physique et l'hydrographie, étaient confiées à la collaboration des savants qui avaient accompagné d'Urville, celui-ci s'en était réservé quatorze, qui devaient être consacrés à l'histoire du voyage, ainsi qu'à la philologie, qu'il pouvait mieux traiter que tout autre. Mais il ne lui fut pas donné d'achever son œuvre... Le 8 mai 1842, l'essieu d'une locomotive s'étant rompu sur le chemin de fer de Versailles, cinq vagons pleins de voyageurs furent totalement incendiés. On ne reconnaissait plus les traits de ceux qui venaient de périr. C'étaient des masses de chair informes, c'étaient des membres entrelacés et torréfiés..... François Arago, que des discussions brûlantes avaient éloigné de tous rapports avec Dumont d'Urville, savait cependant que le navigateur était parti ce jour-là pour Versailles. Une montre, une croix d'Honneur, quelques fragments d'un torse d'enfant, une chaîne d'or passée au cou d'une femme entièrement carbonisée dans les bras d'un homme mûr sans figure humaine..., tels furent les seuls indices à l'aide desquels on reconnut Dumont d'Urville, sa femme et son fils unique : toute sa famille. Quelques jours après, ces tristes restes furent portés au champ du repos, escortés par tout ce que la marine avait de plus distingué dans ses rangs.

Misanthrope très-susceptible, d'Urville sentait amèrement les mauvais procédés, et vengeait parfois sur ses subordonnés les injustices de ses supérieurs. Il ne pardonnait ni à la Bibliothèque royale de lui avoir refusé des prêts de livres rares, ni au roi de l'avoir remercié froidement de la mission du *Great-Britain*, ni à ses chefs de l'avoir tenu si longtemps inactif à Toulon, ni surtout à Arago d'avoir choisi pour l'attaquer et le déprécier le moment de son départ pour le pôle Sud. Sans avoir une très-vive affection pour ses compagnons Quoy, Gaimard, Jacquinot, Lesson, Lottin, V. Dumoulin, du Bouzet, Sainson, Dumoutier, Leguillou, cependant il les cite fréquemment dans ses voyages, surtout M. Gaimard, celui de tous qui paraît lui avoir été le plus sympathique, comme, au reste, il l'a été à beaucoup d'autres. Il savait un gré infini à l'amiral Rosamel d'avoir ordonné, comme ministre, sa dernière et principale mission pour le pôle antarctique et l'Océanie. Il marquait le plus grand empressement à étudier les idiômes et les races encore sauvages de la Polynésie, prévoyant que la civilisation d'Europe finirait quelque jour par envahir ces peuplades et les transformer, elles et leurs mœurs natives, leurs langages; tandis que les simples questions de physique et de zoologie pouvaient sans inconvénient s'ajourner à une autre époque.

Le contre-amiral d'Urville avait peu de titres, quelle que fût sa vanité de gentil-homme aristocrate. En fait d'académies, il ne s'était affilié qu'à celles de Batavia, de Caen, de Toulon, de Bayeux, et de Falaise, ainsi qu'aux Sociétés linnéennes de Paris et du Calvados. Il était également membre de la Société de Géographie, qui lui décerna la grande médaille d'or, ne pouvant lui offrir davantage. L'Institut fit comme avaient fait les flots : il ne voulut point de sa personne. D'Urville n'y obtenait que 6 voix sur 54 votants. Il était si sobre et si simple dans sa vie, qu'après avoir fort amoindri, par l'expresse nécessité de vivre, son maigre patrimoine de 1,000 francs de revenus, il finit par économiser 280,000 francs sur son traitement annuel et sa table de commandant. On lui a élevé par souscription un fastueux monument au cimetière du Mont-Parnasse et une statue en bronze à Condé-sur-Noireau. Isidore Bourdon.

DUMORTIER (Barthélemy-Charles), né à Tournai, en 1797, d'une famille jadis partricienne, mais tombée depuis longtemps en roture, s'est fait connaître d'abord par ses connaissances comme botaniste, qui le firent nommer membre de l'Académie de Bruxelles, le 2 mai 1829. Lorqu'une révolution éclata en Belgique, en 1830, il fut un des plus ardents à propager le mouvement insurrectionnel dans sa ville natale. Élu membre de la chambre des représentants, le 29 août 1831, il n'a point cessé depuis lors, sauf une courte éclipse en 1848, d'y siéger sur les bancs des catholiques-politiques, et d'y déployer une activité extrême, une rare facilité de conception et une intarissable faconde. Nul doute qu'avec plus de tenue, de prudence et de modération, il n'eût fait plus d'une fois partie de quelque combinaison ministérielle. A l'époque du *traité des vingt-quatre articles*, il s'éleva avec force contre ce qu'il appelait le système de spoliation exercé envers son pays, et contribua puissamment à faire réduire la dette imposée à la Belgique au profit de la Hollande. Ses travaux parlementaires ne ralentissent point ses recherches scientifiques. Malheureusement, son esprit vif et prompt, trop disposé à conclure avant de poser les prémisses, construit parfois les faits au lieu de les observer et de les décrire.

Ce n'a pas été sans surprise qu'on a vu un homme d'un esprit si distingué autoriser la circulation d'une petite brochure où est racontée sérieusement la *guérison miraculeuse* de Mlle Pauline Dumortier, laquelle, affligée d'une maladie mortelle, revint subitement à la santé par l'intercession du prince de Hohenlohe!

La violence avec laquelle M. Dumortier s'était toujours prononcé contre les doctrines du libéralisme lui fit perdre momentanément sa place à la chambre des représentants en 1848. Mais si à cette époque les électeurs de Tournay lui retirèrent leur mandat, il en fut bientôt dédommagé par les électeurs de Roulers, qui l'envoyèrent les représenter à la chambre, où depuis lors il n'a cessé de combattre avec une implacable acrimonie les ministères progressifs qui se sont succédé en Belgique dans la direction des affaires.

Les principaux écrits de M. Dumortier sont : *Commentationes Botanicæ* (Tournay, 1822); *Tentamen Agrostographiæ belgicæ* (1823); *Notice sur le genre Hulthemia* (1824, in-8°); *Florula Belgica* (1827); *Sylloge Jungermannidearum Europeæ indigenarum* (1831); *Recherches sur la Structure comparée des Animaux et des Végétaux,* (1832); *Essai carpographique présentant une nouvelle classification des fruits* (1835); *Notice sur le genre Maclenia, de la famille des Orchidées* (1836); *Mémoire sur les évolutions de l'Embryon dans les Mollusques gastéropodes* (1837).

DUMOULIN (Charles), né à Paris, en 1500, mort le 27 décembre 1566, signait Du Molin, en latin *Molinæus.* Sa famille était alliée à Anne de Boulen, mère d'Élisabeth, reine d'Angleterre, qui ne désavouait pas cette alliance. Dumoulin fit ses premières études à Paris, et son droit à Poitiers et à Orléans, où il professa en 1521. Reçu avocat en 1522, il réussit mal dans la plaidoirie, ce qui lui valut de la part du premier président de Thou une apostrophe désobligeante, bientôt suivie d'une éclatante réparation. Fatigué de l'entendre, ce magistrat lui dit un jour : *Taisez-vous, maître Dumoulin! vous êtes un ignorant.* L'ordre des avocats ressentit vivement cette injure, et il fut arrêté que le bâtonnier, avec une députation des anciens, irait s'en plaindre à M. le premier président. Admis à son audience, le bâtonnier lui dit avec toute la gravité du temps : « *Læsisti hominem doctiorem quam unquam eris.* — Cela est vrai, dit avec autant de franchise que de modestie M. de Thou, j'ai eu tort; je ne connaissais pas tout le mérite de M. Charles Dumoulin. »

Dumoulin se livra au travail avec une ardeur incroyable, et il eut bientôt porté ses études au point de devenir un des plus savants hommes de son temps. Il fut pour le *droit français* ce que Cujas était pour le *droit romain*, le premier de tous les interprètes. Son commentaire sur le titre des *Fiefs de la Coutume de Paris* fut accueilli comme un chef-d'œuvre de bon sens, de logique, de profondeur et d'érudition. Seulement, il avait les défauts des commentaires : il était peu méthodique et diffus. Henrion de Pansey a dû sa première réputation à l'analyse qu'il en a faite, et en tête de laquelle il a placé un éloge de Dumoulin où se trouve ce magnifique portrait de l'avocat, tracé dans une seule phrase, que l'auteur m'a souvent récitée *comme celle qu'il était le plus fier d'avoir écrite :* « Libre des entraves qui captivent les autres hommes; trop fier pour avoir des protecteurs, trop obscur pour avoir des protégés; sans esclaves et sans maîtres, ce serait l'homme dans sa dignité originelle, si un tel homme existait encore sur la terre! » Ce que Henrion de Pansey fit pour les fiefs, Pothier l'avait fait sur le fameux traité *De Dividuo et Individuo,* dans lequel Dumoulin avait poussé au plus haut degré l'esprit d'analyse et la métaphysique du droit. Pothier en fit d'abord un abrégé en latin, qui n'est pas venu jusqu'à nous; il s'en est approprié ensuite la substance dans son *Traité des Obligations,* qui est certainement le plus beau traité de droit français que nous ayons.

Un génie comme celui de Dumoulin était trop à l'étroit dans les limites de la législation ordinaire. Déjà il avait porté ses regards sur l'ensemble de nos coutumes, avait cherché à les concilier, à les ramener à des principes fixes et uniformes; il rêvait le projet d'un seul code pour toute la France. Sa femme était la compagne de ses travaux; sa vertu, sa douceur, et l'attachement pour son ménage furent d'un grand soulagement pour Dumoulin au milieu des orages presque continuels dont il fut assailli. Le repos qu'il cherchait semblait le fuir sans cesse. « Il avait une âme vive, ardente, passionnée, incapable de dissimuler sur rien, surtout quand il croyait la justice ou la vérité compromise, ou qu'il s'agissait des intérêts de son pays, qu'il aimait au delà de toute expression, dit le président de Thou. » Il n'avait garde de rester neutre au milieu des grandes questions qui au seizième siècle partageaient le monde chrétien et politique. Il ne disait pas, comme Cujas : *Nil hoc ad edictum prætoris.* Loin de là, il se lança avec ardeur dans la dispute; il n'entendait pas prononcer de sang-froid les mots : *droit, usurpation, abus,* il fallait qu'il en dit son sentiment.

Il consulta contre les jésuites, que le chancelier de L'Hospital protégeait au contraire, ne prévoyant pas tout ce que l'introduction de ce nouvel institut apporterait de conflits au sein de la religion et de l'État. Mais lorsqu'il s'agit du concile de Trente, ces deux grands hommes se trouvèrent d'accord pour s'opposer à sa réception et publication dans le royaume. Sollicité d'appuyer de son avis la décision du conseil où L'Hospital l'avait emporté sur le cardinal de Lorraine, Dumoulin publia son *Conseil sur le fait du Concile de Trente* (Lyon, 1564, in-8°). C'est une consultation en cent articles, dans laquelle il examine en détail les décrets du concile, et où il démontre l'abus, l'excès du pouvoir, l'illégalité, qui avaient présidé dans cette assemblée, et quel danger il y aurait pour les libertés du royaume à recevoir ses décrets comme loi de l'État. Son écrit contre l'*Édit des petites dates et les abus de la chancellerie romaine* produisit aussi le plus grand effet. « Sire, disait à ce propos le connétable de Montmorency, en présentant Dumoulin au roi Henri II, ce que Votre Majesté n'a pu faire et exécuter avec trente mille hommes, forcer le pape Jules à lui demander la paix, ce petit homme (car Dumoulin était de petite stature) l'a achevé avec son petit livret. »

De tels combats, sur des sujets aussi ardents, lui attirèrent de nombreux et puissants ennemis. D'ailleurs, il ne les ménageait pas, et la force de ses arguments était encore accrue par la rudesse de ses expressions. Ses ouvrages furent mis à l'*index* par le pape; et comme il ne manquait pas en France de gens qui étaient *plus Romains que Français,* l'autorité même du parlement eut peine à le soustraire aux persécutions que lui suscitèrent ses adversaires. On n'avait pu le perdre légalement, on l'attaqua par la violence : une *émeute* fut dirigée contre sa maison; elle fut pillée, et sa vie mise en danger. Réduit à fuir en Allemagne, il y fut bien accueilli, professa quelque temps à Tubingue, et, de retour en France, donna aussi quelques leçons à Strasbourg, à Dôle, à Besançon, attirant partout un concours prodigieux d'auditeurs.

Plusieurs de ses contemporains furent ses émules et ses envieux. Jean Bodin eut à se reprocher une sorte d'hostilité à l'encontre de Dumoulin. On a accusé d'Argentré de s'être attaché à le « contre-pointer, bien plus souvent par jalousie et émulation que par raison ». Il est de fait que ces deux grands auteurs ont été fréquemment divisés d'opinions. Mais pourquoi ne pas supposer que c'était par conviction, et non par jalousie? D'Argentré attaque quelquefois Dumoulin avec rudesse; par exemple sur l'article 218 de la *Coutume,* il termine en disant : *Quod verum est, etiamsi contradicendo rumpatur Molinæus.* Enfoncé Dumoulin! diraient les étudiants de nos jours. Mais un peu plus loin, sa colère étant apaisée, d'Argentré s'exprime en termes plus convenables, et rend pleine justice à Dumoulin : *Molinæus præstanti vir ingenio et eruditione incomparabili.* Henrion de Pansey concilie tout en conseillant « l'étude combinée de ces deux grands hommes. » Quoi qu'il en soit, Dumoulin n'en reste pas moins supérieur à tous. Il le savait trop, et du moins il eut le tort de le dire; car dans les derniers temps il mettait en tête de ses consultations cette formule pompeuse : *Ego, qui nemini cedo et a nemine doceri possum.* De Thou l'historien, parlant de Dumoulin, en fait cet éloge : « Charles Dumoulin, grand et célèbre jurisconsulte, dont le nom fut en grande vénération, non-seulement par son jugement solide et sa profonde érudition, mais aussi par la probité et la sainteté de ses mœurs; homme consommé dans la science du droit français ancien et moderne, et très-zélé pour sa patrie! » La vie de Dumoulin a été écrite par Brodeau (1654, in-4°); elle se trouve en tête du tome Ier de ses œuvres. DUPIN aîné,

ancien procureur général à la cour de cassation.

DUMOURIEZ (CHARLES-FRANÇOIS), naquit à Cambrai, le 27 janvier 1739. Son aïeul, marié à demoiselle Anne de Moriez ou Mourier, avait changé son nom de famille de Dupérier en celui de Demouriez. Le général a toujours signé *Dumouriez*. Son père l'avait envoyé au collége Louis-le-Grand à Paris, puis il s'était chargé d'achever lui-même son éducation. Dumouriez père est auteur du joli poëme de *Richardet*. Nommé commissaire des guerres à l'armée du maréchal d'Estrées, en 1757, il fit entrer son fils comme cornette dans le régiment d'Escars. Celui-ci, blessé plusieurs fois en 1759 et en 1760, obtint le grade de capitaine et la croix de Saint-Louis en 1761, et fut réformé l'année suivante après la paix. Naturellement ambitieux et entreprenant, il voyait avec douleur se fermer devant lui une carrière qui lui promettait un avancement rapide. Il prit donc le parti de passer en Italie, offrit successivement ses services à Paoli, chef des insurgés corses contre les Génois, et aux Génois contre Paoli, échoua dans ce double projet, finit par se joindre à un des ennemis de Paoli, entra en campagne et fut battu devant Bonifacio. De retour en France, il présenta au duc de Choiseul, premier ministre, plusieurs plans pour la conquête de la Corse, qui ne lui valurent qu'une gratification, grâce à laquelle il put du moins voyager à l'étranger. Il parcourut l'Espagne et le Portugal en 1766, et lorsqu'en 1768 la conquête de la Corse fut décidée, il parvint à obtenir dans l'armée d'expédition l'emploi d'aide-maréchal général des logis. Il se distingua dans les campagnes de 1768 et 1769, passa colonel, quoiqu'il fût assez mal avec les généraux, et notamment avec le comte de Marbeuf, dont, à tort ou à raison, il se permettait souvent d'improuver les opérations.

Le ministre Choiseul, convaincu de la nécessité d'avoir un agent auprès de la confédération de Bar, fit des offres à Dumouriez, qui n'hésita point; il partit pour la Pologne, et tant que Choiseul conserva son portefeuille, il se maintint dans les limites des instructions qu'il avait reçues de ce ministre. Mais dès qu'il fut disgracié et renversé par la cabale d'Aiguillon, Dumouriez, s'écartant de la lettre et de l'esprit des instructions ministérielles, affecta un ton de supériorité avec les chefs des confédérés; il ne se borna plus à de simples conseils, il se mit en évidence, ne garda plus aucune mesure, et s'oublia jusqu'à menacer Casimir Pulowski de le faire juger par un conseil de guerre; il osa accuser de lâcheté ce chef intrépide des confédérés qui n'avait été que malheureux: de brillants faits d'armes attestaient sa valeur et son habileté. Dumouriez lui fit un crime d'un échec isolé, que le vaillant Polonais n'avait pu éviter ni prévoir, et osa tenter lui-même les chances d'un combat. Il attaqua l'ennemi le 22 juin 1771, et, après une lutte de demi-heure, il subit à Landscrow la honte d'une défaite que rien ne pouvait justifier. Il y avait plus que de l'imprudence à mettre 1,200 Polonais aux prises avec 5,600 Russes. Cette faute le perdit dans l'opinion des confédérés. Dumouriez sentit que sa mission était finie; il chercha à se justifier aux dépens de ceux dont il avait étourdiment compromis la cause, partit pour Novigrad, et de là gagna la Hongrie. Il fut bientôt remplacé dans son aventureuse mission par le baron de Vioménil, et revint en France en 1771.

Le ministre de la guerre, Monteynard, lui confia un travail sur les ordonnances militaires. Louis XV, qui entretenait une correspondance secrète dans les cours étrangères, le chargea d'une mission relative à la révolution de Suède. Mais le duc d'Aiguillon, ministre des affaires étrangères, à qui le roi n'avait pas confié le secret de cette mission, le fit arrêter à Hambourg, en 1773, avec MM. Fabvier et Ségur. Il fut mis à la Bastille, où il resta six mois. Transféré au château de Caen, il obtint une demi-liberté, et eut la ville pour prison. Sa captivité, convertie en simple exil, cessa lors de la mort de Louis XV. Il épousa bientôt après une de ses parentes, et continua à cultiver l'art de se tenir toujours à la portée des ministres. Aussi M. de Muy l'envoya-t-il bientôt à Lille pour étudier les nouvelles manœuvres prussiennes importées par le baron de Pirch. Il fut en 1776 chargé, avec le capitaine de vaisseau d'Oisi et le maréchal de camp La Rosière, de la recherche de l'emplacement d'un port sur le littoral de la Manche. M. de Montbarey fit plus tard rétablir en sa faveur le commandement de Cherbourg, et cet emploi le mit en rapport avec le duc d'Harcourt, gouverneur de la Normandie. Dumouriez s'attribua l'honneur de la fondation du port de Cherbourg en fixant sur ce point l'exécution d'un projet déjà fort ancien. Ses négociations à cet égard, s'il faut l'en croire, ne suffisaient pas à son infatigable activité, et pendant les guerres de l'indépendance de l'Amérique du Nord, il rédigea et remit au ministre plusieurs plans pour l'invasion des îles de Jersey, Guernesey et Wight. Son avancement n'eût pas été plus rapide dans l'armée. Il fut nommé brigadier d'infanterie en 1781, et maréchal de camp en 1783. Il ne fut pas aussi heureux dans ses démarches auprès de M. Saint-Priest pour se faire attacher aux affaires étrangères avec un traitement de 12,000 fr., qu'il aurait cumulé avec celui de maréchal de camp.

La révolution vint fort à propos lui ouvrir une plus vaste carrière. Il s'était dès 1789 signalé par quelques brochures en faveur de la cause populaire, et en 1790 il fut reçu aux Jacobins, qu'on appelait alors la *Société des Amis de la Constitution*. Employé dans la 12e division militaire, dans son grade de maréchal de camp, à son retour d'un voyage en Brabant, il ne se voyait qu'à regret éloigné de la capitale. Le départ de Louis XVI pour Varennes lui offrit l'occasion de s'en rapprocher : il se hâta d'écrire à Barrère qu'il allait réunir le plus de troupes possible dans son commandement, pour marcher à la défense de l'Assemblée nationale. Il s'était déjà mis en relation avec le député Gensonné, qui avait été envoyé en mission dans l'ouest lors des premiers troubles. Dumouriez, de retour à Paris, fut nommé à un commandement sous le maréchal Luckner; il préféra rester dans la capitale, offrant en même temps ses services aux députés influents et au ministre des relations extérieures Delessart, qu'il remplaça le 15 avril 1792. Ses efforts pour faire déclarer la guerre à l'Autriche eurent un plein succès. Il échangea alors le portefeuille des relations extérieures pour celui de la guerre, qu'il ne conserva que peu de jours, partit pour l'armée du maréchal Luckner avec le grade de lieutenant général, passa en juillet à celle d'Arthur Dillon, prit ensuite le commandement en chef de celle de Lafayette après le 10 août, et fit entrer dans son état-major les deux fils du duc d'Orléans, qui avait échangé son nom contre celui d'*Égalité*.

Louis XVI, prisonnier au Temple, avait cessé de régner. On prétend que Dumouriez songeait à ce moment à rétablir la constitution monarchique de 1791, mais en plaçant sur le nouveau trône l'aîné de la famille d'Orléans. Quoi qu'il en ait été, les Prussiens, les Autrichiens et les émigrés avaient franchi la frontière; la trahison leur avait ouvert les portes de Longwi et de Verdun, et ils s'avançaient dans la Champagne. Dumouriez vint prendre poste à Grandpré, et fit occuper, le 5 septembre, les défilés de la forêt d'Argonne. Forcé d'abandonner cette position, il s'était replié sur Sainte-Menehould : une manœuvre hardie et savante de Kellermann arrêta les colonnes ennemies dans les champs de Valmy. Cette première victoire de l'armée républicaine décida la retraite des Prussiens. On a reproché à

Dumouriez de n'avoir point poursuivi dans sa retraite l'armée d'invasion, et de n'avoir pas profité de l'enthousiasme et du dévouement des soldats, après la victoire de Valmy. D'habiles tacticiens ont pensé qu'il lui eût été facile de s'emparer des Pays-Bas, sans courir les chances d'un combat. Au lieu de cela, il avait dirigé son armée sur Valenciennes, et était parti sans ordres pour Paris. Il fut froidement accueilli aux Jacobins : l'*accolade fraternelle* qu'il reçut du président Robespierre n'était qu'une formalité d'usage. Les girondins seuls assistèrent à une fête donnée en son honneur dans le joli pavillon qu'habitait Talma, rue Chantereine. Dumouriez affirme que l'unique cause de ce voyage était de tenter un dernier effort pour sauver Louis XVI. Son retour à l'armée fut signalé par la victoire de Jemmapes, qui le rendit maître de la Belgique. Il reprit alors la route de Paris, et, s'il faut l'en croire, ce fut encore dans l'intérêt de Louis XVI. Quelques historiens prétendent cependant que, prévoyant le sort de ce prince, il songeait plus que jamais à placer sur le trône le fils aîné du duc d'Orléans. Si le fait est réel, c'était là le rêve d'un ambitieux en délire. A ce moment, le rétablissement de la monarchie, même avec une dynastie nouvelle, était chose impossible. Mais l'esprit présomptueux de Dumouriez ne connaissait pas d'obstacles. Le baron de Vioménil, dans ses mémoires (1808), veut bien croire qu'il ne s'arrêta pas, du moins sérieusement, ainsi que plusieurs l'ont prétendu, à l'idée de se faire duc de Brabant et d'épouser Mlle d'Orléans. Il pense seulement qu'il aspirait à gouverner la France sous le nom du roi qu'il se flattait de faire couronner après la conquête de la Hollande. Il n'entreprit, dit-on, cette expédition qu'à la suite d'une course clandestine, faite sous un déguisement pour intriguer et avec les émigrés français, qu'il feignait de vouloir servir, et contre le stathouder, qu'il lui importait de renverser. Il se croyait même déjà si sûr du succès qu'il avait mandé, le 6 février 1793, ajoute Vioménil, au général Miranda, qu'il danserait la *Carmagnole* à Nimègue et à La Haye....

A la tête d'une armée dont l'amour de la gloire et de la liberté enflammait le courage et décuplait les forces, il lui avait été facile de faire de rapides et importantes conquêtes; cependant il perdit les Pays-Bas plus rapidement encore qu'il ne les avait conquis. Il se crut assez maître de son armée pour la diriger à son gré et assez fort pour renverser la Convention nationale, oubliant qu'un général battu et discrédité ne fait pas de révolution. Il se flattait d'être secondé dans son nouveau projet par les généraux de la coalition, et ouvrit avec eux cette étrange et inconcevable négociation. Arrivé à Valenciennes, il fit donc arrêter le ministre de la guerre et les commissaires de la Convention envoyés pour s'assurer de lui et déjouer ses projets, découverts à temps. Ses proclamations à l'armée, qu'il croyait disposée à le suivre, ne furent accueillies qu'avec indignation. Sa trahison était déjouée; et le 4 avril il passa avec les jeunes d'Orléans et une partie de son état-major dans le camp ennemi, où il ne reçut que l'accueil réservé aux traîtres. Après avoir erré quelque temps dans le Brabant, que naguère il avait parcouru en vainqueur, il obtint, non sans peine, un asile en Danemark. Ce fut dans les loisirs que lui fit son isolement qu'il composa ses *Mémoires;* mais le talent de l'écrivain n'a pu faire oublier les fautes et la défection du général : sa justification était impossible. Transfuge nomade, Dumouriez erra ensuite dans diverses contrées du Nord. En proposant des plans de coalition contre la France au tsar Paul Ier, il voulait se rendre nécessaire, et ne fut qu'importun. On peut dire de lui qu'on le vit dans tous les camps et sous toutes les bannières. Républicain outré en 1793, il s'était donné le sobriquet de *général des sans-culottes*; en 1799, il se proclama royaliste et le plus fidèle sujet du prétendant Louis XVIII. Il obtint un dernier asile et une pension en Angleterre, et paya cette hospitalité en fournissant au gouvernement de ce pays de nouveaux plans et de nouveaux mémoires contre la France. On le disait, en 1804, destiné à commander, avec Pichegru, une expédition sur les côtes de la Bretagne : il paraît du moins certain qu'en 1803 il avait été attaché au duc d'York en qualité de conseiller de guerre. Il vint en Allemagne en 1805, lors de la reprise des hostilités. Ce fut pour ranimer la coalition qu'il publia son *Jugement sur Bonaparte, adressé à la nation française et à l'Europe.* Ses nombreuses publications ne prouvent que la féconde activité de son imagination, et n'offrent pas d'intérêt historique. Après les événements de 1814, il s'attendait à recevoir de la Restauration le bâton de maréchal de France, et n'obtint qu'une pension de 20,000 fr. en qualité de lieutenant général en retraite. Il ne rentra pas en France; et en mars 1822 il quitta sa résidence de Little-Eating pour aller s'établir à Turville-Park, à l'extrémité du comté de Buckingham, où il mourut, le 14 mars 1823. Dufey (de l'Yonne).

DUMPLING, entremets de la cuisine anglaise. On distingue plusieurs sortes de *dumplings*, qui exigent des préparations différentes. Pour le *dumpling aux pommes* ou *aux prunes*, on fait une bonne pâte chaude qu'on roule bien mince; puis on la met sur un plat en la parsemant d'une certaine quantité de pommes pelées ou de prunes de Damas. On mouille ensuite les bords de la pâte, on la ferme et on la fait bouillir dans un linge pendant une heure. Alors on l'arrose de beurre chaud, et après l'avoir saupoudrée de sucre râpé, on la sert. Le *dumpling* ferme est composé d'une pâte qu'on façonne en boules de la grosseur d'un œuf de dinde, et dans lesquelles on introduit des raisins de Corinthe. On roule ces boules dans un peu de farine; on les enveloppe d'un linge et on les fait cuire une demi-heure dans de l'eau bouillante. Puis on les sert avec une sauce au vin de Xérès, bien sucrée. Le *dumpling de Norfolk* diffère des deux précédents en ce qu'il entre dans la pâte du lait, des œufs, et un peu de sel. Il est du meilleur ton en Angleterre d'introduire dans les boules formant cette sorte de *dumplings* des groseilles à maquereau, bien vertes. Le feu duc de Norfolk, comte-maréchal héréditaire d'Angleterre, a donné son nom à cet entremets, qu'il affectionnait particulièrement.

DUNA, en langue lettone *Daugawa*, appelée par les Russes *Dwina occidentale*, l'un des fleuves les plus importants de la Russie occidentale et du bassin de la Baltique. Son cours est d'environ 74 myriamètres et son bassin de 825 myriamètres carrés. Elle prend sa source sur le versant occidental de la forêt de Wolchonsky, au voisinage des sources du Volga, dans le petit lac de Dwinetz; et elle n'est encore qu'un faible ruisseau quand elle se jette dans le lac d'Ochwat-Shadenje; mais quand elle en sort, elle est devenue un fleuve puissant, qui traverse sept gouvernements en décrivant un large demi-cercle. On trouve sur les bords de la Duna les villes de Welish, Surafh, Witepsk, Poloczk, Dissna, Drissa, Druja, Dunaburg, Jakobstadt, Friedrichstadt et Riga, où elle atteint une largeur de plus de 1,200 mètres. A 12 kilomètres de cette dernière ville, la Duna se jette dans la Baltique, à Dunamund, ville bâtie sur le golfe de Riga. Jusqu'à Welish elle coule dans la direction du sud, encaissée entre des rives hautes et boisées, puis, jusqu'à l'embouchure de l'Ula, au pied du plateau de la Russie septentrionale; de là, jusqu'au-dessous de Dunaburg, elle le traverse dans toute sa largeur. Son lit y est profond, encaissé entre des rives de 12 à 15 mètres d'élévation, embarrassé à chaque instant par des quartiers de roche, des tourbillons et des rapides, surtout aux approches de Drissa. C'est au-dessous de Dunaburg que commence le cours inférieur de la Duna. Alors le lit du fleuve s'ensable et diminue sensiblement de profondeur. Ses débordements sont fréquents, en raison du peu d'élévation de ses bords; de là les marécages qu'on trouve dans les plaines qui l'avoisinent. A Welish la Duna devient déjà navigable pour des bateaux d'un fort tirant d'eau; mais les rochers, les rapides et les tourbillons rendent sa navigation très-dangereuse dans son cours moyen et dans son cours inférieur. Les bâtiments du commerce maritime ne peuvent pas remonter la Duna au delà de Riga. Le canal de la Bérézina met ce fleuve en communication avec le Dnieper au moyen de l'Ula.

DUNBAR, gros bourg d'Écosse, situé dans le comté d'Haddington, à 43 kilomètres nord d'Édimbourg, sur la mer d'Allemagne, peuplé de 4,800 âmes, remarquable aujourd'hui par ses chantiers de construction de navires, ses fonderies, ses fabriques de machines à vapeur, de cotons, de savons, ses distilleries, ses corderies, son port de commerce, ses importations de houille, de grains, de légumes secs, ses exportations des whiski, sa pêche active, etc. On voit tout auprès les ruines du château de Bar, où se retira Édouard II, vaincu à Bannockburn, et, à une distance moindre, celles de *Dunbar Castle*, qui abrita, en 1566, Marie Stuart, après le meurtre de Rizzio, et où elle fut reconduite, l'année suivante, par Bothwell, quand il voulut la forcer à l'épouser.

Dunbar est surtout célèbre pour la victoire que Cromwell y remporta en 1650 sur les royalistes écossais commandés par Leslie. Il y avait à peine un mois que Charles II avait rejoint les covenantaires. Cromwell, rappelé d'Irlande, avec ses *côtes de fer*, se trouvait aux bords de la Tweed, à la tête de 16,000 soldats aguerris. Mais, surpris par la famine et les maladies, il se vit forcé de reculer jusqu'à Dunbar; suivant ce mouvement, le chef des covenantaires, Leslie, transporta son camp sur les hauteurs qui dominent ce bourg, après avoir fait occuper tous les défilés que Cromwell eût pu suivre pour gagner Berwick. La position du général de l'armée parlementaire était critique; impossible d'attaquer l'ennemi avec quelque chance de succès. La folie du clergé écossais lui vint en aide. Les prélats, qui avaient rêvé cette nuit-là une victoire complète, forcèrent leur chef à descendre dans la plaine pour attaquer les Anglais. Témoin de ce mouvement, Cromwell s'écrie : « Ils viennent; le seigneur nous les livre. » Sa prédiction fut promptement accomplie. Ayant quitté leurs hauteurs durant une nuit tempétueuse, qui avait éteint leurs mèches, les troupes écossaises, formées de bataillons indisciplinés, furent enfoncées dès le premier choc par les soldats du parlement, qui avaient soigneusement garanti leurs armes de l'atteinte de la pluie; trois mille Écossais furent tués, neuf cents faits prisonniers, le reste dispersé, tandis que l'armée anglaise perdit à peine quarante hommes. Ce désastre bien mérité ne servit pas de leçon aux covenantaires ; et ce fut presque par les mêmes fautes qu'à peu de temps de là ils allèrent se faire battre encore à Worcester.

DUNBAR (William), poëte écossais, né vers 1465, à ce que l'on croit, à Salton, dans l'East-Lothian, fut dans sa jeunesse novice-voyageur dans l'ordre de Saint-François; mais, peu propre à ce genre de vie, il revint en Écosse, vers 1490, et ce fut après cette époque qu'il composa ses meilleurs poëmes. Le plus célèbre, publié en 1503, a pour titre *Le Chardon et la Rose*. C'est un des monuments les plus précieux des premiers âges de la littérature anglaise. Il fut écrit à l'occasion du mariage de Jacques IV avec Marguerite Tudor, fille aînée de Henri VII. Ainsi que dans la plupart de ses autres poëmes, Dunbar y sollicite quelque bénéfice, qu'il est probable qu'il n'obtint jamais, car Kennedy, son contemporain, dit qu'il vécut pauvre. Dunbar mourut en 1530.

DUNCAN Ier, roi d'Écosse, connu aussi dans l'histoire sous le nom de *Donald VII*, régna dans des temps orageux; il eut surtout à lutter contre les Norvégiens, dont les descentes sur les côtes de son royaume étaient incessantes. Il était parvenu à les repousser, lorsqu'il fut tué par l'ambitieux Macbeth, son cousin germain, à qui une sorcière avait prédit qu'il serait roi quelque jour, et qui pour réaliser cette prédiction l'assassina traîtreusement, en 1040. Ce prince s'était fait estimer par ses vertus; c'est lui que Shakspeare fait figurer dans sa tragédie de *Macbeth*.

DUNCAN II, fils du précédent, se réfugia aux Hébrides pendant la tyrannie de Macbeth. En 1093 il usurpa le trône d'Écosse, au préjudice du fils de son frère aîné, Malcolm; mais au bout de six mois il en fut expulsé, pour avoir cédé les Hébrides au roi de Norvège. La tyrannie de son successeur lui fit rendre le pouvoir souverain; mais il ne tarda pas à se le voir enlever par Edgard, fils de Malcolm, qui le fit prisonnier et le laissa mourir dans les fers, en 1098. Une autre version le fait assassiner par un certain Malpedir, thane ou comte de Monteith. Les historiens le nomment aussi *Donald VIII*.

DUNCAN (Adam, vicomte), célèbre amiral anglais, né le 1er juillet 1731, entra dans la marine en 1746, comme *midshipman*. En 1755 il fut promu au grade de lieutenant, et en 1761 appelé au commandement du *Valiant*, vaisseau de 74, qui fit partie de l'expédition contre la Havane aux ordres de l'amiral Keppel. En 1789 il fut nommé contre-amiral et en 1793 vice-amiral. Toutefois aucun fait d'armes éclatant ne se rattachait encore à son nom, et il était même sur le point de prendre sa retraite, quand, en 1797, il fut appelé à prendre le commandement de l'escadre anglo-russe dans la mer du Nord. Quoique singulièrement affaibli par le rappel des bâtiments russes, il remporta le 11 octobre 1797, à Camperdown, une victoire signalée sur l'amiral hollandais Winter. Il en fut récompensé par l'octroi du titre de vicomte, avec une pension de 3,000 liv. st. reversible sur la tête de ses deux successeurs immédiats dans la pairie. Deux ans plus tard il fut nommé amiral du Pavillon blanc, et mourut le 4 août 1804, après avoir hérité, par la mort d'un frère aîné, des domaines de sa famille, situés en Écosse.

DUNCAN-HALDANE (Robert DUNDAS), fils du précédent et son successeur à la chambre haute, né le 21 mars 1785, appartient au parti whig, et sous le ministère Grey, à l'occasion du couronnement de Guillaume IV (1831), fut créé comte de *Camperdown*. Son fils aîné, *Adam* vicomte Duncan, né le 25 mars 1812, est depuis 1837 membre de la chambre basse, où il fait partie de l'opposition libérale la plus avancée.

DUNCIADE. Pope a ainsi nommé un poëme héroï-comique dans lequel il flagelle avec le fouet acéré de la satire les mauvais poëtes de son siècle. Ce mot est dérivé de l'anglais *dunce*, qui signifie un imbécile, un sot, n'ayant jamais pu digérer les notions confuses qu'il a entassées dans son cerveau. Palissot, à l'imitation du poëte anglais, a aussi donné ce nom à une mordante satire dont les philosophes et les encyclopédistes sont le sujet. Enfin, l'allemand Schirach publia aussi, en 1773, une *Dunciade*, mais en prose; ce factum, qui voulait être méchant, ne fut qu'ennuyeux. Le moyen en effet de s'intéresser à des satires dont les sujets sont déguisés avec le plus grand soin sous des noms imaginaires! C'est en ce genre surtout qu'il faut avoir le courage *d'appeler un chat un chat et Rollet un fripon*.

DUNCOMBE (Thomas SLINGBY), membre du parlement anglais, appartenant à l'opposition *radicale*, est le fils de *Thomas* Duncombe, de Copgrow, dans le Yorkshire, frère du premier lord Feversham, et est né en 1796. Comme représentant du comté de Hereford, il fut en 1831 l'un des plus zélés défenseurs du bill de réforme; mais lors des élections générales de 1832, l'influence du marquis de Salisbury fit nommer en son lieu et place le candidat du parti tory, lord Mahon, dont l'élection toutefois fut annulée comme entachée de corruption. En 1834 M. Duncombe fut pour la première fois élu pour mandataire par les électeurs de Finsbury, l'un des quartiers de Londres; et depuis cette époque il n'a pas discontinué de les représenter dans le parlement. Siégeant toujours sur les bancs de l'opposition la plus avancée, il appuya en 1841 la motion présentée par M. Crawford pour élargir les bases du système électoral de manière à y comprendre les classes laborieuses, défendi ensuite la loi présentée pour abolir les droits perçus à l'entrée des céréales étrangères; et quand, en 1846, Robert Peel eut réussi à faire adopter cette importante mesure suivie tout aussitôt après de sa démission, il exprima les plus sympathiques regrets de le voir renoncer à la direction des affaires, en même temps que le *bill de coërcion* présenté par la nouvelle administration, ayant lord J. Russell pour chef, était de sa part l'objet des plus vives attaques. Dans la session de 1751 il combattit le bill des titres, et à cette occasion il se prononça en faveur de la triennalité du parlement, contre le vote au scrutin secret, pour la suppression de toutes les sinécures, etc., etc. Depuis lors, des embarras de fortune, joints à quelques excentricités de caractère, ont beaucoup nui à son importance politique.

DUNCOMBE (ARTHUR), neveu du précédent et frère du lord Feversham actuel, né le 24 mai 1806, entra de bonne heure dans la marine, et fut nommé capitaine de vaisseau en 1834. Conservateur et *protectionniste* pur sang, il repoussa de son vote dans la chambre des communes, en 1846, le bill qui introduisait en pratique le système de la liberté commerciale. Élu en 1851 par l'*East-Riding* du Yorkshire, il fut nommé en 1852, sous le ministère de lord Derby, l'un des lords des l'Amirauté.

Son frère cadet, *Octave* DUNCOMBE, né en 1817, autrefois lieutenant dans la garde, membre du parlement pour le *North-Riding* depuis 1841, appartient également au parti protectionniste.

DUNDAS. *Voyez* MELVILLE.

DUNDEE, ville du comté d'Angus (Écosse), sur la rive septentrionale du golfe de Tay, avec un bon port, possède un bel hôtel de ville, une église de construction moderne fort remarquable, surmontée d'une tour gothique du douzième siècle, deux banques, une société d'assurances, plusieurs établissements d'instruction publique et de bienfaisance, et comptait en 1851 une population de 78,850 habitants. On fabrique à Dundee des toiles et surtout de la toile à voiles; on y trouve aussi des manufactures de cotonnades, des raffineries de sucre et des tanneries. On y fabrique en outre des chaussures pour l'exportation et de la chapellerie. Ces différentes branches d'industrie, jointes à la pêche, y donnent lieu à un grand mouvement commercial.

Dundee était autrefois la seconde ville d'Écosse, et il s'y tint divers conciles et parlements. Sous le règne d'Édouard Ier elle fut deux fois prise par les Anglais, puis reprise par Wallace et Bruce. Ce dernier rasa son château fort. Elle fut de nouveau prise et incendiée sous Richard II et Édouard IV, puis pillée par Monk sous le protectorat de Cromwell.

DUNDONALD (THOMAS, comte DE). *Voyez* COCHRANE.

DUNE. Nous avons lu quelque part que *dune* dérive de *dun*, qui en langue celtique signifiait *montagne*. On a dit encore que ce mot signifiait *vague*, et que les Flamands ont appelé *dunes* les collines de sable de leurs rivages, à cause de leur ressemblance avec les vagues de la mer. Quoi qu'il en soit, nous donnons ce nom aux petits monticules de sable ou de coquilles brisées qui semblent servir de borne extrême aux rivages de la mer sur les côtes plates. Elles forment de petites chaînes adossées le plus ordinairement aux terrains couverts et moins abaissés qui les suivent dans l'intérieur des terres, et leur configuration varie avec celle de ces mêmes terrains. Elles sont produites par le vent de la mer, qui en balayant la plage emporte dans sa course les sables et les matières légères déposées par les flots, et les laisse retomber dès qu'il perd sa force, ou qu'un obstacle l'arrête. On conçoit combien doit être variable ce produit d'un agent si versatile et si capricieux, qui détruit chaque jour l'édifice de poussière qu'il avait élevé la veille, ou le change tout à coup de place. C'est au milieu des dunes de sable mouvant que l'on peut étudier les invisibles oscillations de l'atmosphère, car leur surface s'ondule comme celle de la mer lorsqu'une légère brise soulève de petits flots; mais, plus constante que ce dernier élément, elle ne reprend pas son premier poli dès que le vent a cessé, et conserve l'empreinte de la dernière vibration qui l'a altérée. Quand un tourbillon, une trombe de vent vient fondre sur des dunes, il les laboure et les bouleverse profondément, quelquefois même enlève une colline entière dans l'air, et va la vomir plus loin en crevant avec sifflement. Il y a danger pour le voyageur que ce phénomène surprend; il risque d'être aveuglé ou étouffé dans les sables.

Nous avons souvent pris plaisir à voir le vent élever ou renverser ces barrières mouvantes au gré de ses caprices; nous l'avons vu sur divers points de la côte du Mexique, terre basse, sablonneuse, déserte, dont l'aspect grisâtre est à peine varié par quelques arbustes rabougris, mais surtout à la Vera-Cruz. La Vera-Cruz est bâtie sur une plage de sable demi-circulaire, d'un mille environ de rayon, et élevée de quelques centimètres seulement au-dessus du niveau de la mer; sa circonférence est occupée par un double rang de dunes au milieu desquelles croupissent les eaux pluviales, qui n'ont aucun écoulement; ces dunes forment une enceinte qui arrête les brises du large et concentre dans la ville les miasmes infects qui rendent son séjour si dangereux.

On a quelquefois demandé si les dunes allaient en augmentant ou en diminuant. Il est évident qu'elles doivent être tantôt envahissantes, tantôt décroissantes, selon la nature du sol où elles sont élevées, la quantité de dépôt que le flux de la mer apporte sur les rivages, et les vents régnants. Nous pourrions citer plusieurs points du globe où ces dépôts sablonneux semblent augmenter, et d'autres où ils n'ont pas varié depuis des siècles.

Théogène PAGE, capitaine de vaisseau.

DUNES (Bataille des). Les côtes de l'ancienne Flandre, entre Dunkerque et Nieuport, sont bordées de collines de sable que l'on nomme *Dunes*. C'est au milieu de cette chaîne de petits monticules que fut livrée, le 14 juin 1658, la bataille qui nous occupe. Une ligue contre l'Espagne avait été formée entre Louis XIV et Cromwell. Les troupes françaises devaient faire le siége de Dunkerque, tandis que la flotte anglaise en bloquerait le port. Une des clauses du traité assurait à la Grande-Bretagne la possession de cette place. Turenne fut chargé des opérations du siége. Il passa la Lys à Saint-Venant, le 20 mai, avec une armée de 15,000 hommes, dont 6,000 de cavalerie, au moment où le maréchal de Créqui s'emparait de Cassel avec un faible détachement de 800 hommes. Le 25, le général français arrivait sous les murs de Dunkerque et l'investissait. La prise de cette place, située au bord de la mer, protégée au nord et au midi par des marais, des canaux et les dunes, présentait de grandes difficultés : le génie de Turenne sut les vaincre toutes. Il enferma la ville dans une circonvallation, et afin de fermer tous les passages à l'ennemi, fit construire, depuis l'extrémité de ses lignes jusqu'à l'endroit où les flots se retirent dans les plus basses marées, deux fortes estacades, défendues par plusieurs bouches à feu. Les assiégés lâchèrent les écluses, inondèrent les approches, ainsi que la digue, défendue par deux forts, bien armés. Cependant Turenne gagne du terrain, s'approche des remparts, et le 7 juin la tranchée est ouverte, en présence du roi, au moment où la flotte alliée, forte de vingt vaisseaux, déploie ses voiles devant la rade.

Mais l'armée espagnole, commandée par don Juan d'Autriche et le prince de Condé, s'était mise en mouvement et s'avançait, par le chemin de Furnes, au secours de Dunkerque : cette armée, forte de 6,000 hommes d'infanterie et de 8,000 chevaux, vint camper, dans la nuit du 12 au 13, entre les dunes et Furnes, en présence de l'armée française, sa droite appuyant à la mer. Turenne n'attendit pas ses adversaires : résolu d'aller à leur rencontre et de les attaquer, il s'empare des dunes les plus élevées, les entoure de forts et de retranchements, et met son armée en sûreté contre les sorties de la place. Ces dispositions prises, il s'enveloppe dans son manteau et dort, toute la nuit, d'un profond sommeil. A cheval à la pointe du jour, il va reconnaître les positions de l'ennemi, et range ensuite son armée en bataille : sa première ligne est formée de 10 bataillons et de 28 escadrons, 14 à droite, 14 à gauche, le canon en tête; la seconde, de 6 bataillons et de 20 escadrons, dont 10 à droite, 10 à gauche; 6 escadrons, en réserve, chargés de surveiller les sorties, et de seconder l'infanterie laissée devant Dunkerque; quatre escadrons de gendarmerie en avant de la dernière ligne, afin de pouvoir, au besoin, porter un prompt secours à l'infanterie du corps de bataille. L'aile droite était commandée par le maréchal de Créqui, le centre par Turenne, les marquis de Gadagne et de Bellefonds; l'aile gauche par Castelnau. Les troupes anglaises, sous les ordres de lord Lockart, appuyaient leur gauche à la mer, faisant face à l'aile droite de l'armée espagnole. Le comte de Ligniville était à la tête des troupes lorraines; le comte de Soissons commandait les Suisses, et le marquis de la Salle les gendarmes. Le corps de réserve avait été confié au marquis de Richelieu. Ces dispositions arrêtées, Turenne fait communiquer au général anglais les motifs qui le déterminent à livrer bataille : *Je m'en rapporte bien au maréchal*, répond Lockart à l'envoyé de Turenne; *après le combat, si j'en reviens, je m'informerai de ses raisons.*

La droite de l'armée espagnole s'appuyait vers la mer; elle était commandée par don Juan; la gauche, dirigée par Condé, s'étendait du côté des prairies. La cavalerie était placée, à l'aile droite, derrière l'infanterie; à l'aile gauche, elle s'étendait entre les dunes et les fossés, sur plusieurs lignes, dans un terrain très-défavorable, coupé de canaux, couvert de marais et plein de monticules. Le prince de Condé, qui n'était pas d'avis de combattre dans une position si désavantageuse, demanda au jeune duc de Glocester (fils du duc d'York) s'il ne s'était jamais trouvé à aucune bataille : *Eh bien!* reprit Condé, après la réponse affirmative du duc, *dans une demi-heure, vous verrez comme nous en perdrons une.* Le canon français ne tarda pas à se faire entendre; l'armée, conduite par Turenne, s'avança avec intrépidité. L'aile droite des Espagnols, placée en partie sur une dune élevée, reçut de pied ferme la première attaque; les troupes anglaises s'emparèrent de cette position sous le feu de l'artillerie et à travers une forêt de piques. Arrivés au sommet, rien ne peut leur résister; tout plie, tout s'épouvante, tout cherche le salut dans une prompte fuite. Dans ce moment, Castelnau vient prendre en flanc les Espagnols : cette manœuvre détermine leur déroute, qui devient générale sur toute cette partie du champ de bataille; les fuyards poursuivis vont jeter le désordre sur les lignes en réserve. Tandis que l'aile gauche des Français, puissamment secondée par leur alliés, taille l'ennemi en pièces, leur aile droite est près de succomber sous les coups de Condé : ses bataillons, vigoureusement attaqués au commencement de l'action, avaient été dans ce premier choc enfoncés et poursuivis à quatre cents pas par le maréchal de Créqui. Mais le prince de Condé, accouru à la tête d'un corps nombreux de cavalerie, avait fait à son tour reculer le maréchal, rompant ses rangs, et menaçant de pénétrer jusqu'à Dunkerque, à travers les bataillons français. Heureusement le coup d'œil de Turenne a tout saisi; son expérience va tout réparer. Le danger de Créqui n'a pu lui échapper; il vole à son secours, arrête la marche victorieuse de l'ennemi, et rétablit le combat. C'est désormais au milieu de cette mêlée que vont se porter tous les efforts; elle devient furieuse, acharnée, des prodiges de valeur y signalent les deux armées, et la victoire flotte longtemps incertaine. Enfin, la fortune de Turenne l'emporte. Attaqués de front et sur les flancs, les Esgagnols sont culbutés et dispersés. Ramenés trois fois au combat, trois fois encore ils tombent sous le fer des Français. Le carnage est horrible. Condé, qui dans la mêlée avait eu un cheval tué sous lui, voyant l'inutilité de ses efforts, cède le champ de bataille et la victoire : il se retire en bon ordre. Don Juan le suit avec les débris de l'armée. Poursuivis jusqu'à Furnes, les vaincus abandonnent un grand nombre de morts et de blessés, des munitions, des bagages, de l'artillerie. Ce succès brillant coûta peu aux Français : ils rentrèrent dans leurs lignes, et continuèrent, sans interruption, les opérations du siége. Cette journée eut du retentissement en France : les Espagnols y perdirent 6,000 hommes, dont 3,000 morts et 3,000 prisonniers. Le soir même de cette bataille, le modeste vainqueur écrivait ce billet à sa femme : « Les ennemis sont venus à nous, ils ont été battus; Dieu en soit loué! J'ai un peu fatigué toute la journée; je vous souhaite le bon soir, je vais me coucher. »

La défaite des Espagnols n'abattit pas le courage des défenseurs de Dunkerque; ils soutinrent encore pendant onze jours les efforts des assiégeants, et n'ouvrirent leurs portes aux Français que lorsqu'ils les virent au pied de leurs murailles.

DUNETTE (c'est-à-dire *petite dune*). Quand vous mettrez le pied sur le pont d'un vaisseau de ligne, tournez les yeux vers l'arrière du bâtiment, vous verrez une espèce d'étage de deux mètres environ de hauteur, dont le couronnement porte écrit en lettres brillantes ces deux mots, *Honneur* et *Patrie* : c'est la *dunette*; c'est là qu'habite le commandant, et l'amiral, quand il y a un amiral à bord. Ce logement est confortable : il se compose d'une grande galerie, qui occupe la partie extrême de la poupe et d'où l'on découvre au loin la mer derrière le navire; d'une grande chambre, qui sert de salle à manger, de salle de conseil, etc., où il est impossible d'oublier que l'on est à bord d'une machine de guerre, car les yeux y sont frappés tout d'abord de la vue de deux énormes canons noirs amarrés aux sabords, de chaque côté; elle renferme encore plusieurs autres petites chambres, destinées à divers usages. C'est sur la dunette que se tient l'officier de quart quand le vaisseau est en marche; c'est aussi le poste du commandant pendant le combat, car de là il domine sur toute la longueur du navire, en embrasse l'intérieur et l'extérieur d'un seul coup d'œil, et juge de ses évolutions et de celles de l'ennemi; mais aussi il s'y trouve exposé plus qu'un autre aux balles lorsqu'on combat de près; il est reconnaissable à l'éclat de son costume. Trop souvent les habiles tireurs placés dans les hunes le prennent pour point de mire de leurs coups. C'est ainsi, dit-on, que périt Nelson au combat de Trafalgar : un matelot français le reconnut sur sa dunette, l'ajusta et l'abattit. Autrefois, les dunettes avaient plusieurs étages élevés les uns au-dessus des autres, ce qui donnait à cette partie du navire l'apparence d'une forteresse, qu'on nommait *château d'arrière* : cette construction était commode pour les officiers, mais elle nuisait aux principales qualités qu'on requiert aujourd'hui des navires de guerre. De nos jours, on a considéré les dunettes comme un simple objet de luxe dont on gratifiait le capitaine, et qui chargeait l'arrière des vaisseaux sans utilité; on a même construit des vaisseaux de ligne d'après ce principe : il paraît qu'on est revenu sur cette décision, et l'on a conservé les dunettes.

Théogène PAGE, capitaine de vaisseau.

DUNI (EGIDIO-ROMUALDO), compositeur célèbre, né à Matera (royaume de Naples), le 9 février 1709, était le dixième enfant de son père. A neuf ans, il fut envoyé au conservatoire de la *Pietà*, où il eut pour professeur le célèbre Durante. Son début à Rome fut un grand opéra de *Néron*, qui, bien qu'en concurrence avec une composition de Pergolèse, obtint une préférence marquée. Loin de s'enorgueillir de son triomphe, Duni le déplora, partit pour Vienne, où il fut employé dans des négociations, revint dans sa patrie, remplit quelque temps en province les fonctions de maître de chapelle, et visita successivement Venise, Paris, Londres, la Hollande, où Boërhaave, qu'il consulta sur une maladie chronique dont il était affecté depuis longtemps, lui rendit à peu près la santé. Mais, attaqué, en rentrant dans son pays, par des voleurs, il en éprouva un saisissement tel qu'il s'en ressentit toute sa vie. Néanmoins, après avoir visité Gênes, il alla se fixer à Sestri, où il enseigna la musique à la fille de l'infant duc de Parme, dont la cour était presque française, et où il mit en musique quelques pièces écrites dans cette langue.

L'année 1757 le trouva à Paris, où il mourut le 11 juin 1775. C'est le premier compositeur qui ait su donner au chant français de l'âme et de la vie. Avant lui, notre musique n'était qu'une langoureuse psalmodie, fruit d'une science stérile. Les airs de Duni, gais, naturels, faciles, sont toujours adaptés au caractère des paroles. « Je désire être chanté longtemps, » disait-il, et ce vœu a été exaucé. Ses opéras italiens, aujourd'hui oubliés, sont *Néron*, *Artaxercès*, *Bajazet*, *Cyrus*, *Hypermnestre*, *Démophoon*, *Alexandre*, *Adrien*, *Caton*, *Didon*, *Démétrius*, l'*Olympiade*. Voici la liste de ses compositions françaises, dont quelques-unes sont encore entendues avec plaisir : *Ninette à la cour* (1755); *Le Peintre amoureux de son modèle* (1757); *Le docteur Sangrado*; *Nina et Lindor*; *La Fille mal gardée* (1758); la *Veuve indécise* (1759); *L'île des Fous*; *Mazet*; *La bonne Fille* (1761); *Le Retour au Village*; *Les Plaideurs*; *Le Milicien*; *Les Chasseurs et la Laitière*; *Le Rendez-vous* (1763); *L'École de la Jeunesse*; *La Fée Urgèle* (1765); *La Clochette* (1766); *Les Moissonneurs*; *Les Sabots* (1768); *Thémire* (1770).

DUNKERQUE, ville de France, chef-lieu d'arrondissement dans le département du Nord, place forte sur la frontière Belge, à 236 kilomètres de Paris, avec une population de 29,080 habitants, un tribunal de première instance, une chambre et un tribunal de commerce, une direction de douanes et un entrepôt réel; c'est une station du chemin de fer du Nord. Elle possède un collége, une école impériale d'hydrographie, une école de dessin et d'architecture, un musée, une bibliothèque publique, des établissements industriels importants, chantiers de constructions maritimes, corderies, brasseries, distilleries, raffineries de sucre et de sel, fabriques de sucre de betterave, tanneries, et corroieries estimées, huileries, quatre typographies. Le commerce consiste en exportation de houille, huiles de graines et tourteaux, toiles genièvres et et en importation de denrées coloniales, cotons, laines, fils et toiles, suif, résine, chanvre, potasse, blé, sel, vin et bois du Nord.

Dunkerque est une ville généralement bien bâtie; presque toutes ses rues sont percées à angle droit, ses places vastes et nombreuses. Les monuments principaux sont l'église Saint-Éloi, dont la belle colonnade rappelle le frontispice de Néron à Rome; la tour, construction d'une grande hardiesse, qui date du quinzième siècle; la nouvelle salle de spectacle; le phare, dont le feu à éclipses s'aperçoit de la mer à une grande distance; le bassin et les corderies de la Marine; la statue colossale en bronze de Jean-Bart, œuvre de David (d'Angers), inaugurée en 1845, et un bel établissement de bains de mer, qui pendant l'été attire des étrangers en grand nombre.

C'est surtout depuis l'installation du chemin de fer que les visiteurs abondent à Dunkerque; en été les *trains de plaisir* en amènent par milliers de Paris et de la province.

L'origine de cette ville ne remonte pas au delà du septième siècle. Dans le voisinage d'un bras de mer qui fut depuis le port, s'était formé un hameau habité par des pêcheurs, et où saint Éloi, qui y prêcha l'Évangile en 646, fonda, sur la plage sablonneuse, une chapelle qu'on appela dans la langue du pays *Dune-Kerke*, c'est-à-dire Église des Dunes; d'où est venu Dunkerque.

Dépendant des comtes de Flandre, ce hameau devint assez important pour être entouré d'une première muraille sous Baudouin III, en 964. Dès le milieu du douzième siècle, le port de Dunkerque était devenu une station importante pour le commerce. On y construisait des bâtiments de guerre, puisque Philippe d'Alsace, partant pour la Palestine, en 1177, fit équiper plusieurs navires dans les chantiers de ce port. Vers cette même époque, des pirates normands infestaient les côtes de Flandre et causaient de grands dommages au commerce des Dunkerquois. Ceux-ci, ligués avec le comte Philippe, armèrent une flotte qui tira prompte vengeance des Normands. On croit aussi généralement que Dunkerque est redevable de ses premières franchises au même comte. La ville reconnut ensuite pour seigneur, en vertu d'une cession faite par le comte Ferrand de Flandre, Godefroy de Fontaines, évêque de Cambray, qui ne devait tenir Dunkerque qu'en viager. Ce prélat améliora beaucoup la ville et le port; de sorte qu'à son décès ses héritiers trouvèrent qu'un tel domaine était fort bon à garder. L'un d'eux, Jean d'Avesnes, depuis comte de Hainaut, transigea avec la comtesse Jeanne pour s'en assurer la seigneurie. En 1288, Baudouin d'Avesnes céda, moyennant une rente viagère, la ville de Dunkerque au comte de Flandre. Dix ans plus tard, la guerre fit tomber Dunkerque au pouvoir du roi Philippe le Bel, qui ne s'en dessaisit qu'en 1305. Robert de Béthune sépara alors de nouveau la ville de Dunkerque du comté de Flandre, et en forma avec Bailleul, Cassel et autres places, une seigneurie particulière, dont il apanagea Robert, son second fils. C'est à ce Robert, dit de Cassel, que Dunkerque doit la première institution d'une magistrature régulière. Yolande, sa fille et héritière, porta Dunkerque et ses autres domaines dans la maison de Bar, en épousant le comte Henri IV.

En 1347 Dunkerque fut le siége du congrès où se conclut la paix entre Philippe de Valois et le roi d'Angleterre. Cette ville, prise en 1382 par les Gantois révoltés, fut reprise peu après par les Français. A la mort d'Yolande, en 1395, la seigneurie de Cassel et de Dunkerque passa à son arrière-petit-fils Robert, comte de Marle, qui rétablit les fortifications de cette place. A cette époque les corsaires de Dunkerque acquirent une grande réputation, et parmi eux il faut citer au premier rang Jean Gauthier et le fameux Jean Léon, qui se faisait appeler *Godts Vrient* (l'ami de Dieu). En 1435 Dunkerque passa de la maison de Bar dans celle de Luxembourg, par le mariage de Jeanne de Bar, héritière de cette seigneurie, avec le comte de Saint-Pol. La maison de Bourbon devint à son tour maîtresse de Dunkerque, par suite de l'alliance de François de Bourbon, comte de Vendôme, avec Marie de Luxembourg. Cette ville et d'autres domaines de Flandre avaient été cédés à Charles-Quint en 1529, avec faculté de rachat; ils revinrent à la douairière de Vendôme en 1531; mais l'empereur et ensuite les Espagnols en demeurèrent souverains plus ou moins paisibles, jusqu'à ce que la bataille des Dunes, livrée près de Dunkerque, eut remis cette ville au pouvoir de Louis XIV, qui en fit aussitôt l'abandon aux Anglais. Avant ce temps, les Français s'étaient emparés, le 1er juillet 1556, de Dunkerque, qu'ils traitèrent de la manière la plus inhumaine. C'était chose assez bizarre qu'une ville dont les Bourbons étaient seigneurs, et où la maison d'Autriche était maîtresse! En 1562, quand on restaura l'hôtel de ville, on plaça sur un même écusson les armes de l'Empire, celles d'Espagne, de Flandre, de Vendôme et de Navarre. Autant aurait valu écrire que la ville appartenait à tout le monde. En 1662, Louis XIV racheta, moyennant cinq millions, Dunkerque des Anglais, qui avaient fortifié la place et y avaient construit une citadelle. Le roi vint visiter cette ville, à laquelle il accorda la franchise de son port. Vauban dirigea les travaux de reconstruction des fortifications et du port, qui fut creusé et rendu accessible aux vaisseaux; de magnifiques bassins furent construits, des canaux furent percés, et, parvenue à l'apogée de sa puissance, cette place fut alors l'une des plus considérables de l'Europe.

Mais de cruels revers devaient suivre tant de prospérités. En 1713, le traité d'Utrecht, qui donna la paix à l'Europe, eut pour condition essentielle, imposée par l'Angleterre, la ruine de Dunkerque. La destruction immédiate du bassin, des écluses, des remparts, des jetées et des forts, la fermeture du chenal par un batardeau de sable suivirent de près ce traité; et cette ville, riche de tant de glorieux souvenirs, fut condamnée à une complète décadence. Le 31 décembre 1720, une violente tempête rompit le batardeau et rouvrit le chenal. La guerre, qui se ralluma en 1740, permit la restauration du port et des fortifications; mais leur destruction fut encore la clause absolue des traités de paix d'Aix-la-Chapelle, en 1748, et de Paris, en 1763.

Le succès des armes de la France pendant la guerre d'Amérique sauva Dunkerque d'une nouvelle destruction. La paix qui suivit ne prescrivit rien à l'égard de ce port, qui prit dès lors un rapide essor commercial. La franchise dont jouissait la ville y faisait abonder les produits de tous les pays. La guerre soulevée contre notre révolution et la suppression de sa franchise portèrent un coup mortel à son commerce; mais le patriotisme de ses habitants n'en resta pas moins ardent; et lorsque le duc d'York, avec une nombreuse armée, assiégea leur ville, en 1793, ils lui opposèrent durant vingt jours, presque sans garnison, une résistance énergique, jusqu'au moment où la victoire d'Hondschoote les délivra.

La Restauration tenta, en 1816, de rétablir la franchise de Dunkerque; mais la chambre des députés y vit un privilége, et repoussa la loi proposée. Les efforts de cette ville lui ont rendu depuis une partie de son commerce d'autrefois; et, reliée aujourd'hui au réseau de nos chemins de fer, comme elle l'était déjà aux canaux sans nombre qui sillonnent au loin le pays, un avenir prospère lui est garanti par son heureuse position topographique entre l'Océan et la mer du Nord, en face de la Tamise, au centre de trois capitales, Londres, Paris et Bruxelles. Son port militaire, chef-lieu de sous-arrondissement maritime, qui en ce moment se transforme en un vaste bassin à double voie, avec écluses à sas, offrira toute sécurité aux navires de toutes formes, et y multipliera les grandes navigations, en développant celles qui y existent déjà avec les Antilles, le Brésil, les Indes, l'Égypte, etc. Dunkerque possède des services réguliers par vapeur avec Londres, Rotterdam et le Havre. Ce port est surtout réputé pour la préparation de la morue pêchée sur les côtes de l'Islande, où il comptait en 1853 au delà de cent bâtiments.

DUNNWALD (Jean-Henri, comte de), feld-maréchal général au service de l'empereur, naquit vers l'an 1620, de parents pauvres, dans le pays de Berg, à Dunnwald, village dont plus tard il prit le nom. Ayant embrassé l'état militaire et ayant été compris dans le contingent de l'Empire, ce fut en 1664, à la bataille de Saint-Gotthardt en Hongrie, qu'il eut pour la première fois occasion de se faire remarquer entre tous par sa bravoure, et il appela ainsi sur lui l'attention de Montecuculi, général en chef de l'armée impériale. A peu de temps de là il entrait au service de l'empereur; et dès l'année 1670 il y avait obtenu le commandement d'un régiment de cuirassiers. En 1674, il se comporta de la manière la plus brillante à l'affaire d'Ensisheim. L'année d'après, fait prisonnier à l'affaire de Mulhausen, il fut échangé, à quelque temps de là, contre un général français. Après avoir battu les Français à Sassbach, il fut créé par l'empereur, en 1675, comte de l'Empire. Nommé feld-maréchal-lieutenant pendant la guerre contre les Turcs, il acquit de nouveaux titres de gloire, lors du siége de Vienne, en contribuant à disperser l'armée turque. De même en 1684, à Backan, il anéantit une autre armée turque en la rejetant dans un marais. Lors du siége d'Ofen, il battit encore avec des forces bien moindres, un corps turc accouru au secours de cette place. Après la bataille de Mohacz, laissé en arrière avec 10,000 hommes pour couvrir le pays situé entre le Danube et la Drave, il ne se borna point à la défensive, attaqua l'ennemi, le repoussa et s'empara de toute l'Esclavonie. Dans la campagne de 1688, il commanda avec le grade de feld-maréchal général la cavalerie de l'armée aux ordres du duc de Lorraine, et couvrit notamment le siége de Belgrade. L'année d'après, il tint tête aux Français, sur les bords du Rhin et en 1691, il alla faire encore une nouvelle campagne en Hongrie contre les Turcs. C'est dans cette guerre qu'à la bataille de Salankémen, où il commandait l'aile gauche, il fut accusé d'avoir apporté d'abord plus que de la mauvaise volonté, par dépit de se trouver placé sous les ordres d'un chef moins ancien de grade, le prince Louis de Bade, et de n'avoir pas attaqué suivant les indications qui lui étaient transmises. Toutefois, l'affaire une fois engagée, il n'avait pas laissé que de se battre avec sa résolution accoutumée et s'était emparé du camp ennemi. Traduit, après la victoire, devant le conseil de guerre de Vienne pour fait d'insurbordination il mourut en s'y rendant, le 31 août 1691, à Essék.

DUNOIS, petit pays de l'ancienne province de l'Orléanais, faisant partie de la Beauce, était situé entre le pays Chartrain et le Vendômois. Il avait environ 48 kilomètres dans sa plus grande longueur, et 72 dans sa plus grande largeur; ses villes principales étaient Châteaudun, sa capitale, Alluye, Brou, Bazoches, etc. Son territoire est réparti aujourd'hui entre les départements d'Eure-et-Loir, de Loir-et-Cher et du Loiret.

DUNOIS (Jehan comte de), fils naturel de Louis de France, duc d'Orléans, et de Mariette d'Enghien, épouse du chevalier de Cani, naquit en 1403. Ses contemporains l'ont surnommé *le Victorieux* et *le Triomphateur*. La postérité a confirmé ces titres glorieux. Il fut à la tête des armées pendant trente-six ans, et son nom se rattache à tous les grands événements des règnes orageux de Charles VII et de Louis XI. Son père le destinait à l'état ecclésiastique. Des événements imprévus changèrent cette destination. Valentine de Milan eut la générosité de recueillir Jehan : elle le fit élever avec les princes ses fils, et lui tint lieu de la mère qui l'avait abandonné. A la nouvelle de la mort de son époux, assassiné par ordre du duc de Bourgogne, elle réunit près d'elle ses enfants; et, s'adressant aux jeunes princes : « Qui de vous, leur dit-elle, vengera la mort de son père? — Moi, » répond Jehan avec une vivacité, une énergie au-dessus de son âge : Jehan n'était alors qu'un enfant. Valentine le presse sur son sein : « Oui, dit-elle dans le naïf langage de son temps, oui, je te regarde comme celui des enfants du duc le mieux taillé pour le venger. » Valentine, qui ne vivait plus que pour obtenir justice contre les assassins de son époux, mourut de chagrin. Elle ne recueillit que de timides et stériles démonstrations de sympathie. Ses deux fils, le duc d'Orléans et le duc d'Angoulême, furent faits prisonniers à la bataille d'Azincourt.

Jehan resté, seul en France, rendit bientôt célèbre le surnom de *Bâtard d'Orléans*. Ses premiers faits d'armes furent de brillants succès. Il avait été livré quelque temps en otage avec Guillaume d'Albret, en 1423. Rendu à la liberté, il vole à l'armée, et se bat valeureusement contre les Anglais. Blessé grièvement au combat de Rouvray, en 1424, il était à peine convalescent lorsqu'il reprit les armes, et battit les Anglais au siége de Montargis en 1427. A la tête, d'une garnison plus brave que nombreuse, et d'une milice bourgeoise dévouée, il défendit Orléans contre toutes les forces des Anglais, dont le roi Henri V se qualifiait de roi de France. Jehan avait dévoué son épée et sa vie au dauphin, depuis Charles VII; sa résistance permit à Jeanne d'Arc et aux valeureux chevaliers qui l'accompagnaient d'arriver à temps pour secourir cette ville, apanage de la famille d'Orléans, et la plus considérable de celles qui n'avaient pas subi la domination de l'usurpateur. Orléans fut délivré. Jehan battit encore les Anglais à Beaugency et à Patay. Dans cette dernière action, ils laissèrent 2,000 morts sur le champ de bataille. Dunois commandait en chef dans la fameuse attaque contre les Anglais et les Bourguignons, près de Chartres, en 1431. Il remporta sur eux une éclatante victoire, et prit possession de la ville au nom du roi Charles VII; bientôt après il reprit Creil et Saint-Denys, et termina cette glorieuse campagne par la réduction de Paris.

Le roi le nomma, en 1437, gouverneur de la ville et du château de Montereau. Cette ville, située au confluent de la Seine et de l'Yonne, était alors une place importante. Jehan eut tous les honneurs du triomphe lors de la magnifique entrée de Charles VII à Paris, en 1438. Il avait bien mérité de son roi, de la France et de la famille d'Orléans, dont il avait conservé et défendu les domaines. Le duc, de retour de sa longue captivité en Angleterre, et qui devait sa liberté au généreux appui de son frère naturel, lui donna, en 1439, le comté de Dunois, et ce fut depuis cette époque que le Bâtard d'Orléans prit le titre de *comte de Dunois*; ses hauts faits, les services éminents qu'il avait rendus à son pays, lui avaient acquis une grande influence sur les populations et les armées. Heureux et fier d'être appelé *le libérateur de la France*, il resta fidèle à ses convictions et à ses serments, et tous les efforts des grands seigneurs et des princes ligués, qui composaient la confédération de la *praguerie*, ne purent réussir à l'entraîner dans leur faction. Il ne voyait d'ennemis que les Anglais et les traîtres qui, s'étant associés à leurs brigandages, leur avaient livré nos plus belles provinces. En 1442 il marcha au secours de Dieppe contre les Anglais, et la victoire lui fut encore fidèle.

L'Angleterre et la France, épuisées par de longues guerres, sentaient également le besoin de la paix. Dunois avait l'estime et la confiance des deux partis. On crut à la possibilité d'une réconciliation. Il fut à cet effet envoyé ambassadeur à Londres, avec les pouvoirs les plus étendus Plus heureux sur les champs de bataille qu'habile diplomate, il revint sans avoir pu conclure cette paix si désirée par les populations des deux royaumes, mais repoussée par les chefs des partis qui dominaient dans les gouvernements des deux États. Maîtres de la Normandie et de la Guienne, les Anglais avaient réuni sur ces deux points toutes leurs forces. Dunois signala son retour en proposant de les chasser de Normandie. Charles VII, plus occupé de ses plaisirs que des intérêts de la France et de son trône, manquait d'ailleurs d'hommes et d'argent. Dunois et Jacques Cœur exécutèrent ce que le roi n'osait tenter. Au nom de Dunois, tous ceux qui pendant tant d'années avaient combattu et triomphé sous ses ordres se levèrent, et une nouvelle et brave armée se trouva bientôt prête à marcher. Jacques Cœur fournit les fonds nécessaires à cette expédition, et bientôt la capitale de la Normandie et toutes les villes de cette province, occupées depuis si longtemps par les Anglais, et dont une possession presque séculaire avait fait une province britannique, furent enlevées à l'usurpation et rendues à la France, dont elles n'ont plus été séparées.

Dunois fut nommé grand-chambellan en 1443. Le roi lui donna le comté de Longueville, qui depuis fut érigé en duché, le décora du titre pompeux de *restaurateur de la monarchie*, et le déclara prince du sang, apte, ainsi que sa lignée masculine, à succéder au trône, si toutes les autres branches de la famille royale s'éteignaient. Il avait été fait lieutenant général à l'ouverture de la campagne de Normandie. Les Anglais occupaient encore la Guienne. Cette belle province, depuis 1130, appartenait à la dynastie anglaise, à laquelle elle avait été apportée par Éléonore d'Aquitaine; Dunois en fit la conquête dans une courte campagne. Son entrée à Bordeaux fut magnifique. Il reçut bientôt après les mêmes honneurs à Bayonne. Toute la France se trouva réunie sous le même sceptre : l'étranger fut expulsé de toutes les provinces. Une paix lontemps inespérée termina ces brillantes campagnes.

Dunois fut, en 1455, envoyé en ambassade auprès du duc de Savoie avec le connétable de Richemont et Jacques Cœur. A son retour, il reçut les derniers soupirs de Charles VII, et présida à la cérémonie des funérailles de ce prince, qui lui devait son trône. Il assista au sacre de Louis XI, qui le confondit bientôt dans sa haine contre tous ceux qui avaient été dévoués au feu roi son père : il lui ôta toutes ses charges et ses gouvernements. C'était plus qu'un outrage envers l'homme qui avait délivré son pays de la domination étrangère et replacé les Valois sur le trône. Dunois, justement irrité, entra dans la *ligue du bien public*. Ses intentions étaient pures et désintéressées. Louis XI lui rendit enfin justice, et, après la paix de Conflans, il lui restitua son rang à la cour et lui confia d'honorables et importantes fonctions. Il mourut à Saint-Germain-en-Laye, le 28 novembre 1468.

Dunois occupe une grande place dans l'histoire. Il honora son siècle et son pays par ses talents, sa bravoure, et fut le plus grand citoyen, le plus heureux et le plus brave capitaine de son époque. S'il faut en croire les romanciers, il fut aussi le plus galant ; les mémoires secrets de la cour de Charles VII le signalent comme l'amant heureux de la reine Marie d'Anjou ; mais il importe peu de soumettre à un examen sévère ces assertions vraies ou supposées. L'homme privé disparaît devant l'homme politique, et, considéré sous ce dernier rapport, Dunois est une des plus grandes notabilités de notre histoire. Il fut marié deux fois, la première avec la fille du fameux président Louvet, la seconde avec Marie d'Harcourt II, baronne de Montgommeri. Trois enfants naquirent de ce second mariage : 1° *François*, comte de Dunois et de Longueville ; 2° *Marie* d'Orléans ; 3° *Catherine* d'Orléans. Sa postérité est éteinte depuis plus de deux siècles.

Dufey (de l'Yonne).

DUNOYER (Charles), membre de l'Institut et ancien conseiller d'État, est né dans le Quercy en 1786. Dès 1814 il concourut avec son ami Ch. Comte à la publication du *Censeur*, recueil où ils déployèrent tous deux autant de talent que de courage. Les convictions de M. Dunoyer le portaient à se séparer du régime impérial, dont il n'aimait ni les procédés intolérants ni les allures militaires. C'était un vrai libéral, dans la meilleure acception de ce mot; et, persévérance rare, il est resté tel jusqu'au bout, sans s'être un seul instant démenti. *Le Censeur* fut donc un organe de la réaction qui se manifestait dans le pays contre la dictature du sabre. Cependant, les deux amis n'acceptaient la Restauration que pour compter avec elle et lui faire entendre de sages conseils; cette attitude de contrôle fut poussée si loin, que lors du débarquement de l'empereur, un journal royaliste alla jusqu'à dénoncer les publicistes du *Censeur* comme ayant trempé dans le complot qui ramenait Napoléon de l'île d'Elbe. Cette imputation donna lieu à un procès qui forme un curieux épisode de l'histoire des cent-jours et où Fouché intervint de la manière la plus singulière. Il était dans la destinée de MM. Dunoyer et Comte de défendre contre tous les régimes la cause des principes, et de les avoir ainsi successivement pour ennemis. Ainsi *Le Censeur*, proscrit et saisi pendant les cent-jours, le fut également au second retour des Bourbons et; quoiqu'il eût modifié son titre, il ne put résister à la série de procès qu'on lui intenta. On se ferait difficilement une idée des persécutions auxquelles les deux amis furent dès lors en butte. Leurs domiciles furent violés, et ils eurent longtemps à souffrir d'une détention préventive. Un premier procès avait frappé MM. Dunoyer et Comte d'un an d'emprisonnement et de mille écus d'amende. Bientôt une deuxième instance les appela devant la cour royale de

Rennes, à la requête d'un obscur procureur du roi de Vitré; enfin, à la suite d'une dernière poursuite, *Le Censeur européen* dut renoncer à paraître, et se réunit au *Courrier français*, que créaient alors Valentin Lapelouse et Châtelain. M. Dunoyer continua, soit dans cette feuille, soit dans d'autres recueils, la lutte entamée contre la Restauration.

Quand les journées de Juillet eurent donné l'empire à l'opposition, M. Dunoyer devint préfet de la Somme. Ce fut là que vint le trouver sa nomination à l'Académie des Sciences morales et politiques. Ces fonctions administratives lui ayant paru incompatibles avec des travaux scientifiques et littéraires, il y renonça bientôt, et entra au conseil d'État. Au milieu des devoirs que lui imposaient d'aussi éminentes fonctions, il put compléter et refondre son ouvrage capital, dont une partie avait paru pendant la Restauration. C'est le livre intitulé *De la liberté du travail*. La liberté est le pivot de cet ouvrage. M. Dunoyer démontre comment on peut obtenir, dans la plus entière liberté, l'ordre le plus parfait et l'harmonie la plus complète. Il prouve qu'en toute chose la répression suffit comme obstacle au mal, et que la prévention n'empêche et ne répare rien. Il prouve, enfin, que l'éducation des peuples ne peut se faire que par l'usage le plus complet de leurs facultés et de leur force, et que toute interdiction est une cause d'affaiblissement sans compensation.

Louis Reybaud, de l'Institut.

Nommé membre du nouveau Conseil d'État par l'Assemblée constituante, en 1848, M. Dunoyer, qui, au nom de la liberté, avait attaqué violemment les doctrines socialistes et même la révolution de Février, publia, pendant la crise de 1851, des articles sur le maintien de la loi du 31 mai relative au suffrage restreint, et sur la révision de la constitution, dans lesquels il se prononçait pour la légalité. Le coup d'État du 2 décembre l'a fait mettre à la retraite.

DUNS SCOT (Jean), l'un des plus célèbres scolastiques du treizième siècle, chef d'une école philosophique désignée encore aujourd'hui sous le nom de *scotistes*, dont les débats avec l'école des *thomistes* ont fait beaucoup de bruit sans grand profit pour la science, naquit vers l'an 1275, suivant les uns à Dunston, dans le comté de Northumberland, et suivant les autres à Duns, au midi de l'Ecosse, d'où lui viendrait le surnom de *Scotus*, resté attaché à son nom patronymique. Quelques auteurs le font aussi naître en Irlande, et alors ce surnom ne proviendrait que de l'origine écossaise de sa famille. Après avoir étudié la philosophie, les mathématiques, la jurisprudence et la théologie à l'université d'Oxford, il entra dans l'ordre des Franciscains, puis se livra à l'enseignement public. S'il fallait juger du mérite d'un professeur par le nombre de ses élèves, aucun ne pourrait lui être comparé. En 1304, ses supérieurs l'ayant envoyé à Paris, dont l'université était le centre du mouvement scientifique du moyen âge, il y prit le bonnet de docteur, et s'y livra à l'enseignement avec un rare succès. Plus tard, en 1308, Gondisalvus, général de l'ordre des Franciscains, lui ordonna de se rendre à Cologne, où sa renommée l'avait devancé, et où il fut reçu avec des honneurs dont on pourra se faire une idée en apprenant que les principaux habitants allèrent à sa rencontre à plusieurs kilomètres, comme à celle d'un conquérant, et lui firent escorte à son entrée solennelle dans la ville. Le philosophe ne jouit pas longtemps de ces hommages naïvement rendus à la science par des populations ignorantes : l'année même de son arrivée à Cologne il fut enlevé par une maladie subite; et si l'on s'en rapportait au témoignage, assez suspect, de Paul Jove, historien dont on connaît la propension marquée pour les récits merveilleux, cette mort aurait été entourée d'horribles circonstances : tombé seulement en léthargie, Jean Duns aurait en effet été enseveli tout vivant, et on ne s'en serait aperçu que parce qu'ayant eu plus tard occasion d'ouvrir son tombeau, on aurait trouvé le cadavre tout retourné et déplacé, d'où l'on aurait naturellement conclu qu'il s'était passé là un de ces drames effroyables qui n'ont de nom dans aucune langue.

Duns Scot, considéré à juste titre comme l'un des penseurs les plus profonds de son siècle, avait reçu dans les écoles le surnom de *doctor subtilis*; mais on n'attachait pas alors à cette épithète le sens défavorable que nous lui donnons toujours aujourd'hui. En philosophie, il appartenait à la secte des *réalistes*, et fut l'adversaire constant et acharné de Thomas d'Aquin, qui partageait les idées des *nominaux*. Il s'était fait sur la grâce, sur le concours de l'action de Dieu et de l'action de la créature, des opinions diamétralement opposées à celles de Thomas d'Aquin. Il laissait de côté saint Augustin, pour s'attacher à Aristote; et, à l'exemple de ces deux docteurs, les théologiens se divisèrent sur ces graves matières de la spéculation philosophique en deux écoles. Au moyen âge, le problème de la nature des idées générales était regardé comme le pivot de la philosophie et de la théologie; de là l'ardeur des théologiens de cette époque à inventer de nouveaux mots, de nouvelles distinctions et, par suite, de nouveaux sujets de dispute. C'est ainsi que Duns Scot prétendait que l'*universel* n'est pas seulement basé dans les objets sur la *puissance*, mais encore sur la *vérité*, et qu'il a été donné à l'esprit comme *réalité;* proposition assurément inoffensive, d'ailleurs peu intelligible, mais qui soulevait des tempêtes dans les écoles. Duns Scot passe généralement pour avoir introduit dans l'Église l'opinion de l'*immaculée conception de la sainte Vierge*, adoptée après lui par tous les théologiens catholiques. Ses théories sur le libre arbitre et sur les idées générales sont les deux parties les plus importantes de sa philosophie; il s'est, en outre, attaché à prouver la vérité et la nécessité de la révélation divine, et à fournir de nouvelles preuves cosmologiques de l'existence de Dieu. Ses ouvrages, qui se composent en grande partie de commentaires sur Aristote et sur Pierre Lombard, ont été imprimés à Lyon, en 1639, et forment 12 vol. in-fol.

DUNSTAN (Saint) naquit en 924, d'une famille noble, à Glastonbury, ville du comté de Sommerset. L'archevêque de Cantorbery, Athelm, dont il était proche parent, avait surveillé son éducation, et l'avait engagé à embrasser l'état ecclésiastique. Le jeune prêtre fut introduit à la cour du roi Athelstan et vivement recommandé au chancelier Turketul, qui l'accueillit avec intérêt; mais, soit que ses mœurs fussent en effet très-relâchées, soit que des rivaux jaloux l'eussent desservi près du roi, il ne parvint pas d'abord à plaire au monarque, qui lui fit parler de son inconduite par Turketul. Dunstan, ambitieux ou fanatique, résolut de se mettre en mesure de défier la calomnie par une conduite aussi régulière qu'elle avait été licencieuse, et par des actions qui attirassent sur lui les regards d'un peuple superstitieux. Il se fit construire une cellule dans laquelle il ne pouvait ni se lever ni s'étendre. La prière et quelque travail manuel furent ses seules occupations. Une maladie dangereuse le saisit, son cerveau s'altéra, et il eut des conversations avec le diable. Ses crédules biographes racontent même qu'un jour, las des arguments que lui avait débités le prince des ténèbres, il le saisit par le nez avec une pincette rougie au feu, lorsqu'il passait sa tête par la lucarne pour recommencer la discussion de la veille, et l'exposa ainsi à la risée des habitants du voisinage, édifiés d'un tel exploit. De ce moment, il fut avéré que Dunstan possédait le don des miracles. Dès que l'anachorète vit sa réputation bien établie, il reparut à la cour. Turketul, dont les conseils ne lui avaient pas été inutiles, l'accueillit de nouveau, le mit en faveur à la cour d'Edmond, frère et successeur d'Athelstan, et lui en fit obtenir l'abbaye de Glastonbury. Dunstan gouvernait ce riche et magnifique monastère lorsque Edred fut appelé au trône; et quand Turketul abandonna la gestion des affaires de l'État, ce fut à l'abbé de Glastonbury que le roi confia la direction de ses trésors, de son administration et de sa conscience. Le pouvoir de Dunstan, fondé à la fois dans le ciel et sur la terre, devint immense à la cour et sur l'esprit du peuple. Les grands le redoutèrent à l'égal du monarque, et les peuples le révérèrent comme un saint.

Dunstan, dont l'ambition était satisfaite, ne renonça point à l'austérité de mœurs qui l'avait conduit à la plus haute faveur. Il avait remarqué combien les règles monastiques s'étaient relâchées dans les couvents du royaume : il forma le projet de rappeler les religieux à leur stricte observance. Il y parvint sans difficulté. Mais il voulut alors porter son esprit de réforme dans la conduite du clergé séculier, et le mariage des ecclésiastiques devint l'objet de son ardente critique et de ses admonitions. Il ne parvint qu'à susciter des troubles violents dans l'Église, et à jeter les esprits dans un état affligeant d'aigreur et d'agitation. Edred mourut, après neuf ans de règne, en 955, et l'abbé de Glastonbury se retira dans son couvent. Bientôt il s'éleva violemment contre la liaison, peut-être contre l'union légitime du roi Edwy avec la belle Ethelgive. Edwy détestait les moines et Dunstan. Il lui demanda compte de son administration financière. Dunstan déclara que tout l'argent qu'il avait reçu avait été employé d'après les ordres d'Edred, et que les plus grosses sommes étaient devenues le partage des pauvres et des serviteurs de Dieu. Edwy donna l'ordre de l'arrêter, et fit saisir ses propriétés. Dunstan prit le parti de s'expatrier. Il se rendit en Flandre, où l'avait précédé sa haute réputation de sainteté, et le comte Arnolf lui donna le monastère de Saint-Pierre, dans la ville de Gand.

Le premier acte du roi Edgar fut de rappeler près de lui l'abbé de Glastonbury, et de le nommer évêque de Worcester. En 959, il donna l'évêché de Londres à Dunstan, lui restitua ses abbayes de Glastonbury et d'Abingdon, et le combla de faveurs. L'archevêché de Cantorbery était à cette époque régi par Byrthelm, jadis évêque de Sherburn, et que la volonté d'Edwy avait porté au siége métropolitain. Dunstan se hâta de prononcer que Byrthelm était un prêtre faible, incapable, et celui-ci s'estima trop heureux de retourner à son ancien évêché, résignant la métropole à Dunstan, qui se fit reconnaître par le pape Jean XII, et reçut de lui le *pallium*. Comme le saint homme possédait lui-même deux évêchés, il parvint à obtenir la faculté de les céder à deux de ses créatures, et à conserver une haute influence sur la direction de ces diocèses. Créé légat du saint-siége par le pape Jean XII, il s'occupa plus que jamais de la réforme des monastères. Il publia à ce sujet la *Concorde des Règles*, recueil d'anciennes constitutions monastiques combinées avec celles de l'ordre de Saint-Benoît. Il fit aussi pour la réforme des clercs un recueil de canons qui avait pour titre : *Canons publiés sous le roi Edgar*. En 988, prêchant le jour de l'Ascension, il termina par un pressentiment mélancolique de sa fin prochaine, et mourut en effet le 19 mai de cette année. Auguste SAVAGNER.

DUO, composition musicale à deux parties obligées. Le *duo vocal* est presque toujours accompagné par l'orchestre ou un instrument tel que le piano, la harpe, la guitare. Le *duo instrumental* ne se compose que de deux parties, qui récitent et accompagnent tour à tour.

Les mêmes sentiments, les mêmes situations qui dans un opéra amènent la cavatine donnent lieu aux duos, aux trios, aux quatuors, aux quintettes. Ce sont des tableaux à plusieurs personnages conçus d'après les mêmes principes et les divers plans : les détails de l'air ou de la cavatine, les images même qu'ils nous représentent conviennent parfaitement à tous ces morceaux, qui, avec un cadre plus étendu, ne sont pour ainsi dire que des airs à plusieurs voix. La seule différence que l'on y remarque, c'est que le concours des interlocuteurs animant le discours musical, le compositeur ne se trouve point obligé de recourir si souvent au chant instrumental, aux traits d'orchestre pour faire reposer le chanteur et lui donner le temps de prendre haleine. Un chant large, divisé d'abord en solos d'une certaine étendue, et suivi d'un dialogue plus serré qui amène un ensemble mélodieux et brillant ou véhément et passionné, telle est la coupe la plus ordinaire des duos dramatiques. Ceux de l'*Olimpiade*, de Paisiello : *Ne' giorni tuoi felici*; de *Guillaume Tell : Où vas-tu*; de *Don Juan : Ah! laisse-moi mourir*, sont disposés de cette manière. Souvent un ensemble gracieux ou pathétique d'un mouvement lent est placé au centre du duo; un *allegro brillante* le précède, un *vivace* le suit; telle est la forme adoptée par Rossini pour les quatre duos de *Semiramide*. Quelques duos sont tout en dialogue, d'autres débutent par l'ensemble, d'autres sont dessinés en rondeaux.

Le duo instrumental est composé d'après les mêmes règles que la sonate; il se divise en deux, trois ou quatre morceaux de différents caractères, et l'on pourrait le considérer comme une sonate dialoguée.

Le violon et la flûte sont les instruments pour lesquels on compose le plus de duos. Deux instruments d'espèces différentes sont réunis aussi pour l'exécution d'un duo. On a écrit des duos pour deux violons, deux flûtes, deux clarinettes, deux bassons, etc.; des duos pour violon et violoncelle, flûte et violon, clarinette et basson, cor et harpe, violon et piano, etc.; il y a même des duos pour deux pianos. CASTIL-BLAZE.

DUODÉCIMAL (de *duo*, deux, et *decem*, dix), système de numération qui aurait pour base le nombre 12. Pour écrire les nombres dans ce système, il faudrait 12 caractères, qui seraient, par exemple : 0, 1, 2, 3, 4, 5, 6, 7, 8, 9, *a* et *b*. Avec ces caractères, 10 s'écrirait *a*, et 11, *b*; *b* + 1, ou 12, s'écrirait 10; 20 représenterait 24 ou deux fois 12; 60 ou 5 fois 12 s'écrirait 50; 100 représenterait 144; 13 s'écrirait 11, 1*a* désignerait 22, 107 s'écrirait 8*b*. Le système duodécimal aurait quelques avantages de plus que celui qui a été adopté, parce que 12 a plus de diviseurs que 10. Néanmoins, le système décimal n'est pas assez imparfait pour qu'on doive le changer, ce qui ne pourrait d'ailleurs se faire sans inconvénient. TEYSSÈDRE.

L'Allemand Werneburg est probablement le savant qui s'est le plus occupé du système de numération duodécimale ou *dodécadique*. Il en a non-seulement vivement recommandé l'adoption, inventant les nouveaux chiffres et les nouveaux mots qu'en nécessiterait l'usage; mais il a encore publié un barème, ou livre de *comptes faits*, adapté au système dodécadique, ouvrage qui parut en 1800.

DUODÉNITE. On donne ce nom à l'inflammation de l'intestin duodénum. Cette maladie, assez rare d'ailleurs, a été longtemps confondue et décrite avec la phlegmasie de l'ensemble du tube digestif, connue sous la dénomination d'*entérite* ou de *gastro-entérite*. C'est à l'école de Broussais que nous devons les premières notions sur la duodénite considérée comme maladie spéciale et distincte. La situation profonde, la presque immobilité, le peu d'étendue du duodénum, et très-probablement la nature des fonctions de cet intestin, l'exposent très-peu aux irritations phlegmasiques qui attaquent si souvent l'estomac et les autres parties de l'appareil digestif.

La duodénite, qui existe le plus souvent sans doute avec les autres phlegmasies du tube digestif, et dont il est si difficile de la distinguer, a été cependant observée et décrite dans un certain nombre de cas particuliers; elle est ordinairement caractérisée par une douleur sourde et profonde dans l'épigastre, vers l'hypochondre droit, de la soif, des nausées, des vomissements bilieux, des urines safranées, de la constipation, et souvent une teinte jaunâtre de la peau et des yeux, de la fièvre; et à cela il faut joindre quelques symptômes généraux et sympathiques de la gastro-entérite, phénomènes qui sont aussi inhérents à l'inflammation de la face convexe du foie, en contact avec le duodénum. Des auteurs ont même avancé que la duodénite pouvait seule être une cause d'ictère ou d'hépatite aiguë. La marche de la duodénite, maladie encore peu connue, est analogue à celle de toutes les phlegmasies des membranes muqueuses; sa terminaison est généralement heureuse et prompte, si l'inflammation ne se propage pas à l'estomac, au jéjunum ou au foie, ce qui doit arriver fréquemment. Si la maladie passe à l'état chronique, la douleur que nous avons indiquée se fait sentir à l'époque de la seconde digestion, c'est-à-dire quelques heures après le repas; elle se propage dans le côté droit du thorax, y produit de la gêne dans la respiration, une chaleur cuisante, ou bien se fait sentir à la partie centrale du diaphragme. La *duodénite chronique* est une maladie très-grave, à raison de la fonction importante qu'elle trouble; on l'a vue se terminer par induration, par ulcération, par le ramollissement, et même par une perforation mortelle. Le traitement de la duodénite aiguë et chronique est le même que celui de la gastrite et de l'entérite : leurs causes sont aussi les mêmes. Dr Bricheteau.

DUODÉNUM, portion du canal digestif des animaux qui suit immédiatement l'estomac, dont il est séparé par le pylore. Son nom lui vient de sa longueur, qui est de douze travers de doigt; et comme sa continuation avec le reste de l'*intestin grêle* n'est point indiquée par une limite parfaitement distincte, on peut dire que les anatomistes donnent le nom de *duodénum* à la portion du canal digestif qui suit l'estomac dans une longueur de douze travers de doigt chez l'homme.

Le duodénum est fixé dans sa position par un repli du péritoine, qui lui permet peu de mobilité; il a la forme d'un croissant irrégulier, dont la convexité est à droite, derrière et au-dessous du foie; la concavité est à gauche, c'est-à-dire vers la ligne médiane du corps; elle correspond au pancréas, qu'elle embrasse, et à l'estomac, qui la recouvre. Il repose en arrière sur la partie droite et antérieure de la colonne vertébrale; son calibre, bien inférieur à celui de l'estomac, surpasse un peu celui du reste de l'intestin grêle. Sa surface interne présente des replis circulaires de la muqueuse intestinale très-rapprochés les uns des autres; on leur donne le nom de *valvules conniventes :* elles ont pour objet d'augmenter l'étendue de la surface absorbante.

Du reste, la disposition générale de cet organe lui permet de subir une assez grande distension. Dans son intérieur sont versés deux liquides les plus importants à la digestion, savoir la bile et le fluide pancréatique. Les canaux qui apportent ces liquides s'ouvrent à côté l'un de l'autre, et quelquefois par un seul orifice, à cinq travers de doigt du pylore. Quelques physiologistes ont établi sur des observations assez positives que les individus chez lesquels cette ouverture est plus rapprochée de l'estomac ont un appétit beaucoup plus vif que d'autres. Toutefois, c'est dans le duodénum que se passe un des phénomènes les plus importants de la digestion, la séparation du chyle, liquide essentiellement alimentaire, d'avec le reste de la masse alimentaire, qui doit être rejetée après avoir parcouru le reste de l'intestin. Les liquides biliaire et pancréatique, dont nous venons de parler, semblent agir ici comme une sorte de menstrue qui opère chimiquement la séparation des principes essentiellement alimentaires, de ceux qui ne le sont pas.

On voit par ce qui précède combien est grande l'importance du duodénum dans l'économie animale, et l'on peut comprendre pourquoi les anatomistes le nomment quelquefois *second estomac*. Les maladies du duodénum sont toujours graves; son inflammation se nomme *duodénite*. Lorsqu'elle coïncide avec celle de l'estomac, la maladie prend le nom de *gastro-duodénite*. Enfin, il se trouve souvent affecté de maladies squirrheuses ou cancéreuses, conjointement avec le pylore, le foie, le pancréas, etc.

Dr Baudry de Balzac.

DUODI. *Voyez* Calendrier républicain.

DUPATY (Charles-Marguerite-Jean-Baptiste Mercier-), né à La Rochelle, en 1744, mort à Paris, le 17 septembre 1788, entra en 1767 au parlement de Bordeaux, comme avocat général. Sa première action publique fut la fondation d'un prix pour le meilleur éloge de Henri IV, proposé à sa sollicitation par l'Académie de La Rochelle. Plus tard, en 1770, lors de l'affaire de La Chalotais, s'étant laissé emporter par une chaleur imprudente jusqu'à publier des écrits contre les cours souveraines du royaume, le ministère, qui avait vainement essayé de le séduire, punit à la fois son intégrité et sa résistance, en l'enfermant au château de Pierre-en-Cise, comme coupable de s'être opposé aux lettres patentes qui devaient soustraire le célèbre accusé aux tribunaux ordinaires. Dupaty ne sortit de prison que pour voir prolonger son exil jusqu'en 1774. Réintégré dans ses fonctions, il allait être pourvu d'une charge de président à mortier, honorable compensation de quatre années de souffrances, pendant lesquelles le parlement de Bordeaux n'avait cessé de réclamer en sa faveur, quand les vieux conseillers s'opposèrent avec acharnement à cette tardive justice. « Dupaty était, suivant eux, un ennemi de la religion et de l'État; sa noblesse ne remontait pas assez haut; il avait attaqué les priviléges du parlement; enfin, pour tout dire, il était philosophe. » Vingt voix sur trente-six l'écartèrent; mais le roi interposa son autorité, et il fut reçu.

Toutefois, la volonté royale n'était pas assez forte pour arrêter les tracasseries, les intrigues, les libelles, qui poursuivaient sur son siége l'incorruptible magistrat : il lutte avec une persévérance infatigable contre l'esprit de corps; il veille, malgré ses ennemis, à la défense des malheureux; il obtient la révision, le sursis dans des affaires graves. Mais la mesure du courage est comblée, les forces lui manquent pour faire face à l'orage : il quitte Bordeaux; il s'établit à Paris, se lie avec D'Alembert, épouse la sœur du jurisconsulte Freteau, et achève ses *Réflexions historiques sur les lois criminelles* (1788). Ce n'est là que l'esquisse d'un ouvrage immense; mais cette simple esquisse, en signalant les défauts des lois existantes, n'a pas médiocrement contribué à leur réforme : elle a montré à nu l'immoralité d'une jurisprudence occulte, qui par la férocité de ses arrêts encourage la férocité du crime, et qui de peur d'absoudre, juge dans les ténèbres, d'après des règles incertaines. L'occasion d'appliquer ses doctrines d'humanité et de tolérance ne tarda pas à se présenter : trois hommes, Lardoise, Simare et Bradier, tous trois habitants de Chaumont, étaient condamnés à la roue. Dupaty prit en main leur défense, et dans un plaidoyer chaleureux il établit que les seuls cavaliers de la maréchaussée étaient coupables du crime. En vain le parlement de Paris condamna le mémoire à être lacéré et brûlé de la main du bourreau; malgré cet arrêt fougueux, le mémoire produisit son effet : il arracha d'abondantes larmes, éclaira la conscience des juges, et les trois hommes furent déclarés innocents et élargis aussitôt. Il est impossible de le lire aujourd'hui même sans émotion.

Pourquoi ne nous est-il pas permis de louer aussi exclusivement son plus beau titre de gloire aux yeux de beaucoup de personnes, ses *Lettres sur l'Italie*, dont le succès fut si brillant, si général, et qu'on vit reproduire à la fois par tant d'éditions de divers formats? Malgré l'avis de La Harpe, qui le regardait comme un des plus ingénieux de son siècle, ce livre est maintenant jugé : on lui reproche avec raison un style faux, prétentieux, toujours tendu, voilant la pauvreté sous une originalité factice, un lourd abus d'esprit, une absence continuelle de goût et de raison, et, par-dessus tout, cette prétention à apprécier des tableaux et des monuments que l'auteur ne comprend pas ou qu'il comprend mal. Dupaty faisait aussi des vers, qui furent admirés de son temps, et qui ne s'élèvent pas au-dessus des périodes cadencées des Bernis, des Bertin, des Demoustiers, et de tous ces poëtereaux mignards admirés, comme lui, par les contemporains, et si justement discrédités de nos jours. Quelques compilateurs ont prétendu que Voltaire, devant qui on louait les talents du magistrat, répondit : *Oui, c'est un bon littérateur;* et quand on parla du littérateur : *Oui, c'est un bon magistrat.* Une si vieille épigramme ne méritait d'être rajeunie ni par Voltaire ni pour Dupaty. L'auteur de *La Henriade* admirait en lui le défenseur infatigable des malheureux ; deux lettres en font foi, dans sa *Correspondance générale.* Eug. G. de Monglave.

DUPATY (Louis-Marie-Charles-Henri MERCIER-), fils aîné du précédent, naquit à Bordeaux, le 29 septembre 1771. Un penchant naturel, nourri sans doute par la lecture des *Lettres sur l'Italie*, où les productions des arts étaient célébrées avec pompe et enthousiasme, et dont le succès était devenu le patrimoine de sa famille, le détourna de la carrière à laquelle sa famille le destinait. En effet, il commença par étudier le droit, il fut même reçu avocat en 1790 ; mais il n'alla pas plus loin, et devenu son maître par la mort de son père, il entra dans l'atelier de Valenciennes, célèbre paysagiste. La réquisition vint l'enlever à ses études ; il servit d'abord dans un régiment de dragons, fut nommé ensuite dessinateur-géographe dans le département du Mont-Terrible ; puis un arrêté du Directoire, du 7 nivôse an IV, l'attacha à l'École nationale. Il profita de cette position pour étudier la peinture historique chez Vincent, qu'il quitta pour suivre enfin, sous la direction de Lemot, la carrière à laquelle il a consacré le reste de sa vie. En l'an VII il remporta le grand prix de sculpture : c'était la première fois qu'il concourait. Le sujet était *Périclès visitant Anaxagore.* Il régnait alors un grand désordre dans l'administration de l'École de Rome : il y avait plus d'élèves nommés que de places à remplir. Obligé de rester à Paris, et privé de sa fortune patrimoniale, qu'il avait perdue dans les désastres de nos colonies, Dupaty fit un buste de Desaix, qui lui fut commandé, et dont il employa le produit au modèle de sa première figure : *L'Amour présentant des fleurs et cachant des chaînes;* d'après les conseils de David, il détruisit ce modèle, et le recommença. Malgré le goût décidé qu'il montrait pour les arts du dessin, sa mère conservait toujours l'espoir et l'intention de le faire rentrer dans la magistrature, où son père avait acquis une juste célébrité ; de son côté, le jeune homme avait le plus vif désir d'aller en Italie ; pour échapper à des sollicitations qu'il n'aurait peut-être pas eu la force d'écarter, il partit en secret : il avait alors près de trente ans. Maintenant, il va retrouver les traces de son père, mais c'est en artiste qu'il visitera cette terre célèbre.

Arrivé dans la métropole des arts, Dupaty se livra à l'étude avec une ardeur remarquable ; pendant un séjour d'environ huit ans, il fit les modèles de plusieurs ouvrages : *Philoctète blessé, Vénus genitrix, Cadmus terrassant le serpent de Castalie, Biblis mourante.* Il exécuta, en outre, en marbre, une charmante *tête de Pomone*, qui est dans la galerie du Luxembourg. Ces travaux ayant attiré l'attention du gouvernement, on lui commanda une *Statue du général Leclerc*, et avec le produit de cette statue il exécuta en marbre sa *Vénus genitrix.* En revenant de Rome, il passa par Carrare, y ébaucha le marbre de sa *Biblis*, qu'il termina à Paris, et recommença le sujet de Philoctète blessé ; mais cette fois, au lieu d'un bas-relief, il le fit en ronde-bosse. De retour à Paris, il exécuta plusieurs ouvrages importants : *Ajax poursuivi par la fureur de Neptune*, qui fut placé au Palais-Royal ; *Les Remords d'Oreste*, groupe colossal de trois figures, dont il n'a fait que le modèle en plâtre ; le marbre du groupe de *Cadmus terrassant le serpent de Castalie*, que l'on voit au jardin des Tuileries ; *Vénus se dévoilant aux yeux de Pâris ;* une *Vierge* qui est dans l'église de Saint-Germain des Prés. Il laissa encore, mais inachevée, la *Statue équestre de Louis XIII*, destinée à la Place Royale, dont il n'avait fait que le modèle, et que, sur sa demande, Cortot, son ami, exécuta en marbre ; *une tête d'étude* colossale, d'un très-beau caractère, qu'il n'eut pas même le temps de faire couler en plâtre ; enfin, l'ébauche d'*un jeune berger jouant avec un chevreau.* Il avait été chargé aussi, conjointement avec Cartellier, *du monument à élever au duc de Berry.* Il termina le modèle du groupe principal, représentant la France et la ville de Paris, pleurant la mort du prince : le marbre du bas-relief était presque achevé quand sa mort, arrivée le 12 novembre 1825, à l'âge de cinquante-quatre ans, alors qu'il croyait pouvoir longtemps encore cultiver un art qu'il chérissait, vint interrompre tous ses travaux.

Les monuments anciens de la sculpture chez les Grecs et les Romains méritent bien certainement notre admiration ; mais, tout en suivant les traces des Grecs et des Romains, il faut cependant ne pas perdre de vue la nature, et surtout tâcher de rester original. Peut-être Dupaty n'y est-il pas toujours parvenu : trop préoccupé de ce que lui fournissait sa mémoire, il ne s'est pas assez abandonné à ses propres inspirations. Au reste, ce défaut était racheté par des qualités de premier ordre : ainsi, l'on trouve dans toutes ses productions un sentiment de noblesse, d'élévation, qu'il devait à l'étude même à laquelle il s'était livré avec tant d'ardeur, et au caractère particulier de son talent. Dans ses derniers ouvrages, notamment dans sa *Biblis*, comme dans son modèle de *berger* inachevé, on remarque un sentiment de nature dont ses premières productions étaient dépourvues : l'artiste avait été éclairé par sa propre expérience, comme par le changement qui avait commencé à se manifester dans l'école.

Dupaty réunissait à un esprit élevé et distingué les sentiments les plus bienveillants et les plus généreux ; s'il s'agissait de ses camarades, il trouvait toujours le moyen de les faire valoir et de leur être utile ; avec ses inférieurs, il était d'une bienfaisance qui allait jusqu'à l'oubli de lui-même. Il n'était pas moins bienveillant pour ses élèves, qu'il secondait non-seulement de ses conseils, mais encore de sa bourse. Aussi avait-il de nombreux amis. Il épousa à cinquante-deux ans Mlle Cabanis, sa cousine, dont il eut un enfant. Cette union, dans laquelle il avait trouvé le bonheur, ne fut pas de longue durée : au bout de deux ans de mariage, il expira dans les bras de sa femme, inconsolable d'une perte aussi cruelle qu'inattendue. P.-A. Coupin.

DUPATY (Louis-Emmanuel-Félicité-Charles MERCIER-), auteur dramatique, membre de l'Académie Française, frère du précédent et second fils du magistrat, était à la fois un esprit brillant, une vive imagination et un cœur dévoué aux plus nobles intérêts de la patrie. Les phases orageuses de notre époque, qu'il avait traversées, et les diversités de sa fortune, n'avaient pas plus changé son honorable caractère que les œuvres légères dont sa jeunesse s'était occupée n'avaient altéré ou diminué la vigueur incisive et la force naturelle de son intelligence. Né à Blanquefort (Gironde), le 30 juillet 1775, il servit d'abord dans la marine, et très-jeune, se distingua particulièrement au combat du 4 juin 1794 ; partisan enthousiaste de la liberté, il la servit par son épée et sa bravoure, à l'époque où tant d'autres prétendaient la servir et la déshonoraient par des erreurs ou des fureurs. Lorsque le consulat et l'empire vinrent raffermir et réorganiser la société chancelante et mettre à profit les ruines anarchiques pour constituer un édifice nouveau, consacré au despotisme et à la gloire, Dupaty, très-jeune encore et recherché dans les salons, se livra presque tout entier à la culture de l'art dramatique, et fit tour à tour la fortune du Vaudeville et de l'Opéra-Comique.

Quelques-uns de ces légers ouvrages, que la mode adopta et qui eurent un succès de vogue, contenaient le germe de véritables comédies : tels sont *La Jeune Prude, La Jeune Mère, La Leçon de Botanique, Ninon chez Mme de Sévigné, Le Jaloux malade*, etc. Une grande comédie, *La Pri-*

son militaire, l'une des meilleures pièces d'intrigue de notre théâtre moderne, fut jouée en 1803, et assigna à Dupaty son rang véritable parmi nos écrivains dramatiques. On savait que les secrets sentiments et les regrets de Dupaty le rapprochaient sinon du régime républicain, du moins de cette sage et féconde liberté que Napoléon Bonaparte écrasait de sa gloire. Une charmante bouffonnerie, intitulée l'*Antichambre, ou Picaros et Diégo*, pièce dans laquelle on voyait les valets devenir maîtres et jouir de tous les priviléges que n'a pas la livrée, sembla offrir au pouvoir de l'époque une parodie injurieuse, un outrage capital contre cette cour des Tuileries, née de la Révolution, et dont le plus grand honneur était d'être une cour de parvenus. En Angleterre, la même idée était venue à deux gens d'esprit, que Dupaty ne connaissait sans doute pas, à John Gay et à Garrick : l'un, dans son opéra des *Gueux*, avait représenté les gentilshommes parodiés par les voleurs ; l'autre, dans *High Life below stairs*, avait fait voir combien il est facile à la cuisine de se parer des vices du salon. Dupaty ne connaissait pas plus ces pièces étrangères que Molière en écrivant le *Tartufe* ne se rappelait le chef-d'œuvre de Machiavel ; il était frappé du bouleversement de la société et blessé sans doute des prétentions altières des parvenus. Napoléon Bonaparte s'irrita, et dirigea contre le spirituel poëte la persécution la plus inique. On envoya Dupaty à Brest, où il fut sur le point d'être embarqué comme réquisitionnaire. Joséphine intercéda pour lui, et de retour à Paris, il put y cultiver de nouveau l'art dramatique, qui lui valut tant de succès.

Pendant la Restauration, Dupaty fut fidèle aux théories de sage liberté qu'il avait toujours professées, et l'indignation que lui causèrent ces intrigues et ces misères dont le lendemain des révolutions est toujours chargé, lui inspira un très-beau poëme, dont la verve est aussi brillante que le style en est pur et nerveux, *les Délateurs*. En 1835 il fut nommé membre de l'Académie Française. Il mourut en 1851, et fut remplacé à l'Académie Française par M. A. de Musset.

Philarète Chasles.

DUPE. Quelques dictionnaires font venir ce mot de *huppe*, oiseau, qu'on nommait aussi *duppe*. Nous préférons, quant à nous, l'étymologie qui le fait dériver du nom d'un jeu de cartes, oublié aujourd'hui, qu'on appelait *dupe*. Le gagnant faisait l'adversaire *dupe*, comme aux échecs nous disons faire *mat* ; de là peut-être cette expression moqueuse, originale, qui n'a pas de synonyme exact dans plusieurs langues. La *dupe*, c'est l'individu trompé ou que l'on trompe facilement. On est dupe par faiblesse d'esprit, inexpérience, ou défaut de réflexion. *Prendre quelqu'un pour dupe*, c'est lui en faire accroire, lui persuader de faire une chose qui le rende ridicule, ou bien l'entraîner avec adresse dans des opérations qui doivent tourner à son détriment. On a dit qu'il n'y avait dans la société que des *dupes* et des *fripons*. Nous n'avons à nous occuper ici que de la première de ces deux catégories, la plus nombreuse et la plus intéressante, sans contredit. Les *dupes* garnissent tous les degrés de l'échelle sociale, depuis la chaumière exploitée par les charlatans et les sorciers, jusqu'aux salons de l'aristocratie. L'homme d'esprit, qu'un caractère faible et bon rend la victime habituelle de l'égoïsme étroit et rusé, porte toujours un certain air de tristesse répandu sur tous ses traits. Les honnêtes gens, ceux qui ne font pas de dupes, et qui peut-être n'en pourraient pas faire s'ils en avaient le désir, ont quelquefois la consolante satisfaction de voir l'astuce elle-même tomber dans les piéges qu'elle tend : Louis XI, le plus fin et le plus adroit des monarques, fut à Péronne dupe de ses propres ruses. Bonaparte, sur *le Bellérophon*, prouva que le génie lui-même pouvait être dupe. L'art de s'approprier le bien d'autrui a fait un pas immense depuis Cartouche et Mandrin ; les forêts, maintenant, sont presque sûres, mais, en revanche, il y a partout des fripons : les industriels pullulent, et livrent à la crédulité une guerre perpétuelle. On trouve plus commode et de meilleur goût moins dangereux surtout, de dépouiller une dupe à la Bourse, sur le tapis vert, ou dans l'étourdissement d'un bal, que de détrousser le voyageur au coin d'un bois, preuve incontestable d'une civilisation très-avancée.

Si l'accroissement du nombre des dupes devient tous les jours plus prodigieux, c'est que la civilisation enseigne tous les jours de nouveaux besoins ; c'est qu'elle augmente les jouissances du riche, sans se soucier beaucoup des misères du pauvre ; c'est que le pauvre aussi veut jouir. Et si, vous rappelant les prouesses des courtisans, des poëtes menteurs de l'ancienne monarchie, il vous prend envie de connaître toutes les dupes que fait encore l'adulation, il ne faudra pas aujourd'hui vous arrêter dans l'antichambre des grands. Mais dans la rue, sur les promenades, au théâtre, vous trouverez maintenant une dupe inconnue à nos pères : *le public*. C'est de lui à présent que vivent artisans, journalistes, commerçants, spéculateurs de tous les états, dans tous les genres. Le public, qui dispense fortune et considération, est le but des louanges, de la flatterie ; et que de fois il est dupe !... Tous les oracles de l'antiquité n'ont pas fait plus de dupes que notre ingénieux système de prospectus et d'annonces. Aussi, combien ne faut-il pas d'habitude, d'instinct des choses, de science de la vie, pour n'être pas dupe à chaque minute au milieu de nos grandes villes ! Dans toutes les professions, l'on fait des dupes, et cela s'appelle alors *adresse* ou *talent*. Voyez nos honnêtes marchands exécuter cette partie importante de leur industrie. Ils dupent leur public avec un art, une convenance, un tact parfait. Et puis il y a au fond de leur âme comme une conviction que cela ne peut nuire aux sentiments d'honneur et de loyauté qu'ils professent une fois sortis de leur comptoir. Dans les sommités sociales, le nombre de dupes que peut faire un seul homme est immense. Les fripons, c'est-à-dire les *habiles* qui souvent gouvernent, en doivent être eux-mêmes effrayés.

Diplomatie, dites : *art de faire des dupes*. Il est vrai que le peuple déchire souvent le voile dont elle a besoin de masquer ses ruses, et qu'il met brutalement à découvert son but anti-populaire. Aussi l'art de Machiavel tombe-t-il en discrédit, et bientôt ne fera-t-il plus de dupes que parmi les sots. Mais le peuple a beau faire : *pauvre dupe !* il rendra plus difficile, mais ne détruira pas l'art de gouverner, de traîner des millions d'hommes d'un bout du monde à l'autre, de leur faire accepter avec joie les plus dures privations, et, qu'ils aient le crâne brûlé au soleil d'Égypte ou les pieds engourdis dans les neiges de Russie, de leur faire encore battre des mains et crier : *Vivat !..* C'était l'art de Napoléon. Il ne faut pas se plaindre d'avoir été quelque temps dupe de la gloire, d'un sentiment d'orgueil national qui remplissait le cœur, lorsqu'on voit tant de dupes se presser à genoux autour de si petites idoles ! Ne rions pas des dupes que fait un généreux enthousiasme. Bien malheureux souvent celui qui ne peut plus être dupe de cette manière ! Le dégoût le saisit, et la vie lui pèse : laissons quelquefois notre âme croire aux illusions qui procurent des jouissances. Aujourd'hui que nous marchons sur des ruines, heureux celui qui peut croire encore ! Th. Trigout.

DUPERRÉ (Victor-Guy), amiral, pair de France, ancien ministre de la marine, baron, grand'croix de la Légion d'Honneur, naquit à La Rochelle, le 20 février 1775. Sa réputation date presque de son enfance. Sa famille tenait un rang distingué dans sa ville natale : son père était trésorier de la guerre, écuyer-conseiller du roi. Après avoir étudié pendant quelques années, sous les Oratoriens, au collége de Juilly, il obtint de sa famille la permission de s'embarquer, comme pilotin, à bord du navire de commerce *Le Henri IV*. Il avait à peine seize ans qu'il débuta par un voyage dans l'Inde, qui dura dix-huit mois. De retour en France, en 1792, la guerre avec l'Angleterre et la Hollande le décida à entrer dans la marine militaire. En 1795 il était enseigne de vaisseau. En 1796 il fut fait prisonnier, après une lutte où il se comporta vaillamment, et fut conduit en Angleterre. Échangé en 1800, il commanda un brick de guerre, et remplit de périlleuses missions avant et après la paix d'Amiens; lieutenant de vaisseau, il fut employé à l'état-major général de la flotte de Boulogne. En 1805, lorsqu'elle fut désarmée, il fit partie de l'état-major du vaisseau *Le Vétéran*, que commandait Jérôme Bonaparte, et avec lequel il fit une campagne dans les mers du cap de Bonne-Espérance, au Brésil et aux Antilles. Il fut nommé, après cette expédition, capitaine de frégate, et dirigé, en 1808, sur la Martinique avec un convoi de troupes. A son retour, coupé, devant Lorient, par des forces anglaises bien supérieures, il fut trois fois sommé de se rendre par l'ennemi, qui lui criait entre chaque bordée : *Amène, ou je te coule!* Et à chaque injonction Duperré répondait : *coule, mais je n'amène pas; feu partout!* Il manœuvra, en conséquence, pour s'échouer à la côte, et y réussit avec tant d'habileté que trois jours après il renflouait sa frégate, traversait les nombreux croiseurs anglais qui bloquaient Lorient et rentrait triomphant dans le port. Napoléon le nomma aussitôt capitaine de vaisseau, et le chargea d'aller, avec la frégate *La Bellone*, renforcer la station de l'Ile de France.

Il revint en France en 1811, après la capitulation la plus honorable. L'empereur le fit contre-amiral, et, par une rare exception, de chevalier de la Légion d'honneur le créa commandant du même ordre. Depuis il servit successivement dans la Méditerranée et dans l'Adriatique, défendit, en 1814, les lagunes de Venise contre les Autrichiens, et après la convention du 20 avril de cette année, refusa de livrer les bâtiments qu'il commandait. En 1815, au retour en France de l'empereur Napoléon, il fut nommé préfet maritime à Toulon. Les circonstances étaient graves : un corps anglo-sicilien, débarqué à Marseille, menaçait ce port; mais, par l'influence qu'il s'était acquise, il parvint à préserver Toulon de toute attaque, et conserva ainsi à la France l'un de nos principaux arsenaux et la flotte qui y était réunie. A la fin de 1818 Duperré fut appelé au commandement de la station navale des Antilles.

En 1823 il bloqua la rade de Cadix, dont il amena la reddition, ce qui lui valut, au retour de la campagne d'Espagne, le grade de vice-amiral. Il exerçait les fonctions de préfet maritime à Brest depuis le commencement de 1827, lorsqu'en 1830 il fut appelé à Paris. Il s'agissait de l'expédition d'Alger. Ses services, sa gloire le désignaient pour en diriger la partie maritime. Son expérience, son sang-froid et son étoile justifièrent ce choix. Il contribua puissamment à la prise de la capitale du Dey, considérée comme inexpugnable. Élevé à la dignité d'amiral et de pair de France par ordonnance du 16 juillet 1830, il se vit compris dans la mesure générale qui annula les nominations faites sous Charles X. Toutefois, il ne tarda pas à recevoir un témoignage flatteur de l'estime et de la confiance de Louis-Philippe : une ordonnance du 13 août 1830 le créa pair de France et amiral. A son retour à Paris, en octobre 1830, il fut nommé président du conseil d'amirauté. Appelé au ministère de la marine en 1834, et plusieurs fois depuis, il quitta l'administration en 1841, sentant ses forces décliner. Il est mort à Paris, le 7 octobre 1846. Eug. G. de Monglave.

DUPERREY (Louis-Isidore), capitaine de frégate, membre de l'Académie des Sciences, né à Paris, le 22 octobre 1786, entra dans la marine en 1802, et servit activement pendant les guerres. Ses premières opérations scientifiques datent de 1811 : à cette époque il fut appelé, avec le lieutenant de vaisseau Gautier, à faire la reconnaissance hydrographique de la Toscane entre des croiseurs anglais et une population hostile. En 1817 il fut embarqué comme enseigne, sous les ordres de Freycinet, sur la corvette *L'Uranie*. Il se distingua dans ce long voyage de circumnavigation comme marin et surtout comme savant. On lui doit une grande partie des travaux de physique générale et toute l'hydrographie de l'expédition. Nommé lieutenant de vaisseau, il reçut en 1822 le commandement de la corvette *La Coquille*, destinée à des observations scientifiques dont il avait soumis le plan à M. de Clermont-Tonnerre. Après trente-deux mois de campagne, il avait fait le tour du monde en dirigeant principalement ses recherches sur l'Amérique du Sud et l'Océanie. Dès son retour il publia immédiatement, sous forme de mémoires, les résultats de son expédition. Il recalcula toutes les observations astronomiques, reconstruisit toutes les cartes, discuta toutes les positions, et se montra, comme toujours, travailleur infatigable et consciencieux. Malheureusement son goût pour la physique générale et l'hydrographie l'entraîna sans cesse vers des études purement scientifiques, et nous attendons encore la partie historique de son voyage. On se console bien vite de cette lacune en considérant l'importance des documents publiés par M. Duperrey. Ainsi, les observations du pendule recueillies pendant sa campagne enlevèrent les doutes qui subsistaient alors sur l'égalité de l'aplatissement des deux hémisphères, ce qui fut confirmé plus tard par d'autres observateurs. Ses cartes hydrographiques ont été reconnues exactes par les navigateurs qui depuis ont parcouru les mêmes parages. Nous devons citer principalement celles des îles Pomotou et des Carolines, car alors il n'en existait aucune de ces archipels.

Ses observations sur les courants ont aussi donné lieu à plusieurs cartes remarquables, notamment à celle qui représente le mouvement des eaux dans le grand Océan Austral. Mais les travaux les plus importants de M. Duperrey, ceux auxquels il dut en grande partie l'honneur de remplacer M. de Freycinet à l'Académie des Sciences, en 1842 sont ses recherches sur le magnétisme terrestre. Combinant les nombreuses observations qu'il avait faites dans son voyage avec celles qui suivirent, M. Duperrey est parvenu, à force de travail, de pénétration et de persévérance, à nous donner une idée générale de ces phénomènes. Il les a représentés sur des cartes qui donnent une notion exacte de leur marche et de leurs variations. Le premier il a imaginé de dégager les courbes magnétiques de la liaison qu'on leur avait donnée jusqu'alors avec les courbes terrestres; méthode qui impliquait à tort une dépendance entre le magnétisme et la forme de la terre. Ainsi ses méridiens magnétiques sont tout simplement les lignes que parcourent les observateurs, suivant continuellement le nord de l'aiguille aimantée. Plein d'une juste confiance dans l'exactitude de ses observations et la sûreté de son jugement, M. Duperrey avait depuis longtemps fixé sur ses cartes la position des pôles magnétiques, lorsque les innombrables faits observés avec tant de soin par le capitaine James Ross sont venus tous concourir au même but, et ont assigné au pôle magnétique austral la place prévue par le savant français.

A. Delamarche.

DUPERRON (Jacques Davy, cardinal), fils d'un ministre protestant, naquit dans le canton de Vaud, à Orbe, en 1556. Sa famille, originaire de basse Normandie, s'était réfugiée en Suisse pour cause de religion. Son père, *Julien* Davy, homme fort instruit, lui enseigna le latin et les mathématiques. Jacques apprit ensuite, sans le secours d'aucun maître, le grec, l'hébreu et la philosophie. Sa mémoire, qui tenait du prodige, lui facilita l'acquisition d'une foule de connaissances qui lui firent une sorte de réputation. Il vint à Paris, où il donna des leçons de langue latine. Il eut occasion d'y connaître Philippe Desportes, abbé de Thiron, qui le goûta fort, à cause de son esprit, lui conseilla de rentrer dans le sein de l'Église catholique, et lui procura la place de lecteur d'Henri III, avec une pension de 1,200 écus. Duperron était un fort bel homme, et parlait avec éloquence et facilité. Mais Tallemant des Réaux dit qu'il était fort colère et vindicatif. Il prétend que dans sa jeunesse il poignarda un homme avec lequel il s'était pris de querelle au cabaret, et qu'il fallut tout le crédit de Philippe Desportes pour le tirer de cette mauvaise affaire, moyennant deux mille écus, donnés aux parents du mort, et que son ami lui prêta. Duperron traduisit en vers français une partie du Ier et du IV liv. de l'*Énéide*. Le succès de cette traduction et les éloges que lui donnèrent Desportes et Bertaut lui firent concevoir une haute idée de ses talents littéraires. Ses livres favoris étaient *Montaigne* et *Rabelais*.

Après avoir embrassé l'état ecclésiastique, il fut pourvu de plusieurs bénéfices. Ce qui contribua à accroître sa réputation et sa fortune fut l'*Oraison funèbre* de Marie Stuart, reine d'Écosse. Il s'attacha bientôt au cardinal de Bourbon, que les ligueurs voulurent élever sur le trône, au préjudice d'Henri IV. On dit dans le temps que ce fut Duperron qui, dans l'espoir d'une récompense proportionnée à ce service, découvrit lui-même ce projet. Son ambition était déjà connue, ainsi que son peu de délicatesse sur le choix des moyens qui pouvaient la servir. Ses complaisances pour Gabrielle d'Estrées lui valurent les bonnes grâces de Henri IV et l'évêché d'Évreux, en 1591. Dès lors, Duperron fit tout ce qu'il put pour déterminer ce prince à rendre la tranquillité au royaume en entrant dans la communion romaine; il l'instruisit secrètement pendant plusieurs mois, et fut présent à son abjuration.

Envoyé à Rome avec le cardinal d'Ossat pour solliciter la levée de l'interdit lancé sur la France, il se soumit, dit-on, lui et son collègue, à des conditions humiliantes. Cependant, le roi approuva sa conduite, et en signe de satisfaction, l'embrassa à plusieurs reprises. De retour dans son diocèse, où le calvinisme comptait beaucoup de partisans, il ranima la foi des fidèles par ses discours et ses prédications. Il obtint des succès si éclatants qu'une foule de calvinistes abjurèrent. De ce nombre furent Henri Sponde, depuis évêque de Pamiers, et Sancy, général des Suisses. Le parti protestant, pour se venger de ces défections, lança contre Duperron de cruelles épigrammes, que sa conduite privée ne justifiait que trop. Mais sa réputation s'accrut encore dans la fameuse conférence qui eut lieu à Fontainebleau en 1600, en présence de toute la cour. Duplessis-Mornay s'y défendit mal, et céda trop tôt la victoire à son adversaire. Il fut moins heureux en combattant d'Aubigné et dans ses efforts pour ramener la duchesse de Bar, sœur du roi, à la religion catholique. Mais un rituel qu'il publia dans son diocèse, et dans lequel il insérа la bulle *In cœna Domini*, rejetée par les parlements, comme contraire aux libertés de l'Église gallicane, lui mérita enfin le chapeau de cardinal, objet de son ambition.

Envoyé à Rome, en 1604, avec le titre de chargé des affaires de France, il obtint du pape qu'il ne prendrait aucun parti dans les disputes sur la grâce; il contribua aussi à rétablir la paix entre le saint-siége et les Vénitiens. Nommé à l'archevêché de Sens, il revint en France pour visiter son nouveau diocèse, puis reparut à la cour pour remplir les fonctions de grand-aumônier. Duperron prit une part active aux disputes théologiques qui s'élevèrent alors. Il défendit le livre de Bellarmin sur le pouvoir du pape, provoqua la disgrâce de Richer, syndic de Sorbonne, et s'opposa, aux états généraux de 1614, à la signature du formulaire présenté par les députés du tiers, portant qu'aucune puissance, soit spirituelle, soit temporelle, n'a de droit au royaume de France, et ne peut dispenser ou absoudre les sujets de la fidélité et obéissance qu'ils doivent au souverain légitime. Les états se séparèrent sans avoir rien décidé sur un point aussi important. Duperron mourut à Paris, le 5 septembre 1618, d'une rétention d'urine, lorsqu'il travaillait à sa *Réplique au roi d'Angleterre*.

On a de lui un *Traité du sacrement de l'Eucharistie contre Duplessis-Mornay*; une *Réfutation de toutes les observations tirées des passages de saint Augustin alléguées par les hérétiques contre le saint-sacrement de l'Eucharistie*; un *Traité de Rhétorique française*; une *Oraison funèbre de Ronsard*; ses *Ambassades*, depuis 1590 jusqu'en 1618, ouvrage fort inférieur à celui de d'Ossat, et des poésies, qui sont plus que médiocres.

Th. Delbare.

DUPES (Journée des), titre qui pourrait être donné à bien des révolutions de cour, mais qui a été plus particulièrement appliqué par l'histoire à la journée du 11 novembre 1630, où le cardinal de Richelieu, ébranlé par les intrigues de ses ennemis et presque disgracié par Louis XIII, reparut plus puissant que jamais aux yeux de ceux qui se partageaient déjà ses dépouilles.

Le roi étant tombé malade à Lyon, tous les symptômes d'une mort prochaine agitèrent en sens divers les acteurs de ce drame politique. La reine mère ne quitta plus le chevet de son fils, et ne rougit point de tourmenter son agonie des plaintes et des récriminations d'une haine intraitable. Elle entraîna facilement dans son parti la reine Anne d'Autriche, à qui les infidélités platoniques de son royal époux n'inspiraient pas plus de ménagements. Le cardinal fut effrayé des progrès que faisaient les deux reines dans l'esprit du malade, et surtout d'un accord que pouvait seul expliquer le désir de le perdre. Il pria son roi de pourvoir, avant de mourir, à sa sûreté personnelle, et Louis XIII le confia à la générosité du duc de Montmorency, qui promit de l'escorter jusqu'à Brouage, sans se douter que ce ministre, objet de sa sollicitude, devait un jour lui demander sa tête. Le rétablissement du roi rendit cette précaution inutile; mais les obsessions, les larmes des deux reines lui avaient arraché la promesse du renvoi du cardinal : il avait seulement obtenu de différer l'exécution de cette promesse jusqu'à la fin de la guerre. Elles quittèrent Lyon avec la certitude de leur triomphe. Louis XIII, qu'elles accompagnaient, pour ne pas le livrer à sa faiblesse naturelle, trouva cependant l'occasion de supplier le cardinal de se raccommoder avec sa mère. Ce conseil était presque une révélation; et Richelieu se mit à l'œuvre avec toute l'adresse qu'il avait déployée jadis pour gagner les bonnes grâces de la veuve d'Henri IV; il remonta la Saône ou descendit la Loire dans le bateau de Marie de Médicis. Les historiens ne sont pas d'accord sur le fleuve. Cela est fort indifférent. Richelieu et Marie de Médicis voyagent dans la même barque, l'un souple, insinuant, attentif, complaisant, l'autre bienveillante, accorte, presque familière, et tous deux aussi fourbes, aussi dissimulés l'un que l'autre. Louis XIII y fut pris; il crut à la réconciliation des deux puissances qui se disputaient sa volonté, et comme les hommes de ce caractère ne savent pas s'arrêter dans les épanchements de leur joie, le roi dévoila au cardinal tous les mystères de Lyon, les instances de sa mère, ses promesses royales, jusqu'aux noms de tous ceux qui étaient entrés dans le complot.

Cependant, on arrive à Paris, et la cour prend toutes les apparences d'un calme profond. Marie de Médicis s'établit au Luxembourg, Richelieu dans le petit palais qu'elle lui a vendu. Le garde des sceaux Marillac va faire une retraite au couvent des Carmélites. Louis XIII s'était arrêté à Versailles, qui était alors une petite maison de chasse; mais on lui avait disposé un pied-à-terre dans la rue de Tournon, à l'ancien hôtel du maréchal d'Ancre. Il y vint le 9 novembre, et les dissimulations de sa mère eurent un terme. Dès la première visite de son fils, elle le somma de tenir sa parole et de renvoyer immédiatement Richelieu. Le roi, surpris, ne trouva que des prières, des larmes, et n'obtint qu'un répit de vingt-quatre heures. Le lendemain, une seconde entrevue amena un éclat plus violent encore la reine-mère avait consenti à agréer, en présence de son fils, les soumissions de Mme de Combalet, nièce du ministre; elle ne la reçut que pour l'accabler d'injures, et la dame d'atours alla tout raconter à son oncle. Il sentit qu'il était temps de paraître, et se précipita vers la porte du cabinet où s'était passée cette étrange scène. Cette porte venait d'être fermée; mais il en existait une autre, qui menait à l'oratoire de la reine, et Marie de Médicis n'avait pas songé à la barricader. Richelieu parut tout à coup entre Louis XIII et sa mère, et celle-ci, qu'enhardissait le succès de ses premiers emportements, redoubla de fureur à l'aspect de l'ennemi qui venait s'offrir à sa vengeance. C'est en vain que Richelieu s'humilie, se confond en excuses; l'implacable Marie accumule les reproches, précipite les injures, comme si elle doutait de sa propre énergie. Les pleurs, les sanglots, tout est mis en œuvre. Elle va jusqu'à dire que le cardinal veut marier sa nièce au comte de Soissons, pour lui donner la couronne de France. L'absurdité de ce reproche frappe Louis XIII, qui se récrie sur cette invention d'une colère exagérée. Il vante la loyauté de son ministre; il essaye d'attendrir sa mère en lui exprimant le chagrin mortel que lui cause ce débat. L'emportement de Marie de Médicis s'en augmente, et la scène devient d'une telle violence que, pour y mettre un terme, le roi force ou prie le cardinal de se retirer. Il sort lui-même pour se dérober à des fureurs qui le fatiguent.

Dès ce moment recommencent les incertitudes de l'histoire. Le roi avait-il promis de renvoyer son ministre? Avait-il fait sentir à sa mère que ses injures l'avaient blessé lui-même? Le cardinal s'est-il retiré chez lui? A-t-il attendu et accompagné le roi à la sortie du Luxembourg? Tous ces faits contradictoires sont affirmés par des témoignages contemporains. Faut-il croire avec Bassompierre que rien ne transpira au dehors, tandis que d'autres font accourir les courtisans au palais de la reine-mère, et lui prêtent des paroles, des manifestations de joie qui faisaient croire à son triomphe, et qui lui attiraient les félicitations de la foule. Cette scène avait eu pourtant des témoins. Le favori Saint-Simon, le père de l'auteur des Mémoires, était entré et sorti avec le roi. Son récit est arrivé jusqu'à nous; à l'entendre, Louis lui aurait demandé en sortant ce qu'il en pensait. C'est lui qui lui aurait conseillé d'agir en maître et de ne pas sacrifier un si grand ministre à une cabale de gens sans mérite; c'est lui qui aurait fait dire au cardinal de ne pas se décourager; c'est enfin lui qui, témoin de l'insomnie, des perplexités de son roi, l'aurait fait partir brusquement pour Versailles dans la matinée du 11 novembre, pour le soustraire à l'influence de la reine mère. Richelieu apprit ce départ inattendu par le cardinal de Lavalette. Il avait passé, dit-on, la nuit à brûler des papiers, et à faire emballer ses effets les plus précieux. Voltaire prétend même que des mulets chargés de ses trésors étaient déjà à trente-cinq lieues sur la route du Havre. C'était beaucoup de lieues pour une seule nuit. Il y eut sans doute des apprêts de départ, mais il est probable qu'il avait intérêt à le publier, et que le cardinal de Lavalette n'eut pas de peine à l'emmener à Versailles. Le roi le regrettait déjà, et il avait besoin de lui au milieu des difficultés de la politique étrangère que seul il lui paraissait capable de vaincre. Aussi, quand le ministre parut, humble, respectueux, prêt à embrasser les genoux de son maître; quand, sûr de sa victoire, il en vint à supplier le roi de lui rendre sa liberté, Louis XIII, accablé du poids de son sceptre, et prenant à la lettre cette menace d'une séparation à laquelle le cardinal était loin de songer, s'empressa-t-il de le reconquérir par le sacrifice de tous ceux qui avaient conspiré sa perte. Le garde des sceaux, Marillac, avait suivi le roi à Versailles, dans l'espoir de supplanter le cardinal; le sieur de la Ville-aux-Clercs vint lui redemander les sceaux, et un exempt le conduisit dans la prison de Châteaudun, où la douleur termina sa vie. Son frère, le maréchal, fut arrêté à la tête de son armée d'Italie, une heure après qu'un courrier venait de lui annoncer la chute du cardinal, et deux ans plus tard sa tête tombait sur un échafaud. Le triomphe de Richelieu fut annoncé au Luxembourg par le même officier qui avait dépouillé le garde des sceaux. Il eut peine à percer la foule des courtisans qui se pressaient dans le palais de Marie de Médicis pour solliciter quelques débris de cet immense héritage. La Ville-aux-Clercs parut, et en un moment ce palais fut désert. Chacun tremblait d'avoir été reconnu par l'émissaire du cardinal et de Louis XIII. Des emprisonnements, des exils, suivirent cette déroute. Anne d'Autriche fut séparée des femmes qui l'avaient réconciliée avec sa belle-mère; l'ambassadeur d'Espagne fut prié de ne pas trop se montrer à la cour. Le duc d'Orléans fut seul épargné, comme un conspirateur sans conséquence. La reine mère, emportée par sa haine, qui ne lui permettait pas de reconnaître sa faiblesse, s'était brisée contre la toute-puissance du ministre, qui disposait désormais des volontés et de la couronne de Louis XIII. Après quelques intrigues sans résultat, elle fut abandonnée de son fils, s'enfuit secrètement du royaume qu'elle avait gouverné, et passa le reste de ses jours dans un exil volontaire.

VIENNET, de l'Académie Française.

DUPETIT-THOUARS, famille qui a fourni un botaniste et deux hommes de mer remarquables à la France.

DUPETIT-THOUARS (AUBERT AUBERT) naquit à Saumur, le 11 novembre 1758. Destiné par sa famille à la carrière militaire, au lieu de se livrer à l'oisiveté des garnisons, il consacra ses loisirs à l'étude des sciences naturelles, et principalement de la botanique. Lorsque son frère Aristide conçut le projet de courir à la recherche de Lapérouse, il s'associa avec empressement à cette entreprise, qui lui permettait d'élargir le cadre de ses études, et pour laquelle il sacrifia son patrimoine. C'était en 1792 : arrêté comme suspect au moment où il allait rejoindre son frère, Aubert Dupetit-Thouars dut le laisser appareiller seul, lui donnant rendez-vous à l'île de France. Un mois après il put s'embarquer; mais il arriva à l'île de France dénué de toute ressource, et il ne put se réunir à Aristide, qu'on emmenait alors à Lisbonne. Cependant il parvint à se tirer d'affaire, et s'occupa pendant deux ans à recueillir les productions végétales du pays. Il visita Madagascar, passa près de quatre ans à l'île Bourbon, revint deux fois à l'île de France, et, muni d'un herbier d'environ deux mille plantes, riche de dessins et de matériaux propres à établir la flore, encore très-imparfaitement connue, des contrées qu'il avait explorées, il revit la France à la fin de 1802. Deux ans après, il faisait paraître son *Histoire des Végétaux recueillis dans les îles de France, de Bourbon et de Madagascar* (Paris, 4 cahiers in-4°). Parmi ses autres ouvrages, on remarque *Mélanges de Botanique et de Voyages* (Paris, 1809); *Le Verger français* (1817, in-8°), etc. Ces estimables travaux le firent admettre à l'Académie des Sciences, section de botanique. On reproche seulement à Aubert Dupetit-Thouars l'indécision de son caractère, qui fut sans doute cause de l'inachèvement de la plupart de ses autres publications. Ce savant mourut en 1831.

Dupetit-Thouars a développé une théorie particulière sur la formation des couches annuelles du bois. Cette ingénieuse théorie, d'abord présentée par Lahire dans les *Mémoires de l'Académie des Sciences* de 1719, était entièrement oubliée, lorsque Dupetit-Thouars lui donna une forme toute nouvelle. De ses observations il conclut que les bourgeons peuvent en quelque sorte être regardés comme des embryons germant. Selon Dupetit-Thouars, la couche de cambium, située entre l'écorce et le bois, est, pour le bourgeon, analogue au sol sur lequel la graine commence à germer. En même temps que le bourgeon donne naissance à une jeune branche, sa base donne naissance à des fibres qui jouent le rôle des radicules de l'embryon. Ces fibres descendent à travers la couche humide du cambium, où elles rencontrent celles qui proviennent des autres bourgeons; toutes s'anastomosent, prennent de la consistance, et forment ainsi chaque année une nouvelle couche de bois.

La théorie de Dupetit-Thouars ne pouvait manquer d'être vivement combattue; elle semblait même sapée dans ses bases quand elle fut reprise, avec certaines modifications, il est vrai, par Gaudichaud. En Angleterre, elle a été soutenue par des observateurs du plus grand mérite, et en particulier par Knight et Lindley. E. MERLIEUX.

DUPETIT-THOUARS (ARISTIDE AUBERT), frère puîné du précédent, né en 1760, au château de Boumois, près de Saumur, après avoir étudié au collège de La Flèche et à l'École Militaire de Paris, fut admis comme cadet gentilhomme dans un régiment d'infanterie, où il devint bientôt sous-lieutenant. Mais, ne rêvant qu'expéditions maritimes, il sollicita et obtint de passer de l'armée de terre dans l'armée navale, après un concours où il fut reçu le second comme garde de la marine. Il apprit le métier des combats pendant la guerre de 1778, sur le vaisseau *Le Fendant*, acteur au combat d'Ouessant, à la prise du fort Saint-Louis du Sénégal, au combat de La Grenade. A la paix, il commanda la corvette *Le Tarleton*. Il s'enflamma aux vagues récits des malheurs de La Pérouse, et ouvrit une souscription pour courir à sa recherche; mais, n'en recevant que de minces contributions, il vendit sa légitime, et partit le 2 août 1792, se proposant de couvrir ses frais par le commerce des pelleteries. Arrivé aux îles du Cap-Vert, il sauva de la famine un grand nombre de Portugais, et les Portugais le récompensèrent en le menant prisonnier à Lisbonne et en confisquant son navire. Dès qu'il fut relâché, il se rendit aux États-Unis, tenta de gagner par terre la côte nord de l'Amérique septentrionale, visita les chutes du Niagara, et revint en France au moment où le Directoire préparait l'expédition d'Égypte. On lui offrit le commandement du *Tonnant*, et il alla mourir dans la rade d'Aboukir.

Le Tonnant était le 1er août 1798 le huitième vaisseau de la ligne d'embossage des Français, immédiatement après *L'Orient*, vaisseau à trois ponts, aux mâts duquel flottait le pavillon de l'amiral. Dans le conseil de guerre qui précéda le combat, Dupetit-Thouars avait ouvert l'avis d'appareiller et de combattre l'ennemi sous voiles : le peu de faveur qui l'accueillit irrita sa susceptibilité d'homme de cœur; il conclut par ces mots : « Je ne sais ce qu'on fera, mais on peut être sûr que dès que je serai à bord mon pavillon sera cloué au mât. » Un fatal aveuglement nous fit engager le combat à l'ancre : le dernier vaisseau qu'enveloppa la double ligne des Anglais fut *Le Tonnant; Le Majestic*, de 74, s'avança par son travers. La manœuvre de l'Anglais ne fut pas heureuse; il présenta son avant au flanc du *Tonnant*, qui en quelques instants faillit le briser par des volées successives d'enfilade : il abattit son commandant, tua ou blessa presque tout l'état-major et deux cents hommes de l'équipage, et par ce foudroyant accueil le força à chercher un autre ennemi, qui, malheureusement, se montra moins intraitable. Peu après, *Le Bellérophon*, dématé par les boulets du vaisseau amiral, tomba sous le feu du *Tonnant*, atmosphère de mort, où l'équipage massacré fut obligé de baisser le pavillon de l'Angleterre; le temps manqua pour le remplacer par les couleurs de la république, car déjà la flamme d'un incendie s'élançait au sommet des mâts de *L'Orient;* les vaisseaux anglais qui le battaient en brèche, jugeant sa perte assurée, se réunirent contre *Le Tonnant;* leurs boulets, dont plus de quatre-vingts par minute se croisaient sur ses ponts, traversaient les murailles de part en part et faisaient voler de dangereux éclats, n'épargnèrent pas son brave commandant; en un clin d'œil il fut meurtri de blessures, et puis il perdit ses deux bras; enfin, un dernier boulet lui emporta une jambe et l'abattit sur la dunette, nageant dans son sang; bientôt il ne lui resta plus que la force de faire jurer à son équipage de ne jamais se rendre, et la rage lui montant au front au milieu d'atroces douleurs et des cris de désespoir qui perçaient jusqu'à lui à travers les explosions du canon, en exhalant le dernier soupir il ordonna de jeter son corps à la mer, si les Anglais enlevaient son cher *Tonnant* à l'abordage. Et les flots d'Aboukir reçurent les débris sanglants de ce vaillant officier; car, digne encore de son chef après sa mort, *Le Tonnant* transporta en vain ailleurs la scène du combat pour éviter l'espèce de volcan qu'ouvrit l'*Orient* en sautant en l'air. Serré avec acharnement par des ennemis trop nombreux, il perdit ses mâts, presque tous ses défenseurs, et alla s'échouer au rivage, où Nelson l'accula le lendemain matin et le força à se rendre. Son opiniâtre résistance avait sauvé les derniers vaisseaux de notre ligne.

Théogène PAGE, capitaine de vaisseau.

DUPETIT-THOUARS (ABEL AUBERT), vice-amiral, était capitaine de vaisseau de première classe depuis 1834, lorsqu'il conseilla au gouvernement de Louis-Philippe de s'emparer des îles de la Société ou des Marquises, dans le but d'élever le drapeau de la France en Océanie. Le ministère de M. Guizot finit par y consentir. En 1842 le contre-amiral Dupetit-Thouars se rendit à Taïti pour demander réparation de mauvais traitements essuyés par des missionnaires français. La reine Pomaré lui offrit le protectorat de son île : un traité fut signé dans ce sens le 9 septembre 1842; en même temps on acquérait la souveraineté des îles Marquises. Mais bientôt, stimulée par un agent anglais, Pritchard, la reine Pomaré se montra plus difficile, et l'amiral, ne pouvant plus triompher de son mauvais vouloir, prit possession complète des îles de la Société en 1843. L'Angleterre réclama; le gouvernement français désavoua son amiral, le rappela, et rétablit la simple protection. C'était là un beau thème pour l'opposition. Une souscription fut ouverte aux bureaux du *National* pour offrir une épée d'honneur au brave capitaine désavoué; chaque mise ne devait pas dépasser 50 centimes. La somme totale s'éleva à une trentaine de mille francs; mais quand l'amiral arriva en France, il refusa cette épée, déclarant se soumettre aux volontés du gouvernement. L'opposition en fut pour ses frais. On trouva un autre emploi pour les fonds, qui furent distribués aux marins blessés à Taïti, et le contre-amiral devint vice-amiral le 4 septembre 1846. Néanmoins l'amiral Dupetit-Thouars conserva toute sa popularité. Il resta toujours un brave désavoué par un *lâche* gouvernement. Après la révolution de Février, il entra au conseil d'amirauté, et le 8 juillet 1849 il fut élu représentant à l'Assemblée législative par le département de Maine-et-Loire, en remplacement du général Oudinot. Sa candidature avait été chaudement appuyée par les conservateurs et les légitimistes. Lorsqu'on discuta la loi sur la déportation, il approuva vivement la proposition de peupler de déportés la vallée de Vaïthau. On lui reprocha alors un amour peut-être un peu exclusif pour *son* pays; néanmoins la loi passa : la majorité était rassurée sur la salubrité des îles Marquises, et l'amiral put compter un triomphe de plus. L. LOUVET.

DUPHOT (LÉONARD), général de brigade, naquit à Lyon, vers 1770, d'une famille plébéienne. Son père, chapelier à La Guillotière, le fit élever dans un collége. A peine sorti des bancs, il s'enrôla dans un de ces bataillons de volontaires nationaux qui furent créés au commencement de la révolution. Son excellente conduite, son assiduité, son aptitude au service, lui obtinrent un avancement rapide. Il était sous-officier quand il fut nommé, au commencement de 1792, adjudant-major d'un bataillon de volontaires du Cantal. Il se fit bientôt remarquer parmi les officiers dont se composait l'armée des Pyrénées-Orientales, et gagna tous ses grades sur le champ de bataille. Nous ne citerons pas tous ses brillants faits d'armes : ils appartiennent à l'histoire de notre guerre d'indépendance. Il s'élança le premier dans la fameuse redoute de Notre-Dame del Roure, que les Espagnols avaient surnommée *le Tombeau des Français*, et y fit prisonnier leur général en chef. D'un geste et d'un mot il le remit à la garde de quelques soldats, et se porta sur les autres redoutes, qui, au nombre de vingt-huit, couvraient la plaine de Figueras; toutes furent enlevées en quelques heures. Cette bataille fut signalée par un de ces traits de bravoure qui appartiennent aux temps antiques. Un officier espagnol combattait encore avec le courage du désespoir : assailli de toutes parts, il allait succomber, lorsqu'il aperçut le jeune Duphot : « Général, lui crie-t-il, ne souffrez pas que les Français souillent leur triomphe..... faites cesser le carnage, et combattons ensemble corps à corps. » Duphot accepte le défi. Au même instant, un autre officier ennemi adressait la même provocation au chef de brigade Lannes. Les quatre braves croisent le fer. Les deux armées s'arrêtent immobiles. C'est un combat à mort, que l'on prendrait pour un assaut d'amateurs dans une salle d'escrime. Les deux Espagnols tombent en même temps mortellement blessés. Leurs dernières paroles sont une prière à leurs vainqueurs en faveur des prisonniers; ils pressent de leurs mains les mains de Duphot et de Lannes, qui s'empressent de les rassurer sur l'avenir de leurs compatriotes. Ils tinrent parole.

Duphot, comme tant d'autres généraux distingués, fut réformé par le fameux Aubri, qui dans les comités de la Convention préparait la dissolution de nos armées victorieuses. Carnot arriva à temps au comité de salut public pour rendre aux armées les valeureux chefs qu'elles regrettaient. Après la paix avec l'Espagne, l'armée des Pyrénées passa les Alpes et vint renforcer celle d'Italie. Duphot, destitué comme adjudant général, avait repris le commandement du bataillon du Cantal avec lequel il avait fait ses premières armes. C'est à la tête de ces braves qu'il conquit ses nouveaux grades en Italie. Après deux campagnes mêlées de revers et de succès, la victoire de Loano avait rouvert à nos colonnes, commandées par Masséna, le passage des Alpes, quand Bonaparte en vint prendre le commandement en chef. Duphot, poète et guerrier, célébrait les bienfaits de la liberté comme il la défendait. Héros sur le champ de bataille, il étonnait dans les loisirs du camp, ou dans les salons, par l'élégante et spirituelle originalité de sa conversation. Toute l'armée chantait son ode républicaine : *Aux mânes des héros morts pour la liberté*, que Laïs avait mise en musique. Il n'était pas moins habile administrateur que brave général; et le général en chef, dont il avait toute la confiance, le chargea d'organiser l'armée des nouvelles républiques italiennes. Dévoué, corps et âme, à la gloire, à l'indépendance de son pays, il se trouvait convenablement placé partout où il pouvait être utile. Habitué au commandement, à la vie indépendante des camps, il ne crut pas compromettre son rang de général en se plaçant sous les ordres de Joseph Bonaparte, ambassadeur de la république à Rome. Il pouvait déjà se croire près de lui en famille, car pour le lendemain même se préparait son mariage avec Pauline Bonaparte, sœur du ministre, qui plus tard, devenue veuve du général Leclerc, devait épouser le prince Borghèse. Il aimait, il était aimé : ce n'était pas un mariage de convenance, mais d'inclination. Le plus heureux, le plus brillant avenir s'ouvrait devant lui, lorsqu'une épouvantable catastrophe vint l'enlever à son pays, à l'amour et à l'amitié.

C'était le 28 décembre 1797. De nombreuses députations, sous prétexte de renverser le gouvernement pontifical et de fonder une nouvelle *république romaine*, avaient déjà sollicité l'ambassadeur français d'appuyer leurs projets. Joseph Bonaparte s'était refusé à un acte qu'il considérait comme une violation du droit des gens. Ce jour-là un attroupement immense, composé en partie d'hommes armés de poignards et de pistolets, encombrait les avenues du palais Orsini, occupé par la légation, en criant *Vive la république romaine!* Les forces papales accourent; une lutte s'engage entre elles et les rassemblements. L'ambassadeur sort de son appartement et somme les troupes de se retirer, leur promettant de faire punir les coupables; mais on ne l'écoute point. Alors, le brave Duphot s'élance au milieu des soldats, qu'il conjure vainement de cesser le feu. Trompé par son courage, il est entraîné vers la porte *Septimiane*. Un homme lui décharge son fusil en pleine poitrine; il tombe, et se relève en s'appuyant sur son sabre. Un second coup l'étend sur le pavé; plus de cinquante autres se dirigent sur son corps inanimé. Quelques officiers français, accompagnés de domestiques fidèles, réussirent à l'enlever en passant par un chemin détourné, malgré le feu incertain et hasardé que la soldatesque lâche et effrénée de Rome continuait sur le champ du massacre. Ils avaient trouvé le corps de leur brave général, naguère animé d'un si sublime héroïsme, dépouillé, percé de coups, souillé de sang, couvert de pierres..... Le gouvernement papal désavoua ce lâche assassinat, et offrit au Directoire toutes les satisfactions qu'il jugerait convenables. Joseph Bonaparte s'était retiré à Florence; il n'accusa ni le pape, ni le cardinal Doria, son ministre. Tout porte à croire que le malheureux événement dont fut victime le général Duphot fut l'effet de quelque ténébreuse intrigue que l'on aurait soigneusement cachée au ministre français. Duphot semblait destiné à périr sous les coups d'un lâche. Déjà, en l'an II, il avait failli être assassiné à Perpignan dans l'église de la Réale, pour avoir refusé, étant de service, d'ôter son casque. Rome, redevenue libre, lui rendit de solennels honneurs funèbres. Il était mort à vingt-huit ans. DUFEY (de l'Yonne).

DUPIN (LOUIS ELLIES), docteur en Sorbonne et professeur de philosophie au Collége de France, naquit le 17 juin 1657, d'une famille noble de Normandie. Ses études terminées avec succès, il se décida à embrasser l'état ecclésiastique, et suivit les cours de la Sorbonne, où il s'adonna avec beaucoup d'ardeur à la lecture des saints Pères, des conciles, des auteurs ecclésiastiques, et reçut le bonnet de docteur en 1684. Ayant puisé dans ses recherches de nombreux matériaux, il conçut le projet d'une *Bibliothèque universelle des auteurs ecclésiastiques*, avec l'histoire de leur vie, le catalogue chronologique et l'examen de leurs œuvres et de leurs doctrines. Seul, Dupin suffit à l'exécution de ce plan immense. Il en était cependant détourné par d'autres occupations : on le nommait de presque toutes les commissions que la Faculté de Théologie formait dans son sein; il faisait assidûment ses cours au Collége de France, ne refusait le concours de son expérience à aucun des nombreux écrivains qui le consultaient, composait des mémoires, des préfaces, et trouvait encore le moyen de se délasser de ses travaux dans la société de ses amis.

Le premier volume de sa *Bibliothèque* parut en 1686 : l'auteur n'avait encore que vingt-neuf ans. Les autres volumes se succédèrent rapidement. L'ouvrage fut en butte à des critiques souvent peu mesurées. Les remarques du savant bénédictin dom Matthieu Petit-Didier, depuis abbé de Senones, et plus tard évêque de Macra, déplurent surtout à Dupin, qui eut le tort grave d'y répondre avec amertume. Bossuet, quoiqu'il fît cas de ses laborieux écrits, prit parti contre lui, et adressa au chancelier Boucherat et à l'archevêque du Harlay un mémoire dont la conclusion était que l'auteur devait se retracter ou se soumettre à la censure. Dupin préféra se retracter; mais il n'échappa point pour cela à la censure. L'archevêque lança contre lui un mandement sévère; son ouvrage fut supprimé par arrêt du parlement. Toutefois, il lui fut permis de le continuer en changeant le titre. On lui reprochait d'affaiblir la vénération à la Vierge, de favoriser le nestorianisme, d'atténuer les preuves de la primauté de saint-siége, d'attribuer aux Pères de l'Église des erreurs sur l'immortalité de l'âme, et de parler d'eux avec peu de respect.

Ce ne fut pas, au reste, la seule affaire qui vint troubler

le repos de Dupin : il s'était joint dans la Sorbonne aux adversaires de la bulle *Unigenitus;* il avait été un des signataires du *cas de conscience.* On lui enleva sa chaire du Collége de France, on l'exila à Châtellerault; et ce ne fut qu'en échange d'une rétractation qu'il obtint son rappel, mais on ne lui rendit pas sa chaire. Clément XI remercia Louis XIV du châtiment infligé à ce docteur. Et pourtant Dupin n'était pas un janséniste opiniâtre : si l'on en croit même le chancelier d'Aguesseau, il fut victime d'une opinion qu'il ne partageait pas; mais sa vie était destinée à être troublée. Il était en correspondance avec William Wake, archevêque de Cantorbery, prélat éminent de l'Église anglicane, et ils rêvaient ensemble la fusion des deux communions, moyennant des concessions réciproques. Le régent en fut instruit par l'abbé Dubois, qui, visant au cardinalat, avait tout intérêt à ménager Rome, à l'insu de qui ces pourparlers avaient lieu. Les papiers de Dupin furent saisis et portés au Palais-Royal. Du reste, les questions qui y étaient traitées étaient connues de M. de Noailles, archevêque de Paris et du procureur général Joli de Fleury.

Ce même zèle pour la réunion des Églises dissidentes au catholicisme porta Dupin, pendant le séjour du czar Pierre en France, à composer quelques mémoires ayant pour objet de rapprocher les Russes de la communion de Rome. C'était, en somme, un savant éclairé, un théologien habile, un écrivain laborieux. Ami de Rollin, qui lui fit une épitaphe honorable, il mourut à Paris, le 6 juin 1719. Ses principaux ouvrages sont la *Nouvelle Bibliothèque des auteurs ecclésiastiques* (58 vol. in-8°, réimprimés en Hollande, en 19 vol. in-4°); *Joannis Gersonii Opera* (Amsterdam, 1703, 5 vol. in-fol); *Liber Psalmorum* (1691, in-8°, traduit en français par l'auteur, 1691 et 1710, in-12); *Histoire de l'Église en abrégé, par demandes et réponses* (1712, 4 vol. in-12); *Histoire profane* (6 vol. in-12, 1714 et 1716); *Histoire d'Apollone de Thyane* (sous le nom de M. de Clairac, 1705, in-12); *Bibliothèque universelle des historiens* (1716, 2 vol. in-12). Dupin travaillait en outre au *Journal des Savants*, et avait pris part aux dernières éditions de Moreri. Eug. G. de Monglave.

DUPIN (Claude), né à Châteauroux, vers la fin du dix-septième siècle, capitaine dans le régiment d'Anjou, et ensuite fermier général, avait la réputation d'un homme instruit et laborieux. Il mourut à Paris, le 25 février 1769, dans un âge avancé. On a de lui les *Économiques* (Carlsruhe, 1745, 3 vol. in-4°), imprimées à 12 ou 15 exemplaires pour être distribuées à des amis, et dont plusieurs fragments ont été inserés dans le *Dictionnaire des Finances* de l'Encyclopédie méthodique; un *Mémoire sur les blés, avec un projet d'édit pour maintenir, en tout temps, la valeur des grains à un prix convenable au vendeur et à l'acheteur* (Paris, 1748, in-4°); la *Manière de perfectionner les voitures* (Paris 1753, in-8°); *Observations sur un livre intitulé de l'Esprit des Loix* (Paris, 1757-58, 3 vol. in-8°). On assure que la préface est de Mme Dupin, et que les Pères Plesse et Berthier prirent part à la rédaction du livre. Selon Grimm, Dupin avait à cœur de faire l'apologie de la finance contre Montesquieu. L'auteur supprima l'ouvrage, à la demande de Mme de Pompadour. Il est devenu fort rare.

DUPIN (Mme), née Fontaine, femme du précédent, mourut dans sa terre de Chenonceaux, en 1800, âgée de près de cent ans. Sa beauté, son esprit, sa politesse l'avaient rendue célèbre; elle réunissait à sa table, une fois la semaine, Fontenelle, Marivaux, Mairan et d'autres académiciens. L'éducation de son fils était confiée à J.-J. Rousseau, qu'elle employait aussi à transcrire ses manuscrits; mais elle était si loin de soupçonner la supériorité de son secrétaire, qu'elle ne l'invita jamais à ses réunions. Rousseau ne lui en conserva pas moins une vive reconnaissance, et lui adressa même une lettre pour se justifier d'avoir mis ses enfants à l'hôpital. Mme Dupin a composé quelques écrits de morale et traduit plusieurs passages de Pétrarque.

DUPIN DE FRANCUEIL (Marie-Aurore, Mme), fille naturelle du maréchal de Saxe, née en 1750, morte en 1821, épousa d'abord le comte de Horn; devenue veuve lorsqu'elle était fort jeune encore, elle s'unit au fermier général Dupin de Francueil, fils de Claude Dupin. De ce mariage naquit Maurice Dupin, dont la fille est aujourd'hui célèbre sous le nom de George Sand.

DUPIN (André-Marie-Jean-Jacques), né le 1er février 1783, à Varzy, dans le Nivernais, non moins célèbre comme homme d'État que comme jurisconsulte, fit ses études juridiques à Paris, et fut pendant longtemps maître clerc chez un avoué de première instance de la rue Bourbon-Villeneuve. Lors de la réorganisation de la Faculté de Droit de Paris, en 1806, il fut le premier candidat qui se fit inscrire pour soutenir les épreuves imposées à ceux qui voulaient obtenir le diplôme de *docteur en droit.* Inutile sans doute d'ajouter qu'il les soutint de la manière la plus brillante. En 1810 il se mit sur les rangs pour une chaire à la Faculté de Droit de Paris; mais il échoua dans le concours ouvert à cet effet. L'année suivante Merlin, alors procureur général à la cour de cassation, le présenta pour une place d'avocat général qui vint à y vaquer; mais elle fut donnée à un protégé de Fontanes. A l'époque de la chute de Napoléon, en 1814, M. Dupin était déjà connu avantageusement par la publication de divers ouvrages ayant pour but de faciliter l'étude des lois, et dont on a cessé depuis longtemps de compter les éditions. La réputation de savoir qui s'attachait à son nom explique comment il avait été appelé quelques mois auparavant à faire partie d'un comité institué pour coordonner la masse énorme et confuse de décrets impériaux devenus partie intégrante du droit français.

La merveilleuse révolution des cent-jours le trouva plutôt hostile que sympathique au rétablissement du gouvernement impérial. Élu en mai 1815 membre de la chambre des représentants par la ville de Château-Chinon (Nièvre), il fut l'un des orateurs qui, dans le comité secret du 21 juin, combattirent avec le plus de vivacité la proposition faite à la chambre de proclamer *Napoléon II* empereur des Français; et il fit partie de cette coterie de puritains constitutionnels qui, en haine du despotisme impérial, s'avisèrent dans ce moment suprême d'invoquer bien haut, mais un peu tardivement, les droits de l'homme et du citoyen, de réclamer en conséquence la liberté illimitée de la presse et des garanties pour la liberté individuelle, tandis peut-être qu'il eût été plus utile de songer aux moyens de sauvegarder avant tout l'indépendance nationale. Cette faute, M. Dupin la répara d'ailleurs autant que possible à quelques jours de là, quand la France se trouva au pouvoir de l'étranger et livrée aux fureurs d'une réaction impitoyable dans ses vengeances, en publiant un écrit intitulé *De la libre défense des accusés.* Tous les droits de l'humanité, effrontément violés et foulés aux pieds par les hommes à ce moment à la tête des affaires, étaient noblement revendiqués dans ce factum énergique, dont la publication dans de telles circonstances était, on doit le reconnaître, un véritable acte de courage civil. M. Dupin ne tarda pas à recevoir la digne récompense de cette belle action. C'est à lui en effet qu'échut la tâche de défendre le maréchal Ney, traduit, au mépris des termes formels de la capitulation de Paris, devant la cour des Pairs, comme prévenu de haute trahison en raison de la part directe prise par lui aux événements qui sept mois auparavant avaient ramené Napoléon de l'île d'Elbe aux Tuileries. L'année suivante, il défendit aussi les trois anglais *Hutchinson, Bruce*, et Robert *Wilson*, accusés d'avoir favorisé l'évasion de *Lavalette.* On le voit ensuite successivement chargé devant les cours prévôtales ou les cours d'assises de la défense des généraux Allix, Savary, Gilly, Caulaincourt, etc., c'est-à-dire protestant éloquemment contre les illégalités, les violences et les abus de la force brutale, devenus à l'ordre du jour à une époque qu'on a si justement appelée la *terreur blanche*. Les nombreux procès intentés à la presse par le gouvernement de la Restauration lui fournirent encore d'autres occasions de proclamer les grands principes posés en 1789 comme la base immuable du nouveau droit public des Français. Ce furent là pour lui autant de triomphes oratoires qui popularisèrent bien vite son nom dans les masses, en même temps qu'ils lui assuraient au barreau la plus belle et la plus lucrative clientèle. C'est ainsi qu'en 1824 le premier prince du sang, M. le duc d'Orléans, le nommait membre de son conseil privé; fonctions auxquelles était attaché un traitement de 15,000 fr., que M. Dupin conserva jusqu'en 1848, et même plus tard encore, et qui étaient loin d'ailleurs de constituer une sinécure, en raison des questions compliquées et difficiles soulevées à chaque instant par la gestion de la fortune territoriale la plus considérable qu'il y eût en Europe.

En 1825, le ministère Villèle, mettant à profit une loi qui l'autorisait à intenter aux journaux des procès *de tendance*, sans avoir précisément besoin d'incriminer tel ou tel de leurs articles plutôt que tel ou tel autre, traduisit en police correctionnelle *Le Constitutionnel*, sous la prévention de tendances anarchiques; inculpation basée sur la vivacité que cette feuille apportait à dénoncer au pays les menées du gouvernement occulte et les envahissements incessants du parti prêtre. Ce fut à M. Dupin qu'on confia la défense de ce journal, alors l'organe le plus important du parti libéral, et les contemporains ont encore présent à la mémoire l'admirable plaidoyer dans lequel le célèbre orateur réduisit à néant toutes les charges élevées par l'accusation, et où, prenant corps à corps l'institut de Loyola, il s'écria que c'était là une épée dont la pointe était partout et la poignée à Rome! En même temps l'éminent et savant jurisconsulte, évoquant les vieux souvenirs parlementaires, prenait en mains dans diverses publications, qui toutes obtenaient un grand retentissement, la défense des libertés de l'Église gallicane contre les usurpations flagrantes de l'ultramontanisme.

M. Dupin avait pris à cet égard une position trop nette et trop tranchée pour que deux années plus tard, en 1827, l'opinion publique ne le vît pas avec une surprise extrême assister, dans une visite officieuse rendue par lui aux jésuites de Saint-Acheul, à une procession du Saint-Sacrement, et y porter dévotement les cordons du dais. Cet acte de sa vie donna lieu aux interprétations les plus diverses; et la plus favorable de toutes fut celle qui l'expliquait par le désir de M. Dupin de se rendre possible un jour comme ministre sous Charles X, roi essentiellement dévot, par une démonstration patente d'attachement aux dogmes et au culte extérieur du catholicisme. Quoi qu'il en soit, on peut dire que c'est de cette malencontreuse visite rendue bénévolement aux jésuites, sous le prétexte d'assister à une distribution de prix, que date le déclin de la popularité dont était entouré le nom de M. Dupin depuis 1815.

Cette même année 1827, aux élections générales, il n'en fut pourtant pas moins élu membre de la chambre des députés, où il alla siéger au centre et non à l'extrême gauche. Il appartenait en effet à cette nombreuse classe de Français qui avaient franchement accepté la charte de 1814, et qui voulaient sincèrement le gouvernement constitutionnel qu'elle consacrait dès lors ne conspiraient point; qui pour imposer à la France un gouvernement républicain, ou encore pour amener, à un moment donné, la substitution de la branche cadette de la maison de Bourbon à son aînée. En 1830 il fut le rapporteur de la fameuse adresse des 221, et il prévoyait si peu la révolution qu'elle devait enfanter quelques jours après, que les ordonnances du 25 juillet une fois publiées, la charte mise à néant, et le gouvernement absolu proclamé, il fit plus qu'hésiter, et s'abstint au contraire non moins soigneusement que la grande majorité de ses collègues de toute démarche, de tout acte compromettant.

La victoire du peuple une fois décidée, il se fit, en revanche, un brusque revirement dans toutes les idées de M. Dupin, qui s'empresse de se rendre à Neuilly, pour engager le duc d'Orléans à accepter la lieutenance générale du royaume. Il faut croire qu'en cela il obéissait à la conviction que de la reconstitution immédiate d'un pouvoir exécutif ferme et puissant dépendait le salut du pays. Une grande révolution venait de s'accomplir, et déjà il y avait tout lieu de craindre qu'en définitive elle n'eût été faite qu'au seul profit de l'anarchie. M. Dupin était d'ailleurs si loin de penser que le duc d'Orléans eût d'autres droits à la couronne que ceux que lui conférait une acclamation populaire incontestée, qu'il insista vivement pour que le nouveau roi prît le nom de *Louis-Philippe Ier*, et non pas celui de *Philippe VII*, qui l'eût rattaché à un passé que la nation répudiait solennellement une fois de plus. C'est à ce propos en effet qu'il fit sa célèbre distinction du *quoique* et du *parce que*. « La France, s'écria-t-il, prend le duc d'Orléans pour roi, *quoique*, et non *parce que Bourbon !* »

Le 23 août 1830 M. Dupin fut nommé procureur général à la cour de cassation. Ce fut là très-incontestablement un des choix du gouvernement nouveau auxquels l'opinion applaudit sans réserve. Il eût été certes difficile de rencontrer un jurisconsulte plus éminent et entouré de plus de considération. La plus vulgaire équité oblige de reconnaître que jamais la noble tâche qui incombe au ministère public devant notre cour suprême ne se trouva confiée à des mains plus intègres, à un savoir plus profond, à un esprit plus élevé; que jamais non plus on n'apporta plus de vigilance ni plus de vigueur à défendre les juridictions et les compétences, à les maintenir dans leurs limites, et à réprimer les empiétements des autorités judiciaires ou administratives les unes sur les autres. M. Dupin ayant réuni en onze volumes ses *Réquisitoires, Plaidoyers* et *Discours de rentrée*, nous ne saurions trop recommander l'étude attentive de cette importante collection à ceux de nos lecteurs qui voudraient apprécier en parfaite connaissance de cause, par la lecture de ce qu'il a dit et écrit, un des hommes dont le nom occupe le plus de place dans l'histoire contemporaine. Nous avons très-sommairement indiqué la carrière parcourue par l'avocat, car tous les incidents qui l'ont signalée se rattachent à l'histoire de la Restauration et dès lors sont suffisamment connus; mais nous insisterons sur sa carrière comme magistrat, parce que les luttes de partis qui ont troublé les dix-huit années du règne de Louis-Philippe ont trop souvent couvert de leur vain bruit l'activité si infatigable et si méritante du procureur général à la cour de cassation. Ainsi, on le voit ne pas hésiter un instant à requérir la censure contre un magistrat (affaire *Fouquet*, 1832) qui a donné le scandale d'une adhésion publique à un manifeste du parti légitimiste sous forme de projet de constitution nouvelle, puis contre un autre (affaire *Chaley*, 1834) assez oublieux de ses devoirs pour pactiser ouvertement avec l'émeute; car il comprend de quelle importance il est pour la société que la magistrature, gardienne des lois, reste toujours calme et impassible au milieu des discordes civiles d'une nation, sans jamais y prendre part, sans jamais tolérer qu'on essaye de transformer le sanctuaire de la justice en une arène à l'usage des passions politiques. Que de fois aussi, dans les causes privées (civiles ou criminelles), ses réquisitoires ont éclairé définitivement des matières d'une haute gravité restées jusque alors dans une grande obscurité, par exemple : la propriété littéraire (*dépôt des exemplaires prescrits*, 1834); la responsabilité des médecins (affaire Thouret-Noroy, 1835); la question de pénalité à appliquer à l'incendiaire volontaire de sa propre maison; la question du mariage des prêtres, etc., etc. On n'attend pas de nous sans doute que nous citions ici toutes les affaires dans lesquelles M. Dupin a porté la parole comme procureur général, non plus que nous énumérions ses mercuriales et ses discours de rentrée. Autant vaudrait essayer de donner la liste complète et explicative de tous les discours qu'il prononça à la chambre des députés! Aussi bien, le lecteur comprendra ce qu'un pareil travail aurait d'aride et pour nous et pour lui, quand il saura qu'on n'évalue pas à moins de huit cents le nombre de ses réquisitoires et de ses discours à la tribune, de même qu'on porte à quatre mille celui de ses plaidoyers prononcés devant les tribunaux civils ou criminels.

Que si, comme magistrat, M. Dupin mérita de son pays plus peut-être que pas un des hommes qui l'avaient précédé dans l'exercice de ses hautes fonctions, il en est peu, en revanche, qui aient été de la part des partis l'objet d'attaques si haineuses et si passionnées. Ceci tient peut-être à cette circonstance que M. Dupin, procureur général, était en même temps et surtout homme politique, et à ce qu'il jouait un rôle des plus importants dans le parlement. Constamment choisi par les électeurs de la Nièvre pour leur député, il eut en effet à huit reprises successives sous le règne de Louis-Philippe, l'honneur d'être élu président de la chambre sans appartenir cependant précisément au parti ministériel, et obtenant plutôt la majorité des suffrages comme candidat de la coalition naturelle et loyale qui pour le choix de la présidence s'établissait entre le centre et le centre gauche contre les partis anti-dynastiques siégeant aux deux extrémités de l'assemblée. Toujours il conserva, au contraire, la plus entière indépendance vis-à-vis d'un gouvernement qui possédait d'ailleurs toutes ses affections. Quand ce gouvernement avait eu à réprimer l'émeute ensanglantant les rues de la capitale et devenant même parfois complétement maîtresse de cités importantes, il lui avait donné son concours le plus entier. Mais le péril social une fois conjuré, il était bien vite revenu aux idées de liberté dans la loi, *sub lege libertas*, qu'il avait résumées dans cette belle devise, adoptée par lui le jour où il crut avoir fait définitivement triompher le principe sacré de la libre défense des accusés, pour lequel il avait lutté de 1815 à 1830. Pendant tout le règne de Louis-Philippe, M. Dupin constitua à lui seul, on peut dire, une opposition, essentiellement dynastique sans doute, mais des plus incommodes pour les ministres et leurs agents, que dans sa verve, inépuisable de causticité, il ne se faisait pas faute de poursuivre de sarcasmes parfois plus poignants, plus terribles, que les attaques dont ils étaient l'objet de la part des partis ligués pour le renversement de l'ordre de choses constitué en 1830. Telle était cependant l'attitude prise et gardée par M. Dupin, qu'il pouvait toujours venir utilement en aide à un gouvernement qui ne discontinuait pas d'avoir ses sympathies les plus franches.

M. Dupin, dans la mémorable séance du 24 février 1848, venait d'engager ses collègues à proclamer, sans plus de délai, la régence de madame la duchesse d'Orléans pendant la minorité de son fils, appelé au trône par le fait de l'abdication de Louis-Philippe, quand l'émeute rugissante envahit le palais de la chambre des députés....

Le lendemain, reconnaissant les faits accomplis, M. Dupin faisait décider par la cour de cassation que désormais la justice ne serait plus rendue qu'au nom du Peuple français. La république proclamée le même jour à l'hôtel de ville, ne crut pas devoir enlever à M. Dupin son titre de procureur général à la cour de cassation, et ne lui imposa aucune espèce de serment. Il put dès lors, sans manquer à aucun de ses devoirs d'homme public, conserver dans le conseil privé de la famille d'Orléans la position qu'il y occupait depuis 1824. Ces fonctions n'avaient en effet rien de politique, et se bornaient, comme nous l'avons déjà dit, à des avis à émettre sur les nombreuses questions provoquées à chaque instant par la gestion de la fortune territoriale la plus importante qu'il y eût encore à ce moment en Europe.

Le suffrage universel et la souveraineté du peuple devenant la base du nouveau gouvernement donné au pays, M. Dupin se mit sur les rangs pour les élections à l'Assemblée constituante, et y fut effectivement envoyé par ses compatriotes de la Nièvre, demeurés fidèles à leur vieil attachement pour l'homme qui pendant vingt ans n'avait pas cessé de les représenter. Il fut appelé à faire partie du comité de constitution, et s'y prononça aussi vivement qu'inutilement pour l'existence de deux chambres. Réélu à la Législative, il fut constamment élu président par cette assemblée. Il y fit maintes fois preuve, dans l'énergique répression de l'anarchie, de l'espèce de courage le plus rare et le plus difficile de tout, le courage civil; et il occupait encore le fauteuil le 2 *décembre* 1851, quand un coup d'État depuis longtemps annoncé et prévu vint mettre un terme à son mandat. Investi d'un pouvoir dictatorial momentané, Louis-Napoléon ne songea pas plus que les hommes de février à remplacer M. Dupin en qualité de procureur général; et, suivant toute apparence, celui-ci occuperait encore son siége à la cour suprême si, le 22 janvier 1852, à la suite des décrets qui prononçaient la confiscation des biens de la famille d'Orléans, il n'avait pas cru devoir donner sa démission, refusant ainsi avec éclat de s'associer jusqu'à un certain point par son silence à des actes qui blessaient sa conscience. C'était couronner par un acte de noble indépendance une vie politique consacrée tout entière au triomphes des idées d'ordres, de liberté et de légalité.

M. Dupin, membre de l'Académie Française et de l'Académie des Sciences morales et politiques, vit aujourd'hui retiré dans sa terre de Raffigny.

DUPIN (Le baron Charles), frère du précédent, membre de l'Académie des Sciences, sénateur, ancien membre du conseil d'amirauté, etc. est né à Varzy, le 6 octobre 1784. En 1801 il fut admis le premier à l'École Polytechnique, sur deux cents concurrents; en 1803 il fut reçu, le premier de sa promotion, dans le corps du génie maritime. De 1803 à 1805, il concourut, comme ingénieur de la marine, à la formation de la grande flottille de la Manche, ainsi qu'à la création du vaste arsenal d'Anvers. Plus tard, au retour d'une inspection des ports de Hollande, il prit part aux travaux de restauration du port de Gênes. Peu après le désastre de Trafalgar, il obtint de s'embarquer sur la première escadre qui osa reprendre la mer, et qu'on envoyait dans les îles Ioniennes, cédées à la France par le traité de Tilsitt. Dans l'arsenal de Corfou, il fut assez heureux pour réparer en cinq jours, sur huit qui lui avaient été donnés, le vaisseau amiral démâté par une tempête, et cette extrême diligence permit à l'escadre française d'échapper à des forces supérieures envoyées pour lui couper le chemin de Toulon. Resté à Corfou, sur sa demande, le jeune officier, après un séjour de quatre années aux îles Ioniennes, obtint de revenir en France vers la fin de 1812. C'est à partir de cette époque qu'il présenta successivement à l'Académie des Sciences de nombreux mémoires que l'illustre assemblée jugea dignes de figurer dans ses collections; mais l'auteur préféra les publier séparément sous le titre de : *Développements de géométrie.* D'autres travaux, non moins importants, lui valurent une place de correspondant dans la section de mécanique. Il succédait en cette qualité à l'illustre Watt. Au printemps de 1813 il partit pour Toulon, et y créa, malgré mille obstacles, le beau musée maritime que possède cette ville, et qui a donné l'idée de celui dont Paris fut doté vers la fin du règne de Charles X. En 1815, au retour de Rochefort, où il était allé conduire sa compagnie d'ouvriers militaires (il était alors capitaine du génie maritime), il présenta à l'Académie un mémoire sur de nouvelles et ingénieuses machines créées dans ce port par l'habile ingénieur Hubert. L'année suivante il obtint la permission, qu'il sollicitait depuis longtemps, de visiter les établissements maritimes de l'Angleterre, et s'empressa d'en profiter. Bien qu'il lui fût interdit de prendre sur les lieux des notes ou des croquis, il n'en rapporta pas moins de nombreux documents à l'aide desquels dès 1817 il put adresser au ministre de la marine et à l'Académie des Sciences un immense travail offrant le tableau complet des ressources navales, militaires et commerciales de la Grande-Bretagne; travail qui ouvrit à son auteur les portes de l'Académie (1818). Il en publia la première partie en 1820; elle était consacrée à la description des forces militaires. La libéralité des principes politiques que l'auteur avait été appelé à émettre, en comparant sous le rapport militaire les institutions des deux pays, attira l'attention du gouvernement, qui fit inviter l'auteur à supprimer quelques passages de la partie publiée et à soumettre le reste de son ouvrage à une censure préalable. M. Dupin ayant répondu par un refus respectueux, mais ferme, resta quatre ans en disgrâce, et vit son livre mis à l'index. Le gouvernement ne tarda pas, toutefois, à revenir sur ses premières mesures à l'égard de l'auteur qui fut fait officier de la Légion d'Honneur. En 1824 Louis XVIII lui octroya même le titre de *baron*.

L'ouvrage sur la Grande-Bretagne n'eut pas moins de succès en Angleterre qu'en France. M. Dupin fut nommé membre de la Société des ingénieurs civils de Londres, ainsi que de la plupart des académies du Royaume-Uni, et les hommes d'État les plus éminents de ce pays, notamment M. Canning, joignirent leurs suffrages à ceux des corps savants en lui adressant de vives félicitations. En 1818 M. Dupin imprima, sous le titre de *Mémoires sur la marine et les ponts et chaussées*, la relation succincte de ses voyages et le résumé d'une foule de travaux, approuvés précédemment par l'Institut. A cette publication succéda un livre rempli d'intérêt sur la vie et les découvertes du grand géomètre Monge, mort depuis quelques mois.

L'année suivante M. Dupin, qui avait réclamé, depuis son retour d'Angleterre, la création d'une école où serait enseignée l'application des sciences aux arts, école dont il avait étudié le modèle à Glasgow, vit son vœu s'accomplir par l'ordonnance qui institua le Conservatoire des Arts et Métiers. Nommé professeur de mécanique dans le nouvel établissement, il ajouta à son cours des leçons sur la *Géométrie appliquée aux arts*; dont il publia, sous ce titre, le résumé en 1824. Suivirent à peu de distance deux nouveaux ouvrages, conçus dans le même esprit, *La Mécanique appliquée aux arts* et *La Dynamie, ou science des forces motrices utiles à l'industrie*. Les matières de ces publications avaient fait l'objet d'un enseignement spécial pour les ouvriers, enseignement que M. Dupin a continué jusqu'à ce jour avec une ardeur et un succès qui ne se sont jamais démentis. En 1825 il publia le résultat de ses recherches mathématiques de 1804 à 1815 sur les *Applications de la Géométrie* à la construction et à la stabilité des vaisseaux, au tracé des routes, aux déblais et remblais, à la dioptrique et à la catoptrique, ainsi que la collection de ses *Discours sur les sciences et les arts*, où se trouve un remarquable tableau des progrès de la marine française depuis la paix générale. Ces publications n'empêchaient pas M. Dupin de rédiger, pour l'Académie des Sciences, des rapports étendus sur des questions du plus haut intérêt, comme la navigation à vapeur des États-Unis, les causes d'explosion des machines à haute ou moyenne pression, la stabilité des voitures, la théorie des ponts suspendus, l'étude générale des canaux possibles en France, etc.

C'est à peu près vers cette époque (1825) que M. Dupin tourna son attention sur l'étude de la situation matérielle et morale de la France, dont il fit l'objet d'un cours particulier au Conservatoire, de 1827. On connaît la célèbre carte, à teintes plus ou moins foncées dont il accompagna ses leçons sur l'instruction publique dans notre pays. Cette carte souvent imitée depuis, représentait par les nuances les plus variées entre le blanc et le noir la richesse intellectuelle de chaque département; elle eut un succès de vogue.

Aux élections générales de 1828, le département du Tarn, l'un de ceux qu'il avait marqués en noir sur sa carte de la France intellectuelle, le nomma député, sans le connaître, sans l'avoir jamais vu. La première campagne parlementaire de M. Dupin fut heureuse : faisant usage pour la première fois à la tribune de l'argument des données statistiques habilement groupées, qui devaient rendre plus tard tous ses discours si substantiels, si utiles à étudier, il signala avec force les pernicieux effets de la loterie sur toutes les parties de la France. La session de 1829 le vit souvent à la tribune, où il émit d'excellentes idées sur la composition et l'élection des conseils généraux considérés sous le double rapport des intérêts matériels et politiques. Dans la discussion des lois de finances, il proposa une enquête sur les faits relatifs au monopole des tabacs. Quelques orateurs de la droite avaient attaqué l'enseignement populaire dont le Conservatoire des Arts et Métiers de Paris avait donné l'exemple; M. Dupin le défendit comme on défend une création personnelle, et répondit victorieusement à toutes les objections. En 1830 M. Dupin vota avec les 221. Dans les journées de Juillet, il fit partie du petit nombre de députés qui soutinrent et modérèrent le mouvement. La victoire décidée, quelques ouvriers, égarés par un coupable intérêt, commençaient à briser les machines, et l'œuvre de destruction menaçait de s'étendre, lorsque M. Dupin rédigea un appel à la générosité et aux lumières des ouvriers parisiens, qui fut écouté, et arrêta le désordre. Rapporteur du projet de loi sur la garde nationale, dans la session de 1831, il réussit à faire adopter presque tous les amendements de la commission, dont le plus important supprimait, comme incompatible avec notre organisation administrative, l'emploi de commandant supérieur des gardes nationales du royaume. Cet amendement, qui, comme on sait, atteignait directement le général Lafayette, alors à l'apogée de sa popularité, avait été combattu par le gouvernement, qui reculait devant la hardiesse de la mesure. En 1832 il soutint le projet de loi sur la garde nationale mobile, et combattit un amendement qui décidait qu'elle serait organisée même en temps de paix; il fut également l'organe, dans la même session, de la commission chargée d'examiner le projet de loi de l'avancement dans l'armée navale. C'est à cette époque que l'Académie des Sciences morales et politique l'admit dans son sein.

La session suivante le retrouva à son poste. Il avait été, en 1832 nommé rapporteur du budjet de la marine; la chambre lui fit le même honneur en 1833, ainsi que dans les autres sessions, jusqu'au moment où il fut appelé à la pairie, en 1837. Membre du jury de l'exposition de 1834, il venait d'être élu rapporteur, et s'occupait de réunir les éléments de son travail, lorsqu'il fut appelé à faire partie du cabinet du 14 novembre comme ministre de la marine. Pendant son ministère de trois jours, il prit trois bonnes mesures : par les deux premières il fonda des prix destinés à provoquer des perfectionnements dans les constructions navales et les armements militaires des bâtiments à vapeur, et à encourager l'application des mathématiques à la navigation; par la troisième il décida que les équipages de ligne seraient formés chaque jour à tous les exercices de manœuvre et de canonnage. Dans la session de 1835 il ne prit qu'une faible part aux débats orageux provoqués par les lois de septembre.

A l'occasion de la discussion de la loi de douane, il attaqua (séance du 14 avril 1836) avec une grande vivacité les principes de liberté commerciale que soutenaient et que défendirent avec succès les membres de la commission.

Appelé à siéger à la chambre des pairs, par une ordonnance royale en date du 4 octobre 1837, il se montra dans cette assemblée ce qu'il avait toujours été, laborieux, infatigable et dévoué à ses convictions. En 1841 il se prononça contre les fortifications de Paris, et jusqu'en 1848 appartint à la partie modérée de l'opposition dans la chambre haute.

Les hommes de Février 1848 ayant fait appel au suffrage

universel, le baron Charles Dupin se mit sur les rangs dans le département de la Seine-Inférieure pour les élections à l'Assemblée nationale qui devait se réunir au mois de mai suivant et doter la France d'une constitution nouvelle. Il fut élu à Rouen à une grande majorité, et dans cette Assemblée, comme dans la Législative, dont il fit également partie, il vota constamment avec la majorité. A la suite du coup d'État du 2 décembre 1851 et des décrets de janvier 1852 qui confisquèrent les biens de la maison d'Orléans, le baron Charles Dupin donna sa démission des fonctions de membre du Conseil d'amirauté, et sembla pendant quelque temps vouloir tenir rigueur au nouveau gouvernement. Mais l'offre d'un siége au sénat lui ayant été faite, il accepta.

[DUPIN (Philippe), frère des précédents, l'un des avocats les plus remarquables dont le barreau de Paris conserve le souvenir, naquit à Varzy, le 6 octobre 1795. Tandis qu'il faisait les fortes études sans lesquelles il est peu d'hommes supérieurs, son frère aîné jetait au barreau les fondements de cette grande réputation destinée à lui être transmise comme un patrimoine de famille. Lorsque Philippe Dupin vint à Paris, à l'âge de dix-sept ans, il y trouva une position toute préparée pour lui, et qui, pour ainsi dire, l'attendait. Avantage inappréciable! épreuve périlleuse aussi! Servi et écrasé tout à la fois par la réputation de son frère, il lui fallait réussir tout de suite, sous peine de ne réussir jamais. Heureusement qu'il avait reçu de la nature les plus brillantes dispositions. Il fit sous son frère l'apprentissage de la profession. Il dépouillait les dossiers, s'étudiait à en faire l'analyse logique, et à préparer ces notes de plaidoirie, chefs-d'œuvre de méthode et de clarté, qui sont de tradition chez tous les grands avocats. Il se fit inscrire au tableau en 1816. Son apparition au barreau piqua vivement la curiosité. Ceux qui ont assisté à ses débuts disent qu'il s'éleva dès ses premiers pas à la hauteur de talent qu'on a toujours admirée depuis en lui. Ce qui distinguait surtout cet inimitable talent, c'était l'ensemble énergique des plus brillantes facultés. Philippe Dupin fut accepté tout de suite comme le successeur de son frère aîné, et se trouva mêlé du premier bond à cet immense courant d'affaires publiques et privées qui emportaient les hommes et les choses avant 1830. Il fit avec son frère toutes les campagnes de l'opposition contre la Restauration. On sait l'importance qu'avaient à cette époque les procès de presse. Un jour c'était *Le Constitutionnel* qui était accusé d'avoir outragé la morale publique, le lendemain c'était le tour du *Figaro*. La défense du *Figaro* par Philippe Dupin fut remarquée, et méritait de l'être. Sa plaidoirie fut digne des souvenirs de Beaumarchais, que le titre du journal semblait naturellement évoquer. Heureuse époque que celle-là pour tous ceux qui avaient leur fortune à faire! Il soufflait un vent d'opposition qui soutenait les ailes de tous les candidats de l'opinion libérale; et pour être douteux encore, l'avenir n'en était que plus beau. En 1830 Philippe Dupin était déjà un avocat très-occupé. La révolution de Juillet arriva, et une nouvelle phase s'ouvrit devant lui. Son frère quitta les affaires pour courir les aventures politiques. Mais s'il abandonna le palais, il y laissa son cadet. Il y eut là pour Philippe Dupin une seconde épreuve, qu'il traversa avec autant de bonheur que de talent. Il avait brillé au second rang, il ne s'éclipsa pas au premier. La vie de Philippe Dupin à partir de 1830, et surtout dans les dernières années de sa carrière, fut une véritable gageure, un véritable défi fait aux forces humaines. Un instant député de la Nièvre après 1830, il comprit tout de suite que les exigences de la vie parlementaire étaient inconciliables avec ses occupations du barreau, et il quitta la politique pour se consacrer exclusivement au palais. Aux audiences, personne n'était plus employé que lui. Essentiellement avocat, et profondément apte à toutes les discussions, il n'avait pas de spécialité; il plaidait partout, au criminel, au civil, au tribunal de commerce, à la cour des Pairs, passant des grandes affaires aux petites avec une incomparable souplesse de talent. Il s'était rangé dans le parti qui se porta à la défense des nouveaux pouvoirs avec la même vivacité et la même passion que ce parti avait mise à combattre les anciens. Il rencontra dans cette ligne politique de grandes clientèles et d'éclatants procès. Il devint l'avocat de la liste civile et le conseil de plusieurs grandes administrations. Les ressources et l'activité de cet esprit frappaient de stupeur et d'admiration. Le recueil de ses mémoires et de ses consultations est immense. Nul n'allait plus fréquemment que lui plaider en province : il avait du temps pour le monde et les plaisirs, du temps pour les affaires, il en avait même pour les causeries de la bibliothèque des avocats. S'il arrivait parfois que, surchargé d'affaires, il eût négligé quelque partie de sa cause, il fallait le voir dans sa réplique ressaisir avec tous les avantages de l'expérience l'élément un instant compromis.

Dans son bâtonnat, Philippe Dupin montra les qualités qui conviennent à cette situation; elles se résument en deux mots : fermeté, bienveillance. Avec ses jeunes confrères, Philippe Dupin avait une familiarité un peu rude, mais complétement dénuée d'orgueil. En 1842 il rentra dans la carrière politique, et devint député d'Avallon. A partir de ce moment il prit une part active et brillante à la discussion des affaires de la chambre, ajoutant une nouvelle sphère d'activité à la première, sans qu'aucune des deux en souffrît; mais il faisait ces prodiges aux dépens de sa santé! La nature se vengeait sourdement. En 1845 quelques signes précurseurs de la cruelle et courte maladie qui l'a emporté se firent sentir. On lui conseilla le ciel et les distractions de l'Italie; et après un voyage pendant lequel il reçut partout les ovations dues à sa gloire, mais qu'attristèrent les pressentiments d'une fin prochaine, il mourut à Pise, le 14 février 1846. Ernest Desmarest.]

DU PLAN-CARPIN. *Voyez* Plan-Carpin.

DUPLEIX (Joseph, marquis), qui fut à la fois, dans l'Inde, négociant, administrateur et conquérant, était fils d'un fermier général du roi. Il était à peine âgé de vingt ans, lorsqu'il fut envoyé, en 1720, à Pondichéry par les directeurs de la Compagnie des Indes, avec la double qualité de membre du conseil supérieur et de commissaire ordonnateur des guerres. Le gouverneur fut si charmé de ses dispositions précoces, que dès l'année suivante il le chargea de la correspondance générale et de la rédaction des dépêches du conseil pour toutes les parties du monde. Ce fut en remplissant cette mission qu'il devina comment on pouvait, sans violer les priviléges de la compagnie, faire avec un grand avantage le commerce particulier des mers de l'Inde, que personne n'avait encore songé à exploiter. Cette découverte lui fournit le moyen d'associer utilement l'intérêt des colons à celui de la colonie, et de s'enrichir lui-même en travaillant à la prospérité générale. Il en fit l'application la plus heureuse à l'établissement de Chandernagor, qu'il fut appelé à diriger en 1731; car en dix années il acquit une fortune personnelle immense, fit celle de ses administrés, qu'il aida de ses fonds et de son exemple, et créa dans ce comptoir, où il n'avait trouvé à son arrivée que quelques bateaux et des chaumieres, une des villes les plus belles et les plus commerçantes de l'Inde. Cet heureux résultat lui valut le gouvernement général de Pondichéry, en 1742. Placé ainsi à la tête des affaires de la compagnie française, il crut reconnaître qu'elle était incapable de lutter par ses propres moyens avec la compagnie anglaise, sa rivale, et qu'elle ne serait jamais puissance commerciale avec avantage si elle ne devenait puissance territoriale. Il résolut donc de lui conquérir un territoire.

La situation politique de l'Inde se prêtait d'ailleurs merveilleusement à ses vues. Depuis l'invasion de Nadir-Chah, ce vaste empire était en proie à une continuelle anarchie. Des soubabs achetaient leurs royaumes à la cour du Grand-

Mogol, et vendaient leurs provinces à des nababs, qui cédaient à leur tour leurs districts à des rajahs. Tous ces princes étaient également ardents à s'entre-détruire. Dupleix chercha les moyens de faire tourner leurs divisions à son profit, et commença par entamer des négociations avec l'Arabe Chanda-Saëb, qui avait des prétentions sur la nababie d'Arcate. Mais la guerre qui éclata en 1746 entre la France et l'Angleterre porta pendant quelque temps ses idées sur un autre point. Dès le commencement des hostilités, le célèbre Mahé de La Bourdonnais avait paru dans les mers de l'Inde à la tête de neuf vaisseaux équipés à ses frais, et, après avoir dispersé les escadres de l'amiral Burnett, il s'était emparé de Madras. Cependant, comme ses instructions lui défendaient de garder aucune conquête, il s'était contenté d'une capitulation qui lui garantissait le payement de neuf millions pour la rançon de la ville. Mais Dupleix, à qui la possession de cette importante place semblait d'un prix inestimable, voulut la conserver, à quelque prix que ce fût; il fit casser la capitulation par un arrêt de son conseil, et occuper le fort Saint-Georges par une garnison française. La Bourdonnais, indigné de cette violation du droit des gens, s'efforça de faire respecter le traité qu'il avait signé. Dupleix se débarrassa de sa résistance en s'emparant de vive force de ses vaisseaux et de sa personne, et, pour justifier cette violence, le dénonça à la cour de Versailles comme coupable de trahison. Cette conduite était odieuse, et faillit devenir funeste aux intérêts de la France. Les Anglais, effrayés de l'énergie et exaspérés du manque de foi du gouverneur français, vinrent l'assiéger dans Pondichéry par terre et par mer, avec les forces les plus considérables que les Européens eussent encore déployées dans ces contrées. Dupleix se fit pardonner tous ses torts par sa belle défense. Trouvant dans son génie toutes les ressources, il devint à la fois capitaine, ingénieur, artilleur, munitionnaire, conserva constamment des batteries à 300 mètres de la place, et força ses ennemis à lever le siége après quarante jours de tranchée ouverte.

Cet exploit le couvrit de gloire. L'Asie entière retentit de son nom. Les princes indiens conçurent la plus haute idée de sa puissance et se disputèrent l'appui d'un si formidable allié. Il profita habilement de ces dispositions, lorsque la paix d'Aix-la-Chapelle, qui lui fit perdre, en 1748, Madras et ses dépendances, l'obligea à chercher de nouveau dans les querelles des indigènes un moyen d'acquérir à la France ce territoire sans lequel il croyait impossible de fonder jamais quelque chose de durable.

Il embrassa alors la cause de Mouzafersing, qui disputait à son oncle Nazersing le trône du vieux Nisam-Elmoulouk, et réussit, après dix-huit mois de combats et de négociations, autant par la force de ses intrigues que par celle de ses armes, à faire proclamer son protégé soubab du Dekkan et souverain de 35 millions de sujets. Mouzafersing voulut recevoir sa couronne des mains de l'homme à qui il la devait, et, s'étant rendu à Pondichéry, il proclama Dupleix, devant tous les feudataires du Dekkan et du Carnate prosternés, vice-gérant, pour le Mogol, de tous les pays situés entre le Crishna et le cap Comorin. Il lui donna en propre, pour sa vie, et après lui à la Compagnie, le fort de Valdour et les aldées ou villages qui en dépendaient. A ces concessions territoriales il joignit des largesses pécuniaires immenses, et laissa Dupleix maître de partager à son gré le trésor de son compétiteur Nazersing, estimé à plus de 75 millions. Aucune nation européenne n'avait encore atteint dans l'Inde à ce degré de richesse et de puissance. Le gouverneur français était devenu le suzerain ou le protecteur de la plus grande partie de la presqu'île. Il donna en son nom propre, à Chanda-Saëb, l'investiture de la nababie d'Arcate, et après la mort de Mouzafersing, il mit à sa place, sur le trône du Dekkan, Salabetsing, le fils de ce même Nazersing qu'il en avait écarté. Ce jeune prince, dans l'effusion de sa reconnaissance, donna à la Compagnie française les quatres provinces des Circars, et jura d'obéir, avec une entière soumission, aux instructions qu'il recevrait de Pondichéry.

Dupleix, se voyant maître à Aurengabad, osa porter ses vues jusqu'à Dehli, et rêver pour la France l'empire que devait conquérir plus tard la Compagnie anglaise. Il fit part à la cour de Versailles d'un plan d'intrigues et d'opérations militaires qui devaient avant un an lui ouvrir le chemin de la capitale de l'empire mogol. Mais la compagnie, qui avait été charmée de ses premiers exploits, s'épouvanta de ses nouveaux projets, lui ordonna de ne pas pousser plus loin l'agrandissement de ses possessions, et, pour contenir son ambition, ne lui envoya aucun des renforts d'hommes et de vaisseaux qu'il demandait. Ainsi, pour l'empêcher de conquérir, on lui ôta les moyens de conserver. En effet, réduit aux seules ressources qu'il avait dans l'Inde, et que les guerres précédentes avaient considérablement affaiblies, il ne put résister aux attaques simultanées de Saunders, de Lawrence et de Clive, qui étaient secondés par les meilleures troupes, et soutenus par les rois de Tanjaour et de Maïssour. Il fut environné et battu de toutes parts. Deux de ses armées furent détruites en 1752; une troisième fut prise l'année suivante avec Chanda-Saëb. Cependant, malgré tous ces désastres, il parvint à se soutenir avec une glorieuse opiniâtreté jusqu'en 1754, et pour la septième fois il mettait le siége devant Trichinopoly, lorsqu'un commissaire, envoyé sur la demande des directeurs de la Compagnie, vint, au nom du roi, lui ordonner de lui remettre le pouvoir. Il se soumit sans murmurer; néanmoins, il soutint jusqu'au bout l'excellence de ses plans, et vit en pitié le traité de pacification conclu par son successeur avec le gouverneur de Madras. Cet homme, qui avait si longtemps exercé l'autorité et avait vécu avec le faste d'un souverain, mourut à Paris, de chagrin et de misère, en 1763, après avoir sollicité vainement pendant neuf années le payement de 12 millions qui lui étaient dus par cette compagnie qu'il avait comblée de richesses et de gloire. Mis DE LAGRANGE, sénateur.

DUPLESSIS (JOSEPH-SIFRÈDE), célèbre peintre de portraits, naquit en 1725, à Carpentras, et fut redevable de sa première vocation d'artiste à un religieux qui jouissait alors, comme peintre, d'une grande célébrité, le frère Imbert. En 1745 il se rendit à Rome, où il entra dans l'atelier de Subleyras, et on remarqua bientôt ses progrès dans la grande peinture historique, ainsi que dans le portrait et le paysage. Après avoir fait un séjour de quatre ans dans la capitale des arts, Duplessis revint dans le Comtat, où il exécuta plusieurs tableaux d'église; puis il passa quelque temps à Lyon. Il avait vingt-sept ans quand il vint à Paris, où son rare talent pour le portrait lui eut bientôt fait une nombreuse clientèle et le fit recevoir, en 1774, membre de l'Académie royale de Peinture. Il mourut le 1er avril 1802, à Versailles, où il remplissait les fonctions de conservateur du musée de la ville. On admire l'élégante facilité qui caractérise ses portraits, et la plupart des notabilités politiques ou littéraires qui se trouvaient alors à Paris, Franklin, Gluck Marmontel, Necker, etc., ont posé pour lui et vu leurs traits transmis à la prospérité par son habile et fidèle pinceau.

DUPLESSIS-MORNAY (PHILIPPE DE MORNAY, seigneur DU PLESSIS-MARLY, plus connu sous le nom de), naquit au château de Buhy, dans l'ancien Vexin français, le 5 novembre 1549. Son père, *Jacques* DE MORNAY, qui s'était distingué dans les guerres de son époque, s'était retiré de bonne heure du service pour se livrer tout entier aux soins de sa famille; il était très-attaché à la religion de ses pères, et ne négligeait rien pour y maintenir ses enfants; mais sa femme, Françoise du Bec-Crespin, fille du vice-amiral de ce nom, n'était pas moins zélée pour les nouvelles doctrines. Cette divergence d'opinions religieuses n'altéra cependant jamais la paix du ménage. Des mémoires du temps attestent qu'au lit de mort Jacques de Mornay

« tesmoigna aux assistants n'avoir besoin des superstitieuses cérémonies de l'Église romaine, arrestant son salut aux seuls mérites de Jésus-Christ, son sauveur. » Cette déclaration assez vague n'est attestée que par l'auteur de la *Vie de Mornay*, publiée par les Elzévirs. Philippe de Mornay était le cadet de la famille; ses parents le destinaient à l'Église. Il avait dans la haute prélature des oncles et des cousins; la carrière des grandes dignités ecclésiastiques lui était ouverte. Son père le conduisit, en 1557, à Paris, dans un pensionnat voisin du collége de Boncourt. Il s'y livra à l'étude avec une ardeur extraordinaire : aussi ses progrès furent-ils rapides. Platon était son auteur favori. Élevé par une mère zélée protestante, Philippe de Mornay avait déjà une tendance prononcée pour la réformation religieuse. En vain son oncle, alors évêque de Nantes, et depuis archevêque de Reims, lui fit la promesse formelle de lui résigner son évêché, et, en attendant, lui offrit de lui donner immédiatement son prieuré de Vertou, dont le titre et les revenus lui seraient assurés, sans autre condition que de se faire tonsurer. Le jeune homme ne fut point ébloui par cette offre brillante, qui n'eut pour résultat qu'une petite polémique épistolaire entre lui et le prélat breton.

Ses études étaient à peine achevées, lorsqu'en 1567 la seconde guerre civile éclata; il quitta Paris pour revenir auprès de ses parents. Ses deux oncles, de Bourri et de Vardes, allaient partir pour rejoindre l'armée calviniste. Mornay l'aîné les suivit. Philippe ne parvint que plus tard à obtenir de sa mère la permission d'aller rejoindre ses oncles au siége de Chartres. Un accident funeste les contraignit, à moitié chemin, de revenir au manoir paternel : il s'était rompu la jambe gauche en tombant de cheval. Sa blessure le retint trois mois, et il composa pendant cet intervalle son premier ouvrage. C'était un poëme en vers français sur la guerre civile. A peine guéri, il partit pour Genève, où il ne fit qu'un court séjour; la crainte de la peste l'en éloigna. Il commença dès lors le cours de ses voyages en Italie, en Bohême, en Hongrie, en Autriche et dans le Tyrol. Ses opinions religieuses, résultat de longues et consciencieuses études, étaient irrévocablement fixées. Sa nouvelle croyance ne lui offrait que des dangers, et il en fit souvent dans ses voyages, et surtout en Italie, la triste expérience. A Cologne, il composa un ouvrage intitulé *Scriptum triduanum*, réfutation des principes d'un théologien espagnol sur *l'Église visible*, et un écrit contre la conduite des Espagnols dans les Pays-Bas. Il se lia avec les savants de cette ville, étudia le droit canon, commenta les lois saliques et ripuaires, parcourut la Hollande et l'Angleterre, où il refusa une mission du roi près de la reine d'Écosse prisonnière.

Ce fut au retour de ces voyages, qui durèrent plusieurs années, qu'il s'attacha à Coligny. Ils étaient devenus inséparables, et leur intimité était bien connue de leurs communs ennemis. La blessure qu'avait reçue l'amiral dans le guet-apens du cloître de Saint-Germain-l'Auxerrois, le 22 août 1572, n'avait été que le prélude du massacre de la Saint-Barthélemy.

Mornay avait pu remarquer le mouvement extraordinaire qui se manifestait dans le quartier du Louvre; des groupes de soldats et d'égorgeurs se croisaient dans toutes les directions : sa première pensée fut de courir au secours de Coligny. Mais déjà les massacreurs étaient à la porte de Mornay; il n'eut que le temps de brûler ses papiers, et de monter sur le toit, où il se tint tapi jusqu'à ce qu'ils se fussent éloignés. Il envoya chez de Foix, son ami, pour lui demander un asile; mais de Foix n'était plus chez lui, il avait été se réfugier au Louvre. Il était catholique. Le lendemain, les massacres avaient pris une rapide et effrayante intensité. L'hôte de Mornay refusa de le garder plus longtemps. Les ligueurs pillaient, dévastaient la maison voisine, dont ils avaient égorgé le propriétaire. Mornay se travestit, et à l'aide de son déguisement il parvint près de la rue Saint-Martin, chez un huissier du parlement qui faisait les affaires de sa famille à Paris. Il y fut généreusement accueilli. L'huissier l'installa parmi ses clercs, et Mornay se mit à griffonner des exploits. Ses domestiques venaient souvent le voir dans sa retraite; il pouvait être découvert d'un instant à l'autre; il n'y avait plus de sûreté pour lui à Paris : Il se détermina à partir le mardi, troisième jour des massacres. Un des clercs offrit de l'accompagner et de le faire sortir par la porte Saint-Martin, qui n'était alors qu'une porte ordinaire : ce clerc y avait souvent monté la garde; mais ils trouvèrent cette porte fermée : ils sortirent par celle de Saint-Denis. Il leur fallut à chaque pas subir un nouvel interrogatoire. Mornay répondait qu'il était de Rouen et clerc d'un procureur à Paris; et on les laissait passer. Mais à un dernier poste on remarqua que le jeune guide de Mornay était en pantoufles, et on le prit pour un papiste qui accompagnait un huguenot ami pour le sauver, et quatre arquebusiers furent lancés sur leurs traces; ils les eurent bientôt atteints entre la Villette et Paris. Une foule de *carayeurs*, ou tailleurs de pierres, se pressent autour d'eux et les accablent de coups. Le malheureux clerc ne cesse de crier que son compagnon n'est pas huguenot. Mornay, toujours occupé à parer les coups avec son épée, demande qu'on les ramène tous deux au prochain faubourg; que là il prouvera qui il est. Arrivé au poste, il écrit à l'huissier un billet ainsi conçu : « Je suis ici détenu par la garde de la porte Saint-Denis, qui ne veut pas croire que je suis Philippe de Mornay, votre clerc, qui m'en vais, avec votre congé, voir mes parents pendant la vacation; je vous prie de les en assurer, afin que je continue mon chemin; » et l'huissier écrit au dos du billet : « Philippe n'est ni rebelle ni séditieux; » et il signe. Il n'en fallut pas davantage pour sauver le jeune fugitif. Il partit libre. Il s'arrêta à Chantilly chez Montmorency, et enfin chez sa mère, qui pleurait sa mort; elle croyait qu'il avait été tué dans les massacres.

Quelques jours après, il partit pour Dieppe, où il trouva une embarcation pour l'Angleterre; mais il éprouva sur mer une horrible tempête, qui le força de rentrer dans le port. Sauvé deux fois de la fureur des hommes et de celle des flots, il put enfin aborder une terre hospitalière, où la reine Élisabeth et ses ministres le reçurent avec distinction. Tandis qu'il errait ainsi pour échapper au fer des ligueurs, celle qui devait être son épouse, Mme de Feuquières, courait les mêmes dangers, subissait les mêmes tribulations. Vinrent de nouveaux édits de pacification, qui ne furent pas mieux observés que ceux qui les avaient précédés; il fallut reprendre les armes : Mornay se mit à la tête d'une bande de partisans pour surpendre Mantes, rejoignit Montmorency à Chantilly, et se retira à Sedan, d'où il fut chargé d'une mission périlleuse près de Louis de Nassau, frère du prince d'Orange. A son retour dans cette ville, il y trouva le prince de Condé, et écrivit en latin son livre *De la puissance légitime d'un prince sur son peuple.* En 1575 il composa son *Discours de la vie et de la mort*, et rejoignit l'armée du duc d'Alençon, où il fut blessé, fait prisonnier, et ne recouvra sa liberté que moyennant une forte rançon. Cependant, le prince de Béarn, devenu roi de Navarre, s'était mis à la tête du parti protestant; Mornay devint son ami comme il avait été celui de Coligny. Il fut envoyé auprès d'Élisabeth d'Angleterre. Dans cette négociation, comme dans toutes celles dont il fut chargé depuis, il ne recevait d'Henri d'autres instructions qu'un blanc-seing; il ne cessa pas de le servir de sa plume et de son épée avec un entier dévouement, et presque toujours avec bonheur. Fidèle à ses croyances et à ses serments, Mornay fut aussi affligé que surpris de l'apostasie d'Henri IV. Il avait tant de fois entendu ce prince protester de son inviolable attachement à la religion réformée, que, lorsque cette apostasie fut un fait accompli, il avait peine à croire ce dont pourtant il ne lui était plus permis de douter. Il ne put dissimuler son étonnement et sa douleur, et n'épargna pas les reproches. Henri ne s'en émut guère; il allégua la nécessité de mettre un terme à la guerre civile et la raison d'État. Mornay n'en continua pas moins à le servir avec le même zèle; il croyait servir sa religion et sa patrie.

Les haines étaient mal éteintes. Il faut plus d'une génération pour user les antipathies politiques et religieuses, et la cour d'Henri IV était souvent agitée par des scènes scandaleuses. Saint-Phal, gentilhomme, non content d'injurier Mornay, que l'amitié bien connue du roi aurait dû protéger contre la plus légère insulte, osa l'attaquer à coups de canne. Mornay se hâta de demander justice au roi : « Monsieur du Plessis, lui répondit Henri, j'ai un extrême déplaisir de l'outrage que vous avez reçu, auquel je participe comme roi et comme votre ami. Pour le premier, je vous en ferai justice et à moi aussi : si je ne portais que le second titre, vous n'en avez nul de qui l'épée fût plus prête à dégainer ni qui y portât sa vie plus gaiement que moi; tenez cela pour constant, qu'en effet je vous rendrai office de roi, de maître et d'ami, etc. » En effet, malgré le crédit du duc de Brissac, parent de Saint-Phal, le connétable et les maréchaux de France, assemblés par le roi, déclarèrent que l'insulteur ferait à Mornay une réparation publique, dont ils réglèrent la forme et les expressions. Elle eut lieu en présence de Henri IV et de la cour.

La science de Duplessis Mornay, son austère probité, sa valeur, lui avaient mérité la confiance du roi et l'estime de tous. On l'appelait le *pape des huguenots*. Il composa encore plusieurs livres : un *Traité de l'Église*, un autre *De la Vérité de la Religion chrétienne*, qu'il traduisit lui-même en latin, un troisième sur la fausseté d'une généalogie à l'aide de laquelle on établissait les prétentions de la maison de Lorraine au trône de France. Son livre intitulé *Des Abus de la Messe* avait soulevé contre lui tous les théologiens catholiques. Il ne voulut répondre à leur censure que dans une conférence publique. Elle eut lieu à Fontainebleau. La lutte fut longue et animée entre lui et Du Perron, évêque d'Évreux. Les deux partis s'attribuèrent la victoire, et les querelles reprirent une activité plus passionnée.

Mornay s'était retiré à Saumur, dont il était gouverneur. Il avait épousé Charlotte de l'Arbalète, veuve du marquis de Feuquières : cette union fut heureuse. L'étude et le bonheur domestique le soutenaient dans ses pénibles travaux; sa vie tout entière fut consacrée à la défense de son parti. Il survécut au roi, qu'il avait tant aimé et à côté de qui il avait bravement combattu à la bataille de Coutras. Il eut la douleur de voir son successeur poursuivre avec acharnement un parti qui avait placé sa famille sur le premier trône de l'Europe. Quand il apprit que Louis XIII armait contre les protestants, il se hâta de lui écrire pour le dissuader de cette entreprise. Ses remontrances courageuses coûtèrent à Mornay son gouvernement de Saumur, que Louis XIII lui ôta en 1621. Il devait s'attendre à ce résultat : il n'avait pas oublié quel avait été le sort du fameux mémoire présenté à Charles IX et à Catherine de Médicis par Coligny pour les engager à renoncer à leur système de violence et de mort contre des Français dont tout le crime était de vouloir conserver la liberté de conscience. Tous les biographes ont répété que le mémoire de Coligny avait été déchiré ou brûlé par Charles IX ou par sa mère, qu'il n'en était resté aucun vestige, et tous se sont trompés. Ce mémoire était l'œuvre de Mornay, ami intime de Coligny. Il a été publié par de Thou et imprimé par Lescale sous le nom de Coligny. Il est intitulé : *Qu'il est juste et utile de faire la guerre à l'Espagne*. C'est cet imprimé, dédié par de Lescale à la princesse d'Orange, fille de Coligny, que de Thou a reproduit dans son histoire.

Les autres principaux ouvrages de Mornay sont, outre ceux que nous avons cités, un *Traité de l'Eucharistie* (1604), in-fol.; *Le Mystère d'iniquité*, in-4°; *Mémoires instructifs et curieux, depuis* 1572 *jusques en* 1616, 4 vol. in-4°, et des lettres, etc. David des Lignes, sous le nom des Elzévirs, a publié une *Vie de Mornay* (Leyde, 1647). C'est aussi l'histoire des principaux événements de l'époque. Les descendants de Mornay ont fait imprimer, il y a plusieurs années, la collection complète de ses œuvres. Les mémoires de Charlotte de l'Arbalète, veuve du marquis de Feuquières, remariée à Mornay, font partie de cette collection, et contiennent sur l'histoire du temps des particularités très-intéressantes, peu ou point connues. Ces mémoires ont été publiés pour la première fois sur un manuscrit autographe que possédait Caulaincourt, duc de Vicence. Mornay ne survécut que deux ans à la perte de son gouvernement de Saumur. Il mourut le 11 novembre 1623, à soixante-quatorze-ans, dans son château de la Forest-sur-Sèvre, en Poitou. Son fils unique avait été tué au siége de Wesel, en 1605, et la mère du jeune homme l'avait suivi de près au tombeau; la plus jeune des trois filles de Mornay épousa le duc de la Force.

DUFEY (de l'Yonne).

DUPLICATA, mot emprunté au latin. C'est le *double* d'une dépêche, d'un brevet, d'un arrêt ou de tout autre acte, d'une quittance, d'un écrit quelconque. On fait un acte par *duplicata*, pour assurer d'autant plus l'existence d'un fait, pour le cas où le premier acte viendrait à se perdre; il n'y a aucune distinction à établir entre l'une et l'autre des copies; toutes deux forment *original* et font foi pleine et entière. Il ne faut donc pas confondre les duplicata avec les expéditions ou copies collationnées. Il importe presque toujours de mentionner sur le double qu'il n'est fait que pour duplicata, surtout dans le cas où ce double constate un payement, un prêt, etc. (*voyez* DOUBLE EMPLOI).

C'est surtout dans les rapports avec les colonies et avec l'étranger que l'on fait usage des duplicata; dans nos colonies, les notaires sont même tenus de dresser toujours deux minutes des actes qu'ils reçoivent, dont une doit être envoyée en France, pour être déposée dans des archives spéciales.

DUPLICATION. Ce mot, qui représente l'action de doubler une chose, ou de la multiplier par deux, ne se dit guère que des cubes, lorsqu'on veut en trouver un qui soit double d'un autre en solidité. Il en est de ce problème comme de celui de la quadrature du cercle, de la trisection de l'angle, etc., dont la solution exacte et absolue, impossible d'ailleurs, serait plus curieuse que nécessaire, puisqu'on peut toujours en approcher aussi près qu'on le veut. D'après Ératosthènes la duplication du cube fut proposée pour la première fois à propos d'un monument que Minos, introduit sur la scène par un poëte, élevait à Glaucus. Le prince ne trouvant pas assez magnifique ce monument, auquel les entrepreneurs donnaient cent palmes en tout sens, ordonna qu'on le fit double. La question, ayant été proposée, embarrassa beaucoup les géomètres jusqu'au temps d'Hippocrate de Chio, le quadrateur des lunules qui portent son nom. Il démontra que toute la solution du problème se réduisait à la recherche de deux moyennes proportionnelles. La plupart des auteurs donnent une autre origine à la première proposition de la duplication du cube : l'oracle de Delphes, consulté sur ce qu'il convenait de faire pour mettre un terme à la peste qui désolait Athènes, dit qu'il fallait doubler l'autel d'Apollon à Délos, qui était cubique; d'où le problème fut nommé *déliaque*. Il fut proposé à l'école platonicienne, qui s'occupait spécialement de géométrie, et l'on en donna d'abord un grand nombre de solutions mécaniques; mais il s'agissait d'en obtenir une géométrique, ce qui ne peut se faire avec la règle et le compas, car l'équation, étant du troisième degré, ne peut être résolue par l'intersection d'une ligne droite et d'un cercle, l'équation résultant de cette intersection ne pouvant passer le second degré. Menechme, frère de l'auteur de la fameuse quadratrice (Dinostrate), en donna d'abord une solution, mais au moyen de deux sections coniques au lieu de n'en employer qu'une seule avec un cercle, comme Descartes le fit depuis.

Il y des moyens beaucoup moins compliqués de résoudre cette question. Le plus simple, par exemple, serait de prendre numériquement le côté c du cube, x représentant le côté cherché du cube double en solidité. On cherche la racine cubique de $2c^3$ et l'on a, aussi approximativement qu'on le veut, la valeur de x. C'est absolument le résultat que donne la solution du problème, en cherchant deux moyennes proportionnelles entre le côté du cube et le double de ce côté. La première serait le côté du cube double : c étant toujours le côté du cube que l'on veut doubler, si l'on cherche, en effet, deux moyennes poportionnelles, x, y, entre c et $2c$, on aura $c : x :: x : y$, d'où $y = \frac{x^2}{c}$, et $x : y :: y : 2c$, ou $x : \frac{x^2}{c} :: \frac{x^2}{c} : 2c$, d'où l'on tire $x^3 = 2c^3$, c'est-à-dire le côté x d'un cube qui sera double en solidité de celui qui a c pour côté.

DUPLICITÉ. Au sens propre, ce mot se dit des choses qui sont doubles et qui devraient être simples : il y a *duplicité d'action dans cette pièce de théâtre.* Au figuré, c'est l'habitude ou la faculté de se contrefaire, de paraître autre que l'on est. C'est un vice de la famille du mensonge et de l'hypocrisie, dont l'intérêt est le but et la trahison le moyen, et que ses apologistes décorent du nom de *finesse*. La sagesse ancienne avait dit : *omnis homo mendax* (tout homme est menteur); le savoir-faire moderne a été plus loin en disant : *la parole a été donnée à l'homme pour déguiser sa pensée*. La duplicité était le trait caractéristique des anciens Grecs, et parmi eux Ulysse en était le type le plus complet. Judas en offre un symbole exécrable aux yeux de la religion et de l'humanité. Parmi les princes, Denys l'Ancien, Jugurtha, Tibère, Louis XI, Richard III et Philippe II en ont été d'effrayants modèles, qu'on retrouve encore dans le Simon de Virgile, le Narcisse et le Mathan de Racine, le Tartufe de Molière, le Iago de Shakspeare et le Blifil de Fielding.

La duplicité tient sans doute chez quelques-uns au caractère, mais le plus souvent elle est un résultat forcé de notre position. Tout ce qui vit dans la dépendance tourne facilement à la duplicité. Ainsi, le domestique qui non-seulement est obligé de plaire à deux époux d'humeur opposée, mais encore de les flatter, prend avec chacun d'eux un masque à part. Dans les cours, avant de parvenir à capter le prince, il est indispensable de gagner son entourage; ce n'est qu'avec la plus profonde duplicité qu'on arrive à ce résultat, puisqu'il faut se changer complétement pour se montrer à chaque instant tel que désire que vous soyez celui dont vous avez besoin. Les véritables coquettes sont remplies de duplicité : dans l'espace de quelque heures, elles simulent tous les genres de sentiment, insinuent des promesses, donnent des espérances, avec le dessein bien arrêté de ne jamais rien tenir. Il y a encore en diplomatie de vieilles traditions de duplicité qu'on pratique par habitude de métier; c'est comme dans le commerce, où l'on surfait pour arriver un peu plus tard au prix véritable : tout cela n'est que du temps perdu.

On ne saurait trop répéter aux hommes, pour leur instruction, qu'ils ne doivent jamais s'en rapporter aux apparences : plus les formes d'un gouvernement inclinent vers la liberté, plus règne la duplicité parmi ceux qui aspirent au pouvoir. Dans les gouvernements despotiques, c'est le hasard, c'est le caprice du maître, qui décident de la fortune : a-t-il quelques courtisans, ceux-ci n'ont qu'à le tromper tout *seul*, puisque c'est son unique volonté qui commande. Au sein des monarchies tempérées, on compte quelques familles qui, par droit d'hérédité, environnent le souverain et exploitent le pouvoir. Parmi ces familles, la duplicité est grande : elle est exercée, parce qu'on a une certaine masse d'individus à mettre dans ses intérêts; mais cette tâche accomplie, on se repose en général pendant de longues années, les révolutions n'étant pas fréquentes dans les monarchies tempérées. S'agit-il maintenant d'une démocratie où l'on n'arrive aux affaires que par l'élection directe? C'est là que la duplicité devient incommensurable : il faut que le candidat se fasse *tout à tous*, et qu'il ait un caractère approprié à chaque citoyen; ses amis vont de leur côté recrutant des voix à son profit, et s'armant à leur tour d'une duplicité infatigable; le nombre des ressorts qu'on fait jouer est effrayant. Quant aux gouvernements représentatifs, il est incontestable que les chefs de l'opposition, pour rallier autour d'eux un certain nombre de votants, sont forcés de déployer cent fois plus de duplicité que les ministres; car ces derniers ont le pouvoir et ses séductions, qui tout naturellement attirent et attachent, tandis que les chefs de l'opposion n'offrent que des espérances éloignées. Tous ceux qui connaissent à fond la vie de Fox savent que dans ses luttes parlementaires il descendit à des ruses et à des manœuvres de duplicité dont n'eut jamais besoin son rival Pitt. Dans les affaires importantes, la franchise est le talent de la force, la duplicité la ressource de la faiblesse. La franchise ose, elle a le pouvoir; la duplicité n'a que la persuasion : elle parle toutes les langues, hors celle du commandement.

SAINT-PROSPER.

DUPONDIUS. Les Romains désignaient par ce nom un poids équivalent à deux livres, ainsi qu'une monnaie de la valeur de deux as.

DUPONT (GRATIEN), sieur de Drusac, lieutenant général de la sénéchaussée de Toulouse, né dans le Languedoc, au commencement du seizième siècle. Tout bibliophile de nos jours regarde comme un heureux hasard celui qui le rend possesseur, moyennant 100 à 200 francs, du volume de cet auteur, intitulé : *Controverses des sexes masculin et féminin* (Toulouse, 1534 et 1536; Paris, 1540 et 1541). C'est une longue et beaucoup trop longue satire dirigée contre les femmes. Dupont convient avoir mis à contribution les rimeurs et les théologiens qui ont avant lui attaqué le beau sexe. Il adopte la forme d'un songe, durant lequel il entend *Sexe masculin* exposer tous ses griefs contre *Sexe féminin*, lequel se défend par d'assez mauvaises raisons. Cet interminable plaidoyer est suivi d'une *requête* adressée à *dame Raison par Sexe masculin*; le tout accompagné d'un procès-verbal, d'une duplique, etc. Dupont ne s'arrête qu'après avoir produit 19,000 vers environ. Le style est lâche et traînant, et la pensée, comme l'expression, souvent grossière. Ce livre attira de nombreux ennemis à l'auteur, entre autres François Arnaut, prêtre, qui fit imprimer à Toulouse l'*anti-Drusac, ou livret contre Drusac, fait en l'honneur des femmes nobles, bonnes et honnêtes.* Dolet l'attaqua aussi violemment dans des odes latines. On a encore de Gratien Dupont une sorte d'art poétique intitulé : *Art et science de rhetoricque mettrifiée avec la diffinition de synalephe* (Toulouse, 1539, in-4°). Ajoutons que ce rimeur était un personnage fort modeste, fort inoffensif, et qu'il ne prétendait nullement se poser en maître.

G. BRUNET.

DUPONT DE NEMOURS (PIERRE-SAMUEL), philosophe et naturaliste, né à Paris, le 14 décembre 1739, était ami et disciple de Turgot, et, comme lui, membre de la secte des *économistes*. Après avoir voyagé en Suède, en Pologne et dans le margraviat de Bade, il revint en France partager les travaux de son maître, qui venait d'être appelé au contrôle général des finances. A la disgrâce de ce ministre, Dupont se voua entièrement à l'étude des procédés agricoles et industriels, et publia sur ces matières divers ouvrages estimés. Il fut élu en 1789 par le bailliage de Nemours député aux états généraux, vota plusieurs fois avec le côté droit de l'Assemblée constituante, qu'il présida à deux reprises, et se montra au 10 août parmi les défenseurs de la monarchie expirante, accompagnant Louis XVI à l'Assemblée législative. Cette conduite l'exposa à toutes les persécutions du régime de la *Terreur*, et la mort seule de Robespierre lui sauva la vie. Député par le Loiret au Conseil des Cinq-Cents, il y défendit courageusement les pères et mères des émigrés, et eût été infailliblement proscrit au 18 fructidor sans l'assistance généreuse de son collègue Chénier.

Dupont passa aux États-Unis, et ne reparut en France que dans des jours plus calmes. Il fut admis dans la classe de littérature ancienne de l'Institut, et lut dans son sein ses études sur les *sciences*, *les institutions sociales et le langage des animaux*, étude déjà ébauchée dans sa *Philosophie de l'univers*, celui de ses ouvrages que l'agrément du style, la nouveauté du système, l'originalité des idées, ont rendu le plus populaire. La doctrine de Dupont, ingénieuse sans doute, parut trop emprunter à la fécondité de son imagination, et prêta dans le temps à des railleries plus ou moins piquantes. Cependant, on rendit généralement justice à la bonne foi de l'auteur, auquel des travaux d'un ordre plus sérieux préparaient d'ailleurs un rang distingué parmi les publicistes qu'a possédés la France. Il était aussi poëte, et a laissé une traduction en vers de plusieurs chants du *Roland furieux* (Paris, 1812, in-8°). Au retour des Bourbons, Dupont de Nemours fut nommé conseiller d'État; mais les événements du 20 mars l'ayant de nouveau contraint à s'expatrier, son âge avancé ne lui permit plus de rentrer en France. Il mourut aux États-Unis, le 6 août 1817, laissant un assez grand nombre d'ouvrages et une mémoire universellement honorée. Il avait épousé en secondes noces la veuve du célèbre voyageur Poivre.

DUPONT *de l'Étang* (Pierre, comte), lieutenant général, grand'croix de la Légion d'Honneur, ministre de la guerre sous Louis XVIII, né à Chabannais, dans l'Angoumois, en 1765, mort à Paris, en 1840, se destina d'abord à l'artillerie, et fit ses premières armes; en qualité de sous-lieutenant, au service de Hollande, dans la légion française de Maillebois. Après le licenciement de ce corps, il entra dans l'artillerie hollandaise. Rappelé en France en 1791, à la suite des décrets de Louis XVI, qui organisaient l'armée sur le pied de guerre, il fut successivement capitaine au régiment d'Auxerrois et aide de camp du général Théobald Dillon à l'armée du Nord. Lorsqu'au mois d'avril 1792, dans la retraite de Tournay, ordonnée par Dumouriez, ce général fut assassiné par ses soldats, qui voyaient une trahison dans un mouvement qu'ils ne comprenaient pas, Dupont fut blessé grièvement en le défendant. Dès que ses blessures furent guéries, il rejoignit l'armée du Nord, où il fut attaché, en la même qualité, à Arthur Dillon, frère de son premier général, et se distingua dans la campagne de l'Argonne, à Valmy, et surtout au passage des Islettes. Envoyé comme chef d'état-major à l'armée de Belgique, ses habiles dispositions firent échouer les projets du duc d'York contre Dunkerque, et sauvèrent nos places maritimes de ce littoral. A peu de temps de là, à l'affaire de Menin, il fit mettre bas les armes à un bataillon de grenadiers, commandé par le prince de Hohenlohe, brillant fait d'armes qui fut récompensé par le grade de général de brigade. En 1793 il resta sans emploi, et se retira dans ses foyers pour échapper à la tourmente révolutionnaire. Il ne reparut que sous le Directoire, époque où il fut nommé par Carnot directeur du dépôt de la guerre. La journée du 18 fructidor lui fit momentanément perdre ses fonctions, dans lesquelles il ne tarda pas être réintégré. Après la journée du 18 brumaire, à laquelle il prit une part active, il fut appelé aux fonctions de chef de l'état-major général de l'armée de réserve, réunie au pied des Alpes, et se fit remarquer par sa bravoure à Marengo. Nommé, à quelque temps de là, gouverneur du Piémont, il administra ce pays avec autant de sagesse que d'habileté, entra ensuite en Toscane, où il établit un gouvernement provisoire, et, après avoir franchi le Mincio à Pozzolo, y battit les Autrichiens, au nombre de 45,000 hommes, avec un corps dont l'effectif s'élevait au plus à 15,000 hommes.

Lors de l'établissement de l'empire, en 1804, Dupont fut créé comte; en 1805, il fut envoyé à l'armée d'Allemagne, et, à la tête de sa division, il battit, devant Ulm, toutes les forces du général Mélas; deux jours après, il fit 20,000 prisonniers au prince Ferdinand d'Autriche, qui était sorti d'Ulm avec 25,000 l'hommes. Après la capitulation de cette place, il battit le général en chef russe Koutousoff, qui tenait bloqué dans les montagnes de la basse Autriche le corps du maréchal Mortier. La campagne de Prusse ne lui fournit pas moins d'occasions de se signaler : en 1807, un mouvement très-hardi qu'il exécuta contribua puissamment au gain de la journée de Friedland. Napoléon l'en récompensa, sur le champ de bataille même, par le don du grand cordon de la Légion d'Honneur. L'année suivante, le général Dupont, regardé à bon droit, en ce moment, comme l'un de nos plus habiles tacticiens, fut appelé au commandement d'une divisoon de l'armée d'Espagne. Il s'était avancé victorieusement jusqu'à Cordoue, lorsque, le 18 juillet, une fausse manœuvre le plaça dans une position tellement critique, qu'il dut solliciter du général espagnol Castaños la conclusion d'un armistice qui ne lui fut accordé qu'à la condition que son corps d'armée, fort de 17,000 hommes, mettrait bas les armes. Cinq jours après, le 23 juillet, fut signée la désastreuse capitulation de Baylen, d'après laquelle le corps d'armée du général Dupont, qui n'était point considéré comme prisonnier de guerre, devait être conduit par mer en France avec ses armes, ses drapeaux et ses bagages; capitulation désastreuse, en ce qu'elle rompait l'espèce de charme qui jusqu'alors semblait avoir protégé les légions françaises à l'étranger, et qui fut d'ailleurs indignement violée par l'ennemi. A la nouvelle de ce grand malheur, Napoléon fut atterré, et son irritation contre le général Dupont ne connut pas de bornes. A son retour en France, il le fit arrêter, conduire au fort de Joux et traduire devant une commission militaire, sous l'accusation de haute trahison. Mais la procédure de cette affaire n'était point encore terminée quand survinrent les événements de 1814.

Les persécutions dont le général Dupont avait été l'objet depuis six années le recommandaient naturellement à la bienveillance du gouvernement provisoire, qui l'appela aux fonctions de commissaire au département de la guerre, poste dans lequel il fut confirmé par Louis XVIII. Alors, comme le baron Malouet, il s'affranchit des scrupules de ses collègues, en signant l'ordonnance qui imposait la cocarde blanche à l'armée. L'administration réactionnaire du général Dupont a laissé dans l'armée les plus déplorables souvenirs; il destitua, mit à la retraite ou envoya en demi-solde une foule d'officiers éprouvés et dans la force de l'âge, qu'il remplaça par de vieux émigrés ou de jeunes nobles n'ayant jamais vu le feu. La décoration de la Légion d'Honneur fut gaspillée avec une scandaleuse profusion. Enfin, en moins de huit mois, il réussit à introduire dans toutes les branches du service une telle confusion que force fut à la Restauration de lui retirer le portefeuille de la guerre. Louis XVIII lui accorda, comme fiche de consolation, le gouvernement de la 22e division militaire et la croix de commandeur de l'ordre de Saint-Louis. Destitué de nouveau pendant les cent-jours, il fut réintégré dans ses grades et dignités après la seconde restauration. En 1815 le département de la Charente l'envoya à la *chambre introuvable*, où il vota toujours avec l'honorable minorité qui protestait contre les violences et les réactions à ce moment à l'ordre du jour. Ses électeurs lui continuèrent jusqu'en 1830 leur mandat, dont, il faut le dire à sa louange, il usa toujours dans un esprit de modération qui prouve qu'il avait reconnu lui-même et que sans doute il déplorait les fautes que lui avait fait commettre en 1814 son ardeur réactionnaire contre les souvenirs de l'empire. Il appartint constamment en effet à la fraction de la chambre désignée sous le nom de *centre gauche*. Une ordonnance royale, en date du 13 août 1832, l'admit à faire valoir ses droits à la retraite; et depuis là jusqu'à sa mort il vécut constamment dans une sage obscurité. On a de lui un poëme : *La Liberté* (in-8°, 1799), qui obtint la première mention honorable à l'Institut, et des *Observations* sur le libelle prétendu historique publié par l'abbé de Montgaillard, sous le titre de *Histoire de France*.

DUPONT DE L'EURE (Jacques-Charles), ancien président de la cour impériale de Rouen, ancien ministre de la justice, ancien président du gouvernement provisoire, etc., est né au Neubourg, le 27 février 1767, et était dès 1789 avocat au parlement de Normandie. Il embrassa les principes de la révolution avec l'enthousiasme d'un ami sincère de la liberté et la modération d'un homme de bien, et fut nommé en 1792 administrateur du district de Louviers, et un peu plus tard juge au tribunal civil de cette ville; en l'an v, substitut du commissaire du directoire exécutif près le tribunal civil, et en l'an vi accusateur public (fonctions qui équivalaient à celles de procureur général) près le tribunal criminel du département de l'Eure. Mais il ne fit pour ainsi dire que traverser le parquet pour arriver à l'inamovibilité. Nommé en l'an viii conseiller au tribunal d'appel de Rouen, il fut élevé la même année à la présidence du tribunal criminel d'Évreux.

A cette époque, le sol de la France et surtout la Normandie étaient agités par les dernières secousses de la révolution; les brandons de la guerre civile fumaient encore, et le sanctuaire de la loi retentissait souvent des passions de la politique. Dupont (de l'Eure) ne vit dans cet état de choses qu'une raison de plus de consacrer le grand principe que la politique ne doit jamais envahir la justice, et que transformer la loi en instrument de haine ou de vengeance est le plus grand des crimes. Une affaire grave, nouée par les intrigues de Fouché, et dans laquelle le gouvernement voulait à tout prix obtenir un verdict de culpabilité, fut portée devant le tribunal criminel d'Évreux; les prévenus étaient, disait-on, des hommes dangereux, dont la condamnation était nécessaire pour intimider les malveillants et rétablir la tranquillité dans la contrée. Mais le tribunal, présidé par Dupont (de l'Eure), ne voulut voir en eux que des accusés ordinaires; il rechercha les preuves du crime qui leur était imputé, ne les trouva point, et les acquitta, sans se préoccuper des besoins de la politique. Le gouvernement se montra très-irrité de cet acquittement, qu'il attribuait avec raison à l'impartiale et sévère justice de Dupont (de l'Eure). Toutefois, il respecta l'indépendance de ce magistrat, qui conserva sa présidence jusqu'en 1811, époque à laquelle il fut nommé d'abord conseiller et bientôt après président de la cour impériale de Rouen. Dès l'an vi, la confiance de ses concitoyens l'avait envoyé siéger aux Cinq-Cents. En 1806 et en 1812 il fut élu, par le collége électoral de l'Eure, candidat au Corps législatif, dont le sénat le nomma membre au commencement de 1813. Après les événements de 1814, il fit partie de la chambre des députés, dont il devint vice-président, et demanda alors qu'aux diverses formules de serment plus ou moins féodales adoptées jusqu'alors, on substituât simplement le serment de fidélité au roi et à la Charte constitutionnelle. Cette proposition, combattue par les ministres de Louis XVIII, fut adoptée par la législature.

Membre et vice-président de la chambre des cent-jours, Dupont (de l'Eure) fut un de ceux dont le courage et la fermeté honorèrent leur pays en présence des trahisons et des désastres qui l'accablaient de toutes parts. Ce fut lui qui, membre de la commission chargée de l'examen de la fameuse déclaration de la chambre des représentants au peuple français, proposa une nouvelle rédaction, qu'il fit adopter dans l'orageuse séance du 4 juillet 1815, et au moment où les ennemis étaient sous les murs de Paris. Cette déclaration portait que « la France ne reconnaîtrait d'autre gouvernement que celui qui lui garantirait, par des institutions librement consenties, l'égalité devant les lois, la liberté individuelle, la liberté de la presse et des cultes, le gouvernement représentatif, le jury, l'abolition de toute noblesse héréditaire, l'inviolabilité des domaines nationaux et tous les grands résultats de la révolution. » Le lendemain Dupont (de l'Eure) monta à la tribune pour demander qu'une députation de la chambre fût chargée d'aller notifier cette déclaration aux souverains alliés. Son discours produisit un effet immense, et l'orateur fut désigné, séance tenante, pour faire partie de la commission chargée de porter cette énergique déclaration au quartier général des souverains alliés; mais les événements militaires ne permirent point l'accomplissement de cette mission. Trois jours plus tard, le 8 juillet, Dupont (de l'Eure), environné de quelques-uns de ses collègues, qui, comme lui, avaient voulu rester fidèles jusqu'au dernier moment à leurs devoirs envers la France, attendit sur son siége que la force vint l'expulser du sanctuaire de la représentation nationale; et lorsqu'il dut céder aux baïonnettes étrangères, conduites par d'indignes Français (*voyez* Decazes), il protesta au nom de la chambre et du pays contre cet acte de violence. En 1816 les colléges électoraux de Rouen et de Louviers le désignèrent comme candidat pour la chambre des députés, où il fut envoyé en 1817, par la ville d'Évreux, et où l'ont constamment maintenu toutes les élections faites jusqu'en 1848.

Pendant sa longue carrière législative, Dupont (de l'Eure) a pris part à toutes les grandes luttes de la liberté contre l'arbitraire, de la raison contre les préjugés, et ses discours comme ses votes ont eu pour but invariable le triomphe des intérêts populaires. En 1817 il défendit la loi du recrutement, parla plusieurs fois en faveur de l'attribution des délits de la presse au jury; il revendiqua les droits des membres de la Légion d'Honneur illégalement privés de la moitié de leur traitement, et il demanda que le traitement des ministres fût réduit à 100,000 fr. En 1818 il s'éleva énergiquement contre la différence scandaleuse qui existait entre la solde de nos troupes et celle accordée aux régiments suisses au service de la cour, et demanda que des stipendiés étrangers ne fussent pas mieux payés que des soldats français; puis il attaqua avec force la résolution de la chambre des pairs, qui, sur la fameuse motion de M. de Barthélemy, proposait de modifier la loi du 5 février sur les élections. C'était attaquer la Restauration par ses côtés les plus sensibles; elle punit le courageux citoyen par un acte d'une inqualifiable brutalité. Après vingt-sept ans des plus honorables services, Dupont (de l'Eure) fut éliminé, sans pension, de la présidence de la cour de Rouen par une décision de M. Pasquier, alors garde des sceaux. Cette injustice fut vivement ressentie par ses compatriotes, qui voulurent l'en dédommager en lui offrant une modeste terre acquise, à son insu, du produit d'une souscription nationale. En 1819 la loi du 5 février sur les élections, attaquée une seconde fois par l'oligarchie, trouva en lui un défenseur ardent et dévoué, qui combattit avec la même vigueur la loi suspensive de la liberté de la presse. Mais sa plus belle lutte fut celle de 1820, à l'occasion du projet de loi tendant à modifier l'article 361 du Code d'Instruction criminelle sur le jury, et d'un autre projet relatif à la censure des journaux.

Tous les attentats ultérieurement dirigés par la Restauration contre les droits et les franchises de la France, depuis les lois exceptionnelles de 1820 jusqu'aux ordonnances de 1830, le trouvèrent également sur la brèche. Aussi applaudit-il avec enthousiasme à la révolution de Juillet. Accouru à Paris à la première nouvelle de ce grand événement, il fit partie, comme commissaire au département de la justice, du cabinet provisoire nommé par la commission municipale le 1er août 1830. Lorsque ce ministère fut définitivement constitué, c'est-à-dire le 11 août, Dupont (de l'Eure) insista pour se retirer. Mais on avait senti que son nom était indispensable pour donner un point d'appui au gouvernement nouveau. Les instances de M. Laffitte l'emportèrent sur ses antipathies instinctives, et il consentit à rester chargé du portefeuille de la justice. Cependant, tout fut sévère et grave dans les rapports du ministre de la justice avec la royauté nouvelle. Quelques méfiances, puisées dans l'expérience encore récente du despotisme, un soupçon vague que la monarchie des barricades portait dans son sein autre chose que les destinées de la révolution de Juillet, telles étaient les dispositions sous l'empire desquelles Dupont accepta le pouvoir. Le véritable caractère du nouveau gouvernement, ses déceptions et ses tendances, ne tardèrent pas à se révéler à ses yeux, et dès lors ce ne fut pour lui qu'une guerre de chaque jour, jusqu'au moment où l'élimination de Lafayette ne lui laissa plus aucun doute sur les arrière-pensées de la contre-révolution qui allait s'accomplir.

Ce fut le 27 décembre, après cinq mois de ministère, qu'il crut devoir répudier toute solidarité avec ce système. En conséquence il remit sa démission à Louis-Philippe dans une lettre où il faisait allusion à une levée de boucliers dirigée le jour même dans la chambre des députés contre le général Lafayette. On affectait de supposer à l'illustre général l'intention de renouveler envers la chambre des députés les scènes de Cromwell à l'égard du parlement, et de Bonaparte contre les Cinq-Cents. Aussi, sur l'ordre de Casimir Périer, les ponts, les quais et les rues adjacentes du Palais-Bourbon avaient été encombrés de troupes, destinées, disait-on, à prévenir un autre 18 brumaire. Cette précaution, ces craintes affectées avaient été calculées pour épouvanter l'opinion publique par l'imminence d'une nouvelle révolution, provoquer des récriminations sur les troubles d'octobre et de décembre, et amener la retraite du commandant en chef de la garde nationale, de Dupont (de l'Eure) et du préfet de Paris, dont le caractère et la popularité effrayaient les réacteurs. C'est dans cette séance que M. de Lameth se traîna mourant à la tribune, pour déclamer contre les institutions républicaines dont cinq mois auparavant on avait osé parler à l'hôtel de ville, et qui, disait l'orateur, étaient décidément incompatibles avec la monarchie. Dès ce moment les partis se dessinèrent nettement, et l'on vit se produire les éléments d'une lutte dans laquelle deux ordres opposés d'idées et d'intérêts allaient se disputer les bénéfices de la révolution de juillet. La division entre les patriotes qui avaient fait la révolution, et les intrigants qui voulaient l'exploiter, entre les hommes *de la veille* et les hommes *du lendemain*, date de cette époque.

La place de Dupont (de l'Eure) était parmi ceux qui voulaient introduire dans le nouvel ordre de choses des institutions populaires qui devinssent pour lui des garanties de force et de durée. Il alla donc reprendre son siége dans l'opposition qu'il avait glorifiée pendant tant d'années, et dans les rangs de laquelle il continua jusqu'en 1848 à donner à la France l'exemple du dévoûment le plus pur et le plus inaltérable aux intérêts de la liberté, de l'honneur et de la gloire de son pays. Magistrat, il n'obéit qu'à sa conscience, à la justice et à la loi; député de la France, il combattit sans relâche contre la tyrannie, sans jamais fatiguer la renommée du bruit de sa vertu et de son courage; ministre malgré lui, il ne fit grâce à aucun des vices du système auquel la révolution l'avait imposé; il ne trouva des excuses pour aucune de ses fautes, et ne voulut jamais voir d'habileté dans le despotisme.

En février 1848 M. Dupont (de l'Eure) fut acclamé président du gouvernement provisoire, puis élu simultanément représentant du peuple dans la Seine-Inférieure et à Paris. Mais son nom ne sortit point de l'urne lors des élections qui eurent lieu en 1849 pour la Législative. B. Sarrans.

DUPONT (Henriquel). *Voyez* Henriquel Dupont.

DUPONT (Pierre), chansonnier français, né à Lyon, le 23 avril 1821, d'une famille d'artisans, fit quelques études au petit séminaire de Largentière. Au sortir de cette maison, il entra en apprentissage chez un canut. Cette condition ne pouvait sans doute lui convenir; il fut ensuite employé dans une maison de banque. Vers 1841, il rencontra chez son grand-père, M. P. Lebrun, de l'Académie Française; ce fut pour lui une bonne fortune, car peu de temps après M. Dupont tombait au sort, et il n'aurait pu s'acheter un remplaçant si M. Lebrun n'eût fait souscrire un grand nombre de pesonnes à un livre que le jeune lyonnais venait de terminer. Ce livre, intitulé *Les Deux Anges*, obtint un prix à l'Académie Française, et valut à son auteur une petite place en qualité d'aide aux travaux du *Dictionnaire*, place que son amour de l'indépendance ne lui permit pas de conserver.

Malgré son prix académique, M. Dupont était encore complétement ignoré de la foule lorsque parut son recueil de chants rustiques intitulé *Les Paysans*, qui attira sur lui l'attention du public. Quoiqu'on eût renoncé aux bergeries de Florian, le genre pastoral était encore soumis à certaines conventions que M. Dupont abandonna complétement. Dans ses premières compositions, il réussit, et parut original. Du reste, M. Dupont se révélait doublement comme poëte en plaçant sous ses chants, sans aucune prétention musicale sans doute, quelques traits mélodiques qui ajoutent à leur expression : dans ce premier recueil, qui ne se rappelle l'heureux parti qu'il sut en tirer pour vivifier cette inimitable scène intitulée *Les Bœufs!*

Si M. Dupont s'était borné à cultiver le genre dans lequel son premier pas avait été un succès, il est bien probable que son nom ne jouirait pas de la popularité qu'il a acquise depuis 1848. Mais déjà en 1846 il abordait les questions sociales, et *Le Chant des Ouvriers* nous le montrait sous une face nouvelle. Là, comme dans le genre pastoral, il arrivait dès son début à une hauteur qu'il n'a pas dépassée depuis. Combien *Le Chant des Soldats*, qui parut en 1848, se trouve inférieur au *Chant des Ouvriers!* C'est que *Le Chant des Soldats*, *Le Chant des Étudiants*, et quelques autres encore éclos au plus fort de notre révolution, n'ont plus un cachet purement social : la politique d'alors y tient une large place, et (chose qui fait honneur à son cœur) M. Dupont n'apporte plus le même enthousiasme lorsqu'il faut chanter les rudes combats que lorsqu'il prend pour thème les destinées harmoniques de l'humanité.

Sous le titre de *Chants et chansons, poésie et musique de P. Dupont*, notre chansonnier a réuni tout ce qu'il a publié jusqu'à ce jour et plusieurs morceaux jusque alors inédits. Si sa poésie est souvent lente et diffuse, si l'expression est parfois triviale ou mal choisie, il n'y a pas une seule de ses productions où l'on ne trouve quelque jolie pensée, ou quelque noble aspiration; de même, si sa musique choque quelquefois les règles de l'harmonie, si elle offre des réminiscences malheureuses, avouons que cette musique, avec sa piquante originalité, convient à la poésie qu'elle accompagne, et qu'elle plairait peut-être moins, dépourvue de ses incorrections.

DUPORT (Adrien), conseiller au parlement de Paris, député de la noblesse aux états généraux, était né dans cette ville, en 1760. Il avait vingt-sept ans quand s'éleva cette lutte qui fit deux camps dans le parlement. Sa jeunesse, un libéralisme sincère, la perspective d'un avenir prochain peut-être, le poussèrent dans les rangs de cette opposition qui voulait faire contre-poids dans l'État à l'autorité royale, en prenant sur elle des garanties de liberté, songeant plutôt à modifier le système monarchique qu'à le démolir de fond en comble. Le vieux parlement, fait à l'obéissance d'habitude et à une impuissance héréditaire, résista peu, et s'abandonna à l'impulsion de la jeune ligue née dans son sein, qui reconnut Duport pour chef. Celui-ci éclaira deux ans l'opinion aveuglée sur les erreurs de Calonne et les mensonges de Brienne. Le parlement se vengea pour la première fois de tout son passé de servitude : résistant à la cour, au clergé, à la majorité de la noblesse, dénonçant leurs projets, leurs solidarités coupables. Duport se montra, dans cette guerre, sans transactions, sans faiblesses, mais exempt aussi des passions égarées des agitateurs sans but.

Les élections de janvier 1789 le portèrent aux états généraux. Au mois de juillet, la découverte d'un complot qui avait pour but de livrer aux Anglais le port de Brest entraîna à la tribune le marquis Gouy-d'Arcy : la motion de ce député démontrait la nécessité de décacheter les lettres adressées à des personnes suspectes. Duport prit la parole pour défendre l'inviolabilité du secret des correspondances, au nom de la vie privée et de la liberté individuelle, proposant toutefois la création d'un comité de surveillance, chargé de dévoiler les manœuvres contre la sûreté publique. Ce comité, dont il fit partie, rendit des services signalés, en déjouant des conspirations ourdies par des personnes influentes. Dans la discussion sur la *déclaration des droits de l'homme*, Duport avança ces décisives propositions : *l'abolition du droit féodal*, *l'inviolabilité de la propriété*, décrets laconiques, mais vastes dans leurs conséquences, et résumant, avec l'opinion déjà émise sur l'inviolabilité de la pensée, tout l'esprit vrai de la révolution. Il fut la tête d'un triumvirat ligué contre Mirabeau; Barnave et Lameth en étaient le cœur et l'action. Son beau travail sur l'organisation judiciaire lui assigna à la Constituante une place sérieuse et honorée. Il proposa l'établissement des jurés au civil et au criminel, et soutint cette proposition par trois discours successifs. Sa motion relative aux jurés dans les questions civiles, utopique suivant quelques-uns, facile d'application suivant quelques autres, fut violemment combattue et rejetée. Il soumit ensuite aux délibérations de l'assemblée un système complet de justice criminelle, divisé en police et en justice, et vota contre la peine de mort. Du 15 au 27 février 1791, il présida l'Assemblée, puis le tribunal criminel de Paris, jusqu'au 10 août.

Accusé de *monarchisme* pour avoir défendu l'inviolabilité du roi, il fut arrêté dans sa fuite à Melun, chargé d'une lettre qui, malgré les détours obscurs et presque symboliques de la forme, dévoilait des projets hostiles au mouvement de l'esprit public. Danton, qui lui était attaché par le lien de services rendus, favorisa son évasion. Il rentra à Paris après thermidor, reprit ensuite le chemin de la Suisse, et mourut pauvre, quelques mois après, au mois d'août 1798, à Appenzel. Ses derniers jours de retraite et de dénuement furent remplis par la traduction de Tacite. Ce travail explique le secret de sa parole concise, vigoureuse, et parfois amère, sa nature dogmatique et affirmative, comme celle d'un magistrat sûr de lui-même, chaleureuse et énergique comme celle de tous les hommes trempés aux passions d'une époque de mouvement. TH. SILVESTRE.

DUPORT DU TERTRE (MARGUERITE-LOUIS-FRANÇOIS), naquit à Paris, en 1754, d'un père homme de lettres, et y exerça la profession d'avocat jusqu'à la révolution. Il fut élu en 1789 membre de la municipalité de Paris et lieutenant de maire au bureau de la police. Louis XVI, auquel il avait été désigné pour sa probité et son caractère doux et facile, l'éleva en 1790 aux fonctions de garde des sceaux et de ministre de la justice, en remplacement de Champion de Cicé, archevêque de Bordeaux. Il fallut l'aller chercher à son troisième étage de la rue de la Sourdière pour l'installer à son poste. Le 22 novembre, le roi annonça à l'Assemblée nationale la nomination de Duport, au milieu des applaudissements de la gauche et des tribunes, qui saluaient plutôt le roturier élevé aux fonctions suprêmes que l'homme médiocre et inconnu tiré de l'obscurité. Le ministère de Duport ne révéla en lui ni intelligence, ni énergie, mais une exactitude rigoureuse de fonctionnaire, et une soumission absolue aux ordres de son roi, qualités de quelque prix chez un homme vulgaire, relégué aux derniers degrés des hiérarchies; défauts malheureux dans un ministre. Sa nullité politique ne s'électrisa jamais au contact des fortes passions et de l'éloquence révolutionnaire. Le 12 novembre 1791 le ministre annonçait le refus de la sanction royale au décret contre l'émigration, et demandait à lire un mémoire à ce sujet; de violentes interpellations lui interdirent longtemps la parole. Duport demanda en 1792 au comité diplomatique un rapport exact sur les soulèvements de la Vendée et les tueries du comtat Venaissin. Dénoncé par Merlin pour avoir créé un office de notaire et violé la loi sur l'abolition de la vénalité des offices dans l'intervalle de la sanction à la promulgation, il repoussa les chefs d'accusation portés contre lui, et rentra dans la vie privée.

Quatre jours après le 10 août, Merlin monte à la tribune pour s'écrier que la tranchée s'ouvre à Thionville, à Longwi, et que plus de quatre cents lettres prouvent qu'à Paris, comme à Coblentz, il y a un foyer de conspirateurs et de traîtres. Gohier rend compte des pièces qui établissent la correspondance du roi avec les princes émigrés, et le plan de contre-révolution de la cour, concerté par le comité des ministres avec Lameth et Barnave. Robespierre et Chabot font décréter d'accusation Duportal, Bernard Montmorin, Tarbé, Lameth, Barnave et Duport du Tertre. La résignation, le courage de ce dernier, pendant sa courte captivité à la Conciergerie, excitèrent l'admiration unanime de ses compagnons d'infortune. Il se montra calme, sans faiblesse, sans crainte, quoiqu'il ne vît aucun espoir de salut et de justice. Sa femme venait le voir presque tous les jours; et ses larmes, son désespoir paraissaient seuls réveiller dans son âme quelque regret de la vie. Malgré le témoignage favorable de Marat lui-même, il fut condamné à mort et exécuté en même temps que Barnave, le 28 novembre 1793, avant d'avoir atteint sa trente-neuvième année. Il mourut avec un grand courage. Il passe pour l'un des auteurs d'un bon livre intitulé *Histoire de la Révolution, par deux amis de la liberté* (1790-1815 ; 20 vol. in-8°).

DUPORT (JEAN-LOUIS), célèbre violoncelliste, naquit à Paris, le 4 octobre 1749. Son père, musicien et entrepreneur des bals de l'Opéra, avait eu vingt et un enfants, dont cinq seulement ont vécu, deux fils et trois filles. L'aîné des deux fils, *Jean-Baptiste* DUPORT, excellait sur le violoncelle; il était élève de Berthaut. C'est ce qui fit sans doute que Jean-Louis Duport s'adonna d'abord au violon; mais s'étant fait une blessure grave à l'index de la main gauche, il prit le violoncelle, sur lequel il ne tarda pas à égaler et bientôt à surpasser son frère. En 1773, Duport l'aîné se rendit à Berlin, et s'attacha au grand Frédéric, qui le nomma son premier violoncelliste, lui confia l'éducation musicale du prince royal, ainsi que la direction de l'Opéra. Dès ce moment Duport le jeune, resté à Paris, ne connut plus de rival. Il était membre du concert spirituel, du concert de la loge olympique, de la musique du baron de Bagge, de la Société académique des Enfants d'Apollon, de la musique du prince de Guémené. Jamais Duport ne consentit à s'engager dans un orchestre de théâtre; il disait que le talent s'y enterrait avec la liberté. Il se borna à être professeur et virtuose.

La banqueroute du prince de Guémené ayant amené la suppression de sa musique, et la Révolution française ayant fait fermer les concerts, Duport partit pour l'Angleterre, où il avait déjà fait un premier voyage; puis il alla trouver son frère à Berlin. Frédéric-Guillaume, en lui donnant l'emploi de Jean-Baptiste, c'est-à-dire celui de son premier violoncelliste, nomma ce dernier surintendant de sa musique. Mais le contre-coup de la révolution française alla atteindre Duport jusque dans la capitale de la Prusse; l'invasion de ce royaume en 1806, la retraite de la cour à Kœnigsberg, la suppression du payement des musiciens, le forcèrent de revenir en France. Arrivé à Paris, Duport donne, en 1807, un concert dans la salle Chantereine, avec sa fille adoptive, Mme Constantini, pianiste d'un très-grand talent. Néanmoins Duport quitta encore une fois Paris pour se rendre auprès de Charles IV, roi d'Espagne, exilé dans ce moment à Marseille. Il retrouva dans la musique de ce monarque son ami Guénin. Duport revint définitivement à Paris lorsque Charles IV quitta la Provence pour se rendre à Rome. Il se fit entendre trois fois de suite aux concerts de l'Odéon, en 1812. Toujours il étonna par la vigueur, la grâce et la jeunesse de son jeu : il avait alors soixante-quatre ans. Admis dans la musique particulière de Napoléon, il entra bientôt dans la chapelle impériale en qualité de violoncelliste récitant, puis au Conservatoire de Musique comme professeur. La Restauration étant venue, il garda sa place dans la chapelle et la musique de Louis XVIII; mais, attaqué bientôt d'une maladie bilieuse, qui d'abord fut traitée trop légèrement, sa santé ne tarda pas à s'altérer profondément, et il succomba le 6 septembre 1819, âgé de soixante-dix ans. Il venait de perdre son frère Jean-Baptiste, dont la mort l'avait douloureusement affecté.

Duport a fondé parmi nous la grande école du violoncelle; personne n'eut une intonation plus juste, une manière de chanter plus exquise, une expression plus noble.

J. D'ORTIGUE.

DUPORT (LOUIS), danseur célèbre, né en 1781, mort à Paris, en octobre 1853 était, en 1800 premier danseur du théâtre de la Gaîté, après avoir figuré dans les ballets de l'Ambigu-Comique, lorsqu'il fut appelé à l'Opéra. Requis par la maladie d'un de ses camarades de danser à l'improviste le rôle de Zéphir dans le ballet de *Psyché*, il y obtint un immense succès, et dès ce jour le fameux Vestris, qui régnait sans partage, eut un rival, et l'Opéra se trouva divisé en deux factions. Le public prit vivement parti dans cette querelle, et le poëte Berchoux composa sur la lutte de ces deux nourrissons de Terpsichore, comme on disait alors, un petit poëme intitulé *La Danse, ou la guerre des dieux de l'Opéra*. En 1808, Duport, mécontent de sa position, quitta furtivement la France, et s'en alla à Saint-Pétersbourg, où il recueillit une ample moisson de bravos et de roubles : il y resta jusqu'en 1816. Après avoir été directeur du théâtre de la Porte-de-Carinthie, à Vienne, il s'était depuis longtemps retiré à Paris; il a donné à l'Opéra trois ballets : *Atys et Galatée*, *Figaro* et *Le Volage fixé*.

DUPPEL, village du Sundewitt, petit pays du duché de Schleswig, en face de Sonderburg, a acquis de la célébrité dans l'histoire de la guerre de Schleswig-Holstein. Le 28 mai 1848 les troupes de la Confédération germanique y furent battues par les Danois. Les vainqueurs y élevèrent alors de formidables retranchements, qui furent pris d'assaut le 13 avril 1849 par les troupes saxonnes et bavaroises. Celles-ci y ajoutèrent de nouveaux ouvrages de défense, mais le tout fut détruit par les Danois quand, en septembre 1849 les Allemands durent battre en retraite.

DUPRAT (ANTOINE), né à Issoire, en Auvergne, le 14 janvier 1463, d'Antoine Duprat, seigneur de Verrière, parvint successivement aux plus hautes dignités de l'Église et de la magistrature, et gouverna la France en maître pendant la plus grande partie du règne de François Ier. Lieutenant général d'un bailliage en 1497, il était premier président du parlement de Paris en 1507, et s'attacha à la comtesse d'Angoulême, Louise de Savoie. L'origine de sa fortune politique fut, dit-on, le sage conseil qu'il donna au jeune François de ne pas poursuivre trop vivement les bonnes grâces de la reine, femme de Louis XII, qui, épuisé par les fatigues de la guerre et les soucis de la politique, plus encore que par l'âge, venait d'épouser Marie d'Angleterre, alors dans tout l'éclat de la beauté. D'autres historiens font honneur de cet acte de prévoyance au gouverneur du prince, qui poussa le zèle jusqu'à l'enfermer pour le mettre hors d'état de profiter d'un rendez-vous galant dont les suites probables auraient pu le priver du trône à la veille d'y monter. Quoi qu'il en soit, peu de jours après son avénement, le nouveau monarque ôta les sceaux à Étienne Poncher, magistrat plein d'intégrité, pour les remettre à Duprat, qui ne devait pas faire preuve de la même vertu.

Cependant, impatient de se signaler, François descend en Italie, bat les Suisses à Marignan, s'empare du duché de Milan, et dissipe la ligue formidable assemblée contre lui, ligue formée de tous les États de la Péninsule, à l'exception des Vénitiens et du duché de Savoie. Le pape fut le premier à s'en détacher, et se hâta de solliciter une entrevue avec le vainqueur : elle eut lieu à Bologne. Duprat, créé chancelier, avait accompagné le roi; il fut chargé de suivre les négociations importantes qui s'ouvrirent entre François Ier et Léon X. En effet, il s'agissait d'abolir la pragmatique-sanction, qui blessait vivement le pouvoir et les intérêts de la cour de Rome. Établie par Charles VII, la pragmatique, entre les mains de Louis XI son successeur, avait été un instrument flexible, dont il s'était servi avec adresse contre les papes, suivant les besoins et les vues de sa politique. Charles VII et Louis XII l'avaient maintenue soigneusement, Duprat n'hésita pas à la détruire. Il fut donc réglé que la nomination aux évêchés et aux bénéfices serait retirée aux églises et aux chapitres, et remise au roi. Les choix du monarque devaient être soumis à l'approbation du saint-siége; le prix des bulles était fixé à la première année du revenu du bénéfice accordé. Si le pape grossissait son trésor par cette spoliation, le roi, de son côté, y puisait une force nouvelle; car la disposition des biens de l'Église lui garantissait la fidélité des grandes familles, liées par l'appât des récompenses, et lui permettait de reconnaître tous les genres de services sans appauvrir les finances de l'État. Tel fut le grave motif qui inspira Duprat dans cette importante transaction. Mais il fallait la faire accepter au parlement, et plier à l'obéissance ceux que l'on dépouillait. Malgré la résistance obstinée des magistrats, du clergé et de l'université, unis dans une commune opposition, le chancelier réussit à faire enregistrer la bulle prononçant l'abolition de la pragmatique, et parvint aussi à assurer son exécution après une lutte qui se prolongea pendant plusieurs années.

Le règne de François Ier ne fut qu'un long combat contre l'ambition de Charles-Quint, menaçant de courber l'Europe sous le sceptre espagnol. Mais il fallait faire face aux dépenses d'une guerre sans cesse renaissante, dont l'énormité dépassait de beaucoup les recettes ordinaires du royaume. Duprat y pourvut par la vente d'offices judiciaires et la création de rentes sur l'hôtel de ville. Ce fut le premier exemple d'un impôt déguisé sous le nom d'emprunt. Le chancelier parvint, en outre, à tirer de l'argent du clergé. Chassé de nouveau de l'Italie, François y rentre en 1525, et vient échouer à Pavie, où il perd la bataille et sa liberté. Cette catastrophe mit le comble aux malheurs de la France, livrée alors aux mains d'une régente, Louise de Savoie, gouvernée par Duprat, que l'indignation publique poursuivait depuis longtemps : dénoncé jusque dans la chaire, déchiré par des pamphlets et menacé par le parlement, prêt à lancer contre lui une accusation, le chancelier n'en fut pas ébranlé, et dirigea les négociations qui amenèrent la délivrance du monarque. De retour à Paris, celui-ci n'hésita pas à soutenir son ministre contre le parlement, dont les procédures furent annulées, et la conduite qualifiée d'attentat. Dépositaire de la toute-puissance, puisqu'il gérait à la fois la justice, les finances et la politique, l'ambition de

Duprat n'était pas encore assouvie. Délivré des liens du mariage par la mort de sa femme, il entra dans la carrière ecclésiastique, et ne tarda pas à devenir archevêque de Sens, titulaire d'une riche abbaye, et obtint en 1527 le chapeau de cardinal, que la cour de Rome n'a jamais refusé aux premiers ministres. A cette époque, l'hérésie prêchée par Luther avait jeté des semences dans toute l'Europe; elles furent hâtées et développées en France par les livres et les prédications de Calvin. Soit politique, soit excès de zèle, Duprat, nommé légat *a latere* dans sa patrie, poursuivit les nouveaux sectaires avec acharnement, et suggéra à son prince les mesures atroces qui souillèrent les poursuites dirigées contre les réformés. Non content de condamner au feu ces infortunés, il imagina de les hisser au-dessus de la flamme du bûcher, où le bourreau les plongeait et les retirait successivement pour doubler, en la prolongeant, leur affreuse agonie. Il mourut la même année (1535), de la maladie pédiculaire, dévoré par les vers, comme une juste punition de sa barbarie.

Le plus grave reproche dont soit tachée la mémoire du chancelier, c'est d'avoir prostitué la justice à des exigences de cour, ou à de vils intérêts personnels. Jaloux de Semblançay, placé à la tête des finances, il le fit juger et condamner par des commissaires de son choix, qu'il avait associés d'avance à la confiscation des biens de la victime. Ce fut encore lui qui poussa Louise de Savoie à intenter au connétable de Bourbon un procès injuste, qui, en lui ravissant sa fortune, le précipita dans la trahison et l'arma contre sa patrie. Il eut même l'impudeur de se faire adjuger deux des plus belles terres du connétable, pour prix de sa forfaiture. Le parlement était-il saisi d'une cause où se trouvait intéressé quelque personnage puissant à la cour, le chancelier l'évoquait au conseil du roi, dans le but de faire triompher la faveur aux dépens de la justice. Mais sa cupidité n'était que l'auxiliaire de son ambition, qui le fit aspirer même à la tiare. Il dit un jour au roi que s'il voulait l'appuyer dans ce projet, cela ne coûterait rien à ses finances, puisqu'il avait cent mille écus tout prêts pour acheter les votes du conclave. Le monarque, étonné, lui demanda où il avait pris tant d'argent, et lui tourna le dos. Le ministre, désappointé, n'osa répondre, et resta cardinal, sans espoir de devenir pape. Les ennemis de Duprat, entre autres Henri Étienne, l'ont taxé d'ignorance, et surtout de ne pas savoir la langue latine, en appuyant leur assertion d'une historiette assez gaie, mais dépourvue d'authenticité. Il paraît certain, au contraire, qu'il ne manquait pas d'instruction; il n'aimait pas cependant les gens de lettres, qui le primaient, disait-il, dans l'esprit public et dans la faveur du roi. Ceux-ci se vengèrent de ses mépris par des satires, qui n'ont pas peu contribué à noircir sa renommée. SAINT-PROSPER jeune.

DUPRÉ (JEAN), seigneur des Janyres en Quercy, poëte du seizième siècle. Tous les détails biographiques que l'on possède sur son compte se réduisent à nous apprendre qu'il combattit à Pavie près de François Ier, qu'il fut blessé dans cette funeste journée, et que l'année suivante il accompagna la régente à Bayonne pour traiter de la rançon du roi. Dupré a laissé un poëme intitulé *Le Palais des nobles Dames*, imprimé vers 1535. Assez de rimeurs avaient attaqué le beau sexe; celui-ci le célèbre et le loue. Il adopte la forme du songe, si chère, pendant trois ou quatre siècles, à tous nos vieux auteurs. Il suppose que *Noblesse féminine* le prend tout endormi et lui fait visiter les neuf chambres de la galerie d'un palais où séjournent les femmes célèbres de tout pays et de toute époque. La mythologie y coudoie l'Ancien Testament, l'histoire romaine y vit en bonne intelligence avec la chevalerie errante. Sapho, la Madeleine, Zénobie, Vénus, Clémence Isaure, Suzanne, Berthe *aux grans piés*, Hélène, Jeanne d'Arc, Uranie, tout cela n'est point étonné de vivre ensemble. Son style manque de chaleur et de coloris; parfois il tombe dans la trivialité.

Le *Palais des nobles Dames* occupe dans l'estime des amateurs un rang fort distingué parmi ces livres fort rares que personne ne lit, qu'on ne réimprimera jamais, et que les bibliomanes payent fort cher. G. BRUNET.

DUPRÉ (JULES), paysagiste, né à Nantes, en 1812. Son père faisait fabriquer de la porcelaine, et destina son fils à lui succéder, à la manière des Égyptiens, où chaque génération continuait dans la caste les travaux et la fonction de la génération précédente. Jules Dupré se mit donc à peindre sur porcelaine. Mais un jour le petit peintre en porcelaine, visitant un des amis de son père, M. Dieboldt, qui s'occupait de peinture à l'huile, comprit sa vocation. Il essaya tout seul de deviner les procédés de la grande peinture, et dès 1831 il avait au salon cinq beaux paysages, étudiés dans la Haute-Vienne, dans la vallée de Montmorency et à l'Ile-Adam. M. Dupré trouva tout de suite de l'encouragement chez les vrais artistes, chez les jeunes critiques, et même chez quelques amateurs intelligents, comme M. le baron d'Ivry, qui lui acheta des tableaux. Les ducs d'Orléans et de Nemours vinrent aussi le visiter et lui faire des commandes. Les marchands exposèrent ses tableaux à côté de ceux des peintres en vogue. La réputation de M. Dupré était faite et son succès futur assuré. Mais M. Dupré est un homme trop tourmenté de son art pour s'abandonner aux entraînements du succès. Sa vie n'a été qu'une série de tentatives nouvelles et de perfectionnements. Quoiqu'il soit maître dans son art, il se considère toujours comme à l'état de recherche, et il est très-difficile aujourd'hui d'obtenir de ses ouvrages.

Voici l'indication des principaux tableaux exposés par M. Dupré depuis 1831 : en 1833, quatre paysages et un *Intérieur de cour rustique*, qui lui valut une médaille d'or de seconde classe, comme peintre de *genre*; en 1834, trois paysages du Berry, d'après nature, et une *Vue des environs d'Abbeville*; en 1835 et 1836, six tableaux du Limousin, de la Creuse et de l'Angleterre, où il avait passé quatre mois; en 1839, cinq paysages de l'Indre et de la Corrèze. M. Dupré, qui cessa d'exposer pendant quelques années, a envoyé de nouveaux ouvrages au salon de 1849, à la suite duquel il reçut la croix de la Légion d'Honneur. T. THORÉ.

DUPRÉ DE SAINT-MAUR (NICOLAS-FRANÇOIS), né vers 1695, s'appliqua dès sa jeunesse à l'étude des belles-lettres, et contribua surtout à répandre parmi nous la connaissance et le goût de la littérature anglaise. Il fit paraître en 1729 une traduction du *Paradis perdu* de Milton, avec les remarques d'Adisson (3 vol. in-12). Cet ouvrage obtint le plus grand succès, fut souvent réimprimé et ouvrit, en 1733, les portes de l'Académie Française à son auteur. Cependant, Dupré de Saint-Maur fut accusé de n'être pas l'auteur de la traduction publiée sous son nom. Il occupait une place de conseiller-maître à la cour des comptes. Ses occupations habituelles l'ayant forcé à des recherches sur les monnaies, il réunit peu à peu les matériaux d'un ouvrage rempli des renseignements les plus utiles, et qui parut sans nom d'auteur, en 1746, sous le titre de : *Essai sur les monnaies, ou Réflexions sur le rapport entre l'argent et les denrées* (Paris, in-4°). Ce qui ajoute beaucoup de valeur au travail de Dupré de Saint-Maur, c'est la seconde partie de son livre, intitulée : *Variations arrivées dans le prix des diverses choses pendant le cours des cinq derniers siècles*. Dans cette seconde partie, l'auteur indique, année par année, depuis 1202 jusqu'en 1742, le prix de toutes sortes d'objets. Le blé, le froment, l'avoine, le vin, les bestiaux et toutes les productions nécessaires aux besoins de la vie matérielle, y sont indiqués de préférence aux autres; on peut en remarquer cependant quelques-unes d'une autre nature, qui présentent aujourd'hui beaucoup d'intérêt. Dupré de Saint-Maur publia un autre ouvrage du même genre, qui est rempli, comme le précédent, de recherches curieuses; en voici le titre : *Re-*

cherches sur la valeur des monnaies, et sur le prix des grains avant et après le concile de Francfort (Paris, 1762, 1 vol. in-12). On lui doit aussi des tables de mortalité, insérées par Buffon dans l'histoire naturelle de l'homme. Dupré de Saint-Maur mourut le 1er décembre 1775.

LE ROUX DE LINCY.

DUPREZ (GILBERT-LOUIS), célèbre ténor, est né à Paris, le 6 décembre 1806. Son père, ancien négociant, avait une famille de dix-huit enfants. Notre chanteur était le douzième. Bien jeune encore, il fut admis au Conservatoire de Musique, dans la classe de solfége. En 1817 Choron fondait, rue de Vaugirard, son école de musique classique et religieuse. Duprez se présenta pour y être reçu, et après avoir éprouvé un échec, il fit une seconde tentative, qui réussit. Ce fut là que notre artiste puisa ce fonds de connaissances, cette instruction solide et étendue, qui, en le rendant grand musicien, développèrent l'admirable instinct dont il était doué pour la musique. Ce fut ainsi que Duprez devint maître de chapelle au collége Henri IV, comme H. Monpou, son condisciple, remplissait à la même époque les mêmes fonctions au collége Saint-Louis. Duprez composait alors des motets, des cantiques, des cantates. Parmi ces dernières, celle sur *La Chute des Feuilles*, de Millevoie, se fit remarquer par les connaisseurs.

Duprez avait dix-huit ans; il était plein d'ambition, il voulait se perfectionner dans son art et se créer une position. Dirigé par Choron, qui l'aidait de sa bourse et de ses conseils, protégé par M. de Lauriston, qui lui fit obtenir une indemnité, notre ténor partit pour l'Italie. Lié d'amitié avec M. Alexis Dupont, alors premier ténor à *la Scala*, à Milan, il comptait par son moyen obtenir un engagement au-delà des monts. Son espérance fut trompée. Il fut obligé de recourir une seconde fois à Choron. Celui-ci organisait alors ses grands concerts religieux; il répondit à son élève favori par ce billet laconique, non sans l'accompagner de la somme nécessaire pour revenir à Paris : *Reviens vite, ou j'écris à la police de Milan de te ramener sous bonne escorte.* Duprez fit bien de retourner à Paris : M. Bernard, directeur de l'Odéon, lui offrit un engagement de deux ans, à raison de 3,000 francs la première année et de 4,000 la seconde. Il débuta à l'Odéon, le 3 décembre 1825, par le rôle d'Almaviva du *Barbier de Séville*. La voix du jeune ténor, agréable et douce, manquait alors de cette ampleur et de cet éclat que nous avons admirés depuis; mais tout le monde rendait justice à la perfection de sa méthode. Il fut moins heureux dans *Les Folies amoureuses* : il y fut sifflé; notre ténor prit une éclatante revanche dans le rôle de Don Ottavio de *Don Juan*, de Mozart. Tous ces opéras avaient été traduits ou arrangés par M. Castil-Blaze. En février 1827, Duprez épousa Mlle Alexandrine Duperron, jeune et jolie personne qu'il avait remarquée dans la classe des femmes, chez Choron. Mme Duprez débuta à son tour à l'Odéon dans *Adolphe et Clara*, de Dalayrac, et y obtint beaucoup de succès.

Ce fut pendant son séjour à l'Odéon que Duprez, voulant ajouter le titre de compositeur à celui de chanteur, demanda à son frère, *Édouard* DUPREZ, alors premier comique du théâtre Seveste, à Montmartre, de lui fournir un libretto pour le mettre en musique. Le petit acte qui lui fut confié était intitulé : *La Cabane du Pêcheur*. En moins de quinze jours la musique fut terminée. Représentée sur le théâtre de Versailles, la pièce eut une chute éclatante; mais un mois plus tard Édouard Duprez la fit jouer à Montmartre, dans une soirée à son bénéfice. Exécutée par les artistes de l'Odéon, elle reçut un excellent accueil.

Le théâtre de l'Odéon ayant fermé, Duprez fut engagé à l'Opéra-Comique pour deux mois et demi. Dans le premier mois de son engagement, il joua huit rôles différents; il fut si applaudi dans le rôle de Georges, de *La Dame blanche*, que le directeur lui offrit un engagement de 6,000 fr.; mais cette offre ayant été réduite à 5,000, Duprez rompit la négociation, et prit une seconde fois la route de l'Italie. Partis au mois de novembre 1828, M. et Mme Duprez arrivèrent en décembre à Milan. Mme Pasta étant aussi dans cette ville, l'on y forma une troupe pour la seconder au théâtre de *Il Carcano*. Les deux artistes y sont d'abord engagés comme *doublures*, aux appointements de 855 fr. pour la saison! Bientôt après, néanmoins, le directeur consent à en porter le chiffre à 250 fr. par mois. Duprez obtient du succès dans le rôle d'Idreno de *La Semiramide*, de Rossini, et Mme Duprez dans le rôle d'Aménaïde, de *Tancredi*. De Milan, Duprez va à Varèse, où il joue *Le Comte Ory*, traduit par un amateur du lieu. De Varèse, il se rend à Novarre; de Novarre à Venise, où il est engagé au théâtre de *San-Benedetto*. Il se fait tellement remarquer à ce théâtre comme ténor *mezzo carattere*, qu'on le retient au théâtre de la *Canobiana*, à Milan, pour jouer *Le Comte Ory* pendant la saison du printemps. Sa réputation grandissait. L'impresario Morelli l'engage, ainsi que sa femme, pendant huit mois consécutifs. Pendant ce temps, Morelli exploite le chanteur comme sa chose; il le fait jouer à Milan pendant l'été de 1830, puis le cède à un autre impresario nommé Granara, qui conduit le couple chanteur à Gênes, et de là à Bergame, où notre ténor obtient un véritable triomphe dans le rôle d'Osiride, de *Mosè*. De Bergame, Duprez se rend à Milan, où il échoue dans *Olivo et Pasquale*, de Donizetti. Chose singulière! de Milan il va à Turin, où il obtient le plus beau succès dans le rôle qui lui avait été si fatal à Milan.

Ce fut à Turin que Duprez s'essaya pour la première fois dans l'opéra seria. Il commença par *Il Pirata*. Cette circonstance fut pour lui comme une révélation. A dater de ce moment il sentit sa force, et il abandonna ses rôles de ténor *mezzo carattere*. Aussi, lorsque l'impresario Lanari, qui dirigeait le théâtre des bains de Lucques pendant la saison de l'été, offrit à Duprez de jouer le rôle d'Arnold, de *Guillaume Tell*, mais sans appointements, stipulant seulement un cadeau dont la valeur serait à déterminer, Duprez se garda-t-il bien de refuser. Il sentait que cette avance, placée ainsi à propos, lui rapporterait un jour de gros intérêts. Lanari engagea pour deux ans Duprez et sa femme, à raison de 15,000 fr. la première année, et 18,000 fr. la seconde. Cet engagement prenait cours au carême de 1832. En même temps, le chanteur en contractait un autre, pour le carnaval, avec le directeur du théâtre de Trieste. Ce fut dans cette ville qu'il fit connaître *La Muette de Portici*, qui obtint un succès d'enthousiasme. Pendant les deux ans de l'engagement avec Lanari, Duprez joua à Florence, à Sinigaglia, à Sienne, à Foligno et à Rome; partout des succès. Il mit en honneur l'*Anna Bolena*, de Donizetti; *Le Comte Ory*, *Guillaume Tell*, *La Parisina*, opéra écrit par Donizetti pour la troupe de Lanari, et dans lequel notre ténor créa le rôle de Ugo de la manière la plus brillante. Au milieu de cette activité, de ces triomphes, Duprez perdit la voix. Après dix mois de repos forcé, de soins et d'angoisses de toutes sortes, le divin instrument lui fut rendu plus brillant.

Duprez alla à Naples, après avoir visité Rome et Florence. C'est à Naples qu'il mit le sceau à sa réputation. Le théâtre de *San-Carlo* y était alors administré par une commission formée par quelques seigneurs amateurs de musique. La commission s'adresse à Lanari, pour qu'il veuille bien lui céder Duprez; Lanari y consent *per amore dell' arte*, mais non sans stipuler une somme de 64,000 fr. à titre de dédommagement. De leur côté, M. et Mme Duprez signent un engagement à raison de 32,000 fr. par an. Duprez débuta à *San-Carlo* en juillet 1834, dans *La Parisina*. La troupe Lanari fait une tournée à Livourne, puis revient à Naples, au théâtre du *Fondo*, où notre ténor partage ses triomphes avec Mme Malibran dans l'*Inès de Castro*, de M. Persiani. Le succès des deux virtuoses dans cet opéra fut tel que le ministre de la police fut obligé d'enjoindre aux chanteurs de ne pas reparaître plus d'une fois sur la scène lorsqu'ils étaient rappelés par l'enthousiasme du public. Après une excursion à Ancône, Duprez revient à Naples, où il crée plusieurs rôles à *San-Carlo* et au *Fondo* : celui de Ravenswood dans *la Lucia*, celui de *Lara*, de M. de Ruolz, et enfin celui du *Bravo*, de M. Marliani. Mais Duprez désirait ardemment revoir Paris et son vieux père, infirme, et sa fille, qu'il avait laissée au berceau. Au mois de février 1836, il était parmi nous, et négociait un engagement avec M. Duponchel. Mais pendant que cela se passait, deux impresarii, Morelli et Lanari, se le disputaient en Italie. Duprez leur demanda un engagement de 40,000 fr. Tous deux y souscrivirent. Mais la lettre de Lanari ayant un jour d'avance sur celle de Morelli, ce fut à Lanari que Duprez donna la préférence. Voilà donc Duprez jouant à Vicence *la Lucia* et *Il Bravo*. Le choléra lui ferme la porte de Trieste, et au mois de septembre il est de nouveau parmi nous, signant un engagement avec M. Duponchel. On sait les souvenirs douloureux qui se rattachent à cet événement. Un artiste plein d'intelligence et d'âme, d'un esprit distingué, doué du talent le plus sympathique qui fût jamais, Adolphe Nourrit, ne supporta pas l'idée d'une rivalité qui, en profitant aux deux champions, eût été pour nous une nouvelle source de jouissances. Le traité de Nourrit avec l'Opéra expirait en mars 1837, il refusa de le renouveler. Celui de Duprez commençait au mois d'avril de la même année. Tout étant réglé à Paris, Duprez repart pour l'Italie, afin d'y terminer son engagement avec Lanari; il joue à Parme *la Lucia* et *Il Pirata*, et à Florence *Marino Faliero*, que Rubini venait de créer à Paris. Enfin le grand jour, le 17 avril 1837, arrive. Le petit nombre de critiques et d'amateurs qui avaient entendu le virtuose dans une soirée donnée par M. Duponchel osaient à peine se permettre une opinion sur le résultat d'une représentation qui devait être décisive. Le public est parfois si incompréhensible! Les souvenirs de Nourrit étaient encore si vivants! jamais nous ne vîmes la salle de l'Opéra plus agitée, plus impatiente, plus passionnée. L'ouverture, l'introduction, la romance, tous les morceaux admirables qui précèdent le duo de *Guillaume Tell* et d'*Arnold* furent à peine écoutés; mais lorsque le duo commença, lorsque le débutant articula de sa voix pleine, sonore et pénétrante, la délicieuse phrase : *O Mathilde, idole de mon âme*, toutes les respirations restèrent suspendues, et la période à peine terminée, la salle retentit des plus vives acclamations; toutes les parties de ce rôle d'Arnold furent pour le chanteur autant d'occasions de triomphe. C'était une nouvelle création de ce rôle, si bien créé par Nourrit. A dater de ce jour on put prédire que Duprez allait introduire en France une nouvelle école de chant, et c'est ce qui est arrivé.

Nous ne suivrons pas Duprez dans les rôles qu'il a créés ou repris. Nous nous bornerons à les énumérer. Après *Guillaume Tell* vinrent successivement la reprise des *Huguenots* (17 mai 1837), la reprise de *Stradella* (28 juin 1837), la reprise de *La Juive* (4 août 1837), la reprise de *La Muette* (27 octobre 1837), *Guido et Ginevra* (mars 1838), *Benvenuto Cellini* (septembre 1838), *Le Lac des Fées* (septembre 1838), *La Vendetta* (septembre 1839), *Les Martyrs* (mars 1840), la reprise de *Robert le Diable* (novembre 1840), *La Favorite* (décembre 1840), *La Reine de Chypre* (décembre 1841), *Charles VI* (15 mars 1843), *Don Sébastien* (13 novembre 1843), *Otello* (2 septembre 1844), et enfin *la Lucia*.

Si une belle voix constituait seule un grand chanteur, il y en aurait beaucoup : ce qui fait le chanteur avant tout, c'est l'âme, l'intelligence, le sentiment, le goût. Mais la nature de la voix de Duprez a nécessité certaines conditions dans sa méthode de chant, dont l'exemple a été fâcheux pour ses imitateurs. La nécessité où il s'est trouvé de ralentir presque tous les mouvements, faute d'agilité suffisante dans la voix, de remplacer cette agilité par une grande intensité de sons qui semblait défier la force de poumons des autres chanteurs, a entraîné plusieurs de ceux-ci dans une route qui les a perdus. Mais il n'est rien que l'artiste de talent ne sache faire servir à ses triomphes, même ses défauts; tout lui est moyen, même l'obstacle. Bientôt l'organe de Duprez fut fatigué, plusieurs cordes de sa voix étaient usées; et il pensa devoir se retirer du théâtre : le 14 décembre 1849 il donnait à l'Opéra sa dernière représentation.

Duprez a fait faire trop de progrès à son art pour qu'il pût se dispenser de consigner dans une méthode toutes les observations qu'il a eu lieu de faire dans le cours de sa carrière dramatique. C'est cet ouvrage, fruit de plus de vingt années d'expérience, qu'il a publié, sous le titre d'*Art du Chant*, et l'on concevra sans peine que ce traité doit être le plus complet et le plus approfondi de tous ceux qui ont paru jusqu'à ce jour. J. d'Ortigue.

Mlle *Caroline* Duprez, élève de son père, qui avait été nommé professeur au Conservatoire, débuta au théâtre Italien le 9 janvier 1851, à peine âgée de dix-huit ans, dans *Lucia di Lammermoor*, pièce dans laquelle son père avait repris le rôle d'Edgardo. *L'Elisir d'Amore* fut moins favorable à la jeune artiste. Plus tard les débuts de Mlle Duprez à l'Opéra-Comique dans le rôle d'Angela de *Marco Spada*, d'Auber, furent encore heureux, et elle a obtenu un grand succès dans *L'Étoile du Nord* de Meyer Beer (février 1854). Elle possède une voix de soprano assez étendue, charmante dans les notes hautes, faible dans le medium et manquant de moelleux dans les cordes graves; mais sa méthode est si élégante, si sûre et si hardie, qu'elle rachète grandement les petites imperfections de son organe.

DUPUIS (Charles-François), né le 16 octobre 1742, à Trie-le-Château (Oise), mourut le 28 septembre 1809, à Is-sur-Tille, en Bourgogne. Son père appartenait à la classe honorable autant que pauvre des instituteurs. Ce fut de lui qu'il apprit les mathématiques et l'arpentage. Le patronage du duc de La Rochefoucauld le mit à portée de compléter son instruction par les études classiques. Devenu professeur de rhétorique au collége de Lisieux, Dupuis se signala, en 1775 et en 1780, par deux discours latins, pleins d'élégance, prononcés, le premier, pour une distribution de prix universitaire, le second, pour l'éloge solennel de l'impératrice Marie-Thérèse. C'était par l'étude de l'astronomie et de l'antiquité qu'il devait se frayer une route à la célébrité, quoiqu'il eût inventé déjà une correspondance télégraphique avec un ami, longtemps avant l'application de ce moyen à la correspondance officielle. La publication des prolégomènes de son grand ouvrage (articles dans le *Journal des Savants*, cahiers de juin, octobre et décembre 1779, et février 1781; *Mémoires sur l'origine des constellations, et sur l'explication de la Fable par l'astronomie*, 1781), jointe à l'appui de ses amis, le duc de La Rochefoucauld, les abbés Barthélemy et Le Blond, etc., le fit admettre à l'Académie des Inscriptions et belles-lettres en 1788. Élu député à la Convention, il y fit preuve de probité et de courage lors du procès de Louis XVI. Il vota pour le sursis. Après la condamnation, il fut successivement secrétaire de la Convention, en l'an III, membre du Conseil des Cinq-Cents, président du Corps législatif, après le 18 brumaire, et candidat pour le sénat, comme il l'avait été pour le Directoire. Sa vie fut celle d'un homme de bien, exempt d'ambition, de passions et d'intrigues.

Ce fut en 1794 que parut, contre son gré, à ce que l'on assure, et par les soins de sa femme et de son ami, l'abbé Le Blond, le grand ouvrage auquel Dupuis doit sa renommée, l'*Origine de tous les Cultes, ou la religion universelle* (3 vol. in-4°, avec un atlas, et en 12 vol. in-8°, abrégés par lui-même en un vol., même format, en 1798). On fait plus de cas de l'*Analyse raisonnée*, publiée par M. Destutt de Tracy. La vogue de cet ouvrage fut immense. Si Dupuis se fût borné à scruter l'origine des constellations, ou du zodiaque, et les rapports mal connus de ces signes, soit avec les variations dans l'état du sol et avec les travaux de l'agriculture, soit avec certaines fables admises dans les mythologies antiques, il eût pu éclairer réellement l'histoire de l'astronomie et des cultes divers, en évitant de graves et de nombreuses erreurs. Encore eût-on pu lui contester la priorité qu'il attribue à l'Égypte, dont le Delta est évidemment un sol de formation secondaire, pour l'invention du zodiaque. Mais l'esprit systématique, toujours prompt à conclure de la partie au tout, s'était emparé de l'habile érudit, et cet esprit a gâté son œuvre. Evhémère chez les anciens, l'abbé Banier parmi nous, avaient voulu expliquer toute la mythologie par l'histoire. Dupuis la renvoie au ciel matériel avec toutes les religions. Quelque succès qu'ait obtenu son livre, grâce au matérialisme qui avait envahi la France à cette époque, cette explication, ainsi généralisée, ne vaut pas mieux que l'autre, et elle n'est pas plus neuve; car elle ne fait que reproduire, en l'exagérant, le sabéisme antique des Arabes, de Zoroastre et des mages, depuis longtemps aussi systématisé par Macrobe, dans ses *Saturnales*. Toutefois, les plus éclairés des philosophes dans l'antiquité, plus sages que beaucoup de nos modernes, s'étaient bien gardés de ne voir que dans les sphères célestes l'origine et la réalité des religions. Nous nous bornons à invoquer Platon, dans les deux *Timées*, dans le *Cratyle*, dans le *Phèdre*, et surtout Plutarque, dans son traité si curieux d'*Isis et Osiris*.

AUBERT DE VITRY.

DUPUY (PIERRE), conseiller du roi en ses conseils et garde de sa bibliothèque, né à Agen, en 1582, mort en 1651, était devenu de bonne heure savant dans les langues latine, française et dans la connaissance du droit et de l'histoire. Parent et ami du président de Thou, ayant suivi dans les Pays-Bas Thumeri de Boissise, que la France y avait envoyé en mission, il fut chargé, à son retour, de travailler à la recherche des droits de la couronne et à l'inventaire du trésor des chartes, puis nommé membre de la commssion qui devait justifier des prétentions du roi sur les trois évêchés : Metz, Toul et Verdun. Ces différents travaux lui facilitèrent les moyens de composer une énorme quantité d'ouvrages et de mémoires, dont on trouve les titres dans la *Bibliothèque historique* de Fontette, et parmi lesquels on cite encore : *Traité des droits et des libertés de l'Église gallicane, avec les preuves* (1639, 3 vol. in-f°); *Traités concernant l'histoire de France, savoir : la condamnation des Templiers, l'histoire du schisme d'Avignon et quelques procès criminels* (1654); *Traité de la majorité de nos rois et des régences du royaume, avec les preuves* (1655); *Histoire des plus illustres favoris anciens et modernes* (1659).

DUPUY (JACQUES), frère puîné du précédent, fut pour lui un collaborateur précieux. Prieur de Saint-Sauveur, il devint également garde de la Bibliothèque du Roi, à laquelle, à sa mort, arrivée le 11 novembre 1656, il légua les livres que lui et son frère avaient rassemblés, au nombre de 9,000 volumes imprimés et d'environ 300 volumes d'anciens manuscrits. On lui doit, entre autres ouvrages d'érudition, l'*Index des noms propres latinisés par De Thou dans son Histoire* (1614), réimprimé sous le titre de *Resolutio omnium difficultatum* (1696).

DUPUYTREN (GUILLAUME), le plus grand et le plus célèbre chirurgien du siècle, le plus zélé pour son art, le plus décrié durant sa vie, le plus regretté après sa mort, le plus favorisé de la fortune, et constamment envié, quoique malheureux, naquit très-obscurément à Pierre-Buffières, le 6 octobre 1777. Il était si bel enfant, si intelligent, et toujours si abandonné, qu'à l'âge de douze ans il avait été enlevé jusqu'à deux fois, d'abord à l'âge de quatre ans, par une dame folle et riche, qui s'était éprise de son joli patois et de sa chevelure; puis à douze ans, par un officier de cavalerie, dont le frère dirigeait le collège de la Marche, à Paris : ce fut dans cette célèbre institution que Dupuytren, protégé par l'officier qui l'avait enlevé, ébaucha quelques études littéraires; là le jeune homme fit en peu de temps beaucoup de progrès.

Dupuytren étudia bientôt la médecine en même temps que le latin, et ce fut le latin qui en souffrit. Dès qu'il se vit un scalpel en main et des malades sous les yeux, il ne prêta plus à ses thèmes qu'une attention peu fervente; la médecine captiva bientôt tout son zèle. Dès l'âge de dix-huit ans (1795), il était déjà prosecteur à l'École de Médecine, et il n'avait que vingt-quatre ans (1801) quand, pour résultat d'un concours, il se vit nommer chef des travaux anatomiques à la Faculté. Quelques années après, il dut à un autre concours d'être chirurgien en second de l'Hotel-Dieu.

Deux puissants protecteurs, Thouret et Boyer, ne permirent jamais à l'injustice d'éloigner de lui les récompenses; ils auraient plutôt laissé la faveur courir au-devant de son zèle pour le ranimer. Boyer fit nommer Dupuytren inspecteur de l'université, et l'on dut voir dans cette faveur un prélèvement de dot, dont plus tard il refusa la condition essentielle, la veille du jour où elle devait s'effectuer. Vers 1812, la chaire de médecine opératoire se trouvant vacante par la mort de Sabatier, un brillant concours s'ouvrit à cette occasion entre Dupuytren, Roux, Marjolin et Tartra. En vain plusieurs de ses rivaux le surpassèrent en mémoire, en connaissances et en facilité, Dupuytren resta vainqueur de la lutte. On trouva que la rectitude et la maturité de son jugement rachetaient tous ses défauts. Ce fut entre lui et ses compétiteurs comme un vrai combat, tant l'émulation des rivaux dégénéra en animosité. Dupuytren, composant péniblement, ne put livrer sa thèse le jour assigné par les juges. Aux termes des règlements, et selon le vœu de ses compétiteurs, il aurait dû être exclu de la lice. Mais un libraire, éditeur de Dupuytren, et comme tel intéressé à ses succès, prétendit que le retard des *épreuves* devait être imputé à l'imprimeur : en conséquence, il fit attester par les compositeurs qu'*une des formes était tombée en pâte*; et c'est ainsi que Dupuytren dut à un certificat complaisant l'obtention d'une chaire indispensable à sa haute fortune.

Grand plutôt que petit, et brun de figure, la tête volumineuse et très-chevelue de Dupuytren reposait sans vaciller sur de larges épaules. Son regard dur et outrageant aurait fait retrograder un corsaire, tant il imprimait de crainte au cœur des plus audacieux. Il est indubitable que Dupuytren dut à ses yeux des milliers d'ennemis, et que son sourire dédaigneux et hostile en accrut le nombre. Tout ce que son large front promettait de patiente bienveillance, la soudaine crispation de sa bouche et le feu rutilant de ses yeux le démentaient incontinent. Sa voix voilée, quelquefois caressante et modeste avec étude, paraissait mystérieuse, et toujours comme enchaînée : on eût dit qu'il craignait de réveiller un enfant malade ou un tyran courroucé. Le seul Burrhus excepté, c'est ainsi que devaient parler les familiers de Néron, à commencer par Sénèque. Quand Dupuytren entrait dans un appartement, que la pièce fût grande ou petite, publique ou non publique, salon ou amphithéâtre, il portait à sa bouche la main gauche, dont il rongeait un ou deux ongles jusqu'au sang : la main droite restait libre pour l'action oratoire. Assis ou debout, il n'adressait jamais ses discours qu'à une fraction de l'auditoire, souvent à la moins nombreuse, et cela même sollicitait l'attention des assistants. Ceux vers lesquels il se tournait, flattés de cette distinction, écoutaient par reconnaissance, et les autres par émulation : il était presque impossible d'entendre les premières phrases de son discours.

Arrivant à l'Hôtel-Dieu vers les six heures du matin, il était rare qu'il en sortît avant onze heures. Discret, réservé, sévère, froidement taciturne, le plus profond silence régnait constamment autour de lui. Si un élève se permettait quelques chuchottements durant la clinique ou pendant une opération, aussitôt le grand maître s'interrompait, et son regard cuisant allait à l'instant même punir le coupable. Avec ses élèves, il était silencieux ou ironique, quelquefois emporté : il a plus d'une fois dégradé publiquement un *externe* insubordonné ou inexact, en lui arrachant son tablier ou ses instruments. Quand il voyait un malade pour la première fois, il commençait par jeter sur lui un regard investigateur et défiant, après quoi il lui adressait presque toujours trois questions d'une voix affectueuse. Mais s'il arrivait au malade de répondre évasivement, aussitôt la douceur du maître se changeait en courroux. Le colloque alors était rompu. Lorsqu'il arrivait près d'un enfant, son ton, sa voix, sa figure, tout changeait incontinent : il devenait doux, affectueux, souriant et caressant. Il exerçait sur ces petits êtres un influence magique : presque jamais, lui présent, ils n'osaient avouer des souffrances. Il prenait des manières si charmantes pour leur dire : *Souffrez-vous?* que les pauvres enfants, dans la crainte de lui déplaire, lui répondaient presque toujours : *Non*. En le voyant jouer dans son hôpital avec des enfants auxquels il avait conservé la vie ou rendu la vue, on l'aurait cru le plus sensible et le meilleur des hommes. Il ne tolérait jamais ni la contradiction ni les suggestions; mais plus d'une fois je l'ai vu interroger du regard, interpréter un geste silencieux et discret, et récompenser d'un sourire; car il avait un sourire pour l'approbation comme pour le châtiment : celui-ci, infernal; l'autre, céleste.

Dubois opérait plus vite que Dupuytren; Desault était plus brillant, plus majestueux; Boyer, plus prudent, plus doux, plus humain; Roux, plus érudit dans son art, plus élégant dans ses mouvements, plus preste de ses doigts; Marjolin, plus réfléchi; Lisfranc, aussi dur et plus expéditif; mais nul chirurgien n'eut le coup d'œil plus sûr, le jugement plus sain, la main plus ferme; aucun n'eut l'âme plus imperturbable dans les dangers. Il lui est arrivé de commettre des fautes; on l'a vu, comme Desault (*voyez* CLINIQUE), ouvrir un anévrisme, croyant percer un abcès : son sang-froid alors était incomparable. Plaçant le doigt sur l'artère ouverte, et souriant au malade pour le consoler, il promenait un regard presque serein sur l'assistance, après quoi il opérait. Un malade auquel il extirpait une loupe située au cou tomba mort pendant l'opération : une veine avait été ouverte, et l'air se mêlant au sang était allé soudain paralyser le cœur. Eh bien! aucun trouble ne fut remarqué dans ses traits. Mais, voyant dans ce fatal accident une circonstance jusque là inouïe, aussitôt il harangua la foule de ses disciples sur les causes de cette catastrophe, et cette leçon improvisée fut admirable. Surtout, n'allez pas reprocher à Dupuytren ce grand mérite d'impassibilité, qui fit de lui le premier chirurgien de son temps! Sans cette force d'âme à la vue du sang, comme en présence de la douleur et de ses bruyants témoignages, il n'existe pas de chirurgien véritable.

Pendant sa visite, Dupuytren, silencieux et recueilli, méditant sur les faits qui tour à tour passaient sous ses yeux, préparait en secret sa leçon publique. Cette leçon était toujours improvisée, mais méthodique, réfléchie et positive. Il ne parlait jamais d'un malade tant qu'il lui restait quelque chose à apprendre sur le caractère ou l'origine de ses souffrances.

Quoique grand opérateur, Dupuytren n'opérait, pour ainsi dire, qu'à son corps défendant : jamais on ne lui voyait déployer ses instruments avant d'avoir scrupuleusement balancé les chances de succès et d'insuccès. Je l'ai vu délibérer pendant six jours, et pressant chaque jour un bistouri entre ses doigts, s'il devait ouvrir la poitrine d'un jeune homme qui avait eu le poumon traversé d'une balle. Cependant il ne doutait point qu'il se fût formé un épanchement considérable dans la poitrine, « Mais, répétait-il toujours, il est deux choses qu'il ne faut jamais compromettre : 1° les jours du malade; 2° l'art qu'on professe. Or, si j'opère, ajoutait-il, j'aurai compromis mon bistouri, car le malade est perdu, quoi qu'on fasse. » Taciturne pendant sa visite, il parlait toujours en opérant : il ne coupait pas un vaisseau ou le moindre tissu sans en rendre compte; et cela même rendait ses opérations aussi brillantes qu'instructives. Il avait le soin, d'ailleurs, d'opérer de telle sorte qu'on pût juger de ses moindres mouvements. Mais une fois sorti de l'hôpital, le plus profond mystère enveloppait toutes ses actions. Il lisait peu, écrivait mal, et professait toujours en quelque lieu qu'il se trouvât. Peu d'innovations essentielles se rattachent à ses travaux, si l'on en juge par le judicieux et grand ouvrage de Boyer, où son nom n'est que rarement prononcé. Cependant, comme il aimait mieux créer des règles qu'en suivre de toutes tracées, il est peu d'opérations qu'il n'ait simplifiées ou modifiées à sa manière. Nous ne lui connaissons qu'une invention impérissable : c'est celle qui a pour but la cicatrisation de l'intestin divisé par suite de plaies ou de hernies étranglées.

Les hommes clairvoyants avaient si bien présagé les futures destinées de Dupuytren qu'ils lui offrirent dès sa jeunesse différents postes qui vinrent à vaquer dans des hôpitaux de grandes villes ou dans des Facultés. Mais Dupuytren refusa constamment : toujours il suggérait d'envoyer à sa place, comme plus dignes, ceux de ses condisciples dont il redoutait le contact ou la compétition. De sept ou huit rivaux qu'il comptait originairement à Paris, il en fit placer un à Clermont (M. Fleury), deux autres à Strasbourg (MM. Caillot et Flamand), un à Rouen (M. Flaubert), et le plus redoutable de tous à Montpellier (M. Delpech); enfin, nous avons déjà dit qu'il vainquit tous ensemble ses trois derniers rivaux, dans le concours de 1812, pour la chaire de Sabatier.

Jusqu'à l'assassinat du duc de Berry, le nom de Dupuytren n'était pas encore populaire : c'est de ce déplorable événement que date sa renommée; et cependant, chose bizarre! cette conjoncture est peut-être celle où Dupuytren montra le moins d'habileté et de sang-froid.... D'abord il commit une grande imprudence : il sonda la plaie du prince; or, les plaies du poumon ne doivent point être sondées. La sonde peut augmenter l'hémorrhagie, outre qu'elle peut détruire des adhérences salutaires. Ensuite, chose digne de souvenir, Dupuytren fut péniblement intrigué au chevet du duc de Berry. Voici ce que nous ont raconté des témoins oculaires : Louis XVIII s'était fait conduire près de son malheureux neveu, qu'il aimait. Entouré d'une foule de chirurgiens et des princes de la famille, et le cœur navré, le vieux roi ne savait comment s'informer, sans imprudence, de l'issue probable du coup. Parler bas et à l'oreille, à l'oreille d'un simple sujet, les rois n'ont point de telles habitudes : les grands de la terre parlent haut, quoique certains d'être écoutés. Cependant Louis XVIII, roi lettré et homme érudit, eut la pensée de s'exprimer en latin : jadis c'était la langue des docteurs et des clercs, et le roi connaissait son neveu pour un fort mauvais bachelier. S'adressant donc à Dupuytren, dont la physionomie avait d'abord attiré ses regards, Louis XVIII prononça quelques mots latins, et cela déconcerta Dupuytren. Ce n'est pas qu'il n'eût assez de latin pour entendre une phrase ou traduire un passage : non. Mais répondre précisément et sans indiscrétion ni solécisme, c'était là le difficile; et les hommes forts comme Dupuytren aiment mieux se taire que mal répondre, tant ils redoutent la médiocrité. Ce fut le docteur Antoine Dubois qui répondit.

Comme récompense de son rare mérite et pour noble prix de ses soins, dont il refusa toute autre rémunération, Louis XVIII choisit Dupuytren pour son premier chirurgien; et l'ombre de son prédécesseur, le père Élysée, dut s'en enorgueillir. Mais de l'Hôtel-Dieu à la cour d'un roi la transition était périlleuse : sans doute il en résulta pour Dupuytren plus de crédit et plus de renom; mais aussi que d'yeux ouverts sur sa conduite, que de jalousies ardentes à le censurer, que de tentations pour la paresse et de risques pour le bonheur! Les regards attachés sur le phare, Dupuytren n'aperçut l'écueil que lors du naufrage. Si personne ne fut plus en butte aux malignités de l'envie, personne ne fut plus vindicatif et ne posséda mieux le génie de la vengeance. Qui n'a gardé le souvenir des épigrammes dont Dupuytren fut l'objet durant le règne de Charles X? Tout tournait alors à la dévotion. La médisance sema le bruit mensonger que Dupuytren avait perdu dans les petits appartements des Tuileries un livre d'*heures* attestant l'orthodoxie de son pieux propriétaire.

Je l'ai vu se venger de cette calomnie, et s'en venger avec bonheur.

A l'Institut comme à l'hôpital, dans la ville comme à la cour, Dupuytren était toujours vêtu d'un habit vert. On a dit : C'est un caprice; et quelques-uns l'imitèrent par esprit de mode ou de servilité. Mais chez lui ce choix de la couleur verte n'était pas le puéril effet d'une fantaisie. Exposé sans cesse à des éclaboussures de sang, Dupuytren choisit la couleur qui pouvait le mieux en dissimuler la présence. Or, ce sang, rouge aujourd'hui, sera jaune demain ; et l'on juge si le *jaune* et le *vert* s'associent parfaitement l'un à l'autre.

Dupuytren se vengea de l'odieuse calomnie qui le représentait comme un joueur frénétique par un démenti qui sera à jamais célèbre en Europe. Admirez donc ce joueur effréné qui conserve le banquier Rothschild pour constant ami; qui choisit un gendre entre plusieurs pairs de France, ambitionnant tous de s'allier à lui; qui donne deux millions de dot à sa fille, et lui laisse sept millions de francs pour tout héritage! Oh! l'heureux jeu qui accumule ainsi tant de millions! Ce jeu-là, le savez-vous? il faut l'apprendre : c'est la conduite; c'est le bon sens, ce fidèle compagnon du génie; c'est le travail; c'est la constance. Qui sait ce jeu, toujours gagne. Sept millions! voilà donc Boerhaave surpassé, lui qui ne sut amasser que quatre millions.

A sa consultation, Dupuytren avait un secrétaire, qui restait dans le salon d'attente; et chaque malade recevant de ses mains un numéro d'ordre, chacun à son tour pénétrait dans le sanctuaire. La consultation finie, si le malade demandait à Dupuytren : « Combien, monsieur? » Dupuytren répondait : « Mon secrétaire vous le dira quand vous lui rendrez votre numéro. » On pouvait ainsi, en recensant les numéros distribués, puis rendus, constater un oubli ou une ingratitude. Peut-être que cette méthode est préférable à l'insolent plateau de bronze de quelques anciens chirurgiens, et à ce que Walter Scott appelle un *nichet*. Le nichet consiste à laisser sur la cheminée d'un cabinet de consultations des piles de 10, 20, 50 ou 100 fr., lesquelles semblent dire à chaque malade : « Eh bien! votre offrande? » Les fermières laissent ainsi un vieil œuf dans le nid où elles souhaitent que les poules pondent.

Hélas! cet homme si riche et si envié, ce chirurgien si avare du temps dans les palais, si prodigue de soins près du pauvre, si l'on savait combien sa vie fut pleine d'angoisses! cet homme si impassible en apparence, comme il paya cher cette continuelle méditation d'où provenait sa supériorité, et comme il fut puni de cette activité qui le rendit millionnaire! Oh! qu'il en coûte de bonheur pour un peu de gloire et de puissance! Encore cette gloire passe-t-elle aussi vite que cette foule d'envieux qui s'en montre jalouse. Jusqu'en 1833 la santé de Dupuytren résista aux plus poignantes sollicitudes; mais à cette époque, un crime ayant été commis dans la maison de Mme Dupuytren, le grand chirurgien prévit combien les circonstances de cette affaire allaient donner d'éclat à ses tourments domestiques, et dès lors sa constitution s'altéra. Il éprouva successivement plusieurs attaques d'apoplexie, présageant sa fin prochaine : la face se paralysa, les forces se perdirent. Il essaya alors d'un voyage en Italie, et ce voyage, loin de le distraire et de lui profiter, lui suscita d'autres sujets d'études et de nouveaux soucis; car il n'est point de retraite pour la célébrité, point de repos pour le génie, point d'oubli pour les blessures du cœur et de l'amour-propre. Après beaucoup de souffrances qui excitaient sa sagacité plutôt que ses plaintes ou son inquiétude, le baron Dupuytren mourut à Paris, le 8 février 1835, n'ayant pas encore cinquante-huit ans. On trouva dans la poitrine environ 8 livres de liquide séreux, et son cerveau offrit les traces de quatre dépôts apoplectiques. Ce cerveau, qui pesait 2 livres 14 onces (12 onces de moins que celui de Cuvier), présentait un défaut de symétrie, comme celui de Bichat : l'hémisphère gauche était plus volumineux que le droit.

A son lit de mort, Dupuytren songea aux progrès de la science qui inaugura sa réputation, et qui lui doit plusieurs découvertes : il légua à la Faculté de Médecine de Paris 200,000 fr. pour l'institution d'une chaire d'anatomie pathologique. Mais il fut décidé qu'une partie de cette somme serait consacrée à la fondation d'un musée spécial qui aujourd'hui porte le nom de Dupuytren.

Dr Isidore Bourdon.

DUQUESNE (Abraham), l'un des premiers hommes de mer qui aient honoré la France, naquit dans les environs de Dieppe, en 1610. Aucune partie de l'art de la navigation ne fut négligée par sa studieuse adolescence : il étudia la construction sous le fameux Charles Morieu, qui est regardé comme le créateur de son art, et fit, à dix-sept ans, sa première campagne, à l'attaque des îles Saint-Honorat et Sainte-Marguerite, que les Espagnols avaient conquises et fortifiées. L'archevêque de Bordeaux, Sourdis, fut le premier amiral de Duquesne. Ce jeune homme combattit sous ses ordres, près de son père. Son premier commandement fut celui d'un brûlot, qui concourut à la défaite et à l'incendie de la flotte espagnole dans le golfe de Cattaro; il eut la gloire d'aborder le premier cette flotte ennemie; et l'archevêque-amiral le fit récompenser par le grade de capitaine de vaisseau. Blessé en 1639, à la prise de Laredo en Biscaye, Duquesne n'en suivit pas moins la flotte dans la Méditerranée, et brûla un vaisseau espagnol qu'on radoubait dans le golfe de Naples, sous la protection de deux batteries. Il aida à en enlever cinq autres dans le port de Rosas en Catalogne, et, après avoir rempli différentes missions sur les côtes d'Espagne, coopéra à la destruction de quarante galères dans les parages de Taragone.

Le marquis de Brézé, successeur de Sourdis, reconnut à son tour le mérite du jeune Duquesne et son intrépidité dans les deux batailles qu'il livra aux Espagnols dans les eaux de Barcelone. La mort de Richelieu et les guerres de la Fronde furent des événements malheureux pour la marine française. Duquesne, fatigué de son inaction, alla continuer ses études et ses combats en Suède. Il dirigea toutes les manœuvres de la flotte qui détruisit celle de Danemark, et s'empara du vaisseau que montait le roi lui-même; mais Christian IV, blessé la veille, s'était fait transporter à Gothenbourg. Le grade de vice-amiral de Suède fut le prix de ce nouvel exploit. Mais, malgré les persécutions qu'il prévoyait devoir être exercées en France contre les calvinistes, dont il professait les doctrines, Duquesne ne put résister à la voix de sa patrie; et il fut récompensé de ce dévouement par le commandement d'une escadre destinée à l'expédition de Naples.

C'était la première fois qu'un tel honneur était cédé par les grands seigneurs du royaume à un homme d'origine plébéienne. Mais cette expédition fut rendue inutile par l'expulsion du duc de Guise, que les Napolitains avaient en peu de temps couronné et trahi. Duquesne, resté sans commandement, et ne pouvant s'accoutumer à l'inactivité, arma, en 1650, une escadre à ses frais, et vint fermer le port de Bordeaux aux vaisseaux qui le ravitaillaient pour prolonger la rébellion des partisans du prince de Condé. En faisant voile pour l'embouchure de la Gironde, il rencontra une flotte anglaise, dont le commandant le somma d'amener pavillon. « Le pavillon français, répondit cet intrépide marin, ne sera jamais déshonoré tant qu'il sera sous ma garde; le canon en décidera. » Un combat meurtrier fut la suite de cette réponse, et les Anglais, quoique supérieurs en nombre, furent forcés de lui livrer passage. Il trompa la flotte espagnole, lui ferma l'entrée du fleuve, et contribua par ses savantes manœuvres à la capitulation de la ville rebelle. La régente Anne d'Autriche, n'ayant ni flotte ni argent pour payer un pareil service, donna à Duquesne l'île et le château d'Indret, près de Nantes.

Le traité d'Aix-la-Chapelle ayant rendu un instant de paix à l'Europe, il en profita pour accroître ses connaissances théoriques, et se trouva plus habile quand l'ambition de Louis XIV vint réclamer ses services. La Hollande opposait à Duquesne et à ses émules des rivaux redoutables : c'étaient les Banker, les Gallen, les Tromp et les Ruyter, qu'il fallait vaincre, et il partagea cette gloire avec les amiraux français dont il suivit la fortune. Le 30 mai 1673 il combattit Ruyter et Tromp dans la Manche, sur la flotte du comte d'Estrées. Peu de temps après il accompagnait celle du duc de Vivonne dans les mers de la Sicile, où Ruyter se trouvait encore.

Revenu en France pour demander des renforts à Louis XIV, Duquesne repartit de Toulon avec le grade de lieutenant général et le commandement de trente vaisseaux de ligne. Il rejoignit Ruyter devant l'île de Stromboli, le 7 janvier 1676. Une bataille terrible s'engagea le lendemain. Elle fut fatale aux flottes d'Espagne et de Hollande; et Duquesne, vainqueur du plus grand marin de l'époque, aima mieux secourir Messine et le duc de Vivonne que de rehausser sa gloire par l'anéantissement de son rival. Cette occasion ne fut que différée : Duquesne répondit par une victoire plus importante à la lettre que Louis XIV lui écrivit de sa main pour le remercier de la première. Ce fut le 22 avril que les deux flottes se rencontrèrent devant Agosto. Ruyter fut tué dans l'action, et les vaisseaux qui lui restaient, réfugiés dans Syracuse, s'y virent bloqués par le vainqueur. Un navire hollandais tomba peu de jours après en son pouvoir. Il apprit que ce vaisseau transportait le cœur de Ruyter en Hollande; il se rendit à bord, salua ce reste d'un grand homme, et, se tournant vers le capitaine : « Poursuivez votre route, lui dit-il, votre mission est trop respectable pour qu'on vous arrête. » Libre enfin de sortir de Messine, le duc de Vivonne, supérieur de Duquesne, voulut prendre part à sa gloire. Ils découvrirent la flotte ennemie dans la baie de Palerme, à l'abri des forts et des châteaux. Ils l'attaquèrent le 2 juin, et la détruisirent. La mer et la plage furent couvertes de débris et de cadavres; et la marine française, fondée pour ainsi dire par Richelieu, instruite par Duquesne, fut dès ce moment, et jusqu'à la bataille de la Hogue, la première de l'Europe.

Le vainqueur de Ruyter alla rendre compte de ses opérations à la cour de Versailles. Mais Louis XIV ne se trouva plus à la hauteur d'un homme qui lui avait acquis tant de gloire. Il se souvint que le grand capitaine était calviniste, lui exprima son regret de ne pouvoir le faire maréchal de France, et eut l'air de l'engager à lui en donner le moyen par son abjuration. « Sire, répondit Duquesne, quand j'ai combattu pour votre majesté, je n'ai pas examiné si elle était d'une autre religion que moi. » Le roi se borna à lui faire présent du marquisat du Bouchet, près d'Étampes, comme s'il était plus orthodoxe de faire un marquis qu'un maréchal. Duquesne, sujet d'un monarque, accepta ce titre au moment où les enfants du républicain Ruyter renvoyaient au roi d'Espagne le titre de duc, arrivé seulement après la mort de leur père. Duquesne, appelé à un conseil par Seignelai pour exposer ses vues sur les constructions navales, eut la modestie et la bonne foi de reconnaître qu'un jeune géomètre, nommé Renau d'Eliçagaray, avait présenté de meilleurs plans que lui. Il applaudit le premier aux vues de ce jeune homme, abandonna les siennes, et fit adopter celles de son concurrent. Il voulut même que son fils accompagnât Tourville à Brest pour exécuter les plans de Renau. Chargé en 1683 d'aller châtier les pirates de la Méditerranée, il commença par les forbans de Tripoli, poursuivit leurs galères jusque dans le port de Chio, les foudroya de son artillerie, et les réduisit à implorer sa clémence.

Alger devint à son tour l'objet de ses vengeances. L'ingénieur Renau inventa pour cette expédition les galiotes à bombes, dont les vieux marins commencèrent à se moquer; mais Duquesne imposa silence aux sarcasmes des ignorants, et le succès justifia l'ingénieur. Duquesne conduisit cinq de ces galiotes devant Alger. La ville, bombardée à outrance par les feux inconnus de cette arme terrible, eut recours aux prières et à l'humiliation pour échapper à une ruine certaine. Duquesne pardonna; mais les Algériens recommencèrent leurs pirateries, et Louis XIV leur renvoya Duquesne. Le siége fut aussi terrible que la défense. Les Algériens lançaient sur les vaisseaux français les cadavres de leurs esclaves. Les galiotes punirent cet acte de barbarie; mais Duquesne se laissa fléchir une seconde fois. Il se contenta de vendre à prix d'or à ces brigands une paix honteuse, qui ne les humilia ni ne les corrigea. Le dey, ayant su les sommes énormes qu'avait coûté cette expédition à la France, répondit en plaisantant : « Louis n'avait qu'à m'en donner la moitié, j'aurais brûlé ma ville tout entière. » Gênes eut son tour; elle avait secouru les Algériens, entretenu des correspondances avec tous les ennemis de la France, et refusé le passage aux sels que Louis XIV envoyait dans le Mantouan. Duquesne eut ordre d'aller châtier les Génois, et il les traita comme les pirates; il fit de leur ville un monceau de ruines, s'empara d'un faubourg, et contraignit le doge à venir chercher son pardon à Versailles.

Après ces nouveaux triomphes, Dusquesne ne servit plus sa patrie que par ses conseils. Colbert les avait toujours recherchés; son fils Seignelai ne put s'en passer. Duquesne avait fait une révolution dans la marine. Avant lui le plus fort de nos vaisseaux ne portait que 60 canons; il en éleva la force jusqu'à 100. C'est à lui qu'on dut des évolutions plus savantes, une discipline plus sévère, l'agrandissement des arsenaux, la construction des bassins et le régime des classes. On assure qu'il fut encore sollicité d'acheter par sa conversion le bâton de maréchal, mais qu'il fut plus opiniâtre que le vainqueur des Dunes, que le conquérant du Palatinat. Il se retira dans sa famille, près d'une femme vertueuse et des quatre fils qu'elle lui avait donnés. Il ne paraissait à la cour que lorsqu'il avait à recommander des compagnons de gloire. Il importunait alors les ministres, et sa plus grande joie était de leur arracher des récompenses pour ses officiers et ses élèves. Riche des bienfaits de Louis XIV, il leur prodiguait ses largesses, en disant, comme Vauban, qu'il leur restituait ce que le roi lui donnait de trop. Loin d'être jaloux de Tourville, le plus célèbre de ses lieutenants, il lui accorda constamment son amitié, et s'honora toujours de la sienne. Mais sa vieillesse était tourmentée d'autres pensées. Il pressentait les persécutions qu'allait subir le calvinisme. L'avenir de ses enfant, le troublait. Il résolut de leur assurer un asile en achetant la terre d'Aubonne, près de Berne, dont les magistrats lui accordèrent droit de bourgeoisie. Le roi, informé de cette acquisition, lui en demanda le motif. « Sire, répondit l'homme de mer, j'ai voulu m'assurer un bien dont ne pût me dépouiller la volonté d'un maître. » Le royal esclave de Maintenon garda le silence. C'était beaucoup qu'il n'en fût point offensé. Disons à la louange de notre héros qu'il ne signa jamais *le marquis*, mais *Abraham* DUQUESNE. Nous ne savons si l'on doit ajouter à la louange de Louis XIV qu'il l'excepta des rigueurs amenées par la révocation de l'édit de Nantes. Après sa mort, arrivée le 2 février 1688, ses fils abandonnèrent la marine de France pour se réfugier en

Suisse. *Henri*, l'aîné, porta le cœur de son père à Aubonne; et celui qui avait élevé au premier rang la marine française n'obtint pas même à cette époque un mausolée dans sa patrie. Cette injustice criante a été réparée de nos jours. Dieppe lui a élevé une statue en 1844.

VIENNET, de l'Académie Française.

DU RADIER. *Voyez* DREUX DU RADIER.

DURAMEN, mot latin qui signifie le *cœur du bois*, le plus dur du bois : M. Dutrochet a proposé de nommer ainsi le bois proprement dit.

DURAN (AUGUSTIN), le critique le plus habile et le plus accrédité qu'il y ait aujourd'hui en Espagne, né vers 1793, à Madrid, où son père était médecin de la cour, perdit de bonne heure sa mère, et fut confié aux soins d'une tante qui sut inspirer à l'enfant les sentiments de douce piété dont elle était elle-même animée. Quand il revint dans la maison de son père, celui-ci s'attacha surtout à raffermir par un intelligent système d'hygiène la constitution et la santé débiles de son fils; et en 1801 il l'envoya au séminaire de Bergara étudier les éléments des belles-lettres et des mathématiques. Forcé de passer à lire une partie de son enfance sans cesse tourmentée par la maladie, le jeune Duran avait trouvé tout à la fois des consolations et des diversions à ses souffrances dans la lecture de quelques livres de piété et de quelques recueils contenant les poésies populaires de son pays. Un attachement profond à ce qu'il y a de religieux et de chevaleresque dans le vieux génie national, de même qu'à tout ce qui porte l'empreinte de la vieille patrie espagnole, et aussi une imagination quelque peu romanesque, tels furent chez Auguste Duran les résultats d'une direction d'idées à laquelle son père, dès qu'il fut revenu aux foyers paternels, s'efforça de donner un autre courant en lui faisant faire de sérieuses études.

Plus tard, Augustin Duran se rendit à l'université de Séville, où, en 1817, il termina ses cours de philosophie et de droit. La même année il se faisait inscrire au barreau de Valladolid. Toutefois il ne tarda pas à revenir près de son père continuer ses études juridiques, qu'il n'avait d'ailleurs commencées que par déférence pour lui. Déjà uni de la plus étroite amitié à Quintana, il se lia alors intimement avec Lista, qui lui fut d'un grand secours quand il entreprit de se rendre familières non-seulement la philosophie française, mais encore la philosophie écossaise et celle de Kant. Ces travaux, il les mena de front avec l'étude des sciences naturelles, de l'histoire générale et de l'économie politique, comme aussi de la littérature française, qui à ce moment exerçait encore en Espagne la plus despotique autorité dans toutes les questions d'art et de goût, à tel point que Duran lui-même, en dépit de ce qu'il y avait d'éminemment national et patriotique dans toutes ses idées, ne laissa pas que d'en subir pendant quelque temps le joug.

Possesseur d'une belle fortune, Augustin Duran en consacra une partie notable à l'acquisition de vieux monuments de la littérature et surtout du théâtre espagnol. Lors de la restauration de l'absolutisme en 1823, il perdit une position dans la direction générale des études, qu'il avait acceptée en 1821; et depuis lors jusqu'en 1834 il n'occupa plus aucune fonction publique. Mais cette année-là, il fut nommé secrétaire de l'inspection de l'imprimerie et de la librairie en Espagne, puis premier conservateur de la bibliothèque royale de Madrid. Suspendu de ces fonctions en 1840, à la suite de la révolution de septembre, il les recouvra en 1843.

Les ouvrages dont on est redevable à Augustin Duran ne sont pas nombreux, sans doute, mais ils n'ont pas laissé que de faire époque, et ont tous exercé une influence décisive sur la direction la plus récente de la littérature nationale de l'Espagne. Son premier livre, quoique publié sous le voile de l'anonyme, *Discorso sobre el influjo que ha tenido la critica moderna en la decadencia del teatro antiguo* (Madrid, 1828), ne contribua pas peu à révolutionner le théâtre espagnol dans un sens plus national. Son *Romancero* (5 vol., Madrid, 1828-1832) n'a pas été moins utile au réveil du goût pour l'antique poésie nationale. La seconde édition de cet ouvrage, qui a paru en 1849 et 1851, 2 volumes, et qui forme aussi les tomes 10 et 16 de la *Biblioteca de autores españoles*, peut à bon droit passer pour un ouvrage entièrement nouveau. Il commença avec Torso de Molina une collection analogue de vieilles comédies espagnoles, sous le titre de *Talia española*. De nombreux articles de critique publiés dans divers journaux et son introduction aux *Saynetes* de Ramon de la Cruz (1843) ont fait regarder cet écrivain comme l'homme d'Espagne connaissant aujourd'hui le mieux le vieux théâtre national; et ses œuvres poétiques lui assurent aussi un rang distingué parmi les contemporains. Il prépare en ce moment un grand ouvrage sur l'histoire et la bibliographie du drame espagnol jusqu'au dix-huitième siècle, ainsi qu'une nouvelle et plus complète édition du *Cancionero*.

DURANCE, rivière de France qui a sa source dans les montagnes des Alpes, au nord de Briançon près le mont Genèvre. Elle parcourt les départements des Hautes et Basses-Alpes, de Vaucluse et des Bouches-du-Rhône, sert de limite entre ces deux derniers, et se jette dans le Rhône au-dessous d'Avignon, entre cette ville et Tarascon. La Durance est d'une si grande rapidité, que l'on n'avait jamais pu la traverser qu'en bateau, et que jamais l'on n'avait pu y construire un pont au-dessous de Sisteron. Il en a cependant été érigé un sous l'empire, à la limite des deux départements des Bouches-du-Rhône et de Vaucluse. Ce torrent fougueux, qui change souvent de lit dans la plaine, cause de grands ravages par ses fréquentes inondations. On a proposé depuis longtemps de l'encaisser complètement à partir de l'embouchure de la Bléone, petite rivière qui s'y jette. La Durance est flottable et non navigable; le flottage transporte les mélèzes et les sapins propres à la charpente, qui croissent sur la partie septentrionale des Basses-Alpes. La Durance a beaucoup d'îles remplies de menu gibier. Un canal d'irrigation, commençant à quelque distance de Pertuis, la réunit au Rhône. Elle abonde aussi en anguilles, en truites, en ombres, cabèdes, etc. Le Verdon se jette dans la Durance, à un endroit appelé Cadavache; elle reçoit également l'Ubaye, l'Asse, la Buëche et le Cavalon; elle baigne Briançon, Vallan, passe près d'Embrun, à Sisteron, à Manosque et à Saint-Paul. Son cours est 335 kilomètres.

AUBERT DE VITRY.

DURAND DE PERNES ou DE PÆRNAS, né dans le treizième siècle ou vers la fin du douzième, à Pernes (comtat Venaissin), était tailleur dans son village à l'époque de l'invasion française, et prit une part active à la lutte. Ses premiers chants furent des chants de guerre, dont nous n'avons plus que des fragments. Lorsqu'en 1229 Raymond, vaincu, céda à la France le duché de Narbonne, Durand, indigné, lui adressa un de ses plus beaux sirventes, et en même temps il essaya, mais en vain, de rallumer la guerre contre Louis IX. Aucune des poésies amoureuses du tailleur de Pernes n'est venue jusqu'à nous. Mais ses poésies politiques suffisent pour le placer au premier rang des troubadours qui donnèrent au midi ses plus énergiques défenseurs. Ce sera la gloire de nos poëtes populaires d'être restés les derniers au combat. Après la défaite, ils continuèrent la lutte; les armées albigeoises étaient dispersées, les villes fortes détruites, et les troubadours chantaient encore, rappelant aux vaincus leurs glorieuses libertés municipales. Cette protestation héroïque ne fut interrompue que par l'exil.

Jules DE LA MADELÈNE.

DURAND (GUILLAUME), l'un des philosophes scolastiques les plus célèbres, surnommé par ses contemporains *Doctor resolutissimus*, était né à Saint-Pourçain, en Auvergne : aussi est-il souvent désigné dans les écrits de ce temps-là sous le nom de *Durandus* (Gulielmus) *a Sancto*

Porciano. Après avoir étudié à Paris, il se rendit à Rome, où il devint maire du sacré palais, et se livra à l'enseignement. En 1318 il fut nommé à l'évêché du Puy, et transféré en 1326 à celui de Meaux. Il mourut dans cette dernière ville, en 1332. D'abord partisan de Thomas d'Aquin, il finit par se ranger parmi ses adversaires. Esprit juste et lucide, il se distingua par la vivacité de ses attaques contre les *scotistes*, ou partisans des doctrines de Duns Scot. Son principal ouvrage est un commentaire sur Pierre Lombard, imprimé en 1508.

DURAND (Gilles), sieur *de la Bergerie*, naquit à Clermont, vers 1530; il fut l'un des poëtes français les plus gracieux du seizième siècle. Charles Nodier, épris de la naïveté et de la *mignardise* de ses écrits, l'a mis au-dessus de Jean Second. Durand n'est cependant apprécié que d'un petit nombre de littérateurs; il a traduit en vers *Les Baisers* de Jean Bonnefons, baisers tout aussi passionnés que ceux du poëte hollandais, et bien plus naturels que ceux du fade Dorat. Cette traduction est de tous les ouvrages de Durand le plus connu, le plus fréquemment imprimé; et toutefois ce n'est pas le meilleur. Tout homme de goût le mettra bien au-dessous des deux livres d'*Odes* et des deux livres d'*Amours*, recueil de morceaux charmants, où respire l'esprit de la muse grecque, et qu'embellit un commerce familier avec Anacréon, que Henry Estienne venait de publier pour la première fois. Renchérissant même sur son modèle, Durand présente Cupidon sous une foule d'images diverses; il montre l'*Amour pris aux lacs*, et même l'*Amour jouant aux échecs*. Il tombe aussi parfois dans le maniéré; il s'en fait absoudre cependant, grâce à la vivacité, au sentiment, à la fraîcheur de chacune de ses pages. Il était avocat au parlement de Paris; mais il abhorrait la plaidoirie, et n'était jamais plus heureux que lorsqu'il pouvait s'enfuir à la campagne, loin, bien loin du Palais. Il paraît qu'il prit part à la satire *Ménippée*. Il mourut paisiblement, en 1615, bien qu'il ait plu à un écrivain du dix-huitième siècle de le faire rouer vif en place de Grève, le 16 juillet 1618. Cette méprise provient de ce que l'abbé d'Artigny a confondu l'amant de Pancharis avec un autre Durand, qui périt en effet sur la roue pour avoir composé un libelle intitulé la *Ripozographie*, tissu de violentes invectives contre le roi. Deux jeunes Italiens qui avaient traduit cet écrit furent également traînés au supplice. La *Ripozographie* a été supprimée avec un tel soin qu'il n'en reste aucune trace. G. Brunet.

DURAND DE MAILLANE (Pierre-Toussaint), né à Saint-Remy en Provence, le 1er novembre 1729. Il embrassa la profession d'avocat, et se livra spécialement à l'étude du droit canon. Il publia en 1789 un petit écrit sur la *taille réelle* et la *taille personnelle*, sur les *pays d'états* et les *assemblées provinciales*. Il fut ensuite nommé député du tiers état du bailliage d'Arles aux états généraux. A l'assemblée nationale, il ne brilla pas à la tribune, mais il prit une part importante à la constitution civile du clergé. Réélu à la Convention, il vint siéger dans les rangs de la *plaine*, vota le bannissement et la détention jusqu'à la paix dans le procès de Louis XVI. Au 9 thermidor, c'est à Durand de Maillane qu'appartient cette célèbre apostrophe, prononcée par une voix à l'accent long et sombre et partie des bancs du centre, qui décida la chute de Robespierre en entraînant le côté droit. « Scélérat! la vertu, dont tu profanes le nom, doit te traîner à l'échafaud. » Il fut envoyé quelque temps après dans le midi, *afin d'y surveiller la punition des terroristes*, et il s'acquitta si bien de cette mission, que l'un des plus fougueux thermidoriens l'accusa d'avoir trop favorisé la réaction et l'impunité des assassins. Entré au Conseil des Anciens en vertu de la constitution de l'an III, il se lia avec le parti clichien fut un moment emprisonné au Temple, lors du 18 fructidor, et après le 18 brumaire devint président du tribunal civil de Tarascon, puis conseiller à la cour d'appel d'Aix, à laquelle il resta attaché jusqu'en 1809. Il mourut juge honoraire en 1811. Ses principaux ouvrages sont : *Dictionnaire de Droit canonique; Institutes du Droit canonique, traduites du latin de Lancelot; les Libertés de l'Église Gallicane*, etc.

DURANDAL, DURENDAL, DURANDAU, DURANDART, nom de l'épée de Roland. Le faux Turpin l'appelle *Durenda*, ainsi nommée, dit-il, à cause des rudes coups qu'elle portait : *Durenda interpretatur durus ictus.* Elle est célèbre dans les anciennes épopées, et l'Arioste l'a rendue plus fameuse encore. Le faux Turpin en tire un touchant épisode de la bataille de Roncevaux. Roland, frappé à mort, apostrophe sa bonne et fidèle épée. « Celui qui te forgea, murmure-t-il d'une voix défaillante, ne put en fabriquer une pareille; celui que tu frappes ne peut résister à la mort. Il me serait trop cruel si de mauvais chevaliers te possédaient après moi; il me serait trop cruel si tu tombais entre les mains de Sarrasins ou mécréants. » Réunissant alors toutes ses forces, il la brise en éclats. Dans le roman italien *L'Espagne*, la chose se passe ainsi; mais elle a lieu autrement dans le roman français de *Roncevaux*. Dieu ne permet pas qu'une si bonne lame soit détruite, et Roland, voyant bien que tous ses efforts sont inutiles, l'enfonce dans un marais : c'est la version qu'a suivie le Pulci, et cette circonstance lui a fourni un tableau sublime. Charlemagne, instruit de la perte de son avant-garde, accourt pour la venger. Il va sur le champ de bataille de Roncevaux embrasser les restes de son cher Roland, qui se raniment à sa vue, et lui remettent miraculeusement la terrible épée. Durandal était l'œuvre d'un de ces forgerons mystérieux dont abonde la mythologie du Nord. C'est au Nord en effet, plutôt qu'à Homère ou Virgile, que la machine poétique des armes enchantées a dû être empruntée par nos romanciers; mais le Nord lui-même tenait peut-être ces traditions de l'Orient, où Salomon passait également pour avoir forgé des armes magiques, car Durandal n'est pas la seule célèbre. Qui n'a pas entendu parler d'*Escalibor* d'Artus, de *Balisarde* de Roger, de *Joyeuse*, de *Haute-Clère* et de *Flamberge* de Charlemagne, de *Courtain* d'Ogier le Danois, de *Plorance*, de *Bautisme* et de *Garbain* de Fier-à-Bras, de *Durissime* d'Adhémar de Chabannes, de *Recuite* d'Alexandre le Grand, de Ptolémée, de Judas Machabée et de Vespasien, de *Merveilleuse* de Doolin de Mayence, de l'*épée fée* qui servit à décoller saint Jean-Baptiste, et que le roi Gorgorans donna à Gauvain; de la *lance d'Argail*, frère d'Angélique, d'après le Boiardo, etc.? Dans les anciennes sagas islandaises il est souvent fait mention d'une race de nains montagnards, fort habiles dans la fabrication des armes. On leur devait les épées *tyrfing* et *skoffnung*, qui reparaissent si fréquemment dans les fictions scandinaves. Voici, du reste, quelle était Durandal, d'après le roman de Roncevaux :

Celui Durandau, dont li poings fu dorez,
Hante ot moult, fer fu acérez,
Ses gouferons fu blancs à or listez.

De Reiffenberg.

DURANGO, l'un des États de l'intérieur de la fédération mexicaine, qui avec l'État de Chihahua, situé plus au Nord, composait autrefois la province de la Nouvelle-Biscaye, dans la Nouvelle-Espagne, forme un plateau traversé du sud au nord par la Sierra-Madre, chaîne riche en cavernes et en minerai, est arrosé par le Sauceda ou Culiacan; à l'ouest par le Rio-Nazas, qui va se jeter avec le Guanabal dans le lac Cayman, et par le lac Paras à l'est, et peut à bon droit être regardé comme la clef du Mexique septentrional. La principale richesse de cet État consiste dans le produit de ses mines, dont l'exploitation, encore bien qu'elle ait beaucoup souffert par suite des convulsions politiques qui ont affligé ce pays dans ces derniers temps, ne laisse pas que de livrer à la consommation des quantités importantes de minerai d'or, d'argent et de cuivre. On élève aussi, dans l'État de Durango, des chevaux, du gros bétail, des moutons et des mulets qui sont très-recherchés, et qu'on regarde comme les meilleurs qu'il y ait dans tout le Mexique. On y cultive en outre des céréales, des fruits et des légumes de toutes espèces, des pommes de terre et du coton. Les manufactures y font défaut; mais le commerce ne laisse pas que d'y avoir une certaine importance.

L'État est divisé en onze *partidos*, et, sur une superficie d'environ 990 myriamètres carrés, compte une population de 250,000 âmes, dans laquelle il ne reste plus que fort peu d'Indiens. Les créoles s'enorgueillissent de descendre directement et sans mélange aucun de Biscayens, de Navarrais et de Catalans. Son chef-lieu, *Durango* ou *Guadiana*, nommé aussi tout récemment, en l'honneur du président de la fédération, *Ciudad de Victoria*, situé sur un plateau de plus de 2,000 mètres d'élévation, est le siége des autorités supérieures et de l'évêque de Durango, et compte 14,000 âmes. On y trouve un hôtel des monnaies, une affinerie d'or, une manufacture de verre, une imprimerie, une tannerie, une cathédrale, plusieurs couvents et un ancien collége de jésuites. Durango fut fondé en 1559 par le vice-roi Velasco, comme poste militaire; il doit sa prospérité aux mines qui l'avoisinent. A peu de distance, dans la plaine, se trouve un énorme aérolithe du poids d'environ 1,900 myriagrammes.

Une petite ville du même nom, située en Espagne, dans la province de Biscaye, centre d'une fabrication assez importante d'objets de quincaillerie et surtout de bonnes lames d'épée, compte 4,000 habitants. Pendant la guerre civile, elle servit longtemps de quartier général au prétendant don Carlos.

DURANTE (Francesco), l'un des plus grands compositeurs de l'Italie, naquit à Naples, en 1693. A l'âge de sept ans il entra au Conservatoire de *Sant' Onofrio*, et devint élève d'Alexandre Scarlatti. Quelques années après, la réputation du contra-puntiste Bernardo Pasquini l'attira à Rome, où il travailla pendant cinq ans sous la direction de ce maître, pendant que Pittoni l'initiait aux mystères de la mélodie. De retour dans sa patrie, il se livra à la composition de la musique d'église, genre vers lequel le poussait une vocation irrésistible. Attaché, en 1715, au Conservatoire de Sant'Onofrio, comme maître d'accompagnement, il le quitta en 1718 pour celui *de' Poveri di Giesu-Cristo*, dont il devint chef, et qu'il dirigea jusqu'à la suppression de cet établissement, en 1740. Durante fut alors réduit à la nécessité de composer des messes pour vivre. En 1745 il succéda à Leo, qui venait de mourir, en qualité de maître de Sant 'Onofrio, et conserva ces fonctions jusqu'à sa mort, en 1755.

Durante se rendit doublement célèbre par ses ouvrages et par son école, d'où sortirent tant de grands maîtres. Comme compositeur, il est un des chefs les plus distingués de l'école napolitaine. Il brille moins par l'invention que par la franchise et la vigueur de son style, large et religieux. Si ses motifs sont quelquefois communs, il sait leur donner un intérêt croissant par des développements neufs et ingénieux. Comme professeur, Durante sut acquérir des titres incontestables à la reconnaissance de la postérité, car il eut pour élèves aux *Poveri di Giesu-Cristo :* Pergolese, Vinci, Jomelli, Duni et Traetta; et à *Sant' Onofrio :* Piccini, Sacchini et Guglielmi. Durante ne composa jamais pour le théâtre. Voici le résumé du catalogue de ses œuvres, que l'on trouve à la bibliothèque du Conservatoire de Paris : dix *Messes*, dont une dans le style de Palestrina; deux *Kyrie* et *Gloria*, quatorze *Psaumes*, deux *Magnificat*, six *Antiennes*, trois *Hymnes*, treize *Motets*, quatre *Litanies*, un *Te Deum*, un *Nunc dimittis*, *Incipit oratio*, douze *Madrigaux*, onze *Solféges*, *Partimenti* (basses chiffrées) *per cimbalo*. F. Benoist.

DURANTIS (Guillaume), religieux dominicain et jurisconsulte du treizième siècle, naquit en 1237, en Languedoc, et fit ses études à Bologne. Après avoir enseigné le droit canon dans cette ville, ainsi qu'à Modène, il passa au service du pape, et y parvint à des emplois éminents. En 1274 il accompagna Grégoire X au concile de Lyon. Sous Martin IV, en 1281, il fut nommé vicaire ecclésiastique; en 1283, gouverneur de Bologne et de la Romagne; en 1285, évêque de Mende. En 1291 il renonça à ce siége pour aller reprendre les fonctions de gouverneur de la Romagne. Il mourut à Rome, en 1296. Ses principaux ouvrages sont : *Speculum judiciale*, le premier essai tenté pour établir un ordre systématique dans le corps du droit pratique; ouvrage resté en usage dans les écoles jusqu'au dix-septième siècle, et qui obtint les honneurs de plus de quarante éditions; *Commentarius in consilium Lugdunense*, qui traite des décrétales rendues à Lyon; enfin, *Rationale divinorum officiorum* (Mayence, 1459), contenant la description de toutes les cérémonies de l'office divin, et remarquable surtout parce qu'il fut l'un des premiers produits de l'art typographique (Mayence, 1459).

DURANTON (Alexandre), professeur à l'École de Droit de Paris, est né à Cusset (Allier), le 23 janvier 1783. Sa famille le destinait au barreau. Il vint étudier le droit à Paris, et fut reçu docteur en 1812. Il se fit inscrire immédiatement au barreau de Paris, et s'occupa d'affaires civiles. Ses débuts au Palais eurent quelque retentissement; mais il avait un goût prononcé pour l'enseignement. En 1820, un concours s'étant ouvert à la Faculté de Paris pour une chaire de Droit romain, M. Duranton se présenta; mais il n'obtint qu'une mention honorable. Quelques mois plus tard, la mort du savant et respectable Pigeau laissant vacante une nouvelle chaire, M. Duranton se mit une seconde fois sur les rangs. Après de remarquables épreuves, il fut nommé professeur de procédure civile et de législation criminelle. Le cours qu'il fit sur ces matières, développé avec l'érudition que ses longs travaux lui avaient acquise, jeta sur sa chaire un certain éclat. Cependant le droit civil était l'objet de ses préférences. Dès 1819 il avait publié, en quatre volumes, un *Traité des Contrats et Obligations*, qui fut généralement apprécié. En 1822 M. Duranton échangea sa chaire de procédure contre celle de droit civil, créée en 1819. En 1825 il commença la publication de son *Cours de Droit français suivant le Code Civil*, ouvrage immense, qui ne compte pas moins de 22 volumes in-8°, et qui fut terminé au commencement de 1837. Ce livre, dans lequel fut fondu le *Traité des Contrats*, est un corps de doctrine complet et savamment coordonné. Il fut accueilli avec une telle faveur qu'il en a déjà paru quatre éditions. M. Duranton, soit comme professeur, soit comme écrivain, est l'un de ceux qui ont le plus contribué à répandre la connaissance du droit. L'autorité de ses opinions dans les controverses juridiques fut presque immédiatement d'un grand poids devant les tribunaux. M. Duranton, qui depuis trente-quatre ans exerce le professorat, a déjà fourni une ample et honorable carrière. Cependant, et malgré son âge, il continue de faire ses leçons avec le même zèle, le même dévouement. Enfin il a la satisfaction de voir l'un de ses fils marcher à ses côtés. M. *Frédéric* Duranton est chargé depuis plusieurs années, comme professeur suppléant de la faculté de Paris, d'un cours de droit romain, où il fait preuve d'une érudition, d'une méthode et surtout d'une clarté d'exposition remarquables. Lucas de Crésantignes, avocat.

DURAS (Famille de). Cette famille, l'une des plus anciennes de la Guienne, portait originairement le nom de *Durfort*. Un de ses membres épousa une nièce du pape Clément V, qui lui apporta en dot la terre de *Duras*, ancienne seigneurie de l'Agenois, en Guienne, aujourd'hui chef-lieu de canton de Lot-et-Garonne, érigée en marquisat en 1609, en duché en 1689 et en duché-pairie en 1757. Depuis le quinzième siècle elle a compté parmi ses membres bien des illustrations militaires. Pendant les longues guerres où l'Angleterre et la France se disputaient la possession de plusieurs de nos provinces méridionales, les seigneurs de Duras suivirent les bannières anglaises jusqu'au triomphe définitif des armes de Charles VII. Un grand nombre se distinguèrent dans la carrière des armes.

DURAS (Jacques-Henri de DURFORT, duc de), maréchal de France, naquit en 1626. Digne élève de Turenne, son oncle maternel, il prit une grande part à la conquête des Pays-Bas et à celle de la Franche-Comté, et, pour l'en récompenser, Louis XIV l'en nomma gouverneur. Il fut aussi, après la mort funeste de Turenne, un des maréchaux de France nommés, comme on le dit encore ingénieusement, pour en former *la monnaie*; du moins était-il vrai que le maréchal de Duras figurait pour un bon prix dans cette monnaie-là. Il en donna la preuve lorsqu'en 1688, général en chef de notre armée d'Allemagne, sous le commandement nominal du dauphin, il s'empara de Philisbourg, de Manheim et de plusieurs autres places importantes. Pourvu de la charge de capitaine des gardes du corps, nommé pair de France, il mourut en 1704, doyen des maréchaux.

DURAS (Louis, comte de DURFORT de), frère du précédent, servit d'abord en France et ensuite en Angleterre, sous Charles II, qui le fit *lord* sous le nom de *baron de Duras*, puis comte de *Feversham*. Il fut successivement ambassadeur britannique en France, à l'époque de la paix de Nimègue, vice-roi d'Irlande, et généralissime des armées de Jacques II.

DURAS (Jean-Baptiste de DURFORT, duc de), fils de Jacques-Henri, né le 28 janvier 1684, servit avec la plus grande distinction pendant les guerres d'Allemagne, de Flandre et d'Espagne, sous les maréchaux de Boufflers et de Berwick. Maréchal de France lui-même en 1741, gouverneur de la Franché-Comté en 1755, il mourut à Paris, le 8 juillet 1770.

DURAS (Mlle de), sœur du maréchal Jacques-Henri, et tante du précédent, dame d'atours de la duchesse d'Orléans, était protestante. Elle fut convertie au catholicisme en 1678 par Bossuet, à la suite de conférences qui firent beaucoup de bruit.

DURAS (Emmanuel-Félicité de DURFORT, duc de), fils du maréchal Jean-Baptiste, naquit le 29 décembre 1715, et fit toutes les guerres du règne de Louis XV, auprès de qui il se trouvait comme aide de camp à la bataille de Fontenoy. Ambassadeur en Espagne en 1752, il fut encore pair et maréchal de France, premier gentilhomme de la chambre du roi et membre de l'Académie Française. Quoique d'un mérite distingué, il eut la douleur de voir son nom cité plus d'une fois dans les cercles railleurs de Paris d'une manière assez désagréable. Exerçant par ses fonctions une autorité despotique sur la Comédie-Française, il fut loin de se montrer impartial dans les débats qui s'élevèrent à ce théâtre entre Mlle Sainval et Mme Vestris : la beauté l'emporta auprès de lui sur le talent. Le public, qui n'avait pas les mêmes raisons que M. le duc pour donner ainsi la pomme, prit parti vivement pour Mlle Sainval, contrainte à quitter la scène, et fit pleuvoir les brocards sur le noble protecteur de sa rivale. Il mourut à Versailles, le 6 septembre 1789.

DURAS (Amédée-Bretagne-Malo, duc de), fils du précédent, succéda à son père dans les fonctions de premier gentilhomme de la chambre du roi. C'était une époque où, bien loin d'être une source de privilèges et de voluptés, elles n'allaient plus offrir que des périls de chaque jour. Le duc de Duras y montra, près du malheureux Louis XVI, du dévouement et du courage. Émigré ensuite pour sauver sa tête, il rentra dans sa patrie dès que Bonaparte y eut rétabli l'ordre et le calme; mais, gardant aux Bourbons une fidélité basée sur la reconnaissance que leur devait sa famille, son nom ne figura point parmi ceux qui cherchèrent à remplacer leurs anciennes distinctions par les faveurs impériales. Louis XVIII, à son retour, l'attacha, à sa personne par la place qui était devenue en quelque sorte héréditaire dans sa maison : il le nomma en outre maréchal-de-camp, pair de France et membre de l'Académie Française. Le duc de Duras suivit son bienfaiteur dans son second exil, en 1815, et revint avec lui. La révolution de 1830 lui imposa une nouvelle retraite, d'où il ne sortit plus. Il est mort en 1838. Le comte de Chastellux son gendre, a hérité du titre ducal sous le nom de *Rauzan*, marquisat de la maison de Durfort.

DURAS (Claire de KERSAINT, duchesse de), femme du duc Amédée, née à Brest, en 1778, morte à Nice, en janvier 1829, était fille du comte de Kersaint, capitaine de vaisseau, ancien membre de la Convention, mort sur l'échafaud révolutionnaire. Elle quitta la France avec sa mère, en qui la douleur avait affaibli l'intelligence. Des États-Unis elles passèrent à la Martinique, où sa mère avait de riches possessions. Devenue orpheline, fort riche encore, elle revint en Europe, et se fixa à Londres, où elle épousa le duc de Duras. Tous deux rentrèrent en France après le 18 brumaire; mais retirés en Touraine, dans un de leurs châteaux, ils ne paraissaient que rarement à Paris. Ce fut l'amitié de Mme de Staël et de Châteaubriand qui alla chercher Mme de Duras dans sa retraite.

La Restauration la ramena enfin à Paris. Son changement de fortune apporta peu de changements à ses habitudes. Son cercle, où rarement la politique empiétait sur la littérature, rappelait, sous certains rapports, ceux de Mmes du Deffand et Geoffrin. Cependant, elle n'était encore connue que dans sa société pour une personne très-spirituelle, lorsque le joli roman d'*Ourika*, qui parut en 1823, révéla au public son talent littéraire. Il ne portait aucun nom, mais celui de l'auteur était le secret du grand monde, et fut bientôt connu de ses nombreux lecteurs. *Édouard* ne fut pas moins bien accueilli. Mme de Duras consacra le produit de ces deux ouvrages au soutien d'un établissement de charité. Présidente d'une association de bienfaisance, elle faisait aussi partie de cette société d'enseignement élémentaire qui répandait parmi la classe indigente d'autres bienfaits encore, ceux de l'instruction. Un homme d'esprit, Henri de Latouche, publia, sous le titre d'*Olivier*, un troisième roman, sans nom d'auteur, comme ceux de Mme de Duras, et dans lequel la pensée et le style de cette dame étaient assez adroitement imités; et le public, trompé par l'anonyme et le talent de l'auteur, ne tarda pas à attribuer à cette nouvelle œuvre la noble extraction d'*Édouard* et d'*Ourika*. Malheureusement la duchesse, en dédaignant de relever cette méprise, ne contribua pas peu, sans s'en douter, à la répandre dans le monde. Eug. G. de Monglave.

DURAZZO. Les Italiens appellent ainsi une ville à laquelle les Turcs donnent le nom de *Dratsch*, et les Slaves celui de *Durtz*, située dans le cercle de Kajawa (Albanie supérieure), dans le Sandjak turc de Scutari. Durazzo, bâtie au nord d'une vaste baie de la mer Adriatique, possède un port très-sûr et très-fréquenté. Elle est entourée de murailles à moitié en ruines, et comme construction remarquable elle présente le quai du môle tout hérissé de canons, ainsi qu'un pont d'un grand développement, servant à franchir les marais qui bordent toute cette côte. Mais comparativement à ce qu'elle était jadis, on peut dire de cette ville que ce n'est qu'un monceau de ruines. Sa fameuse citadelle byzantine, dont les débris gigantesques sont ombragés par des platanes séculaires, n'existe plus depuis longtemps déjà; et on en peut dire autant de son port, jadis si renommé, et qui aujourd'hui, à moitié ensablé, n'est plus qu'un repaire de pirates. Dans le *Warosch*, nom du quartier de la ville habité par les commerçants et par les gens de métiers, et qui s'étend au bas des fortifications, on ne compte plus que quelques milliers d'habitants, catholiques pour la plus grande partie.

A l'époque la plus reculée de l'antiquité, Durazzo s'appelait *Epidamnus*. C'était une colonie de Corcyriens, fondée l'an 626 avant J.-C. dans le pays des Illyriens, sous le commandement d'un Corinthien appelé Phalios. Devenue ensuite une grande et populeuse cité, les luttes des partis politiques qui la divisaient donnèrent naissance à la guerre du Péloponnèse. Les Romains lui donnèrent le nom de *Dyrrachium*, et en firent une de leurs colonies, à laquelle sa proximité de *Brundusium* (Brindes) donnait une importance toute particulière comme lieu de débarquement. L'an 48 avant J.-C., elle devint la principale place d'armes de Pompée. Il y fut assiégé par César, avec le sénat qui s'était réfugié dans son camp, et battit deux fois sous les murs de cette ville un rival qui devait lui faire chèrement expier ses succès dans les plaines de Pharsale. Durazzo atteignit l'apogée de sa prospérité à la fin du quatrième siècle de notre ère. Elle fut alors érigée en éparchie byzantine de la Nouvelle-Épire, titre qu'elle conserva encore plus tard, quand elle fut devenue en même temps la ville principale de la partie occidentale de l'empire. Assiégée en 481 par l'Ostrogoth Théodoric, puis à diverses reprises aux dixième et onzième siècles par les Bulgares, elle fut érigée en duché par l'empereur Michel Ducas en faveur de Nicéphore de Bryenne. En 1081, le Normand Robert Guiscard s'en empara, mais ne tarda point à l'abandonner.

Lors du partage de l'empire grec, cette place passa sous la domination des Vénitiens, à qui les Epirotes l'enlevèrent bientôt après. Complétement détruite en 1273 par un tremblement de terre, elle fut rebâtie par les Albanais; en 1315 elle appartint, avec le titre de duché, à Philippe de Tarente, puis par mariage au royaume de Navarre. En 1381, le duc Charles III de Durazzo parvint au trône de Naples. En 1502, les Turcs s'en emparèrent, et depuis lors elle n'a pas cessé de leur appartenir.

DUREAU DE LA MALLE (Jean-Baptiste-Joseph-Aimé) naquit le 21 novembre 1742, à Saint-Domingne, où son grand-père, gouverneur de l'île après les guerres de la succession, avait laissé les souvenirs les plus honorables. Ayant perdu ses parents dès l'âge le plus tendre, le jeune Dureau fut envoyé en France, et placé, à sept ans, au collége du Plessis. Après de brillantes études, il entra dans le monde; mais, en se livrant à ses plaisirs, il ne négligea pas de nourrir son esprit de solides lectures et de l'exercer sans cesse par d'utiles travaux. Lié avec D'Alembert, La Harpe, Chamfort, Suard, et surtout Delille, il puisa dans leur commerce l'amour des lettres et le désir de s'illustrer en les cultivant. L'exemple et les conseils de Delille, avec lequel il avait contracté une étroite et véritable amitié, acheva de fixer sa vocation, et il débuta, en 1776, par une traduction du *Traité des Bienfaits* de Sénèque. Un ouvrage de ce genre ne pouvait attirer la vogue, car à cette époque on goûtait fort peu la morale des stoïciens, et celle de Sénèque, entachée d'exagération, semée de maximes fausses et brillantes, n'avait guère chance de rencontrer des lecteurs. Cependant, le début de Dureau fut remarqué, et La Harpe, en blâmant son choix, se plut à louer un talent qui n'avait besoin que de trouver un plus heureux emploi. Une critique aussi bienveillante l'aiguillonna, et il entreprit de faire passer dans notre langue un historien célèbre, Tacite, d'autant plus difficile à traduire que sa pensée s'enveloppe dans un style concis jusqu'à l'obscurité, ou éclate en traits profonds qu'il faut méditer pour en saisir le sens, comme pour les reproduire par l'expression. Dureau consacra seize ans à ce grand travail, déjà tenté vainement par J.-J. Rousseau et D'Alembert. Leurs efforts infructueux semblaient déclarer une pareille tâche impossible, mais le public n'en jugea pas ainsi, et la nouvelle traduction, mise au jour en 1790, conquit tous les suffrages.

Alors commençait à gronder la tempête qui devait briser la monarchie et bouleverser la société jusque dans ses fondements. La préoccupation des esprits, fascinés par les événements, fut favorable au livre de Dureau : c'est qu'il entrait dans la passion du jour, tournée vers la politique, et chacun y pouvait puiser des exemples ou des applications. Renfermé dans ses travaux, l'interprète de Tacite ne prit aucune part au grand drame de la révolution; et quand le calme fut rétabli par l'épée de Bonaparte, il se rallia au nouveau gouvernement. Nommé membre du conseil général de son département, il fit partie en 1802 du corps législatif. En 1804 l'Institut l'admit dans son sein; mais cette faveur, loin de l'engager au repos, ne fit que redoubler l'activité de son zèle. Après Tacite, il s'était attaché à Salluste; puis, cette œuvre terminée, il avait entrepris une traduction complète de Tite-Live. Sa mort, arrivée le 19 septembre 1807, ne lui permit d'achever que la première décade, les trois premiers livres de la troisième, et les deux premiers de la quatrième; le reste, traduit par Noël, mit fin à cette vaste entreprise, qui parut en 1810. Le style de Dureau, privé de souplesse et d'élégance, ne manque ni d'énergie ni de précision : aussi lutte-t-il quelquefois sans trop de désavantage avec Tacite. S'il a été moins heureux en traduisant *Salluste*, c'est que la phrase de celui-ci, plus brève encore que celle de Tacite, exige dans l'interprétation une exactitude plus rigoureuse : on ne peut négliger une seule épithète sans mutiler sa pensée, et cette épithète n'a pas toujours d'équivalent dans notre idiome. Dureau avait aussi commencé une version en vers de l'*Argonautique* de Valerius Flaccus, qui a été terminée et mise au jour par son fils.

Saint-Prosper jeune.

DUREAU DE LA MALLE (Adolphe-Jules-César-Auguste), fils du précédent, est né à Paris, le 2 mars 1777. Son père lui donna une éducation soignée. Son goût pour le dessin lui fit entreprendre, en 1792, avec trois artistes à pied, le sac sur le dos, un voyage de paysagiste sur les côtes de Flandre, de Normandie et de Bretagne. Échappé à la réquisition par la protection de quelques amis de son père, il se livra tout entier à l'érudition et à la poésie. L'épisode de *Françoise de Rimini*, traduit du Dante, fut la première œuvre poétique qu'il livra au public. En 1803, le *Magasin encyclopédique* de Millin inséra son mémoire *sur la position des villes et des pays qu'habitait Phinée fils d'Agénor*, et en 1807 parut sa *Géographie physique de la mer Noire, de l'intérieur de l'Afrique et de la Méditerranée*. Un voyage dans les Pyrénées, qu'il entreprit pendant l'été de 1807, fit éclore un petit poëme (1808), que l'auteur accompagna d'un récit en prose de cette excursion. L'année 1823 vit paraître, sous le titre de *Bayard, ou la conquête du Milanais*, un poëme en douze chants, de 9 à 10,000 vers, avec une préface dans laquelle M. Dureau développe son système de poétique.

Il avait déjà lu à l'Académie des Inscriptions deux mémoires, l'un *sur la position de la roche Tarpéienne* l'autre *sur la prononciation ancienne du grec et du latin*, lorsqu'il fut admis au nombre des membres de ce corps savant en 1818; il publia l'année suivante un volume *sur la Poliorcétique des Anciens*. Il a enrichi les mémoires de l'Académie d'une foule de dissertations curieuses, dont plusieurs ont été imprimées à part en volumes. On lui doit aussi des *Recherches sur l'histoire et la colonisation d'Alger*, rédigées au nom d'une commission de l'Académie, sur la demande du ministre de la guerre.

DURÉE, l'espace de temps qu'une chose dure. Quoique la *durée* et le *temps* soient synonymes, ces deux mots diffèrent en ce que la *durée* se rapporte aux choses et le *temps* aux personnes. La durée a aussi rapport au commencement et à la fin de quelque chose, et désigne l'espace écoulé entre ce commencement et cette fin. On dit la durée d'un règne, la durée d'une session, etc.

DURE-MÈRE. On donne ce nom, en anatomie, à une membrane ou couche fibreuse qui est l'une des enveloppes de la moelle épinière et de l'encéphale. Les Grecs désignaient ces enveloppes sous la dénomination de *méninges*. Les anatomistes arabes, croyant que toutes les membranes du corps tiraient leur origine des enveloppes du cerveau et de son prolongement spinal, avaient appelé ces dernières *mères*. Ces enveloppes étant formées à leurs yeux de deux couches, l'une dense, plus épaisse, l'autre molle et plus mince, ils fixèrent ces distinctions par les termes *dure-mère* et *pie-mère* (*dura mater*, *pia seu mollis mater*). A cette époque on confondait d'une part avec la dure-mère, et de l'autre avec la pie-mère, une troisième membrane ou couche intermédiaire, qu'en raison de sa ténuité on désigne sous le nom d'*arachnoïde*. C'est en 1565 qu'on a d'abord bien distingué l'arachnoïde des deux autres couches ou membranes appelées *mères* (dure et molle ou pie). Chaussier donne à la dure-mère le nom de *méninge*, et réunit, comme les anciens, sous celui de *méningine* la pie-mère et l'arachnoïde, qu'il considère comme deux lames, l'une interne, l'autre externe, de cette dernière membrane. Enfin, de nos jours, Bichat a classé la dure-mère parmi les membranes fibreuses, et les zootomistes nous ont fourni sur ce sujet des documents précieux, qui permettent d'en donner une idée beaucoup plus exacte que toutes celles successivement émises depuis les Grecs et les Arabes jusqu'à l'époque actuelle.

La dure-mère est une couche scléreuse, offrant dans les divers points de son étendue une densité et une texture fibreuse, cartilagineuse ou osseuse, mais existant le plus généralement à l'état fibreux; sa couleur est alors d'un blanc plus ou moins nacré; les fibres dont elle est composée, en raison de cette couleur, ont été considérées comme appartenant au tissu appelé *albuginé* par Chaussier et *fibreux* par Bichat. Mais cette couleur varie nécessairement lorsque certaines parties de la dure-mère offrent toutes les propriétés physiques des tissus cartilagineux et osseux. Cette membrane tapisse l'intérieur du crâne et se prolonge dans le canal vertébral, d'où la distinction en *dure-mère crânienne* et en *dure-mère spinale*, fondée sur d'autres caractères. En raison de sa forme, qui correspond à celle de la cavité cranio-rachidienne, on y considère deux surfaces : l'une extérieure, adhérente aux parois internes du crâne, et libre ou séparée par le tissu cellulaire des parois du canal rachidien; l'autre, interne, tapissée par l'arachnoïde et offrant un grand nombre de replis, qui ont reçu des noms spéciaux.

La dure-mère adhère beaucoup aux sutures de la voûte et de la base du crâne, et moins dans leurs intervalles. Elle s'enfonce dans tous les trous de la boîte crânienne qui livrent passage aux vaisseaux et aux nerfs, et leur forme des canaux fibreux qui sont continus d'une part au périoste extérieur, et de l'autre avec le névrilemme de quelques nerfs. Dans le canal vertébral, elle est séparée des parois osseuses par un tissu cellulaire graisseux et rougeâtre, excepté sur sa face antérieure, qui est unie au ligament vertébral postérieur, et elle fournit sur les côtés un conduit fibreux à chaque nerf vertébral; elle est fixée par son extrémité au sacrum, au moyen de quelques prolongements de nature fibreuse.

Différents replis de la dure-mère forment des saillies et des cloisons plus ou moins étendues à la surface interne, ou dans l'intérieur de la cavité qu'elle circonscrit. Ces replis sont au nombre de trois principaux, auxquels on a rattaché des replis secondaires; on les désigne sous les noms de *faux du cerveau*, *tente* et *faux du cervelet*. La faux du cerveau a été encore appelée *cloison verticale*, *médiastin du cerveau*, et par Chaussier, *repli longitudinal de la méninge* ou *septum médian du cerveau*. C'est une lame fibreuse falciforme, large en arrière, étroite en devant, qui occupe la grande scissure du cerveau; son bord supérieur est convexe; il répond à la crête et à la suture coronale, à la suture sagittale et à la gouttière moyenne de l'occipital. Son bord inférieur concave est placé au-dessus de la ligne médiane du corps calleux. Son extrémité antérieure ou son sommet est fixé à l'apophyse *crista galli* de l'ethmoïde. Sa base ou son extrémité postérieure est continue avec la partie médiane supérieure de la tente du cervelet. Celle-ci, encore appelée *diaphragme*, *plancher* ou *septum transverse du cerveau*, est une sorte de voûte qui soutient les lobes postérieurs de cet organe. Sa grande circonférence adhère aux bords de la gouttière latérale et au bord supérieur du rocher. Sa petite circonférence, qui est antérieure et concave, circonscrit l'ouverture ovalaire qui répond à la protubérance cérébrale. C'est à la tente du cervelet qu'on a rattaché les replis sphénoïdaux postérieurs qui vont se fixer aux apophyses clinoïdes, postérieures et antérieures, qui limitent sur les côtés la selle turcique, et se continuent avec les replis sphénoïdaux antérieurs placés sur les bords postérieurs des petites ailes du sphénoïde. La *faux du cervelet*, *petite faux*, *septum médian* ou *longitudinal du cervelet*, est une petite lame triangulaire étendue de la protubérance occipitale interne au grand trou occipital; elle est continue par sa base avec la tente du cervelet, et bifurquée à son sommet. Elle est située entre les hémisphères cérébelleux.

La tente du cervelet et la faux du cerveau, qui sont fibreuses chez l'homme et le plus grand nombre d'animaux vertébrés, existent à l'état cartilagineux ou osseux dans certaines espèces. Sœmmering a fait remarquer que plus le *cerveau* des animaux est petit, plus les replis de la dure-mère sont minces. Veyret cite un cas dans lequel la faux du cerveau n'existait pas sur un sujet de l'espèce humaine. Sœmmering a observé que dans quelques animaux la faux a si peu de largeur qu'elle s'enfonce à peine entre les hémisphères du cerveau. Le ligament dentelé qui lie la moelle épinière à la dure-mère spinale est considéré par Meckel comme un repli ou prolongement interne de cette membrane.

Lorsque la dure-mère est très-mince pendant toute l'existence des animaux très-petits ou très-inférieurs dans la série des vertébrés, son tissu est à peine fibreux, et se rapproche du tissu plastique spongieux ou membraneux connu sous le nom de *tissu cellulaire*. On peut donc dire en anatomie comparée que la texture de la dure-mère, quoique le plus généralement fibreuse, offre cependant dans les diverses espèces animales, et dans les divers points de son étendue, toutes les modifications graduelles depuis la consistance plastique ou cellulaire, jusqu'à la dureté cartilagineuse ou osseuse. D'après Cuvier et Carus, la dure-mère des reptiles et des poissons, toujours adhérente à la surface interne du crâne, n'offre aucun repli intérieur, et elle est séparée du cerveau par une quantité plus ou moins considérable de tissu cellulaire écumeux, analogue à de la gelée et à de la graisse qui remplit la portion du crâne non occupée par la masse cérébrale.

La dure-mère n'offre deux lames distinctes que dans les endroits avoisinant les sinus ou espaces triangulaires qui font partie du système veineux cérébro-spinal, et qui occupent en général les bords des replis indiqués ci-dessus. On observe dans les parties de la dure-mère qui correspondent au sinus longitudinal supérieur des grains petits, blancs ou jaunâtres, isolés ou agrégés, nommés vulgairement *glandes de Pachioni*, qui ne sont autre chose que des concrétions accidentelles. Les vaisseaux de cette membrane sont les artères méningées, distinguées en moyennes, antérieures et postérieures, et les veines satellites de ces artères, au nombre de deux pour chacune d'elles. Quoique dans l'état actuel de la science, l'existence des nerfs dans la dure-mère admise par Vieussens, Valsalva, Duverney, Winslow et Lieutaud, ait été niée par Haller, Caldani, Asche et Lobstein, nous nous sommes convaincu de la réalité de cette existence sur des pièces anatomiques préparées par M. Bonami, aide de M. Cruveilher.

La dure-mère a des usages très-nombreux : elle fait l'office de périoste intérieur à l'égard des parois internes des os du crâne ; elle enveloppe, protège et sépare, par ses replis ou cloisons toujours tendues, les diverses portions de l'axe cérébro-spinal et les origines de tous les nerfs qui sortent par les trous du crâne et de la colonne vertébrale. L'inflexibilité et l'état de tension de ses cloisons mettent les masses nerveuses à l'abri de la compression qu'elles pourraient exercer les unes sur les autres dans les diverses stations et attitudes. La liberté et l'isolement de la dure-mère spinale dans le canal vertébral la font se prêter sans tiraillement à tous les mouvements de flexion, d'extension et d'inclinaison latérale de la colonne rachidienne. Ses sinus, tapissés seulement par la tunique interne du système vasculaire à sang noir, font partie du système circulatoire de la cavité cranio-spinale, et résistent par leurs parois à la pression exercée par le cerveau dans ses mouvements d'expansion et de soulèvement produits par les battements du système artériel situé à la base. Quoi qu'en aient dit Pachioni et Baglivi, la dure-mère n'a point une texture musculaire et contractile ; quoiqu'elle reçoive évidemment des nerfs dans quelques points, elle n'est pas sensible au delà de ces points ; et sa nature, évidemment scléreuse (c'est-à-dire fibreuse, cartilagineuse ou osseuse), la rend très-propre à lier, envelopper et protéger ; et c'est bien là certainement le but et le caractère de sa finalité physiologique. Quoique la dure-mère se continue évidemment avec d'autres parties fibreuses (périoste, névrilemme de quelques nerfs), on doit admettre une sorte d'indépendance dans le développement simultané des diverses membranes du corps humain et des animaux vertébrés, et rejeter par conséquent l'opinion des Arabes, sur laquelle est établi le nom significatif donné à la membrane fibreuse, objet de cet article.

Les maladies de cette membrane sont les transformations, l'inflammation, et toutes les lésions physiques (divisions, piqûres, déchirements, dénudations, etc) dont toutes les parties du corps de l'homme et des animaux sont susceptibles. Les transformations sont : 1° les cartilaginifications ou ossifications morbides, ou des concrétions ossiformes des points où cette membrane doit être normalement fibreuse ; 2° des tumeurs fibreuses appelées *fongus* ou végétations de la dure-mère, parce qu'elles sont souvent traversées par de nombreux vaisseaux sanguins très-développés. Ces tumeurs présentent quelquefois des points de ramollissement ou de dégénérescence et des épanchements de sang. Elles revêtent des formes et des aspects très-variés, suivant qu'elles sont encore renfermées dans le crâne ou qu'elles sortent à travers les parois de cette boite osseuse qu'elles ont détruites par une sorte d'érosion. L'inflammation de la dure-mère, ou méningite, est le plus souvent le résultat de contusions fortes du crâne, de fractures ou de plaies, avec perte de substance de ces os. Selon que sa marche est aiguë, suraiguë ou chronique, elle se termine de diverses manières, et elle préside souvent aux transformations indiquées. La dure-mère participe plus ou moins aux maladies des autres membranes cérébro-spinales, et à celles de l'encéphale et de la moelle vertébrale. L. Laurent.

DUREN, chef-lieu de cercle et ville manufacturière de l'arrondissement d'Aix-la-Chapelle, province de la Prusse Rhénane, sur la Roer, et l'une des stations du chemin de fer de Cologne, est le siége d'une justice de paix, d'une direction des mines, etc. On y trouve deux églises catholiques et deux églises protestantes, cinq couvents de femmes, une synagogue, un gymnase, une institution d'aveugles fondée en 1845, et on y compte 8,500 habitants. Centre d'une industrie des plus actives, Duren possède onze papeteries, cinq manufactures de drap et plusieurs manufactures de lainages, de cuirs, d'articles de quincaillerie, ainsi que des distilleries d'eau-de-vie de grains. Du temps des Romains, cette ville s'appelait *Marcodurum*, et comme Cologne, dit-on, fut fondée par Marcus Agrippa. L'an 69 de J.-C., Civilis y battit les cohortes des *Ubii;* et l'année d'après la ville fut prise d'assaut par les Bataves.

Les rois Francs y convoquèrent plusieurs conciles (761 et 779) et diètes (775), et l'empereur Robert l'éleva au rang de ville impériale. Charles-Quint prit et incendia Duren en 1542 et en 1543. A l'époque de la guerre de trente ans, cette ville fut assiégée par les troupes hessoises commandées par le comte Eberstein. En 1794, le 2 octobre, les Français aux ordres de Marceau la prirent d'assaut.

DURER (Albert), le fondateur d'une nombreuse école de peintres allemands, né à Nuremberg le 20 mai 1471, était fils d'un habile orfèvre hongrois, et fut élevé avec soin. Ses facultés se développèrent de bonne heure, et quoiqu'à l'âge de quinze ans il eût déjà fait de grands progrès dans la profession de son père, il prit le parti de se vouer exclusivement à la peinture. En 1486, Michel Wohlgemuth, alors le peintre le plus en renom de Nuremberg, l'admit dans son atelier. Plus tard, à partir de 1490, il parcourut diverses parties de l'Allemagne, l'Alsace et la Suisse. En 1494 il était de retour dans sa ville natale, où, par déférence pour le vœu de son père, il épousa Agnès, fille d'un célèbre mécanicien, nommé Hans Frey. Belle, mais d'un caractère acariâtre, cette femme abreuva d'amertume l'existence de son mari.

En 1506, Albert Durer alla s'établir à Venise, grâce aux avances nécessaires que lui fit un de ses amis, Willibald Pirkheimer, l'un des échevins de la ville de Nuremberg. Il peignit dans cette ville une Sainte Vierge couronnée de roses et entourée d'anges, du pape, de princes, etc.; tableau acheté ensuite par l'empereur Rodolphe, qui le fit transporter à Prague, où on le voit encore, dans le couvent de Strahow, mais en assez mauvais état et retouché. Plus tard il se rendit à Bologne. Du reste, ce voyage ne modifia en rien son style, encore bien que ce soit de son retour d'Italie, c'est-à-dire de l'année 1507 environ, que date la grande supériorité qu'on lui reconnait dans son art. Sa réputation ne tarda point à se répandre au loin. L'empereur Maximilien Ier le nomma peintre de sa cour, et Charles-Quint le confirma dans cette dignité.

Dans les années 1519 et 1521, Albert Durer alla visiter les Pays-Bas, où il fut partout accueilli avec une extrême distinction ; et ce voyage exerça une décisive influence sur la direction ultérieure de son talent. Au rapport de Mélanchthon, ce grand artiste avouait lui-même que c'était seulement alors que lui était venu le vrai sentiment de la nature, et déplorait l'impuissance où il était d'en reproduire le type sublime. Il était encore dans toute la force de l'âge, quand il mourut, le 6 avril 1528, premier jour de Pâques.

Albert Durer est l'un des plus grands, des plus admirables maitres qu'ait produits l'école allemande, encore bien qu'il n'ait pas visé au beau idéal, ce qui lui eût été impossible à une époque comme celle au milieu de laquelle il vivait. Ce qui le distingue éminemment, c'est ce qu'il y a de précis et d'arrêté dans l'idée première de toutes ses compositions ; c'est une intelligence nette et claire des formes que revêt la vie dans ses diverses manifestations, sentiment qui lui permet de la représenter avec la plus énergique vérité. Ajoutez à cela l'élévation et la moralité de la pensée, et vous aurez l'explication du charme particulier en même temps que de la noblesse d'expression de ses moindres œuvres. Comme chez lui la puissance de création était grande, l'imagination, toujours remplie d'idées profondes, obéissait aux impressions les plus diverses. On peut même dire que l'imagination est la faculté qui domine en cet artiste, qu'elle apparait dans ses moindres productions, mais que souvent aussi elle le fait tomber dans quelques excentricités, notamment dans une manière d'exécuter les vêtements qui touche à l'affectation, comme aussi dans un emploi des couleurs qui leur donne l'éclat de la soie. Doué d'une activité infatigable, il a peint une multitude de toiles, dont la plupart sont exécutées avec le fini le plus minutieux. La plus ancienne toile qu'on ait de Durer est son propre portrait, peint en 1498. Il fait partie des portraits d'artistes peints par eux-mêmes que possède la galerie de Florence. Un autre portrait de lui-même, peint en 1500, se trouve dans la Pinacothèque, à Munich. La galerie de Vienne possède un choix remarquable des productions de la première époque de son talent, du temps où il revint d'Italie; et de toutes ces toiles la plus belle est peut-être celle qui représente la sainte Trinité entourée d'un grand nombre de saints et de bienheureux (1511). Il faut dire toutefois que quelques-uns des travaux appartenant aux dernières années de sa vie l'emportent encore de beaucoup sur toutes autres. Nous citerons, par exemple : Une *Vierge Marie avec l'Enfant Jésus*, (1510), dans le Belvédère de Vienne; les deux grandes toiles représentant *les Quatre Apôtres; les Quatre Tempéraments*, dans la Pinacothèque de Munich (1526; gravé par Reindel); le portrait de *Jérôme Holzschuber*, demeuré la propriété de la famille Holzschuber de Nuremberg (aussi de 1526; gravé par Wagner).

On ne peut cependant complétement apprécier son talent qu'en tenant compte de l'énorme quantité de ses dessins, surtout de ceux qui se trouvent dans la galerie de feu l'archiduc Charles, à Vienne, de ses gravures sur bois et de ses gravures sur cuivre. Albert Durer maniait le burin avec une délicatesse et une facilité extrêmes; on le regarde en outre comme ayant le premier pratiqué la gravure à l'eau forte. Il s'essaya aussi dans la sculpture, et on a de lui un certain nombre de remarquables morceaux de suculpture en bois et en ivoire. Il inventa un procédé pour imprimer en deux couleurs les gravures sur bois, et le carreau à copies.

[Si l'on compare le nombre d'années qu'a vécu Albert Durer avec le nombre de ses ouvrages qui nous restent, si l'on réfléchit à la quantité de ses ouvrages que nous avons perdus depuis tantôt trois siècles, le travail et le zèle du noble artiste n'exciteront pas moins notre admiration que l'excellence même de ses œuvres. En effet, ce qu'il a produit est à peine croyable. Albert Durer en moins de quarante ans a laissé une collection infinie de gravures, de portraits, de dessins, de tableaux de tous genres. Les plus intrépides et les plus habiles connaisseurs ne sont pas parvenus à faire une collection complète d'Albert Durer.

Tous les sujets, tous les lieux, tous les temps, tous les hommes, convenaient à cet inépuisable génie. Ce qu'il a tiré de la Bible est incroyable. Vous avez vu cette belle gravure en cuivre, *Adam et Ève*. Puis, après la Bible, l'Évangile; *la Nativité*, par exemple. Puis bientôt cette belle suite de gravures, histoire touchante, que son auteur a appelée lui-même *l'Homme des douleurs :* c'est toute la Passion de Jésus-Christ, vivement et énergiquement représentée; puis après l'histoire des apôtres.

Après avoir fait *la Vierge enfant*, Albert fait *la Vierge à la couronne d'étoiles*, puis *la Vierge au sceptre, la Vierge aux cheveux en bandelettes, la Vierge allaitant l'enfant Jésus, la Vierge assise, la Vierge à la poire, la Vierge au songe, la Vierge au papillon, la Vierge à la porte*.

Après avoir passé de la Bible à l'Évangile, il passe de l'Évangile aux histoires de la légende. Heureux les saints que protége Albert! *Saint Philippe, Saint Barthélemy, Saint Thomas, Saint Simon, Saint Paul, Saint Christophe*, deux fois; *Saint Georges à pied, Saint Georges à cheval, Saint Sébastien attaché à un arbre, Saint Sébastien attaché à une colonne, Saint Eustache, Saint Antoine, Saint Jérôme, Saint Jérôme dans sa cellule, Saint Jérôme en pénitence, Saint Jérôme à genoux :* voilà un des saints favoris de Durer. Dans le nombre de ces saints, il n'y a que deux femmes, *Sainte Geneviève* et *Sainte Véronique*. Albert Durer avait épuisé tout son génie pour la Vierge; il n'a vu dans tout le christianisme de femmes que la Vierge; elle résume toutes les autres femmes pour lui.

Que si notre Albert passe du sacré au profane, du christianisme à la mythologie, vous trouverez encore et toujours les deux qualités bien distinctes de notre peintre, fécondité, variété. *Le Jugement de Pâris* est la première de ses planches profanes. C'est un des morceaux les plus rares et les plus finis d'Albert Durer. Une chose charmante, c'est *la Sorcière*. Elle va au sabbat; elle est montée à reculons sur un bouc, dont elle tient la corne de la main gauche. Elle est suivie de deux petits malins génies, qui portent ses torches et son mortier. Cela est vif et plein de caprice et d'esprit. *Apollon et Diane, la Famille du Satyre*, très-belle forêt; *le Ravissement d'une jeune Femme*, gravé à l'eau-forte sur une planche de fer; *l'Effet de la Jalousie; la Mélancolie*, belle femme qui est tristement assise entre un polygone, des balances, un sablier, une cloche et autres instruments à l'usage des méditations de l'esprit; quatre femmes nues qui s'écrient : O. G. H.! c'est-à-dire *O goth hilf (ô Dieu! secourez-nous!)*; *l'Oisiveté, la grande Fortune, la petite Fortune, la Justice, le petit Courrier*, l'épée au côté; *le grand Courrier*, qui tient le fouet d'une main et la bride de l'autre, morceau très-rare, et qui n'est pas signé; *la Dame à cheval*, suivie d'un hallebardier à pied; *l'Hôtesse et le cuisinier, l'Oriental et sa femme :* l'homme d'Orient est debout; il n'a qu'une femme, et cette odalisque unique tient à la main ses petits enfants comme ferait une Allemande de Francfort; *le Paysan du marché, le Branle, le Joueur de Cornemuse*, mollement assis au pied d'un arbre, un des morceaux les plus exquis de l'œuvre d'Albert; *le Violent :* c'est un homme très-sec qui bat sa femme; *les Offres d'Amour, le petit Cheval, le grand Cheval, le Cheval de la Mort :* il y a un cavalier sur un beau cheval; la Mort est montée sur un méchant cheval, et elle va aussi vite que le beau cheval : c'est une des gravures les plus soignées de l'auteur; *le Canon, les Armoiries en coq, les Armoiries à la tête de mort :* telles sont les gravures profanes d'Albert Durer, et dans celles-là comme dans les autres c'est toujours la même profusion gracieuse et abandonnée d'esprit, de drame, de passion, de dessin et d'intérêt.

Si vous passez de ses gravures en cuivre à ses gravures en bois, vous trouverez à peu près les mêmes sujets tirés de la Bible · d'abord, toute l'histoire de la Bible, Caïn, Samson, les trois Mages, Jésus-Christ et la Passion en douze pièces; puis *la Passion* en dix-sept pièces; *l'Apocalypse de saint Jean* en quinze pièces; *le Martyre de saint Jean l'Évangéliste* en quinze pièces; puis, surtout, et encore, et toujours *la Vierge*, dont il a fait la vie en vingt estampes, depuis sa naissance jusqu'à son assomption. Puis encore des saints; saint Jérôme surtout; *le Martyr de sainte Catherine, Sainte Madeleine transportée au ciel par les anges*. Arrivent ensuite *la Sainte-Trinité, le Jugement universel, la décollation de saint Jean-Baptiste, Hérodiade recevant la tête de saint Jean des mains de sa servante*. Les sujets profanes ne manquent pas non plus. Un *Hercule*, un *Bain*, une grande pièce de trois planches appelée *la Colonne; la Philosophie* assise sur un trône, *la Mort* présentant son sablier à un soldat qui est débout; un *Maître d'école, le Jugement de Pâris, un homme et une femme qui s'embrassent au pied d'un arbre; un Siége de ville;* un grand nombre d'armoiries, les armoiries impériales, les armes de la famille Béhem, les armes de lui-même, Albert Durer : deux nègres supportent une banderole dans laquelle flotte son chiffre, son vrai titre de noblesse.

Voici, au reste, à quelle occasion notre cher Albert eut des armes, car je conçois bien que cela vous étonne de voir des armoiries au fils d'un orfévre, au petit-fils d'un nourrisseur de bestiaux, cela vous étonne quelque peu. En effet, des armoiries à notre artiste! à quoi bon? Or, voici comment cela tomba sur son nom. La chose est trop favorable à l'enpereur Maximilien pour que je consente pas à la raconter. Un jour que Durer dessinait quelques figures sur la muraille du palais de Maximilien, celui-ci ordonna à l'un de ses gentilshommes de tenir l'échelle sur laquelle se tenait le grand peintre, et qui vacillait quelque peu. A cet ordre, le gentilhomme hésite, et, se retirant en arrière, il fit signe à l'un de ses domestiques de tenir l'échelle. Ce que voyant l'empereur, il tint l'échelle lui-même; puis, quand Albert Durer en fut descendu, il le fit gentilhomme, je ne sais quoi, peut-être baron; il lui donna des armoiries, trois écussons d'argent, dans un quartier bleu, ma foi! ajoutant, et ceci valait tout le reste, qu'il pouvait faire tant de gentilshommes qu'il voudrait, mais que, dans tout son pouvoir, il ne ferait jamais un peintre comme Albert Durer; vérité médiocre aujourd'hui, mais proposition très-hardie dans ce temps-là, et qui eût étonné tout le monde, excepté Luther. Mais le chef-d'œuvre de la gravure sur bois, peut-être le chef-d'œuvre d'Albert Durer, c'est *l'Arc de triomphe de l'empereur Maximilien Ier*. Cet ouvrage immense se compose de 92 planches de différentes dimensions, qui jointes ensemble forment un tableau de dix pieds et demi de hauteur. Cet ouvrage a été entièrement gravé d'après les dessins d'Albert Durer; il est très-rare; on n'en connaît qu'un seul exemplaire de la première édition qui soit complet.

Ses tableaux sont aussi vrais que ses dessins; sa pensée était aussi ingénieuse que sa couleur était brillante. Il a peint un grand nombre de tableaux qui sont d'un fini précieux. On lui reproche de la roideur et de la sécheresse dans les contours, l'ignorance du costume et celle de la perspective. Je n'ai pas encore parlé des portraits d'Albert Durer, et cependant c'est là une singulière aventure dans la vie de cet homme, de s'être trouvé face à face avec tous les pouvoirs de son temps, les pouvoirs les plus opposés et les plus divers, de les avoir tenus immobiles sous son regard, ces hommes turbulents, dont la parole était une torche aussi bien que l'épée, de les avoir tenus là sous le regard, silencieux, soumis, obéissants, ces hommes qui ont parlé si haut dans le monde, qui se sont révoltés si forts, qui ont attaqué les premiers et sapé l'autorité dans le monde. Il en a fait d'abord d'assez insignifiants, des portraits d'hommes puissants, qui n'étaient que puissants, et qui ont passé vite comme toutes les puissances : *Albert*, électeur de Mayence, avec ses armoiries surmontées d'un chapeau de cardinal; *Willibald Pirkheimer*, sénateur de Nuremberg; *l'empereur Maximilien*, *Ulrick Varnbuler*, *Jean*, baron de Schwartzenberg, entouré de seize écussons d'armes, et enfin son propre portrait, à lui *Albert Durer*, entouré de son écusson, auquel il tenait apparemment ce jour-là. Mais les deux portraits qui ont dû compter dans sa vie, et l'étonner grandement, lui cet homme si croyant, c'est celui d'Érasme, et celui de Mélanchthon. Jules JANIN.]

Comme pour tous les grands maîtres, on a essayé de contester que le travail manuel des gravures sur bois de Durer ait été exécuté par lui-même; cependant tout porte à croire que personne autre que lui ne s'en mêla.

Albert Durer s'est aussi fait un nom glorieux comme mathématicien pratique et penseur. Son livre intitulé : *Underweysung der messung mit zirckel und richtscheyt, in Linien ebnen und gantzen corporen* (Nuremberg, 1525; et souvent réimprimé depuis) contient d'excellents préceptes sur la perspective, surtout pour la projection de l'ombre des corps; et il propose en outre à cet effet une très-ingénieuse machine. Il insistait pour qu'on ramenât toute la peinture, autant qu'elle a trait au dessin proprement dit, à des principes mathématiques. Son livre intitulé : *Von menschlicher proportion* (de la proportion humaine [Nuremberg, 1518]) contient une foule d'excellentes choses. Il est aussi l'auteur du premier livre qu'on ait publié en Allemagne sur l'art des fortifications : *Etliche underricht zu Befestigung der stett, schloss und flecken* (Nuremberg, 1527). Il apprit aux fondeurs en caractères à faire, avec le secours de la géométrie, des caractères, surtout des majuscules, dans des proportions toujours relatives et immuables. Grand artiste, c'était aussi un homme sincèrement religieux. Comme écrivain, il ne contribua pas peu à purifier et à anoblir la langue allemande, tâche dans laquelle il fut utilement secondé par son ami Willibald Pirkheimer. Les *Opera Alberti Dureri* (Arnheim, 1603) ne contiennent que les ouvrages de mathématiques dont il vient d'être fait mention et ceux qui ont trait à l'art de la fortification des places.

Le 7 avril 1828, jour de l'anniversaire séculaire de la mort d'Albert Durer, on érigea à Nuremberg le piédestal destiné à supporter sa statue en pied, d'après le modèle de Rauch et coulé en bronze par Burgschmid, sculpteur de cette ville.

DURET (FRANCISQUE-JOSEPH). Sans être un artiste d'une originalité bien tranchée, M. Duret a cependant une physionomie à part dans le groupe des sculpteurs modernes. Né à Paris, le 19 octobre 1804, il aurait pu apprendre à modeler dans l'atelier de son père, *François* DURET, qui s'était fait une petite célébrité aux dernières années du dix-huitième siècle; mais François Duret mourut en 1818, et laissa sans maître et sans guide son fils, qui entra alors chez le baron Bosio. Bien que l'éducation de M. Duret ait été purement académique, il conserva pourtant une certaine indépendance de talent. Le premier prix de sculpture, partagé en 1823 avec M. Aug. Dumont, le conduisit à Rome. Le jeune artiste ajourna prudemment l'heure de son début. Ce ne fut qu'au salon de 1831 qu'il exposa, avec une tête d'expression intitulée *la Malice*, une grande figure de marbre, *Mercure inventant la lyre*. Cette œuvre, dont le succès eut quelque retentissement, devait avoir une destinée malheureuse. Achetée par le roi Louis-Philippe, et placée dans les galeries du Palais-Royal, elle eut beaucoup à souffrir des colères du 24 février 1848. Réparée depuis par l'auteur, elle a pu cependant servir de modèle pour la répétition en bronze qui décore aujourd'hui le foyer de l'Opéra. Au salon de 1833, M. Duret exposa son *Jeune Pêcheur dansant la tarentelle*, remarquable bronze, qui fut placé au Luxembourg, et qui, par ses qualités et par ses défauts, donne l'exacte mesure du talent de l'auteur. Malgré ses dimensions, le *Pêcheur* est une œuvre de sculpture anecdotique, une œuvre qui est plutôt conçue au point de vue du portrait qu'au point de vue de l'idéal. On y trouve du reste du mouvement et de l'expression. Le gouvernement ne se contenta pas d'acheter cette figure, il décora l'artiste de la croix de la Légion d'Honneur. M. Duret exécuta ensuite la statue en marbre de Molière, pour le musée de Versailles (1834); *Chactas sur la tombe d'Atala* (bronze pour le musée de Lyon, (1836); un *Danseur napolitain* destiné à faire pendant au *Pêcheur* (1838), et enfin un *Vendangeur improvisant sur un sujet comique* (1839). Toutes ces figures ont une qualité commune; la vie et l'animation leur tient lieu de beauté. Indépendamment de la statue de Molière dont nous avons parlé, M. Duret a sculpté pour Versailles celles de Philippe de France (1840), de Dunois (1842) et du cardinal Richelieu. On voit aussi de sa main, à la Madeleine, une figure de saint Gabriel et la décoration de la chapelle de Jésus-Christ; à Notre-Dame de Lorette, des fonts baptismaux surmontés d'une statuette de saint Jean-Baptiste (1836), et à l'un des angles du palais de la Bourse la statue de la *Justice*. Lors des travaux du musée du Louvre, en 1851, on confia à M. Duret l'exécution des figures ailées qui décorent la frise du salon des Sept-Cheminées. Si les draperies étaient plus légères, ces figures de femmes ne seraient pas la moins remarquable des œuvres de l'auteur. Elles sont d'ailleurs d'un sentiment délicat, d'un goût charmant d'attitude, et c'est la première fois que M. Duret a visé au style. De hautes distinctions ont encouragé ce laborieux sculpteur. Membre de l'Institut depuis 1843, M. Duret a été nommé officier de la Légion d'honneur à la suite de la dernière exposition (1853). Le gouvernement a sans doute voulu récompenser ainsi les longs travaux d'un artiste qui a constamment respecté son art et dont le ciseau, toujours bien employé, ne manque ni de fermeté ni de finesse.

Paul MANTZ.

DURETÉ. Par la *dureté* des corps on doit entendre la propriété qu'ils ont de se laisser user plus ou moins facilement: le diamant passe pour le plus dur de tous les corps: on ne peut le façonner qu'en l'usant à l'aide de sa propre poussière. Il ne faut pas confondre la *dureté* avec la *ténacité*. Par cette dernière expression on entend la difficulté qu'on éprouve quand on veut séparer un corps en plusieurs parties, soit à l'aide d'un coin, soit en le frappant ou en le tirant: ainsi donc, une barre de fer est plus tenace et moins dure qu'une barre d'acier trempé.

En minéralogie, la dureté est un caractère très-important. Pour l'évaluer on prend pour point de comparaison la dureté de 10 corps, dont la moindre est représentée par 1 et la plus grande par 10. D'après cette échelle de comparaison, on trouve pour la dureté des principaux minéraux: *Diamant*, 10; *corindon*, 9; cymophane, 8, 5; *topase*, spinelle, émeraude verte, 8; aigue-marine, grenat, dichroïte, 7,5; zircon, péridot, *quartz hyalin*, quartz agate, tourmaline, 7; opale, turquoise, lapis-lazuli, *feldspath*, 6; amphibole, 5,5; *chaux phosphatée*, 5; *chaux fluatée*, 4; strontiane sulfatée, baryte sulfatée 3,5; chaux sulfatée anhydre, *chaux carbonatée*, 3; mica; 2,5; *gypse*, 2; chlorite, 1,5; *talc*, 1. (Les corps dont le nom est en italique sont ceux qui ont été choisis pour termes de comparaison.)

D'après Thomson, l'ordre des métaux rangés suivant leur dureté relative, en commençant par le plus dur, serait: Acier, fer, platine, cuivre, argent, or, étain, antimoine et plomb.

Au propre, *dureté* se prend quelquefois pour *induration*: *une dureté au sein*. On a dit aussi *dureté de ventre* pour constipation; *dureté d'oreille*, pour difficulté d'ouïr: *avoir l'ouïe dure, l'oreille dure*. Des *eaux dures* sont celles qui sont chargées de sels calcaires. Au figuré, avoir l'*air dur*, c'est avoir l'air méchant; traiter quelqu'un *avec dureté*, c'est le traiter avec rudesse, insensibilité; *dire des duretés* à quelqu'un, c'est lui dire des choses qui doivent lui faire de la peine.

En littérature, on nomme *dureté de style* une façon d'écrire dénuée de douceur, de grâce et de facilité. C'est un défaut d'autant plus difficile à vaincre qu'il naît avec nous. S'il ne dénonce pas le caractère, il tient cependant à l'organisation physique, et ne s'efface jamais complétement. La *dureté de pinceau* est une manière de peindre sèche et sans grâces.

Le radical de *dureté* est *dur*, en latin *durus*, dérivé, suivant Vossius, du grec δουρον ou δουρος, bois. D'après cette étymologie, la solidité ligneuse aurait été jadis le type de toutes les sortes de duretés.

DURETÉ (*Morale*), insensibilité de cœur qui empêche de compatir aux souffrances d'autrui ou d'excuser les faiblesses de l'humanité: ainsi, un homme dur ne peut comprendre ni les douleurs de la séparation, ni les tourments de l'absence. Aime-t-il, il supporte les exigences d'une maîtresse, il s'y prête, mais sans aller au-devant, et porte dans l'amitié une raison froide, une roideur qui en détruit tout le charme. S'il commande, il rend l'obéissance plus pesante; s'il conseille, il impose ses avis comme des ordres; s'il veut consoler, il révolte la sensibilité. La dureté rend stérile jusqu'à la vertu, et enlaidit même le vice. Elle touche encore de si près à la fermeté qu'elle s'y cache le plus souvent: aussi les âmes fortes en sont-elles rarement exemptes. Chez les nations où l'argent est le nerf et le suprême agent de l'état social, il règne une *dureté* de cœur qui ne respecte ni la patrie ni l'humanité: ainsi, l'on vit jadis des négociants hollandais vendre à Louis XIV des munitions destinées à tuer leurs enfants, l'indépendance de leur pays; ainsi, de nos jours, dans beaucoup trop d'usines et de manufactures, des industriels épuisent l'enfance et la condamnent à de précoces infirmités, pour s'assurer un gain plus élevé. En général, la dureté est le vice habituel des gens de Bourse et d'affaires; elle grangrène tous leurs sentiments, quand elle ne les étouffe pas.

SAINT-PROSPER jeune.

DURFORT (Famille de). Cette illustre et puissante maison d'ancienne chevalerie avait dès le onzième siècle des possessions qui s'étendaient depuis l'Agénois et le Quercy jusqu'à Narbonne. Sa seigneurie principale, celle dont elle prit le nom, était en Languedoc, dans le département actuel du Tarn. Cette famille a formé plusieurs branches, dont deux se sont couvertes d'éclat par leurs services militaires, sous les noms de *Duras* et de *Lorges*, et ont donné cinq maréchaux de France. La première de ces deux branches s'est éteinte en 1838.

DURHAM, l'un des comtés formant l'extrémité septentrionale de l'Angleterre, dans ce qu'on appelle le *district des Mines*, séparé du Northumberland par la Tyne et la Derwent, du Yorkshire par la Tees, borné à l'ouest par le Cumberland, et à l'est par la mer du Nord, présente une superficie d'environ 46 myriamètres carrés, avec une population de 411 500 habitants. Au nord, et surtout à l'ouest, où le sol est montagneux, par conséquent assez peu fertile, le climat est âpre; mais à l'est, et c'est la portion la plus considérable du comté, le sol s'aplatit, et le pays devient fort beau. La température aussi y est infiniment plus douce. Au nord et à l'ouest de ce comté s'élèvent des ramifications des monts Péniniens, où prennent leur source la Wear et la Tees qui se précipitent dans d'étroites et romantiques vallées (le dernier de ces cours d'eau, en formant une cataracte d'environ 17 mètres d'élévation), et, comme la Tyne, sont navigables pour des bâtiments d'un fort tonnage à quelques milles dans l'intérieur du comté. Sur les côtes de l'est se dressent d'énormes rochers calcaires qu'en raison de leur blancheur on pourrait croire couverts de neige, et qui vus de la mer offrent un point de vue imposant. L'exploitation du célèbre bassin houiller de cette contrée en constitue la richesse principale. Il comprend, non compris la partie sud-est du comté, qui n'a point encore été explorée, un espace de 20 myriamètres carrés, dont 3 sont aujourd'hui complétement épuisés. Les plus grandes et les plus productives fosses, non pas seulement de l'Angleterre, mais peut-être bien encore de l'univers entier, sont celles de Hatton (à 11 kilomètres de Sunderland). Elles ont de 150 à 160 brasses de profondeur, et rapportent à la *Hatton company*, qui en est propriétaire, un revenu net de 60,000 liv. st. par an. In dépendamment de l'industrie houillère et de l'exploitation de quelques mines de fer et de plomb, la population du comté de Durham se livre aussi à l'élève du bétail sur une grande échelle. Les vaches à courtes cornes du Durham donnent chaque jour 24 peintes d'un lait éminemment propre à la confection du fromage. L'exploitation de diverses salines, la pêche, la construction des navires, une industrie des plus actives et un commerce fort important, notamment en charbons de terre, qui s'expédient des ports de Sunderland, de Wearmouth, de Stockton et de South-Shields, constituent encore autant de sources de richesses, pour la population qui fabrique en outre de la quincaillerie grosse et fine, du verre, du papier, du cuir, des poteries, du vitriol, du sel ammoniac et des toiles. Les manoirs de beaucoup de familles aristocratiques d'Angleterre sont situés dans ce comté.

Son chef-lieu, *Durham*, bâti sur une montagne escarpée, dans une contrée charmante, entourée de remparts, au pied desquels coule la Wear, sur la plus grande partie de leur développement, compte une population de 20,000 âmes. On y fabrique des tapis, des étoffes grossières en laine et du papier. C'est au milieu de cette ville que se trouve la célèbre source jaillissante appelée *Salvator Hang* Elle est le siége d'un évêché suffragant de l'archevêché d'York, et dont le titulaire fut jusqu'en 1832 qualifié de *comte palatin*. Parmi les édifices qu'elle renferme, il faut citer sa belle cathédrale, construite par les Normands en 1093, en partie détruite par des fanatiques dans les seizième et dix-septième siècles, mais qui a été complétement restaurée il y a dix ans. Le tombeau de Bede le Vénérable se trouve dans la partie de l'édifice située derrière le chœur. Une grande partie des bâtiments et dépendances du palais épiscopal a été concédée à l'université fondée en 1832 par l'évêque de Durham, dans le but surtout de fournir au sacerdoce des sujets capables, approuvée par patente royale de 1837, et placée sous la haute surveillance de l'évêque.

DURHAM (Jean-Georges LAMBTON, comte de), homme d'État anglais, célèbre par la part qu'il eut au triomphe de la réforme parlementaire, né le 12 avril 1792, descendait d'une famille du comté de Durham, qui fait remonter sa généalogie jusqu'au douzième siècle, et ses souvenirs jusqu'à l'époque de la conquête de l'Angleterre par les Normands. Depuis le dix-septième siècle on voit toujours un Lambton représenter sur les bancs de la chambre des Communes la ville ou le comté de Durham. Ami de Charles Fox, le père de Georges Lambton y siégea jusqu'à l'année 1797, époque de sa mort, et était déjà compté au nombre des partisans les plus zélés de la réforme du parlement.

Elevé sous la tutèle de sa mère et de son beau-père, Charles-William Windham, le jeune Lambton alla faire ses études à Eton d'abord, puis à Cambridge. Il servit ensuite pendant quelque temps dans un régiment de hussards, et à vingt ans il épousa miss Harriet Cholmondeley, qui mourut en 1815. Il eut à peine atteint l'âge de sa majorité (1813), qu'il fut à son tour élu membre de la chambre des Communes. Riche et indépendant par caractère, doué d'un grand sens pratique, et disposé à une bienveillance générale par la noblesse de son caractère, il aborda la carrière politique avec une rare fermeté et une honorable franchise. Son début à Westminster eut lieu en mai 1814, à l'occasion d'une motion ayant pour but une adresse à la couronne en faveur de l'héroïque peuple norvégien, qui s'apprêtait en ce moment, sous les aupices du prince Christian de Danemark, à soutenir pour son indépendance nationale une lutte désespérée, et dont la situation était encore rendue plus critique par une horrible disette. A cette occasion, il déclara que le décret de la sainte-alliance qui enlevait la Norvège au Danemark pour la donner à la Suède ne violait pas seulement les lois divines et humaines, qu'il foulait encore aux pieds l'histoire, le vœu et la nationalité des peuples. La motion ne fut appuyée que par 71 voix, et une compacte majorité ministérielle de 229 voix la repoussa. Le second essai de ses forces que fit Lambton eut lieu en février 1815, à l'occasion d'une motion qu'il présenta lui-même pour obtenir du ministère la production de tous les documents relatifs à l'annexion du territoire et de la ville de Gênes au royaume de Sardaigne. Il flétrit énergiquement cette transaction diplomatique, qu'il n'hésita pas à qualifier de *tache sans exemple dans l'histoire de la Grande-Betagne*. Il fit un tableau touchant de la douleur et de la consternation profondes de ce peuple, en apprenant, par un document portant la signature d'un officier anglais, que, conformément aux iniques stipulations du congres de Vienne, il allait être livré tout entier, comme un vil troupeau, au roi de Sardaigne, huit mois seulement après la publication, par lord William Bentinck, d'une proclamation dans laquelle on lui avait promis solennellement, au nom de l'Angleterre, le rétablissement de son antique constitution. Cette généreuse protestation contre un si indigne abus du droit de la force ne fut appuyée que par 66 voix, mais elle restera dans l'histoire. Au mois de mars suivant, une grande agitation se manifesta au sein des classes laborieuses de la capitale, par suite de l'attitude prise par le cabinet en apprenant le débarquement de Napoléon à Cannes. Le ministère, craignant pour la sûreté du parlement au milieu de ces émeutes incessantes, crut devoir entourer l'abbaye de Westminster d'une force militaire imposante; Lambton protesta hautement avec la minorité contre cet emploi des baïonnettes, qu'il représenta comme une violation des priviléges du parlement, et comme une atteinte profonde portée au grand principe de libre discussion, base fondamentale de toute la constitution anglaise.

En février 1816, à l'occasion d'une pétition contre l'énormité des charges publiques, il traça l'émouvant tableau des souffrances du peuple pressuré par les agents d'un fisc impitoyable, et s'écria qu'il était impossible que le peuple anglais consentît longtemps encore à supporter les charges excessives d'un système politique qui n'avait d'autre but que de maintenir sur le trône les Bourbons de France et d'Espagne, ces *exécrables tyrans*. Dans la même session, une pétition du lord-maire, des aldermen et du Common-council de Londres, pour la réforme du parlement, obtint son chaleureux appui, et lui fournit l'occasion de parler pour la première fois sur cette grande question, qui ne devait triompher que seize ans plus tard, mais qui ne cessa jamais d'avoir toutes ses sympaties comme elle eut toujours toutes ses convictions.

Fidèle à la ligne de conduite qu'indiquent les différents votes que nous venons de mentionner, on le voit ensuite, jusqu'en 1830, combattre pied à pied chacune des mesures de politique intérieure présentées par le cabinet dans cet esprit rétrograde et illibéral, cachet ineffaçable de tout ce qui se rattache à l'histoire de l'administration de lord Castlereagh. Nous n'en citerons qu'un petit nombre d'exemples.

Complice des violences réactionnaires du gouvernement des Bourbons, le cabinet Castlereagh, pour venir en aide aux lois d'exil et d'exception rendues par Louis XVIII, avait remis en vigueur l'*alien bill*, aggravé de quelques conditions nouvelles et plus rigoureuses. Lambton flétrit énergiquement cette complicité morale du gouvernement de son pays dans les crimes et les folies du cabinet des Tuileries. Il signale à la chambre des Communes l'indigne traitement dont le général Gourgaud, l'un des proscrits de la Restauration, a été la victime de la part d'agents de l'*Alien office*, lesquels avaient eu recours à la violence pour forcer le général à obéir au mandat d'amener dont ils étaient porteurs, et avaient même essayé d'étouffer ses protestations et ses cris au moyen d'un ignoble bâillon. Il somme la chambre de prendre la défense des droits de l'hospitalité, et la chambre, émue par cette éloquente protestation, accueille, malgré une vive réplique de Castlereagh, et à la grande confusion des bancs ministériels, la pétition dans laquelle le général Gourgaud en appelait au parlement de la Grande-Bretagne des indignes brutalités du pouvoir exécutif. En 1819, les massacres provoqués à Manchester par les manifestations du chartisme lui fournissent une nouvelle occasion de revendiquer de la manière la plus énergique les droits du peuple. Lors du scandaleux procès intenté en pleine chambre des lords par Georges IV à la reine Caroline, il se prononce contre une administration qui laisse avilir la dignité de la couronne; et en même temps il s'efforce de réveiller l'opinion publique et de la soutenir par de nombreux *meetings* tenus dans une province depuis longtemps inféodée au torisme. En avril 1821 il expose le plan qu'il a conçu pour la réforme parlementaire; que si la chambre s'obstine alors, comme par le passé, à repousser systématiquement toute innovation dans le système électoral, on voit les idées qu'il émet à cette occasion reparaître victorieuses dix ans après, et former le fond de la grande mesure de justice au triomphe de laquelle il eut la gloire d'associer son nom comme membre du cabinet. Hélas! ils sont rares, par tous pays, les hommes politiques dont on peut rappeler les opinions énoncées dix années auparavant, sans craindre de les mettre en honteuse contradiction avec leurs principes du jour!

En 1826 le mauvais état de sa santé obligea Lambton à aller passer l'hiver à Naples, et il resta sur le continent jusqu'en janvier 1828. A son retour en Angleterre, lord Goderich, alors premier ministre, le fit élever à la pairie, sous le titre de *baron Durham*.

En 1830, lord Durham fut nommé lord du sceau privé, et appelé en cette qualité à faire partie du cabinet présidé par lord Grey, dont, en 1816, il avait épousé la fille en secondes noces. L'année suivante, ce fut à lui qu'échut la tâche de soutenir, dans la chambre haute, la discussion du bill de réforme présenté par le cabinet; mission difficile assurément, car il eut à lutter et contre le mauvais vouloir évident des tories et contre les répugnances secrètes de ses propres collègues, de lord Grey, son beau-père, lui-même, et des whigs, ses amis politiques, qui étaient loin de partager tous sans réserve ses opinions larges et libérales en matière de *réforme électorale*. Quand cette grande mesure, réclamée depuis si longtemps par les progrès de la raison publique, et devenue une véritable nécessité sociale, eut enfin triomphé devant la chambre haute, une dissidence encore plus tranchée éclata entre lord Durham et lord Grey, l'un voulant que le cabinet suivît franchement dans sa politique les tendances indiquées par le bill de réforme, l'autre estimant que les concessions faites aux exigences de l'opinion étaient suffisantes. Sa participation aux affaires cessa alors d'être aussi directe, et, sans résigner immédiatement son portefeuille, il consentit à ne plus s'occuper que de certaines grandes missions diplomatiques. En 1832, après l'adoption du bill de réforme et la fatale issue de la lutte entreprise par les Polonais pour recouvrer leur indépendance, créé *vicomte* Lambton et *comte* Durham, il fut envoyé en mission extraordinaire auprès du czar Nicolas. Rien de plus magnifique ni de plus flatteur que l'accueil fait à lord Durham par l'empereur, qui alla le recevoir en personne à Cronstadt, à son débarquement du vaisseau de ligne *le Talavera*, qui avait été chargé de le conduire en Russie. On ne sait encore rien de bien précis sur le véritable but de cette mission d'apparat; il y a tout lieu de croire cependant qu'elle empêcha la Russie de faire quelques démonstrations hostiles au moment où une armée française entrait en Belgique et allait assiéger Anvers, dont la citadelle était restée au pouvoir des troupes hollandaises. Nous ne pensons pas que le sort de la Pologne ait été le sujet de représentations faites au nom du cabinet de Saint-James. Dans l'hypothèse contraire, force nous serait de convenir que la mission du noble lord aurait à cet égard complétement échoué. Habituée à le regarder comme un membre influent de l'administration, l'opinion ne voulut pas admettre que la question polonaise ne fût pas pour beaucoup dans la mission de lord Durham. Ses adversaires politiques ne l'en attaquèrent donc que plus vivement, quand il fut bien constaté que la politique russe à l'égard de la Pologne ne serait en rien modifiée; et les tories ne se firent pas faute de railler amèrement l'impuissante présomption du diplomate radical, assez novice pour se laisser piper aux cajoleries de l'autocrate. A son retour en Angleterre, il résigna son poste dans le cabinet; mais en 1833, il se rendit à Cherbourg, où se trouvait alors Louis-Philippe, et l'opinion publique attacha encore à cette tournée un caractère tout politique. Il en fut de même d'un voyage qu'il fit à Paris, en 1834, et qu'on attribua à une mission extraordinaire relative aux affaires d'Orient. La même année il fut encore une fois envoyé en mission extraordinaire à Saint-Pétersbourg, et il y demeura jusqu'en 1837.

Cependant, sa dissidence avec le cabinet sur les questions de politique intérieure devenait de plus en plus marquée; et dès 1834, par suite de la conduite ambiguë de lord Brougham, le comte de Durham se trouvait seul, entre les pairs rangés sous la bannière du progrès, à soutenir jusqu'au bout, dans la chambre haute, les intérêts populaires. L'insurrection du Canada vint lui offrir un nouveau champ d'activité. Nommé alors gouverneur général et capitaine général des colonies anglaises situées dans l'Amérique septentrionale, investi à ce titre des pouvoirs les plus étendus, il débarqua à Québec, le 21 mai 1838, avec mission de mettre un terme aux troubles qui désolaient le pays et de proposer au gouvernement les moyens les plus propres à en finir avec les difficultés de la question des colonies de l'Amérique du Nord. Les mesures qu'il adopta, et qui contribuèrent singulièrement à la pacification du Canada, étaient surveillées avec une défiance jalouse par les nombreux adversaires politiques qu'il avait laissés en Angleterre. Leurs plaintes amères et leurs récriminations injustes trouvèrent de l'écho dans le parlement. Au mois de juin, le comte de Durham, qui, dans l'état d'agitation où se trouvait la colonie, jugeait également impraticables et une amnistie générale et la comparution des coupables devant la justice ordinaire du pays, agissant en vertu des pouvoirs dont il était armé, décida que les chefs du mouvement révolutionnaire seraient déportés pour un temps indéfini à l'île Bermude. Cette mesure ultra-légale sans doute, mais que semblaient justifier les exigences et les graves complications de la situation politique, fut vivement attaquée par les ennemis du comte de Durham; et dès le 8 août lord Brougham vint proposer à la chambre haute un bill qui, tout en excusant cette mesure, la déclarait abusive, et concluait à ce que le jugement fût annulé, comme ayant excédé les pouvoirs confiés au gouverneur général. Après une faible opposition de la part du ministère, ce bill fut accueilli par la majorité. Blessé au cœur par ce vote désapprobateur, le comte de Durham donna immédiatement sa démission, et était de retour en Angleterre dès le 30 novembre, pour y défendre sa conduite au sein même du parlement. Depuis longtemps maladif, il se sentit tout découragé en reconnaissant qu'il devait lutter seul contre des considérations de parti que son caractère indépendant lui avait toujours fait mépriser; et il ne tarda pas à renoncer à toute participation aux affaires.

Il mourut le 28 juillet 1840, à Cowes, dans l'île de Wight. Comme homme privé, lord Durham fut toujours regardé comme un modèle des vertus qui font le bon citoyen, le bon père de famille. Son éloquence était celle d'un orateur sérieux et profond, simple et claire, dépouillée de toute affectation, de toute prétention au bel esprit, évitant les phrases creuses et sonores, *les impromptus faits à loisir*, avec autant de soin que les *sesquipedalia verba* dont parle le poëte, et qui sont tant prisés par le vulgaire des assemblées délibérantes. La constante unité de ses idées, sa logique serrée, pressante, l'art extrême avec lequel il réussissait à élucider les détails les plus compliqués, tels étaient les éléments de sa force. L'Angleterre perdit en lui un de ses hommes politiques les plus remarquables et les plus justement honorés. Les haines et les passions ont fini par se taire, et il n'y a plus aujourd'hui dans tous les partis qu'une voix pour rendre justice à cet homme d'État un instant méconnu.

A.-V. Kirwan,
Avocat à la cour du Queen's Bench.

La veuve de lord Durham, *Louise-Élisabeth*, fille aînée du comte Grey, mourut à Gênes, le 26 novembre 1841. Son fils, *Georges-Frédéric* D'Arcy, né le 5 septembre 1828, hérita de ses biens et de ses titres; et en 1849 il vint prendre son siége à la chambre haute.

DURILLON. On désigne par ce nom de petites callosités qui se forment sur la peau, notamment aux pieds et aux mains : elles sont presque toujours produites par des compressions réitérées : aussi les artisans, les individus, qui marchent beaucoup, en sont-ils plus ou moins affectés, et plutôt à leur avantage qu'à leur détriment, car l'épaississement du tissu cutané fait supporter plus facilement l'action des corps comprimants. Cependant, chez certains sujets on voit survenir des durillons sans cause connue : c'est en ce cas une affection qui se rapproche des verrues. Il est difficile de changer la condition dans laquelle la peau dégénère ainsi spontanément, et tout ce qu'on peut faire pour y remédier est d'amollir les callosités avec des cataplasmes et de les abaisser en les frottant avec une pierre ponce. Si le nombre des durillons était trop considérable, et qu'il gênât le tact, il faudrait tenter de ramener la vitalité de la peau à l'état normal par le traitement que les connaissances médicales suggèrent, mais qui trop souvent est impuissant dans ces sortes d'affections. Dr CHARBONNIER.

DURINGSFELD (IDA DE), auteur de poésies et de nombreux romans qui ont obtenu un grand succès de l'autre côté du Rhin, est née en 1815, à Militsch, petite ville de la basse Silésie, d'une famille peu fortunée quoique alliée à celle de Hardenberg. Familiarisée de bonne heure avec les langues et les littératures anglaise et française, elle avait déjà publié d'assez nombreux articles dans l'*Abendzeitung*, journal littéraire, quand, en 1835, elle fit paraître un volume de *Poésies* et en 1838 *l'Étoile d'Andalousie*, cycle de romans. Mais alors une longue et douloureuse maladie vint la condamner à l'inaction; et ce ne fut qu'en 1841 qu'on vit paraître d'elle un autre roman intitulé: *Le Château de Goczyn* (2e édition Breslau, 1845), que suivirent bientôt les *Esquisses du grand monde* (3 vol. 1842); *Madeleine* (Berlin 1843); *Dans la patrie* (1844). Tous ces différents ouvrages ont paru sans indication du nom de l'auteur.

En 1845, Mlle Ida de Duringsfeld épousa le baron de Rheinsberg, avec lequel, de 1846 à 1850, elle voyagea tantôt en Italie, tantôt en Suisse, ou bien résida à Prague, où elle a appris la langue tschèque. Depuis 1850 elle habite Breslau. Indépendamment d'une foule d'articles publiés surtout dans les journaux littéraires autrichiens, elle a fait paraître sous son nom dans ces derniers temps toute une série d'ouvrages, par exemple: *Les femmes de Byron* (Breslau, 1845); *Marguerite de Valois et son siècle* (1847); *Sur le canal Grande* (Dresde, 1848); *Esquisses de Voyages* (3 vol. Brême, 1850); *Une Pension sur le lac de Genève, deux romans dans une même maison* (Breslau, 1850); *Pour toi*, poésies (1851); *Roses de Bohême*, chants populaires tschèques (1851).

Ida de Duringsfeld, baronne de Rheinsberg, est incontestablement aujourd'hui l'un des écrivains les plus originaux et les plus féconds qu'il y ait en Allemagne. Son style, d'une élégance extrême, reproduit le langage des salons aristocratiques; il pèche peut-être par trop de raffinement, de même qu'on est en droit de lui reprocher d'être plutôt bondissant que coulant. Ses romans rappellent quelquefois ceux de Mme de Paalzow, dont ils diffèrent toutefois en ce que, autant que le permet le sujet, on y trouve le retentissement des idées qui préoccupent la société actuelle. Ceci est surtout vrai de ses esquisses de touriste.

DURION DES INDES, arbre des Indes, qui se fait remarquer par la grosseur de ses fruits, et dont la fleur se nomme *buaa*. Le fruit du durion est fort estimé. On le partage en quatre quartiers, qui offrent chacun de petits espaces renfermant une certaine quantité de pulpe aussi savoureuse que la meilleure crème. Mais ce fruit ne se garde qu'un ou deux jours. Chaque portion de la pulpe a un petit noyau de la grosseur d'une fève, qui, étant grillée, offre le goût de la châtaigne. Rumphius en a fait le genre *durio*, de la famille des sterculiacées-bombacées.

DURLACH, ville du grand-duché de Bade, dans le cercle du Rhin central, à 8 kilomètres au sud-est de Karlsruhe, sur les bords de la Pfinz et au pied du Thurinberg, montagne couverte de vignes, est le chef lieu d'un arrondissement et possède un château appelé *Karlsburg*; avec de beaux jardins, un collége et 5,000 habitants, protestants pour la plupart, qui vivent de l'agriculture, de la fabrication de la faïence, du tabac et de la cire à cacheter, et font aussi un commerce assez important.

Avant la fondation de Carlsruhe (1715), Durlach était la capitale du margraviat de Bade-Durlach (*voyez* BADE). Prise en 1644 par les troupes aux ordres du duc Weimar, incendiée en 1688 par les Français, elle n'a pu depuis lors recouvrer son ancienne prospérité.

DUROC (GÉRARD-CHRISTOPHE-MICHEL), duc DE FRIOUL, grand-maréchal du palais sous Napoléon, naquit à Pont-à-Mousson, le 25 octobre 1772. Son père, d'une honorable famille d'Auvergne, était entré jeune au service. Devenu capitaine et chevalier de Saint-Louis, il s'était retiré en Lorraine, et s'y était marié. Le jeune Duroc fit d'assez bonnes études militaires à l'école spéciale de Pont-à-Mousson. Quand elle fut dissoute, il entra à celle de Brienne comme élève sous-lieutenant d'artillerie. Il fut fait lieutenant en 1792, et devint quelque temps après aide de camp du général Lespinasse. Bonaparte, général en chef de l'armée d'Italie, ayant connu Duroc, conçut bientôt pour lui une vive affection, et le fit son aide de camp. Remarqué à Sismone et au combat de Grimolino, il fut blessé au passage de l'Isonzo, suivit son protecteur en Égypte, et se distingua au siége de Jaffa. Blessé encore à Saint-Jean-d'Acre, fait chef de brigade après la bataille d'Aboukir, il revint à Paris avec son général, et prit part au 18 brumaire.

Bonaparte, maître du pouvoir, prit Duroc pour un de ses deux secrétaires; Bourrienne était l'autre. Le premier à un maintien calme, réservé, joignait un esprit sûr, discret, impénétrable sous des manières polies et gracieuses. Le chef de l'État eut bientôt reconnu en lui un homme propre aux négociations diplomatiques, et quoiqu'il n'eût encore fait ses preuves que sur les champs de bataille, il lui confia d'abord diverses missions importantes et le chargea ensuite de négociations délicates. La faveur de Duroc atteignit bientôt son apogée; l'empereur ne pouvait plus se passer de lui. Grand-maréchal du palais, duc de Frioul, sénateur, général de division, il avait commandé un instant les grenadiers à pied de la garde en remplacement d'Oudinot, blessé, et, si l'on en croit Bourrienne, il fut sur le point de s'allier à Napoléon lui-même en épousant Hortense de Beauharnais. Il réorganisa l'armée après le désastre de Russie, à l'issue de la bataille de Bautzen; mais le 22 mai 1813, à Wurschen, le dernier boulet tiré des redoutes ennemies tua roide le général Kirschner, avec qui il causait, et le blessa lui-même mortellement. Le bulletin de ce jour raconte une entrevue touchante entre Duroc expirant et l'empereur; mais bien des témoins ont révoqué en doute les paroles mises dans la bouche du duc de Frioul.

Napoléon ressentit vivement cette perte: il aimait véritablement son grand-maréchal, qui lui était principalement nécessaire par l'ordre qu'il avait introduit dans sa maison. Seul il organisait tout, fêtes, cérémonies, voyages. Il avait beaucoup de droiture, d'honnêteté, et possédait un grand fonds de retenue, qui l'empêchait (chose rare alors) d'importuner l'empereur pour lui et pour les autres. Napoléon fit faire à Duroc de magnifiques obsèques, et parlait encore à Saint-Hélène du chagrin que lui avait causé sa mort; il songea aussi à la duchesse de Frioul, et à la fille du grand-maréchal, pour leur laisser un legs considérable. Sous Louis-Philippe le corps de Duroc fut porté aux Invalides pour être inhumé, avec celui de Bertrand, auprès de l'empereur qu'ils avaient servi. Eug. G. de MONGLAVE.

DU ROZOIR (CHARLES) était fils d'un avocat, qui exerça, pendant vingt-cinq ans, les fonctions de caissier de la Comédie-Italienne. Il naquit à Paris, le 15 décembre 1790. Élevé dans des principes fort contraires à ceux par lesquels se signala la révolution française, et conséquemment à ceux du despotisme impérial, qui en fut la suite, il s'attacha d'abord à un homme qui, comme lui, avait peu de goût pour les uns et les autres, c'est-à-dire à M. de Lacretelle, professeur d'histoire à la Faculté des lettres. Il suivit ses cours en 1811, et devint ensuite son secrétaire et son collaborateur à la *Gazette de France*. En 1814, il accueillit le retour des Bourbons comme s'ils eussent ramené en France avec eux cette liberté que Napoléon en avait exilée; mais après quelques passes d'armes en leur faveur, soit dans les journaux royalistes de l'époque, soit dans des opuscules politiques, on le vit, à l'exemple des hommes les plus éminents de son parti, revenir sur ses pas et gourmander cette dynastie vermoulue qui se faisait un jeu de ses promesses et rétrogradait insensiblement vers l'ancien régime. Il manifesta notamment son opposition d'une manière vive et décidée dans le *Journal général de France*, dont depuis 1815 jusqu'en 1817 il eut la principale direction. En 1817 il quitta cette feuille, et donna jusqu'en 1822 des articles au *Messager des Chambres*, aux *Annales politiques*, au *Journal des Maires*, au *Bon Français* et à *L'Etoile*. L'année suivante il s'occupa spécialement dans la *Gazette de France* du compte-rendu des séances de l'Institut et de celles des chambres. En 1825 il écrivait des articles de critique littéraire dans le *Moniteur*, et à partir de cette même année ce dernier journal fut le seul à la rédaction duquel il coopéra.

Nommé, en février 1817, examinateur des livres à la direction de la librairie, il perdit cette place en 1818, époque à laquelle elle fut supprimée, et obtint en compensation la chaire de professeur d'histoire au collége Louis-le-Grand. En même temps il suppléait M. de Lacretelle à la Faculté des lettres de Paris. Celui-ci ayant été privé de sa place de censeur dramatique, pour avoir protesté, de concert avec ses collègues de l'Académie, contre les attentats de plus en plus violents dont la liberté de la presse était l'objet de la part du ministère, Du Rozoir sembla réclamer et braver lui-même une destitution, en publiant dans le *Journal des Débats* du 6 janvier 1827 une lettre par laquelle il s'associait, autant qu'il était en lui, à la disgrâce de son maître. Il fut assez heureux pour que cette généreuse témérité restât impunie; il garda sa chaire. La révolution de Juillet l'affligea sans le surprendre. Mais l'âge avait singulièrement amorti en lui l'ardeur de ce royalisme chevaleresque qu'il avait déployé au retour des Bourbons.

Quand Panckoucke annonça sa collection des classiques latins traduits en français, Du Rozoir devint un des principaux collaborateurs de cette publication. Il enrichit notamment la plus grande partie des Oraisons de Cicéron, traduites ou revues par lui, de notes savantes, qui attestent la profondeur et l'étendue de ses connaissances historiques. Outre ces travaux et ceux dont nous avons parlé ci-dessus, on a de lui : *Chronologie historique des rois de France*, quatre éditions, de 1820 à 1824 (in-8°); *Programme de l'histoire romaine*, quatre éditions (in-4° et in-8°), de 1820 à 1826; *Considérations générales sur les changements qu'a subis l'instruction publique depuis* 1789 *jusqu'en* 1820; *Louis XVIII à ses derniers moments, précédé des exemples édifiants de la mort des Bourbons* (1825), ouvrage dont Charles X agréa l'hommage, mais qui déplut aux ministres, parce que l'auteur s'y était élevé contre la censure établie dans les derniers jours du feu roi et qu'il y avait fait l'éloge de Châteaubriand; *Éloge historique de Pie VI, avec l'Histoire religieuse et politique de l'Europe sous son pontificat* (1825); *Abrégé de l'histoire ancienne* (2 vol. in-8°). etc etc.

Charles Du Rozoir a donné encore beaucoup d'articles à différentes biographies, et il fut collaborateur, pour l'Histoire romaine, de l'*Art de vérifier les dates avant Jésus-Christ* (nouvelle édition). Mais ses titres littéraires les plus respectables sont : le *Programme de l'histoire romaine*, ouvrage excellent, qui suffirait à lui seul pour faire un nom à un écrivain; ses nombreux articles dans la *Biographie universelle* de Michaud, ainsi que dans le *Dictionnaire de la Conversation*, et les notes historiques, pleines d'érudition, de clarté et de goût, dont il enrichit la *Bibliothèque latine* de Panckoucke. Ce fut aussi sous sa direction que fut commencée la nouvelle édition de la *Biographie Michaud*.

Charles Du Rozoir, avec un tempérament vif dans un extérieur qui semblait jusqu'à un certain point l'exclure, avec de l'entraînement, de l'énergie, de la témérité même dans l'expression de ses opinions, avait un cœur excellent. Nul ne fut meilleur que lui, nul ne mérita plus d'être heureux, et peu d'hommes le furent moins que lui. La pauvreté, les infirmités, furent l'apanage de toute sa vie; les faveurs du pouvoir ne le visitèrent jamais, et pourtant il comptait parmi ceux qui en disposaient des camarades de collége et des amis. Une maladie terrible, la pierre, tourmenta cruellemant les dernières années de Du Rozoir. On tenta vainement de broyer le caillou; il fallut, après maints essais des plus douloureux, recourir à l'incision. Du Rozoir la souffrit avec une grande fermeté; mais il ne résista pas aux ravages de l'inflammation qui la suivirent, et mourut bientôt après, le 11 septembre 1844. La veille il traçait encore d'une main ferme, et avec le plus grand calme d'esprit, l'article Blacas de notre *Dictionnaire*. Charles Nisard.

DURRENBERG, la plus riche saline du duché de Salzbourg ou cercle de Salzach, dans la haute Autriche, à 6 kilomètres de Hallein, sur la rive gauche de la Salzach et près des frontières de la haute Bavière. Cette saline est en exploitation depuis l'année 1123, et fournit année commune à la consommation 400,000 quintaux de sel, représentant une valeur d'un million de francs.

Il existe une autre saline du même nom dans le cercle de Mersebourg (Saxe prussienne), sur la rive droite de la Saale, à 12 kilomètres environ de Mersebourg. Ouverte en 1763, elle produit aujourd'hui de 230 à 240,000 *scheffels* (boisseaux) de sel. En vertu d'une convention passée en 1819, et qui a été maintes fois renouvelée depuis lors, c'est de là que la Saxe royale tire la plus grande partie du sel nécessaire à sa consommation. Tout près on trouve encore les salines de Kœtzschau et de Teuditz, et un chemin de fer conduit de là aux houillères de Tollwitz.

DURTZ. *Voyez* Durazzo.

DU RYER (Pierre), né à Paris, en 1605 et mort en 1658, secrétaire d'abord du roi, puis du duc de Vendôme, historiographe de France, membre de l'Académie Française, où il fut appelé en 1646, de préférence à Pierre Corneille, était à son époque l'un de nos auteurs les plus féconds et cependant l'un des plus maltraités de la fortune. Sa misère était telle, dit Baillet, qu'on lui payait sa prose à raison de trente sous la feuille, ses grands vers à quatre livres le cent, et les petits à deux. Hérodote, Tite-Live, Cicéron, etc., passèrent ainsi successivement par ses mains expéditives. On eût pu le nommer le Scudéry des traducteurs. On a de lui dix-neuf pièces de théâtre imprimées, entre autres, sept tragédies, dont la moins mauvaise est un *Scévola* (1647); pour l'époque, on ne peut nier qu'elle ne soit même assez remarquable et qu'il ne s'y trouve quelques situations énergiques, habilement accusées. La détresse profonde de Du Ryer, toujours à la solde de libraires, provenait, outre la médiocrité de son talent, d'un mariage d'inclination dont les suites n'avaient pu qu'accroître sa gêne. Les emplois qu'il occupait étaient fort peu rétribués; sur la fin de ses jours, une pension qui lui fut assignée sur le sceau, en même temps qu'on lui conférait le titre d'historiographe de France, eût pu lui faire goûter quelque aisance. Elle vint trop tard; sa fin prématurée l'empêcha de profiter de cette faveur.

DUSART (Cornelius), peintre hollandais, né à Harlem en 1665, mort en 1704, fut élève d'Adrien Van Ostade, et peignit diverses scènes de la vie rurale. Sous le rapport de l'énergie, de la couleur et du ton, il approche beaucoup de son maître; aussi ses tableaux sont-ils très-recherchés. Il en est de même de ses nombreuses eaux-fortes, où l'on reconnaît le faire heureux et libre d'un bon maître.

DUSAULX (Jean), député à l'Assemblée législative, à la Convention et au Conseil des Anciens, naquit à Chartres, le 28 décembre 1728, et mourut à Paris, le 16 mars 1799. Sa famille appartenait à la magistrature, et l'y destinait; mais ses inclinations le portèrent vers la carrière militaire. Pourvu d'une place de commissaire des guerres près de la gendarmerie royale, il servit avec distinction en Hanovre durant la guerre de sept ans, sous le maréchal de Richelieu. Ce fut dans la vie de garnison, qu'à l'exemple des jeunes officiers servant dans ce corps, il contracta l'habitude du jeu, et s'y livra avec fureur. Il avait éprouvé des pertes considérables, lorsqu'un ami, Bertrand de Cœuvres, lui envoya son portefeuille, contenant toute sa fortune, avec ces mots : « Maintenant, ruinez-moi si vous l'osez ! » Cette preuve de confiance et de dévouement rappela Dusaulx à lui-même; il cessa de jouer. En garnison à Lunéville, après la paix, il obtint la bienveillance du roi Stanislas, et dès 1749, à vingt et un ans, sa traduction manuscrite de Juvénal le fit recevoir à l'Académie de Nancy. Ce ne fut cependant que vingt et un ans après, en 1770, qu'il la publia, avec un discours sur les satiriques latins. C'était pour la première fois qu'il paraissait une traduction française de Juvénal, digne d'être lue : aussi le succès fut-il complet, et en 1776 les portes de l'Académie des Inscriptions s'ouvrirent pour le traducteur. Les dangers qu'avait fait courir à Dusaulx la passion du jeu lui inspirèrent la pensée d'écrire différents ouvrages pour en détourner ceux qui seraient tentés de s'y livrer.

C'est à l'âge de soixante et un ans, en 1789, que s'ouvre pour Dusaulx une carrière aussi agitée que sa vie précédente avait été paisible et heureuse. Membre du corps électoral de Paris, à l'aurore de la révolution, il y fit preuve de zèle, d'activité et d'un courage guidé par la prudence. Appelé à l'Assemblée législative, il risqua en vain sa vie pour arrêter les affreux massacres de septembre 1792. Ses votes lors du procès de Louis XVI furent ceux d'un homme de bien. Luttant, au 31 mai, contre la faction sanguinaire qui proscrivait pour dominer, il n'échappa à l'échafaud que par la dédaigneuse protection de Marat, et pour partager la prison de soixante-douze de ses collègues. Rappelé au sein de la Convention, après le 9 thermidor, il continua de s'y montrer excellent citoyen, législateur éclairé, plein de zèle, ami de la justice et de l'humanité. Les mêmes qualités honorèrent ses fonctions au Conseil des Anciens, qu'il présida en juillet 1796. Fidèle à ses principes sur les dangers de tous les jeux de hasard, il avait sollicité l'abolition des loteries et concouru au décret de la Convention qui les avait supprimées. Ce fut malgré ses réclamations qu'on les rétablit en 1797. Dans son dernier discours, prononcé le 27 avril 1798 au Conseil des Anciens, il put se rendre, en rentrant dans la vie privée, ce témoignage, confirmé par les applaudissements de ses collègues, « que pendant les neuf ans de sa carrière politique, ennemi des factieux, étranger à tous les partis, il n'avait plaidé qu'en faveur de la justice et des mœurs, satisfait de pouvoir dire que ses mains étaient aussi pures que son cœur. » Moins d'un an après, Dusaulx mourait en philosophe religieux.

On a encore de lui : *Voyage à Baréges et dans les Hautes-Pyrénées, fait en* 1788 (1796); *De mes rapports avec J.-J. Rousseau et de notre correspondance, suivie d'une notice très-essentielle* (1798). Cet écrit est le seul de Dusaulx qui lui ait attiré un reproche sérieux et mérité, celui d'avoir peint avec le ressentiment de l'amour-propre blessé un ami malheureux, dont il n'eût dû parler qu'en excusant des torts causés par son malheur même. On a sur Dusaulx des mémoires recueillis par sa veuve.

AUBERT DE VITRY.

DUSCHAN (ÉTIENNE), tsar de Servie, de la maison Nemanja, parvenue à la souveraineté de ce pays en 1192, appelé en conséquence *Nemanjitsch IX*, régna de l'an 1336 à l'an 1356, et comme guerrier, comme souverain, comme législateur, est l'une des plus importantes figures de l'ancienne histoire de Servie. C'était au quatorzième siècle le souverain le plus puissant qu'il y eût au sud-est de l'Europe. Fidèle à la politique de ses prédécesseurs, qui consistait à toujours soutenir dans l'empire grec le parti qui se montrait hostile à la cour de Constantinople, il mit sur le trône, en 1341, l'ambitieux prétendant Jean Kantacuzène; service pour prix duquel il obtint de ce prince la cession de contrées et de villes fort importantes. Puis, la discorde ayant éclaté entre eux, il s'empara de la Macédoine, battit les infidèles envoyés contre lui par l'empereur, qui les avait pris à sa solde, c'est-à-dire les Turcs-Osmanlis, qui commençaient alors à s'établir dans l'Asie Mineure, repoussa avec non moins de succès les Hongrois, devenus de plus en plus puissants sous leur roi Louis Ier; reprit Belgrade, enleva la Bosnie à un ban révolté, et la plaça sous sa souveraineté immédiate. Il se fit en outre reconnaître en 1347 par la république de Raguse pour son protecteur, réduisit sous son autorité une grande partie de l'Albanie, et ses woiewodes s'étendirent sur tout le territoire roumain, depuis les bords du Wardar et de la Marizza jusqu'à la Bulgarie, province qu'il pouvait aussi considérer comme dépendant de ses États. C'est lorsqu'il fut parvenu à une telle puissance qu'il prit orgueilleusement le titre de *tsar* et se qualifia d'*empereur des Roumains*. Sur ses monnaies il est représenté tenant à la main le globe terrestre surmonté d'une croix.

A l'effet de soustraire le clergé de ses États à toute influence étrangère, il lui fit élire, dans un synode tenu à Pheræ, un patriarche particulier comme chef. Duschan ne négligea d'ailleurs rien pour faire progresser la civilisation dans les pays soumis à ses lois. Il fit prospérer l'agriculture, l'exploitation des mines et le commerce, en même temps qu'un grand nombre d'édifices, tels qu'églises, couvents, châteaux et forteresses, s'élevaient sous la direction d'architectes indigènes. A ses efforts pour multiplier les livres d'église et propager l'emploi du chant dans le culte se rattache un commencement de littérature profane, celle des chants populaires. On a aussi de Duschan un code qui contient de curieux renseignements sur l'état antérieur d'un empire qui d'ailleurs dura peu, ainsi que sur le degré de civilisation auquel il était parvenu. Ce code respire l'amour le plus noble de l'humanité. Avec la *Prawda Ruskaja* du grand-prince Jaroslaf de Russie et le Statut de Wislicz du roi de Pologne Casimir, il forme et la base et la source principale du droit national des Slaves.

DUSCHEK (FRANZ), ministre des finances de Hongrie à l'époque de la révolution, né le 28 août 1797, à Radovessnicz, en Bohême, est le fils d'un fonctionnaire public anobli en récompense des améliorations introduites par lui dans la sylviculture hongroise. Élevé successivement à Ofen, Erlau et Pesth, le jeune Duschek obtint en 1819 un emploi dans la chambre aulique de Hongrie; et la capacité dont il y fit preuve de même que son zèle et sa ponctualité lui valurent un avancement rapide. En 1845 il fut nommé vice-président de cette administration. C'est dans cette position que le trouva la révolution de mars 1848. Quoique loin de partager les idées et les principes révolutionnaires, il se laissa déterminer par Kossuth, qui déjà s'était chargé du portefeuille des finances, à accepter sous lui la place de sous-secrétaire d'État de ce département, où son habileté et son expérience contribuèrent beaucoup à permettre au gouvernement nouveau de résister à la crise du papier-monnaie, de même que de faire face aux immenses dépenses nécessitées par la guerre avec des ressources extrêmement bornées.

Duschek accompagna le comité de défense nationale dans sa fuite à Debreczin, où il continua à déployer autant d'activité que d'énergie. Quand un nouveau ministère se constitua sous Szemere, après la déclaration d'indépendance du 14 mars 1849, il y fut chargé du portefeuille des finances. C'était le seul homme spécial que le gouvernement révolutionnaire eût sous la main; et il lui était trop indispensable pour ne pas fermer les yeux sur ce qu'il y avait toujours de douteux à l'égard de ses véritables opinions politiques. Comme ministre, Duschek se renferma strictement dans ce qui regardait son administration, sans jamais intervenir dans les questions de politique générale. Au mois de juillet 1849 il suivit encore le gouvernement dans sa seconde fuite à Szegedin, où, le 28 juillet, il demanda à la diète un nouveau crédit de 60 millions, qui lui fut immédiatement accordé. La lenteur qu'il apporta à Szegedin dans la fabrication des billets de banque parut un indice que déjà il n'appartenait plus dans son for intérieur à la cause qu'il continuait de servir ostensiblement. Après la conclusion de la convention de Villagos, à la suite de laquelle l'armée hongroise dut mettre bas les armes, il remit au général commandant en chef les troupes autrichiennes le trésor national, qui contenait encore près de cinq millions de florins en espèces d'or et d'argent. Depuis cette époque, Duschek a continué de résider paisiblement en Hongrie, mais sans remplir de fonctions publiques.

DUSODYLE ou **DYSODYLE** (de δυσωδης, puant), roche bitumineuse qui s'est formée dans les eaux douces; on la nomme en italien *terra sogliata puzzolenti*; en latin, *stercus diaboli*. Elle répand en effet une odeur très-fétide, qui lui a valu également son nom sicilien, *merda di diavolo*. Elle se présente en feuillets très-minces, d'un jaune brun, qui deviennent translucides après qu'on les a plongés dans l'eau. Le dusodyle a son gisement dans les terrains tertiaires de la Sicile, des bords du Rhin, près Bonn, et de l'Auvergne. On trouve sur les feuillets de cette roche quelques empreintes de très-petits poissons et de feuilles dicotylédones.

L. Dussieux.

DUSOMMERARD (Alexandre), naquit à Bar-sur-Aube, en novembre 1779. Fils d'un financier, il s'engagea très-jeune, lors des premières campagnes de la Vendée, et après trois années de service, renonça à la carrière militaire pour s'attacher à la magistrature. Entré à la cour des comptes sans avoir donné à l'État le temps exige par la loi, il fut rappelé, et endossa de nouveau l'uniforme. Par une faveur spéciale, on permit à son frère de lui succéder durant son séjour sous les drapeaux, et de lui restituer sa position au retour, comme s'il ne l'eût jamais quittée. Nommé en 1807 employé de seconde classe, il s'enrôla en 1815 comme volontaire royal, et commanda une des compagnies de ce corps. Ayant refusé de signer l'acte additionnel dans l'interrègne, il servit le roi de tout son pouvoir. On lui attribua une chanson populaire qui n'était pas précisément une œuvre poétique, ni même académique, mais qui donnait à son opinion une couleur plus prononcée. Elle avait pour refrain : *Rendez-nous notre père de Gand!...* et obtint un grand succès comme les calembours et les jeux de mots de Dusommerard, dont la conversation spirituelle et piquante alimenta plus d'une fois les tablettes des vaudevillistes. Le 6 juillet 1815 il conduisit à Saint-Denis sa compagnie de volontaires, et publia une protestation énergique pour la garde nationale, contre la *déclaration* des chefs de légion, relative à la cocarde tricolore.

Indigné des crimes et des désastres inutiles, il maudissait la révolution, qui avait brisé les autels, les tombeaux, les monuments, vestiges de l'art antique. Les édifices mutilés, les statues et les bronzes vendus à l'encan, les cathédrales en flammes, et des misérables aveuglés faisant un feu de joie avec les images de Raphael excitèrent une telle indignation dans l'âme de Dusommerard, qu'il y puisa de nouveaux motifs d'opinions monarchiques. « Les Vandales du cinquième siècle, disait-il, n'ont jamais brisé tant de chefs-d'œuvre! » Il répétait aussi le rescrit de Théodoric, *De conservatione ædificiorum*, où il est dit que le respect public, plus encore que la force et la surveillance, doit être la sauve-garde des monuments et de la beauté de Rome. Sous l'influence honorable de pareils regrets, il se montra l'ennemi de la révolution et du gouvernement impérial, né d'une crise de la première et si peu favorable aux progrès de l'art et aux artistes. Ce fut en 1800, sur le sol même de l'Italie, terre classique des arts, que Dusommerard, plein de feu et d'enthousiasme, conçut le plan d'une collection d'antiquités, idée nouvelle, sans rivale alors chez nous, mais que Walter Scott, en Angleterre, semblait avoir eue vers le même temps. C'était une entreprise difficile et coûteuse pour un homme sans fortune; mais avec une idée fixe, de la persévérance et du travail, où ne parvient-on pas? Dans ses moments de loisir, il s'amusait à dessiner, à peindre et à étudier. Il consacra trente ans de sa vie à rassembler épars en tous pays les objets précieux qui ornent et composent aujourd'hui le musée Cluny, dont il est le fondateur. Sans posséder une grande fortune, il acquit de l'aisance par son travail intellectuel, ses places d'administrateur, un héritage et de l'économie dans son intérieur. Alors, il ouvrit sa maison, et fut honoré des plus hautes relations avec des princes, des ministres, des diplomates et des dignitaires français et étrangers. Introduits dans les galeries de ce savant aimable, qui leur faisait si modestement les honneurs de son panorama sans pareil, ils étaient surpris de se trouver en plein moyen âge, au milieu des ruines vivantes de tant de siècles.

Nommé conseiller-référendaire à la cour des comptes en 1823, et vice-président du collége électoral de la Seine, puis, en 1831, élevé par ordonnance royale au rang de conseiller-maître, il dut à l'accroissement de sa fortune le moyen de se consacrer à sa passion dominante. Il fut un de ceux qui donnèrent le signal de ce goût décidé pour le moyen âge, que bien peu comprenaient avant lui. Ce fut la découverte d'une mine d'or pour les marchands, qui voyaient des curiosités précieuses moisir dans leurs magasins. Il parcourut la France, étudia et rechercha les vieux monuments restés debout, défendit ceux qu'on voulait abattre, ramassa des manuscrits, des costumes, des armes, tout ce qui pouvait attester les opinions, la barbarie ou la civilisation des différents siècles à toutes les époques. Ces débris, classés, réparés et mis debout, formèrent un assemblage précieux et rare. Pour en éviter la dispersion inévitable, il leur donna, en 1832, pour asile et pour abri, le plus splendide palais gothique de Paris, l'hôtel de Cluny. L'année suivante, il le loua pour sa vie et en meubla les galeries de tableaux, de statues, de bronzes, et enfin de toute sa collection. Le palais des Thermes, situé derrière l'hôtel de Cluny, rue de la Harpe, était devenu propriété nationale. Il fut restitué en 1831 à la ville de Paris, qui s'empressa de le donner au musée Cluny, en 1843, après la mort de son fondateur.

Dès sa jeunesse, Dusommerard s'occupa de littérature et d'histoire. En 1822, il publia un *Résumé historique sur la ville de Provins*. En 1834, il écrivit des *Notices* sur l'hôtel de Cluny et le palais des Thermes, avec des observations sur la culture des arts au quinzième siècle. Sa réputation d'appréciateur le rendait l'oracle des artistes. Il était membre de toutes les sociétés d'archéologie et d'histoire. Son ouvrage le plus important a pour titre : *Les Arts au moyen âge*. Il y travailla bien des années, et entreprit à soixante-trois ans le voyage d'Italie pour éclaircir quelques points restés douteux dans son esprit. De belles gravures, des récits remplis de particularités piquantes, un style vif, entraînant, beaucoup de concision, telles sont les qualités qui rehaussent ce livre. Quoique malade à son retour, Dusommerard travaillait jusqu'à vingt heures par jour pour achever cet ouvrage, qu'il croyait inséparable de sa collection, et qui en est l'explication et le complément. Il avait écrit ses pages sur la douzième époque, jusqu'à Louis XIII, où il voulait s'arrêter, et corrigeait ses dernières épreuves au milieu des souffrances de l'agonie. Son œuvre achevée, il ne se troubla point, et vit venir la mort avec calme. Il s'était retiré à Saint-Cloud, où il expira le 19 août 1842. L'ambassadeur d'Angleterre se trouvant un jour à l'hôtel de Cluny, tout émerveillé de cet immense panorama d'antiquités, avait dit à Dusommerard : « Monsieur, remettez-moi la clef de votre hôtel, et l'ambassade anglaise vous compte six cent mille francs *ce soir*. » Dusommerard, tenant la clef, parut hésiter; puis, relevant la tête et s'inclinant : « Non, mylord, répliqua-t-il, l'Angleterre s'est déjà fait un moyen âge avec nos dépouilles, il ne sera pas dit que je l'aurai enrichie. » Et ils se séparèrent pour ne plus se revoir. Une loi du 29 août 1843 a classé le *Musée Dusommerard* au nombre des établissements nationaux : ainsi, l'œuvre de cet homme persévérant et courageux a reçu la consécration qu'il ambitionnait, et son propre fils, homme distingué, est aujourd'hui le conservateur du musée de l'hôtel de Cluny. C. B^nne DE PRESLE.

DUSSAULT (JEAN-JOSEPH), fils d'un médecin, vit le jour, le 1er juillet 1769, à l'École Militaire de Paris, que son père habitait. Il entra de bonne heure au collége Sainte-Barbe, y fit d'excellentes études, et ne tarda point à s'y faire remarquer par sa supériorité et son intelligence. Ses brillants succès dans les compositions générales de tous les colléges de l'Université attirèrent sur lui les regards et l'intérêt. Nommé professeur à Sainte-Barbe, il se livra avec bonheur à des occupations qui lui plaisaient, malgré la fatigue que son organisation délicate lui en faisait ressentir. Il commençait à s'habituer à son existence, lorsque la révolution éclata, et lui fit perdre sa place. Il se réfugia au collége du Plessis. La même disgrâce l'y poursuivit encore, et l'en fit sortir. Alors, privé d'emploi, n'ayant ni patrimoine ni état, il chercha de quoi vivre dans le travail intellectuel; et en faisant usage de ses talents, il n'y trouva que des ressources précaires et de quoi exister au jour le jour. Découragé du présent, incertain de l'avenir, il perdit patience, et, après bien des déceptions, céda aux instances de Fréron, qui l'enrôla sous ses drapeaux, et en fit un journaliste. Dès qu'il eut accepté une part de collaboration à la feuille révolutionnaire *L'Orateur du peuple*, il s'en repentit, et ne pouvant y renoncer sous peine de mourir de faim, s'imposa une tâche difficile et courageuse, qui adoucit son chagrin et l'excusa à ses yeux. Sans contredire ouvertement ce que ses confrères écrivaient sans remords, il fit entendre des accents d'humanité au milieu des excitations haineuses qui appelaient chaque jour de nouvelles victimes à l'échafaud. Il écrivit dans *Le Véridique*, journal fondé contre le Directoire, uniquement destiné à l'attaquer et à censurer ses actes. C'est à lui que cette publication passagère dut sa vogue; elle dura peu, et ses principaux rédacteurs furent condamnés à la déportation après la journée du 18 fructidor. Parmi les écrits politiques de Dussault, nous citerons des *Fragments historiques sur la Convention*; une *Lettre au citoyen Louvet* (en 1795); enfin, une *Lettre au citoyen Rœderer* (1795), dont il fut question dans toute la France. C'était une réponse à une attaque assez habile dirigée contre la religion et les mœurs. Rœderer avait proclamé que *le décadi mangerait le dimanche*. Dussault soutint avec esprit et avec audace la cause du dimanche, qu'il gagna. Puis, rattachant à ce sujet d'autres questions intéressantes, il se fit de nombreux partisans. Il osa exprimer des regrets généreux sur le sort de Mme Élisabeth, sœur du malheureux roi. L'élévation de la pensée qui dicta ce beau mouvement oratoire, et la magie d'un style pur, élégant et correct, lui attirèrent le suffrage de La Harpe. Il se déclara pour Dussault dans la querelle du *Dimanche vainqueur*, vanta même son esprit jusqu'au jour où le critique cessa de louer La Harpe, à qui il avait adressé une longue et agréable épître sur un sujet politique, au début de leur connaissance. *Les Cours de littérature* furent peu ménagés par un homme qui se croyait impartial, et la lutte si ordinaire de leurs amours-propres mécontents brouilla ces deux amis pour quelques coups d'encensoir de plus ou de moins.

Dussault fut un des membres de ce petit bataillon critique, composé de Féletz, Geoffroy, Hoffmann, qui, au commencement du dix-neuvième siècle, opposa une si vive résistance aux progrès du mauvais goût. Il se distingua spécialement par la fermeté élégante du style, l'étendue des connaissances, et par un sens juste et sévère. Ne sachant pas jouer avec l'érudition comme Hoffmann, et dénué surtout de cette fleur d'atticisme qui distinguait Féletz, il se fit néanmoins estimer par l'austère impartialité de ses jugements, et fut un des premiers rédacteurs du *Journal de l'Empire*, depuis *Journal des Débats*. C'est à cette feuille que Dussault fut surtout redevable de sa réputation d'excellent critique, et qu'il dut le bienfait d'une existence à l'abri des angoisses de l'infortune. Il était parvenu à toute la maturité du talent, lorsqu'il se retira en 1817 du *Journal des Débats*, qui lui fit une pension sur sa caisse. Il fut décoré de la croix de la Légion d'Honneur l'année suivante, et nommé en 1820 conservateur de la bibliothèque Sainte-Geneviève. Il réunit bientôt ses articles des *Débats*, et y ajouta une préface spirituelle. Cette publication forma d'abord quatre volumes, sous le titre d'*Annales littéraires* (1818). Il y ajouta en 1824 un *Supplément*, composé d'articles et de mélanges. Dussault se chargea de préparer la publication des *Oraisons funèbres* de nos écrivains sacrés, et les enrichit de discours et de notices sur les principaux personnages dont s'étaient occupé Bossuet, Massillon, Bourdaloue, Mascaron et le P. de La Rue. Quoique rival du professeur Lemaire, il ne demeura point étranger à la collection des *Classiques latins*, et donna particulièrement ses soins à l'édition de Quintilien, en y ajoutant une préface latine très-remarquable.

Nous ne dirons qu'un mot de sa longue querelle avec Chénier à propos de ses critiques sur le cours de littérature que faisait cet auteur à l'Athénée de Paris. Cette discussion s'envenima au point qu'elle faillit se terminer militairement. Mais Dussault, qui savait mieux manier la plume que l'épée, en appela au tribunal de la raison, fort peu concluant alors : il publia une Lettre à Chénier, que reproduisit le *Journal des Débats*; et des amis communs firent comprendre à l'auteur blessé que le parti le plus sage était de garder le silence. Dussault se présenta, en 1821, à l'Académie Française pour y remplacer Fontanes, et fut forcé de céder le pas à son jeune rival, M. Villemain, qui l'emporta sur lui. Quelques personnes se rappellent l'épître qu'il adressa à ce dernier à propos de la relation du *Voyage à Coblentz par Louis XVIII*. Au lieu de critiquer certaines locutions, trop hardies pour être bien françaises, il eut assez d'esprit pour les traduire comme des innovations pleines de goût, donnant plus de charme et d'abandon au style épistolaire. Il fut courtisan, mais sa flatterie se déguisa avec tant d'adresse et de velouté qu'elle dut plaire infiniment à l'auteur royal et incorrect, dont les fautes de français furent si bien graciées. Ses articles se placent avec honneur à côté des *Mélanges* de Picard, des *Fragments* de Morellet et des *Mélanges* de Charles Nodier. L'éclat de l'imagination et l'originalité de la pensée font trop souvent défaut à cet excellent écrivain, dont les jugements furent une autorité à son époque, mais qui se recommande plutôt par l'absence de tous les excès et de tous les vices littéraires que par la puissance et la vivacité de l'intelligence. Il mourut le 14 juillet 1824, à cinquante-cinq ans. C. B^nne DE PRESLE.

DUSSEK (JEAN-LOUIS), l'un des pianistes et compositeurs de musique pour piano les plus célèbres qu'on connaisse, né à Czaslau, en Bohême, en 1761, apprit l'harmonie de son père, habile organiste. Après avoir obtenu de brillants succès à La Haye, il vint à Hambourg, profita des conseils d'Emmanuel Bach, et accepta un engagement avantageux que lui offrit le prince de Radziwill en Lithuanie. Il y passa deux ans, vint à Berlin, à Paris ensuite, et quitta notre capitale à l'époque de la révolution, pour aller en

Angleterre où il fonda, en 1796, en société avec son beau-père Conchettini, un magasin de musique et un établissement pour la gravure de la musique. En 1799 il se rendit à Hambourg, et ensuite à Berlin, où il vécut longtemps dans l'intimité du prince Louis de Prusse. A la mort de son protecteur, arrivée en 1806, il obtint une place chez le prince d'Isembourg. L'année suivante, le prince de Talleyrand appelait ce maître à Paris et se l'attachait. C'est dans cette capitale que Dussek mourut, le 20 mars 1812. Il a publié près de cent œuvres de musique de piano, parmi lesquelles il y en a beaucoup de très-estimées, et que les professeurs désignent à leurs élèves comme d'excellents morceaux d'étude. On doit toujours mentionner la *Méthode nouvelle pour le piano, et notamment pour le doigté*, qu'il a publiée en compagnie avec Pleyel (Londres, 1796, et souvent réimprimée depuis). Les œuvres qu'il estimait le mieux sont celles qui portent les numéros 9, 10, 14, 35, *les Adieux à Clementi*. Il a écrit en outre deux opéras en Angleterre. Dussek était de haute taille, très-fort et très-gros; sa main embrassait des intervalles inaccessibles aux mains ordinaires.

CASTIL-BLAZE.

DUSSELDORF, chef lieu du cercle du même nom de la province rhénane, le plus peuplé qu'il y ait dans toute la monarchie prussienne (891,000 habitants, sur une superficie de 54 myriamètres carrés), et capitale de l'ancien duché de Berg. Bâtie sur la rive droite du Rhin, dans une magnifique vallée, cette ville est le siége des autorités administratives du cercle, et compte une population de 23,860 habitants, dont 19,366 catholiques, 4,059 protestants, 434 Israélites et 1 mennonite. Elle tire son nom d'un ruisseau appelé *Dussel*, parce qu'il a sa source au village de ce nom, près d'Elberfeld, et qui vient se jeter dans le Rhin après avoir traversé Dusseldorf. Elle est divisée en *Altstadt* (vieille ville), *Karlstadt* (ville de Charles) et *Neustadt* (nouvelle ville); les deux premiers de ces quartiers sont entourés de fossés. La *Neustadt* fut fondée de 1690 à 1716, par l'électeur palatin Jean-Guillaume; la *Karlstadt*, en 1787, par l'électeur Charles-Théodore. Cette dernière est aujourd'hui entièrement bâtie, et, comme la *Neustadt*, coupée à angles droits. Depuis une vingtaine d'années, Dusseldorf s'est encore agrandi au sud et à l'est, par la construction d'un nouveau quartier.

Parmi les monuments qui méritent l'attention du voyageur, nous mentionnerons : l'église cathédrale et collégiale, renfermant les tombeaux des anciens ducs de Juliers et de Berg, entre autres le mausolée en marbre du duc Jean; la belle église de Saint-André, autrefois propriété des jésuites, et qui a peut-être le défaut d'être trop surchargée d'ornements; la statue équestre et en bronze de l'électeur palatin Jean-Guillaume, au milieu de la place du marché; une autre statue équestre en marbre blanc de ce prince, auquel Dusseldorf est redevable de sa prospérité, orne la place du château; l'observatoire, dans l'ancien collége des jésuites; le cabinet d'antiques et la belle collection d'instruments de physique. Le vieux château, détruit lors du bombardement de la ville par les Français en 1794, maintenant reconstruit, est occupé par l'académie de peinture. Cette école, fondée en 1767, par l'électeur Charles-Théodore, réorganisée en 1822, par Frédéric-Guillaume III, a surtout brillé sous la direction de Cornelius (1822-1826) et sous celle de Schadow. La galerie de Dusseldorf (*voyez* l'article qui suit), la plus riche en tableaux de Rubens (*Jugement dernier*) qui existât en Europe, et qui possédait des ouvrages des plus grands maîtres des écoles flamande et hollandaise, jadis l'orgueil et la gloire de cette ville, fut transférée en 1805 à Munich. Dusseldorf n'en a conservé qu'une précieuse collection de 14,000 dessins originaux, de 24,000 gravures et plâtres, qui sert aujourd'hui à l'école de peinture. Des acquisitions récentes l'ont encore considérablement enrichie; et en ce moment même on s'occupe de créer dans la ville une nouvelle galerie de tableaux.

Outre son école de peinture, Dusseldorf possède une école des beaux-arts et d'architecture, un gymnase, une école industrielle et beaucoup d'autres établissements d'utilité publique. Une société des amis des arts pour les pays du Rhin et la Westphalie y a été fondée en 1828. L'imprimerie en taille-douce de l'École royale des Beaux-Arts de Schulgen-Bettendorf fut transférée, en 1837, de Bonn à Dusseldorf. Cette ville renferme aussi d'importants ateliers de teinture, des fabriques de cotonnades, de tabac, de cuirs, de voitures, de papiers peints, etc. Les plantes légumineuses sont cultivées sur une grande échelle dans les campagnes environnantes, et on vante à bon droit la moutarde de Dusseldorf. Le commerce de transit et d'expédition, et surtout la navigation du Rhin, y ont pris de vastes proportions. Le port de Dusseldorf, declaré port franc en 1829, est l'un des plus fréquentés qu'on rencontre sur les bords de ce fleuve. L'industrie et le commerce y ont d'ailleurs redoublé d'activité, depuis que Dusseldorf est devenu un centre commun auquel viennent aboutir divers chemins de fer (Dusseldorf à Elberfeld, Cologne à Minden, Aix-la-Chapelle et Dusseldorf, Crefeld et Dusseldorf [projeté en 1851]). La société de navigation à vapeur de Dusseldorf possède aujourd'hui dix bateaux qui surpassent de beaucoup en élégance et en confort ceux de toutes les autres compagnies qui ont été créées ailleurs pour la navigation du Rhin. Ses bateaux desservent tous les jours tous les points intermédiaires entre Dusseldorf et Mayence en amont, et Dusseldorf et Rotterdam en aval. D'ailleurs, toutes les autres compagnies qui exploitent la navigation du Rhin y ont aussi des agences.

Dusseldorf fut érigée en ville en 1288; elle devint plus tard la résidence du souverain et de la noblesse du duché de Juliers et de Berg, un centre pour la culture des beaux-arts; et par ces diverses causes elle en arriva à présenter aux étrangers beaucoup de distractions et de plaisirs. A l'extinction de la famille des ducs de Juliers et de Berg, elle passa sous la souveraineté des comtes palatins de Neubourg, puis servit de résidence à l'électeur palatin Jean-Guillaume, jusqu'à la réédification de Heidelberg. En 1795, à la suite d'un bombardement, les Autrichiens qui l'occupaient furent réduits à la livrer par capitulation aux Français; et elle demeura alors au pouvoir de la France jusqu'à la paix de Lunéville, en 1801, époque où elle fut restituée à la Bavière. En 1806 elle fut, comprise dans le grand-duché de Berg dont elle devint la capitale, et avec lequel elle passa en 1815 sous la souveraineté de la Prusse.

DUSSELDORF (Galerie de). Le traité de Riswick (1697) ayant rendu la paix au duc Jean-Guillaume de Neubourg, il en profita pour faire fleurir les arts. Il rassembla à Dusseldorf tous les tableaux qui lui venaient de ses aïeux, et en augmenta beaucoup le nombre. Il fit travailler Jean Wecnix, Godefroi Schalcken, Van der Werf, Eglon Van der Neer, et beaucoup d'autres peintres. Van Dowen, l'un d'eux, habile connaisseur, fut envoyé dans différents pays, et acquit à grands frais les plus beaux ouvrages des peintres célèbres. Il fut ensuite chargé d'arranger tous ces raretés dans la nouvelle galerie que l'électeur avait fait construire en 1710, et qui touchait à son palais. La réputation de cette belle collection se répandit bientôt dans toute l'Europe. Mais lorsque son frère Charles-Philippe lui succéda, en 1716, il alla résider à Manheim, où il fit d'assez grands travaux, et ce n'est qu'en 1743 que Charles-Théodore, devenu électeur palatin, redonna une nouvelle vie aux beaux-arts en terminant tout ce qui avait été commencé par ses prédécesseurs.

La *Galerie de Dusseldorf*, restée longtemps intacte, était un but d'admiration pour les voyageurs; mais les chances de la guerre ayant donné des inquiétudes, tous les tableaux furent deux fois, depuis 1794, emballés et transportés hors de la portée des armées françaises. Lorsqu'en

1806 Murat, déclaré grand-duc de Berg, eut en sa possession la ville de Dusseldorf, l'électeur Maximilien, duc de Bavière, conserva ses tableaux, qu'il fit transporter et placer dans la galerie de Munich, dont ils sont maintenant un des plus beaux ornements.

La *Galerie de Dusseldorf* contenait 365 tableaux, dont 46 de Rubens, 9 de Rembrandt, 22 de Van Dyck, 5 d'Annibal Carrache, un du Corrége, 17 de Lucas Giordano, 7 de Polydore de Caravage, 3 de Jacques Robusti, 2 d'André del Sarte, 5 du Titien, 4 de Snydereet, 4 de Nicolas Poussin, 25 de Van der Werf. On remarquait principalement une belle *Assomption de la Vierge*, par Guido-Reni, un *Saint Jean dans le Désert*, que l'on prétend de la main de Raphael, aussi bien que celui qui est dans la galerie de Florence; une très-belle Vierge par Carlo Dolci, le fameux tableau du *Charlatan*, par Gérard Dow; *Les Vierges sages et les Vierges folles*, par Godefroi Schalcken. Deux très-beaux paysages par Berghem, puis le célèbre et magnifique tableau dans lequel Gaspard de Crayer a représenté la Vierge et l'enfant Jésus entourés de plusieurs saints. Lui-même s'est placé sur le devant, à genoux, avec sa femme, son fils et son frère. Ce tableau, de 19 pieds de haut, a été payé 80,000 fr.

DUCHESNE aîné.

DUTENS (LOUIS), né à Tours le 15 janvier 1730, mort en Angleterre le 23 mai 1812, membre de la Société royale de Londres, historiographe du roi de la Grande-Bretagne, a joui d'une certaine renommée au dix-huitième siècle. Il appartenait à une famille protestante. Un acte de violence avait ravi à cette famille et enfermé dans un couvent une de ses sœurs, âgée de douze ans. Il se réfugia en Angleterre, et y remplit successivement les fonctions d'instituteur et de diplomate. Ces dernières le fixèrent longtemps à Turin. Il avait trouvé à Londres de puissants protecteurs: il accompagna le fils du duc de Northumberland dans ses voyages en France, en Italie, en Allemagne, en Prusse et en Hollande. Parmi ses nombreuses publications, deux surtout fixèrent l'attention : 1° son édition des œuvres de Leibnitz, imprimée à Genève, en 1769; 2° *Ses recherches sur l'origine des découvertes attribuées aux modernes*. Un autre ouvrage de Dutens, qu'on lit encore, est son recueil intitulé : *Mémoires d'un voyageur qui se repose* (Paris, 1806, 3 vol. in-8°). Il contient l'histoire de sa vie. On y trouve beaucoup d'anecdotes curieuses sur des contemporains célèbres.

AUDERT DE VITRY.

DUTHÉ (ROSALIE), courtisane célèbre de la seconde moitié du siècle dernier, naquit vers 1750. Vers l'âge de quinze ans, elle entra à l'Opéra en qualité d'*espalier* : c'était le nom qu'on donnait aux chanteuses et danseuses des chœurs. Elle n'eut jamais ni talent ni esprit; mais sa beauté la dispensa de l'un et de l'autre. Enrôlée parmi les danseuses, les seules qui, pour peu qu'elles fussent jolies, étaient à peu près sûres de faire fortune, et cela, suivant la spirituelle définition de D'Alembert, par une suite nécessaire des lois du mouvement, elle n'eut longtemps, à ce qu'il paraît, à sa toilette qu'un miroir, un peigne et de l'eau; mais quoiqu'elle eût déjà perdu son innocence, elle en portait encore les couleurs, et sa jolie figure, relevée par de beaux cheveux blonds, des yeux languissants, un air mélancolique et tendre, lui garantissait la fin prochaine de cette obscurité d'où les *écarts* tardaient trop à la faire sortir. Le duc de Durfort daigna enfin la remarquer. C'était un riche seigneur, parfaitement débauché, qui mangeait son bien avec les filles, et qui mit tout de suite sur un bon pied la jeune Rosalie. Il l'aima longtemps; on peut même dire qu'il l'aima toujours, en dépit de ses infidélités, que, d'ailleurs, il lui rendait bien. Il en était jaloux comme Titus de Bérénice. Deux comtes polonais lui disputèrent la possession de ce cœur fragile, le comte Potocki et le comte Matowski. Il l'eût cédée volontiers au dernier, si celui-ci lui eût donné sa femme en échange; mais on ne dit pas que le marché se fit, et le Polonais continua d'exploiter sa bonne fortune. Un soir qu'il s'était oublié au sein du bonheur, que lui et la Duthé dormaient côte à côte avec toute l'insouciance d'un couple légitime éprouvé par trente ans de ménage, le duc de Durfort arrive à l'improviste et les éveille. Le comte Matowski se sauve en chemise; le duc le poursuit jusque dans la rue. Le guet passait alors. On arrête le fugitif, et l'un des hommes de la troupe lui jette son manteau sur les épaules. Non moins imprudent, le comte Potocki se laissa prendre également; mais il ne s'en tira pas à si bon marché. Il paraît que, toute charmante qu'elle était, Mlle Duthé n'était pas fort propre. Au moment où le duc entra, le comte se réfugia dans la garde-robe de la *princesse*. Le duc y pénétra, et trouva le malheureux nageant dans une chaise percée qui n'avait pas été vidée de quinze jours. Pour comble de disgrâce, le lieutenant de police, qui n'aimait pas, dit-on, les odeurs, enjoignit au comte, par lettre de cachet, d'aller s'essuyer et prendre l'air hors du royaume. Mais cette assertion n'est vraisemblablement qu'une plaisanterie. Le comte Potocki fut exilé de Paris pour avoir excité le fils d'un duc et pair, qu'on ne nomme pas, à gagner 4,000 louis à un pauvre diable, et avoir rossé cet homme, parce qu'il ne voulait pas perdre davantage.

Au duc de Durfort succéda le marquis de Genlis, qui, marié à une des plus jolies femmes de la cour, trouva plus doux de se ruiner avec Mlle Duthé. Il eut l'impudence de la présenter à la marquise, et la marquise eut la bonté de la trouver jolie. Mais ce qui fit la gloire de la Duthé, ce fut l'honneur qu'elle eut d'être choisie pour donner les premières leçons de plaisir au duc de Chartres, père du roi Louis-Philippe. Son nouvel emploi lui acquit une vogue incroyable. L'exemple de Mme Dubarri tournait la tête à toutes les filles. Il n'en était pas une qui n'aspirât à la couche royale. Mlle Duthé voulut, au titre de maîtresse d'un prince et à la considération qui y était attachée, joindre l'éclat de la représentation. On ne parla bientôt plus que de son luxe scandaleux. Il fut tel qu'on en conclut que le duc de Chartres n'y pouvait suffire à lui seul, et que son altesse avait des auxiliaires. En 1774, un spectacle curieux réjouit fort les amateurs à Longchamp, et indigna les gens qui se piquaient d'austérité. Le jeudi saint, Mlle Duthé parut à ce pieux pèlerinage dans un carrosse à six chevaux blancs, dont les harnais, en maroquin bleu, étaient recouverts d'acier poli qui réfléchissait de toutes parts, au rapport des nouvellistes du temps, les rayons du soleil. « Quand on affiche un tel luxe, disait à cette occasion Sophie Arnould, doit-on être surpris si tant de grandes dames se dégoûtent de l'état d'honnête femme? » Quelques jeunes gens, soit pour se divertir aux dépens de notre héroïne, soit pour venger les bonnes mœurs, entourèrent le carrosse et huèrent tellement Mlle Duthé, qu'elle ne put rentrer en file et fut forcée de rétrograder. Elle revint cependant le lendemain, mais plus modeste, avec une voiture moins splendide, et seulement quatre chevaux. On prétendit que cet acte de modestie provenait moins de son repentir que d'un conseil reçu de la police.

C'est à cette époque environ que le comte d'Artois, depuis Charles X, qui avait épousé une princesse de Savoie, eut du goût pour Mlle Duthé. Les plaisants ne manquèrent pas de dire « que le prince, ayant eu une indigestion de biscuit de Savoie, était venu prendre *du thé* à Paris. » Comme certaines personnes scrupuleuses osaient nier le fait, le bruit courut qu'un sylphe, épris de Mlle Duthé, lui manifestait de temps en temps son amour par des cadeaux de la plus grande magnificence. Elle ne formait pas un souhait qu'il ne fût réalisé le lendemain. On évaluait à plus de 80,000 livres les bijoux qu'elle avait reçus d'une main invisible. Par ses réticences affectées, la Duthé donnait à entendre que ce génie bienfaisant, son esclave, était le comte d'Artois; le public le crut, on le répéta, et il est à présumer qu'il en était bien quelque chose. Deux aventures qui arrivèrent en 1775 à Mlle Duthé lui firent expier cruellement ses triomphes : Un auteur des boulevards, nommé Landrin, avait fait une pièce pour le théâtre Audinot, intitulée : *Les Curiosités de la foire Saint-Germain*. Mlle Duthé alla la voir, et s'y trouva dépeinte, à ne pas s'y méprendre, sous les traits d'un automate. A ce spectacle insolent, elle tomba en syncope. Ses partisans crièrent au scandale, et le duc de Durfort, son ancien amant, crut devoir prendre sa défense. Il s'arme de pied en cap, et, nouveau Don Quichotte, va trouver le directeur forain. Il veut absolument savoir quel est le drôle qui a osé jouer Mlle Duthé. Audinot tient bon. La colère du paladin retombe alors tout entière sur celui-ci, auquel il enjoint d'être plus circonspect et surtout de s'abstenir de mettre en scène la courtisane, sous peine de voir son théâtre mis en pièces. L'autre histoire est plus humiliante : Un équipage brillant s'arrête un jour à la porte de Mlle Duthé; un jeune homme en descend, entouré de valets somptueusement habillés; il monte chez la dame, à laquelle il s'annonce comme un étranger de la plus haute distinction; il la séduit par son langage, par son faste, et surtout par l'étalage d'une bourse énorme, qui sera le prix, dit-il, des bontés qu'on aura pour lui. L'étranger obtient tout ce qu'il désire, laisse la bourse et part. A peine est-il sorti, que Mlle Duthé ouvre la bourse, et n'y trouve que des jetons de cuivre. On sut dès le lendemain que le seigneur étranger était un valet de chambre, qui, s'emparant du carrosse de son maître, avait persuadé aux laquais, ses amis, de lui faire cortége. La courtisane fut désolée de l'aventure, mais s'en consola, dit-on, en se promettant bien désormais de se faire payer d'avance.

Le bruit courut que le poëte Gilbert travaillait à une satire contre les filles entretenues; les filles se soulevèrent en masse. Mlle Duthé promit, dit-on, quelques baisers au poëte qui se ferait leur chevalier, et prononça contre Gilbert une sentence en vertu de laquelle il serait fouetté par ces bacchantes, elle portant le premier coup. Au mois de septembre de la même année, un peintre, nommé Perrin, peu connu, mais qui pensait s'illustrer, sinon par son talent, du moins par le choix du sujet qu'il voulait peindre, s'adressa à Mlle Duthé, qui l'agréa. Il en fit deux portraits, qu'il montrait aux amateurs, l'un très-grand, où il la représentait en pied dans ses plus riches atours, l'autre plus petit, où elle apparaissait dans le négligé piquant de notre mère Ève avant le péché, et avec tous les détails de ce beau corps, si connu malheureusement que le peintre ne faisait voir rien de nouveau à personne. — Quelqu'un, à l'aspect de cette nudité, s'étant écrié : « Quelle charmante Danaé! — Dites plutôt, interrompit Sophie Arnould, le tonneau des Danaïdes. » — Les gens de lettres ne s'étaient guère occupés jusque alors de Mlle Duthé que pour s'indigner de ses déportements et la railler de ses mésaventures. Il vint à l'un d'eux l'idée de mettre ses œuvres sous l'invocation de cette prêtresse de Cythère, de lui en faire la dédicace. Un certain Dancourt, fermier général et bel esprit, écrivit des *Mémoires turcs*, dans lesquels il rappelait les aventures galantes de l'envoyé de Maroc, qui vint en France en 1768. C'était une œuvre platement écrite, quoique assaisonnée d'anecdotes libertines. Il dédia son livre à la Duthé, ce qui en fit la fortune. Quelques années plus tard, un architecte nommé Gaudebert, ayant conçu le projet de transformer en catacombes les carrières de Paris, joignit à son projet des notes savantes, et une épître dédicatoire à Rhodope, fameuse courtisane de l'antiquité, qui fit élever, dit-on, la plus haute des pyramides d'Égypte. C'était délicat.

En septembre 1777, Mlle Duthé disparut tout à coup, sans qu'on sût longtemps ce qu'elle était devenue. Enfin, le public fut rassuré sur son compte. On apprit qu'elle était allée en Angleterre, accompagnée d'un lord qui en était tombé amoureux fou. Elle le ruina, et après lui deux ou trois autres, et revint à Paris en 1782. On disait alors qu'elle avait fait plus de conquêtes sur nos ennemis que tous les amiraux de la marine française. Depuis, Mlle Duthé, modeste dans sa gloire et surtout vieillotte, n'afficha plus ce luxe insolent d'autrefois, et vécut dans une retraite philosophique. Une fois encore, pourtant, elle fit un peu parler d'elle, en se montrant au balcon du Théâtre-Français, le jour de la première représentation des *Courtisanes*, mauvaise comédie de Palissot, avec Mlles Arnould, Raucourt et d'Hervieux. Toutes quatre honorèrent, les premières, de leurs applaudissements, les traits les plus vifs de l'ouvrage, ce qui ne l'empêcha pas de tomber. La Duthé avait deux cousines, Mlle Quincy, courtisane de bas étage, et la fameuse Carline de l'Opéra-Comique, qui y avait créé le rôle du *Diable à quatre*. Ces trois demoiselles avaient eu l'honneur, et les deux dernières l'avaient encore, d'être maîtresses chacune d'un prince du sang. LL. AA. RR. les prièrent un jour de donner un souper de douze couverts, auquel n'assisteraient que des femmes, et où ils se proposaient de figurer en simples spectateurs. Ces messieurs s'étant fait attendre un peu, les dames se mirent à table. Au même instant entrèrent les princes, accompagnés de leurs roués habituels, tous revêtus d'habits de livrée. Ils firent dans ce costume le service de la table, et après le souper montèrent derrière les voitures de ces dames, qu'ils reconduisirent chacune chez elle. Il va sans dire que le comte d'Artois dirigeait l'expédition, ayant pour acolytes le duc de Bourbon-Condé et le duc d'Orléans.

Lorsque la révolution éclata, Mlle Duthé émigra en Angleterre, emportant tous ses bijoux, toutes ses richesses, qu'elle rapporta en 1815 ou 1816, époque où elle rentra en France. De tous les princes de la famille royale qu'elle avait connus, le duc de Bourbon fut le seul qui, sous la Restauration, continua de la voir. De temps en temps il allait passer ses soirées chez elle, et aimait à lui rappeler les fredaines de leur jeunesse et à les lui entendre raconter. Elle mourut en 1820, âgée de près de quatre-vingts ans, dans un hôtel du boulevard des Italiens. Jusqu'à la fin de sa vie, elle porta constamment du rose. Ses robes, ses rubans, ses coiffures, tout était rose. On la disait vouée à cette couleur, laquelle ne lui messéyait pas, à cause de l'extrême blancheur de sa peau. Elle laissa une fortune d'environ 600,000 fr. à un de ses parents, qu'elle institua son légataire universel, et qu'elle avait fait placer dans les chasses du duc de Bourbon. Il existe d'elle un très-beau portrait peint par Vanloo.

Charles NISARD.

DUTROCHET (RENÉ-JOACHIM-HENRI) naquit en 1776, au village et au château de Néons (Indre), d'une famille noble, que la révolution de 89 dépossédа d'une grande fortune. Son père ayant émigré, tous ses biens furent confisqués et vendus. Cette circonstance réduisit à néant les droits d'aînesse du savant dont nous parlons. Sans ce malheur, il ne fût peut-être devenu ni membre de l'Académie des Sciences, ni auteur de plusieurs découvertes qui promettent à son nom une célébrité durable.

Forcé de prendre un état, Dutrochet étudia la médecine, et fut reçu docteur à Paris, le 26 juin 1806. Ce jour-là il soutint sur une *nouvelle théorie* de la voix une thèse remarquable. Il avait trente ans. Il entra peu de temps après dans l'armée comme médecin militaire, et passa en Espagne les années pénibles de 1808 et 1809; atteint d'une fièvre typhoïde par l'effet des fatigues, il donna sa démission dès qu'il fut convalescent, rentra en France, et quitta pour toujours la médecine. Il se retira alors près de Château-Renault, dans une modeste maison de campagne qu'habitaient déjà sa mère et ses sœurs. C'est là que, dans une vie calme et obscure plutôt qu'aisée, Dutrochet se livra pendant vingt ans à l'étude de la nature, sans cesse épiée par ses soins et toujours vue de près. Il retira de cette observation persévérante la connaissance de beaucoup de faits jusque alors ignorés. Il publia sur l'œuf avant la ponte, sur la structure et l'accroissement des plumes, sur l'ostéogénie, sur les rotifères, sur les enveloppes du fœtus des mammifères et du fœtus humain, sur l'accroissement des végétaux et des insectes, *sur l'agent immédiat du mouvement vital, dévoilé dans son mode d'action et sa nature*, etc., des recherches toutes nouvelles et malheureusement aussi des vues quelquefois contestables. On le vit quelque temps persuadé qu'il avait découvert le fluide vital et surpris son jeu intime, à peu près comme nous avons vu plus récemment le docteur Ducros, de Marseille, convaincu qu'il suffisait d'un coup d'œil, d'un regard guidé par une volonté ferme, pour faire osciller, et marcher l'aiguille magnétique d'une boussole. Plus tard, vers 1837, Dutrochet reconnut et répudia les erreurs dues à son long isolement; et quand il publia tous ses travaux, en les réunissant sous le titre de : *Mémoires pour servir à l'histoire anatomique et physiologique des végétaux et des animaux* (1837, 2 vol.), il y inscrivit cet avis sous forme d'épigraphe : « Je considère comme non avenu tout ce que j'ai publié précédemment et qui ne se trouve point reproduit dans cette collection. » Ses recherches et ses observations sur le déploiement successif de l'allantoïde dans l'œuf incubé, sur le fluide urinaire contenu entre les deux feuillets de ce réservoir membraneux lié à la vessie; sur l'augmentation progressive du jaune en même temps que l'albumen diminue, sont autant de découvertes dont il a enrichi la physiologie comparée. Cette augmentation du jaune aux dépens de l'albumen ou blanc de l'œuf incubé a été la source essentielle de sa découverte de l'Endosmose, ou la manière dont se conduisent et se balancent deux fluides de densité différente qui ne sont séparés que par une membrane poreuse et perspirable. Ici Dutrochet a fourni motif à un chapitre entièrement nouveau dans tous les traités de physique.

Dutrochet fut nommé correspondant de l'Académie des Sciences en 1819, et associé de l'Académie de Médecine en 1824. Pour se rendre à Paris et s'y fixer, il attendait ardemment que l'Institut se montrât disposé à l'élire membre resident et titulaire, à raison du complément de ressources que devait ajouter à sa modeste existence la pension inhérente à ce titre honorable et recherché. Dutrochet l'obtint enfin en 1831. « La fortune, a dit sur sa tombe un de ses amis, lui réservait une autre faveur. Une femme riche et distinguée, la veuve du célèbre docteur Geoffroy, voulut s'associer à son sort. Elle prétendit à le dédommager, bien moins par les douceurs de l'aisance que par les soins de la plus tendre amitié, des privations qu'il avait si longtemps et si patiemment supportées. » Dutrochet avait alors soixante ans; et, sans que son zèle pour la science en fût attiédi, il passa doucement dans une presque opulence les dix dernières années de sa vie. Il mourut à Paris, en février 1847, âgé de soixante et onze ans.

Dr Isidore Bourdon.

DUUMVIR, DUUMVIRAT. Les anciens Romains donnaient ce nom à toute magistrature collective quand elle était divisée sur deux têtes. Dans l'origine, cette magistrature tirait son nom du nombre des officiers qui la composaient : plus tard, la qualification resta aux fonctions, quoique le nombre des fonctionnaires eût varié : c'était une charge à vie.

Les *duumvirs capitaux* avaient dans leurs attributions la haute justice; ils connaissaient des crimes et pouvaient condamner à mort. Il y en avait qui étaient chargés de fonctions municipales; c'étaient des sortes de maires à fonctions collectives : l'autorité de ceux-ci ne durait que cinq ans. Ils avaient le droit de se faire précéder de deux officiers de paix, quelques-uns même s'arrogèrent celui d'avoir deux licteurs. D'autres *duumvirs* avaient le département de la marine; il y en avait pour l'intendance des temples, etc. Les plus considérables étaient ceux qu'on appelait *duumviri sacrorum*, que Tarquin créa pour la garde des livres sacrés et pour faire les sacrifices. On ne pouvait sans eux consulter les oracles des Sibylles. Les nobles et les patriciens pouvaient seuls aspirer à la dignité du *duumvirat*. Dans certaines circonstances, on créait encore des *duumvirs temporaires*, chargés de connaître des crimes de lèse-majesté et de lèse-nation. Après le combat des Horaces et des Curiaces, on institua des *duumviri perduellionis* pour juger celui des Horaces qui avait survécu à ses frères, après avoir vaincu les Curiaces et immolé sa sœur. Il y avait encore dans les colonies romaines des *duumvirs* qu'on prenait parmi les *décurions*. Ils avaient le même rang et la même autorité que les consuls à Rome, et portaient la prétexte et la robe bordée de pourpre.

Dans notre histoire contemporaine, on a souvent appliqué l'épithète de *duumvirs* aux deux membres les plus influents du comité de salut public, Robespierre et Saint-Just.

DUVAL (Valentin), bibliothécaire de l'empereur d'Allemagne François Ier, naquit en 1695, à Artonnay, en Champagne, dans une famille de pauvres paysans, dont le nom véritable était *Jameray*. Orphelin dès l'âge de dix ans, il avait à peine atteint sa quatorzième année, lorsque, sans asile et sans travail, il dut abandonner son village pour aller chercher l'un et l'autre au dehors. En proie à la faim, et, pour surcroît d'infortune, attaqué de la petite-vérole, il erra pendant assez longtemps au hasard sur les routes couvertes de neige, pendant le rigoureux hiver de 1709, demandant de ferme en ferme un gîte et du pain, que la misère alors si profonde et si générale ne permettait pas toujours de lui donner. Cette vie précaire ne cessa pour le malheureux enfant que lorsque la Providence eut dirigé ses pas vers un ermitage appelé *La Rochette*. Le pauvre solitaire confiné en ce lieu désert, touché de sa détresse, accueillit avec bonté l'hôte que Dieu lui envoyait, et l'engagea à rester avec lui, à partager sa solitude et son genre de vie. Valentin Duval accepta avec empressement cette proposition inespérée, et le bon ermite, de plus en plus charmé de son esprit et de son caractère, prit plaisir à lui apprendre à lire et à écrire. Il fit mieux encore : sans le rendre superstitieux, il sut lui inculquer profondément les grands principes religieux, en dehors desquels il est si difficile que puissent se rencontrer les vertus indispensables à l'homme en société.

Valentin Duval ne se sépara de son pieux protecteur que pour entrer à l'ermitage de Sainte-Anne, près de Lunéville, au service de quatre ermites fort ignorants, qui lui confièrent la garde de leurs six vaches. Quelques volumes de la *Bibliothèque bleue*, qu'il trouva dans cet ermitage, furent longtemps la seule distraction offerte à son esprit dans les longues heures de son isolement, qu'il sut utiliser, d'ailleurs, pour perfectionner son écriture, jusqu'à ce qu'un abrégé d'arithmétique, qui tomba par hasard entre ses mains, vînt donner une direction nouvelle à ses idées, et lui faire entreprendre de plus sérieuses études. Dans le silence des bois, il s'initia tout seul aux premiers éléments de l'astronomie et de la géographie. Quelques cartes, un tube de roseau fixé à un chêne, dont il avait fait son observatoire, composèrent pendant longtemps tout son bagage d'instruction et d'observation. Afin de se procurer l'argent nécessaire pour acheter les livres qui lui manquaient, notre studieux enfant déclara la guerre aux hôtes de la forêt; et au bout de quelques mois la vente du produit de sa chasse lui avait produit une somme de cent francs, trésor immense pour lui, et qu'il eut bientôt échangé chez un libraire de Lunéville contre un gros ballot de livres. Un hasard heureux lui fournit à quelque temps de là de nouvelles ressources. Ayant trouvé dans les bois un cachet en or armoirié, il fit annoncer cette trouvaille au prône, et bientôt après un Anglais, appelé Forster, se présenta pour réclamer l'objet perdu, mais qui ne lui fut rendu qu'à la condition qu'il expliquerait clairement au jeune pâtre la signification des figures de blason gravées sur le cachet. Forster, frappé de l'ardeur de s'instruire que lui témoignait cet enfant, le récompensa noblement; et bientôt, grâce à la générosité de cet Anglais, et aussi aux produits de sa chasse, le petit pâtre ne compta pas moins de deux cents volumes dans sa bibliothèque, sans qu'il lui fût seulement venu à l'idée de consacrer la moindre parcelle de ses trésors à quelques velléités de friandise ou de coquetterie.

Mais l'ardeur que Valentin Duval mettait à s'instruire nuisait bien un peu au troupeau confié à sa garde; de là grande colère des ermites, qui ne lui épargnèrent ni les reproches ni les menaces. L'un d'eux alla même un jour jusqu'à parler de brûler ces livres maudits, cause de tout le mal. Ces mots sacriléges mirent le pauvre pâtre hors de lui-même. Saisissant une pelle à feu, il mit le frère à la porte de sa propre cellule, et s'y barricada. Les autres frères accoururent pour connaître la cause de cette scandaleuse insurrection; mais Valentin ne consentit à ouvrir la porte qu'après une capitulation en forme, qui lui assurait une franche et complète amnistie du passé et deux heures de libres dans la journée, qu'il pourrait employer comme il l'entendrait. La seule concession qu'il fit fut de s'engager à servir encore à ces conditions pendant dix années nos bons ermites, rien que pour la nourriture et les vêtements. Le plus plaisant de cette transaction, c'est qu'elle fut l'objet d'un contrat authentique, passé dans toutes les formes par-devant un notaire de Lunéville.

Délivré désormais de toute inquiétude de ce côté, Valentin Duval reprit avec plus d'ardeur que jamais ses études, dans le silence des bois, pendant que ses vaches paissaient tranquillement près de lui. Un jour, les jeunes princes de Lorraine, au milieu d'une partie de chasse, le rencontrèrent ainsi, entouré, suivant son habitude, de ses livres et de ses cartes. Frappés de surprise, ils le questionnèrent, et, charmés de la liberté ingénue de ses réponses, ils lui proposèrent de l'envoyer continuer ses études chez les jésuites de Pont-à-Mousson. Valentin Duval n'accepta cette offre généreuse, qui venait mettre le comble à ses vœux, qu'à la condition qu'on n'y contrarierait point son goût exclusif pour le travail. Les progrès de Valentin dans ce collége furent si rapides, qu'en 1718 le duc Léopold de Lorraine, son protecteur, voulut l'emmener avec lui à Paris pour juger de l'impression de surprise que produirait sur cet esprit ingénu la vue d'un monde si nouveau pour lui et si complétement étranger à ses idées. Duval ne fut point ébloui par l'éclat trompeur de la civilisation raffinée de la capitale de la France; et un jour que le duc l'interrogeait sur ce qu'il avait éprouvé à une représentation de l'Opéra à laquelle il l'avait fait assister, il lui répondit que tout le luxe de Paris et toute la fastueuse magnificence de son Opéra étaient bien peu de chose en comparaison du sublime spectacle du lever et du coucher du soleil.

A son retour en Lorraine, Léopold le nomma son bibliothécaire et professeur d'histoire à l'Académie de Lunéville. Le produit de cette place et des leçons qu'il eut occasion de donner à quelques riches Anglais, entre autres à celui qui devait rendre plus tard si célèbre le nom de Chatam, le mit en état de rebâtir son ermitage de Sainte-Anne. Quand la Lorraine fut décidément cédée à la France, il suivit la bibliothèque de son prince à Florence, et habita cette ville pendant dix ans. L'empereur François Ier l'appela alors au poste de conservateur du cabinet des médailles, à Vienne, et il mourut dans cette capitale, le 13 septembre 1775.

Malgré sa rare et sa profonde érudition, Valentin Duval resta toujours humble et modeste. Il a laissé un manuscrit dans lequel il raconte lui-même les détails si singuliers et si attachants de sa première jeunesse. Ses *Œuvres* (2 vol. in-4°, Saint-Pétersbourg et Strasbourg, 1784) ont été publiées par Koch, qui y a joint une notice biographique.

DUVAL (Amaury Pineux-), archéologue et littérateur, naquit à Rennes, le 28 janvier 1760. Il était le frère aîné d'Alexandre et de Henri Pineux, qui ont porté, comme lui, le nom de *Duval*, lequel était celui d'une terre appartenant à leur famille, dans les environs de Rennes. Après avoir terminé de bonnes études au collége de cette ville, il y fit son droit, fut reçu à vingt ans avocat au parlement de Bretagne, et s'y distingua de bonne heure dans quelques causes importantes. Il se délassait de ses graves fonctions en cultivant la poésie. Malgré les succès qu'il avait obtenus au barreau, il y renonça en 1785, pour se livrer entièrement à l'étude de l'antiquité. Il vint à Paris, où, nommé secrétaire du comte de Talleyrand, il le suivit dans sa mission à Naples, et y rassembla de nombreux et importants matériaux d'archéologie. L'ambassadeur ayant donné sa démission en 1791, parce qu'il était opposé aux principes de la révolution française, Duval, qui les avait adoptés, ne voulut pas quitter l'Italie : il se rendit à Rome l'année suivante, et y fut attaché, comme secrétaire, à la légation française. Dans l'émeute populaire du 13 janvier 1793, où l'agent de la république, Basseville, fut massacré, Duval, qui l'accompagnait, se vit traîné par la populace, et aurait subi le même sort sans le secours d'un brave soldat qui le sauva ; il fut mis néanmoins en prison, puis relaxé par ordre du gouvernement pontifical, et conduit, sous bonne escorte, à Naples, où il avait désiré retourner. Il y publia le *récit de l'insurrection* dont il avait été témoin; mais son séjour n'y pouvait être long dans de telles circonstances : aussi ne tarda-t-il pas à revenir à Paris. Il y fut nommé secrétaire de la légation envoyée à Malte; toutefois, le grand-maître, à l'exemple de la plupart des souverains de l'Europe, ayant refusé de recevoir les agents de la république française, Amaury Duval renonça à la carrière diplomatique, pour ne plus s'occuper que de travaux scientifiques et littéraires.

Cette spécialité et l'amitié de son compatriote Ginguené, chef de la commission d'instruction publique, lui valut, en 1795, la place de chef du bureau des sciences et arts, et il la conserva sous le Directoire, le consulat et l'empire, jusqu'en 1811. On n'a jamais su le véritable motif de sa destitution; mais on l'a attribuée avec assez de vraisemblance aux opinions républicaines, quoique modérées, qu'il avait toujours professées, et au système d'opposition qu'il avait manifesté dans la *Décade*, devenue en 1804 *Revue philosophique, littéraire et politique*, fondée en 1794, par Ginguené. Il avait été l'un des rédacteurs les plus assidus de cet ouvrage périodique jusqu'à sa fusion, en 1807, avec *le Mercure*, dont il fut aussi le plus actif collaborateur jusqu'en 1814. Pendant la durée de ses fonctions administratives, il avait publié des *Observations sur les Théâtres*, (1796, in-8°); (les théâtres étaient dans les attributions de son bureau; et un mémoire *Sur les Sépultures chez les anciens et les modernes*, ouvrage couronné par l'Institut (1801, in-8°). Ses *Lettres écrites de Rome sur l'étude de la science de l'antiquité*, couronnées aussi en 1802, sont restées inédites. Il publia encore : *Paris et ses Monuments*, gravés par Baltard (1803); un *Précis de la nouvelle Méthode d'éducation de Pestalozzi* (1804), et *Le nouvel Élysée*, ou projet d'un monument à la mémoire de Louis XVI et des plus illustres victimes de la révolution (1814).

Élu membre de la troisième classe de l'Institut, le 16 décembre 1811, Duval resta, en 1816, membre de l'Académie des Inscriptions et belles-lettres. Il était grand connaisseur et bon juge en œuvres littéraires. Son style clair, concis, élégant, facile, rappelait les bons modèles du dix-huitième siècle. Il mourut le 12 novembre 1838.

On lui doit encore : *Voyages de Spallanzani dans les Deux-Siciles, dans les Apennins*, etc., traduits de l'italien, (1800, 6 vol. in-8°); des *Notes et additions aux Mémoires historiques, politiques et littéraires du comte Orloff, sur le royaume de Naples* (1819-21, 6 vol in-8°); *Monuments des Arts du Dessin chez les peuples anciens et modernes*, recueillis par Denon, décrits et expliqués par Amaury Duval (1829, 4 vol. in-fol.); un *Examen critique de toutes les pièces de Plaute, Térence et Sénèque*, dans le *Théâtre des Latins*, dont il fut éditeur avec son frère Alexandre (1822 1825, 15 vol. in-8°); dans la *Statistique de la France*, par Herbin, un volume intitulé : *État des Sciences et des Arts* ; une édition de *Montaigne* et une de *Charron* (1820 et 1821, avec des commentaires).

Amaury Duval a laissé un fils, l'un des élèves les plus distingués de M. Ingres, et une fille mariée à M. Guyet-Desfontaines, ancien membre de la Chambre des députés.

H. AUDIFFRET.

DUVAL (ALEXANDRE-VINCENT PINEUX-), frère puîné du précédent, un des meilleurs auteurs dramatiques de la fin du siècle dernier et du commencement de celui-ci, naquit à Rennes, en 1767. Il y fut élevé avec deux autres jeune Bretons qui devaient, à des temps différents, occuper d'eux la renommée, et dont le dernier était destiné à contribuer à ses succès : Moreau et Elleviou furent les camarades d'enfance d'Alexandre Duval. Tour à tour volontaire dans la marine, secrétaire de la députation des états de sa province dans la capitale, ingénieur-géographe, employé dans les bâtiments du roi, Duval n'avait point encore abordé la carrière où il devait se distinguer, lorsque la révolution, en le privant de sa dernière place, le mit sur la voie de sa véritable vocation. Admis en 1791 dans la troupe de la Comédie-Française pour les rôles de confidents et les *utilités*, il sentit bientôt, en jouant nos grands auteurs, le désir de marcher sur leurs traces : *Le Maire*, drame en trois actes, représenté dans l'année de son admission, fut son premier ouvrage. Cet essai était médiocre; mais quelques autres pièces, entre autres *La vraie Bravoure*, composée en société avec Picard, firent mieux augurer de l'avenir du jeune écrivain. Après avoir partagé en 1793 la captivité des acteurs du Théâtre-Français, Alexandre Duval passa, avec plusieurs d'entre eux, au Théâtre de la République : c'est là que *Les Héritiers*, *Le Chanoine de Milan*, *Les Projets de Mariage*, etc., révélèrent au public son talent dramatique. Alors aussi, pour s'y livrer entièrement, il renonça à paraître sur la scène, où nos plus célèbres auteurs comiques, depuis Molière jusqu'à Picard et Duval, ont plutôt joué en gens d'esprit qu'en *comédiens*. Dès ce moment, des pièces d'une plus haute portée, parmi lesquelles on remarqua surtout *Le Tyran domestique*, *Édouard en Écosse*, *La Fille d'honneur*, *La Jeunesse de Henri V*, *La Manie des Grandeurs*, *Le Chevalier d'industrie*, etc., vinrent chaque année attester les progrès de l'auteur, et ajouter à sa réputation. L'Institut ne fit que confirmer les suffrages des spectateurs en le nommant, en 1812, à la place vacante par la mort de Legouvé. Duval avait été antérieurement appelé à la direction de l'Odéon : ce fut pour ce théâtre qu'il composa deux de ses meilleures comédies, *Le Menuisier de Livonie* et *Le Faux Stanislas*, ainsi que la maligne et ingénieuse facétie du *Retour d'un Croisé*. On n'a point oublié les jolis ouvrages que lui dut aussi l'Opéra-Comique : *Le Prisonnier* et *Maison à vendre*, peuvent être particulièrement cités comme des modèles dans ce genre agréable.

Malgré ses nombreux triomphes, tout ne fut par roses pour Alexandre Duval dans sa carrière théâtrale : *Edouard en Ecosse*, défendu pendant douze ans par la censure impériale, contraignit son auteur à s'imposer par prudence un exil passager; *Guillaume le Conquérant*, qui semblait devoir le remettre en grâce auprès de Napoléon, l'exposa au contraire à de nouveaux désagréments; des tracasseries et un procès furent les conséquences de sa direction de l'Odéon; enfin, les rigueurs de la censure de la Restauration, qui empêcha la représentation de plusieurs de ses nouveaux ouvrages, furent pour lui une source de chagrins et de découragements.

Alexandre Duval nous semble l'intermédiaire entre les grands maîtres de l'art et la nouvelle école dramatique. Il n'a point dans ses plans l'unité, la logique des premiers, dans son style leur correction, leur élégance; mais il se fait remarquer par une grande entente de la scène, il sait allier avec art l'intérêt au comique, respecter la raison et la vraisemblance; et ses pièces principales jouissent encore d'une estime méritée. Il y a des situations aussi fortes, aussi saisissantes que dans beaucoup d'œuvres modernes dans ses *Hussites*, dans son *Lovelace français*, dans son drame de *Montoni, ou le château d'Udolphe*, joué au théâtre de la Cité. Il était, presque septuagénaire, l'un des conservateurs de la bibliothèque de l'Arsenal, et paraissait avoir renoncé aux compositions dramatiques, quand la mort le frappa dans les premiers jours de 1842. Dix ans auparavant, en 1832, il avait publié son *Théâtre* (9 vol.), dans lequel se trouvent plusieurs pièces qui n'ont point été représentées, entre autres une tragédie de *Christine*, et un drame intitulé *Struensée*. Chacun de ses ouvrages y est accompagné d'une notice, dont l'ensemble forme une auto-biographie de l'auteur, écrite avec naturel, avec facilité, parfois même avec une franchise bretonne et une ingénieuse malice.

OURRY.

DUVAL (GEORGES). Le 12 mai 1853, à l'âge de quatre-vingt-onze ans mourut, subitement on peut le dire, un brave et digne homme à peine connu; et pourtant, non-seulement il était le doyen des auteurs dramatiques de ce temps-ci, mais encore il a laissé un chef-d'œuvre, *Une Journée à Versailles*, la plus aimable petite pièce des cinquante dernières années, tant de fois imitée et copiée avec une si persévérante obstination par tous les gens d'un esprit peu inventif, qu'il est à craindre, un jour du siècle à venir, que l'auteur primitif d'*Une Journée à Versailles* ne soit traité comme plagiaire. Ce bon et aimable vieillard, d'une vie innocente et calme, avait nom *Georges Duval*, et il a été souvent confondu avec ce terrible et batailleur Alexandre Duval que M. Hugo et M. Scribe ont également empêché de dormir! Lui, Georges Duval, il n'avait pas, tant s'en faut, cette humeur querelleuse; il laissait à qui le voulait prendre le champ clos et le soleil; il vivait de peu, il était content de rien; il appartenait à l'école paisible et bienveillante des chansonniers sans prétention, Désaugiers, Brazier, Dumersan, Merle enfin, ce bel esprit qui pinçait tout bas, ce rive *sans pince*, et ce désarmé qui se battait si vaillamment. Race honnête et peu ambitieuse d'honnêtes gens qui ne savaient pas ce que c'est que la gloire, et qui avaient à peine cette popularité d'un jour que donne aux environs du Vaudeville ou du théâtre des Variétés un couplet bien tourné, une malice avec art aiguisée, un bon mot trouvé dans l'impromptu de chaque jour.

Ces braves gens, que les directeurs de théâtre ont mangés en herbe, ont créé, sans le savoir, toutes sortes de types restés célèbres dans les souvenirs de cette nation. Ils sont les grands-pères de Cadet Roussel et les aïeux de Jocrisse. Georges Duval, le premier, dans l'Europe en proie aux voluptés du suicide, a osé rire de Werther, du grand Werther, du fameux Werther, et de Lolotte! Ainsi il a fait justice, ce chansonnier, du plus dangereux sophisme qui nous soit venu en droite ligne du Rhin allemand! C'était vif et gai, ce Werther français, ce Werther voltairien, enfant de *Candide*, et le public français, averti à temps, s'en est donné à cœur joie au moment où les armuriers n'avaient pas assez de pistolets pour contenter les cerveaux brûlés par l'artifice allemand.

Après Werther, et bien avant que M. de Balzac eût fait surgir son monstre Gobseck, ce même Georges Duval avait inventé M. Vautour; c'est à lui que l'on doit le proverbe: « Quand on ne peut pas payer son terme, on a une maison à soi! » Et vous savez quel est cet insigne honneur : créer un proverbe! Une fois que l'auteur dramatique a créé son proverbe, il peut mourir; le temps arrive qui emporte le gros butin, le temps ne peut emporter le mot populaire accepté par l'ironie et le bon sens de la foule, et le proverbe s'en va, leste et joyeux, prendre sa place méritée au registre où s'inscrit la sagesse des nations! *Werther, M. Vautour, Une Journée à Versailles*, ce charmant proverbe et ce fameux couplet :

La maison de monsieur Vautour
Est celle où vous voyez un duc.....

et cette repartie adorable : « Où est ton maître? — Il est à l'écurie; où voulez-vous qu'il soit? » resteraient au besoin pour attester le passage de Georges Duval en ce bas monde, et nul ne songerait à lui demander compte des quatre-vingts vaudevilles ou comédies qu'il écrivit en se jouant.

Quand nous disons que Georges Duval était un être bienveillant, timide, indulgent à tout le monde, nous ne voulons pas dire qu'il fût incapable d'indignation et de colère. Au contraire, il n'y avait pas un homme à la fois plus indigné et plus cruel que celui-là lorsque par hasard et par malheur on venait à parler devant lui de la révolution française. Il est vrai que la révolution l'avait mis à nu, rude épreuve : elle l'avait forcé d'assister au dépouillement de tous les rois de la race française ensevelis dans les tombeaux de Saint-Denis. Jamais, non jamais, pareille horreur, plus profonde, mieux sentie et parfois plus éloquente ne s'est montrée en un discours que l'horreur et la passion de Georges Duval pour les hontes et les crimes de ces journées mauvaises, dont il savait toutes les dates, disant, sans se tromper, le nom des victimes, le sort des cadavres, le total des spoliations, le compte exact des délations, des calomnies, des dragonnades! Il savait combien chaque échafaud avait coupé de têtes, combien chaque prison avait contenu de victimes, et quels flots de la Loire déshonorée avaient roulé ces martyrs accouplés l'un à l'autre dans un mariage républicain. Il savait aussi la Vendée et ses martyrs, Quiberon et ses vengeances, Versailles et ses hontes, le club et ses hurlements, le Temple et ses têtes couronnées, le Trésor et ses voleurs, le garde-meuble et ses spoliateurs, tout ce sang mêlé à toutes ces turpitudes, la courtisane errante et victorieuse qui s'en va, le sein nu et la torche à la main, pour étudier le visage de la reine de France et compter le nombre de ses cheveux blanchis dans la nuit! Il savait tout cela, cet homme, et de ces cris, de ces pleurs, de ces sanglots, de ces délations, de ces bourreaux, de ces misères, de ce pain mendié à la porte des boulangeries dévastées, il avait fait une espèce de malédiction en masse, une avalanche d'injures, de violences et de déclamations à la façon des Euménides de Cicéron ou de Juvénal! Tel il était; et de ces spectacles funestes, où l'on ne savait ce qui étonnait le plus de la lâcheté des tyrans ou de la lâcheté des victimes, il avait composé un terrible livre en six tomes intitulé : *Mémoires sur la Révolution!* Ce livre fut écrit quelques jours avant l'heure où un écrivain de boudoir et de pacotille proposait d'élever une statue à Danton! Et pour que rien ne manquât à ce livre, écrit avec une pique et un poignard, Charles Nodier, l'élégant historien des *Girondins*, en écrivit la préface! Ainsi se trouvèrent réunis, des deux côtés de l'horizon historique, le poëte historien et le bourreau historien de la révolution française! Nodier, qui la plaçait sur les divines hauteurs, Georges Duval, qui la traînait aux gémonies; la plume élégante qui faisait l'oraison funèbre de Mme Roland, et le stylet de fer qui égorgeait Mme Roland elle-même...

Jules Janin.

DUVAL (Maurice), préfet et pair de France sous Louis-Philippe, avait été élevé à l'école de l'empire, et possédait, par conséquent, toutes les qualités et, à plus forte raison, tous les défauts qui caractérisent les fonctionnaires de cette époque. Laborieux et exact, mais fanatique d'obéissance et de zèle, il marchait les yeux fermés vers le but qu'on lui indiquait; et s'il rencontrait quelques résistances sur la route, au lieu de les tourner avec adresse, il les brisait avec colère. Nommé auditeur au conseil d'État en 1809, à l'âge de trente ans, et préfet des Apennins en 1810, il administra ce département jusqu'à la chute de l'empire. La première restauration le laissa sans emploi. Les cent-jours lui en tinrent compte en le nommant coup sur coup préfet de la Côte-d'Or et de l'Hérault. Mais à peine avait-il pris possession de cette dernière préfecture, que la déchéance définitive de Napoléon vint le rendre de nouveau à la vie privée. Cette fois, ce fut pour longtemps. Ce n'est pas que M. Duval ne se fût, comme tant d'autres, résigné, sans trop de peine, à servir la Restauration; mais il crut qu'elle serait trop heureuse de venir au-devant de lui, et attendit. La Restauration, qui avait bien d'autres ambitions à satisfaire, ne lui fit pas la moindre avance, et le laissa se morfondre. Ce dédain ne fut pas sans doute sans influence sur la résolution que M. Duval, après quelques années de discrète observation, prit tout à coup de se jeter à corps perdu dans l'opposition militante. Il siégeait dans le comité chargé de diriger les élections des 1er et 4e arrondissements de Paris, lorsque la révolution de Juillet éclata. Nous ne savons s'il prit quelque part au combat des trois jours, mais nous le voyons dès le quatrième figurer au rang des vainqueurs, et venir le 30 juillet, à onze heures du soir, faire dans les salons de M. Laffitte acte d'adhésion au gouvernement qui allait y éclore. Ce dévouement hâtif ne tarda pas à recevoir sa récompense : Dès le 20 août 1830 M. Duval fut nommé conseiller d'État en service extraordinaire, et le 8 mars suivant préfet des Pyrénées-Orientales.

Le département que M. Duval allait administrer était agité par des troubles graves qu'y avait occasionés la rareté des grains. Pour ceux qui connaissaient M. Duval et pressentaient déjà les tendances du pouvoir, il était évident qu'on allait faire de la force et étouffer les cris de la faim sous la pointe des baïonnettes. Ce fut ainsi en effet que M. Duval comprit sa mission. A son arrivée dans les Pyrénées-Orientales, que commandait le frère du maréchal Soult, espèce de caporal qui ne connaissait que sa consigne, tout prit immédiatement l'aspect d'un pays en état de siége. Concentrant dans ses mains l'autorité militaire et l'autorité civile, M. Duval s'entoura de soldats et se posa en matamore. L'ordre sans doute fut rétabli; mais il en coûta du sang, et le nouveau préfet ne sortit de la lutte que tout couvert de la haine publique. Du reste, il n'administra pas longtemps ce département : en janvier 1832 il fut nommé à la préfecture de l'Isère. Arrivé à Grenoble, M. Duval, donnant à une mascarade, qu'il était facile d'empêcher ou de punir par les voies légales, l'importance d'une révolte, et fermant l'oreille aux sages avis du maire, du commandant de place, du général commandant la division, mit aux prises les soldats et les habitants, et se vit forcé, après trois jours d'une lutte sanglante, de rendre les armes à l'insurrection victorieuse, compromettant ainsi le prestige de cette autorité qu'il avait pour devoir de faire respecter. Après ce déplorable début, il ne pouvait décemment rester préfet de l'Isère. Il le comprit, ou d'autres le comprirent pour lui, et, le 12 mai de la même année, c'est-à-dire un peu moins de quatre mois après sa nomination, le ministère, *sur sa demande*, comme s'exprime l'ordonnance de rappel, lui donna un successeur, non toutefois sans se réserver de mettre à profit dans l'occasion un dévouement aussi éprouvé.

Cette occasion ne tarda pas à s'offrir : la duchesse de Berry, après ses impuissants efforts dans la Vendée, traquée de tous les côtés, et désespérant de sa cause, s'était réfugiée à Nantes. Le ministère, qui le savait, avait besoin, dans cette ville, d'un administrateur résolu, pour le servir, à braver beaucoup de scrupules : il y envoya M. Duval

Créé pair de France le 11 octobre, il fut nommé le lendemain préfet de la Loire-Inférieure, en remplacement de M. de Saint-Aignan. Le prix auquel Deutz consentait à vendre sa bienfaitrice était arrêté; il ne s'agissait plus que d'exécuter le marché. M. Duval fut chargé de combiner avec cet homme infâme le piége où devait se laisser prendre la trop confiante princesse, et quand, le 6 novembre, les agents de police pénétrèrent dans la maison qui lui servait de refuge et la fouillèrent de fond en comble, M. Duval marchait à leur tête. Les caractères comme celui de M. Duval ne sauraient comprendre ce qu'on doit de respect au malheur le plus mérité. Tandis que le général Dermoncourt, qui avait fait dans la Vendée une guerre vigoureuse à la duchesse de Berry, l'environnait, prisonnière, de tous les égards qu'un homme généreux ne refuse jamais à un ennemi vaincu, surtout quand cet ennemi est une femme, M. Duval prit avec elle les airs d'un vainqueur insolent, et affecta de la traiter avec la plus grossière rudesse. Il est clair qu'une telle conduite, venant après celle qu'il avait tenue à Perpignan et à Grenoble, préparait à M. Duval une administration bien laborieuse dans un département où la population des campagnes était encore tout imprégnée de vieux royalisme, tandis que celle des villes appartenait en majorité aux opinions démocratiques. Bientôt en effet les résistances surgirent de toutes parts, et dans le conseil général lui-même se forma une opposition opiniâtre. Le gouvernement resta sourd pendant huit ans aux réclamations unanimes de l'opinion publique. Enfin, M. Thiers revint au pouvoir, et, sentant le besoin de faire quelque chose pour l'opposition dynastique, qui promettait de le soutenir, il rappela M. Duval le 6 juin 1840. Il est vrai que, pour lui adoucir l'amertume de ce rappel, la même ordonnance le nommait conseiller d'État en service extraordinaire, et grand-officier de la Légion d'Honneur. Sa disgrâce d'ailleurs n'était pas sérieuse, et les troubles que fit éclater à Toulouse l'opération du recensement le ramenèrent bientôt sur la scène. Nommé, le 15 juillet 1840, commissaire extraordinaire du gouvernement dans la Haute-Garonne, et investi des fonctions de préfet provisoire, il trouva dans cette espèce de proconsulat une nouvelle occasion d'aller cueillir les palmes de cette impopularité au-devant de laquelle il semble s'être toujours plu à courir. Cependant, après avoir dissous le conseil municipal et la garde nationale de Toulouse, après avoir fait opérer le recensement à l'aide des baïonnettes, il eut peur du vide qu'il avait fait autour de lui, et il abdiqua. Le 27 février 1842, M. Napoléon Duchâtel fut nommé préfet définitif de la Haute-Garonne, sur le refus, est-il dit dans l'ordonnance, de M. Duval d'accepter ce titre.

On aurait pu croire que, dégoûté des fonctions publiques, il ne songeait plus désormais qu'à cultiver en paix les lettres, qu'il aime, et à préparer pour la chambre des pairs, où il ne tenait du reste que le rang d'un orateur assez médiocre, quelques discours péniblement élaborés; il n'en fut rien. Un repos de trois ans suffit à peine pour fatiguer cet homme, qui avait soif de commander, et il devint préfet du Nord. Cette fois il indisposa, à ce qu'il paraît, le gouvernement; car le 4 janvier 1847 une ordonnance royale, contre-signée Duchâtel, admit le *baron* Maurice Duval à faire valoir ses droits à la retraite. Nous le retrouvons au coup d'État du 2 décembre 1851. Membre de la commission consultative, ce grand défenseur de l'ordre public fut nommé le 6 décembre commissaire extraordinaire du gouvernement dans les départements des Côtes-du-Nord, du Finistère, d'Ille-et-Vilaine, de la Loire-Inférieure, du Morbihan, de Maine-et-Loire, de la Vendée et de la Mayenne; le 13 décembre ses fonctions cessaient, et depuis il est resté en disponibilité.

DUVAL D'ÉPRÉMESNIL. *Voyez* ÉPRÉMESNIL.

DUVERDIER (ANTOINE), seigneur de *Vauprivas*, écrivain fécond du seizième siècle, né en 1544, à Montbrison, fut, ainsi que la plupart des beaux esprits de son époque, homme d'épée non moins qu'homme de lettres, et consacra à l'étude tout ce que des campagnes actives lui laissèrent de loisirs. Tour à tour conseiller du roi, homme d'armes de la compagnie du sénéchal de Lyon, contrôleur général de la même ville, et gentilhomme ordinaire de la chambre du roi, il mourut à Duerne, le 25 septembre 1600. Il avait, dit Scaliger, une belle bibliothèque de livres italiens, français, espagnols, grecs, latins, et les savait tous par cœur. Ses nombreux ouvrages sont oubliés; cependant on consulte encore sa *Bibliothèque française*, liste raisonnée des auteurs de l'époque, dans laquelle se trouvent des renseignements qu'on chercherait vainement ailleurs. Cette *Bibliothèque*, imprimée en 1580, a reparu avec l'ouvrage du même genre de La Croix du Maine; elle forme 6 volumes in-4° (Paris, 1776), édités par Rigoley de Juvigny. Mais cet écrivain plus que médiocre était fort au-dessous d'une tâche qui eût exigé la connaissance la plus intime de notre vieille littérature. Citons encore de Duverdier sa très-rare tragédie de *Philoxène* (Lyon, 1567); et n'oublions pas non plus ses *Omonimes, satyre des mœurs corrompues de ce siècle* (1572). Cette composition contient 472 vers; elle est d'un genre qui n'avait point eu de modèles et qui n'a point rencontré d'imitateurs. Les rimes sont formées de mots qui offrent le même son en présentant un sens différent. Une courte citation en donnera une idée très-suffisante :

> L'homme, ouvrage de Dieu, dès le jour qu'il *nasquit*,
> En ce monde vivant, rien que peine n'*acquit*;
> Rempli d'iniquités, en douleur *très-amère*
> Du ventre, le produit piteusement *sa mère*.
> C'est pourquoi tous les jours tant de corps on *enterre*,
> Dès que calamité fait son entrée *en terre*.....

G. BRUNET.

DUVERGIER DE HAURANNE. Ce nom, porté par un janséniste célèbre, plus connu sous celui d'abbé de Saint-Cyran, appartient aussi à deux hommes politiques contemporains, issus de la même famille, le père et le fils. Tous deux, après avoir commencé par défendre, l'un la politique de la Restauration, l'autre celle de Louis-Philippe, arrivèrent, de déception en déception, à combattre ce qu'ils avaient défendu, et tous deux virent leur opposition aboutir à une révolution qu'ils n'attendaient pas et qui dépassait le but qu'ils avaient espéré atteindre.

DUVERGIER DE HAURANNE (JEAN-MARIE), élu à la chambre des députés par le département de la Seine-Inférieure en 1815, y porta cet amour de la paix et de l'ordre qui distingue les populations industrielles, et cette rigidité de mœurs, cette droiture d'intention, héréditaires dans une famille qui avait donné l'abbé de Saint-Cyran au jansénisme. Né dans les régions élevées de la bourgeoisie, à une époque (1771) où la bourgeoisie avait, pour ainsi dire, le monopole des lumières, de l'activité, des bonnes mœurs, il se faisait une grande idée de son importance, et n'estimait que médiocrement l'aristocratie et le peuple, parce qu'il n'avait connu l'une que dans les plus mauvais jours de sa décadence, l'autre que dans les emportements de son émancipation. Il comprenait d'ailleurs tout ce que la révolution avait valu d'avantages à la bourgeoisie, et n'était pas de ceux qui, au retour des Bourbons, condamnant cette révolution en masse, auraient voulu défaire tout ce qu'elle avait fait. Sa place était donc marquée d'avance dans les rangs de l'opposition libérale. Mais, séduit par les promesses de la Restauration, il crut qu'elle voudrait, qu'elle pourrait respecter le pacte qu'elle avait juré, et se rangea sous son drapeau. Il y resta jusqu'en 1822, donnant à chacun des ministères qui se succédèrent pendant sept ans au pouvoir l'appui de sa parole et de ses votes, non toutefois sans quelques répugnances, sans quelques scrupules qui se trahirent plus d'une fois à la tribune. A partir de 1822, revenu de beaucoup d'illusions, et comprenant enfin le but où marchait la branche aînée, il se sépara de sa politique, et se rapprocha de l'opposition. Il lui appartenait définitivement quand la révolution de Juillet éclata. Cette révolution, qu'il n'avait ni préparée ni voulue, l'effraya plus cependant qu'elle ne le surprit. Il craignit qu'elle n'entraînât le pays au delà du but qu'il avait toujours désiré lui voir atteindre sans violente secousse, et se hâta d'adhérer au nouvel ordre de choses, espérant que la liberté désormais ne courait plus d'autre risque que celui de ses propres excès. La mort, qui le surprit brusquement au début de la session de 1831, ne lui laissa pas le temps d'être encore une fois tristement désabusé.

DUVERGIER DE HAURANNE (PROSPER), ancien député, ancien représentant, fils du précédent, est né à Rouen, en 1798. Elevé dans sa ville natale, sous les yeux de son père, il en a toutes les qualités honnêtes, avec une instruction plus étendue et plus forte, une intelligence plus vive, un esprit plus mordant et plus roide. Il entra dans la vie publique par le journalisme, et *Le Globe* dès sa création, en 1824, reçut les premiers essais de sa plume. Entre autres articles qu'il y publia, et qui firent prévoir dès lors un écrivain de talent, on lut avec intérêt, en 1826, une série de lettres écrites d'Angleterre sur les élections qui y avaient lieu alors, et sur la situation de l'Irlande. Sa participation à la rédaction du *Globe*, ses liaisons avec MM. Guizot, de Rémusat, Dubois, le classèrent dès lors dans les rangs du parti doctrinaire; mais, studieux et intelligent, il ne se nourrit pas seulement de la parole du maître, et s'il jura longtemps par lui, ce ne fut pas sans mûrir son jugement par l'observation attentive des faits, ce ne fut pas sans se tracer une ligne de conduite qui devait plus tard le séparer de celui qu'il se plaisait à prendre alors pour guide. Nous ne savons s'il était à Paris lorsque parurent les ordonnances de Juillet, mais s'il y était, on doit conclure de l'absence de son nom au bas de la protestation des journalistes qu'il la jugeait au moins inutile.

Nommé en 1831 député de Sancerre, en promettant, dès la discussion de l'adresse, son appui à la politique de la dynastie nouvelle, il ne lui épargna pas son blâme. Ce qui nous étonne seulement de sa part, c'est qu'il lui ait fallu une expérience de sept années consécutives pour s'apercevoir que ce qui a manqué dès le principe à la politique du gouvernement de Juillet, ce n'est pas un but arrêté d'avance, mais la force d'y marcher sans détours et sans hésitations. En attendant, il vota systématiquement avec les centres toutes les grandes mesures politiques que sollicita le pouvoir, sans en excepter les lois de septembre. A l'avénement du ministère Molé (15 avril 1837), il prit aussitôt dans la chambre une attitude qui n'était pas encore de l'opposition, mais qui n'était déjà plus de la bienveillance. La chute de M. Guizot le blessait dans ses affections personnelles. Il ne se résolut pourtant qu'avec peine à s'engager avec MM. Thiers et Rémusat dans la coalition des diverses oppositions de la chambre, dont ils avaient conçu la première idée. Cependant, il publia dans la *Revue française*, créée par M. Guizot depuis sa retraite du ministère, quelques articles sur sa thèse favorite, « le roi règne et ne gouverne pas; » il les réunit en un volume, qu'il fit paraître sous le titre *Des principes du gouvernement représentatif et de leur application*. Ce livre fut comme la préface de la coalition, ou plutôt son programme. La coalition, vaincue au commencement de la session de 1838, par la faute de M. Guizot, se ranima, à l'ouverture de la session de 1839. M. Duvergier de Hauranne, nommé membre de la commission de l'adresse, en devint le secrétaire, et eut une grande part dans cette œuvre, où M. Thiers et M. Guizot surtout exhalèrent par sa plume leur profond ressentiment contre une politique qui voulait faire ses affaires elle-même et sans eux. L'adresse, commentée d'une façon hostile au gouvernement personnel, fut adoptée à une majorité de 221 voix, et M. Molé fut autorisé par le roi à dissoudre la chambre et à tenter la chance des élections. Elle tourna contre le ministère; les 221 furent réélus, et, grâce aux efforts de la coalition, M. Duvergier de Hauranne revint continuer à la chambre son rôle d'opposition aux empiétements de la prérogative royale.

Ce fut avec un profond sentiment de douleur que, après avoir appuyé de toutes ses forces la politique du 1er mars, il assista à sa chute, et vit M. Guizot s'empresser d'en recueillir le bénéfice, en donnant le plus éclatant des démentis aux doctrines qu'il venait de proclamer dans les luttes de la coalition. Incapable de se rendre complice de cette défection, il se sépara, quoiqu'à regret, de ses plus anciens amis politiques; et tandis que M. Guizot devenait ministre, que M. Piscatory, après quelques velléités d'opposition au cabinet du 29 octobre, acceptait l'ambassade de Grèce; que M. Jaubert, découragé, fuyait la lutte en se réfugiant à la chambre des pairs, lui, resta ferme à son poste, et continua de défendre le principe qu'il avait fait inscrire sur le drapeau de la coalition. Sa plume persista également à servir ses opinions : La *Revue des Deux Mondes* lui dut de remarquables articles politiques; et une polémique ardente du *Constitutionnel* avec le *Journal des Débats*, alimentée exclusivement par lui, avec une vivacité et une verdeur remarquables, prouva qu'il n'avait rien perdu de sa confiance dans l'efficacité de son principe, *le roi règne et ne gouverne pas*. Partisan de la liberté du commerce, et de la construction des chemins de fer par les compagnies, il ne négligeait aucune occasion de défendre ces deux principes, qui selon lui le classaient parmi les hommes du mouvement en économie sociale, quand il était homme de la résistance en politique. Nous disons *selon lui*, car c'étaient ses paroles; et ce n'est point notre jugement. Il est enfin une chose que nous ne devons pas taire, parce qu'elle l'honore : c'est l'insistance avec laquelle il appelait presque chaque année l'attention de la chambre sur la manière déplorable dont notre colonie d'Alger était administrée depuis la conquête. Son blâme sur ce point ne faisait acception d'aucun ministère : il ne l'épargnait ni à ceux dont il défendait, ni à ceux dont il attaquait la politique. Hippolyte THIBAUD.

Dans la session de 1846, M. Duvergier de Hauranne se fit le patron d'un projet de réforme électorale : il échoua. Aussitôt il devint l'un des grands promoteurs du mouvement des banquets. Sur ces entrefaites eurent lieu de nouvelles élections. Il fut réélu à Sancerre. On le vit figurer aux tables de la réforme; et le 17 octobre 1847, portant un toast : A la souveraineté nationale et au roi constitutionnel! il disait : « Le seul mérite que je revendique, c'est celui d'avoir compris le lendemain des dernières élections que le temps des timides ménagements était passé, et que le gouvernement représentatif ne pouvait plus être sauvé sans des réformes sérieuses et profondes. » La révolution de Février dut le surprendre moins qu'un autre, quoiqu'elle allât, à son dire, fort au-delà de ses vœux et de ses prévisions; aussi dès le 14 mars 1848 il se mettait à la disposition des électeurs du Cher. Élu par plus de 45,000 voix, il fut moins heureux en 1849, et échoua aux premières élections pour la Législative. Il partit alors pour l'Italie. Au mois de novembre 1850, M. Poisle-Desgranges ayant donné sa démission, M. Duvergier de Hauranne se présenta pour le remplacer; et malgré *le Constitutionnel*, dans lequel M. Véron combattit sa candidature, nous apprenant qu'il avait fait représenter dans sa jeunesse, au Vaudeville, *Le jaloux comme il y en a peu* et *Un Mariage à Gretna-Green*; malgré le *Journal des Débats*, qui lui reprochait d'avoir sans nécessité dit qu'il ne se repentait pas de la part qu'il avait prise à l'opposition sous le règne de Louis-Philippe; malgré M. de Montalivet, qui l'appelait *le révolutionnaire sans le savoir*, son élection réussit. A l'Assemblée, il se rangea parmi les membres les plus influents de la majorité, et adopta la révision de la constitution. Au 2 décembre 1851, il fut arrêté, conduit à Vincennes, et éloigné momentanément par décret du 9 janvier 1852; le 7 août de la même année, un autre décret l'autorisa à rentrer en France. L. LOUVET.

DUVERNOY (Georges-Louis), professeur d'histoire naturelle au Collége de France et d'anatomie comparée au Muséum, occupant ainsi les deux chaires de Georges Cuvier, son ami et son parent. Né, comme le grand naturaliste, à Montbéliard, et vers le même temps que lui, M. Duvernoy se fit recevoir médecin, après quoi Cuvier l'appela près de lui, à Paris, dès que la renommée rendit ses forces insuffisantes pour les nombreux travaux qu'il avait dès lors projeté d'accomplir, c'est-à-dire vers la fin du siècle dernier. M. Duvernoy s'unit à M. Duméril, afin de publier les *Leçons d'Anatomie comparée* que Cuvier donnait publiquement au Jardin des Plantes. Les trois derniers volumes de cet ouvrage sont entièrement de M. Duvernoy, sauf quelques pages consacrées à des vues générales, à des considérations élevées, dont Cuvier ne voulait être redevable qu'à ses méditations et à sa plume. Quand une fois l'ouvrage fut achevé, M. Duvernoy s'en alla sans bruit, et peut-être même sans beaucoup de regrets, exercer modestement la médecine à Strasbourg. Là, il eut pour dédommagement dans sa retraite la correspondance affectueuse et instructive et pour égide le crédit croissant de son illustre cousin : on le nomma professeur à la Faculté des sciences de Strasbourg.

Quand Cuvier mourut (1832), M. Duvernoy fut aux premiers rangs de ceux qui déplorèrent publiquement cette perte irréparable, et qui furent chargés du soin de mettre en ordre ses papiers et de terminer ses travaux. C'est surtout à lui et à feu Laurillard, le secrétaire et l'ami fidèle de Cuvier, que la science est redevable de la 2e édition de cette Anatomie comparée, dont il avait déjà en grande partie rédigé le thème dès la 1re édition. Au lieu de cinq volumes, cette seconde édition en comprend neuf (1835-1845), grâce à de nombreuses additions qui ont valu à M. Duvernoy peut-être moins d'amis que d'adversaires. Entre autres reproches, on a dit qu'il aurait dû retracer dans le nouvel ouvrage les opinions contraires à celles de Cuvier aussi bien que les siennes propres, et cette critique nous paraît manquer de justice comme de justesse, M. Duvernoy ne s'était point proposé de faire l'histoire complète et impartiale de la science anatomique. Son but, en complétant l'ouvrage de son célèbre maître et ami, a dû être d'exposer les acquisitions de la science contemporaine au point de vue des idées plus ou moins systématiques de l'auteur original. Exiger qu'aux opinions de Cuvier il oppose celles de ses adversaires, c'est perdre de vue son objet, faire oubli de son mandat; c'est lui imposer une indifférence et une neutralité qui ne sauraient comporter ni sa juste admiration pour Cuvier, ni le but exprès de l'ouvrage qu'il achève, ni ses anciens souvenirs de collaborateur sympathique, ni peut-être même la nature humaine. Étonnez-vous donc que M. Duvernoy n'ait pas complaisamment introduit dans les œuvres de son maître les idées que ce maître avait déclarées spéculatives et paradoxales, ou qu'il avait convaincues de futilité! Quant à celles qui lui semblaient d'une justesse incertaine, le moyen d'y donner l'hospitalité aux idées d'analogie universelle de Geoffroy-Saint-Hilaire, lorsque Cuvier avait ouvertement contredit ces idées en présence de l'Institut assemblé! Et d'ailleurs, Geoffroy-Saint-Hilaire est ordinairement si obscur, et toujours si peu certain de ce qu'il exprime, qu'on lui fait dire ce qu'on veut, absolument comme aux cloches, parce que, comme elles, il n'articule rien de distinct. On ne doit pas non plus oublier que Cuvier avait surtout en vue de fonder la zoologie sur de solides bases de classification : aussi le voyait-on toujours en quête de quelques différences nouvelles, et jamais il ne se préoccupait de ces fictives analogies qu'on reproche si durement à M. Duvernoy d'avoir négligées. En 1847, M. Duvernoy est devenu membre libre de l'Académie des Sciences en remplacement de M. Benj. Delessert.

Dr Isidore Bourdon.

DUVET. On désigne sous ce nom, en langage ordinaire : 1° la menue plume des oiseaux; 2° dans le style figuré, le premier poil qui vient au menton et aux joues des adolescents; 3° l'espèce de coton qui vient sur diverses parties des plantes. Suivant Ménage, ce nom est dérivé du latin barbare *tufetum*, fait de *tufa* ou *typha*, plante dont les épis femelles fournissent des poils très-fins, que les anciens employaient pour garnir leurs matelas. Comme on le voit, on groupe sous cette dénomination commune diverses substances tirées des animaux et des végétaux, qui sont composées de filaments très-déliés, dont l'agglomération en masses plus ou moins considérables, forme un corps très-léger, doux au toucher, retenant dans ses interstices beaucoup d'air, ce qui lui donne une plus grande légèreté, une élasticité particulière et la propriété de retenir la chaleur, ou de garantir du froid. C'est en raison de cette propriété si importante que les diverses sortes de duvet sont employées dans la confection des objets de couchage ou de vêtements. Dans le commerce, on appelle *laine ploc* ou *poil d'autruche* le duvet de cet oiseau, et on en distingue deux sortes, celui dit *fin d'autruche*, qui est employé dans la fabrication des chapeaux communs, et celui nommé *gros d'autruche*, qui sert à faire les lisières des draps fins destinés à la teinture en noir.

En histoire naturelle, il est utile de conserver la signification générale que le mot *duvet* semble avoir acquise dans le langage usuel. Sans attacher trop d'importance à son sens étymologique, on peut reconnaître cependant que les poils fins des épis femelles du typha ont servi à former le premier duvet employé par les anciens. Les botanistes regardent le coton comme un duvet composé de poils longs, crépus, entre-croisés, qu'on retire de diverse parties d'un grand nombre de végétaux. En raison de ce que ce duvet est susceptible d'être filé et tissu, l'industrie humaine s'en est emparée. Plusieurs plantes offrent sur leurs tiges et leurs feuilles des poils fins et cotonneux qu'on désigne aussi sous le nom de *duvet*.

Le duvet des oiseaux se compose de petites plumes dont la tige est très-faible et qui sont garnies de barbes allongées, plus ou moins crépues et non attachées ensemble. On les distingue en *duvet caduc* ou du jeune âge, qui est remplacé par les plumes, et en *duvet permanent*, qui persiste avec les plumes. D'après les observations de Frédéric Cuvier, les plumes qui paraissent après le premier duvet ne seraient que la continuation de celui-ci. Le premier duvet formerait alors l'extrémité de la plume. Mais on observe que la partie cachée des plumes des oiseaux adultes est toujours sous forme de duvet. Les filaments qui le constituent peuvent donc se former à l'extrémité et à la base de la lame d'une plume. Vieillot fait remarquer que les petits des oiseaux qui naissent nus (pies-grièches, la plupart des fauvettes, etc.) n'ont jamais de duvet, et que leurs plumes poussent plus promptement que chez les autres oiseaux. On sait que les petits de ceux qui après leur sortie de la coquille de l'œuf ne doivent point rester dans un nid (gallinacés, canards, pluviers), naissent avec un duvet très-fourré. Vieillot a aussi constaté que plusieurs espèces d'oiseaux qui après l'éclosion sont élevés dans le nid, ont cependant un duvet plus ou moins épais. Le duvet le plus recherché est celui de l'eider (voyez Édredon).

Les fauconniers arrachent en partie le duvet aux oiseaux de proie pour les empêcher de trop s'élever dans les régions de l'air. Le duvet est plus épais en général chez les oiseaux qui sont exposés à passer très-rapidement d'une température chaude à un froid plus ou moins vif, soit qu'ils volent à de grandes hauteurs, soit qu'ils habitent la surface des eaux et qu'ils y plongent plus ou moins. Il nous paraît évidemment destiné non-seulement à entretenir la chaleur du corps, mais encore à rendre beaucoup plus léger à l'extérieur tout l'organisme de l'oiseau et à le préserver des chocs légers.

Nous venons de voir ce que la plume et le duvet de plume sont à la peau des oiseaux; nous aurons à faire les mêmes remarques générales à l'égard des usages des couvertures de la peau des mammifères connues sous les noms de *poils* et de *duvet de poil*. Il ne faut pas confondre ce dernier duvet avec la *bourre*, comme on le fait souvent, soit usuellement, soit en anatomie comparée. Malgré les variétés nombreuses des filaments cornés de la peau, depuis le piquant du porc-épic, qui ressemble à ceux du casoar, jusqu'aux poils très-fins des taupes et des chrysochlores, et jusqu'au duvet des chèvres de Cachemire, les zootomistes n'admettent en général que deux sortes de *poils*, les uns appelés *soies* ou poils ordinaires, les autres nommés *poils laineux* ou *duvetés*, laine ou duvet. La laine des moutons n'est en effet autre chose que l'exagération du duvet qui s'est développé aux dépens du poil ordinaire appelé vulgairement *jar*. L. LAURENT.

DUVET (JEAN), né en 1485. Il nous apprend lui-même qu'il avait été orfévre à Langres, et qu'il gravait encore à l'âge de soixante-dix-neuf ans. Son œuvre se compose de quarante-cinq pièces : on a l'habitude de citer *Adam et Ève* comme la plus remarquable ; mais c'est surtout dans l'*Apocalypse* qu'il faudrait étudier ces premiers essais de l'art de la gravure en France. L'*Apocalypse figurée par maître Jehan Duvet, jadis orfèvre des roys François Ier et Henry II* (Lyon, 1556-1561), se compose de vingt-deux estampes ; elles sont toutes signées JOHANNES DVVET. La négligence de ses tailles grêles et indécises, qui égratignent en quelque sorte la planche, a pu faire croire longtemps que Duvet gravait sur étain ; pour se convaincre du contraire, on n'a qu'à lire le *privilége* que Henri II accorde (1550) à Duvet pour *ses portraits d'Apocalypse figurée en table de cuyure*. Cette œuvre étrange de l'orfévre de Langres, si bizarre et si confuse, d'un dessin lâche et sans précision, avec son grossier matérialisme et ses triviales réalités, tient encore de très-près à la fin du moyen âge, tout en n'en reproduisant nulle part la grâce naïve ; mais ce qui lui donne un caractère à part, c'est l'impression de terreur vraie sous laquelle elle paraît avoir été composée.

En 1568, Albert Durer gravait son Apocalypse. D'Albert Durer au *maître à la licorne* (on nommait ainsi Jean Duvet parce qu'il se plaisait à mettre cet animal dans la plupart de ses compositions), la distance est très-grande, et Duvet n'a rien de ce haut style dont le peintre de Nuremberg a marqué toutes ses compositions ; mais entre ces deux Apocalypses on trouve plus d'un point de contact, de grandes ressemblances dans plusieurs détails et une certaine manière analogue de comprendre le texte. C'est la seule comparaison qu'on puisse établir entre les deux artistes. Cette comparaison servirait peut-être à démontrer qu'il existait une tradition générale dont ils s'inspirèrent tous les deux pour interpréter la grande poésie fantastique de la vision de Pathmos. Jules DE LA MADELÈNE.

DUVICQUET (PIERRE), avocat, homme de lettres, feuilletoniste du *Journal des Débats*, naquit à Clamecy (Nièvre), le 30 novembre 1768. Appelé à succéder à Geoffroy, sa tâche était difficile sous le point de vue du goût et du savoir. Il le reconnaissait le premier ; cependant, il préféra briller avec moins d'éclat que de se faire remarquer par un contraste de principes littéraires, ce qui eût été renier ses propres doctrines. Une compensation lui était offerte, et tout porte à croire qu'il s'en empara. On connaît la honteuse vénalité de Geoffroy ; ses errements furent répudiés par Duvicquet, contre lequel nous ne sachions pas qu'il se soit élevé une accusation sérieuse. Sous le règne de son prédécesseur, le critique était encore une espèce de lézard folliculaire, faisant de sa plume un dard, de ses lunettes bleues des yeux de basilic. Le systématique ennemi de Voltaire, le lâche provocateur de Talma, en fut la dernière individualité. Sous la rapport du système philosophique, il y eut encore une différence honorable pour Duvicquet entre lui et Geoffroy au *Journal des Débats*. Il ne se livra pas au dénigrement continuel des encyclopédistes ; il se montra moins hostile aux philosophes ; enfin, sa réaction contre les principes du dix-huitième siècle était mitigée.

Avant de se livrer à la critique, Duviquet avait embrassé plusieurs carrières fort opposées les unes aux autres. Son éducation, ébauchée au collége de Lisieux, fut terminée à Paris, au collége Louis-le-Grand. A vingt-deux ans il se fit nommer agrégé à l'université, mais, cette institution ayant été ébranlée par les premières secousses de la révolution, il s'en éloigna, fit son droit à Orléans, et exerça quelque temps à Clamecy. Nommé substitut du procureur général de la Nièvre, il fut accusé de modérantisme ; Fouché le tira de ce mauvais pas en le *forçant* à prendre une feuille de route de *volontaire* ; mais il ne devait pas aller plus loin que Lyon. Là son protecteur le fit entrer dans une commission de surveillance, et bientôt après il l'envoya remplir à Grenoble les fonctions d'accusateur militaire. Sous le ministere de la police de Merlin (de Douai), il en fut le secrétaire général ; ensuite, il arriva au Conseil des Cinq-Cents. C'est là que, dans un discours qui eut quelque retentissement, et qu'on lui a plus d'une fois rappelé, il demanda que les *naufragés de Calais* fussent mis en jugement (*voyez* CHOISEUL-STAINVILLE). Duvicquet ne se montra pas hostile au 18 brumaire, car il fut nommé à la suite de ce coup d'État commissaire du gouvernement à Clamecy, puis il obtint le poste de procureur impérial dans cette ville. Quelque temps après, il renonça aux fonctions judiciaires, et entra au lycée Napoléon en qualité de professeur. Il ne tarda pas à se faire connaître par son érudition, et à la mort de Geoffroy on alla le prendre dans sa chaire pour succéder au critique.

Aujourd'hui les critiques n'écrivent que pour divertir le lecteur une fois par semaine ; aucune utilité ne ressort de leurs feuilletons : ce sont, pour la plupart, des jongleurs plus ou moins adroits qui ne joignent pas l'utile à l'agréable. Ces jeunes Aristarques saisissent la férule littéraire et dramatique avec une facilité sans égale. Autrefois, un homme étranger à la culture des lettres et à la théorie des arts d'imagination aurait difficilement consenti à s'ériger en juge suprême des auteurs-producteurs ; cette défiance de soi-même a passé à l'état de préjugé. De nos jours, une gambade faite avec une certaine élégance est préférée à un raisonnement solide et sérieux. A Dieu ne plaise cependant que nous désirions à la critique une forme constamment sévère : la critique, qui embrasse mille objets, doit revêtir mille formes, et son ton refléter la diversité des objets sur lesquels elle s'exerce. Duvicquet manqua peut-être de cette faculté du caméléon ; il était ridicule parfois, car il critiquait sérieusement les choses ridicules ; et quand il voulait rire, son badinage était lourd, sa raillerie peu acérée. Cela ne tenait pas seulement à son genre d'esprit : c'était aussi un reflet de la vieille manière. L'Aristarque ancien était plus opiacé que le feuilletoniste moderne ; mais il était plus noble, plus courageux, plus élevé ; le serpent osait dresser sa tête jusqu'à Dieu. Aujourd'hui, l'Aristarque est le thuriféraire des supériorités, ou l'assommeur des médiocrités ; cela est plus facile que de se montrer exact appréciateur. Mais pour ce dernier rôle il faut de la science et du goût ; le papillotage du style ne saurait y suffire. Rien de plus aisé que d'affecter un ton tranchant et d'arriver aux extrêmes du blâme et de l'éloge ; la bonne critique résulte de la comparaison du beau avec le moins beau, de l'excellent avec le médiocre, du médiocre avec le mauvais.

Duvicquet, classique par goût, par temperament et par le résultat naturel de ses études, eut des luttes vigoureuses à soutenir quand les acteurs anglais vinrent, à deux reprises, exhiber devant le public parisien les chefs-d'œuvre de leur théâtre. Hoffmann avait déjà vivement combattu contre Schlegel, Sismondi et Mme de Staël, dans le *Journal des Débats*, en faveur de la Melpomène française ; Duvicquet avec moins d'esprit, avait une tâche plus difficile. L'étranger envahissant le territoire, il fit contre lui la guerre de broussailles. Il puisa trop servilement les règles de sa critique dans l'étude de l'antiquité et des grands maîtres français; il n'était pas le moins du monde éclectique en fait d'art; il semblait demander l'immuabilité de la forme dramatique, quand le monde, que le théâtre est appelé à représenter, est essentiellement variable; il ne comprenait pas que c'est pour s'être retranché dans une admiration trop exclusive que l'art de la scène s'est longtemps affaissé dans un état d'inertie et d'inaction. Mais ce défaut, qui était celui de son temps et du milieu dans lequel il écrivait, était compensé par une érudition très-grande, un goût sûr et une connaissance assez exacte du théâtre. Si Duvicquet ne se laissa pas envahir par les doctrines littéraires des étrangers, les doctrines politiques des *rentrants* firent pencher vers la droite les principes de l'ancien substitut du procureur général de la Nièvre et de l'accusateur militaire de Grenoble. En parcourant ses feuilletons des premiers jours de la Restauration, on voit avec peine qu'il prit parti pour les braillards du parterre du Théâtre-Français contre les acteurs accusés de bonapartisme. Mlle Mars elle-même ne fut pas épargnée par le journaliste. On n'a pas réuni en corps d'ouvrage les feuilletons de Duvicquet. A quelques appréciations près, ils offriraient la répétition des jugements de nos critiques les plus célèbres; il n'a fait qu'ajouter à leurs remarques; il n'a pas eu une idée nouvelle. Duvicquet a commenté Horace et donné une bonne édition de Marivaux. Il est mort le 29 août 1835.

Étienne Arago.

DUVIVIER (Franciade-Fleurus), né à Rouen, le 7 juillet 1794, entra à l'École Polytechnique, en 1812; deux ans plus tard il prit part avec ses condisciples à la défense de Paris contre les armées coalisées. Sorti la même année de cet établissement avec le n° 2 de sa promotion, il passa à l'École d'application de Metz. Sur ces entrefaites, les destinées de l'empire s'accomplissaient à Waterloo. Successivement lieutenant et capitaine, ayant passé par les régiments et par les places, il fut chef du génie à Ajaccio, à Calvi, à Corte, et aux îles d'Hyères. En 1825 le gouvernement français le mit à la disposition du bey de Tunis, qui avait besoin d'instructeurs pour ses troupes; puis, rentré en France après trois années d'exploration sur les côtes de la Martinique, il prit part, en 1830, à l'expédition d'Alger, avec le grade de capitaine du génie, et donna tout d'abord les preuves d'une capacité et d'une aptitude qui le recommandèrent à l'attention de ses chefs. Lors de la formation, vers la fin de cette année, du corps des zouaves, il en eut le commandement. C'était une tâche difficile que d'organiser un pareil corps avec les volontaires parisiens du régiment de la *Charte*, qui venaient d'arriver en Afrique et montraient en général peu de goût pour les habitudes de la discipline. Plus d'un officier en renom avait reculé devant cette tentative; Duvivier ne balança pas à s'en charger, et s'en acquitta avec un succès dont on eut bientôt la preuve; car ce furent ces mêmes volontaires qui sauvèrent l'armée lors de sa retraite à travers les gorges de l'Aouara en 1831.

Nommé, en 1833, commandant supérieur, de Bougie et n'ayant sous ses ordres que 5,000 hommes de toutes armes, il y déploya des talents supérieurs, qui le placèrent au premier rang des bons officiers de l'armée d'Afrique; il se battit souvent, et organisa les services intérieurs, tant civils que militaires. En 1834 il fut nommé lieutenant-colonel. De 1835 à 1836 il fut successivement employé à Bône, où il organisa et commanda le régiment de spahis, et à Alger, où il remplit les fonctions d'agha des Arabes. Lors de la première expédition de Constantine, c'est lui qui, à la tête de 400 hommes, dirigea l'attaque audacieuse contre la porte de Condiat-Aty, attaque qui, au dire du maréchal Clausel, eût suffi, si elle avait été soutenue, pour nous rendre maîtres de la place; 180 de ses soldats y furent tués ou blessés, et presque tous à bout portant. Au retour, il fut renvoyé à Guelma avec 400 hommes pour y fonder une ville sur les ruines d'une ancienne cité romaine et pour maintenir les populations voisines, exaltées par l'échec que nous avions subi à Constantine. Nommé en 1837 colonel, il prit part au nouveau siége de cette place, occupa les camps de Blidah pendant les années 1838 et 1839, fit fortifier cette place, et fut promu, le 15 septembre de cette dernière année, au grade de maréchal de camp.

La guerre sainte venait d'être proclamée par Abd-el-Kader; les Arabes se levaient en masse de toutes parts et entouraient les camps de Blidah. Dans cette position difficile, le général Duvivier soutint de nombreux et rudes combats, fit des sorties pour rétablir les aqueducs que les Arabes coupaient chaque jour, et pendant plusieurs mois pas une goutte d'eau n'arriva à la garnison que payée d'abondantes gouttes de sang. En 1840 il commandait une des brigades qui enlevèrent la position si difficile du col de Mouzaïa. A la suite de cette expédition, il fut nommé gouverneur de Médéah, qu'il occupa avec quatre bataillons. La défense de cette place est une des plus belles pages de la vie du général. Cette faible garnison, abandonnée pendant six mois à elle-même, eut à subir toutes les misères de la vie des combats. Cernée par des forces considérables qu'Abd-el-Kader dirigeait en personne, elle résista à plus de vingt attaques, souffrit les plus rudes épreuves de la faim et de la soif, et perdit les deux tiers de son monde, victimes du feu et des maladies.

En 1841 Duvivier rentra en France, et fut mis à la disposition du ministre de la guerre : il avait pendant onze années noblement payé son tribut à notre colonie d'Afrique. A Paris, il consacra ses loisirs à l'étude, et pendant une période de sept ans fit successivement paraître la *Solution de la question de l'Algérie*, l'*État des ports en Algérie*, les *Recherches géographiques sur l'Algérie*, etc. Longtemps auparavant, en 1826, il avait publié un ouvrage fort remarquable, intitulé *Essai sur la défense des États*, et de curieuses recherches sur la guerre de la succession d'Espagne.

Promu au grade de lieutenant général, il était désigné pour commander en chef une expédition contre Madagascar; mais il déclara formellement au pouvoir d'alors qu'il n'accepterait cette mission difficile qu'à la condition expresse qu'il n'y aurait pas d'intervention anglaise. L'expédition n'eut pas lieu, et Duvivier reprit sa vie d'étude et de méditation. Exempt d'ambition personnelle, ennemi de l'intrigue, il vécut toujours loin de la cour et des hommes d'un gouvernement dont au fond il désapprouvait les principes.

La république avait été proclamée le 24 février 1848. Dès le lendemain l'ancien élève de l'École Polytechnique lui offrait le secours de son épée, et l'organisateur des volontaires de *la Charte*, des zouaves et des spahis en Afrique, lui proposait de former avec les jeunes Parisiens combattants des barricades 24 bataillons de garde mobile. Tout le monde s'accorda bientôt à louer l'admirable promptitude avec laquelle Duvivier fit de ces 15,000 enfants de la capitale une milice puissante, si ce n'est encore par son instruction militaire et sa discipline, du moins par son entrain et son courage à toute épreuve. La population parisienne récompensa ce service rendu à la cause de l'ordre et de la démocratie en l'appelant par 182,000 suffrages à la représenter à l'Assemblée nationale. Dans la funeste journée du 25 juin 1848, il fut blessé au pied, à l'entrée de la rue Saint-Antoine, au moment où il allait reconnaître les barricades de la rue du Pont-Louis-Philippe.

Cette blessure lui avait d'abord paru légère, et une circonstance surprenante, mais qui n'est pas sans exemple, avait surtout contribué à le rassurer : la botte n'avait pas été traversée par le projectile, qui avait poussé le cuir devant lui en forme de doigt de gant à travers les os du pied. Pendant plusieurs jours, il ne reçut que des soins insuffisants. Une inflammation violente se développa dans tout le pied, avec des douleurs affreuses. Le docteur Baudens, appelé enfin, fit appliquer de la glace sur la plaie, et il en résulta un soulagement assez prompt; mais l'ébranlement nerveux avait été trop violent, et le général mourut le 8 juillet, au Val-de-Grâce. Eug. G. DE MONGLAVE.

DUX, ville seigneuriale du cercle d'Éger, en Bohême, située dans une belle et fertile plaine, à un myriamètre environ de Teplitz, ne compte guère plus de 1,200 habitants, mais possède quelques importantes manufactures de bas et est surtout célèbre par le magnifique château qu'y possède le comte de Waldstein. Bâtie au milieu d'un parc délicieux, cette belle habitation aristocratique renferme une riche bibliothèque, dont le fameux Casanova, sur la fin de son aventureuse carrière, fut assez heureux pour être nommé conservateur; une galerie de tableaux, une collection d'armes et un cabinet d'histoire naturelle. Dans l'une de ses cours, on remarque une fontaine en bronze provenant de canons pris aux Suédois en 1632, à Nuremberg, par le célèbre Waldstein, duc de Friedland, dont une foule d'autres choses dignes d'être vues rappellent à chaque instant le souvenir dans ces beaux lieux, qui sont pour les baigneurs de Teplitz le but de fréquents pèlerinages.

DUYSE (PRUDENS VAN), archiviste de la ville de Gand, né en 1805, à Dendermonde, l'un des hommes les plus importants de ce qu'on appelle en Belgique le *mouvement flamand*. Ses productions poétiques, tant épiques que lyriques ou dramatiques, sont extrêmement nombreuses. Aussi sa rare facilité d'improvisation et sa fécondité poétiques sont-elles devenues proverbiales. Un mérite qu'il faut en outre lui reconnaître, c'est d'avoir beaucoup contribué à ramener l'amour pour la langue nationale flamande, alors que des préjugés de tous genres s'opposaient à ce qu'on essayât d'ennoblir ce vieil idiome populaire. Duyse est un homme d'une grande instruction, également bien versé dans la connaissance de la littérature classique des Grecs et des Romains et dans celle des Français et des Hollandais. Les études qu'il a faites n'ont sans doute pas nui au développement de son talent poétique. On lui reproche d'être quelque peu emphatique, comme aussi la construction pénible et par trop hollandaise de ses phrases. La plupart de ses œuvres poétiques sont des pièces de vers couronnées par des sociétés littéraires. On en trouve un grand nombre disséminées dans les *Lettenœfeningen* qui ont paru depuis 1840, et dans le *Nederduytsche Jaarbœkje*. On doit encore une mention spéciale à ses *Vaderlandsche Poezy* et à son *Het Klaverblad*. Il n'y a pas longtemps que l'Institut des Pays-Bas lui a décerné le prix dans un concours qu'il avait ouvert pour la meilleure histoire de la poésie néerlandaise depuis le quinzième siècle.

Duyse est également l'auteur de divers mémoires d'un vif intérêt relatifs à l'histoire nationale de la Belgique, et son nom figure sur la liste des Belges, auteurs de poésies écrites en langue française.

DVINA. *Voyez* DWINA.

DWERNICKI (JOSEPH) naquit le 19 mars 1779, en Podolie, d'une famille noble et riche. Après le partage de la Pologne, devenu sujet russe, il n'oublia pas ce qu'il devait à sa patrie, et forma en 1806 une association pour insurger le pays, projet que la paix de Tilsitt ne lui permit pas d'exécuter. En 1809, guidé par le même désir, il passa dans le duché de Varsovie avec cinquante hommes, qu'il leva et équipa à ses frais, et, la part qu'il prit la même année à l'heureuse campagne de Poniatowski dans la Gallicie orientale, sur les bords du Dniester, lui mérita le grade de chef d'escadron et la croix *virtuti militari*. Incorporé avec ses volontaires de Podolie au quinzième de hulans, il fit avec ce régiment la campagne de Russie de 1812. Après l'affaire de Mir, il fut incorporé au corps de Dombrowski, chargé de faire la petite guerre du côté de Mohilef et de Bobruisk. Dès cette première campagne il se distingua comme chef de partisans, par la rapidité de ses entreprises contre les Russes, auxquels il fit beaucoup de mal. Revenu à Varsovie après la retraite de la Bérésina, il fut promu au grade de major et appelé au commandement du quinzième de hulans qu'on venait de réorganiser. A la suite des batailles de Leipzig et de Hanau, il fut nommé officier de la Légion d'Honneur, puis promu au grade de colonel en 1814, sous les murs de Paris, après avoir pris la part la plus glorieuse à tous les beaux faits d'armes de la cavalerie polonaise. Rentré dans sa patrie en 1815, il obtint le commandement du 2e de lanciers dans l'armée du nouveau royaume. A l'époque du fameux procès de 1826, le tour étant venu pour ce régiment d'escorter les détenus politiques, le grand-duc Constantin lui intima l'ordre de faire charger les armes pour s'en servir en cas d'émeute. « Je ne crois pas, répondit Dwernicki, que dans un pareil cas les cartouches serviraient contre le peuple. » Cette réponse lui attira les honneurs d'une disgrâce; cependant il obtint le grade de général de brigade, à l'ancienneté, lors du couronnement de l'empereur Nicolas.

La révolution de 1830 le trouva prêt à la seconder; et certes Dwernicki contribua plus qu'aucun autre à la gloire dont se couvrit alors l'armée polonaise. Chargé de l'organisation de la troisième division de la cavalerie, il s'acquitta de cette mission avec une telle diligence, que dès le 6 février 1831 il se trouvait en mesure d'inquiéter et de harceler les Russes sur leur aile droite, à la tête de dix escadrons, de trois bataillons d'infanterie et d'une batterie d'artillerie légère, à l'effet de couvrir ainsi Varsovie. Le 14 février il battit à Stoczek, sur la rive droite de la Vistule, le corps russe aux ordres du général Geismar, et, malgré la supériorité numérique de l'ennemi, remporta en cet endroit sur les Russes la première victoire qui ait signalé cette campagne. Il était encore sur le champ de bataille lorsqu'il reçut du généralissime l'ordre d'attaquer immédiatement le général Creutz, qui venait d'effectuer à Pulawy le passage de la Vistule. A cet effet, il réunit ses forces aux recrues nouvelles placées sous les ordres du général Sierawski, rencontra à Nowawicz l'avant-garde russe, commandée par le prince Adam de Wurtemberg, la battit le 19 février, et contraignit ainsi le général Creutz à repasser la Vistule. Après la bataille de Grochow, il fut envoyé en Volhynie à l'effet d'y organiser l'insurrection. L'accueil froid et peu sympathique qui lui fut fait dans cette province le détermina à battre en retraite le long des frontières de la Gallicie, afin de gagner la Podolie, où il comptait être mieux reçu. A Boremel, il prit une forte position contre le corps de Rudiger, remporta quelques avantages le 19 avril, fut ensuite forcé de céder à la supériorité du nombre; ce qui ne l'empêcha pas pourtant d'effectuer en bon ordre le passage du Styr. Espérant qu'une insurrection contre les Russes éclaterait sur leurs derrières en Podolie, il prit une forte position à Mokalowka, sur les frontières de la Gallicie. Toutefois, il s'y vit si bien enfermé par Rudger avec des forces de beaucoup plus considérables que les siennes, qu'il ne lui resta bientôt plus d'autre parti que de se jeter en Gallicie. Voyant son corps d'armée menacé d'une destruction complète, et espérant que l'Autriche lui permettrait de rentrer en Pologne avec ses troupes, il franchit le 27 avril la frontière de Gallicie. Les troupes qu'il avait sous ses ordres y furent immédiatement désarmées et envoyées prisonnières de guerre en Hongrie. Lui-même eut d'abord ordre de résider à Laybach. A partir de 1832, il vécut alternativement en France et en Angleterre. Une critique de ses opérations en Volhynie qui parut en 1837, à Bruxelles, le décida à y répondre par un mémoire apologétique des plus détaillés (Londres, 1837). Dwernicki est constamment demeuré étranger aux querelles intestines qui déchirent l'émigration polonaise. Il avait dépassé de beaucoup la soixantaine quand il se décida à épouser une Française, avec laquelle il est allé, en 1848, s'établir à Lemberg.

DWINA ou DZWINA, c'est-à-dire *la double*, le cours d'eau le plus considérable qu'il y ait au nord de la Russie d'Europe, et en général dans tout le nord de l'Europe, a reçu cette dénomination, parce qu'il est le produit de la jonction de deux rivières d'égale importance, la *Wytscheda*, venant de l'est, et la *Suchona*, venant de l'ouest. Leur jonction a lieu au-dessous d'Ustyug-Weliki, et le cours unique qu'elles suivent dès lors, change encore une fois de direction, pour aller se jeter au nord-ouest dans la mer. Sur les lieux mêmes, la Suchona et le Jug sont les rivières qu'on considère comme les véritables sources de la Dwina. L'une n'est que le canal de décharge, longue de 600 kilomètres, du lac Kubenski; l'autre, longue de 450 kilomètres, prend sa source dans le plateau marécageux et boisé de l'Uwalli. Après avoir reçu les eaux de la Wytscheda, dont le parcours total est de 1,100 kilomètres, la Dwina traverse sans rencontrer aucun obtacle la vallée du nord de l'Europe, où elle reçoit à la gauche la Waga et à sa droite la Pinega.

A 88 kilomètres de son embouchure, où la marée se fait encore sentir, la Dwina a déjà quatre kilomètres de largeur. A Arkangel, elle a huit kilomètres de large; et elle continue dès lors à s'étendre toujours davantage en formant un *liman* large de 37 kilomètres et renfermant un grand nombre d'îles, lequel constitue un golfe important de la mer Blanche. C'est par quatre bras principaux que la Dwina deverse ses eaux dans cette mer. Celui qui est situé le plus à l'est le plus profond et le plus facilement navigable de tous, est formé uniquement par une barre que les vaisseaux de guerre ne peuvent franchir qu'avec la marée haute.

Le cours total de la Dwina est d'environ 1,800 kilomètres, et son bassin comprend une superficie de plus de 5,000 myriamètres carrés. Son volume d'eau est des plus considérables, à cause des contrées marécageuses et boisées qu'il traverse, ainsi que des nombreux affluents qu'il reçoit successivement; et il en est ainsi en toute saison, quoique de novembre à mars la surface du fleuve reste constamment solidifiée par le froid. La Dwina commence à être navigable dès le point où elle reçoit les eaux de la Suchona. Elle est reliée d'une part au Volga, par le canal de Catherine, achevé depuis 1807, lequel unit la Keltma du Nord, affluent de la Wytschegda, à la Kama et aussi au Volga; et de l'autre part, par le canal de Kubenski ou Alexandre de Wurtemberg, lequel unit la Scheksna, du bassin du Volga, et venant du lac Blanc (*Bjelo-Osero*), avec le lac Kubenski.

DWINA OCCIDENTALE. *Voyez* Duna.

DWIPA. *Voyez* Diou.

DYADIQUE (Système). Quelques auteurs nomment ainsi le système binaire.

DYCE (Alexandre), laborieux polygraphe anglais contemporain, fils aîné de feu le général Dyce, de l'armée des Indes orientales, est né le 30 juin 1797, à Édimbourg. Peu de temps après sa naissance, ses parents, forcés de partir pour les grandes Indes, le laissèrent à la garde de grands parents à Aberdeen. Élevé à Édimbourg, il s'y distingua plus particulièrement dans l'étude des langues classiques, et alla ensuite se perfectionner à Oxford. Ordonné prêtre, il remplit d'abord les fonctions de curé à Lanteglos, dans le Cornwall, puis à Nayland dans le comté de Suffolk; mais en 1827 il vint s'établir définitivement à Londres. Il débuta dans la littérature par ses *Select translations from Quintus Smyrnæus*, puis il s'occupa surtout d'éditions d'anciens poëtes et écrivains anglais. C'est ainsi qu'il fit successivement paraître les œuvres de Collins, de Georges Peele, Robert Greene, John Webster, Shirley, Bentley, Thomas, Middleton, John Skelton, écrivain jusqu'alors fort peu connu et qui vivait au commencement du seizième siècle, de Beaumont et Fletcher et de Marlow. Toutes ces éditions sont enrichies d'observations critiques et de notices biographiques. Il a aussi donné à l'*Aldine edition of the Poets* de Pickering, les œuvres de Shakspeare, de Pope, d'Akenside et de Beattie. Les diverses sociétés littéraires de Londres le comptent parmi leurs membres les plus actifs. C'est ainsi qu'il a publié, au nom de la *Camden-Society* : le *Nine day's Wonder* de Kemp, avec une introduction et des notes (Londres, 1840); de la *Shakspeare-Society*: une ancienne tragédie retrouvée par lui, *Timon* (1843), qui pourrait bien avoir donné au grand poëte la première idée de son drame du même nom, et une autre intitulée : *Sir Thomas More*. Avec Collier, Halliwell et Wright, il fonda en 1840 la *Percy-Society*, qui a pour objet la publication de vieilles ballades, de vieux drames et de vieux poëmes anglais. C'est à lui que cette société a confié le soin de faire paraître les *Poems* de Sir Henri Wolton (1846), les *Angry women of Abington* de Porter, ainsi que quelques poëmes de Drayton. Dans ses *Remarks on Collier's and Knights editions of Shakspeare* (1844), il a signalé diverses erreurs échappées à ces commentateurs. Il prépare en ce moment une nouvelle et complète édition de Shakspeare, en même temps que d'une traduction d'Athénée.

DYCK (Antoine Van), un des plus excellents peintres qui aient existé, naquit à Anvers, le 22 mars 1599, et selon d'autres en 1598. Son père, qui était de Bois-le-Duc, peignait sur verre, et fut le maître de Thomberg le jeune. Après avoir suivi les leçons d'Henri Van Balen (et non pas *Van Palen*), Antoine entra chez Rubens. Un contrat passé entre ce grand peintre et la société des arbalétriers d'Anvers pour le tableau fameux de la *Descente de croix*, stipule quelques florins de pourboire en faveur de Van Dyck et de ses condisciples. Van Dyck réussit à s'approprier ce qui caractérise la manière de son maître, tout en l'exagérant d'abord singulièrement. Il faut sans aucun doute reléguer dans l'empire des fables la tradition suivant laquelle le maître aurait conçu la plus ardente jalousie contre son élève en reconnaissant qu'il était parvenu à mieux faire le portrait que lui. De là le conseil que lui aurait donné Rubens d'aller voyager en Italie, et dont il lui aurait facilité avec empressement la mise en exécution en lui faisant présent d'un cheval. Ce qu'il y a d'incontestable, toutefois, c'est que Van Dyck séjourna quelque temps en Italie. Il étudia le Titien et Paul Veronèse à Venise, trouva beaucoup d'occupation à Gênes, où on voit encore aujourd'hui de lui dans la galerie Durazzo un magnifique portrait du duc de Moncada à cheval (gravé par Morghen), et de là se rendit à Rome. Mais les difficultés qu'il y eut avec la confrérie des peintres lui rendirent le séjour de cette capitale désagréable. Il s'en retourna donc à Gênes, puis, après une rapide tournée en Sicile, d'où il fut chassé par la peste, il revint dans sa patrie.

Les relations qu'il eut alors avec Rubens ne furent rien moins qu'agréables. Il devait épouser la fille de son ancien maître, lorsqu'il s'avisa de s'éprendre d'amour pour sa future belle-mère, seconde femme de Rubens; de là des contrariétés par suite desquelles il accepta une invitation du prince Frédéric d'Orange de venir à La Haye, où il peignit les portraits d'une foule de grands personnages. Un premier voyage qu'il fit ensuite en Angleterre fut loin d'avoir pour lui les résultats qu'il avait pu en espérer. En revanche, à son second voyage, il y fut comblé de faveurs et de distinctions. Le roi Charles Ier le créa chevalier, le paya généreusement et lui accorda en outre une habitation gratuite à la ville et à la campagne. Van Dyck vécut alors entouré d'un grand luxe. Son vaste atelier était le rendez-vous habituel de la plus haute compagnie, qui venait y converser et y faire de la musique. A quatre heures il tenait table ouverte, et le reste de la soirée était consacré à des divertissements de toutes espèces. Van Dyck épousa la fille du comte Gowrie qui, par malheur, ne lui apporta en dot que sa haute naissance et sa beauté. Il alla voyager avec elle dans sa patrie, et poussa même jusqu'à Paris. Mais ne trouvant nulle part ailleurs, ainsi qu'il l'avait espéré, des travaux aussi bien rétribués ni aussi nombreux, il était déjà de retour en Angleterre deux mois après en être parti. Il mourut de phthisie, à Londres, à l'âge de quarante-deux ans, et fut inhumé en grande pompe dans l'église Saint-Paul. Quoiqu'il eût toujours mené à Londres le plus grand train, puisque Varillas va jusqu'à affirmer qu'il entretenait non pas seulement une meute de chiens, mais encore une troupe de comédiens, quoiqu'il eût dissipé une grande partie de ses gains en expériences d'alchimie, il laissa encore à sa veuve une fortune considérable.

C'est en Italie que le talent de Van Dyck avait mûri par le travail et par l'étude réfléchie des bons modèles; c'est là qu'il avait appris à adoucir ce qu'il y avait d'abord de trop énergique et de trop crû dans sa manière et même à lui prêter une expression sentimentale. A cette époque, il affectionnait tout particulièrement les scènes douces et tranquilles, qu'une grande sensibilité intérieure peut seule animer. L'École des beaux-arts d'Anvers possède de lui deux tableaux de ce genre, et on en voit deux autres dans la galerie de Munich. Il en existe aussi dans les musées de Madrid et de Berlin. Le martyre de saint Sébastien est encore un sujet qui semble avoir eu pour lui un charme tout particulier, de même que la Sainte Famille; aussi en les traitant déploie-t-il tout ce qu'il y a d'aimable et de gracieux dans son faire. Les galeries du Louvre, de Londres et de Berlin en offrent de délicieux modèles.

Mais c'est surtout dans le portrait que Van Dyck a laissé la plus brillante réputation. Aujourd'hui encore il n'existe pas moins de trois cent cinquante portraits de lui parfaitement authentiques; et on ne comprend pas comment un artiste mort si jeune, après avoir mené si joyeuse vie, ait pu laisser tant de productions. Il excellait à rendre ce je ne sais quoi qui distingue essentiellement les habitudes aristocratiques, et il y joignait un coloris aussi chaud que vigoureux. L'un de ses meilleurs portraits est celui du cardinal Bentivoglio, qu'on voit au palais Pitti à Florence. Le palais Brignole, à Gênes, possède aussi une collection remarquable de portraits peints par lui, entr'autres celui du marquis Brignole lui-même, de grandeur naturelle, et à cheval. Les musées de Florence, d'Anvers, du Louvre, de Madrid, de Londres, etc. possèdent aussi de remarquables portraits peints par Van Dyck. De ses nombreux portraits du roi Charles Ier et de la famille royale, celui du Louvre est le plus beau qu'on connaisse. L'artiste a aussi peint une foule de têtes de femme de l'aristocratie anglaise. Enfin, il exécuta un recueil de portraits des artistes et des amateurs les plus célèbres du dix-septième siècle; recueil gravé à Anvers sous le titre de : *Icones virorum doctorum, pictorum*, etc. La collection la plus complète qui existe de ses portraits est l'*Iconographie ou vie des hommes illustres du dix-septième siècle* (2 vol.; Amsterdam, 1759); malheureusement le tirage en est fort médiocre. Van Dyck grava aussi lui-même quelques planches, devenues aujourd'hui d'une extrême rareté.

DYER (John), poëte anglais, né en 1700, dans le pays de Galles, après avoir commencé l'étude des belles-lettres, se voua ensuite à la peinture. Sans jamais rien produire de bien remarquable, et uniquement pour gagner de l'argent en exerçant son art, il parcourut l'Angleterre, la palette à la main, mais observant partout la nature avec l'œil intelligent de l'artiste. Un poëme descriptif, *Grongar Hill* (1717), bien supérieur, sous le rapport de l'élégante simplicité de l'exposition, de la chaleur du sentiment et de la charmante description de la nature, au *Cooper's Hill* de Denham, est le premier ouvrage qui l'ait fait connaître comme poëte. Plus tard, il entreprit un voyage en Italie, puis à son retour, sentant sa santé affaiblie, il embrassa l'état ecclésiastique, et obtint successivement divers bénéfices. Dans son poëme didactique sur la laine et ses diverses préparations, *the Fleece* (1754), il a traité avec bonheur un sujet aussi ingrat que rebelle; mais le ton simple et modeste du poëte ne fit aucune impression sur ses contemporains, amoureux avant tout de bruit et d'éclat. *The Revers of Rome* (1740), autre poëme de J.-Dyer, abonde également en beautés poétiques. Il mourut en 1758; ses poésies légères parurent à Londres, en 1752 et 1757; elles forment le 53e volume de la collection des poëtes de Johnson.

DYKES, espèces de filons, très-nombreux sur les flancs des volcans et dans quelques terrains, ainsi nommés par les Anglais. On explique leur origine en disant qu'ils se sont formés, pendant les éruptions, par l'injection de la lave dans les fentes préexistantes, et arrivant ou non à la surface du sol. L'existence de ces fentes ou crevasses est en effet attestée par plusieurs exemples, notamment par la grande crevasse, de 22 kilomètres de long sur 2 mètres de large, qui se manifesta en 1669 sur un des versants de l'Etna. Les roches qui composent les dykes sont des roches pyrogènes, savoir : des basaltes, des porphyres et des diorites. Ces injections de lave, selon l'expression de M. de Labèche, ont attisé les roches qu'elles traversaient. La houille est passée à l'état de coke, l'argile est cuite, des calcaires sont devenus cristallins. Ces résultats attestent l'origine volcanique des dykes.

Comme les dykes sont composés de roches très-dures, quand ils ont traversé un terrain formé de roches tendres, soumis plus tard à des causes de dégradation, et que ces roches tendres ont disparu, le dyke seul est quelquefois resté, et forme une muraille qui atteint souvent une longueur de plusieurs kilomètres, comme on le voit en Saxe, en Écosse, et dans le pays de Galles. L. Dussieux.

DYN ou DIN, mot arabe, qui signifie la foi pour les choses que Dieu a révélées, le droit chemin pour arriver à Dieu et au bonheur éternel. *Dyn* est le nom spécial que les peuples mahométans donnent à la croyance établie par leur prophète, à la partie dogmatique de la religion. Ils appellent *islam* tout ce qui tient au culte, au cérémonial du mahométisme, et le pays même habité par les musulmans. Ils pensent que la religion est tellement liée aux intérêts et à la destinée de l'État, que l'un ne peut subsister sans l'autre. Leur respect pour la religion est si grand que les noms *dyn* et *islam*, chez les Arabes, les Turcs, les Persans, les Indiens, les Maures, etc., entrent dans la composition d'une foule de noms propres, ou plutôt de surnoms honorifiques, cités avec plus ou moins d'exactitude et d'altération par nos historiens, nos voyageurs et nos conteurs. En voici quelques exemples : *Azz-ed-Dyn*, la force de la religion; *Boha-ed-Dyn*, l'ornement de la religion; *Fakhr-ed-Dyn*, la gloire de la religion; *Nassir-ed-Dyn*, le protecteur de la foi; *Salah-ed-Dyn*, le salut de la foi; *Seif-el-islam*, l'épée de la religion, etc. Il en est de même du mot *doulah* ou *dewlet* (État, empire), qui termine aussi des titres et surnoms, soit à la suite des mêmes antécédents, soit après d'autres mots, comme : *Asad-el-Doulah*, le livre de l'État; *Schems-ed-Doulah*, le soleil de l'empire; *Emad-ed-Doulah*, le soutien de l'État; *Rokhn-ed-Doulah*, la colonne de l'empire; *Samsans-ed-Doulah*, le cimeterre de l'empire, etc. Ces noms, imaginés d'abord par les khalifes, comme récompenses ou titres honorifiques des ambitieux vassaux ou sujets qu'ils voulaient capter et ménager, n'empêchèrent pas ces *défenseurs de la religion* de devenir sectateurs et propagateurs d'hérésies; et ces *soutiens de l'empire*, de travailler à le démembrer et à le détruire. Ces surnoms, que par la suite les princes s'arrogeaient eux-mêmes, finirent par devenir si peu imposants, si insignifiants, si communs, qu'on les donnait à de simples particuliers, à des enfants. Les titres mêmes que prenaient les khalifes, et dans lesquels figurait toujours le nom de Dieu (*Allah, Illah*), furent impuissants pour préserver plusieurs d'entre eux d'une funeste catastrophe. C'est ainsi qu'en tout temps, en tout pays, les institutions humaines tendent à s'affaiblir, à se corrompre et à se perdre. H. Audiffret.

DYNAMETRE, instrument à l'aide duquel on mesure l'amplification du téléscope, et que l'on appelle aussi *auzomètre* ou *auxomètre*. Pour arriver à ce résultat, on n'a, il est vrai, qu'à considérer tout simplement un objet quelconque avec un œil armé d'un télescope, en même temps qu'on le regarde avec l'autre œil nu, et qu'à comparer ensuite l'objet vu à l'œil nu avec l'objet vu avec le télescope. Qu'on examine de la sorte, par exemple, un toit en tuiles : si à l'aide du télescope on ne découvre que quatre tuiles, tandis qu'à l'œil nu on en aperçoit quatre-vingts, on peut dire que cet instrument grossit vingt fois les objets, et ainsi de suite : à cet effet, il est nécessaire qu'on voie également bien des deux yeux. C'est sur ce principe qu'est fondé le dynamètre de Schrœter ; il n'en est pas ainsi de celui que propose Ramsden, quoique pour le fond ces deux instruments se ressemblent.

DYNAMIQUE (de ύυναμις, force, puissance). Leibnitz est le premier qui ait fait usage de cette expression, pour désigner la partie de la mécanique qui traite du mouvement des corps, en tant qu'il est causé par des forces actuellement et continuellement agissantes. En 1743, D'Alembert publia un ouvrage dans lequel il donne un principe général pour résoudre tous les problèmes de dynamique. Ce principe est fort simple. Voici en quoi il consiste : supposons que deux ou plusieurs corps ont reçu des mouvements suivant des directions telles qu'une partie de ces mouvements s'entre-détruisent, on peut considérer le mouvement qu'un corps *A* a reçu comme composé de deux autres, dont un est neutralisé par celui des autres corps, de sorte que *A* se meut comme s'il était animé par le second mouvement seulement. De ce raisonnement on déduit la règle que pour calculer les mouvements de plusieurs corps qui sont dépendants les uns des autres, il faut décomposer le mouvement que chacun a reçu en deux autres, dont un est supposé détruit, et dont l'autre soit tel que les autres corps ne puissent l'altérer ni le changer, etc. On voit d'après cela que les problèmes de dynamique se résolvent par les lois de l'équilibre ou de la statique. TEYSSÈDRE.

Le mot *dynamique* s'emploie aussi adjectivement : on s'en sert surtout dans la théorie de l'électricité.

DYNAMOMÈTRE (de ύυναμις, force, et μέτρον, mesure), instrument propre à évaluer la force des hommes, des animaux, des machines. Des poids, des ressorts, peuvent fournir le principe de tout dynamomètre. Si, par exemple, on veut connaître la force de traction d'un cheval, on y parviendra aisément en lui faisant tirer, au moyen d'une corde qui s'enroulerait autour d'une poulie, un poids qui pourrait monter ou descendre dans un puits ; on augmenterait ce poids jusqu'à ce que le cheval eût besoin d'employer toute sa force pour le tenir suspendu.

De tous les dynamomètres, le plus anciennement usité est celui de Regnier. C'est un double arc d'acier trempé. Il porte deux arcs divisés et une aiguille, qui tourne à frottement sur l'arc, et s'arrête sur la division vers laquelle on l'a poussée. Les arcs divisés indiquent en poids connus la force déployée. On se sert de ce dynamomètre de deux manières : 1° en comprimant le double arc en le saisissant par le milieu ; 2° en le tirant par les deux bouts. Dans l'une et l'autre épreuve, les deux moitiés du double arc se rapprochent ; mais il faut un bien plus grand effort pour fermer l'arc, en le tirant par ses extrémités, qu'en le comprimant par le milieu. Quand on veut évaluer des forces peu considérables, comme, par exemple, celle des mains, on comprime l'instrument en le tenant les bras tendus et inclinés vers la terre d'environ 45 degrés : une aiguille indique sur l'arc la force musculaire des mains dont on est capable. Il résulte d'un grand nombre d'expériences que la force musculaire des mains est, terme moyen, équivalente à un poids de 50 kilogrammes ; il y a des personnes qui font marquer à l'aiguille jusqu'à 75 kilogrammes. On présume que la même force moyenne est chez les femmes de 30 à 35 kilogrammes. Lorsqu'on veut évaluer une force considérable, telle que celle d'un cheval, on attache le dynamomètre par l'un de ses bouts à un point fixe ; le cheval tire par l'autre bout au moyen d'une corde, et l'aiguille indique le plus grand effort dont le cheval est capable. On a conclu, d'après quelques expériences, que la force de traction d'un cheval ordinaire est de 368 kilogrammes, tandis que celle d'un homme, qui traîne une petite charrette ou un bateau, n'est que d'environ 50 kilogrammes. Pour évaluer la force des reins, on place sous ses pieds le patin d'une crémaillère verticale : on accroche à l'une des dents de cette crémaillère une des extrémités du dynamomètre, on le saisit et on le tire par l'autre bout au moyen d'un crochet semblable à un tire-bottes ; dans cette position, on est penché en avant, et l'effort que l'on est obligé de faire pour se redresser équivaut au poids que l'on pourrait soulever, et qui est indiqué par l'aiguille. La force des reins est, terme moyen, de 130 kilogrammes. Il est des hommes qui peuvent soulever jusqu'à 350 kilogrammes ; il n'est pas rare d'en trouver qui en soulèvent 250. La pièce principale du dynamomètre Regnier étant un ressort, l'instrument peut à la longue perdre de sa justesse, mais il est facile de le rectifier en vérifiant les divisions des arcs, au moyen de poids connus, etc. TEYSSÈDRE.

On a construit d'autres dynamomètres, qui ne se bornent pas à mesurer la force déployée dans un effort isolé, mais qui donnent la valeur du travail résultant d'une force constante ou variable agissant d'une manière continue. Tels sont : le dynamomètre de Watt, perfectionné par Macnaught, et qui sert à mesurer la puissance des machines à vapeur ; le dynamomètre traceur de M. Morin, dont la première idée est due à M. Poncelet ; il est muni d'un style qui trace sur un papier sans fin une courbe dont l'aire donne la mesure du travail effectué ; le dynamomètre à compteur, heureuse application du planimètre faite par M. Morin, etc. Ce savant a fait apprécier l'utilité de ces appareils, qui serviront un jour de base pour les transactions où il s'agira de vendre de la force, comme les compteurs à gaz servent aujourd'hui dans la vente de ce produit.

DYNASTE, dérivé du grec δυνάστης. Ce mot signifie *homme puissant ;* il désignait chez les anciens un homme investi d'une puissance souveraine, encore bien qu'il ne fût pas assez important pour qu'on lui donnât le titre de *roi*. Le mot *dynastie*, qui en est dérivé, signifie au propre une seigneurie, et par extension une famille de seigneurs, une série de seigneurs descendant d'une souche commune. Au moyen âge, on employa en Allemagne le mot *dynaste* pour désigner les barons (*liberi domini, liberi barones*), dont la prééminence reposait moins sur l'indépendance de leurs domaines à l'égard de tout fief, que sur la liberté de leur état personnel ; jouissant, d'ailleurs, dans leurs domaines des droits de souveraineté, ayant siége et voix à la diète.

DYNASTES ou DIEUX DYNASTES. On qualifie ainsi, dans le système historique des Égyptiens, *les dieux* qui ont fait partie des dynasties égyptiennes, c'est-à-dire qui ont régné sur les hommes. Le plus ancien de tous était Phtha, l'ordonnateur du monde physique, et qui fût l'Éphaïstos des Grecs et le Vulcain des Latins. Après lui, dit la vieille chronique égyptienne, régna sur les hommes Phré ou le Soleil, pendant 30,000 ans ; Chronos ou Saturne lui succéda, et avec onze autres dieux venus après lui, ils régnèrent ensemble 3984 ans. Vinrent ensuite huit demi-dieux, qui n'occupèrent le trône que 217 ans ; et c'est à ceux-ci que succédèrent les rois pris parmi les hommes ; c'est à ce point que commence réellement l'histoire d'Égypte.

CHAMPOLLION-FIGEAC.

DYNASTIE. Ce mot vient du phénicien *dunast*, qui signifiait *puissance*. Les Grecs en ont fait le verbe δύναμαι, et les Latins le substantif *dynasta* ou *dynastes*. Les Français ne l'ont adopté que pour signifier une succession de rois issus du même sang. Deux ou trois cents dynasties ont gouverné les diverses parties du monde, sans compter une foule de rois ou empereurs isolés, qui, soit par les constitutions du pays, comme en Pologne, soit par l'effet des révoltes perpétuelles qui mettaient l'empire romain au pillage, n'ont pu transmettre leur sceptre à leurs descendants; et, à l'exception d'un nombre infiniment petit, toutes ces dynasties ont commencé par l'usurpation. Amri chez les Hébreux, Déjocès, chez les Mèdes, sont, je crois, les premiers qui, après avoir été élus du consentement du peuple, aient transmis la royauté à leur famille. Les historiens qui font le même honneur à Hugues Capet oublient qu'il avait dispersé le parlement de Compiègne au moment où le dernier rejeton de Charlemagne allait y être proclamé, et que les prétendus électeurs de ce roi étaient cernés par les troupes de Hugues le jour où ils le reconnurent pour roi de France. On peut donc avancer que presque toutes ces dynasties ont commencé par l'usurpation, que la force et le glaive ont partout constitué le droit; et il serait difficile de déterminer le nombre juste de générations qu'il faut pour établir une légitimité. VIENNET, de l'Académie Française.

DYNASTIQUES (Opinions), expression qui fut admise dans le langage politique après la révolution de Juillet, et employée surtout dans les discussions de la presse; c'était un terme générique appliqué indistinctement aux différents partis connus dans le parlement français sous le nom de *droite, centre droit, centre, tiers-parti, centre gauche, gauche* et extrême *gauche*. Il comprenait donc toutes les opinions diverses, quelquefois même hostiles entre elles, qui se rangeaient sous le drapeau de Louis-Philippe, et qui, jusque sur les bancs de l'opposition de l'extrême gauche, prêtaient, dans une certaine mesure, leur appui au trône élevé en 1830. On ne comptait alors que deux partis en dehors de la Charte, et travaillant ouvertement à la chute de la royauté: celui des *légitimistes*, assis à l'extrême droite dans la chambre des députés, et celui des *républicains radicaux*. Au reste, ces deux expressions: *Opinions dynastiques*, *opposition dynastique* (c'est-à-dire opposition attachée à la monarchie et à la branche cadette des Bourbons), n'étaient, guère employées qu'avec un certain dédain par les partis extrêmes pour désigner en masse leurs adversaires, fidèles à la charte votée en 1830 et à la maison d'Orléans.

DYONISIENS. *Voyez* BRISSOT, BRISSOTIENS.

DYRRACHIUM. *Voyez* DURAZZO.

DYSCHROMATOPSIE (de δυς, avec peine, difficile, χρῶμα, couleur, ὄψις, vue). *Voyez* DALTONISME.

DYSCOLE (en grec δύσκολος, de δυς, difficilement, et κόλον, nourriture). Ce mot, qui, dans son acception primitive signifie un homme rejetant avec dédain les aliments qu'on lui offre, et par extension un homme fâcheux, difficile à contenter, n'est guère d'usage aujourd'hui que dans le langage de la controverse ecclésiastique, où il désigne celui qui s'écarte d'une opinion reçue, particulièrement en matière de doctrine. Saint Pierre veut que les serviteurs chrétiens soient soumis à leurs maîtres, non-seulement lorsqu'ils ont le bonheur d'en avoir de doux et d'équitables, mais encore lorsque la Providence leur en a donné de fâcheux et d'injustes ou *dyscoles*.

DYSCRASIE (de δυς, mauvais, et κρᾶσις, constitution, tempérament). En médecine, ce mot désigne aujourd'hui et un état particulier de maladie et un état de corruption des humeurs du corps humain, provenant soit de maladies telles que la syphilis, le scorbut, la goutte, etc., soit d'un mauvais régime. Il a pour synonyme le mot *cacochymie*, et ne diffère que très-légèrement du mot *cachexie*.

DYSENTERIE. *Voyez* DYSSENTERIE.

DYSMÉNORRHÉE (de δυς, avec peine, μήν, mois, et ῥέω, couler), nom donné à la difficulté qu'offre quelquefois l'évacuation du flux menstruel. Chez les femmes atteintes de dysménorrhée, l'écoulement s'opère lentement et en petite quantité; le liquide est souvent mêlé de petits caillots. La dysménorrhée est ordinairement accompagnée d'une douleur dont le siége est tantôt le dos, tantôt l'hypogastre, les cuisses ou les hanches. Tant que dure cet état, la femme ne peut s'attendre à concevoir. Pour y remédier, on recourt à une médication analogue à celle que l'on emploie contre l'*aménorrhée*.

DYSODYLE. *Voyez* DUSODYLE.

DYSPEPSIE (de δυς, difficilement, et πέψις, digestion), mauvaise digestion habituelle. La dyspepsie est généralement caractérisée par un sentiment de pesanteur et de malaise dans la région épigastrique, par des rapports de gaz ayant l'odeur d'œufs pourris, qu'accompagnent quelquefois des renvois acides et amers, et enfin par des nausées ou des vomissements.

La dyspepsie étant plutôt un symptôme qu'une maladie particulière des organes digestifs, son traitement varie nécessairement avec la nature de l'affection qu'elle accompagne. Quand elle n'est pas la conséquence d'un état inflammatoire de l'estomac, on combat avec succès la dyspepsie par l'emploi de la magnésie, de l'eau de Vichy et des pastilles de bicarbonate de soude.

Lorsque la difficulté de la digestion se transforme en impossibilité absolue, il y a *apepsie*; on doit alors chercher à introduire les substances alimentaires sous forme liquide par le tube intestinal. Mais si cet état se prolonge, la mort en est ordinairement la conséquence.

DYSPHAGIE (de δυς, difficilement, et φαγεῖν, manger), difficulté de manger, d'avaler, provenant soit de ce que les parties servant à la déglutition sont affectées d'un engorgement inflammatoire squirrheux ou cancéreux, soit de ce qu'elles sont gênées dans leur action par des tumeurs voisines et de diverses natures; enfin, de ce qu'elles sont atteintes d'un spasme nerveux sans lésion locale. Dans ce dernier cas, ce phénomène est sans gravité; des bains et quelques antispasmodiques le font bientôt cesser.

DYSPNÉE (en grec δύσπνοια, de δυς, avec peine, et πνέω, je respire), terme de médecine qui sert à désigner divers degrés de gêne dans la respiration, depuis la plus légère jusqu'à la plus grande difficulté dans cette fonction, tant que le malade peut rester couché sans être exposé à suffoquer. Quelques auteurs ont admis trois degrés de difficulté de respirer, savoir: 1° la *dyspnée* proprement dite, ou gêne de la respiration, semblable à celle qui survient en courant très-rapidement, en montant un escalier roide et haut, ou en faisant tout autre exercice violent; 2° l'*asthme*, plus grande difficulté de respirer avec soufflement ou sifflement sans fièvre; 3° l'*orthopnée*, où la gêne de la respiration est arrivée à un tel point, que les malades, ne pouvant rester couchés, sont forcés de s'asseoir sur leur lit ou de se tenir debout pour pouvoir respirer. Mais l'asthme est une maladie particulière, et ne doit pas être confondu avec les divers degrés de gêne dans la respiration, qui ne sont que des symptômes d'autres maladies.

Quelque nombreuses que soient les causes de la dyspnée, on les a ramenées à trois groupes principaux, qui sont: les maladies du poumon, celles des organes locomoteurs respiratoires, et celles qui ont leur siége spécial dans le système nerveux de ces organes et dans celui du poumon; mais il convient d'y joindre les affections morbides des viscères abdominaux, et de faire remarquer que dans la grossesse, dans le météorisme de l'abdomen, la distension de cette cavité est souvent un obstacle aux mouvements de la respiration. Une gêne légère dans cette fonction s'annonce par le bâillement. L'anhélation, l'essoufflement et les douleurs plus ou moins vives que le malade éprouve dans la poitrine, les toux convulsives, la suffocation, caractérisent les dyspnées de plus en plus fortes. Lorsque le diagnostic des maladies accompagnées de ce symptôme est bien établi, on choisit le traitement le plus approprié à la nature de ces maladies, et la dyspnée se dissipe sous son influence; ou bien si le malade est privé de secours, ou bien encore si l'art ne peut triomphor de l'intensité du mal, la dyspnée augmente progressivement, et l'on peut pronostiquer, par la précipitation et l'intermittence des mouvements qui l'indiquent, etc., l'époque plus ou moins prochaine de l'issue funeste.

L. Laurent.

DYSSENTERIE (de δυς, difficilement, et ἔντερον, entrailles), inflammation qui a son siége dans cette portion du tube intestinal que les anatomistes appellent *colon*. Ses symptômes principaux sont la fièvre, les coliques vives au-dessous du nombril, les épreintes, le ténesme ou le besoin fréquent d'aller à la garderobe, avec de violents efforts, et sans pouvoir le satisfaire; les selles muqueuses, glaireuses, mélangées de sang, et d'une odeur cadavéreuse; la soif ardente, la langue blanche et rougeâtre sur les bords, les urines rouges et rares, quelquefois la *dysurie*, la tension du ventre et la sensibilité, surtout dans le trajet du colon; la concentration, la vitesse et la roideur du pouls. Mais un symptôme digne de remarque, c'est que la défécation a souvent lieu au moment de l'ingestion d'un liquide quelconque dans l'estomac. Enfin, il n'est pas rare de voir, chez les enfants atteints de dyssenterie, la chute de l'intestin rectum.

La dyssenterie a été observée dans tous les temps et sous toutes les latitudes. Il n'est pas d'ouvrage en médecine, tant ancienne que moderne, qui n'en fasse mention. Elle règne le plus ordinairement d'une manière épidémique; mais elle peut être sporadique, c'est-à-dire bornée à quelques individus; elle est endémique dans quelques contrées, comme en Égypte. Cette maladie est une de celles qui fait le plus de victimes dans les siéges, au milieu des camps, et parmi les masses d'hommes transplantés dans un climat plus chaud que celui qui les a vus naître, et surtout quand ils ont éprouvé toutes les privations des choses nécessaires à la vie. Dans ce cas, les causes sont générales, et ne peuvent pas toujours être combattues avec avantage. Il n'en est pas de même lorsque la dyssenterie se montre isolément. Sa thérapeutique n'a rien alors que de très-simple et très-facile; car de la nature et du siége bien connus d'une maladie doit se déduire un traitement tout à fait rationnel.

Tout ce qui peut faire naître l'inflammation de l'intestin colon peut devenir la cause occasionnelle de la dyssenterie. Ainsi, une atmosphère chaude et humide, une nourriture malsaine ou trop succulente, trop stimulante, le séjour dans les contrées équatoriales, où les nuits sont froides et humides; la répercussion brusque de la transpiration, l'abus de fruits acerbes ou de ceux qui, comme aux Indes, contiennent des principes irritants; la privation d'eau de bonne nature, comme cela a lieu après de fortes chaleurs et une sécheresse de plusieurs mois; l'exposition à la pluie, la nostalgie chez les militaires, une disposition interne favorisée par l'insalubrité des lieux, par une certaine constitution atmosphérique qui échappe à nos sens, et par un travail excessif, peuvent favoriser le développement de la dyssenterie. Toutes choses égales d'ailleurs, on a remarqué que l'habitant du Nord est plus facilement atteint de cette maladie sous les zones chaudes, tandis que l'habitant du Midi y est plus exposé dans les pays septentrionaux. L'âge n'établit guère de différence relativement au développement de la dyssenterie; mais il n'en est pas ainsi de la profession et du genre de vie.

La dyssenterie est-elle une maladie contagieuse? Si l'on consulte les auteurs, il est aussi difficile de nier que d'admettre la contagion de la dyssenterie. Nous ne préjugerons rien sur une question aussi ardue, et qui sera sans doute longtemps encore en litige.

Le traitement de la dyssenterie consiste essentiellement dans la soustraction de toute espèce d'aliments et des remèdes échauffants. Ainsi, une personne qui a été soumise à l'influence des causes que nous avons signalées plus haut est-elle prise de dyssenterie, elle doit recourir aussitôt à une diète sévère, et à l'usage de boissons délayantes et adoucissantes, données par petites quantités à la fois et tièdes. Si elle est forte, jeune, on doit la saigner au bras, puis en venir aux sangsues sur le ventre ou au siége. On tient constamment des cataplasmes émollients bien chauds sur le ventre. On retire toujours les plus heureux résultats de l'emploi des bains chauds et entiers pendant l'acuité de la maladie et des demi-lavements de décoction de pavots blancs avec addition d'amidon. Enfin, l'opium et les révulsifs trouvent leur application après que l'état phlegmasique a été vaincu, si les autres symptômes persistent. Au reste, et nous ne saurions trop le répéter, il faut ici, comme dans le traitement des maladies en général, avoir égard à l'individualité du sujet; car c'est la juste appréciation de celle-ci qui doit diriger et modifier la pratique de la médecine. La maladie passe-t-elle à l'état chronique, il n'en faut pas moins continuer les remèdes adoucissants jusqu'à parfaite guérison. Néanmoins, c'est alors qu'il peut être avantageux d'avoir recours à quelques fortifiants, pris soit parmi les aliments, soit parmi les remèdes rangés dans la classe des toniques. Mais, comme l'a dit Broussais, il n'appartient qu'à ceux qui connaissent bien la sensibilité et les relations sympathiques de la muqueuse des organes digestifs, de manœuvrer avec des médicaments irritants, de manière à faire servir l'influence de l'estomac à la guérison des affections irritatives.

Dr Priou.

DYSURIE (en latin *disuria*, du grec δυς, difficilement, et οὖρον, urine). Cest le nom que l'on donne à la difficulté d'uriner. Elle est ordinairement accompagnée de douleur et de sensation de chaleur dans un point plus ou moins étendu du canal de l'urètre. La *dysurie* est le premier degré de l'*ischurie*, ou *rétention* d'*urine* totale; elle diffère de la *strangurie*, ou second degré, en ce que dans celle-ci l'urine ne s'écoule que goutte à goutte et avec de grands efforts.

DYTIQUE, genre d'insectes coléoptères, que leur organisation rapporte à la tribu des pentamères carnassiers hydrocanthares. On distingue parmi eux un assez grand nombre d'espèces, qui vivent toutes dans les eaux douces; plusieurs sont communes dans les environs de Paris, et se font souvent remarquer par leur taille, assez grande. Ils ont cinq articles à chacun des tarses, comme tous les coléoptères pentamères; ils ont la bouche munie de six palpes comme tous les carnassiers, et leurs quatre derniers pieds, comprimés en forme de rame, les éloignent des carnassiers terrestres, pour les rapprocher des aquatiques ou hydrocanthares; de plus, leurs antennes, filiformes ou sétacées, plus longues que la tête, et composées de onze articles, ainsi que l'existence, à la place des trois premiers articles des pattes antérieures chez les mâles, d'une palette élargie, les distinguent de tous les autres genres de leur section. Les dytiques s'éloignent rarement de l'eau, dans laquelle ils nagent avec beaucoup de facilité, faisant aux autres insectes, dont ils se nourrissent, une chasse assidue; leur tête est assez grosse et un peu enfoncée dans le corselet, et les yeux y sont saillants et placés sur les côtés, de manière à être dirigés en même temps en haut et en bas. Quoiqu'ils soient très-carnassiers à l'état parfait, leurs larves le sont encore bien davantage : elles se dévorent très-fréquemment entre elles. On peut citer parmi ces animaux le *dytique bordé* (*dytiscus marginalis*), le *dytique pointillé* (*dytiscus punctatus*), le *dytique à écusson jaune* (*dytiscus circumflexus*), le *dytique de Rœsel* (*dytiscus Rœsilii*), le *dytique sillonné* (*dytiscus sulcatus*), le *dytique cendré* (*dytiscus cinereus*), le *dytique brun* (*dytiscus* *fuscus*), et le *dytique transversal* (*dytiscus transversalis*). Quelques autres espèces, moins communes ou exotiques, sont encore bonnes à connaître : les unes viennent de différentes contrées de l'Europe, d'autres d'Afrique ou d'Asie, et quelques-unes d'Amérique.

Certains dytiques sont sujets à être attaqués par de petites arachnides de la famille des *acarus*, qui se tiennent auprès des orifices des trachées ou stigmates, entre la peau de l'abdomen et les ailes des dytiques. Mais M. Dugès a démontré que le genre *aclysie* n'était autre chose qu'un *hydrachne* qui n'avait pas encore atteint son entier développement, et que M. Audouin a décrit sous le nom d'*aclysis*.

P. Gervais.

DYVEKÉ, c'est-à-dire *petite colombe*, surnom que les chroniqueurs contemporains traduisent en latin par le mot *columbula*, et sous lequel est restée célèbre dans l'histoire du nord de l'Europe la fille de Sigbrit Wylm, dont les poëtes lauréats de l'époque ont à l'envi chanté les amours avec le roi de Danemark Christian II. Ce prince la vit pour la première fois en 1507, à Bergen, en Norvège, où sa mère tenait une auberge. Elle céda à la subite passion qu'elle inspira à ce prince, le suivit à Opslo, et aussi, après son couronnement, à Copenhague, où, malgré son mariage avec Isabelle, sœur de l'empereur Charles-Quint, le roi continua ses relations avec elle, en abandonnant à sa vindicative mère une influence illimitée sur les affaires intérieures de son royaume. Quoique *Dyveké* s'abstînt elle-même de toute espèce d'intervention dans la politique, elle n'en devint pas moins le point de mire de la haine des gentilshommes, qui la regardèrent comme la cause secrète de tout ce qui se faisait de mal dans le pays. Aussi la présomption qui attribua sa mort subite, arrivée en 1515, à l'effet d'un poison que certains nobles, et notamment les orgueilleux parents de Torben Oxe, commandant du château royal, qui était devenu éperdument épris de la *Dyveké*, lui auraient fait prendre dans des cerises empoisonnées, s'est-elle presque transformée en certitude historique. Cette mort causa une poignante douleur à Christian II, qui dès lors donna libre cours à sa férocité naturelle. Il commença par faire pendre son trésorier, Faaborg, coupable d'avoir dit que Torben Oxe avait eu les faveurs de la *Dyveké*, et ensuite celui-ci, sous prétexte qu'une apparition nocturne était venue le lui ordonner.

Le contraste si tranchant qu'offre le caractère indomptable et cruel de Christian II avec la douce et tendre nature de la *Dyveké*, qui par la seule puissance de ses charmes et d'un cœur bon et compatissant, parvint pendant si longtemps à museler ce tigre couronné, parut de bonne heure aux poëtes renfermer de poétiques éléments. Samsoe, auteur danois du dix-huitième siècle, y trouva le sujet d'une tragédie qui eut de nombreuses représentations à Copenhague; et depuis lors une foule de poëtes et de romanciers, tant danois qu'allemands, ont traité le même sujet avec plus ou moins de talent.

DZIGGETAI ou DZIGITAI. *Voyez* Hémione.

E

E, la cinquième lettre de notre alphabet et la seconde de nos voyelles. C'est le signe vocal dont l'emploi est le plus fréquent dans la plupart des langues : aussi est-il celui dont l'usage offre le plus de bizarreries : l'E est en quelque sorte le *Protée* des voyelles. En effet, il sert également à exprimer des sons divers qui n'ont entre eux aucune similitude de vocalisation dans la gamme de la prononciation. Quel rapport y a-t-il entre le retentissement sourd et presque insaisissable de la semi-voyelle *e*, si judicieusement appelée *muette*, et le son des autres voyelles *e*, tour à tour éclatant dans *liberté*, grave dans *succès*, emphatique dans *tempête*? Aussi, pour suppléer au défaut de signes divers exprimant cette différence, les grammairiens ont-ils admis l'emploi des accents. Les Grecs, qui n'avaient que deux sortes d'*e*, leur donnèrent deux figures différentes, l'epsilon ε, ou *e* bref, et l'êta η, qui répond à peu près à notre *è* ouvert. La langue française en compte un bien plus grand nombre, et nous confondons dans la même appellation alphabétique et sous la même lettre leurs sons parfois si différents. Prenez la *Méthode de Port-Royal*, elle vous dira que nous avons quatre sortes d'*e*, dont la prononciation se retrouve dans le mot *déterrement*; consultez Duclos, son habile commentateur, il vous en indiquera un cinquième, qui est moyen entre l'*é* fermé et l'*è* ouvert bref, comme le deuxième *e* de *préfère* ou le premier de *succède*; ouvrez Trévoux, il vous en fera reconnaître six et même sept; enfin, ayez recours à l'*Encyclopédie*, et Dumarsais vous en montrera jusqu'à huit ou neuf, et peut-être même davantage. L'*e* se confond presque avec l'*a* dans les langues romaines, et souvent avec l'*o* dans les langues slavonnes. Il a trois nuances en Allemand. En Anglais, il est également nuancé, mais très-fréquemment aussi il se transforme en *i*. En russe, en polonais, l'*e* bref se change souvent en *o*.

Au milieu de toutes ces supputations diverses, constatons l'existence chez nous de trois sortes d'*e* bien distincts, l'*è* ouvert, l'*é* fermé et l'*e* muet, qui tous les trois sont faciles à distinguer dans les mots *sévère*, *fermeté*, *évêque*, *échelle*, etc., et reconnaissons en même temps que ces trois sortes d'*e* sont susceptibles d'un degré de vocalisation plus ou moins intense. C'est ainsi que l'*è* ouvert, par exemple, n'aura qu'un son aigu dans *père*, *mère*, *nièce*, *clientèle*, et dans tous les mots où il sera suivi d'une consonne avec laquelle il forme la même syllabe, *ciel*, *chef*, *autel*, *examen*, *vient*, à moins toutefois que cette consonne ne soit un *s* ou un *z*, ou le *nt* de la troisième personne du pluriel des verbes; qu'il prendra un son plus grave dans *nèfle*, *greffe*, etc., et qu'il deviendra enfin très-ouvert dans *accès*, *abbesse*, *tête*, *forêt*, etc. Notre *e* muet lui-même, signe écrit d'un son qui existe à peine dans notre prononciation, et qui se retrouve dans les langues les plus anciennes, dans le phénicien, dans l'hébreu, n'a pas plus un son identique que les autres vocales représentées par la même lettre, car si on l'entend peu à la fin des mots *âme*, *cime*, *dôme*, *rhume*, il ne s'entend pas du tout dans *joie*, *proie*, *j'avouerai*, tandis qu'il se fait parfaitement sentir dans les monosyllabes *je*, *me*, *te*, *que*, *de*, *ne*, etc., et dans les mots composés où entre la particule *re : redites votre affaire*. Quoiqu'il en soit, cette semi-voyelle, qu'on a comparée au son faible que l'on entend après le son fort que produit un coup de de marteau qui frappe un corps solide, n'en est pas moins, à notre avis, une des principales causes de la douceur de notre langue. L'*e* muet modifie très-heureusement chez nous les voyelles qu'il accompagne; il adoucit la prononciation de certaines consonnes, du *g*, par exemple, auquel il ôte le son guttural qu'il a toujours devant les voyelles *a*, *o*, *u* : *il mangea*, *forgeons*, *orageux*, et donne parfois d'agréables désinences à des sons qui sans lui seraient secs et durs. C'est donc bien à tort que cette vocale a été si souvent l'objet de reproches outrés, qu'on lui eût épargnés si l'on avait mieux compris tout ce que lui doit la mélodie de la langue et le système de notre versification, dont elle constitue à elle seule presque tout le rhythme.

Rappelons, en finissant, que la lettre E qu'on voit sur nos anciennes pièces de monnaies marque celles qu'on frappait à Tours. Comme signe numérique, ε vaut 5; ε, 5,000; η' 8; et η, 8,000. En latin, E fut employé pour 500. Dans la gamme musicale, on appelle E la note *mi*, et la tierce *e*, *la*, *mi*. Sur la boussole, ainsi que sur les cartes géographiques, elle marque l'est ou l'orient. On sait que dans l'impression et dans l'écriture l'E se met par abréviation pour *excellence* ou *éminence*, et que dans les calendriers ecclésiastiques il est la cinquième des sept lettres qu'on nomme *dominicales*.

PELLISSIER.

ÉACIDES, princes descendant d'Éaque. Les premiers des Éacides furent Achille, fils de Pélée, lui-même fils d'Éacus, et ensuite Pyrrhus ou Néoptolème, fils d'Achille. Ce dernier ayant passé en Épire, dont il fut roi, y laissa la tige d'Éacus, roi des siècles héroïques. Ce même Pyrrhus eut d'Andromaque un fils qui eut aussi le surnom d'Éacide. De cette tige entre autres sont issus, par la suite des temps qui remontent jusqu'à plus de 313 avant l'ère chrétienne, Olympias, la mère d'Alexandre le Grand, et Éacide, roi des Épirotes, frère de cette princesse. Cet *Éacide*, fils d'Arymbas, malgré le respect attaché à l'antiquité de son nom, fut mortellement haï de ses sujets. Détrôné, à leur grande joie, par les menées de Philippe Ier, roi de Macédoine, il ne rentra dans ses États qu'après la mort de ce prince; mais bientôt après Cassandre, fils d'Antipater, lui ayant fait la guerre pour avoir donné asile à Philippe Arrhidée, il mourut de ses blessures, l'an 313 avant J.-C., à la suite d'un combat qui se donna proche d'Œniade (aujourd'hui Drago mestro), ville d'Acarnanie, à l'embouchure de l'Achélous (aujourd'hui Aspro-Potamo). L'Éacide Alcétas, son frère, et oncle d'Alexandre le Grand, lui succéda; ses cruautés révoltèrent les Épirotes à un tel point qu'ils mirent le feu à son palais et l'y égorgèrent. La plupart des Éacides furent tués dans leur trentième année; c'est la remarque que font Pausanias et Justin.

DENNE-BARON.

ÉACIES, fête des Éginètes en l'honneur d'Éaque, leur roi. Il y avait des jeux dont les vainqueurs consacraient des couronnes dans le temple d'Éaque. Ce temple, construit de pierres blanches, lui avait élevé par tous les Grecs réunis.

Il était orné des statues des députés athéniens envoyés pour implorer l'intercession d'Éaque auprès des dieux lors de la famine qui menaçait l'Attique.

EAQUE (Αἰακος), fils de Jupiter et d'Égine, fille d'Asope, roi de Béotie, aux temps héroïques de la Grèce, naquit à Œnopie ou Émone, petite île proche de l'Attique, dans le golfe Saronique (aujourd'hui Lépante). Le Jupiter qui enleva cette princesse, selon Pausanias, ne fut point le dieu qui lance le tonnerre, et qu'on dit avoir pris pour la séduire la figure brillante d'une flamme, charmante allégorie de son amour, mais bien un roi d'Arcadie du nom de Jupiter ou Zeus, comme il y en eut tant dans la Grèce. L'équité d'Éaque le rendit plus célèbre que ses conquêtes. Mais sa justice ne sauva pas son île chérie d'une peste affreuse suscitée par *Junon*, et qui moissonna une grande partie de ses sujets, colonie d'Épidaure. Dans son désespoir, ayant par hasard les yeux fixés sur un immense chêne de Dodone, sur le tronc duquel montait et descendait une innombrable fourmilière, il souhaita que chaque fourmi devînt un homme; Jupiter, son père, exauça son souhait. Éaque appela son nouveau peuple *Myrmidons* (de μύρμηξ, fourmi). Ce lui fut une occasion de gratifier encore d'un surnom, mais de peu de durée, l'île où il vit s'opérer ce prodige : il l'appela *Myrmidonie*.

La piété d'Éaque ne le sauva pas non plus des tribulations domestiques. Il eut à exercer sa justice contre deux de ses fils, Pelée et Télamon : ils disaient avoir tué par mégarde Phocus, son fils naturel, qu'ils haïssaient, en jouant au palet ou disque; mais Éaque ne les en crut pas sur parole. Tous deux, montés sur la poupe de leurs vaisseaux, à portée de voix du rivage, ils plaidèrent leur cause, et ne purent se justifier. Exilés par les lois, ils s'éloignèrent. Télamon aborda à Salamine, petite île voisine, depuis si célèbre, dont il devint roi; Pelée descendit en Thessalie, où l'attendaient un trône, une déesse pour épouse, et Achille pour fils.

L'équité d'Éaque lui mérita après sa mort une place de juge aux enfers, entre Minos et Rhadamanthe, dont les uns le font frère; les autres veulent que Rhadamanthe soit fils de Jupiter et d'Europe, et par conséquent frère de Minos. Éaque, selon Platon et Horace, jugeait les Européens, et Rhadamanthe les Africains et les Asiatiques. Minos, leur supérieur, rectifiait leurs jugements et en éclaircissait les obscurités. DENNE-BARON.

EARL, titre de noblesse en usage en Angleterre, dérivé du danois *iarl*, remplaça, à partir de la conquête de l'Angleterre par Canut (1016), le titre saxon *ealdorman*, qui avait été jusque alors en usage (*voyez* ALDERMAN), et se maintint aussi sous la domination normande, sans que le titre français *comte* parvînt à le remplacer, quoiqu'il ait servi à dénommer les *shires* ou districts administrés par des *earls* et qu'on appela *counties*.

Jusqu'au milieu du quatorzième siècle *earl* fut le titre le plus élevé de la noblesse d'Angleterre; mais alors, quand Édouard III (1338) eut créé son fils, le Prince Noir, duc (*duke*) de Cornwall, il ne représenta plus que le second degré dans la hiérarchie nobiliaire; et même il n'en fut plus que le troisième, quand Richard II eut nommé (1386) son favori, Robert de Vere, *marquis*. Aujourd'hui le titre de *earl* est purement honorifique, et n'implique aucunement que le titulaire exerce une fonction civile quelconque.

EASTLAKE (sir CHARLES LOCK), président de l'Académie des Beaux-Arts de Londres et le premier des peintres d'histoire et de genre anglais aujourd'hui vivants, d'abord élève de l'École des Beaux-Arts de Londres, alla ensuite perfectionner ses études à Venise et à Rome, prenant surtout pour modèle Le Titien, dont il s'est approprié la manière avec beaucoup de succès, sans cependant copier ce qui constitue l'originalité de ce grand maître. Mais quand, plus tard, il revint se fixer dans son pays, force lui fut de faire d'abord des concessions au goût de ses compatriotes avant de parvenir à être unanimement apprécié et applaudit On ne comprenait pas sa couleur, qui, à bien dire, n'a pas non plus tout à fait la vivacité de celle du Titien. En outre, quelques-unes de ses compositions historiques; par exemple *le Spartiate Isadas courant tout nu du bain au combat*, n'obtinrent aucun succès. Il lui fallut dès lors se conformer au goût national et faire de la peinture de genre. Il le fit avec un rare bonheur dans une série de scènes de bandits qui datent de 1824 et auxquelles succédèrent des tableaux plus gracieux empruntés à la vie du vigneron. Plus tard, grâce à l'assistance de son protecteur Harman, il put entreprendre un voyage en Grèce, qui lui fournit une ample récolte de scènes empruntées à la vie populaire de ce pays. Nous citerons, entre autres, le beau portrait d'*Une femme grecque en costume national* et les *Refugiés grecs* (exposé en 1833). On doit encore mentionner en ce genre *L'Enfer du désespoir*, allégorie d'après Spencer; *Une Famille de Paysans attaquée par des brigands*, une autre portant le costume de Cari, etc. Toutes ces toiles brillent par la finesse de leur exécution, en même temps que par un coloris vif et chaud. En 1841 Eastlake fut envoyé à Munich, à l'effet de s'y assurer si la peinture à fresque qu'on y pratique avec tant de succès pourrait également être employée dans l'ornementation du nouveau palais construit à Londres pour le parlement, et s'il était nécessaire de faire venir en Angleterre des peintres allemands, qu'on chargerait de l'exécution de ces travaux. Il se prononça pour l'affirmative en ce qui touchait la convenance et l'utilité d'employer ce procédé de peinture, et commença immédiatement, avec sept autres artistes, l'exécution des travaux qui lui avaient été confiés dans l'ornementation générale de l'édifice; ce qui, toutefois, ne l'empêcha point de continuer à envoyer aux diverses expositions nouvelles des preuves de son activité. Ainsi on y vit de lui des *Pèlerins apercevant de loin la Cité sainte*, et une *Héloïse* qui rappelle tout à fait la manière des peintres de l'ancienne école vénitienne. Une justice à rendre aussi à cet artiste, c'est que chacun de ses ouvrages a constaté chez lui un progrès nouveau, et comme exécution finie et comme harmonieuse intelligence du sujet. On peut dire d'Eastlake, homme d'ailleurs fort instruit, qu'il pense et fait penser. Comme écrivain, son premier ouvrage fut une traduction de la *Théorie des Couleurs* de Gœthe. Sa femme a aussi traduit le *Manuel de la Peinture*, de Kugler, du moins la partie de cet ouvrage qui se rapporte aux écoles italiennes (Londres, 1842). Une nouvelle édition de cet ouvrage, enrichie de nombreuses notes par Eastlake et illustrée par Scharf, a paru en 1851. Il a publié ensuite des *Materials for a history of oil painting* (1847). Enfin Bellenden Ker a réuni toutes ses dissertations, éparses dans diverses Revues, et les a publiées sous le titre de *Contributions to the literature of the fine arts* (1848).

Eastlake a longtemps rempli les fonctions de bibliothécaire de l'Académie et de conservateur de la Galerie nationale. Depuis 1851 il est président de l'Académie des Beaux-Arts et baronet. Ses ouvrages ont été maintes fois gravés par les meilleurs graveurs de l'Angleterre.

EAST-MEATH, ou simplement MEATH, comté de la province de Leinster, en Irlande, situé entre la mer d'Irlande, les comtés de Dublin, de Kildare, de Weast-Meath, Louth et Ulster, d'une superficie de 20 myriamètres carrés environ, comptait encore en 1841 une population de 183,900 habitants, qui en 1851 était réduite à 139,700 âmes. C'est un pays presque entièrement plat, dont la monotonie n'est interrompue que çà et là par quelques collines, et qu'arrosent la Boyne et son affluent le Blackwater, le Nanywater et quelques autres cours d'eau, de moindre importance. A l'exception des marais de Loughhail, le sol en est très-fertile et abonde en riches prairies. Les habitants s'occupent d'agriculture et d'élève de bétail, et exportent, surtout à Dublin, de la farine, de la drêche, du gros bétail, du beurre et du fromage, des toiles fines, des toiles à sac, de la laine et des peaux de lapin.

Ce comté a pour chef lieu *Trim* sur la Boyne, ville de 2,500 habitants, siége des assises du comté, où l'on voit une colonne d'ordre corinthien élevée en l'honneur du duc de Wellington, qui naquit dans cette paroisse, et où résidait le parlement irlandais au quinzième siècle. Il faut aussi citer *Navan* et *Kells*, sur le Blackwater, toutes deux avec 4,000 habitants.

EAU. Parmi les substances qui se tiennent ordinairement à l'état liquide sur la surface de la planète que nous habitons, l'eau doit occuper le premier rang, tant par son abondance que par son utilité. Sans eau, il n'y a pas d'être organisé possible: aussi les anciens avaient-ils compté cette substance au nombre des quatre éléments. Ils lui attribuaient même la formation de tous les corps. Depuis les expériences de Cavendish, de Lavoisier, de Monge, etc., cet élément s'est trouvé un composé d'oxygène et d'hydrogène, contenant en volume une partie d'oxygène sur deux d'hydrogène, et en poids 88,9 d'oxygène sur 11,1 d'hydrogène. Pour le chimiste l'eau n'est autre chose que le *protoxyde d'hydrogène*.

L'eau considérée physiquement est dans l'état liquide d'une transparence parfaite, sans couleur, sans odeur, insipide, ou d'un goût qu'on ne peut définir. Elle a de l'affinité pour le très-grand nombre des corps dont elle mouille la surface. Elle se combine en toutes proportions avec le vin, l'eau-de-vie, le lait, etc. Les huiles, les graisses, les résines ne se mêlent pas avec elle. L'eau dissout la plupart des sels, et un grand nombre de cristaux provenant de matières végétales, telles que le sucre, etc. Cette substance à l'état liquide s'insinue avec force dans le bois, le sable, les tissus, etc.: une corde de chanvre se tend extraordinairement quand elle est exposée à l'humidité; il arrive souvent que celles d'un instrument à cordes se rompent. Un coin de bois sec, enfoncé dans une tranchée pratiquée dans un bloc de pierre, fait éclater le bloc lorsqu'on humecte le coin. Les usages de cette substance sont innombrables: à l'état liquide, elle sert de véhicule aux vaisseaux qui sillonnent l'Océan, ou qui voguent sur les fleuves, les lacs. Dans les canaux, les barques, par son moyen, franchissent des montagnes, des vallées. Comme l'air, l'eau est indispensable à l'entretien de la vie des animaux. C'est dans son sein que croissent et se multiplient ces races innombrables de poissons, d'amphibies, d'animaux aquatiques, dont plusieurs, tels que la baleine, sont des colosses à côté des plus gros quadrupèdes. C'est dans l'eau que se forment les perles, la nacre, l'écaille, le corail, et une multitude de coquillages dont plusieurs sont d'une beauté admirable. L'Océan nourrit des poissons qui par la variété, l'éclat de leurs couleurs, sont comparables aux oiseaux les plus brillants, la *langouste* et la *lune de mer* par exemple. L'eau convertie en vapeur forme les nuages, se résout en pluie, et devient un des principes les plus fécondants de la végétation. L'eau courante est le moteur le plus économique dont les hommes puissent disposer; chauffée à un certain degré, elle devient un agent d'une force illimitée (machine à vapeur) sous la main des mécaniciens de nos jours. Enfin, l'eau est un des beaux ornements de cet univers; point de paysage satisfaisant s'il n'offre des ruisseaux, des lacs, des cascades: quoi de plus majestueux que le cours d'un grand fleuve! quel spectacle plus imposant que celui d'une mer courroucée!

L'eau qui enveloppe une partie du globe (*voyez* EAU DE MER), ou qui coule dans son intérieur ou à sa surface, en ruisseaux, fontaines (*eaux douces*), contient toujours des matières hétérogènes, dont on la débarrasse par l'évaporation ou la distillation. Les eaux de puits, de rivière, tiennent en dissolution des matières pierreuses et calcaires: ce sont ces matières qui, en se solidifiant, forment dans les cavernes les pétrifications connues sous les noms de *stalactites* et de *stalagmites*. Ces matières étrangères rendent l'eau impropre à dissoudre le savon, cuire les aliments etc.: aussi serait-il avantageux que les murs des puits fussent construits vers le bas en pierres non calcaires. Les eaux stagnantes et puantes contiennent des matières animales ou végétales corrompues.

[L'eau, le plus grand dissolvant de la nature, après le calorique et l'électricité; l'eau, ce principe si répandu, élémentaire de toute organisation et du corps humain en particulier, puisqu'il est vrai qu'un cadavre du poids de cent livres évaporé jusqu'à siccité complète n'en pèse plus que sept ou huit; l'eau, qu'on pourrait appeler la boisson universelle, pourvue des qualités qui constituent sa bonté, fraîche, vive et limpide, est le premier des désaltérants. Parfaitement appropriée aux besoins de l'économie, elle entretient la fraîcheur et la santé chez les individus qui s'en tiennent à son usage, comme on peut en juger par le teint fleuri de la plupart des *hydropotes*. Conjointement avec la continence, elle passe pour très-propre à conserver les forces et même à prolonger la vie. Ce n'est que chez les individus habitués aux boissons stimulantes que l'eau se montre insuffisante à l'entretien des fonctions digestives; néanmoins l'eau ingérée en trop grande quantité peut causer des indigestions; prise à l'état de fraîcheur et de pureté, lorsque le corps est en transpiration, elle peut susciter de graves maladies; sa trop grande quantité dans les mêmes circonstances provoque des sueurs immodérées. Il convient alors d'en user avec discrétion et d'en tempérer les propriétés fâcheuses par l'addition de quelques gouttes d'une liqueur alcoolique. L'histoire nous apprend que les anciens, à la suite de leurs repas, buvaient de l'eau chaude avec autant de sensualité que nous prenons aujourd'hui le café. Dr FORGET.]

Pour obtenir l'eau dans son état de pureté, il faut la distiller plusieurs fois. Ne croyez pas cependant que de l'eau parfaitement dégagée de toute matière hétérogène formerait une excellente boisson: elle n'est propre à cet usage qu'autant qu'elle est combinée avec une certaine quantité d'air. De l'eau qui a bouilli doit être rejetée. En été, les eaux de rivière, celle de la Seine par exemple, sont moins salubres qu'en hiver, attendu que la température élevée de l'atmosphère leur a fait perdre une partie de l'air qu'elles contenaient, et qu'ayant diminué de volume par l'effet de la sécheresse, elles contiennent proportionnellement une plus grande quantité de matières organiques corrompues. L'eau qui provient de la glace fondue ne contient pas assez d'air pour être potable. Rien de plus facile que d'aérer des eaux; il suffit de les agiter dans un lieu qui ait des communications avec l'atmosphère. L'eau peut absorber un vingt-cinquième de son volume d'air. L'air extrait de l'eau est plus oxygéné que celui de l'atmosphère: suivant Thénard, il contient 0,32 d'oxygène. Pour connaître la quantité de matières solides, telles que le sulfate de chaux, le carbonate de chaux, que l'eau d'une source, d'un puits, tient en dissolution, on fait évaporer le liquide dans un vase étamé ou vernissé placé sur un foyer; on juge de la pureté de l'eau par la quantité et la nature du résidu. On peut regarder comme bonnes à boire les eaux vives, limpides, sans odeur, dans lesquelles les légumes cuisent bien, et qui dissolvent le savon sans produire de grumeaux, qui conservent leur transparence, quoiqu'on y mêle du nitrate de baryte, d'argent, de l'oxalate d'ammoniaque, et qui évaporées jusqu'à siccité laissent peu ou point de résidu. Parmi les eaux qui s'offrent naturellement à l'observateur, celle de pluie, de neige, sont les moins impures. Dans les pays dépourvus de sources et de rivières, on les reçoit dans les citernes. Pour que ces eaux soient bonnes à boire, il faut les filtrer et les aérer, car les eaux de pluie contiennent peu d'air, et d'ailleurs elles entraînent, surtout lorsqu'elles commencent à tomber, des impuretés et des matières organiques qui se corrompent dans la citerne et donnent un mauvais goût à l'eau. Voilà pourquoi le liquide contenu dans ces réservoirs est plus malsain en été qu'en hiver, parce qu'il est renouvelé plus souvent dans cette dernière saison. Il est des pays où les eaux produisent des infirmités, les goîtres, par exemple, qu'on pourrait qualifier d'*endémiques*, le crétinisme, etc.

Les eaux qui ont traversé les grandes villes sont réputées impures. Ce n'est pas sans raison : elles contiennent nécessairement une grande quantité de matières organiques. En effet, de l'eau de la Tamise embarquée sur des vaisseaux qui voyageaient sous diverses latitudes fermenta et se clarifia spontanément, comme aurait fait un liquide vineux, au grand étonnement des navigateurs. Ce phénomène était dû aux matières organiques que l'eau du fleuve qui baigne Londres tient en dissolution. L'eau de la Seine ne jouit pas d'une fort bonne réputation sous le rapport de la pureté; cependant une même quantité d'eau puisée en amont et en aval de la ville de Paris, au pont d'Austerlitz et au pont d'Iéna, au milieu du courant, donne les mêmes résultats à l'analyse. On prétend, non sans raison, que les impuretés que la Seine reçoit à Paris ne forment pas la cent millième partie du volume de ses eaux, et des savants de l'Institut ont déclaré par expérience qu'il était impossible de reconnaître un millième de matières corrompues mêlées à de l'eau pure.

L'eau est la base de presque toutes les boissons ; elle sert de véhicule à une foule de médicaments, aux tisanes; souvent même elle pourrait à elle seule en tenir lieu.

On sait de quelle importance encore est l'eau pour l'agriculture, soit qu'elle provienne de la pluie, de la rosée, ou d'un arrosement artificiel, ou bien qu'elle soit distribuée sur la terre par des canaux d'irrigation.

Le poids de l'eau sert de point de comparaison pour apprécier la densité des corps solides et liquides ; l'air sert d'unité pour les corps gazeux. Or, le poids de l'eau est au poids de l'air comme 1 est à 0,0012802, ou, ce qui revient au même, à volume égal l'eau pèse 781 fois plus que l'air. L'eau a été prise aussi pour type de l'unité de poids dans le système métrique : le gramme équivaut au poids d'un centimètre cube d'eau pure.

L'eau réfractant les rayons au-delà du point déterminé par le calcul qui correspond à sa densité, le grand Newton soupçonna que ce liquide devait contenir un principe combustible (l'hydrogène). La chimie moderne a justifié les prévisions du philosophe anglais. L'eau comprimée avec force et subitement produit de la lumière. Les causes de ce phénomène sont probablement les mêmes que celles qui font dégager du feu dans le briquet pneumatique. L'eau pure est un bon conducteur du fluide électrique; les fluides produits par la pile la traversent plus difficilement; elle est mauvais conducteur du calorique. Ce liquide est très-peu compressible, car sous le poids d'une atmosphère (celui d'une colonne de 76 centimètres de mercure) son volume ne diminue que de 45 à 46 millionièmes; il est vrai que les liquides en général sont fort peu compressibles : c'est cette propriété qu'on a mise à profit dans l'excellente machine connue sous le nom de *presse hydraulique*. L'eau, du reste, est élastique puisqu'elle transmet les sons.

L'eau passe de l'état liquide à l'état solide de deux manières, 1° par l'abaissement de température (quand elle gèle) : dans cette circonstance, son volume diminue progressivement jusqu'à ce qu'elle ait atteint la température de 4 degrés environ au-dessus du zéro du thermomètre; c'est alors qu'elle a ce qu'on appelle son *maximum* de densité (qu'elle pèse le plus sous le même volume). A partir de ce point le liquide se dilate, et si le vase qui le contient est en repos, sa température peut descendre jusqu'à 5 degrés au-dessous de zéro sans qu'il gèle; mais sitôt qu'on secoue le vase, il paraît à l'instant une multitude de petits glaçons, qui en se groupant ensemble forment une masse d'eau gelée dont le volume est plus grand que celui du liquide dont elle provient. De l'eau pure gèle à une température plus basse que celle qui contient des matières bourbeuses. On estime que 14 litres d'eau produisent 15 litres de glace. Voilà pourquoi les vases qui contiennent de l'eau cassent quand celle-ci gèle; c'est à la même cause qu'il faut attribuer les ruptures longitudinales des arbres pendant les hivers rigoureux. Si les bras, les têtes des statues de marbre qui décorent nos jardins publics se détachent pour ainsi dire spontanément, c'est l'eau convertie en glace qui est l'agent de ces dégradations : en effet, si le bloc de marbre dont on a extrait la statue avait des fissures imperceptibles naturelles, ou produites par l'explosion de la poudre qui l'a détaché du banc de la carrière, le ciseau de l'artiste s'est exercé sur une matière traîtresse. De l'eau gelée dans un canon de fer épais d'un doigt l'a rompu en deux endroits; on a calculé que la force employée par la glace pour rompre une sphère ou boule de métal équivalait à un poids de 13,860 kilogrammes.

L'eau passe encore à l'état solide en se combinant avec des sels et autres matières : si, par exemple, vous versez de l'eau sur du plâtre, de la chaux, le liquide se combinera avec ces matières si intimement qu'il ne sera plus appréciable ni à la vue ni au toucher. L'eau qui se solidifie en se combinant avec un sel s'appelle son *eau de cristallisation*. On peut considérer le pain, même celui qui est dit *rassis*, comme contenant de l'eau à l'état solide.

Comme tous les autres corps, l'eau passe à l'état fluide ou de vapeur par l'effet de la chaleur. Si la température est suffisamment élevée, elle devient tout à fait invisible. En se vaporisant, l'eau éprouve auparavant ce qu'on appelle *ébullition*.

Il est étonnant que depuis Aristote jusque vers la fin du dix-huitième siècle les savants aient considéré l'eau comme une substance simple, car sa décomposition a lieu sous les yeux de tout le monde et de cent manières différentes : laissez tomber une goutte de ce liquide sur un fer chaud, il se produira un gaz, qui, recueilli dans des appareils convenables, sera reconnu pour être du gaz hydrogène. Dans cette expérience, une partie de l'oxygène de l'eau se combine avec le fer et laisse par conséquent en liberté une partie de l'hydrogène avec lequel il était combiné. La décomposition de l'eau peut avoir lieu à froid, ce qui arrive lorsqu'un métal exposé dans un lieu humide se couvre d'oxyde (se rouille).

Lavoisier et les physiciens ses contemporains décomposaient l'eau en la faisant passer dans un canon de fusil exposé au feu; l'oxygène se combinait avec le fer du canon, et ils s'arrangeaient de manière à pouvoir recueillir le gaz hydrogène qui était mis en liberté. Les chimistes de nos jours procèdent autrement : ils mettent des fils, des lames très-minces, des petits copeaux de fer dans un tube de porcelaine; ils chauffent le tout jusqu'au rouge cerise; un vase placé sur un foyer, et qui contient de l'eau, communique avec l'intérieur du tube de porcelaine. Le liquide, converti en vapeur, s'introduit dans ce dernier; son oxygène se combine en partie avec le fer, et le gaz hydrogène qui se dégage, mêlé avec de la vapeur d'eau, passe dans un flacon enveloppé de glace. La vapeur d'eau, condensée par le froid, reprend l'état liquide, et le gaz se trouve complétement isolé. On peut au moyen de ce procédé convertir entièrement en gaz un volume d'eau donné.

On est parvenu à décomposer l'eau en faisant passer à travers sa masse une forte décharge de fluide électrique; le succès de l'expérience est plus certain si le fluide est conduit dans la masse d'eau par des fils de platine recouverts d'une couche de résine, et terminés en pointes très-fines : l'électricité, s'accumulant à l'extrémité de ces pointes, agit fortement sur les molécules aqueuses qui les environnent, aussi se dégage-t-il de petites bulles aériformes qui ne sont autre chose que les principes de l'eau. Le résultat est plus prompt quand on fait arriver en même temps par chaque fil des électricités de nature différente (vitrée et résineuse).

De toutes les manières de décomposer l'eau, la plus intéressante est sans contredit celle qu'on opère au moyen de la pile. Voici comment on procède : on prend un tube de verre recourbé en forme de V, on le rempli d'eau, puis on bouche ses deux orifices avec du liége; on fait passer à travers chaque bouchon un fil de platine ou d'or pur; on les enfonce de manière que leurs extrémités soient peu éloignées l'une de l'autre. Ces préparatifs étant faits, on observe qu'il se dégage autour des extrémités des fils de petites bulles qui vont se loger les unes d'un côté, les autres de l'autre, au-dessous des bouchons; on recueille ces gaz, et l'on reconnait que le fil qui est en communication avec le pôle positif de la pile a dégagé de l'oxygène, tandis que l'autre fil, qui est en contact avec le pôle négatif, a dégagé de l'hydrogène. Si on mesure la somme de ces gaz, on trouve que le volume de l'oxygène est la moitié de celui de l'hydrogène. Le succès de l'expérience est beaucoup plus rapide lorsque l'eau contient des acides ou des sels en dissolution.

Comme il est toujours plus facile de former un alliage de deux ou plusieurs métaux que de le décomposer, il est aussi très-facile de composer de l'eau en combinant du gaz oxygène avec du gaz hydrogène : on y parvient en brûlant ces gaz dans un ballon de verre; on les allume au moyen d'une etincelle électrique (*voyez* EUDIOMÈTRE).

Il se produit de l'eau toutes les fois qu'on fait brûler de l'hydrogène, même en plein air, parce qu'en brûlant il se combine avec l'oxygène de l'atmosphère; on observe ce phénomène dans les lampes qui sont alimentées par le gaz hydrogène. L'eau qui se forme est recueillie dans un godet suspendu au-dessous de la lampe. TEYSSÈDRE.

EAU ARTÉRIELLE ou EAU DE BENELLI. *Voyez* CRÉOSOTE.

EAU BÉNITE. Son usage est très-ancien dans l'Église catholique, comme on peut s'en convaincre en lisant saint Jérôme, la vie de saint Hilarion, etc. Il y avait dans l'ancienne loi plusieurs aspersions semblables. On attribue l'institution de cette pratique au pape saint Alexandre, martyrisé sous Adrien. La bénédiction de l'eau précède d'ordinaire la grand'-messe et a lieu en présence des fidèles. Le prêtre exorcise l'eau et le sel à part, puis il les mêle en disant : « Que le mélange du sel et de l'eau ait lieu au nom de Père, et du Fils, et du Saint-Esprit. » Il termine la cérémonie par cette prière : « Mon Dieu, nous vous supplions très-humblement et très-respectueusement de regarder d'un œil favorable ce sel et cette eau que vous avez créés, de relever leur vertu, de les sanctifier par la rosée de votre grâce, afin que, par l'invocation de votre saint nom, toute corruption de l'esprit impur soit bannie des lieux où l'on aura fait l'aspersion, que la terreur du serpent venimeux en soit éloignée, et qu'en implorant votre miséricorde, nous soyons assistés en tout lieu par la présence du Saint-Esprit, par Notre-Seigneur Jésus-Christ. » L'exorcisme du sel et de l'eau ressemble beaucoup à ce qui est prescrit dans les *constitutions apostoliques*. Quant à la formule de bénédiction, on la retrouve dans de très-anciens missels.

On ne fait aucune bénédiction, aucune cérémonie, sans aspersion d'eau bénite. Les fidèles en conservent chez eux. Il n'y a point d'église où ne soit placé à l'entrée un vase rempli d'eau bénite, nommé *bénitier*, afin que chaque catholique qui s'en sert se rappelle qu'il a été régénéré par les eaux du baptême, qui seules lui donnent le droit de participer aux mystères. Malebranche n'entrait jamais dans sa cellule et n'en sortait jamais sans prendre de l'eau bénite. Il s'est introduit des superstitions dans l'usage de l'eau bénite : l'abbé Thiers les a relevées dans son fameux *Traité des Superstitions*.

Dans l'Eglise orientale, la bénédiction de l'eau a lieu solennellement le 6 janvier, jour des Rois, en commémoration du baptême que le Christ reçut de saint Jean-Baptiste dans le Jourdain. Dans l'Eglise latine, la bénédiction de l'eau se fait surtout d'une manière solennelle les jours de Pâques et de la Pentecôte.

EAU BÉNITE DE COUR, vieille expression, dont l'origine est inconnue, et par laquelle on entend ces grandes caresses, ces belles protestations d'amitié, ces beaux sentiments simulés de gens de cour, ces promesses fastueuses en fin qui ne sont jamais suivies d'aucun effet. Cette espèce *d'eau bénite* continuera d'être en usage et de faire des dupes tant qu'il y aura des cours et des courtisans; c'est assez dire jusqu'à la fin des siècles, car il ne peut pas cesser d'y avoir des cours, par la raison qu'il y aura toujours des courtisans. C'est d'ailleurs une monnaie courante, fort commode et très-légère, qui ne ruine point celui qui donne, qui n'enrichit point, il est vrai, mais qui ne charge pas, non plus, celui qui la reçoit, et dont la valeur conventionnelle a moins à redouter la dépréciation que le papier des meilleures banques, parce qu'elle a pour garantie la vanité humaine.

EAU BLANCHE. *Voyez* EAU DE GOULARD.

EAU CÉLESTE. On l'obtient en dissolvant 2 décigrammes de sulfate de cuivre dans 250 grammes d'eau distillée, et ajoutant ensuite de l'ammoniaque liquide en quantité suffisante pour précipiter l'oxyde de cuivre, puis le dissoudre en beau bleu. Cette eau est employée quelquefois en médecine comme astringente et siccative, dans les ophthalmies chroniques, les brûlures, etc. En chimie, c'est un des réactifs dont on se sert pour reconnaître la présence de l'acide arsénieux, avec lequel elle forme de l'arsénite de cuivre ou *vert de Scheele*. Dans les arts, elle est usitée pour remplir les globes de verre que quelques artisans interposent, le soir, entre l'objet qu'ils travaillent et la lumière qui les éclaire; mais alors il convient de l'étendre d'une assez forte proportion d'eau, pour qu'elle n'offre plus qu'une teinte très-légèrement azurée.

P.-L. COTTEREAU.

EAU D'ARMAGNAC. *Voyez* EAU DE BONFERME.

EAU D'ARQUEBUSADE. *Voyez* EAU VULNÉRAIRE SPIRITUEUSE et EAUX-BONNES.

EAU DE BENELLI. *Voyez* CRÉOSOTE.

EAU DE BONFERME. Cette eau, connue encore sous les noms d'*eau d'Armagnac*, de *teinture céphalique*, d'*essence céphalique*, est employée comme vulnéraire après les chutes ou coups reçus sur le crâne; on s'en sert quelquefois aussi dans les cas de douleurs de tête chroniques et sans symptômes d'inflammation. Elle est composée de muscades, girofles et cannelle, de chaque 30 grammes, de fleurs de grenadier 38 grammes, et d'alcool à 22 degrés 500 grammes. On fait macérer le tout pendant quinze jours, on passe avec expression, on verse de nouveau sur le résidu 500 grammes d'alcool, et après une seconde macération, aussi prolongée que la première, on passe en exprimant fortement; on réunit les deux liqueurs, on filtre et on conserve dans un flacon hermétiquement bouché. Le mode d'emploi de cette eau consiste à en verser une demi-cuillerée environ dans le creux de la main, et à l'aspirer fortement par le nez. P.-L. COTTEREAU.

EAU DE BOUQUET. Ce produit, appelé aussi *eau de toilette*, est une composition d'une odeur fort agréable, et qui se prépare par le simple mélange de plusieurs alcoolats aromatiques. Elle est formée d'alcoolat de miel odorant 60 grammes d'alcoolat de girofles, 30 grammes; d'alcoolat, d'acore aromatique, de lavande et de souchet long, de chaque 15 grammes; d'alcoolé sans pareil 125, grammes; d'alcoolé de jasmin, 35 grammes; d'alcoolé d'iris de Florence, 30 grammes, et d'alcoolé de néroli, vingt gouttes. Quelquefois, pour en relever l'odeur, on joint à toutes ces substances une petite proportion d'ambre gris ou de musc. Outre ses usages comme objet de toilette, l'eau de bouquet peut être employée à la préparation d'une liqueur de table fort agréable, par l'addition d'une suffisante quantité de sucre et d'alcool. P.-L. COTTEREAU.

EAU DE CHAUX. *Voyez* CHAUX (Eau et Lait de).

EAU DE COLOGNE. Cette eau, appelée encore *alcoolat de citrons composé*, n'est d'usage aujourd'hui que pour la toilette; mais elle est sans contredit la plus célèbre et peut-être la plus employée de toutes les préparations de parfumerie usitées de nos jours. Sans parler de son origine, sur laquelle on est loin de s'accorder, et qui a été journellement exploitée par une foule de charlatans, qui se prétendent ou les héritiers de l'inventeur ou les seuls dépositaires de la *véritable eau de Cologne*, il nous suffira de dire qu'il existe une foule de formules, plus ou moins compliquées, les unes avec distillation, les autres par simple mélange et filtration, pour préparer cette composition : nous choisissons parmi elles la suivante, comme donnant, à notre gré, un produit parfaitement suave : essences de bergamote, de citron, de limette, d'orange, de petit grain, de chaque 60 grammes; essences de cédrat, de romarin, de chaque 30 grammes; essences de lavande, de fleurs d'oranger, de chaque 15 grammes; essence de cannelle, 8 grammes; alcool à 32 degrés 6 kilogrammes. On distille au bain-marie jusqu'à siccité, puis on ajoute au liquide obtenu : alcoolat de mélisse composé, 1 kilogramme et demi; alcoolat de romarin, 250 grammes; on mêle exactement. L'eau de Cologne ainsi préparée est d'une odeur très-agréable; elle peut encore être bonifiée par l'addition de 500 grammes d'*eau de bouquet*.

On doit se défier des eaux de Cologne à bon marché; nous avons été à même de voir des marchands ambulants en préparer avec de mauvaise eau-de-vie bien décolorée, des essences de lavande et de romarin, un peu de néroli et une certaine quantité d'alcool de benjoin pour communiquer à ce composé la propriété de blanchir fortement l'eau dans laquelle on le verse, caractère que les gens du monde interrogent généralement pour reconnaître la bonne qualité, bien qu'il ne puisse l'indiquer d'une manière absolue. Nous avons même vu de prétendue eau de Cologne, destinée à être vendue aux habitants des campagnes, dans laquelle l'alcool était remplacé par de l'eau ordinaire légèrement acide, rendue amère par la coloquinte et aromatisée par l'agitation avec quelques essences communes.

> .... *Quid non mortalia pectora cogis,*
> *Auri sacra fames!*........................

P.-L. COTTEREAU.

EAU DE COMBINAISON et **EAU DE CRISTALLISATION.** L'eau dissout un grand nombre d'acides, de bases et de sels. Quelques-unes de ces dissolutions, à quelque température qu'on les soumette, retiennent toujours une partie de leur eau, ordinairement un équivalent, qui paraît alors former un véritable composé chimique auquel on donne le nom d'*hydrate*. Cette eau a été appelée *eau de combinaison* ou *de constitution*, pour la distinguer de *l'eau de cristallisation*, c'est-à-dire de l'eau nécessaire à certains corps pour revêtir des formes géométriques. L'eau de cristallisation ne paraît pas être combinée chimiquement. Quelquefois elle l'est si faiblement que, par exemple, dans certains sels, que l'on nomme *efflorescents*, elle s'en va à la température ordinaire, de sorte que les cristaux se réduisent en une poussière amorphe.

EAU DE FLEUR D'ORANGER. Cette eau, improprement appelée dans le monde, et même par le plus grand nombre des auteurs, *eau de fleur d'orange*, est obtenue par la distillation de l'eau ordinaire sur les fleurs de l'oranger, récentes ou conservées à l'aide du sel commun. Suivant les proportions de fleurs employées et de produit obtenu, on lui donne différents noms dans le commerce : ainsi, on a l'eau *quadruple* lorsqu'on se borne à retirer kilogramme pour kilogramme, l'eau *triple* lorsqu'on retire trois kilogrammes de produit pour deux kilogrammes de fleurs, l'eau *double* en retirant deux kilogrammes pour un kilogramme, et l'eau *simple* en étendant la double de partie égale d'eau commune. Au moment de sa préparation, l'eau de fleur d'oranger est peu odorante; mais son odeur se développe au bout d'un certain temps, et elle devient alors très-suave. Elle contient souvent de l'acide acétique libre, et quelquefois en assez grande quantité pour qu'il soit possible d'en reconnaître la présence par le goût. Aussi ne peut-on trop recommander aux pharmaciens de préparer eux-mêmes, autant que possible, celle qu'ils emploient dans leurs officines; car une grande partie de celle qui nous arrive du midi étant expédiée dans des *estagnons*, espèces de vases en cuivre, on conçoit aisément que, par le contact prolongé de ce métal, l'eau contenant de l'acide acétique contracte une saveur métallique très-désagréable et peut même devenir dangereuse. Lorsqu'on est obligé de recourir à cette eau du commerce, il convient, dans tous les cas, de l'essayer par l'ammoniaque liquide, afin de s'assurer si elle renferme ou non un sel de cuivre.

Un autre motif qui doit encore engager les pharmaciens à s'abstenir d'employer l'eau de fleur d'oranger qui vient de nos départements méridionaux, c'est la fréquence des imitations, soit par la distillation des feuilles et des fruits de l'oranger, soit mieux au moyen du néroli très-fin, que l'on divise dans l'eau à l'aide de la magnésie.

L'eau de fleur d'oranger, très-employée en médecine, ou comme médicament, à titre de calmant et d'antispasmodique, ou pour aromatiser diverses préparations et en masquer l'odeur et la saveur désagréable, est d'un usage non moins fréquent dans l'économie domestique : c'est en effet l'un des aromates auxquels on a le plus ordinairement recours dans la confection des crèmes, des pâtisseries, etc.

P.-L. COTTEREAU.

EAU DE GOUDRON. Pour l'obtenir, on met dans une cruche 500 grammes de *goudron* du Nord, et on verse par-dessus dix kilogrammes d'eau commune. On agite souvent avec une spatule, pendant les vingt-quatre premières heures du contact, puis on décante et on rejette le liquide. Alors on ajoute une nouvelle quantité d'eau, on laisse macérer pendant une quinzaine, en agitant de temps en temps; on décante et on filtre. On peut verser un grand nombre de fois sur le résidu de nouvelle eau, qui se sature à son tour.

L'eau de goudron, de teinte un peu jaune, odorante et très-légèrement acide, contient par chaque kilogramme environ 43 centigrammes de principes solubles. On ne sait au juste si toute la substance du goudron se dissout, mais il est peu probable qu'il en soit ainsi.

Prônée par *Berkeley*, et présentée comme dépurative et diaphorétique, l'eau de goudron est prescrite dans les maladies cutanées, dans le scorbut, dans certaines affections chroniques de la poitrine, et particulièrement les vieux catarrhes avec expectoration puriforme très-abondante, dans les blennorrhées, etc., à la dose de 125 à 250 grammes, et même plus, par jour. Mais sa saveur désagréable, et qui force presque toujours de l'étendre d'une nouvelle quantité d'eau pour l'administrer aux malades, en a singulièrement restreint l'emploi. P.-L. COTTEREAU.

EAU DE GOULARD. On donne ce nom, ou bien ceux d'*eau végéto-minérale* ou *d'eau blanche* à l'eau ordinaire blanchie par le sous-acétate de plomb liquide ou extrait de saturne. Les proportions suivies le plus ordinairement sont : sous-acétate de plomb, 30 grammes; eau commune, 935 grammes. Quelquefois on ajoute au mélange 30 grammes d'alcool à 22 degrés, ou d'*eau vulnéraire spiritueuse*. L'eau commune contenant du sulfate et du carbonate de chaux, il s'opère une double décomposition, et les sulfate et carbonate de plomb formés se précipitent sous forme de poudre excessivement ténue, ce qui occasionne le trouble et la lactescence du liquide; mais par le repos le précipité se rassemble au fond du vase, et l'eau redevient limpide. Cette décomposition ne s'étendant qu'à une petite portion du sel plombique, il en résulte que le mélange ne perd pas sensiblement de ses propriétés.

L'eau de Goulard, qui n'est jamais employée à l'intérieur, est très souvent usitée à l'extérieur comme siccative et résolutive. On la prescrit particulièrement dans les plaies contuses et dans les entorses. P.-L. COTTEREAU.

EAU DE JAVELLE. C'est le nom qu'on donne dans les arts au chlorite de potasse liquide. On s'en sert presque exclusivement pour le blanchiment du linge; mais on pourrait l'employer comme désinfectant avec autant d'avantage que les chlorites de soude et de chaux.

EAU DE LAITUE. On l'obtient en distillant à une chaleur douce des laitues cultivées, préalablement mondées et pilées dans un mortier de porphyre. On doit retirer en produit la moitié du poids des laitues employées. Cette eau, d'une odeur particulière assez faible, d'une saveur fade peu prononcée, agit comme calmant, et Deyeux a même pensé qu'à la dose de 30 grammes elle pouvait équivaloir à 5 centigrammes d'opium. Nous sommes loin de la croire aussi active, car il nous est arrivé de la prescrire à 125 grammes et plus dans les vingt-quatre heures sans en obtenir les effets d'une petite dose d'opium : cependant, nous ne la considérons point non plus comme inerte, et nous avons pu recueillir dans notre pratique plusieurs observations qui nous ont démontré d'une manière évidente l'action qu'elle est susceptible d'exercer sur l'encéphale et le système nerveux. P.-L. COTTEREAU.

EAU DE LA REINE DE HONGRIE. C'est le nom que l'on donnait autrefois à l'*alcoolat de romarin*. Sa préparation consiste à distiller deux parties d'alcool à 32 degrés sur une partie de romarin récent. Le produit, d'une odeur assez agréable, est surtout employé dans la toilette.

EAU DE LAURIER-CERISE. Cette eau est obtenue en distillant de l'eau commune sur des feuilles de laurier-cerise récoltées au commencement de l'été et récentes. On doit retirer en produit la moitié en poids de la quantité de feuilles employées, et séparer avec soin, par la filtration au travers d'un papier joseph, préalablement mouillé avec de l'eau, toute l'huile volatile qui se précipite dans l'eau distillée obtenue : en effet, cette huile est un poison des plus violents, et dont les propriétés semblent, pour l'énergie du moins, se rapprocher de celles de l'acide cyanhydrique. Cet acide existe d'ailleurs dans l'eau dont il s'agit, et il est facile d'en démontrer la présence au moyen de réactifs convenables : ainsi en ajoutant à l'eau un peu de potasse ou de chaux éteinte, et mêlant avec le soluté d'un sel de fer, on obtient un précipité qui se transforme en bleu de Prusse par l'addition de quelques gouttes d'acide chlorhydrique.

L'eau distillée de laurier-cerise constitue donc, en raison de deux de ses principes, un médicament des plus actifs, et que l'on doit ne donner qu'avec prudence et à petites doses. On l'a vue déterminer la mort à la dose de 4 à 8 grammes. Cependant, d'un autre côté, le docteur Fouquier en a donné à un grand nombre de malades jusqu'à 125, 250, 375 grammes et plus, dans un seul jour, sans que les malades en aient éprouvé aucun effet marqué. Nous ne pouvons trouver d'autre explication de ces faits, si contradictoires en apparence, que dans l'oubli ou l'emploi de la filtration, et par conséquent la présence ou l'absence de l'huile volatile. Quoi qu'il en soit, il est évident qu'elle n'offre qu'un agent thérapeutique infidèle, et quelquefois très-dangereux ; aussi beaucoup d'auteurs pensent-ils aujourd'hui qu'elle doit être bannie de la pratique de l'art de guérir, et remplacée par d'autres médicaments appropriés, dans toutes les circonstances où elle a été conseillée à titre de calmant et d'antispasmodique, comme les affections nerveuses des organes respiratoires (l'asthme, l'angine de poitrine, etc.), les palpitations, l'hypocondrie, etc.

P.-L. COTTEREAU.

EAU DE LUCE. On appelle ainsi un savonule ammoniacal particulier, résultant du mélange de l'ammoniaque liquide avec l'huile empyreumatique de succin rectifiée sur de la chaux, et associé à un intermède qui a pour objet de maintenir l'union de ces deux corps.

On possède différentes formules de ce composé : l'une des plus simples est la suivante, donnée par Poulletier de la Salle, dans ses notes sur la traduction française de la *Pharmacopée de Londres*. On fait dissoudre un demi-gramme de savon blanc dans 125 grammes d'alcool à 36 degrés, puis on ajoute 8 grammes d'huile de succin rectifiée, et lorsque la dissolution est parfaite, on y mêle une quantité suffisante d'ammoniaque liquide à 22 degrés. On agite fortement le mélange savonneux, qui devient blanc laiteux, et on le conserve dans un flacon bouché à l'émeri.

L'eau de Luce, que l'on a recommandée, comme stimulante, à la dose de quelques gouttes dans un verre d'eau sucrée, contre la syncope, la léthargie, certaines affections nerveuses, etc., est surtout employée comme caustique dans les cas de piqûres d'insectes ou de morsures d'animaux venimeux : on s'en sert aussi en dirigeant les émanations qui s'en échappent vers les narines, c'est-à-dire en la faisant flairer avec précaution, contre la migraine, et spécialement contre les douleurs de tête qui surviennent souvent à la suite des défaillances. P.-L. COTTEREAU.

EAU DE MAGNANIMITÉ. On donne ce nom à un alcoolat préparé avec la zédoaire, la cannelle, les girofles, le petit cardamome, le poivre cubèbe, les fourmis rouges, et l'alcool à 32 degrés.

Les fourmis, on le sait depuis longtemps, font virer au rouge la couleur des fleurs sur lesquelles elles passent. Ce phénomène est dû à l'acide formique qu'elles contiennent. Cet acide passe à la distillation avec l'alcool, et communique au médicament une propriété stimulante dont l'action se porte spécialement sur les organes génito-urinaires, ce que l'on reconnaît à la chaleur et à l'irritation dont l'appareil vésical devient le siége, ainsi qu'à l'orgasme vénérien, qui se manifeste bientôt. Aussi l'eau de magnanimité a-t-elle été employée quelquefois comme aphrodisiaque, à la dose de 4 à 8 grammes dans une potion appropriée. Mais on s'en sert plus souvent à l'extérieur, en frictions, comme rubéfiant et excitant, dans les cas de paralysie, d'atonie musculaire, etc.

P.-L. COTTEREAU.

EAU DE MÉLISSE. Cette eau, désignée également par les noms d'*eau des carmes*, d'*eau de mélisse spiritueuse*, d'*alcoolat de mélisse composé*, était préparée autrefois par les Carmes, au moyen d'une méthode particulière, qui avait pour but de conserver tout l'agrément des aromates employés ; mais, en raison de sa complication, elle a été modifiée, et sans que le produit en ait moins de propriété. Voici la formule que Baumé a donnée pour la préparer : mélisse en fleurs récentes, 750 grammes ; zestes de citrons récents, 125 grammes ; cannelle fine, girofles, muscades, de chaque 60 grammes ; coriandre sèche, racine d'angélique sèche, de chaque 30 grammes ; alcool à 32 degrés, 4 kilogrammes. Après avoir coupé la mélisse et les zestes, et pulvérisé grossièrement les autres substances solides, on fait digérer le tout pendant quatre jours dans l'alcool, puis on distille au bain-marie pour retirer toute la partie spiritueuse. L'eau des carmes, qui est d'une odeur balsamique très-suave et d'une saveur aromatique agréable, est dite céphalique, stomachique, tonique et vulnéraire ; on l'applique sur les contusions récentes. A l'intérieur, on la donne à la dose d'une à deux cuillerées dans une tasse d'eau sucrée, contre les débilités des voies digestives et les flatuosités ; mais, en raison de sa propriété stimulante énergique, il est bon, avant son usage, de s'assurer qu'il n'existe point de signes d'inflammation.

P.-L. COTTEREAU.

EAU DE MENTHE. *Voyez* CROTON.

EAU DE MER. Cette eau, que son goût saumâtre fait distinguer des eaux douces, en diffère chimiquement, par la présence d'une quantité variable de chlorures de sodium, de chlorhydrates de magnésie et de chaux, de bromures, d'iodures, etc. Son poids spécifique est 1,0263. Sa couleur bleu verdâtre et son odeur désagréable la caractérisent encore. L'eau de mer agit comme un purgatif violent, et si quelques personnes ont pu en boire accidentellement sans en éprouver d'inconvénient, son usage ne saurait être continué longtemps. Il serait très-avantageux pour les marins de pouvoir la débarrasser économiquement des sels qu'elle renferme; car on ne serait plus obligé de rationner l'eau douce à bord des navires, et d'un autre côté les caisses à eau ne prendraient pas une place si précieuse, surtout pour les bâtiments du commerce.

L'emploi thérapeutique de l'eau de mer est borné à l'application extérieure sous forme de lotions ou de bains (*voyez* BAINS DE MER). Son action s'explique comme celle des eaux minérales.

[L'homme qui parviendrait à rendre l'eau de mer potable par un procédé rapide et facile ferait la plus importante découverte que désirent aujourd'hui les marins. C'est une position horrible et presque incroyable que celle d'un navire pris de calme sous les feux de l'équateur, et condamné à voir périr de soif tout son équipage, alors qu'il se balance sur une mer sans fond, et qu'autour de lui, jusqu'à la dernière limite de l'horizon, l'œil n'aperçoit qu'une énorme masse d'eau; mais cette eau, piquante, amère, âpre, ne désaltère point, et sa salure est telle que toutes les tentatives faites pour l'adoucir n'ont mené jusque ici qu'à des procédés inapplicables dans la pratique. Et cependant il y a longtemps que les hommes sont à la recherche de cette découverte : les auteurs qui s'en sont occupés remontent jusqu'à Pline l'ancien. Les seuls moyens que la chimie mette à notre disposition pour arriver à ce résultat sont : la congélation, la distillation, l'infiltration.

La *congélation* : ce procédé, fondé sur les propriétés de l'eau salée, qui au moment de la solidification se partage en deux parties de salures diverses, ne produit, après une série d'opérations, qu'une boisson désagréable; et d'ailleurs, tout le monde comprendra qu'il ne faut pas songer à établir à bord d'un navire une fabrique de glace pour se procurer sa boisson journalière.

La *distillation* : le premier emploi de cette méthode doit avoir une date fort ancienne; les Espagnols s'en servirent, en 1566, au siége de Gelres : pressés de près par les Turcs, ils se procurèrent de l'eau potable en distillant de l'eau de mer à l'aide d'un alambic. Le docteur Luzureaga et don Francisco Ciscar rapportent, dans leurs *Réflexions sur les machines et manœuvres en usage à bord des navires* (1791), que les marins espagnols, dans les voyages de découvertes dans l'océan Pacifique, faisaient usage pour leur boisson d'eau de mer dessalée : le procédé employé se trouve détaillé dans la relation du voyage de Quiros à la terre Australe. « Le 6 février 1606. Ce jour là, on arrangea le four, et on dressa l'appareil pour retirer de l'eau douce de l'eau salée. Le 7 février. On chauffa le four et la machine à eau. L'eau fut reconnue par tout le monde douce, suave et bonne à boire, etc. » Baumé aussi distilla l'eau de mer, et Rochon modifia son procédé en abaissant le degré de l'ébullition de 105° à 30°, par l'expulsion de l'air atmosphérique de l'intérieur de la chaudière. M. de Freycinet, capitaine de vaisseau, tenta, il y a quelques années, de remplacer sa provision d'eau par un chargement de charbon et un alambic; je n'ai pas besoin d'ajouter que ses essais ne furent pas heureux. La voie de la distillation ne peut mener qu'à d'impuissants résultats : le charbon qu'on est obligé d'embarquer occupe plus de place que la quantité d'eau produite par sa combustion; il y a bien d'autres inconvénients encore que tout le monde saisira facilement. Quelques hommes industrieux ont pourtant imaginé de fort jolis appareils pour utiliser jusqu'au feu de la cuisine dans cette distillation : on a fait à Londres une cheminée portative dont le bassin d'eau bouillante porte deux casseroles, l'une pour le bouillon, l'autre pour la viande.

L'*infiltration* : On remplit un siphon ou tube recourbé à branches inégales de matières terreuses; on verse l'eau de mer dans un petit réservoir placé au sommet de la plus longue branche : par l'effet de son poids, et d'après les lois d'équilibre des fluides, l'eau traverse les substances intermédiaires, en faveur desquelles elle se dépouille de ses sels et remonte pour se déverser par l'orifice de la plus petite branche. Il en devrait être ainsi, mais cela n'a pas lieu : l'eau filtrée ne tombe que goutte à goutte, et elle conserve une saveur saumâtre. TH. PAGE, capitaine de vaisseau.]

EAU D'ÉMERAUDES. On appelle ainsi une eau vulnéraire spiritueuse préparée par la macération de certaines plantes aromatiques fraîches, comme l'angélique, l'absinthe, la rue, le persil, etc., dans l'alcool rectifié. Ce menstrue s'empare non-seulement des huiles volatiles et des parties résineuses, mais encore de la matière colorante verte des feuilles ou *chlorophylle*, et prend une belle teinte d'émeraude, mais qui ne tarde pas à jaunir par le contact de la lumière. P.-L. COTTEREAU.

EAU DE MIEL. Cette eau, nommée encore *alcoolat de miel composé*, *eau de miel odorante*, s'obtient en distillant au bain-marie un mélange de miel de Narbonne, de coriandre, d'écorces récentes de citrons, de girofles, de muscades, de benjoin, de storax calamite, de vanille, d'eau de roses, d'eau de fleurs d'oranger, et d'alcool à 35 degrés. Elle est d'une odeur extrêmement suave, et que l'on peut rendre plus agréable encore par l'addition d'une très-petite quantité des teintures alcooliques d'ambre gris et de musc. Cette eau n'est guère employée que pour la toilette. On peut en faire un ratafiat en y ajoutant une suffisante quantité de sucre et d'alcool. P.-L. COTTEREAU.

EAU DE NOYAUX. C'est une liqueur qu'on obtient en faisant macérer pendant un temps plus ou moins long de l'esprit-de-vin ou de l'eau-de-vie sur des noyaux de cerises, d'abricots ou de pêches concassés. On y ajoute ensuite de l'eau et du sucre et quelques substances aromatiques, comme la cannelle.

EAU DE RABEL. Cette eau, mieux appelée *acide sulfurique alcoolisé*, est formée d'alcool à 36 degrés et d'acide sulfurique à 66, dans les proportions de trois parties du premier pour une partie du second. La préparation consiste à mélanger les deux liquides dans un matras, en y introduisant d'abord l'alcool, y ajoutant ensuite l'acide par petites portions, et mêlant avec soin à chaque addition, pour que le calorique qui se dégage en grande quantité se répartisse également dans toute la masse, et que le vase ne coure pas le risque d'être brisé. On laisse ensuite en repos pendant huit jours, afin que le sulfate de plomb que l'acide sulfurique du commerce contient toujours puisse se précipiter; alors on décante la liqueur, et on la conserve dans un flacon de verre bouché à l'émeri. Quelquefois on colore avec le coquelicot, pour distinguer mieux cette eau, qui est douée d'une grande causticité, et pour éviter des méprises dans les pharmacies.

Cette eau, dont l'inventeur fut, dit-on, un charlatan du nom de Rabel, qui s'en servit avec quelque succès vers la fin du dix-septième siècle, est un astringent que l'on emploie à l'intérieur, dans les cas de flux muqueux chronique et d'hémorragies passives, à la dose de douze à vingt-quatre gouttes, et même plus, dans une boisson ou une potion appropriée. A l'extérieur, elle sert comme styptique et caustique, particulièrement dans certains cas d'hémorrhagie traumatique légère, comme après la morsure d'une sangsue, lorsque le sang coule pendant trop longtemps, ou encore après l'avulsion (l'extraction) d'une dent. P.-L. COTTEREAU.

EAU DE ROSES. On l'obtient en distillant de l'eau commune sur des pétales frais de la rose des quatres saisons, et retirant en produit le double du poids des fleurs employées. Cette eau, d'une odeur très-suave, est employée pour aromatiser diverses préparations médicamenteuses. On la fait entrer dans la composition de certains entremets sucrés et de quelques liqueurs, auxquels elle communique un parfum des plus agréables. Enfin, on s'en sert comme objet de toilette. P.-L. COTTEREAU.

EAU DES CARMES. *Voyez* EAU DE MÉLISSE.

EAU DES TROIX NOIX. On appelle ainsi une eau médicamenteuse que l'on prépare en la distillant d'abord sur des chatons de noyer, cohobant plus tard le produit sur les noix encore mucilagineuses à l'intérieur, et enfin le recohobant, à une époque plus avancée de la saison, sur des noix presque mûres. Cette eau distillée, dont on simplifie quelquefois la préparation, en se bornant à une simple distillation sur des noix nouvellement formées, est douée d'une odeur aromatique légère et assez agréable; on l'a conseillée comme stomachique, apéritive et diaphorétique, à la dose de 60 à 180 grammes. P.-L. COTTEREAU.

EAU DE TOILETTE. *Voyez* EAU DE BOUQUET.

EAU DE VÉGÉTATION. L'eau absorbée par les végétaux, soit dans le sol, soit dans l'atmosphère, est en partie décomposée sous l'influence de l'action vitale : une portion, réduite à ses éléments, est assimilée, et devient partie constituante des organes ou des produits auxquels la végétation donne naissance, tandis que l'autre, restée à l'état liquide, sert de véhicule à ces mêmes produits, et les charrie dans toutes les parties de la plante. C'est cette dernière portion que l'on désigne par le nom d'*eau de végétation*. P.-L. COTTEREAU.

EAU-DE-VIE. Par ce mot, on désigne le produit de la distillation du vin, marquant de 18 à 22 degrés au pèse-liqueur ou aréomètre de Baumé. Lorsque ce liquide alcoolique a été retiré du produit fermenté de matières sucrées autres que le moût de raisin, on lui donne des noms divers suivant son origine : ainsi, l'*eau-de vie de grains*, l'*eau-de-vie de pommes de terre*, l'*eau-de-vie de genièvre*, le *rack* ou *arak*, le *taffia* ou *rhum*, le *kirschwasser*, le *persicot*, le *calou*, le *koumiss*, etc., sont des eaux-de-vie provenant de la fermentation des céréales, de la pomme de terre, des baies du genevrier, du riz, de la mélasse, des cerises noires ou merises, du suc de pêches, de la sève de certains palmiers, du lait de jument, etc. La betterave et la carotte ont aussi servi de matière première pour la fabrication de l'eau-de-vie. Après avoir longtemps utilisé la mélasse dans le même but, on y emploie aujourd'hui le sucre. Les usages économiques de l'eau-de-vie sont trop connus pour qu'il soit besoin d'en parler ici. En médecine, on l'emploie à l'intérieur comme stimulante, à l'extérieur comme résolutive; en pharmacie et dans plusieurs arts, on s'en sert journellement à titre de dissolvant d'une foule de substances (*voyez* ALCOOL, BOISSONS, etc).

P.-L. COTTEREAU.

Le département de la Charente fournit les eaux-de-vie les plus estimées. Ce sont celles de Cognac, de Jarnac et d'Angoulême. La Charente-Inférieure en fournit aussi, mais de moins bonnes : on les rangeant suivant leur qualité, elles sont connues sous les noms d'*Aunis*, *Surgères*, *Saint-Jean-d'Angely*, *La Rochelle*, etc. Mais après les *cognacs* les eaux-de-vie les plus estimées sont les *armagnacs*, qu'on fabrique dans le Gers. La pureté de leur goût les rend propres à allonger les cognacs et à les remplacer. Sous ce rapport, les eaux-de-vie de Barcelone peuvent être comparées aux armagnacs. Les eaux-de-vie du Languedoc, généralement connues sous le nom d'*eaux-de-vie de Montpellier*, ne viennent qu'après; du reste, elles sont ordinairement livrées au commerce à l'état d'*esprits*, ce qui tend à leur ôter les bonnes qualités qu'elles pourraient avoir. Il n'est guère de pays vignobles qui ne produisent des eaux-de-vie au moins pour la consommation locale. Les départements qui en fabriquent le plus après la Charente et la Charente-Inférieure sont les Bouches-du-Rhône, la Dordogne, le Gard, le Gers, la Gironde, les Landes, le Loir-et-Cher, la Loire-Inférieure, le Lot-et-Garonne, les Hautes-Pyrénées, les Deux-Sèvres et le Var. Tous les pays vignobles produisent de l'*eau-de-vie de marc* c'est-à-dire provenant de la distillation des marcs de raisin. Le Languedoc seul en exporte. En Normandie, en Picardie, partout où le cidre se fabrique à bas prix, les paysans distillent leurs produits, et font ainsi une mauvaise eau-de-vie qui se consomme sur place. Enfin, dans les départements du nord et de l'est de la France, en Belgique, en Hollande, et dans tout le nord de l'Europe, on fabrique des masses d'eau-de-vie de grains et de pommes de terre.

Quelle que soit l'origine de l'eau-de vie, elle est toujours incolore après la distillation. La couleur qu'on trouve dans certaines espèces du commerce provient du bois dans lequel elles ont séjourné, ou plus souvent du caramel qu'on y a introduit. Les eaux-de-vie vieillies dans les fûts ont pris en effet naturellement la couleur du bois, et la coloration des eaux-de-vie par le caramel n'est qu'un moyen de simuler ce caractère de vieillesse.

L'eau-de-vie subit à Paris et dans les grandes villes des sophistications dangereuses; ces altérations permettent quelquefois de livrer à 1 fr. le litre à Paris une liqueur qui paye un droit d'entrée de 85 centimes par litre. Voici, selon le docteur Champouillon, comment procèdent les fraudeurs. « Une fois introduit en ville, l'alcool à 33° provenant le plus souvent de la fermentation des semences féculentes, est étendu des deux tiers de son poids d'eau de fontaine. Ce simple mélange n'est point encore de l'eau-de-vie; en cet état il n'est point potable, si ce n'est pour les palais avides et inexpérimentés. Pour le relever de son insipidité et lui donner de l'arôme, il suffit d'y mettre en macération certaines semences âcres, telles que celles de poivre, et enivrantes, comme celles d'ivraie ou de stramoine. La cassonade inférieure, l'infusion concentrée de fleurs de sureau communiquent ensuite à ce breuvage la saveur et le bouquet qui lui manquaient jusque-là. Si le liquide contient un excès d'acide acétique, on neutralise celui-ci au moyen de l'ammoniaque. » On conçoit que l'association de pareils ingrédiens, ayant pour véhicule de l'alcool empyreumatique est bien propre à ruiner l'estomac, à surexciter au plus haut point les centres nerveux, et finalement à produire les plus déplorables effets chez les individus qui font abus d'un si détestable breuvage. On en a vu succomber à des méningites aiguës. En effet, toutes les eaux-de-vie retirées par distillation des farines fermentées de seigle, d'orge ou de pomme de terre, contiennent une certaine proportion d'huile empyreumatique qui les rend plus enivrantes et plus dangereuses que celles qui proviennent de la distillation du vin. Cette huile augmente les propriétés excitantes de l'alcool, et semble constituer un poison spécial pour le système nerveux.

EAU-DE-VIE ALLEMANDE, préparation pharmaceutique obtenue en faisant macérer dans 3 kilogrammes d'alcool à 22 degrés 250 grammes de racines de jalap, 60 grammes de scammonée d'Alep, et 30 grammes de racines de turbith. Ce médicament est un purgatif énergique, qui convient particulièrement dans la goutte atonique, les rhumatismes chroniques, les hydropisies essentielles, etc., mais qui veut être administré avec prudence, en raison de la forte proportion de principes actifs qu'il contient : on le donne à la dose de 8 à 30 grammes et même plus, étendu d'un sirop aromatique comme celui de fleurs d'oranger, de baume de Tolu, etc., pour en faciliter l'ingestion.

P.-L. COTTEREAU.

EAU-DE-VIE CAMPHRÉE, ALCOOL CAMPHRÉ. On appelle ainsi deux solutés de camphre, qui en diffèrent que par le dissolvant employé, l'eau-de-vie ou l'alcool. Leur préparation est des plus simples : il suffit de mettre le camphre dans l'eau-de-vie ou l'alcool, en proportion suffisante, proportion qui du reste varie avec les divers formulaires.

L'eau-de-vie camphrée est employée à l'extérieur soit en lotions, soit en compresses comme résolutif dans les contusions, les entorses, les luxations, etc.; et comme stimulant et antiseptique dans le pansement des plaies qui tendent à la gangrène, et dans celui des ulcères atoniques. Dans quelques cas, M. Raspail en conseille l'administration sous forme de boisson; mais on doit alors l'étendre de dix fois son volume d'eau.

EAU-DE-VIE CARAÏBE. C'est le nom que l'on donne à un médicament très-vanté contre la goutte. Il consiste dans un soluté alcoolique de gaïacine ou matière résinoïde du gaïac, que l'on prépare dans des proportions qui varient suivant les formulaires. Du reste, il offre beaucoup moins d'intérêt qu'on ne l'a dit, car il est loin de convenir dans tous les cas de goutte, et dans ceux même où il est indiqué, on le voit souvent administré sans succès.

P.-L. COTTEREAU.

EAU-DE-VIE DE DANTZIG, liqueur alcoolique sucrée qui renferme des parcelles d'or en feuille en suspension, et dont la ville de Dantzig fait un grand commerce. On l'appelle en Allemagne *Goldwasser*, c'est-à-dire eau d'or.

EAU-FORTE. On désigne généralement sous ce nom dans les arts l'*esprit de nitre* ou *acide nitrique*. L'eau-forte, découverte en 1225, par Raimond Lulle, est retirée du salpêtre ou nitrate de potasse, soit en distillant ce sel avec l'acide sulfurique dans une cornue, soit en le mélangeant avec deux parties d'argile ferrugineuse, et en chauffant le mélange dans des *cuines* (vases de terre) placées sur une galère. Dans l'un ou l'autre cas, on adapte au vase distillatoire un récipient contenant une certaine quantité d'eau.

L'eau-forte du commerce est mêlée ordinairement d'un peu d'acide chlorhydrique et de chlore, parce que le salpêtre employé pour l'obtenir est celui dit de la *seconde cuite*, qui renferme toujours des chlorhydrates de soude, de chaux et de magnésie. On l'en débarrasse au moyen de la dissolution nitrique d'argent, ou encore en la chauffant dans un matras à long col, à une chaleur de 42 degrés, jusqu'à ce qu'elle marque 41 ou 42 degrés au pèse-acide. Ce dernier procédé la prive aussi de l'acide nitreux qu'elle peut contenir. Si elle contient de l'acide sulfurique, on en sépare ce dernier en le redistillant sur du nitre.

Cette eau-forte marque 34 degrés; si on l'étend d'une égale quantité d'eau, elle descend à 18, et prend alors le nom d'*eau-seconde*. Elle est d'un blanc tirant plus ou moins sur le jaune, d'une odeur désagréable, d'une saveur extrêmement caustique; elle agit avec une très-grande énergie sur les matières organiques, et particulièrement sur les substances animales, qu'elle colore en jaune, et qu'elle détruit même complètement si son action est aidée par la chaleur. En médecine, on l'emploie à l'extérieur comme caustique; on l'administre à l'intérieur comme stimulante, après l'avoir étendue d'une quantité d'eau suffisante pour qu'elle n'offre plus qu'une légère acidité. Dans les arts, on s'en sert pour dissoudre différents métaux.

P.-L. COTTEREAU.

EAU-FORTE (*Gravure*). *Voyez* GRAVURE.

EAU GRASSE. *Voyez* EAU SURE.

EAU LUSTRALE, eau qui chez les anciens Romains servait aux lustrations ou purifications. Ce n'était ordinairement que de l'eau commune dans laquelle on avait plongé un tison ardent pris au foyer des sacrifices. Quelquefois c'était de l'eau de mer où l'on jetait des feuilles d'olivier, de laurier, de verveine et des œufs.

EAU MERCURIELLE. On a donné ce nom à plusieurs préparations de natures différentes, mais ayant toutes le mercure, ou l'un des composés de ce métal, pour principe actif. Nous ne parlerons ici que de l'une d'elles, que l'on obtient, soit en distillant, soit en faisant bouillir pendant deux heures un kilogramme d'eau commune sur 500 grammes de mercure métallique.

Cette eau, qui est employée comme vermifuge, à la dose d'un à quatre verres, pris le matin, d'heure en heure, a été pendant longtemps considérée par les praticiens comme inerte, et cette opinion était basée sur l'insolubilité du métal, et sur ce qu'il ne perdait pas de son poids pendant l'ébullition. Mais M. Barruel a constaté que sous l'influence de la chaleur une très-petite quantité du mercure se trouve amenée à un état de division tel que les globules se maintiennent en suspension dans le liquide, où il est facile de les apercevoir à l'aide d'une loupe : on peut même les distinguer à l'œil nu, en se plaçant dans un lieu bien éclairé, et à la lumière directe du soleil. Il est donc possible de rapporter l'action de ce médicament au mercure divisé, quelque minime que soit la proportion de celui qui y est contenu.

P.-L. COTTEREAU.

EAU-MÈRE. Lorsque l'on fait cristalliser un sel dissous dans suffisante quantité d'eau, la totalité ne prend pas la forme cristalline; il en reste en solution dans le liquide, et c'est à ce soluté restant sur les cristaux après leur formation que l'on a donné le nom d'*eau-mère*.

EAU PHAGÉDÉNIQUE. Elle se prépare en dissolvant du deutochlorure de mercure dans la plus petite quantité possible d'eau distillée, en versant ce soluté dans de l'eau de chaux et en agitant fortement. Les proportions sont d'un décigramme de deutochlorure pour 30 grammes d'eau de chaux. Au moment du contact et de l'agitation, la liqueur se trouble et prend une couleur jaune orangé; ce phénomène est dû à une réaction des composants : il se forme du chlorure de calcium, et il se précipite de l'oxyde de mercure. Cette eau est employée en médecine, mais à l'extérieur seulement, comme détersive, dans les cas d'ulcères scrofuleux et vénériens. P.-L. COTTEREAU.

EAU RÉGALE. On donnait jadis et quelques auteurs donnent encore aujourd'hui ce nom à un liquide jaune orangé, plus ou moins foncé, résultant du mélange de l'acide nitrique et de l'acide chlorhydrique en diverses proportions : c'est l'*acide nitro-muriatique* ou *acide chloro-nitreux* des chimistes. Cette eau, appelée *régale* par les alchimistes, parce qu'ils ne connaissaient que ce composé capable de dissoudre l'or, qui dans leur idée était le roi des métaux, doit être formée, pour opérer convenablement cette dissolution, de quatre parties d'acide chlorhydrique sur une d'acide nitrique, tous deux dans leur plus grand état de concentration. Elle est parfois employée en médecine, comme révulsive, à la dose de 60 à 125 grammes pour un bain de pieds. Mais c'est dans les arts qu'on en fait le plus d'usage, pour dissoudre l'or, le platine, l'étain. P.-L. COTTEREAU.

EAU ROUGE. On appelle ainsi une composition alcoolique obtenue en faisant macérer dans l'alcool à 22 degrés toutes les plantes qui servent à préparer l'eau vulnéraire spiritueuse, en passant avec expression, filtrant et colorant le produit avec de la cochenille avivée par l'alun ou avec la résine laque. Cette eau ne diffère donc de l'eau vulnéraire proprement dite qu'en ce qu'elle contient tous les principes fixes solubles des plantes employées, tandis que dans celle-ci, obtenue par distillation, l'alcool n'est chargé que des principes volatils. Du reste, on lui attribue les mêmes propriétés, et on s'en sert dans les mêmes cas.

P.-L. COTTEREAU.

EAU SANS PAREILLE. Ce nom est donné à un produit que l'on obtient en dissolvant des huiles volatiles de bergamote, de citron et de cédrat, dans un mélange d'alcoolat de romarin et d'alcool rectifié, le tout en proportions déterminées, puis en distillant au bain-marie. Cette eau forme un cosmétique très-odorant, que l'on peut

employer aux mêmes usages que l'eau de Cologne.
P.-L. COTTEREAU.

EAU-SECONDE. Il existe deux liquides de propriétés différentes appelés de ce nom. L'un d'eux est l'acide nitrique du commerce, ou eau forte étendue d'une égale quantité d'eau, et n'indiquant plus que 18 degrés à l'aréomètre. Cette eau seconde, dite *des graveurs*, est très-employée dans certains arts, tels que l'orfévrerie, la gravure et la dorure sur métaux, etc.

L'autre est un soluté aqueux alcalin, que l'on prépare en versant six litres d'eau de rivière sur un kilogramme et demi de potasse et 500 grammes de cendres gravelées. Tout le carbonate de potasse contenu dans ces deux substances est dissous, et on sépare le résidu insoluble par la filtration. Cette eau seconde, dite *des peintres*, sert à nettoyer, à rafraîchir les peintures à l'huile, et, au besoin, à les enlever en entier de dessus le bois. Mais préparée d'après la formule que nous venons d'indiquer, et qui est celle que l'on suit ordinairement, elle est trop forte et trop mordante; aussi est-on dans l'habitude de l'étendre de quatre parties d'eau commune, lorsqu'on ne veut que décrasser les peintures, et alors on la désigne par l'épithète de *faible*. On l'applique avec une éponge ou une forte brosse, en ayant soin de l'étendre bien uniformément et sans coulures, afin d'éviter de faire des taches. Trois ou quatre minutes après cette application, on lave à la nage avec de l'eau de rivière pour entraîner la crasse et l'eau seconde, qui si elle restait trop longtemps sur le bois le mettrait à nu. Alors les couleurs paraissent fraîches, et quand tout est sec, il n'y a plus qu'à donner une ou deux couches de vernis.

Les peintures à la détrempe sont très-difficiles à nettoyer; il faut pour y réussir qu'elles aient été bien encollées, que l'eau seconde soit plus affaiblie encore que nous ne venons de le dire, et enfin que le lavage à l'eau de rivière soit fait presque immédiatement. Quelques peintres habiles se servent dans ce cas d'une éponge trempée par une de ses extrémités dans l'eau seconde, et par l'autre dans l'eau de rivière. Quant aux peintures vernies, on peut se dispenser de les soumettre à l'action du liquide alcalin, et se borner à les laver avec de l'eau de savon. P.-L. COTTEREAU.

EAU SÉDATIVE. Un litre d'eau ordinaire, 60 grammes de sel de cuisine, 10 grammes d'alcool camphré, et 60, 80 ou 100 grammes d'ammoniaque, telle est la formule de l'eau sédative, suivant qu'on veut l'obtenir ordinaire, moyenne ou très-forte. Cette dernière est presque entièrement réservée au traitement des maladies des bestiaux. L'eau sédative de force moyenne convient dans le cas de piqûre de vipère, de scorpion, d'insecte, etc. Dans tous les autres cas, c'est l'eau sédative ordinaire qui doit être prescrite.

Cette eau s'emploie en lotions ou en compresses, pourvu que les surfaces sur lesquelles on l'applique ne présentent pas d'excoriation. On en fait un grand usage dans les fièvres et les inflammations de toute nature.

EAU SURE. Les fabricants d'amidon appellent de ce nom, ou bien encore de celui d'*eau grasse*, l'eau dans laquelle la farine d'orge ou de froment, grossièrement moulue, a été mise en macération et a fermenté. Elle est trouble et gluante, et l'analyse chimique y démontre, suivant Vauquelin, la présence de l'acide acétique, de l'alcool, de l'acétate d'ammoniaque, du phosphate de chaux et du gluten. Elle est employée, en petite quantité, dans la fabrication de l'amidon, pour déterminer la fermentation de la farine. P.-L. COTTEREAU.

EAU VÉGÉTO-MINÉRALE. *Voyez* EAU DE GOULARD.

EAU VITALE. Quelques médecins donnent ce nom à la limonade minérale préparée en ajoutant à de l'eau sucrée une quantité suffisante d'acide sulfurique ou d'eau de Rabel pour lui donner une agréable acidité. Cette eau vitale est employée comme tonique et antiseptique, à la dose de 500 grammes à un kilogramme et plus, dans les vingt-quatre heures. P.-L. COTTEREAU.

EAU VULNÉRAIRE SPIRITUEUSE. Cette eau, que l'on désigne encore quelquefois par les noms d'*eau d'arquebusade* ou *eau vulnéraire blanche*, est obtenue en distillant de l'alcool à 22 degrés sur des feuilles et sommités sèches de plantes aromatiques appartenant à la famille des ombellifères et à celles des synanthérées, et surtout des labiées, telles que l'angélique, le fenouil, l'absinthe, la camomille, la tanaisie, le calament, l'hysope, la lavande, la marjolaine, la menthe, l'origan, etc. Elle est employée à l'extérieur comme résolutive, dans les cas de plaies contuses, d'entorses, de luxations, etc., quelquefois pure, plus souvent étendue dans un liquide approprié. On s'en sert aussi en gargarisme pour raffermir le tissu des gencives.
P.-L. COTTEREAU.

EAUX (*Législation*). Les eaux, suivant la nature et le volume de leur cours, prennent différentes dénominations, elles forment la mer, les fleuves, les rivières, les ruisseaux, les sources, les lacs, les étangs, les fontaines, etc. Elles se rattachent à la prospérité de l'agriculture, au développement de l'industrie et du commerce et à la liberté de la navigation. Les eaux, en si petite quantité qu'elles soient, peuvent être utilisées, et souvent un simple filet d'eau, habilement dirigé, peut suffire à l'exploitation d'une usine, d'une manufacture. Sous tous ces rapports, les eaux forment donc une des parties les plus importantes de la législation.

C'est une nécessité résultant de la nature même des lieux que les fonds inférieurs soient assujettis envers ceux qui sont plus élevés à recevoir les eaux qui en découlent naturellement, sans que la main de l'homme y ait contribué; le propriétaire inférieur ne peut point élever de digue qui empêche l'écoulement des eaux qu'il reçoit. Toutefois cette prohibition ne s'étend pas aux eaux des fleuves, des rivières, des torrents. Chaque propriétaire peut se garantir de leurs débordements et de leurs ravages en construisant des digues ou autres travaux, quand même ces ouvrages feraient refluer les eaux sur les propriétés voisines, pourvu qu'on n'obstrue pas leur lit ou cours ordinaire, et qu'on se conforme aux règlements sur le cours des eaux. Le propriétaire supérieur ne peut rien faire qui aggrave la condition du propriétaire inférieur. Il ne peut pratiquer sur son fonds des ouvrages qui changeraient l'immission naturelle des eaux dans les fonds inférieurs, soit en leur donnant un écoulement plus rapide, soit en dirigeant sur le même point un plus grand volume d'eau, capable d'entraîner des terres et du gravier.

Eaux pluviales et vicinales. Les *eaux pluviales* sont celles qui tombent du ciel ou ne coulent sur la terre que par l'effet particulier de la température de l'air : ce sont les pluies ou les eaux qui proviennent de la fonte momentanée des neiges et des glaces. Ces eaux appartiennent au premier occupant, et par droit de nature et par les dispositions du droit civil. Dès qu'elles sont rassemblées sur un héritage, elles en deviennent l'accessoire : le propriétaire supérieur peut en disposer arbitrairement; et d'un autre côté le propriétaire inférieur est obligé de les recevoir lorsqu'elles s'écoulent sur l'héritage voisin par la disposition naturelle des lieux. Le premier en a la propriété absolue ; il peut en faire ce qu'il lui plaît, et n'en perd pas la jouissance par la prescription. Le second n'a aucune réclamation à faire à raison des eaux qui découlent sur son fonds par suite de la disposition des lieux; il n'a pas non plus le droit de se plaindre si le propriétaire supérieur les absorbait entièrement : il faudrait un titre qui établisse au profit du propriétaire inférieur le droit de les prendre à la sortie du fonds supérieur. Il en est de même des eaux d'un chemin public, ou *eaux vicinales*, qu'on aurait recueillies sur sa propriété en creusant des bassins pour les recevoir. On peut les détourner et les prendre exclusivement, encore que le propriétaire inférieur en ait usé de tout temps, parce que celui-ci est censé n'en avoir joui que sauf la faculté qu'avait le propriétaire supérieur d'en user ou de n'en pas user. On ne saurait en effet assimiler ces cours d'eau accidentels et temporaires aux cours d'eau réguliers et permanents sur lesquels les propriétaires ont dû naturellement fonder des espérances.

Eaux de source. L'eau d'une source est celle qui commence à sortir de terre pour continuer son cours. Elle fait partie de la propriété sur laquelle elle est établie, et par conséquent elle appartient au propriétaire du fonds au même titre que le fonds lui-même. Il pourra donc en user à volonté, retenir toutes les eaux, même pour des usages purement voluptuaires, et les empêcher de s'écouler sur les fonds inférieurs en creusant des bassins ou des réservoirs qui les retiennent. Il serait cependant privé de toute action contre le propriétaire supérieur qui, en creusant dans son fonds, aurait coupé les veines de la source; celui-ci n'ayant fait en cela qu'user du droit inhérent à l'exercice de la propriété. La loi toutefois reconnaît deux circonstances dans lesquelles les droits du propriétaire d'une source peuvent être restreints : la première lorsqu'un tiers a acquis un droit à la source, soit en vertu d'un titre, soit par une jouissance non interrrompue pendant trente années, à compter du moment où le propriétaire inférieur a fait et terminé des ouvrages *apparents*, destinés à faciliter la chute et le cours de l'eau dans sa propriété; la seconde, lorsque la source fournit aux habitants d'une commune, d'un village ou d'un hameau, l'eau qui leur est nécessaire, car l'intérêt général vient ici absorber l'intérêt particulier. Mais, d'un autre côté, comme c'est un principe d'ordre public que l'on ne peut être dépouillé de sa propriété sans indemnité, le propriétaire de l'héritage asservi peut en réclamer une.

Eaux minérales. Les eaux de source ont quelquefois des propriétés médicales; on les appelle alors *eaux thermales* ou *minérales*. Elles peuvent présenter de grands avantages à celui sur le terrain duquel elles jaillissent, comme aussi l'intérêt de la salubrité publique a dû imposer aux propriétaires l'accomplissement de certaines formalités. Plusieurs arrêtés ont été rendus sur cette matière. Ils sont sous la date du 3 pluviôse an III, du 23 vendémiaire an VI, du 29 floréal an VII, du 3 floréal an VIII et du 6 nivôse an II. Celui qui découvre dans son terrain une source d'eau minérale est tenu d'en instruire le gouvernement, qui en fait faire l'examen, et qui juge si la distribution doit en être permise ou prohibée; l'exploitation même ne peut s'en faire que d'après des règlements de police émanés de l'administration. Les propriétaires d'eaux minérales doivent pourvoir au payement du traitement de l'officier de santé que le gouvernement commet pour leur inspection; ils sont en outre tenus de faire approuver par le préfet le tarif du prix de leurs eaux, sauf le recours au gouvernement dans le cas de contestation.

Eaux salées. La propriété des eaux salées est aussi soumise à certaines formalités; nous les examinerons en traitant de la législation qui régit l'extraction du sel.

Lacs, étangs, réservoirs et marais. Les *lacs* sont des réservoirs qui, étant alimentés par des sources ou quelques courants, conservent perpétuellement leur masse d'eau. Ceux d'une grande étendue appartiennent au domaine public; les petits lacs, tels qu'on en trouve dans les pays de montagnes, peuvent être dans le domaine des particuliers ou des communes, et ils sont soumis aux mêmes règles que les étangs.

Les *étangs* et *réservoirs* sont des amas d'eaux retenues dans un espace de terrain plus ou mois étendu par des travaux pratiqués de main d'homme; les eaux qui alimentent ces réservoirs proviennent, soit des eaux pluviales, soit des infiltrations des terres, soit des sources, soit enfin des cours d'eaux vives. Chacun peut, de son autorité privée, faire des étangs sur ses héritages, pourvu qu'il ne nuise pas aux droits d'autrui, et que les propriétés qui avoisinent l'étang soient garanties de tout dommage. L'étang est formé dans un terrain en pente, dont la partie inférieure est fermée par une digue ou chaussée; une ou plusieurs ouvertures, qu'on appelle *bondes*, faites ordinairement dans le point le plus bas, servent à mettre l'étang à sec pour le pêcher ou y faire les réparations nécessaires. Les propriétés inférieures sont soumises à l'obligation de recevoir les eaux d'un étang lorsqu'on le met à sec pour pêcher : c'est là une servitude imposée par la situation naturelle des lieux; mais, de son côté, le propriétaire de l'étang ne peut rien faire pour aggraver cette servitude, sans s'exposer à des indemnités: son droit ne va pas jusqu'à nuire à autrui. Ainsi, il ne peut, en changeant le système primitif de la chaussée de l'étang ou du déversoir, inonder les héritages inférieurs ou supérieurs, sans être passible de certaines peines et de dommages-intérêts.

Les étangs sont quelquefois formés par des eaux dormantes, connues sous le nom de *marais;* la loi du 11 septembre 1792 accorde dans ce cas à l'autorité administrative le droit d'ordonner la destruction de ceux que les réclamations des communes, les avis et procès-verbaux des gens de l'art, désigneraient comme pouvant occasionner des maladies épidémiques, des épizooties, ou même de ceux qui, par leur position, inonderaient les propriétés inférieures. Cette destruction aurait lieu sans aucune indemnité, parce qu'il n'est permis à personne de conserver une chose nuisible à la généralité.

Canaux. Les canaux sont des cours d'eau pour lesquels un lit artificiel a été créé par la main de l'homme; ils ont différentes dénominations, suivant l'objet de leur destination. Les *canaux de navigation* ou *de flottage*, soit qu'ils aient été formés par le gouvernement ou créés par des compagnies, confèrent le droit de percevoir des octrois qui sont fixés par des lois et règlements appropriés à chaque localité. Pour les *canaux de desséchement*, une autorisation du gouvernement est nécessaire si le desséchement embrasse des propriétés publiques ou communales. Lorsque l'eau d'un canal construit de main d'homme traverse un héritage intermédiaire, celui dont la propriété borde le canal ne peut y faire des prises d'eau, ni construire aucun ouvrage de nature à arrêter le cours des eaux ou à en diminuer le volume, à moins qu'il n'ait acquis ce droit par titre ou par prescription.

Eaux courantes. Ce sont celles qui ont un cours continu et permanent, comme les ruisseaux et les rivières, qui ne sont point une dépendance du domaine public; les eaux de source deviennent aussi des eaux courantes dès l'instant qu'elles ne sont plus dans le fonds où elles ont pris naissance, et qu'elles ont un cours régulier. Les droits des propriétaires sur ces eaux se déterminent suivant qu'elles *traversent* ou *bordent* un héritage. Lorsqu'elles le *traversent*, l'eau fait en quelque sorte partie du fonds, et le propriétaire peut en user en maître dans l'intervalle qu'elle y parcourt; il peut la détourner, la faire serpenter, et lui donner une direction utile à ses intérêts; mais si la loi lui permet l'*usage*, elle n'autorise par l'*abus*, car les intérêts des propriétés inférieures ne doivent pas être méconnus : aussi impose-t-elle à ce propriétaire l'obligation de rendre à son cours naturel ce qui reste de l'eau après s'en être servi. Si l'eau courante, au contraire, *borde* un héritage, le propriétaire peut bien s'en servir à son passage pour l'irrigation de ses propriétés, mais il ne doit pas oublier que son droit se borne à un simple usage, et que l'autre co-propriétaire riverain a de son côté les mêmes droits que lui.

Eaux dépendant du domaine public. Les eaux qui sont des dépendances du domaine public sont la mer, les fleuves et les rivières.

La *mer*, qui est comme la source et le réservoir de toutes les eaux répandues sur le globe, est essentiellement destinée à rester commune à tous : sa nature met obstacle à ce qu'elle puisse devenir l'objet d'une propriété exclusive. Néanmoins, suivant les principes du droit des gens, toute puissance dont l'État touche à la mer est considérée comme étendant son empire jusqu'à la plus grande portée du canon au delà de la terre, et cet espace forme ce que l'on appelle la *mer territoriale* de cette puissance. Il est regardé comme un asile inviolable pour toute puissance avec laquelle l'État n'est point en guerre. Le littoral de la mer est une dépendance du domaine public : ces limites sont fixées par l'étendue du sol vers lequel s'élèvent les plus hautes marées.

Les fleuves et les rivières qui font partie du domaine public sont les grands cours d'eau navigables et flottables. Comme ils sont assimilés aux grandes routes, puisqu'ils servent à la circulation, on sent combien il importe sous ce rapport de maintenir intacte leur masse d'eau : aussi les particuliers ne pourraient-ils y faire les prises d'eau qui pourraient être préjudiciables à la navigation. Néanmoins, il n'est défendu à personne d'y faire des prises d'eau nécessaires à son usage personnel ou d'y envoyer abreuver ses bestiaux. Les rivières navigables et flottables ne sont telles que dans les parties où la navigation et la flottaison peut avoir lieu, et dès lors elles ne font partie du domaine public que dans ces endroits ; les riverains, dans les endroits de ces mêmes rivières qui sont considérées comme parties du domaine privé, peuvent se servir des eaux à leur convenance, sauf les droits que l'autorité a toujours d'empêcher une trop grande déperdition de leur volume.

Tel est, dans son ensemble, le résumé de la législation en matière d'eaux. Elle sera nécessairement complétée par les dispositions relatives à la pêche, dont les principes varient suivant qu'elle a lieu dans les propriétés privées ou dans les eaux dépendant du domaine public. E. DE CHABROL.

EAUX-BONNES. Le petit hameau de Bonnes doit son origine ainsi que son nom aux eaux justement célèbres qu'il avoisine. Situé dans le département des Basses-Pyrénées, à 32 kilomètres de Pau, dans l'arrondissement et à 17 kilomètres d'Oloron-en-Béarn, il n'est éloigné que d'un kilomètre du village d'Aas, petite commune dont il fait partie. On a souvent donné à ces eaux les noms d'*Aigues-bonnes* et d'*Eaux-d'Arquebusade* : ce dernier nom leur vient de ce que les ascendants de Henri IV, entre autres Jean d'Albret, envoyèrent aux Eaux-Bonnes leurs soldats blessés. Bonnes alors n'était qu'un désert ; à peine y voyait-on quelques cabanes, délaissées même presque toute l'année. Le hameau actuel, qui occupe l'extrémité d'un assez joli vallon, gorge étroite d'une étendue d'environ 500 pas, est d'une origine ultérieure. Près des sources est la rivière de la Soude, qui, à quelque distance de là, va se jeter dans le gave ou torrent voisin.

Quant aux eaux, il existe à Bonnes quatre sources distinctes : 1° la *Source Vieille*, ou *la Buvette*, dont la température est de 31° 25 centigr. ; 2° la *Source neuve*, ou *la Douche*, 30° centigr. : on la nomme aussi *Source d'en bas* ; 3° la *Source d'Ortechg*, qui occupe le versant de la montagne, et qui est un peu moins chaude que les autres ; 4° une autre source, peu connue, même de l'ancien inspecteur (1834), se trouve dans le flanc de la montagne, plus haut que la Buvette : celle-là est froide (13° 75 c.). Les Eaux-Bonnes sont claires, douces et onctueuses, chargées de quelques flocons de barégine ; elles sentent le soufre, mais modérément ; elles ont plutôt l'odeur des œufs cuits que des couvés. La chaleur en est douce, et permet qu'on boive aussitôt l'eau puisée à la source. Elles ont bien un peu de cette amertume naturelle aux eaux hydrogénées, mais on ne tarde pas à les trouver supportables ; quelques personnes même finissent par boire avec plaisir. La moindre dose est de trois à quatre verres, mais il n'est pas rare de la voir porter à dix-huit ou vingt verres dans la journée. On peut boire de ces eaux à sa soif, pures, coupées, le matin, le soir, aux repas, n'importe. Elles contiennent à la vérité les mêmes principes que celles de Baréges et de Cauterets, mais elles sont beaucoup plus douces, plus faibles ; elles sont moins chargées de principes. Elles contiennent deux cinquièmes d'hydro-sulfate de soude de moins que celles de Baréges, et trois fois autant que les Eaux-Chaudes, dont plusieurs des sources ont pourtant une température plus élevée que celles de Bonnes. Les Eaux-Bonnes sont sans contredit les eaux les plus douces et dans beaucoup de cas difficiles et graves, les plus salutaires des Pyrénées. Mais il ne faut pas attendre la fièvre hectique.

On ne voit guère que des *buveurs* à Bonnes : on s'y baigne peu, on y reçoit rarement des douches. Cela vient de ce que ces eaux auraient peu d'effet à l'extérieur, outre qu'il faudrait les chauffer, ce qui les altère toujours un peu. Les sources de Bonnes sont d'ailleurs peu abondantes. Toutefois, on trouve là quelques cabinets garnis de baignoires ; mais ce n'est pas là le plus beau côté de Bonnes, car ce sont de vrais malades qui s'y rendent, dans l'espoir, quelquefois trahi, d'y guérir ; ce sont des convalescents très-affaiblis, de jeunes femmes à demi consumées, des malades épuisés et très-amaigris, des phthisiques principalement, eux qu'un rien suffoque, et qui pour la moindre cause toussent et crachent le sang : comment baigner journellement de pareils malades ? Il est des cas cependant où les bains ainsi que les douches sont indiqués : c'est lorsqu'il s'agit de guérir d'anciennes plaies, des blessures, des ulcères, des fistules, soit des fistules à l'anus, soit de celles qu'entretient une carie. Ce cas est même un de ceux où les Eaux-Bonnes manifestent le plus d'efficacité ; il n'en est pas, dit Bordeu, de plus *vulnéraires*. Elles fondent comme par enchantement les duretés cellulaires, détergent la surface des plaies, suscitent l'émission de ces bourgeons rosés, artisans nécessaires de toute cicatrisation : c'est comme un *baume*, dit l'ingénieux Théophile, qui s'infiltre dans nos chairs, qui purifie le sang et fait cesser toute douleur. Bordeu préconise ces eaux dans toutes sortes de blessures, pourvu, dit-il, que *Mars* seul les ait causées, et cette restriction allégorique est aussi importante qu'elle est judicieuse. Quant aux fistules, il est évident qu'elles nécessitent des injections ou des douches, qu'on diversifie d'après la situation et la direction de ces fistules ; et si elles exigent des débridements, des contre-ouvertures, il serait irrationnel de recourir à l'usage des eaux avant d'avoir effectué ces opérations indispensables.

Disons une fois pour toutes que les Eaux-Bonnes conviennent à tous les malades trop faibles, trop délicats ou trop susceptibles pour tenter des autres eaux thermales des Pyrénées. Il faut citer la phthisie ou pulmonie au premier rang des maux qui en réclament fréquemment l'usage. Mais il ne faut pas trop ajourner ce voyage quand on se sent malade des poumons et qu'on est menacé de devenir poitrinaire ! Pour peu qu'on éprouve de légères douleurs dans la poitrine, qu'on soit un peu haletant, un peu maigre, particulièrement si l'on est souvent enrhumé, si de simples rhumes durent longtemps, si quelquefois on a rejeté un peu de sang, si la voix est faible, si la toux est nocturne et fréquente, si la gorge est souvent douloureuse, si la glotte est sujette à s'irriter, si l'on rend le matin de petits flocons grisâtres ou de petites boules jaunâtres ressemblant à de la pomme de terre cuite, si l'on voit parmi l'expectoration pituiteuse comme des grains de riz crevé, vite alors il faut courir aux Eaux-Bonnes par un beau temps et en doux équipage. Il n'existe peut-être pas d'eau thermale, et à coup sûr aucun remède, qui soit plus efficace que Bonnes dans la *phthisie commençante et non fébrile*. Ces eaux conviennent aussi dans la plupart des maladies chroniques, lorsque les malades sont faibles et irritables. Elles remédient aux pâles couleurs, calment les engorgements d'entrailles et même les atténuent ; ainsi que certaines gastrites nerveuses (gastralgies). Mais leur vrai triomphe, c'est dans les catarrhes pulmonaires qu'elles l'obtiennent, aussi bien que dans les phthisies. On rencontre à Bonnes beaucoup de personnes atteintes de phthisies du larynx : c'est en conséquence la source de prédilection des orateurs et des personnages politiques; c'est là qu'on va se remettre des fatigues de la tribune ou du barreau. On conseille aussi les Eaux-Bonnes dans les maladies scrofuleuses, dans les difformités de la taille; mais celles de Cauterets leur sont préférables, surtout celles de la Raillière. Les maladies de la peau et les rhumatismes guérissent mieux à Baréges qu'à Bonnes, à moins qu'il n'y ait trop de susceptibilité ou trop de faiblesse. Bordeu les conseillait aussi pour couper les fièvres intermittentes ou d'accès; il les compare même au quinquina. Au reste, ce médecin, fort jeune alors, préférait Bonnes en conscience, mais non sans enthousiasme, à toutes les sources du monde. « Je ne connais *presque pas* de maladie à laquelle nos eaux ne puissent convenir, disait ce célèbre médecin, si l'on excepte celles où la fièvre est si forte qu'il serait à craindre d'augmenter le mouvement du sang, ou certaines maladies des femmes grosses et des hydropiques. » Cette dernière observation est fort juste; j'en ai vérifié l'exactitude: toute hydropisie due à une inflammation est subitement aggravée par les eaux sulfureuses.

La saison des eaux-bonnes a la même durée que la plupart des sources thermales; elle commence le 1er juin et finit avec septembre. Propriété de la commune, ces eaux sont affermées. On trouve à Bonnes de nombreux logements disponibles et un magnifique établissement thermal. Il ne s'y rend pas, année commune, moins de 5 à 600 malades.

Nous ne devons pas oublier de dire que les Eaux-Bonnes se décomposent facilement lorsqu'elles sont exposées à l'air. L'*hydro-sulfate* se transforme alors en *hypo-sulfite*. Outre cela, le gaz hydrogène sulfuré s'en dégage; et aussitôt qu'il devient libre, ce gaz se combine avec l'oxygène de l'air, et donne ainsi naissance à de l'eau et à du soufre. Aussi doit-on toujours prendre les eaux-bonnes à la source même, car ces eaux sont peu transportables. Suivant l'expression de Bordeu, elles sont comme les habitants des montagnes, elles ne quittent pas volontiers leur patrie; et quand cela leur arrive, elles changent bientôt de nature. Toutefois, les habitants du pays en gardent toujours un dépôt chez eux; on se les prête entre voisins, et surtout on se les fait rendre.

Dr Isidore BOURDON.

EAUX-CHAUDES ou AIGUES-CAUTES (Basses-Pyrénées). Les Eaux-Chaudes sont situées dans la principale gorge de la vallée d'Ossau, à 4 kilomètres de Laruns. On y arrive par une route ouverte à travers les rochers : tout près de là est la petite rivière de Gabas. De Pau, dont on suit la route, il y a aux Eaux-Chaudes environ 35 kilomètres. Le village est petit; il était tout au plus composé de dix à douze maisons quand la commune de Laruns, largement secondée par le gouvernement, y a fait élever un très-ample et très-bel établissement thermal qu'alimentent trois des sources (le *Rey*, le *Clot* et l'*Esquirette*). On connaît aux Eaux-Chaudes les six sources suivantes : *lou Rey* (le Roi), dont la température est de 32° centigr. : l'*Arressecq*, de 25°; la source *Baudot*, de 27°; l'*Esquirette* (la Clochette), de 34°; *lou Clot* (le Trou), de 35°; enfin la source *Mainvielle*, qui est froide, de 11°. De ces différentes sources jaillit une eau fort limpide, parfaitement incolore, et presque sans odeur : elle a la légèreté de l'eau distillée. Feu Longchamp, qui paraît l'avoir analysée, n'y signale qu'une petite quantité de sulfure de sodium, que quelques traces d'alcali libre ou caustique, un peu de sulfate de chaux et un peu de silice. Les deux plus sulfureuses des six sources, l'*Esquirette* et l'*Arressecq*, sont de deux tiers plus faibles que les Eaux-Bonnes, c'est-à-dire de 13/15es moins fortes que l'eau de la *Grande-Douche* de Baréges. On les prend sous toutes les formes : en boisson, douches et bains.

Ces eaux sont ordinairement employées contre la paralysie et contre les rhumatismes, à peu près comme les eaux salines thermales des autres contrées. On les conseille aussi dans les engorgements d'entrailles, dans la gastralgie, dans l'hypocondrie, dans les rhumatismes, les scrofules et les maladies de la peau, dans les fièvres quartes tenaces et contre les pâles couleurs. La source Baudot excelle comme les Eaux-Bonnes dans ces catarrhes chroniques qui imitent la phthisie. On prescrit généralement l'eau de la source de l'*Arressecq* pour boisson d'ordinaire, et l'eau de l'*Esquirette*, qui est plus forte, comme breuvage *d'extra*, et pour terminer le repas thermal ou la cure. On prétend que cette dernière eau prise à la dose de plusieurs verres a quelquefois enivré les malades. Jadis on les croyait efficaces contre la stérilité; et sans doute c'est à cette croyance qu'elles ont dû leur surnom espagnol d'*empreñadas*, qui veut dire *femmes grosses*. On y a souvent conduit avec succès les chevaux poussifs du haras voisin. Ces eaux sont ouvertes aux malades depuis le 1er juillet jusqu'au 1er novembre, un mois après que les autres eaux sont fermées. Les Eaux-Chaudes étaient fort à la mode du temps de Henri IV, qui lorsqu'il était simple roi de Navarre y fit plus d'un voyage, suivi de sa cour. Sa sœur Catherine les visita aussi en 1591.

Dr Isidore BOURDON.

EAUX-DOUCES (Les). C'est la promenade favorite de la *fashion* à Constantinople. Au fond du port il existe deux ruisseaux qui viennent mêler leurs eaux à celles du Bosphore : c'est le *Kiagad-Khouessu* et l'*Alibegssu*, autrefois le Cydoris et le Barbysès. Depuis leurs sources ils coulent à travers des prairies servant de pâturages aux chevaux du grand-seigneur; et c'est à leur embouchure dans le port de Constantinople que se trouve située la riante prairie plus particulièrement connue sous le nom des *Eaux-Douces d'Europe*. Des souvenirs mythologiques et historiques se rapportent à cette belle promenade. C'est au bord de ces ruisseaux, dans cette prairie, qu'*Io* mit au monde une fille qui était du sang de Jupiter, mais qui, en signe de la métamorphose de sa mère, portait au front deux cornes; et, comme sa mère, ses cornes ne l'empêchaient point d'être belle. Keroessa (*cornuta*, cornue) fut élevée par la nymphe Sémistra. Plus tard, elle fut aimée de Neptune, dont elle eut un fils nommé Bysas, qui fonda et nomma Byzance.

EAUX ET FORÊTS. Ces deux mots joints ensemble semblaient autrefois n'en former qu'un seul, et ce n'était pas sans motifs que l'on avait réuni sous une même législation les dispositions qui se rapportaient aux eaux et aux forêts. On a fait observer « qu'il y a entre les unes et les autres des rapports intimes et une dépendance réciproques : les forêts en effet alimentent les cours d'eau, et la présence des eaux favorise la végétation des arbres; les unes et les autres ont une grande influence sur la température, la salubrité de l'air, la navigation, l'agriculture et le commerce. » Voilà pourquoi dans les anciennes ordonnances ces deux matières ont été soumises à une juridiction commune, qui sous les noms de *gruries*, *maîtrises* et *table de marbre*, jugeaient à différents degrés, sauf dans certains cas l'appel aux parlements, toutes les causes qui concernaient les eaux et forêts, tant au civil qu'au criminel.

Ces juridictions spéciales ont été supprimées par la loi du 29 septembre 1791, et les matières dont elles connaissaient sont naturellement tombées dans le domaine des juridictions nouvelles, suivant les règles de compétence qui régissent chacune d'elles.

Les plus belles ordonnances sur les eaux et forêts sont dues à Charles V, à François 1er, à Henri IV, et enfin à Louis XIV, qui résuma et compléta dans la célèbre ordonnance du mois d'août 1669 toutes les dispositions antérieures. Cette dernière ordonnance, qui contenait un système complet, n'a pas cessé, dans ses deux parties, de rester en vigueur jusqu'à ces derniers temps. Mais maintenant la double législation qu'elle avait établie se trouve divisée en deux parties bien distinctes. Depuis 1789 des règlements particuliers avaient fixé différents points relatifs aux *eaux*, et par conséquent rendu inutiles certaines dispositions de l'ordonnance de 1669; d'un autre côté, la législation forestière a été refondue d'après les besoins nouveaux de l'époque. Une loi, connue sous le nom de *Code forestier*, est venue remplacer cette même ordonnance pour tout ce qui concerne les *forêts*. Enfin, en 1829, un *Code de la Pêche fluviale* a complété l'abrogation déjà commencée de l'ancienne législation sur les eaux. E. DE CHABROL.

L'ancienne administration des eaux et forêts ne porte plus aujourd'hui que le titre d'*administration des forêts*.

EAUX MINÉRALES. On appelle *eau minérale* toute eau de source qui diffère manifestement de l'eau de source ordinaire, soit par la nature ou la proportion de ses principes salins, soit par les gaz abondants qu'elle renferme, ou par sa température.

La température des eaux minérales varie extrêmement. Un grand nombre sont *froides*, n'ayant que de 9 à 11° cent., température des couches terrestres les plus superficielles, d'où elles sortent. D'autres, ayant sans doute un lit ou point de départ plus profond, ont de 12 à 20° cent. de chaleur. Elles sont fraîches à la main et presque tièdes.

Quand ces eaux ont naturellement une température égale ou supérieure à celle du corps humain, de 35 à 37° cent. et au-dessus, elles reçoivent et méritent le surnom de *thermales* (*calidæ* ou *calentes*). On donne même ce nom de thermales à des eaux qui ne sont que *tièdes*, comme celles de Bagnoles-Couterne (Orne), ou celles de Castéra-Verdusan (Gers), qui ont de 19 à 22° cent. Mais les nommer thermales, c'est déroger abusivement aux principes.

Depuis 9 à 10° cent. au-dessus de zéro jusqu'à 80 et quelques degrés, on trouve en beaucoup de contrées des eaux minérales de diverses températures. Le duc de Raguse en a vu en Égypte qui marquaient 88 ou 90° cent., et M. Desfontaines, à Bone, en Algérie, qui avaient 96°; donc elles étaient quasi bouillantes, à 4 degrés près.

Les observations de ce genre ont le pouvoir d'intéresser, non-seulement les médecins qui s'occupent d'hydrologie, mais encore les géologues, constamment à la recherche des signes du refroidissement successif du noyau de la terre, que des systèmes représentent comme originairement incandescent. Or, une preuve que ce refroidissement serait nul ou bien peu sensible, c'est cette source de 96 degrés de chaleur que Desfontaines découvrit en Algérie à la fin du dix-huitième siècle. Si, comme il est probable, cette source existait du temps de César ou de Tibère, il y a dix-huit à vingt siècles, vers les commencements de notre ère; si elle s'était refroidie même d'un seul degré tous les quatre ou cinq siècles, ce qui ferait à peine un refroidissement d'un quart de degré par siècle, à cette époque et antérieurement cette source aurait dû marquer au moins 100°, c'est-à-dire être bouillante et répandre au loin d'épaisses vapeurs, phénomène dont les savants contemporains, Pline ou avant lui Strabon, n'auraient pas manqué de rendre témoignage, de même que les voyageurs de ce siècle-ci ont eu soin de parler des geysers d'Islande, dont l'ébullition est manifeste, au moins en quelques-uns.

Si donc quelques eaux minérales ont paru perdre de leur chaleur ou varier de température d'un siècle ou d'une année à l'autre, c'était l'effet, non de la chaleur centrale, dont les variations d'ailleurs nous sont bien peu connues, mais tantôt du mélange accidentel de deux sources contiguës, ou d'une infiltration d'eaux douces, ou du voisinage d'un étang, comme à Balaruc; ou des dérivations estivales d'un glacier, comme dans les Vosges; ou de combustions souterraines, comme aux étuves de Cransac, et tantôt l'effet de l'ébullition d'un volcan peu éloigné, comme à Nunziante, près du Vésuve.

Toutes les sources d'espèce identique qui sourdent d'une même localité ont apparemment et vraisemblablement le même point de départ, le même réservoir central; et elles ont à ce point initial la même température. Mais toutes ne sortent de la terre qu'après un trajet très-inégal, et perdent de leur chaleur à mesure qu'elles s'éloignent davantage de leur origine : de là vient que les différentes sources d'un même lieu ont des températures fort diverses et quelquefois contrastantes; à peu près comme les pieds sont plus exposés au froid que la tête, bien que les pieds et la tête reçoivent la chaleur d'une même source, qui est le cœur. Cette inégalité de température est fort remarquable pour les soixante-trois sources d'Ax, dans l'Ariége, pour les trente-neuf sources de Bagnères de Bigorre, de même qu'aux sources de Vichy, de Plombières et de beaucoup d'autres lieux.

On a fréquemment nié que la chaleur des eaux fût d'une même nature que la chaleur provenant du soleil ou de nos foyers. On aurait voulu identifier la chaleur des eaux thermales à la chaleur animale ou organique, elle-même tout à fait comparable à l'autre, quoique plus mystérieuse dans sa source et sa production physiologique. Un certain nombre de médecins, à l'imitation de Mme de Sévigné, ont pensé que la chaleur des eaux thermales ne brûlait pas comme celle du feu, et que les eaux chaudes ne se refroidissaient et ne bouillaient pas selon les mêmes lois que l'eau ordinaire. Il s'agit là d'un préjugé, c'est-à-dire d'une opinion spontanée, contre laquelle la science a dû naturellement s'insurger. Or, il n'a pas été difficile de prouver que l'eau de puits ayant préalablement acquis la même température qu'une eau thermale quelconque, et portée au feu en même temps que celle-ci, au même feu et dans des vases identiques, n'entrait pas en ébullition sensiblement avant elle, mais que les deux eaux bouillaient en même temps.

Cependant, et quoique la chaleur soit d'une même nature, bien que différente d'origine, on comprend qu'une eau chargée et presque saturée de sels, comme l'eau de Balaruc et de Hombourg, et surtout comme l'eau de mer, on conçoit, dis-je, que cette eau très-saline doit garder une partie de sa chaleur dans un état comme latent, portion de calorique enchaînée par la densité du fluide, et dont témoigne en partie le thermomètre, mais qui ne profite qu'imparfaitement à l'ébullition. Une pareille eau ne devra donc pas bouillir exactement au même degré que l'eau ordinaire. Il faut bien qu'il en soit ainsi, puisque Berzelius a prouvé qu'au lieu de bouillir à 100° cent., comme l'eau potable, une dissolution saturée de sel marin ne bout qu'à 109°, et une dissolution saturée de nitre qu'à 115 degrés et une fraction.

Mais d'où proviennent les eaux minérales, et d'où tirent-elles leurs principes fixes, et quelques-unes leurs gaz et leur chaleur?

De même que les fleuves et les rivières ont leurs sources au voisinage des montagnes, près des lieux où les eaux de pluie, l'eau des neiges fondues et des glaciers ont trouvé à s'infiltrer à travers des terrains meubles ou par des fissures perméables, de même les eaux minérales sont dues à de pareilles infiltrations. Là où l'intérieur de la terre présente des cavités, de profondes cavernes, l'eau ainsi infiltrée s'amasse; elle s'y pénètre d'une chaleur plus ou moins grande, proportionnément à la profondeur souterraine de ces cavités formant réservoir. Rendue plus légère et plus dissolvante à raison de cette chaleur acquise, l'eau tend à s'élever et à se frayer une issue, pendant que de l'eau nouvelle et froide continue d'affluer par les premières fissures. Elle entre froide et pure d'un côté, tandis qu'elle sort thermale et chargée de sels d'un autre côté, dernier cours que l'autre favorise. Ce double mouvement continue de la sorte sans interruption et même sans irrégularité, si ce n'est quand il y a tremblement de terre, abondance trop grande de gaz acide carbonique, ou intervention d'un courant d'eau de mer; cas dans lesquels il peut y avoir ou interruption de l'écoulement thermal, ou intermittence, ou mouvement alternatif de flux et reflux : ce qui n'est pas sans exemples.

L'eau minérale dans son trajet souterrain a dû se charger de nouveaux principes et revêtir des propriétés nouvelles. Imprégnée de sels, d'oxydes ou de pyrites, et entraînant avec elle l'air qu'elle rencontre dans son cours, ordinairement l'eau minérale dépouille cet air de son oxygène, isolant de lui l'azote, qu'elle charrie sans combinaison possible. Elle peut également entraîner soit du gaz acide carbonique, soit du gaz sulfureux ou de l'hydrogène, selon la nature du milieu où elle s'est trouvée conduite, pressée, agitée, condensée. Enfin elle se fait jour à l'extérieur par des conduits perméables, et l'on juge alors de sa composition et de sa chaleur.

Par la seule température de l'eau on peut augurer de la profondeur du laboratoire où elle s'est amassée et élaborée. Et d'abord, l'eau, même minérale, n'a guère que 10° cent. à la surface du sol, et jusqu'à 30 mètres cette température ne change pas. Il faut donc faire abstraction et des premiers 10° de chaleur, et des 30 premiers mètres du sol. L'eau souterraine acquiert ensuite autant de degrés centigrades, terme moyen, que son trajet dans le sol compte de fois 30 mètres. Commençant donc par 10 degrés de température et 30 mètres de profondeur, si l'eau marque 20 degrés, c'est qu'elle vient d'une profondeur de 330 m.; 30°, de 630 m.; 40°, de 930 m.; 50°, de 1,230 m. La source de Bone, mentionnée ci-dessus, qui marquait 96°, devait provenir d'une profondeur de 2,610 mètres. Les observations faites dans de profondes minières, ou pour les puits artésiens, etc., ont rendu ces résultats incontestables, sauf quelques variations locales qui se compensent à peu près.

Les eaux minérales séjournant dans la terre et s'y trouvant dans un très-intime contact avec la plupart des substances salines ou métalliques qui constituent le sol, renferment elles-mêmes pour ainsi dire un extrait de tous les éléments de ce sol. Il en est d'elles comme du sang à l'égard du corps humain : le sang contient par extrait tous les éléments dont se composent les organes. Tout subsiste à l'état d'atomes dans les uns comme dans l'autre; et si l'on n'y constate que certains éléments, c'est que la chimie est encore impuissante à les retrouver tous. A mesure que se perfectionne la science des réactifs, on découvre quelque substance nouvelle jusqu'alors introuvée. On ne rencontrait autrefois dans les eaux minérales que des principes sulfureux, de l'acide carbonique, des sels à base de soude, de magnésie et de chaux, du fer, de la silice, etc.; mais dans ces derniers temps on y a découvert un certain nombre d'autres principes, tels que l'iode, le brome, la strontiane, le nickel, la zircone et le titane, l'acide crénique etc. Mais ce qui est bien plus intéressant, c'est que M. Alphonse Dupasquier, chimiste de Lyon dont on déplore la perte, au moyen d'un instrument aussi simple qu'ingénieux, est parvenu à mesurer quelle quantité de principes sulfureux contient une eau minérale; que l'acide hydrosulfurique soit libre ou à l'état de sel, le *sulfhydromètre* en désigne aussitôt la dose. On a de même trouvé dans ces dernières années, depuis que l'appareil de Marsh nous est connu, le principe arsénical dans un grand nombre d'eaux minérales. Le docteur Tripier fut le premier à découvrir de l'arséniate de chaux dans les eaux d'Hamman-Mez-Khoutine, et depuis lors MM. Millon, O. Henry, Walchner, A. Chevalier et Gobley, Caventou et d'autres, ont retrouvé l'arsenic dans un grand nombre de sources, soit de France, soit d'Allemagne.

Les eaux minérales se divisent en quatre classes principales savoir : 1° les eaux *sulfureuses*, 2° les eaux *alcalines*, 3° les eaux *ferrugineuses*, 4° les eaux *salines*. Celles que nous nommons *alcalines* sont fréquemment nommées *acidules* ou *gazeuses*, à cause du gaz acide carbonique qui s'y trouve ordinairement à grandes doses; mais comme ce gaz se retrouve aussi dans d'autres eaux, en particulier dans quelques eaux ferrugineuses et même dans des eaux salines, cette dénomination de gazeuses nous a paru pouvoir exposer à quelque confusion et à des erreurs.

1° Les eaux *sulfureuses*, les vraies eaux sulfureuses, dont celles des Pyrénées sont le type, sont presque toutes thermales, abondantes, voisines des plus hautes montagnes, et composent à elles seules la richesse d'une contrée, ordinairement déserte et stérile aux environs des sources. Toutes ces eaux sont limpides, incolores, d'une saveur fade et nauséeuse, et presque inodores, ne laissant dégager une odeur hydrosulfureuse qu'après avoir subi le contact de l'air. Douces au toucher, et comme oléagineuses, ces eaux puissantes contiennent en suspension des flocons blanchâtres d'une matière comme animale, qui a reçu les noms de *glairines* (Anglada) ou de *barégine* (Longchamp). On y trouve aussi des conferves, entre autre la sulfuraire. Elles renferment pour principes essentiels du sulfure de sodium, différents sels à base de soude ou de magnésie, et du gaz azote.

Il existe en beaucoup de lieux des eaux équivoques qui portent le nom de sulfureuses, sans en avoir les caractères tranchés et les vertus. Ce sont des eaux jadis sulfureuses, que le contact de l'air et un mauvais aménagement ont altérées, et qui ne renferment que quelques débris dégénérés des principes qui caractérisent leur espèce. Il existe même des eaux sulfureuses *accidentelles;* celles-ci résultent tout simplement du contact prolongé d'une eau quelconque avec un corps organique, à quelque règne qu'il ait appartenu. Il n'y a pas longtemps qu'un propriétaire de la rue de Vendôme crut trouver sous les fondements de son hôtel une source sulfureuse importante. Il dépensa des sommes considérables pour creuser le sol, pour pomper l'eau, la capter, l'analyser, la comparer. Déjà même il avait fait dresser le plan d'un splendide palais thermal qui devait s'élever sur le boulevard du Temple. Mais à quelques jours de là on découvrit que cette eau sulfureuse avait sa source vers les gypses odorants de Montfaucon. Plus les eaux sulfureuses ont d'odeur, plus on doit en suspecter l'origine et douter de leurs vertus. L'eau de la rue Vendôme provenait d'une voirie. Nous devons dire qu'il y a de ces eaux fortuites dont l'usage peut devenir extrêmement dangereux. Il existait dans le département des Deux-Sèvres une eau minérale froide, peu saline et fort insignifiante, mais dont l'ancienne réputation se fondait sur la flatteuse mention qu'en avait faite, il y a un siècle, un des plus obscurs médecins de Louis XV. On avait à peu près abandonné ces eaux; mais du moment qu'on y lava la lessive et qu'on y savonna du linge, elles prirent de l'odeur et passèrent pour sulfureuses. Quinze à vingt personnes s'y rendirent (en 1856) pour boire à la fontaine de l'eau prétendue sulfureuse. Dans l'espace de quelques jours, trois de ces personnes avaient perdu la vie presque subitement, dans des douleurs atroces, et de manière à effrayer la contrée, car le coup porta sur trois fonctionnaires : le maire de la ville de Parthenay, le président du tribunal de Bressuire, l'ingénieur en chef du département de la Vienne... L'inspecteur de ces eaux concluait de cette catastrophe, non pas qu'elles fussent dangereuses, mais qu'elles ont des vertus très-expresses. Le fait est qu'on ne dira pas d'elles que si elles ne font pas de bien, elles ne font du moins aucun mal.

Les eaux sulfureuses sont principalement employées dans les maladies de la peau, les catarrhes chroniques, les plaies et caries anciennes, les scrofules et les anciens rhumatismes.

2° Les *eaux alcalines* sont répandues en beaucoup de lieux, mais elles ne sont nulle part plus abondantes et plus nombreuses que dans l'Auvergne et le Bourbonnais, dans les départements du Puy-de-Dôme et de l'Allier. Vichy, Cusset, le Mont-Dore en sont des types. Ces eaux, ordinairement aigrelettes et gazeuses, sont petillantes. Des bulles de gaz s'échappent de leur surface, de sorte que ces eaux présentent un bouillonnement perpétuel, qui augmente chaque fois qu'il fait orage. Elles contiennent des bicarbonates alcalins, surtout du bicarbonate de soude et du sel marin, souvent aussi du carbonate ou sulfate de fer. Ces eaux composent une boisson agréable et rafraîchissante ; elles calment la soif et réveillent l'appétit. On les conseille dans les engorgements des viscères, dans l'hypocondrie, dans la gravelle, de même que dans la goutte atonique et la gastralgie. Toutefois, les gens sanguins doivent en surveiller et en modérer l'usage. A Vichy et à Cusset, les bicarbonates sont si abondants, que les humeurs, et surtout l'urine, deviennent alcalines dès qu'on en fait usage.

3° Les eaux *ferrugineuses* sont les plus répandues; on en trouve dans toutes les contrées. Ordinairement froides, souvent limpides, rouillées et comme irisées à la surface, ocreuses dans la profondeur, floconneuses au milieu, elles laissent des traînées rouges et jaunes partout où elles coulent. Styptiques à divers degrés, selon la dose du fer, elles laissent dans la bouche une saveur métallique qui saisit désagréablement le palais. L'odeur ferrugineuse en est souvent très-pénétrante, mais surtout quand le temps est orageux, lorsque l'électricité est abondante : alors cette odeur devient comme sulfureuse; et cela paraît dû au grand nombre d'agents qui, modifiant le fer partout où ils le rencontrent, font de chaque atome de ce métal comme un foyer perpétuel de combinaisons et d'échanges (1). Les eaux ferrugineuses proviennent des terrains de transition; et quoique fort nombreuses, elles sont plus isolées que celles des deux classes précédentes. On ne les voit guère, si ce n'est à Spa, se diviser en sources diverses qui s'avoisinent. Ces eaux sont toniques : elles resserrent les tissus, excitent l'action languissante de l'estomac, communiquent au pouls plus d'énergie et plus d'ampleur, et disposent aux hémorrhagies. Elles fondent les glandes; elles constipent le ventre et amaigrissent le corps : elles conviennent aux tempéraments lymphatiques, aux personnes indolentes, aux scrofuleux. On les emploie souvent pour régulariser les menstrues, tantôt pour les faire paraître, et tantôt pour en modérer le cours ou le suspendre. Elles produisent, sans contradiction, les deux effets opposés : modératrices du cours du sang, si la rapidité en est passivement excessive; et l'accélérant, au contraire, s'il se ralentit et paraît languir. Ces eaux ne peuvent être transportées sans dommage, tant le contact de l'air et le mouvement les altère. Elles se *tuent* comme le cidre.

4° Les *eaux salines* forment une dernière classe pour ainsi dire négative. Cette classe se compose d'un grand nombre d'eaux, la plupart fort connues, qui n'ont entre elles que des analogies secondaires, mais dont aucune n'aurait pu entrer dans les trois autres classes. Toutefois la plupart sont thermales et salées, comme Bourbonne, Balaruc, etc. Elles participent en même temps, et des eaux sulfureuses par leur température, et de l'eau de mer par la composition et la saveur; ce qui a fait inférer que peut-être il existe des communications souterraines et mystérieuses entre la mer et les volcans, et ces sources purement salines. Le fait est qu'un certain nombre renferment de grandes quantités de sel marin et de l'iode, ainsi que l'eau de mer elle-même en contient. On trouve dans ces eaux non-seulement plusieurs sels de soude, mais des sels à base de magnésie et de chaux. Quelques-unes sont purgatives et froides, comme celles d'Epsom, de Sedlitz et de Pullna; mais d'autres, également purgatives, sont néanmoins thermales, comme celles de Carlsbad, de Balaruc, d'Encausse, etc. Plusieurs, comme Plombières et Bains, renferment un principe onctueux comparable à la barégine des eaux sulfureuses. Il est quelques eaux salines thermales où l'on constate de si faibles doses de principes salins, qu'on se voit forcé d'attribuer leurs vertus presque uniquement à leur température. Le calorique, au reste, est pour beaucoup dans les propriétés excitantes et efficaces de toute eau thermale, quelle qu'en soit la composition. Sans la chaleur, les principes salins des eaux pénétreraient difficilement jusqu'à la trame des organes; et ceux-ci ne ressentiraient pas ce bien-être et cette sorte de quiétude qui font de l'heure du bain une heure si désirée et souvent si bienfaisante.

(1) *Guide aux Eaux minérales*, etc.; par Isid. Bourdon.

Cependant, si les eaux salines ne sont pas identiques pour la composition, elles ne sont pas sans analogie pour leurs propriétés médicinales. La plupart en effet sont employées utilement dans les paralysies, les rhumatismes et même contre les engorgements scrofuleux, les tumeurs blanches, etc.

On aurait tort de juger des vertus d'une eau minérale d'après la somme des principes salins que la chimie y constate. Les sources de Bonnes, beaucoup plus faibles et moins chaudes que celles de Baréges et de Cauterets, ont souvent obtenu des résultats plus heureux. L'eau de Balaruc contient quarante fois plus de sels que l'eau de Plombières; mais n'en attendons pas des effets quarante fois plus favorables. C'est fréquemment l'inverse. A Aix en Provence, on préfère la source de Sextius, il est vrai plus chaude, mais plus faible que la seconde source (la S. Barret); à celle-ci l'on guérit moins. L'eau de Passy renferme beaucoup plus de fer que les sources de Forges-en-Bray, qui comptent toutefois plus de cures heureuses. La somme des principes inhérents aux eaux n'a vraiment d'importance que pour les eaux alcalines et gazeuses, dans lesquelles tout sans doute n'est pas absorbé, mais où tout agit sans blesser, sans agiter. En général, une eau modérément chargée de sels a beaucoup plus de chances de s'insinuer dans les organes et de se mêler aux humeurs en les modifiant, qu'une eau plus forte et plus blessante qui passe et défile souvent sans agir ni s'assimiler.

Nous n'insisterons pas ici sur les vertus spéciales de certaines eaux, puisqu'il n'est pas de source importante qui n'ait son chapitre dans cet ouvrage; nous dirons seulement dès à présent que si les sources d'une même localité ont toutes des vertus analogues, cependant et presque toujours chacune d'elles a des destinations particulières, des effets plus spéciaux. C'est ainsi qu'à Cauterets, où l'on compte onze sources, il y en a une qui convient surtout aux maladies de poitrine, une qui ne s'applique qu'aux gastralgies, une aux maux d'yeux, une aux dartres; etc. Quoi qu'en puissent penser des médecins rigoristes et sceptiques, il existe en France telle source qui n'est conseillée qu'à des malades atteints d'un cancer, telle autre où l'on n'envoie que des paraplégiques, telles autres qu'on prescrit à des asthmatiques, telle autre qu'on n'indique qu'à des calculeux; il y en a de même pour la stérilité, pour les maladies de l'utérus, pour les gales rentrées et même pour des syphilis latentes, que telle eau thermale rend manifestes. Il sera question à l'article Loueche de ces eaux chaudes et boueuses où des malades passent la moitié des jours plongés et comme infusés dans de vastes piscines, au milieu desquelles on travaille, on s'amuse, on converse comme dans un salon, et d'où quelquefois on sort guéri ou près d'être guéri. La poussée est une espèce d'éruption escortée de sueurs dont de pareilles baignées, toujours progressives, sont ordinairement suivies.

On a beaucoup parlé des bains clos et vaporeux qu'on avait organisés au Vernet pour toutes les saisons. Mais, outre qu'on trouve à Dax, à Aix-la-Chapelle et ailleurs encore des bains d'hiver, surtout à Tivoli et aux Néothermes, on ne voit pas que l'amiral Roussin et Ibrahim-Pacha aient retiré de grands avantages de ces bains du Vernet, où leur savant fondateur lui-même évite d'aller quand il est malade.

Il y a dans les eaux minérales, sous quelque forme qu'on en fasse usage, d'abord le premier effet, causé par le contact d'un liquide chaud et excitant; il y a ensuite un effet et plus profond et plus durable, effet comme dynamique et vraiment physiologique, qui provient de l'absorption des principes salins du liquide minéral.

Certes, tout n'est pas encore connu en ce qui regarde les

eaux; toutefois la science progresse. Nous espérons beaucoup des Instructions et des cadres d'observations que nous avons récemment rédigés, au nom de l'Académie de Médecine et à la demande du gouvernement; instructions qu'ont à suivre et cadres que doivent remplir les différents médecins inspecteurs des eaux minérales de la France.

Ce ne sont pas les riches désœuvrés et les citadins opulents qui retirent le plus de bénéfice des eaux. Ils ont trop l'habitude des choses excitantes pour ressentir les effets bienfaisants d'un traitement thermal, toujours peu efficace en des gens blasés. Mais les personnes accoutumées à la modération et à la sobriété sont celles qui éprouvent le plus visiblement l'influence salutaire des eaux minérales. Aussi l'administration de l'assistance publique a-t-elle agi sagement en s'appliquant à rendre les établissements thermaux accessibles aux malades de la campagne et aux indigents des villes.

Pour profiter et bien juger des favorables effets des eaux, c'est aux sources mêmes qu'il faut les prendre. Hors de là, elles sont altérées, et quelquefois mal imitées, ou même substituées. On distribuait à Paris il y a quelques années des eaux froides et secondaires d'Enghien pour des eaux-bonnes, dont elles portaient l'étiquette. C'est aux sources que les Anglais vont prendre les eaux : nous en avons vu à Bath qui deux fois la semaine faisaient le voyage de Londres (300 kilomètres) uniquement pour boire à la source trois ou quatre verres d'eau saline tiède et un peu louche, à *three pence* le verre. Il est vrai que c'est ici le cas de répéter leur proverbe : *no penny, no pater-noster.*

A l'égard des eaux artificielles, il est peu d'eaux naturelles que la chimie puisse imiter utilement et de manière à faire illusion : il n'y a d'exception véritable que pour les eaux purgatives froides de l'Allemagne, ainsi que pour les eaux gazeuses et alcalines, dont la chimie a le merveilleux secret. Les eaux gazeuses principalement sont le triomphe de la science et de l'art; car la chimie peut faire des eaux beaucoup plus gazeuses que ne le fait la nature. Mais des eaux qui ne seront jamais suffisamment imitées, ce sont les eaux sulfureuses. Dr Isidore BOURDON.

ÉBAUCHE. On ne peut raisonnablement donner l'étymologie de ce mot, mais sa signification est hors de doute; on l'emploie pour désigner un ouvrage non terminé, et il se prend en bonne ou mauvaise part, suivant les adjectifs dont il est accompagné : « Cette ébauche est pleine de vigueur, et fait connaître le talent de l'auteur; cet ouvrage n'est qu'une grossière ébauche, et ne mérite aucune attention. » Le mot *ébauche* est plus souvent employé dans la peinture que dans les autres arts, parce qu'un peintre peint rarement *au premier coup*; l'habitude est d'*ébaucher* un tableau en entier; puis, de reprendre chaque partie pour les finir. Malgré cet usage général d'ébaucher un tableau, il n'existe cependant aucune méthode fixe de faire une ébauche : les uns se contentent de traiter légèrement la partie de la couleur; d'autres, au contraire, donnent à leur ébauche une vigueur qui quelquefois approche de la dureté.

D'après ce que nous venons d'exposer, il pourrait paraître inutile de dire qu'*ébauche* n'est pas synonyme d'*esquisse*, puisque l'ébauche est la première partie du travail dans un tableau, que l'on reprend ensuite pour le terminer, tandis que l'esquisse est une première peinture faite avec prestesse, que l'on n'a pas l'intention de finir, et qui toujours est d'une petite dimension.

Dans la sculpture, on se sert aussi du mot *ébauche* : la première opération du sculpteur en prenant un bloc est de le dégrossir; ce travail est ordinairement fait par des ouvriers, aidés de moyens mécaniques, et que l'on nomme *praticiens*. L'artiste prend ensuite le ciseau et fait son ébauche, puis il revient après sur son ouvrage, pour lui donner le fini convenable à la position qu'il doit avoir.

Ébauche est employé dans plusieurs métiers, par exemple dans la ciselure et la serrurerie. Le menuisier ébauche aussi son travail, et le cordier dit qu'il ébauche du chanvre, quand il passe la filasse au gros peigne.

Ébauche est aussi en usage dans la littérature pour désigner également le commencement d'un travail : ainsi, on dit l'*ébauche d'une pièce de théâtre*, l'*ébauche d'un poëme*. Souvent en mourant un auteur laisse des travaux qui ne sont qu'*ébauchés*. DUCHESNE aîné.

EBEL (JEAN-GODEFROI), écrivain allemand, né le 6 octobre 1764, à Zullichau, dans la Nouvelle-Marche, étudia la médecine, et reçu docteur, alla s'établir à Vienne, où il résida jusqu'en 1790. De là il se rendit en Suisse, et en 1792, il vint faire de la médecine pratique à Francfort-sur-le-Mein. Son ami Œlsner, qui résidait à Paris, le mit alors en rapport avec un grand nombre d'hommes influents de la révolution française, et sa traduction des écrits de Sieyès (1796), ne contribua pas peu à les populariser en Allemagne. Cette publication l'ayant rendu suspect aux gouvernements allemands, il jugea prudent de se rendre à Paris, où il suivit avec attention le développement des idées qui avaient amené la révolution française, ainsi que la marche des événements qui en étaient le résultat, mais sans rester étranger aux progrès des sciences naturelles, et tout en s'occupant activement, au contraire, de recherches physiologiques. Vers l'an 1801, les services qu'il avait eu occasion de rendre à la Suisse déterminèrent le gouvernement de ce pays à lui conférer les droits de citoyen suisse. En 1820 il obtint son inscription parmi les citoyens de Zurich. C'est à cette époque qu'il se fixa d'une manière définitive dans cette ville, où il mourut le 8 octobre 1830. En parcourant la Suisse dans toutes les directions, Ebel avait recueilli sur le sol et la nature de cette contrée des renseignements précieux, dont il fit part au public dans quelques ouvrages justement estimés. Le plus connu est son *Guide pour faire le voyage de la Suisse de la manière la plus commode et la plus agréable* (Zurich, 8e édition, 1842).

ÉBÈNE, ÉBÉNIER. On donne le nom de *bois d'ébène* à plusieurs espèces de bois ordinairement noirs, produits par divers arbres, presque tous de la famille des *ébénacées*, croissant en Amérique, en Afrique, et surtout dans l'Inde. Les mots *ebenus* et *ebenum*, de Pline et de Virgile, se trouvent dans les langues les plus anciennes avec la terminaison propre à chacune de ces langues, et désignant toujours l'ébène noire. On peut donc soupçonner que c'était là le nom du bois dans le pays où il croissait. Les bois qui portent aujourd'hui ce nom sont généralement noirs, ou foncés en couleur verte ou rouge, durs, pesants, d'un grain fin et serré, et par conséquent susceptibles de prendre un beau poli. Ils sont employés à la fabrication de divers meubles, des ouvrages de marqueterie et de mosaïque, des règles pour les dessinateurs, des manches d'instrument, des cannes, des supports pour les instruments de navigation et autres, etc. Les meubles en ébène, peu répandus, mais toujours de mode, offrent un aspect grave et sérieux, qui les fait rechercher; on y emploie la partie du cœur de l'arbre, qui est la plus noire et la plus dure, dont le grain est plus fin, et qui est seule estimée par les commerçants.

On distingue dans le commerce trois espèces d'ébène : la *noire*, la *verte* et la *rouge*. L'*ébène noire*, ou simplement l'*ébène*, est produite par plusieurs arbres, dont les principaux sont : l'*ébénoxyle* (*ebenoxylum*), grand arbre de la Cochinchine, formant un genre de la famille des ébénacées; le *plaqueminier ébène* (*diospyros ebenum*), croissant à la Cochinchine, dans l'Inde et à Madagascar, gros et grand arbre, appartenant à la famille des ébénacées; le *mabolo* (*mabolo cavanillea*), moins grand que les précédents, appartenant aussi à la famille des ébénacées, et croissant aux Philippines, maintenant cultivé à l'île Maurice, où il donne un bois très-dur; enfin, plusieurs autres arbres différents de ceux-ci, dont le bois est plus ou moins noir, qui probablement appartiennent à des familles différentes, et que plusieurs auteurs rangent principalement dans celle des légumineuses. Le bois d'ébène noir, qu'on appelle aussi *ébène Maurice*, vient donc de l'Inde, de l'île de France et de celle de Madagascar. Il est d'une belle couleur noir foncé, compacte, pesant, et susceptible de recevoir un très-beau poli, à cause de son grain, très-fin et très-serré. C'est le plus beau et le plus recherché de tous. Cependant, les bûches sont toujours fendues, et quelquefois même marquées de blanc; mais alors il est moins estimé. Il est ordinairement expédié à nu, en bûches de 2 à 6 mètres de long et de 11 à 41 centimètres de diamètre. Une autre variété, qui nous venait du Brésil par la voie du Portugal, présente des veines verdâtres, tirant sur le gris foncé, ce qui lui donne un aspect plus violacé, et le fait moins rechercher. Les bûches sont moins fortes. Il est même quelquefois en quartier. Une troisième variété nous arrive du Brésil en bûches semblables à celles du précédent; il est d'un fond noir veiné de rouge. On imite le bois d'ébène en faisant tremper le sycomore, le tilleul, le platane, l'érable, et surtout le poirier, dans une teinture noire, qui est ordinairement une décoction forte de Campêche.

On soupçonne que l'*ébène rouge* est produite par le *tanionus littorea* de Rumphius, dont le bois, très-dur, est d'une couleur rouge brun. On donne aussi ce nom au bois de grenadille vrai, classé par les naturalistes dans la gynandrie pentagynie, et croissant dans les contrées chaudes de l'Amérique. Son aubier est moucheté de blanc, et sa couleur intérieure, d'un rouge brun ou d'un brun verdâtre, est veinée d'un vert plus pâle. Il y en a deux autres variétés: le *vert bâtard* et le *blond bâtard*: ces noms commerciaux désignent des qualités qui diffèrent peu entre elles et seulement par la couleur. Le bois de grenadille fonce en vieillissant.

On attribue l'*ébène verte* au *bignone à ébène* (*bignonia leucoxylon*, Linné), de la famille des bignonées, croissant dans l'Amérique méridionale; et à l'*évilasse* (*jacaranda du Brésil*, Jussieu), dont le bois, gras et vert, teint les mains quand on le travaille. Le bois de ce dernier arbre noircit en vieillissant. Quelques teinturiers l'emploient pour teindre en vert naissant. On pense encore qu'il y a à Ceylan une variété de plaqueminier qui fournit l'ébène. On prétend qu'une variété du *bignonia leucoxylon* fournit l'*ébène jaune*.

L'*ébène de Crète* est l'*anthyllis cretica*; l'*ébène des Alpes*, ou faux ébénier, le *cytisus laburnum* (*voyez* CYTISE); l'*ébène de Plukenet*, un *aspalath*; l'*ébène de la Jamaïque* est un arbrisseau épineux des Antilles, dont les feuilles ressemblent à celles du buis; l'*ébène des montagnes* est le *bauhinia acuminata* d'Amérique; l'*ébénier d'Orient* est le libbek du genre *mimosa*, de Linné, que d'autres rangent dans le genre *acacia*. Enfin, on désigne sous le nom d'*ébène fossile* le lignite ou le jayet. Joseph GARNIER.

ÉBÉNIER (FAUX). *Voyez* CYTISE.

ÉBÉNISTERIE, ÉBÉNISTE. L'*ébéniste* est une sorte de menuisier qui ne s'occupe que de la confection des meubles destinés à orner les appartements, tels que lits, commodes, secrétaires, toilettes, etc. Dans l'origine de cet art, c'était le *bois d'ébène* qui servait exclusivement à faire ces meubles; de là est venu le nom d'*ébéniste* et celui d'*ébénisterie*, donné à ses produits divers.

Un bon ébéniste doit d'abord être un excellent menuisier, car il est obligé de faire la carcasse de tous les meubles, qu'il recouvre ensuite de plaques minces de bois précieux. Ces carcasses ou bâtis sont ordinairement en chêne ou bois dur. Les meubles seraient d'un prix trop élevé s'ils étaient tout entiers d'acajou ou d'ébène, ou de tout autre bois des îles. Ils seraient même moins élégants, car leur surface ne présenterait pas des dessins aussi gracieux ni aussi variés que ceux qu'on obtient en combinant les plaques sciées.

L'art du *placage* comprend presque en entier celui de l'ébéniste. Il consiste à couvrir, avec une grande perfection, et sans qu'on puisse s'apercevoir des joints ou passages d'une pièce à une autre, la surface des meubles, en y faisant servir des feuilles de bois que l'art est parvenu à faire aussi minces qu'on le désire, car d'ordinaire on tire onze feuilles sur l'épaisseur d'un centimètre; on a même vu, grâce à la perfection de nos machines à scier, vingt-deux feuilles extraites d'une planche de bois de noyer n'ayant que la même épaisseur.

Dès que ces plaques sont chez l'ébéniste, c'est à son goût à les combiner de manière à obtenir les dessins les plus flatteurs à l'œil. Il plaque d'abord les parties extérieures de l'ouvrage, et il a grand soin de n'employer que la meilleure colle. Il la faut chaude, mais non bouillante, pas trop épaisse; l'ouvrier empêche que des grumelots fassent corps sous le placage. On *moule* la pièce qu'on veut appliquer, c'est-à-dire qu'on la bat sur un madrier de chêne, du côté où elle doit recevoir la colle. On mouille la pièce du côté creux, en se servant d'une éponge trempée dans de la colle chaude et claire, on la fait chauffer du côté où l'on a mis la colle; on en enduit également le châssis, et on pose tout de suite sur ce châssis la pièce toute préparée. On appuie fortement la panne du marteau à plaquer sur la pièce, et on la force à s'attacher au bâtis. On *sonde*, ensuite cette pièce, c'est-à-dire qu'au moyen de la percussion on juge par le son qu'elle rend si elle porte partout, s'il n'est pas resté de globules d'air, etc. De cette première pièce, on en rapproche une seconde, et on plaque ainsi les plus grandes surfaces. Pour que les variations de température ne fassent pas décoller les pièces, pendant que la colle sèche, on emploie de grands châssis dont l'objet est de comprimer fortement ces pièces contre toutes les parties du bâtis, et on ne les enlève qu'au bout de vingt-quatre heures. Le placage des surfaces courbes se fait à peu près comme celui des surfaces planes, à l'exception que les ébénistes emploient un tour appelé *mécanique*, et qui permet d'y placer les objets, tels que colonnes torses, etc.

Après le placage vient la dernière opération; c'est celle du *polissage*. Autrefois, que le sciage des feuilles se faisait fort grossièrement par deux ouvriers, il en résultait que beaucoup d'aspérités restaient sur la surface des feuilles, et qu'il était nécessaire de replanir les surfaces au rabot. Aujourd'hui, on n'emploie plus que le *racloir*, qui suffit pour faire disparaître les petites inégalités qu'a laissées la scie. On achève ensuite le polissage avec la *pierre ponce* à sec, le *papier à polir*, ou la *peau de chagrin*, etc. Enfin l'application d'un vernis (et le meilleur est celui qui est formé d'alcool et de gomme-laque), qu'on étend avec un tampon, suffit pour donner aux meubles un brillant et un éclat qu'on recherche, et qu'il faut même renouveler de temps en temps pour que la poussière n'encrasse pas toute leur surface.

C'est aussi l'ébéniste qui fait la *marqueterie* et la *mosaïque* en bois.

Paris est sans contredit la ville du monde où l'on exécute avec le plus de solidité et de goût les meubles de toutes façons. Toutes les nations sont nos tributaires, et l'étaient même à l'époque où nos ébénistes, entendant d'ailleurs fort mal leurs intérêts, n'employaient que de la mauvaise colle pour leur placage. Cette colle était très-hygrométrique; il en résultait qu'un meuble parti de Paris très-bien confectionné arrivait en Russie tout dépouillé de son placage; au fond de la caisse, on ne trouvait que le bâtis de bois blanc ou de chêne. Il n'en est plus ainsi aujourd'hui. Nos ébénistes sont plus consciencieux; ils sont aussi plus artistes, plus variés dans leurs travaux.

En général, les ouvriers allemands excellent dans cet art, auquel la mode fait payer souvent son tribut. L'acajou est aujourd'hui relégué dans les vieux meubles. On le trouve trop sombre, trop triste; les bois d'oranger, de palissandre, de rose, de frêne, ont la préférence. Ils se marient beaucoup mieux avec les étoffes si variées, si riches, qu'emploient les tapissiers. Ils sont plus légers, plus agréables à la vue. Il est rare maintenant de voir ajouter aux meubles des ornements en métal. Ceux en cuivre exigent un grand entretien, et on a fini par y renoncer. Quelques ornements appliqués se font avec des bois de différentes couleurs.

V. DE MOLÉON.

Sous la dénomination de *bois d'ébénisterie*, l'administration des douanes comprend les bois de cèdre, de buis, d'acajou et autres bois pesants et durs, qui servent à la fabrication des meubles, des ouvrages de marqueterie, des cannes, etc. La consommation en est fort augmentée en France; elle avait roulé de 1815 à 1831 entre un million et trois millions de kilogrammes; elle a depuis atteint graduellement quatre et cinq millions; enfin, elle s'est élevée à 7,700,000 kilogrammes en 1843 et à 6,972,000 kilogrammes en 1844. Haïti, le Brésil et la Guyane sont les contrées qui nous fournissent le plus de bois d'ébénisterie. Le montant des droits d'entrée roule, terme moyen, depuis plusieurs années, de 650,000 à 800,000 fr. C'est à peu près le tiers de la valeur de la marchandise tarifée.

EBERHARD LE BARBU, premier duc de Wurtemberg, naquit en 1445, huit ans après le partage des possessions wurtembergeoises entre son père, le comte Louis l'Ancien, fondateur de la ligne d'*Urach*, et son frère, le comte Ulrich, fondateur de la ligne de *Neufen* ou de *Stuttgard*. Encore mineur lors de la mort prématurée de son père et de son frère aîné, ce fut à son oncle Ulrich qu'échut sa tutèle. A peine eut-il atteint l'âge de quatorze ans, qu'il s'évada du Wurtemberg et se révolta contre son oncle, en exigeant qu'il lui rendit l'exercice de la puissance souveraine. Soutenu par l'électeur palatin, Frédéric, frère de sa mère, et surtout par la profonde impopularité de son oncle parmi le peuple wurtembergeois, il réussit à recouvrer ses États; mais, ignorant et grossier, il ne s'occupa plus bientôt que de chasse, de danse, de tournois, s'abandonnant sans contrainte à tous les excès, sans se soucier de l'administration de ses États, que d'autres gouvernèrent en son nom. Cependant, un pèlerinage qu'il entreprit en Palestine amena une complète réformation de ses mœurs; son mariage avec l'excellente princesse Barbe de Mantoue contribua beaucoup à le faire persévérer dans la bonne voie; et désormais on le vit constamment et uniquement occupé du soin d'assurer le bien-être de ses sujets.

On avait eu lieu de reconnaître combien le partage du pays effectué naguère entre son père et son oncle avait nui aux intérêts des sujets et à ceux de la famille souveraine. Il conclut avec ses cousins, les comtes de la ligne de Neufen, une alliance si étroite, que chaque guerre faite par l'une des branches de la famille fut désormais commune à toutes deux. Après avoir prévenu ensuite tout nouveau démembrement du Wurtemberg, il finit même par réunir les deux comtés en un seul, en vertu d'un traité conclu, en 1482, entre lui et son cousin Eberhard le Jeune, et aux termes duquel l'indivisibilité du territoire devint désormais la loi fondamentale du pays et de la famille souveraine. Pour donner plus de force encore à cette loi fondamentale, qui fut garantie par l'empereur et par la diète impériale, il appela le clergé, la noblesse et la bourgeoisie à la discuter. Il en fut de même de toutes les conventions ou lois ultérieurement rendues. L'une de ces conventions, nommément, fixait des limites assez étroites à l'exercice du pouvoir souverain d'Eberhard le Jeune, son héritier présomptif. On peut donc dire qu'il fut le véritable fondateur des assemblées d'états dans le Wurtemberg. Les institutions communales dont il dota les deux villes de Stuttgard et de Tubingue, la fondation dans cette dernière, en 1467, d'une université encore célèbre de nos jours, le rétablissement de l'ordre et de la discipline dans les couvents de ses États, furent encore autant de services qu'il rendit au pays.

Quoique, par obéissance pour une recommandation que lui avait faite son père en mourant, il eût à peine appris à lire et à écrire, il éprouva plus tard le besoin de s'instruire. Il se fit traduire en allemand, par des savants dont il recherchait le commerce, un grand nombre d'ouvrages des anciens, et il consigna lui-même par écrit un grand nombre de faits mémorables dont il avait entendu parler ou qu'il avait lus. C'est à tort toutefois qu'on lui attribue la traduction de l'*Hitopadesa* (Ulm, 1473), Ses sujets l'aimaient comme un père. On trouve une preuve naïve de l'amour qu'ils lui portaient dans ce proverbe wurtembergeois, que *si jamais le Père éternel venait à mourir, il n'y aurait que le père Eberhard pour le remplacer.* Ami de la paix, il contribua beaucoup, comme chef de la ligue de Souabe, au maintien de l'ordre et de la tranquillité; mais il n'hésitait pas pour cela à attaquer des souverains plus puissants que lui, dès que son honneur ou le bien de ses États l'exigeait. Il remplit fidèlement ses devoirs vis-à-vis de l'empereur, comme il convenait à un loyal prince de l'Empire. L'empereur Maximilien le reconnut en l'élevant spontanément, lors de la diète réunie à Worms en 1495, à la dignité de duc, sans qu'il eût recherché cette faveur. Il n'en jouit d'ailleurs pas longtemps, et mourut en février 1496, sans laisser d'enfants.

EBERSDORF, seigneurie appartenant à la maison de Reuss et située dans le Voigtland. Elle provient d'un nouveau partage opéré en 1678 dans la branche cadette de la ligne puînée de la maison de Reuss, fondée en 1535, branche qui déjà s'était divisée en 1647. A cette époque, la seigneurie de Lobenstein, apanage de cette branche cadette, fut partagée entre trois fils héritiers, de telle sorte que l'aîné eut le bailliage de Lobenstein, le cadet le bailliage et le château de Hirschberg, récente acquisition de leur père, et le plus jeune, Henri X, un autre tiers, composé de parcelles éloignées les unes des autres. Or, comme il ne se trouvait ni ville ni château dans ces diverses parcelles, ce dernier fils acheta le domaine d'Ebersdorf, auparavant propriété de la famille de Magwitz, où il construisit un château. Le rameau de Hirschberg étant venu à s'éteindre en 1711, une moitié de ses domaines revint au rameau d'Ebersdorf, dont les possessions occupèrent alors une superficie d'environ 2 myriamètres carrés. Mais en 1802 la branche en possession de la seigneurie de Gera, avec Saalburg et une partie de Reichenfels, comprenant ensemble une surperficie d'environ 5 myriam. carrés. étant aussi venue à s'éteindre, ces diverses possessions passèrent indivises au rameau de Schleiz et aux branches de Lobenstein et d'Ebersdorf. Après l'extinction de la ligne primitive de Lobenstein dans la branche collatérale des comtes de Selbitz, en l'année 1824, la seigneurie spéciale de Lobenstein ainsi que l'autre quart de la commune seigneurie de Gera passèrent à la ligne d'Ebersdorf, dont le représentant prit dès lors le titre de Reuss-Lobentein-Ebersdorf, et qui règne aujourd'hui sur une superficie d'environ 4 myriamètres carrés, avec une population de 25,000 âmes.

Ebersdorf, bourg de 1500 habitants, dont un tiers sont des Hernhutes, est sa résidence en même temps que le siége des autorités, d'une direction des forêts et des mines.

EBERT (FRÉDÉRIC-ADOLPHE), l'un des plus savants bibliographes des temps modernes, naquit à Taucha, près de Leipzig, le 9 juillet 1791, et dès 1806 fut admis au nombre des employés de la bibliothèque de l'hôtel de ville de Leipzig. Il remplit assez longtemps ces fonctions, dans l'exercice desquelles son goût pour la littérature et la bibliographie trouva un nouvel aliment. En 1808, tout en ayant à lutter contre une profonde détresse dont les souffrances ne laissèrent pas que d'influer par la suite sur la direction de son caractère, il commença l'étude de la théologie à Leipzig, et alla ensuite la continuer pendant quelque temps à Wittenberg, mais plus tard il se livra de préférence aux études historiques. Après avoir terminé ses cours universitaires, et s'être fait connaître par deux petits ouvrages, l'un ayant pour titre : *Essai sur les bibliothèques publiques* (1811) et l'autre : *Hierarchiæ in religionem ac li-*

teras commoda (1812), il concourut en 1813 à la réorganisation de la bibliothèque de l'université de Leipzig; et en 1814 il fut nommé secrétaire près la bibliothèque royale de Dresde. Dans ce poste, Ebert fit preuve d'une remarquable activité comme écrivain non moins que comme chargé des intérêts de la bibliothèque. C'est ainsi qu'il publia successivement *La Vie, les Mérites de Taubmann* (1814); *Torquato Tasso*, d'après Ginguené, avec un catalogue détaillé des éditions de ce poëte (1819); l'*Éducation d'un bibliothécaire* (1820), et l'*Histoire et description de la Bibliothèque royale de Dresde* (1822). Dans cette même période, il écrivit encore sous le pseudonyme de Gunther le *Récit de la grande bataille des peuples* dans les plaines de Leipzig (1814); et une *Histoire de la guerre des Russes et des Allemands contre les Français* (1815).

La richesse de la bibliothèque de Dresde et de sérieuses études préalables lui donnèrent le courage d'entreprendre son célèbre *Dictionnaire bibliographique universel* (2 vol., Leipzig, 1821-1830). Il était le premier Allemand qui se fût encore proposé un but semblable, et, quel que soit le jugement qu'on porte sur la manière dont Ebert l'a exécuté, on est forcé de reconnaître que ce livre l'emporte sur tous les travaux analogues publiés jusqu'alors. En 1823 Ebert reçut tout à la fois des propositions pour être bibliothécaire en chef et professeur à Breslau, et bibliothécaire du duc de Brunswick, à Wolfenbuttel. Il opta pour cette dernière place. Mais dès le mois d'avril 1825 il était rappelé en qualité de bibliothécaire à Dresde, où quelque temps après il fut nommé bibliothécaire particulier du roi, et en 1828 premier conservateur de la grande bibliothèque royale. Il mourut, on peut le dire, au champ d'honneur d'un bibliothécaire. En effet, ayant eu le malheur, en novembre 1834, de tomber d'une échelle dans l'une des salles de la bibliothèque royale, il succomba quelques jours après aux accidents inflammatoires qui en furent la suite.

Ebert ne déploya pas à Dresde une activité moindre qu'à Wolfenbuttel : c'est ainsi qu'il enrichit encore la science de nombre de bons ouvrages. Nous citerons, entre autres, ses *Traditions relatives à l'histoire, à la littérature et à l'art des temps passés et présents*. Il a aussi donné quelques articles à l'encyclopédie d'Ersch et Gruber.

ÉBION. *Voyez* ÉBIONITES.

ÉBIONITES, ÉBIONITISME. Les *ébionites* sont des hérétiques du premier ou du second siècle, qui, selon saint Épiphane, eurent pour chef un Juif, nommé Ébion, dont ils prirent le nom. Suivant Origène et Eusèbe, ce nom leur serait venu de leur peu d'intelligence ou de leur pauvreté (de l'hébreu *ébion*, qui signifie *pauvre*). On n'est pas beaucoup plus d'accord sur l'époque de leur apparition : les uns croient qu'ils commencèrent à dogmatiser vers 72; et saint Jérôme assure que ce fut pour réfuter leurs erreurs que saint Jean écrivit son Évangile et sa première Épître. D'autres, au contraire, reculent la naissance de la secte jusqu'à l'empire d'Adrien : selon ces derniers, après le concile de Jérusalem, qui abrogeait les cérémonies de la loi de Moïse, sans les condamner, un grand nombre de Juifs convertis auraient continué à les observer; le même usage aurait subsisté à Pella, où les chrétiens s'étaient réfugiés pendant le siége de Jérusalem; mais après la révolte de Bar-Kokéba la plupart auraient cessé de judaïser, pour échapper aux poursuites dirigées contre les Juifs; les autres, jugeant leurs pratiques indispensables, les auraient gardées opiniâtrement : de là les nazaréens, puis les ébionites. Il existe une troisième opinion, qui accorderait les deux autres, c'est que les ébionites auraient paru aux deux époques. Quoi qu'il en soit, ils débutèrent par un alliage singulier de la loi de Moïse et des dogmes évangéliques, adoptèrent ensuite les erreurs de Cérinthe, et nièrent la divinité de Jésus-Christ, soutenant qu'il n'existait point avant Marie, qu'il était né comme les autres hommes, qu'il n'avait au-dessus d'eux qu'une vertu extraordinaire. Par une bizarre contradiction, tout Juifs qu'ils voulaient être, ils rejetaient la plus grande partie de l'Ancien Testament, et n'admettaient dans le Nouveau que l'Évangile aux Hébreux (saint Matthieu), qu'ils arrangeaient à leur manière. Ils n'employaient que de l'eau dans l'eucharistie, etc. On dit qu'à ces erreurs ils ajoutaient les infamies qu'on a reprochées aux gnostiques et aux carpocratiens; mais on a lieu de croire que ces turpitudes n'étaient pas chez eux générales. Des écrivains du siècle dernier ont prétendu que la doctrine des ébionites, des nazaréens, etc., était celle des apôtres mêmes; et que le christianisme actuel avait été inventé par saint Paul pour colorer son abjuration du judaïsme... De pareilles assertions ne méritent pas d'être réfutées.

L'abbé BANDEVILLE.

ÉBLOUISSEMENT. Ce mot désigne le trouble momentané de la vue qui est causé par l'action d'une lumière vive sur les yeux. La surexcitation des organes produit peu d'effets aussi communs que celui-ci : on l'éprouve en regardant un corps brillant, et il en est dont l'aspect cause une sensation si pénible qu'elle est intolérable : tel est le soleil. On se soustrait instinctivement à l'action des corps éblouissants en se fermant les yeux, mais l'impression reçue se conserve et la vue reste confuse pendant quelques instants. On est encore affecté ainsi (ébloui) lorsqu'on passe d'un lieu obscur dans un lieu éclairé, comme aussi quand après avoir été soumis durant quelque temps à l'action d'une vive lumière on se trouve dans l'obscurité. Dans tous ces cas, l'éblouissement est une affection légère, qui cesse presque aussitôt qu'on s'est soustrait à la cause qui l'avait produite, soit en fermant les paupières, destinées à cet effet, soit en passant dans un lieu obscur. Néanmoins, il importe d'éviter autant que possible ces surexcitations, non-seulement pour la conservation d'un sens aussi précieux, mais encore pour éviter des maux de tête qu'on ne sait souvent à quoi attribuer, et qui n'ont point d'autre cause (*voyez* MIGRAINE). Quand on se trouve placé forcément dans un lieu très-éclairé, exposé, comme on dit, *à un jour fatigant*, par exemple la réverbération du soleil, il est nécessaire de porter des lunettes ayant des verres colorés par une nuance légère ou de vert ou de bleu, ne grossissant pas les objets, mais tempérant seulement l'action de la lumière.

L'éblouissement n'est pas toujours causé par l'action d'un corps extérieur, comme dans le cas qu'on vient d'exposer, et auquel on puisse se soustraire; on peut aussi avoir la vue troublée par une action intérieure : c'est alors une sensation comparable aux bruissements, aux sifflements, aux bourdonnements qu'on entend réellement sans qu'aucun bruit semblable parvienne du dehors aux organes de l'ouïe. Sous ce rapport l'éblouissement doit attirer plus l'attention que dans les cas précédents, et à ce sujet quelques informations doivent trouver place ici. Ce trouble spontané de la vue a sa source dans le cerveau, et on le voit se manifester dans les cas où cet important viscère est surexcité au point d'offrir l'irritation simple ou compliquée de congestion de sang. C'est ainsi qu'on voit survenir ces éblouissements quand le cerveau est surexcité par une vive sensation morale qui amène une défaillance, comme aussi après des excès de table, des travaux intellectuels trop longtemps soutenus, enfin dans l'état pléthorique, qui dispose à l'apoplexie. Ce sont des avertissements dont on peut profiter quand on en connaît la valeur.

Tout en signalant l'éblouissement spontané comme l'annonce d'une irritation cérébrale, il faut cependant limiter les craintes qu'il peut susciter. Chez les jeunes gens, ce trouble n'est point un présage sinistre, mais seulement l'indication d'interrompre momentanément des études trop assidues ou trop ardues, de rendre le régime alimentaire moins stimulant, quelquefois le besoin d'une saignée. C'est vers le déclin de la vie que ces éblouissements répétés sont des menaces redoutables, surtout si d'autres accidents s'y joignent, tels que les bourdonnements d'oreilles, le balbutiement, la perte de la mémoire, l'aspect vultueux de la face. Dr Charbonnier.

EBN ou IBN, mot arabe qui signifie *fils*, et qui a été adopté avec la même signification par les Persans et par les Turcs, quoiqu'ils aient dans leur langue respective les mots *zadeh* et *oghlou*, qui ont le même sens. *Ebn*, ou *ibn*, s'écrit et se prononce également *ben*, surtout en hébreu, et par altération *aben* ou *aven*, comme on le trouve dans les auteurs rabiniques, dans les ouvrages espagnols et italiens du moyen âge, et même dans les traductions et les compilations qu'on en a faites en français. Sous ses diverses formes, le mot *ebn* entre dans le prénom de la plupart des personnages orientaux, qu'il précède; comme en anglais *son*, et en russe *vitch*, qui, signifiant également fils, se mettent à la fin d'un nom propre. Chez les musulmans les noms de famille sont extrêmement rares; chacun porte le nom qu'il a reçu à sa naissance ou à sa circoncision. Il y joint celui de son père, et plus tard il le fait précéder par celui de son fils aîné. Cet usage facilite et perpétue dans les familles la série généalogique qui se conservait si difficilement en Europe dans les familles qui n'étaient pas nobles. *Ebn* se place devant le nom du père, de l'aïeul, ou du plus célèbre des ancêtres, et pourtant il sert à désigner le fils. C'est tout le contraire pour le mot *abou*, ou *abou'l*, qui signifie père, et qui se place devant le nom du fils, quoiqu'il forme le prénom du père. Quelques exemples feront mieux comprendre ces définitions : *Abd-Allah-Ben* ou *Ebn-Zobaïr*, est le nom du khalife Abd-Allah, fils de Zobaïr; *Merwan-Ebn-Hakem*, est le khalife Merwan, fils de Hakem. *Ebn-Roschd*, *Ebn-Sina* (fils de Roschd, fils de Sina), d'où sont venus, par altération, *Avenrosched*, *Avensina*, puis *Averrhoès* et *Avicenne*, sont les noms distinctifs de deux fameux philosophes et médecins arabes, dont l'un s'appelait Mohammed et l'autre Houçaïn. *Ebn-Khilcan*, qui signifie arrière-petit-fils de Khilcan, est le nom vulgaire d'un célèbre historien qui s'appelait Ahmed. De même, *Abou'l-Cacem* (père de Cacem), était le prénom du législateur Mahomet, parce qu'il avait eu Cacem pour fils aîné. C'est par la même raison qu'Avicenne et Averrhoès, dont je viens de parler, avaient pour prénom, l'un *Abou-Ali*, l'autre *Abou'l-Walid*.

H. Audiffret.

EBN-JOUNIS (Ali-Ben-Abderrahman), né en 979, mort le 31 mai 1008, se livra spécialement à l'étude de l'astronomie, et commença une série d'observations nouvelles, qui devaient immortaliser son nom. Il avait suivi à Bagdad les leçons du célèbre Aboul-Wéfa; et bientôt, digne de marcher sur ses traces, il consacra sa vie à son grand ouvrage connu sous le nom de *Table Hakémite*. Cet ouvrage devait succéder en Orient à l'*Almageste;* les Persans reproduisirent les tables luno-solaires d'Ebn-Jounis dans les tables gélaléennes d'Omar-Kheiam, vers 1079, les Grecs dans la syntaxe de Chrysococca, les conquérants mongols dans les *Tables Ilkhaniennes* de Nassir-Eddin-Thousi, les Chinois, enfin, dans *l'Astronomie* de Cochéou-King. Il eût été très-intéressant pour nous d'avoir le manuscrit complet d'Ebn-Jounis, qui contenait quatre-vingts chapitres; malheureusement il ne nous est pas parvenu en entier; la Bibliothèque Impériale n'en possède qu'une partie, copiée sur un manuscrit de la bibliothèque de Leyde. En 1804, M. Caussin en a donné un extrait dans le tome viii des *Notices des manuscrits;* mais cet extrait ne se compose réellement que de la traduction de trois chapitres (iv, v et vi) et d'une courte introduction.

J.-J. Sédillot devait naturellement porter son attention sur Ebn-Jounis, au milieu de ses travaux sur l'astronomie orientale, et en effet dès 1827 il avait complété la traduction du manuscrit de Leyde, et retrouvé, par un bonheur inespéré, dix-huit nouveaux chapitres de cet astronome dans un ouvrage d'Ebn-Schathir, qui se trouve à la Bibliothèque Impériale. Ces chapitres nous montrent des progrès dont nous n'avions aucun idée : un grand nombre de pratiques et de règles qui rapprochent la trigonométrie arabe de celle des modernes, l'emploi des tangentes et des sécantes, comme moyen subsidiaire en certains cas plus compliqués, des artifices de calcul qui n'ont été imaginés en Europe que dans la première moitié du dix-huitième siècle : voilà ce que J.-J. Sédillot nous donne, d'après ces derniers chapitres d'Ebn-Jounis. L.-Am. Sédillot.

EBN-SINA. *Voyez* Avicenne.

EBOLI (Anne de MENDOZA, princesse d'), née en 1540, et dont le nom (qu'on fait souvent intervenir dans le mystérieux drame de la mort de don Carlos) a plus d'une fois séduit le poëte et l'historien, présente une de ces énigmes qui paraissent défier à toujours les plus habiles Œdipes. A treize ans, en 1553, *Anne de Mendoza*, fille du vice-roi du Pérou, don Diégo Hurtado de Mendoza, qui était sinon belle (quelques historiens disent qu'elle était borgne), au moins très-séduisante, épousa don Rui-Gomez de Sylva, ministre d'abord de Charles-Quint, qui l'avait créé prince d'Eboli, puis de Philippe II. Rui Gomez était déja vieux. Outrageant la foi conjugale, la princesse devint maîtresse de Philippe II, qui alliait une dévotion fanatique à des mœurs dissolues. Un des fils auxquels le prince d'Eboli donna son nom fut, au dire de la cour, le fruit de cette intrigue : et il portait le nom de *duc de Pastrana*, et Philippe lui montra toute sa vie une vive affection. Rui-Gomez de Sylva mourut en 1573.

Près du prince, presque dans sa maison, se trouvait un homme poussé par lui à d'assez hautes fonctions dans l'État, sa créature, pour ainsi dire, Antonio Perez. Il avait trente ans à la mort du prince d'Eboli. Au dire d'un contemporain, « c'était un homme très-discret, aimable, de beaucoup d'autorité et de savoir ». Il fut fait secrétaire du *despacho universal*, c'est-à-dire ministre des affaires étrangères. D'un esprit vif et plein de ressources, capable de pousser le dévouement jusqu'au crime, il avait de bonne heure plu à Philippe II. Il plut aussi à la princesse d'Eboli. Mais Perez était marié; d'ailleurs, Philippe II, qui peut-être avait cessé toute relation intime avec la princesse, n'était pourtant pas homme à souffrir patiemment un rival; ce fut donc une liaison clandestine que Perez entretint avec Anna. Mais ni l'un ni l'autre ne surent assez bien se cacher pour que le bruit ne s'en répandît point parmi les gens de service, et bientôt ils durent craindre qu'il ne parvînt plus haut. Un homme de la maison du feu prince d'Eboli, devenu secrétaire intime et homme de confiance de don Juan d'Autriche, Escovedo, se permit même un jour de faire à la princesse des réflexions sur sa conduite, et alla jusqu'à la menacer d'avertir le roi. Celle-ci en fit part à Perez, et tous deux se dirent que leur sûreté exigeait impérieusement la mort d'Escovedo. Mais Escovedo n'était pas un de ces personnages sans conséquence, qu'on peut faire disparaître sans que personne s'en occupe; on s'efforça d'indisposer le roi contre lui, et Philippe donna bientôt à Perez l'ordre formel de se défaire de l'homme qui le gênait. Après avoir été deux fois empoisonné sans que la mort s'ensuivît, Escovedo fut tué d'un coup de stylet, une nuit, en pleine rue.

La rumeur publique accusa de ce meurtre Perez et la princesse d'Eboli, et une action fut intentée contre eux par la famille du mort. D'abord Philippe crut devoir intervenir; il sembla prêt à avouer devant le tribunal qu'il avait ordonné la mort d'Escovedo; et s'il ne le fit pas, du moins engagea-t-il la famille du défunt à se désister, en lui faisant dire que ni Perez ni surtout la princesse n'étaient coupables. Mais, par un changement inexplicable, tout à coup, au moment où cette famille consentait à abandonner ses poursuites, on vit Philippe lui-même se tourner contre Perez. Sans doute on venait de lui révéler la liaison du ministre et de la princesse, et il s'indignait, non sans quelque raison, de n'avoir été qu'un instrument dans la main d'un homme que jusque là il avait cru lui être aveuglément dévoué. Il se vit joué, trompé, lui, le grand trompeur, et dès ce jour la perte de Perez fut résolue. La princesse d'Eboli fut enveloppée dans une même disgrâce, et le 28 juillet 1579, au moment où des alguazils s'emparaient de la personne d'Antonio, *de par le roi*, d'autres sbires menaient en prison Anne de Mendoza. Toute la conduite de Philippe dans cette affaire semble indiquer le ressentiment d'un amant. Il assiste pour ainsi dire en personne à l'arrestation de celle qui fut sa maîtresse, car il va se placer sous le portique de l'église de Sainte-Marie-Majeure, située en face de la maison de la princesse, et y attend avec anxiété. Il retourne ensuite chez lui, et on le voit se promener dans sa chambre, pendant six heures, avec toutes les marques de la plus extrême agitation.

La princesse sortit de prison : elle reprit son train de vie accoutumé, et on ne retrouve trace de son nom que dans le procès qui fut intenté au malheureux Perez, tant pour le meurtre d'Escovedo que pour crime de concussion. On ne la voit pas une seule fois intervenir ou protester contre les accusations dont on charge son amant; et tandis que l'épouse de Perez, l'héroïque Juana Coëllo, donne à celui-ci les marques du dévouement le plus absolu, la princesse se tient à l'écart, espérant peut-être acheter par son silence le retour de la faveur de Philippe II. Il fut acquis au procès qu'elle avait fait à Perez des dons considérables, et l'arrêt de condamnation porte que celui-ci devra restituer, dans les neuf jours qui suivront le jugement, soit à elle, soit à ses héritiers, 800,000 francs environ et différents objets de grande valeur. Aussi prodigue qu'avide, Perez n'était pas en état de payer cette somme énorme. Elle ne fut jamais rendue, et le malheureux ministre fut cruellement persécuté par le terrible Philippe II. Quant à la princesse, on perd sa trace, et elle est devenue un éternel sujet de discussion. De graves historiens, M. Ranke en tête, se livrent à d'interminables digressions pour prouver qu'elle ne fut pas la maîtresse d'Antonio, et qu'en poursuivant celui-ci ce fut non d'un rival de bonnes fortunes, mais d'un ennemi politique que le roi catholique voulut se défaire. Mais ces historiens sont complétement démentis et par Antonio Perez lui-même, qui dans ses Mémoires dit formellement que ce fut le rival que Philippe II persécuta en lui, et par Agrippa d'Aubigné, et par tous les contemporains du ministre disgracié. Dans son curieux travail sur cette ténébreuse affaire, M. Mignet n'hésite pas à considérer la princesse comme la cause de tout.

Cette étrange figure apparaît en silhouette dans une des plus belles compositions de Schiller, son *don Carlos;* mais ce n'est qu'un portrait de fantaisie. Pauline ROLAND.

ÉBOURGEONNEMENT, opération qui consiste à retrancher d'un arbre les bourgeons superflus. La suppression de l'extrémité des bourgeons, qui se pratique sur quelques plantes à tige herbacée, les melons, les pois, etc., et sur certains arbres, la vigne, etc., est une autre opération, que l'on ne doit pas confondre avec la précédente; c'est le *pincement*.

L'ébourgeonnement est d'une haute importance dans l'éducation et la culture des arbres, et selon qu'il est bien ou mal pratiqué, il a sur la durée, la fécondité et la vie même des sujets la plus grande influence; il ne le cède point à la taille, et décide autant et même plus qu'elle de leur avenir. Le cultivateur ébourgeonne pour soulager les arbres, pour diriger la sève d'une manière plus profitable, pour conserver aux branches principales toute leur vigueur, enfin pour obtenir des fruits plus nombreux et plus beaux. Mais qu'il se propose de remplir une de ces indications ou plusieurs, il ne doit jamais consulter la routine, ni les pratiques empiriques : les lois d'une saine physiologie végétale doivent seules l'éclairer, depuis l'arbre élevé en pépinière, sur lequel cette opération est si simple, jusqu'au plus beau pêcher cultivé par les jardiniers de Montreuil et de Ville-Parisis. Ces lois lui feront connaître : 1° l'époque la plus favorable à l'ébourgeonnement; 2° la quantité de bourgeons qu'il convient de supprimer, conditions qui varient selon les espèces, selon l'âge des sujets, leur état de santé, leur forme, le climat où on les cultive, et, de plus, dans le même lieu et pour les mêmes sujets, selon l'évolution plus ou moins rapide d'une année à l'autre; 3° enfin, la manière de les séparer du sujet.

L'ébourgeonnement trop tôt pratiqué est inutile, car de nouveaux bourgeons remplacent les premiers enlevés; il est nuisible, car il peut produire ainsi l'épuisement de sujets délicats. Les bourgeons enlevés en trop grande quantité mettent à découvert l'arbre, dont les feuilles sont autant d'organes d'élaboration pour la sève; arrachés avec violence, ils laissent des plaies dangereuses. P. GAUBERT.

ÉBRANCHEMENT, action par laquelle les branches d'un arbre sont coupées ou rompues. On coupe les branches des arbres pour les faire pousser en hauteur, pour en retirer du bois ou pour leur donner une forme voulue. Dans ces différents cas, on ne doit point oublier que les feuilles servent à la nutrition des plantes, et que, comme organes d'élimination ou d'absorption, elles jouent un grand rôle dans leur accroissement; ce rôle est d'autant plus important que les arbres sont plus âgés : aussi, l'ébranchement, qui est si utile pour élancer de jeunes sujets, est-il plus nuisible qu'avantageux à ceux qui sont plus âgés. Cependant, lorsque les arbres fruitiers déjà vieux sont condamnés à la stérilité par la langueur de la vie générale, par la mousse et les lichens qui les couvrent, l'ébranchement, s'il réussit, est d'une grande utilité.

Un arbre peut être ébranché par la foudre; sa mort en est presque toujours la conséquence. Des vents violents défigurent et mutilent souvent les arbres. Si les branches sont séparées, le mal est sans remède, il ne reste plus qu'à régulariser les cicatrices et à les mettre à l'abri du contact de l'air, si elles sont fort étendues. Les branches ne sont-elles rompues qu'en partie, on peut les conserver. Le rapprochement des bords de la plaie, avec le soin de la préserver du contact de l'air, amène la cicatrisation. Pour que cette opération réussisse, il est nécessaire qu'aucun choc, aucun ébranlement violent, n'en viennent contrarier les effets.

P. GAUBERT.

EBR-BUHARIS, religieux musulmans, exclusivement occupés des choses célestes. Ils prient nuit et jour, observent la plus rigoureuse abstinence, se distinguent par leurs bonnes œuvres, et se mettent ainsi, disent-ils, dans une sainte disposition pour mériter le ciel. Mais les Turcs les considèrent comme des hérétiques, parce qu'ils se dispensent du pèlerinage de la Mecque, sous prétexte que les illusions de leur vie contemplative leur montrent ce saint lieu toujours présent, et les font assister en idée aux solennités dont il est le théâtre. VIENNET.

ÈBRE, en espagnol *Ebro*, le fleuve le plus considérable de l'Espagne, connu des anciens sous le nom d'*Iber*, fit jadis appeler *Ibérie* le beau pays qu'il arrose. Il coupe d'une manière transversale presque tout le nord de l'Espagne, en prenant sa source aux monts Cantabres, dans la sierra Sejos, à 18 kilomètres ouest de Reinosa, province de Santander, tout près de l'océan Atlantique, pour se rendre dans la Méditerranée, où il se jette, par une double embouchure, au cap Tortose, province de Tarragone, près du port des Alfaques, après un cours majestueux d'environ 500 kilomètres, pendant lequel il reçoit sur la rive gauche : l'*Ega*, l'*Aragon*, le *Gallego*, la *Sègre*; et sur la rive droite : la *Guerva*, l'*Omino*, la *Majerilla*, l'*Iregua*, le *Xalon*, le *Guadelupe*, le *Martin*, et beaucoup d'autres petites rivières. Il se dirige du nord-ouest au sud-est en longeant le nord de la Vieille-Castille, le midi de la Navarre, et traversant le centre de l'Aragon et le sud de la Catalogne. Les villes principales qu'il arrose sont : Frias, Miranda, Haro, la Logroño, Calahorra, Tudela, Saragosse, Fuentes, Mequinenza, Tortose et Amposta. L'Èbre, quoique très-profond en certains endroits, n'est pas d'une grande utilité pour la navigation, à cause de sa rapidité, de ses bas-fonds : aussi il n'est navigable que depuis *Tudela*. Plusieurs canaux ont été creusés latéralement pour améliorer son cours, mais ils sont pour la plupart à sec. Un canal navigable fait dériver à Amposta une partie des eaux dans la Méditerranée, au port des Alfaques, l'autre partie se perd dans les sables qui ont comblé l'embouchure primitive du fleuve.

L'Èbre, qui n'arrêta pas la marche laborieuse et patiente d'Annibal, fut longtemps un obstacle aux conquêtes des Maures, qui ne s'établirent jamais d'une manière stable au nord de ce fleuve. Dans toutes les guerres qui ont désolé l'Espagne, l'Èbre, formant une ligne régulière et facile à défendre, a souvent servi de point d'appui aux armées. On assure qu'un des premiers projets de l'empereur Napoléon Ier avait été d'abord de reculer les frontières de la France jusqu'aux rivages de l'Èbre : ce ne fut que la facilité qu'il éprouva dans le commencement à s'emparer de presque toute la Péninsule qui l'engagea à modifier son projet et à établir un de ses frères sur le trône des Espagnes. L'organisation des provinces d'en deçà l'Èbre en départements français eût peut-être plus fait pour l'avancement de la civilisation espagnole qu'un laps de temps de plusieurs siècles.

Les pays traversés par l'Èbre diffèrent autant sur ses deux rives que les peuples qui les habitent : au nord, ce ne sont que rochers et montagnes qui vont s'abaissant doucement vers le fleuve, et formant les derniers versants de la grande chaîne des Pyrénées ; au midi s'étendent les plaines sablonneuses et brûlantes de la Castille et les riantes campagnes du royaume de Valence. En général, la vallée de l'Èbre est d'une fertilité remarquable, que l'on double encore en certains endroits par des irrigations qui pourraient, chez un peuple agricole et industrieux, être bien plus utilement et plus régulièrement faites. Arthur Dinaux.

ÉBROIN, l'une des figures les plus saillantes de l'histoire du septième siècle, maire du palais sous Clotaire III, roi de Neustrie, tenta de rendre à l'autorité royale la force et la puissance qu'elle avait perdues depuis si longtemps. Leudes et évêques de cette partie de la monarchie franque, impatients du joug niveleur qu'il leur imposait et poussés à bout par les rigueurs impitoyables dont il frappait toute résistance, se révoltèrent et prirent pour chef Léodegaire, évêque d'Autun. Clotaire III étant venu à mourir sur ces entrefaites, Ébroin, sans en appeler, suivant la coutume, à une assemblée générale des grands, pour élire un nouveau roi, créa roi, de sa seule autorité, le troisième fils de Clovis II, Thierry III (an 670). Les révoltés s'unirent alors aux leudes de Bourgogne et d'Austrasie, et élevèrent sur le trône Childéric II. Ébroin et son fantôme de roi, Thierry III, trop faibles pour résister à une ligue si formidable, furent vaincus, tondus et relégués dans des cloîtres. Childéric II, débarrassé de tout compétiteur, voulut secouer le le joug de Léodegaire, qu'il relégua dans le même couvent où déjà Ébroin était enfermé. Mais cet acte hardi amena une révolte ouverte des leudes, qui massacrèrent le roi de leur choix. A cette nouvelle, Ebroin et Léodegaire abandonnèrent leur prison ; et la lutte recommença, plus vive que jamais, entre ces divers intérêts. Thierry III, après avoir été précipité du trône par les Neustriens, fut choisi pour roi par Léodegaire, leur chef ; mais il eut bientôt à se défendre contre Ébroin, qui cette fois l'emporta, et qui fit crever les yeux à Léodegaire. Débarrassé de ce rival, Ébroin reconnut à son tour Thierry III pour roi, et sous son nom gouverna avec une autorité absolue les Neustriens et les Bourguignons. Le traitement cruel qu'il avait infligé à l'évêque d'Autun ne satisfaisant pas encore sa soif de vengeance, il le fit d'abord dégrader par un concile, puis décapiter (an 675). Les Austrasiens, ayant assassiné leur roi, Dagobert II, mirent à leur tête Pepin et le duc Martin, lesquels résolurent d'attaquer Ébroin, dont la puissance sans bornes en Neustrie menaçait incessamment l'indépendance de l'Austrasie. Ils furent vaincus ; et le duc Martin, qui s'était réfugié à Laon, attiré à une conférence par Ébroin, y fut traîtreusement massacré. En 681, Ébroin lui-même fut tué par un noble franc qu'il avait menacé de mort et le royaume de Neustrie ne tarda pas à disparaître à son tour, effacé par une autre combinaison qui surgit au milieu de cette inextricable anarchie.

ÉBULLITION. Les corps liquides soumis à l'action de la chaleur offrent des phénomènes particuliers, dus à la facilité plus ou moins grande qu'ils ont de passer à l'état de vapeur : d'abord, ils se dilatent comme tous les corps ; ensuite, on voit paraître au fond du vase qui les renferme de petites bulles qui augmentent de volume en traversant le liquide, et viennent crever à la surface ; le nombre et le volume de ces bulles va sans cesse en augmentant, et après un temps qui dépend de la nature du liquide et de la température à laquelle il se trouve soumis, la masse entière est agitée par la formation rapide de la vapeur. C'est à ce phénomène que l'on donne le nom d'*ébullition*.

Les vapeurs, qui ne diffèrent des gaz que par leur facile liquéfaction, présentent un volume beaucoup plus grand que le liquide qui leur a donné naissance : ainsi, l'eau, en se réduisant en vapeur, prend un volume 1698 fois plus grand que celui qu'elle occupait à l'état liquide ; du moment où de la vapeur se produit dans un point autre que la surface, elle se dégage au travers de la masse, sous la forme de bulles dont le volume s'accroît à mesure qu'elles parviennent plus près de la surface, parce que la pression qu'elles supportent devient moindre ; lorsqu'elles ont atteint la surface, elles se dispersent dans l'air pour être remplacées par d'autres, tant que l'action de la chaleur se continue, et de cette manière tout le liquide peut s'évaporer. Ainsi que l'on place un vase quelconque sur ou devant le feu, l'ébullition aura lieu avec les phénomènes que nous venons d'indiquer, mais beaucoup plus facilement lorsque la chaleur sera transmise par la partie inférieure, à cause de la non-conductibilité presque absolue des liquides pour la chaleur (*voyez* Conductibilité).

Quand le vase rempli de liquide est placé sur le feu, et surtout que la surface échauffée est considérable, l'ébullition a lieu avec beaucoup de facilité, tandis que si la chaleur est transmise seulement par la ou les parois latérales, les parties seulement qui sont limitrophes s'élèvent en température et, comme elles montent immédiatement à la surface, le reste de la masse peut à peine participer à l'échauffement. La chaleur se trouvant au contraire transmise par la paroi inférieure, la portion d'eau échauffée s'élève à la partie supérieure ; des couches froides viennent la remplacer pour s'échauffer à leur tour, et de cette manière la totalité du liquide participe à l'action.

Lorsque l'eau est en ébullition, l'observation nous a montré que sa température était assez élevée pour produire une sensation très-pénible ; mais cet effet est dû à une circonstance particulière, que nous devons signaler avec soin, car nous pouvons faire bouillir de l'eau à la température même de sa congélation, de sorte que, au lieu d'éprouver une sensation de chaleur très-douloureuse, nos organes y éprouveraient celle du froid. Cette anomalie singulière serait incompréhensible si nous ne signalions la cause qui influe sur la température à laquelle l'ébullition d'un liquide a lieu. Cette cause est la pression de l'atmosphère. Au niveau de la mer, l'air presse sur tous les corps avec une force capable de faire élever l'eau jusqu'à 10 m,50, et le mercure jusqu'à 76 centimètres, dans le vide. A mesure qu'on s'élève dans l'atmosphère, comme le nombre des couches atmosphériques va en diminuant, la pression diminue également ; et comme c'est elle qui empêchait le liquide de se transformer en vapeur, son ébullition ou sa transformation rapide en vapeur aura lieu d'autant plus facilement que la pression sera moindre. Aussi, quand on s'élève sur une très-haute montagne, l'eau bout à une moindre température que dans une plaine au niveau de la mer : par exemple, sur le Mont-Blanc, montagne la plus élevée de l'Europe, Saussure a trouvé que l'ébullition de l'eau avait lieu à 85° environ, au lieu de 100°, et Humboldt a trouvé à peu près la même température au Chimboraço, dans la Cordillère des Andes. Si au lieu de transporter un liquide à diverses hauteurs dans l'atmosphère, nous le plaçons sous le récipient de la machine pneumatique, comme nous pouvons obtenir à volonté tous les degrés de pression, nous pouvons aussi produire l'ébullition des liquides à des températures très-peu élevées; et par exemple, en faisant le vide aussi absolu que le permet la nature de la machine, on peut faire bouillir l'eau à la température de zéro, puisqu'on a soustrait la pression, qui seule empêchait la formation de la vapeur. Mais l'ébullition s'arrêterait bientôt, parce que la vapeur presserait sur le liquide, et reproduirait, quoiqu'à un faible degré, l'action de l'air. Si on l'enlève à mesure qu'elle se produit, la vapeur ne pouvant se former que par l'absorption de la chaleur d'une portion de liquide à l'autre, celle-ci pourra même devenir solide, et offrir le curieux phénomène d'une ébullition et d'une congélation presque dans le même instant. Cette expérience curieuse est due au physicien Leslie. On la répète facilement en plaçant sous la cloche de la machine pneumatique un vase rempli d'acide sulfurique, de chaux vive, de gruau desséché, ou diverses autres substances très-avides d'humidité, qui enlèvent la vapeur d'eau et favorisent ainsi l'évaporation, et par suite le refroidissement du liquide. Franklin avait longtemps auparavant imaginé un appareil avec lequel on prouve combien la pression influe sur le point d'ébullition du liquide. Un tube de verre porte une boule à chacun de ses extrémités; l'une d'elles est à moitié remplie d'eau; le vide a été produit dans l'appareil en y faisant bouillir de l'eau, et le fermant avec le chalumeau lorsque l'air a été chassé. Quand on tient d'une les boules dans la main, le liquide bout immédiatement; et si l'on plonge la boule opposée à celle qui renferme l'eau dans un mélange de glace et de sel, la petite quantité de vapeur qu'elle renferme s'y congelant détermine l'évaporation de l'eau, que l'on voit se distiller par le froid. Des applications du plus haut intérêt ont été faites de ces propriétés qu'on a utilisées pour la cuisson du **sucre** dans le vide, la production de la **glace** en grand, etc. De tous ces faits, il résulte que le phénomène de l'ébullition n'est pas, comme on le pense généralement, un phénomène relatif à la température et pouvant servir à l'indiquer, mais qu'il dépend presque entièrement de la pression.

Chaque liquide a un point d'ébullition particulier : ainsi, le mercure ne bout qu'à 325°, tandis que l'eau bout à 100° sous la pression ordinaire de l'atmosphère, l'alcool à 78°, l'éther sulfurique à 35; l'éther chlorhydrique à 10, et l'acide sulfureux anhydre liquide à 15° au-dessous de zéro. Lorsqu'un liquide est parvenu à son point d'ébullition dans les circonstances ordinaires, la vapeur qu'il produit est susceptible de faire entièrement équilibre à la pression de l'atmosphère, ou, en d'autres termes, d'abaisser le mercure du **baromètre** jusqu'au niveau extérieur, de sorte que si on introduisait dans un baromètre les liquides dont nous venons de parler, aux températures indiquées, ils abaisseraient complétement le mercure du tube.

H. Gaultier de Claubry.

ÉBURONS, peuple de la Gaule belgique. Suivant Walckenaer, ils s'étendaient à l'ouest et au nord jusqu'à la Dylo, qui les séparait des Ménapiens. Ils avaient à l'est le Rhin et les Sicambres, au midi les Atuatiques et les Condrusiens. Au dire de César, ils formaient une nation peu nombreuse et peu puissante. Ayant égorgé une légion et cinq cohortes au milieu de la paix, ils furent exterminés par le conquérant romain, et les Tongres s'établirent sur leur territoire, devenu désert.

ÉCAILLE (*Histoire naturelle*). Les écailles que leur nature a fait avec raison rapprocher des **poils**, des **plumes**, des **ongles**, des **cornes**, etc., sont des plaques formées suivant Vauquelin d'un mucus et d'une substance huileuse à laquelle elles doivent leur flexibilité, tandis que d'autres voient en elles de l'albumine coagulée avec du phosphate de chaux, du phosphate de soude et un peu d'oxyde de fer. Ces plaques recouvrent la peau de la plupart des poissons, des sauriens, des ophidiens, et la **carapace** de plusieurs tortues. Les pattes des oiseaux, les ailes des manchots et des sphénisques, sont garnies d'écailles; il en est de même de la queue de quelques rongeurs, tels que les castors. La peau de plusieurs édentés est également couverte de plaques écailleuses. Enfin la poussière plus ou moins brillante qui orne les ailes des lépidoptères, et qui s'en détache au moindre frottement, est un composé de petites écailles colorées, implantées, chacune par un pédicule, sur les deux surfaces de l'aile où elles sont disposées en recouvrement, de la même manière que les ardoises ou les tuiles d'un toit. En exceptant ces dernières, Blainville divise les écailles en trois genres, savoir : les *écailles épidermiques*, les *écailles dermiques* et les *écailles piliques*. Le premier genre renferme les écailles qui sont produites par un renflement ou pincement de la peau dans toutes ses parties, et qui saillent plus ou moins à la surface du derme en s'imbriquant ou non. Ce genre comprend deux espèces principales : 1° les plaques et les tubercules squammeux des pattes des oiseaux et des tortues; 2° les lames obliques qui se recouvrent plus ou moins et s'imbriquent comme les tuiles des toits : ce sont les écailles des reptiles. Au second genre (écailles dermiques) se rapportent toutes celles qui se développent dans un enfoncement du derme : ce sont les véritables écailles des poissons. Le troisième genre (écailles piliques) est constitué par celles qu'on a regardées comme des sortes d'ongles, parce qu'elles sont composées de poils ou filaments cornés agglutinés : telles sont les écailles des pangolins, celles de la queue des rats, des castors.

En botanique, on donne le nom d'*écailles* à des feuilles ou d'autres parties d'une plante qui sont avortées, et qui se présentent sous l'apparence de petites lames minces, sèches et coriaces, quelquefois colorées, recouvrant, accompagnant ou protégeant certains organes. On en trouve de nombreux exemples dans le calice de certaines composées, l'ensemble des folioles qui composent la balle et la glume des fleurs des graminées et des cypéracées, les calices des chatons et des cônes dans les conifères et les cycadées, les lames qui recouvrent la bulbe du lis, les feuilles rudimentaires qui garnissent la tige de l'orobranche, etc.

Usuellement, on se sert du mot *écaille* au lieu des mots *coque*, *coquilles*, *valves* (écailles d'œufs, d'huîtres).

Écaille reçoit aussi les acceptions suivantes : 1° en architecture, éclat de marbre ou de pierre; 2° pièce de rocher délitée dont on se sert pour broyer les couleurs; 3° petite partie qui se détache d'un tableau.

ÉCAILLE (*Technologie*). L'écaille, dont l'industrie a su tirer un parti si avantageux pour la confection d'une multitude de petits meubles et ustensiles divers, tels que peignes, tabatières, étuis, etc., etc., nous est fournie par la dépouille de plusieurs espèces de tortues, et principalement de l'espèce appelée ***caret***. La première opération que l'écaille doit subir, le ramollissement, s'opère à l'aide de la chaleur de l'eau bouillante : cette température obtenue sous la pression atmosphérique est suffisante. On pourrait peut-être travailler, mouler l'écaille plus commodément en ajoutant à cette pression par différents moyens qu'il est facile de concevoir. Non-seulement l'écaille se ramollit assez à l'eau bouillante pour affecter toutes les formes qu'on veut lui donner, mais elle est susceptible, dans cet état de ramollissement, de se souder parfaitement : deux morceaux d'écaille fortement comprimés se confondent en une seule pièce.

En général, pour aplatir l'écaille, on dispose par séries alternatives une écaille et une plaque de fer entre deux arêtes fixes; puis, en chassant un coin, on exerce une forte pression : pendant cette opération, les écailles et les plaques sont tenues en immersion dans l'eau bouillante. Pour souder les morceaux, il faut préalablement en abattre les bords à chanfrein. On peut ainsi se procurer des plaques d'une grande étendue, auxquelles on fait prendre ensuite toutes sortes de formes, et qui deviennent susceptibles d'être travaillées à la scie, au rabot, ou comprimées dans des moules. On tire aussi parti des rognures et des tournasures au moyen de la compression à chaud dans des moules plongés dans l'eau bouillante, dont on serre les pièces l'une contre l'autre avec de fortes vis, lorsque la substance a été suffisamment ramollie. La compression doit s'exercer peu à peu. C'est ainsi qu'on se procure tous ces petits meubles dits d'*écaille fondue;* mais ceux-ci n'ont presque plus de transparence, et sont très-fragiles.

Naturellement, l'écaille est nuancée de taches de couleurs plus ou moins foncées, et qui imitent la marbrure; mais on peut ajouter à la vivacité de ces nuances par des moyens analogues à ceux dont on fait usage pour la coloration de la corne. PELOUZE père.

ÉCARLATE. On donne ce nom à une couleur d'un rouge particulier, qui n'a cependant aucun type certain. Tantôt elle doit être, suivant les goûts, bien nourrie, tantôt d'une teinte affaiblie; les uns la désirent avec une nuance jaunâtre, les autres veulent que le rouge y domine. Bien que le goût ne soit pas constant sur la nuance qu'on préfère, c'est peut-être la plus belle et la plus éclatante des couleurs de la teinture; et aussi, comme on ne l'a obtenue jusqu'à présent qu'au moyen de la cochenille, et que cette matière première se maintient à un prix assez élevé, elle est une des plus dispendieuses. On l'a d'abord connue en France sous le nom d'*écarlate de Hollande,* parce qu'elle a été pendant longtemps exclusivement préparée dans ce pays. C'est pour cela que quelques auteurs se sont crus fondés à en attribuer la découverte à un Hollandais. Toutefois, d'autres pensent qu'elle est due à un Allemand qui s'établit aux environs de Londres. Colbert introduisit le procédé en France pour la manufacture de tapis des Gobelins. L'*écarlate des Gobelins* a joui pendant longtemps d'une grande réputation; et les teinturiers avaient un véritable préjugé pour les produits de cette provenance. Aujourd'hui on est convaincu qu'on peut la préparer partout, en prenant tous les soins minutieux et délicats sans lesquels on ne peut arriver à un résultat satisfaisant.

L'écarlate se prépare en traitant la cochenille par la crème de tartre et le chlorure d'étain, obtenu par la dissolution de l'étain dans le sel marin ou le sel ammoniac, auquel on ajoute une quantité variable d'acide nitrique et d'eau, ou simplement par l'eau régale. Pour une livre de laine, on est dans l'usage d'employer 30 grammes du premier produit, 60 du second et 8 du troisième. Il suffit de varier les proportions de ces trois substances pour obtenir les différentes nuances de l'écarlate et des couleurs qui en dérivent. Le tartre sert à former la couleur, la dissolution d'étain l'amène à l'orangé. On obtient la couleur de feu en lui donnant une teinte jaunâtre au moyen d'une petite quantité de bois de fustet, du curcuma ou du quercitron. Ces couleurs, employées en petite porportion, n'ont pas l'inconvénient de donner de la rudesse au drap, comme le ferait une augmentation de la composition, qui donnerait ainsi une teinte plus jaune. Dans tous les cas, plus la nuance que l'on veut obtenir est légère, moins l'opération doit être longue. Cette teinture est si délicate et si difficile à préparer qu'on ne saurait prendre trop de précautions : aussi se sert-on de l'alcalimètre pour s'assurer de la force du tartre, et du chloromètre pour vérifier le pouvoir colorant de la cochenille. Quant à la dissolution d'étain, on ne sait pas au juste dans quel état elle doit être pour donner la plus belle nuance d'écarlate. Quelques praticiens pensent qu'il n'y a que le deutochlorure qui produise cette couleur; d'autres présument qu'il faut la réunion du deutochlorure et du protochlorure. On a fait encore de nombreuses tentatives sur les vases à employer. Les chaudières en cuivre ont présenté quelques inconvénients; on a donc cherché à les remplacer, et depuis que l'on a imaginé de chauffer l'eau avec des tuyaux à vapeur, les cuves en bois semblent offrir le plus d'avantages. Joseph GARNIER.

ÉCARLATE (Graine d'). *Voyez* COCHENILLE.

ÉCARRISSEUR. On donne le nom d'*écarrisseurs* aux individus appelés autrefois *écorcheurs :* ils sont chargés de débarrasser la voie publique des animaux morts ou abandonnés ; ce sont eux plus particulièrement qui font le métier d'abattre les chevaux hors de service, pour tirer parti de la peau, de la graisse, des muscles, des fers, des crins, des os et de la chair musculaire qu'ils peuvent produire; ce sont, enfin, de vrais bouchers, exerçant leur état sur des animaux non destinés à la nourriture de l'homme. Cette profession est assez lucrative auprès des grandes villes. Les écarrisseurs achètent à prix défendus les chevaux vivants chez les particuliers ou dans les marchés, puis ils les conduisent à l'enclos de l'écarrissage. Alors, on les saigne, en ouvrant l'aorte avec un couteau, ou bien en plongeant cette espèce de large stylet entre l'occipital et la première vertèbre jusque dans la moelle épinière; d'autres fois, on les assomme, en leur assénant un coup de massue sur la suture du pariétal et de l'occipital, c'est-à-dire sur le milieu du haut du crâne. Une fois l'animal abattu et mis sur le dos, on le dépouille, en lui faisant une incision longitudinale depuis le milieu de la mâchoire inférieure jusqu'à l'anus, et en lui enlevant la peau avec le plus grand soin. Cette peau, à laquelle on laisse adhérentes la queue, les oreilles et les lèvres, pour la rendre plus lourde, se porte toute fraîche chez les tanneurs, qui l'achettent au poids. Si des circonstances particulières ne permettent pas de vendre tout de suite les peaux nouvellement écorchées, on les met deux à deux chair contre chair, avec une forte couche de sel marin entre elles, afin de les préserver de la corruption.

L'écarrisseur désarticule ensuite les quatre membres, leur enlève les fers, s'ils les ont encore, et détache successivement les sabots, les tendons et les chairs. On sait que 11,000 chevaux sont ainsi dépouillés chaque année à l'enclos des écarrisseurs de Paris. Cette chair de la plupart des chevaux abattus près Paris sert à nourrir les chiens et les autres animaux carnivores. Cependant, il est positif que les morceaux de chair de belle nature, découpés des chevaux sains, et même des chiens, sont souvent vendus à vil prix aux gargotiers, fraude qui, du reste, n'aurait rien d'inquiétant si la police pouvait arriver à exercer une inspection sur ces viandes pour en apprécier la nature plus ou moins salubre.

Les tendons et les pieds sont vendus aux fabricants de colle-forte, les sabots et les cornes passent aux aplatisseurs pour les fabricants de peignes. Quant à la graisse, elle est extraite avec le plus grand soin, et elle est assez précieuse pour qu'un ouvrier passe jusqu'à six ou huit heures à détacher toute celle qui se trouve autour des muscles et des boyaux d'un cheval gras; alors cette graisse, une fois extraite, est fondue dans des chaudières, et produit jusqu'à 40 litres d'huile si le cheval est gras, et seulement 4 ou 5 litres s'il est maigre. Cette huile, fort utile pour les lampes d'émailleur, parce qu'elle brûle sans donner de fumée et sans s'épaissir, est fort recherchée aussi des hongroyeurs et des bourreliers pour assouplir leurs cuirs. Malheureusement pour les voisins des enclos d'écarrisseurs, ceux-ci abandonnent à eux-mêmes les intestins, dont les boyaux grêles sont enlevés sans rétribution par les fabricants de cordes harmoniques; bientôt le reste ne tarde pas à fermenter, et engendre non-seulement une masse d'*asticots*.

ou petits vers blancs, fort recherchés des pêcheurs, mais une odeur infecte qui se répand au loin et fait fuir les environs de ces voiries. Les écarrisseurs ne délaissent pas ainsi les os des animaux qu'ils viennent d'écorcher; ils les vendent aux fabricants de produits ammoniacaux et de noir animal.

Ici se termine la manière dont les écarrisseurs exercent leur état. Il serait bien à désirer, dans leur intérêt et dans celui des environs de leurs enclos, que la police les forçât à adopter quelques-unes des améliorations connues. Ainsi, l'on sait qu'en Angleterre les chairs des chevaux abattus sont entassées dans de grands réservoirs, et toujours recouvertes d'une eau courante, pour être transformées en une matière grasse, appelée *adipocyre*, dont on se sert pour fabriquer des chandelles; dans d'autres localités, on les imprègne d'une bouillie claire de chaux, ou d'une solution d'acide pyroligneux ou vinaigre de bois, pour les faire dessécher sans se corrompre, afin de pouvoir ensuite les expédier aux fabricants de bleu de Prusse. Dans les campagnes, ces chairs et toutes les parties inutiles des animaux abattus, étant enfouies lit par lit dans des fosses avec du terreau, au milieu d'un champ éloigné de toute habitation, fourniraient un dépôt d'asticots. On l'utiliserait en donnant par pelletée cette masse décomposée aux volailles, qui sont très-friandes de ces petits vers. Quant aux tendons et boyaux, il serait important de forcer les écarrisseurs à les faire macérer dans un lait de chaux avant de les faire sécher, pour éviter leur infecte décomposition.

M. Payen, auquel la chimie industrielle doit tant d'importants travaux, a proposé diverses améliorations dans l'abattage des animaux; il a voulu que chacun, même isolé à la campagne, pût en tirer parti. Non-seulement il indique, comme nous, les divers usages que l'on fait des sabots, des cornes, des ongles, des os, des tendons et des intestins grêles; mais il recommande avec raison de dessécher le sang, afin de le faire servir comme engrais, ou de le vendre aux raffineurs de sucre, mélangé avec huit fois son volume de terre sèche, ou de le faire servir dans ce même état à fertiliser seize mètres carrés de terre par kilogramme de sang; il trouve inutile de perdre huit heures de temps à éplucher la graisse des animaux abattus, et il n'est besoin, selon lui, que de couper la viande par morceaux, de casser les os, et de faire bouillir le tout avec de l'eau dans une chaudière, pour retirer ensuite au fur et à mesure l'huile qui vient surnager à la surface de l'eau. Il calcule qu'un cheval de taille ordinaire, et du poids moyen de 300 kilog., peut rendre 34 kilog. de peau fraîche ou passée au lait de chaux, 1 kilog. de crin, 9 kilog. de sang desséché, 1 kilog. 1/2 de sabots, 8 kilog. d'asticots, nés de la décomposition des viscères, 20 kil. de vidanges, 1/2 kil. de tendons desséchés au lait de chaux, 4 kilog. 1/4 de graisse fondue, 100 kilog. de chair cuite pour la nourriture de volailles ou de chiens, ou pour engrais, et 46 kilog. d'os; le tout d'une valeur de 64 à 65 fr., somme qu'il porte jusqu'à 114 ou 115 fr. quand le cheval est en bon état; mais les écarrisseurs, ne tirant pas un si grand parti des chairs, calculent qu'un cheval moyen ne produit qu'environ 21 fr., et 60 fr. s'il est en bon état.

J. Odolant-Desnos.

ÉCART. Ce mot, d'une étymologie incertaine, se prête à une foule d'acceptions. Pour éviter un coup, on fait un *écart*. En termes de danse, faire un *écart*, c'est porter le pied de côté. Faire un *écart* dans le discours, c'est entrer mal à propos dans une digression et s'écarter de son sujet. Être sujet à des *écarts* signifie n'avoir pas une conduite bien réglée. *Quel est votre écart?* quelles sont les cartes que vous mettez de côté à certains jeux? En termes de paveur, les *écarts* sont des fragments de grès propres à recouvrir les fournils, le dessous des auges, etc. Dans l'art héraldique ou blason, chaque quartier d'un écu divisé en quatre, est désigné sous ce nom. Enfin, par une bizarrerie de langage, la jonction bout à bout de deux pièces qui entrent dans la construction d'un navire se nomme *écart*. Il est *simple* ou *carré* lorsque les pièces ne font que se toucher; il est *double* lorsqu'elles sont endentées l'une sur l'autre (écarts de l'étrave, écarts de la quille).

On ne se sert guère du mot *écart* dans le langage scientifique, si ce n'est en médecine vétérinaire. On désigne sous ce nom tout effort violent exercé sur le bras du cheval ou de tout autre animal domestique, qui tend à l'éloigner de la poitrine. Cette sorte d'écart est une distension des muscles et des ligaments destinés à rapprocher ces parties. Les douleurs et l'inflammation qui la suivent sont proportionnelles à l'étendue de la distension, qui peut être poussée jusqu'à la rupture des fibres musculaires et ligamenteuses. Elles réclament un traitement antiphlogistique, l'immobilité et un long repos des parties distendues ou déchirées par l'écart.

A l'écart, signifiant *à part*, *en particulier*, s'associe naturellement à plusieurs verbes : *mener à l'écart*, *tirer*, *être*, *se retirer*, *mettre*, *se mettre à l'écart*. L. Laurent.

ÉCARTÉ. Comme les autres amusements de société, les jeux adoptés de préférence par un peuple sont toujours en rapport avec ses mœurs et ses goûts : ainsi, les sérieuses distractions du piquet et du reversi étaient chez nos aïeux l'accompagnement obligé du grave et solennel menuet. Aux tournoiements rapides de la valse et du galop devait s'unir de nos jours la rapidité des chances de la bouillotte et de l'écarté.

L'origine de ce dernier jeu n'est rien moins que noble. Il ne fut d'abord en usage que chez les laquais, et désigné par eux sous le nom, plus que trivial, de *cul-levé*, qui exprimait du reste d'une manière assez pittoresque les nombreux déplacements et remplacements de personnes qu'il occasionne. On voit que, à l'exemple de certains riches de nos jours, il a passé par l'antichambre pour s'installer au salon. La grande société s'en empara, en lui donnant le nom, plus décent, mais moins expressif, d'*écarté*, qui ne lui convient pas plus qu'au piquet et à plusieurs autres jeux, où l'on *écarte* également quelques cartes. Les jeunes gens dansaient encore à cette époque, et il était commode pour eux, ainsi que pour les dames, de pouvoir commencer et finir une partie dans un entr'acte de contre-danses; et puis, dans un temps où chacun veut faire sa fortune à la course, c'était vraiment le jeu du siècle que celui où la perte et le gain sont décidés avec presque autant de promptitude qu'à la roulette et au trente et un des tripots publics. Aussi l'écarté fit fureur dans toutes les réunions, et conserve encore une grande faveur.

L'écarté se joue avec un jeu de trente-deux cartes; chacun des deux joueurs en reçoit cinq (par deux et par trois, ou par trois et par deux), et celui qui donne retourne la onzième, qui détermine l'atout. Si cette carte est un roi, il marque un point; il en faut cinq pour gagner la partie.

Celui auquel on vient de donner des cartes peut en demander d'autres en échange : c'est ce qu'on appelle *proposer*, et il n'en indique le nombre que si la proposition est agréée. Son adversaire dans ce cas se donne à son tour autant de cartes qu'il le juge à propos pour remplacer celles qu'il *écarte*. S'il refuse et qu'ensuite il ne *fasse* pas *le jeu*, c'est-à-dire au moins trois levées, celui qui avait proposé, au lieu d'un point qu'il aurait gagné, en marque deux. Lorsqu'une première proposition a été agréée, on peut proposer de nouveau; mais cette fois le refus de l'adversaire ne donne point lieu contre lui à un marqué double.

Les cartes se jouent alors; mais celui qui a le roi d'atout dans sa main l'annonce avant de jouer sa première carte, et marque un point. Si l'un des deux joueurs fait toutes les levées, il a la *vole*, qui lui vaut deux points. Dans tous les cas, on ne peut ni renoncer ni sous-forcer, c'est-à-dire qu'on ne peut se dispenser de jouer de la couleur demandée quand on en a, et qu'on est obligé de jouer une carte plus forte que celle du premier à jouer si on l'a, et de faire ainsi la levée. Quant aux finesses de ce jeu, c'est la pratique seule qui peut les apprendre. Bornons-nous à dire ici que le grand principe des habiles joueurs d'écarté, c'est de faire le moins d'*écarts* que possible.

On peut assurer que l'adoption de l'écarté dans tous nos salons a ajouté un danger à ceux que redoutaient les pères de famille prudents en envoyant leurs enfants dans la capitale. Que de jeunes gens ont perdu en quelques heures, à ce jeu perfide, des sommes destinées à leur instruction ou à leur existence de plusieurs mois! Pour en augmenter encore les périls, on a imaginé de parier pour ou contre les joueurs, et presque toujours le montant de ces paris est beaucoup plus considérable que celui de la mise au jeu. Malgré ces considérations morales, ce jeu est, comme je l'ai dit, trop en harmonie avec l'époque actuelle pour ne pas être préféré à tous les autres. On sait le mot de cette joueuse passionnée qui trouvait que l'*on perdait bien du temps à mêler les cartes;* et certes c'est à l'écarté qu'elle aurait pensé qu'il y avait le moins de *temps perdu.*

OURRY.

ÉCARTÈLEMENT. C'est le nom de l'un des plus horribles supplices qui aient jamais été inventés. Fort usité jadis en France, il consistait à attacher un cheval vigoureux à chaque pied et à chaque bras du patient; on faisait ensuite tirer ces animaux dans les sens opposés jusqu'à ce que les membres fussent séparés du tronc. Cet atroce supplice pouvait durer plusieurs heures, et la plupart du temps le bourreau était obligé de couper les muscles du patient à coup de hache. Bien qu'il fût spécialement réservé pour les crimes de lèse-majesté, cependant il fut quelquefois employé contre d'autres criminels; ainsi il fut infligé à Poltrot, l'assassin du duc de Guise. Damiens fut le dernier qui subit l'écartèlement. Le Code Pénal de 1791 fit disparaître ce supplice de nos lois.

Outre l'écartèlement au moyen des chevaux, les anciens connaissaient l'*écartèlement* au moyen de deux arbres que l'on courbait par force et auxquels on attachait le coupable par les bras et par les jambes; les deux arbres en se redressant violemment déchiraient par le milieu le corps de l'infortuné.

ÉCARTÈLEMENT (*Blason*). On appelle ainsi le partage de l'écu en quatre quartiers ou écarts. On écartèle de deux manières, en *croix* et en sautoir. L'écartèlement en croix se fait au moyen de deux lignes qui se coupent à angles droits; l'écartèlement en sautoir, par deux diagonales. On écartèle de telles ou telles armes, de tels ou tels émaux.

ÉCARTEMENT. En raison de son sens usuel, qui lui est commun avec le mot *écart*, ce nom est usité dans l'art du monnayeur et en médecine : 1° on dit qu'il y a *écartement de bouton* lorsque le bouton de métal, dans l'essai à la coupelle, n'ayant pas eu assez de chaleur, *s'écarte* et se fend; 2° dans les sciences médicales, *écartement* signifie l'état de parties écartées qu'on observe dans la séparation des os, ou *diastases*, dans une sorte de désarticulation des bords dentelés des os du crâne, dont les sutures sont entr'ouvertes; dans le relâchement de la symphyse pubienne et la séparation des pubis, qui surviennent à la fin des grossesses; dans les fentes de la cornée et des aponévroses de l'abdomen, produites par l'éraillement de leurs fibres. L'*écartement* est alors le résultat des distensions produites : 1° sur le tissu de la cornée plus ou moins amincie, par la pression des humeurs de l'œil; 2° sur les aponévroses abdominales, par l'expansion et le gonflement des viscères du ventre. Toutes les parties plus ou moins dures de l'organisme vivant qui forment les parois de diverses cavités étant susceptibles de distension, on voit ces parois *s'écarter* sous l'influence d'un grand nombre de maladies, et les cavités s'agrandissent en raison de l'effort exercé par les causes qui pressent sur leurs parois : celles-ci peuvent s'hypertrophier ou s'amincir, en se laissant *écarter*, et il en résulte des difformités plus ou moins graves, compatibles avec une existence plus ou moins longue.

L. LAURENT.

ECBATANE. Ce nom a été commun à plusieurs villes d'Asie. La plus célèbre de toutes était la capitale de la Médie. Après la chute de l'empire des Mèdes, les rois de Perse la choisirent, eux aussi, pour résidence d'été. Ecbatane, dont le circuit extérieur était de 250 stades, était entourée de sept murailles, se dominant l'une l'autre, parce que la ville était construite sur le versant d'une montagne, et différant entre elles par des créneaux de couleurs diverses. Au centre de la première enceinte, en venant de la ville, et qui formait la citadelle, se trouvaient le temple du soleil et le palais du roi, édifices dans la construction desquels il n'était entré que du bois de cèdre ou du bois de cyprès, et dont les toits, les solives et les chapiteaux de colonne étaient recouverts de plaques d'or et d'argent. Telle était l'immense quantité de richesses accumulées aussi bien à l'intérieur qu'à l'extérieur de ces édifices par les rois mèdes et par les rois perses, qu'après même qu'Alexandre *le Grand* et Séleucus Nicator, devenus maître de cette ville, l'eussent livrée au pillage, Antiochus le Grand trouva encore moyen d'enlever, rien que de la citadelle, des valeurs dépassant 4,000 talents. Plus tard, Ecbatane tomba au pouvoir des rois parthes, qui la choisirent également pour résidence d'été. Après la destruction de l'empire des Parthes, sa décadence fut rapide, et il est aujourd'hui impossible d'indiquer bien précisément l'endroit où elle s'élevait autrefois. Ce qu'il y a de plus probable, c'est que la ville actuelle de *Hamadan*, sur l'Elwend, dans la province persane de l'Irak-Adjémi, est l'ancienne Ecbatane. Des débris de colonnes, des inscriptions cunéiformes et un lion à moitié renversé, et admirablement sculpté en pierre, sont les seuls restes qui témoignent encore aujourd'hui de sa splendeur passée. On y montre aussi aux curieux un prétendu tombeau de Mardochée et d'Esther. Il n'est pas rare de rencontrer encore dans les ruines de Hamadan des médailles, des pierres gravées, etc., le plus souvent ayant trait au culte de Mithra.

C'est à Ecbatane que le héros macédonien souilla sa gloire par le meurtre de Parménion, l'un de ses plus dignes lieutenants, et qu'il perdit son ami Héphestion.

ECCE HOMO. Ces deux mots latins sont ceux que l'Évangile place dans la bouche de Pilate au moment où il amène au peuple juif Jésus-Christ flagellé, ayant un roseau pour sceptre, et une couronne d'épines sur la tête. « *Ecce Homo :* Voici l'homme, l'homme que vous m'avez livré pour le faire punir; l'homme que vous ne voulez point reconnaître comme fils de Dieu, et que je ne reconnais pas comme coupable; l'homme réduit à l'état le plus misérable, et fait pour inspirer la pitié des cœurs les plus durs. » Cette scène déchirante étant naturellement l'objet de pieuses réflexions pour les chrétiens, beaucoup d'entre eux ont désiré en avoir la représentation dans leur chambre ou dans leur oratoire : aussi les peintres, les sculpteurs et les graveurs les ont-ils multipliées à un point véritablement extraordinaire, puisque, peintes ou gravées ou sculptées, on connaît près de 200 compositions différentes sur ce sujet.

Les mots latins dont s'était servi Pilate en présentant Jésus-Christ aux Juifs sont devenus l'expression ordinaire pour désigner cette représentation, et l'usage s'en est établi si généralement qu'elle n'a besoin maintenant d'aucune explication. Les *Ecce Homo* ne doivent contenir que la figure seule du Christ, soit en pied, soit à mi-corps, ou tout au plus celle de Pilate à côté de lui.

Les *Ecce Homo* les plus remarquables ont été peints en Italie, par Titien, Corrége, Carrache, Guido Reni, François Mazzuoli, Raphael de Reggio et Thaddée Zuccaro; en Allemagne et en Hollande, par Albert Durer, Lucas de Leyde,

Abraham de Bruyn, Rembrandt, Rubens, Diepenbeck et Kilian. Parmi les artistes français, on connaît des *Ecce Homo* du Poussin, de Callot, etc., etc. DUCHESNE aîné.

ECCHYMOSE (de ἐκ, dehors, et χυμός, humeur). Ce mot sert à désigner des taches qui sont causées par l'extravasion du sang dans le tissu cellulaire, et que le vulgaire nomme *meurtrissures*. C'est un résultat très-commun des coups, des chutes, de la compression, des applications de ventouses, et même de la succion avec la bouche. On voit aussi des ecchymoses se former autour des piqûres de sangsues, et des ouvertures de veines qu'on pratique avec la lancette. La couleur de ces taches varie selon leur durée : noires, bleuâtres dans leur origine, elles prennent vers la fin une couleur brune, cuivreuse, et il n'est pas rare de voir ces nuances se confondre tout à la fois. Leur forme et leur étendue varient, en grande partie, proportionnellement aux corps vulnérants qui les ont causées; sous ce rapport, elles ont une grande importance dans l'instruction des procédures criminelles, car c'est d'après elles que les médecins peuvent donner des informations précises sur diverses circonstances qui ont accompagné des actes de violence. Cet objet est en médecine un de ceux qui exigent beaucoup de sagacité.

L'ecchymose qui est le résultat d'une cause extérieure est une lésion légère, et qui peut cependant accompagner un accident grave, tel, par exemple, qu'une fracture. Quand elle est simple, il n'est pas besoin de recourir à un médecin pour y remédier : le sang est résorbé au bout d'un certain temps, sans aucune application, et on peut s'en fier à la nature. Cependant, il convient de favoriser la résorption par des topiques, tels que l'eau-de-vie camphrée, les solutions de sel de cuisine, d'acétate de plomb, de boule de Nancy, etc. Quand cette lésion est accompagnée d'inflammation, et surtout quand elle a pour siége un organe d'une texture délicate, comme celle du sein, il est toujours prudent d'invoquer des conseils éclairés.

L'ecchymose n'est pas toujours le résultat d'une cause extérieure : on la voit assez fréquemment survenir à l'improviste, et par une impulsion intérieure. C'est ainsi que dans le cours de fièvres graves, le scorbut, etc., la peau se couvre de taches, de formes et de couleurs variées : alors la vie étant souvent compromise, cette éruption n'est qu'un accident secondaire; mais d'autres fois on voit des ecchymoses apparaître quand la santé semble être excellente, et même luxuriante. C'est surtout dans le tissu des paupières, et même dans celui du globe de l'œil que se montrent ces taches. Après son réveil, on est surpris d'avoir l'œil meurtri (*poché*, comme on dit vulgairement). Dans ces cas, l'affection peut n'être pas grave par elle-même, surtout si elle n'existe pas sur les organes les plus importants pour la vision; néanmoins, elle doit éveiller la sollicitude, car elle est le plus ordinairement l'indice d'une surexcitation cérébrale toujours redoutable, principalement dans un âge avancé; et si on éprouve en même temps des bourdonnements d'oreille, des éblouissements, c'est le cas de suivre ici le conseil qui a été donné au sujet de ces derniers mots. Des avis puisés dans les connaissances médicales peuvent alors prévenir une fin tragique. Dr CHARBONNIER.

ECCLÉSIARQUES, fonctionnaires ecclésiastiques, appelés dans quelques provinces *scabins*. Aux attributions de marguilliers ils joignaient celles de chantres, de quêteurs, de sacristains, de bedeaux : c'étaient encore eux qui convoquaient les paroissiens aux offices.

ECCLÉSIASTE (c'est-à-dire *prédicateur*), titre grec donné par les Septante, et conservé par les Latins au livre que les Hébreux appellent *Coheleth* (celle qui parle en public). Cet ouvrage fait partie du canon de la Bible. Le plus grand nombre des critiques se sont accordés à reconnaître Salomon pour l'auteur de *l'Ecclésiaste*, car cet auteur se caractérise lui-même par des traits qui ne conviennent qu'à ce souverain. Il est, dit-il, fils de David et roi de Jérusalem; il parle de ses richesses, de ses palais, de ses ouvrages, surtout de ses paraboles. De tous ceux qui l'ont précédé dans Jérusalem, aucun ne l'a égalé, ni en sagesse ni en opulence; et la concision sentencieuse de son style ajoute à tous ces témoignages une nouvelle preuve. Cependant, il s'est trouvé des contradicteurs qui ont cru qu'à l'exemple de l'auteur grec du livre de *la Sagesse*, un écrivain moins illustre s'était caché sous le style et sous le nom du *fils de David et de Bethsabée*. A entendre Grotius, un auteur contemporain de Zorobabel aurait composé *l'Ecclésiaste* par ordre de ce chef israélite, afin d'ériger un monument à la pénitence de Salomon. Mais le sentiment de Grotius a été fortement réfuté.

Des commentateurs ont avancé que le dialogue était la forme primitive de ce livre, parce qu'on y trouve des opinions diamétralement opposées les unes aux autres : cette supposition n'est point admissible. Discutant pour l'instruction de son peuple, Salomon se propose les doutes qu'on pourrait lui opposer, les arguments qu'un adversaire chercherait à lui objecter, et il les examine, les approfondit, les discute, les détruit péremptoirement. Les Israélites, saint Jérôme, et nombre de commentateurs, croient que Salomon, consacrant à la pénitence les dernières années de sa vie, voulut, par la composition de ce livre, prémunir le reste des hommes contre les erreurs où il était tombé.

Les auteurs qui formèrent le canon des livres saints hésitèrent d'abord à y comprendre *l'Ecclésiaste*, car ils y apercevaient certains passages d'où l'on pouvait inférer la négation de l'immortalité de l'âme; mais ces scrupules se dissipèrent lorsque après un mûr examen, on vit que cet ouvrage a pour but immédiat d'inspirer la crainte de Dieu et l'obéissance à ses lois. Théodore de Mopsueste pensait que Salomon n'avait écrit cet ouvrage qu'avec le secours de ses lumières naturelles, et indépendamment de toute inspiration divine; quelques hérétiques, cités par Philastrius, rejetaient *l'Ecclésiaste*, comme favorisant l'épicuréisme; Luther l'assimilait au Thalmud, et en traitait l'auteur d'*écrivain plat, marchant sans bottes ni éperons*. Cet ouvrage est un des livres sacrés dont l'interprétation est la plus difficile : ce qui la rend telle, c'est l'extrême concision du style, ce sont les contradictions apparentes qu'il s'agit de concilier, c'est la nécessité d'un rapprochement continuel entre les conséquences et leurs principes, c'est de ne jamais rien supposer d'absolu, soit que l'auteur nie, soit qu'il affirme. Faute de s'être tenu en garde contre ces différents écueils, beaucoup d'écrivains ont fait de *l'Ecclésiaste* l'abus le plus condamnable : ainsi, de ce que Salomon avance *qu'il n'y a rien de nouveau sous le soleil*, les panthéistes ont conclu que ce qui est a toujours existé, et que par conséquent le monde est éternel; de ce qu'il affirme que *tout est vanité*, les Manichéens ont induit l'existence d'un mauvais principe; de ce qu'il a dit : *Je me plongerai dans le plaisir*, les épicuriens ont placé dans la volupté la fin dernière et le souverain bien de l'homme. A. FRESSE-MONTVAL.

ECCLÉSIASTICO-SLAVE (Langue), ou *ancien slavon*, *ancien slave*, *langue ecclésiastique* et encore *langue cyrillienne*. On appelle ainsi le dialecte le plus ancien de la langue des Slaves, celui dans lequel sont écrits le plus grand nombre de leurs livres d'église. Ce dialecte, le premier de tous ceux de la langue slave qui ait été cultivé, était basé, comme langue écrite, sur la manière de parler des peuplades habitant les provinces situées le long des frontières de l'empire byzantin, et même par-delà : les Serbes et les Bulgares d'aujourd'hui. A bien dire, l'ancien slavon est l'ancien dialecte bulgare, malgré sa proche affinité avec le dialecte de la Pannonie ou de la Croatie, démontrée par Kopitar. Cette langue, qui appartient à la famille des langues orientales, était en usage, au temps de Cyrille, dans toute la contrée au sud du Danube, dans ce qu'on appelle de nos jours le *littoral*, dans la Servie, la

Bosnie et la Bulgarie, et, sauf de légères différences, partout la même. Développé sur le modèle de la langue grecque par les auteurs et traducteurs des livres d'église slaves, doté d'une richesse rare de racines et de formes de mots, pur de tout mélange étranger, enfin complétement original et primitif; façonné, d'ailleurs, par suite d'un travail qui a duré plusieurs siècles, de la manière la plus variée et tout à fait dans l'esprit national, l'*ecclésiastico-slave* est demeuré jusqu'à nos jours le type originel et le modèle le plus accompli de tous les dialectes slaves. Il s'est surtout conservé pur et sans aucun mélange dans les antiques ouvrages relatifs au culte et au dogme, traduits par Cyrille et par son frère Méthode, ainsi que par leurs collaborateurs, par exemple, dans l'évangile d'Ostromir, dans celui de Rheimse, dans l'inscription de Tmoutorakan, dans les anciens *Sbornicks*, etc., etc. Dans ces différents ouvrages, la langue *ecclésiastico-slave* a atteint une perfection de forme, une richesse et une force si surprenantes, que pendant tout l'espace compris entre le huitième et le douzième siècles, elle fut considérée à bon droit comme l'égale des langues grecque et latine; tandis que les autres langues de l'Europe parvenaient à peine à passer à l'état de langues écrites. Il est difficile d'admettre que la formation d'une langue si parfaite ait pu être l'œuvre d'un seul homme, ou d'une époque égale à la durée ordinaire de la vie d'un homme, ainsi qu'on le prétend de Cyrille et de Méthode; dès lors tout porte à penser que ces deux apôtres des Slaves trouvèrent déjà toute formée la langue dans laquelle ils annoncèrent à ces peuples la loi du Christ. Elle existe bien aujourd'hui comme langue liturgique et d'église; mais, en tant que dialecte parlé, il faut la considérer comme morte. La nouvelle langue bulgare en diffère beaucoup.

ECCLÉSIASTIQUE. On appelle *ecclésiastique* l'homme qui, dans la religion chrétienne, se dévoue aux fonctions du sacerdoce. Ce nom, pris dans ce sens, signifie *homme d'église*. Les mots *prêtre* et *ecclésiastique* sont assez généralement regardés comme synonymes; on dit, pour exprimer la même idée : *c'est un excellent prêtre*, *un respectable ecclésiastique*. Cependant le nom de *prêtre* a une signification plus étendue : toutes les religions, bonnes ou mauvaises, anciennes ou modernes, ont eu ou ont leurs *prêtres*; l'Église catholique seule a des *ecclésiastiques*. Chez elle le nom de *prêtre* ne se donne qu'à celui qui a reçu l'ordre de la prêtrise; le nom d'*ecclésiastique* s'étend à tous les membres du clergé, au pape, aux évêques, aussi bien qu'aux prêtres, et jusqu'aux simples clercs initiés dans les premiers ordres. Si les abus du langage devaient jamais servir de règles, nous pourrions trouver encore une autre différence : on est parvenu à jeter quelque défaveur sur le mot *prêtre*, surtout depuis l'emploi assez ridicule qu'on en a fait pour désigner certaine coterie, réelle ou supposée, et l'on a dit : le *parti prêtre*; le nom d'*ecclésiastique*, au contraire, a conservé dans toutes les bouches ce qu'il peut avoir d'honorable; et aucun parti, que nous sachions, ne l'a encore prononcé d'un ton de haine ou de mépris.

ECCLÉSIASTIQUE, le cinquième des livres sapientiaux, dans l'Ancien Testament. Il portait le titre de *Paraboles* dans le texte hébreu que saint Jérôme dit avoir vu, mais qui n'existe plus. Les Pères grecs lui donnent le nom de Σοφία Σείραχ, la sagesse du siracide, ou ὁ λόγος, le discours. Le titre d'*Ecclésiastique*, sous lequel le désignent les Latins vient, dit dom Calmet, d'après Isidore de Séville, de l'usage que l'on en a fait en le lisant dans les assemblées de religion, ou bien encore des rapports de similitude qui existent entre ce livre et *l'Ecclésiaste* de Salomon. On remarque dans *l'Ecclésiastique* trois parties bien distinctes : dans la première sont recueillies, en forme de sentences, une multitude de préceptes de morale et de prudence, pour les diverses circonstances de la vie; la seconde, qui commence au chap. XXIV, est un discours que l'auteur met dans la bouche de la Sagesse même, pour inviter les hommes à la vertu; la troisième (chap. XLII) est une sorte de panégyrique, dans lequel l'auteur, après avoir célébré les louanges de Dieu, fait l'éloge des grands hommes de sa nation. Quelques anciens Pères ont cité le livre de *l'Ecclésiastique* sous le nom de Salomon, non pas sans doute qu'ils le lui attribuassent, mais parce qu'il se trouvait joint aux livres de ce roi, avec lesquels il a beaucoup de ressemblance, comme aujourd'hui nous citons indistinctement tous les psaumes sous le nom de David, quoique tous ne soient pas de ce prince. L'auteur de *l'Ecclésiastique* se nomme lui-même, dans les chapitres L et LI : c'est Jésus, fils de Sirach.

Cet auteur s'était retiré en Égypte, pour se soustraire aux persécutions suscitées contre lui dans sa patrie : là, dit Athanase (ou du moins l'auteur d'une préface qui lui est attribuée), il recueillit les sentences des sages qui l'avaient précédé, et y ajouta des maximes pleines de sens et de vérité. Un de ses petits-fils, aussi nommé Jésus, vint en Égypte, sous le règne de Ptolémée Évergètes, y trouva les écrits de son aïeul, les mit en ordre, les traduisit en grec, et les publia, comme il le dit lui-même dans le prologue qui précède l'ouvrage. L'auteur de *l'Ecclésiastique* vivait, selon les uns, environ 300 ans avant J.-C., sous les pontificats d'Onias Ier et de son fils Simon, dont il fait l'éloge au chapitre L de son livre; selon d'autres, ce serait un siècle plus tard, sous le pontificat d'Onias III. La raison sur laquelle on appuie ce dernier sentiment, c'est qu'il serait assez difficile d'expliquer avant la persécution d'Onias III, sous Antiochus Épiphanes, ce que l'auteur dit, aux chap. XXX et LI, des maux qui affligeaient alors la nation juive, et des peuples qui l'opprimaient. D'après ce sentiment, la traduction et la publication de ce livre n'auraient eu lieu que sous le règne de Ptolémée VII, aussi nommé Évergètes. Le livre de *l'Ecclésiastique* n'était pas reçu dans le canon des Juifs, quoiqu'il fît autorité chez eux et qu'ils le citassent avec respect. Les premiers chrétiens, qui avaient reçu l'Ancien Testament des Juifs, ne regardaient pas non plus ce livre comme canonique : il ne se trouve point dans les catalogues que nous ont laissés les plus anciens Pères de l'Église, et saint Jérôme nous dit qu'on le lisait dans les assemblées comme un ouvrage pieux, pour l'édification des fidèles, et non pour confirmer l'autorité des dogmes religieux. C'était sans doute pour éviter toute contestation, car plusieurs Pères antérieurs à saint Jérôme, ou ses contemporains, et saint Jérôme lui-même, n'hésitent pas, en citant ce livre, de lui donner le nom d'Écriture Sainte : ce sont, parmi les Grecs, saint Clément d'Alexandrie, Origène, Eusèbe, saint Basile, saint Jean Chrysostôme, etc., et dans l'Église latine, Tertullien, saint Cyprien, saint Hilaire, saint Ambroise, saint Augustin, etc. Vers la fin du quatrième siècle, le troisième concile de Carthage classe *l'Ecclésiastique* et *la Sagesse* au rang des *livres sapientiaux*. Cette décision fut confirmée, en 494, par un concile de Rome, sous le pape Gélase, et reçue enfin comme doctrine de l'Église universelle par le décret du concile de Trente sur les livres canoniques. L'abbé C. BANDEVILLE.

ECCLÉSIASTIQUE (Langue). *Voyez* ECCLÉSIASTICO-SLAVE.

ECCLÉSIASTIQUE (Juridiction). Dans les premiers temps du christianisme, les apôtres et les évêques, leurs successeurs, n'étaient occupés que des moyens de propager la foi nouvelle. Toute leur activité se dépensait en prédications et en enthousiasme. Ils songeaient moins à organiser les néophytes qu'à multiplier leurs conversions. Leur action était toute spirituelle, leurs âmes ne brûlaient que du feu de la charité. Si quelquefois ils intervenaient dans les contestations humaines, c'était pour apaiser les partis et les concilier. Du reste, ils se soumettaient à la juridiction des juges ordinaires et à l'autorité des princes païens, suivant ce principe de

Jésus-Christ : *Rendez à César ce qui appartient à César.* Mais bientôt les évêques comprirent que les chrétiens devaient former une société nouvelle, ayant ses lois, ses juges et son gouvernement. Aussi, dès qu'ils avaient converti un certain nombre de personnes, ils en formaient une communauté distincte de la vieille société. Il était défendu aux fidèles de porter leurs causes devant les tribunaux païens ; ils devaient choisir des arbitres parmi eux, ou prendre les évêques pour juges. L'Église n'avait pas encore de lois, elle ne possédait que quelques règlements de discipline ecclésiastique, attribués aux apôtres, et qui plus tard furent rédigés sous le nom de *canons apostoliques*, par un auteur aussi inconnu que l'époque de sa rédaction. Dans les trois premiers siècles les conciles avaient été peu fréquents : il n'était resté aucun de leurs canons; mais lorsque le christianisme fut monté sur le trône avec Constantin, les conciles se multiplièrent, et ils firent de nombreuses lois. Alors l'Église s'immisça d'une manière régulière dans les affaires temporelles, elle eut une véritable juridiction. Quoique les juges fussent devenus chrétiens, et que les motifs qui avaient porté les fidèles à décliner leur compétence n'existassent plus, on n'enleva pas aux évêques le droit de juger. Les princes permirent de recourir, à leur choix, au jugement des évêques ou à celui des juges. Les sentences des évêques étaient sans appel, et les juges laïques étaient chargés de les faire exécuter.

Mais la plus grande préoccupation de l'Église était de se rendre indépendante de la société laïque. Cette tendance était légitime, car la religion était loin d'être en harmonie avec la politique. L'une prêchait l'égalité, et l'autre sanctionnait l'esclavage; l'une ordonnait de gouverner par la charité, et l'autre exerçait un despotisme brutal; il était donc nécessaire qu'il y eût deux mondes : celui de la *foi* et celui de la *puissance*, sauf plus tard à l'Église à empiéter sur la puissance temporelle. Ce fut pour elle un travail de plusieurs siècles que la conquête de cette indépendance. Les papes et les conciles y employèrent tous leurs efforts ; ils ne négligèrent aucun moyen, ils se servirent tour à tour de la persuasion, des menaces et de l'imposture même. L'Église commença par revendiquer le droit de faire elle-même les règlements de son administration intérieure, et par s'attribuer le privilége de connaître seule de toutes les questions de doctrines, de foi et de bonnes mœurs. Plus tard, elle voulut soustraire tous les membres du clergé à la juridiction laïque. Les canons ordonnèrent aux clercs, lorsqu'ils auraient des procès, de les faire juger par leur évêque ou par des arbitres de son choix. Le troisième concile de Carthage décida que le clerc qui aurait fait rendre un jugement par un tribunal séculier serait destitué si la cause était criminelle, et serait, sous peine de destitution, obligé de renoncer au profit du procès si l'affaire était civile, et dans le cas où il aurait obtenu gain de cause. Après qu'on eut ainsi défendu à tout clerc de reconnaître d'autres juges que les évêques, les papes vinrent contester aux tribunaux séculiers leur compétence dans toutes les affaires où un membre du clergé était intéressé. C'est alors que parut le recueil aujourd'hui connu sous le nom de *fausses décrétales*; les papes s'en servirent pour donner plus d'extension à leur puissance. Ils achevèrent d'enlever aux laïques tout droit de juridiction sur les membres du clergé, tant en matière civile qu'en matière criminelle, et prononcèrent l'excommunication contre les juges qui forceraient les clercs à comparaître devant eux. Lorsqu'on eut obligé les tribunaux séculiers à reconnaître ces exceptions au droit commun, Innocent III vint décréter que ces priviléges étaient d'ordre public, et qu'aucun ecclésiastique ne pouvait y renoncer.

Les évêques ne se bornaient pas à connaître des affaires des clercs; déjà au temps de Charlemagne leur juridiction en matière laïque était aussi étendue que celle des juges séculiers eux-mêmes. C'était un principe général à cette époque que chacun fût jugé selon la loi de sa nation ; mais Charlemagne introduisit dans ses capitulaires, avec force de loi pour tous ses sujets, une disposition du Code Théodosien, donnant aux parties la faculté de recourir en tout état de cause aux juges ecclésiastiques.

La juridiction de l'Église était constamment en progrès, elle avait de grands avantages : les clercs étaient à peu près les seuls qui sussent lire et écrire, et de plus ils possédaient le droit romain. Les codes des barbares contenaient peu de dispositions sur les contrats et les mariages. Pour ces matières, on était toujours obligé d'avoir recours au droit romain, c'est-à-dire au clergé, qui en était le dépositaire. Les moines recueillaient les formules de toutes espèces d'actes et de jugements : nous avons encore ces formulaires. Le plus renommé, celui de Marculfe, moine du septième siècle, a servi à M. de Savigny et à nos meilleurs historiens pour jeter un grand jour sur l'histoire du moyen âge. Ce furent aussi les clercs qui donnèrent aux parlements leur procédure, et il ne faut pas douter que la plupart des dispositions de notre procédure actuelle ne tirent leur origine du droit canonique. Lorsque Irnerius vint au douzième siècle réveiller les études du droit romain, les ecclésiastiques furent les premiers et les plus zélés à l'étudier. Les papes et les évêques devinrent de vrais jurisconsultes, aussi savants en droit civil qu'en droit canon ; ils eurent ainsi la haute main dans toutes les affaires, dirigeant la politique des rois comme ils jugeaient les procès des clercs et des séculiers.

Les apôtres avaient reçu une mission divine. Dieu lui-même leur avait donné le pouvoir de punir les pécheurs et de les absoudre. Ce dépôt sacré, ils le transmirent à leurs successeurs par l'imposition des mains. Ce saint héritage donnait aux paroles des évêques un caractère céleste; leurs sentences devaient être les plus équitables, puisqu'elles remontaient à la source éternelle de toute justice. C'est à ce principe admirable de la transmission d'une autorité divine que les évêques durent toute leur grandeur et leur puissance. Ils avaient dans leur main toute la juridiction ecclésiastique; pour bien comprendre comment ils l'exerçaient, il faut savoir quelle était la circonscription des évêchés. Sous les Romains, il y avait à la tête de chaque province un *præses* (président) et à la tête de chaque cité un *defensor civitatis* (défenseur de la cité), élu par le peuple et chargé de défendre ses intérêts contre l'arbitraire de la puissance impériale. Les Francs remplacèrent cette division par celle de *duchés*, *comtés*, *vicairies*, *centenies*; mais le clergé, qui formait une société à part, conserva les divisions territoriales des Romains. A la tête de chaque province, il plaça un évêque métropolitain, en remplacement du *præses*, et il donna à chaque cité un évêque nommé par le peuple, comme le *defensor*. Cette liberté d'élection était si grande qu'on vit souvent le choix tomber sur des personnes non ecclésiastiques. Grégoire le Grand interdit aux laïques les chaires épiscopales ; cependant, après lui il ne fut pas rare de voir encore des laïques élus évêques. Dans chaque cité l'évêque était juge; il appelait à lui les lumières des clercs de son diocèse, mais il avait seul le droit de juger et de prononcer les sentences. Ces assemblées portaient le nom de synodes diocésains. Si une affaire était importante, par exemple si un évêque y était intéressé, l'évêque métropolitain convoquait ses collègues de toute la province; ils étaient tous juges sous la présidence du métropolitain. Ces assemblées étaient appelées conciles provinciaux. Elles avaient deux objets : elles faisaient des règlements de discipline ecclésiastique et rendaient des jugements. Le métropolitain connaissait aussi par appel des jugements des évêques. Le synode diocésain et le concile provincial étaient les deux tribunaux ordinaires; quelquefois, cependant, on assemblait des conciles nationaux. Dès le deuxième siècle on trouve des conciles provinciaux ; jusqu'au dixième, ils avaient jugé les affaires des évêques, mais les fausses décrétales vinrent leur enlever ce droit pour le déférer au pape seul. Plus tard le clergé de France déclara les conciles provinciaux compétents pour juger les évêques, sauf appel au pape. Lorsqu'un différend intéressait toute la chrétienté, par exemple en cas de division entre les évêques des grands siéges, on assemblait un concile *œcuménique*. Il ne faut pas croire que les évêques de toutes les parties du monde vinssent y assister : il n'y avait le plus souvent que ceux des siéges divisés, mais tous avaient le droit d'y venir prendre place.

Le nombre des affaires apportées devant les tribunaux des évêques devint si considérable qu'ils furent obligés de s'adjoindre des suppléants : c'était ordinairement les archidiacres qu'ils choisissaient pour cette mission. Mais ceux-ci prirent tant de goût à rendre la justice, qu'ils se constituèrent juges indépendants des évêques, et formèrent ainsi une nouvelle juridiction. Depuis lors, les évêques ne commirent plus leur puissance judiciaire qu'à des prêtres révocables à volonté, qui prenaient le nom d'*officiaux* ou *vicaires*. Dans la suite, on distingua les officiaux des vicaires; on donna le nom d'officiaux aux prêtres qui avaient reçu de l'évêque la juridiction contentieuse, et on appela vicaires généraux ou grands-vicaires ceux qui étaient chargés de la juridiction volontaire. Les officiaux se multiplièrent sans mesure : l'archidiacre et l'évêque avaient chacun les leurs. Les juges laïques réclamaient de toutes leurs forces contre cette invasion de nouveaux juges ecclésiastiques. Mais un écueil terrible attendait la justice de l'Église. Ce qui imprimait à ses sentences un caractère élevé de grandeur et de respect, c'était cette solennité qui entourait l'évêque siégeant au milieu de son clergé. L'âcreté et la subtilité des discussions étaient bannies de cette grave assemblée; les parties s'expliquaient sans haine et avec bonne foi devant celui qu'elles supposaient tenir de Dieu lui-même le droit de les juger. Mais lorsqu'elles ne virent plus pour juge qu'un simple official, le prestige disparut, et elles donnèrent un libre cours à leur animosité. Alors la chicane et tous ses subterfuges s'introduisirent dans les tribunaux ecclésiastiques, si bien qu'il n'y eut presque plus de différence entre la justice laïque et celle de l'Église. Lorsque celle-ci fut ainsi morcelée et divisée entre mille mains, presque tous les supérieurs des monastères et des autres communautés régulières se firent exempter de la juridiction de l'évêque, et obtinrent eux-mêmes le droit de juger. Chaque abbé connut des affaires de ses moines, et les chapitres s'érigèrent en tribunaux pour leurs ordres; souvent même ils étendirent leur juridiction sur une partie du diocèse.

Tout avait contribué à étendre la puissance du clergé : l'enthousiasme d'une foi nouvelle, la supériorité de ses représentants et la crédulité des barbares. Les bras de fer de Pepin et de Charlemagne avaient élevé le pape sur le trône de Rome, et l'invention, si adroite, des fausses décrétales l'avait rendu tout puissant sur toute la chrétienté. L'Église faisait tourner à son profit les événements les plus sinistres, tels que les pestes et les famines, en montrant partout des punitions du ciel. Elle accréditait une multitude de récits populaires qui menaçaient des tourments les plus affreux ceux qui désobéiraient à ses ordres. Cette sombre interprétation de l'*Apocalypse*, que l'an 1,000 devait paraître l'antéchrist, et qu'après lui le monde finirait, acheva son triomphe : grands et petits, riches et pauvres, tous vinrent se jeter, corps, âmes et biens, dans les bras du clergé. L'établissement de la féodalité fut loin de nuire à la juridiction ecclésiastique. Comme les seigneurs se connaissaient très-peu en matières judiciaires, ils abandonnaient presque tous les jugements aux évêques et aux clercs. Au douzième siècle, l'Église connaissait exclusivement de toutes les affaires des clercs, tant civiles que criminelles, des causes spirituelles à l'égard de toutes personnes, des fiançailles, des mariages, des affaires des croisés, de celles des veuves pendant le temps de leur veuvage, des testaments, etc.; et, en concours avec les juges séculiers, elle jugeait la presque totalité des procès entre laïques. Mais à partir du treizième siècle, la juridiction ecclésiastique ne fit que décliner. Ce qui avait surtout contribué à l'étendre, c'était la supériorité de ses connaissances à côté de la profonde ignorance des juges séculiers; mais lorsque l'université eut formé des juristes aussi instruits que les clercs, la puissance judiciaire de l'Église, au lieu d'augmenter, ne pouvait que s'affaiblir.

Les légistes, devenus les rivaux des clercs, les supplantèrent dans le conseil du roi. Ils se faisaient les âmes damnées, des princes; en interprétant le droit romain, ils les proclamaient *empereurs* et *maîtres absolus* de leur royaume, ne considérant les prérogatives des seigneurs et des évêques que comme des usurpations. De leur côté, les princes préféraient les légistes aux clercs, parce qu'ils trouvaient en eux plus de dévouement et de meilleure volonté. Ils les opposaient aux prétentions de leurs grands vassaux, et pouvaient même au besoin disposer de leur main, comme Philippe le Bel, pour humilier un pape. Les légistes firent une guerre ouverte aux juges ecclésiastiques; ils discutèrent tous leurs droits, et s'immiscèrent dans toutes les questions canoniques. Ils ne manquèrent pas de profiter de tous les déchirements de l'Église pour faire de nombreux et volumineux libelles; le grand schisme de l'Occident qui donna à toute la chrétienté le scandale de plusieurs papes, se prétendant tous infaillibles et s'excommuniant l'un l'autre, leur offrit une magnifique occasion de passer en revue et de contester toutes les attributions judiciaires du clergé. Déjà avant cette époque, Pierre de Cugnières, avocat du roi, avait attaqué de front la juridiction ecclésiastique.

Les juges royaux et les parlements soutenaient les efforts des légistes; comme eux, ils travaillaient de toutes leurs forces à diminuer la compétence du clergé. Dans la réalité, elle s'affaiblissait de jour en jour; les parties, qui ne trouvaient pas plus de garanties ni de lumières dans les juges ecclésiastiques que dans les parlements, s'adressaient aussi volontiers à la justice séculière. Les parlements finirent par s'emparer de toutes les affaires profanes, tant en matière civile qu'en matière criminelle. Plus tard, au moyen de distinctions très-subtiles et très-adroites, ils s'attribuèrent la connaissance d'un grand nombre de causes que les canons réservaient seulement à la juridiction ecclésiastique. L'Église avait travaillé dix siècles à conquérir un pouvoir judiciaire indépendant, et à partir du treizième siècle chaque jour venait lui enlever une de ses prérogatives les plus chères. Un des principaux objets des fausses décrétales avait été d'attribuer à l'Église seule la connaissance de tous les crimes commis par les clercs. C'était un grand avantage pour les coupables d'être jugés par les tribunaux ecclésiastiques : les peines canoniques étaient moins dures que les laïques; il y en avait de *spirituelles* et de *temporelles*; les spirituelles étaient la déposition et l'excommunication; les temporelles étaient les aumônes, la fustigation et la prison. On a vu souvent des criminels se faire tonsurer avant de commettre un crime, pour être ensuite justiciables de l'évêque. Comme l'Église *avait horreur du sang*, lorsqu'un crime était de nature à emporter la peine de mort, le juge ecclésiastique devait livrer le coupable au bras séculier : il n'y manquait jamais pour les hérétiques, mais pour les autres criminels il ne les livrait pas toujours. Les parlements établirent une distinction en matière criminelle. Ils reconnurent d'une manière générale que l'Église avait seule le droit de juger les crimes des clercs, mais ils pensèrent que pour certains crimes atroces les coupables ne méritaient pas la douceur des peines canoniques. Pour ceux-là ils demandèrent et obtinrent le droit de les juger en concurrence avec les juges d'église. Ces crimes furent appelés *cas privilégiés*, parce que les juges laïques regardèrent comme un privilége d'en connaître; ceux que l'Église conserva seule le droit de juger furent appelés *délits communs*. La séparation entre les cas privilégiés et les délits communs n'avait pas été bien établie; de là naquirent des chicanes continuelles. Les juges laïques augmentèrent constamment le nombre des cas privilégiés, si bien qu'ils ne laissèrent pour délits communs dont l'Église connaissait seule que les fautes légères, telles que les injures verbales et les violations de la discipline ecclésiastique. En matière civile, les juges séculiers parvinrent à s'emparer de toutes les contestations relatives aux **biens de l'Église**, au moyen de la distinction du *possessoire* et du *pétitoire*. Lorsqu'une personne laïque, un seigneur par exemple, s'était emparé d'un bénéfice ecclésiastique, les juges séculiers intervenaient et accordaient une *possession provisoire* à celui qui paraissait avoir le plus de droits, tandis que le procès sur le *pétitoire*, c'est-à-dire sur la propriété, était pendant devant l'évêque ou à la cour de Rome. Mais, dirent-ils plus tard, personne ne peut posséder s'il n'a des titres. Alors, toujours sous prétexte de ne connaître que de la possession provisoire, ils examinèrent les titres et prononcèrent sur le fond du procès. Après que les juges séculiers avaient jugé, les parties pouvaient recourir à la justice de l'Église; mais comme, en général, elles étaient peu disposées à recommencer les frais d'un nouveau jugement, elles aimaient mieux se tenir pour jugées. On établit les mêmes distinctions du *possessoire* et du *pétitoire* à l'égard des **dîmes ecclésiastiques**, et les juges séculiers finirent par connaître seuls de toutes les questions de propriété ecclésiastique.

Après toutes ces conquêtes sur la juridiction du clergé, ils introduisirent, pour mieux s'en assurer la conservation, l'*appel comme d'abus* devant le roi et le parlement, toutes les fois que les juges d'église avaient jugé des causes attribuées à la justice séculière. Pour paraître équitable, on admit un droit réciproque pour les juges du clergé; on leur donna la faculté d'appeler comme d'abus de toutes les sentences dans lesquelles les juges laïques auraient excédé leurs pouvoirs, mais ils en usèrent très-rarement. Une ordonnance de 1539 vint sanctionner toutes ces innovations. Dans les derniers temps, la juridiction de l'Église ne s'étendait sur aucune affaire profane. Elle jugeait les causes *spirituelles*, c'est-à-dire celles qui avaient trait aux sacrements et au service divin. Parmi les sacrements, le mariage était celui qui soulevait le plus de contestations; mais presque toutes étaient portées devant les parlements par l'appel comme d'abus. A l'égard des clercs, les juges d'église ne connaissaient d'aucune affaire criminelle, si ce n'est des injures verbales et des violations des règlements de discipline. En matière civile, ils ne connaissaient que des causes purement personnelles, et si une question de propriété venait s'y rattacher, l'affaire était de droit renvoyée à la justice laïque.

Voilà quel était l'état de la juridiction ecclésiastique au dix-huitième siècle; elle s'affaiblissait de plus en plus, lorsque la Révolution vint lui porter le dernier coup.

BARTHE,
Ancien membre de l'Assemblée Nationale.

ÉCERVELÉ. Ce mot, qui signifie *sans cerveau*, *sans cervelle*, n'est point en usage au propre; mais on s'en sert souvent, au figuré, comme synonyme d'esprit léger, évaporé, sans jugement, et l'on dit, soit adjectivement, *tête écervelée*, soit substantivement, *un jeune, un franc écervelé, une petite écervelée, agir en écervelé*. L'écervelé n'est pas précisément sans cervelle; mais sa cervelle est comme éventée; ce n'est point ce buste dont parle le renard de La Fontaine :

Belle tête, dit-il; mais de cervelle point.

L'écervelé pense et agit, mais toujours avec extravagance.

ÉCHAFAUD. C'est un assemblage de planches ou madriers, suspendu par des cordes du haut d'un toit, ou posé sur des supports fixés dans la maçonnerie, à l'usage des peintres, sculpteurs, etc., lorsqu'ils travaillent à des façades de maisons. Ces sortes d'*échafauds* s'appellent *volants*. A Paris, les badigeonneurs font maintenant usage d'un appareil extrêmement simple, qui peut prévenir de nombreux accidents, en remplaçant la corde à nœuds, le long de laquelle l'ouvrier était obligé de rester accroché pour travailler; ce qui ne lui permettait d'agir que dans une ligne verticale. Le nouvel appareil consiste en une longue traverse, placée horizontalement le long d'un bâtiment, et fixée solidement, au moyen de vis de pression, entre les pieds-droits des croisées. Un montant perpendiculaire, se mouvant, au moyen de roulettes à poulies, sur la traverse, soutient un siége ou balcon; avec rampe de sûreté, pouvant contenir deux ouvriers, au besoin. Comme on le voit, l'ouvrier est libre de tous ses mouvements, et il a l'avantage de pouvoir agir verticalement, en remontant à volonté sa plateforme le long du montant, et de se mouvoir horizontalement au moyen de la mobilité de ce montant sur la traverse à coulisse.

Lorsque, pour la construction ou la réparation d'un monument ou d'un édifice de grande dimension, on est obligé de pourvoir d'avance à la solidité des échafauds destinés à recevoir des matériaux d'un poids considérable et à supporter des machines de force, on dispose une charpente composée de fortes pièces de bois, et qui va du sol au sommet de l'édifice, pour soutenir ces échafauds; c'est ce qu'on appelle *échafaudage*. Le génie de l'architecte consiste, à cet égard, à construire l'échafaudage le plus solide et le moins lourd possible. Parmi les plus remarquables du siècle, sous le rapport de ces deux conditions, il faut citer l'*échafaudage* élevé, à Bordeaux, en 1811 et 1812, pour rétablir l'une des deux flèches de la cathédrale de Saint-André, frappée par la foudre; celui qui, en 1833, fut placé sur le chapiteau de la colonne de la place Vendôme, pour rétablir la statue de l'empereur Napoléon; enfin celui qui sert en ce moment (1854) à la construction du Louvre.

Le mot *échafaud* s'emploie aussi en termes de marine. Lorsqu'il est nécessaire de calfater ou de *suiver* (enduire de suif) un navire, on suspend au moyen de cordages, le long de son bord (côté extérieur du vaisseau), quelques planches assemblées, sur lesquelles se placent les ouvriers; c'est cet ensemble qu'on appelle un *échafaud*. Il est fait plus ou moins solidement, selon que le navire est sur le chantier, ou à flot.

Enfin, un *échafaud*, en termes de pêche, est une espèce de plate-forme construite avec des planches, sur laquelle les pêcheurs de Terre-Neuve étendent et font sécher la morue avant de l'embarquer. MERLIN.

ÉCHAFAUD. On donne ce nom au théâtre où s'accomplit le dernier acte des drames judiciaires : c'est là que la société croit venger la violation de ses lois. Mais ce grand acte, exercé avec moins d'appareil qu'autrefois, quoique avec trop d'appareil peut-être encore, est-il moral? est-il même réellement efficace? Peut-on nier que, dans la foule convoquée à ce spectacle, les uns y accourent empressés de satisfaire une inhumaine curiosité, tandis que d'autres viennent y étudier la contenance du coupable, interroger ses sensations, afin d'apprendre à braver un jour le supplice? En un mot, tous s'y rendent-ils cherchant des émotions, et non une leçon ou un avertissement? S'il en est ainsi, le but du législateur est manqué. En appelant le peuple à ces tristes solennités, que veut-il si ce n'est prévenir le crime, soit en éveillant dans l'âme d'une partie des spectateurs de salutaires réflexions, soit en arrêtant par la terreur ceux qui seraient déjà prêts à transgresser les règles du devoir? Cependant, l'expérience a démontré que l'un de ces moyens, la terreur, n'a jamais étouffé les mauvais penchants ni empêché les mauvaises actions. Il y a plus, elle dénonce l'infériorité sociale; car examinez la législation criminelle d'un peuple, vous aurez la mesure infaillible de l'état de sa civilisation. En effet, dans l'Orient et dans tous les pays où les supplices sont fréquents et entachés de cruauté, loin de tuer les délits, ils semblent les faire éclore. A ne parler ici que de la France, si l'on compare l'ancienne société avec la nouvelle, on se convaincra de cette vérité. A cette époque, où les grands crimes étaient punis par la roue, et le vol par le gibet, les meurtres étaient-ils moins nombreux, les larcins plus rares? Les registres des parlements établiraient victorieusement le contraire. Un autre genre de délit, inconnu aux temps anciens, a-t-il fléchi en présence d'une législation atroce? La mort, les galères, les cachots ont échoué, ou plutôt n'ont servi qu'à assurer le triomphe de la presse. La persécution l'a grandie et a fini par constater ses droits, en les lui disputant. Quant à l'utilité de l'échafaud en matières religieuses, l'histoire a décidé cette question sans retour. Alors l'échafaud n'effraye pas, il sourit à l'ardeur des martyrs, et enfante des résistances invincibles.

Enfin, appliqué aux affaires politiques, là éclate encore son impuissance. Il ouvre la carrière des révolutions; il sème d'horribles représailles, et n'a jamais apaisé ces grandes crises sociales : celles-ci ne se calment que par la clémence ou l'oubli jeté sur les erreurs de tous. On ne saurait trop le répéter : dans les discordes civiles, l'échafaud ne protège pas, il écrase ceux qui le dressent; moyen suprême du pouvoir, il s'use d'autant plus vite qu'on l'emploie plus fréquemment. Toujours présente à la pensée, la mort ne glace plus le cœur; elle l'échauffe, et rend forte jusqu'à la faiblesse. Ainsi, quand la Terreur pesait sur la France, quand les prisons regorgeaient de victimes de tout sexe et de tout âge, les femmes montraient autant et quelquefois plus de fermeté que les hommes. Elles aussi, au lieu de redouter le supplice, avaient fini par se familiariser avec ses horreurs au point de simuler dans leurs passe-temps la scène du trépas infligé par le bourreau. On applaudissait à celle qui montrait le plus de grâce à se présenter et à s'étendre sur des chaises figurant la planche fatale. Tel fut le singulier résultat du régime de l'échafaud. Le Directoire, composé d'hommes à principes sanguinaires, n'osa pas le relever, par conviction de son horrible inutilité. Il y substitua la *déportation*, et jeta par centaines ses ennemis à mille lieues de la France. La république de 1848 abolit aussi l'échafaud politique, mais exerça, en revanche, la *transportation* sur une bien large et bien déplorable échelle. Puis on essaya de flétrir les condamnés politiques. Ce nouveau mode atteindra-t-il : à son but celui de refréner les ambitions trop ardentes, de les désarmer et de les éteindre? Il est permis d'en douter. Malgré les maux inouïs qu'ils répandent sur tout un peuple, les excès et même les crimes nés de l'ambition, comme ils prennent souvent leur source dans de nobles sentiments, n'enlèvent pas aux coupables l'estime de leurs concitoyens. Elle les suit et les console au milieu des épreuves les plus rudes. En mêlant de tels hommes aux misérables qui ont habité les bagnes, on a élevé ces derniers à la hauteur de leurs compagnons, dont le contact les purifie en quelque sorte de leur souillure. Voyez l'Espagne, où les *présides* ont reçu tant d'hommes tombés des plus hautes sommités sociales : loin d'en sortir flétris, combien d'entre eux ont siégé de nouveau dans les assemblées, commandé les armées, et tenu dans leurs mains les rênes de l'État! En persistant dans cette voie, n'est-il pas à craindre que chez nous le sentiment de l'honneur n'en reçoive une atteinte mortelle? Il supplée aux lois quand elles sont absentes; mais celles-ci sont impuissantes à le remplacer. C'est à quoi n'ont pas songé ceux qui ont conseillé de placer sur la même ligne les délits politiques et les délits ordinaires : ils ne peuvent s'assimiler; et s'ils parvenaient à se confondre, ils détruiraient la moralité publique. Quoi qu'il en soit, il le faut reconnaître, l'échafaud dressé plus rarement sur nos places, et se cachant obscurément devant la porte de la prison à Paris (*voyez* EXÉCUTION), semble témoigner la tendance de notre époque vers une législation plus douce, et peut-être plus efficace. Déjà, dans l'autre hémisphère, la Louisiane a donné l'exemple en supprimant la *peine capitale*, non-seulement dans les cas politiques, mais dans tous les cas possibles. Puisse la vieille Europe imiter un jour sur ce point la jeune Amérique! SAINT-PROSPER jeune.

ÉCHAFAUDAGE. *Voyez* ÉCHAFAUD.

ÉCHALOTE. Cette espèce du genre *ail* croît spontanément en Palestine, aux environs d'Ascalon, d'où lui est venu son nom scientifique, d'*allium ascalonicum*, et en vieux français celui d'*échaloigne*, dont nous avons fait *échalote*. Cette plante a été multipliée avec un tel empressement en Europe, au moyen très-facile de ses caïeux, que, par une conséquence fort commune de ce mode secondaire de multiplication dans un grand nombre d'autres végétaux, elle a perdu presque entièrement la faculté de produire des fleurs, et par conséquent des graines, et on ne la multiplie que par ses caïeux, c'est-à-dire en plantant de très-petites échalotes pour en avoir de grosses, plantation qui se fait au printemps, soit en planches, soit en bordures, ou même en grands carrés, dans tous les sols, et surtout dans une terre légèrement sablonneuse, profonde et généreuse, si on se propose d'obtenir plus particulièrement de grosses échalotes. La qualité de la terre exerce une telle influence sur le volume de l'échalote que plusieurs auteurs admettent une *grosse échalote* et une *petite échalote*; mais il est certain qu'il n'y a qu'une espèce, fréquemment employée pour relever le goût des viandes et des salades. C. TOLLARD aîné.

ÉCHANCRURE, terme du langage usuel, qui signifie coupure faite en dedans, en forme d'arc. Ménage dérive ce nom du latin *cancer*, chancre, parce que les cancers ou chancres rongent la chair en forme de demi-cercle.

Le verbe *échancrer*, employé usuellement dans le sens de tailler, évider, couper en dedans, en forme de croissant, se dit des étoffes, de la toile, du cuir, du bois, etc. Dans cette locution, *échancrer les faux plis* (draperie), il signifie *effacer*.

Échancré est considéré, en botanique et en zoologie, comme synonyme d'*émarginé*. Ces deux épithètes s'appliquent aux organes qui présentent sur leurs bords ou à leur sommet des sinuosités peu profondes. On s'en sert plus particulièrement pour caractériser les feuilles, les pétales, les fruits planes, etc.

Dans l'anatomie, les échancrures appartiennent au groupe des cavités extérieures des os, qui ne sont point articulaires. Ces cavités sont dites de *transmission*, parce qu'elles sont destinées à livrer passage aux vaisseaux, aux nerfs et à d'autres organes. Les échancrures des os sont superficielles et situées sur les bords, tandis que les trous traversent de part en part un os peu épais. On distingue aussi facilement les échancrures : 1° des canaux qui parcourent dans un os, ou dans une série longitudinale d'os, un long trajet; et 2° des fentes qui sont étendues en longueur et fort étroites.

Les parties molles des animaux offrent aussi des échancrures; mais on les désigne plus spécialement sous le nom de *scissures* (scissures du cerveau, scissures de la rate, etc.). L. LAURENT.

ÉCHANGE. Les échanges, en économie politique, ne sont pas une *fin*, mais un *moyen*. La marche essentielle des *valeurs* est d'être *produites*, *distribuées* et *consommées*. Si chacun créait tous les produits dont il a besoin et les consommait, il n'y aurait point d'échanges proprement dits. Ce qui les rend indispensables, c'est que tout le monde ayant besoin pour sa consommation de beaucoup de produits différents, et ne s'occupant à en créer qu'un petit nombre, quelquefois un seul (comme fait un fabricant d'étoffes), quelquefois même une portion d'un produit (comme le teinturier), chaque producteur est obligé de se défaire, par l'échange (par la vente), de ce qu'il fait de trop dans un genre, et de se procurer par l'échange (par l'achat) ce qu'il ne fait pas. La *monnaie* ne sert que d'intermédiaire : elle n'est point un résultat, car on ne l'acquiert ni pour la garder ni pour la consommer. Dans la réalité, on échange le produit qu'on vend contre le produit qu'on achète; la vente et l'achat terminés, la *monnaie* n'est pas restée, elle est allée prêter son ministère à d'autres contractants.

L'échange fait de gré à gré indique dans le temps, dans le lieu, dans l'état de société où l'on se trouve, la *valeur* que les hommes attachent aux choses possédées, et c'est la seule manière d'apprécier le montant des richesses qui sont l'objet des recherches de l'économie politique. C'est d'après ce motif que beaucoup de personnes ont regardé les échanges comme le fondement de la valeur et de la richesse; ce qui n'est pas. Ils fournissent seulement le moyen d'apprécier les valeurs et les richesses en les comparant à d'autres valeurs, et surtout en réduisant des richesses diverses à une expression commune, à une certaine quantité d'un certain produit, comme serait un nombre quelconque d'écus. On a toujours la possibilité d'échanger deux produits d'égale valeur, car ils ne seraient pas exactement d'une valeur égale si l'on ne pouvait à volonté les échanger l'un contre l'autre : c'est ce qui fait qu'une valeur, sous une certaine forme (en or ou argent), n'a rien de plus précieux, de plus utile, de plus désirable, qu'une valeur égale sous une autre forme. C'est encore ce qui permet de considérer la production en général, en faisant abstraction de la nature des produits; de dire, par exemple, que la population s'élève naturellement au niveau de la production, quels que soient les produits. L'estimation de la valeur produite se fait en réduisant toutes les valeurs diverses à celle d'un même produit; en disant, par exemple : toutes les valeurs produites en France, dans l'espace d'une année, égalent la valeur qu'auraient 500 millions d'hectolitres de blé, ou bien 2 milliards de pièces de cinq francs, plus ou moins, au cours du jour.

L'échange qui se fait de deux valeurs égales n'augmente ni ne diminue la somme des valeurs (des richesses) existant dans la société. L'échange de deux valeurs inégales (c'est-à-dire l'échange où l'un des échangistes dupe l'autre) ne change rien non plus à la somme des valeurs sociales, bien qu'il ajoute à la fortune de l'un ce qu'il ôte à la fortune de l'autre. Les deux objets échangés n'en ont ni plus ni moins de valeur qu'auparavant. L'échange de deux produits ou de deux *fonds productifs*, sous quelque rapport qu'on le considère, n'est donc point une production. Lors même qu'on dit : la production est un échange dans lequel on donne les *services productifs* ou leur valeur, pour recevoir les produits ou leur valeur, ce n'est pas à dire que ce soit l'échange même qui produise. Rigoureusement, les fonds productifs (*industrie, terrains, capitaux*) sont susceptibles de produire un service d'où résulte un produit utile; et c'est ce service que, à mesure qu'il est créé, on échange contre un produit. La véritable création est celle du service productif qui a une valeur : le reste n'est plus qu'un échange de valeurs. Je ne fais au reste cette observation, purement métaphysique, que pour prévenir le reproche d'une contradiction qui ne serait que dans les termes. J.-B. SAY.

Toutes les fois que deux individus se livrent réciproquement une valeur, en retour d'une autre valeur, ces individus font un *échange*. L'échange est nécessairement l'un des fondements de la société humaine : j'ajouterai même que la perfection plus ou moins grande des moyens par lesquels il s'opère peut donner, sous le rapport matériel, la mesure exacte du progrès social. Sans l'échange, la division du travail et la combinaison des efforts seraient impossibles. Chaque individu, obligé de pourvoir seul et par ses ressources personnelles à la multitude des besoins dont la Providence a doué les hommes, contraint d'éparpiller ses facultés intellectuelles et physiques dans la fabrication d'une foule d'objets, au lieu de les fortifier en les faisant converger vers un but unique, se trouverait dans l'impuissance absolue de porter à une perfection suffisante aucune branche de travail. Grâce à l'échange, au contraire, les hommes, selon la spécialité de leurs vocations, les profits qu'ils espèrent ou les nécessités de leur position particulière, peuvent se livrer exclusivement à la fabrication d'un seul produit. Or, cette spécialisation du travail humain, poussée la plupart du temps jusqu'à ne demander à un même ouvrier qu'un produit inachevé, qui en sortant de ses mains doit aller recevoir de plusieurs autres les transformations qui le rendront propre à l'emploi qu'on lui destine, augmente singulièrement la promptitude et l'habileté de l'œuvre, la perfection et le bon marché des denrées. Ainsi, par exemple, il est au monde une population d'ouvriers qui pendant toute leur vie ne fabriquent que des têtes d'épingle; chacun d'eux en fait dans l'année plusieurs centaines de millions. Comment pourraient-ils se livrer exclusivement à cette occupation, s'ils n'avaient la certitude d'échanger à volonté ce produit unique contre les objets nécessaires à leurs consommations diverses?

L'échange, qui amène, par la division du travail et par l'association des travailleurs, la perfection et le bon marché des denrées, doit être compté lui-même parmi les moyens de production. En effet, lorsque deux hommes veulent échanger les produits qui se trouvent en leur possession réciproque, c'est que ces produits ont pour chacun des acquéreurs une valeur plus grande que pour chacun des vendeurs, et si dans le troc ils trouvent tous deux leur profit, il faut conclure que par le seul fait de la transmission réciproque les objets échangés ont acquis une valeur qu'ils n'avaient pas auparavant. Pour un homme rassasié, qui éprouve une soif ardente, une livre de pain ne vaut certainement pas un demi-litre de vin; pour celui qui a faim sans être altéré, le vin ne vaut point la livre de pain : l'un et l'autre gagneront à l'échange; et si tous deux sont des travailleurs, ce ne sera pas eux seulement, mais la société elle-même, intéressée à la conservation et à la réparation de leurs forces, qui en profitera.

Ce qui est vrai des individus l'est également des nations : l'échange les enrichit. L'excellente coutellerie fabriquée en Angleterre vaut plus pour la France, qui n'en produit que de mauvaise, que pour l'Angleterre, qui en regorge. Réciproquement, le vin produit en grande quantité par la France vaut davantage pour l'Angleterre, qui n'en recueille point. Par cela seul qu'elles échangent leurs denrées, les deux nations font donc un profit : chacune d'elles, dans certaines limites fixées par les besoins de consommation de l'une et par la puissance productive de l'autre, a donc intérêt à produire le plus possible, afin de multiplier par l'échange leurs profits réciproques. Or, les échanges sont d'autant plus faciles que pour un même prix on livre plus d'objets ou des objets meilleurs; ou bien qu'on livre autant d'objets de même qualité pour un prix moindre. Améliorer les moyens généraux de la production, c'est-à-dire les conditions du *transport* et de la *transformation*, c'est donc accroître la possibilité des échanges, et par conséquent favoriser le développement de la richesse publique et du bonheur national.

Un mot maintenant sur les *moyens d'échange*. Dans l'enfance des sociétés, l'humanité ne connut d'abord d'autre mode d'échange que le *troc en nature* : l'homme qui possédait une certaine denrée troquait tout ou partie de la denrée dont il était possesseur contre tout ou partie d'une denrée différente possédée par son voisin. L'invention de la monnaie, c'est-à-dire la convention en vertu de laquelle une denrée de nature particulière, de conservation facile, composée de parties exactement similaires, d'un transport aisé à cause de son petit volume, fut choisie pour servir spécialement aux échanges; en sorte que le possesseur d'une denrée quelconque fut assuré en la cédant contre une certaine quantité de monnaie de pouvoir à volonté se procurer plus tard l'objet de ses désirs présents ou futurs, marque, dans la série des progrès sociaux, une époque fort importante. Ce progrès fut d'autant plus remarquable qu'il attesta non-seulement un grand développement du sentiment et de l'intelligence, mais aussi un accroissement non moins grand de la richesse générale, car l'usage facile et universel de la monnaie fut la preuve que ceux qui la recevaient avaient pleine confiance que l'approvisionnement général de la société suffisait largement aux besoins, même futurs, de ses membres; sans quoi ils auraient refusé de se dessaisir de leurs marchandises contre une denrée qui n'était que la promesse et le gage d'une satisfaction future.

Un progrès pareil et non moins important s'accomplit le jour où l'organisation sociale et la moralité humaine furent assez perfectionnées pour que la promesse écrite du négociant trouvât, dans la double garantie de châtiments légaux et de l'honneur de celui qui l'avait souscrite, le crédit nécessaire pour se faire accepter presque à l'égal de la somme d'argent, dont elle devint à son tour le gage et le symbole. L'institution de la lettre de change et du billet de banque, dont il faut rapporter la naissance à cette époque, malgré les services qu'elle rend au commerce, est loin encore d'avoir livré à la pratique toutes les conséquences enfermées dans son principe. Un jour viendra sans doute où, plus riche, plus morale et plus confiante que nous ne la voyons, l'humanité, dans le désir de donner à l'échange une facilité nouvelle, substituera généralement la *monnaie de papier* à la *monnaie d'or et d'argent*.

Charles Lemonnier.

ÉCHANGES (Banques d'). *Mort au capital* est, comme on sait, l'un des cris de guerre du socialisme, héritier, sous ce rapport, du saint-simonisme; mort au capital qui se *refuse* (selon l'expression consacrée), c'est-à-dire qui se permet de disparaître au milieu des orages révolutionnaires, de fuir devant les sombres préoccupations de la guerre, pour ne se montrer qu'au sein de l'ordre, de la paix et de la confiance; qui ne se donne surtout (et c'est là peut-être son plus grand crime) qu'à l'industriel honnête, laborieux et habile!

Ces griefs contre le capital et, par voie de conséquence, contre la propriété ont produit, après février 1848, deux faits économiques étranges, dont le bon sens public et l'inexorable force des choses n'ont pas tardé à faire justice: les *associations ouvrières* et la *Banque d'échanges* de M. Proudhon.

Les associations ouvrières, après avoir absorbé un prêt de l'État de plusieurs millions, aujourd'hui irrévocablement perdus, ont dû se liquider avec une perte considérable et au milieu des récriminations mutuelles les plus violentes. Quant à la *Banque du peuple*, ses destinées ont été pires encore, moins par la faute du principe, qui sagement appliqué pouvait, comme nous le verrons plus loin, produire de très-utiles effets, que par l'extravagante application que ses fondateurs en ont faite.

Dans un long discours lu à la Constituante de 1848, dans la séance du 31 juillet, M. Proudhon développa les idées suivantes: « La cause de la crise industrielle qui sévit sur la France ne réside ni dans l'impuissance de la consommation ni dans l'impuissance de la production, mais dans les entraves apportées à la circulation. Ces entraves sont: le prêt à intérêt, le loyer, la rente des capitaux. Supprimez tous les péages accordés aux détenteurs de terre, de capitaux mobiliers ou immobiliers; rendez gratuit l'usage des capitaux et des terres, et aussitôt la circulation étant désobstruée, la production prendra un essor indéfini et subviendra bientôt à toutes les nécessités de la consommation. Ce résultat peut être atteint par la création d'une banque gratuite, ou *Banque d'échanges*, qui prêterait sans aucune redevance des capitaux à tous ceux qui en auraient besoin. Tous les citoyens devant nécessairement s'adresser à cet établissement, elle absorberait successivement tout le capital de la nation, et finirait par pourvoir à tous les besoins de la production. L'État fournirait le premier capital de la banque; et comme ce capital n'est pas facile à trouver dans les circonstances actuelles, on procéderait de la manière suivante: remise serait faite pendant trois ans à tous les débiteurs du tiers de leurs créances. Ce tiers, évalué à environ 1,500 millions par an, serait divisé en deux parts: l'une demeurerait acquise aux débiteurs l'autre entrerait dans les coffres de l'État. Sur cette seconde part, 200 millions serviraient à fonder la Banque d'échanges. L'impôt du tiers devant durer trois ans, au bout de cette époque, son capital social s'élèverait à 600 millions. » On se rappelle que l'Assemblée repoussa cette proposition par un ordre du jour ainsi formulé: « l'Assemblée, considérant que la proposition du citoyen Proudhon est une atteinte odieuse aux principes de la morale publique; qu'elle viole la propriété, qu'elle encourage la délation, et fait appel aux plus mauvaises passions, *passe à l'ordre du jour.* »

Ainsi éconduit par l'Assemblée, et désespérant d'obtenir de l'État le capital de sa banque, M. Proudhon voulut prouver au pays que son idée avait une valeur intrinsèque suffisante pour pouvoir être réalisée avec le simple concours des particuliers. De concert avec deux autres *socialistes*, MM. Jules Lechevalier et Ramon de la Sagra, il arrêta un projet de statuts qui parut dans le numéro spécimen du journal *Le Peuple*, le 31 octobre 1848. Cette publication fut suivie d'une sorte de manifeste de M. de la Sagra, sous le titre de *Banque du peuple; Théorie et pratique*, dans lequel l'auteur enseigne: 1° que la totalité du fruit du travail doit revenir au travailleur; 2° que, dans ce but, il faut que le travailleur ait à sa disposition le sol et le capital; 3° que ce résultat ne peut être atteint que par l'emploi d'un moyen pacifique, de mettre la *communauté, qui constitue l'État, en possession du sol* et d'un capital social permettant de mettre les instruments de travail à la disposition des travailleurs; 4° que l'agglomération des capitaux entraînant inévitablement la formation d'une classe oisive, il faut l'empêcher en supprimant l'intérêt, personne ne devant alors penser à entasser des richesses stériles; 5° que l'intérêt peut être supprimé par l'anéantissement du signe représentatif de la valeur (la monnaie) et par l'organisation du crédit gratuit réciproque; 6° que la suppression de l'intérêt doit amener naturellement celle du fermage ou de la rente, des loyers et des revenus, et provoquer ainsi indirectement celle de la propriété elle-même.

Ainsi, dans la pensée de M. Proudhon, inspirateur de ce manifeste, la Banque d'échanges devait avoir pour résultat, plus ou moins éloigné, la suppression de la propriété.

La société de la Banque fut définitivement formée par acte du 31 janvier 1849, et l'ouverture des bureaux eut lieu le 11 février suivant. Les statuts étaient précédés d'une déclaration devenue trop célèbre pour que nous n'en reproduisions pas au moins le passage suivant: « Ceci est mon testament de vie et de mort; à celui-là seul qui pourrait mentir en mourant, je permets d'en soupçonner la sincérité. Si je me suis trompé la raison publique aura bientôt fait justice de mes théories; il ne me restera qu'à disparaître de l'arène révolutionnaire, après avoir demandé pardon à la société et à mes frères du trouble que j'aurai jeté dans leurs âmes et dont je suis, après tout, la première victime. Que si, après ce démenti de la raison générale et de l'expérience je devais chercher un jour, par d'autres moyens, par des suggestions nouvelles, à agiter encore les esprits et entretenir de fausses espérances, j'appellerais sur moi dès maintenant le mépris et la malédiction des honnêtes gens. »

Voici l'analyse des dispositions les plus caractéristiques des statuts:

La société est formée: 1° pour procurer à tous, au plus bas prix, l'usage de la terre, des maisons, machines, instruments de travail, capitaux, produits et services de tout genre; 2° pour faciliter à tous l'écoulement de leurs produits aux conditions les plus avantageuses. Elle a pour principes : que toute matière première est fournie gratuitement à l'homme par la nature; qu'ainsi, dans l'ordre économique, tout produit vient du *travail*, et réciproquement que tout *capital* est *improductif*; que toute opération de *crédit* se résolvant en un *échange*, la prestation des capitaux et l'escompte des valeurs ne doivent donner lieu à *aucun intérêt*. En conséquence, la Banque du peuple ayant pour base la *gratuité du crédit et de l'échange*; pour objet, la circulation des valeurs, non leur production, pour moyen le consentement réciproque des producteurs et des consommateurs, *peut et doit opérer sans capital*. Mais ce but ne sera atteint que lorsque la masse entière des producteurs et consommateurs aura fait son adhésion aux statuts de la Banque. *En attendant*, elle se constitue un capital de cinq millions, divisé en un million d'actions de *cinq francs* chacune, *ne portant point intérêt*. Le papier de la Banque portera le titre de *bon de circulation*; il sera de la coupure de cinq à cent francs. Ce bon, à la différence des billets ordinaires de banque à *ordre* et payable en *espèces*, est un ordre de livraison revêtu du caractère social rendu perpétuel, et payable à vue par tout sociétaire et adhérent en *produits* ou services de son industrie ou profession. Les bons sont acceptables en tous payements chez tous les membres de la société, actionnaires ou adhérents. Leur remboursement en espèces est facultatif pour la banque; mais elle en garantit obligatoirement l'acceptation par ses adhérents. Tout intéressé s'engage à se fournir de préférence, et pour tous les objets de sa consommation que la société pourra lui offrir, auprès des adhérents à la Banque, et à réserver exclusivement à ses co-sociétaires et co-adhérents la faveur de ses commandes. Réciproquement tout producteur ou négociant adhérent à la banque s'engage à livrer aux autres adhérents, à *prix réduit*, les objets de son commerce et de son industrie. Le payement de ces ventes et achats s'effectue au moyen du bon de circulation. La Banque escompte le papier de commerce à deux signatures au taux de 2 pour 100. Cet intérêt sera réduit au fur et à mesure des progrès de la société. Aux opérations de crédit *réel*, la banque joint des opérations de crédit *personnel*, c'est-à-dire qu'elle suscite et encourage de ses avances toute entreprise offrant des garanties suffisantes d'habileté, de moralité et de succès. Les profits de la banque seront réunis à son capital.

Les vices de cette organisation sautent aux yeux. Remarquons d'abord cette double contradiction, ou plutôt ce double hommage involontaire au sens commun : tandis que les fondateurs assurent que la banque *peut et doit opérer sans capital*, ils s'empressent de s'en constituer un de cinq millions; en même temps qu'ils promettent la gratuité du crédit, ils en ajournent indéfiniment la réalisation pour prélever un intérêt de 2 pour 100 sur leurs opérations. Le papier de crédit de la banque, cette idée fondamentale du projet, repose, comme on l'a vu, sur cette double condition que les adhérents s'engagent, 1° à vendre et acheter de préférence entre eux tout ce qu'ils consomment et produisent; 2° à payer ces ventes et achats avec les bons de circulation. L'inconvénient principal de cette combinaison est celle-ci : chaque adhérent devant faire des fournitures à *découvert* sur la simple confiance que lui inspire la Banque, sera toujours disposé, pour diminuer ses risques autant que possible, à vendre ses produits le plus cher et en moins bonne qualité qu'il pourra. Le but de l'institution sera ainsi complétement manqué. Il est vrai que la Banque compte sur le dévouement continu de ses adhérents!.. La banque en demandant un capital et en lui refusant à la fois intérêt et dividende, c'est-à-dire en faisant encore appel au dévouement de ses adhérents s'expose, comme l'expérience devait le prouver, à mourir d'inanition sur une caisse vide. En n'appelant aux avantages qu'elle promet que les adhérents, elle limite outre mesure le cercle de ses opérations, et par conséquent elle rend l'échange très-difficile entre ses sociétaires. En se livrant à ce que les statuts appellent des opérations de crédit *personnel*, c'est-à-dire en commanditant toutes les entreprises qui lui sembleront utiles, elle se met dans la nécessité de faire des émissions énormes de ses bons de circulation dont la dépréciation rapide devient ainsi inévitable.

On sait quelle fut la durée de la Banque d'échanges. Au bout de deux mois, M. Proudhon, qui s'était fait condamner, quelques-uns disent à dessein, à l'amende et à la prison pour ses articles incendiaires du journal *Le Peuple*, proclama que la haine intéressée de ses ennemis le mettait, à son profond regret, dans l'impossibilité de continuer un essai qui était la solution définitive de toutes les difficultés sociales. En termes vulgaires, il dut *liquider*, par la raison toute simple que, sur les cinq millions attendus, 18,000 fr. seulement avaient répondu à son appel, et qu'il avait dépensé la moitié de cette somme en frais d'installation...

Nous avons dit que l'idée d'une Banque d'échanges n'a rien de contraire aux véritables principes en matière de crédit. Si un établissement de ce genre, appuyé sur un capital suffisant, et embrassant dans sa sphère d'action le plus grand nombre de professions possible, était fondé par des hommes étrangers aux folies du socialisme, il aurait des chances de succès. Il est certain que si l'on offre à un industriel le moyen de se libérer par des travaux de sa profession, en lui prenant un produit dont il n'a pas l'emploi immédiat pour le remplacer par un autre produit à sa convenance, et qu'il ne pourrait se procurer qu'avec du numéraire qu'il n'a pas, on rend les affaires plus faciles, plus nombreuses; par suite on accroît la production et la consommation.

C'est sur ces données que repose la Banque d'échanges fondée à Marseille par M. Bonnard en février 1849, et dont le succès rapide a provoqué la formation d'institutions semblables, d'abord dans la même ville, puis dans d'autres cités industrielles, notamment à Beauvais et à Valenciennes.

Indiquer les différences que présente la Banque-Bonnard avec la Banque-Proudhon, c'est expliquer le succès de l'une et la chute rapide de l'autre :

1° La société Bonnard ne repousse, en fait ou en théorie, ni le capital ni le numéraire, qu'elle considère, au contraire, comme des agents indispensables même pour une banque dont toutes les opérations doivent consister à provoquer et à faciliter des échanges entre ses clients : aussi a-t-elle fait appel aux actionnaires, en leur promettant à la fois un intérêt et un dividende. Un capital est nécessaire en effet : 1° pour payer les soldes qui résultent des échanges; 2° pour acheter les produits que vient demander un échangiste, lorsque ce produit n'est pas dans les magasins de la Banque et ne figure pas dans ses bons d'échange.

2° Elle ne commandite pas, soit sous forme de numéraire, soit avec son papier de crédit, les entreprises industrielles ou autres; elle en facilite seulement l'exécution, en procurant aux entrepreneurs, par voie d'échange, les matières ou produits dont ils ont besoin.

3° Elle ne subordonne pas ses opérations à une adhérence absolue et perpétuelle à ses statuts; elle peut ainsi étendre indéfiniment le cercle des professions entre lesquelles elle favorise l'échange.

4° Ses bons d'échange ne sont délivrés que sur des personnes qui ont déjà reçu la pleine valeur des fournitures qu'elles sont appelées à faire, puisqu'elles les ont souscrits en payement des produits qui leur ont été remis. Elles n'ont donc pas le même intérêt que dans la Banque-Proudhon à livrer aux plus mauvaises conditions possibles les marchandises qui leur sont demandées. Lorsqu'il s'agit d'une fourniture qui ne peut être faite immédiatement, l'échangiste a en outre la faculté de ne signer le bon que lorsqu'il a été mis en rapport avec la personne qui doit l'effectuer et qu'il l'a agréée. Ce n'est pas tout : dans la pratique, la Banque reprend, sans y être obligée toutefois par ses statuts, les bons d'échange dont l'exécution n'a pas satisfait le porteur.

5° Enfin, ses bénéfices sont assurés par le prélèvement d'une commission de 2 pour 100 *en numéraire* sur toute opération d'échange.

Jusqu'à ce qu'une expérience sur une plus grande échelle, à Paris notamment, vienne révéler dans cette organisation des vices qui ne se sont point encore manifestés, on est obligé, en présence des faits les mieux constatés, de reconnaître qu'une banque organisée dans ces conditions peut rendre les services les plus signalés. Elle ne soulève jusqu'à ce moment qu'une seule objection sérieuse peut-être : c'est que l'extrême variété, l'extrême complication de ses opérations exige dans ses directeurs une aptitude en quelque sorte exceptionnelle, et qu'il sera toujours très-difficile de rencontrer. A. Legoyt.

ÉCHANSON. Ménage dérive ce mot du bas latin *scantio*, qui se trouve dans les vieux glossaires pour *pincerna*, et qu'il prétend venir de l'allemand *schenken*, et *schenk* ou *schenker* (*pocillator*), qui verse à boire. D'autres rapportent son étymologie à l'hébreu *chakah* (*propinavit*), ou au latin *cantharus*. La table a toujours joué un si grand rôle dans l'histoire de la vie humaine, qu'on doit peu s'étonner de l'importance et des honneurs qu'on voit attachés de toute ancienneté à certaines charges de bouche chez les puissants de la terre. Celle de verser le nectar aux dieux ou l'hypocras aux souverains devait être considérable, si l'on en juge par le témoignage de l'antiquité profane et sacrée. Qui ne se rappelle les poétiques fictions d'Hébé et de Ganymède, et le songe prophétique du grand-échanson du Pharaon d'Égypte, consacré par *la Genèse?* Les empereurs romains et les Grecs du Bas-Empire avaient emprunté aux Orientaux la plupart des grandes dignités de la cour. Ils en transmirent la tradition aux nations barbares, dont se formèrent toutes les monarchies modernes. Charlemagne avait son *magister pincernarum*. Cette charge était-elle connue des Mérovingiens? a-t-elle précédé celle du *buticularius*, ou n'en fut-elle qu'un démembrement avec de moindres priviléges? Ce sont là des questions difficiles à résoudre. La distance de la bouteille au gobelet est si imperceptible, et les deux charges ont quelques droits tellement identiques (par exemple, sur les vins et le hanap), qu'on serait tenté de leur croire une origine commune. Cependant, dès le commencement de la troisième race elles paraissent toutes deux bien distinctes et entièrement indépendantes l'une de l'autre. Les titulaires ont leurs attributions respectives : ils signent les chartes royales, et tiennent rang parmi les grands officiers de la couronne. Le bouteiller avait la surintendance des boissons de la cour, et sa juridiction s'étendait sur tous les cabaretiers de la capitale. L'échanson devait acheter le vin, et pourvoir à la distribution intérieure, suivant un compte de 1285, qui prouve qu'il y avait alors quatre échansons : un pour le roi, à 4 sous 4 deniers de gages par jour, et trois pour le commun, à 3 sous 3 deniers, outre leurs droits. Telle est la distinction assez confuse qu'on peut faire de la *bouteillerie* et de l'*échansonnerie*.

On a pensé que, dans l'ordre des offices, le bouteiller devait précéder l'échanson, parce que celui-là signait les chartes immédiatement après le sénéchal de France, et avant le chambrier et le connétable, parce qu'il siégeait et opinait à la cour des pairs, présidait la cour des comptes, et jouissait de plusieurs autres belles prérogatives que n'avait pas l'échanson. Cette inégalité dans les deux charges n'était pas telle néanmoins que le titulaire de la grande-échansonnerie aspirât à l'office du grand-bouteiller, car il n'existe pas un seul exemple qui établisse cette graduation, tandis que plusieurs grands-bouteillers et grands-échansons ont été successivement investis d'autres charges civiles ou militaires de la couronne. Herbert de Serans était échanson sous le roi Robert, et Hugues, bouteiller sous Henri Ier, en 1060. La charte de la dédicace de l'église Saint-Martin-des-Champs fut souscrite en 1067 par l'échanson Adam. A la même époque Renaud remplissait l'office de bouteiller. Jean, échanson du roi Louis le Jeune, vivait en 1162. Philippe-Auguste fit don d'une halle, située dans la Cité, à Arquaire, son échanson, en 1216. Lors du couronnement du roi Philippe le Long à Reims, en 1317, il s'éleva un différend entre Henri de Sully, bouteiller, et Gilles, dit le Borgne de Soyecourt, échanson de France, relativement au *pot à cave* dont le roi s'était servi, et que chacun d'eux réclamait comme appartenant à son office. Il y a toute apparence que la solution de ce débat fut favorable à l'échanson, car, en 1323, Charles le Bel fit payer 320 livres à Érard de Montmorency, son échanson, pour son droit de coupe (*hanap*), au jour du couronnement de la reine Marie de Luxembourg.

Sous le roi Philippe le Long le nombre des échansons était de sept; il s'éleva successivement jusqu'à 13. Le principal prenait le titre *d'échanson du roi*, de *maître* ou *premier échanson*. Gui Damas de Cousan fut le premier qui porta celui de *grand-échanson*; mais comme ceux de premier et de maître-échanson étaient entièrement synonymes, ces trois titres se sont alternés jusqu'en 1515, que l'épithète de *grand* fut adoptée d'une manière exclusive. Il est assez remarquable que ce fut à l'époque même de la décadence de la charge que prévalut cette dénomination pompeuse. La réunion des attributs de l'office du grand-bouteiller, éteint vers 1490, à la mort d'Antoine de Castelnau, baron du Lau, n'ajouta rien au lustre décroissant de la charge de grand-échanson. Au quinzième siècle ces deux charges avaient perdu leurs priviléges utiles les plus marquants. Leurs titulaires, qui dans un service actif pouvaient toucher jusqu'à 3 fr. d'or par jour, comme on le remarque dans un compte du roi Jean, à l'époque de sa dernière captivité en Angleterre pendant l'année 1363, relativement à Jean de Maignelay, son échanson, n'avaient plus de fonctions effectives qu'aux grandes solennités, comme aux sacres, mariages, entrées des rois et reines, festins extraordinaires, etc. Aussi à la fin du dernier siècle le grand-échanson ne touchait-il plus que 600 fr. d'appointements annuels. C'était 60 fr de moins que le maître-d'hôtel qui servait la table du grand-chambellan. Cette disproportion d'honoraires fut peut-être l'une des causes qui fit substituer dans les provisions le mot de *premier* à celui de *grand-échanson*, comme on fit pour le grand-panetier. Cependant, l'usage leur a conservé l'épithète de *grand*, soit à la cour, soit dans le monde. Louis XVIII avait établi l'office de premier échanson; il a cessé depuis la révolution de 1830. Lainé.

L'*archi-échanson* était un des grands officiers de l'empire germanique. Cette dignité appartenait au roi de Bohême, qui avait pour vicaire l'échanson héréditaire de Limpurg. Sa fonction était de présenter à l'empereur la première coupe quand il tenait cour impériale. Dans l'élection, il donnait sa voix le troisième, mais n'avait part ni aux capitulations ni aux autres assemblées d'électeurs.

ÉCHANTILLON, petite portion prise sur un article de fabrique ou quelque autre objet de commerce, pour en faire connaître la qualité et permettre d'en apprécier la valeur, sans qu'il soit nécessaire d'avoir cet article ou cet objet sous les yeux. Les fabricants, les manufacturiers et les négociants ne placent, en général, une grande partie de leurs marchandises qu'à l'aide des échantillons, qu'ils font voir partout où ils espèrent trouver des spéculateurs ou de simples consommateurs, disposés à en acquérir une quantité plus ou moins considérable. Ils emploient pour cela des commis-voyageurs, qui se transportent dans toutes les villes de commerce, et se présentent, munis de leurs cartes ou de leurs boîtes d'échantillons (vulgairement appelées *Mamottes*) chez tous ceux qu'ils supposent dans le cas d'avoir besoin de leurs articles. Chacun pouvant choisir parmi ces échantillons ceux qui lui paraissent offrir plus d'avantages pour le but qu'il se propose, il arrive souvent que ce choix se fait, et il en résulte un marché entre la personne qui a choisi et le commis-voyageur. Ce dernier s'engage à fournir, immédiatement s'il l'a apporté avec lui, ou dans un délai déterminé, s'il faut le faire venir de la manufacture ou des magasins pour lesquels il voyage, un article de qualité en tout semblable à l'échantillon sur lequel l'acquéreur s'est fixé. Les marchands les plus éloignés des manufactures peuvent ainsi s'en procurer très-facilement les produits, et sans être dans la nécessité de se déplacer. Il va sans dire que le marché serait imparfait si la marchandise livrée n'était pas entièrement conforme à l'échantillon.

En charpenterie, en menuiserie, on nomme *bois d'échantillon* des pièces de bois qui ont une longueur, une largeur et une épaisseur déterminées.

Dans la marine, on entend par l'*échantillon* d'un bordage, d'une courbe, etc., l'épaisseur de ce bordage ou de cette courbe.

On dit, au figuré, d'une personne dont un mot, une saillie, une boutade, une action, suffit pour permettre de juger l'esprit, le talent ou le caractère : elle nous a donné un *échantillon* de son savoir-faire, de son humeur, de son adresse. V. DE MOLÉON.

ÉCHAPPÉE. En termes d'architecture, on appelle ainsi l'espace compris entre les marches d'un escalier tournant et le dessous de la révolution supérieure; entre la voûte et les marches d'un escalier de cave.

En termes de marine, c'est un rétrécissement dans la construction de certaines parties de l'arrière d'un navire. On dit qu'un navire a *une belle échappée*, ou *peu d'échappée*, lorsque ce rétrécissement est plus ou moins sensible dans ses dimensions de l'arrière.

En termes d'art, *échappée de lumière* veut dire un jet de lumière passant entre deux corps rapprochés pour éclairer d'autres objets. MERLIN.

ÉCHAPPEMENT. En termes d'horlogerie, ce mot désigne le mécanisme par lequel la dernière roue de la machine, celle qui tourne avec le plus de vitesse, transmet au régulateur (pendule ou balancier) l'action du poids ou du ressort, et qui en même temps arrête le mouvement du rouage pendant que le régulateur achève une oscillation.

Celui qui inventa l'échappement fut le véritable créateur des horloges à roues dentées. Avant le milieu du dix-septième siècle, on ne connaissait qu'une sorte d'échappement, celui dit à *palettes et à roue de rencontre*; il est probablement fort ancien, et l'on ignore entièrement en quel pays, et à quelle époque, et par qui il fut inventé.

Tous les échappements peuvent se diviser en quatre classes : 1° les *échappements à recul*; 2° les *échappements à repos*; 3° les *échappements à vibrations libres*; 4° les *échappements à vibrations libres et à remontoir d'égalité d'arcs*. Nous ne parlerons que des échappements les plus connus et qu'on emploie le plus souvent. Ils appartiennent aux deux premières classes. Du reste, ces divers échappements ont leurs qualités et leurs défauts; il n'y en a pas un qui soit préférable de tous points à tous les autres; en général, les échappements à repos sont sujets à plus de frottement que ceux à recul.

Il y a trois sortes d'*échappements à recul*, celui à *roue de rencontre*, celui à *ancre*, et celui à *double levier*.

L'*échappement à roue de rencontre*, le plus ancien de tous, se compose ainsi : la verge ou axe du balancier porte deux palettes dont les plans forment un angle d'environ 90 degrés; une roue dont les dents sont en nombre impair engraine dans les deux palettes, les détournant alternativement à gauche et à droite, ce qui fait osciller le balancier ou le pendule. L'*échappement à roue de rencontre et à palettes* est employé pour régler le mouvement des montres ordinaires et de beaucoup de pendules. Cet échappement a l'avantage d'être sujet à peu de frottement; et quoiqu'il soit à recul, il y a des horlogers habiles qui le regardent comme le moins imparfait de tous, quand il s'agit de régler une horloge ordinaire destinée à marcher longtemps. On peut se faire une idée de l'échappement à palettes et à recul en considérant l'intérieur d'une montre ordinaire.

Huygens modifia l'*échappement à palettes* de manière que le balancier, faisant plusieurs tours sur lui-même, employait une seconde et plus pour faire une oscillation : dans ce nouveau système, l'arbre des palettes porte une roue de champ ou en couronne, qui engraine dans un pignon taillé sur la verge du balancier. On conçoit que ce dernier puisse faire alternativement plusieurs tours sur lui-même.

L'*échappement à ancre* inventé par un Anglais appelé Clément, d'autres disent par le docteur Hook, est fort simple : sur un cylindre est fixée en croix une lame dont les deux bras sont taillés en plans inclinés, dont un est peu convexe et l'autre un peu concave. La roue de rencontre de cet échappement a les dents inclinées du même côté; elles sont longues et pointues comme celles d'une scie; le plan de cette roue est parallèle à ceux des autres roues qui composent le rouage. L'échappement à ancre est à recul, sujet au frottement, mais il a l'avantage de faire décrire au pendule de petits arcs. Les horloges en bois dites *coucous* sont réglées par un échappement à ancre.

Dans l'*échappement à repos de Graham* pour les pendules, la roue de rencontre, appelée aussi *rochet*, a les dents longues, déliées et inclinées du même côté. Un croissant, dont les extrémités sont recourbées en dedans et taillées en plans inclinés, embrasse le rochet en grande partie. Les dents de celui-ci glissent sur les plans inclinés et font osciller le croissant, ainsi que le pendule. L'horloge de la Bourse de Paris a un échappement de ce genre : on peut le voir facilement et en prendre une idée exacte.

Dans l'*échappement à repos de Graham* pour les montres, la roue d'échappement est garnie de plans inclinés, saillants à la partie supérieure. Le balancier est porté par un arbre cylindrique dont une portion est creusée et forme en cette partie un demi-cylindre creux. La roue en y entrant se trouve arrêtée par la rotation du balancier qui amène la partie pleine du demi-cylindre vers l'extrémité de la dent qui y est entrée. Le retour du balancier la laisse sortir, et ainsi à chaque oscillation une dent entre et sort avec la régularité qui résulte de la perfection du ressort spiral qui entoure l'axe du balancier. Cet échappement est à repos en ce sens que l'action de la roue d'échappement est suspendue pendant que la dent est engagée dans le cylindre. Les frottements sont assez grands dans ce système pour que, malgré la construction des cylindres en matières très-dures, l'usure y soit assez notable et les résistances assez grandes pour qu'on ait dû chercher pour les chronomètres d'extrême précision des systèmes moins simples, mais d'un meilleur effet.

L'*échappement à virgule* est une variété du précédent. Sur l'arbre qui porte le balancier est fixée une rondelle de métal arrondie sur le tour, et offrant une échancrure. La roue de rencontre de ce mécanisme porte sur sa circonférence des chevilles également espacées, dont la direction est parallèle à l'arbre de la roue. Figurez-vous que l'une de ces chevilles butte contre la rondelle en avant de son échancrure : la roue se trouvera arrêtée; mais admettez que le ressort spiral ou toute autre cause fasse tourner la rondelle en sens inverse; le cran sera amené devant la cheville. Celle-ci entrera dans le cran, et, le poussant par le bord opposé, s'échappera en faisant tourner la rondelle. La cheville suivante ira butter à son tour; le mouvement de la roue sera suspendu jusqu'à ce que le même effet ait été reproduit, et ainsi de suite. L'échappement à virgule est peu usité, à cause des frottements auxquels il est sujet; mais comme il est facile à exécuter, on le voit quelquefois dans des horloges de fantaisie. Son emploi a l'avantage de faire osciller le balancier fort lentement : il est à repos.

L'échappement à chevilles est une modification de celui dit *à ancre*, et surtout de celui à repos de Graham pour les pendules. En effet, il se compose de deux plans inclinés en sens contraires. Les chevilles de la roue de rencontre, arrivant sur le talus du premier plan incliné, donnent au pendule une impulsion qui le fait osciller de droite à gauche. Pendant ce mouvement, la cheville repose sur la partie horizontale du second plan incliné. Le pendule oscillant en sens contraire, le talus de ce dernier plan incliné arrive sous la cheville. Celle-ci descend le long de ce plan, et donne au système une impulsion qui le fait osciller de gauche à droite. Pendant que cette oscillation s'achève, la cheville qui vient ensuite repose sur la partie horizontale du premier plan incliné. Cet échappement est à repos; il a été inventé par M. Amant, et perfectionné par Lepaute, horloger de Paris. Il est sujet au frottement; néanmoins, on l'emploie avec succès dans les horloges à grandes dimensions : on en voit un exemple dans celle du Cabinet d'histoire naturelle au Jardin des Plantes. TEYSSÈDRE.

Breguet a inventé plusieurs échappements libres, tels que : *l'échappement à force constante et à remontoir indépendant; l'échappement à hélice*, qui n'a pas besoin d'huile; l'échappement dit *naturel; l'échappement à tourbillon*, qui compense les irrégularités provenant des diverses situations, etc.

ÉCHARD (LAURENT), historien anglais, né en 1671, à Barsham, dans le comté de Suffolk, mort en 1730, était fils d'un ministre protestant, et entra lui-même de bonne heure dans les ordres. En 1699, il publia une *Histoire Romaine depuis la fondation de Rome jusqu'à l'établissement de l'empire romain par Auguste* que, en dépit des progrès immenses qu'ont faits dans ces dernières années les études historiques, on lit encore aujourd'hui avec plaisir et profit. Échard continua dans la suite cet ouvrage jusqu'à Constantin. Daniel de la Roque et Guyot-Desfontaines (1728-1729) l'ont traduit en Français. On a aussi de cet écrivain : 1° une *Histoire générale Ecclésiastique depuis la naissance du Christ jusqu'à l'établissement du christianisme sous Constantin* (1702, in-folio), travail très-estimé des protestants, qui lui préfèrent cependant aujourd'hui l'ouvrage de Mosheim, mais bien inférieur à l'Histoire Ecclésiastique de notre abbé Fleury; 2° une *Histoire d'Angleterre, depuis l'invasion de Jules César jusqu'à la fin du règne de Jacques Ier*, écrite avec méthode et clarté, mais où l'esprit de parti se fait parfois trop sentir, demeurée sans rivale en Angleterre jusqu'au jour où parut la grande histoire de Hume, qui le fit trop oublier; 3° de médiocres traductions de Plaute et de Térence ; 4° un recueil de maximes et de discours moraux et philosophiques, tirés des ouvrages de Tillotson (1719, in-8°) ; 5° un dictionnaire géographique portant ce titre singulier : *L'Interprète du Gazetier ou du Nouvelliste*. Traduit ou imité en français, il porte chez nous le titre de *Dictionnaire de Vosgien*.

ÉCHARDE. Ce nom sert vulgairement à désigner un éclat de bois très-mince et très-aiguisé ou tout autre corps analogue qui pénètre dans les chairs et y demeure fiché. Les aiguillons des plantes causent souvent cette blessure, et notamment ceux des chardons. Telle est selon quelques étymologistes l'origine du mot écharde : *ecarda*, formé de la préposition latine *ex*, de, et du substantif *carda*, corruption de *carduus*, chardon.

La présence dans les chairs de corps étrangers aussi peu considérables ne peut déterminer des accidents redoutables ; néanmoins, elle suffit pour causer des inflammations très-douloureuses (*voyez* PANARIS) et que la sympathie des organes peut étendre au point d'allumer la fièvre. Il faut donc s'efforcer de les extraire le plus tôt possible. Quand l'écharde fait saillie au-dessus de la peau, l'extraction est aussi simple que facile, mais si elle est au-dessous de l'épiderme et invisible, l'opération exige de l'adresse et de la patience : à l'aide d'une aiguille, on doit agrandir la piqûre en écartant l'épiderme, et chercher ensuite à rencontrer l'écharde et à la dégager assez pour la saisir. On favorise sa sortie en comprimant de côté la partie blessée, afin de la faire saillir : dans ce cas, on est soi-même le meilleur chirurgien, parce que la sensation de douleur causée par le corps étranger, quand on le choque, aide beaucoup à le faire découvrir. Une pince à épiler et une loupe faciliteront beaucoup l'opération. Dr CHARBONNIER.

ÉCHARPE. Suivant les temps, suivant les pays, l'écharpe a été une parure, une livrée, un insigne, une ceinture annonçant un droit de commandement. Quelques auteurs prétendent que l'usage de la porter aurait succédé aux croix blanches, dont les drapeaux français étaient armoriés depuis Clovis. Il y a dans cette assertion autant d'erreurs que de mots. Si les chevaliers du moyen âge ont généralement porté des bandes, des lambrequins, des écharpes avant les croisades, ces écharpes n'étaient qu'un objet de mode, de coquetterie, ou d'utilité personnelle ; elles n'avaient rien de national, rien qui fût militairement nécessaire. Il n'est pas hors de probabilité que des hommes emprisonnés dans des vêtements de fer aient tenu à avoir extérieurement, faute de poches, un morceau d'étoffe, un suaire, pour essuyer, au besoin, la sueur de leur front, ou étancher le sang d'une blessure. Telle fut vraisemblablement la première destination de l'écharpe; elle n'a jamais servi de baudrier, ni de ceinturon, ce qui n'eût pas manqué d'être si elle n'eût eu qu'à distinguer l'homme par une couleur saillante. Une preuve de plus, c'est que dans les vieux auteurs *visagière, visière* ou *écharpe* sont synonymes.

La mode, la vanité, la galanterie, s'emparèrent bientôt de ce signe extérieur : l'écharpe ne fut plus un simple mouchoir, une visière, une bande à pansements ; ce fut un tissu reçu des mains de quelque haute châtelaine, ou une faveur octroyée à un chevalier par la dame de ses pensées. Chaque guerrier ayant, ou voulant passer pour avoir une maîtresse adorée, porta ce qu'il appelait ses couleurs, ses livrées, chiffons que les femmes livraient en s'en dépouillant. Souvent l'objet donné était blanc, parce que c'était la nuance la plus générale, celle des tissus de lin, celle de l'habillement des vierges. Une autre cause donna de la vogue à l'écharpe blanche : l'église, qui avait affecté cette couleur à la reine des cieux, fit revêtir aux chevaliers néophytes les couleurs de l'innocence, de la pureté, le jour de leur baptême d'initiation. L'écharpe blanche devint donc celle des chevaliers, ou du plus grand nombre d'entre eux, et celle des hérauts d'armes; mais elle n'a jamais positivement été l'écharpe de la nation. Quand la chevalerie cessa d'exister, cette marque distinctive continua d'être portée par quelques troupes, qui, à cause de la grande et longue illustration de la chevalerie, s'enorgueillissaient de déployer des emblèmes qui en rappelaient les coutumes. Daniel, que la tourbe des imitateurs a recopié trop souvent, a prétendu que l'écharpe blanche avait été l'écharpe française; mais il est tombé dans une erreur évidente en cela, comme dans plus d'une assertion.

Au temps de Louis IX, l'écharpe se mettait sous la cotte d'armes ; elle y était inaperçue, ce qui en fit passer la mode. Elle s'est jetée quelquefois en bandoulière sur l'armure, ou sur l'habillement; de là une des causes qui ont produit le verbe *écharper*. Quelquefois, elle s'est nouée en ceinture. A l'égard de ces différences, voici ce qui est vraisemblable : elle s'est portée plutôt de la première manière sur le costume d'étoffe ou de matières souples, et plutôt de la seconde sur les vêtements de fer battu, car, faute d'épaulette ou d'aiguillette, elle eût mal tenu sur sa cuirasse, elle eût glissé et embarrassé le guerrier; d'ailleurs, les moindres coups de l'ennemi l'eussent mise en pièces. Sur les vêtements d'étoffe qui n'étaient pas vêtements de combat, elle était maintenue sur l'épaule par une aiguillette, dont les nôtres ne sont probablement qu'un vestige. L'écharpe fut donc d'abord un ornement de pur caprice; mais la frivolité même peut produire des résultats où se mêle quelque utilité. Quand les chevaliers commencèrent à servir par grandes masses, on reconnut qu'il manquait aux armures de fer une marque qui pût, un jour d'action, être un signe national de ralliement. On recourut, pour ce motif, à une écharpe d'une couleur convenue. Cette circonstance appartient au treizième siècle. Joinville en fournit la preuve, et ce qu'il dit de l'écharpe des croisés la montre comme prenant une importance qui ressemble quelque peu à celle que la ceinture militaire avait eue plus anciennement à titre d'armement d'honneur. En croisant la cotte d'armes désignative de l'individu, l'écharpe devient elle-même désignative de la nation ou de la confédération de plusieurs nations.

Aux croisades, les guerriers la portaient en ceinture. Elle était blanche sous Louis IX, quoique ce ne fût pas la couleur nationale, mais bien la couleur anglaise, car alors la couleur française était le pourpre de l'oriflamme. Si donc une association de chevaliers chrétiens porta l'écharpe blanche en Orient, ce ne fut pas comme couleur nationale, mais comme emblème de chevalerie, comme couleur d'alliance entre chevaliers de diverses provinces; voilà pourquoi *alliance* et *écharpe* ont été synonymes. L'écharpe se maintint et devint un attribut, une distinction, on pourrait même dire un effet d'uniforme, quand l'armure plate commença à redevenir d'un usage général : ainsi, c'est de 1330 à 1600 que l'écharpe accompagne le costume de fer. Guillaume Guyart nous parle de l'écharpe qu'on portait sous Philippe le Bel : elle était blanche, en souvenir des croisades précédentes; on la mettait en ceinture. Elle servait aussi bien aux simples soldats qu'aux officiers; ce qui paraît différer des usages admis sous Louis IX. L'écharpe cesse d'être blanche sous Charles VI, parce qu'elle n'est plus alors un signe d'alliance entre des chevaliers, et que la gendarmerie du monarque commence à l'emporter sur la chevalerie, ordre peu monarchique dans son primitif système d'affiliation. Sous ce prince elle se portait en bandoulière, sur les vêtements d'étoffe et de cour. L'écharpe des Armagnacs était blanche : en 1413, dit M. de Barante : « On était aussi mal venu à ne pas l'avoir qu'on l'eût été à ne pas avoir l'écharpe de Bourgogne un an auparavant. » « Il n'y avait pas jusqu'aux images des saints, dit Pasquier, qu'on n'affublât de l'écharpe blanche. » Sous Charles VII l'écharpe fit partie de l'uniforme des officiers des compagnies d'ordonnance; elle était blanche sous Louis XI. Il n'en fut plus fait usage sous les princes qu'on range parmi les plus chevaleresques, sous Louis XII ni sous François Ier; du moins les bas-reliefs de leurs tombeaux n'en montrent aucune. Cela tient à ce que depuis l'invention des armes à feu les écharpes étaient devenues embarrassantes; les arquebusiers n'en portaient pas, et sous les règnes suivants les seuls piquiers de l'infanterie française les conservèrent, comme le témoigne Gheyn.

Dans le récit que fait Rabelais (*Sciomachie*) d'une petite guerre, dont le spectacle fut donné, de son temps, à Rome, en l'honneur de la naissance d'un fils de France, il n'est question que d'écharpes de couleurs variées : chaque parti ou comparse avait la sienne; aucune n'était blanche. Henri II fit reprendre l'écharpe aux compagnies d'ordonnance; elles en eurent alors deux; celle que leur donna le roi croisait de droite à gauche sur l'écharpe aux couleurs du capitaine, et elle remplaça, comme signe distinctif, les casaques d'armes; cette mode eut peu de durée. Charles IX et Henri III portaient l'écharpe rouge, tandis que les huguenots et leurs chefs la portaient blanche, comme nous l'apprend d'Aubigné. En 1591 les ligueurs la portaient noire. Sous Henri IV et sous Louis XIII elle se mettait en bandoulière. De là cette locution : *prendre en écharpe*, pour dire enfiler diagonalement. Depuis le seizième ou le dix-septième siècle, dans les deuils militaires, les gardes du corps portèrent une écharpe de crêpe noir.

Les officiers aux gardes avaient l'écharpe d'argent. L'écharpe des officiers de l'armée que commandait d'Hocquincourt en 1651, lors de la rentrée de Mazarin en France, était verte; celle de la maison de Condé et de son parti, isabelle. Chaque nation avait de même sa couleur : l'écharpe des Anglais et des Savoyards était bleue; celle des Espagnols, rouge; celle des Hollandais, orange; celle des Autrichiens, noire et jaune, etc. Quoique le blanc n'ait jamais été la couleur de Louis XIV, cependant sous ce prince l'écharpe en ceinture était surtout de soie blanche, couleur alors en vogue, comme rappelant celle des colonels généraux et des généraux d'armée. Dans ce même siècle, en 1632, on vit, dans l'armée impériale, Wallstein, qui érigeait ses caprices en lois absolues, ordonner, sous peine de mort, l'usage général des écharpes rouges; un capitaine, informé de cet ordre, arracha une écharpe d'or qu'il portait, et la foula aux pieds; Wallstein le sut, et récompensa par le grade de colonel cette déférence d'un courtisan.

En France l'usage de l'écharpe survécut peu aux derniers tournois; elle fut abandonnée quand l'uniformité des habits militaires s'établit. A la bataille de Steinkerque, gagnée en 1692, les princes, surpris par les Anglais, n'eurent que le temps de rouler leur écharpe autour du cou en manière de cravates. Les élégants donnèrent alors par patriotisme à leur cravate le nom de *steinkerque*. De là vient aussi que plus tard les écharpes de drapeaux s'appelèrent *cravates*. Depuis cette affaire, l'histoire ne mentionne plus les écharpes. Après la paix de Ryswick, on reconnut que l'écharpe était une décoration sans objet, coûteuse, embarrassante, dangereuse même dans la mêlée. On n'en fit plus usage dans la guerre de 1701, comme le prouvent les ordonnances des troupes françaises, en 1695; et en 1703 l'entière abolition des écharpes eut lieu dans l'infanterie, comme conséquence de l'adoption générale du fusil : l'on n'en conserva que l'aiguillette, dont l'usage universel dura encore quelques années. Il n'est resté de vestiges des écharpes que la cravate des drapeaux français, cravate qui dans l'origine n'était autre chose que l'écharpe, ou, si l'on veut, le lien, la bricole du porte-enseigne; d'une extrémité, il l'attachait au fer de la lance du drapeau ou de la cornette; de l'autre, il s'en faisait une ceinture; c'était le moyen d'empêcher que le vent ou l'ennemi n'emportât sa volumineuse enseigne. Cette manière de lier l'une à l'autre l'enseigne vivante et l'enseigne d'étoffe a duré jusqu'à la moitié du siècle dernier.

Les officiers de quelques nations étrangères gardèrent l'écharpe comme signe de service; elle représentait chez eux notre hausse-col, et elle était en même temps dans l'armée un signe national. En Autriche, elle n'était pas même accompagnée d'épaulettes. En France, les commandants de place, les maréchaux, les officiers généraux, ont une écharpe, que la loi appelle *ceinture*. L'uniforme, mieux caractérisé, des troupes françaises a rendu superflu l'usage de l'écharpe; cependant sous la Restauration, à une époque où tout était illusion et entraînement, où l'on croyait que des idées nobles, grandes et glorieuses, se rattachaient nécessairement aux modes chevaleresques, on fut sur le point de rétablir l'écharpe en France, par amour pour les choses vieilles et pour les choses que nous apportait l'étranger. La force d'inertie et l'amour-propre triomphèrent dans un conflit entre deux autorités. En 1816, le grand-chancelier de la Légion d'honneur, se mêlant d'une chose qui ne le regardait pas, avait minuté une ordonnance royale qui rendait l'écharpe à toutes les troupes françaises; le ministre de la guerre, qui dans le projet d'une écharpe d'uniforme voyait un empiétement sur les droits de son département, parvint à paralyser le projet. L'ordonnance, déjà signée, qui en affublait tous les officiers français, fut biffée; et l'écharpe n'est plus aujourd'hui qu'un meuble de blason. Gal BARDIN.

Il y eut un *ordre de l'écharpe*, fondé au quatorzième siècle par Jean Ier, de Castille, en l'honneur des dames de Palencia, qui seules avaient défendu leur ville contre les Anglais.

Chez nous, au civil, l'écharpe tricolore (blanche, sous la Restauration), est la marque distinctive des maires, commissaires de police, officiers municipaux, qui la portent en ceinture ou en sautoir. Celle des *officiers de paix* de Paris est seule bleu de ciel.

Dans la langue liturgique, le mot *écharpe* sert à désigner le grand voile de soie qui couvre les épaules de l'officiant au moment où il monte à l'autel pour donner la bénédiction du saint sacrement. C'est avec le bout de cette écharpe qu'il prend l'ostensoir ou le ciboire, en signe de profond respect pour le vase qui contient l'eucharistie. Cet usage est d'une haute antiquité et conforme au vingt et unième canon du concile de Laodicée. Il est à regretter qu'il se soit entièrement perdu en plusieurs diocèses, notamment à Paris. Cette écharpe est ordinairement de soie rouge, sans doublure, quelquefois ornée de riches broderies, et terminée par une frange.

ÉCHASSE, genre d'oiseaux de l'ordre des échassiers, offrant au plus haut point les caractères génériques de cet ordre. Les tarses des échasses sont en effet d'une longueur vraiment disproportionnée, et de plus ils sont d'une extrême gracilité, qui ne permet à ces oiseaux de marcher qu'assez péniblement. Leurs doigts sont petits, réunis à leur base par une membrane, et au nombre de trois seulement, car il n'existe pas de pouce; leurs ailes sont très-longues, et, pour nous servir d'une expression heureusement introduite en ornithologie, elles sont sur-aiguës, c'est-à-dire à première penne plus grande que toutes les autres.

Les échasses, que l'on rapporte à plusieurs espèces, sont des oiseaux éminemment aquatiques, et que l'on trouve dans toutes les parties du monde; elles se tiennent dans les marais ou sur les bords de la mer, et recherchent dans la vase les insectes aquatiques qui font leur nourriture habituelle. Leurs longues jambes leur permettent d'entrer assez avant au milieu des eaux sans se mouiller; mais d'ailleurs elles ont la facilité de nager. L'espèce que l'on voit en Europe est l'*échasse à manteau noir* (*himantopus melanopterus*); on la trouve aussi, et même plus fréquemment, en Afrique, en Asie. Sa longueur depuis le bec jusqu'à la fin de la queue est de 51 centimètres; toutes les parties supérieures de son corps sont noires, avec des reflets verdâtres, et les inférieures sont blanches, légèrement nuancées de rose. P. GERVAIS.

ÉCHASSES, deux longs bâtons, disent les dictionnaires, de 1[m],50 à 2 mètres, à chacun desquels est adapté une espèce d'appui, de tasseau, d'étrier, ou un fourchon, dans lequel on met le pied, et dont on se sert pour marcher. Nous les trouvons en usage parmi les enfants dans leurs jeux, chez les bateleurs, et au sein d'un peuple entier. Les échasses des enfants ne ressemblent pas en général aux autres. Au lieu de ne pas s'élever au-dessous du genou et d'être serrées aux jambes par des courroies, ce qui laisse à celui qui les monte les bras libres et la faculté de s'aider d'un bâton, elles se prolongent jusque sous les bras, et offrent ainsi un double point d'appui; mais elles ont aussi le grave inconvénient de gêner la marche. Depuis quelques années, des familles de bateleurs, montées sur des échasses, hautes et basses, grands-pères, grand'mères et arrière-petits-fils exécutent leurs danses et leurs promenades dans les foires de village, et jusque dans les rues de Paris. Mais tout cela est bien gauche, bien embarrassé. Nous avons hâte d'arriver à l'habitant des Landes, à l'*homme-échasse* par excellence, car chez lui les échasses ne sont point une parure accessoire et arbitraire, elles forment, au contraire, une partie intégrante et inséparable de l'individu. Enlever ses échasses à l'habitant des Landes serait lui ravir son individualité. Le département qu'il habite présente de vastes étangs, formés par les eaux pluviales, dont l'écoulement naturel aurait lieu vers la mer si elles n'étaient arrêtées par les dunes qui s'amoncellent et cheminent incessamment de l'ouest au nord-ouest. Le *lanusquet* ou *cousiot*, monté sur ses hautes échasses, ou *changuées*, effrayerait l'homme le plus hardi qui ne serait pas préparé à le voir. En quatre enjambées il traverse la plaine. On ne se lasse pas d'admirer l'agilité prodigieuse avec laquelle il court perché sur ses deux échalas. A l'aide du long bâton dont il est armé, il franchit des clôtures, des murs, de larges fossés. Quand vient le matin l'heure du départ, il s'assied sur le manteau d'une très-haute cheminée, ou sur la croisée d'une grange, et attache nonchalamment autour de ses jambes ses *bottes de sept lieues*. Quand il est au repos dans la plaine, gardant son troupeau du haut de ses échasses, il vous apparaît assis, ou plutôt appuyé sur la longue perche qui lui sert de canne, tricotant un *berret* brun, de forme beaucoup plus étroite que celui des Béarnais et des Basques, et semblable à celui dont sa tête est couverte. Il est vêtu d'un long doliman de peau de mouton sans manches; ses pieds nus posent sur l'appui de ses échasses, et ses jambes sont enveloppées d'une fourrure appelée *camao*, assujettie par des jarretières rouges; il a près de lui, dans une espèce de hotte d'une forme particulière, tous les objets nénessaires à sa nourriture : le poêlon pour les *cruchades d'escaoton*, pâte composée avec de la farine de millet et détrempée dans une sauce de lard fondu; le paquet de sardines de Galice, du pain de maïs, appelé *mesture*, et un broc de vin pour les quarante jours qu'il passe ordinairement hors de la métairie.

Durant le séjour de Napoléon à Bayonne, l'idée vint à l'empereur de montrer à l'impératrice Joséphine un échantillon de ce singulier peuple. A la voix du grand homme, une escouade de *lanusquets* sortit du fond de ses déserts, coiffée de ses berrets, revêtue de ses dolimans de peau de mouton, les jambes enveloppées du *camao* et des jarretières rouges, grimpée sur ses *changuées*, et appuyée sur ses longues perches. D'une enjambée elle franchit la petite ville, tout effrayée de ses nouveaux hôtes. Les fenêtres étaient tapissées de dames qui ne leur souriaient qu'à demi. Les *cousiots*, au grand étonnement de la foule, s'assirent à terre, et se relevèrent sans autre point d'appui que leurs bâtons; on sema leur route de pièces de monnaie, et ils les ramassèrent en courant, sans descendre de leurs échasses. On les conduisit au château de Marrac, et, du haut de leurs belvéders ambulants, ils exécutèrent, devant l'empereur et l'impératrice, des danses qui ne manquaient, ni de grâce ni d'originalité. Mais bientôt le mal du pays saisit toute l'escouade; l'air de la cour ne leur valait rien, et ce ne fut pas sans de vifs transports de joie qu'ils reçurent l'autorisation de regagner leurs plaines de *pignadas* et de bruyères.

Figurément, *être toujours monté sur des échasses*, c'est avoir sans cesse l'esprit guindé, affecté, un style constamment pompeux et élevé. C'est le défaut commun des collégiens qui achèvent leurs classes ou qui viennent de les finir. Certains poëtes, ou prétendus tels, ont longtemps dominé parmi nous, et dans les livres, et sur la scène, grâce à cette boursouflure de langage qu'on prenait pour du sublime. Les acteurs qui leur servaient d'interprètes renchérissaient sur leur exagération, et jusqu'à Talma, et même de son temps, le premier théâtre de la France a retenti de cette déclamation arbitrairement pompeuse et grotesquement *échassée*, qui ne fut jamais dans l'esprit de notre langue. La nouvelle école a eu aussi ses *échasses*; mais ils sont déjà moins communs qu'autrefois les poëtes desquels un poëte disait :

> ... Leurs vers, et sans force, et sans grâces,
> Montés sur de grands mots comme sur des *échasses*.

Eug. G. DE MONGLAVE.

ÉCHASSES (Combats des). C'était naguère un des plaisirs les plus vifs des Namurois de faire des courses et de se livrer des combats sur des échasses. On régalait ordinairement les grands personnages du spectacle de ces luttes, où l'ardeur des deux partis était telle, qu'en 1748 le maréchal de Saxe, s'en trouvant témoin, disait que si deux armées, au moment de s'entre-choquer, étaient animées à ce point, ce ne serait plus une bataille, mais une boucherie. Dans ces sortes de jeux, il se formait deux bandes : l'une sous le nom de *Melans*, composée de ceux qui étaient nés dans l'ancienne ville, c'est-à dire dans l'enceinte telle qu'elle a été étendue en 1064, pendant le règne du comte Albert II; l'autre, sous le nom d'*Avresses*, comprenant tous ceux qui avaient vu le jour dans la nouvelle ville, c'est-à-dire entre l'enceinte d'Albert II et celle tracée en 1414 par Guillaume II. Chaque bande avait son capitaine et son *alfer* (*alferez*, *alfiere*, *alfiero*, en portugais, en espagnol, en italien, signifie enseigne, sous-lieutenant), et se distinguait par ses couleurs. Les *Melans* les portaient jaunes et noires, qui sont celles de la ville, et les *Avresses*, rouges et blanches. Lorsqu'il s'agissait de donner ce divertissement à quelque souverain ou grand seigneur, des jeunes gens, au nombre de 15 à 1,600, divisés par brigades, sous des uniformes différents, brillants et lestes, s'avançaient en bel ordre avec leurs officiers, fifres et tambours. La hauteur des échasses était au moins de $1^{m},30$. Les combattants n'avaient pour moyens d'attaque et de défense que leurs coudes et les crocs-en-jambe qu'ils se donnaient pour renverser leurs adversaires. Quand ils marchaient les uns contre les autres, leurs pères, mères, frères, sœurs, parents, maîtresses, comme autrefois chez les anciens Germains, les suivaient et les animaient durant l'action par les exhortations les plus énergiques. Plusieurs de ces combats se prolongeaient près de deux heures sans aucun avantage de part ni d'autre. Un des plus fameux dont on ait gardé le souvenir, est celui de 1669. Il a été célébré en vers par le baron de Walef, mêlé aux intrigues politiques de la duchesse du Maine, et qui fut celui que Boileau s'étonnait de voir rimer aussi bien pour un *Flamand*. DE REIFFENBERG.

ÉCHASSIERS. Ces animaux, que tous les ornithologistes se sont accordés à ériger en un ordre distinct, se rapportent à un nombre très-considérable d'espèces : ils composent dans la méthode de Cuvier le cinquième ordre de leur classe, et prennent place entre les gallinacés, d'une part, auxquels ils sont liés par les outardes et surtout les autruches; et de l'autre, les palmipèdes, avec lesquels les flammants, les lobipèdes, les foulques, etc., leur donnent de grands rapports. Les échassiers sont pour la plupart des oiseaux aquatiques ou de rivage, et leurs membres inférieurs, ordinairement très-grands (ce qui a fait nommer ces animaux des *échassiers*, et en latin *grallatores*), sont dénudés dans toute leur partie tarsienne, et de plus dans la portion inférieure de la jambe ou de la cuisse, pour employer une expression vicieuse, mais qui paraît avoir prévalu. La subdivision des échassiers en familles diffère suivant les divers auteurs qui s'en sont occupés; de plus, le nombre des oiseaux que l'on place dans ce groupe offre aussi des variations : aussi plusieurs naturalistes en retirent les autruches, les casoars, les cariamas, etc., qui paraissent devoir y être compris, et il en est qui en rapprochent les chionis, qui sont bien plutôt des gallinacés.

Les échassiers sont pour la plupart des oiseaux bons voiliers, et qui se livrent souvent à de longs voyages : on les trouve sur tous les points du globe, dans l'Ancien Monde comme dans le Nouveau et en Australasie; ils se nourrissent généralement d'animaux aquatiques, insectes, vers, mollusques, poissons ou reptiles, auxquels ils associent souvent des substances végétales. Tous ne fréquentent pas les endroits humides, mais on peut dire que le plus grand nombre recherche les marais, les bords de la mer, les rivières, les angs, etc. Les autres, tels que les autruches, vivent dans les plaines ou dans les bois, excepté les bécasses. Leurs jambes ne varient pas moins pour la longueur que leur genre de vie; chez les uns elles sont excessivement grêles et allongées, comme on peut le voir chez les avocettes, les flammants, et surtout les échasses, ou bien elles sont très-robustes, tel est le cas des autruches. Chez les bécasses et plusieurs autres, elles sont, au contraire, assez courtes; mais toujours on remarque le même caractère de nudité. Le bec offre également de nombreuses différences : court chez le pluvier, le vanneau, etc., il est très-long chez la cigogne, le héron, la bécasse, l'ibis, etc.; chez cette dernière, chez le courlis et beaucoup d'autres, il est courbé inférieurement; chez l'avocette, au contraire, la courbure est dirigée en haut; chez la spatule, il représente exactement l'instrument dont le nom a été appliqué à l'oiseau qui le porte; et chez le flammant sa forme est encore plus bizarre. Le plumage présente aussi dans ses nuances et sa nature quelques particularités remarquables : jamais il n'est très-abondant en duvet, mais il est susceptible de prendre des formes qui le font rechercher avec empressement dans le commerce. Les plumes du flammant constituent une fourrure qui ne le cède, ni pour la chaleur, ni pour la beauté, à celle du cygne; les belles aigrettes sont fournies par une espèce de héron qu'on appelle à cause de cela le *héron aigrette*; et les jolies plumes dites de *marabou* viennent d'une espèce de cigogne qui porte le même nom. Un grand nombre d'espèces de l'ordre des échassiers constituent un excellent gibier. Nous citerons le blangios, si répandu dans tous les endroits montagneux de la France; la bécasse, le pluvier, les nombreuses espèces de chevaliers, les bécassines et les combattants.

L'auteur du *Règne animal* partage ces oiseaux en cinq familles, savoir : les *brévipennes* (autruches, casoars); les *pressirostres* (outardes, pluviers, huîtriers, coure-vites, cariamas), les *cultrirostres* (grues, savacous, hérons, cigognes, jabirus, ombrettes, becs-ouverts, tantales, spatules), les *longirostres* (bécasses, ibis, courlis, combattants, chevaliers, avocettes), et les *macrodactyles* (jacanas, kamichis, rales). Après ces familles viennent prendre place les chionis, giaroles et flammants, trois genres, dit le célèbre naturaliste, qu'il est difficile d'associer à d'autres, et que l'on peut considérer comme formant séparément de petites familles. La plupart de ces oiseaux ont la possibilité de se tenir longtemps perchés sur une seule jambe, sans paraître se fatiguer : ce phénomène est dû à une disposition tout à fait particulière de leur articulation tibio-tarsienne, que M. Duméril a parfaitement décrite. P. GERVAIS.

ÉCHAUBOULURES (de *calida*, chaude, et *bulla*, bulle). On désigne par ce nom une éruption sur la peau de petits boutons plus ou moins nombreux et rapprochés, ayant une base rouge, et une pointe remplie de sérosité : quelquefois la rougeur n'existe pas; on la voit se manifester principalement à la partie inférieure du visage, sur le col et la gorge; elle peut même s'étendre sur toutes les parties. Cette affection étant accompagnée ordinairement d'un prurit et de démangeaisons assez fortes, on la confond aisément avec la gale, surtout quand les boutons naissent sur les mains. Cette erreur induit à suivre des traitements antipsoriques qui sont infructueux. La cause principale de ces boutons est la chaleur atmosphérique; et aussi les rencontre-t-on durant les saisons et dans les latitudes chaudes. C'est une affection à laquelle les Européens ne peuvent guère se soustraire sous les tropiques. Quand la condition de l'atmosphère est changée, l'éruption disparaît. Telle personne qui en est affectée durant l'été en est délivrée à l'approche de l'hiver.

Bien que ces boutons soient une affection légère, elle afflige cependant la plupart des personnes qui en sont atteintes, et surtout celles du beau sexe. On tente alors des remèdes de toutes espèces; on a recours aux bains sulfureux, aux jus d'herbes, aux infusions de pensée sauvage, de fumeterre, etc., à des cosmétiques de tous genres. Loin de se guérir par ces médications, on avive les boutons et on en accroît le nombre. La conduite la plus sensée, en ce cas, est d'avoir recours à des bains simples, et d'un température moins élevée que celle de l'atmosphère, frais sans être froids; à des boissons rafraîchissantes, à une alimentation peu stimulante. Il convient en même temps d'éviter autant que possible l'insolation. Si ces moyens sont inefficaces, il faut attendre le changement de saison avec une résignation qui sera la plus salutaire des médications. Dr CHARBONNIER.

ÉCHAUDÉS, sorte de gâteaux non sucrés, dont la préparation exige des soins particuliers et minutieux. La meilleure manière de faire des échaudés consiste à préparer du levain avec la sixième partie de la farine que l'on veut employer, en y mêlant de la levure de bière et de l'eau chaude. On conserve ce levain chaud une demi-heure. Puis on met sa farine sur la table, après y avoir introduit deux onces de sel, un quarteron d'œufs, une livre de beurre; on fait un mélange du tout, et on le pétrit avec le plat de la main, en donnant trois tours. On y jette ensuite le levain par petits morceaux, et l'on redonne encore six tours de la même façon. La pâte ainsi préparée doit être mise au frais dans une nappe jusqu'au lendemain. Alors, on taille les échaudés, qu'on dépose dans de l'eau bouillante, en ayant soin de ne pas les laisser bouillir. Pendant cette opération, il faut agiter l'eau, et retirer les échaudés dans de l'eau fraîche à mesure qu'ils montent. Quand ils sont bien égouttés, on les fait cuire au four. Leur cuisson peut ne pas être immédiate. Il arrive quelquefois qu'on les garde au frais deux jours avant de les mettre au four. L'échaudé, quoique devenu très-vulgaire, jouit encore d'une estime méritée, parce qu'il est léger et de facile digestion.

ÉCHAUDOIR, lieu où l'on échaude, vase qu'on emploie à cette opération. *Échauder* c'est laver avec de l'eau très-chaude, bouillante. Il signifie aussi tremper dans l'eau bouillante : *échauder un cochon de lait, de la volaille*. Les bouchers appellent *échaudoir* les chaudières où ils font cuire les débris des animaux. Les drapiers et les teinturiers donnent le même nom aux chaudières où ils dégraissent leurs laines.

ÉCHAUFFANTS. D'après son étymologie, ce nom, pris tantôt comme substantif, tantôt comme adjectif, sert à désigner les causes qui augmentent la caloricité animale; mais son acception est plus étendue. On l'applique à des causes qui produisent d'autres changements dans l'état normal. Le mot *échauffant* est peu employé par les médecins, qui lui préfèrent celui d'*excitant*, expression synonyme et plus rationnelle; mais dans le vulgaire on en fait un fréquent usage. Des substances dont la liste est aussi variée que nombreuse exercent l'action échauffante; telles sont : les vins, les diverses liqueurs, les assaisonnements usités pour les préparations culinaires; le café possède surtout cette propriété. C'est à tort qu'on l'attribue au sucre. Les pharmacies renferment d'autres agents très-échauffants, et auxquels, d'après des préjugés funestes, on accorde cependant dans le public une action contraire, comme on l'accorde au poivre. A ces causes matérielles il faut ajouter certaines passions et opérations mentales : ainsi, on dit que la colère fait bouillir le sang. Il en est de même de l'enthousiasme, etc. Les travaux intellectuels brûlent le sang, dit-on vulgairement. Divers exercices du corps produisent aussi cet effet; on dit que la course, que la danse échauffent. L'action des échauffants n'est pas toujours l'augmentation de la chaleur du corps; on comprend sous ce nom la constipation, la soif, la rougeur et le gonflement des yeux, des éruptions de boutons, des démangeaisons, des hémorrhagies nasales, le trouble des urines, etc. Il suffit de cette énumération sommaire pour montrer combien les substances échauffantes sont nombreuses, et quels sont leurs inconvénients; l'abus qu'on en fait est la source la plus commune des altérations de la santé. Dr CHARBONNIER.

ÉCHAUFFEMENT. Ce mot exprime la surexcitation produite par les *échauffants*. Comme tous les effets dont on a fait mention sont accompagnés d'une augmentation plus ou moins considérable de la chaleur animale, la dénomination est plausible et suggère une idée aussi claire que précise. L'échauffement n'est point une altération grave de la santé; néanmoins, le trouble des fonctions qui accompagne cet état est l'origine d'un grand nombre de maladies, et en quelque sorte la source de l'effervescence fébrile : on doit le considérer comme un avertissement de se soustraire à l'action des échauffants. Il faut alors recourir à la tempérance. Le régime alimentaire doit être réduit aux substances non stimulantes, tant sous le rapport de leurs qualités que sous celui de leur assaisonnement. On doit surtout diminuer la quantité de vin ou de liqueur dont on aurait fait un usage immodéré. Il faut, enfin, réprimer ses passions autant que possible.

Après s'être soustrait à l'action des échauffants, il reste souvent à éteindre la surexcitation qu'ils ont causée. Il convient alors de faire usage des boissons rafraîchissantes; l'eau pure et froide est à préférer : on peut y ajouter du sucre, le suc de quelques fruits acides, mais avec réserve. C'est surtout sous le rapport de la température froide que ces boissons sont salutaires; toutefois, il faut se défier de celles qui sont glacées, car cette intensité du froid peut avoir des inconvénients qui ne sont pas assez signalés. Les bains frais sont également un moyen très-efficace pour calmer l'échauffement, parce que le froid est un des sédatifs les plus puissants. En cas de constipation, il faut recourir aux lavements; il convient encore d'employer pour cet usage de l'eau froide au lieu d'eau tiède; l'impression que cette injection détermine est moins désagréable qu'on ne le pense; on s'y habitue en peu de temps, et on répugne bientôt aux autres. En définitive, c'est un bain interne qu'on prend ainsi, et il en résulte promptement beaucoup de bien-être.

Si l'ensemble du corps porte l'empreinte d'une surcharge sanguine, il est souvent nécessaire d'avoir recours à une saignée, dont un médecin détermine le mode. Les affections de la peau, telles que des *boutons*, des *échauboulures*, des vergetures, des taches couperosées, l'injection des yeux et des joues, qui sont souvent des effets de l'échauffement, exigent des traitements rationnels. Avec des soins convenables, l'échauffement s'éteint, et on est dédommagé de quelques privations par le bien-être qui accompagne l'exercice libre et facile des organes, attribut de la santé, bien dont on ne sent trop malheureusement le prix que quand on l'a perdu. Dr CHARBONNIER.

ÉCHAUFFEMENT, maladie du bois. *Voyez* COURONNE, t. VI, p. 655.

ÉCHAUFFOURÉE, qui dans le sens médical est synonyme d'*échauboulure*, signifie au figuré une entreprise téméraire et malheureuse; un trouble, un accident imprévu, une mesure politique mal concertée, une intrigue de cour maladroite, etc. Il désigne aussi une rencontre imprévue à la guerre. Quelquefois même les hommes de chicane ont qualifié d'*échauffourée* un incident de procédure qui tourne à la confusion et aux dépens de la partie qui l'a fait naître. La France est le pays des *échauffourées*, s'il en fut, mais aussi le pays des cauteleux *Bertrands*, qui savent en profiter. La plus sotte et la moins sanglante des guerres civiles, la guerre de la *Fronde*, n'a été qu'une suite d'*échauffourées*, tant parlementaires que militaires. Les *échauffourées* revinrent sous le successeur de Louis XIV. La conspiration de *Cellamare* contre le régent ne fut qu'une *échauffourée* politique. Pendant notre première révolution, combien les factions du dedans ont fait, les unes contre les autres de coups de parti, qui ne furent que des *échauffourées*, la plupart du temps trop sanglantes! On connaît aussi les échauffourées de Strasbourg et de Boulogne.

Charles Du Rozoir.

ÉCHAUFFURE, maladie des **dindons**.

ÉCHÉANCE (de *choir*, tomber). On appelle ainsi l'époque légale où une **lettre de change** et un **billet** à ordre doivent être payés. Plus généralement, c'est le terme où une promesse quelconque de faire ou de payer doit être effectuée. Le jour de l'échéance d'un effet appartient tout entier au débiteur et les poursuites judiciaires ne peuvent commencer que le lendemain.

ÉCHEC, mot proverbial tiré du **jeu d'échecs**, et devenu d'un usage fort ordinaire. *Tenir une armée en échec*, c'est l'empêcher de rien entreprendre. *Tenir une place en échec*, c'est la tenir en crainte d'être assiégée. On sait que dans le moyen âge les rois et les seigneurs ne faisaient guère construire de citadelles que pour *tenir en échec* (c'est-à-dire en bride) les villes qu'elles étaient censées devoir défendre. On a porté le même jugement sur les forts détachés construits autour de Paris par Louis Philippe. On dit enfin *tenir un homme en échec*, pour exprimer qu'on tient cet homme dans une position où il ne peut agir, où il ne sait quel parti prendre.

Échec se dit encore d'une perte considérable que peuvent éprouver des troupes. Il s'applique également à tout dommage accidentel qu'éprouvent la faveur, la fortune, l'honneur. La Fontaine a dit :

> Et si, de quelque *échec* notre faute est suivie,
> Nous disons injures au Sort.

La locution *échec et mat*, empruntée au jeu des *échecs*, s'emploie très-fréquemment au figuré, pour exprimer une perte signalée et sans ressource. Charles Du Rozoir.

ÉCHECS (Jeu d'), de tous les jeux qu'affectionne l'âge mûr, le plus difficile et en même temps le plus ingénieux. C'est aussi le plus ancien qu'on connaisse et les Chinois prétendent l'avoir pratiqué déjà plus de deux cents ans avant notre ère. Tout au moins est-il avéré qu'il passa de l'Inde en Perse, vers le sixième siècle, et que de là l'usage s'en est répandu dans la plus grande partie du monde civilisé, à la suite des Arabes et des croisades. Toute sa composition, de même que les dénominations de ses principales figures, témoignent de son origine orientale. La langue sanscrite l'appelle *schthrantsch*, mot qui désigne les principales parties d'une ancienne armée indienne, les éléphants, l'infanterie, les chariots de combat ou garnis de faux, et les chevaux. Cependant à cette dénomination succéda plus tard le mot persan de *schach* ou *schah*, qui signifie *roi*, et dont on retrouve la trace dans les noms affectés aujourd'hui à ce jeu dans toutes les langues de l'Europe. Les Grecs modernes l'appellent *zatrikion*; les écrivains latins du moyen âge, *scacchia*; les Italiens, *scacchi*; les Espagnols, *alxadres*; les Anglais, *chess*; les Allemands, *schachspiel*, le jeu du *schach*.

Cependant beaucoup d'érudits, ne trouvant pas le berceau des échecs assez illustre, font honneur de son invention à Palamède, qui aurait enseigné ce jeu, image de la guerre, à ses compagnons pour charmer l'ennui décennal du siége de Troie. Don Pietro Carrera a entrepris de le prouver en 1617, dans un énorme in-folio; mais Fréret, dans une savante dissertation, lue en pleine académie devant Louis XV, en attribue la gloire au bramine Sissa, favori d'un monarque des Indes, au quatrième ou cinquième siècle de l'ère chrétienne. Jacques Delille, dans son poème de *L'Homme des Champs*, adopte l'opinion classique; il nous montre

> Un couple sérieux qu'avec fureur possède
> L'amour du jeu rêveur qu'inventa Palamède.

Un passage équivoque de l'*Odyssée* a fondé cette tradition. Homère présente les soupirants de Pénélope comme se délassant devant la porte du palais d'Ulysse à une espèce de jeu de combinaison formé avec des cailloux. Voici en latin la traduction servile des deux vers grecs :

> Invenit autem procos superbos, qui quidem tum
> *Calculis* ante januam animum oblectabant.

Il est évident qu'une expression aussi vague que celle de caillou employée dans l'*Odyssée* ne spécifie pas plus les échecs que les **dames** ou l'espèce de marelle que jouent les enfants avec des jetons sur une table divisée en compartiments, les uns carrés, les autres triangulaires.

Les échecs, ce noble jeu de l'esprit, dans lequel rien n'est abandonné au hasard, ce jeu auquel on se livre sans aucun motif de cupidité puisque l'on cherche toujours à se mesurer avec plus fort que soi, diffère de tous les autres par une combinaison unique : c'est à une seule et même pièce, au roi, que s'adressent en réalité toutes les attaques : il s'agit de le mettre dans l'impossibilité d'avancer ni de reculer sans être pris ou tué, sans être fait *échec et mat* comme on dit techniquement (de l'arabe *math*, tuer). La partie est nulle lorsque l'échec est perpétuel ou lorsque le roi est *pat*, c'est-à-dire dans l'impossibilité de se mouvoir sans se mettre de lui-même en prise. Lorsqu'un des joueurs commet une inadvertance grossière, la partie peut être perdue dès le quatrième coup par l'*échec du berger*, sans qu'aucune pièce ait encore été enlevée de part ou d'autre. La *dame* ou la *reine* dans l'origine ne pouvait s'écarter du *roi* à plus de deux cases. Elle partageait comme le sérail de Darius sa bonne ou mauvaise fortune. On lui a donné ensuite cette marche multiple qui lui permet de s'avancer d'une extrémité de l'échiquier à l'autre, soit carrément, comme la *tour*, soit obliquement, comme le *fou*; en lui accordant en un mot l'allure de toutes les autres pièces, le *cavalier* excepté. Les Indiens appellent la dame *phars* ou *ferz*, c'est-à-dire général. La position des *fous* à proximité du roi et de la reine est sans doute ce qui leur a fait donner par les Maures d'Espagne le nom d'*al ferez*, c'est-à-dire aides de camp du *ferz*. Les Italiens en ont fait *alfiere*. On dit que les Orientaux représentaient jadis le fou par un éléphant appelé *fil*. On sait que dans le commerce des côtes de Guinée l'ivoire s'appelle *morfil*, dent d'éléphant. De ce mot *fil* est venu le mot espagnol moderne *arphil* ou *delphil*. Nos vieux poëtes trouvères donnaient à cette même pièce le nom d'*auphin* ou de *dauphin*; les écrivains latins de l'époque l'appellent *arphillus*. C'est dans le *roman de la Rose* que la dénomination de *fous* est donnée pour la première fois aux deux pièces voisines du roi et de la reine. L'abbé Roman dit à ce sujet, dans son poëme des *Échecs* :

> *Au jeu d'échecs* tous les peuples ont mis
> Les animaux communs dans leur pays :
> L'Arabe y met le léger dromadaire,
> Et l'Indien l'éléphant; quant à nous,
> Peuple falot, nous y mettons des fous.

Vida, dans son poëme *Scacchia ludus*, appelle les fous *sagittiferi juvenes*. En effet, le nom qui leur conviendrait le mieux serait celui d'*archers*. Dans l'échiquier de Charlemagne, conservé au trésor de Saint-Denys, le fou était représenté comme prêt à décocher une flèche. Les Anglais appellent la même pièce *bishop* ou *évêque*; les Allemands la nomment *laufer* ou *coureur*. Le *cavalier* a une dénomination analogue dans toutes les langues, excepté en allemand, où l'on dit *springer*, sauteur. Le privilége accordé au cavalier de sauter par-dessus les autres pièces, semblable à la cavalerie qui, par ses manœuvres rapides, pénètre entre les divisions d'infanterie, les tourne ou les renverse par son choc redoutable, fait de cette pièce, entre les mains d'un joueur habile, l'instrument le plus important. La *tour* est dans le jeu indien un éléphant sur lequel combattent des hommes armés de javelines ou d'arbalètes. A l'éléphant les Arabes ont substitué le dromadaire et comme *rokh* est le nom arabe, nous avons fait venir de là le terme *roquer*, pour exprimer une des manœuvres les plus délicates des échecs, et des plus décisives, quand elle est faite à propos. Les Italiens ne roquent pas comme nous, lorque la tour qui doit se mouvoir est du côté de la dame. Le roi, faisant trois pas, prend la place du cavalier, et la tour se met à la case du fou. Dans les parties française, allemande et anglaise, le roi ne fait que deux pas, soit à droite, soit à gauche; la tour du roi prend en roquant la place de son fou, et la tour de la dame prend la case de la reine. Pion, en indien, signifie *valet* ou *soldat combattant à pied*; les Espagnols en ont fait *peon*, les Italiens *pedone*, ou piéton; les Allemands appellent cette pièce *bauer*, paysan; et les Anglais, *man*, simple soldat.

Nous n'entrerons point dans le détail, même superficiel, de la stratégie des échecs. Il faut l'étudier dans les anciens ouvrages du Calabrois, de Cunningham, de Stamma, de Lolli, et surtout dans Philidor. Jænisch a publié (Saint-Pétersbourg, 2 volumes, 1842-1843) une *Analyse nouvelle des ouvertures du jeu des échecs*, qu'on consultera aussi avec fruit. Le comte de La Bourdonnais, l'une des illustrations de l'ancien café de la Régence, a publié en 1833 un ouvrage remarquable par sa clarté et par le choix des parties dont il donne le début ou la fin. C'est dans cet ouvrage qu'il faut étudier ce qu'on appelle *les coups de ressource*, et chercher les meilleurs moyens pour donner, recevoir ou éviter le *gambit*. En italien, *gambitto* signifie *croc en jambe*, et l'on ne peut mieux exprimer cette amorce hardie, qui consiste à sacrifier un pion pour conserver l'attaque. Les Italiens, qui ont inventé le coup, se défient de sa hardiesse; ils disent proverbialement : *Gambitto a' giuocatori farsi non lice.*

Les statuts des échecs, fixés d'une manière presque invariable dans toute l'Europe, par la convention tacite des joueurs, sont mieux respectés que certaines constitutions écrites. On a renoncé à d'inutiles complications. Les Allemands ont oublié leur *courierspiel* (jeu des courriers), pour lequel on employait un échiquier divisé en 96 cases avec 12 pièces et 12 pions de chaque côté. Lorsque la disproportion de force entre les joueurs est telle que l'avantage du trait, d'un pion ou même d'une pièce, ne rétablirait point l'équilibre, on fait une partie fort difficile, celle du *pion coiffé*. Le pion que l'on désigne par une petite couronne de papier est la seule pièce qui puisse donner l'échec et mat; si l'adversaire parvient à s'en emparer, son triomphe est assuré. On voit par le poëme de Gregorio Ducchi sur les échecs (*Il Giuoco degli Scacchi*) qu'autrefois le pion ne devenait pas dame, en arrivant au terme de sa carrière à la bande opposée, mais lorsqu'il parvenait à remplacer la dame de sa propre couleur sur la case même où elle avait succombé.

On cite un village d'Allemagne, celui de Strœpke ou Strobeck, entre Brunswick et Halberstadt, où depuis un temps immémorial, et sans qu'on en puisse donner la raison, les plus simples paysans sont des joueurs d'échecs consommés. Don Juan d'Autriche avait fait disposer le parquet d'une pièce de ses appartements en échiquier, et il jouait dessus avec des figures vivantes. Parmi les plus célèbres joueurs d'échecs dont l'histoire ait conservé le nom, il faut mentionner le duc Auguste de Brunswick-Lunebourg, qui publia sous le pseudonyme de *Gustavus Silenus* une *Introduction à la Science du Jeu des Échecs* (1616, in-4°), ouvrage devenu de nos jours d'une rareté extrême; l'Arabe Stamma qui produisit une vive sensation à Paris vers 1737; Gioacchimo Greco, qui florissait dans la première moitié du dix-septième siècle; le Français Philidor, qui de 1780 à 1790 jouit à Londres d'une réputation immense; Elias Stein, mort à La Haye, en 1812; et de nos jours M. Le Brethon des Chapelles, qui avait fini par se voir forcé de renoncer à jouer aux échecs, faute de pouvoir se mesurer avec un adversaire de sa force; condition sans laquelle il n'est pas de plaisir pour le véritable joueur d'échecs.

Il s'est formé de nos jours à Paris, à Londres, à Édimbourg et ailleurs, des sociétés d'amateurs qui s'adressent réciproquement des défis. On s'envoie l'annonce du mouvement de tel pion, de telle pièce, de l'échec donné au roi, de la capture d'une pièce ennemie. La partie dure des semaines, des mois, quelquefois une année. Comme il s'écoule nécessairement un long intervalle entre le départ de chaque courrier, on a le temps de méditer les coups.

On s'intéressait beaucoup, vers la fin de 1843, à la lutte qui s'était établie au champ-clos de la *Régence* entre M. de Saint-Amand, successeur du comte de La Bourdonnais, et M. Staunton, amateur anglais. Vainqueur à Londres, le champion français succombait à Paris. Un nouveau défi avait en conséquence été donné et accepté pendant l'été de 1845; mais les *seconds*, chargés de régler les conditions de ce duel fort licite, ne purent s'entendre pour les fixer. Cela tient à ce que les règles observées par les joueurs anglais et allemands ne sont pas tout à fait les nôtres.

Nous avons parlé des poëmes de Vida, de Ducchi et de l'abbé Roman sur les échecs. Cerutti en a fait le sujet d'une pièce fort élégante, d'environ quatre cents vers. L'abbé Roman a voulu faire un tour de force: il a décrit fort au long, et dans les détails les plus minutieux, une partie qu'il prétend avoir faite en 1770, à Ferney, avec Voltaire, et à Motiers-Travers, avec J.-J. Rousseau. Cette partie est connue des amateurs sous le nom de *gambit de Cunningham*. L'abbé Roman la perdit avec Voltaire, et la gagna avec le philosophe de Genève. Sa composition, quoi qu'il en dise dans sa préface, manque parfois d'exactitude autant que d'harmonie. Nous ne dirons rien de l'automate joueur d'échecs, que promena dans toute l'Europe, il y a environ un siècle, un Hongrois, M. de Kempelen (*voyez* ANDROÏDE), ni de l'automate du même genre que l'on voyait il y a environ trente ans à Paris au passage des Panoramas. Il suffit pour cela d'un mécanisme ingénieux et d'un praticien consommé servant de compère à l'automate. Un procès jugé par la cour royale, en 1827, dévoila au moins une partie du mystère.

BRETON.

ÉCHELLE (en latin *scala*). Tout le monde connaît l'espèce de machine ainsi nommée; c'est un escalier mobile formé de deux montants percés de trous, dans lesquels sont reçus les bouts de petits bâtons qu'on appelle *échelons*. En général, les échelles en bois sont grossièrement exécutées. Il y a des *échelles simples*, sur lesquelles on ne peut monter qu'autant qu'elles sont appliquées contre un mur, un arbre, etc. Les *échelles doubles* se dressent partout; elles consistent en deux triangles tronqués, réunis vers le haut par deux boulons; quand l'échelle est dressée, les pieds de ses quatre montants déterminent un rectangle. Les échelles doubles sont connues sous le nom d'*échelles de jardinier, de peintre*, etc. Il y a des *marchepieds* qui sont des espèces d'*échelles doubles*. Les échelles simples s'allongent de plusieurs manières : 1° en les ajoutant les unes au bout des autres; 2° en pratiquant des coulisses dans leurs montants, afin qu'elles puissent glisser les unes sur les autres sans se séparer; 3° on a fait des échelles à incendie qui sont une application de la *scaletta*, petite machine sur laquelle les fabricants de joujoux fixent des figures de soldats, qu'on fait mouvoir toutes à la fois en écartant ou en rapprochant les deux premières branches du jouet. Pour descendre dans les puits des mines, des carrières, on fait quelquefois usage d'échelles composées d'un seul montant traversé de distance en distance par des bâtons qui le dépassent de part et d'autre de deux ou trois décimètres, plus ou moins. Cette machine, qu'on dresse perpendiculairement contre le mur du puits, ressemble à un peigne qui a des dents de deux côtés.

On fait en cordes des échelles légères, qui sont très-faciles à transporter : pour s'en servir, on les accroche à un objet fixe et élevé. Si des malfaiteurs peuvent faire un mauvais usage de leur emploi, comme elles sont peu embarrassantes, il serait bon d'en avoir une à sa disposition pour s'en servir dans des circonstances malheureuses, comme, par exemple, pour s'échapper d'une maison qui est en feu.

Les dessinateurs, les architectes, les géographes, etc., appellent *échelles* des lignes divisées en un certain nombre de parties égales, qui représentent des mètres, des lieues, etc., et qui servent à mesurer exactement les distances sur les dessins, les plans, les cartes, etc. Avant de tracer un plan sur le papier, on construit l'échelle d'après laquelle les distances des points du plan doivent être mesurées. Si par exemple, on veut faire un plan au millième, il faudra représenter 100 mètres par un décimètre, et chaque millimètre de l'échelle représentera un mètre du terrain : alors deux objets dont la distance sur le terrain est de 15 mètres devront être placés sur le plan à 15 millimètres l'un de l'autre. Si, au contraire, on veut mesurer sur ce plan la distance réelle de deux points, il faudra compter un mètre pour chaque millimètre que renfermera cette distance mesurée avec un compas et reportée sur l'échelle.

Pour évaluer de très-petites fractions, on se sert d'*échelles de transversales*, autrefois nommées *échelles des dixmes*, parce qu'ordinairement elles se composent d'un carré offrant dix divisions sur chaque côté. Ces divisions sont jointes par des parallèles aux côtés du carré, et aussi, mais dans un sens seulement, par des transversales qui vont de la première division d'un côté à la seconde du côté parallèle, de la seconde division du premier côté à la troisième du second, et ainsi de suite. En faisant la figure, on reconnait immédiatement que l'on pourra mesurer ainsi très-exactement des parties dix fois plus petites que celles qui sont marquées sur les côtés du carré, de sorte que si celles-ci sont des millimètres, on poussera l'approximation des mesures jusqu'aux dix-millimètres.

On donne le nom d'*échelles* à plusieurs autres lignes ou règles divisées en parties égales ou inégales; on dit, par exemple, l'échelle du thermomètre, etc. TEYSSÈDRE.

ÉCHELLE (*Musique*). On donne ce nom à la succession des notes de la gamme diatonique, considérées sous le rapport de leur position graduelle, ou comme exposition d'un système musical. C'est ainsi qu'on dit l'*échelle des Grecs*, qui procédaient par tétracordes ou suites de quatre notes divisées par tons et demi-tons. Il y a dans le système moderne deux *échelles diatoniques* : celle du mode majeur et celle du mode mineur (*voyez* GAMME).

ÉCHELLE (*Droit maritime*). On appelle *échelle* sur la Méditerranée, et *escale* sur l'Océan, le point où s'arrêtent ordinairement les navires en cours de voyage. Faire *échelle*, ou faire *escale*, c'est donc, en termes de marine, stationner plus ou moins longtemps dans un port, dans une rade, à l'entrée d'une rivière, partout, en un mot, où le navire interrompt momentanément et volontairement sa course, quel que soit le motif de ce temps d'arrêt. On comprend sans peine que les risques courus par un navire sont d'autant plus graves et d'autant plus multipliés qu'il s'arrête plus fréquemment pendant le cours du voyage entrepris. L'entrée des ports et leur sortie, le voisinage des côtes, des bancs et des récifs qui les bordent souvent, l'affluence même des autres navires, qui peut donner lieu à des abordages, mille autres périls dont il serait superflu et d'ailleurs impossible de donner ici l'énumération complète, viennent s'ajouter aux périls ordinaires de la traversée, aussitôt que le navire quitte la haute mer pour venir stationner près de la terre. En matière d'assurances maritimes, si l'assuré stipule la faculté de *faire échelle*, cette clause lui donnera toute liberté d'aborder aux ports situés sur la route, d'y prendre ou d'y laisser charge, pourvu cependant qu'il ne s'écarte point de la *route* du voyage assuré, et sans qu'il puisse *dérouter* ni *rétrograder*, c'est-à-dire revenir toucher à un port devant lequel il aurait déjà passé. Charles LEMONNIER.

ÉCHELLE (*Art militaire*). L'usage des *échelles d'escalade* est de toute antiquité. De temps immémorial les Chinois en employaient de toutes formes : telle est la machine qu'ils appellent *char pour grimper au ciel; échelle à monter aux nues*. Plutarque, à l'occasion d'Aratus assiégeant la citadelle de Sicyone, parle d'échelles qui se démontaient en plusieurs pièces et se transportaient dans des caisses. Les anciens nommaient *coriaceæ* des échelles dont on gonflait les montants, en les soufflant comme des outres. Il y en avait sur roues, appelées *reticulatæ*. Elles étaient de corde, garnies de crochets ou de harpons. Héron « en inventa qui se soutenaient sur des pivots; il y avait en haut un mantelet qui couvrait le soldat qu'on y faisait monter pour observer. » Ces dernières, qui n'étaient pas uniquement propres à l'escalade, se sont renouvelées au moyen âge sous le nom d'*aubettes* et d'*échauguettes*. A cette dernière époque aussi, elles étaient rangées au nombre des artifices ; des compagnies d'*écheleurs* les transportaient et manœuvraient; elles servaient comme aujourd'hui aux assauts des ouvrages extérieurs, aux attaques des postes, et, en général, à écheler des ouvrages, des murailles. On suppose qu'elles avaient leurs degrés en corde, ce qui en facilitait le transport par le rapprochement des montants, qui se liaient l'un à l'autre et ne formaient qu'un seul arbre. Deux verges à charnières jouant en haut et en bas, et faisant office d'écharpe ou d'entre-toises, suffisaient pour en tenir au besoin les montants distants et en respect; une pointe de fer en garnissait le pied. Les machicoulis ménagés en haut des remparts étaient un moyen de défense contre les échelles.

On calcule que la distance entre le pied du mur et le pied de l'échelle doit être du quart de la hauteur. Il vaut mieux plusieurs échelles courtes qui s'ajustent ensemble, que de longues échelles qui s'emploient isolément. Il y en a à crochets, d'autres sans crochets. Il en faut pour les escalades de nuit, qui aient à leur extrémité supérieure des roues garnies de feutre. On préfère, comme plus solides et plus portatives, celles où il ne peut monter qu'un homme; mais il en faut un trop grand nombre. On recommande aux porteurs de les espacer au plus d'un demi-mètre, afin que les assaillants s'appuient réciproquement et puissent se raccrocher, si le pied leur manque. On leur recommande aussi de les appliquer, non au milieu des courtines, mais vers les angles saillants. En maintes circonstances, les échelles se sont trouvées trop courtes. De nos jours, il en fut ainsi à Saint-Jean d'Acre, devant plusieurs villes fortes d'Espagne, à la citadelle d'Anvers; aussi recommande-t-on de leur donner au moins un mètre et demi de plus que la hauteur qu'elles doivent atteindre; il faut calculer aussi le cas où elles enfonceraient dans une cunette, ou un fond vaseux. Il y a inconvénient aussi à ce qu'elles soient trop longues : les défenseurs de la place attaquée ont alors trop de facilité à les renverser. Gal BARDIN.

ÉCHELLE (Peine de l'). Au moyen âge on appelait *échelle* une espèce de carcan ou de pilori, marque de haute ou moyenne justice, dressée dans un carrefour ou dans un autre endroit public. Coquille décrit en ces termes la manière d'*écheller* : « Au haut de l'*échelle* sont cinq pertuis ronds, pour y enfermer la tête, les deux bras et les deux pieds du condamné, et exposer son infamie et sa personne à la vue de tout le monde. » Les criminels étaient quelquefois aussi fustigés au haut de l'échelle, ou punis de quelque autre peine corporelle. Saint Louis fit établir des échelles dans les bonnes villes, pour y placer ceux qui proféraient le *vilain serment*. Il y en avait plusieurs à Paris. L'évêque avait la sienne au Parvis-Notre-Dame. C'était là que le condamné était *prêché* et *mitré*. Le chapitre de Notre-Dame avait son échelle au port Saint-Landry; celle du prieuré de Saint-Martin-des-Champs était entre la porte de l'église et la rue *Aumaire*. Au siècle dernier on en voyait encore une; c'était celle de la justice du Temple, qui avait donné son nom à la rue où elle était posée.

ÉCHELLE MOBILE. On appelle ainsi un système de douane appliqué au commerce des grains imaginé par les Anglais après 1815, et adopté ensuite par la France, suivant lequel quand le prix du blé s'élève, le droit d'importation diminue : l'entrée est ainsi rendue plus facile ; quand le prix s'abaisse, au contraire, alors le droit remonte, afin que le blé de production nationale ressente moins ou ne ressente plus du tout la concurrence étrangère et ne se déprécie pas. Pour le droit d'exportation il varie en sens opposé. Le territoire français a été divisé en quatre zones, d'après les différences de prix qu'on remarquait, autrefois surtout que les moyens de transport étaient beaucoup plus coûteux, entre les différentes parties du pays dans la valeur des céréales. Il a été déterminé dans chacune de ces zones un maximum de prix au-dessus duquel le blé étranger entre franc de droits; au-dessous duquel il paye 1 fr. 50 c. par hectolitre pour 1 fr. de baisse. Ce maximum est de 26 francs dans la première classe, de 21 francs pour la dernière; on peut donc prendre pour moyenne le chiffre de 23 francs. Lorsque le blé indigène dépasse ce prix, les droits sont levés sur le blé étranger; lorsqu'il est de 1 franc au-dessous de ce prix, le blé étranger paye 1 fr. 50 c.; lorsqu'il baisse de 2 francs, le blé étranger paye 3 francs, et ainsi de suite. Au-dessus du prix de 23 francs, le blé indigène paye pour sortir un droit correspondant à celui que paye le blé étranger pour entrer quand ce maximum n'est pas atteint; à un certain degré, l'exportation est interdite. Les Anglais ont renoncé en 1846 à ce système (*voyez* CORN-LAWS). La France dans les temps de disette, comme en 1846 et 1853, abolit temporairement l'échelle mobile à l'entrée, et les partisans du libre échange espèrent qu'elle ne sera pas rétablie.

ÉCHELLES (Les), bourg partagé par la rivière *le Guiers* en deux parties, l'une française (département de l'Isère), l'autre appartenant à la Savoie, sur la grande route de Lyon à Chambéry, dans une vallée profondément encaissée qui est formée par les hauteurs de la grande Chartreuse, par la crête de La Grotte, par la Dent-du-Chat et par la partie de montagne devenue si célèbre depuis la description demeurée classique qu'en a faite J.-J. Rousseau. Il tire son nom d'un passage difficile à travers de dangereux précipices et la muraille de rochers à pic qui ferme de ce côté la Savoie, et qu'on ne pouvait autrefois franchir qu'à l'aide d'échelles. En 1673 le duc Emmanuel II y fit creuser le roc vif à une profondeur de 13 mètres, sur une étendue d'environ 1,200 mètres, et construire une route, devenue hors d'usage une fois que le travail gigantesque exécuté par ordre de Napoléon, un tunnel de 8 mètres de largeur sur autant de hauteur, appelé *La Grotte*, qui traverse le rocher sur une étendue de 300 mètres, et auquel se rattache un pont jeté sur une profonde fondrière, a offert aux voyageurs un passage plus commode. Sur la large et belle route conduisant à Chambéry, un ruisseau tombant d'un rocher à pic dans la vallée de *Cous* ou de *Coux* forme une cataracte de 67 mètres de hauteur.

ÉCHELLES DU LEVANT. Par ce nom sont désignés les ports de la Méditerranée et du Bosphore soumis à la puissance ottomane, et fréquentés par le commerce européen, qui y entretient des consuls et d'autres agents. Les principaux de ces ports sont Constantinople, Smyrne, Alep, le Caire, Alexandrie, Tripoli de Syrie, Tunis et les ports des îles de Chypre et de Candie. On y comprenait aussi Alger, les îles de l'Archipel grec, Napoli de Romanie et les autres ports de la Morée, qui font à présent partie du royaume de Grèce.

C'était dans les échelles du Levant que s'exerçait autrefois ce commerce si fécond en richesses pour Venise, Gênes et la France. Ce fut ce commerce du Levant, dont Marseille était le centre pour nous, qui éleva longtemps ce port célèbre à un si haut degré de prospérité. Notre ancienne alliance avec les Turcs nous avait presque donné le monopole du commerce de l'Asie occidentale, après la décadence de Venise et de Gênes. Nos draps du midi, entre autres marchandises, avaient le privilége d'approvisionner le Levant. Cependant nos émules en industrie, l'Angleterre et la Hollande, avaient obtenu successivement leur admission au partage de nos immenses bénéfices. La Porte, éclairée sur ses intérêts par la jalousie de nos rivaux, avait compris que notre privilége, qui nous rendait les arbitres du prix de ses denrées, lui était onéreux. Toutefois, les anciennes relations nous assuraient toujours une grande supériorité, que nos désastres nous ont fait perdre. AUBERT DE VITRY.

ÉCHELON, petite pièce de bois qui traverse l'échelle et sert de degré pour monter. Figurément *échelon* se dit de ce qui sert à mener d'un rang, d'un grade à un autre.

Par allusion, on dit qu'un corps de troupes est formé en échelons pour faire entendre qu'il est distribué en rangs parallèles, placés les uns derrière les autres (*voyez* ÉCHELONNER).

ECHELONNER. Dans l'art militaire, *échelonner* des troupes, les ranger, les faire marcher par *échelons*, c'est disposer les diverses parties d'une ligne rompue, d'attaque ou de défense, de telle sorte qu'elles se succèdent à des distances égales, l'une placée près de l'autre, mais non pas l'une derrière l'autre, le premier *échelon* dépassant en ligne le second, et ainsi de suite. On a recours à cette manœuvre quand on veut ménager ses troupes et n'en engager qu'une partie. Par exemple, on fait avancer l'aile qui doit attaquer, et l'on commande *halte* aux autres. Supposons une brigade de six bataillons marchant en ordre de bataille et devant donner *en échelons :* les deux bataillons de l'aile droite se porteront en avant de cent ou deux cents pas; puis, les deux bataillons suivants se mettront en marche, de manière que l'aile droite de cette seconde division décrive une ligne droite perpendiculaire à l'aile gauche de la première; et la troisième division, formée des deux derniers bataillons, se comportera de la même façon relativement à la seconde. Une ligne de bataille peut être formée en *échelons* de quatre manières, en partant soit de l'aile gauche, soit de l'aile droite, soit des deux ailes à la fois, soit enfin du centre. Les mouvements en échelons offrent cet avantage, qu'on peut facilement changer les fronts, et qu'ils sont par conséquent très-propres à tromper l'ennemi sur le véritable but qu'on se propose, outre qu'on n'engage que la partie de ses troupes que l'on veut. Le désavantage de cette manœuvre consiste en ce que la connexion du tout est trop facile à détruire, et que la conduite des échelons partiels demande des commandants très-expérimentés. Quand ces échelons sont peu considérables, lorsque, par exemple, ils ne se composent que de bataillons isolés et qu'ils se succèdent à peu d'intervalle, on a alors l'ordre de bataille oblique, que Frédéric II prisait tant. Les echelons isolés, se formant en bataillon carré, offrent un excellent abri contre les attaques de la cavalerie. C'est ainsi que l'armée française franchit les grandes plaines d'Égypte, sans être entamée par les attaques incessantes des mamelouks.

ÉCHENEAU ou **ECHENAL**, espèce de gouttière ou de rigole. *Voyez* CHENAL et ÉCHENO.

ÉCHENILLAGE, destruction des chenilles. Ce mot exprime une opération indispensable de l'horticulture, c'est-à-dire l'enlèvement des réseaux que forment les chenilles écloses dans l'année pour se mettre à l'abri des froids de l'hiver et des pluies. L'échenillage se fait dans le courant de l'hiver ou aux premiers jours du printemps : il est bon, cependant, de ne point attendre cette dernière époque, si l'on veut en retirer tout le profit possible, car alors les chenilles, réveillées de leur engourdissement par les premières chaleurs, peuvent être sorties de l'habitation commune, ou bien, averties du danger par les secousses de l'opération, elles se laissent tomber. Pour éviter cette désertion, il faudrait un soin et des précautions que l'on ne peut prendre, ni pour l'échenillage communal ni pour celui des grandes exploitations.

On compte un grand nombre de variétés dans la famille des chenilles; mais c'est surtout à la chenille commune que nous faisons la guerre, car elle est plus répandue, et cause à elle seule plus de dégâts que toutes les autres; elle attaque de préférence les arbres que nous cultivons pour leur bois, leur feuillage ou leurs fruits, les arbres que nous rapprochons de nos habitations de campagne; dans nos bois, sur les grandes routes, les chênes, les ormes; dans nos jardins, dans nos vergers, ceux dont les fruits nous sont le plus précieux, les poiriers, les pommiers, abricotiers, etc.; enfin les arbrisseaux qui forment les haies, l'aubépine, le prunellier. Si l'on pense à la triste fécondité de cet insecte, à sa voracité, on s'expliquera facilement le spectacle de désolation qui s'offre aux regards en certaines années, et l'on comprendra l'importance de l'échenillage. Une seule chenille peut donner naissance à plusieurs centaines de mille d'un hiver à l'autre, et dans les sept ou huit derniers jours qui précèdent sa transformation, elle consomme en vingt-quatre heures une quantité de feuilles dont le poids est plus que double du sien. De beaux arbres sont dépouillés de leur feuillage, d'une partie de leurs fruits, retardés dans leur croissance, condamnés à la stérilité pour une ou plusieurs années, amenés à un état général de langueur, privés de leurs rameaux les plus riches par cet insecte destructeur. Que de causes pour lui faire une guerre acharnée, et quelle insouciance cependant de la part des cultivateurs! Dans la plupart de nos départements du midi et du centre, les lois qui régissent cette matière ne sont publiées qu'à de longs intervalles, sans que, d'ailleurs, les autorités s'occupent beaucoup de leur exécution; et les cultivateurs supportent ce fléau comme une nécessité annuelle.

Qu'il serait facile, cependant, d'abattre avec l'*échenilloir*, quelques branches envahies, par un beau froid d'hiver ou pendant une journée brumeuse, alors que la plupart des travaux du dehors sont suspendus. Ces branches coupées et jetées au feu, les arbres seraient à l'abri des ravages d'un ennemi que rien ne pourra détruire plus tard. Car les moyens de l'attaquer après cette époque ne sont que des palliatifs insuffisants : un feu étouffé de paille ou de fumier long, la combustion du soufre sous les branches les plus envahies, produisent bien une fumée qui asphyxie les chenilles et les fait tomber, mais il faut les écraser sur la terre, et le sol est disposé de manière à rendre cette opération toujours incomplète, souvent difficile et quelquefois impossible. D'ailleurs, un grand nombre, protégées ou par des branches ou par des feuilles, restent sur l'arbre. L'aspersion des feuilles avec une solution de savon commun fait mourir les chenilles, mais ce moyen ne peut pas être toujours employé. Lorsqu'on a échenillé les arbres fruitiers, et que l'on craint de les voir envahis par les chenilles venues du voisinage, on peut cerner le tronc circulairement par une matière gluante et visqueuse, telle qu'une solution épaisse de miel, qui détourne et arrête les chenilles, ou bien les retient si elles veulent franchir l'obstacle; mais ici encore il faut avoir la précaution de tuer celles qui sont prises, car elles faciliteraient le passage aux autres. L'inefficacité de ces différentes recettes, jointe à la dépense de temps et de matériaux, doit faire préférer l'échenillage.

De tout temps on a senti l'importance de cette opération, la multiplicité des règlements et des lois le prouve; mais l'immense reproduction des chenilles prouve aussi que les lois restent sans exécution. La loi du 26 ventose an IV, qui régit encore cette matière, impose à tous propriétaires, fermiers ou locataires de biens ruraux, l'obligation d'écheniller ou faire écheniller les arbres, à peine d'une amende de trois à dix journées de travail. Les agents de l'autorité doivent faire pratiquer l'échenillage aux frais et dépens des propriétaires, fermiers, etc., dans le cas où ils le négligeraient. La fixation des moyens de surveillance est entièrement abandonnée, comme on le voit, à l'autorité municipale, et l'obligation ne peut résulter pour elle que d'instructions administratives toujours insuffisantes. L'art. 471 du Code Pénal porte une amende de un franc à cinq inclusivement pour ceux qui auront négligé l'échenillage, mais rien de plus. P. GAUBERT

ÉCHENILLEURS. Ces oiseaux, dont le nom indique assez le genre de vie, appartiennent à l'ancien monde, où on ne les trouve que dans l'Afrique et dans les grandes îles indiennes; l'Europe, l'Amérique et l'Australasie en sont tout-à-fait dépourvues. Le célèbre naturaliste voyageur Levaillant est le premier qui les ait distingués génériquement; il en a observé un assez grand nombre d'espèces, que l'on trouvera toutes décrites et figurées dans son *Histoire des Oiseaux d'Afrique*. Les échenilleurs s'appellent en latin *ceblepyris*; ils appartiennent à l'ordre des passereaux et à la famille des dentirostres. Bien qu'ils soient échenilleurs par excellence, ils ne sont pas néanmoins les seuls oiseaux qui présentent cette habitude : ainsi, les coucous recherchent les chenilles avec beaucoup d'avidité, et il en est de même d'un assez grand nombre d'autres espèces.
P. GERVAIS.

ÉCHENILLOIR, instrument qui sert pour l'échenillage; il a la forme de ciseaux : l'une des branches est fixée à un longue perche, l'autre est mue à l'aide d'une corde. Quelquefois c'est une sorte de crochet avec lequel on saisit et on brise les branches.

ÉCHENO, bassin de terre que les fondeurs placent au-dessus du moule de leurs figures, dans lequel on verse le métal en fusion, et d'où ce dernier se communique aux jets, qui le distribuent dans toute la figure.

ÉCHEVEAU. On donne ce nom au fil de chanvre, de soie, de lin ou de laine, replié en un nombre plus ou moins grand de tours et attaché en un endroit pour l'empêcher de se mêler. Les écheveaux se forment avec le fil dont se sont garnis les fuseaux par le moyen du filage à la quenouille ou au rouet. On se sert pour les faire d'une espèce de dévidoir sur lequel on roule le fil en tournant une manivelle. La plus grande partie du fil à coudre du commerce est en écheveaux. La quantité de fil que contient chaque écheveau est à très-peu près la même pour les fils de même espèce et de même qualité, de sorte qu'un kilogramme de fil d'une qualité déterminée contient toujours à peu près le même nombre d'écheveaux, et le marchand qui vend son fil en détail et par écheveau n'a pas besoin de peser chaque écheveau pour savoir combien lui rapportera chaque kilogramme. La couturière sait aussi d'avance combien d'aiguillées de fil lui donnera un écheveau de fil de soie, et combien elle devra en employer pour faire tel ou tel ouvrage de son état.

Le fil en écheveau destiné à faire de la toile ou des étoffes se met en pelotons au moyen d'un second dévidoir sur lequel on l'écarte et on le retient. Ce dévidoir sans manivelle tourne horizontalement par l'effet même du fil que l'on pelotonne. V. DE MOLÉON.

ÉCHEVINS. On a longtemps confondu les *scabini* des capitulaires carlovingiens avec les *rachimburgi*, *ahrimanni*, ou *boni homines* des anciennes lois barbares : c'est une erreur. L'institution des *scabini* fut précisément amenée par la négligence des *rachimburgi* à se rendre aux plaids. Les hommes libres abandonnaient leur droit de se juger les uns les autres : pour être assuré de ne pas manquer de juges, on créa une classe de magistrats. Il y eut dans chaque district un certain nombre de juges ou *scabini*, pour qui cette assistance fut un devoir légal. Avant Charlemagne, le mot *scabini* ne se rencontre que dans deux ou trois monuments d'une authenticité au moins douteuse; et les monuments postérieurs, ainsi que les capitulaires, les présentent toujours comme des magistrats permanents, spécialement assujettis à l'obligation de juger, et distincts des hommes libres en général, qui conservèrent cependant assez longtemps encore le droit de concourir aux jugements, quand il leur convenait de se rendre aux plaids. Les *scabini* n'étaient pas électifs, comme l'ont cru quelques publicistes, qui se sont laissé tromper par le langage des lois; elles parlent, il est vrai, de l'élection des *scabini* dans l'assemblée du peuple ou avec le consentement du peuple, mais leurs termes mêmes indiquent que cette élection n'était qu'une désignation faite par le comte ou le centenier dans l'assemblée qu'il présidait, désignation à laquelle les assistants ne concouraient que par leur présence et en ne s'y opposant pas. On reconnaît bien dans le lieu et la forme de cette nomination quelque reste des institutions libres, mais non une élection véritable. Au fond, le choix des *scabini* appartenait aux officiers royaux, qui pouvaient les destituer quand ils s'acquittaient mal de leurs fonctions; et un capitulaire de Charlemagne donne même à croire que ce choix avait souvent lieu hors de l'assemblée publique.

F. Guizot, de l'Académie française.

Vers la fin de la seconde race de nos rois et au commencement de la troisième, les choses vinrent à changer de face. Les comtes, s'étant rendus propriétaires de leurs gouvernements par suite de la féodalité, se déchargèrent du soin de la justice sur des officiers appelés baillis, prévôts, etc. Dans certaines parties de la France, les baillis et prévôts se mirent à exercer seuls les fonctions de juges, ou, s'ils avaient recours à des assesseurs ou *échevins*, ce n'était que passagèrement; dans d'autres parties, au contraire, les échevins restèrent juges ou assesseurs, et leurs pouvoirs eurent plus ou moins d'étendue, selon l'usage des lieux. A Paris, les échevins continuèrent leurs fonctions de juges ordinaires, c'est-à-dire sous la présidence d'un homme du roi, jusqu'au milieu du treizième siècle. En 1251 le prévôt des marchands fut mis à la tête des échevins, qui devinrent ses assesseurs, siégèrent avec lui au bureau de l'hôtel de ville, et y rendirent la justice sur les matières de police et sur les affaires commerciales. Plusieurs privilèges, auxquels ne participaient point les échevins des provinces, furent octroyés par les rois de France aux échevins de Paris : le principal était celui qui leur accordait des titres de noblesse. Les échevins à Paris étaient au nombre de quatre; leurs fonctions ne duraient que deux ans : ils étaient élus au scrutin secret dans l'assemblée du corps de ville et des notables bourgeois, convoqués à cet effet le jour de Saint-Roch : on les renouvelait par moitié tous les ans.

Au mois de janvier 1704 il y eut un édit portant création de deux échevins perpétuels dans chacune des villes du royaume; mais Paris et Lyon furent exceptés; et on n'innova en rien à la forme en laquelle les élections des échevins avaient été faites jusque là dans ces deux villes. Quelques jours après l'élection des échevins de Paris, ils étaient présentés au roi, et prêtaient serment entre ses mains, à genoux.

Dans d'autres villes du royaume les échevins étaient remplacés par des magistrats analogues, qui portaient les noms de *capitouls*, *consuls*, *jurats*, etc.

Les échevins furent supprimés en France par la loi du 14 décembre 1789, qui organisa de nouvelles municipalités.

ÉCHIDNÉ, genre d'animaux de la tribu des monotrèmes, famille des édentés. Une seule espèce est assez bien connue; c'est l'*échidné épineux* (*echidna hystrix*, Cuv.). Les colons de Sydney le nomment *hedge-hog*, c'est-à-dire *porc de haie*. Cet animal singulier est de la taille et de l'apparence extérieure du hérisson. Son corps ramassé, tout d'une venue, ne présente aucun rétrécissement qui marque le cou; il est couvert en dessus de piquants coniques très-forts, longs de 4 à 8 centimètres, d'un blanc gris, et dont la pointe est noire et très-aiguë; quelques poils roides sont parsemés parmi ces piquants; le dessous du corps est couvert de poils roides seulement. La tête se termine par un museau allongé, dur et mince, un peu conique, formant une sorte de tuyau, dont l'extrémité laisse sortir une langue longue, ronde et très-extensible, toujours enduite d'une viscosité glutineuse, qui renferme un organe de préhension pour saisir les insectes dont l'échidné paraît faire sa seule nourriture. Les yeux, percés à la base du museau, sont garnis de paupières dont l'ouverture est ronde et très ostensible. La partie postérieure du corps se termine par une queue courte, que la direction différente des piquants permet de distinguer : ici elle est verticale, et dans l'état de repos les piquants du corps sont tous dirigés en arrière. Des pieds courts, divisés peu profondément en cinq doigts, se terminent en avant par des ongles gros et assez longs, peu courbés, arrondis à leur bout, et aux pattes postérieures par des ongles plus longs, surtout celui du milieu, plus courbés. Tous sont noirs, et paraissent propres à fouir. Le mâle a un ergot supplémentaire à la patte postérieure; il est percé d'un canal, par lequel suinte une humeur qu'on dit vénéneuse, et qui est sécrétée par une glande de la cuisse. Les échidnés n'ont point de dents; leur palais est garni de plusieurs rangées de petites épines dirigées en arrière.

Quelques naturalistes admettent sous le nom d'*échidné soyeux* une seconde espèce, qui pour d'autres n'est qu'une variété d'âge, et qui se distingue parce que les épines sont à demi cachées par les poils.

L'échidné n'a jamais été rencontré ailleurs qu'à la Nouvelle-Hollande et à la terre de Van Diémen. Ses mœurs sont peu connues.

Baudry de Balzac.

ÉCHINADES, îles de la mer Ionienne, situées à l'entrée du golfe de Corinthe, vis-à-vis l'embouchure du fleuve Achéloüs d'un côté, et le promontoire Araxe de l'autre. Elles avaient à l'occident l'île de Céphallénie. Strabon met l'île Dulichium au nombre des Échinades, et ajoute que les autres Échinades sont âpres et stériles, et que la plus éloignée de l'embouchure de l'Achéloüs est à 15 stades, et la plus proche à 5 seulement. Ces îles tiraient leur nom ou du devin Echinus ou de ce que l'on y trouvait beaucoup de hérissons de mer, appelés en grec ἐχῖνοι. Quelques auteurs comprennent aussi sous le nom d'Échinades les Taphiennes ou Téléboïdes, qui étaient devant Leucade, savoir Taphias, Oxies et Princessa. Pline semble distinguer les Taphiennes ou Téléboïdes des Échinades; il nomme entre les Échinades, Ægialea, Coronis, Thyatira, Geceris, Dyonisia, Cyrnus, Chalcis, Pinara et Mystus. Nous ne savons pas au juste le nombre des Échinades; les auteurs en mettent plus ou moins. Ovide n'en compte que cinq. Thucydide et Strabon remarquent que l'Achéloüs en a joint quelques-unes à la terre ferme par les sables et le limon qu'il amasse à son embouchure. Le P. Hardouin ajoute qu'elles sont presque toutes désertes, et qu'il n'y en a que cinq qui aient quelque nom. Nous les connaissons aujourd'hui sous celui de *Curzolaires*. Scylax, dans son *Périple*, les qualifie d'îles désertes.

ÉCHINE. Ménage a cru que ce nom était dérivé de l'italien *schiena*, fait, dans le même sens, du latin *spina*, épine du dos, en changeant le *p* en *ch*. Mais c'est avec raison que le plus grand nombre des étymologistes affirment que son radical est le mot grec ἐχῖνος, qui signifie hérisson. Aristote a le premier donné le nom d'*échine* (ἐχῖνον) au ventre ou tronc des animaux cornus et ruminants, en raison de ce que ces aspérités lui ont paru avoir quelque ressemblance avec les piquants du hérisson. Les anatomistes ont ensuite appliqué la signification de ce nom au rachis, ou colonne vertébrale de tous les animaux dont le squelette est osseux ou cartilagineux, parce que cette colonne est hérissée d'éminences plus ou moins saillantes appelées *apophyses épineuses*. En raison de ce que la série de ces apophyses occupe la ligne médio-dorsale, la tige osseuse vertébrale, a été aussi désignée sous le nom d'*épine* *du dos*, de *colonne épinière*, qui sont synonymes d'*échine*. Mais ce dernier mot appartient plutôt au langage usuel dans ce sens, et on l'emploie quelquefois comme l'équivalent de *dos*.

En architecture, *échine* ou *ove* est le nom d'un ornement semblable à des châtaignes ouvertes, qui se met au chapiteau de la colonne ionique, aux corniches des ordres ionique, corinthien et composite. Cet ornement s'appelle *quart de rond*, lorsqu'il n'est pas taillé.

Le verbe *échiner* signifie au propre *rompre l'échine*, et figurément, dans le style familier, *tuer*, *assommer dans une mêlée : échiner de coups*, c'est battre outrageusement. *Être échiné* s'emploie pour avoir un sentiment de fatigue très-grande dans l'échine, des douleurs contusives et des meurtrissures dans cette partie du corps.

Échiné est une épithète fort usitée en botanique, et qui s'applique aux parties recouvertes de pointes dures et piquantes. L. Laurent.

ÉCHINIDES. *Voyez* Oursins.

ÉCHINODERMES. Ces animaux forment la première des cinq classes dans lesquelles Cuvier a partagé l'embranchement des animaux rayonnés. Ils n'ont pas tous le derme épineux, comme leur nom (du grec ἐχῖνος, hérisson, et δερμα, peau : peau de hérisson, ou épineuse), pourrait le faire croire; mais cette disposition existe dans le plus grand nombre des espèces. Un caractère plus constant se reconnaît dans les animaux de cette classe : c'est la présence, sur tous les points du corps, d'organes exsertiles (suçoirs ou cirres), qui sont épars ou disposés en séries regulières. C'est par la considération de ce caractère que de Blainville a été conduit à nommer les échinodermes animaux *cirrodermaires*. Ces êtres sont les plus compliqués de tout leur embranchement; ils se rapportent à un nombre extrêmement considérable d'espèces, et ont été distribués dans plusieurs groupes principaux : tous sont marins, et se trouvent en bien plus grande abondance dans les contrées chaudes du globe que sous les zones froides ou même tempérées. Ils se partagent en trois groupes principaux : ce sont les *holothurides* ou *holoturides*, les *échinides* ou *oursins*, et les *stellérides* ou *étoiles de mer*. Les premiers ont le corps long, coriace, et présentent deux ouvertures : la bouche, qui est antérieure et entourée de tentacules branchus très-compliqués et susceptibles de se rétracter; à l'extrémité opposée se trouve l'anus ainsi que l'organe respiratoire, qui est en forme d'arbre creux, très-ramifié et susceptible de s'emplir d'eau ou de se vider au gré de l'animal. Le groupe des échinides, vulgairement appelés *oursins*, se distingue par un corps plus ou moins globuleux, et entouré d'un test ou croûte calcaire, à la surface duquel on voit une grande quantité de tubercules ou d'épines mobiles, selon les besoins de l'animal, et qui servent à ses mouvements; enfin les stellérides sont remarquables par leur corps divisé en rayons, ordinairement au nombre de cinq, et au centre desquels est la bouche, qui sert en même temps d'anus.

L'organisation des échinodermes est encore loin d'être parfaitement connue; leur système nerveux n'a pour ainsi dire été qu'entrevu, et l'on ne saurait dire s'ils possèdent les deux sexes. Néanmoins, ce qui est certain, c'est que leurs ovaires sont très-développés, et qu'un seul individu peut engendrer sans le secours d'un second. Tous ces animaux jouissent à un haut degré de la faculté de voir repousser les parties qu'on leur a enlevées : c'est ainsi que dans les étoiles de mer une seule des branches qui les composent suffit pour reproduire un individu entier. Aristote, Pline et la plupart des anciens naturalistes ont parlé des animaux de cette classe; mais ils les ont confondus avec les mollusques testacés. Rondelet est le premier qui les ait réunis aux zoophytes. Cuvier, qui les a laissés parmi ces derniers, les partage en deux ordres, qui sont les *pédicellés* et les *non-pédicellés*, Suivant de Blainville, ceux-ci (priapules, siponcles, bonellies) sont des *annélides*, et les autres doivent être distribués dans les trois ordres *holothurides*, *échinides* et *stellérides*, que nous avons indiqués. P. Gervais.

ECHINORHYNQUE (du grec ἐχῖνος, hérisson, et ῥύγχος, museau). Sous ce nom générique, Rudolphi a groupé plusieurs espèces de vers intestinaux cylindroïdes, allongés, plus ou moins ridés, sans aucune apparence de nerfs, peu vivaces, et remarquables surtout par leur *trompe* ou prolongement antérieur ovale, fusiforme, conique, en massue, ou bien égale dans toute sa longueur suivant les espèces, et recouverte dans toute sa surface par de petits crochets cornés, aigus, recourbés en arrière, disposés en quinconce, réguliers, et présentant deux ou trois rangées dans certaines espèces, tandis qu'il y en a jusqu'à quatre-vingts dans d'autres. Cette trompe est attachée au corps par un col qui n'existe cependant pas toujours.

Les mouvements des échinorhynques sont lents, et consistent dans le raccourcissement ou l'allongement du corps, dans la saillie ou la rétraction de la trompe, qui se déroule à la manière des tentacules des colimaçons, et au moyen de laquelle ces vers se soutiennent flottant dans les intestins et avec tant de force que si on veut les détacher ils laissent leur trompe ou arrachent une partie de la membrane muqueuse; quelquefois même ils percent la paroi intestinale, sortent de la cavité digestive et séjournent dans le ventre. Les échinorhynques jouissent d'une grande propriété d'absorption; sitôt qu'on les met dans l'eau, leur corps se déride et se gonfle. M. Deslongchamps en cite cent cinq espèces, qui habitent dans les animaux vertébrés; la plus grande est l'*échinorhynque géant*, qui vit dans les entrailles du cochon et du sanglier, et dont la femelle atteint jusqu'à 40 centimètres de longueur. N. Clermont.

ÉCHIQUETÉ, se dit, en blason, de ce qui est divisé en carrés semblables à ceux d'un échiquier.

ÉCHIQUIER, espèce de damier divisé en soixante-quatre carreaux de deux couleurs, sur lequel on joue aux échecs; on en fait en bois, en ivoire, etc.

La disposition des cases de l'échiquier a été imitée en plusieurs circonstances, et a fait adapter son nom à plusieurs objets. Des arbres, par exemple, sont plantés *en échiquier*, quand ils sont disposés de manière à former plusieurs carrés qui se croisent dans tous les sens. On dit, en termes de marine, que des vaisseaux sont *en échiquier* lorsqu'ils ne courent pas sur la même ligne, et que leurs lignes se croisent comme celles d'un échiquier. Cette disposition a été adoptée dans la tactique militaire (*voyez* l'article suivant).

On a donné aussi le nom d'*échiquier* à une espèce de filet carré, soutenu par deux demi-cerceaux qui se croisent au milieu, auquel est attachée une perche, et dont on se sert spécialement pour la pêche des goujons.

Une autre espèce de filet, fait d'une gaze taillée en entonnoir et couronnée d'un cercle à son ouverture, avec une baguette plus ou moins longue pour manche, et qui sert aux enfants et aux naturalistes pour attraper des papillons, a reçu aussi le même nom.

En termes de blason, un écu reçoit le nom d'*échiquier* lorsqu'il est divisé régulièrement en plusieurs carrés, dont les uns sont de métal et les autres de couleur.

ÉCHIQUIER ou **QUINCONCE** (*Tactique*), sorte de bataille rangée, comprenant plusieurs carrés ou plusieurs subdivisions qui, sur deux ou plusieurs lignes, forment l'ordre tant plein que vide. Cet ordre était pratiqué par les Chinois bien des siècles avant l'ère chrétienne. Des auteurs prétendent qu'il aurait été inventé par Palamède au siége de Troie, et que l'espèce de *taxographie* dont il se servit pour démontrer le jeu des petites phalanges grecques posées en quinconce, l'amena à inventer le damier ou table à jouer aux *échecs*. Cette opinion est erronée, car rien ne prouve que la *phalange* ait jamais manœuvré en quinconce. L'invention de cet ordre de bataille est généralement attribuée aux

Romains, et elle est postérieure au siége de Veïes. Ils le substituèrent à la ligne pleine, dont plus tard ils firent derechef usage. Aux beaux temps de leur milice, l'échiquier était le principe fondamental de la tactique des *manipules* des légions. Par exception, et afin d'ouvrir un passage facile aux éléphants lancés par l'ennemi, Régulus forma, à la bataille de Tunis, ses manipules autrement qu'en échiquier : il les disposa, disent les Latins, *cuneatim*, comme des dents de peigne, les *hastaires* couvrant les *princes*. Quand les manipules eurent été remplacés par les *cohortes*, l'ordre en échiquier fut abandonné, du moins n'est-il pas avéré qu'il se soit maintenu. A la renaissance de l'art, les Espagnols, sous les ordres du duc d'Albe et de Farnèse, en reprirent l'usage. Les Hollandais, sous Maurice de Nassau, et les Suédois, sous Gustave-Adolphe, l'imitèrent d'eux; les Français l'ont emprunté à Gustave, postérieurement à la guerre de trente ans.

La Vallière est un des premiers auteurs qui ait parlé d'échiquier. Dans Billon, il ne signifie qu'*échelon*. Les mots *échiquier* et *bataille rangée* furent d'abord synonymes; observons toutefois que ce prétendu échiquier ne consistait et ne consiste encore qu'en un arrangement suivant lequel des bataillons, sur deux lignes combinées, sont rangés, à l'égard les uns des autres, à peu près dans la forme des cases d'un damier. Être précisément en échiquier, ce serait occuper, par égales portions de vide et de plein, un terrain ayant la forme d'un carré équilatéral, subdivisé lui-même en un nombre déterminé d'autres petits carrés équilatéraux; mais tel n'est pas le cas, parce que notre échiquier tactique ne représente que deux lignes de cases. Dans la langue militaire, l'expression *échiquier* n'est pas juste, puisqu'elle signifie seulement que le vide ou les intervalles d'une ligne de bataille répondent au plein d'une autre ligne.

L'ordre en échiquier s'est d'abord appliqué aux feux de pelotons, aux feux en avançant, et à d'autres feux d'infanterie; mais on y a bientôt renoncé. Dans l'ancienne tactique française, cet ordre était fondamental, et admis surtout comme moyen de favoriser les passages des lignes. Sur la fin du siècle dernier, il était, suivant certains auteurs, inapplicable à une grande armée, et laissait trop vulnérables une quantité de flancs. Il est regardé encore par quelques écrivains comme faible, comme trop théâtral; cependant, si on le pratique peu, c'est surtout parce qu'il demande une imperturbable habileté. On le recommande dans le cas d'une attaque de lignes, et Bonaparte le jugeait propre au mode d'action de l'avant-garde d'une armée et aux passages de rivière en retraite. Frédéric II le goûtait particulièrement: il en faisait usage avec une étonnante précision. Ce roi-guerrier est l'inventeur de l'attaque et de la retraite en échiquier, flanquées par des divisions en potence; c'est lui aussi qui le premier a soutenu ses retraites en échiquier, au moyen d'un carré qui tenait ferme, tandis que l'échiquier marchait. L'instruction de 1775 ne parlait pas encore d'échiquier, à moins qu'on ne regarde les feux en avançant comme y étant quelque peu analogues. Pourtant, les Français en pratiquaient le mécanisme depuis près de trois siècles. Le règlement de 1791 considérait l'ordre en échiquier comme une manœuvre de ligne : ainsi, c'est la seule des manœuvres modernes qui offre une imitation des mouvements tactiques que l'infanterie française a pratiqués depuis Henri IV jusqu'à Frédéric II. L'ordonnance de 1831 a apporté quelques changements aux dimensions de l'échiquier. Gal BARDIN.

ÉCHIQUIER (Billets de l'). On nomme ainsi en Angleterre ce que nous appelons en France les *bons du trésor*, parce que dans ce pays l'administration qui émet ces billets s'appeile l'*échiquier*. Cette administration, qui a pour chef le *chancelier de l'échiquier*, cumule avec la trésorerie (dont le chef prend le titre de *premier lord de la trésorerie*), et les auditeurs des comptes toutes les attributions de notre ministère des finances. La trésorerie dirige et surveille les recettes et les dépenses; l'échiquier contrôle les unes et autorise les autres, et les auditeurs rendent les comptes généraux des recettes de la trésorerie et des dépenses de l'échiquier, d'après les comptes particuliers des percepteurs et des receveurs. En Angleterre, toutes les dépenses ordinaires du trésor sont même acquittées avec des billets de l'échiquier : aussi la totalité de ces bons à terme y est-elle infiniment plus considérable qu'en France. Ils portent intérêt dès le jour de leur émission, laquelle n'a lieu qu'en vertu d'un acte du parlement, passé ordinairement à la fin de chaque session. La banque d'Angleterre, d'accord avec le gouvernement, escompte volontairement ces billets pour leur valeur au cours de la place, les reçoit au pair, en bonifie l'intérêt, qui se trouve alors échu, et par là en maintient la valeur et en facilite la circulation. La confiance en ces billets est telle, qu'ils font en quelque sorte office de monnaie et sont plus recherchés que les espèces métalliques, lesquelles ont l'inconvénient de dormir improductives dans les caisses. Les banquiers anglais y mettent une grande partie de leurs fonds disponibles; car au besoin ils sont reçus en payement de taxes ou sont négociés comme d'autres effets publics. Quant aux intérêts, ils s'ajoutent tous les jours à la somme principale, et sont payés à chaque mutation par l'acheteur au vendeur; lorsqu'ils reviennent au gouvernement, il paye au dernier porteur la totalité des intérêts dont celui-ci avait avancé une partie. Cette intervention de la banque permet souvent au gouvernement de contracter une forte dette de cette espèce par une émission considérable.

La conception des bons du trésor ou *billets de l'échiquier* est due au chancelier Montague. Elle lui vint dans un moment où il s'ingéniait à trouver les moyens d'alléger la détresse financière de son maître Guillaume III. La première émission eut lieu en 1696, au taux de 2,700,000 livres sterling : quelques-uns des billets n'étaient que de 10 et même 5 liv. sterling. Aujourd'hui, on n'en émet plus au-dessous de 100 liv. sterl., et la plupart sont de 500 et de 1,000 liv. Les transactions quotidiennes entre la banque et l'échiquier se font principalement à l'aide de billets de 1,000 liv., que la banque dépose à l'échiquier jusqu'à concurrence des sommes qu'elle reçoit pour le compte du gouvernement. Les billets de l'échiquier constituent, avec ceux de la marine et quelques autres analogues, ce qu'on appelle la *dette flottante*; ils ont été souvent convertis en *dette fondée*.

C. PECQUEUR.

ÉCHIQUIER (Chancelier de l'). *Voyez* l'article qui précède.

ÉCHIQUIER (Chambre de l'), juridiction établie en Angleterre pour juger en appel les décisions émanées de la cour du banc du roi et de la *cour* de l'*échiquier* (*voyez* l'article suivant). C'est après la cour des pairs la principale cour d'appel du royaume; mais elle n'est pas permanente, et sa composition varie suivant qu'elle a à statuer sur les jugements de l'une ou de l'autre juridiction soumise à son autorité. S'il s'agit de reviser un jugement de la *cour de l'échiquier*, elle se compose du lord-chancelier, du lord-trésorier, des juges de la cour du banc du roi et de ceux de la cour des plaids communs: c'est un statut d'Édouard III qui a établi cette partie de sa juridiction. Si, au contraire, l'appel est interjeté contre un jugement de la *cour du banc du roi*, la chambre de l'échiquier est composée des juges des plaids communs et de ceux de la *cour de l'échiquier*, ainsi qu'il a été déterminé par un statut d'Élisabeth. La *chambre de l'échiquier* a encore une autre attribution, qui n'a pas de rapport avec des deux premières : lorsqu'il s'élève dans les autres cours de justice des questions difficiles et d'une grande importance, les douze grands juges se réunissent pour en conférer, quelquefois avec l'assistance du lord-chancelier, avant que les cours inférieures aient rendu aucun jugement.

Ainsi qu'on le voit, la *chambre de l'échiquier* exerce

trois juridictions particulières, qui diffèrent entre elles et par les éléments qui les composent, et par leur compétence : elles ne sont pas même formées des mêmes magistrats, et n'ont entre elles de commun que leur dénomination, qui leur vient du lieu où elles tiennent leurs audiences. La *chambre de l'échiquier* est elle-même soumise, sous le rapport de sa triple juridiction, à la révision de la cour des pairs, qui exerce à son égard des attributions analogues à celles de la cour de cassation, vis-à-vis des autres tribunaux français. E. DE CHABROL.

ÉCHIQUIER (Cour de l'), juridiction particulière à l'Angleterre, et dont les attributions sont d'administrer les revenus de l'État et de veiller au recouvrement de ce qui est dû à la reine; et ainsi nommée du tapis ou du parquet en forme d'échiquier qu'on y voyait, suivant l'usage existant en Normandie et même auparavant sous les rois francs, et d'après lequel cette sorte d'ornementation était réservée pour la salle où s'assemblait le tribunal suprême ou cour des pairs. Quelques personnes la font remonter jusqu'à Henri Ier; elle existait certainement déjà du temps de Henri II, mais elle ne fut organisée telle qu'elle existe aujourd'hui que sous le règne d'Édouard Ier. Elle se divise en deux sections bien distinctes : 1° celle qui a pour objet l'administration des revenus royaux; 2° et la section judiciaire, qui elle-même se subdivise en cour d'*équité*, et en cour de *loi commune*. Il est difficile d'établir d'une manière nette la ligne de séparation qui existe entre les deux sections de la cour de l'échiquier. Peut-être la différence n'existe-elle que dans quelques points imperceptibles de pratique qu'il est difficile de saisir; peut-être aussi provient-elle des empiétements successifs de la cour de l'échiquier sur la cour des plaids communs. En effet, dans l'origine la cour de l'échiquier ne jugeait tout que par voie d'équité, et sa juridiction primitive ne s'étendait que sur les débiteurs du roi, assignés devant elle par les ordres de l'attorney-général, et sur les recouvrements à faire au profit de la couronne. Mais plus tard, au moyen de fictions dont la cour du banc du roi lui avait donné l'exemple, elle chercha à étendre son pouvoir sur certaines affaires qui en principe rentraient dans les attributions des *plaids communs*. Ainsi, le demandeur qui veut soumettre son affaire à la cour de l'échiquier suppose « qu'il est fermier ou débiteur du roi, et que le défendeur lui ayant causé un certain dommage, lui demandeur est devenu moins capable de payer le roi »; d'où l'on conclut que la cour est compétente en raison de l'intérêt, même indirect, que peut avoir le roi. Gifford fait même observer que l'on ne conteste jamais si les allégations du demandeur sont exactes ou non.

Il paraît que ce sont ces affaires ajoutées successivement à la compétence primitive de la cour de l'échiquier qui ont donné naissance à la section de la *loi commune*.

La composition de cette cour varie suivant qu'il s'agit de l'une ou de l'autre section. La section d'*équité* se compose du lord-trésorier et du chancelier de l'échiquier, du chef baron et des trois barons de l'échiquier. On nomme ces derniers *barons* parce que dans le principe les juges de l'échiquier devaient avoir ce titre; et bien qu'il ne soit plus nécessaire aujourd'hui d'être baron pour faire partie de cette cour, on a maintenu le titre par suite de l'usage, si commun en Angleterre, de conserver le nom des choses qui ont entièrement changé.

La section de la *loi commune* n'est composée que du chef baron et des trois barons (*voyez* COURTS). Les appels de la *cour de l'échiquier* sont dans certains cas portés immédiatement devant la cour des pairs, et dans d'autres devant la *chambre de l'échiquier*. E. DE CHABROL.

ÉCHIQUIER DE NORMANDIE. C'est ainsi qu'a été appelée pendant plusieurs siècles une cour souveraine qui rendait la justice dans cette vaste province, d'abord au nom des ducs, devenus rois d'Angleterre, et ensuite au nom des rois de France, quand ceux-ci se furent de nouveau rendus maîtres de l'ancienne Neustrie. L'époque à laquelle cette cour souveraine a été établie est difficile à déterminer. Cependant M. Floquet, dans son Histoire du parlement de Normandie, a prouvé qu'elle existait avant la conquête de l'Angleterre, réfutant l'opinion, généralement admise, que ce tribunal n'avait été formé que sous Henri II, c'est-à-dire de 1151 à 1183. Voici, du reste, la définition que donne de cette cour le Grand-Coutumier de Normandie : « L'on appelle *eschiquier* l'assemblée de hauts justiciers à qui il appartient amender ce que les baillis et les autres moindres justiciers ont mal fait ou mal jugé, et rendre la justice à un chacun sans délai, ainsi comme de la bouche du prince; à garder ses droits, à rappeler les choses qui ont été mises sans droit hors de sa main, et à regarder de toutes parts ainsi comme des yeux au prince toutes les choses qui appartiennent à sa dignité. » Ainsi, l'échiquier de Normandie était une cour de haute justice destinée à remplacer le prince suzerain. C'était un parlement ambulatoire, qui se tenait deux fois par an pendant trois mois, au commencement du printemps et à l'entrée de l'automne. Depuis l'ordonnance de Philippe le Bel, en date du 23 mars 1302, c'est à Rouen que dut se tenir l'échiquier; mais cette cour s'assembla souvent, surtout dans les temps de troubles et de l'invasion des Anglais, à Caen et à Falaise. En 1599, à la requête des états de Normandie, l'échiquier fut rendu sédentaire et perpétuel dans la ville de Rouen. En 1515 François Ier substitua le nom de parlement à celui d'échiquier.

Quant à la raison qui aurait fait donner à cette juridiction le nom d'*échiquier*, elle est controversée. Nous ne rapporterons pas toutes les opinions qui ont été émises à ce sujet, nous contentant d'exposer ici les principales. Nicot et le Rouillé, commentateurs de la Coutume de Normandie, croient que ces cours étaient ainsi appelées de ce qu'elles étaient composées de gens de différentes qualités, comme les pièces du jeu des échecs. Ménage veut, d'après Pithou, que ce mot vienne du verbe allemand *schicken*, qui signifie *envoyer*, faisant ainsi remonter l'institution de cette cour souveraine aux *missi dominici* de Charlemagne. Enfin, Ducange a pensé, avec plus d'apparence de raison, que le nom d'échiquier pouvait venir du pavé de la chambre où cette assemblée se tenait, et qui était en forme d'échiquier, ou du bureau même autour duquel étaient les juges, et sur lequel on mettait un tapis divisé en plusieurs carreaux.

ÉCHO (*Physique*), de ἦχος, son. L'air étant composé de molécules élastiques, si après qu'il a été mis en mouvement par un corps sonore, il rencontre un obstacle, il doit se réfléchir en faisant avec la surface de l'obstacle des angles de réflexion égaux aux angles d'incidence, suivant les lois de la catoptrique. Le son produit par l'air ainsi réfléchi s'appelle *écho*.

La manière dont ce phénomène se produit est facile à concevoir : représentez-vous une personne articulant des syllabes en face d'un rocher qui a la propriété de réfléchir les sons ; si cette personne est trop près du rocher, l'écho sera nul pour elle, attendu que le son de chaque syllabe qu'elle prononcera parviendra à son oreille pendant qu'elle articulera les syllabes qui viendront après; elle n'entendra donc qu'un bourdonnement confus. En effet, le son parcourt 338 mètres par seconde ou 33^m^,8 en $\frac{1}{10}$ de seconde, temps nécessaire pour articuler une syllabe : si donc l'observateur se trouve à 17 mètres du rocher, la syllabe qu'il aura prononcée lui sera répétée immédiatement après par l'écho, parce que le son aura employé $\frac{1}{10}$ de seconde, et parcouru 17 mètres pour aller au rocher, et autant pour revenir à l'oreille de l'observateur. Si la même personne se trouve à 338 mètres de la surface réfléchissante, et qu'elle prononce dix syllabes dans une seconde, elle entendra la répétition de la première immédiatement après qu'elle aura articulé la dernière, etc. Enfin, plus l'observateur sera éloigné de la surface réfléchissante, plus il percevra distinctement les effets de l'écho.

L'écho qui ne répète qu'une fois est dit *simple*; on l'appelle *multiple* lorsqu'il répète les mêmes mots un certain nombre de fois : il y en a beaucoup en divers pays de cette dernière espèce, qui répètent dix, quinze fois, etc.; Monge et d'autres savants en ont observé un dans la cour du château de Simonetta, en Italie, qui répète le même mot quarante fois. Pour se rendre raison des effets des échos multiples, on suppose que les mêmes sons sont réfléchis par des surfaces parallèles entre elles, de la même manière que les effets de la lumière sont multipliés par deux glaces placées l'une en face de l'autre; cette explication est conforme aux principes de la géométrie et de la physique : on observe en effet que la cour du château de Simonetta est fermée en partie par deux ailes de bâtiment qui sont parallèles entre elles.

On distingue dans les lieux qui produisent de l'écho deux points remarquables : le premier s'appelle *centre phonétique* (de φωνη, son) : c'est l'endroit où le son est produit; le second centre prend le nom de *phonocamptique* (φωνη, et κάμπτω, je réfléchis), c'est un des points de la surface réfléchissante. Dans certains lieux le son réfléchi ne revient plus au centre phonétique. Si, par exemple, deux personnes se placent aux foyers d'une voûte elliptique, elles pourront converser ensemble, même à voix basse; mais les paroles que chacune d'elles prononcera ne lui reviendront point; elles ne seront pas non plus entendues des personnes qui pourront se trouver dans le même lieu. La raison en est fort simple, quand on sait que deux rayons tirés des foyers d'une ellipse à un point quelconque de sa circonférence font des angles égaux avec la tangente qui passe par ce point. Quelques physiciens ne sont pas satisfaits de la méthode qui explique les effets de l'écho suivant les lois de la catoptrique; car M. Biot, par exemple, a observé qu'en parlant dans un tuyau d'un millier de mètres de long, ses paroles lui revenaient répétées plusieurs fois. Ici il n'y avait pas de surface directement réfléchissante. Pour rendre raison de ce phénomène, on suppose qu'il se forme des *nœuds* (des repos) dans l'intérieur, qui ont de l'analogie avec ceux des instruments à vent. D'autres physiciens prétendent, avec beaucoup de raison, que les vibrations des corps environnants ont une grande influence sur les modifications et les répétitions des sons.

Un écho est *monosyllabique*, *polysyllabique*, suivant qu'il repète une ou plusieurs syllabes. Il y en a un à Woodstock qui répète vingt syllabes. On a mis en pratique les théories que l'on connaît pour donner à certaines constructions la faculté de répéter les sons : on n'y a jamais bien réussi. Les échos les plus singuliers qui s'observent dans certains édifices sont presque tous le produit du hasard.

Teyssèdre.

Il est arrivé plus d'une fois à l'opinion publique d'exprimer ses griefs ou ses inquiétudes, sous forme de prétendus échos recueillis dans des circonstances données. Ainsi, en 1812, quand s'organisait la gigantesque expédition de Russie, les frondeurs (et ils étaient nombreux alors, en dépit du lyrisme perpétuel d'une presse monopolisée au profit des agents de la police impériale), les frondeurs s'abordaient en se racontant mystérieusement à l'oreille la dernière facétie imaginée par l'opposition. Soucieux de l'avenir, disait-on, et obéissant à sa superstitieuse croyance aux esprits et aux puissances surnaturelles, le grand empereur, dans des moments de perplexité, s'avisait quelquefois de consulter l'écho de Saint-Cloud sur l'attitude véritable que, dans la lutte qui allait s'engager, prendrait la Prusse. A quoi l'écho répondait toujours : *russe*! Et l'Autriche? *triche!* répliquait encore le trop véridique écho...

Nous ne serions pas étonné que les loustics contemporains eussent profité des circonstances actuelles (mars 1854) et de la guerre qui s'engage en Orient pour renouveler cette facétie de l'opposition de 1812. En tous cas, nous sommes trop bon Français pour ne pas souhaiter sincèrement que l'événement ne donne point raison, cette fois encore, aux mauvais plaisants.

ÉCHO (*Mythologie*). C'était chez les Grecs une nymphe, fille de l'Air et de la Terre. Ausone lui donne l'Air pour père, et la Langue pour mère. Habitante des rives du Céphise, non loin d'Athènes, au pied du mont Pentélique, elle devint si éperdûment éprise de Narcisse, fils de ce fleuve, qu'elle le suivait dans les forêts, à la chasse, au fond des grottes, au bord des fontaines, et répétait dans les lieux solitaires jusqu'à la voix de son amant, afin de l'y attirer lui-même. Narcisse dédaigna son ardeur; elle, honteuse et désespérée, se retira dans la profondeur des bois, et s'y cacha dans les cavernes les plus reculées. Elle y dépérit de jour en jour, et ne reparut plus parmi les chœurs des nymphes; vainement ses compagnes la cherchèrent, on ne la revit plus. Seulement, on entend toujours sa voix plaintive, ce qui a fait dire que ses os furent changés en rochers, mais que la voix seule lui resta. Némésis prit soin de la venger : elle inspira à Narcisse le triste amour de soi-même. Incessamment penché sur le miroir des lacs et des fontaines, il y périt consumé de ses propres feux. Écho, de son côté, avait dédaigné les amours de Pan, vainement épris de cette nymphe.

Les malheurs d'Écho sont encore diversement racontés. Les mythologues disent qu'Écho, de concert avec Jupiter, amusait Junon par les contes les plus divertissants, afin de distraire l'attention de cette jalouse déesse lorsque son infidèle époux, aux bras de quelque nymphe, oubliait la foi conjugale. Junon s'aperçut de la ruse : elle retira une portion de la voix à la nymphe, ne lui laissant plus que le pouvoir de prononcer les dernières paroles des autres. Varron appelle Écho *la compagne des muses*. Elle anime en effet et peuple même les solitudes. Écho est la consolatrice des amants et l'amie du bûcheron, du pauvre pâtre et des chasseurs, dont elle redit le son des cors, si doux à leurs oreilles. Ainsi, les Grecs touchent, par l'attrayante fiction d'Écho, à la poésie mélancolique du Nord. Denne-Baron.

ÉCHO (*Littérature*), sorte de poésie dont le dernier mot ou les dernières syllabes forment en rime un sens qui répond à chaque vers :

> Nos yeux par ton éclat sont si fort éblouis,
> Louis,
> Que lorsque ton canon, qui tout le monde étonne,
> Tonne, etc.

Cela s'appelle un *écho*. Nous n'en sommes pas les inventeurs; les anciens poëtes grecs et latins les ont imaginés, et la richesse ainsi que la prosodie de leur langue s'y prêtaient avec moins d'affectation. Les Hébreux même affectaient ces rimes de la nature jusque dans leur prose. Aristophane, Callimaque, un Goradas et un Léonidas dans l'anthologie, nous en ont laissé des traces. On trouve plusieurs *échos* dans le poëme moderne de la *Sainte-Baume*, du *Carme provençal*. Parmi les exemples plus récents, nous citerons un charmant vaudeville de Panard, dont voici un couplet :

> Maître d'un joli jardinet,
> Lucas y fait
> Peu d'ouvrage;
> Et quand quelqu'un veut se mêler
> D'y travailler,
> Il fait rage.
> N'a-t-il pas, ce *butor*,
> *Tort*,
> Quand il nous prive
> D'un bien que ce *balourd*
> *Lourd*
> Si mal cultive?

Les *échos* ont fait les délices de la cour de François Ier, de Henri II et des successeurs de Ronsard. Victor Hugo s'essaya avec bonheur dans ce genre, un jour, sans doute, qu'il était las d'être sublime. Mais le chef-d'œuvre du genre est un dialogue composé par Joachim du Bellay, entre un amant qui interroge *Écho* et les réponses de cette nymphe. On y trouve ces vers :

> Qui est l'auteur de ces maux avenus?
> *Vénus.*
> Qu'étais-je avant d'entrer dans ce passage?
> *Sage.*
> Qu'est-ce qu'aimer et se plaindre souvent?
> *Vent.*

Jules Sandeau.

ÉCHOPPE, ÉCHOPLE ou ÉCHOPETTE, vieux mots français qui signifient *petite boutique*. On les dit dérivés du mot anglais *shop*, qui a la signification de *boutique;* mais est-il bien prouvé que nos voisins d'outre-mer, si faciles dans leurs emprunts à notre langue, ne lui aient pas fait encore celui-là? Le savant Huet, dans ses *Antiquités de Caen*, dit que le mot *échoppe* est synonyme de *cage;* et en effet, rien ne ressemble plus à un oiseau en cage qu'un homme dans une échoppe, où il peut à peine se retourner. L'échoppe est une petite boutique en bois, tantôt adossée à un mur, couverte d'appentis, et placée dans des lieux fréquentés, tels que les parvis des églises, les places publiques, les marchés, les ponts, les quais, les carrefours, les principales rues; tantôt mobile, ambulante, portée sur des roulettes, et traînée par un homme, un cheval ou un âne. Autrefois les échoppes étaient bien plus nombreuses dans Paris qu'à présent : les façades des hôtels des grands seigneurs, le voisinage et même l'intérieur des palais, des édifices publics, en étaient encombrés. Les marchands, les artisans, ne rougissaient pas alors de leur profession : ils n'avaient pas la sotte vanité de se dire *négociants, artistes*. Le barbier, le perruquier rasait, frisait dans son *échoppe*, et non pas dans un *salon*. Des merciers, des bijoutiers, des libraires, faisaient leur commerce dans une échoppe, et leurs affaires y prospéraient tout aussi bien que celles des marchands d'aujourd'hui dans leurs somptueux magasins.

Vers 1780, on établit sur une partie des quais une longue file d'échoppes, louées au profit de la ville à des fripiers, à des marchands de ferrailles. Ces échoppes obstruaient la voie publique, privaient les passants du coup d'œil de la rivière, et offusquaient désagréablement la vue, surtout au bas du Pont-Neuf, sur le quai de la Mégisserie, qui prit alors le nom de quai de la Ferraille. C'est là que, malgré les défenses de vendre le dimanche, l'ouvrier, libre ce jour-là, venait se pourvoir de culottes et de chapeau. Ces échoppes ayant usurpé la place occupée deux fois la semaine par le marché aux fleurs, les jardiniers-fleuristes, à leur tour, établirent devant les échoppes leurs pots et leurs arbustes; et ce quai devenait aussi impraticable les jours de marché qu'il était dangereux la nuit, à cause des voleurs, qui avaient la facilité de s'esquiver par l'*arche Marion*, où le guet à cheval ne pouvait les suivre. Ailleurs aussi, les échoppes embarrassaient les rues, et gâtaient la symétrie des places. Cette invention de la cupidité de quelques particuliers et même de quelques corps fut supprimée par lettres patentes de mai 1784. On ne conserva que les échoppes aliénées au profit du domaine royal, et l'on n'autorisa pour l'avenir que les échoppes mobiles. Un grand nombre d'étalagistes et de gagne-petit se trouvaient dans l'embarras, lorsqu'un arrêt du conseil, du 4 octobre, restreignit encore la tolérance. L'abbé Baudeau, célèbre économiste, et le directeur des finances du duc de Chartres (père du roi Louis-Philippe), tirent pour lui de ces circonstances un objet de spéculation; et comme l'état de son trésor ne lui permettait pas d'achever les nouveaux bâtiments du Palais-Royal, ils lui persuadèrent de faire construire entre la seconde cour et le jardin ces petites et vilaines boutiques en bois, qu'on y a vues pendant plus de quarante ans, et qui n'étaient que des échoppes. Celles qui obstruaient diverses galeries et la seconde cour de cet édifice, ainsi que les péristyles du Louvre, l'intérieur du Palais de Justice, les environs du Sénat, et du Corps Législatif, ont aussi disparu. La place du Carrousel, avant qu'on eût commencé de l'agrandir sous le consulat, n'avait près du grand guichet du Louvre que la largeur d'une rue ordinaire, formée d'un côté par l'humble barrière en planches qui servait alors de grille au château des Tuileries, et de l'autre par une file d'échoppes, occupées par de petits libraires, des écrivains, des marchands de gâteaux, etc.

Enfin, les places, les rues, les quais ont été élargis, et les échoppes, même celles qui appartenaient à l'État et à la ville, ont presque entièrement disparu. On ne trouve guère plus dans quelques quartiers de Paris que celles qu'occupent les bureaux de l'octroi, de la navigation, des bateaux de la Seine, des diverses lignes d'*omnibus*, et les échoppes, aujourd'hui de plus en plus rares, de vieux écrivains publics et de vieux savetiers. Dans ce nombre on peut compter aussi bien des boutiques d'anciens et même de nouveaux passages. Quant aux vieilles échoppes ambulantes de marchands d'encre, de balais, de petits pains au lait, celles qui montraient des curiosités, optiques, nains, marionnettes, et même les *vespasiennes*, à peine le souvenir nébuleux en est-il venu jusqu'à nous.

En termes d'art, on appelle *échoppe* ou *échople* une sorte de burin, une pointe plate et tranchante à une de ses extrémités, dont se servent les graveurs, sculpteurs, orfèvres et serruriers.

H. Audiffret.

ÉCHOUAGE. On appelle ainsi une plage unie, sur la côte, dans une anse, etc., sur laquelle viennent s'arrêter, en touchant sans danger, les navires de petite dimension, et les embarcations dont les équipages peuvent facilement sauter à terre. Dans la Méditerranée, les pêcheurs de sardines viennent à l'*échouage*, en rentrant de leur expédition, et tirent leur bateau sur la plage (on sait qu'il n'y a pas de marée dans la Méditerranée), pour vendre le produit de leur pêche. Les bâtiments de guerre, portant du canon, doivent éviter l'*échouage*, à moins que ce ne soit sur des vases molles qui leur permettent de conserver leur équilibre. Sur le sable en effet le navire, au retrait de la mer, devrait craindre de rester sur le côté, ce qui pourrait entraîner des avaries majeures, telles que le sabordage du côté inférieur, ou tout au moins le déplacement du centre de gravité, par la chute d'un ou plusieurs canons du bord opposé : dans l'un ou l'autre cas, il y aurait impossibilité pour le navire de se relever au retour du flot. Les bâtiments marchands, sur leur lest, ou dont le chargement est bien arrimé, peuvent sans inconvénient se coucher sur le côté à l'*échouage*, et se relever facilement au flux : on a pu le remarquer dans les bassins du Havre. On dit aussi l'*échouage* d'un bâtiment : c'est l'action d'aller, de s'arrêter au lieu de l'*échouage*. Il est toujours volontaire, et diffère en cela de l'*échouement*.

Échouer, dans l'acception active, signifie la volonté de conduire un navire à l'*échouage*, soit pour le réparer, soit pour le nettoyer, soit enfin pour tout autre motif. Il exprime aussi l'action de jeter avec intention un navire à la côte pour le soustraire à la prise par l'ennemi et en sauver l'équipage. Dans l'acception neutre, *échouer* veut dire arriver à l'*échouage* ou à l'*échouement*. Les caboteurs et les navires *échouent* dans les havres, les ports, etc.

Le mot *échouer*, transporté du vocabulaire de la marine dans la langue ordinaire, y exprime figurément le manque de succès dans une entreprise quelconque. Merlin.

ÉCHOUEMENT. On appelle ainsi l'accident arrivé au navire qui va frapper sur un banc de sable, sur un récif, ou sur un bas-fond dans lequel il demeure plus ou moins engagé. Si le navire a donné sur l'écueil avec une grande vitesse, il est presque toujours défoncé par l'échouement; si c'est pendant une tempête, les coups de mer ont bientôt brisé le bâtiment arrêté. Dans l'un ou l'autre cas, l'échouement entraîne toujours le naufrage. Quelquefois l'échouement a lieu par une belle mer et sans avarie immédiate : alors il faut alléger le navire par tous les moyens possibles, afin de le remettre à flot; malheureusement ces efforts restent souvent sans succès. On connait la trop cruelle célébrité de l'échouement de la frégate française *la Méduse*.

La loi distingue deux sortes d'échouements, l'*échouement simple* et l'*échouement avec bris*. L'échouement avec bris, appelé par quelques auteurs *naufrage présumé*, a lieu quand le choc du vaisseau sur le sable ou sur les rochers est accompagné soit de la dislocation générale des parties qui le composent, soit du bris ou de la dégradation d'une de ses parties essentielles, en sorte qu'il devient impossible de le réparer et de lui faire continuer le voyage. L'échouement simple est le même accident, quand il n'a point pour résultat le bris d'une des parties essentielles du navire et l'impossibilité de continuer le voyage. L'échouement avec bris est un des huit *sinistres majeurs* qui ouvrent l'action en délaissement; l'échouement simple est un *sinistre mineur*, qui ne permet que l'action en avarie.

Charles LEMONNIER.

ECK (JEAN MAYR D'), célèbre par sa lutte contre Luther, naquit en 1486, à Eck, en Souabe, où son père, Michel Mayr, simple paysan, parvint aux fonctions de bailli. Doué de dispositions heureuses, il acquit de bonne heure, par l'étude approfondie des Pères de l'Église et des philosophes scolastiques, une érudition et une habileté de discussion que plus tard Luther et Mélanchton durent eux-mêmes reconnaître. Il était docteur en théologie, chanoine d'Eichstædt, et vice-chancelier de l'université d'Ingolstadt, lorsque pour la première fois, en 1518, il essaya de combattre les thèses de Luther avec ses *obelisci*, écrits, dit-on, à l'instigation de l'évêque d'Eichstædt. Cet ouvrage lui valut une discussion avec Karlstadt, et, en octobre 1518, il convint avec Luther, à Augsbourg, que ce différend se viderait dans un colloque qui aurait lieu à Leipzig, entre lui et Karlstadt; mais sa vanité le poussa à attirer dans cette lutte Luther, dont il prit soin d'attaquer plusieurs propositions dans son programme. Jean d'Eck, après avoir anathématisé les habitants de Wittenberg, comme *luthériens*, se rendit à Rome, en 1520, pour y solliciter contre eux des mesures sévères; et, poussé à cette démarche odieuse autant par ses ressentiments personnels que par les sollicitations de Fugger, il s'en revint avec une bulle qui condamnait les doctrines de Luther, et avec la mission de la propager partout où besoin serait. Mais sur une foule de points il éprouva une résistance tellement vive, qu'à Leipzig, par exemple, force lui fut de chercher dans le couvent des Paulistes un refuge contre la fureur du peuple. On le retrouve plus tard à la diète d'Augsbourg (1530), où, en présence du duc Guillaume de Bavière, il déclara qu'il se faisait fort de réfuter la confession d'Augsbourg, non avec les textes de l'Écriture, mais avec ceux des Pères de l'Église. Il mourut en 1543.

ECKERNFOERDE ou ECKERNFŒHRDE, ville maritime du duché de Schleswig, à environ 25 kilomètres au nord-ouest de Kiel et à 15 kilomètres au sud-est de Schleswig, sur une baie ou *fœhrde* de la Baltique du même nom, possède l'un des meilleurs ports du pays ainsi qu'une situation des plus favorables pour l'expédition des produits du *Dænishwald* et du *Schwanten*, fertiles contrées à blé qui l'avoisinent. Un pont de cent mètres de longueur la relie à un faubourg qui se prolonge jusqu'au village de Borby. Sa population, qui n'est pas moindre de 4 à 5,000 âmes, se livre avec ardeur au commerce et à la navigation. En 1543, cette ville obtint la confirmation solennelle des droits de cité dont elle était en possession depuis le quatorzième siècle. Au printemps de l'année 1628 le roi de Danemark en chassa les Impériaux. Le 7 décembre 1813 le général russe Walmoden y mit en complète déroute les troupes danoises.

Le 5 avril 1849 le vaisseau de ligne danois, *Le Christian VIII* et la frégate *Le Géfion*, contrariés par un violent vent d'est qui les retenait à la côte et les empêchait de gagner le large, furent vivement canonnés par les batteries que les troupes allemandes avaient élevées sur les côtes. Le premier de ces bâtiments sauta en l'air; le second, obligé d'amener pavillon, reçut plus tard des Allemands le nom d'*Eckernfœrde*.

ECKERSBERG (CHRISTOPHE-GUILLAUME), célèbre peintre d'histoire danois, naquit en 1783, dans le Sundewitt, partie du duché de Schleswig, et étudia la peinture à l'Académie de Copenhague. Des prix remportés en 1805 et 1809 lui permirent d'entreprendre le voyage de France et d'Italie à l'effet d'y étudier les anciens maîtres. La première toile vraiment importante qu'il donna fut un *Moïse ordonnant à la mer Rouge de se refermer*. Le style, la couleur et la composition de ce tableau sont dignes d'éloges. Membre de l'Académie des Beaux-Arts et professeur à l'école de peinture de Copenhague, il lui a fait hommage d'un tableau représentant d'après l'Edda *la Mort de Baldur*, composition non moins grandiose et originale que la précédente. Une autre remarquable toile de cet artiste a pour sujet une scène tirée de l'*Axel et Walburg* d'Œhlenschlæger.

Eckersberg est en même temps un bon portraitiste. Les membres de la famille royale de Danemark lui fournissaient en 1821 le sujet d'un tableau dont les personnages se trouvent groupés de la manière la plus heureuse. On cite aussi ses portraits de Thorwaldsen, d'Œhlenschlæger, etc., appartenant à l'Académie des Beaux-Arts. Il n'a pas été moins heureux comme peintre de marine : et sa *Rade d'Helsingær* excita l'admiration générale à l'exposition de 1826. Enfin, il s'est occupé aussi de peinture biblique, apportant dans tous ces genres différents la même ardeur de travail. Il faut reconnaître cependant que ses compositions historiques sont encore de toutes ses œuvres les plus remarquables. Nous citerons notamment les quatre tableaux représentant des sujets tirés de l'histoire de Danemark qui ornent la salle du trône à Copenhague, et un autre dans la salle des chevaliers de Christiansburg.

ECKHEL (JOSEPH-HILAIRE), célèbre numismate, né le 13 janvier 1737, à Enserfeld, dans la basse Autriche, fut élevé par les jésuites, et entra plus tard dans leur ordre. Après avoir rempli diverses chaires, il fut nommé professeur de rhétorique au collége des Jésuites à Vienne. Quelque temps après, chargé, en remplacement du Père Kehll, de la garde du cabinet des médailles de la compagnie, l'exercice de ces nouvelles fonctions ne tarda pas à lui inspirer un goût prononcé pour un genre de connaissances que ses travaux devaient un jour élever au rang de science. Un voyage qu'il fit en Italie, en 1772, le confirma dans le nouveau système de classification qu'il avait conçu. A son retour d'Italie, il fut nommé professeur d'archéologie à Vienne, puis conservateur du cabinet impérial des médailles. Il mourut à Vienne, le 17 mai 1798.

Après avoir d'abord excité l'attention du monde savant par son Introduction à la numismatique ancienne, il publia des ouvrages plus importants et contenant soit le résultat de ses recherches dans les différents cabinets de numismatique de l'Italie, soit la description des richesses du cabinet impérial de Vienne. De ce nombre sont ses *Numi veteres anecdoti ex museis Cæsare Vindobonensi, Floren tino*, etc. (2 vol., Vienne, 1775), et *Sylloge I Numorum veterum anecdotorum thesauri Cæsarei* (1786). Il a exposé le résultat de ses travaux généraux dans sa *Doctrina Numorum veterum* (8 vol., 1792-1798), ouvrage qu'on n'a pas dépassé depuis. Outre ces ouvrages systématiques, on doit encore à Eckhel le catalogue du cabinet impérial (1787).

ECKMUHL, village sur les bords de la Laber, dans le cercle de la basse Bavière, est mémorable par la bataille qui s'y livra le 22 avril 1809.

L'aile droite de l'armée autrichienne, battue le 19 à l'affaire d'**Abensberg**, s'était vue séparée ainsi du corps principal et avait été rejetée par de là la petite Laber sur la route de Landshut. Attaqués dans cette position, le 21 avril, par Napoléon sur leur front et par Masséna sur leurs derrières et sur la rive droite de l'Isar, les Autrichiens furent encore une fois battus et rejetés, avec des pertes considérables, de l'autre coté de l'Isar.

Pendant ce temps-là, l'archiduc **Charles**, général en chef autrichien, non-seulement avait occupé Ratisbonne (20 avril) et opéré sa jonction avec le corps aux ordres de Kolowrat, qui s'était avancé au delà de Ratisbonne, mais encore, en s'emparant des coteaux d'Abach (Abrach), avait pris position le 21 sur la rive droite du Danube à Eckmühl, principal passage pour arriver à Ratisbonne, d'où, à la tête de quatre corps d'armée (Rosenberg, Hohenzollern, Kolowrat et prince Lichtenstein), il menaçait en flanc le vainqueur d'Abensberg et espérait parvenir à se rendre maître de la route conduisant à Donauwœrth, qui lui eût assuré la possession de la Bavière. Mais Davoust arrêta dans la journée du 21 la marche en avant de l'armée autrichienne, et, par ses incessantes attaques, réussit à tromper l'archiduc sur les intentions de Napoléon et notamment sur l'attaque qu'en ce moment même celui-ci dirigeait contre Landshut.

Le 22 paraît tout à coup Napoléon, qui avait confié au maréchal Bessières le soin de poursuivre Hiller. Il s'avance à la tête des corps d'armée aux ordres de Lannes et de Masséna, des Wurtembergeois, commandés par Vandamme et des divisions de cuirassiers Nansouty et Saint-Sulpice, débouchant de la route conduisant de Landshut à Ratisbonne, en face du village d'Eckmühl, où déjà les Bavarois et Davoust avaient engagé l'action.

[A une heure de l'après-midi, le canon, qui se fait entendre sur la route de Landshut, annonce aux Autrichiens l'arrivée de l'empereur des Français. Wukassovich prévient l'archiduc de cet événement, et après avoir essayé de défendre les villages de Lintach et de Burghausen, il est repoussé dans le défilé d'Eckmühl par les cuirassiers du général Espagne. Rosenberg, dont la droite est vivement pressée par les attaques de Davoust, se replie sur les masses du prince Charles. Napoléon dirige le maréchal Lannes et les Wurtembergeois sur le pont et le village d'Eckmühl : repoussés dans plusieurs assauts, ils reviennent avec intrépidité sur les batteries autrichiennes. La division Gudin les appuie par leur droite; l'aide de camp Pelet s'empare des hauteurs boisées qui bordent le marais de la Laber; la division Morand traverse cette rivière et fond sur l'ennemi. Ces deux corps prennent et tournent le village; la cavalerie de Nansouty et de Saint-Sulpice charge l'infanterie autrichienne, qui se retire en désordre; celle des Bavarois tourne une batterie de seize canons, sabre les canonniers et s'empare des pièces. Toute cette masse de cavaliers se dirige vers la route de Ratisbonne. Davoust a fait attaquer, de son côté, les retranchements d'Unterlaichling par le 10ᵉ régiment; toute la division Friant l'appuie, et, pénétrant dans la forêt de Santing, elle chasse devant elle la cavalerie autrichienne. La gauche de Rosenberg, vivement assaillie par la division Saint-Hilaire, est repoussée des bois de Laichling. Une charge arrête un instant la marche de cette division; le maréchal Davoust la ranime, et s'empare des coteaux.

Rien cependant n'était encore décidé. Les accidents du terrain donnaient aux Autrichiens de puissants moyens de défense, tandis que les Français avaient partout des escarpements à gravir; mais ni les réserves de l'archiduc, ni celles de Napoléon n'étaient encore engagées. Rosenberg faisait des efforts héroïques, sans que le prince Charles songeât à le renforcer; il fut contraint enfin de se retirer à travers les bois, par Santing et Eglofsheim, pour gagner la chaussée de Ratisbonne; Kollowrath et Hohenzollern reçurent en même temps l'ordre de se rapprocher de la ville. L'archiduc s'occupait moins de gagner la bataille que de conserver ses troupes. Leur retraite fut vaillamment protégée par l'artillerie et la cavalerie; les hussards de Ferdinand préservèrent le corps de Hohenzollern des charges de Davoust. Rosenberg profita de la position d'Hoheberg pour ralentir un moment la poursuite des Français; mais leurs avant-gardes gagnaient partout du terrain, et les masses de leur cavalerie, soutenues à droite et à gauche par les divisions de Davoust et de Lannes, chassaient l'infanterie autrichienne de tous les escarpements. Les Français débouchèrent enfin dans la plaine de Ratisbonne par cinq villages; ils eurent alors l'avantage de la position. L'archiduc Charles le sentit, et sacrifia sa cavalerie pour sauver son armée. Des masses de cavaliers autrichiens, rassemblés en avant d'Eglofsheim, attaquèrent les nôtres avec fureur; les cuirassiers français coururent audevant d'elles : il s'ensuivit une mêlée horrible, à laquelle ne se joignait plus le bruit de l'artillerie. Les deux partis se turent, comme pour assister à un spectacle; le fracas des armes blanches retentit seul dans la plaine. Mais l'avantage resta tout entier aux Français; chacun de leurs morts était vengé par la mort de dix ennemis. Les Autrichiens se retirèrent bientôt dans une confusion inexprimable. Deux forts carrés de grenadiers hongrois soutenaient leur cavalerie; ils furent enfoncés et sabrés par les cuirassiers de Nansouty et de Saint-Sulpice. Les deux armées étaient épuisées de fatigue, surtout les divisions françaises, qui avaient fait douze lieues pour arriver sur le champ de bataille. Napoléon leur ordonna de s'arrêter, contre l'avis de l'infatigable duc de Montebello, qui, malgré la nuit, voulait pousser jusqu'au Danube.

Cette journée et celles qui l'avaient précédée coûtèrent à l'Autriche 25,000 hommes, tant pris que tués, douze drapeaux, cent pièces de canon et une innombrable quantité de bagages. Les généraux français Hervo et Cervoni y perdirent la vie, plusieurs autres y furent blessés; mais nos pertes n'approchèrent point de celles de l'ennemi. Sa confusion était si grande qu'un de ses régiments, égaré parmi nos bivouacs, fut amené prisonnier à l'empereur par le colonel Guéhéneuc, aide de camp et beau-frère du maréchal Lannes. Pour témoigner sa satisfaction à Davoust, déjà créé duc d'Auerstædt, Napoléon lui décerna le titre de *prince d'Eckmühl*.

L'archiduc, rentré dans Ratisbonne, s'occupa toute la nuit à faire filer ses troupes et ses bagages sur le pont qui lui avait été livré par le colonel Coutard; il en fit construire un second pour accélérer la retraite. Il ne restait qu'une division d'infanterie dans la ville, dont les abords avaient été confiés au courage de sa cavalerie. Le maréchal Lannes reçut l'ordre de l'y refouler. **Ratisbonne** retomba bientôt au pouvoir des Français. A la suite de ces trois batailles perdues, le général autrichien Jellachich dut évacuer Munich, où le roi de Bavière rentrait le 25. En même temps, l'archiduc Charles, qui jusque alors avait eu l'offensive, était réduit à garder la défensive et à se retirer en Bohême, laissant libre à Napoléon la grande route de Vienne.

VIENNET, de l'Académie Française.]

ECKMÜHL (Duc d'). *Voyez* DAVOUST.

ECKSTEIN (FERDINAND, baron D'), publiciste ingénieux et philosophe *catholicisant*, né à Altona, en 1790, abjura le judaïsme pour la foi catholique pendant un séjour de plusieurs années qu'il fit à Rome. Après avoir étudié à Gœttingue et à Heidelberg, et avoir pris une part active, dans ces deux universités, aux menées secrètes de la *Burschenschaft*, il s'enrôla dans le corps franc de Lutzow, et y fit les campagnes de 1812, 1813 et 1814 contre la France. La protection du baron van Capellen lui valut ensuite son admission au service des Pays-Bas, et il fut chargé de la direction de la police civile et militaire à Gand, fonctions qu'il remplissait à l'époque du séjour des Bourbons dans cette ville. Après la journée à Waterloo, il quitta le service des Pays-Bas pour entrer dans l'administration française. M. Decazes l'envoya à Marseille, en qualité de commissaire général de police, et en 1818 l'attacha au ministère de la police comme inspecteur général. Mais à peu de temps de là M. d'Eckstein, créé *baron* en récompense des services qu'il avait rendus à la légitimité, échangea cet emploi contre une position équivalente au ministère des affaires étrangères, et la conserva jusqu'au moment où éclata la révolution de Juillet.

Après avoir été longtemps l'un des rédacteurs du *Drapeau blanc*, journal auquel le ton habituel de sa polémique avait à bon droit mérité le surnom de *Père Duchesne* de la légitimité, M. d'Eckstein, souvent gêné dans l'exposition de ses doctrines par des exigences ministérielles, d'autant plus absolues qu'elles s'appuyaient sur une subvention assez forte, fonda en 1826, sous le titre de *le Catholique*, un journal indépendant, et destiné à servir d'organe à ses idées propres en matière de religion et de politique. Ce recueil, dont il paraissait d'abord assez régulièrement un cahier tous les mois, fut continué jusqu'en 1829. Après la révolution de Juillet, M. d'Eckstein publia aussi une série d'articles dans *L'Avenir* de MM. Lamennais, Montalembert et Gerbet. Dans toutes ses publications cet écrivain s'est montré partisan de la philosophie de la révélation.

M. d'Eckstein, qui d'ordinaire habite Paris, est depuis longues années l'un des correspondants habituels de la *Gazette d'Augsbourg;* il a écrit ainsi dans ce journal, au fur et à mesure, notre histoire contemporaine. Les puissants du jour sont souvent fort maltraités dans ces rapides et piquantes esquisses. Qui pourrait s'en plaindre?

ÉCLAIR (du latin *clarus*, clair), éclat subit de lumière qui se manifeste dans le ciel, le plus souvent en été, par un temps nuageux. L'éclair précède ou accompagne le bruit du tonnerre; il y a aussi des éclairs dits de *chaleur*, qui ne sont accompagnés d'aucun bruit.

Les physiciens de nos jours croient avec beaucoup de raison que les éclairs sont produits par l'électricité de l'atmosphère; car dans les cabinets de physique on parvient à imiter avec beaucoup de ressemblance le bruit de la foudre, l'éclair qui l'accompagne et les effets qu'elle peut produire. Suivant eux, un éclair est une étincelle électrique à grandes dimensions. Supposons donc un nuage fortement chargé d'électricité vitrée, par exemple, et que dans son voisinage il se trouve un autre nuage à l'état naturel, l'électricité du premier nuage, agissant par influence sur le second, décomposera son électricité, etc., et il se fera une explosion accompagnée d'un éclair, tout comme lorsqu'on présente la main à une batterie électrique on entend un sifflement accompagné d'une étincelle. Le phénomène doit avoir lieu à plus forte raison quand les deux nuages sont chargés d'électricité de nature différente.

Il y a des coups de tonnerre qui ne sont ni accompagnés ni suivis d'éclairs; la meilleure raison qu'on puisse donner d'un phénomène de cette espèce, c'est qu'il se trouve entre le lieu où l'on est et celui où le tonnerre éclate un nuage assez opaque pour dérober au spectateur la lumière de l'éclair. Souvent on observe de nombreux éclairs qui ne sont suivis d'aucun bruit. Il n'est pas aisé de donner une explication satisfaisante des faits de cette espèce; tout ce qu'on peut dire depuis raisonnable à cet égard, c'est qu'il est possible qu'un éclair brille à une distance assez grande pour que le coup de tonnerre qui l'accompagne ne soit pas entendu du spectateur. Même difficulté pour rendre raison des *éclairs* dits *de chaleur :* on les attribue à une sorte de phosphorescence produite par des nuages isolés, et qui sont fortement chargés d'électricité. On observe en effet dans l'obscurité quelque chose de semblable sur les appareils de physique à la surface desquels le fluide électrique est accumulé.

On dit par analogie qu'une glace, le diamant, l'acier poli, produisent des éclairs. TEYSSÈDRE.

ÉCLAIR, en termes d'affinage. *Voyez* COUPELLATION.

ÉCLAIRAGE. Ce mot s'entend de la clarté produite par une lumière artificielle. Les bougies et chandelles sont presque les seules formes sous lesquelles on emploie à l'éclairage les matières solides, en laissant toutefois de côté les torches et branches de bois résineux qui servent au même usage dans quelques contrées peu civilisées.

Dans l'éclairage à l'huile, les huiles les plus généralement employées sont celles d'olive, de colza, de navette et d'œillette. Toutes les lampes se composent d'un réservoir et d'un appareil où se fait la combustion de l'huile. Ce mode d'éclairage était encore le seul employé il y a quarante ans dans les rues de nos premières villes, où le passant n'avait pour se guider que la lueur douteuse de l'antique réverbère, perfectionné par la multiplication des becs et l'addition de réflecteurs. Mais aujourd'hui l'éclairage à l'huile a été relégué dans les intérieurs, où du reste il est d'une grande utilité, et toutes les villes de quelque importance sont éclairées par le gaz provenant de la distillation de la houille.

L'éclairage au gaz de la houille est beaucoup plus éclatant et, en outre, beaucoup plus économique : ainsi le gaz est vendu à Paris à raison de 0 fr. 45 c. le mètre cube, et avec un mètre cube de gaz on peut entretenir pendant 10 heures un bec consommant 100 litres à l'heure et donnant plus de lumière que dix chandelles. Pour plus de commodité, le gaz peut être amené, soit par des tuyaux de conduite, soit dans de grandes voitures qui le transportent dans une enveloppe imperméable. Certains établissements préfèrent ce dernier mode de distribution, qui a ses avantages et ses inconvénients.

On a tenté à plusieurs reprises, dans ces dernières années, de remplacer la houille dans la production du gaz par diverses substances, notamment les huiles. Ces gaz ont le grand désavantage de coûter plus cher. On ne doit donc songer à établir de semblables exploitations que dans des conditions tout à fait spéciales. Ainsi l'éclairage au gaz de résine pourrait être avantageux dans le cœur de la Russie, où la résine se trouve à bon marché, tandis que la houille est à un prix élevé; mais pour la France et les pays où la houille est à un prix modéré, l'expérience a prouvé que l'exploitation n'en saurait être avantageuse. Cependant, dans quelques localités on fabrique le gaz avec du bois ou avec de l'eau.

Depuis trois ou quatre ans on voit reparaître en France un système d'éclairage importé en 1832, et vingt fois reproduit déjà avec plus ou moins d'adresse, mais sans succès, jusqu'à ce que l'esprit ingénieux de quelques-uns de nos fabricants lampistes l'eut mis sous les yeux du public avec tant de goût et d'habileté, qu'il a pris pour ainsi dire aujourd'hui droit de bourgeoisie. Ce système d'éclairage est dit au *gaz liquide*, à *l'hydrogène liquide*, au *gazogène*, noms qui varient avec les fabricants de liquide combustible ou même seulement de lampes destinées à la combustion. Il est basé sur la théorie de la flamme, qui nous apprend que les flammes du gaz d'éclairage, des lampes à huile, des bougies, des chandelles, ne sont si brillantes que par le dépôt de charbon très-divisé qui y rougit jusqu'à son arrivée au bord de la flamme, où il brûle au contact de l'air. Si le gaz qui brûle est trop peu carburé, il abandonne trop peu de carbone pour que la flamme soit assez éclatante; s'il est trop carburé, s'il dépose trop de carbone, la flamme, au lieu d'être blanche et brillante, devient jaune ou rouge, terne ou fumeuse. Ainsi certaines huiles essentielles à bas prix, telles que celles de térébenthine, de goudron, de naphte, de pétrole, de schistes, de résines, etc., sont très-riches en carbone, et leur flamme, quand on les brûle par les procédés ordinaires, est très-fuligineuse. Or, pour empêcher cet effet, on peut mélanger ces essences très-carburées avec d'autres liquides combustibles très-peu carburés, de manière à compenser l'excès de carbone de l'un par le déficit de l'autre. Ce problème a été résolu par la fabrication des *alcoolats* dont nous venons de donner les noms commerciaux. Le gazogène, l'hydrogène liquide, etc., sont en effet des composés d'une des huiles essentielles que nous avons citées et d'alcool marquant 98 centièmes à l'alcoolomètre. Il semble donc que les alcoolats auraient dû partout remplacer l'huile. Mais à côté d'avantages réels ils offrent de graves inconvénients. Si le service des lampes à gazogène est plus régulier, ce liquide présente, à cause de sa facile vaporisation, de grands dangers d'incendie, et il répand dans les appartements une odeur désagréable. On a trouvé un autre moyen d'employer à l'éclairage les huiles essentielles combustibles, en faisant arriver sur la flamme qu'elles produisent une quantité d'air suffisante pour que leur excédant de carbone ne puisse pas se déposer en échappant à la combustion. Ce système, qui n'a encore été appliqué qu'aux gares, ateliers, souterrains, embarcadères, stations de quelques chemins de fer, comme les gares de Saint-Cloud, de Colombe et de Montretout, a été expérimenté à Paris, sur la place de Carrousel. L'emploi de ces huiles essentielles amènerait une grande économie; mais, malgré la perfection des appareils, l'odeur qui se dégage et la fuliginosité qu'on n'a pu complétement empêcher les feront encore bannir des intérieurs.

M. Gaudin a cherché à utiliser pratiquement le dégagement de lumière qui accompagne la combinaison de l'oxygène et de l'hydrogène. Son système n'a reçu aucune application pour l'éclairage public des villes ni pour l'éclairage particulier. Il peut rendre de grands services pour l'éclairage des phares.

Il nous reste à citer l'éclairage par la lumière électrique qui a fait dans ces derniers temps de grands progrès, à tel point qu'on a pu en faire une application pratique lors des travaux de nuit qu'a nécessités la dernière restauration du pont Notre-Dame, à Paris.

ÉCLAIRCIE. Dans les temps de brume et de nuages, on donne, surtout en marine, le nom d'*éclaircie* aux intervalles de jour, et même aux espaces du ciel bleu qui se découvrent pendant quelques courts instants. Sur les côtes, on en profite avec empressement pour relever les points de reconnaissance; en pleine mer, on saisit l'instant de l'*éclaircie* pour prendre hauteur et connaître la latitude.

ECLAIRE. On désigne sous ce nom deux plantes qui n'appartiennent pas au même genre, et qu'on distingue par l'épithète de *petite* ou de *grande*.

La *petite éclaire*, nommée aussi *petite chélidoine*, *ficaire*, *bassinet* et *herbe aux hémorrhoïdes*, est le *ranunculus ficaria* de Linné, qui appartient à sa polyandrie polyginie, de la famille des renonculacées de Jussieu et des herbes rosacées de Tournefort. Ses caractères botaniques l'éloignent cependant du genre *renoncule*; son calice n'est composé que de trois folioles caduques, au lieu de cinq; ses pétales, au contraire, sont plus nombreux (huit ou neuf), ayant aussi chacun une petite écaille à sa base; les étamines, les pistils et les graines sont nombreux : ces dernières sont indéhiscentes, obtuses et globuleuses, tandis que dans les renoncules elles sont comprimées et terminées par une pointe. Toutes ces différences ont autorisé quelques botanistes à la séparer des renoncules pour en former le type du genre *ficaria*, et la plante en question a été nommée *ficaria ranunculoides* par Roth. La *petite éclaire* est très-commune aux environs de Paris, dans les bois et bosquets ombragés et humides : c'est une petite plante dont les feuilles ont quelques ressemblances, pour la forme et la grandeur, avec celles de la violette odorante, mais sont plus luisantes et un peu plus rondes. Les fleurs, qui paraissent aussi au mois de mars et d'avril, sont d'un très-beau jaune, composées de huit pétales luisants et d'un grand nombre d'étamines; les tiges, qui sont faibles et rampantes, ont de 18 à 22 centimètres de longueur; la racine est composée de petits tubercules partant tous du même point, à la manière de ceux des dahlias, dont ils imitent parfaitement la forme, mais en miniature. Ces caractères et l'époque de sa floraison suffisent pour la reconnaître.

La *grande éclaire*, *grande chélidoine*, *félongène*, *herbe à l'hirondelle*, *chelidonium majus* de Linné, de la polyandrie monogynie de cet auteur, appartient à la famille des papavéracées de Jussieu et aux herbes crucifères de Tournefort. Ses caractères botaniques sont : Calice à deux folioles caduques, corolle de quatre pétales, étamines nombreuses; un stigmate une silique; linéaire à deux valves, polysperme; sa racine est fibreuse, rougeâtre; sa tige, haute d'environ 30 centimètres, est ronde et se divise en plusieurs rameaux; elle est hérissée de poils fins, ou quelquefois glabre; ses feuilles sont profondément pinnatifides, terminées par une foliole impaire; les folioles ont de fortes dents et un peu de ressemblance avec les feuilles de chêne; les fleurs sont au nombre de cinq ou six, portées sur un même pédoncule, qui termine les rameaux : elles sont d'un jaune citron, moins grandes que celles de la petite éclaire. Cette plante a une odeur assez désagréable, et lorsqu'on la casse, elle laisse échapper un suc jaune, opaque et caustique, qui tache fortement la peau; elle est très-commune en France, dans les haies, au pied des murs, et quelquefois dessus; elle est en fleur presque pendant toute la belle saison. Il en existe une variété à fleurs doubles, à pétales et folioles laciniés, dont quelques auteurs ont fait une espèce qu'ils ont nommée *chélidoine à feuilles de chêne*.

On rapporte des choses très-curieuses sur les vertus de ces deux plantes; en voici quelques-unes : le suc de la *petite éclaire* respiré par le nez purge, dit-on, le cerveau; son eau distillée guérit singulièrement les écrouelles, ce qui lui a valu aussi le nom de *petite scrofulaire*; la racine réduite en pâte avec l'urine du malade est bonne pour les hémorrhoïdes; il suffit même d'en porter dans sa poche pour en ressentir les bons effets; une autre propriété non moins singulière que cette dernière, et qui dispenserait du savoir des chirurgiens et, qui plus est, d'un tant soit peu de douleur, est celle de guérir la cataracte; et voici comment on s'y prend : on écrase quelques-uns des petits tubercules qui composent la racine, de manière à en former une pâte; cette pâte est appliquée, non pas sur l'œil, comme on pourrait le croire, mais sur le petit doigt, et, qui plus est, sur le petit doigt opposé à l'œil malade lorsqu'il n'y en a qu'un. On doit croire qu'avec une propriété aussi énergique, le même moyen doit réussir dans les taies; c'est aussi ce qui a été dit. Mais depuis longtemps on a fait justice de toutes ces propriétés, et la plante est tout bonnement rangée parmi celles qui sont âcres et caustiques, quoique quelques personnes la regardent comme potagère; l'ébullition lui enlève quelque peu son âcreté, comme cela a lieu pour les épinards et même pour la morelle.

Les propriétés de la grande éclaire sont non moins singulières que celles de la précédente : les anciens, qui cherchaient toujours les propriétés des plantes dans une certaine analogie de forme ou de couleur avec la maladie qu'ils voulaient traiter, n'ont pas manqué d'employer celle-ci dans le traitement de la jaunisse, et ils y étaient conduits tout naturellement par la couleur du suc, qui est jaune; parmi ceux qui l'ont préconisée ainsi, on peut citer de grands noms, tels que Galien, Dioscoride et même Boerhaave : et cependant rien n'est venu confirmer ce fait. Son eau distillée a été vantée dans tous les maux d'yeux, ce qui est loin d'être rationnel. Le suc a été préconisé et l'est même encore aujourd'hui pour la guérison des verrues ou poireaux, propriété qui est plus que douteuse. Ce même suc, pris intérieurement, guérit, dit-on, aussi la gravelle, les fièvres intermittentes, même l'hydropisie, les dartres, etc. Quoi qu'il en soit, il faut se méfier de cette plante et ne l'employer qu'avec beaucoup de circonspection; elle est très-caustique et tourrait causer des accidents graves. La couleur jaune qu'elle fournit peut être fixée sur toile; elle résiste assez bien à l'eau, mais passe vite au soleil. LEDUC.

ÉCLAIREUR, mot dont la langue militaire n'a commencé à être d'usage que depuis le dix-septième siècle, et qui rappelle les anciens carabins, stadiots, avant-coureurs, batteurs d'estrade, découvreurs, coureurs, entre-coureurs, etc. Il ne s'appliquait d'abord qu'aux militaires à cheval; mais on eut bientôt aussi des éclaireurs à pied, appelés *enfants perdus*. Les anciennes armées n'ignoraient pas sans doute l'importance des découvertes : leurs marches depuis l'ère chrétienne s'opèrent à l'aide d'explorations. Hygin en fait nominalement mention; mais, tant que ces armées furent peu nombreuses, sans attirail, massées, campées dans des enceintes closes, quand on n'était pas en marche, il semble que l'usage des avant-gardes et des éclaireurs y devait être à peu près inconnu. A quoi d'ailleurs eussent-ils servi? Des sentinelles, des vedettes devaient suffire aux époques de cavalerie peu nombreuse et de projectiles à faible portée.

L'invention de l'artillerie, la force démesurée des armées, l'oubli de l'art du campement, la sûreté des parcs, la multiplication des routes par lesquelles on pouvait être surpris, ont ajouté à l'art un art nouveau, celui de s'*éclairer*, qui s'est développé surtout dans la guerre de 1741. Les nuées de troupes légères des armées impériales, leurs *tolpaches*, leurs *pandours*, obligèrent les Français à leur opposer des corps francs, des partisans, et plus d'un désastre résulta des tâtonnements et de l'apprentissage de ces corps improvisés. Le ministre Gouvion-Saint-Cyr, prétendant ressusciter de pied en cap les légions romaines, voulut que chaque légion départementale de la Restauration possédât son corps d'éclaireurs : c'était une pensée malheureuse, qui n'eut pas de résultat et n'en pouvait avoir.

Longtemps chez nous les fonctions d'éclaireurs à pied ont constitué une des principales parties de la tactique des compagnies de voltigeurs. Elles reviennent de nos jours spécialement à nos chasseurs à pied. La défense des convois repose sur la promptitude des renseignements que les éclaireurs qui marchent en tête transmettent à l'officier commandant. Les campements ne sauraient plus avancer que précédés d'éclaireurs; on en jette autour des corps d'armée, dont ils sont les yeux; ils ne doivent ni attaquer à fond ni résister sérieusement; au contraire, si une action s'engage, ils se rallient aux corps chargés de les soutenir, ou bien ils combattent en tirailleurs avec les troupes qu'on envoie pour les appuyer. Gal BARDIN.

ÉCLAMPSIE, en latin *eclampsis*, mot dérivé, selon les uns, du verbe grec ἐκλάμπειν, briller, et selon d'autres du verbe ἐκλείπειν, laisser, manquer, abandonner. Quoi qu'il en soit, le sens de cette dénomination a singulièrement varié, et est encore assez mal déterminé. Hippocrate, Cœlius Aurelianus et Galien se sont servis de ce mot pour exprimer l'état brillant des yeux dans le délire et les fièvres aiguës. Sagar fait de l'éclampsie une maladie convulsive, clonique (*voyez* CLONISME), aiguë, parfois rémittente, avec torpeur durant tout le paroxisme. Sauvages, qui a consacré dans sa *Nosologie* un long article à cette sorte d'affection, la définit un spasme clonique des membres ou de plusieurs muscles, avec perte ou torpeur des sens. Vogel regarde l'éclampsie comme une épilepsie aiguë; Cullen la réunit également à cette maladie. Nous nous rangeons volontiers à cette dernière opinion, en considérant ici l'éclampsie comme une lésion épileptiforme du système nerveux, qui attaque particulièrement les enfants pendant la dentition, et à laquelle on a quelquefois aussi donné le nom d'*épilepsie*.

Dr BRICHETEAU.

ÉCLAT, fragment enlevé violemment d'un corps et lancé avec force. Ainsi, *éclat* de bois, de pierre, de bombe, etc., ne veut pas seulement dire un morceau de bois, de pierre, de bombe, etc., mais un fragment de ces divers corps détaché et enlevé par une force violente. Dans les villes assiégées, les éclats de pierre produits par les boulets des assiégeants, en frappant les embrasures, font toujours beaucoup plus souffrir les artilleurs que les projectiles eux-mêmes. On obvie à cet inconvénient en construisant les embrasures en briques, et non en pierres. Alors elles se pulvérisent sous le coup des boulets, au lieu de voler en éclats. Dans les batailles navales, beaucoup d'hommes sont mis hors de combat par des *éclats* de bois. On appelle *éclats* de bombe, d'obus, etc., des fragments de ces projectiles lancés par la poudre intérieure, au moment où elle s'enflamme et produit la rupture.

On donne encore le nom d'*éclat* à tout ce qui produit sur la vue une sensation vive, éblouissante : l'*éclat du soleil*, l'*éclat des couleurs*, l'*éclat des fleurs*, l'*éclat du teint*, *d'une toilette*, etc.; et à un bruit plus ou moins violent qui se fait entendre tout à coup : *un éclat de voix*, *un éclat de rire*, *rire aux éclats*, *un éclat de tonnerre*, *les éclats de la foudre*.

Ce mot au figuré est synonyme de bruit, scandale : *faire un éclat mal à propos; prévenir, empêcher un éclat;* il est encore synonyme d'apparence brillante : *cette pensée a moins de solidité que d'éclat. L'éclat et la pompe du style.* Enfin, il se dit encore figurément de la gloire, de l'illustration, de la splendeur, de la magnificence : l'*éclat de nos belles actions; une action d'éclat;* l'*éclat des grandeurs et des richesses*.

ECLECTIQUE (*Médecine*), nom donné à une secte de médecins qui, à l'instar des philosophes d'Alexandrie (*voyez* ÉCLECTIQUES), avaient pris pour règle de choisir ce qu'il y avait de meilleur dans les systèmes et dans les innombrables écrits dont la médecine était alors déjà encombrée. L'éclectisme médical fut, à ce qu'on croit, imaginé par Archegène d'Apamée, en Syrie, qui prit partout sans scrupule pour son œuvre ce qu'il trouva de bon, et rejeta le reste. Évidemment, l'éclectisme n'était ni un système ni une doctrine susceptible de hâter les progrès de la science médicale par des vues ingénieuses et d'heureuses conceptions de l'esprit; on doit le regarder comme une méthode d'analyse à l'aide de laquelle on séparait le bon du mauvais, le vrai du faux, et pour faire servir à la vérité ce qu'il y avait d'utile dans la science, à un nouvel édifice médical qu'on devait supposer préférable aux autres. La médecine hippocratique, celle qui s'attachait presque exclusivement aux faits recueillis par l'observation, a beaucoup de rapports avec l'éclectisme; l'une et l'autre en effet sont opposés aux systèmes, presque toujours entachés d'erreur et d'exclusion; l'une et l'autre estiment la valeur des faits qui doivent servir de base à la véritable médecine. Ainsi donc, les médecins les plus célèbres qui embrassèrent la doctrine d'Hippocrate à la renaissance des sciences furent des éclectiques, puisqu'ils eurent le bon esprit et le courage de faire la part de ce qu'il y avait de vrai, de faux, d'irréfléchi, de prouvé, de téméraire dans toutes les productions conservées, traduites par les Arabes, les Arabistes, etc.

Le médecin éclectique ne crée rien; il ne plante ni ne sème, comme dit un auteur, mais recueille et crible; il lit des ouvrages, recueille ou extrait des observations pour les analyser, les comparer, les discuter, indépendamment des noms, des autorités, des réputations; il n'admet rien que sur le témoignage de sa raison et de son expérience; et quand il manque de matériaux pour juger ou établir une induction, il s'abstient et reste dans le doute. En résumé, l'éclectisme n'est donc pas un système qui tranche et dogmatise, mais une méthode raisonnée propre à choisir et à caractériser des faits et des principes scientifiques; il ne peut pas être comparé à l'*empirisme*, qui ne juge ni ne compare; on ne doit pas non plus le confondre avec cette indifférence stationnaire, seule boussole d'une foule de praticiens médiocres.

ou ignorants, qui adoptent sans examen la doctrine du maître.

Après Archegène, fondateur de la secte éclectique, et auteur d'un traité du pouls, commenté par **Galien**, l'histoire nous a conservé le nom de Philippe de Césarée (le plus fidèle de ses partisans), qui avait écrit sur la préparation des médicaments. L'un et l'autre vécurent à Rome sous le règne de Trajan. Dr Bricheteau.

ÉCLECTIQUES, nom que l'on a particulièrement donné aux philosophes de l'école d'**Alexandrie**, qui cherchaient à unir ensemble toutes les croyances tous les systèmes connus, les spéculations de la Grèce et de l'Asie. La philosophie éclectique fut sans chef et sans nom jusqu'à Potamon d'Alexandrie, dont l'histoire est fort obscure; car la plus grande incertitude règne sur le temps où il parut, on ne sait rien de sa vie, on sait très-peu de chose de sa doctrine. Trois auteurs en parlent, Suidas, Porphyre et Diogène-Laerce. Ce dernier dit qu'il y avait tiré de chaque philosophie ce qui lui convenait pour en former la sienne; qu'il était né sous Alexandre-Sévère et que sa secte se répandit sur la fin du second siècle et le commencement du troisième. Ce qui confirme jusqu'à un certain point cette opinion, c'est qu'il n'est rien dit de l'éclectisme dans Galien, dans Sextus Empiricus, dans Plutarque, qui fait mention cependant des sectes même les plus obscures. Mais si Potamon avait assez de sens pour jeter les fondements de sa doctrine, il manquait d'impartialité pour faire un bon choix et de qualités personnelles indispensables pour s'attacher de nombreux auditeurs. Il avait pour le platonisme une prédilection incompatible avec son système; et il ne faut pas chercher ailleurs les causes de l'obscurité où il tomba et du peu de progrès qu'il fit.

Ammonius Saccas, disciple et successeur de Potamon, était d'Alexandrie. Il professa sous Commode la philosophie éclectique. Il avait reçu une éducation chrétienne; mais, comprenant que rejeter un des dogmes de cette religion était n'en admettre aucun, il apostasia et revint au paganisme, ou plutôt ne professa aucun culte. Il n'écrivit point et imposa à ses disciples un profond silence sur la nature et l'objet de ses leçons. Le gouvernement le favorisa, persuadé que tous ceux qui entreraient dans son école seraient perdus pour celle de Jésus-Christ. Ses disciples furent nombreux. Pour payer tribut au goût du temps, il mêla ses leçons de théologie et de philosophie, mélange monstrueux, qui sous ses successeurs dégénéra en une théurgie abominable, un rituel extravagant d'exorcismes, d'incantations, d'évocations, d'apparitions nocturnes, superstitieuses, souterraines, magiques.

Le célèbre Denis **Longin** fut un des philosophes de cette école; il aurait été le plus grand, s'il n'eût pas été le premier philologue du monde. Condamné à mort, il laissa deux disciples, Herennius et Origène. Herennius viola le premier le secret qu'il avait juré à Ammonius, et entraîna par son exemple Origène et Plotin. Cet Origène n'est point celui des chrétiens. **Plotin** est un des plus célèbres défenseurs de l'école éclectique. Porphyre, son condisciple et son ami, nous a laissé sa vie; mais quel fond peut-on faire sur le récit d'un écrivain qui met son héros sur la même ligne que Jésus-Christ et lui attribue également le don des miracles? C'était un homme mélancolique et superstitieux. Le dégoût des doctrines des autres écoles le jeta dans celle d'Ammonius, qu'il fréquenta pendant onze ans. Après quoi, il parcourut l'Inde et la Perse pour s'instruire des opérations théurgiques des mages et des gymnosophistes. De retour à Rome, à quarante ans, rien ne l'empêchait de se montrer sur ce grand théâtre que le serment qu'il avait fait à Ammonius; l'indiscrétion d'Herennius leva cet obstacle, et dégagé de son serment par ce parjure, il professa publiquement l'éclectisme pendant dix années, mais seulement de vive voix et sans rien dicter. Plus tard, il prit le parti d'écrire, et composa vingt-et-un ouvrages sur divers sujets. Il eut beaucoup de disciples, parmi lesquels on cite quelques femmes. Il vivait durement; il considérait son corps comme la prison de son âme, ce monde comme un lieu d'exil, et admettait la métempsycose comme une purification.

Amélius, successeur de Plotin, avait passé ses premières années sous l'inspiration du stoïcien Lisimaque. Il s'attacha ensuite à Plotin, et passa vingt-quatre ans à débrouiller le chaos de ses idées, moitié philosophiques, moitié théurgiques. Il écrivit beaucoup, et eut pour successeur Porphyre, qui apostasia pour quelques coups de bâton que des chrétiens lui avaient donnés mal à propos. Il étudia à Athènes sous Longin, et écrivit quinze livres pour arracher les hommes au christianisme, qui selon lui les rendait misérables et méchants. Les Pères eurent le tort grave de répondre à ce fou en le traitant d'impie, de blasphémateur, de calomniateur, d'impudent, de sycophante, d'ami intime du diable. Les injures ne sont pas des raisons. **Jamblique**, disciple de Porphyre, fut une des lumières de l'école d'Alexandrie. Il combattit pour le paganisme expirant, et ne combattit pas sans succès. L'histoire ne nous a rien raconté de nos mystiques qui ne lui soit applicable. Il avait, disait-il, des extases; son corps s'élevait dans les airs pendant ses entretiens avec les dieux; ses vêtements s'éclairaient de lumière; il prédisait l'avenir, commandait aux démons et évoquait les génies du fond des eaux. Il a écrit beaucoup : on lui doit une *Vie de Pythagore;* une exposition de son système théologique; des *Exhortations à l'étude de l'éclectisme*, un *Traité des sciences mathématiques;* une *Exposition des mystères égyptiens*, etc., etc.

La conversion de l'empereur Constantin fut un événement fatal à la philosophie : les temples du paganisme furent renversés, les portes des écoles éclectiques fermées, les philosophes dispersés; il en coûta même la vie à quelques-uns qui osèrent braver l'opinion triomphante. Tel fut le sort de Sopatre, disciple de Jamblique : Eunape en parle comme d'un homme éloquent dans ses écrits et dans ses discours. Il ajoute que l'étendue de ses connaissances lui avait acquis parmi les Grecs la réputation du premier philosophe de son temps; ce qui ne l'empêcha pas de périr frappé d'un coup de hache par ordre de l'empereur, en plein théâtre, à Constantinople, pour avoir, par les secrets de sa philosophie malfaisante, tenu les vents enchaînés, empêché les navires chargés de grains d'entrer dans le port, et affamé la ville. Sopatre était venu à la cour dans le dessein de défendre la cause des philosophes et d'arrêter la persécution qu'on exerçait contre eux.

Après lui, Édécius, natif de Cappadoce, d'une famille considérée, mais pauvre, se livra à l'étude de la philosophie dans Athènes, où on l'avait envoyé pour apprendre quelque art lucratif. La réputation de Jamblique l'appela en Syrie : Jamblique l'aima, l'instruisit et lui conféra le don par excellence, celui de l'enthousiasme. Les théurgistes ne pouvaient donner de meilleure preuve du cas qu'ils faisaient de la religion chrétienne que de s'attacher à la copier en tout. Les apôtres avaient conféré le Saint-Esprit; les éclectiques conféraient l'enthousiasme. Cependant, la persécution que l'empereur exerçait contre les philosophes augmentait de jour en jour. Édésius, épouvanté, eut recours aux opérations de la théurgie pour être éclairci sur son sort : les dieux lui promirent ou une grande réputation s'il restait dans la société, ou une sagesse qui l'égalerait à eux-mêmes s'il se retirait d'entre les hommes. Il se disposait à prendre ce dernier parti, lorsque ses disciples s'assemblèrent en tumulte, le supplièrent, le menacèrent et le contraignirent à vivre au milieu d'eux. Julien le consulta et le combla de présents. Il établit son école à Pergame, où l'on accourut en foule de tous les pays pour l'entendre. Il fréquentait de préférence les ateliers des artistes.

Eustache, son disciple, fut un homme éloquent et doux,

sur le compte duquel on a débité beaucoup de folies. Nous en dirons autant de Sosipatra et de son fils Antoine. Seulement, celui-ci ne fit point de miracles, parce que les empereurs n'aimaient pas que les philosophes en fissent. Il y eut un moment alors où la frayeur faillit accomplir ce que le sens commun n'osait entreprendre : ce fut de séparer la philosophie de la théurgie, et de renvoyer celle-ci aux diseurs de bonne aventure, aux saltimbanques, aux fripons et aux prestidigitateurs. Eusèbe de Minde, en Carie, distingua les deux espèces de purifications que la philosophie éclectique recommandait à la fin; il appela l'une *théurgique*, l'autre *rationnelle*, et s'occupa sérieusement à décrier la première; mais les esprits en étaient trop infectés pour lui permettre de réussir. Julien lui-même le quitta pour se livrer aux plus violents théurgistes que la secte éclectique eût encore produits, Maxime d'Éphèse et Chrysanthius. Le premier, homme savant, ressemblait à Apollon sur son trépied; il maîtrisait les âmes et commandait aux esprits. Persécuté par Valentinien et Valens, las de vivre, il demande du poison à sa femme, qui ne balance pas à lui en apporter, après en avoir pris elle-même sa part. Maxime lui survécut, et rentra en grâce; mais, persécuté de nouveau, il fut mis à mort.

Priscus, son ami et son condisciple, était de Thesprotie. Il avait beaucoup étudié la philosophie des anciens, et s'accordait avec Eusèbe de Minde pour regarder la théurgie comme la honte de l'éclectisme; mais taciturne et retiré, il était peu propre à se faire de nombreux disciples : aussi les ennemis de la philosophie l'oublièrent-ils. Les autres éclectiques se virent réduits ou à s'arracher la vie ou à se résigner à la perdre dans les tourments. Priscus acheva tranquillement la sienne dans les temples déserts du paganisme. Chrysanthius, disciple d'Édécius et précepteur de Julien, joignit à un haut degré l'étude de l'art oratoire à celle de la philosophie. La théurgie, si fatale à Maxime, servit utilement Chrysanthius. Ni les instances de ses disciples, ni les invitations réitérées de l'empereur, ni des députations nombreuses et fréquentes, ni les prières d'une épouse qu'il adorait, ni les honneurs qu'on lui offrait, ni le bonheur qu'on lui promettait, ne réussirent à l'emporter sur ses sinistres pressentiments et à l'attirer à la cour de Julien. Celui-ci se vengea du refus de son précepteur en lui accordant le pontificat de Lydie, où il se signala par sa tolérance, demeurant désolé, mais tranquille, au milieu des ruines de la secte éclectique et du paganisme; il fut même protégé par les empereurs chrétiens, et mourut plus qu'octogénaire, d'une saignée faite mal à propos. Si son disciple impérial, Julien, fut le fléau du christianisme, il fut, en revanche, l'honneur du vieil éclectisme expirant.

Eumaque fleurit au temps de Théodose. Disciple de Maxime et de Chrysanthius, il assista aux persécutions des empereurs contre les philosophes, séjourna à Athènes, voyagea en Égypte, et se transporta partout où il crut apercevoir la lumière, semblable à un homme égaré dans les ténèbres qui dirige ses pas vers tous les bruits lointains, vers toutes les lueurs intermittentes. Il devint médecin, naturaliste, orateur, philosophe et historien. Hiéroclès lui succéda : il professa la philosophie éclectique à Athènes sous Théodose le Jeune. Sa tête était un chaos d'idées platoniciennes, aristotéliques, chrétiennes; et ses cahiers ne prouvaient qu'une chose, c'est que le véritable *éclectisme* demandait plus de jugement que beaucoup de gens n'en avaient. Ce fut sous Hiéroclès que cette philosophie passa d'Alexandrie à Athènes. Plutarque, fils de Nestorius, l'y professa publiquement après la mort d'Hiéroclès. C'était toujours un mélange de dialectique, de morale, d'enthousiasme et de théurgie. En mourant il laissa sa chaire à Syrianus, qui eut pour successeur Hermès, ou Herméas, plus fou, plus extravagant encore que ses prédécesseurs, mais qui fut dépassé, il faut bien le dire, par Proclus. Après lui, il n'est plus possible de citer que Marinus, Hégias, Isidore, Zénodote et Damascius, qui ferme la grande chaîne platonicienne. On ne sait rien d'important sur Marinus; la théurgie déplut à Hégias, qui la regardait comme une pédanterie de sabbat; Zénodote se prétendait éclectique, sans se donner la peine de rien lire; Damascius, enfin, avait la tête bourrée de révélations, d'extases, de guérisons de maladies, d'apparitions et d'autres folies théurgiques.

Les éclectiques comptèrent aussi des femmes dans leurs rangs. En tête, une place hors ligne est due à la célèbre H y p a t i e, l'honneur de son sexe et l'étonnement du nôtre. Avec elle finit la secte *éclectique* ancienne : c'est une époque bien triste. Cette philosophie s'était successivement répandue en Syrie, dans l'Égypte et dans la Grèce. On pourrait mettre encore au nombre de ces platoniciens réformés : Macrobe, Chalcidius, Ammien Marcellin, Dexippe, Thémistius, Simplicius, Olympiodore, et quelques autres; mais à considérer plus attentivement Olympiodore, Simplicius, Thémistius et Dexippe, on voit qu'ils appartiennent à l'école péripatéticienne, Macrobe au platonisme, et Chalcidius à la religion chrétienne.

ÉCLECTISME. Ce mot, dérivé du verbe grec ἐκλέγω, choisir, trier, signifie *choix éclairé* dans les idées déjà connues qu'on emploie pour former une science. Il est opposé à *syncrétisme*, qui vient du grec συγκρίνω, ramasser, et veut dire *mélange confus*. L'éclectisme et le syncrétisme régnant l'un aux époques de lumières, l'autre à celles de ténèbres, se partagent l'empire des connaissances humaines, et ont dû s'y montrer dès leur origine. Celui qui le premier s'est occupé d'une science, après l'inventeur, et n'a pas adopté toutes ses vues, celui-là a donné naissance à l'éclectisme ou au syncrétisme, selon qu'il y a eu accord ou désaccord dans celles qu'il a prises. A mesure que les sciences se sont développées et ont suscité des travaux plus nombreux, l'éclectisme et le syncrétisme ont vu grandir leur domaine, mais ils n'ont pas changé de nature : le choix intelligent ou aveugle qui se fait aujourd'hui au milieu de cette immensité d'idées que présentent la plupart des sciences ne diffère pas de celui qui avait lieu alors qu'elles n'en offraient qu'un petit nombre. Sans doute, c'est une longue et laborieuse tâche de connaître, d'analyser et de comparer tout ce qui a été dit sur le sujet dont on s'occupe; mais on ne saurait imaginer une manière plus propre de s'en rendre maître et, si on veut écrire, de le traiter dignement. On s'éclaire des travaux des autres, et, à la faveur de ces lumières, on redresse souvent, on féconde toujours les idées qu'on portait soi-même. Aussi, pour apprendre et pour cultiver une science, l'éclectisme est-il sans contredit la meilleure méthode. Toutefois, elle n'est pas nouvelle, puisqu'elle est née avec le premier qui a étudié; elle n'est pas non plus inventée, puisque l'instinct même la suggère, et que pour étudier il n'est pas moins indispensable d'être éclectique que de penser.

Si donc l'éclectisme n'avait jamais été pris que pour ce qu'il est, c'est-à-dire pour la meilleure méthode d'apprendre, il ne fixerait pas plus longtemps notre attention, et nous n'ajouterions rien à ce que nous venons de dire. Mais aujourd'hui, on prétend parmi nous l'ériger en un système philosophique, formé d'une partie de tous les autres et destiné à les remplacer. Il y a, soutient-on, du vrai et du faux dans tous; la vérité entière ne se rencontre dans aucun, et pour l'obtenir il faut ramasser les vérités partielles disséminées dans chacun d'eux; et voilà, s'écrie-t-on, l'*éclectisme*, voilà la philosophie elle-même, voilà la vérité parlante! Oui, le voilà bien tel qu'on l'imagine et qu'on nous le signifie aujourd'hui, mais aussi tel que nul esprit vraiment intelligent ne l'imagina jamais. On ne craint pas cependant d'assurer qu'il « était dans la pensée de Platon, qu'il fut la prétention de l'école d'Alexandrie et la pratique constante de Leibnitz. » (V. C o u s i n, préface de la 2e édit. des *Fragments philosophiques*.) Platon, il est vrai, forma son système en puisant dans les enseignements de Socrate et les spéculations des éléates et de Pythagore. Qu'est-ce à dire? qu'enseignait Socrate? Que nous avons dans l'esprit la source des idées générales; mais que ces idées dépendent essentiellement d'idées supérieures et éternelles, subsistant hors de notre entendement, en Dieu : c'est ce qu'il n'affirmait ni ne niait, son attention sans doute ne se tournant pas de ce côté. Vraisemblablement Platon fut conduit à le soutenir par les vues de l'école d'Élée et de Pythagore sur l'unité et les nombres, auxquels ils attribuaient une existence et des propriétés immuables et éternelles. Est-il pour cela éclectique à la façon nouvelle? Nullement; car, ainsi qu'elle l'exige, il n'a pas scindé en deux parts, l'une vraie, l'autre fausse, les systèmes dont il s'est inspiré, et réuni les parties vraies, rejetant celles qui ne l'étaient pas. Qu'a donc fait Platon? Il s'est servi de quelques vérités renfermées dans la doctrine d'Élée et de Pythagore pour développer celles qui subsistaient en germe dans le système de Socrate. Et l'école d'Alexandrie, s'est-elle déclarée éclectique pour avoir songé à allier Platon et Aristote, qu'elle croyait ne différer que par les termes, comme saint Augustin le remarque? Elle s'illusionnait sans doute; mais cette illusion naissait chez elle du besoin qu'elle avait de faire de la philosophie grecque, représentée par ces deux grands noms, le fondement et l'explication des cultes de l'Égypte et de l'Orient, afin d'opposer ce corps de doctrines et de pratiques religieuses au christianisme, dont elle s'était créée l'ennemie. Quant à Leibnitz, aux yeux de qui, certes, Aristote n'était pas Platon, il n'a pris du premier que sa définition de l'âme, et encore parce qu'elle ne s'éloignait en rien de celle de Platon et qu'elle se prêtait mieux par les termes à l'exposition de son système des monades.

Dans tous ces exemples, je vois bien l'éclectisme considéré comme méthode, et que pratique tout homme qui s'instruit, mais j'y cherche en vain l'éclectisme qu'on préconise aujourd'hui comme un système philosophique. Ses partisans invoquent l'autorité de saint Clément d'Alexandrie, par ce célèbre passage du 1er livre de ses *Stromates* : « Je ne donne pas, dit-il, le nom de philosophie aux enseignements de Zénon, ni de Platon, d'Épicure, ni d'Aristote; mais tout ce qui dans ces écoles diverses enseigne la justice et la science du salut, tout cet éclectisme, voilà ce que j'appelle philosophie. » Le docteur de l'Église déclare-t-il par ces paroles qu'il y a du vrai et du faux dans chacun de ces systèmes, et que la vérité entière ne se rencontre dans aucun d'eux? Nous sommes loin de le croire; mais il faut expliquer sa pensée. Qu'il ait aperçu des vérités et des erreurs dans les enseignements dont il parle, cela n'est pas douteux, car il n'est pas de doctrine humaine où l'erreur ne vienne une fois ou une autre se mêler à la vérité, et réciproquement; mais a-t-il trouvé ce mélange de vrai et de faux dans le fond même de tous les systèmes qu'il nomme, c'est-à-dire dans le principe sur lequel chacun d'eux repose, ou bien seulement dans les conséquences plus ou moins éloignées de ce principe? Là est la question, et il ne faut que du sens commun pour la résoudre; un seul exemple va le montrer. Dans le système platonicien réside, selon nous, la vérité; car, plaçant dans notre esprit la source des idées générales, et les faisant dépendre essentiellement d'idées supérieures et éternelles qui subsistent hors de notre entendement, dans l'esprit souverain, il explique seul l'homme et Dieu, révèle les vrais rapports qui les unissent, et donne par suite la connaissance des vrais rapports qui lient l'homme à lui-même et à ses semblables. Platon cependant enseigne et veut établir en loi la communauté des femmes, et l'exposition des enfants nés avec une constitution faible ou difforme; erreurs monstrueuses, qui ont dû révolter le saint docteur d'Alexandrie. Que s'ensuit-il? Que le système de Platon est mélangé de vrai et de faux dans son principe? Non; mais que ce philosophe se trompe dans ces deux conséquences, et dans beaucoup d'autres encore qu'on pourrait signaler; et ces conséquences erronées, loin d'accuser la fausseté du système, font ressortir au contraire sa vérité, car elles le heurtent et le blessent. Il serait aisé de faire des raisonnements analogues sur les autres systèmes : voilà les erreurs que repousse saint Clément d'Alexandrie. Ici elles portent sur les conséquences, ailleurs elles pourront porter sur le principe même; mais alors il le rejettera tout entier, car étant simple, un, le principe d'une doctrine ne peut être à la fois vrai et faux. Saint Clément n'est donc éclectique qu'à la manière de Platon, de l'école d'Alexandrie et de Leibnitz.

Et comment un système aussi absurde que l'éclectisme de nos jours pourrait-il tomber dans des esprits de cette trempe? Envisagé en lui-même, dans sa définition, il est contradictoire; car, pour établir que dans tous les systèmes il y a du vrai et du faux, il est indispensable qu'il puisse discerner l'un de l'autre, qu'il sache ce qui est vrai dans chacun. Et comme ce qui est vrai dans chaque système forme en se réunissant le vrai complet, il faut donc qu'il le connaisse d'avance. Et on n'hésite point à l'avouer : « Pour recueillir et réunir les vérités éparses dans les différents systèmes, il faut d'abord les séparer des erreurs auxquelles elles sont mêlées. Or, pour cela il faut savoir les discerner et les reconnaître; mais pour reconnaître que telle opinion est vraie ou fausse, il faut savoir soi-même où est l'erreur et où est la vérité. Il faut donc être ou se croire déjà en possession de la vérité, et il faut avoir un système pour juger tous les systèmes. L'éclectisme suppose un système déjà formé, qu'il enrichit et qu'il éclaire encore » (V. Cousin, préface de la 2° édit. des *Fragm. phil*). Vous le voyez, il est nécessaire à l'éclectisme d'être d'avance en possession de la vérité absolue, d'avoir déjà ce qu'il cherche, ce qu'il aspire à découvrir. Quelle inexprimable contradiction! D'un côté, l'éclectisme ne peut avoir lieu qu'à condition que la vérité ne subsiste nulle part entière; car il consiste à en chercher et à en réunir les parcelles, qu'il suppose disséminées dans les divers systèmes qu'il explore; d'un autre côté, il ne peut se fonder qu'à condition que la vérité subsiste entière quelque part, c'est-à-dire, en définitive, dans lui-même, car elle lui est nécessaire pour en reconnaître les parcelles à mesure qu'elles se présentent. Donc l'existence n'étant pour lui possible qu'autant qu'il ne l'a pas, et ne pouvant y prétendre qu'en se ravissant cette possibilité, il se dévore lui-même.

Nous ne devons ici ni mettre en saillie toutes les absurdités de l'éclectisme, ni exposer les vains efforts qu'il a tentés pour se constituer, pour établir que tous les systèmes sont à la fois vrais et faux, pour recueillir ce qu'ils ont de vrai, et de ces lambeaux de vérités composer la vérité entière. Venue d'un simple particulier, une pareille conception eût été peu dangereuse; mais sortant d'un homme investi des plus hautes fonctions de l'enseignement et de l'administration universitaires, elle pouvait asservir une génération, lui fausser l'esprit et la conduire à de déplorables écarts. Enseigner que la vérité entière n'existe dans aucun système philosophique, que tous présentent un alliage de vrai et de faux, n'est-ce pas induire à penser que la vérité est inaccessible à l'homme? car comment lui aurait-elle toujours échappé, depuis tant de siècles qu'il la poursuit dans toutes les voies? Tous les systèmes ne remontent-ils pas à l'origine de la philosophie, et ne se reproduisent-ils pas invariablement les mêmes quant au fond? Et pour quiconque y a réfléchi, en est-il d'autres de possibles? Que sert d'entendre dire à l'éclectisme qu'il est là pour donner la vérité qu'il y recueille? En principe, il ne le saurait, puisque nous avons déjà montré qu'il se détruit lui-même, et qu'il ne peut réunir les parties de la vérité qu'il prétend éparses. En fait, les a-t-il réunies? L'auteur de l'éclectisme offre-t-il un système vrai, composé des débris des autres? Il ne donne qu'un des systèmes existants, et encore l'un des faux, celui de Malebranche. Ce système, on le sait, consiste à enlever à l'âme la raison, à ne lui reconnaître d'autre lumière que celle que Dieu porte en elle par une action intérieure et immédiate, et à lui laisser seulement une certaine activité de volonté. Cependant, comme on ne saurait comprendre ce qu'est la volonté séparée de la raison, puisque pour vouloir il faut essentiellement connaître, et que sans la connaissance la volonté est impossible, il est manifeste que là où réside l'une doit aussi résider l'autre, et que si on relègue en Dieu la raison, il faut y renvoyer aussi la volonté. Dès lors, tout nous vient de Dieu, et nous ne sommes plus qu'une modification de sa substance. Voilà donc le panthéisme ! Si Malebranche ne va point jusqu'à ce résultat de son principe, plus intrépide, le fondateur de l'éclectisme moderne y arrive et s'y plonge : « Le *moi*, dit-il, n'est pas la substance et n'en est peut-être qu'une forme sublime » (*Argument du Phédon*). Mais si le *moi*, qui constitue tout notre être pensant, puisqu'il n'est que la raison et la volonté, si le *moi* n'est pas substance, notre être pensant ne l'est donc pas, il n'est qu'un accident de l'Être divin, d'où lui viennent la raison et la volonté. M. Cousin respire tellement le panthéisme, qu'il le présente sous toutes les faces. Suivant lui, « c'est la divinisation du tout, le grand tout donné comme Dieu. » (Préf. de la 1re édit. des *Fragm. phil.*). Or, lorsqu'il dit « que Dieu n'étant donné qu'en tant que cause absolue, à ce titre il ne peut pas ne pas produire, de sorte qu'il n'y a pas plus de Dieu sans monde que de monde sans Dieu, et que la création est nécessaire » (*ibid*, préf. de la 2e édit.), ne divinise-t-il pas le tout? car si la création est nécessaire, il faut qu'elle ait toujours existé, qu'elle soit co-éternelle à Dieu, et par conséquent Dieu même, la co-éternité de deux êtres différents étant absurde. Écoutez encore : « Dieu est un et plusieurs, éternité et temps, espace et nombre, au sommet de l'être et à son plus bas degré, infini et fini tout ensemble, triple enfin, c'est-à-dire Dieu, nature et humanité ; car, s'il n'est pas tout, il n'est rien » (*Ibid.*, préf. de la 1re édit.). Ceci est net et ne demande aucun commentaire. Ainsi, le panthéisme, ou la plus grande comme la plus monstrueuse des erreurs, voilà où aboutissent les efforts de l'éclectisme. Donc, en fait, de même qu'en principe, il ne donne pas la vérité. Et d'ailleurs, affirmant qu'elle n'existe dans aucun système, quelle impression doit-il laisser, sinon que la vérité n'est pas faite pour l'homme?

BORDAS-DEMOULIN.

ÉCLIPSE (de ἔκλειψις, manque, défaut). Lorsqu'un corps céleste passe entre la terre et un autre astre, celui-ci cesse d'être visible pour nous en totalité ou en partie ; il en est ainsi quand la lune passe devant le soleil et nous masque sa lumière : on dit alors qu'il y a *éclipse de soleil*. Les planètes inférieures, Vénus et Mercure, peuvent se trouver dans le même cas que notre satellite ; mais la petitesse relative de leur diamètre apparent fait qu'elles ne paraissent sur l'astre qui nous éclaire que comme des points noirs : aussi ces phénomènes sont-ils désignés par la dénomination particulière de *passages*. Quant aux éclipses des planètes et des étoiles par la lune, elles reçoivent le nom d'*occultations*. Mais on appelle *éclipses* les fréquentes disparitions des satellites de Jupiter derrière cette planète.

Il est un autre ordre d'éclipses dont les causes, sont toutes différentes, les *éclipses de lune* : la lune disparaît alors à nos yeux, parce que la terre lui masque le soleil, et l'empêche ainsi d'en réfléchir la lumière. La terre étant un corps opaque laisse en effet derrière elle un cône d'ombre qu'un corps non lumineux par lui-même ne peut traverser sans cesser d'être visible. Si la lune se mouvait dans le plan de l'écliptique, elle disparaîtrait ainsi lors de chaque opposition, c'est-à-dire environ tous les vingt-neuf jours ; car le sommet du cône d'ombre dans toutes les positions qu'il peut occuper est toujours distant du centre de la terre de plus de 217 rayons terrestres, tandis que la plus grande distance de la lune à notre planète n'atteint jamais une longueur égale à 64 de ces rayons. Mais l'inclinaison de l'orbite lunaire ne permet les éclipses de lune que lorsque cet astre se trouve en conjonction vers l'un de ses nœuds. Cette condition remplie, il arrive tantôt que la lune se plonge tout entière dans le cône d'ombre (*éclipse totale*), tantôt qu'elle n'y entre qu'en partie (*éclipse partielle*). La détermination des époques des éclipses de lune, de leur durée et de leur grandeur, se ramène à un problème de géométrie dont les principaux éléments sont les positions de la terre et de la lune dans l'espace lors des oppositions, et le diamètre de l'ombre projetée par la terre à l'endroit où cette ombre est coupée par l'orbite de la lune. Il est inutile de remarquer que dans tous les calculs on devra tenir compte de la réfraction atmosphérique et de la parallaxe. Il y a toujours éclipse de lune quand la distance du centre du soleil au nœud est plus petite que 7° 47' ; jamais, quand cette distance dépasse 13° 21' ; entre ces deux limites, la question, pour être résolue, demande un calcul rigoureux.

Lorsque la lune est sur le point de s'éclipser, son éclat ne disparaît pas brusquement à l'instant où elle entre dans l'ombre de la terre : elle pâlit d'abord, et l'intensité de sa lumière va toujours en diminuant, et d'une manière progressive, jusqu'au moment où, plongée tout à fait dans le cône d'ombre pure, elle a atteint le plus grand degré d'obscurité possible, et n'offre plus qu'un aspect blafard, rougeâtre, dû aux rayons solaires réfractés par l'atmosphère et repliés autour de la terre. Ce phénomène de gradation dans les teintes lumineuses est dû à ce que nous avons appelé *pénombre*.

Les *éclipses de soleil* ne peuvent avoir lieu que lorsque la lune est en conjonction avec le soleil. Elles sont dites *partielles* quand une partie du disque solaire est cachée par la lune. On les nomme *centrales* quand l'observateur se trouve au centre de l'ombre, sur la ligne qui joint les centres des deux astres : les éclipses centrales se subdivisent en *totales*, où le soleil est entièrement caché, et *annulaires*, où la lune se projette sur le disque solaire qui la déborde de tous côtés comme un anneau lumineux. Les distances du soleil et de la lune à la Terre varient constamment ; il en est de même des grandeurs de leurs diamètres apparents qui se surpassent alternativement l'un l'autre. Pour qu'une éclipse de soleil puisse être totale, il faut qu'au moment du phénomène, ce soit le diamètre apparent de la lune qui l'emporte. Du reste, remarquons qu'une éclipse peut être totale pour un lieu et annulaire pour un autre, si les diamètres apparents du soleil et de la lune sont presque égaux, parce que la lune ne se trouvant pas à la même distance de tous les points de la surface terrestre, elle peut être en certains lieux plus grande que le soleil et en d'autres plus petite ; mais ce cas est très-rare.

Le calcul des éclipses de soleil dépend encore d'un problème de géométrie. L'éclipse a toujours lieu quand la distance du centre du soleil au nœud est plus petite que 13° 22 ; jamais, si cette distance est plus grande que 19° 44'. On sait d'ailleurs que les éclipses reviennent à peu près dans le même ordre tous les dix-huit ans et quelques jours, ce qui a pu permettre aux astronomes anciens de trouver la date approchée de quelques-unes d'entre elles, mais ce qui est loin de suffire pour en déterminer les circonstances. Dans chacune de ces périodes de dix-huit ans, il y a, terme moyen, 41 éclipses de soleil, dont 28 centrales ; ce qui n'empêche pas que pour un lieu donné les éclipses totales ou annulaires soient extrêmement rares, à cause de la petitesse de la zone terrestre pour laquelle l'éclipse peut avoir l'un ou l'autre de ces caractères. Ainsi les deux dernières éclipses totales qu'on a vues à Londres datent de 1140 et de 1715. A Paris on n'en a vu qu'une dans le dix-huitième siècle, celle de 1724; le dix-neuvième siècle se passera sans qu'on puisse en observer une seule. Montpellier, mieux favorisé par sa position géographique, a pu voir celles du 1er janvier 1386, du 7 juin 1415, du 12 mai 1706 et du 8 juillet 1842. Quant aux éclipses totales rapportées par les anciens, la plupart sont assez douteuses : telles sont celle qui suivant Hérodote, arriva 603 ans avant notre ère, pendant une bataille entre les Lydiens et les Mèdes; celle qui faillit faire naître une révolte dans l'armée de Xerxès, en 480; celle qui eut lieu quand Périclès partit pour le Péloponnèse, en 431; celle qui coïncida avec la marche d'Agathocle contre Carthage, en 310. Certaines éclipses totales de notre ère dont parlent nos historiens, savoir celle de la mort d'Agrippine, en 59, les éclipses totales de 98, de 237, 360, 484, 787, 840, 878, 957, 1133, 1187, 1191, 1241, 1415, 1485, 1544, 1560, 1567, 1593, 1605, sont dans le même cas. Les dates des éclipses annulaires les plus certaines, ajoute Arago, à qui nous empruntons ces détails, sont : l'année 44 avant notre ère; dans notre ère, les années 334, 1567, 1598, 1601, 1737, 1748, 1764, 1820, 1836. Il faut maintenant ajouter celle de 1847.

Dans la période de dix-huit ans que nous avons signalée, on peut en moyenne observer sur toute la terre 70 éclipses : 41 de soleil et 29 de lune. On voit donc que sur l'ensemble du globe le nombre d'éclipses de soleil est au nombre d'éclipses de lune presque dans le rapport de 3 à 2. Cependant pour un lieu donné il y a moins d'éclipses de soleil visibles que d'éclipses de lune. Cette contradiction apparente s'explique en remarquant qu'une éclipse de lune est observable pour près d'un hémisphère, tandis qu'une éclipse de soleil ne peut s'apercevoir que dans une étendue beaucoup plus restreinte. « Faute d'avoir fait cette distinction, dit Arago, des compilateurs sont tombés dans la plus étrange bévue. Il ont créé plus d'éclipses de lune que de soleil, en appliquant, sans réflexion, au globe entier une chose vraie seulement pour chaque point en particulier. »

Jamais dans une année il n'y a plus de 7 éclipses; jamais il n'y en a moins de 2. Quand le nombre des éclipses d'une année est réduit à 2, elles sont toutes deux de soleil.

L'obscurité qui règne pendant les éclipses totales de soleil est loin d'être aussi considérable que l'ont prétendu quelques historiens. La lumière diffuse suffit pour permettre de distinguer les objets pendant toute la durée du phénomène. Si l'obscurité était complète, on devrait apercevoir les étoiles comme pendant la nuit, et c'est tout au plus si l'on parvient à en découvrir une dizaine de première grandeur. Cependant on a remarqué que l'effet produit sur les animaux est à peu près le même que celui qui résulte de l'arrivée de la nuit : la plupart se couchent ou arrêtent leurs travaux. Quelques-uns offrent les symptômes d'une grande frayeur. Les plus intelligents ne sont nullement affectés. Les oiseaux sont généralement plus impressionnés que les mammifères. Enfin certaines plantes qui ne s'épanouissent qu'au jour ferment leurs feuilles et leurs fleurs pendant la durée de l'éclipse.

Il nous reste à dire quelques mots de certains phénomènes encore inexpliqués que l'on a vus accompagner plusieurs éclipses de soleil. Louville rapporte que pendant la durée de l'obscurité totale, en 1715, il vit, à Londres, sur la surface de la lune des fulminations semblables à celles qui résulteraient de l'inflammation d'une traînée de poudre. Ces fulminations étaient instantanées et serpentantes; comme les éclairs terrestres, elles se montraient tantôt dans un endroit, tantôt dans un autre. Halley fit des observations analogues. En 1778, Ulloa, Aranda, Wintuisen, virent sur la lune un point lumineux d'intensité variable. Pendant l'éclipse totale en 1842, plusieurs astronomes remarquèrent des protubérances rougeâtres qui se montrèrent en divers points du contour de la lune : des phénomènes semblables avaient été précédemment signalés par lord Aberdour, par Bigerus Vassenius, par Short et par Van Swinden. Personne n'en a encore découvert la cause. E. MERLIEUX.

L'étymologie du mot *éclipse* rappelle assez l'idée que les Grecs attachaient à cette apparence : ce mot aurait pour synonyme dans notre langue celui de *défaillance. Sol deficit*, disaient les Romains. L'histoire nous apprend que les éclipses furent longtemps la terreur des nations anciennes; qui redoutaient leur venue à l'égal de l'apparition d'une comète. Les éclipses de soleil surtout les impressionnaient vivement. Quant aux éclipses de lune, l'imagination poétique des Grecs les attribuait aux visites que Diane (ou la Lune) rendait dans les montagnes de la Carie à Endymyon, dont elle était amoureuse. Mais comme il n'y a rien de moins éternel que des amours, il fallut chercher une autre cause des éclipses : on imagina que les sorcières, surtout celles de la Thessalie, attiraient la lune sur la terre par la force de leurs enchantements; et l'on faisait avec des chaudrons un grand vacarme, pour la faire remonter à sa place. Les Romains avaient un peu modifié cet usage, et ils allumaient un grand nombre de flambeaux élevés vers le ciel, pour rappeler la lumière de l'astre éclipsé. Ce phénomène était selon eux une espèce d'indisposition de travail de la lune dont ils ne se rendaient pas bien compte, et auquel Juvénal fait allusion en parlant d'une femme babillarde :

Una laboranti poterit succurrere lunæ,
(Elle fait assez de bruit pour secourir la lune en travail.)

Les Égyptiens avaient une coutume à peu près semblable, et honoraient avec un pareil charivari de chaudrons la déesse Isis, considérée comme symbole de la lune.

La plupart des anciens peuples ont ainsi cherché par des pratiques plus ou moins bizarres à conjurer les malheurs dont ils se croyaient menacés par l'apparition des éclipses; et lorsque la science a eu fait assez de progrès pour permettre à quelques astronomes de les calculer, on s'est fréquemment servi de ce moyen pour serrer davantage les liens dont l'ignorance et la superstition ont si longtemps enveloppé le monde. Drusus, au rapport de Tacite, se servit d'une éclipse pour apaiser une sédition dans son armée. Les Mexicains jeûnaient pendant les éclipses, et leurs femmes se maltraitaient beaucoup, pensant que la lune avait été blessée par le soleil dans une querelle. Les Indiens croyaient qu'un dragon malfaisant voulait dévorer la lune; et pendant que les uns faisaient avec toutes sortes d'instruments le plus grand vacarme pour faire cesser cette lutte, d'autres, se mettant dans l'eau, suppliaient humblement le dragon de ne pas dévorer tout à fait la belle et mélancolique planète qui fait à notre petite terre l'honneur de lui servir de satellite. Cette opinion, ainsi que tant d'autres erreurs, a survécu aux peuples qui l'avaient enfantée; et nous-même avons été témoin, à Alger, pendant une éclipse, d'un charivari qui avait pour but de mettre en fuite le grand dragon aux prises avec la lune. BILLOT.

ECLIPTIQUE. L'immense orbite où la terre exécute sa révolution autour du soleil a reçu le nom d'*écliptique* (ἐκλειπτικόν, de ἔκλειψις), parce que les éclipses sont déterminées dans son plan. Toutefois, il s'en faut bien que la signification de ce terme soit constamment la même. Ptolémée et ses disciples y attachaient une tout autre idée que Copernic, et, par l'effet d'une habitude que le temps et l'illusion ont consacrée, nous l'employons encore pour désigner un grand cercle de la sphère, dont la circonférence, embrassant la surface du zodiaque dans toute sa longueur, la partage en deux bandes symétriques de 8° chacune, et figure à nos yeux la route apparente que suit l'astre du jour, en parcourant chaque année les douze signes célestes.

Considéré dans ses rapports avec les éléments de notre système solaire, l'écliptique offre plusieurs phénomènes qu'il est important d'étudier. Tout le monde sait que l'axe terrestre n'affecte point une situation perpendiculaire au plan de l'orbite que nous décrivons dans l'espace. Constamment incliné à cette courbe de révolution, qui coupe deux fois l'équateur au temps des équinoxes, il forme avec elle un angle évalué pour le siècle actuel à 23° 28'. De là cette *obliquité de l'écliptique*, à laquelle notre globe doit sa changeante température et la riche variété des saisons. Elle n'avait pas échappé à l'attention des anciens observateurs. Anaximandre de Milet, disciple de Thalès, fut, dit-on, le premier qui en révéla l'existence à ses compatriotes. Plus tard, Cléostrate, Harpale, Eudoxe de Cnide, portèrent cette découverte en Égypte, où l'étude plus approfondie des mouvements célestes fit ressortir quelques inexactitudes dans le calcul d'Anaximandre. Le célèbre Ératosthène, qui vivait 230 ans avant J.-C., c'est-à-dire peu de temps après le philosophe de Milet, détermina l'obliquité de l'écliptique à 23° 51' 20". Hipparque de Nicée, Ptolémée, Pappus, continuèrent successivement les travaux de leur prédécesseur; mais ils parvinrent à des résultats dont la différence fut toujours une énigme pour eux. Dans un temps où la science astronomique sortait à peine de l'enfance, on se doute bien que les méthodes usitées pour résoudre un problème aussi délicat devaient être extrêmement imparfaites. En effet, tout l'art des anciens dans la recherche de l'angle formé par l'intersection des deux courbes se bornait à mesurer l'ombre d'un gnomon à l'époque de chaque solstice, et la comparaison des longueurs de l'ombre avec celle du style leur donnait pour solution un rapport qui marquait la hauteur du centre solaire. Mais ce mode d'investigation, tout ingénieux qu'il était, ne pouvait mériter une pleine confiance; la pénombre laissait toujours quelque indécision sur la longueur de l'ombre, qui varie très-peu vers les solstices d'un jour à l'autre; d'ailleurs, le moment favorable à ce calcul n'étant pas assujetti à concourir précisément avec l'heure de midi, on se trouvait obligé de mettre beaucoup d'intervalle entre les opérations, et l'erreur était une suite inévitable de ces irrégularités.

Aujourd'hui, grâce aux applications de la trigonométrie sphérique, la science n'a plus à redouter les mêmes inconvénients, et deux méthodes vulgaires fournissent à nos astronomes le moyen de déterminer l'obliquité de l'écliptique avec une exactitude suffisante. L'une consiste à observer la hauteur méridienne du centre solaire aux époques des solstices. Cette double opération terminée, on en corrige les résultats de la réfraction et de la parallaxe, et la demi-différence des hauteurs obtenues représente l'angle cherché. L'autre méthode se réduit à déterminer l'élévation du soleil sur l'horizon au moment d'un solstice quelconque. Quand on a satisfait à cette condition, il ne reste plus qu'à chercher la différence entre la quantité trouvée et le complément de la hauteur polaire, et le problème se trouve résolu.

Si l'obliquité de l'écliptique demeurait constamment la même, sans doute elle n'aurait rien qui dût nous étonner, puisque nous n'y verrions qu'une simple conséquence de la loi qui préside à l'inclinaison des orbites planétaires. Mais elle présente encore une circonstance qui mérite de fixer notre attention. Dans l'antiquité la plus reculée, on croyait, sur la foi de plusieurs traditions, que le soleil s'était levé pendant des siècles entiers à l'occident. Hérodote en effet rapporte au livre d'Euterpe que selon les Égyptiens le soleil, dans l'espace de 11,340 années de 365 jours chacune, s'était levé deux fois où il se couche, et couché deux fois où il se lève, sans que ces variations eussent occasionné le moindre changement dans le climat de l'Égypte. Frappés de cette assertion, quelques astronomes des temps modernes conçurent le projet de rechercher sur quelle base les Égyptiens avaient pu fonder un paradoxe démenti par toutes les apparences; mais leur sagacité échoua devant cette singulière question, dont l'examen ne parut pas aussi défavorable qu'on l'avait pensé d'abord à la croyance des prêtres de Memphis. Les savantes discussions que souleva cette thèse piquèrent d'émulation un nouveau disciple d'Uranie, et le mirent en quelque sorte sur la trace de la vérité. Louville, en comparant les observations citées par Hérodote avec celles des astronomes plus modernes, crut apercevoir une diminution sensible dans l'obliquité de l'écliptique. Pour vérifier cette conjecture, il se transporta en 1734 à Marseille, dans le dessein de s'assurer si la quantité d'ouverture angulaire n'avait pas dévié du point que Pythéas lui avait assigné 2,000 ans auparavant. L'expérience justifia complétement ses soupçons; il parvint à constater une réduction de 20 minutes, et conclut de ce résultat que l'axe terrestre, en se relevant sur le plan de l'écliptique, s'en approchait d'un degré entier en six mille ans; modification qui, dans l'hypothèse du savant académicien, devait au bout de 141,000 ans amener la coïncidence de l'écliptique avec l'équateur.

Cette induction portait un caractère d'invraisemblance trop marqué pour obtenir l'assentiment universel; elle trouva des contradicteurs, mais elle eut l'avantage de redoubler la curiosité publique. Un des collègues de Louville, étudiant la situation de la pyramide de Ghizé, dans un voyage en Égypte, avait remarqué une opposition habilement ménagée entre les faces de ce monument et les quatre points cardinaux. Cette découverte fut un trait de lumière pour Godin, qui en déduisit de graves conséquences; mais, non content de l'avoir présentée sous un nouveau jour, il examina la fameuse méridienne tracée en 1655 par Dominique Cassini dans l'église de Sainte-Pétrone, et ses recherches le conduisirent à reconnaître un notable décroissement dans l'inclinaison de l'orbite terrestre. Au reste, tous les documents renfermés dans les fastes de l'histoire céleste tendaient à mettre cette vérité hors de discussion. Deux cent trente ans av. J.-C., Ératosthène de Cyrène évaluait l'angle de l'écliptique à 23° 51' 20". Quatre cents ans plus tard, Ptolémée lui donnait encore 23° 51' 10". C'était beaucoup. Mais l'Arabe Arzachel, dans le onzième siècle, ne portait plus cette mesure qu'à 23° 34'. Copernic, en 1500, la bornait à 23° 31' 20". Cent cinquante-six ans après, Cassini ne trouvait que 23° 28' 54". Enfin, Delambre, au commencement de 1801, comptait seulement 23° 27' 57". L'obliquité de l'écliptique est donc sujette à de perpétuelles variations, on ne saurait le contester; mais à quelle cause attribuer ce caractère d'instabilité? Cassini l'expliquait par un balancement de l'axe terrestre. Longtemps auparavant, Copernic avait déjà hasardé la même conjecture, en soutenant toutefois que l'inclinaison de notre orbite n'avait jamais dépassé les limites comprises entre 23° 51' 20" et 23° 28'. La découverte de la nutation par Bradley vint ajouter un nouveau poids à l'hypothèse du cosmographe de Berlin; mais ces opinions disparurent bientôt pour faire place à des théories plus positives et plus lumineuses. Éclairé par une profonde analyse, Euler ne vit plus dans la diminution de l'obliquité qu'une conséquence nécessaire de l'attraction des planètes, et Maskelyne adopta sans balancer le système du géomètre allemand, confirmé plus tard par les travaux de La Caille et de Lalande. Enfin, Laplace et Delambre ont donné de ce problème une solution aussi complète que satisfaisante.

C'est à l'influence des perturbations des planètes qu'il faut rapporter le mouvement irrégulier de leurs nœuds; et les déplacements de l'axe terrestre suffisent à la rigueur pour expliquer les variations qui se manifestent dans l'obliquité de l'écliptique. Mais quelle mesure assigner au décroissement séculaire qu'éprouve l'angle d'inclinaison? Peu satisfait des observations de La Caille et de Lalande, qui l'évaluaient à 33', et plus confiant dans la théorie mathématique qui dirigeait toutes ses recherches, l'auteur de la *Mécanique céleste* poussa cette estimation jusqu'à 52", et donne pour la calculer deux formules en fonctions de sinus, remarquables par leur élégante précision. Delambre, persuadé à son tour que l'expression de cette valeur ne saurait se concilier avec les faits de l'astronomie pratique, la réduit à 50', et même à 48" pour le siècle actuel. Quoi qu'il en soit, on s'accorde maintenant à regarder la diminution de l'obliquité comme un résultat dû principalement à l'action de Jupiter et de Vénus sur la terre, résultat qui peut s'obtenir directement par la théorie des forces centrales. En effet, le rapport de la masse de Jupiter à celle de notre globe est bien connu. Quant à la masse de Vénus, les seules données qui puissent nous servir à la déterminer consistent dans les dérangements qu'elle fait éprouver aux mouvements des planètes, et particulièrement à ceux de la terre. Or, en calculant l'action qu'elle doit produire dans l'aphélie de notre sphéroïde, on trouve que la solidité de cette planète est égale à la 405,871^e partie de la masse solaire, et cette proportion donne à peu près 52" ou 50" pour la diminution cherchée. Si cette période de mouvement rétrograde, qui tend à resserrer de plus en plus l'étendue de la zone torride, se prolongeait indéfiniment, on conçoit sans peine qu'il arriverait dans la chaîne des générations une époque où l'équateur et l'écliptique, subissant une parfaite coïncidence, perpétueraient ici-bas la douce température du printemps sous l'influence d'un soleil toujours perpendiculaire à la ligne équinoxiale; mais une telle uniformité de saisons, en l'admettant comme possible, s'étendrait à peine au delà de quelques années. Laplace a d'ailleurs sapé les fondements de cette séduisante hypothèse, en démontrant que le balancement respectif des deux cercles ne saurait excéder les limites de 2 à 3 degrés. E. Donaime.

ÉCLUSE (du verbe latin *excludere*, exclure), ouvrage en terre, bois, pierre, etc., qu'on pratique dans une rivière, un canal, sur les bords de la mer, pour retenir les eaux. Ainsi, on peut donner le nom d'*écluse* à la digue qui sert à retenir les eaux d'un ruisseau qui fait tourner un moulin, et qui est percée d'une ou de plusieurs ouvertures qu'on ferme et qu'on ouvre à volonté. Sur les bords de la mer, les écluses peuvent servir à deux fins. Si, par exemple, on veut maintenir des bâtiments constamment à flot dans un port où ils échoueraient à marée basse, on dispose à l'entrée du bassin des portes qu'on laisse ouvertes à la marée haute, et qui se ferment quand la mer se retire, de sorte que l'eau ne baisse pas dans le port. Si, au contraire, on veut préserver un pays des inondations de la marée montante, on construit des digues qui bordent la mer, dans lesquelles on pratique des ouvertures que des portes ferment spontanément lorsque la mer monte, et qui s'ouvrent lorsqu'elle se retire. Par cette ingénieuse disposition, les eaux qui pourraient être nuisibles au pays ont la faculté de s'écouler dans la mer quand elle est basse, et les récoltes n'ont rien à redouter des marées hautes. C'est par des moyens semblables que les habitants des Pays-Bas ont conquis sur l'Océan des terres d'une très-grande valeur. Les écluses servent aussi pour inonder à volonté les environs d'une place assiégée, soit en retenant les eaux d'une rivière pour les faire refluer dans la plaine, soit en livrant passage à celles que contient un bassin dont le niveau est plus élevé que celui du terrain. En 1416, les habitants de Montargis, assiégés par les Anglais, usèrent du premier de ces moyens, en arrêtant par une écluse les eaux de la rivière de Loing : l'ennemi, voyant son camp couvert d'eau, fut obligé de lever le siége. Les Hollandais, sur le point d'être envahis par les armées de Louis XIV, les arrêtèrent tout court en lâchant les eaux de la mer sur leur pays.

On ignore quand et par qui les écluses furent inventées : tout porte à croire que les anciens en ignoraient entièrement l'usage. Les uns font honneur de leur invention aux Italiens, d'autres aux Hollandais, qui sont indubitablement le premier peuple qui les ait perfectionnées. Il paraît que ce fut vers la fin du seizième siècle que ce peuple commença à construire des digues pour retenir les eaux de la mer.

Les écluses les plus ingénieuses sont celles qui servent dans les canaux à faire monter et descendre les bateaux. Rien de plus curieux que de voir une barque passer d'un bief dans un autre dont le niveau diffère de plusieurs mètres en plus ou en moins. Pour cela on construit une écluse, c'est-à-dire un bassin dont la largeur et la longueur sont calculées de manière à ce qu'il puisse contenir un bateau de la force de ceux qui doivent parcourir la ligne, tout en laissant assez de place pour la manœuvre des portes dont nous allons parler. A chacune des extrémités de ce bassin on place en effet une porte en charpente ou en tôle, à deux battants, assez solide pour résister à la pression qu'elle doit supporter. La porte qui est située vers le bief inférieur (*porte d'aval*) étant fermée, si l'on ouvre celle qui est située vers le bief supérieur (*porte d'amont*), l'eau de ce dernier bief s'écoule dans le bassin, et y atteint bientôt le même niveau : un bateau venant d'amont peut alors y être introduit. Fermant ensuite la porte d'amont et ouvrant celle d'aval, l'eau du bassin se met de niveau avec celle du bief inférieur dans lequel le bateau passe sans aucune difficulté. La manœuvre inverse permet de faire monter un bateau du bief inférieur dans le bief supérieur. Dans les deux cas, on n'ouvre pas immédiatement les deux portes; on lève seulement deux *vannes* qui bouchent deux ouvertures pratiquées dans leurs vanteaux, et on n'ouvre les deux battants que quand l'eau est de niveau dans l'écluse et dans le bief où le bateau doit se rendre. Ces portes, construites solidement en bois et en fer, sont imperméables à l'eau; elles doivent être ajustées avec soin, afin qu'étant fermées, l'eau du canal ne s'écoule pas en pure perte; on les appelle *portes busquées* (de busc). Lorsque ces portes sont fermées, les deux battants forment en général un angle plus ou moins obtus, suivant la poussée de l'eau, angle dont le sommet saillant est toujours tourné du côté d'où vient le courant. Ce n'est pas sans motif : on comprend en effet que par cette disposition elles ont les propriétés d'une sorte de voûte, ce qui leur permet de résister avec avantage à la pression de l'eau; en outre, plus cette pression est grande, moins les vides que les portes pourraient laisser entre elles seraient considérables.

L'on ouvre et l'on ferme les portes des écluses au moyen de cabestans, de quarts de roue dentée, etc. Les vannes se lèvent et s'abaissent au moyen de crics. Toutes ces machines sont assez puissantes pour qu'un seul homme suffise à leur manœuvre. Cet agent qui est préposé à la garde de l'écluse, et qui y stationne continuellement, s'appelle *éclusier*.

Les deux parois latérales ou *bajoyers* d'une écluse sont ordinairement construites en maçonnerie, et doivent être assez solides pour résister à la poussée des terres qui y sont acculées et à celle des eaux qu'elles supportent. Il est indispensable qu'elles soient imperméables ainsi que le fond ou *radier*, qui est ordinairement formé d'un dallage établi sur une couche très-épaisse de béton.

La quantité d'eau nécessaire pour charrier un bateau qui descend d'un bief dans un autre se nomme *éclusée*. Elle est égale en volume à la capacité de l'écluse comptée entre les niveaux des biefs supérieur et inférieur moins le volume de la partie du bateau qui plonge dans l'eau. Le bateau qui monte dépense un volume d'eau égal à cette même capacité comptée dans toutes les écluses par lesquelles il est descendu moins autant de fois la quantité d'eau qu'il déplace par son poids; cela se conçoit aisément. On dépense donc beaucoup plus d'eau pour faire monter une embarcation dans un canal que pour la faire descendre : dans tous les cas, il y a toujours perte de liquide : aussi ne peut-on établir de canal montant et descendant qu'autant qu'on peut disposer de ruisseaux, de rivières alimentaires, etc.

Il arrive souvent que la hauteur du bief supérieur au-dessus du bief inférieur est considérable; dans ce cas, au lieu de construire une seule écluse, on en établit plusieurs en gradins. Cette disposition a cela d'avantageux qu'elle réduit la dépense d'eau; car pour descendre un bateau on n'est plus obligé que de dépenser la quantité d'eau nécessaire pour remplir une seule écluse. A la vérité, cette quantité est insensible quand les biefs ont une longueur considérable et sont suffisamment alimentés; mais il n'en est pas de même quand ils sont courts et qu'ils ne reçoivent que les produits d'une rivière exposée à tarir dans les sécheresses. Alors on est obligé d'établir de vastes réservoirs auxiliaires appelés *sas*, qui sont placés au-dessus de l'écluse, et qui servent à l'alimenter lors du passage des bateaux. Les *écluses à flotteurs* ont été imaginées pour éviter toute perte d'eau. C'est sur elles qu'est basé le système de Betancourt, qui consiste à mettre un réservoir en communication avec le sas et à faire monter et descendre le niveau de l'eau dans ce dernier, au moyen d'un flotteur qui s'enfonce dans le réservoir et s'en retire avec assez de facilité, vu qu'il est équilibré à très-peu près dans toutes les positions par un poids d'un effet variable. Des résultats importants pour la navigation intérieure ont été obtenus d'un nouveau système d'*écluses à flotteurs* inventées par M. Girard. Ce système peut s'adapter aux écluses existantes, et c'est ce qui en double les avantages. La nouvelle combinaison consiste à emprunter à deux biefs, séparés par un sas éclusé ordinaire, et pour la leur rendre ensuite intégralement, l'eau nécessaire à la manœuvre d'un flotteur à double compartiment : de là résultent l'élévation et l'abaissement alternatifs du niveau du sas.

Dans un grand nombre de p o r t s, on établit des ouvrages que l'on nomme *écluses de chasse*. Ce sont de grands réservoirs qui s'emplissent à la marée haute. Munis de vannes qu'on ouvre à la marée basse, ils laissent alors sortir des torrents rapides qui déblayent et nettoient les bassins et leurs passes d'entrée, qui sans cela seraient bientôt complétement obstrués par les alluvions de chaque jour.

ÉCLUSE (L'), *Sluys* en hollandais, ville du royaume de Hollande, dans la province de Zélande, à 25 kilomètres au sud de Middelbourg, sur la mer du Nord, avec 1200 habitants. En 1339 il s'y livra une grande bataille navale entre les flottes de la France et de l'Angleterre.

Les vaisseaux français étaient au nombre de cent quarante, portant plus de 40,000 hommes; mais ils étaient commandés par deux hommes qui connaissaient peu la mer, Hugues Quiéret, grand-amiral, et Pierre Bahuchet, trésorier de la couronne. Ils se refusèrent à écouter les avis de leur collègue Barbavara de Porto-Venere, et s'obstinèrent à rester près de la terre dans une anse voisine de l'Écluse. Le roi d'Angleterre prit l'avantage du vent et du soleil, et disposa habilement sa flotte, tandis que les Français, voyant les manœuvres, disaient : « Ils ressoignent et reculent; car ils ne sont pas gens pour combattre à nous. » Cependant les ennemis vinrent tout à coup les attaquer à pleines voiles. Des crochets de fer rapprochèrent les vaisseaux des deux flottes, et alors commença une bataille acharnée, qui dura depuis six heures du matin jusqu'à midi. Les Français furent presque entièrement anéantis. La perte totale fut évaluée à trente mille hommes, dont le quart seulement appartenait à l'armée d'Édouard III. Barbavara, qui avait pris le large, échappa seul avec sa division; Quiéret fut fait prisonnier, puis tué de sang-froid; on pendit Bahuchet au mât de son navire. Dans l'action Édouard avait été légèrement blessé à la cuisse.

ÉCOBUAGE, opération de l'agriculture, qui consiste à enlever avec l'*é c o b u e* la surface d'une terre chargée de végétaux, par tranches de 3 à 6 centimètres d'épaisseur. La même opération pratiquée avec la forte charrue à versoir a reçu le même nom. Les tranches étant coupées carrément et séchées, on en forme de petits fours, en ayant soin de tourner à l'intérieur la partie couverte de végétaux; on y met le feu à l'aide d'herbes ou de feuilles sèches, et l'on répand sur le sol cette terre réduite en cendres. L'objet de l'écobuage est de convertir en terres à grain les friches, les bruyères, les prairies naturelles ou artificielles, etc. L'incinération des gazons enlevés est-elle avantageuse? C'est une question sur laquelle les cultivateurs sont peu d'accord : les uns défendent cette pratique en tout état de cause, pour tous les terrains; les autres n'en reconnaissent l'utilité que pour les terrains fort argileux, marécageux; d'autres, enfin, pensent qu'elle prive la terre de sucs fécondants précieux, sans aucune utilité réelle, et qu'en conséquence elle doit être rejetée. A quelle opinion se ranger? L'analyse du fait nous l'indiquera peut-être : quels sont les résultats de cette combustion de matières végétales et animales? 1° une fumée épaisse, qui pénètre les parois des fours avant de se perdre dans l'air; 2° des cendres à la surface du sol. Mais la fumée n'est pas simplement de l'eau réduite en vapeur; son odeur forte, sa saveur âcre, son action sur la muqueuse oculaire, qu'elle irrite fortement, y décèlent la présence de principes volatils dégagés par la combustion et perdus ainsi pour la terre; les cendres, résidu fixe, contiennent des sels plus ou moins alcalins, de la potasse, et une légère portion des principes volatils retenus à la surface et à l'intérieur des tranches brûlées. Les parties volatiles presque entièrement perdues, les parties fixes, sont les unes et les autres utiles pour féconder la terre. L'importance de ces deux éléments de fertilité varie selon la nature du sol : dans les terrains légers, maigres, les principes dissipés par l'écobuage sont nécessaires pour former l'humus; les principes fixes sont souvent plus nuisibles qu'utiles. Première conclusion : L'écobuage ne convient point dans ces sortes de terres : celles qui sont déjà trop chargées de principes salins, celles qui sont voisines du rivage de la mer sont dans le même cas. D'un autre côté, les terres fortes, argileuses, sèches ou humides, qui ont besoin d'être atténuées, pénétrées par l'air, reçoivent avec avantage les produits de l'incinération. Deuxième conclusion : L'écobuage est utile dans les sols de cette nature; mais ici même la suppression des principes volatils est une perte incontestable. Si nous observons en outre que d'autres substances, la chaux, le sable, les faluns, les marnes calcaires, etc., procureraient le même avantage, et avec des frais moindres, nous formulerons ainsi notre pensée : L'écobuage peut être utile; il n'est jamais nécessaire.

P. Gaubert.

ÉCOBUE, instrument d'agriculture à l'aide duquel on exécute l'é c o b u a g e. C'est une pioche légèrement recourbée de dehors en dedans, armée d'un manche assez long pour que l'ouvrier puisse travailler presque droit; ce manche doit être infléchi à sa partie moyenne et bien poli, afin qu'il puisse facilement glisser dans la main qui le dirige.

P. Gaubert.

ÉCOLÂTRE. On désignait sous cette dénomination un ecclésiastique pourvu d'une *p r é b e n d e* à laquelle était attaché le droit d'institution et de juridiction sur ceux qui instruisaient la jeunesse. La charge d'*écolâtre*, regardée en quelques églises comme une dignité, et en d'autres comme un simple office, était autrefois dans les attributions du grand chantre, *primicerius*, des églises cathédrales, tant de l'Italie que de la France. Mais en un grand nombre de diocèses, le grand chantre ayant abandonné d'aussi modestes fonctions, les évêques durent en revêtir des officiers spéciaux : ceux-ci, outre le nom d'*écolâtres*, qu'ils recevaient généralement, prenaient celui de *scolastiques* (*scolastici*), et de *scolars* (*scolares*) : à Orléans, Amiens, Arras, Soissons, on les appelait *maîtres d'école* (*magistri*); en Gascogne, *régents* ou *capichols*, et *chanceliers* dans les villes où il y avait université. On ne saurait préciser avec certitude l'époque où cette charge fut instituée; ce qui est indubitable, c'est qu'elle remonte à une très-haute antiquité, et qu'elle conduisit souvent aux dignités les plus éminentes. A l c u i n, précepteur de Charlemagne, avait été *écolâtre* de Saint-Martin de Tours, avant d'en devenir l'abbé; l'église de Reims eut pour *écolâtre* saint Bruno, fondateur de l'ordre des Chartreux; Marbod, évêque de Rennes, avait rempli les mêmes fonctions dans l'église d'Angers; Honoré, qui fut élevé au siége épiscopal d'Autun, avait été auparavant *écolâtre* de ce diocèse; enfin, le savant Gerbert, parvenu au souverain pontificat sous le nom de Sylvestre II, ne tenait pas moins à honneur d'avoir été *écolâtre* de Reims qu'archevêque de cette ville, ainsi que de Ravenne, et précepteur de deux souverains, l'empereur Othon III et le roi de France Robert. Le concile tenu à Bourges en 1584 et le concile de Trente ne veulent pour *écolâtres* que des docteurs ou licenciés en théologie ou en droit canon; le concile de Malines, en 1607, leur ordonne de visiter deux fois par an les écoles de leur dépendance, pour empêcher toute lecture illicite ou pernicieuse, et, en 1585, le concile de Mexico avait obligé les *écolâtres* à professer, soit par eux-mêmes, soit par un délégué qui en fût capable, et qu'ils avaient seuls le droit de nommer. Cette nomination devait toujours être gratuite; mais ceux qui l'obtenaient restaient sous la dépendance de l'écolâtre; et dans plusieurs diocèses l'amende et la prison étaient au nombre des peines qu'il leur infligeait. Il ne faut pas confondre l'*écolâtre* avec les possesseurs de prébendes préceptorales. Ceux-ci ne dataient pas d'une époque aussi reculée; ils pouvaient être laïques; il n'avaient droit ni d'institution ni de juridiction; ils professaient eux-mêmes, pour les jeunes clercs et les pauvres écoliers, les humanités et la philosophie; ils y joignaient l'enseignement de la théologie, quand il n'y avait pas de théologal. C'est ainsi que l'avaient réglé un synode tenu sous Eugène II, vers l'an 824, et les deux conciles de Latran, en 1179 et 1215.

A. Fresse-Montval.

ÉCOLE, du latin *schola*, a toujours signifié un lieu public où l'on enseigne les langues et les sciences. Dans l'usage ordinaire, il indique ou une *école* d'enseignement spécial, comme : *école de droit*, *école de dessin*, *école de danse*, *ecole de musique*, etc., ou ces établissements d'instruction élémentaire ouverts à l'enfance; en un mot, ce qu'on appelait sous l'ancien régime *petites écoles*. En ce sens, *école* est opposé au mot *collége*.

Nous consacrerons un article particulier au *maître d'école*. Chez les gens du peuple, le titre de *camarade d'école* n'est pas moins sacré que chez les hommes des classes plus élevées celui de *camarade de collége*. *Tenir école* n'est pas la même chose que *faire l'école*. *Tenir école* veut dire *avoir une école*; il se dit même au figuré : *tenir une école* de vices, de débauche; quant à l'expression *faire l'école*, quoiqu'elle soit presque aussi fréquente dans la bouche d'un instituteur primaire que je *fais la classe* dans celle d'un professeur de collége, un magister qui sait sa langue ne l'écrira point. Prendre le *chemin de l'école* veut dire prendre le plus long pour aller quelque part, allusion à l'habitude où sont les enfants d'allonger le plus possible le chemin qui doit les conduire en présence d'un pédagogue sourcilleux. Faire l'*école buissonnière* veut dire qu'on s'est absenté sans raison. Ménage pense que cette locution est née au village, où les enfants vont dans les *buissons* chercher des nids d'oiseaux, au lieu d'aller à l'*école*. Ce proverbe, selon d'autres, vient plutôt de ce que les calvinistes, n'osant prêcher ni enseigner publiquement leurs dogmes, tenaient dans les campagnes des *écoles* secrètes.

Dans le moyen âge, on appelait *école* la philosophie alors en honneur, ou *scolastique*. On a surnommé saint Thomas d'Aquin l'*Ange de l'école*. *École* indique encore une secte philosophique : l'*école d'Épicure*, l'*école de Zénon*, l'*école de Kant*, l'*école de Condillac*; une secte littéraire : l'*école classique*, l'*école romantique*. Quelquefois, dans ce sens, le mot *école* est synonyme de celui de *coterie*, tant en philosophie qu'en littérature; car, selon qu'on est influencé par ses convictions intimes, on dit aujourd'hui l'*école* ou la *coterie doctrinaire*, l'*école* ou *coterie romantique*. *École* signifie aussi une manière en littérature : l'*école de Racine*, l'*école de Shakspeare*; en peinture : l'*école de Raphael*, l'*école de David*, l'*école de Girodet*; en musique : l'*école de Gluck*, l'*école de Grétry*, l'*école de Rossini*. Il n'est pas jusqu'en politique où ce mot ne soit employé dans ce sens : l'*école de Pitt*, l'*école de Fox*, l'*école de Castelreagh*, l'*école radicale*. Il y a de nos jours plusieurs *écoles* historiques : l'*école* fataliste, l'*école* philosophique.

École se dit, au figuré, de toute sorte d'instruction. Cet homme sort *de bonne école*, ou *est à bonne école*, c'est-à-dire qu'il a été ou qu'il est dans un lieu où l'on peut bien profiter. Un cheval *a de l'école*, locution qui indique un cheval bien dressé au manége. Dire les nouvelles de l'*école* signifie découvrir les secrets d'une cabale, d'une coterie. Dacier rapporte l'origine de ce proverbe à la loi fondamentale de l'école pythagoricienne, qui prescrivait à ses disciples de ne jamais communiquer aux profanes les secrets de leur doctrine, de leur école. C'est dans ce sens si général d'instruction que Molière a intitulé deux de ses pièces : *L'École des Maris*, *L'École des Femmes*. La même chose a lieu dans la langue anglaise : Sheridan a fait une comédie célèbre intitulée : *The School for Scandal* (L'École de médisance). On trouve dans les répertoires dramatiques une foule d'autres pièces sous le titre d'*École*. *L'école de la pauvreté*, *l'école du malheur*, sont deux expressions fréquemment employées : rarement l'*école du malheur* profite aux princes déchus; il a appris l'économie à l'*école de la pauvreté*. La cour est une bonne *école*, où l'on apprend à vivre dans le grand monde. *École* se dit par opposition à la *science du monde* : c'est parler en termes de l'*école*, cela sent l'*école*; ces locutions et d'autres analogues indiquent qu'on a toutes les manières d'un *écolier*, d'un pédant de collége.

École se dit, enfin, au jeu de trictrac quand on manque à marquer les points que l'on gagne; de là cette locution proverbiale : *Faire une école*, pour dire faire une faute, une sottise. On fait des *écoles* à la guerre comme dans les salons du grand monde; on a toujours fait en France bien des *écoles* en politique. Peut-être on en ferait moins souvent si les gouvernants étaient, comme au trictrac, condamnés à payer de leur poche la perte des points.

Dès la plus haute antiquité, il y a eu des écoles publiques chez les Perses et dans la Grèce. Xénophon, dans la *Cyropédie*, nous donne une idée des écoles en Orient. Sparte avait ses écoles. Les écoles d'Athènes étaient célèbres : on y apprenait à lire et à écrire aux petits enfants; puis, lorsqu'ils étaient un peu moins jeunes, on leur enseignait la grammaire, la poésie, la musique. Homère y était particulièrement lu. On connaît le trait d'Alcibiade, qui donna un soufflet à un maître d'école qui n'avait pas chez lui ce grand poëte. Si l'on peut s'en rapporter à Plutarque, à Tite-Live, à Denys d'Halicarnasse, il y avait des écoles pour la jeunesse à Gabies, en Étrurie, même avant le temps de Romulus. L'histoire de Virginie nous apprend que dès l'année 304 de la fondation de Rome, il y avait des *écoles pour les jeunes filles*, ce qui fait supposer avec toute certitude qu'il y en avait pour les garçons. La connaissance donnée au peuple par une exposition publique de la loi des *Douze Tables* semble prouver que la science de la lecture ne manquait pas aux citoyens des dernières classes de la république. Des grammairiens grecs vinrent établir à Rome des *écoles de grammaire* vers l'an 550. De la langue grecque on passa à l'étude de la langue latine : on y lisait du temps de Cicéron les poëtes nationaux, tels qu'Ennius, Accius, Pacuvius, Livius-Andronicus, Plaute, Térence, etc. Ce furent encore des rhéteurs grecs qui fondèrent à Rome des *écoles de rhétorique*, vers l'an 600. D'abord, tous les exercices s'y faisaient en grec; ce ne fut que vers le temps de Cicéron que l'on commença d'y enseigner la langue latine. C'est ainsi qu'en France et dans toute l'Europe la langue nationale fut longtemps bannie des universités. Vers le milieu du sixième siècle de Rome, des Grecs vinrent y ouvrir des *écoles de philosophie*. Ces nouveaux maîtres furent longtemps troublés, persécutés par les magistrats, qui craignaient que la jeunesse romaine ne tournât vers la philosophie et l'éloquence toute son ambition et son énergie. D'ailleurs, ces philosophes grecs respectaient peu dans leurs leçons la religion de l'État, et c'était un grand tort aux yeux du sénat; mais jamais les magistrats romains ne négligèrent les écoles où s'enseignaient aux enfants du peuple les connaissances élémentaires et la langue nationale.

Rome, en étendant ses conquêtes en Espagne, puis dans la Gaule, en Germanie, et dans la Grande-Bretagne, y établit partout des *écoles municipales*, dont plusieurs, celles d'Autun, de Lyon, de Trèves, d'York, jetèrent un grand éclat. Dans la maison de tout riche particulier romain possédant un nombreux domestique, il y avait une école (*schola*), où des pédagogues, esclaves eux-mêmes, instruisaient les jeunes esclaves. Malheureusement, et on le voit trop par les épîtres de Sénèque, on n'apprenait pas seulement les éléments des lettres à ces jeunes infortunés, on leur enseignait par principes à se prêter aux passions brutales des maîtres. Aussi ce mot, *école du vice*, pris au figuré chez les modernes, peut-il dans ce cas être entendu d'une manière tout à fait positive. Entre les règnes de Constantin et de Justinien, il y eut trois *écoles de droit* établies dans l'empire : celle de Béryte en Phénicie; puis une à Constantinople, ouverte l'an 425 après J.-C.; enfin, une troisième à Rome. Mais on ne saurait énumérer toutes les *écoles littéraires*. Il y en avait à Utique, à Carthage, à Hippone, à Alexandrie, à Antioche, à Pergame, en un mot, dans toutes les grandes cités d'Europe, d'Asie et d'Afrique, et leur état florissant indique la sollicitude de l'administration romaine à cet égard. Les invasions des barbares, au quatrième et au cinquième siècle de notre ère, détruisirent une foule d'écoles en Illyrie, en Italie, dans la Gaule, en Espagne.

Mais pour ne parler que de notre patrie, l'influence du christianisme et la décadence intérieure de l'empire et de ses provinces avaient déjà commencé à faire tomber les anciennes écoles. C'étaient surtout les jeunes gens des classes supérieures qui fréquentaient ces instituts, où les lettres profanes étaient exclusivement enseignées par des professeurs presque tous païens. « Or, comme le dit M. Guizot, ces classes étaient en pleine dissolution. Les écoles tombaient avec elles : les institutions subsistaient encore, mais vides : l'âme avait quitté le corps. » Vers la fin du cinquième siècle, les grandes *écoles municipales* de Bordeaux, de Trèves, de Poitiers, de Vienne, etc., avaient disparu. Mais le christianisme, qui avait contribué à leur décadence, répara, autant qu'il se pouvait, un mal inévitable. A la place des anciens établissements s'élevèrent les *écoles* dites *cathédrales* ou *épiscopales*, parce que chaque siége épiscopal avait la sienne. Dans certains diocèses il y avait quelques autres écoles d'origine et de nature incertaine : c'était sans doute le débris de quelque ancienne école municipale, qui s'était perpétuée en se métamorphosant. Telle était dans le diocèse de Reims l'*école de Mouzon*, qui subsistait avec assez d'éclat, bien que Reims eût une *école épiscopale*. Cependant, nombre de monastères avaient des écoles annexées à leur couvent; et le clergé commençait aussi vers la même époque à créer dans les campagnes d'autres écoles ecclésiastiques. En 529 le concile de Vaison recommande fortement la propagation de ces écoles. Les *écoles épiscopales* les plus florissantes du sixième au huitième siècle furent dans le diocèse de Poitiers celles de la cathédrale, de Ligugé, d'Ansion, etc. Les diocèses de Paris, du Mans, de Bourges, de Vienne, de Châlons-sur-Saône, d'Arles, de Gap, avaient chacun leur école. Enfin, à Clermont en Auvergne il y avait outre l'école épiscopale, une autre école où l'on enseignait le Code Théodosien.

Les *écoles monastiques* les plus florissantes étaient celles de Luxeuil en Franche-Comté, de Fontenelle ou Saint-Vandrille, et de Sithiu en Normandie, celle de Saint-Médard à Soissons, et enfin celle de Lérins, dans les îles d'Hières. Les *écoles* de Luxeuil, de Saint-Vandrille et de Sithiu comptèrent des princes mérovingiens parmi leurs disciples. Dans ces différentes écoles, on enseignait encore la rhétorique, la grammaire, la dialectique, la géométrie, l'astrologie, et les autres sciences professées autrefois dans les écoles civiles, mais on ne les envisageait que dans leurs rapports avec la théologie, qui était le fondement de tout enseignement : toute la littérature était devenue religieuse. On vit un pape repousser les sciences profanes, quel qu'en pût être l'emploi. A la fin du sixième siècle, saint Grégoire le Grand blâma vivement saint Dizier, évêque de Vienne, de ce qu'il enseignait la grammaire dans son école cathédrale. « Il ne faut pas, lui écrivait ce pontife, qu'une bouche consacrée aux louanges de Dieu s'ouvre pour celles de Jupiter. » Sous les derniers mérovingiens, c'est-à-dire du milieu du septième siècle à la moitié du huitième, la décadence des *écoles cathédrales* et *monastiques* fut rapide et complète. Les farouches Austrasiens, devenus possesseurs des monastères, faisaient manger leurs chevaux dans ces mêmes salles où de bons moines enseignaient naguère les éléments des lettres à de jeunes enfants. Pepin le Bref fut sans doute trop avisé, trop ami de l'ordre, pour ne pas arrêter cette destruction; mais on ne sait rien de positif sur l'administration de ce monarque. Il était réservé à Charlemagne de rétablir avec éclat les anciennes écoles, et d'en fonder de nouvelles. Il fut secondé dans ce projet par le savant Alcuin, moine anglais, et par Pierre de Pavie. L'Angleterre et l'Irlande avaient alors des écoles florissantes. Alcuin était élève de celle d'York, la plus célèbre de toutes. L'*école de Pavie* n'avait pas moins d'illustration, et elle n'était pas la seule que possédât la Lombardie. Les écoles, partout déchues, furent suffisamment dotées, et réunirent bientôt de nombreux disciples. On peut citer celles de Ferrières, en Gâtinais, de Richenau, dans le diocèse de Mayence; de Fulde, dans le même diocèse, d'Aniane; en Languedoc, de Saint-Vandrille, etc., d'où sortirent les hommes les plus distingués du siècle suivant. Charlemagne institua en outre une école qui le suivait partout dans ses voyages, et qui fut appelée pour ce motif *école palatine*. Alcuin en était le maître, et ses disciples étaient les fils et les filles de l'empereur. On nous a conservé la circulaire par laquelle Charlemagne prescrivit à tous les évêques et abbés d'établir des écoles dans leurs églises ou dans leurs monastères. Il fut obéi : des rives du Danube et de l'Elbe aux rives de la Seine et de la Somme, il y eut des écoles. On y enseignait partout la lecture, l'écriture, l'art de chanter au lutrin, l'arithmétique et l'astrologie, qui alors se bornait au calcul appelé *comput* (méthode pour déterminer les fêtes mobiles). Cet enseignement, qui n'agrandit pas le foyer des lumières, les empêcha du moins de s'éteindre.

Les écoles fondées par Charlemagne ne furent pas négligées, du moins sous ses premiers successeurs. Charles le Chauve, entre autres, releva l'*école palatine*, en y appelant des savants étrangers. Au dire d'un chroniqueur contemporain, la prospérité des études y devint telle « que la Grèce aurait envié le sort de la France, et que la France n'avait rien à envier à l'antiquité ». Quoi qu'il en soit, le public du temps fut si frappé de cet éclat des lettres à la cour de Charles le Chauve, qu'au lieu de dire l'*école du palais*, on disait le *palais de l'école*.

Paris sous Charlemagne et ses successeurs dut avoir aussi son *école cathédrale* et ses *écoles monastiques*, dans les grandes abbayes de Sainte Geneviève et de Saint-Germain-des-Prés. Cependant, les monuments historiques n'offrent aucun témoignage de l'existence des *écoles diocésaine* et *génovéfaine*. Quant à l'*école de Saint-Germain-des-Prés*, on a une preuve indirecte de son existence. On sait qu'elle eut pour élève Abbon, qui composa en latin barbare un poëme sur le siége de Paris par les Normands. L'an 900, Remi, moine de Saint-Germain-d'Auxerre, vint à Paris pour ouvrir une *école de philosophie scolastique*, car depuis plus d'un demi-siècle cette étude occupait les esprits élevés. Remi eut pour successeur Odon, son disciple. Ces écoles étaient fort multipliées aux onzième et douzième siècles Alors florissaient à Paris les Lanfranc, les Anselme, les Champeaux, les Abélard. Leurs écoles furent les éléments d'où se forma l'université de Paris. Insensiblement ce nom d'*école* fit place, dans l'université, à celui de *classe* et de *collége*. Il ne fut plus donné qu'à des établissements d'instruction spéciale, tels que les *écoles* de droit, de médecine, de chirurgie et de dessin, etc., ou à ces modestes instituts où, sous la férule d'un magister, la jeunesse des villes et des campagnes apprenait à lire, écrire et compter. Les maîtres et maîtresses d'école étaient soumis dans les villes à l'*écolâtre*. Les permissions qu'accordait l'écolâtre pour tenir école étaient gratuites. Ailleurs, les *maîtres* et les *maîtresses d'école* tenaient leurs pouvoirs des curés; les enfants leur payaient une rétribution.

Charles Du Rozoir.

Il semble que ce qui a été dit des *colléges* s'applique aux *écoles*. Répétons ici que les écoles publiques, dans les temps modernes, ont été des institutions chrétiennes. L'antiquité n'eut rien de semblable. Partout où le christianisme a passé, il a passé avec le bienfait de la civilisation et de la science. Primitivement, l'école fut une partie essentielle de l'organisation ecclésiastique. La cathédrale avait son école, et le presbytère avait la sienne. Peu à peu, les écoles, même celles qui durent leur établissement à l'action directe du clergé, tendirent à l'indépendance, et elles la cherchèrent en se réfugiant sous la main de l'autorité civile. Telle fut la marche de toutes les *universités* de l'Europe. Le clergé les fonda et les entoura de priviléges; puis elles se détachèrent du clergé. Ce fut le plus souvent la ruine de leur liberté.

Aujourd'hui il n'y a plus guère d'écoles libres. L'autorité civile les a partout soumises à son action forte et sévère. La discipline y a gagné de la régularité; mais l'éducation y a perdu de la politesse. L'autorité civile fait des casernes au lieu d'écoles. Ce n'est pas mauvais vouloir, c'est nécessité. Le prêtre a par son caractère tant de moyens d'action, et il exerce un empire si naturel, que la force matérielle lui est de trop en quelque sorte. Voilà pourquoi les écoles conduites par des prêtres sont sujettes à une discipline plus douce et plus paternelle. Le laïque a besoin d'être plus sévère, et son commandement est plus dur. Il n'est personne qui n'ait pu faire cette remarque. Et ici je n'invoque aucun des souvenirs qui blessent encore quelques susceptibilités tenaces; je ne parle pas de ces anciennes écoles de congrégations enseignantes, dont l'urbanité est restée dans la mémoire de leurs disciples. Je parle simplement de ce que notre génération a vu en des écoles d'une autre sorte. Il est certain que l'autorité civile, qui commande plutôt qu'elle ne persuade, a donné aux écoles un aspect souvent farouche par la régularité même de ses lois et par la solennité formidable de son empire. D'où il suit toujours qu'en s'affranchissant du clergé, qui les créa, les écoles ont perdu de cette dignité intérieure qui les faisait ressembler à une famille.

Les écoles publiques sont aujourd'hui des lieux de discipline où l'on forme l'enfance et la jeunesse par la terreur. Chose singulière! on ne la dresse ainsi qu'à l'indépendance. C'est que l'homme a besoin d'être façonné par la bienveillance, ou bien il arrive bientôt à la haine. L'autorité civile a cru contenir davantage les générations; elle n'a fait que verser en elles une aversion plus profonde et plus invincible. Ne serait-ce donc pas une question à examiner que celle de savoir si l'autorité ne perd pas plus qu'elle ne gagne à se rendre maîtresse absolue des écoles? Il est certain que depuis cent ans l'autorité civile a perdu progressivement de son empire sur l'esprit des hommes; et cependant elle a employé tout son génie, et quelquefois tout son despotisme, à s'emparer des générations. Sans remonter à la destruction des jésuites, que d'efforts perdus à tenter cette domination sur les esprits par l'influence des écoles! La révolution de 1789, sous le nom de liberté, établit un centre d'action politique qui fit disparaître tous les corps libres de l'État, et les écoles furent, comme tout le reste, soumises à une loi d'unité. Toutefois, la révolution, dans sa marche vagabonde, prenait peu de soin de ce domaine tout moral. Les écoles ne commencèrent à revivre qu'après les sanglantes agitations qui avaient tout brisé en France. Mais elles reparurent avec ce caractère d'organisation despotique dont je parle. Le système des études fut bouleversé! Au lieu d'appliquer la jeunesse à des travaux classiques où pût respirer encore la pensée antique, une pensée morale et sociale tout à la fois, on l'appliqua à des études d'une métaphysique abstraite, et ses premiers efforts s'épuisèrent à des recherches techniques sur la grammaire générale et sur la philosophie des langues. De là un vide sensible dans cette époque de notre histoire intellectuelle. Les esprits furent détournés de toutes les méditations qui se rapportent à la poésie, à l'histoire, à la philosophie, aux arts, à tous les nobles goûts de l'intelligence. Il ne resta que des études sans inspiration. Il est vrai que les sciences proprement dites prirent un essor nouveau. Mais il n'y eut rien dans l'ordre des écoles qui disposât les jeunes esprits à la culture des arts, qui servent de lien véritable entre les hommes; c'est qu'il n'y avait dans la société qu'une autorité matérielle qui s'exerçait par la force, et qui était inhabile par cela même à conduire les esprits. Aussi l'éducation disparut-elle de l'enseignement. Les écoles changèrent de nom; on les appela *écoles centrales*, *prytanées*, *lycées*; l'organisation était fréquente, parce qu'elle était vicieuse. Mais toujours l'autorité se trompait elle-même dans l'effort qu'elle faisait pour dominer les générations.

Le génie de Bonaparte, avec plus de pénétration et de souplesse, n'arriva pas à de plus heureux résultats. Cependant ses *écoles universitaires* furent établies avec une prévoyance de despotisme qui devait s'attendre à plus de succès. Rien ne s'était jamais vu de semblable à cette organisation, qui faisait entrer sous la juridiction du *grand-maître* toutes les écoles de l'empire, depuis l'école de village jusqu'à l'école ecclésiastique, depuis la *manécanterie* de cathédrale jusqu'aux facultés de sciences. Tout ce vaste ensemble s'appela l'*Université de France*. Ce nom n'eut rien de commun avec les anciennes universités, qui étaient des établissements libres, n'ayant de juridiction que sur eux-mêmes. L'université fut comme un empire créé dans l'empire, afin d'assouplir les esprits et de les façonner à l'obéissance. M. de Fontanes mit à l'exercice de cette dictature tout ce que ses habitudes classiques et son royalisme d'ancien régime lui purent donner de flexibilité et de bonne grâce. Mais ni le despotisme ni la politesse ne firent rien contre la pente des idées. L'enfance échappait à cette autorité puissante qui dressait une école comme un régiment, et la jeunesse sortait des écoles avec un souvenir malveillant et souvent haineux, qui ne se tempérait pas même par la pensée d'un bienfait reçu.

Ce même exemple s'est perpétué sous les régimes qui ont suivi. Depuis cinquante ans, les élèves de l'État ont été perpétuellement hostiles à l'autorité, républicains sous la monarchie, je ne sais quoi sous l'empire, mais toujours mécontents, inquiets, ennemis enfin du régime présent qui les élevait. Il semble qu'il y a là toute une révélation du mal qui ronge les écoles. Car accuser l'ingratitude de la jeunesse, ce serait méconnaître cet âge: l'ingratitude appartient à la maturité de l'homme; sa première passion n'est pas une lâcheté. Ce qu'il faut accuser, ce sont les écoles, ou du moins le système politique qui les régit. Que l'État confie ses élèves à des institutions libres, la voix de leurs maîtres aura toute autorité pour leur rappeler la reconnaissance ou la soumission. Alors l'hostilité envers l'État n'est pas possible. Mais dès que les écoles sont enrégimentées par l'autorité, l'indépendance est naturelle. Sous un tel régime, le disciple se défie de la voix qui lui parle de respect et d'amour pour les lois du pays. Cette voix lui est suspecte, car elle n'est pas libre. Si bien que le calcul le plus habile que puisse un jour faire l'État, c'est d'affranchir les écoles, en s'assurant toutefois qu'elles seront dirigées par un esprit d'ordre. Alors, pour la première fois, il pourra penser avec raison que cette liberté doit tourner au profit de la soumission.

Je ne prétends pas ici faire de système. On peut voir, toutefois, une démonstration rigoureuse de ces idées dans le simple exemple des écoles populaires. Depuis quelque temps on a beaucoup multiplié ces écoles; l'État les a toutes soumises à son autorité : il nomme les instituteurs, il les visite et les surveille; il a une action puissante sur leur enseignement. Qui me dira que toute cette organisation défiante et rigoureuse donne à l'État les mêmes garanties de bon ordre que l'organisation chrétienne des *écoles de frères* avec leur *laisser-aller* simple et naïf, et leur admirable insouciance des choses de la politique?

Je laisse ces questions : elles seraient immenses. Disons rapidement l'organisation présente des écoles : ici je n'ai plus à présenter que quelques faits précis. Les écoles en France sont soumises à ce même régime universitaire inventé par Bonaparte, sans nul profit pour l'autorité des gouvernements que la France voit se succéder avec tant de rapidité. En haut, vous voyez un conseil supérieur présidé par un ministre. Chaque Académie a un recteur et des inspecteurs. Chacune aussi a ses écoles, avec leur hiérarchie, depuis les facultés et les lycées jusqu'aux écoles primaires, dans lesquelles sont comprises les écoles de filles tenues par les sœurs de la charité. Juridiction incroyable, qui montre jusqu'à quel degré de despotisme nous poussons, en ce siècle, la manie de l'unité. L'université atteint toute cette variété d'écoles, soit par l'action directe de ses inspecteurs, soit par l'établissement de ses comités cantonaux; rien n'échappe à son autorité. Les *écoles ecclésiastiques* n'ont pu qu'à grand'peine rester sous leur juridition naturelle, et encore le conflit a souvent été violent. Les écoles ecclésiastiques sont destinées à former des sujets pour le sacerdoce. Le décret impérial en avait reconnu une par diocèse; bientôt elle parut insuffisante, on en laissa former d'autres par tolérance; les écoles des jésuites furent ouvertes sous ce nom. Puis on revint violemment au décret de Bonaparte, et le nombre même des élèves des écoles ecclésiastiques fut déterminé. Il y a des écoles qui ont échappé à cette immense juridiction de l'université. Ce sont des écoles spéciales, comme le Collége de France, l'École Polytechnique, les Écoles d'Arts et Métiers, les Écoles de commerce. C'est une sorte de bizarrerie dans cette manie d'unité qui semble avoir été plus vive à mesure que l'unité morale était rompue.

D'autre part, l'université, en établissant rigoureusement sa hiérarchie d'école, est tombée en des contradictions d'une autre sorte : par exemple, il était resté des anciennes écoles quelques grands débris, comme Sorèze, Pontlevoy, Juilly; ou bien des hommes créateurs avaient pu, au travers des lois nouvelles, élever des maisons dignes de rivaliser avec ces anciens établissements. Eh bien! pour l'université, ces sortes de maisons sont à peine des écoles. Ce sont des institutions ou des pensions, placées dans le dernier ordre de la hiérarchie officielle, tant qu'elles restent une propriété particulière au lieu d'être des propriétés de l'État. Ainsi, l'université laisse échapper à sa loi des écoles spéciales qui seraient la plus belle partie de sa gloire, et puis elle atténue le plus qu'il lui est possible l'importance des établissements qui sont soumis à sa juridiction; tant il est vrai que l'unité n'est pas chose aisée, lorsqu'elle se réduit à des conditions où l'intelligence n'entre pour rien! Ceci mériterait peut-être d'être signalé aux universitaires. Ils comprendraient qu'il y a je ne sais quoi d'insensé à assimiler Pontlevoy, avec ses 300 élèves, son académie, ses arts, sa grandeur, son élégance, à la dernière entreprise d'éducation classée dans l'Almanach de l'université. L'université croit trop à sa puissance, point assez à celle du talent, du zèle et de la vertu. Elle ne veut pas admettre, elle n'admettra jamais qu'il soit donné à un homme de former une école : elle lui concède simplement par un diplôme le droit d'ouvrir une pension. De là sa persévérance tenace à tout sacrifier à ses propres écoles, et, par malheur, ses écoles luttent contre la volonté, plus tenace encore, du public.

Les écoles officielles ont peu de succès en France. Ce qui leur est fatal apparemment, c'est cette uniformité de police, qui exclut les améliorations progressives et la variété des études. Ici encore l'unité a ses périls. On sait que pour assurer cette uniformité, du moins dans l'enseignement, l'université dès sa fondation institua une *École Normale*, destinée à former ses professeurs. Cette école a eu de l'éclat; mais tous ses talents ont été marqués du même cachet, un cachet de travail pénible et imitateur. Rien de créateur n'est sorti de là. Puis les écoles populaires ayant été multipliées à profusion dans toute la France, l'université a créé de même des écoles normales pour former des instituteurs. Je ne pense pas que l'éducation publique doive s'améliorer à ces improvisations de maîtres d'école. Jadis l'école populaire tenait au presbystère de village, aujourd'hui elle en est fort séparée : on fait des docteurs qui savent lire et chiffrer, pas grand'chose de plus; et comme on leur donne un diplôme, ces gens-là se croient des personnages; d'ailleurs, ils correspondent directement avec l'université, cela les rend tant soit peu pédants. L'autorité du curé en est compromise, et la morale du village n'y gagne rien, à mon avis.

Les *écoles élémentaires* devraient être le premier objet des sollicitudes publiques : tous les hommes ne sont pas appelés à suivre l'enseignement des hautes écoles, tous sont appelés à recevoir les premières notions du bon, du juste, du vrai. C'est pourquoi rien ne me parut jamais plus futile que les conflits modernes sur l'emploi des méthodes dans les écoles élémentaires. Les méthodes peuvent varier sans contredit; mais que devez-vous enseigner à l'enfant avec vos méthodes? Personne n'a pris souci de cette question. Les écoles élémentaires doivent être l'initiation aux vertus, plus encore qu'aux sciences. Je ne me plains pas qu'on les multiplie, mais je voudrais qu'on les multipliât avec une pensée de bon ordre. Les écoles élémentaires bien gouvernées seraient la régénération des mœurs et des idées. Peut-être les gens de bien n'ont-ils pas toujours assez senti l'espèce d'action qu'ils pouvaient exercer ainsi sur l'esprit des masses. Les masses n'arriveront jamais à ce qu'on appelle les lumières, mais on peut les arracher à l'ignorance inculte et barbare; et le bienfait des écoles, c'est de disposer les hommes à la pratique des vertus, bien plus que de les fatiguer à des études qui seraient pour le plus grand nombre sans application. LAURENTIE.

ÉCOLE D'ADMINISTRATION. Rien de plus divers et de plus bizarre que les conditions d'admission dans les différents services publics en France. Ici le concours, là un diplôme, plus loin la simple faveur. Dans un même ministère, il faut des épreuves sérieuses pour entrer dans les consulats, et la protection d'un ministre pour être attaché d'ambassade. M. de Salvandy, dans son passage aux affaires, s'était occupé de cette question, et il avait voulu créer tout au moins l'enseignement et la science de l'administration. Quelques députés, parmi lesquels se firent remarquer MM. de Gasparin, Mortimer Ternaux et Saint-Marc Girardin, proposèvent en même temps de régulariser l'admission dans les services publics, proposition qui échoua, et qui était digne d'un meilleur sort. Quelques considérations politiques qu'on pût faire valoir sous le gouvernement parlementaire, il y en avait une qui, selon nous, dominait toutes les autres : c'était la nécessité de satisfaire à cet amour de justice et d'égalité qui fait le fond du caractère national. La France depuis cinquante ans, sous les gouvernements les plus divers, a toujours été par ses mœurs et ses idées une démocratie. Le respect de la naissance n'existe plus, celui de la richesse n'est pas encore venu ; mais nous nous inclinons devant l'intelligence, et, dans notre jalousie de l'administration, qui n'est souvent qu'un amour déguisé et malheureux, le seul titre devant lequel nous nous arrêtons, c'est le travail et le talent. La popularité de l'École Polytechnique est là pour dire à l'administration où elle doit chercher la faveur de l'opinion.

En 1848, au lendemain de la révolution, à l'heure des projets, la question fut reprise, et puisque l'histoire est déjà venue pour ce temps si près de nous, peut-être me pardonnera-t-on quelques détails sur ce qu'on faisait au ministère de l'instruction publique sous la direction de M. Carnot. Ouvrir l'administration au seul mérite, lui donner une base démocratique, c'était alors une idée populaire, et pour lui donner une forme durable, on réunit au ministère tous les hommes qui sous le dernier règne s'étaient occupés de ce problème. Entre gens inconnus l'un à l'autre, et qui n'avaient point les mêmes opinions politiques, il y eut cependant dès le premier jour un accord parfait. Comme on sentait de toutes parts que la révolution, en donnant au peuple une action énorme, menaçait le gouvernement d'une perpétuelle instabilité et pouvait compromettre la puissance même du pays, on voulait défendre la France contre sa propre mobilité, en conservant à l'administration l'indépendance dont elle a besoin, tout en lui donnant l'esprit démocratique. Fonder une école polytechnique des services civils fut le mot d'ordre accepté de tous ; chacun se mit à l'œuvre avec le sentiment d'un devoir à remplir. On voulait rivaliser, sinon de génie, au moins de patriotisme et de désintéressement avec les fondateurs de la grande École, et chacun des membres de la commission, dressant un programme de leçons, sollicitait l'honneur de professer gratuitement dans la nouvelle institution. Dans cette noble rivalité, on allait comme toujours un peu loin ; et je ne sais pas trop ce qu'on eût permis d'ignorer aux futurs administrateurs ; mais quelques-uns de ces programmes étaient de petits chefs-d'œuvre, ceux surtout où l'on voulait donner en quelques leçons bien faites, à nos futurs préfets, à nos futurs consuls ou ambassadeurs, ces notions d'économie politique d'agriculture, d'industrie, d'architecture, d'hygiène, qu'ils se font trop souvent gloire d'ignorer. Malheureusement, au moment où tout semblait promettre une fondation durable, on eut l'étrange idée de laisser de côté le projet de la commission pour y substituer je ne sais quel système fondé sur la réorganisation ou plutôt la désorganisation du Collége de France. Et comme si ce n'était pas assez de l'odieux de cinq ou six destitutions, on imagina de remplacer les professeurs congédiés par des membres du gouvernement provisoire, un peu surpris d'un honneur qu'as sûrement ils n'avaient pas brigué. C'était plus qu'il n'en fallait pour ruiner dès le début une institution déjà peu populaire dans l'administration, car elle s'attaquait aux priviléges héréditaires de la faveur ; et quel est le ministre qui n'aime un peu protéger les siens ? Ainsi tomba l'École d'Administration, et ce fut justice ; mais je ne crois pas la cause perdue sans retour, et pour dire toute ma pensée, c'est une question plus que jamais à l'ordre du jour.

Et en effet, dans un gouvernement parlementaire, sous le feu de la presse et de la tribune, il y a une telle jalousie contre l'administration, une défiance, un contrôle si excessif, que si l'on peut craindre que les affaires publiques n'en soient empêchées, on n'a pas du moins à redouter ces abus, ces malversations, ces crimes de subalternes qui compromettent le plus honnête gouvernement : chacun veille pour la chose publique. Mais dans un gouvernement d'affaires, dans un empire où la représentation du pays et de ses intérêts est dans l'administration plus que dans la chambre, qui n'a plus désormais qu'un pouvoir de contrôle, quand ainsi la responsabilité porte tout entière sur le chef de l'État, il importe par-dessus tout que l'administration soit active, instruite, honnête, populaire. Il faut remplacer la vigilance de l'opinion par l'esprit de corps, par l'honneur, par l'émulation. C'est ce qu'on a senti en Prusse. Dans un pays de fortunes divisées comme est la France, où l'administration est aussi la carrière favorite des classes moyennes, une politique habile, en ouvrant à chacun les services publics au sortir de l'université, a mis à la disposition de l'État toute l'intelligence de la nation. Il faut servir le gouvernement ou se déclarer contre lui ; *employé ou conspirateur*, dit-on à Berlin par forme de proverbe ; et cette force de l'administration explique comment là-bas aussi on s'est si vite remis d'une révolution. En Allemagne, comme en France, on s'est posé le problème de soustraire l'administration à tout abus d'influence, et de ne laisser en dehors du service public aucun homme actif, laborieux, éprouvé. La Prusse a résolu la question ; il semble qu'on puisse en faire autant chez nous, sans être infidèle aux idées de 89 et à la pensée impériale. N'est-ce pas en effet dans l'administration le principe qui a fait la gloire et la force de nos armées ? N'est-ce pas la démocratie organisée ?

Édouard Laboulaye, de l'Institut.

ÉCOLE D'APPLICATION DU GÉNIE ET DE L'ARTILLERIE, ÉCOLE D'APPLICATION DU GÉNIE MARITIME, ÉCOLE D'APPLICATION D'ÉTAT-MAJOR. *Voyez* Application (Écoles d').

ÉCOLE D'ARTILLERIE ET DU GÉNIE. *Voyez* Application (Écoles d').

ÉCOLE D'ATHÈNES. *Voyez* École française d'Athènes.

ÉCOLE DE CAVALERIE. *Voy.* Cavalerie (École de).

ÉCOLE DE DROIT. *Voyez* Droit (École de).

ÉCOLE DE MARS. Ce fut sur le rapport du comité de salut public que fut établie une école de ce nom par décret de la Convention du 13 prairial an II (1er juin 1794). Il sera, dit l'art. 1er, envoyé à Paris, de chaque district de la république, six jeunes citoyens sous le nom d'élèves de Mars, de l'âge de seize à dix-sept ans et demi, pour y recevoir, *par une éducation révolutionnaire*, toutes les connaissances et les mœurs d'un soldat républicain. Les agents nationaux des districts feront sans délai le choix de six élèves parmi *les enfants des sans-culottes*. La moitié des élèves sera prise parmi les citoyens peu fortunés des campagnes ; l'autre moitié dans les villes, et par préférence parmi les enfants des volontaires blessés dans les combats, ou qui servent dans les armées de la république. L'*École de Mars* sera placée à la plaine des Sablons. Les élèves seront habillés, armés, campés, nourris et entretenus aux frais de la république. Ils seront exercés au maniement des armes, aux manœuvres de l'infanterie, de la cavalerie, de l'artillerie. Ils apprendront les principes de l'art de la guerre, les fortifications de campagne et l'administration militaire. Ils seront formés à la fraternité, à la discipline, à la frugalité, aux bonnes mœurs, à l'amour de la patrie *et à la haine des rois*. Les élèves resteront sous la tente tant que la saison le permettra. Aussitôt que le camp sera levé, et en attendant qu'ils aillent faire leur service aux armées, ils retourneront dans leurs foyers, où ils seront admis à d'autres genres d'instruction, suivant l'aptitude et le zèle qu'ils auront montrés. L'*École de Mars* est placée sous la surveillance immédiate du comité de salut public, qui, pour remplir l'objet de cette institution, choisira les instituteurs et agents qui doivent être employés près des élèves et les plus propres à leur donner les principes et l'exemple des vertus républicaines. Quelque éphémère qu'ait été l'existence de l'*École de Mars*, nous avons cru devoir signaler son existence, comme un des traits les plus caractéristiques de la direction morale qu'en butte à l'Europe en armes la Convention nationale, ou plutôt son comité de salut public, savait imprimer à l'esprit public. Charles Du Rozoir.

ÉCOLE DE PHARMACIE. *Voyez* Pharmacie (École de).

ÉCOLE DE PYROTECHNIE. *Voyez* Écoles régimentaires.

ÉCOLE DES BEAUX-ARTS. *Voyez* Beaux-Arts.

ÉCOLE DES CHARTES. *Voyez* Chartes (École des).

ÉCOLE DES JEUNES DE LANGUE. Cette école, annexée au lycée Louis-le-Grand, dépend du ministère des affaires étrangères. On y enseigne les langues orientales à un petit nombre de jeunes gens destinés aux emplois de drogmans dans le Levant. Avant la révolution, les jeunes de langue étaient élevés en France par les jésuites, et après cinq ou six ans d'études, ils allaient se perfectionner chez les capucins de Constantinople.

ÉCOLE DES LANGUES ORIENTALES. *Voyez* École spéciale des Langues orientales.

ÉCOLE DES MINES. *Voyez* Mines (École des).

ÉCOLE DES MINEURS. *Voyez* Mineurs (École des).

ÉCOLE DES PONTS ET CHAUSSÉES. *Voyez* Ponts et Chaussées (École des).

ÉCOLE D'ÉTAT-MAJOR. *Voyez* Application (Écoles d').

ÉCOLE DU GÉNIE, École du génie maritime. *Voyez* Application (Écoles d').

ÉCOLE FORESTIÈRE. *Voyez* Forestière (École).

ÉCOLE FRANÇAISE, à Rome. *Voyez* Académie de France.

ÉCOLE FRANÇAISE D'ATHÈNES. Une ordonnance du 11 septembre 1846 a institué à Athènes une école française de perfectionnement pour l'étude de la langue, de l'histoire et des antiquités grecques. Cette école est placée sous la direction d'un professeur de faculté ou d'un membre de l'Institut nommé par le chef de l'État. Une section, dite des *Beaux-Arts*, est établie à l'École d'Athènes. Elle se compose d'élèves pensionnaires de l'Académie de France à Rome, désignés par le ministre de l'intérieur. Le règlement de l'école a été modifié par un décret en date du 7 août 1850. En vertu de ce décret, l'École d'Athènes est formée concurremment d'agrégés sortis de l'École normale supérieure et d'agrégés pris en dehors de cette école; les agrégés membres de l'École française d'Athènes sont nommés par le ministre de l'instruction publique et des cultes après un examen spécial, dont le programme est dressé par une commission de l'Académie des Inscriptions et Belles-Lettres, et doit porter sur la langue grecque ancienne et moderne, sur les éléments de la paléographie et de l'archéologie, sur la géographie et sur l'histoire de Grèce; le cours d'études de l'École française d'Athènes est fixé à deux ans au moins et trois ans au plus, dont une année ou davantage est employée par chaque membre à des explorations et à des recherches dans la Grèce et les autres pays classiques, soit de l'Orient, soit de l'Occident. A l'expiration de chaque année les membres de l'École sont tenus d'envoyer individuellement les résultats des travaux qui leur ont été prescrits en vertu du règlement général d'études préparé par l'Académie des Inscriptions et Belles-Lettres, et arrêté par le ministre de l'instruction publique. Les résultats des travaux des membres de l'École sont transmis par le ministre à l'Académie, qui en fait l'objet d'un rapport et en rend compte dans sa séance publique annuelle. Enfin, le directeur de l'École est tenu de faire tous les ans un rapport détaillé; qu'il adresse au ministre sur la situation de l'École, sur les progrès réalisés et les améliorations désirables.

L'École française d'Athènes a déjà réalisé d'importantes découvertes : ainsi, un de ses membres, M. Beulé, entreprit à l'Acropole des fouilles qui eurent pour résultat de dégager la partie supérieure du grand escalier qui montait aux Propylées, et dont on avait il y a quelques années rétabli partiellement la moitié supérieure jusqu'au soubassement du temple de la Victoire Aptère. En même temps il démontrait le parallélisme de la façade extérieure nouvellement découverte de l'Acropole et de la grande façade des Propylées, et retrouvait au milieu un mur tout en marbre, percé d'une porte dorique, exactement dans l'axe de la porte centrale des Propylées; à droite et à gauche des tours carrées en pierre, qui s'avançait pour défendre l'entrée de la citadelle.

ÉCOLE MILITAIRE DE SAINT-CYR. *Voyez* Saint-Cyr.

ÉCOLE NAVALE. *Voyez* Navale (École).

ÉCOLE NORMALE. *Voyez* Normale (École).

ÉCOLE POLYTECHNIQUE. *Voyez* Polytechnique (École).

ÉCOLES (Fête des). Par une lettre pastorale en date du 16 novembre 1853, M. Sibour, archevêque de Paris, institua une solennité qu'il appela *fête des écoles*, et qui doit être célébrée à l'avenir chaque année, sous le patronage d'un saint illustré par la science, le dimanche qui précède l'avent, dans l'église de Sainte-Geneviève à Paris. La lettre du prélat au clergé et aux fidèles de son diocèse définissait bien clairement le sens de cette cérémonie, à la fois religieuse et scolaire, et qui avait pour but « d'effectuer et de consolider l'alliance de la religion et de la science. » Tous les chefs de l'instruction publique et privée, toutes les notabilités de la science, des lettres et de l'enseignement, les professeurs, les instituteurs, tous les élèves des écoles supérieures et spéciales, et les élèves les plus distingués des lycées et des institutions sont conviés à cette solennité. Après le saint sacrifice offert par l'archevêque lui-même, à l'intention de l'union, toujours plus intime de la religion et de la science, un orateur sacré prononce le panégyrique d'un saint célèbre par sa grande science; et pour que le même sujet ne revienne pas tous les ans, le saint qui doit être le patron de la fête est désigné chaque année par le prélat. En même temps, l'archevêque instituait un prix de 1,000 francs à décerner à l'auteur du meilleur travail sur une question relative aux rapports de la science et de la foi, indiqué un an d'avance; laïques et ecclésiastiques sont admis à concourir. Le prix doit être décerné le jour de la fête des écoles.

On a voulu retrouver la fête établie par M. Sibour dans une coutume oubliée de l'ancienne université de Paris. Duboulay et Crevier en effet racontent qu'au treizième siècle c'était pour les différentes écoles de l'université un usage annuel de se réunir dans l'église de Saint-Étienne des Grés, et d'y entendre une messe dite solennellement par l'évêque de Paris. Quoi qu'il en soit, M. Sibour modifia la signification de cette antique cérémonie en y appelant non-seulement les écoles de l'université, mais toutes les autres écoles de l'État : écoles libres, écoles laïques et ecclésiastiques, littéraires, artistiques, industrielles, sans distinction d'origine ni d'enseignement. Cette fête des écoles, instituée après le triomphe de la liberté de l'enseignement, fut généralement considérée comme un heureux à propos et comme une pensée généreuse de conciliation.

La fête des écoles fut célébrée pour la première fois, par exception, le 27 novembre 1853. Des députations de l'Institut, des facultés, du Collége de France, des écoles du gouvernement, des institutions libres, du corps municipal, y assistèrent. M. l'archevêque de Paris prononça le panégyrique de saint Augustin. Dans ce discours d'un esprit élevé et libéral, le prélat rendit hommage « au célèbre philosophe de nos jours ». M. Cousin était présent à la cérémonie. La réconciliation, on le voit, fut complète. Combien de temps durera-t-elle?

W.-A. Duckett.

ÉCOLES CENTRALES. Ces écoles furent instituées par la Convention nationale, en vertu de la loi du 7 ventôse an III (25 février 1795), pour l'enseignement des sciences, des lettres et des arts. Il devait y avoir une école centrale par 300,000 habitants. On peut juger par l'énumération suivante de l'instruction encyclopédique qu'on prétendait y donner : cours 1° de mathématiques; 2° de physique et de chimie expérimentales; 3° d'histoire naturelle; 4° d'agriculture et de commerce; 5° de méthode des sciences ou logique, et d'analyse des sensations et des idées; 6° d'économie politique et de législation; 7° de l'histoire philosophique des peuples; 8° d'hygiène; 9° d'arts et métiers; 10° de grammaire générale; 11° de belles-lettres; 12° de langues anciennes; 13° des langues vivantes les plus appropriées aux localités; 14° des arts du dessin. Il devait y avoir près de chaque école centrale : 1° une bibliothèque publique; 2° un jardin botanique et un cabinet d'histoire naturelle; 3° un cabinet de physique; 4° une collection de machines et modèles pour les arts et métiers. Les professeurs devaient être examinés, élus et surveillés par un jury central d'instruction, nommé par le comité d'instruction publique, et leur nomination soumise à l'approbation de l'administration du département.

Ces détails montrent dans quel esprit libéral était conçu le décret; mais les proportions gigantesques de l'enseignement, la trop grande multiplicité des écoles centrales, entraînaient des difficultés ou plutôt des impossibilités d'exécution qui firent que cette théorie législative ne fut pas exécutée. La loi rendue le 3 brumaire an IV (25 octobre 1795) sur toutes les parties de l'instruction publique produisit au moins quelques résultats. Daunou en fut le rapporteur. Le titre II concernait les écoles centrales, dont le nombre était judicieusement réduit à une par chaque département. L'enseignement y était divisé en trois sections: *Première section*, 1° dessin; 2° histoire naturelle; 3° langues anciennes; 4° langues vivantes (selon le besoin des localités). *Deuxième section* : éléments 1° de mathématiques; 2° de physique et de chimie expérimentales. *Troisième section* : 1° grammaire générale; 2° belles-lettres; 3° histoire; 4° législation. Total, dix cours. L'enseignement dans les écoles n'était pas entièrement gratuit; chaque élève devait payer par an une rétribution qui ne pouvait excéder 25 fr., et dont le produit était à répartir entre les professeurs. Les bibliothécaires des écoles centrales furent assimilés aux professeurs, et les dépenses de ces établissements comprises au nombre des dépenses départementales.

Ce fut le 1er prairial an IV (20 mai 1796) que les écoles centrales du Panthéon et des Quatre-Nations s'ouvrirent à Paris. L'autorité publique s'attacha à fortifier l'institution nouvelle en appelant à remplir les chaires les anciens universitaires, les savants et les littérateurs les plus distingués. On y remarquait Lakanal, Laplace, Noël, Millin, Cuvier, Fontanes. Les écoles centrales donnèrent les résultats les plus satisfaisants. D'abord, les professeurs ne rassemblèrent autour d'eux que peu d'élèves; ils ne perdirent pas courage, et enseignèrent à quelques auditeurs l'histoire et les belles-lettres avec autant de zèle qu'ils eussent pu faire devant une nombreuse jeunesse. Ces habiles maîtres créèrent pour leurs disciples, presque tous bénévoles, une méthode nouvelle, ou plutôt renouvelèrent celle des anciens philosophes, qui instruisaient leurs élèves, non par des discours soutenus, mais par des conversations familières. Quel est celui de mes condisciples aux écoles centrales qui ne se remémore les éclatants succès des Barrière, des Naudet, des Hello, etc., dignes et brillants élèves de ces instituts si réellement dignes d'une république bien réglée? Les écoles centrales des départements se distinguèrent aussi à l'envi : les Fourrier, les Dulong, etc., sortirent, par exemple, de l'École centrale d'Auxerre.

Toutefois, la nouvelle institution ne manquait pas de détracteurs : des anarchistes, entre autres le littérateur Mercier, attaquèrent, non-seulement dans les journaux, mais dans le sein de la législature, le professorat des écoles centrales, comme tendant à remplacer le sacerdoce. D'une autre part, leur enseignement était calomnié par les amis des vieux préjugés, qui voyaient avec effroi le système philosophique des nouveaux cours. Sous le ministère de François de Neufchâteau, les écoles centrales reçurent une organisation plus forte : ce ministre fit rédiger pour elles des règlements tendant à mettre plus d'ensemble dans l'enseignement : le nombre des professeurs de langues anciennes fut augmenté. Le moment vint où Napoléon, qui tendait à donner à toutes les parties de l'administration la précision militaire et l'unité despotique, conçut l'idée des *lycées*, destinés à remplacer les anciens colléges et les écoles centrales. Tel fut l'objet de la loi du 11 floréal an X (1er mai 1802); l'art. 22 du titre V portait : « A mesure que les lycées seront organisés, le gouvernement déterminera celles des écoles centrales qui devront cesser leurs fonctions. » Enfin, un arrêté du 4 messidor (23 juin 1802) admet les élèves des écoles centrales à concourir avec ceux des écoles secondaires pour l'admission dans les lycées. Ce ne fut guère qu'en 1808 que partout les écoles centrales cessèrent d'exister pour être remplacées par les lycées : à Paris, celle du Panthéon devint le lycée Napoléon, et celle des Quatre-Nations le collége Charlemagne.

Charles Du Rozoir.

ÉCOLES CHRÉTIENNES. *Voyez* Frères des Écoles chrétiennes et Écoles primaires.

ÉCOLES D'AGRICULTURE. La connaissance de l'agriculture ou de l'économie rurale ne s'acquiert à fond qu'en joignant la pratique à la théorie. Quiconque suit exclusivement l'une ou l'autre de ces deux voies n'arrive qu'à posséder des notions aujourd'hui insuffisantes. Depuis le commencement du dix-neuvième siècle, on s'est efforcé de les concilier et de les réunir en fondant des écoles d'agriculture. Elles se divisent en deux classes : les écoles supérieures et les écoles élémentaires; dans les premières on enseigne non-seulement tout l'ensemble de la théorie de l'économie rurale, mais encore les sciences accessoires. D'ordinaire un domaine d'une vaste étendue y est adjoint, afin que l'enseignement puisse être secondé par l'exemple et par l'application. Les plus célèbres établissements de ce genre sont :

1° En Allemagne, Mœgelin (fondé en 1806), Hofwyl (1804), Hohenheim (1818), Schleissheim (1828), Iéna (1826), Eldena (1835), Wiesbaden (1836), Tharand (1829), Regenwalde (1842), Poppelsdorf (1846), Proskau (1847);

2° En Angleterre, Cirencester (1844);

3° En Russie, Marimont (1816), Gorigoretz (1836);

4° En Suède, Semb (1826);

5° En Italie, Meleto (1838), Pise (1845);

6° En Hongrie, Ungarisch-Altenburg (1818).

Toutefois, comme d'ordinaire l'enseignement théorique et pratique ne peut pas être assez complet dans les écoles supérieures d'économie rurale, il est aujourd'hui question en Allemagne de transporter dans les universités cet enseignement supérieur; déjà plusieurs universités allemandes ont des chaires spéciales d'économie rurale. On a aussi retiré de bons résultats de la fusion des écoles industrielles et des écoles d'agriculture.

La France possède actuellement quatre écoles régionales d'agriculture; savoir Grignon (Seine-et-Oise), Grand-Jouan (Loire-Inférieure); la Saulsaie (Aisne), et Saint-Augeu (Cantal). La chimie, la physique, la météorologie et la géologie appliquée, le génie rural, l'agriculture, la zootechnie ou économie du bétail et la zoologie, la sylviculture et la botanique, l'économie et la législation rurales, telles sont les matières que l'on enseigne dans ces écoles. Ces établissements sont destinés à former des agriculteurs éclairés, pendant que les fermes-écoles préparent des cultivateurs praticiens instruits et habiles, des aides ruraux adroits et intelligents. En 1848 le gouvernement avait complété l'enseignement professionnel de l'agriculture en créant l'*Institut national agronomique* de Versailles; mais il a été supprimé depuis, dans la pensée que les écoles régionales répondaient à tous les besoins.

ÉCOLES D'APPLICATION. *Voyez* APPLICATION (Écoles d').

ÉCOLES D'ARTILLERIE. *Voyez* APPLICATION (Écoles d'), et ÉCOLES RÉGIMENTAIRES.

ÉCOLES DE COMMERCE. A l'heure qu'il est, il n'existe en France aucun établissement où l'État fasse pour le commerce ce qu'il fait pour l'agriculture, pour les professions libérales et pour les différents services publics. L'*École supérieure du commerce* fondée à Paris vers 1820 sous le patronage de Casimir Périer, Ternaux, Laffitte, Chaptal, etc., par feu Blanqui aîné, s'est donné pour but de combler autant que possible cette lacune de notre enseignement national. « C'est une erreur généralement répandue, disait Blanqui aîné, que le commerce n'est point une science et ne nécessite aucune étude sérieuse. On a vu tant de gens parvenir à la fortune sans y avoir été préparés et sans en être dignes, qu'on s'est accoutumé à regarder le commerce comme une profession hasardeuse, où le bonheur supplée à l'habileté et la routine au talent. Rien n'est plus vraisemblable, s'il s'agit du métier des brocanteurs ou de l'industrie bornée des marchands en détail. Mais depuis que les progrès de la civilisation ont fait du commerce une puissance en rapprochant tous les peuples et en les rendant tributaires les uns des autres; depuis que la découverte de plus d'un monde inconnu aux anciens a multiplié et compliqué les relations d'affaires entre les hommes, le commerce est devenu une science de la plus haute importance et dont les moindres branches ont acquis un développement presque incommensurable. La navigation, l'armement, la commission, les changes, les entrepôts, les tarifs, les matières premières, les marchandises fabriquées, ont appelé tour à tour l'attention des négociants. Les assurances ont changé la nature de toutes les combinaisons. Le négociant digne de ce nom doit connaître les usages, les ressources et les périls de toutes les places; il ne doit être étranger ni à la géographie ni à la statistique des contrées avec lesquelles il entretient des rapports; il doit en parler et en comprendre la langue. Il y a dans les hautes spéculations du commerce des difficultés qui ne peuvent être résolues que par une connaissance parfaite du terrain sur lequel on opère; il y a un art de vendre et d'acheter qui ne ressemble en rien aux procédés de la boutique, et qui ne manque pas d'analogie avec les manœuvres de la guerre; c'est l'ensemble de ces connaissances qui constitue la science du commerce, dont l'enseignement méthodique est d'origine française assez récente, et n'existe hors de France que dans une seule ville d'Allemagne, à Leipzig. En Angleterre et en Hollande, où l'habitude des affaires est pour ainsi dire naturelle et familière à tout le monde, l'absence des écoles de commerce s'est rarement fait sentir; chaque grande maison est une véritable école, où l'apprentissage d'un commis suffit pour lui aplanir les obstacles les plus difficiles : partout ailleurs le commerce a besoin d'un enseignement régulier, auquel rien ne peut suppléer, si ce n'est une longue pratique achetée par des expériences souvent fort coûteuses et presque toujours incomplètes. »

L'*École supérieure de commerce*, pour répondre à la pensée de son fondateur, a dû s'imposer d'unir la pratique à la théorie; pendant le cours des études, on y exerce les élèves à des opérations commerciales fictives. Sans s'illusionner sur la portée de ces exercices, on doit reconnaître que les écoles de ce genre ont au moins cet avantage d'être une utile préparation à la carrière commerciale; mais on aurait peut-être tort de croire qu'un élève qui sort d'une telle école, muni ou non d'un diplôme, puisse généralement être appelé tout de suite à la direction d'affaires importantes : un noviciat pratique doit venir compléter les connaissances théoriques qu'il y a acquises.

ÉCOLES DE MÉDECINE. *Voyez* FACULTÉS DE MÉDECINE.

ÉCOLES DE MUSIQUE. *Voyez* CONSERVATOIRE.

ÉCOLES D'ENSEIGNEMENT MUTUEL. *Voyez* ENSEIGNEMENT MUTUEL.

ÉCOLES DE PEINTURE. Dans les arts on se sert souvent du mot *école* pour désigner la réunion des artistes qui ont appris leur art d'un même maître, ou bien qui ont suivi les principes donnés par le premier maître fondateur de l'école. Les grandes écoles portent le nom des contrées où les peintres ont exercé leur art. Ainsi on dit l'*école italienne*, l'*école allemande*, l'*école flamande*, l'*école hollandaise* et l'*école française*. Ces écoles se subdivisent ensuite; et dans l'école italienne on doit distinguer les écoles *florentine, romaine, vénitienne, lombarde* ou *bolonaise*. L'*école espagnole* mérite aussi d'être citée. L'école allemande n'a que peu de divisions, et leur caractère n'est pas facile à apercevoir; on cite pourtant l'*école de Nuremberg* et l'*école de Cologne*. Depuis une trentaine d'années, on connaît aussi l'*école de Dresde* et l'*école de Dusseldorf*. Les écoles flamande et hollandaise n'ont aucune division, et l'école française n'en a pas d'autres que celles des noms des maîtres : ainsi, on dit : les *écoles de Vouet, de Lebrun, de Vien, de David, de Regnault, de Vincent, de Girodet, de Gros* et *de Ingres*.

École byzantine. Nous commençons par cette école, puisque c'est par des artistes réfugiés de ce pays, après la prise de Constantinople, que les arts ont été introduits en Europe. Il reste peu de travaux de ces anciens peintres, et la plupart sont anonymes; cependant on cite dans le neuvième siècle un moine nommé Lazare, à qui l'empereur Théophile, protecteur des iconoclastes, eut la barbarie de faire brûler les mains pour le punir d'avoir orné des manuscrits de miniatures représentant des sujets saints. Dans le onzième siècle, on trouve un Emmanuel Transfurnari, peintre grec, dont on possède à la bibliothèque du Vatican un tableau représentant la mort de saint Éphrem; puis un moine du nom de Luca, artiste qui probablement est l'auteur de ces madones souvent attribuées à l'évangéliste saint Luc. Enfin, dans le treizième siècle, on parle de peintures faites par un artiste grec, du nom d'Apollonio, et d'une présentation de Jésus-Christ au temple, tableau peint sur bois par un peintre grec nommé Jean (*voy.* BYZANTIN [Art]).

École florentine. C'est la plus ancienne des écoles d'Italie. Sans remonter jusqu'à Margaritone et Bartolomeo, nous la ferons commencer à Jean Cimabue, élève des peintres appelés à Florence pour orner l'église de Sainte-Marie-Nouvelle, et qui franchit les limites de l'école byzantine, dont les principes se bornaient, selon toute apparence, à s'imiter l'un l'autre, sans jamais rien changer à la peinture qui leur servait de modèle. Cimabue consulta la nature; il corrigea en partie la roideur du dessin, anima les têtes, admit des plis dans les draperies, et groupa les figures avec infiniment plus d'art que les Grecs; mais son talent n'était pas propre aux sujets gracieux. Ingénieux et vaste dans ses conceptions, il donna l'exemple de grandes compositions historiques. Il fit mieux encore, il sut deviner le talent de Giotto, qu'il emmena à Florence. Bientôt l'élève surpassa son maître. Il donna aux formes plus de symétrie, au dessin plus de douceur, au coloris plus d'harmonie. C'est lui qui le premier réussit à faire des portraits. Nous citerons ensuite, comme ayant marché sur ses traces, Buonamico, qui, à cause de son caractère enjoué, reçut le sobriquet de *Buffalmaco*, sous lequel il est toujours désigné; Bernard Orcagna, Memmi, dont les travaux sont encore admirés dans le Campo-Santo à Pise. Nous devons nommer en outre parmi ces anciens peintres de l'école florentine Brunelleschi, Masaccio, Lippi et Antonello de Messine, qui, après avoir étudié à Rome, alla en Flandre pour y connaître la découverte, récemment faite par Van Eyck, de l'art de peindre à l'huile. Nous citerons enfin Alexandre Botticello et Dominique Ghirlandajo. Nous arrivons à la fin du quinzième siècle, époque la plus brillante de l'école florentine : c'est celle où l'on voit luire les talents si remarquables de Léonard de Vinci, Michel-Ange Buonarotti, Baptiste Franco, Jules Clovio, Daniel Ricciarelli, Fra Bartholomeo de Saint-Marc, André Vanucci, dit *André del Sarto.* Le caractère distinctif des peintres de cette époque est une grande pureté dans le dessin, de l'élégance dans la pose des figures, et dans l'expression une certaine austérité qui peut-être exclut la grâce, mais donne aux figures une majesté idéale qui semble élever l'art au-dessus même de la nature humaine. Plus tard, l'école florentine commença à décroître; cependant, on doit encore citer les noms de Georges Vasari, Alexandre Casolano, Antoine Tempesta, Christophe Allori, Pierre Berrettini, Pierre Testa et Jean-Paul Panini, habile paysagiste, après lequel on trouverait difficilement des artistes qui aient conservé quelque chose du caractère de cette école.

École romaine. Lanzi parle de plusieurs artistes de cette école, dont quelques-uns remontent jusqu'au treizième siècle. Parmi eux, on remarque Ugolino d'Orvieto, Pierre de la Francesca; mais leurs noms et même leurs ouvrages sont si peu connus que nous nous contenterons de citer d'abord Pierre Vanucci, dit *Pérugin*, qui, élève de Pierre de la Francesca, alla perfectionner son talent dans l'école florentine, puis revint travailler à Rome, où il fut appelé par le pape Sixte IV. Le style de cet artiste est, suivant Lanzi, « un peu rude et un peu sec. Il semble aussi un peu mesquin dans sa manière de vêtir ses figures; mais il compense ces défauts par l'agrément de ses têtes, particulièrement celles des jeunes gens et des femmes, par la grâce des mouvements et l'éclat de la couleur. Ces fonds d'azur, qui font si bien ressortir les figures, ce rosé, ce verdâtre, ce violet, qu'il sait fondre si parfaitement ensemble; ces paysages si bien diminués par degrés, ces édifices si bien conçus, si bien posés, offrent autant de détails charmants que l'on voit toujours avec plaisir. » Pierre Vanucci eut un assez grand nombre d'élèves, qui, suivant l'expression de Taja, furent attachés avec une sorte de tenacité à la manière de leur maître. Leurs noms sont peu connus cependant. On se rappelle avec intérêt celui de Bernardin Pinturicchio, puis le divin Raphael, qui certes fut la plus grande gloire de son maître. On sait que, comme ses compagnons d'étude, il suivit d'abord les traces qui lui étaient indiquées; mais ensuite il prit une autre route, et c'est lui qui donna véritablement le caractère à l'école romaine. Pureté dans le dessin, grâce dans les contours, expression variée dans les têtes, qui sont toujours nobles, toujours belles; draperies simples, composition facile, et cependant sublime; le coloris même mérite d'être remarqué, quoique dans cette partie il ne se soit pas élevé aussi haut que Corrége et Titien. Après Raphael, on doit citer, comme ayant honoré l'école romaine, d'abord ses élèves, parmi lesquels se trouvent Jules Romain, Jean-François Penni, Perin del Vaga, Jean de Udine, Polidore de Caravage, Bonaventure Tisi, dit *le Garofalo*, et Gaudenzio-Ferrari. D'autres peintres célèbres de cette même école sont Frédéric et Thaddée Zuccaro, Nicolas Circignani, Jérôme Muziano et Federigo Barroccio On vit ensuite Joseph Cesari, plus connu sous les noms de *Josépin* ou le *chevalier d'Arpinas*. Cet artiste, avec du génie et du talent, négligea l'étude du dessin. Ses plis de draperies furent maniérés; il ne chercha pas à rendre dans ses tableaux les effets du clair-obscur, et mit trop de monotonie dans ses figures. Michel-Ange Amerigi, dit *le Caravage*, en suivant une marche opposée à celle de Joseph d'Arpinas, c'est-à dire en cherchant à rendre la nature, négligea l'étude des statues antiques, ce qui avait été le caractère distinctif de l'école romaine. André Sacchi fut aussi l'un des bons peintres de cette école; mais comme il exécutait avec lenteur, ses tableaux sont peu nombreux. Après lui, on doit encore citer comme des artistes de mérite Jean-Baptiste Salvi, dit *Sassoferrato*, Christophe Roncalli, dit *Pomerance*, Gaspard Dughet, dit *Gaspard Poussin*, parce que sa sœur avait épousé ce peintre illustre. Arrivée à la fin du dix-septième siècle, l'école romaine, comme les autres écoles, perdit tout son lustre. Carlo Maratti ne sut pas rappeler ses élèves à la sévérité des principes, et après lui il ne reste plus d'artistes dont les travaux méritent d'être placés près de ceux de leurs prédécesseurs. On parle cependant avec intérêt de Jean-Marie Morandi, Pierre Nelli, Jean-Baptiste Gaulli, et enfin Raphael Mengs, qui eut l'honneur d'opérer à Rome une révolution semblable à celle que Vien fit à Paris vers la même époque.

École vénitienne. Les relations fréquentes de Venise avec l'Orient y amenèrent de très-bonne heure une foule d'artistes et d'ouvriers mosaïstes, qui tous appartenaient à l'école de Byzance; mais dès le treizième siècle on voit Jean de Venise et Martinello de Bassano exercer la peinture. Le cercueil de sainte Julienne, morte en 1262, offre la figure de la sainte accompagnée de saint Blaise, abbé, et de saint Cataldo, évêque. Leurs noms sont en latin, et le style de la peinture n'a rien du caractère byzantin. On cite encore comme ayant travaillé dans le quatorzième siècle Esegrenio et Alberegno; puis on connaît un tableau peint en 1381 par Étienne Pierano. La présence de Giotto, qui vint à Padoue en 1306, développa peut-être le goût des arts, puisque Padoue et Vérone offrent dans leur histoire les noms de plusieurs peintres dont les travaux sont presque tous perdus maintenant. Nous pourrions citer encore plusieurs artistes vénitiens du quinzième siècle, mais leurs noms et leurs travaux sont peu connus; cependant, il s'en trouve de fort remarquables, qui font maintenant partie de la pinacothèque de Berlin.

Nous approchons de la brillante époque de l'*école vénitienne*. Déjà l'usage de la peinture à l'huile était transporté dans ce pays. Les maîtres qui s'en servaient avaient conservé, comme dans presque tous les autres pays, quelques traces de sécheresse, et presque tous imitateurs exacts de la nature, ils copièrent parfois d'après elle des formes imparfaites. Telles furent ces statures si démesurément hautes que Lanzi signale dans les tableaux de Pisanello. Cependant, elles plurent beaucoup à plusieurs peintres de Venise, notamment à Mansueti, à Sebastiani; elles eurent même l'approbation de Bellini. Du reste, dans les ouvrages pour lesquels ces maîtres ont choisi de bons modèles, ils fixent l'attention par un dessin pur, simple, soigné, et qui craint pour ainsi dire de tomber dans les extrêmes. Leurs têtes surtout sont d'un naturel parfait; toutes sont des portraits, pris tantôt parmi le peuple, tantôt parmi les personnages distingués, soit par leur naissance, soit par leur savoir, ou par la gloire qu'ils acquirent dans les armes. Le coloris des tableaux de cette école est à la fois simple et vrai, et toujours vigoureux, mais souvent il manque d'accord, principalement avec le fond. Rarement, dans leurs compositions, ces artistes imaginèrent de représenter un fait historique : ils se contentaient de placer la Vierge sur un trône et de l'environner de plusieurs saints, dont les figures offrent quelque opposition pittoresque, les uns étant en contemplation, d'autres occupés à lire, d'autres enfin se trouvant debout ou agenouillés.

Les peintres les plus renommés de cette première école sont Jean et Gentil Bellini, Victor Carpaccio, Jérôme Mozzetto, qui a gravé lui-même quelques-unes de ses compositions, ainsi que Benoît Montagna; mais bientôt ils furent tous surpassés par Georges Barbarelli, dit *Giorgione*, Tiziano Vecelli, plus généralement nommé *Titien*, puis Sébastien del Piombo, Jacques Palme, Paul Cagliari, dit *Paul Véronèse*, André Schiavone, Jacques Robusti, dit *Tintoret*, Jacques da Ponti, dit *Bassan*. « Ces génies d'un ordre supérieur, dit Lanzi, arrivèrent par des chemins divers au faîte de la gloire. Néanmoins, tous s'accordèrent en ce point que leur coloris fut le plus vrai, le plus brillant, le plus applaudi de tous ceux que l'on distingue dans nos écoles, mérite qu'ils léguèrent en héritage aux peintres qui les remplacèrent, et qui constitue le caractère le plus décidé des maîtres vénitiens. » Mais cette ère de gloire ne dura pas plus que le siècle : on vit bientôt la décadence de la peinture dans cette école. Parmi les nombreux artistes qui vécurent alors, nous citerons seulement les noms de J.-B. Novelli, Charles Ridolfi, Alexandre Varotari, Jules Carpioni, Pierre Liberi; Jean-Baptiste Piazzetta et Jean-Baptiste Tiepolo. Ce dernier, par la fécondité de son génie, par la prestesse de son exécution, et par une couleur toujours brillante, semble avoir voulu redonner à l'école vénitienne un second Tintoret. Nous ne devons pas omettre non plus dans la liste des artistes de cette époque la célèbre Rosa Alba Carriera, si renommée dans toute l'Europe, sous le simple nom de *Rosalba*, et dont on trouve dans beaucoup de cabinets de très-beaux portraits peints au pastel avec une grâce, une vigueur et un goût véritablement merveilleux. Il est encore nécessaire de placer ici le nom d'Antoine Canal, plus généralement nommé *Canaletti*, et dont on admire avec tant de raison les *Vues de Venise*, aussi remarquables par la vérité avec laquelle elles sont rendues que par le brillant effet qu'elles offrent aux yeux les plus exercés.

Écoles Lombardes. C'est avec quelque raison que Lanzi ne trouve pas dans les peintres lombards ce caractère d'unité qui distingue les autres écoles; aussi devons-nous les séparer en plusieurs groupes.

Dans l'*école de Mantoue*, nous citerons seulement André Mantegna. Il naquit à Padoue, mais il vint de bonne heure travailler à Mantoue, et y fonda une école de peinture. Il s'occupa aussi à graver quelques-unes de ses compositions. Ces pièces d'un grand mérite sont assez rares et fort recherchées.

Passant à l'*école de Modène*, nous signalerons une *Vierge placée entre deux saints guerriers*, tableau de la galerie de Vienne; il est d'un nommé Thomas, dont on connaît à Trévise un autre tableau, représentant plusieurs saints de l'ordre des Dominicains, et qui porte son nom, avec la date de 1352. On voit à Albe deux autres tableaux peints dans le goût de Giotto; l'un est de Barnabé et porte la date de 1377; l'autre, daté de 1385, est d'un peintre nommé Séraphin. Nous devons placer ensuite Nicoletto, qui travaillait vers 1500. Son nom est plus répandu, parce qu'il a fait plusieurs gravures d'après ses propres compositions. Plus tard, on voit briller Nicolo Abati, qui vint en France sous Charles IX, et travailla à Fontainebleau. Si nous plaçons ici Hugo da Carpi, c'est moins comme peintre, car il s'est peu exercé dans cet art, que comme graveur, puisque c'est à lui que l'on doit l'invention des gravures en camaïeux. Nous terminerons l'aperçu de cette école par les noms de Louis Lana et de François Stringa, qui tous deux travaillèrent dans un goût approchant de celui de Barbieri, dit *Guerchin*.

On veut que l'origine de l'*école de Ferrare* remonte jusqu'à l'an 1193, où vivait un Jean Alighieri, que l'on prétend être l'auteur de plusieurs miniatures faites sur un manuscrit de Virgile, mais ce fait est douteux. On peut avec plus de certitude parler de Galasso Galassi, qui en 1404 fit plusieurs sujets de la passion pour orner l'église de Mezzaratta à Bologne. Vint ensuite Antoine de Ferrare, dont les nombreux et beaux ouvrages, suivant l'expression des historiens, ont tous été détruits depuis. Alfonse d'Este premier du nom, est aussi le premier duc sous lequel l'école de Ferrare acquit une grande gloire. On y voit en effet briller Benvenuto Garofalo, Dosso et Jean-Baptiste Dossi, Bastien Filippi, Sigismond Scarsella, Camille Ricci; mais cette haute prospérité dégénéra avec la fin du siècle. Après la mort d'Alfonse II, en 1597, l'école de Ferrare tomba, et quoiqu'il y ait eu postérieurement beaucoup d'artistes, leurs noms n'ont de célébrité que dans leur ville. La renommée des Carrache vint cependant relever le goût des bonnes études, et une académie fut formée à Ferrare par les soins du cardinal Riminaldi, qui, nouveau Mécène, mérita la reconnaissance de ses concitoyens.

L'*école de Parme* ne remonte guère plus haut que l'année 1462. On trouve à cette époque deux tableaux attribués à Barthélemi et à Jacques Loschi, son gendre; mais bientôt après se présente le célèbre Antoine Corrége, dont le talent immense suffit pour donner la célébrité à une école. Les belles fresques, les beaux tableaux du Corrége furent étudiés par ses successeurs, et cependant la fin du dix-septième siècle vit arriver la décadence dans cette école. C'est avec peine que nous trouverons alors à citer les noms de Lanfranc et de Badalocchi, comme ayant conservé quelque mérite réel au milieu de la fougue et de la négligence que l'on remarque dans leurs grandes compositions.

Dans l'*école de Crémone*, on ne trouve aucun tableau antérieur à la renaissance; mais l'histoire a conservé les noms de Simone, qui peignit une *Sainte Claire* en 1335; de Polidore Casella, qui travaillait en 1345; d'Ange Bellavita, en 1420; de Jacopino Marasca et de Lucas Sclava, vers 1440, puis de François Sforza en 1460. Parmi ceux qui suivirent, nous mentionnerons particulièrement les Campi, Jules, Antoine et Vincent, qui, comme les Carrache le firent plus tard, fondèrent une école à laquelle leur nom serait sans doute resté attaché si elle avait eu une plus longue durée et si surtout ils avaient eu un dessin plus correct.

La capitale de la Lombardie eut une école particulière, qui porte le nom d'*école milanaise*. Elle dut naturellement participer de l'école florentine, puisque Giotto y travaillait en 1335, et que c'est après son séjour que l'on trouve, en 1370, un peintre nommé Jean de Milan et un Pierre de Novare, un Michel de Roncho, qui travaillait à la cathédrale de Milan dans les années 1375 à 1377, puis enfin Edesia et Laodicée, dont les noms sont grecs, et que pourtant on croit originaires de Pavie. Leurs travaux offrent un goût de dessin assez pur, et leur coloris est supérieur à celui des peintres florentins de cette époque. Dans le quatorzième siècle, on trouve un Jacques Morazzone, qui fit en 1441 une *Assomption de la Vierge*, ainsi qu'un tableau de sainte Hélène, accompagnée d'une autre sainte, puis de saint Jean-Baptiste et de saint Benoît. Lomazzo, en parlant de l'état des arts à cette époque et dans ce pays, dit que « comme le dessin est le talent propre des Romains et que le charme du coloris appartient aux Vénitiens, de même la perspective est la qualité distinctive des Lombards ». Nous ne rapporterons pas les noms des autres peintres qui travaillèrent à Milan; mais nous ne pouvons nous dispenser de parler de Bramante, si célèbre comme architecte, et qui fit dans cette ville plusieurs tableaux dans le goût de Mantegna. A la fin de ce même siècle nous voyons encore Ambroise Borgognone, qui peignit l'histoire de saint Sisinio et de ses compagnons, martyrs. Il faut dire que dans ses peintures la forme grêle des jambes choque moins que ne plaisent le naturel et le soin étudié de l'exécution. Des têtes jeunes et belles, une grande variété de physionomies, des vêtements simples, les mœurs du temps fidèlement retracées dans l'appareil sacerdotal et civil, enfin, je ne sais quelle grâce d'expression, donnent à son style un caractère qui n'est commun ni dans cette école ni dans d'autres.

Nous avons déjà parlé de Léonard de Vinci, dans l'école

florentine; mais la direction de l'école de dessin pour laquelle il fut appelé à Milan, les principes qu'il y développa, l'influence de ses conseils et de ses exemples sur les artistes de cette époque, tout nous fait un devoir de mentionner de nouveau ce grand artiste, qui s'est fait également remarquer par ses nombreux écrits. Les peintures de Léonard se rencontrent rarement; mais on lui attribue souvent les ouvrages de ses élèves et surtout des tableaux qui sont de la main de Bernard Lovino, généralement nommé *Luini*. Deux autres peintres des plus remarquables de cette école pendant le seizième siècle furent Gaudenzio Ferrari et André Solari. Une nouvelle académie fut établie à Milan en 1609 ; et les trois frères Hercule, Camille, Jules-César Procaccini, et aussi Charles Antoine, la dirigèrent en donnant aux études un nouveau caractère puisé, dans les travaux du Corrége. Daniel Crespi sortit de cette école; il paraît en être le dernier artiste remarquable. Après lui, elle ne peut se défendre de la dégénération dont les arts furent affectés dans toute l'Italie.

Nous ferons une simple mention de l'*école piémontaise*, qui n'a pas véritablement un caractère particulier, et qui paraît dépendre en quelque sorte de celle de Milan. Nous passerons sous silence les peintres qui dans le quatorzième et le quinzième siècle vinrent de diverses parties de l'Italie travailler à Turin. L'artiste que l'on peut citer comme le plus ancien de ce pays est Georges Solari, natif d'Alexandrie, qui en 1573 fit un tableau de la *Vierge* avec l'*enfant Jésus*, accompagné de *saint Laurent*; il se voit aux Dominicains de Casale. Peu après lui furent peintres de la cour Jacques Rosignoli et Isidore Caracca. Guillaume Caccia, dit le *Moncalvo*, se fit remarquer par de nombreux travaux. Nous terminerons en citant les noms de Agnelli et de Tesio, qui travaillèrent aussi pour la cour de Turin.

L'*école bolonaise* semble être le complément, on pourrait même dire le point le plus saillant de l'*école lombarde*. Si nous cherchons dans les temps anciens, nous trouverons un nombre assez considérable de madones peintes dans le treizième siècle. On cite Guido, Ventura et Ursone, connue en ayant fait plusieurs. Dans le siècle suivant, on trouve encore d'autres peintures conservées à l'institut de Bologne, au palais Malvesi et chez les pères Classensi à Ravenne. Quelques-unes de ces madones sont peintes dans la manière byzantine; d'autres paraissent être dans le goût vénitien; quelques autres tiennent du caractère de Giotto; mais le plus grand nombre sont dans un style dont on ne trouve pas d'exemple ailleurs. On y remarque un empâtement de couleur, un goût de perspective, une manière de dessiner et de vêtir les figures que l'on ne connaissait pas dans les autres villes. On peut en conclure que les Bolonais avaient dès ce siècle une école, non pas aussi célèbre, non pas aussi brillante qu'elle le devint depuis, mais qui était tout à eux, que l'on pouvait en quelque sorte appeler locale, et dont la première formation est due aux anciens mosaïstes et aux peintres en miniature. Parmi ces derniers on trouve le nom de Oderigi de Gubbio, cité dans le *Dante*; puis son élève Franco, le premier des peintres bolonais qui ait enseigné son art à une multitude rassemblée, et que l'on peut, par cette raison, considérer comme le Giotto de son pays. Au nombre des élèves de Franco, Malvasia fait remarquer Vitale, Simone, Jacopo et Cristoforo, dont les peintures se voient à la madone de Mezzaratta. En approchant de l'époque où Raphael parut dans l'école romaine, nous trouverons un peintre fort remarquable par son talent, par son style; c'est François Raibolini, dit *Francia*, qui fut le maître de Marc-Antoine, et qui enseigna à ce graveur une telle pureté dans le dessin, que l'on pourrait dire en quelque sorte que ses gravures ont plus de correction encore que les dessins mêmes du prince de l'école romaine. De nombreux élèves sortirent de l'atelier de Francia; mais aucun n'acquit la célébrité de son maître; l'école alors changea de caractère, et tendit vers la décadence. Cependant elle fournit encore des artistes habiles, parmi lesquels nous nous contenterons de citer Jules Bonasone, peintre qui pour la gravure fut élève de Marc-Antoine. Mais l'époque la plus brillante pour l'école bolonaise est celle où parut Louis Carrache. Cet artiste se forma de nouveaux principes en étudiant les plus grands maîtres à Rome, à Florence, à Parme et à Venise. Revenu à Bologne, il voulut les mettre en pratique, et y forma d'abord ses deux cousins, Augustin et Annibal Carrache. Annibal excita les deux autres Carrache en leur proposant d'opposer aux ouvrages énervés des anciens peintres des ouvrages exécutés avec vigueur, et dans lesquels on verrait une véritable imitation de la nature. Ils ouvrirent donc dans leur propre maison une académie, qui reçut le nom d'*académie des acheminés*. Ils la pourvurent de plâtres, de dessins, d'estampes; ils y joignirent une école du modèle vivant, une d'anatomie et une de perspective; puis dirigèrent leurs élèves avec zèle et avec douceur. Peut-être même furent-ils aidés par la violence de caractère du Flamand Denys Calvaert, qui frappait et souvent blessait ses élèves. Aussi vit-on fuir de l'atelier de ce dernier le Guide, l'Albane et le Dominiquin, qui vinrent se réfugier dans l'académie des Carrache, et par la suite augmentèrent encore le lustre que cette école célèbre avait reçu de ses fondateurs. Dans un sonnet qu'Augustin Carrache fit en l'honneur de Nicolo Abati, il cherche à développer les principes de son école, et dit qu'ils consistent à cueillir la plus belle fleur de chaque style, puis il ajoute que celui qui veut devenir un bon peintre doit avoir dans la main le dessin de l'école romaine, les effets de l'école de Venise, le beau coloris de l'école lombarde, le terrible de Michel-Ange, la vérité et le naturel du Titien, le style pur et suave du Corrége, la régularité de Raphael, la décence et la solidité de Tibaldi, l'invention de Primatice, et un peu de la grâce du Parmésan. Jean Lanfranc fut aussi un des élèves de l'école des Carrache qui fit de grandes et belles choses. Après lui viennent Lionello Spada, François Brizio, Charles Leoni, Charles Cignani, puis les paysagistes Diamantini et Grimaldi. L'école ensuite ne fit plus que décroître.

L'*École génoise* ne remonte pas aussi haut que la plupart des autres; cependant, on trouve le nom de François d'Oberto sur un tableau portant la date de 1368. Il représente la Vierge entre deux anges, et est placé dans l'église de Saint-Dominique à Gênes. On connaît aussi quelques tableaux faits dans le quinzième siècle par Jacques Marone, Galeotto Nebea, Jean Massone, Tuccio d'Andria, et enfin Louis Brea, dont les ouvrages ne sont pas rares à Gênes, et qui y travailla de 1483 à 1515. On doit regarder ce peintre comme ayant fondé une école d'où sortirent Charles de Mantegna, Aurel Robertelli, Nicolas Corso, qui fit en 1503 un tableau dont le sujet est tiré de la vie de saint Benoît; André Morellino, Fr.-Laurent Moreno et Fr. Simon de Carnuli, qui en 1519 fit, pour son couvent de Votri, deux grands tableaux, dont l'un représente *l'institution de l'Eucharistie* et l'autre *la prédication de saint Antoine*. L'exécution en est si parfaite que le célèbre André Doria voulait l'acheter pour en faire don au roi d'Espagne, qui cherchait à réunir les plus beaux tableaux dans son palais de l'Escurial.

Les malheurs occasionnés par le sac de Rome en 1528 amenèrent à Gênes Périn del Vaga, élève de Raphael. Cet artiste, accueilli avec bienveillance par le prince Doria, fit de grands travaux dans son palais, et l'influence de son talent se fit sentir dans l'école génoise, qui abandonna le style de Louis Bréa pour se rapprocher de celui de Raphael. Dans cette nouvelle école, on remarque d'abord Augustin, Lazare, et Pantaléon Calvi. Le premier, père des deux autres, supprima les fonds dorés dans ses tableaux : ses deux enfants firent de nombreux travaux, et souvent d'après des cartons de Périn del Vaga, qui se trouva ainsi devenir chef de l'école génoise. Après eux, on vit briller Lucas Cambiaso, souvent nommé *Cangiage*, Benoît Castiglione, Bernardin Castello, Jean-Baptiste Paggi, qui en 1606 peignit un *massacre des Innocents* en concurrence avec Rubens et Van Dyck. Ce peintre forma aussi un grand nombre d'élèves, qui parcoururent l'Italie, et firent perdre en entier à l'école génoise le caractère particulier qu'elle aurait pu avoir. Nous citerons seulement parmi eux Valerio Castello, Dominique Piola, Jean-Baptiste Carlone, Bernard Strozzi, désigné ordinairement sous le nom de *Capucin*, et enfin Raphael Soprani, moins célèbre par ses tableaux que par la biographie qu'il a laissée des peintres génois. La peste ayant étendu ses ravages en 1657 sur la ville de Gênes, il y périt un grand nombre de personnes. Peu après les arts se relevèrent encore, mais avec moins d'éclat, et le nom des artistes de cette époque n'est connu que dans leur pays.

L'*école napolitaine* est celle que l'on place ordinairement en dernier; cependant quelques auteurs sembleraient portés à la considérer comme la plus ancienne de toutes les écoles d'Italie, puisque même ils chercheraient à persuader qu'elle est la prolongation de l'ancienne école grecque, qui a produit tant de vases peints si remarquables par leur beauté, tant de médailles dont les têtes ont un si beau caractère; on prétend même démontrer qu'il n'y a point eu d'interruption parmi la succession des artistes, et l'on cite des madones faites dans le onzième siècle, tandis que dans toutes les autres contrées de l'Italie les beaux-arts étaient non pas dans la barbarie, mais dans un oubli complet. Dans le quatorzième siècle, on peut avec raison citer le peintre Simon, qui jouit d'une grande réputation à Naples, et qui travailla pour diverses églises. Son style a quelques rapports avec celui de Giotto, qui avait été appelé dans cette ville. Mais le vrai fondateur de l'école napolitaine est certainement Antoine Solario, plus connu sous le nom de *Zingaro*, et dont on raconte une histoire entièrement semblable à celle de Quentin Metsis. Il convient de placer ici le nom d'Antonello de Messine, artiste d'un grand mérite, et dont la célébrité augmenta encore par l'empressement qu'il mit à aller en Flandre apprendre de Van Eyck la manière de peindre à l'huile, et par le soin qu'il prit de répandre en Italie cette nouvelle méthode. On vit ensuite paraître Pierre et Hippolyte de Donzello, puis Bernard Tesauro, qui montra plus de sagacité dans ses inventions, plus de naturel dans ses figures et dans ses draperies que ne l'avaient fait jusqu'alors ses prédécesseurs.

Au seizième siècle, Naples servit aussi de refuge à des artistes que le sac de Rome avait contraints d'abandonner leur atelier. Leurs talents introduisirent alors quelques changements dans le goût de l'école, et André Sabbatini, natif de Salerne, est un de ceux qui les adoptèrent; il alla ensuite à Rome pour étudier les principes de Raphael. Après lui parurent François Curia, Imparato, Pirro Ligorio et Jean-Bernard Azzolini. Plus tard, on vit briller Salvator-Rosa, Corenzio, et Jean-Baptiste Caracciolo, imitateur des Carrache, Cozza, Antoine Ricci de Messine et Pierre del Po, de Palerme, ainsi que sa fille, Thérèse del Po, puis enfin Mathias Preti, qui imita la manière de Guerchin. Vers le milieu du seizième siècle parut un artiste d'un grand mérite, Lucas Giordano, qui, stimulé par les besoins de son père, travaillait avec beaucoup d'activité, et reçut le sobriquet de *Fapresto*, parce que son père, toujours pressé d'argent, lui répétait sans cesse, *Luca, fa presto*. Le dernier peintre de cette école dont nous ayons à parler est François Solimène, qui fit un grand nombre de tableaux et de grandes fresques.

Pour terminer ce qui se rapporte aux écoles de peinture dans le midi de l'Europe, nous devons parler ici de l'*école espagnole*, qui dérive de l'école italienne, et qui cependant a des caractères particuliers. On y a même établi des subdivisions sous les noms d'*école de Valence*, *école de Madrid*, *école de Séville*. L'origine de l'école espagnole ne peut remonter plus haut que le quinzième siècle, et encore à cette époque trouverons-nous peu de peintres dont les noms soient généralement répandus. Le seul artiste que nous puissions désigner dans ce siècle est Pierre Berugette, qui travaillait à Avila en 1497. Sa manière est celle de Pierre Pérugin. On le croit maître de Ferdinand Gallegos, qui naquit à Salamanque. Il fit pour la chapelle de Saint-Clément un tableau regardé comme son chef-d'œuvre, et représentant *la Vierge et l'enfant Jésus*, accompagnés de saint André et de saint Christophe. Ces premiers peintres imitèrent strictement la nature; mais leur dessin n'offrit jamais la correction de celui des peintres italiens, parce que, comme eux, ils n'avaient pu se former à l'étude des statues antiques. Dans le seizième siècle, nous voyons des artistes plus célèbres, tels que Vincent Joanès, chef de l'école de Valence; Louis de Vargas, Moralès et Coello. Après eux vinrent François Herrera, Jean-Fernandès Navarette, dit *le Muet*, parce qu'une maladie le rendit tellement sourd dans son enfance qu'il perdit l'usage de la parole; Vélasquez, fondateur de l'école de Madrid, Alfonse Cano, François Zurbaran, Pierre Moya, et enfin le célèbre Étienne Murillo, qui donna naissance à l'école de Séville. Le talent de cet artiste est d'une vérité que l'on peut dire merveilleuse. La décadence se fit bientôt sentir; et parmi les peintres de la fin du dix-septième siècle, c'est à peine si l'on peut trouver à citer les noms de Palomino, qui se distingua autant par ses écrits que par ses peintures, de Tobar, habituellement copiste de Murillo, et qui pourtant la seule fois qu'il fut original fit un très-beau tableau, que l'on voit dans une des chapelles de la cathédrale de Séville. Il représente la Vierge et l'enfant Jésus, accompagnés de saint François et de saint Antoine.

Venons maintenant aux écoles du nord de l'Europe. Nous parlerons en premier lieu de l'*école allemande*, dans laquelle ont peut, comme nous l'avons déjà dit, trouver deux subdivisions, l'*école de Nuremberg* et l'*école de Cologne*, que nous ne séparerons point cependant, parce que leur style n'a pas de caractère assez distinctif pour les faire reconnaître avec facilité. Les plus anciens peintres de l'Allemagne furent, comme les Italiens, enseignés par des artistes byzantins que la guerre avait chassés de Constantinople; mais, n'ayant pas comme les Italiens cette quantité de statues antiques pour les mettre à même d'apprécier la pureté du dessin et leur enseigner l'art de bien jeter les draperies, ils ne cherchèrent rien autre chose qu'une parfaite imitation de la nature. Ainsi, toutes leurs figures ont quelque roideur dans leur pose; les membres ont presque toujours de la maigreur. Les vêtements, conformes à ceux qui étaient en usage au temps où vivaient les peintres, ont des plis aigus et mesquins; les têtes sont toutes des portraits; l'expression cependant est toujours remarquable par son extrême naïveté. Il reste peu de tableaux des commencements de l'école allemande; cependant il s'en trouve trois fort curieux dans la galerie de Vienne : le plus ancien est peint en 1297, par Thomas de Mutina; la partie du milieu représente *la Vierge avec l'enfant Jésus*; dans le compartiment à gauche est saint Palmatius, et dans l'autre saint Wenceslas. Un autre tableau, représentant *Jésus-Christ sur la croix, accompagné de la Vierge et de saint Jean*, a été peint par Nicolas Wurmser de Strasbourg, dans l'année 1357. Le troisième a été fait dans la même année par Théodoric de Prague; il représente *saint Ambroise et saint Augustin*.

On ne trouve plus que des ouvrages anonymes depuis cette époque jusqu'à la fin du quinzième siècle; mais alors se présentent d'assez nombreux, tableaux peints avec le plus grand soin, par Martin Schongaüer, longtemps désigné sous le nom de Martin Schœn, ou le *beau Martin*; par Israel Van Mecken, par Wencesias d'Olmutz et par Mair; puis arrive enfin Albert Durer, véritable chef de l'école allemande, qui, par ses vastes connaissances et par son immense talent, se plaça au plus haut rang de l'école. La peinture n'est pas le seul art où il ait excellé ; il a fait aussi plus de cent gravures sur cuivre, et plusieurs sont de véritables chefs-d'œuvre. Quant aux gravures sur bois, que l'on a cru pendant longtemps devoir lui attribuer, ainsi qu'à plusieurs autres peintres ses contemporains, il est certain maintenant qu'elles ont été seulement dessinées sur le bois même, par ces auteurs, et que des *formschneider* (tailleurs de moules), ont travaillé sur leur dessin.

Après le grand Albert Durer, nous citerons Lucas de Cranach, Michel Wolgemuth, Matthieu Grunewald, Jean Burgmair, Georges Pentz, Albert Altdorffer, Henri Aldegraver, Hans-Sébald et Barthélemy Beham. On doit aussi mentionner d'une manière particulière Jean Holbein, né à Bâle, et qui passa en Angleterre, où il fit un grand nombre de portraits. La peinture prit un tel développement dans le seizième siècle, que l'on trouve une foule d'artistes de mérite, parmi lesquels nous nous contenterons de nommer Christophe Schwartz, Pierre de Witte, Jean Van Achen, Rottenhammer, Elsheimer; puis, dans le siècle suivant, Henri Roos, Gérard Lairesse, Rugendas et Ridinger. En se rapprochant davantage de notre époque, nous nommerons Dietrich et Weirotter ; puis, nous rappellerons le nom d'Antoine Raphael Mengs, qui, né en Bohême, y reçut d'abord les leçons de son père ; mais déjà nous l'avons mentionné en parlant de l'école romaine, à laquelle il doit appartenir, puisqu'il alla fort jeune à Rome, y étudia l'antique et les nombreux tableaux des grands maîtres italiens, ce qui donna à son talent un caractère tout différent de celui du pays où il était né. Nous terminerons cette liste par les noms d'Angélique Kaufmann, Antoine Graff, Tischbein, Freudenberger, Mechau, Hackert.

L'histoire ne donne aucun renseignement positif sur les commencements de l'*école flamande ;* cependant, le commerce et la richesse étant fort répandus depuis longtemps dans le Brabant et la Flandre, les arts nécessairement y ont été exercés de très-bonne heure. On trouve en effet dans diverses églises quelques anciens tableaux qui méritent d'être considérés, mais on ne connait le nom d'aucun peintre plus ancien que Hubert et Jean, natifs du village de Maés Eyck, et que par cette raison on a ordinairement désignés sous les noms de *Van Eyck.* Jean Van Eyck naquit en 1370, et il fut, dit-on, l'inventeur de la peinture à l'huile. Les noms des élèves de Van Eyck ne sont pas connus, mais un peu après lui, on vit fleurir à Bruges Jean Hemmelinck, dont le chef-d'œuvre est un tableau de *la Nativité*, qu'il fit, en 1479, pour l'hôpital de Saint-Jean de Bruges, en reconnaissance des soins qu'il y avait reçus. C'est vers le même temps que vécut Quentin Metsis, si célèbre sous le nom du *Maréchal d'Anvers.* Enfin, parurent dans le seizième siècle Jean Mabuse, Jean Schorel, Michel Coxcie, Lambert Suavius, Franc Floris, Martin de Vos, Jean Stradan, et Pierre, né à Breughel. Le nom de ce village fut tellement adapté au sien qu'il est devenu celui de sa famille. A la fin de ce même siècle, on vit l'école flamande briller de son plus grand éclat, puisque c'est alors que vécut Rubens, dont les tableaux sont si nombreux et si beaux qu'il serait difficile de faire un choix parmi eux, s'il ne se trouvait à Anvers la célèbre *Descente de croix*, où le peintre s'est montré aussi habile compositeur que brillant coloriste. En même temps parurent Snyders, Gaspar de Crayer, Gérard Seghers, Corneille Schut, Sneyers, Van Dyck, Diepenbeck et Teniers.

L'origine de l'*école hollandaise* serait aussi difficile à bien apprécier ; cependant, on trouve avant 1400 le peintre Albert Van Owater, né à Harlem : il fit un tableau représentant *saint Pierre et saint Paul*, de grandeur naturelle ; Thierry, aussi de Harlem, qui peignit, en 1462, un tableau représentant *Jésus-Christ, avec saint Pierre et saint Paul;* Corneille Enghelbrechtsen, né à Leyde, et qui, le premier dans sa patrie, fit usage de la peinture à l'huile. C'est lui qui fut en quelque sorte le père de l'école hollandaise, qui se distingua généralement par une parfaite représentation de la nature, que les artistes prirent comme ils la rencontraient, sans la choisir. Les tableaux des peintres de cette école sont remarquables, surtout par une parfaite intelligence du clair-obscur, une couleur aussi brillante que vraie, et un fini des plus précieux, sans arriver pourtant à la sécheresse. Plus tard, cette école se fit remarquer aussi par la fraîcheur et la vérité avec laquelle un nombre d'artistes peignirent le paysage et les animaux. Parmi les peintres qui brillèrent d'abord, on doit mettre en première ligne Lucas, né à Leyde, digne émule d'Albert Durer, et qui, comme lui, fut aussi habile dans la gravure que dans la peinture. Après Lucas viennent se placer Martin Heemskerke, qui fut d'une grande fécondité ; Théodore Bernard, qui fit un voyage à Venise, où il travailla avec le Titien, et conserva pourtant dans ses tableaux le caractère de son école ; Henri Goltzius, graveur des plus habiles, qui mérite en outre d'être cité comme peintre ; Octave Van Veen, plus connu sous le nom d'*Otto-Venius*, et qui eut la gloire d'être le maître de Rubens. Nous passerons rapidement sur les noms de Corneille de Harlem, Abraham Blœmaert, Gérard Honthorst, pour nous arrêter à celui de Rembrandt, digne à lui seul d'honorer un pays, qui n'a imité personne, et que personne n'a pu atteindre.

Pour bien faire connaître les maîtres de l'école hollandaise, il est bon de réunir ici ceux qui se sont occupés de la peinture du paysage et des animaux. Parmi eux, on distingue : Poelemburg, Jean Both, Pierre, né à Laaren, et dit *Pierre de Laar;* Wouwermans, Berghem, Ruysdael, Paul Potter, et Van de Velde. Nous devons maintenant parler d'une autre classe de peintres, recommandables par le soin extrême et le fini précieux de leurs tableaux, presque tous d'une petite dimension. On sent bien que nous voulons parler de Gérard Dow, de Gérard Terburg, Gabriel Metzu, François Mieris, et enfin d'Adrien Van der Werf. Nous terminerons la revue de cette école en nommant Guillaume Brawer et Jean Van Steen, qui n'ont peint que des scènes de cabaret, souvent assez ordurières, mais qu'ils ont rendues avec une grande vérité, et toujours dans des tableaux de petites dimensions, que les amateurs recherchent avec empressement.

L'*école anglaise* ne peut remonter bien haut ; mais dans le siècle dernier elle s'est signalée par un caractère particulier. Ce n'est que dans le dix-septième que nous trouvons le nom de quelques artistes anglais. Nous remarquerons parmi eux François Cleyn et Guillaume Dobson. Nous classerons aussi dans cette école deux peintres nés en pays étrangers, mais qui résidèrent toute leur vie en Angleterre, et obtinrent une grande réputation : l'un est Pierre Lely, qui, né en Westphalie, vint apprendre la peinture en Hollande ; l'autre, Godefroy Kneller, né à Lubeck, et qui se forma à l'école de Rembrandt, dont pourtant il ne fut pas imitateur. Ces deux artistes se contentèrent de peindre des portraits, tandis que Jacques Thornhill fut bien certainement le premier qui peignit l'histoire avec un véritable génie. A peu près à la même époque, florissait Guillaume Hogarth, si célèbre par un grand nombre de caricatures et par des tableaux de mœurs dont la couleur n'a pas autant de mérite que la composition. Un peu plus tard, on vit paraître Josué Reynolds, Benjamin West, Henri Fusely, Gavin Hamilton, et enfin, depuis peu d'années, Thomas Lawrence, Jean Burnet et David Wilkie.

L'*école française* n'offre pas non plus de traces fort anciennes ; cependant, l'académie de Saint-Luc fut établie à Paris le 12 août 1391, et on trouve encore dans quelques anciennes églises de France des parties de muraille couvertes de compositions peintes à la détrempe, et qui représentent des paraboles de l'Évangile ou des emblèmes moraux sur l'état des bons et des méchants, soit dans cette vie, soit dans l'autre. Les noms des auteurs de ces peintures ne sont pas venus jusqu'à nous, et l'examen qu'on peut en faire ne donne pas une haute idée de leur talent. Elles n'ont aucun rapport de goût et de manière avec les tableaux des écoles florentine, flamande ou allemande; elles n'offrent ni un dessin pur comme la première, ni une couleur vive comme les autres. On doit penser que les artistes qui ont fait ces travaux étaient des Français; quelques-uns d'eux ont pu se perfectionner en travaillant à Fontainebleau sous la conduite de Léonard de Vinci et de François Primatice. Les premiers artistes français que nous puissions nommer sont Jean Cousin, dont on trouve au Musée un tableau du *Jugement dernier*, Toussaint Du Breuil, Martin Fre-minet et Germain Meunier, qui travaillèrent tous trois à Fontainebleau; nous trouverons encore les noms de Quentin Varin et de Noël Jouvenet, puis ceux de Janet, Du Moustiers et Foulon, dont on connaît seulement des portraits, fort curieux par la naïveté de leur expression et la vérité avec laquelle ils sont rendus. Malgré les efforts de ces artistes, la peinture resta en France en quelque sorte le patrimoine des étrangers jusqu'au milieu du dix-septième siècle, où l'on vit paraître Simon Vouet, dont les peintures sont devenues rares, parce que beaucoup ont été détruites. On en trouve cependant encore quelques-unes dans une pièce de l'ancien palais Mazarin, aujourd'hui Bibliothèque impériale. En même temps que lui, se montra Nicolas Poussin, qui alla en Italie, pour se perfectionner, et y resta toute sa vie. La France vit en même temps paraître Valentin, Blanchard et l'inimitable Claude Lorrain.

Nous arrivons à l'époque la plus brillante de l'école, car de l'atelier de Vouet on vit sortir Le Sueur, Le Brun, Mignard et La Hire. Le talent de Lesueur appartient en entier à la France, puisqu'il mourut jeune, sans avoir vu l'Italie. Ses tableaux sont presque tous des chefs-d'œuvre. Les expressions de ses têtes sont toujours nobles, ses draperies bien agencées; on ne peut faire un plus beau choix de plis; les formes en sont grandes avec finesse, légères avec grandeur. L'imagination brillante de Le Brun semblait l'appeler à retracer convenablement les conquêtes de Louis XIV. Par l'abondance des pensées, par des allégories pleines d'esprit, de clarté et de noblesse, il a montré dans ses immenses travaux toute l'étendue et toute la richesse de son génie. Ses ordonnances sont grandes et faciles; jamais de lignes désagréables n'y fatiguent les yeux, mais on y voudrait quelquefois plus de simplicité. Sa couleur, sans être belle, est cependant harmonieuse et pleine de vigueur. Mignard s'adonna principalement au portrait, et il en fit d'admirables pour la ressemblance et la vérité. Le talent de ce peintre, cependant, n'était pas moins propre à traiter les grandes compositions historiques et allégoriques. A la même époque brillèrent aussi Bourdon, Boullongne et Jean Jouvenet.

La peinture, à ce qu'il paraît, ne peut jamais rester stationnaire, car à peine arrivée à son apogée, nous l'avons toujours vue tendre immédiatement vers la décadence. Dans notre école, comme dans les écoles d'Italie, elle ne put se maintenir, et Coypel commence une nouvelle ère, que l'on a vue finir par Restout, Natoire, Vanloo et Boucher. Ce dernier, dont le talent fut élevé aux nues de son vivant, a été bientôt oublié, on pourrait même dire méprisé, dans le commencement de ce siècle. On revient maintenant à lui, non pour sa couleur, non pour son dessin, non pour l'expression de ses têtes : tout cela est mauvais, tout cela n'est point une imitation de la nature; mais ses compositions, ses figures sont toutes remplies de grâces; et sans pouvoir le regarder comme un modèle, il est bon de l'étudier quelquefois. De ces faibles débris on vit sortir Joseph-Marie Vien, qui fut le régénérateur d'une nouvelle école, dans laquelle on vit successivement briller Joseph Vernet, Vincent, Regnault et David, qui lui-même fut le chef d'une école qui sans contredit n'a pas maintenant de rivale en Europe, et d'où sont sortis Girodet, Gérard et Gros, honneur de l'école française moderne, et à côté desquels, pour ne pas être injuste, on doit pourtant placer Prudhon et Carle Vernet.

DUCHESNE aîné.

ÉCOLES DES ARTS ET MÉTIERS. *Voyez* ARTS ET MÉTIERS.

ÉCOLES DES BEAUX-ARTS. Nous ne parlerons pas ici de l'*École impériale des Beaux-Arts* de Paris, à laquelle nous avons consacré un article particulier, et qui a pour complément l'*Académie de France à Rome.* Paris possède en outre une *École spéciale de dessin et de mathématiques appliqués aux arts industriels*, fondée par le peintre Bachelier, et une *Ecole spéciale de dessin pour les jeunes personnes*, actuellement dirigée par Mlle Rosa Bonheur. L'enseignement des beaux-arts est complété par plusieurs écoles établies dans différentes villes de France : les principales sont celles de Lyon, Rouen, Bordeaux, Nancy, Metz, Dijon, Nantes, Orléans, Châlons-sur-Marne, Reims, Épernay, Lille, Douai, Valenciennes, Strasbourg, Versailles, etc.

D'autres écoles des beaux-arts ont été établies dans divers pays. Celle de Florence existait dès le quatorzième siècle, et portait le titre d'*Académie de Saint-Luc*. Tombée en désuétude, Fr. Jean-Ange Montorsoli, religieux servite et habile statuaire, en fonda, vers 1561, une nouvelle qui reçut une autre organisation en 1785. A Pérouse, une académie de dessin fut créée en 1573 : après avoir éprouvé quelques vicissitudes, elle a été rétablie dans le commencement de ce siècle. Ce n'est qu'en 1764 que l'on décréta à Venise l'institution d'une académie des beaux-arts, « semblable, dit le décret, à celles des principales villes de l'Italie et de l'Europe ». Mais elle ne fut ouverte qu'en 1766. Il existe aussi des écoles des beaux-arts à Mantoue et à Modène; celle de Parme a été fondée en 1757, et, comme en France, les étrangers y sont appelés à concourir. Léonard de Vinci avait, en 1494, ouvert à Milan une école des beaux-arts; il en restait encore quelques traces quand le cardinal Frédéric, successeur de son oncle Charles Borromée, voulut raviver l'étincelle qui subsistait encore, et fit les dépenses nécessaires pour la rétablir dans un état convenable. Après la mort de son fondateur, cet établissement fut peu à peu négligé. L'impératrice Marie-Thérèse fonda en 1775 une troisième école, qui est encore aujourd'hui dans un état prospère. On sait que les Carrache ouvrirent une académie à Bologne : elle fut abandonnée après leur mort; mais, en 1708, le pape Clément XI en créa une nouvelle, qui porta le nom d'*Académie clémentine*, et obtint une grande renommée, qu'elle conserve encore maintenant. Une école des beaux-arts fut établie à Séville, en 1661, par le célèbre Murillo; une autre école fut fondée plus tard à Madrid. Les Pays-Bas eurent aussi plusieurs écoles des beaux-arts, à Gand, à Bruges, à Anvers; enfin, il en existe aussi plusieurs en Allemagne, fondées à diverses époques dans les villes de Dusseldorf, Munich, Dresde et Vienne.

DUCHESNE aîné.

ÉCOLES DES FRÈRES *Voyez* FRÈRES DES ÉCOLES CHRÉTIENNES.

ÉCOLES D'HYDROGRAPHIE. *Voyez* HYDROGRAPHIE.

ÉCOLES ECCLÉSIASTIQUES. *Voyez* ÉCOLE, p. 308; et ÉCOLES SECONDAIRES.

ÉCOLES ÉLÉMENTAIRES. *Voyez* ÉCOLE et ÉCOLES PRIMAIRES.

ÉCOLES HISTORIQUES. *Voyez* HISTOIRE.

ÉCOLES LITTÉRAIRES. *Voyez* LITTÉRATURE.

ÉCOLES MÉDICALES. *Voyez* MÉDECINE.

ÉCOLES MILITAIRES. Des établissements relatifs à l'instruction militaire ont existé dans l'antiquité: Platon avait divisé par périodes l'éducation des enfants destinés aux armes; il voulait qu'avant neuf ans ils apprissent la danse et la musique, que jusqu'à treize ils étudiassent la littérature prosaïque, que l'astronomie et les mathématiques leur fussent montrées avant dix-huit ans, que de cette époque jusqu'à vingt et un ans ils se livrassent à la gymnastique et aux exercices militaires. Végèce recommande de fonder et d'entretenir des écoles où des professeurs enseignent les sciences qui ont rapport à la guerre et à ce qu'il appelle *jus armorum*. Dans les divers pays, les écoles modernes sont instituées et régies conformément aux déterminations prises par le souverain ou par le ministre; elles dépendent ainsi du pouvoir politique qu'on nomme *le commandement militaire*. Dans les États constitutionnels, la législature est consultée sur ce genre de création, et intervient dans le vote du budget qui en est la conséquence.

Dans tous les pays la langue française est regardée comme une des études indispensables de ces écoles. Il existait dans le siècle dernier en Suède, à Berlin, à Dresde, à Neustadt près de Vienne, à Stuttgard, des écoles militaires. Miller fournit quelques éclaircissements sur le mode d'enseignement qui y était pratiqué; mais le pays qui se présente tout d'abord à nos regards, c'est cette Prusse, dont nous cherchions au milieu du siècle dernier à tout imiter. Frédéric II faisait élever à ses frais trois cent soixante-douze gentilshommes pauvres et deux cent trente-six cadets : ils formaient la pépinière des officiers inférieurs de son armée. Tel était le modèle autour duquel ont tourné tous nos législateurs; mais ce qui n'est pas encore venu à leur pensée, c'est qu'il faut à des écoles une université, et que tant qu'il n'existera pas un régulateur central, une académie militaire qu'on puisse appeler universitaire, toutes les créations d'écoles seront des conceptions avortées. Bonaparte avait senti cette nécessité quand il créa le général Bellavène gouverneur général de toutes les écoles militaires. Depuis plus d'un siècle la milice danoise est pourvue d'instituts qui sont des modèles en ce genre.

En 1799 il fut fondé dans la milice anglaise un collége militaire, créé et dirigé par le général Jarry, officier français qui avait émigré avec Dumouriez. Ce collége, qui reçut une organisation nouvelle en 1808, se divisait en deux départements : l'un, nommé *senior department*, est une école d'état-major; l'autre, appelé *junior department*, est comparable à l'école de Saint-Cyr. Les fils pauvres d'officiers morts au service sont élevés gratuitement au *junior department*; s'ils ne sont point indigents, ils jouissent d'une demi-bourse. Les fils d'officiers au service y payent une somme proportionnée à la solde du père. Les fils de citoyens aisés y payent environ 2,400 francs; tous y sont reçus de treize à quinze ans, et sont salués de la qualification de *gentlemen*. Le collége est bâti à Sandhurst, à 40 kilomètres de Londres, et à 20 ou 25 de Farnham; il est pourvu d'une riche bibliothèque; la fortification y a été enseignée par un professeur français suivant le système de Vauban. Les élèves y sont dressés à tous les exercices militaires, et y marchent au son du clairon; cependant, il manquait à l'ensemble de leurs études une école théorique de tactique. Lorsque leur éducation est regardée comme complète, ils sortent de l'école en qualité d'*enseignes* ou de *cornettes* : on nomme ainsi, en Angleterre, les moindres grades d'officiers. Il y a aussi dans la milice anglaise une *école d'enfants de troupes*, établie à Chelsea; ils sont destinés à entrer dans l'infanterie.

Diverses écoles militaires françaises ont existé depuis le siècle dernier. On doit à un auteur français, à Delanoue Bras-de-Fer, qui écrivait en 1587, la première idée d'une école militaire. Le cardinal Mazarin, en créant le collége qui portait son nom, avait eu l'intention de le constituer en école militaire; de là vient que les mathématiques y furent démontrées; on devait aussi y enseigner quelques exercices, mais plutôt gymnastiques que militaires, parce qu'il n'existait pas encore de rudiment d'art militaire. L'université contraria ce projet, et à la mort du cardinal elle réussit à en faire un collége ordinaire, si ce n'est que les mathématiques continuèrent à y avoir une chaire, ce qui n'avait lieu que dans cet établissement. A son exemple, elles furent enseignées ensuite dans tous les autres colléges. A l'instar de Mazarin, Louvois eut l'intention de fonder une école militaire aux Invalides; les causes qui entravèrent la mise en œuvre de ce projet sont restées inconnues. L'établissement des *cadets gentilshommes* fut une suite de ce projet avorté. En 1724, Pâris-Duverney avait conçu le vaste projet d'une école qui eût été plus semblable à l'École Polytechnique actuelle qu'aux écoles militaires proprement dites; car la jurisprudence, la théologie même, y devaient être enseignées. Les mémoires sur cette organisation étaient dressés, le plan était adopté; la plaine de Billancourt était le lieu choisi : ce projet avorta. Un frère de Pâris-Duverney le fit revivre en 1750, en embrassant un plan moins vaste. Il le fit goûter de Mme de Pompadour; elle le mit sous les yeux de Louis XV, et provoqua l'édit de 1751. Marmontel et les encyclopédistes ont gratuitement attribué cette institution « à l'humanité et aux nobles sentiments de cette favorite ». Ils ont mis dans sa bouche cette phrase ampoulée : « Sire, ce sera le berceau de la gloire, placé à côté de l'Hôtel des Invalides, qui en est la retraite et le tombeau. » Il est plus équitable et plus exact de faire honneur de la création de l'école à un grand ministre, à d'Argenson.

Un bâtiment, dont la somptuosité rivalise avec le faste de l'Hôtel des Invalides, commença bientôt à s'élever. L'ordonnance de la même année plaçait les élèves à Vincennes; l'école fut transférée à Paris, quoique cette capitale soit la ville où les établissements militaires sont situés le moins convenablement. L'École Militaire de Paris contenait 500 élèves; on les y admettait de huit à treize ans; c'étaient des orphelins d'officiers morts des suites de la guerre, ou décédés au service, de mort naturelle, ou retirés avec pension. On admettait aussi les enfants de famille dont les parents étaient peu aisés, et ceux dont les aïeux, sinon le père, avaient porté les armes, etc., etc. On exigeait de tous quatre générations de noblesse de père. Une ordonnance de 1751 créait une décoration que les élèves de l'École Militaire avaient le droit de porter toute leur vie; sa forme et son ruban différaient peu de la croix de Saint-Louis. Nous avons vu en 1814 des vieillards, ex-élèves de l'École, se parer de nouveau de cette marque distinctive, maintenant éteinte par vétusté. A dix-huit ou à vingt ans, les élèves passaient officiers; mais l'âge militaire légal, ou la constatation de l'ancienneté d'officier, datait de l'entrée à l'École. Dans un temps de dépravation et d'extravagance, dans un temps où le trésor royal ne possédait jamais un écu libre, on ne trouva moyen de pourvoir aux premiers frais de l'établissement qu'en lui concédant la perception d'un droit sur les cartes à jouer, à raison d'un denier par carte. Le produit de cette imposition fut insuffisant, car en 1757 un arrêt du conseil concéda pour trente années à l'École le produit d'une loterie, dénommée par cette cause *loterie de l'École Militaire*. Différentes franchises, différentes dispenses, des droits d'entrée, des droits d'aides, etc., furent également accordés à l'hôtel. Une annexe de l'École Militaire, ou un pensionnat préparatoire, fut formé à La Flèche. On y recevait 250 élèves de huit à quatorze ans; et l'on tirait de là, pour être admis à l'École Militaire, ceux qui montraient des dispositions pour la profession des armes.

En février 1776 le nombre des élèves de l'École fut porté à 600, et l'ordre de vendre l'hôtel ayant été donné, ils furent répartis en divers colléges militaires provinciaux, établis à Auxerre, Beaumont, Brienne, Dôle, Effiat, Pont-à-Mousson, Pont-le-Voy, Rebais, Sorrèze, Tournon, Tyron, Vendôme. Une décision de 1776 donna à ces colléges le nom d'*écoles militaires*; mais les élèves qui en sortaient devaient entrer comme *cadets gentilshommes* dans les régiments. Cependant, l'hôtel de Paris ne fut pas vendu, et en juillet 1777 un corps d'élèves et de cadets s'y rétablit. Les sujets choisis dans les colléges provinciaux étaient annuellement appelés à l'établissement de Paris, après avoir subi un examen. Les élèves du corps des cadets établis à l'hôtel de l'École y payaient 2,000 francs de pension, et entraient au service comme officiers. En 1787, les motifs qui avaient déterminé la suppression de 1776 se reproduisirent; les élèves furent de nouveau envoyés, au nombre de 700, dans les colléges provinciaux; enfin, un décret de 1793 ordonna la vente de tous les biens de l'hôtel et des colléges ou prytanées, et un décret du 9 septembre suivant supprima les écoles militaires; une seule resta établie à Saint-Cyr. Gal BARDIN.

On a reproché à l'enseignement militaire en France d'être trop restreint et trop technique. L'instruction générale, celle qui est commune à toutes les carrières libérales, y est trop sacrifiée à celle qui est exclusivement dirigée vers la profession des armes. Tandis que toutes les autres branches de l'enseignement se sont étendues et agrandies, il semble que l'instruction militaire soit restée stationnaire ou même ait dégénéré depuis soixante ans. C'est du moins ce qui ressort de la comparaison que M. Durat-Lasalle, dans un écrit intitulé *Du Généralat* (1853), établit entre les écoles militaires de nos jours et celles qui existaient sous l'ancienne monarchie. L'École de Brienne, la plus connue de toutes, n'était pas une école militaire dans le sens propre et spéciale du mot; c'était un véritable établissement d'instruction secondaire, où les études scientifiques et littéraires tenaient la première place, et qui servait à former des magistrats et des administrateurs aussi bien que des hommes de guerre. Les élèves en sortaient à la fin de leurs études, comme ils sortent maintenant des lycées, pour entrer dans les différentes écoles spéciales qui devaient les préparer aux professions civiles ou à la profession militaire. Mais l'instruction générale qu'ils recevaient à Brienne et dans les autres établissements du même genre était une base excellente pour les études pratiques auxquelles ils étaient appelés en sortant de ces écoles.

L'instruction que les élèves reçoivent aujourd'hui dans les lycées peut remplacer convenablement celle qu'ils recevaient autrefois à Brienne et dans les autres écoles secondaires de l'ancien régime. Mais il existe une grande différence entre les écoles spéciales militaire, de notre temps et les Facultés de Droit et de Médecine, qui sont les grandes écoles spéciales pour les carrières civiles. Cette différence consiste en ce que l'instruction est distribuée beaucoup plus libéralement dans les unes que dans les autres, puisque l'élève de l'École de Droit peut suivre en même temps les cours de la Faculté des Lettres, et l'élève de l'École de Médecine les cours de la Faculté des Sciences; avantage auquel ne participent ni les élèves des écoles militaires, ni ceux de l'École Polytechnique.

M. Durat-Lasalle critique encore plus sévèrement l'École Militaire spéciale de Saint-Cyr. Cette école n'est pas organisée sur le pied de celle qui existait avant 1789, et dans laquelle entraient les élèves de Brienne et des autres écoles secondaires, après avoir acquis une instruction générale. L'instruction mathématique y est moins étendue, et l'instruction littéraire y est encore plus bornée qu'à l'École Polytechnique. C'est une simple école d'application, comme celle du génie et de l'artillerie, où l'enseignement est dirigé vers un but exclusivement pratique et militaire. Sur trois cents jeunes gens qui entrent annuellement à Saint-Cyr, dit M. Durat-Lasalle, cinquante seraient aptes à tout apprendre, et pourtant ils y acquièrent peu; les autres perdent. C'est ce qui porte l'auteur à se demander si l'École de Saint-Cyr ne pourrait pas être supprimée et remplacée par des écoles formées dans les régiments mêmes, à l'instar des écoles régimentaires des corps d'artillerie. Cependant, il ne s'agirait que d'élargir le programme de cette école dans le sens de l'instruction générale, et d'étendre à deux ans la durée des études pour en faire une véritable école modèle et une pépinière d'officiers généraux.

Même observation sur l'École d'État-major, où sont admis, après deux ans d'études, les trente plus forts élèves de l'École Militaire, avec un égal nombre de sous-lieutenants des corps. La seule différence entre cette école et l'École Militaire, c'est que l'étude des mathématiques y est un peu plus approfondie, et que les élèves y sont initiés aux notions de la topographie, ainsi qu'aux règles de la stratégie et de la tactique; mais ils restent étrangers à l'art de penser, d'écrire, de parler, et à toutes les connaissances générales qui font une éducation complète et libérale.

ÉCOLES MUSICALES. *Voyez* MUSIQUE.

ÉCOLES NORMALES PRIMAIRES. *Voyez* ÉCOLES PRIMAIRES.

ÉCOLE SPÉCIALE DES LANGUES ORIENTALES VIVANTES, près la Bibliothèque Impériale. Créée par un décret de la Convention nationale du 13 germinal an III (2 avril 1795), elle ne se composa d'abord que de trois chaires destinées à l'enseignement: 1° de l'arabe littéral et vulgaire, 2° du persan et du malais, 3° du turc et du tartare de Crimée. Langlès, Silvestre de Sacy et Venture furent nommés à ces chaires. La nouvelle école n'avait pas la prétention de rivaliser avec le Collége de France en formant des savants sous le rapport scientifique de l'enseignement des langues de l'Orient; c'était plutôt une succursale pour l'utilité de ces langues sous le rapport des relations politiques et commerciales. Bientôt l'enseignement de l'arabe vulgaire fut séparé de celui de l'arabe littéral. D'autres chaires furent successivement ajoutées à celles qui existaient déjà. Enfin, cette école fut réorganisée par une ordonnance du 22 mai 1838; elle comprend aujourd'hui neuf chaires, savoir: de grec moderne et de paléographie grecque, d'arabe littéral, d'arabe vulgaire, de persan, de turc, d'arménien, d'hindoustan, de chinois moderne, de malais et de javanais. Parmi les professeurs qui ont enseigné ou qui enseignent actuellement dans l'École spéciale des Langues orientales, nous citerons Amédée Jaubert, Ansse de Villoison, Chahan de Cirbied, Chezy, MM. Hase, Reinaud, Caussin de Perceval, E. Quatremère, Garcin de Tassy, etc.

Établie spécialement dans l'enceinte de la Bibliothèque Nationale, elle y fut d'abord placée sous une espèce de hangar, dans une petite cour, du côté de la rue Neuve-des-Petits-Champs. C'est dans ce triste et incommode local que tous les professeurs de langues orientales ont fait leurs cours, pendant près de quarante ans, en ayant soin de se concerter entre eux pour le choix d'une heure différente. En 1834, on logea enfin l'école plus décemment, dans une salle voisine.

Le décret qui fonda l'École des langues orientales vivantes imposait des obligations aux professeurs: 1° de faire connaître à leurs élèves les rapports politiques et commerciaux de la France avec les nations qui parlent les langues qu'ils étaient chargés d'enseigner; 2° de composer en français les grammaires de ces langues; 3° de faire un cours de deux heures, quatre fois par décade, puis trois par semaine, sauf le temps des vacances, dont la durée n'était peut-être pas alors de quatre mois. La première obligation n'a probablement été remplie que par les professeurs qui avaient résidé dans le Levant: ceux-là ont dû expliquer à leurs élèves des traités et autres pièces diplomatiques en arabe et en turc. Les autres se sont bornés à leur faire traduire des manuscrits orientaux du moyen âge. La seconde obligation a été mieux exécutée, et la dernière l'a été tout à fait; sauf le cas d'absence motivée ou de maladie, les cours ont régulièrement lieu trois fois par semaine. Les classes de l'École des Langues orientales sont très-peu fréquentées, et parmi leurs élèves on compte beaucoup d'étrangers. Cela fait honneur à la France, et il est certain que plusieurs des plus habiles orientalistes des États du Nord et de l'Angleterre, Freytag, Fleicher, Vullers, Haughton, Falconer, etc., sont venus s'instruire à cette École.

Les élèves y sont admis sans examen, sans condition. Que ne leur assure-t-on un état, en leur réservant des places dans la carrière des consulats de la diplomatie orientale, où ils ne seraient pas bornés, comme les élèves de l'*école des jeunes de langues*, aux emplois de drogman et de chancelier. Les cours seraient plus suivis, et on n'aurait pas ce déplorable résultat de voir le très-petit nombre des jeunes gens qui étudient volontairement les langues orientales, s'y consacrer uniquement dans l'espoir, assez fondé, d'obtenir la chaire de leurs professeurs ou un fauteuil à l'Institut.

H. AUDIFFRET.

ÉCOLES PHILOSOPHIQUES. *Voyez* PHILOSOPHIE et les noms des diverses écoles.

ÉCOLES PRIMAIRES. On appelle ainsi les écoles où les enfants du peuple reçoivent une instruction élémentaire. Ces écoles, qui n'ont reçu que depuis 1789 le nom de *primaires*, par opposition à l'enseignement *secondaire* qu'on reçoit dans des établissements d'un ordre plus élevé, existaient bien avant la révolution. Leur création date de 1598 : Henri IV, sentant de quelle utilité l'instruction élémentaire était pour les classes inférieures, enjoignit, par une déclaration, à tous les pères de famille sans fortune d'envoyer leurs enfants dans des écoles où l'on enseignait gratuitement à lire. Depuis cette époque jusqu'en 1789 on vit se multiplier par tout le royaume les écoles de ville et de village, sous l'inspection des curés. Il n'était, d'ailleurs, point de ville dans laquelle on n'eût établi des *écoles de charité* pour les deux sexes, et surtout pour les filles. Dans la seule ville de Paris, le nombre de ces établissements était immense. Outre les maisons des Ursulines, des religieuses de la Congregation, des sœurs de la Charité, on comptait les communautés de Sainte-Anne, de Sainte-Agnès, de Sainte-Marguerite, de Sainte-Marthe, de Sainte-Geneviève, de l'Enfant-Jésus, puis les Mathurines ou filles de la Sainte-Trinité, les filles de la Croix, de la Providence, etc. Il en était de même dans toutes les provinces. Dans plusieurs diocèses il y avait des congrégations particulières formées pour aller répandre dans les paroisses de campagne le bienfait de l'instruction élémentaire. Sans doute, les méthodes de ces bonnes religieuses étaient peu perfectionnées; mais elles n'en firent pas moins tout le bien qu'il était alors possible de faire. L'abbé de la Salle, chanoine de la cathédrale de Reims, fut l'instituteur des *écoles chrétiennes*, pour l'instruction gratuite des petits garçons. Les *frères des écoles chrétiennes*, appelés vulgairement *frères ignorantins* ou de *Saint-Yon*, formaient et forment encore aujourd'hui une congrégation de séculiers. Les *écoles chrétiennes* se propagèrent dans plusieurs provinces du royaume; et au moment de la Révolution l'instruction primaire non gratuite était exploitée par les maîtres d'école; gratuite, elle était pratiquée par les frères.

L'Assemblée constituante, qui souleva toutes les questions qui se rattachent à la vie des peuples, promit à la France un système d'éducation nationale qui propageât par tout le royaume le bienfait gratuit d'un enseignement populaire. On trouve à ce sujet des données à la fois très-hautes et très-positives dans le fameux rapport sur l'éducation nationale présenté par Talleyrand à la séance du 11 octobre 1790. D'après ce rapport, l'instruction, qui devait s'étendre à toutes les classes et même à tous les âges, devait subir une distribution graduelle, une hiérarchie instructive, correspondant à la hiérarchie de l'administration. « Près des assemblées primaires, qui sont les *unités* du corps politique, les premiers éléments nationaux, se place naturellement la première école, l'*école élémentaire*. Cette école est pour l'enfance, et ne doit comprendre que des éléments généraux, applicables à toutes les conditions. » A la suite de ce rapport venait une série de projets, de décrets, dont le premier, intitulé *écoles primaires*, se composait de neuf artisles.

L'art. 1er concerne le nombre des écoles, dont la fixation était laissée aux administrations départementales. A Paris il devait y avoir une école primaire par section (c'est-à-dire 48). Art. 2. « Les écoles primaires seront gratuites et ouvertes aux enfants de tous les citoyens, sans distinction. Art. 3. Nul n'y sera admis avant l'âge de six ans accomplis. Art. 4. On y enseignera : 1° à lire, tant dans les livres imprimés que dans les manuscrits; 2° à écrire, et les exemples d'écriture rappelleront leurs droits et leurs devoirs; 3° les premiers éléments de la langue française, soit parlée, soit écrite; 4° les règles de l'arithmétique simple; 5° les éléments du toisé; 6° les noms des villages du canton; ceux des cantons, des districts, et des villes du département; ceux des villes hors du département, avec lesquelles leur pays a des relations plus habituelles. Art. 5. On y enseignera : 1° les principes de la religion; 2° les premiers éléments de la morale, etc.; 3° des instructions claires sur les devoirs communs à tous les citoyens et sur les lois qu'il est indispensable à tous de connaître; 4° des exemples d'actions vertueuses, qui les toucheront de plus près, avec le nom du citoyen vertueux, le nom du pays qui l'a vu naître. Art. 6. Dans les villes et bourgs au-dessus de 1,000 âmes, on enseignera aux enfants les principes du dessin géométral. Pendant les récréations, on les exercera à des jeux propres à fortifier et à développer le corps. Art. 7. Deux notables de la commune seront chargés de surveiller l'école primaire et de distribuer les prix tous les ans. Art. 8. Encore relatif au nombre des écoles et des maîtres primaires, etc. Art. 9. Il sera ouvert un concours pour le meilleur ouvrage nécessaire aux écoles primaires, etc.

On voit par cet aperçu que le projet de Talleyrand renfermait en assez peu de mots un code complet d'instruction primaire. Cependant, ce projet ne fut pas à l'abri de la critique. L'illustre rapporteur s'était trompé au sujet de la somme des dépenses de l'instruction primaire. On lui reprochait en outre d'avoir admis indistinctement les deux sexes dans les mêmes écoles, et dans la division des matières d'enseignement, de mettre au second rang la morale et la religion. Quoi qu'il en soit, le projet ne reçut point d'application, et rien ne fut changé au mode d'instruction primaire; mais l'Assemblée nationale, en supprimant les dîmes affectées aux dépenses des écoles porta un coup mortel aux écoles des villes, et surtout des villages. Aussi, plusieurs décrets, tant de cette assemblée que de l'Assemblée législative, eurent-ils pour objet des mesures financières en faveur des écoles; et cependant rien n'avait été changé aux anciens modes d'instruction élémentaire. Mais tous les établissements d'instruction publique furent successivement abandonnés des maîtres et des élèves, au milieu des tourmentes politiques.

La Convention, dès le mois de décembre 1792, décréta la formation d'*écoles primaires*, devant constituer le premier degré d'instruction. « On y enseignera, portait le décret, les connaissances rigoureusement nécessaires à tous les citoyens. Les personnes chargées de l'enseignement dans ces écoles s'appelleront *instituteurs*. » Quelque absorbée que fût cette assemblée par les plus hauts intérêts politiques, elle trouva du temps pour s'occuper avec sollicitude de l'instruction du peuple. On peut lire dans le *Moniteur* du 20 décembre 1792 un rapport et un projet du comité d'instruction publique sur l'organisation de l'instruction primaire. Marat, tout occupé d'organiser la terreur, eut l'influence de faire ajourner une délibération d'un caractère aussi paisible; et ce ne fut que le 30 mai 1793 que la Convention rendit un décret dont voici la substance : « Il y aura une école primaire dans tous les lieux d'une population de 400 à 1,500 individus. Dans chaque école, un instituteur sera chargé d'enseigner aux élèves les connaissances élémentaires nécessaires aux citoyens pour exercer leurs droits, remplir leurs devoirs et administrer leurs affaires domestiques. » Mais au mois d'octobre suivant la Convention, qui avait mis *irrévocablement* à l'ordre du jour *tous les jeudis* les rapports de son comité d'instruction publique, traça un plan d'instruction primaire beaucoup plus étendu. On peut en lire les diverses dispositions dans les lois du 30 vendémiaire et des 7 et 9 brumaire an II (21, 28 et 30 oct. 1793). Le premier de ces projets commençait ainsi : « Il y aura de *premières écoles* distribuées dans toute la république, à raison de la population. » Le tableau du nombre et de la distribution des écoles portait une école pour une population de 400 à 1,500 individus, et ainsi de suite, jusqu'à 37 écoles pour une population de 92,000 à 100,000 âmes. Les citoyens qui se présentaient pour se vouer à l'instruction nationale devaient être sévèrement et publiquement examinés par un jury, et les examens n'aboutissaient qu'à former une liste d'éligibles, parmi lesquels les pères et mères de famille et les tuteurs devaient désigner l'instituteur de leur commune. Il devait recevoir un traitement, dont le *minimum* était de 1,200 livres; mais aussi il ne pouvait, sous aucun prétexte, recevoir de l'argent de ses élèves. « Les enfants reçoivent dans ces écoles, était-il dit dans le premier décret, art. 2, la première éducation physique, morale et intellectuelle, la plus propre à développer en eux les mœurs républicaines, l'amour de la patrie et le goût du travail. Art. 3. Ils apprennent à parler, lire, écrire la langue française. On leur fait connaître les traits de vertu qui honorent le plus les hommes libres, et particulièrement les traits de la révolution française les plus propres à leur élever l'âme et à les rendre dignes de la liberté et de l'égalité. Ils acquièrent quelques notions géographiques de la France. La connaissance des droits et des devoirs de l'homme et du citoyen est mise à leur portée par des exemples et par leur propre expérience. On leur donne les premières notions des objets naturels qui les environnent et de l'action naturelle des éléments. Ils s'exercent à l'usage des nombres, du compas, du niveau, des poids et mesures, du levier, de la poulie, et de la mesure des temps. On les rend souvent témoins des travaux champêtres et des ateliers, etc. »

Deux mois n'étaient pas écoulés que toute cette législation, si prévoyante à plusieurs égards, était anéantie. Le décret du 19 décembre 1793 proclamait l'entière liberté de l'enseignement public, et ne soumettait qu'à quelques formalités les citoyens et citoyennes qui voudraient s'y vouer. Ils devaient être salariés par la république en raison du nombre de leurs élèves, et recevaient annuellement pour chaque enfant : l'instituteur, 20 liv., l'institutrice, 15 liv. Les pères et mères, tuteurs, étaient tenus d'envoyer leurs enfants ou pupiles aux écoles du premier degré d'instruction. S'ils y manquaient, une amende était prononcée contre eux par le tribunal de police correctionnelle. En cas de récidive, l'amende devait être double, et les infracteurs regardés comme ennemis de l'égalité et privés pendant dix ans de l'exercice des droits de citoyen. Des peines étaient, en outre, prononcées contre tout instituteur ou institutrice qui outrageait les mœurs publiques, ou qui enseignait dans son école des préceptes contraires aux lois et à la morale républicaine. On voit par ces dispositions que la Convention, en proclamant la liberté de l'enseignement, était convaincue que ce principe ne dépouillait pas le gouvernement du droit de contrôle sur cette partie si importante de l'ordre public. Malgré ce luxe de lois, l'enseignement primaire languissait : les instituteurs et institutrices n'étaient pas payés, et quelques décrets rendus à ce sujet par la Convention ne faisaient que manifester le mal, sans pouvoir y porter des remèdes efficaces, dans la pénurie où se trouvaient toutes les caisses publiques.

Le décret du 27 brumaire an III (17 novembre 1794) mit plus directement les écoles primaires sous la surveillance du gouvernement. En voici les principales dispositions : Les *écoles primaires* ont pour objet de donner aux enfants de l'un et de l'autre sexe l'instruction nécessaire à des hommes libres. Il sera établi une école primaire par 1,000 habitants. Il sera accordé dans chaque commune un local convenable pour la tenue des écoles primaires. Les ci-devant presbytères non vendus seront mis à la disposition des municipalités, pour servir tant au logement de l'instituteur qu'à recevoir les élèves pendant la durée des leçons. Les instituteurs et les institutrices sont nommés par le peuple : néanmoins, pendant la durée du gouvernement révolutionnaire, ils seront examinés, élus, et surveillés par un jury d'instruction, composé de trois membres pères de famille, désignés par l'administration du district. Les nominations des instituteurs et institutrices élus par le jury d'instruction seront soumises à l'administration du district. Le salaire des instituteurs est fixé à 1,200 ou à 1,500 liv., celui des institutrices à 1,000 ou 1,200 liv., selon les localités. Les élèves ne seront pas admis aux écoles avant l'âge de six ans accomplis. On enseignera aux élèves : 1° à lire et à écrire, et les exemples de lecture rappelleront leurs droits et leurs devoirs; 2° la déclaration des droits de l'homme et du citoyen, et la constitution de la république; 3° on donnera des instructions élémentaires sur la morale républicaine; 4°, 5° et 6°, les éléments de la langue française, du calcul, de la géographie, de l'histoire des peuples libres; 7° des instructions sur les principaux phénomènes et les productions les plus usuelles de la nature. On fera apprendre le recueil des actions héroïques et des chants de triomphe. L'enseignement y sera fait en langue française. L'idiome du pays ne pourra être employé que comme moyen auxiliaire. Suivent différents articles prescrivant pour les élèves des exercices militaires et gymnastiques, entre autres la natation. Les élèves seront conduits plusieurs fois dans l'année dans les hôpitaux, les manufactures, les ateliers. Une partie du temps destiné aux écoles sera employé à des ouvrages manuels. Les jeunes citoyens qui n'auront pas fréquenté les écoles primaires seront examinés en présence du peuple à la *fête de la Jeunesse*; et s'il est reconnu qu'ils n'ont pas les connaissances nécessaires à des citoyens français, ils seront écartés, jusqu'à ce qu'ils les aient acquises, de toutes les fonctions publiques. L'avant-dernier article de ce décret consacrait la liberté, pour les citoyens, d'ouvrir des écoles particulières et libres sous la surveillance des autorités. Le dernier rapportait toute disposition contraire à la présente loi.

Cependant, ces écoles primaires, toujours décrétées, ne se formaient nulle part. Vint la constitution de l'an III (6 fructidor, 22 août 1795), qui par son art. 296 consacrait l'institution de ces écoles et la liberté d'enseignement. Deux nouvelles lois du 5 brumaire an IV (25 octobre 1795), organisèrent les écoles primaires et toutes les parties de l'instruction publique. Les principales dispositions de la loi du 27 brumaire an III furent confirmées, sauf quelques modifications. Par exemple, les instituteurs étaient autorisés à recevoir une rétribution de leurs élèves. L'administration municipale pouvait exempter de cette rétribution un quart des élèves de chaque école primaire pour cause d'indigence. Le nombre des objets d'instruction était limité à la lecture, l'écriture, le calcul, et aux éléments de morale. Chaque école primaire était divisée en deux sections, l'une pour les garçons, l'autre pour les filles : en conséquence, il devait y avoir un instituteur et une institutrice. On sent assez combien, malgré l'intention du législateur, cette disposition dut ouvrir la porte aux plus grands abus. La séparation des deux sexes n'était que dans la lettre de la loi; leur mélange, dans une foule de localités, fut une conséquence inévitable de son application. Toutefois, les temps étaient meilleurs en France : la révolution ne marchait plus dans le sang et dans les ruines. Sous le Directoire, les écoles primaires se multiplièrent, et produisirent d'heureux résultats. Une loi du 5 février 1798 (17 pluviôse an VI) mit toutes les écoles sous la surveillance des administrations municipales de chaque canton; et il fut réglé par celle du 1er décembre suivant (11 frimaire an VII) que les dépenses des écoles primaires faisaient partie des dépenses municipales.

Enfin, cédant au vœu des conseils généraux des départements le gouvernement consulaire, par la loi du 11 floréal an X (1er mai 1802), donna aux écoles primaires une organisation fort simple, et chargea de leur établissement les sous-préfets de département. Choisis par les maires et les conseils municipaux, les instituteurs recevaient de la commune un logement, et des parents une rétribution déterminée par les conseils municipaux. Cette loi fut promptement exécutée, grâce au bras fort qui régissait alors la France; et la législation des écoles primaires cessa d'être pour la république une décevante théorie. Le décret du 17 mars 1808, qui fonda l'université impériale, maintint les écoles primaires dirigées par des laïques et soumises à l'influence du gouvernement. La concurrence des petites écoles tenues par les *frères de la doctrine chrétienne* fut encouragée. Le gouvernement impérial rétablit les frères et les autorisa, sauf à être brevetés par le grand-maître de l'université. La première Restauration ne changea rien à l'état de l'instruction primaire. Pendant les cent-jours, Napoléon, sur le rapport de Carnot, rendit, le 27 avril, un décret portant qu'il serait établi à Paris une *école d'essai d'éducation primaire*, organisée de manière à pouvoir servir de modèle, et à devenir *école normale* pour former des instituteurs primaires. Le début de ce décret mérite d'être cité. « Considérant l'importance de l'éducation primaire pour l'amélioration du sort de la société; considérant que les méthodes jusque aujourd'hui usitées en France n'ont pas *rempli* le but de perfectionnement qu'il est possible d'atteindre; désirant porter nos institutions à la hauteur du siècle, etc. » On verra à la fin de cet article que cette idée d'*une école normale primaire* devait être exécutée sous Louis-Philippe, après avoir été tentée sous la Restauration par un particulier (M. Tisserand).

Le gouvernement de Louis XVIII fut loin de se montrer indifférent pour l'instruction primaire, comme le témoigne l'ordonnance du 29 février 1816, dont le préambule présente des détails curieux. « Nous étant fait rendre compte de l'état actuel de l'instruction du peuple des villes et des campagnes dans notre royaume, nous avons reconnu qu'il manque dans les unes et dans les autres un très-grand nombre d'écoles; que les écoles existantes sont susceptibles d'importantes améliorations; persuadé qu'un des plus grands avantages que nous puissions procurer à nos sujets est une instruction convenable à leurs conditions respectives; que cette instruction, surtout lorsqu'elle est fondée sur les véritables principes de la religion et de la morale, est non-seulement une des sources les plus fécondes de la prospérité publique, mais qu'elle contribue au bon ordre de la société, prépare l'obéissance aux lois, et l'accomplissement de tous les genres de devoirs; voulant, d'ailleurs, seconder autant qu'il est en notre pouvoir le zèle que montrent des personnes bienfaisantes pour une aussi utile entreprise, et régulariser par une surveillance convenable les efforts qui seraient tentés pour atteindre un but si désirable, nous nous sommes fait représenter les règlements anciens, et nous avons vu qu'ils *se bornaient à annoncer des dispositions subséquentes, qui jusqu'à ce jour n'ont point été mises en vigueur.* »

L'ordonnance du 29 février fut suivie de plusieurs autres, qui en confirmaient les dispositions, et voici quels étaient à la mort de Louis XVIII les points principaux de la législation qui régissait les écoles primaires : « L'instruction élémentaire doit être donnée sur toute la surface de la France dans des écoles primaires de premier, second et troisième degré tenues, soit par des instituteurs laïques, soit par des frères des écoles chrétiennes, et dirigées selon la méthode d'enseignement mutuel, simultané ou individuel. » Pour entendre ces expressions, premier, second et troisième degré, il faut se rappeler l'art. 11 de l'ordonnance du 29 février : « Les brevets de capacité seront de trois degrés. Le troisième degré, ou le degré inférieur, sera accordé à ceux qui savent suffisamment lire, écrire et chiffrer, pour en donner des leçons; le deuxième degré à ceux qui possèdent bien l'orthographe, la calligraphie et le calcul, et qui sont en état de donner un enseignement simultané analogue à celui des frères des écoles chrétiennes; le premier degré, ou degré supérieur, à ceux qui possèdent par principes la grammaire française et l'arithmétique, et sont en état de donner des notions de géographie, d'arpentage, et des autres connaissances utiles dans l'enseignement primaire. » Il y a des écoles publiques communales où l'instruction est gratuite, et des écoles appartenant à des particuliers, dites *écoles payantes*. Un comité gratuit et de charité est chargé dans chaque canton de surveiller et d'encourager l'instruction primaire. Les recteurs des académies se concertent avec les préfets pour la formation des comités cantonaux. Le curé, le juge de paix et le principal du collége sont membres nécessaires de ce comité, que préside le curé du canton. Le sous-préfet, le procureur du roi et le juge de paix sont membres de tous les comités cantonaux de leur arrondissement. Toutes les écoles primaires, soit de garçons, soit de filles, sont soumises : 1° sous le rapport religieux, à l'inspection de l'évêque ou de ses délégués; les consistoires, les pasteurs et les rabbins exerceront la même surveillance sur les écoles des cultes protestant ou israélite; 2° pour la surveillance administrative, aux préfets, sous-préfets et maires. Les instituteurs primaires qui contractent devant le conseil royal l'engagement de se vouer pendant dix ans au service de l'instruction publique sont dispensés du service militaire. Les enfants admis à l'école doivent être âgés de cinq ans au moins et de quatorze ans au plus. Dans chaque école, les exercices religieux sont dirigés d'après les instructions et sous la surveillance du curé de la paroisse. Le commencement et la fin de chaque classe sont marqués par une prière. Les modèles d'écritures doivent contenir les dogmes et les préceptes de la religion, les règles les plus essentielles de la morale, les traits de l'histoire de France les plus propres à faire naître des sentiments de fidélité envers la dynastie régnante. Les enfants sont exercés à la lecture des manuscrits, aussi bien qu'à celle des livres imprimés. La prison et le fouet sont des punitions interdites. Le conseil royal de l'instruction publique est chargé de veiller à ce que dans ces écoles l'instruction soit fondée sur la religion, le respect pour la charte et les lois, et sur l'amour dû au souverain (Ordonnances royales du 29 février 1816, du 29 juin 1819, du 28 avril 1820, du 2 août 1820, du 20 août 1828, etc.).

On voit par cet exposé quel esprit à la fois large et circonspect, religieux et tolérant, présida sous Louis XVIII à la législation de l'enseignement élémentaire. Sous son règne, les écoles primaires, soit publiques, soit particulières, reçurent plus de 3,000,000 d'enfants. « Au reste, disait en 1819 un homme qui doit faire autorité en cette matière (le conseiller Rendu), l'instruction et l'éducation primaire est plus que jamais le droit et le besoin de tous les hommes. Elles ont retenti dans toute la France, elles ont pénétré dans tous les esprits, ces paroles d'un ancien président de la commission royale de l'instruction publique (Royer-Collard), qui renferme un si bel éloge de la monarchie constitutionnelle : *Le jour où la charte fut donnée, l'instruction universelle fut promise, car elle fut nécessaire.* »

L'administration universitaire sous Charles X suivit les mêmes voies. L'instruction primaire, favorisée par le gouvernement, particulièrement sous l'administration de MM. de Vatimesnil et Guernon-Ranville, richement dotée par d'opulents particuliers, facilitée par le perfectionnement des nouvelles méthodes, ne s'arrêta point dans ses heureux développements. Si dans quelques localités le clergé, alors tout-puissant, voulait s'affranchir de la surveillance du pouvoir temporel et méconnaître ses droits de surveillance et d'autorisation, ces collisions ne produisirent de mauvais effets que dans la région administrative, et ne troublèrent point la paix intérieure des écoles. On put dire même que la rivalité qui naquit alors, et qui se manifeste encore aujourd'hui entre les instituteurs laïques et les frères, tourna au profit des élèves, en excitant l'émulation entre les maîtres.

Le gouvernement de Louis-Philippe ne répudia pas cette belle part de l'héritage que lui avait légué la Restauration : les différents ministres de l'instruction publique s'occupèrent constamment d'instruction primaire. L'ordonnance du 11 mars 1831, contre-signée par M. Barthe, organisa les bases d'une *école normale primaire*, destinée : 1° à former des instituteurs primaires; 2° à éprouver ou vérifier les nouvelles méthodes d'enseignement applicables à l'instruction primaire. L'enseignement de l'école normale primaire dut comprendre, indépendamment de l'instruction morale et religieuse, la lecture, l'écriture, la grammaire française et la géographie, le dessin linéaire, l'arpentage, des notions de physique, de chimie et d'histoire naturelle, les éléments de l'histoire, et spécialement de l'histoire de France. Une ordonnance du 7 septembre suivant transféra à Versailles la grande école normale primaire. D'autres écoles normales primaires ne tardèrent pas à s'élever dans toutes les parties de la France. Charles Du Rozoir.

En 1833, M. Guizot, ministre de l'instruction publique, présenta un projet qui fut converti en loi et promulgué le 28 juin de la même année. En voici la principale teneur. On reconnut à tout individu offrant les garanties de moralité et de capacité le droit de donner l'enseignement primaire. Toute commune dut, soit par elle-même, soit en se réunissant à une ou plusieurs communes voisines, entretenir au moins une école élémentaire. Dans les communes de 6,000 âmes, il dut y avoir des écoles primaires supérieures, et chaque département, par lui-même ou en se réunissant à un département voisin, fut tenu d'entretenir une école normale primaire. Des commissions académiques examinèrent les candidats aux fonctions de l'enseignement; des comités locaux surveillèrent les établissements.

La loi sur l'enseignement du 15 mars 1850, œuvre de l'Assemblée législative, vint une dernière fois changer la législation en cette matière. Aux termes de cette loi, il y a deux espèces d'écoles primaires, les écoles fondées ou entretenues par les communes, les départements ou l'État, et qui prennent le nom d'*écoles publiques;* les écoles fondées et entretenues par des particuliers ou des associations, et qui prennent le nom d'*écoles libres*. L'inspection de l'enseignement primaire est confié dans chaque arrondissement à un inspecteur nommé par le ministre, après avis du conseil académique, et à des délégués cantonaux, le maire et le curé, le pasteur ou le délégué du consistoire israélite. L'inspection des écoles publiques s'exerce conformément aux règlements délibérés par le conseil supérieur de l'instruction publique. Celle des écoles libres porte sur la moralité, l'hygiène et la salubrité. Elle ne peut porter sur l'enseignement que pour vérifier s'il n'est pas contraire à la morale, à la constitution et aux lois. L'enseignement primaire comprend : l'instruction morale et religieuse, la lecture, l'écriture, les éléments de la langue française, le calcul et le système légal des poids et mesures. Il peut comprendre en outre l'arithmétique appliquée aux opérations pratiques; les éléments de l'histoire et de la géographie; des notions des sciences physiques et de l'histoire naturelle, applicables aux usages de la vie; des instructions élémentaires sur l'agriculture, l'industrie et l'hygiène, l'arpentage, le nivellement, le dessin linéaire, le chant et la gymnastique. L'enseignement primaire est donné gratuitement à tous les enfants dont les familles sont hors d'état de le payer. Pour exercer la profession d'instituteur primaire, public ou libre, il faut être Français, âgé de vingt et un ans et être muni d'un brevet de capacité, qui peut du reste être suppléé par un certificat de stage délivré par le conseil académique aux personnes qui ont enseigné pendant trois ans, dans les écoles publiques ou libres, les matières qui forment le fonds même de l'instruction primaire, par le diplôme de bachelier, par un certificat constatant qu'on a été admis dans une des écoles spéciales de l'État, ou par le titre de ministre, non interdit ni révoqué, de l'un des cultes reconnus par l'État. Des conditions spéciales sont en outre imposées aux instituteurs libres : avant d'ouvrir une école libre, ils doivent déclarer leur intention au maire de la commune, au recteur de l'académie, au procureur impérial, au sous-préfet. Le recteur, soit d'office, soit sur l'opposition du procureur impérial, ou du sous-préfet, peut former opposition à l'ouverture de l'école pendant un mois; il est statué sur cette opposition à bref délai et sans recours par le conseil académique. Toute contravention à ces prescriptions est poursuivie devant le tribunal correctionnel du lieu et punie d'une amende de 50 à 500 fr. L'école est en outre fermée. En cas de récidive, le délinquant est condamné à un emprisonnement de six jours à un mois, et à une amende de 100 à 1,000 francs.

Ne sont pas considérées comme tenant école les personnes qui dans un but purement charitable, et sans exercer la profession d'instituteur, enseignent à lire et à écrire aux enfants, avec l'autorisation du délégué cantonal. Néanmoins cette autorisation peut être retirée par le conseil académique.

Tout instituteur libre, sur la plainte du recteur ou du procureur impérial, peut être traduit, pour cause de faute grave dans l'exercice de ses fonctions, d'inconduite, ou d'immoralité, devant le conseil académique de département, et être censuré, suspendu pour un temps qui ne peut excéder six mois ou interdit de l'exercice de sa profession dans la commune où il habite; il peut même être interdit absolument, sauf appel devant le conseil supérieur de l'instruction publique.

Quant aux instituteurs communaux, ils sont nommés par le conseil municipal de chaque commune, et choisis, soit sur une liste d'admissibilité et d'avancement dressée par le conseil académique, soit sur la présentation qui est faite par les supérieurs pour les membres des associations religieuses vouées à l'enseignement et autorisées par la loi ou reconnues comme établissements d'utilité publique. Si le conseil municipal fait un choix non conforme à la loi ou n'en fait aucun, le maire est mis en demeure par le recteur, et un mois après il est pourvu à la nomination par le conseil académique. L'institution est donnée par le ministre de l'instruction publique. Les instituteurs communaux ne peuvent absolument exercer aucune profession commerciale ou industrielle; ils ne peuvent non plus être revêtus d'aucune fonction administrative sans l'autorisation du conseil académique. Ils peuvent, suivant les cas, être réprimandés, suspendus avec ou sans privation totale ou partielle de traitement, pour un temps qui ne doit pas excéder six mois ou révoqués par le recteur. Dans ce dernier cas, ils ne peuvent plus exercer la profession d'instituteur, soit public, soit libre, dans la même commune. Enfin, le conseil académique peut les interdire absolument, sauf appel au conseil supérieur. En cas d'urgence, le maire peut suspendre provisoirement l'instituteur, à charge de rendre compte dans les deux jours au recteur.

Il y a des instituteurs adjoints pour les écoles nombreuses;

elles sont déterminées par le conseil académique. Les instituteurs adjoints peuvent n'être âgés que de dix-huit ans; on ne leur demande pas de brevet de capacité. Ils sont nommés et révocables par l'instituteur avec l'agrément du recteur. S'ils appartiennent aux associations religieuses, ils sont nommés et peuvent être révoqués par les supérieurs de ces associations. Le conseil municipal fixe leur traitement, qui est à la charge exclusive de la commune. Les départements sont tenus de pourvoir au recrutement des instituteurs communaux, en entretenant des élèves-maîtres, soit dans les établissements d'instruction publique désignés par le conseil académique, soit dans l'école normale primaire départementale.

Toute commune doit entretenir une ou plusieurs écoles primaires; cependant elle peut se réunir à une ou plusieurs communes voisines pour l'entretien d'une école avec l'autorisation du conseil académique du département. Toute commune a la faculté d'entretenir une ou plusieurs écoles entièrement gratuites, à la condition d'y subvenir sur ses propres ressources. Le conseil académique peut dispenser une commune d'entretenir une école publique, à condition qu'elle pourvoira à l'enseignement primaire gratuit pour tous les enfants dont les familles sont hors d'état d'y subvenir. Toute commune doit fournir à l'instituteur un local convenable, tant pour son habitation que pour la tenue de l'école, le mobilier de classe et un traitement. Le traitement d'un instituteur se compose d'un traitement fixe qui ne peut être inférieur à 200 francs, du produit de la rétribution scolaire, d'un supplément accordé à tous ceux dont le traitement, joint au produit de la rétribution scolaire n'atteint pas 600 fr. Les caisses d'épargne des instituteurs étaient remplacées par une caisse des retraites, qui plus tard fut remplacée elle-même par l'institution de pensions civiles.

Le maire dresse chaque année, de concert avec les ministres des différents cultes, la liste des enfants qui doivent être admis gratuitement dans les écoles publiques. Cette liste est approuvée par le conseil municipal et définitivement arrêtée par le préfet.

Les brevets de capacité pour l'enseignement sont délivrés après examen public par une commission de sept membres nommés par le conseil académique. Le conseil académique délivre des certificats de stage aux personnes qui ont enseigné pendant trois ans dans les écoles publiques ou libres autorisées à recevoir des stagiaires. Les élèves-maîtres sont pendant la durée de leur stage surveillés par les inspecteurs de l'enseignement primaire. Dans les écoles primaires de filles, l'enseignement comprend en outre les travaux à l'aiguille. Les lettres d'obédience tiennent lieu de brevet de capacité pour les institutrices appartenant aux congrégations religieuses vouées à l'enseignement et reconnues par l'État.

Toute commune de 800 âmes de population est tenue, si ses propres ressources lui en fournissent les moyens, d'avoir au moins une école de filles. Le conseil académique peut en outre obliger les communes d'une population inférieure à entretenir, si leurs ressources le permettent, une école de filles; et en cas de réunion de plusieurs communes pour l'enseignement primaire, il peut, après avis du conseil municipal, décider que l'école de garçons et celle de filles seront dans deux communes différentes. Aucune école primaire, publique ou libre, ne peut sans l'autorisation du conseil académique recevoir d'enfants des deux sexes, s'il existe dans la commune une école publique ou libre de filles.

La loi du 15 mars 1850 reçut une importante modification de l'art. 4 du décret du 9 mars 1852, lequel confère aux recteurs des académies la nomination des instituteurs communaux. Enfin, le décret du 31 décembre 1853 est venu apporter encore des améliorations considérables. Ainsi, nul ne peut aujourd'hui être nommé instituteur communal, s'il n'a déjà exercé comme instituteur suppléant ou s'il n'a exercé pendant trois ans, à partir de vingt et un ans les fonctions d'instituteur adjoint. Les instituteurs suppléants peuvent être chargés par les recteurs des académies de la direction soit des écoles publiques dans les communes dont la population ne dépasse pas cinq cents âmes, soit des écoles annexes dont l'établissement serait reconnu nécessaire : lorsqu'ils dirigent une école publique, ils reçoivent un traitement, dont le minimum, y compris la rétribution scolaire, est fixé à 500 francs, s'ils sont de première classe, à 400 francs s'ils sont de seconde classe. S'ils ne font que remplacer des instituteurs communaux, leur traitement est fixé par le recteur, et peut être prélevé sur le traitement du titulaire. Sur la proposition du recteur de l'académie, une allocation supplémentaire peut être accordée par le ministre de l'instruction publique aux instituteurs communaux qui l'auront méritée par leurs bons services. Cette allocation est calculée de manière à élever à 700 francs après cinq ans, et à 800 francs après dix ans le revenu scolaire, dont le minimum est fixé à 600 francs par la loi du 15 mars 1850; elle peut être annuellement renouvelée, si l'instituteur continue à s'en rendre digne.

Les écoles des filles sont divisées en deux ordres, savoir : les écoles de premier et de deuxième ordre. Aucune aspirante au brevet de capacité ne peut être admise à se présenter devant une commission d'examen si elle n'a dix-huit ans accomplis. Le brevet de capacité mentionne l'ordre d'enseignement pour lequel il a été délivré. Nulle institutrice laïque ne peut diriger une maison d'éducation de premier ordre si elle n'est pourvue d'un brevet de capacité, après un examen portant sur toutes les matières de l'enseignement qui sont exigées par la loi du 15 mars 1850, pour l'enseignement des femmes. Des institutrices peuvent être chargées de la direction des écoles publiques communes aux enfants des deux sexes qui, d'après la moyenne des trois dernières années, ne reçoivent pas annuellement plus de quarante élèves.

Toutes les écoles communales ou libres de filles tenues soit par des institutrices laïques, soit par des associations religieuses non cloîtrées ou même cloîtrées, sont soumises, quant à l'inspection et à la surveillance de l'enseignement, en ce qui concerne l'externat, aux autorités instituées par la loi du 15 mars 1850.

A la fin de chaque année scolaire, le préfet, ou par délégation le sous-préfet, fixe, sur la proposition des délégués cantonaux et l'avis de l'inspecteur de l'instruction primaire, le nombre maximum des enfants qui, en vertu des prescriptions de la loi du 15 mars 1850, pourront être admis gratuitement dans chaque école publique pendant le cours de l'année suivante. La liste des élèves gratuits, dressée par le maire et les ministres des différents cultes et approuvée par le conseil municipal, ne doit pas dépasser le nombre ainsi fixé. Lorsque cette liste est arrêtée par le préfet, il en est délivré par le maire un extrait, sous forme de billet d'admission, à chaque enfant qui y est porté. Aucun élève ne peut être reçu gratuitement dans une école communale s'il ne justifie d'un billet d'admission délivré par le maire.

En outre des écoles primaires publiques ou libres de filles et de garçons, nous trouvons encore, dans le même ordre d'instruction, des institutions qui en sont pour ainsi dire le complément. Ce sont les pensionnats primaires de garçons et de filles, les écoles d'adultes et les écoles du dimanche.

ÉCOLES RÉGIMENTAIRES. On donne ce nom à des écoles formées près des différents corps de l'armée, ou dans les corps mêmes, dans le but de développer ou de commencer l'instruction des hommes qui appartiennent à ces mêmes corps; elles n'ont pas toutes la même destination. En France, on distingue trois sortes d'*écoles régimentaires* : les *écoles d'artillerie*, les *écoles de génie*, et les *écoles primaires*. Les deux premières sont des *écoles pratiques*, dont les militaires de l'arme suivent seuls les cours, et où ils trouvent la facilité de perfectionner et de compléter leur instruction, dans l'intérêt de leur avenir.

Sous Louis XIV, l'artillerie française se bornait au régiment *royal-artillerie*, lequel formait en 1720 cinq bataillons, placés à La Fère, Metz, Perpignan, Grenoble, et Strasbourg. Dans chacune de ces villes, il fut établi des *écoles* de théorie et de pratique. L'instruction théorique portait sur l'arithmétique, la géométrie, l'algèbre, la mécanique, l'hydraulique, les éléments de fortification, les mines, l'attaque et la défense des places. Cette instruction n'était donnée qu'aux capitaines en second, aux lieutenants, sous-lieutenants, cadets, et à un grand nombre d'officiers d'artillerie (autres que ceux de *royal-artillerie*), entretenus à l'école. Les sous-officiers canonniers et bombardiers ne recevaient que l'instruction pratique, et étaient exercés à tirer le canon, jeter les bombes, aux manœuvres de force, et à la construction des ponts-volants. Depuis, et successivement, l'artillerie reçut un développement d'organisation qui dut nécessiter des modifications dans le nombre et la constitution des *écoles régimentaires*. De nouvelles écoles furent créées à diverses époques, quelques-unes furent à plusieurs reprises déplacées, et aujourd'hui nous en comptons huit, qui sont établies à Besançon, Douai, La Fère, Metz, Rennes, Strasbourg, Toulouse et Vincennes.

Chacune de ces écoles est commandée par un général de brigade de l'arme, ayant sous ses ordres un lieutenant-colonel, sous-directeur de l'école : un professeur et un répétiteur de sciences mathématiques, un professeur de dessin et de fortification, deux gardes d'artillerie et un maître artificier en composent le personnel. Il est affecté à chaque école régimentaire d'artillerie, sous le nom d'*hôtel de l'école*, un bâtiment où sont réunis les salles et établissements nécessaires à l'instruction théorique des officiers et sous-officiers de l'arme, tels que salles de théorie et de dessin, bibliothèque, dépôt de cartes et plans, cabinet de physique et de métallurgie, laboratoire de chimie et *salles de modèles*. Le polygone affecté à chacune des écoles pour l'instruction des troupes de l'arme a assez d'étendue pour fournir au besoin une ligne de tir de douze cents mètres dans le sens de la longueur, sur une largeur moyenne de six cents mètres. Dans l'école où se trouve le régiment de *canonniers pontonniers*, un capitaine de première classe du régiment est directeur de la portion d'équipage de ponts nécessaire à l'instruction, ainsi que du matériel qui lui est affecté; il a pour adjoint un lieutenant en premier. Un garde de troisième classe est en outre chargé du service du parc. L'instruction des troupes de l'arme se divise en instruction théorique et en instruction pratique.

Une ordonnance royale du 19 mai 1824 a prescrit la formation, près d'une des *écoles d'artillerie régimentaires*, d'une *école de pyrotechnie*, destinée à former des artificiers militaires. L'état-major de cette école est composé d'un chef d'escadron d'artillerie, directeur de l'instruction, d'un capitaine, de deux lieutenants de première classe, et de quatre maîtres artificiers. Le directeur de l'école est chargé de l'instruction sous les ordres du général de brigade commandant l'*école régimentaire*, auquel il doit adresser ses rapports. Chaque année, les divers régiments d'artillerie envoient à l'*école de pyrotechnie* trois hommes, pris parmi les canonniers intelligents, les artificiers ou brigadiers, et les maréchaux des logis nouvellement promus. La durée des cours est de deux ans, à l'expiration desquels les élèves sont dirigés sur leurs corps respectifs. L'instruction théorique se compose, 1° de cours d'écriture et d'arithmétique: les leçons d'écriture consistent en dictées des cours d'artifices: 2° de leçons de pyrotechnie proprement dite; 3° d'un cours de chimie élémentaire, suivi par les maîtres artificiers et par ceux des élèves qui en sont reconnus susceptibles. L'instruction pratique consiste en manipulation d'artifices. Quelques lieutenants, choisis dans les régiments parmi ceux qui présentent le plus de dispositions pour l'étude de la pyrotechnie, sont envoyés à cette école, et y sont employés, au bout d'un certain temps, à seconder les officiers-professeurs dans les cours. L'*école de pyrotechnie* a été établie près de l'*école régimentaire d'artillerie* de Metz.

Lorsque les troupes du génie faisaient partie du corps de l'artillerie, elles recevaient dans les *écoles régimentaires* de cette dernière arme l'instruction spéciale qui leur était nécessaire. Ainsi, indépendamment de l'instruction théorique qu'elles suivaient en commun avec les troupes d'artillerie, elles étaient exercées aux travaux des fortifications, des mines, de l'attaque et de la défense des places; mais lors de la séparation des deux armes (*voyez* GÉNIE), et de la création des bataillons de sapeurs, trois *écoles régimentaires du génie* furent créées à Arras, Metz et Montpellier. Chacune est placée sous la direction du colonel du régiment du génie qui tient garnison dans la ville où elle est située; elle est commandée par un chef de bataillon de l'arme, ayant sous ses ordres un capitaine également de l'arme. Le personnel se compose d'un professeur de mathématiques, d'un professeur de dessin, d'un professeur de lecture et d'écriture, et de deux gardes du génie. Les sous-officiers et sapeurs ou mineurs peuvent recevoir à l'*école régimentaire du génie* le degré d'instruction nécessaire pour être en mesure de subir les examens de présentation pour l'École Polytechnique. La loi leur laisse la faculté de se présenter jusqu'à l'âge de vingt-cinq ans.

L'article 62 de la loi du 5 septembre 1798 prescrivait la formation dans tous les corps de l'armée, aussitôt que les circonstances le permettraient, d'*écoles d'instruction* pour les officiers, sous-officiers et soldats; l'organisation de ces écoles devait être déterminée par une loi. Soit que les circonstances ne l'aient pas permis, soit tout autre motif de préoccupation ou d'empêchement, le Directoire, le Consulat, l'Empire perdirent de vue cette prescription, et la loi tant promise ne parut jamais. Il appartenait au maréchal Gouvion-Saint-Cyr de réaliser le vœu de cette loi. Par ses soins des écoles furent créées dans les régiments de toutes armes, pour l'instruction des sous-officiers, soldats et enfants de troupe. Ils y sont exercés aux principes de la lecture, de l'écriture et de l'arithmétique. Des inspecteurs généraux d'armes s'assurent chaque année du degré d'instruction des sujets qui suivent les leçons des *écoles régimentaires* et de leurs progrès. Les régiments dont les écoles sont le plus suivies et avec le plus de succès sont mentionnés au *Moniteur de l'armée*. Il y a aussi dans chaque régiment une *école d'escrime*, une *école de danse*, et enfin une *école de natation*; lorsque le lieu de la garnison le permet. Des officiers désignés par le colonel sont chargés de la direction de ces écoles, dont la durée des leçons et les époques auxquelles elles ont lieu sont déterminées par le chef du corps.

MERLIN.

ÉCOLES SECONDAIRES. Cette institution remonte au décret du 11 floréal an X (1er mai 1802), qui déterminait trois degrés pour les établissements d'instruction publique : 1° les *écoles primaires*; 2° les *écoles secondaires*; 3° les *lycées*. Les *écoles secondaires* étaient établies par les communes ou fondées et tenues par des maîtres particuliers. Était considérée comme *école secondaire* toute école dans laquelle on enseignait les langues latine et française, les premiers principes de la géographie, de l'histoire et des mathématiques. C'était à peu de chose près l'enseignement des anciennes pensions, qui répétaient les classes de l'université. Des locaux concédés par les communes aux instituteurs de ces écoles, des places gratuites dans les lycées accordées à ceux de leurs élèves qui se distingueraient le plus; enfin, des gratifications aux cinquante maîtres qui auraient eu le plus d'élèves admis aux lycées, tels étaient les encouragements que le gouvernement garantissait à ces nouveaux instituts. Il ne pouvait être établi d'*écoles secondaires* sans l'autorisation du gouvernement : ces écoles étaient placées sous la surveillance et l'inspection des préfets. Un arrêté des consuls du 4 messidor (23 juin) suivant ordonna la formation d'un état des écoles de chaque département susceptibles d'être considérées comme écoles secondaires, et qui seules pourraient en porter le titre. Un autre arrêté du 30 frimaire an XI (30 décembre 1802) contenait de nouvelles dispositions relatives aux locaux concédés aux *écoles secondaires*, à la surveillance de ces établissements et au payement des frais d'instruction.

Le succès de ces nouveaux établissements, tant à Paris que dans le reste de la république, justifia la sollicitude des consuls, qui, par un nouvel arrêté du 19 vendémiaire an XII (12 octobre 1803), promulguèrent un règlement en cinquante-neuf articles pour la tenue des écoles secondaires communales. L'art. 1er les plaçait sous la surveillance d'un bureau d'administration, composé du sous-préfet, du maire, du commissaire du gouvernement près le tribunal d'arrondissement, de deux membres du conseil municipal, du juge de paix de l'arrondissement et du directeur. L'art. 8 admettait dans les écoles secondaires communales des pensionnaires et des externes. L'art. 11 admettait des élèves gratuits, a la nomination du ministre de l'intérieur, sur la présentation du bureau d'administration, transmise par le préfet avec son avis et celui du sous-préfet (art. 14). Les professeurs devaient porter, dans leurs fonctions et dans les cérémonies publiques, l'habit français complet, noir, avec le chapeau français. Enfin, parmi les exercices imposés aux élèves, on voit la prière du matin et du soir et l'assistance à l'office du dimanche (art. 37). Un arrêté du même jour spécifiait qu'aucune école particulière ne pourrait à l'avenir être portée au rang des *écoles secondaires* si elle n'avait au moins cinquante élèves, tant internes qu'externes (art. 4). Tous ces règlements, si prévoyants et d'une application si simple, firent prospérer d'un bout de la France à l'autre l'éducation classique.

Ainsi, l'éducation universitaire se faisait d'elle-même avant que Napoléon eût, par le décret du 17 mars 1808, fondé son université impériale. Par ce décret, les *écoles secondaires communales* devinrent des *colléges communaux;* les *écoles secondaires particulières*, des *institutions;* noms qu'elles conservent encore aujourd'hui.

Aux termes de la loi sur l'enseignement du 15 mars 1850, il y a deux sortes d'établissements d'instruction secondaire, des établissements privés et des établissements publics, qui sont les lycées et les colléges communaux.

Le nom d'*écoles secondaires* est encore en usage pour les *écoles ecclésiastiques* dans lesquelles sont élevés des jeunes gens qui se destinent au ministère des autels. Ces écoles, suivant la loi du 15 mars 1850, sont soumises à la surveillance de l'État, et il ne peut en être établi de nouvelles sans l'autorisation du gouvernement. Leur direction et leur surveillance ont souvent donné lieu à des conflits entre l'autorité spirituelle et l'autorité civile. Par décret du 9 avril 1809, les prospectus et les règlements de ces écoles devaient être approuvés par le conseil royal de l'instruction publique; mais, malgré tous les efforts contraires de l'autorité universitaire sous la Restauration, ces écoles ont toujours prétendu à l'indépendance. C'est au règne de Charles X et au ministère de M. de Vatimesnil qu'appartient la fameuse ordonnance du 16 juillet 1828, qui soumit au régime universitaire huit écoles secondaires ecclésiastiques, celle d'Aix, de Billom, de Bordeaux, de Dôle, de Forcalquier, de Saint-Acheul, de Montmorillon et de Sainte-Anne d'Auray, qui s'étaient écartées du but de leur institution, en recevant des élèves dont le plus grand nombre ne se destinaient pas à l'état ecclésiastique. Comme ces établissements étaient dirigés par des individus appartenant à une congrégation religieuse non légalement établie en France, l'ordonnance précitée soumit en outre les directeurs et professeurs de ces écoles à déclarer par écrit qu'ils n'appartenaient à aucune congrégation religieuse non autorisée. Cette ordonnance a eu le sort des choses humaines; elle a été vivement applaudie par les uns, amèrement critiquée par les autres. Après 1830, les *écoles secondaires ecclésiastiques* continuèrent d'exister à l'abri des persécutions comme des faveurs de l'autorité civile; aujourd'hui elles forment encore un grand nombre d'élèves destinés aux **séminaires**.

Charles DU ROZOIR.

Il y a aussi en France des *Écoles secondaires de médecine*, dans les grandes villes où on ne trouve pas de **faculté de médecine**.

ÉCOLES VÉTÉRINAIRES. Ces établissements, destinés à former des **vétérinaires**, sont en France au nombre de trois : ce sont l'École d'**Alfort**, celle de Lyon et celle de Toulouse. Pour être admis dans l'une de ces écoles, il faut être âgé de dix-sept à vingt-cinq ans, être pourvu d'une autorisation du ministre de l'agriculture, du commerce et des travaux publics, enfin savoir forger en deux chaudes un fer de cheval ou de bœuf et faire preuve de connaissances sur la langue française, l'arithmétique, la géométrie élémentaire et la géographie. Le prix de la pension est de 400 francs par an; mais le gouvernement fait les frais de 240 demi bourses, dont deux par département, à la nomination du ministre des travaux publics, de l'agriculture et du commerce, sur la présentation du préfet, et les autres à la nomination directe du même ministre. Les élèves qui, après quatre années d'études, présentent une instruction suffisante, reçoivent un diplôme de vétérinaire.

Des hôpitaux sont annexés aux écoles vétérinaires. Les propriétaires d'animaux malades peuvent les y faire traiter, en payant seulement le prix de la pension alimentaire.

ÉCOLIER se dit d'un jeune homme qui a un instituteur, qui va aux petites écoles, qui va au collége. Dans l'ancienne université, le titre d'*écolier* avait quelque chose d'officiel : on donnait aux étudiants des *lettres d'écolier*. Il fallait avoir étudié six mois pour jouir du privilége de *scolarité*, et en ce cas un écolier ne pouvait être distrait, tant en demandant qu'en défendant, des juges des priviléges des écoliers, excepté en vertu d'actes passés avec des personnes domiciliées hors de la distance de 60 lieues du chef-lieu de l'université. Telle était encore l'ordonnance de 1669. En faveur des sciences, un écolier *étranger* n'était point sujet au droit d'aubaine. Dans le moyen âge, les écoliers de l'université formaient un corps nombreux et remuant, qui abusa souvent de ses priviléges pour troubler la ville et inquiéter le gouvernement. La plupart des écoliers étaient bien plus âgés que ne le sont aujourd'hui les étudiants en droit et en médecine. Il n'était pas rare de voir des écoliers qui avaient passé la trentaine. Bayle atteste que de son temps un écolier qui entrait en philosophie avant l'âge de vingt ans passait pour bien avancé. On voit dans une foule de romans et de comédies anciennes que le titre d'*écolier* se portait dans le monde. Notre romancier Le Sage a surtout conservé cette tradition.

Un costume particulier distinguait les écoliers : c'était une soutane noire, qu'on appelait aussi *robe de classe*. Mais les écoliers débauchés ne portaient guère ce grave costume, et affectaient de se vêtir en cavaliers. Insouciants, dissipés, buveurs et querelleurs, les grands écoliers de l'université de Paris commettaient les plus graves désordres. Le **Pré-aux-Clercs** était le théâtre habituel de leurs équipées.

Les défauts des écoliers ont donné lieu à plusieurs dictons proverbiaux : *menteur comme un écolier*, *gourmand comme un écolier*, un *tour d'écolier*, un *appétit d'écolier;* il se divertit *comme un écolier en vacances*. La Fontaine a dit, pour exprimer le laisser-aller des écoliers dans leur manière de vivre :

Tout est aux *écoliers* couchette et matelas

Ce poëte a fort maltraité la gent *scolaire*. Qui ne se rappelle ces vers :

> Et ne sais bête au mondo pire
> Que l'*écolier*, si ce n'est le pédant.

On dit encore : *Prendre le chemin des écoliers*, c'est-à-dire le plus long. Un ton, des manières d'*écolier* indiquent un air gauche, emprunté, de mauvaises manières enfin.

Presque tous nos savants littérateurs ont commencé par être de bons écoliers. Un des meilleurs écoliers que l'on ait connus sous l'ancien régime était le jeune *de Robespierre*, à qui, pour récompenser son application et sa bonne conduite, l'administration des colléges de Paris accorda une pension annuelle de 500 livres. Il existe un livre intitulé : *L'Écolier vertueux* : c'est la vie d'un jeune béat que peu de pères de famille voudraient pour fils.

Le mot *écolier* s'emploie dans plusieurs acceptions étrangères aux universités, aux classes. On dit *bon écolier* dans le manége; un maître de musique ou de danse a des *écoliers* ou des *écolières*. *Écolier* signifie, par extension, un disciple, un apprenti, en toutes choses où l'on a besoin d'instruction : « Je me maintiens, dit Saint-Évremond, l'*écolier* de la sagesse; je ne consulte plus qu'elle.

> N'allez pas de l'amour devenir l'*écolière*;
> Ce maître dangereux conduit tout de travers.

Écolier veut dire encore novice en quelque chose. C'est dans ce sens qu'on dit encore : faire une *faute d'écolier*, c'est-à-dire une faute grave, qui décèle beaucoup d'ignorance. *Écolier* a pour synonymes les mots *élève* et *disciple*.

Charles DU ROZOIR.

ÉCONOMAT, ÉCONOME. L'*économe* est celui qui a l'administration et la régie des revenus d'un particulier, d'un grand établissement public, d'une communauté, d'un évêché, d'une abbaye ou autres bénéfices pendant la vacance. L'*économat* des bénéfices qui étaient à la nomination du roi dépendait du monarque; les économats prenaient leur origine de ce qu'il y avait autrefois des ecclésiastiques chargés dans les cathédrales de recevoir tout le revenu de l'église, tant celui de l'évêque que celui du chapitre. Sous Louis XIV, après la révocation de l'édit de Nantes, on consacra aux conversions *payées* des protestants le tiers des *économats*. **Pélisson**, célèbre converti, eut l'administration de cette caisse, dont on augmenta les fonds.

L'*économe* était donc préposé pour régir et administrer un bien ecclésiastique vacant, ou ceux d'une communauté. Il y avait aussi dans les hôpitaux et communautés des *économes* chargés de la dépense, et particulièrement de l'achat et de la distribution des vivres. Autrefois, la dénomination d'*économe* se confondait souvent avec celle d'*avoué* ou de *défenseur*, et désignait ceux qui défendaient les droits et les biens des églises, des abbayes, des monastères. Ce nom a été aussi celui d'un officier ecclésiastique chargé du soin des bâtiments et des réparations de l'église, de recevoir les aumônes et de les distribuer selon les intentions de l'évêque. Les économes des bénéfices sujets à la régale devaient rendre compte de leur administration à la chambre des comptes; les économes des autres bénéfices rendaient compte aux juges à qui les lettres d'économat étaient adressées. Dans l'Église grecque, l'économe n'était pas seulement chargé du temporel : quand l'évêque officiait, il se tenait à sa droite, revêtu d'une tunique, avec une espèce d'éventail à la main, et il présentait au prélat ceux qui devaient être ordonnés prêtres. Pour l'administration des biens temporels, il avait sous lui un officier nommé *cartulaire*. Il y a eu en France des économes spirituels, pendant les troubles de la Ligue, pour conférer les bénéfices vacants à l'instar des ordinaires.

Aujourd'hui, dans les lycées de France, l'économe est chargé des recettes et dépenses, sous la surveillance du proviseur et du censeur.

Auguste SAVAGNER.

ÉCONOMIE (*Morale*), épargne judicieuse des divers objets de consommation dont on peut disposer. Son but est de mettre dans l'emploi de chaque chose un ordre qui fasse éviter les pertes, d'apprécier les besoins réels, et d'y pourvoir avec sagesse et prévoyance; son effet, lorsqu'elle atteint ce but, est de faire tirer le meilleur parti de tout ce qui est consommé. Ainsi, la disposition d'esprit et les habitudes qui rendent *économe* subordonnent à la raison tous les désirs qui ne peuvent être satisfaits sans dépense; et parmi les consommations diverses, celle du temps est regardée comme l'une des plus importantes. On ne peut pas dire que l'*économie* est une *vertu*; elle peut servir le méchant comme l'homme de bien, favoriser des projets coupables aussi bien que de généreux efforts, des actes de bienfaisance et d'une philanthropie éclairée; mais il est très-rare qu'elle prostitue au vice le secours de ses lumières et de ses conseils. Lorsqu'elle dirige l'emploi des ressources disponibles, l'ordre qu'elle a établi fait disparaître toute apparence d'*épargne* : l'équitable répartition entre les divers postulants détermine chacun à se trouver satisfait. Mais si le désir d'épargner a été trop dominant, si les mesures indiquées par le jugement n'ont pas été remplies, il n'y a plus d'ordre, plus d'*économie*, et c'est la *parcimonie* qui se fait sentir. Celle-ci peut être le résultat d'un défaut de jugement, d'une erreur d'appréciation; mais quelquefois elle indique une tendance vers l'avarice : la crainte de voir diminuer ce que l'on possède y a plus de part que les mauvais calculs. L'*économie* étant une application du raisonnement à chaque mesure de ressources et de fortune dans chaque position sociale, ses prescriptions sont évidemment celles de la sagesse, et leur ensemble est tel que l'on n'y peut rien déranger sans s'exposer à quelque dommage, ou tout au moins à une diminution de bien. La *parcimonie* ne porte quelquefois que sur un seul objet de consommation ou sur un petit nombre; si elle embrassait la totalité des besoins et des dépenses, elle aurait tous les caractères de l'*avarice*, et devrait être flétrie par son véritable nom. On dit que l'*économie ne doit pas être poussée trop loin*. Dans cette locution, le mot *économie* est employé comme synonyme d'*épargne*. L'*épargne* peut être poussée indéfiniment jusqu'à la suppression de tout emploi de la chose *épargnée*; l'*économie* porte toujours sur un ensemble d'objets de consommation pour les régler et non pour en supprimer aucun, à moins qu'il ne soit inutile. L'*épargne* ne s'occupe que du soin de conserver; l'*économie* ne regarde point comme une perte ce qui est consommé à propos et avec profit : l'une peut dégénérer en passion, en vice, et l'autre est essentiellement compagne de la raison et presque toujours des vertus. Attachons-nous donc à pratiquer l'*économie*, en évitant ce qui pourrait faire naître le soupçon de *parcimonie*, quelles que soient les nuances de ce défaut, car il n'y en a point qui soit digne d'estime.

FERRY.

ÉCONOMIE (*Sciences naturelles*). On entend par ce mot dans le langage scientifique l'ordre, l'ensemble des lois qui régissent tous les corps organisés en général. Ainsi, lorsqu'on veut exprimer le concours harmonieux des mouvements et des phénomènes des corps astronomiques qui produisent la vie et l'organisation, embrassant alors dans la pensée l'ensemble des lois de tous les phénomènes de l'univers, en emploie les termes *harmonie* ou *économie de l'univers* ou *de la nature*.

La science de l'économie des corps vivants a pour objet la connaissance de leur structure (anatomie) et celle de leurs fonctions (physiologie), et elle fait ainsi marcher de pair les deux sciences qu'elle renferme. Elle se subdivise naturellement en *économie animale* et en *économie végétale*. Les considérations générales sur l'économie des végétaux et sur celle des animaux embrassent tous les points de vue de l'étude de ces corps, considérés comme individus pendant leur existence dans le temps et dans l'espace. Ces points de vue se réduisent à trois principaux, savoir : 1° les aspects ou les diverses manières de déterminer les circonscriptions naturelles, les constructions et la contexture des parties ; 2° les propriétés établies d'après leur nature physico-chimique, leurs caractères anatomiques et physiologiques ; et 3° tous leurs états successifs, constitutifs et alternatifs. La médecine, et surtout celle de l'homme et des animaux domestiques, étudie avec un soin minutieux et persévérant tous les phénomènes de l'économie animale, pour bien connaître les signes de la santé, ceux des maladies, et leur appliquer les moyens que l'expérience et le raisonnement nous ont fait reconnaître comme les plus propres à la conservation des animaux sains et à la guérison de ceux qui sont attaqués de maladies. C'est là l'objet principal de la science de l'économie animale, tandis que toutes les connaissances qui constituent la science de l'économie des végétaux sont applicables à la botanique et à l'agriculture. L. LAURENT.

ÉCONOMIE ANIMALE. *Voyez* ÉCONOMIE (*Sciences naturelles*).

ÉCONOMIE DOMESTIQUE. On entend par cette dénomination l'ordre que l'on apporte dans la conduite d'un ménage, la règle que l'on suit, afin de mettre les dépenses en harmonie avec les revenus ; c'est aussi l'ordre qu'on sait apporter dans la disposition d'une maison, d'un établissement quelconque et dans sa gestion. L'*économie domestique* renferme donc les principes qui sont le plus propres à procurer un genre de vie en harmonie avec sa condition, et une somme de bonheur telle que l'homme raisonnable, qui sait se contenter de ce qu'il a, se trouve satisfait. Cette science, du reste, se prête aux modifications résultant de la position, des goûts et du caractère.

Par cet exposé, on voit combien est vaste le domaine de l'économie domestique, combien il peut s'étendre et en même temps combien une bonne application des principes de cette science peut être féconde en bons résultats. Nous n'énumérerons pas ici les nombreux avantages que chaque partie de l'économie domestique peut procurer, car si nous voulions traiter à fond cette matière, il nous faudrait tour à tour décrire et indiquer la distribution de la maison et de ses attenants. Et si passant ensuite à la campagne, nous voulions traiter tout ce qui regarde l'économie domestique, nous verrions notre tâche s'augmenter de plus en plus ; des greniers jusqu'à la cave, de la cuisine à la lingerie, du fruitier au vivier, tout deviendrait le sujet d'un traité particulier ; puis nous aurions à parler des animaux domestiques et de la manière de les élever. Il nous faudrait dire comment ils doivent être nourris, logés, soignés, guéris, etc. ; et encore n'aurions-nous fait qu'une énumération fort incomplète de tout ce qui concerne l'économie domestique.

L'*économie domestique* est utile à toutes les classes : c'est par elle que le grand nombre participe aux perfectionnements de l'industrie ; l'artiste et l'ouvrier, le cultivateur et le propriétaire, trouvent dans cette science les recettes propres à leur état, soit pour obtenir des produits plus parfaits ou moins dispendieux, soit pour fabriquer eux-mêmes des choses qu'ils sont souvent obligés de se procurer à grand prix ou de faire venir de loin. L'économie domestique montre au citoyen des villes tout ce qui peut concerner les soins d'un ménage, le choix des substances, leur conservation, leur usage, et une foule de procédés faciles, à l'aide desquels il peut se créer des jouissances et des commodités proportionnées à sa fortune et à sa position sociale ; enfin, des instructions qui lui font apprécier la qualité et la valeur de ce qu'il achète et de ce dont il se sert, et qui lui en révèlent la nature et les propriétés. Mais c'est l'habitant de la campagne surtout qui a besoin, éloigné qu'il est de tout secours étranger, d'être éclairé par l'économie domestique sur les moyens de se suffire à lui-même, de trouver autour de lui et sous sa main de quoi parer aux accidents qui peuvent survenir, soit aux hommes, soit aux animaux, d'utiliser ses loisirs et de faire fructifier ses propriétés.

N'oublions pas de faire remarquer que l'économie domestique, tout en prescrivant et en donnant les moyens de se procurer le plus grand nombre de commodités possible est l'ennemie déclarée de toute ostentation et de tout luxe ; elle flétrit cette admiration si mal fondée qu'excitent ordinairement ces masses énormes et somptueuses de bâtiments qui coûtèrent des sommes immenses, et firent périr un nombre infini d'hommes employés à ces travaux, destinés seulement à satisfaire l'orgueil et l'amour-propre de leurs auteurs. La morale de l'économie domestique nous apprend que la vraie élévation ne consiste pas à désirer ou à faire ce qu'une imagination déréglée ou une erreur populaire représente comme grand et magnifique ; qu'elle ne consiste pas non plus à tenter des choses difficiles par l'attrait même de la difficulté ; elle nous apprend encore que ce ne sont ni les ameublements, ni les habillements, ni les équipages, qui peuvent rendre un homme plus grand et plus estimable, car tout cela ne fait pas partie de lui-même, mais est hors de lui, et lui est parfaitement étranger. Et cependant, n'est-ce pas dans toutes ces choses que bien des hommes placent leur dignité et leur grandeur ! V. DE MOLÉON.

ÉCONOMIE POLITIQUE. C'est la science qui traite des intérêts de la société. Sous quelque gouvernement que vivent les nations, quelque climat qu'elles habitent, elles subsistent, s'entretiennent, suivant des lois naturelles où les faits se lient à leurs causes et à leurs résultats. C'est cet enchaînement, qui tient à la nature des choses, que l'économie politique fait connaître. Les anciens avaient peu d'idées sur ce sujet : Xénophon, Platon et Aristote ont traité des richesses de l'État et des particuliers, sans nous éclairer sur leur nature, sans remonter à leur source. Les lois romaines ne répandent pas plus de lumières sur le même sujet. A l'époque de la renaissance des lettres en Italie, les matières économiques participèrent au mouvement général des esprits et furent favorisées par la situation de l'Europe. Dans les républiques qui s'y formèrent, un grand nombre de citoyens furent appelés à être tout à la fois magistrats et négociants. En France, le bien public était de bonne foi cherché par Henri IV. Sully regardait les manufactures et l'agriculture comme les *mamelles nourricières de l'État* ; mais c'était un résultat dont il ne pouvait point assigner les causes. Colbert et les écrivains de son temps étaient convaincus que le gouvernement en protégeant les sources de la production favorisait le développement du fonds commun où se puisent les revenus des particuliers et de l'État lui-même ; mais, séduits par les apparences, ils se persuadaient que les richesses n'étaient réelles qu'après avoir été transformées en or ou en argent. Cette opinion, déjà préconisée par des écrivains d'Italie et d'Angleterre, soutient en conséquence qu'il convient de faire entrer en chaque pays plus de métaux précieux qu'il n'en sort, en vendant à l'étranger plus de marchandises qu'on ne lui en achète : c'est le système de la *balance du commerce*. Il dirige encore la politique de la plupart des gouvernements de l'Europe.

Vers le milieu du siècle dernier, Quesnay, médecin attaché à la cour de Louis XV, proclama le premier que la richesse d'une nation ne consiste pas essentiellement dans l'or ou l'argent qu'elle possède, mais dans les choses mêmes au moyen desquelles on peut se procurer l'or et l'argent. Cette vue saine et incontestable changea totalement la face de l'*économie politique*. Mais les conséquences que Quesnay et ses partisans tirèrent de ces prémisses n'expliquaient pas tous les faits, et ne pouvaient être admises par une saine philosophie. Ils prétendaient que l'homme, quelque industrieux qu'il fût, ne pouvant rien tirer du néant, la nature seule était productrice ; que l'homme ne pouvait prétendre qu'à tirer le plus grand parti possible de la munificence de la nature, et que ce but ne pouvait être atteint que par l'intervention de la puissance publique. Tel fut le système des *économistes* du dix-huitième siècle. Enfin l'Écossais Adam

Smith, professeur à l'université de Glasgow, publia en 1786 un ouvrage intitulé : *Recherches sur la nature et les causes de la richesse des nations*, ouvrage dans lequel il prouve que les nations sont riches à proportion, non de la quantité des métaux précieux qu'elles possèdent mais de la somme des *valeurs* qu'elles parviennent à créer. Il restait à démontrer quels étaient la nature et les fondements d'une qualité aussi fugitive, aussi variable que la *valeur*, à montrer de quelle manière elle se forme et se distribue dans la société, et quels sont les résultats de sa consommation. On doit toutes ces démonstrations aux successeurs d'Adam Smith, aussi bien que la plupart des conséquences qui en dérivent. On leur doit d'avoir présenté ces principes dans un ordre méthodique et clair, qui ont fait de l'économie politique une des sciences les plus solidement fondées et les plus favorables au bien-être des sociétés humaines.

Cette science n'a pu être bien étudiée qu'après que la civilisation a acquis chez plusieurs nations un certain développement. Quelques auteurs ont recherché ce qu'elle peut être chez les peuples chasseurs, pasteurs, ou cultivateurs. Le monde nous offre encore quelques échantillons de ces différentes formes de la société; on peut même y découvrir quelques rudiments d'une civilisation plus complète; mais les écrivains récents croient que ce sont des recherches sans applications utiles. Pour étudier la physiologie du corps humain, en effet, ce n'est pas dans un embryon imparfait qu'on va la chercher, c'est dans l'homme adulte; si l'on veut connaître la physiologie du corps social, c'est, pour la même raison, dans la société développée qu'il faut l'étudier; car elle aussi est un corps vivant, non moins utile à connaître, dont la force et le déclin dépendent de lois non moins positives. C'est par une raison semblable qu'on ne l'étudie plus dans une société abstraite, qu'on donnerait pour être le type d'une perfection idéale. Il n'y a de science véritable que celle qui, dans chaque genre, nous fait connaître *ce qui fut* ou *ce qui est* : c'est en se restreignant dans le cercle de ces questions que l'économie politique est devenue une science positive. A quelque degré de civilisation que la société soit parvenue, elle ne peut se maintenir au même point qu'autant que les besoins qui naissent de cet état de la société sont satisfaits; autrement, elle ne serait plus au même état. Or, comment ces besoins parviennent-ils à être satisfaits? Telle est la question à laquelle il s'agit de répondre. La nature pourvoit gratuitement à plusieurs de nos besoins, puisqu'elle nous fournit l'air et la lumière. Notre industrie nous procure presque tout le reste, et ce reste paraîtra bien important si l'on considère qu'il compose tout ce qu'une nation civilisée possède de plus qu'une peuplade de sauvages. Si chaque individu ne produit pas toutes les choses qui lui sont nécessaires, il est du moins obligé de produire de quoi les acheter. Il *échange* ensuite ce qu'il a produit au delà de ses besoins contre les produits créés par d'autres hommes, et se met ainsi en possession de tout ce qui convient à sa nature et à sa position. C'est cette faculté particulière aux hommes d'échanger des produits entre eux qui permet à chaque personne en particulier de ne s'occuper que d'une seule classe de produits, et même d'une certaine portion d'un seul produit. De là la *division du travail*, qui augmente prodigieusement le pouvoir productif de l'homme.

Il semblerait que chaque homme ne devrait jouir que des produits qu'il s'est procurés, soit en les créant, soit en les acquérant au prix de ceux qu'il a créés; mais alors d'où viendrait l'énorme disproportion qu'on remarque entre les ressources dont les hommes disposent? Comment les uns peuvent-ils se livrer à d'immenses consommations, tandis que d'autres parviennent à peine à subvenir à leurs premières nécessités? Quelque supérieurs qu'on veuille supposer les facultés corporelles et les talents de certaines personnes, comparés aux facultés et aux talents de toutes les autres, cette supériorité ne suffit pas pour expliquer une aussi grande disparité dans leur production. Ce serait une économie politique peu avancée que celle qui ne donnerait pas l'explication d'un phénomène aussi commun dans la vie sociale. C'est l'analyse de la production qui nous éclaire à cet égard. Chaque produit est le résultat d'un concours d'action et de moyens mis en œuvre par une seule intelligence. C'est l'*entrepreneur* de ce produit qui se procure à ses frais tous les travaux et l'usage de tous les instruments au moyen desquels le produit s'achève; cet entrepreneur dès lors fait seul son profit de la valeur produite. Or, comme la portion de talent qu'il y met se multiplie par le nombre des agents qu'il emploie, la somme produite peut être fort grande relativement aux facultés d'un seul entrepreneur.

Ce n'est pas tout, cet ensemble de travaux industriels ne peut être exécuté qu'à l'aide de deux puissants instruments, qui sont des *capitaux* et des *fonds de terre*. C'est avec leur aide que l'industrie transforme les matériaux de ses produits en objets propres à nos consommations. On peut dire que les instruments de l'industrie travaillent de concert avec elle, et que les produits sont toujours des résultats de leurs *services réunis*. Dès lors, on peut dire qu'en même temps que les travailleurs industrieux travaillent directement à la production par leurs talents, ceux qui fournissent des instruments nécessaires y travaillent indirectement par le moyen de leurs *capitaux* et de leurs *terres*. Leur coopération à cet égard en fait de véritables producteurs; car, s'ils ne fournissaient pas l'usage de leurs instruments, les produits n'existeraient pas. On peut donc compter trois sortes de *services productifs* : ceux des *travailleurs*, ceux des *capitaux* et ceux des *fonds de terre*; et comme l'*entrepreneur d'industrie* est celui qui a conçu l'idée du produit et réuni les moyens d'exécution, nous mettrons la coopération de ce travailleur au premier rang des travaux industriels. Telle est celle du *cultivateur* qui entreprend une production agricole, du *manufacturier* qui entreprend de créer des produits manufacturés, du *commerçant* qui nous procure ceux du commerce.

Tout produit est un moyen de procurer une satisfaction à soi-même, à sa famille, à la société; il est donc *un bien*. Le travail au prix duquel on l'obtient est un sacrifice, un mal. Lors même qu'on achète un produit, on fait pour l'avoir le sacrifice d'une valeur déjà acquise, et de laquelle on pouvait se promettre une jouissance. La perfection de l'industrie consiste par conséquent à se procurer le plus grand et le meilleur produit au prix du moindre travail. Ceci montre la nécessité d'admettre dans l'*économie politique* une appréciation rigoureuse, une évaluation du mal et du bien qui résultent du jeu de cette grande machine sociale : or, qui peut mieux évaluer ces choses que les hommes dont se composent le public, et qui sont perpétuellement appelés à comparer l'étendue du sacrifice avec la jouissance qui doit en résulter? et quel meilleur moyen de connaître cette évaluation que de constater le *prix-courant* des divers travaux et des divers services avec celui des divers produits? C'est ainsi que l'on apprend quel produit, selon l'estimation des hommes, vaut ou ne vaut pas ce qu'il coûte; et qu'en introduisant dans les calculs de l'économie politique la *valeur échangeable*, ou le *prix courant* des services et des produits, on a donné à ces déductions un fondement qui les élève au-dessus du vague des hypothèses. Pour savoir si une production est avantageuse ou ne l'est pas, il suffit de comparer la somme des sacrifices nécessaires pour qu'elle s'accomplisse, ou les *frais de production*, avec la *valeur produite*, ou le prix que les consommateurs consentent à payer pour acquérir le même produit une fois qu'il est mis en vente. L'entrepreneur qui représente ainsi à lui seul tous les producteurs réunis est en lutte, d'une part, contre la nature des choses, pour acquérir un produit, et d'une autre, avec le *consom-*

mateur, pour le vendre. Pourvu que le *consommateur* consente à lui payer ce que le produit a coûté, y compris le salaire du temps et du travail de l'entrepreneur lui-même (qui fait partie de ses avances), son intérêt est sauf. C'est le calcul vulgaire, et celui qui suffit aux intérêts privés. L'intérêt de la société donne lieu à des considérations nouvelles et d'un ordre plus élevé.

Lorsque par un progrès de l'art, le produit revient moins cher au producteur, il peut, sans y perdre, le faire payer moins cher au consommateur, c'est-à-dire à la société, qui ne subsiste que de ses consommations. Dans ce grand échange, que nous avons appelé *production*, la société donne alors *moins* pour obtenir *plus*, sans que le producteur obtienne moins relativement à ce qu'il reçoit. La nation fait alors un gain qui n'est pas fondé sur une perte encourue par les producteurs. La nature est d'autant plus libérable envers l'homme qu'il parvient à mieux connaître les corps dont elle se compose, et les lois qui les régissent; c'est-à-dire à mesure que l'homme est plus instruit. Une réduction des *prix courants*, quand elle a pour cause une diminution des *frais de production*, peut s'obtenir successivement sur plusieurs produits, et même sur tous les produits, parce que cette réduction n'est point relative à la *valeur* réciproque des produits entre eux, mais relative à *leurs frais de production*. Elle équivaut à une augmentation de la richesse générale. Cette démonstration, portée à la dernière évidence par l'étude des principes, est un des plus importants progrès faits en économie politique depuis Adam Smith. Elle a donné la clef d'une proposition qui semblait paradoxale : on ne pouvait jusque là concilier ces deux idées également justes, que la *valeur* des choses qu'on possède constitue le degré de richesse qui est en elles, et en même temps qu'un peuple est d'autant plus riche, que les *produits* y sont à meilleur marché. En effet, nous serions tous infiniment riches si tous les objets que nous pouvons désirer ne coûtaient pas plus que l'air que nous respirons; et notre indigence serait extrême si les mêmes objets coûtaient tellement cher que nous ne pussions point atteindre à leur prix.

Les besoins du corps social lui rendent nécessaires non seulement des *produits* visibles, tels que ceux qui servent à sa nourriture, à son vêtement, à son logement, mais beaucoup d'autres services qui contribuent de même à son bien-être, et même à son existence. C'est ainsi qu'un magistrat qui veille au bon ordre, un médecin qui porte un soulagement à nos maux, rendent un *service* à la société, quoique la société ne recueille matériellement aucun *produit* de leur temps, de leur travail, qui ne sont pas moins réels que le talent et les soins au prix desquels elle jouit de tout autre bien. Les fatigues, les dangers même du soldat, les travaux de ceux qui se consacrent à l'instruction et aux jouissances auxquelles les hommes mettent un prix, puisqu'ils consentent à en payer la valeur, doivent être complétement assimilés aux services de l'industrie; et les satisfactions qui en résultent sont de véritables *produits immatériels*, dont la production et la consommation doivent être compris dans les richesses annuellement produites dans la société. Il est évident que les *productions immatérielles* procurant une satisfaction, une utilité nécessairement consommées à l'instant même qu'elles sont produites, ne peuvent point accroître les richesses d'une nation, les richesses qui sont fixées et conservées dans un objet matériel; cependant on peut apprécier le talent, la capacité qu'on acquiert par les soins d'un instituteur, comme une portion d'un fonds industriel, puisque ce talent peut ensuite être appliqué à augmenter, à améliorer une production durable. Il est d'autant plus nécessaire de tenir compte des *produits immatériels* que la prospérité d'une nation est perpétuellement compromise, par la dépense qu'ils lui coûtent, savoir, par exemple, si le service d'un haut fonctionnaire public procure à sa nation un avantage équivalent à ce que le fonctionnaire coûte à la nation à raison de son traitement, de son logement, de ses frais de représentation, de ses pensions, etc. Elle reçoit l'équivalent de cette dépense; mais une nation dont les dépenses surpassent perpétuellement le profit qu'elle retire de son administration est comparable à une société de commerce qui ne fait que des entreprises ruineuses.

Tel est, vu en masse, le mécanisme de la production des richesses; il présente de nombreux phénomènes, quand on l'observe dans ses détails. L'industrie de l'homme, qui consiste en général dans la faculté de créer des valeurs, y parvient par des voies diverses. Quand elle recueille les produits que la nature fournit immédiatement à nos besoins, et qui ne sont le fruit d'aucune industrie antérieure, elle se nomme *agriculture*; quand elle modifie et transforme les produits des autres industries, c'est l'*industrie manufacturière*; quand elle les place sous la main du consommateur, c'est le *commerce*.

Les instruments que l'industrie emploie sont les *capitaux* et les *fonds de terre*. Sous le nom de capitaux, on comprend la valeur de tous les outils et instruments dont elle se sert, de même que les constructions qui en dépendent et les matériaux sur lesquels elle s'exerce. L'industriel les considère sous le rapport de leur emploi, des services qu'ils rendent. La science les regarde comme une avance, que rétablissent perpétuellement les opérations productives à mesure qu'elle se consomme. C'est donc un fonds permanent, quoique *logé* successivement dans diverses matières consommables. Le *crédit* dont jouit un particulier, une association, n'est pas un capital, c'est la faculté d'obtenir la jouissance d'un capital possédé par un autre. Il peut se louer ou se vendre comme un terrain, mais il ne multiplie pas la somme des richesses; un capital ne peut servir à personne qu'après avoir été ôté à une autre. Les terrains cultivables sont de même nature, mais essentiellement immobiliers. Les terrains, les capitaux et les capacités industrielles concourent à la production en raison de leur nature propre, et les services productifs qu'ils rendent, et dont le prix est réclamé par leurs propriétaires respectifs, sous le nom de *profits*, sont la source des *revenus* de tous les particuliers et de l'État.

Les seuls *fonds productifs* (capitaux, terres et capacités personnelles) composent le fonds de toutes les fortunes, dans les lieux où la propriété est sanctionnée par les institutions. Sans elle, le mécanisme de la production ne pourrait acquérir aucun développement; et la civilisation, qui consiste essentiellement à *produire* et *consommer*, ne se développerait pas non plus. S'il est de la nature de l'homme de vivre en société, et s'il est dans la nature de la société d'acquérir tout son développement, le droit de *propriété* est dans la nature. C'est la faute des institutions quand elle est réglée en opposition avec la liberté et la justice, ou quand elle n'est pas réglée du tout.

La distribution des valeurs produites est décrite par l'économie politique à la suite de leur production. Les entrepreneurs des *entreprises* industrielles, en achetant les *services productifs* dont les possesseurs de facultés industrielles, de terres et de capitaux, sont marchands, leur distribuent d'avance ou après coup une portion des *valeurs produites*. Les entrepreneurs en prennent eux-mêmes leur part, au moyen de l'excédant de la *valeur* des *produits* sur les *frais de production*. Si l'opération est mal conçue, ou mal exécutée, et si par conséquent quelques-uns des frais ne sont pas remboursés, la production est imparfaite.

Après avoir enseigné par quel mécanisme les richesses sont distribuées dans la société, l'*économie politique* observe les effets de cette distribution dans le corps social. Ils se manifestent par le nombre et la condition des hommes dans chaque nation.

La nature a pris de fortes précautions pour assurer la

perpétuité des espèces vivantes. Le besoin qu'éprouvent tous les êtres organisés de se reproduire, le soin dont ils protégent leurs rejetons, l'admirable contexture de leurs organes, montrent assez quel est son but; mais de toutes les précautions qu'elle a prises pour conserver chaque espèce, celle sur laquelle elle semble avoir le plus compté est l'extrême profusion des germes, assurée par là que, quel que soit le nombre des individus qui périssent, il en reste toujours assez non-seulement pour en conserver l'espèce, mais pour en couvrir le globe, pourvu qu'ils y trouvent l'espace et la subsistance. Nous subissons cette loi commune; et c'est maintenant un fait des mieux avérés qu'il n'y a pas de guerres, de massacres, ni d'épidémies, qui arrêtent les progrès de la population, toutes les fois que les moyens d'existence ne lui manquent pas. Mais pour une société civilisée, les moyens d'existence ne sont pas uniquement des subsistances; chaque classe de la société, pour se conserver au même état, et, à plus forte raison, pour se multiplier davantage, doit pouvoir consommer tout ce qui est indispensable au maintien de cette classe. En effet, l'expérience nous confirme que la population d'un pays n'est jamais bornée que par sa production. Mais comment la production en général suffit-elle pour satisfaire aux besoins variés des différentes classes de la société? Si c'est de blé qu'elle a besoin, comment une production de toile y pourvoira-t-elle? Le produit dont le besoin se fait le plus sentir est celui dont les *frais de production* sont le plus élevés, et par conséquent les *services productifs* sont le mieux payés et se multiplient le plus infailliblement. Ce n'est pas uniquement le rapport qui existe entre la somme des *produits* et le nombre des hommes qui lie les questions relatives à la population avec la *production* et la *distribution* des richesses; mais toutes les questions relatives à la distribution des habitants sur la terre, aux colonisations, à la formation et à l'agrandissement des villes, aux communications entre les peuples, etc.

La connaissance des procédés suivant lesquels les richesses se distribuent dans la société n'est complète qu'après qu'on connaît la théorie des *échanges* et des *monnaies;* théorie qui n'est bien connue que depuis peu d'années. Dans une société nombreuse et avancée, la presque totalité des consommations ne s'opère qu'à la suite d'un *échange;* car chaque personne ne s'occupant que d'un seul produit, ou même d'une seule portion d'un seul produit, ne jouit que par le moyen de l'*échange*, de l'immense variété de choses dont elle fait usage; mais l'échange en nature est presque toujours impossible : il faut vendre ce qu'on produit pour acheter ce que l'on veut consommer La vente est la moitié d'un *échange* dont l'achat est le complément; et l'échange accompli, il se trouve qu'on a troqué un *produit* contre un *produit.* L'intermédiaire que cette double opération exige est la *monnaie.* Il s'ensuit que la valeur propre de la monnaie est pour nous de peu de considération auprès de la valeur réciproque des produits entre eux : si elle est précieuse, nous en donnons moins pour acheter; mais aussi nous en recevons moins quand nous vendons un objet de la même valeur. Si la monnaie vaut peu, nous la recevons et nous la donnons en plus grande quantité. Pour cette cause, il n'en reste pas davantage en nos mains. L'essentiel pour nous est le rapport de valeur des deux marchandises échangées.

La théorie des *débouchés* se lie à celle-là. Puisqu'en réalité nous n'achetons pas les produits avec de l'argent, mais avec d'autres produits, nous vendrons ce que nous produirons avec d'autant plus de facilité que les autres hommes produiront davantage. Chaque producteur est intéressé à se voir entouré de beaucoup d'autres producteurs. C'est ainsi que maintenant en France on vend vingt fois plus de produits que sous les Valois. Ce qui est vrai d'un individu à l'égard d'un individu l'est également d'une nation à l'égard d'une autre nation. Chacune est intéressée à la prospérité de toutes les autres, car on ne saurait vendre qu'à celles qui sont en état d'acheter, et une nation, quelle qu'elle soit, ne peut acheter qu'avec ce qu'elle produit. Cette conception plus juste de la nature des choses est destinée à changer la politique du monde.

Poursuivant la marche des richesses jusqu'au terme de leur existence, l'*économie politique* dévoile les phénomènes qui accompagnent leur consommation. Elle n'est pas une destruction de la matière des produits (ce qui excéderait le pouvoir de l'homme), elle n'est que la destruction de l'*utilité;* qui en avait fait une valeur. Quand cette destruction s'opère de telle sorte que la valeur détruite dans un produit doit passer dans un autre, ainsi qu'il arrive dans la consommation des capitaux, c'est une *consommation reproductive*, c'est par elle que se perpétuent les valeurs capitales et qu'elles sont un *fonds* permanent. Quand cette destruction est définitive, et n'a point d'autre objet que la satisfaction de nos besoins ou de nos goûts, c'est une consommation inproductive ou stérile. C'est une valeur détruite et perdue pour la société.

Le terme de toute richesse sociale, le but de sa production, est la consommation. C'est par elle que subsistent les sociétés. L'effet de l'épargne et de l'accumulation, n'est pas de restreindre cette consommation, mais de l'augmenter. Les valeurs épargnées ne sont pas soustraites à *toute consommation*; elles sont seulement soustraites à la *consommation stérile* pour être livrées à la *consommation reproductive.* Loin donc que l'épargne nuise à la consommation, elle la redouble : en même temps que le capital est consommé par les producteurs, il est rétabli par eux pour être consommé de nouveau, et ainsi de suite jusqu'à ce qu'il soit dissipé par une consommation stérile. On voit que si la consommation est favorable aux *producteurs*, l'épargne perpétue cet effet, loin d'y mettre obstacle.

Cette analyse fait complétement tomber la question de l'utilité du luxe. Dans la consommation reproductive, qui est un échange de produits consommés contre d'autres produits, en fait un échange d'autant plus avantageux que la valeur des derniers est supérieure à la valeur des premiers. Dans la consommation stérile qui est un échange d'une somme, de valeurs contre des jouissances, l'échange est d'autant plus avantageux que les jouissances obtenues sont plus grandes relativement à la somme des consommations; ce qui conduit à examiner, à apprécier les diverses consommations stériles. Dans ce but, l'économie publique les distingue en *consommations privées* et en *consommations publiques;* et comme les richesses produites et consommées dans les deux cas sont de même nature, les mêmes préceptes s'adaptent aux uns et aux autres.

Nous ne pouvons pas fonder l'appréciation des dépenses sur des bases aussi sûres que dans la production des richesses. Dans celles-ci, il nous suffit de comparer les valeurs consommées avec les valeurs reproduites; dans les consommations stériles, il s'agit de comparer les valeurs consommées avec les satisfactions qui en résultent. La difficulté s'augmente relativement aux consommations publiques. Dans les dépenses privées, c'est la même personne qui décide de la somme de la dépense, et qui jouit de la satisfaction qui en résulte. Dans les dépenses publiques, c'est en général un contribuable qui fournit la valeur, et c'est un fonctionnaire public qui en décide l'emploi. Les recettes de l'État proviennent soit du fruit de ses *domaines*, et sous ce rapport suivent les lois relatives à la production; soit des *contributions publiques*, qui sont une portion des revenus des particuliers appliquée aux besoins de l'État. Cela conduit à l'examen des différentes sortes de *contributions*, de leur perception et des classes de contribuables sur qui elles retombent définitivement. L'*impôt*, qui est levé sur les revenus de la société, n'est pas reversé dans la société par les dépenses du gouvernement et de ses agents, comme ils sont intéressés à le faire croire. Cette erreur est fille de celle qui regardait l'argent monnayé comme la seule richesse réelle. Du moment qu'on la considère ainsi, on ne voit aucune perte dans les plus grandes dilapidations. L'argent est reversé dans la société par toute espèce de dépenses, même celles que fait un voleur : peut-on conclure de là qu'il restitue au marchand dont il achette la *marchandise* la valeur qu'il a dérobée? Les *emprunts publics* ne sont point une ressource qui puisse subvenir aux *dépenses publiques*, puisque le gouvernement en recevant une valeur contracte une obligation dont l'État demeure chargé. Ils ne sont qu'une anticipation qui permet au gouvernement de dépenser plus tôt un revenu qu'il recevra plus tard, en le chargeant d'un intérêt pour tout le temps qui sépare ces deux époques. Les intérêts d'une nation ne sont pas affectés uniquement par les recettes et les dépenses de son gouvernement, mais par le système qu'il suit dans sa législation. Si une plus grande activité dans les relations de commerce rend cette industrie profitable, tout obstacle mis dans les communications avec les peuples étrangers diminue cette source de richesse : or, c'est l'effet qui résulte d'une législation qui tend à repousser les produits de l'étranger par des droits d'entrée, et qui tend à nuire à l'exportation de nos produits par des droits de sortie ou des impôts qui nuisent à la vente au dehors. Des droits de navigation ou des difficultés dans les ports de mer, sur les canaux, sur les routes, ont un effet pareil.

Les progrès de l'*économie politique* ont fait évanouir les illusions qui longtemps ont dirigé l'Europe par rapport à ses *colonies*. On ne peut se proposer à leur égard que le plus grand avantage de la métropole ou de la colonie ; cet avantage ne peut provenir que du plus grand développement de leurs ressources naturelles ou industrielles, et non d'une domination commune, d'un même gouvernement. Elle n'améliore pas le climat, et nuit beaucoup au développement de son industrie. Elle augmente ses dépenses, et gêne sa liberté ; mais la liberté peut-elle exister dans un pays régi par un gouvernement situé au loin et obligé de laisser à ses agents un pouvoir à peu près discrétionnaire, et qui lui-même est obligé d'obéir à des intérêts différents? Un tel régime n'a-t-il pas dans tous les temps été la source de tous les genres d'abus? Les *colonies*, d'un autre côté, sont une charge pour la *métropole* ; leurs contributions ne suffisent pas pour acquitter le surcroît de dépenses qu'elles occasionnent pour leur défense et leur administration. Libres, leur commerce ne serait pas moins lucratif pour la métropole ; dépendantes, il faut, pour leur assurer les débouchés de la métropole, faire payer aux consommateurs de celle-ci des droits énormes. Les peuples d'Europe devraient souhaiter ne point posséder de colonies, et les colonies des Européens soupirent après leur indépendance. L'ignorance seule et les routines de l'administration les retiennent sous le joug. Il est impossible, dans un aperçu aussi rapide des principes de l'économie politique, de développer tous les corollaires qui en sont les conséquences ; mais on peut prévoir que cet échafaudage de vieille politique, qui n'est soutenu que par des injustices qui vont, au besoin, jusqu'à la férocité, doit prochainement tomber en ruines. Les puissances maritimes commencent à comprendre qu'il est de leur intérêt de trafiquer avec tous les coins du globe indistinctement. Elles protégeront l'indépendance des pays d'outre-mer, pour que nulle d'entre elles ne puisse en écarter les autres ; et nous les verrons, après s'être battues au dix-huitième siècle pour se disputer des colonies, se battre, s'il le faut, au dix-neuvième pour assurer leur indépendance.

Ce tableau général de l'économie des nations peut mettre en garde contre cette multitude d'idées fausses qui circulent parmi le vulgaire relativement aux plus hauts intérêts de la société. On a pu remarquer que, dans l'économie générale de la société, nous sommes soumis à une somme de *maux* dans lesquels sont compris les *sacrifices* et les *dépenses* nécessaires pour acquérir une somme de *biens* que l'on peut représenter par une certaine quantité, une certaine somme de *richesses* ; que la science économique consiste à savoir les apprécier, et à connaître les moyens d'augmenter les uns et de diminuer les autres. J.-B. SAY.

ÉCONOMIE RURALE. On désigne communément sous ce nom la pratique raisonnée des différentes branches de l'*agriculture* ou industrie agricole, sciences et arts qui ont rapport au meilleur système de *culture* et au meilleur moyen de tirer parti des produits que fournit le sol. L'*agronomie* traite plus particulièrement de la théorie de l'agriculture, et laisse à l'économie rurale le soin de discerner les procédés plus ou moins fructueux. L'agronome fait de la science pure, et les principes de l'économie rurale indiquent à l'agriculture s'il y a une bonne application à faire des découvertes du savant. Joseph GARNIER.

ÉCONOMIE SOCIALE, nom que l'on a donné à la science qui s'occupe de la distribution des richesses dans la société, de l'origine de la propriété, des relations du capital et du travail, du crédit, des bases de la société en un mot ; c'est à peu près la même chose, au reste, que l'*économie politique* prise dans le sens le plus large. Les questions d'économie sociale firent beaucoup de bruit en 1848 et alarmèrent vivement la société. Les lois de la *presse* cherchèrent à en limiter la discussion, et aujourd'hui tout ouvrage s'occupant d'économie sociale ou dipolitique est soumis au timbre s'il n'a au moins dix feuilles d'impression.

ÉCONOMIE VÉGÉTALE. *Voy.* ÉCONOMIE (*Sciences naturelles*).

ÉCONOMISTES. Cette appellation s'applique, en général, à tous les écrivains qui se sont occupés de l'*économie politique* ou de l'*économie industrielle*. On disigne aussi plus spécialement sous ce nom les penseurs français du dix-huitième siècle qui s'efforcèrent de fonder une nouvelle théorie de la richesse et du gouvernement. Ce sont eux que l'Allemangne désigne sous la dénomination de *physiocrates*, d'après le livre de la *Physiocratie*, dans lequel **Dupont** de Nemours, l'un des chefs de cette secte, a résumé leurs doctrines.

L'économie politique, ayant pour objet la prospérité sosociale, a dû fixer de tout temps l'attention des moralistes voués à l'étude des moyens de rendre les hommes heureux. Aussi les plus célèbres philosophes de la Grèce, **Platon**, **Aristote**, **Xénophon**, doivent-ils être cités en tête de la longue série des économistes. Les traités du premier sur *la République* et *les Lois*, la *Politique* du second, la *Cyropédie* du troisième, ces livres fameux, où les anciens maîtres de la science ont voulu réunir toutes leurs vues sur l'ordre et la félicité publique, devaient renfermer et font réellement connaître ce que l'observation et la réflexion leur avaient appris sur les sources, la distribution et l'emploi des biens et des richesses. Aristote, si habile à tout analyser et à tout classer, avait très-bien compris, comme une science spéciale, la théorie de la richesse, et il indique cette étude sous le nom de *chrématistique* (science des richesses), qu'on eût dû lui conserver. Mais, plus judicieux que la foule des économistes modernes, il se garde bien de resserrer toute l'économie politique dans les limites beaucoup trop étroites de cette spécialité. Xénophon, qui avait aperçu les résultats de la division du travail, s'était aussi livré à des recherches particulières sur les faits de l'*économie industrielle*. C'est ce que prouvent son écrit intitulé l'*Économique* et son traité *Du Revenu d'Athènes*. C'est l'amour des progrès de l'agriculture que le disciple de Socrate veut exciter chez ses compatriotes, par le tableau des richesses qu'elle produit. Mais ces deux essais ont, en outre, un but politique. Xénophon veut réformer la constitution d'Athènes, en la replaçant sur les bases de la propriété et de la vie agricole. Quant aux Romains, ils écrivirent peu sur la théorie de l'économie sociale. On n'en trouve de traces que dans ce qui nous est parvenu des écrits de l'ancien Caton, de Varron et de Columelle sur l'agriculture. Les ouvrages de Cicéron sur la *République* et sur les *Lois* contiennent seuls de hautes vues et des doctrines étendues sur l'économie politique. Encore, comme dans tous ses écrits philosophiques, l'illustre orateur s'y montre-t-il plutôt le disciple des Grecs que l'homme de ses propre idées.

Les principes de l'antiquité sur l'*économie politique* se retrouvent dans les ouvrages des hommes de génie ou des écrivains spéculatifs qui chez les modernes se sont occupés des causes de la prospérité publique jusqu'au milieu du dix-huitième siècle. C'est toujours dans le rapport des institutions et des lois avec le bonheur des populations que Sully, Fénelon, Vauban, Montesquieu et Mably ont cherché les moyens essentiels d'ordre et de bien-être pour les peuples. Les mêmes principes ont encore guidé J.-J. Rousseau dans son *Discours sur l'économie politique*, dans le *Contrat social* et dans ses *Considérations sur le gouvernement de Pologne*. Ce sont aussi de hautes vues morales qui ont inspiré au marquis d'Argenson son excellent livre des *Considérations sur le gouvernement ancien et présent de la France* (1764 et 1784), œuvre d'un homme de bien, qui connut et aima beaucoup son pays, livre dont on a trop négligé les utiles enseignements. C'est en effet dans l'étude des relations intimes qui placent la prospérité d'un pays sous la dépendance absolue des institutions et de l'esprit public, que consiste essentiellement la science de l'*économie politique*. Car sans l'appui antérieur des mœurs et des lois, point d'aisance générale, point de garantie, ni de stabilité pour la fortune publique mal distribuée. Un bon système économique se fonde sur le concours des divers éléments dont l'harmonie seule fait la félicité nationale. Il y a péril à les isoler. La connaissance des procédés par lesquels s'acquièrent, se conservent et s'augmentent les richesses, ne saurait donc constituer que la *chrématistique* ou l'*économie industrielle*. C'est le matériel de la science qui peut et doit servir à en élucider la partie morale et politique, mais qui est impuissante à la régler.

Quoique les beaux génies des siècles précédents n'eussent point eu l'idée de scruter dans tous leurs détails les opérations de l'industrie, il leur avait suffi le plus souvent d'en connaître les principaux effets pour en discerner l'importance. Quant à la prospérité publique, ce qu'il y a d'essentiel à cet égard, c'est-à-dire l'attention de l'autorité nationale à favoriser par les lois et les règlements les progrès de l'agriculture et du commerce, leur sagacité et l'histoire le leur avaient révélé. L'accroissement de l'aisance générale, soit par les bienfaits d'une agriculture perfectionnée, soit par les profits d'un commerce libre et étendu, avait excité toute leur sollicitude. Le *Télémaque*, *L'Esprit des Lois*, la partie économique des écrits J.-J. Rousseau, le livre de d'Argenson, sont remplis de sages conseils à la puissance publique sur ces objets importants. Si la crainte des périls trop réels dont la cupidité et la corruption des mœurs, qui en est la suite, menacent le bonheur des peuples et l'ordre social, dicte à Fénelon quelques mesures prohibitives, peut-être trop méticuleuses, cette erreur, si c'en est une, est bien moins dangereuse que le délire d'une avidité sans frein porté dans les théories sociales. Un instinct sublime avertissait ces rares esprits que sans moralité dans les âmes et dans les lois il n'y avait point de prospérité réelle et durable. Ils trouvaient la confirmation de cet avis dans les annales du genre humain; ils y lisaient, ce qu'on a trop oublié, ce qu'on oublie encore beaucoup trop de nos jours, la dissolution sociale, et par suite la ruine inévitable de tous les peuples en proie à l'amour effréné des jouissances et des richesses.

Le spectacle prophétique des agitations européennes nous servira-t-il à apprécier à leur valeur les prétentions d'une science dédaigneuse de ces graves enseignements? Il appartenait à un élève de Law et de la régence de lever le premier, l'étendard de la révolte contre des doctrines salutaires. L'aveugle apologie du luxe et des richesses convenait à la plume de Melon, premier commis de l'auteur du fameux système; et les vices brillants de la régence devaient lui faire trouver, à son tour, un célèbre apologiste dans l'auteur du *Mondain*. Cependant, deux économistes dignes d'estime, l'un, que Mably a souvent cité avec de justes éloges, Cantillon, à qui l'on doit un *Essai sur la nature du commerce* (1756); l'autre, Véron de Forbonnais, auteur des *Éléments du commerce* (1754) et des *Considérations sur les finances de la France*, depuis 1594 jusqu'en 1721 (1758), ouvrages que l'on consultera toujours avec fruit, protestèrent contre les exagérations de Melon, et ramenèrent les faits de l'économie industrielle à une appréciation plus judicieuse.

C'est au milieu de ce siècle, dont les mœurs, dès longtemps viciées, devaient corrompre les doctrines, qu'un homme de bien, le docteur Quesnay, passionné pour les progrès de l'agriculture, trouva dans l'analyse des travaux agricoles et des effets qui en résultent la preuve d'une vérité aussi ancienne que le monde, mais non encore matériellement démontrée jusque alors : il fut désormais constaté, par un exposé exact et complet des opérations de l'industrie appliquée à la culture, que l'exploitation de la terre était la première source de la richesse publique. Quesnay avait ainsi posé la base de la *chrématistique*; mais une découverte conduit l'inventeur à la déduction de ses conséquences, et c'est là l'écueil ordinaire des écrivains spéculatifs. Ce fut aussi celui contre lequel échouèrent Quesnay, et surtout ses amis, le marquis de Mirabeau, Gournay, Dupont de Nemours, Mercier de la Rivière, les abbés Baudeau, Roubaud, etc. En poursuivant d'un œil assuré l'analyse des procédés matériels et des calculs de toutes les industries, agricole, manufacturière et commerçante, ils pouvaient créer une théorie complète des richesses, et laisser à l'*économie politique* le soin d'y puiser des lumières utiles. Comme de coutume, l'esprit de système gâta tout. Il était sans doute naturel que les nouveaux *économistes* trouvassent dans la démonstration des avantages palpables de l'industrie une argumentation puissante en faveur de l'agriculture, du respect dû à la propriété, et de la plus grande liberté possible pour tous les travaux industriels. Mais rien ne justifiait l'idée de fonder exclusivement sur les résultats de l'exploitation du sol les principes de l'économie sociale. Aucune conséquence logique n'induisait à poser ces données matérielles pour bases uniques à l'*Ordre naturel et essentiel des sociétés politiques*. Aussi, ni le livre que publia sous ce titre fastueux Mercier de la Rivière, ni la *Physiocratie* de Dupont de Nemours, ni l'*Ami des Hommes*, la *Théorie de l'Impôt*, et les autres œuvres économiques du marquis de Mirabeau, ni enfin les *Éphémérides civiques*, publiées par ces chefs d'école et leurs partisans, ne purent-ils parvenir à convaincre l'opinion.

Comment en effet se persuader que le *produit net* des terres, c'est-à-dire le revenu des propriétaires, déduction faite des frais de la culture, constituait seul la richesse publique, et que les travaux de l'industrie fabricante et du commerce n'y ajoutaient rien? Comment conclure de ces fausses données la nécessité de remplacer tous les impôts par un impôt unique sur les terres? Comment, surtout, faire dériver du *produit net* le droit exclusif des propriétaires au gouvernement des nations, et l'excellence d'un *despotisme légal*, sans autre contre-poids que les conseils des propriétaires et les lumières d'une opinion nationale réduite à l'impuissance? De pareilles doctrines ne pouvaient réussir à se populariser. Les nouveaux économistes n'en avaient pas moins faussé la raison publique, en l'habituant à répudier les vrais principes de l'*économie politique* pour n'en plus chercher les fondements que dans un ordre de faits tout mercantile. Aussi, à peu d'exceptions près, un matérialisme universel a-t-il envahi cette science, comme toutes les autres. En économie politique, comme en philosophie, le dédain des instincts moraux, le mépris des vérités traditionnelles, ont été proclamés hautement, et vantés comme un progrès. L'opinion dominante se persuade encore qu'on avance dans la carrière de la civilisation à mesure que l'on en renie avec plus d'obstination les principaux éléments, et que l'on en méconnait davantage les éternels caractères.

Cette erreur si grave avait cependant trouvé un rude adversaire en France dans l'un de nos publicistes les plus renommés. Mably avait combattu avec vigueur le nouveau système dans ses *Doutes sur l'ordre naturel et essentiel des sociétés politiques*. Mais Mably, trop préoccupé de l'esprit et des formes des anciennes républiques, ne comprenait pas assez les sociétés modernes. Il n'avait pas apprécié le fait caractéristique qui signale entre le monde ancien et le monde nouveau une différence immense dans ses conséquences, l'esclavage, universellement admis chez les anciens comme l'instrument essentiel du travail, tandis que le principe moderne, toujours progressif, c'est la liberté de l'ouvrier. Ce fait fondamental, qui jette un nouveau jour sur l'histoire des peuples, avait frappé un économiste anglais. James Stewart en comprit bientôt toutes les conséquences. Dans ses *Principes d'économie politique* (1764), il reste fidèle aux vieilles doctrines, en les appuyant sur des preuves nouvelles, qu'il tire des faits mieux appréciés. Pour lui, comme pour les anciens économistes, l'économie politique est l'ensemble des moyens qui doivent créer et maintenir la prospérité générale, dont le progrès des richesses n'est qu'un élément. Malheureusement, dès qu'il veut expliquer les causes de l'aisance publique, il s'égare complétement dans les préoccupations d'une théorie erronée. Son esprit, si judicieux jusque alors, a subi le joug de l'opinion dominante dans sa patrie; à l'exemple des écrivains de son temps, il ne voit que dans la balance du commerce la source de la richesse publique. L'excédant des exportations sur les importations, l'abondance du numéraire, en sont à ses yeux l'origine et les symptômes. Telle est l'erreur capitale qui l'a entièrement décrédité. Ses vues sur l'ensemble et sur les autres branches de l'économie politique n'en attestent pas moins une raison saine et un esprit éminent. Les amis sincères de la science ne refuseront pas leur suffrage à ce qu'il y a d'estimable dans ses travaux : son livre leur offrira toujours des lumières utiles.

La création de la vraie théorie des richesses était réservée à un autre Écossais. C'est à Adam Smith qu'est due l'analyse ingénieuse, exacte et profonde, qui a éclairé de tout son jour non pas, comme on se plaît encore à le croire, l'*économie politique* en général, mais spécialement l'une des branches de l'arbre, l'*économie industrielle*. Il a porté dans tous les coins de la ferme, de l'atelier, du navire et du marché, le flambeau d'une investigation lumineuse et pleine de sagacité. Les économistes français du dernier siècle n'avaient vu que le travail agricole. Ils s'étaient, pour ainsi dire, tenus clos dans le *produit net* de l'agriculture. Suivant le travail dans tous ses efforts, étudiant les résultats du travail dans ses occupations diverses, Smith l'a fait reconnaître comme le principe et la source de tout produit. Par ses savantes déductions, la division du travail s'est montrée le plus puissant multiplicateur de ses œuvres; l'industrie manufacturière, l'industrie commerçante, ont recouvré leurs droits : la production, réduite, sans leur concours, aux fruits de la culture, a retrouvé dans les valeurs bien réelles qu'elles créent d'importants auxiliaires pour l'aisance générale. L'échange s'est manifesté comme l'instrument le plus actif du bien-être; l'épargne, l'accumulation et l'emploi des capitaux, comme les grands moyens de reproduction; la rente, les profits et le salaire, comme les canaux par lesquels tous les gains se distribuent; enfin, la liberté de l'industrie, comme le plus énergique véhicule de ses progrès. Tous les principes de l'*économie industrielle* sont dans le livre des *Recherches sur la Nature et les Causes de la Richesse des Nations*. Si l'on en a élucidé quelques points de doctrine, on n'y a rien ajouté ni retranché d'essentiel, et trop souvent de volumineux commentaires n'ont fait qu'introduire dans cette science, toute de faits matériels, les arguties et les discussions interminables d'une nouvelle scolastique, non moins oiseuse que l'ancienne, dans ses subtilités.

Mais si le philosophe d'Édimbourg a, ou très-peu s'en faut, complété la *chrématistique*, ébauchée par l'école de Quesnay, il a eu, ainsi que cette école, un tort très-grave, et qui, nous l'espérons du moins, ne tardera guère d'être généralement reconnu. Il n'a pas, à la vérité, proclamé explicitement, à leur exemple, la science des richesses comme l'unique domaine et la seule base de l'économie politique; mais, à la manière dont il traite les questions d'intérêt social qui se rencontrent sur sa route, on a pu croire que c'était bien là sa pensée, et c'est ainsi que l'ont comprise ses nombreux disciples. Les travaux de J.-B. Say, le plus célèbre de tous, ont été très-utiles pour les progrès de l'économie industrielle. Quant aux lacunes et aux erreurs de sa doctrine, il faut les imputer à sa foi aux croyances du maître. Comme Smith l'avait laissé entendre, notre collaborateur J.-B. Say a vu tout ordre et toute prospérité dans la liberté illimitée du travail et des spéculations de l'industrie.

Il y aurait injustice à passer sous silence les noms de quelques hommes très-éclairés, qui en même temps que Smith cherchaient les éléments d'une théorie exacte pour la création des richesses. L'Italien Genovesi, dans son livre de l'*Économie civile*; l'abbé Morellet, dans son traité publié sous l'humble titre de *Prospectus d'un Dictionnaire du Commerce*; Condillac, dans son livre *Du Commerce et du Gouvernement*, demeuré imparfait, mais surtout le vertueux ministre Turgot, dans ses écrits pleins d'aperçus nouveaux, quoique très-courts, *Sur la Formation et la Distribution des richesses*, et *sur les Valeurs*, avaient heureusement préludé à la théorie complète de l'illustre professeur d'Édimbourg. Citer les noms des économistes nombreux qui ont suivi ses traces, ou qui ont contesté des points de sa doctrine chrématistique, sans sortir de l'ornière par lui tracée, ce serait faire une nomenclature sans utilité. Nous ne rappellerons que les noms signalés par la nouveauté des idées, ou par une pensée profonde, ou par l'étendue des recherches. A ces titres divers, le comte d'Hauterive en France, David Ricardo et Malthus en Angleterre, ont droit à une honorable mention.

Le premier de ces écrivains, dans ses *Notions élémentaires d'Économie politique*, refonte d'un travail antérieurement publié sous le titre d'*Éléments*, a prouvé une connaissance approfondie des principes de l'*économie industrielle*. Ses vues sur l'impôt, les emprunts, les dettes et l'amortissement, peuvent être méditées avec fruit. Cet homme d'État avait reconnu combien une science qui repose entièrement sur une multitude immense de faits très-imparfaitement connus, et de calculs d'une exactitude le plus souvent fort douteuse, laissait à désirer. Aussi insiste-t-il principalement sur la nécessité de renseignements plus complets, plus satisfaisants, et sur les moyens de se les procurer (*voyez* Statistique).

Les ouvrages de David Ricardo lui ont acquis une grande renommée; et si la réputation ne se mesurait qu'à l'éminence des facultés, la sienne serait bien méritée. Financier habile, il creuse et combine fortement ses idées. Il analyse avec une rare sagacité les faits industriels; mais à quoi aboutissent sa profondeur et sa subtilité? A la concentration des propriétés dans les mains du plus petit nombre, et au papier de crédit pour toute richesse. Comment voir avec Ricardo la perfection de l'ordre social dans un pareil système? Encore n'en est-il point l'inventeur : car Herrenschwand, qui s'était montré économiste si éclairé dans son excellent *Discours sur la Population*, avait déjà échoué, dans ses deux épais volumes *De l'Économie politique et morale des Sociétés humaines*, contre l'écueil de cette bizarre illusion.

Quant à Malthus, ses *Principes d'Économie politique* ne le classent pas hors de la ligne de l'école d'*économie industrielle* fondée par Smith, tout en le signalant comme l'un des plus habiles élèves du maître. Mais l'*Essai sur le principe de Population* a placé le disciple à côté du philosophe écossais. Quoique nous ayons eu le premier en France l'honneur de combattre le système de cet émule de Smith (*Recherches sur les vraies Causes de la Misère et de la Félicité publiques, ou de la population et des subsistances*, par un ancien administrateur; Paris, 1815), nous n'en avons pas rendu un hommage moins sincère au rare mérite de cet économiste. Sa doctrine a fait beaucoup de bruit. Elle a eu une grande vogue, et conserve encore un grand nombre de partisans. La fameuse thèse de la progression géométrique pour la population, et de la progression arithmétique pour les subsistances, éblouit encore bien des esprits. Ce n'est rien moins que la nécessité de la misère pour la multitude, à toutes les époques, et quelle que soit la situation sociale. Croire à cette terrible fatalité, c'est nier l'ordre providentiel et moral en ce monde; fâcheux préjugé contre une doctrine que repousse déjà *a priori* le sentiment intérieur. L'auteur du présent article a opposé à ce triste système, comme réfutation directe, une série de faits notoires et d'inductions dont aucune apologie de Malthus n'a jusqu'à présent infirmé les conséquences. Ce célèbre économiste, quelque opinion que l'on ait de son *Principe de population*, n'en a pas moins de droits à l'estime publique; car si, malgré l'habile emploi d'une instruction très-étendue et l'adresse de ses déductions, il n'a pas prouvé une disproportion fatale et inévitable entre la population et les subsistances, au détriment du genre humain, il a réussi à démontrer la nécessité d'assurer d'avance la subsistance des peuples dont on veut favoriser l'accroissement. C'est un service rendu à la science de l'économie sociale, et un bienfait pour l'humanité.

Malgré l'ascendant des doctrines de Smith et de ses disciples, on avait un sentiment confus de l'insuffisance de cet économisme tout matériel, comme principe unique d'ordre social et de prospérité réelle. Le besoin d'en revenir à des doctrines plus élevées et plus larges faisait fermenter les esprits. Déjà lord Lauderdale, en Angleterre même, avait jeté le doute sur quelques axiomes du système moderne. Il avait reconnu que la prospérité d'un peuple dépendait bien moins d'une accumulation toujours progressive que d'une répartition des richesses favorable à l'aisance générale, et il avait osé proclamer cette vérité (*An Inquiry into the Nature and origin of public Wealth*, etc., 1804). Mais ce furent des économistes allemands qui travaillèrent les premiers à reconstruire l'édifice des sciences économiques sur leurs anciennes bases, les seules en effet dont on puisse attendre une étendue suffisante et une solidité à l'épreuve. L'honneur de cette révolution appartient à M. Luder, professeur à Gœttingue, et au comte Jules de Soden. Dans un traité longtemps classique en Allemagne, M. Luder, avait tenté la fusion des doctrines de J. Stewart sur l'économie politique avec celles d'Adam Smith sur l'économie industrielle, afin de donner un enseignement complet. Dans un ouvrage subséquent (*Critique de la Statistique et de la Politique*, 1812), ce professeur a voulu établir le bilan de nos connaissances économiques, et montrer l'incertitude de beaucoup d'axiomes trop facilement reçus. Quant au comte de Soden, c'est un système complet d'*économie politique* qu'il a embrassé dans son ouvrage publié sous ce titre : *De l'Économie nationale* (7 vol. in-8°).

Un écrivain dont la célébrité est européenne, l'auteur de l'*Histoire des Républiques italiennes*, a entrepris de faire pour l'Europe entière ce que Luder et de Soden n'avaient pu qu'essayer pour l'Allemagne. Les *Nouveaux Principes d'Économie politique*, publiés dans notre langue en 1819, par Sismondi, comme développement d'un traité sommaire dont il avait enrichi une encyclopédie anglaise, ont soumis à une critique aussi sévère que docte les prétentions exclusives de l'école moderne, aheurtée à rattacher tout l'ordre social à sa théorie de l'économie industrielle. En signalant l'insuffisance et les vices de ces doctrines, quand on veut en faire dériver exclusivement les principes de l'économie sociale, l'illustre écrivain a démontré que l'économie politique envisageait surtout la richesse dans ses rapports avec l'aisance générale ou le bien-être des populations. Une seconde édition (1825), où les faits et les déductions de l'auteur sont présentés avec un nouveau degré de clarté et de force, a prouvé le succès de l'ouvrage. La science et l'autorité du publiciste génevois ont donné le signal d'une révolution qui doit s'accomplir dans l'enseignement des doctrines économiques. Un retour aux vrais principes est en effet nécessaire pour de véritables progrès. Comment améliorer le sort des peuples tant que l'on méconnaîtra les rapports qui lient entre elles toutes les causes de la prospérité publique? Cette grande et belle tâche, Sismondi, au milieu de ses importants travaux historiques, la poursuivit avec persévérance dans la *Revue mensuelle d'Économie politique*. Ses lumières et son rare talent continuèrent d'y montrer comment les principes de l'économie morale des sociétés s'appliquent aux questions d'économie industrielle. AUBERT DE VITRY.

Parmi les contemporains qui se sont occupés d'économie politique, depuis Sismondi et J.-B. Say, nous citerons: en France : Ganilh, Frédéric Bastiat, Blanqui aîné, Coquelin, MM. Hipp. Passy, Horace Say, Léon Faucher, Dunoyer, Joseph Garnier, professeur à l'École des Ponts et Chaussées, etc.; en Angleterre, Macculloch; en Allemagne, Storch, Zachariæ Bulau, List, etc.

« Fait surprenant, inexplicable au premier aspect, dit M. Michel Chevalier, en France l'enseignement de l'économie politique est réduit aux proportions les plus exiguës. Il n'existe dans toute la France qu'une chaire d'économie politique qui soit accessible au public, celle du Collége de France. La chaire du Conservatoire des Arts et Métiers, naugurée par Jean-Baptiste Say et occupée jusqu'à ces derniers jours par son disciple de prédilection, M. Blanqui, autour duquel se pressaient huit cents auditeurs avides de sa parole spirituelle autant qu'instructive, est instituée sous le titre d'*Economie industrielle*, qui a moins de généralité et d'étendue. Une troisième chaire existe à l'École des Ponts et Chaussées, et exerce une heureuse influence sur les penchants intellectuels et économiques de nos jeunes ingénieurs; mais l'enseignement qui y est donné n'est pas à l'usage du public. Par une omission bien singulière, il n'existe de cours d'économie politique dans aucune de nos Facultés de Droit, pas même dans celle de Paris. A plus forte raison les Facultés des Lettres en sont; toutes tant qu'elles sont, dépourvues. La France est le seul pays au monde où cet enseignement soit dispensé d'une main aussi parcimonieuse. L'Espagne compte un bon nombre de chaires d'économie politique, qui sont occupées par des hommes capables, dignes héritiers de Jovellanos et de Florès Estrada; chaque université espagnole a la sienne. En Russie, l'économie politique est enseignée de même dans toutes les universités sans exception. A plus forte raison l'enseignement de l'économie politique existe dans toutes les universités de l'Allemagne et de la Belgique. En Angleterre, c'est bien autre chose. M. Whately, archevêque de Dublin, qui a été un des grands propagateurs de cet enseignement, disait dans une solennité académique, il y a peu d'années, que l'on comptait dans la Grande-Bretagne seule *quatre mille* écoles où les éléments de l'économie politique étaient enseignés. On comprend ainsi que l'Angleterre soit le pays où l'opinion contrôle avec le plus de discernement la gestion des affaires publiques et où les questions de finances, d'impôts, de système commercial ou colonial trouvent le mieux dans le public un juge éveillé et compétent. Par la cause contraire, le *peuple le plus spirituel de la terre* est celui chez lequel dans les mêmes matières l'erreur même grossière et le préjugé même ridicule s'étalent avec le plus d'aise et de succès. La France est le pays où, dans l'ordre économique, les sophismes les plus téméraires se produisent le plus commodément au grand jour, et où, lorsqu'ils sont présentés avec assurance, ils trouvent les plus fervents admirateurs. »

D'un autre côté, les partisans de la protection du travail national rejettent sur les économistes la responsabilité de tous les malheurs de l'industrie, en même temps qu'ils caractérisent d'une manière rien moins que flatteuse l'inquiète activité d'esprit de certains économistes contemporains.

« Les manufacturiers, nous disait M. H. Lesueur au commencement de la présente année 1854, ne voient pas sans épouvante une crise que certains novateurs s'acharnent à rendre plus dangereuse par leurs publications importunes et les bruits sinistres qu'ils répandent. Au lieu de démontrer cette vérité, que nos manufacturiers en créant parmi nous le travail, en le fécondant par leur intelligence et par leurs sacrifices, sont les véritables bienfaiteurs de nos populations laborieuses et les agents les plus actifs de la fortune de l'État, on les peint comme les avides exploiteurs de la fortune publique et des ouvriers. Ces accusations malfaisantes sont, au fond, le résultat des maximes de l'école qui s'intitule *économie politique*, et dont quelques journaux doctrinaires se font les aveugles soutiens. Les économistes ont toujours été funestes au repos et à la prospérité du pays; ce sont ceux qui, sous le nom de *philosophes*, ont débuté par tout renverser sans rien édifier; puis, inventant cette science obscure, niaise et sans principes, qu'ils ont qualifiée on ne sait pourquoi du nom *d'économie politique*, et qui serait mieux définie sous celui de *ruine publique*, ils ont provoqué et poussé à conclure des traités de commerce désastreux, tel que celui de 1786, qui a livré toute notre industrie aux Anglais, laissant nos ouvriers en proie au désespoir et aux maux affreux qui ont déterminé une révolution sanglante, au lieu d'une régénération bienfaisante. Contenus enfin par la forte et sage organisation de l'empire, qui ne souffrait ni l'intolérance des sophistes ni les utopies des idéologues, ils se continrent, mais pour se montrer plus tard plus remuants et plus dangereux que jamais, et aujourd'hui que, malgré leurs efforts, notre industrie est reconstituée, ils voudraient la détruire de nouveau.

« Qu'on cherche où se recrutent les économistes, ajoutait encore M. Lesueur, on les verra éclore de certaines professions libérales, ou soi-disant telles, professions où, le plus souvent, ils n'ont pu réussir. La plupart des économistes célèbres de notre temps, on a pu en effet les compter parmi les mauvais médecins, les avocats sans cause, les avoués manqués, les notaires compromis, les banquiers ruinés, les pédagogues réformés, les magistrats destitués et les saints-simoniens, qui, lassés de courir vainement après la femme libre, ont préféré se faire économistes pour arriver au conseil d'État, comme d'autres sont arrivés, grâce à la crédulité publique entraînée par leurs évolutions trompeuses et l'élasticité de leurs principes, à la députation et autres fonctions élevées. On comprend que de tels résultats, obtenus souvent avec plus d'audace que de capacité réelle, aient alléché les imitateurs, et aussi pourquoi certains publicistes, effrayés de l'oubli où les condamne une époque *qu'ils n'ont pas désirée*, cherchent à raviver par quelque éclat scandaleux l'attention publique, qui s'est détournée d'eux.

« Ce sont ces économistes, on ne l'ignore pas, qui par leurs déclamations passionnées ont jeté les premiers dans nos ateliers des germes de défiance et d'antagonisme. Ils ont présenté nos chefs de fabrique « comme des oiseaux de proie »; ils les ont montrés « comme les héritiers directs des barons du moyen âge, prélevant à leur profit la dîme sur le travailleur », tandis qu'il y aurait à constater cette notable différence, que les barons du moyen âge détroussaient les passants par les grands chemins, et que les manufacturiers assurent par le travail l'existence de nos populations ouvrières.

« Ce serait une erreur de croire que ces diatribes insensées ne sauraient prévaloir contre l'esprit public, contre l'évidente autorité des faits; les fausses idées, semées à profusion par les utopistes, fermentent sourdement, et quand le jour de la tempête éclate, on doit s'attendre à d'immenses catastrophes. Nous savons alors quelle est, au moment de la crise, la destinée respective des manufacturiers et des économistes. Ces derniers en sont quittes pour venir déclarer que le mal est venu parce qu'on n'a pas voulu les croire; après quoi ils cherchent à se faire ordonner, aux frais du Trésor, des pérégrinations industrielles, rédigent, sans conclusion, quelques rapports sur les causes du mal accompli, et pour eux tout est dit. Le sort des manufacturiers est moins facile. Leur fortune, leur honneur, même l'existence de leurs ouvriers, dépendent essentiellement du maintien du travail. Toute perturbation constitue pour eux la ruine, et c'est encore sur eux que, dans son égarement, la population des ateliers fait souvent retomber la responsabilité de ses malheurs. Les intermédiaires, c'est-à-dire le commissionnaire et le financier, n'ont qu'à fermer leur portefeuille ou leur comptoir et, comme on dit, *à voir venir*; mais le fabricant avec son matériel d'exploitation, ses matières premières et ses marchandises, où se trouve presque toujours enfoui le patrimoine même de sa famille, comment pourrait-il résister au chômage? »

ÉCORCE, peau des végétaux; elle en recouvre toute la surface extérieure, la tige, les rameaux, les racines; elle s'étend même aux feuilles et aux fleurs; mais, d'une partie d'un même végétal à une autre partie, elle offre des variétés infinies d'aspect et de structure, comme d'une espèce à une autre espèce.

Prenez une branche d'arbre, de chêne, de pommier; que donnera la dissection de l'écorce? En procédant de l'extérieur à l'intérieur, l'épiderme d'abord, organe protecteur, criblé d'une infinité d'ouvertures, qui sont les orifices des exhalants et des absorbants; au-dessous, une matière végétale en dépôt, presque toujours verte dans les jeunes pousses, dont elle colore l'épiderme, encore mince et frêle; c'est une sorte de pulpe humide et parenchymateuse, qui sert de tamis pour le mouvement des sucs; des vaisseaux la traversent; elle paraît analogue au *pigmentum* des anatomistes. Plus avant, l'organisation se perfectionne: au lieu d'un amas de matière végétale, ce sont des couches formées d'un réseau de fibres qui se croisent et s'entrelacent, et que pénètrent les sucs nourriciers; enfin le *liber* qui, par son organisation comme par la place qu'il occupe, se rapproche le plus du bois. Tel est le système organique qui a reçu le nom d'*écorce*; mais de cette branche d'arbre aux feuilles et aux fleurs qui la couronnent, il éprouve des modifications, il se simplifie: sur ces dernières on ne retrouve plus que l'épiderme, un peu de matière verte, des vaisseaux et des glandes. De même, dans les plantes herbacées, annuelles ou autres, l'écorce n'est qu'une couche mince, qui les enveloppe en entier, et dont la surface extérieure, criblée d'une infinité de pores, accomplit les actes les plus importants de la vie, en même temps qu'elle protège ces plantes contre les influences du dehors.

Plus la structure de l'écorce se complique, plus ses fonctions sont nombreuses, et plus aussi elle joue un rôle important dans l'existence du sujet; sur le tronc, les branches, les rameaux des arbres, elle entretient l'humidité nécessaire, elle élabore les sucs en circulation, et fait monter la sève de la racine de l'arbre à sa dernière division. Source d'actions et de réactions bienfaisantes, l'écorce est le principe de vie pour la plante, en même temps qu'elle oppose une barrière insurmontable aux envahissements du règne inorganique. P. GAUBERT.

ÉCORCHÉ. Ce mot est celui dont on se sert dans les arts du dessin pour désigner une figure humaine dont on a enlevé toute la peau, et même quelquefois une partie des muscles, afin de faire bien connaître *les dessous*. Lorsqu'un élève a dessiné pendant quelque temps d'après la bosse, afin de connaître un peu la partie de l'anatomie dont il a le plus besoin, et pour lui apprendre comment les muscles s'*attachent* ou *passent* les uns sur les autres, on lui fait étudier l'*écorché*, souvent d'après des dessins ou des gravures, quelquefois d'après des portions de figures moulées en plâtre. Lorsqu'il dessine d'après ces fragments, il ne doit pas dire qu'il a fait une tête ou une main *écorchée*, mais une tête ou une main *d'écorché*. Dans les grandes écoles, on a ordinairement parmi les plâtres une figure entière, moulée d'après celles qui sont connues sous le nom d'*écorchés de Houdon*, parce que ce statuaire en est l'auteur. Ces deux figures sont dans l'inaction. Salvage, habile artiste et savant anatomiste, a fait depuis un autre écorché, dans la pose du gladiateur combattant. Pour faciliter les études, il a fait graver cette figure vue sur toutes ses faces, et même dans différents états, c'est-à-dire la peau seulement étant enlevée, puis après les muscles supérieurs, puis d'autres plus profonds, puis enfin n'ayant plus seulement que ceux qui touchent aux os. Cet ouvrage, fait avec soin, aurait certainement attiré une grande réputation à son auteur, s'il ne fût pas mort jeune, et avant d'avoir pu jouir du succès de son zèle et de ses travaux. DUCHESNE aîné.

ÉCORCHER VIF. Cet atroce supplice n'a été que trop souvent employé par la barbarie des hommes. On se rappelle le juge prévaricateur que Cambyse fit écorcher vif et dont la peau servit à recouvrir le siége où son fils vint le remplacer. C'est aussi le supplice que la légende attribue au martyre de saint Barthélemy. En France il y a eu quelques exemples de gens écorchés vifs par justice entre autres deux gentilshommes normands, Philippe et Gauthier de Launay, qui furent condamnés à cette peine, par un arrêt du parlement de Paris, de l'année 1314, comme coupables d'adultère avec les femmes des trois fils de Philippe le Bel.

ÉCORCHEURS. « En 1437 (dit Paradin, *Annales de Bourgogne*), dans la révolte des Pays-Bas contre le duc de Bourgogne, leur seigneur, les Français, étant entrés dans le Hainaut, y firent des maux infinis, et parce qu'ils dépouillaient jusqu'à la chemise tous ceux qui tombaient entre leurs mains, on les nommait vulgairement les *écorcheurs*. » Durant la fameuse guerre de cent ans entre la France et l'Angleterre, vers la fin surtout, la licence des camps débaucha les troupes, qui, du reste, n'étaient pas payées. Il en sortit deux sortes de brigands : les uns, conduits par Rodrigue de Villandras, Antoine de Chabanne et le bâtard de Bourbon, furent appelés *écorcheurs*; les autres se faisaient nommer *retondeurs*. En effet, suivant l'expression de Mézerai, « ils retondaient, écorchaient, et, par manière de dire, éventraient les pauvres gens, n'étant sorte de barbarie qu'ils n'exerçassent pour en tirer de l'argent. » Villandras poussa l'insolence au point de détrousser les fourriers du roi Charles VII. Ce prince ordonna à tous ses capitaines et à toutes les villes de courir sus aux *écorcheurs*, et bannit, par arrêt, Villandras, Chabanne et le bâtard de Bourbon. Villandras, pour mériter son pardon par quelque service signalé, réunit plusieurs compagnies de ces *écorcheurs*, et alla en Guienne, où il ravagea les contrées du Médoc, de Buch, et le pays d'entre les deux mers, avec tant de cruauté que deux siècles après les habitants de ces provinces répétaient encore avec effroi le nom du *méchant Rodrigue*. Après son départ, il resta encore beaucoup de ces compagnies de brigands qui continuèrent à désoler la campagne. Les paysans se retirèrent dans les villes; le labourage fut délaissé, et il en résulta une grande famine, puis une peste non moins terrible, qui en moins de six semaines fit périr, selon Mézerai, 50,000 hommes à Paris seulement.

Tous les Mémoires du temps parlent des exploits épouvantables de ces scélérats, dont les armées s'élevaient quelquefois jusqu'à 100,000 hommes. Ennemis de tout le monde, ils ne servaient aucun parti, à moins qu'on ne les prît à gages. Ces troupes étaient généralement composées de cadets et de bâtards de maisons nobles et de leurs serviteurs, et commandées par de grands seigneurs de France. Voici ce que dit à ce sujet Olivier de la Marche : « Tout le tournoyement du royaume estoit plein de places et de forteresses dont les gardes vivoient de rapines et de proie; et par le milieu du royaume et des pays voisins s'assemblèrent toute manière de gens de *compagnies* que l'on nommait *escorcheurs*, et chevauchoient et alloient de pays en pays, et de marche en marche, quérant victuailles et aventures, pour vivre et pour gagner, sans regarder n'espargner les pays du roy de France, du duc de Bourgogne, ne d'autres princes du royaume; mais leur estoient la proie et le butin tout un, et tout d'une querelle, et furent les capitaines principaux le bastard de Bourbon, Brusac, Geoffroi de Saint-Belin, Lestrac, le bastard d'Armignac, Rodrigue de Villandras, Pierre Regnaut, Guillaume Regnaut, et Antoine de Chabanne, comte de Dammartin. Et, combien que Poton de Saintrailles et La Hire fussent deux des principaux et des plus renommés capitaines du parti des François, toutesfois ils furent de ce pillage et de cette *escorcherie*; mais ils combattoient les ennemis du royaume... Les dits *escorcheurs* firent moult de maux et griefs au pauvre peuple de France et aux marchands, etc., » Le rétablissement de l'ordre après l'expulsion des Anglais et dans les dernières années du règne de Charles VII, arrêta les excès des *écorcheurs*. Néanmoins, des bandes de cette même espèce se montrèrent encore sous les règnes suivants. AUG. SAVAGNER.

ÉCORCHURE. *Voyez* EXCORIATION.

ÉCORNIFLEUR, qui cherche à vivre aux dépens d'autrui. Nous n'adoptons point l'opinion, peu vraisemblable, de Ménage et de Court de Gébelin, qui font dériver ce mot du verbe latinisé *excorniculare*, qui peint les habitudes de vol, de rapine, de la corneille (*cornix*); mais nous nous rangerons plus volontiers à l'opinion de Roubaud, qui fait venir le verbe *écornifler* du verbe *écorner*, signifiant proprement enlever une corne, rompre une corne, et par extension, diminuer une chose quelconque, en enlever une portion, et du verbe *renifler*, dont le simple, *nifler*, n'est point usité, et qui indique l'action d'aspirer avec le nez. En effet, l'écornifleur ne se contente pas d'*écorner* les repas auxquels il se fait inviter ou s'invite lui-même; dans sa voracité, il semble aspirer avec le nez tous les mets qui sont sur la table, et ce n'est pas sa faute s'il ne fait pas à tous une brèche notable, car il ne semble vivre que pour dévorer. L'écornifleur est donc un homme qui, par nécessité et plus souvent par avarice, fait le honteux métier de quêter et d'escroquer, de côté et d'autre, des déjeûners et des dîners qui ne lui coûtent rien. On donne aussi quelquefois à ses pareils les noms de *pique-assiette*, *piqueur d'escabelle*, *écumeur de marmites*, *faiseur de franches lipées*. Mais sous toutes ces dénominations synonymes, et plus ou moins défavorables, les gens de cette espèce, méprisés des convives et même des laquais, ont été voués de tout temps au ridicule par les poëtes satiriques et par les auteurs dramatiques, anciens et modernes. J'ai pourtant connu dans ma jeunesse un écornifleur excusable : c'était un pauvre chevalier de Saint-Louis, qui, malheureusement doué d'une faim dévorante et ne pouvant la satisfaire avec sa pension exiguë, trouvait moyen de faire *gratis* chaque jour une demi-douzaine de repas, en commençant sa tournée par les couvents de moines, où l'on dînait à dix et onze heures du matin, et la finissant par les soupers de la bourgeoisie et de la noblesse, qui commençaient de sept à dix heures du soir. Mais que dire, que penser d'un écornifleur archi-millionnaire, d'un législateur, d'un régent de la banque, dont les fils sont parvenus au faîte des dignités? Spéculant jusque sur les bénéfices de son estomac, il ne dépensait pas un sou pour ses repas; et quand il ne pouvait les prendre à la table du second consul, du ministre des finances, d'un banquier ou d'un fournisseur, il ne dédaignait pas, faute de mieux, la fortune du pot du bourgeois et du rentier, bien qu'il ne pût, comme ailleurs, y satisfaire tout à la fois sa gourmandise et sa voracité.

L'*écornifleur* est essentiellement *parasite*; mais le *parasite* n'est pas toujours *écornifleur*. Sans vouloir ici comparer les deux personnages, ni définir le *parasite*, il suffit de dire qu'il existe entre eux la même différence qu'entre un *paillasse* et un *comédien*. Le *parasite* peut être un homme aimable, un bel esprit, un poëte; l'*écornifleur* est toujours un sot provincial, ou un homme sans éducation, sans état et sans talent. Loin de rechercher les repas pour le plaisir d'y être en société, d'y payer son écot en égards pour l'amphitryon, en galanteries pour les dames, en complaisances, en flatteries, même en bassesses, et quelquefois en contes et en jeux d'esprit, comme fait souvent le *parasite*, qu'on tolère, que l'on tient même à conserver, l'*écornifleur* est ordinairement taciturne, maussade, ennuyeux ou grossier, impudent; et comme il ne se met à table que pour manger, qu'il ne songe qu'à bien manger, il déplaît à tout le monde; on le souffre impatiemment, on le fait consigner à la porte, et l'on tâche de s'en débarrasser à la première occasion : aussi l'épithète d'*écornifleur* est-elle plus injurieuse, plus avilissante que celle de *parasite*. Depuis que les dîners sont plus courts, les *écornifleurs*, à qui on a coupé les vivres, sont devenus plus rares que les *parasites*.

H. Audiffret.

ÉCOSSAISE (École ou Philosophie). On désigne sous ce nom les doctrines d'un certain nombre de philosophes nés et ayant enseigné en Écosse, qui se sont surtout occupés de morale et de psychologie. Comme moralistes, Fr. Hutcheson, Richard Price (1723-1791), Ad. Ferguson et Ad. Smith offrirent un bienfaisant contraste avec la morale égoïste et sensuelle de l'école française du dix-huitième siècle, attendu qu'ils s'efforcèrent de faire prévaloir la bienveillance et la sympathie, et exposèrent la différence qu'il y a entre la sensualité et la moralité, entre la vertu et le bonheur, encore bien peut-être qu'ils n'aient pas su assez exactement séparer les faits psychologiques des lois morales. Ils eurent surtout en vue de battre en brèche le scepticisme de leur compatriote Hume, en invoquant le principe de l'existence de notions indépendantes de l'expérience. Les analyses psychologiques entreprises dans ce but par Thomas Reid notamment offrent une grande analogie avec les idées de Kant. D'autres, par exemple James Beattie et Oswald, se bornèrent à opposer au scepticisme et aux spéculations de la philosophie transcendente un simple appel au bon sens (*common sense*) de l'homme en possession de la plénitude de sa raison. L'école écossaise influa beaucoup au dix-neuvième siècle sur la direction des travaux de Royer-Collard et de Jouffroy.

ÉCOSSE, royaume autrefois indépendant et composant aujourd'hui la moitié septentrionale du royaume de la Grande-Bretagne. Il est baigné à l'ouest par l'océan Atlantique, au nord et à l'est par la mer du Nord, et uni à l'Angleterre au sud-ouest et au sud par un plateau d'environ 9 myriamètres de largeur, où ses limites sont marquées par la Tweed, qui coule à l'ouest, et par l'Esk, qui coule à l'est, ainsi que par les monts Cheviots, qui séparent ces deux cours d'eau. En y comprenant les trois groupes d'îles qui en dépendent, les Hébrides, situées à l'ouest, les Orcades, ou îles *Orkney*, situées au nord, et les îles Schetland, encore plus au nord, sa superficie totale est de 807 myriamètres carrés. D'après la différence de mœurs, d'origine et de langue des habitants telle qu'elle exista jusque vers le milieu du dix-huitième siècle, cette contrée se partage en deux grandes parties, également importantes pour l'histoire du pays, les basses terres (*Lowlands*) et les hautes terres (*Highlands*), dont la large vallée située entre la Clyde et le Forth forme la délimitation naturelle. Dans les basses terres, ou Écosse méridionale, la nature et les produits du sol sont à peu près les mêmes qu'en Angleterre; seulement, le climat y est plus âpre, mais en revanche plus sain. Les hautes terres, ou Écosse septentrionale, en revanche, sont une contrée dépourvue d'arbres, morne et peu peuplée, dont le rude climat est cependant plutôt humide, nuageux et tempétueux, que froid; et sur les nombreuses montagnes de laquelle ne croît guère que de l'herbe. Au point de vue de la diversité physique du sol, l'Écosse forme au contraire trois parties bien nettement caractérisées et tranchées : l'*Écosse méridionale*, l'*Écosse centrale* et l'*Écosse septentrionale*.

L'Écosse méridionale constitue un grand plateau assez compacte, de 6 à 700 mètres d'élévation moyenne, dominé seulement çà et là par quelques pics et crêtes de montagnes, par exemple les monts Cheviots, sur la frontière d'Angleterre, les Lowthers, dans le comté de Lanark, les montagnes d'Ettrick, de Yarrow, de Criffel et de Cairnsmuir, dans le comté de Galloway, ainsi que les Lothians, le Lammermuir et les monts Pentland. De verdoyantes plaines y alternent avec de douces collines et de fertiles vallées, des terres à blé, des forêts et des pâturages.

L'Écosse centrale, bornée au sud par les *friths* de Forth et de Clyde, au nord par le golfe de Murray et par la grande chaîne des lacs écossais, est très-montagneuse. Elle est parcourue par les chaînes les plus élevées de toute la Grande-Bretagne, le ben Lomond, le ben Ledi, le ben More, le ben Lawers et le ben Nevis (1438 m.), qui y décrivent un grand arc, s'élevant abruptement à l'ouest, vis-à-vis de l'Irlande, du bord même de la mer, en se dirigeant d'abord au nord, puis au nord-est, ensuite à l'est, à travers tout le pays jusqu'à la mer d'Allemagne.

L'Écosse septentrionale, au contraire, forme moins une chaîne proprement dite, qu'une masse irrégulière de montagnes jetées pêle-mêle les unes sur les autres, plus sauvages, plus abruptes encore que celles des hautes terres du sud. Tantôt complétement nues, tantôt couvertes d'herbes brunâtres, ces montagnes forment d'abord d'étroites et profondes fondrières, très-rapprochées les unes des autres (*glens*), et quand elles s'élargissent au voisinage de la mer, notamment sur la côte orientale, de larges et fertiles vallées (*straths* ou *carses*).

La vaste étendue de côtes de l'Écosse est échancrée par un grand nombre de baies et de bras de mer formant d'excellents ports, surtout à l'ouest, tandis que sur la côte orientale, à l'exception de la grande baie de Cromarty, on n'en trouve pas un seul de quelque importance. Cette merveilleuse succession de côtes escarpées, de fleuves et de lacs, de vallées et de montagnes pittoresques, souvent dominées par des forteresses, fait de l'Écosse l'une des plus romantiques contrées de l'Europe. Les cours d'eau, rapides torrents pour la plupart, qui s'échappent des flancs des montagnes, ont, en raison même de la surface plus resserrée de l'Écosse, un parcours encore moins étendu que ceux de l'Angleterre et peu d'importance au point de vue commercial. Les plus considérables sont la Tweed, avec son affluent le Teviot, qui y arrive du sud; le Tay, qui va se jeter dans la mer du Nord, et le plus grand de tous, enfin la Clyde et le

Forth, dont le développement est minime, mais remarquables par leurs bords romantiques et par leurs golfes (*friths*), qui se prolongent au loin en pleine mer. Les nombreux canaux sont des voies de communication autrement importantes, par exemple le canal de Glasgow, qui relie entre eux les golfes de Clyde et de Forth; l'*Union-Canal*, qui part du canal de Glasgow à Falkirk et conduit à Édimbourg; le *Crinan-Canal*, qui fait de la presqu'île de Kantyre une île artificielle; mais surtout le canal de Calédonie. Les nombreux lacs (*lochs*) sont, les uns, des lacs d'eau douce, les autres des bras de mer pénétrant fort avant dans l'intérieur des terres, et remarquables par leurs vastes proportions ou par leurs délicieux environs, par exemple le *loch Awe*, le *loch Lomond*, le *loch Katrine*, le *loch Leven* et le *loch Maree*. Les produits naturels de l'Écosse sont le gros bétail (notamment le bétail sans cornes du Galloway), les chevaux (d'assez petite taille), le gibier de toutes espèces, les huîtres à perles, qu'on pêche surtout dans le ruisseau d'Ythan, les oiseaux sauvages, qu'on rencontre surtout dans les îles, les abeilles, le lin et le chanvre; en fait de céréales, l'orge, et surtout l'avoine, notamment dans les hautes terres, enfin, le bois et la rhubarbe.

A la vérité, dans la plus grande partie du pays et en raison de la nature toute particulière du sol, l'agriculture est obligée de lutter contre de nombreuses difficultés; cependant, elle a peut-être acquis de nos jours au sud de l'Écosse plus de perfection qu'en Angleterre même. De vastes superficies de terrain, naguère en friches, y ont été mises en culture et les races de bestiaux améliorées; on y a introduit des fourrages artificiels, et au moyen de machines on est parvenu à économiser les forces humaines. L'avoine est le grand produit du cultivateur, et constitue la richesse ainsi que la principale alimentation. L'orge trouve pour la plus grande partie son emploi dans les distilleries, et une qualité inférieure (appelée *bere* ou *big*) sert à la fabrication du *whiskey*. L'élève des moutons, bien qu'inférieure au total à celle de l'Angleterre, a reçu dans ces derniers temps de notables perfectionnements; et elle est même pratiquée aujourd'hui dans les hautes terres, où les riches propriétaires ont établi des bergeries grandioses. La pêche, en raison même du vaste développement des côtes, y est importante. Celle du hareng, depuis que les Hollandais ont cessé d'en avoir le monopole, est devenue une des principales occupations de la population des côtes. La pêche de la baleine au Groënland et dans les eaux du détroit de Davis occupe un grand nombre de bâtiments écossais. Le saumon, qui abonde dans les fleuves et les lacs, s'expédie dans de la glace à Londres.

Le pays ne laisse pas non plus que d'être assez riche en produits minéraux. On trouve du plomb argentifère dans les montagnes qui séparent les comtés de Dumfries et de Lanark. Leadhills, dans le comté de Lanark, est le grand centre de l'industrie des mines. Les minières de plomb des Hébrides sont moins productives. Les comtés de Lanark d'Ayr, de Clackmannan et de Stirling produisent beaucoup de fer; et on cite surtout les hauts fourneaux de Clyde et de Calder, dans le comté de Lanark; de Muckirk, dans le comté d'Ayr; et de Carron, dans le comté de Stirling. On trouve de la plombagine à Wanlockhead et à Leadhills, et de l'alun à Moffat, dans le comté de Dumfries, à Leadhills, dans le Lanark, et à Hurlett, près de Paisley. On tire de remarquables blocs de granit et de l'ardoise sur plusieurs points du pays, de même que l'on y rencontre des sources d'eau minérale. De riches bancs de houille, quoique inférieurs aux premières qualités de houille anglaise, s'étendent sur une ligne de plus de 11 myriamètres, le long des golfes de Clyde et de Forth, à travers les comtés de Lothian jusqu'à Glasgow. Le sel n'existe pas à l'état minéral, mais on se le procure par l'évaporation des eaux de la mer.

Sous le rapport de l'industrie, on ne saurait comparer l'Écosse à l'Angleterre. Cependant Glasgow et Paisley fabriquent d'excellentes cotonnades. Les mousselines de Paisley sont surtout célèbres; et les impressions sur étoffes, notamment pour châles, ont été plus perfectionnées en Écosse qu'en Angleterre. La toile et les autres articles dont le lin est la matière première ont de tout temps été les principaux produits de l'industrie manufacturière de l'Écosse, et sont tantôt la grande occupation, tantôt l'industrie accessoire des différentes localités. Il en existe de vastes fabriques à Dumfries, à Perth, à Dundee, à Aberdeen et à Inverary; mais depuis la concurrence de la fabrique irlandaise et l'emploi plus général d'étoffes de laine, ces manufactures ne se livrent guère qu'à la fabrication de produits grossiers, pour lesquels la Russie fournit le chanvre, les Pays-Bas et l'Allemagne le lin.

Le commerce intérieur et le cabotage sont fort importants. Des canaux et des chemins de fer nombreux, d'excellentes routes, en facilitent les relations. Le commerce, peu considérable avant la réunion de l'Écosse à l'Angleterre, a pris depuis le milieu du dix-huitième siècle des développements, fort considérables et il en a été de même de l'industrie manufacturière. Aujourd'hui, que de notables restrictions ont été apportées aux privilèges de la Compagnie des Indes orientales, les relations commerciales de l'Écosse s'étendent jusqu'à l'Inde et même jusqu'à la Chine. En échange du bétail, des laines, des toiles et de quelques espèces d'étoffes de coton que le commerce expédie en Angleterre, il en reçoit presque toutes les étoffes de laine nécessaires à la consommation du pays, des soieries, de la quincaillerie grosse et fine, et du thé; et en échange de son bétail et de ses avoines, il tire d'Irlande ses houilles et ses fers. Il fournit à l'Amérique et aux Indes occidentales des toiles et des cotonnades, et prend en retour des cotons bruts, du sucre et du rhum. Enfin, il demande à la Russie des chanvres et des bois. La Clyde est le rendez-vous général de la plupart des navires employés à ce commerce, dont Glasgow est le grand centre. De nombreuses banques publiques facilitent les opérations commerciales; la banque d'Écosse, entre autres, fondée en 1695, au capital de 1,500,000 liv. st., est une institution nationale dont la gestion demeure soumise au contrôle du pouvoir exécutif. Le nombre total des banques existant aujourd'hui en Écosse est de quatre-vingt trois.

Sur tous les points de l'Écosse, il a été bien mieux pourvu qu'en Angleterre aux besoins intellectuels des populations, par la fondation de nombreuses écoles. Dès l'année 1696 toute paroisse d'Écosse eut son école à elle; et plus tard la société pour la propagation de l'instruction chrétienne a fondé à ses propres frais plus de 320 écoles dans les hautes terres. Des quatre universités existant à Édimbourg, à Glasgow, à Aberdeen et à Saint-Andrew, celle d'Édimbourg est la plus importante, surtout pour l'étude de la médecine. Les universités écossaises n'ont rien de la discipline monacale des deux gothiques universités de l'Angleterre, et offrent dans leur organisation beaucoup d'analogie avec celles de l'Allemagne. Toutes possèdent de riches collections de livres; toutefois, les bibliothèques particulières sont moins nombreuses en Écosse qu'en Angleterre. A la suite de l'essor que prit l'Écosse vers le milieu du dix-huitième siècle, la littérature, tombée dans une profonde décadence pendant les troubles du dix-septième siècle, fleurit de nouveau dans ce pays, qui s'enorgueillit d'avoir donné le jour depuis cette époque à bon nombre des esprits les plus distingués qui font la gloire de la littérature anglaise. Dans les beaux-arts, au nom de Jamieson, déjà célèbre autrefois, on a pu ajouter dans les derniers temps ceux de Ræburn, Nasmyth et de l'excellent peintre de genre Wilkie.

Au point de vue politique, l'Écosse est divisée en trente-trois comtés (31 comtés et 2 intendances [*stewartries*]). Sur ce nombre, les Orcades et les îles Shetland (*stewartry*),

Caithness, Sutherland, Ross, Cromarthy et Inverness, appartiennent à l'Écosse septentrionale; Argyle, Bute (*stewartry*), Nairn, Elgin ou Moray, Banff, Aberdeen Kincardine ou Mearns, Angus ou Forfax, Perth, Fife, Kinross, Clackmannan, Stirling et Dumbarton; à l'Écosse centrale, Linlithgow ou Westlothian, Édimbourg ou Midlothian, Haddington ou Estlothian, Berwick, Renfrew, Ayr, Wigton, Lanark, Peebles, Selkirk, Roxburgh, Dumfries et Kircundbright, à l'Écosse méridionale. L'étendue de ces diverses divisions territoriales varie beaucoup. Le plus petit comté est Clackmannan, et le plus grand Inverness, dont la superficie est quatre-vingt-cinq fois plus considérable. Depuis la moitié du dix-huitième siècle, malgré d'énormes émigrations, le chiffre de la population a presque doublé, et s'élève à 2,888,742 habitants. Les Écossais sont une race prudente et réfléchie, mais plus gaie que les Anglais, d'ailleurs brave, ambitieuse et apportant beaucoup de persévérance dans ses entreprises. L'amour du lucre les détermine souvent à passer en Angleterre, et même à aller s'établir au delà des mers dans les nombreuses colonies anglaises; mais ils s'acclimatent difficilement à l'étranger, et d'ordinaire reviennent finir leurs jours dans la mère-patrie. L'Écossais, surtout celui des hautes terres, le montagnard, est brave, hospitalier, bienveillant, mais fier de sa race (*clan*), aussi ami du foyer domestique, aussi casanier que l'Anglais, mais moins modéré que lui dans l'usage des boissons spiritueuses (*voyez*. HIGHLANDERS). La différence d'origine entre les habitants des hautes terres et ceux des basses terres est encore plus frappante dans les mœurs et dans le caractère; et la haine mutuelle qui subsiste entre elles depuis un temps immémorial est perpétuée par la dure oppression à laquelle ceux-ci sont parfois exposés comme fermiers de la part de ceux-là.

[Aucun pays au monde n'offre une variété plus tranchée de langage que l'Écosse. Dans les hautes terres, on parle le gaélique, langue évidemment sœur du breton et du gallois. Cette langue, peu connue hors de l'Écosse, est d'une grande antiquité: tout le prouve. Il est remarquable surtout que les noms des montagnes, des rivières, des lacs, des baies, des détroits, des caps et des principales villes du nord de l'Écosse et dans les îles Orkney sont gaéliques. Les recherches des savants, entre autres celles du docteur Jamieson, ont mis hors de doute que les anciens *Pictes* étaient Celtes. La langue primitive a dû être parlée dans toute l'Écosse, mais elle ne s'est conservée que dans les hautes terres. Dans les *lowlands*, basses terres ou pays plat, on parle l'écossais proprement dit. L'écossais n'est pas, comme on l'a cru légèrement, un dialecte corrompu de l'anglais; il est aujourd'hui parfaitement prouvé que le français, le celte, l'italien et même l'espagnol, s'y sont mêlés, ce qui s'explique facilement par les faits de l'histoire même du pays et de la monarchie. (Consultez l'introduction à l'*Etymological Dictionary of the Scottish language* de Jamieson [2 volumes, 1808; et supplément, 1825].)

Les cours de France et d'Écosse ont été longtemps liées d'une étroite amitié. Les alliances ont amené en Écosse beaucoup de seigneurs français avec leur suite; la langue française était même familière à la noblesse écossaise: de là le mélange des deux langues; mais dans cette fusion la vieille langue écossaise, celle du peuple, a dû nécessairement entrer dans une très-grande proportion.

La langue écossaise est très-riche et très-expressive; rien de plus original, de plus pittoresque et de plus naïf que de certaines tournures familières; beaucoup de mots ont des diminutifs gracieux; il y a même là une espèce de mignardise et de simplicité qu'on ne s'attendrait pas à trouver dans le langage d'une nation aussi grave. La langue écossaise abonde en voyelles, et supprime souvent les consonnes finales; elle a des terminaisons très-variées, elle est d'une grande simplicité; tour à tour fière, tendre, légère ou langoureuse, elle se prête à tous les genres. Il manque cependant quelque chose à l'écossais dans sa prononciation: le son de ses voyelles n'est pas libre et sonore, il a quelque chose de nasal qui détruit une partie de son charme. Aujourd'hui l'écossais n'est plus guère que le langage du bas peuple; autrefois c'était celui de toute une nation spirituelle et civilisée, et d'une cour remarquable par sa politesse. L'ancienne littérature écossaise est justement estimée; les Écossais ont toujours été amis des lettres, et chez eux l'étude en était cultivée avec autant d'ardeur que de succès il y a plusieurs siècles, à une époque où elles étaient encore négligées par beaucoup d'autres nations aujourd'hui très-avancées. Les anciens auteurs écossais ont laissé des écrits d'une délicatesse remarquable. Bien avant Chaucer, Barbour, poëte et historien, avait employé les riches ressources de la langue écossaise dans des ouvrages d'un style pur et d'une versification harmonieuse. Les rois d'Écosse Jacques Ier et Jacques VI ont enrichi la littérature écossaise, le premier d'essais poétiques, et le second d'une espèce d'art poétique où sont exposées habilement les règles de la poésie écossaise. On peut encore citer Douglas, Ramsay, le poëte populaire Burns, et une foule d'autres.

Du temps des rois d'Écosse, la langue nationale était en honneur et parlée dans les plus hautes classes de la société; mais depuis la réunion de la couronne d'Écosse à celle d'Angleterre l'invasion de la langue anglaise a été rapide; à présent toutes les personnes bien élevées parlent l'anglais et l'écrivent dans toute sa pureté; mais la prononciation nasale et traînante de l'écossais, transportée dans la langue anglaise, en fait un dialecte rauque et désagréable à l'oreille. Les Écossais se piquent, avec raison, d'écrire l'anglais aussi bien que les Anglais eux-mêmes. Quelquefois, à dessein, ils le saupoudrent de quelques mots écossais, qui donnent à leurs écrits un cachet original. Tous les actes publics et les ouvrages en prose s'écrivent à présent en anglais dans toute l'Écosse; il est même remarquable que depuis plus d'un siècle quelques-uns des écrivains de l'Angleterre ont été des Écossais. Qui ne connaît les noms de Smollett, Mackensie, Armstrong, Thomson et Walter Scott. Ce n'est pas dans les ouvrages d'imagination seulement que l'Écosse a brillé: Reid, Adam Smith, Campbell, Kames, Blair, Stewart et tant d'autres, ont montré dans la philosophie et dans la critique de l'élévation et de la finesse. Les noms des historiens Robertson, Hume, Ferguson et Macintosh ne sont pas moins connus. Enfin, dans les mathématiques et les sciences physiques, l'Écosse a droit de s'enorgueillir de Gregory, Maclaurin, Simpson, Black, Hutton et Playfair; et dans les arts pratiques nous trouvons Watt, Rennie, Telfort, sans compter une foule de noms que nous n'avons pas cités.

Le caractère général des écrivains écossais n'est pas la hardiesse, mais une froideur subtile et souvent sceptique, une étude attentive et une pureté de style qui va jusqu'au purisme. Philarète CHASLES.]

La constitution politique de l'Écosse a reçu de nombreuses améliorations depuis l'union, et surtout dans ces derniers temps. La représentation dans le parlement, telle que l'avait constituée la loi ancienne, offrait de nombreux défauts auxquels il a été porté remède par le bill de réforme en date du 7 juin 1832. Aux termes de la loi nouvelle, tout possesseur réel d'un immeuble rapportant 10 livres sterling de rente, et, dans les villes, quiconque tire, comme propriétaire ou fermier, un revenu net annuel d'au moins 10 livres sterling d'une pièce de terre, a droit de voter aux élections des députés des comtés. L'Écosse envoie seize pairs à la chambre haute; ils sont élus pour chaque session parlementaire par le corps de la noblesse écossaise; mais, par suite de la constitution presbytérienne de son Église, elle n'y envoie pas de pairs ecclésiastiques. La chambre des communes compte en tout 53 représentants écossais, dont 30 nommés par les 33 comtés, et 23 par 21 villes. L'Écosse a ses propres cours de justice, des décisions desquelles on peut appeler à la chambre haute dans toutes les matières civiles. Elles sont au nombre de trois, et il existe aussi à Édimbourg une cour de l'Amirauté. Dans les comtés, à part les juges de paix et les sheriffs, il n'existe pas de tribunaux locaux; mais les membres des trois hautes cours de justice parcourent deux fois l'an les comtés. A cet effet, le pays est divisé en arrondissements (*circuits*) judiciaires; et les membres des hautes cours vont périodiquement résider dans chacune des localités les plus importantes, à l'effet d'y juger les diverses causes civiles et criminelles. Les revenus publics, qui jadis étaient encaissés par des fonctionnaires particuliers, sont aujourd'hui dans les attributions des autorités financières qui se trouvent à Londres.

L'Église nationale proprement dite est l'Église presbytérienne, qui s'est en général modelée sur celle de Genève. Chaque ministre, dans la paroisse confiée à sa surveillance, administre tout ce qui a trait à l'église; mais en ce qui touche les secours à donner aux pauvres ainsi que certaines affaires ecclésiastiques, il lui est adjoint un nombre d'anciens choisis parmi les laïcs, et formant ce qu'on appelle la session ecclésiastique (*kirksession*). Les autorités ecclésiastiques les plus infimes sont les *presbytères*, lesquels se réunissent une fois par mois, et se composent des ministres d'un arrondissement donné; assemblées où sont parfois admis et appelés les anciens de chaque paroisse. Les *presbytères*, au nombre de 69, sont placés sous la surveillance de 15 synodes formés d'ecclésiastiques et d'anciens des *presbytères*, et se réunissent deux fois par an. A leur tête agit comme autorité ecclésiastique suprême l'assemblée générale (*general Assembly*), qui se réunit chaque année au mois de mai pendant douze jours à Édimbourg, et à laquelle assiste un fondé de pouvoir royal. L'Église presbytérienne compte parmi ses adhérents plus de la moitié de la population totale du pays. On trouve en outre en Écosse 400,000 presbytériens dissidents et même davantage, environ 200,000 catholiques, Irlandais immigrés pour la plupart. Dans les hautes classes sociales, il existe aussi beaucoup d'adhérents de l'Église épiscopale, de méthodistes et d'anabaptistes.

Histoire.

Les plus anciens habitants de l'Écosse appartenaient par la langue, par la religion et par les mœurs, à la grande tribu des Keltes ou Celtes. Les Romains, qui, en l'année 50 avant J.-C., s'établirent dans la partie méridionale de la grande île britannique, donnèrent cependant le nom de *Calédoniens* (*voyez* CALÉDONIE) aux peuples qui habitaient au delà de la Tweed. Ce fut en l'an 80 de notre ère que, pour la première fois, le gouverneur romain Agricola pénétra de la Bretagne romaine dans le pays des Calédoniens. Il ne put être soumis que jusqu'aux monts Grampians, derrière lesquels les Calédoniens continuèrent à braver leurs ennemis. Pour préserver le territoire romain des irruptions des barbares, les Romains élevèrent deux remparts, l'un entre le Forth et la Clyde, l'autre, plus tard, entre la Solway et la Tyne, qui demeura l'extrême limite de l'empire romain. Au commencement du quatrième siècle de notre ère, les populations habitant au delà de ces remparts sont désignées sous le nom de Pictes par ceux des écrivains romains chez lesquels on trouve les premiers renseignements relatifs à ces contrées. On a démontré que les Pictes, au lieu d'être de nouveaux émigrés, n'étaient autres que les anciens Calédoniens. Plus tard, on voit aussi apparaître les Scots, sauvage tribu celte, très-certainement originaire d'Irlande. Quand, en l'an 420, les Romains abandonnèrent la Bretagne à elle-même, les Pictes et les Scots accoururent bien vite porter le fer et la flamme dans les parties méridionales et civilisées de la Bretagne. Les Bretons appelèrent à leur secours les Saxons et les Angles qui, en l'an 449, réussirent effectivement à refouler les barbares de l'autre côté des grandes murailles ou remparts, mais qui, par contre, s'établirent eux-mêmes d'une manière définitive au midi de la Bretagne. Vers l'an 600, les Scots, commandés par leur prince Fergus, vinrent, eux aussi, se fixer sur la côte occidentale et dans les îles adjacentes, tandis que les Pictes habitaient le nord et l'est. Vers le milieu du sixième siècle, saint Columban répandit la foi chrétienne parmi les Pictes et les Scots. Il fonda dans l'île d'Iona un monastère, qui devint le centre des lumières et de la civilisation dans ces contrées et d'où sortirent les confréries religieuses connues sous le nom de *cultores Dei*, qui, jusqu'au moyen âge, maintinrent l'Église d'Écosse indépendante de Rome.

La race des princes pictes étant venue à s'éteindre, Kenneth, roi des Scots, réussit, en l'an 843, à réunir les deux parties du pays en un seul royaume, appelé *Scotland*, pays des Scots, dont la muraille des Romains forma la ligne de démarcation du côté de l'Angleterre. Insensiblement, les deux peuplades arrivèrent à ne plus former qu'une seule et même nation. Dès le dixième siècle on voit la soif des conquêtes et des agrandissements de territoire provoquer de sanglantes guerres entre les Écossais et les Anglais. En l'an 945, le roi d'Angleterre Edmond octroya au roi d'Écosse Malcolm le Cumberland à titre de fief, sous la condition que celui-ci lui viendrait en aide pour repousser les invasions des Danois. Bientôt les rois d'Angleterre prétendirent que cet acte d'inféodation leur constituait un droit de suzeraineté sur l'Écosse. D'ailleurs, l'alliance des deux souverains provoqua la fureur des Danois, qui alors vinrent commettre en Écosse les mêmes dévastations qu'en Angleterre.

Vers l'an 1040, le roi d'Écosse Duncan périt, assassiné par son cousin Macbeth, lequel obéissait à un sentiment de vengeance personnelle. Tandis qu'avec l'appui des montagnards, Macbeth parvenait à s'emparer du trône, le fils aîné de Duncan, Malcolm Canmore, se réfugiait dans le Cumberland. Macbeth conserva la couronne pendant dix ans, il est vrai, mais se rendit odieux par ses cruautés. En 1054, Malcolm, secouru par Siward, comte de Northumberland, et par le roi d'Angleterre, envahit l'Écosse et refoula dans les hautes terres Macbeth, qui y trouva la mort.

L'avénement au trône de Malcolm III Canmore exerça la plus grande influence sur l'Écosse. Il avait vécu à la cour d'Édouard le Confesseur, et rapporta dans son pays la civilisation anglaise. Quand, en 1066, les Normands conquirent l'Angleterre, il secourut l'héritier légitime du trône de ce pays, Edgar Adeling, et recueillit dans ses États plusieurs milliers d'Anglo-Saxons fugitifs. Sans doute il ne réussit point à expulser de l'île Guillaume le Conquérant; mais d'une expédition entreprise au nord de l'Angleterre, il ramena avec lui un grand nombre de prisonniers qui lui servirent à peupler et à civiliser ses États. C'est de cette époque que date dans les basses terres l'introduction de la langue et des usages anglais, tandis que les hautes terres (*voyez* HIGHLANDS) conservaient le caractère sauvage des anciens Celtes. Malcolm III ayant péri en l'an 1093, dans la guerre qu'il faisait à l'Angleterre, ses fils et ses parents se disputèrent à l'envi son trône, jusqu'à ce qu'enfin en 1124 le plus jeune de ses fils, David Ier, l'emporta sur tous ses rivaux et lui succéda. Ce prince acquit par mariage le Northumberland et le Huntingdon, et plus tard se fit concéder par Étienne, usurpateur de la couronne d'Angleterre, le Westmoreland et autres possessions situées au nord de l'Angleterre, mais que son petit-fils Malcolm IV, qui monta sur le trône en 1153, ne put pas conserver. A la mort de Malcolm, son frère, Guillaume le Lion, hérita du trône d'Écosse. Comme le roi d'Angleterre Henri II, qui d'ailleurs prétendait à la souveraineté de l'Écosse tout entière, lui refusait l'investiture des provinces situées au nord de l'Angleterre, il envahit en 1173 ce royaume; mais fait prisonnier, il fut renfermé dans le château de Falaise. On lui rendit ensuite, il est vrai, sa couronne; mais il dut reconnaître la tenir à titre de fief relevant de l'Angleterre. Richard Cœur de Lion, fils de Henri II, en vertu d'un traité conclu en 1189, renonça formellement à tout droit de suzeraineté sur l'Écosse moyennant 10,000 marcs d'argent. Quand le roi Jean d'Angleterre eut des démêlés avec le pape et avec sa noblesse, Alexandre II, successeur de Guillaume sur le trône d'Écosse, fit cause commune avec le parti populaire anglais; et en 1216, de concert avec le fils et héritier du roi de France, le prince Louis, il s'empara de tout le midi de l'Angleterre. Mais dès l'année 1217 Pembroke, régent d'Angleterre, réussissait à conclure avec l'Écosse une paix que consolida le mariage d'Alexandre avec la sœur du jeune Henri III.

A la mort d'Alexandre II, la couronne d'Écosse passa à son fils, encore mineur, Alexandre III, à qui l'on fit épouser la fille de Henri III. Ces alliances aidèrent puissamment à introduire en Écosse les mœurs anglaises, et provoquèrent en outre parmi les grands les plus sanglantes dissensions. En l'an 1263 on vit apparaître, à l'embouchure de la Clyde, le roi de Norvège Hakon, venu à la tête de forces considérables pour s'emparer des îles d'Arran et de Bute et les réunir aux Hébrides, alors dépendantes de la Norvège. Alexandre battit l'ennemi sur la côte occidentale, et moyennant une rente annuelle acquit les Hébrides, qu'il réunit à l'Écosse. Alexandre III mourut en 1286, laissant pour héritière de son trône une enfant née du mariage de sa fille avec le fils de **Hakon**, la princesse Marguerite de Norvège, âgée de huit ans. Édouard Ier, qui vit dans cette circonstance la chance de réunir quelque jour l'Écosse à l'Angleterre, décida en 1290 les états de l'Écosse à consentir aux fiançailles de cette princesse avec son fils aîné. Mais Marguerite étant morte dans la traversée de Norvège aux Orcades, douze prétendants à la couronne surgirent en même temps, et menacèrent de plonger le pays dans la plus extrême confusion. Les descendants des filles du comte de Huntingdon, et notamment parmi ceux-ci le petit-fils de sa fille aînée, John B a l i o l, le fils de sa fille cadette, Robert B r u c e, et le fils de la plus jeune de toutes, John Hastings, étaient les héritiers les plus rapprochés du trône. Le parlement écossais déféra la contestation à l'arbitrage du roi d'Angleterre, Édouard Ier, lequel, en 1291, adjugea la couronne à Baliol, qui sans doute y avait le plus de droits, mais qui était aussi, de tous les rivaux en présence, le plus débonnaire et parce qu'il ne lui fut pas difficile de se faire rendre hommage à titre de seigneur suzerain, sans y avoir aucun droit. Baliol fut d'ailleurs traité par lui comme le dernier des vassaux de la couronne d'Angleterre; ce qui lui fit perdre toute espèce de considération aux yeux de l'orgueilleuse noblesse écossaise. Révolté d'être l'objet d'un si ignominieux traitement, Baliol se ligua en 1295 avec la France, et déclara la guerre à Édouard; mais, en 1296, il essuya une déroute complète et décisive sous les murs de D u n b a r. Édouard Ier exigea alors qu'il reconnût de vive voix et par écrit en présence du peuple réuni dans le cimetière de Montrose qu'il avait manqué à ses obligations de vassal, puis il l'envoya prisonnier à Londres. L'Écosse reçut alors un gouverneur et des administrateurs anglais; tous les documents et chartes qui établissaient l'indépendance du royaume furent anéantis.

C'est alors que William W a l l a c e arbora l'étendard de l'indépendance nationale; mais n'ayant point trouvé d'appui parmi les grands, en proie à la discorde et à la jalousie, force lui fut, en l'an 1305, après des alternatives de succès et de revers, de se soumettre complétement à l'usurpateur. Édouard Ier croyait déjà que c'en était à jamais fait de l'indépendance de l'Écosse, quand, en 1306, Robert B r u c e, fils de l'ancien prétendant de ce nom, se plaçant à la tête de ceux des gentilshommes à qui leur patrie était demeurée chère, revendiqua les armes à la main ses droits au trône, expulsa les Anglais du pays, et se fit couronner roi d'Écosse à Scone. Édouard Ier continua la lutte mais, courbé sous le poids de l'âge et du malheur, il ne put pas mener la guerre avec vigueur. En 1314, son successeur Édouard II ayant envahi l'Écosse, essuya une défaite complète sur les bords de la petite rivière de Bannockburn. Cette grande victoire consolida la dynastie et releva beaucoup la confiance des Écossais en leurs propres forces. Un parlement régla alors l'ordre de succession, et décida qu'à l'extinction des descendants mâles de Bruce, le trône d'Écosse passerait à la descendance de sa fille *Marjoria*. Bruce maria sa fille à Welter, gouverneur du royaume, dans la riche et puissante famille de qui cette dignité était devenue héréditaire en même temps qu'elle lui avait fait donner le nom de *stewart* (intendant) ou S t u a r t. Après une nouvelle mais faible tentative faite par Mortimer, régent d'Angleterre, à l'effet de soumettre l'Écosse, un traité de paix fut signé entre les deux pays au mois de novembre 1327, à Newcastle, aux termes duquel l'Angleterre renonça à toute prétention sur l'Écosse.

Robert Bruce réussit alors à rétablir dans un royaume qui naguère encore était à deux doigts de sa ruine, autant d'ordre que le permettait le peu de pouvoir laissé à la couronne. Il commença par réprimer les usurpations des chefs des hautes terres, lesquels, en vertu de l'antique constitution de tribus et de clans, en étaient venus à se rendre presque indépendants. Dans la basse Écosse, il est vrai, la féodalité avait jeté de profondes racines, moins en vertu de lois positives que par l'effet du temps, et avait rattaché la noblesse à la couronne; mais les barons étaient devenus si puissants, en raison de la vaste étendue de leurs domaines et du nombre considérable d'hommes qu'ils pouvaient entretenir sous les armes, qu'ils se riaient des lois comme des rois. De même qu'en Angleterre, les frontières de l'Écosse avec leur population éminemment guerrière se trouvaient placées sous l'administration de fonctionnaires spéciaux appelés *gardiens des frontières*, devenus presque indépendants, et qui se livraient impunément entre eux à des guerres intestines. Si dans les hautes terres la population était sauvage et indisciplinée, celle des basses terres, voire dans les villes, gémissait sous l'oppression des seigneurs, qui entravaient toute prospérité, toute industrie, tout commerce, tout progrès intellectuel. Pour accroître son influence sur le parlement, le roi, en 1326, appela quinze députés des villes les plus importantes à faire aussi partie de cette assemblée; mais en présence de la noblesse et d'un clergé non moins puissant, ces députés demeurèrent impuissants.

A la mort de Bruce, auquel succéda, en 1329, son fils David II, alors âgé de cinq ans, le royaume se trouva exposé à de nouveaux périls. Bruce avait expulsé de leurs domaines les nombreux Anglais venus s'établir en Écosse à la suite de l'usurpation d'Édouard Ier; et ceux-ci, mettant alors à profit la faiblesse du régent du royaume Mar, offrirent la couronne d'Écosse à Édouard Baliol, fils du feu roi Baliol. Secondé par la cour d'Angleterre, le jeune Baliol débarqua au mois d'août 1332 dans le comté de Fife, battit le régent et se fit ensuite couronner roi à Scone. Baliol chercha à se consolider en rendant hommage de sa couronne au roi d'Angleterre Édouard III et en se reconnaissant son vassal. Indignés d'une action si honteuse, les grands du royaume prirent les armes, mais furent battus et contraints de les déposer. On envoya alors le jeune roi en France, où il reçut le meilleur accueil de Philippe VI, qui prit fait et cause pour lui. La dépendance complète dans laquelle Baliol s'était placé vis-à-vis de l'Angleterre, à qui il avait même cédé une partie du sud de l'Écosse, eut pour résultat le soulèvement de la noblesse, exaspérée. André Murray, oncle de David, se mit à la tête des amis de l'indépendance nationale, et soutint une longue guerre, jusqu'à ce que Édouard, occupé d'ailleurs d'un autre côté avec la France, s'en fatigua. David II rentra enfin en Écosse en 1342, et alors Baliol en fut complétement chassé.

Tandis qu'en 1346 Édouard III assiégeait Calais, David se laissa entraîner par le désir de la vengeance à entreprendre en Angleterre une expédition, dans le cours de laquelle il fut fait prisonnier sous les murs de Durham. Malgré cela, Baliol ne put pas se maintenir sur le trône, et en 1356 il renonça de la manière la plus explicite à toutes ses prétentions, en même temps qu'il se reconnut solennellement pour le vassal de son rival. Édouard III, qui avait besoin de la paix, rendit au roi David II sa liberté et sa couronne, à la condition qu'il instituerait la dynastie anglaise héritière du trône d'Écosse. Mais quand le faible David II mourut en 1370, les états d'Écosse repoussèrent cette atteinte portée à l'indépendance du royaume; et, conformément au statut de succession rendu sous Robert Bruce, élevèrent sur le trône la maison des Stuarts dans la personne de Robert II, fils de *Marjoria*.

C'est de cette élévation des Stuarts au trône que date la longue lutte qui s'établit alors entre la couronne et une orgueilleuse noblesse; lutte constamment renouvelée par les fréquentes minorités des rois, et qui faillit causer la ruine du royaume. A l'instigation de la France, Robert II fit sans cesse la guerre à l'Angleterre. Il eut pour successeur, en 1390, son fils Robert III, prince perclus de ses membres, pusillanime et ami de la solitude, qui abandonna les soins du gouvernement à son frère cadet, devenu plus tard duc d'Albany. Une courte paix fit bientôt renaître les dissensions intestines des grands, surtout des chefs de clan des hautes terres, qui souvent s'entre exterminaient à la plus grande joie de la cour. Quand, en 1399, la maison de Lancastre, représentée par Henri IV, usurpa le trône d'Angleterre, les habitants des frontières écossaises commirent des actes d'hostilité qui de part et d'autre donnèrent lieu à de dévastatrices expéditions. En même temps Robert avait tout à craindre de l'ambition de son frère Albany. Celui-ci, sous prétexte de corriger le prince royal, l'avait fait enfermer et probablement aussi avait tenté de lui faire donner la mort. En conséquence, le roi envoya son fils en France, pour qu'il y fût élevé et en même temps pour qu'il s'y trouvât plus en sûreté; mais le jeune prince tomba en route entre les mains des Anglais, et fût retenu prisonnier par Henri IV. A quelque temps de là, Robert III en mourut de chagrin.

Le parlement, il est vrai, proclama roi Jacques Ier bien qu'il fût prisonnier; mais Albany, régent du royaume, n'entreprit rien pour lui faire rendre sa liberté. Henri V, lui aussi, pour être plus sûr dans ses opérations contre la France, retint prisonnier le jeune prince, et favorisa de la sorte les projets d'Albany. Malgré cela, beaucoup d'Écossais passèrent en France à l'effet d'y combattre les Anglais. Le second fils d'Albany, le comte Buhan, conduisit même en 1419 sur le continent une armée auxiliaire considérable, qui en 1421 y ébranla pour la première fois la puissance anglaise. A la mort d'Albany, son faible fils Murdoch lui succéda en qualité de régent du royaume; mais, après avoir exercé le pouvoir pendant quatre années, il finit par s'en fatiguer, et en conséquence facilita le retour du roi dans ses États en 1424. Jacques Ier, prince ferme et éclairé, s'efforça tout aussitôt d'arrêter la décadence du royaume. Il affermit la puissance royale, en faisant impitoyablement rentrer dans le domaine de la couronne tous les biens de l'État donnés aux grands à titre gratuit; il dompta les montagnards, extermina d'innombrables bandes de brigands, et organisa l'administration écossaise sur le modèle de celle d'Angleterre, sans d'ailleurs porter atteinte à la constitution féodale en vigueur. Jusque alors on avait tiré de la Flandre la plus grande partie des objets manufacturés. Jacques favorisa le développement de l'industrie nationale tant par des lois de douanes, que par des avantages concédés ou bien des avances de fonds faites par les villes. Pour que les Écossais pussent se livrer à la culture des lettres et des sciences sans sortir de leur pays, il accorda des faveurs particulières à l'université d'Aberdeen, dont la fondation remontait déjà à l'année 1410. Mais il n'eut pas le temps de réaliser tous les grands projets qu'il avait conçus, attendu qu'il périt dès 1436, assassiné par des conjurés que ses confiscations avaient vivement irrités.

Les sénateurs Crichton et Livingston s'emparèrent du timon des affaires pendant la minorité de Jacques II, son fils, à ce moment âgé de deux ans. Ceux-ci luttèrent d'abord l'un contre l'autre avec l'appui d'un certain nombre de grandes familles; puis ils firent cause commune pour amener la chute de la puissante maison de Douglas, qui menaçait évidemment les Stuarts de leur enlever le trône. En 1452 le jeune roi eut beau égorger de sa propre main l'orgueilleux Douglas, la famille de celui-ci n'en subsista toujours pas moins puissante et redoutable dans le rameau collatéral des comtes d'Angus. Pour donner plus de force à l'autorité royale, Jacques abolit l'hérédité des grandes charges de de la couronne; mais, par contre, la justice territoriale ne put plus être rendue à l'avenir qu'en vertu d'une autorisation émanant du parlement. Jacques II mourut en 1460, devant la place de Roxburgh, des suites de l'explosion d'une pièce de canon. Pendant la minorité de son fils Jacques III, le royaume fut de nouveau en proie aux plus violentes convulsions intérieures. En 1470, ce roi épousa la princesse de Danemark Marguerite, qui lui apporta en dot les Orcades et les îles Shetland. Plein de défiance dans ses rapports avec la noblesse, mais passionné pour les arts, Jacques vécut constamment à Stirling dans la société de savants et d'artistes, et cet éloignement où il maintenait la noblesse provoqua une conspiration dans laquelle trempèrent les deux frères du roi eux-mêmes, le comte de Mar et le duc d'Albany. Le premier mourut en prison, en 1479; Albany s'enfuit d'abord en France, et plus tard se réfugia en Angleterre. Il détermina alors Édouard IV à déclarer la guerre à l'Écosse, accompagna l'armée expéditionnaire, et attira à lui un grand nombre de seigneurs mécontents. En 1488 les révoltés battirent Jacques III sous les murs de Stirling, et l'égorgèrent dans sa fuite.

Le jeune roi, Jacques IV, avait lui-même activement contribué à la chute de son père: aussi les habitants des hautes terres s'opposèrent-ils d'abord à ce qu'il montât sur le trône. Il aimait le luxe et la magnificence, et attira la noblesse à sa cour, de sorte que l'ancienne inimitié existant entre le trône et les seigneurs sembla avoir disparu. Comme le produit toujours croissant des douanes le rendait indépendant du parlement, il se prêta à la conclusion d'un traité de commerce avec la France et avec les Pays-Bas et rendit un grand nombre de lois et d'ordonnances en matière de commerce, qui ne firent au total que paralyser les transactions commerciales. Jacques IV, après avoir accueilli à sa cour le prétendant anglais Perkin Warbeck, s'engagea résolument dans une guerre avec Henri VII d'Angleterre; mais elle se termina dès l'année 1502 par un nouveau traité de paix et par le mariage de Jacques avec la fille de Henri VII. A l'avénement au trône de Henri VIII, qui songea à faire valoir les anciennes prétentions de l'Angleterre sur l'Écosse, Jacques s'allia au roi de France Lous XII, à qui il envoya une armée auxiliaire et envahit lui-même en 1513 l'Angleterre, où il périt avec la fleur de la noblesse dans une bataille livrée le 9 septembre sur le mont Flodden.

La reine, sa veuve, Marguerite, prit alors la régence du royaume pendant la minorité de son fils Jacques V, âgé de deux ans seulement; à côté d'elle, le cardinal Beaton et le comte d'Arran, arrière-petit-fils de Jacques exerçaient une décisive influence sur les affaires. Un an plus tard, Marguerite épousa le comte d'Angus à qui elle confia l'exercice du pouvoir suprême. Pour combattre l'influence redoutable du parti anglais, les états du royaume proclamèrent en 1515 le duc d'Albany, neveu de Jacques III, régent; mais ce prince, après s'être allié à la France, fut renversé en 1524. Angus s'empara de nouveau de l'autorité suprême et de la personne du jeune roi. Celui-ci réussit à s'affranchir de cette tutelle en 1528, et, secondé par quelques amis, il saisit le gouvernail en apportant au pouvoir une haine violente contre la noblesse. La ruine de la maison d'Angus fut le premier résultat de ses vengeances. Jacques s'allia ensuite avec le clergé, ennemi déclaré de la noblesse depuis plus d'un siècle; révolution qui fit revenir Beaton à la direction des affaires. Quand Henri VIII somma son neveu d'introduire la réformation dans ses États, Jacques V s'y refusa, s'allia au contraire plus étroitement que jamais avec la France catholique en épousant la princesse Marie de Guise. Henri VIII déclara formellement en 1540 la guerre à son neveu. Deux années après, Jacques V, secondé par le clergé, se disposait à envahir l'Angleterre; mais la noblesse, qui lui était hostile, refusa de combattre hors du territoire national, et la campagne commencée se termina d'une manière honteuse pour les armes de ce prince. Jacques V, en proie à un violent chagrin, mourut cette même année 1542. Il laissait son royaume, menacé par l'Angleterre et en proie à des troubles religieux, à sa fille Marie Stuart, âgée de quelques jours à peine, et au nom de laquelle, aux termes d'un testament apocryphe, Beaton se saisit de la régence.

Le clergé écossais était toujours resté à peu près indépendant du siége de Rome. Un synode national avait constamment dirigé les affaires ecclésiastiques jusqu'à l'année 1468, époque où l'archevêché de Saint-Andews fut fondé, non sans une vive opposition. Il en résultait que l'Église avait de tout temps été independante des rois, investis cependant du droit exclusif d'en conférer les dignités. Ceux-ci, de leur côté, en face d'une noblesse arrogante et turbulente, voyaient dans l'Église un allié, et saisissaient dès lors toutes les occasions pour accroître ses richesses et sa considération. Au commencement du seizième siècle, le clergé d'Écosse était propriétaire de près de la moitié du sol du royaume; de là les craintes et la jalousie qu'il inspirait à la noblesse, et la haine dont il était l'objet de la part des bourgeois, tenus dans l'oppression. Ajoutez à cela qu'en Écosse la décadence du sacerdoce était plus grande que partout ailleurs. Les prêtres, dépourvus d'instruction, vivaient dans la volupté et maintenaient le bas peuple dans les pratiques de la plus grossière superstition. Quand la Réformation triompha en Allemagne et en Angleterre, les classes élevées et instruites de l'Écosse, pays déjà préparé à une telle révolution par les partisans de Wiclef, embrassèrent les idées nouvelles en matière de foi autant par intérêt que par conviction. Beaton eut beau poursuivre la nouvelle religion avec le fer et le feu, la Réformation n'en réussit pas moins à jeter de profondes racines dans le pays, grâce à l'appui de la noblesse, jusqu'à la mort de Jacques V; et quand Beaton eut reussi à s'emparer de tous les pouvoirs, il eut vainement recours à la ruse et à la violence pour en arrêter les progrès.

Le pouvoir exécutif était encore trop faible et la puissance de la noblesse trop considérable pour que la politique de la cour pût l'emporter. Grâce à l'appui de la noblesse, Jacques Hamilton, comte d'Arran, homme de faible intelligence mais assis sur les degrés du trône, réussit bientôt à se faire déclarer régent du royaume; et pour neutraliser l'influence francaise, il fiança la jeune reine Marie Stuart au fils de Henri VIII. Mais les tentatives faites par ce monarque contre l'indépendance de l'Écosse amenèrent en 1543 la rupture de cette alliance; et Arran, qui rentra dans le giron de l'Église catholique, fit alors cause commune avec le parti français et avec la reine douairière, Marie de Guise. En dépit de ces circonstances si défavorables, la Réformation continuait toujours à faire de nouveaux progrès dans le pays. A la mort de Henri VIII, le régent d'Angleterre, Somerset, essaya de nouveau d'obtenir la main de la jeune reine d'Écosse pour Édouard VI. Mais ayant voulu en même temps faire valoir les anciennes prétentions de l'Angleterre, il en résulta une guerre ouverte, dans laquelle les Écossais furent battus, en 1547, dans les plaines de Pinkay. Ce désastre contraignit l'Écosse à se jeter dans les bras de la France. En 1548 la cour de France envoya en Écosse un corps auxiliaire de 6,000 hommes, et la jeune reine fut conduite en France, où on la fiança au fils aîné de Henri II, qui régna plus tard sous le nom de François II.

Tandis que les Guises, ardents protecteurs du catholicisme, se faisaient les tuteurs de la jeune Marie Stuart, la reine mère, par ses flatteries, réussissait à s'attacher le parti protestant, de sorte qu'en 1554 elle put prendre la régence en remplacement d'Arran. La puissance de la régente et l'influence de la France s'accrurent encore, lorsqu'en 1558 Marie Stuart eut épousé l'héritier du trône français. A l'instigation de ses oncles les Guises, Marie signa en outre un acte en vertu du quel, si elle venait à mourir sans laisser d'enfants, l'Écosse devait revenir à la couronne de France. En vertu des prétentions qu'elle élevait à la couronne d'Angleterre, elle et son mari prirent le titre de souverains de ce pays; de là cette haine implacable que lui voua dès lors la reine Élisabeth. Sa fille une fois mariée, la reine régente put ne plus dissimuler ses véritables sentiments et ceux de ses frères à l'égard du protestantisme écossais. Avec l'appui du comte d'Arran et de son frère l'archevêque de Saint-Andrews, elle rendit des lois sévères contre les hérétiques, et établit un tribunal de foi chargé de punir les ecclésiastiques qui avaient abandonné l'Église de Rome. Une sédition provoquée en 1559 à Perth, par la condamnation d'un prêtre, appela enfin la noblesse écossaise aux armes. Commandés par Jacques Stuart, fils naturel de Jacques V, les protestants se rendirent maîtres de Perth et d'Édimbourg; mais dès le mois de juillet de cette même année 1559 ils conclurent avec la cour un traité par lequel la régente s'engagea à accorder la liberté de conscience et à éloigner les troupes françaises.

A ce moment François II ceignit la couronne de France; et cet événement donna aux Guises ainsi qu'à leur sœur, la reine mère, le courage de persévérer implacablement dans leur politique à l'égard des protestants écossais. Dès l'automne de 1559, on vit arriver en Écosse de nouveaux renforts français. Plus que jamais les protestants furent persécutés, et l'antique constitution du pays reçut de nombreuses et graves atteintes. Les protestants prirent donc encore une fois les armes; mais cette fois ils auraient succombé dans la lutte, si la reine d'Angleterre n'avait pas envoyé à leur secours, en janvier 1560, une flotte sur les côtes d'Écosse et au mois d'avril suivant une armée expéditionnaire. En présence de forces supérieures, les Français durent se retirer à Leith. C'est au milieu de ces troubles que mourut la reine régente, Marie de Guise; et alors, de part et d'autre, on renoua des négociations pour la paix, qui fut effectivement signée le 30 juillet 1560. François II et Marie Stuart renoncèrent à prendre le titre de roi et de reine d'Angleterre; les troupes françaises évacuèrent l'Écosse, et le parlement écossais fut autorisé à effectuer la réformation de l'Église. Le triomphe du protestantisme était donc complet; et l'ancienne religion ne restait encore puissante que dans les hautes terres. Obéissant à l'influence du grand réformateur Knox, le parlement écossais introduisit dans le pays l'Église presbytérienne, à laquelle la commune anglaise existant à Genève servit de modèle, et dont les formes républicaines indisposèrent au plus haut degré la cour de France. La moitié des domaines de l'Église passèrent aux mains de la noblesse.

Les catholiques comptaient déjà sur une intervention française, quand la mort prématurée de François II (1551) ramena la reine Marie Stuart sur le trône de ses pères. Isolée et objet d'inimitiés profondes, force lui fut de prendre l'engagement de ne rien modifier dans l'Église d'Écosse, telle qu'elle la trouvait constituée. Son frère consanguin, Jacques Stuart, et l'habile Maitland de Lethington étaient à la tête des affaires. La paix publique ne fut pour la première fois sérieusement troublée qu'après le mariage de la reine avec Darnley, fils du comte de Lennox. Darnley renvoya de l'administration Murray et ses amis, en même temps qu'à la cour il favorisait les catholiques, qui l'excitaient à rétablir l'ancien culte. En 1565, sous le prétexte de défendre le royaume contre ses ennemis, tant extérieurs qu'intérieurs, la reine réunit une armée; et aussitôt Murray d'appeler ses adhérents aux armes. Mais les troupes de Murray furent facilement mises en déroute, et les chefs de la révolte durent aller demander asile à l'Angleterre, où la reine Élisabeth leur fit bon accueil. Cette victoire et les encouragements de la France déterminèrent Marie Stuart à se départir de la ligne de modération qu'elle avait suivie jusque alors; elle fit les dispositions nécessaires pour soumettre de vive force le pays au catholicisme. Les faits de sa vie privée, le meurtre de Rizzio, ses amours avec le comte Bothwell, enfin, en 1567, le meurtre mystérieux de Darnley, donnèrent bientôt une direction nouvelle aux destinées de Marie Stuart et à celles du pays. Quoique la majorité de la nation attribuât ce crime au comte Bothwell, Marie n'en osa pas moins quelques mois après convoler en troisièmes noces avec l'homme regardé comme l'assassin de son second époux. Cette action indigne et les circonstances qui s'y rattachent blessèrent profondément toutes les classes de la population. Bothwell ayant même osé s'emparer de la personne du jeune héritier du trône, le fils de Marie issu de son mariage avec Darnley, la noblesse courut aux armes, et réunit une armée, qui en juin 1567 en vint aux mains avec les troupes royales à Carberry. Celles-ci étaient peu disposées à se battre; et Marie, contrainte de se rendre prisonnière aux confédérés, fut renfermée par eux au château de Lochleven. Les vainqueurs se saisirent alors de l'autorité suprême, forcèrent la reine à abdiquer, et nommèrent régent pendant la minorité de Jacques VI le comte Murray, qui gouverna l'État d'une main ferme. La famille Hamilton, qui avait pour chef Arran, l'ancien régent, rendit, il est vrai, la liberté à la reine et recruta parmi ses partisans un assez fort corps de troupes; mais en mai 1568 Murray le mit en déroute et le dispersa à Langside.

Marie Stuart alla demander asile à Élisabeth d'Angleterre, qui alors s'interposa comme arbitre et médiatrice dans les troubles de l'Écosse, et détermina Murray à se faire le persécuteur de sa sœur consanguine. Peut-être Murray n'aurait-il pas laissé les choses arriver à l'extrême, si, victime de la haine des partis et d'une vengeance personnelle, il n'avait pas péri en 1576, de la main d'un Hamilton. La mort de cet homme, doué d'une intelligence supérieure, rendit toute liberté d'action aux catholiques et précipita encore une fois l'Écosse dans la plus effroyable confusion. L'influence d'Élisabeth fit nommer régent du royaume le comte de Lennox, ennemi acharné de Marie, mais qui périt bientôt après, assassiné dans une attaque tentée contre Stirling par le parti opposé. Le comte de Mar, homme de modération, le remplaça aux affaires; mais il mourut dès 1572, et eut pour successeur l'impitoyable Morton. Celui-ci anéantit à jamais le parti de Marie Stuart, tout en gênant singulièrement le presbytérianisme dans ses allures, car il contribua à l'introduction du système épiscopal. D'ailleurs il exaspéra la noblesse par sa cupidité et par sa dureté. Une espèce de révolution de palais le renversa enfin du pouvoir en 1578; et le roi, quoiqu'il ne fût encore âgé que de douze ans, dut prendre lui-même les rênes du gouvernement avec le concours et l'appui d'un conseil composé de douze seigneurs. De perpétuelles intrigues de cour, auxquelles prit part la reine d'Angleterre, et tous les abus du favoritisme furent les suites de cette détermination trop hâtive. Menacée par les puissances catholiques, Élisabeth conclut en 1586, avec Jacques VI, un traité d'alliance pour la défense de la foi protestante, et, au moyen d'une pension ainsi qu'en lui promettant de le déclarer héritier de la couronne d'Angleterre, elle sut si bien le gagner à ses intérêts qu'il ne fit pas même entendre la moindre plainte lors du supplice de sa mère (février 1567). Quant à la nation, la mort de Marie Stuart n'avait pas eu d'autre résultat que de décider les états du royaume à former pour la première fois une alliance solennelle pour la défense de leur foi ou covenant, à l'effet d'empêcher les catholiques de se soulever et de faire cause commune avec l'Espagne.

Cependant les catholiques n'en étaient toujours pas moins protégés en secret par la cour; de même que toute la conduite du roi annonçait hautement de sa part l'intention d'en finir avec les libertés de l'Église presbytérienne en introduisant en Écosse l'épiscopat; et c'étaient là autant de causes de mécontentement et de discorde à l'intérieur. Pour diminuer l'influence de plus en plus grande de la haute noblesse dans le parlement, depuis la Réformation, le roi remit en vigueur une ordonnance de Jacques Ier, aux termes de laquelle des représentants de la petite noblesse étaient admis à siéger dans le parlement. Mais ce changement important fut précédé par des atteintes essentielles portées à l'indépendance de l'Église, par exemple la défense de tenir des assemblées ecclésiastiques sans l'autorisation de la couronne, et la nomination des ministres dans les grandes villes attribuée au roi. Après des négociations qui avaient duré plusieurs années, Jacques VI approcha plus que jamais du but constant de ses efforts, l'introduction du système épiscopal en Écosse, quand, en 1600, il fut autorisé par le parlement à y appeler ceux des ministres du nouveau culte auxquels avaient été conférés les anciens siéges épiscopaux et abbayes.

Un grand événement, la mort d'Élisabeth, qui, suivant sa promesse, avait institué pour héritier son plus proche parent, le roi d'Écosse, suspendit momentanément, en 1603, la réaction religieuse. La réunion des deux couronnes sur la même tête, après avoir été pendant plus de trois cents années l'objet des luttes les plus sanglantes et les plus acharnées, s'effectua sans opposition.

Jacques Ier, ainsi que se fit alors appeler le roi d'Écosse, abandonna la terre de ses aïeux en la laissant dans un profond état de ruine et d'épuisement. L'agriculture y était des plus arriérées, même dans les basses terres, l'industrie nulle, et le commerce borné à peu près à l'exportation des produits bruts, de la laine, des cuirs et des poissons. La négligence complète dont l'Écosse fut dès lors l'objet de la part du pouvoir y entrava encore davantage tout développement de prospérité matérielle. En outre, la noblesse fut obligée de renoncer à l'attitude menaçante qu'elle avait jusqu'alors pu prendre à l'égard de la royauté, devenue maintenant bien autrement puissante qu'elle. Avec cette décadence du système féodal et la transformation des barons en voluptueux courtisans commencèrent une oppression et une exploitation tyrannique des tenanciers et des petits fermiers, telles que jamais encore on n'en avait vu dans le pays. Depuis la Réformation une littérature nationale avait surgi en Écosse, où l'on s'occupait aussi de la culture des sciences. Mais cet essor intellectuel de la nation s'interrompit tout à coup, par suite de l'éloignement de la cour et parce que l'élément national se trouva bientôt complétement étouffé par la langue et la littérature anglaises. Dès 1604 le roi proposa la fusion des deux royaumes en un seul; mais les Écossais s'y refusèrent, parce que le parlement anglais exigeait que les lois fussent les mêmes pour les deux pays. Jacques fut plus heureux quand il entreprit de modifier la constitution de l'Église presbytérienne : en 1610 en effet l'épiscopat fut officiellement établi en Écosse sur le modèle de l'épiscopat anglais. Il faut cependant ranger au nombre des mesures utiles et fécondes prises à cette époque la fondation des écoles de paroisse (1616).

Charles Ier, lui aussi, à partir de 1625, suivit la même

politique que son père, mais avec moins de prudence. Pour doter plus richement les évêques d'Écosse, il fit soumettre en 1633 au parlement écossais un projet de loi aux termes duquel les biens ecclésiastiques précédemment vendus devaient rentrer dans le domaine de l'État, en même temps que les dîmes dont la jouissance avait été abandonnée à la noblesse seraient abolies. A l'instigation de l'évêque anglican Laud, qui passait pour être catholique en secret, le roi introduisit en outre un rituel dont la pompe rappelait celle des cérémonies du catholicisme. La première de ces mesures avait inspiré une vive terreur à la noblesse, la seconde exaspéra le peuple; des deux côtés on se prépara alors à la résistance. Une émeute provoquée en 1637 à Édimbourg par l'introduction du nouveau rituel eut pour résultat l'institution d'un comité révolutionnaire, composé des membres du parlement, et qui entra en négociation avec le conseil d'État. Au milieu d'une violente exaspération des esprits, on renouvela en 1638 le serment de fidélité au *covenant* ou ligue pour la défense de la foi, qui fit de rapides progrès dans tout le pays. C'est ainsi que les presbytériens se virent encore une fois appelés à prendre une attitude d'autant plus menaçante pour le roi, qu'à ce moment les Anglais, eux aussi, se disposaient à recourir à l'emploi de la force pour obtenir des garanties politiques.

A la suite de longues négociations, une armée de religionnaires écossais, commandée par Leslie et par Montrose, franchit les frontières d'Écosse, battit les troupes royales et s'empara de Newcastle. Le parlement anglais jugea la présence de l'armée écossaise si utile à ses intérêts, que celle-ci n'évacua le sol anglais qu'en 1641. Charles Ier dut alors consentir au rétablissement de l'Église presbytérienne dans sa forme primitive et à d'importantes modifications dans la constitution écossaise. Le parlement, que jusque alors les rois n'avaient convoqué que suivant leur bon plaisir, dut dès lors se réunir de droit tous les trois ans, et dans l'intervalle de ses sessions un comité permanent, choisi dans son sein, fut chargé de surveiller les actes du pouvoir; enfin, il fut stipulé que le concours du parlement serait nécessaire pour la nomination à toutes les fonctions importantes dans l'État.

La révolution complète qui s'opéra bientôt après en Angleterre fut pour l'Écosse le signal de nouveaux progrès. En 1643, une ligue religieuse conclue entre les Écossais et le parlement d'Angleterre introduisit le presbytérianisme même dans ce pays et l'y plaça sous la protection des deux nations. En 1644, l'armée écossaise aux ordres de Leslie, vint rejoindre les troupes parlementaires et leur aida à battre les troupes royales à Marston-Moore. Tandis que ceci se passait en Angleterre, Montrose, à la tête des montagnards des hautes terres relevait avec succès l'étendard royal en Écosse; mais en septembre 1645 Leslie l'anéantit, lui et les siens, à l'affaire de Philiphaugh. Le roi Charles Ier, après la déroute de Naseby, ne se vit plus d'autre ressource que de se livrer à l'armée écossaise; et tout aussitôt celle-ci le livra au parlement anglais. La marche de la révolution, et surtout les progrès faits par le parti des Indépendants (*voyez* CROMWELL), qui en vint jusqu'à menacer le parti presbytérien lui-même, amenèrent bientôt des divisions profondes entre les Écossais et les hommes qui tenaient alors le pouvoir en Angleterre. Les Écossais consentaient bien à ce qu'on limitât l'autorité royale, mais ils ne voulaient point qu'on abolît la royauté. Le parlement écossais entra en conséquence en négociations avec le roi prisonnier; et quand Charles se fut engagé à confirmer la ligue pour la foi, il envoya le duc de Hamilton en Angleterre avec une armée, que Cromwell battit sous les murs de Preston.

Après le supplice de Charles Ier, les Écossais offrirent à son fils Charles II la couronne de leur pays, à la condition qu'il prêterait le serment du *covenant*. Charles essaya d'abord de reconquérir le royaume de ses pères au moyen d'une expédition armée, qu'il y envoya sous les ordres de Montrose; et ce ne fut qu'après l'insuccès de cette tentative qu'il se décida à venir en Écosse sous la dure condition de s'y conformer aux mœurs sévères des presbytériens. Mais, en 1650, Cromwell envahit l'Écosse à la tête d'une armée anglaise, et anéantit, à la bataille de Dunbar, l'armée de la ligue; en 1651 il battit encore un autre corps de troupes écossaises, qui avait pénétré en Angleterre jusqu'à Worcester. Monk acheva la soumission et la pacification de l'Écosse, et ce pays dut alors se résigner à rester tranquille pendant sept années consécutives, sous la verge de fer de Cromwell.

A la mort du Protecteur, les Écossais secondèrent l'entreprise faite par Monk en faveur de Charles II; et en 1660 ils laissèrent la restauration s'opérer sans aucune réserve de leur part. Malgré cela, ce fut précisément en Écosse que la réaction religieuse et politique, commencée tout aussitôt par la cour, se montra la plus violente et versa le plus de sang. En dépit de toute résistance, le gouverneur Middleton et le comte Clarendon rétablirent l'épiscopat; et un parlement corrompu sanctionna le rappel et la mise à néant de tous les changements opérés dans l'État depuis 1640. Une commission spéciale fut chargée de rechercher la conduite de tous les hommes qui avaient joué un rôle dans la révolution, et leur appliqua les amendes les plus arbitraires. Les ministres presbytériens, qui combattirent l'épiscopat, perdirent leurs emplois, de sorte que plus de la moitié des paroisses demeurèrent sans pasteurs. Enfin, l'archevêque Sharp en vint jusqu'à établir, sous le nom de tribunal de foi, une véritable inquisition et à faire fouetter publiquement les récalcitrants qui refusaient de fréquenter les églises épiscopales. A partir de 1666, les presbytériens se révoltèrent à diverses reprises; mais ces mouvements furent toujours réprimés avec la plus impitoyable sévérité. Plusieurs milliers d'individus, et dans le nombre beaucoup de femmes, périrent de la peine du gibet. Seize mille autres furent réduits à errer çà et là dans le pays et à célébrer leur culte en plein air, l'arme au poing. La peine la plus douce qu'on infligeât aux sectaires obstinés consistait à les marquer au front d'un fer chaud ou bien à leur couper une oreille, et à les envoyer ainsi en Amérique.

L'avenir réservé à l'Écosse se rembrunit encore davantage lorsqu'en 1685 le catholique Jacques II monta sur le trône. Ce prince refusa de prêter le serment exigé des rois d'Écosse lors de leur avénement au trône, comme violentant sa conscience; il travailla activement à renverser la constitution du pays, introduisit les jésuites, et rendit un édit de tolérance n'ayant d'autre but que le rétablissement du papisme. Quand, en 1688, on reçut en Écosse la nouvelle du détrônement de Jacques II, la fureur du peuple éclata aussitôt contre les instruments de la tyrannie. Le parlement déféra à Guillaume III et à son épouse la couronne d'Écosse, et attribua à leur fille, la princesse Anne, le droit de succession. Guillaume confirma, bien qu'avec répugnance, la constitution presbytérienne, et blessa par là les épiscopaux, qui dès lors firent cause commune avec les catholiques des hautes terres pour le rétablissement des Stuarts. C'est ainsi que lord Dundee put rassembler dans les hautes terres une armée avec laquelle, en 1689, il battit les troupes de Guillaume III; mais ses efforts demeurèrent inutiles, parce que les presbytériens ne vinrent pas se joindre à lui. La sévérité avec laquelle Guillaume III punit les chefs de clan des hautes terres, son indifférence pour les intérêts du commerce de l'Écosse et l'arbitraire qui présidait à tous les actes de ses ministres et de leurs subordonnés, lui aliénèrent bientôt aussi les cœurs des presbytériens. Tous les partis étaient d'accord pour regretter la perte de l'indépendance nationale et appeler de leurs vœux la séparation politique de l'Écosse d'avec l'Angleterre. Guillaume songeait déjà aux moyens de réunir les deux royaumes en un seul; mais il mourut en 1702, et ne put que recommander vivement cette importante mesure à sa fille Anne, qui lui succédait sur le trône. Toutefois, le mécontentement et les dispositions hostiles des populations, que l'insolent orgueil du parlement anglais ne faisait qu'irriter de plus en plus, ne permirent pas aux hommes d'État les plus audacieux de cette époque de penser à réaliser la fusion. En 1704 le parlement écossais rejeta même un statut relatif au droit de succession à la couronne, aux termes duquel ce droit était dévolu à la maison protestante de Brunswick. En revanche, il vota le bill dit *de sécurité*, par lequel, en cas de mort de la reine Anne, les Écossais se réservaient le droit d'élection à la couronne déclarée dès lors indépendante de l'Angleterre.

La composition du parlement écossais, où depuis l'ordonnance de Jacques Ier la noblesse pauvre était parvenue à dominer de plus en plus, inspira enfin au gouvernement anglais le courage de tenter sérieusement, et au prix de grands sacrifices d'argent, la réunion des deux royaumes. En 1706 le parlement d'Angleterre et celui d'Écosse nommèrent, chacun par moitié, une commission de trente-deux membres, qui, du 29 avril au 2 août, s'occupa de la rédaction d'un projet de bill relatif à l'union. Ce projet fut adopté le 27 janvier 1707 par le parlement d'Écosse, et le 16 mars suivant par le parlement d'Angleterre. Dès le 12 mai l'union fut légalement accomplie. Un fait bien remarquable, c'est qu'il n'y eut pas en Écosse un seul parti qui essayât de résister à cette mesure, quelque peu précipitée, et d'ailleurs œuvre de la corruption. L'Angleterre et l'Écosse se trouvèrent dès lors réunies pour toujours sous la dénomination de Grande-Bretagne. La succession au trône fut assurée à la maison de Brunswick, et tout prince catholique en fut exclu. A partir de ce moment, les sujets des deux royaumes jouirent indistinctement des mêmes droits et des mêmes priviléges, surtout en matière de commerce et de douanes. Il fut convenu que l'Écosse supporterait un 40e des charges publiques. Les Écossais conservèrent d'ailleurs leur organisation judiciaire et leurs lois propres. Le Royaume-Uni devait être représenté par un parlement unique. La chambre des pairs d'Angleterre devait recevoir dans son sein seize pairs d'Écosse, en même temps que quarante cinq députés des comtés, des villes et des bourgs de ce royaume iraient siéger à Londres dans la chambre des communes. Cette fusion une fois accomplie, une existence nouvelle et plus vigoureuse commença pour le peuple écossais. C'est alors seulement, sous l'empire d'une constitution qui ne favorisait pas uniquement la noblesse et la couronne, que des jours meilleurs vinrent pour la bourgeoisie et le pays en général. Néanmoins les classes populaires persistèrent longtemps encore à considérer l'union des deux pays comme un grand malheur; et les insurrections de 1715 et de 1745 prouvent combien longtemps les *Jacobites* ou partisans de la famille royale déchue (*voyez* JACQUES III et CHARLES-ÉDOUARD) demeurèrent nombreux et puissants. Consultez Buchanan, *Rerum Scot. Hist. libri XII*, (Édimbourg, 1582); Hume, *General History of Scotland* (Londres, 1756); Guthrie, *General History of S.* (10 vol. 1767); Dalrymple, *Annals of S.* (1776-1779); Robertson, *History of S. during the reign of queen Mary and of king James VI* (2 vol. 1758); Pinkerton, *History of S. from the accession of the house of Stuart to the union of the kingdoms* (1804; nouv. édit. 1819); Cook, *History of the Reformation in S.* (2e édit., 1819); Macintosh, *The History of S. from the invasion of the Romans to the union with England* (1822); Tytler, *History of S. from the accession of Alexander II to the union of the crowns* (8 vol., 1826-1834).

ÉCOSSE (Nouvelle). *Voyez* NOUVELLE-ÉCOSSE.

ÉCOT. Ce mot vient-il du saxon, du latin, ou du vieux mot français *escolage*, signifiant payement d'une pension? Question encore indécise pour les étymologistes. Aujourd'hui *écot*, dans l'acception la plus ordinaire, veut dire la part de dépense supportée par chacun dans un repas pris chez un traiteur, dans une partie de chasse ou de plaisir. Ceux qui donnent à manger par état nomment *écot* les convives réunis à la même table : Faire partie d'un écot, c'était jadis participer à un repas, à une collation. Il y a cependant plusieurs façons d'*acquitter son écot*, à l'usage de ceux qui ont plus d'appétit que d'argent. Les gens d'esprit payent en bons mots, d'autres en nouvelles, et tous en compliments à l'amphitryon. *Il a beau se faire de l'écot qui rien n'en paye*, expression métaphorique, exprimant qu'il est bien aisé de ne pas se plaindre d'un mal qui tombe sur autrui.

Dans le vocabulaire des eaux et forêts, on appelle *écot* de grosses branches dépouillées de leurs rameaux, de façon cependant qu'il reste des bouts excédants de ces rameaux, qui les font paraître hérissés et épineux.

C'est aussi un terme de blason, signifiant quelques restes de branches rompues. SAINT-PROSPER jeune.

ÉCOUEN, village et chef-lieu de canton du département de Seine-et-Oise, avec 1,042 habitants, situé à 18 kilomètres au nord de Paris, est célèbre par son château, bâti au quinzième siècle, sur une éminence, et appartenant alors à l'illustre maison de Montmorency. Au seizième siècle, le connétable Anne de Montmorency le fit considérablement embellir, sous la direction de l'architecte Jean Bullant, qui exécuta lui-même une grande partie des sculptures. L'intérieur en était très-orné. On remarquait surtout la petite galerie des vitraux, dont les peintures en camaïeu, exécutés d'après les dessins de Raphael, représentaient des sujets empruntés à la fable de Psyché. A la suite des événements de la Révolution, ces vitraux furent transférés au Musée des Monuments français. Cette demeure aristocratique offrit souvent sa somptueuse hospitalité à des rois de France. C'est ainsi qu'il existe une déclaration de François Ier, datée d'Écouen, le 4 juillet 1527; Henri II y rendit divers édits en 1548. En 1559 ce prince y rendit son fameux *édit d'Écouen*, qui punissait de mort les partisans des doctrines de Luther. Sous le règne de Louis XIII, le château d'Écouen et les terres qui en dépendaient furent confisqués sur le duc Henri II de Montmorency, par ordre du cardinal de Richelieu. En 1633, il fut donné à la duchesse d'Angoulême, et il passa ensuite dans la maison de Condé, qui continua à le posséder jusqu'à la Révolution. Après la bataille d'Austerlitz, Napoléon décréta qu'à l'avenir l'État se chargerait d'élever les filles et les nièces des membres de la Légion d'Honneur; qu'à cet effet il serait fondé divers établissements, dont le plus important, confié à Mme Campan, serait placé dans le château d'Écouen, et aurait pour succursales les maisons de Saint-Denis, de Paris, des Loges et des Barbeaux. En 1814, par une ordonnance en date du 19 juillet, Louis XVIII réunit la maison d'Écouen à celle de Saint-Denis, et rendit le château à la maison de Condé. Par son fameux testament, le dernier héritier de cette illustre famille avait voulu que ce château devînt le siége d'un établissement qu'il dotait richement et chargé d'élever gratuitement des enfants issus de familles dont quelque membre aurait servi de 1792 à 1799 dans le corps d'émigrés dit *armée de Condé*; mais le roi Louis-Philippe refusa d'autoriser cette fondation.

Louis-Napoléon a rétabli à Écouen un succursale de la maison d'éducation de la Légion d'Honneur.

ÉCOULEMENT (*Médecine*). *Voyez* FLUX, HÉMORRHAGIE, etc.

ÉCOULEMENT DES LIQUIDES. Lorsqu'un liquide s'écoule par un orifice percé à travers de minces parois, à une petite distance de la sortie du jet, il se forme un rétrécissement qu'on appelle *contraction de la veine fluide*. Le fluide qui sort d'un robinet offre donc un et de trois grosseurs différentes : à la sortie de l'orifice, le filet d'eau a une certaine grosseur, qui un peu plus loin diminue de diamètre; il prend en cet endroit le nom de *section* *contractée*, après quoi la grosseur du filet reste quelque temps permanente; puis, l'air se mêlant au fluide, il en résulte une espèce de gerbe toujours plus grosse que la section contractée. De ces observations il résulte que le diamètre du cylindre fluide qui sort d'un vase doit être mesuré à l'endroit même de la section contractée.

On observe dans l'écoulement des fluides des effets bien plus singuliers encore : soit, par exemple, un vase de métal à parois minces, vers le bas duquel on a percé une ouverture toute simple, sans rebords, soit intérieurs, soit extérieurs. Ayant observé le temps pendant lequel le vase fournit à l'écoulement, on trouvera qu'il se vide plus lentement si les bords de l'orifice sont courbés en dedans, et plus vite s'ils sont tournés en dehors. Quelle est la cause de cette différence? On l'ignore. Ce qui est bien certain, c'est que les bords du vase étant chargés en dehors, si l'on représente par 100 la dépense de l'écoulement, en repliant bords de l'orifice en dedans, cette dépense sera exprimée par 71.

L'unité qui sert de terme de comparaison pour mesurer l'écoulement des liquides par divers orifices et sous des pressions différentes s'appelle *pouce d'eau*. C'est la quantité de ce liquide qui s'écoule en une minute par un orifice circulaire de 1 pouce de diamètre, percé dans une paroi verticale très-mince. On suppose que la *charge* (la hauteur de l'eau au-dessus du centre de l'orifice) est de 7 lignes. L'expérience a appris que sous ces conditions le liquide qui s'écoule par un orifice de 1 pouce de diamètre fournit pendant une minute un peu moins de 14 litres d'eau, équivalant à un cylindre d'eau ayant 1 pouce de diamètre sur 880 de long. Le pouce d'eau, unité de mesure, se subdivise en *demis, quarts* de pouce, lignes, etc., ou en orifices ayant 6, 3, 2 lignes de diamètre, donnant toujours de l'eau sous la charge de 7 lignes de hauteur. Les surfaces des cercles étant entre elles comme les carrés de leurs diamètres, il s'ensuit qu'un demi-pouce d'eau (6 lignes de diamètre) doit fournir le quart de 14 litres, ou 3 litres et demi d'eau par minute. Une ligne d'eau fournirait la 144e partie de 14 litres, ou environ 9 centilitres pendant le même temps. Pour mesurer la quantité d'eau qu'une source, un ruisseau, peut fournir en un temps donné, on comptera autant de *pouces d'eau* que le courant fournira de fois 14 litres de liquide par minute. Si l'eau du courant ne peut être recueillie commodément, celle d'une rivière, par exemple, on pourra néanmoins évaluer son produit assez exactement en s'y prenant comme il suit : on jettera sur le courant un corps ayant même poids spécifique que l'eau : un œuf lesté avec du sable, une boulette de cire, etc., seront de bons instruments pour faire l'expérience. On notera, au moyen d'une montre, le nombre de pouces que le petit appareil parcourra par minute; on divisera ce nombre de pouces par 880, et le quotient exprimera la quantité de pouces d'eau que donnerait une ouverture circulaire de 1 pouce de diamètre placée verticalement à l'endroit du courant où l'on fait l'observation. Il va sans dire que pour connaître le produit total de la source, il faut multiplier ce résultat par la section du cours d'eau faite perpendiculairement à la direction du courant, au point où l'on a fait l'expérience.

Si la charge était de plus ou moins de 7 lignes, on calculerait le produit de l'écoulement suivant la loi de la chute des corps, d'où il résulte que la vitesse d'un écoulement est proportionnelle à la racine carrée de la hauteur du liquide au-dessus de l'ouverture. TEYSSÈDRE.

ÉCOUTES, lieux d'où l'on écoute sans être vu. Il y avait en Sorbonne des écoutes où se tenaient les docteurs pour entendre les disputes publiques : la *tribune aux écoutes*. Figurément et familièrement *être aux écoutes*, c'est être attentif à remarquer, à recueillir ce qui se dit, ce qui se passe dans une affaire, afin d'en tirer avantage. La *sœur écoute*, dans un couvent de femmes, est la religieuse qui accompagne au parloir une autre religieuse, ou une pensionnaire.

En termes de fortifications, les *écoutes* sont de petites galeries pratiquées de distance en distance, en avant des glacis des fortifications d'une place de guerre, répondant toutes à une galerie située parallèlement au chemin couvert. On s'en sert pour aller au-devant du mineur ennemi, et pour l'interrompre dans ses travaux.

ÉCOUTES (*Marine*), gros cordages fixés aux coins inférieurs (ou points) des voiles, et qui servent à les border lorsqu'on les dispose, pour bien recevoir le vent, dans la direction que le navire doit suivre. Il faut distinguer les *écoutes* des *amures*. Celles-ci, placées également aux extrémités inférieures des basses voiles, sont toujours au vent, c'est-à-dire du côté d'où vient le vent, tandis que les écoutes sont sous le vent; d'où il suit que lorsque le bâtiment vire de bord, les écoutes changent de côté. *Border une voile*, c'est faire effort sur l'*écoute*, et fixer le point de cette voile de manière à ce qu'elle offre une prise convenable au vent. Les *écoutes de revers* sont celles des basses voiles qui se trouvent au vent, et par conséquent larguées (ou flottantes) lorsque les voiles sont orientées sur un bord ou sur l'autre. Les basses voiles seules ont des *amures*; les voiles hautes envergées n'ont que deux *écoutes*, au vent et sous le vent, et sont par conséquent bordées tribord et babord. On distingue les écoutes des huniers, des perroquets, des cacatois, par *écoute du vent*, et *écoute sous le vent*. Si l'on est vent-arrière, on dit *l'écoute de tribord*, *l'écoute de babord*. Lorsqu'on est surpris par un grain, on *file l'écoute*, on *largue l'écoute*, pour ne pas compromettre la voilure, quelquefois même la mâture. *Naviguer l'écoute à la main*, c'est lorsqu'on navigue par un gros temps, dans une petite embarcation, tenir l'écoute constamment pour la larguer ou la laisser filer au besoin. MERLIN.

ÉCOUTILLES. On donne ce nom à des ouvertures carrées ou rectangulaires pratiquées sur tous les ponts d'un navire, au milieu de sa largeur, et servant à communiquer du pont supérieur à la cale. Les écoutilles correspondent perpendiculairement les unes aux autres pour faciliter le chargement et le déchargement. Dans les navires à trois mâts, on compte trois écoutilles principales : la *grande écoutille*, située entre le grand mât et le mât de misaine; *l'écoutille de devant*, en avant de ce dernier mât; et *l'écoutille de derrière*, entre le grand mât et l'artimon. Plus en arrière encore, et près du mât d'artimon, il y en a une quatrième, qui sert de communication avec les chambres dans tous les navires, et avec la sainte-barbe et la fausse sainte-barbe dans les vaisseaux et frégates. Les écoutilles sont entourées d'un cadre de 22 centim. de haut environ, appelé *surbau*, qui empêche l'eau de tomber dans la cale, lorsque dans les gros temps les lames baignent le pont. C'est aussi sur ce cadre que sont soutenus les panneaux qui servent à fermer les écoutilles ou les *caillebotis*, qui, tout en évitant les accidents, laissent pénétrer l'air et le jour dans les batteries et les entre-ponts. Dans les mauvais temps, lorsque la lame embarque, ou dans les temps de pluie, on étend sur les caillebotis un *prélart*, que l'on y cloue au besoin. Indépendamment des trois ou quatre écoutilles, on perce quelquefois entre les ponts pour faciliter les communications avec la cale, et aux deux extrémités du navire, de petites ouvertures qu'on appelle *écoutillons*. Les panneaux qui bouchent ou recouvrent les écoutilles sont quelquefois percés eux-mêmes d'*écoutillons*. Dans les ponts supérieurs, les ouvertures par lesquelles passent les mâts s'appellent aussi *écoutillons*. Les petits bâtiments non pontés, qui ont des *tilles*, n'ont que des écoutillons.

MERLIN.

ÉCOUVILLON, brosse cylindrique fixée à l'extrémité d'un manche ou *hampe*, et destinée à nettoyer l'intérieur, ou âme, d'une pièce de canon, lorsqu'elle a tiré. La hampe de l'écouvillon des pièces de campagne porte à l'extrémité opposée le *refouloir*, qui sert à refouler ou bourrer la cartouche à boulet ou à balles introduite dans la pièce pendant que le premier servant de droite, après avoir *écouvillonné*, retourne la hampe dans sa main droite. L'écouvillon des pièces du calibre de 4, dont l'usage est abandonné dans l'artillerie de campagne, servait aussi de refouloir; la hampe était recourbée à son extrémité, et terminée par un retour ou manivelle, qui, malgré l'opinion de généraux d'artillerie fort respectables, était loin d'éviter les accidents. Les clous et viroles employés dans la construction des écouvillons sont en cuivre, parce que le frottement de ce métal contre du gravier qui se trouverait dans l'âme de la pièce ne peut produire des étincelles. L'écouvillon des pièces de marine est fait de peau de mouton ayant sa laine; il est indépendant du refouloir, placé sur une autre hampe.

Merlin.

ÉCRAN, petit meuble d'appartement destiné d'ordinaire à garantir contre la trop grande chaleur du feu. Il y a des écrans à main, et d'autres à pied; ces derniers se posent debout devant le feu.

Les *écrans à main* sont ordinairement faits en carton fin, lissé et coupé de forme et de grandeur convenable; le bas du carton, qui en est aussi la partie la plus étroite, entre dans une main en bois dont la partie supérieure est entaillée pour le recevoir. Ces sortes d'écrans sont tantôt ornés de dessins, tantôt occupés de l'un et de l'autre côté par des ariettes et de la musique, par des fables, des énigmes, des charades, des rébus, etc.

Les *écrans à pied* sont en étoffe, ordinairement en taffetas vert, montée dans un châssis fait en noyer, en acajou, en ébène ou en tout autre bois, et qui peut s'élever et s'abaisser à volonté, à l'aide d'un mécanisme. Ces écrans portent le plus souvent une petite chiffonnière dans laquelle les dames peuvent déposer leurs dés, leurs ciseaux, leur fil ou leur ouvrage.

D'autres écrans, plus modernes, se posent simplement sur le manteau de la cheminée; ils sont, comme les précédents, formés d'un morceau rectangulaire d'étoffe de soie. Ce morceau est fixé par l'une de ses extrémités à une tringle formant l'axe d'un cylindre, ordinairement en bois orné de marqueterie. L'extrémité libre de l'étoffe est également terminée par une tringle de métal qui, lorsqu'on déroule l'écran pour s'en servir, remplit l'office d'un poids suffisant pour empêcher l'étoffe de s'écarter de la cheminée sous l'action du courant produit par la chaleur du foyer. L'écran se roule et se déroule à l'aide d'une petite manivelle extérieure terminant l'axe du cylindre.

V. de Moléon.

ÉCREVISSE, genre de crustacés décapodes macroures. Ce genre, auquel Linné donnait le nom de *cancer*, renfermait dans la classification de ce grand naturaliste un beaucoup plus grand nombre d'espèces qu'aujourd'hui, qu'il a subi de nombreux retranchements, dus aux travaux de Fabricius, de Latreille, et plus récemment de M. Milne Edwards, qui en a séparé les homards. Le genre *écrevisse* (*astacus*) est donc borné maintenant à six espèces, dont une appartient à l'Europe, trois à l'Amérique, une à l'Afrique, et une à la Nouvelle-Hollande. Tout le monde connaît l'espèce européenne, l'*écrevisse commune* (*astacus fluviatilis*). Les caractères principaux du genre sont d'avoir la queue longue et volumineuse. Cette longue queue sert à la nage : aussi est-elle terminée par des lames ou écailles de formes diverses qui peuvent s'écarter en éventail; la plupart des espèces marchent difficilement à terre, et nagent à reculons avec assez de rapidité; la disposition de la queue, qui est convexe et propre à frapper l'eau perpendiculairement à l'horizon, par un mouvement de flexion, détermine nécessairement ce mode de progression.

L'écrevisse commune est ordinairement d'un brun verdâtre qui vire au rouge par la cuisson. Cependant on rencontre quelquefois des individus complétement rouges, et même d'autres qui sont bleus. La variété rouge de l'écrevisse ordinaire existe dans plusieurs cours d'eau de la vallée du Rhin; on la voit assez souvent au marché de Strasbourg. Les écrevisses bleues sont beaucoup plus rares. Pour expliquer cette différence de coloration, M. Lereboullet admet dans le test calcaire de l'écrevisse l'existence de trois pigments, l'un rouge, l'autre bleu, le troisième vert; la prédominance de l'un des deux premiers déterminerait les couleurs rouge et bleue. Suivant M. Focillon, la coloration des crustacés, en général, résulterait du mélange de deux substances, l'une plus ou moins abondante, rouge écarlate, l'autre cristalline, bleue chez l'écrevisse, le homard, etc.; jaune citron chez la langouste, etc. Cette substance cristalline se détruisant par la chaleur et les acides, et se dissolvant dans l'alcool, ces corps rendraient les crustacés sur lesquels ils agissent rouges ou roses, suivant la qualité de leur pigment rouge. « Si un état maladif de la peau, dit M. Focillon, ou toute autre chose gêne ou empêche la production de l'un ou l'autre des deux pigments, on aura des variétés rouges ou bleues. » Il remarque aussi que l'action des acides affaiblis rend les écrevisses rouges sans les faire périr.

L'organisation intérieure de l'écrevisse commune a été étudiée avec un soin tout spécial par les naturalistes; ils ont remarqué que les antennes et les pattes sont susceptibles de se régénérer lorsqu'elles ont été coupées ou mutilées : aussi, dans les écrevisses que l'on sert sur nos tables, trouvons-nous souvent une différence plus ou moins notable dans les dimensions des pinces. C'est au zèle infatigable du célèbre Réaumur que l'on doit d'avoir constaté cette régénération par l'observation directe. Chaque année, vers la fin du printemps, l'écrevisse mue, c'est-à-dire qu'elle se dépouille de son test calcaire; elle est alors tout à fait molle, mais au bout de quelques jours une nouvelle enveloppe, quelquefois plus grande d'un cinquième, s'est reproduite sur tout son corps. Lorsque l'écrevisse est sur le point de muer, son estomac renferme deux concrétions pierreuses, qui sont connues sous le nom d'*yeux d'écrevisses*, et qui dans des temps moins éclairés ont été investies des propriétés les plus brillantes. Les deux sexes sont pourvus d'organes sexuels doubles; ils sont situés à la base d'une des paires de pattes. Deux mois après l'accouplement, la femelle pond des œufs nombreux, qui, réunis par le moyen d'une matière visqueuse, se collent sur les filets des fausses pattes dont le ventre est garni : ces œufs, qui sont d'un rouge brun, grossissent beaucoup avant d'éclore; les petits qui en sortent sont tout à fait formés, mais ils sont mous, et ils continuent à se réfugier sous la queue de leur mère, jusqu'à ce que leurs parties extérieures aient acquis quelque solidité.

Il paraît que les écrevisses vivent environ vingt ans; elles continuent à s'accroître pendant toute leur vie. Elles se nourrissent de larves d'insectes, de petits mollusques, de petits poissons et de toutes les matières animales en putréfaction qui peuvent se rencontrer dans les eaux qu'elles habitent. Elles se nichent particulièrement sous les pierres et dans les trous des berges; elles y demeurent en embuscade, attendant leur proie, et y passent l'hiver dans une sorte d'hibernation. Elles sont d'une voracité remarquable : les mâles se battent entre eux pour la possession des femelles, qu'ils retiennent fréquemment dans leurs retraites. On préfère celles qui vivent dans les eaux courantes. La plupart des rivières en nourrissent abondamment en certains lieux, la Seine à Neuilly, à Choisy-le-Roi; la Juine à Étampes, l'Yonne à Auxerre, le Therain à Beauvais, etc. Elle est si commune en Hongrie que Jules Alessandrini de Neustain dit avoir vu arriver sur le marché de Vienne jusqu'à trente chariots chargés de ce crustacé. Il ne paraît pas que, quelques soins que l'on prenne, on parvienne à en peupler un lieu où il ne s'en trouvait pas auparavant.

Comme l'écrevisse est un mets assez recherché des gourmois, on la pêche activement. Ainsi, pendant le jour, on la cherche dans les trous qui lui servent de retraite; la nuit, on l'attire par la lueur des torches. Mais le moyen qui réussit le mieux, c'est celui de diverses sortes d'appâts. Tel est un filet fixé autour d'un cercle de fer, qui lui-même est attaché à une perche; on y renferme quelque morceau de chair corrompue, et on le promène vers le soir le long des berges : c'est l'époque où l'écrevisse quitte son trou pour aller en quête de sa proie; ou bien, on attache au rivage un fagot d'épines dans le centre duquel est un morceau de viande pourrie : les écrevisses s'y embarrassent quelquefois au nombre de plusieurs douzaines. On peut les conserver vivantes plusieurs jours s'il ne fait pas très-chaud, et surtout si on les dépose dans des baquets dont le fond soit couvert de quelques lignes d'eau seulement. Les gastronomes recherchent surtout les écrevisses de Beauvais et celles de Nogent-le-Rotrou, qui étaient déjà célèbres dans le treizième siècle. Employées comme aliment, elles sont très-nourrissantes : les assaisonnements dont on les accompagne leur communiquent une qualité assez excitante; certains estomacs les digèrent cependant avec peine; elles causent alors des picotements à la peau, et souvent, par suite, de l'insomnie.

On a dans les temps anciens, et même jusqu'à une époque assez moderne, attribué à l'écrevisse des propriétés singulièrement remarquables; nous en indiquerons quelques-unes, ne serait-ce que pour enregistrer un exemple des bizarreries et des absurdités qu'enfante l'ignorance. Du temps d'Hippocrate on recommandait le bouillon d'écrevisse dans une infinité de cas maladifs : la phthisie, la lèpre, l'asthme, la dyssenterie, la gravelle, etc. Dioscoride prescrit contre la rage deux cuillerées de cendres d'écrevisse, à prendre pendant trois jours dans du vin; de la poudre d'écrevisse crue dans du lait d'ânesse, contre la morsure des serpents et des scorpions. Galien assure que c'est un remède efficace contre la rage; seulement il veut que l'écrevisse soit rôtie toute vivante dans une poêle de cuivre rouge, et qu'elle ait été prise pendant l'été, après le lever de la canicule, lorsque le soleil entre dans le signe du Lion, le dix-huitième jour de la lune. Après de telles autorités, on ne s'étonnera pas que des auteurs conseillent des cataplasmes d'écrevisse appliqués sur la tête contre la frénésie, de la poudre d'écrevisse contre l'avortement, etc. Quant aux propriétés absorbantes qu'on a reconnues à la poudre de ces productions qu'on nomme *yeux d'écrevisse*, elles sont remplacées avec avantage par diverses préparations chimiques plus homogènes et plus positivement efficaces, telles que le carbonate de magnésie, etc.

BAUDRY DE BALZAC.

On fait avec les écrevisses des garnitures d'entrée, et spécialement pour les matelotes et les fricassées de poulet; on en fait des purées pour masquer de gros poissons apprêtés au maigre; on en fait aussi des potages excellents, si justement vantés par Brillat-Savarin, et célébrés par plusieurs de nos poëtes, sous le nom de *bisques*. Les écrevisses à la crème composent aussi un entremets distingué. Enfin les plus belles, dressées sur un plat en forme pyramidale, constituent ce que les praticien appellent un *buisson*, et se servent comme grosse pièce d'entremets.

Les écrevisses se préparent de diverses manières : au court-bouillon, à la crème, à l'anglaise, à la gasconne. C'est en Alsace et en Lorraine qu'on trouve les plus grosses; celles qui nous viennent de Normandie ne leur sont point comparables sous ce rapport, mais ne leur cèdent point comme morceau d'un très-bon goût. Le bouillon d'écrevisse convient à beaucoup de poitrines fatiguées; la chair de cet animal est très-nourrissante, et forme un aliment solide, mais très-indigeste.

ÉCREVISSE (*Astronomie*). *Voyez* CANCER.

ÉCREVISSES, nom particulier des cuirasses à écailles.

ÉCRIN, petit coffret destiné à recevoir des pierreries et des bijoux; on peut même dire qu'à la rigueur ce petit coffret ne reçoit le nom d'*écrin* que lorsqu'il renferme ces objets précieux. Il y a des écrins de toute espèce de forme, comme de toute dimension; il en est dont toutes les richesses se bornent à un peigne, un collier; d'autres, au contraire, renferment tout un monde de bijoux. Quelques lexicographes donnent pour racine au mot français *écrin* le mot latin *crines*, qui signifie *cheveux*, et cela sans doute parce que les bijoux qui composent un écrin sont surtout le peigne, le collier, les boucles d'oreilles, etc., tous ornements qui servent à la parure de la tête. Cependant, nous remarquerons que très-souvent l'écrin renferme bien d'autres objets; et en effet, il n'est pas complet s'il ne comprend aussi des bracelets, des chaînes, des bagues, anneaux, et autres bijoux semblables. Mais l'écrin servit d'abord à conserver des souvenirs travaillés en cheveux, et assez souvent même il était fait de tresses de cheveux; c'est ce qui semblerait justifier l'étymologie de *crines*.

Quant à l'origine des écrins, on peut la faire remonter, avec quelques auteurs, au temps des prêtres de l'antique Égypte, qui, disent-ils, les avaient inventés afin d'y renfermer les objets sacrés de leur culte; ou bien, puisant à une source plus moderne, regarder les chevaliers du Temple, et après eux les francs-maçons, comme les inventeurs des écrins, dont ils avaient besoin pour dérober aux regards leurs cordons, leurs croix, leur petite truelle, leur compas, leur maillet, etc.

Bien que les écrins ne soient plus, comme autrefois, enrichis de figures en relief, de ciselures représentant des scènes d'amour, ni couverts de pierres précieuses, ils sont encore une arme de séduction, et le talisman le plus énergique et le plus puissant, le moyen souvent le plus sûr d'arriver au cœur d'une femme. L'écrin a donc perdu bien plus du côté de la beauté et de la valeur que de celui de la puissance morale. Et en effet, chez nous, comme parmi nos pères, un écrin est encore la pierre de touche de la vertu.

V. DE MOLÉON.

ÉCRIT, papier écrit, témoignage ou preuve qu'on donne par sa signature ou par celle d'un tiers, promesse, convention écrite, etc. Dans ce sens, le mot *écrit* appartient surtout à la langue des affaires et du barreau, et il n'a pas la même signification que le mot *écritures*. Un *écrit sous seing privé* fait foi contre celui qui l'a souscrit, ses héritiers ou ayant-cause, lorsqu'il a été reconnu ou légalement tenu pour reconnu; celui auquel on l'oppose est obligé d'avouer ou de désavouer formellement sa signature; les héritiers ou ayant-cause peuvent se contenter de déclarer qu'ils ne connaissent pas la signature ou l'*écriture* de leur auteur. Les *écrits* portant promesse ou mandement de payer des sommes déterminées doivent être sur papier timbré. Les *écrits* qui peuvent faire foi en justice doivent être également timbrés. Toute convention dont l'objet excède la somme ou la valeur de 150 fr. doit être rédigée par *écrit*. En justice, on appelle *écrits* les lettres que l'on peut produire comme preuve ou commencement de preuve.

Devant le conseil du roi, dans l'ancien régime, et devant le conseil d'État sous la Restauration, on plaidait *par écrit*, c'est-à-dire sur pièces, requêtes et rapport, mais sans discussion orale. Une grande partie de la France a longtemps été régie par le *droit écrit*. On dit : mettre une chose *en écrit* sur ses tablettes, pour s'en souvenir.

Le mot *écrit* se prend aussi dans le sens de *publication* et c'est ainsi qu'il est souvent employé dans la législation de la presse.

Écrit anonyme signifie un écrit, manuscrit ou imprimé, dont l'auteur ne se fait pas connaître. Quand les motifs de cette précaution ne sont pas inspirés par la modestie, ou par quelque convenance respectable, elle devient suspecte, et l'on ne peut surtout que mépriser l'écrivain qui attaque dans l'ombre :

Un *écrit* clandestin n'est pas d'un honnête homme.

Un *écrit pseudonyme* est celui dont l'auteur prend un nom supposé pour dérouter le lecteur. Dans mainte épigramme, on *parle des écrits morts-nés* de son adversaire. Un *écrit polémique* est celui dans lequel on discute quelque question de science ou de littérature. Trop souvent ces sortes d'*écrits* dégénèrent en libelles.

Les *écrits périodiques* diffèrent des journaux en ce qu'un journal paraît quotidiennement, tandis qu'un écrit périodique paraît à des jours déterminés. Mais cette matière se rattache si essentiellement à celle des *journaux* que nous y renvoyons le lecteur. Charles Du Rozoir.

ÉCRIT DOUBLE. *Voyez* Double écrit.

ÉCRITEAU, morceau de planche ou de carton sur lequel est collé un papier portant, en gros caractères imprimés ou écrits, un avis au public. On suspend, on accroche à la porte d'une maison un écriteau pour annoncer qu'elle est en location ou en vente, ou qu'il y a quelque appartement, cave, écurie, remise, chambre ou boutique à louer. On met et on enlève ces écriteaux à volonté. Mais les écriteaux annonçant le nom d'un hôtel garni, et peints audessus ou à côté de la porte, sont inamovibles, ainsi que ceux qui sont gravés sur le fronton des théâtres. C'est par des écriteaux collés sur les murs qu'on réclame, avec promesse de récompense, des enfants, des chiens, des billets de banque, des portefeuilles et des bijoux perdus; qu'on annonce à bon marché des meubles, des pianos et des cabriolets à vendre, que des empiriques promettent pour six francs la guérison de certaines maladies, et que les commissionnaires prêteurs sur gages proposent l'achat de reconnaissances sur le mont-de-piété ou des effets qu'on y a déposés. Quand ces écriteaux sont imprimés et collés à certain nombre, ils prennent le nom d'*affiches*. Les *enseignes* des écrivains publics sont de véritables écrits de leur main, offrant des modèles de diverses écritures. Les écriteaux diffèrent des affiches, dont l'intitulé seul est en grosses lettres, et dont le contenu est bien plus long et plus détaillé. Ils diffèrent de l'enseigne, tableau, figure ou toute autre indication qu'un marchand fait peindre sur sa maison, à sa porte, pour faire connaître quelle est sa profession. Ils diffèrent, enfin, de l'*inscription*, parce que celle-ci se grave sur la pierre, le marbre, sur des médailles, des tombeaux, des monuments publics, pour perpétuer la mémoire d'un personnage célèbre, d'un grand événement, ou de la fondation d'un édifice.

L'administration emploie souvent aussi des écriteaux pour ses avis. C'est ainsi qu'on voit en certains endroits : *Il est interdit de monter sur ces talus* ; ou bien : *La mendicité est interdite dans le département de.....* ; ou bien encore : *Les voitures non suspendues ne passent pas par ce chemin*, etc. C'est par des espèces d'écriteaux que l'on connaît les routes, les noms des rues, les numéros des maisons. Souvent ces écriteaux sont peints sur du bois ou sur des plaques de métal, ou autres.

Ce sont des écriteaux que l'on posait autrefois sur la poitrine des coupables fustigés par la main du bourreau ; on en mettait encore au-dessus de la tête des malheureux qui étaient condamnés à l'exposition publique. On a donc eu tort d'appeler *inscription* l'écriteau I. N. R. I., que les Juifs placèrent au haut de la croix sur laquelle ils firent expirer Jésus-Christ : ils méconnaissaient sa divinité, et le condamnaient comme criminel. Les écriteaux que l'on mettait jadis, dans la plupart des écoles et des pensions, sur la poitrine ou le dos des enfants indociles, paresseux ou ignorants, ne servaient qu'à les avilir sans les corriger. Les annales dramatiques font mention enfin, d'une plaisante espèce d'écriteaux, auxquels donnèrent naissance l'abus des priviléges et les mesquines vexations des théâtres royaux. Dans les premières années du dernier siècle, ils eurent le crédit de faire interdire la parole et le chant aux petits spectacles de la *Foire*, berceau de notre Opéra-Comique. Ceux-ci, pour éluder la défense, imaginèrent des rouleaux en papier fort, ou en carton mince, sur lesquels était imprimée, en gros caractères et en peu de mots, l'explication de ce que la pantomime des acteurs ne pouvait exprimer. Ces écriteaux étaient roulés, et chaque acteur en avait dans sa poche droite le nombre nécessaire pour son rôle. Il les déroulait successivement pour les faire lire aux spectateurs, et les mettait ensuite dans son autre poche. Bientôt, à cette prose explicative on substitua, sur les écriteaux, les couplets qui appartenaient à chaque rôle : l'orchestre jouait les airs pour faciliter la lecture des écriteaux, et le parterre, en *chorus*, chantait les couplets, ce qui ne laissait pas que de faire un fort joli charivari. Comme ces écriteaux embarrassaient la scène et gênaient les gestes des acteurs, on les fit plus tard descendre du cintre, portés et déployés par deux Amours, que des contre-poids tenaient suspendus en l'air. Sur ces écriteaux était alors inscrit au-dessus de chaque couplet le nom du personnage qui était censé le chanter. On ignore le nom de l'inventeur de ces écriteaux, mais Lesage étant généralement regardé comme le créateur de l'opéra-comique, on peut lui attribuer aussi l'invention des écriteaux ; et cette idée a été mise en scène par Barré, Radet et Desfontaines, dans un joli vaudeville : *Les Écriteaux, ou René Lesage à la Foire Saint-Germain*. Les pièces de ce genre imprimées ou mentionnées dans les œuvres de l'auteur de *Gil-Blas*, ou dans le recueil du *Théâtre de la Foire*, sont désignées par ces mots : *A écriteaux*. H. Audiffret.

ÉCRITURE, du latin *scriptura*, fait du verbe *scribere*, se prend dans diverses acceptions ; nous ne nous occuperons ici que de la plus vulgaire ou de la plus générale, celle qui s'applique à l'*art graphique*, ou à l'art de peindre la parole par des signes visibles et de convention. L'*écriture* est l'art de rappeler à l'esprit par des signes convenus, présentés aux yeux, les idées qu'y réveillent d'ordinaire les sons du langage parlé. Il y a deux sortes de signes : les uns, imaginés dans l'enfance des langues et lorsqu'elles étaient encore pauvres, expriment les idées mêmes, abstraction faite du nom sonore qui a pu être imaginé d'ailleurs pour les représenter : ils n'ont donc aucune espèce de rapports avec la langue parlée, et pourraient conséquemment, s'ils étaient généralement adoptés, servir d'interprètes plus ou moins fidèles à toutes les nations. De ce genre sont les peintures mexicaines, les *quipos* des Péruviens, les *tribunols* chinois, les *hiéroglyphes* égyptiens, enfin les *chiffres* arabes et même les *notes musicales*, qui réveillent les mêmes idées chez tous les peuples où ils sont connus, quelque langue que parlent d'ailleurs ces peuples. Les autres représentent les sons mêmes du langage : ils doivent donc être traduits à l'oreille avant que l'esprit en perçoive la signification, et sont, par cela même, particuliers à la langue pour laquelle ils sont créés. Telles sont les lettres alphabétiques adoptées en Europe.

La peinture des choses a été la première écriture employée, du moins tout porte à le croire. Les Espagnols la trouvèrent établie au Mexique. C'est par elle que l'empereur fut informé de leur arrivée. A l'aide de dessins grossiers, les ingénieux habitants de ce vaste empire exprimaient une série d'événements qui en relataient l'ordre historique; par la proportion et par la disposition des figures, ils disaient tous les actes d'un règne; ils exprimaient tous les progrès de l'éducation, à partir du berceau jusqu'à l'adolescence, et représentaient les actions et les récompenses des guerriers; des chants traditionnels, que tous devaient savoir, complétaient ce qu'on ne pouvait exprimer au moyen de cette écriture. La férocité des vainqueurs empêcha de la perfectionner et d'arriver jusqu'aux hiéroglyphes; mais déjà de grands progrès les avait conduits jusqu'aux symboles : une maison avec une marque particulière représentait une ville conquise; des têtes d'hommes ornées d'emblèmes signifiaient les chefs des peuples, etc., etc. Enfin, leurs signes offrent une telle ressemblance avec les premiers hiéroglyphes égyptiens, si perfectionnés depuis, que plusieurs auteurs, entre autres De Guignes, n'hésitent pas à les regarder comme les mêmes jusqu'à l'époque où ces derniers cessent d'être de simples symboles. Nous voyons encore de nos jours les sauvages de l'Amérique employer un procédé semblable. S'ils veulent, par exemple, annoncer leur départ pour la guerre, ils tracent grossièrement sur l'écorce des figures d'hommes armés du tomahawk; quelques arbres ou un canot figurés indiquent s'ils voyagent par terre ou par eau. Certes, les Scythes n'étaient pas parvenus à ce degré de civilisation quand leurs députés remirent à Darius ces objets significatifs : une souris, une grenouille, un oiseau, un javelot et une charrue. S'ils avaient su dessiner, au lieu des objets eux-mêmes, ils ne lui en auraient adressé que les figures tracées sur quelque matière.

On sent combien ce système est insuffisant : les choses visibles seules peuvent être représentées : encore devient-il impossible de tracer les figures de celles qui sont compliquées, comme une forêt, une ville, etc., et les attributions sont totalement omises. Il a donc fallu recourir aux symboles, premier pas vers le perfectionnement hiéroglyphique.

Les hiéroglyphes ne sont que le perfectionnement d'un système dont les peintures mexicaines nous offrent le premier jalon. Les images employées par nos littérateurs sont bien pâles et bien froides, si on les compare à la manière dont s'exprime le langage hiéroglyphique, langage tout de figures et de poésie. On distingue trois sortes d'hiéroglyphes : les plus simples représentent l'homme par un de ses membres; un incendie, par une fumée qui s'élève; un combat, par deux mains, l'une armée du glaive, l'autre avec un bouclier. Dans la seconde espèce d'hiéroglyphes, un œil joint à un sceptre désigne un roi; une épée avec les deux signes précédents, un tyran sanguinaire; le soleil et la lune rappellent la suite des temps, et un œil dominant le tableau nous révèle la Divinité. Mais il restait encore à représenter bien des idées métaphysiques : la troisième espèce d'hiéroglyphes y a pourvu, et la philosophie a pu exprimer ses abstractions, même le plus profondes. Cette méthode de représenter les idées est très-naturelle, et tous les peuples, quelque langue qu'ils parlent, parviendraient à déchiffrer de tels hiéroglyphes s'ils connaissaient les mœurs, les usages du temps et les analogies qui ont servi de base. D'ailleurs, les prêtres égyptiens, quand l'écriture par lettres devint générale, firent des hiéroglyphes une écriture mystérieuse, prenant à tâche d'exprimer la vérité par des signes de pure convention, sans aucun rapport avec les choses qu'ils voulaient exprimer. Ces deux causes ont amené les difficultés que nous rencontrons toutes les fois que nous cherchons le sens caché sous des hiéroglyphes. Pour nous, qui connaissons les mœurs de l'ancienne Rome, le mot *candidat* signifiera celui qui brigue, qui postule; car nous savons que ceux qui chez les Romains concouraient pour obtenir une charge, un emploi, revêtaient une robe, remarquable par sa blancheur; coutume qui les avait fait surnommer *candidati*, du mot latin *candidus*, blanc. Mais il ne nous est pas aussi facile de retrouver à quels usages correspondent chez les Égyptiens les analogies sur lesquelles s'appuient les hiéroglyphes. Du reste, cette écriture était primitivement à l'usage de tous, ainsi que le démontrent des inscriptions de cette sorte adressées à toutes les classes. Un ancien temple de Minerve, entre autres, portait celle-ci : un enfant, un vieillard, un faucon, un oiseau, un hippopotame. L'enfant et le vieillard signifient indubitablement qu'on s'adresse ici aux hommes de tout âge, à toute l'espèce humaine; le faucon et l'oiseau marquent l'antipathie, la haine; l'hippopotame, qui ne fuit jamais devant le nombre, l'impudence : le sens littéral est donc *homme, déteste l'impudence!* ou bien, *homme défie-toi de ta sagesse!* Le principal, dans l'emploi des hiéroglyphes, est de déterminer, de préciser exactement chaque idée par tous les signes accessoires possibles qui peuvent la compléter. Notre écriture moderne donne bien le moyen de rendre une idée de mille manières différentes, mais elle n'offre ni la même précision, ni la même universalité.

Mais le système que nous venons d'exposer présente un grand nombre d'inconvénients; nous signalerons entre autres la lenteur avec laquelle on dessinait un objet et l'espace immense qu'il fallait pour exprimer un petit nombre d'idées. Il était donc important de réduire les signes à des proportions qui en rendissent l'usage prompt et facile. Dans ce but, les hiéroglyphes furent successivement altérés, sans perdre toutefois, sous la forme nouvelle qu'ils revêtirent, la signification primitive qui leur avait été assignée. L'art chez les Chinois en est resté à ce point. Deux cent quatorze signes, appelés *clefs* ou *tribunols*, leur offrent, par les combinaisons dont ils sont susceptibles, le moyen d'exprimer toutes les idées possibles. Au moyen de cette écriture, bien plus rapide que les hiéroglyphes, ils correspondent avec les diverses provinces de leur vaste empire, quels que soient d'ailleurs les dialectes qui s'y parlent; ils s'entendent même parfaitement, à l'aide de cet interprète, avec les Japonais et avec les Cochinchinois, peuples dont la langue est bien différente de la leur. Les Péruviens avaient aussi une écriture particulière qui, amenée peut-être pas des hiéroglyphes, n'avait cependant aucun rapport avec ce genre d'écriture. Elle s'exécutait au moyen de cordes de diverses couleurs que l'on combinait suivant les choses à exprimer (*voyez* QUIPOS). Cette écriture s'est encore conservée chez les Auranibas et parmi quelques tribus indigènes du Chili et du Pérou. Les tribunols chinois offrent le plus haut degré auquel ait atteint jusqu'à présent l'art d'exprimer les idées mêmes à l'aide de signes qui parlent aux yeux. Le langage mimique des sourds-muets est également tout idéographique, et avec fort peu d'étude pourrait être compris de toutes les nations du globe. Malheureusement jusqu'à ce jour, malgré les efforts de Bébian et d'autres encore, on n'a pu réussir à le fixer par des caractères faciles à comprendre et à retenir.

L'origine de l'alphabet se perd dans la nuit des temps. Ainsi que nous l'avons vu, et que nous le voyons encore de nos jours chez les sauvages, la civilisation naissante commence toujours la langue écrite par l'invention de signes qui expriment les idées mêmes, et sans tenir compte de la langue parlée. Mais la combinaison de ces signes prêtant souvent, dans l'état d'imperfection où ils se trouvent, à des interprétations et à des équivoques plus ou moins vagues, le besoin d'établir entre les sons du langage et l'écriture des rapports faciles à saisir ne tarde pas à se faire sentir. L'écriture syllabique a donc été créée, puis l'alphabet. On fait trop d'honneur au génie des premiers inventeurs en supposant qu'ils soient parvenus dès l'abord à analyser les sons du langage au point de pouvoir former l'alphabet : ce n'est que par gradation qu'une telle dissection a pu être opérée. Sans doute, le peuple qui le premier tenta cet essai devait être déjà très-avancé en civilisation et compter de nombreuses provinces, puisqu'il était arrivé au point de pouvoir se faire une langue écrite particulière, et, dès lors uniquement consacrée à son usage. Il est probable cependant que la plupart des nations alors connues avaient avec ce peuple puissant des relations fréquentes, et par conséquent devaient entendre sa langue; ou bien il conservait encore pour ses relations extérieures l'écriture hiéroglyphique, que tous comprenaient. Mais le premier pas était fait; et l'écriture alphabétique adoptée partout étouffa l'écriture universelle, qui servait d'interprète aux peuples de langues différentes. Enfin, on s'efforça de la rét blir; quand la nécessité s'en fit sentir de nouveau. La grande assemblée à laquelle les livres saints font allusion en parlant de la tour de Babel se sépara sans avoir pu faire revivre ce lien commun qui devait unir tous les peuples.

Les opinions sont divisées quand il s'agit de décider à quelle nation appartient l'invention des lettres. Suivant Crinitus, l'alphabet hébreu est dû à Moïse ; le syriaque et le chaldéen, à Abraham; l'attique, apporté par Cadmus en Grèce, et de-là en Italie par Pélasge, aux Phéniciens ; le latin, à Nicostrate, l'égyptien à Isis, le gothique, à Ulphilas, 370 ans après J.-C. Quant à l'invention première des lettres, Philon l'attribue à Abraham, Josèphe et saint Irénée à Énoch, Bibliander à Adam ; Eusèbe, Clément d'Alexandrie, Cornelius Agrippa, à Moïse ; Pomponius Méla, Hérodien, Rufus Festus, Pline, Lucain, aux Phéniciens ; saint Cyprien, à Saturne, Tacite, aux Égyptiens; d'autres, enfin, aux Éthiopiens. Si l'on en croit les Chinois, il faut, pour trouver l'origine des lettres, remonter à leur empereur Fohi, le même que Noé, suivant plusieurs auteurs, et qui vivait 1950 ans avant J. C., 1400 ans avant Moïse, et 500 ans avant Ménès, premier roi d'Égypte. Le livre Yékim, attribué à Fohi, serait donc le plus ancien livre du monde. Mais nous sommes trop éloignés de ce peuple, les communications avec lui ne sont pas, d'ailleurs, assez faciles pour que nous puissions constater le degré de certitude que méritent ses annales, et vérifier de telles assertions. Cherchons donc autre part.

L'antiquité des hiéroglyphes chez les Égyptiens milite en leur faveur, et les nombreux perfectionnements qui y ont été apportés dans la suite des siècles ont fait penser que les lettres constituaient une des transformations que ce genre d'écriture a subies, transformation nécessitée par le besoin d'une écriture plus rapide. L'alphabet hébreu, par exemple, offre en effet cette singularité, que les lettres dont il est composé, ont chacune une signification particulière, indépendante de leurs combinaisons entre elles, pour former des mots. Il en est de même de la plupart des alphabets asiatiques. Chaque lettre eut d'abord le même sens que le signe hiéroglyphique dont elle n'était que l'altération : le seul avantage qu'elle possédât alors consistait en ce qu'elle était plus facile à tracer. Nous ne pouvons douter que les Égyptiens aient connu l'alphabet : pendant longtemps l'art de représenter les sons du langage parlé servit chez eux à assurer le secret des actes du gouvernement; mais quand l'écriture secrète commença à se répandre, on revint, dans le même but, aux anciens hiéroglyphes, alors oubliés du vulgaire. On s'attacha désormais à en rendre le sens mystérieux : les prêtres surtout enveloppèrent l'*hiérogrammatique* d'une obscurité de plus en plus profonde, en se servant de figures dont les rapports avec les idées étaient purement de convention. Moïse, élevé en Égypte, ne le connut que par eux. Il paraît cependant pouvoir revendiquer l'honneur d'un perfectionnement; car son alphabet est plus complet que celui dont la Grèce attribue l'introduction chez elle à Cadmus, contemporain de Josué. Pourtant, l'invention ne peut lui en être attribuée. Si le peuple hébreu n'avait pas connu l'écriture, Dieu n'aurait point ordonné d'écrire la loi divine ; s'il avait, d'autre part, jugé convenable de révéler cet art à son peuple, Moïse se serait bien gardé de taire cette révélation, et les Livres Saints nous ôteraient toute espèce de doute à cet égard. La seule chose dont ils fassent mention, c'est que les tables furent écrites par Moïse avec le doigt de Dieu, c'est-à-dire, ainsi que l'expliquent les versets suivants, par son ordre formel. Les patriarches ne nous semblent pas non plus, pouvoir prétendre à la gloire de cette découverte. L'histoire se tait ici : il se présente cependant assez d'occasions qui lui auraient permis de constater un fait d'une telle importance. Quant à l'opinion qui en fait honneur à Adam, elle n'est appuyée sur aucune base qui puisse préparer la conviction, pas plus que celles des anciens peuples qui la reportent aux dieux. Les autres versions sont également dénuées de faits qui puissent dissiper les ténèbres ; mais les Phéniciens paraissent avoir quelques chances en leur faveur. La civilisation chez eux, comme chez les Égyptiens, remonte à une haute antiquité : Sanchoniaton, leur plus ancien, leur plus célèbre historien, dit positivement que l'écriture alphabétique a pris naissance en Phénicie ; Pline, Quinte-Curce, Lucain, Eusèbe, partagent cette opinion. Suivant eux, l'alphabet fut importé en Égypte par Taut, fils du roi phénicien Mizraïm, lorsque son père y vint, en 2178.

La ressemblance étonnante que nous remarquons entre les lettres alphabétiques de tous les peuples indique néanmoins une origine commune. L'hébreu, le phénicien, le syriaque, le chaldéen et l'arabe présentent dans leurs alphabets des altérations trop peu sensibles pour qu'on puisse mettre en doute l'identité de leur origne. Les anciennes médailles samaritaines conservent seules l'ancien caractère hébreu, pur de toute altération jusqu'à la captivité de Babylone; mais depuis cette époque les Juifs employèrent l'alphabet assyrien, maintenant en usage parmi eux, et qui différait du leur, si l'on en croit Postellus. Les caractères grecs regardés à l'inverse sont les mêmes que les lettres hébraïques; ils ont de plus conservé les noms qu'elles portent dans l'alphabet hébreu. De cet alphabet grec est dérivé l'alphabet latin, qui a formé tous ceux qui s'emploient maintenant en Europe et chez plusieurs peuples de l'Asie. Il est à remarquer que les Grecs écrivirent d'abord de droite à gauche; puis, alternativement de droite à gauche et de gauche à droite (*voyez* BOUSTROPHÉDON); enfin, de gauche à droite : diverses inscriptions viennent constater ce fait; d'autres, d'une époque moins reculée, prouvent que les lettres latines étaient dans l'origine absolument les mêmes que les lettres grecques. L'altération qu'elles ont admise depuis n'empêche pas de reconnaître cette similitude.

Toutes les observations portent donc à croire que tous les alphabets, au moins ceux que nous connaissons, ont eu une origine commune. Ils semblent avoir été répandus par les diverses colonies d'un même peuple : nous voyons les lettres sortir d'Égypte avec Moïse; Cadmus les apporte en Grèce, vers le temps de Josué; mais Cadmus était de Thèbes, d'où il émigra en Grèce. Hérodote nous dit même que de son temps on voyait encore à Thèbes, en Béotie, dans un temple d'Apollon, une inscription en lettres cadméennes. Les Phéniciens bastulans ou cananéens, chassés par Josué, apportèrent l'alphabet dans les contrées appelées depuis royaumes d'Andalousie et de Grenade, où ils vinrent s'établir. Les Latins reçurent le nôtre des Grecs par Pélasge, qui vint s'établir en Italie 150 ans après Cadmus, ou, d'après Tacite et Denys d'Halicarnasse, soixante ans après Pélasge, par une colonie d'Arcadiens, sous les ordres d'Évandre. De l'alphabet phénicien est sorti le carthaginois, le sicilien, celui qu'apporta Pélasge, et qui s'introduisit dans toute l'Europe et chez divers peuples asiatiques et africains, qui écrivent de droite à gauche. L'ionien s'écrivit bientôt de gauche à droite. Il forma l'arcadien, le latin, l'ancien gaulois, l'ibère, l'ancien gothique, l'illyrien, le slave, le russe, le bulgare, l'arménien. L'alphabet latin a produit le lombard, le visigoth, le saxon, le gaulois, le mérovingien, l'allemand, le carlovingien, le goth moderne. Le lombard s'établit en Italie vers l'an 569. Le visigoth s'introduisit en Espagne lors de l'invasion des Visigoths. Le gaulois forma le gallicolatin, le franc, le mérovingien (franco-gaulois), qui régna du sixième siècle au neuvième, époque à laquelle Charlemagne introduisit l'alphabet carlovingien, qui disparut totalement au treizième siècle. Les Allemands le remplacèrent par le goth moderne, tandis que Hugues Capet, en 987, y substitua celui qui fut appelé depuis capétien. Ce dernier dégénéra vers le treizième siècle en goth moderne, que l'Angleterre adopta également vers cette époque. Le goth moderne, inventé par Ulphilas, a usurpé son nom; car il est dû, non aux Goths, mais aux Visigoths d'Italie et d'Espagne. Formé des caractères latins dégénérés, à une époque où tous les arts déclinaient, c'est le plus mauvais de tous les genres d'écriture que nous venons de citer. Les moines et les étudiants ne purent se résoudre à l'abandonner que vers le quinzième siècle. Il se maintint plus longtemps encore en Allemagne et au Nord; mais l'usage en fut totalement proscrit en Espagne au synode de Saint-Léon. Le lombard fut usité du sixième siècle au treizième; le saxon, du septième au douzième; le normand, dérivé du lombard, se maintint en Angleterre depuis l'importation qu'en fit Guillaume le Conquérant jusqu'au règne d'Édouard III. Les lettres particulières aux Irlandais, et qu'on suppose avoir été apportées par une colonie de Carthaginois 1000 ou 600 ans avant J.-C., prévalurent au milieu d'eux jusqu'au seizième siècle. On peut assigner la même durée au gaélique des montagnards d'Écosse. En somme, il n'est pas d'alphabet complet, c'est-à-dire représentant tous les sons de la parole; mais le nombre de lettres est plus grand qu'il ne le fut jadis. Cadmus n'en avait importé que 18, au dire d'Aristote cité par Pline; Palamède, pendant la guerre de Troie, en ajouta 4, et Simonide 4. Suivant Pline et Plutarque, il n'en apporta en Grèce que 16. BAILLET DE SONDALO.

On peut ramener à six les sortes d'écritures en usage aujourd'hui chez nous, savoir : la *gothique*, la *ronde*, la *bâtarde*, la *cursive*, la *coulée* et l'*anglaise*. La gothique est la plus ancienne : elle est penchée, taillée à angles droits et tire son nom de sa forme. Elle imite les caractères d'imprimerie des Allemands. La ronde, qui nous est venue d'Italie, est formée de lignes toutes perpendiculaires. La bâtarde, est ainsi nommée parce qu'elle est en quelque sorte formée d'un mélange de gothique et de ronde; elle est arrondie et très-peu penchée sur la droite. C'est sans contredit la plus lisible de toutes les écritures et celle qui se rapproche le plus des caractères romains de l'impression. La cursive, plus penchée et plus maigre que la bâtarde, en procède cependant; on l'appelle ainsi parce qu'elle permet une assez grande vitesse. La coulée est carrée et forme des angles très-penchés, c'est l'écriture généralement employée dans les bureaux. Enfin, l'anglaise n'est formée que d'ovales très-penchées sur la droite; son nom lui vient de ce qu'elle est plus généralement employée chez les Anglais que partout ailleurs. C'est aujourd'hui à peu près la seule admise et enseignée par les maîtres d'écriture. On connaît encore quelques écritures de fantaisie, telle que l'écriture *carrée*, uniquement composée de carrés, la *tremblée* dans laquelle on ne trouve que des parties d'ovales; la *fleurisée*, la *mariée*, etc.

Bien que la calligraphie soit assez peu prisée et qu'on n'épargne même pas les traits du ridicule aux hommes qui en font profession, on en a vu cependant arriver, dans l'exécution des caractères, à un degré de perfection qui touche de près à l'art. D'autres sont parvenus à donner à leur écriture une finesse prodigieuse. Ælien parle d'un homme qui après avoir écrit un distique en lettres d'or pouvait le renfermer dans l'écorce d'un grain de blé. Un autre traçait des vers d'Homère sur un grain de millet. Pline raconte que Cicéron avait vu l'*Iliade* tout entière renfermée dans une coquille de noix. Ce fait a été révoqué en doute par bien des gens; cependant il est facile d'en démontrer la possibilité : il suffit d'admettre, ce qui ne souffre aucune difficulté, que l'écriture puisse atteindre le même degré de finesse que les caractères d'imprimerie. Or, si l'on prend le chef-d'œuvre de notre typographie microscopique, les *Maximes de La Rochefoucauld* (Paris, Didot jeune, 1829), on voit que dans ce petit volume un pouce carré (7 centimètres carrés) renferme vingt-six lignes de quarante-quatre lettres chacune. L'*Iliade* se compose de quinze mille deux cent dix vers, et chaque vers environ de trente-trois lettres. Sur une feuille de papier formant un carré de quinze pouces (41 centimètres), d'après un calcul très-simple, on trouvera que l'un des côtés de cette feuille peut contenir vingt colonnes de trois-cent-quatre-vingt-dix vers, ou sept mille huit cents vers; le verso en contiendra autant, ce qui ferait en tout trois cent quatre-vingt-dix vers de plus que n'en a l'œuvre du divin Homère. Les modernes ont imité ces prodiges. Ainsi l'on montre probablement encore aujourd'hui au collège de Saint-John, à Oxford, un croquis de la tête de Charles Ier, composé de caractères d'écriture qui, vus à une très-petite distance, ressemblent à des effets de burin; les traits de la figure et de la fraise contiennent les *Psaumes*, le *Credo* et le *Pater*. Au *British Museum* de Londres, il y a un dessin de la largeur de la main représentant la reine Anne, et entièrement formé par des lignes d'écriture; chaque fois qu'on le montre, on a soin de faire voir en même temps un volume in-folio dont il renferme exactement le contenu.

ÉCRITURE (*Droit, Commerce*). On distingue l'*écriture publique* ou *authentique*, l'*écriture de commerce* et l'*écriture privée*. Le faux, suivant qu'il est relatif à l'une ou à l'autre de ces sortes d'écritures, est puni de peines plus ou moins sévères.

Les commerçants appellent *écritures* tout ce qu'ils écrivent pour leur commerce et surtout ce qu'ils portent dans leurs livres de commerce. *Tenir les écritures* d'un négociant, c'est tenir ses livres. *Passer écriture* d'une opération, c'est la relater dans les livres. Un *commis aux écritures* est celui qui est employé à tenir les livres, à transcrire et à copier les lettres, les connaissements, les factures, etc.

Les actes signifiés par les avoués dans le cours d'une instance prennent aussi le nom d'*écritures*.

ÉCRITURE (Vérification d'). *Voyez* VÉRIFICATION D'ÉCRITURE.

ÉCRITURE SAINTE. L'*Écriture*, l'*Écriture sainte*, les *divines Écritures*, les *saintes Lettres*, les *Livres saints*, toutes ces dénominations diverses ne désignent qu'une seule et même chose, la *Bible* ou le livre sacré des Juifs, adopté par les chrétiens sous le nom d'*Ancien Testament*, dont l'Évangile, ou le *Nouveau Testament*, n'est que le complément et la continuation. Dans le premier se trouvent les figures, dans le second la réalité; là les promesses, ici leur accomplissement; là les espérances, les désirs, ici la quiétude de la jouissance. C'est toujours le Messie, dont la grande figure apparaît partout, annoncé d'abord, promis, attendu, puis revêtu de notre chair, vivant et conversant parmi les hommes, ou, comme l'a dit Pascal : « Les deux Testaments regardent Jésus-Christ, l'Ancien comme son attente, le Nouveau comme son modèle, tous deux comme leur centre. » « Dans le temps, dit Bossuet, où les histoires profanes n'ont à nous conter que des fables, ou tout au plus des faits confus et à demi oubliés, l'Écriture, c'est-à-dire sans contestation le plus ancien livre qui soit au monde, nous ramène par des événements précis et par la suite même des choses à leur véritable principe, c'est-à-dire à Dieu, qui a tout fait, et nous marque distinctement la création de l'univers, celle de l'homme en particulier, le bonheur de son état, les causes de ses misères et de ses faiblesses, la corruption du monde et le déluge, l'origine des arts et celle des nations, la distribution des terres, enfin, la propagation du genre humain et d'autres faits de même importance, dont les histoires humaines ne parlent qu'en confusion, et nous obligent à chercher ailleurs les sources certaines. » Examinez attentivement les livres de Moïse : quelle naïveté! quelle candeur! quelle simplicité de style! Est-ce là le langage de la fourberie et du mensonge? L'imposture s'explique-t-elle avec aussi peu de détours? Un homme assez habile pour fabriquer le Pentateuque aurait-il chargé la loi judaïque de tant de préceptes minutieux, de tant d'observances pénibles, de tant de pratiques singulières, qui ont toujours rendu la nation juive odieuse à toutes les nations? Et dans le cas où il eût été assez maladroit pour cela, le peuple les aurait-il acceptés sans examen?

S'y serait-il conformé sans murmures? Et si, par une espèce de miracle, il eût pu les supporter pendant quelque temps, après avoir secoué dix fois ce joug, qu'il trouvait si dur, pour se livrer à son incroyable penchant à l'idolâtrie, serait-il revenu dix fois, plein de honte et de repentir, courber sa tête sous ce même joug, s'il ne lui eût pas été imposé par une puissance à laquelle il lui était impossible de se soustraire? Newton disait qu'il trouvait plus d'authenticité dans les livres de la Bible que dans aucune histoire profane. Tout esprit droit qui voudra appliquer les règles d'une saine critique, et n'y admettra point de mauvaise foi, sera nécessairement de l'avis de ce grand homme. Il n'en est point de la Bible comme du Coran ou des Védams indiens : les choses qui y sont racontées ne sont point des faits occultes, mystérieux, inaccessibles au vulgaire, qui se soient passés dans des régions lointaines, sans que personne puisse ou les contester, ou les étayer de son suffrage; mais ce sont, au contraire, des faits notoires, éclatants, parfaitement visibles, qui se sont passés en présence et sous les yeux du peuple entier auquel ils sont racontés. Certes, ce n'est point ainsi qu'on invente. Un imposteur se garde bien de parler de choses sur lesquelles chacun pourrait le démentir. Mais voyez encore quelle pitoyable invention! Non content de provoquer les murmures du peuple en l'écrasant sous un joug de fer, il l'insulte dans ses récits de la manière la plus outrageante. Il le peint comme rebelle, indocile, intraitable. Sa conduite est pleine d'ingratitude, son penchant à l'idolâtrie poussé jusqu'à la démence. Il ne raconte que des choses déshonorantes pour la nation. Après tous les prodiges que Dieu a opérés pour sauver les enfants de Jacob des mains de Pharaon, au pied même du Sinaï, où il s'est manifesté dans sa gloire, ils se mettent à danser stupidement autour d'un veau d'or. Et puis, après chaque récit, vous trouverez cette formule : « Comme vous l'avez vu, ou comme vous l'ont raconté vos pères. » Quelle impudence s'ils n'avaient rien vu, ni rien entendu de leurs pères! Encore une fois, est-ce ainsi qu'on invente?

Mais remontons de siècle en siècle, et voyons à quelle époque cette singulière invention aurait pu avoir lieu. Vous ne trouverez point à la placer dans les dix-huit siècles de l'ère chrétienne : les juifs et les chrétiens se sont toujours observés d'un œil trop jaloux; il y a toujours eu entre eux trop d'antipathie pour recevoir les uns des autres des livres inventés par eux, et surtout des livres sacrés, fondement de leurs religions. Le même raisonnement s'appliquera dans toute sa rigueur au laps de temps qui s'est écoulé depuis la séparation des dix tribus jusqu'à l'avénement du Messie. Alors les Juifs et les Samaritains sont en regard, jaloux les uns des autres jusqu'à la fureur, et se haïssant à la mort. Cependant, les Samaritains, comme les Juifs, ont leur Pentateuque à eux, le même quant au fond, mais différant par les caractères, qui sont les anciennes lettres hébraïques de Moïse, des juges et des premiers prophètes, tandis que celui des Juifs est écrit en caractères chaldéens : or, les choses étant ainsi, quel est celui des deux peuples qui a écrit sous la dictée de l'autre? Voilà la question à laquelle il faudrait répondre, à moins qu'on n'aime mieux dire que sans se consulter ils se sont parfaitement rencontrés dans la même invention. Mais de pareilles absurdités n'entrèrent jamais dans l'esprit d'un homme raisonnable. Il faut donc encore remonter plus haut. Or, si haut que nous remontions, nous voyons toujours ce livre entre les mains du peuple qui le regarde comme sacré; il est à la fois le monument de son histoire, le code de ses croyances, de sa morale et de ses lois, et le seul titre de ses possessions; il compose toute la littérature de la nation; il est parfaitement connu de tout le monde. Les particuliers le copient de leur propre main (tout Juif devait le copier au moins une fois dans sa vie); il est lu publiquement à certaines époques de l'année, et conservé précieusement dans l'arche sainte. Si cet ordre de choses ne remonte pas jusqu'à Moïse, quand donc a-t-il commencé? Par qui a-t-il été introduit? En quel temps? en quel lieu? Est-ce sous les juges ou sous les rois? au temps de paix ou aux jours de captivité? Les inventeurs sont-ils des prêtres enfants de Lévi? Mais comment les autres tribus, jalouses de cette tribu privilégiée, ont-elles pu se soumettre à des lois si rigoureuses et souffrir qu'on les déshonorât par des récits humiliants? Et si d'autres particuliers s'étaient mis à fabriquer ces récits, les prêtres, qui ne sont pas plus épargnés que le peuple, l'auraient-ils supporté? Des murmures et des réclamations ne se seraient-ils point élevés de toutes parts? Et de quelque manière que la chose se fût passée, n'en serait-il pas resté au moins quelques vagues traditions?

Ce que nous avons dit de l'authencité de l'Ancien Testament peut se dire du Nouveau, et même avec plus d'évidence encore et de vérité. Dès les premiers jours, des hérésies se sont élevées, qui ont rendu toute invention et toute fraude impossible. Et si la loi mosaïque, avec sa sévérité et ses mille observances, dut avoir quelque chose de repoussant pour les Hébreux qui s'y soumirent les premiers, la loi évangélique, avec ses abaissements, ses croix, ses abnégations et les persécutions auxquelles elle était en butte, n'était guère plus attrayante pour les premiers chrétiens. Mais les auteurs ayant scellé leur témoignage de leur sang, ceux qui les avaient entendus étaient si convaincus de la vérité de leurs récits qu'ils donnaient aussi leur vie pour la soutenir; et dès lors on put dire avec Pascal : « Je crois volontiers des histoires dont les témoins se font égorger, » et avec Rousseau : « L'Évangile a des caractères de vérité si grands, si frappants, si parfaitement inimitables, que l'inventeur en serait plus étonnant que le héros. »

L'authenticité des livres saints une fois admise, on est conduit à reconnaître aussi leur véracité et la pureté des textes originaux; ces trois points se supposent et vont nécessairement ensemble : ils reposent sur les mêmes faits, s'appuient sur les mêmes preuves, et la même argumentation peut servir indistinctement à les établir. Or, si les livres saints sont authentiques, s'ils sont vrais, il faut de toute nécessité qu'ils soient divins, car ils s'annoncent comme tels, et les miracles qu'ils racontent comme opérés par leurs auteurs ne peuvent être que l'ouvrage de la Divinité. On a dit que la Bible était inconnue des anciens auteurs profanes, et que par conséquent elle ne pouvait pas avoir une antiquité aussi grande que celle qu'on lui attribue, comme si chaque nation pour ajouter foi à ses archives devait aller s'enquérir de ce qu'en pensent ses voisins, qui, ayant peut-être assez peu de raisons pour s'en inquiéter, pourront fort bien ignorer leur existence. Il n'y a pas encore trois siècles que le Coran, les maximes de Confucius et les livres sacrés de l'Inde étaient complétement inconnus en Europe : dira-t-on pour cela que leur existence ne peut pas remonter au delà de trois cents ans? Il est faux d'ailleurs que les livres saints aient été ignorés de l'antiquité profane : aussitôt qu'ils ont été traduits en grec, ils ont été lus et admirés partout; et déjà longtemps auparavant plusieurs auteurs les avaient cités dans leurs écrits (*voir* Huet, *Démonstration évangélique*; et Grotius, *Vérité de la religion chrétienne*).

On a fait beaucoup de bruit dans le siècle dernier à propos des livres de Zoroastre : on a prétendu qu'ils étaient plus anciens que ceux de Moïse; mais des savants de l'université de Gœttingue ont fait justice de cette prétention. On s'est ensuite jeté sur les livres de l'Inde, et l'on n'a pas été plus heureux : la Société Asiatique de Calcutta, après d'immenses recherches, a justifié les récits sur l'origine du monde (voir *Asiatic Researches*, t. IV, édit. in-8°). Quant aux zodiaques d'Esné et de Denderah, Champollion a prouvé qu'ils remontent, l'un au règne de Tibère, et l'autre à celui d'Antonin; en sorte que cette nouvelle branche sur laquelle s'appuyaient les adversaires de la Bible, s'est encore rompue sous leurs pieds (*voyez* Cuvier, *Discours sur les révolutions du globe*). On peut voir dans le même ouvrage comment ce savant naturaliste a su réduire à leur juste valeur les prétentions des Indiens, des Égyptiens et des Chinois, et celles, plus ridicules encore, de quelques-uns de nos modernes géologues. Les deux ou trois grands cataclysmes dont il démontre la nécessité n'ont rien de contraire aux récits de la Bible, et ceux qui savent comprendre ne sont point arrêtés. Parce qu'on ne voit plus aujourd'hui de révélations, il est des hommes qui s'imaginent que Dieu ne s'est jamais révélé, et ces hommes ont de la peine à croire à l'authenticité et à la véracité des livres saints. Mais peut-être seraient ils moins incrédules qu'ils s'efforcent de l'être, s'ils considéraient que plus Dieu s'est révélé dans les premiers temps, moins il a de raisons pour le faire aujourd'hui, parce que plus il a donné d'instruction aux hommes, moins ils ont besoin d'en recevoir. Le genre humain a eu, lui aussi, son enfance et sa jeunesse, époque de son éducation et des révélations divines. L'instruction qui lui fut alors donnée devait lui servir aussi pour toute sa vie, et maintenant il lui suffit de consulter ses annales et ses souvenirs. Ainsi, demander pourquoi les premiers âges ont été plus favorisés que le nôtre, c'est demander pourquoi le genre humain, alors dans l'enfance, est enfin parvenu à l'âge viril; pourquoi il était dans les ténèbres de l'ignorance, tandis qu'il peut s'enorgueillir aujourd'hui de sa science et de ses lumières.

Après avoir traversé les âges, objet de la vénération de tous les fidèles, répandant partout la lumière et la vie, reconnus divins par les plus grands esprits, admirés par les plus beaux génies, la fièvre de l'impiété s'étant emparé du monde savant au dix-huitième siècle, et l'ayant fait délirer de la manière la plus extravagante, les livres saints furent en butte aux plus rudes attaques dans la guerre à mort que la philosophie déclara à la religion. Voltaire surtout se signala dans ces tristes combats; mais, comme le serpent d'Ésope, aux prises avec la lime, l'hydre du philosophisme s'épuisa dans un stérile labeur, et les torrents de fiel qu'il a distillés sur la Bible n'ont prouvé de sa part qu'une mauvaise foi insigne et une incroyable méchanceté. Plusieurs apologistes prirent à la fois la défense des livres saints. (Voyez surtout Bergier, Bullet, Guénée, Duclos, Nonotte et Chais.) Aujourd'hui, c'est un fait reconnu par tous les bons esprits, qu'on n'a encore rien opposé de raisonnable aux divines Écritures. A mesure que la science s'étend, s'éclaire et rectifie ses erreurs, elle devient moins hostile aux théories bibliques, en sorte que tout porte à espérer que la géologie, lorsqu'elle sera plus avancée, confirmera complétement les récits de Moïse, comme elle l'a déjà fait sur plusieurs points, et comme on les voit confirmés chaque jour par les recherches archéologiques et philologiques de tous les savants modernes.

Sir William Jones, président de la Société Asiatique de Calcutta, l'un des plus savants hommes de l'époque, disait un jour, en pleine assemblée : « J'ai lu avec beaucoup d'attention les Saintes Écritures, et je pense que ce livre, indépendamment de sa céleste origine, contient plus d'éloquence, plus de vérités historiques, plus de morale, plus de richesses poétiques, en un mot plus de beautés en tous genres qu'on n'en pourrait recueillir dans tous les livres ensemble, dans quelque langue, et dans quelque siècle qu'ils aient été composés. » (*Asiatic Researches*, t. IV, éd. in-8°.) « Après tant de livres feuilletés, disait Pic de la Mirandole, je reviens à la Bible, convaincu que c'est le seul livre où se trouve la vraie sagesse avec la véritable éloquence. » Robert, roi de Sicile, écrivait à Pétrarque : « J'estime plus la sainte Bible que ma couronne; s'il fallait opter et quitter l'une pour l'autre, je n'hésiterais pas à abandonner mon diadème. » « La Bible, telle que nous l'avons, a dit Boullanger, est tout ce qu'elle doit être et tout ce qu'elle peut être. Émanée de l'Esprit-Saint, il faut qu'elle soit immuable comme lui, pour être à jamais, et comme par le passé, le premier monument de la religion, et le livre sacré de l'instruction des nations. (*Encyclopédie;* article *Langue hébraïque.*) » L'auteur du *Théisme*, philosophe du dix-huitième siècle, s'exprime ainsi : « Je m'étonne infiniment de la sublimité des livres sacrés, qui furent composés chez des peuples ignorants et abrutis. Je pourrais citer ici quantité de passages de la Bible, et je ferais voir que nul peuple, et même nulle secte de philosophes, n'a parlé de Dieu avec autant de grandeur et de vérité que les Juifs. Je m'en tiendrai au psaume CIII, *Benedic, anima mea, Domino*, etc., monument précieux, que la Grèce la plus savante n'aurait pas désavoué. » « Que de préceptes admirables, que d'instructions profondes, que de vérités inaccessibles à notre faible esprit, nous sont révélés dans l'Écriture! disait autrefois de M. La Mennais (*Essai sur l'Indifférence en matière de religion*). Ce n'est pas l'homme qui converse avec l'homme, qui se fatigue pour l'éclairer; c'est Dieu, qui d'un seul mot illumine son intelligence et remue son cœur. Il jette, en quelque sorte, à pleines mains, dans le style des prophètes les merveilles de sa pensée, comme les mondes dans l'espace; et sa parole, élevée à une hauteur infinie au-dessus du langage humain, a un tel caractère de magnificence et d'empire, qu'on n'est point étonné que le néant lui ait obéi. » L'abbé J. BARTHÉLEMY.

ÉCRITURE SECRÈTE. On appelle ainsi une écriture composée de caractères de convention, ou bien des caractères de l'alphabet ordinaire, mais disposés de manière à ne pouvoir être compris que par ceux auxquels ils s'adressent ou par ceux qui les emploient. L'usage de cette écriture remonte à la plus haute antiquité. Sous le nom de *cryptographie* ou écriture en *chiffres*, elle est mentionnée par les auteurs sacrés et profanes. Suivant saint Jérôme, le prophète Jérémie a employé plusieurs fois cette manière d'écrire; il se contentait de changer l'ordre ordinaire des lettres. Au témoignage de Polybe, Énée, surnommé le Tacticien, inventa ou recueillit vingt différentes manières d'écrire en chiffres. Aulu-Gelle donne sur les écritures secrètes connues de son temps des détails curieux. L'écriture secrète employée par Jules César était assez simple : il se servait de la quatrième lettre de l'alphabet au lieu de la première, et mettait D pour A, et ainsi de suite. Quant à Auguste, il écrivait B pour A, C pour B, transposant toutes les lettres les unes après les autres. Au lieu d'un X il marquait deux AA.

Au moyen âge l'écriture secrète fut toujours employée; les premiers chrétiens en avaient fait usage pour correspondre entre eux et cacher leurs desseins aux yeux des persécuteurs; mais ils se servirent principalement de sigles, ou caractères de convention, qui rentraient plutôt dans la *sténographie* que dans l'écriture secrète proprement dite. Saint Boniface, archevêque et martyr, mort en 755, passe pour avoir porté d'Angleterre en Allemagne l'usage de l'écriture secrète. Raban-Maur, abbé de Fulde, mort archevêque de Mayence, en 856, cite deux exemples curieux de cette écriture, que les bénédictins, auteurs du *Nouveau Traité de Diplomatique*, ont reproduits et expliqués. S'il faut en croire Trithème, dans sa *Polygraphie*, et plusieurs autres savants, les Normands se servaient, lors de leurs incursions en France et dans les autres parties de l'Europe, d'une écriture secrète, afin de cacher leurs projets d'invasion. Il y a dans le second volume de l'ancienne édition de Rymer une lettre de l'archevêque de Cantorbery à Édouard Ier, roi d'Angleterre, qui prouve que l'écriture secrète était en usage chez les peuples du Nord. Le prélat informe le roi que l'on a trouvé sur Léolin, prince gallois, l'un des derniers défenseurs de l'indépendance bretonne, plusieurs lettres en chiffres qui attestaient ses intelligences avec des ennemis d'Angleterre.

Jusqu'au treizième siècle, on fit quelque usage, comme écriture secrète, des sigles et des notes tyroniennes. Du quinzième au dix-huitième siècle, presque tous les ambassadeurs des diverses puissances de l'Europe employèrent pour correspondre avec leur cour une écriture secrète. Elle était généralement composée de signes de convention et de chiffres qui, suivant la position qu'ils occupaient, changeaient continuellement de valeur. Rien de plus célèbre dans ce genre que les chiffres adoptés par les cours d'Espagne et de France. Le chiffre du cardinal de Richelieu a donné lieu à un ouvrage intitulé : *l'Espion du grand-seigneur*. Breithaupt a publié un livre sur les écritures secrètes. Ce livre a pour titre : *Ars decifratoria, sive scientia occultas scripturas solvendi et legendi*, in-8°. On trouve dans l'Introduction des détails sur les différentes manières d'écrire en chiffres usitées chez les anciens et les modernes. LE ROUX DE LINCY.

ÉCRIVAIN, MAITRE ÉCRIVAIN, ÉCRIVAIN PUBLIC. Il ne s'agit pas ici des grands écrivains dont s'honore la France, ni des méchants écrivains qui lui font peu d'honneur, mais de ceux qui enseignent à tailler la plume, à faire le trait à main levée, et à former la *ronde*, la *bâtarde*, l'*expédiée*, la *coulée* et l'*anglaise* ; il s'agit des *maîtres à écrire*, et non des *maîtres en l'art d'écrire*. Il y a entre eux quelque différence. La plupart des savants, des gens de lettres, comme les nobles et les jolies femmes, se sont longtemps piqués de mal former leurs lettres, d'avoir une mauvaise écriture ; et parce que le talent de la calligraphie, le mérite d'être bon copiste, bon scribe, bon expéditionnaire, est un brevet de stagnation dans les bureaux, ils s'étaient imaginé qu'un grand génie devait être un mauvais écrivain. Cependant, l'écriture de Corneille, de Racine, de Voltaire, de J.-J. Rousseau, de Molière même (à en juger par sa signature), était fort nette et fort lisible ; celle d'Alexandre Dumas est magnifique. Ce sont là des *écrivains* dans toutes les acceptions du mot. Mais s'ensuit-il que les Rolland, les Rossignol, les Carstairs, et leurs imitateurs passés et présents dans l'art de tracer correctement et symétriquement des lettres et des mots aient été ou soient capables d'écrire *le Cid*, *Phèdre*, *Alzire* ou *Tartufe*? Non, sans doute, car ils ont de trop ridicules prétentions dans la prééminence de l'art qu'ils professent, pour y voir autre chose que des *pleins* et des *déliés*, pour s'imaginer qu'on puisse en tirer un plus noble parti.

Et comment les maîtres écrivains n'auraient-ils pas ces prétentions? Leur communauté à Paris ne fut-elle pas, en janvier 1779, érigée en *bureau académique*, présidé par le lieutenant général de police, et composé de vingt-quatre membres, vingt-quatre agrégés, vingt-quatre associés écrivains et graveurs, et d'un nombre indéterminé de correspondants? Ce bureau ne s'assemblait-il pas quatre fois par mois à la Bibliothèque Royale pour traiter de la perfection des écritures, du déchiffrement des anciennes écritures, des calculs relatifs au commerce, à la banque et à la finance, de la vérification des écritures, et enfin de la grammaire française sous le rapport de l'orthographe? Les maîtres écrivains n'avaient-ils pas seuls le droit de procéder en justice (comme leurs agrégés, extra-judiciairement) à la vérification des écritures, comptes et calculs contestés? Ne dépendait-il pas d'eux de faire condamner un innocent aux galères et prononcer l'acquittement d'un faussaire? Comment des hommes si habiles, si considérés, si nécessaires, ne se seraient-ils pas crus au moins les égaux, les confrères de tant d'autres, qui n'ont pour tout mérite que le titre d'académicien? Il est vrai que l'*Encyclopédie* n'avait point foi à l'infaillibilité des experts écrivains, et taxait leur vérification de science conjecturale. En effet, leur expérience et leur loupe ont été souvent en défaut, et leurs graves déclarations plus d'une fois tournées en ridicule, notamment dans le fameux procès du maréchal de Richelieu et de Mme de Saint-Vincent. Le bureau académique, supprimé depuis la révolution de 1789, n'a pas été rétabli. L'École des chartes, d'une part, l'a remplacé sous le rapport des anciens titres, des vieilles écritures; mais il y a toujours des experts écrivains attachés aux tribunaux, aux divers ministères, surtout à celui des finances et à la cour des comptes, et appelés en témoignage devant les cours d'assises : ce sont les *cordons bleus* du corps des écrivains.

Avant la découverte de l'imprimerie, le métier d'écrivain était un état lucratif en France, en Europe ! Tout s'écrivait, tout se copiait à la main, depuis la Bible et les beaux psautiers ornés de vignettes et de miniatures, jusqu'aux *factums*, aux romans, et aux poésies licencieuses. Les temps sont bien changés pour les écrivains ! Les mieux avantagés donnent chez eux et en ville des leçons et des cours d'écriture, d'arithmétique, de tenue des livres, de changes étrangers. Mais il s'en faut bien qu'on les paye aussi cher que les maîtres de musique et de danse; il faut bien que cela soit ainsi dans un pays où l'agréable passe avant l'utile. Pourquoi donc aussi les maîtres écrivains sont-ils si ennuyeux, ainsi que l'art qu'ils enseignent?

Quant aux *écrivains publics*, il n'y en a que dans les grandes villes. La plupart sont des marchands ruinés, des comédiens invalides, des auteurs sans talent ou sans conduite, et des commis réformés. Leur bazar à Paris était jadis autour du charnier ou cimetière des Innocents, d'où leur était venu le nom d'*écrivains des charniers*. Là, placés dans leur petite échoppe comme dans un confessionnal, ils écoutaient discrètement les confidences des servantes et des grisettes, et leur vendaient pour cinq ou six sous leur papier, leur encre, leur temps et leur style. Ces correspondances amoureuses forment encore, avec les lettres de bonne année et de bonnes fêtes, la principale ressource de la plupart des écrivains publics, dont les échoppes, à l'exception de la salle des Pas-Perdus, au Palais de justice, sont aujourd'hui disséminées dans Paris. Les plus habiles, quoiqu'ils ne soient pas toujours très-forts sur l'orthographe et la syntaxe, rédigent les placets, les pétitions de toute espèce, dont les solliciteurs illettrés accablent le souverain, les ministres et les autorités. A la suite d'une révolution, au commencement d'un nouveau règne, au début d'un ministère, les écrivains publics sont accablés de besogne. A la cour et dans les bureaux, on ne voit que leur écriture. Les demandes qu'ils ont rédigées, les mémoires qu'ils ont copiés, ne restent pas tous sans réponse ou sans résultats ; mais la correspondance devient moins active lorsque tout a repris son assiette et son train habituel. Néanmoins, le nombre des solliciteurs augmente chaque jour, parce que les moyens d'existence ne répondent pas à l'accroissement de la population. Ce surcroît de travail et de bénéfice dédommage un peu les écrivains publics du tort que leur a causé la lithographie en leur enlevant une grande partie des copies de lettres de mariage et de décès, les circulaires, les billets d'invitation, qu'elle multiplie plus promptement et à plus bas prix que ne le feraient les écrivains publics. H. AUDIFFRET.

Écrivain est aussi synonyme d'*auteur*. « Ces deux mots, dit D'Alembert, s'appliquent aux gens de lettres qui donnent au public des ouvrages de leur composition. Le premier ne se dit que de ceux qui ont donné des ouvrages de belles-lettres, ou du moins il ne se dit que par rapport au style. Le second s'applique à tout genre d'écrire indifféremment : il a plus de rapport au fond de l'ouvrage qu'à ses formes; de plus, il peut se joindre par la particule *de* aux noms des ouvrages : Racine et Voltaire sont d'excellents *écrivains* ; Descartes et Newton sont des *auteurs* célèbres ; l'auteur de la *Recherche de la vérité* est un *écrivain* du premier ordre. » Cette distinction si bien établie par D'Alembert est incontestable; et Boileau l'avait pressentie quand il dit :

> Sans la langue, en un mot, l'*auteur* le plus divin
> Est toujours, quoi qu'il fasse, un *méchant écrivain*.

Que d'*auteurs* justement célèbres ne peuvent prétendre à la qualité d'*écrivain* ! D'un autre côté, que d'*écrivains* justement admirés ont manqué de cette force de conception qui enfante les grandes pensées littéraires ! C'est surtout dans les œuvres dramatiques du second ordre qu'on peut être un *auteur* fécond, habile, ingénieux, sans se douter de l'art d'écrire ; témoin Sedaine, témoin tel contemporain, faiseur de vaudevilles justement applaudis, dont les manuscrits, si l'on pouvait les tirer du carton des directeurs, apparaîtraient illustrés de fautes d'orthographe !

On lit dans La Fontaine :

> La coquette et l'*auteur* sont faits de même sorte.
> Malheur à l'*écrivain nouveau !*
> Le moins de gens qu'on peut à l'entour du gâteau.

Boileau nous dit :

> Soyez plutôt maçon, si c'est votre talent,
> Qu'*écrivain* du commun, et poëte vulgaire.
> . . . .
> Un fou du moins fait rire et peut nous égayer ;
> Mais un froid *écrivain* ne sait rien qu'ennuyer.

« Sans doute, dit Laharpe, il n'y a point d'*écrivain* qui ne fasse quelques fautes de langage, et celui même qui se mettrait dans la tête de n'en jamais faire y perdrait beaucoup plus de temps que n'en mérite un si minutieux travail. » Bayle observe qu'on a prêté aux *écrivains* anciens bien des choses à quoi ils n'avaient jamais pensé. Ce grand critique flétrit dans plusieurs endroits de ses ouvrages « le défaut, trop ordinaire, de ces *écrivains* qui s'accommodent du bien d'autrui sans nommer leur bienfaiteur. » Il ne blâme pas moins ces autres *écrivains* qui censurent les auteurs qu'ils ont pillés. A ceux-là s'applique ce vers si connu :

> Ah ! doit-on hériter de ceux qu'on assassine ?

Ailleurs, il signale le manége de bien des écrivains, qui en citant un auteur ont le défaut de lui faire dire ce qu'ils prétendent qu'il devait dire. Il parle encore de ces *écrivains* qui, répétant cent fois, *de main en main*, la même erreur historique, la transmettent à la postérité avec force de chose jugée. Bayle n'est pas plus indulgent pour le ridicule des *auteurs* qui affectent de ne point nommer ceux dont ils allèguent les passages. S'élevant dans un autre endroit contre les écrivains trop féconds, il dit : « Le nombre des excellents *écrivains* serait moins petit qu'il n'est, si ceux qui acquièrent enfin le talent de bien écrire pouvaient se résoudre à ne publier quelque chose que tous les quatre ans ; mais ils abusent de la facilité qu'il ont acquise et de leur réputation ; ils entassent tome sur tome, et se dispensent de la peine de retoucher et de bien limer, et ne font rien qui vaille ou qui approche du mérite de leurs premiers écrits. »

Il nous reste à parler des *écrivains mercenaires*, qui depuis le règne de Louis XIII ont toujours été trop nombreux en France. Dulaure rappelle que Richelieu « prit à ses gages des *écrivains* qu'il chargeait de prôner ses opérations politiques et sa personne. » Le grand Corneille lui-même fut un instant du nombre de ces prôneurs. Sous Louis XIV et sous Louis XV, presque tous les *écrivains* qui s'exerçaient sur la politique du jour gardaient l'anonyme. Le gouvernement, comme il arrive toujours, n'avait guère pour lui que des *écrivains salariés*. Dans les *Lettres persannes*, Montesquieu a flétri une certaine classe *d'écrivains mercenaires :* ceux qui, comme l'historiographe Moreau, étaient payés pour faire mentir notre histoire nationale : « Hommes lâches, dit-il, qui abandonnent leur foi pour une médiocre pension ; qui, à prendre leurs impostures en détail, ne les vendent pas seulement une obole ; qui renversent la constitution de l'empire, diminuent les droits d'une puissance, augmentent ceux d'une autre, donnent aux princes, ôtent aux peuples, font revivre des droits surannés, flattent les passions qui sont en crédit de leur temps, et les vices qui sont sur le trône, imposent à la postérité d'autant plus indignement qu'elle a moins de moyens de détruire leur témoignage. » Ces vérités-là ne semblent-elles pas de tous les temps et plus particulièrement de notre époque ?

Au commencement de la révolution de 1789, des *écrivains* secrètement organisés et payés par la cour firent paraître une foule de pamphlets périodiques ou non, pour déverser le ridicule sur le parti réformateur de la Constituante. Telle était la destination du *Chant du Coq, journal à deux liards*, du *Journal de la Cour*, de *L'Ami du Roi*, des *Actes des Apôtres*, etc. Le parti révolutionnaire et surtout le parti d'Orléans ne demeurèrent par en reste à cet égard, et ils eurent aussi leurs *écrivains salariés*.

Sans attaquer la justesse de la synonymie entre *écrivain* et *auteur* établie par D'Alembert, on peut ajouter toutefois qu'on ne donnera guère le titre d'auteur à ces *écrivains* par métier qui sont aux gages de qui les paye. *Écrivailleurs, écrivassiers*, tels sont les noms qu'ils méritent, et que la critique ne leur épargne pas. Montaigne a flétri la démangeaison même innocente d'écrire : « Il y devroit, dit-il, avoir coërcition des loix contre les *escrivains* ineptes et inutiles, comme il y a contre les vagabonds et fainéants. On banniroit des mains de notre peuple et moy et cent autres. L'*escrivaillerie* semble estre quelque symptosme d'un siècle desbordé. Quand escrivîmes-nous tant que depuis que nous sommes en trouble ? Quand les Romains tant que lors de leur ruine ? » « Si la crainte de la critique, dit l'abbé Trublet, ne détournait de la carrière des auteurs que des gens sans esprit et sans talent, ce serait un bien : cela bannirait l'*écrivaillerie*, comme dit Montaigne. » Il est à remarquer que le verbe *écrivailler*, qui se trouve dans l'édition de 1718 du *Dictionnaire de l'Académie*, a été banni de celles de 1740 et 1835.

Charles Du Rozoir.

ÉCRIVAINS (Corporation des). Jusqu'à la fin du seizième siècle, les écrivains-enlumineurs ne firent avec les libraires qu'une seule et même corporation. Chargés par ces derniers de confectionner les manuscrits nombreux qui leur étaient demandés, comme eux ils appartenaient au corps de l'université, dont les chefs exerçaient sur les libraires, les écrivains et les enlumineurs, une juridiction spéciale. Dès l'année 1336, *la nation de Normandie*, à l'université de Paris, comptait parmi ses officiers un écrivain juré, et en 1339, une taxe ayant été imposée à tous les membres de l'université, les libraires, parcheminiers, écrivains et enlumineurs, furent contraints de la payer, comme faisant partie du corps universitaire. Non-seulement ils étaient obligés de prêter serment entre les mains du recteur, mais encore le prévôt de Paris devait présider à leur établissement et diriger leur conduite. Ainsi, Hugues Aubriot, prévôt, reçut en 1368 le serment de Gaucher Beliart, comme libraire-écrivain de l'université. Dans quelques occasions, ils furent cités avec les libraires pour faire leur profession de foi. Une pareille cérémonie eut lieu le 18 juillet 1562.

Les écrivains ne se contentaient pas de transcrire les manuscrits et les actes de différentes natures qui leur étaient confiés ; dès le quatorzème siècle ils joignaient à cette industrie, déjà très-productive, l'enseignement public de leur art à tous ceux qui voulaient en profiter. D'après les recherches que l'abbé Levilain a faites à cet égard, Nicolas Flamel, cet écrivain-libraire devenu si riche qu'il fut soupçonné d'avoir trouvé la pierre philosophale, aurait dû la meilleure partie de sa fortune aux leçons qu'il donnait, non-seulement aux enfants des bourgeois de son quartier, mais encore à ceux de la meilleure noblesse. Il est hors de doute que Flamel avait chez lui des élèves-pensionnaires, auxquels il enseignait à écrire. Lorsqu'il mourut, plusieurs grands personnages se trouvèrent au nombre de ses débiteurs pour les leçons qu'il avait données à leurs enfants. On voit que dès le quatorzième siècle l'université avait permis à quelques-uns des écrivains jurés de quitter son enceinte et de s'établir au delà du grand pont, afin d'enseigner l'écriture dans le quartier populeux de la ville et d'y rédiger les lettres et les actes particuliers.

A la fin du seizième siècle, la corporation des écrivains, qui dans ses principales fonctions avait été peu à peu complétement remplacée par les imprimeurs, changea entièrement de nature. Tout en continuant à donner aux enfants des leçons de leur art, les écrivains jurés s'appliquèrent à la connaissance des actes publics ou privés, et à signaler les artifices des faussaires. L'un de ces faussaires, ayant imité la signature de Charles IX, fut traduit devant le prévôt de Paris, en 1569, et convaincu de son crime par plusieurs écrivains jurés. A cette occasion, une communauté nouvelle se forma sous la protection du chancelier de Lhôpital, et elle obtint en 1570 des lettres patentes où les écrivains sont qualifiés de *maîtres-experts, jurés-écrivains vérificateurs d'écritures contestées en justice*. Un arrêt du grand-conseil, daté du mois d'avril de l'année 1653, porte règlement pour cette communauté. Par cet arrêt, rendu à la requête de Petré, qui en est le syndic, elle doit se contenter du salaire fixé par les statuts, sans accepter une somme plus considérable, encore bien qu'elle leur soit offerte. Ils ne devaient pas témoigner dans une cause où *valablement* ils pouvaient être récusés. Toutes les pièces sur lesquelles ils étaient appelés à donner leur témoignage devaient leur être montrées séparément; enfin, un tableau contenant le nom de chacun des experts-écrivains devait toujours être placé dans le greffe du grand-conseil.

En 1776, une suite d'édits rendus par le roi ayant modifié d'une manière sensible l'organisation des corporations d'arts et de métiers de la ville de Paris, la communauté des maîtres-écrivains eut aussi à se pourvoir d'un nouveau réglement. Il fut donné au mois de janvier 1779. L'article premier était ainsi conçu: « Les maîtres composant la communauté des écrivains de la ville de Paris, créée et établie par édit du mois d'août 1776, jouiront seuls, et à l'exclusion de tous autres, du droit de tenir classe publique, pour y enseigner l'écriture, l'arithmétique, les changes étrangers et la tenue des livres à partie double et simple, et bureau pour y entreprendre les écritures à usage des particuliers, comme aussi d'enseigner lesdits arts en ville. » L'article 10 : « Les maîtres de la communauté formeront entre eux un bureau particulier, composé de vingt-quatre maîtres, lesquels s'occuperont de la perfection des caractères de l'écriture, de la connaissance des anciennes écritures et de leurs abréviations, afin d'en faciliter le déchiffrement, des opérations de calcul relatif au commerce, à la banque et à la finance, de la vérification des écritures et signatures, de la grammaire française relative à l'orthographe, et des autres parties dépendant de maître-écrivain. » Il ne faut pas dès lors être surpris de voir les membres de cette docte corporation composer une sorte d'académie au petit pied. Ils tenaient leurs séances tous les jeudis au bureau de la société, situé rue de la Monnaie. Ils avaient pour patron saint Jean l'Évangéliste. Nul ne pouvait être reçu *maître* avant l'âge de vingt-six ans, ni *vérificateur* avant celui de vingt-cinq; la maîtrise coûtait cinq cents livres; les veuves de maître pouvaient louer leurs priviléges; ceux qui les épousaient jouissaient d'une remise de la moitié de leur droit. La même faveur était faite à ceux qui se mariaient aux filles des maîtres-écrivains.

LE ROUX DE LINCY.

ÉCROU (*Droit*), procès-verbal d'emprisonnement, lequel constate qu'un individu en état d'arrestation a été remis au geôlier. En matière criminelle, c'est le geôlier qui rédige lui-même l'acte d'écrou. L'écrou d'un prisonnier pour dettes est rédigé par l'huissier et signé par le geôlier. Il doit contenir plusieurs formalités dont l'inobservation entraîne la nullité de l'emprisonnement.

ÉCROU (*Mécanique*), sorte de vis creuse. L'écrou s'appelle aussi *vis femelle*. Le pas des filets de l'écrou doit être le même que celui de la vis qui doit entrer dedans. L'écrou est quelquefois mobile et quelquefois fixe. On taille les écrous, soit en bois, soit en métal, au moyen d'une vis d'acier trempé, dont les filets sont le plus souvent coupants, et qu'on appelle *taraud*. Quand l'écrou est en métal, et qu'on veut lui donner beaucoup de régularité, on fait usage de plusieurs tarauds, qui vont en augmentant de grosseur à mesure que l'ouvrage avance.

TEYSSÈDRE.

ÉCROUELLES. *Voyez* SCROFULES.

ÉCROUIR. Plusieurs métaux, et notamment le fer, le cuivre, le platine, l'argent, l'or, acquièrent par l'*écrouissement*, c'est-à-dire *en les battant à froid*, un très-grand degré de dureté. Sous le marteau, ils deviennent, en vertu de leur malléabilité, également plus roides, plus élastiques, plus durables; ils sont aussi par ce moyen moins sujets à se bossuer, et, par le rapprochement moléculaire que produit la percussion, ils sont susceptibles d'un plus beau poli. Aussi n'y a-t-il point d'ouvriers intelligents en orfévrerie, en horlogerie, en instruments de mathématiques, qui n'écrouissent leurs ouvrages afin d'en augmenter la solidité et l'éclat.

Tous les métaux sont loin de posséder la malléabilité à un aussi haut degré que ceux que nous venons de nommer; beaucoup d'entre eux, lorsqu'on tente de les étendre à froid, se fendent et se gercent après un certain nombre de coups; car les moyens mécaniques employés pour tirer parti des métaux ductiles par l'écrouissement ont l'inconvénient de les rendre *aigres*, durs et cassants. Cet état des métaux écrouis se nomme aussi *écrouissement*; on a confondu ainsi la cause et l'effet dans un même terme.

Pour *décrouir* les métaux, ou les rendre à leur premier état, il suffit de les faire chauffer par degrés jusqu'à rougir, et de les laisser refroidir ensuite lentement, ce qui s'appelle les *recuire*. Par l'opération du *recuit*, ils reprennent toute leur douceur et leur ductilité. Il est quelquefois aussi besoin de remédier à la trop grande ductilité d'un métal, qui, par cet inconvénient, peut céder au moindre choc, et perdre les formes qu'on lui a données; alors, on a recours à l'alliage d'un métal plus aigre. C'est ainsi que notre monnaie d'argent porte environ un dixième de cuivre, et les ouvrages d'orfévrerie beaucoup plus.

E. RICHER.

ÉCRU (de *crudus*, cru). Ce mot désigne, dans l'industrie des tissus, l'état d'une substance qui, en général, n'a point subi les opérations du lavage. On dit, par exemple, qu'une soie est *écrue* lorsqu'elle n'a point été mise dans l'eau bouillante, et que le fil est *écru* lorsqu'il n'a point été lavé. Beaucoup de personnes préfèrent les bas faits avec du fil écru, parce qu'elles sont persuadées que toutes les opérations chimiques qu'on leur fait subir pour les blanchir, quelque précaution qu'on prenne, altèrent plus ou moins le tissu.

V. DE MOLÉON.

ECS-MIAZIN. *Voyez* EDCH-MIAZIN.

ÉCU (*Art militaire*). Les traducteurs ont désigné par le substantif *écu*, ou plutôt *escu*, dérivé du latin *scutum*, le bouclier oblong et quadrangulaire de cuir ou de bois qui répondait au *thyrsos* des Grecs, et au *thyrsus* des Romains. Ceux-ci en avaient emprunté l'usage aux Samnites et aux Sabins. Tite-Live dit que les légions le prirent depuis l'introduction de l'usage de la solde; jusque là ils n'avaient eu que le *clype*. D'autres auteurs attribuent aux premiers rois de Rome l'introduction de l'écu. Cette pièce d'armure et la *grève* ou *bottine* s'ajustaient quelquefois comme en une seule arme défensive; le haut de la grève devenait le support du bas du bouclier.

Au temps de la conquête d'Angleterre, l'écu des cavaliers normands était rond par le haut, pointu par le bas; l'écu de l'infanterie anglaise était rond, bombé et à cannelures rayonnantes; ni l'un ni l'autre n'offraient d'armoiries. L'écu usité en France au temps de la féodalité et au moyen âge était de petite dimension; il convenait surtout aux hommes de cheval, aux écuyers fieffés, aux chevaliers dorés. Il était généralement à symboles, à armoiries, à enseignes, ce qui fait que les mots *écu*, *blason*, *écusson*, *escuchiaus*, ont souvent été pris vulgairement l'un pour l'autre. Au temps de Louis IX, *écu* et *targe* étaient même chose. La forme de l'écu était ou en losange, ou plus ordinairement oblongue; quelquefois il était plus large d'un bout que de l'autre, quelquefois échancré par le haut; quelquefois ses contours étaient tellement tourmentés et capricieux, qu'il n'en pourrait être rendu raison que par un trait gravé. Il y avait des écus ronds dont l'*umbon*, au milieu de la face extérieure, se prolongeait en manière de dard ou de licorne. Assez souvent l'écu était remplacé par une espèce de double épaulière, qui tenait à demeure sur le côté gauche de la cuirasse : cette épaulière s'attachait sur le hausse-col, s'étendait jusqu'à l'omoplate, et descendait à la hauteur du pli du bras, à peu près dans la forme du devant d'un mantelet de femme. Une des formes de l'écu a laissé à un certain ordre de bataille le nom d'*écu tactique;* il en est question dans le Traité attribué à Louis XI. Dans les *jugements de Dieu*, les combattants entraient dans l'arène l'*écu au col*, ou attaché à la ceinture. Tantôt il pendait sur la cuisse gauche, tantôt il se portait derrière le dos. Les écus étaient ou en cuir bouilli, ou en bois nervé, recouvert de cuir et de lames d'acier; il y en avait d'entourés d'un cercle de fer, d'autres de franges ou de crépines, d'autres tout en métal. La *Panoplie* de Carré donne le dessin et les armoiries d'une quantité d'écus, qui tous ont la figure d'un demi-ovale de 40 centimètres, dont le bord inférieur s'allonge en une petite pointe; mais cette forme précise et égale est particulière chez les Français aux écus d'armoiries bien plus qu'aux écus défensifs. C'était cependant un usage si bien établi de donner à la partie inférieure d'un écu la figure d'une pointe, ou d'une queue de lampe d'église, que l'on voit dans l'acte de dégradation des chevaliers, que leur écu devait « être attaché la pointe en haut à la queue d'une jument. » C'est ce que Ducange appelle : *arma reversata*. Les vilains aussi, dit M. de Barante, ne pouvaient combattre en champ clos qu'en tenant l'*écu* la pointe en haut.

Les souverains ayant mis sur leurs monnaies l'empreinte des armoiries de leur écu, le nom d'*écu* devint celui de certaines pièces monnayées, de même que sous Louis XI il y avait des monnaies qui s'appelaient *targes*, nom emprunté à celui d'une autre espèce de bouclier. On a dit que les écus avaient été primitivement en losange et triangulaires; mais cette allégation ne saurait être soutenue d'une manière absolue, car, d'une part, la forme des écus a varié considérablement, à raison des pays et des temps; et de l'autre, c'était surtout aux écus d'armoiries que la forme carrée ou en losange était particulière : ainsi, les écus des filles étaient en losange, et les écus d'armoiries des Français étaient triangulaires jusqu'à l'époque où ils prirent la forme arrondie par le bas; ce qui ne remonte guère au delà de deux siècles et demi.

En route, ou quand il n'y avait pas nécessité ou danger, les chevaliers faisaient porter leur écu par leur écuyer, ou, s'ils n'avaient pas d'écuyer, ils le portaient accroché à leur ceinture militaire, ou de diverses manières déjà indiquées. Au quinzième et au seizième siècle, l'écu faisait partie de leur armement d'honneur, parce que le posséder était une obligation du fief. En certains cas, ils quittaient l'écu; ainsi, ils le déposaient en entrant dans les assemblées des ordres de chevalerie; ils le suspendaient à une place apparente dans les pas d'armes ou de défi, ils l'accrochaient le long des galeries ou des trèfles des tournois, pour que les assaillants pussent prendre connaissance des qualités, titres et blason des tenants. Les *genetaires* d'Espagne sont les dernières troupes qui aient porté l'écu; de là venait qu'on disait des cavaliers portant l'écu qu'ils étaient *équipés à la genette*. Lors de l'inhumation de Louis XVIII (en 1824), l'*écu royal* figura au nombre de tant d'autres insignes bizarres et surannés : il était porté par un écuyer cavalcadour.

Gal Bardin.

ÉCU (*Blason*). L'*écu* représente l'ancien bouclier; il en a toutes les formes diverses dans les vieux sceaux. Quelquefois il est rond comme les monnaies, ou de forme oblongue comme une navette, mais le plus communément il a la forme d'un carré long, s'effilant en pointe à la partie inférieure. C'est sur cette configuration plus générale et plus régulière qu'on a basé la dimension géométrique de l'écu. Pour en avoir les proportions, on divise sa largeur en sept parties égales, on en ajoute une en sus pour la hauteur, ce qui forme un carré. Les angles inférieurs s'arrondissent d'un quart de cercle dont le rayon est d'une demi-partie; deux quarts de cercle de même proportion au milieu de la ligne horizontale du bas se joignent en dehors de cette ligne et forment la pointe. Il y a des exemples, mais extrêmement rares, d'écus tout à fait carrés, c'est-à-dire sans pointe : ce sont ceux qu'on appelle écus en bannière. L'écu en losange, attribué aux dames et aux demoiselles nobles, est une invention assez moderne. Il est vrai que nombre d'anciens sceaux de femmes ont la forme oblongue de navettes, mais cette forme n'était pas particulière au sexe, car dans les *Mémoires pour servir de preuves à l'histoire de Bretagne*, par dom Morice, on voit l'écu d'Adam de Hèrefort, qui vivait à la fin du douzième siècle, d'une forme absolument semblable, c'est-à-dire allongée en pointe aux deux extrémités. D'un autre côté, il y a une foule d'exemples d'écussons de femmes entièrement conformes à ceux des chevaliers et écuyers. Tels sont les sceaux de Constance, dame de Pont-Château, en 1225; d'Yolande de Bretagne, dame de Penthièvre et comtesse d'Angoulême, en 1247; de Sibylle d'Alais, femme de Raymond Pelet, en 1257; de Marguerite de Béarn, comtesse de Foix, en 1281; d'Isabelle, comtesse de Foix, en 1400; et de Jeanne d'Albret, comtesse de Foix, en 1432. Le plus ordinairement, l'écu oblong et en navette était adopté pour représenter l'effigie des nobles; l'écusson en forme de bouclier, chargé des armoiries, accompagnait souvent le premier. Tel était le sceau d'Yolande d'Écosse, duchesse de Bretagne. Quant à l'écu parfaitement en losange, on le voit adopté dès 1306, par Alain de Châteaugiron, évêque de Redon, sans qu'on puisse inférer que cette forme fût celle des ecclésiastiques et des prélats, car Hervé de Léon, seigneur de Châteauneuf (1276), et Pierre de Rostenan, chevalier (1279), portaient aussi leurs écus en losange. D'ailleurs, tous les sceaux des autres évêques gravés au tome II des *Mémoires pour servir à l'histoire de Bretagne*, ont la forme de ceux de la noblesse. Ce n'est guère qu'à partir de la fin du quinzième siècle que l'écu en losange a été adopté par les femmes. Tel était celui d'Isabeau d'Écosse, duchesse de Bretagne, en 1482. Ce sceau offre une autre particularité : les armes paternelles de la duchesse sont placées à gauche, et celles de son mari à droite. Il y en a un exemple plus ancien; c'est le sceau de Jeanne de Navarre, vicomtesse de Rohan (1400) : les armes de Rohan y occupent la droite, celles de Navarre-Évreux la gauche. Ce sceau, parfaitement carré, semble indiquer la forme d'écu qui fut depuis posé en losange. Ce sont probablement les hérauts d'armes qui ont réglé cette forme d'écu, et établi, vers la fin du quatorzième siècle, que les armes des maris occuperaient la droite et celles des femmes la gauche, même dans les propres sceaux des femmes nobles. Antérieurement, les femmes ne portaient souvent que leurs armes paternelles, quelquefois les seules armes de leurs maris. Lorsqu'elles portaient les deux écussons réunis, celui de leur famille occupait la droite, celui de leur mari la gauche. L'écu des veuves était environné d'une cordelière, cordon entrelacé de nœuds en forme de trèfles évidés, dont les deux bouts s'étendent en chevron et se terminent par une houppe.

L'écu tracé dans les proportions géométriques s'appelle *écu d'attente*, tant que le fond n'en est pas chargé d'émaux ou de meubles. Mais un seul émail, sans le concours d'aucune figure, le constitue *armoiries*. Ainsi, par exemple, l'ancienne maison de Bretagne portait d'*hermine;* et celle de Narbonne, de *gueules*, sans autres emblèmes intérieurs que le champ de l'écu. Celui-ci se divise en quatre partitions, et se subdivise en dix-sept répartitions. Les partitions sont la division de l'écu par un seul trait en deux parties égales. Quelques vieux armoriaux les appellent les *quatre coups guerriers*. Ce sont : le *parti*, qui se forme par une ligne perpendiculaire; le *coupé*, par une ligne horizontale; le *tranché*, par une ligne diagonale à droite; et le *taillé*, par une ligne diagonale à gauche. Les répartitions sont la division de l'écu en plusieurs lignes ou partitions. Ce sont : l'*écartelé*, formé du parti et du coupé; l'*écartelé en sautoir*, du taillé et du tranché; le *tiercé*, le *gironné*, les *points équipolés*, le *fascé*, le *burelé*, le *bandé*, le *barré*, le *coticé*, (en bande et en barre), le *chevronné*, le *palé*, le *vergeté*, l'*échiqueté*, le *fuselé*, le *losangé*, le *vairé* et l'*émanché*. Il y a des écus contre-fascés, contre-bandés, contre-palés, contre-burelés, contre-coticés, contre-chevronnés, contre-vairés, etc. Ce sont les mêmes répartitions, divisées par des traits qui coupent les figures en deux parties égales, et les opposent l'une à l'autre par l'alternation des émaux. Il convient d'observer que toutes les fois que l'écu est divisé par des traits en émaux de diverses espèces, mais en nombre égal, il n'y a pas de champ, l'écu étant *réparti*, c'est-à-dire subdivisé également; mais si le nombre des émaux est inégal, la portion la plus nombreuse forme le champ; le surplus forme les pièces, dont alors on désigne le nombre.

L'écu a quelquefois au centre de ses écartelures un petit écusson, qu'on appelle *sur-le-tout*. Si celui-ci est également écartelé, et qu'il soit surchargé à son tour d'un autre plus petit écusson, ce dernier se nomme *sur-le-tout-du-tout*.

Lainé.

ÉCU, pièce de monnaie, ainsi appelée du latin *scutum*, bouclier, parce que, dans l'origine, elle fut chargée de l'*écu de France*. Ce royaume cependant n'est pas la seule contrée qui ait mis des écus en circulation. Le *scudo* italien, l'*escudo* espagnol, et le *thaler*, ou *écu germanique*, n'en sont que des variétés. En France, l'*écu d'or* a dû sa naissance au *denier d'or à l'écu*, frappé en 1336 par Philippe de Valois. Cette pièce fut d'abord d'or fin, à la taille de 50 au marc, et de la valeur de 45 sous; mais dans la suite, son titre, son poids et sa valeur baissèrent successivement. Ainsi, à la fin du règne du roi Jean, les deniers à l'écu n'étaient plus qu'à dix-huit carats. Le type de ces pièces présentait au droit la figure du roi couronné, assis sur une chaise, tenant d'une main une épée, et de l'autre un *écu* chargé de fleurs de lis sans nombre; c'est cette dernière circonstance qui avait fait donner à ces pièces le nom d'*écus*. Le revers, qui était d'abord une croix fleuronnée, offrit à d'autres époques une couronne, un soleil, etc., d'où les dénonciations d'*écus à la croisette*, *à la couronne*, *au soleil* ou *au sol*, etc. Sous les règnes de Louis XII et de François Ier on frappa des *écus au porc-épic* et *à la salamandre*, ainsi nommés parce que l'écu des uns était accosté de deux porcs-épics, et celui des autres de deux salamandres. On connaît en outre des espèces du temps de Charles VI nommées *écus-heaumes*, parce que l'écu y était surmonté d'un heaume avec ses lambrequins. Les écus d'or furent abandonnés sous Louis XIV; ils valaient alors 6 livres, c'est-à-dire 120 sous, au lieu de 22 sous qu'ils représentaient dans l'origine. Cependant leur taille et leur titre étaient restés les mêmes; mais le *sou* s'était altéré, et d'argent qu'il était, lors de la première émission des écus d'or, il était devenu de cuivre. Voici, du reste, les variations que l'écu avait successivement éprouvées : cette valeur était de 25 sous en 1445; de 28 en 1473; de 33 en 1475; de 40 en 1516; de 45 en 1540; de 50 en 1561; de 60 en 1577; de 3 livres 15 sous en 1615; enfin de 4 livres 6 sous en 1633.

C'est en 1580 qu'on frappa les premiers *écus d'argent;* ces pièces reçurent les noms de *quart* et *demi-quart d'écu*, parce qu'elles valaient le quart ou le huitième de l'écu d'or. Les quarts d'écu étaient à 11 deniers de titre; on en taillait 25 ½ au marc, et ils valaient 15 sous, puisque, dès 1577, l'écu d'or avait été porté à 60 sous. Le *demi-quart*, au même titre, avait une valeur proportionnelle, et Henri IV fit frapper des pièces d'argent qui prirent le nom de *demi-écus*, parce qu'elles valaient 30 sous. Ce n'est que sous Louis XIII qu'on fit une monnaie qui pour le type était à peu près semblable au demi-écu de Henri IV, mais qui était le double en poids; comme elle valait 60 sous, ainsi que l'écu d'or, on lui donna le nom d'*écu blanc*. Ce fut l'origine de notre écu de 6 livres. Nos pièces de 3 livres, qu'on nommait *petits écus*, n'étaient qu'un demi-écu, et nos pièces de 30 sous qu'un quart d'écu. Démonétisé définitivement en 1836, l'*écu* n'est plus aujourd'hui qu'une monnaie de compte imaginaire, à laquelle on donne une valeur de *trois francs*. Quand on dit : une *centaine d'écus*, il s'agit par conséquent d'une somme de trois cents francs, bien que l'on dise quelquefois abusivement un *écu de cinq francs* pour une *pièce de cinq francs*.

ÉCUADOR (République de l'). *Voyez* Équateur.

ÉCU DE FLANDRE. *Voyez* Couronne.

ÉCUEIL. Ce mot indique généralement tous les *dangers* qu'un navire doit éviter, et sur lesquels il peut toucher, échouer, se briser, etc. Les *bancs*, les *basses*, les *battures*, les *brisants*, les *hauts-fonds*, les *récifs*, etc., sont autant d'écueils différents. On dit qu'un canal, une *côte*, un archipel, sont *garnis*, *remplis*, *hérissés d'écueils*. On *relève des récifs*, ou *range des brisants*, on *chenale dans les écueils*. Lorsqu'un navire découvre en mer quelque écueil non indiqué sur les cartes, il le *relève* exactement, et communique son observation à son gouvernement lors de son retour. Si cette découverte a été reconnue de nouveau, l'écueil est indiqué sur la carte, et la plus grande publicité lui est donnée. Si l'écueil n'a pas été retrouvé, il est seulement indiqué comme *douteux*. Merlin.

Écueil se dit, au figuré, des choses dangereuses pour la vertu, l'honneur, la fortune, la réputation. A chaque pas qu'il fait dans la vie, l'homme rencontre des écueils, contre lesquels il échoue, s'il n'a pas assez de perspicacité pour les découvrir, ou assez de force pour s'en dégager. Il faut qu'il sache se défier même de ses vertus, car chaque vertu poussée trop loin aboutit à un vice. Ainsi, la générosité touche à la prodigalité, la fermeté à l'obstination, le courage à la témérité. Il est donc nécessaire que l'expérience vienne à notre aide, et que des principes sûrs nous servent de point d'appui. Il est surtout deux écueils où se brisent la plupart des hommes : c'est l'*amour* et l'*ambition*. Il en est un troisième, où de nos jours aussi viennent s'engloutir souvent bien des vertus privées : c'est la vanité du commandement, la frénésie de sortir de sa condition et de planer au-dessus de ses égaux de la veille. Un écueil qui attend les esprits supérieurs, c'est l'*envie*. Si elle infecte la médiocrité, humiliée de son impuissance, elle s'insinue souvent dans le cœur des hommes favorisés des dons du génie. L'écueil le plus ordinaire des princes, des femmes et des écrivains, c'est la *flatterie* : elle les dompte, elle les subjugue, en dépit de leur supériorité. Ce n'est pas qu'ils soient toujours dupes de la louange; mais ils finissent par la regarder comme un droit de la puissance, et un attribut des charmes et des talents. L'autre écueil auquel le beau sexe n'échappe que par exception, c'est le désir immodéré de plaire, qui le pousse droit à la coquetterie, et de là aux fautes les plus graves.

Saint-Prosper jeune.

ÉCUME. Ce mot est employé pour désigner à la fois la salive blanche mousseuse qui remplit plus ou moins abondamment la bouche du cheval lorsqu'il est en mouvement, et la sueur de même couleur qui s'amasse autour de ses harnais. Il s'applique, par extension, à la mousse légère qui se forme par l'agitation à la surface des liquides, et se donne aussi à la couche d'albumine concrétée par la chaleur qui vient surnager le liquide dans la préparation du *pot-au-feu*, et dans la clarification des sirops. C'est également de ce nom que l'on appelle dans les arts les scories que fournissent les matières minérales mises en fusion.

P.-L. COTTEREAU.

ÉCUME DE MER. Les anciens naturalistes appelaient ainsi tous les corps marins ayant quelque analogie avec les alcyons (*voyez* ALCYONIENS), les éponges, etc., et en particulier une conferve des rivages de l'Hellespont, que les droguistes vénitiens vendaient comme étant l'*alcyonium* de Dioscoride. Aujourd'hui encore on donne ce nom à une espèce du genre *alcyon*, à un produit de la décomposition des varecs, et de plus à une variété spongieuse de *magnésite*. Cette dernière substance est un silicate de magnésie hydraté, composé de 52 parties de silice, 23 de magnésie, 25 d'eau, et ne différant du talc que par la présence de l'eau, qui remplace une partie de la silice du talc, quoique Beudant soupçonne même la présence de l'eau dans ce dernier minéral. Le poids spécifique de la magnésite varie de 2,6 à 3,4. Sa cassure est terreuse, pulvérulente; elle est rude au toucher; elle fond très-difficilement au chalumeau en un émail blanc. Le gisement de cette espèce varie depuis le sol intermédiaire jusqu'au sol tertiaire. On la rencontre dans les serpentines intermédiaires du Piémont et de la Moravie, dans les argiles salifères des environs de Madrid, dans le calcaire d'eau douce tertiaire des environs de Paris, Saint-Ouen, Montmartre, Coulommiers, du département du Gard; dans un calcaire d'âge indéterminé du mont Olympe d'Anatolie, de Konieh, et de Négrepont. On se sert de cette substance pour fabriquer de la porcelaine et pour faire des p i p e s. Les plus renommées viennent du Levant.

L. DUSSIEUX.

ÉCUME DE TERRE. On connaît sous ce nom une substance calcaire de couleur blanc-jaunâtre ou verdâtre, de texture lamelleuse, à lames très-minces, flexibles, et d'un aspect nacré. Cette matière, considérée par plusieurs auteurs comme une variété de l'*agaric minéral*, et que Wiegleb regarde comme un carbonate de chaux, se rencontre en Thuringe, près d'Eisleben, et en Misnie, près de Géra, dans les fissures de quelques montagnes calcaires.

P.-L. COTTEREAU.

ÉCUME DE VERRE. On donne ce nom, ainsi que celui de *fiel de verre*, à un mélange de sulfate de potasse ou de soude et de chlorure de potassium ou de sodium, qui pendant la fusion du verre vient nager à la surface.

P.-L. COTTEREAU.

ÉCUME PRINTANIÈRE. Des auteurs désignent par cette dénomination, ou par celle de *crachat de coucou*, des plaques écumeuses qui se rencontrent très-fréquemment au printemps sur les plantes, particulièrement sur les luzernes et les églantiers, et qui sont dues aux larves d'une espèce du genre *cercope*, la *cigale écumeuse* de Geoffroy, insecte hémiptère, de la famille des cicadaires. Ces larves, dont le corps est très-tendre, rendent par l'anus des bulles écumeuses, formées d'air et de sucs végétaux, et ressemblant en totalité à une écume salivaire, à une sorte de crachat; elles se recouvrent entièrement de cette matière, soit pour se dérober à la vue de leurs ennemis, spécialement des ichneumons, soit pour se garantir de l'action trop vive du calorique, et peut-être dans l'un et l'autre but.

P.-L. COTTEREAU.

ÉCUMEUR DE MARMITES. *Voyez* ÉCORNIFLEUR.

ÉCUMEURS DE MER. C'est le nom qu'on donne aux bâtiments et aux hommes qui infestent les mers pour piller les navires de toutes les nations, et souvent en assassiner les équipages et les passagers. Les *pirates* et les *forbans* sont des *écumeurs de mer*. Lorsqu'ils sont vaincus par un ennemi plus fort qu'eux, il est rare qu'on les fasse prisonniers pour les traduire devant un tribunal quelconque. On leur déclare presque toujours une guerre à mort, et ceux qui survivent sont pendus au bout des vergues. Les Antilles et la côte de l'ancienne Amérique espagnole ont été longtemps infestées d'écumeurs: on en signale encore, mais en petit nombre. L'Archipel grec et le littoral de la Chine n'en sont pas entièrement purgés. On se rappelle la fin héroïque de l'enseigne B i s s o n, qui, jeté par le mauvais temps sur les rives de l'île de Stampalie, aima mieux se faire sauter, avec la prise dont il avait reçu le commandement (le *Panayotis*), que de se rendre aux pirates.

MERLIN.

ÉCUREUIL. Ce genre de la famille des r o n g e u r s a pour les zoologistes les caractères suivants: Clavicules bien distinctes; dents molaires simples, c'est-à-dire composées seulement d'émail et d'ivoire, sans substance corticale; incisives de dimension médiocre, les inférieures très-comprimées; doigts longs et armés d'ongles acérés et crochus, quatre devant, cinq derrière; le pouce antérieur est rudimentaire; queue longue, large, très-velue, à poils distiques. Quelques-unes des nombreuses espèces de ce genre, dont quelques naturalistes forment une petite famille sous le nom de *sciuriens* (de σκίουρος, écureuil), ont des a b a j o u e s; chez d'autres, la peau des flancs, étendue en un large repli entre le membre antérieur et le postérieur de chaque côté, forme une sorte de parachute, qui permet à l'animal des sauts très-allongés, et lui a fait donner le nom d'*écureuil volant* (*voyez* POLATOUCHE). Les naturalistes ont décrit plus de quarante espèces d'écureuils bien distinctes, entre autres: le *tamia*, le *palmiste*, le *suisse*, le *petit-gris*, le *guerlinguet*, etc. Toutes ces espèces sont d'une forme et d'une dimension assez voisine de l'écureuil ordinaire; des variétés de pelage, en général très-agréables, les distinguent les unes des autres.

Nous avons à parler ici plus en détail de l'écureuil ordinaire, écureuil d'Europe, *sciurus vulgaris* des nomenclateurs. Ce petit animal, d'un roux vif, d'une forme élégante, doit à la vivacité de ses mouvements, au volume de ses yeux, pleins de feu, une physionomie fine. « Sa jolie figure, dit Buffon, est encore rehaussée, parée, par une belle queue en forme de panache, qu'il relève jusque dessus sa tête, et sous laquelle il se met à l'ombre. » Chaque oreille est ornée d'un pinceau de poils droits et assez longs. Il se tient ordinairement assis, presque droit, se servant de ses deux pattes de devant avec une grande dextérité pour porter à sa bouche ses aliments. Ceux-ci consistent en noix, faines, glands, agarics, amandes de toutes sortes. Il en fait pour l'hiver des provisions, qu'il dépose en divers endroits; ses magasins sont établis dans des troncs d'arbres. Les écureuils vivent par couple; ils établissent leur domicile sur un arbre, et n'y souffrent guère de voisinage; ils y construisent sur la fourche d'une branche bifurquée un véritable nid, arrondi, assez volumineux, dont l'ouverture est située en haut. A quelque distance au-dessus de cette ouverture, l'écureuil, pour empêcher que la pluie n'y pénètre, construit une espèce de toit, qui dirige l'eau de côté. Les matériaux de cette construction, assez compliquée, sont des bûchettes et de la mousse. C'est là que l'écureuil dépose sa portée et qu'il se tient pendant le jour, n'en sortant guère que la nuit pour prendre ses ébats et aller à la picorée; cependant il en sort même pendant le jour si quelque bruit vient troubler le silence des bois; on le voit alors fuir sur un autre arbre, et se cacher à l'abri d'une branche, et si quelque tempête vient battre le feuillage et menacer de fracasser quelque arbre, l'écureuil descend à terre. Il paraît qu'il boit peu, et je ne sais quel amateur du merveilleux a prétendu qu'il boit de la neige; ce qu'il y a de vrai, c'est qu'en hiver on le voit quelquefois gratter la neige, l'écarter pour chercher quelque nourriture qu'elle recouvre. Sa voix est éclatante; on entend les écureuils pendant la nuit crier en courant les uns après les autres; ils ont aussi un petit grognement de mécontentement qu'ils font entendre lorsqu'on les irrite.

L'accouplement des écureuils a lieu vers les mois de mars et d'avril; la gestation est de quatre semaines, la portée de deux ou trois petits; pour les allaiter, la femelle a huit mamelles. La mue a lieu au printemps; le poil nouveau est plus roux que celui qui tombe. La chair de l'écureuil est, dit-on, assez bonne à manger; sa fourrure, peu recherchée et peu solide, était autrefois nommé *vair*. L'écureuil commun habite l'Europe et le nord de l'Asie. Nous devons ajouter ce que l'on raconte des écureuils, qui peuvent traverser l'eau, en se servant d'une écorce pour navire, et de leur queue pour voile et pour gouvernail; ce fait est trop mal établi pour que nous ne le considérions pas comme une fable agréable. BAUDRY DE BALZAC.

ÉCURIE. L'écurie est le lieu destiné à loger des chevaux, des mulets; les bœufs, les moutons logent dans des *étables*. Le sol de l'écurie doit être en pente et pavé pour donner écoulement aux urines. Le long du mur doivent être placés la mangeoire et le râtelier; la mangeoire est une auge en bois d'environ 40 centimètres de profondeur et de 32 centimètres de large; des racineaux placés sur des pieux supportent la mangeoire. Le râtelier est une grille en bois écartée de 10 centimètres pour que la bouche du cheval puisse y passer. Il doit être élevé à 65 centimètres au-dessus de la mangeoire; il faut $1^{m},30$ de largeur au moins pour la place d'un cheval. Les séparations se font avec des cloisons ou des barres, pour que les animaux ne se blessent pas en se battant. Les barres de séparation doivent avoir 1 à 2 mètres de hauteur. Il faut 4 mètres de longueur pour la place d'un cheval. Il faut réserver en arc un espace derrière l'animal pour le passage des palefreniers et pour placer le coffre à avoine ainsi qu'une armoire pour renfermer les instruments de pansement. Il faut des fenêtres tant au nord qu'au midi, qu'on puisse ouvrir et fermer à volonté, parce que des chevaux couverts de sueur ne doivent jamais être exposés à des courants d'air du nord. Il faut encore dans cette écurie un ou plusieurs lits pour les palefreniers et une lanterne. A l'extrémité de cette écurie, il doit s'en trouver une autre, pour les chevaux malades, suspects ou méchants. Cette infirmerie doit être séparée de l'écurie par une simple cloison en planches. Comme il ne saurait jamais y avoir trop d'air dans tous les logements destinés aux animaux, il faut que les planchers soient fort hauts et qu'il y ait beaucoup de fenêtres.

Cte FRANÇAIS (de Nantes).

Ajoutons que le luxe des bâtiments doit être réprouvé par tout bon agronome. Les Anglais, qui savent comme nous et beaucoup mieux que nous jeter l'argent, se contentent pour la plupart de leurs chevaux de hangars placés près des fermes, à l'extrémité d'une pâture : à l'heure des repas, un râtelier placé sous cet économique bâtiment est rempli de foin ou de paille. Les animaux ont ainsi la liberté d'aller, de venir, de courir, de manger et de se mettre à l'abri des intempéries. Cependant les chevaux anglais ne se trouvent pas plus mal de ce régime d'indépendance.

J. ODOLANT-DESNOS.

ÉCUSSON (*Art héraldique*). On donne ordinairement ce nom à un ou plusieurs petits écus qui entrent comme pièces principales ou accessoires dans un *écu* d'armoiries. Dans ce cas, le mot *écusson* est un diminutif; mais on l'emploie aussi pour exprimer des pannons d'armes d'une dimension plus grande que celle de l'écu ordinaire, comme ceux que les nobles plaçaient dans les églises au-dessus de leurs bancs privilégiés, sur les poteaux limitrophes et les fourches patibulaires des justices seigneuriales, sur les titres et catafalques, et ceux, enfin, qui servent d'insignes distinctifs au sacre des évêques. LAINÉ.

ÉCUSSON (*Architecture*). L'usage d'introduire des *écussons* dans l'architecture et la décoration remonte à une très-haute antiquité, comme le témoigne un passage de Pline (liv. XXXV, ch. 33), où il est dit que ce fut Appius Claudius (consul avec Servilius, l'an 259 de Rome) qui le premier consacra de la sorte dans le temple de Bellone les images de ses ancêtres, entourées d'inscriptions honorifiques. Les *écussons* peuvent donc se considérer comme des représentations de boucliers, comme une espèce d'imitation, dont l'art, le goût, le caprice et la vanité ont singulièrement varié et modifié les formes; mais quand l'usage en prescrit l'emploi, il vaudrait mieux les appliquer d'une manière postiche, et non cohérente avec la construction à l'ornement de laquelle on veut les faire servir, comme une sorte d'accessoire enfin, que de les convertir en marbre, en pierre ou en toute autre matière solide, faisant partie intégrante du monument même.

Le mot *écusson* s'applique aussi par analogie à certaines parties des constructions des arts mécaniques. Ainsi, on appelle *écusson*, en serrurerie, une petite plaque de fer qu'on met sur les portes des chambres, des armoires, vis-à-vis les serrures, et au travers de laquelle entre la clé. On donne aussi ce nom à toutes les platines qui ornent les heurtoirs, les boucles, les boutons des serrures. On le donne, enfin, à beaucoup de petits objets de détail et d'ornement ayant généralement une forme ovale, dont l'énumération serait trop longue. Edme HÉREAU.

ÉCUSSON (*Horticulture*), morceau d'écorce garni d'un œil enlevé de dessus un arbre et taillé en triangle, pour être inséré entre le bois et l'écorce d'un sujet appartenant à une espèce ou à une variété voisine. L'incision faite pour recevoir l'écusson est ordinairement en forme de T. On appelle aussi *écusson* l'arbre sur lequel on a porté le morceau d'écorce : *Voici un bel écusson; ce jardinier fait bien un écusson*, etc.

Écussonner, c'est lever et placer un écusson. Cette opération se pratique à deux époques de l'année, au printemps et en été : dans le premier cas, c'est l'*écusson à œil poussant*, car il se développe immédiatement; dans le second cas, c'est l'*écusson à œil dormant*, parce qu'il ne part qu'au printemps suivant. Le jardinier qui veut voir réussir son travail choisira par un temps doux, sur une branche d'un an, un bouton sain, bien développé, pourvu d'un œil unique; il l'enlèvera avec l'écorce qui l'environne et une partie du bois sous-jacent; puis, avant de l'appliquer dans l'incision faite sur le sujet à écussonner, il donnera à l'écusson la forme et l'étendue convenables pour qu'il puisse être reçu dans la plaie; il séparera la parcelle de bois de l'écorce enlevée, afin de dégager le petit mamelon dont est pourvu le bouton à sa base. Ce *point vital*, qui mettait l'œil en communication immédiate avec l'arbre qui le portait, et le faisait vivre de la vie commune, doit être entier, car s'il n'existait pas, ou s'il était blessé, l'opération serait inutile, le bouton étant ainsi condamné à une mort certaine.

Ce premier temps accompli avec les précautions indiquées, les lèvres de l'incision en T seront soulevées et l'écusson glissé dans leur écartement, de manière à ce que la face interne de l'écorce se trouve en rapport exact avec le bois; enfin, les bords de l'incision seront rapprochés et assujettis sur l'écusson au moyen d'un fil de laine appliqué à plusieurs tours sur la branche.

L'arbre est écussonné; mais pour assurer la réussite de cette sorte de *greffe* il faudra diriger la sève vers l'écusson en supprimant la tête de l'arbre à quelques centimètres au-dessus, ainsi que toutes les branches qui sont en dessous. Dans le cas où l'on fait un écusson à *œil dormant*, on peut attendre jusqu'au printemps pour supprimer toutes ces parties, qui alors ne sont retranchées que lorsque le succès est certain. C'est là une des raisons qui font généralement préférer l'écusson d'été à celui du printemps.

P. Gaubert.

ÉCUSSON (*Entomologie*), partie postérieure du corselet des insectes ailés. On ignore l'usage de cet organe, qui n'existe point chez les aptères, les lépidoptères et la plupart des névroptères.

ÉCUYER (du latin *scutifer*, dont la langue romane fit *escudier*, d'où l'ancien français *escuier*). L'écuyer, dans l'origine, était l'homme de guerre armé de l'écu et du javelot, et sa dénomination de *scutifer* fut évidemment tirée, par les Romains, du mot *scutum*, écu, et non d'*equus*, cheval, ainsi que l'ont avancé quelques étymologistes. Les empereurs, selon Ammien Marcellin, faisaient consister la meilleure partie de leurs forces dans les compagnies d'écuyers et de *gentils*, soldats destinés principalement à la garde et à la défense du prétoire. Procope rapporte que sous Julien vingt-deux écuyers défirent trois cents Vandales. Ces compagnies avaient la meilleure part des terres qu'on distribuait aux troupes à titre de bénéfices. Après la conquête des Gaules, et dès les premiers temps de la monarchie française, on retrouve la même dénomination d'écuyers et de gentils, pour qualifier les gens de guerre qui tenaient le premier rang parmi les militaires; et comme ils n'étaient chargés d'aucune redevance pécuniaire pour les terres qu'ils devaient à leur bravoure et qu'ils tenaient des libéralités du prince, on les appela *gentilshommes* ou *nobles*, pour les distinguer du reste du peuple, qui était alors en servage. Ce fut ainsi qu'en France la noblesse prit sa source dans le service militaire et dans la possession libre des fiefs. Toutefois, plus tard, lorsque tous les chevaliers, quelle que fût leur origine, voulurent avoir des écuyers, qu'ils finirent même par prendre dans toutes les conditions; ces derniers ne furent plus considérés que comme des espèces de serviteurs, qu'on anoblissait ensuite en leur conférant la chevalerie. Néanmoins, suivant une convention faite en 1338, entre Philippe de Valois et les grands vassaux, l'écuyer était au-dessus des sergents et des arbalétriers. Sous Henri III, la vanité avait fini par rattacher de nouveau le titre de noble à la qualité d'écuyer : c'est ce que consacra formellement l'ordonnance de Blois de 1579. Il est toutefois à remarquer que la noblesse acquise dans les fonctions civiles ne donnait pas cette qualité, qui paraissait incompatible avec les offices dont l'emploi différait totalement de la profession des armes. Aussi l'art. 25 de l'édit de 1600 défendait-il à toute personne qui n'était point issue d'un père ou d'un aïeul anobli dans cette profession de prendre le titre d'écuyer, et cette interdiction est également portée dans l'art. 2 de la déclaration du mois de janvier 1624.

Avant cette époque, au milieu du moyen âge, l'office d'écuyer, qui succédait aux fonctions intermédiaires de *damoisel*, était le dernier degré d'apprentissage pour arriver à l'honneur de la *chevalerie*. Pour passer à l'état d'écuyer, le jeune damoisel était soumis à une espèce de cérémonie religieuse, à laquelle il était présenté dans l'église par son père et sa mère, qui, chacun un cierge allumé à la main, allaient à l'offrande; le prêtre célébrant prenait sur l'autel une épée avec son ceinturon, sur laquelle il faisait plusieurs bénédictions, et il l'attachait ensuite au jeune page, qui dès lors commençait à la porter ainsi que les éperons d'argent. Une fois reconnus écuyers, les jeunes gens occupaient tour à tour différents emplois; et bien qu'ils fussent en général divisés en plusieurs classes, il est cependant présumable que dans la plupart des châteaux, et surtout dans les cours moins opulentes, chacun d'eux remplissait à la fois plusieurs offices divers. On voit néanmoins qu'ils portaient successivement la qualification d'*écuyer du corps*, d'*écuyer de la chambre*, d'*écuyer tranchant*, d'*écuyer d'écurie*, etc. L'écuyer du corps, ou de la personne, d'abord de la dame et ensuite du châtelain, et qu'on appelait aussi *écuyer d'honneur*, avait pour principale fonction d'habiller et de déshabiller sa souveraine ou son maître. Il les accompagnait en tout lieu, et se trouvait chargé de faire les honneurs dans les assemblées d'éclat et de solennité; il portait à la guerre la bannière de son seigneur et *criait son cri d'arme*. L'écuyer de la chambre, ou *chambellan*, gardait l'or et l'argent de son maître, ainsi que la vaisselle plate destinée au service de la table, et qu'il tirait des coffres les jours de festin et de cérémonie. Dans ces deux emplois, dit Lacurne de Sainte-Palaie, les écuyers approchaient également à toute heure la personne de leur seigneur et de leur dame; admis avec confiance et familiarité dans leurs entretiens les plus intimes et dans les assemblées les plus brillantes, ils se formaient aisément aux usages de la société et se polissaient à l'exemple des modèles qu'ils avaient sans cesse sous les yeux. Ils y apprenaient aussi à cultiver l'affection de leurs maîtres, à connaître les moyens de plaire aux autres personnes dont se composait la cour qu'ils servaient, et à faire aux chevaliers étrangers qui venaient la visiter, ainsi qu'à leurs écuyers, ce qu'on appelait *les honneurs*, locution restée en usage dans le même sens.

De même, le jeune servant apprenait peu à peu dans le silence l'art de bien dire, lorsqu'en qualité d'écuyer tranchant, il était debout dans les repas, occupé à dépecer les viandes avec la propreté, l'adresse et l'élégance convenables, et à les faire distribuer aux nobles convives. Joinville, dans sa jeunesse, avait rempli à la cour de saint Louis cet office, qui dans les maisons des souverains était exercé quelquefois par leurs propres enfants. Froissart raconte que le comte de Foix « s'assit à table en la salle; Gaston, son fils, avoit d'usage qu'il le servoit de tous ses mets et faisoit essai de toutes ses viandes. » Une ordonnance de Philippe le Bel, de 1306, confia au premier écuyer tranchant de la cour la garde de l'étendard royal. D'autres écuyers avaient le soin de préparer la table, de donner à laver avant et après le repas. Ils apportaient les mets de chaque service, et avaient une attention continuelle pour que rien ne manquât aux convives; ils relevaient les tables, et enfin disposaient tout ce qui était nécessaire pour l'assemblée qui suivait le festin et pour les divertissements, auxquels ils prenaient part eux-mêmes avec les jeunes damoiselles attachées aux nobles dames qui en faisaient l'ornement. Puis ils servaient tour à tour les épices, les dragées et confitures, l'hippocras, le clairet, ou composition de vin et de miel, le piment, que les statuts de Cluni défendaient aux religieux de cet ordre, et qui n'était qu'un mélange d'épices et de vin; en un mot, toutes les autres boissons qui terminaient toujours les repas, et que l'on prenait encore en se mettant au lit; c'est ce qu'on appelait *le vin du coucher*. Ces écuyers accompagnaient jusque là les étrangers, pour lesquels ils préparaient eux-mêmes les chambres qui leur étaient destinées.

Le service des écuyers de l'écurie demandait plus de force et d'habileté; il consistait, entre autres, à dresser les chevaux à tous les usages de la guerre, à tenir les armures de leur maître en bon état et à l'en revêtir avec toutes les précautions nécessaires pour la sûreté de sa personne pendant les combats. L'accident arrivé depuis à Henri II, et qui causa sa mort, fut peut-être la suite d'une négligence à cet égard. Ces écuyers menaient aussi les chevaux de bataille, qu'ils tenaient à leur droite, d'où leur vint le nom de *destriers*. Ils les donnaient à leur seigneur quand l'ennemi paraissait, ou que le danger semblait l'appeler à combattre; et c'est ce qu'on appelait *monter sur ses grands chevaux*, façon de parler que nous conservons encore au figuré. Lorsqu'une fois on en venait aux mains, chaque écuyer, rangé derrière son chevalier, demeurait spectateur oisif du combat, et cet usage, qui servait si bien à l'instruction du serviteur, lui facilitait aussi les moyens de veiller sur les jours de son maître, en lui donnant, en cas d'accident, de nouvelles armes ou un cheval frais, et en parant parfois les coups qu'on lui portait, sans sortir néanmoins des bornes de la défensive. « C'est ainsi, dit Brantôme, que fit ce brave escuyer de Saint-Séverin, à la bataille de Pavie, à l'endroit du roy François ; aussi y mourut-il en la bonne grâce et louenge de son roy, qui le sceut bien dire peu après. » C'était aussi à ces écuyers que les chevaliers pendant le combat donnaient à garder les prisonniers qu'ils faisaient, et dont le cheval et l'armure devenaient leur propriété.

On voit par tout ce qu'on exigeait de l'aspirant à la chevalerie, et dont nous donnons à peine un simple aperçu, qu'il devait réunir surtout la force nécessaire pour les plus durs travaux à l'adresse des arts les plus difficiles : ce n'était en effet qu'après avoir passé tour à tour pendant sept années dans ces divers services, qui le façonnaient par degrés au métier rude et périlleux de la guerre, que l'écuyer pouvait enfin prétendre aux éperons d'or et au noble titre de chevalier.

Dans notre histoire moderne, on donnait le titre d'*écuyer* à des officiers qui avant la révolution de 1789 avaient le soin et le gouvernement des chevaux du roi ou d'un prince. La charge de *grand-écuyer* était une des plus considérables de la cour. Dès l'époque de Charles VII, nous voyons Tannegui Du Châtel qualifié de ce titre, auquel depuis furent toujours attachées des prérogatives très-étendues. Le grand-écuyer disposait de toutes les charges de la grande et de la petite écurie, de tous les offices qui en dépendaient, et ordonnait des fonds affectés à ce service. Jusqu'au temps de Henri IV, les postes et les relais lui appartenaient. Aux premières entrées de nos rois dans les villes du royaume ou dans les villes conquises, il marchait immédiatement devant le prince, portant l'épée royale dans le fourreau de velours bleu, parsemé de fleurs de lis d'or, avec le baudrier de même étoffe, et son cheval caparaçonné de même. Il figurait avec les mêmes prérogatives aux funérailles du roi, et alors les chevaux et les harnais demeuraient sa propriété. Outre le grand-écuyer, on distinguait sous ses ordres le premier écuyer de la grande écurie, qui la commandait en son absence, et le premier écuyer de la petite écurie, dont les attributions comprenaient les chevaux et les voitures dont le roi se servait le plus ordinairement : ce dernier avait aussi le gouvernement des pages, et c'était lui qui donnait la main au prince pour l'aider à monter en carrosse ou lorsqu'il en descendait. Ces deux dignitaires avaient sous leur commandement les *écuyers de quartier*, qui mettaient les éperons au roi et lui tenaient l'étrier, et les *écuyers cavalcadours*, intendants des chevaux à la main. Il y avait aussi à la cour, entre autres, un *écuyer-bouche*, dont l'unique fonction, lorsque le roi mangeait à son grand couvert, consistait à faire déguster chacun des plats au maître-d'hôtel avant de les remettre aux gentilshommes servants, qui les posaient sur la table. La plupart de ces charges, rétablies sous l'empire et sous la restauration, avaient disparu sous le règne de Louis-Philippe. Le nouvel empire les a ressuscitées en partie.

Nous terminerons en faisant remarquer que le mot *écuyer* est encore employé dans diverses acceptions métaphoriques, qui toutes se rattachent à l'un ou l'autre office dont se trouvaient chargés, dans le moyen âge, les aspirants à la chevalerie. C'est ainsi que cette dénomination se donne à celui qui dresse les chevaux au manége et enseigne l'équitation ; qu'on appelle *écuyers* et *écuyères* les acteurs et actrices figurant à cheval dans les manœuvres, exercices et divertissements qu'offrent les différents cirques ; que le nom d'*écuyer* s'applique au cavalier qui donne la main aux dames pour les mener ; qu'en termes d'agriculture on appelle *écuyer* le rejeton qui pousse au pied d'un cep de vigne, emblème en effet très-juste de cette noble institution, qui se renouvelait ainsi en se reproduisant elle-même ; et qu'enfin dans la vénerie il se dit d'un jeune cerf qui accompagne et suit un vieux cerf, signification qui s'accorde parfaitement avec l'idée que nous devons avoir de l'attachement et de la subordination des écuyers à l'égard des chevaliers.

PELLISSIER.

EDAM, ville de Hollande, dans la province de Nordhollande, à 2 kilomètres du Zuydersée, 24 kilomètres d'Amsterdam, avec 5,000 habitants, un port et d'importants chantiers de construction, est surtout célèbre par ses foires au fromage, qui donnent lieu à un mouvement d'affaires considérable. Les fromages d'Edam pèsent de 1 ½ à 10 kilogrammes, et sont d'une remarquable qualité.

EDCH-MIADZIN, ECS-MIAZIN, ou EISCH-MIADZINE, célèbre monastère situé dans l'Arménie russe, non loin d'Érivan, au pied du mont Ararat, et entouré de fortifications, est tout ce qui reste de l'ancienne ville de Vagharschabad, et, après avoir été longtemps la résidence des rois, est aujourd'hui celle du *katholikos*, ou patriarche d'Arménie. Il y a en outre à Edch-Miadzin quatre archevêques, six évêques, douze archimandrites et une quarantaine de moines. Les habitants prétendent que c'est là que, vers l'an 300 de l'ère chrétienne, Jésus-Christ apparut à leur apôtre, saint Grégoire l'Illuminateur, et lui ordonna de bâtir en ce lieu un temple dont il lui traça le plan, et dont le nom rappelle ce miracle, car le mot arménien *edch-miadzin* signifie *descente du Fils unique*.

La résidence interrompue des patriarches y fut rétablie en 1441. Siége du haut clergé arménien, qui avait la suprématie sur une vingtaine d'évêques, et habité par trois cents moines ou prêtres, ce monastère renfermait des trésors considérables, parmi lesquels se trouvaient de riches présents envoyés par les papes. Suivant le dire des moines, l'église possédait aussi un grand nombre de reliques, entre autres, deux des clous qui avaient attaché Jésus-Christ sur la croix. Quant à la tunique sans coutures et à la vraie lance qui lui avait percé le cœur, elles furent enlevées, ajoutent-ils, par Chah-Abbas le Grand, roi de Perse, lorsqu'en 1589 il dévasta l'Arménie, avant de la rendre aux Turcs.

La Porte et le gouvernement persan ayant abusé de l'autorité dont le *katholikos* jouit sur ses coréligionnaires pour les opprimer, ce chef de l'Église arménienne se réfugia sur le territoire russe avec ses moines, ainsi que les archives et les reliques du monastère. La cour d'Ispahan réclama alors son extradition, et le refus de la Russie d'obtempérer à cette réclamation fut l'une des causes de la guerre qui éclata entre la Russie et la Perse, et de la direction de laquelle Paskéwitsch fut chargé. Les opérations militaires commencèrent par la prise d'assaut (27 avril 1827) d'Edch-Madzin, qui souffrit beaucoup des suites de la guerre. Aux termes de la paix de Tourkmandchaï, Edch-Miadzin et d'autres territoires furent cedés par la Perse à la Russie.

EDDA (c'est-à-dire *arrière-grand'-mère*), dénomination commune à deux ouvrages de l'antique littérature scandinave, différant essentiellement l'un de l'autre.

La plus ancienne Edda, appelée aussi *Edda poétique*, ou *de Saemund*, est une collection de chants épiques, dont seize contiennent les traditions du nord scandinave relatives aux dieux, et vingt et un celles qui ont trait aux héros. Composés en Norvège, quelques-uns peut-être dès le sixième, mais le plus grand nombre aux septième et huitième siècles, ils passèrent en Islande, où on les recueillit par écrit vers le milieu du douzième siècle. Ce fut en l'année 1643 que l'évêque d'Islande Brynjolf Sveinsson les découvrit dans le manuscrit le plus ancien et en même temps le plus complet. On ignore d'ailleurs jusqu'à quel point il a été en droit de donner à la copie qu'il en fit lui-même, le titre d'*Edda Saemundi multiscii*, pourquoi il lui donna ce nom d'*Edda* et indiqua l'Islandais *Saemund Sigfusson le Savant* (mort en 1133) comme étant celui qui avait recueilli et même composé ces chants. Ils ont été publiés complétement, avec une traduction latine, un riche commentaire, un glossaire et le Lexique mythologique de Finn-Magnussen (Copenhague, 3 vol. 1787-1828) par la commission dite d'Arneas-Magnæus, par Rask (Stockholm, 1818) et par Munch (Christiana, 1847). Depuis l'année 1665 quelques savants du Nord en ont, à diverses reprises, publié des épisodes détachés, entre autres : les frères Grimm (Berlin, 1815), Etmuller (*Vauluspa* [Leipzig, 1830]), Bergman (Paris, 1840).

L'Edda plus récente, appelée aussi *Edda prosaïque*, ou *de Snorro*, est un manuel de la mythologie et de la poétique des anciens Scandinaves. Elle est divisée en trois parties, dont celles qui ont pour titres *Gylfaginning* (déception de Gylfa), et *Bragaraedur* (discours de Nagi) traitent du monde des dieux scandinaves, et la troisième, intitulée *Skalda* ou *Skaldskaparmal*, de la poésie des scaldes du Nord. Toutes les trois sont écrites en forme de dialogues, et contiennent bon nombre de vers cités, comme preuves à l'appui, et tirés de poëmes depuis longtemps perdus. Outre des préfaces et une tradition manuscrite, on y a ajouté trois petites dissertations grammaticales sur l'ancienne langue scandinave. On peut regarder l'historien islandais Snorro-Sturluson (mort en 1241) comme l'auteur de ces différentes parties ou tout au moins comme celui qui les recueillit. Cette *Edda* fut retrouvée en 1628 par Arngrim Jonsson, en Islande; et on en a des éditions complètes publiées par Rasl (Stockholm, 1818) et par Sveinbjœrn Egilsson (Reykjavik, 1848-1849). Il n'a encore paru que le premier volume de l'édition avec traduction latine et commentaire critique, publiée par la commission dite d'*Arneas Magnæus* (Copenhague, 1848).

[J. Wolff regarde les chants de l'Edda comme antérieurs à la naissance de Jésus-Christ; et Schimmelmann, l'auteur d'une bonne traduction allemande de ce poëme (in-4°, 1777) ne craint pas de le faire remonter jusqu'à 1,500 ans avant notre ère, car il le considère comme le plus ancien livre des Scythes. « C'est pour ce peuple, dit-il, pour les Goths, les Suèves, les Vandales et les autres nations du Nord, depuis leur première migration de l'Asie, une tradition aussi vraie, aussi ancienne, aussi certaine que toute autre tradition écrite dont un peuple puisse se glorifier. » Gœranson, qui a traduit l'Edda en suédois, dit dans son avant-propos : « Saemund et Snorro n'ont pas composé l'Edda. Ils l'ont prise dans les anciens livres runiques. Quand le christianisme pénétra en Suède (vers l'an 1000), le pape écrivit au roi Olaf Ier que les runes avec leurs emblèmes magiques mettaient obstacle aux progrès de la vraie foi. Après avoir reçu cette lettre, le roi convoqua ses principaux conseillers, et tous décidèrent que les livres et bâtons runiques seraient livrés au feu. L'ordre fut exécuté, et il ne resta de cette quantité de traditions anciennes manuscrites que ce qui était alors en Islande. »

Ce qu'il y a de certain, c'est que la partie de l'Edda consacrée à la mythologie est antérieure à tout souvenir historique. Ainsi, en admettant que l'idée de Schimmelmann soit un peu exagérée, on ne peut se refuser à croire avec Gœranson que les principaux symboles rapportés par l'Edda se soient perpétués pendant plusieurs siècles, d'abord par la tradition orale, puis par les caractères runiques. Du reste, Arneas Magnæus paraît avoir bien démontré que les diverses odes dont se compose l'Edda ne sont pas toutes de la même époque. Jusqu'à présent, malgré les recherches des savants du Nord, on manque encore de preuves authentiques pour constater leur origine, et il y a là plusieurs morceaux dont on n'a pas même encore bien compris le sens.

L'Edda de Saemund est écrite en vers. Cependant il s'y trouve quelques morceaux en prose, tels, par exemple, que la *Mort de Niflungen*, et la *Fin de Sinfiotla*. De toutes les divisions que l'on a faites pour en expliquer le plan et l'idée générale, celle de Mohne, le savant continuateur de la *Symbolique* de Creuzer, me paraît être la plus claire et la plus précise, quoiqu'on puisse peut-être lui reprocher d'être un peu trop systématique. Mohne divise l'*Edda* de Saemund en trois parties : mythologique, épique, mystérieuse. Dans la première se trouve la *Vaulu-Spa*, la création du monde, les combats des dieux, la mort de Balder, l'apparition des héros. La seconde partie, qui est la plus étendue, renferme les chants héroïques. C'est le *Heldenbuch* de la Scandinavie. On y trouve l'histoire de Wieland, de Gudrun, la chanson d'Atli, la vie et la mort de Sigurd, l'extinction des héros, et la transition des héros aux hommes, comme dans la première partie on trouve celle des dieux aux héros. La troisième partie renferme les mystères religieux, les dogmes. C'est le *Have-Mal* (chant sublime), qui explique la morale d'Odin; le *Lothfafnis-Mal*, le *Runatal*, qui donnent des leçons à la jeunesse, et le *Rigs-Mal*, où l'on trouve la naissance des trois ordres : de l'esclave, de l'homme libre, du noble. Les trois plus beaux chants de l'Edda sont, à mon avis, la Vaulu-Spa, le Have-mal, et la Runatal. Le Have-Mal est le seul monument qui nous reste de la morale des Scandinaves. C'est un recueil de maximes populaires, qui peuvent nous donner une idée du caractère des hommes auxquels on les adressait. Ce qu'on leur recommande par dessus tout, c'est l'hospitalité, la sobriété, l'esprit de modération. « Donnez de l'eau, dit le Have-mal, à celui qui vient prendre place à votre table, et essuyez lui les mains. Mais parlez-lui d'une manière agréable, si vous voulez qu'il vous parle aussi. Il n'y a rien de plus honteux pour les fils du siècle que de trop boire, car plus un homme boit, plus il perd son jugement. Un oiseau chante devant celui qui s'enivre, mais il lui enlève son âme. Que l'homme soit sage avec mesure, c'est-à-dire pas plus sage qu'il ne faut, et qu'il ne cherche pas à connaître d'avance son sort, s'il veut dormir tranquille. Je vous en prie, soyez prudents, mais ne le soyez pas trop. Soyez le surtout quand vous avez bu, quand vous vous trouvez avec la femme d'un autre, ou dans une société de fripons. »

Ce qu'il faut remarquer encore dans le Have-Mal, c'est une vive empreinte de cette sagesse proverbiale, dont on retrouve partout des traces, car c'est la sagesse des nations. Il y a là telle sentence que nous répétons encore chaque jour dans le monde, et que tous nos moralistes ont formulée en prose ou en vers. La Fontaine a dit :

> Un tient vaut, ce dit-on, mieux que deux tu l'auras.

Et la Have-Mal : « Le bien que l'on possède, si mauvais qu'il soit; vaut encore mieux que celui qu'on attend. » « Ne vous félicitez pas d'un beau jour avant qu'il soit fini, » dit notre proverbe. Et la Have-Mal développe ainsi cette pensée : « Louez la beauté du jour, quand il sera passé; la femme, quand vous l'aurez bien connue; l'épée, quand vous vous en serez servi; la jeune fille, quand vous l'aurez épousée; la glace, quand vous l'aurez éprouvée; la bière, quand vous l'aurez bue. » Enfin, il y a encore dans ce chant de l'Edda telle pensée philosophique que l'on croirait marquée du cachet de La Bruyère ou de La Rochefoucauld. « Il vaut mieux flatter les autres que de se flatter soi-même. Il n'y a point d'homme si vertueux dans le monde qui n'ait quelque vice, et point d'homme si méchant qui n'ait quelque vertu. — Il n'y a pas de plus grande maladie que d'être mécontent de son sort. »

Le *Runatal* explique toute la magie que peut exercer la poésie. Les skaldes disent qu'Odin parla toujours en vers. Il enseigna sa science aux ases par les runes et par ses poésies. Avec ces chants magiques, le poëte pouvait éteindre le feu, changer le vent, apaiser l'orage, et se transporter dans les contrées lointaines. Avec ces sentences, il pouvait renverser des vaisseaux en pleine mer, émousser l'épée, réveiller les morts, conjurer les esprits. A ce genre de poésie se rattache le chant des énigmes, jadis si célèbre dans les contrées du Nord. Souvent, en Allemagne et en Scandinavie les poëtes se rassemblaient pour se proposer tour à tour et résoudre des énigmes, et il n'y allait parfois de rien moins que la vie pour celui qui échouait dans cette lutte étrange. Telle fut, par exemple, au treizième siècle, la fameuse réunion de la Wartbourg, dont l'histoire littéraire d'Allemagne a gardé les détails.

La seconde Edda date du treizième siècle. Elle est beaucoup moins intéressante que la première, dont elle reproduit d'ailleurs de nombreux passages. C'est une histoire en prose des dieux et une poétique.

En lisant cette Edda, et surtout en lisant les quelques pages qui lui servent d'introduction, et celles qui en forment l'épilogue, il est facile de se convaincre qu'à l'époque où cet ouvrage fut écrit, les Islandais avaient déjà perdu le sentiment de leur ancienne poésie. Le beau temps des fictions mythologiques, des histoires de héros, des récits imaginaires, ce beau temps était passé. Les skaldes n'étaient plus, comme autrefois, appelés à toutes les fêtes, invités à chanter toutes les gloires, hôtes, favoris des princes, compagnons assidus des chefs d'armée. Le christianisme condamnait leur poésie, empreinte d'idées fabuleuses, leurs vers, parsemés d'images mythologiques. A mesure que le christianisme pénétra plus avant dans le Nord, toutes ces merveilleuses fictions, dont l'âme des poëtes se nourrissait encore durent céder à la voix sévère de l'Évangile. Les dieux des Scandinaves s'enfuirent devant la bulle du pape et l'anathème de l'évêque. La chapelle sainte remplaça la pierre runique, et l'hymne religieux repoussa le nom du bon Balder, le souvenir du redoutable Odin, et l'image gracieuse de la déesse Freya. Bientôt, par l'habitude que l'on prit de s'attacher à d'autres idées, d'entendre répéter d'autres noms, le langage figuré des anciens skaldes, leurs images poétiques, leurs symboles, devinrent de jour en jour moins intelligibles. Il fallait un livre pour les expliquer; pour les faire revivre. Ce livre, c'est la seconde Edda. Il arriva ici ce qui arrive chez tous les peuples : d'abord l'œuvre, et puis la règle; d'abord le poëme, et puis le commentaire, la critique. Les chants des skaldes, l'Edda de Saemund, voilà le poëme; et la moitié de l'Edda de Snorro en est la règle et l'explication. X. Marmier.]

EDELINCK (Gérard), l'un des plus célèbres graveurs, naquit à Anvers en 1649. Son premier maître fut Corneille Galle le jeune. Il semble qu'il ait manié le burin comme Rubens et comme Van Dyck le pinceau. Touche énergique, pureté de dessin, richesse, méthode, harmonie, soin religieux des détails, sans petitesse et sans froideur, intelligence merveilleuse de l'ensemble; voilà ce qu'on ne se lasse pas d'admirer dans ses ouvrages. Appelé en France par Colbert, il s'y perfectionna encore à l'aide des avis des Pitau et des Poilly, et y mourut le 2 avril 1707. Chose étonnante! parmi la multitude de ses estampes, aucune n'est médiocre. On cite particulièrement sa *Sainte Famille*, d'après le tableau envoyé à François Ier par Raphael, en 1518, comme un témoignage de reconnaissance du peintre pour la générosité avec laquelle le monarque avait payé son *Saint Michel*. Edelinck grava la *Madeleine* de Lebrun, la *Visite d'Alexandre à la famille de Darius*, du même; l'*Apollon servi par des Nymphes*, groupe sculpté par Girardon, et qu'on voit à Versailles; le *Combat des quatre cavaliers* de Léonard de Vinci, etc. Il termina le *Moïse* commencé par Nanteuil. Indépendamment de ces chefs-d'œuvre, on a de lui quantité de portraits, plus parfaits les uns que les autres, et qui n'ont rien de ces airs grotesquement dramatiques, de ces poses outrées que l'on semble rechercher aujourd'hui. Nous citerons particulièrement ceux de Philippe de Champagne, de Martin Desjardins ou Van den Bogaert, de Dryden, de Lebrun, de Rigaud, de Colbert, de Louis XIV, du prince de Galles, de Fagon, de Santeul et d'Arnaud d'Andilly. Edelinck reçut le cordon de l'ordre de Saint-Michel, fut logé à l'hôtel des Gobelins, obtint une pension, le titre de graveur du roi et une place à l'Académie de Peinture. Ces distinctions n'étaient que la juste récompense de son mérite. Peu ambitieux, ennemi déclaré de l'intrigue, il ne sollicita jamais qu'une chose, la dignité de marguillier de sa paroisse.

Jean et *Gaspard* Edelinck, ses frères, ont gravé quelques morceaux, ainsi que son fils Nicolas. Quoique ces trois artistes aient droit à l'estime des connaisseurs, ils sont bien loin de valoir le protégé de Colbert. De Reiffenberg.

EDEN, mot hébreu qui signifie *volupté*. C'est le nom que Moïse donne à la contrée où il place le *paradis terrestre*. *Eden* est devenu depuis le synonyme de *paradis* chez les auteurs ascétiques et surtout chez les poëtes sacrés.

ÉDÉNISME. Dans les premiers siècles qui suivirent la création du monde, l'homme fut heureux, à cause de l'abondance des fruits spontanés de la terre, du petit nombre de bêtes féroces, des services rendus par plusieurs animaux domestiques, aujourd'hui disparus et retrouvés seulement à l'état fossile. Cette période de bonheur qui précéda l'état sauvage a été appelée *édénisme*, du mot *Eden*, nom du jardin symbolique où Moïse place le berceau de l'humanité. Multiplication des bêtes féroces, invention des armes, que l'homme emploie d'abord à la chasse et qu'il tourne ensuite contre ses frères quand la disette rend les hommes ennemis; division des premières populations en hordes sauvages, tels sont les faits que poétisent les mythes du premier péché, de la science du bien et du mal, et du paradis perdu, faits qui se reproduisent sur plusieurs zones, mais que le récit de la Genèse paraît appliquer exclusivement au passage des populations de l'Asie Mineure, de l'*édénisme* à la sauvagerie (*voyez* Adamique, Age d'Or et Paradis).

Victor Hennequin.

ÉDENTÉS, ordre d'animaux de la classe des mammifères, ayant pour caractères communs : Quatre membres; doigts non enfermés dans des sabots, mais terminés par des ongles puissants et fouisseurs; pouce non opposable; dents uniradiculées, plus ou moins semblables entre elles et manquant le plus souvent à l'os intermaxillaire. Ainsi caractérisés, les édentés sont parfaitement distingués des *cétacés* que Blainville avait eu la pensée de réunir avec eux, sous le nom d'*édentés aquatiques*, et les classificateurs s'accordent à n'y ranger que les *bradypes*, les *tatous*, les *oryctéropes*, les *pangolins*, les *fourmiliers*, les *ornithorynques*, et les genres fossiles *megatherium*, *megalonyx*, *glyptodon*, *macrotherium*, etc. « Cet ordre, dit M. Baudry de Balzac, est très-peu naturel, et montre avec quelle peine la nature se prête aux classifications auxquelles l'artifice ingénieux des savants prétend la soumettre; nous n'en médirons cependant pas trop : ces classifications, souvent fondées sur des principes dont la philosophie la plus scrupuleuse admire la généralité, facilitent l'étude et répandent un charme inexprimable sur l'observation aride des formes considérées absolument, et des détails minutieux de l'anatomie. Toutefois, l'ordre des édentés a besoin d'être revu, même, nous le disons en tremblant, après les travaux des deux Cuvier. On trouvera peut-être moyen de distribuer autrement des animaux dont les uns sont recouverts d'un poil épais, comme l'unau, l'aï, les fourmiliers, tandis que les autres ont le corps recouvert d'écailles imbriquées, comme les tatous et le pangolin; dont les uns vivent de feuillage, les autres d'insectes terrestres, d'autres d'animaux et de plantes aquatiques; des animaux, enfin, dont les uns sont évidemment vivipares, tandis que d'autres, les ornithorhynques, sont organisés si singulièrement, que les savants se sont demandé longtemps s'ils sont ou s'ils ne sont point ovipares. »

« La dénomination d'*édentés*, dit un autre de nos collaborateurs, M. Paul Gervais, a été critiquée avec raison par plusieurs personnes; car s'il y a des animaux de cet ordre qui manquent complétement de dents, comme les pangolins, les fourmiliers et les échidnés, il en est aussi qui ont un nombre considérable de ces organes, et qui en ont même de trois sortes : molaires, canines et incisives. Ce sont, il est vrai, les moins nombreux ; mais, par une singulière contradiction, ce sont ceux qui, parmi les mammifères terrestres, présentent le plus grand nombre de dents. C'est ainsi que le tatou géant, dont Fr. Cuvier fait le sous-genre des *priodontes*, a quatre-vingt-dix-huit dents. Les encouberts, qui sont aussi des tatous, n'en ont que trente-huit, mais dont la première paire est implantée dans l'os incisif, et doit être considérée comme une véritable paire d'incisives. Ce n'est donc ni dans le petit nombre des dents ni même dans l'absence d'incisives que réside le principal caractère des édentés, mais plutôt dans la similitude plus ou moins complète de leurs dents, qui sont toujours uniradiculées et d'une structure plus simple que celles des autres mammifères. »

Les édentés se divisent en quatre familles : les *tardigrades* (bradypes); les *fouisseurs* (tatous, oryctéropes); les *myrmécophages* (pangolins, fourmiliers), ou *mangeurs de fourmis*, et les monotrèmes (échidnés, ornithorynques). Quand on considère ces genres hétéroclites, dont l'ensemble forme l'ordre des édentés, ces animaux qui, si différents entre eux sous tant de rapports, semblent être le résultat de conceptions particulières, on est tenté de croire avec Bory de Saint-Vincent que ce furent des essais par lesquels la nature prépara d'autres ordres d'animaux, que nous voyons aujourd'hui se perpétuer dans son sein. « Leur antiquité dans l'ordre de la création, ajoute le célèbre naturaliste, est attestée par les débris fossiles qu'on en retrouve, et qui tous appartiennent à des espèces gigantesques dont il n'existe plus d'analogues vivants, comme si les formes auxquelles devait arriver l'organisation par les édentés ayant été trouvées, les premiers de ces animaux avaient été abandonnés à la destruction que devaient amener les vices d'une conformation manquée, ou comme si les petites espèces qui en devaient perpétuer l'image sur la terre s'y étaient amoindries en devenant surabondantes. »

ÉDESIUS. *Voyez* ÉCLECTIQUES.

ÉDESSE, dans la Mésopotamie septentrionale, à l'est de Bir sur l'Euphrate, est incontestablement une ville d'une haute antiquité; mais il n'y a rien de moins prouvé historiquement qu'une tradition, datant selon toute apparence de l'ère chrétienne ou mahométane, d'après laquelle Nemrod, ou suivant d'autres Khabida, princesse contemporaine d'Abraham, en seraient les fondateurs; d'après laquelle aussi Abraham y aurait séjourné et aurait été précipité par ordre de Nemrod dans un foyer qu'aurait aussitôt éteint une fontaine qui jaillit tout à coup, et que l'on montre encore aujourd'hui aux voyageurs. Il est tout aussi permis de douter que l'Erech dont il est question dans l'Ancien Testament soit Édesse. Il est assez vraisemblable que les premiers habitants de cette ville professaient le sabéisme, et qu'ils adoraient plus particulièrement la déesse Atergatis, comme le prouvent les vestiges du culte du poisson consacré à cette déesse, qu'on trouve encore aujourd'hui dans deux étangs sacrés. C'est seulement à partir de la conquête de la monarchie perse par les Grecs qu'un peu de lumière se fait sur l'histoire d'Édesse; et on cite notamment Séleucus comme ayant beaucoup contribué à l'agrandissement de cette ville. C'est aussi vers ce temps-là qu'elle prit ce nom d'Édesse, *Edessa*, qui était déjà celui d'une ville de Macédoine, et aussi le nom de *Callirrhoé*, d'après la source consacrée à Atergatis, et plus tard à Abraham. C'est par suite de la mutilation de ce dernier nom que sont venus les noms syriaques et arabes d'*Ourhoi* et de *Roha*, de même que celui d'*Orfa*, en usage aujourd'hui.

Sous le règne d'Antiochus VII, d'après lequel Édesse fut aussi nommée *Antiochia*, Orhoi-Bar-Chevje, originaire d'Arabie, suivant toute apparence, y fonda, vers l'an 137 avant Jésus-Christ, un royaume appelé de son nom *royaume d'Osrhoène*. Ses descendants sont connus dans l'histoire sous le nom d'Abgar.

Le christianisme pénétra de bonne heure à Édesse. L'attitude équivoque que les rois d'Édesse prirent dans les guerres des Romains contre les Arméniens et les Parthes, puis leur défection déclarée, déterminèrent Trajan à envoyer contre Édesse Lucius Quintus, qui détruisit la ville et rendit le royaume tributaire des Romains. Adrien, il est vrai, reconstitua le royaume d'Osrhoène, mais il n'en resta toujours pas moins sous la dépendance des Romains jusqu'à ce qu'enfin, en l'année 216 de notre ère, après un grand nombre de révolutions intérieures, il fut complétement transformé par les Romains en colonie militaire, sous la dénomination de *Colonia Marcia Edessenorum*. Dès lors, et surtout sous la domination des empereurs chrétiens, on voit Édesse jouer un rôle de plus en plus important dans l'Église chrétienne. On comptait alors, dit-on, dans ses murs plus de trois cents monastères, et elle fut la résidence de saint Éphrem le Syriaque et de son école. Elle exerça aussi une grande influence dans les querelles des ariens, des monophysites et des nestoriens.

L'extension prise par l'islamisme, qui, en l'an 641 de notre ère, fit passer Édesse sous la domination des khalifes arabes, mit un terme aux prospérités et à l'éclat du christianisme dans cette ville. Les guerres, tant intérieures qu'extérieures, qui se succédèrent sous le khalifat, lui firent également perdre ses richesses commerciales, jusqu'à ce qu'en l'année 1040 elle tomba au pouvoir des Seldjoucides. Les empereurs de Byzance réussirent bientôt après, il est vrai, à la délivrer de leur joug; mais les gouverneurs qu'ils y établirent surent se rendre plus ou moins indépendants, rendant hommage à l'empereur, mais payant en même temps tribut aux Sarrasins : aussi, lors de la première croisade, ne fut-il pas difficile à Baudoin, frère de Godefroy de Bouillon, de s'en rendre maître.

Le bruit de la marche triomphante des guerriers de la croix était parvenu jusqu'à Édesse. Les habitants faisaient pour le succès des armes chrétiennes des vœux d'autant plus sincères que les vexations des musulmans croissaient avec les progrès des chrétiens. Renfermés dans leurs murs, forcés de livrer leurs enfants en otage, ils appelèrent à leur secours Baudoin, qui parut à leurs portes accompagné seulement de cent chevaliers (1097). Il fut reçu par eux comme un libérateur, et le gouverneur, vieux prince grec du nom de *Thoros*, obligé de faire céder sa répugnance à l'enthousiasme général et aux exigences du chevalier latin, l'associa avec lui au gouvernement et l'adopta pour son fils dans les formes usitées en Orient. Celui-ci ne tarda pas à tomber dans le mépris d'un peuple devenu guerrier sous un prince guerrier. Du mépris à la révolte il n'y a qu'un pas; il fut bientôt franchi. Tout à coup une sédition éclate; on accuse Thoros d'intelligence avec les musulmans; ses partisans sont pillés, lui-même est forcé de se réfugier dans la citadelle, où bientôt il est massacré. Baudoin profita de ce meurtre, s'il n'en fut pas l'instigateur. Les révoltés vinrent lui offrir la couronne, qu'il n'accepta qu'en paraissant céder aux instances du peuple. Le nouveau prince, par son courage et sa politique, se fit bientôt craindre autant de ses sujets que de ses ennemis; et une conspiration formée contre sa vie ne servit qu'à faire passer dans les mains des Francs les richesses des principaux habitants. Il s'empara de vive force de plusieurs places du voisinage, entre autres de Samosate et de Saroudsh, acheta celles qu'il ne pouvait prendre; et pendant cinquante ans, de même que sous l'autorité des princes francs qui s'y succédèrent sans être de la même race, Édesse, sous le titre de *comté*, demeura le principal boulevard du royaume de Jérusalem contre les Turcs.

Ces différents souverains se comportèrent bravement dans les luttes continuelles qu'ils eurent à soutenir contre les Turcs. En l'an 1040, Josselin II, prince bien différent de ses prédécesseurs et ne songeant qu'au plaisir, se retira avec ses chevaliers à Turbessel, ville délicieuse sur les bords de l'Euphrate. Là, tandis que les Francs épuisaient leurs forces dans la débauche, Zenghi, sultan de Mossoul, entretenait les siennes par des combats multipliés contre les émirs de son voisinage, et endormait ainsi Josselin dans une trompeuse sécurité. Le sommeil avait été profond, le réveil fut terrible. Tout à coup les troupes de Zenghi vinrent mettre le siége devant Édesse, abandonnée de ses défenseurs (1144.) Les habitants répondirent par un refus à une sommation de se rendre. La fortune ne couronna pas leur résistance, car plusieurs tours s'était écroulées au signal de Zenghi après vingt-huit jours de siége, les musulmans, irrités de leurs pertes, se précipitèrent en fureur dans la ville, où leur glaive *s'enivra du sang des vieillards et des enfants, des pauvres et des riches, des vierges, des évêques et des ermites.* Les têtes des chrétiens, portées à Bagdad, et jusqu'au Korasan, allèrent annoncer le malheur des vaincus et la barbarie des vainqueurs. Tout ce qui échappa à la mort fut réduit en esclavage. Le patriarche Nersès, cité par l'historien des croisades, fait ainsi parler elle-même cette malheureuse cité de son ancienne splendeur. « J'étais, dit-elle, comme une reine au milieu de sa cour; soixante bourgs élevés autour de moi formaient mon cortége; mes nombreux enfants coulaient leurs jours dans la joie; on admirait la fertilité de mes campagnes, la fraîcheur et la limpidité de mes eaux, la beauté de mes palais. Mes autels, chargés de richesses, jetaient au loin leur éclat, et semblaient être la demeure des anges. Je surpassais en magnificence les plus belles cités de l'Asie, et j'étais comme un édifice céleste bâti sur la terre. »

Cependant Zenghi, l'auteur de tant de ruines, s'occupait à les réparer, lorsque la mort vint le surprendre. Alors un grand nombre de familles syriennes et arméniennes, auxquelles il avait rendu leur liberté et leurs biens pour repeupler la ville, songèrent à se soustraire au joug musulman, et Josselin à recouvrer ses États. Le comte d'Édesse, d'intelligence avec les habitants, s'introduisit de nuit dans sa capitale, tua une partie de la garnison, et força l'autre à se retirer dans la citadelle. Il n'avait fallu que de l'audace pour prendre la ville, mais il fallait des machines de guerre pour prendre la citadelle, mieux fortifiée. Josselin fit appel aux États chrétiens; mais à peine ses envoyés étaient-ils partis que Nour-ed-din, second fils de Zenghi, investissait Édesse; il ne lui fut pas difficile d'y pénétrer. Les Francs, poursuivis par ceux de la citadelle, refoulés par les assiégeants, rassemblèrent toutes leurs forces, non plus pour défendre la ville, mais pour en sortir. Chaque pas qu'ils font leur coûte un combat. Enfin, mille d'entre eux parvinrent à franchir la barrière de fer que leur présentaient les musulmans, et se retirèrent à Samosate, abandonnant la malheureuse Édesse à la vengeance du vainqueur. Nour-ed-din surpassa son père dans l'œuvre de destruction. Le sang des chrétiens ne pouvant assouvir sa fureur, il l'étendit jusque sur les édifices, qu'il fit abattre, et changea l'une des plus belles cités de l'Orient en un monceau de décombres. Cet événement eut un long retentissement en Europe, et détermina la seconde croisade.

Édesse ne put jamais se relever entièrement des coups que lui porta Nour-ed-din. Ville désormais sans importance, elle suivit le sort de la Mésopotamie; elle se soumit à Saladin, trembla sous le cimeterre de Timour, et tomba enfin en 1637 au pouvoir des Turcs, qui ont changé son nom en celui d'Orfa, et en ont fait le chef-lieu d'une des provinces du Diarbekr. Sous leur domination, Édesse s'est jusqu'à un certain point relevée de ses ruines et est même parvenue à une espèce de prospérité. On y compte aujourd'hui 40,000 habitants, dont 2,000 chrétiens-arméniens. Le reste de la population se compose de Turcs, d'Arabes, de Kourdes et de Juifs. En fait d'antiquités on n'y voit plus que des ruines de l'ancienne citadelle, dont la tradition fait un palais de Nemrod, et les catacombes creusées dans le roc vif qui entourent la ville. La mosquée, placée sous l'invocation d'Abraham, est aussi un édifice remarquable. On y voit le vivier provenant de la source d'Abraham, et où l'on nourrit constamment des poissons consacrés. Aussi bien, Édesse passe dans tout l'Orient pour une ville sanctifiée autrefois par le séjour d'Abraham.

EDFOU, ville de la haute Égypte sur la rive gauche du Nil, appelée sur les inscriptions hiéroglyphiques *Hat*, en langue copte *Atbo*, en grec *Apollinopolis Magna*, la grande ville d'Apollon (*Qous*, au nord de Thèbes, étant l'*Apollinopolis Parva*). C'était le chef-lieu d'un *nomos*, et on y voyait un grand temple d'Horus (Apollon), qui est encore aujourd'hui l'un des monuments les mieux conservés et les plus remarquables de l'Égypte. Quelques voyageurs, pour des raisons tirées seulement de quelques procédés d'art et de style de ce temple, l'ont considéré comme datant de l'antiquité la plus reculée et comme contemporain des vieilles dynasties égyptiennes. Mais un plus mûr examen et l'interprétation des inscriptions nombreuses qui y existent encore y ont éclairé tous les doutes, et prouvé que le temple d'Edfou fut élevé du temps des Ptolémées. Ce monument, imposant par sa masse, porte cependant l'empreinte de la décadence de l'art égyptien sous les Ptolémées, au règne desquels il appartient tout entier. Ce n'est plus la simplicité antique : on y remarque une recherche et une profusion d'ornements bien maladroites, et qui marquent la transition entre la noble gravité des monuments pharaoniques et le papillotage fatigant et de si mauvais goût du temple d'Esneh, construit du temps des empereurs. Les espaces intérieurs du temple n'ont pas encore été déblayés. Les parties visibles les plus anciennes offrent dans leurs sculptures les noms du quatrième des Ptolémées, Philopator. Les inscriptions gravées sur la paroi extérieure du mur du temple regardant l'Orient sont d'un intérêt particulier, parce qu'on y trouve indiquée l'augmentation successive des domaines appartenant au temple, depuis Darius jusqu'à Ptolémée Alexandre Ier.

EDGEWORTH (l'abbé Henri Allen), le dernier confesseur du roi Louis XVI, né en 1745, à Edgeworthtown, en Irlande, fut conduit de bonne heure en France par son père, ministre anglican, qui s'était converti au catholicisme. Il fit ses études chez les jésuites de Toulouse, et vint ensuite à Paris faire sa théologie à la Sorbonne. Quand il eut reçu les ordres, la princesse Élisabeth, petite-fille de Louis XV, le choisit pour confesseur, position dans laquelle, par ses vertus et sa piété, il mérita et obtint l'estime générale. Quelques jours avant l'exécution de Louis XVI, ce digne prêtre, bravant tous les dangers, abandonna sa retraite à Choisy, et se rendit à Paris pour offrir au malheureux roi les consolations de la religion au moment suprême. Edgeworth accompagna jusqu'à l'échafaud l'infortuné monarque, dont la tête ne tomba qu'après qu'il eut prononcé ces belles paroles : « Fils de saint Louis, montez au ciel! »

Après avoir été l'objet de persécutions nombreuses, l'abbé Edgeworth revint en 1796 en Irlande, où Pitt lui fit vainement offrir une pension. Il accompagna ensuite Monsieur, comte de Provence (Louis XVIII), en Russie, où il mourut, le 22 mai 1807, à Mittau, des suites d'une maladie qui fut le résultat de son ardente sollicitude pour les prisonniers de guerre français. Ses *Mémoires*, qui ont trait aux derniers jours de la vie de Louis XVI, furent publiés en anglais par C. Sneyd Edgeworth et en français par Dupont (Paris, 1815). Élisabeth de Bow traduisit également en français (Paris, 1818) ses *Lettres* (écrites de 1777 à 1807).

EDGEWORTH (Miss Maria), fille de *Richard Lovell* Edgeworth d'Edgeworthtown, en Irlande, naquit en 1767, dans le comté d'Oxford, et après avoir suivi en 1782 son père en Irlande, ne tarda pas, sous sa direction, essentiellement pratique, et sous la surveillance d'abord de sa mère, puis d'une belle-mère, à développer le talent d'observation qui la distingue comme écrivain. Elle fonda sa réputation littéraire par la publication de ses *Essays on practical education* (1798), ouvrage dans la composition duquel, de même que pour tous ceux qu'elle fit ensuite paraître, elle déféra respectueusement aux observations et aux conseils de son père, jusqu'à la mort de celui-ci, arrivée en 1817. Ils composèrent en commun l'*Essay on Irish bulls* (1801). Elle publia aussi les *Memoirs of Rich. Lovell Edgeworth, begun by himself and concluded by his daughter* (Londres, 1821; 2 vol.). Le premier de ses romans qui fit sensation fut *Castel Rackrent* (1802), peinture fidèle du caractère national irlandais. Vinrent ensuite *Belinda* (1803); *Popular Tales* (1804) et *Leonora* (1806), composition dans laquelle apparaît plus visiblement encore l'intention de l'auteur de faire servir la poésie à la propagation des idées morales. C'est en 1809 que parut la première série de ses *Tales of fashionable Life* (3 vol.), qu'elle fit suivre en 1812 d'une seconde série (3 vol.), et dont deux nouvelles intitulées *Ennui* et *The Absentie* appartiennent à ce qu'elle a fait de mieux. Les folies et les vices des classes aristocratiques sont esquissés aussi avec une remarquable vigueur de pinceau dans *Patronage* (4 vol. 1814); tandis que dans *Harrington* (1817) l'auteur a eu pour objet de combattre les préjugés qui existent contre les juifs. *Ormond* (1817) est encore un livre dont la scène se passe en Irlande.

En même temps les *Contes pour la Jeunesse* publiés par miss Edgeworth, notamment *Rosamond* (1822) et *Harriet and Lucy* (1825), obtenaient un grand succès et provoquaient une foule d'imitations. On pourrait dire de miss Edgeworth qu'elle a élevé toute l'Angleterre; ses livres d'éducation se trouvent partout, et il n'est pas un enfant dans la Grande-Bretagne dont miss Edgeworth ne soit encore aujourd'hui l'institutrice et la mère. Son dernier roman a pour titre *Helen* (3 vol., Londres, 1834); il ne le cède point à ses premiers ouvrages sous le rapport de l'intérêt, et l'emporte pour ce qui est de la chaleur et de la sensibilité. Aussi bien le grand mérite des ouvrages de miss Edgeworth, c'est un jugement sûr, un style pur, une exposition lumineuse plutôt qu'une imagination brillante, et des caractères peints avec profondeur. Elle termina sa carrière littéraire par un livre à l'usage de l'enfance, *Orlandino*, publié en 1847 dans la *Library for young People* de Chambers, et mourut universellement aimée et estimée, le 21 mai 1849, à Edgeworthtown. La plupart de ses ouvrages ont été traduits en français et sont demeurés populaires chez nous.

Walter Scott était l'un de ses plus fervents admirateurs. Elle était liée avec lui d'une étroite amitié, et il raconte lui-même que ce furent ses esquisses de la vie populaire en Irlande qui lui inspirèrent l'idée de faire des peintures semblables de son pays.

EDHEM, espèce de religieux turcs, qui ont eu pour fondateur un certain *Ibrahim-Edhem*, célèbre par sa piété. Cet homme passait le jour et la nuit dans les mosquées à lire le Coran et à remercier Dieu de la grande sagesse dont il l'avait doué, en lui donnant la force de résister à l'ambition et à la soif des richesses. L'orge était sa seule nourriture, et ses disciples n'en ont pas d'autre. Un bonnet de laine et un habit de gros drap forment leur unique vêtement, auquel ils ajoutent un morceau de drap bleu mêlé de rouge, qu'ils suspendent à leur cou. Ces cyniques musulmans ont leurs principaux couvents dans la Perse; le reste de l'islamisme en produit fort peu. VIENNET.

ÉDIFICATION. Ce mot, emprunté aux Latins (*ædificatio*), s'appliquait chez eux à l'action de construire des demeures (*ædes facere*), à laquelle présidaient des magistrats, nommés, de l'exercice de leur fonction, *édiles*. Ce substantif, si usité, conserva sa signification propre jusque vers l'an 370 de notre ère. Alors il passa au figuré dans le langage ecclésiastique, et devint l'expression des bons exemples de piété et de vertu que l'on reçoit ou que l'on donne. Seulement on le retint dans la langue artistique, quand il s'agissait de la construction des métropoles, des grandes églises; on dit encore de nos jours « l'*édification* du temple de Salomon. » Le premier qui se servit de ce mot dans le sens figuré fut, à ce que nous croyons, saint Jérôme.

L'*édification*, dans le style évangélique, est opposée au *scandale*. Le rapprochement de ces deux substantifs est très-logique : il vient à l'appui de notre explication, car si le premier signifie *solidité*, l'autre, tiré de l'idiome grec, signifie embûches, piége, trébuchet. C'est donc avec l'alliance de la raison et de la grammaire que l'on dit : l'humilité des saints *édifie*, le luxe des prêtres *scandalise*. C'est dans le même sens que Clément XIV a prononcé ces belles paroles : « L'or n'*édifie* pas l'église, il la détruit. » Un livre, un sermon, un prédicateur, son air même, sont *édifiants*. La bibliographie ecclésiastique compte parmi ses meilleurs ouvrages les *Lettres édifiantes*. On se sert aussi quelquefois de cette expression impropre : *être mal édifié*, pour *être scandalisé*. DENNE-BARON.

ÉDIFICE (du verbe latin *ædificare*, bâtir). A proprement parler, cette dénomination devrait convenir à toutes sortes de constructions; mais l'usage veut qu'on n'appelle en général de ce nom que les ouvrages d'une architecture grandiose ou les monuments d'utilité publique. Après les lettres, il n'est pas de moyen plus efficace que les édifices pour rendre un peuple recommandable auprès des races présentes et futures. Personne ne pense à aller visiter les lieux où furent Carthage et Lacédémone; mais tous les jours on s'achemine vers la patrie des Pharaons, des Périclès et des Césars pour contempler les restes de leurs édifices et pleurer sur leurs débris.

Les Égyptiens, ce grand peuple qui brilla sur la terre dès l'enfance du monde, parlant sans doute une langue imparfaite, n'ayant ni peintres ni sculpteurs dignes de ce nom, et voulant toutefois laisser à la postérité des preuves indestructibles de leur passage sur ce globe, bâtirent des palais, des temples, des pyramides, qui, par leurs masses, leur grandeur et la bonté des matériaux qui les composent, ont résisté jusque ici aux injures du temps, et semblent défier pour toujours la stupide méchanceté des hommes. Qui oserait entreprendre la démolition de la grande pyramide de Chéops, immortelle comme les Alpes? Il faut, dit Denon, vingt-quatre minutes à un homme à cheval pour faire le tour du grand temple ou palais de Thèbes. La plupart des édifices égyptiens sont en partie renversés, leur démolition ne peut que continuer; mais ils sont composés de blocs de pierre si énormes qu'on ne parviendra jamais à faire disparaître les traces de leur existence.

Les Grecs, parlant la plus belle des langues, grands écrivains, grands peintres, grands sculpteurs, divisés en petites républiques, querelleurs, et vivant dans une sorte d'anarchie perpétuelle, n'ont rien bâti de comparable, pour la grandeur et la solidité, aux édifices des Égyptiens; mais sous d'autres rapports leurs architectes sont infiniment supérieurs à ceux de ce dernier peuple : qu'on nous passe cette expression, les Grecs furent des *bijoutiers* en architecture : leurs temples étaient en général petits; mais que de grâce dans leurs proportions, dans leurs ornements! Qu'on se figure le *Parthénon* (à Athènes), tout en marbre blanc, ceint d'un péristyle d'ordre dorique cannelé, du profil le plus heureux; ses frises et ses frontons furent enrichis de sculptures de la main de Phidias ou de ses élèves; enfin, la profusion des ornements fut portée à tel point dans cet édifice que, suivant Châteaubriand, les faces intérieures des architraves reçurent des embellissements de la main du sculpteur.

De tous les édifices de la Grèce, nous ne connaissons que les ruines de plusieurs de ses temples et de quelques-uns de ses amphithéâtres. Il paraît que cette nation, subdivisée en petits États, ne bâtit jamais de palais considérables; cet avantage était réservé aux Romains. Ce peuple, qui, comme on le dit vulgairement (ce qui n'est pas vrai), avait conquis le monde, ayant attiré dans sa capitale les trésors des peuples vaincus, eut la faculté de se livrer à la construction d'édifices à grandes proportions. Les Grecs, dont le génie exquis était encore dans toute sa fraîcheur, fournissaient les architectes, et les barbares vaincus les manœuvres. Les Romains suivaient un système tout opposé à celui des Égyptiens : ils formaient ordinairement leurs murailles de mortier, de briques ou de petites pierres. Le Panthéon de Rome, le palais dit des *Thermes de Julien*, à Paris, offrent des exemples de ce genre de maçonnerie. Souvent aussi les dominateurs de l'Europe eurent l'ambition de construire des édifices en gros quartiers de pierre, comme le pont du **Gard**, les arènes de **Nîmes**, le **Colisée** à Rome; mais sous ce rapport ils restèrent bien au-dessous des Égyptiens; ils n'eurent jamais la pensée de tailler un obélisque; ceux qui brillèrent à Rome étaient venus d'Égypte. Les plus beaux et les plus extraordinaires édifices de Rome, dont il existe encore des ruines, furent la villa de l'empereur Adrien, dans laquelle on voyait des copies de tous les temples de la Grèce, de l'Asie, etc.; le palais des empereurs, plusieurs bains publics, entre autres ceux de Caracalla, le **Panthéon**, et surtout le Colisée.

L'Italie et Rome modernes se font distinguer par la beauté, la grandeur de leurs édifices : en première ligne se présente l'église de Saint-Pierre de Rome, édifice qui, par sa construction savante et la richesse de ses ornements, est peut-être supérieur au Colisée. Toutes les villes un peu considérables de la péninsule italique possèdent des églises, des palais, qui font l'admiration des étrangers qui vont les visiter. La France est moins heureuse : si l'on excepte les églises dites gothiques, elle n'a d'édifices remarquables, en style moderne, que dans deux villes : Paris et Versailles. Paris sous le rapport des édifices est la première ville des temps modernes : nulle part on n'a vu un palais aussi magnifique que le Louvre, qui, joint à celui des Tuileries, offrira un ensemble d'édifices le plus imposant qui soit dans l'univers. L'hôtel des Invalides, avec son dôme superbe, Sainte-Geneviève, l'École de Médecine, l'église de la Madeleine, surtout, et jusqu'à la coupole qui sert de halle aux farines, se classent par leurs masses, l'originalité de leurs plans, l'élégance ou la richesse de leurs ornements, etc., au premier rang des édifices, soit anciens, soit modernes.

Si nous avançons vers le Nord, nous trouvons plusieurs églises et tours gothiques fort remarquables : pour ce qui est des *édifices modernes*, on n'en voit guère qu'un seul qui soit digne d'être visité, c'est Saint-Paul de Londres; après Saint-Pierre de Rome, dont elle est une imitation, cette église est la plus vaste de toutes celles qui ne sont pas de style gothique. L'Allemangne ne brille pas par ses édifices. Les Russes ont fait, depuis un siècle et plus, de louables efforts pour orner leur capitale de beaux édifices, tels que l'église de Saint-Isaac à Saint-Pétersbourg; on a fait venir d'Italie, de France, etc., des artistes plus ou moins habiles en architecture, sculpture, etc. Le gouvernement a fait de grandes dépenses, et toutefois les édifices de Saint-Pétersbourg n'ont pas, à beaucoup près, la grandeur, la magnificence de ceux de Paris et de Rome.

Quelques peuples d'Orient ont construit des édifices dignes de fixer l'attention des voyageurs. On voit à **Constantinople** quelques mosquées d'un style tout particulier, ayant beaucoup de rapports avec le gothique, qui offrent un aspect fort intéressant par leurs minarets, leurs dômes, leurs portiques soutenus par des colonnes élégantes et légères. La Solimanie et la mosquée du sultan Achmet passent pour les plus beaux édifices de la capitale des Turcs; ces temples sont imités de l'église de **Sainte-Sophie**, bâtie sous Justinien, monument lourd, qui doit sa réputation à l'originalité de son plan et à la grandeur de sa masse ; il est privé d'ornements de quelque mérite.

Les édifices des Chinois sont la plupart en bois et d'un style tout à fait extraordinaire ; les Européens, soit anciens, soit modernes, goûteraient peu ce système d'architecture.

En général, les peuples qui se distinguent par leur supériorité dans l'art de bâtir sont aussi ceux qui produisent les meilleurs écrivains, les meilleurs sculpteurs, les meilleurs peintres. Si la Grèce donna naissance au chantre d'Ilion, aux Euripide, aux Sophocle, aux Platon, elle eut aussi des peintres merveilleux et des sculpteurs dont les ouvrages mutilés qui nous sont parvenus font le désespoir de leurs imitateurs, comme leurs temples sont les modèles éternels de la belle architecture. Rome, à côté de la pompe de ses édifices, nous montre les œuvres de Virgile, de Cicéron, d'Horace et de Tacite. L'Italie moderne est fière de ses poëtes, Dante, Arioste, Tasse.., comme de ses peintres, Raphael, Michel-Ange..; de ses grands architectes, Palladio, Bernini... La France, si riche en beaux édifices, est aussi la patrie de grands génies en tous genres, poëtes, prosateurs, peintres, architectes. Passez en Espagne, vous y trouverez un roman et le gros couvent de l'**Escurial**, qui prend le nom de palais. Dans ce beau pays, favorisé du ciel aussi bien pour le moins que l'Italie, édifices et littérateurs se classent dans un ordre qui n'est pas le premier. Au delà du Rhin et de la Manche, on parle des idiomes durs à l'oreille ; les écrivains ont de l'originalité, de l'énergie, de la hardiesse, mais peu de goût. « Les Anglais ne savent pas faire un livre, disait d'Aguesseau; » il aurait pu ajouter : ni un palais magnifique, ni un tableau, ni une statue; les Allemands, sous ce rapport, sont bien plus pauvres que les Anglais ; les Polonais, les Suédois, les Russes, viennent encore après les Allemands. TEYSSÈDRE.

ÉDILE, ÉDILITÉ. Le mot *édile* vient du latin *ædes*, par lequel on désigne toute construction, en général. L'édile était à Rome, dans l'origine, un magistrat qui devait prendre soin des bâtiments publics. Il tirait son nom *a cura ædium*, comme disent les étymologistes. Les édiles étaient de deux sortes, *plébéiens* ou *curules*.

L'an de Rome 260 on institua aux comices par curies deux édiles plébéiens en même temps que les tribuns, dont ils étaient comme les assesseurs. Ils décidaient les affaires d'un intérêt médiocre, dont les tribuns leur abandonnaient la connaissance. Quelque temps après leur institution, on les nomma aux comices par tribus. L'an de Rome 388 les patriciens établirent deux édiles curules pour donner des jeux publics. Dans le principe on les choisit alternativement dans les classes patricienne et plébéienne; ensuite on les prit sans distinction dans l'une et dans l'autre aux comices par tribus. Les édiles curules portaient la robe prétexte, avaient le droit d'images, et pouvaient siéger dans le sénat et y donner leur avis. Ils prenaient le siége curule pour administrer la justice, et c'est de cette prérogative que leur venait leur surnom; les édiles plébéiens s'asseyaient sur des bancs. Leurs personnes étaient sacrées, de même que celles des tribuns.

Les fonctions d'édiles consistaient à prendre soin de la ville, c'est-à-dire de ses édifices, des temples, des théâtres, des bains, des basiliques, des portiques, des aqueducs, des égouts, et des routes publiques, etc., spécialement quand il n'y avait pas de censeurs. Ces magistrats devaient aussi inspecter les maisons des particuliers, et examiner si elles étaient dans un état de délabrement assez fâcheux pour compromettre la sûreté des passants, ou qui offrît un aspect de ruine; leur vigilance s'étendait encore aux approvisionnements, aux marchés, aux tavernes, etc. Ils examinaient les objets mis en vente au Forum, et s'ils étaient d'une mauvaise qualité, ils les faisaient jeter dans le Tibre. Ils brisaient les faux poids et les fausses mesures. Ils limitaient la dépense des funérailles, réprimaient l'avidité des usuriers, condamnaient à l'amende ou bannissaient les femmes de mauvaise vie, d'après les ordres du sénat ou du peuple. Ils veillaient soigneusement à ce qu'on n'introduisît aucune nouvelle divinité ou de nouveaux rites religieux; enfin, les édiles punissaient non-seulement les actions, mais même les paroles scandaleuses. Les édiles curules publiaient des édits sur les matières qui étaient de leur compétence, et particulièrement la police des marchés; ils condamnaient à des amendes tous les citoyens qu'ils trouvaient en contravention. Les édiles ne pouvaient d'eux-mêmes faire saisir ni citer; un ordre des tribuns était indispensable pour les y autoriser. Ils n'avaient ni licteurs ni huissiers, mais seulement des esclaves publics, et n'étaient point exempts des poursuites judiciaires intentées contre eux par des particuliers. Ordinairement les édiles, et particulièrement les édiles curules, donnaient au peuple des jeux solennels; ils y dépensaient quelquefois des sommes immenses pour s'ouvrir le chemin des honneurs. Leur charge devint même si ruineuse que du temps d'Auguste on vit des sénateurs la refuser. Ils examinaient les pièces qui devaient être jouées sur la scène, récompensaient ou punissaient les acteurs selon leur conduite. Une des fonctions particulières de la charge des édiles plébéiens était la garde des décrets du sénat et des résolutions du peuple dans le temple de Cérès, et ensuite dans le trésor.

Jules César institua deux nouveaux édiles, surnommés *cereales*, pour surveiller les magasins de blé, ainsi que les autres approvisionnements. Les villes libres avaient aussi leurs édiles; quelquefois ils étaient les seuls magistrats du lieu, comme à Arpinum. Il paraît que l'édilité subsista, avec quelques changements, jusqu'au règne de Constantin.

Aug. Savagner.

ÉDIMBOURG (en anglais *Edinburgh*), capitale de l'Écosse, bâtie sur trois collines parallèles, que séparent de profonds ravins. Elle se compose de la *vieille ville*, construite sur la colline du milieu, la plus haute et la plus étroite des trois, et habitée par les classes les plus pauvres; du quartier de *Saint-Leonard's-Hill*, au sud, habité par les classes moyennes et par le corps universitaire; et de la ville neuve, ou *new-town*, au nord, où résident les gens riches. Édimbourg est d'ailleurs rattaché par une succession non interrompue de maisons (*Leith-Walk*) au port de Leith, situé à trois kilomètres plus loin, sur le golfe de Forth, et qui, en conséquence, ne fait qu'un tout avec la ville. En ajoutant les 30,700 habitants de Leith à ceux d'Édimbourg proprement dit, on a comme population totale un chiffre de 188,700 âmes. Avec ses points de vue si variés et si pittoresques et en raison de son voisinage de la mer, où l'on aperçoit sans cesse des navires évoluant entre de nombreuses îles, en même temps que l'œil peut suivre au loin les capricieux méandres du rivage ou d'un horizon borné par des montagnes du caractère le plus accidenté, on peut dire que la situation d'Édimbourg est unique au monde; aussi, jointe au grand nombre d'édifices, tantôt magnifiques, tantôt bizarres, que renferme cette ville, impressionne-t-elle toujours vivement le voyageur. Il est exact de dire qu'Édimbourg est tout à la fois une des plus belles et une des plus laides cités qui se puissent voir. La vieille ville, la plus peuplée des trois quartiers, a quelques grandes rues, mais une infinité de petites rues latérales, étroites, tortueuses et extrêmement malpropres, des maisons mal construites, superposées les unes aux autres sur les flancs de la montagne comme autant de nids d'hirondelles; aussi en voit-on qui, sur la rue ont six, huit et même dix étages, tandis que de l'autre côté elles n'en ont que deux.

Tout à l'extrémité orientale de la rue principale on trouve l'antique et sombre manoir de Holyrood, autrefois séjour des rois d'Écosse, et les ruines de l'antique abbaye de même nom, comprenant de belles promenades. Cette enceinte conserve encore aujourd'hui le singulier privilége de servir d'asile contre la contrainte par corps aux débiteurs malheureux, lesquels ne se font pas faute d'en user. Ils y sont ordinairement au nombre de cinq cents, et mènent assez joyeuse vie. Quelques-uns logent même au château. Tous ont d'ailleurs chaque semaine vingt-quatre heures de liberté complète. Du samedi à minuit sonnant jusqu'au lendemain dimanche à la même heure, il n'y a pas d'arrestation possible, par respect pour la sainteté du *jour du Seigneur*. La partie de la ville qui avoisine l'abbaye s'appelle encore aujourd'hui *Canonsburgh* ou *Canonsgate*, bourg ou porte des chanoines. Derrière le château d'Holyrood s'élève un rocher de plus de 260 mètres de haut, et appelé *Arthur's seat* (siége d'Arthur) ou encore *Scottish-Lion* (Lion écossais).

A l'extrémité occidentale de *High-street*, bruyante rue d'environ 1,800 mètres de prolongement, est situé, sur un rocher de 300 mètres d'élévation, le vieux château fort appelé *Edinburgh-Castle*, dont les antiques constructions, merveilleusement accumulées les unes sur les autres, dominent au loin une masse compacte d'édifices modernes, mais ne consistent qu'en casernes, vieux magasins, etc. Parmi les autres édifices remarquables que contient la vieille ville, nous citerons encore : la cathédrale de Saint-Gilles ou Saint-Ægidius, déshonorée par les nombreuses bâtisses qu'on y a adossées et surmontée d'une tour fort élevée; l'église dite *Iron-Church*, construite au dix-septième siècle dans le style néo-gothique; l'ancien palais du parlement, occupé aujourd'hui par différentes cours de justice et par la riche bibliothèque de l'ordre des avocats et des notaires; le bel édifice de l'Université, construit de 1780 à 1827, avec une façade de 120 mètres de développement; la Bourse, bâtiment d'un bon style, construit en 1761; l'ancienne et la nouvelle Banque d'Écosse; la maison de correction de *Bridewell*; l'hôpital royal. On franchit le profond ravin, *Northloch*, qui sépare la vieille ville de la ville neuve, au moyen de deux ponts, *North-Bridge*, où la circulation est extrêmement active, et *South-Bridge*. Le premier, chef-d'œuvre d'architecture, a plus de 360 mètres de développement et consiste en trois arcs voûtés d'une hardiesse extrême et hauts de 23 mètres. Entre ces deux ponts on a en outre établi un rempart en terre traversant également le *Northloch*, long de 300 mètres, large de 27, haut de 36, et avec des revêtements en pierre de taille de chaque côté.

La ville neuve offre le constraste le plus complet avec la vieille ville, et supporte avantageusement la comparaison avec les plus belles villes de l'Europe. Ses rues, toutes régulières, de 35 mètres de largeur et quelquefois de 1,000 à 1,200 mètres de longueur, entr'autres *Queen's street*, *George's street*, *Prince's street*, etc., avec leurs belles maisons construites en pierre de taille, se coupent toutes à angle droit; et de grandes places, comme *Waterloo-Place*, *Andrews-Square*, *Moray-Place*, ne contribuent pas peu à embellir ce quartier, où l'on voit aussi une colonne de 64 mètres d'élévation, ornée de la statue de lord Melville; le monument de Pitt et celui du roi Georges IV. En fait d'édifices remarquables, on y peut mentionner l'église Saint-Georges et les Archives d'Écosse, magnifique construction, qui date de 1774. Sur la colline située à l'extrémité orientale de la ville et appelée *Carlton-Hill*, composée de masses de trapp bizarrement entremêlées, on admire plusieurs édifices qui ont valu à Édimbourg le surnom d'*Athènes du Nord*, par exemple l'observatoire construit en 1816, non loin de la colonne, de 33 mètres de hauteur, élevée à la mémoire de Nelson; le monument national, commencé en 1822, sur le plan exact du Parthénon, et destiné à conserver le souvenir des braves morts dans les différents engagements, tant sur terre que sur mer, depuis les guerres de la révolution française; puis un monument très-élégant élevé à la mémoire de Dugald Stewart et représentant, à quelques légères modifications près, le monument choragique de Lysicrate. *Carlton-Hill* est relié à la ville neuve par un pont magnifique construit de 1815 à 1819, *Regent's-Bridge*.

Par ses établissements d'instruction publique et par ses sociétés savantes, Édimbourg est après Londres le plus grand centre de culture intellectuelle qu'il y ait dans la Grande-Bretagne. En tête des premiers, il faut citer l'université, fondée en 1581, par Jacques VI, comptant en moyenne deux mille étudiants, qui se consacrent plus particulièrement à l'étude de la médecine et des sciences naturelles, jouissant depuis longtemps d'une grande réputation, et possédant une belle bibliothèque ainsi que le plus riche musée zoologique des trois royaumes, et ensuite le nouveau collége appelé *High-School*. Le jardin botanique est parfaitement organisé. Il y a aussi à Édimbourg une école des beaux-arts et une foule d'établissements d'instruction publique, d'écoles dites du peuple, des travailleurs, des pauvres, du dimanche, etc. Ses sociétés savantes les plus importantes sont la *Royal Society* (créée en 1783), la Société Philosophique (1731), la Société Wernérienne des sciences naturelles (1808) et la Société des Antiquaires (1783).

Édimbourg partage avec Londres le monopole de la librairie anglaise, de même qu'elle est l'un des principaux foyers de la vie publique de la nation. Elle brille aussi par le nombre de ses institutions de bienfaisance. Un grand hospice d'orphelins (*Heriot-House*) y fut fondé dès 1628 par l'orfévre Georges Heriot, homme riche et animé du plus pur patriotisme; les enfants de la classe pauvre y sont instruits dans tout ce qui peut former de bons ouvriers. Indépendamment du grand hôpital, il existe d'ailleurs des hospices pour les enfants trouvés, pour les aveugles, pour les sourds-muets, pour les insensés, pour les filles repenties, une institution charitable connue sous le nom de *Merchant maiden Hospital*, dont le but est de former des ouvrières habiles et vertueuses, etc., etc. La prospérité de la ville d'Édimbourg tient à son université, au séjour que la noblesse écossaise vient y faire l'hiver, au grand nombre de voyageurs qu'attirent incessamment la beauté de ses environs et la nature éminemment romantique des régions septentrionales de la Grande-Bretagne, enfin à son industrie et à son commerce. Les châles fabriqués à Édimbourg sont en grand renom, et la distillation du whiskey a lieu aux environs, dans de très-larges proportions. Un commerce de fers très-important se fait par Leith, qui possède des priviléges particuliers comme ville, d'immenses chantiers de construction, une bourse et plusieurs banques. En 1848 1,028 navires, jaugeant 122,676 tonneaux, entrèrent dans ce port.

Indépendamment de l'*Union's canal* et de plusieurs têtes de chemins de fer favorisant les rapides et faciles communications du commerce, on voit à Édimbourg un bien remarquable bac à vapeur (*floating railway*) conduisant sur l'autre rive du golfe de Forth (*Burntisland*) et rattachant la rive gauche au chemin de fer septentrional d'Édimbourg, lequel relie cette ville à Saint-Andrews et à Dundee.

Leith est aussi le centre d'un certain nombre d'industries; on y trouve des verreries et des fabriques de savon fort renommées, des usines dans lesquelles on forge des ancres, des corderies, des manufactures de toiles à voile et de papier, des raffineries de sucre, de sel, etc.; enfin, on y fait beaucoup d'armements pour la pêche du hareng et du cabillaud.

La plus ancienne partie d'Édimbourg est sans conteste celle où s'élève le château fort, *Edinburgh Castle*, dont il est aussi quelquefois mention dans l'histoire sous le nom de Château des Jeunes filles (*Castrum Puellarum*). Dès le dixième siècle, il est bien question d'une ville du nom de *Dun*, *Eaden*, *Edin* ou *Edwinsbury;* mais elle n'acquit d'importance que lorsque sous les Stuarts, en 1437, elle devint la résidence des souverains, puis, en 1456, la capitale de l'Écosse. Le parlement s'y rassembla pour la première fois en 1215, et y tint ensuite régulièrement ses sessions à partir de 1437. Elle fut prise en 1296 par les Anglais, en 1313 par Robert Bruce, en 1650 par Cromwell, en 1689, le 13 juillet et à la suite d'une capitulation, par le roi Guillaume, et le 19 septembre 1745 par le prétendant Charles-Édouard. En 1701 un incendie la détruisit presque en entier. La ville neuve ne date que de 1767, et fut reliée à la vieille ville en 1771 par le grand pont. Consultez Arnot, *History of Edinburgh* (Édimbourg, 1780); Stark, *Picture of Edinburgh* (Londres, 1808); Bower, *History of the University of Edinburgh*(1820-1830), et *Edinburgh illustrated* (1829).

ÉDIMBOURG (Revue d'), *Edinburgh Review*, de tous les recueils périodiques publiés en Angleterre, celui dont l'autorité et la considération sont les plus grandes. Elle fut fondée en 1802, à un moment où depuis longtemps personne en Angleterre ne s'occupait de littérature, mais où, par suite même de notre révolution, les esprits étaient plus distinctement que jamais partagés en deux camps. Elle fut créée par deux jeunes gens parfaitement obscurs et inconnus, le *reverend* Sidney Smith et le docteur Jeffrey, et les premiers fonds nécessaires à sa publication furent faits par un libraire, Archibald Constable, devenu plus tard l'heureux éditeur de Walter Scott. Elle eut ses origines dans le camp whig; longtemps elle fut l'expression la plus haute comme la plus avancée de ce parti, et sut de prime abord s'emparer du sceptre de la critique. Instrument de parti, et par conséquent souvent injuste dans ses jugements, la *Revue d'Édimbourg* embrassait dans son plan les sciences, les arts, la littérature, et promettait de tout ramener aux principes d'une philosophie rationnelle. Elle ne s'était pas donné pour mission seulement l'analyse et la critique des œuvres littéraires, elle voulait encore suppléer par un travail consciencieux et original à ce que chacune de ces œuvres pouvait avoir de faux ou de défectueux.

Dès l'origine, la revue de Sydney Smith et de Jeffrey fut accusée de sédition; et il n'y avait pas lieu de s'en étonner, en la voyant toujours sceptique, tantôt moqueuse comme Voltaire, tantôt calme et froide comme Hume, attaquer dans la bigotte Angleterre la Bible comme elle eût fait des Védahs ou de la théogonie d'Hésiode; le roi David est réduit par elle à la qualité de poëte, et peu s'en faut qu'elle n'appelle son inspiration *l'inspiration de la muse*. Là Moïse et Jésus apparaissent sur une même ligne, et parfois tous deux sont traités du même ton que Platon, Zénon, Leibnitz et Voltaire. Mais si la *Revue d'Édimbourg*, recueil essentiellement rationnel, se montre ainsi philosophe comme au dix-huitième siècle, a-t-elle quelque foi en l'avenir? cherche-t-elle un renouvellement social quelconque? Non; les doctrines dites *socialistes* ne l'ont même pas effleurée; elle est également sceptique, ou plutôt indifférente, à leur endroit. Ce qu'elle fait, c'est de la critique en toute occasion, et sans que jamais on sente en elle la moindre aspiration vers une organisation nouvelle.

Nous venons de dire que les critiques de la *Revue d'Édimbourg*, généralement fortes et sensées, sont pourtant injustes parfois. Elles parurent telles à Byron, lorsque âgé de vingt ans à peine, traitant déjà le public comme s'il eût été son enfant gâté, il publia, sous le titre de *Hours of Idleness*, tout son portefeuille de jeune homme. La revue vit sans doute là-dedans de la poésie d'aristocrate plutôt que des inspirations d'enfant; sa critique fut sévère, acerbe. Or Byron, plus que nul autre poëte peut-être, appartenait au *genus irritabile* dont parle Horace, et avec la verve de la colère il répliqua par sa satire sanglante des *English Bards, and Scotch Reviewers*. La réplique était certainement de beaucoup plus injuste que l'attaque, parfois grossière, malgré les aristocratiques habitudes d'esprit de Byron. Lui-même, du reste, l'a reconnu dans la suite, et il l'avoue dans plusieurs de ses lettres. Mais ce n'était pas le seul Byron, parmi les *english bards* (bardes anglais), qui eût à se plaindre des *reviewers* écossais. Tous ces blessés voulurent avoir une tribune d'où ils pussent répondre à tant d'attaques; et, sous les auspices du libraire Murray, Mécène marchand de la littérature anglaise, le *Quarterly Review* fut fondé. Le *Quarterly* fut naturellement tory, parce que l'*Edinburgh Review* était whig; il protégea toutes les choses établies, depuis la monarchie jusqu'aux plus minces productions d'une littérature qui se rattachait à l'époque classique de la littérature anglaise. Depuis sa fondation, quiconque est loué par la *Revue d'Édimbourg* est certain du blâme du *Quarterly*, et *vice versa ;* de sorte qu'en prenant les deux recueils en quelque occasion que ce soit, on a toujours sûrement les deux côtés de toute question. Ce ne sont pas deux recueils parfaitement analogues toutefois : le *Quarterly* est beaucoup moins littéraire que la *Revue d'Édimbourg ;* il a plus de franchise d'allures ; mais, en somme, il est inférieur. Ajoutons que la publication du *Quarterly* a été pour l'*Edinburgh Review* l'occasion d'un progrès véritable de plus d'une sorte. On s'observe plus, on se tient mieux sur ses gardes, lorsqu'on sent auprès de soi un ennemi prêt à signaler la plus légère faute, et tout disposé à en profiter.

Telle qu'elle est rédigée, particulièrement depuis 1809, époque de la fondation du *Quarterly Review*, la *Revue d'Édimbourg* contient dans beaucoup de ses numéros plus d'un article qui, publié à part, pourrait passer pour un livre excellent ; elle est aujourd'hui le modèle du genre, et ses jugements font autorité pour tout le monde littéraire européen. En Angleterre, faire partie de la rédaction de l'*Edinburgh Review* est un titre, non-seulement littéraire, mais encore politique. Bien que ses articles ne soient pas signés, on sait toujours bien vite de quelle plume sont sortis les plus remarquables ; et plus d'une fois il est arrivé (comme dans le cas de Maccauley, devenu ministre de la guerre pour deux articles : l'un sur Machiavel, l'autre sur Milton) qu'un compte-rendu de la *Revue d'Édimbourg* a porté son auteur aux plus hautes charges de l'État.

Terminons en apprenant au lecteur que la *Revue d'Édimbourg*, commencée dans une mansarde par deux pauvres jeunes gens assez embarrassés de leur dîner du lendemain, et dont un libraire aussi aventureux qu'Archibald Constable pouvait seul, à l'origine, risquer les frais, se vend aujourd'hui à quatorze ou quinze mille exemplaires, et enrichit promptement son éditeur, bien qu'elle paye sa rédaction à un taux si élevé que rien en France ne saurait nous en donner l'idée ; ajoutons que la *Revue d'Édimbourg* est, après cinquante-deux années d'existence, le plus beau succès de presse que l'on puisse citer ; enfin, que ce recueil, qui paraît régulièrement chaque trimestre, a généralement seize feuilles in-8° d'impression, qu'il s'achète par numéros, et que chacun de ces numéros coûte six shellings (un peu plus de sept francs de notre monnaie). Pauline ROLAND.

ÉDIT, du latin *edicere*, déclarer, ordonner. Chez les Romains ce mot avait divers sens. Il désignait d'abord la citation qui appelait un citoyen devant le juge. On appelait encore *édits* les règlements faits par certains magistrats pour être observés durant le temps de leur magistrature.

L'*édit du préteur* était un règlement que chaque préteur faisait pour être observé dans l'année de sa magistrature. C'était un exposé des principes d'après lesquels il devait rendre la justice. Il avait pour but de modifier par des règles plus conformes à l'équité le droit civil trop rigoureux, sans porter aucune atteinte au texte même de la loi, que les Romains regardaient presque comme sacré. Comme ces ordonnances n'étaient pas des actes législatifs, et qu'elles expiraient au bout de l'année avec le pouvoir de leurs auteurs, le magistrat qui suivait pouvait abroger, augmenter, modifier ce qu'avait ordonné son prédécesseur. La plupart du temps, néanmoins, il adoptait les principaux points de l'édit précédent. Il y eut en effet des dispositions d'une utilité si bien sentie, qu'elles se transmirent chaque année comme une règle sans dérogation possible. Le danger des innovations téméraires était peu redoutable, l'expérience d'une année les faisant maintenir ou rejeter l'année suivante. L'édit ne tarda pas à embrasser toutes les matières du droit privé, et ses perfectionnements furent tels, que du temps de Cicéron déjà on négligeait le texte des Douze Tables pour étudier presque exclusivement le droit prétorien.

On appelait *edictum provinciæ* l'édit publié par les préteurs particuliers, les proconsuls et les propréteurs qui administrèrent successivement les provinces.

Les préteurs n'étaient pas les seuls magistrats investis du droit de publier un édit en entrant en charge. Les édiles curules en publiaient également.

Le droit introduit par les édits des préteurs et des édiles reçut le nom de *droit honoraire*, parce que ses auteurs avaient droit à certaines marques extérieures de dignité (*honores*).

Cependant les additions et les changements faits successivement à l'édit par les préteurs en avaient formé un assemblage de règles incohérentes ; on sentit alors le besoin de soumettre l'édit à une refonte générale. Ce travail fut exécuté sous Adrien, par Salvius Julianus, jurisconsulte distingué, qui en entrant dans la préture publia un édit célèbre, que ses successeurs conservèrent en substance. Cet édit porte le nom d'*édit perpétuel ;* suivant l'opinion vulgaire, parce que l'empereur Adrien aurait ordonné aux préteurs de suivre à l'avenir cet édit sans y rien changer ; mais comme on ne trouve aucune trace de cette révolution juridique, Hugo et Ducaurroy ont pensé, avec quelque vraisemblance, qu'il était *perpétuel* dans le même sens que tous ceux qui l'avaient précédé, immuables pour les magistrats qui les avait rendus. Quoi qu'il en soit, cet édit devint un des principaux objets des commentaires et de l'enseignement. Il ne nous en est parvenu que des fragments épars. Des savants, entre autres Haubold, ont cherché à le récomposer.

Sous les empereurs, on donna le nom d'*édits* aux *constitutions* des princes, qui différaient des *rescrits* et des *décrets* en ce qu'elles étaient des ordonnances générales promulguées spontanément par le souverain. Les *édits* ou constitutions des empereurs ont servi à former les Codes Grégorien, Hermogénien, Théodosien et Justinien.

Dans le droit public français, on appelait autrefois *édit* une constitution faite par le prince pour notifier quelques prohibitions ou créer quelque établissement général. Il y a une distinction à établir entre les édits et les *ordonnances*, en ce que celles-ci embrassent souvent différentes matières, ou du moins sont plus générales. Les *déclarations* étaient données en interprétation des édits. Quant à la forme des édits, c'étaient des lettres patentes du grand sceau, dont l'adresse était : *A tous présents et à venir*. Ils étaient seulement datés du mois et de l'année. Lorsque le roi les avait signés, ils étaient visés par le chancelier et scellés du grand sceau en cire verte sur des lacs de soie rouge et verte. Quelques édits cependant étaient en forme de déclaration, et commençaient par ces mots : *A tous ceux qui ces présentes lettres verront*. Ils portaient aussi la date du jour, du mois, et étaient scellés en cire jaune sur une double queue de parchemin. On n'observait les édits que du jour où ils étaient enregistrés au parlement. Beaucoup d'édits portent le nom du lieu où ils ont été donnés, ou des choses qu'ils ont pour objet. Nous citerons les suivants.

L'*édit d'Amboise* (janvier 1572) donne une nouvelle forme à l'administration de la police.

L'*édit de la Bourdaisière*, qualifié ordonnance par quelques-uns, fut donné par François Ier à la Bourdaisière, le 18 mai 1529, pour régler la forme des évocations.

On appelait *édits bursaux* les édits et déclarations qui n'avaient pour objet principal que la finance qui en devait revenir au souverain : tels étaient les créations d'offices, les nouvelles impositions, etc.

L'*édit de Châteaubriant* (juin 1551) contient quarante-six acticles, qui ont pour but la punition de ceux qui se sont séparés de la foi de l'Église romaine, pour aller à Genève ou autres lieux de religion contraire à la religion catholique, apostolique et romaine.

Les *édits du contrôle* sont au nombre de six. Ils ont pour but de soumettre les actes civils à une vérification légale.

L'*édit de Crémieu* (juin 1536). Il réglait la juridiction des baillis, sénéchaux et siéges présidiaux, avec les prévôts, châtelains et autres juges ordinaires inférieurs, et les matières dont les uns et les autres devaient connaître.

Les *édits des duels*, c'est-à-dire ceux qui renouvellent les défenses portées contre les duels. Les plus célèbres sont ceux de 1609, 1613, 1679, 1723.

L'*édit de Melun* (février 1580) faisait droit aux plaintes du clergé sur quelques points de discipline et d'administration ecclésiastique.

Les *édits de pacification*, rendus en grand nombre pour suspendre les guerres entre catholiques et protestants. Le plus célèbre est l'édit de Nantes.

L'*édit de Paulet* ou *de Paulette* (12 décembre 1604); il établit sur les offices un droit annuel qui fut appelé *paulette*. Cet édit fut encore appelé *édit des femmes*, parce qu'en payant la paulette, les femmes pouvaient conserver après la mort de leur mari les offices qu'ils avaient possédés.

L'*édit des petites dates* avait pour objet de réprimer les abus introduits dans la collation des bénéfices ecclésiastiques (*voyez* Dumoulin).

L'*édit de Romorantin* (mai 1560), rendu au sujet des réformés. Il ôte la connaissance du crime d'hérésie aux juges séculiers, et attribue à cet égard toute juridiction aux ecclésiastiques. Son but était surtout d'empêcher que l'inquisition ne fût introduite en France, comme les Guises l'auraient voulu. Du reste, cet édit ne tarda pas à être révoqué par un autre de la même année. Celui-ci insista de nouveau sur la recherche et la punition de ceux qui formaient des assemblées contre le repos de l'État, ou qui publiaient par prédications ou par écrit de nouvelles opinions contre la doctrine catholique; et il attribua la juridiction aux juges présidiaux, pour en connaître en dernier ressort, au nombre de dix; que s'ils n'étaient pas en ce nombre, il leur était permis de le compléter en s'adjoignant les avocats les plus renommés de leur siége, ce qui était conforme à l'édit de Châteaubriant, du 27 juin 1551.

Outre ces édits particuliers à la France, il faut encore citer l'*édit d'union*, acte du 12 février 405, que l'empereur Honorius publia contre les manichéens et les donatistes. Il tendait à réunir tous les peuples à la religion catholique, et en effet il réunit la plus grande partie des donatistes.

L'*édit de Milan*, publié en 313, par l'empereur Constantin, et qui déclara la religion chrétienne religion de l'empire.

On appelle encore *édit perpétuel* un règlement que les archiducs Albert et Isabelle firent pour tous les pays de leur domination, le 12 juillet 1611. Il contient quarante-sept articles sur plusieurs matières, qui ont toutes rapport au droit des particuliers et à l'administration de la justice.

Aug. Savagner.

ÉDIT DE NANTES. Henri IV avait abjuré le calvinisme, il était rentré dans Paris; tout son royaume, tous les grands, s'étaient soumis à lui; il avait reçu l'absolution du pape Clément VIII; il allait forcer l'Espagne à conclure le traité de Vervins (1598), lorsque, le 13 avril, il publia l'*édit de Nantes* en faveur des protestants.

Ce n'était pas le premier édit de religion donné sous son règne. En 1591, voyant qu'à mesure qu'il ramenait à lui ceux qui avaient pris les armes pour lui fermer le chemin du trône, il perdait l'affection des protestants, qui avaient contribué à affermir la couronne sur sa tête, il leur rendit, par un édit donné à Mantes, la liberté de religion. Cet édit leur suffit aussi longtemps qu'ils virent le roi à leur tête; mais quand, d'après le conseil de Sully, Henri IV eut embrassé le catholicisme, et parut y être attaché de bonne foi, les ministres huguenots commencèrent à déclamer contre lui et à lui aliéner les cœurs de leurs co-réligionnaires. Quelques grands seigneurs, entre autres Turenne, nouveau duc de Bouillon, voulurent profiter de cette disposition des esprits pour se mettre à la tête du parti huguenot et renouveler la guerre civile. Henri essaya de tranquilliser les calvinistes bien intentionnés par l'édit de Saint-Germain-en-Laye, du 15 novembre 1594, qui leur était plus favorable que l'édit de Mantes, mais qui ne leur suffit pas encore. Enfin, le roi sembla satisfaire son goût, sa politique, et même son devoir, en accordant au parti ce célèbre édit de Nantes, qui n'était au fond que la confirmation des priviléges que les protestants de France avaient obtenus des rois précédents, les armes à la main, et que ce prince, affermi sur le trône, leur laissa par bonne volonté.

Cette loi, était en 92 articles : Gaspard de Schomberg, l'historien de Thou, le président Jeannin, Dominique de Vic, gouverneur de Calais, et Soffrein de Calignon, célèbre protestant, tous membres du conseil d'État, avaient travaillé pendant une année à la rédaction de cet édit, qui doit être envisagé comme une espèce de transaction; car tous les articles en furent convenus avec les députés calvinistes que le roi avait appelés à Nantes. En voici les principales dispositions : Les protestants obtiennent une pleine et entière amnistie pour tout ce qui s'est passé, et le libre exercice de leur religion, sans que ceux d'entre eux qui ont fait des abjurations puissent être molestés pour cela. Tout seigneur de fief haut-justicier peut avoir plein et entier exercice de la religion prétendue réformée dans son domicile et dans ses autres maisons, pendant qu'il y demeurera seulement; tout seigneur sans haute justice pourra admettre 30 personnes dans son prêche. Tous les autres calvinistes auront l'exercice de leur religion dans les villes et lieux où cet exercice avait été établi par les précédents édits; ils l'auront en outre dans le faubourg d'une ville ou d'un village par bailliage. De ce libre exercice sont exceptés les résidences du roi, la ville de Paris, avec un rayon de cinq lieues à la ronde, et les camps militaires, à la réserve du quartier général d'un commandant protestant. En 1606, Henri IV restreignit le rayon autour de Paris, et les calvinistes obtinrent à Charenton l'exercice d'un temple, qui devint bientôt un des principaux foyers de la réforme. Il leur était permis de bâtir des temples, et ceux qu'ils avaient anciennement possédés devaient leur être rendus, sinon la valeur. On ne leur devait point enlever leurs enfants pour les faire élever dans la religion catholique; mais ils étaient obligés de chômer extérieurement les fêtes catholiques; leurs livres de religion ne pouvaient être imprimés ou vendus que dans les lieux où ils jouissaient de l'exercice de leur religion; ils devaient se soumettre aux lois matrimoniales de l'Église, et payer la dîme au clergé catholique; ils étaient déclarés admissibles à toutes les charges et dignités de l'État, sans être tenus de prêter un autre serment que celui de fidélité au roi et d'obéissance aux lois. « Il y parut bien en effet, observe Voltaire, puisque le roi fit ducs et pairs les seigneurs de La Trimouille et de Rosni. Pour l'impartiale administration de la justice civile et criminelle, il devait être érigé au parlement de Paris une chambre particulière, nommée *chambre de l'édit*, composée d'un président, de quinze conseillers catholiques, et d'un conseiller protestant. Trois autres protestants devaient siéger dans les autres chambres de ce parlement. La juridiction de la chambre de l'édit s'étendait non-seulement dans le ressort du parlement de Paris, mais encore dans celui de Normandie et de Bretagne. « Il n'y eut jamais, à la vérité, observe encore Voltaire, qu'un seul calviniste admis de droit parmi les conseillers de cette juridiction. Cependant, comme elle était destinée à empêcher les vexations dont ce parti se plaignait et que les hommes se piquent toujours de remplir un devoir qui les distingue, cette chambre, composée de catholiques, rendit toujours aux huguenots, de leur aveu même, la justice la plus impartiale. » Il devait y avoir à Bordeaux ou à Nérac une chambre composée de six conseillers et d'un président catholiques, de six conseillers et d'un président réformés. La chambre de Dauphiné devait être formée de la même manière. Même composition mi-partie catholique et protestante pour la chambre de Castres, que le roi avait établie dès 1595, et qui comptait seize conseillers et deux présidents.

Dix-sept jours après la signature de l'édit, le 30 avril 1598, le roi abandonna pour huit ans aux protestants les places de sûreté qui leur avaient été antérieurement accordées, et promit de leur payer 80,000 écus par mois pour l'entretien des garnisons. Fatale concession, qui devint la perte du parti qui l'obtenait!

L'édit de Nantes éprouva une vive résistance de la part du parlement de Paris, qui refusa de l'enregistrer. Il fallut que Henri IV employât un heureux mélange d'autorité, de fermeté et de condescendance familière, pour vaincre cette résistance. « J'ai désiré, dit-il, faire deux mariages : l'un de ma sœur, je l'ai fait; l'autre, de la France avec la paix; or, ce dernier ne peut être que mon édit ne soit vérifié. Vérifiez-le donc, je vous en prie. Je ne veux pas que personne se dise plus catholique que moi : car tous ceux qui veulent se faire paraître tels ont leur dessein. » L'édit fut enregistré au parlement le 25 février, à la chambre des comptes le 31 mars, et à la cour des aides le 30 avril 1599. Alors la religion réformée reçut en France une existence légale. Les Églises calvinistes s'assemblèrent en synodes comme l'Église gallicane, mais non point de droit, et seulement sous l'autorité du roi. Ces églises étaient au nombre de 760. Les protestants avaient quatre universités : Montauban, Saumur, Montpellier, Sedan.

L'édit de Nantes, selon l'expression de Voltaire, avait « incorporé les calvinistes à la nation. C'était à la vérité attacher des ennemis ensemble; mais l'autorité, la bonté et l'adresse de ce grand roi les continrent pendant sa vie. » Après la mort de ce prince, le parti calviniste, à propos de la réunion de la Navarre à la France et d'un édit de main levée (25 juin 1617) qui ordonnait la restitution au clergé catholique de tous les biens ecclésiastiques dont les huguenots l'avaient dépouillé, commença à se montrer disposé à recommencer la guerre civile. Elle éclata en 1622; le duc de Rohan devint le chef du parti; les hostilités, un moment apaisées, recommencèrent en 1625 et 1628. Enfin, la prise de La Rochelle par Richelieu porta le dernier coup aux protestants comme parti politique. Au mois de juillet 1630 le roi publia à Vienne un *édit de grâce*. Richelieu laissa subsister l'édit de Nantes; les protestants perdirent leurs places de sûreté; « ils rentrèrent, dit Schœll, dans la classe des citoyens soumis, et cessèrent de former un État dans l'État. Ils conservèrent le libre exercice de leur religion, sans que leurs temples pussent continuer de retentir de leurs discours séditieux. »

Mazarin suivit les traditions de son prédécesseur; le 15 avril 1661, il nomma des commissaires choisis en nombre égal dans les deux religions pour visiter toutes les provinces et remédier aux infractions faites à l'édit de Nantes pendant les troubles de la Fronde. Cet édit fut suivi de plusieurs autres dans le même esprit. Il paraît certain qu'après la mort de son premier ministre Louis XIV n'avait aucun plan adopté pour l'extirpation de l'hérésie. On peut juger au contraire, par les Mémoires qu'il a laissés, qu'il ne songeait à réduire les huguenots par aucune rigueur nouvelle; il voulait observer, dans les bornes d'une justice étroite, les édits qu'ils avaient obtenus de ses prédécesseurs, et ne rien leur accorder au delà; récompenser ceux qui se convertiraient, animer les évêques à travailler à leur instruction, etc.

Comment naquit dans les conseils de Louis XIV ce projet de détruire le calvinisme en France? Faut-il le dire? l'oppression de l'hérésie était demandée par l'opinion publique; tous les ordres de l'État, depuis le clergé jusqu'aux classes populaires, déclamaient contre les protestants, et leur attribuaient tous les malheurs qui arrivaient. Le clergé, qui s'assemblait tous les cinq ans, ne votait jamais un don gratuit au roi sans se le faire payer par l'abolition de quelque privilége dont jouissaient les protestants. La commission instituée par Mazarin, au lieu de les protéger, ne tarda pas à devenir entre les mains du clergé un instrument de persécution. On remplirait des volumes de tous les édits, déclarations du roi et arrêts du conseil donnés successivement depuis 1656 jusqu'au mois d'octobre 1685, date de la révocation de l'édit de Nantes, pour miner insensiblement l'édifice de la religion réformée

Tout cet arsenal de lois fut de la part de Louis XIV l'ouvrage de la séduction; elles étaient sollicitées par le père La Chaise, qui lui laissait entrevoir l'expiation de ses amours adultères dans la persécution des hérétiques; elles le furent également ensuite par Mme de Maintenon, toute-puissante sur son esprit. C'est à la même époque (1683) que Louvois, pour faire sa cour au roi, imagina les *missions bottées* et les *dragonnades*. Deux cent cinquante mille conversions s'en étant suivies, on parvint à faire croire à Louis XIV que ses lois avaient détruit le calvinisme en France. Il ne s'agissait plus que d'empêcher les nouveaux convertis de retourner à leurs erreurs en bannissant tous les ministres. La chose ne se pouvait qu'en révoquant l'édit de Nantes. Louis ne céda finalement qu'aux obsessions de Louvois et du père La Chaise, qui lui donnèrent l'assurance que la mesure qu'ils proposaient ne coûterait pas une goutte de sang. Le chancelier Letellier, sentant sa fin approcher, pressa la publication de l'édit qui révoquait celui de Nantes, et le roi le signa le 22 octobre 1685. Colbert le contre-signa. Quand on l'apporta à Letellier pour y mettre le sceau, s'appliquant les paroles du vieillard Siméon, il s'écria : *Nunc dimittis servum tuum, Domine, secundum verbum tuum in pace, quia viderunt oculi mei salutare tuum.*

Le préambule de l'édit en indique le motif; c'est que la plus grande partie des sujets du roi de la religion prétendue réformée ayant embrassé le catholicisme, l'exécution de l'édit de Nantes demeure inutile : en conséquence, il est révoqué, ainsi que l'édit de Nîmes de 1629. Défense aux réformés de s'assembler pour l'exercice de leur religion; défense aux seigneurs de l'exercer dans leurs maisons; injonction à tous les ministres qui ne voudraient pas se convertir de sortir du royaume dans les quinze jours; récompenses et immunités pour ceux qui se convertiront. Les enfants qui naîtront des protestants seront baptisés par les curés des paroisses, et élevés dans la religion catholique. Les émigrés qui rentreront dans l'espace de quatre mois seront restitués dans la possession de leurs biens. L'art. 10 défend aux réformés de sortir du royaume, eux, leurs femmes et leurs enfants, ni d'en transporter leurs biens et effets, sous peine des galères pour les hommes, et de la confiscation de corps et de biens pour les femmes. Les déclarations contre les relaps sont confirmées.

Alors commença cette désastreuse émigration, qui ne s'arrêta pas pendant soixante-dix ans. En vain Louvois faisait garder toutes les frontières pour empêcher les protestants d'émigrer; en vain on remplissait les prisons et les galères de ceux qu'on arrêtait dans leur fuite; en vain les dragonnades allaient leur train dans l'intérieur du royaume, la persécution affermissait dans leur croyance une foule de calvinistes. Ceux qui s'étaient convertis en cédant à la force abjuraient à l'heure de la mort le catholicisme comme une honteuse apostasie. On crut remédier au mal par un édit du 28 avril 1686, ordonnant que les convertis qui dans leurs maladies refuseraient les sacrements catholiques seraient condamnés aux galères perpétuelles, avec confiscation de leurs biens, s'ils revenaient à la santé, et leurs femmes et leurs filles enfermées; enfin, qu'on ferait le procès aux cadavres de ceux qui mourraient. La condamnation de leur mémoire entraînait encore la confiscation de leurs biens. En même temps il fut défendu aux réformés d'avoir des serviteurs de leur religion. Tout protestant convaincu d'être au service d'un autre protestant devait subir les galères. La peine de mort atteignait les réformés qui avaient tenu des assemblées. Une déclaration du 12 mars 1689 ordonne de plus que ceux qui n'auront pas été pris en flagrant délit, mais qu'on *saura* avoir assisté à des assemblées, seront envoyés aux galères pour la vie, par les commandants et intendants de provinces, *sans forme ni figure de procès*. Les protestants condamnés aux galères étaient traités plus rudement que les autres forçats : s'ils manquaient à la moindre cérémonie catholique, on les étendait nus sur le *coursier* (gros canon de galère), et un *côme* (officier de galère), armé d'une corde goudronnée et trempée dans l'eau de mer, leur administrait la flagellation. Ces lois et bien d'autres furent exécutées dans toute leur rigueur. Que produisirent-elles? Des pertes irréparables en richesses et en citoyens utiles (*voyez* DISSENTERS). Les protestants français portèrent en Angleterre le secret et l'emploi des premières machines qui ont fondé sa prodigieuse fortune industrielle, tandis que la juste plainte des proscrits alla cimenter dans Augsbourg une ligue vengeresse...... Louis XIV ne mourut pas sans avoir été sévèrement désabusé par la révolte des *Cévennes* et par le traité humiliant qui la termina. Charles DU ROZOIR.

ÉDITEUR. On donne ce titre à celui qui publie l'ouvrage qu'un autre a composé; mais, par une des *gueuseries* de notre langue, on se sert du même mot pour qualifier l'écrivain qui fait de la publication des œuvres d'autrui un travail purement littéraire et l'imprimeur ou le libraire, qui n'en fait qu'une opération industrielle. Cette communauté d'expression s'explique du reste par ce fait, qu'à l'origine de l'invention de l'imprimerie les hommes d'étude qui exerçaient ce nouvel art étaient en même temps les éditeurs littéraires des chefs-d'œuvre que nous avait légués l'antiquité hébraïque, grecque et latine. Parmi eux nous citerons les Aldes, les Estiennes, les Elzevirs; puis les Casaubon, les Érasme, les Scaliger, les Juste Lipse, les Gronovius, les Vossius, etc. Dans les siècles suivants nous trouvons les Baluze et les membres de certaines congrégations religieuses, à la tête desquelles il faut placer Sirmond, Petau, Montfaucon, Mabillon, Martenne, Calmet, etc. Nommons encore La Cerda, en Espagne, et plus près de nous, le président Bouhier et le père Brumoy.

Parmi les nombreux éditeurs, commentateurs et interprètes des classiques grecs, n'oublions pas, en France : Ansse de Villoison, Larcher, Schweighæuser, Brunck, Gail, Clavier, Paul-Louis Courier, Boissonade, Cousin, l'évêque, Miot de Mélito, etc., etc.; en Allemagne: Reiske Ruhnkenius, Heyne, Voss, Matthiæ, Creuzer, Bekker, Jacobs, Dindorf, Hermann, Thiersch, Schœfer, Ast, Bæhr, Poppo, Lobeck etc., etc.; en Angleterre : Bentley, Taylor, Markland, Musgrave, Porson, Blomfield, Gaisford, etc., etc.; en Italie: Morelli, Peyron, etc.; en Hollande: Wyttenbach, successeur des Valckenaers; en Grèce, Koraï. Quant à l'antiquité latine, les noms les plus illustres entre les éditeurs étrangers sont ceux des Ruhnkenius, des Ernesti, des Heyne, et plus récemment : des Bothe, des Schütz, des Orelli, etc. Citons, parmi les Français, ceux de Muret, Hardouin, Sanadon, Pithou, de Brosses, Oberlin, Vanderbourg, Lemaire, Panckouke, Dureau de la Malle, Burnouf, Leclerc. Citons enfin le bibliothécaire du Vatican, Angelo Maï, à qui l'on doit la découverte du Traité de Cicéron *De Re Publica*.

Voltaire a été l'éditeur de Corneille, La Harpe de Racine, Beaumarchais et Palissot de Voltaire, Aimé Martin de Bernardin de Saint-Pierre. Tallemand des Réaux a déjà eu trois éditeurs. M. Guizot s'est fait l'éditeur de Mably. Nous ne citerons que pour mémoire les éditeurs des grandes collections historiques ou autres, de Dictionnaires, des vieux auteurs français, des écrits orientaux, etc.

Pour être bon éditeur des auteurs anciens, il faut savoir plus que lire les vieux manuscrits, il faut encore être en état de proposer des versions raisonnables à la place des lacunes et des fautes du texte. Tel éditeur a fait sa réputation comme écrivain par une bonne préface en tête du livre qu'il s'était chargé de publier. « Il me semble, a dit l'abbé Desfontaines, que messieurs les éditeurs rendent quelquefois de fort mauvais services à d'illustres morts, en publiant leurs œuvres posthumes. Ils mettent au jour, sans façon, tout ce qu'ils ont intérêt de trouver bon ou passable, sans songer que, nous autres auteurs, nous barbouillons souvent du papier uniquement pour nous amuser ou pour réjouir des amis indulgents, et non pour ennuyer un public sévère ou indifférent. »

On voit dans le *Dictionnaire de Trévoux* que le mot *éditeur* était encore tout nouveau au commencement du dix-huitième siècle. Ce titre se donne aujourd'hui non-seulement à des libraires qui publient des ouvrages qu'ils ne sont pas en état de lire, et à des industriels qui tiennent boutique des productions d'art susceptibles de multiplication, comme partitions de musique, gravures, œuvres même de sculpture reproduites par le moulage, mais même à certains capitalistes, courtiers marrons de la république des lettres, qui ne lisent guère que le cours de la Bourse. Ces éditeurs entreprennent volontiers le roman. Entendez-les, causer de leurs spéculations, ils vous diront que le Georges Sand et l'Alexandre Dumas vont très-bien, que l'Eugène Sue ne va pas mal, que *c'est du pain sur la planche*; mais que le *** (ici, dans l'embarras du choix, nous ne nommerons personne) commence à baisser et à *faire fruit sec*. Assurément, ce n'était pas ainsi que les consciencieux bibliopoles qui se chargeaient de faire imprimer les éditions revues par Érasme, Sirmond ou Scaliger, entendaient la librairie; mais chaque siècle a son esprit. Quant au commun des libraires, qui aujourd'hui publient des éditions d'anciens auteurs, ils ont à leurs gages quelques écrivains obscurs, à qui la révision des épreuves est payée le moins cher possible; en un mot, messieurs les libraires-*éditeurs* sont tout à fait comme ces chanoines du *Lutrin* qui laissaient

> A des chantres gagés le soin de louer Dieu.

Il est pour les auteurs un petit charlatanisme d'*éditeurs* qui consiste à publier les œuvres d'un confrère, d'un ami. Il en résulte un petit commerce de louanges imprimées qui rappelle un proverbe que nous ne citerons pas.

La législation sur la presse périodique sous la Restauration donna lieu, en 1819, à la création d'*éditeurs responsables*, c'est-à-dire qui devaient répondre, tant devant l'autorité qu'envers les particuliers, de ce qui s'imprimait dans leur journal. Des entrepreneurs de journaux eurent la loyauté de présenter l'un d'eux pour remplir ce rôle délicat et dangereux; mais la plupart choisirent pour *éditeur responsable* quelque littérateur famélique, ou quelque artisan sans ouvrage, véritable homme de paille, qui moyennant cinquante écus ou deux cents francs par mois, s'exposait à l'amende, qu'il ne payait pas, et à la prison, qu'il subissait en personne. La nullité de ces *éditeurs responsables* donna souvent lieu à des scènes comiques, soit dans le bureau du journal, soit au tribunal où ils étaient accusés. Aussi, le mot d'*éditeur responsable* devint-il bientôt proverbial, et plus d'une fois l'on dit qu'un pauvre mari était l'*éditeur responsable* des œuvres de sa femme; que tel ministre était l'*éditeur responsable* ou du prince, ou d'un parti, ou d'une coterie.

ÉDITHE (Sainte), née en 961, morte en 984, était la fille du roi d'Angleterre Edgard et de Walfride. Élevée par sa mère dans le couvent de Wilton, et admise à prendre le voile dès sa quinzième année, elle consacra sa courte existence à l'accomplissement de tous les devoirs de la vie religieuse, à secourir et à consoler les pauvres et les malades. Elle ne refusa pas seulement de riches abbayes, mais encore la couronne, qui lui fut offerte après la mort de son père et celle de son frère, saint Édouard, assassiné par ordre de sa belle-mère, Elfride. Elle repose dans l'église de Saint-Denis, qu'elle avait fait construire, et l'Église célèbre sa mémoire le 16 septembre. Sa vie est racontée dans le *Chronicon Vilodunense* (publié par Black ; Londres, 1830), livre écrit vers l'an 1420, dans le dialecte du Wiltshire.

ÉDITION, en général impression, publication d'un livre. Ce mot s'explique naturellement par son étymologie, qu'on trouve dans le latin *edere*, mettre au jour. Dans l'application, il est relatif au nombre de fois que l'on a imprimé un ouvrage, ou à la manière dont il est imprimé. Dans le premier sens, on dit *première*, *seconde*, *troisième édition ;* dans le second sens, *édition belle*, *fautive*, *correcte*, etc. Les auteurs anciens ont surtout de la valeur par la manière dont ils ont été *édités*. Les théologiens étaient partagés autrefois entre le saint Augustin de l'édition d'Érasme et le saint Augustin de l'édition des pères bénédictins. Un des titres qui ont valu à François Ier le surnom de *Père des lettres*, est d'avoir fait imprimer un grand nombre d'excellentes *éditions*. Les *éditions* des Aldes, les *éditions* des Elzévirs, jouissent d'une estime que le temps n'a fait qu'accroître. Les *éditions* de Blaeuw, les *éditions* de Glasgow, sont d'une élégance remarquable; mais elles passent pour fautives. Les *éditions* classiques *ad usum Delphini* (à l'usage du Dauphin), les *éditions* de Barbou, ont eu une grande réputation; elles ont surtout été fort utiles; l'*édition des Classiques latins* par Lemaire ne les a pas fait oublier. Qui ne connaît les *Éditions stéréotypes* de Didot, qui, par leur admirable correction et par la modicité du prix, rendirent populaires les chefs-d'œuvre de notre littérature? Sous la Restauration on eut la manie des éditions de Voltaire et de Rousseau pour la grande, la moyenne et la petite propriété. Les *éditions Touquet* obtinrent presque autant de renommée que ses tabatières et sa charte sans préambule. Il y a vingt ans le vent soufflait pour les *éditions compactes*, véritable guet-apens fait pour dégoûter de la lecture tout amateur qui n'avait pas des yeux de lynx. Aujourd'hui, les publications qui paraissent par grandes feuilles à vingt centimes obtiennent la vogue : on les appelle *éditions à quatre sous*, et franchement quelques-unes ne valent pas ce prix.

De tout temps les bibliophiles ont recherché les belles et anciennes éditions ; mais les bibliomanes apprécient principalement les éditions rares, et surtout l'édition où il y a la faute. « Les *premières éditions* sont les moindres, parce qu'elles ne servent qu'à mettre au net les ouvrages des auteurs... On ne doit les considérer que comme des essais informes, que ceux qui en sont les auteurs proposent aux personnes de lettres pour en apprendre les sentiments (*Discours sur la vie de M. Ancillon*, cité dans le *Dictionnaire* de Bayle). » Ce grand critique n'hésite pas à décider « qu'il vaut beaucoup mieux avoir les deux éditions d'un livre que de se priver du plaisir que la lecture de la première peut apporter. Ceux qui peuvent se permettre quelque dépense, ajoute-t-il, ne sauraient mieux faire que de se pourvoir des premières éditions. J'avoue que celles qu'on fait dans les pays étrangers coûtent moins ; mais sont-elles bien fidèles ? L'histoire de Davila et celle de Strada, imprimées dans les Pays-Bas, ne sont point conformes aux éditions d'Italie, les libraires de Flandre ayant supprimé ou altéré certaines choses, par complaisance pour des familles illustres. On me dira que l'auteur corrige des fautes dans la *seconde édition :* j'en conviens; mais ce ne sont pas toujours des fautes réelles : ce sont des changements, qu'il sacrifie à des raisons de prudence, à son repos, à l'injustice de ses censeurs trop puissants. La seconde édition que Mézerai fit de son *Abrégé chronologique* est plus correcte ; il en ôta des faussetés, mais il en ôta aussi des vérités ; c'est pourquoi les curieux s'empressent à trouver l'édition in-4°, qui est la première, et la payent un gros prix. Je ne dis rien du profit que l'on peut faire en comparant les éditions. Il est si grand, lorsque c'est un habile homme qui a exactement revu son ouvrage, qu'il mérite que l'on garde son coup d'essai (article ANCILLON). » Bayle nous donne encore une grande idée de la conscience avec laquelle travaillaient les auteurs de son temps, lorsqu'il dit : « Il y a des auteurs à qui la révision d'un ouvrage qu'ils veulent faire réimprimer coûte plus que la première composition... Tel endroit d'une seconde édition, qui ne contient pas plus de lignes que la première, est converti de plomb en or; mais où sont les gens qui s'en aperçoivent? » De nos jours, il en a été de même pour les seconde, troisième, etc., éditions des *Lettres sur l'histoire de France* de M. Augustin Thierry, cet écrivain philosophe qui a travaillé comme un bénédictin. Mais que dire des historiens qui déshonorent leurs cheveux blancs en ne donnant une nouvelle *édition* de leurs ouvrages que pour effacer des vérités qu'ils avaient dites il y a vingt-cinq ans, et les remplacer par des mensonges ou des déclamations officieuses en faveur du pouvoir régnant? Nos libraires-éditeurs ont une rubrique en fait d'*éditions :* quand ils sont parvenus à *faire écouler* une ou deux centaines d'exemplaires d'un ouvrage *dur à la vente* (ce sont là les termes du métier), ils font tirer un nouveau titre portant *seconde édition*, et ils débitent le reste grâce à cette enseigne menteuse. L'auteur du livre n'en est pas fâché, et le bon public s'y laisse prendre. Il y a encore de grands auteurs qui impriment à la fois deux ou trois éditions de leurs œuvres. Quand on a *tiré* deux ou trois cents titres de leurs livres, on ajoute *seconde édition*, puis, après un autre nombre, on met *troisième édition*, et ainsi de suite. Il y a aussi de petits auteurs qui font mieux : ils suppriment purement et simplement la première édition; le premier tirage porte tout de suite : *seconde édition ;* et la loi souffre tout cela. Enfin, il est des éditions dont le succès ne plaît ni à l'auteur ni au libraire : ce sont les *contrefaçons* en pays étrangers.

Charles Du Rozoir.

EDMOND, roi d'Estanglie, canonisé par l'Église, qui célèbre sa fête le 20 novembre, régnait vers l'an 855, mais fut vaincu et mis à mort par les envahisseurs danois, dont il avait rejeté les insolentes sommations.

Deux rois d'Angleterre, l'un et l'autre antérieurs à la conquête de l'île par les Danois, ont aussi porté ce nom : EDMOND Ier, dit *l'ancien*, qui succéda, en 941, à son frère Athelstan, et mourut assassiné cinq ans après ; EDMOND II, surnommé *Côte de Fer*, qui succéda, en 1016, à Ethelred, et qui, l'année suivante, périt également sous les coups d'un assassin, un mois après avoir conclu avec Canut, roi de Danemark, un traité par lequel il lui abandonnait la partie septentrionale de ses États.

ÉDOMITES. *Voyez* IDUMÉENS.

ÉDONIDES, Bacchantes qui célébraient leurs orgies sur le mont *Édon*, en Thrace.

ÉDOUARD. Ce nom a été porté en Angleterre par divers princes de la *dynastie saxonne*, de la famille *des Plantagenets* et de celle des *Tudors*, et de la *maison des Stuarts*.

ÉDOUARD *l'Ancien* ou *le Vieux*, septième roi d'Angleterre, était fils d'Alfred le Grand auquel il succéda en l'an 900. Fort inférieur à son père pour l'étendue et la solidité des connaissances, il fut plus heureux que lui comme conquérant. On lui attribue la fondation de l'université de Cambridge. Il mourut l'an 925.

ÉDOUARD *le Jeune* ou *le Martyr* (Saint) fils d'Edgar, roi d'Angleterre, était à peine âgé de treize ans lorsqu'il monta sur le trône en 975. Un parti le repoussait, sous prétexte qu'il était né avant le couronnement de son père et de sa mère. A la tête de la faction on voyait la belle-mère du jeune roi, Elfride, dont l'ambition espérait obtenir le sceptre pour son propre fils Ethelred. Saint Dunstan soutint les droits d'Édouard, qui fut reconnu et couronné; mais Elfride le fit assassiner au bout de quatre années de règne. L'Église romaine honore Édouard le Jeune comme martyr, et célèbre sa mémoire le 18 mars, jour de sa mort.

ÉDOUARD *le Confesseur* (Saint), neveu d'Édouard le Martyr, fut couronné roi d'Angleterre en 1041, après la mort de Hardi-Canut. Il était alors âgé de près de quarante ans; il en avait passé vingt-sept exilé en Normandie. Il porta sur le trône les habitudes de modération et de paix qu'il avait prises dans la vie privée. Ce fut un bon roi plutôt qu'un grand roi. Il mourut le 5 janvier 1066, sans laisser d'enfants de son mariage avec Edithe, fille d'un puissant comte appelé *Godwin*, lequel n'avait pas tardé à braver l'autorité de son gendre et à fomenter des troubles dans le royaume, sous prétexte que le roi, qui avait pris du goût pour les mœurs et les habitants du pays dans lequel s'était écoulé son exil, favorisait trop les Normands au détriment de ses propres sujets. Édouard invoqua l'assistance de Guillaume le Bâtard, duc de Normandie, et celui-ci n'eut garde de la lui refuser. Mais les troubles ayant été comprimés avant que ses armements fussent terminés, il se borna à venir rendre une visite au roi avec une escorte aussi nombreuse que brillante. Quelques historiens pensent que le but réel de cette entrevue fut d'assurer à Guillaume la succession future au trône d'Angleterre. Édouard fut canonisé par le pape Alexandre III.

ÉDOUARD Ier du nom de la dynastie des Plantagenets, roi d'Angleterre qui régna de l'an 1272 à l'an 1307, prince aussi vigoureux de corps que d'intelligence, et que les luttes acharnées contre des barons rebelles ne contribuèrent pas peu à aguerrir, était fils du faible Henri III et naquit en 1240. A l'instigation du pape Grégoire X, il se croisa avec notre roi saint Louis contre les infidèles. Il partageait les travaux ingrats de cette malheureuse expédition, lorsque la mort du roi son père le rappela en Europe, l'an 1272. Au retour de l'Asie, il débarqua en Sicile et vint en France, où il rendit hommage au roi Philippe III pour les terres que les Anglais possédaient en Guienne. Il ne revint en Angleterre qu'en 1274; et après une guerre qui ne dura pas moins de dix années, il réussit à subjuguer les habitants du pays de Galles. En 1286 il conclut avec le roi de France Philippe le Bel un traité qui régla les différends de ces deux princes au sujet de la Saintonge, du Limousin, du Querci et du Périgord. L'année suivante le roi d'Angleterre se rendit à Amiens, où il renouvela son hommage à Philippe pour toutes les terres qu'il possédait en France.

En 1290, le trône d'Écosse étant venu à vaquer complétement à la suite du décès de la petite-fille du roi Alexandre, Édouard Ier éleva, concurremment avec le pape, des prétentions au droit de suzeraineté sur ce royaume. Douze compétiteurs se disputaient la couronne. Le roi d'Angleterre intervint comme médiateur, et fit nommer roi Jean Baliol, à qui il avait précédemment fait prendre l'engagement de se reconnaître pour son vassal. Trois ans plus tard, la guerre étant venue à éclater entre la France et l'Angleterre, et les habitants du pays de Galles ayant levé l'étendard de la révolte, Jean Baliol crut la circonstance favorable, et essaya de la mettre à profit pour secouer le joug du roi d'Angleterre. Une double alliance, conclue en 1298 entre Édouard et Marguerite de France, et entre son fils Édouard et Isabelle, l'une sœur et l'autre fille de Philippe le Bel, mit un terme aux embarras causés au roi d'Angleterre par la nécessité de guerroyer contre le roi de France. Libre de ses mouvements, il eut bientôt comprimé la révolte du pays de Galles, et se trouva dès lors en mesure d'employer toutes ses forces disponibles contre l'Écosse. Berwick fut la première place qu'il assiégea : il la prit par la ruse, et ce succès en amena d'autres. Le roi d'Écosse fut fait prisonnier, confiné dans la tour de Londres, et forcé de se démettre de la couronne en faveur du vainqueur, qui institua alors en Écosse un gouverneur anglais. Cette mesure eut pour résultat d'entraîner Édouard Ier dans une lutte sanglante contre la nationalité écossaise; lutte qui se prolongea pendant tout le reste de son existence et provoqua en Écosse révolte sur révolte. En 1304 Édouard pouvait espérer que le supplice de l'audacieux chef des révoltés, Wallace, mettrait un terme à ces troubles; mais à quelque temps de là Bruce relevait avec autant de courage que de succès le drapeau de l'indépendance écossaise. C'est dans une campagne contre cet autre chef de révoltés que Édouard Ier mourut, en 1307.

Si ce prince fut cruel et impitoyable à la guerre, s'il fit massacrer les bardes du pays de Galles, s'il commit en Écosse d'horribles ravages, il mérita du moins le respect et l'affection du peuple anglais, qui lui dut une distribution plus impartiale de la justice, la collection et le perfectionnement de ses lois, l'épuration de ses tribunaux, l'institution des juges de paix, et la confirmation définitive de la grande charte.

ÉDOUARD II, roi d'Angleterre, fils du précédent, né à Caernavan, dans le pays de Galles, vers l'an 1284, est le premier fils aîné d'un roi d'Angleterre qui ait porté le titre de *prince de Galles*. En 1307 il succéda à son père, dont il se garda bien de poursuivre les belliqueux projets. Prince efféminé et timide, il était tellement dominé par quelques favoris, qu'il est difficile de ne pas reconnaître dans l'aveuglement de sa passion quelque chose de honteux. L'homme qui s'était alors emparé de lui était un nommé Piers de Gaveston, que son père avait exilé en Guyenne, mais qu'il rappela dès qu'il fut le maître. Il lui donna le comté de Cornouailles, réservé ordinairement aux frères des souverains, et y joignit des biens qui l'égalèrent en richesses aux plus grands princes. En même temps il disgracia tous les conseillers de son père, renonça à la guerre d'Écosse, et revint à Londres pour s'y livrer aux plaisirs. Indignée de la faveur dont jouissait Gaveston, la noblesse anglaise força, en 1310, Édouard II à se soumettre aux plus dures conditions, celles qu'on nomma les *quarante articles*. Vingt et un commissaires furent chargés exclusivement de la direction des affaires, de l'administration du trésor et de la distribution des grâces, et peu après Gaveston fut exilé du royaume. Quand ensuite il y revint, Isabelle, fille du roi de France Philippe le Bel, et femme d'Édouard, écrivit à son père pour se plaindre de ce que ce favori lui faisait perdre l'affection de son époux. Le comte de Lancastre, neveu du roi, se mit à la tête des mécontents, et une forte armée, levée par la noblesse, entreprit de forcer le roi à l'exécution des quarante articles. Gaveston, pris dans Scarborough, eut la tête tranchée, et la médiation de la France put seule rétablir, au moins en apparence, la bonne harmonie entre le roi et ses sujets. Mais Édouard, à qui il fallait un favori, ne se sépara bientôt plus de Hugues le Despencer, qui remplaça Gaveston. Édouard II crut qu'il lui suffirait d'appeler ses vassaux aux armes et de les conduire en Écosse; mais Robert Bruce l'attendait à Bannock-Burn, à deux milles de Stirling, avec trente mille hommes. Quoique, dit-on, Édouard eût cent mille soldats, il fut battu complétement, et donna le premier l'exemple de la fuite (1314). Il ne réussit pas davantage en Irlande; et constamment menacé par ses propres sujets, il dut s'estimer heureux de conclure, en 1322, une trêve avec Bruce. Mais alors une nouvelle révolte des Anglais contraignit le roi à exiler son favori Despencer (1320), qui ne s'était pas rendu moins odieux que Gaveston. A quelque temps de là, le beau-frère d'Édouard, le roi de France Charles IV, lui suscita de nouveaux embarras en réclamant de lui la prestation de foi et hommage pour les grands fiefs qu'il possédait en France. Édouard, à bout de ressources, ne vit pas d'autre moyen de conjurer les dangers qui le menaçaient que d'envoyer en France son fils s'acquitter en son lieu et place de cette prestation de foi et hommage; acte déjà preparé par un ignominieux traité qu'Isabelle avait conclu avec son frère. Cette princesse ne s'en tint pas là; on la vit bientôt (1326) faire cause commune avec Edmond Plantagenet, débarquer en Angleterre avec son amant Mortimer à la tête d'un corps considérable de mécontents, sous prétexte de renverser l'indigne Despencer, devenu plus puissant que jamais. La noblesse s'étant jointe à elle, le roi essaya vainement de s'enfuir en Irlande : il fut pris avec son favori Despencer, que l'on fit mourir d'un supplice honteux. Édouard, retenu prisonnier au château de Berkley, tandis que son fils était proclamé roi sous le nom d'Édouard III (1327), périt à quelque temps de là, assassiné par ordre d'Isabelle.

ÉDOUARD III, roi d'Angleterre (1327-1377), fils du précédent, né à Windsor, en 1313, resta pendant sa minorité sous la tutèle, d'abord d'Edmond Plantagenet, et après le supplice de celui-ci, de Roger Mortimer, l'amant de sa mère, laquelle l'avait créé comte de March et comblé de richesses. Édouard n'eut pas plus tôt atteint l'âge de dix-huit ans qu'il se débarrassa des liens dans lesquels on avait espéré l'enchaîner. Il arrêta lui-même Mortimer, le fit quelque temps après condamner à mort, et fit enfermer sa mère Isabelle, qui vécut encore vingt-huit ans dans la captivité. Un des principaux griefs des Anglais contre Mortimer était d'avoir conclu avec l'Écosse une paix honteuse. Édouard III, par la victoire qu'il remporta à Halsdon-Hill, rétablit la suzeraineté de l'Angleterre sur ce pays.

Il ne tarda pas à entrer en guerre avec le roi de France Philippe de Valois. Jusque là les deux nations ne s'étaient querellées que pour quelques territoires ou provinces; à présent il s'agissait de la succession même au trône de France, que le roi d'Angleterre prétendait lui être dévolue. Édouard III était, par sa mère Isabelle, neveu de Charles le Bel, dernier roi de la branche capétienne directe. Il réclama la succession contre Philippe de Valois, qui, comme cousin germain de Charles, était d'un degré plus éloigné que le roi d'Angleterre. On opposa à Édouard la loi salique, qui excluait les femmes de la succession au trône; mais, d'après les allégations de ce prince, la loi, en l'admettant, ne devait s'entendre que de la personne même des femmes, qu'elle excluait, à cause de la faiblesse de leur sexe, et non à cause de leurs descendants mâles. En convenant que sa mère Isabelle ne pouvait aspirer à la couronne, il soutenait qu'elle lui donnait le droit de proximité, qui, en sa qualité de mâle, le rendait habile à succéder. Cependant, les états de France s'étant décidés en faveur de Philippe, le roi d'Angleterre prêta foi et hommage à ce prince pour le duché de Guienne (1329). Il ne fit valoir ses droits à la couronne qu'en 1337, où il prit le titre et les armes de roi de France, tandis que les Flamands, avec qui il avait fait alliance, se révoltaient. A la suite de longues et infructueuses négociations, la guerre éclata entre les deux rivaux, et le 24 juin 1340 la flotte de Philippe fut battue par celle d'Édouard dans une sanglante bataille livrée dans les eaux du canal. Le roi d'Angleterre avait réuni une armée de 200,000 hommes, à la tête de laquelle il espérait conquérir le trône de France; mais, faute d'argent, force lui fut bientôt de la licencier. Les hostilités réelles ne recommencèrent sur le sol français qu'après une trêve qui avait duré plusieurs années; et elles n'eurent d'abord aucun résultat décisif. Enfin la bataille de Crécy, livrée dans l'été de 1346, et où les deux rois commandèrent en personne leurs armées respectives, se termina par une victoire complète remportée par les Anglais. La même année, la reine d'Angleterre, Philippine de Hainaut, fit David Bruce prisonnier à la bataille de Durham ou de Nevil's Cross, dans laquelle les Écossais étaient soutenus par un corps auxiliaire français. En 1347, Calais fut pris par les Anglais, après un siége vaillamment soutenu.

Dans les négociations qui s'ouvrirent alors sous l'intervention et la médiation du pape, Édouard III se déclara prêt à renoncer à toute prétention à la couronne de France à la condition que de son côté le roi de France abandonnât ses droits de suzeraineté sur les provinces que lui et sa femme possédaient en France à titre de fiefs mouvant de la couronne. Cette proposition ayant été rejetée non-seulement par Philippe III, mais encore par son successeur le roi Jean, Édouard III en appela encore une fois au sort des armes. En 1355 il dut abandonner précipitamment le sol français, où il avait entrepris une expédition, pour aller châtier les Écossais, qui avaient envahi le sol anglais; et il exerça sur leur territoire des dévastations telles que le souvenir s'en conserva pendant plusieurs siècles dans les localités qui en avaient été plus spécialement victimes. Pendant ce temps-là son fils *Édouard*, dit le *Prince Noir*, avait quitté Bordeaux à la tête d'une nombreuse armée; et le 19 septembre 1356 il défit complétement l'armée française à la bataille de Poitiers, où le roi Jean lui-même fut fait prisonnier. Les états de France ne consentirent ni à l'énorme rançon fixée pour la mise en liberté du roi ni à la cession des provinces revendiquées par l'Angleterre. En conséquence, en 1359, Édouard III franchit encore une fois le canal à la tête d'une armée formidable, et pénétra jusqu'à Reims. L'année suivante il poussa jusque sous les murs de Paris, dont il dévasta les faubourgs et les environs. La mauvaise composition de son armée ne tarda point à le forcer de se retirer en Bretagne, où il se vit réduit à implorer la paix. Le traité de Brétigny stipula la renonciation formelle du roi d'Angleterre à toute prétention à la couronne de France, en même temps qu'il rendit la liberté au roi Jean; mais en revanche il assura à l'Angleterre la possession des provinces d'Aquitaine. Six ans après, au mépris de ce traité, Charles V, successeur de Jean, cita devant la cour des pairs Édouard, qu'il fit sommer de mettre un terme aux exactions que le prince de Galles commettait dans ses provinces de France. Édouard ne comparut pas, et fut condamné par défaut. La guerre recommença, et cette fois elle fut heureuse pour la France. Grâce aux succès de Duguesclin, il ne restait en France aux Anglais, en 1375, que Calais, Bordeaux et Bayonne.

Édouard III mourut en 1377, après avoir dégradé sa vieillesse par des faiblesses indignes d'un grand roi. Ses dernières années furent attristées par la mort de son fils le Prince Noir, dont le fils Richard II, lui succéda sur le trône. Vingt fois dans sa vie il avait confirmé la grande charte, ce qui suppose de nombreuses infractions. Sous son règne, le pouvoir de la chambre des communes fit des progrès : elle commença à être convoquée tous les ans. Le parlement s'arrogea le droit de juger les ministres, et précisa les cas de trahison. Édouard interdit par une loi l'usage de la langue française dans les actes publics : c'est l'époque où l'on cessa de distinguer deux nations en Angleterre. Les conquérants normands et les Saxons conquis ne formèrent plus qu'un seul peuple. Ce même prince encouragea l'industrie, et surtout le commerce des laines, source de richesses pour son royaume. Il protégea les lettres, et particulièrement l'université d'Oxford.

ÉDOUARD IV, roi d'Angleterre (1461-1483), naquit en 1441. Fils de Richard, duc d'York, il enleva en 1461 la couronne à Henri VI. Le règne honteux de ce prince durait déjà depuis plus de trente ans, quand Richard, duc d'York, arrière-petit-fils de Lionel, fils cadet d'Édouard III, fit valoir les armes à la main ses prétentions à la couronne. Après une victoire remportée en mai 1455 à Saint-Albans, il prit le titre de *protecteur*. C'est alors que commencèrent entre les maisons d'York et de Lancastre les luttes si désastreuses connues dans l'histoire sous le nom de *guerres de la rose blanche et de la rose rouge*, et qui pendant trente ans inondèrent l'Angleterre de sang. Richard périt à la bataille de Wakefield, et son fils, allié au puissant comte de Warwick, fit son entrée à Londres, où, le 4 mai 1461, il fut proclamé roi, sous le nom d'*Édouard IV*. Il se mit aussitôt à la tête de ses partisans, et entre Towton et Saxton il anéantit l'armée de Henri VI. A la suite de cette victoire, il se fit solennellement couronner, et fit prendre à ses frères, Georges et Richard, les titres de ducs de Clarence et de Gloucester, tandis que le parlement déclarait ses trois prédécesseurs des usurpateurs et condamnait à la peine de mort Henri VI et les membres de sa famille, ainsi que cent cinquante autres personnes. Pendant plusieurs année d'incessantes révoltes ne laissèrent pas le bourreau manquer de besogne un instant, jusqu'à ce qu'en 1465 Henri VI fut tombé entre les mains du comte de Warwick, qui fit renfermer son prisonnier dans la Tour de Londres. Mais une autre cause vint alors mettre de nouveau le royaume à feu et à sang. Par son mariage avec la fille de la duchesse de Bedford, Élisabeth, et par les grâces et les préférences de tous genres dont les parents de sa femme furent dès lors l'objet de sa part, Édouard excita la jalousie des grands de sa cour, de la famille Nevil surtout, à laquelle appartenaient le comte de Warwick, général d'armée et ministre, lord Montague, gouverneur des marches orientales, et Georges, archevêque d'York, qui tous jusque alors avaient été à la tête des affaires. Le duc de Clarence s'étant rattaché à ce parti de mécontents, et ayant épousé Isabelle, fille de Warwick, la révolte éclata ouvertement sous les ordres de ce dernier, de sorte qu'en 1470 l'imprévoyant Édouard IV, qui se trouvait à ce moment en Guyenne, fut réduit à chercher un refuge en Hollande en passant par Lyon. Les révoltés tirèrent alors Henri VI de la Tour de Londres, et le replacèrent sur le trône en même temps qu'une résolution du parlement déclarait Édouard IV coupable du crime d'usurpation.

Mais, en mars 1471, soutenu par son beau-frère le duc de Bourgogne, Édouard IV rentrait déjà sur le sol anglais, où, par sa prudente temporisation, il parvint à réunir un corps de 50,000 hommes, dans les rangs duquel son frère, le duc de Clarence, trahissant Warwick, vint se placer; et il livra alors à la *rose rouge* la bataille de Barnet, où Henri VI fut de nouveau fait prisonnier, en même temps que Warwick et Montague y trouvaient la mort. En même temps la reine Marguerite, et son fils, le prince Édouard femme de Henri IV, étaient débarqués en Angleterre à la tête d'un corps auxiliaire français. Mais, le 4 mai 1471, Édouard IV battit également cette armée, à Tewksbury, et fit prisonniers la reine et son fils. Le jeune prince fut conduit dans la tente du vainqueur. « Qui vous a rendu si hardi, lui dit Édouard, d'entrer dans mes États? — Je suis venu, répondit-il fièrement, défendre la couronne de mon père et mon propre héritage. » Édouard IV, irrité, le frappa de son gantelet au visage et alors ses frères; Clarence et Gloucester, ou peut-être leurs chevaliers, se ruèrent sur lui et le percèrent de coups. Le 22 mai 1471, jour de son entrée à Londres, le sanguinaire Édouard IV fit égorger dans la Tour le malheureux Henri VI, et ce fut, dit-on, le duc de Clarence qui le tua de sa propre main.

Édouard IV, considérant alors son trône comme consolidé à jamais, s'allia avec le duc de Bourgogne contre la France, et débarqua à Calais à la tête d'une armée. Abandonné à quelque temps de là par son allié, il vendit à Louis XI la paix et la mise en liberté de Marguerite d'Anjou, moyennant une somme de 50,000 couronnes payée comptant, et des pensions considérables tant à lui-même qu'à son entourage. L'avarice et la cupidité furent également les grands mobiles de sa politique à l'intérieur. Prenant le masque de l'ami des classes populaires, il opprima et persécuta la noblesse et le clergé; tactique grâce à laquelle il put amplement satisfaire tout à la fois son avarice et ses habitudes crapuleuses. Son frère le duc de Clarence, qui à diverses reprises s'était révolté contre son despotisme, fut accusé de haute trahison, et égorgé le 18 février 1478, dans la Tour de Londres.

Quelques années avant de mourir, Édouard IV eut de nouveau querelle avec l'Écosse et avec la France, parce que l'alliance qu'il avait négociée pour ses filles fut rompue après fiançailles. Il espérait bien tirer une éclatante vengeance de cet affront, quand il mourut, le 9 avril 1483, du poison que lui avait fait, dit-on, administrer son frère le duc de Gloucester, donnant à ce moment quelques marques de repentir pour sa vie si chargée de crimes et de mauvaises actions. Il avait eu pour maîtresse, entre autres, Jane Shore.

De son mariage avec Élisabeth, il laissa cinq filles et deux fils, *Édouard* et *Richard*, l'un âgé de douze ans, et l'autre de onze. Tous deux, quand leur oncle le duc de Gloucester se fut emparé de la couronne sous le nom de Richard III, le 26 juin 1483, furent enfermés prisonniers à la Tour, et suivant Thomas Moore y périrent deux mois plus tard, étouffés dans leur lit pendant leur sommeil. Ce tragique événement a fourni le sujet d'un drame à Casimir Delavigne et de deux belles toiles, l'une par Delaroche, l'autre par l'Allemand Hildebrandt. Sous le règne d'Élisabeth, la Tour de Londres se trouvant pleine, on fit ouvrir une chambre murée depuis longtemps. On y trouva sur un lit deux petits squelettes avec des cordes au cou; c'étaient les restes d'Édouard V et de son frère. La reine, pour ne pas renouveler la mémoire de ce forfait, fit remurer la porte; mais sous Charles II, en 1678, elle fut rouverte, et les squelettes transportés à Westminster, sépulture des rois.

ÉDOUARD V, fils aîné du précédent, mourut, ainsi que nous venons de le dire, assassiné à l'âge de douze ans.

ÉDOUARD VI, fils de Henri VIII et de Jeanne Seymour, prince de la maison de Tudor, né en 1538, devint roi d'Angleterre en 1548. En mourant, Henri VIII avait institué seize exécuteurs testamentaires et douze conseillers pour gouverner pendant la minorité de son fils; mais l'oncle maternel de ce jeune roi, le comte d'Hertford, parvint à se faire nommer *protecteur* et créer duc de Sommerset. C'était un protestant zélé qui fit élever son pupille dans les nouvelles doctrines, et qui se servit de l'autorité royale, dont il s'était emparé, pour propager les doctrines de la réformation. Celle-ci prit alors un grand essor (1548): cependant l'intolérance régnait toujours: on brûlait ceux qui doutaient des mystères que la réforme admettait. Le jeune Édouard, cédant aux instances de Cranmer, lui dit un jour en signant une sentence de mort: « Si je fais mal, vous en serez responsable! » Une faction conduisit le protecteur Sommerset à l'échafaud. Warwick, qui, en 1550, se plaça à la tête du conseil de régence, se déclara pour les protestants, et suivit le régime de son prédécesseur. Édouard VI n'eut pas le temps de gouverner par lui-même. Bon, studieux, ami de la justice, il mourut à l'âge de seize ans (1553).

ÉDOUARD, prince de Galles et d'Aquitaine, appelé aussi le *Prince Noir*, à cause de la couleur de son armure, fils aîné du roi d'Angleterre Édouard III, né le 15 juin 1330, à Woodstock, accompagna dès l'année 1346 son père dans la guerre contre la France, et donna déjà à la bataille de Crécy des preuves d'un caractère héroïque et chevaleresque. Lorsque plus tard les hostilités éclatèrent de nouveau, le roi son père l'envoya en Guyenne. En 1355 il partit de Bordeaux à la tête d'une armée de 60,000 hommes, et dans une expédition de deux mois à travers le midi de la France, il livra aux flammes cinq cents villes et villages. L'année suivante, à la tête de 12,000 hommes, il entreprit une expédition non moins dévastatrice, et dans le cours de laquelle eut lieu, le 19 septembre, la bataille de Poitiers où l'armée française, bien que supérieure en nombre, fut complétement mise en déroute et le roi Jean fait prisonnier. Le Prince Noir traita son prisonnier avec toutes sortes de respects, conclut une trêve avec le dauphin, et en 1357 s'en retourna en Angleterre où il fut reçu en triomphe.

Quelques années plus tard son père le nomma gouverneur général des possessions anglaises en France, et lui conféra le titre de *prince d'Aquitaine*. Pendant longtemps il tint alors paisiblement une brillante cour à Bordeaux, où ses manières nobles et engageantes le rendirent très-populaire. Quand, en 1366, Pierre le Cruel, expulsé du trône de Castille par Henri de Transtamare, arriva à Bayonne, Édouard prit fait et cause pour lui. Il rappela sous ses drapeaux les compagnies de mercenaires anglais entrés en Espagne avec Transtamare; et, au mois de février 1367, il envahit la Castille à la tête d'une armée de 30,000 reitres pour reconquérir le trône de Pierre. Après d'inutiles négociations, il anéantit, le 3 avril, à Navarette l'armée de Henri de Transtamare, quoiqu'elle fût bien supérieure en nombre à la sienne. Mais Pierre ne remplit pas les engagements qu'il avait contractés, et refusa de payer les frais de l'expédition. Édouard ne l'avait entreprise, à bien dire, que par haine du roi de France Charles V, qui avait épousé les intérêts de Henri de Transtamare, et par là il causa les dommages les plus graves tant à lui-même qu'à l'Angleterre. Attaqué d'une maladie de langueur, il ne ramena pas sans peine à Bordeaux les débris de son armée décimée par les fièvres et les privations.

Pour solder les dettes qu'il avait dû contracter, force lui fut, à la suite du manque de foi de Pierre le Cruel, d'accabler ses provinces d'impôts; et alors les seigneurs, poussés à bout par les rigueurs impitoyables du fisc, s'adressèrent, pour le redressement de leurs griefs, au roi de France, comme à leur seigneur suzerain. Charles V, qui, après la seconde déroute essuyée par Pierre, avait fait alliance avec le roi de Castille, cita le prince Édouard à comparaître devant le parlement de Paris pour avoir à y rendre compte de sa conduite. Édouard n'ayant répondu à cette citation que par une déclaration de guerre, une armée française envahit les possessions anglaises et menaça même Angoulême, où le prince séjournait avec sa famille. Édouard, la rage dans le cœur, courut encore une fois aux armes; et telle était la terreur qu'inspirait encore son nom, qu'à son approche toute l'armée française se débanda. Porté sur une litière, le Prince Noir parut d'abord sous les murs de Limoges, qui s'était lâchement rendue aux troupes françaises, prit cette ville d'assaut et en dépit de toutes les supplications y fit égorger trois mille hommes, femmes et enfants. Il rendit la liberté aux chevaliers français prisonniers qui s'étaient vaillamment comportés.

Épuisé par les efforts et par les fatigues de cette campagne, profondément affligé en outre de la mort de son fils aîné Édouard, il s'en retourna en Angleterre, où il mourut, en 1376, loin de la cour et des affaires, et non sans éprouver de vives inquiétudes au sujet de l'ambition de son frère, Jean de Lancastre appelé aussi Jean de Gand.

La mort du prince Noir semble avoir été le terme des prospérités et de l'éclat de sa maison. « Il a laissé, dit Hume, une mémoire immortalisée par de grands exploits, par de grandes vertus, par une vie sans tache. Sa valeur et ses talents militaires furent les moindres de ses mérites; sa politesse, sa modération, sa générosité, son humanité, lui gagnèrent tous les cœurs. Il était fait pour illustrer non-seulement le siècle grossier dans lequel il vivait et dont les vices ne l'atteignaient point, mais encore le siècle le plus brillant de l'antiquité et des temps modernes. » Il y a évidemment dans cet éloge un peu d'exagération, que l'amour-propre national explique, mais ne justifie pas.

ÉDOUARD (Charles-), *le Prétendant*. *Voyez* Charles-Édouard.

ÉDREDON. On donne ce nom à une espèce de duvet qui provient d'un oiseau nommé *eider*, et à une sorte de couvre-pied qui se compose d'un grand sac rempli de ce duvet. C'est surtout celui que la femelle s'arrache pour composer son nid, et qu'on nomme *duvet vif*, qui est recherché. Cette plume est si élastique et si légère que deux ou trois livres peuvent se comprimer en une pelotte à tenir dans la main et se dilater jusqu'à remplir le couvre-pied d'un grand lit. Dans les pays même où on le recueille, il est d'un prix fort élevé. On retire les bestiaux des parages que les eiders fréquentent, afin de ne les point importuner, et l'on exporte tout le duvet qu'on peut recueillir; en effet, dans ces rudes climats, le chasseur robuste, dit Buffon, retiré sous une hutte, enveloppé de sa peau d'ours, dort d'un sommeil tranquille, et peut-être profond, tandis que le mol édredon, transporté chez nous sous des lambris dorés, appelle en vain le sommeil sur la tête toujours agitée de l'homme ambitieux.

La confection de couvre-pieds est le principal, mais non le seul emploi de ce duvet précieux; il sert à ouater des robes, des manchons, etc.; à l'époque où l'on portait des *manches à gigot*, celles des élégantes en étaient remplies. Dans nos provinces du Nord, la plus chétive hôtellerie a ses lits garnis de soi-disant édredons; mais ici le duvet fin et léger de l'eider est remplacé par le duvet pesant et grossier de nos canards et de nos oies (la soie est remplacée par une grossière cotonnade), et je plains le voyageur destiné à subir sous cette pesante couverture un sommeil plus fatigant que réparateur.

Baudry de Balzac.

ÉDRISI (Abou-Abdallah-Mohammed-Ben-Mohammed-el), désigné, tant que son nom fut ignoré, sous la simple qualification du *géographe de Nubie*, qu'on lui donne encore assez souvent, quoique rien ne la justifie réellement. C'est en effet, à Septa (aujourd'hui Ceuta) qu'il était né, vers l'an 1099 (493 de l'hégire). Il appartenait à la famille des Édrissides, qui avait régné en Afrique, et il portait en conséquence le titre de chérif. Tout ce que l'on sait de lui, c'est qu'il avait étudié à Cordoue, qu'il vécut en Sicile auprès du roi Roger; qu'il avait fabriqué, dit-on, pour ce prince, un globe terrestre en argent pesant 800 marcs, et que pour l'intelligence de ce monument géographique, où il avait déposé en inscriptions arabes le résultat de ses connaissances, il composa vers 1153 (548 de l'hégire) un ouvrage complet de géographie, sous le titre de *Nuschat-ul-muschtâk* qu'on n'a pendant longtemps connu que par les extraits tronqués qu'en avait donnés un abréviateur inconnu, mais qui ne laissait pourtant pas que de renfermer des renseignements d'un prix infini sur l'Afrique intérieure et l'Arabie. Ces contrées étaient évidemment mieux connues d'Édrisi qu'elles ne le sont encore maintenant; et pendant trois siècles et demi on a pu le considérer comme le fondement de l'histoire de la géographie. Ce travail fut imprimé à Rome, en 1592. Une traduction latine, sous le titre de *Geographia nubiensis* (Paris, 1619, in-4°), fut publiée par des maronites, Gabriel Sionita et Jean Herosnita, à l'instigation de notre célèbre historien le président de Thou.

Le manuscrit complet de l'ouvrage original fut découvert en 1829 dans la bibliothèque du Roi à Paris; et Amédée Jaubert en a publié la traduction (2 vol., 1836). Ce savant académicien nous apprend que le prétendu globe fabriqué par El Edrisi pour Roger n'était qu'un grand cercle.

ÉDRISSIDES ou ÉDRISITES. Cette dynastie musulmane régna à Fez et dans tout le Maghreb depuis 785 (168 de l'hégire) jusqu'en 919, époque où les Fatimides s'emparèrent de l'Afrique septentrionale, et ne disparut même complétement qu'en 985. Le premier de ces princes fut *Édris-Ben-Edris*, arrière-petit-fils d'Ali, gendre de Mahomet; chassé d'Arabie à la suite d'une tentative de révolte, il vint s'établir à Walili, capitale du pays montagneux de Zheroun, et se fit reconnaître par toutes les tribus barbares environnantes pour leur chef religieux et spirituel. En l'an 173 de l'hégire il étendit de plus en plus sa puissance et s'empara même de Tlemcen; le fameux khalife de Bagdad Haroun-al-Raschid, désespérant de faire rentrer les rebelles dans le devoir, obtint de la trahison ce que la force ne pouvait lui donner, et en 793 Edris-Ben Edris mourut empoisonné; mais, par les soins d'un habile ministre, *Édris II* succéda à son père. Il signala son règne par la fondation de la ville de Fez et par de nouvelles conquêtes, et mourut en 828. Après lui régnèrent Mohammed Ali Ier, Yahia Ier et Yahia II; le royaume des Edrissides s'agrandit de Ceuta et de Tanger. Sous Ali II, Yahia III et Yahia IV commence la décadence de cette dynastie. Ce dernier prince fut défait par Obéid-Allah, Ier khalife fatimide, puis chassé de sa capitale, et mourut misérablement, en 941. C'est à ce prince que finit, à proprement parler, la dynastie des Édrissides; cependant quelques princes de cette famille disputèrent encore aux Fatimides et aux Ommiades d'Espagne les derniers débris de leur autorité. Hassan Ier reprit Fez en 922; mais il périt en 925. Kassem-al-Kenoum résista pendant dix-sept ans aux Fatimides (932-949). Son fils Ahmed se mit sous la protection des Ommiades, et se retira en Espagne, où il périt en combattant les chrétiens (960), Hassan II, le dernier souverain de cette race, reduit à la ville de Bosra, à quatre-vingts milles de Fez, après une vie aventureuse, fut fait prisonnier par les Ommiades, conduit à Cordoue, et mis à mort par ordre du khalife Heschara II (985).

L.-Am. Sédillot.

ÉDUCATION. L'éducation, c'est la formation Montaigne dit : « l'institution morale de l'homme. » *L'éducation* est distincte de l'*instruction*. Il s'est trouvé plus d'une fois que l'instruction était grande et variée, et que l'éducation était nulle ou mauvaise. L'homme instruit n'est pas toujours l'homme bien appris; comme aussi l'homme bien appris n'est pas toujours l'homme bien instruit. La perfection de l'éducation : c'est l'instruction mêlée à la politesse, c'est la science unie à la vertu, c'est la culture de l'esprit jointe à la culture du caractère. Beaucoup de livres ont été faits sur l'éducation : peu ont bien marqué cette distinction ; ou bien on a fait de l'éducation un objet de spéculation pour les moralistes; mais on n'a guère cherché la pratique des principes que l'on exposait avec une apparence d'effusion et de candeur. De sorte que plus on a fait de livres, moins on s'est appliqué à l'éducation. L'éducation est quelque chose de simple et de pratique, qui exige peu de théorie, mais beaucoup de soin, peu de préceptes, mais beaucoup d'amour. Aussi la nature enseigne-t-elle l'éducation, et cependant la nature même a besoin d'être éclairée; et c'est ici que l'expérience a droit de se faire entendre. Mais elle ne va point à des chimère; elle ne dit pas : *Tout est bien sortant des mains de la nature*, car ce serait aller au au néant de l'éducation; elle dit : Tout est faible et déchu, l'homme surtout; et de la sorte elle fait effort contre le penchant de l'homme pour le ramener à la perfection. Or, à qui est-il donné d'agir ainsi avec empire contre la nature de l'homme? L'usage, l'exemple, les mœurs publiques, les lois même peuvent beaucoup pour son éducation. Mais tout cela ne lui est point une autorité suffisante. A vrai dire, c'est la religion qui fait l'éducation de l'homme; car c'est elle qui a autorité pour corriger les vices et réformer les habitudes. C'est elle aussi qui fait de la bienveillance une vertu sous le nom de *charité*, et la bienveillance c'est la politesse, si ce n'est que la politesse est souvent trompeuse et que la bienveillance est toujours réelle.

L'éducation se commence au berceau de l'enfant qui vient de naître, et qui déjà révèle sa petite nature rebelle et mauvaise par des caprices qu'il faut dompter. C'est donc la femme qui est la première institutrice de l'homme; c'est elle qui est le premier instrument de son éducation, et peut-être en est-elle encore le dernier. On ne saurait la dépouiller de ce privilége, car Dieu même lui a fait sa mission, une mission de bienveillance et d'amour entre les hommes. Et aussi l'éducation la plus malheureuse est celle où ne s'aperçoit aucune trace de cette autorité de femme, qui tempère les passions fougueuses par l'affection, et répand sur la société humaine un aspect de condescendance mutuelle, qui est tout le caractère extérieur de la civilisation. Sans le vouloir, je reviens à l'influence du *christianisme*; car c'est lui qui a donné à la femme sa dignité, et qui l'a établie dans ce droit merveilleux de servir de lien à la société. Quant à la marche graduelle de l'éducation, la femme y partage l'influence naturelle de l'homme. L'enfant grandit et se forme dans la famille, sous l'autorité du père, mais aussi sous les tendres caresses de la mère; double action nécessaire à cette lente et difficile culture. Mais dans le partage de ces fonctions il faut qu'il soit bien reconnu que chaque influence va à l'unité, celle du père par l'image de l'autorité, celle de la mère par l'image de la soumission, l'une grave et austère, l'autre douce et bienveillante, toutes deux appliquées à préparer l'enfant pour une vie commune, où le comble de l'éducation sera de respecter la liberté des autres sans leur faire l'entier sacrifice de la sienne.

Mais pour cela même cette éducation de sociabilité humaine n'aura-t-elle pas besoin d'une action étrangère, et la mère et le père suffiront-ils à la destination publique de leur enfant? Grand sujet de controverse entre les moralistes. Il y a des familles où l'éducation domestique de l'enfant est impossible. Que feront-elles? que fera le père, qui doit tout son temps à son industrie, à ses travaux d'homme public, ou de magistrat? J'accorde beaucoup à la femme pour l'éducation de l'enfant, je lui accorde beaucoup encore pour l'éducation de l'homme; mais il est un âge qui n'est plus l'enfance et qui n'est pas non plus la jeunesse, où l'autorité maternelle, avec ses plus douces tendresses, est insuffisante à calmer ce je ne sais quoi qui s'éveille dans l'esprit du jeune disciple. Quand une certaine indépendance se fait sentir, et que la nature en lui prend son élan, il faut qu'il se trouve en présence d'une autorité inconnue, qui ait plus de prise sur son âme; car il sera en contact avec d'autres enfants, tourmentés comme lui par cet éveil de la liberté, et déjà ce seul exemple lui sera une puissante répression. D'ailleurs, qu'est-ce que l'éducation commune, si ce n'est un prélude de la vie? Vous voulez que votre enfant soit disposé aux vertus du monde! faites-le donc vivre dans le monde. Le monde des enfants, c'est, si je ne me trompe, le *collége*. Oh, Dieu! le collége!... Toutes les fois que j'ai prononcé ce mot de collége, j'ai cru sentir frémir sous ma plume un cœur de mère! Je suis loin cependant de vouloir désoler l'amour maternel, le plus sacré des amours; mais je prends la société des hommes pour ce qu'elle est, et voulant que l'enfant soit élevé pour vivre en paix avec ses semblables, je veux qu'il soit façonné de bonne heure à cette vie par des habitudes de condescendance et d'affection. L'éducation commune est une préparation nécessaire aux mœurs et aux besoins mutuels de la société; elle arrache l'égoïsme du cœur, elle y ramène la bienveillance, elle y tempère la vanité, elle y détruit la colère, l'envie, toutes les passions brûlantes.

Mais le collége, dit-on, a d'autres périls! Le collége corrompu, sans doute! Il en est de même de la société. Faut-il vivre dans la barbarie? Je dirai à la tendre mère : Choisissez le collége de votre enfant! assurez-vous que sa vie y sera douce et pure, remplie par le travail et édifiée par le bon exemple; assurez-vous de la vertu des maîtres et de la pensée religieuse qui les inspire. Si vous jetez votre enfant aux mains d'un mercenaire, qu'attendrez-vous de cette éducation? L'éducation n'est pas un trafic; si elle est un trafic, elle est infâme. En des temps de simplicité, l'éducation de la famille, c'est-à-dire l'éducation naturelle, eût suffi à la destination sociale de l'homme. Nous ne sommes pas en des temps semblables. Mais dans tous les temps la famille doit être présente à l'éducation par son influence. Aussi la religion, qui est le lien de la grande famille humaine, peut-elle seule représenter dans l'éducation commune ce droit primitif de l'éducation naturelle. Mes vœux seraient donc trompés comme les vôtres si, pensant vous faire trouver un asile de vertu pour votre enfant, je ne vous ouvrais qu'un asile de corruption : quel mécompte et quelle douleur! Grâce à Dieu! je ne fais point de mes pensées sur l'éducation un système : je vais droit aussiqu'il est possible aux applications, et je trouve que les applications ne sont possibles que par la religion. La preuve peut-être, c'est que tous les maîtres de l'enfance se croient tenus de se mettre eux-mêmes sous les auspices de la piété ; il leur semble que leurs leçons seraient autrement sans autorité. Mais vous, qui êtes père, qui êtes mère, ne cessez pas d'avoir votre œil comme aussi votre cœur sur le lieu où vous avez déposé votre enfant. Le plus souvent l'enfant est jeté au collége comme un pauvre petit abandonné. Il croîtra s'il peut, dans la science et dans la vertu ; vous, suivez-le, au contraire, avec amour, dans les premiers essais qu'il va faire de la vie. La famille ne doit pas cesser d'être présente à l'enfant, en quelque lieu qu'il soit déposé, fût-ce dans l'asile le plus assuré et dans le lieu le plus saint. Le maître le meilleur ne saurait lui donner cette fleur de culture polie, si vous ne venez à son aide par l'influence naturelle de votre amour.

Souvent on médit du collége, mais il faudrait plus souvent encore médire des parents. Les parents manquent à l'enfant et à la jeunesse, et ils se vengent ou se consolent en accusant l'éducation commune. Et pourquoi donc l'éducation commune serait-elle si malheureuse ou si impuissante? Que l'enfant se sente toujours entouré de l'influence de la famille, même quand il en est le plus éloigné; que les encouragements et les bons conseils ne lui manquent pas ; que le père fasse entendre sa voix d'autorité, et la mère sa voix de bienveillance; que la gravité de l'une soit tempérée par la douceur de l'autre; que le collége surtout ne soit jamais montré comme un lieu de punition ; qu'il soit toujours montré comme un doux asile, et puis, que le maître unisse son intelligence à cette intelligence soigneuse et tutélaire, qu'il y ait concours de tendres précautions, et qu'ainsi l'enfant laisse développer sa nature sous l'impression de tant de sollicitudes en même temps que sous le contact des caractères qui se forment aux mêmes exemples et aux mêmes conseils; et par là, il me le semble, vous aurez éprouvé que l'éducation commune n'est pas ce qu'on imagine, qu'elle répond au contraire à tous les vœux de votre amour. C'est elle qui rend l'homme *sociable* ou *social*. C'est pourquoi je reproche à notre temps de s'enquérir plutôt de l'*instruction* que de l'*éducation* des générations nouvelles. D'autant qu'à vrai dire l'instruction qu'on offre à la jeunesse ne peut être que bien incomplète, tandis qu'il serait toujours aisé de donner à l'éducation une perfection réelle.

Ceci est plus sensible encore s'il s'agit du peuple. On multiplie les écoles, à la bonne heure! mais améliore-t-on l'éducation? Qui est-ce qui y pense? J'aimerais mieux de bons systèmes sur l'éducation publique que des théories inapplicables sur l'avancement de l'instruction du peuple. Qu'est-ce que l'instruction du peuple, et que peut-elle être? On berce les hommes de chimères, et l'on ne fait rien pour leur bonheur. Les bienfaiteurs de l'humanité sont ceux qui s'appliquent à faire régner la vertu et l'affection dans le monde. Tel est le fruit de l'éducation. L'instruction du peuple, c'est l'éducation qu'il reçoit de la religion; joignez-y la science qui est propre aux conditions de la vie sociale, et puis laissez faire le génie de chaque homme. Cependant, je ne mets aucune borne possible à l'éducation, et sous ce nom j'embrasse même tout ce qui est un objet d'étude; car tout doit tourner au perfectionnement moral de l'homme, ou bien je maudirais jusqu'à l'instruction. Si vous ne faites pas servir toutes les études à l'éducation ou à l'*institution* de votreenfant, que faites-vous? L'ignorance lui serait tout aussi profitable. Les sciences, les lettres, les arts, tout peut devenir et doit devenir un élément de perfection. Il y a de la vertu dans toutes les études humaines, dans les plus futiles comme dans les plus sévères.

Peut-être devrais-je résumer quelques-unes des théories anciennes ou modernes qui se rapportent à l'éducation. Le travail serait long ou incomplet. Mais comment ne point rappeler quelques noms pour leur rendre hommage? Quintilien est admirable dans les préliminaires de son livre sur l'*Orateur*. On dirait une inspiration chrétienne sur l'enfance et sur les soins qui sont dus à son innocence. Cicéron avait déjà laissé échapper de belles et de touchantes pensées sur des sujets semblables; Plutarque les renouvelle avec une perfection de délicatesse incomparable. Toute cette antiquité avait un admirable instinct pour les choses graves et saintes. Mais quel philosophe eût soupçonné les inspirations vertueuses de Fénelon? Son livre de l'*Éducation des Filles* est en beaucoup de points un traité complet sur l'éducation en général. Rollin a pour l'enfance des tendresses de père. Mais qu'est-ce que les livres? Un maître chrétien est plus puissant que tous les traités. Nous avons de beaux écrits, mais nous avons mieux que des écrits, nous avons des instituteurs. Un pauvre frère de la doctrine chrétienne est quelque chose de supérieur à tout le génie antique. On peut préférer Plutarque à Montaigne, et Rousseau n'approche pas de Platon; mais rien n'approche d'une école chrétienne. Le génie antique ne sut rien faire de mieux que de confier l'éducation à des esclaves. De cette éducation il ne pouvait sortir que des vertus barbares et une politesse farouche. Notre éducation n'est pas toujours meilleure; mais ce n'est pas la faute du génie chrétien, c'est la faute de nos passions ou de notre incurie. Au lieu d'esclaves, nous avons quelquefois des mercenaires: la différence n'est pas grande.

Au mot *éducation* se rattachent quelques questions qui se représenteront ailleurs. On parle de nos jours de *la liberté d'éducation* comme d'un droit politique; il faudrait en parler comme d'un droit naturel. Le père élève ses enfants pour obéir à sa mission de père : il ne faut pas supposer que la législation humaine puisse jamais attaquer ou restreindre un droit si sacré. Mais il semble que la *liberté d'éducation* est distincte de la *liberté d'enseignement*, la liberté d'éducation est naturelle, la liberté d'enseignement est politique. C'est de celle-ci que les publicistes doivent s'enquérir, pour ne point jeter de confusion dans les disputes Je ne parle pas ici des *maisons d'éducation*; j'aime mieux revenir au début de cet article : la perfection de l'éducation, c'est l'union de la science et de la vertu. LAURENTIE.

ÉDUCATION (Livres d'). Les uns sont destinés aux maîtres, les autres à l'élève. Sous le nom de *maîtres* nous comprenons les parents et tout individu chargé des soins qu'exigent physiquement et moralement l'enfance et la jeunesse. Bien que les besoins du corps s'éveillent les premiers, ceux de l'esprit, qui se manifestent plus tard, existent dès la naissance, et requièrent l'attention de la mère ou de la nourrice : c'est ce que l'on ne persuadera pas aux gens qui n'observent point, et qui négligent de lire les ouvrages relatifs à l'éducation. Xénophon, Montaigne, Locke, J.-J. Rousseau, une foule d'écrivains et de médecins anglais, allemands, français, se sont occupés de la première éducation des enfants; quelques-uns de leurs préceptes sont de tous les temps et de tous les lieux, d'autres résultent de certaines époques, de certaines coutumes des pays où ils ont vécu. Les plus célèbres de ces auteurs doivent être consultés, leurs œuvres extraites, en observant les modifications qu'apportent à leur enseignement les circonstances provenant de la marche des siècles, des positions sociales, de l'organisation de l'élève. Le discernement, fruit de l'expérience, de l'instruction et de la réflexion, est la première qualité de tout instituteur, car il ne faut pas croire que l'on puisse prendre pour guide sous tous les rapports tel livre d'éducation que ce soit. En général, les auteurs inclinent à rapporter tout au système qu'ils ont inventé : or, rien n'étant plus varié que l'organisation du corps de l'homme, si ce n'est son caractère, et il est impossible de tracer un plan d'éducation qui soit propre à tous. Sans doute il serait plus facile de prendre un livre et d'en faire un guide absolu; mais il ne s'agit pas de s'épargner de la peine, quand on est chargé par la nature, ou par sa volonté, de certains devoirs.

Les ouvrages des pédagogues religieux doivent être étudiés par l'instituteur, car toute œuvre humaine est susceptible de modification, et en rendant hommage au mérite de Platon, de Plutarque, de Quintilien, et, parmi les modernes, à celui d'Érasme, de Charron, de Rochow, de Basedow, de Saltzmann, de Niemeyer, de Jacobi, de Gœthe, de Chesterfield, de Duguet, de Rollin, de Pestalozzi, etc., on peut joindre à beaucoup d'admiration quelque blâme. Choisir, extraire, sont encore d'obligation; car les devoirs et les droits, excepté ceux qui dérivent du christianisme, ont peu de parité.

En général, on s'occupe plus d'instruction que d'éducation, quoique les livres sur l'éducation se multiplient, et qu'une des prétentions du siècle soit l'art d'élever l'enfance et de former la jeunesse : jamais on ne donnera trop d'attention à ce sujet. L'instituteur devra s'aider, pour enseigner la philosophie, l'histoire et les belles-lettres, des livres classiques que nous ont légués les anciens et les auteurs du dix-septième siècle; et pour les sciences exactes, l'histoire naturelle, l'économie politique et l'industrie, des livres les plus modernes. Ainsi, on réunira la sagesse et le bon goût aux connaissances usuelles; les progrès dans la matière, si on peut s'exprimer ainsi, ont été immenses dans ces derniers temps : l'intelligence est arrivée longtemps avant au but qui lui a été assigné : l'intelligence peut toujours s'agiter, elle ne s'élève plus.

Si des livres à l'usage des instituteurs nous passons aux livres destinés aux enfants, nous serons étonnés de la quantité de volumes publiés avec l'intention de les instruire et de les amuser, car l'on ne se propose pas moins; ce qui serait résoudre le problème le plus difficile, l'application répugnant en particulier à l'enfance, et pesant assez à la jeunesse. On n'ose plus discuter la justesse de cette antipathie pendant les premières années de la vie; il faut se conformer à son temps, c'est-à-dire s'étioler, se soumettre au rachitisme, aux fièvres cérébrales, à tous les maux qui naissent d'une civilisation raffinée et de la folle cupidité qui la suit. L'Amérique à cet égard est encore plus avancée que nous : on n'y rencontre pas un enfant de quatre ans qui ne sache lire, écrire et compter : les écoles aux États-Unis sont l'image de cette statue de Moloch, à qui les Ammonites donnaient à dévorer leurs enfants. Les Français entrent dans cette voie, et s'efforcent de substituer la lecture aux jeux des premiers âges. Le moindre des défauts que l'on remarque dans ces livres prodigués à l'enfance, c'est la niaiserie. Les femmes principalement s'emparent de ce genre de littérature; plusieurs en sont quittes pour faire corriger leur orthographe : le reste n'importe guère, et l'enfant se familiarise avec un style incorrect, des formes et des expressions triviales, des causeries de commère, et les mœurs et coutumes de la mauvaise compagnie. Il est impossible d'énumérer les livres de cette espèce qui sont inutiles ou dangereux; indiquer les ouvrages qui nous semblent devoir former la bibliothèque d'un enfant pendant l'éducation sera tâche plus facile.

Des lectures tirées de la B i b l e, dont on retranche quelques versets, mais en conservant le texte, les détails et les répétitions, attachent beaucoup les enfants; ils ne lisent pas avec moins d'intérêt *l'Iliade*, ainsi que les *Vies* de Plutarque, pourvu qu'en élaguant les expressions libres du vieil Amyot, on conserve à ces biographies la variété et le naturel du premier de leurs traducteurs, ayant soin de les faire lire par ordre chronologique, pour donner à la fois la connaissance des faits et des dates; les *Lettres édifiantes*, les *Voyages* arrangés par Campe; les *Fables* de L a F o n t a i n e et de F l o r i a n; et un petit volume assez rare, intitulé : *les Muses chrétiennes*. Il sera bon d'essayer si les enfants prennent goût à cette lecture, avant de leur donner des ouvrages d'imagination faits pour eux; car s'ils se contentaient des livres que nous venons de citer, il ne faudrait pas oublier que l'habitude de *relire* est une condition importante pour savoir. Si l'on croit devoir donner des ouvrages d'imagination pendant l'enfance et la première jeunesse, nous indiquerons : la *Méthode d'Enseignement*, de Mme de G e n l i s; les *Conversations d'Émilie*, de Mme d'Épinay; le *Robinson* de Camper; les *Contes* de Mmes Lafitte, G u i z o t, E d g e w o r t h; *le Petit Grandisson*, *les Jours de Congé*, le *Robinson suisse*, les *Contes* du chanoine C. S c h m i d, qui peuvent être suffisants d'abord. Malgré l'afféterie de son langage, on pourra joindre à ces livres les œuvres de B e r q u i n. Plus tard, *les Veillées du Château* et le *Théâtre d'Éducation*, de Mme de Genlis, plusieurs romans de Mme L e p r i n c e d e B e a u m o n t, de miss Edgeworth et de Mme Tarbé des Sablons, mais toujours en ne perdant pas de vue que ces sortes de livres dégoûtent des lectures solides et sérieuses pour un âge plus avancé, et que les romans leur succèdent. Ce catalogue peut servir à composer une bibliothèque pour les filles comme pour les garçons, bien que l'éducation des deux sexes diffère. Mmes de Lambert, de Genlis, de R é m u s a t, de S a u s s u r e, Guizot, C a m p a n, ont écrit sur ce sujet; il faut choisir dans leurs ouvrages.

Fénelon a laissé un chef-d'œuvre dans son *Éducation des Filles*, que les mères et les institutrices doivent lire sans cesse, en changeant toutefois quelque chose au chapitre où il traite *de l'instruction*, dans lequel il parle de l'inutilité d'apprendre les langues étrangères, qui font aujourd'hui partie de l'éducation. Il n'existe pas en effet un seul ouvrage qui puisse être employé sans avoir été commenté et modifié par l'instituteur; le *Télémaque* lui-même, composé pour une éducation de prince, a été assez justement critiqué, F é n e l o n y ayant trop sacrifié à l'élégance poétique que la peinture de certaines passions pouvait répandre sur son style quoiqu'il en retraçât les dangers. Nous n'avons rien dit des *Contes des Fées*, si en vogue autrefois, quoique ceux de P e r r a u l t soient écrits avec une grâce et un naturel qu'il est à désirer de retrouver dans le langage: mais *l'Adroite Princesse*, la célèbre *Peau d'Ane*, l'une accueillant les galants, l'autre fuyant un père incestueux, sont des héroïnes dont il peut être fâcheux d'avoir appris les aventures.

Csse DE BRADI.

ÉDUCATION PHYSIQUE. De tout temps on a vu des individus, des peuples même, s'appliquer avec un soin tout particulier à l'amélioration des races de chiens, de moutons, de chevaux, etc. Quant à notre espèce, on la laisse se perfectionner ou se dégrader au hasard, comme elle peut, ou plutôt comme l'ordonnent les circonstances diverses où elle se trouve jetée dans la vie. Ceux qui gouvernent les hommes n'ont guère perfectionné jusqu'à présent que l'art de les tuer. L'incurie des pères dans l'éducation physique de leurs enfants n'est pas moins grande. Et cependant, le corps humain est composé d'éléments de même espèce que ceux des autres animaux : il est donc, comme le leur, susceptible de devenir plus ou moins parfait, suivant qu'il est bien ou mal élevé.

La *constitution* d'un enfant dépend beaucoup de l'âge, de l'état de santé, etc., de ceux qui lui ont donné le jour. Il s'ensuit que pour obtenir de beaux enfants il faudrait avoir la faculté de choisir, d'assortir les parents. Il est permis d'assurer qu'en suivant une certaine méthode pendant un nombre suffisant de générations, on parviendrait à faire disparaître les infirmités, les vices de conformation, etc., qui sont naturels à certaines familles. A la rigueur, l'*éducation physique* d'un enfant commence dès l'instant qu'il est conçu. Mais c'est au médecin à tracer aux mères la conduite qu'elles doivent suivre pendant leur grossesse. Dès que l'enfant est né, sa première *nourriture*, celle qui lui convient le mieux, c'est le lait de sa mère. Néanmoins, il peut se rencontrer une foule de causes qui doivent faire préférer celui d'une étrangère. En général, et quoi qu'en dise Rousseau, les mères qui habitent les grandes villes font bien de mettre leurs enfants en **nourrice** à la campagne. Le séjour de la campagne a d'ailleurs un grand avantage sur celui des grandes villes. Là l'espèce se reproduit indéfiniment, ici elle dépérit. Un village de la haute Auvergne envoie fréquemment plusieurs de ses enfants à Lyon, à Bordeaux, sans que sa population diminue; Paris, au contraire, serait désert demain si tous les provinciaux ou les fils de provinciaux qui l'habitent l'abandonnaient aujourd'hui. Considérez le fils d'un citadin, même celui d'un homme robuste, originaire des champs, vous observerez que sa barbe est souple, peu fournie, etc.; qu'enfin ses traits en général se rapprochent plus ou moins de ceux de la femme. Le campagnard, au contraire, nourri de mets grossiers, souvent insuffisants, conserve le caractère de virilité, et sa race ne dégénère pas. On s'explique aisément cette différence lorsqu'on sait que les animaux, comme les plantes, reçoivent de l'atmosphère un grand nombre de fluides qui sont indispensables à leur accroissement. Or, si ces fluides sont corrompus ou insuffisants, il est évident que le corps de l'animal ne pourra recevoir tout le développement dont il est susceptible : c'est ce qui arrive dans toutes les grandes villes.

En partant de cette assertion, que trop de faits journaliers confirment, il faudra conclure avec nous que les *maisons d'éducation* devraient être, autant que possible, établies hors des villes, sur des coteaux salubres. Quelle nécessité y a-t-il d'agglomérer, à Paris, la jeunesse dans le quartier latin? Apprendrait-on moins vite les langues anciennes et les sciences modernes dans une plaine bien aérée que dans le faubourg Saint-Jacques? A la campagne les sens acquièrent une force, une perfection toute particulière. On ne voit jamais l'homme des champs porter des lunettes, tandis qu'il est des citadins qui ne peuvent se passer d'un lorgnon à l'âge même où toutes les facultés devraient être dans toute leur force et dans toute leur verdeur.

Venons à l'*alimentation*. L'opinion générale, à laquelle nous n'opposerons la nôtre que parce qu'elle est le fruit de l'expérience, c'est qu'il est avantageux de prendre ses repas a des heures réglées; mais c'est en quelque sorte se soumettre aux ordres de son estomac. Nous conseillerions, au contraire, d'habituer les enfants à prendre de la nourriture à toute heure, et à ne point se soumettre à une régularité que celle des travaux et des occupations de l'ordre social commande peut-être, mais dont la nature ne s'arrange pas aussi facilement, et qui est la source de mille maux à la plus légère infraction que l'on se permet. Quant à la *nature des mets*, on doit donner la préférence à ceux que produit la contrée où l'on vit. Le café, par exemple, fort bon pour exciter l'indolence de l'Asiatique, ne convient pas à la constitution pétulante d'un jeune Français. L'usage des spiritueux doit être également défendu tant que le corps n'a pas acquis tout son accroissement. Un point bien important et bien délicat de l'éducation physique, c'est le *contact*. Il est reconnu qu'il se fait entre les personnes placées tout près les unes des autres un échange de certains fluides, de la même manière que le calorique rayonne entre des corps dont la température est différente, que les plus chauds en communiquent à ceux qui le sont moins, etc. Les jeunes gens abondent en fluide de cette nature; il ne sera donc pas mal que l'enfant soit dorloté entre les bras de jeunes femmes; et comme les gens âgés donnent moins de fluides qu'ils n'en peuvent recevoir, il faut bien se garder de faire coucher l'enfant ou le très-jeune homme avec un vieillard. On ne doit pas non plus chatouiller les enfants, ni permettre à qui que ce soit de les baiser sur la bouche. Un point également important à observer, c'est celui de la *température* à laquelle il convient de soumettre l'enfance. Le Samoïède dort fort bien dans sa maison de neige et sur un banc de neige; on doit donc en conclure que l'homme peut vivre sans inconvénient dans une atmosphère froide. Sans vouloir vous prescrire de faire un Samoïède ni même un Spartiate de votre fils, nous vous conseillerons de l'accoutumer à être vêtu à la légère; il n'en sera que plus apte à supporter les variations de température, le changement de climat. Que l'hiver ne l'empêche donc pas de sortir et de prendre l'air. Quelques précautions suffiront pour éviter tout danger.

La *gymnastique*, cette partie de l'hygiène et de l'éducation des enfants à laquelle les anciens attachaient une si grande importance, a été trop longtemps négligée par les modernes. Il est démontré par expérience que les *exercices du corps* sont nuisibles aux facultés de l'esprit, et réciproquement : les Thébains, qui étaient d'infatigables lutteurs, passaient pour le peuple le plus stupide de la Grèce. Les Romains n'ont produit aucune œuvre de génie tant qu'ils se sont livrés exclusivement aux exercices de la guerre; les Germains, qui s'adonnaient avec excès à de semblables occupations, n'avaient aucune connaissance en littérature : *litterarum secreta viri pariter ac feminæ ignorant* (Tacite, *Germanie*) : tels étaient encore les chevaliers du moyen âge. Les soldats de profession ont généralement l'intelligence paresseuse. On a pu remarquer, par contre, que les hommes studieux sont ordinairement pacifiques, sédentaires, et fort mauvais soldats. **Horace** et **Démosthène** prirent la fuite aux batailles de Philippes et de Chéronée. **Cicéron** ne passait pas non plus pour fort belliqueux. **César** fait exception. Enfin, il est digne de remarque que presque tous les grands écrivains, les peintres, les sculpteurs les plus habiles, sont morts sans laisser de postérité; ou s'ils en ont eu, elle s'est arrêtée à la seconde, à la troisième génération : la postérité du grand **Corneille** est une de celles qui sortent de la règle. Il faut en déduire la nécessité d'exercer également les facultés intellectuelles et physiques de l'enfant, mais toujours avec modération. Dans l'extrême jeunesse, ce sont les exercices du corps qui doivent prévaloir, surtout si l'enfant annonce une grande aptitude à ceux de l'esprit; il conviendrait d'agir tout différemment dans le cas contraire.

L'*imagination* exerce un grand empire sur l'économie animale : votre fils n'ira donc jamais au spectacle; il n'entendra point de musique voluptueuse, ne verra point de danse théâtrale, etc., avant qu'il ait atteint toute sa croissance : les peintures indécentes, les lectures d'ouvrages obscènes, doivent être aussi rigoureusement écartées. On a vu des personnes se donner le coupable passe-temps d'inspirer de la *peur* aux enfants et de rire de leurs frayeurs. Pourquoi ne pas plutôt chercher à leur prouver que les revenants, les sorciers, etc., sont des êtres chimériques, et les habituer à rester seuls dans des lieux obscurs? On y parviendra par le raisonnement, en leur démontrant l'absence de tout danger réel. Quant aux *amusements*, il convient de donner la préférence à ceux qui exercent tout à la fois le corps et captivent l'attention; les arts mécaniques jouissent de cet avantage. On a reconnu dans les hôpitaux et dans les prisons qu'ils offrent un préservatif ou un remède excellent contre la mélancolie. Que l'enfant apprenne donc l'état de tourneur, de menuisier, de serrurier, etc., suivant son goût; un tel apprentissage sera prompt et facile après qu'on lui aura enseigné quelques principes de géométrie. La possession d'un art mécanique offre en outre une ressource contre les revers de fortune. Dans telle circonstance difficile où un grand poëte, un peintre habile, mourraient de faim, un mauvais menuisier trouvera à gagner sa vie.

Le *climat* exerçant une influence continuelle sur le corps des animaux, il en résulte des différences notables pour la conformation, la couleur, la perfection des organes, etc., entre les nations qui habitent des pays situés sous des latitudes différentes. Si donc la famille d'un Écossais est sujette au *spleen*, nous lui conseillerons d'envoyer ses enfants dans une contrée méridionale; mais qu'il n'attende pas que le mal soit devenu incurable pour leur faire prendre le chemin de Marseille ou de l'Italie : il devrait les y porter au berceau. Il n'est pas douteux que de jeunes lépreux ne se trouvassent bien du climat du Nord.

Terminons par un mot sur la direction à donner aux enfants au sortir de leur éducation. Plusieurs *professions* ont l'inconvénient d'altérer jusqu'à un certain point la constitution de ceux qui les exercent; il n'est pas douteux que le mal irait en s'aggravant si les enfants suivaient l'état de leur père; tout porte donc à croire qu'il est avantageux de leur en faire prendre un autre. Ainsi le fils d'un boulanger sera laboureur, celui de l'homme de cabinet apprendra le commerce, voyagera, etc. Nous savons qu'ici l'on nous opposera l'habitude, les convenances, les relations, les facilités surtout qu'un père trouve à diriger son fils dans la carrière qu'il a parcourue lui-même avec succès; mais nous insisterons néanmoins sur les raisons que nous venons de donner pour qu'on se résigne à suivre une marche contraire.

TEYSSÈDRE.

ÉDUENS ou EDUES (*Ædui*), l'un des peuples les plus puissants de la Gaule, réunissant un grand nombre de tribus sous sa clientèle, et occupant le pays situé entre la Loire, la Saône et le Rhône. Ils étaient compris, après la conquête, dans la Lyonnaise première, et habitaient, au sud des *Lingones* et à l'ouest de la Grande-Séquanaise, la contrée qui devait répondre plus tard à une partie du Nivernais et de la Bourgogne. *Bibracte*, aujourd'hui Autun, était leur capitale. Ils étaient gouvernés par un chef électif nommé *vergobret*. La jalousie des Éduens contre les Arvernes les détermina à rechercher l'amitié des Romains, qui leur donnèrent le titre de *frères de la république*, et les secoururent dans leurs guerres avec leurs rivaux. Mais Rome profita de ces dissensions intestines pour intervenir plus directement dans les affaires de la Gaule et l'asservir, l'an 57 avant J.-C. Les Éduens s'étant lassés trop tard des secours des Romains, avaient pris part en 51 à l'insurrection désastreuse de Vercingétorix (*voyez* DIVITIAC et DUMNORIX).

ÉDULCORATION (du latin *edulcoratio*, marquant l'action d'adoucir), opération qui consiste à diminuer la saveur désagréable d'une substance en y ajoutant du miel, du sucre ou un sirop.

EDWARDS (RICHARD), l'un des plus anciens poëtes dramatiques anglais, né en 1523, mort en 1566. De ses nombreuses productions dramatiques, trois seulement sont parvenues jusqu'à nous, et la première est de 1562. On les trouve avec plusieurs de ses poëmes dans une collection publiée après sa mort : *A Paradise of Dainty devices*.

EDWARDS (GEORGE), né en 1693, à Stratford, dans le comté de Kent, était destiné au commerce; mais après avoir parcouru la Hollande, la France, l'Allemagne et la Norvège, il se consacra à l'étude de l'histoire naturelle. En 1733 il fut nommé bibliothécaire de la Société médicale de Londres, et mourut à Plaiston, le 23 juillet 1773. On estime et on consulte encore aujourd'hui son traité d'ornithologie, intitulé : *A natural History of uncommon Birds and of some other rare Animals* (4 vol., 1751), continué dans ses *Gleanings of natural history* (3 vol., 1764).

EDWARDS (BRYAN), né en 1743, à Westbury, dans le Wiltshire, de parents pauvres, fut recueilli par un oncle habitant la Jamaïque, qui se chargea de son sort. Enrichi par l'héritage de cet oncle, Edwards revint en Angleterre, entra au parlement, où il combattit vivement les propositions de Wilberforce pour l'abolition de la traite; élu membre de la Société royale de Londres, il mourut le 16 juillet 1800. De ses nombreux ouvrages, les plus estimés sont *Civil and commercial History of the British Colonies in the West-Indies* (2 vol., 3e édit. 1801), et *Historical Survey of the French Colony in the Island of Santo-Domingo* (2 vol., 1797).

EDWARDS (WILLIAM-FRÉDÉRIC), docteur en médecine de la Faculté de Paris, élu membre de notre Académie des Sciences morales et politiques en 1832, naquit en 1777, à la Jamaïque, et a bien mérité de la science par ses importantes recherches sur l'anatomie, la physiologie pathologique et l'anatomie comparée. Son principal titre scientifique est un ouvrage intitulé : *Des caractères physiologiques des races humaines, considérées dans leurs rapports avec l'histoire* (Paris, 1829), qui a fait dire de lui qu'il était le créateur d'une science nouvelle en France, l'ethnologie. Il mourut à Paris, le 23 juillet 1842.

Son frère, *Henri-Milne* EDWARDS, professeur de zoologie à la Faculté des Sciences de Paris, et doyen de cette Faculté, remplaça Fréd. Cuvier à l'Académie des Sciences, en 1838. Il occupe aussi au Muséum d'Histoire Naturelle celle des chaires de zoologie qui est consacrée aux insectes, aux crustacés et aux arachnides. On a de lui, outre plusieurs ouvrages estimés sur la zoologie et l'anatomie, une remarquable dissertation sur les *crustacés*, que l'Institut a couronnée.

EECKHOUT (GERBRAND VAN DEN), le plus remarquable peut-être des élèves de Rembrandt, né à Amsterdam, en 1621, commença par faire des portraits dans la manière de son illustre maître, puis aborda les sujets historiques. On ne saurait lui refuser de bonnes têtes pleines de vie, de l'originalité dans la composition, et une entente admirable des effets de lumière; mais il ne sut pas s'élever au-dessus de la direction toute subjective de son maître, direction à laquelle ont fatalement obéi tous les élèves de Rembrandt, et, comme lui, il est souvent incorrect de dessin. Les musées de Munich et de Berlin surtout sont riches en toiles de cet artiste, qui mourut en 1674.

EFÂT. *Voyez* ABYSSINIE.

ÉFENDI, mot turc dérivé de l'ancien grec αυθεντης, et du grec moderne αφεντης, et qui signifie dans les trois langues, *maître*, *seigneur*, qui agit de sa propre autorité. Les Othomans disent en parlant du sultan : *chevketlu efendimyz* (notre majestueux seigneur); *pacha hazretlerie éfendimyz* (notre seigneur son excellence le pacha N...). Ils donnent également la qualification d'*éfendi* aux hommes revêtus des charges civiles ou pourvus de quelque emploi dans les bureaux, et généralement à tous ceux qui ont étudié les lois, aux savants et aux gens de lettres. Le mot *éfendi* est pris alors dans un sens moins étendu, et la signification en est restreinte à celle de *maître en calligraphie*, *écrivain* ou *secrétaire* (*kiatib*). Le titre d'*aga* est réservé aux dignitaires du palais, aux officiers supérieurs de l'armée au-dessous du grade de colonel. Souvent aussi la qualification d'*éfendi* est ajoutée à la dénomination d'une charge, et a alors le sens de *premier*. Ainsi *terdjuman éfendi*, le premier interprète; *hakim éfendi*, le premier médecin (du palais impérial); *imam éfendi*, le premier imam ou aumônier; *reïs-éfendi*, ou *reïs ul-kuttab*, le chef des écrivains, titre donné autrefois au directeur de la chancellerie de l'empire Othoman, et remplacé en 1836 par celui de *ministre des affaires étrangères*.

EFFANAGE, opération qui consiste à enlever les fanes, ou une partie des feuilles des céréales, pour empêcher qu'une végétation trop vigoureuse ne nuise à la formation des épis et ne fasse verser les blés, froment, seigle, orge, avoine. Le but de cette opération une fois indiqué, il nous est impossible d'assigner une époque fixe pour la faire; le cultivateur seul doit décider de son opportunité, seul il peut juger si tel champ doit être *effané*, quand il doit l'être, et si cette opération doit être répétée; elle dépend entièrement de l'activité de la végétation. Elle serait nuisible lorsque l'épi commence à se former. On effane ordinairement avec la feuille. Il est une autre manière d'effaner plus simple et plus facile; elle convient surtout pour la première fois dans les champs où la végétation est régulière sur tous les points. On fait passer lentement le troupeau de moutons à travers, et le soin de l'effanage est ainsi confié à ces animaux, qui broutent les feuilles les plus élevées. P. GAUBERT.

EFFECTIF (du latin *effectus*). On appelle ainsi, dit l'Académie, *ce qui est réellement et de fait*. On dit *deniers effectifs* par opposition aux sommes d'argent qui figurent seulement sur les livres de compte, ou dans les annonces destinées à la publicité. En Allemagne, il y a des *florins effectifs*, ou en espèces, et des *florins fictifs*, ou en papier.

[Pris dans le sens de réalité constatée, reconnue, ce mot appartient au langage des milices modernes; il est devenu, peu avant la guerre de 1792, une donnée, un chiffre, une formule des situations de troupes françaises. En fait de comptabilité, l'effectif est un relevé des contrôles annuels, une totalisation partielle dans un état de situation, un nombre journellement et officiellement indiqué dans des feuilles d'appels, dans des feuilles de journées, dont les conseils d'administration constatent la sincérité. Plusieurs causes modifient l'effectif : telles sont les augmentations de force, les mutations, certains congés, etc. Tout état de situation munérique d'un régiment, d'un bataillon, d'une compagnie, présente deux divisions principales : celle des présents et celle des absents. Le total des deux donne l'effectif du corps, qui se compose ainsi de la totalité des officiers, sous-officiers, soldats et chevaux, présents ou non, qui sont portés sur ses contrôles. On ne peut donc juger de la force d'une armée par l'effectif de ses parties. Un chef d'état-major, pour être édifié à cet égard, doit demander non l'*effectif absolu* d'un corps, mais son *effectif présent*, et ce chiffre sera loin encore de lui donner *l'effectif réel* du nombre des combattants, tant il y a de non-valeurs dans une armée. Le but de la comptabilité est de s'assurer, par les états d'effectif des corps, de la position vraie des individus qui en font partie, afin que les allocations accordées par l'État ne soient pas détournées de leur destination; mais, comme il est facile de faire cadrer les chiffres sur le papier, le règlement proscrit aux généraux et intendants de vérifier leur exactitude par des revues passées sur le terrain.

En outre, il est des masses qui se payent à raison de l'effectif des hommes de troupe; d'autres, à raison de l'effectif général; d'autres, à raison du complet. Les payements des appointements et de la solde n'ont lieu qu'au prorata de l'effectif. Les compagnies d'élite, quel que soit l'effectif du corps, sont tenues au complet : c'est du moins le vœu de la loi; mais à la guerre la mesure peut être inexécutable. Les falsifications d'effectif motivent une poursuite judiciaire. A la guerre, l'effectif des sabres et des baïonnettes est tout; la force numérique des contrôles ou l'effectif sur le papier, rien. En 1524, François Ier, livrant bataille à Pavie, se fia imprudemment à de mensongères déclarations d'effectifs : l'infidélité des commissaires, ou l'esprit de rapine de ceux qui en remplissaient les fonctions, avait enflé la situation. Il croyait son armée plus forte d'un tiers; il mit la France à deux doigts de sa perte en se faisant écraser par une armée où l'on comptait plus juste, et qui était administrée moins mal. Gal BARDIN.]

EFFECTIVEMENT. *Voyez* EFFET.

EFFÉMINATION, EFFÉMINÉ. Ces termes expriment un état de faiblesse ou de mollesse naturel au sexe féminin, mais produit ou vicieusement développé chez des individus du sexe masculin. Cependant, il est des femmes, ou plutôt des *femmelettes*, qu'on peut dire *efféminées*, à côté d'autres qu'on a nommées *viriles* : les premières accusent l'excès de la délicate débilité de leur sexe, dont ces dernières semblent, au contraire, s'affranchir, pour revêtir avec audace la vigueur et les caractères masculins. Or, toute *femme hommasse* n'est pas plus recherchée que ne doit l'être un *homme efféminé*. Chacun, pour rester aussi parfait que le comporte sa nature, doit se tenir dans la sphère de son sexe, ou du moins en suivre l'instinct. Toutefois, l'effémination d'un être masculin (ou son *éviration*), comme la virilité chez une femme fortement constituée (*virago*), peut provenir des dispositions de l'organisation native. Certainement, un fœtus délicat, mince par la faiblesse originelle de ses parents, ou trop âgés, ou trop jeunes lors de leur procréation, cet enfant, mal nourri encore, ne déploiera que lentement ou mollement les tardifs attributs de son sexe; ce sera un homme débile, efféminé dès sa naissance, comme, au contraire, telle jeune amazone, garçon manqué, pourra déjà manifester au sortir de l'enfance les penchants indomptés d'un tempérament fougueux et précoce. Il ne faut pas cependant rendre toujours les individus responsables de tels défauts, quoique les soins de l'éducation puissent en modérer les excès. L'homme efféminé naturellement peut être justifié par l'imparfaite élaboration de sa structure sexuelle, par la langueur, l'inertie de sa puberté. Ainsi, le défaut de vigueur, l'absence de la barbe ou des poils, et d'autres signes caractéristiques de la virilité, la froideur innée du tempérament, une peau blanche, satinée et lisse, des formes potelées, des membres arrondis, avec un pouls débile, accusant une complexion timide, énervée; une voix de castrat, des mœurs trop douces, comme celles d'une jeune vierge, des habitudes sédentaires, des instincts soigneux, attestant des goûts féminins, doivent faire présager pour l'avenir un de ces êtres ambigus, équivoques même dans leur rôle.

Les anciens Grecs, idolâtres des belles formes, comparaient ces efféminés, ornés pendant leur jeunesse des grâces et de la fraîcheur des filles, au favori de Jupiter. Ils les peignaient sous les traits de Ganymède, comme le jeune Alcibiade, élève chéri de Socrate, ou l'Antinoüs d'Adrien; ils appelaient μαλακοι (en latin *molles, exsoleti, sœsi*) ce que nos ancêtres nommaient des *mignons* à la cour de Henri III et d'autres rois. Tels on nous représente encore les *icoglans*, ou pages du sultan, les jeunes mamelouks, etc. Des auteurs, tels que Winckelmann et d'Hancarville, doutent si l'amour des belles formes de cette jeunesse n'a pas été dans la Grèce antique la cause *vicieuse* de la perfection de l'art statuaire à laquelle n'a pu atteindre la sculpture moderne. En général, l'avortement des organes reproducteurs n'est pas un phénomène rare chez les deux sexes, et il en résulte un grand nombre d'individus efféminés. De pareils exemples se manifestent parmi les animaux, et il existe même des eunuques naturels, résultant d'une disposition normale. Comme il y a des êtres chez lesquels les organes générateurs se développent avec excès; il en est d'autres chez lesquels ces parties languissent gisantes et imparfaites. Tels sont aussi les végétaux, qui ne peuvent parvenir à leur floraison par une débilité native de leur semence. Tous les efforts de l'art ne peuvent réchauffer ces natures manquées, maléficiées, impuissantes, et pour l'ordinaire stériles. On comprend, d'ailleurs, combien de procédés, de manœuvres extérieures, soit à l'aide de coupables opérations, soit par des applications, ou par certains remèdes pernicieux, peuvent porter atteinte aux fonctions reproductives et produire des effets analogues à ceux de la castration.

Si l'homme brun, sec, velu, carré de taille, large d'épaules et d'encolure, ayant une forte barbe noire, une odeur virile, une voix mâle et grave, une dure crinière comme le lion, un caractère audacieux, colérique, martial, à la manière de tous les mâles d'animaux polygames, si un tel homme surtout est *aut fortis, aut luxuriosus*, plein de passion, l'individu froid, énervé, montrera, dans son effémination, des qualités tout opposées. Ainsi, un teint d'un blanc fade, des cheveux trop blonds, ou soyeux et déliés, des yeux d'un gris pâle, faibles de vue, une chair humide et flasque, une peau presque dépourvue de villosités aux diverses régions du corps, un tissu cellulaire graisseux, lâche ou mou comme chez les femmes, avec des contours gracieux, arrondis, une fibre délicate, mobile et sensible, des épaules étroites, des hanches larges, une petite voix flûtée, ou criarde, ou grêle, une odeur de transpiration aigre ou fade, un caractère peureux, une démarche molle, des habitudes de petits soins féminins, de parure et de coquetterie, décèlent évidemment la frigidité, l'impuissance. L'individu qui présente ces traits se rapproche donc, à beaucoup d'égards, de l'eunuque et du castrat, quoiqu'il puisse être conformé assez régulièrement d'ailleurs. Mais, bien que l'état efféminé doive accuser la faiblesse de la nature et mériter ainsi une excuse, il n'arrive presque jamais que les êtres dans une pareille situation obtiennent l'estime et la considération des hommes, et bien moins encore celles des femmes. Tout au contraire, ils ne sauraient échapper au mépris le plus manifeste du sexe qu'ils imitent. S'il y a quelque chose que ne puissent supporter les femmes (et avec raison, à notre sens), c'est cette fausse copie, cette contrefaçon de l'art de plaire chez l'efféminé, honteux favori, bas adulateur d'un maître. Semblable à l'eunuque, c'est un lâche, qui s'attache à l'être fort, afin d'exercer son despotisme sur des inférieurs, faute de pouvoir régner lui-même.

En effet, l'efféminé, se sentant faible, prend une voix caressante et flagorneuse; il se fait souple, rampant, dans ses humbles complaisances pour séduire un supérieur, jusqu'à abdiquer son être afin d'atteindre la faveur suprême par les plus vils sacrifices. Ministre de toutes les voluptés, il y perd tout sentiment d'honneur et de dignité; il s'est corrompu afin de mieux corrompre. Voyez-le, coquet, affété, propret, s'entourant de toutes les délicatesses du luxe, de toutes les pompes du faste, s'il peut les obtenir; éminemment avide de distinctions, de magnificence et de tout ce qui brille, il se complaît dans le secret des intrigues; il descend avec une inquiète curiosité dans les petits détails des ménages, afin de pénétrer dans l'intimité, et de profiter du moins des faiblesses amoureuses qu'il ne saurait partager. Vain, babillard, méprisant, moqueur parfois, il attise les querelles, et se frotte les mains de joie en les envenimant, car il croit s'élever en rabaissant les autres.

L'effémination produite par l'abus des jouissances énervantes, au milieu des sérails, comme dans la société des femmes sans mœurs, rompt toutes les fibres du tempérament, dissout le corps dans la paresse, traîne la vie sur des lits ou des coussins. En vain on se nourrit de substances douces, sucrées, restaurantes, par nécessité; on est si cassé et si affaibli, quoique jeune encore, qu'on ne peut plus supporter les exercices du corps, ni la tension de l'esprit, ni les nourritures échauffantes et robustes, qui irriteraient des fibres blasées, ni des spectacles excitants, qui épuiseraient les restes de la vie. Il faut à ce Sardanapale des voluptés nouvelles, s'il en existe, pour ranimer ses organes flétris par tant de délices. Ni Rhodes, ni Milet, ni Sybaris, ni Capoue, ni Tarente, n'ont jamais poussé plus loin la recherche des jouissances, sans amener cette effémination qui vint accabler les Romains, les fondit dans une incurable mollesse, et les livra enfin en proie à tout l'univers. D'ailleurs, lorsque des jouissances immodérées ont épuisé, desséché la sensibilité, il n'y a plus d'expansibilité du cœur : comme Narcisse, on n'aime plus que soi-même. On devient honteux et défiant, par sa propre misère, dans les approches d'un autre sexe, devant lequel on ne peut plus se montrer homme. Alors, on rentre en soi, par un dur égoïsme; on devient uniquement soigneux de sa petite personne, et inexorable pour toute autre. L'efféminé ne s'environne plus que d'objets de ses délices; il est peureux, faux, mobile, sujet à de petites colères pour une piqûre d'épingle, avide et avare. Il faut que tout soit rangé autour de lui pour son plus grand bien-être; il ne se dérange que pour lui seul. Enfin, devenu vieux, cassé, impuissant de bonne heure, ses dernières années ne sont qu'une longue agonie de souffrances : comme il a épuisé la coupe des délices, il n'en peut plus savourer que la lie. Malheureux du bonheur d'autrui, jaloux, méprisé même de ceux qui l'entourent, on ne le plaint pas; il périt enfin, jeune et phthisique, pour l'ordinaire, ou dans un âge peu avancé, frappé de consomption hectique, au milieu de douleurs nerveuses et d'amers regrets. Sa vieillesse, s'il l'atteint, sera la proie de terreurs imbéciles et superstitieuses; il croira par de vaines pratiques expier ses plus ignobles turpitudes, et nulle postérité ne viendra honorer son dernier asile et son tombeau. J.-J. VIREY.

EFFENDI. *Voyez* ÉFENDI.

EFFERVESCENCE. On donne ce nom à un phénomène qu'offrent dans leur décomposition les substances composées de solides ou de liquides et d'un corps gazeux ou pouvant le devenir. Ainsi, quand on verse un acide, du vinaigre par exemple, sur du marbre ou de la craie, il s'y développe une grande quantité de bulles plus ou moins volumineuses, qui soulèvent la couche de liquide, crèvent et sont remplacées par d'autres, qui produisent un effet semblable. Cet effet, absolument analogue à celui de l'ébullition, est dû à une cause semblable, la formation d'un corps gazeux qui se dégage dans l'atmosphère ambiant. H. GAULTIER DE CLAUBRY.

Au moral, on entend par effervescence un mouvement de l'âme avant-coureur de la colère, de la fureur ou des passions. César, dans son idiome, et plusieurs auteurs français après lui, se sont servis de ce mot au figuré dans le sens d'*emportement*. Il vient du latin *effervescere*, s'échauffer à un haut degré, état qui en chimie précède l'ébullition. Il ne faut point confondre l'*effervescence* avec la *fermentation*, qui, silencieuse et sans éclat, n'en est pas moins redoutable. Ainsi qu'elle agit sourdement en physique dans les substances végétales et animales seulement (abstraction faite des liquides), cette dernière couve dans les âmes, tandis que l'*effervescence*, comme l'eau qui bout dans le vase, fait entendre un certain frémissement. Telle est la filiation logique de ces deux mots. L'effervescence passe dans le cœur avec le sang, et de là au cerveau; c'est pourquoi l'on dit vulgairement l'*effervescence des âmes, des esprits, des têtes*. On dit communément l'*effervescence des passions, de la jeunesse*. Comme la vendange nouvelle, qui bouillonne dans le pressoir, rejette toute impureté et sous la surveillance d'un vigneron expérimenté donne une liqueur généreuse, de même l'*effervescence de la jeunesse* peut être sous un guide éclairé la source de hauts talents ou de hautes vertus. DENNE-BARON.

EFFET, formé du latin *effectus*, participe du verbe *efficere*, qui signifie *faire, procurer, causer, produire*, et qui était employé adjectivement par les Latins dans le sens de *fait, parfait, achevé, accompli, fini*, et substantivement dans l'acception de notre mot *effet*, considéré comme synonyme de *production, produit*, exprime en général le résultat de l'opération des causes agissantes. C'est ainsi que l'on dit qu'il *n'y a point d'effet sans cause*, et qu'il *faut remonter des effets aux causes* pour bien apprécier les premiers. Il se prend aussi dans ce sens pour l'exécution d'une chose : Voilà une belle résolution, mais il faut la *mettre à effet*, il faut en voir l'*effet*, c'est-à-dire le *résultat*, l'*exécution*. Une chose a eu son *effet*, son plein ou entier *effet*; elle est demeurée *sans effet*. *En venir des paroles aux effets*.

Pour cet effet, à cet effet, à quel effet? à l'effet de, autant de façons de parler prises dans le même sens, mais ayant chacune sa signification particulière, son emploi réglé par l'usage. *A cet effet, pour cet effet* signifient : *pour l'exécution, pour l'accomplissement de quoi, en vue de quoi. A quel effet?* signifie *à quelle intention? pourquoi? En effet* et *effectivement*, deux autres expressions adverbiales qu'on emploie dans le sens de l'adverbe *réelle-*

ment, mais entre lesquelles il existe une nuance qu'il est bon de saisir : *Effectivement* est une affirmation, une confirmation que la chose annoncée *est*, qu'elle est réelle, positive, *effectuée*; *en effet* marque une preuve, une confirmation, une explication, un développement de la proposition, du raisonnement, du discours précédent, de quelque espèce que ce soit. C'est une espèce de conjonction qui lie le discours.

Effet se prend encore dans le sens de *produit*, de *résultat*, en termes de palais et de droit (*voyez* plus loin). Il s'applique, enfin, dans la même acception, mais déjà avec des nuances diverses, aux matières de sciences, de littérature et de beaux-arts : l'*effet d'une machine*, l'*effet d'une mine*, l'*effet d'une médecine*. Les *effets* sont un des lieux communs de la rhétorique affectés à la preuve. L'*effet*, voilà ce que doivent rechercher surtout l'auteur dramatique et l'artiste dans l'exécution de leur pensée. On dit d'une scène, d'un acte, d'une pièce entière, des moyens, des ressorts employés pour développer une idée, un sujet, ou bien de la forme adoptée par l'auteur, c'est-à-dire du dialogue et du style, qu'ils sont *à effet*. Il ne faut pas néanmoins tout sacrifier *à l'effet*, au désir de *faire de l'effet*. En termes de peinture, en parlant de certaines touches de lumière qui font un bel effet dans un tableau, on s'écrie : « Voilà *un bel effet de lumière*, » ou bien encore : « Voilà *un bel effet de clair-obscur* », lorsque les ombres et la lumière sont bien ménagées et bien entendues.

Effet revêt une tout autre signification dans diverses locutions qui ne sont pas moins usuelles, et où, devenant synonyme de *chose* ou d'*objet*, il s'emploie pour désigner les *meubles* : ce qui a donné lieu à cette locution *effets immobiliers*, par opposition aux *effets mobiliers*, etc. Ainsi, *effet* qui s'applique exclusivement aux meubles, lorsqu'il est caractérisé par l'adjectif *mobilier*, ne désigne plus, s'il est pris isolément, qu'une certaine partie des *effets mobiliers*, comme le linge de corps ou de table, et généralement tout ce qui est d'un transport facile et consacré exclusivement au service de la personne. C'est dans ce sens qu'en administration militaire on dit des *effets d'armement*, des *effets d'équipement*, des *effets de campement*. Enfin, *effet* se prend en diverses circonstances comme synonyme de *billet*, de *reconnaissance*, et conserve cette signification dans les expressions *effets de commerce*, *effets publics*, etc.

Edme Héreau.

EFFET (*Philosophie*). Dans ce sens il est corrélatif de **cause**, et la définition de l'un implique nécessairement celle de l'autre. La cause est ce à quoi nous attribuons un changement, un nouveau mode d'existence que nous percevons dans un objet. L'effet est ce changement, ce nouvel état dont nous sommes témoins. Si nous plongeons une bougie allumée dans le gaz azote, elle s'éteint ; le nouvel état que nous présente ce corps est attribué par nous à l'action du gaz azote, et nous l'appelons *effet*, relativement à l'action du gaz, que nous assignons comme cause au phénomène produit. Les divers phénomènes que la nature nous présente ne sont point considérés par nous comme étant invariablement *causes*, ou invariablement *effets*. Nous appelons *effet* celui dont la production est due à un phénomène précédent dont la présence et l'action sont nécessaires pour que le second ait lieu. Mais ce second sera lui-même *cause*, relativement à un autre fait qui sera le résultat et la conséquence de son action. Ainsi, le développement du gaz oxygène qui allumera une bougie sera *cause* de sa combustion, et le phénomène de la combustion, qui est *effet* relativement au premier phénomène, sera *cause* à l'égard du phénomène de coloration des objets environnants. Ce phénomène de coloration, qui était un *effet*, devient *cause* à l'égard du phénomène de perception qui nous permet d'apprécier la forme et la couleur des objets. Que conclure de cela? Qu'il n'y a dans la nature qu'une succession d'effets ou plutôt de phénomènes ? que ce que nous appelons cause n'est qu'une supposition de notre esprit, un mot créé par nous pour distinguer le phénomène qui précède du phénomène qui suit? Telle n'est point notre pensée. Assurément nous ne percevons immédiatement que des phénomènes; nous n'atteignons directement que des résultats, des effets, mais ce n'est point une raison pour que nous regardions l'idée de cause comme chimérique. La connaissance des effets est le propre de l'expérience. L'idée de cause est le fait de la raison. Nous ne percevons point la cause comme l'effet; son existence ne frappe pas nos regards comme celle de l'effet, par une manifestation directe; mais notre raison nous force à la placer sous l'effet, comme elle nous force à placer la substance sous la qualité, la force d'agrégation sous un assemblage de molécules agrégées, l'infini au delà de l'étendue, l'éternité au delà du temps. Quand nous voyons deux phénomènes se produire à la suite l'un de l'autre, et que nous remarquons que le second est amené à se produire par l'action du premier, et ne peut l'être qu'à la condition de cette action, nous avons aussitôt l'idée d'*une loi* en vertu de laquelle le second phénomène est amené par le premier. Nous pensons que celui-ci a reçu de la nature le *pouvoir*, la *propriété* de produire l'autre. C'est ce pouvoir, cette virtualité agissante qui répond réellement à l'idée de cause. Mais la raison place la *cause* plus haut, elle la place dans l'auteur de la nature, qui a établi les lois de la production successive des phénomènes : un effet n'est autre chose que l'exécution d'une loi, et cette loi, ce n'est pas le phénomène qui en précède un autre, c'est l'action intelligente et régulière de la nature, action qu'on ne peut attribuer à la matière, et qu'il faut nécessairement reporter à la puissance qui a créé les êtres, qui a réglé leurs rapports, et les influences réciproques qu'ils ont à exercer les uns sur les autres.

Il y a dans la nature d'innombrables effets; il n'y a qu'une **cause** qui agit d'autant de manières différentes qu'on voit se produire d'effets différents. Dans le monde moral il y a autant de causes que d'êtres raisonnables et libres, agissant pour produire un effet qu'ils ont conçu et prémédité; car leurs actes ne sont imputables qu'à eux seuls. Dieu, en accordant à l'homme la liberté, lui a en même temps conféré le pouvoir d'être *cause* ; et les actes sur lesquels il a délibéré et qu'il s'est déterminé à produire ne sont l'*effet* que de sa propre volonté.

C.-M. Paffe.

EFFET (*Droit*). Dans la langue juridique, ce mot s'emploie, ainsi que dans le langage ordinaire, comme corrélatif du mot *cause*. Toute cause légale produit un *effet légal*. Ce qui est frappé de **nullité** ne produit *aucun effet*.

Les *effets civils* sont ceux qui dérivent de la loi et qu'obtiennent les seuls actes conformes à ses prescriptions. C'est dans ce sens qu'on dit qu'un mariage nul ne produit aucun effet civil, parce qu'il n'entraîne aucune des conséquences attachées à un mariage valable, comme l'exercice de la puissance paternelle ou maritale, la communauté légale de biens, etc.

L'*effet rétroactif* est celui qui remonte à un temps antérieur à la cause qui le produit, comme quand une loi ordonne que sa disposition sera observée, tant pour les actes antérieurs à cette loi que pour ceux qui seront postérieurs (*voyez* Rétroactivité).

L'expression *effets mobiliers* comprend généralement tout ce qui est **meuble** par nature ou par détermination de la loi. Les expressions *meubles* et *meubles meublants* sont beaucoup plus restreintes, et ne s'appliquent qu'à une partie du mobilier seulement.

On dit encore les *effets d'une succession* pour désigner tout ce qui compose l'hérédité, biens meubles ou immeubles.

EFFET (*Beaux-Arts, Littérature*). Pris dans son acception artistique, ce mot ne doit pas être défini, comme dans sa signification primitive, *le produit d'une cause*. Il exprime, relativement au spectateur d'une œuvre d'art, la sensation que cet aspect lui fait éprouver; il est, pour l'auteur du travail examiné, l'expression de ce qui résulte du concours des diverses parties de sa composition.

Le but de l'artiste est de *produire de l'effet* sur l'amateur, qui doit en retirer des émotions homogènes, propres à l'identifier avec le motif traité. La pensée peut se formuler par la poésie, la peinture, la sculpture, l'architecture, la musique, l'art oratoire, etc. : quel que soit le mode emprunté, le sublime de ses conceptions est d'agir sur les masses. Le moyen moral de parvenir à cet effet consiste dans l'étude approfondie du cœur humain; cette connaissance enseigne à choisir le point le plus sensible à émouvoir dans chaque individu, pour le faire participer à un sentiment collectif.

Le propre de l'art est de faire un appel aux passions de la multitude; il existe deux catégories génériques bien distinctes de ces mouvements de l'âme à mettre en jeu : d'une part, ceux qui poussent l'homme en dehors de lui-même; d'un autre côté, ceux qui le pressent dans un sens concentrique. Prenons pour exemple, dans la première série, la joie, et choisissons dans la seconde l'impulsion contraire, la tristesse. Pour retracer graphiquement un acte dont la joie est le thème à suivre, le peintre pourra se servir utilement de ce principe puisé dans l'observation de la nature : la lumière, l'excentricité du geste, l'éclat des draperies, un ciel pur, invitent à l'expansion : il est conséquemment nécessaire de faire entrer ces qualités dans l'économie de l'ouvrage, pour atteindre l'effet convenable. *La Danse de village*, de Rubens, et *Les Noces de Cana*, de Paul Véronèse, sont ainsi conçues. Des teintes sombres, des ajustements d'un ton obscur, la concentration des poses, fournissent au contraire le type de ce qu'il faut mettre en œuvre pour inspirer des sentiments mélancoliques, rien n'étant plus capable de les faire naître que ces conditions, comme on s'en assure en se rappelant le soin que prend une personne affligée de s'environner de ces éléments pour s'en repaître : or, les passions tendent toujours à s'alimenter de tout ce qui contribue à les accroître encore. La *Descente de Croix* de Daniel de Volterre est une preuve du parti que l'on peut tirer de ces inductions.

La statuaire dispose de données analogues, en tenant compte, toutefois, des difficultés qui lui sont particulières : elle supplée au ton éclatant des étoffes dans la peinture à l'aide de plis accidentés, de façon à devenir brillants par l'effet du jour qui les met en saillie : elle les assombrit, en établissant des masses larges, formant des plans sur lesquels les rayons lumineux ne font que glisser, ou ne parviennent pas. Quant aux mouvements des figures, la même loi s'applique aux travaux de la palette ou du ciseau. Que l'on compare les bas-reliefs antiques offrant des scènes de bacchanales, avec l'ensemble des personnages sculptés sur les tombeaux de la même époque, on jugera facilement combien ces diverses combinaisons ajoutent à l'effet pénible que suscite en nous la vue d'une pierre tumulaire.

Le rhythme léger ou grave, l'emploi plus ou moins souvent répété de syllabes brèves ou longues, jettent plus ou moins de vivacité dans la poésie; l'*Art poétique* de Boileau nous en montre le précepte et l'application. Des tons animés, sémillants, conviennent à des airs de fête; un mouvement grave, des sons larges et lents, commandent le recueillement de la douleur dans la musique funèbre. L'accord parfait de la poésie et de la musique amène des effets prodigieux par l'élan qu'elles impriment, en devenant en quelque sorte le résumé d'une passion commune. Nous ne citerons que la *Marseillaise*, dont les inspirations poétiques et musicales procédaient de l'expression d'un besoin du pays, l'amour de la liberté. Sans parler de ce qui constitue la véritable rhétorique, qui ne sait tout l'avantage que l'orateur obtient d'un débit en harmonie avec les sentiments qu'il veut communiquer à ses auditeurs ou réveiller en eux?

L'architecture peut également profiter de la propension de l'âme à se laisser diriger par ces lois de sympathie entre l'homme et le monde extérieur. Les monuments les plus remarquables par l'*effet* qu'ils transmettent sont ceux dont l'ordonnance rentre plus essentiellement dans l'esprit des indications constitutives que nous venons de poser comme règles fondamentales. L'imagination s'agrandit et s'élance sous le dôme aérien de Saint-Pierre-de-Rome; elle se flétrit sous les arceaux étroits et massifs d'un cachot où jamais un rayon bienfaisant du soleil ne pénètre.

C'est par une formule matérielle que l'art échange une pensée avec notre intelligence, n'ayant pour intermédiaires que nos sens, instruments matériels eux-mêmes des relations entre l'art et nos facultés appréciatives. Le mode le plus certain d'action pour l'artiste est donc de se rapprocher autant que possible d'un *effet* physique pour produire un *effet* moral relatif. C'est ainsi que l'on a exhaussé sur le faîte d'une colonne la figure du héros que l'on a voulu placer très-haut dans l'estime de ses concitoyens. L'*effet* imposant d'une statue dans cette position extraordinaire vient de la comparaison involontairement établie entre la distance qui nous sépare de l'objet de notre vénération et notre propre stature, qui nous semble alors d'autant plus mesquine que l'élévation métrique du personnage mis en parallèle avec nous est plus considérable.

C'est par des voies larges que l'art doit procéder dans le choix et dans l'arrangement des différents matériaux pouvant donner plus de puissance à l'*effet* cherché. La route la plus sûre est celle que rien n'entrave : c'est presque toujours l'abus des détails qui nuit au succès. Le vrai nous apparaît simple. Ce qui n'est pas utile doit être sévèrement retranché, comme ne faisant que distraire de l'intérêt principal, sur lequel il faut d'abord appeler l'attention. Cette sage réserve est l'un des secrets du génie à l'allure grandiose. C'est en subordonnant l'*effet* de sa composition sublime à sa pensée créatrice que Michel-Ange a su communiquer aux murs de la chapelle Sixtine une éloquence terrible, accusatrice et vengeresse incessante du chrétien coupable. C'est par la pureté de ses contours, le divin de ses expressions virginales, l'ensemble harmonieux de ses groupes, que Raphael a fait une impression profonde sur ses nombreux admirateurs. Le Corrége doit à la suavité de son coloris le charme indicible qu'il répand avec abandon dans l'âme, amollie à la vue enchanteresse de ses gracieux tableaux. Notre Poussin émeut par l'admirable *effet* que cause la variété de ses productions, constamment empreintes d'une poésie évangélique forte et communicative. Chacun de ces immortels artistes a pu se frayer un chemin approprié respectivement à leur manière de sentir; mais tous sont parvenus à la même solution, créer des *effets* remarquables par leur justesse et la haute portée de leurs résultats.

Nous n'entrerons pas dans des considérations secondaires sur l'*effet* entendu comme modelé, jeu de lumière, etc. Nous nous bornerons à constater que sans épithète ce mot est toujours pris en bonne part. Dire qu'*il y a de l'effet* dans un morceau, c'est prononcer un éloge. On dit un *effet dur* quand il y a crudité dans le *faire*. Un *effet* est *faux* lorsqu'il fait une impression opposée au but indiqué par le sujet même. J.-B. Delestre.

EFFET (*Musique*). On appelle ainsi l'impression agréable et forte que produit une excellente musique sur l'oreille et l'esprit des écoutants : ainsi, le seul mot *effet* signifie en musique un grand et bel effet; et non-seulement on dira d'un ouvrage qu'il *a fait de l'effet*, mais on y distinguera sous le nom de *choses d'effet* toutes celles où la sensation produite paraît supérieure aux moyens employés pour l'exciter. Une longue pratique peut apprendre à connaître sur le papier les choses d'effet, mais il n'y a que le génie qui les trouve. C'est le défaut des mauvais compositeurs et de tous les commençants d'entasser parties sur parties, instruments sur instruments, pour *trouver l'effet* qui les fuit, et d'ouvrir, comme disait un ancien, une grande bouche pour souffler dans une petite flûte. Vous diriez, à voir leurs partitions si chargées, si hérissées, qu'elles vont vous surprendre par des effets prodigieux; et si vous êtes surpris en écoutant tout cela, c'est d'entendre une petite musique maigre, chétive, confuse, sans effet, et plus propre à étourdir les oreilles qu'à les remplir; au contraire, l'œil est quelquefois obligé de chercher sur les partitions des grands maîtres ces effets sublimes et ravissants que produit leur musique exécutée. C'est que les menus détails sont ignorés ou dédaignés du vrai génie; qu'il ne vous amuse point par des foules d'objets petits et puérils, mais qu'il vous émeut par de *grands effets*, et que la force et la simplicité réunies forment toujours son caractère.

L'une des parties de la musique les plus mobiles, les plus susceptibles des vicissitudes du temps, c'est l'*effet*. Comme il n'est rien par lui-même, mais seulement par une impression faite sur les organes, il existe à différents degrés, selon que ces organes ont plus ou moins de délicatesse et de culture, selon qu'ils ont été frappés plus ou moins habituellement par des émotions antérieures, et que l'exercice, ou, si l'on veut, l'expérience de l'oreille a resserré ou aura étendu le cercle de ses sensations, et pour ainsi dire ses besoins. Le premier qui, ayant une sensation forte à faire naître après une sensation douce, non content de donner tout à coup à son harmonie une marche, une combinaison moins communes, moins prévues, fit tomber fortement sur le même accord tout son orchestre à la fois, produisit sans doute un effet prodigieux. Le premier qui, pour prolonger une expression de terreur, fit bruire à sons répétés les notes les plus basses de tous les instruments à cordes, dut faire frissonner son auditoire; et si quelqu'un entreprit alors de décrire cet effet d'orchestre, il put dire, sans trop d'exagération, qu'en écoutant ces sons terribles, les cheveux dressaient sur la tête. Des sons doux, lents, soutenus, succédant à ces secousses violentes, produisirent une sorte d'enchantement, et cette alternative de douceur et de force dut suffire longtemps à des auditeurs novices et sensibles. Ces morceaux des premiers maîtres se sont conservés pour la plupart; ils ne produisent pas aujourd'hui le même *effet*. Les instruments à vent, dont on faisait alors peu d'usage, dont plusieurs même n'étaient pas connus, ont, à mesure qu'ils étaient introduits dans l'orchestre, fait connaître des *effets* nouveaux. Les trompettes, les trombones, les timbales, le tam-tam, les cymbales, la grosse caisse, dont on a trop souvent abusé, sont pour le compositeur une source de grands *effets* tragiques et brillants.

Les effets sont relatifs à chaque modification du son : ainsi, l'on distinguera les effets d'intonation, les effets de rhythme, les *effets* d'intensité, les effets de timbre, les effets de caractère; à ces cinq espèces il faut ajouter encore ceux qui naissent de l'harmonie, ou de la réunion de plusieurs sons. Nous nommons *effets simples* ceux qui proviennent d'une seule de ces causes, *effets composés* ceux qui proviennent de deux ou plusieurs causes à la fois.

Les effets, dont l'analogue en peinture est désigné par le même terme (*voyez* ci-dessus), sont à la musique ce que les figures sont au discours oratoire. On doit donc donner les mêmes avis en ce qui concerne leur emploi : le premier est de ne point les prodiguer, parce qu'ils ne tardent pas à produire la fatigue et le dégoût; le second est de les employer avec adresse, de manière qu'ils puissent être bien sentis, et de prendre garde à ce qu'ils ne se détruisent mutuellement ou ne produisent une vraie cacophonie; c'est ce qui ne manque jamais d'arriver quand on emploie en même temps deux effets du même genre, et surtout ceux de rhythme. Le conseil le plus sage que l'on puisse donner aux jeunes compositeurs est d'attendre, pour employer les *effets*, qu'ils aient acquis de l'expérience : autrement, ils doivent être sûrs d'en produire de tout différents de ceux qu'ils s'étaient proposés. CASTIL-BLAZE.

EFFET (*Art dramatique*). C'est le sentiment d'émotion, de terreur, de plaisir, de joie ou de tristesse que cause au spectateur, soit l'action même du *drame* à la représentation duquel il assiste, soit le jeu des acteurs qui sont chargés de le représenter. Quand on dit : « Cette pièce *fait de l'effet*, » cela signifie que la pièce dont il s'agit est ordinairement accueillie par les applaudissements, les rires ou les larmes d'une salle tout entière. De même, un acteur qui *fait de l'effet* est celui avec qui sympathise la foule, celui qui sait le mieux comment on excite dans les masses la crainte, la pitié, l'horreur ou l'hilarité. Il est bien rare qu'une pièce mal jouée *produise de l'effet*, si ce n'est un *effet* tout contraire à celui que l'auteur a cherché. Au contraire, il est arrivé fort souvent qu'une œuvre médiocre à laquelle des artistes distingués prêtaient l'appui de leurs talents a produit un immense *effet*. Comment les acteurs arrivent-ils à *faire de l'effet* sur le public? C'est là ce que l'on ne saurait analyser d'une manière nette et précise. Un homme expert en la matière, Talma, disait : « *Faire de l'effet*, c'est donner en quelque sorte de la réalité aux fictions de la scène. Pour arriver à ce but, il faut que l'acteur ait reçu de la nature une sensibilité extrême et une profonde intelligence. Si la sensibilité nous fournit les objets, l'intelligence les met en œuvre. Elle nous aide à diriger l'emploi de nos forces physiques et intellectuelles, à juger des rapports et de la liaison qu'il y a entre les paroles du poete et la situation ou le caractère des personnages, à y ajouter quelquefois des nuances qui leur manquent ou que les vers ne peuvent exprimer, à compléter, enfin, leur expression par le geste et la physionomie, et à produire ces *effets* sublimes qui saisissent le spectateur et portent le ravissement jusqu'au fond des cœurs. »

Cette science de l'*effet dramatique*, jamais personne ne l'a possédée plus complétement que Talma; mais que de soins, que de travaux elle lui avait coûtés! Lui-même, il nous apprend qu'il lui fallut vingt années d'études opiniâtres pour arriver à cette perfection merveilleuse. Les moyens à l'aide desquels on arrive à *faire de l'effet* à la scène sont excessivement variés. Quelquefois, des riens, des bagatelles dues au hasard, enfantent de prodigieux *effets*. Lorsque la tragédie de *Sylla* fut jouée aux Français, quelques mauvais plaisants demandèrent si l'auteur, Jouy, n'abandonnerait pas à Normandin une partie de ses droits. Normandin était l'auteur... de la perruque, de cette perruque dont l'*effet dramatique* fut si remarquable. Dans les derniers temps de sa vie, Lekain devint éperdûment amoureux d'une Mme Benoît, qu'il devait épouser; toutes les fois qu'il jouait, il la faisait placer dans la première coulisse, et lui adressait toutes les expressions de tendresse et d'amour qu'il débitait à l'actrice en scène. Quand elle n'était pas là, il ne faisait pas d'*effet*.

Souvent, comme nous l'avons dit, l'*effet* peut être le résultat du hasard, mais le plus ordinairement il est le fruit de l'observation. Nous lisons dans les Mémoires de Talma : « Il est dans l'expression des passions extrêmes des nuances que l'acteur ne peut bien rendre que lorsqu'il les a éprouvées lui-même. A peine oserai-je dire que moi-même, dans une circonstance de ma vie où j'éprouvai un chagrin profond, la passion du théâtre était telle en moi qu'accablé d'une douleur bien réelle, au milieu des larmes que je versais, je fis, malgré moi, une observation rapide et fugitive sur l'altération de ma voix et sur une certaine vibration spasmodique qu'elle contractait dans les pleurs, et, je le dis non sans quelque honte, je pensai machinalement à m'en servir au besoin; et en effet, cette expérience sur moi-même m'a souvent été très utile. » Depuis cette époque, Talma avait coutume de dire qu'il faut dans la douleur user du médium de la voix; car dans les tons aigus les larmes sont maigres, communes et peu communicatives, tandis que dans le ton moyen elles sont nobles, touchantes, profondes, et d'un *effet* certain. Préville, dans ses Mémoires, remarque que les *effets* les plus heureux tiennent la plupart du temps à un geste, à une simple inflexion de voix. Le silence a aussi ses *effets*. Brizard faisait pleurer avant même d'avoir parlé, lorsque, remplissant le rôle d'Alvarez, il venait annoncer à Zamore et à Alzire l'arrêt cruel qui les condamne. On lisait sa douleur sur son front, dans ses regards, dans sa démarche; et les larmes coulaient. De même, dans la comédie, un silence bien ménagé peut être d'un excellent *effet*. Dans le troisième acte de *la Métromanie*, l'étonnement muet des trois acteurs, si cet étonnement est rendu par un jeu piquant de physionomie, est beaucoup plus plaisant que les mots qu'il faut attendre.

La charge est une source d'*effets* souvent fort drôles, fort comiques, mais il faut savoir l'employer à propos. Ainsi, ce vers des *Folies amoureuses :*

> Savez-vous bien, monsieur, que j'étais dans Crémone?

ne produira aucun *effet* si Crispin le débite simplement. Il doit être prononcé d'une façon tout à fait emphatique, et l'on rira. Si Tout-à-bas, du *Joueur*, dont le débit doit être vif, sémillant, s'avisait, en terminant l'éloge qu'il fait de son talent dans l'art de professer le trictrac, de dire d'un ton ordinaire :

> ..... Vous plairait-il de m'avancer le mois?

ce que cette demande a de réellement bouffon ne ferait pas d'*effet*. Si Harpagon n'est pas animé d'une colère exagérée, si la défiance qu'il a de la probité de Laflèche ne semble pas lui avoir troublé la cervelle, que signifiera cette demande si plaisante qu'il fait après avoir visité les deux mains de ce valet, demande dont *l'effet* est d'exciter une longue explosion d'hilarité : *Montre-moi l'autre? Les autres* sont une faute grossière que la tradition a conservée, mais qui ne doit pas être mise sur le compte de l'auteur. « Un acteur, disait Talma, doit s'étudier à faire de *l'effet*, mais il ne doit pas uniquement chercher *les effets*. Car alors il devient faux et anti-naturel. » Shakspeare, à une époque où le théâtre était à peine sorti de l'enfance, met dans la bouche d'*Hamlet* de fort bons conseils aux comédiens *chercheurs d'effets* : « Rendez ce discours comme je l'ai prononcé devant vous, d'un ton facile et naturel; » mais si vous grossissez votre organe et vociférez comme font la plupart de nos acteurs, j'aimerais autant avoir mis mes vers dans la bouche d'un crieur de ville. Oh! rien ne me blesse l'âme comme d'entendre un homme, grossièrement robuste, exprimer une passion par des éclats et des cris à fendre les oreilles d'une multitude qui n'aime que le bruit. Mais ne soyez pas, non plus, trop froid. Que votre intelligence vous serve de guide. Ne sortez pas de la décence, de la nature; car tout ce qui s'écarte de cette règle s'écarte du but de la représentation dramatique, qui est en quelque sorte d'offrir un miroir à la nature, de montrer à la vertu ses véritables traits, au ridicule sa ressemblante image, et à chaque siècle, à chaque époque du temps, sa forme et son empreinte. Si cette peinture est exagérée ou affaiblie, si *l'effet* en est ou forcé ou pâle, vous ne plairez qu'aux ignorants; mais vous serez blâmés par les connaisseurs, dont l'opinion doit toujours à vos yeux l'emporter sur celle de la foule. Édouard Lemoine.

EFFETS DE COMMERCE. On appelle ainsi, en général, toute promesse ou engagement écrit de payer une somme, contracté par les commerçants entre eux à l'occasion de leurs transactions; mais plus particulièrement les promesses rédigées sous une certaine forme reconnue légale, forme qui leur assure des avantages précieux, mais qui aussi en rend les auteurs et signataires, négociants ou non, justiciables des tribunaux de commerce, et passibles de peines et de poursuites particulières. Parmi les principaux et les plus en usage, on distingue : la promesse ou *simple billet*, le *billet à ordre*, la *lettre de change*, le *mandat de change*, la *lettre de crédit*, les *effets au porteur*, le *billet à domicile* (*voyez* Billet), etc. Le Code de Commerce et le commerce lui-même ne distinguent, n'admettent et ne sanctionnent réellement que trois effets de commerce : la *lettre* et le *mandat de change*, et le *billet à ordre*; et même la matière accoutumée du commerce de banque, l'intermédiaire préféré de toutes transactions entre deux places, c'est encore la *lettre de change*. Tout effet qui ne renferme aucun des caractères et formes voulus pour constituer une lettre ou un billet de change est un *engagement ordinaire*; et nul des billets non à ordre ne comporte l'endossement. C. Pecqueur.

EFFETS PUBLICS. Ce sont les titres ou obligations de natures diverses, à perpétuité ou à échéance quelconque, que les gouvernements forcés de recourir à l'emprunt offrent à ceux qui, ayant assez de confiance dans leur moralité, dans leur stabilité et dans leurs ressources futures, consentent à leur avancer une certaine valeur spécifiée, moyennant un certain intérêt. Il n'est point aujourd'hui de gouvernement qui n'ait ses *effets publics*, parce qu'il n'en est point qui soit sans *dettes*. Toutes les obligations de ce genre sont transmissibles : elles ont un cours public, et c'est du marché qu'elles reçoivent réellement leur valeur; car celle que les gouvernements leur donnent n'est que nominale. Dans beaucoup d'États européens, une forte portion de la dette publique a été transformée en *dette perpétuelle*; par conséquent on doit considérer les titres donnés aux créanciers bien plus comme garantissant l'intérêt du capital que comme représentant le capital lui-même. Comme généralement les emprunts et la négociation des effets se font non-seulement dans le pays même qui les contracte ou les crée, mais aussi à l'étranger, ces opérations ont donné lieu, dans nos temps modernes, à une foule de dispositions, d'usages, d'expédients inconnus de l'antiquité. Nous leur devons les jeux et opérations de bourse, et elles ont fait de la science des finances une spécialité abstruse et compliquée.

Les divers effets publics se dénomment le plus souvent d'après le taux des intérêts qu'ils rapportent, ou la nature des fonds qui leur sont affectés, ou bien ils reçoivent leur nom de celui des puissances qui les ont émis. Ainsi, en France, nous appelons *des* 4 et $\frac{1}{2}$ *p.* 100, des 4 p. 100, *des* 3 *p.* 100, les effets dont l'intérêt est de 4 et $\frac{1}{2}$, 4 et 3 *p.* 100. Nous connaissons encore les bons du trésor, etc. Ainsi, en Angleterre on appelle *consolidés* les effets dont les intérêts sont garantis et payés à perpétuité sur des impositions votées par la législature, et des effets à termes, tels que les *billets de l'échiquier* et ceux *de la marine*; ainsi encore, nous avons les *bons espagnols, portugais, hollandais*, etc.

Outre les billets émis par les gouvernements eux-mêmes, il faut encore comprendre parmi les *effets publics* les actions des compagnies de canaux, de ponts, etc.; celles de la banque, de la société du crédit mobilier, les actions et les obligations de la société du crédit foncier, les obligations de certaines villes, et de toutes les compagnies reconnues ou autorisées par le gouvernement : car elles sont toutes négociables et susceptibles d'être cotées aux cours officiels de la bourse. C. Pecqueur.

EFFEUILLAGE, soustraction d'une partie ou de la totalité des feuilles d'une plante. On effeuille : 1° pour que les fruits, exposés ainsi au soleil, se colorent et mûrissent plus tôt; 2° pour diminuer la force de végétation dans les sujets trop vigoureux; 3°, enfin pour nourrir les bestiaux dans les pays où les fourrages sont rares. Si l'on réfléchit que les feuilles rendent avec usure à la plante qui les porte ce qu'elles en reçoivent, comme organes d'exhalation et d'absorption, d'élaboration et de nutrition, sans parler de leur influence sur l'ascension de la séve, et de la bienfaisante protection qu'elles donnent aux fleurs et aux fruits nouveaux, on devra conclure qu'en général cette opération doit nuire à l'accroissement du sujet, lorsqu'elle le prive d'un grand nombre de feuilles. Souvent on a vu l'effeuillage produire ce mal, sans avantage pour les fruits; et même, s'il est pratiqué trop tôt, sans intelligence et sans mesure, il arrête leur développement et empêche la maturité. L'action soudaine et vive du soleil peut les flétrir. Pour prévenir ces accidents, nous conseillerons d'effeuiller la vigne et les arbres fruitiers quelques semaines seulement avant la récolte, car la vie des fruits alors est moins intimement liée à celle des feuilles; ils n'ont plus guère à accomplir qu'un travail d'élaboration intérieure qu'aide singulièrement l'action du soleil. Mais si à cette époque la soustraction violente des feuilles intéresse moins les fruits, elle peut encore compromettre l'œil caché dans chaque aisselle et empêcher la maturité du bois, double obstacle à la fécondité de l'arbre pour l'année suivante. La section du pétiole faite avec l'ongle ou avec des ciseaux vers sa partie moyenne prévient ce résultat fâcheux. L'effeuillage qui a pour objet de ralentir la force de végétation et celui des arbres dont les feuilles servent de fourrage aux bestiaux demandent l'un et l'autre moins de précautions; il serait d'ailleurs impossible de les observer dans le dernier cas. P. GAUBERT.

EFFIAT (Famille d'). Cette maison, qui doit son nom à une terre du Bourbonnais, a eu pour auteur *Gilbert* COIFFIER, seigneur de Bussières, d'Effiat et de Chezelles, trésorier de France et maître des comptes en Savoie et en Dauphiné. Ayant combattu le 14 avril 1544, à la journée de Cérisolles, aux premiers rangs de l'infanterie, il fut créé le lendemain chevalier de l'ordre du roi par le comte d'Enghien, et devint maître d'hôtel de Marguerite de France en 1564. Il fut tué à la bataille de Moncontour, en 1569. Son fils, *Gilbert* COIFFIER, seigneur D'EFFIAT, gentilhomme de la maison du duc d'Anjou et lieutenant du roi dans la basse Auvergne, périt à la bataille d'Issoire, en 1589.

EFFIAT (ANTOINE COIFFIER, marquis D'), fils du dernier, né en 1581, et resté orphelin dès son bas âge, fut adopté par un grand-oncle maternel, *Martin Ruzé de Beaulieu*, secrétaire d'État, qui lui laissa sa fortune, à la condition de prendre le nom et les armes des Ruzé. Il plut au cardinal de Richelieu, qui l'employa à la guerre, dans l'administration, dans les ambassades. Devenu, en 1617, capitaine des chevau-légers de la garde du roi, il se distingua en plusieurs occasions, notamment au siége de La Rochelle, où il servait comme maréchal de camp. En 1624 il se rendit à Londres, en qualité d'ambassadeur extraordinaire, pour négocier le mariage de Henriette de France avec Charles Ier. A son retour, il fut nommé surintendant des finances, et présenta en 1626, en cette qualité, à l'assemblée des notables l'état fort remarquable de celles du royaume. Nommé grand-maître de l'artillerie en 1629, il fut envoyé, en 1630, comme lieutenant général, à l'armée du Piémont. Enfin, le 1er janvier 1631, il fut créé maréchal de France, et l'année suivante le roi lui confia le commandement de l'armée d'Alsace; mais, atteint d'une fièvre inflammatoire, il succomba le 27 juillet 1632, dans le village de Luzelstein, en Lorraine.

On a de lui plusieurs écrits sur l'histoire militaire, politique et financière de son temps, ainsi que divers mémoires, lettres et manuscrits, conservés dans quelques bibliothèques publiques. Le fameux Cinq-Mars était son second fils. Il laissait en outre *Martin* COIFFIER, marquis D'EFFIAT; *Charles* COIFFIER, abbé D'EFFIAT, connu par ses liaisons avec Ninon de l'Enclos, enfin *Marie* COIFFIER, mariée d'abord à Gaspard d'Alègre, dont elle fut séparée d'une manière assez étrange pour épouser le maréchal de la Meilleraye.

EFFIAT (ANTOINE RUZÉ, marquis D'), fils de *Martin* COIFFIER, était petit-fils du maréchal et neveu de Cinq-Mars. Ce n'est point sur la scène politique, où brilla si fatalement son oncle, qu'il faudrait aller chercher les documents nécessaires à esquisser la biographie de ce d'Effiat; ce serait plutôt dans les souvenirs des fastes criminels. En effet, la qualification d'*empoisonneur* est restée attachée à son nom. A tort ou à raison? Qui peut le dire : c'est là une de ces énigmes dont il est difficile d'avoir le dernier mot; et pourtant, si l'on en croyait Saint-Simon, le doute ne serait pas possible.

On sait que *Madame* (Henriette d'Angleterre), première femme de Monsieur, frère de Louis XIV, vivait en assez mauvaise intelligence avec son mari : cette mésintelligence était causée par l'ascendant que prenaient sur Monsieur plusieurs de ses favoris. Le chevalier de Lorraine était celui dont l'influence funeste se faisait le plus sentir; il détestait Madame, qui de son côté l'avait en horreur; ne pouvant plus supporter la domination du favori sur sa maison, elle sollicita et obtint du roi son exil. Le duc d'Orléans, à cette nouvelle, jeta les hauts cris, pleura même le départ du chevalier de Lorraine, et s'exilant lui-même, quitta la cour. Mais Madame était au plus fort de sa puissance sur l'esprit de son beau-frère, qui l'associait à sa politique et l'avait déjà chargée d'une mission diplomatique dont elle s'était très-habilement tirée. L'exil du chevalier de Lorraine fut maintenu, et Monsieur dut rentrer à la cour, après avoir boudé le roi et sa femme. Le chevalier de Lorraine, menacé de voir son exil se prolonger, n'était pas le seul qui en fût effrayé; le comte de Beuvron, capitaine des gardes de Monsieur, et d'Effiat, son premier écuyer, tous deux étroitement liés avec le chevalier de Lorraine, qui faisait leur fortune en s'occupant de la sienne, craignaient que Monsieur ne le remplaçât, et que son successeur ne leur fût point aussi favorable : aussi songèrent-ils à se débarrasser de Madame, afin d'obtenir le retour du chevalier. On ignore quel fut celui des trois qui eut le premier l'idée de ce crime; mais le poison fut envoyé par le chevalier de Lorraine. D'Effiat était souvent admis près de Madame, et connaissait toutes ses habitudes. Il savait qu'elle prenait depuis quelque temps de l'eau de chicorée, qu'on serrait dans une armoire à l'antichambre où tout le monde passait pour se rendre chez elle. Profitant d'un moment où il était certain de ne point être vu, il s'approcha de l'armoire et versa du poison dans l'eau. Surpris par un garçon de la chambre, qui lui demanda ce qu'il faisait là, il ne se déconcerta point, et lui répondit que, mourant de soif, et sachant qu'il y avait toujours de l'eau en cet endroit, il avait cru pouvoir se permettre d'en prendre. Quelques heures plus tard, la duchesse d'Orléans expirait dans des douleurs affreuses. Le roi, en proie à des soupçons, et qui avait entendu murmurer quelque chose de la scène de l'antichambre, fit venir un complice subalterne, affidé de d'Effiat, et lui promit grâce entière s'il lui disait la vérité sur ce triste événement. Il sut ainsi tout, et parut singulièrement soulagé en apprenant que son frère n'était entré pour rien dans la complicité de cette mort. Il ne songea point à poursuivre les coupables, satisfait de trouver Monsieur innocent. Singulière justice, si dans cette indulgence ne s'étaient point cachés des motifs de haute politique vis-à-vis de l'Angleterre. En consultant en effet les pièces diplomatiques concernant la mort de Madame, on verra qu'elles sont toutes rédigées dans le but de détruire les soupçons qu'aurait pu avoir le gouvernement anglais : ainsi, toutes répètent que Madame, duchesse d'Orléans, est morte de mort naturelle.

Le récit de Saint-Simon a rencontré des incrédules. Mme de Lafayette, qui écrivait plus tard l'histoire de madame Henriette, et qui a fait un tragique récit des derniers moments de cette princesse, parle bien de soupçons d'empoisonnement, mais sans désigner aucun nom et sans rien affirmer. Que faut-il augurer de ce silence? Que Saint-Simon s'est trompé, ou bien que, plus hardi que Mme de Lafayette, il a osé seul écrire la vérité? Aux yeux de quelques historiens ou romanciers, il a eu raison, et d'Effiat est arrivé à la postérité avec l'épithète de *d'Effiat l'empoisonneur*. L'histoire n'a rien recueilli de plus sur lui que cet étrange soupçon; elle s'est contentée de nous apprendre qu'il mourut en 1719, à l'âge de quatre-vingt-un ans, ne laissant pas de descendance directe. Mais sa famille existe encore de nos jours. Joséphine DESMAREST.

EFFICACITÉ. *Efficace*, qui n'est plus employé aujourd'hui que comme adjectif des deux genres, était pris autrefois pour *efficacité* par les casuistes, dans le dictionnaire desquels ces deux mots ont joué un grand rôle :

> ....mais sa grâce
> Ne descend pas toujours avec même *efficace*.

L'*efficacité* d'une chose se dit de celle qui détermine d'une manière certaine et infaillible l'effet qu'elle est destinée à produire, comme l'efficacité d'une mesure, d'un remède, d'un discours, de la grâce, etc. Ce mot semble surtout avoir été expressément destiné d'abord à emporter avec lui quelque idée mystique, comme lorsqu'il est joint au mot *grâce*. L'action des médicaments sur l'économie animale est un des principaux cas où l'emploi du mot *efficacité* est le plus convenable. BILLOT.

EFFIGIE (du latin *effigies*, figure), représentation d'une personne, soit en relief, soit en peinture. Les monnaies et les médailles portent la plupart du temps l'effigie de ceux qui les font frapper.

EFFIGIE (Exécution par). On exécute par effigie un condamné contumace, en attachant ou en suspendant à l'instrument du supplice un tableau où il est représenté, et au bas duquel son nom et l'arrêt sont écrits. Le plus ancien exemple d'*exécution par effigie* que l'on puisse citer en France est celui de Thomas de Marle, condamné sous Louis le Gros pour crime de lèse-majesté. D'après l'ordonnance de 1670, pour les individus absents contre lesquels était prononcée la peine capitale, l'arrêt de condamnation était exécuté de point en point comme si le coupable eût été présent : son effigie était conduite au supplice en grande pompe et subissait la sentence. On se bornait pour toutes les autres peines à la transcription du nom du condamné sur un tableau qui demeurait attaché publiquement au poteau de l'infamie. C'est ce dernier mode d'exécution qu'on appelait improprement *exécution par effigie*, qui jusqu'en 1849 fut prescrit par le Code d'Instruction criminelle à l'égard des condamnés absents (*voyez* CONTUMACE).

L'exécution par effigie est encore en vigueur dans différents pays. A Londres le peuple s'est longtemps donné le plaisir d'exécuter en effigie Guy Fawkes tous les ans; mais depuis bon nombre d'années cette coutume était tombée en désuétude lorsque le rétablissement de la hiérarchie catholique par le pape Pie IX, en 1850, l'a fait revivre. Seulement ce ne fut plus Guy Fawkes, mais son éminence le cardinal Wiseman qui cette année fut brûlé en effigie. D'autres personnages l'ont été également les années suivantes.

EFFLORESCENCE, action par laquelle certains sels, exposés à l'air sec, lui cèdent en tout ou en partie leur eau de cristallisation, se couvrent d'une sorte de poussière, perdent leur transparence ou se résolvent même totalement en poudre. Sous ce rapport, les *sels efflorescents* diffèrent essentiellement des *sels déliquescents* (*voyez* DÉLIQUESCENCE). Quoique les sels efflorescents aient peu d'affinité pour l'eau, ils se dissolvent facilement dans ce liquide, par la raison que les molécules dont il sont composés adhèrent faiblement entre elles. TEYSSÈDRE.

EFFLUVE (en latin *effluvium*, dérivé du verbe *effluere*, se répandre). Ce mot s'emploie aujourd'hui dans un sens très-général, et s'applique à tous les fluides impondérables qui se dégagent de différents corps animaux, végétaux et minéraux; si le dégagement a lieu par l'action simultanée de l'air et de l'eau, sans décomposition apparente du corps qui l'a produit, l'*effluve* prend le nom d'*émanation*; si l'émanation est sensible à la vue par une sorte de vapeur, elle constitue l'*exhalaison*; s'il y a en même temps une élévation de température qui amène à la longue la décomposition et la putréfaction, l'*effluve*, exerçant une action délétère, peut être qualifié de *miasmes*. Malgré l'extension donnée au mot *effluve*, surtout depuis les travaux hygiéniques de Ramazzini et de Lancisi, on restreint encore très-souvent le sens de ce mot aux émanations impondérables qui s'échappent des corps vivants, et dont quelques-unes sont appréciables par le sens de l'odorat.

Les effluves qui s'échappent du corps de l'homme (*voyez* MAGNÉTISME ANIMAL) ont été considérés comme ayant sur son semblable une influence relative à son âge, à sa force et à sa constitution, influence que les praticiens ont même quelquefois mise à contribution : il est reconnu que, dans certaines conditions de faiblesse, des vieillards ont pu récupérer une partie de leurs forces épuisées par des excès, en cohabitant avec de jeunes sujets d'un même sexe et doués d'une constitution vigoureuse. Sydenham, ayant vainement employé toutes sortes de moyens pour relever les forces de malades convalescents de la fièvre continue de 1661 et 1662, tenta avec succès de ranimer leur chaleur en les faisant coucher avec des jeunes gens : « Il n'est pas surprenant, dit ce grand médecin, que le malade se trouve fortifié par ce moyen extraordinaire, car on comprend facilement qu'un corps sain et vigoureux puisse transmettre une grande quantité de *corpuscules spiritueux* dans un corps épuisé. » Or, ce qu'il appelait *corpuscules spiritueux* sont nos *effluves*. Un sujet malade ou affaibli doit exhaler des effluves tout à fait différents, et qui auraient un effet contraire sur ceux qui seraient exposés à leur action. Dr BRICHETEAU.

EFFORT. Ce mot, tant au propre qu'au figuré, est pris dans un grand nombre d'acceptions, mais qui toutes indiquent une action plus ou moins puissante de ce que l'on désigne sous le nom de *force*, soit que l'on considère celle-ci dans les corps de la nature, soit qu'on l'observe dans les animaux, sous le rapport physique ou moral.

Le mot *effort* désigne en mécanique la mesure de la force motrice qui peut agir sur un corps, ou l'intensité d'impulsion avec laquelle ce corps en mouvement tend à produire un effet, soit qu'il le produise réellement, soit qu'une cause quelconque l'en empêche. C'est ainsi que le mouvement rectiligne étant le plus simple de tous, et produit par une impulsion unique, chaque planète à qui on le suppose communiqué tend constamment à y rentrer, mais en même temps qu'elle est enchaînée par une autre force qui la fait graviter vers un des foyers de son orbite : c'est ce qu'on appelle *faire effort pour s'échapper par la tangente*. La mesure de tout effort est la quantité de mouvement qu'il produit, le résultat de l'obstacle qu'il a surmonté ou tendu à surmonter.

Le mot *effort* est aussi quelquefois employé en médecine pour désigner une action violente des forces physiques, laquelle entraîne une rupture ou une extension forcée de fibres musculaires, ou bien encore le genre de maladie connue sous le nom de *hernie*.

Effort se dit du penchant qu'ont certains corps à un mouvement qui leur est propre, comme celui des corps pesants qui font effort pour descendre; ou de l'action de certains corps les uns sur les autres, comme l'effort de l'eau contre un navire, effort que doivent soutenir les vergues, les ancres, Il se dit aussi des mouvements de vigueur de plusieurs personnes, réunies dans un même but : « L'armée fit un dernier effort pour emporter la place ». On emploie encore ce mot figurément, en parlant de choses spirituelles : *effort de génie*, *effort de mémoire*, etc. BILLOT.

EFFRACTION (du latin *frangere*, *fractum*, briser). L'effraction est définie par la loi : tout forcement, rupture, dégradation, démolition, enlèvement de murs, toits, planchers, portes, fenêtres, serrures, cadenas, ou autres ustensiles ou instruments servant à fermer ou à empêcher le passage, et de toute espèce de clôture, quelle qu'elle soit. Les effractions sont *extérieures* ou *intérieures*. Les effractions extérieures sont celles à l'aide desquelles on peut s'introduire dans les maisons, cours, basses-cours, enclos ou dépendances, ou dans les appartements ou logements particuliers. Les effractions intérieures sont celles qui, après l'introduction dans les lieux ci-dessus mentionnés, sont faites aux portes ou clôtures du dedans, ainsi qu'aux armoires ou autres meubles fermés. Est compris dans la classe des effractions intérieures, le simple enlèvement des caisses, boîtes, ballots sous toile et corde, et autres meubles fermés, qui contiennent des effets quelconques, bien que l'effraction n'ait pas été faite sur le lieu. Considérée isolément, l'effraction constitue le délit de bris de clôture. Jointe au vol, elle en devient une circonstance aggravante. Le vol commis avec effraction extérieure ou intérieure, sans autre circonstance, est puni de travaux forcés à temps. Le vol avec effraction extérieure, lorsqu'il est commis avec la réunion des circonstances indiquées dans les articles 381 et 382 du Code Pénal, entraîne contre le coupable la peine des travaux forcés à perpétuité.

EFFRAIE ou FRESAIE, noms vulgaires de la *chouette des clochers* (*strix flammea*, L.). Cette espèce, longue de 0m,35 à 0m,37, commune en France, est répandue, à ce qu'il paraît, sur tout le globe. Son dos est nuancé de fauve et de cendré ou de brun, joliment moucheté de points blancs entourés chacun de points noirs; son ventre est tantôt brun, tantôt fauve, avec ou sans mouchetures brunes. Elle se nourrit de chauves-souris, de rats, de souris, de musaraignes et d'insectes. Elle niche dans les tours, dans les clochers, où elle vit solitaire; elle fait entendre sans cesse un soufflement, *che*, *chée*, *cheu*, *chiou*, qui ressemble à celui d'un homme dormant la bouche ouverte, et qu'elle interrompt seulement par des cris entre-coupés, *grei*, *gré*, *crei*, qu'elle fait souvent retentir dans le silence de la nuit. Cette voix effrayante, jointe au séjour habituel de cet oiseau sur les clochers qui avoisinent les cimetières, en a fait pour les gens faibles un *oiseau de mauvais augure*; d'où son nom d'*effraie*. Ses larges yeux, et les énormes disques qui les entourent, sa station presque verticale, et son bec crochu, mais à moitié caché sous les plumes, contribuent beaucoup à rendre cet oiseau *effrayant*, malgré les nuances agréables de son plumage.

DÉMEZIL.

EFFRITEMENT, épuisement de la terre. Une terre est *effritée*, rendue stérile, par des lavages répétés qui lui enlèvent les principes solubles, propres à la végétation; par la culture trop prolongée de la même plante, ou des plantes qui y cherchent le même aliment et à la même profondeur; enfin, par des labours trop fréquents : cette dernière opération ne suffit pas cependant à elle seule pour *effriter* la terre; il faut encore qu'un temps sec et chaud favorise la volatilisation des principes fécondants, et l'amène à un degré d'atténuation fâcheux.

L'effritement produit par les récoltes non alternées est dans bien des parties de la France encore un mal déplorable, dû souvent à l'ignorance, quelquefois à l'avidité des cultivateurs. Il est facile, cependant, de comprendre que la culture de l'avoine, de l'orge, du froment, toutes plantes chevelues, épuisent la terre à sa surface; que d'abondants engrais ne peuvent qu'à peine renouveler l'*humus*, et que s'ils manquent, le sol doit être frappé de stérilité. D'un autre côté, il est aussi facile de comprendre que si après une récolte de blé venait une récolte de trèfle, de luzerne, de bettraves, la couche supérieure pourrait se reposer, et qu'avec moins d'engrais les produits ne seraient pas moins abondants (*voyez* ASSOLEMENT).

P. GAUBERT.

EFFROI. *Voyez* CRAINTE.

EFFRONTERIE. Longtemps ce mot, dans l'idiome latin, fut exprimé par *audacia perdita*, audace dépravée, périphrase analytique et grammaticale qui en peint toute la force. Vopiscus exprima cette difformité de l'âme par un seul mot, *effrons*, composé de *ex* et de *frons*, signifiant l'état d'un homme qui a tiré de son âme tout ce qu'elle pouvait fournir d'énergie, d'astuce et de ruse. Ce terme est passé dans la langue française. Plus de deux mille ans auparavant, Homère s'est servi, pour peindre l'effronterie, d'un mot énergique, trivial, mais généralement en usage de son temps sans doute, de κυνωπις (qui a le regard ou le front du chien). La politesse des modernes a faiblement rendu cet adjectif par cette expression : *front d'airain*. Rivarol définit ce vice de l'âme par cet aphorisme philosophique : « L'effronterie est l'avorton de l'audace. » Un autre moraliste a dit avec raison : « De l'effronterie à la dépravation il n'y a qu'un pas. »

Il ne faut pas confondre l'*effronterie* avec la *hardiesse* et l'*audace* : cette dernière est la hardiesse aveugle; la première est le masque des deux autres. On a eu tort d'avancer que l'effronterie était le résultat de l'ignorance : elle est toujours celui d'une demi-éducation. Le mensonge et l'imposture sont ses compagnes obligées. L'effronterie a sa source dans un vice de l'âme; la hardiesse, dans la vertu et l'estime de soi-même; l'audace, dans le tempérament. L'impudence de Thersite dans l'*Iliade* est un tableau achevé de l'effronterie populaire; celui de l'effronterie cynique est Diogène, qui, comme un chien crotté, salit de ses pieds fangeux les riches tapis de Platon; ajoutez-y parmi les femmes, l'action d'Hipparchia, courtisane et épouse éhontée, parfait synonyme d'*effrontée*. Toute jeune fille qui à quinze ans ne s'est pas senti quelquefois monter au visage l'aimable rougeur de la modestie et de la pudeur, plus tard sera certainement comptée parmi les effrontées. Il y a aussi l'effronterie du pouvoir; elle s'est fréquemment rencontrée chez les reines : Tullia, l'indigne fille du bon Servius Tullius, chez les Romains; Athalie, chez les Juifs; les deux Catherines, Catherine de Russie et Catherine de Médicis, chez les modernes, en sont des exemples. L'effronterie théocratique est la plus révoltante par son contraste avec l'humilité évangélique : En général, l'effronterie déplaît aux grands, elle déplaît à tout le monde, elle déplaît à l'*effronté* lui-même. Racine a si bien compris ce qu'elle a de révoltant, qu'il fait dire à Phèdre elle-même :

.... Je ne suis point de ces femmes hardies,
Qui, goûtant dans le crime une tranquille paix,
Ont su se faire un front qui ne rougit jamais.

Une seule effronterie, il y a moins d'une centaine d'années, était de mode à la cour, c'était celle des pages : de là cette locution : « *Effronté comme un page*. Ce genre d'effronterie, et l'on devine pourquoi, était le caprice, la folie des dames. Beaumarchais l'a admirablement peint dans son *Figaro*, et Shakspeare a laissé un modèle de l'effronterie de salon dans ses *Commères de Windsor*.

La prose et la poésie ont animé de cet odieux sentiment de l'âme jusqu'aux objets inanimés : on dit un *luxe effronté*. Boileau et Thomas l'ont appliqué à la couche même, tout impassible qu'elle soit, le dernier à celle de Messaline, et le premier à celle des *vaporeuses* :

De ces douces Ménades,
Qui, dans leurs vains chagrins, sans mal toujours malades,
Se font des mois entiers, sur un lit *effronté*,
Traiter d'une visible et parfaite santé.

Gilbert a dit, dans sa belle peinture d'une coquette :

Son front luit étoilé de mille diamants,
Et mille autres encore *effrontés* ornements
Serpentent sur son sein, pendent à ses oreilles.

Enfin, cette expression est passée dans la zoologie : les chiens et le moineaux francs y sont signalés pour l'*effronterie*, dont ils sont le type, et les lièvres et les colombes pour la timidité, dont ils sont le symbole. DENNE-BARON.

EFFRONTÉS, hérétiques qui parurent vers le milieu du seizième siècle (en 1534, dit Bergier). Ils prétendaient à la qualification de chrétiens, sans avoir reçu le baptême. Ils ne croyaient point à la divinité du Saint-Esprit, qui selon eux n'était qu'une figure, employée pour exprimer les mouvements de l'âme et de la créature vers Dieu, et ils regardaient, en conséquence, le culte qu'on lui rend comme une idolâtrie. Au lieu de soumettre leurs enfants au baptême, ils leur râclaient le front avec un fer jusqu'au sang, et le pansaient ensuite avec de l'huile; d'où leur surnom d'*effrontés*, formé d'*e* privatif, et du mot latin *frons* (le front), qui est également la source du mot *effronterie*.

EFFUSION. Ce substantif est une traduction littérale du latin *effusio*, produit d'*effundere*, verser, répandre; il sert à désigner la sortie des liquides hors des réservoirs qui les renferment, ou des vaisseaux qui les conduisent. L'*effusion* exprime la perte, soit du sang, soit d'un autre liquide, ou bien elle indique un effet très-étendu, comme, par exemple, l'effusion de la bile, qui teint en jaune toute l'enveloppe extérieure du corps.

Le mot *effusion* est fréquemment employé au figuré; alors il est entièrement synonyme d'*épanchement* : on appelle *effusion du cœur* les aveux, les confidences suggérées par l'amour, l'amitié; *effusion de l'âme*, les prières qu'on adresse à Dieu avec la ferveur, l'espoir et la confiance qui procurent une joie quelquefois vive, approchant de la béatitude, de l'extase. Dr CHARBONNIER.

ÉGAGROPILE (du grec αἴξ, αἰγός, chèvre, ἄγριος, sauvage, et πῖλος, pelote). Ce mot a été formé par Welsch, médecin allemand, pour désigner des concrétions qui se forment dans l'estomac des animaux, particulièrement des ruminants, surtout du chamois. Quelques naturalistes annoncent qu'ils en ont trouvé dans l'estomac de jeunes coucous et dans celui de quelques oiseaux de proie. Ces productions, qu'on appelait précédemment *bezoards d'Allemagne*, sont connues du vulgaire sous le nom de *gobbes*. Différentes substances entrent dans la composition des égagropiles : ce sont des poils, en majeure partie, que les animaux détachent de leur peau en se léchant, et qu'ils avalent, des détritus de plantes, des terres salines qu'ils ramassent avec la langue, probablement par goût instinctif pour le sel. Ces agglomérations descendent dans les premières voies digestives, sont remuées par l'acte de la rumination, se réunissent, se pelotonnent, se feutrent et s'agglutinent au moyen du mucus que fournit la membrane qui revêt intérieurement les animaux. Quand il entre peu ou point de poils dans la composition de ces concrétions, elles ressemblent aux *bézoards*, aux *calculs* biliaires ou vésicaux. Ce sont des corps formés de couches superposées, solides, souvent assez durs pour recevoir un poli. Les égagropiles tout à fait pileux ressemblent à des pelottes de bourre, et ont un aspect velouté.

Ainsi formée, ou bien ayant un corps étranger un peu volumineux qui lui sert de noyau, la concrétion s'accroît progressivement, et acquiert un volume quelquefois très-considérable, car on en trouve qui ont le poids de quatre kilogrammes. C'est dans la *caillette*, quatrième estomac des ruminants, qu'on les rencontre ordinairement, parce que le tube digestif se rétrécit là au point de rendre le passage du corps impossible. Les égagropiles sont tantôt sphéroïdes, tantôt ovoïdes, etc. En général, l'espèce des animaux détermine ces formes; on en trouve quelquefois sur des chevaux, qui ont une texture aréolée. Leur couleur est brun noirâtre; leur saveur est quelquefois légèrement astringente, mais souvent ils sont insipides. Ils ont aussi quelquefois une odeur aromatique.

On a accordé gratuitement à ces productions des propriétés médicales ainsi qu'aux bezoards : elles ont été recommandées comme propres à guérir les affections de la tête, et on appuyait ces éloges par des motifs dont il est bon de donner un échantillon , comme exemple de la crédulité de notre pauvre espèce humaine. Elles devaient, a-t-on dit sérieusement, préserver des vertiges, puisqu'elles provenaient le plus communément du chamois, animal qui affronte les plus redoutables précipices. La raison contemporaine a fait justice de ces absurdités, et les égagropiles sont conservés dans les collections, non plus comme agents thérapeutiques, mais comme pièces du ressort de l'anatomie pathologique, étant des causes léthifères. Ce sont effectivement des productions redoutables, comme on peut aisément le concevoir : une fois qu'elles ont acquis un volume qui ne leur permet plus de passer dans les intestins, elles deviennent des corps étrangers qui remplissent progressivement la cavité des premières voies de la digestion. Les animaux qui en sont porteurs ne tardent pas à maigrir, et finissent par succomber. Il serait donc très-important de trouver les moyens de prévenir la formation des égagropiles, car la conservation des animaux domestiques est un objet capital dans l'économie rurale.

Comme on a remarqué que c'est au moment de la mue, pendant les mois de septembre, d'octobre et de novembre, que les égagropiles se forment le plus communément, il serait nécessaire d'étriller soigneusement les animaux à cette époque, afin de favoriser la chute des poils qu'ils s'efforcent d'arracher. Comme on a aussi observé que les maladies de la peau causent des démangeaisons qui excitent les animaux à se lécher, il convient d'y remédier autant que possible par des traitements appropriés, ou, mieux encore, de les prévenir par une nourriture saine et suffisante, de l'eau pure, des litières souvent renouvelées, etc. Ces recommandations sont suggérées par l'expérience, car les égagropiles sont rares parmi les bestiaux bien entretenus, tandis que ces concrétions sont communes parmi ceux qui pâtissent par défaut d'aliments et de boissons de bonne qualité. Enfin, il est un autre moyen qui peut concourir à prévenir la formation des égagropiles; ce serait de tenir dans toutes les pâtures des troncs d'arbres rugueux solidement implantés, un peu inclinés, contre lesquels les individus de la race bovine pourraient se frotter le corps, comme on les voit faire souvent contre des arbres isolés.

Aucun fait n'est plus compréhensible et plus explicable que la formation des égagropiles, ainsi que leur séjour dans les organes digestifs des bestiaux; il n'en est cependant pas ainsi pour les habitants des campagnes, qui croient que ce sont des pelotes fabriquées dans des intentions malveillantes. On les distribue, disent-ils, dans la pâture des animaux : ce sont des armes dont se sert un voisin envieux, haineux, vindicatif.

On nomme *egagropiles de mer* des pelotes semblables aux précédentes, mais dont l'origine et la composition diffèrent. Celles-ci sont formées par les racines de plantes marines que les vagues pelotent et feutrent par leur roulis continuel. Dr CHARBONNIER.

ÉGALITAIRES. *Voyez* COMMUNISME et QUÉNISSET.

ÉGALITÉ. Le sens de ce mot n'est fixé clairement que dans les sciences exactes, où il exprime le rapport entre des grandeurs dont aucune ne surpasse les autres et n'en est point surpassée. Dans les sciences morales et politiques, cette notion d'*égalité* n'est plus admissible, et cependant on emploie le même mot, quoiqu'il n'ait plus rien de précis, et qu'il soit peut-être impossible de le définir rigoureusement. Nous avons une idée très-nette de l'*inégalité* entre les hommes, les fortunes et les positions sociales, et des effets qu'elle produit; nous distinguons parmi eux des *distances sociales*; ce sont des faits dont l'évidence n'est point contestée et dont nos regards sont trop souvent affligés. On parvient même à distinguer, par des observations à la portée de toutes les intelligences, les *inégalités* qui dépendent de la nature humaine, et celles qui résultent des institutions, des lois, des diverses formes de gouvernement; mais, soit que nous soyons moins instruits sur cette matière que nous ne croyons l'être, soit que la connaissance la plus complète de la nature du mal et de ses causes ne suffise pas toujours pour y trouver un remède, il est certain que nous voyons plus de changements que d'améliorations, et que le mal se perpétue à peu près dans son entier. Écrire à deux reprises, ainsi qu'on l'a fait, chez nous, le mot *égalité*, entre ceux de *liberté* et de *fraternité*, sur le fronton des édifices publics, ne suffit pas, comme on ne l'a vu que trop, pour acclimater ces trois principes sur un sol qui n'a pas été préparé à les recevoir.

Quant aux sciences morales et politiques, la question de l'*égalité* est encore à résoudre, et l'on n'est pas même d'accord sur la manière de la poser. Quelques législateurs, ne l'envisageant que sous un aspect, où elle ne peut être embrassée dans son ensemble, et regardant la propriété territoriale comme le fondement des sociétés, ont prescrit des limites à l'étendue de ces propriétés ou à la durée de leur possession. Mais comme les autres sources de richesses n'ont pas été soumises aux mêmes lois, l'*inégalité* n'a diminué que très-peu, et des fortunes colossales se sont maintenues au milieu de populations misérables. D'autres réformateurs ont eu recours à l'autorité de la religion : tel fut le Morave *Hernhut*, dont les sectateurs ont fondé plusieurs colonies florissantes dans les deux continents; la somme de bien-être et de jouissances réelles est certainement plus grande chez les *frères moraves*, à population égale, que dans nos brillantes capitales, où d'affreuses misères contrastent douloureusement avec les joies de l'opulence. Notre siècle a vu naître la prétendue religion *saint-simonienne*, qui n'a pu s'établir. Elle ne pénétrait pas assez dans le cœur de l'homme; elle tenait plus à la philosophie qu'à la religion, et de plus elle naissait en France, ses apôtres étaient français : elle n'était pas confiée à la persévérance allemande, comme celle des frères moraves.

Chez les anciens, comme dans les temps modernes, les philosophes et les législateurs ne se sont occupés que des peuples qu'ils avaient sous les yeux; aucune question de morale et de politique n'a été assez généralisée. J.-J. Rousseau est le seul qui ait bien compris celle qui nous occupe; mais, séduit par les mensonges que l'on débitait de son temps sur le bonheur de l'homme sauvage, ces fausses notions l'ont égaré; son éloquent discours sur l'*origine de l'inégalité des conditions* est l'acte d'accusation de notre ordre social; il présage aux générations futures des calamités toujours croissantes, si nous refusons de retourner à ce qu'il regarde comme l'état primitif et naturel de la race humaine. Dans les autres ouvrages du célèbre Génevois, la civilisation n'est pas traitée, il est vrai, avec autant de sévérité; il n'est plus question d'abolir la propriété territoriale, et ce que l'on propose conserve quelques vestiges de ce qui est. Ces contradictions, justement reprochées à l'auteur de l'*Émile* et du *Contrat social*, ne feront point renoncer à la lecture de ses écrits. Ses défauts furent ceux de son siècle; on abordait alors les questions les plus ardues avec une assurance trop voisine de l'audace, et que le succès ne justifiait pas toujours. Montesquieu lui-même ne doit pas être lu sans quelques précautions contre les prestiges du style; et quant à Diderot, à Helvétius, etc., on est assez disposé se défier de leurs paradoxes, à les soumettre à un examen attentif. Aucun siècle ne fournit aux sciences morales et politiques une aussi riche collection de matériaux d'un très-grand prix; mais le triage n'en peut être bien fait que par des esprits très-justes et accoutumés aux méditations les plus sérieuses. Tous ceux qui voudront entreprendre des recherches sur l'ordre social, et principalement sur la difficile question de l'*égalité politique*, ne pourront se dispenser de ce travail préparatoire, qui ne sera pas la partie la moins pénible de leur laborieuse entreprise.

Au dix-huitième siècle, on se bornait à des théories : maintenant on veut s'élever jusqu'aux applications, et les projets de réforme sociale ne nous ont pas manqué. L'*égalité* est le but de toutes les innovations; tous les auteurs de ces grandes conceptions affirment qu'ils établissent une équitable répartition des avantages et des charges de la société, des biens et des maux de la vie. Mais, outre cet important résultat, ils en promettent quelques autres si merveilleux que la confiance en est fortement ébranlée; et dès que l'examen commence, le lecteur, devenant juge et partie, donne rarement gain de cause à l'auteur. Quelques doctrines purement spéculatives ont aussi fait leur première apparition au commencement du siècle actuel : tel est le système des *compensations*, dont les conséquences, rigoureusement déduites, conduiraient, plus sûrement encore que le *fatalisme* des Orientaux, à une complète indifférence pour le présent et l'avenir. Si en effet les lois immuables de la nature ont fixé la somme des biens et des maux, les acquisitions à faire sont nécessairement *compensées* par des pertes équivalentes; et, sans coopération de notre part, les biens que nous aurions perdus nous seraient restitués sous une autre forme. En ce cas, pourquoi nous attacher à la roue d'Ixion, et tourner éternellement sans but et sans motif? Signalons encore un autre mal dont le dix-neuvième siècle éprouve l'atteinte, c'est l'invasion d'une philosophie stérile, toujours confinée dans les régions abstraites, et qui prétend néanmoins diriger toutes les opérations intellectuelles. Quand même on n'aurait à lui reprocher que d'accoutumer l'esprit à se contenter de *mots*, au lieu d'appeler son attention sur les *choses*, ce serait assez pour lui interdire l'entrée des sciences morales et politiques.

On voit que l'importante question de l'*égalité politique* n'est pas encore assez éclairée par tout le faisceau des lumières dont on l'a entourée jusqu'à présent. L'antiquité ne fournit rien qui soit applicable aux temps modernes; notre siècle lui-même n'apporte absolument rien, et le précédent ne donne qu'un mélange de vérités et d'erreurs, et par conséquent une instruction trop incomplète. Cependant, des considérations, qu'il n'est pas permis de négliger, imposent le devoir de rassembler préalablement tout ce qui pourra diriger les premiers essais d'application. Ce sont des hommes qu'il s'agit de mettre en expérience, et pour diriger de telles entreprises, il faut des âmes fortes, des vertus peu communes. Que l'on s'attache à préparer tout ce qui peut rendre le travail fructueux, car le bonheur de l'humanité dépendra de ses résultats. Mais on doit s'attendre à rencontrer de grands obstacles, de puissantes résistances; l'égoïsme et la médiocrité feront usage de leur arme ordinaire, la *légalité*, si souvent opposée à la raison et à la justice. Ce fut au nom de la légalité que le sénat romain fit conduire au supplice trois cents esclaves reconnus innocents : il s'agissait d'assurer le repos des maîtres; on n'examina pas si les lois étaient atroces, la force armée protégea l'exécution. Les voies légales sont conservatrices des intérêts dominants, et ne peuvent amener des réformes en faveur des intérêts généraux. Comme l'*égalité politique* tient essentiellement à la base de l'édifice social, il faut pour l'établir une démolition totale et une reconstruction sur d'autres fondements. Ces deux opérations ne peuvent être confiées qu'à des constructeurs très-habiles et pourvus de connaissances approfondies sur les matériaux qu'ils emploieront et sur les moyens de les mettre en œuvre. On exigera de plus que le plan du nouvel édifice soit tout prêt, que l'emplacement soit bien choisi, le sol bien consolidé, etc. C'est un art tout entier et tout nouveau qu'il s'agit de créer; ceux qui voudraient le mettre dès à présent en pratique n'en auraient aucune idée, et leur généreux dévouement n'aboutirait qu'à des catastrophes. Qu'ils se soumettent donc à un apprentissage commandé par la raison, et qu'ils aient le courage de le continuer jusqu'au bout, car il sera très-long. Ce qu'ils ont à apprendre exige peut-être une suite de découvertes, car il faut avant tout que l'être intellectuel et moral soit mieux connu, que des notions exactes de ses facultés et de ses besoins indiquent les relations à établir entre les individus réunis en société pour le plus grand bien de tous; en un mot, il faut une solution complète du problème social.

A cette époque, encore éloignée, *l'égalité politique* ne sera plus hors de notre portée, et nous saurons comment on peut y arriver sans s'exposer à de trop grands périls, sans immoler quelques générations pour accroître le bonheur de leur postérité. En proposant cet ajournement, dont on ne voit point le terme, on n'affaiblit point l'espérance de cet avenir si désiré et si digne de l'être; mais pour l'amener plus sûrement, et par un chemin qui ne soit point arrosé de sang et de larmes, la longanimité est une vertu nécessaire. Méditons l'écrit de Condorcet sur la perfectibilité indéfinie de l'homme, et rappelons-nous dans quelles circonstances ce philosophe de théorie et de pratique nous légua ses dernières pensées, inspirées par une consolante philanthropie. Nous espérerons comme lui jusqu'au moment où la tombe sera prête à nous recevoir, et à la fin d'une vie consacrée tout entière à la recherche des connaissances qui manquèrent à nos prédécesseurs pour consolider leur œuvre de régénération politique, nous laisserons à nos descendants le soin d'achever ce que nous aurons commencé. Newton demandait que l'on s'attachât à perfectionner les sciences, afin d'arriver par ce moyen au perfectionnement de la morale : et l'établissement de l'ordre social le plus parfait d'une *égalité politique* avouée par la raison ne serait-il pas la plus belle application de la morale?

Puissent ces observations d'un ami sincère de la liberté n'être pas inutiles à la génération actuelle! Entraînée par un enthousiasme très-digne d'éloge, elle n'est que trop disposée à tenter l'impossible, méprisant ses périls et ne se donnant pas la peine de mesurer ses forces. Elle peut compromettre ainsi la noble cause qu'elle s'est chargée de défendre, et qu'elle servirait beaucoup plus utilement si elle savait temporiser. En s'imposant l'obligation d'éclairer et d'aplanir la route pour la génération suivante, elle remplirait un emploi plus difficile peut-être et non moins honorable que celui qu'elle ambitionne sans prudence et sans aucune garantie de succès. On parle souvent aussi de *l'égalité des citoyens devant la loi* sous les gouvernements que l'on dit *représentatifs* : cette expression est inexacte et même vide de sens. Sous le gouvernement despotique, aussi bien que dans les républiques, le caractère des lois est d'être applicables à tous les sujets ou à tous les citoyens. Quant à l'impartialité du juge et de l'administrateur, la morale la prescrit également, quelle que soit la forme de la constitution politique. D'ailleurs, que faudrait-il entendre par *égalité* devant des lois qui instituent et maintiennent *l'inégalité*? Ne soyons pas dupes des mots, et reconnaissons que jusqu'à présent la théorie et la pratique de *l'égalité* nous sont étrangères !

FERRY.

ÉGALITÉ DES SALAIRES. Dans une vingtaine d'années d'ici, quand le silence de la tombe se sera fait autour des différents agitateurs contemporains, on aura peine à comprendre qu'en plein dix-neuvième siècle, à une époque que l'on dit être par excellence celle des lumières et du bon sens, il leur ait été possible de remuer et de passionner les masses pendant quelques instants avec un non-sens et une chimère aussi absurdes que *l'égalité des salaires*. Et cependant, il faut bien le dire, en formulant cette loi nouvelle du travail, ils n'étaient que conséquents avec eux-mêmes les publicistes qui aspiraient à régénérer l'humanité en la soumettant au communisme! Évidemment le jour où un homme travaille mieux ou plus qu'un autre, il a droit à une rémunération plus forte; ou sans cela toute idée d'équité serait bannie d'ici bas. Or l'homme habile et laborieux devant recevoir un salaire plus élevé, ne voit-on pas tout de suite que la propriété sera pour lui la conséquence directe et forcée de l'accumulation successive de l'excédant des fruits de son travail qu'il n'aura pas eu besoin de consommer immédiatement? S'il n'était pas mieux rétribué que le paresseux, que le maladroit, où serait la justice distributive?

M. Louis Blanc, alors qu'il trônait au Luxembourg en mars 1848, ne craignit pas d'affirmer aux braves ouvriers qu'il avait fait asseoir sur les fauteuils des ci-devant pairs de France, que le jour, très-prochain suivant lui, où *l'égalité des salaires* serait établie et proclamée, il donnerait le premier l'exemple de la résignation et de l'obéissance à la loi commune en se contentant des *quatre francs* par jour que le bon ouvrier gagne en moyenne à Paris. Quelques mois auparavant, M. Louis Blanc avait vendu 500,000 francs à des spéculateurs une histoire de la Révolution française. Intéressante victime de la tyrannie du capital, M. Louis Blanc déclarant que lorsqu'on lui aurait confié la dictature, il refuserait de recevoir l'argent que ses libraires s'étaient engagés à lui payer, ne produisit que peu d'effet sur son auditoire. De cent individus qui l'écoutaient, il y en avait en effet quatre-vingt-dix-neuf qui par *égalité des salaires* entendaient l'élévation du salaire général des travailleurs au niveau des gains que réalisent certains privilégiés; et ils furent médiocrement édifiés, quand l'oracle de la démocratie triomphante leur fit comprendre que son infaillible panacée sociale n'était en définitive que *l'égalité de la misère*.

ÉGARD, ÉGARDS. Dans la plupart de ses acceptions actuelles, ce mot conserve la physionomie et le sens du verbe *regarder*, dont il dérive, et qui avait donné naissance au verbe *égarder*, maintenant inusité. C'est ce que témoignent surtout les expressions ou façons de parler adverbiales : *eu égard*, *à cet égard*, *à l'égard de*, *à certains égards*, *à différents égards*, *à tous égards*, qui emportent toutes l'idée de comparaison, de jugement, de résolution prise en vue d'un ou de plusieurs objets quelconques. *Égard* signifie donc proprement attention particulière faite à quelqu'un ou à quelque chose, soit au propre, soit au figuré; et dans ce dernier sens il devient synonyme d'*estime*, *considération*, *déférence*. *Avoir égard* à quelqu'un ou à quelque chose, c'est en tenir compte, c'est les prendre en considération. Il faut *avoir égard* aux prières des malheureux, etc. Ducange fait dériver *égard* (*esgard*) de *escardium* ou *esgardium*, dont on s'est servi dans la basse latinité pour exprimer une sentence rendue en connaissance de cause, d'où les juges avaient été appelés *escardours*, et d'où est venue la formule encore subsistante aujourd'hui en style d'arrêt, *la cour ayant égard*, etc. Ce mot était même devenu l'appellation d'un tribunal, d'une commission spéciale dans l'ordre de Malte, qui jugeait les procès entre les chevaliers; d'où le terme *égardise*, qui avait la même signification que *jurande*. Enfin, les diverses corporations marchandes avaient établi parmi elles des *maîtres égards*, appelés depuis, par corruption, *maîtres et gardes*, chargés d'une sorte d'inspection sur les membres de la compagnie, ainsi que sur les objets de fabrication qui devaient être livrés au commerce, et l'on disait d'une pièce examinée et approuvée par eux, qu'elle était *égardée*.

Quant aux *égards*, considérés sous le point de vue moral, on peut dire qu'ils sont l'âme de la société. « La science des *égards*, a dit Mlle de Scudéry, est la science de la politesse. » « Les hommes, en s'assemblant en société, ajoute Saint-Évremond, se sont, en quelque sorte, obligés à des *égards* réciproques pour se rendre plus agréables les uns aux autres. » Ce mot semble emporter l'idée de protection; les *égards* devraient venir surtout de la force pour profiter à la faiblesse. La femme, le vieillard, l'enfant, celui souffre ou qui a besoin, devraient donc être l'objet des *égards* de ceux qui sont forts, heureux ou riches en ce monde. C'est cependant tout le contraire que nous voyons chaque jour : les *égards* vont aux grands, aux riches, aux puissants de la terre; ils viennent, non pas toujours, il est vrai, de ceux qui souffrent ou qui sont faibles, mais trop souvent de ceux qui sont placés sur la ligne intermédiaire qui sépare ces deux points extrêmes de notre civilisation; et dès lors, ils devraient prendre le nom de *bassesses*.

Edme HÉREAU.

ÉGAREMENT. C'est le substantif des verbes *égarer*, *s'égarer*. Il viendrait, selon Ménage, du latin *varatio*, signifiant *courbure*, et par analogie, *déviation*. Nous le supposons plutôt dérivé du vieux français *aguirer*, qui se disait des bestiaux s'écartant des lieux où ils devaient paître pour errer dans les *guérets*. Dans le sens propre, comme synonyme de l'action de se fourvoyer, il n'est plus d'usage. Racine seul a pu dire :

Arcas s'est vu trompé par notre *égarement*.

Mais le peuple répète, dans son ignorance de l'astronomie, que les comètes sont des astres *égarés*. Dans la langue des poëtes, un ruisseau s'*égare* dans la plaine; les branches de l'arbrisseau s'*égarent* sur l'espalier. Puis ce mot passe du propre au figuré : on dit une imagination *égarée*, et communément : « Le cœur est bon chez cet homme, l'esprit seul est *égaré*. » L'*égarement* est un trouble de l'âme, dont le *délire* est le paroxisme; le délire permanent est la *folie;* la *folie* est soumise à la thérapeutique; l'égarement, jamais. Le délire est toujours ardent, fiévreux; l'égarement peut être froid et tenir même de la stupeur. Ce désordre moral se communique de l'âme au système nerveux, qui à son tour réagit nécessairement sur la vue : aussi dit-on : « Cette femme a les yeux *égarés*. » Dans le délire, la voix de la raison ne peut se faire entendre, sa lumière brille en vain; dans l'égarement, au contraire, l'homme tient encore le flambeau de cette sage conseillère, et avec du courage il peut rentrer dans la bonne voie. Le délire ne peut durer, parce que c'est une lutte de toutes les forces de la nature entre elles, et qu'elles s'épuisent bientôt, tandis que l'égarement, plus paisible peut être durable. Il y a de tristes, de sombres, de noirs égarements : tels étaient ceux d'Oreste, quand les Furies lui laissaient quelque trêve. Il y en a d'aimables, de doux et de tendres : tels étaient ceux de Charles VII auprès d'Agnès Sorel à Orléans, et de Henri IV aux pieds de Gabrielle. Quelquefois les expressions auxiliaires avec lesquelles ce mot est construit lui donnent une grande force : témoin ces beaux vers de Racine, dans lesquels Phèdre paraît excuser elle-même sa criminelle passion :

O haine de Vénus, ô fatale colère!
Dans quels *égarements* l'amour jeta ma mère!

DENNE-BARON.

EGBERT LE GRAND, fils d'Edmond, roi de Kent, descendant de Cerdic, l'un des premiers rois de l'heptarchie saxonne. La jalousie et les défiances de Brithric, qui avait usurpé le trône depuis l'an 784, le forcèrent de se réfugier d'abord à la cour d'Offa, roi de Murcie, et plus tard à celle de Charlemagne. Après la mort de Brithric (799), Egbert revint en Bretagne, et fut appelé par le suffrage unanime des thanes à monter sur le trône de Wessex. La conquête le rendit successivement maître des six royaumes de l'heptarchie, et dont l'étendue était à peu près celle de l'Angleterre actuelle. En 827, il ordonna que les royaumes placés sous son obéissance portassent désormais la dénomination commune de *royaume d'Angleterre*, et il devint ainsi le premier roi d'Angleterre de la dynastie saxonne. Il mourut dix ans plus tard, en 837, laissant sa couronne à son fils Ethelwolf.

ÉGÈDE (JEAN), l'apôtre du Grœnland, naquit le 31 janvier 1686, en Norvège. Nommé, à vingt-deux ans, curé de Wogen, près Drontheim, il résigna ses fonctions en 1717, et se rendit à Bergen, dans l'intention de s'y embarquer pour le Grœnland. Mais ce ne fut qu'au bout de quelques années qu'il réussit à triompher des difficultés sans nombre qui s'opposaient à la réalisation de ses projets. Le 12 mai 1721 il mit à la voile avec deux vaisseaux, emmenant sa femme, ses deux fils et quarante-six personnes; le 3 juillet suivant il prit terre par le 64° de latitude septentrionale, sur un point de la côte du Grœnland, appelée *Baals*. Sa bonté, sa douceur, lui eurent bientôt gagné l'affection des indigènes. Après plusieurs années de travaux et d'efforts, il parvint à être en état de leur prêcher l'Évangile dans leur langue. Diverses calamités, par exemple les ravages exercés, en 1734, par la petite vérole, faillirent anéantir tous les résultats de ses efforts. Cependant, grâce à sa constance, la propagation du christianisme sur ces rives lointaines fit toujours plus de progrès, et, à partir de 1728, le commerce, à la prospérité duquel se rattachait le succès de sa mission, prit les plus heureux développements. Le gouvernement danois se décida alors à envoyer à son aide plusieurs missionnaires; et un certain nombre de frères moraves entreprirent de venir partager ses travaux apostoliques. Après quinze années de séjour au Grœnland, Égède revint en Danemark, où il fut nommé, en 1740, *surintendant* (évêque) de la mission grœnlandaise. Jusqu'à sa mort, arrivée en novembre 1758, il poursuivit sans interruption l'œuvre évangélique du Grœnland, soit par la publication de différents ouvrages, soit en provoquant la fondation d'un séminaire spécialement destiné à former des missionnaires pour ce pays.

Son fils aîné, *Paul* ÉGÈDE, né en Norvège, en 1708, partagea ses travaux apostoliques, et lui succéda plus tard en qualité d'évêque du Grœnland. Il traduisit l'*Imitation de Jésus-Christ* en grœnlandais, et mourut en 1789, à Copenhague, où il avait fini par obtenir une chaire de théologie.

ÉGÉE, fils de Pandion et de Pylia, fille de Pylas, roi de Mégare, où Pandion, expulsé d'Athènes par les Métionides, avait trouvé un asile. Après la mort de son père, Égée, secondé par ses frères, reconquit Athènes et y régna. De sa femme Éthra, fille de Pitthée, roi de Trézènes, il eut Thésée, qu'il fit élever secrètement par Pitthée pour donner le change aux fils de son frère Pallas, qui aspiraient à la souveraineté, et leur laisser espérer qu'ils hériteraient de son pouvoir. Mais ceux-ci détrônèrent Égée, et restèrent en possession de son trône jusqu'au moment où Thésée les en expulsa, et le rendit à son père. Égée resta dès lors paisible souverain d'Athènes jusqu'à sa mort, arrivée dans les plus tristes circonstances.

A cette époque, Minos, roi de Crète, ayant envoyé son fils Androgée comme ambassadeur dans l'Attique, Égée, contre le droit des gens, le fit tuer. Pour venger les mânes d'Androgée, Minos fit, le fer et la flamme à la main, une descente dans l'Attique, qu'il couvrit de ruines et inonda de sang. Dans cette désolation, Égée envoya au roi de Crète des ambassadeurs suppliants, selon l'usage les cheveux négligés, la barbe inculte, une branche d'olivier à la main. Minos leur accorda une paix dont les conditions furent plus horribles que la guerre : il exigea des Athéniens un tribut annuel de sept jeunes hommes et de sept jeunes filles, pour servir de pâture au minotaure, monstre moitié homme et moitié taureau, solitaire habitant du labyrinthe. Deux fois déjà des pères et des mères éplorées avaient fourni l'affreux et triste tribut, lorsque Thésée, par un dévouement sublime, prit la place d'une des victimes. Il résolut d'exterminer le minotaure dans son repaire inextricable ou de périr. Égée, déjà vieux, ne put retenir ses larmes en voyant les apprêts du départ. Il recommanda à son fils de mettre en cas de succès, une voile blanche au mât de son vaisseau. Le vaisseau qui portait les victimes était tout noir, ainsi que ses voiles et ses mâts. Thésée vainqueur, et sans doute préoccupé de sa perfidie envers la trop tendre et confiante Ariadne, oublia de mettre la voile blanche au mât; et à la vue de la voile noire, Égée, persuadé que son fils n'était plus, se précipita dans les flots, du haut d'un rocher où il venait l'attendre chaque jour. Le bras de mer où il trouva la mort reçut dès lors le nom de *mer Egée*.

ÉGÉE (Mer). C'est ainsi que les anciens nommaient la mer parsemée d'îles qui est située entre la Grèce, la Turquie d'Europe, l'Anatolie et l'île de Candie (Crète), et qu'on appelle de nos jours l'*Archipel grec*. L'origine de son ancien nom est incertaine : les uns le font dériver d'Égée, roi d'Athènes (*voyez* l'article qui précède); les autres, d'une Égée, reine des Amazones; d'autres encore l'attribuent à une petite île voisine de l'Eubée. Strabon en rapporte l'origine à une ville, Pline à un rocher nommé Égée, qui est entre Ténédos et Scio; enfin, Varron et Festus disent que ce nom vient du grand nombre d'îles qui paraissent de loin bondir au milieu des vagues comme des chèvres.

La mer Égée est un bassin de la Méditerranée; elle communique à l'ouest avec la mer Ionienne; au nord-ouest, par la mer de Marmara et par le Bosphore, avec la mer Noire. Les îles qu'on y rencontre dépendent les unes de la Grèce, les autres de la Turquie. Celles qui appartiennent à la Grèce sont, les unes dispersées, les autres rapprochées les unes des autres, d'où le nom de *Sporades*, donné aux premières, et celui de *Cyclades*, donné aux secondes. Les îles appartenant à la Turquie sont Thaso, Samothraki, Imbro, Ténédos, Stalimène (Lemnos), Métélino, Ipsara, Scio, Nicaria, Samos, Patmo, Lero, Lipso, Kalamini, Stanko, Simé, Piscopi, Kari, Rhodes, Scarpanto (Kodsje), Kaxa, Karabusa, Suda, Standia, Fratelli et Placa. Les côtes qui entourent ce bassin sont profondément encaissées par de nombreux bras de mer et baies. En été, il y règne de violents vents du nord qui en rendent la navigation dangereuse et souvent même impossible d'une île à l'autre, principalement à l'extrémité sud de Négrepont, et entre Ténos et Mykone.

ÉGÉON (en grec, Αἰγαίων), le même que Briarée. Homère en a fait un géant, Ovide un dieu de la mer. On s'accorde aujourd'hui généralement à reconnaître dans cet être redoutable un pirate, dont la petite île d'*Ega*, voisine de l'Eubée, était le repaire. De là son nom d'*Égéon*. Les cent bras dont les poëtes le gratifient ne seraient, dans ce cas, qu'une centaine de compagnons qu'il aurait eus sous ses ordres; et la victoire que le dieu de la mer aurait remportée sur eux se résumerait en une tempête qui aurait englouti dans les flots le pirate, ses vaisseaux et ses gens.

EGER ou EGRA, chef-lieu de cercle dans le royaume de Bohême, bâti au pied du Fichtelberg, sur les bords de l'Eger, rivière qui se jette dans l'Elbe, compte environ 10,000 habitants, et est depuis 1850 le siége des autorités du cercle, d'une direction des finances et d'une direction des douanes, d'une capitainerie de cercle, d'un tribunal supérieur et d'un tribunal de première instance. En 1850, son collége a été érigé en collége de première classe. Parmi les produits de l'industrie locale, les plus recherchés sont les draps, les chapeaux, les vêtements et les chaussures. Depuis son dernier incendie (1809), on ne compte plus à Egra que quatre églises, dont la plus remarquable par sa magnificence et ses vastes proportions est l'église du Doyenné, placée sous l'invocation de saint Nicolas. On trouve aussi dans cette ville un couvent de dominicains et un couvent de franciscains, une commanderie de l'ordre des croisés de l'Étoile-Rouge, un hospice pour les bourgeois pauvres et infirmes, et diverses autres institutions de bienfaisance. Les fortifications qui l'entouraient furent rasées en 1808. Pendant la guerre des Hussites, pendant celles de trente ans et aussi pendant la guerre de la Succession d'Autriche, elle eut beaucoup à souffrir des dévastations, inévitable résultat de pareilles luttes. Le 25 février 1634, Wallenstein y périt assassiné dans l'hôtel de ville, appelé autrefois *maison du commandant*; la veille au soir, les généraux impériaux Illo et Terzky avaient eu le même sort, dans le vieux château, aujourd'hui en ruines.

Avant 1850 Egra était le chef-lieu du district du même nom, séparé du cercle d'Elnbogen, et dont la population, forte d'environ 30,000 âmes, diffère par les mœurs, par les habitudes et par le costume de toutes les populations circonvoisines. Ce district relevait jadis immédiatement de l'Empire d'Allemagne; mais à la suite de longues querelles, au sujet de sa possession, entre la Bavière et la Bohême, il fut définitivement réuni à ce dernier pays. Depuis 1850 il est compris dans le cercle d'Egra, qui compte 560,000 habitants sur une superficie de 134 myriamètres carrés, et est divisé en douze capitaineries de districts. A une lieue au nord d'Egra, on trouve les eaux thermales de *Franzensbrunn*.

ÉGÉRIE, nom d'une célèbre *camène* ou nymphe du Latium, qui passait chez les Romains pour avoir dicté au roi Numa Pompilius ses lois, si sages, en même temps qu'elle lui avait inspiré toutes les institutions relatives au culte qui ont immortalisé le nom de ce prince. Numa consacra aux *camènes* le bois où il avait reçu ces premières révélations. On cite deux endroits qui étaient consacrés à Égérie : l'un près d'Aricie, l'autre près de Rome, en avant de la porte Capène, où l'on montre encore aujourd'hui une grotte portant le nom d'Égérie.

Égérie n'était pas d'ailleurs seulement une nymphe qui prédisait l'avenir, elle avait encore le pouvoir de donner la vie : aussi était-elle invoquée par les femmes enceintes.

EGERTON (Lord). *Voyez* Bridgewater.

ÉGIDE, mot emprunté au grec αἰγίς ou au latin *ægis*, peau de chèvre. Roquefort mentionne comme vieux terme français *ægis*, signifiant *bouclier*; mais il n'est pas bien certain que ce mot ait eu absolument le même sens dans l'antiquité. Les anciens auteurs le rapportent tous aux usages mythologiques; mais plusieurs d'entre eux croient qu'il exprimait une cuirasse; l'*Encyclopédie* fait la distinction que voici : « L'égide des dieux était un bouclier, celle des mortels une cuirasse. Pourtant, Homère, qui parle fréquemment de l'égide d'Apollon et de Minerve, dit de cette déesse « qu'*elle couvre ses épaules de son égide terrible* ». Homère nous montre tantôt Pallas, tantôt Apollon, se couvrant de l'égide. S'agit-il dans ce cas de leur cuirasse, ou de leur bouclier? La question est insoluble. Gal Bardin.

La tête de Méduse était représentée sur l'égide de Pallas. Au figuré, *Égide* signifie ce qui met à couvert.

EGIDIO DE VITERBE, cardinal et poëte italien, mort en 1532, est un des écrivains, qui, sans briller au premier rang, illustrèrent pourtant ce seizième siècle italien, qu'illuminent d'un si vif éclat, à ses deux extrémités, l'Arioste et Le Tasse. C'est dans la petite épopée, dans le *poemetto*, genre particulièrement cultivé à cette époque en Italie, que brilla le cardinal Egidio. Il écrivit au temps où écrivait le Bembo, prince de l'Église comme lui. Par un hasard singulier, chacun d'eux fit en octaves, rhythme fort à la mode depuis l'Arioste, un petit volume sous ce titre : *La chasse de l'amour*. Mais si dans ses stances le cardinal Bembo avait chanté la victoire de Cupidon, le cardinal Egidio, comme pour réparer le scandale causé par son collègue, célèbre le triomphe de la chasteté. Les deux poëmes firent grand bruit de leur temps; mais la voluptueuse Italie, sans trop tenir compte des bonnes intentions d'Egidio, donna hautement la préférence à son rival.

ÉGILOPS ou ÆGILOPS, d'αἴξ, αἰγός, chèvre, et ὤψ, œil), petit ulcère qui succède quelquefois à l'anchilops enkysté ou à l'anchilops inflammatoire, et qui doit son nom, selon les uns, à ce que les chèvres sont fort sujettes à cette affection, et suivant les autres, à ce que les personnes qui en sont atteintes tournent les yeux comme ces animaux.

ÉGINE (*Egina* ou *Engia*), l'une des îles sporades appartenant au royaume de Grèce, presque au milieu du golfe Saronique des anciens, appelé aujourd'hui *golfe d'Égine*. Cette île, d'une superficie d'environ 220 kilomètres carrés, est montagneuse, et offre un grand nombre de gouffres et de fondrières. La forme est à peu près celle d'un triangle, dont la base, représentée par la côte septentrionale (Bala), se prolonge à l'est par le cap Turlos. Ses côtes escarpées n'offrent d'accès que dans une baie située au nord-ouest. Là aussi est située la ville d'Égine, sur le versant d'une montagne, à 3 kilomètres de la côte à laquelle la relie une route étroite et difficile. L'Égine des anciens était située sur la côte septentrionale. Cette île possède une population de 10,000 âmes, dont beaucoup d'Ipsariotes réfugiés, et est le siége d'un évêché. Les habitants se livrent au commerce et à la navigation, et cultivent avec soin leur sol, qui produit des céréales, du vin, de l'huile, tous les fruits du Sud et les meilleures amandes de toute la Grèce. Égine contient en outre une telle quantité de perdrix que pour en empêcher une propagation plus grande encore, on est forcé de détruire leurs œufs. Des citernes, construites sur le mont Saint-Elias, au-dessus de la ville, et d'où l'on découvre l'un des plus magnifiques points de vue qu'il y ait en Grèce, obvient à la rareté de l'eau en été.

Le plus ancien nom de cette île fut *Œnone*, et suivant la tradition on le changea plus tard en celui d'*Égine*, quand une fille d'Asope, ainsi nommée, y eut mis au monde un fils appelé Éaque, qu'elle avait eu de Jupiter. La tradition grecque veut aussi que les Myrmidons aient habité autrefois les cavernes et les fondrières, si nombreuses à Égine. A l'époque la plus reculée, elle obéissait au même souverain qu'Épidaure, ville située sur la côte opposée; mais dès l'an 540 avant J.-C. elle se rendit indépendante, se donna une constitution aristocratique de l'espèce de celles qui étaient en vigueur dans les villes doriennes; et grâce à son active navigation, à son commerce étendu et à son industrie, qui avait atteint une perfection voisine de l'art, elle avait acquis une puissance et une importance telles que dans la guerre des Perses sa flotte l'emporta sur celle des Athéniens eux-mêmes, et contribua beaucoup à sauver la Grèce à Salamine. A cette époque aussi les Éginètes excellaient dans tous les exercices gymnastiques, et on en comptait toujours plusieurs parmi les vainqueurs aux jeux olympiques. Elien leur attribue aussi l'invention de la monnaie.

La prospérité de cette île, surtout son riche commerce d'exportation, qui consistait plus particulièrement en ouvrages de bronze et d'argile ainsi qu'en objets de luxe provoquèrent la jalousie des Athéniens, qui, l'an 457 avant J.-C., contraignirent les Éginètes à leur payer tribut, et, vingt-huit ans plus tard, les chassèrent de leur île, devenue ensuite successivement la proie des Macédoniens, des Étoliens d'Attale et enfin des Romains. Par leur langue, par leurs mœurs et par la direction qu'ils suivaient dans les arts, les Éginètes appartenaient à la race dorienne.

Cette petite île occupe une place des plus importantes dans l'histoire des arts en Grèce. Smilis, aux temps fabuleux, Callon et Onatas dans les temps historiques, sont les représentants les plus remarquables de l'art éginète, art dont une imitation âpre et rude de la nature fut toujours le trait saillant. De là le goût des artistes éginètes pour la fonte en bronze. Dès l'époque la plus reculée, sous Smilis, les figures roides et compassées, aux jambes toujours étroitement rapprochées l'une de l'autre, aux bras immanquablement rattachés aux hanches, étaient le caractère distinctif de l'ancienne école d'Égine, alors que les productions dédaliennes de l'antique école attique apparaissaient déjà pleines d'aisance et de mouvement. Les nombreuses statues provenant de fouilles entreprises en 1811 à Égine ont donné dans ces derniers temps une importance toute particulière à l'art éginète. Ces statues, achetées par le roi Louis de Bavière, alors prince royal, et restaurées par Thorwaldsen, constituent une portion notable des trésors artistiques de la glyptothèque de Munich. Comme leurs proportions vont toujours en décroissant, il est évident qu'elles faisaient autrefois partie d'un fronton dont une statue de Minerve (Athènes) occupait le centre. Par conséquent le temple où on les a trouvées n'était point, comme on l'avait d'abord pensé, consacré à Zeus, mais à Pallas. Les mieux conservées sont celles du fronton de derrière. Le sujet est très-certainement un combat de Grecs et de Troyens pour la possession des restes mortels d'un héros placé sous la protection d'Athène, qui occupait le milieu et qui sépare les Grecs et les Troyens. Aussi dit-on d'ordinaire que ce fronton représente le combat qui eut lieu pour le corps de Patrocle; mais c'est bien plutôt le combat qui fut livré pour le corps d'Achille. Le fronton de devant représente le combat de Télamon et de Laomédon. Il s'agit donc toujours, on le voit, des hauts faits accomplis par les *Éacides*, ces héros auxquels Égine rattachait son origine. Il n'est dès lors pas improbable que par ces représentations mythiques les Éginètes avaient voulu célébrer leurs propres hauts faits dans la guerre contre les Perses; en effet, à en juger par le style, ces statues doivent dater d'une époque de très-peu postérieure à la bataille de Salamis. Les formes des corps sont finement dessinées, mais peut-être pas assez idéales; les os, les muscles, tout, jusqu'aux veines, y est trop vivement accusé. La tête offre le sourire de ricanement qui est le type de la statuaire de l'époque qui précéda la venue de Phidias. Au temps de Périclès, Égine perdit et sa liberté politique et ce qu'il y avait d'indépendant dans sa direction artistique.

ÉGINHARD ou ÉGINARD. Ce personnage historique du neuvième siècle est surtout connu par ses amours avec la fille de Charlemagne, amours que Millevoye a célébrées. Suivant la tradition, Éginhard se rendait tous les soirs auprès d'Emma ou d'Imma, fille de l'empereur. Une nuit qu'ils s'étaient oubliés ensemble, il tomba tant de neige, que la princesse, craignant que la trace des pas de son amant ne trahît leur intrigue, le chargea sur ses épaules et le reporta ainsi jusqu'à son appartement. La tradition ajoute que Charlemagne, ayant vu de sa fenêtre ce manége amoureux, manda le lendemain son audacieux secrétaire, et, après l'avoir forcé à lui tout avouer, consentit à l'union, objet de leurs vœux. Cette fable offre les invraisemblances les plus choquantes. D'abord, *Emma* ou *Imma* n'est point mentionnée dans la nomenclature qu'Éginhard lui-même a laissée des enfants de Charlemagne, et dom Bouquet allègue d'excellentes raisons pour prouver qu'elle n'était point la fille de ce prince. Mais, d'un autre côté, des manuscrits anciens donnent à Éginhard le titre de gendre de l'empereur. Charlemagne, dans une lettre à Lothaire, le nomme seulement son neveu. Quoi qu'il en soit, il était né, à ce qu'on croit, dans la France orientale. Admis par le savant Alcuin à partager les leçons que recevaient les enfants de l'empereur, Charlemagne en fit ensuite son secrétaire, son conseiller et le surintendant de tous les travaux de construction qu'il entreprit, églises, palais, routes, canaux. Après la mort de Charlemagne, il passa au service de Louis le Débonnaire, qui lui confia l'éducation de son fils Lothaire. Emma embrassa la vie religieuse, ainsi que Vussin, leur fils; Éginhard lui-même, dégoûté de la cour, entra au monastère de Fontenelle, dont il fut abbé pendant sept ans. Il en céda, vers 823, la direction à son ami Ansegise, se retirant à Saint-Pierre, puis à Saint-Bavon de Gand. Il fit de son château de Mühlheim (grand duché de Hesse), que lui avait donné l'empereur Louis, une abbaye qu'il nomma Seligenstadt, ou *séjour des bienheureux*, et y déposa des reliques des martyrs saint Marcellin et saint Pierre, qu'il avait fait venir de Rome, en 827. On venait souvent l'arracher au cloître pour l'amener à la cour, où sa présence et ses conseils étaient recherchés. Il mourut en 844; Emma était morte en 839. Les comtes d'Erbach se disent leurs descendants.

Eug. G. de Monglave.

Éginhard a écrit la *Vie de Charlemagne* et des Annales. De ces deux ouvrages, le premier est, sans aucune comparaison, du sixième au huitième siècle, le morceau d'histoire le plus distingué, le seul même qu'on puisse appeler une histoire; car c'est le seul où l'on rencontre des traces de composition, d'intention politique et littéraire. La Vie de Charlemagne n'est point une chronique, c'est une véritable biographie politique, écrite par un homme qui a assisté aux événements, et les a compris. Éginhard commence par exposer l'état de la Gaule franque, sous les derniers Mérovingiens. On voit que leur détrônement par Pepin préoccupait encore un certain nombre d'hommes et causait à la race de Charlemagne quelque inquiétude. Éginhard prend soin d'expliquer comment on ne pouvait faire autrement; il décrit avec détails l'abaissement et l'impuissance où les Mérovingiens étaient tombés; part de cette exposition pour raconter l'avénement naturel des Carlovingiens; dit quelques mots sur le règne de Pepin, sur les commencements de celui de Charlemagne, et ses rapports avec son frère Carloman, et entre enfin dans le récit du règne de Charlemagne seul. La première partie de ce récit est consacrée aux guerres de ce prince, et surtout à ses guerres contre les Saxons. Des guerres et des conquêtes l'auteur passe au gouvernement intérieur, à l'administration de Charlemagne; enfin, il aborde sa vie domestique, son caractère personnel.

On le voit, ceci n'est point écrit au hasard, sans plan, ni but; on y reconnaît une intention, une composition systématique; il y a de l'art, en un mot, et depuis les grandes œuvres de la littérature latine, aucun travail historique ne porte de tels caractères. L'ouvrage de Grégoire de Tours lui-même est une chronique comme les autres. La vie de Charlemagne, au contraire, est une vraie composition littéraire, conçue et exécutée par un esprit réfléchi et cultivé.

Quant aux Annales d'Éginhard, elles n'ont qu'une valeur historique. On les lui a contestées pour les attribuer à d'autres écrivains; mais tout porte à croire qu'elles sont de lui. On dit qu'il avait composé une histoire détaillée des guerres contre les Saxons. Il ne nous en reste rien.

F. Guizot, de l'Académie Française.

Une édition complète des œuvres d'Éginhard avec traduction française été publiée par M. A. Teulet (2 vol. Paris, 1840-1842).

ÉGISTHE, fils de Thyeste et de Pélopée, sa fille, appartenait à cette famille malheureuse qui donna son nom au Péloponnèse. Adultères, incestes, fratricides, parricides, meurtres à faire reculer d'horreur le soleil, comme l'ont dit les poëtes, pas un crime enfin n'a manqué à l'horrible illustration de ce sang. Thyeste (en grec, *celui qui tue*) ayant consulté l'oracle au sujet de ses dissensions avec son frère Atrée (*celui qui ne tremble pas*), il en rapporta cette réponse terrible : « Qu'il serait vengé par son propre fils, dont la mère serait sa fille. » Ce crime à venir, ajouté aux crimes passés, épouvanta Thyeste. Pour le prévenir, il consacra à Minerve, chaste déesse, sa fille Pélopée; mais il fallut que l'oracle s'accomplit. Thyeste rencontra dans un bois, sans la connaître, la prêtresse sa fille, et lui fit violence. De cet inceste naquit un enfant qui s'appela Égisthe, d'un double mot grec (αἰγὸς ἵσταμαι, je me tiens sous une chèvre), parce que sa mère, dans sa honte, l'ayant abandonné, une chèvre allaita de son lait ce jeune enfant. Belle encore, Pélopée épousa son oncle Atrée, comme si cet abominable sang ne devait point se purifier dans une source étrangère. Ce prince, dans l'ignorance où il était qu'Egisthe fût en même temps son neveu et son beau-fils, l'éleva avec soin, dans l'espérance de s'en faire un vengeur. Sitôt que ce jeune prince sut tenir une épée, il lui ordonna d'aller tuer Thyeste, son frère. Mais Pélopée remit entre les mains d'Égisthe son fils l'épée de Thyeste, laquelle le fit reconnaître par ce dernier. Ce jeune prince, indigné que son oncle eût osé lui commander un parricide, retourna plein de vengeance à Mycènes, et, avec l'épée de Thyeste même, immola le perfide Atrée. Il rétablit son père sur le trône d'Argos, forçant Agamemnon et Ménélas, petits-fils d'Atrée, à chercher un asile à la cour de Polyphidus, roi de Sicyone, voisine de Corinthe. Dans la suite, ces deux frères, modèles d'union dans une famille désunie, recouvrèrent leurs États et se réconcilièrent avec Égisthe par l'entremise de Tyndare, roi de Sparte, dont ils avaient épousé les deux filles, cette Clytemnestre et cette Hélène, héroïnes non moins célèbres par leurs égarements que par leur beauté.

Jusque là rien de plus noble que les actions d'Égisthe : c'est sans doute à cette époque de sa vie qu'il mérita d'Homère dans l'*Odyssée* l'épithète d'*irréprochable*, qui a si fort torturé les érudits, et Mme Dacier elle-même. Agamemnon, ce roi prudent et fort, que la Grèce entière mit à la tête de sa confédération contre l'Asie, alla jusqu'à lui confier ses États, sa femme et ses enfants. C'est alors que se manifesta ce qu'était le sang des Pélopides. Égisthe jeta le masque. Il séduisit cette belle et infortunée reine, qui tomba dans une dépravation telle, qu'elle vécut publiquement avec son amant dans le palais du roi des rois. Quand Agamemnon fut de retour du siége de Troie, Clytemnestre, que le délire de la passion et les instances d'Égisthe poussaient à la fois au crime, avait déjà préparé l'horrible réception qu'elle avait méditée pour son époux. Après le meurtre d'Agamemnon, les deux adultères n'eurent point de honte de ceindre leurs fronts d'un double diadème, la couronne de fleurs de l'hymen et la couronne d'or de Mycènes et d'Argos. Ils régnèrent sept ans, au bout desquels un parricide vint venger l'adultère. Oreste, fils d'Agamemnon, sauvé par le dévouement d'Électre, sa sœur, parvenu à l'âge des jeunes héros, revint à Mycènes sous un nom inconnu, et y fit courir le bruit de sa mort, afin d'augmenter la sécurité du couple criminel. Clytemnestre et Égisthe, à cette nouvelle, ne rougirent point d'aller en remercier solennellement Apollon dans son temple. Là, Oreste, caché derrière une colonne, fondit sur eux l'épée à la main et les immola sur les marches de l'autel du dieu de la lumière, dont ils souillaient la pureté. Leurs corps furent traînés hors des murs d'Argos, qui les rejeta des tombeaux de ses rois.

Denne-Baron.

ÉGLANTIER. Cette espèce du genre *rosier*, encore nommée *cynorrhodon, rosa canina, rose de chien, rosier sauvage*, pousse dans les bois, sur le bord des chemins, dans les haies : au mois de mai, l'églantier couronne avec grâce de ses fleurs blanches ou d'un rose pâle, qui portent le nom d'*églantines*, les buissons au milieu desquels ses branches croissent éparses. C'est un arbrisseau défendu par des épines fortes et recourbées; à feuilles alternes et imparipinnées, composées de sept folioles ovales, sessiles et dentelées; protégé à sa partie inférieure par quelques épines, le pétiole offre à sa partie supérieure une cannelure peu profonde. Analysées de dehors en dedans, ses fleurs se composent d'un calice ovoïde, à limbe étalé, partagé en cinq divisions foliacées; d'une corolle pentapétale, sessile; d'une centaine d'étamines courtes, insérées à la gorge du calice; de pistils, au nombre de dix ou quinze, placés à l'intérieur du tube calicinal, hérissés, ainsi que chaque ovaire, de poils soyeux; de styles qui, séparés à leur base, se réunissent à leur sommet, et viennent affleurer l'ouverture du calice. Les fruits, akènes, cornés et hérissés de poils, sont groupés et juxta-posés par des facettes polyédriques à l'intérieur d'un calice persistant, à parois épaisses, charnues et d'un rouge éclatant lorsque le fruit a atteint sa maturité. Cet arbrisseau a reçu le nom de *rosier de chien*, parce qu'on lui supposait la propriété de guérir la *rage*.

L'églantier garnit peu les haies où il croît; mais, par la vigueur des pousses hérissées qu'il y jette çà et là, il offre un obstacle efficace à l'envahissement des hommes et des animaux ; il pourrait être pour ce motif l'objet d'une culture mieux entendue et plus régulière, surtout dans les terres où l'aubépine réussit mal ; ses branches s'entrelaceraient avec avantage aux autres arbrisseaux dont on fait les clôtures. Il est pour l'horticulteur d'une ressource grande ; sur ses tiges si droites, si riches de végétation, sont greffées les variétés infinies de roses qui font l'ornement de nos jardins. Les jardiniers, d'ailleurs, ont tout profit à greffer sur l'églantier ; car dès la seconde année ils peuvent vendre leurs produits.

Dans quelques départements, on fait avec les fruits de l'églantier (nommés par le vulgaire *gratte-cul*), déposés dans de l'eau-de-vie, une liqueur et un raisiné agréables ; ils servent, aussi à préparer un médicament : la pulpe du calice, séparée des graines et des poils qu'elle contient, forme la *conserve de cynorrhodon*, de nature tonique et astringente, souvent employée dans la diarrhée chronique et plusieurs autres affections où les organes ont besoin d'être tonifiés.

Le nom d'*églantier* a été étendu à deux autres espèces de rosiers sauvages, l'*églantier odorant* (*rosa rubiginosa*, L.) et le *rosier églantier* (*rosa eglanteria*, L.) P. Gaubert.

ÉGLANTINE, cette fleur de l'églantier, est une de celles des *lois d'amour*, ou plutôt du *gai savoir* enseigné par le collége de ce nom à Toulouse, dont la fondation remonte au delà de 1323 ; il s'appelle aujourd'hui l'*académie des jeux Floraux*. L'églantine est une fleur printanière et humble comme la violette. Cette petite rose, simple et sauvage, qui croît dans les haies et les buissons, est aussi le symbole de la modestie, qui ennoblit le talent, et de la solitude, qui l'entretient et l'élève.

ÉGLÈTES, fête d'Apollon-Églétès, célébrée dans l'île d'Anaphé, une des Cyclades. Pendant le sacrifice, les hommes et les femmes s'accablaient de railleries, en mémoire des éclats de rire et des moqueries dont les Phéaciens de la suite de Médée n'avaient pu se défendre en voyant les Argonautes faire des libations avec de l'eau, faute d'autre liqueur, à Apollon-Églétès, ou *resplendissant*, pour le remercier de les avoir conduits dans l'obscurité, en élevant son arc d'or sur la mer.

ÉGLISE, en latin *ecclesia*, qui n'est autre chose que le mot grec ἐκκλησία, dérivé lui-même du verbe ἐκκαλέω, j'appelle, j'assemble, et qui se prend, dans les auteurs profanes, grecs et latins, pour toutes sortes d'assemblées publiques, en même temps que pour le lieu où se tiennent ces assemblées. Les écrivains sacrés et les auteurs ecclésiastiques s'en sont quelquefois servis dans le même sens ; mais plus ordinairement ils ont affecté le terme d'*église* pour les chrétiens : comme le terme de *synagogue* est demeuré affecté aux juifs. Ainsi, dans le Nouveau Testament le mot grec ἐκκλησία signifie presque toujours ou le lieu destiné à la prière, ou l'assemblée des fidèles qui sont répandus par toute la terre et n'ont qu'une même foi, ou les fidèles d'une ville, d'une province en particulier et même d'une famille, ou enfin les pasteurs, qui sont les premiers administrateurs de l'église, qui y ont autorité. En français, le mot *église* ne se prend jamais que dans l'une ou l'autre des acceptions que nous venons d'indiquer, et qui sont consacrées par le Nouveau Testament et les auteurs ecclésiastiques ; il ne signifie point, comme chez les anciens, toutes sortes d'assemblées, mais seulement une assemblée sainte, une assemblée de fidèles, ou quelque chose qui y ait rapport.

On entend par le nom de *primitive Église* les premiers chrétiens qui vivaient à la naissance de l'église. On donne celui d'*Église militante* à l'assemblée des fidèles qui sont sur la terre, celui d'*Église triomphante* à l'assemblée des fidèles qui sont déjà dans la gloire ; et celui d'*Église souffrante* à l'assemblée des fidèles qui sont dans le purgatoire. On distingue, en outre, par des noms différents les différentes Églises entre lesquelles sont répartis les peuples qui obéissent à la foi catholique, tout en admettant des nuances plus ou moins tranchées dans leur rit et dans leur croyance. En voici le tableau, d'après l'abbé Bergier :

Quoique tous les catholiques répandus sur la terre composent une seule et même société, que l'on nomme l'*Église universelle*, on y distingue cependant plusieurs Églises particulières ; et l'on nomme toujours *Églises chrétiennes* les sociétés séparées de l'*Église catholique* par le schisme et par l'hérésie. En Orient, il y a l'*Église grecque* et l'*Église syriaque* ; dans l'étendue de l'une et de l'autre, il y a des catholiques réunis à l'*Église romaine*. On y connaît les sociétés des *jacobites*, des *cophtes*, des *éthiopiens* ou *abyssins*, des *nestoriens*, et des *arméniens*. Autrefois, l'*Église grecque* et l'*Église latine* ne formaient qu'une seule et même société ; mais le schisme, commencé au neuvième siècle par Photius, et consommé dans le onzième par Michel Cérularius, patriarches de Constantinople, a malheureusement séparé ces deux grandes parties de l'Église universelle. Quoique l'on ait tenté de les réunir dans le deuxième concile de Lyon, et dans celui de Florence, les Grecs se sont obstinés à demeurer dans le schisme, et ils y ont ajouté une hérésie formelle sur la procession du Saint-Esprit. Les *Églises de Russie* et quelques-unes de celles *de Pologne* sont dans le même cas. L'*Église d'Occident*, ou l'*Église latine*, comprenait autrefois les *Églises* d'Italie, d'Espagne, d'Afrique, des Gaules et des pays du Nord. Depuis près de deux siècles, l'Angleterre, une partie des Pays-Pas, plusieurs parties de l'Allemagne, et presque tout le Nord, ont formé des sociétés à part, qui se sont nommées *Églises réformées*, mais qui sont dans un schisme aussi réel que celui des Grecs, et qui n'ont entre elles d'autre lien d'unité que leur aversion pour l'*Église romaine* : les *luthériens*, les *calvinistes*, les *anglicans*, les *anabaptistes*, les *sociniens*, les *quakers*, les *frères moraves*, etc., sont aussi peu unis entre eux qu'avec les *catholiques*. Pendant que l'*Église romaine* souffrait ces pertes en Europe, elle faisait aussi des conquêtes dans les Indes, au Japon, à la Chine, en Amérique. L'*Église romaine* est aujourd'hui toute la société des catholiques unis de communion avec le souverain pontife, successeur de saint Pierre.

Les Pères s'étaient contentés de définir l'*Église* la *société des fidèles* ; les théologiens catholiques ont étendu depuis cette définition comme il suit : *L'Église est la société de tous les fidèles réunis par la profession d'une même foi, par la participation aux mêmes sacrements, et par la soumission aux pasteurs légitimes, principalement au pontife romain.* Les sectes dissidentes, dont nous avons donné la liste plus haut, ont à leur tour défini l'Église à leur manière, chacune suivant ses préjugés ou son intérêt. Ainsi, au troisième siècle, les montanistes et les novatiens entendaient par l'Église « la société des justes, qui n'ont pas péché grièvement contre la foi » ; au quatrième, c'était selon les donatistes « l'assemblée des personnes vertueuses, qui n'ont pas commis de grands crimes ; » au cinquième, Pélage voulait que ce fût « la société des hommes parfaits, qui ne se sont souillés d'aucun péché ». Wiclef, au quatorzième, et Jean Huss, au quinzième, décidèrent que c'était « l'assemblée des saints et des prédestinés » ; Luther adopta cette idée, et soutint que, par le défaut de sainteté, les pasteurs de l'Église catholique avaient cessé d'en être membres ; Calvin fut du même avis. Au siècle dernier, on vit renaître la même erreur dans le livre de Quesnel, qui fait consister la *catholicité* ou l'*universalité* de l'Église « en ce qu'elle renferme tous les anges du ciel, tous les élus et les justes de la terre et de tous les siècles ». Il ajoute « qu'un homme qui ne vit pas selon l'Évangile se sépare autant du peuple choisi dont Jésus-Christ est le chef, que celui qui ne croit pas à l'Évangile ».

Ainsi donc, toutes les sectes qui font profession de croire en Jésus-Christ prétendent que leur société est la *véritable Église* formée par le divin Sauveur ; mais il est impossible que toutes à la fois soient dans le vrai ; et puisque Jésus-

Christ nomme l'Église son royaume, son bercail, son héritage, sans doute il nous a donné des marques pour le reconnaître. Selon le symbole dressé au concile général de Constantinople (869), et qui n'est qu'une extension de celui de Nicée (787), « l'*Église* est *une*, *sainte*, *catholique* et *apostolique* ». Sans *unité*, il ne peut y avoir en effet de société proprement dite. Jésus-Christ confirme cette vérité lorsqu'il peint l'Église comme un royaume dont il est le chef souverain, et il nous avertit qu'un royaume divisé contre lui-même sera détruit. Il demande que ses disciples soient unis comme il l'est lui-même avec son Père. Il dit : « J'ai encore des brebis qui ne sont point de ce bercail; il faut que je les y amène, et alors il n'y aura plus qu'un bercail sous un même pasteur ». Il se présente comme un père de famille qui envoie des ouvriers travailler dans sa vigne, qui fait rendre compte à ses serviteurs, etc., etc. Toutes ces idées de *royaume*, de *bercail*, de *famille*, n'emportent-elles pas l'union la plus étroite entre les membres; et est-il nécessaire après cela de rechercher encore et de citer les paroles de saint Paul et des autres apôtres?

« L *Église est une*, disait Lamennais dans son *Essai sur l'Indifférence*. On distingue deux sortes d'unités : l'*unité de foi* et l'*unité de communion*. L'*unité de foi* est la croyance commune de tous les articles de foi, sans distinction, sans exception, de toutes les vérités qui ont été révélées par Jésus-Christ, et qui sont déclarées telles par l'Église. L'*unité de communion* est la réunion de tous ceux qui professent cette foi dans une même société, avec la participation aux mêmes sacrements et aux mêmes prières, sous la conduite des pasteurs légitimes, et spécialement du pontife romain, qui est leur chef sur la terre. L'unité de communion maintient l'unité de foi : l'union et la soumission aux pasteurs et au pape conservent l'unité de communion. »

La première conséquence que l'on doive tirer de l'*unité* de l'Église, c'est son *autorité*. Elle a reçu de Jésus-Christ le pouvoir et le droit de décider de la doctrine, de régler l'usage des sacrements, de faire des lois pour la pureté des mœurs, et tout fidèle est dans l'obligation de s'y conformer. En effet, lorsque Jésus-Christ a dit à ses apôtres : *Allez enseigner toutes les nations*, il a entendu que cet enseignement serait perpétuel. Or, l'enseignement se fait non-seulement de vive voix et par écrit, mais par des pratiques et des usages qui inculquent le dogme et la morale; et ce dernier moyen d'enseignement est le plus à la portée des simples et des ignorants. Il faut donc que le dogme, la morale, le culte extérieur, les pratiques, la discipline, forment un tout dont chaque partie soit d'accord avec les autres; la même *autorité* doit présider aux unes et aux autres.

Une seconde conséquence de ce que nous avons dit, c'est l'*infaillibilité de l'Église*, infaillibilité qui n'est autre chose, comme l'observe fort bien Bossuet, que « la certitude invincible du témoignage qu'elle rend de sa doctrine, et l'obligation dans laquelle est chaque fidèle d'acquiescer et de croire à ce témoignage ». Le dogme de l'infaillibilité de l'Église enseignante, dit l'abbé de la Luzerne, a été reconnu dans tous les temps. Si nous n'en apercevons pas autant de traces dans les trois premiers siècles que dans les suivants, on peut en donner trois raisons particulières : la première, c'est qu'il nous reste moins de monuments des siècles reculés; la seconde, c'est qu'il n'était pas nécessaire de recourir au jugement des évêques pour condamner les hérésies des premiers siècles : elles étaient si évidemment contraires à la foi, qu'on ne sait de quoi s'étonner davantage, de l'audace ou de l'extravagance de leurs auteurs. Il était bien simple et bien facile à chaque docteur de réfuter de pareilles opinions par leur opposition manifeste à la doctrine que les apôtres venaient récemment d'enseigner. Tout le premier siècle était rempli de leurs disciples, le second même en possédait beaucoup, et ceux qui ne l'étaient point alors avaient été pour la plupart instruits par les successeurs immédiats de ces derniers. Ainsi, le monde retentissait encore de la voix et de l'enseignement des apôtres : la mémoire en était fraîche et présente dans les esprits. Leurs chaires, suivant l'expression de Tertullien, étaient, pour ainsi dire, parlantes; il suffisait de dire aux novateurs : Ainsi n'enseignaient point les apôtres, ainsi n'ont-ils pas écrit : votre doctrine n'est point la leur; nous l'entendons pour la première fois, elle est impie. La troisième raison est l'impossibilité qu'il y avait pour les évêques, durant le feu des persécutions, de s'assembler et de prononcer un jugement en commun, et de donner alors au monde des preuves éclatantes de leur *autorité*. Dans les jours de recherches et de sang, il n'y avait point d'autre moyen d'obvier aux nouveautés que par des condamnations particulières, où cependant les évêques laissaient apercevoir les traces non équivoques du sentiment de leur *infaillibilité*.»

Une dernière conséquence des principes que nous venons d'établir, c'est que *hors de l'Église point de salut*. Jésus-Christ ne promet la vie éternelle qu'aux brebis qui écoutent sa voix; celles qui fuient son bercail seront la proie des animaux dévorants. Mais est-ce à dire pour cela que les catholiques damnent tous les infidèles, tous les hérétiques, tous les schismatiques, qui n'appartiennent pas au corps de l'Église? Non, car, comme l'explique très-bien l'abbé Bergier, « cette maxime, *Hors de l'Église point de salut*, signifie seulement que ceux des infidèles, des hérétiques et des schismatiques qui connaissent l'Église et refusent d'y entrer, ainsi que ceux des chrétiens qui, ayant été élevés dans son sein, s'en séparent par l'hérésie ou par le schisme, se rendent coupables d'une opiniâtreté damnable. On n'encourt les anathèmes de Notre-Seigneur que lorsqu'on est réfractaire à l'Église, et qu'on méprise l'autorité de Dieu, en méprisant l'*autorité* de ceux qu'il a établis pour maintenir l'*unité*. » Si la religion catholique enseigne que *hors de l'Église il n'y a point de salut*, elle nous apprend aussi qu'on peut appartenir à l'Église sans être de sa communion extérieure. Tous les théologiens, après saint Augustin, reconnaissent que l'Église a des enfants cachés dans les sectes séparées de l'*unité*. La *grâce du baptême*, qui sauve les enfants dans les communions hétérodoxes, ne sera pas perdue pour les adultes qu'y retiennent de bonne foi les préjugés insurmontables de l'éducation, une ignorance invincible, et qui d'ailleurs observent la loi de Dieu sur tous les points qui leur sont connus. Quant aux infidèles, qui n'ont point connaissance de l'Évangile, ils sont précisément dans l'état où se trouvaient les peuples avant la venue de Jésus-Christ : ils n'ont point d'autres devoirs que ceux qui furent toujours promulgués par la tradition générale, et ils peuvent se sauver comme tous les hommes pouvaient se sauver antérieurement à la Rédemption, par une fidèle obéissance à la loi primitivement révélée et universellement reconnue. « Il serait absurde, dit l'abbé Bergier, de penser que la venue de Jésus-Christ ait été un malheur pour aucune créature; que le salut soit aujourd'hui plus difficile à un seul homme qu'il ne l'était avant la prédiction de l'Évangile. » L'infidèle qui croit tous les dogmes que proclame la tradition universelle, et qui désire sincèrement de connaître la vérité, croit par là même implicitement tout ce que nous croyons. Ce n'est pas la foi qui lui manque, mais un enseignement plus développé. Par conséquent, s'il observe la loi de Dieu telle qu'il la connaît, il se sauvera; mais il se sauvera dans le christianisme, s'il appartient à l'Église.

Edme Héreau.

L'*histoire de l'Église* que nous avons esquissée au mot Christianisme, et qui sera complétée dans une foule d'articles de notre ouvrage, embrasse l'origine, le développement et les destinées de la religion chrétienne. Comme science, elle fait partie de l'histoire générale de la civilisation et de l'histoire générale des religions, et se trouve en corrélation intime avec l'histoire politique, avec l'histoire de la philosophie et avec l'histoire de la littérature. Suivant son cadre, elle se divise en *histoire générale de l'Église*, en tant qu'elle s'occupe du développement de la communauté chrétienne en général, et en *histoire spéciale de l'Église*, laquelle traite des Églises de certains pays, de certaines localités, ou encore de certaines sociétés ecclésiastiques et de leur développement. Les sources de l'histoire de l'Église sont : les rapports des contemporains, quand bien même ce ne sont point des chrétiens; les indications provenant de sources qui se sont perdues plus tard ; les biographies de certains personnages influents de l'Église; les documents ecclésiastiques, les lois politiques surtout, soit qu'elles proviennent de l'influence de l'Église, soit qu'elles aient influé sur l'Église; les décrets des papes, les lettres et mandements des évêques; les actes des conciles ; les règles des ordres religieux; les écrits contenant l'exposition du dogme; les liturgies; les monuments qui se trouvent conservés dans les édifices ecclésiastiques, les tombeaux, les inscriptions, et en général dans les œuvres d'art. A ces sources il convient encore d'ajouter les sciences générales accessoires de l'histoire : la philologie ecclésiastique, la chronologie, la géographie, la statistique, la numismatique, l'art héraldique, la diplomatique. En ce qui touche l'authenticité, la réalité et la véracité, seuls caractères qui puissent la rendre digne de foi, il faut soumettre les sources à une sévère critique, et en ce qui touche l'exposition de son contenu, à une interprétation savante et impartiale. Les parties diverses de l'histoire de l'Église sont : 1° l'histoire extérieure de l'Église, c'est-à-dire l'histoire des origines de l'Église et de ses rapports avec l'État; 2° l'histoire intérieure de l'Église, comprenant l'histoire des dogmes, des idées morales, des sciences théologiques en général, du culte, de la constitution intérieure de l'Église et des coutumes ecclésiastiques. Ces trois dernières parties, en tant que se rapportant aux temps passés, reçoivent le nom générique d'*archéologie ecclésiastique*.

En traitant les matières relatives à l'histoire de l'Église, on procéda d'abord à la manière des chroniques ; plus tard, on prit pour modèle les *Centuries de Magdebourg*, en divisant les matières par siècle et en certains ordres d'idées, méthode demeurée en usage jusqu'à la fin du siècle dernier. En outre, à l'effet de venir en aide à la mémoire, l'usage s'était établi de désigner les siècles par certaines dénominations caractéristiques. Ainsi, on appelait le premier siècle *sæculum apostolicum*, le quatrième *sæculum arianum*, le dixième *sæculum obscurum*, etc. Quelquefois ces dénominations étaient très-arbitraires. Les écrivains qui se sont le plus récemment occupés d'histoire de l'Église ont, avec raison, introduit l'usage de diviser le sujet en périodes principales, avec des sous-divisions. Quoique dans la fixation de ces périodes et de leurs sous-divisions il règne la plus grande diversité, on s'accorde cependant généralement à établir dans l'histoire de l'Église trois grandes divisions principales, à savoir : l'ancienne histoire de l'Église (depuis Jésus-Christ jusqu'à Constantin), l'histoire de l'Église au moyen âge (depuis Constantin jusqu'à la Réformation), et l'histoire moderne de l'Église (depuis la Réformation jusqu'à nos jours).

Le premier essai d'une histoire de l'Église se trouve dans les *Actes des Apôtres* de saint Luc, et les Epitres de saint Paul sont les monuments les plus certains de l'Église apostolique. Plus tard, vers le milieu du deuxième siècle, Hégésippe réunit les souvenirs les plus importants de la tradition apostolique. Mais la première histoire de l'Église fut écrite par Eusèbe de Césarée (324). Rufin, qui la traduisit librement, la continua jusqu'à son époque; et autant en firent Socrate le Scolastique, et Hermias Sozomènes (vers le milieu du cinquième siècle). Lactance, Épiphane, Jérôme, Théodoret, Philostorgius, Zosime, écrivirent des ouvrages du même genre relatifs à l'histoire de l'Église, comme, au sixième siècle, Théodore Lector, Évagrius, Nicéphore Callistius; au huitième siècle, Béde le Vénérable et Paul Diacre; au neuvième siècle, Théophanes le Confesseur, Claude de Turin, Haymo d'Halberstadt, J. Scot Érigène, Hincmar de Reims, aux douzième et treizième siècles; Photius, Siméon Métaphrastes, Théophylacte, Euthymius Zigabenus, Mathieu Paris, Albert de Strasbourg, Ptolémée de Lucques, Tritheim; et au quinzième siècle, plus particulièrement, Laurentius Palla.

Dans le sens du catholicisme, la force et la puissance de la hiérarchie n'ont pas toujours été des obstacles à l'indépendance et à l'impartialité de ceux qui entreprenaient d'écrire l'histoire de l'Église : aussi, quoique défenseurs ardents de la papauté, montrent-ils parfois la nécessité de limiter sa puissance. César Baronius a écrit des *Annales* qui sont la contre-partie des *Centuries de Magdebourg*. Indépendamment des grands ouvrages de Tillemont, de Bonnet de Bayle, de Dupin, diverses parties séparées de l'histoire de l'Église ont été traitées en France avec talent par de Launoy, Baluze, Thomassin, Mabillon, Martenne, Sirmond, Fleury, Natalis Alexander. Parmi les Italiens qui ont écrit sur l'histoire de l'Église, il faut citer Orsi et Saccharelli, mais surtout Sarpi, Pallavicini, Guicciardini, Mansi et Muratori. L'Allemagne catholique s'enorgueillit surtout des ouvrages de Gudenus, de Royko, de Dannemayr, de Stolberg, de Katercamp, de Ritter, de Dœblig et d'Alzog.

Les protestants ont fait de l'histoire de l'Église une science; car elle leur était nécessaire pour justifier historiquement les réformes qu'ils avaient entreprises dans l'Église. En même temps ils lui imprimèrent un caractère essentiellement apologétique et polémique. Matthias Flaccus composa dans ce sens la première histoire universelle de l'Église, les *Centuries de Magdebourg*. Sleidan et Seckendorf ont écrit, au point de vue protestant, des ouvrages sur l'histoire de l'Église qu'on estime encore aujourd'hui. Après un long intervalle, pendant lequel il ne parut aucun ouvrage relatif à ce sujet, Georges Calixtus donna son *Tractatus de conjugio clericorum* (Helmstadt, 1631), dans lequel il a répandu de vives lumières sur son sujet. Thomas Ilhg, Adam Rechenberg et Christian Thomasius suivirent ses traces de près. L'*Histoire impartiale de l'Église et des Hérésies* (3 vol. Schaffhouse, 1740,-42), d'Arnold, produisit une vive sensation; et dès lors un grand nombre de théologiens luthériens publièrent successivement des ouvrages relatifs à l'histoire de l'Église. Nous nous bornerons à rappeler ici les plus récents, c'est-à-dire ceux de Marheinecke, de Neander, d'Engelhardt, de Niedner, de Fricke, etc.

L'époque de la réformation est une des parties séparées de l'histoire de l'Église qui ont été l'objet des travaux les plus précieux, notamment de la part de Bretschneider, de Ranke, de Menzel, de Clausen, etc. N'oublions pas non plus en fait d'ouvrages de ce genre publiés en France l'excellente *Histoire de la Réformation du seizième siècle* (Paris, 1835), par J.-H. Merle d'Aubigné. L'Église réformée compte aussi bon nombre d'ouvrages remarquables, par exemple : en France, ceux de Duplessis-Mornay, Pierre du Moulin, J. Dallæus, D. Blondel, J. Lesueur, et son continuateur B. Pictet; en Suisse, en Hollande et en Allemagne, Hottinger, Vœgeli, Fusslin, Simler, Samuel et Jacques Basnage, Turretin, Beausobre, Venema, Iablonski, Munscher; en Angleterre : J. Usher, Pearson, Dodwell, Bingham, Lardner.

ÉGLISE (*Architecture*). C'est le nom que l'on donne aux monuments destinés à la réunion des fidèles pour assister à la célébration des cérémonies religieuses du culte catholique. Les églises doivent donc être construites de manière à recevoir un grand concours de monde. Elles diffèrent en ce point des temples des anciens, qui n'admettaient que les prêtres et les initiés dans l'enceinte sacrée, tandis que le peuple restait sous les péristyles ou dans des enceintes accessoires. L'architecte Le Roy, dans un petit ouvrage intitulé : *Histoire de la Disposition et des Formes différentes des temples des chrétiens*, fait connaître que si nos plus belles églises sont à quelques égards moins bien disposées que les temples des anciens, cependant elles ont quelques avantages dans certaines parties. Ainsi, « nous couvrons des nefs qui ont 30 mètres de largeur, nous élevons à leur centre des dômes d'un diamètre bien plus considérable, et dont les voûtes semblent toucher aux nues, et nous éclairons avec un art infini toutes les parties de ces vastes édifices. »

Les églises catholiques sont ordinairement divisées en quatre parties : le *porche*, les *bas-côtés*, la *nef*, et le *chœur*, ces deux dernières parties étant essentiellement nécessaires. Le *porche* est la partie de l'église sous laquelle se trouvent placées les portes; les *bas-côtés* sont des galeries qui entourent la nef et servent à faciliter l'accès dans toutes les parties de l'église; la *nef*, semblable à un vaisseau renversé, est la partie la plus vaste dans laquelle le peuple se rassemble : il peut voir le célébrant à l'autel, puis bien entendre le prédicateur dans la chaire; le *chœur* est l'endroit où sont réunis les prêtres et tous ceux qui participent aux offices religieux. L'autel y est toujours placé, soit au fond, soit sur le devant. Le niveau du chœur est plus élevé que celui du reste de l'église. On lui donne une forme ovale dans le fond, et une voûte particulière, parce que les chants religieux ayant lieu dans cette partie, elle doit être construite suivant les règles de l'acoustique, c'est-à-dire de manière à ce que les sons s'y répandent sans écho. Ce que l'on chante dans le chœur doit être entendu et compris dans toute l'étendue de la nef, facilement, distinctement, et sans qu'aucun écho puisse embrouiller les sons. La *chaire* est placée dans la nef, et, afin de mieux entendre le prédicateur, les ecclésiastiques viennent ordinairement, pendant le sermon, s'asseoir dans une enceinte nommée *œuvre*, et dans laquelle se placent habituellement les administrateurs du temporel de l'église. Assez près du chœur, et dans l'un des coins des bas-côtés est la *sacristie*, local composé de plusieurs pièces plus ou moins étendues, suivant l'importance de l'église, et dans laquelle s'habillent les prêtres, ainsi que les chantres, et aussi les enfants de chœur; c'est encore dans la sacristie que sont serrés et conservés les ornements d'église et les vases sacrés.

A l'extérieur, une église doit, au premier coup d'œil, respirer la grandeur et la dignité; elle ne doit pas être surchargée d'ornements; son portail doit se distinguer par une grande simplicité. Les tours, lorsqu'elles sont d'une bonne proportion, donnent aux églises une belle apparence. Les coupoles, cependant, produisent encore un meilleur effet. Les clochers pointus et très-élevés sont toujours de mauvais goût : ils n'ont été si souvent en usage que comme une imitation de ces flèches remarquables par leur légèreté et leur hardiesse, mais qui ne peuvent convenir que dans les constructions moresques, dont les églises du moyen âge sont souvent des imitations.

Il existe beaucoup de dénominations sous lesquelles on désigne et on caractérise les églises: les unes ont rapport à leurs usages religieux ou à la hiérarchie spirituelle qui y est attachée; les autres ont leur source dans la forme et la disposition adoptées par l'architecte. Ainsi, on donne le nom d'église *pontificale* à Saint-Pierre de Rome, parce que le souverain pontife y officie; de *patriarcale* à Saint-Marc de Venise, où il y a un patriarche; de *métropolitaine*, aux églises où réside un archevêque; de *cathédrale*, à celles où se trouve un évêque; de *collégiale*, aux églises desservies par des chanoines; de *paroissiale*, à celles qui sont desservies par un curé, et dans lesquelles se trouvent des fonts baptismaux; d'autres églises sont *conventuelles* ou *particulières*, suivant qu'elles appartiennent à des monastères, des colléges ou des hospices. Sous le second rapport, on distingue les églises en *croix grecque* : ce sont celles dont le plan forme une croix à quatre parties égales : telle est l'église de Sainte-Geneviève à Paris; en *croix latine*, celles dont une des parties est plus allongée que les trois autres : c'est la forme la plus ordinaire, tant dans les églises du moyen âge que dans les modernes. On nomme église en *rotonde*, celle dont le plan est circulaire, comme le Panthéon à Rome; église *simple*, celle qui n'a qu'une seule nef sans aucun accompagnement, comme celle de la Sainte-Chapelle de Paris et la plupart des petites églises de couvent ou de village. Enfin, on donne le nom d'églises à *bas-côtés* à celles dont la nef est accompagnée d'une galerie qui fait tout le tour, comme cela se voit à Saint-Roch et à Saint-Sulpice; puis celui d'églises à *doubles bas-côtés* à celles dont la nef est accompagnée de deux galeries, comme Notre-Dame et Saint-Eustache à Paris, ainsi que les cathédrales de Rouen et d'Amiens. Enfin, on donne le nom d'églises *souterraines* à celles qui, placées au-dessous du niveau des terres, ont été construites dans les fondations d'une autre église, ainsi que cela se voit à Saint-Pierre de Rome, à Notre-Dame de Chartres, et à Sainte-Geneviève de Paris.

Parmis les églises remarquables on cite, à Paris, Notre-Dame, Saint-Eustache, Saint-Etienne-du-Mont, Saint-Gervais, Saint-Roch, Saint-Sulpice, Sainte-Geneviève et la Madeleine; dans les autres villes de France, la cathédrale d'Amiens; celles de Chartres, de Rouen, de Reims, de Strasbourg, d'Orléans, de Sens, d'Auxerre, de Dijon, d'Autun, de Lyon, d'Arles, d'Alby; en Belgique, la cathédrale d'Anvers, et Sainte-Gudule à Bruxelles; en Allemagne, la cathédrale de Cologne; celles de Mayence, Munich, Ulm et Nuremberg; à Vienne, l'église Saint-Étienne; à Prague, celle de Saint-Veit, que nous nommons Saint-Guy; à Saint-Pétersbourg, l'église de Saint-Isaac; en Angleterre, les cathédrales de Cantorbery, Worcester, Ely, Lincoln, Salisbury et York; les églises de Sainte-Marie-Radcliffe à Bristol, et de Saint-Philippe à Birmingham; à Londres il existe 482 églises : nous citerons seulement l'abbaye de Westminster, puis les églises de Saint-Paul, Saint-Etienne et Saint-Pancrace; en Italie, les églises sont nombreuses et belles : on remarque surtout le dôme de Milan, le dôme d'Orvieto, Sainte-Marie-Nouvelle à Florence, la cathédrale de Pise, celle de Sienne, l'église de Saint-Marc à Venise; à Rome, la célèbre église de Saint-Pierre, puis celles de Sainte-Marie-Majeure, de Saint-André-della Valle, de Saint-Pierre-in-Montorio, Saint-Jean-de-Latran, Saint-Ignace, le Panthéon, Sainte-Agnès sur la place Navone, et Sainte-Agnès hors les murs. Il existe aussi un grand nombre d'églises en Espagne : nous nous contenterons de citer celle de Saint-Isidore à Madrid, les cathédrales de Cadix, Valence, Grenade, Séville et Cordoue; puis, en Portugal, l'église patriarcale de Lisbonne et celles des monastères royaux d'Alcobaça et de Bacalba.

Duchesne aîné.

ÉGLISE (Discipline de l'). *Voyez* Discipline ecclésiastique.

ÉGLISE (États de l'), autrement dits *États Romains*, *États du pape* ou *Pontificaux*, ou encore *Patrimoine de saint Pierre*, la seule société politique gouvernée par un prêtre qu'on trouve dans la chrétienté. Situés dans l'Italie centrale et une partie de la haute Italie, ils ont pour souverain le Pape en sa qualité de chef de l'Église catholique romaine, et, en y comprenant les parcelles de Bénévent et de Ponte-Corvo enclavées dans le territoire napolitain, occupent en superficie 750, ou suivant d'autres données 700 myriamètres carrés environ. Sauf les parcelles en question, ils confinent au royaume Lombardo-Vénitien, au duché de Modène, au grand-duché de Toscane, au royaume de Naples, à la mer Tyrrhénienne et à la mer Adriatique. La principale crête de l'Apennin romain, plus rapprochée de la dernière que de la première de ces mers, auxquelles elle sert de bief de partage, traverse la contrée dans la direction du nord-ouest au sud-ouest. Elle commence à l'est de la source du Tibre, où sont aussi situés le Sasso-di-Simone, point de départ de la Foglia, et le Monte-Casale, source du Metauro; atteint à Nocera, avec le Monte-Pennino, une élévation de 1,500 mètres, et au sud de la source de la Néra, avec le Monte-Sibilla, point culminant de toute la contrée, une altitude de 2,256 mètres. Elle se dirige ensuite au sud pour venir se rattacher près des sources du Tronto et du Velino, dans l'Abbruzze, à l'Apennin napolitain. Son versant sud-ouest est roide et escarpé; les petits embranchements latéraux qu'elle envoie à l'est se prolongent pour la plupart jusqu'à l'Adriatique, où viennent se déverser une foule de cours d'eau tenant de la nature des torrents. Les embranchements qu'elle envoie à l'ouest, beaucoup plus prolongés, s'étendent entre le Tibre et le Garigliano jusqu'à l'embouchure de ce dernier fleuve dans le golfe de Gaëte, et reçoivent la dénomination générique de Sous-Apennin romain. Il se compose de diverses chaînes courant parallèlement à la crète principale. Ensuite un grand embranchement latéral se détache de l'Apennin supérieur, entre le Monte-Pennino et le Monte Sibilla, sépare d'abord le Tibre de la Néra, puis se prolonge, après avoir donné passage à cette rivière, devant Riéti, Tivoli et Subiaco, jusqu'à l'angle où viennent affluer le Sacco et le Garigliano. Le versant oriental est escarpé, mais le versant occidental l'est beaucoup moins. Dans sa partie nord, à 12 kilomètres au sud de Spoleto, le Monte-Fionchi (1,380 mètres) s'élève de la manière la plus abrupte du fond de la vallée de Néra à une altitude de 1,000 mètres au-dessus de ce cours d'eau. Près du Teverone, au nord de Tivoli, on rencontre le Monte-Gennaro, haut de 1,322 mètres, et aux environs de Rome, à l'embouchure du Teverone dans le Tibre, le Monte-Sacro. Un autre groupe du Sous-Apennin s'étend entre les plaines de Rome ou *campagne de Rome*, et les Marais Pontins d'un côté, le Sacco et le bas Garigliano de l'autre, et n'arrive à la mer qu'au sud du territoire pontifical à Terracine. Ce groupe comprend le mont Albano et les monts Volsques. Les premiers, qui s'étendent au sud jusqu'à Velletri, se composent d'un groupe de mamelons isolés, dont l'élévation varie entre 400 et 800 mètres; mais au Monte-Cavo, près du lac de Nemi, ils atteignent une hauteur de 968 mètres, et de 910 au Monte-Artemisio, et renferment en outre le lac Albano, haut de 320 mètres, cratère envahi par les eaux. Les monts Volsques, situés plus au sud, séparés du mont Albano par une vallée, se soulèvent abruptement et accompagnent en pics très-rapprochés les uns des autres, et d'une élevation moyenne de 1,000 à 1,300 mètres, la vallée du Sacco, tandis que près des Marais-Pontins ils n'ont guère plus de 6 à 800 mètres de hauteur. Des groupes analogues, se rattachant au Sous-Apennin toscan, mais n'offrant pas comme lui le caractère de plateau, remplissent le territoire à l'ouest du Tibre.

La côte de la mer Tyrrhénienne, qui présente un développement d'environ 35 myramètres, n'offre pas de golfes proprement dits, mais seulement des échancrures plates où l'on trouve le port de Civita-Vecchia et la rade de Terracine. Cette côte est généralement basse, sablonneuse ou marécageuse, de la nature des *Maremmes*, et par conséquent malsaine, sans offrir d'autres saillies un peu importantes que le cap Linaro, l'Anzio et le Circello, rocher isolé de 520 mètres d'élévation. La côte de la mer Adriatique, longue de 42 myriamètres environ est, à partir de la mer Adriatique, montagneuse, hérissée de rochers escarpés, et n'offre également qu'un seul port important, celui d'Ancône. Plus loin se succèdent la plaines de la Romagne et les marécages que le Pô forme à son embouchure, ainsi que les lagunes ou *valli* de Comacchio.

A part le Pô, qui forme au nord la frontière et qui reçoit le Senio, le Santerno, le Silaro, l'Idice, la Savena et le Reno, on ne trouve dans les Etats de l'Eglise que des cours d'eau allant se jeter dans la mer après un parcours peu considérable. Le plus important de tous est le Tibre, navigable, à partir de Pérouse, pour de petites embarcations. Il se jette dans la mer Tyrrhénienne, de même que le Mignone, la Marta et la Fiora. Le Sacco se jette dans le Garigliano. L'Adriatique reçoit le Tronto, sur la frontière méridionale, la Tenna, le Chienti, la Potenza, le Musone, l'Esino, le Cebanole Metauro, la Foglia, près de Pesaro; la Conca, la Marecchia, près de Rimini; le Rubicone, le Savio, appelé aussi Ronco ou Montone, près de Ravenne. Les lacs les plus considérables sont ceux de Bolsena et de Pérouse, appelé aussi lac Trasymène, de Bracciano et d'Albano.

Le nombre d'habitants des États de l'Église, qui en 1843 était encore de 2,898,115, n'était plus en 1846 que de 2,732,436, et a encore diminué dans ces dernières années. A l'exception d'environ 16,000 juifs, la population est d'origine italienne, et professe la religion catholique romaine. Cette contrée, qui renferme le sol classique de l'ancienne Rome, est située sous le plus délicieux climat et jouit au total d'une grande fertilité. Mais l'agriculture n'y est pratiquée avec une laborieuse intelligence que sur quelques points du territoire, dont de vastes étendues demeurent sans culture et presque à l'état de déserts. La propriété du sol est aux mains de riches familles, et le plus ordinairement le paysan n'est que le fermier soit d'un propriétaire, soit d'une ville : c'est sur lui d'ailleurs que pèsent exclusivement la plus grande partie des charges publiques.

Après les céréales, on cultive de préférence le chanvre, et beaucoup moins le lin, le tabac et les plantes tinctoriales. La culture de la vigne est fort répandue, mais pratiquée sans soin : aussi les seuls vins qui aient quelque réputation sont-ils ceux de Montefiascone, d'Orvieto, de Bologne, de Ravenne et de Forli. L'huile d'olive se récolte surtout à Velletri, à Terni et dans la Romagne; en fait d'autres produits du sol, il faut encore mentionner les fruits, comme les oranges, les citrons les figues, etc.

Les vastes forêts de chênes et de pins qu'on rencontre dans les États de l'Église sont fort mal aménagées. L'élève du bétail est pratiquée avec plus d'intelligence et d'ardeur que la culture du sol proprement dite. Les chevaux sont cependant d'une race fort inférieure : aussi doit-on considérer les mulets et les ânes comme les veritables bêtes de somme et de trait du pays. Les troupeaux de bœufs sont très-nombreux, particulièrement dans la *campagna di Roma*, où les buffles figurent aussi au nombre des animaux domestiques, et ne laissent pas non plus que de se trouver en nombre assez considérable. Les moutons, en revanche, sont assez rares; on aime mieux élever des porcs et des chèvres. C'est dans la Romagne, dans la marche d'Ancône et à Fossombrone, que la culture de la soie est pratiquée avec le plus de soin. La pêche est aussi une industrie très-productive; et c'est une chose curieuse à voir que la manière dont se pratique dans les marais de Comacchio la pêche de l'anguille.

L'industrie minière est insignifiante. La pierre alumineuse de Tolfa, à l'est de Civita-Vecchia, sert a préparer l'alun de Rome. On rencontre aussi du salpêtre, du soufre, de la houille et du sel gemme, de même que diverses espèces de marbres, de l'albâtre, du gypse, de la craie, de la pouzzolane et de l'argile à potier (notamment à Faenza). Les salines sont situées à l'embouchure du Tibre, de la Marta et du Pô, ainsi qu'à Cervia, entre Ravenne et Rimini. Parmi les nombreuses sources d'eaux minérales les plus célèbres sont celles de Bracciano, de Viterbe, de Stigliano et de Palazzi près de Civita-Vecchia.

L'industrie, si on la compare aux développements qu'elle a pris dans d'autres pays, est à peu près nulle. Les quelques manufactures de toiles, de cotonnades et d'étoffes de laine qu'on a établies à Rome, à Bologne, à Ancône et à Pérouse n'ont qu'une minime importance. Toutefois, la fabrication des toiles grossières de chanvre et de lin, des toiles à voiles et des cordages se fait sur une assez large échelle, et ne laisse pas que de fournir au commerce d'exportation matière à des transactions assez considérables. Les manufactures de soie sont les plus nombreuses de toutes. Les ateliers de tissage de Rome, de Pérouse, de Bologne, de Ravenne, de Rimini, d'Ancône, d'Iesi, de Pesaro, de Forli et de Camerino sont renommés, de même que les manufactures de chapeaux de Rome et de Fabriano. Les fabriques de cuir sont nombreuses; on n'en trouve pas seulement à Rome, centre principal de cette industrie, mais aussi à Bologne, à Ancône, à Rieti et à Bénévent. On fabrique des gants d'excellente qualité à Rome et à Bologne. La fabrication du papier a pris beaucoup d'activité, et les papeteries d'Ancône, de Ronciglione, de Fabriano et de Foligno sont en grande réputation. En fait de produits métalliques, pour lesquels on tire de l'étranger presque toutes les matières premières, les articles de toilette fabriqués à Rome et à Bologne obtiennent un débit étendu et facile; on en fabrique aussi à Sellano, à Assisi, à Urbino et à Forli. Rome, Rimini, Bologne Faenza et Ferrare fournissent à la consommation des mosaïques, des verroteries et des poteries. Les boyauderies de Rome sont fort importantes, et ce genre d'industrie semble même concentré dans cette ville.

Le commerce, favorisé qu'il est par les deux grands ports d'Ancône et de Civita-Vecchia, par les petits ports de Rome, d'Anzio et de Terracine, de même que par la foire de Sinigaglia, toujours si fréquentée, exporte plus particulièrement des grains provenant des provinces de Bologne et de Ferrare, de la farine, du biscuit, de la laine, du chanvre, des cordages, des toiles à voiles, des graines de lin, de l'huile d'olive, des vins, de la soie, du tabac, du safran, du soufre, du sel, des cordes à instruments, des articles de bijouterie, des verroteries, du cuir, du parchemin, du papier d'écriture et d'impression, enfin des papiers de tenture. En 1850, l'exportation s'est élevée au chiffre de 9,289,842 *scudi* (environ 49,000,000 fr.), c'est-à-dire à un chiffre inférieur de 619,066 *scudi* à celui des importations. Au total, cependant, le commerce des États de l'Église est des plus languissants, en dépit des efforts qu'on a tentés dans ces derniers temps à l'effet de lui donner de plus larges développements; en dépit, par exemple, du traité de commerce et de navigation conclu avec la Toscane, de la convention intervenue avec l'Autriche et la Toscane, pour faciliter les relations postales et réprimer la contrebande, comme aussi en dépit de la Banque des États Romains, fondée par actions en 1851, à Rome, avec des succursales à Bologne et à Ancône. Ce qui entrave surtout le développement des relations commerciales, c'est la forte élévation qu'a subie en 1851 le tarif des douanes pour des articles d'importation indispensables et pour des articles d'exportation figurant parmi les plus importants produits du pays. A ces causes de souffrance, il faut encore ajouter la rareté du numéraire, l'abondance du papier-monnaie et l'incertitude de la situation politique ainsi que de l'avenir. En 1851 la marine commerciale se composait de 863 grands bâtiments, jaugeant ensemble 28,204 tonnes, et de 547 navires moindres, le tout monté par 9,110 marins.

La culture intellectuelle des populations des États de l'Église est en général fort arriérée. On y trouve bien deux universités de premier ordre, celle de Rome (appelée *Sapienza*) et celle Bologne, indépendamment de cinq autres universités secondaires existant à Pérouse, à Camerino, à Fermo, à Macerata et à Ferrare; plus, 21 colléges pour l'éducation secondaire de la jeunesse (l'éducation des filles est confiée partout à des religieuses), de même que des écoles des beaux-arts à Rome, à Bologne, etc. Toutefois, encore bien qu'il y ait de l'instruction et même de l'érudition dans les classes élevées de la société, on peut dire que l'ignorance la plus crasse est le lot des classes populaires. Il n'existe pas dans tous les États de l'Église un seul établissement destiné à former des maîtres d'école; et à Rome même, il n'y a qu'un cinquième de la population qui sache lire.

Le gouvernement a pour chef le pape, prince ecclésiastique, désigné par l'élection et investi du pouvoir absolu. Toutefois, chaque cardinal (et c'est parmi les cardinaux qu'on choisit le pape) est tenu de prêter serment à certaines maximes qu'on peut considérer comme formant les lois fondamentales de l'État. Le pape aujourd'hui régnant, le 259e depuis saint Pierre, est Pie IX, qui a succédé en 1846 à Grégoire XVI. Le pape est secondé surtout dans ses rapports avec les puissances étrangères, indépendamment des affaires ecclésiastiques, par le collége des cardinaux ou sacré collége (*sacro collegio*), qui devrait, à bien dire, se composer de 70 membres, mais qui n'est presque jamais au complet. L'administration comprend en première ligne les affaires de toute la chrétienté, et est confiée aux différents départements dont se compose la curie romaine, et dont font également partie la pénitencerie et la chancellerie pontificale ou daterie. En ce qui est des États de l'Église proprement dits, ils ont reçu une organisation toute nouvelle, et complétement basée sur des principes hiérarchiques en vertu du *motu proprio* du 12 septembre 1849, par lequel Pie IX annula et la constitution qu'il avait lui-même donnée à ses peuples en 1848, et la constitution républicaine du 3 juillet 1849.

Le véritable chef de l'administration politique est le secrétaire d'État, qui doit toujours être cardinal, et qui est à la nomination du pape. Il préside le conseil des ministres et le conseil d'État, publie les actes législatifs et est à la tête de l'administration provinciale. Aux termes de l'édit du 11 septembre 1850, le conseil des ministres, placé sous la présidence du secrétaire d'État, auquel est adjoint comme substitut un sous-secrétaire d'État au département des affaires étrangères, se compose de cinq ministres : 1° du ministre de l'intérieur et de la police; 2° du ministre de la justice et des grâces; 3° du ministre des finances; 4° du ministre du commerce, des travaux publics et des beaux-arts; 5° du ministre de la guerre. Le pape s'est d'ailleurs réservé le droit d'augmenter le nombre des départements comme aussi de nommer des ministres sans portefeuille, que le secrétaire d'État peut faire intervenir dans les délibérations où les décisions se prennent à la majorité des voix. Les délibérations du conseil des ministres comprennent les décisions à rendre en matière administrative et de police générale, de lois nouvelles et d'interprétation authentique des lois, de même que sur le système à suivre en administration politique. Il n'est responsable de ses actes qu'envers le pape.

Le conseil d'État, nommé, comme le précédent, par le souverain pontife, est présidé par le secrétaire d'État et a un prélat pour vice-président. Il se compose de neuf conseillers titulaires et appointés, et de six conseillers en service extraordinaire. Il se réunit régulièrement chaque semaine, a voix délibérative en matière de finances et de législation, et juge souverainement les questions de compétence qui surgissent entre les divers hauts fonctionnaires dans l'exercice de leurs pouvoirs respectifs. Cependant, il ne peut délibérer que sur les matières qui lui sont soumises par le secrétaire d'État.

La *consulta* des finances, instituée par l'édit du 21 octobre 1850, et chargée d'approuver après examen les comptes généraux de finance, de discuter le budget et de donner son avis en matière d'emprunts, d'impôts et d'opérations de finances, se réunit chaque année, d'ordinaire pendant trois mois, sous la présidence d'un cardinal et la vice-présidence d'un prélat. Le pape la convoque et la dissout quand bon lui semble pour la réorganiser. Voici de quelle manière elle est composée : sur les quatre candidats présentés par les conseils provinciaux de chaque province, et qui doivent être âgés de trente ans, posséder 10,000 *scudi* en biens-fonds, ou 4,000 *scudi* de biens fonds et 8,000 *scudi* de capital, ou encore pouvant justifier par une fonction publique à eux confiée, par une chaire d'enseignement dont, par exemple, ils sont titulaires, qu'ils possèdent des capacités intellectuelles suffisantes, le pape choisit un représentant. Il nomme, en outre, directement un quart des membres de cette assemblée, et les choisit dans les rangs du clergé. La nomination est faite pour six ans; et tous les deux ans cette assemblée se renouvelle par tiers. Les *consultori* des provinces reçoivent un traitement fourni par la caisse communale, et ceux à la nomination du pape en reçoivent un sur les fonds généraux de l'État.

L'administration provinciale a été organisée par l'édit du 22 novembre 1850. Aux termes de cet édit, les États de l'Église se composent : 1° de l'arrondissement urbain de Rome, ou *Commarca di Roma*, dont font partie les trois provinces ou délégations de Viterbe, de Civita-Vecchia et d'Orvieto, et où la haute police ainsi que le commandement de la force armée sont dans les attributions immédiates du gouvernement; 2° et de quatre légations, à savoir : la légation de la Romagne, comprenant les quatre délégations de Bologne, de Ferrare, de Forli et de Ravenne; la légation des Marches, avec les six délégations d'Ancône, d'Urbino et Pesaro, de Macerata, de Fermo, d'Ascoli et de Camerino; la légation de la *Campagna di Roma* et la légation *Marittima* avec les trois délégations de Velletri, Frosinone et Bénévent. Un cardinal préside la première de ces divisions politiques et administratives; les quatre autres ont à leur tête un cardinal légat, auquel est adjoint un commissaire pontifical extraordinaire, ou, comme dans la légation de la *Campagna*, un vice-légat. Ils ne correspondent qu'avec le secrétaire d'État. A la tête des diverses provinces ou délégations sont placés des *délégats*, qui peuvent être choisis parmi les laïques. Les provinces sont divisées en *governi*, auxquels président des *governatori*, choisis par le gouvernement, comme le sont aussi les *légats* et *délégats*. Après ces fonctionnaires viennent d'abord, pour les affaires intérieures, et surtout pour les affaires de finances, des *conseils provinciaux*, dont le gouvernement choisit les membres sur une simple liste de candidats qui lui est présentée par les conseils municipaux; et ensuite les commissions provinciales, lesquelles représentent à l'égard des conseils le pouvoir exécutif. La durée des pouvoirs conférés à ces deux autorités, l'une et l'autre susceptibles d'être dissoutes et déposées, est de six ans; et elles se renouvellent par tiers tous les deux ans. Pour être électeur, il faut avoir trente ans accomplis, payer un cens déterminé ou posséder une instruction suffisante.

La constitution communale, donnée le 26 novembre 1850 et le 31 juin 1851, divise toutes les communes, Rome exceptée, en cinq classes : celles qui ont plus de 20,000 habitants; celles qui en ont de 10 à 20,000, de 5 à 10,000, de 1,000 à 5,000; enfin, celles qui en ont moins de 1,000. Les autorités communales sont le conseil communal et *la magistrature*. Le conseil communal est composé de 36, de 30, de 24, de 16 ou de 10, et à Rome de 48 membres. Ceux-ci, qui se renouvellent tous les trois ans, sont élus par les propriétaires, et pour six ans dans ces cinq classes de communes, par un corps électoral six fois plus considérable que le corps à élire, composé pour deux tiers de propriétaires fonciers et pour un tiers de capacités. Mais à Rome le conseil municipal est choisi par le pape, sur une liste que ce conseil lui soumet. La *magistrature* se compose de 9, de 7, de 6, de 5 ou de 3 membres, et de 8 à Rome, où on leur donne le titre de *conservatori*. Ils sont élus par les délégats, sur une triple liste de candidats dressée par le conseil communal, et à Rome par le pape en personne. Celui qui est placé à la tête de cette autorité a le titre de *gonfaloniere* ou de *priore*. Dans les petites localités il est nommé par le secrétaire d'État, et dans les grandes par le pape. A Rome, où il porte le titre de *sénateur*, il est toujours choisi dans les grandes familles romaines. Ses pouvoirs durent six ans. Le conseil communal peut être dissous et la *magistrature* déposée. La mission de ces autorités est de délibérer sur les intérêts de la commune, notamment sur son budget, d'arrêter la triple liste de candidats à présenter pour le conseil provincial; mais leurs décisions doivent être confirmées par les délégats et les légats.

La justice est dans les attributions du ministre des affaires judiciaires et des grâces. Elle est distribuée par vingt et un tribunaux civils, des jugements desquels on peut appeler à quatre cours supérieures, dont deux sont établies à Rome, une à Macerata et une à Bologne. Le ministre de la justice juge en dernier ressort. Il n'a point dans ses attributions la justice ecclésiastique, non plus que la justice dite mixte, laquelle est du ressort de la *Sagra Visita Apostolica*, collége composé de cardinaux et des décisions duquel on peut appeler en dernier ressort à la congrégation entière des cardinaux. Une commission spéciale a été instituée pour la révision des Codes. La police est dans les attributions du ministre de l'intérieur et d'un directeur général. Elle est exercée par les autorités provinciales et communales, sous la surveillance des légats et des délégats; mais jusqu'à ce jour ses efforts pour complétement rétablir et assurer la tranquillité publique ont été impuissants. Au point de vue ecclésiastique, l'État est divisé en six archevêchés et environ soixante évêchés. La réorganisation de l'armée a été ordonnée par un édit en date du 10 août 1850. Cette armée devrait se composer de trois régiments de ligne présentant un effectif de 10,761 hommes, d'un bataillon de chasseurs, d'un régiment de cavalerie, d'un régiment d'artillerie de huit batteries, d'un corps d'invalides, de quatre compagnies de vétérans et d'un corps de gendarmerie, appelé *arma politica*, fort de 5,000 hommes; total, 19,024 hommes; mais en réalité elle ne présente guère aujourd'hui qu'un effectif de 4,000 hommes, y compris un régiment d'infanterie de la garde, composé d'Allemands et de Suisses. La réorganisation dont on s'occupe participe du système français et du système autrichien; et elle a pour base les engagements volontaires, dont la durée est fixée à quatre, à six ou à huit années.

Depuis 1849 la Romagne et les Marches sont occupées par des troupes autrichiennes, et les parties occidentales du territoire, notamment Rome et Civita-Vecchia, par des troupes françaises. Les finances de l'État se trouvent réduites à l'état le plus déplorable, attendu que par suite du dépérissement de l'agriculture, de l'industrie et du commerce, comme aussi à cause de la rareté des changements survenant dans la constitution de la propriété du sol, les revenus publics vont toujours en diminuant, tandis que les dépenses augmentent sans cesse, ainsi que c'était déjà le cas autrefois, mais aujourd'hui à cause de la nouvelle organisation donnée aux États de l'Église et d'une dette de plus en plus considérable. D'après le budget de 1852, les revenus publics étaient évalués à 11,110,570 *scudi*, et les dépenses à 12,906,419. Ce déficit de 1,795,849 *scudi* devait être couvert en partie par le produit des nouveaux impôts décrétés le 7 février 1852, et en partie par un emprunt. La dette publique s'élevait à 69 millions de *scudi*, dont les intérêts et autres rentes à sa charge constituaient une dépense annuelle de 4,300,000 *scudi*.

On compte dans les États de l'Église quatre ordres de chevalerie : L'ordre du Christ, fondé en 1319; l'ordre de l'Éperon-d'Or, fondé par Pie IV en 1559, et réformé en 1841 par Grégoire XVI; l'ordre de Saint-Grégoire le Grand, fondé en 1832; l'ordre de Pie IX, fondé en 1847. Un cinquième, l'ordre de Saint-Jean-de-Latran, fondé en 1560, ne se donne plus aujourd'hui.

Les États de l'Église et la souveraineté qu'y exerce le pape comme chef de l'Église catholique proviennent de la donation faite en 754 à Étienne II, évêque de Rome, par Pepin, roi des Francs, du pays enlevé à l'exarcat par les Lombards, contre lesquels Étienne II avait demandé des secours à Pepin. Charlemagne renouvela en 774 cette donation, et reçut en récompense, l'an 800, de Léon III, la dignité d'empereur des Romains. Les seuls documents qui établissent qu'effectivement cette donation fut faite aux papes par Pepin et par Charlemagne ne consistent d'ailleurs que dans des diplômes de Louis le Pieux, d'Othon Ier et de Henri II, dont l'authenticité est loin d'être prouvée, bien que Marino Marini, camerlingue privé du pape, ait essayé, en 1822, de la démontrer de nouveau, à l'aide de preuves historiques. La politique que suivirent les papes en favorisant les Normands dans la basse Italie valut au saint-siége d'intrépides défenseurs, qu'il compta bientôt au nombre de ses vassaux. Après que l'empereur Henri III eut abandonné le duché de Bénévent au pape Léon IX, Grégoire VII, qui porta la puissance des papes à son apogée, sut, au milieu des embarras de l'empereur Henri IV, mettre à profit la puissance absolue exercée par ce prince en Italie, pour consolider les possessions territoriales des papes et les affranchir de toute dépendance de l'empereur. Le territoire des États de l'Église reçut son plus grand accroissement de l'héritage de tous les biens et domaines de la duchesse Mathilde de Toscane; donation dont la validité fut contestée d'abord par l'empereur, mais au sujet de laquelle il finit par s'entendre avec le pape Pascal III. Les commencements des croisades servirent mieux les intérêts de la papauté que leurs suites. Le pape Innocent III, mort en 1216, se déclara souverain de Rome, et fut reconnu en cette qualité par toutes les puissances. Le saint-siége parvint à se débarrasser du dangereux voisinage des Hohenstaufen en appelant la maison d'Anjou au trône de Naples, en 1265. Mais la souveraineté temporelle des papes et la manière arbitraire dont ils en usaient finirent par tellement provoquer le mécontentement et la résistance des Romains, que les papes se virent réduits, en 1305, à transférer leur résidence à Avignon, ville que Clément VI acheta avec son territoire, en 1348, à Jeanne, reine de Naples et comtesse de Provence. Toutefois, ainsi placés forcément sous l'influence de la France, les papes n'obtinrent jamais, ou du moins bien rarement, l'assentiment des Romains et des Allemands; et comme de Rome ou leur opposa presque toujours des antipapes, il était impossible qu'avec un pareil état de choses, l'Église prospérât plus au temporel qu'au spirituel.

Ce fut seulement lorsqu'ils eurent de nouveau fixé leur résidence à Rome, en 1376, que les papes purent songer à agrandir le patrimoine de saint Pierre, en dépit de l'improbation formelle de divers conciles tenus en Allemagne. Jules II se rendit maître, en 1510, de l'État de Bologne, et Clément VII s'empara d'Ancône en 1532. Les Vénitiens durent plus tard céder Ravenne; en 1598 Ferrare fut arraché à la succession de Modène; enfin, la ville et le territoire d'Urbino furent légués en 1626 au saint-siége par le dernier duc d'Urbino, François-Marie, de la maison de Rovere. Malgré ces agrandissements de territoire, les papes perdirent peu à peu la plus grande partie de leur influence temporelle et spirituelle : la Réformation contribua beaucoup à cette décadence de leur puissance. Vers la fin du seizième siècle, Sixte-Quint avait, il est vrai, réussi à rétablir par une sage administration un ordre parfait dans toute l'étendue des États de l'Église; mais les prodigalités et le népotisme de quelques-uns de ses successeurs provoquèrent de nouvelles calamités. En 1783 Naples mit à néant les antiques rapports de vassal à suzerain qui l'avaient jusque alors lié au saint-siége; et la visite que le pape vint rendre en personne à l'empereur Joseph II, à Vienne, en 1782, demeura impuissante à empêcher les importantes modifications opérées par ce prince dans les affaires spirituelles de son empire. Le triomphe des armées françaises en Italie contraignit le pape, lors de la paix signée à Tolentino le 13 février 1797, à restituer Avignon à la France, et à céder à la république cisalpine la Romagne, Bologne et Ferrare. Une révolte contre les Français, qui éclata à Rome le 28 décembre 1797, fut suivie de la prise de Rome par une armée française, le 10 février 1798, et de la transformation des États de l'Église en république romaine. Pie VI fut alors emmené prisonnier en France, où il mourut, en 1799.

Les victoires remportées en Italie par les armées austro-russes favorisèrent, le 14 mars 1800, l'élection du pape Pie VII, qui reprit possession de Rome sous la protection d'un corps d'armée autrichienne. Le concordat que ce souverain pontife conclut en 1801 avec le premier consul de la république française enleva au saint-siége une grande partie de la puissance temporelle qui lui restait encore. Le pape ayant refusé, en 1807, d'introduire dans ses États le *Code Napoléon* et de déclarer la guerre à l'Angleterre, il parut le 3 avril de cette même année un manifeste qui déclara que la France était en état de guerre avec le souverain pontife. Les provinces d'Ancône, d'Urbino, de Macerata et de Camerino furent incorporées au royaume d'Italie, et de tout ce qui avait jusque alors constitué le patrimoine de saint Pierre; le pape ne conserva plus que le territoire situé de l'autre côté de l'Apennin. Mais dès le 2 février 1808 un corps de 8,000 Français entrait dans Rome. Un revenu de deux millions de francs fut assigné au pape, qui conservait toujours sa suprématie spirituelle; et un décret impérial en date du 17 mai 1809 incorpora définitivement les États de l'Église à l'empire français, en même temps que Rome était déclarée ville libre impériale. Le pape fut alors conduit de vive force en France, où il dut continuer de résider jusqu'à ce que les événements de 1814 lui rendirent et la liberté et ses États. Le 24 mai il rentra à Rome, et reprit alors possession des États de l'Église tels qu'ils étaient constitués avant 1794, à l'exception d'Avignon et du comtat Venaissin, ainsi que d'une petite partie du territoire de Ferrare située de l'autre côté du Pô.

Depuis cette époque, Pie VII, ainsi que ses successeurs Léon XII (1823-1829), Pie VIII (1829-1830), et surtout Grégoire XVI (1831-1846), s'efforcèrent constamment de rétablir et de consolider l'autorité et la considération du saint-siége, tant à l'intérieur qu'à l'extérieur. Mais ils eurent constamment à lutter à l'intérieur contre une population mécontente et en proie à la misère, contre des conspirations et des révoltes incessantes (*voyez* Italie).

L'insurrection qui éclata à Modène dans la nuit du 3 au 4 février 1831 provoqua tout aussitôt à Bologne des réunions tumultueuses et illégales, qui eurent pour suite la constitution d'un gouvernement provisoire. A quelques jours de là le mouvement s'était de proche en proche répandu dans la plus grande partie des États de l'Église, et dès le 8 février la puissance temporelle des papes était solennellement déclarée abolie pour toujours. En proie à la plus vive terreur, manquant d'argent et de soldats, la cour de Rome eut recours à tous les moyens qu'elle crut propres à la sauver. Un mouvement contre-révolutionnaire tenté par les cardinaux Oppizzoni et Benvenuti échoua complétement, et rendit plus manifeste encore la radicale impuissance du gouvernement pontifical. Enfin, le 21 mars, un corps de troupes autrichiennes entrait à Bologne, et cinq jours après le gouvernement provisoire qui fonctionnait depuis six semaines dans cette ville était réduit à déposer ses pouvoirs entre les mains du cardinal Benvenuti, après que celui-ci eut promis une amnistie complète. Mais le gouvernement pontifical refusa cette amnistie; il ne fit même rien pour essayer de calmer les esprits et d'introduire tout au moins quelques améliorations administratives dans les légations. En vain les représentants des grandes puissances adressèrent alors au saint-siége une note collective, pour lui déclarer que le gouvernement du pape ne répondait ni aux besoins ni aux intérêts peuple; le cabinet du Vatican n'eut jamais sérieusement l'intention d'opérer les réformes politiques qu'il fit alors espérer.

Cette obstination de sa part à ne rien faire pour donner satisfaction aux justes réclamations des populations provoqua de nouvelles insurrections, par suite desquelles des troupes autrichiennes entrèrent encore une fois à Bologne en janvier 1832. Le mois suivant, les Français, de leur côté, débarquaient à Ancône, et y venaient prendre position. Cependant le calme et la tranquillité se rétablirent de nouveau, et même si complétement qu'en 1838 les troupes autrichiennes évacuèrent Bologne. Les Français en firent immédiatement autant à Ancône. Toutefois, pendant toute la durée du règne de Grégoire XVI, une sourde fermentation ne discontinua pas d'agiter les esprits dans les États de l'Église, et fit même de temps à autre explosion pas quelques insurrections isolées, par exemple dans la Romagne (1843) et à Rimini (1845). La joie populaire n'en fut dès lors que plus vive et plus éclatante dans ses démonstrations quand on vit le nouveau pape Pie IX, élu en juin 1846, inaugurer son règne par des mesures marquées au coin de la douceur et de la modération, annoncer une amnistie, entreprendre diverses réformes administratives, ordonner l'établissement d'une *consulta* composée de représentants des provinces (avril 1847), et, dans l'été de la même année, consentir à l'organisation d'une garde nationale impétueusement réclamée par l'opinion. Les premiers actes du règne de Pie IX, les vives espérances qui s'y rattachèrent, l'agitation de la presse, etc., ne réagirent pas seulement alors sur toute la péninsule, mais encore, et avec une puissance toute particulière, sur l'enchaînement et la marche des événements dont l'Europe fut alors le théâtre.

Mais bientôt Pie IX, qui ne se proposait d'opérer que de simples réformes administratives, se trouva par un mouvement irrésistible entraîné bien au delà de ce que comportaient son caractère et sa position. Le 14 mars 1848, force lui fut d'imiter l'exemple des autres États, et de promettre à ses sujets des institutions constitutionnelles. Il ne lui fut pas possible non plus d'empêcher les Romains d'en venir aux mains avec les Autrichiens. Il fut en outre contraint de nommer un ministère libéral (Mamiani) et de convoquer une assemblée représentative. Cette expérience démontra plus clairement que jamais l'incompatibilité d'un gouvernement de prêtres avec des institutions constitutionnelles; et la différence existant entre les réformes que Pie IX voulait opérer et les exigences des partis avancés devint de plus en plus saillante. Les victoires remportées par les armes autrichiennes ranimèrent l'espoir qu'on avait pu un instant concevoir de diriger le mouvement et de le dominer. Dans ce but, à la retraite de Mamiani, le pape appela le comte Rossi à la tête du ministère (septembre 1848). Mais quand les députés se réunirent de nouveau, Rossi périt traîtreusement assassiné; et un mouvement révolutionnaire qui séquestra le pape dans son palais le contraignit d'accepter un ministère *démocratique*. A la suite de ces événements Pie IX s'enfuit à Gaëte (25 novembre) sur le territoire napolitain, d'où il tenta inutilement par ses décrets et ses exhortations d'agir sur la population révoltée.

Il se forma alors à Rome un gouvernement provisoire qui, à la fin de décembre, convoqua une assemblée constituante, dont le premier acte fut de déclarer la souveraineté du pape abolie, et de proclamer la république (février 1849). Les triumvirs Armellini, Saliceti et Montecchi furent placés à la tête du gouvernement; mais ces deux derniers ne tardèrent pas à y être remplacés par Saffi et J. Mazzini. Cette victoire du parti radical extrême, et les atrocités commises par les terroristes à Ancône et à Sinigaglia coïncidèrent avec la seconde déroute du roi de Sardaigne, Charles-Albert, et avec les premiers succès de la politique de restauration dans la haute Italie et dans l'Italie centrale.

Cependant les puissances catholiques avaient pris la détermination de rétablir le pape dans son autorité; et tandis que les Autrichiens entraient dans les légations, que des troupes napolitaines et espagnoles étaient en marche, une armée française aux ordres du général Oudinot débarquait aussi dans les États de l'Église (avril 1849). La population romaine déploya il est vrai bien autrement de courage et de constance qu'on ne s'y était attendu. Pendant plusieurs semaines elle résista aux attaques acharnées des Français, jusqu'au moment où toute résistance plus longue fut devenue impossible, et le 2 juillet la ville se rendit aux assiégeants. Le rétablissement de la souveraineté politique du pape fut proclamée, en même temps que la plus grande partie des changements récemment opérés dans l'administration étaient mis à néant. Pie IX ordonna alors l'établissement d'un conseil d'État et d'une *consulta* des finances, la formation de conseils provinciaux et municipaux, ainsi que des réformes dans l'ordre judiciaire. En même temps parut une amnistie contenant de nombreuses exceptions. Ce ne fut d'ailleurs qu'au mois d'avril 1850 que le pape jugea pouvoir rentrer à Rome; et à ce moment fut entreprise l'œuvre d'une restauration complète impliquant la punition des principaux auteurs et fauteurs de la révolution. Depuis lors, l'occupation du pays par les troupes autrichiennes et françaises dure toujours; et une suite non interrompue d'assassinats et d'actes de violence a prouvé que la fermentation des esprits est loin de toucher à son terme.

ÉGLISE (Hiérarchie de l'). *Voyez* Hiérarchie.

ÉGLISE (Juridiction de l'). *Voyez* Ecclésiastique (Juridiction).

ÉGLISE (Musique d'). *Voyez* Musique, Plain-Chant, Ambrosien (Chant), Grégorien (Chant), etc.

ÉGLISE (Pères de l'). *Voyez* Pères de l'Église.

ÉGLISE (Petite). C'est le nom donné aux ecclésiastiques qui, après avoir refusé, en 1790, le serment à la constitution civile du clergé, refusèrent, en 1801, d'adhérer au concordat de Pie VII avec le premier consul. Nous ne saurions dire combien il y avait de prêtres. Dans les auteurs, le nombre des évêques varie de trente-quatre à trente-huit ou quarante. Le 13 septembre 1800, le pape avait adressé un bref aux évêques *insermentés*, pour leur annoncer qu'il allait négocier avec le gouvernement français, et pour leur demander le secours de leurs prières. Le concordat étant conclu le 15 juillet 1801, et ratifié le 15 août suivant, le pape, par un bref du 15 août aussi, leur déclare qu'ils doivent renoncer spontanément à leurs siéges dans le terme de dix jours, et que toute réponse dilatoire sera regardée comme négative. Le nonce Erskine, chargé de remettre ce bref à ceux qui ont émigré en Angleterre, l'accompagne d'une lettre, en date du 16 septembre, écrite par ordre du pape, et dans laquelle il leur annonce de sa part qu'il les recommandera au premier consul, soit pour les replacer sur de nouveaux siéges, soit pour leur assurer des moyens d'existence. Sur le bruit d'une réponse collective, Erskine leur adresse, le 22 du même mois, une autre lettre pour les avertir que, dans l'intention très-expresse du pontife, il ne faut qu'une réponse individuelle, ce qui n'empêche pas que, le 27, ils ne répondent en commun. Ils disent au pape que de toutes les calamités qui frappent l'Église l'abdication de leurs siéges serait peut-être la plus grande; que le seul moyen de l'éviter est que tous les évêques de France se réunissent pour éclairer sa sainteté. Pie VII, persistant à vouloir qu'ils se démettent simplement, ils lui écrivent une nouvelle lettre le 28 octobre. Il paraît que le pape redouble ses instances par une lettre du 11 novembre, et que les évêques cherchent à les éluder par une autre réplique. Enfin, le 29, une bulle prononce leur déchéance, et opère une nouvelle circonscription des diocèses en France.

Alors les dissidents protestent respectueusement par de nombreux mémoires et livres qui, quoique différents par l'étendue, la forme et les détails, se ressemblent tous quant au fond. Il s'agit toujours des droits du saint-siége et de ceux des évêques; des vices du Concordat et de l'introduction dans le nouveau clergé d'évêques et de prêtres constitutionnels qui ne se sont pas rétractés. On prouve à merveille que le pape n'est pas seul dans l'Église, que les évêques y sont avec lui; que comme lui ils sont inamovibles, que non plus que lui ils ne peuvent être déposés sans jugement; qu'il est chargé de veiller à l'exécution des canons, et non de les renverser. On soutient, enfin, que Pie VII n'est pas libre, que les démissions lui sont commandées; que pour lors elles sont nulles de fait. Il paraît effectivement certain que le pape s'était déterminé sous l'influence de la peur. (Consultez l'*Histoire du Consulat et de l'Empire*, par M. Thiers). La cour romaine temporisant, « l'ordre fut expédié à Cacault, » ministre de la république française, « de quitter Rome sous cinq jours, si le projet du concordat » que le premier consul présentait, et dans lequel il stipulait les démissions ou les destitutions, « n'était pas accepté ». En même temps le premier consul déclarait à Spina, ministre du pape près la république, « qu'il se passerait du saint-siége, puisqu'on ne voulait pas le seconder; que sans doute il ne rendrait pas à l'Église les jours de la persécution, mais qu'il livrerait les prêtres à eux-mêmes, en se bornant à châtier les turbulents, et en laissant les autres vivre comme ils pourraient; qu'il se considérerait enfin, relativement à la cour romaine, comme libre de tout engagement ». Rome, épouvantée, se hâta alors d'accéder aux intentions de Bonaparte. Mais il n'y eut aucune violence envers le pape ni ses agents.

A notre avis, Pie VII dépassa son autorité; lui-même ne le niait point : il avouait que le droit dont on voulait qu'il fit usage était douteux. Il ne pouvait prononcer de destitutions qu'au nom de l'Église, qui les aurait validées ou invalidées par son consentement ou par son improbation. Au surplus, ce n'est pas lui qui en est réellement l'auteur; c'est Bonaparte, c'est-à-dire la puissance civile; elle a déclaré les siéges vacants, comme lors de la *constitution civile du clergé*, parce que les titulaires se trouvaient politiquement incapables de les occuper ou de remplir leurs fonctions, ou plutôt elle s'est bornée à maintenir la déclaration de 1790. Elle n'avait même plus besoin d'y songer, si elle eût continué de se passer de concordat ou de l'intervention du pape pour instituer les évêques. C'est cette intervention seule qui a semblé remettre en problème ce qui, depuis dix ans, était irrévocablement décidé : et la destitution des insermentés, et la reconnaissance que les biens ecclésiastiques appartiennent à la nation, et la liberté des cultes, et la souveraineté du peuple, enfin, toutes les œuvres de la révolution, qu'embrassa le concordat, parce que le pape a semblé leur donner une sanction qui leur manquait. Cependant, en réalité, le chef de l'Église n'a fait qu'agir en conséquence de ces faits accomplis. Mais ces faits sont pour les non-démissionnaires des monstruosités, ainsi que le concordat.

La rétractation des évêques constitutionnels qui, au nombre de douze, passèrent dans le clergé nouveau a été vivement controversée, non-seulement entre eux et les concordataires, mais entre ceux-ci et les opposants aux démissions. « La veille (17 avril 1802) de la publication du concordat, dit M. Thiers, les évêques constitutionnels qui entraient dans le nouveau clergé, s'étant rendus chez le cardinal Caprara pour le procès informatif, il exigea d'eux une rétractation de leur conduite passée. Le premier consul, averti à temps, ne voulut pas le souffrir, leur enjoignit de ne pas céder, promettant de les appuyer..... Portalis fut chargé d'aller annoncer au cardinal que la cérémonie n'aurait pas lieu, que le concordat ne serait pas publié, et resterait sans effet... Le cardinal céda enfin, mais très-avant dans la nuit. Il fut convenu que les nouveaux élus pris dans le clergé constitutionnel subiraient chez lui leur procès informatif, qu'ils professeraient de vive voix leur réunion sincère à l'Église, et qu'ensuite on déclarerait qu'ils s'étaient réconciliés, sans dire comment ni dans quels termes. Toujours est-il que la rétractation demandée ne fut pas faite. »

Pendant qu'on négociait le concordat, et après qu'il fut conclu et exécuté, les non-démissionnaires ne manquèrent pas d'envoyer clandestinement, comme auparavant, des lettres pastorales à leurs prétendus troupeaux. Mais ce fut à la rentrée des Bourbons, et principalement à l'occasion du concordat de 1817, que la querelle devint plus violente, plus acharnée que jamais. Cependant, la petite Église éprouva une défection de cinq prélats : Talleyrand, archevêque de Reims; Lafare, évêque de Nancy; Bonac, évêque d'Agen; du Chilleau, évêque de Châlons-sur-Saône; Coucy, évêque de La Rochelle, auxquels se joignit l'abbé Latour, évêque nommé de Moulins. Par une lettre du 8 novembre 1816, ils remettent au pape leur démission. En 1818, la mort ne laisse plus que Villedieu, évêque de Digne; Amelot, évêque de Vannes; Vintimille, évêque de Carcassonne; Thémines, évêque de Blois. Deux ans après, la Petite Église est, dit-on, réduite pour les prélats à Thémines, qui meurt à Bruxelles persistant jusqu'à son dernier soupir à se dire *évêque de toute la France*, parce que de tous les prélats que le Concordat avait dépossédés il était le seul survivant; mais il lui reste encore des prêtres. Tous ses membres s'accordent à déclarer nul le concordat et ce qui s'y rattache; mais les uns semblent regarder les évêques concordataires comme des vicaires apostoliques par lesquels le pape, en l'absence des titulaires, fait administrer les Églises de France, et avec lesquels on peut communiquer. D'autres voient dans les évêques concordataires des intrus, des schismatiques, des hérétiques, dont il faut éviter la communion. Aux yeux des plus exaltés, le Pape a cessé moralement d'être le chef de l'Église. « Pie VII, dit Gaschet, m'est aussi étranger que le juif, le païen, le publicain. La défection de Pie VII est une monstruosité si frappante qu'elle n'a été prévue par aucun article canonique. Il est hérétique, schismatique, apostat, sacrilége, oppresseur des vérités évangéliques, hors de l'unité, doublement mort, déchu de toute juridiction... On doit procéder contre lui en toute rigueur. » (*Histoire des sectes religieuses*, par Grégoire.) « La Petite-Église, ajoute-t-il, est à peine connue dans l'est de la France; elle a des adhérents dans le nord et à Paris, mais beaucoup plus dans l'ouest et sud-ouest, parce que le plus grand nombre des prêtres émigrés au-delà du Pas-de-Calais étant de ces contrées, leurs opinions s'y étaient infiltrées par une correspondance suivie, et par l'envoi de leurs écrits depuis 1801 jusqu'à 1814. A cette dernière époque et dans les années suivantes, un grand nombre d'entre eux franchirent le détroit pour revenir en France, élevèrent autel contre autel, et firent beaucoup de prosélytes dans les départements de Loir-et-Cher, Indre-et-Loire, Sarthe, Deux-Sèvres, Vendée, Vienne, Charente-Inférieure, Dordogne, Ariége, Haute-Garonne, etc. » On y donnait le nom de *Louisets* aux affiliés de la Petite-Église, parce qu'ils ne reconnaissaient d'autorité politique que celle de Louis XVIII. A Rouen on les appelait *Clémentins*, de l'abbé Clément, un des leurs, et en Angleterre, *Blanchardistes*, d'un prêtre émigré, l'abbé Blanchard, ex-curé du diocèse de Lisieux... En 1825, un journal protestant annonçait que dans la commune de Massat, au pied des Pyrénées, forte de six mille âmes, au moins les deux tiers étaient *puristes* ou *chambristes*. Il ajoutait : « Leur aversion pour les autres catholiques est si grande, qu'ils regardent comme un péché mortel de poser seulement le pied sur le seuil de la porte de leurs églises. Ils font leurs services religieux et ensevelissent leurs morts sans aucun cérémonial extérieur. (Grégoire, ibid.) » Il est probable qu'en ce moment la Petite-Église est complétement éteinte. Ainsi ont passé et passeront toutes les oppositions au mouvement régénérateur qui emporte le monde.

BORDAS-DEMOULIN.

ÉGLISE ANGLICANE. *Voyez* ANGLICANE (Église).

ÉGLISE CATHOLIQUE, APOSTOLIQUE ET ROMAINE. *Voyez* ÉGLISE, CATHOLIQUE, CATHOLICISME, APOSTOLIQUE, PAPE, etc.

ÉGLISE CATHOLIQUE FRANÇAISE. *Voyez* CHATEL (abbé).

ÉGLISE CONSTITUTIONNELLE. Elle naquit en 1790 avec la *constitution civile du clergé*, et cessa d'exister avec elle en 1801, au concordat. Elle comprenait le clergé soumis à cette constitution et les laïques qui reconnaissaient le ministère de ce clergé. Elle se divisait en *arrondissements métropolitains*, ou archevêchés, au nombre de onze, et en évêchés suffragants. Parmi les titulaires de ces différents siéges on trouve des oratoriens, des bénédictins, des génovéfains, des prêtres de la doctrine chrétienne, des prêtres de la mission, des carmes, des bacheliers et des docteurs en théologie, en droit canon, des professeurs de ces deux sciences, des supérieurs de séminaire, des recteurs de collége, d'université, un jésuite professeur d'éloquence, un autre de théologie; presque les deux tiers étaient curés, et plus d'un tiers furent députés à l'Assemblée constituante et à la Convention; enfin on y voit des professions qui supposent le travail, les lumières, la gravité, des mandats qui dénotent l'estime, la considération, la confiance publiques. Comparé à celui qu'il remplace, cet épiscopat seul est une apologie de la constitution civile du clergé. Le premier se composait de nobles dont le métier consistait trop souvent à s'être donné la peine de naître. Le second est formé de plébéiens qui par leur application s'étaient élevés aux postes qu'ils occupaient lorsqu'ils furent promus. Des évêques constitutionnels, quatre apostasièrent. Beaucoup de prêtres renoncèrent aussi au christianisme, ou tombèrent dans l'indifférence. Une multitude se marièrent. Grégoire en compte environ deux mille parmi les prêtres, et sept ou huit entre les évêques, parmi lesquels Loménie, coadjuteur de Sens, neveu du cardinal titulaire de ce siége; et Talleyrand, évêque d'Autun. Ils eurent tort sans doute; cependant ils étaient moins coupables que ceux de leurs prédécesseurs qui vivaient en concubinage; car il est moins grave de violer la discipline que la nature. D'ailleurs, Talleyrand et Loménie appartenaient à l'ancien régime.

« La Convention, dit Grégoire, après avoir donné dans son sein même le signal de la persécution, vomit dans tous les départements des proconsuls féroces qui, retraçant dans toutes les églises les sacriléges d'Antiochus à Jérusalem, couvrirent la France de cachots, de débris et de massacres. Le sang des prêtres ruisselait des échafauds, et ceux qu'on ne traînait pas à la mort étaient condamnés à éprouver dans les cachots toutes les angoisses du trépas. » Cette persécution, criblant le nouveau clergé, sépara les bons des mauvais. Par leur chute, ceux-ci se jugèrent eux-mêmes, et souvent ils s'exclurent. Quand ils eurent le front de rester, on les chassa. Si on usa d'indulgence pour la faiblesse repentante, on fut inexorable pour l'endurcissement et pour la corruption. Ainsi épuré, le clergé se trouva un des plus respectables qu'on eût encore vus. Écoutons un adversaire contemporain : « Le clergé schismatique, dit Lally-Tolendal, est insensiblement devenu moins défavorable, et a fini par obtenir des suffrages, même imposants. Il a rejeté hors de son sein ce qu'il appelait son écume, ces hommes évidemment coupables devant Dieu, flétris devant le monde, et dont le nom seul est un scandale... Les nouveaux élus ont prêché, de parole et d'exemple, l'étude de la religion, la régularité des mœurs, la pratique de la charité et de tous les devoirs sacerdotaux. Dans les temps de la Terreur, on a vu de ces pasteurs schismatiques braver les plus grands dangers pour conserver le souvenir d'une religion, pour secourir, consoler, sauver ce qu'ils appelaient leur troupeau, même sans différence d'amis ou d'ennemis. On en a vu qui, traînés à l'échafaud, ont reçu le coup de la mort avec courage et religion. On les a vus depuis se réunir en conciles, dans lesquels ils ont imité toutes les formes et parlé le langage des conciles les plus canoniques et les plus respectés. Dans l'avant-dernier, ils ont excommunié solennellement tout prêtre ou tout évêque qui avait renié ou blasphémé, qui avait livré ses lettres de prêtrise, qui était marié, etc. Ils viennent d'en tenir un récemment : les papiers publics nous ont appris que le jour de son ouverture le peuple n'avait pas vu sans intérêt cette réunion de *vieillards, vénérables victimes échappées à une si longue persécution.* » « Ajoutons, dit l'abbé Emery, et ne craignons pas même de le dire hautement, quelques ardents catholiques dussent-ils en être choqués, il est dans le clergé constitutionnel des sujets qui ne sont point indignes d'être recherchés, et qui peuvent servir utilement l'Église. Assurément il serait peu juste de refuser toute estime à ceux d'entre eux qui n'ont point abjuré leur état ni abandonné leur poste, malgré la défection et l'exemple contagieux d'un si grand nombre de leurs confrères. »

Les deux conciles nationaux que Lally-Tolendal ne craint pas de louer hautement furent précédés d'un comité appelé *les évêques réunis*. Il était composé des évêques qui, sur la fin de 1794, au ralentissement de la persécution, se trouvaient à Paris, savoir : Desbois, Grégoire, Saurine, Royer, Primat, Clément. Les premières assemblées se tinrent chez Desbois, au presbytère de Saint-André; les autres, dans la maison du prêtre Saillant. On travaillait à découvrir ce qu'était devenu chaque pasteur dans toute la France et le genre de fonctions qu'il remplissait au milieu de tous les genres d'oppression qui subsistaient encore; à renouer une correspondance au moins avec les principaux, les exciter à sortir de leurs retraites, ranimer leur courage, les engager à reprendre le soin des âmes; à employer le crédit qu'il serait possible de se procurer auprès des autorités constituées pour retirer des prisons ceux qui y gémissaient encore, n'importe qu'ils fussent assermentés ou insermentés; à rouvrir les églises, créer des presbytères dans les siéges vacants, à leur donner des évêques; à rétablir les communications tant avec le saint-siége qu'avec les Églises étrangères; mais avant tout à obtenir la liberté religieuse. Comme plusieurs des *évêques réunis* étaient membres de la Convention, on eut peu à peu des détails sur tout ce qui se passait dans les départements par rapport à la religion. Mais il fallait livrer un combat à ses ennemis, qui composaient la grande majorité de cette même Convention. Grégoire rédigea un discours sur la liberté des cultes, le soumit à ses collègues le 20 décembre 1794, et le lendemain il monta à la tribune; les huées, les clameurs, les soulèvements de l'impiété dans l'assemblée et les applaudissements prolongés des tribunes formaient, suivant son expression, un contraste piquant. Un seul libraire, Maradan, eut le courage de publier ce discours; Crapelet, qui avait commencé l'édition, n'osa pas continuer, malgré un billet signé de la main de Grégoire. Bientôt le cri du peuple força les législateurs, et le 21 février 1795 ils décrétèrent la liberté des cultes, après un discours de Boissy-d'Anglas. Les temples se rouvrirent donc le 30 mai, et le 29 septembre parut la loi sur *l'exercice et la police des cultes*. Ils étaient abandonnés à eux-mêmes; l'État ne se réservait que le droit de les surveiller.

Le 15 mars, les *évêques réunis* avaient adressé aux autres évêques de France et aux Églises vacantes une première lettre encyclique. Après avoir fait une profession de foi sur l'Église catholique et sur son gouvernement, en s'appuyant du premier concile de Nicée, du concile de Trente et de l'*Exposition de la Doctrine de l'Église catholique*, par Bossuet, ils déclarent indignes de leur état et de la confiance des fidèles les ecclésiastiques et surtout les évêques qui ont apostasié par quelque motif que ce soit, appelant seulement l'indulgence sur ceux qui, ayant livré leurs lettres, ou donné leur démission, auront, par la pénitence, expié leurs fautes et réparé leur scandale. Ils établissent des règles pleines de sagesse sur l'administration des diocèses et des paroisses, sur les sacrements et sur le culte. Entre autres réformes inportantes, ils proscrivent tout honoraire et toute rétribution pour prières ou bénédictions, et particulièrement pour la célèbration de la messe. Les temples doivent être décorés avec simplicité et tenus avec propreté; les hommes se placeront d'un côté et les femmes de l'autre, autant qu'il sera possible. Nulle relique ne sera exposée à la vénération des fidèles, sans avoir été reconnue pour authentique, après l'examen le plus rigoureux. On ne chargera les autels, les statues ou images, d'aucun ornement inutile ou frivole.

Le gouvernement ne se mêlant plus des cultes que pour réprimer ceux qui troubleraient la tranquillité publique, la constitution civile du clergé avait cessé d'être légalement obligatoire. Les *évêques réunis* profitèrent de cette circonstance pour corriger ce qu'elle avait de vicieux, ou plutôt pour lui substituer un règlement fondé sur les mêmes principes. Il forme l'objet d'une seconde encyclique, du 13 décembre. C'est un monument de piété, de raison et de science ecclésiastique. Environ vingt mois après la seconde encyclique, le 15 août 1797, jour de l'Assomption, s'ouvrit, dans l'église de Notre-Dame, à Paris, le premier concile national, qui fut fermé le 12 novembre suivant. Le 29 juin 1801 s'ouvrit le second, qui fut clos le 16 août suivant, à cause de la conclusion du concordat. Les actes de l'un et de l'autre ont été publiés. Le premier avait écrit au pape deux lettres touchantes, qui restèrent sans réponse. « Hélas! s'écrie-t-il dans la seconde, combien ce silence a été nuisible! Des flots de sang ont coulé et coulent encore parmi nous, parce qu'on a fait paraître en votre nom des brefs qui autorisent la révolte, en frappant d'excommunication des citoyens soumis et fidèles. Ces brefs, eût-on pensé à les produire, à les répandre si vous vous fussiez empressé de parler en père qui veut réunir tous ses enfants? » Deux lettres du deuxième concile au saint-père ne furent pas mieux accueillies. Ce qui n'empêcha pas la première Assemblée de comprendre le pape dans ses acclamations. Pour flétrir l'Église constitutionnelle, on a dit qu'elle avait été l'ouvrage et le triomphe du jansénisme. Oui, elle le fut, et c'est la gloire de l'un et de l'autre. Le véritable jansénisme, c'est le génie de réforme en lutte contre le génie de corruption. Quand Jésus-Christ chassait les marchands du temple, quand il lançait ses anathèmes contre les pharisiens et les docteurs de la loi, il fondait le jansénisme. Malheureusement, les solitaires de Port-Royal prirent un caractère de secte. Malgré cet écart, ils n'en ont pas moins été la milice du christianisme. Bossuet, l'Oratoire et toute la partie éclairée et vraiment religieuse des dix-septième et dix-huitième siècles, les approuvaient, les secondaient, ou plutôt les uns et les autres ne formaient qu'un corps d'armée combattant ensemble. Cette guerre merveilleuse se termina par la plus éclatante victoire, dans l'établissement de l'Église constitutionnelle, qui fut la chute de tous les abus. Pourquoi faut-il que Napoléon se soit cru obligé de la détruire pour lui substituer un clergé forgé de sa main? Que n'a-t-il plutôt exécuté ses menaces contre la lenteur de Rome à conclure le Concordat, ses menaces d'abandonner les prêtres à eux-mêmes, de châtier les turbulents et de laisser les autres vivre comme ils pourraient (*voyez* ÉGLISE [Petite])? Tandis que l'Église concordataire, se replongeant dans le moyen âge, rencontre tant d'hostilité dans les masses, l'Église constitutionnelle aurait rapidement gagné les générations et rendu le christianisme florissant. BORDAS-DEMOULIN.

ÉGLISE D'ABYSSINIE. *Voyez* ABYSSINIE (Église d').

ÉGLISE ÉPISCOPALE ou ÉGLISE ÉTABLIE. *Voyez* ANGLICANE (Église).

ÉGLISE ÉVANGÉLIQUE. *Voyez* ÉVANGÉLIQUE (Église).

ÉGLISE GALLICANE. *Voyez* GALLICANE (Église).

ÉGLISE GRECQUE ou ÉGLISE D'ORIENT. *Voyez* GRECQUE (Église).

ÉGLISE ROMAINE, ÉGLISE LATINE ou ÉGLISE D'OCCIDENT. *Voyez* ÉGLISE, CATHOLIQUE, CATHOLICISME, etc.

ÉGLISES RÉFORMÉES, *Voyez* PROTESTANTISME, RÉFORME, etc.

ÉGLOGUE, poëme pastoral. *Eglogue* et *idylle* sont deux noms tirés du grec, et que l'on donne indifféremment à de petits poëmes composés sur les événements de la vie champêtre. Églogue signifie, *choix* (ἐκλογη, composé de la préposition ἐκ, et du verbe λέγω, je choisis); idylle, *image*, (εἰδύλλιον). Il est assez difficile, d'après ces étymologies, d'indiquer précisément en quoi l'idylle diffère de l'églogue. Quelques rhéteurs ont prétendu que le poëme pastoral prend le nom d'*idylle* quand il est en récit, et qu'il retient celui d'*églogue* quand il est dialogué; d'autres ont donné le nom d'*églogue* à un sujet simple, qui ne contient aucune action de quelque importance, et celui d'*idylle* à un poëme dont l'action a quelque durée, une certaine étendue, bien que son étymologie paraisse indiquer le contraire. Quoi qu'il en soit, l'églogue, comme l'idylle, est la peinture d'une action champêtre, et qui est supposée avoir lieu entre des habitants des champs (*voyez* PASTORAL [Genre], BUCOLIQUES, etc.).

« Il est, dit Marmontel, une vérité générale qui suffit au dessin et à l'intérêt de l'églogue. Cette vérité, c'est l'avantage d'une vie douce, tranquille et innocente, telle qu'on la peut goûter en se rapprochant de la nature, sur une vie mêlée de trouble, d'amertume et d'ennuis telle que l'homme l'éprouve depuis qu'il s'est forgé de vain désirs, de faux intérêts et des besoins chimériques. » L'églogue est un récit ou un entretien, quelquefois une succession de l'un et de l'autre. Dans tous les cas, et cette règle est commune à toute sorte de compositions poétiques, elle doit avoir de l'unité dans son plan, c'est-à-dire avoir un commencement, un milieu et une fin; et ses personnages ou interlocuteurs doivent savoir à quel propos ils commencent, continuent ou finissent de parler. Dans l'églogue, ou l'idylle en récit, c'est le poëte, ou l'un des personnages en action, qui raconte. Si c'est le poëte, il peut donner à son récit plus d'éclat ou plus d'élégance; mais il n'en doit emprunter les figures ou les ornements qu'aux objets, ou aux mœurs champêtres. Le style de l'églogue doit être un tissu d'images familières, mais choisies, naturelles, ou touchantes. C'est là ce qui met les pastorales de l'antiquité au-dessus de toutes celles des modernes. VIOLLET LE DUC.

EGMONT (Famille d'), illustre maison des Pays-Bas, qui paraît tirer son origine du fils cadet d'un roi frison, et son nom de l'abbaye d'Egmont, située aux environs d'Alkmaar, dans la Nord-Hollande. Institués par le comte Dietrich VI de Hollande avoués de cette abbaye, les Egmont s'y bâtirent au onzième siècle un château fort qui fut détruit, ainsi que l'abbaye, pendant les troubles du seizième siècle. Aujourd'hui encore trois bourgs différents portent ce même nom d'Egmont.

Les premières années du quinzième siècle furent une époque de crise violente pour la maison d'Egmont, qui avait alors pour chef *Jean II*, surnommé *aux Sonnettes* (en flamand *mit de Bellen*) parce que dans les combats son armure était ornée de petites sonnettes d'argent, dont le tintement, au fort de la mêlée, devait le faire reconnaître des siens et leur indiquer où il était. Ce seigneur refusa à son suzerain, le comte Guillaume IV de Hollande, de l'assister dans la guerre qu'il avait déclarée à son beau-père, Jean XII d'Arkel, et au duc de Gueldre. Il forma même, d'accord avec son frère, *Guillaume* D'EGMONT D'YSSELSTEIN, un complot contre la liberté du comte Guillaume; et les deux frères, déclarés coupables de haute trahison, encoururent la confiscation de leurs domaines et durent sortir du pays. En 1417, à la mort du comte Guillaume, les deux d'Egmont entèrent de reprendre de vive force leurs terres et châteaux, mais ils furent encore une fois chassés du pays par la comtesse Jacqueline; et ce ne fut qu'en 1421 que Jean de Bavière, leur ami, et oncle de la comtesse, parvint à leur faire restituer leurs biens. Comme la femme de Jean d'Egmont, Marie, était fille du dernier seigneur d'Arkel et nièce de Renaud, dernier duc de Gueldre, la maison d'Egmont n'élevait pas seulement des prétentions à l'opulente succession de la maison d'Arkel, mais encore à la couronne ducale de Juliers et de Gueldre. Effectivement, après la mort de Renaud (1423), *Arnold* D'EGMONT, fils aîné de Jean, fut élu duc de Gueldre et comte de Zutphen. Jean mourut en 1451.

Son fils cadet, *Guillaume IV* D'EGMONT, hérita, à la mort de son père, de tous les biens des maisons d'Egmont et d'Arkel situés en dehors du territoire de Juliers et de Gueldre. Il secourut loyalement son frère contre tous ceux qui tentèrent de le troubler dans la jouissance de son duché, et, à sa mort, fut nommé stathouder de Gueldre par le duc de Bourgogne, Charles le Téméraire, acquéreur des droits d'Arnold sur Gueldre et Zutphen, après que celui-ci eut déshérité son fils. Il mourut en 1483; mais alors éclata une longue querelle entre la maison de Bourgogne et Adolphe le déshérité ainsi que son fils, au sujet de la possession du duché de Gueldre; querelle qui ne fut terminée que par l'empereur Charles-Quint, prince qui occupe une place importante dans l'histoire des destinées du duché de Gueldre.

Le fils de Guillaume IV d'Egmont, *Jean III* D'EGMONT, bien autrement riche encore et puissant que ses aïeux, fut, en 1486, élevé à la dignité de comte de l'Empire, par le roi des Romains, Maximilien. Il fut, pendant trente-deux ans, stathouder de Hollande, et mourut en 1516. De ses neuf enfants, celui qui lui succéda fut *Jean IV*, comte D'EGMONT, lequel épousa, en 1516, Françoise, fille de Jacques II de Luxembourg-Fiennes, mariage qui fit passer dans sa maison des biens immenses situés en France et dans le Hainaut, entre autres le comté de Gavre, peu éloigné de Gand, et que sa veuve fit, en 1540, élever au rang de principauté. Il mourut en 1528, à Milan, à la suite de l'empereur Charles-Quint. Son fils aîné et successeur, *Charles Ier*, comte D'EGMONT, accompagna, en 1541, l'empereur dans son expédition contre Alger, mourut quelque temps après à Carthagène, et eut pour successeur son frère *Lamoral*, comte D'EGMONT (*voyez* l'article suivant). La mort de ce seigneur sur l'échafaud amena la confiscation de tous les biens et l'annulation de tous les titres de la maison d'Egmont.

Le fils aîné du supplicié, *Philippe*, comte D'EGMONT, homme d'une taille gigantesque et d'une bravoure chevaleresque, combattit, dans sa jeunesse, la domination espagnole; mais à la paix conclue en 1577, à Gand, il recouvra les titres de son père, et depuis lors resta fidèlement dévoué au catholicisme et au roi d'Espagne, Philippe II. Après de beaux et nombreux faits d'armes dans la guerre de partisans des Pays-Bas, il fut envoyé en France au secours de la Ligue, avec un petit corps de troupes, et il fut tué le 14 mars 1590, à la bataille d'Ivry, livrée contre Henri de Navarre, après avoir fait une résistance héroïque avec la poignée de soldats wallons rangés autour de lui.

Son frère, *Lamoral II*, comte D'EGMONT, rentra enfin en possession des derniers débris des propriétés de sa famille; mais il fut obligé de les vendre aux enchères, et mourut ruiné en 1617, ne laissant à son son frère, *Charles II*, comte D'EGMONT, pour toute fortune, que de vains titres.

Procope-François, comte D'EGMONT, petit-fils de ce dernier, fut réduit, par sa pauvreté, à prendre du service en France, et mourut le 15 septembre 1707, en Catalogne, avec le grade de général de la cavalerie et des dragons d'Espagne et de brigadier des armées françaises. C'était un homme fort laid, de peu d'esprit, mais de beaucoup d'honneur, de valeur et de probité. Il avait épousé une Cosnac, nièce de l'archevêque d'Aix, à laquelle Louis XIV accorda un *tabouret* en considération du titre de grand d'Espagne, héréditaire depuis Charles-Quint dans la famille d'Egmont. En lui s'éteignit la principale branche de cette maison. Il avait vendu ses biens maternels à son neveu Pignatelli, duc de Bisaccia, fils de sa sœur, mariée au général Nicolas Pignatelli.

Les comtes de Buren et Leerdam forment une ligne collatérale, justement célèbre, de cette maison. Elle fut fondée par *Frédéric* D'EGMONT, fils de Guillaume IV, qu'un mariage conclu en 1464 mit en possession du comté de Buren. C'est à cette branche qu'appartenait *Maximilien* D'EGMONT, comte de Buren, qui pendant les guerres de Charles-Quint commanda les troupes des Pays-Bas, et qui mourut le 23 décembre 1548, stathouder et capitaine général de Hollande.

EGMONT (LAMORAL, comte D'), prince de Gavre et baron de Fiennes, descendait des ducs de Gueldre. Il naquit en 1522, au château de la Hamaide, dans le Hainaut, suivit Charles-Quint en Afrique en 1541, et remplaça le prince d'Orange, tué au siége de Saint-Dizier. En 1546, il vint au secours de l'empereur contre les protestants d'Allemagne, l'accompagna à la diète d'Augsbourg en 1554, et négocia ensuite le mariage de Philippe II avec la reine Marie Tudor. C'est à la brillante valeur du comte d'Egmont que furent dues les victoires de Saint-Quentin et de Gravelines. Ce fut encore lui qui conclut le nouveau mariage que Philippe contracta avec Isabelle de France, fille du roi Henri II. A l'âge de vingt-deux ans, il épousa lui-même Sabine de Bavière, fille de Jean, comte palatin de Simmeren, et de Béatrice de Bade. Il en eut trois fils et dix filles. Rien ne semblait manquer à son bonheur et à sa gloire, lorsque des troubles religieux agitèrent la Belgique, au commencement du règne de Philippe II. Le comte d'Egmont était adoré du peuple, qui admirait son adresse, sa bonne mine et son affabilité. Tout à coup, Philippe II veut faire exécuter aux Pays-Bas des édits d'une rigueur extrême contre l'hérésie. Le comte d'Egmont, gouverneur de l'Artois, n'est pas assez sévère au gré du roi d'Espagne. D'ailleurs, il a été l'adversaire de Granville; il parle des droits des faibles, et est lié avec le prince d'Orange et les confédérés. Mais, moins habile que le *Taciturne*, incapable surtout de suivre un vaste plan politique, il devient victime de ses tergiversations et de sa confiance chevaleresque. Le duc d'Albe, qui a succédé à Marguerite de Parme dans le gouvernement des Pays-Bas, fait arrêter le même jour les comtes d'Egmont et de Hornes, et les traduit devant le conseil des troubles, malgré leur qualité de chevaliers de la Toison-d'Or, qui les rend justiciables d'un tribunal particulier. Ce fut alors que commença une procédure monstrueuse. Le 4 juin 1568 une sentence de mort fut rendue contre Egmont. La lettre qu'il écrivit quelques heures avant son supplice à Philippe II témoigne de la plus parfaite résignation, et en même temps d'une soumission entière au pouvoir monarchique. Il semble qu'Egmont était un de ces anciens Flamands qui, se révoltant sans scrupule contre leurs comtes, respectaient toujours leurs personnes, et les appelaient au plus fort de l'émeute *leurs redoutés et droituriers seigneurs*. Il fut exécuté le 5 juin 1568, sur la grande place de Bruxelles, et enterré à Sotteghem. Sa veuve, Sabine de Bavière, mourut, sans avoir été consolée, le 19 juin 1598. Dire qu'Egmont fut un martyr de la liberté et de la cause nationale, c'est appliquer au seizième siècle des idées de notre époque. Il obéissait à des intérêts plutôt aristocratiques que populaires; mais, généreux comme il l'était, il rougissait d'être l'instrument de rigueurs impitoyables. Le drame de Gœthe, dont il est le héros, manquerait complétement de vérité sur le théâtre de Bruxelles, malgré les beautés dont il étincelle. La plupart des pièces de son procès ont été recueillies à la fin de la traduction de Strada, imprimée par Pierre Foppens, sous le nom de P. Michiels d'Amsterdam, en 1729. Elles étaient tirées d'un manuscrit du conseiller Winants.

DE REIFFENBERG.

ÉGOÏSME. Toutes les affections que nourrit le cœur humain, quelque nombreuses et quelque diverses qu'elles soient, peuvent se ranger en deux classes bien distinctes : elles sont toutes ou *intéressées* ou *désintéressées*. Ou bien l'homme prend pour objet de ses affections ce qui l'entoure, ce qui est au dehors de lui-même, comme ses semblables, Dieu, la vérité, le beau, etc.; il s'attache et se dévoue au bien, aux progrès, à la gloire de ce qui n'est pas lui : alors ses affections sont dites désintéressées. Ou bien elles ont pour objet lui-même, c'est-à-dire son bien, son utilité personnelle, et tout ce qui intéresse plus ou moins directement son individu, sa personne; ainsi, il recherchera le plaisir, sera amoureux de son bien-être, désireux de ce qui peut accroître sa fortune ou sa puissance, avide de réputation, de gloire, etc : dans ce cas, ses affections seront dites *intéressées*. Les affections intéressées ne constituent pas, à proprement parler, l'*égoïsme*. Si l'on méritait le nom d'*égoïste* par cela seul qu'on aime son bien et qu'on le recherche, à ce compte il n'est pas un homme qui ne dût être ainsi qualifié; car il n'est pas un homme qui, d'une manière ou d'une autre, ne songe à soi et n'aspire au bonheur. L'*amour de soi* n'est donc pas identique avec l'*égoïsme*, mais il l'engendre. Quand donc commence celui-ci? C'est lorsque l'amour de soi devient *exclusif*, lorsque l'affection qu'on se porte à soi-même domine et absorbe toutes les autres, lorsqu'on est tellement préoccupé de chercher son bien qu'on devient entièrement indifférent à celui de ses semblables, et qu'on le sacrifie au sien, toutes les fois que l'intérêt propre semble commander ce sacrifice; c'est lorsque le *moi* est devenu le principal et l'unique objet de nos pensées, lorsqu'on le place dans son cœur avant tout ce qui existe autour et au dehors de soi, lorsqu'on en fait le dieu auquel on doit rapporter toutes ses actions, offrir tous ses hommages; lorsque, au lieu de se considérer comme un des rayons qui doivent tendre vers un centre commun, qui est le bien de tous, on regarde son bien comme le centre auquel doivent aboutir tous les rayons de la circonférence. Voilà ce qui constitue l'égoïsme, ce vice aussi insensé qu'il est hideux, et qui pourtant est le partage d'un grand nombre d'individus.

L'égoïsme n'est point un travers particulier et *sui generis* du cœur humain, une des mauvaises passions, une des maladies morales de l'homme, qui puisse prendre sa place entre toutes, et être classée à son rang; l'égoïsme résume toutes les mauvaises passions, et il en est le père; c'est la source de toutes les souillures du cœur, c'est le vice des vices. Ainsi il engendre l'orgueil, la présomption et le mépris; la vanité et l'envie; l'ambition et la cupidité; l'avarice et l'avidité; la tyrannie, l'oppression et le despotisme; l'amour effréné des plaisirs, enfin la fatuité et la coquetterie.

Nous avons défini l'égoïsme, l'*amour exclusif de soi-même*. Mais le *moi*, quoique simple dans son essence, est complexe quant à ses modes, et peut être considéré sous des points de vue différents. Sa nature ayant ainsi plusieurs faces, l'homme peut s'aimer exclusivement sous chacune d'elles. Nous pouvons envisager le *moi* sous le rapport de l'intelligence, ou sous celui de l'activité, ou enfin sous le point de vue de la sensibilité, car tels sont les trois éléments constitutifs de sa nature, qui tout en co-existant dans un même sujet, n'en sont pas moins essentiellement distincts les uns des autres. Or, puisque l'homme peut s'aimer exclusivement sous chacun de ces points de vue, et rechercher exclusivement le bien de chacun des éléments de sa nature, il peut donc être égoïste de trois manières; l'égoïsme peut donc prendre autant de formes différentes qu'il y a dans le *moi* de points de vue différents. Mais nous serions incomplet si nous ne tenions pas compte du corps, qui, s'il n'est pas le *moi*, en est une dépendance essentielle, et peut devenir, tout aussi bien que les facultés constitutives de notre être moral, l'objet de soins empressés et d'une exclusive préoccupation. Nous reconnaîtrons donc quatre sortes d'égoïsme : 1° l'égoïsme relatif à l'intelligence, qu'on a désigné sous le nom, un peu vague, d'*amour-propre*; 2° l'égoïsme relatif au bien de l'activité, c'est-à-dire l'amour exclusif de la *puissance*; 3° l'égoïsme relatif au bien de la sensibilité, c'est-à-dire l'amour exclusif du plaisir, de la *jouissance*; 4° enfin, l'égoïsme relatif au corps, à ses avantages extérieurs.

On nous reprochera peut-être d'avoir donné à ce mot une signification plus étendue que celle qu'il a reçue dans la langue vulgaire. Le monde en effet appelle plus particulièrement *égoïste* l'homme qui est uniquement occupé de lui-même sous le rapport de ses intérêts matériels, et qui pour les ménager oublie et sacrifie même les intérêts de ses semblables. Cet égoïsme est en effet le plus saillant, car c'est l'égoïsme actif, pratique, pour ainsi dire, et celui qui fait le mal le plus évident. Mais qui ne voit que les autres passions que nous avons nommées méritent le même titre? Dans tous les cas en effet nous trouvons l'homme exclusivement amoureux et préoccupé de lui-même; dans tous les cas, nous le voyons s'efforçant d'attirer les regards sur lui seul; dans tous les cas nous le rencontrons en état d'hostilité avec tous ceux qui lui disputent la première place, et prêt à marcher sur leur corps pour s'élever au-dessus d'eux. Or, c'est cet amour, cette exclusive préoccupation de l'homme pour le *moi*, sous quelque point de vue que le *moi* soit considéré par lui, qui constitue, à proprement parler, l'égoïsme; il y a entre les différentes espèces de passions que nous avons énumérées une ressemblance trop frappante, une connexité trop intime, une origine et un développemen, trop identiques, si l'on peut parler ainsi, pour que nous puissions hésiter à les réunir toutes sous une même dénomination.

Si nous considérions l'égoïsme dans ses résultats, nous le verrions agissant sur la société comme le dissolvant le plus actif, brisant les liens qui rattachent l'homme à la famille, à la patrie, desséchant le cœur, y étouffant tout sentiment d'honneur et de générosité, éteignant toutes les croyances, anéantissant toutes les vertus. Mais l'aspect de la société qui nous entoure ne suffit que trop à ce tableau ; à quoi servirait de le peindre?

C.-M. PAFFE.

ÉGOPHONIE (de αἴξ, αἰγός, chèvre, et φωνή, son, voix : littéralement *voix de chèvre*). Le célèbre Laënnec appelle ainsi un mode de résonnance de la voix à travers les parois de la poitrine de certains malades. Lorsqu'on explore en effet, soit avec l'oreille, soit avec le stéthoscope, la région sous-scapulaire ou sous-axillaire de la poitrine d'un sujet qui a dans la cavité des plèvres un épanchement peu considérable, la voix qui vient frapper l'oreille de l'observateur, plus aiguë et plus grave que dans l'état normal, est tremblotante et saccadée comme le bêlement d'une chèvre, ou le bredouillement d'un polichinelle. L'*égophonie* a beaucoup d'analogie et coïncide souvent avec la *bronchophonie*, qui n'est que le retentissement de la voix dans les divisions des bronches; il est même très-facile de confondre ces deux phénomènes, qui indiquent cependant des états pathologiques particuliers, et qui proviennent de causes différentes. Le chevrotement de la voix, qui constitue l'égophonie, paraît dû aux ondulations du foie à la surface du liquide épanché dans la plèvre. L'égophonie se manifeste ordinairement du premier au troisième jour de la pleurésie, et ne subsiste ordinairement que peu de jours dans l'état aigu; mais elle peut durer plusieurs mois dans la pleurésie chronique avec épanchement. dans l'un et l'autre cas ce signe est de bon augure, puisqu'il dénote que l'épanchement est peu considérable. L'égophonie manque dans la pleurésie quand l'épanchement est trop abondant, quand des adhérences anciennes empêchent le liquide de s'épancher, ou enfin lorsque des fausses membranes se sont rapidement développées entre le poumon et la plèvre costale.

Dr Bricheteau.

ÉGOTISME, terme créé par les adeptes de la philosophie nouvelle, à l'effet de désigner une nuance de l'*égoïsme* qui a beaucoup d'analogie avec la *vanité*. Par *égotisme* ils caractérisent ce vice de l'esprit et du cœur qui consiste à toujours s'occuper du *moi*, à toujours en parler, à l'exalter habituellement. Mais si le mot *égoïsme* est parfaitement formé, d'un sens clair et précis, il n'en est pas de même de l'auxiliaire qu'on s'est avisé de lui donner, et, en fait de néologisme, on a tort quand on n'est pas heureux.

ÉGOUT. La réunion d'un plus ou moins grand nombre d'habitations sur un point déterminé donne lieu à l'écoulement d'eaux provenant des usages domestiques, et que la nature des substances qu'elles renferment rend plus ou moins facilement sujettes à une décomposition qu'accompagne une odeur désagréable et souvent nuisible à la santé. Les eaux pluviales, quoique *sans aucune qualité mauvaise par elles mêmes*, deviennent aussi susceptibles de donner lieu à des inconvénients plus ou moins graves, par les substances qu'elles entraînent et charrient dans leur cours. Lorsque la disposition du terrain livre aux unes et aux autres un écoulement facile, aucune disposition particulière ne devient nécessaire; mais dans la plupart des cas il est indispensable de trouver les moyens de s'en débarrasser, et l'on y parvient de deux manières : en les faisant pénétrer dans le sol, ou en les conduisant au-dessous de sa surface par des canaux convenablement disposés. Les *puisards*, employés dans le premier cas, exigent des conditions particulières; les égouts en demandent d'une nature différente, que nous allons examiner ici.

Un égout peut être formé d'une simple rigole à ciel ouvert, pratiquée dans une partie du sol convenablement incliné : pour conduire les eaux dans le lieu où elles doivent parvenir, il suffit de creuser dans la terre une rigole assez profonde pour l'eau qui doit y passer, et que l'on rend imperméable en la glaisant, ou que l'on recouvre de maçonnerie ou de dalles; mais ce moyen ne peut convenir que pour conduire les eaux au travers des champs : il offrirait au milieu d'une ville des inconvénients graves par les exhalaisons qui s'échapperaient des eaux. Dans tous les cas où il faut que les eaux traversent un grand nombre d'habitations, et surtout dans une ville assez riche, les égouts doivent être couverts. On les pratique à une profondeur suffisante dans le sol pour qu'ils reçoivent les eaux de tous les points qu'ils parcourent, et qu'ils aient cependant assez de pente pour que les eaux n'y stagnent pas, et que les matières solides qu'elles charrient puissent en grande partie au moins y être entraînées, car en s'arrêtant elles retiennent les eaux, qui ne peuvent plus trouver d'écoulement que par un curage ou l'arrivée d'une masse d'eau considérable, qui produise l'effet d'une inondation. L'égout creusé à la profondeur et dans la direction convenables, avec la pente la plus grande qu'il soit possible de lui donner, doit être revêtu intérieurement de pierres, que l'on doit choisir de nature siliceuse, autant que cela est possible, et comme on le fait actuellement à Paris, afin qu'elles soient moins attaquables par les substances que l'eau charrie ou tient en dissolution : le radier, ou fond de l'égout, doit être construit avec un grand soin, pour que la pente n'offre aucune irrégularité, et la partie supérieure voûtée.

Malgré les bonnes dispositions que l'on a pu adopter, l'égout se trouve assez promptement encombré de matières solides pour qu'il faille pourvoir à son curage. Des hommes destinés à ce genre de travail pénible, et souvent dangereux, doivent pouvoir y pénétrer facilement : pour leur en assurer le moyen, des ouvertures ou *regards* sont percés à des distances les plus rapprochées qu'il soit possible; des grilles les recouvrent pour permettre à la fois l'écoulement des eaux qui affluent et produire une ventilation qui renouvelle l'air intérieur, et diminue les qualités nuisibles de cette atmosphère. De distance en distance, des ouvertures sises devant les maisons permettent aussi l'accès des égouts et l'entrée d'une masse d'eau plus considérable, comme celle qui provient d'un orage, ou d'autres causes analogues. Il serait à désirer que dans toutes les localités on pût, comme à Londres, faire rendre directement, par des tuyaux convenables, les eaux ménagères dans l'intérieur des égouts : la propreté des rues pourrait être plus facilement entretenue.

L'air qui circule dans l'intérieur des égouts est chargé de miasmes infects, qui occasionnent quelquefois des accidents graves aux ouvriers chargés de leur entretien; mais ces accidents deviennent d'autant plus rares que les égouts sont mieux construits et ventilés plus convenablement; sous ce point de vue, la substitution des grilles aux bouchons en fonte que l'on employait autrefois a produit un grand avantage. Quand il est possible de faire pénétrer dans l'intérieur d'un égout une grande quantité d'eau, qui y soit dirigée dans des moments convenables, et avec assez de force pour en laver le radier, le curage en devient à la fois beaucoup plus facile et moins dangereux, et c'est ce que permet toujours le voisinage d'un canal, d'un étang, etc.; on peut, à leur défaut, faire usage d'un moyen qui offre de grands avantages : c'est de retenir par le moyen de planches les eaux pluviales, de manière à les projeter avec rapidité dans l'intérieur de l'égout, et à produire ainsi l'effet désiré.

H. Gaultier de Claubry.

EGRA. *Voyez* Eger.

ÉGRAPPER, dépouiller la grappe de son grain. On pratique cette opération sur les fruits dont on fait des liqueurs, des conserves, des confitures, tels que le *cassis*, la *groseille*, le *raisin*, etc., pour empêcher que la grappe ne communique son âpreté à ces diverses préparations. Dans tous les pays où la culture de la vigne et la fabrication du vin sont conduites avec intelligence, on égrappe le raisin avant de le laisser fermenter. Les procédés pour égrapper varient selon le pays : dans plusieurs départements, la vendange est foulée à plusieurs reprises sur la table du pressoir, puis, lorsque les grains sont écrasés, on en sépare la grappe à l'aide d'un râteau; cette pratique, qui est la plus répandue, n'atteint pas le but qu'on se propose, car les grappes froissées peuvent donner au moût une âcreté que ne détruit pas entièrement la fermentation ultérieure; en outre, rendues plus poreuses par la pression, elles se pénètrent d'une certaine quantité de vin, sans parler du mucilage et du suc qui restent à la surface, engagés entre les pédoncules de la grappe.

P. Gaubert.

ÉGRAPPOIR, instrument qui sert à dépouiller la grappe de son grain. Voici le procédé le plus simple pour égrapper : deux petites cuves sont disposées près de celle où la vendange doit fermenter; l'une d'elles est recouverte d'une claie où les porteurs déposent le raisin; deux ouvriers agitent la vendange à l'aide de *douves* dont ils sont armés, en la soumettant à une légère pression : le grain tombe dans la cuve, et la grappe, qui est restée à la surface de la claie, est mise de côté. Lorsque le vaisseau est plein au tiers ou à moitié, la claie est transportée sur la seconde cuve, et l'un des ouvriers foule et jette dans la cuve à fermentation à l'aide d'une pelle qui suit une gouttière tendue de l'une à l'autre.

P. Gaubert.

ÉGREFIN ou AIGREFIN, est le nom d'un poisson de la mer du Nord, qui appartient au genre des *morues*. C'est aussi un sobriquet sous lequel on désignait, vers la fin du dix-septième siècle et jusqu'au temps de la régence, de petits officiers, enseignes et sous-lieutenants, qui, n'ayant ni sou ni maille, et ne possédant que la cape et l'épée, se donnaient dans les garnisons des airs de capitaines, avec un maigre plumet au chapeau, et un équipage sec et mesquin, passant les journées entières dans les cabarets et les tavernes, faisant les tapageurs et ne vivant que d'intrigues. Le type de ces égrefins nous a été conservé par Regnard, Dufresny et Dancourt, dans les marquis gascons et les chevaliers d'industrie qu'ils ont fréquemment mis sur la scène, et qu'ils peignaient d'après nature. Les vices et les ridicules trouvent toujours en France des imitateurs. La roture a eu ses égrefins comme la noblesse. Des fils de tailleurs, de fripiers, de cabaretiers, tombaient des bords de la Garonne à Paris. Les uns prenaient le titre d'avocat au parlement, titre qui s'achetait alors à bon marché dans quelques universités; les autres se disaient nobles, se qualifiaient de chevaliers, de marquis, ajoutaient à leur nom celui de leur village, en guise de gentilhommière, et avec un peu de jargon, mêlé à beaucoup d'effronterie, jetaient de la poudre aux yeux, achetaient à crédit, empruntaient de l'argent et faisaient des dupes. Les Parisiens sont crédules, et chez eux *a beau mentir qui vient de loin :* aussi Paris est-il pour les égrefins un vrai pays de Cocagne.

L'égrefin est un homme adroit, intrigant, rusé, astucieux, qui cherche à tromper par de belles paroles, par des manières prévenantes, par les formes les plus agréables, les plus séduisantes. Il est flatteur, il est complaisant, suivant l'âge, le sexe, le rang, la fortune, les goûts et le caractère des gens qu'il a intérêt de duper, de trahir ou de perdre. Ainsi, j'appelle *égrefins* ces honnêtes usuriers qui circonviennent les jeunes gens, flattent leurs penchants, favorisent leurs prodigalités et s'enrichissent à leurs dépens; ces prétendus agents d'affaires, qui vont partout colportant et proposant des effets véreux à négocier, des propriétés litigieuses et même des bijoux à vendre, des placements de fonds sur des particuliers insolvables, des intérêts dans des entreprises hasardeuses, ou dirigées par des intrigants dont ils sont les compères; ces entremetteurs de mariages, qui se font donner un pot-de-vin par les familles des deux époux; ces intendants de grands seigneurs, qui ruinent leurs maîtres, dont ils achètent les propriétés; ces hommes de loi qui entraînent les veuves, les gens étrangers à la chicane, dans de mauvaises et interminables procédures, enflent les frais outre mesure, dans leur propre intérêt, et souvent s'entendent avec la partie adverse; ces médecins à l'eau rose, qui soignent les vieilles douairières dont ils convoitent la succession, ou dont ils attendent quelque bon legs. Enfin, j'appelle *égrefins* tous les hommes qui manquent de bonne foi, tous les marchands qui ne font pas leur commerce loyalement, ceux qui vendent à faux poids, ceux qui frelatent leurs marchandises, ceux qui empruntent avec l'intention de ne pas rendre, etc., etc. Nous pourrions en citer bien d'autres, sans oublier les *égrefins politiques*, ces hommes qui n'ont d'amis et d'opinions que suivant les circonstances, qui flattent et trahissent tous les partis, qui sacrifient tout, honneur, devoir, reconnaissance, à leur intérêt ou à leur ambition. Et si nous ajoutions à cette longue liste d'égrefins de toute espèce les noms, plus ou moins connus, de quelques-uns de chaque classe, on serait effrayé et du nombre et de la qualité; on désespérerait comme nous d'un pays tellement corrompu qu'il y a pour le moins autant d'égrefins que d'honnêtes gens, et l'on conviendrait que pour désigner plusieurs d'entre eux le mot *égrefin* est un terme peut-être trop honnête, auquel on pourrait substituer des épithètes beaucoup moins honorables. H. Audiffret.

ÉGRUGEOIR. En termes d'artificier, c'est l'un des trois ustensiles servant à écraser la poudre pour en faire du pulvérin. *Égruger la poudre*, c'est la briser, la réduire en poussière très-fine, la passer au tamis pour l'employer aux compositions d'artifice. Trois ustensiles étaient nécessaires jadis pour cette opération, qui se pratique aujourd'hui différemment : une table, un égrugeoir et un tamis. La *table*, de forme rectangulaire, était en bois dur. Quatre hommes devaient s'y tenir ensemble et égruger facilement. Dans l'un des coins de cette table était une petite trappe que l'on pouvait lever pour faire tomber le pulvérin. Cette table, comme tous les outils et instruments servant à l'artifice, devait être faite sans clous ni ferrures, avec des chevilles de bois. L'*égrugeoir*, en bois également dur, avait la forme d'une molette à broyer les couleurs; il était surmonté d'un manche sur lequel devaient porter au besoin les deux mains. Les *tamis* étaient en soie et avaient 405 millimètres de diamètre. On emploie maintenant pour *égruger la poudre* d'autres moyens, plus prompts et plus simples, et en même temps offrant plus de sécurité. L'un consiste à introduire la poudre avec un entonnoir dans un sac de cuir de forme oblongue, bien cousu et très-étroit à l'ouverture. La poudre introduite, on ferme le sac avec un cordon fortement serré; un artificier le pose sur un bloc et le tourne et le retourne sous les coups d'une masse cylindrique que frappe un autre artificier. La poudre, en sortant du sac, est passée au tamis. L'autre procédé consiste à agiter pendant deux heures la poudre versée dans le baril à triturer, avec une demi-fois son poids de balles de plomb, et à la verser ensuite dans le tamis.

On donne aussi le nom d'*égrugeoir*, en termes de corderie, à un banc qui n'a de pieds qu'à un seul bout, l'autre bout posant à terre, où il est assuré par un poids quelconque, tel qu'une grosse pierre, etc. Ce banc est surmonté à son extrémité de dents en fer assez longues, ou peigne, sur lequel l'ouvrier frappe les tiges du chanvre, afin d'en faire tomber le chenevis et la partie ligneuse.

Tout le monde connaît le meuble ou petit vaisseau, ordinairement en bois, qui porte le même nom dans nos cuisines, et dans lequel on égruge, c'est-à-dire on brise le sel avec un *pilon* aussi en bois. Merlin.

EGYPTE. On comprend sous ce nom la vallée du Nil avec le désert qui l'avoisine, depuis la première cataracte jusqu'à la Méditerranée. Il est d'origine grecque. La dénomination indigène était *Kémé* ou *Kémi*. Tel est le sens du groupe hiéroglyphique et du mot copte qui, dans le dialecte de Memphis, se prononce avec aspiration *Khémi*, et rappelle ainsi encore mieux Cham, le fils de Noé, qu'en raison de son nom il faut considérer comme la souche du peuple égyptien. La signification primitive de Kémi en hiéroglyphe et en copte est *noir*. L'Égypte était donc désignée comme la *terre noire*, non assurément à cause du teint foncé de ses habitants ou encore des nègres qui l'avoisinent, mais bien à cause de la masse de terre noire végétale accumulée dans la fertile vallée du Nil, par opposition au sol poussiéreux et blanchâtre du désert. Les Hébreux donnaient à l'Égypte le nom de *Masar*, au duel *Misraïm*, et ensuite à un fils de Cham le nom de Misraïm; et l'on prétend que dans les inscriptions persanes cunéiformes, *Moudhraya* signifie Égypte. *Masr* est encore aujourd'hui le nom donné à cette contrée par les Arabes qui appellent sa capitale *Masr-el-Kahira*, Masr la Victorieuse. Le nom d'Égypte, Αἴγυπτος, paraît être uniquement d'origine grecque. Homère mentionne déjà cette contrée sous le nom d'Αἴγυπτος, et même souvent aussi le fleuve qui pour la première fois est appelé Νεῖλος dans Hésiode. Les Turcs ont abrégé le mot grec, et en ont fait *Gypt*. *Gypti* est encore aujourd'hui le nom des Coptes, des Égyptiens chrétiens, c'est-à-dire de la partie de la population qui représente le plus incontestablement les descendants des anciens Égyptiens.

Situation géographique et limites. L'Égypte, dans l'acception la plus restreinte de ce mot, s'étend en longueur (calculée depuis Assouan [Syène] jusqu'à la mer) du 24° 6' au 31° 36' de latitude septentrionale. Fertile vallée, elle ne gagne un peu de largeur que dans le Delta, où elle s'étend du 27° 30' au 30° 40' de longitude orientale. La largeur moyenne de la vallée supérieure du Nil est d'environ 12 kilomètres, mais il n'y en a guère que 7 de réellement arables et fertiles. La puissance des anciens souverains de l'Égypte s'étendait d'ailleurs bien plus loin que cette partie de la vallée du Nil, et non pas seulement au delà des déserts limitrophes, jusqu'à la mer Rouge et la presqu'île de Sinaï à l'est, ainsi que jusqu'aux oasis de la Libye à l'ouest, mais encore au sud bien au delà de la première cataracte. Aujourd'hui la domination du pacha d'Égypte comprend les terres arrosées par le Nil jusqu'au point où le Nil blanc confond ses eaux avec celles du Nil bleu ; elle s'étend, sur le premier de ces cours d'eau, jusque par delà le 14°, et sur le second, jusqu'au 11° de latitude septentrionale. La côte de la mer Rouge lui appartient jusqu'au delà de Sauâkin, (19° lat. N.), et au sud-ouest le Kordifal (Kordofan) est une province soumise à son autorité, qui s'étend à l'ouest jusqu'au 27°. Tout le nord de l'Afrique, jusqu'à la limite des pluies tropicales, offre, à l'exception des contrées riveraines de la mer, fertilisées par ses émanations, les caractères particuliers au désert, attendu que ce plateau, où le sol ne présente presque pas d'ondulations, n'est arrosé ni par des sources ni par des pluies. On ne rencontre de sources que là où le sol subit quelque dépression considérable (et ces endroits sont fort rares); circonstance qui coïncide toujours avec l'existence de quelque fertile oasis. Le seul fleuve qui prenne sa source dans les montagnes de l'Afrique centrale et se dirige au nord est le Nil. Séparé de la mer Rouge par une chaîne de montagnes dont l'élévation correspond indubitablement à la profondeur de ce long bassin intérieur, ce puissant cours d'eau se précipite à travers le désert d'Afrique, qu'il remplit partout sur son passage de la plus riche terre végétale enlevée aux plateaux du sud, et forme ainsi la seule contrée habitable qui relie les principaux peuples d'Afrique aux continents septentrionaux. Le Nil offre ce phénomène tout particulier, qu'à partir du 18° de latitude septentrionale jusqu'à son embouchure, il ne reçoit pas, dans un parcours de plusieurs centaines de myriamètres, les eaux du moindre affluent, du plus petit ruisseau, et que sur la vaste étendue de territoire qu'il traverse, il est pour ainsi dire sans exemple que jamais pluies ni orages viennent grossir le volume de ses eaux. Toute la vallée du Nil ne semble donc former qu'une immense oasis entourée de toutes parts, jusqu'au point le plus extrême de son prolongement, de déserts sans fin. Ces conditions physiques du sol de l'Égypte qui en font une véritable oasis, ont de tout temps constitué le caractère essentiel qui distingue ce pays et le peuple qui l'habite. Au nord, l'Égypte est séparée de la Palestine par un désert de six jours de traversée, et de même des contrées situées sur la rive occidentale. Au sud, l'assise de roches primitives qui la traverse tout entière, sur un développement total de deux à trois heures de marche, et y forme la première cataracte, interrompt brusquement la navigation et les communications par eau avec la vallée inférieure. A la seconde cataracte commence une contrée entièrement couverte de rochers et appelée à cause de cela *Batn-el-hager* (le ventre de pierre), qui pendant un espace de dix à douze jours de marche, interrompt toute communication facile et sûre. C'est à tort qu'on parle quelquefois de deux chaînes de montagnes se prolongeant parallèlement aux deux rives du fleuve. Ce ne sont que les parois de la vallée qui limitent le bassin du fleuve et se rattachent au plateau général, plus escarpées d'ailleurs généralement à l'est qu'à l'ouest. C'est uniquement à une distance du fleuve de plusieurs journées de marche que s'élève à l'est une véritable montagne atteignant une altitude de 2,000 mètres, et dont le principal versant regarde la mer Rouge. Le Nil est la seule, mais en revanche l'inépuisable artère vitale du pays habité. C'est lui qui a créé le sol de la vallée, c'est lui qui en a sinon arraché à la mer la plus fertile partie, le Delta, dont la côte septentrionale est couverte de rochers sur tout son développement, qui du moins l'a rendue habitable en y accumulant, à une époque remontant au delà de tous souvenirs historiques, une épaisse couche de terre végétale; c'est lui seul, enfin, qui, par ses inondations annuelles, assure la fertilité du pays, en même temps qu'il établit entre toutes ses parties la voie de communication la plus commode et la plus facile. Il se partage au-dessous du Caire en plusieurs bras, dont les plus éloignés, à l'ouest celui que dans l'antiquité on appelait le bras de Canope, à l'est celui de Peluse, enserrent la partie basse du Delta. Il n'y a pas de pays au monde dont la force de production soit aussi élastique que celle de l'Égypte. Elle tient essentiellement au plus ou au moins d'usage qu'on sait faire de l'inépuisable puissance fertilisante du Nil, puissance qui est telle qu'elle transforme immédiatement le sable du désert le plus aride en humus des plus fertiles dès qu'on laisse ses eaux y séjourner quelque temps. Aussi, dès la plus haute antiquité, les souverains les plus sages et les plus puissants du pays firent-ils toujours de la canalisation et de l'irrigation de l'Égypte l'objet de leur plus active sollicitude.

Climat. Pendant la majeure partie de l'année le climat de l'Égypte est des plus salubres, surtout dans toute la haute Égypte, à partir du Delta, et dans le désert plus encore qu'au voisinage du Nil. Le climat d'Alexandrie, et en général de toute la contrée qui avoisine les côtes de la mer, diffère de celui qui règne au Caire, et qui déjà participe du climat de la haute Égypte. Tandis que dans le Delta les pluies sont assez fréquentes, au Caire 240 jours de l'année sont en moyenne complétement purs et sereins; il y en a 86 pendant lesquels on aperçoit des nuages, 31 où le ciel est couvert, et 8 seulement où il est tout à fait nuageux. Au Caire, l'air est 152 fois moins chargé d'humidité qu'à Alexandrie. Mais au sud de l'Égypte il est plus pur, plus sec et au total plus salubre que dans toute autre contrée de la terre. A Kenneh, en 1845 et en 1846, on ne découvrit des nuages au ciel que pendant neuf jours, et il n'y eut dans le même intervalle de temps qu'un seul jour complétement nuageux. La chaleur moyenne de l'année est à Alexandrie de 16° Réaumur, au Caire de 17 °2/3; à Kenneh, elle s'élève à 21 °1/4; et à Thèbes jusqu'à 23°. Janvier est le mois le plus froid de l'année. Le thermomètre descend alors à 14° au-dessus de zéro à Alexandrie, et à 11° au Caire. Le mois le plus chaud est août. Le thermomètre marque alors 20° Réaumur à Alexandrie et 24° au Caire. Comme on a lieu de l'observer partout, les variations plus fréquentes de température qui règnent sur les côtes y adoucissent le climat. Il arrive quelquefois au Caire qu'à l'ombre le thermomètre indique 32° Réaumur, et dans les contrées du Nil supérieur qu'il dépasse même 40°. Au Caire il n'est pas rare en hiver de voir la température tomber à 3° seulement au-dessus de 0°, et quelquefois, mais pour très-peu de temps à 0°. En résumé, on peut, sous le rapport du climat, diviser l'Égypte en une zône chaude et humide, comprenant le Delta, et en une zône chaude et sèche, formée par la vallée supérieure du Nil. Dans la première, la saison des pluies constitue une espèce d'hiver; dans la seconde, règne un été perpétuel, par suite de la chaleur et de la sécheresse de l'atmosphère. Pendant presque toute l'année, c'est-à-dire de juin à avril, les vents du nord sont ceux qui dominent en Égypte; ils n'adoucissent pas seulement la chaleur de la journée, ils sont en outre d'une extrême utilité pour la navigation. Le plus souvent il y a le matin calme complet dans l'atmosphère; c'est vers dix heures que le vent commence à s'élever, et il va toujours acquérant plus de force jusqu'au coucher du soleil. Dans les mois d'hiver, le vent du nord incline plus à l'ouest. C'est au mois d'avril qu'on voit arriver les vents du sud, toujours brûlants et desséchants, plus fréquents cependant dans la haute Égypte que dans la basse. L'influence pesante et engourdissante qu'ils exercent sur le corps et l'esprit a été observée et décrite par un grand nombre de voyageurs. La période de temps pendant laquelle dominent ces vents est connue sous le nom de *chamsin*, ce qui veut dire *les cinquante* (c'est-à-dire les cinquante jours qui séparent Pâques de la Pentecôte), parce que c'est la durée habituelle de leur règne. Les Arabes désignent ce vent lui-même sous le nom de *shard*. Il paraît dans les mois d'avril et de mai, mais ne souffle d'ordinaire que pendant trois ou quatre jours de suite, sept au plus, et seulement pendant quelques heures les autres jours. Le nombre de jours pendant lesquels il souffle dans l'année est en moyenne de onze. Les phénomènes qui accompagnent ce vent sont surtout de nature électrique, ainsi que cela a été récemment démontré, entre autres par Russegger. Il faut mettre au rang des fables la plus grande partie de ce que l'on dit de ses effets délétères sur les hommes et les animaux. En Arabie et dans tout le sud de l'Asie, ce même vent est connu sous le nom de *samoum*.

Les tremblements de terre sont assez fréquents en Égypte. Dès l'origine de l'histoire d'Égypte, sous le premier roi de la seconde dynastie de Manéthon, il est question d'un fait de ce genre. Dans la ville de Bubastos, le sol s'entrouvrit en large gouffre, puis se referma en engloutissant un grand nombre d'hommes. Plus tard, depuis le tremblement de terre cité par Strabon, et qui l'an 27 avant J.-C. renversa la partie supérieure de la statue de Memnon, il est à toutes les époques fait mention de grands tremblements de terre ou seulement de secousses partielles.

Saisons. Le phénomène le plus remarquable et le plus important pour toute la contrée est la crue annuelle du Nil, suivie régulièrement de l'abaissement de ses eaux. On sait depuis longtemps, à n'en pas douter, que ses crues périodiques ont pour cause déterminante l'élévation des plateaux tropicaux d'où il descend, et qu'elles proviennent bien moins de la fonte des neiges, dont la masse, même dans les plus hautes montagnes, ne saurait être considérable, que de la chute régulière de pluies tropicales et persistantes qui, venant du sud, se font sentir jusqu'au 15e et au 17e degré de latitude, et amènent au fleuve d'immenses masses d'eau. Ces pluies commencent sous le 11e degré de latitude septentrionale, dès la fin de février, et à Chartum au mois de mai. Le nouveau courant qui s'établit alors se manifeste d'abord dans la rivière blanche, puis dans la rivière bleue; ce qui prouve que les masses pluviales elles-mêmes viennent du sud-ouest, et non de l'Abyssinie. La première crue des eaux se fait sentir à Chartum vers la fin de mars; à Dongola, à la fin de mai; et elle atteint l'Égypte vers la mi-juin, le Delta à la fin du même mois. L'eau continue à s'élever pendant trois mois. Dès la fin du second mois, du 20 au 25 août, on coupe les digues dans la haute Égypte, afin d'amener les eaux sur les terres arables; la même opération se pratique dans la basse Egypte un mois plus tard, vers l'équinoxe d'automne. A la fin de septembre les eaux se retirent. Le sol se sèche dans le courant d'octobre; on l'ensemence, et bientôt après il se couvre de la plus riche végétation. Cette période de végétation dure jusqu'à la fin février; la moisson commence dans les premiers jours de mars, et alors le Nil décroît toujours jusqu'à ce qu'en juin ses eaux grossissent de nouveau.

On peut donc dire qu'en Égypte le fleuve détermine les saisons beaucoup plus exactement que le ciel. Aussi dans l'antiquité les Egyptiens divisaient-ils leur année en trois parties. La première commençait au solstice d'été, avec la première crue du Nil, quand on mettait les canaux en état et qu'on fermait les digues. Elle comprenait les quatre mois suivants, finissant au 20 octobre, pendant lesquels le Nil atteint sa plus grande hauteur, entre dans les canaux et inonde le pays, puis rentre dans son lit, laissant à l'irrigation artificielle le soin de féconder le pays. Cette époque s'appelait la *saison de eaux* ou des *canaux*. La seconde partie comprenait les quatre mois suivants, finissant au 20 août. C'était la saison du printemps, la *saison verdoyante* aussi les hiéroglyphes la désignent-ils comme la saison des jardins ou de la végétation. La dernière partie enfin s'étendait jusqu'au renouvellement de l'année. C'est dans cette période que se trouvait placée l'époque de la moisson, de la rentrée des récoltes et de leur emmagasinement. Aussi l'appelait-on la *saisons des fruits* ou des approvisionnements. Cette division de l'année en trois saisons, chacune de quatre mois, demeura dans l'ancien calendrier égyptien, quoique plus tard on introduisit une année de 365 jours sans intercalation, dans laquelle chaque jour du calendrier passait successivement dans toutes les trois saisons pour ne revenir à sa place originelle qu'au bout de quinze cents ans.

Règne minéral. L'Égypte abonde en pierres et autres minéraux de la nature la plus diverse. Elle possède, dans les couches primitives des montagnes formant la cataracte d'Assouan les plus beaux granites et syénites qui se puissent voir, et qu'on y brise depuis l'époque la plus reculée en masses colossales, pour les envoyer par eau sur tous les points du pays, où on les emploie tant pour des sculptures de tous genres que pour des constructions simples et massives. On tire du mont Arabique d'autres excellentes qualités de roche dure, notamment, par exemple, une brèche verte, dont le gisement se trouve sur l'ancienne grande route des caravanes de Kenneh à Kosséir, et qu'on exploitait déjà du temps de la quatrième dynastie de Manéthon, comme en témoignent les inscriptions gravées sur le roc. On trouve plus loin, près de Gebel-Fakireh, des carrières de granite blanc et noir, de même que les carrières de porphyre rouge foncé de Gebel Dochân, déjà célèbres sous la domination des empereurs romains. Au-dessous d'Assouan, le Nil entre dans une vaste étendue de sables qui s'étend jusqu'à El-Kab, par delà le 25° de latitude, et qui offre, plus particulièrement au détroit que le Nil forme à Selseleh, d'immenses carières d'un grès dur, fin et d'un grain égal, qui, dans la seconde moitié surtout de l'ancien royaume d'Égypte, fournit d'excellents matériaux pour les temples gigantesques construits par les Pharaons. D'El-Kab jusqu'à la mer, par conséquent dans la plus grande partie de l'Égypte, on ne trouve que de la pierre calcaire. Les célèbres tombeaux royaux de Thèbes sont taillés dans les rochers calcaires de Libye; et les pyramides de Memphis sont construites avec la grossière pierre calcaire nummulite qu'on trouve aux environs et recouvertes de blocs de pierre plus dure et d'un grain plus fin qu'on tire des carrières de Mokkatam, situées sur les bords du golfe d'Arabie. Une autre pierre fort estimée et employée dans l'antiquité, est l'albâtre dit *oriental* qui se tirait surtout du mont Arabique, qu'on y trouve et qu'on y travaille même encore aujourd'hui. En fait d'autres minéraux, il faut surtout mentionner le natron, qui abonde plus particulièrement au nord de l'Égypte. On trouve aussi beaucoup de sel fossile, de salpêtre et d'alun. De riches sources de pétrole sourdent dans quelques endroits, comme à Gebel-Zeït, sur la mer Rouge, laquelle en tire son nom. Dans les dernières années du règne de Méhémet-Ali, on a fait les plus actives recherches pour trouver des gisements houillers, mais toujours inutilement. En revanche, on a découvert en 1850 un immense banc de soufre sur les bords de la mer Rouge. Les mines d'or de Gebel-Ollâgi qu'on exploitait dès la plus haute antiquité, comme le firent aussi plus tard les Arabes, et les mines d'émeraudes de Gebel-Zabâra, ont de nouveau été ouvertes dans ces derniers temps; mais jusqu'à ce jour leur produit ne couvre pas les frais d'exploitation.

Flore. La flore d'Égypte se divise au point de vue soit du sol soit du climat, d'une part en flore de la vallée du Nil et en flore du désert, et de l'autre en flore septentrionale et flore méridionale. Au nord surtout, elle n'offre qu'un petit nombre d'espèces qui lui soient particulières, et se rattache plutôt aux flores des autres contrées riveraines de la Méditerranée. Le sycomore, le nabk, le tamarin appartiennent à la flore de l'Afrique intérieure, mais exigent de grands soins. L'Égypte n'a pas du tout de forêts; car on ne saurait donner ce nom aux plantations de dattiers. On y manque donc et de bois à brûler et de bois de construction. L'arbre incontestablement le plus répandu et le plus utile qu'on y trouve aujourd'hui est le palmier à dattes, ce remarquable végétal monocotylédon tenant le milieu entre l'arbre et l'arbuste, dépourvu d'écorce, de bois et de branches, et qui dans un grand nombre de localités forme la base de l'alimentation des populations. C'est là essentiellement un arbre de culture; la province de Giseh, au-dessus du Caire, et ensuite les provinces de Sukkot et de Mahas, dans la Nubie inférieure, sont les endroits où on le cultive avec le plus de succès. Il faut remarquer qu'il existait bien dans l'ancienne Égypte, mais que comme arbre fruitier il était autrefois peu utilisé. Strabon dit expressément que dans toute l'Égypte le palmier est d'une mauvaise espèce, et que dans le Delta, de même qu'aux environs d'Alexandrie, ses fruits sont à peine mangeables; il ajoute que c'est encore dans la Thébaïde que croît la meilleure espèce. La culture intelligente du palmier, qui dans l'antiquité n'était pratiquée que sur un fort petit nombre de points, comme dans la Babylonie, dans l'oasis d'Augila et dans quelques endroits de la Syrie, paraît n'avoir pris de larges développements qu'au temps de l'établissement de l'islamisme. De deux autres plantes célèbres dans l'antiquité, le lotus et le papyrus, la seconde a presque complétement disparu de nos jours, et n'existe plus, dit-on, que sur quelques points du Delta. La première ne se rencontre plus aujourd'hui dans le Delta que jusqu'au Caire, et ne sert plus d'aliment comme autrefois. En fait de céréales, ce sont surtout le froment et l'orge qu'on cultive. Le seigle et l'avoine réussissent parfaitement aussi. On cultive beaucoup le riz dans le Delta, à cause de son sol marécageux, et dans les contrées plus élevées le maïs (*durra shâmi*), ainsi que beaucoup de milet (*durra belledi*; *sorghum vulgare*). Il en est de même de la canne à sucre, des lentilles, des pois, des haricots, du chanvre et du lin, enfin, et tout récemment, du coton, devenu l'un des articles les plus importants du commerce d'exportation. On peut aussi citer les oignons, les melons, le sésame, le pavot, le sénevé, le tabac, le séné, la coloquinte, l'orpin, le carthame, l'indigo, le poivre. Dans le Fayoum on cultive la rose en grand pour en préparer de l'eau et de l'huile de rose. La récolte des céréales se fait au commencement de mars, quatre mois après l'ensemencement des terres, qui a lieu après le retrait des eaux d'inondation. Dans les parties méridionales de l'Égypte on peut, au moyen d'irrigations artificielles, obtenir trois récoltes dans une même année. Le Fayoum produit surtout des raisins, des figues, des olives. La maturité des fruits a lieu d'ailleurs dans l'ordre suivant : les mûres, les oranges et la canne à sucre en janvier; le nabk en mars, les dattes en avril; les abricots, à la fin de mai; les pêches et les prunes, à la mi-juin; les pommes, les poires, les caroubes et les raisins, à la fin de juin; les figues en juillet; les amandes, les grenades et les limons, en août; les dattes, de la fin août à la mi-novembre; les sycomores, en septembre; les oranges et les limons doux, en octobre; les bananes, en novembre. Les arbres d'Europe ne réussissent pas en Égypte, et le peu de pommes, de poires et de prunes qu'on y récolte sont insipides.

Règne animal. La Faune égyptienne se distingue tout d'abord par ses nombreuses espèces de poissons et d'amphibies. Le Nil contient beaucoup de poissons différents, notamment des glanis, divers genres de carpes, des anguilles, des mormyres, etc., etc.; la plupart sont bons à manger, et constituent une partie importante des ressources alimentaires de la population. Parmi les amphibies on distingue les crocodiles, qui autrefois descendaient le fleuve jusque dans la basse Égypte et arrivaient jusque dans le Fayoum, mais qui de nos jours ne viennent plus guère que jusqu'à Beni-Hassan et à Minieh dans l'Égypte centrale. De même les hippopotames étaient autrefois très-nombreux jusque dans le Delta du Nil, tandis qu'aujourd'hui cette espèce d'animaux a complétement disparu d'Égypte, et ne se rencontre plus que lorsqu'on arrive à Dongola. En fait d'oiseaux, les oiseaux voyageurs du Nord s'y rencontrent avec les oiseaux des régions tropicales. L'ibis, autrefois si répandu dans toute l'Égypte, et qui y était l'objet d'une religieuse vénération, s'y rencontre aujourd'hui fort rarement, et s'est retiré au Sud. Les pigeons et les poules y sont très-nombreux. Cette espèce d'oiseaux étaient, dès une époque reculée dans l'antiquité, élevés à l'aide d'incubations artificielles; et on prétend même que ce mode d'éducation a détruit chez eux la faculté ou l'instinct de l'incubation. En raison de l'absence de forêts et de l'impossibilité où ils seraient de trouver leur nourriture dans le désert, les grandes espèces carnassières sont rares. Toutefois il paraît qu'elles aussi descendaient autrefois plus bas qu'aujourd'hui, puisque nous voyons souvent des chasses, surtout des chasses au lion sculptées ou représentées sur les anciens monuments. La hyène, le renard, le chacal, l'ichneumon et le lièvre se rencontrent en grande abondance. On trouve des gazelles et autres antilopes plus au loin dans le désert. De tous les animaux domestiques, le plus remarquable est le chameau, ce *vaisseau du désert*. On peut cependant dire de lui, avec bien plus de vérité que du palmier, que l'Égypte n'a su que fort tard en tirer parti. On ne le trouve nulle part représenté sur les anciens monuments parmi les animaux domestiques. Jusqu'à présent non plus on n'a trouvé ni son nom ni sa forme dans l'écriture hiéroglyphique, quoique dès l'époque des patriarches il fût d'un fréquent usage en Palestine. C'est Strabon qui le premier nous apprend que les marchands se rendaient avec des chameaux de Coptos à Bérénice, sur la mer Rouge. Il semble donc que ce n'est qu'à partir de l'époque des Arabes qu'on s'est occupé en Égypte de la propagation du chameau. Il n'a qu'une bosse. Le buffle, lui aussi, ne fut introduit en Égypte que plus tard. En revanche, le bœuf, le cheval, l'âne, le mouton, la chèvre, le cochon, le chien, le chat, sont au nombre des animaux qui de tous temps existèrent en Égypte, quoique ces diverses espèces aient chacune des particularités qui les distinguent des espèces similaires existant dans d'autres pays. A en juger par les monuments, les chevaux n'étaient jamais montés par les anciens Égyptiens, et ne servaient que de bêtes de trait. Sur tous les points de l'Égypte on élève beaucoup d'abeilles.

De ce qui précède il résulte que l'histoire naturelle de l'Égypte s'est sensiblement modifiée dans ses diverses parties depuis un temps historiquement appréciable. Les mines de pierres précieuses et de métaux, qui jadis étaient exploitées, semblent aujourd'hui être épuisées. En revanche, on y a découvert de nouveaux minéraux, qui sont devenus l'objet d'une large exploitation. En ce qui est du règne végétal, on peut dire que toute l'Égypte est devenue de nos jours incontestablement plus pauvre encore en arbres qu'elle ne l'était autrefois. La vigne, cultivée jadis sur tous les points de l'Égypte, ne se rencontre plus aujourd'hui que dans le Fayoum, et ses produits ne servent plus à fabriquer du vin. Le papyrus, cet arbuste si utile, a disparu; le lotus est devenu singulièrement plus rare, et n'est plus utilisé de nos jours. Par contre, le genre dattier y a été introduit dans de vastes proportions; on en peut dire autant du cotonnier, dont l'existence dans l'antique Égypte ne saurait être démontrée avec certitude. Le tabac, la canne à sucre, le riz, le maïs, et autres plantes importantes y ont été introduits fort tard, de même que c'est tout récemment seulement qu'on a su tirer parti de certains autres végétaux. On peut dire à bon droit que la faune de l'antique Égypte semble avoir rétrogradé vers le sud.

Divisions politiques. La plus ancienne division du pays fut, comme l'indiquait la nature même du sol, celle en haute et basse Égypte. Ce fut là, dès les origines de l'histoire de l'Égypte, une division politique, attendu que pendant longtemps diverses familles souveraines régnèrent en même temps dans le pays, les unes la haute et les autres gouvernant la basse Égypte. Le pays haut comprenait la Thébaïde en même temps qu'une grande partie de l'Égypte centrale. A l'époque la plus reculée, la ville de This, située tout près d'Abydos, en était la capitale; par la suite ce fut Thèbes. Le pays bas comprenait surtout le Delta et les contrées adjacentes jusqu'au Fayoum environ. Memphis en était la capitale. Aussi les rois égyptiens ne prirent-ils pas en tout temps le titre de souverains de l'Égypte, mais seulement de souverains soit du pays haut, soit du pays bas, ou encore des deux à la fois; mais la prééminence restait toujours à la haute Égypte. Plus tard même on trouve une division triple, à savoir, en Égypte haute, centrale et basse. Sous le règne de Séthos Ier, le Sésostris d'Hérodote, toute la contrée fut divisée en 36 *nômes*, dont 10, suivant Strabon, appartenaient à la Thébaïde, ou haute Égypte; 10 au Delta, ou Basse-Égypte, et 16 à la contrée intermédiaire. Les médailles nous apprennent qu'elle fut plus tard divisée en 46 *nômes*, ainsi répartis : 13 pour la Thébaïde, 26 pour le Delta, et 7 pour la région intermédiaire, appelée aussi de là *Heptanomis*. Pline parle aussi de 46 *nômes;* mais il les répartit autrement. Ptolémée en indique 47, en ajoutant à l'Heptanomis un huitième *nôme*, appelé *Antinoïtès*. La contrée située au delà de la première cataracte et s'étendant jusqu'à Hiérasycaminos fut appelée *Dodécaschoïnos*, en raison de sa longueur. C'est jusque là que s'étendaient au quatrième siècle les routes militaires des Romains, suivant l'itinéraire d'Antonin. La table de Peutinger donne à l'Égypte les mêmes délimitations au douzième ou au treizième siècle. A l'époque de l'empereur Arcadius, vers l'an 400 de notre ère, le Delta fut divisé en trois provinces, dont les deux situées à l'est étaient désignées sous les noms d'*Augusta prima* et *Augusta secunda*, et la troisième sous celui d'*Aigyptiaké*. L'Heptanomis, jusqu'à Oxyrhynchos, s'appelait *Arcadia*. Venait ensuite la *Thébaïde première*, qui s'étendait jusqu'à Panopolis; enfin jusqu'à Philæ, la *Thébaïde supérieure*.

Aujourdhui encore l'Égypte est divisée en trois régions : *Masr-el-Bahri*, l'Égypte septentrionale, comprenant le Delta et les contrées qui l'avoisinent au sud jusqu'au Fayoum inclusivement; *El-Dustani*, l'Égypte centrale, qui, en remontant le Nil, s'étend jusque par delà Derût-Esh-Sherif, où prend naissance le grand canal du Fayoum, appelé Bahr-Jussuf; enfin le nom actuel de la haute Égypte est *Es-Saïd*.

Population, *Langue*. L'homme, lui aussi, en Égypte, est devenu tout autre que ce qu'il était jadis et, à tout prendre, a singulièrement déchu de sa grandeur originelle, en ce qui est de la race et de la langue, de la configuration extérieure et de l'intelligence, des maladies auxquelles il est assujetti et de ses capacités, de même qu'en ce qui touche son état politique, religieux et social. La population de l'antique Égypte, au rapport des peintures et inscriptions sacrées des Égyptiens, était, sous les anciens Pharaons, d'environ 700,000,000 d'habitants, répartis en plus de 18,000 villes et grands bourgs. Hérodote prétend qu'au temps où la population était la plus nombreuse, on comptait 20,000 bourgs et villes. Au rapport de Diodore, on en comptait 30,000 sous les premiers Ptolémées, et il en était encore ainsi de son temps. Josèphe calcule qu'au temps de Néron l'Égypte renfermait 7,500,000 habitants, non compris la population d'Alexandrie, évaluée à 300,000 âmes du temps de Diodore. Dans Théocrite, il est en un endroit question de 33,339 villes d'Égypte. Dans ces derniers temps la population était descendue au chiffre de 2,500,000 âmes; elle a encore diminué, sous la domination de Méhemet Ali ; aussi Lane ne l'évalue-t-il pas aujourd'hui à plus de 2,000,000, dont environ 1,750,000 Égyptiens mahométans, 150,000 Égyptiens chrétiens (coptes), 10,000 Turcs, 5,000 Syriaques, 5,000 Grecs, 2,000 Arméniens, 5,000 Juifs, et à peu près 70,000 Arabes nubiens, nègres, esclaves blancs et européens. La population du Caire approche aujourd'hui de 240,000 âmes, et va toujours croissant. Sur ce chiffre on compte à peu près 190,000 mahométans, 10,000 coptes et 3 à 4,000 juifs.

Sous leurs souverains autochtones, la langue des Égyptiens était l'idiome égyptien, lequel n'appartenait pas aux langues primitives de l'Afrique, mais aux langues caucasiennes, non pas à celles parlées par les races indo-germaniques et sémitiques, mais à la troisième, à la langue chamitique, qui d'Asie se répandit dans le nord et le nord-est de l'Afrique à une époque antérieure à tous monuments historiques. Cette langue se maintint sous la dénomination de langue copte, alors même que sous la domination romaine le christianisme eut pénétré en Égypte, encore bien qu'au temps de la domination grecque, et même auparavant, la langue grecque eût toujours fait plus de progrès, et eût pris à Alexandrie, et à Memphis surtout, une extension considérable. La conquête de ce pays par les Arabes eut également pour suite d'y faire de plus en plus dominer l'usage de la langue arabe, aujourd'hui celle qui est la plus généralement parlée sur tous les points du pays. La langue copte continue bien toujours à être *lue* par les coptes dans leurs livres saints; mais il en est fort peu qui la comprennent, et personne ne la parle plus.

Histoire ancienne.

[Les premières tribus qui peuplèrent l'*Egypte*, c'est-à-dire la vallée du Nil, entre la cataracte d'Assouan et la mer, venaient de l'Abyssinie ou du Sennaar. Mais il est impossible de fixer l'époque de cette première migration, excessivement antique. Les premiers Égyptiens arrivèrent en Egypte dans l'état de nomades, et n'avaient point de demeures plus fixes que les Bedouins d'aujourd'hui : ils n'avaient alors ni sciences, ni arts, ni formes stables de civilisation. C'est par le travail des siècles et des circonstances que les Égyptiens, d'abord errants, s'occupèrent enfin d'agriculture, et s'établirent d'une manière fixe et permanente; alors naquirent les premières villes qui ne furent dans le principe que de petits villages, lesquels, par le développement successif de la civilisation, devinrent des cités grandes et puissantes. Les Égyptiens, dans les commencements de leur civilisation, furent gouvernés par les prêtres. Les prêtres administraient chaque canton de l'Égypte sous la direction du grand-prêtre, lequel donnait ses ordres, disait-il, au nom de Dieu même. Cette forme de gouvernement se nomme *théocratie* : elle ressemblait, mais bien moins parfaite, à celle qui régissait les Arabes sous les premiers anciens khalifes.

Ce premier gouvernement égyptien, qui devenait facilement injuste, oppresseur, s'opposa bien longtemps à l'avancement de la civilisation. Il avait divisé la nation en trois parties distinctes : 1° *les prêtres*, 2° *les militaires*, *le peuple*. Le peuple seul travaillait, et le fruit de toutes ses peines était dévoré par les prêtres, qui tenaient les militaires à leur solde, et les employaient à contenir le reste de la population. Mais il arriva une époque où les soldats se lassèrent d'obéir aveuglément aux prêtres. Une révolution éclata, et ce changement, heureux pour l'Égypte, fut opéré par un chef militaire, nommé Méneï ou Ménès, qui devint le chef de la nation, établit le gouvernement royal et transmit le pouvoir à ses descendants en ligne directe. Les anciennes histoires d'Égypte font remonter l'époque de cette révolution à six mille ans environ avant l'islamisme.

Dès ce moment, le pays fut gouverné par des rois, et le gouvernement devint plus doux et plus éclairé, car le pouvoir royal trouva un certain contre-poids dans l'influence que conservait nécessairement la classe des prêtres, réduite alors à son véritable rôle, celui d'instruire et d'enseigner en même temps les lois de la morale et les principes des arts. Thèbes resta la capitale de l'État; mais le roi Méneï et son fils et successeur Athothi jetèrent les fondements de Memphis, dont ils firent une ville forte et leur seconde capitale.

Une très-longue suite de rois succéda à Ménei : diverses familles occupèrent le trône, et la civilisation se développa de siècle en siècle. C'est sous la troisième dynastie que furent bâties les pyramides de Dahschour et de Sakkarah, les plus anciens monuments dans le monde connu. Les pyramides de Ghizeh sont les tombeaux des trois premiers rois de la cinquième dynastie, nommés Souphi Ier, Sensaouphi et Mankhéri. Autour d'elles s'élèvent de petites pyramides et des tombeaux, construits en grandes pierres, qui ont servi de sépulture aux princes de la famille de ces anciens rois. Sous ces dynasties ou familles régnantes, qui se succédèrent les unes aux autres, les sciences et les arts naquirent et se développèrent graduellement. L'Égypte était déjà puissante et forte ; elle exécuta même plusieurs grandes entreprises militaires au dehors, notamment sous des rois nommés Sôsokhris, Aménémé et Aménémôf; mais les monuments de ces rois n'existent plus, et l'histoire n'a conservé aucun détail sur leurs grandes actions, parce qu'après le règne de ces princes un grand bouleversement changea la face de l'Asie ; des peuples barbares firent une invasion en Egypte, s'en emparèrent et la ravagèrent en détruisant tout sur leur passage : Thèbes fut ruinée de fond en comble. Cet événement eut lieu environ deux mille huit cent ans avant l'islamisme. Une partie de ces barbares s'établit en Egypte, et tyrannisa le pays pendant plusieurs siècles. La civilisation première égyptienne fut ainsi arrêtée et détruite par ces étrangers, qui ruinèrent l'État par leurs exactions et leurs rapines, en faisant disparaître par la misère une partie de la population locale. Ces barbares ayant élu un d'entre eux pour chef, il prit aussi le titre de *pharaon*, qui était le nom par lequel on désignait dans ce temps-là tous les rois d'Egypte.

C'est sous le quatrième de ces chefs étrangers que Ioussouf, fils de Iakoub, devint premier ministre, et attira en Egypte la famille de son père, qui forma ainsi la souche de la nation juive.

Avec le temps, diverses parties de l'Égypte supérieure s'affranchirent du joug des étrangers, et à la tête de cette résistance parurent des princes descendants des rois égyptiens que les barbares avaient détrônés. L'un de ces princes, nommé Amosis, rassembla enfin assez de forces pour attaquer les étrangers jusque dans la basse Égypte, où ils étaient le plus solidement établis, au moyen des places de guerre, parmi lesquelles on comptait en première ligne Aouara, immense campement fortifié, qui exista dans l'emplacement actuel d'Abou-Kecheid, du côté de Salahiéh.

Les exploits militaires d'Amosis délivrèrent l'Égypte de la tyrannie des barbares. Son fils Aménôf, premier du nom, réunit toute l'Égypte sous sa domination, et releva le trône des pharaons, c'est-à-dire des rois de race égyptienne. C'était le chef de la dix-huitième dynastie. Son règne entier et ceux de trois premiers successeurs, Touthmosis Ier, Touthmosis II et Méris-Touthmosis III, furent consacrés à reconstituer en Égypte un gouvernement régulier, et à relever la nation, écrasée par les longues années de la servitude étrangère.

Les barbares avaient tout détruit, tout était par conséquent à reconstruire. Ces grands rois n'épargnèrent rien pour relever l'Egypte de son abaissement ; l'ordre fut rétabli dans tout le royaume; les canaux furent recreusés; l'agriculture et les arts, encouragés et protégés, ramenèrent l'abondance et le bien-être parmi les sujets, ce qui accrut et perpétua les richesses du gouvernement. Bientôt les villes furent reconstruites; les édifices consacrés à la religion se relevèrent de toutes parts, et plusieurs des monuments qu'on admire encore sur les bord du Nil appartiennent à cette intéressante époque de la restauration de l'Égypte par la sagesse de ses rois. De ce nombre sont les monuments de Semné et d'Amada, en Nubie, et plusieurs de ceux de Karnac et de Médinet-Abou, qui sont de beaux ouvrages de Touthmosis Ier ou de Touthmosis III, qu'on appelle aussi Méris.

Ce roi, qui a fait exécuter les deux obélisques d'Alexandrie, est celui de tous les Pharaons qui opéra les plus grandes choses. C'est à lui que l'Égypte doit l'existence du grand lac du Fayoum. Par les immenses travaux qu'il fit faire, et au moyen de canaux et d'écluses, ce lac devint un réservoir qui servait à entretenir, pour tout le pays intérieur, un equilibre perpétuel entre les inondations du Nil insuffisantes et les inondations trop fortes. Ce lac portait autrefois le nom de *lac Méris*, aujourd'hui *Birket-Karoun*.

Ces rois, et quelques-uns de leurs successeurs, paraissent avoir conservé dans toute sa plénitude le pouvoir royal qu'ils avaient arraché au chef des barbares; mais ils n'en usèrent qu'à l'avantage du pays; ils s'en servirent pour corriger et reconstituer la société corrompue par l'esclavage, et pour replacer l'Égypte au premier rang politique qui lui appartenait au milieu des nations environnantes. Quelques peuples de l'Asie avaient déjà atteint à cette époque un certain degré de civilisation, et leurs forces pouvaient menacer le repos de l'Égypte. Méris et ses successeurs prirent souvent les armes et portèrent la guerre en Asie ou en Afrique, soit pour établir la domination égyptienne, soit pour ravager et affaiblir ces États, et assurer ainsi la tranquillité de la nation égyptienne.

Parmi ces conquérants, on doit compter Aménôf II, fils de Méris, qui rendit tributaires la Syrie et l'ancien royaume de Babylone; Touthmosis IV, qui envahit l'Abyssinie et le Sennaar ; enfin, Aménôf III, qui acheva la conquête de l'Abyssinie, et fit de grandes expéditions en Asie. Il existe encore des monuments de ce roi : c'est lui qui fit bâtir le palais de Sohleb, en haute-Nubie, le magnifique palais de Luqsor, et toute la partie sud du grand palais de Karnac à Thèbes. Les deux grands colosses de Kourna sont des statues qui représentent cet illustre prince. Son fils Horus châtia une révolte d'Abyssins, et continua les travaux de son père; mais deux de ses enfants qui lui succédèrent n'eurent ni la fermeté ni le courage de leurs ancêtres; ils laissèrent se perdre en peu d'années l'influence que l'Égypte exerçait sur les contrées voisines. Cependant, le roi Ménephtha Ier releva la gloire du pays, et porta ses armes victorieuses en Syrie, à Babylone, et jusque dans le nord de la Perse.

A sa mort, les peuples soumis s'étaient encore révoltés : Rhamsès le Grand, son fils et son successeur, reprit les armes, renouvela toutes les conquêtes de son père, et les étendit jusque dans les Indes ; il épuisa les pays vaincus, et enrichit l'Égypte des immenses dépouilles de l'Asie et de l'Afrique.

Cet illustre conquérant, connu aussi dans l'histoire sous le nom de *Sésostris*, fut en même temps le plus brave des guerriers et le meilleur des princes. Il employa toutes les richesses enlevées aux nations soumises, et les tributs qu'il en recevait, à l'exécution d'immenses travaux d'utilité publique ; il fonda des villes nouvelles, tâcha d'exhausser le terrain de quelques-unes, environna une foule d'autres de forts terrassements pour les mettre à couvert de l'inondation du fleuve; il creusa de nouveaux canaux, et c'est à lui qu'on attribue la première idée du canal de jonction du Nil à la mer Rouge; il couvrit enfin l'Égypte de constructions magnifiques, dont un un très-grand nombre existent encore : ce sont les monuments de Ibsamboul, Derri, Guirché-Hanan, et Ouadi-Esseboua, en Nubie; et en Égypte ceux de Kourna, d'El-Medinéh, près de Kourna, une portion du palais de Luqsor, et enfin la grande salle à colonnes du palais de Karnac, commencé par son père. Ce dernier monument est la plus magnifique construction qu'ait jamais élevée la main des hommes.

Non content d'orner l'Égypte d'édifices aussi somptueux, il voulut assurer le bonheur de ses habitants, et publia des lois nouvelles : la plus importante fut celle qui rendit à toutes les classes de ses sujets le droit de propriété dans toute sa plénitude. Il se démit ainsi du pouvoir absolu que ses ancêtres avaient conservé après l'expulsion des barbares. Ce bienfait immortalisa son nom, qui fut toujours vénéré tant qu'il exista un homme de race égyptienne connaissant l'ancienne histoire de son pays. C'est sous le règne de Rhamsès le Grand, ou Sésostris, que l'Égypte arriva au plus haut point de puissance politique et de splendeur intérieure. Alors existaient des communications suivies et régulières entre l'empire égyptien et celui de l'Inde. Le commerce avait une grande activité entre ces deux puissances, et les découvertes qu'on fait journellement dans les tombeaux de Thèbes de toiles de fabrique indienne, de meubles en bois de l'Inde et de pierres dures taillées, venant certainement de l'Inde, ne laissent aucune espèce de doute sur le commerce que l'ancienne Égypte entretenait avec l'Inde à une époque où tous les peuples européens et une grande partie des Asiatiques étaient encore tout à fait barbares. Il est bien démontré que Memphis et Thèbes furent le premier centre du commerce avant que Babylone, Tyr, Sidon, Alexandrie, Tadmour (Palmyre) et Bagdhad, villes toutes du voisinage de l'Égypte, héritassent successivement de ce bel et important privilége.

Quant à l'état intérieur de l'Égypte à cette grande époque, tout prouve que la police, les arts et les sciences y étaient portés à un très-haut degré d'avancement. Le pays était partagé en 36 provinces ou gouvernements, administrés par divers degrés de fonctionnaires, d'après un code complet de lois écrites. La population s'élevait en totalité à 5,000,000 d'âmes au moins et à 7,000,000 au plus.

Une partie de cette population, spécialement vouée à l'étude des sciences et aux progrès des arts, était chargée en outre des cérémonies du culte, de l'administration de la justice, de l'établissement et de la levée des impôts, invariablement fixés d'après la nature et l'étendue de chaque portion de propriété mesurée d'avance, et de toutes les branches de l'administration civile. C'était la partie instruite et savante de la nation : on la nommait la *caste sacerdotale*. Les principales fonctions de cette caste étaient exercées ou dirigées par des membres de la famille royale.

Une autre partie de la nation égyptienne était spécialement destinée à veiller au repos intérieur et à la défense extérieure du pays. C'est dans ces familles nombreuses, dotées et entretenues aux frais de l'État, et qui formaient la *caste militaire*, que s'opéraient les conscriptions et les levées de soldats; elles entretenaient régulièrement l'armée égyptienne sur le pied de 180,000 hommes. La première, mais la plus petite des divisions de cette armée, était exercée à combattre sur des chars à deux chevaux : c'était *la cavalerie* de l'époque (la cavalerie proprement dite n'existait point alors en Égypte); le reste formait des corps de fantassins de différentes armes, savoir : les soldats de ligne, armés d'une cuirasse, d'un bouclier, d'une lance et de l'épée; et les troupes légères, les archers, les frondeurs et les corps armés de haches ou de faulx de bataille. Les troupes étaient exercées à des manœuvres régulières, marchaient et se mouvaient en ligne par légions et par compagnies; leurs évolutions s'exécutaient au son du tambour et de la trompette. Le roi déléguait pour l'ordinaire le commandement des différents corps à des princes de sa famille.

La troisième classe de la population formait la *caste agricole*. Ses membres donnaient tous leurs soins à la culture des terres, soit comme propriétaires, soit comme fermiers; les produits leur appartenaient en propre, et on prélevait seulement une portion destinée à l'entretien *du roi*, comme à celui des *castes sacerdotale et militaire* : cela formait le principal et le plus certain des revenus de l'État.

D'après les anciens historiens, on doit évaluer le revenu annuel des pharaons, y compris les tributs payés par les nations étrangères, au moins de 6 à 700,000,000 de notre monnaie.

Les artisans, les ouvriers de toutes espèces et les marchands composaient la quatrième classe de la nation : c'était la *caste industrielle*, soumise à un impôt proportionnel, et contribuant ainsi par ses travaux à la richesse comme aux charges de l'État. Les produits de cette caste élevèrent l'Égypte à son plus haut point de prospérité. Tous les genres d'industrie furent en effet pratiqués par les anciens Égyptiens, et leur commerce avec les autres nations, plus ou moins avancées, qui formaient le monde politique de cette époque, avait pris un grand developpement. L'Égypte faisait alors du superflu de ses produits en grains un commerce régulier et fort étendu. Elle tirait de grands profits de ses bestiaux et de ses chevaux. Elle fournissait le monde de ses toiles de lin et de ses tissus de coton, égalant en perfection et en finesse tout ce que l'industrie de l'Inde et de l'Europe exécute aujourd'hui de plus parfait. Les métaux, dont l'Égypte ne renferme aucune mine, mais qu'elle tirait des pays tributaires ou d'échanges avantageux avec les nations indépendantes, sortaient de ses ateliers travaillés sous diverses formes, et changés, soit en armes, en instruments, en ustensiles, soit en objets de luxe et de parure recherchés à l'envi par tous les peuples voisins. Elle exportait annuellement une masse considérable de poteries de tous genre, ansi que les innombrables produits de ses ateliers de verrerie et d'émailleurs, arts que les Égyptiens avaient portés au plus haut point de perfection. Elle approvisionnait, enfin les nations voisines de *papyrus* ou *papier*, formé des pellicules intérieures d'une plante qui a cessé d'exister depuis quelques siècles en Égypte. Les anciens Arabes la nommaient *berd*; elle croissait principalement dans les terrains marécageux, et sa culture était une source de richesse pour ceux qui habitaient les rives des anciens lacs de Bourlos et de Menzaleh ou Tennis.

Les Égyptiens n'avaient point un système monétaire semblable au nôtre. Ils avaient pour le petit commerce intérieur une monnaie de convention; mais pour les transactions considérables on payait en *anneaux d'or pur*, d'un certain poids et d'un certain diamètre, ou en anneaux d'argent d'un titre et d'un poids également fixes.

Quant à l'état de la marine à cette ancienne époque, plusieurs notions essentielles nous manquent encore. L'Égypte avait une *marine militaire*, composée de grandes galères, marchant à la fois à la rame et à la voile. On doit présumer que la marine marchande avait pris un certain essor, quoiqu'il soit à peu près certain que le commerce et la navigation de long cours étaient faits, en qualité de courtiers, par un petit peuple tributaire de l'Égypte, et dont les principales villes furent Sour, Saïde, Beirouth et Acre.

Le bien-être intérieur de l'Égypte était fondé sur le grand développement de son agriculture et de son industrie; on découvre à chaque instant dans les tombeaux de Thèbes et de Sakkarah des objets d'un travail perfectionné, démontrant que ce peuple connaissait toutes les aisances de la vie et toutes les jouissances du luxe. Aucune nation ancienne ni moderne n'a porté plus loin que les vieux Égyptiens la grandeur et la somptuosité des édifices, le goût et la recherche dans les meubles, les ustensiles, le costume et la décoration.

Telle fut l'Égypte à son plus haut période de splendeur connue. Cette prospérité date de l'époque des derniers rois de la dix-huitième dynastie, à laquelle appartient Rhamsès le Grand, ou Sésostris; les sages et nombreuses institutions de ce souverain, terrible à ses ennemis, doux et modéré envers ses sujets, en assurèrent la durée. Ses successeurs jouirent en paix du fruit de ses travaux, et conservèrent en grande partie ses conquêtes, que le quatrième d'entre eux, nommé Rhamsès-Méiamoun, prince guerrier et ambitieux, étendit encore davantage; son règne entier fut une suite d'entreprises heureuses contre les nations les plus puissantes de l'Asie. Ce roi bâtit le beau palais de *Médinet-*

Habou (à Thèbes), sur les murailles duquel on voit encore sculptées et peintes toutes les campagnes de ce pharaon en Asie, les batailles qu'il a livrées sur terre ou sur mer, le siége et la prise de plusieurs villes, enfin les cérémonies de son triomphe au retour de ses lointaines expéditions. Ce conquérant parait avoir perfectionné la marine militaire de son époque.

Les pharaons qui régnèrent après lui firent jouir l'Égypte d'un long repos. Pendant ces temps d'une tranquillité profonde, l'Égypte, tout en laissant s'assoupir l'esprit guerrier et conquérant qui l'avait animée sous les précédentes dynasties, dut nécessairement perfectionner son régime intérieur et faire progresser ses arts et son industrie; mais sa domination extérieure se rétrécit de siècle en siècle, à cause des progrès de la civilisation qui s'étaient effectués dans plusieurs de ces contrées par leur liaison même avec l'Égypte, celle-ci ne pouvant plus les contenir sous sa dépendance que par un développement de forces militaires excessif et hors de toute proportion avec ses ressources.

Un nouveau monde politique s'était en effet formé autour de l'Égypte : les peuples de la Perse, réunis en un seul corps de nation, menaçaient déjà les grands royaumes unis de Ninive et de Babylone; ceux-ci, visant à dépouiller l'Égypte d'importantes branches de commerce, lui disputaient la possession de la Syrie, et se servaient des peuples et des tribus arabes pour inquiéter les frontières de leur ancienne dominatrice. Dans ce conflit, les Phéniciens, ces courtiers naturels du commerce des deux puissances rivales, passaient d'un parti à un autre, suivant l'intérêt du moment. Car cette lutte fut longue et soutenue; il ne s'agissait de rien moins que de l'existence commerciale de l'un ou l'autre de ces puissants empires.

Les expéditions militaires du pharaon Chéchonk Ier, et celles de son fils, Osorkon Ier, qui parcoururent l'Asie occidentale, maintinrent pendant quelques temps la suprématie de l'Égypte. Elle eût pu jouir longtemps du fruit de ses victoires, si une invasion des Éthiopiens (ou Abyssins) n'eût tourné toute son attention du côté du midi. Ses efforts furent inutiles. Sabacon, roi des Éthiopiens, s'empara de la Nubie, et passa la dernière cataracte avec une armée grossie de tous les peuples barbares de l'Afrique. L'Égypte succomba après une lutte dans laquelle périt son pharaon Bok-Hor.

La domination du conquérant éthiopien fut douce et humaine; il rétablit le cours de la justice interrompu par les désordres de l'invasion. Son second successeur, Éthiopien comme lui, porta ses armes en Asie, et fit une longue expédition dans le nord de l'Afrique. L'histoire dit qu'il en soumit toutes les peuplades jusqu'au détroit de Gibraltar. Le roi, nommé Taharaka, a bâti un des petits palais de *Médinet-Habou*, encore existant. Mais peu de temps après lui la dynastie éthiopienne fut chassée d'Égypte, et une famille égyptienne occupa le trône des pharaons : ce fut la vingt-sixième dynastie appelée *Saïte*, parce que son chef, Stéphinathi, était né dans la ville de Saï (aujourd'hui *Sa-el-Hagar*) en basse-Égypte.

Cette dynastie, s'étant affermie, voulut relever l'influence de la patrie sur les États asiatiques voisins, et ressaisir ainsi la suprématie commerciale. Le roi Psammétik Ier ouvrit aux marchands étrangers le petit nombre de ports que la nature a accordés à l'Égypte, et parmi lesquels on comptait déjà celui d'Alexandrie, qui alors n'était qu'une fort petite bourgade, appelée *Rakoti*.

Ce pharaon se lia principalement avec les Ioniens et les Cariens, peuples grecs établis en Asie; non-seulement il permit aux négociants de ces nations de s'établir en Égypte, mais il commit l'énorme faute de leur concéder des terres, et de prendre à sa solde un corps très-considérable de troupes ioniennes et cariennes. Les soldats égyptiens, qui, comme membres de la caste militaire, avaient seuls le privilége de combattre pour l'Égypte, s'irritèrent de ce que le roi confiait la défense du pays à des étrangers et à des barbares fort en arrière encore de la civilisation égyptienne. Psammétik eut de plus l'imprudence de donner à ces Grecs les premiers postes de l'armée. L'irritation des soldats égyptiens fut à son comble. Ourdissant un vaste complot, qui embrassa la presque totalité des membres de la caste militaire, plus de 100,000 soldats égyptiens quittèrent spontanément les garnisons où le roi les avait confinés, et, abandonnant leur patrie, passèrent les cataractes pour aller se fixer en Éthiopie, où ils établirent un État particulier.

Ainsi privée tout à coup de la masse presque entière de ses défenseurs naturels, l'Égypte déchut rapidement, et la perte de son indépendance politique devint inévitable.

Les rois de Babylone, connaissant la plaie incurable de l'Égypte, leur rivale, redoublèrent d'efforts. La Syrie devint le théâtre perpétuel du conflit sanglant des deux peuples. Néko II, fils de Psammétik Ier, refoula d'abord les Babyloniens ou Assyriens dans leurs frontières naturelles, et chercha dès lors à donner de nouvelles voies au commerce, en portant tous ses soins vers la marine; une flotte sortie de la mer Rouge reconnut et explora tout le contour de l'Afrique, doubla le cap le plus méridional, et, faisant voile vers le nord, arriva au détroit de Gibraltar, rentrant ainsi en Égypte par la Méditerranée. Ce roi exécuta aussi de grands travaux pour le canal de communication entre le Nil et la mer Rouge. La fin de son règne fut malheureuse : le roi de Babylone, Nebucad-Nésar, défit les armées égyptiennes, et les chassa de la Phénicie, de la Judée et de la Syrie entière.

Psammétik II, son fils, essaya vainement de ressaisir ces provinces détachées de l'empire égyptien; son successeur, Ouaphré, fut plus heureux : il remit sous le joug les peuples de Sour et de Saïde et l'île de Cypre; mais il échoua en Afrique, dans une expédition contre la ville de Cyrène (*Grennah*). Cette malheureuse campagne porta à son comble l'exaspération de ce qui restait de la caste militaire égyptienne; sa haine contre le pharaon Ouaphré, qui s'entourait de troupes ioniennes ou grecques, malgré la terrible leçon donnée à son bisaïeul Psammétik Ier, éclata tout à coup, et les soldats égyptiens révoltés, mettant la couronne sur la tête d'un courtisan nommé Amasis, marchèrent contre Ouaphré, qui fut vaincu et entièrement défait à Mariouth, où il combattit à la tête de ses troupes étrangères.

Amasis gouverna pendant quarante-deux ans. Son règne fut heureux et paisible, le commerce reprit un grand essor, et les richesses affluaient en Égypte, non qu'elle fût forte par elle-même, non qu'elle eût reconquis par les armes son influence au dehors, mais parce que dans ce temps-là les rois de Babylone cessaient de menacer l'Égypte pour résister aux peuples de la Perse, réunis sous un seul chef, Cyrus, qui attaqua impétueusement l'Assyrie, et en fit graduellement la conquête, terminée par la prise et l'asservissement de Babylone.

Dès ce moment Amasis prévit la fin prochaine de la monarchie égyptienne. La dernière guerre civile avait affaibli ce qui restait de l'armée nationale, presque entièrement désorganisée par l'impolitique de ses prédécesseurs. Il ne pouvait compter sur la fidélité des troupes grecques, qu'il avait retenues aussi à sa solde; mais heureux en ce qui le touchait personnellement, Amasis mourut après un règne prospère, au moment même où les armées persanes s'ébranlaient pour fondre sur l'Égypte.

A peine monté sur le trône que lui laissait son père, Psammétik III, nommé aussi Psamménis, dut courir à Péluse (*Thinéh* ou *Farama*), la plus forte des places de l'Égypte du côté de la Syrie : là il rassembla tout ce qui lui restait de la caste militaire égyptienne et les troupes étrangères qu'il avait à sa solde; les Perses, sous la conduite de leur roi Cambyse, fils de Cyrus, favorisés par les Arabes, traversèrent sans obstacle le désert qui sépare la

Syrie de l'Égypte; et cette immense armée se rangea en face des Égyptiens, campés sous les murs de Péluse. Le combat fut long et terrible : à la chute du jour, les Égyptiens plièrent, accablés sous le nombre; Cambyse vainquit, et l'indépendance nationale de l'Égypte fut à jamais perdue (an 525 av. J.-C.).

Les Perses poursuivirent leurs succès, et prirent Memphis d'assaut; cette capitale fut livrée au pillage; la nation persane, encore barbare, porta de tous côtés la destruction et la mort. Thèbes fut saccagée, ses plus beaux monuments démolis ou dévastés, la population, courbée sous un joug tyrannique, fut livrée à la discrétion des satrapes ou gouverneurs établis pour les rois de Perse. Les arts et les sciences disparurent presque entièrement de ce sol qui les avait vus naître.

Quelques chefs égyptiens, pleins de courage, arrachèrent momentanément leur patrie à la servitude; mais leurs généreux efforts s'épuisèrent bientôt contre la puissance toujours croissante de l'empire persan.

Ce fut Alexandre (*Iskander*) qui, à la tête d'une armée de Grecs, renversa la domination des Perses en Asie, et l'Égypte respira enfin sous ce nouveau maître (an 332 av. J.-C.). A la mort de ce grand homme, qui avait fondé la ville d'Alexandrie, parce que cette position géographique semblait appelée à devenir le centre du commerce du monde, les généraux grecs partagèrent ses conquêtes. Ptolémée, l'un d'eux, se déclara roi d'Égypte, et fut le chef de la *dynastie grecque*, qui gouverna l'Égypte pendant près de trois siècles.

Sous ces rois, qui tous ont porté le nom de *Ptolémée*, la ville d'Alexandrie accomplit les prévisions d'Alexandre. Elle devint l'entrepôt du commerce de l'Asie et de l'Afrique entière, avec l'Europe, qui alors comptait un assez grand nombre de nations civilisées. Mais les débauches et la tyrannie des derniers rois grecs préparèrent la chute de leur domination.

Cette famille fut détrônée par César Auguste, empereur des Romains, et l'Égypte, perdant pour toujours le nom même de nation, devint une simple province de l'empire romain, et fut gouvernée par un préfet.

Dès ce moment, elle suivit la bonne et la mauvaise fortune de l'empire dont elle dépendait, jusqu'à ce que les Arabes musulmans en firent la conquête au nom du khalife Omar, sous la conduite de son général Amrou Ebn-el-Aas.

CHAMPOLLION jeune de l'Institut.

Histoire Moderne.

[L'Égypte obéissait depuis vingt-sept ans à la puissance macédonienne, quand, en l'année 305 avant J.-C., Ptolémée, fils de Lagus, qui depuis la mort d'Alexandre avait gouverné le pays au nom de Philippe-André et d'Alexandre II, prit ouvertement le titre de roi. Cependant il n'est mention de lui comme roi d'Égypte sur aucun des monuments de son époque, et la liste des Ptolémées ne commence d'ordinaire qu'à Ptolémée Philadelphe, qui monta sur le trone déjà deux ans avant la mort de son père, en l'année 285 avant J.-C. Le temps de la domination grecque fut une période de rapide décadence pour tout ce qu'il y avait d'éléments nationaux dans le génie égyptien. La puissance et la vigueur du génie grec s'assimilèrent bientôt les fruits amassés pendant plusieurs milliers d'années par la civilisation égyptienne. Alexandrie devint le foyer de la science grecque en même temps que le centre du luxe le plus effréné. De tous les arts, l'architecture fut alors celui qui dégénéra le moins, comme en témoignent une suite de temples du caractère le plus grandiose construits à cette époque à Denderah, à Thèbes, à Esneh, à Edfou, à Cinbos, à Philæ, etc., et qui diffèrent peu des anciennes formes des anciens édifices du même genre; tandis que la sculpture et la peinture tombèrent à peu près dans la barbarie. L'effroyable dépravation de mœurs dont la famille des souverains donnait elle-même l'exemple, et qui allait toujours se propageant davantage dans toutes les classes de la population, ne contribua pas peu à accélérer la décadence de l'Égypte, décadence qui sous Cléopatre atteignit ses dernières limites, et amena enfin la perte de l'indépendance politique de l'Égypte.

Trente ans avant J.-C., à la suite de la bataille d'Actium, l'Égypte fut incorporée à l'empire romain. L'importance de cette nouvelle et riche province était si bien appréciée qu'Auguste rendit une loi par laquelle il était défendu à tout Romain ayant le rang de consul ou même de simple chevalier de s'y rendre sans la permission expresse de l'empereur. Le but de cette loi était vraisemblablement d'empêcher les hommes politiques de quelque importance d'être tentés de songer aux moyens de s'en emparer ou de se rendre indépendants dans ce *grenier* de l'Italie, et faute duquel la famine eût tout aussitôt été aux portes de Rome.

Dès le premier siècle après Jésus-Christ, le christianisme s'introduisit en Égypte et l'évangéliste saint Marc est cité comme ayant été le fondateur de la première commune chrétienne dans ce pays. Un mode de vie ascétique et solitaire s'était introduit parmi une partie des prêtres égyptiens. Au rapport de Philon, les thérapeutes juifs menaient aux environs d'Alexandrie une vie tout à fait monacale; et une grande partie des chrétiens égyptiens suivirent la même direction d'idées. Le christianisme fit de rapides progrès en Égypte, et tant qu'Alexandrie fut le foyer de la science grecque, cette ville demeura le théâtre des luttes chrétiennes et théologiques les plus savantes et les plus acharnées. Cependant on trouve des inscriptions hiéroglyphiques dans les temples d'Égypte allant jusqu'au milieu du troisième siècle; et ce ne fut que vers le milieu du sixième siècle que le culte d'Isis fut complétement supprimé à Philæ.

Lors du partage de l'empire romain (an 395 de J.-C.), l'Égypte fut adjugée à l'empire de Byzance, et elle participa à sa décadence jusqu'en l'année 638, époque où elle fut conquise par Amrou-Ben-el-Aas, lieutenant d'Omar, et où elle devint dès lors partie intégrante de l'empire des khalifes.

L'Égypte, à cette époque, plus froissée que la Syrie, se trouvait fatiguée au delà de toute mesure du joug byzantin, joug sans dignité et sans vigueur. Partagée en deux fractions distinctes, sa population se composait de coptes ou jacobites, de Grecs ou melkites, ceux-ci gouvernés, ceux-là gouvernants; les premiers voués aux charges fiscales, les seconds accaparant toutes les dignités et toutes les jouissances du luxe. Aussi, quand le lieutenant d'Omar vint frapper à ses portes avec une armée de fanatiques soldats, l'Égypte n'opposa-t-elle qu'une résistance fictive. A peine assiégée, Memf, l'ancienne Memphis, se rendit; Babylone, où commandait le préfet Mokoukos, capitula. Il ne restait plus qu'Alexandrie, ville littorale, et par conséquent plus grecque que copte. Alexandrie résista longtemps : un patrice d'Héraclius, gouverneur de la place, avait juré de s'ensevelir sous ses ruines, et il ne se rendit en effet qu'après une résistance de quatorze mois, dans laquelle vingt mille assiégeants périrent.

Amrou réorganisa le pays, fatigué du joug de Constantinople et ruiné par des taxes exorbitantes. Il y fonda la ville de *Fostat* (la tente), l'embellit de palais et de mosquées, creusa un canal (*kalig-emir-el-moumenyn*, canal du prince des fidèles), qui, unissant le Nil à la mer Rouge, réalisait la gigantesque pensée de la jonction des deux mers. La conquête de l'Égypte par Amrou eut pour résultat d'y introduire le mahométisme en même temps qu'une notable partie de population arabe, qui ne tarda pas à acquérir une complète prépondérance sur la population chrétienne : les coptes furent presque complétement exterminés.

Malgré ses services glorieux, Amrou éprouva une disgrâce : Othman, le nouveau khalife, lui donna un successeur, Abd-Allah, qui pressura la contrée, et y sema des haines contre les islamites. Sous les khalifes qui suivirent, on s'occupa peu de ce pays; seulement, quand la dynastie des souverains légitimes se fut éteinte par la dépossession et par la mort d'Ali, les nouveaux khalifes, dits *ommiades*, qui saisirent le pouvoir, par une sorte d'usurpation, songèrent au vieil Amrou, depuis longtemps délaissé, et lui rendirent, comme réhabilitation solennelle, le gouvernement de l'Égypte. Il en jouit peu, et mourut à peine réintégré. L'Égypte, du reste, vécut heureuse malgré les querelles de dynastie à dynastie, de prince à prince. Son gouverneur, Abd-el-Azir, sut la préserver des calamités inséparables de ces guerres intestines. Le pays fut pendant toute cette période régi par un système analogue à celui que les Romains imposaient à leurs provinces conquises. Les chefs de l'islamisme y envoyaient des proconsuls avec une garde prétorienne; et dans la crainte que la jouissance d'une autorité aussi lointaine inspirât à ces fonctionnaires des pensées d'indépendance et d'usurpation, ils avaient le soin de changer souvent de titulaires. Sous le seul règne d'Hécham, l'Égypte compta vingt gouverneurs; elle en eut plus de cent sous la dynastie des ommiades, qui garda pendant un siècle à peu près la souveraineté de l'islamisme. Les abbassides, maîtres à leur tour, ne procédèrent pas autrement. Chaque année amenait une révocation et une investiture nouvelle. Sous El-Mansour, ce système fut poussé à l'absurde, et la situation de l'Égypte était devenue désastreuse. Chacun de ces proconsuls enchérissant sur ses devanciers dans ses combinaisons fiscales, il s'ensuivit bientôt qu'aucun métier, si pauvre qu'il fût, ne resta exempt de redevances ingénieusement assises et chaque jour accrues. L'ouvrier mouleur de briques, le fellah vendeur de légumes, le conducteur de chameaux, le fossoyeur, le mendiant lui-même, furent soumis à une capitation. Les successeurs d'El-Mansour, Mohammed-el-Mahadi, le grand Haroun-el-Raschid, et El-Mamoun, ne changèrent rien à cette ligne de conduite. C'était pourtant de grands et nobles princes, bienveillants pour leurs sujets immédiats, éclairés, généreux, marquant leur passage par des actes mémorables; mais la politique voulait que l'Égypte fût sacrifiée. Les chefs de l'islamisme obéissaient dans ce ballottement de délégués à un système général, et non à des répugnances particulières. Déjà peut-être prévoyaient-ils qu'à cinquante ans de là des révoltes de grands vassaux marqueraient la première période descendante de l'islamisme, et feraient périr cet empire par où ils périssent tous, par le démembrement et la révolte.

Il faut donc passer sur cette longue suite de khalifes et de gouverneurs pour arriver à l'homme qui le premier, isolant l'Égypte de la puissance abbasside, lui donna une force et une existence spéciales. Cet homme fut Ahmed-Ben-Touloun, fils d'un affranchi nommé Touloun, né dans la petite Bukarie, et longtemps chef de la garde qui veillait à Bagdad sur la personne des khalifes. Cette garde jouait déjà le rôle que jouèrent depuis les mamelouks en Égypte et les janissaires à Constantinople. Elle dictait la loi à ses maîtres, les massacrait dans des jours d'humeur, et intronisait ses chefs en leur place.

Ahmed-Ben-Touloun fut envoyé en Égypte l'an 254 de l'hégire (868), comme suppléant de son beau-père Bakbak, qui s'était fait investir du titre de gouverneur. A peine y était-il arrivé que déjà il régnait, moitié par force, moitié par adresse; il écartait ses rivaux, et se créait les éléments d'une position indépendante. Le khalife El-Monaffeï, devinant ses projets, arma contre lui; mais aux frontières d'Égypte ses soldats se débandèrent, et des embarras intérieurs rendirent une seconde tentative impossible. Alors il fit semblant de vouloir ce qu'il ne pouvait plus empêcher; il fit des avances à Ahmed, lui dépêcha des ambassadeurs, et échangea avec lui des promesses d'oubli et d'affection.

Ahmed jouit peu de ce dernier triomphe : une maladie aiguë le surprit au milieu d'une campagne dans les provinces syriennes, et le conduisit lentement au tombeau. Il avait gouverné l'Égypte dix-sept années. A sa mort sa puissance rivalisait avec la puissance des khalifes, si elle ne la dépassait pas. Quoique âgé de cinquante ans à peine, il laissait trente-trois enfants, dont dix-sept fils et seize filles. On eût pu croire, dans les probabilités ordinaires, à la durée d'une pareille descendance, et pourtant vingt deux ans plus tard la dynastie toulonide était éteinte. L'Égypte releva de nouveau des khalifes de Bagdad; mais cette reprise de possession fut bien précaire et bien courte. Dès l'an 935 Mohamed l'Ekchydite l'enlevait aux Abbassides. Mais cette dynastie nouvelle ne fut pas moins éphémère.

Alors en effet régnait dans l'ancienne Cyrénaïque et sur le littoral de Bargah une dynastie qui avait rompu avec celle de Bagdad par un schisme éclatant, schisme à la fois religieux et politique. C'était là dynastie fatimite, qui devait à quelque temps de là remplir le monde de son nom. Les fatimites prétendaient avoir seuls conservé dans leur race la légitimité souveraine, car ils se disaient descendus en droite ligne du prophète par sa fille Fatime, dont ils avaient tiré leur nom. Dès l'an 269 de l'hégyre (882), ils s'étaient mis en marche vers l'Orient. Vainqueurs par les armes ou par le prosélytisme, ils avaient, sur les débris des Aglabites et des Édrissites, fondé un empire puissant qui embrassait tout le littoral africain. Appelés par les habitants de la vallée du Nil, les khalifes fatimites résolurent de l'enlever aux Ekchydites et de l'annexer à leur empire. Cette conquête ne coûta point de sang. Djouhar, général de Moëz-el-Din-Illah, marcha sur Fosfat, dont les portes lui furent ouvertes au mois de ramadam 358 de l'hégyre (969). Le jour même, la prière fut dite dans les mosquées au nom des Fatimites, et le règne de cette dynastie fut fondé.

Ses débuts furent heureux. L'Égypte avait souffert des dernières guerres : les nouveaux souverains cherchèrent à la soulager. En même temps ils songèrent à fonder leur capitale, comme les Abbassides et les Toulonides avaient fondé la leur. L'an 359 de l'hégire (970), Djouhar traça le plan de la nouvelle ville, qui devait s'appeler *Masr-el-Kahirah* (la capitale victorieuse), dont nous avons fait le Caire. Cette succession de capitales était du reste en Égypte un fait traditionnel. Dans cette même vallée du Nil où Masr-el-Kahirah allait s'élever, la Thèbes des premiers rois égyptiens avait été détrônée par la Memphis de leurs descendants; Memphis détrônée à son tour par la Babylone des Perses; la Babylone des Perses, par l'Alexandrie des Ptolémées; et l'Alexandrie des Ptolémées, par la Fostat d'Amrou; enfin, la Fostat d'Amrou, par l'*El-Katayah* ou la Fostat des Toulonides. C'était, dans l'histoire connue de l'Égypte, la septième capitale, et la troisième depuis l'invasion de l'islamisme.

A Moëz succéda son fils El-Azir-Ben-Illah, qui continua sa gloire; puis vint El-Hakem, qui bientôt devint fou, fou fanatique, fou schismatique, quelquefois fou furieux, et qui mourut assassiné.

Son successeur, El-Mostanser, n'eut hors du Caire qu'une autorité circonscrite; dans le Caire il était sans aucune espèce d'autorité. Les Turcs régnaient dans son palais même. Un jour, ne se voyant pas payés de leur solde, ils en pillèrent les meubles et les trésors. On laissa à peine au khalife une natte pour se coucher. Pour comble de malheur, en l'an 464 de l'hégire (1071 de notre ère) une famine horrible vint fondre sur les États de ce prince. Les habitants du Caire se mangeaient les uns les autres; les enfants, les femmes, les hommes même, étaient enlevés dans les rues, traînés dans les maisons, dépecés, et dévorés vivants. Le khalife avait, dans ses jours de splendeur, 10,000 chevaux dans ses écuries; il lui en resta trois. Le visir, qui se rendait un matin au palais, fut jeté à bas de sa mule par des hommes qui la déchiquetèrent sous ses yeux, et les auteurs de cette violence ayant péri sur le gibet, le lendemain on ne trouva plus que leurs os : les chairs avaient été mangées.

Ce fut sous les premiers successeurs d'El-Mostanser que de nouveaux et lointains ennemis firent taire dans l'Orient toutes les petites haines de dynastie, et toutes les oppressions de soldatesque. Les croisades avaient été résolues : l'Occident marchait contre l'Orient. Longtemps l'Égypte resta impassible dans cette querelle religieuse; elle prit à peine les armes lorsqu'en 1118 (511 de l'hégire) Baudouin Ier s'empara de Faramah, massacra ses habitants et livra ses mosquées aux flammes. Sans la mort subite de Baudouin, peut-être eût-elle été soumise alors; mais avant d'être foulée par les armées chrétiennes, elle devait tomber au pouvoir d'un autre conquérant. L'atabeg Nour-ed-Dyn, le *Nouradin* de nos vieux auteurs, souverain tout puissant en Asie, intervint alors dans les affaires d'Égypte, et s'y rencontra même avec les troupes d'Amauri Ier, chef des croisés. Au lieu de combattre, on transigea d'abord; mais après quelques petites trahisons et une foule de combats de détails, l'Égypte resta à Nour-ed-Dyn, ou plutôt à son neveu Salah-ed-Dyn, le *Saladin* de nos auteurs, qui s'y déclara bientôt indépendant, et y fonda la dynastie des Ayoubites (1171), laquelle régna jusqu'au milieu du treizième siècle. Le dernier des Fatimites, El-Adedd, fut dépossédé sans le moindre obstacle, un jour, entre deux prières, et l'islamisme revint à l'unité de croyance.

Quand Salah-ed-Dyn s'attribua, par une usurpation éclatante, l'autorité souveraine, son oncle Nour-ed-Dyn, vieux alors, était tenu en échec par toutes les forces des croisés. Aussi, quelque désir qu'eût l'atabeg de faire rentrer l'Égypte sous son obéissance, il manqua de moyens pour exécuter son plan. Ce fut, au contraire, Salah-ed-Dyn qui, à sa mort, réunit à la couronne d'Égypte les États feudataires de son oncle, la Syrie presque tout entière, l'Arabie, l'Asie Mineure et la Mésopotamie. Après ces conquêtes, tranquille au Caire, Salah-ed-Dyn voulut marquer son règne par quelques fondations monumentales : il jeta donc sur le mont Mokattam les fondements d'un palais et d'une forteresse (Galah-el-Gebel). Ces travaux de défense intérieure n'empêchaient pas Salah-ed-Dyn de poursuivre au dehors une guerre active contre les princes musulmans de Mossoul et contre les généraux des armées chrétiennes. Il soumit les premiers, et enleva une à une aux seconds presque toutes les places de Syrie, Jérusalem, Jaffa, Gazah, Saint-Jean-d'Acre. Sous son règne, le pays que les premiers khalifes avaient affermé à des planteurs arabes, fut réparti à titre de fief entre ses troupes, toutes composées d'esclaves achetés, les Mamelouks, par qui les paysans furent peu à peu transformés en serfs. A sa mort, son empire était assez vaste pour qu'il pût le partager entre ses trois fils aînés, et créer les trois branches ayoubites de Damas, d'Alep et d'Égypte.

Ce dernier royaume échut d'abord à Melek-el-Azir, puis à Melek-el-Adhel-Seyf-ed-Dyn, notre Saladin, enfin à Melek-el-Kamel-Charf-ed-Dyn, que nos chroniqueurs nomment Mélédin. Ce fut sous ce dernier que les Francs parurent pour la première fois devant Damiette, et qu'ils s'en rendirent maîtres, l'an 616 de l'hégire (1219), après treize mois de tranchée. Mais bientôt, cernés de toutes parts, les chefs chrétiens furent obligés d'évacuer le pays sans avoir profité de cette conquête.

A Melek-el-Kamel succéda Melek-el-Saleh. Sous son règne, le roi de France Louis IX, en 646 de l'hégire (1248), arriva devant les bouches du Nil avec des vaisseaux nombreux et 50,000 guerriers. A ce moment, le sulthan ayoubite n'était point en Égypte; il dirigeait en personne le siége d'Émesse. Ce fut donc son premier ministre, l'émir Fakhr-ed-Dyn (Facardin de nos auteurs), qui s'opposa à la descente. Après avoir essayé vainement de secourir Damiette, cet émir livra la terrible bataille de *Mansourah* (combat de la *Massoure*), dans laquelle il périt. Sans une réserve de Mamelouks, qui accourut à temps pour soutenir le gros de l'armée musulmane, cette journée donnait l'Égypte au roi de France. Malheureusement, Louis IX ne poursuivit pas ses avantages, et le fils de Melek-el-Saleh, le jeune Toman-Chah, qui venait de succéder à son père, mort devant Émesse, eut le temps de rallier ses troupes, et de les conduire à une affaire décisive, dans laquelle les Francs perdirent le comte d'Artois et 32 vaisseaux. Une seconde rencontre, plus fatale encore, eut lieu auprès de Fareskour 30,000 chrétiens, disent les historiens arabes, restèrent sur le champ de bataille; 20,000 autres furent faits prisonniers avec le roi de France, ses chevaliers et ses princes. Toman-Chah, vainqueur, fut la première victime de sa victoire. Les hommes de sa garde, ses Mamelouks, l'égorgèrent sur le champ de bataille (1250), et la dynastie des sulthans ayoubites s'éteignit en lui.

Alors commença, sous le nom de dynastie de Mamelouks-Baharites, le règne de la milice qui gardait les sulthans dans leurs palais. Les successeurs de Salad-ed-Dyn n'avaient pas eu la main assez ferme pour résister aux empiétements de ces prétoriens, et déjà sous Malek-el-Saleh ils occupaient des fonctions essentielles et les forteresses les plus importantes. Ces Mamelouks ne procédèrent pas autrement que ne l'avaient fait les Turcs à Bagdad. C'était toujours une élite de beaux esclaves enrégimentés, docile d'abord, ensuite turbulente, puis despote et absolue. Après avoir obéi, ces soldats ou leurs chefs finissaient par régner. La dynastie des Mamelouks-Baharites n'eut guère que deux célèbres sulthans, Begbars, son fondateur, et Melek-el-Assel. Le premier recueillit les derniers souverains abbassides échappés au fer des Tatars mongols, et fit revivre au Caire, dans eux et dans leur race, un khalifat religieux, qui s'y perpétua pendant trois siècles sous le patronage des sulthans d'Égypte. Le second, après avoir repoussé l'invasion de Bazan-Khan, empereur des Tatares, ne songea plus qu'à faire fleurir les arts utiles dans ses États. Un grand nombre d'établissements et de constructions importantes datent de cette époque. Un canal, sept ponts, un observatoire, une mosquée, un palais de justice, plusieurs colléges, une foule de fontaines, enfin l'achèvement du magnifique hôpital du Moristan, telle fut la série des travaux exécutés sous ce règne, le plus long, l'un des plus paisibles et des plus bienfaisants qu'aient eus les populations égyptiennes.

Après Melek-el-Nasser, mort en 741 de l'hégire (1341), se succédèrent une foule de sulthans obscurs, qui prolongèrent pendant un demi-siècle le règne de la dynastie baharite. Cette dynastie finit en 1382 (784 de l'hégire), le jour où l'émir Barqouq, chef de la garde circassienne, trouva utile de s'investir du pouvoir. Cette garde circassienne, créée par l'un des Baharites comme contre-poids à la garde mamelouke, fut d'abord un appui et une force, puis devint un embarras et un péril; après avoir sauvé le trône, elle en vint à l'usurper. Du reste, la dynastie des Circassiens ne fit guère que continuer celle des Baharites. Ce fut toujours la même marche et le même système politique : toujours des émirs turbulents qui se disputaient le pouvoir à chaque vacance, et en créaient le plus souvent possible par des voies anarchiques et violentes. Barqouq eut au moins cette gloire, qu'il sauva l'Égypte de l'invasion de Timour-Lenk (Tamerlan), qui remplissait alors le monde de son nom et de ses conquêtes. Barsabay, après lui, fit pour le pays des choses utiles et bonnes; Qayt-Bay, à son tour, parvint à se maintenir vingt-neuf années sur un trône que menaçait alors la puissance ottomane, qui avait prévalu sur l'influence mongole. Par une générosité fatale, Qayt-Bay avait donné asile en Egypte au prince Zizim (*Djem*), compétiteur de Bajazet II, ce qui attira sur lui des haines funestes dans l'avenir. Bientôt en effet le sulthan Qansouh, et après lui Touman-Bey II, eurent à se défendre contre toutes les forces de Sélim. Sélim, qui avait succédé à Bajazet l'an 923 de l'hégire (1517), Sélim fit son entrée solennelle dans la capitale égyptienne. La dynastie des Mamelouks Borgites ou Circassiens périt dans cette lutte, et dès ce jour le beau royaume d'Égypte ne fut plus qu'une province de l'empire ottoman.

Sélim resta assez longtemps au Caire pour y pourvoir lui-même à l'organisation de cette nouvelle annexe. Il fit de l'Égypte un pachalick, dont le titulaire fut un certain Khayr-Beyk, personnage dont l'autorité était balancée par celle d'un chef militaire qui commandait la force armée de l'Égypte. Ainsi, ces deux chefs devaient se tenir en respect l'un l'autre, tandis qu'un troisième pouvoir, celui des émirs mamelouks, les départageait. Cette organisation avait en elle-même tant de conditions de durée que, malgré les distances, malgré une suite non interrompue de conspirations, l'Égypte resta pendant trois siècles vassale de la Porte.

Il serait trop long et trop fastidieux de suivre cette nomenclature de pachas, hommes sans importance pour la plupart, agents de la Porte, tantôt obéis, tantôt méconnus, tenanciers d'une ferme politique, qui cherchaient par toutes les voies, justes ou injustes, à se rembourser des présents magnifiques que leur avait coûtés l'investiture, à payer leurs baux annuels, et à faire leur fortune. A mesure que l'on avance dans ces siècles, on voit peu à peu s'effacer l'influence exécutive de ces souverains de passage. Ce ne sont plus que des automates aux ordres des beys, chefs des milices, et surtout du chéik-el-beled, le plus puissant d'entre les beys des Mamelouks. Tant que ces pachas siégent dans la citadelle du Caire, ils signent ce qu'on leur présente, ordonnent ce qu'on leur commande, pactisent avec les maîtres de fait pour que les exactions commises sous leur nom leur soient de quelque rapport; puis, quand ils ont fait leur temps, plus dociles encore, plus ineptes, ils se livrent à la Porte, qui les exile, les dépouille ou les étrangle.

A côté de ces gouverneurs sans gloire figurèrent bientôt des beys qui savaient en acquérir. L'un des premiers fut Ismayl-Bey, homme bienveillant et juste, tué par Zou-el-Figar, qui périt aussi par l'épée. Puis arrivèrent Ibrahim-Kiaya et Ibrahim-Rodouar, puis encore Khalyl-Bey, et ce célèbre Aly-Bey que le livre de Volney révéla pour la première fois à l'Europe; Aly-Bey, trois fois vaincu, trois fois réintégré, homme de tête et de cœur, l'une des plus belles organisations orientales qui se soient produites dans ce siècle. Le premier d'entre les chéiks-el-beled, Aly-Bey osa faire sentir à la Porte à quel point il croyait son autorité détachée de la sienne. Non-seulement il lui désobéit, mais il la combattit et la vainquit. Le premier encore il osa battre monnaie à son coin, l'an 1185 de l'hégire (1771), et se faire nommer par le chérif de la Mecque *sulthan-roi d'Égypte, et dominateur des deux mers.* Il rêvait en effet une puissance comme celle qu'avaient constituée les Toulonides, les Ayoubites et les premiers Mamelouks. Il osa même rechercher des alliances européennes, s'adressant aux Vénitiens par l'entremise de l'Italien Rosetti, et aux Russes par le canal de l'Arménien Yaqoub, qui fit des ouvertures à l'amiral Orloff. La trahison d'Abou-Dahab vint déranger ces rêves : ce général se révolta contre son bienfaiteur et contre son maître, le dépossėda, et le fit assassiner. Toutefois, ce parjure profita peu de sa perfidie : frappé de mort presque subite, il céda le poste à Ismayl-Bey, célèbre seulement par une peste affreuse qui prit son nom. A ce chéik-el-beled succédèrent Ibrahim et Mourad-Bey, auxquels l'expédition française en Égypte donna tant de relief. Soit qu'ils obéissent à des suggestions étrangères, soit qu'obligés à une grande réserve vis-à-vis des nationaux, ils eussent été conduits à des avanies intolérables envers les étrangers, ces deux beys attirèrent bientôt sur eux les colères de la France républicaine. Des pétitions collectives avaient été adressées dès l'an III (1795), par l'intermédiaire du consul Magallon; et Bonaparte, de retour à Paris après le traité de Campo-Formio, les trouva et les lut. Une campagne lointaine et poétique servait alors ses vues : il la demanda, la fit décréter, et l'exécuta.

L'expédition d'Égypte, nous n'hésitons pas à le dire, fut plutôt une inspiration qu'un calcul, un coup de tête qu'un plan bien mûri. Sans doute la France avait quelques avanies à faire expier à l'Égypte. Vingt négociants européens y avaient souffert dans leurs personnes et dans leurs fortunes, et l'on pouvait désirer que l'honneur de notre nationalité se relevât de pareilles insultes; mais, si chatouilleux que l'on soit en de telles matières, on ne venge pas quelques hommes en aventurant si loin les forces les plus vives de la France, 400 transports et 40,000 hommes. Après le désastre d'Aboukir, le Directoire aurait mérité qu'on le décrétât d'accusation. A une époque moins complaisante, cette poursuite ne lui eût pas manqué.

Cette guerre, nous le répétons, fut un malheur et une faute. Au moment où on hasardait ainsi au loin nos soldats et nos généraux, le territoire risquait d'être démembré par l'épée de l'archiduc Charles et par le sabre de Souvaroff. Aujourd'hui toutefois, à soixante ans de distance, il ne faut pas voir la chose ainsi; il vaut mieux envisager dans sa donnée providentielle cette propagande militaire et scientifique, ce pèlerinage d'une armée de soldats et de savants, qui allait porter aux Orientaux notre civilisation, en leur demandant compte de leur civilisation antique. Comme les prétoriens avaient laissé jadis sur leur passage des voies pavées, des cirques, des arcs de triomphe, nos bataillons devaient laisser à la vallée du Nil des forts, des ouvrages de défense, les rudiments de nos arts et l'exemple de notre tactique. Puis, à notre tour, nous allions interroger cette vallée toute pleine du souvenir de ses pharaons et de ses hiérophantes, copier ligne par ligne cette histoire mystérieuse gravée sur les parois de ses murs, camper au milieu d'enceintes monumentales, pleines de noms de villes et de rois, personnification retentissante des générations éteintes : Thèbes, Memphis, Alexandrie; Ménès, Sésostris, Ptolémée; nous allions voir en un mot la vieille Égypte, la terre aux obélisques et aux pyramides, empire tour à tour égyptien, persan, grec, romain, arabe et turc, vieux berceau du monde, gardant sans doute encore la date de sa naissance et le secret de ses traditions primitives.

Telle était la mission de cette armée dont Bonaparte choisit un à un tous les hommes, voués au double but de la campagne, l'un militaire, l'autre scientifique. Notre armée partit de Toulon, au mois de mai 1798. Confiante dans l'étoile de son jeune chef, elle quitta les ports de France sans savoir au juste où on la conduisait. Sur son chemin, elle conquit Malte et ses forts inexpugnables, détruisit en deux jours de siége ce vieil ordre de Malte, qui datait des beaux siècles de la chrétienté; puis elle cingla vers l'Égypte, débarqua et prit Alexandrie. De là, le 8 juillet, elle s'ébranlait pour aller à la rencontre des Mamelouks, qui n'avaient pas défendu leur ville littorale; elle arpentait une route inconnue et affreuse, n'y rencontrait que la soif et la faim, ses premiers et ses plus rudes ennemis; elle avançait sans magasins, sans cavalerie, avec un petit nombre de pièces de canon : le reste remontait le Nil au delà de ce désert. L'ennemi était rangé en bataille; il fallut vaincre son avant-garde à Chebréris, détruire sa flottille avant d'engager dans la plaine d'Embabeh la célèbre bataille qui devait livrer l'Égypte à des conquérants lointains. Là, le 21 juillet 1798, formée en carré, en face des Pyramides, qui donnèrent leur nom à la victoire, et à la suite d'une de ces brèves et poétiques harangues dont Bonaparte semble avoir emporté le secret, notre armée reçut le choc des plus vaillants cavaliers du monde, les dispersa, les accula vers le Nil et les précipita dans ses eaux. Le lendemain, le Caire ouvrait ses portes. L'Égypte était aux Français.

L'armée de terre avait dignement accompli sa tâche; l'armée navale fut moins heureuse dans ses efforts. L'amiral qui commandait la flotte, Brueys, avait cru devoir conduire ses vaisseaux dans la baie d'Aboukir, rade foraine ouverte aux escadres ennemies. Nelson l'y attaqua le 1er août 1798. Il écrasa notre ligne d'embossage, coula ou prit les bâtiments qui la composaient. Brueys périt sur son banc de quart, Dupetit-Thouars couronna par sa mort une résistance admirable. Le capitaine de *La Sérieuse* capitula sur sa frégate à demi submergée; mais ces gloires partielles ne changeaient rien aux résultats. Notre armée était coupée : entre elle et la métropole s'élevait une barrière infranchissable : la croisière anglaise régnait sur la mer. Désormais, plus d'espoir de retour ni de renfort. Il fallait se résigner à agir solitairement sur le point conquis, à s'y organiser pour une longue possession.

Bonaparte le fit. Dans le but d'effaroucher aussi peu que possible les habitudes locales et ce système de suzeraineté nominale depuis longtemps familier à la Porte, il déclara qu'il était venu en Égypte avec la seule pensée de s'y substituer aux Mamelouks, simples usufruitiers du pouvoir. Il affecta un profond respect pour le patronage ottoman, combla d'honneurs et d'égards le kiaya du pacha, dernier fonctionnaire qui représentât en Égypte la Porte-Ottomane. Non content de caresser ces susceptibilités politiques, il fit la part d'autres répugnances, plus opiniâtres encore et plus dangereuses. Le préjugé religieux obtint de lui toutes les concessions que comportait l'intérêt de l'armée. A l'opposé des conquérants anciens, il respecta le culte indigène. Lui régnant, la prière continua à se dire dans les mosquées, les muezzins n'interrompirent point, du haut de leurs galeries aériennes, l'appel religieux aux croyants; les imans, les muphtis, les chéiks, conservèrent leurs privilèges, et le grand-chérif de la Mecque reçut de la part du jeune conquérant des avances auxquelles il ne dédaigna point de répondre. En même temps, il cherchait à organiser le gouvernement des indigènes par les indigènes, et donnait au pays un divan, espèce de représentation nationale, dans laquelle figuraient les notabilités du Caire et des provinces. Des juges civils et un système d'impôts perçus comme auparavant à l'aide d'agents coptes complétaient cette première ébauche d'organisation.

Les armes pourtant achevaient la soumission du pays. Nos bataillons foulaient l'Égypte dans tous les sens, d'Alexandrie à Suez, de Damiette à Philæ; le cours du Nil appartenait à nos canonnières. Les révoltes partielles étaient étouffées; les taxes se percevaient et se régularisaient : après avoir senti la force des conquérants, on commençait à reconnaître leur justice. Le Caire avait bien, dans les premiers jours de l'occupation, pris l'initiative d'une révolte, dans laquelle périt le jeune Sulkowski, aide de camp de Bonaparte, mais une répression exemplaire et prompte avait réduit à l'impuissance ces velléités turbulentes ou ambitieuses. C'était la dernière expérience d'hostilités intérieures : nulle agression n'était désormais possible, tant de la part des Mamelouks que de la part de Égyptiens, qu'à la condition de s'appuyer sur une attaque du dehors.

Cette attaque se préparait. Soit qu'elle obéît à un sentiment propre, soit qu'elle y fût poussée par l'Angleterre, la Porte ne voulut point se prêter à la singulière fiction que Bonaparte avait imaginée. Elle refusa de croire à sa suzeraineté sur cet étrange vassal; elle ne le toléra point en Égypte au même titre que les Mamelouks, et vit en lui un ennemi direct. Un envoyé de l'armée d'Orient, porteur de paroles de paix, fut renfermé aux Sept-Tours, et des armements eurent lieu dans l'Anatolie et dans la Syrie. Djezzar, pacha d'Acre, formait l'avant-garde de ces troupes.

Bonaparte aimait mieux attaquer que se défendre : il devança cette agression. L'expédition de Syrie fut résolue : un corps de 13,000 Français franchit le désert, et fit ce qu'il était humainement possible de faire. Lancée à travers les déserts, sans munitions, sans artillerie, cette petite armée avait emporté Jaffa, Gazah, El-Arich, presque sans coup férir. Arrivée devant Saint-Jean-d'Acre, assaillie par la peste, dévorée de privations, elle trouva une place garnie de canons, défendue par la science et la tactique européennes, donna sous ses murs quatorze assauts, essuya vingt-six sorties; puis, non contente de ce champ de bataille quotidien, elle alla en chercher d'autres aux environs, et dota nos fastes guerriers d'un poétique nom de victoire. Il est vrai qu'il y eut chez elle une heure de découragement et d'hésitation; Bonaparte avait pris pour un état normal cette fièvre d'enthousiasme qui jusque alors n'avait rien connu d'impossible. L'événement vint le détromper d'une manière cruelle. Sous les murs de Saint-Jean-d'Acre, une réaction s'opéra dans l'esprit du soldat : elle alla jusqu'aux murmures. En présence de tant de peines physiques, l'ascendant moral du chef fut frappé d'impuissance.

Cette armée retrouva son énergie et sa force pour une admirable retraite. Elle revint camper en prairial aux portes de la capitale égyptienne, qu'elle avait quittée en ventôse. Durant ces cent vingt-cinq jours nos soldats firent 123 lieues pour arriver à Saint-Jean-d'Acre, et 119 pour en revenir. Pendant ce temps-là l'Égypte était restée tranquille. Desaix avait battu à diverses reprises les Mamelouks du Saïde; il avait poussé sa marche jusqu'aux dernières limites de la domination romaine; il avait occupé Philæ et Éléphantine. Bonaparte sentait qu'il n'avait alors plus rien à faire en Égypte. Limitée dans la vallée du Nil, la conquête n'avait plus ces allures de grandeur qui l'avaient séduit. Dès lors son plan de départ fut arrêté; seulement, il attendit une occasion favorable, afin que ce coup de tête n'eût pas l'air d'une désertion en face de l'ennemi : le débarquement des Turcs à Aboukir le servit en cela. Il y courut, le 25 juillet 1799, tailla en pièces cette armée sans tactique, noya ou prit quinze mille hommes, revint glorieux au Caire, n'y demeurant que le temps nécessaire pour arranger son départ. Les nouvelles de France étaient désastreuses : l'Italie était perdue, les frontières menacées, le territoire prêt à être envahi. Il sentait en lui la force de réparer tout cela. Il partit, léguant le commandement au seul homme qui pût le suppléer, à Kléber.

Le premier mouvement de Kléber fut de la surprise, le second du découragement. Il se crut sacrifié, et cria à la trahison. Se défiant de lui-même et des autres, resté sans foi dans l'avenir de la conquête, voyant les choses sous le plus sombre côté, il fit passer ses impressions dans ses dépêches officielles, et dressa contre Bonaparte un acte d'accusation qui ne devait pas parvenir au Directoire, mais au premier consul. Conséquent au thème adopté, il en fit le point de départ de sa conduite. Il avait dit que la place n'était plus tenable; il ne songea donc qu'à signer une évacuation et ouvrit les conférences d'El-Arich. Dans le cours des pourparlers, le désir d'en finir grandit même chez lui en proportion des obstacles que l'on rencontrait. Effrayé de la responsabilité immense qui pesait sur lui, craignant un revers militaire avec des forces aussi appauvries que les siennes, Kléber en fut amené peu à peu à signer une transaction onéreuse. Fidèle ensuite aux termes d'un traité qui allait prendre le caractère d'un guet-apens, il livra l'Égypte à l'armée du grand-visir, assez heureusement inspiré toutefois pour garder le Caire jusqu'à la solution de quelques difficultés survenues.

Ces difficultés provenaient d'un revirement politique de la part du gouvernement anglais, qui désavoua son agent Sidney-Smith, l'un des signataires de la convention d'El-Arich. Et au moment où l'Égypte presque tout entière était livrée aux Osmanlis, l'escadre britannique refusa des transports à notre armée. C'était là un indigne manque de foi. Dès que Kléber se vit outragé, il retrouva sa force. Il marcha contre les Turcs à Héliopolis, battit soixante mille hommes avec douze mille, reprit la capitale, tombée au pouvoir de quelques spahis, et vengea en un jour toutes les injures d'une longue période de faiblesse.

Cette seconde phase du commandement de Kléber fut le contraste et la critique de la première. Désormais, c'était son œuvre qu'il allait défendre, non celle d'un autre. L'Égypte n'était plus un legs onéreux, qu'il acceptait timidement et sous bénéfice d'inventaire, c'était une possession nouvelle, un royaume nouveau. La guerre avait baptisé son droit : à dix lieues du champ de bataille des Pyramides, il avait consacré le champ d'Héliopolis. Son investiture n'était ni moins belle ni moins chèrement achetée. Aussi, la colonisation de l'Égypte fut-elle dès lors arrêtée dans sa tête ! Il en jeta les bases en continuant une portion des idées de son devancier. A l'instar de son chef, l'armée semblait avoir repris confiance; elle se résignait à un exil tranquille et glorieux. Tout le monde, officiers et soldats, ne semblait plus alors avoir qu'un désir, celui de garder à la France une terre que le sang des Français avait payée. C'était un beau rêve. Sans le poignard d'un assassin, il eût été réalisé. La haine religieuse avait bien choisi sa victime. Le pal vengea la mémoire de Kléber, mais ne rendit point aux soldats un chef nécessaire.

Au contraire, parut alors un homme que Dieu avait jeté dans cette armée comme un dissolvant, un général qui ne comptait point de campagnes, un phraseur déplacé au milieu des hommes d'action, un bureaucrate qui aurait dû poursuivre obscurément une carrière administrative, un homme qui n'était pas plus théoricien que praticien, pas plus stratégiste que brave de sa personne. Cet homme c'était Menou. Au milieu de ces généraux tous si jeunes, il était le plus ancien général. La règle de hiérarchie l'appelait au commandement; il ne recula point devant une incapacité et une impopularité notoires; il accepta le fardeau, commanda l'armée malgré elle, et la perdit de gaieté de cœur. Les Anglais menaçaient l'Égypte d'une descente; Menou ferma les yeux. Quand le général Abercromby se présenta avec ses troupes de débarquement, quinze cents hommes se trouvaient là pour s'opposer à la descente. Quoique prévenu à deux reprises diverses, le général en chef, toujours indécis, tâtonnant toujours, divisa ses forces au lieu de les masser, ne marcha à la rencontre des Anglais pour livrer la bataille du 30 ventôse qu'avec une portion de ses troupes, attaqua mal, soutint son attaque plus mal encore, sacrifia de braves gens dans des escarmouches inutiles et compromettantes; puis, battu et démoralisé, renonçant à tenir la campagne, il laissa isolé et livré à lui-même le corps de Belliard, que menaçaient à la fois au Caire les escadrons des Osmanlis et les bataillons britanniques. Trop faible pour résister aux ennemis qui le cernaient, Belliard voulut sauver au moins les débris de l'armée. Il capitula, sortit du Caire avec armes et bagages, et fut embarqué pour la France. Menou, pourtant, cerné dans Alexandrie, résista quelque temps encore, dans l'espoir qu'une escadre promise arriverait de Toulon; mais Gantheaume, marin irrésolu, n'osa pas tenter la fortune, et resta à mi-chemin. Alors, pressé dans ses derniers retranchements par terre et par mer, avec 6,000 hommes minés par la faim, Menou fut obligé de signer une capitulation plus onéreuse que celle de Belliard. Il s'embarqua des derniers, malade, atteint de la peste, humble comme un vaincu, atterré comme un coupable.

Là, au 15 octobre 1801, finit cette campagne qui avait ainsi duré trois ans et trois mois. Campagne mêlée de gloire et de revers, d'autant plus grande dans l'histoire qu'elle y est sans analogues. Les Pyramides, Sédyman, Mont-Thabor, Aboukir, Héliopolis, voilà quels victorieux chevrons y gagna cette noble armée en butte à tant de maux, ayant tout à vaincre et à combattre; aujourd'hui la mer, demain la terre, tantôt le sabre mamelouk, tantôt le canon anglais, l'insurrection ou la peste, puis l'ophthalmie et le scorbut; enfin, la misère et la famine.

A côté de ces conquêtes guerrières se poursuivirent, dans ces trois années, d'autres conquêtes, plus humbles, mais plus fructueuses. On a peut-être exagéré l'importance des résultats obtenus par la cohorte des savants adjoints à l'expédition. On a vanté avec pompe, avec enflure certains hommes, certaines découvertes, bien au delà de leur valeur et de leur mérite; on a ensuite gaspillé trop d'or à faire ressortir des choses parfois médiocres. Mais à la suite de ces critiques, dont nous ne sommes que l'écho, il faut ajouter que nos savants réalisèrent en Égypte une moisson copieuse et belle; que jeunes, et inexpérimentés pour la plupart, à une époque où l'archéologie et la philologie étaient encore dans les langes, ils firent tout ce que leur âge et l'état de la science pouvaient faire espérer d'eux; il faut dire encore que l'œuvre posthume de l'expédition, cette *Description de l'Égypte*, compilation coûteuse et trop vantée, à côté de quelques parties faibles et disparates, offre des morceaux complets et précieux, des recherches érudites, des observations profondes et senties; que plusieurs questions ont été, sinon résolues, du moins éclairées par ce livre; enfin, que l'Égypte y revit avec sa vieille physionomie monumentale, ses temples, ses divinités mystérieuses, son Nil fécond et sa langue emblématique.

Aujourd'hui la trace de notre glorieuse armée et de nos savants, non moins glorieux, ne s'est point effacée du sol égyptien; elle y restera comme une empreinte éternelle. Les traditions indigènes perpétuent le souvenir de cette occupation triennale; des monuments la constatent, des actes solennels en font foi. Le Caire ne pourra jamais l'oublier, à l'aspect de sa ceinture de forts; Alexandrie, Damiette, Rosette, Kénéh et Syène, en conservent des vestiges analogues. Aussi, voyez de quel côté se tourna l'Égypte lorsqu'elle sentit le besoin d'une dose plus grande de civilisation européenne. Voulut-elle un personnel de chefs pour ses armées, c'est à la France qu'elle s'adressa; un matériel en vaisseaux de guerre, en artillerie, en fournitures navales, à la France encore. La France lui a fourni les instruments de son organisation militaire; elle lui a envoyé des sujets pour toutes les branches des connaissances humaines : des ingénieurs, des architectes, des dessinateurs, des médecins. Plus tard, quand la génération adulte eut compris le besoin de plus complètes lumières, ce fut la France avant tous les autres pays qui ouvrit ses écoles aux enfants de l'Égypte, et qui les nourrit du pain de la science, comme s'ils eussent été ses propres enfants. Louis Reybaud, de l'Institut.]

Le mouvement de régénération imprimé à l'Égypte par la présence d'une armée française devint encore plus manifeste à partir de 1806, lorsque Méhémet-Ali eut été appelé à prendre les rênes de l'administration de ce pays. De l'arrivée de cet homme extraordinaire au pouvoir date une ère nouvelle dans l'histoire de l'Égypte. Le premier de ses actes qui eut d'importants résultats fut la destruction du corps des Mamelouks. Ensuite il songea à organiser une armée régulière et à créer une flotte, deux conditions indispensables à la réussite de ses ambitieux projets. La première de ces mesures lui fournit les moyens, et les deux autres le mirent dans la nécessité de traiter le pays de la manière la plus propre à lui assurer de gros revenus. De là le double système constamment suivi par ce pacha, et consistant d'une part à favoriser par tous les moyens possibles l'agriculture et la civilisation matérielle; de l'autre à employer les moyens les plus oppressifs pour s'approprier tous les produits du pays, à considérer le sol comme sa propriété et à réduire à peu près en état d'esclavage les cultivateurs ou *fellahs*.

Après la destruction du corps des Mamelouks, le premier acte de Méhémet-Ali fut de confisquer les propriétés territoriales de toutes les mosquées et les fondations pieuses du Wakouf, en même temps que les biens de tous les fermiers héréditaires ou *moultezim*. Un système d'impôts des plus compliqués fut ensuite établi, qui enleva au cultivateur la plus grande partie des fruits de son travail. Indépendamment d'une augmentation notable dans la contribution personnelle, le cultivateur fut contraint à vendre à des prix arbitraires la totalité des produits de ses champs au pacha, de même qu'à acheter de lui tous les objets dont il pouvait avoir besoin ; l'universalité des habitants d'un même village répondant de l'exacte exécution des obligations imposées à chacun d'entre eux. Pour assurer le recrutement de son armée, Méhémet-Ali introduisit aussi la conscription en Égypte, et les moyens les plus cruels furent employés dans l'application de cette législation nouvelle.

En revanche, Méhémet-Ali s'efforça d'améliorer, par la construction de nombreux canaux, le système général d'irrigation du pays, que les Mamelouks avaient laissé dans le plus triste état. En 1517 on évaluait à 10 millions de *fiddans* (arpents) la superficie du sol en culture; en 1812 ce chiffre était descendu à 2,500,000 *fiddans ;* le pacha parvint bientôt à le faire remonter à 6 millions. Méhémet-Ali introduisit aussi en Égypte de nouvelles et importantes cultures, entre autres celle du coton, dont il éleva la production annuelle jusqu'à 26,000 quintaux. Toutefois, la population continua toujours à décroître, grâce à une oppression impitoyable et à des guerres incessantes ; et l'augmentation dans la superficie de terre en culture fut due bien moins à l'augmentation de la prospérité générale qu'à la contrainte. La prospérité générale ne profita pas davantage de l'introduction de l'industrie manufacturière, genre de travail qui répugne aux habitudes et à la nature du pays, et qui se fit au profit exclusif du pacha, devenu le seul manufacturier comme il était l'unique cultivateur de l'Égypte, et n'ayant que des esclaves pour ouvriers. De même, toutes les mesures prises en apparence pour favoriser le commerce n'avaient en réalité d'autre but que l'intérêt particulier du pacha. C'est ainsi qu'il eut grand soin de monopoliser à son profit tout commerce avec l'Arabie et avec les Grandes-Indes.

Les écoles même fondées par Méhémet-Ali, les envois qu'il fit de jeunes Égyptiens sur différents points de l'Europe, à l'effet d'y étudier nos sciences, furent, au total, d'une médiocre utilité pour le pays, car par là le pacha avait bien moins en vue la propagation des lumières et l'accroissement des connaissances générales, que de former des officiers et des médecins pour ses armées. Toutes les autres mesures prises par Méhémet-Ali, telles, par exemple, que l'établissement de lignes télégraphiques et d'une imprimerie, la publication d'un journal, la nouvelle division administrative donnée au pays, la création d'assemblées provinciales, la convocation d'une assemblée centrale, la rédaction d'un code auquel le Code Napoléon a servi de modèle, l'introduction de la vaccine, la création de lazarets, etc., n'avaient d'autre but que de tromper l'étranger ou de servir les projets ambitieux et égoïstes du despote. Il faut reconnaître toutefois que ses efforts pour policer le pays soumis à son autorité eurent de bons et salutaires effets; c'est par là, sans aucun doute, qu'il a bien mérité de l'Égypte.

On peut affirmer hardiment que Méhémet-Ali ne visa jamais qu'à porter à son plus haut degré de force et de puissance le despotisme oriental, en mettant à sa disposition les ressources de la politique européenne. Dans cette comédie jouée aux yeux de l'Europe par l'homme qui gouvernait l'Égypte avec une verge de fer, celle-ci n'eut d'autre rôle que de s'épuiser pour lui fournir des ressources de beaucoup supérieures à sa puissance de production.

A partir de 1816, Méhémet-Ali fit conquérir par son fils **Ibrahim-Pacha** une partie de l'Arabie, et le chargea de rendre tributaires les contrées arrosées par le Nil supérieur (Nubie, Sennaar, Kordofan). Afin de complaire au sulthan de Constantinople, il entra ensuite en lutte avec les Hellènes, soulevés pour reconquérir leur indépendance ; mais cette intervention amena la destruction de la flotte égyptienne à la bataille de **Navarin**. Il songea ensuite à arracher à la Porte, affaiblie, la Syrie, ce boulevard de l'Égypte, et à créer au besoin un empire indépendant dont l'Égypte eût été le centre. A la suite de démêlés avec le pacha de Saint-Jean-d'Acre, l'armée égyptienne, placée depuis l'automne 1831 sous les ordres d'Ibrahim-Pacha, conquit en moins d'une année la totalité de la Syrie. Mais l'intervention des puissances européennes contraignit le pacha à signer, le 4 mai 1833, la paix de Kioutakia, aux termes de laquelle la Porte-Ottomane non-seulement reconnut son indépendance, mais encore l'institua gouverneur de la Syrie. Peu de temps avant la mort du sultan Mahmoud, éclata encore en 1839 une nouvelle lutte, qui, après la bataille de Nisib (24 juin), eut pour suite de déterminer la flotte turque à venir se rallier à la flotte égyptienne. A ce moment on put croire que Méhémet-Ali était enfin parvenu à atteindre le but constant de tous ses efforts et de toute son ambition. Mais la Russie et l'Angleterre, de l'intérêt de qui surtout il était d'empêcher la réalisation des projets du pacha, amenèrent la conclusion du traité de la *quadruple alliance*, en date du 15 juillet 1840, aux termes duquel toutes les parties contractantes s'engagèrent à combattre les plans du souverain de l'Égypte. L'isolement de la France à ce moment et sa politique, évidemment favorable au pacha, faillirent allumer alors une guerre générale en Europe. Une flotte anglo-austro-turque se montra sur les côtes de la Syrie, dont elle canonna les places fortes. Abandonné au dernier moment par la France, et singulièrement découragé, Méhémet-Ali évacua la Syrie, à bien dire sans combattre, et se soumit sans restriction aux ordres du sulthan de Constantinople et à la volonté des puissances. Un traité conclu au mois de février 1841, sous leur intervention, régla à nouveau les rapports de l'Égypte avec la Porte, comme État feudataire. En vertu de ce traité, la souveraineté de l'Égypte et des contrées du Nil supérieur est assurée à la descendance mâle de Méhémet-Ali, par ordre de primogéniture. Les stipulations du hatti-sherif de Gulhâné (*voyez* TURQUIE) et les traités qui lient la Porte avec les autres puissances sont également valables pour l'Égypte. Les lois administratives de ce pays doivent se rattacher à celles du reste de l'empire ottoman. Les impôts sont levés au nom et avec l'autorisation du sulthan. Le tribut annuel (provisoirement fixé au tiers des revenus de chaque année) doit être régulièrement acquitté, de même que les envois d'offrandes en nature aux villes saintes de la Mecque et de Médine doivent avoir lieu ponctuellement. Les monnaies égyptiennes doivent être frappées au même titre et d'après les mêmes divisions que les monnaies turques. L'armée égyptienne pour le service intérieur ne doit pas dépasser un effectif de 18,000 hommes. Ce chiffre ne peut être augmenté, de même que la construction de vaisseaux de guerre ne peut avoir lieu qu'avec l'assentiment préalable de la Porte. Le souverain de l'Égypte nomme les officiers de son armée, jusqu'au grade de colonel inclusivement. La nomination aux grades supérieurs est réservée au sultan.

A la suite de ce coup décisif porté à sa puissance, Méhémet-Ali de même que son fils Ibrahim parurent ne plus avoir d'autre souci que d'assurer par tous les moyens possibles l'accroissement de la prospérité de l'Égypte, mais bien moins dans l'intérêt des populations que pour se créer des ressources et des moyens d'action. Méhémet-Ali, lui-même, courbé sous le poids des ans, perdit peu à peu l'usage de ses facultés intellectuelles, de sorte qu'en juillet 1848 la Porte-Ottomane dut reconnaître et confirmer comme son successeur Ibrahim-Pacha, encore bien que celui-ci ne fût que le fils adoptif d'Ali. Mais Ibrahim mourut dès le 9 novembre de la même année; et au mois de janvier 1849 Abbas-Pacha, petit fils de Méhémet-Ali par sa mère, fut reconnu par la Porte en qualité de légitime souverain de l'Égypte. Pendant que Méhémet-Ali s'éteignait sans bruit, le 2 août 1849, son petit-fils, musulman fervent et d'ailleurs homme de cœur, s'efforçait de diminuer les charges qui pesaient sur le pays en opérant de notables réductions dans l'armée et dans la quotité de l'impôt. Mais jusqu'aujourd'hui aucune réforme administrative n'a eu lieu et n'est venue satisfaire aux besoins pressants du pays.

Au moment où nous écrivons (avril 1854), le pacha d'Égypte, ainsi qu'il appartenait à un loyal feudataire, a envoyé au sulthan son contingent tant en hommes qu'en vaisseaux pour aider son seigneur suzerain à repousser, avec l'appui de la France et de l'Angleterre, l'injuste agression que, sous prétexte de prendre la défense des chrétiens grecs, mais en réalité pour réaliser les projets et les rêves de Catherine sur Constantinople, la Russie a dirigée contre la Porte-Ottomane. Singulier revirement des choses d'ici-bas! c'est la flotte égyptienne qui, de l'agrément des puissances victorieuses à Navarin, est aujourd'hui chargée d'aller croiser sur les côtes de l'Épire insurgée et d'y comprimer tout mouvement gréco-russe!

Sources à consulter.

Les ouvrages anciens à consulter au sujet de l'histoire ancienne de l'Égypte sont surtout ceux d'Hérodote, de Strabon et de Diodore. On a malheureusement perdu, à l'exception d'un petit nombre de fragments, le livre que **Manéthon**, Égyptien de naissance et grand-prêtre d'Héliopolis, mais versé dans la connaissance de la langue et de la civilisation grecques, écrivit en grec au troisième siècle avant J.-C. par ordre de Ptolémée Philadelphe. Dans cet ouvrage célèbre, Manéthon avait traduit en grec les antiques annales sacrées des Égyptiens. Il ne subsiste plus de son travail que des listes chronologiques de rois, qu'il y avait vraisemblablement ajoutées comme résumé, ou que du moins on y ajouta fort peu de temps après lui. Ces listes comprennent trente dynasties royales, s'étant succédé depuis Menès ou Menéi, le premier roi, jusqu'à la seconde conquête de l'Égypte, mais sans indiquer les différents rois de chaque dynastie ni l'époque de leur règne. Jointes aux données générales fournies par les fragments encore existants de l'ouvrage de Manéthon, ainsi qu'aux renseignements qu'on trouve dans les différents écrivains de l'antiquité qui ont parlé de l'Égypte, ces listes forment avec les monuments qui en complètent, en confirment ou en rectifient les détails, la base des recherches dont l'ancienne chronologie égyptienne a été l'objet dans ces derniers temps. Elle a été adoptée par tous les écrivains qui se sont occupés de ce sujet; seulement presque tous ont eu recours à des calculs différents pour reconstruire cette chronologie. Le premier qui s'en occupa fut Champollion jeune, dans ses *Lettres au duc de Blacas* (Paris 1824 et 1826); le premier il établit une comparaison entre les listes de Manéthonet les noms indiqués par les monuments; mais il ne remonta pas au delà de la dix-huitième dynastie de Manéthon. La route frayée par ce savant fut également suivie par Wilkinson (*Materia hieroglyphica;* Malte, 1828; *Extracts from hieroglyphical subjects*; Malte, 1830), par Felix (*Note sopra le Dynastic;* Florence, 1830), et surtout par Rosellini, dans son grand ouvrage sur l'Égypte, dont les deux premiers volumes, contenant la chronologie, parurent en 1832 et 1833. Letronne, dans ses leçons à la Faculté des lettres de Paris, en 1833-1836; Champollion-Figeac (*Égypte Ancienne*, Paris, 1839); Osburne (*Ancient Egypt;* Londres, 1846); Brunet (*Examen de la succession des dynasties égyptiennes*, Paris, 1850); Kenrick (*Ancient Égypt;* Londres, 1850), etc., ont adopté les mêmes vues dans l'appréciation des anciennes époques de l'histoire d'Égypte. D'autres écrivains, croyant trouver une base plus certaine dans les données de la Bible, ont essayé, à l'instar d'anciens chronographes chrétiens et juifs, de faire concorder avec leurs suppositions les dynasties citées par Manéthon, soit en les abrégeant, soit en admettant que quelques-unes d'entre elles aient pu être contemporaines, et régner en même temps sur divers points de l'Égypte, par exemple Sharpe, qui fait vivre Menès 2000 ans avant Jésus-Christ (*The early History of Egypt;* Londres, 1849); Cory (*Chronological Inquiry into the ancient history of Egypt*; Londres 1837), qui place Menès à l'année 2192; Nolan (*The Egyptian Chronology;* Londres, 1848), qui établit trois successions l'une après l'autre, et qui en conséquence place Menès en l'an 2672. Poole (dans la *Literary Gazette*, 1849) est celui qui dans cette direction a été le plus loin, car il fait régner six dynasties successives avant Menès. D'autres, prenant la voie diamétralement opposée, n'ont trouvé aucune objection, soit au point de vue théologique, soit au point de vue critique, à tenir pour vraie et authentique une chronologie de Manéthon remontant jusqu'à 6000 ans avant J.-C.. Henry (*L'Égypte pharaonique*, Paris 1849) a donc placé son Menès historique à l'année 5303 av. J.-C.; et Lesueur (*Chronologie des Rois d'Égypte*; Paris, 1849) non-seulement a placé le sien plus loin encore, à l'an 5773 av. J.-C., mais aussi regarde la dynastie des demi-dieux, remontant, suivant lui, jusqu'à l'année 11,502 av. J.-C. comme prouvée, en tant qu'il a cru pouvoir assigner cette date à l'origine de la civilisation égyptienne, et il admet l'exactitude du chiffre de 10,000 années indiqué par Platon pour l'âge de certains monuments égyptiens. Muller (dans ses *Fragmenta chronologica* ajoutés à son édition d'Hérodote; Paris, 1844) et Bœck (*Manéthon et la période de Sirus;* Berlin, 1845) croient aussi que Manéthon a cité toutes ses dynasties comme se succédant sans interruption; mais ils pensent aussi que non-seulement les dynasties de dieux, mais encore toute l'ancienne partie de l'histoire des hommes jusqu'à un point qu'on ne saurait préciser a été ajoutée postérieurement et par cycles, et qu'elles n'ont dès lors aucune espèce de valeur historique. Bœck notamment a fait preuve de beaucoup d'érudition et de sagacité en s'efforçant de démontrer que Menès doit être placé dans la première année d'un cycle de la période sothiaque de 1460 années découverte beaucoup plus tard, à savoir à l'année 5702. Bunsen, au contraire, ne met pas en doute que Menès ne soit un personnage historique authentique; mais il exclut un grand nombre de dynasties de Manéthon de la suite non interrompue des dynasties, comme n'ayant été que des dynasties accessoires, parce qu'il les trouve omises dans la liste des rois dressée par Ératosthène et parvenue jusqu'à nous; et, adoptant pour base cette liste de l'histoire primitive de l'ancienne Égypte, cette liste de l'illustre philosophe de l'école d'Alexandrie, il arrive à placer Menès en l'an 3643 av. J.-C. Lepsius (*Chronologie des Égyptiens;* Berlin, 1849), lui aussi, est d'avis qu'il faut retrancher les dynasties omises par Eratosthène; mais il adopte pour base, quand il s'agit d'évaluer l'ensemble des dynasties, les chiffres donnés par Manéthon. Il trouve dès lors exacte la donnée qu'on a reçue de Manéthon sur la durée totale de ses dynasties, fixée à 3555 années depuis Menès jusqu'à Ochus, et il fait vivre Menès 3898 ans av. J.-C. Suivant lui, il faut attribuer aux dynasties de dieux un règne cyclique de 12 périodes sothiaques, et, pour l'accorder avec l'histoire réelle et historique des hommes, il y faut ajouter une dynastie humaine ayant précédé les temps historiques.

Nous n'avons pas besoin de prévenir le lecteur de ce qu'il doit nécessairement y avoir d'hypothétique et de hasardé dans les opinions que nous venons d'analyser à l'effet de placer sous ses yeux le dernier état de la question d'après les travaux les plus récents des égyptologues; et nous croyons pouvoir en toute conscience lui conseiller de s'en tenir, en matière si ardue, à l'opinion de Champollion, qui a bien son poids.

Parmi les ouvrages que lira aussi avec fruit celui qui

voudra faire une étude approfondie de tout ce qui est relatif non pas seulement à la chronologie égyptienne, mais à l'histoire générale de l'Égypte, nous devons citer en première ligne le grand ouvrage auquel donna lieu l'expédition de Napoléon, et qui a pour titre : *Description de l'Égypte* (2e édit., 24 vol. avec planches, 1820-30) ; puis les grands et beaux ouvrages de Gau, de Young, de Caillaud et de Perring. Mentionnons en outre les livres de Perizonius Zoega, Jablonski, d'Anville, Quatremère, de Rougé, Letronne, Prichard, Birch ; les voyages de Pococke, de Norden, de Denon, de Burckhardt, de Belzoni, de Cailiaud, d'Ehrenberg, de Parthey, de Prokesch et de Ruppell. Après celles de l'Atlas de la *Description de l'Égypte*, les plus belles cartes d'Égypte sont celles de d'Anville, de Jomard, de Caillaud, de Leake, de Ritter, de Ruppell, d'Arrowsmith, de Russegger, et de Kiepert. L'histoire naturelle de l'Égypte a surtout été traitée dans les grands ouvrages d'Ehrenberg et de Ruppell. L'ouvrage de Lane (*Manners and Eustoms of the modern Egytians* [3e édit., Londres, 1842]) et celui de Wilkinson contiennent de curieux renseignements sur l'état actuel de ce pays. Le *Handbook for Travellers in Egypt* de ce dernier (Londres, 1847) est surtout utile aux voyageurs.

Mythologie égyptienne.

Cette branche obscure de l'archéologie a beau avoir été de tout temps l'objet des investigations les plus érudites, les résultats obtenus antérieurement devinrent insoutenables le jour où on fut parvenu à déchiffrer les hiéroglyphes et à expliquer les monuments. Le seul fait d'ailleurs qu'ait mis hors de doute l'étude des monuments et des renseignements historiques qu'on trouve dans le pays, c'est que les Grecs, qui jusqu'à ce jour avaient été à peu près la source unique à laquelle on pût puiser des notions à ce sujet, ne nous en ont transmis que fort peu de justes et d'exactes, et que ce peu a été généralement mal compris par les modernes quand ils ne l'ont pas complétement négligé. Les *égyptologues* modernes ont fait fausse route : les uns, parce qu'ils s'en rapportaient uniquement à des documents hiéroglyphiques d'une date postérieure et pleins d'influences mystérieuses, tels que les papyrus des morts ; les autres, parce qu'ils négligeaient de tenir compte de l'époque des renseignements qu'offrent, pour toutes les périodes de l'histoire d'Égypte, les inscriptions gravées sur les monuments. Bunsen (*Essai sur la place que l'Égypte occupe dans l'histoire du monde* [3 vol. Hambourg, 1845]) est le premier qui ait essayé de traiter la théogonie égyptienne d'après les documents. Hérodote, de tous les écrivains grecs celui qui nous a transmis les renseignements les plus complèts sur l'Égypte, rapporte que la théogonie égyptienne renfermait trois ordres de dieux, les uns en rapports mutuels de généalogie, les autres complétement étrangers entre eux. Les monuments confirment cette donnée. Au premier de ces ordres appartenaient huit dieux, à savoir : *Ammon* ou *Amoun*, le dieu de Thèbes ; *Chemmis* ou *Khem*, le dieu de Panopolis ; *Bouto* ou *Mout*, la déesse de Bouto dans le Delta, qui avait les mêmes temples que Khem et Ammon ; *Kneph* ou *Noum*, *Nou*, *Chnoubis*, le dieu à la tête de bélier de la Thébaïde ; *Seti* ou *Sati*, la compagne de Kneph ; *Ptah*, le dieu de Memphis ; *Neith*, la déesse de Saïde ; enfin *Ra*, ou *Hélios*, le dieu d'Héliopolis. Un caractère commun à ces divinités, c'est qu'on les considérait comme autant de révélations de la divinité, par conséquent comme autant de principes et de puissances ayant créé le monde. Dans ce système mythologique, et en prenant pour point de départ le « dieu caché », on comprit d'abord Ammon, et sa force créatrice, naturelle surtout dans le dieu Khem Phallus. L'idée créatrice du monde se manifeste ensuite sous la forme de Kneph, de « l'esprit ». Il constitue dans ce mythe les divins membres d'Osiris (l'âme primitive), par opposition à Ptah, qui, comme demiurge proprement dit, figure le monde visible, l'œuf de l'univers suivant les idées égyptiennes. Neith est le principe créateur de la nature ; on se la représente comme l'être qui conçoit, qui reçoit l'imprégnation. Ra (le soleil), le fils de Neith, le père nourricier de tout ce qui existe sur la terre, termine la série de ces divinités du premier ordre.

Les douze dieux du second ordre sont, dans ce système mythologique, les enfants des dieux du premier ordre. Ainsi *Khounsou* ou *Chons*, Hercule, est le fils d'Ammon ; *Tet* ou *Thoth*, Hermès, le fils de Kneph ; *Atoum* (Atmou) et *Pecht* ou *Bubastis*, appelée aussi Artemis, sont les enfants de Ptah. *Ra* ou *Helios* (le soleil) est celui qui en a le plus grand nombre, à savoir : *Hathor* ou *Athyr*, Aphrodite, les déesses *Tefnou* et *Ma* (c'est-à-dire la vérité), les dieux *Maou*, *Mountou* ou *Mantoulis*, *Sebek* ou *Sevek*, ainsi que le couple divin *Seb* et *Netpe*, ou *Cronos* et *Rhea*. Outre ces douze dieux, on en comptait encore un assez grand nombre d'autres, par exemple : *Renpa*, le dieu de la guerre ; *Hapima*, le Nil ; *Anata*, déesse guerrière, etc., qui étaient de nature ou complétement locale ou tout à fait idéale, et que dès lors les Égyptiens ne comprenaient point dans leur système mythologique. De ce nombre étaient les incarnations de diverses qualités, attributs d'une seule déesse universelle, des formes locales de dieux connus (*Pe*, comme déesse du ciel, forme de Netpe), des personnifications astronomiques, par exemple : *Rempi*, l'année ; *Oun*, l'heure ; *Souben*, la déesse de la haute Égypte, etc. Il est possible d'ailleurs que ces ordres de dieux aient été diversement composés, suivant la différence des époques et des lieux où on les adorait. Les formes qui leur appartiennent, encore qu'il se puisse que certains d'entre eux (comme Atoum et Pecht) soient tombés du premier rang au second, ne sont plus de nature cosmogonique, mais planétaire ; il faut y voir des créations inspirées par la conscience de l'existence de la divinité mêlée au sentiment de la force de la nature et inclinant vers la matière. D'ailleurs, il est facile de démontrer que leur rapport au soleil, à la lune et à la terre n'est point originel, mais seulement une déduction, une conséquence.

Les divinités d'Osiris forment le troisième ordre de dieux. Tandis que tous les dieux et déesses dont il a été question jusqu'à présent n'avaient de temples et de culte proprement dit que dans certaines parties du pays, Isis et Osiris étaient les seules divinités qui eussent des temples dans toutes les parties de l'Égypte. On rencontre des temples d'Isis, des tombeaux d'Osiris et les animaux consacrés à ces deux divinités depuis Éléphantine jusqu'à l'embouchure du Nil. Des cinq divinités de cet ordre, il y en avait, suivant le mythe célèbre traité avec beaucoup de détails par Plutarque, cinq nées à cinq jours de distance l'une de l'autre, de Nepte ou Rhéa, mais de pères différents. Ce sont Hésiri ou **Osiris**, fils du soleil (Ra) ; Herouer ou Aroueris, également fils du soleil, le jeune **Horus** ; **Typhon** ou Seth, fils de Cronos (ou Seb), qui sortit violemment et prématurément du sein de sa mère ; **Isis** ou Hès, fille d'Hermès (Thoth) ; et Nepthys ou Nebti, autre fille de Chronos. Osiris eut en outre de cette dernière **Anubis** ou Anoupou, et d'Isis **Harpocrate** ou Herpéchrut. Par leur enchaînement généalogique avec Ra, non-seulement Isis et Osiris se rattachent au premier ordre de dieux, mais encore absorbent complétement en eux le second et le troisième. A chaque développement qui s'y est manifesté dans de nombreuses personnalités et individualités divines, correspond une personnification particulière d'Isis et d'Osiris ou de tous les deux à la fois. On peut dire qu'Isis et Osiris, seuls ou unis, et Isis, Osiris et Horus ensemble, comprennent en eux tout le système théogonique de l'Égypte, à l'exception d'Ammon et de Kneph. Ces deux derniers dieux, « les cachés » et « l'esprit », sont seuls au-dessus et en dehors de toute série de développement se rapportant au cercle d'Osiris, tandis qu'Isis, Osiris et Horus réunissent en eux tous les attributs, tous les noms et tous les formes représentatives des divinités les plus importantes des deux premiers ordres, par exemple de Khem, le courage, de Ra, de Thoth, Mountou, de Chounsou, d'Athyr, de Pecht, de Tefnou, de Seb et de Netpe.

Que si le premier ordre de dieux égyptiens apparaît comme la base du second, et tous deux à leur tour comme la base du troisième, il ne faut pas perdre de vue que cette succession n'existe que dans le système mythologique des anciens Égyptiens. Dès lors il n'est pas nécessaire, il n'est même pas vraisemblable que la croyance en l'existence de la divinité ait parcouru les mêmes stades de développement. Par analogie avec d'autres mythologies, on peut admettre jusqu'à un certain point qu'Isis et Osiris furent la racine de la croyance en l'existence de la divinité parmi les Égyptiens, de telle sorte que ces divinités du premier et du second ordre, qui en apparence ont la prééminence sur toutes les autres, ne seraient que l'exposition des idées particulières de l'esprit mythologique et philosophique des populations. Quoi qu'il en puisse être (car notre siècle se trouve encore dans l'impossibilité de résoudre ces questions d'une manière satisfaisante), ce qu'il y a seul de certain, c'est que cette division des dieux en trois ordres exista en Égypte dès la plus haute antiquité. d'ailleurs, la théogonie égyptienne nous apparaît tout de suite comme quelque chose de complet et d'achevé, aussitôt qu'il est pour la première fois fait mention de l'Égypte dans l'histoire, c'est-à-dire à l'époque de Menès. En effet, Osiris et Netpe se trouvent tout aussi bien mentionnés sur les plus anciens monuments qu'Ammon et Ra sur les plus récents. L'origine du système mythologique égyptien remonte par conséquent à une époque antérieure à toute espèce d'histoire ou de monuments historiques, avant la venue de Menès, le Thinite, qui établit d'abord comme souverain sa résidence à Memphis. Quand ce prince eut réuni sous son autorité la haute et la basse Égypte en un seul corps politique, et qu'il eut ainsi donné à l'Égypte le caractère d'une nation ayant la conscience de son existence, toutes les parties de cette contrée se trouvaient déjà étroitement rattachées les unes aux autres par les liens d'une religion commune. Il est vrai que le même contraste qu'on put constamment observer jusque dans ces derniers temps entre la haute et la basse Égypte, contraste qui se manifeste surtout dans la langue, y exista aussi dans tout ce qui avait trait aux dieux et au culte. Sans doute il est évident que le système de mythologie égyptienne que nous exposons ici est le résultat de la fusion des deux systèmes qui existaient dans la haute et basse Égypte; toutefois cette fusion ne put point être si parfaite qu'elle rendit possible l'adoration de tous les dieux dans toutes les parties du pays. En effet, jusque dans les derniers siècles du paganisme, Ammon, Khem et Kneph furent adorés de préférence dans la Thébaïde, parce qu'ils étaient originaires de la haute Égypte, tandis que Ptah, Neith et Ra l'étaient de la basse Égypte. Mais dans la fusion qui s'opéra insensiblement entre les diverses idées religieuses, il se fit beaucoup d'obscurité autour de certaines formes divines (notamment autour des divinités appelées Amenti, Anukê, etc., et particulières à la Thébaïde), qui ne furent pas accueillies dans le système théogonique égyptien, encore bien que leur essence ait été alors confondue avec quelque autre, comme par exemple celle d'Anukê s'est transformée en la divinité de Neith. Cependant avant que la fusion de ces divinités de la Thébaïde et de la basse Égypte ait pu avoir lieu, il fallut qu'elles existassent d'abord elles-mêmes. Leur formation fut le résultat de la conception successive de quelques divinités locales subordonnées les unes aux autres. Elle s'effectua ensuite dans l'intérieur même du pays, tout le système ayant eu les mêmes phases de développement que l'Égypte et sa langue. Isis, Osiris, eux-mêmes, que nous trouvons déjà adorés dans tout le pays au moment où commence l'époque historique, ont leurs plus anciens temples dans la haute Égypte. En revanche, le mythe de Seth de même que tout ce qui a rapport à la lutte d'Isis et Osiris contre Typhon, provient du bas Nil. La série de dieux véritablement égyptienne est celle d'Osiris; elle est le produit de la conscience populaire égyptienne. L'Égyptien incarnait dans Osiris ses idées religieuses et morales les plus élevées; on le voit apparaître dans tous ses souvenirs historiques comme le grand ancêtre de tous ses princes, comme l'idéal des grands pharaons. Que si Seth (Typhon) et Nephthys apparaissent dans ces idées comme des divinités ennemies et terribles, cette transformation survenue dans l'essence de deux divinités amies et objet de la plus grande vénération date de la chute de la neuvième dynastie (970), époque où les noms des divinités devenues odieuses furent effacés de toutes les inscriptions. Une révolution religieuse analogue eut lieu au quinzième siècle avant l'ère chrétienne, sous la dix-huitième dynastie, à la suite d'une guerre de religion où Khem, le dieu Phallus, prit la place d'Amoun-Ra.

L'exposition des idées religieuses et mythologiques que les Égyptiens rattachaient à chacune de ces divinités en particulier, ainsi que des formes et des symboles sous lesquels on les représentait sur les monuments et adorait dans les temples, trouvera plus convenablement sa place aux articles spéciaux qui leur sont consacrés dans ce livre. Une particularité commune qu'on remarque dans toutes les images représentatives des dieux, c'est une barbe pendante du menton. La plupart portent un sceptre dont une tête de coucoupha forme l'extrémité, comme signe de la puissance bienfaisante. Le sceptre des déesses, qui sont souvent représentées avec des ailes et toujours complétement vêtues, est terminé par une fleur de lotos. Les dieux et les déesses portent souvent en outre le fléau et la couronne des pharaons, qui est à deux compartiments. Dans les peintures, celui du bas est rouge, et celui du haut est blanc.

Il sera impossible de suivre de plus près l'histoire de la formation des mythes et du développement des idées religieuses des Égyptiens, tant que la langue et l'histoire de l'Égypte n'auront pas été l'objet de travaux plus exacts et plus complets. En effet, la plus grande obscurité règne encore sur tout ce qui a trait à la religion proprement dite de ce peuple. On trouve bien dans les auteurs grecs et latins quelques renseignements sur cette face de la vie intellectuelle; toutefois ou ils sont faux et obscurs, ou ils ne se rapportent point à la religion et aux croyances du peuple, mais seulement à la dogmatique des prêtres. La religion des Égyptiens, comme celle des autres peuples parvenus rapidement à un haut degré de civilisation, fut de bonne heure formulée par les prêtres en un système très-positif et dogmatique, consigné dans des livres saints, et qui était plutôt le produit de l'esprit hiérarchique organisateur et de l'intelligence arbitrairement inventrice, que le résultat du sentiment historique et d'une conception fidèle de la nature. Suivant Jamblique, ces livres saints, appelés *livres hermétiques*, d'après l'Hermès Égyptien, Thoth, à qui on en attribuait la rédaction, étaient au nombre de 36,525. Ils contenaient les connaissances que les prêtres égyptiens possédaient en astronomie, en astrologie, en médecine, en physique, en géographie, en histoire et en littérature, aussi bien que leurs dogmes, leur liturgie, leurs hymnes et leurs lois, tant religieuses que politiques; mais ils ont tous péri. C'est une donnée fausse que celle suivant laquelle ces livres auraient aussi contenu une philosophie ou sagesse spéculative, et suivant laquelle encore l'explication philosophique des mythes aurait été l'objet des mystères des prêtres égyptiens à l'époque où l'Égypte se trouvait à l'apogée de sa prospérité. Ce fut seulement plus tard, dans la dernière période de l'existence politique de l'Égypte, que, par suite de l'invasion de la philosophie de l'Asie centrale et méridionale, une science supérieure des choses divines se forma en opposition aux idées religieuses vulgairement reçues;

science qui, demeurant inaccessible aux masses, ne se communiqua comme doctrine secrète qu'à un petit nombre d'initiés. De là aussi proviennent probablement les différentes théogonies et cosmogonies égyptiennes venues jusqu'à nous, de même que les diverses données mystiques et anthropologiques qui sont complétement étrangères au caractère matériel primitif de la religion égyptienne.

La caste sacerdotale, divisée en plusieurs degrés hiérarchiques, pour la plupart héréditaires, était chargée de tout ce qui avait rapport au culte. Les prophètes y occupaient le premier rang ; venaient ensuite les stolistes, les hiérogrammates, les horoscopes ou horologues, les chantres, les pastophores et les néocores. Ils formaient divers colléges toujours attachés à un même temple. Indépendamment de tous les détails du culte et de l'étude des livres saints, les prêtres étaient encore chargés d'administrer le pays, de lui donner des lois, de prédire l'avenir, art qui naquit en Égypte, où il était cultivé avec le plus grand soin, enfin de pratiquer l'art de guérir. Ils ne pouvaient prendre qu'une seule femme, et il leur était défendu de toucher un mort. Ils étaient astreints à porter des vêtements de lin et des chaussures venant de Byblos, ne pouvaient pas manger de viande ou du moins seulement sous de grandes restrictions, devaient se soumettre à la circoncision, se raser tout le corps, faire des ablutions à divers moments de la journée, et à la veille des fêtes pratiquer de longs jeûnes et de minutieuses purifications.

Le culte consistait en prières, brûlement de parfums, sacrifices expiatoires dans lesquels on égorgeait, non seulement des animaux, mais quelquefois même des hommes.

On célébrait un grand nombre de fêtes et plus particulièrement à l'époque des nouvelles lunes et des pleines lunes. La plupart se rapportaient à des phénomènes astronomiques et physiques, ou bien rappelaient des événements mythologiques; et elles étaient remarquables par une foule de pratiques bizarres, d'une nature tantôt horrible, tantôt obscène. L'influence de la religion sur le peuple était très-grande, grâce surtout à une foule de préceptes politiques, sociaux, moraux et religieux, tous considérés comme autant de prescriptions divines, et réglant la vie de chaque individu depuis le berceau jusqu'au tombeau, depuis le matin jusqu'au soir, en l'étreignant dans une multitude de prescriptions religieuses. Par le **Jugement des morts**, par la doctrine de l'existence d'un monde souterrain (*voyez* Amenthès) et de la **transmigration des âmes**, leur influence s'étendait, même au delà du tombeau. Il est très-difficile de concilier en principe la doctrine de la continuation de l'existence de l'âme après la mort avec la pratique d'embaumer les cadavres (*voyez* Momies), dont la base essentielle est l'idée matérialiste de la durée charnelle de l'homme après la mort. Il est vraisemblable que cette opinion-ci était la plus ancienne, et que celle de la transmigration des âmes, etc., venue de l'Inde ou de la Phénicie, était beaucoup plus récente. Les principales sources à consulter sur la mythologie égyptienne, outre les renseignements fournis par les auteurs grecs et latins, dont il ne faut user qu'avec beaucoup de réserve, sont incontestablement les inscriptions et figures tracées sur les monuments ainsi que quelques rouleaux de papyrus. On en trouvera des *fac-simile* et des explications dans le *Panthéon Égyptien* de Champollion jeune (Paris, 1823); dans les *Manners and Customs of the ancient Egyptians* de Wilkinson (Londres, 2e série, 1841); dans *The Gallery of Antiquities, selected from the British Museum* de Berch (2 vol., Londres, 1842-1843); dans les *Monuments égyptiens du Musée d'Antiquités des Pays-Bas*, de Leemans, etc. On consultera aussi avec fruit la plupart des ouvrages d'archéologie relatifs à l'Égypte ancienne : parmi ceux qui datent déjà d'un peu loin, ceux de Jablonski, de Zoega, de Creuzer, etc., et parmi les ouvrages plus récents, outre le livre de Bunsen cité plus haut, le troisième volume de la *Mythologie des Peuples asiatiques*, de Schwenck (en allemand; Francfort, 1846), et *La Religion egyptienne et la Religion de Zoroastre*, par Rœth (aussi en allemand; Manheim, 1846).

ÉGYPTIENNE (*Typographie*). *Voyez* Caractère.

ÉGYPTIENS, nom des habitants de l'**Égypte**, que, par une fausse application, les Anglais, les Portugais, les Espagnols, les Transylvains et les Hongrois, ont parfois donné aux **Bohémiens**. Les auteurs qui ont voulu justifier cette origine ont fait descendre ceux-ci d'une colonie qui, du temps de Sésostris, se serait établie à Colchos, et se sont fondés sur ce que l'empereur Nicéphore, dans le neuvième siècle, et Zimiscès auraient établi dans la Thrace une peuplade de ces hérétiques, qu'on persécutait depuis longtemps sous le nom de *pauliciens*, de *manichéens*, de *joannites*, et qu'on prétend, avec assez peu de vraisemblance, avoir été les descendants des Égyptiens de la Colchide. Ce n'est que par simple tradition orale que l'opinion de cette descendance a été transmise jusqu'au dix-septième siècle. Thomasius est le premier qui ait cherché à lui donner des bases solides. Après lui, la même idée a été soutenue par l'Anglais Salmon et l'Italien Griselini. Elle est depuis longtemps abandonnée par la science.

EHRARDT (Élise-Charlotte RAECHLER), fille du magistrat F.-W. Ehrardt, naquit à Nordhausen, en 1789. Elle épousa, en 1822, un riche manufacturier, nommé Baechler, membre de la Société Évangélique de Neudietendorf, dont les principes rigides influèrent sans doute sur les poétiques inclinations de la jeune femme. Avant cette époque, Élise Ehrardt avait publié *Les Amies ou le secret*, *Les Veillées de Marienthal*, et un recueil de nouvelles, dont la plus importante, *La Fleur de Merveille*, avait obtenu un prix littéraire; elle avait aussi fait paraître avant son mariage, sous le titre de *Fleurs des Champs*, un choix de poésies qui se distinguaient par une élégante simplicité; mais depuis, consacrant tout son temps aux soins de la famille, elle cessa toute publication, et mourut à Nordhausen, en 1828.

Élise Voïart.

EHRENBERG (Chrétien-Godefroy), naturaliste et physicien micrographe de Berlin, né le 19 avril 1795, à Delitzsch, étudia d'abord la théologie à Leipzig, mais y renonça au bout de six mois pour se vouer à l'étude de la médecine et des sciences naturelles. Sa promotion au grade de docteur en médecine eut lieu en 1818. En 1820 il eut le bonheur de voir s'accomplir l'un de ses vœux les plus ardents, celui de pouvoir entreprendre un grand voyage scientifique, et à cette époque l'Académie des Sciences de Berlin le délégua avec son ami Hemprich pour accompagner en Égypte le général Minutoli, qui se disposait à y faire une tournée archéologique. Ce voyage, dont le terme était primitivement fixé à deux années, en dura six. Hemprich trouva la mort sur le sol des pharaons; mais M. Ehrenberg revint à la fin de l'automne 1826 en Europe, et fut immédiatement nommé professeur de médecine à l'université de Berlin. On trouvera une esquisse de ce premier voyage dans la relation portant pour titre : *Voyages d'histoire naturelle à travers l'Afrique septentrionale et l'Asie occidentale, pendant les années* 1820-25, par W.-F. Hemprich et Ch.-God. Ehrenberg (Berlin, 1828). Quant à l'histoire naturelle, les matériaux nouveaux que les deux voyageurs eurent occasion de recueillir sont consignés dans les *Symbolæ physicæ*, ouvrage dont les suites n'ont pas paru jusqu'à ce jour, et resté interrompu vraisemblablement à cause des frais énormes qu'en entraînait la publication, mais auquel se rattachent en quelque sorte les *Coraux de la mer Rouge* (1834), et les *Acalèphes de la mer Rouge* (1836). Depuis ce moment, M. Ehrenberg s'est livré de préférence, et avec un rare succès, aux recherches microscopiques.

[M. Ehrenberg est une des célébrités de l'Allemagne actuelle. Les microscopes, les objets microscopiques, les animaux infusoires nommément, telle est la matière de ses études de prédilection. Il a publié sur les animaux que nous venons de nommer un grand et magnifique ouvrage, qu'il a intitulé : *Les Animaux infusoires considérés comme des êtres organisés parfaits, qui témoignent, dans leur petitesse infinie, des profonds desseins organiques de la nature* (Leipzig, 1838; in-fol., avec un atlas de 64 planches coloriées, pour lesquelles l'auteur a lui-même exécuté les dessins; la partie descriptive de l'ouvrage est en français et en latin). M. Ehrenberg découvre à peu près chaque année quelques espèces nouvelles d'infusoires, lui qui avait déjà décrit 7 à 800 espèces de ces petits êtres qu'on ne peut voir sans microscope, bien qu'il y en ait dans lesquels M. Ehrenberg a rencontré jusqu'à cent vingt estomacs. On trouve de ces animaux imperceptibles en tous lieux, sous les tropiques comme vers les pôles; affectant parfois l'apparence de brouillards d'une illusion dangereuse pour les navigateurs en de certains parages, et qui en d'autres rencontres répandent dans les mers une lumière trompeuse et phosphorescente, qu'on attribuait autrefois à de petites décharges électriques, avant le voyage en Océanie par Baudin et Péron. Un froid glacial ne les tue pas toujours, mais une chaleur excessive leur est funeste. Dans l'espace de quelques heures, on les voit, toujours au microscope, se reproduire par milliers; mais cette étonnante multiplication, rarement sexuelle, s'effectue presque toujours par la division successive de leur propre corps. L'anatomie que M. Ehrenberg a su faire de ces animaux, avec autant de subtilité que de patience, rend son ouvrage vraiment merveilleux. Il décrit de ces animaux dont une seule goutte d'eau renferme des centaines, leurs dents, leurs yeux, leurs viscères; il rend en particulier leurs organes digestifs très-discernables en mêlant à leur nourriture du carmin ou de l'indigo. Il va jusqu'à faire la géographie des infusoires, en précisant quelles sont les espèces qu'on retrouve en chaque contrée du globe. Enfin, il essaye d'évaluer dans quelle proportion ces êtres imperceptibles concourent à ces dépôts de silice et de fer dont la terre est couverte en beaucoup de provinces, dépôts où le fer, usé et disséminé par la rouille et par nos arts, semble se rapprocher et s'unir pour l'utilité des générations futures, alors que les mines maintenant exploitées menaceront la race humaine d'un épuisement prochain.

M. Ehrenberg, prenant au sérieux ses études sur ces infiniment petits, a consacré plusieurs années de sa vie à visiter l'Europe, l'Afrique et l'Asie (jusqu'à la Dzongarie chinoise), dans l'unique vue d'observer les différentes races d'infusoires. Voilà dans quel but il accompagna M. Alex. de Humboldt dans son dernier voyage (1829), depuis la mer Caspienne et le nord de l'Oural jusqu'à l'Altaï et la province d'Illi. Non content d'avoir décrit les espèces vivantes, M. Ehrenberg a fait de longues recherches sur les espèces fossiles, prétendant reconstruire la chronologie de la terre d'après les plus infimes de ses habitants. C'est ainsi qu'imitant ce qu'avait si heureusement tenté Cuvier pour les animaux de plus grande espèce, et que, suggéré sans doute en cela par M. de Humboldt, il a supputé l'âge et l'origine de certaines roches, d'après les traces, d'après les *pas* nettement imprimés de ces animaux, six cents fois trop petits pour être visibles sans verres grossissants. Il est malheureux que M. Ehrenberg ait rencontrée de ces pistes d'infusoires même dans des roches volcaniques, c'est-à-dire dans des terrains présumés primitifs, et par conséquent antérieurs à la première apparition des êtres vivants; car ce fait seul, si insignifiant et si frivole que puissent le juger des esprits irréfléchis, réduirait à néant, s'il était avéré, non-seulement la grande loi de Cuvier sur les déluges et les cataclysmes, mais la belle théorie des volcans par M. de Humboldt. Chaque fois qu'il vient à Paris, son ancienne patrie, où il motiva cette gloire dont Berlin s'enorgueillit à juste titre, M. Alex. de Humboldt apporte des nouvelles des infusoires, qu'il appelle avec esprit *l'empire* de M. Ehrenberg. C'est ainsi qu'en avril 1844 il présenta à l'Institut, de la part de ce célèbre micrographe, un dernier Mémoire intitulé : *Nouvelles Recherches sur les organismes microscopiques et leur distribution géologique.*

On possède aujourd'hui près de 800 de ces formes microscopiques fossiles, comprenant à peu près 360 espèces bien distinctes. La matière siliceuse dont les habitants de la terre de Feu se bandent le visage est composée, selon M. Ehrenberg, de 14 espèces d'infusoires d'eau douce à l'état fossile. Cette poussière singulière qui s'attache à la voilure des vaisseaux, à l'ouest des îles du cap Vert, et qui altère la transparence de l'air par les 15 et 10 degrés de latitude, cette poussière aveuglante que les navigateurs ont souvent recueillie sans en connaître la source, est formée par les détritus de soixante et quelques espèces d'infusoires auxquels se trouve joint de l'oxyde de fer. Aucune de ces espèces n'a pu jusqu'ici être retrouvée en Afrique; et quant au *guano*, soit du Pérou, soit d'Afrique, excrément d'oiseaux qu'on importe maintenant en Europe comme un engrais précieux, M. Ehrenberg y a trouvé jusqu'à soixante-quinze espèces microscopiques, et il suppose que ces animaux infusoires ont dû passer par les intestins de poissons, ou de vers marins avant de parvenir à ceux des oiseaux.

M. Ehrenberg est secrétaire perpétuel de l'Académie de Berlin, comme Maupertuis, mais pour les sciences seulement; il est correspondant ou associé de plusieurs académies étrangères, de l'Institut de France en particulier. Malheureusement, il n'a pas dû être étranger à la fausse direction que l'engouement pour les recherches microscopiques imprime depuis quelques années à la physiologie.

Isidore BOURDON.]

EHRENBREITSTEIN, formidable forteresse, située sur la rive droite du Rhin, en face de Coblentz, est reliée par un pont de bateaux à cette ville, dont elle complète le système de défense. Elle est construite sur un rocher escarpé, de 122 mètres d'élévation au-dessus du niveau du fleuve, et, suivant toute apparence, formait déjà du temps des Romains un point fortifié. Reconstruite vers le milieu du treizième siècle, par l'archevêque de Trèves Herman, elle porta dès lors le nom d'*Hermanstein*, et reçut plus tard de notables accroissements. A l'époque de la guerre de trente ans, elle était déjà d'une importance extrême. En 1798, pendant les négociations ouvertes à Rastadt, les troupes françaises l'investirent; à la suite d'un blocus qui avait duré quatre mois, elle dut capituler faute de vivres, et en 1801 les vainqueurs la démantelèrent.

La petite ville du même nom, appelée aussi quelquefois *Thalehrenbreitstein*, qui s'étend sous ses remparts et est le centre d'un commerce fort actif, notamment en vins, était encore désignée au dix-septième siècle sous le nom de *Mülheim in Thal*. Plus tard on l'appela *Philippsthal*. On y trouve une source d'eau minérale et un ancien château, autrefois résidence des électeurs de Trèves, transformé aujourd'hui en magasin militaire.

En 1803 la ville et la forteresse d'Ehrenbreitstein furent attribuées, comme indemnité, au prince de Nassau-Weilbourg. Le congrès de Vienne, en 1815, l'adjugea à la Prusse, qui fit immédiatement relever ses ouvrages, et qui les a depuis lors considérablement augmentés. Construite d'après le système Montalembert, Ehrenbreitstein se compose dans le fort principal de deux et trois rangées de batteries casematées, voûtées et superposées les unes aux autres, et peut recevoir une garnison de 14,000 hommes. Ses immenses magasins sont susceptibles de contenir les approvisionnements de tous genres nécessaires pendant dix ans à un corps de 8,000 hommes. Les travaux exécutés à *Ehrenbreitstein* depuis 1815 ont coûté au gouvernement prussien au delà de 18 millions de francs.

EHRENSVÆRD, nom d'une famille suédoise, originaire de l'Allemagne, et qui s'appelait primitivement *Schefer.*

Jean-Jacques EHRENSVÆRD, de qui elle descend, était un brave officier au service de Charles XII; il mourut avec le grade de colonel.

Auguste, comte d'EHRENSVÆRD, son fils, né en 1710, s'est rendu célèbre par la construction des fortifications de Sveaborg et la création de la flottille côtière suédoise. Lors de la guerre de sept ans, il fut pendant quelque temps investi du commandement en chef de l'armée suédoise; mais, entravé par la politique secrète de la reine, et par d'autres circonstances, ses efforts demeurèrent à peu près sans résultat. Il fut créé comte, et mourut en 1772, avec le titre de feld-maréchal.

Charles-Auguste, comte d'EHRENSVÆRD, fils du précédent, né en 1745, servit d'abord en Poméranie, et après avoir été étudier à Brest le système de construction navale des Français, il seconda son père dans les travaux de fortification de Sveaborg et dans la création de la flottille. Quand éclata, en 1788, la guerre de Finlande, il fut nommé amiral. C'est lui qui commandait à la première bataille navale livrée, le 24 août 1789, à Svensksund, et déjà il avait battu une division de la flotte russe, quand le reste des forces de l'ennemi força l'entrée du détroit. Le roi Gustave III n'ayant point approuvé son conseil de reculer devant des forces évidemment supérieures, il résigna le commandement. Après la mort de Gustave III, en 1792, le nouveau gouvernement l'appela à la direction supérieure de la marine suédoise, avec le titre d'amiral général. Mais une semblable position était peu conforme à la nature et aux habitudes de son esprit; et il donna bientôt sa démission pour consacrer le reste de ses jours à la culture des sciences et des arts. Comme son père, Ehrensværd dessinait admirablement, peignait à l'huile et gravait. Un voyage fait en Italie, de 1782 à 1784, l'avait passionné pour l'antique; le récit qu'il a donné de cette tournée artistique et sa *Philosophie des Beaux-Arts*, qu'il fit paraître presqu'en même temps (Stockholm, 1786), se lisent encore aujourd'hui avec fruit. Les opinions d'Ehrensværd se rapprochent beaucoup de celles de Winckelmann, que pourtant il n'avait pas eu occasion de connaître; il n'est pas si érudit, mais il est plus profond et plus ingénieux. Il appréciait peu l'art moderne, et ne voyait le vrai beau que dans les œuvres des anciens. Ses idées, diamétralement opposées à celles qui régnaient de son temps en Suède, ne parurent à ses contemporains que bizarres. Le premier critique qui lui rendit justice fut Atterbom, dans le *Phosphoros* (1813). Depuis lors, Hammarskjœld, Beskow, Lenstrœm et autres ont successivement développé et popularisé ses idées. Il mourut en 1800, à Orebrœ, en se rendant à la diète de Norrkœping.

EHUD. *Voyez* AOD.

EICHHORN (JEAN-GODEFROY), l'un des savants de l'Allemagne les plus profondément versés dans la connaissance des langues orientales, de la critique biblique, de l'histoire des peuples et de leurs littératures, naquit le 16 octobre 1752, à Dœrenzimmern, dans la principauté de Hohenlohe-Œhringen, et fut nommé en 1775 professeur des langues orientales à l'université d'Iéna. En 1788 il passa en la même qualité à Gœttingue, où il mourut, le 25 juin 1827. La première preuve qu'il donna de l'étendue de ses connaissances en fait d'histoire et de littérature orientales, ce fut son *Histoire du Commerce des Indes Orientales avant Mahomet* (1775); vinrent ensuite son *Aperçu des plus anciens monuments de l'histoire des Arabes*, ouvrage écrit en latin (1775), et sa *Dissertation sur l'ancienne histoire monétaire des Arabes* (Iéna, 1796), qui est en quelque sorte le complément de l'écrit précité.

A Gœttingue il se consacra plus spécialement à la critique des écrits bibliques. Les fruits de ses recherches et de ses travaux en ce genre furent sa *Bibliothèque universelle de la Littérature biblique* (10 vol., 1787-1801), qui fait suite au *Répertoire des Littératures biblique et orientale*, publié précédemment par lui, en société avec plusieurs autres savants (18 vol., 1777-1786); son *Introduction à l'Ancien Testament* (4ᵉ édition, 5 vol., 1824); son *Introduction au Nouveau Testament* (5 vol., 1824-27), et enfin son *Commentarius in Apocalypsin Joannis* (2 vol., 1791). Par ces différents ouvrages, et par d'autres encore du même genre, il contribua à rendre plus rationnelle la critique des écrits bibliques, et à lui donner pour base la connaissance des antiquités de la Bible, des mœurs et des opinions de l'Orient. On a aussi de lui une *Histoire universelle de la civilisation et de la littérature de l'Europe moderne*, restée inachevée (2 vol., 1796-99); une *Histoire littéraire* (2 vol, 2ᵉ édit., 1814), un *Aperçu de la Révolution française* (2 vol., 1797), rédigé d'après les documents qu'on possédait alors; une *Histoire des trois derniers Siècles* (6 vol., 3ᵉ édit., 1817-18); enfin une *Histoire primitive de l'illustre maison des Guelfes* (1817).

EICHHORN (CHARLES-FRÉDÉRIC), fils du précédent, et qui s'est fait un nom par ses savantes recherches sur l'histoire politique et sur l'histoire du droit germanique, est né le 20 novembre 1781, à Iéna, et fit ses études à Gœttingue, où pendant quelques années il fit aussi des cours particuliers. En 1805 il fut nommé professeur de droit à l'université de Francfort-sur-l'Oder, et en 1811 à Berlin. En 1813 il fut du nombre de ceux qui concoururent à l'affranchissement de l'Allemagne; dans cette campagne, il commanda un escadron, et mérita la croix de Fer et celle de Saint Wladimir. Rendu à ses travaux par les événements de 1814, il revint à Berlin, et remonta dans sa chaire, qu'il ne quitta qu'en 1817, époque où il fut appelé à venir professer à Gœttingue le droit allemand, le droit canon et le droit public. En 1828, l'affaiblissement de sa santé l'obligea de renoncer au professorat et de se retirer dans une terre qu'il avait achetée aux environs de Tubingue. En 1831, à la mort de Schmalz, il accepta cependant une chaire à Berlin, en même temps qu'un emploi au ministère des affaires étrangères. Deux ans après, il renonçait complétement au professorat pour ne plus s'occuper que de politique. Le gouvernement le nomma membre, en 1838, du conseil d'État; en 1842, de la commission législative; et en 1843, de la commission supérieure de censure; mais un an après il donna sa démission de ces dernières fonctions.

L'histoire de l'Allemagne, dans ses rapports particuliers avec la constitution politique, la législation et la jurisprudence des peuples, fut de bonne heure de sa part l'objet de recherches profondes, comme le témoigne son *Histoire du Droit public et des Législations de l'Allemagne* (5ᵉ édit., 1843). Depuis 1815, il a concouru, avec Savigny et Gœschen, à la publication du *Journal de la Science historique du Droit.* Nous devons aussi une mention spéciale à ses *Principes du Droit canon des Églises catholique et protestante de l'Allemagne* (2 vol., 1831-33).

EICHHORN (JEAN-ALBERT-FRÉDÉRIC), ancien ministre de l'instruction publique et des affaires ecclésiastiques de Prusse, est né le 2 mars 1779, à Wertheim. Après avoir fait l'éducation d'un jeune homme appartenant à une grande famille, il obtint un emploi dans l'administration, et en 1806 il remplissait les fonctions d'assesseur à la chambre de justice de Berlin. Lors de la dénonciation de l'armistice de 1813, il suivit en qualité de volontaire l'armée de Silésie jusqu'à la bataille de Leipzig. A quelque temps de là, le ministre de Stein le chargea de concourir à la réorganisation administrative des pays reconquis sur la France; mission dont il a fait connaître les résultats dans un écrit publié sous le voile de l'anonyme, et intitulé : *L'Adminis-*

tration centrale des alliés sous le baron de Stein (1814). En 1815, M. de Hardenberg l'appela à seconder le ministre d'Altenstein dans l'administration des départements français occupés par le corps d'armée prussien. Les services qu'il rendit dans ces fonctions lui valurent son admission au ministère des affaires étrangères, avec le titre de conseiller intime de légation, et en 1817, lors de la création du conseil d'État, il fut appelé à y siéger. Dès lors il prit la part la plus active à la création d'un droit administratif pour la Prusse, ainsi qu'aux négociations entamées par cette puissance avec les autres États de l'Allemagne, sur les questions multiples et épineuses qu'ont fait surgir la délimitation plus exacte des frontières, la navigation des fleuves et l'affranchissement du commerce intérieur de l'Allemagne. En 1831, il fut nommé conseiller intime en activité de service, et en 1840 ministre d'État chargé du portefeuille de l'instruction publique et des cultes. Ses tendances réactionnaires et obscurantistes indisposèrent vivement l'opinion, et ne contribuèrent pas peu à provoquer le mécontentement et l'irritation des esprits qui eurent pour suite les événements de mars 1848. Depuis lors, M. Eichhorn est retombé dans une complète obscurité.

EICHSFELD. L'extrémité nord-ouest de la Thuringe portait jadis ce nom. Au temps de la division territoriale de l'Allemagne en *gaus*, cette province, qui s'étendait de Mulhausen à Heiligenstadt, comprenait diverses subdivisions dénommées *Eichsfeld*, *Westgau*, *Germarmark* et *Onefeld*, et formant quatre *gaus*, habités par des Wendes; c'était ce qu'on appelait le haut Eichsfeld. La marche de Duderstadt, ou bas Eichsfeld, et le *Lisgau* étaient au contraire habités par des Saxons. Ce territoire, situé entre les électorats de Hesse et de Hanovre, appartenait aux électeurs de Mayence. La paix de Lunéville l'adjugea à la Prusse, comme indemnité de ses possessions sur la rive gauche du Rhin. Cette puissance n'avait pas encore eu le temps de lui donner une organisation administrative plus en rapport avec l'esprit des temps, lorsqu'en 1807 il fut incorporé au nouveau royaume de Westphalie, dans lequel il forma une grande partie du département du Harz. Les événements de 1813 le firent rentrer, sauf quelques parcelles, qui furent comprises dans le Hanovre, sous l'autorité de la Prusse, qui en a formé les trois cercles d'Heiligenstadt, Worbis et Mulhausen, dépendant du district d'Erfurt.

EICHSTÆDT (Principauté d'). Eichstædt, ville bâtie sur l'Altmuhl, dans le cercle bavarois du Haut-Palatinat, est le siége d'un évêché, et compte environ 7,000 habitants. Ses principaux édifices sont le château, appartenant aujourd'hui à la famille ducale de Leuchtenberg, bâti en 1684, et considérablement agrandi en 1705; l'antique cathédrale, où l'on voit de belles peintures, et le tombeau de saint Willibald, l'église de Sainte-Walpurge, dont on conserve précieusement les reliques sur un quartier de roche d'où tombe goutte à goutte la matière huileuse appelée *huile de sainte Walpurge*, et, enfin, l'hôtel de ville, construit en 1444. Il existe en outre dans cette ville une bibliothèque publique, un gymnase, un séminaire, un couvent de moines et un couvent de religieuses. On voit dans le château ducal une collection considérable d'objets d'art, d'antiquités et d'histoire naturelle. Parmi les établissements de bienfaisance qu'on compte à Eichstædt, nous citerons la maison des orphelins, la maison des frères, ainsi qu'un magnifique hôpital, fondé à la fin du dix-septième siècle. On trouve aussi à Eichstædt une fonderie de fer, une fabrique de poterie de grès, d'importantes teintureries, de grandes brasseries, un moulin à polir, etc. Près de la ville, et sur un roc élevé, est bâti le château de Willibald, jadis fortifié, et qui jusqu'à l'année 1725 servit de résidence aux évêques d'Eichstædt. Tombé plus tard en ruines, il a été récemment rebâti. Érigée en évêché en 741, par saint Boniface, Eichstædt devint plus tard le chef-lieu d'une principauté ecclésiastique, qui en 1802 comprenait encore une superficie de 16 myriamètres carrés, avec 60,000 habitants, mais qui fit alors retour à la Bavière, par suite de la sécularisation qui en fut ordonnée. Cependant, la même année elle fut donnée au duc Ferdinand de Toscane, et ce prince, lors de la paix de Presbourg, ayant été créé électeur de Salzbourg, la rétrocéda à la Bavière. En 1817, la plus grande partie de ce territoire et le landgraviat de *Leuchtenberg* servirent à constituer en faveur de l'ex-vice-roi d'Italie, Eugène Beauharnais, une principauté placée sous la souveraineté du roi de Bavière. Eugène Beauharnais prit alors le titre de *duc de Leuchtenberg, prince d'Eichstædt.*

Le nouvel évêché d'Eichstædt, suffragant de l'archevêché de Bamberg, a été établi par le concordat conclu en 1817 entre le saint-siége et la Bavière. Il comprend une population de 150,000 âmes, sur une superficie d'environ quarante myriamètres carrés.

EICHWALD (Édouard), célèbre naturaliste contemporain, est né le 4 juillet 1795, à Mittau, en Courlande, et étudia les sciences naturelles et la médecine à Berlin, de 1814 à 1817. Après des voyages en Allemagne, en Suisse et en Angleterre, il fut reçu docteur à Wilna, en 1819, et deux ans après il embrassa la carrière de l'instruction publique, comme professeur particulier à l'université de Dorpat. Nommé en 1821 professeur de zoologie et d'accouchement à Kasan, il entreprit en 1825 un voyage scientifique de dix-huit mois sur les bords de la mer Caspienne, dans le Caucase, en Perse, et en rapporta une ample récolte d'observations et de matériaux. A son retour, en 1827, il fut appelé à occuper la chaire de zoologie et d'anatomie comparée à l'université de Wilna. La suppression de cette université en 1831 lui enleva cette position; mais il n'en continua pas moins de résider à Wilna, en qualité de secrétaire perpétuel de l'Académie médico-chirurgicale fondée dans cette ville en 1832; et en 1836 il alla représenter cette société savante au congrès de naturalistes tenu à Berlin. En 1838 on lui confia la chaire de zoologie et de minéralogie à l'Académie médico-chirurgicale de Saint-Pétersbourg. La même année le gouvernement russe le chargea d'un voyage scientifique en Estonie et en Finlande. Nommé professeur de paléontologie à l'École des Mines de Saint-Pétersbourg, il se livra à une étude toute particulière des débris antédiluviens qui existent en Russie; puis, en 1846, il entreprit une tournée géologique dans l'Eifel, le Tyrol, l'Italie, la Sicile et l'Algérie.

Depuis Pallas, Eichwald est incontestablement le savant russe qui a le mieux mérité de la science par ses travaux sur la géognosie, la botanique et la zoologie. Parmi ses nombreux ouvrages, presque tous écrits en allemand, son *Voyage à la mer Caspienne et dans le Caucase* (2 volumes Stuttgard, 1834) offre le plus vif intérêt au point de vue géographique et ethnographique. A cet ouvrage se rattache sa *Géographie ancienne de la mer Caspienne, du Caucase et de la Russie méridionale* (Berlin, 1838), qu'on peut considérer comme en formant le troisième volume. Nous citerons encore tout particulièrement son *Mémoire sur les richesses minérales des provinces occidentales de la Russie* (en français; Wilna, 1835); sur le *Système de couches siluriques d'Estonie* (Saint-Pétersbourg, 1840); *Esquisse de l'Histoire naturelle de la Lithuanie, de la Volhynie et de la Podolie* (Moscou, 1851).

Parmi ses ouvrages relatifs à la botanique nous mentionnerons surtout : *Plantarum novarum quas in itinere Caspico-Caucasio observavit, fasciculi* (2 vol, in-fol., Wilna, 1831-1833); pour la zoologie, sa *Fauna Caspico-Caucasia* (Pétersbourg, 1841); son *Essai sur les infusoires de Russie* (Moscou, 1846), et sa *Zoologia specialis*; pour l'anatomie comparée; ses *Observationes de Physalo et Delphino* (Pétersbourg, 1829), et sa *Memoria Bojani* (Wilna, 1835). Ses recherches paléontologiques se trouvent consignées dans bon nombre des ouvrages indiqués ci-dessus. Mais ceux qui ont pour titre : *Le Monde primitif de la Russie* (4 cahiers, Pétersbourg, 1840), et *Paléontologie russe* (en russe, Pétersbourg, 1850), sont entièrement consacrés à cette science. Une traduction française de ce dernier livre a paru à Stuttgard, en 1851. D'autres ouvrages écrits en langue russe par ce savant, son *Oryctognosie* (Pétersbourg, 1845) et sa *Géognosie* (1846), ne sont pas non plus sans mérite.

Mis à la retraite après trente ans de service, M. Eichwald a été récompensé en 1852 d'une vie tout entière consacrée à la science par le titre de conseiller d'État en service ordinaire qui lui donne droit à la qualification d'*Excellence*. Inutile d'ajouter que l'honorable savant est membre de toutes les académies russes et de la plupart des sociétés savantes de l'Europe.

EIDER, espèce d'oiseaux du genre *canard*, ayant pour caractères particuliers : Bec haut à la base, à peau nue ou à tubercule sur le front ; plumes frontales qui s'avancent en pointe sur le bec ; pouce largement pinné.

L'*eider* proprement dit (*anas mollissima*) est célèbre par le duvet précieux qu'il fournit, et que l'on nomme *édredon*. Cet oiseau est long de 0^{m}, 65, blanchâtre, à calotte, ventre et queue noirs ; la femelle est grise, maillée de brun. Les eiders ne quittent point les parages du Nord ; à peine en voit-on quelquefois des individus égarés le long des côtes de l'Angleterre ou sur nos côtes de l'Océan. Revêtus d'une fourrure épaisse, ils bravent les rigueurs des contrées les plus froides, et s'avancent jusqu'au Spitzberg. Le jour, ils parcourent en volant la surface de la mer, et se nourrissent de poissons et de coquillages qu'ils saisissent à fleur d'eau ou vont chercher dans la profondeur. Le soir, ils reviennent à terre, où ils ne font que passer la nuit, à moins que l'approche d'une tempête ne les oblige de jour à regagner le rivage. L'hiver ils sont rassemblés en troupes nombreuses ; mais au printemps ils se réunissent par couples, et le moment de cette séparation devient pour les mâles, qui sont, dans cette espèce, plus nombreux que les femelles, le signal de combats acharnés. Les plus faibles sont chassés, et volent seuls à l'aventure, pendant que les autres partagent avec leurs femelles le soin de la confection du nid : ils le font avec de la mousse, et le placent au milieu des herbes et des fougères, à l'abri de quelques pierres ou de quelques buissons, mais toujours au bord de la mer. A cette époque, on entend continuellement le mâle crier *ha ho*, d'une voix rauque et comme gémissante ; la voix de la femelle est semblable à celle de la cane commune. La ponte est de cinq ou six œufs, qui sont d'un vert foncé, et bons à manger. La femelle, avant de les déposer, s'arrache le duvet, et l'entasse dans le nid, jusqu'à ce qu'il forme tout à l'entour un gros bourrelet renflé, qu'elle a soin de rabattre sur les œufs pendant qu'elle les quitte pour aller prendre sa nourriture. Le mâle ne prend aucune part à l'incubation, mais il fait sentinelle aux environs du nid, et avertit par ses cris si quelque ennemi paraît ; lorsque le danger devient pressant, la femelle prend son vol, et va joindre le mâle, qui, dit-on, la maltraite s'il arrive quelque malheur à la couvée. Les corbeaux sont très-avides des œufs et des petits ; mais la mère se hâte dès que ceux-ci sont éclos, de leur faire quitter le nid ; peu d'heures après leur naissance, elle les prend sur son dos, et, d'un vol doux, les transporte à la mer. Dès lors le mâle la quitte, et ils cessent tous de vivre à terre ; plusieurs couvées se réunissent en mer, et forment des troupes de vingt ou trente petits, conduites par les mères ; celles-ci s'occupent incessamment à battre l'eau, pour faire monter à sa surface, avec le sable et la vase, les vers et les menus coquillages dont se nourrissent les petits, trop faibles encore pour plonger. On trouve ainsi en mer ces jeunes oiseaux dans le mois de juillet ou même dès celui de juin, et les Groënlandais datent leurs étés de l'époque où les jeunes eiders commencent à se montrer sur l'eau. La chair de ces oiseaux est fort bonne à manger ; mais comme leur duvet forme un des principaux objets de commerce des pays où ils se trouvent, on se garde bien de les tuer, et cela même est défendu sous peine d'une forte amende.

« En Norvège et en Islande, dit Buffon, c'est une propriété qui se garde soigneusement et se transmet par héritage, que celle d'un canton où les eiders viennent d'habitude faire leurs nids. Il y a tel endroit où il se trouvera plusieurs centaines de ces nids. On juge, par le grand prix du duvet, du profit que cette espèce de possession peut rapporter à son maître : aussi les Islandais font-ils tout ce qu'ils peuvent pour attirer les eiders chacun dans leur terrain ; et quand ils voient que ces oiseaux commencent à s'habituer dans quelques-unes des petites îles où ils ont des troupeaux, ils font bientôt repasser troupeaux et chiens dans le continent, pour laisser le champ libre aux eiders et les engager à s'y fixer. Ces insulaires ont même formé par art et à force de travail plusieurs petites îles, en coupant et séparant de la grande divers promontoires ou langues de terre avancées dans la mer. C'est dans ces retraites de solitude et de tranquillité que les eiders aiment à s'établir, quoiqu'ils ne refusent pas de nicher près des habitations, pourvu qu'on ne leur donne pas d'inquiétude et qu'on en éloigne les chiens et le bétail. »

DÉMEZIL.

EIDER ou EYDER, fleuve assez considérable du nord de l'Allemagne ; prend sa source à 14 kilomètres au sud de Kiel, dans le bailliage de Bordesholm (duché de Holstein), où il provient de l'écoulement des eaux de divers petits lacs, coule entre des rives toujours plates d'abord au nord, traverse les lacs Westen et Flemhuder, puis à partir de Landwehr, où il commence à servir de délimitation au Holstein et au Schleswig, se dirige à l'ouest par Rendsbourg et Friedrichstadt, traversant en décrivant de nombreuses sinuosités une large contrée de marches protégée contre ses inondations par un système de digues d'un entretien fort coûteux ; et après avoir reçu sur sa rive droite les eaux de la Sorga et de la Treen, va se jeter, après un parcours total de 175 kilomètres, dans la mer du Nord, à Tonningen, chef-lieu d'une contrée désignée sous le nom d'*Eiderstedt*. A Friedrichstadt sa largeur moyenne est d'une centaine de mètres, sur une profondeur de cinq mètres. Plus loin, son embouchure offre une largeur de onze kilomètres.

C'est à Rendsbourg que l'Eider devient naturellement navigable, et quand il tourne à l'ouest, un canal partant d'Holtenau et aboutissant à Kiel, après un développement total de 21 kilomètres, le met en communication avec le golfe de Kiel. C'est ce qu'on appelle le canal de Kiel ou de l'Eider. Il fut construit de 1774 à 1784, en utilisant un petit ruisseau appelé Levensaue, qui se jette, à trois kilomètres au nord de Kiel, dans la baie du même nom. Sa profondeur est de 3 mètres 50 centimètres et sa largeur de 32. Comme jusqu'à Rendsbourg l'Eider n'a pas partout ces dimensions, on l'a également canalisé jusque là, de sorte que le développement total de cette voie de communication artificielle est de 42 kilomètres environ. Comme fleuve servant de délimitation aux deux duchés allemands dépendant du Danemark, et par la communication navigable qu'il établit entre la mer du Nord et la Baltique, l'Eider avec son canal a une grande importance politique. Le nom de ce fleuve au moyen âge était *Egidora*, en vieux scandinave *Ægisdyr* ou *Egderou*. A partir de la paix conclue par Hemming avec Charlemagne, en 821, il servit avec la Danewerk et la Schley de frontières à l'empire d'Allemagne. Dans le traité intervenu en 1225 entre Waldemar II et le comte Henri de Schwerin, il fut désigné pour former avec la Levensaue la limite du duché de Holstein. Son nom rappelle quelques faits d'armes importants dans les luttes des Frisons et des Holsteinois contre les Danois au moyen âge, de même que dans l'histoire de la guerre de 1813 et dans celle qui eut lieu en 1848, 1849 et 1850, entre le Danemark et les duchés de Schleswig-Holstein revendiquant leurs droits de nationalité allemande contre les prétentions danoises.

EIDSWOLD (Constitution d'). *Voyez* CHRISTIAN VIII et NORVÈGE.

EIFEL (*Eiflia*), nom du plateau qui s'étend, dans la Prusse rhénane, entre le Rhin, la Moselle et la Roer, et qui, après avoir constitué ce qu'on appelait autrefois l'*Eifelgau*, fit plus tard partie de l'archevêché de Trèves. Le mont Eifel (*Eifelgebirge*), qui d'un côté touche à la chaîne des Ardennes et de l'autre au Hundsruck, ne s'élève guère en général à plus de 500 mètres. L'*Eifel* est une contrée stérile, mais riche en curiosités naturelles, notamment en volcans éteints, en lacs d'origine volcanique, en sources minérales, dont les plus renommées sont celles de Bertrich, entre Trèves et Coblentz, et de Birresborn, en pétrifications de zoophytes et de crustacés. Ce pays paraît avoir été cultivé à l'époque de la domination romaine, comme le font supposer les nombreux monuments qu'on y a trouvés ainsi que la grande voie consulaire construite par Agrippa, sous le règne d'Auguste, et qui conduisait à Cologne.

EIKON BASILIKÈ, titre d'un ouvrage publié sous le nom de Charles Ier roi d'Angleterre, peu de jours après sa mort; et tout porte à penser que ce prince en fut bien réellement l'auteur. Les mots Εἰκων βασιλικὴ signifient *image royale* : dans cet écrit, Charles Ier exprime admirablement les sentiments de son âme; c'est en quelque sorte un testament qu'il laisse à ses enfants et à ses successeurs. On ne saurait aujourd'hui s'imaginer à quel point la compassion générale pour le malheureux monarque fut excitée par la publication, dans une conjoncture si critique, d'un livre qui ne respire que la piété, la résignation et l'humanité. Milton compare l'impression faite sur le peuple anglais par l'*Eikon basilikè* à l'effet que le testament de César, lu par Marc-Antoine, produisit sur les Romains. Dans l'espace d'un an on en publia plus de cinquante éditions; et quelques auteurs n'hésitent pas à lui attribuer une influence puissante sur les événements à la suite desquels s'accomplit la restauration. Il faut d'ailleurs reconnaître qu'indépendamment du vif intérêt que la nation devait prendre à un ouvrage attribué à son souverain mort par la main d'un bourreau, c'était le meilleur livre en prose qui eût encore paru dans la langue nationale; et cette circonstance ne dut pas peu contribuer à son immense succès.

EILEYTHYIA, antique ville de la haute Egypte, dont les ruines portent aujourd'hui le nom d'*El Kab*. Cette ville était ainsi appelée d'un divinité locale, à tête de vautour, que les Grecs comparaient à leur *Eileythyia* (Lucine). Les formidables murailles de cette forteresse subsistent encore; mais à l'intérieur ses temples sont complétement détruits, à l'exception de quelques blocs de pierre. En revanche, dans une vallée située à l'ouest, un temple d'Eileythyia, construit par Aménophis III (le Memnon des Grecs), s'est maintenu dans un parfait état de conservation. On voit encore aux environs une chapelle de Ramsès II et un temple de Ptolémée, de même que les parois orientales de la vallée présentent d'intéressants tombeaux datant de la première époque du nouvel empire égyptien et taillés dans le roc vif.

EILSEN, petit bourg de la principauté de Schaumbourg-Lippe, célèbre par ses sources d'eaux sulfureuses, alcalines et salines, dont la température s'élève de 9 à 10 degrés Réaumur, et qu'on emploie pour bains et comme boisson. Dans le premier cas, elles sont spécifiques pour exciter la peau, la membrane pituitaire, le système glanduleux et veineux; dans le second, elles ont une heureuse influence sur le foie, la veine-porte et le canal intestinal. On les emploie par conséquent avec le plus grand succès contre les maladies chroniques de la peau, contre les douleurs goutteuses et rhumatismales opiniâtres, contre les embarras des organes digestifs, contre les engorgements du foie et de la poitrine, contre les empoisonnements chroniques métalliques et les douleurs des organes génito-urinaires. On se sert en outre des eaux d'Eilsen pour douches, fumigations et bains de vapeur, et du limon minéral pour bains de boue. L'établissement spécialement consacré à ces derniers est le plus ancien de ce genre qui existe en Allemagne. Wurzer et du Ménil ont analysé les eaux et les boues d'Eilsen.

EIMER, nom d'une mesure de liquides, en usage en Allemagne et dans quelques pays voisins, mais dont la capacité varie beaucoup. En Prusse l'*eimer* est de 60 quarts, et équivaut à 68,70 de nos litres; celui de Vienne ou de la basse Autriche contient 40 mesures et équivaut à 56,60 de nos litres. Dans certaines contrées l'*eimer* employé pour mesurer la bière n'a pas la même capacité que celui dont on se sert pour le vin. En Wurtemberg la chaux et la houille se mesurent à l'*eimer*.

EINSIEDELN, célèbre abbaye de bénédictins, située en Suisse, dans le canton de Schwitz, et, après Notre-Dame de Lorette et Saint Jacques de Compostelle, le lieu de pèlerinage le plus fréquenté qu'il y ait en Europe. Elle est située à 912 mètres au-dessus du niveau de la mer, et entourée à l'est et à l'ouest par deux rangées de montagnes. Au sud s'ouvrent deux vallées, dites *Alpthal et Sihlthal*. La route conduisant au mont Ezel et à Rapperswell franchit la Sihl sur le célèbre *Pont du Diable*, et passe devant la maison où naquit, dit-on, le fameux Théophraste *Paracelse*. L'abbaye, fondée vers le milieu du dixième siècle, au fond d'une sombre forêt qui jadis s'étendait fort au loin, fut maintes fois détruite par le feu dans le cours des temps jusqu'au seizième siècle; de nos jours elle se compose d'un grand édifice quadrilatéral de 153 mètres de long sur 138 de large. La chapelle occupe le centre de la façade principale. Elle est surtout célèbre par son image miraculeuse de la vierge Marie, dite *Notre-Dame d'Einsiedeln*, au pied de laquelle la plupart des pèlerins viennent faire leurs dévotions, le 14 septembre de chaque année. Depuis trois siècles, on n'évalue pas, année commune, à moins de 150,000 le nombre des pèlerins qui viennent de la Suisse, de l'Allemagne, de l'Alsace, de la Lorraine et de l'Italie, y faire leurs dévotions à la sainte Vierge, mère de Dieu. L'abbaye possède une bibliothèque assez considérable, et jusqu'à l'époque de la révolution helvétique elle eut un trésor important. En 1274, Rodolphe de Hapsbourg octroya le titre de *prince* aux abbés d'Einsiedeln, à qui des donations impériales accordèrent de bonne heure des droits sur toutes les vaines pâtures du canton de Schwitz, source de longues contestations avec les habitants. Le chapitre d'Einsielden compte 60 chanoines, et le collége 140 élèves. Autour de l'abbaye s'est à la longue formé un bourg, où l'on compte aujourd'hui 3,000 habitants, dont l'abbaye fait d'ailleurs toute la prospérité. On n'y compte pas moins de soixante hôtels garnis et de vingt-quatre cabarets. Einsiedeln est aussi un centre de commerce fort important, en chapelets, livres et images de dévotion, qui obtiennent un grand débit à l'étranger. La maison de librairie des frères Benziger occupe à elle seule deux presses mécaniques, cinq presses à bras, seize presses lithographiques, soixante relieurs et plus de cent coloristes.

EISENACH, l'*Isenacum* des anciens, chef-lieu de la principauté du même nom, dépendant du grand-duché de Saxe-Weimar-Eisenach, et station du chemin de fer thuringien-saxon, est une jolie petite ville, d'environ 10,000 habitants. Parmi ses places publiques, on peut citer celle des *Prédicants*, place très-régulière, avec esplanade, et la place de l'*Explosion*. La ville offre, en fait d'édifices publics, le château, rebâti en 1742 sur les ruines de l'ancienne résidence princière; l'hôtel de ville, le gymnase, ancien couvent de moines dominicains, et la nouvelle école civile. Des quatre églises, la plus belle est celle de Saint-Georges. Eisenach est le siége d'un tribunal d'appel et d'un tribunal de cercle. On y trouve une école forestière, une école de dessin, une école gratuite, une société biblique, un mont-de-piété, une école de sages-femmes, un hospice d'orphelins, un hôtel des monnaies, un hôpital, une prison, et divers autres établissements de bienfaisance ou d'utilité publique, ainsi que plusieurs fabriques d'étoffes de laine et de toiles peintes.

Eisenach, l'une des plus anciennes cités de la Thuringe, doit sa prospérité à ce qu'elle fut longtemps la résidence des landgraves de Thuringe, qui y avaient un château, appelé *Wartburg*. Le 1er septembre 1810 cette ville souffrit beaucoup des suites de l'explosion de plusieurs caissons de poudre appartenant aux Français, désastre que rappelle le nom de *place de l'Explosion* donné à l'une de ses places publiques. L'ancienne *principauté d'Eisenach* est depuis 1815 l'un des cercles du grand-duché de Weimar, avec une population de 80,000 âmes, et partagea toujours les destinées de la Thuringe. En 1440 elle passa sous la domination de la Saxe. Le partage effectué en 1485 la fit passer à la ligne ernestine, où elle est toujours restée depuis lors, en donnait successivement son nom à trois branches de cette famille.

EISENMANN (Gottfried), docteur en médecine, connu surtout par le rôle qu'il a joué en politique, est le fils d'un pauvre cordonnier, et est né à Wurtzbourg (Bavière), en 1795. Après avoir pris part en 1813 comme volontaire à la lutte nationale contre la domination française, une fois la guerre terminée, il revint achever ses études interrompues, et ne tarda pas à se faire recevoir docteur en médecine. En 1821 il s'occupa avec ardeur de propager les sociétés secrètes parmi la jeunesse des universités allemandes. Arrêté en 1823, sous la prévention de complot contre la sûreté de l'État, il fut transféré à Munich. Après une détention d'une année, l'instruction criminelle commencée aboutit à une ordonnance de non-lieu; mais il lui fut enjoint alors, par mesure de haute police, de résider à Carlstadt, petit bourg voisin de Wurtzbourg, sans doute parce qu'il était ainsi plus facile à la police de le surveiller. Toutefois, le pouvoir consentit bientôt à se relâcher de sa sévérité, et le docteur Eisenmann fut même autorisé à habiter sa ville natale, où il réussit à se faire une clientèle lucrative. A l'avénement au trône du roi Louis *le Libéral*, M. Eisenmann fonda la *Feuille populaire de Bavière*, journal rédigé dans un esprit d'opposition sage et modérée; mais les ciseaux de la censure opérèrent alors tant de retranchements dans chacun de ses numéros que le journal fut souvent réduit à paraître presque entièrement en blanc. Le docteur Eisenmann publia vers ce temps-là, sous forme de brochure, par conséquent sans être astreint à la censure préalable, sa profession de foi politique. C'était celle d'un homme qui croit que le gouvernement constitutionnel est le seul qui réponde aux besoins des générations actuelles. Malgré la modération avec laquelle étaient présentées ces idées, le gouvernement bavarois vit dans leur publication un grave péril pour la chose publique. Il fit arrêter l'auteur, qui fut condamné à faire *amende honorable* devant le portrait de son auguste souverain, puis à rester détenu pendant le restant de ses jours dans la citadelle de Passau. Toutes les tentatives faites pour obtenir quelques adoucissements à sa captivité échouèrent contre l'inflexible volonté du roi Louis; et ce fut seulement à la fin de 1847, après avoir passé quinze années de sa vie en prison, que M. Eisenmann fut rendu à la liberté. Les orages de 1848 devaient bientôt le rejeter dans les luttes politiques. Élu alors membre du parlement préparatoire de Francfort, il fit partie dans cette assemblée du comité des cinquante. Dans l'une et l'autre, il combattit énergiquement les tendances républicaines, et demeura fidèle aux convictions de toute sa vie, à la monarchie constitutionnelle; ce qui lui valut de la part des révolutionnaires l'accusation d'avoir apostasié. Depuis la fin de mai 1849, il a cessé de s'occuper de politique, pour se consacrer exclusivement à la pratique de son art.

EISLEBEN, petite ville du cercle de Mersebourg (Saxe prussienne). Le souvenir historique le plus remarquable qui se rattache à son nom est sans contredit celui de la naissance et de la mort de Luther, qui y naquit, en 1483, et y mourut, en 1546. La vénération dont la mémoire de Luther est l'objet parmi les protestants a fait consacrer la maison où il vit le jour la première fois, et où il rendit le dernier soupir, à la fondation d'une école gratuite d'orphelins et d'indigents. En 1819 le feu roi de Prusse dota et agrandit cette institution, où on montre aux visiteurs le bonnet, le manteau et quelques autres vêtements ayant appartenu au célèbre réformateur. On ne compte pas moins de quatre églises à Eisleben, toutes fort anciennes; dans celle de Saint-André, on remarque les tombeaux de la famille de Mansfeld. Eisleben compte une population de 9,000 âmes, chiffre dans lequel les juifs entrent à peu près pour un dixième. Elle est le siége d'une direction des mines. On y trouve deux fonderies importantes, une fabrique de vitriol en possession depuis 1823 de livrer à la consommation le beau vert connu sous le nom de *vert d'Eisleben*, et depuis 1834 un hôpital parfaitement organisé. La bière d'Eisleben est depuis dix siècles justement célèbre, sous le nom de *krappel*.

EISLEBEN (Jean). *Voyez* Agricola.

EJALET. *Voyez* Eyalet.

ÉJOUB ou **EYOUB**, **MOSQUÉE D'ÉJOUB.** *Voyez* Constantinople et Eyoubides.

ÉLABORATION (du latin *elaboratio*), action d'élaborer, c'est-à-dire de travailler avec soin, de perfectionner graduellement; terme du langage scientifique, principalement usité en physiologie et en pathologie, employé aussi avec beaucoup de convenance dans le style littéraire et surtout en critique, lorsqu'on juge les ouvrages d'esprit.

Dans les sciences médicales, l'*élaboration* est dite en général normale ou bonne, et anormale ou vicieuse et morbide. Les changements que les appareils des voies cibifères, aquifères et aérifères, font subir aux substances sur lesquelles ils agissent, sont connus sous les noms d'*élaboration digestive* (chymification, chylification), *imbibitive* et *respiratoire* (sanguification). On peut grouper ces trois sortes de fonctions élaboratrices spéciales sous le nom commun d'*élaboration assimilatrice*, parce qu'elles tendent à assimiler à l'économie vivante les aliments solides, liquides ou gazeux, puisés dans le monde extérieur, et à les convertir en fluide rénovateur et réparateur des pertes des corps organisés (sang et sève). On a groupé avec raison sous l'appellation générale d'*élaboration sécrétoire* ou de *sécrétion* toutes les fonctions spéciales qui ont pour but de séparer du sang ou de la sève et des sucs propres des plantes, des matériaux gazeux, liquides ou solides très-variés, et destinés à une foule d'usages. On appelle *élaboration morbide* celle qui produit des fluides observables seulement dans les maladies (*voyez* Ichor, Pus et Virus). L. Laurent.

ELÆIS (de ἐλαία, olivier), genre de la famille des palmiers établi par Jacquin pour des arbres de l'Afrique et de l'Amérique tropicales, nommés par les nègres *bibby*, ayant pour caractères: Fleurs monoïques; spathe monophylle; deux calices, chacun à six divisions; six étamines; un ovaire à gros style; stigmate trilobé; drupe charnu, fibreux et anguleux.

L'*elæis guineensis* ou *avoira de Guinée* produit des fruits de la grosseur d'une olive, colorés de brun, de jaune et de rouge; ces fruits contiennent en très-grande quantité une substance butyracée, ayant la couleur de la cire jaune, se liquéfiant par la simple chaleur des mains, et que l'on connait en Europe sous le nom d'*huile de palme*. Elle se rancit vite, et de jaune devient blanche; son odeur est agréable, sa saveur nulle. L'alcool à 40° la dissout à froid, et les alcalis la saponifient complétement. L'huile de palme faisait jadis la base de l'emplâtre de diapalme, mais on lui a substitué l'axonge. Elle a également cessé d'être employée dans la composition du baume nerval. On croit aussi que c'est des amandes de l'*elæis guineensis* que provient le *beurre de bambouc*, sorte d'huile concrète dont parle Mungo-Park, et dont les nègres se servent contre les douleurs nerveuses et rhumatismales, quoique rien ne semble justifier cet emploi.

Richard regarde aussi le *beurre de Galam* comme un produit de l'*elæis guineensis*; mais Nysten et M. Fée le rapportent à une autre espèce, l'*elæis butyracea*. Du reste, cette substance ne diffère guère de l'huile de palme qu'en ce qu'elle rancit encore plus vite. On prétend que les nègres, qui lui donnent le nom de *quioquio* ou *thiothio*, et qui lui attribuent aussi des propriétés médicales, en assaisonnent leurs mets et s'en oignent le corps. Cependant elle paraît n'être propre qu'à servir pour l'éclairage.

ÉLAGAGE, ÉLAGUER. On *élague* un arbre lorsqu'on lui enlève une partie ou la totalité des branches qui poussent autour de la tige; on élague les peupliers, les ormes, et en général tous les arbres qu'on veut pousser en hauteur. Mais cette opération atteint-elle toujours le but? L'élagage des sujets déjà forts, d'un peuplier de dix à douze ans, par exemple, a-t-il pour résultat certain son progrès en hauteur? Nous ne le pensons point, et même il nous paraît certain qu'il empêche l'accroissement général du sujet, parce qu'il le dépouille de la plus grande partie des organes d'élaboration et de nutrition, surtout lorsqu'il est pratiqué, comme on le fait généralement, en ne laissant qu'un faible bouquet de branches au sommet. Comment peut-on espérer de faire monter la sève, de la projeter, pour ainsi dire, vers la cime, lorsqu'elle est privée de ses moyens d'ascension les plus puissants? Aussi en choisissant des arbres de même âge, d'égale force, et plantés dans le même sol, si l'on élague les uns entièrement, et qu'on laisse les autres croître avec tout leur bois, l'avantage sera constamment en faveur des derniers.

Nous conseillons donc d'user modérément de l'élagage, et d'en user de préférence sur les jeunes sujets. La soustraction de quelques branches, des plus basses, opérée chaque année pendant l'été, fera plus pour leur *élancement* que les tontes à nu, qui peuvent les tuer ou les jeter dans la langueur. Nous ne condamnons pas néanmoins l'élagage abondant, malgré le tort qui en résulte pour les arbres, lorsque ses produits doivent servir à la nourriture des bestiaux et au chauffage dans les pays où le bois est rare et les fourrages peu abondants, lorsqu'il a pour objet de dessécher des routes ou des parties de champ où l'ombre entretient une humidité fâcheuse.

P. Gaubert.

ELAÏOMÈTRE (du grec ἔλαιον, huile d'olive, et μέτρον, mesure). *Voyez* Oléomètre.

ÉLAM, ÉLAMITES, ou ÆLAM, ÆLAMITES. Élam était l'un des cinq fils de Sem, fils de Noé. On sait que la race de Sem fut appelée à repeupler l'Orient. Afin de remplir leur mission divine, les fils de Sem se partagèrent l'Asie. Une étendue plus ou moins vaste de cette contrée échut à Élam. Suivant Rosenmuller, le pays d'Élam serait l'*Élymaïs* des Grecs et des Romains, borné, à l'orient, par la Perse ou le Farsistan; à l'occident, par la Babylonie; au nord, par la Médie, et au midi, par le golfe Persique. Mais, au dire de l'historien Josèphe, le pays d'Élam n'était autre que la Perse proprement dite : c'est, croyons-nous, l'opinion qui s'accorde le mieux avec les récits des livres saints. « J'eus cette vision pendant que j'étais au palais de Suse, qui est au pays d'Élam », dit Daniel en un endroit de sa prophétie. Suse possédait en effet une maison royale. Les rois de Perse, depuis Cyrus, y passaient une partie de l'année, et l'on croit même que Darius, fils d'Hystaspe, et ses successeurs y firent leur résidence ordinaire. Sa magnificence et le séjour habituel des rois valurent à Suse le titre de capitale du pays d'Élam. En suivant les événements rapportés dans la Bible, quoique avec un peu de confusion, nous pouvons inférer que Nabuchodonosor s'empara de l'Élymaïde et la réunit à la Chaldée; que, après la mort de Balthazar, ce pays se donna lui-même à Cyrus, conquérant suscité de Dieu pour rétablir l'ordre dans les contrées d'Orient. Tombés ensuite sous la domination de Nabuchodonosor, les Élamites durent suivre leur nouveau souverain dans son expédition contre la Judée; au siége de Jérusalem, ils se firent remarquer par leur habileté à lancer les flèches, art par lequel les Perses étaient distingués singulièrement. Jérémie leur prédit en termes très-véhéments que Dieu punira cet outrage fait à la ville où son nom est glorifié. Une fois subjugués par Nabuchodonosor, ils n'eurent plus de roi particulier; leur empire, réduit en province, fut régi par un gouverneur étranger; mais par la suite ils revinrent dans leur patrie, retour bien triomphant, puisque, si nous voyons en eux les Perses de Cyrus, ils donnèrent des lois à toute l'Asie.

Parmi les colons que Salmanasar envoya dans le pays de Samarie, pour remplacer les indigènes qu'il avait emmenés captifs en Assyrie, il se trouvait des Élamites; Esdras les signale comme les plus furieux opposants au rétablissement des murs et du temple de Jérusalem par les Juifs revenus de la captivité.

E. Lavigne.

ÉLAN. Ce mot varie dans ses acceptions, suivant qu'il est pris au propre ou au figuré : dans le premier cas, il désigne un effort subit et plus ou moins violent, par lequel on procède à l'exécution d'un acte physique quelconque : ainsi, l'on dit d'un homme ou d'un animal quelconque, qui voudrait franchir un fossé, qu'il va *prendre son élan* pour le faire. Ce mot ne doit donc pas désigner précisément le commencement d'un mouvement, mais seulement un acte préparatoire à un autre qui semble demander plus de force. Ce serait donc fausser son acception que de l'appliquer au commencement de tous les mouvements : ainsi, un homme qui se met en action pour exécuter une marche quelconque ne commence pas du tout par un élan. Le mot *élan* ne doit guère s'appliquer qu'au cas où il s'agit d'un mouvement violent qui doit être suivi d'une continuité d'autres mouvements de même nature, ou même plus violents. Au figuré, on l'emploie pour désigner des impulsions douloureuses ou affectueuses de l'âme : c'est ainsi qu'on dit des *élans de colère*, *de dévotion*, *d'esprit*, même *de génie*, etc.

Billot.

ÉLAN (*Zoologie*), mammifère de l'ordre des ruminants, du genre *cerf*. L'élan habite les forêts marécageuses du nord des deux continents, depuis le 53e jusqu'au 63e degré en Europe, en Asie, du 45e au 61e, et en Amérique du 44e au 53e. C'est l'*orignal* du Canada de certains voyageurs, le *moose-deer* des Américains, le *loss* des Slaves. Plus grand que les autres espèces de cerf, puisque sa taille dépasse celle du cheval ordinaire et atteint environ deux mètres de longueur, l'élan a les formes plus lourdes que le cerf et quelque peu voisines de celles du cheval. Sa couleur est cendré plus ou moins foncé; chaque poil, considéré à part, est plus mince à sa base que dans le reste de son étendue; il est roide et spongieux, implanté à angle aigu; et comme les poils sont assez longs et très-touffus, l'animal a un aspect extérieur tout différent de celui du cerf. D'autres détails de structure viennent compléter ces différences : un museau cartilagineux, large, renflé, très-mobile, et chez le mâle une espèce de goître pendant sous la gorge. C'est, à ce qu'il paraît, selon les recherches de Camper, une cavité qui communique avec le larynx, et dans laquelle l'air peut s'engouffrer et augmenter le retentissement de la voix.

La tête du mâle est armée d'un bois très-volumineux et d'une forme particulière; chacune des deux moitiés latérales dont il se compose se dirige en dehors et en arrière presque horizontalement, puis se relève à son bord extérieur en une large palmure bordée d'un nombre variable d'andouillers arrondis; j'en ai compté treize de chaque côté sur un bois médiocrement volumineux, puisqu'il n'avait que 1m,30 d'envergure. Quelquefois l'écartement des deux moitiés latérales du bois est si considérable, qu'il mesure jusqu'à trois mètres d'envergure, et pèse de vingt-cinq à trente kilogrammes. Il est aisé de concevoir que pour supporter un pareil fardeau il fallait que le cou fût assez gros et assez court, ce qui a lieu effectivement; mais il en résulte que l'élan a peine à recueillir l'herbe qui pousse sur le sol; il se nourrit plutôt de bourgeons, de jeunes pousses des arbres et des sommités des grandes herbes; et lorsqu'il lui faut atteindre sa nourriture à terre, tantôt il s'agenouille, tantôt, écartant considérablement l'un de l'autre ses deux pieds antérieurs, il abaisse d'autant la hauteur de son train de devant. La queue de l'élan est très-courte, ses jambes de devant un peu plus longues que celles de derrière.

L'élan n'est guère adulte qu'à l'âge de cinq ans; il change de bois tous les ans; son bois tombe vers la fin de l'automne; il est complétement repoussé au mois d'août. Cet aimal vit en petites troupes et montre des habitudes douces et paisibles, même timides; mais lorsque l'époque du rut arrive, vers le mois de septembre, ou lorsqu'il est irrité par une blessure, il devient dangereux : usant alors de sa force considérable, il frappe du bois et du pied de devant, dont la vigueur est telle, qu'un coup suffit pour assommer un chien ou un loup. On peut juger de la force de l'élan à l'inspection du développement musculaire de son corps. On ne le voit jamais bondir; mais il marche d'un trot vif et rapide, qu'il peut soutenir pendant deux jours; il parcourt ainsi jusqu'à douze et quinze myriamètres dans vingt-quatre heures. Les articulations de ses membres sont fortifiées par des ligaments très-forts, les cartilages articulaires sont plus secs que chez la plupart des autres animaux : aussi, lorsqu'il est au terme d'une course un peu longue, fait-il entendre un cliquetis assez fort et très-singulier; peut-être cette singularité, attribuée par plusieurs auteurs à la marche de l'élan, n'est-elle que le résultat d'une observation mal faite. L'explication qu'on en donne paraît peu satisfaisante; il est probable que le bruit que l'élan produit ainsi en trottant est dû au choc de ses sabots, qui sont forts et durs, et semblables à ceux du cerf ordinaire.

Les oreilles de l'élan sont longues, ses narines vastes; ses yeux gros et bien fendus; chez lui les facultés des sens extérieurs sont très-actives; il paraît qu'il sent l'approche d'une meute à huit ou dix kilomètres de distance. Il fuit avec une attention remarquable le voisinage de l'homme: aussi est-il plus commun dans le nord de l'Amérique que dans le nord de l'Europe; dans les contrées où l'homme s'est établi, il ne va paître que la nuit, et se retire pendant le jour dans les abris les plus solitaires des forêts; c'est là qu'il vit en petites troupes de huit ou dix individus; il paraît qu'il y a plus de femelles que de mâles, ou du moins que les premières se réunissent plus volontiers en petites sociétés. On vient difficilement à bout de l'apprivoiser; et ce serait une belle acquisition pour la société humaine que celle d'une espèce aussi robuste et aussi rapide à la marche; mais l'instinct de la liberté rappelle l'élan dans les forêts dès que le défaut de surveillance lui permet d'échapper à la captivité.

Les plus anciens auteurs latins ou grecs qui aient fait mention de l'élan le nomment *alces*, la langue celtique le nomme *elch :* nous livrons aux étymologistes l'appréciation de ce que ces différents noms peuvent avoir de commun, mais nous ne pouvons résister à citer l'opinion de Miechovius sur l'origine du nom *élend*, que lui donnent les Allemands. Ce mot, qui dans la langue allemande signifie aussi *misère* et *misérable*, a été donné à cet animal, suivant l'auteur que je cite, parce qu'il éprouve tous les jours un accès d'épilepsie qui ne cesse que lorsqu'il est parvenu à se gratter le trou de l'oreille gauche avec le pied droit de derrière, et aussi parce que la moindre blessure lui est mortelle. Un fait assez singulier dans la vie de l'élan paraît avoir donné lieu à cette opinion, plus que bizarre : presque tous les auteurs rapportent que lorsque l'élan est poursuivi, il lui arrive souvent qu'après avoir fourni une longue course, il tombe tout à coup sans avoir reçu aucune blessure, et s'agite dans des convulsions horribles fort analogues à des accès d'épilepsie; aussi diverses parties de son corps ont-elles été préconisées, comme remède homœopatique sans doute, contre cette affreuse maladie; car Apollonius Menabeni écrivait en 1581 que le sabot qui est en dehors du pied droit de l'élan guérit infailliblement l'épilepsie, s'il a été coupé d'un seul coup de hache, sur un mâle vivant encore, en rut pour la première fois, et le jour de la Saint-Gilles; et cela, au reste, soit qu'on le porte en amulette, soit qu'on le prenne à l'intérieur, et uniquement parce que l'animal lui-même passe pour être sujet à l'épilepsie; d'autres auteurs pensent qu'il y a plusieurs jours dans l'année où l'on peut recueillir l'ongle de l'élan, c'est depuis la fête de l'Assomption de la Vierge jusqu'à celle de la Nativité, c'est-à-dire du 15 août au 8 septembre. Je n'ai point l'intention de signaler toutes les folies que nos aïeux ont débitées sur l'élan; j'ajouterai seulement que des auteurs graves nous rapportent que lorsque l'élan est poursuivi par les chiens, il s'échauffe tellement, que s'il trouve de l'eau, il en remplit ses naseaux et la lance toute bouillante sur la meute.

Il paraît que la chair de l'élan, salée et cuite sur la fin de l'hiver, est très-bonne bouillie : cette chair a les fibres courtes et paraît délicate; quoiqu'elle ait la saveur de venaison et l'odeur forte de celle du cerf. En Lithuanie, on la prépare en décembre dans des tonneaux bien remplis de sel; on enfonce ces tonneaux sous l'eau; lorsqu'on les retire en mars, la chair est rouge, tendre et succulente. Après le poisson, dit le voyageur Sagard-Théodat, c'est la plus abondante manne des Canadiens. Le nez est servi chez eux comme le morceau d'honneur; en Russie, on préfère la langue salée et fumée.

Baudry de Balzac.

ÉLANCEMENT. Cette dénomination sert à désigner un mode de douleur analogue à celui que ferait éprouver l'introduction d'un fer de lance dans les chairs. C'est cette comparaison qui, selon les lexiques, a engendré le mot *élancement*; il pourrait cependant dériver directement du mot *élancer*, les douleurs surgissant avec l'impétuosité dont ce verbe comporte l'idée. Les médecins conservent le premier sens en employant indistinctement l'expression *douleur lancinante*. Cette sensation pénible est ressentie dans plusieurs cas, mais avec des modifications dépendantes de la nature de l'affection, qui peut être inflammatoire ou nerveuse; et ces différences concourent à établir une distinction entre ces deux états morbides. Dans l'inflammation aiguë, l'élancement s'allie à une chaleur brûlante et constante, ainsi qu'à une forte pulsation des artères. Dans la névralgie, la douleur est souvent le seul accident; mais elle est peut-être plus vive. Les élancements qu'on ressent dans le mal de dents, dans la névralgie faciale, dans la névralgie lombaire, qu'on appelle *lombago*, sont de ce genre; ce mode de douleur dépend aussi de l'organisation des tissus : plus une partie reçoit de nerfs dans son tissu, plus les douleurs y sont *lancinantes.* C'est pourquoi l'inflammation appelée *panaris* en cause de si violentes, parce que les nerfs abondent sur l'extrémité des doigts, siége principal du toucher. Les *douleurs lancinantes* sont quelquefois accompagnées d'une sensation de déchirement; c'est cette aggravation qui rend la goutte aiguë une des souffrances les plus cruelles que l'homme puisse endurer. Bien que ce mode de douleurs se rencontre avec les affections les plus graves, il ne faut cependant pas les considérer comme étant toujours les signes d'un danger imminent; les névralgies qui les provoquent, toutes pénibles qu'elles soient, se guérissent communément sans laisser aucune altération de tissu.

Il n'est pas rare de ressentir des élancements fugaces et très-pénibles dans des affections légères : tels sont ceux que ressentent les personnes qui ont des cors aux pieds, surtout dans les variations atmosphériques, et que pour ce motif on assimile aux baromètres. Les personnes qui ont eu plusieurs attaques de rhumatismes sont dans le même cas. Dr CHARDONNIER.

ÉLARGISSEMENT (*Droit*). C'est la liberté qu'on donne à un prisonnier de sortir de prison. On distinguait autrefois deux sortes d'élargissements, l'élargissement *définitif* et l'élargissement *provisoire*, que nous appelons aujourd'hui *mise en liberté provisoire sous caution*. L'élargissement ne peut résulter que d'un jugement ou d'un arrêt.

Relativement à l'exécution de la *contrainte par corps* pour dettes civiles ou commerciales, comme il ne s'agit plus alors d'un acte d'intérêt public, mais seulement d'intérêt privé, l'emprisonnement n'est plus soumis aux mêmes règles. Le débiteur incarcéré a le droit de réclamer son élargissement aussitôt que le créancier cesse de remplir toutes les conditions qui lui sont rigoureusement imposées, et particulièrement celle qui est relative à la consignation préalable des aliments.

EL-ARICH, village et château fort d'Égypte, que quelques philologues croient être le *Rhinocolura* des anciens, et dont le nom arabe correspond au latin *Asper* et à l'espagnol *El-Arisco*, est situé vers les frontières de la Syrie, à 260 kilomètres nord-est du Caire et 60 sud-ouest de Gaza. Cette position, séparée de la Méditerranée par quelques dunes, est entourée de tous les autres côtés par le désert. Elle était importante en 1799, lors de l'expédition de Bonaparte. Un combat mémorable et une convention célèbre ont consacré ce nom (*voyez* l'article suivant).

Le général Bonaparte, prévenu des préparatifs que faisait Djezzar, pacha de Syrie, pour favoriser l'expédition projetée par la Turquie contre les Français, maîtres de l'Égypte, résolut de la prévenir en se dirigeant vers la Syrie. Mais à peine avait-il eu le temps de fortifier le village de Katiéh, où était cantonnée la faible division du général Reynier, que Djezzar et Ibrahim-bey, pacha d'Acre, jetaient des troupes dans la forteresse d'El-Arich, point d'autant plus nécessaire au général français qu'il songeait à y faire transporter par mer tout son matériel. Ce fut donc par l'attaque d'El-Arich qu'il résolut d'ouvrir son expédition; mais trente-quatre kilomètres de désert séparaient cette forteresse de notre corps le plus rapproché, la division Reynier. Pendant qu'on organisait le reste de l'armée, ce général, dont toute la force consistait en deux demi-brigades, en tout 2,160 combattants, eut ordre de se mettre en marche avec elles comme avant-garde. Parti de Katiéh le 6 février 1799, il atteignit le 8, à minuit, après deux journées rendues pénibles par la chaleur étouffante et le manque d'eau, un bois de palmiers à l'embouchure du torrent El-Arich, où il prit position, à quelque distance du fort, gardé par environ 2,000 soldats de Djezzar et d'Ibrahim.

La première attaque eut lieu au point du jour. Elle fut dirigée avec une grande intelligence. A peine eut-on pratiqué dans les murailles quelques brèches à l'aide de six bouches à feu, que les Français s'élancèrent dans le village la baïonnette en avant. Les musulmans, retranchés dans les maisons, firent pleuvoir sur eux une grêle de balles, de pierres, de matières embrasées; mais les assaillants, sans se laisser intimider, en firent un horrible massacre. Cependant, le général, manquant de moyens pour assiéger la forteresse, se borna à l'investir, en attendant des renforts. Kléber parut le 14, avec sa division, quand déjà des corps de mamelouks campés aux alentours faisaient des efforts inouïs pour dégager la garnison. Le 18 toute l'armée française était là, Bonaparte en tête, faisant battre en brèche la place, qui se rendait le lendemain par capitulation. Avant la fin de l'année, le 29 décembre, elle retombait au pouvoir des Turcs.

EL-ARICH (Convention d'). Lorsqu'au mois d'août 1799, le général Bonaparte quitta l'Égypte, laissant notre armée sous les ordres de Kléber, celui-ci pensa peut-être qu'on ne pouvait plus rester en Égypte, et qu'il fallait retourner en France, et la majorité de l'armée se trouva de son avis. Mais pour regagner la patrie il fallait traiter avec la Porte, représentée par un vizir; traiter avec l'Angleterre, en la personne de sir Sydney-Smith. Le général ne tarda pas à entamer les négociations. Ce fut à bord d'un vaisseau anglais, *le Tigre*, que se réunirent les plénipotentiaires. Les pourparlers commencèrent le 22 décembre 1799. Étaient chargés des intérêts de la France le général Desaix, qui, voulant qu'on colonisât l'Égypte, avait résolu de faire traîner les choses en longueur jusqu'à ce qu'on eût reçu d'Europe de nouveaux ordres et des secours, et l'administrateur Poussielgue, un des plus zélés partisans de l'abandon de l'Égypte. Les négociateurs se trouvaient réunis à bord du *Tigre*, à l'instant même où, par le coup d'État du 18 brumaire en France, Bonaparte venait d'être investi du pouvoir souverain. Ce fut Desaix qui fit les premières propositions, et elles étaient si ambitieuses, qu'il n'y avait nul espoir de les voir accepter. Kléber, qui sentait la faute qu'il faisait en essayant de traiter sous le coup du découragement, au moment même où des secours pouvaient lui arriver d'un moment à l'autre, les avait dictées fières et hautaines pour s'excuser à ses propres yeux. Desaix demandait donc, au nom du généralissime, que l'armée se retirât avec les honneurs militaires, avec armes et bagages; qu'elles pût prendre terre sur tel point du continent qu'il conviendrait aux généraux de choisir, et se porter au secours de la république là où les généraux le jugeraient nécessaire. Desaix demandait encore que la Porte restituât sur le champ les îles vénitiennes de Zante, Corfou, Céphalonie, etc., qui, cédées à la France par le traité de Campo-Formio, se trouvaient en ce moment occupées par des garnisons turco-russes; que Malte, jadis conquise, en passant, par l'armée d'Égypte, ne pût non plus être enlevée à la république; que l'armée française fût libre, en s'en retournant, de ravitailler et de renforcer les garnisons de ces îles; enfin, qu'on anéantît sur le champ le traité de triple alliance qui liait entre elles la Porte, la Russie et l'Angleterre. Ces conditions durent paraître et parurent en effet exagérées aux plénipotentiaires des deux autres puissances : aussi n'y a-t-il pas lieu de s'étonner qu'elles aient été rejetées. Cependant elles eurent cet effet de faire accorder par sir Sydney-Smith le départ immédiat des blessés et des savants attachés à l'expédition.

Sur ces entrefaites, le fort d'El-Arich, défendu par une poignée de Français malades et démoralisés, tomba au pouvoir des Turcs, qui en massacrèrent la plus grande partie; le reste obtint non sans peine une capitulation; et tout cela se passait au mépris de tout droit des gens, pendant des pourparlers qui impliquaient naturellement une suspension d'hostilités. Le commodore anglais s'indigna de ce barbare massacre d'une garnison française. Kléber, maîtrisant sa colère, se borna à demander formellement une suspension d'armes tant que dureraient les négociations. Desaix et Poussielgue arrivèrent enfin le 13 janvier à El-Arich. Plusieurs fois le premier fut sur le point de tout rompre, tant les propositions qu'on lui faisait semblaient exagérées en sens inverse de celles qu'il avait lui-même portées d'abord, tant elles étaient déshonorantes pour la France. Enfin, après de longs pourparlers, on arriva à des conditions acceptables et acceptées de part et d'autre. La convention fut signée le 24 janvier 1800, au camp du grand-vizir, près d'*El-Arich*, où les conférences s'étaient tenues depuis le jour où une affreuse tempête y avait poussé *le Tigre*. Elle reposait sur les bases suivantes : Cessation des hostilités durant trois mois consécutifs, lesquels trois mois seraient employés par le vizir à réunir à Rosette, Aboukir et Alexandrie, les navires nécessaires au transport de l'armée française; évacuation complète, de la part de Kléber, du haut Nil, du Caire et des provinces environnantes; concentration des troupes françaises sur les points d'embarquement, départ des Français avec armes et bagages. L'armée d'invasion devait, en évacuant, emporter les munitions dont elle jugerait avoir besoin durant la traversée, mais laisser les autres. Elle devait cesser, à partir de la signature de la convention, d'imposer à l'Égypte aucune contribution, mais, en compensation, elle recevrait de la Porte trois mille bourses, c'est-à-dire environ trois millions, somme jugée nécessaire à l'évacuation et à la traversée. Les forts de Katiéh, de Belbéis et de Salahiéh devaient être remis dix jours après la ratification, le Caire au bout de quarante. Cette ratification devait être donnée sous huit jours par Kléber, sans recours au gouvernement français, et sir Sydney-Smith s'engageait à fournir, tant en son nom qu'au nom du commissaire russe, des passeports qui permissent à l'armée française de traverser librement les croisières anglaises.

Cette malheureuse convention d'El-Arich enlevait l'Égypte à la France, sans lui accorder aucun dédommagement. Pour elle étaient perdus sans retour tous les avantages qu'elle était en droit d'espérer de cette magnifique expédition, si largement conçue et d'abord si noblement exécutée. Cependant, on est forcé de le reconnaître, le gros des troupes et la plus forte partie des officiers supérieurs se préparaient avec joie à quitter la plage égyptienne. Les choses en étaient là, et Kléber se disposait au départ, en même temps que l'armée turque s'approchait pour prendre possession des places fortes occupées par les Français, quand tout à coup sir Sydney-Smith, qui n'avait pas encore apposé sa signature au traité, qui d'ailleurs depuis l'arrivée de lord Elgin en Orient n'avait plus le droit de traiter comme ministre plénipotentiaire de la Grande-Bretagne, reçut l'ordre de n'accorder aucune capitulation à l'armée française, à moins qu'elle ne se rendît prisonnière de guerre. Désolé de toutes ces circonstances, qui l'eussent exposé à se faire accuser de déloyauté, sir Sydney-Smith ne pouvait pourtant se dispenser d'obéir. Pris entre sa parole donnée et les ordres précis de son gouvernement, il se hâta d'écrire à Kléber, de l'avertir franchement de tout ce qui se passait, de l'engager à suspendre la remise des places égyptiennes; enfin, il le priait de vouloir bien lui laisser attendre de nouveaux ordres du gouvernement britannique avant de prendre une résolution définitive. Mais lorsque Kléber reçut cette lettre, il était trop tard déjà : la convention d'El-Arich avait été en grande partie exécutée par les Français. Les Turcs étaient en possession de toutes les positions de la rive droite du Nil, ainsi que de plusieurs places fortes du Delta; les troupes françaises étaient en marche pour Alexandrie, Rosette, Aboukir, où devait s'effectuer l'embarquement; plusieurs généraux étaient même déjà partis pour l'Europe. Au milieu d'un tel désastre, quand tout espoir devait sembler une folie, Kléber, dont les yeux avaient été un instant fascinés, retrouva ce grand courage, cette intelligence de la guerre, cette vue nette de la situation qui lui étaient si éminemment propres. Contre-mandant tous les ordres qu'il avait donnés à l'armée dans la prévision d'un départ, il ramena de la Basse-Égypte jusqu'au Caire une partie des troupes qui avaient descendu le Nil, appela les autres autour de lui, et signifia au grand-vizir que, sous peine de voir recommencer immédiatement les hostilités, il eût à suspendre sa marche sur le Caire. Le vizir répondit qu'il voulait l'exécution de la Convention d'El-Arich, et en même temps Kléber reçut du ministre anglais une lettre qui lui annonçait que le gouvernement britannique, loin d'accepter cette convention, dont le général français rougissait désormais, refusait toute capitulation à l'armée d'invasion, à moins qu'elle ne se reconnût prisonnière de guerre. Alors le lion se réveilla; Kléber fit mettre la lettre du ministre anglais à l'ordre de l'armée, sans y ajouter autre chose que ces nobles paroles : *Soldats! on ne répond à de telles insolences que par des victoires : préparez-vous à combattre.* Et le 20 mars 1800, moins de deux mois après la signature du traité d'El-Arich, il le déchirait de son épée, et on lavait à toujours la honte par la victoire d'Héliopolis. A la tête de dix mille Français, il avait vaincu l'armée du vizir, forte de quatre-vingt mille hommes, et ayant derrière elle, au Caire, une population de trois cent mille âmes, prête à se soulever au premier signe des Turcs.

Pauline Roland.

ÉLASTICITÉ. Un certain nombre de corps présentent d'une manière sensible une propriété qui appartient à tous, mais que l'on ne peut toujours constater directement, et qui consiste à pouvoir reprendre leur forme primitive, altérée momentanément par des causes étrangères; les limites dans lesquelles cette propriété peut être constatée par des moyens très-simples sont très-différentes suivant leur nature : ainsi, une tige d'acier trempé, maintenue par l'une de ses extrémités dans les mâchoires d'un étau et courbée fortement dans un sens, fait plusieurs oscillations quand on l'abandonne à elle même, et revient à sa position première; tandis qu'une lame de plomb, placée dans les mêmes conditions restera plus ou moins courbée après qu'elle sera abandonnée à elle-même : cependant cette lame est élastique; mais comme c'est à un degré très-différent de l'acier, pour constater cette propriété il faudrait la courber très-faiblement.

La forme et le volume des corps exercent une grande influence sur l'élasticité qu'ils présentent : ainsi, il est difficile de constater cette propriété sur une plaque de verre épaisse; on peut assez facilement la reconnaître dans une plaque très-mince; mais sur un tube d'un faible diamètre, ou sur un fil tiré à la lampe d'émailleur, rien n'est plus facile que de s'en assurer. Un corps qu'on laisse tomber sur un plan résistant comme une plaque de verre, de pierre, de marbre, etc., peut se relever d'une quantité plus ou moins considérable après l'avoir touché, et d'autant plus qu'il est plus élastique : par exemple, une bille d'ivoire, de marbre, de gomme élastique, rebondissent fortement quand elles viennent à toucher le sol, tandis qu'une boule d'argile ou de farine ne se relève pas, ou le fait d'une manière très-peu sensible. Une lame de fer, de cuivre, de plomb, etc., qu'on laisse tomber d'une certaine hauteur, ne rebondissent pas, tandis qu'un anneau de ces substances peut se relever avec une grande force. On explique ces phénomènes en admettant que les molécules des corps peuvent glisser sur elles-mêmes avec plus ou moins de facilité; et comme on admet aussi qu'elles ont des formes particulières, et qu'elles s'arrangent toujours de manière à s'offrir réciproquement les surfaces qui présentent le plus de stabilité, quand un choc, une courbure, les forcent de se déplacer, elles tendent à revenir à leur position première, et y reviennent en effet si l'effort qui les a déplacées n'a pas été supérieur à leur tendance réciproque à rester dans la position d'où on les a fait sortir. Mais quand on a dépassé une certaine limite, les molécules ont été complétement déplacées; elles ne s'offrent plus les unes aux autres sous les mêmes faces, et leur forme se trouve altérée.

L'élasticité des liquides peut être facilement constatée : ainsi, les gouttes de pluie qui touchent le sol, surtout s'il est imperméable, comme un pavage ou un dallage, se relèvent avec assez de force pour jaillir à une assez grande distance, et un filet d'eau qui tombe sur une pierre d'une certaine hauteur peut se relever d'une manière très-sensible. Les gaz, dont la compression rapproche si facilement les molécules, jouissent d'une très-grande élasticité, dont on se convaincra sans peine par une expérience très-simple : si on renferme dans un corps de pompe de l'air ou un autre gaz, et qu'on en diminue le volume par la pression d'un piston, aussitôt que la pression cessera on verra le piston se relever, et, si le gaz n'a pas trouvé d'issue pour s'échapper, revenir à la position d'où il avait été déplacé.

L'élasticité joue un grand rôle dans une foule d'applications, soit aux arts, soit à l'économie domestique; c'est sur elle qu'est fondé l'emploi des ressorts, et les jeux de la balle et du ballon reposent entièrement sur la grande élasticité du caoutchouc et de l'air.

H. GAULTIER DE CLAUBRY.

ÉLASTIQUES (Tissus et Corps). Dans les sciences anatomiques et physiologiques, on désigne sous ces noms des parties destinées à se prêter aux mouvements qui les allongent, et à produire, par une sorte de rétraction, d'autres mouvements en sens opposé. Sous ce nom commun se groupent naturellement : 1° les *tissus musculaires* (*voyez* MUSCLES), qui se contractent sous l'influence de l'action nerveuse, et qui méritent d'être qualifiés *tissus contractiles*, ainsi que l'usage et la raison l'ont établi dans le langage physiologique; 2° les *tissus* appelés vulgairement *jaunes*, qu'il serait convenable d'appeler *tissus rétractiles*, et qui se dérobent à l'influence nerveuse dans le plus grand nombre des cas; n'agissant qu'après avoir été allongés, ils opèrent une vraie rétraction, produite par le ressort naturel ou l'élasticité de la substance de leurs fibres (*voyez* CONTRACTILITÉ).

L. LAURENT.

ÉLATÉE, aujourd'hui les *Ruines d'Élefta*, après Delphes la ville la plus considérable de la Phocide, importante comme clef du défilé conduisant de Thessalie en Béotie, était située sur la rive droite du Céphise, dans une fertile contrée. Elle fut détruite par les Perses, puis prise d'assaut par Philippe de Macédoine avant la bataille de Chéronée. Plus tard, le général romain Titus Flaminius l'assiégea inutilement. Le temple qu'Esculape avait à Élatée, ainsi qu'une statue de Minerve à qui l'on attribuait le don de faire des prodiges, étaient en grand renom.

ÉLATÉRIDES, tribu d'insectes appartenant à l'ordre des coléoptères, section des pentamères, et ayant pour type le genre *elater*. Une espèce particulière à l'Amérique du Sud, où elle est connue sous le nom de *cocujas* (*elater noctilucus*) est phosphorescente la nuit. On doit encore citer l'*elater flabellicornis*, qui a de quatre à cinq centimètres de longueur. On rencontre cette espèce aux Indes orientales et sur divers points de l'Afrique.

Un grand nombre d'espèces d'élatérides sont particulières à nos climats, mais elles n'ont point de couleurs brillantes et sont beaucoup plus petites que les espèces étrangères. La plus généralement connue en France est le *taupin*, vulgairement appelé *scarabée à ressort*, parce que cet insecte, couché sur le dos et ne pouvant se relever à cause de l'exiguité de ses membres, saute et s'élève perpendiculairement jusqu'à ce qu'il retombe sur ses pieds. Ces insectes sont d'une voracité extrême et le fléau des campagnes.

ÉLATÉRITE. Cette variété de bitume, encore nommée *bitume élastique, caoutchouc minéral* ou *fossile*, *dapèche*, est solide, de consistance molle, compressible et élastique, d'une couleur brune nuancée de verdâtre, principalement à l'intérieur, luisante, opaque en masse, mais translucide vers les bords, se laissant couper et déchirer à peu près comme le caoutchouc, avec lequel elle a beaucoup de rapports (elle enlève comme lui les traces de plombagine, mais elle a l'inconvénient de salir le papier), inflammable et brûlant avec une flamme claire.

Ce bitume, qui n'a encore été rencontré que dans deux endroits, en Angleterre, dans le Derbyshire, et en France, aux environs d'Angers, a été analysé par M. Henri fils, qui a trouvé parmi ses éléments une très-grande quantité d'oxygène. Ce résultat est en faveur de l'opinion émise par Scherrer et par M. Hatchett, sur l'origine de ce bitume : ces savants ont pensé qu'il était le résultat de l'oxygénation du pétrole, et sa consistance est suivant eux proportionnée à la durée de son exposition à l'air.

P.-L. COTTEREAU.

ÉLATÉRIUM. C'est ainsi que les pharmaciens désignent l'extrait obtenu du fruit d'une plante originaire des contrées méridionales de l'Europe, connue en France sous les noms de *concombre sauvage* ou *concombre d'âne*, et classée dans la famille des cucurbitacées. Cette plante vivace, dont la tige est charnue, couchée, rameuse, dépourvue de vrilles, porte des feuilles alternes, presque cordiformes, à pétioles redressés, des fleurs monoïques, sortant de l'aisselle des feuilles sous forme d'épis solitaires, des fruits ovoïdes, de la grosseur du pouce et hérissés de poils rudes et épais. Les fruits de la même plante ont encore ceci de remarquable, que lorsqu'ils s'en détachent, les graines sortent avec rapidité par le trou qui forme la base du pédoncule de chacun d'eux. Le suc du fruit, clarifié par le repos et la filtration, et épaissi en consistance d'extrait, constitue l'*élatérium ordinaire* du nouveau Codex. Autrefois, après avoir séparé le dépôt qui se formait dans le suc, on le plaçait sur un crible, et on l'arrosait avec un peu d'eau; la portion du liquide étant décantée, on faisait dessécher, au soleil ou à un feu doux, la matière précipitée : cet extrait devait être très-amer, léger, et d'une grande blancheur, ce que les falsificateurs obtenaient en y incorporant de l'amidon. Suivant le docteur Paris, 100 parties d'élatérium du commerce contiennent : eau, 4; extractif, 26; amidon, 28; gluten, 5; matière ligneuse, 25; élatine et principes amers, 12.

Le mot ἐλατήριον, fait du verbe ἐλαύνειν, qui veut dire *pousser, chasser*, a été appliqué à cette substance, peut-être parce que les Grecs la regardaient comme un puissant purgatif. Quoi qu'il en soit, les auteurs anciens et, notamment Pline, l'ont crue capable de guérir les maux d'yeux, d'oreilles, de dents, la goutte, les dartres, la gale, et une foule d'autres maladies. Ils en modifiaient la forme et l'activité par diverses préparations : c'est ainsi que l'élatérium de Dioscoride agissait vivement, celui de Théophraste très-peu. Plus récemment, les médecins ont préconisé l'extrait du concombre sauvage contre les hydropisies passives et d'autres graves affections; ils le prescrivaient de un à six grains, suivant les âges et les tempéraments. Quoiqu'on en puisse tirer très-bon parti dans les hydropisies séreuses, cette substance est peu employée aujourd'hui, sinon unie à d'autres médicaments; cela tient peut-être à l'opinion émise par Orfila, qui la regarde comme vénéneuse; son effet est de purger, et même d'exciter des vomissements.

L'*élatine*, à laquelle est due toute la puissance médicinale de l'élatérium, est un principe mou, vert, d'une odeur aromatique, plus pesant que l'eau, ne s'y dissolvant pas, soluble dans l'alcool et les alcalis. Elle n'a pas d'amertume, mais elle est combinée avec des principes amers qui en augmentent l'activité.

N. CLERMONT.

ÉLATÉROMÈTRE, (d'ἐλατήρ, agitateur, d'où nous avons fait *élasticité*, et μέτρον, mesure), nom donné par quelques auteurs à la balance de torsion, parce que Coulomb, son inventeur, s'en est d'abord servi pour constater les lois de l'*élasticité*. On a aussi donné ce nom à un instrument servant à mesurer le degré de raréfaction de l'air dans le récipient de la machine pneumatique.

ÉLATINE. *Voyez* ÉLATÉRIUM.

ELBE, l'*Albis* des Romains, appelé par les Bohêmes *Labe*, l'un des principaux cours d'eau de l'Allemagne et le seul de ses grands fleuves qui depuis sa source jusqu'à son embouchure appartienne exclusivement au territoire allemand, formant par sa grande navigabilité la voie naturelle de communication des produits de l'industrie de tous les pays qu'il avoisine avec leurs débouchés transmarins, prend sa source en Bohême, non loin de la Silésie, dans la partie la plus élevée du *Riesengebirge*, à 1,420 mètres au-dessus du niveau de l'Océan, et résulte de la réunion successive de plusieurs ruisseaux et cours d'eau, qui forment d'abord le *Weisswasser* et l'*Elbebach*, lesquels ne tardent point à se confondre en prenant la dénomination commune d'*Elbe*. Ce n'est encore qu'un impétueux torrent de montagnes, se précipitant dans une vallée fort étroite sur plusieurs points. Après avoir baigné les murs de Josephstadt et de Kœnigingrætz, après s'être grossi en route de l'Adler et de l'Iser et avoir reçu à Melnik les eaux de la Moldau, rivière dont le parcours total depuis sa source est à ce point d'environ 120 kilomètres plus étendu, et qui constitue à bien dire la grande artère fluviale de la Bohême; après avoir ensuite reçu l'Éger à Theresienstadt, il franchit la montagne centrale de la Bohême, entre Lowositz et Teschen, et encore, après avoir quitté la Bohême à 2 kilomètres environ d'Hirniskretschen pour entrer en Saxe et franchir dans son cours jusqu'à Pirna le plateau connu sous le nom de Suisse saxonne, il coule jusqu'à Dresde à travers une belle vallée, qui se referme à Meissen. Une fois qu'il a franchi le plateau qui l'arrête ici, il entre enfin dans la plaine de l'Allemagne septentrionale, fleuve majestueux de plus de 200 mètres de large sur une profondeur moyenne de 2 à trois mètres au temps des plus basses eaux. Il atteint ensuite la Saxe prussienne, le Brandebourg et le duché d'Anhalt, baigne successivement les murs de Torgau, de Wittemberg, de Magdebourg et de Tangermünde, et sépare le Hanovre du Mecklembourg, du Lauembourg, de Hambourg, du Holstein. Au-dessus de Hambourg, il se divise en plusieurs bras formant un certain nombre d'îles, et ce n'est qu'à 12 kilomètres au-dessous de cette ville qu'il réunit de nouveau toute la masse de ses eaux avec une profondeur de 8 à 9 mètres dans son chenal. Enfin, il va se jeter dans la mer du nord à Cuxhaven, où il a environ 20 kilomètres de largeur, après un parcours total de 108 myriamètres (120, si l'on admet que la Moldau soit sa véritable source) et avoir reçu les eaux de plus de cinquante affluents dont les plus importants sont la Moldau, l'Éger, la Mulde, la Saale et la Havel avec la Sprée. Malgré la largeur de son embouchure, le chenal y est fort étroit, entouré de bancs de sable et de bas-fonds. Le bassin de l'Elbe comprend une superficie totale d'environ 1,800 myriamètres carrés. Il devient navigable pour de petites embarcations à partir de Melnik; et à partir de Pirna il peut en recevoir de grandes. Les navires de long cours le remontent jusqu'à Hambourg.

L'Elbe est très-poissonneux; on y pêche aussi bien des poissons de mer, qui le remontent pour frayer, que des poissons d'eau douce, provenant des diverses rivières qui viennent s'y déverser, et des poissons appartenant à son propre bassin. Des services de bateaux à vapeur établis à Dresde et à Magdebourg desservent ses rives, tant en amont qu'en aval. Mais la navigation de ce fleuve fut entravée dès l'époque la plus reculée par une foule de droits exorbitants et de règlements particuliers. L'étape de Magdebourg, les monopoles constitués en faveur des mariniers de diverses localités, de fréquents péages, des droits de douane exagérés, des règlements de navigation confus et incertains, établis par les États riverains, le pouvoir arbitraire exercé par les différents préposés des douanes et de la navigation, le mauvais entretien du chenal et des chemins de halage, ne pouvaient qu'empêcher la navigation de ce fleuve de prendre les développements dont elle était susceptible pour peu qu'on lui donnât de liberté. Ce fut en 1819 que se réunit pour la première fois à Dresde une commission dite *de la navigation de l'Elbe*. Aux termes d'une convention conclue entre ses membres le 23 juin 1821, pour être exécutée à partir du 1er mars 1822, la navigation fut déclarée libre désormais pour le commerce à partir du point où l'Elbe devient navigable jusqu'à la pleine mer. Aux taxes diverses qui existaient précédemment, on substitua un droit fixe et plus modéré, à acquitter par les marchandises, sous le nom de *douane de l'Elbe*, et par les bâtiments et transports comme droits d'entretien du fleuve, sous le nom de *droits de connaissement*, d'après un tarif divisé en quatre classes. Furent maintenus comme taxes particulières les droits de douanes, de déchargement, de pesage et d'entrepôt, ainsi que les droits d'ouverture d'écluses et de levée des ponts. Tandis qu'autrefois les transports qui remontaient ou descendaient l'Elbe étaient tenus de s'arrêter devant 35 péages, entraînant une dépense considérable et une grande perte de temps, ils n'en rencontrent plus aujourd'hui sur leur route que 14. Toutefois, on n'avait pas songé à la nécessité d'entretenir le chenal de l'Elbe en bon état sur tous les points de son parcours; aussi le fleuve allait-il s'ensablant de jour en jour davantage, et n'était-il pas rare de voir de nombreux transports obligés d'attendre trois et même quatre semaines qu'une crue d'eau leur permît enfin de franchir l'endroit où force leur avait été de s'arrêter. En 1842 des commissaires des États riverains se réunirent de nouveau à Dresde, et leur premier soin fut de faire procéder à une enquête. Après deux années de travaux la conférence publia, en date du 13 avril 1844, un acte additionnel relativement à la navigation de l'Elbe. Mais les commissaires ne purent rien faire pour améliorer le cours supérieur du fleuve, attendu que les travaux nécessaires eussent entraîné des dépenses trop considérables pour les riverains directement intéressés.

Vint la tourmente de 1848. D'après les renseignements fournis alors au parlement de Francfort, il avait été prélevé en moyenne chaque année depuis 1844 un million de thalers en droits de douane de l'Elbe, dont 549,000 par le Hanovre à lui seul, 218,000 par le Mecklembourg, 67,500 par le Lauembourg, 10,000 par les villes anséatiques de Hambourg et de Lubeck, 64,000 par la Prusse, 60,000 par Anhalt, 20,000 par la Saxe et 20,000 par la Bohême. La recette totale avait dépassé de 646,000 thalers les sommes consacrées à l'amélioration du cours du fleuve. Il était évident que les États qui dépensaient le moins à cet effet étaient précisément ceux qui encaissaient le plus. Aucune modification ne fut cependant apportée à ce fâcheux état de choses. Ce fut seulement deux ans plus tard que les gouvernements songèrent à y remédier. Le 4 mai 1850, l'Autriche commença par supprimer pour son propre commerce entre Melnik et la frontière de Saxe tout droit de douanes de l'Elbe, sauf sur les bois à brûler et les bois de construction, le charbon de bois et la houille. En octobre 1850 des commissaires s'assemblèrent de nouveau à Magdebourg à l'effet de régulariser les droits de douane de l'Elbe, en même qu'une commission était chargée de leur soumettre les projets de travaux les plus propres à améliorer le cours du fleuve. Mais trop d'intérêts étaient en présence pour qu'il fût facile de les concilier; aussi ce congrès douanier n'aboutit-il à rien.

ELBE (Ile d'), l'*Æthalia* ou l'*Ilva* des anciens, la plus grande des îles de la Toscane, dépendance de la province de Pise, à 40 bilomètres de la Corse, et séparée du continent par le canal de Piombino, large de 9 kilomètres environ, compte une population de 18,000 habitants sur une superficie d'à peine 28 kilomères carrés. Sa configuration est des plus irrégulières. Presque entièrement couverte de montagnes, parmi lesquelles le monte Capona, situé à l'ouest, atteint une élévation de 800 mètres, elle n'a qu'un petit nombre de vallées et de plaines d'une certaine étendue. De même on n'y trouve que peu de ruisseaux, mais en revanche un grand nombre de sources. Le climat est tempéré et sain, sauf quelques parties du sol basses et sablonneuses. Les montagnes sont dénuées de bois, mais couvertes d'herbes odoriférantes et de riches pâturages. Le sol n'est point stérile; seulement l'agriculture et l'éducation des bestiaux sont fort négligées, de sorte qu'on est obligé d'y importer des céréales et de la viande. La plus grande partie de l'île se compose d'une puissante montagne de granite; l'autre partie, où se trouve située la capitale, *Porto-Ferrajo*, renferme une pierre calcaire tenant du sable et du marbre, et à Rio se trouvent d'immenses mines de fer qui constituent la principale richesse du pays. Les travaux d'exploitation s'y font autant que possible à la surface du sol, de sorte qu'on n'a pas besoin d'établir des galeries, etc. Le minerai contient jusqu'à 60 p. 100 de métal pur; mais faute de combustible, on est forcé de l'affiner dans les hauts fourneaux de la Toscane. L'olivier est peu cultivé, à la différence de la vigne, qui produit autant de vin qu'il est nécessaire pour la consommation de la population. Les marais salants de la côte fournissent du sel en abondance. La pêche du thon et de la sardine sont des plus productives. Quant à des manufactures et à des fabriques, il n'y en existe d'aucune espèce. Les localités les plus importantes sont : *Porto-Ferrajo* (le *Portus Argous* des anciens, appelé au moyen âge *Burgum*), chef lieu de l'île, ville très-fortifiée, située au fond d'une profonde baie de la côte septentrionale, avec un bon port et un château fort, une belle place, un hôtel du gouverneur considérablement embelli par Napoléon, et 5,000 habitants; *Porto-Longone*, petit port sur la côte sud-est, avec des fortifications qui tombent en ruines et 3,000 habitants; *Rio*, habité en grande partie par les ouvriers employés aux mines; le grand bourg de *Marciana*, situé à l'ouest sur un plateau assez élevé, entouré d'une forêt de châtaigniers, avec 3,000 habitants; enfin, le village de *Marina di Marciana*, avec un petit port.

Dès l'antiquité cette île était célèbre pour sa richesse en métaux. Au dixième siècle, elle passa sous la domination des Pisans, à qui les Génois l'enlevèrent en 1290. Plus tard elle appartint, à titre de fief mouvant de la couronne d'Espagne, aux ducs de Sora, princes de Piombino. Toutefois, Porto-Longone appartenait au roi de Naples, qui avait le droit de mettre garnison dans tous les ports. Le grand-duc de Toscane possédait en outre un district au nord de l'île, donné à Cosme Ier par Charles-Quint et protégé par une citadelle appelée *Cosmopoli* (c'est celle qui défend aujourd'hui le chef-lieu). En 1736 l'île passa, avec la principauté de Piombino, sous la domination du roi de Naples, qui en demeura le souverain jusqu'en 1801, époque où, conformément à la paix de Lunéville, elle fut attribuée au roi d'Étrurie, sous la dénomination de *Stato degli Presidii*.

En 1814, après la première abdication de Napoléon, elle fut donnée en toute souveraineté à ce prince, qui la conserva depuis le 4 mai jusqu'au jour où il s'embarqua pour retourner en France. Il y séjourna tantôt à Porto-Ferrajo, tantôt dans une maison de campagne située dans la vallée de San-Marino à 7 kilomètres de la côte. Sa sœur Pauline, et sa mère, *Madame-Mère*, comme on l'appelait, étaient venues l'y rejoindre; et soit habitude, soit calcul, et afin de donner le change sur ses véritables intentions et dépister les *observateurs*, Napoléon eut là, comme aux Tuileries, son grand-maréchal du palais, son grand-chambellan, ses officiers d'ordonnance. Le millier de soldats de la vieille garde qui l'y avaient suivi, quelques officiers supérieurs, tels que Bertrand, Drouot, Cornuel, Larabit, etc., jouaient un rôle important dans cette comédie politique; les uns figuraient l'armée du nouveau souverain, et les autres sa petite cour. Cependant il s'en fallait de beaucoup que cette petite cour se composât uniquement d'amis dévoués comme les hommes honorables dont nous venons de citer les noms. Le plus grand nombre, il faut le dire, n'étaient que des aventuriers de la pire espèce, la lie des états-majors administratif et militaire, des hommes qui, après un an de séjour sans profit à l'île d'Elbe, fussent devenus les espions de l'empereur et peut-être pis encore; car ceux-là ne l'avaient accompagné que dans l'espoir de se faire auprès de lui une position douce et brillante.

Mais Napoléon avait eu évidemment des arrière-pensées en signant le traité de Fontainebleau, et huit mois à peine s'étaient écoulés depuis qu'il avait pris possession de l'île d'Elbe lorsqu'il se décida à la quitter pour en appeler de nouveau à sa fortune.

Deux faits incontestables déterminèrent ce merveilleux épisode du départ de l'île d'Elbe : la dépopularisation de la famille royale au commencement de 1815, et le machiavélisme du congrès de Vienne, qui menaçait à la fois Napoléon de la déportation à Sainte-Hélène, et Murat de la perte de ses États. Or, ces deux princes étaient avertis par leurs émissaires de ces dispositions hostiles. Aussi Napoléon avait-il fait mettre Porto-Ferrajo en état de défense. Il était instruit par les journaux du mécontentement de la France, et il y trouvait la raison de son retour. Napoléon avait pardonné à Murat, et tous deux, unis encore par une destinée semblable, s'étaient de nouveau associés à une même fortune. L'empereur avait fait acheter des munitions de guerre à Naples, des armes à Alger, des transports à Gênes. Tout se trouva bientôt prêt pour le départ. Le 24 février, il donnait un grand bal, dont sa sœur Pauline Borghèse faisait les honneurs; ce fut le moment qu'il choisit pour tenter la plus audacieuse entreprise dont il soit fait mention dans l'histoire. Il s'est dérobé facilement au tumulte d'une fête : ses ordres sont fidèlement exécutés. A quatre heures du matin, il est à bord du brick *L'Inconstant*. Quelques petits bâtiments, où flotte son pavillon, blanc parsemé d'abeilles, reçoivent 900 hommes, qui ont vu Arcole, les Pyramides, Marengo, Austerlitz, Iéna, Wagram, Friedland, Moskou et Montmirail. La flottille porte César et sa fortune! Mais la fortune l'entraîne. *Le gant est jeté*, dit-il, en montant à bord. Le roi de Naples, Pauline Borghèse, et les généraux Bertrand, Drouot et Cambronne, qui l'accompagnent, sont seuls dans le secret du débarquement. L'armée croyait aller en Italie. « Nous allons en France, nous allons à Paris, » dit Napoléon après une heure de route, et les cris de « *Vive l'empereur! Vive la France!* » sont les bruyants adieux des braves aux rochers de l'île d'Elbe.

Cependant, après qu'on eut doublé le cap Saint-André, le vent devint contraire, et les marins étaient d'avis de retourner à Porto-Ferrajo; mais, comme au retour d'Égypte, Napoléon déclara qu'il voulait arriver en France, sauf, s'il était attaqué, à s'emparer de la croisière, ou à aller en Corse. Dans ce premier doute, Napoléon ordonna de jeter à la mer tout ce qui pourrait gêner la défense, et chacun fit avec empressement le sacrifice de ce qui lui appartenait. Le soir, deux frégates furent découvertes, et un brick de guerre français, *Le Zéphyre*, vint droit sur la flottille. Napoléon fit coucher sa garde sur le pont. Une heure après, les deux bricks étaient bord à bord, et *Le Zéphyre* ayant demandé des nouvelles de l'empereur, Napoléon lui-même répondit qu'il se portait bien. Échappé à ce danger, le 28 on reconnut encore un vaisseau de 74; mais celui-ci n'aperçut point le bateau de César. Cette journée fut employée à copier trois proclamations, adressées l'une aux Français, l'autre à l'armée, la troisième aussi à l'armée, mais au nom de la garde.

Le pont, en vue des croisières ennemies, était couvert d'expéditionnaires écrivant, sous la dictée rapide de Napoléon, ces magiques appels d'un proscrit à trente millions d'hommes. Enfin, le 1er mars, mois cher à l'empereur dans ses prospérités, il revit la terre française, et débarqua au golfe Juan. Le 20 mars il était à Paris (voyez CENT-JOURS).

Les actes du congrès de Vienne restituèrent l'île d'Elbe et la principauté de Piombino à ses anciens propriétaires, sous la suzeraineté du grand-duc de Toscane, avec les îles de *Pianosa*, de *Palmajola* et de *Monte-Christo*, qui l'avoisinent.

ELBÉE (N. GIGOT D'), né en 1752, à Dresde, d'une famille française établie en Saxe, fut amené en France dès 1757, et s'y fit naturaliser. Entré de bonne heure dans un régiment de cavalerie, il était parvenu au grade de lieutenant, lorsqu'en 1783, voulant se marier, il donna sa démission pour vivre en gentilhomme campagnard dans un petit bien qu'il possédait près de Beaupréau, en Anjou. Ce fut là que le trouva l'explosion révolutionnaire. Royaliste au fond du cœur, il suivit les princes à Coblentz, mais il rentra en France dès qu'il connut le décret qui ordonnait aux émigrés de revenir dans le royaume, sous peine de perdre leurs droits civils et d'encourir la confiscation de leurs biens. Lorsque commença la première insurrection de la Vendée, les paysans royalistes des environs de Beaupréau vinrent, en mars 1793, prier d'Elbée de se mettre à leur tête. Il accepta, et devint un des héros de la guerre de la Vendée. Il partagea le commandement de la grande armée royaliste, comme on disait alors, avec le voiturier Cathelineau, le marquis de La Rochejaquelein, le marquis de Bonchamp, et le garde-chasse Stofflet. Dans cette armée, qui se levait pour la défense de la royauté et des principes aristocratiques, les rangs se trouvaient aussi mêlés, plus mêlés peut-être encore que dans l'armée révolutionnaire; l'esprit d'égalité s'était étendu sur la France entière. D'Elbée, du reste, était loin d'atteindre à l'héroïque grandeur de ses compagnons d'armes. Médiocrement doué quant au génie militaire; courageux, mais froid; pieux, mais sans enthousiasme, il n'avait pas ces élans qui remuaient dans leurs fibres les plus secrètes les cœurs des Vendéens. Lorsqu'il menait ses soldats au combat, il ne les exhortait qu'en quelques mots, toujours les mêmes : « Mes enfants, la Providence vous donnera la victoire; » et ceux-ci l'appelaient *le général de la Providence*. En somme, on ne l'aimait pas et on ne le craignait guère. Quand, à la mort de Cathelineau, il fut nommé généralissime, ce fut à l'insu et presque contre la volonté d'une partie des troupes. En cette qualité, il assista à la bataille de Luçon, gagnée par les républicains. On sait qu'après une alternative de bons et de mauvais succès, les Vendéens furent complétement défaits le 17 octobre 1793, à Chollet. D'Elbée, grièvement blessé durant le combat, fut transporté par les siens à Beaupréau, puis à Noirmoutier. C'est là que, fait prisonnier par les républicains, trop malade encore pour se tenir debout, il fut traduit devant une commission militaire, qui le condamna à mort. La sentence fut exécutée sur la place publique de Noirmoutier, en janvier 1794. Il reçut le coup fatal assis dans un fauteuil, que ses blessures lui interdisaient de quitter. Lorsqu'il mourut ainsi, d'Elbée n'avait pas plus de quarante-deux ans. Sa femme, qui l'aimait tendrement, avait refusé, quelques jours avant cette catastrophe, de fuir de Noirmoutier. Elle ne voulait pas, elle ne devait pas, disait-elle, priver son époux de ses soins. Après être tombée évanouie en le voyant porter au supplice, elle retrouva le lendemain un héroïque courage pour subir la mort à laquelle le tribunal révolutionnaire l'avait condamnée. Pauline Roland.

ELBERFELDT, dans le cercle de Dusseldorf (Prusse rhénane), sur la Wupper, est la ville de fabrique la plus importante qu'il y ait en Prusse, et l'un des grands centres de l'industrie manufacturière de l'Allemagne. On y compte environ 44,000 habitants, dont 14,000 catholiques et 400 juifs, et on y trouve une église catholique de construction toute récente, deux églises luthériennes, dont une consacrée au culte dès 1752 et une autre encore inachevée, une église réformée, une chapelle à l'usage des réformés de la commune des Pays-Bas, un bel hôtel de ville, un gymnase, une école de commerce et d'industrie, une remarquable école supérieure de tissage, un mont-de-piété, une caisse d'épargne et diverses institutions charitables. Il existe aussi à Elberfeldt une société d'assurances contre l'incendie et une société des missions évangéliques, affiliée à celle de Barmen, centre des missions rhénanes.

Les sociétés qu'on y avait récemment fondées pour l'exploitation des mines du Mexique et pour le commerce des Indes occidentales ont dû se mettre en liquidation.

Le nombre des fabriques d'Elberfeld est immense. Leurs principaux produits sont des étoffes de soie et de demi-soie, des cotonnades, notamment des toiles peintes, des étoffes de laine, et de la toile. Les teintureries d'écarlate y ont aussi beaucoup d'importance.

Elberfeldt doit son origine aux remarquables qualités des eaux de la Wupper, torrent descendant des montagnes, pour le blanchissage des toiles. Dès 1532 les habitants obtenaient un privilége pour le blanchissage des fils. La fabrication des cotonnades y date des premières années du dix-huitième siècle; celle des soiries, de 1760; la teinture en écarte, de 1780. Un chemin de fer met Elberfeldt en communication avec Dusseldorf et Dortmund.

ELBEUF, ville de France, chef-lieu de canton dans le département de la Seine-Inférieure, à 21 kilomètres de Rouen, avec un tribunal de commerce, une chambre consultative des manufactures, un conseil de prud'hommes, et 17,534 habitants (non compris la population ouvrière flottante, qui n'y réside que dans les jours de travail et qui forme un effectif de 15,000 ouvriers).

L'origine de cette ville est peu connue; cependant avant 1338 Elbeuf était déjà une seigneurie de quelque importance, puisqu'à cette époque Philippe le Bel en fit un *comté*, avec droit de haute justice, pour Guillaume d'Harcourt, seigneur d'Elbeuf et de la Saussaye. Elle reçut le titre de *marquisat* en 1554, lorsqu'elle passa dans la maison de Lorraine, et fut érigée en *duché-pairie* en 1581, par Henri III, en faveur de Charles Ier de Lorraine. Le dernier duc d'Elbeuf fut Charles-Eugène de Lorraine, prince de Lambesc.

Située sur la rive gauche de la Seine, elle est dominée par une chaîne de collines boisées qui se prolongent en l'abritant. L'air y est pur, et les eaux de source abondantes. L'étendue de la ville a plus que doublé, et elle s'est beaucoup embellie depuis vingt ans; de nouvelles et jolies constructions et de vastes établissements ont remplacé les vieilles maisons et les bicoques; des percements nombreux ont été faits, les quais ont été prolongés, les rues anciennes élargies; on a formé un champ de foire magnifique, avec des avenues latérales plantées de marronniers; les rues sont éclairées au gaz. Elbeuf est en communication avec Rouen au moyen de deux bâteaux à vapeur qui font le trajet en un heure et-demie, et n'est éloignée que de 7 kilomètres du chemin de fer de Paris à Rouen. Parmi ses édifices on cite l'église Saint-Étienne, qui a de forts beaux vitraux, celle de Saint-Jean, l'hôpital fondé en 1824, etc. Elbeuf renferme de très-nombreuses filatures mécaniques, soixante pompes à feu, deux usines hydrauliques, une usine à gaz, des teintureries et des lavoirs de laine, tant sur la Seine que sur le cours d'eau du Puchot, qui parcourt la ville en plusieurs sinuosités.

Mais ce qui rend cette ville particulièrement remarquable, c'est l'importance et la multiplicité de ses fabriques de drap. D'après les documents fournis par les archives locales, la fabrication des draps y a commencé au neuvième siècle. La réunion des fabricants en communauté date aussi de loin. Toutefois, leurs registres ne remontent pas au-delà de 1690; ils constatent que les produits de la fabrique consistaient alors en draps, droguets, et tapisseries dites *points de Hongrie*. Depuis bien des années, la fabrication des droguets a été abandonnée, et celle de la tapisserie a disparu vers la fin du siècle dernier. En 1667, Colbert fit rédiger pour les fabriques de drap d'Elbeuf des règlements particuliers, qui contribuèrent à sa prospérité; mais la révocation de l'*édit de Nantes* frappa plus du cinquième des habitants et la moitié des chefs d'ateliers, et il fallut du temps pour réparer ce grand échec, d'autant plus de temps que les règlements du grand ministre ne permettaient pas le moindre changement, et mettaient par conséquent obstacle à toute amélioration. Tous les ateliers travaillaient uniformément; ils ne pouvaient, par exemple, employer que des laines d'Espagne de première qualité; on prohibait celles de France et de Portugal, et chaque fabricant était astreint à mettre dans ses chaînes un nombre de fils déterminé. La vente des produits fabriqués n'avait lieu que par l'intermédiaire des marchands et commissionnaires de Rouen.

Ce n'est que vers 1720 que les fabricants d'Elbeuf commencèrent à se créer au dehors des relations directes, et à s'ouvrir de grands débouchés. A dater de cette époque les travaux prirent une nouvelle direction. Jusque là les draps d'Elbeuf étaient plus solides qu'élégants et soignés dans leur apprêt. Un père pouvait léguer son habit à son fils, tant cet habit était durable. Mais les fabricants, dès qu'ils se furent mis en rapport avec l'Espagne et l'Italie, ne tardèrent pas à confectionner des draps légers, et plus appropriés aux climats de ces pays. Les consommateurs changèrent de goût : ils préférèrent des étoffes moins compactes, et la fabrication s'affranchit alors des anciens règlements. Ce fut de 1750 à 1789 que ces changements s'introduisirent; mais toutes les opérations de la fabrique ne s'en faisaient pas moins à la main et sans employer de mécaniques.

La révolution, en détruisant les règlements stationnaires, donna un grand développement à l'industrie; la filature reçut d'importants perfectionnements : on y employa avec avantage les laines indigènes, et l'on apprit à tirer un meilleur parti des laines pures d'Espagne. Depuis 1789 jusqu'en 1814 la fabrique d'Elbeuf a présenté des variations très-sensibles et très-diverses. En 1795, la réunion de la Belgique à la France fit naître la concurrence fâcheuse des draps de Verviers. Pour en éviter les conséquences, les fabricants d'Elbeuf s'empressèrent d'adopter, à l'instar de leurs rivaux, des machines propres à procurer le perfectionnement de la filature et des apprêts. L'adoption des machines opéra la plus heureuse révolution et ramena les acheteurs en foule; car on sut varier aussi les prix avec la qualité des étoffes. En 1819 furent introduites les machines à vapeur et les *tondeuses*, qui amenèrent des changements si avantageux dans l'apprêt du drap; ainsi fut complété le système qui a si prodigieusement élevé l'industrie manufacturière. La séparation de la Belgique et la protection accordée contre les marchandises étrangères ont été aussi une cause puissante d'activité. En 1840 on comptait 200 fabriques, 25 teintureries, 10 dépôts de laines, 64 maisons de commission; on confectionnait 60 à 70,000 demi-pièces de drap de 40 aunes environ; on employait 25,000 ouvriers, dont 10,000 à l'intérieur. On faisait mouvoir 300 carderies, et leurs jenny-mull de 60 à 120 broches. On comptait 45 machines à vapeur, équivalant à la force de 750 chevaux; 15 autres machines à vapeur servant de calorifères, 250 laineries mécaniques, 150 tondeuses, 2 fouleries, 15 dégraisseuses mécaniques. Depuis lors, les fabriques d'Elbeuf ont étendu leur domaine en tissant des étoffes à poils, dites *tartans*, des châles, des fantaisies et des nouveautés. Le montant de la valeur des produits fabriqués annuellement dépasse aujourd'hui 60 millions, et indépendamment de cet accroissement de produits on a obtenu l'avantage, plus précieux encore, d'une très-grande amélioration dans les prix et dans les apprêts.

V. DE MOLÉON.

ELBING, importante ville commerçante et manufacturière de la Prusse occidentale, dans le cercle de Dantzig, est bâtie sur la rivière navigable du même nom, que le canal de Kraffohl met en communication avec le Nogat, bras oriental de la Vistule. Elle se compose de la vieille et de la nouvelle ville, de l'île du *Speicher* et de plusieurs faubourgs intérieurs et extérieurs; et la population dépasse aujourd'hui 22,000 habitants. La ville était autrefois entourée de murailles et de remparts, dont il ne reste plus que de faibles débris. On y compte sept églises protestantes, une église catholique, une église mennonite et une synagogue. Parmi les édifices publics, on remarque surtout l'église Notre-Dame, monument qui date du quatorzième siècle. Outre un collége fondé en 1536 et possédant une bibliothèque de 18,000 volumes, et quelques autres établissements d'instruction publique, on y trouve encore un hospice des orphelins et diverses institutions de bienfaisance parfaitement organisées, entre autres une fondation considérable due à l'intelligente libéralité de Pott-Cowle, riche Anglais, qui s'établit en 1810 à Elbing, et mourut, en 1821, à Dantzig.

La fabrique d'Elbing a principalement pour objet manufacturier les filatures, les cuirs, les toiles à voiles, le tabac, le savon, la chicorée, l'amidon, le vinaigre et le vitriol. On y trouve aussi des brasseries, des distilleries, les ateliers de teinturerie et d'impression sur étoffes, ainsi que des moulins à huile, dont les produits ne laisent pas que d'être importants. Le commerce maritime d'Elbing, favorisé par un bon port, est très-actif. Cette place doit son origine à des établissements commerciaux fondés par des colons de Brême et de Lubeck, sous la protection de la forteresse qu'y construisirent, au commencement du treizième siècle, les chevaliers de l'ordre teutonique. Elle fut aussi admise de bonne heure dans la Hanse, et sa prospérité dura autant que la souveraineté de l'ordre Teutonique.

En 1454 elle se plaça sous la protection de la Pologne; en 1772 elle passa sous la domination de la Prusse. Cette puissance s'efforça alors de ranimer son commerce, pour l'opposer à Dantzig, qui jusqu'en 1793 resta à la Pologne. Quand Dantzig à son tour devint une ville prussienne, il y eut encore un nouveau temps d'arrêt dans le développement de l'industrie d'Elbing; mais par la suite, à force de persévérance et d'activité, les habitants sont parvenus à triompher de tous les obstacles et de tous les désavantages de leur position.

ELBOURS, ELBROUZ ou ALBORDJ. *Voyez* CAUCASE.

ELCÉSAÏTES, Juifs demi-chrétiens, qui parurent sous le règne de Trajan, et qu'on désignait aussi par le nom d'*osséniens*. Le Christ n'était à leurs yeux que le plus grand roi du monde. Ils se le représentaient comme une masse de matière, douée cependant d'intelligence et de vertu, ayant, suivant la folle définition du Juif Elxaï, leur chef, quatre-vingt-seize mille pas de longueur, vingt-quatre mille de largeur et autant d'épaisseur. Le Saint-Esprit, dont cet imbécile faisait une divinité femelle, était posé devant ce cube intelligent qu'ils appelaient *le Christ*, comme une statue assise sur un nuage entre deux montagnes. Ils juraient par le sel, l'eau, le pain, l'huile, la terre, le ciel, le vent, et ces serments étaient inviolables. C'était, au reste, leur seule vertu. Ils avaient surtout la continence en horreur; ils attachaient de l'infamie à la virginité, et l'on ne conçoit pas que l'abbé Fleury les ait confondus avec les austères esséniens.

VIENNET, de l'Académie Française.

ELCHINGEN, abbaye de Bénédictins, jadis célèbre, située à environ 15 kilomètres d'Ulm, sur une montagne escarpée, fut fondée vers l'an 1128, par le margrave Conrad de Misnie, qui avait hérité d'un château situé au même lieu, donné en dot à sa femme Liutgarde, fille du duc Frédéric de Souabe. En 1803, un décret de la députation de l'Empire l'attribua, à titre d'indemnité, à la Bavière. Elle comprenait alors une superficie de 110 kilomètres carrés, avec une population de 4,000 âmes, et produisait un revenu annuel de 69,000 florins. Au milieu des somptueux bâtiments qui composent cette abbaye, on distingue surtout l'église, qui, détruite par la foudre en 1773, fut à cette époque reconstruite dans un style plus ancien. Deux villages, appelés *haut* et *bas Elchingen*, et situés à 7 kilomètres de distance l'un de l'autre, ont été bâtis sur les flancs de la montagne que domine l'abbaye d'Elchingen, laquelle a donné son nom à une affaire restée célèbre dans nos fastes militaires.

[Le *combat d'Elchingen* est un des plus brillants épisodes de la campagne d'Austerlitz. Une manœuvre savante de Napoléon avait porté l'armée française au cœur de la Bavière, pendant que le général Mack l'attendait sur la rive droite du Danube et comptait l'arrêter au pied de la forteresse d'Ulm, dont 60,000 Autrichiens devaient défendre les abords. C'est le 13 octobre 1805 que les avant-gardes de Napoléon parurent autour de cette citadelle, mais du côté opposé à celui par lequel le général autrichien croyait les voir arriver. L'investissement d'Ulm fut ordonné sur-le-champ, et le maréchal Ney eut ordre de s'emparer du pont et de l'abbaye d'Elchingen. L'empereur poussa lui-même une reconnaissance sur ce point, dès l'aurore du 14, s'avança jusqu'au château d'Adelhausen, à près de 3,000 mètres de l'abbaye, et fit couvrir ce vaste champ de bataille d'une nuée de tirailleurs, pour distraire l'ennemi du principal point d'attaque.

Le général autrichien Laudon occupait la position d'Elchingen avec 16,000 hommes; un de ses régiments était posté en avant du pont, dans un chemin étroit et sinueux, couvert par des bois épais. Le maréchal Ney se mit à la tête du 60e régiment de ligne, qui formait l'avant-garde de la division Loison, força le passage, culbuta le régiment autrichien, et, ne lui laissant pas le temps de couper le pont du Danube, franchit cet obstacle pêle-mêle avec les fuyards, parmi lesquels il fit de nombreux prisonniers. Le 69e arriva ainsi au pied des escarpements de la rive droite, que défendaient l'artillerie et le corps d'armée de Laudon; il se mit en bataille sous le feu des Autrichiens avec un admirable sang-froid, et donna le temps au reste de la division de soutenir son impétueuse attaque. Le 76e vint bientôt se déployer à sa gauche. Le 18e de dragons et le 10e de chasseurs soutinrent cette infanterie; et les retranchements, les clôtures, le poste de l'abbaye, furent abordés sur-le-champ avec une froide intrépidité. Repoussés dans les deux premières charges, ces quatre régiments, qui formaient à peine le tiers des ennemis qu'ils avaient à combattre, redoublèrent d'ardeur et de courage. Une troisième attaque, plus vigoureusement soutenue, les rendit maîtres de la position. Deux escadrons du 3e de hussards étaient venus y prendre part. Entraînés par leur chef, Domont, qui fut blessé dans cette charge, ils enfoncèrent et prirent deux bataillons autrichiens, que défendaient cinq pièces de canon. Pendant ce temps, Auguste Colbert, à la tête du 10e de chasseurs, le colonel Lefèvre, du 69e de ligne, Lajonquières, du 76e, forçaient de tous côtés la ligne autrichienne. Débordée et rompue, elle s'enfuit en déroute à travers les bois, et fut poursuivie, l'épée dans les reins, jusqu'aux bords de l'Iller et au pied des retranchements de la ville d'Ulm. Trois mille prisonniers et quelques pièces d'artillerie restèrent au pouvoir des Français. Les régiments autrichiens d'Erbach et de l'archiduc Charles furent presque anéantis; et le maréchal Ney, qui avait combattu, dans toute cette journée, en général et en soldat, reçut, à la fin de la campagne, le titre de *duc d'Elchingen*, que ses descendants s'honoreront à jamais de porter.

VIENNET, de l'Académie Française.]

ELCHINGEN (Duc d'). *Voyez* NEY.

ELDON (JOHN SCOTT, comte D'), pair et lord grand-chancelier d'Angleterre, était fils d'un marchand de charbon de Newcastle, et naquit le 4 juin 1751. Il étudiait avec ardeur à Oxford, lorsqu'une aventure galante vint interrompre ses travaux. On apprit en effet, un beau jour, qu'il avait enlevé la fille d'un banquier de Newcastle, appelé *Surtees*, et qu'il était allé l'épouser en Écosse. Quand l'irritation des parents de sa femme se fut apaisée, il se rendit à Londres pour s'y consacrer à l'étude du droit, et fut reçu avocat en 1776. Son début au barreau ne fut guère brillant. Force lui fut de renoncer à cette carrière, et il dut s'estimer heureux d'obtenir un emploi subalterne dans la chancellerie. Son assiduité attira sur lui l'attention de lord Thurlow et de lord Weymouth, et, en 1783, il fut nommé conseiller du roi. A peu de temps de là, il entra au parlement comme représentant de Boroughbridge. Dès son début politique il se montra tory inflexible, et demeura tel toute sa vie. Quoique orateur médiocre, il ne prenait jamais la parole sans produire beaucoup d'effet, du moment où il s'agissait de matières juridiques. Il considérait le bill de réforme et l'émancipation des catholiques comme le signal de l'inévitable décadence de l'Angleterre. Les profondes connaissances juridiques dont il faisait preuve dans les discussions parlementaires engagèrent le cabinet à l'appeler en 1788 aux fonctions d'attorney général, et en 1793 à celles de fiscalgénéral. Après avoir rempli en 1799, au milieu des circonstances les plus critiques, les fonctions de *lord-chief-justice*, il fut appelé à la pairie sous le titre de baron d'*Eldon*, comte de Durham. En 1801 il fut nommé lord-chancelier et garda ces fonctions jusqu'en 1806, époque où, par suite de la formation du ministère Fox, il dut les résigner. Mais dès l'année suivante il les reprit, et il les conserva depuis lors, sans interruption, jusqu'à l'année 1827, où Canning, devenu premier ministre, créa Lyndhurst lord-chancelier. Chargé de diriger les débats du procès intenté par Georges IV à la reine Caroline, sa femme, il sut allier la sévérité à l'exacte observation des convenances. On lui reprochait à bon droit sa lenteur à expédier les affaires, et on ne se plaignait pas moins vivement de l'opiniâtreté avec laquelle il combattait les moindres réformes et défendait les abus les plus criants. Adroit et habile dans toute sa conduite, doué d'une volonté de fer, il offrit une preuve nouvelle qu'avec de telles qualités un talent médiocre peut espérer parvenir aux fonctions les plus élevées.

Lord Eldon, personnification vivante du torysme, de ses préjugés et de ses passions, mourut à Londres, le 15 janvier 1838, laissant une fortune de plus de 60,000 livre sterl. de rente, dont héritait son petit-fils. Celui-ci, frappé d'aliénation mentale en 1851, a été judiciairement interdit en 1853.

ELDORADO, c'est-à-dire *pays d'or*. On donna ce nom en Europe à une contrée de l'Amérique méridionale, qu'on prétendait être démesurément riche en or et en pierres précieuses, d'après une tradition des Péruviens et des Indiens relative à l'existence d'une région où la terre n'était que de l'or massif. Cette fable, singulièrement embellie encore par Orellano, l'un des compagnons de Pizarre, fut acceptée à partir du seizième siècle comme un fait irrécusable; et on plaça ce pays magique dans les cordillères des Andes, Guyanne Espagnole, sur les rives d'un prétendu lac Parime, dans ce qu'on appelle aujourd'hui Venezuela. Une foule d'aventuriers et d'hommes entreprenants, Philippe de Hutten (1541) entre autres, partirent à sa recherche. Quoiqu'un Anglais eût fait paraître vers la fin du seizième siècle une carte topographique des plus détaillées, avec une description géographique fort précise de l'*Eldorado*, le fameux lac Parime et ses bords furent bientôt relégués dans l'empire des chimères. Néanmoins un Espagnol sain de corps et d'esprit, Antonio Santos, eut encore, en 1780, le courage d'entreprendre un voyage de découverte à la recherche du *pays d'or*. Évidemment il était venu au monde soixante dix ans trop tôt, ce brave chercheur d'or; sans cela il serait aujourd'hui aux *placers* de Californie ou bien aux gisements aurifères de la Nouvelle Hollande, philosophiquement résigné à laver les sables de ces contrées, sans espoir de trouver jamais davantage ni mieux.

Les poëtes se servent du mot *Eldorado* pour désigner tout pays créé par leur imagination, qui se plaît alors à l'embellir de tous les dons du ciel et à en faire le séjour de la félicité suprême.

ÉLÉATIQUE (École), ou **ÉCOLE D'ÉLÉE**. On désigne ainsi un groupe de philosophes grecs commençant à Xénophane de Colophon, qui s'établit à Élée (*Elea*), ville de la basse Italie ou Grande Grèce, et comprenant Parménide et Zénon, tous deux nés à Élée, ainsi que Mélisse de Samos; école continuée par Leucippe et par Démocrite, et dans laquelle vinrent se résoudre l'école Ionique et l'école d'Italie. La première, qui s'attachait au côté variable, multiple de l'univers, était appelée aussi *école physique*, parce que le muable et le multiple est plutôt saisi par les sens; la seconde, au contraire, qui ne considérait que le côté immuable, un, de l'univers, était aussi désignée sous le nom d'*école métaphysique*, parce que l'immuable et l'un sont plutôt saisis par l'esprit. Longtemps ces deux écoles n'eurent rien d'exclusif: l'école métaphysique admettant le mouvement et la multiplicité avec l'immutabilité et l'unité, et l'école physique l'immutabilité et l'unité avec le mouvement et la multiplicité. Mais elles devinrent incompatibles lorsque, par un long exercice, la pensée arriva à avoir le sentiment d'elle-même, à distinguer les idées de leurs objets et à étudier ceux-ci non plus en eux-mêmes mais dans les idées qui les représentent.

Aux yeux de Xénophane, de Parménide, de Zénon et de Mélisse, le mouvement et la multiplicité ne sont qu'une illusion : rien ne naît, ne change; tandis qu'aux yeux de Leucippe et Démocrite, l'immutabilité et l'unité sont de vaines abstractions, et qu'éternellement existent une infinité d'êtres produisant ou renouvelant toutes choses par leur rencontre, leur combinaison ou leur disjonction. Pour marquer l'extrême petitesse de ces êtres, ils les nomment *atomes*.

Née de l'école d'Ionie et de celle d'Italie, l'école d'Élée enfanta à son tour la *sophistique*, qui provoqua l'école de Socrate. Elle passe aussi pour avoir donné naissance à la dialectique; cela est naturel, puisque c'est elle qui commença de distinguer les idées des objets et de raisonner sur elles, ce qui n'est autre chose que pratiquer la dialectique. Par la même raison, elle a montré l'absolu dans les idées générales, absolu qu'ensuite Platon mit hors de notre pensée, dans l'entendement divin. Il n'est presque aucun genre de panthéisme que l'école d'Élée ne semble respirer. Dans Xénophane, c'est un panthéisme matérialiste et spiritualiste analogue à celui de Spinosa; dans Parménide, un panthéisme spiritualiste idéaliste, assez semblable à celui auquel Fichte paraît être arrivé sur la fin de sa vie, et qu'il expose dans son ouvrage de la *Destination de l'homme;* dans Leucippe et Démocrite, un panthéisme purement matérialiste, se rapprochant de celui qu'ont enseigné les matérialistes du siècle dernier; nous disons *panthéisme*, parce que l'ensemble des atomes étant, dans ce dernier système, ce qui subsiste seul, ce qui est éternel, il peut être regardé comme Dieu.

ÉLECTEURS (en allemand *Kurfürsten*). On appelait ainsi, dans l'Empire germanique, les princes les plus puissants investis du droit exclusif de choisir ou élire (*küren*) l'empereur ou le roi. Ce droit d'élection, de même que son attribution exclusive aux électeurs, furent le résultat de la succession des temps. A l'époque la plus reculée, sous les Carlovingiens, la couronne royale d'Allemagne était héréditaire dans la famille régnante. A l'extinction de la race carlovingienne, l'Allemagne devint positivement un empire électif, sauf qu'en général l'élection avait lieu dans la famille antérieurement élue. Sous le règne de Charles IV, le droit d'élection à la couronne impériale fut limité aux titulaires des grandes charges ecclésiastiques et temporelles, ces dernières devenues héréditaires et attachées à certaines possessions territoriales lorsque, avec la famille des Hohenstaufen, eurent disparu les vieux duchés populaires des Bavarois, des Saxons, des Souabes, des Franconiens et des Lorrains. De là provinrent les sept électeurs dont il est déjà fait mention expresse en 1256 à propos de l'élection de l'empereur Richard de Cornouailles, à savoir : les électeurs de Mayence, de Trèves et de Cologne, en qualité d'archevêques-primats et de chancelier de l'empire; l'électeur Palatin, qui pendant un certain temps exerça ce droit alternativement avec l'électeur de Bavière; enfin, les électeurs de Brandebourg, de Saxe et de Bohême. Les autres princes d'Allemagne persistèrent, il est vrai, à réclamer le droit de participer à l'élection des empereurs; mais les électeurs se maintinrent en possession de ce privilège exclusif, qui leur fut définitivement confirmé en 1356 par la **Bulle d'Or** de l'empereur Charles IV.

Jusqu'à la paix de Westphalie leur nombre resta le même, sauf qu'après la déposition du roi Wenceslas, en l'an 1400, la Bohême cessa d'exercer son droit d'élection et ne put rentrer qu'en 1708 dans le collége des électeurs. Mais l'électeur palatin Frédéric V ayant été mis au ban de l'empire, et sa dignité électorale ayant été transférée à la Bavière, on créa à l'époque de la conclusion de la paix de Westphalie, et pour autant que possible opérer la restauration de la maison palatine, un huitième électorat, à la condition qu'au cas où la ligne Wilhelmine de Bavière viendrait à s'éteindre, l'électorat de Bavière ferait retour au Palatinat; d'où résulterait la suppression du huitième électorat. En 1692 un neuvième électorat fut encore créé, par l'empereur Léopold Ier, en faveur de la maison de Brunswick-Lunebourg, laquelle toutefois ne fut admise qu'en 1710 dans le collége des électeurs de l'Empire, après avoir dû préalablement triompher de l'opiniâtre opposition des États de l'Empire, et surtout des autres électeurs. Quand, en 1777, la maison de Bavière vint à s'éteindre, et que le territoire bavarois passa sous la souveraineté de la maison palatine, la dignité électorale originairement constituée en faveur de la Bavière se trouva supprimée, conformément aux stipulations précitées, et le nombre des électeurs fut réduit à sept.

Au point de vue de la religion qui dominait dans les divers électorats, on distinguait cinq électorats catholiques et trois électorats protestants, à savoir : la Saxe (encore bien qu'à ce moment l'électeur de ce nom fût redevenu catholique), le Brandebourg et Brunswick-Lunebourg.

Les électeurs possédaient d'importants priviléges, dont étaient exclus les autres États souverains de l'empire; de ces priviléges les uns étaient communs à tous les électeurs, les autres attachés à tel ou tel électorat. La position qu'ils occupaient dans la constitution de l'Empire était toute particulière. Aux termes de la *Bulle d'Or*, ils étaient les conseillers les plus intimes, les plus secrets de l'empereur, « les sept piliers et les sept flambeaux du saint Empire », et même « les membres du corps de l'empereur ». Il en résultait qu'ils avaient le droit de donner spontanément des *conseils* à l'empereur et de lui recommander collectivement certaines affaires. Le droit exclusif qui leur était dévolu d'élire les empereurs eut d'autant plus d'importance qu'il leur fut permis de poser les conditions auxquelles se faisait l'élection. Dans les diètes impériales, ils formaient une assemblée particulière, et la plupart étaient d'ailleurs en possession d'un certain nombre de voix dans le collége des princes (*voyez* DIÈTE). En outre, ils constituaient depuis 1338, contre les prétentions des papes et pour la défense mutuelle de leur droit exclusif d'élection à la couronne impériale, une association particulière, dont jusque dans ces derniers temps chaque électeur, à son avénement, s'engageait à remplir les obligations.

Sauf le titre de *majesté*, les électeurs étaient en possession de tous les honneurs rendus à la royauté. En qualité de souverains de leurs États, ils exerçaient le droit de juridiction suprême, et étaient indépendants de la chambre de l'Empire et du conseil aulique. Leurs électorats étaient indivisibles. Ils possédaient tous les droits de souveraineté, et devenaient majeurs à l'âge de dix-huit ans.

L'électeur de Mayence était *archichancelier* de l'Empire d'Allemagne; à ce titre il avait la direction des affaires, celle des débats de la diète en général et du collége des électeurs en particulier. Il fixait l'époque de convocation des diètes, présidait à l'élection des empereurs, nommait à la dignité de vice-chancelier de l'Empire, fonctionnaire chargé de le remplacer à la cour de l'empereur, et exerçait la surveillance suprême sur toutes les chancelleries et archives impériales. Il était le premier État de l'Empire et directeur du *corpus catholicorum*. Comme archevêque, aux termes d'un compromis passé en 1656 avec l'archevêque de Cologne, il présidait au couronnement des empereurs toutes les fois que cette cérémonie avait lieu dans l'étendue de son diocèse. L'électeur de Trèves était archichancelier de l'Empire pour la Gaule et le royaume d'Arles, et celui de Cologne pour l'Italie; mais c'étaient là deux titres purement honorifiques et sans fonctions. L'archevêque de Cologne couronnait l'empereur quand cette cérémonie avait lieu à Aix-la-Chapelle ou dans son diocèse. L'électeur de Bohême était *archi-échanson* et ne reconnaissait dans ses États aucune autorité relevant de la couronne impériale, non plus que les pouvoirs attachés au titre de vicaires de l'Empire dont étaient investis l'électeur de Saxe et l'électeur palatin. L'électeur palatin était *archi-écuyer* de l'Empire, et quand le trône venait à vaquer, *vicaire impérial* pour la Franconie, la Bavière, la Souabe et les contrées riveraines du Rhin. L'électeur de Saxe était *archi-maréchal* et investi à ce titre de la police de la diète de l'Empire et des assemblées électorales; fonctions qu'il faisait exercer par le maréchal héréditaire de la Saxe. Il partageait en outre avec l'électeur de Mayence diverses attributions directoriales. Il était de plus *vicaire impérial* pour les pays de droit saxon, premier État évangélique de l'Empire, et directeur du *corpus evangelicorum*. L'électeur de Brandebourg était *archi-chambellan*, et celui de Brunswick *archi-trésorier*.

Cette constitution du collége des électeurs de l'Empire dut nécessairement subir des modifications quand, à la suite de la paix de Lunéville (1801), toute la rive gauche du Rhin eut été cédée à la France. L'article 7 de ce traité fut surtout désavantageux aux électeurs ecclésiastiques, en stipulant que les électeurs héréditaires recevraient seuls des indemnités de l'Empire germanique. A la mort de l'électeur Maximilien, arrivée à Cologne le 7 octobre 1801, les chapitres de Cologne et de Munster élurent, il est vrai, l'archiduc Antoine-Victor d'Autriche en qualité de neuvième électeur; et cette élection fut bien reconnue par l'Autriche conforme en tout aux lois de l'Empire, malgré les protestations faites à l'avance par la Prusse et la France; mais aucune suite ne fut donnée à cette élection. Après de longues négociations, le nombre des électeurs fut porté à dix en 1803. Le seul électeur ecclésiastique fut l'électeur de Mayence avec le titre d'archichancelier de l'empire; et aux électeurs séculiers déjà existants on en ajouta quatre autres, savoir : Bade, Wurtemberg, Hesse-Cassel et Salzbourg. Le nombre des électeurs protestants se trouva ainsi porté à six, de même que l'ancienne majorité dans la diète de l'Empire se trouva changée par suite de 27 voix de plus données dans cette assemblée aux États protestants. En 1805 l'électorat de Salzbourg fut supprimé et remplacé par celui de Wurtzbourg; en même temps les électeurs de Bavière et de Wurtemberg reçurent le titre de *rois*, sans pour cela cesser de faire partie du corps de l'Empire. Mais la création de la confédération du Rhin en 1806 amena la dissolution définitive de l'Empire, et le 6 août de cette même année l'empereur François II abdiqua le titre d'empereur d'Allemagne. Les électeurs de Wurtzbourg, de Saxe et de Hesse continuaient encore à prendre ce titre; mais en septembre de cette même année, le premier de ces souverains accéda à la confédération du Rhin, et prit le titre de *grand-duc*. Le 11 décembre l'électeur de Saxe en fit autant, et prit le titre de *roi*. Quant à l'électeur de Hesse, la bataille d'Iéna lui enleva et son titre et ses États, de sorte qu'il ne resta plus alors que deux des électeurs titulaires de 1803 : l'électeur de Trèves et l'électeur de Hesse; le premier mourut en 1812; le second, à sa restauration en 1813, persista à garder ce titre d'électeur, qui n'existait dans sa maison qu'en vertu du remaniement de la carte de l'Allemagne opéré par l'*usurpateur* Napoléon. Son successeur a fait de même; mais comme l'Empire a été remplacé par une confédération des princes souverains de l'Allemagne, c'est là un titre qui aujourd'hui ne répond plus à rien.

ÉLECTION. Ce mot vient du latin *eligere*, choisir. C'est, dit l'Académie, un choix fait en assemblée par la voie des suffrages.

L'élection peut être organisée suivant différents modes et revêtir diverses formes. Elle est *directe* lorsqu'elle confère immédiatement les fonctions auxquelles il s'agit de pourvoir; elle est *indirecte* lorsqu'elle désigne seulement, soit d'autres électeurs chargés eux-mêmes d'élire définitivement, auquel cas on la nomme encore *élection à deux degrés*, soit des candidats parmi lesquels un autre pouvoir doit choisir. Il est évident, en outre, qu'on peut multiplier le nombre des degrés dans l'élection, mais alors l'influence des premiers électeurs et leur responsabilité s'amoindrit proportionnellement. La forme de l'élection peut être *publique* ou *secrète*, avoir lieu à la majorité absolue ou seulement à la majorité relative des suffrages; très-rarement on a prescrit l'unanimité, par exemple, dans les célèbres diètes à cheval de la Pologne. Quelquefois on constate les votes par une manifestation apparente, c'est-à-dire par assis et levé, par acclamation, etc.; quelquefois on recueille les suffrages un à un. Le scrutin peut alors avoir lieu par votes de vive voix ou par bulletins écrits, qu'on dépose dans des urnes ou boîtes, pour être dépouillés après qu'ils ont tous été recueillis ou comptés à mesure de leur émission par ceux qui sont chargés de constater et de proclamer le résultat de l'élection; d'autres fois encore l'élection se fait à livre ouvert, sur des registres, etc.

Le principe de l'élection est diamétralement opposé au principe de l'hérédité. Celui-ci procède d'un fait physique, la *filiation;* en le transportant dans l'ordre moral, on a voulu en faire un droit, et on est arrivé ainsi à la thèse du droit divin. Le système électif, au contraire, c'est l'intervention de la raison humaine et du libre arbitre dans l'organisation des sociétés; il part du principe de la souveraineté du peuple. On a essayé de divers moyens pour combiner ces deux principes, par exemple en restreignant le suffrage absolu, et en limitant son action, comme dans les gouvernements monarchiques constitutionnels, dans les gouvernements aristocratiques, théocratiques même, car il est à remarquer que le seul chef théocratique qui existe encore, le pape, doit ses pouvoirs à l'élection.

Ce procédé est susceptible d'une application universelle; et toute fonction publique, la plus élevée comme la plus infime, peut être conférée par l'élection. Aussi en trouve-t-on des traces partout, excepté dans les pays soumis à un despotisme sans limite; mais nulle part, pas même dans les démocraties les plus avancées, l'élection n'est appliquée indistinctement à tous les emplois. Aux États-Unis de l'Amérique du Nord, par exemple, on abandonne au président, produit lui-même de l'élection, la nomination de tous les fonctionnaires publics qui se trouvent avec lui dans des rapports continuels et tels que la bonne et prompte expédition des affaires générales dépende de leur complète bonne intelligence.

Il y a une doctrine politique qui ne voit de salut pour les nations et de perpétuité pour la vie sociale que dans un mélange d'institutions électives et d'institutions héréditaires. Les hommes qui professent cette opinion invoquent l'histoire à son appui, et parce qu'en certains pays la souveraineté est partagée entre des pouvoirs élus et des pouvoirs héréditaires, ils attribuent à cet état de choses la prospérité dont jouissent ces pays, et ils veulent, en dépit des différences les plus tranchées, gratifier tous les autres peuples de cette forme constitutionnelle.

Les avantages de l'élection sont immenses. D'abord il est évident que ce système, ne soumettant les hommes qu'à des chefs de leur choix, est celui qui convient le mieux à la liberté et à l'égalité. En outre, la publicité qu'entraîne toujours l'élection est, dans un gouvernement, la sauvegarde d'une foule de droits, le préservatif d'une multitude d'abus, la garantie d'une infinité d'intérêts. Le système électif a encore pour résultat immédiat d'élever l'intelligence des masses en soumettant à son appréciation les questions d'intérêt général. Appliquée au recrutement des sociétés savantes, l'élection donne en général des résultats assez satisfaisants pour qu'elle ait été presqu'en tout temps le seul mode employé à cet effet. Dans toute association industrielle, c'est à peu près l'unique moyen de sauvegarder complétement les intérêts communs que de recourir à l'élection pour leur administration et leur surveillance.

Cependant à côté de tels avantages, l'élection présente de graves inconvénients : elle peut devenir la source de troubles et de commotions sociales; c'est un vaste champ ouvert aux luttes des partis. Trop souvent d'ailleurs le choix populaire est effectué avec une coupable légèreté; le mérite est presque toujours effacé par l'intrigue et par la ruse. Ajoutons aussi que la souplesse avec laquelle il faut suivre les caprices de l'opinion, pour n'être jamais délaissé par elle, est une puissante cause de corruption chez les hommes publics dont l'existence politique dépend d'une nomination populaire fréquemment renouvelée.

Quant à la question de savoir comment auront lieu ces élections, de manière que ceux-là seuls soient élus qui aient la confiance méritée des citoyens ; de manière aussi que les élections ne soient pas le résultat de la vénalité ou bien de la prépondérance abusive exercée par les propriétaires du sol, par les grands manufacturiers, etc.; de savoir comment, aux jours d'antagonisme social, lorsque deux ou plusieurs partis, comptant un nombre à peu près égal d'adhérents, se trouvent en présence, et lorsque le triomphe dépend pour chacun de son exacte discipline à l'heure du vote, on empêchera les meneurs d'usurper l'initiative des électeurs en imposant à leur choix des hommes que, sous peine de diviser les voix, force leur est de prendre pour représentants sans même les connaître; ce sont là autant de points difficiles à régler, l'expérience n'ayant donné encore aucun résultat certain.

Mais il est un problème capital, une question de vie et de mort pour les sociétés modernes : quels sont les membres de la grande famille nationale qui doivent prendre part à l'élection? Faut-il restreindre le droit de voter à certaines classes, ou bien trouvera-t-on le salut suprême dans le **suffrage universel**? Ce dernier serait-il réellement la voix de Dieu, la loi mystérieuse qui dirigera désormais les fils des hommes vers leurs nouvelles et glorieuses destinées?

D'abord rien n'est plus contraire à la justice et à la raison que de faire du droit électoral un privilége attaché à la possession d'une certaine fortune, au payement d'un certain **cens**. Si l'on considère le droit d'élire comme un attribut naturel de la propriété, ce n'est rien moins que rétablir un privilége féodal. Prétend-on trouver dans un corps électoral formé sur cette base une garantie d'attachement à l'ordre social? En revanche, on n'obtient ainsi qu'une représentation incomplète, et l'on ne satisfait qu'aux intérêts et aux sentiments d'une classe. Est-ce la capacité qu'on cherche par ce moyen? Mais la fortune n'en est pas l'indice infaillible, et trop souvent l'immoralité et l'ignorance se trouvent derrière elle. Est-ce enfin l'indépendance personnelle et l'incorruptibilité des électeurs? La France a été suffisamment édifiée sur ce point.

Du moment qu'un peuple adopte l'élection comme principe de son gouvernement, il est incontestable que pour tout membre actif ou passif de cette vaste association qu'on appelle une nation, participer à l'élection est un droit imprescriptible au même titre que la liberté de la personne, la liberté de la conscience, la liberté de la pensée. Mais, d'un autre côté, il ne faut pas confondre un droit avec l'exercice même de ce droit. La loi ne refuse-t-elle pas, dans l'intérêt général, à certains individus qu'elle proclame **incapables**, l'exercice de droits dont elle ne leur conteste nullement la propriété puisqu'elle commet d'autres personnes pour agir en leur lieu et place? Il en doit être de même dans l'ordre politique. L'intérêt général exige que l'exercice du droit d'élire soit retiré à certains individus frappés d'une incapacité qu'on pourrait appeler morale, ou mieux encore intellectuelle, par exemple aux femmes, aux mineurs, etc., comme cela a été admis de tout temps, et aux citoyens qui ne justifieraient pas d'un certain degré d'instruction.

Il nous reste à examiner comment doit être organisée l'élection. Doit-on, à l'exemple de la Suède, faire nommer une partie des députés par les bourgeois, une autre par les paysans, etc., afin d'assurer une représentation à chaque classe, à chaque intérêt? J.-J. Rousseau a combattu ce système : « Il importe, a-t-il dit, pour avoir bien l'énoncé de la volonté générale, qu'il n'y ait pas de société partielle dans l'État, et que chaque citoyen n'opine que d'après lui. »

La division par circonscriptions, territoriales est la seule admissible, la seule qui satisfasse en outre tous les intérêts, car chacun de ces intérêts doit nécessairement prévaloir dans l'un ou l'autre de ces circonscriptions, et nulle part pourtant ils ne se présentent avec un caractère exclusif et absolu.

Mais l'élection doit elle être faite directement ou par des intermédiaires? Sera-t-elle à un seul, ou bien à deux ou plusieurs degrés? Les partisans de ce dernier système font valoir les considérations suivantes :

Ce n'est point dans des assemblées populaires très-nombreuses que des discussions sérieuses peuvent avoir lieu sur les théories politiques et les professions de foi des divers candidats; les manifestations seraient irrégulières, tumultueuses, brutales ; la volonté générale se formulerait sous de vagues et grossiers symboles, qui cacheraient souvent bien des malentendus et des déceptions. Il faut que l'élection définitive soit l'œuvre d'un corps électoral formé de ceux qui représenteront le mieux le sentiment national des masses, par exemple : il s'agirait de faire désigner par l'assemblée primaire de chaque commune un dixième, un vingtième de ses membres.

Un mot nous suffira pour combattre ce mode d'élection. Sa seule raison d'être, c'est qu'il peut servir de préservatif contre les égarements des masses, en faisant dans certaines circonstances données prédominer des volontés moins nombreuses sans doute, mais plus éclairées. Le remède pourrait bien être pire que le mal, et précipiter un pays dans l'abîme des discordes civiles. A notre sens, si l'on exigeait pour l'exercice des droits électoraux, certaines garanties de capacité intellectuelle, de telles erreurs ne seraient plus à craindre, parce qu'elles ne seraient plus possibles. Dès lors il n'y aurait plus de raisons pour restreindre la souveraineté du peuple.

De grandes modifications dans les principes que nous venons d'établir pour l'ordre politique devraient être apportées dans l'application de l'élection aux fonctions administratives et judiciaires. D'une part, il est indispensable que les fonctionnaires de ces deux ordres soient l'expression et le produit de la volonté générale, puisque leurs fonctions intéressent la nation au même titre que les fonctions politiques; mais, d'autre part, il n'importe pas moins que chacun d'eux possède l'habileté et le savoir requis pour l'emploi qu'il doit occuper. Or, le classement selon la capacité n'est en réalité que le choix fait par des supérieurs, car seuls ils ont qualité pour constater la capacité, le mérite. Il s'agirait donc de combiner l'élection populaire et l'élection par les supérieurs. Ce problème, en apparence si difficile, serait complétement résolu par l'institution de jurys d'examen chargés de constater la capacité des candidats, et par l'obligation imposée aux électeurs de ne choisir leurs mandataires administratifs et judiciaires que parmi les hommes reconnus capables par les jurys. W.-A. DUCKETT.

Considérée sous le rapport historique, l'élection se montre dès le début des sociétés côte à côte avec le système héréditaire. Les peuplades barbares élisent leurs chefs, mais presque toujours dans la même famille. Cependant avec les premiers développements de la civilisation nous voyons le monde antique se partager en deux : l'une accepte la loi de la fatalité, le despotisme héréditaire : c'est le monde asiatique; l'autre aspire au règne de la liberté intelligente : c'est la Grèce, c'est Rome. Toutefois, chez les anciens, contrairement à ce qui a lieu chez les peuples modernes, c'étaient principalement les fonctions exécutives qui se conféraient par l'élection. Leur état social, si profondément opposé au nôtre, explique assez cette différence. Quand ces deux mondes se réunissent, d'abord par les victoires d'Alexandre, plus tard par les conquêtes des Romains, la confusion des deux principes reparaît. Vient le christianisme, et l'élection et la hiérarchie héréditaires, séparées de nouveau, vivent côte à côte dans deux sociétés; la première gouverne l'Église, la seconde régit la société temporelle. Puis à mesure que l'intelligence passe de l'Église aux nations, l'élection dégénère chez la première, au point de ne plus subsister guère que dans l'aristocratie du sacré collége; tandis qu'elle renaît chez les secondes dans des proportions bien plus larges que chez les peuples de l'antiquité.

En France nous trouvons l'élection dès les commencements de la monarchie, dont les chefs étaient élus par le peuple, ainsi que tous les magistrats. Les champs de mars et les champs de mai en font foi pour les conquérants francs, en même temps que l'organisation municipale des provinces du midi y font remonter l'election jusqu'à la période gallo-romaine. C'est la féodalité qui introduisit l'hérédité dans l'ordre politique à la place de l'élection. Cependant les municipalités des villes conservèrent ou ne tardèrent pas à acquérir des libertés qui perpétuaient ce principe. Et les communes naquirent de la résistance à l'oppression féodale, avec leurs échevins, jurés, maires, consuls et capitouls électifs. Outre ces élus de la nation renfermés dans des attributions municipales et locales, il en existait d'autres qui avaient quelques rapports avec l'administration centrale du royaume; tels étaient les officiers des élections. Cependant les rois qui se passaient des suffrages du peuple pour prendre la couronne crurent, au quatorzième siècle, devoir y recourir chaque fois qu'il s'agissait d'arracher à la nation de nouveaux impôts (*voyez* ÉTATS GÉNÉRAUX).

Le reste de l'Europe n'était guère mieux partagé sous le rapport du droit de suffrage. Quoique ce droit important eût été naguère consacré dans les républiques italiennes, dans l'Helvétie et dans la république batave, au temps où elles vivaient sous des gouvernements plus ou moins démocratiques, il s'était trouvé à peu près anéanti partout où le despotisme avait ressaisi son pouvoir liberticide. L'Angleterre seule était restée en possession de ce système; et si la grande charte des Anglais n'en permettait pas l'application à toutes les fonctions, et n'accordait le droit de suffrage qu'à certaines conditions de cens, il n'en est pas moins vrai que c'était l'Angleterre qui avait conservé l'application de l'élection, non-seulement au choix des officiers municipaux, des magistrats civils et judiciaires, mais encore à la branche la plus importante du gouvernement représentatif, à la chambres des communes.

En France, dès les premiers pas faits dans la voie constitutionnelle, nous laissâmes bien loin derrière nous la nation qui était en possession du système représentatif depuis des siècles, et pourtant nous étions si novices dans le système électif qu'on en avait oublié jusqu'au nom.

Lorsque les états généraux furent annoncés pour le mois de janvier 1789, les philosophes, les économistes, les hommes de progrès, la nation, voulurent des élections libres, générales, auxquelles pussent participer tous les citoyens, et non comme celles des États de 1614, où le tiers n'était représenté que par les bailliages et les présidiaux.

Une assemblée de notables, à laquelle fut soumise cette question, décida qu'il y aurait deux degrés pour l'élection des députés des trois ordres, c'est-à-dire des assemblées primaires nommant des électeurs, et ceux-ci désignant les députés. La constitution de 1791, en conservant les deux degrés dans les élections, n'admit dans les assemblées primaires que les citoyens *actifs*, c'est-à-dire que des Français âgés de vingt-cinq ans, payant une contribution directe au moins égale à la valeur de trois journées de travail, et inscrits au rôle de la garde nationale. Pour être électeur il ne suffisait plus d'être *citoyen actif;* pour avoir le droit d'élire les députés, il fallait encore, pour les habitants des villes au-dessus de 6,000 âmes, être propriétaire ou usufruitier d'un bien évalué sur le rôles à un revenu égal à la valeur locale de deux cents journées de travail, ou être locataire d'une habitation évaluée sur les mêmes rôles à un revenu égal à la valeur de 150 journées de travail. Pour les villes au-dessous de 6,000 âmes et les campagnes, le cens électoral était de 50 journées au moins. Ce ne fut pas sans peine que le parti populaire lutta contre le côté droit de la Constituante, qui voulait imposer pour l'élection des députés des conditions de cens. La majorité du comité, appartenant à ce côté droit, fit proposer le cens du marc d'argent, c'est-à-dire environ 60 francs de contribution directe; mais cette condition fut vivement repoussée par Prieur, Pétion, Grégoire, Target, Mirabeau, Garat et Robespierre, qui soutinrent tous que le seul titre à l'éligibilité devait être la confiance. Les défenseurs de la cause du peuple l'emportèrent enfin, et la constitution de 1791 déclara que tous les *citoyens actifs*, quel que fût leur état, leur profession ou contribution, pourraient être élus représentants de la nation. Ce fut sur ces bases que se firent les élections pour l'Assemblée nationale dite Législative, et ce système fut appliqué à toutes les fonctions publiques soumises à l'élection.

Il y avait à peine un an que cette loi des élections était en vigueur, quand le canon du dix août brisa le système si laborieusement conçu par l'Assemblée constituante. Un décret de la législative, rendu dans la séance permanente qui suivit cette célèbre journée, effaça d'un seul trait toutes les distinctions que la Constitution de 1791 avait établies entre les citoyens appelés à concourir dans les deux degrés des élections. D'après ce décret, portant convocation d'une *convention nationale*, la distinction des Français en citoyens *actifs* et *non actifs* était supprimée, et il suffisait d'être âgé de vingt et un ans, domicilié depuis un an, vivant de son revenu ou du produit de son travail, et n'étant pas en état de domesticité, pour être admis dans les assemblées primaires. Les conditions d'éligibilité pour les électeurs étaient aussi déclarées non applicables à une convention nationale : la seule que la loi exigeât, tant pour les citoyens que pour les électeurs, c'était la prestation du serment civique. Les élections pour la convention nationale se firent sur ce large système; on avait seulement conservé les *deux degrés* pour l'élection des représentants, c'est-à-dire l'*élection indirecte*.

La Constitution dite de 1793, qui émana de la Convention, établit des bases encore plus larges pour les élections généralement quelconques : tout le peuple français fut distribué, pour l'exercice de sa souveraineté, en assemblées primaires de canton. Tout homme né et domicilié en France, âgé de vingt et un ans accomplis, tout étranger du même âge qui, domicilié en France depuis une année, y vivait de son travail ou y avait acquis une propriété, ou épousé une Française, où qui avait adopté un enfant, ou qui nourrissait un vieillard, ou enfin qui avait été jugé par le corps législatif avoir bien mérité de l'humanité, était admis à l'exercice des droits de citoyen français. Tout citoyen français était admis aux assemblées primaires pour l'élection *directe* des députés. Les citoyens désignaient à des électeurs le choix des administrateurs, des arbitres publics, des juges criminels et de cassation. Enfin, le peuple français, réuni en assemblées primaires, devait délibérer sur l'acceptation ou le rejet des lois. Ces assemblées primaires se formaient des citoyens domiciliés depuis six mois dans chaque canton; elles étaient divisées en autant de fractions de 200 citoyens au moins, et de 600 au plus, appelés à voter.

La Constitution de 1793 ne fut jamais mise à exécution, mais les principes du système électoral qu'elle proclama furent maintenus dans celle de l'an III, malgré l'opposition de la minorité monarchique, ou au moins aristocratique, qui se manifesta dans la Convention à la suite de la réaction thermidorienne. Cette minorité voulait subordonner l'exercice des droits politiques, et principalement celui d'élire les députés et les magistrats, à la condition de payer une contribution. Thomas Payne publia à propos de ces discussions un opuscule pour rappeler les principes sur lesquels repose l'égalité des droits, et que la Convention dénaturée paraissait vouloir attaquer.

La révolution du 18 brumaire porta un coup mortel au premier des droits d'un peuple, à celui d'élire ses représentants et ses magistrats. La constitution de l'an VIII et le sénatus-consulte organique du 16 thermidor an X laissaient bien le droit de suffrage à tous les citoyens réunis en assemblées de canton, mais à condition qu'ils choisiraient parmi les 600 plus imposés aux rôles des contributions directes de chaque département les candidats électeurs, dont les assemblées étaient tenues de présenter une liste triple, sur laquelle le premier consul choisissait les électeurs qui lui convenaient. Il en était de même pour toutes les magistratures quelconques, depuis les juges de paix jusqu'aux sénateurs, à la nomination desquelles les assemblées de canton, les colléges d'arrondissement et ceux de département n'avaient d'autre droit que celui de présenter trois candidats pour chaque place. Les députés eux-mêmes étaient choisis sur ces listes. Le sénatus-consulte organique du 28 floréal an XII laissa les élections dans le même état. Le droit d'élire ne fut donc plus qu'une véritable déception, et le premier consul, une fois devenu empereur, confisqua à son profit non-seulement les droits reconnus et garantis aux citoyens par les constitutions de 1791, de 1794 et de l'an IV, mais même ceux qu'en certains cas l'ancien régime avait laissés aux bourgeois.

Le projet de constitution que le sénat se hâta de faire avant l'arrivée de Louis XVIII tendait à modifier beaucoup le système électoral de l'empire, en ce qu'il rendait aux *colléges électoraux* le droit de nommer immédiatement les députés au corps législatif. Mais ces concessions ne pouvaient convenir à des princes qui croyaient remonter sur le trône par droit divin : aussi la charte octroyée à la nation française, le 4 juin 1814, changea-t-elle de fond en comble ces dispositions, et elle les remplaça par le système anglais d'avant la réforme, renforcé en faveur de l'aristocratie de l'argent. Cette charte n'accordait le droit de suffrage qu'aux citoyens payant 300 fr. de contributions directes, et âgés de trente ans, lesquels ne pouvaient en outre choisir leurs mandataires que parmi les Français payant 1,000 fr. et âgés de quarante ans au moins. Ainsi, d'un trait de plume, la restauration ôta à huit millions de citoyens le droit d'élire leurs députés, pour le concentrer entre les mains de 70 à 80 mille privilégiés, qui ne pouvaient eux-mêmes donner leur mandat qu'à des privilégiés d'un ordre plus élevé dans la hiérarchie des richesses. C'était livrer la France à l'aristocratie de l'argent, et la priver du concours de tous les hommes de talent, de toutes les capacités, de toute la vigueur de l'âge viril, qui se trouvaient en dehors du cercle étroit des éligibles.

L'acte additionnel aux constitutions de l'empire maintenait le système électif tel que l'avait fixé le sénatus-consulte de l'an X, avec la seule différence que les colléges électoraux d'arrondissement et de département pouvaient élire immédiatement leurs représentants. Malgré ces conditions de cens, la chambre des représentants qui sortit des élections générales du mois d'avril 1815 fut nationale. Aussitôt après la deuxième abdication de Napoléon, cette chambre sentit la nécessité de donner au peuple français une constitution plus libérale que celle de l'empire, y compris son acte additionnel ; il y fut même question de proclamer de nouveau celle de 1791, avec le système électoral qu'elle renfermait. Cette proposition ayant été rejetée, on nomma une commission qui présenta, le 29 juin, un projet de constitution, que la chambre n'eut pas le temps d'adopter. Toutefois, avant de se séparer, les représentants des *cent jours* firent une déclaration solennelle, dans laquelle l'égalité des droits civils et politiques de tous les citoyens fut proclamée comme une condition nécessaire de tout gouvernement national.

La seconde restauration anéantit cette déclaration, et remit en vigueur le système électoral établi par la Charte octroyée. Ce système produisit la *chambre* dite *introuvable*, on sait que cette assemblée se montra tellement et si aveuglément contre-révolutionnaire, qu'elle força le gouvernement lui-même à la dissoudre. C'est ce qu'on appela le coup d'État du 5 septembre 1816. Le 5 février de l'année suivante fut promulguée la loi des élections votée par la nouvelle chambre pour l'exécution de la charte : elle confirmait en tout les dispositions de 1814 sur le cens exigé pour être électeur et pour être député, ainsi que les conditions d'âge : la seule différence consistait en ce que les électeurs devaient se réunir en un seul collége électoral assemblé au chef-lieu de département. L'expérience ne tarda pas à convaincre le gouvernement que cette réunion des électeurs était favorable à la cause des peuples et de la liberté : il s'en effraya, et il résolut aussitôt de diviser les électeurs, afin de mieux influencer les élections. Un nouveau projet de loi des élections fut présenté, dans le mois de mai 1820, à la chambre des députés : il donna lieu aux débats les plus chaleureux, les plus vifs, les plus opiniâtres qui eussent encore agité cette chambre

Cette mémorable discussion, dans laquelle les libertés publiques furent défendues pied à pied par le parti national, eut pour résultat la loi des élections du 29 juin 1820; qui, tout en maintenant les conditions de cens précédemment établies pour les électeurs et pour les députés, n'en bouleversait pas moins totalement le système du 5 février. D'après cette nouvelle loi, le collége électoral de chaque département fut brisé pour se diviser en *colléges électoraux d'arrondissement* et en *colléges de département*, ou *grands colléges*. Tous les électeurs concouraient dans les colléges d'arrondissement, et après avoir nommé les députés qui étaient attribués à chacun de ces arrondissements, le quart des électeurs, pris parmi les plus imposés, se formaient en collége électoral de département pour donner une seconde fois leurs voix à des députés de grand collége. Ainsi la loi établissait un autre genre d'inégalité, en accordant aux plus imposés de chaque département le *double vote*. Il en résulta au profit de l'aristocratie des richesses, une augmentation de 172 membres dans le nombre préexistant des députés.

Au moyen de nouvelles élections attribuées aux électeurs des grands colléges, le ministère Villèle se composa une majorité compacte, à laquelle il fit voter la *septennalité*, qu'il croyait nécessaire pour affermir ses projets de contre-révolution. Mais plus le gouvernement portait d'atteintes aux libertés publiques, plus les idées libérales faisaient de progrès dans la masse de la nation. Bientôt il fallut recourir aux coups d'État; et bientôt parurent les fameuses ordonnances du 25 juillet 1830. On sait ce qu'il en advint. Aussitôt après la révolution de Juillet une loi transitoire fut votée qui supprimait le double vote et maintenait le cens électoral à 300 francs. Il fut abaissé à 200 francs, et le cens d'éligibilité de 1,000 fr. à 500 fr. par la loi du 19 avril 1831, qui d'ailleurs ne fit plus du cens la base unique de la capacité électorale; prit en considération, dans une certaine mesure, l'aptitude intellectuelle des individus. Étaient électeurs et en payant 100 fr. de contributions directes les membres et correspondants de l'Institut, les officiers de terre et de mer jouissant d'une pension de retraite de 1,200 francs au moins, et justifiant d'un domicile réel de trois ans dans l'arrondissement électoral. Les officiers en retraite pouvaient compter, pour compléter les 1,200 francs ci-dessus, le traitetement qu'ils auraient touché comme membres de la Légion d'honneur. En outre, lorsque le nombre des électeurs d'un arrondissement électoral ne s'élevait pas à cent cinquante, ce nombre était complété en appelant les citoyens les plus imposés au-dessous de 200 francs. Cependant cette législation était encore bien peu libérale ; elle ne répondait pas aux vœux du pays. Ces vœux se traduisirent, pendant tout le règne de Louis-Philippe, par des propositions continuellement renouvelées, qui toutes avaient pour but l'adjonction et l'extension des capacités. Le gouvernement refusa toujours de modifier la législation; cette resistance amena sa chute à la suite des banquets réformistes.

Après la révolution de Février, un décret du gouvernement provisoire, en date du 5 mars 1848, vint réglementer le mode des élections. L'élection eut pour base la population, le suffrage universel et direct le scrutin secret; les électeurs votèrent au chef-lieu de canton, sauf des divisions en section et par scrutin de liste. La constitution de 1848 statua à son tour que l'élection se ferait au scrutin de liste et par département, que le vote aurait lieu au chef-lieu de canton; mais le canton pouvait être divisé en plusieurs circonscriptions. Quant à l'élection du président, elle devait se faire au scrutin secret et à la majorité absolue des votants, par le suffrage direct de tous les électeurs des départements français et de l'Algérie. La loi électorale du 18 mars 1849 exigea la condition de six mois d'habitation dans la commune. Ne devaient pas être inscrits sur les listes électorales, les individus privés de leurs droits civils et politiques, ou simplement du droit de vote et d'élection les condamnés pour crime à l'emprisonnement, les condamnés à trois mois de prison au moins pour vol, escroquerie, abus de confiance, etc.; les condamnés pour délit d'usure, les interdits, les faillis non réhabilités. Nul ne pouvait être élu représentant au premier tour de scrutin, s'il n'avait réuni un nombre de voix égal aux sept huitièmes de celui des électeurs inscrits du département. S'il y avait lieu à une seconde élection, elle se faisait alors à la majorité relative.

La loi du 31 mai 1850 vint exiger ensuite une nouvelle condition pour être inscrit sur les listes électorales; il fallut avoir son domicile depuis trois ans au moins dans la commune ou le canton où l'on voulait être électeur. En même temps les incapacités électorales étaient excessivement étendues : le domicile électoral était constaté, par l'inscription au rôle de la taxe personnelle, ou par l'inscription personnelle au rôle de la prestation en nature pour les chemins vicinaux, par la déclaration des pères, ascendants, etc., pour les fils, descendants, etc., majeurs vivant dans la maison paternelle; par les maîtres ou patrons, pour les ouvriers demeurant dans la même maison qu'eux. Cette restriction apportée au suffrage universel fut une des causes qui facilitèrent le coup d'État du 2 décembre 1851.

En vertu de la Constitution qui régit actuellement la France, l'élection a pour base la population; les députés au corps législatif sont élus par le suffrage universel sans scrutin de liste. L'administration présente aux électeurs un *candidat* qui prend le titre de *candidat du gouvernement* Autrefois des comités électoraux s'organisaient pour patroner les candidats de chaque parti.

Les conseils généraux et municipaux sont aussi le produit d'élections.

ÉLECTION (Pays d'). On appelait ainsi, par opposition à *pays d'État*, les pays qui faisaient partie d'un district et des arrondissements appelés *élections;* mais cette distinction n'était pas absolument exclusive; en réalité, certaines provinces ou fractions de province étaient à la fois pays d'élection et pays d'État; et certaines localités n'étaient ni l'un ni l'autre. Ces distinctions si vagues, si confuses, étaient la conséquence des privilèges spéciaux de chaque province, de chaque cité. DUFEY (de l'Yonne).

ÉLECTION DE DOMICILE. *Voyez* DOMICILE.

ÉLECTIONS. Avant la révolution on appelait ainsi : 1° des juridictions royales instituées pour connaître en première instance de la plupart des matières dont les cours des aides connaissaient en appel; 2° les portions de territoire qui ressortissaient à ces juridictions. Les élections avaient été ainsi nommées parce que dans l'origine les *élus*, c'est-à-dire les magistrats qui composaient ces tribunaux, avaient été réellement élus par le peuple ou par les états généraux.

L'établissement de ces élus est de beaucoup antérieur au règne du roi Jean, époque où quelques auteurs le font remonter. On trouve dans les *Établissements* de saint Louis un règlement qui se rapporte à cette institution. Il porte que « dans les ville royales les habitants éliraient, par le conseil des curés des paroisses, des ecclésiastiques, des bourgeois et autres prud'hommes, selon la grandeur des villes, trente ou quarante hommes bons et loyaux; que ceux qui seraient ainsi élus jureraient sur les saints Évangiles d'élire, soit entre eux ou parmi d'autres prud'hommes de la même ville, jusqu'à douze hommes, qui seraient les plus propres à asseoir la taille; que les douze hommes nommés jureraient de même de bien et diligemment asseoir la taille, et de n'épargner ni grever personne par haine, amour, prière, crainte, ou en quelque manière que ce fût; qu'ils asseoiraient la dite taille à leur volonté, la livre également; qu'avec les douze hommes dessus nommés seraient élus quatre bons hommes, et seraient écrits les noms secrètement; et que cela serait fait si sagement que leur élection ne fût connue de qui que ce fût, jusqu'à ce que ces douze hommes eussent assis la taille. Que cela fait, avant de mettre la taille par écrit, les quatre hommes élus pour faire loyalement la taille n'en devaient rien dire, jusqu'à ce que les douze hommes leur eussent fait faire serment par-devant la justice de bien et loyalement asseoir la taille en la manière que les douze hommes l'auraient ordonné. » Ainsi les élus étaient chargés de la répartition des impôts et, de plus, de juger des contestations auxquelles le retard des contribuables ou la fraude pouvaient donner lieu. Ces magistrats populaires ne conservèrent pas longtemps leur caractère originaire d'*élus des cités*.

Après que le roi Jean, en 1355, eut organisé la cour des aides, nous voyons les élus qui n'avaient jusque alors qu'un pouvoir annuel, érigés bientôt en titre d'office : telle fut la disposition d'une ordonnance royale, en date de 1373, qui prend pour prétexte les embarras qu'entraînaient des élections trop souvent répétées. Les ordonnances de 1374 et 1379, de 1433, de 1452 vinrent encore régler la compétence des élus et leur organisation; elles fixèrent l'étendue de chaque élection à cinq ou six lieues, « afin, est-il dit dans la dernière, que ceux qui seront adjournés (assignés) aux dicts siéges puissent aller et retourner en leurs maisons et comparoir à leur assignation *tout en mesme jour* ». Les audiences devaient se tenir les jours de marché, afin que les parties aient moins de dommages pour comparoir à leur assignation. Les causes, à commencer par celles des parties les plus éloignées du siége, doivent être jugées incontinent, « sans figure de jugement, sans forme de plaidoirie, et sans recevoir les parties à faire aucunes escritures en la cause, sinon seulement le *regisme* du greffier, afin que les causes et procès se puissent plus tost et à moindres frais déterminer. » On comptait avant 1789, 181 *élections* réparties dans les différentes provinces ou généralités. Chaque élection était composée de deux présidents, d'un lieutenant, d'un assesseur, d'un procureur du roi et de plusieurs conseillers. Le nombre des magistrats variait suivant l'importance des localités du ressort. DUFEY (de l'Yonne).

ÉLECTRE, fille d'Agamemnon, avait été confiée, comme sa mère Clytemnestre et son frère Oreste, à la garde de l'artificieux Égisthe, lorsque son père partit pour le siége de Troie. Clytemnestre succomba bientôt aux séductions du perfide tuteur, et le maître de son cœur devint l'ennemi juré de ses enfants. Un obstacle gênait l'exécution de ses desseins, c'était Oreste. Sa perte fut décidée, et peut-être le jeune prince eût péri victime d'un lâche assassinat, si la prévoyante Électre ne l'eût soustrait au poignard d'Égisthe en le faisant passer secrètement à la cour de son oncle Strophius, roi de Phocide. Électre resta dès lors seule en butte à la vengeance du tyran, qui, secondé par Clytemnestre, mais retenu par la crainte du peuple, se contenta d'humilier sa cousine, en la forçant de contracter un hymen indigne de sa naissance. Cependant, Agamemnon était rentré dans le palais de ses pères pour expirer sous les coups du traître qui avait souillé son lit et persécuté sa famille; mais sa mort ne devait pas rester impunie. Oreste habitait alors la Tauride. Tout à coup, le bruit de sa mort se répand à Mycènes et parvient aux oreilles d'Électre. Pénétrée de douleur, elle part, elle vole dans la Chersonèse; elle apprend qu'Iphigénie elle-même a sacrifié son frère dans le temple de Diane. A cette nouvelle, son désespoir ne connaît plus de bornes : elle saisit sur l'autel un tison enflammé, elle va frapper la prêtresse, lorsqu'Oreste paraît et retient son bras. Elle repart aussitôt, elle l'emmène, avec **Pylade**, dans les murs de Mycènes, et les deux héros jurent de ne pas se séparer avant d'avoir puni les coupables et satisfait par un sanglant tribut les mânes d'Agamemnon. L'accomplissement de ce projet réclamait une extrême prudence. Pour tromper leurs persécuteurs, ils confirmèrent le faux bruit de la mort d'Oreste, qui se tint caché jusqu'à l'heure de la vengeance. L'instant propice ne tarda pas à se présenter. Égisthe et Clytemnestre s'étaient rendus au temple d'Apollon pour adresser au dieu de solennelles actions de grâces. Tout à coup, le temple est envahi, Oreste s'y précipite avec une troupe de soldats : les gardes de la cour sont arrêtés, et le couple incestueux périt de sa main.

On dit qu'Électre prit part à l'exécution de ce noir attentat, et Sophocle même lui fait prononcer un mot affreux dans le moment où l'on égorgeait sa mère : *Frappez! redoublez, s'il est possible!* Plus tard, la même princesse épousa Pylade, dont elle eut, si l'on en croit Hellanicus, cité par Pausanias, deux enfants, Strophius et Médon. Dans l'*Iliade*, la sœur d'Oreste porte constamment le nom de Laodice. Eustathe, Mme Dacier et les scoliastes de Villoison prétendent à ce sujet que le surnom d'*Électre* ne lui fut donné que pour indiquer la tardive époque de son mariage (α privatif, et λέκτρον, λέκτρα, lit), ou plutôt pour exprimer l'éclat de sa blonde chevelure (ἤλεκτρον, ambre jaune); mais tout porte à croire qu'il ne lui fut attribué que longtemps après par les poëtes dramatiques, et qu'Homère ne l'a jamais connu.

Ce nom appartient encore à plusieurs personnages, parmi lesquels il faut citer : 1° une fille d'Atlas, qui, selon Virgile et Denys d'Halicarnasse, donna le jour à Dardanus, fondateur de Troie; 2° une fille de l'Océan et de Théthys, mariée à Thaumas, dont elle eut Iris et les harpyes Aëllo et Ocypète.

E. DUNAIME.

ÉLECTRE, genre de polypiers de la famille des **cellariés**, ainsi caractérisés ; Animal inconnu ; cellules membraneuses, verticales, campanulées, ciliées sur les bords, réunies en verticilles autour d'un corps étranger. L'espèce type, l'*electra verticillata* de Lamarck, se trouve communément dans les mers d'Europe. Sa couleur, d'un rouge violet plus ou moins brillant, change en blanc terreux par l'exposition à l'air et à la lumière.

ÉLECTRICITÉ. Les anciens avaient remarqué un phénomène singulier que présentait une substance que nous connaissons sous le nom d'*ambre* ou de **succin**, et auquel les Grecs avaient donné celui d'ἤλεκτρον : cette substance frottée devient susceptible d'attirer des corps légers, comme de petits morceaux de papier, des barbes de plumes, etc., et du nom de l'ambre, sur lequel on a observé cette propriété, est venu celui d'*électricité*, qui lui a été donné.

Le frottement n'est pas le seul moyen de développer de l'électricité dans les corps : la chaleur, la pression, le contact, en produisent dans des circonstances convenables sur un certain nombre d'entre eux, et l'on a mis le dernier mode à profit avec un très-grand avantage pour obtenir une foule d'actions auxquelles l'électricité développée ne donne pas naissance : cette électricité de contact est plus particulièrement désignée sous le nom de **galvanisme**. Nous en traiterons à cet article. Dans celui-ci, nous nous bornerons à parler de l'électricité développée par frottement, et à dire un mot des deux autres.

Il paraît que tous les corps frottés dans des circonstances convenables peuvent donner de l'électricité, mais en quantité variable; et il n'est pas possible, dans tous les cas, de s'assurer directement de l'existence de l'électricité développée. Sous ce rapport, les corps se divisent en deux classes bien distinctes, les *conducteurs* et les *non-conducteurs*. Que l'on frotte, par exemple, comparativement un bâton de cire à cacheter et une tige de métal que l'on tient entre les mains, les propriétés électriques seront très-sensibles pour le premier corps et nuls pour le second, et cependant celui-ci peut s'être aussi fortement électrisé que le premier. Cette différence tient à la facilité plus ou moins grande avec laquelle l'électricité développée peut glisser à la surface de ces corps : on s'en convaincra facilement par les deux moyens suivants. Que l'on mette en communication avec des appareils propres à développer une grande quantité d'électricité un instrument susceptible d'en assigner la présence, d'abord par un long bâton de cire à cacheter ou même avec un fil de cette substance, et ensuite avec une tige ou un fil de métal de même longueur, et l'on verra que dans le premier cas l'instrument n'accusera pas, même après un long intervalle de temps, l'existence de l'électricité; tandis que dans le second il donnera immédiatement la preuve de sa présence. Ces deux corps ne sont donc pas également conducteurs du fluide électrique. La cire à cacheter est l'une des substances qui opposent le plus de résistance à sa marche, tandis que les métaux lui livrent passage avec une vitesse presque incommensurable : l'électricité en mouvement constitue ce qu'on appelle un *courant électrique*.

[Otto de Guericke, Gray et Whœler remarquèrent les premiers, comme on sait, que l'électricité se propageait avec une grande vitesse; mais aucune expérience n'avait été tentée par eux pour apprécier, même grossièrement, quelle pouvait être cette vitesse. Wheaton entreprit à ce sujet des recherches sur une grande échelle. Malheureusement il n'obtint d'autre résultat de ses expériences que le fait déjà connu. En 1828, F. Arago démontra, au moyen d'un appareil fort simple, que les **éclairs** les plus brillants, les plus étendus, même ceux qui paraissent développer leur feu sur toute la partie de l'horizon visible, n'ont pas une durée égale au vingtième d'une seconde. Bien que ce résultat ait pu donner une idée de la prodigieuse vitesse de l'électricité, il ne pouvait encore satisfaire les savants ; car la limite *minimum* n'avait pu être constatée; il était probable qu'elle était encore bien éloignée. En effet, quelques temps après, Wheaton trouva que cette durée était moindre qu'un millionième de seconde, et démontra que la vitesse de l'électricité, *à l'état de tension*, était plus grande que celle de la lumière dans l'espace. Enfin, il y a peu de temps que MM. Fizeau et Gonnelle, par des expériences bien faites et très-minutieuses, fixèrent à 180,000 kilomètres par seconde la vitesse de l'électricité dynamique dans les fils de cuivre, et à 100,000 kilomètres cette même vitesse dans les fils de fer. Depuis, M. Faraday, reprenant ces diverses expériences avec des fils recouverts de *gutta-percha*, fut tout étonné de trouver un chiffre tellement faible qu'il était en contradiction avec tous les autres expérimentateurs. D'après ses expériences, en effet, cette vitesse n'aurait été que de 060 kilomètres par seconde, au lieu de 500,000 lieues. En recherchant la cause de ce désaccord, M. Faraday s'aperçut que la *gutta-percha*, dont était enveloppé de fil de cuivre, jouait le rôle de la lame isolante d'un condensateur, et que l'électricité développée dans le fil réagissait par influence à travers la *gutta-percha*, de manière à donner naissance à un effet statique qui paralysait son mouvement. En effet, en opérant sur des fils aériens, il put constater de nouveau la vitesse que MM. Fizeau et Gonnelle avaient assignée à l'électricité.]

Quand on frotte un corps mauvais conducteur de l'électricité, le fluide développé reste à peu près circonscrit sur les points où il a été développé, tandis que la même action étant exercée sur un métal, l'électricité passe instantanément d'un point sur un autre, et se perd en entier, à moins que ce corps ne soit placé dans de telles circonstances que l'électricité, après avoir parcouru sa surface, se trouve arrêtée par quelque corps *non conducteur*. Ainsi, quand on attache le métal que l'on veut frotter après un bâton de cire à cacheter ou une tige de verre, presque aussi mauvais conducteur, on peut très-facilement s'assurer de la présence de l'électricité, qui ne peut se perdre parce qu'elle est arrêtée dans son mouvement par un corps qui le permet à peine.

Les organes du corps de l'homme et des animaux sont conducteurs de l'électricité; et comme la terre elle-même peut facilement conduire toute celle qui lui est communiquée, on aperçoit pourquoi les corps conducteurs ne peuvent être électrisés, ou, pour parler plus exactement, conserver l'électricité que le frottement y développe lorsqu'on les tient à la main ou qu'ils communiquent avec une portion quelconque du corps, à moins qu'il ne soit lui-même *isolé*, c'est-à-dire séparé du sol par le moyen de corps mauvais conducteurs, qui permettent alors au fluide électrique de s'accumuler à sa surface : c'est ce qu'on obtient facilement en se plaçant sur un tabouret dont les pieds sont en verre, sur une planche que soutiennent des bouteilles placées sur le sol, etc.; alors le corps conserve l'électricité comme les métaux isolés ou les substances non conductrices, et l'on peut s'assurer de sa présence par tous les moyens qui servent à en déterminer l'existence ou la proportion.

Lorsqu'on approche la main ou quelque autre partie du corps d'un appareil chargé d'électricité, l'étincelle qui vient la frapper produit un choc local avec un sentiment de piqûre plus ou moins sensible, que l'on ressent aussi quand, étant isolé, on tire de quelque partie du corps des étincelles; mais si l'on touche à la fois les deux surfaces d'une bouteille de Leyde, on éprouve une commotion qui se fait ressentir dans les articulations des mains, des bras, et quelquefois même dans la poitrine, mais qui alors est dangereuse : cet effet est dû à la réunion rapide au travers des organes des deux fluides dont nous parlerons tout à l'heure. Un grand nombre de personnes formant une chaîne non interrompue ressentent à la fois la commotion, à cause de la rapidité du mouvement de l'électricité.

L'électricité ne pénètre pas les corps dans lesquels on la développe, ou sur lesquels on la fait passer; c'est seulement à leur surface qu'elle se trouve répartie, de sorte que c'est de l'étendue de cette surface que dépend la quantité d'électricité que l'on peut accumuler sur un corps; on le prouve facilement en mettant en communication avec un appareil électrisé une sphère métallique creuse et isolée, dont l'une des surfaces présente une ouverture qui permet de porter dans son intérieur un conducteur isolé qui puisse se charger de fluide électrique, s'il en rencontre. Quand on touche avec le conducteur isolé la surface extérieure de la sphère électrisée, on s'assure de l'existence du fluide électrique sur toutes ses parties; mais si on en touche l'intérieur, on voit qu'il n'y en existe pas de traces. D'après cela, les appareils destinés à recevoir le fluide électrique peuvent être composés de quelque matière que ce soit, pourvu qu'elle soit recouverte d'une feuille de métal. On construit ainsi de bons conducteurs en bois, sur lesquels on colle des feuilles d'étain.

Lorsque deux corps sont frottés l'un sur l'autre, ils s'électrisent, mais en manifestant quelques caractères différents : ainsi, un morceau de cire à cacheter et un tube de verre frottés l'un sur l'autre deviennent susceptibles d'attirer des corps légers, mais si ces corps peuvent conserver l'électricité qui leur a été communiquée et se mouvoir sur une direction quelconque, on voit qu'après avoir été attirés par la cire ou par le verre, ils sont repoussés par le même corps et attirés par l'autre : ainsi, une boule de moëlle de sureau suspendue à un fil de soie, qui est un corps non conducteur, est attirée d'abord par la cire, puis repoussée ensuite dès qu'elle est attirée par le verre; et si elle a d'abord été attirée par le verre, elle est ensuite repoussée par lui et attirée au contraire par la cire. On exprime ce fait en disant que les corps électrisés de la même manière se repoussent, et qu'ils s'attirent quand ils sont électrisés d'une manière opposée.

Deux hypothèses partagent les physiciens relativement à la nature de l'électricité : les uns admettent que ses effets sont dus à un fluide impondérable, incoërcible, et les autres les attribuent à une vibration particulière des molécules des corps. Parmi les physiciens qui admettent que les effets électriques sont dus à un fluide particulier, les opinions sont aussi partagées relativement à sa nature. D'après les uns, il existe deux fluides qui ont pris les noms de *vitré* et de *résineux*, du nom des substances dans lesquelles ils se développent le plus habituellement, et suivant les autres, il n'existe qu'un fluide, qui, se trouvant en plus grande ou en moindre proportion dans les corps, présente les deux états indiqués par les noms de *négatif* et de *positif*, ou par les signes — et +, synonymes de *résineux* et de *vitré*. Sans adopter l'une de ces hypothèses, que la nature de cet ouvrage ne nous permettrait pas de discuter, nous nous servirons indistinctement des noms de *vitrée* ou *positive*, et de *résineuse* ou *négative*, pour indiquer l'électricité développée par le verre et par la résine, et nous emploierons celui de *fluide* pour nous conformer au langage ordinaire.

Une très-faible différence dans la nature des substances qui se frottent en détermine souvent une dans celle de l'électricité produite : la résine donne toujours la même espèce d'électricité; mais le verre, qui, frotté avec du drap et un grand nombre d'autres corps, produit l'électricité vitrée, donne de l'électricité résineuse quand on le frotte avec une peau de chat : ces différences ne sont pas les seules que l'on puisse signaler. Si l'on frotte l'un sur l'autre un ruban de soie noire et un autre de soie blanche, le premier prend de l'électricité résineuse ou devient négatif, et le ruban blanc manifeste l'électricité vitrée ou positive; mais si on se sert de deux rubans blancs, celui qui est frotté dans le sens de la longueur devient vitré, et celui qui l'est dans le sens de sa largeur, négatif ou résineux.

Lorsqu'on admet l'existence du fluide électrique, on en regarde la terre comme le *réservoir commun*, d'où l'on peut toujours en soutirer, ou dans lequel il peut s'en perdre des quantités infinies, et l'on explique facilement par là la charge des appareils électriques, l'action des paratonnerres, la non-électrisation des corps conducteurs quand ils ne sont pas isolés, et une foule d'autres phénomènes du même genre.

Quand deux corps non conducteurs, ou s'ils sont conducteurs, quand ils sont isolés, sont frottés l'un sur l'autre, ils ne peuvent se charger que d'une faible quantité d'électricité; mais si l'un d'eux communique avec le sol, la proportion d'électricité accumulée sur l'autre devient aussi grande que le permet l'étendue de sa surface, et l'on peut ainsi s'en procurer, avec facilité, une quantité suffisante pour obtenir des phénomènes nombreux et variés. C'est sur ce système qu'est établie la *machine électrique*, au moyen de laquelle on peut, par une disposition très-simple, obtenir à volonté l'une ou l'autre électricité. Dans ce genre d'appareils, on ne peut réunir à la fois les deux fluides; des dispositions particulières sont nécessaires pour parvenir à ce dernier résultat; les appareils peuvent varier par leurs formes, mais pour faciliter leur emploi on leur donne ordinairement la forme de bouteilles, et comme c'est à Leyde que cet instrument a été découvert, il porte le nom de *bouteille de Leyde*.

La forme d'un corps électrisé a une grande influence sur la quantité d'électricité qui peut être répandue sur les divers points de sa surface : sur une sphère, elle est en même proportion dans tous les points; sur un cylindre terminé par des sections de sphère, on rencontre encore la même disposition; mais à mesure que les extrémités s'approchent de la forme d'une pointe, l'électricité va en s'accumulant vers ces parties, et s'en écoule avec facilité au travers de l'air, et surtout si on présente à quelque distance un corps capable de la soutirer; c'est sur ce principe qu'est fondé le paratonnerre. L'électricité n'est maintenue à la surface des corps que par la pression de l'air atmosphérique, et quand elle se dégage par l'approche d'un corps terminé par une surface courbe, conducteur et non isolé, elle s'élance au travers de l'air sous la forme d'étincelles, quelquefois d'un volume considérable, et à une distance dépendante de la quantité d'électricité et de l'état de l'air. Lorsque l'atmosphère est bien sèche, l'électricité est facilement maintenue à la surface des conducteurs, mais lorsqu'elle est humide, l'électricité s'y répand presque immédiatement, parce que l'air humide est un assez bon conducteur. Puisque la pression de l'air est la cause qui maintient l'électricité à la surface des corps, ce fluide ne peut s'y accumuler dans le vide; aussi quand dans un long tube de verre muni d'une monture métallique à chacune de ses extrémités on fait le vide, et que, tenant le tube par l'une des armures, on met l'autre en contact avec une machine électrique, l'électricité flue dans toute l'étendue du tube sous forme d'une gerbe de lumière violette, très-remarquable, surtout dans l'obscurité.

Nous avons déjà signalé précédemment la rapidité avec laquelle l'électricité passe dans les conducteurs, elle est rendue plus sensible encore par une expérience curieuse que voici : Dans l'intérieur d'un long tube de verre, muni d'armures métalliques à ses extrémités, on fixe un grand nombre de petits fragments de feuilles d'étain placés à de petites distances l'un de l'autre; quand on fait passer de l'électricité dans l'appareil, on voit à la fois l'étincelle sauter de l'une des plaques sur l'autre, dans toute l'étendue du tube, quoi qu'il faille qu'elle fasse autant de sauts qu'il y a de fragments métalliques dans ce conducteur interrompu. On produit des effets analogues au moyen de carreaux, de globes, ou d'autres vases en verre disposés d'une manière analogue.

Un corps électrisé exerce à distance sur un autre qui ne l'est pas une action très-remarquable, décompose le fluide naturel de celui-ci, attire l'électricité de nom différent, et repousse l'électricité de même nom, de manière que tant que ce corps se trouve dans la même condition, il se trouve partagé en deux parties, dont l'une renferme l'électricité vitrée, l'autre l'électricité résineuse. Cet effet se produit et cesse avec une vitesse dépendante du degré de conductibilité du corps. Cette électrisation *par influence* peut donner lieu à des actions très-remarquables : ainsi, quand la foudre tombe sur la terre, elle peut non-seulement occasionner la mort des individus ou des animaux qu'elle frappe, mais encore d'hommes ou d'animaux placés à une assez grande distance, par la rapidité avec laquelle elle décompose le fluide naturel du sol et des corps qui s'y trouvent dans sa sphère d'action. Cet effet, qui porte le nom de *choc en retour*, est d'autant plus dangereux qu'il est plus difficile d'en prévoir et d'en éviter les conséquences. L'action des pointes qui peut déterminer le passage du fluide électrique des nuages, soit que l'on admette qu'elles lui servent de moyen de s'écouler dans le sol, ou qu'une partie de celui du sol vienne saturer l'électricité des nuages, rend extrêmement dangereux le séjour près d'un corps susceptible de produire cet effet, lorsque l'électricité atmosphérique est accumulée en grande quantité, comme pendant un orage. Aussi ne se passe-t-il pas d'années que l'on n'entende raconter les funestes accidents auxquels donne lieu la chute de la foudre sur des individus qui s'étaient réfugiés sous des arbres, des meules de blé, etc.

La **foudre** est produite par l'électricité accumulée dans des nuages à des états différents, et dont la réunion rapide produit les éclairs et tous les effets, quelquefois si terribles, qui caractérisent les **orages**. Au moyen de nos appareils électriques, nous pouvons figurer, quoique comparativement sur une petite échelle, des actions analogues : ainsi, en réunissant un nombre suffisant de bouteilles de Leyde, dont on détermine la décharge, on fond, on fait brûler des fils métalliques, on perce des cartes ou des lames de verre, on produit de violentes commotions dans les animaux, et on peut aller jusqu'à leur donner la mort : nous citerons même à ce sujet celle d'un homme que, pour un traitement médical, on soumettait à des décharges électriques, et qui tomba foudroyé par une trop forte décharge, comme s'il eût été frappé du tonnerre.

Nous avons vu que des corps chargés de la même électricité se repoussaient, et qu'un corps à l'état naturel était au contraire attiré par un autre électrisé; on peut obtenir, avec un appareil convenablement disposé, une action de translation longtemps continuée en profitant de cet effet. Si l'on fixe deux timbres, l'un à un fil de soie et l'autre à une chaîne suspendue à un conducteur métallique qui puisse être fixé au conducteur de la machine électrique, et qu'entre les deux, à une distance convenable, on attache une petite boule de cuivre à un fil de soie, le timbre fixé au fil de soie étant mis en communication avec le fil par le moyen d'un conducteur métallique, par exemple une chaîne, si l'on fait mouvoir la machine électrique, le petit pendule s'élance contre le timbre attaché à la chaîne, s'en éloigne pour venir frapper celui que soutient le fil de soie, revient de nouveau heurter le premier, et ainsi de suite, tant que l'on communique de l'électricité à l'appareil. On peut obtenir un effet tout à fait semblable en plaçant une bouteille de Leyde isolée, surmontée d'un timbre, entre deux colonnes également surmontées de timbres entre lesquels et celui de la bouteille peuvent osciller deux petites boules en métal suspendues à des fils de soie : quand la bouteille a été chargée, les petits pendules se mettent en mouvement et continuent de battre jusqu'à ce que toute l'électricité de l'appareil soit dissipée. Dans le premier cas, la boule attirée par l'électricité du timbre suspendu à la chaîne se charge de la même espèce d'électricité que lui; repoussée alors, elle vient la perdre sur le second, isolé supérieurement par le fil de soie, mais communiquant avec le fil par la chaîne inférieure; revenue à l'état naturel, elle est de nouveau attirée par le premier timbre, et ainsi de suite. Dans le deuxième cas, les deux boules viennent s'électriser sur le timbre de la bouteille, perdre leur fluide sur ceux qui sont placés sur les colonnes, et leur mouvement continue de la même manière tant qu'il y a de l'électricité. Cet appareil porte le nom de *carillon électrique*. C'est par une action semblable que peuvent s'élever et s'abaisser entre deux plaques, l'une en communication avec la machine, l'autre avec le sol, de petites figures en moëlle de sureau, qui figurent ainsi une danse qui se prolonge tant que l'électricité agit (*voyez* Danse des Pantins).

L'électricité, en traversant les corps simples, ne peut produire sur eux d'autre effet que l'incandescence et la fusion; mais quand ils sont composés, elle peut quelquefois en *dissocier* les principes, comme aussi elle peut déterminer la combinaison de divers corps. Nous signalerons seulement sous ce dernier rapport l'action de l'électricité sur le mélange d'oxygène ou d'air atmosphérique et d'hydrogène : une étincelle électrique qui traverse ce mélange en détermine la combustion avec production d'une lumière vive, et une détonation qui peut briser les appareils employés si leurs parois n'offrent pas une grande résistance. Le *pistolet de Volta* sert à faire cette expérience sans danger. Une enveloppe en fer-blanc renferme le mélange gazeux ; un conducteur isolé dans un tube de verre permet de faire communiquer avec l'intérieur l'une des surfaces d'une bouteille de Leyde, pendant que l'autre a été mise en contact avec l'arme ; la détonation fait sauter avec bruit le bouchon qui ferme l'appareil.

Les corps mauvais conducteurs de l'électricité, laissant difficilement celle-ci s'écouler à leur surface, permettent d'y répandre les deux espèces de fluide, à des distances très-rapprochées, sans qu'ils se réunissent pendant quelque temps. Ainsi, quand on trace avec le crochet d'une bouteille de Leyde, chargée d'électricité vitrée, des figures sur un gâteau de résine ; qu'avec la bouteille renfermant de l'électricité résineuse on en trace d'autres, les deux fluides peuvent rester assez longtemps sur les points qu'ils occupent. Si alors, de quelque distance, on projette sur le plateau, au moyen d'un petit soufflet dont l'orifice est fermé avec une gaze, un mélange de soufre et de minium, tous les points chargés d'électricité vitrée se recouvrent de soufre, et tous ceux qui contiennent l'électricité résineuse, de minium, dont les couleurs tranchées font facilement distinguer la présence. Voici l'explication de ce fait : par le frottement qu'éprouvent le soufre et le minium en sortant du soufflet, le soufre devient résineux et le minium vitré ; le premier est donc attiré par l'électricité vitrée du plateau, et le minium par l'électricité résineuse : ces *figures*, que l'on nomme de *Lichtenberg*, se conservent quelquefois très-longtemps.

Pour terminer par quelques mots sur l'électrisation par pression et par la chaleur, disons que plusieurs substances, comme le liége et divers minéraux, fixés à l'extrémité d'un tube de verre, et comprimés sur une écorce d'orange ou de citron par exemple, manifestent des signes sensibles d'électricité. Diverses substances minérales naturelles, chauffées à une température convenable, s'électrisent et présentent ceci de remarquable, que certaines faces sont négatives et d'autres positives. La tourmaline chauffée à 100°, par exemple, offre l'électricité vitrée à l'une de ses extrémités, et l'électricité résineuse à l'autre. Un minéral qui porte le nom de *boracite*, et qui cristallise sous forme de dodécaèdres ou d'un solide à douze faces, placé dans les mêmes circonstances, présente six faces négatives et six alternativement à l'état positif.

Les propriétés de l'électricité ne se bornent pas seulement à des attractions et à des répulsions, à une recomposition de fluide naturel et à d'autres effets statiques ; elles comprennent encore les effets de mouvement ou dynamiques, sur lesquels reposent l'électro-magnétisme et l'électro-chimie. De là la distinction établie par les auteurs entre l'*électricité statique* et l'*électricité dynamique*.

H. Gaultier de Claubry.

C'est Dufay qui, en 1733, découvrit que les électricités se repoussent ou s'attirent suivant qu'elles sont de même nom ou de nom contraire. En 1752, Franklin démontra l'identité de la foudre et de l'électricité. De 1785 à 1786, Coulomb découvrit les lois des attractions et répulsions électriques à l'aide de la balance de torsion. Les recherches de Galvani, la découverte de la pile par Volta firent faire un pas immense à la théorie de l'électricité, en même temps que l'électro-chimie prenait naissance dans les travaux de Nicholson et Carlisle, de Davy, etc. Wollaston démontra l'identité de l'électricité ordinaire avec celle fournie par la pile. Poisson appliqua le calcul aux observations de Coulomb et d'autres physiciens. En 1820, la science s'élargit encore par la découverte de l'électro-magnétisme, découverte due à Œrsted, et dont Ampère tira les plus belles conséquences. Arago, MM. Faraday, Armstrong, Jacobi, de la Rive, ont depuis considérablement avancé la théorie de l'électricité, qui est surtout redevable aux travaux de M. Becquerel. Il en est résulté une science toute moderne, dont les applications déjà faites sur une grande échelle embrassent la galvanoplastie, la dorure, la télégraphie, l'éclairage, etc. « L'impulsion donnée à l'électricité pendant cette période (depuis 1820) est telle, disait M. Becquerel en 1848, qu'on ne peut savoir où elle s'arrêtera, et quelles en seront un jour les conséquences pour la physique, la chimie et les sciences naturelles. » Il aurait pu ajouter les arts industriels, car, sans compter les applications que nous énumérions tout à l'heure, sans parler de l'emploi de l'électricité que M. Becquerel a indiqué lui-même dans les opérations métallurgiques, on peut prendre pour exemple les métiers électriques de M. Bonnelli.

ÉLECTRIQUE (Carillon). *Voyez* Électricité.

ÉLECTRIQUE (Lumière). *Voyez* Lumière électrique.

ÉLECTRIQUE (Machine). Otto de Guéricke, au dix-septième siècle, fut le premier qui eut l'idée d'accumuler par le frottement une grande quantité de fluide électrique sur un corps. L'appareil qu'il imagina à cet effet consistait en un globe de soufre monté sur un axe horizontal, qu'il faisait tourner d'une main, tandis qu'il appliquait l'autre sur la surface du globe. Le frottement résultant de cette manœuvre produisait un dégagement d'électricité assez considérable pour être accompagné d'une traînée lumineuse. Au globe de soufre on substitua plus tard un manchon ou cylindre de verre, et enfin à ce dernier un disque ou plateau circulaire de la même substance, traversé par un axe horizontal que faisait agir une manivelle. La main fut remplacée par des coussins de peau entre lesquels tournait le plateau, et l'électricité dégagée à la surface du verre fut recueillie par des conducteurs métalliques convenablement isolés. Tels sont encore maintenant les principes sur lesquels repose la construction des *machines électriques*. On en fait de différentes sortes ; mais nous ne parlerons ici que de celle qui est le plus souvent employée.

Voici en quoi consiste cet appareil : Un plateau circulaire de verre ou de glace est traversé au centre par un axe horizontal qui, s'appuyant sur deux piliers verticaux, reçoit un mouvement de rotation au moyen d'une manivelle, et vient frotter contre quatre coussins de cuir rembourrés de crin et enduits d'une composition métallique qui provoque la puissance électrique, comme par exemple l'or musif ; un conducteur en cuivre, fixé à l'un des piliers par une tige de verre, est, à ses deux extrémités les plus rapprochées du plateau, armé de pointes pour en soutirer l'électricité ; les deux branches de ce conducteur sont mobiles ; à chaque coussin se trouve attachée une pièce de taffetas gommé qui, recouvrant le plateau jusqu'au point où il rencontre le conducteur, prévient la dispersion de l'électricité dont il se charge. Toute la machine repose sur quatre pieds de verre, de manière à être complétement isolée ; il est donc facile d'obtenir à volonté telle ou telle électricité, selon que l'on applique sur le plateau ou sur un coussin l'une des branches du conducteur, pendant que l'on fait communiquer l'autre au moyen d'une chaîne, avec le réservoir commun.

Pour tirer des étincelles de la machine électrique, on emploie des *excitateurs ;* ce sont des tiges métalliques pourvues de manches isolants, à l'aide desquelles on *excite* en quelque sorte l'électricité à passer d'un corps sur un autre.

ÉLECTRIQUE (Métier). *Voyez* Métier.

ÉLECTRIQUE (Télégraphe). *Voyez* Télégraphie.

ÉLECTRO-CHIMIE. Lorsque les actions électriques s'exercent sur les molécules élémentaires des corps, elles peuvent troubler l'état de ces molécules, les décomposer ou en favoriser la combinaison; ces compositions se font presque toujours d'après certaines règles générales, et c'est à l'ensemble de ces phénomènes et des règles d'après lesquelles ils semblent s'accomplir que l'on donne le nom d'*électro-chimie*. Cette faculté que possède le courant électrique d'opérer des décompositions chimiques apparut pour la première fois à Carlisle et à Nicholson un jour que ces deux savants laissèrent par mégarde tomber dans l'eau les conducteurs d'une pile en activité. Comme ces conducteurs étaient formés de cuivre, métal oxydable, l'hydrogène seul se dégagea d'abord au pôle négatif, tandis que l'autre fil s'oxydait d'une manière manifeste. Mais ayant bientôt substitué l'or au cuivre, les deux physiciens eurent la joie de voir pour la première fois l'eau se résoudre comme par enchantement en deux gaz, hydrogène et oxygène, qui se dégageaient isolément et en proportions définies autour des deux pôles. Cette magnifique découverte a donné naissance à l'électro-chimie.

Dans certaines circonstances, l'étincelle électrique favorise la séparation des éléments des corps composés. Le gaz ammoniac (composé d'azote et d'hydrogène), le gaz hydrogène carboné, le gaz acide sulfhydrique, sont décomposés et réduits à leurs éléments par un courant d'étincelles électriques. Il en est de même de l'eau lorsqu'on la soumet à l'action d'un certain nombre d'étincelles. Dans d'autres circonstances, l'étincelle électrique favorise la combinaison des corps; ainsi, une seule étincelle suffit pour transformer en eau un volume de gaz oxygène et deux volumes de gaz hydrogène, phénomène d'autant plus remarquable que nous venons d'établir la possibilité de décomposer ce fluide par le même agent. Lorsqu'on fait passer un grand nombre d'étincelles à travers un mélange de 100 parties en volume de gaz azote, de 250 de gaz oxygène et d'une certaine quantité de chaux ou de potasse humide, on obtient de l'acide azotique, et par conséquent un azotate. Le chlore et l'hydrogène, à volumes égaux, se combinent par l'action de l'étincelle, et produisent de l'acide chlorhydrique; un volume d'oxygène et deux volumes d'oxyde de carbone donnent de l'acide carbonique.

Pour avoir une idée un peu exacte de l'action spéciale dont il s'agit, il est nécessaire de l'étudier surtout dans ses détails; cependant, on peut dire d'une manière générale que si dans un corps A B les molécules A peuvent se constituer dans un état d'électricité positive et les molécules de B dans un état d'électricité négative, il sera possible de les séparer les unes des autres au moyen de la pile, quelle que soit leur affinité réciproque. En effet, le fluide positif de la pile attirera les molécules négatives de B, tandis que les molécules de A seront attirées par le fluide négatif. Ainsi, dans la décomposition de l'eau que nous citions tout à l'heure, puisque l'oxygène est attiré par le pôle positif de la pile, il devra être électro-négatif; et l'hydrogène, qui est attiré par le pôle négatif, devra être électro-positif. Il faut donc admettre que la décomposition d'une particule d'eau par la pile a lieu parce que l'affinité qui existe entre l'oxygène et l'hydrogène est vaincue par l'énergie avec laquelle l'oxygène est attiré par le pôle positif et repoussé par le pôle négatif, et par l'énergie avec laquelle l'hydrogène est attiré par le fluide négatif et repoussé par le fluide positif.

Berzélius a cherché à ranger les corps simples suivant l'état électrique dans lequel ils se constituent. D'après cet auteur, l'oxygène est le corps le plus électro-négatif ou résineux; viennent ensuite le soufre, l'azote, le fluor, le chlore, le brôme, l'iode, le sélénium, le phosphore, etc. Le second de ces corps (le soufre) sera électro-positif si on le compare au premier, et électro-négatif relativement au troisième; ou, d'une manière plus générale, un de ces corps sera électro-positif à l'égard de ceux qui le précèdent, et électro-négatif, si on le compare à ceux qui le suivent. Que l'on décompose par la pile un corps formé d'oxygène et d'azote, l'oxygène se portera au pôle positif, comme électro-négatif, et l'azote au pôle négatif, parce qu'il est électro-positif. Si la pile agit sur un corps composé d'azote et d'hydrogène, l'azote se portera vers le pôle positif comme électro-négatif, et l'hydrogène vers le pôle négatif, parce qu'il est élétro-positif dans ce cas. Suivant Berzélius, les composés d'oxygène et d'un des corps suivants, soufre, azote, chlore, brôme, iode, sélénium, phospore, arsenic, molybdène, chrôme, tungstène, bore, carbone, antimoine, tellure, tantale, titane, silicium et hydrogène, sont électro-négatifs par rapport aux composés d'oxygène et d'un des autres corps simples. Ainsi, admettons que l'acide sulfurique (formé d'oxygène et de soufre) soit combiné avec la chaux (composé d'oxygène et de calcium) : si on soumet à l'action de la pile le composé d'acide sulfurique et de chaux, l'acide se portera vers le pôle positif comme électro-négatif, et la chaux vers le pôle négatif en sa qualité de corps électro-positif. « Un acide, dit cet auteur, lorsqu'il cherche à généraliser la proposition, est toujours électro-négatif par rapport à l'oxyde avec lequel il est uni, qui est, au contraire, électro-positif. »

Dans les diverses combinaisons et décompositions chimiques opérées par le fluide électrique, on peut faire les remarques suivantes : 1° lorsque les fluides électriques positif et négatif se combinent, il y a production de chaleur et de lumière; or, dans la plupart des combinaisons chimiques, il y a aussi dégagement de chaleur, dans quelques cas même il se dégage de la lumière; 2° tous les corps composés soumis à l'influence simultanée des deux fluides, à l'aide de la pile électrique par exemple, sont décomposés; 3° au moment où la combinaison s'opère, il y a dégagement d'électricité.

Dr Castelnau.

Cette nouvelle science a amené à sa suite une nouvelle nomenclature proposée par M. Faraday, et dont nous ne citerons que deux termes, généralement adoptés aujourd'hui par tous les physiciens. Regardant comme impropre la dénomination de *pôles*, donnée aux extrémités de la pile, ainsi que celle de *lames décomposantes*, donnée aux lames de platine employées pour opérer les décompositions, il a appelé ces mêmes lames *électrodes* (de ἤλεκτρον, et ὁδὸς, route; c'est-à-dire routes que suit l'électricité) ; ainsi l'électrode positive est la lame décomposante par laquelle débouche l'électricité positive dans une dissolution; l'autre est l'électrode négative. De plus, M. Faraday a appelé *électrolytes* (de ἤλεκτρον, et λύω, délier) les corps dont les éléments sont séparés par l'action du courant électrique : l'acide chlorhydrique est un électrolyte ou un corps électrolytique, attendu que le courant isole le chlore de l'hydrogène; tandis que l'acide borique ne l'est pas, puisqu'il n'est pas décomposé.

Mais une des plus belles découvertes de M. Faraday est celle de la loi qui préside aux décompositions électro-chimiques effectuées à l'aide de la pile. Cette loi s'applique très-clairement au cas où l'on emploie un seul et même courant à opérer simultanément des décompositions dans plusieurs vases placés à la suite les uns des autres. On imagine sans peine la disposition qu'on donne alors aux appareils. Le conducteur provenant de l'un des pôles de la pile est interrompu une première fois, et les deux extrémités libres, terminées par des plaques métalliques, plongent dans un premier vase où se trouve un liquide à décomposer. Plus loin se trouve une seconde interruption correspondant à un second vase à décomposition. On peut ainsi placer un certain nombre d'électrolytes sur le trajet d'un même courant, pourvu que finalement le fil reparaisse et se rattache à l'autre pôle de la pile. Du moment où le courant commence à passer, la décomposition a lieu en même temps dans tous les vases; et s'ils contiennent le même liquide, la loi de M. Faraday se réduit à sa plus simple expression : elle annonce que les décompositions marchent parallèlement, et qu'à un instant quelconque elles donnent dans chaque électrolyte des produits égaux. Si c'est de l'eau qu'on décompose, on n'a qu'à recueillir dans des cloches graduées les gaz qui se dégagent, et l'on verra que quelles que soient les dimensions des vases et les épaisseurs des liquides traversés, quelle que soit l'étendue des plaques immergées, le même gaz apparaîtra partout sous des volumes égaux. La décomposition porte-t-elle sur un sel de cuivre, on trouvera que le métal réduit comporte partout le même poids. Rien de plus simple, en vérité, rien de plus propre à montrer que la puissance du courant est identiquement la même sur toute l'étendue de son parcours. Si l'on suppose ensuite que les vases électrolytiques contiennent des dissolutions de natures différentes, que l'un renferme une dissolution de cuivre, l'autre une dissolution d'argent, et un troisième une dissolution de zinc, le courant, dans son passage, ne précipitera plus les trois métaux sous le même poids; mais du moins, à toute époque, ces poids présenteront des rapports constants et dès longtemps consignés dans les livres de chimie sous le dénomination d'*équivalents*. Cette belle loi de M. Faraday s'applique non moins exactement aux actions chimiques qui se passent dans l'intérieur de la pile. Ainsi quand un doreur dépose le métal précieux par voie électrique sur un objet placé dans la cuve à décomposition, il peut connaître la valeur du dépôt par la quantité de zinc qui se dissout dans la pile.

ÉLECTRODE. *Voyez* ÉLECTRO-CHIMIE.

ÉLECTROLYTE, CORPS ÉLECTROLYTIQUES. *Voyez* ÉLECTRO-CHIMIE.

ÉLECTRO-MAGNÉTISME. Lorsqu'on place une aiguille aimantée près d'un courant électrique, cette aiguille est ordinairement déviée de sa direction normale; il existe donc une action réciproque entre le courant et l'aimant, et c'est à cette action, ou plutôt à l'ensemble des phénomènes qu'elle produit, que l'on a donné le nom d'*électro-magnétisme*. A une époque déjà assez éloignée de nous, plusieurs physiciens avaient observé que des décharges puissantes affectaient l'aiguille magnétique; mais ces faits isolés n'avaient été considérés que comme des accidents dont les causes restaient indéterminées. Œrsted, professeur à Copenhague, trouva le premier, en 1820, le moyen de faire agir l'électricité sur le magnétisme d'une manière sûre et permanente. C'est donc à ce savant que l'on doit rapporter l'honneur d'avoir découvert l'électro-magnétisme; mais c'est aux travaux d'Ampère, professeur au Collége de France, que cette partie de la physique doit ses plus grands progrès.

La seule condition nécessaire pour que le fluide électrique agisse sur les aimants, c'est que ce fluide soit en mouvement : en effet, lorsqu'on fait parcourir un fil métallique par un courant galvanique et qu'on approche de ce fil une aiguille aimantée, librement suspendue, on voit, ainsi que l'a observé Œrsted, que cette aiguille est déviée de sa position, et qu'elle exécute une foule d'oscillations. La force insaisissable qui détermine ces oscillations a reçu le nom de *force électro-magnétique*. L'expérience précédente permet de constater : 1° que la force électro-magnétique diminue d'intensité à mesure que la distance augmente; 2° qu'elle s'exerce dans tous les sens et à travers toutes les substances, excepté les substances magnétiques. La force électro-motrice offre cette particularité remarquable, qu'elle ne détermine ni attraction ni répulsion entre les courants et les aimants; mais seulement une certaine direction des uns relativement aux autres; cette direction fixe était fort difficile à indiquer d'une manière claire avant Ampère, qui, à l'aide d'une comparaison aussi bizarre qu'ingénieuse, a donné les moyens de s'en faire promptement une idée parfaitement nette. Il faut d'abord supposer que le courant électrique a lieu dans un sens déterminé : ainsi, on admet qu'il se dirige du pôle positif au pôle négatif en passant par le conducteur qui joint les deux pôles. Ampère, ayant admis cette supposition avec tous les autres physiciens, a comparé le conducteur à un homme dont les pieds seraient tournés vers le pôle positif et la tête vers le pôle négatif, en sorte que le courant entrerait par les pieds et sortirait par la tête. Le courant étant ainsi déterminé et placé horizontalement, si l'on vient à mettre une aiguille aimantée librement suspendue, du côté de la face de l'homme, cette aiguille prendra une direction telle qu'elle formera une croix avec la figure électrique, et que son pôle austral sera dirigé vers la gauche. Si, au contraire, l'aiguille est présentée par la face postérieure de la figure, le pôle austral sera dirigé à droite. Cette propriété de la force électro-magnétique lui a fait donner le nom de force *directrice*.

Pour exécuter d'une manière parfaite l'expérience précédente, il faut préalablement soustraire l'aiguille à l'influence de la force magnétique terrestre, ce que l'on fait très-simplement en disposant un barreau horizontal dans le plan du méridien magnétique et sur le prolongement de l'aiguille. Si l'on suppose que le courant électrique soit dirigé du sud au nord, on voit, par ce qui vient d'être dit, que l'aiguille placée au-dessus de ce courant aura son pôle austral à l'orient, tandis que ce sera le contraire si on la place au-dessous du courant.

L'action des courants sur les aimants entraînait logiquement celle des aimants sur les courants; cependant il devenait très-curieux de constater expérimentalement cette dernière, et c'est ce qu'a fait Ampère, à l'aide d'un appareil trop compliqué pour être décrit ici, et dont le but est de rendre un conducteur parfaitement mobile, et en quelque sorte isolé; lorsqu'on fait passer un courant dans ce conducteur, isolé de toute action, moins l'action magnétique de la terre, on le voit exécuter plusieurs oscillations, puis prendre une position fixe, qui est telle que le plan par lequel il passe se trouve perpendiculaire à celui du méridien magnétique. Quand on dirige le courant dans le même sens, ce sont toujours les mêmes côtés du conducteur qui se placent à l'orient et à l'occident, et quand le sens du courant est changé, les côtés du conducteur exécutent une demi-rotation, et se placent dans une direction diamétralement opposée. Cette direction est toujours telle que, dans la partie inférieure d'un conducteur circulaire ou polygonal, le courant va de l'est à l'ouest. Des résultats semblables sont obtenus lorsqu'on remplace l'action de la terre par celles des aimants naturels ou artificiels.

Jusque ici il ne s'est agi que de l'action des courants sur les aimants, et réciproquement. Ampère avait en quelque sorte pressenti que cette action, c'est-à-dire l'action électro-magnétique, n'était autre chose qu'une action électrique simple, dont les effets, en apparence si différents de l'électricité ordinaire, dépendaient de la direction, de l'assemblage particulier des courants. C'est dans le but de vérifier la valeur de cette hypothèse qu'il institua une série d'expériences remarquables sur l'action réciproque des *courants sur les courants*, action inconnue avant lui; ces expériences furent consignées dans un des ouvrages les plus remarquables de notre époque (*Théorie des phénomènes électro-dynamiques*, etc.; Paris, 1826), et permirent à leur auteur d'établir une théorie qui ramène à un même principe des phénomènes qu'on avait cru jusqu'alors dépendre de forces différentes. Par toutes ses expériences, aussi nombreuses qu'ingénieuses, Ampère a été conduit à la démonstration des propositions suivantes : Deux courants parallèles s'attirent quand ils marchent dans le même sens, et ils se repoussent quand ils marchent en sens contraire. Deux courants croisés tendent toujours à demeurer parallèles pour marcher dans le même sens, ou, en d'autres termes il y a attraction entre les parties qui vont toutes deux en s'approchant, ou toutes deux en s'éloignant du point de croisement, et répulsion entre les parties qui vont, l'une en s'éloignant, l'autre en s'approchant de ce même point. Ces deux propositions étant expérimentalement établies, voici, entre autres applications remarquables, celle qu'Ampère en a faite au magnétisme terrestre. Nous avons déjà vu qu'un courant circulaire mobile, abandonné à l'influence magnétique de la terre, prenait une position perpendiculaire au plan du méridien magnétique, exactement comme s'il y avait dans le globe terrestre un courant parallèle qui sollicitât le courant artificiel à prendre cette position; si, au lieu d'un courant circulaire, on en place plusieurs les uns à côté des autres, ils deviendront nécessairement tous parallèles au premier, et l'on pourra les prendre assez nombreux pour qu'ils forment un cylindre dont l'axe sera beaucoup plus long que le diametre; cet axe, qui est perpendiculaire au plan de chaque courant, sera donc parallèle au méridien magnétique, c'est-à-dire qu'il affectera exactement la position de l'aiguille aimantée. Il résulte de là que celle-ci peut être considérée, et même, suivant Ampère, doit être considérée comme formée par une série de courants circulaires parallèles, dirigés ou *attirés* par des courants semblables, existant dans le globe terrestre. Ainsi, le magnétisme ne serait autre chose qu'une forme particulière d'électricité, comme le galvanisme, et la force électro-magnétique, qui diffère, au premier abord, des autres forces naturelles, puisqu'elle semblait n'être ni *attractive* ni *répulsive*, mais seulement *directrice*, serait absolument semblable à ces mêmes forces. Cette théorie rend parfaitement compte des déviations et des inclinaisons qu'éprouve l'aiguille aimantée, soit quotidiennement, soit à des époques éloignées.

Dr CASTELNAU.

ÉLECTROMÈTRE, ÉLECTROSCOPE (d'ἤλεκτρον, ambre, d'où nous avons fait *électricité*, et μέτρον, mesure, ou σκοπέω, j'observe). Lorsqu'un corps électrisé est approché d'un corps léger, il l'attire, et si ce corps est mobile dans l'espace, il le repousse ensuite, parce qu'ils sont chargés l'un et l'autre d'une même espèce d'électricité. C'est sur cette propriété que sont fondés les *électromètres*, au moyen desquels on peut assigner la présence, et jusqu'à un certain point déterminer la quantité d'électricité développée à la surface d'un corps. Le plus sensible et le plus simple *électroscope* est sans contredit une boule de moelle de sureau attachée à l'extrémité d'un long fil de soie, ou la réunion de deux pendules semblables : le degré d'éloignement des boules de la verticale indique en même temps jusqu'à un certain point la quantité d'électricité. Au lieu de boules de moelle de sureau, on emploie aussi deux pailles ou deux feuilles d'or renfermées dans un bocal, dont les surfaces sont planes, et sur lesquelles sont tracées deux portions de cercles gradués; l'écartement des pailles ou des feuilles mesure ainsi sensiblement la proportion du fluide électrique. Mais le meilleur électromètre, et le seul qui puisse permettre de mesurer exactement les effets de l'électricité, est la *balance de torsion*.

H. GAULTIER DE CLAUBRY.

ÉLECTROPHORE (du grec ἤλεκτρον, ambre, d'où dérive *électricité*, et φέρω, je porte). Nous avons vu à l'article ÉLECTRICITÉ que la résine frottée s'électrise négativement; en plaçant sur la résine un conducteur métallique isolé, d'une moindre surface, l'électricité naturelle du conducteur est décomposée, le fluide vitré est attiré, le résineux repoussé; en approchant le doigt pendant que les corps sont en contact, on le soutire sous forme d'une étincelle, et alors le conducteur métallique se trouve chargé d'électricité résineuse. Comme la résine est un mauvais conducteur, le fluide vitré, qui tend à s'écarter, ne peut se réunir au premier pour reconstituer le fluide naturel; si on soulève alors le conducteur métallique, on en tire une étincelle de fluide résineux, et, en raison de la faible conductibilité de la résine, on peut recommencer un grand nombre de fois l'expérience, en soustrayant chaque fois un peu de fluide résineux. L'*électrophore*, dont on attribue l'invention à Æpinus, se compose d'un plateau de résine renfermé dans un disque à rebord en bois ou en métal, et d'un disque métallique ou en bois recouvert d'une feuille d'étain isolée, et d'un diamètre moindre que le gâteau de résine. On frotte celui-ci avec une peau de chat bien sèche et chaude, et l'on y développe du fluide résineux; on place dessus le conducteur isolé; on le touche avec le doigt; on en soutire ainsi une petite étincelle; on soulève alors le plateau métallique en le tenant par le manche en verre, et on en obtient une étincelle de fluide résineux. Cet appareil sert à beaucoup d'expériences d'électricité : on peut par son moyen, et avec un nombre de contacts suffisants, charger une bouteille de Leyde. H. GAULTIER DE CLAUBRY.

ÉLECTRO-PUNCTURE, mot hybride, composé du grec ἤλεκτρον, origine du mot *électricité*, et du latin *punctura*, piqûre, devenu synonyme de *galvano-puncture*, depuis que le galvanisme a été reconnu de même nature que l'électricité. C'est ainsi que l'on désigne un procédé thérapeutique qui consiste à administrer l'électricité au moyen d'aiguilles implantées dans l'épaisseur des tissus. C'est donc une modification, une amplification de l'*acu-puncture*.

L'administration de l'électro-puncture exige une pile galvanique, des conducteurs et des aiguilles à acu-puncture. La pile est le réservoir de l'électricité, les conducteurs servent à transmettre le fluide électrique, et les aiguilles portent directement ce fluide sur le point qu'on se propose d'électriser. L'appareil étant disposé, on introduit dans l'organe qu'on veut galvaniser une aiguille, en la roulant entre les doigts, en même temps qu'on presse pour la faire pénétrer jusqu'au point voulu. Une seconde aiguille est introduite de la même manière sur un autre point du même organe; et ces aiguilles mises en contact avec l'extrémité libre des conducteurs; l'organe se trouve pour ainsi dire cerné par un courant d'électricité. La force de l'appareil, et par conséquent l'énergie des résultats obtenus sont en rapport avec le nombre et l'étendue des plaques comprises entre les conducteurs; on peut donc augmenter ou diminuer cette force en augmentant ou en diminuant l'espace compris entre ceux-ci. En général, il est indiqué de procéder graduellement. On suspend l'action de la pile en interrompant sa communication avec les conducteurs.

L'électro-puncture est un moyen énergique, car il comporte les effets combinés de l'électrisation et de l'acu-puncture, et il porte directement l'électricité dans les tissus. Son emploi nécessite, par conséquent, beaucoup de précautions, et ne doit être dirigé que par des mains habiles et prudentes. Cependant elle est tombée dans le domaine des charlatans, toujours prompts à exploiter ce qui peut éblouir le vulgaire. Comme les autres agents électriques, l'électro-puncture est particulièrement applicable au traitement des paralysies, des névralgies, du rhumatisme chronique, des débilités viscérales, sans lésions organiques, etc. Dans tous les cas, un médecin instruit est seul apte à déterminer les circonstances où elle est applicable, comme à spécifier les précautions à prendre pour son emploi. Dr FORGET.

ÉLECTROSCOPE. *Voyez* ÉLECTROMÈTRE.

ÉLECTROTYPIE. *Voyez* GALVANOPLASTIE.

ÉLECTUAIRE. Ce nom, dérivé du verbe latin *eligere*, choisir, sert à désigner un mode de préparations pharmaceutiques dans lesquelles on prétendait autrefois faire entrer des médicaments d'*élite*, c'est-à-dire spécifiques et les plus efficaces. Ces préparations, qu'on nomme aussi *confections*, se composent de poudres, d'extraits ou autres substances, qu'on mélange soigneusement, et auxquelles on donne une consistance molle avec des sirops, du vin, des teintures alcooliques, le miel, etc. Au temps où l'on accordait libéralement des propriétés médicales, des *vertus*, presqu'à tous les corps du ressort de l'histoire naturelle, mais surtout aux végétanx, les électuaires furent en grand crédit. On réunissait toutes les substances dont on faisait le plus de cas pour furtifier le cœur, l'estomac, le cerveau et autres organes; pour remédier aux poisons, à l'épilepsie, à la colique, pour prévenir la malignité des humeurs, etc. On leur associait celles qu'on croyait propres à favoriser leur action ou à corriger quelques inconvénients. Le nombre de ees substauces était tel qu'il s'élevait quelquefois au delà de cent. Les dénominations employées pour distinguer les électuaires montrent le cas qu'on en faisait. Les uns étaient surnommés *bénits* ou *sacrés*, tant ils devaient faire de miracles; d'autres s'appelaient *catholicon*, comme ayant des vertus universelles. Il y en avait de *célestes;* la thériaque est de ce nombre. Ces surnoms désignaient aussi le mode d'action de ces préparations : les unes étaient *lénitives*, c'est-à-dire adoucissantes, d'autres *purgatives*, etc. Celles dans lesquelles on ajoutait de l'opium furent appelées *opiats*, et ce nom est pour le vulgaire équivalant à celui d'*électuaire*. Les inventeurs de ces compositions sont des médecins grecs et arabes; ils nous en ont transmis les recettes dans leurs ouvrages.

La réforme que la raison et l'expérience ont fait subir successivement à la matière médicale a presque entièrement anéanti la réputation des électuaires; aucun médicament ne parait moins mériter ce nom. Au lieu de les considérer comme des compositions d'élite, on ne les regarde plus que comme des combinaisons ridicules, et c'est plutôt sous le rapport de leur forme, de leur consistance qu'on les distingue aujourd'hui dans le public médical que sous celui d'une valeur thérapeutique. Il ne reste plus guère aujourd'hui de tant de confections que la *thériaque* et le *diascordium :* la première est surtout débitée par les charlatans avoués sous le nom d'*orviétan*, et ce n'est pas sans inconvénients, dans les campagnes. Les poudres et les extraits qui entraient dans les compositions des électuaires sont maintenant administrés sous la forme, beaucoup plus commode, de bols, de pilules ou de tablettes. D'ailleurs, ces substances s'altéraient la plupart du temps par la fermentation sous l'ancien mode de préparation.

Un électuaire qu'on vend autant chez les parfumeurs que chez les pharmaciens fournit un exemple commun de la préparation qui est le sujet de cet article : c'est l'électuaire dentifrice appelé *opiat*, quoiqu'il n'y entre point d'opium. On le prépare ordinairement en mélangeant du corail, du kina, du sang-dragon, du girofle en poudre, et en leur donnant la consistance d'électuaire avec du miel, de la teinture de gaïac, de l'esprit de cochléaria : on colore le tout en y ajoutant un peu de laque des peintres. Dr CHARBONNIER.

EL-EDRISI. *Voyez* EDRISI (El).

ÉLÉE (École d'). *Voyez* ÉLÉATIQUE (École).

ÉLÉGANCE. Ce mot dérive du verbe latin *eligere*, choisir. C'est en effet un heureux choix de formes de détails, d'expressions. C'est une sorte d'agrément qui plait dans les personnes et dans les choses. On la confond souvent avec la *grâce;* mais celle-ci est plutôt un don de la nature, et l'*élégance* un résultat de l'art; aussi dit-on : une maison *élégante* et non *gracieuse*, tandis que l'on ne dirait point un paysage *élégant*, mais *gracieux*. L'*élégance* dans les individus exige que la taille soit svelte, flexible, les membres délicats, les mouvements souples et en harmonie avec le sexe, l'âge, la condition, l'action instantanée; elle requiert un choix de vêtements dont la propreté, la fraicheur, la disposition, flattent les yeux d'abord, et ne perdent rien à l'examen. La grâce est indépendante de toutes ces circonstances : on ne sait souvent en quoi elle consiste, et parfois il serait impossible de la définir ni de savoir à quoi l'attribuer. On reconnait toujours d'où provient l'élégance : elle s'apprend, et ressort de toutes les habitudes d'une haute civilisation. Demeurer dans un palais, ne porter que des habits d'un grand prix, ne se servir que de meubles fragiles et précieux, ne voir et n'entendre que des gens polis, avoir pris dès son enfance des leçons de danse et de gymnastique d'un maitre habile, donnera presque indubitablement une tournure, un maintien, une manière d'être remplie d'élégance. A bien moins de frais, sans le concours de l'éducation, sans aucune condition étrangère à leurs propres formes, on trouve de la grace dans quelques personnes. On peut citer l'élégance des Françaises, des Polonaises, des Espagnoles, et la grâce des créoles. Mme de Montespan devait être très-élégante, Mme de La Vallière devait être très-gracieuse. Cependant, on ne peut guère avoir beaucoup d'élégance dans sa personne sans grâce, ni beaucoup de grâce sans élégance; mais il y a bien plus de naturel dans la grâce que dans l'élégance. Les Romains, en créant ce terme, lui donnèrent, dans les premiers temps de leur république, un sens peu favorable, si l'on en croit Aulu-Gelle: *Elegantia* fut d'abord pour eux synonyme de *fatuité*, d'*afféterie*. Ainsi, nos classes populaires appellent encore, avec quelque dérision, *élégants* ceux que la société nomme tour à tour *beaux*, *muscadins*, *petits-maitres*, *dandys*, *fashionables*, *lions*. Lorsque les mœurs des Romains s'adoucirent, pour se corrompre plus tard, l'*élégance* fut réhabilitée dans leur esprit et dans leur langage. Les Français en ont fait une quatrième grâce et une dixième muse.

L'*élégance* s'applique aux proportions de l'architecture, à la distribution des fabriques, des statues qui embellissent un jardin, à la coupe d'une voiture, au harnachement d'un cheval; pour les ameublements, les formes, les étoffes, le choix des couleurs, les ornements, décident de leur élégance. La mode a une grande influence sur l'élégance dans les meubles et dans les habits, ce qui ne permet point de la préciser à cet égard.

L'*élégance dans le langage* provient du goût qui fait adopter ou rejeter certains mots, certaines constructions de phrases. Mme de Sévigné, de qui l'on a dit qu'elle n'était amais recherchée et jamais commune, écrivait des lettres avec la plus rare élégance. *Ourika*, nouvelle de la duchesse de Duras, est un *modèle d'élégance* pour le style. Le génie, qui peut se passer de cette qualité, ne l'exclut point. Pascal, Fénelon, Massillon, Racine, Voltaire, Buffon, Rousseau, ont exprimé les pensées les plus profondes et les plus sublimes avec une élégance remarquable. Ainsi ont écrit Homère, Xénophon, Virgile, Horace, Pope, Byron, Arioste, Tasse, Cervantes, Camoëns, etc. On ne peut parvenir à parler et à écrire avec élégance qu'en vivant avec des gens distingués, et en lisant assidûment les auteurs reconnus pour avoir possédé ce mérite, qui très-souvent a donné du prix à des discours et à des livres assez médiocres. C'est ainsi que sans beauté la seule *élégance des manières* et de la parure donne de l'attrait à quelques femmes; c'est ainsi que l'esprit et le goût suppléent à la richesse en quelques occasions. L'*élégance des mœurs* en fait trop souvent tolérer les vices, mais ne les a pas nécessairement pour cortége. C'est donc une erreur de la croire incompatible avec la vertu; elle en serait plutôt un des attributs, puisque tout ce qui est trouvé bien, après avoir été examiné mûrement, provient des sentiments qu'elle inspire. On ne peut avoir d'élégance quand on manque de bienveillance, de politesse et de respect pour toutes les convenances. Csse DE BRADI.

ÉLÉGIE, ÉLÉGIAQUE (du grec ἔλεγος, chant lugubre, lamentation). C'est vraisemblablement sur un tombeau que l'élégie fit entendre pour la première fois ses accents. Son origine se perd dans la nuit des temps, avec l'usage établi chez tous les peuples de payer un tribut d'éloges et de regrets à l'être que la nature ou l'amitié ont placé près de notre cœur, à celui qui subjugua l'admiration de ses concitoyens par les merveilles des arts, au guerrier qui mourut sur le champ de bataille pour le salut de la patrie. L'élégie déplore aussi les désastres d'une nation, et s'élève alors à toute la hauteur, à toute l'éloquence de la poésie lyrique.

Nous avons perdu les chants particuliers des Grecs dans le genre élégiaque, où plusieurs de leurs poëtes, entre autres Simonide, paraissent avoir excellé; mais les chœurs des tragédies d'Eschyle, de Sophocle et d'Euripide nous offrent de véritables élégies du ton le plus touchant et le plus élevé. Peut-être faut-il reconnaître la plus parfaite dans le premier chœur de l'*Agamemnon* d'Eschyle. Dans l'*Œdipe à Colône*, les adieux que ce prince, prêt à mourir, adresse à ses filles, Ismène et Antigone, sont une élégie sublime. Le plus tragique des poëtes grecs, Euripide, a plus souvent encore que ses prédécesseurs associé la muse de Simonide aux solennités de Melpomène. La pièce des *Troyennes* commence par une élégie sur la ruine d'Ilion. Une autre scène, qui termine ce que nous appelons le second acte, a le même but et le même caractère. Aussi élégiaques et plus touchants encore sont les tendres et déchirants adieux d'Andromaque à son fils, qu'on va lui ravir pour le précipiter du haut des murs de Troie. Il faut ouvrir la Bible pour trouver un chant de douleur pareil à celui du chœur qui semble répéter les nouvelles plaintes d'Hécube appelant par ses imprécations, au moment où elle va partir avec Ménélas, la foudre des dieux sur le vaisseau qui la conduit à l'esclavage.

Dans la Bible, cette source féconde où Bossuet, Fénelon, Bourdaloue, Massillon, Corneille, Racine, ont puisé des beautés immortelles, les plaintes des Hébreux captifs pleurant la patrie absente, sur les bords des fleuves de Babylone; les Psaumes, que l'on pourrait appeler les larmes de David; le cantique d'Ézéchias, chef-d'œuvre qui a produit un chef-d'œuvre, sont des modèles de l'élégie, mais empreinte d'un caractère et d'une tristesse plus profonde que tout ce que nous connaissons des anciens et des modernes. L'élégie chez les Juifs ne daigne pas consacrer la lyre à chanter l'amour, comme chez les Grecs, où Sapho, Alcée, Mimnerme, Philétas et Callimaque avaient laissé des chants immortels, au dire des Romains, leurs imitateurs.

On retrouve quelquefois avec surprise les accents de la plaintive élégie dans les vers du vif et brillant Catulle, qui aurait été un très-grand poëte s'il l'eût voulu. Tibulle et Properce, voilà, chez les Latins, les véritables modèles de l'*élégie érotique*. Les vers de Properce respirent tout le feu de la passion; le travail et la science ne nuisent pas à son inspiration poétique. Properce gémit sans cesse; ses plaintes fatiguent quelquefois par leur monotonie et le manque de dignité. Cependant, dans l'opinion de beaucoup de lecteurs, il partage avec le chantre de Délie le sceptre de l'élégie latine, qu'il a su d'ailleurs agrandir, en s'élevant, pour célébrer la ville éternelle, jusqu'à cette hauteur où Horace règne au-dessus de Pindare. Tibulle, moins brûlant, moins passionné, est plus tendre, plus délicat; il parvient surtout à exciter une plus aimable sympathie, par le charme de l'expression et la mélancolie du sentiment. Épicurien avec délices, il mêle, ainsi qu'Horace, la pensée de la mort à ses chants. Ovide se montre assez souvent poëte élégiaque dans ses *Héroïdes*, jamais ou presque jamais dans ses *Tristes*: on dirait qu'il n'avait point de voix pour chanter ses propres douleurs. Horace, qui peint l'amour quelquefois avec une plume de feu, mais jamais avec tendresse et mélancolie, nous offre un modèle achevé de l'élégie dans l'ode, monument de ses regrets, sur la perte de Quintilius Varus, son ami.

Le domaine de l'élégie n'a pas été moins cultivé chez les modernes que dans l'antiquité. Durant les premiers siècles de l'Église, Lactance et saint Ambroise, chantant la passion de Jésus-Christ; Victorin, le martyre de Machabées; Prudence, celui de tant de victimes dont le sang coula sous le glaive en témoignage de leur foi; plus tard, dans notre France, la plupart des romances échappées à la muse rêveuse des troubadours, et qui n'ont point été dévorées par le temps, portent un caractère de mélancolie naïve qui charme et attendrit tout à la fois. L'Homère du Portugal brille dans la carrière de l'épopée et de l'élégie. Les longues adversités, l'amertume de l'exil, des amours malheureuses, les aventures chevaleresques et poétiques de sa vie, expliquent la double direction que prit le génie du peintre éloquent des infortunes d'Inès de Castro. Saa de Miranda appartient autant à l'Espagne qu'au Portugal; car le plus souvent il fit usage de l'idiome castillan. L'élégie qu'il composa sur la mort de son fils, tué en Afrique, est empreinte d'une couleur religieuse qui s'allie bien aux tristes accents d'un cœur blessé dans ses plus vives affections. Antonio Ferreira, que ses compatriotes ont nommé l'Horace portugais, consacra aussi des élégies à la mémoire de ses amis et de quelques grands. N'oublions pas Andrade Caminha et Diégo Bernardès, tous deux disciples de Ferreira; Rodriguez Lobo et Jeronimo Cortereal, qui consacra un poëme aux malheurs de ce Manoel de Sepulveda, dont le naufrage sur la côte d'Afrique avait déjà été célébré par Camoëns. L'Espagne peut s'honorer à juste titre de beaucoup de romances chevaleresques, qui sont autant d'élégies pleines de sensibilité; mais nous ne pouvons nous arrêter à ces trésors d'une littérature naissante. Le premier poëte que les Espagnols regardent comme classique dans ce genre, c'est Juan Boscan Almogaver, et après lui son ami Garcilaso de la Véga. Boscan imite les Italiens et surtout Pétrarque: avec des couleurs plus vives, avec une chaleur plus passionnée, il offre souvent la précision du poëte toscan, sans avoir sa douce mélodie. Garcilaso fut également le disciple du chantre de Vaucluse; mais par sa délicatesse, sa grâce, son imagination, il approche plus que Boscan de leur modèle commun. La littérature castillane compte encore beaucoup d'autres poëtes qui ont laissé des élégies, et parmi eux le plus fécond de tous ses auteurs dramatiques, Lope de Véga.

Pétrarque a donné un beau type de l'élégie érotique dans la *canzone* qui commence par ces mots: *Di monti in monti*. Mais, s'il se montre toujours pur, toujours élégant, toujours poëte dans son style, un goût sévère lui reproche avec raison la recherche et l'affectation dans les sentiments. Alamanni, Guarini et Chiabrera ont aussi produit, avec plus ou moins de succès et sous des titres divers, des morceaux que nous devons regarder comme de véritables élégies. Plusieurs poëtes italiens ont conservé à l'élégie cette gravité majestueuse qui la caractérise lorsqu'elle consacre ses lamentations à des malheurs publics ou particuliers. C'est ainsi que Castaldi écrivit sur la gloire éclipsée de l'Italie un hymne qui respire l'amour le plus ardent de la patrie. Le dix-septième siècle vit Filicaja marcher sur les traces de Castaldi. Enfin, Pindemonti a répandu dans ses vers une mélancolie rêveuse qui le distingue entre tous ses compatriotes, et qui le rapproche beaucoup de l'auteur anglais du *Cimetière de Campagne*. A l'exemple des grands poëtes épiques de l'ancienne Rome, de l'Italie, du Portugal, Milton a laissé plusieurs morceaux d'une poésie pleine de charme et de sensibilité qu'on peut regarder comme des élégies. Un ouvrage plus considérable, et qui n'est, à vrai dire, qu'un recueil d'élégies de la teinte la plus sombre, ce sont les *Nuits* d'Young. On ne comprend pas seulement comment le docteur anglais, qui avait éprouvé de cruelles infortunes, et qui était doué d'un talent incontestable, a pu manquer aussi souvent de naturel et de vérité dans la peinture de ses douleurs. Cependant, la quatrième et la sixième nuits offrent des beautés du premier ordre. Lord Lyttleton, William Mickle, miss Seward, se sont également distingués par des productions élégiaques dont s'honore la littérature anglaise. Mais parmi tous les poëtes de l'Angleterre qui ont enfanté des élégies, le plus fameux à juste titre, c'est Thomas Gray, l'auteur de l'élégie qui a pour titre: *Le Cimetière de Campagne*. Cette pièce, qui est son chef-d'œuvre, respire la mélancolie la plus attendrissante et la plus douce philosophie.

Il est honorable pour la France qu'après les stances de Malherbe à Dupérier, la première élégie qu'elle compte dans ses fastes littéraires comme un modèle de poésie et d'éloquence soit un acte inspiré par l'un des plus nobles sentiments du cœur humain, la fidélité à la puissance déchue. Je veux parler de la pièce inspirée à La Fontaine par la disgrâce du surintendant Fouquet. Celle de Voltaire sur la mort de son cher Genonville doit être mise encore au rang des plus belles; peut-être est-elle même supérieure à celle d'Horace sur la mort de Quintilius. Tout le monde a retenu les plaintes touchantes échappées à Gilbert, qui, plein de la conscience de son talent, voit la mort lui fermer pour jamais une carrière qui lui promettait la gloire. Ses stances arrachent des larmes, et c'est en les lisant qu'il faut s'écrier avec Fénelon : « Malheur à celui qui ne sent pas le charme de ces vers! » La Muse de l'élégie consacrée à l'amour n'avait encore inspiré qu'un petit nombre de nos poëtes, et dans quelques occasions seulement, lorsqu'elle reparut tout à coup, comme au temps de Tibulle et de Properce, dans les poésies que l'amour dicta au chantre d'Éléonore. Les anciens n'avaient pas même pu soupçonner les sentiments et les expressions qui donnent un charme inexprimable aux plaintes de Parny. Il s'est encore surpassé lui-même dans les romances du poëme d'*Isnel et Asléga*, véritables élégies, qu'on ne peut lire sans les plus douces émotions; Bertin n'a jamais obtenu ce genre de triomphe : aussi ne peut-il être compté parmi les vrais poëtes élégiaques. André Chénier voulut aussi devenir le rival de Tibulle; son chef-d'œuvre, la pièce intitulée *le Malade*, est une véritable élégie. Tibulle, Properce, Virgile lui-même, dans son églogue sur *Gallus*, n'offrent peut-être rien d'aussi touchant. Mentionnons, en finissant, les *Messéniennes* de Casimir Delavigne sur la bataille de Waterloo, sur la dévastation du Musée, etc.; quelques chansons de Béranger; et les *Méditations* de Lamartine, où l'amour uni au sentiment religieux est une confidence perpétuelle de deux cœurs qui s'élancent vers le témoin immortel de toutes les choses de l'univers. Il manquait à notre lyre une corde que ce poëte a trouvée. Certaines pièces de Mme Tastu, telles que *La Nouvelle année*, *L'Ange gardien*, et quelques autres pièces qui n'appartiennent qu'au sentiment intime et à la vie intellectuelle et morale de l'auteur, méritent vraiment le nom d'élégies, et portent un caractère de pureté presque virginale qui leur donne un mérite particulier. Mme Dufresnoy, élève des anciens, a conquis aussi un nom qu'elle gardera, quoique son talent ne soit pas toujours marqué au cachet de son sexe. P.-F. Tissot, de l'Académie Française.

ÉLÉIDES, ou mieux ÉLÉLÉIDES, un des noms donnés aux Bacchantes, tiré de l'exclamation Ἐλελεῦ, qu'on faisait entendre dans la célébration des Orgies, et qui avait aussi valu à Bacchus le surnom d'*Éléléus*.

ÉLÉMENT. Ce terme désigne un corps simple ou réputé tel, faute d'avoir pu être décomposé, servant à constituer primitivement, soit seul, soit avec d'autres éléments, divers corps naturels. Ainsi, les composés peuvent être résous dans leurs éléments constitutifs, par exemple le sulfure de fer natif, en soufre et en fer : chacun de ces deux corps, étant reconnu par la chimie indécomposable dans sa nature propre, est un élément ou un principe particulier, jouissant de propriétés spéciales, ayant ses affinités ou attractions différentes de celles d'autres corps. Donc un élément est un principe indécomposable, ou simple, doué de qualités qui lui sont inhérentes, et qui le distinguent de tout autre.

Jadis les anciens, dès le temps d'Empédocle, avaient admis quatre éléments : *terre*, *eau*, *air* et *feu*; mais les progrès des sciences physiques et chimiques ayant démontré que chacun de ces prétendus éléments était composé de plusieurs autres, il a fallu les détrôner, puisque en effet la terre est un agrégat évident d'une foule de minéraux de toute espèce; que l'eau est un composé d'hydrogène et d'oxygène; l'air un mélange de gaz (azote, oxygène), et souvent d'autres principes à l'état de vapeur aériforme; enfin, le feu ou le calorique peut être une modification de la lumière, ou dégagé de différents corps, ou développé par des courants électriques, etc. Les anciens philosophes et physiciens, qui se plaisaient à construire des mondes par d'ingénieux systèmes, ne connaissaient donc pas seulement les éléments : car même les atomistes, qui supposaient, avec Démocrite et les épicuriens, tous les corps de l'univers composés de leurs petits corps insécables (ἄτομοι), pensaient-ils que le seul arrangement des particules suffit pour constituer toutes les modifications des substances de la nature, et qu'ainsi les mêmes atomes formeront ici de l'air, là de l'or ou du diamant, ou un arbre, où un homme, etc.? Cette physique est aujourd'hui trop absurde.

Le système de Spinosa, ou la doctrine du panthéisme, qui semble dominante aujourd'hui en Allemagne, sous le nom de *philosophie de la nature*, n'admet qu'*une seule substance existante dans tout l'univers*, *laquelle est Dieu*, *et dont toutes les autres ne sont que des modifications*. En présence de cette unité substantielle, infinie, absolue par son étendue, et *douée de la propriété de penser*, on ne peut donc lui supposer aucun principe différent, aucun élément hostile ou contrastant, aucune opposition. Cette hypothèse est tellement contraire aux plus simples notions de l'expérience journalière qu'il faut la torturer dans des explications forcées pour la soutenir : aussi a-t-elle paru méprisable à Huygens, à Leibnitz, à Newton, à Bernoulli et à tous les illustres géomètres qui admettent le vide, et sont persuadés de la multiplicité des substances, comme l'a démontré de reste la chimie moderne. Devant elle, toute hypothèse s'écroule comme un rêve.

Admettrait-on encore, avec Anaxagore, les *homœoméries* ou particules similaires? Dans cette hypothèse, chaque chose serait contenue en toute chose; il y aurait de tout en tout : ainsi les filières animales de notre corps extrairaient de nos aliments les principes constitutifs de notre cerveau, de nos os, de notre sang, comme il se trouverait aussi dans nos corps rendus à la terre, à l'état de cadavre les principes de l'or, du fer, du soufre, de la chaux, de la silice, etc.; mais il est clair que des molécules d'or ou de fer ne peuvent, par aucun moyen d'élaboration chimique ni vitale dans le corps animal, produire la matière du cerveau ou du fluide générateur.

Il faut, en outre, ne point confondre, comme on le fait souvent, un élément avec un principe. Lorsque Héraclite et les stoïciens établissaient, par exemple, le feu comme premier élément constitutif de l'univers, et regardaient dès lors notre globe comme un astre éteint ou incinéré (avant Leibnitz et Buffon, ou Hutton et Playfair), lorsque Thalès faisait sortir de l'eau tous les êtres (comme l'ont tenté ensuite les théories neptuniennes de Werner et les systèmes de *Telliamed* ou de Maillet, de Lamarck, etc.), ces philosophes considéraient comme matrice des choses, ou comme agent constitutif, ce qui n'était pour d'autres physiciens qu'un de leurs éléments. Un principe, d'ailleurs, opère comme cause ou peut être envisagé comme prédominant : ainsi, la force nerveuse est le mobile premier de l'animal, la morphine, le principe actif de l'opium, mais ces principes ne sont pas des *éléments*; ils sont une réunion de molécules sans doute déjà composées, non élémentaires, dans un état spécial ou propre à exciter des actions énergiques sur les corps vivants. Au contraire, il y a des éléments inertes et passifs dans leur simplicité primordiale. L'arsenic lui-même, à l'état de régule métallique, n'a point cette affreuse énergie empoisonnante qu'il développe à l'état d'oxyde blanc ou d'acide arsénieux. Il en est de même du cuivre, du mercure métallique très-pur, qui sont également des éléments simples.

Toute la chimie ancienne, n'ayant pu être expérimentale suffisamment, ni le résultat de nombreuses recherches, est donc à rayer du livre de la science, relativement aux bases élémentaires. Ni les soufres, les mercures prétendus constitutifs de tous les mixtes, suivant Paracelse ou Van Helmont; ni les huiles et les sels, éléments des végétaux et animaux, d'après Glauber ou Lémery; ni le *phlogistique* de Stahl, ni l'*acide igné*, etc., n'ont pu être démontrés, ni conserver l'inaltérabilité primitive qui doit appartenir à de véritables éléments. Nous ferons grâce des éléments hypothétiques de plusieurs philosophes modernes, comme de la *matière crochue*, de la *matière cannelée*, et de la *matière subtile* des cartésiens. Nous ne parlerons pas de la *cinquième essence* qu'Aristote ajoutait aux quatre éléments admis; cette *quintessence* a pénétré également dans le langage de la physique du moyen âge, et l'on qualifia de ce titre les produits les plus subtils des végétaux aromatiques, par exemple. Cependant plusieurs physiciens célèbres, après Newton et Euler, admettent parmi les espaces célestes, ou répandus entre les astres, un *éther*, sorte d'élément inconnu et inapercevable, dont la résistance, quoique faible, peut ralentir les mouvements sidéraux par suite d'une durée séculaire. Cet éther pénétrerait tous les grands corps de la nature; il pourrait être la cause des phénomènes magnétiques et électriques de notre planète.

Nous avons déjà dit qu'il ne suffit pas d'admettre des arrangements divers des atomes d'une seule et unique substance, comme le font les épicuriens, pour constituer tous les éléments différents connus, et jusqu'ici incommutables. Les alchimistes ont assez travaillé sur les métaux et sur le mercure pour le transmuer en or, sans y parvenir. Il y a donc des éléments divers, car les *molécules intégrantes* d'un cristal de roche ne deviendront point *parties constituantes* d'un bloc de fer pur. Aussi a-t-on jadis supposé d'abord un chaos primitif dans lequel tous les principes les plus contraires se trouvaient confondus; l'attraction (ou l'Amour, selon le langage poétique d'Orphée, d'Empédocle et des anciens sages débrouilla cet étonnant mélange. Il est évident aussi que, dans l'hypothèse de ce chaos primitif, l'eau n'aurait pas encore existé, mais bien l'hydrogène et l'oxygène séparément, et il en serait ainsi des autres matériaux élémentaires. Supposant donc que les divers éléments se seraient associés entre eux suivant l'ordre de leurs affinités réciproques ou de leurs attractions par cette grande loi de la gravitation universelle présidant à toutes choses, il faut néanmoins reconnaître que nos éléments telluriques (ou de notre planète) seraient diversement combinés en un autre ordre sous une chaleur différente. Par exemple, l'hydrogène et le carbone se disputent l'attraction de l'oxygène, selon que la température est plus ou moins élevée : ainsi, dans la planète de Mercure et dans celle de Saturne, si la froidure et la chaleur y sont portées respectivement à des degrés excessifs, nos matériaux ne pourraient pas y subsister dans l'état où ils se trouvent sur la terre. Ni l'une ni l'autre de ces planètes ne pourrait nourrir nos corps organisés, ni avoir de l'eau liquide. Les matériaux constitutifs des corps planétaires et autres de la nature universelle peuvent donc n'être que sous des conditions transitoires et corruptibles en chaque partie de l'univers. Ils supportent tout genre de changement, transformation, mutation quelconque, bien que l'essence de la matière ou des divers principes dont ils sont formés puisse rester fixe, inaltérable. On doit dire de plus que dans la constitution donnée d'une sphère planétaire, astreinte à un ordre régulier, nécessaire et limité, comme la Terre, ou Vénus et Jupiter, etc., les attributions de ses éléments chimiques et naturels sont aussi renfermées dans un cercle fatal et obligatoire d'action, jusqu'au terme où l'ordre universel serait modifié.

Il est impossible d'établir que nous puissions jamais approfondir la nature intime des principes sur lesquels nous opérons. Nous reconnaissons bien un certain enchaînement de phénomènes, soit chimiques, soit organiques, avec les éléments ainsi disposés et subordonnés à une marche obligatoire dans notre sphère d'activité, mais qui dira qu'en détraquant cette machine admirable, si elle était transportée en d'autres conditions d'ordre et d'existence, il ne s'opérerait pas tout autre genre de combinaisons? Alors notre science serait donc également détraquée et confondue; nos éléments, qui nous paraissent si simples, si différents entre eux, pourraient être ou subdivisés, ou réunis en diverses proportions, de manière à construire toute autre série de transformations et de phénomènes. Le fond des choses nous restera donc toujours voilé comme la statue d'Isis.

On nomme *éléments d'une pile galvanique* ou *voltaïque* à auges la réunion d'une plaque de cuivre et d'une plaque de zinc soudées; l'ensemble de ces éléments développe les phénomènes de l'électricité voltaïque.

Suivant la doctrine médicale qui a été développée dans l'école de Montpellier, on appelle *éléments* des maladies les affections simples ou les phénomènes constitutifs des maladies.

On a nommé *fibre élémentaire* la plus simple, la plus déliée, la plus exempte de tout principe étranger. Les *tissus élémentaires* sont également ceux qui n'en contiennent aucun autre, et qui deviennent la trame primordiale dans laquelle pénètrent ou se développent, par complication organique, des tissus moins simples, et ensuite des vaisseaux, des nerfs, des lames fibreuses, musculeuses, etc.

J.-J. Virey.

ÉLÉMENTS, LIVRES ÉLÉMENTAIRES. Le mot *Éléments* s'entend des principes d'une science, des premiers linéaments d'un art, des documents primordiaux qu'on inculque à l'enfance, des plus simples lois de la grammaire, de la littérature, de l'arithmétique, etc. On donne le nom de *livres élémentaires* à ceux qui renferment les notions les plus simples, les plus indispensables d'un art, d'une science quelconque. Cette question doit s'envisager sous deux aspects; d'abord, sous celui du contenu de ces livres, puis sous le rapport de leur plus ou moins grande convenance relativement à ce qu'on nomme l'éducation des jeunes gens. Peu de livres qualifiés du nom d'*élémentaires* méritent réellement ce titre, si l'on entend par là un exposé simple, clair et complet des principes généraux d'un art, d'une science, c'est-à-dire de l'ensemble, non pas de tous les matériaux dont se compose cet art ou cette science, mais seulement de ce qui en fait la base, de ce qui est nécessaire pour en donner une idée juste, facile et même entière, mais sans la suivre dans toutes ses connexions avec les autres corps de sciences, ou dans ses abstractions plus ou moins compliquées, et d'une conception plus ou moins difficile, comme il arrive pour les différentes parties des mathématiques, par exemple. La connaissance complète d'un art ou d'une science quelconque ne peut s'acquérir que par une étude préalable de ce qu'on nomme ses éléments; mais il y a tels livres élémentaires dont la conception suppose nécessairement des connaissances déjà plus ou moins étendues et variées.

Billot.

ÉLÉMI. C'est une substance que l'on doit classer parmi les résines, puisqu'elle en offre les principales propriétés chimiques, malgré le nom impropre de *gomme élémi* qu'on lui donne vulgairement. On connaît deux espèces d'élémi : l'une nous est apportée de Ceylan ou d'Éthiopie : celle-ci est toujours sous forme de gâteaux arrondis recouverts de feuilles de roseau ou de palmier; elle est demi-transparente, avec l'aspect de la cire jaune; les Indiens la moulent en une espèce de chandelle pour s'éclairer par sa combustion. Il y a apparence que cette première espèce d'élémi est un produit de l'*amyris zeylonica* de Linné, qui fait partie de la famille des térébinthacées de Jussieu. Une autre sorte d'élémi se recueille au Brésil : celle-ci découle, à l'aide d'incisions profondes, de l'*amyris elemifera* de Linné, arbre qui appartient également à la famille des térébinthacées (*voyez* BALSAMIER); elle nous arrive dans des caisses, et consiste en masses d'un jaune blanchâtre, plus ou moins solides, et parsemées de petits points bruns ou rouges. On peut considérer les deux variétés d'élémi comme à peu près identiques sous le rapport de la composition chimique, car traitées par l'eau, l'une et l'autre communiquent également à ce véhicule une odeur et une saveur résineuses balsamiques assez prononcées; soumises à la distillation dans le même liquide, elles donnent une certaine quantité d'huile volatile, dont l'odeur est suave et la saveur piquante, en laissant un résidu friable, insipide et incolore.

On doit choisir l'élémi en masses plus ou moins volumineuses, se ramollissant à la chaleur des doigts et s'y attachant facilement; la forme et la consistance des masses sont variables; mais il faut que l'odeur soit vive et aromatique, analogue à celle du fenouil, la saveur chaude, âcre et amère. L'élémi pur est facilement et totalement soluble dans l'alcool, les huiles fixes et volatiles, les graisses, etc. Les usages de l'élémi sont assez multipliés en pharmacie; il entre principalement dans la composition de l'alcoolat de térébenthine composé ou *baume de Fioravanti* et des onguents de styrax, d'Arcæus, etc. Dans les arts, on connait son emploi, très-utile, dans la fabrication de plusieurs vernis, auxquels il communique de l'élasticité et une odeur toute particulière, qu'on y recherche. PELOUZE père.

ÉLÉONORE D'AUTRICHE, reine d'abord de Portugal et ensuite de France, était fille de l'archiduc Philippe d'Autriche et de Jeanne de Castille, sœur de Charles-Quint et de Ferdinand Ier, qui furent successivement empereurs. Elle naquit à Louvain, en 1498, et fut mariée, en 1519, à Emmanuel, roi de Portugal. Après la mort de ce prince, elle épousa François Ier, roi de France, en 1530. Elle parut d'abord exercer sur lui quelque influence, et en profita pour lui ménager une entrevue avec Charles-Quint, afin de mettre un terme à leurs discordes. Mais bientôt les galanteries de François Ier la forcèrent à vivre dans la retraite au milieu de la cour. Elle ne s'occupa plus que de pratiques de dévotion. Elle ne donna point d'enfants à François Ier, et lorsqu'en 1547, elle se trouva veuve pour la seconde fois, elle se retira d'abord dans les Pays-Bas, puis en Espagne, à Talavera, où elle mourut, en 1558.

ÉLÉONORE DE CASTILLE, reine de Navarre, fille de Henri II, roi de Castille. Les rois de Portugal, d'Aragon, de Castille et de Navarre étaient à cette époque toujours en guerre. Les traités de paix n'étaient jamais pour eux que des suspensions d'hostilités. Le cardinal Gui de Boulogne avait cru par celui que sa médiation avait fait conclure en 1373, entre les couronnes d'Aragon et de Castille, assurer pour longtemps la paix entre les monarques de la péninsule au moyen du double mariage de don Sanche, frère de Henri II, avec Béatrix, sœur de Ferdinand, roi de Portugal; et d'Éléonore, sœur de don Sanche, avec le prince Charles, fils de Charles le Mauvais, roi de Navarre. Cette dernière union avait été célébrée en 1375. Charles III était monté sur le trône de Navarre en 1384. Éléonore, devenue reine, se mêlait à toutes les intrigues de cour, et se rendait complice de tous les ennemis du roi son époux, moins par ambition que par une vaniteuse étourderie. Elle voulait à tout prix régner, et régner seule. Enfin, oubliant ses devoirs de reine et d'épouse, elle s'évada brusquement de Pampelune, et se rendit auprès de son neveu, Henri III, roi de Castille. Ce royaume était alors agité par plusieurs factions rivales : Éléonore, que les historiens signalent comme la plus spirituelle et la plus turbulente princesse de son époque, s'allia aux mécontents, et les excita à une révolte ouverte contre le roi son neveu. Ce prince fut obligé de marcher contre elle et ses partisans. Il l'assiégea dans le château de Roa, dont il se rendit maître, et la renvoya au roi son époux, qui vint la recevoir à Tudela. Les ambassadeurs castillans, qui l'avaient accompagnée, ne l'avaient remise entre les mains de Charles III qu'après lui avoir fait jurer de la traiter avec les égards dus à sa double qualité d'épouse et de reine. Il porta l'oubli du passé jusqu'à la générosité ; il paraît même que les deux époux vécurent depuis en très-bonne intelligence. Éléonore le rendit père de huit enfants, et Charles, avant de partir pour la cour de France en 1403, lui confia la régence de la Navarre. Elle mourut à Pampelune en 1416, dans un âge très-avancé.

DUFEY (de l'Yonne).

ÉLÉONORE ou ALIÉNOR DE GUIENNE, princesse célèbre par son esprit, ses grâces, sa beauté, ses galanteries, et qui fut successivement reine de France et d'Angleterre, naquit vers l'an 1122. Guillaume X, duc d'Aquitaine, dont elle était la fille aînée, la nomma, peu de temps avant sa mort, héritière de ses vastes domaines, sous la condition qu'elle épouserait Louis le Jeune, fils aîné de Louis le Gros, roi de France. Louis n'eut garde de refuser une alliance qui allait doubler son royaume en y réunissant tous les pays situés le long de l'Océan entre l'embouchure de la Loire et les Pyrénées. Le mariage fut célébré avec beaucoup d'éclat, en 1137, dans la ville de Bordeaux, résidence habituelle d'Éléonore. La mort de Louis le Gros, survenue le 1er août de la même année, appela bientôt les deux jeunes époux au trône de France. Éléonore, qui avait vécu jusque là entourée des hommages d'une cour brillante et spirituelle, ne pouvait guère trouver de charme dans la société de Louis, dont le goût dominant était d'orner sa chapelle, de servir la messe, et de chanter au lutrin. Aussi disait-elle souvent avec chagrin : « J'avais cru épouser un roi, et l'on ne m'a donné qu'un moine. » Naturellement légère et inconsidérée, préférant à la vie sérieuse et dévote de la cour de France les plaisirs et la galanterie qui avaient enivré sa jeunesse, elle dut nécessairement chercher hors de la fidélité conjugale le bonheur qu'elle n'y trouvait point.

En 1147, cédant à l'entraînement général ou plutôt à l'attrait de la vie aventureuse que lui promettait un voyage en Orient, elle reçut la croix à Vézelay, des mains de saint Bernard, en même temps que Louis VII et les principaux seigneurs français, et partit avec eux pour la seconde croisade. Les charmes de sa personne et de son esprit lui conquirent l'admiration de la cour de Constantinople. Mais ce fut à Antioche, où régnait son oncle Raimond de Poitiers, qu'au rapport de Guillaume de Tyr et des historiens les plus graves, elle donna pleine carrière à ses penchants voluptueux. Raimond, quoique âgé de près de cinquante ans, était encore le plus bel homme de ses États, et joignait à ses agréments extérieurs une grande vaillance et beaucoup d'esprit. Il réussit à plaire à la reine de France, qui atteignait à peine sa vingt-huitième année. L'ambition entrait pour beaucoup dans cette liaison : il voulait, par son influence sur l'esprit d'Éléonore, retenir à Antioche les croisés français et leur roi, afin de combattre avec plus de succès les ennemis de sa principauté. Lorsque Louis VII annonça l'intention de quitter Antioche pour se rendre à Jérusalem, Éléonore, captivée par les fêtes, les plaisirs et les hommages qui lui étaient prodigués, supplia son époux de retarder son départ. Mais, n'en ayant obtenu qu'un refus, l'altière princesse, livrée tout entière aux conseils intéressés de l'ambitieux Raimond, déclara formellement qu'elle était déterminée à demander l'annulation de son mariage pour cause de parenté. Louis n'en persista pas moins dans le dessein de partir avec sa femme. Il l'enleva d'Antioche pendant la nuit, et la ramena quelque temps après en France.

La conduite d'Éléonore en Orient avait été trop scandaleuse pour que Louis VII pût la lui pardonner ; plein du juste ressentiment de tant d'outrages, il ne songea plus qu'à la répudier. L'abbé Suger, qui sentait tout ce qu'un tel divorce causerait de préjudice à la France, l'en détourna tant qu'il vécut; mais à peine eut-il fermé les yeux, que Louis VII somma la duchesse de comparaître devant un concile assemblé à Beaugenci-sur-Loire. Le concile écarta prudemment la question trop délicate de l'adultère, et fondant simplement sa décision sur la parenté des deux conjoints, prononça la nullité de leur mariage le 18 mars 1152. Éléonore se hâta de quitter Beaugenci pour revenir dans son duché. Il paraît que les seigneurs du temps n'éprouvaient pas les mêmes scrupules que Louis VII, quant à la conduite de cette princesse, car durant son voyage Thibault, comte de Blois, et Geoffroy Plantagenet, second fils du comte d'Anjou, tentèrent successivement, même par la violence, d'obtenir sa main. La duchesse parvint heureusement à leur échapper, et se rendit à Poitiers, où Henri, duc de Normandie, plus heureux que ses compétiteurs, ne tarda pas à devenir son époux.

Henri était jeune, héritier présomptif du trône d'Angleterre, et pouvait, par sa puissance, servir les ressentiments d'Éléonore contre Louis VII. En fallait-il davantage pour déterminer le choix de la princesse? C'est ainsi que passèrent sous la domination anglaise ces belles et vastes provinces d'Aquitaine, dont la possession donna depuis naissance à des guerres si longues et si sanglantes entre la France et la couronne britannique. La duchesse ne se piqua pas d'une plus grande fidélité envers Henri qu'envers Louis VII, et les chansons de Bernard de Ventadour ne permettent point de douter que ce célèbre troubadour n'ait été l'amant favorisé de la princesse après son second mariage. La mort du roi Étienne de Blois fit monter, en 1154, Henri et Éléonore sur le trône d'Angleterre. Si Éléonore avait trouvé dans son premier époux un moine plutôt qu'un roi, elle trouva dans le second un monarque libertin, qui, plus jeune qu'elle d'une douzaine d'années, ne l'avait épousée que pour son duché, et la délaissa bientôt pour la belle Rosemonde et d'autres femmes de sa cour. En proie à toutes les fureurs de la jalousie, Éléonore se vengea cruellement des infidélités de son mari: elle persécuta ses maîtresses, et en fit même assassiner une. Elle arma ensuite ses trois fils contre leur père, en leur persuadant que chacun d'eux était en droit de réclamer un apanage indépendant des caprices du roi. Des guerres impies et barbares désolèrent la Normandie, l'Aquitaine et l'Angleterre, pour assouvir la haine de cette femme irritée. Cependant, Henri II, dont l'astucieuse princesse avait su détourner les soupçons, attribuait au roi de France les divisions qui troublaient sa famille. Désabusé pourtant à la fin par un fidèle vassal, il surprit sa femme, sous des vêtements d'homme, se préparant à quitter l'Aquitaine (où elle résidait depuis quelques années) pour passer à la cour de France, ainsi que ses trois fils, dans le but de s'allier contre lui avec Louis VII. Henri II fit jeter sa coupable épouse dans une étroite prison, où elle languit pendant seize années (1173-1189).

Ce monarque étant mort en 1189, Richard Ier lui succéda. Éléonore sortit alors de sa dure captivité, et reprit à la cour de son fils son rang et ses honneurs. Elle fut même instituée régente du royaume pendant la troisième croisade, où Richard mérita par sa valeur le glorieux surnom de *Cœur de Lion*. L'âge et le malheur avaient amorti les passions d'Éléonore, et de meilleurs sentiments commençaient à diriger ses actions. Son amour maternel éclata surtout avec force lorsqu'elle apprit la captivité de son fils Richard en Allemagne. Quoique la délivrance de ce prince dût la dépouiller de l'autorité suprême dont elle était investie, elle n'hésita point à mettre tout en œuvre pour l'obtenir. Elle tâcha d'intéresser à son sort tous les princes de la chrétienté; elle écrivit à l'empereur Henri V, à Philippe-Auguste, au pape Célestin III. Richard, ayant à la fin recouvré sa liberté, revint dans ses États. Délivrée alors du fardeau des affaires publiques, Éléonore ne songea plus qu'à son salut, et se jeta dans les bras de la religion. Elle entra dans l'abbaye de Fontevrault, où elle mourut, en 1203.

Paul Tiby.

ÉLÉPHANT, genre de mammifères pachydermes proboscidiens. La masse imposante du corps de l'éléphant, l'air grave et sérieux de ses mouvements, la forme comme anormale de ses membres, ses mœurs douces, sa vie sociale, sa docilité à subir la domination de l'homme, et l'indépendance que l'espèce conserve néanmoins, la dextérité avec laquelle il manie les objets les plus délicats, ont dès les temps les plus anciens arrêté l'attention des hommes sur l'éléphant, l'une des créations les plus admirables de la nature. Mais par un excès, malheureusement trop commun, l'amour du merveilleux a environné de ses exagérations, a dénaturé ce qui par soi-même méritait un intérêt bien suffisamment vif et une assez complète admiration. Et pour ne point remonter plus haut que Pline, le passage suivant fait voir que les erreurs les plus vulgaires encore aujourd'hui étaient déjà propagées par les anciens: « L'éléphant, dit-il, est le plus grand des animaux terrestres et celui dont les sentiments se rapprochent le plus de la nature humaine; il comprend une langue maternelle; il sait obéir; il se rappelle les devoirs qu'on lui a enseignés; il connaît les jouissances de l'amour et de la gloire. Bien plus (chose rare chez l'homme!), il a la probité, la prudence, l'équité: sa religion est celle des astres; il adore le soleil et la lune. Des auteurs rapportent que dans les forêts de la Mauritanie, au bord d'un certain fleuve qu'on nomme Amilus, on voit à l'époque de la nouvelle lune des troupeaux d'éléphants descendre vers le rivage, se purifier par des ablutions solennelles, et, après avoir ainsi salué l'astre nouveau, retourner dans leurs forêts, portant devant eux leurs petits fatigués. Ils connaissent aussi la religion du serment. On dit que lorsqu'ils doivent franchir les mers, on ne parvient à les embarquer qu'en leur promettant avec serment qu'on les ramènera dans leur pays », etc.

Les naturalistes modernes, tout en détruisant par des observations mieux faites le prestige dont les anciens semblent s'être plu à environner l'éléphant, ont éclairé de leurs savantes recherches l'organisation de ce noble animal; outre une espèce fossile connue aussi sous le nom de *mammouth*, ils ont distingué deux espèces d'éléphants, l'une d'Afrique et l'autre des Indes, dont les anciens avaient déjà signalé la différence de taille. Les caractères génériques de ces deux dernières espèces, les seules dont nous nous occuperons, sont pris par les naturalistes dans la disposition du système dentaire. Ici en effet les dents molaires sont composées de lames verticales, formées de substance osseuse, enveloppées d'émail et unies par de la substance corticale. Elles ne se succèdent pas de l'intérieur de l'alvéole à son bord, comme chez les autres animaux, mais d'arrière en avant; et comme les dents se remplacent ainsi jusqu'à huit fois, il arrive que l'on trouve à l'éléphant quatre, six ou huit molaires, selon le moment de l'évolution dentaire où on l'examine. Il n'y a, à proprement parler, ni dents incisives, ni dents canines, car les énormes *défenses* qui sortent de la bouche occupent en apparence la place et acquièrent le développement que l'on observe dans les canines de certains animaux; mais chez l'éléphant elles sont implantées dans la partie osseuse qui reçoit chez les autres les dents incisives. Les défenses ne se renouvellent qu'une fois.

La forme massive du corps des éléphants, la grosseur de leur tête, la brièveté de leur cou, toutes leurs dispositions organiques, sont en rapport avec leur régime exclusivement végétal, et tout ce que leur organisation présente d'exceptionnel se rattache à un ensemble harmonique, dont le tableau mérite de fixer l'attention. En effet, pour que les défenses fussent implantées solidement, de vastes alvéoles devaient être creusées dans l'épaisseur des os de la tête; de là augmentation considérable dans le volume et dans le poids de cette partie du corps, puisque les défenses seules pèsent ordinairement environ soixante kilogrammes. Un cou proportionnellement assez long pour que la bouche pût atteindre à terre chez un animal qui a plus de trois mètres de hauteur n'eût été que difficilement assez fort pour supporter l'immense poids de la tête; le cou fut donc raccourci; et pour que l'éléphant pût atteindre les herbages et les feuilles dont il se nourrit, il fut doué de la *trompe*, instrument admirable, dans les dispositions duquel brillent ce génie créateur de la nature, qui à nos faibles yeux trouve dans chaque obstacle une occasion de triomphe. Sans doute aussi c'est à sa trompe que l'éléphant doit les perfections qui de tout temps ont attiré l'admiration, et chez quelques peuples la vénération de l'homme. Implantée à la partie supérieure de la tête, elle est véritablement un prolongement des narines; et comme la faculté de l'odorat est en général d'autant plus développée que la surface olfactive est plus étendue, l'éléphant doit avoir ce sens exquis. Organe de préhension, la trompe est composée d'une quantité innombrable de petits muscles entre-croisés en tous sens, de sorte qu'elle peut prendre les formes les plus variées; quant à sa structure musculaire, son analogue est la langue des animaux; elle se termine par une saillie en forme de doigt située en avant, qui jouit d'une mobilité indépendante, et à laquelle correspond en arrière un petit bourrelet; à l'aide de ces dispositions, l'éléphant peut entourer un tronc d'arbre et l'arracher violemment, peut étreindre un tigre et l'étouffer, et peut saisir délicatement la fleur la plus frêle et la présenter à son cornac. Il s'en sert encore pour frapper; et les coups qu'il assène peuvent assommer ses plus vigoureux ennemis. A l'aide de sa trompe, l'éléphant arrache les herbages et les feuilles, et les porte entre ses dents; il hume l'eau et la projette dans sa bouche; il est vrai que vers l'implantation de la trompe à la tête, sa cavité peut cesser momentanément de communiquer avec les fosses nasales par le jeu d'une valvule en façon de clapet.

L'éléphant a les yeux assez petits, mais son regard est doux et intelligent; ses oreilles, vastes, sont assez mobiles; il peut les ramener en avant, et, par un mouvement assez singulier, s'en essuyer les yeux; sa queue est peu volumineuse et peu longue; quelques poils rares sur sa peau épaisse, rugueuse et nue, se trouvent à l'extrémité de la queue, sur la convexité de la trompe et autour des yeux. Les membres de l'éléphant sont proportionnés au poids qu'ils doivent supporter; ils se terminent par des pieds dont les doigts sont enveloppés d'une peau calleuse, et ne sont marqués à l'extérieur que par des ongles épais et usés par le sol, qui bordent une espèce de semelle.

Les éléphants vivent en petites troupes, sous la conduite du plus vieux mâle, le second d'âge marche le dernier. Ils habitent les forêts marécageuses de la zone torride de l'ancien continent. L'espèce des Indes a la tête oblongue, le front concave; les couronnes des mâchelières usées par la détrition présentent des rubans transverses ondoyants, qui sont les coupes des lames verticales qui les composent. Cette espèce a les oreilles plus petites, la taille plus élevée, et quatre ongles au pied de derrière comme au pied de devant; les femelles et souvent les mâles n'ont que de courtes défenses; ils habitent depuis l'Indus jusqu'à la mer Orientale, et dans les grandes îles du midi de l'Inde. L'espèce d'Afrique, qui se trouve depuis le Sénégal jusqu'au cap de Bonne-Espérance, a des défenses très-grandes chez le mâle aussi bien que chez la femelle; elle paraît n'avoir que trois ongles au pied de derrière, tandis que celui de devant en a quatre; la coupe des molaires présente des losanges; les oreilles sont plus grandes que dans l'autre espèce, quoique la taille soit plus petite; la tête est plus ronde, le front plus convexe. Les populations de l'Inde élèvent en domesticité la première espèce; les Africains, moins industrieux que leurs ancêtres les Carthaginois, ne tirent aucun service de l'autre espèce; ils la vénèrent ou bornent leurs rapports avec elle à l'éloigner, par tous les moyens possibles, et particulièrement par l'explosion de la poudre, de leurs plantations, que d'aussi grands quadrupèdes ravagent aisément.

Dans l'Inde, on emploie l'éléphant comme bête de somme et de trait, et, à cause de cette utilité, les souverains en entretiennent de grandes troupes; le gouverneur de la Compagnie des Indes n'a pas moins d'un millier d'éléphants à son service. Mais l'éléphant propage rarement en captivité; l'espèce demeure indépendante et libre, quoique les individus subissent aisément le joug de la servitude; presque tous les individus que les Indiens s'approprient ont donc été enlevés des forêts dans des chasses qui ressemblent assez à des guerres : en effet, lorsqu'un prince veut se livrer à cette chasse vraiment royale, il fait marcher plusieurs milliers d'hommes de guerre; l'endroit où la troupe d'éléphants a été signalée est environné par un vaste cercle d'hommes disposés par pelotons de six ou huit; chacun d'eux allume un feu, et tous les jours les pelotons se rapprochant, ainsi que les feux, l'espace circonscrit devient de plus en plus étroit; les points par lesquels ces animaux tenteraient le plus aisément de s'échapper sont gardés par des éléphants de guerre déjà dressés. On choisit un endroit où des arbres volumineux forment une espèce d'allée assez large pour que l'éléphant s'y puisse engager, trop étroite pour qu'il s'y puisse retourner; on remplit les intervalles des arbres par de fortes palissades, laissant d'espace en espace des ouvertures par lesquelles un homme peut passer; une femelle en chaleur est placée comme appât dans cette espèce de piége, et la troupe que l'on chasse est traquée vers ce point. Dès qu'un éléphant s'engage dans l'allée, on fait avancer la femelle, pour attirer plus avant celui que l'on veut capturer, puis, laissant tomber derrière et devant lui des traverses de bois, on le garrotte le mieux possible; des éléphants déjà apprivoisés sont chargés de le tirer de là : les uns l'entraînent par ses liens, tandis que d'autres, placés derrière, le frappent à coups de trompe pour le forcer à cheminer. On l'attache enfin à un poteau auquel une corde tournante est fixée; et quand on juge qu'il s'est assez débattu pour sentir que ses efforts sont inutiles et ne sauraient lui rendre la liberté, les Indiens chargés de ce soin s'approchent avec précaution, le saluent respectueusement, lui demandent humblement pardon *de la liberté grande*, et le conduisent à l'écurie, où l'attend une nourriture de son goût. Dès lors l'éléphant montre ordinairement une soumission soutenue. Néanmoins, à l'époque du rut il devient souvent dangereux; il l'est encore en tout temps s'il est maltraité : il saisit quelquefois l'homme qui a excité sa colère, et, l'attirant sous ses pieds, il l'écrase impitoyablement.

Sans parler des services que l'éléphant rend à la guerre, l'industrie humaine sait utiliser de mille manières la force et la docilité de cet animal; il traîne des fardeaux énormes, porte des bagages; malgré le volume de son corps, l'éléphant marche assez rapidement pour dépasser le galop du cheval. On le dresse à la chasse du tigre et du lion, et il y montre un sang-froid et une adresse dont tout le monde a lu la peinture si piquante dans l'impérissable correspondance de notre infortuné Victor Jacquemont. Les défenses de l'éléphant, comme on sait, fournissent l'ivoire.

BAUDRY DE BALZAC.

Les Latins appelèrent d'abord les éléphants *bœufs de Lucanie* (*boves Lucæ*), parce que ce fut en Lucanie qu'ils virent pour la première fois ceux de la milice grecque. En langue punique, *césar* signifiait *éléphant;* de là l'image de cet animal sur des médailles frappées sous la dictature de César. Du mot *éléphant* on fit, au moyen âge, celui d'*olifant*, instrument à vent en ivoire; et la médecine a tiré de la même racine le mot *éléphantiasis*. L'art de discipliner les éléphants pour la guerre paraît avoir dans le principe appartenu aux habitants de la partie la plus orientale de l'Asie et avoir été ignoré à ces mêmes époques par les riverains du Tigre et de l'Euphrate. Sémiramis, portant la guerre chez les Indiens, cherchait, dit-on, à aguerrir ses troupes arabes en leur faisant voir des éléphants artificiels, parce qu'ils ignoraient qu'il en existât de véritables. Ainsi, les éléphants figurent dès l'antiquité la plus reculée dans les guerres de l'Inde, comme un des genres de troupes des armées. Diodore de Sicile, Plutarque et Quinte-Curce parlent d'un roi des Gangarides qui en avait plusieurs milliers à son service. Celui de *Palibotra* (l'Indoustan d'aujourd'hui) en nourrissait de huit à neuf mille au dire de Pline et de Solin. Pausanias rapporte qu'après la défaite de Porus, qui en avait deux cents, Alexandre imita les coutumes des vaincus, et introduisit dans son armée de ces quadrupèdes, dont il avait apprécié l'utile secours. Antigone et ses successeurs maintinrent cet usage. Selon Diodore, Seleucus Nicanor en conduisit près de cinq cents en Cappadoce; et Ptolémée Philadelphe en possédait de trois à quatre cents, d'après Appien et saint Jérôme.

Pyrrhus, appelé par les Tarentins, se présenta avec ses éléphants de guerre à la bataille d'Héraclée, vers l'an 286 avant J.-C.; il y remporta, à l'aide de ces animaux, une victoire complète sur le consul Lævinus. Leur apparition, au nombre de quarante, en Italie, où ils étaient inconnus jusque là, ébranla le courage des légions, comme nous l'apprennent Végèce et Florus. En l'an de Rome 479, ou 273 avant J.-C., on voit, pour la première fois, figurer dans un triomphe romain quatre éléphants conquis sur Pyrrhus, qui les avait pris lui-même au roi de Macédoine. Ils furent d'abord, ainsi que les chars de guerre, un sujet d'épouvante; les Romains crurent même invulnérables ces quadrupèdes à cause de la rudesse de leur peau; cette manière nouvelle de combattre fit éprouver plus d'une défaite au peuple-roi. Enfin, les généraux de Rome réparèrent ce désavantage momentané, en exerçant leurs troupes vis-à-vis des images d'éléphants ou contre des éléphants artificiels, comme l'avaient fait les Arabes de Sémiramis. L'effroi se dissipa, surtout depuis qu'un centurion, nommé Minutius, eut réussi, à ce que dit Florus, à couper d'un coup d'épée la trompe d'un éléphant. Suivant Lucrèce, les Carthaginois excellèrent à dresser les éléphants, qu'ils logeaient dans la partie basse des casernes de leur ville.

L'*arme des éléphants*, c'est-à-dire ce genre de troupes militaires composé de cornacs et de guerriers, faisant manœuvrer des éléphants, était divisée par les nombres soixante-quatre, vingt, huit, trois, deux, un. Le chef d'un éléphant de guerre et des conducteurs qui en constituaient la garnison se nommait en grec *zoarque*; le chef de deux, *théarque*; celui de trois *alpthéarque*; celui de huit, *hylarque*; celui de vingt, *chératarque*; celui de soixante-quatre, *phallangarque*. Les éléphants formaient la première ligne de l'armée. Annibal montait un éléphant, comme le témoignent les railleries de Juvénal; mais presque tous ceux qu'il amena à travers les Alpes, l'an 535 de Rome (265 ans avant J.-C.), périrent bientôt; aussi leur arrivée n'apporta-t-elle pas de changement dans le système de cavalerie de la milice romaine. L'an 253 avant J.-C., Métellus conquit sur les Carthaginois cent quarante-deux éléphants d'Afrique, qu'il envoya à Rome. Quand les Romains, unis à Massinissa, portèrent la guerre en Espagne, l'an 551 de Rome (249 ans av. J.-C.), ce prince leur fit don de plusieurs éléphants, avec lesquels, suivant Appien, ils commencèrent à combattre. La plus grande partie du butin qu'ils firent sur les Carthaginois consistait en éléphants. Depuis qu'ils eurent à se défendre contre ce genre de force secondaire, ils modifièrent la forme de leur armure, et renoncèrent à l'usage exclusif de l'ordre en *échiquier*, afin d'éprouver moins de dommage au moment du choc des éléphants. Antiochus en Orient et Jugurtha en Numidie entretenaient quantité d'éléphants de guerre : ces bêtes avaient chacune leur nom, et Pline rapporte que parmi les deux cents éléphants d'Antiochus il y avait Ajax et Patrocle.

Les éléphants avaient la tête ornée de panaches; ils étaient caparaçonnés de housses de pourpre enrichies de mille manières : il y en avait qui portaient des tours remplies d'archers et de frondeurs; Ammien, Élien et Hirtius nous en parlent en maints passages; d'autres soutenaient d'énormes machines de guerre; et si l'on en croit l'histoire des Machabées, les éléphants hébreux avaient sur leur dos, outre une machine, jusqu'à trente-deux combattants, non compris le conducteur; mais c'est une exagération grossière, et Stewechius n'a pas osé, dans le dessin qu'il donne d'un éléphant équipé pour la guerre, placer dans sa tour plus de sept ou huit combattants. Pietro della Valle rapporte, dans la relation de ses voyages, que les tours des modernes éléphants de guerre ressemblent à un grand lit ou palanquin, et sont placées en travers sur le dos de l'animal; qu'elles peuvent contenir six ou sept hommes accroupis à la manière orientale, et que quelques-unes en reçoivent, mais debout, jusqu'à douze. Tels de ces quadrupèdes étaient des guerriers véritables et de puissants alliés. Polybe fait la description des combats terribles que se livraient entre eux les éléphants des partis opposés. Il y en avait qui étaient dressés à lancer des pierres sur l'ennemi avec leur trompe, dans les replis de laquelle ils étouffaient aussi des hommes et renversaient des chevaux et des chameaux; de là vint l'usage plus général des chevaux bardés, et l'invention des armures à pointes. Les soldats, garnis de piquants, comme des hérissons, bravaient l'éléphant, qui n'avait plus de prise sur eux, et ils le mettaient en fuite, soit en lui opposant des poutres pointues ou des bois enflammés, soit à coups de longues piques, dont ils le blessaient sous la queue, soit en lui tranchant la trompe avec des faux, soit en lui coupant les pattes avec des haches, d'après Tite-Live. Une légion qui avait brillamment résisté et triomphé dans un combat de ce genre, conserva, comme récompense de cette action, une image d'éléphant pour enseigne. La difficulté d'entamer le cuir, si épais, de ces bêtes obligeait à s'attaquer au conducteur; on lui lançait toutes sortes d'armes, de brûlots, ou de masses projectiles; quelquefois on employait des balistes pour réussir à abattre les éléphants et ce qu'ils portaient.

L'*Encyclopédie* prétend que César se faisait éclairer à la guerre par des éléphants, et que quarante de ces animaux portaient devant lui des flambeaux.

On cessa de faire usage d'éléphants dans les armées romaines après les guerres puniques et les expéditions d'Afrique, parce que l'expérience démontra combien ils étaient dangereux, quelque bien dressés qu'ils fussent; car une fois blessés, ils devenaient indomptables. Aussi le conducteur était-il armé d'une hache pour tuer sa monture, en la frappant entre les deux oreilles, et il lui était ordonné de recourir à cet expédient quand il ne pouvait plus gouverner l'animal devenu furieux. Lorsqu'on renonça à mener au combat les éléphants, ils devinrent communs parmi les Romains, comme objet de luxe, furent un ornement des triomphes, et figurèrent dans les jeux de la petite guerre.

Les Asiatiques n'ont jamais cessé de les employer contre leurs ennemis. Dans le royaume de Siam, les éléphants de guerre concourent à la chasse qu'on y fait aux éléphants sauvages; ils forment comme un cordon de troupes, dans l'enceinte duquel on parvient à diriger et enfermer les animaux poursuivis. Ces quadrupèdes, terribles dans le premier instant de leur fureur, se disciplinent aisément à l'aide d'une éducation qui demande à peine une semaine ou deux; ils entrent dans les rangs des éléphants de guerre. Un jour d'action, ils enlacent un homme avec leur trompe, l'attirent sous leurs pieds de devant, l'y écrasent ou le percent à coups de défenses; quelques uns en finissent même avec leur ennemi en le jetant prisonnier dans la tour qu'ils ont sur le dos. Depuis que l'usage de l'artillerie européenne s'est répandue dans l'Inde, les éléphants de guerre y portent des canons, et conduisent surtout l'artillerie de montagnes. Buffon affirme que quand des bœufs attelés à une pièce font effort pour la traîner vers un lieu élevé, l'éléphant pousse de son front la cuiasse, et retient en même temps la roue, en y appuyant son genou ; par fois même, il enlève avec ses dents, et transporte à plusieurs centaines de pas une pièce de canon suspendue à des câbles. La milice anglaise au service de la compagnie des Indes se sert d'éléphants de charge qui portent 800 kilogrammes pesant. Les Birmans, dans leur guerre contre les Anglais, de 1824 à 1826, faisaient usage d'éléphants de guerre chargés de soldats ; on en vit jusqu'à dix-sept faire partie d'une sortie pendant le siége de Donoubiou, sur la côte de Pégu ou du royaume d'Ava. Gal Bardin.

ÉLÉPHANT (Ordre de l'), le premier des ordres de chevalerie qu'il y ait en Danemark, dont les rois le conférentcomme *honneurs de cour* et, à ce titre, aux souverains et aux grands personnages politiques tant nationaux qu'étrangers. « L'Éléphant est le Saint-Esprit du roi mon auguste maître, » disait un jour avec emphase le ministre de Danemark à Naples à M. de Serre, qui ne put s'empêcher de rire au nez de son collègue. L'insigne de l'ordre est l'effigie d'un éléphant en email blanc, portant une tour sur une housse bleue frangée d'or et croisée d'argent; cette décoration est attachée soit à un collier d'or, soit à un ruban bleu moiré passé de l'épaule droite au côté gauche. Les chevaliers portent en outre une étoile à huit pointes rayonnantes, brodée en argent sur le côté gauche de l'habit.

L'origine de cet ordre est fort incertaine ; on la fait remonter au douzième siècle. On raconte qu'en 1189 le roi Canut IV ayant envoyé une armée danoise à la troisième croisade, un seigneur de cette armée rapporta, comme trophée, la dépouille d'un éléphant qu'il avait tué, et qu'en souvenir de cette prouesse, ce roi fonda un ordre de chevalerie qui prit pour attribut héraldique l'image de l'éléphant. Quoi qu'il en soit, l'ordre n'existe régulièrement que depuis 1478, époque à laquelle le roi Christian Ier le constitua, ou le renouvela, à l'occasion du mariage de son fils avec une princesse de Saxe. Il reçut, en 1693, de Christian V, des statuts fort rigoureux, mais dont heureusement la coutume a modifié les exigences. Sans cela, où trouverait-on aujourd'hui des candidats dignes de recevoir la décoration de l'éléphant ?

ÉLÉPHANT (Ile de l'), l'une des îles de l'archipel austral découvert en 1819 par le capitaine Smith et désigné sous le nom de *Nouveau-Shetland*. Toutes ces îles sont inhabitées.

ÉLÉPHANT (Rivière de l'), *Olifant river*, fleuve de l'Afrique méridionale, qui prend sa source au mont Winterbock et traverse la partie occidentale de la colonie du cap de Bonne-Espérance pour venir se jeter dans l'Océan.

ÉLÉPHANTA, petite île située sur la côte de Concan, entre Bombay et l'île de Salcette, renferme un des plus remarquables monuments qu'ait produits le génie de la religion hindoue. C'est un temple souterrain, taillé d'un seul bloc dans la roche vive, et soutenant sur ses solides colonnes toute la masse de la montagne au-dessous de laquelle il est creusé. Rien au dehors n'en signale l'existence qu'un double rang de piliers massifs, couronnés par un rocher couvert de lianes pendantes et de buissons sauvages. Cette sorte de péristyle, qui se présente à l'extrémité d'une esplanade spacieuse, conduit directement dans le temple. Cette vaste excavation a environ 39 mètres de profondeur sur 40m,60 de large. Elle ne reçoit d'air et de lumière que par trois ouvertures qui lui servent d'issues : celle de l'entrée principale est tournée vers le nord ; les deux autres qui débouchent chacune sur un couloir intérieur percé à jour dans la montagne, font face au levant et au couchant. Le plafond, richement sculpté, est soutenu par quarante-neuf majestueuses colonnes, disposées, à distances égales, sur des lignes droites et parallèles, qui se coupent les unes les autres, comme les allées d'un quinconce. Il résulte de cet arrangement une suite régulière de nefs, dont l'ordre n'est interrompu que sur la droite, par un sanctuaire carré, en forme de lanterne, aux quatre angles duquel sont adossées des statues gigantesques de 4m,85 de haut. Un buste colossal en ronde bosse, à six bras et à trois têtes, placé dans une niche assez profonde, à l'extrémité de la nef centrale, et une multitude de figures de toutes formes et de toutes dimensions, sculptées en bas-reliefs sur les parois du pourtour, complètent l'ensemble de cette curieuse pagode.

Plafond, colonnes, statues, bas-reliefs, tout est taillé dans une seule et même roche, d'un gris jaunâtre, ressemblant au porphyre, et assez faiblement éclairé par la lumière un peu douteuse qu'y laissent pénétrer les trois ouvertures; mais ce demi-jour, loin de nuire à l'effet de toutes ces masses de pierre, exagère encore à l'œil la largeur de leurs proportions, l'étrangeté de leurs formes, et augmente ainsi en elles ce caractère grandiose, mystérieux, dont sont empreints tous les anciens monuments de l'Inde. Ces colonnes, composées d'un fût rond, cannelé, renflé au tiers de sa hauteur, supporté par une base carrée, haute et large, et couronné par un chapiteau également cannelé, en forme de coussin aplati, sont tout à fait différentes de celles des ordres grecs, mais parfaitement adaptées à leur destination ; car c'est leur solidité imposante qui constitue principalement leur beauté; aussi sont-elles demeurées jusqu'à présent à l'abri des attaques du temps. Celles, en petit nombre, qui sont ruinées et dont les débris jonchent le sol, sont tombées, non de vétusté, mais sous le marteau du fanatisme musulman et chrétien, à l'époque des invasions arabe et portugaise. Et comme dans ce monument tout d'une pièce, où le support fait corps avec la masse qu'il soutient, on a pu briser la partie inférieure sans entraîner la chute du reste, la plupart ont conservé leur chapiteau, qui est resté attaché au plafond, comme la clef pendante d'une voûte gothique.

Les premiers explorateurs des antiquités de l'Inde qui avaient attribué la construction du temple d'Éléphanta, les uns aux armées de Sésostris, les autres à celles de Sémiramis, quelques-uns même aux compagnons d'Alexandre, s'étaient attachés à démontrer, chacun selon son hypothèse, que les bas-reliefs sculptés sur les murailles figuraient des soldats égyptiens, assyriens ou grecs. Mais une étude approfondie a fait évanouir toutes leurs conjectures. Il est maintenant avéré que ce bel hypogée est et a toujours été une pagode vouée au culte brahmanique. Le grand buste placé à l'extrémité de la nef centrale représente la trinité (*Trimourti*), c'est-à-dire la réunion en un seul corps des trois divinités, Brahma, Vishnou et Siva, ou le créateur, le conservateur et le destructeur de toutes choses. A droite et à gauche de la niche où est taillée cette magnifique idole, se tiennent debout, comme préposés à sa garde, deux *doudraoualah* ou portiers, de 5m,20 de haut, qui s'appuient chacun sur un de ces démons nains, à cheveux crépus, à grosses lèvres et à face aplatie, appelés *pitchâtchah*, qu'on donne pour serviteurs à Siva. Dans les bas-reliefs qui décorent le pourtour, on retrouve représentés isolément et entourés d'une foule d'animaux fabuleux, d'adorateurs prosternés, de gardes armés, de femmes portant des chasse-mouches, et de serviteurs de tout genre, les trois dieux de la *Trimourti*, et ceux qui dans la hiérarchie du panthéon indien occupent le rang immédiatement inférieur, tels que : Indra, roi du ciel ; Ganèsa, dieu de la prudence et des obstacles ; Kartikeya, dieu de la guerre, etc. Ces sculptures, terminées avec un soin minutieux, sont, en tant qu'œuvre d'art, au-dessous de toute critique. On voit qu'elles ont été taillées d'instinct, sans aucune étude préalable de la forme, ni des proportions humaines. Cependant, quelque grossière que soit leur exécution partielle, elles sont groupées avec une adresse remarquable, et produisent dans leur ensemble l'effet le plus pittoresque.

On trouve à l'entrée de chacun des deux couloirs sur lesquels débouchent les issues latérales dont nous avons parlé, une sorte de chapelle creusée dans le roc, d'un style à peu près analogue à celui du grand temple, mais de bien moindre dimension. Le centre est occupé par un sanctuaire au milieu duquel un *lingam*, d'une grosseur prodigieuse, est exposé sur un autel carré à la dévotion de ses adorateurs. Les plus doctes antiquaires ont vainement cherché à soulever le voile qui enveloppe l'origine de cette magnifique pagode. On ne sait ni quand ni par qui elle a été édifiée.

Mis DE LAGRANGE, sénateur.

ÉLÉPHANT DE MER, nom vulgaire donné par des voyageurs, tantôt au *morse*, tantôt au *phoque* à museau ridé.

ÉLÉPHANTIASIS (de ἐλέφας, éléphant), affection morbide, pendant laquelle la peau devient dure, épaisse, écailleuse, inégale, ridée, tuberculeuse, souvent même ulcérée, crevassée, fournissant un ichor putride, et finissant par donner lieu à des complications graves et souvent mortelles des organes intérieurs. C'est surtout parce que les membres affectés deviennent très-volumineux, fendillés et massifs, qu'on a voulu indiquer par l'épithète d'*éléphantiasis* la ressemblance qu'ils présentent avec ceux des éléphants. Cette maladie, qui n'est ni héréditaire ni contagieuse, ainsi que l'avaient cru Aristote et Platon, ne doit pas être confondue, comme l'ont fait un grand nombre d'auteurs, avec la *lèpre*. Il existe deux espèces d'éléphantiasis, qui, tout en offrant de nombreux points de rapprochement, par la forme hideuse qu'elles donnent aux parties, sont néanmoins très-distinctes, à cause des tissus primitifs qu'elles affectent, l'*éléphantiasis des Arabes* et l'*éléphantiasis des Grecs*. Quant aux *éléphantiasis* dits *de Cayenne*, *de Java*, *des Barbades*, etc., ce sont des variétés, soit de la lèpre, soit de l'éléphantiasis, qui ne peuvent trouver place ici.

De l'éléphantiasis des Arabes. D'après les principes de la médecine physiologique, on a donné à cette maladie le nom d'*angio-leucite*, pour exprimer qu'elle consiste dans l'inflammation des vaisseaux blancs et des ganglions lymphatiques. Cette affection, rare dans nos climats tempérés, est endémique dans d'autres contrées, où il existe des conditions atmosphériques et des habitudes de régime qui agissent constamment sur une grande masse d'individus. Ainsi, dans les pays très-chauds, la peau étant le siége d'une turgescence habituelle, et se trouvant dans un état d'éréthisme continuel, non-seulement elle est souvent affectée de maladies inflammatoires aiguës, mais elle devient aussi très-susceptible de contracter des irritations chroniques, qui se portent d'une manière spéciale sur les vaisseaux excréteurs absorbants, ainsi que sur leurs ganglions lymphatiques. Les tissus de ces organes finissent par se détériorer; ils s'engorgent d'albumine dégénérée, et présentent alors les formes aussi hideuses que variées des affections éléphantiaques. Les vents froids qui surviennent tout à coup dans les contrées équatoriales, et surtout la fraîcheur des nuits, y succédant à des journées brûlantes, toutes ces causes de réfrigération agissent *ex abrupto* sur une peau très-échauffée et parfois baignée de sueur, ce qui prédispose puissamment à l'éléphantiasis. Une circonstance digne de remarque, c'est que les froids continuels et rigoureux des régions polaires, arrêtant ou supprimant la transpiration insensible, par suite de l'action concentrique fortement prolongée qu'ils occasionnent, suffisent également pour donner lieu à des affections éléphantiaques analogues à celles dont il est ici question.

L'habitation dans le voisinage d'un étang, d'où s'élèvent continuellement des humidités miasmatiques, un mauvais régime longtemps prolongé, l'abus des épiceries et des boissons excitantes, l'usage habituel d'une eau bourbeuse, et surtout une alimentation principalement composée de poissons salés, ou qui ont déjà subi un commencement d'altération, sont tout autant de causes prédisposantes et occasionnelles de ce genre de maladie. Toutes ces conditions morbides se trouvant réunies aux environs de Damiette en Égypte, telle a été l'explication que j'ai pu me donner du grand nombre d'éléphantiasis que j'y ai observées. Dans ces contrées, l'abus des plaisirs vénériens, surtout de la part des hommes, et la suppression du flux menstruel, deviennent également une source puissante des affections éléphantiaques. Les tempéraments lymphatiques sont évidemment les plus disposés à contracter cette maladie.

L'éléphantiasis des Arabes (ou, pour mieux dire, l'*angio-leucite*) peut être aiguë ou chronique : dans le premier cas, elle débute par une douleur plus ou moins vive, affectant le trajet des principaux troncs lymphatiques, et se continuant jusqu'aux paquets ganglionnaires. On l'observe plus fréquemment aux membres abdominaux que dans toutes les autres parties du corps, quoique toutes puissent en être atteintes. Bientôt la peau rougit, se tuméfie, se boursoufle, devient dure, inégale; le tissu cellulaire sous-cutané s'engorge; les mouvements articulaires deviennent douloureux; le cerveau et l'estomac sympathisent avec cet état de souffrance; la fièvre se déclare avec un type continu ou rémittent. Enfin, le gonflement continue à faire des progrès, soit par l'engorgement glandulaire, soit par l'effet d'une infiltration de matière gélatino-albumineuse, qui s'altère, ainsi que les tissus ambiants, acquiert dans certains endroits une consistance lardacée, squirrheuse, ou bien donne lieu à des foyers purulents, qui crevassent la peau et sont suivis d'ulcérations d'une difficile guérison.

L'*angio-leucite* chronique, qui est le véritable type de l'éléphantiasis des Arabes, n'est parfois que la suite de l'affection précédente; mais le plus souvent, ainsi que je l'ai observé, elle se développe primitivement et avec lenteur, par la seule action longtemps continuée des modificateurs que nous avons déjà mentionnés. Dans un grand nombre de cas, elle reste stationnaire durant plusieurs mois, après quoi elle éprouve une recrudescence irritative, qui donne lieu à un surcroît d'engorgement : cette exacerbation morbide, se renouvelant de temps à autre, finit au bout de quelques années par donner lieu à une telle augmentation de volume, que les membres, ainsi que les autres parties du corps qui en sont affectées, deviennent d'une difformité monstrueuse, présentant ordinairement une teinte blafarde, d'autres fois inégalement rougeâtre et parsemée en quelques endroits de veines variqueuses de couleur violette. J'ai vu des membres inférieurs acquérir un tel développement qu'ils semblaient former une grosse colonne charnue, dont le diamètre était partout uniforme, excepté au pli du pied, où l'on remarquait un profond sillon : les orteils ressemblaient à de petits appendices informes, implantés en bas et en avant de cette masse de chair. Durant un séjour que j'ai fait à Lisbé, village situé à l'embouchure orientale du Nil, j'ai maintes fois observé des avant-bras éléphantiaques qui étaient plus volumineux que la cuisse, des mamelles dont la grosseur était devenue si considérable qu'il fallait en soutenir le poids par un bandage suspensif qui prenait son point d'appui en arrière du cou, des scrotum pesant 20, 25, 30 kilogrammes, et plus. Le docteur Clot-Bey a extirpé avec succès un scrotum éléphantiaque pesant au delà de 50 kilogrammes.

Quelquefois les membres affectés de ce genre d'éléphantiasis présentent de distance en distance des sillons circulaires très-profonds, tantôt luisants sur leurs bords, tantôt couverts d'écailles, tantôt crevassés, ulcérés, et fournissant une sanie purulente, ce qui leur donne un aspect horrible, qu'accompagne même une odeur insupportable. Malgré tout ce que nous venons de rapporter d'effrayant sur cette maladie, elle ne donne lieu à la mort que dans les cas où, continuant à faire des progrès, les organes intérieurs participent aux graves désordres du tissu cutané, c'est-à-dire quand la phlegmasie de la peau se communique à l'estomac ou aux intestins, ou aux poumons, ou bien au cerveau et à ses membranes.

De l'éléphantiasis des Grecs. Cette maladie, dont les causes sont analogues à celles de l'affection précédente, est une sub-inflammation du tissu cellulaire sous-cutané, donnant lieu à de petites tumeurs ordinairement de la grosseur d'une aveline, mais dont la forme, le volume et la couleur même peuvent varier. Ces tumeurs sont d'abord presque indolentes, sans chaleur, ne causant qu'une légère tuméfaction de la peau; plus tard, elles augmentent en nombre et en étendue; quelques-unes d'entre elles se propagent dans l'épaisseur du tissu cutané, qui s'engorge dans une étendue plus ou moins considérable; elles deviennent douloureuses, rouges, enflammées, et finissent même par tomber en suppuration. Le pus qui s'en écoule est fétide, grisâtre; il se dessèche en écailles de couleur jaune-fauve, au dessous desquelles s'opère ordinairement la cicatrisation des foyers purulents. Quant aux autres symptômes consécutifs, ils sont analogues à ceux de l'éléphantiasis des Arabes.

Lorsque l'éléphantiasis des Grecs se déclare à la face, qui paraît être son siége de prédilection, la figure présente alors l'aspect horrible d'une tête de lion, d'où est venue la dénomination d'*elephantiasis leontina*, qu'on a donnée à cette variété. La peau du front, ainsi que celle des joues, se gonfle considérablement, et se couvre de sillons profonds; la couleur des cheveux s'altère : ils finissent par tomber; les lèvres se tuméfient et se fendillent; elles s'ulcèrent, ainsi que l'intérieur de la bouche; la voix devient rauque et l'haleine puante; les narines s'engorgent et s'agrandissent d'une manière étonnante; elles laissent écouler une sanie purulente qui répand une odeur infecte; les os du nez et le vomer se carient; les oreilles s'épaississent et s'allongent prodigieusement : toutes ces parties, devenant tuberculeuses, inégales, grisâtres, gênent et même suspendent quelques-unes des fonctions des sens; il n'y a pas même jusqu'à la saillie du menton qui ne disparaisse au milieu de tout cet empâtement, qui en vient au point de rendre la respiration et la déglutition difficiles.

Si l'affection dont il est ici question se manifeste aux extrémités inférieures, elle donne lieu aux mêmes difformités dont nous avons parlé à l'occasion de l'*éléphantiasis des Arabes*. Relativement aux ulcérations qui succèdent à la suppuration des tubercules, parfois elles présentent un caractère rongeant qui cause des destructions épouvantables. Ainsi, l'on voit dans quelques circonstances le mal détruire le nez, les lèvres, les oreilles et les orteils, qui tombent en lambeaux. Enfin, dans la plupart des cas, les organes les plus essentiels de la vie d'assimilation, tels que les viscères digestifs et pulmonaires, finissent par être affectés : dès lors, la fièvre lente, le dévoiement, le marasme et la mort ne tardent pas à s'ensuivre.

Traitement de l'éléphantiasis. Hérodote rapporte que les rois d'Égypte prenaient des bains de sang humain pour se guérir de l'éléphantiasis; mais les médecins grecs, agissant avec plus de rationalité, saignaient les éléphantiaques durant tout le cours de la maladie : ils prescrivaient des évacuations sanguines peu abondantes et souvent répétées. Albucasis faisait appliquer un grand nombre de sétons, de cautères et de scarifications. Arétée considérait l'usage de l'ellébore comme le seul moyen de guérison de cette maladie. Paracelse prétendait également que l'or potable pouvait seul procurer la cure radicale de cette affreuse maladie; pour comble de ridicule, il ajoutait que le meilleur adjuvant de ce précieux remède était l'eau distillée de perles fines. Les brahmines croyaient aussi posséder depuis un temps immémorial un moyen infaillible pour guérir l'éléphantiasis : c'était un mélange d'oxyde blanc d'arsenic, de poivre, de suc de cuscute et de jus de limon. Plus tard on a eu recours aux sucs d'herbes dépuratifs, tels que le jus des carottes, des chicoracées et de la buglosse; on a recouru aussi aux fondants, tels que la ciguë et les mercuriaux; on a employé les sudorifiques et les antimoniaux, les bains laiteux et mucilagineux alternés avec les bains aromatiques, les fumigations sulfureuses, les lavages avec des solutions de potasse ou de chlorhydrate d'ammoniaque, les lotions avec la décoction de tabac, avec celle du *ledum palustre*; les frictions avec le liniment volatil, ou la pommade d'hydriodate de potasse. On a proposé aussi de panser les ulcères avec de la teinture de myrrhe et d'aloès, avec les onguents de térébenthine et de styrax. On a quelquefois administré des vomitifs et des purgatifs, qu'on faisait suivre de l'emploi des toniques et des amers. Plusieurs médecins ont également recommandé l'usage longtemps continué des bouillons de tortue, de vipère et d'écrevisse. Enfin, il est des auteurs qui n'ont pas craint de proposer la *castration*, comme moyen de guérison radicale de l'éléphantiasis.

Il est facile de voir, par le simple exposé des nombreux agents thérapeutiques employés jusqu'à ces derniers temps, que l'empirisme seul avait dirigé les médecins dans les divers traitements qu'ils employaient contre l'éléphantiasis; mais aujourd'hui, grâce aux progrès de la médecine physiologique, on peut opposer à cette redoutable maladie un mode de guérison tout aussi énergique que rationnel. Lorsque l'*angioleucite* débute à l'état aigu, il faut pratiquer une saignée générale, appliquer des sangsues le long du trajet des vaisseaux lymphatiques enflammés, ainsi que sur les glandes engorgées, et recouvrir les piqûres avec des cataplasmes ou des fomentations émollientes. On prescrit ensuite des bains tièdes, des boissons acidules, et l'on soumet le malade à un régime sévère, adoucissant, lactescent et purement végétal. Si l'*angio-leucite* devient chronique, et que l'éléphantiasis se confirme, il faut faire succéder aux moyens ci-dessus l'emploi d'une compression méthodiquement appliquée sur les tissus engorgés. On fait garder aux membres affectés une position horizontale, et l'on entretient le bas-ventre libre au moyen de quelques lavements légèrement purgatifs. Mais si l'éléphantiasis grec ou arabe se déclare primitivement à l'état chronique et sous la prédisposition d'une constitution lymphatique, comme cela s'observe le plus communément, il faut alors recourir au traitement suivant, dont j'ai retiré de grands avantages durant mon séjour en Égypte. Je faisais prendre alternativement des bains émollients et des bains d'eau savonneuse; je prescrivais ensuite des frictions avec du cérat mercuriel saturnisé, et j'exerçais à différentes reprises une compression graduée sur toute l'étendue des parties affectées. Le malade était en outre soumis à un régime adoucissant et à l'usage des boissons acidules dans le courant de la journée, et d'une infusion théiforme après chaque repas. Je ne doute point que dans ces circonstances la décoction de la racine de *madar*, préconisée par le docteur Casanova dans le traitement des affections éléphantiaques, ne pût devenir un puissant auxiliaire du traitement que je viens d'indiquer, et dont j'ai obtenu de très-heureux résultats. En dernier lieu, je pense que l'émigration dans des pays dont la nature du sol et la constitution atmosphérique sont en opposition avec celles que j'ai signalées comme prédisposant à l'éléphantiasis, constitue un des plus puissants moyens de guérison où d'amélioration de cette redoutable maladie.

Dr L. Labat, ancien médecin de Méhémet-Ali.

ÉLÉPHANTINE (Ile d'), la *Djeziret-el-Sag* des Arabes, c'est-à-dire l'*Ile Fleurie*, que les Européens nomment le *Jardin du Tropique*, est une oasis située au milieu du Nil, entre la chaîne libyque et la chaîne arabique, sur la limite septentrionale de la Nubie; elle fait face à Assouân, (la Syène antique, ville célèbre, sur la rive droite du fleuve). Cette île, de 1,364 mètres de long, sur une largeur moyenne de 779, a la forme d'une feuille d'arbre oblongue. Flanquée d'une ceinture de roches de grès et située à six kilomètres de la dernière cataracte, elle est la clef de l'Égypte. Ce n'était originairement qu'un énorme noyau de granit, autour duquel, de temps immémorial, les alluvions du fleuve, du côté de la Nubie, attachaient et aggloméraient des terres et un limon fertile, là où depuis s'est promené le soc de la charrue. Dans cette plaine, de frais bocages, que ne peuvent percer ni les sables ni le soleil africains, sont, ainsi que des bouquets, semés à peu de distance les uns des autres. Ils se composent de mûriers, de dattiers, de napécas, de doûms, espèces de palmiers; de sycomores, de caïs, qui offrent à ses heureux habitants leur ombre et leurs fruits. Ces arbres servent de clôtures et de haies dans les deux hameaux qui existent dans l'île, peuplés de Nubiens ou Barâbras, et, dans la partie septentrionale, forment de capricieuses avenues non alignées.

Les lieux ont aussi sur le globe leurs destinées! Phil (en ancienne langue orientale, *éléphant*), ou l'Éléphantine des Grecs, écueil d'abord, roche nue ensuite, puis corbeille de fleurs, d'ombre et de fruits, par un merveilleux contraste, fournissait à l'Égypte ces granits gigantesques que le génie mécanique de ces temps reculés eut la puissance de mouvoir. Selon Hérodote, Saïs avait tiré des fondements de cette roche fleurie son fameux monolithe de 21 coudées de long, dont trois ans et deux mille hommes déterminèrent le transport sur le fleuve. On aperçoit encore, du reste, les arêtes vives et roses des carrières exploitées. L'île était assez considérable pour avoir formé de ses ruines un monticule, incessamment blanchi par les sables du désert. Ce tertre de débris est riche d'antiquités et aussi d'agates, de cornalines, formées par la nature au sein des granits et de ces vieux décombres terraqués.

Dans Éléphantine, qui n'eut de rivale que Saïs, Syène, Bubastis, Thèbes et Memphis, le roi Psammétik avait jeté une garnison contre les Éthiopiens. Vinrent après lui les Perses, et plus tard, les Romains, qui au temps de Strabon y entretenaient une cohorte : c'était la limite de leurs conquêtes dans cette partie du monde. Naguère on y voyait encore deux petits temples de même dimension, et d'une haute antiquité : ils remontaient au siècle d'Aménophis III, 1690 ans avant J.-C., abstraction faite des constructions ajoutées depuis. Celui qui se trouvait dans le sud était d'une belle conservation. Ses sculptures intérieures, tableau de $6^{m}50$ de long, étaient intactes; le vermillon, l'ocre, l'azur, dont elles étaient peintes, charmaient encore les yeux de leurs vives couleurs. Les lignes architectoniques de ces espèces de *delubrum* étaient verticales; telle fut la première école de l'architecture hellénique. Dans le temple du sud on comptait sept piliers latéraux, formant deux galeries, et aux deux extrémités deux colonnes d'un large entre-colonnement. Leurs chapiteaux, qui ressemblaient à des fleurs de lotus, soutenaient une frise ornée d'hiéroglyphes. Les soubassements étaient d'une grande hauteur, eu égard à ses petites proportions; ils cachaient des souterrains qui descendaient au fleuve. L'île est flanquée d'un quai de quinze mètres de hauteur, en partie l'ouvrage des anciens Égyptiens, et dont le mur est concave en dehors et convexe du côté des terres. On voit, tout auprès, les débris d'un nilomètre, celui probablement dont parle Strabon. Non loin du rivage, vers le midi, sont creusés dans le roc un grand nombre de sarcophages. En considérant la quantité de ces demeures dernières de l'homme, il ne faut pas oublier qu'il exista à Éléphantine une famille qui donna trente et un rois à une des dynasties égyptiennes, et que c'est pour cela que les anciens auteurs parlent souvent du *royaume d'Éléphantine*, titre pompeux qui n'annonçait tout au plus qu'une *pépinière de rois*. Dernièrement, des barbares ont démoli les deux temples pour bâtir des casernes avec leurs ruines. Tel a été le sort de deux des plus charmants édifices de l'antiquité, dédiés à Kneph, *le bon génie*; ou à Osiris, le soleil.

DENNE-BARON.

ÉLEUSINIES, un des noms des Bacchantes.

ÉLEUSINIES. Les fêtes de Cérès-Éleusine, qu'il ne faut confondre ni avec les mystères d'Éleusis, ni avec les Thesmophories, duraient neuf jours sous la présidence de l'archonte-roi et de quatre magistrats désignés par le peuple d'Athènes. Le premier jour était celui de l'assemblée (Ἄγυρις); le second, celui des purifications; le troisième, celui des sacrifices de millet, d'orge, de pavots, de grenades; le quatrième, celui des *théories* ou processions, dans lesquelles figurait un âne, qui partageait avec les jeunes et belles canéphores l'honneur de porter les corbeilles sacrées renfermant les attributs du culte de la déesse, l'enfant, le serpent d'or, le van, les gâteaux; le cinquième, celui du jeu des torches, rappelant les courses nocturnes de Cérès; le sixième, celui d'Iacchus, qui l'avait accompagnée dans ses recherches; le septième, celui des jeux gymniques; le huitième, celui des initiations, ou d'Épidaure (une tradition portant qu'Esculape était venu de là pour se faire initier); le neuvième, enfin, celui des cérémonies allégoriques, dont la plus importante consistait à remplir deux vases de vin, à les placer l'un au levant, l'autre au couchant, et à les renverser en prononçant des paroles mystiques. Pendant la durée des fêtes, nul ne pouvait être arrêté. Quiconque aurait osé s'introduire dans le temple pour y présenter une requête eût été frappé de mort. Tout citoyen qui s'y serait rendu autrement qu'à pied eût été soumis à une forte amende. Les dévots, allant en procession d'Athènes à Éleusis, se voyaient, en passant le pont du Céphise éleusinien, accablés de sarcasmes et d'injures par des femmes, en commémorations des insultes reçues en ce lieu par Cérès d'une mégère nommée *Iambé*.

Les Athéniens renouvelaient ces fêtes tous les ans, ainsi que les Lacédémoniens et les Crétois, tandis que les Céléens, les Phliasiens et d'autres peuples ne les célébraient que tous les quatre ans. La vénalité des ministres de Cérès acheva de faire tomber dans un discrédit complet ce culte, introduit à Rome par Adrien. Il ne reprit un instant d'éclat que lorsque Julien le fit célébrer à Paris, dans son palais des Thermes. Il fut enfin aboli sans retour par Théodose Ier, après une existence de dix-huit siècles.

ÉLEUSIS. Ce *dème* ou bourg de l'Attique, à 16 kilomètres N.-O. d'Athènes, doit toute sa célébrité au culte de Cérès. Une tradition, qui remonte aux temps mythologiques, attribue la fondation d'Éleusis à un héros de ce nom, fils de Mercure et de la nymphe Daïre. Suivant Pausanias, l'origine en serait due à Ogygès. Thésée ayant réuni tous les dèmes de l'Attique sous la dépendance d'Athènes, Éleusis n'apparaît plus dans l'histoire que comme une place forte. La magnificence de son temple et le respect que les étrangers eux-mêmes portaient aux fameux mystères la préservèrent maintes fois de la destruction. Lorsque Xerxès eut franchi les Thermopyles, les Éleusiniens suivirent en exil le peuple d'Athènes. Dans la première année de la guerre du Péloponnèse (429 avant J.-C.), le roi de Sparte Archidamos ravagea l'Attique et n'épargna pas Éleusis. Après les premiers succès de Thrasybule, les trente tyrans qui gouvernaient Athènes, conquise par les Spartiates, se retirèrent à Éleusis, avec 5,000 de leurs partisans, qui en égorgèrent les habitants sur le bord de la mer. Ce dème passa ensuite alternativement sous la dépendance des rois de Macédoine et sous la domination romaine; l'invasion des Goths lui porta le dernier coup. Au quatrième siècle, Théodose Ier abolit le culte de Cérès; enfin, les bandes d'Alaric abattirent le temple de la déesse, construit par Périclès, en marbre du Pentélique, et qui avait 118 mètres de long sur 100 de large.

La petite ville d'Éleusis, entourée de sanctuaires et de riches maisons de plaisance, était située sur l'éminence où s'élève le village de *Lepsina*, ayant au sud un vaste golfe, avec l'île de Salamine, et au nord une grande plaine, jadis très-cultivée. De belles colonnes y gisent encore sous les agaves et les graminées.

L'origine du culte et des mystères de Cérès Éleusine se perd dans les ténèbres de l'antiquité. Les mythographes racontent que la déesse, vêtue comme une simple mortelle, s'étant mise en route pour Éleusis, où elle espérait se procurer des nouvelles de sa fille Proserpine, se reposa en dehors des portes de la ville, attendant qu'on vint lui offrir l'hospitalité, et que le roc où elle s'assit porta longtemps le nom de *pierre triste*. Ce fut le roi Céléus lui-même qui invita l'étrangère à entrer chez lui; et en récompense, elle prit sous sa protection le fils du monarque, Triptolème, qui se mourait d'un mal inconnu : elle lui rendit la santé, lui fit don des épis dont elle était couronnée et lui enseigna l'art de cultiver la terre. Deux habitants de la ville, Eumolpe, fils du poëte Musée, et Céryx, avaient partagé avec Céléus l'honneur de recevoir la déesse : elle les initia aux mystères de son culte. Fier de ce choix, Eumolpe disputa la couronne à Érechthée, roi d'Athènes; mais ces deux rivaux ayant été tués dans le même combat, les Athéniens décidèrent que la royauté demeurerait dans la maison d'Érechthée et le grand sacerdoce dans celle d'Eumolpe. Depuis ce temps, les Eumolpides furent en possession de donner un hiérophante au temple de Cérès-Éleusine; ils exercèrent de plus une juridiction despotique sur tout ce qui concernait le culte de la déesse. Quant aux descendants de Céryx, à eux fut réservé le privilége de fournir les hérauts chargés de proclamer les édits et de préparer les victimes des sacrifices.

Diodore attribue l'institution des mystères à Érechthée, qui aurait saisi l'occasion d'une famine pour faire venir d'Égypte des chargements de grains et des cultivateurs, service immense qui aurait déterminé les Athéniens à lui décerner la couronne. Hérodote n'hésite pas à voir dans la Cérès attique l'Isis égyptienne, et en effet les mystères des deux déesses offrent beaucoup d'analogie. Une autre version attribue l'institution des Éleusinies à l'Egyptien Triptolème, qui, venu directement de Saïs, ne serait nullement le fils du roi Céréus. D'après ces faits, les mystères d'Éleusis seraient un souvenir de la théogonie égyptienne.

Arnobe et saint Clément d'Alexandrie nous ont transmis une partie des questions qu'on adressait aux initiés. Le but qu'on se proposait paraît avoir été d'expliquer par des images sensibles les phénomènes de la création et de la reproduction des êtres. Le *phallus* dans ces solennités jouait le même rôle que dans les mystères d'Isis. Aux seuls initiés appartenait le droit de pénétrer dans le temple; tout profane qui y mettait le pied était puni de mort. Malheur à qui dévoilait la moindre partie des mystères ou qui l'entendait révéler. Aristagore fut traité d'impie, Diagoras fut proscrit et condamné à mort pour ce crime. Eschyle courut risque de la vie pour en avoir laissé transpirer quelque chose dans une ou deux de ses pièces. On ne voulait avoir aucun commerce avec ceux dont l'indiscrétion avait trahi des arcanes si respectables : ils étaient bannis de la société. On évitait de se trouver avec eux sur le même vaisseau, d'habiter la même maison, de respirer le même air.

Les mystères étaient divisés en *petits* et en *grands*. Il paraît qu'à une époque très-ancienne, les premiers étaient réservés aux étrangers; mais dans la suite cette distinction fut abolie, et l'initiation aux petits mystères regardée comme obligatoire pour parvenir aux grands. Ceux-ci avaient lieu tous les ans au mois *boédromion* (septembre-octobre), à Éleusis même; les autres, au mois *anthestérion* (février-mars), aux bords de l'Ilissus, tout près d'Athènes. Les initiés aux petits mystères s'appelaient *mystes* ou *éphores*, et attendaient souvent des années entières la faveur de pénétrer dans le sanctuaire et de connaître les grands secrets, stage nommé *autopsie*, contemplation. Les candidats se préparaient par des jeûnes, des prières, des sacrifices, où l'on immolait un porc, présenté par chaque novice, qui devait le laver auparavant dans l'eau de mer. Puis, ils se réunissaient de nuit dans une enceinte voisine du temple, se couronnaient de myrte et se lavaient les mains avant de franchir le seuil sacré. Les épreuves étaient à peu près celles de notre franc-maçonnerie. Les initiés ou frères sacrés du temple (σηκὸς) devaient jouir d'une félicité éternelle aux Champs-Élysées. En attendant ils devaient s'abstenir de volaille, de poisson, de grenades et de plusieurs légumes et fruits.

Quatre ministres, outre les prêtres subalternes, présidaient aux mystères : 1° l'*hiérophante*, voué au célibat, révélant les choses sacrées, le front ceint du diadème, vêtu d'une robe parsemée d'étoiles d'or; 2° le *dadouche*, chef des *lampadophores*, courant çà et là avec des flambeaux, pour rappeler que Cérès, cherchant sa fille, portait une torche; 3° l'*hiérocyre*, chef des hérauts, représentant Mercure avec des ailes à la tête et aux talons, annonçant les fêtes, récitant les formules et éloignant les profanes; 4° le *diacre*, assistant à l'autel, figurant la lune, symbole de mystère et de silence; puis, des prêtresses appelées *hiérophantides*, *prophantides*, couronnées d'if et de myrte, obéissant à une grande-prêtresse nommée *phitréide*, et chargées d'initier les novices de leur sexe, qui devaient être entièrement nues.

ÉLEUTHÉRATES. *Voyez* COLÉOPTÈRES.

ÉLEUTHÉRIES, adjectif dérivé d'ἐλευθέρια, liberté, indépendance, signifie à la lettre *les libres*, *les indépendantes*, et sert à désigner des fêtes de l'ancienne Grèce. Voici, du reste, l'origine des *Éleuthéries* : Mardonius, général des Perses, ayant envahi la Grèce, avec le dessein de la soumettre à Xerxès, son roi, fut complétement défait, dans les plaines de Platée, par les Grecs coalisés, conduits par Pausanias le Spartiate. Sur le champ de bataille, les Platéens érigèrent un autel de marbre blanc à Jupiter, que dans cette circonstance ils surnommèrent *Eleutherios*, le libérateur. Une assemblée, composée des députés de toutes les cités grecques, décréta, sur la proposition de l'Athénien Aristide, que tous les cinq ans on célébrerait auprès de cet autel des fêtes solennelles. Dès l'aurore de ce jour, des trompettes faisaient retentir leurs accents guerriers; au milieu de la journée on voyait s'avancer vers l'autel un chariot chargé de myrtes et de guirlandes variées, traînant à sa suite un taureau noir; des enfants de condition libre, portant du vin, de l'huile et des parfums; l'archonte de Platée, vêtu d'une robe de pourpre, tenant une urne à la main droite, et un glaive à la gauche. Placé devant l'autel, le premier magistrat de la ville immolait, avec supplications, le taureau noir à Jupiter et à Mercure infernal; il préconisait les héros morts en ce lieu pour le salut de la patrie, et répandait le vin contenu dans l'urne sur la terre qui recouvrait leurs ossements. Au sacrifice succédaient des jeux, et principalement une course autour de l'autel, exécutée par des guerriers couverts de toutes leurs armes et luttant de vitesse : le vainqueur recevait un prix magnifique. Les Éleuthéries étaient célébrées tous les cinq ans, le 6 du mois *mæmactérion*, répondant à notre 16 septembre, époque où, par une singulière coïncidence, l'Église catholique fête *saint Éleuthère*. Par la suite, les Platéens rendirent ces solennités annuelles, de quinquennales qu'elles étaient. On les célébrait encore du temps de Plutarque.

Quelques historiens parlent d'autres Éleuthéries, que les habitants de Samos avaient instituées en l'honneur de l'Amour. A ces Éleuthéries publiques il faut joindre les Éleuthéries privées, réjouissances auxquelles se livraient les affranchis pour fêter le jour de leur émancipation. C'est à celles-ci que Plaute fait allusion lorsque, dans sa comédie intitulée *Persa*, il fait répondre par un esclave à son maître, qui l'accuse de paresse et de goinfrerie : « Je célèbre magnifiquement les Éleuthéries. »

Eleutherius fut encore un surnom de Bacchus. Chez les

Grecs *Eleutheria* était la déesse de la liberté. C'était encore le nom d'une fontaine, voisine d'Argos, où les prêtresses de Junon allaient puiser l'eau destinée aux sacrifices.

E. Lavigne.

ÉLÉVATION. Ce mot vient du latin *elevare*, exhausser, élever; son substantif *elevatio*, employé au figuré dans cet idiome, n'était pas pris en bonne part, car Quintilien s'en sert pour qualifier un éloge exagéré; c'est le contraire dans le style biblique, où il a toujours le sens d'une dignité ou de grandeur d'âme. Pris d'abord au propre, il signifia en topographie tout ce qui s'élève au-dessus du niveau du sol de la terre, et en physique tout ce qui s'éloigne de son centre par un mouvement de bas en haut, ce qui a lieu en vertu de quelque impression extérieure, mais non par une légèreté spécifique.

En balistique, l'*angle d'élévation* d'une pièce d'artillerie est l'angle que fait son axe avec le plan de l'horizon. On a confondu souvent et faussement, au propre, l'*élévation* et la *hauteur*, quoique cette dernière ne soit que la mesure comparative de la première. Enfin, le mot *élévation* désigne les sommités qui croissent par une pente insensible, et celui de *hauteur* les montagnes à pic, les roches abruptes.

En astronomie, l'*élévation d'un astre* est sa hauteur, ou l'arc de cercle vertical compris entre l'horizon et l'astre qu'on observe, tandis qu'on entend par *élévation du pôle* l'arc du méridien compris entre l'horizon et le pôle.

En architecture, l'*élévation* est ce que Vitruve appelait *orthographie* (dessin perpendiculaire), la description en lignes verticales et horizontales d'un monument, abstraction faite de sa profondeur. Elle est opposée au *plan*, qui tire son nom de *planus*, égal, uni.

En physiologie, l'*élévation* du pouls se dit des pulsations si fortes de cette artère qu'elles frappent le doigt, l'*élèvent*, et sont sensibles à la vue même. C'est le signe non équivoque du paroxisme (accès) des maladies inflammatoires. Quand le pouls est très-bas, c'est ordinairement le pronostic d'une mort prochaine.

En musique, l'*élévation* de la voix est cette faculté phonique qui, à raison de son mécanisme, passe, selon sa portée, du grave à l'aigu, par l'échelle des tons, qu'on nomme *gamme*.

Dans la liturgie chrétienne, l'*élévation* est ce moment de la messe où le prêtre *élève* successivement vers le ciel et l'hostie consacrée et le calice, après les avoir adorés avec une profonde génuflexion. Ce rite ne date que du commencement du onzième siècle. C'est aussi de cette époque que partent les dissidents qui protestent contre la présence réelle et la transsubstantiation du corps et du sang de Jésus-Christ. Luther avait d'abord conservé dans le sacrifice de la messe l'élévation et l'adoration des symboles eucharistiques, parce qu'il a toujours cru à la présence réelle; enfin, il les supprima, parce qu'il rejetait la transsubstantiation. Quant à Calvin, il a constamment réprouvé l'élévation et l'adoration, parce qu'il niait que Jésus-Christ fût présent dans l'Eucharistie.

Dans la théologie mystique, l'*élévation* d'une âme à Dieu est le détachement de tous les objets de la terre, la contemplation, l'extase, la ferveur de l'oraison mentale, le quiétisme même ou l'âme au repos. Ce mysticisme est le partage des âmes vives et aimantes. Comme il ne peut être que momentané, il n'a rien de dangereux pour la société, ainsi qu'on a bien voulu le faire croire; c'est à peu près le platonisme des anciens. C'était l'état de l'âme de Fénelon, qu'il a fait passer dans l'admirable page de son *Télémaque* où il décrit la félicité des ombres des justes dans l'élysée des païens. En psychologie, l'*élévation* signifie cette *elatio animi*, ce transport des âmes, espèce d'enthousiasme qui fait qu'elles planent sur les infériorités humaines.

Au figuré, non plus, il ne faut pas confondre l'*élévation* avec la *hauteur*. L'élévation est du domaine du ciel, la hauteur du domaine de la terre. La hauteur dans l'homme est si loin d'être de l'élévation qu'elle est même bien au-dessous de l'orgueil. La hauteur repousse, indigne quelquefois, plus souvent fait rire; l'élévation commande l'admiration. En psychologie, il y a trois élévations, celle du caractère, celle de l'esprit et celle de l'âme; chacune d'elles, si elle se rencontre chez un écrivain, donne naissance à l'*élévation du style*. L'*élévation du caractère* est une force morale innée. L'*élévation de l'esprit* fit le génie de Pascal et de Bossuet, et l'*élévation de l'âme* créa Polyeucte et Corneille. L'*élévation de l'âme* est souvent en raison inverse de l'éducation chez les modernes. L'élévation de l'âme ou le *mégalopsychisme* était enseigné dans les écoles de la Grèce en même temps que l'atticisme, parce que cette nation voulait que chez elle la beauté de l'âme marchât de pair avec la beauté du langage. Dans nos écoles, au contraire, le mégalopsychisme est regardé comme une niaiserie, comme une pierre d'achoppement à l'art de parvenir. Denne-Baron.

ÉLÉVATION (*Astronomie*). *Voyez* Hauteur.

ÉLÈVE, celui qui est nourri, instruit, élevé par quelqu'un (*alumnus*). Dans ce sens, *élève* dit plus qu'*écolier* et que *disciple*; il embrasse toutes les parties de l'éducation, l'instruction, le vivre et la manière de se conduire. Malheureusement, dans certains colléges, des maîtres zélés, consciencieux, mais peu hommes du monde eux-mêmes, négligent trop de donner à leurs *élèves* ce vernis de politesse et ces bonnes manières dont l'absence laisse au jeune homme l'air trop *écolier*. *Jeunes élèves*, telle est la formule par laquelle dans les colléges commencent inévitablement les ennuyeux discours qui président les distributions solennelles des prix. Un arrêté des conseils du 5 nivôse an IX, qualifie d'*élèves de la patrie* les élèves des prytanées et lycées, boursiers du gouvernement. *Élève* s'emploie aussi exclusivement pour les jeunes gens qui fréquentent les écoles spéciales, où ils sont logés : *élève* de Saint-Cyr, de l'École Polytechnique, de l'École de Saumur, des Écoles d'Arts et Métiers. Il y avait aussi autrefois les *élèves de Mars* (*voyez* École de Mars). On dit cependant *élève* de l'École des Chartes, quoiqu'il n'y ait là que des externes, et indifféremment *étudiant* ou *élève* en médecine, en droit, quoique ces facultés n'aient pas non plus de pensionnaires. On dit enfin *élève sage-femme*. Autrefois chaque médecin avait un *élève* chez lui, à qui il donnait la table et le logement, et qui voyait les malades de moindre qualité, tandis que le patron visitait les malades importants. Lesage a signalé cet abus d'une manière très-piquante dans les chapitres où il représente son héros chez le docteur Sangrado. Les *élèves de marine* ont repris le titre d'*aspirants*, qu'ils avaient sous le premier empire.

On a toujours employé ce mot en parlant des peintres. Le Tintoret était *élève* du Titien; Gros était *élève* de David, qui lui-même était *élève* de Vien. « On le dit aussi d'un homme qui est formé de la main d'un autre, qui s'attache à lui en prenant ses instructions et suivant ses exemples (Bouhours). » Dans ce sens, on pourrait avancer que Mazarin était à certains égards l'*élève* de Richelieu en politique. Il y avait jadis des *élèves* attachés aux académies des sciences et des inscriptions. Un passage de Fontenelle nous fait comprendre cette particularité. « Dans l'Académie royale des sciences, dit-il, il y a vingt élèves; dans celle des inscriptions, il y en a dix. Les élèves doivent travailler de concert avec les pensionnaires. Ce nom d'élève n'emporte aucune différence de mérite : il signifie seulement moins d'ancienneté, et une espèce de survivance. » Au commencement du dix-huitième siècle, on a supprimé le mot d'*élève*, pour lui substituer celui d'*adjoint*, parce que tout le monde ne savait pas la signification que l'Académie des sciences attachait au nom d'*élève*, et les académiciens pensionnaires n'eurent plus chacun un *élève* comme auparavant, mais les *élèves* devinrent adjoints à l'Académie.

En horticulture, le mot d'*élève* est devenu d'un emploi très-ordinaire pour exprimer de jeunes plants.

Charles Du Rozoir.

ÉLÈVE DE CHEVAUX ou ÉLÈVE CHEVALINE, expression nouvelle, spéciale et complexe, dont la création, ainsi que l'usage en France, ne date pas de longues années. L'*élève* du cheval comprend la *venue* et la *croissance* de ces animaux; c'est plus que leur *production*, et ce n'est pas leur *éducation* : en d'autres termes, se livrer à l'*élève*, être *éleveur*, c'est *produire*, *faire venir*, mais non *instruire* et *dresser*. L'*élève*, comme on le voit, comprend la *monte*, la *conception*, la *gestation* de la jument, la *mise-bas* du produit, puis sa *croissance*. Il est un principe qui trouve à peu près d'accord tous les éleveurs doués de quelque intelligence ou de quelque instruction, c'est que *l'élève chevaline est presque tout entière dans un accouplement combiné assez sagement, quant à la taille, à l'ensemble, au sang et à une certaine symétrie, pour que son produit puisse réunir la force physique, l'aptitude au travail, l'activité, les facultés de vélocité progressive, toutes les qualités relatives, enfin, qui distinguent l'espèce dont on veut une production.* En d'autres termes, et pour plus de concision, disons qu'il est assez généralement admis, comme base de toute *élève*, que *les semblables produisent leurs semblables*. Cette formule n'est pas de pure théorie; la maxime qu'elle résume est une vérité constatée par des faits nombreux et concordants; les éleveurs de tous les pays où prospère l'industrie chevaline l'ont acceptée; mais c'est en Angleterre surtout que l'on y obéit. Toutefois, à côté de ce principe il est des préjugés anciens, obstinés, qui viennent modifier les effets d'un axiome bon en soi, assurément, mais dont l'application se trouve forcément soumise à l'inintelligence ou aux erreurs des gens chargés de le mettre en pratique. Il n'y a rien d'absolu dans le monde matériel et moral; la théorie des semblables subit en cela la commune loi; d'ailleurs, deux producteurs de sexe différent sont impossibles à rencontrer exactement égaux en taille, en force, en qualités. Cette impossibilité, on la connaît; on sait qu'il y a forcément infériorité de l'une ou de l'autre part; dès lors, on s'attache presque exclusivement aux qualités de l'un des deux producteurs; et dans ce choix, où la supériorité apparente de l'un fait faire bon marché des qualités de l'autre, c'est presque toujours sur l'étalon que portent exclusivement toutes les enquêtes, toutes les espérances : pourvu que son mérite paraisse positif, incontesté, la jument semble toujours assez bonne.

Cette pensée, nous le disons à regret, domine chez la plupart des éleveurs; elle est cependant contraire aux faits; elle est fatale, car c'est à sa réalisation que l'on doit en grande partie ce nombre considérable de productions manquées, cet abâtardissement de certaines familles de chevaux, dont se plaignent les éleveurs de provinces tout entières. Les auteurs anglais qui ont écrit sur l'élève du cheval sont unanimes pour proscrire ce malheureux préjugé; John Lawrence et Henkey-Smith, parmi les écrivains modernes, se sont surtout élevés contre lui. Les exemples ne leur ont point manqué, exemples puisés dans la généalogie des plus fameux chevaux de course, dans celle des trotteurs et des chevaux de chasse les plus renommés, ainsi que dans la dégénérescence rapide, instantanée, de la descendance de nombre d'étalons haut placés que l'engouement des éleveurs faisait accoupler avec des juments d'origine ou de qualités communes. Disons-le donc bien haut et bien fort : s'il est essentiel, pour obtenir de bons produits, de réunir dans l'étalon et dans la jument accouplés des qualités aussi semblables, aussi égales qu'on peut les rencontrer; s'il y a importance plus grande peut-être à ce que tous deux appartiennent à l'espèce supérieure de la famille ou de la race dont on veut avoir une production; d'un autre côté, il y a nécessité absolue d'apporter une attention sévère au choix de la jument. « Toutes mes observations, dit Henkey-Smith, m'ont conduit à regarder comme certain *que les mères transmettent leurs qualités beaucoup plus que les pères*, et il est également prouvé pour moi *qu'une bonne jument couverte par l'étalon de noble race, même le plus médiocre, produira un bon coureur bien plus sûrement qu'une mauvaise jument saillie par le plus bel étalon de l'Angleterre.* Voilà, ajoute-t-il, pourquoi le possesseur de bonnes juments peut si facilement faire une réputation à l'étalon qui les couvre, quelle que soit, d'ailleurs, l'infériorité de celui-ci. » Les Arabes procèdent dans un ordre d'idées tout opposé : dans ces vastes plaines de sable, où leurs races de chevaux se maintiennent si belles et si pures, l'étalon compte pour peu, la jument est tout; à elle tous les soins, à elle le renom; c'est la jument qui fonde la famille; c'est à elle que remonte toute généalogie, toute illustration. Pas un des nombreux chevaux de Mahomet n'est connu; il avait cinq juments; le Koran a consacré leurs noms, et les a glorifiées.

Un écrivain allemand, qui s'est occupé longtemps et avec fruit d'élève chevaline, a calculé que la croissance d'un poulain *de noble race* pendant la première année était de 15 pouces (en mesure de Prusse, c'est-à-dire de 26 millimètres), qu'elle n'allait plus pendant la seconde année qu'à 5 pouces, pendant la troisième à 3 pouces, que pendant la quatrième elle n'était plus que de 1 pouce 6 lignes, et de 6 à 9 lignes seulement pendant la cinquième. Ainsi, la croissance du cheval, qui durant les douze premiers mois est de 15 pouces, se trouve réduite à 10 pouces pour les quatre années suivantes. Chacun des mois de la première année présente la même proportion de décroissance : des mesurages multipliés, faits sur des poulains de trois à quatre mois, bien nourris et bien venus, ont prouvé qu'à cette époque ils avaient déjà grandi de 8 à 10 pouces, de sorte que leur croissance pour les huit à neuf autres mois restants ne comprenait plus qu'un tiers à peu près de la croissance totale de l'année. Il suit nécessairement de ces calculs qu'au lieu d'abandonner un jeune poulain aux seuls soins et à l'unique nourriture que peut lui donner une mère souvent maladive, ou mal nourrie, ou bien encore fatiguée par des travaux trop hâtifs, il convient d'aider à son développement par une nourriture substantielle et des soins bien entendus. *Tout l'art d'élever de grands et beaux chevaux comme les nôtres*, disent les auteurs anglais les plus estimés, *se trouve dans le sac à avoine*. L'emploi des grains pour les poulains de lait, emploi soumis, bien entendu, à d'étroites limites, voilà, en effet, tout le secret des Anglais dans l'élève de leurs belles et fortes races. On ne doit donc pas hésiter à donner un peu d'avoine à un jeune poulain dès qu'il a reçu les premiers soins, et fût-il à peine âgé de quelques semaines. Il ne faut pas craindre de la lui voir refuser. Il suffit pour l'y accoutumer de le tenir enfermé quelque temps à l'écurie avec sa mère, et de lui faire manger quelques grains de l'avoine donnée à celle-ci. Au bout de quelques jours de difficultés et d'essais, on le verra bientôt rechercher de lui-même cette nourriture; on devra dès lors lui en donner dès qu'il semblera en désirer; cette addition dans l'alimentation ordinaire lui fera bien vite gagner quelques pouces, qu'il n'aurait jamais obtenus en restant soumis au régime allanguissant généralement suivi. Nous ne saurions trop le dire, l'entretien convenable des poulains de lait est de la plus haute importance, puisque c'est toujours cette époque qui décide de leur valeur et de leur avenir. L'usage d'une certaine quantité de grain pour les poulains de lait présente encore d'autres avantages; il permet de les sevrer de bonne heure, et les empêche par là d'affaiblir la mère, qui aurait *retenu* de nouveau. Ce régime, que l'on doit combiner de manière à *fortifier* le jeune animal, mais non à l'*échauffer*, éloigne d'eux, en outre, les maladies inhérentes à leur âge, ou bien, s'ils les subissent, il les aide à en sortir mieux et plus vite. D'un autre côté, doués par là de quelque force lors du premier hiver qu'ils ont à supporter, ils le passent sans trop souffrir, et se présentent frais et dispos à la consommation de l'herbe nouvelle. Enfin, fortifiés par cette alimentation plus substantielle, ils peuvent, sans que l'augmentation de leur taille ait à en souffrir, recevoir des soins moins assidus pendant leur seconde et leur troisième année, et s'entretenir alors en fort bon état avec une très-faible ration de grain (*voyez* CHEVAL, COURSES DE CHEVAUX, etc.).

Achille DE VAULABELLE.

ÉLÈVES (Théâtre des Jeunes), de la rue de Thionville. Dans la rue Dauphine, qui reçut en 1792 le nom de rue de Thionville, s'était établie, vers 1779, la société littéraire du *Musée*, créée par Court de Gébelin, qui en fut le premier président. Cailhava, l'un de ses successeurs, passionné pour l'art dramatique, établit dans le même local, vers 1795, une école de déclamation, qui devint le berceau d'un petit théâtre dont l'ouverture eut lieu le 20 mai 1799, sous le titre de *Théâtre des Jeunes Élèves*, et sous la direction des entrepreneurs Belfort et Bruneau. Mais la cheville ouvrière de ce spectacle était l'ex-comédien Dorfeuille, ancien directeur du spectacle de Bordeaux, ancien co-associé à la direction du *Théâtre des Variétés* de la rue de Richelieu, depuis *Théâtre de la République*, et aujourd'hui *Théâtre-Français*. Dorfeuille, à qui l'on doit l'*Art du Comédien*, était spécialement chargé de former les jeunes acteurs : il devint bientôt l'unique directeur de cette salle. Ces enfants parurent d'abord plus maniérés, moins naturels, et moins intéressants que ceux de l'*Ambigu*, rue de Bondy; le diapazon de l'orchestre, trop haut pour leurs moyens, les forçait de crier à tue-tête, les fatiguait et leur donnait des extinctions de voix. C'était un tort des entrepreneurs, qui, moins occupés d'une école dramatique que d'une spéculation, s'inquiétaient peu de ce que deviendraient un jour leurs acteurs. On remédia pourtant à cet abus. Les élèves, plus à l'aise, firent des progrès et acquirent un certain aplomb. Quelques-uns passèrent depuis à de plus grands théâtres. On jouait à celui-là des comédies en vers et en prose, tant anciennes que modernes, des opéras-comiques, des pantomimes, des vaudevilles, des arlequinades, des parades, des mélodrames et des ballets. Aussi fit-il les beaux jours du faubourg Saint-Germain. Ce fut le seul qui donna des représentations non interrompues, sinon l'été, où la troupe avait coutume de voyager dans les départements. La salle, agrandie dès la fin de la première année, et décorée d'une manière plus avantageuse, subit divers changements. En l'absence des acteurs, des troupes d'amateurs occupaient le théâtre. Les principaux auteurs qui ont travaillé pour cette scène sont Aude et Dorvo. On a cité *le Petit Figaro* parmi les pièces de ce dernier. Le compositeur Bianchi était chargé de la plus grande partie des morceaux de musique. Après avoir obtenu beaucoup de succès, le théâtre des *Jeunes Élèves* fut compris dans le décret impérial du 8 août 1807, qui supprima plusieurs autres spectacles à Paris, et sur son emplacement on a construit depuis une maison particulière.

H. AUDIFFRET.

ÉLÈVES (Théâtre des Jeunes), de M. Comte. *Voyez* COMTE.

ÉLÈVES POUR LA DANSE DE L'OPÉRA (Théâtre des). Ce spectacle, dont le titre indiquait suffisamment le but, fut construit à Paris en 1778, à l'extrémité du boulevard du Temple, en face de la rue Charlot. L'entreprise en fut accordée à un nommé Texier. Il eut pour associé Abraham, un des danseurs de l'Opéra. On avait voulu donner au nouveau spectacle le nom de *Conservatoire*; mais le premier titre prévalut, et fut inscrit au-dessus de la porte. L'ouverture de ce théâtre, annoncée pour le 1er septembre, fut retardée faute d'argent jusqu'au 7 janvier 1779. Le théâtre des Élèves fut très-couru pendant quelque temps. Tout Paris voulut voir la *Jérusalem délivrée*, *Barbe-Bleue*, *Cendrillon*, qui depuis a fait partie du répertoire de la Gaîté, et surtout *Veni, vidi, vici, ou la Prise de Grenade*. L'auteur de cette dernière pièce, Pariseau, qui était aussi directeur et acteur de ce spectacle, en suspendit les représentations jusqu'à l'arrivée du comte d'Estaing; dont il jouait le rôle dans cet ouvrage, et à qui il adressa de jolis vers pour lui demander son agrément de l'avoir mis en scène, et d'y être son Sosie. Il y reçut ce général français, puis le commodore américain Paul Jones, et les reconduisit jusqu'à leur voiture avec son habit de théâtre, et deux flambeaux à la main. Ce Pariseau, auteur de plusieurs ouvrages joués aux grands et aux petits spectacles, fut depuis journaliste, et périt victime de la révolution. Il avait perdu ou quitté la direction du théâtre des Élèves, en 1780. On donnait également à ce spectacle des petites comédies, des pastorales assez plates, et des ballets plus que médiocres. Aussi les autres spectacles forains s'égayèrent-ils aux dépens de leur confrère, qui avait en vain sollicité le privilége de ne pas jouer aux foires Saint-Laurent et Saint-Germain.

La salle des Élèves était charmante, au premier coup d'œil, agréablement décorée, mais incommode et manquée dans ses proportions. La scène était vaste et très-propre au jeu des machines. Ce théâtre, qui avait coûté 600,000 francs, comptait quatre-vingts élèves et devait être la pépinière et le magasin de l'Opéra, ne put se soutenir : il faisait trop de frais, et était si éloigné, si isolé, si devancé par les autres petits spectacles, qu'il n'avait, pour ainsi dire, que leur rebut; il fut définitivement fermé en 1784. Plus tard, les *Feux physiques* se montrèrent à ce théâtre, mais ce ne furent que des feux follets. Les *Beaujolais*, chassés par la Montansier de leur salle du Palais-Royal, vinrent occuper celle des Élèves de l'Opéra en 1789; mais ils y trouvèrent la mort l'année suivante. Le *Lycée dramatique*, qui lui succéda, sous la direction d'un sieur Briois, offrit une troupe assez bien montée, et commençait à réussir, quand un garçon menuisier accapara cette entreprise, qui alla promptement en décadence. On finit par n'y donner que deux représentations par semaine, puis une seule le dimanche; encore n'y venait-il que des billets *gratis*. Un des musiciens, engagé à la semaine, ne pouvant parvenir à se faire payer, fit saisir les rabots et les varlopes du directeur, ainsi que les violons, les basses et les cors de l'orchestre, et ne s'en dessaisit qu'après parfait payement. Faute de bons auteurs, de bonnes pièces et d'un bon directeur, le *Lycée dramatique* tomba en 1792, et fut remplacé par les *Variétés amusantes* de Lazzari.

H. AUDIFFRET.

ELFES, êtres surnaturels, création fictive de la mythologie du Nord. Le plus ancien livre qui en fasse mention, c'est l'Edda. La mythologie scandinave admettait comme divinités secondaires, inférieures aux ases, deux sortes d'elfes : les uns, dont le visage était plus beau que le soleil; les autres, qui étaient plus noirs que la poix. Les premiers étaient d'une nature généreuse et bienfaisante, les seconds avaient le caractère haineux et méchant. C'est ce principe du bien et du mal dont le symbole se retrouve dans toutes les religions. *Alf* veut dire en irlandais : *cygne*, *fleuve*, *esprit*, ce qui semblerait indiquer qu'ici, comme dans la plupart des anciens mythes, on a fait d'une idée positive une métaphore, d'une image réelle une nature fictive. Il est même très-vraisemblable que les alfes ont, comme les ases, une origine historique qu'on ne saurait révoquer en doute, et que leur nom provient de cette tribu d'Alfi qui habitait la province de Bahns, appartenant aujourd'hui à la Suède.

Au dix-septième siècle, des écrivains du Nord discutaient encore très-sérieusement si les alfes avaient été créés par Dieu, s'ils venaient d'Adam et d'Ève, ou s'ils n'appartenaient pas à une race d'hommes préadamites; et la croyance aux elfes, introduite dans la mythologie scandinave, passa chez les Anglo-Saxons, chez les Allemands, et, à quelques variations près, chez toutes les nations européennes. Partout on retrouve cette cohorte d'esprits invisibles, capricieux, doués d'une puissance surnaturelle, ou d'une beauté céleste, qui tour à tour reviennent pour soutenir notre faiblesse ou pour émouvoir notre imagination.

Les elfes sont des êtres d'une nature très petite, légers et jolis à voir, hauts de cinq centimètres tout au plus. Une grappe de raisin, une pomme, est pour eux un lourd fardeau. Mais ils sont doués d'une puissance prodigieuse, et quand ils le veulent, ils peuvent soulever des quartiers de rocher, dompter les hommes les plus forts, ébranler une maison. Ils portent ordinairement des souliers de verre, et un bonnet, au bout duquel pend une petite clochette. Si quelqu'un venait à trouver une de ces chaussures, ou une de ces clochettes, il pourrait tout obtenir de l'elfe qui l'aurait perdue. Pendant l'hiver, les elfes se retirent dans l'intérieur des montagnes, et travaillent à recueillir les riches métaux, à forger l'or et l'argent. Aux premiers jours du printemps, ils sortent de leurs grottes, courent le long des collines, se balancent sur les arbres. Le matin, ils se posent dans le calice d'une fleur et s'endorment, ou regardent les passants. Mais dès que la nuit vient, les voilà qui se réunissent, se tendent la main, s'élancent dans la prairie, et chantent et dansent au clair de la lune. Il n'est pas donné à tout le monde de les voir. Les enfants nés le dimanche (*sonntagskinder*) ont seuls ce privilége, mais les elfes peuvent l'accorder à qui bon leur semble. Ces grands cercles verts que l'on découvre parfois dans les prés ne proviennent pas d'une autre cause que de la danse des elfes. Il faut prendre garde d'y conduire le bétail, car on est sûr que, s'il mange de l'herbe qui y croît, il dépérira. Les elfes ont des troupeaux magnifiques et tout bleus, qu'ils mènent paître le soir le long des rivières; il faut que le berger ait soin aussi de ne pas y mêler le sien, sans quoi il le verrait quelques jours après frappé de contagion. Il ne lui arriverait cependant point de mal si avant tout il avait la précaution de crier : « Petit elfe, petit elfe, veux-tu me permettre de conduire mon troupeau auprès du tien? » Si l'elfe ne répond rien, c'est un signe qu'il y consent, et le berger peut être tranquille. Les elfes ont aussi des livres mystérieux, qu'ils prêtent à leurs favoris, et avec lesquels on peut prédire l'avenir. Dans quelques contrées du Nord, on croit qu'ils ont des rois qui président à leurs assemblées et célèbrent leurs noces. Si une guerre éclate, ces rois convoquent leurs sujets pour défendre le pays. Les habitants des îles de Rügen ont souvent vu les rois des elfes ranger ainsi leur armée le long de la côte, prêts à marcher contre l'ennemi.

Il existe dans les superstitions des peuples du Nord une parenté intime entre les elfes et les arbres. Quiconque touche à un arbre court souvent risque de blesser un elfe qui s'y tient caché. Il arrive même assez souvent que les elfes sont transformés en arbres. Il y a en Norvège une forêt où l'on ne voit pendant le jour que des pins et des bouleaux, et la nuit tous ces vieux troncs se meuvent, s'agitent, reprennent leur forme primitive : ce sont autant d'elfes qui courent à travers la campagne. Les arbres que les elfes affectionnent particulièrement sont le sureau, le tilleul, l'aulne.

Il y a entre les elfes aériens lumineux qui se bercent sur les fleurs, qui se filent des vêtements avec les rayons de la lune, et ceux qui sont ensevelis dans les profondeurs de la terre, une autre classe d'elfes, moins beaux que les premiers, moins noirs que les autres. Ce sont ceux-là qui s'en vont dans les maisons soigner le bétail, porter l'eau, laver la vaisselle. Ils ont l'humeur douce et serviable. Pourvu qu'on ait soin de leur mettre chaque jour, à un endroit déterminé, leur portion de lait; qu'on leur couse de temps à autre un petit habit, un petit bonnet, et que surtout on ne laisse aucune ordure sur leur route, la servante de la maison peut dormir tranquille : elle est sûre que chaque matin les meubles seront nettoyés et frottés, le parquet ciré et toutes les chambres parfaitement en ordre. Mais autant ils se montrent actifs et dévoués si on les traite avec ménagement, autant ils deviennent dangereux si on les irrite. Plus d'une pauvre fille s'est repentie de les avoir offensés, et l'on peut voir dans les *Deutsche Sagen* des frères Grimm la chronique de leurs jours de vengeance, le détail de leurs méfaits.

Les elfes sont mariés. Ils ont des femmes gracieuses et jolies, qui s'en vont aussi danser le soir dans les vallées, et qui portent un instrument de musique dont elles tirent des sons si harmonieux que le voyageur qui les entend se trouve entraîné par un charme irrésistible à venir auprès d'elles.

A cette même race d'esprits appartiennent des divinités que nous ne saurions mieux désigner que par le nom générique d'*elfines*, comprenant ce que les Anglais appellent *mermaids*, les Allemands *nixen*, et les Français *nymphes des eaux*. Ici encore, comme dans un si grand nombre d'autres croyances, la poésie antique nous a laissé sa vive empreinte. L'elfine de l'Elbe ou du Danube est la **sirène** de la Grèce. L'elfine habite au fond des eaux. Dans quelques contrées du Nord, au bord de la mer Baltique par exemple, elle apparaît sous la forme d'un cheval. Ailleurs, on la représente comme une belle femme, qui se balance sur les flots, se mire dans le cristal de l'onde, et, debout à la surface d'un fleuve, tresse ses cheveux d'or au soleil; d'autres fois encore, comme une jeune fille tremblante et timide, qui pendant les nuits d'hiver vient se réchauffer au feu que les bergers allument dans la prairie. L'elfine est toujours jeune et belle; elle a la voix douce et pénétrante, et elle se plaît à séduire les hommes. C'est elle qui soupire le soir au bord du rivage; qui donne ce léger frémissement aux roseaux, ce murmure plaintif aux vagues d'argent qui viennent mourir sur le sable; qui fascine le regard du pêcheur, qui le fait tomber dans les flots et l'emmène au fond de ses grottes de cristal. Quelquefois on ne l'aperçoit pas, mais on entend sortir du fleuve une musique si entraînante qu'il est impossible d'y résister. Sur les bords du Rhin, non loin de Bonn, s'élève un roc escarpé, qu'on appelle le *Lurley*. Là vivait jadis, dit-on, une elfine, qui du matin au soir faisait entendre des accords magiques. Des pêcheurs l'avaient entrevue et la disaient très-belle. Le fils d'un margrave, séduit par tout ce qu'il avait entendu raconter d'elle, résolut d'aller la chercher jusque dans sa retraite. Un jour, il monte sur une barque, traverse le Rhin, et quand il se croit assez près du rocher, il veut s'y élancer, mais il manque son but, tombe dans le fleuve et disparaît. Le père, à qui on rapporte cette fatale nouvelle, envoie aussitôt une troupe d'hommes armés pour s'emparer de l'elfine. La jeune nymphe apparaît au-dessus du rocher; l'officier chargé d'exécuter les ordres du margrave la somme de se rendre. Pour toute réponse, l'elfine, abaissant ses regards sur le fleuve : « Vite, vite, mon père, s'écrie-t-elle, vite envoie-moi tes chevaux blancs. » A l'instant le Rhin s'enfle, mugit; deux vagues blanches, bondissant comme deux coursiers, s'élèvent jusqu'à la cime du rocher, saisissent doucement l'elfine, s'abaissent avec elle, et la cachent à tous les regards. Les soldats déconcertés s'en retournent, et trouvent en arrivant le fils du margrave chez son père. Mais depuis ce temps oncques l'elfine n'a reparu.

Quand une elfine est éprise d'un jeune homme, elle redouble ses séductions, l'appelle par ses chants au bord du fleuve, l'attend sur le rivage, va le chercher sur la grande route. S'il consent à l'aimer, elle épuise pour lui les trésors de son palais, le pouvoir de sa magie. Elle le suit au milieu des batailles, le garde contre les dangers, veille sur lui comme une mère, et lui apparaît à toute heure comme une reine avec une robe d'azur étincelante de perles, et une couronne de diamants. Mais malheur à lui s'il trahit les promesses qu'il lui a faites, s'il divulgue les secrets qu'elle lui a confiés. Son amour infini se transforme en vengeance implacable. Ni prières ni larmes ne l'arrêteront. A celui qu'elle aime bonheur sans mesure, à celui qui la trompe douleur sans remède. Pierre de Stauffenberg rencontra un jour une elfine, qui devint amoureuse de lui. Elle était belle pardessus toutes les belles. Il l'aima et l'épousa. L'elfine venait le visiter dans son château et dans sa tente, dans les palais des princes et dans les bois, partout, chaque fois qu'il désirait la voir. Mais elle n'était visible que pour lui seul, et personne ne savait qu'il fût marié. Quelques années après, il céda aux instances de ses amis, qui le pressaient d'épouser la nièce de l'empereur : « Souviens-toi de tes promesses, lui dit l'elfine en apprenant cette nouvelle ; quand tu verras apparaître un pied d'ivoire, pense à moi. » Le soir de ses noces, Pierre de Stauffenberg s'assied à table avec sa fiancée et ses amis. La fête commence, le vin coule, les convives sont pleins de gaieté... Tout à coup il aperçoit vis-à-vis de lui un petit pied d'ivoire : il se trouble, pâlit, et trois jours après il était mort.

X. Marmier.

ELFRIDE, fille d'Alfred le Grand et sœur d'Édouard Ier d'Angleterre, née en 884, épousa Ethelred, comte de Murcie, et à la mort de son époux (en 912), le remplaça dans le gouvernement du comté. Pendant les années 917 à 920 elle guerroya avec tant de succès contre les envahisseurs danois, qu'on la surnomma *roi Elfride*. Elle mourut en 923, à Tumworth, et fut enterrée à Glocester, à côté de son mari, dans la chapelle du couvent qu'elle avait dédié à saint Pierre.

Elfride était aussi le nom de la fille d'Ordgard de Devonshire, dont, sur sa grande réputation de beauté, le roi d'Angleterre Edgar envoya demander la main par son ami Ethelwolf. Celui-ci l'épousa pour son propre compte, et eut grand soin de dire à Edgar qu'elle était fort laide. Edgar, s'étant aperçu qu'il avait été trompé, tua Ethelwolf, et épousa sa veuve, en 964.

ELGIN ou MURRAY, et encore MORAY, comté d'Écosse, situé sur la côte nord-ouest entre les comtés de Banff, d'Inverness, de Nairn et le golfe de Moray dans la mer du nord. Sa population est de 38,670 habitants et sa superficie d'environ 17 myriamètres carrés. Il est arrosé par le Spey, le Findhorn, le Lossie, et les lacs de Spynie et de Findhorn. Dans sa partie septentrionale, de belles plaines alternent avec des collines, les unes boisées, les autres bien cultivées; et des dunes bordent ses côtes. Sa partie méridionale est montagneuse, mais traversée par des vallées richement arrosées, et couverte en général de forêts de sapins. Le chef-lieu de ce comté, *Elgin*, jolie petite ville bâtie sur le Lossie, à 3 kilomètres de son embouchure dans la la mer, est situé dans une fertile contrée. Il s'y tient d'importantes foires de bestiaux, et on y trouve d'assez nombreuses fabriques de fil. A l'embouchure de la Lossie est situé *Lossiemouth*, le port d'Elgin, d'où on expédie à Édimbourg des céréales, etc. Elgin fut érigé en évêché dès l'an 1224. La cathédrale, détruite en 1200, fut reconstruite en 1414 en style gothique; mais elle est complétement en ruines depuis 1711, de même que le palais des anciens évêques de Moray.

ELGIN (Thomas Bruce d'ELGIN et de KINKARDINE, lord), comte écossais, zélé collectionneur, descendait du roi Robert Bruce et était né le 20 juillet 1766. Après avoir rempli, depuis 1792, les fonctions d'ambassadeur d'Angleterre auprès de la cour des Pays-Bas, il se rendit en la même qualité à Constantinople en 1799. Rappelé de ce poste l'année suivante, il alla voyager en Grèce, où il employa plusieurs artistes distingués à lever des plans et à prendre des vues. Ils mesurèrent avec la plus rigoureuse exactitude, sous sa direction, tous les monuments d'architecture remarquables existant à Athènes et ailleurs, prirent des esquisses, des croquis et des vues de leurs diverses parties, et modelèrent un grand nombre de bas-reliefs et de précieux débris d'architecture. La fureur de destruction dont étaient animés les Turcs, et dont lord Elgin put fréquemment se convaincre par lui-même pendant son séjour à Athènes, le détermina à rapporter avec lui de Grèce en Angleterre autant d'œuvres de la sculpture et de la statuaire antiques qu'il en pourrait emporter, afin de les sauver d'une perte inévitable suivant toute apparence. Il ne lui fut pas difficile d'obtenir de la Porte les autorisations nécessaires; mais il lui fallut faire des travaux et des dépenses considérables pour réunir sa précieuse collection de marbres sculptés, de vases, de figures et de statues en bronze, de camées, d'entailles et de médailles provenant des temples ruinés d'Athènes, des nouvelles murailles de cette ville généralement construites avec des fragments et des débris d'anciens monuments, enfin de fouilles pratiquées avec intelligence. Après avoir fait connaître les résultats de son voyage dans un mémoire intitulé : *Memorandum on the subjet of the earl of Elgin's pursuits in Greece* (Londres, 1811, 2e édit. 1815), il envoya sa collection en Angleterre dès 1808. Malheureusement un des navires affrétés dans ce but toucha contre l'île de Cérigo, et on ne parvint à sauver qu'un petit nombre des précieux colis qu'il avait à son bord. La manière dont ces trésors artistiques avaient été acquis, diversement appréciée, trouva des juges sévères au sein même du parlement; et dans son *Childe-Harold*, Byron adresse à ce propos de sanglantes invectives à lord Elgin. On n'oubliera jamais non plus cette inscription réprobatrice qu'il alla lui-même écrire au haut du Parthénon : *Quod non fecerunt Gothi, hoc fecerunt Scoti*. Sans doute l'enlèvement d'un si grand nombre de morceaux de sculpture tirés d'édifices qui se trouvent ainsi dépouillés de tous leurs ornements, leur a fait perdre leur physionomie originelle. Mais peut-être, déposés dans un musée d'Europe, la conservation de ces chefs-d'œuvres de l'art est-elle désormais mieux assurée; peut-être aussi les événements dont la Grèce fut le théâtre à quelques années de là et qui ajoutèrent encore à ses ruines, justifient-ils lord Elgin de l'accusation de profanation qu'élevèrent dans le temps et qu'élèvent encore aujourd'hui contre lui, à l'occasion, les admirateurs enthousiastes de la *couleur locale*. L'expédition artistique de lord Elgin fut pour lui la source de bien autres tribulations encore que ces accusations de vandalisme qu'on fit de toutes parts pleuvoir sur lui. En effet, les précieuses dépouilles de la Grèce ne furent pas d'abord appréciées en Angleterre à leur juste valeur. Le plus grand nombre des critiques se refusèrent à y voir des ouvrages grecs. Lord Elgin, disaient-ils, a perdu son temps et sa peine, et ne nous a rapporté que des ouvrages d'artistes romains de l'époque d'Adrien, dès lors qui sont loin d'avoir, comme œuvres d'art l'importance qu'il leur attribue. Une polémique ardente s'engagea alors entre une minorité imperceptible, mais dans laquelle se fit remarquer par son enthousiasme hellénique le célèbre et malheureux Haydon, et le vulgaire des *connaisseurs* niant obstinément les marbres d'Elgin, comme on les appelait déjà (*voyez* l'article suivant). Lord Elgin avait employé près de six années et dépensé au delà de 1,300,000 fr. pour réunir ces chefs-d'œuvre si contestés. A la suite d'une enquête solennelle, le gouvernement anglais lui en offrit, en 1816, 35,000 liv. sterl. (875,000 fr.), et lord Elgin dut s'estimer heureux de ne pas payer plus cher encore l'honneur de voir sa collection figurer dans celle du *British-Museum* sous la dénomination spéciale d'*Elgin Marbles*. Lord Elgin, l'un des représentants de la pairie écossaise dans la chambre haute, lieutenant général dans l'armée anglaise, membre du conseil privé, et curateur du *British-Museum*, mourut le 14 novembre 1842 à Paris, où il s'était fixé depuis longtemps.

ELGIN (Marbres d'), *Elgin Marbles*. On appelle ainsi une célèbre collection d'antiques grecs faisant partie du *British Museum*, qui fut réunie par le comte Th. Bruce d'Elgin (*voyez* l'article précédent) et apportée en Angleterre, où elle attira tout aussitôt l'attention des savants et des artistes les plus illustres. Un acte du parlement en fit la propriété de l'État. Elle se compose : 1° des statues qui ornaient les frontons du temple de Jupiter Panhellénien, dans l'île d'Egine; 2° des statues qui ornaient les deux tympans du Parthénon à Athènes, des bas-reliefs de la frise, et des métopes intérieurs de la Cella du même temple, une des cariatides du Pandrosion, des bas-reliefs de la frise du temple d'Aglaure, des bas-reliefs du théâtre de Bacchus, d'une statue colossale tirée du monument chorégique de Thrasyllus; enfin, de plusieurs inscriptions grecques, notamment de celle qui servait d'épitaphe au tombeau des guerriers athéniens morts devant Potidée. L'étude des morceaux qui la composent a opéré de graves modifications dans ce qu'on pensait et ce qu'on disait des principes et de l'histoire de l'art des anciens; et Winckelmann referait aujourd'hui bien des chapitres de son célèbre ouvrage. Les savants et les artistes d'Angleterre consultés différèrent d'opinion sur la valeur et le mérite de ces vénérables débris de l'art grec, et Visconti fut appelé en Angleterre pour prononcer une décision, que le parlement sanctionna. Visconti fit plus, il publia deux mémoires pour restituer à chaque monument la place qu'il occupait primitivement; et il fait voir en effet comment, dans les deux frontons du Parthénon, chaque statue justifie entièrement la description que Pausanias en a donnée. Il expliqua également le sujet de cette longue série de statues qui composent la frise du même temple, et qui représentent les grandes Panathénées. Combinés avec les monuments tirés de l'île d'Égine, Visconti en a déduit une foule d'idées nouvelles, et bien prouvées, relatives à l'architecture et à la scupture des anciens, savoir : que les frontons des temples de la Grèce étaient décorés, non de simples bas-reliefs, mais de statues de ronde-bosse, soigneusement terminées, et de plus que les accessoires des statues, tels que armes, boucliers, ustensiles, et une partie des ornements, étaient de bronze doré; qu'enfin les anciens alliaient habituellement l'or et l'ivoire avec le marbre dans les ouvrages de sculpture. Ces morceaux, tirés d'Athènes, offraient encore un autre intérêt du premier ordre, puisqu'on ne peut douter que les sculptures qui ont orné le Parthénon ne soient des productions de Phidias, à qui Périclès avait confié l'exécution de ces imposants ouvrages, et sous lequel travaillèrent d'autres artistes grecs justement célèbres, tels qu'Agoracrite, Alcamène et Colotès; et l'examen de ces admirables chefs-d'œuvre justifie les éloges sans limites que l'antiquité la plus éclairée accorde aux ouvrages de Phidias.

Les statues d'Égine sont d'une époque antérieure à cet illustre artiste, et du vieux style grec : elles ont même présenté des caractères tellement positifs qu'elles servirent à dénommer ce même style, qui a pris le nom d'*éginétique*. Ces curieux ouvrages, si intéressants par leur antiquité, et qui nous dévoilent le véritable état de l'art de la sculpture en Grèce avant les sublimes inspirations du siècle de Périclès, appartiennent aussi à une antique mythologie. Le musée du Louvre en possède des copies en plâtre, ainsi que des quinze métopes du Parthénon qui sont en Angleterre.

CHAMPOLLION-FIGEAC.

ÉLIAGE. *Voyez* CIDRE.

ÉLIÇABIDE (PIERRE-VINCENT). Le matin du 15 mars 1840, le cadavre d'un enfant de onze ans, qui portait les traces visibles d'une mort violente, fut trouvé dans la fange d'un ruisseau, sur le bord du canal Saint-Martin, non loin de La Villette. Exposé à la Morgue, il y resta longtemps, après avoir été embaumé par le procédé Gannal, sans que personne le réclamât ni le reconnût. Les efforts de la police pour découvrir le meurtrier n'avaient pas eu plus de succès, lorsque environ deux mois après, un double assassinat, commis dans la Gironde, amena son arrestation.

Né de parents pauvres, dans les environs de Mauléon (Basses-Pyrénées), Éliçabide put néanmoins commencer au séminaire d'Oloron des études qu'il continua dans ceux de Betharram et de Bayonne, dans le but d'embrasser l'état ecclésiastique. Mais sa résolution ne tint pas jusqu'au bout, et quand il sortit du séminaire, ce fut pour venir à Bordeaux remplir les fonctions d'instituteur privé. En 1837, un de ses anciens professeurs lui offrit une place dans une école primaire qu'il venait de fonder à Lestelle, non loin de Pau. Éliçabide accepta. Parmi les enfants qui fréquentèrent dès le début son école, se trouvait le fils d'une veuve, Marie Anizat, jeune encore et qui était née dans la même contrée qu'Éliçabide. Bientôt une liaison intime s'établit entre la mère et l'instituteur; mais, loin de fixer celui-ci à Lestelle, cette liaison ne servit peut-être qu'à le dégoûter plus tôt de son humble état d'instituteur de village, et en octobre 1839, soit qu'il voulût alors sincèrement se créer une position qui lui permît d'épouser Marie et de prendre à sa charge ses deux enfants, soit, au contraire, que, dégoûté d'elle, mais gêné par les promesses qu'il lui avait faites, il méditât déjà le triple crime qu'il devait bientôt commettre, il quitta son école et partit pour Paris.

L'espérance qu'il avait de s'y faire bientôt une position plus élevée et plus lucrative qu'à Lestelle fut loin de se réaliser. Il chercha des écoliers, et n'en trouva pas. Il offrit le manuscrit d'une *Histoire de la religion racontée à des enfants*, dont il était l'auteur, et pas un libraire ne voulut le lui acheter. Et cependant, il ne cessait d'écrire à Marie Anizat des lettres où il dissimulait le présent, lui peignait l'avenir sous les plus riantes couleurs, se disait à la veille de fonder un grand établissement d'instruction publique, et, la comblant de douces caresses, la pressait de venir à Paris avec ses enfants, ou tout au moins de lui envoyer son fils. Vaincue par ces instances répétées, Marie Anizat consentit enfin au départ de son fils, qui arriva à Paris le 14, à trois ou quatre heures de l'après-midi. Éliçabide l'attendait à la diligence. Il le reçut avec les démonstrations d'une vive amitié, lui fit faire tout de suite une longue promenade dans Paris, et le mena dîner au restaurant. Le repas fini, Éliçabide écrivit, sans désemparer, à la veuve Anizat, une lettre où il lui annonçait l'heureuse arrivée de son fils; puis, cédant la plume à celui-ci, il voulut qu'il ajoutât de sa propre main quelques mots de tendresse. C'était le dernier témoignage que la pauvre veuve devait recevoir de l'amour de son fils. Sous prétexte d'aller mettre cette lettre à la poste, Éliçabide laissa l'enfant au restaurant, en lui disant qu'il allait bientôt revenir; il revint en effet, après avoir fait transporter les effets de Joseph à son domicile, et s'y être muni d'un marteau qu'il avait caché sous ses vêtements. Prenant alors avec l'enfant le chemin de La Villette, où il prétendit qu'il demeurait, il le conduisit vers le canal Saint-Martin. Il était tard; la nuit était sombre, le chemin désert. Éliçabide, saisissant un moment où Joseph, fatigué, s'était arrêté, lui asséna sur la tête un coup de marteau qui le renversa, et il acheva de lui ôter la vie en lui coupant la gorge; après quoi il le traîna dans un égout voisin, et revint tranquillement chez lui.

Ce crime atroce, si longuement prémédité, si habilement combiné pour ôter à la police tout moyen d'en découvrir l'auteur, exécuté enfin avec un si épouvantable sang-froid, n'interrompit ni la correspondance d'Éliçabide avec Marie Anizat, ni ses instances pour la déterminer à venir le rejoindre. Chacune de ses lettres lui parlait longuement de son fils, qui pendant ce temps restait exposé à la Morgue, lui racontait ses études et ses progrès, et se terminait toujours par l'assurance qu'elle seule et sa fille manquaient à leur bonheur. Après deux mois d'indécision, Marie prit enfin le parti de se rendre à Paris. Il était convenu qu'Éliçabide viendrait au-devant d'elle jusqu'à Bordeaux. Il y arriva le 7, et y trouva Marie et sa fille, qui l'y attendaient depuis la veille. Ils passèrent ensemble, dans cette ville, toute la journée du 8. Le lendemain, Marie et sa fille allèrent voir, à quelques lieues de Bordeaux, une parente chez laquelle Éliçabide devait aller les chercher le lendemain de grand matin. Il n'y manqua pas, et les ramenant par un chemin creux et sauvage, situé sur la lisière d'un bois près des Quatre-Pavillons, il crut que ce lieu, qu'il connaissait certainement, et qu'il avait choisi pour son nouveau crime, lui en faciliterait l'exécution et l'impunité. Laissant donc marcher devant lui ses deux victimes il sortit de son sac de nuit, sans qu'elles le remarquassent, un marteau qu'il avait apporté de Paris, le même sans doute qui lui avait servi à frapper Joseph, puis, s'élançant tour à tour sur la mère et sur la fille, il les renversa chacune d'un seul coup et n'eut pas de peine à les achever en leur coupant à toutes deux la gorge. Mais ce n'était pas assez d'avoir exécuté si facilement son affreux projet. Il fallait en dénaturer les preuves. Marie seule pouvait être reconnue à Bordeaux, il mutila son visage et la rendit méconnaissable; il mit en lambeaux ses vêtements et ceux de sa fille; enfin, il eut l'horrible courage de porter tour à tour, à travers le bois, ces deux cadavres encore chauds, et d'aller les jeter à cinq cents mètres l'un de l'autre, dans un ruisseau qui coule le long de la lisière opposée à celle près de laquelle le crime avait été commis. Tant de précautions furent inutiles. A peine le soleil était-il levé que les deux cadavres furent découverts, et la nouvelle portée à Bordeaux. Tandis que le parquet donnait les ordres nécessaires pour constater ce double assassinat et en chercher l'auteur, un aubergiste de Bordeaux, nommé Cabou, vint déclarer qu'un individu, que le conducteur de la diligence de Bergerac lui avait dit avoir pris à quatre heures et demie du matin aux Quatre-Pavillons, était descendu chez lui. La police s'y transporta aussitôt, et l'on y trouva Éliçabide couché et dormant d'un profond sommeil. Il voulut d'abord nier le crime qu'on lui imputait, mais deux cabas tachés de sang et des vêtements de femme et d'enfant qu'on trouva parmi son mince bagage lui arrachèrent l'aveu complet, non-seulement de l'assassinat des Quatre-Pavillons, mais encore de celui de La Villette. Renvoyé devant la cour d'assises, il invoqua pour sa défense les lois d'une fatalité impitoyable qui l'avaient entraîné dans la voie du crime. Cette défense ne le sauva pas. Condamné sur toutes les questions, il monta sur l'échafaud dans l'un des premiers jours de novembre 1840, et y porta jusqu'au dernier moment le calme qu'il n'avait cessé de montrer durant les débats. H. THIBAUD.

ÉLIÇAGARAY (DOMINIQUE), abbé, né dans les environs de Bayonne, en 1760, fit d'assez bonnes études pour être jugé capable, quand il les eut finies, de professer la philosophie à Toulouse. Nommé, au bout de quelques années d'enseignement, official de la basse Navarre, il en remplit les fonctions jusqu'en 1790, époque où il émigra en Espagne. L'histoire le perd de vue en ce moment, et ne le retrouve que sous le Directoire, qui le laissa tranquillement rentrer en France. Tout ce qu'on croit savoir de lui durant cette période de sa vie, c'est qu'un écrit qu'il publia en faveur des droits de l'Église lui valut de l'abbé Maury, alors retiré à Montefiascone, des lettres de grand-vicaire pour ce diocèse. Quand Napoléon reconstitua l'université, les hommes de mérite dans la carrière de l'enseignement étaient devenus rares en France. L'abbé Éliçagaray n'était pas un aigle, mais il avait professé jadis la philosophie et savait passablement de latin. C'en fut assez pour qu'on songeât à lui. Nommé recteur de l'académie de Pau, il cumula avec ce titre ceux de professeur de philosophie, de doyen de la faculté des lettres et d'aumônier du lycée.

Il est permis de croire que tant de faveurs lui inspirèrent, pour le gouvernement duquel il les tenait, une profonde reconnaissance. Elle ne l'empêcha pas toutefois d'accueillir avec joie le retour de *ses princes légitimes*, et de suivre à Londres, pendant les cent jours, la duchesse d'Angoulême, qui fit de lui son aumônier. Rentré en France avec elle, il y trouva la récompense de son dévouement tout monarchique, et devint membre du conseil royal de l'instruction publique, chevalier de la Légion d'honneur et chanoine honoraire de Notre-Dame de Paris. Il reçut en outre, de M. de Coucy, archevêque de Reims, des lettres de grand-vicaire. Vers la fin de 1820, Corbière, devenu ministre de l'instruction publique à la place de l'abbé Frayssinous, lui donna mission d'aller inspecter les colléges du midi. Ce qui distinguait par-dessus tout l'abbé Éliçagaray, c'était une bonhomie parfaitement naïve. N'entendant pas malice en politique, il crut qu'il pouvait dire sans inconvénient tout ce qu'il pensait des institutions nouvelles; et comme ce qu'il pensait, le gouvernement de la restauration le pensait aussi, mais n'avait garde de le dire, il s'ensuivit que, dans cette tournée, il rendit, sans le vouloir ni le savoir, un très-mauvais service à son parti. Les journaux libéraux du temps firent grand bruit surtout d'un discours qu'il prononça dans le collége de Marseille, discours où il donna pleine carrière à l'exaltation de ses idées ultra-royalistes. Cette malencontreuse franchise déplut, comme de raison, à l'université, et lui valut son rappel. Il mourut le 22 décembre 1822, d'une attaque d'apoplexie, justement regretté de ses amis, qui estimaient en lui des mœurs irréprochables et une piété sincère. H. THIBAUD.

ÉLIDE, contrée célèbre du Péloponnèse, avait pour limites au nord l'Achaïe, au midi la Messénie, espace où sa longueur était de 88 kilomètres, à l'est l'Arcadie, et à l'ouest la mer Ionienne. Elle dut son nom à Élée, un de ses premiers rois, fils de Neptune et d'Eurycyde, fille de cet Endymion dont les Éléens se vantaient de posséder le tombeau dans Olympie, une de leurs principales villes. Deux parties de territoire, que séparait le fleuve Alphée (aujourd'hui le Rofia), constituaient l'étendue de ce pays. L'une, au nord, était l'Élide proprement dite; l'autre, au sud, ayant 44 kilomètres de large, se nommait Triphylie (trois tribus), et sa ville principale était Pise. La renommée de ses chevaux fut immense : ils méritèrent les chants immortels de Pindare. Presque toujours ils remportaient la palme olympique. Les Éléens furent de la confédération hellénique contre l'Asie. D'après Homère, ils se présentèrent au siége de Troie avec une flotte de quarante vaisseaux; quelques siècles après, ils ne contribuèrent pas peu à expulser les Perses de la Grèce, lors de l'invasion de Xerxès. Ils se firent surtout remarquer par leur haine invétérée contre les Lacédémoniens, dont ils taillèrent en pièces, aux environs d'Olympie, une armée commandée par Agis, roi de Sparte. Forcés de s'unir aux Macédoniens dans les guerres de Philippe contre la Grèce, ils s'abstinrent de combattre à la bataille de Chéronée; mais à la mort d'Alexandre, ils se liguèrent avec une partie de la Grèce contre Antipater et les Lacédémoniens. Bientôt, ainsi que les petits États de cette contrée, l'Élide s'érigea en république, jusqu'à ce qu'elle disparut dans la domination universelle des Romains. L'amour de ce peuple pour la magnificence des spectacles héroïques alla si loin, qu'il prit les armes contre les Arcadiens et contre ses frères de Pise par cela seul qu'ils lui disputaient la prérogative de la direction des jeux olympiques. Dans ces temps, l'Élide était, selon l'expression d'Hésiode, une contrée à la glèbe féconde, renommée par la qualité de son lin et de son chanvre, la finesse de sa soie, ses bois d'oliviers, l'abondance de ses eaux, la quantité de ses graines et la variété de ses fruits. Ses fleuves les plus célèbres étaient le Pénée (aujourd'hui Salampria), l'Alphée, que les Éléens croyaient passer sous les flots de la mer et reparaître en Sicile, et l'Énipée. Sa principale montagne, si chantée par les poëtes, était l'Érimanthe (aujourd'hui Dimizana).

L'Élide le cédait à peine à Corinthe et à Athènes pour la magnificence de ses monuments, de ses temples, de ses portiques, de ses statues et de ses gymnases, pleins d'athlètes invincibles. Près de la place publique on voyait le temple de Vénus-Uranie (la Vénus céleste); sa statue, précieux ouvrage de Phidias, était d'ivoire et d'or. Hors du temple, sur la balustrade du terrain qui avait vue sur la place, s'élevait la Vénus Pandémos (populaire), œuvre d'un artiste moins fameux. Pluton et Bacchus étaient aussi honorés particulièrement en Élide : ils y avaient chacun un temple. *Élis*, la capitale, bâtie sur le Pénée, était dans sa splendeur au temps d'Alexandre, et la conserva longtemps encore après. Élie fut la patrie de Pyrrhon, fondateur de la secte des pyrrhoniens ou sceptiques, et de Phédon, chef de la secte éléatique. La riante position de ce pays est encore consacrée dans le nom moderne de sa capitale, Belvédère-Élis ou Caloscopi (belle vue), ville qui remplace l'antique Élis, et qui est située au nord-ouest sur le Pénée, dans la province dite le Belvédère. L'Élide forme l'un des dix *nomos* ou provinces du royaume de Grèce. L'Achaïe, l'Élide et la Messénie, composent ce *nomos*, dont Patras, Vostitza, Kalavrita, Pyrgos, Arcadia, Phanari, Modon, Navarin, Coron, Androussa, Calamata, sont les chef-lieux. C'est là que s'élève, sur une hauteur, Navarin, ou Zonchio, l'ancienne Pylos, patrie du sage Nestor, son roi. Son port est le plus vaste de la Morée (Péloponnèse). DENNE-BARON.

ÉLIE, prophète originaire de Thesbé, ville de la tribu de Gad, devint célèbre, autant par la généreuse liberté avec laquelle il reprocha aux rois d'Israel et de Juda, 900 ans environ avant J.-C., leurs crimes et leur impiété, que par la multitude des prodiges qui accompagnèrent sa mission. Bornons-nous à rappeler ici ce que l'Écriture Sainte nous apprend de ce prophète : Élie habitait ordinairement le mont Carmel, où il dirigeait les familles des prophètes qui y vivaient en communauté, n'ayant pour nourriture que des herbages, pour vêtement que la dépouille des animaux. Dieu choisit cet homme pauvre et obscur pour donner aux rois de sévères leçons et rappeler les peuples au respect de sa loi. La première action rapportée de lui, c'est la prédiction qu'il fit de la sécheresse et de la famine qui désolèrent pendant trois ans le pays de Samarie, en punition des crimes d'Achab et de l'idolâtrie des Israélites. Obligé de fuir pour échapper à la fureur d'Achab et de Jésabel, il se retira dans le désert, où Dieu le nourrit miraculeusement, et de là chez une pauvre veuve de Sarepta, pour laquelle sa présence fut une source de bénédictions, au milieu de la disette qui affligeait le pays.

Le ressentiment de Jésabel, accru par les suggestions des prêtres de Baal, retomba sur les prophètes, qu'elle fit tous massacrer. Au milieu de ces sanguinaires exécutions, Élie, cédant à l'inspiration divine, osa affronter le péril qui le menaçait personnellement : il se présenta à Achab, lui imputa les maux d'Israel, et démontra au peuple la vanité du culte qu'on lui imposait, en défiant les prêtres de Baal dans un sacrifice solennel : « Qu'on amène deux victimes, dit-il, une pour eux, une pour moi! qu'ils invoquent leur dieu, et moi le mien! et celui qui répondra aux prières de ses ministres, en consumant par le feu la victime qui lui sera offerte, sera le dieu véritable. Criez plus fort! ajoutait-il ironiquement à ses adversaires, qui s'épuisaient en vains efforts : votre dieu est sans doute en affaires ou à table, ou en voyage; peut-être dort-il, éveillez-le! » Les ministres de Baal, convaincus d'imposture, furent abandonnés à la colère du peuple, sans que le roi osât intervenir en leur faveur; tous furent exterminés près du torrent de Cison, pour venger la mort des prophètes. Ces terribles représailles marquèrent la fin de la sécheresse, comme l'avait annoncé Élie. Jésabel, furieuse du massacre de ses prêtres, jura la mort d'Élie, qui s'enfuit pour la seconde fois, et se retira sur le mont Horeb, où Dieu le soutint encore, et où il lui donna l'ordre de sacrer Hazael, roi de Syrie, et Jéhu, roi d'Israel, ce qui ne fut exécuté que par Élisée, qui continua sa mission.

Quel est donc cet homme, demandent les censeurs, qui prétend faire ainsi des rois? C'est l'envoyé de celui qui élève et qui abaisse les trônes. Quel est son droit? Le même par lequel il fait des prodiges. Il est vrai qu'on a trouvé plus court de les nier; mais Achab ne les contestait pas, lorsqu'il s'humiliait devant la voix menaçante qui lui reprochait le sang de Naboth, assassiné par Jésabel pour lui arracher l'héritage de ses pères; devant cette voix qui lui montrait dans l'avenir sa postérité détruite, son corps livré aux oiseaux de proie, et le cadavre de Jésabel dévoré par les chiens dans le champ même de sa victime. Ochosias était loin de les méconnaître, lorsque Élie lui annonçait la mort, en punition de son impiété, et qu'il arrêtait par le feu du ciel les satellites envoyés pour se saisir de sa personne. Élisée ne les révoquait pas en doute, quand il demandait à Élie, comme portion de son héritage, une double part dans la vertu qui agissait en lui, et qu'il le voyait s'élever de la terre et disparaître au sein des nues dans un char de feu. Des commentateurs, fondés sur ce passage de Malachie : *Je vous enverrai le prophète Élie, avant que le jour du Seigneur vienne*, etc., prétendent qu'Élie doit reparaître sur la terre; mais l'Évangile, en différents endroits, nous fait voir l'accomplissement de cette prophétie dans la personne du précurseur de Jésus-Christ, ce qui rend au moins douteuse la réapparition d'Élie. L'abbé C. BANDEVILLE.

ÉLIE DE BEAUMONT (JEAN-BAPTISTE-JACQUES), né à Carentan (Manche), en octobre 1732, mort à Paris, le 10 janvier 1786, fut reçu avocat en 1752. Quelques causes plaidées sans succès, faute d'organe, le forcèrent de renoncer à la plaidoirie; mais il en fut bien dédommagé par l'effet que produisirent ses mémoires, celui pour les Calas surtout, auquel il fut redevable d'une réputation immense en France et dans toute l'Europe. Un zèle ardent, actif, infatigable, qui croissait avec les difficultés et que rien ne pouvait décourager; beaucoup d'imagination, de chaleur et d'esprit; une grande force de logique et l'art de grouper tous les moyens fournis par une cause en un corps de preuves invincibles, tels étaient les principaux titres d'Élie de Beaumont à la confiance publique. Il y joignait une facilité prodigieuse, qui éclatait dans tous ses écrits. Il possédait la terre de Canon, en Normandie, où il établit, en 1777, une fête champêtre, connue sous le nom de *Fête des Bonnes Gens*, que le fabuliste abbé Lemonnier a célébrée dans un volume in-8°, avec figures. Il fit encore le fonds d'un prix de 500 livres proposé par l'Académie de Bordeaux au meilleur mémoire sur la manière de tirer parti des landes. « Voilà un véritable philosophe, s'écrie Voltaire, à propos de son mémoire pour les Calas : il venge l'innocence opprimée, il n'écrit pas contre la comédie, il n'a pas un orgueil révoltant. Je voudrais seulement qu'avec une âme si belle, si honnête, il eût un peu plus de goût et qu'il ne mît pas dans ses mémoires tant de pathos de collége. »

ÉLIE DE BEAUMONT (ANNE-LOUISE MORIN-DUMÉNIL, Mme), épouse du précédent, née à Caen, en 1729, a publié les *Lettres du marquis de Roselle* (1764, 2 vol. in-12), très-souvent réimprimées, et auxquelles Desfontaines de la Vallée a fait une suite intitulée : *Lettres de Sophie et du chevalier de* *** (1765, 2 vol. in-12). On lui doit encore la continuation des *Anecdotes de la cour et du règne d'Édouard II, roi d'Angleterre* (1776, in-12), dont Mme de Tencin n'avait donné que les deux premières parties. On a prétendu qu'après la mort de Mme de Beaumont, on ne trouva plus le même feu dans les ouvrages de son mari. Quoi qu'il en soit, elle expira trois ans avant lui, le 12 janvier 1783.

ÉLIE DE BEAUMONT (JEAN-BAPTISTE-ARMAND-LOUIS-LÉONCE), sénateur, secrétaire perpétuel de l'Académie des Sciences, commandeur de la Légion d'Honneur, inspecteur général de première classe des mines, professeur de géologie à l'École des Mines et au Collége de France, est né le 25 septembre 1798, à Canon, département du Calvados. Élève du collége Henri IV, il remporta, en 1817, au concours général, le premier prix de mathématiques et de physique, fut immédiatement après admis à l'École Polytechnique, d'où il sortit en 1819 pour entrer à l'École des Mines. En 1821 il commença ses voyages géognostiques et minéralogiques, à la suite desquels il fut nommé, en 1825, ingénieur des mines. Depuis cette époque, sa réputation comme savant écrivain et comme professeur n'a pas cessé d'aller toujours croissant. Chargé, en 1825, avec M. Dufrénoy, son honorable collègue et ami, de dresser la carte géologique de la France, sous la direction de M. Brochant de Villiers, la géologie semble avoir été depuis lors le but constant de ses études et de ses travaux, et il mérite à bon droit d'être signalé comme l'un des hommes qui ont le plus contribué à asseoir cette science sur des données certaines et à la faire progresser. La liste complète des travaux remarquables qu'il a successivement publiés dans divers recueils scientifiques serait longue à dresser, car M. Élie de Beaumont appartient incontestablement à ce petit nombre de savants dévoués à la science, qui l'honorent le plus par la persévérance de leurs efforts. Nous citerons plus particulièrement de lui : *Notices sur les mines de fer et les forges de Hamont* (1822); *Coup d'œil sur les mines* (1824); *Voyage métallurgique en Angleterre* (en société avec M. Dufrénoy); *Notice sur un gisement de végétaux fossiles et de bélemnites, situé à Petit-Cœur, près Moutiers; Mémoires pour servir à une description géologique de la France*, publication de la plus haute importance et dans laquelle les juges compétents en pareille matière mettent tout à fait hors de ligne le *Mémoire sur les groupes du Cantal et du Mont-d'Or; Recherches sur l'origine et la structure du mont Etna*; enfin la célèbre *Carte géologique de France*, à l'établissement de laquelle il a pris une part si active et si importante.

M. Élie de Beaumont n'est pas seulement remarquable comme observateur profond et attentif de la nature; à cette qualité essentielle il en joint encore une plus élevée : il excelle à déduire des faits observés d'ingénieuses théories, qui donnent à la science tous les caractères de la certitude. On lui doit, par exemple, la connaissance des lois générales qui ont présidé au soulèvement des chaînes de montagnes et la détermination de leurs âges relatifs. Il a démontré que les chaînes d'une même époque sont généralement parallèles entre elles à la surface du globe, et il a signalé en Europe douze systèmes de soulèvements correspondant à douze des intervalles de la série des terrains stratifiés. On peut consulter à ce sujet ses *Recherches sur quelques-unes des révolutions de la surface du globe*, insérées dans les tomes 18 et 19 des *Annales des Sciences naturelles*.

Membre de l'Académie des Sciences depuis 1835, M. Élie de Beaumont a été appelé en 1853 à succéder à Fr. Arago comme secrétaire perpétuel pour les sciences mathématiques.

ÉLIEN. Ce nom, très-commun parmi les Romains, sous les empereurs, fut aussi porté par divers auteurs grecs ou latins. Indépendamment de celui qui fait le sujet de cet article, et qu'on distingue par le surnom de *sophiste* (professeur d'éloquence), nous citerons ÉLIEN *le tacticien*, Grec résidant à Rome, qui florissait au commencement du onzième siècle de J.-C., et dont nous possédons l'important traité sur la disposition des armées grecques dans les batailles, traduit en français par Bouchaud de Bussy (*La Milice des Grecs, ou tactique d'Élien*, Paris, 1757, 2 vol. in-12); et le médecin ÉLIEN MECCIUS, qui vivait également en Italie au commencement du onzième siècle, et qui fut le plus ancien maître de Galien.

ÉLIEN (CLAUDIUS ÆLIANUS), né à Préneste, aujourd'hui Palestrine, ville d'Italie, vivait du temps de l'empereur Adrien, ou, selon d'autres, d'Héliogabale et d'Alexandre-Sévère. Il enseigna d'abord la rhétorique à Rome, mais il quitta cette profession pour se livrer sans réserve à l'étude des belles-lettres et de l'histoire naturelle. Il avait composé en grec plusieurs ouvrages, dont il ne nous est resté que les suivants : 1° *Historiæ variæ*, en quatorze livres, qui ne nous sont pas parvenus dans leur intégrité. C'est une compilation, faite sans goût et sans jugement, précieuse cependant en ce que l'auteur y a intercalé quelques morceaux d'auteurs anciens qui autrement seraient perdus pour nous. La *variété* de ces *histoires* est effectivement très-grande : on y apprend des choses tout à fait incroyables, quelquefois plaisantes par l'excès même de leur absurdité, comme lorsqu'on y voit les cochons devenir les fondateurs de l'agriculture; car ce sont eux, suivant Élien, qui nous ont appris le labourage. Cette sorte d'*ana* a eu de nombreuses éditions. B.-J. Dacier en a fait paraître une traduction en 1772 (Paris, in-8°), avec des notes pleines de goût et d'érudition. 2° *De Natura Animalium, libri XVII, gr.-lat., cum notis diversorum* (Londres, 1644, in-4°, 2 vol.; et Leipzig, 1784, in-8°). L'auteur a quelques observations curieuses et vraies en mêle beaucoup de triviales et de fausses. Il raconte autant de fables que Pline, et n'a pas, comme lui, le talent de les embellir. 3° *Cl. Æliani epistolæ rusticæ XX* : elles se trouvent dans la collection de ses œuvres, publiées en grec et en latin par Conrad Gessner (Zurich, 1556, in-fol.), et dans la collection intitulée : *Epistolæ Græcanicæ mutuæ, gr.-lat.* (Genève, 1606).

On ignore si cet Élien était celui dont parle Suidas, qui le fait grand-prêtre d'une divinité. Il avait composé un traité sur la Providence, dont le même Suidas rapporte beaucoup de fragments. On dit qu'Élien avait encore publié sur Héliogabale un livre dans lequel il se déchaînait contre la conduite insensée de ce prince, sans le nommer.

Aguste SAVAGNER.

ÉLIÉZER, nom hébreu, le même qu'Éléazar, et qui signifie *Dieu aide*, fut celui du fidèle serviteur d'Abraham, qui reçut la mission d'aller demander pour son fils Isaac la main de Rébecca.

ÉLIÉZER-BEN-HYRKAN, surnommé *le Grand*, fut un rabbin célèbre au temps de la mort de Jésus-Christ, et qui expira à Césarée, l'an 73 de notre ère. On lui attribue, vraisemblablement à tort, le *Pirke rabbi Eliezer*, qu'Isaac Vossius publia en 1644, et qui a trait à l'Écriture Sainte.

ÉLIGIBILITÉ. C'est la réunion des conditions requises pour pouvoir être élu à certaines fonctions publiques. Pour être éligible au corps législatif, il faut être inscrit sur les listes électorales, et être âgé de vingt-cinq ans. Sous la monarchie constitutionnelle, il fallait payer un cens. L'acquittement d'une contribution directe, sans détermination de chiffre, constitue la principale condition d'éligibilité au conseil général. L'éligibilité au conseil municipal est déterminée par un cens qui varie le plus souvent avec la population.

ÉLIMINATION, action d'éliminer, du verbe latin *eliminare*, composé de la préposition *e*, ou *ex*, hors, et de *liminare*, fait de *limen*, pas ou seuil d'une porte, et qui signifie, d'après son étymologie, *mettre hors de la porte*, chasser, expulser. Dans les sciences physiologiques, le mot *élimination* est employé avec beaucoup de convenance lorsqu'on veut indiquer les opérations vitales par lesquelles les matériaux devenus nuisibles à l'organisme sont versés aux surfaces et chassés au dehors. Ces fonctions *éliminatrices* sont désignées sous le nom commun de *dépuration*, parce qu'en effet le sang, débarrassé par elles de toutes les substances impures produites par une trop forte animalisation, devient ensuite plus pur, plus nutritif et plus propre à entretenir le mouvement vital par l'addition des matériaux assimilables.

L. LAURENT.

ÉLIMINATION (*Algèbre*). Lorsqu'on a à résoudre un certain nombre d'équations à un certain nombre d'inconnues, il faut ramener la question à la résolution d'une seule équation à une seule inconnue. L'opération par laquelle on arrive à ce résultat, quel que soit le procédé que l'on emploie, a reçu, dans la dernière moitié du dix-septième siècle, le nom d'*élimination*.

L'élimination peut s'effectuer de différentes manières. Si nous considérons d'abord un cas très-particulier, le plus simple de tous, celui de deux équations du premier degré, dont l'une renferme deux inconnues et l'autre une seule, comme, par exemple, les équations :

$$2x+3y=22 \quad (1)$$
$$5y=20 \quad (2),$$

rien de plus facile que de voir que la seconde équation donne $y=4$, et que si l'on remplace y par cette valeur dans l'équation (1), il vient $2x+12=22$, d'où $2x=22-12=10$, et enfin $x=5$. En donnant plus de généralité à la question, et en supposant que chacune des deux équations renferme les deux inconnues, ces équations étant de la forme :

$$ax+by=c \quad (3)$$
$$a'x+b'y=c' \quad (4),$$

on reconnaît que si x était trouvée, on aurait immédiatement la valeur de y, puisque l'équation (3) donne $y=\frac{c-ax}{b}$; mais cette valeur devant satisfaire aussi à l'équation (4), il s'ensuit que l'on peut l'y écrire à la place de y, ce qui donne :

$$a'x+b'\left(\frac{c-ax}{b}\right)=c' \quad (5),$$

équation qui ne renferme plus qu'une seule inconnue. L'élimination est alors effectuée par la méthode dite *par substitution*.

Le même système d'équations peut être soumis à l'élimination par trois autres méthodes. Dans celle dite *par comparaison*, après avoir tiré de l'équation (3) la valeur de y comme nous venons de le faire, on opère de la même manière à l'égard de l'équation (4), et on égale les deux expressions trouvées, ce qui donne :

$$\frac{c-ax}{b}=\frac{c'-a'x}{b'} \quad (6),$$

équation qui est identique avec l'équation (5).

La méthode d'élimination *par réduction* consiste, si l'on veut éliminer y, à multiplier la première équation par le coefficient de cette inconnue dans la seconde, et *vice versa*, de sorte que les équations (3) et (4) deviennent

$$ab'x+bb'y=cb' \quad (7)$$
$$a'bx+b'by=c'b \quad (8).$$

Retranchant (8) de (7), y est éliminé, car il reste :

$$(ab'-a'b)x=cb'-c'b \quad (9),$$

équation encore identique avec les équations (5) et (6).

La quatrième méthode d'élimination des équations du premier degré, dite *méthode de Bezout*, parce que ce géomètre la généralisa, est aussi connue sous le nom de *méthode des coefficients indéterminés* : multiplions l'équation (3) par une quantité indéterminée que nous représentons par m, et ajoutons l'équation (4) au résultat de cette multiplication; il vient.

$$(ma+a')x+(mb+b')y=mc+c' \quad (10).$$

On peut faire disparaître de cette dernière équation une des inconnues, en disposant m de manière à ce que le coefficient de cette inconnue s'annule. Si c'est y que l'on élimine ainsi, il reste :

$$(ma+a')x=mc+c',$$

ce qui donne $x=\frac{mc+c'}{ma+a'}$.

De plus, m doit satisfaire à la condition $mb+b'=0$; donc $m=-\frac{b'}{b}$, et enfin $x=\frac{c'b-cb'}{a'b-ab'}$

Les quatre méthodes d'élimination que nous venons d'exposer s'appliquent à un nombre quelconque d'équations entre le même nombre d'inconnues. Ainsi, soient quatre équations à quatre inconnues, x, y, z, u. Si nous voulons employer l'élimination par substitution, prenons la valeur de l'une des inconnues, x par exemple, dans la première équation (valeur exprimée en fonction des trois autres inconnues); en portant cette valeur dans les trois autres équations, elles ne renferment plus que les trois inconnues, y, z, u. Prenons de même la valeur de y dans l'une de ces dernières équations et substituons, dans les deux autres : nous n'aurons plus que deux équations à deux inconnues; etc.

Considérons maintenant deux équations du second degré à deux inconnues :

$$ay^2+bxy+cx^2+dy+ex+f=0 \quad (11)$$
$$a'y^2+b'xy+c'x^2+d'y+e'x+f'=0 \quad (12).$$

Si l'on avait recours immédiatement à la substitution, la valeur de l'une des inconnues déduite de l'une des équations étant compliquée de radicaux, il faudrait un assez long calcul pour s'en débarrasser; mais en combinant cette méthode avec celle par réduction, on évite cette complication. Que l'on multiplie l'équation (11) par a', coefficient de y^2 dans l'équation (12); que l'on multiplie également l'équation (12) par a, coefficient de y^2 dans l'équation (11), et que l'on retranche le second résultat du premier, on obtiendra une équation, encore du deuxième degré, mais ne renfermant y qu'au premier degré; on tirera de cette équation la valeur de y, que l'on substituera dans l'une ou l'autre des proposées, et l'élimination sera effectuée; l'*équation finale* sera du quatrième degré.

Au-dessus du second degré, excepté dans quelques cas particuliers, la méthode que nous venons d'indiquer est impraticable; il a donc fallu en trouver une d'une application générale. Cette méthode générale d'élimination, dont la marche a quelque analogie avec celle de la recherche du plus grand commun diviseur, offrait l'inconvénient de conduire à des équations finales quelquefois embarrassées de solutions étrangères introduites par les nécessités du calcul : M. Sarrus, professeur à la faculté des sciences de Strasbourg, est parvenu à éviter complétement ces solutions. Mais un exposé général de la théorie de l'élimination demanderait trop d'espace; après avoir fait entrevoir le but de cette opération, nous ne pouvons que renvoyer pour les détails aux traités spéciaux. E. Merlieux.

ELIO (François-Xavier), général espagnol au nom duquel se rattachent les plus odieux souvenirs du détestable règne de Ferdinand VII, avait débuté avec quelque éclat dans la carrière militaire, à l'époque de la guerre de 1808. Envoyé par la régence de Cadix, en qualité de capitaine général, dans la province de Rio-de-la-Plata, il défendit pied à pied le terrain contre l'insurrection triomphante. De retour en Espagne en 1811, il continua à s'y montrer dévoué au gouvernement national établi à Cadix; mais dès que Ferdinand VII eut franchi les Pyrénées en 1814, Elio se fit remarquer parmi les renégats de la cause libérale et les absolutistes qui supplièrent Ferdinand d'abroger la constitution de 1812, pour régner à la façon de ses augustes ancêtres. Nommé alors capitaine général du royaume de Valence; Elio se signala entre tous les agents de ce gouvernement fanatique et persécuteur, par l'emportement de son zèle. Bientôt les cachots ordinaires, et même ceux de l'inquisition, ne suffisant plus à contenir les suspects, il fallut transformer les couvents en prisons. Un état de choses si violent devait amener des conspirations. En 1819, il en éclata une, à laquelle prirent surtout part des militaires ayant à leur tête le colonel Vidal. Après un combat sanglant dans les rues de Valence, le capitaine général dut se réfugier dans la citadelle; mais des renforts lui permirent de reprendre l'offensive et de comprimer la révolte. Sa vengeance fut terrible. Après avoir fait subir une mort ignominieuse au colonel Vidal et à plusieurs de ses compagnons, il fit exposer leurs cadavres sur l'échafaud, afin d'effrayer les habitants de Valence par cet horrible spectacle, et il voulut aider lui-même à donner la torture à quelques-uns des malheureux compromis dans cette échauffourée. L'année suivante, quand le mouvement insurrectionnel de l'île de Léon eut triomphé, lorsque la constitution des cortès eut de nouveau été proclamée, Elio eut l'impudence d'afficher un zèle fervent pour le nouvel ordre de choses. Mais la population de Valence, indignée de cet excès d'audace, allait le massacrer, quand le comte d'Almodovar, appelé par la voix publique à lui succéder dans les fonctions de capitaine-général, parvint à le soustraire à la vengeance de la foule, et le fit conduire sous une bonne escorte à la citadelle. Le gouvernement des cortès crut cependant devoir demander compte à Elio de ses actes comme capitaine général, et fit instruire contre lui un procès criminel qui était encore pendant en 1822, lorsqu'une sédition, dont il était l'âme, éclata parmi les artilleurs de la garnison. Traduit pour ce fait devant un conseil de guerre, il fut à l'unanimité condamné au supplice de la *garrotte* et exécuté le 3 septembre suivant.

ÉLIS. *Voyez* ÉLIDE.

ÉLIS (École d') ou ÉCOLE D'ÉRÉTRIA, ainsi appelée d'après ses deux plus célèbres représentants, Phédon d'Elis et Ménédème d'Érétria. Cette école ne fut qu'une branche de celle de Mégare. Les membres de école d'Élée paraissent s'être surtout attachés à appliquer la dialectique sceptique des Mégariens, en tant que ceux-ci révoquaient en doute la réalité objective des idées d'espèce et la possibilité d'arriver à une notion quelconque par des jugements synthétiques.

ÉLISA BONAPARTE. *Voyez* BACCIOCHI.

ÉLISABETH (Sainte), femme du saint prêtre Zacharie et mère de saint Jean-Baptiste, était de la race d'Aaron. Voici le glorieux témoignage que l'Évangéliste saint Luc rend de cette sainte femme et de son pieux époux : « Tous deux ils étaient justes devant le Seigneur et marchaient dans la voie de ses commandements. Ils étaient irréprochables, et rien ne troubla jamais leur union. Cependant, ils n'avaient point d'enfants, parce qu'Élisabeth était stérile et qu'ils étaient tous deux avancés en âge. » Vient ensuite la vision de Zacharie dans le temple, à l'heure où l'on offre les parfums. Quelque temps après, Élisabeth sent qu'elle va devenir mère; mais comme sa vieillesse la rend, en quelque sorte, honteuse de la grâce qu'elle a reçue du ciel, elle se tient cachée pendant cinq mois. C'est durant cette retraite que la sainte Vierge, sa cousine, qui porte le Sauveur du monde dans son sein, vient de la Galilée la visiter dans ses montagnes, et reçoit d'elle cette salutation prophétique : « Vous êtes bénie entre toutes les femmes et le fruit de vos entrailles est béni. » Voilà tout ce qu'on sait de cette sainte femme, qui eut la gloire de mettre au monde le plus grand des enfants des hommes, au jugement de Jésus-Christ même, car il était plus qu'un prophète, et il avait été prédit, selon saint Luc, qu'il serait un ange envoyé devant le Messie pour préparer ses voies. S'il faut en croire saint Pierre d'Alexandrie, sainte Élisabeth, pour échapper à la persécution d'Hérode, se serait retirée, deux ans après la naissance de saint Jean-Baptiste, dans une caverne de la Judée, où elle serait morte. Ce qu'il y a de certain, c'est que son fils y passa sa jeunesse. L'abbé J. BARTHÉLEMY.

ÉLISABETH DE HONGRIE (Sainte), fille d'André II, roi de Hongrie, naquit en 1207, et fut fiancée dès le berceau au jeune Louis, fils d'Herman, landgrave de Thuringe et de Hesse. A quatre ans, elle quitta les bras de sa mère, Gertrude de Carinthie, pour aller avec Berthe, sa fidèle nourrice, habiter la cour de son futur époux. Elle emporta avec elle sa dot, qui consistait en un petit lit d'argent ciselé, des robes magnifiques, de la vaisselle d'or, des pierreries, des meubles précieux et mille marcs d'argent. Un jour, se trouvant dans une église, elle arracha de sa tête une couronne d'or dont on l'avait parée, en contemplant une image où le Sauveur apparaissait sanglant et couronné d'épines. Elle commença dès lors à porter un cilice sous ses robes de soie. Du reste, elle tenait peu à ces ornements, et ne s'en revêtait que pour plaire au jeune landgrave son mari. Elle était ordinairement de tous ses voyages, et lorsqu'elle n'en était pas, elle paraissait en public vêtue comme les femmes du peuple. Elle aimait à soigner les pauvres, de ses mains de princesse, et les plus rebutants par leur aspect étaient ceux qu'elle choisissait de préférence. Elle travaillait beaucoup, non sur l'or ou la soie, mais à des ouvrages en laine destinés à couvrir les malheureux. Ses femmes partageaient avec joie ses pieux travaux, et sa cour était devenue comme une brillante manufacture que la charité exploitait au profit de l'indigence. En 1225, le landgrave étant absent, elle distribua tout le blé des greniers publics dans une grande famine qui désola la contrée. Un vaste hôpital avait été élevé par ses soins dans la ville de Marpurg, et tous les jours elle descendait plusieurs fois le roc escarpé sur lequel le château était bâti pour aller visiter les pauvres et les malades. Elle aidait à lever les plus faibles, faisait elle-même leur lit et leur préparait à manger. On ne doit pas s'étonner après cela si toute l'Allemagne lui a donné le glorieux surnom de *mère des pauvres*.

La croisade de 1225 ne tarda pas à entraîner loin d'elle son époux, qu'elle aimait autant qu'elle en était aimée; mais cette séparation cruelle n'était que le prélude de nouveaux malheurs. Le landgrave mourut à Otrante, en 1227. Le jeune Henri, son frère, s'empara alors du pouvoir, et la princesse fut chassée ignominieusement. On la vit sans asile et sans pain, avec ses petits enfants, errer de porte en porte sans pouvoir trouver un abri qui ne lui fût disputé par ses ennemis impitoyables. Elle avait vingt ans! Recueillie par l'évêque de Bamberg, son oncle, qui la logea dans un de ses châteaux, et honorée de plusieurs lettres de Grégoire IX, qui la mit sous la protection du saint-siége, elle revint bientôt habiter ces même lieux qui devaient lui rappeler de si tristes souvenirs, pour y distribuer aux pauvres sa dot, qui lui avait été rendue, et y vivre elle-même dans la pauvreté. Non loin du palais qu'elle avait habité en souveraine, elle fit bâtir une petite maison de bois et de terre, basse, étroite et ouverte à tous les vents. Là, pour toute nourriture, elle n'avait qu'un pain grossier et quelques légumes sans assaisonnement. Elle voulait même mendier, mais Conrad, son confesseur, s'y opposa, et cette noble veuve, qui naguère régnait sur plusieurs États, se contenta de filer pour se nourrir. Telle est la vie qu'elle mena jusqu'à sa mort, qui arriva le 19 novembre 1231. Elle était âgée de vingt-quatre ans. On trouve son nom dans les catalogues du tiers ordre de Saint-François. Elle fut canonisée quatre ans après. On peut consulter sur cette princesse les historiens de l'époque et l'*Histoire de sainte Élisabeth de Hongrie*, par le comte de Montalembert (Paris, 1836). L'abbé J. BARTHÉLEMY.

ÉLISABETH (Sainte), reine de Portugal, fille de Pierre III, roi d'Aragon, et de Constance de Sicile, petite-fille de l'empereur Frédéric II, naquit en 1271, la 58e année du règne de Jacques le Conquérant, son grand-père. Petite-nièce de sainte Élisabeth de Hongrie, elle en imita de bonne heure toutes les vertus. A huit ans, elle récitait le grand office, auquel elle ajoutait souvent ceux de la sainte Vierge et des Morts. A douze ans, recherchée par tout ce que le monde avait alors de plus brillant, elle fut accordée à Denys Ier, roi de Portugal. La beauté de son âme répondait à celle de son corps, et elle fit les délices de la cour sans rien changer à sa manière de vivre. Elle consacrait la première partie du jour aux œuvres de miséricorde, et travaillait le soir aux ornements d'église. Sa charité s'étendait bien au delà du royaume, et elle eût voulu pouvoir soulager toutes les douleurs. Chaque jour elle distribuait d'abondantes aumônes, donnait des habits aux pauvres étrangers, pansait de ses propres mains les malades, faisait recueillir les jeunes filles indigentes, les femmes repenties, les enfants trouvés, et préludait ainsi aux œuvres merveilleuses que devait opérer trois siècles plus tard notre grand saint Vincent de Paul. Elle était comme un ange de paix au milieu de ses sujets. Lorsque ses démarches et ses exhortations ne suffisaient pas pour arrêter les procès, elle puisait dans sa propre bourse de quoi satisfaire aux exigences des parties. Après avoir réconcilié le duc Alfonse de Portalègre, son beau-frère, avec son royal époux, on la vit, montée sur une mule, se jeter entre le peuple et les soldats, qui, tenant les uns pour le duc, les autres pour le roi, allaient ensanglanter la ville de Lisbonne.

Malgré tant de vertus, son époux infidèle, dont elle supportait les désordres avec une admirable patience, n'eut pas honte de prêter l'oreille à une infâme calomnie. Un de ses pages, jeune homme vicieux, que la sainteté de sa royale maîtresse et de toute sa maison importunait sans doute, résolut de perdre un des pages de la reine que cette princesse avait coutume d'employer à la distribution de ses aumônes. Il jeta d'odieux soupçons dans l'esprit du roi, et ce prince, que ses propres faiblesses rendaient crédule sur ce point, jura de perdre son prétendu rival. Ayant un jour trouvé à la chasse un homme qui chauffait un four, il lui ordonna d'y jeter le premier page qu'il lui enverrait. De retour dans son palais, il se hâta de mander le page de la reine, et l'envoya vers l'endroit où il devait trouver la mort. Tandis que ce jeune homme, qui se distinguait par une tendre piété, entendait une messe dans une église qu'il avait trouvée sur son chemin, l'autre page accourait, d'après l'ordre de son maître, pour s'assurer que leur vengeance commune était enfin satisfaite. Mais l'homme qui chauffait le four fatal, l'ayant pris pour celui que le roi lui avait signalé, le jeta dans la fournaise, et lui fit ainsi expier son crime. Denys, qui ne put s'empêcher de voir que le ciel prenait la défense de sa vertueuse épouse, lui rendit sinon tout son amour, au moins toute son estime. Mais de nouveaux incidents troublèrent bientôt cette union : le jeune Alfonse, prince royal, jaloux des bâtards de son père, se révolta contre lui. La reine, qui venait de réconcilier la Castille avec l'Aragon, ne fut pas aussi heureuse dans ses négociations pacifiques entre son fils et son époux. Bientôt même, soupçonnée de favoriser Alfonse, elle se vit privée de ses revenus, et reléguée dans la petite ville d'Alemquer, avec défense d'en sortir sans un ordre exprès du roi. Ce prince ayant encore une fois reconnu son erreur, la pieuse reine étouffa tout ressentiment et s'empressa de retourner auprès de cet ombrageux époux, qui mourut peu de temps après, en 1325. Sa maladie avait été longue, et l'excellente princesse l'avait soigné avec un zèle et une persévérance que la tendresse seule peut inspirer.

Lorsqu'il eut rendu le dernier soupir, elle se retira dans une chambre voisine, et se dépouillant de toutes les marques de la royauté, se coupant elle-même les cheveux, elle prit l'habit de Sainte-Claire. Elle se présenta dans ce nouveau costume aux seigneurs qui environnaient le corps du défunt, et leur déclara qu'elle était résolue à quitter le monde pour toujours. Après les obsèques royales, elle se retira en effet chez les bernardines d'Alemquer, qui lui devaient leur établissement, et de là à Coïmbre, chez les filles de Sainte-Claire, à qui elle faisait bâtir un superbe monastère. Sur l'avis qu'on lui donna qu'elle ferait plus de bien dans le monde en conservant sa liberté, elle habita une petite maison auprès du couvent, et partagea tous ses moments entre les exercices de la vie spirituelle et les bonnes œuvres que peut inspirer la plus tendre charité. La fondation de plusieurs hôpitaux et ses immenses aumônes avaient déjà diminué ses revenus; elle acheva de se ruiner pendant la famine qui quelque temps après vint désoler Coïmbre. Aussi fit-elle à pied et en mendiant un second pèlerinage à Saint-Jacques de Compostelle. Elle mourut en 1336, à l'âge de soixante-cinq ans, après avoir de nouveau réconcilié les rois de Castille et de Portugal. Ce ne fut qu'en 1625 qu'elle fut canonisée, par Urbain VIII. L'abbé J. Barthélemy.

ÉLISABETH d'*Angleterre*, fille de Henri VIII, et la dernière des Tudors qui ait régné sur la Grande-Bretagne, naquit le 7 septembre 1533, de ce mariage fameux qui avait amené la rupture de l'Angleterre avec le saint-siége. Déshéritée, dès sa plus tendre enfance, par le tyran qui lui avait donné le jour, flétrie, dans son origine, par la condamnation et le supplice de sa mère, la malheureuse Anne de Boleyn, elle ne trouva dans sa sœur Marie, fille de Catherine d'Aragon, qu'une rivale irritée, comme amante et comme reine, qui s'acharna à la persécuter, et menaça plus d'une fois sa vie. Retenue longtemps dans les prisons, puis séquestrée dans une triste retraite, et livrée à la plus dure surveillance, elle ne dut son salut qu'à la politique intéressée de l'époux de Marie, l'impitoyable Philippe II. Prévoyant pour sa femme une mort prochaine, il voulait à la fois, en la remplaçant par une sœur belle et spirituelle, s'assurer une compagne agréable et repousser du trône britannique Marie d'Écosse, dont l'accession menaçait de réunir contre lui les forces de la France à celles d'Angleterre.

Douée du génie d'un roi et d'un esprit éminent, Élisabeth avait mis à profit l'adversité et une longue solitude. Les langues anciennes et modernes lui étaient devenues familières : elle parlait et écrivait avec facilité le grec, le latin, l'italien et le français. Ses études prouvaient une grave et vigoureuse intelligence. En même temps qu'elle traduisait Sophocle, elle commentait Platon. Elle montra pendant quarante-cinq ans qu'elle avait su aussi méditer l'art de régner. Heureuse si elle eût appliqué à la culture de son âme autant de soin et de courage qu'elle en mit à cultiver sa raison! Elle fût parvenue sans doute à extirper de son cœur cet instinct cruel et tyrannique, triste héritage de Henri VIII, et cette irritabilité envieuse de vanité féminine, sans cesse en alarmes pour une frivole suprématie de beauté et d'agréments, qui la rendit trop souvent ridicule et coupable. L'adulation, cette peste des trônes et d'un sexe trop souvent avide de louanges, cette servilité basse dont le despotisme d'un prince sanguinaire avait souillé les mœurs anglaises, paralysèrent sans doute la force qu'Élisabeth eût trouvée dans son caractère pour dompter d'odieux penchants. L'espoir et la joie du peuple accueillirent son avénement au trône. Comment les acclamations publiques n'eussent-elles pas salué une princesse douée de grâces, éprouvée par le malheur, dont l'esprit et les talents n'étaient point ignorés, et qui affranchissait l'Angleterre du terrible joug de la triste et fanatique Marie? Dès ce moment la vigueur unie à l'habileté annonça l'esprit réparateur du nouveau règne. Quoique élevée dans la réforme, la jeune reine n'éprouvait pour aucune des communions chrétiennes une conviction enthousiaste. Elle crut même devoir notifier au pontife romain son avénement, et montrer d'abord des ménagements pour le culte qu'elle trouvait dominant. Mais, soit que le mépris outrageant du pontife l'eût éclairée sur ses vrais intérêts, soit plutôt que sa politique hardie, autant que jalouse d'un pouvoir indépendant, lui eût tout d'abord montré dans une séparation définitive de l'Angleterre d'avec la communion romaine la plus sûre garantie de sa puissance, elle ne tarda pas à consommer ce divorce.

Dans le cours d'un long règne, Élisabeth, malgré son goût, sa passion même pour les fêtes et les plaisirs, sut pourvoir aux dépenses publiques et conserver dans l'emploi des deniers du trésor une certaine économie. Elle évitait de fatiguer le parlement par des demandes trop fréquentes de subsides, préférant engager ou vendre ses domaines. Toutefois, trop imbue de l'idée de son absolu pouvoir, elle ne sut pas se défendre d'un recours continuel à l'abus révoltant de la vente des priviléges et des monopoles, soit pour enrichir des favoris et des courtisans, soit pour subvenir à ses propres dépenses. On fit aussi, sous sa domination, un usage accablant du prétendu droit de préhension (*purveyance*), que s'étaient arrogé ses prédécesseurs pour pourvoir aux besoins de la maison royale. Il fallut, vers la fin de ce règne, que des membres du parlement missent sous ses yeux l'affligeant tableau de toutes les misères causées par ces exactions, pour lui faire enfin comprendre toute l'étendue des maux publics. Du moins parut-elle les sentir vivement, et ses paroles, à cette occasion, exprimaient un regret qui semble sincère. C'est aussi à cette reine que furent dues les premières lois qui attestent de la part de l'administration le désir vrai de soulager l'indigence. Toutefois, ces lois qui témoignaient de la vigilance du gouvernement pour venir au secoursd'une multitude malheureuse, ne furent que l'œuvre des dernières années de son règne.

Mais c'est surtout par son active et habile politique dans ses entreprises et dans ses relations au dehors qu'Élisabeth a rendu sa mémoire chère aux Anglais, et qu'elle s'est acquis une gloire immortelle. Ses efforts pour les progrès du commerce britannique, les expéditions brillantes de Drake, de Raleigh, du comte d'Essex, la fondation de belles colonies, l'appui constant prêté aux Hollandais et à notre grand Henri IV, dans leurs luttes si longues et si difficiles contre l'Espagne, la défense glorieuse des mers et des côtes de la Grande-Bretagne contre Philippe II et sa soi-disant invincible *Armada*, misérablement dispersée et détruite; le grand courage déployé par Élisabeth au milieu des plus éminents dangers, tous ces faits mémorables, en attestant ses rares qualités, expliquent l'admiration et l'amour de ses peuples. Les services rendus par elle à son pays justifient l'indulgence des Anglais pour ses faiblesses, comme femme, et pour son despotisme, comme reine; mais rien ne saurait pallier le crime de la mort de Marie-Stuart, ni surtout la longue perfidie qui prépara le supplice de cette princesse infortunée, sacrifiée bien plus encore à la vengeance d'une rivale envieuse de ses grâces et de sa beauté, qu'à une politique ombrageuse. La mort du duc de Norfolk, celle du comte d'Essex, et trop d'autres condamnations iniques ou cruelles, ne déposent guère avec moins de force contre une sorte de férocité native dans la fille de Henri VIII. Si elle fut souvent un grand roi, trop souvent aussi elle ne se montra que comme une femme méchante. Sa mort néanmoins, causée par le regret de l'une des erreurs de sa cruauté, annonce en elle une âme susceptible d'un sincère attachement et d'un profond repentir; en se châtiant elle-même, par un trépas volontaire, d'avoir puni de l'échafaud l'orgueil injustement attribué à Essex, son ancien favori, elle crut peut-être expier, autant qu'il était en elle, le sang de ses victimes. Elle mourut le 3 avril 1603, âgée de soixante-dix ans, après dix jours d'une lente agonie.

Aubert de Vitry.

ÉLISABETH d'*Autriche*, femme de Charles IX, naquit le 5 juin 1554, de Maximilien II et de Marie d'Autriche, fille de Charles-Quint. Elle avait reçu une brillante éducation. Malgré les obstacles que Philippe II, roi d'Espagne, crut devoir susciter pour empêcher l'alliance de Charles IX avec Élisabeth, elle n'en fut pas moins décidée au mois de janvier 1570, grâce à l'habileté de Catherine de Médicis, et conclue à Spire, par procuration, le 22 octobre 1570. Aussitôt, la nouvelle reine, âgée de quatorze ans, se dirigea vers la France, accompagnée d'une suite nombreuse de seigneurs et de dames. Charles IX et sa mère voulurent qu'elle fût reçue dans tout le royaume avec une pompe inusitée. Le duc d'Anjou fut envoyé au-devant d'elle; et bientôt le roi se porta lui-même à sa rencontre. Sans être d'une beauté parfaite, elle avait une grande fraicheur et une dignité pleine de grâce. Charles IX en fut ravi. La cérémonie des noces ayant eu lieu le 27 novembre 1570, le lendemain, les deux cortéges se mirent en marche pour Paris. Le 25 mars suivant, elle fut couronnée à Saint-Denis, et le 29 elle fit son entrée solennelle dans la capitale, au milieu des fêtes et des réjouissances de toute nature que les habitants lui avaient préparées.

C'était principalement par sa douceur, sa charité inépuisable envers les malheureux, sa dévotion sincère et profonde, que se recommandait la reine Élisabeth, et qu'elle méritait le titre de *sainte*, que lui donne un de ses biographes. Jamais elle ne se mêla des intrigues politiques ou religieuses qui eurent une si grande importance sous le règne de son époux. Elle ne parlait que très-peu, presque toujours en espagnol, et ne s'entremettait que des affaires de sa maison ou d'œuvres de bienfaisance. C'est au milieu de cette vie pieuse qu'elle fut subitement frappée par le massacre de la Saint-Barthélemy. « J'ai ouy conter, dit Brantôme, que elle, n'en sçachant rien, ny même senty le moindre vent du monde, s'en alla coucher à sa mode accoutumée; et ne s'estant esveillée qu'au matin, on luy dit à son réveil le beau mystère qui se jouoit. Hélas! dit-elle soudain, le roy mon mari le sçait-il? — Ouy, Madame, répondit-on; c'est luy-même qui le fait faire. — O mon Dieu! s'écria-t-elle, qu'est ceci? et quels conseillers sont ceux-là qui lui ont donné tel avis? Mon Dieu, je te supplie et te requiers de lui vouloir pardonner; car si tu n'en as pitié, j'ai grande peur que cette offense ne lui soit pas pardonnée. — Et soudain demanda ses Heures, et se mit en oraisons et à prier Dieu, la larme à l'œil. »

Quand Charles IX fut atteint de cette maladie étrange et funeste qui devait le conduire au tombeau, à peine âgé de vingt-deux ans, la malheureuse Élisabeth venait s'asseoir en silence, non pas au chevet du lit du malade, comme son rang lui en donnait le droit, mais à l'écart, en face de lui; et, le contemplant sans dire une seule parole, elle tenait son regard fixé sur ce jeune prince, objet de son amour, qui s'en allait expirant. Des larmes, qu'elle essayait en vain de retenir, inondaient son visage. Chacun en sa présence se sentait ému de pitié, surtout en la voyant faire tant d'efforts pour cacher sa douleur à tous les yeux. Après la mort de son mari, elle ne tarda pas à quitter la France. Elle avait supporté sans se plaindre les infidélités fréquentes de son époux. Elle n'en eut qu'une fille, Marie-Élisabeth de France, née à Paris le 27 octobre 1572, morte le 2 avril 1598. Quelqu'un lui disait après son veuvage : « Au moins, madame, si Dieu vous eût laissé un fils, vous seriez à présent reine-mère du roi. — Hélas! répondit-elle, ne parlez pas ainsi : la France a bien assez de malheurs, sans que j'eusse été nouvelle cause de sa ruine : car si j'avais eu un fils, ces troubles qui existent, augmentés encore de ceux d'une tutelle, eussent engendré guerres et divisions. » Elle se refusa obstinément à plusieurs mariages qui lui furent proposés, entre autres à celui que Philippe II, son beau-frère, voulait à toute force contracter avec elle. Retirée à la cour impériale, à Vienne, elle fit bâtir le couvent de Sainte-Claire, où elle termina ses jours, dans la pratique de toutes les vertus. Elle expira le 22 janvier 1592. A la cour de France, elle avait montré une constante amitié à Marguerite, sœur de Charles IX, et épouse de Henri de Navarre (depuis Henri IV). Lorsque Élisabeth fut revenue en Allemagne, elle envoya à Marguerite deux livres de sa composition, l'un *sur la parole de Dieu*, l'autre contenant l'*Histoire de ce qui s'estoit passé en France tant qu'elle y avoit esté*.

Le Roux de Lincy.

ELISABETH FARNÈSE, fille unique d'Odoard II, duc de Parme, naquit le 25 octobre 1692. Elle fut élevée par sa mère dans une complète ignorance, et de la manière la plus dure. Elle avait pourtant un sens droit, un esprit vif et juste; mais dès qu'elle put se montrer, elle parut altière, ambitieuse, inquiète, dévorée du besoin de commander, et prête à tout pour satisfaire ses passions. Elle épousa Philippe V, d'Espagne, en 1714, après la mort de Marie-Louise-Gabrielle de Savoie. Ce fut Alberoni qui inspira ce mariage à la princesse des Ursins, favorite du monarque espagnol. Il lui représenta la princesse comme une femme d'un caractère souple, d'un esprit simple, sans ambition et sans talent : il eût fallu la peindre de couleurs tout opposées. Le roi, avec toute sa cour, alla au-devant d'elle à Guadalaxara. La princesse des Ursins s'avança à sa rencontre jusqu'à Xadraque; mais à peine fut-elle arrivée, qu'Élisabeth la fit conduire, d'une manière aussi brusque que dure, hors du royaume. On a beaucoup varié sur les raisons de cette disgrâce : Saint-Simon croit qu'elle avait été arrêtée par les deux rois de France et d'Espagne, et que la jeune reine ne fit qu'exécuter leur résolution. Cette princesse fut réellement esclave sur le trône. Le roi ne la quittait pas un moment de la journée, pas même pour tenir ses conseils, et le court instant du lever et de la chaussure était le seul qu'elle eût de libre. Étrangère dans son royaume, et haïe des Espagnols, qu'elle détestait, elle fut toujours livrée à la cabale italienne. Elle survécut vingt-ans à son époux, et mourut en 1766. Auguste SAVAGNER.

ÉLISABETH PÉTROVNA, impératrice de Russie, naquit en 1709. Elle était la fille de Pierre le Grand et de Catherine Ire, qui l'avait placée au troisième rang parmi ses successeurs. Les dernières volontés de Catherine ne furent exécutées qu'en partie Pierre II étant mort sans laisser de postérité, les grands et le sénat donnèrent la couronne à Anne, duchesse de Courlande, fille du frère aîné de Pierre le Grand. Cette princesse adopta sa nièce, nommée aussi *Anne*, fille de Charles-Léopold, duc de Mecklembourg, et de Catherine, sa sœur. L'impératrice laissa pour héritier Ivan, fils de la princesse Anne, qui avait épousé le duc de Brunswick, et elle confia la régence à Biren. Le pouvoir fut bientôt arraché à cet ambitieux cruel par la duchesse de Brunswick, dont le gouvernement fut assez juste, assez humain. Mais, voluptueuse et faible, aimant les fêtes et l'oisiveté de la cour, la régente ne sut pas maintenir cette noblesse russe, qui était habituée à une main de fer.

Élisabeth, fille de Pierre Ier, eut bientôt des partisans : le grand nom de son père la rendait chère aux soldats. Cette jeune femme, livrée aux plaisirs, inspirait plus de sympathie que d'inquiétude à la régente. Mais les désordres d'Élisabeth servaient ses projets, car plusieurs de ses amants furent officiers dans les gardes. Le marquis de La Chétardie, ambassadeur de France, qui cherchait à tout brouiller en Russie pour laisser un allié de moins à l'héritière de Charles VI, avait organisé le complot. Il était aidé par Lestocq, chirurgien, né en Hanovre, d'une origine française, qui avait la faveur d'Élisabeth. Les conspirateurs étaient légers, indiscrets; cette indiscrétion même les sauva : on ne put croire à tant d'imprudence. Un jour, la régente entretint avec amitié Élisabeth des bruits qui l'accusaient de révolte, et fut satisfaite de ses protestations d'amitié : le lendemain (6 décembre 1741) elle était détrônée par elle. Elle et son mari furent enfermés dans une forteresse avec ce malheureux Ivan, auquel une triste fécondité donna des frères, et qui, sous le règne suivant, devait périr dans une sanglante catastrophe. Quand Élisabeth monta sur le trône, elle trouva à combattre les Suédois, qu'elle avait sous main excités à la guerre, tandis que régnait Ivan, et dans l'intérêt de la France. Cette guerre fut peu glorieuse pour les Suédois : ils furent constamment battus par les généraux russes, et offrirent la succession de leur vieux roi, Frédéric de Hesse-Cassel, à Charles-Pierre Ulric, fils de la sœur aînée d'Élisabeth. Mais celui-ci avait déjà été appelé à la succession du trône de Russie, car Élisabeth se croyait obligée de laisser le trône à l'héritier de sa sœur, qui aurait dû y monter avant elle. Ce fut pourquoi cette princesse, qui disait : « Je ne suis contente que quand je suis amoureuse, » eut des amants en public, et un mari en secret. Ce fut un homme de basse extraction, qu'elle avait été musicien de sa chapelle. La paix d'Abo, en 1743, mit fin aux hostilités. Elle avait assez maltraité les Suédois dans une guerre qu'elle-même avait excitée; mais elle ne croyait pas que la reconnaissance fût la vertu des rois : elle exila Lestocq et chassa La Chétardie de Russie, quand il voulut l'entraîner dans l'alliance française.

Élisabeth, en nommant le fils de sa sœur aînée pour successeur, légitima ses droits, et prit une grande force à l'intérieur. A l'extérieur, les alliances de la Russie étaient recherchées. Elle fut troublée dans sa prospérité par une conspiration dont les apparences compromettaient les cabinets de Vienne et de Berlin, et qui au fond se réduisait à des plaintes indiscrètes de malheureuses femmes dont les amants et les frères gémissaient en Sibérie. Pour leur malheur, ces femmes étaient belles, et Élisabeth se croyait la plus belle femme de son temps. Elle s'était imposé la loi de ne faire périr personne sur l'échafaud, mais elle s'était réservé la torture. Cette conspiration lui fit haïr Frédéric II, et elle s'associa aux efforts des ennemis de ce prince dans cette grande guerre, où, malgré les talents qu'il sut déployer, il ne fut sauvé que par le hasard; car ce fut un hasard que l'admiration qui conduisit le grand-duc héritier du trône de Russie à souhaiter, pour ainsi dire, les victoires de Frédéric II. Les généraux russes n'osaient vaincre, de peur de déplaire à l'héritier de l'empire. L'impératrice mourut en 1761, après avoir marié le grand-duc à la princesse d'Anhalt-Zerbst, et avoir vu les commencements orageux d'une union qui se termina par un crime et une usurpation. Ernest DESCLOZEAUX.

ÉLISABETH (CHRISTINE), femme de Frédéric II, roi de Prusse, princesse de Brunswick-Wolfenbuttel, était née à Brunswick, le 8 novembre 1715, et se concilia l'affection générale, par la noblesse de son caractère, par ses hautes vertus et par l'amabilité et la grâce de son esprit. Contraint par son père à l'épouser, en 1733, Frédéric, jusqu'au moment où il monta sur le trône, avait vécu séparé d'elle. Libre désormais, ce prince prouva en maintes circonstances combien il rendait justice aux rares qualités de sa femme, quoiqu'elle ne possédât point sa tendresse. Il lui fit présent du château de Schœnhausen, où d'ordinaire elle allait passer l'été; et à son lit de mort, il témoigna du respect qu'il avait pour elle en portant son douaire de 40,000 à 50,000 thalers; « car pendant tout mon règne, disait-« il, elle ne m'a jamais donné la moindre cause de mécon« tentement, et ses vertus touchantes méritent le respect et « l'amour de tous. » Cette princesse mourut le 13 janvier 1797. Sa vie fut une suite non interrompue de bienfaits. Elle consacrait la moitié de ses revenus en aumônes et en pensions faites à des familles indigentes. Elle partageait le goût de son époux pour les sciences et les lettres, et on a d'elle, outre divers ouvrages composés d'abord en allemand, puis traduits par elle en français : *Méditation, à l'occasion du renouvellement de l'année, sur les soins que la Providence a pour les humains* (Berlin 1777); *Réflexions pour tous les jours de la semaine* (1777); *Réflexions sur l'état des affaires publiques* en 1778, *adressées aux personnes craintives* (1778), et *La sage Résolution* (1779), écrits qui se distinguent tous par un grand sens pratique.

ÉLISABETH DE FRANCE (Madame), naquit à Versailles le 3 mai 1764; ses noms autres étaient *Philippine-Marie-Hélène*. Elle fut le huitième et dernier enfant du dauphin, fils de Louis XV. Ses parents moururent jeunes; elle ne les connut pas, et fut remise dans les mains de la gouvernante des enfants de France, Mme la comtesse de Marsan : c'était un choix parfait. L'abbé de Montagut se chargea de diriger ses études. Quoique jeune, belle et instruite, quoique souvent demandée en mariage, elle écarte de la pensée de ses parents l'idée d'une alliance pour elle; « les temps ne permettent pas d'y songer, » dit-elle. Cependant, ceux qui demandent sa main sont l'empereur Joseph II, un infant portugais, le duc d'Aoste; mais Dieu l'appelle à d'autres devoirs, et la consacre à sa famille.

Au temps de sa grandeur, Madame venait rarement aux réunions de Versailles et des Tuileries, et leur préférait sa société intime et ses lectures particulières; en été, sa délicieuse maison de Montreuil et les leçons de botanique de son vieux et aimable médecin, Lemonnier. Sa charité était tous les jours à la recherche de quelques souffrances. Dans le terrible hiver de 89, elle nourrit un peuple de pauvres, et leur consacra tout ce qu'elle possédait. Dès que les événements commencèrent à menacer le trône, on la vit accourir près de son frère; les Tuileries redevinrent sa demeure; en toute circonstance, elle prit place à côté du roi; toutes les solennités la montrèrent dans le royal cortége : c'était pour elle un devoir. Elle refusa d'émigrer avec ses tantes; Louis XVI l'en pria plusieurs fois; elle le suivit lorsqu'il se fut décidé à fuir et qu'il fut arrêté à Varennes. Madame dut revenir alors dans le triste cortége, au milieu du silence ou des imprécations du peuple. Dans les moments de découragement où ses parents paraissaient las de souffrir, elle cherchait à les distraire, et savait y parvenir. Après avoir partagé les périls de la journée du 28 février 1790, nous la retrouvons animée du même dévouement le 20 juin et le 10 août 1792. Le château des Tuileries étant envahi par la populace; elle parcourt les appartements, cherchant le roi, la reine et leurs enfants. La foule est si grande qu'elle est forcée de rester dans une salle; mais elle parvient à savoir ce qui se passe chez son frère : il respire encore. Tout à coup, des hommes armés l'aperçoivent, et s'écrient : « C'est la reine! c'est la reine! » Des sabres sont dirigés sur elle. Mme Élisabeth ne répond rien, et les regarde avec douceur, lorsque son écuyer, M. de Saint-Pardoux, qui était parvenu près d'elle, s'écrie vivement : « Ce n'est pas la reine! c'est Mme Élisabeth! — Taisez-vous, Monsieur! que dites-vous-là? Laissez-les dans l'erreur, je vous en supplie! Sauvez la reine! épargnez-leur un crime! »

Après le 10 août, Madame s'attacha plus que jamais à la destinée de ses parents, qui devint la sienne. Elle était restée avec le roi et sa famille dans la loge du *Logographe*, à l'Assemblée; elle passa trois jours avec elle dans les bâtiments de la Convention, et la suivit plus tard au Temple. Le simple et touchant récit de Cléry, la dernière personne qui ait servi Louis XVI, nous montre Mme Élisabeth consacrée entièrement à ses parents, et s'oubliant pour adoucir leurs maux. Elle suivit avec une attention inquiète le procès du roi. Chaque jour, Cléry lui en apportait des détails fidèles. Madame voulait tout savoir, et, avec ce fidèle serviteur, son esprit était sans espérances. « Cléry, disait-elle à part, le roi est perdu : vous voyez, les plus modérés le regardent comme une victime nécessaire; sa mort est un défi qu'ils veulent jeter à l'Europe; ils le disent d'ailleurs. »

A la mort de Louis XVI, elle mêla bien des larmes à celles de la reine et de sa fille : c'était la même douleur. Quelques mois après, Marie-Antoinette fut arrachée de ses bras et envoyée à la Conciergerie pour y attendre son jugement : sa mort était décidée. Après sa condamnation, elle écrivit une lettre admirable à Mme Élisabeth pour lui recommander ses enfants. Depuis le mois de juillet, le dauphin n'était plus avec elle. La reine eut la tête tranchée le 16 octobre. Restée seule avec sa jeune nièce, Mme Élisabeth reprit avec plus de zèle que jamais sa tâche de mère. Hébert, qui menait la Commune, fit changer de logement à Madame et à sa nièce; elles passèrent dans un galetas de la grande tour. Cinq mois après, elle fut arrachée des bras de sa nièce, et dut se préparer à mourir. La Commune accusait la sœur de Louis XVI d'avoir conspiré par correspondance : c'était en mai 1794; réveillant à l'appui une accusation d'octobre 1792, relativement au vol des diamants commis au garde meuble, on reproduisit comme démontrée une allégation de laquelle on avait à inférer cette lâcheté : « que Mme Élisabeth avait fait voler ou connu le vol et fait passer ces diamants à ses frères. « Tout absurde qu'elle était, cette déclaration servit de base à l'accusation écrite qu'on lui communiqua le 20 floréal an II (9 mai 1794). Amenée à la Conciergerie, elle fut conduite deux heures après devant Fouquier-Tinville. L'interrogatoire reproduisit non pas l'accusation écrite, mais ces fangeuses questions qui souillent le procès de Marie-Antoinette. Madame ou répondit avec calme ou se tut, et fut digne d'elle-même. Le lendemain Fouquier la traduisit au tribunal révolutionnaire avec vingt-quatre autres personnes accusées de contre-révolution. Les débats furent grossiers, rapides; la sœur du roi déchu fut unanimement condamnée à la peine de mort, ainsi que les vingt-quatre autres victimes; on comptait parmi elles des noms historiques : Loménie de Brienne, ex-ministre de la guerre; Megret de Sérilly, ex-trésorier de la guerre, et sa femme ainsi que la veuve de l'ex-ministre Montmorin. Mme Élisabeth écouta sans émotion la lecture de son arrêt. Depuis longtemps, comme l'a dit lord J. Russell, « la douleur de la mort était passée pour elle ». Elle marcha courageusement au supplice. Jamais sa figure n'avait été plus belle, ont dit les témoins qui la virent aller au supplice. Sans être décolorée, elle était plus pâle qu'à l'ordinaire; ses traits étaient calmes, et de temps en temps ses beaux cils couvraient son doux regard. Elle parla pendant presque toute la route, sans se cacher à personne, avec une légère action qu'indiquaient les mouvements de sa tête. Quand le sang de ses vingt-quatre compagnons fut épuisé, le bourreau s'empara rudement de cette sainte, et le fichu qui couvrait son sein tomba. « Au nom de votre mère, monsieur, couvrez-moi! » dit-elle avec une expressive peine. Le bourreau obéit à cette voix; elle sourit, et mourut. Mme Élisabeth avait trente ans; elle était belle, d'une taille noble et gracieuse. Ses restes furent jetés immédiatement dans un cimetière commun près de Monceaux.

Frédéric Favot.

ÉLISABETH-CHARLOTTE de Bavière, seconde femme de *Monsieur*, duc d'Orléans, frère de Louis XIV, plus généralement connue sous le nom de *princesse Palatine*, est certainement une des plus singulières figures de femme que présente ce siècle de Louis XIV, qui offre en ce genre des types si variés. Fille de l'électeur palatin Charles-Louis et de la princesse de Hesse-Cassel, elle naquit au château de Heidelberg, le 7 juillet 1652. Fort jeune, elle fut témoin de scènes déplorables qu'amenait entre les auteurs de ses jours le libertinage de son père. Celui-ci avait une de ces favorites qu'en Allemagne on nomme *femmes de la main gauche*, et cette maîtresse accablait d'impertinences l'électrice, épousée légitimement *de la main droite*. N'y pouvant tenir, un jour à dîner, la princesse de Hesse-Cassel manifesta sa colère en termes méprisants pour la favorite. L'électeur punit d'un soufflet, donné en public, l'imprudente épouse, qui bientôt après fut répudiée. Élisabeth-Charlotte, seul fruit de cette malheureuse union, fut alors envoyée par son père à la cour de Hanovre, où, sous les yeux de sa tante, l'électrice Sophie, mère de George Ier, qui, par suite, devint roi d'Angleterre, elle reçut une excellente éducation. Du reste, la jeune princesse avait reçu du ciel une intelligence ferme, un jugement droit, un esprit sérieux, un franc et noble caractère. Douée de peu de beauté, elle résolut de suppléer par la culture de l'esprit aux agréments extérieurs qui lui manquaient. Elle y réussit : « Il faut bien que je sois laide, dit-elle; je n'ai point de traits, de petits yeux, un nez court et gros, des lèvres longues et plates; tout cela ne peut former une physionomie; j'ai de grandes joues pendantes et un grand visage; cependant, je suis très-petite de taille, courte et grosse; somme totale, je suis vraiment un petit laideron. Si je n'avais pas bon cœur, on ne me supporterait nulle part. Pour savoir si mes yeux annoncent de l'esprit, il faudrait les examiner au microscope... On ne trouverait probablement pas sur toute la terre des mains plus vilaines que les miennes. »

Telle était à dix-neuf ans la princesse qui, au mois de novembre 1671, fut appelée à remplacer à la cour de France la séduisante et malheureuse Henriette d'Angleterre, morte un an et demi auparavant. La pauvre Allemande allait rencontrer toutes sortes de préventions. Elle ne parlait même pas français, disait-on; de plus, elle était protestante : il fallait la convertir. « Lors de mon arrivée en France, dit-elle, on m'a fait tenir des conférences sur la religion avec trois évêques. Ils différaient tous trois dans leurs croyances; je pris la quintessence de leurs opinions et m'en formai ma foi. » Cette religion n'était qu'une sorte de déisme sceptique, quoi qu'ait pu dire Massillon, dans son oraison funèbre, de la *solidité de la foi catholique* de la princesse Palatine. « Je remplis, ajoutait-elle, toutes les cérémonies extérieures; je vais aussi chaque semaine avec le roi à la messe; mais je ne m'en édifie pas moins avec les livres de prières luthériens » Sans ambition, sans agréments extérieurs, profondément Allemande dans une cour dédaigneuse de tout ce qui n'était pas français, la pauvre Palatine se trouvait dans une situation des plus difficiles. Pourtant, en peu de temps, sans intrigues, sans basse complaisance, elle sut s'emparer de l'estime générale, conquérir l'amitié du roi, et, ce qui était plus difficile, s'assurer la confiance, sinon l'amour de son mari. Du reste, les rôles semblaient intervertis entre Philippe d'Orléans et son épouse; et tandis que le premier aimait les parures, les bijoux, la danse et tous les amusements d'ordinaire affectés aux femmes, la princesse chérissait l'étude, la chasse, les chevaux, les chiens, les armes. « Dans ma jeunesse, dit-elle, j'aimais mieux les épées et les fusils que les poupées; j'aurais bien voulu être garçon, ce qui a failli me coûter la vie. En effet, ayant entendu raconter qu'à force de sauter, Marie Germain était devenue homme, j'ai fait des sauts si terribles que c'est un miracle si je ne me suis pas cassé le cou cent fois. »

Le mariage de la princesse Palatine avec le frère de Louis XIV se rattache particulièrement à l'histoire de France, en ce qu'il fut l'occasion ou plutôt le prétexte de cette affreuse guerre du Palatinat, qui doit à jamais couvrir de honte la mémoire de Louvois. Le frère de la duchesse étant mort sans héritier direct, en 1685, un héritier collatéral, le duc de Neubourg, avait pris possession du Palatinat. La France protesta au nom de Madame, et demanda que tous les biens allodiaux de sa famille lui fussent remis, aussi bien que tous les meubles. Le nouveau Palatin refusa, et Louvois ordonna de « tout brûler et rebrûler, » sans autre adoucissement que de faire sortir des villes ainsi condamnées les habitants. On mit le feu à Spire, Worms, Heidelberg, Manheim, et à une multitude de bourgs et de villages, tant de l'électorat de Trèves, que du margraviat de Bade. Les murailles et les châteaux forts, démolis, furent jetés dans le Rhin, les églises pillées, les campagnes dévastées, les monuments, les archives, les actes anéantis. Dans ses *Mémoires*, la pauvre princesse, cause innocente des malheurs du pays qui l'avait vue naître, s'écrie : « Quand je songe aux incendies, il me vient des frissons, car je sais comment on a sévi dans le Palatinat pendant plus de trois mois. Toutes les fois que je voulais m'endormir, je revoyais tout Heidelberg en feu; cela me faisait lever en sursaut, de sorte que je faillis en tomber malade. » Mais d'ordinaire la politique n'est pas ce dont s'occupe la princesse; sa marotte, c'est l'orgueil du rang, le préjugé aristocratique. Et en plein Versailles elle soufflète son fils, lorsqu'elle se persuade qu'il songe à épouser une bâtarde de Louis XIV et de la Montespan. La duchesse se laissa vaincre pourtant, et une fois le mariage conclu, elle vécut en bonne intelligence avec sa bru. Mais jamais elle ne pardonna à la Maintenon cette alliance. Entre ces deux femmes il y avait, du reste, d'autres causes de haine. Nul écrivain du dix-septième siècle n'a dit autant de mal de la veuve Scarron que la princesse Palatine; la favorite le sut, et elle eut un jour avec elle une explication à ce sujet. Elle lui montra une lettre des plus injurieuses, qui de la poste avait été envoyée au roi, et que celui-ci avait remise à la marquise. Cette leçon ne profite pas à la duchesse d'Orléans, et, bien qu'extérieurement réconciliée, rien ne met unfrein à ses outrages quand elle parle de Mme de Maintenon. Son aveugle haine ne s'arrête ni devant l'accusation des plus grands crimes, ni devant des injures grosssières empruntées au vocabulaire des halles.

Fanatique de l'étiquette, Madame ne trouvait pas qu'on l'observât assez à la cour de France : aussi, d'ordinaire, se tenait-elle dans sa chambre, où son occupation la plus chère était d'écrire à toute sa famille. Il en résultait une très-volumineuse correspondance, dont s'est fort égayé Saint-Simon, mais qui n'absorbait pas néanmoins tout son temps. Amie de l'étude, elle lisait beaucoup, s'occupait de numismatique, avait le goût des arts plastiques, qualités qui, aussi bien que ses défauts, faisaient de la duchesse d'Orleans une véritable curiosité au milieu de la cour frivole où elle vivait. Elle n'avait eu que fort peu de part dans l'éducation de son fils. Quand vint le temps de la régence, elle n'eut aucune influence; elle n'essaya pas d'en acquérir, elle n'en désira même pas. Cependant, elle n'avait pas voulu quitter la cour à la mort de son mari; et lorsque le roi, poussé, dit-elle, par Mme de Maintenon, qui désirait son éloignement, lui fit demander si elle désirait se retirer dans un couvent de Paris, ou à Maubuisson, elle répondit qu'elle tenait à aller directement à Versailles. Du reste, ce n'était pas l'ambition qui la dévorait : « Je craignais, dit-elle, qu'à deux journées d'ici, on ne me laissât mourir de faim. » Puis, elle aimait la cour comme un spectacle, dont tout bas elle s'amusait à siffler les nobles acteurs. La pension qui lui fut fixée à l'époque de son veuvage (1707), se montait, avec sa dot et son douaire, à 456,000 livres. Le régent l'augmenta de 150,000 livres; mais ni cette augmentation ni l'élévation de son fils ne changèrent rien à sa manière de vivre. Elle mourut à Saint-Cloud, en 1722, peu de temps avant ce fils. Elle comptait alors soixante-douze ans, et avait jusqu'au dernier moment conservé la plénitude de ses facultés. Avec les mémoires de Saint-Simon, la correspondance de la princesse Palatine est la plus terrible accusation portée contre les mœurs de cette cour du *grand roi*, qui précéda la régence.

Pauline Roland.

ÉLISABETH-CHARLOTTE, *Mademoiselle* de Chartres, fille de la précédente, née le 13 septembre 1673, épousa en 1698 le duc Charles-Léopold de Lorraine. De ce mariage naquirent treize enfants, dont l'un fut plus tard l'empereur d'Allemagne François Ier. La duchesse de Lorraine était une femme d'esprit et de résolution. Devenue veuve en 1729, elle dut se charger de la régence au milieu des circonstances les plus difficiles. En 1736 elle prit le titre de princesse souveraine de Commercy, et mourut le 24 décembre 1744.

ÉLISÉE, fils de Saphat, conduisait la charrue lorsque Élie, par ordre de Dieu, le choisit pour prophétiser après lui et continuer les prodiges qu'il avait opérés dans les royaumes d'Israel et de Juda. Au moment où Élie allait disparaître de la terre, Élisée avait demandé qu'il lui laissât son esprit de prophétie : la vue d'Élie dans les airs lui fit connaître que sa prière était exaucée. Pour faire en quelque sorte l'essai du pouvoir dont il venait d'être revêtu, il étendit sur le Jourdain le manteau de son maître, s'ouvrit un passage au milieu des eaux divisées, et s'annonça ainsi aux enfants des prophètes comme l'héritier de la puissance d'Élie. Peu de temps après, se rendant à Béthel, il fut insulté par des enfants, ou, selon des commentateurs, par la populace de cette ville : Élisée leur reprocha leur insolence, et Dieu, pour venger son prophète, fit sortir d'une forêt voisine deux ours qui en déchirèrent ou blessèrent quarante-deux. La réputation d'Élisée attira à lui Josaphat, roi de Juda, et Joram, roi d'Israel, qui vinrent le conjurer de prier le

Seigneur de soulager leur armée, qui manquait d'eau. « Que demandes-tu de moi? dit à l'infidèle Joram le successeur d'Élie. Va trouver les prophètes de ton père et de ta mère! Si ce n'était par considération pour Josaphat, je n'aurais pas daigné abaisser sur toi mes regards. » Néanmoins, il se rendit à la prière des deux rois, et leur prédit qu'ils vaincraient les Moabites. Il vint ensuite au secours d'une pauvre veuve poursuivie par un créancier impitoyable, et lui fournit le moyen d'acquitter sa dette, en multipliant un peu d'huile qu'elle avait chez elle. Il promit un fils à une femme de Sunam, qui lui donnait l'hospitalité, et ressuscita ce même fils quelques années après. Il guérit de la lèpre Naaman, général des armées du roi de Syrie, et en frappa Giézi, son serviteur, qui avait demandé en secret les présents que lui-même avait refusés.

Ben-Adad, roi de Syrie, cherche à se saisir d'Élisée, qui déjoue tous ses projets contre Israel : il aveugle les envoyés, les conduit au milieu de Samarie, pour leur montrer avec quelle facilité il peut les perdre, et, content de cette leçon, les protége contre Joram, et les rend à leur maître guéris et étonnés de sa puissance et de sa modération. Il prédit une disette de sept ans au royaume d'Israel, et l'abondance miraculeuse qui doit signaler la délivrance de Samarie assiégée et en proie à toutes les horreurs de la famine. Il annonce la mort prochaine de Ben-Adad, le règne d'Hazael, son meurtrier, et les maux que celui-ci doit causer aux enfants d'Israel. Enfin, nous le voyons sur son lit de mort promettre à Joas, roi d'Israel, autant de victoires sur la Syrie qu'il a frappé de fois la terre de son javelot. La mort même n'enlève pas à Élisée le don des prodiges, car l'Écriture nous montre un cadavre jeté dans son tombeau, et ressuscité par le seul attouchement des os du prophète. Il était mort dans un âge fort avancé, vers 835 avant J.-C.

L'abbé C. Bandeville.

ÉLISÉE (Jean-François COPEL, connu sous le nom de *Père*), célèbre prédicateur du siècle dernier, fils d'un avocat au parlement de Besançon, naquit à Besançon, le 21 septembre 1726, et fit ses premières études au collége des jésuites de cette ville. Il montra de bonne heure, par les succès qu'il obtint, ce qu'il pouvait être un jour. Les jésuites, voulurent l'attirer dans leur société; mais il préféra l'ordre des Carmes déchaussés, dans le couvent desquels il avait été faire une retraite afin d'examiner sa vocation. Il prit l'habit de l'ordre le 25 mars 1745, et exerça pendant six ans les fonctions de professeur à Besançon, dans le couvent où il était entré; il employait les intervalles de liberté que lui laissaient les soins de l'enseignement, à cultiver les belles-lettres et à se former à l'éloquence. Après s'être préparé par de longues études, il commença sa carrière évangélique en 1756, et obtint dès le début de grands succès. L'année suivante, il fut envoyé à Paris, dans la maison de son ordre; dès son arrivée, on l'employa à la prédication, et depuis il ne cessa pas pendant vingt-six ans d'exercer le saint ministère de la parole, voyant toujours grossir autour de lui l'affluence des auditeurs, et recueillant les plus honorables suffrages.

Un hasard singulier avait commencé sa réputation : un jour qu'il prêchait dans une église assez peu fréquentée, Diderot y entra par curiosité avec deux de ses amis. Bientôt son attention fut captivée, et il fut frappé de l'ordre, de la clarté, de la logique vive et pressante qui régnaient dans le sermon du prédicateur; il voulut s'assurer que le P. Élisée était bien l'auteur du discours qu'il venait d'entendre, et alors, enchanté de sa découverte, il parla de ce nouveau prédicateur avec cet enthousiasme qu'il ressentait pour tout ce qui était vraiment beau, et inspira à tout Paris le désir de le connaître. Depuis ce moment, le P. Élisée fut universellement recherché, et il se vit appelé à prêcher dans les chaires les plus brillantes de la capitale. La cour voulut aussi l'entendre : il prêcha devant elle trois carêmes, deux sous Louis XV, et un sous Louis XVI. De son côté, il ne négligea rien pour soutenir la réputation qu'on lui avait faite. Mais l'excès du travail, et plus encore les jeûnes sévères auxquels il s'assujettissait, altérèrent considérablement sa santé. Il se disposait à retourner dans le sein de sa famille pour y prendre un repos nécessaire, quand il fut invité par l'évêque de Dijon à prêcher le carême dans sa cathédrale; il fit, pour remplir cette honorable mission, des efforts au-dessus de ses forces, et qui l'épuisèrent entièrement. Il avait à peine terminé cette prédication, qu'il fut atteint de la maladie à laquelle il succomba; il mourut le 11 juin 1783, à Pontarlier, en allant en Suisse prendre les eaux de la Brévine, que les médecins lui avaient ordonnées. Son corps fut transporté à Besançon, et inhumé dans l'église de l'ordre des Carmes déchaussés. Sa mort causa de justes regrets à tous ses confrères, dont il avait su se faire chérir, et respecter par ses vertus, par la douceur de son caractère et par sa modestie.

Le P. Élisée n'avait rien fait imprimer. Après sa mort, ses écrits furent recueillis par le P. Césaire, son cousin, et publiés en 4 vol. in-12 (Paris 1785). Cette collection est précédée d'une courte Notice. Il a laissé des sermons et des panégyriques. Les sermons remplissent les trois premiers volumes. Le quatrième volume contient différents panégyriques, oraisons funèbres, etc. « Ses sermons, dit M. Weiss, se distinguent de la plupart des productions de ce genre par la sagesse de la composition, l'enchaînement des pensées, par la pureté et l'élégance du style; la lecture en est aussi agréable qu'utile aux personnes qui aiment à réfléchir sur elles-mêmes. On y trouve quelques morceaux dignes de Bossuet et de Massillon; mais, en général, on désirerait chez lui une connaissance plus grande des livres saints, plus de force et de justesse dans le raisonnement, plus d'abondance dans ses preuves, une onction plus pénétrante, une éloquence plus douce, plus de majesté, plus d'élévation, des idées moins vagues, des traits plus marqués. » Élisée avait adopté un débit simple, monotone même, et qui était fort bien approprié au caractère de son éloquence, dans laquelle il y avait peu d'art, presque point de figures et de mouvements, et qui se faisait surtout remarquer par la précision avec laquelle le sujet était exposé, ainsi que par la simplicité du plan. On estime surtout ses sermons *Sur la Mort* et *Sur les Afflictions*.

Le P. Élysée imprimait le respect et la confiance, par la simplicité de son extérieur, par la sainteté de sa vie, et par la pureté de ses mœurs.

Bouillet.

ÉLISION (du latin *elidere*, étouffer), terme de grammaire, qui exprime l'étouffement, la suppression d'une voyelle à la fin d'un mot devant une autre voyelle qui commence le mot suivant, suppression qui contribue à l'euphonie du discours. En français et en grec, l'élision se marque par une apostrophe : *l'âme*, *j'ai*, *s'il*, ἀλλ' ὕρα, ὅ δ' οὖν. Elle joue un rôle important dans le mécanisme de la versification latine, et concourt souvent avec succès aux plus heureux effets de l'harmonie imitative. Là son domaine était beaucoup plus étendu qu'il ne l'est dans notre langue; car dans les vers latins l'élision s'opère non-seulement sur les voyelles et les diphthongues, mais encore sur la lettre *m*. Dans la langue française, elle ne jouit pas d'une aussi grande latitude; son action se borne aux voyelles. Ainsi, dans *l'amour*, il y a élision, à cause de l'*hiatus* désagréable qui résulterait du choc des deux voyelles, si l'on disait *le amour*. Il en est de même dans tous les assemblages de mots du même genre. L'élision doit également s'opérer lorsqu'un mot terminé par un *e* muet est immédiatement suivi d'un mot commençant par un *h* non aspiré. Ainsi, au lieu de prononcer *agréable harmonie*, il faut négliger l'*e* final de l'adjectif *agréable*, et, confondant sa dernière syllabe avec la première du mot qui suit, dire en parlant *agréabl'harmonie*. On voit par là que dans notre prononciation il se fait beaucoup d'élisions que le texte écrit ou imprimé n'indique pas.

Dans notre versification il n'y a d'élision que pour l'*e* muet. Lorsque dans le corps du vers la dernière syllabe est terminée par un *e* muet, et que le mot suivant commence par une voyelle ou par un *h* non aspiré, la première syllabe s'*élide* et se confond dans la prononciation avec celle qui l'accompagne, comme dans ce vers de Racine :

Nulle paix pour l'impie; il la cherche, elle fuit.

Mais quand le mot terminé par un *e* muet est suivi d'un autre mot qui commence par une consonne ou par un *h* aspiré, alors l'*e* muet ne doit point s'*élider*; il se prononce, il fait nombre; exemple :

Quelle honte pour moi! Quel triomphe pour lui!
Elle perce les murs de la voûte sacrée.

Dans ces deux vers, on voit que tous ces *e* muets, par la place qu'ils occupent devant des consonnes, ne sont point sujets à l'élision, et conservent par conséquent, avec leur individualité, la note sourde qu'ils font entendre dans les *désinences*. La conversation tolère une foule d'élisions qui donnent plus de rapidité, plus de grâce au langage. C'est l'usage qui est le souverain maître en cette matière. Si, par respect pour les règles les plus minutieuses de la grammaire, on affectait de ne pas vouloir s'astreindre à ces élisions reçues, on pourrait s'exposer au ridicule qui s'attache toujours au purisme exagéré. CHAMPAGNAC.

ÉLISSA. *Voyez* DIDON.

ÉLITE (du latin *electus*) indique ce qu'il y a de mieux, de plus parfait dans chaque espèce d'individus ou de choses, et désigne aussi cette opération mentale ou physique par laquelle on sépare d'un tout ce qui est de nature à en former l'élite. On dit *une troupe*, *des soldats d'élite* ou *de choix*. Il y a dans les armées des *corps d'élite*, c'est-à-dire des corps censés choisis, comme à présent la garde impériale, la garde de Paris, autrefois la garde royale, la *gendarmerie d'élite*, etc. Dans les corps, dans les régiments, il y a des *compagnies d'élite*, comme les *grenadiers* ou *carabiniers*, les *voltigeurs* ou *chasseurs*. Dans le génie, l'artillerie, la cavalerie, les chasseurs à pied, les hommes d'élite se distinguent par un galon simple en laine sur la manche; dans l'infanterie c'est la couleur de l'épaulette et le sabre qui sont le signe distinctif des soldats d'élite.

ELIXIR. L'étymologie de ce mot est douteuse : ainsi, les uns le font venir du grec, ἕλκω, j'extrais, ou ἀλέξω, je porte du secours; les autres le regardent comme tiré du latin, *eligere*, choisir; ou de l'arabe, *al-eksir* ou *al-cesir*, remède chimique. Quoi qu'il en soit, il a été très en vogue jadis parmi les alchimistes; et depuis, les pharmacologues s'en sont longtemps servis pour désigner des médicaments composés de plusieurs principes dissous dans l'alcool. Mais aujourd'hui il est complétement tombé en désuétude dans les livres scientifiques, et il est remplacé, avec raison, par celui de *teinture composée*, ou mieux encore d'*alcoolé composé*. Nous nommerons cependant les élixirs qui sous ce nom ont acquis quelque célébrité, tels que l'*élixir de Garus*, l'*élixir de Villette* contre la goutte, l'*élixir antipestilentiel* de David Spina, etc.

A l'époque où l'on attribuait aux élixirs des propriétés merveilleuses, Paracelse avait composé l'*élixir de propriété*, dans lequel il espérait trouver l'immortalité. Il était ainsi composé : teinture de myrrhe, quatre parties; teintures de safran et d'aloès, de chaque trois parties.

L'*élixir de longue vie* doit sans doute à son nom d'être encore assez fréquemment employé. C'est une teinture d'aloès et de thériaque; les personnes qui en font usage en prennent tous les matins une ou deux cuillerées, comme stomachique, vermifuge et légèrement purgatif.

La *drogue Leroy*, également annoncée comme un élixir, n'est qu'un purgatif violent.

EL-KAB. *Voyez* EILEYTHYIA.

ELLÉBORE ou **HELLÉBORE**, genre de plantes de la polyandrie polygynie de Linné, et de la famille des renonculacées de Jussieu. Ces végétaux sont herbacés, très-vivaces, et habitent diverses parties de l'Europe. L'*ellébore jaune* (*helleborus hyemalis*), qui croît dans les bois humides, a sa racine tubéreuse et fibreuse; les hampes simples et droites en émanent directement; elles portent à leur sommet une feuille orbiculaire, verte, disposée horizontalement, ayant l'apparence d'une colerette, au-dessus de laquelle s'élève une fleur jaune, qui s'épanouit en février et mars. L'*ellébore noir* (*helleborus niger*) offre un port analogue à celui de l'ellébore jaune, mais ses fleurs diffèrent; elles sont d'un blanc rosé, et s'épanouissent dès la fin de décembre. C'est pourquoi cette plante a été surnommée *rose de Noël*. L'ellébore jaune et l'ellébore noir, surtout la dernière espèce, sont cultivés dans les jardins, où ils plaisent aux yeux, tant par leur feuillage que par leurs fleurs, au milieu du deuil de la nature. L'*ellébore de Corse* (*helleborus lividus*) se reconnaît à ses feuilles grandes, luisantes, dentelées profondément, d'un vert foncé et jaunâtre à la pointe. Les fleurs sont d'un vert blanchâtre, et durent une grande partie de l'été. L'*ellébore pied-de-griffon* (*helleborus fetidus*), dont la tige est feuillée et multiflore, présente des fleurs verdâtres et bordées de pourpre, s'épanouissant dans l'hiver. On cultive aussi ces deux dernières espèces, surtout l'*ellébore de Corse*, à cause des touffes de verdure qu'elles procurent. On les multiplie toutes facilement en écartelant les pieds. L'*ellébore d'Orient* (*helleborus orientalis*) a une racine ligneuse et épaisse; les feuilles sont grandes et divisées en sept folioles; les fleurs forment un panicule à l'extrémité des tiges qui les portent.

Ces plantes, comme les renonculacées en général, exercent sur les tissus animaux une action irritante et souvent toxique. En raison de cette propriété, elles sont peu usitées en médecine; elles agissent d'ailleurs à la manière des substances purgatives et émétiques dont le nombre est considérable. Les personnes étrangères à la profession médicale pensent cependant que l'ellébore est un remède très-usité, et notamment efficace contre la folie. On dit vulgairement, en parlant d'un individu dont les actes ne paraissent pas être dictés par une raison bien saine : « Il a besoin d'une dose d'ellébore, » comme on dit : « Il a besoin de faire un tour aux petites maisons. » Cette croyance est erronée, et n'est qu'un préjugé, qui, pour dater de loin, n'en est pas plus respectable. Ce sont les anciens Grecs qui employèrent l'ellébore en médecine, et notamment pour remédier à la folie : ils distinguaient deux espèces de cette plante, l'une blanche, l'autre noire; on ignore quelle était la première, qu'ils estimaient le plus (car la plante que l'on nomme vulgairement *ellébore blanc* appartient au genre *varaire*); la seconde paraît être l'ellébore d'Orient, d'après Tournefort, qui a fait des recherches à ce sujet pendant son voyage dans le Levant. C'était une grave détermination à prendre que de se soumettre à l'*elléborisme*; il fallait endurer une rude secousse, s'exposer aux vertiges, à la sensation de la strangulation, aux défaillances, aux scènes si pénibles du choléra-morbus indigène : aussi la force et le courage étaient-elles des conditions nécessaires pour la réussite de ce traitement, disait Hérophile. Il n'est pas étonnant qu'un remède aussi violent ait été abandonné; mais avait-il l'efficacité contre la folie qu'on lui attribuait en Grèce, surtout à Anticyre, où croissait l'ellébore de première qualité? On ne possède sur ce sujet que des notions confuses; cependant il a fallu que l'usage de cette médication ait été suggéré et entretenu par des faits plus avérés que la guérison de deux Nymphes par le berger Mélampe. Peut-être y a-t-on renoncé à tort. On ne consigne point ici cette réflexion comme regret de ne point voir traiter aujourd'hui les fous à la manière des anciens Grecs, mais pour appeler l'attention sur la part que les affections des viscères abdominaux prennent aux aliénations mentales, part qui est trop méconnue et négligée. C'est très-probablement par l'action sympathique des viscères sur le cerveau que des guérisons de folie auront été obtenues par l'ellébore. Un médecin peut méditer sur cette remarque sans être dans le cas de s'embarquer pour Anticyre. Dr Charbonnier.

ELLENBOROUGH (Édouard Law, baron d'), né en 1750, à Great-Salked, dans le Cumberland, était fils d'Edmond Law, évêque de Carlisle. Il se consacra d'abord à la pratique du droit. Reçu au barreau en même temps qu'Erskine et Scott, il ne tarda pas à l'emporter sur ses illustres rivaux. La défense de Warren Hastings, dont il fut chargé à partir de l'année 1785, porta sa réputation et sa célébrité à leur apogée. Dans ce procès fameux, il avait à lutter contre Burke, Fox et Sheridan portant la parole au nom de l'accusation; mais, après cinq années d'efforts, il n'en réussit pas moins à convaincre la chambre haute de l'innocence de l'accusé, et à faire acquitter son client. Ses succès au barreau, la réputation d'avocat énergique et consciencieux qu'il s'y était acquise, le firent appeler, en 1801, au poste d'*attorney general*. L'année suivante, il succéda à lord Kenyon comme président de la cour du *King's Bench*, et fut promu à la pairie sous le titre de *baron d'Ellenborough*, du nom d'un village de pêcheurs d'où sa famille est originaire. Quand lord Grenville devint chef du cabinet, il appela lord Ellenborough à siéger au conseil, mesure qui excita un vif mécontentement parce qu'elle parut contraire à la constitution. Dans toute sa carrière parlementaire, lord Ellenborough se montra dévoué aux principes du torysme et surtout adversaire implacable de l'Irlande et de l'émancipation des catholiques. Le dépit qu'il éprouva en voyant, malgré tous ses efforts, le jury rendre un verdict d'acquittement dans la cause d'un certain W. Hone, accusé de libelles impies, le détermina à donner sa démission. Il mourut le 13 décembre 1818, laissant de son mariage avec une arrière-petite-fille de Thomas Morus de nombreux enfants, qui occupent aujourd'hui des places éminentes dans l'Église et dans l'administration.

ELLENBOROUGH (Édouard Law, comte d'), né en 1790, fils aîné du précédent, épousa en premières noces une sœur de lord Castlereagh, et en secondes noces la fille de l'amiral Digby; mariage qui fut juridiquement dissous en 1830, à la suite d'un procès en *criminal conversation* avec le prince Félix de Schwartzenberg, alors secrétaire de l'ambassade d'Autriche à Londres, intenté à lady Ellenborough par son mari. Tory ardent, lord Ellenborough fit partie, en 1828, du cabinet dont le duc de Wellington était le chef, et y remplit les fonctions de président du bureau de contrôle. Quand, en 1830, les whigs arrivèrent au pouvoir avec lord Grey, il donna sa démission. En 1834 il entra dans le ministère Peel, qui ne dura que quelques mois, et en 1841 il fut nommé gouverneur général des Indes Orientales en remplacement de lord Auckland. Arrivé le 28 février 1842 à Calcutta, il y trouva les affaires dans la situation la plus critique, à la suite de l'insuccès de l'expédition qui venait d'avoir lieu dans l'Afghanistan. Il ordonna aussitôt à l'armée de rentrer dans l'Afghanistan, lui fit prendre la route de Kaboul, que les troupes britannique dévastèrent et qu'elles évacuèrent ensuite, lord Ellenborough ayant jugé impolitique d'étendre davantage les limites des possessions anglaises. Ses actes comme gouverneur général, et surtout une proclamation dans laquelle il félicitait les Hindous à l'occasion de la reprise des portes du temple de l'idole de Somnath, furent sévèrement blâmés dans le parlement, et le gouvernement eut beaucoup de peine à empêcher que les remerciements votés à l'armée par les deux chambres ne continssent un blâme à l'adresse du gouverneur général. Les directeurs de la Compagnie des Indes le rappelèrent par une décision en date d'avril 1844; mais par compensation la reine lui octroya les titres de *vicomte Southam* et *comte d'Ellenborough*. A quelque temps de là il fut nommé premier lord de l'amirauté; mais en juin 1846, il dut quitter le pouvoir avec les autres membres du cabinet Peel. Depuis lors il a toujours fait partie de l'opposition dans la chambre haute où, entre autres votes importants, il eut une grande part (1848) au rejet du bill d'émancipation des juifs.

ELLENRIEDER (Marie), de toutes les dames allemandes qui cultivent aujourd'hui la peinture, celle qui a peut-être montré le plus de talent. Née en 1791 à Constance, elle étudia les éléments de l'art dans sa ville natale, et alla se perfectionner à Munich, puis, en 1820, à Rome, après s'être déjà fait remarquer par quelques toiles d'un bon style. En Italie, elle acquit une rare correction de dessin. Elle résida ensuite pendant quelque temps à Carlsruhe, où elle fut chargée de peindre *le Martyre de saint Étienne* pour le maître-autel de l'église catholique de cette ville. Plus tard (1839), elle alla passer encore une année à Rome, et depuis lors elle habite sa ville natale. Ses toiles offrent l'expression la plus complète de ce que peut produire en peinture le génie de la femme, et ses compositions ont tant de grâce et de douceur, qu'on a dit qu'elle semblait ne travailler que dans la compagnie des anges, tant il y a d'innocence et de béatitude dans ses têtes, qui, en revanche, manquent d'individualité. Cette artiste s'est aussi essayée comme peintre de genre, et alors encore les sujets qu'elle traite sont le plus ordinairement empruntés au sentiment religieux. Sous ce rapport, on cite surtout d'elle *un Enfant surpris par l'orage et agenouillé en prière*. Elle manie le pastel avec une rare perfection, et on a d'elle d'excellents portraits en ce genre. Ses toiles les plus célèbres sont : *Marie et l'enfant Jésus; Joseph et l'enfant Jésus; Sainte Cécile; La Foi, l'Amour et la Charité*, groupe.

ELLER, ELLÉRIENS. *Élie* Eller naquit en 1690, dans un obscur village du duché de Berg. Pendant sa première jeunesse, il exerça le métier de tisserand à Elberfeld. Naturellement rêveur, et livré par sa profession sédentaire aux entraînements de son imagination, il s'absorba tout entier dans les idées théosophiques; il finit par se persuader que Dieu l'avait choisi pour former une Église nouvelle. Au début de son apostolat, lui-même se nomma le *père de Sion*, et voulut qu'on appelât sa femme la *mère de Sion*. Les habitants d'Elberfeld n'ayant pas goûté ses prédications, il quitta leur ville en lui prédisant la destinée de Sodome, et fixa son séjour à Ronsdorff, que venait de fonder l'électeur palatin, alors souverain de Berg. Nommé bourgmestre de sa nouvelle résidence, il vit dans sa place un puissant moyen de propager sa doctrine, et joignant à l'ascendant de sa magistrature l'enthousiasme de la parole fortifié d'une parfaite régularité de conduite, il fut bientôt à la tête d'un troupeau d'adhérents, composé de presque tous les habitants de la localité. Cette vie exempte de blâme, que, sur l'autorité d'écrivains impartiaux, nous attribuons à ce visionnaire, lui est cependant contestée par des historiens qu'aveuglent peut-être leurs préventions religieuses. « C'était, disent-ils, un homme ambitieux, très-rusé, qui pour gouverner sa petite secte en despote employait l'espionnage. Il aimait les longs repas et les orgies, peut-être moins par goût pour la débauche que pour saisir les secrets des hommes ivres, car il avait assez de tête pour ne confier qu'aux adeptes sa doctrine, dont un des articles était qu'il est permis de tout nier au besoin. » (Grégoire, *Histoire des sectes religieuses*). Des journalistes allemands ont cru trouver la preuve d'un espionnage politique de la part d'Eller dans sa nomination d'agent des Églises protestantes des duchés de Juliers et de Berg par un prince très-ardent luthérien, l'électeur de Brandebourg, premier roi de Prusse en 1701. La petite secte d'Eller est mentionnée dans l'histoire du luthéranisme sous les noms d'*Ellériens* et de *Ronsdorffiens*, dus à son fondateur et au lieu de sa fondation. Quant à sa doctrine, qu'il a lui-même consignée dans un écrit intitulé *La Pannetière*, elle s'éloignait peu de la confession d'Augsbourg, ce qui explique la facilité avec laquelle les Ellériens ou Ronsdorffiens reprirent leur rang parmi les purs luthériens, après la mort de leur chef, arrivée le 16 mai 1750. Le prêtre Wulsingh, qui avait succédé à Eller, mourut dans la maison de correction de Dusseldorf. E. LAVIGNE.

ELLESMERE (FRANCIS EGERTON, comte D'), célèbre par son amour éclairé pour les sciences et les beaux-arts, est le fils cadet du feu duc de Sutherland, qui avait hérité à la mort de son oncle, Francis Egerton, duc de Bridgewater, de sa précieuse collection de tableaux évaluée 150,000 liv. st. et de terres canalisées rapportant 80,000 liv. st. par an, à titre de majorat de secundogéniture. Né le 1er janvier 1800, lord *Francis* LEVESON GOWER (c'est le titre qu'il porta d'abord) reçut une éducation distinguée et épousa, en 1822, la fille de Charles Greville, de la famille de Warwick. Peu de temps après, il entra à la chambre des communes comme représentant du bourg de Bletchingley. A la suite d'un voyage sur le continent, il s'éprit du goût le plus vif pour la langue et la littérature allemandes, et traduisit en vers le *Faust* de Gœthe. Conservateur modéré, il remplit sous le ministère Wellington, de 1829 à 1830, les fonctions de premier secrétaire pour l'Irlande et vota contre le bill de réforme; ce qui ne l'empêcha pas, après le succès législatif de cette grande mesure politique, d'être élu représentant dans le comté de Lancaster. La mort de son père, arrivée en 1830, le mit en possession du majorat de Bridgewater, et il prit alors le nom d'*Egerton*. Il se rattacha en 1841 avec le plus grand zèle au ministère Peel; et dans la session de 1846, ce fut lui qui présenta le projet d'adresse en réponse au discours de la couronne; adresse dans laquelle était indiquée la grande réforme commerciale qui se préparait. La même année, il fut appelé à la pairie en qualité de *vicomte Brackley* et de *comte d'Ellesmere* (titres qui avaient déjà existé dans la famille Bridgewater). L'année suivante, il fit commencer sous la direction de Barry, l'architecte du palais de Westminster, la construction de son magnifique hôtel de Saint-James Park, *Bridgewater-House*, qui fut terminé en 1850. C'est là qu'il a transféré sa précieuse collection de productions de l'art italien, espagnol, flamand, français et anglais, et le public est admis à la visiter certains jours de la semaine. Un voyage dans la Méditerranée, à bord d'un yacht de plaisance, lui a fourni le sujet de ses *Mediterranean Sketches* (1843). Il a pris aussi une part active aux travaux de l'*Archæological Society* et de la commission instituée sous sa présidence pour la réorganisation du *British Museum*. Son *Guide to northern archæology* (1848) est le fruit de ses travaux comme antiquaire. En 1851 il a publié, d'après l'allemand, *Military* 1848 *events in Italy in the years and* 1849.

ELLEVIOU, fils du chirurgien en chef d'un des hôpitaux de Rennes, naquit dans cette ville en 1769; il y reçut une bonne éducation, et fut le camarade d'études d'Alexandre Duval. Son père le destinait à sa profession; mais un goût précoce très-prononcé pour l'art dramatique inspirait au jeune homme de tout autres projets. Un beau jour, il s'échappe de la maison paternelle, et va s'engager dans la troupe de La Rochelle, où il fait ses premières armes dans quelques opéras-comiques: il n'avait pas encore vingt ans. Informé de son escapade, l'intendant de la province fait arrêter le débutant. On l'enferme dans une tour faisant partie de la prison de la ville, et donnant sur la place. Cette détention procure au jeune Breton un auditoire bien plus nombreux, un succès bien plus grand qu'il ne l'avait ambitionné. Les dames surtout prennent parti pour le bel acteur, et la ville entière va écouter et applaudir le troubadour captif, qui chante à l'une des fenêtres de sa prison la romance de *Richard :*

Dans une tour obscure
Un roi puissant languit, etc.

Son père arrive à La Rochelle dans un de ces moments où son fils s'amuse comme un roi; il l'embrasse, et tout est pardonné. Libre un peu plus tard de suivre son penchant, Elleviou vient débuter à Paris, au théâtre Favart, en 1790. Il y est accueilli avec une faveur marquée; bientôt il fait oublier aux habitués de l'Opéra-Comique ce Clairval, si longtemps l'objet de leurs regrets, et obtient la préférence, près des femmes, sur le fade et langoureux Michu. Mais, s'étant fait remarquer, en 1795, dans les rangs de ceux que les jacobins appelaient la *jeunesse dorée*, la réaction anti-thermidorienne voulut en tirer vengeance. On le signala comme n'ayant point satisfait à la loi de la réquisition; contraint de quitter Paris, il alla jouer quelque temps sur le théâtre de Strasbourg, où les bravos des spectateurs le consolèrent de son exil.

Il était de retour dans la capitale, et poursuivait le cours de ses succès, lorsqu'en 1801 la réunion des deux théâtres de Favart et de Feydeau forma cette brillante troupe d'opéra-comique qui porta ce genre à un si haut degré de prospérité. Par ses avantages physiques, son chant agréable et expressif, son jeu plein de finesse et d'esprit, on peut dire qu'Elleviou en fut le diamant. Les rôles qu'il créa dans *Le Calife de Bagdad*, *Le Prisonnier*, *Maison à vendre*, *Adolphe et Clara*, et une foule d'autres pièces, accrurent successivement sa renommée théâtrale. Quelques envieux voulurent faire croire que les personnages de militaires, qu'il affectionnait et que l'esprit de l'époque mettait en faveur près du public, devaient former le partage exclusif du talent d'Elleviou; ils dirent, dans le langage du calembour, que cet acteur était trop *uniforme*. La grande majorité des spectateurs rendit plus de justice à l'artiste qui avait su varier ses plaisirs, qui passait sans effort des touchants accords de *Joseph* aux charges amusantes de l'*Irato* et des *Rendez-vous bourgeois*. Aussi n'y eut-il qu'une voix pour regretter sa retraite prématurée, lorsqu'en 1813, dans toute la force de son talent, il quitta la scène pour n'y plus reparaître. Cette détermination fit oublier quelques prétentions peut-être exagérées, formées par lui au sujet de ses appointements, quelques débats fâcheux que, dans sa vivacité bretonne, il avait eus avec deux ou trois auteurs et compositeurs distingués. Un mariage avantageux avait permis à Elleviou d'abandonner de bonne heure la carrière qu'il avait illustrée. Retiré dans sa terre de Roncières, près de Tarare, il s'y livra à son goût, très-vif, pour l'agriculture; il avait, dit-on, opéré des innovations, et tenté des expériences heureuses dans cet art, si différent de celui qu'il avait cultivé autrefois. En 1815, il fit acte de courage et de patriotisme en organisant dans son canton un corps franc destiné à combattre l'invasion étrangère et dont il prit le commandement. En 1836, ce canton lui donna un témoignage honorable de confiance et d'estime en le nommant membre du conseil général du Rhône. Moins heureux dans un troisième art, où il avait aussi voulu tenter quelques essais, Elleviou avait fait jouer en 1805 un opéra-comique de sa composition, *Délia et Verdikan*, qui n'obtint point de succès, malgré le double appui de son jeu et de la musique de Berton. Sans faire beaucoup plus d'honneur à son talent dramatique, *L'Auberge de Bagnères*, dont il fut un des auteurs, obtint, grâce à la partition de Catel, un accueil plus favorable et une plus longue existence. Il eut la douleur, à la fin d'octobre 1837, de voir mourir chez lui son ancien camarade Martin, dont il accompagna le cercueil à Paris. Elleviou mourut en 1850. OURRY.

ELLIOT, nom d'une famille écossaise qui a fourni plusieurs hommes de mérite.

Gilbert ELLIOT, de Stob, dans le comté de Roxburgh, épousa une fille de Walter Scott de Harden, et fut le grand-père de *Gilbert* ELLIOT, créé baronet en 1666. C'est d'un fils cadet de celui-ci que descendent les comtes Minto; de son fils aîné descendait *Georges-Auguste* ELLIOT, le défenseur de Gibraltar. Né en 1718, il entra dans le corps du génie en 1733, et se distingua à l'affaire de Dettingen, dans la guerre de sept ans. A la paix, il fut promu au grade de lieutenant général, et en 1775 nommé gouverneur de Gibraltar. En 1782 il repoussa l'attaque dirigée contre cette place par le duc de Crillon, à la tête d'une armée franco-espagnole, forte de 30,000 hommes et appuyée par des batteries flottantes portant 400 pièces de canon. L'ennemi fut réduit à transformer le siége en un simple blocus, auquel mit fin la paix de Versailles, en 1783. Georges Elliot fut récompensé de sa belle conduite par le titre de lord *Heathfield*. Il mourut à Aix-la-Chapelle, en 1790.

Georges ELLIOT, frère du comte de Minto, né le 1er août 1784, entra de bonne heure dans la marine, et parvint rapidement au grade de capitaine de vaisseau. En 1830 il fut nommé secrétaire de l'amirauté, puis contre-amiral et commandant de la station du cap de Bonne-Espérance. Appelé en mars 1840 au commandement en chef des forces navales anglaises dans les mers de la Chine, le 5 juillet de la même année il s'empara de l'île de Chusan, et alla ensuite prendre position à l'embouchure de la rivière de Pékin. Mais ayant consenti, sur la demande des négociateurs chinois, à s'éloigner, il fut remplacé dans son commandement par l'amiral sir Williams Parker. En 1847 il passa vice-amiral.

Il ne faut pas le confondre avec *Charles* ELLIOT, capitaine de vaisseau depuis 1828, qui en 1836 fut nommé par le gouvernement anglais inspecteur général du commerce de Canton, avec droit de juridiction sur les Anglais établis en Chine, et mission de rétablir les relations commerciales des deux peuples. Il ne fut pas heureux. En décembre 1837, s'étant retiré sans motifs plausibles de Canton à Macao, et ayant, à la demande du gouverneur chinois Lin, prescrit aux négociants anglais de livrer les quantités d'opium dont ils étaient détenteurs; plus tard encore, en février 1840, ayant évacué Macao malgré une victoire remportée sur la flotte chinoise, il fut rappelé et envoyé en 1841 au Texas en qualité de consul général. Au mois de septembre 1846, on le nomma gouverneur des îles Bermudes.

ELLIOTT (EBENEZER), l'un des plus remarquables poëtes populaires qu'ait encore produits l'Angleterre, naquit le 17 mars 1781 à Masbrough, dans la paroisse de Rotherham. Son père, ardent républicain et *dissenter* exalté, qui parfois montait lui-même dans la chaire évangélique, était directeur d'une fonderie de fer établie dans cette localité. Le jeune Elliott, qui n'annonçait encore que fort peu de dispositions, y entra comme apprenti à l'âge de douze ans. L'amour de la nature et la lecture des *Saisons* de Thompson éveillèrent en lui les premiers germes du génie poétique, en même temps qu'une petite bibliothèque léguée à son père par un prêtre de ses amis lui fournit les moyens de suppléer jusqu'à un certain point à ce que son éducation première avait eu d'incomplet. Jusqu'à vingt-trois ans, il travailla dans cette usine; puis il entreprit lui-même un commerce de fers, qui ne tarda point à prendre un certain développement, jusqu'au moment où une crise commerciale le plongea de nouveau dans la misère. Pendant longtemps ses dispositions poétiques ne furent pas connues au delà d'un petit cercle d'amis; et les premiers poëmes qu'il publia en 1823 n'éveillèrent pas l'attention, parce qu'il n'avait point encore trouvé le véritable sujet qui devait inspirer sa muse. Mais il se jeta avec toute l'énergie de son esprit dans l'agitation de 1830 pour la réforme électorale, puis dans celle contre l'impôt sur le pain; et ses *Corn-law-rhymes* (1831) furent le fruit de cette direction donnée à ses idées. Malgré beaucoup de fautes contre le bon goût, amis et ennemis rendirent hommage au sentiment vrai et énergique qui s'y reflète; et l'éloquence naturelle avec laquelle il y prenait la défense des pauvres et des opprimés, lui fit acquérir beaucoup d'influence sur les masses; influence dont plus tard il sut profiter dans ses luttes en faveur du *libre échange*. Ses préoccupations littéraires et politiques ne lui faisaient point négliger son état, et il réussit à se relever assez de ses pertes précédentes pour s'assurer une vieillesse à l'abri du besoin et des soucis. Mais peu après le triomphe du *libre échange*, sa santé s'affaiblit, et il mourut dans sa ferme de Barnsley, le 1er décembre 1849. Outre ses poëmes (*Poetical works;* Edimbourg, 1840), il a écrit aussi divers ouvrages en prose, dont la plus grande partie parurent d'abord dans le *Tait's Magazine*. Ses œuvres posthumes (*More verse and prose;* 2 vol., Londres, 1850) ont moins d'importance, quoiqu'on y trouve encore quelques passages lyriques rappelant les meilleures productions de son âge viril.

[Peu de temps après notre révolution de Juillet, lorsque l'Europe était encore ébranlée de son contre-coup, un forgeron du comté de Sheffield, tout noir encore de ses travaux cyclopéens, bronzé par les vapeurs ardentes de son foyer, teint de suie, à peine couvert, le dimanche, d'un gros habit de drap gris-de-fer, fit retentir trois fois sa voix poétique. Le forgeron chantait d'un ton assez rude, sur une lyre à cordes d'airain, les misères du peuple, le paupérisme, qui devient colosse, le fléau des mauvaises lois enfantant les mauvaises mœurs; il a prophétisé comme l'âne de Balaam, et beaucoup mieux que son maître. Partie des ateliers fuligineux de Sheffield, où le travail, armé de mille marteaux, se bat avec la nécessité, et transforme à la fois le fer en acier, l'acier en pain, cette voix pleine de raison et de force, mâle, vigoureuse, nullement caressante, fit le tour de l'Angleterre; les mots *troisième édition* sonnèrent bientôt à à l'oreille du lecteur des *Corn-law-rhymes* (Vers sur les lois des céréales). Quel titre! Il était le seul possible. Notre poëte chantait en effet le pain, la cherté du pain, l'horrible détresse des classes forcées de s'en passer quand les législateurs ne mettent pas le pain à leur portée. C'était le poëte de la famine.

Ce qui étonna surtout le vulgaire, c'est que le forgeron de Sheffield n'avait pas fait d'études et ne possédait pas un denier de capital : étonnement insensé! Je n'aime pas cette fatuité intolérable qui, pour avoir été élevée à Oxford, se croit en possession exclusive du génie, et s'émerveille d'en trouver ailleurs que chez elle. Notre forgeron de Sheffield savait ce qu'il valait. Nulle préface préparatoire et suppliante ne servait d'exorde à sa poésie. Il ne priait pas le lecteur de pardonner beaucoup à un pauvre homme qui n'avait pas fait ses classes. Athlète robuste, prolétaire hardi, il donnait l'essor à sa pensée menaçante. Que l'on partageât ou réprouvât ses opinions, il fallait l'écouter, cet homme qui n'était ni sentimental, ni romanesque, ni romantique, ni kantiste, ni puritain; mais un penseur sérieux, un de ces gens rares, qui ne croient qu'à ce qu'ils savent et qui disent tout ce qu'ils croient. Une inspiration de colère, mais de probité, anime sa poésie. On y retouve l'homme fort, qui n'attend de secours que de lui et de sa vertu. Elevé au milieu de la détresse, pour une vie de peine; accessible cependant aux affections, connaissant des passions humaines ce qu'elles ont de plus tendre et de plus viril; courageux, entreprenant, ne s'arrêtant pas à l'apparence et à la surface, mais pénétrant dans la réalité des choses : c'est un poëte. Néanmoins sa donnée principale est fausse. Homme populaire, il ne prévoit qu'un danger, c'est de manquer de pain. *Du pain pour ses enfants! Du pain à bon marché!* donnez-lui-en, et il ne vous poursuivra plus de ses clameurs. Toute l'âpreté de son dithyrambe est dirigée contre les *lois sur les céréales*. Il ne voit pas que ces lois font la fraction infiniment petite d'un système immense, et qu'alors même qu'on parviendrait à les corriger, à cicatriser cette plaie, à guérir cette blessure, mille autres plaies saigneraient encore. Il n'est frappé que de ces mesures législatives qui, enfravant l'importation des grains et leur exportation, lui semblent menacer de disette sa pauvre famille. Erreur naturelle! [illegible]

Ce poëte populaire, qui a fixé l'attention générale et qui la mérite à plus d'un titre, n'est pas un radical pur, un républicain forcené. Il ne veut pas tout détruire; il croit encore, et il y a de la loyauté dans sa révolte. Ennemi des abus de l'Église, il conserve intact ce sentiment religieux sans lequel il n'y a pas de poésie; rien n'est plus beau que sa description du dimanche de l'ouvrier. Comme ce pauvre homme est heureux de sentir la fraîcheur de l'air! Qu'il jouit pleinement et fortement de sa liberté d'un jour! Quelle piété profonde dans cette action de grâces rendues à Dieu, qui sur cette vallée de larmes a répandu à pleines mains des plaisirs que tout homme peut savourer! Il serait difficile de trouver dans aucun sermonnaire un morceau où la piété se montre plus éloquente, dans aucun poëte un fragment plus énergique. L'énergie, la simplicité, la beauté, la grandeur ne manquent pas aux accents du forgeron de Sheffield. Au lieu de l'athéisme des salons, c'est une profonde et noble croyance, une confiance admirable en Dieu.

Ainsi, le mal que ce poëte aperçoit, celui qu'il souffre, ne le rendent pas inaccessible à cette admiration du beau, sans laquelle il n'y a pas de génie. On se souviendra de cet homme écrasé par la société, de cet artisan placé au milieu de la misère créée et entretenue par nos institutions; de ce pauvre cyclope qui a fait entendre une voix si pieuse et si tendre.

Il se rapproche de Crabbe pour la sévérité, l'âpreté, la bilieuse réalité des portraits; mais il a plus de passion et de flamme native. Il écrit comme un artisan plein de verve; Crabbe écrivait comme un vicaire mécontent. Malheureusement la contagion des cabinets de lecture s'est étendue jusqu'à Sheffield. Notre forgeron a lu Byron; il a imité Byron, et n'a pu s'empêcher de copier de temps à autre ce maniaque sublime, énervé par le jeu, les femmes, la vanité, l'aristocratie, l'ennui et les voyages. Le forgeron a tort. Il a tort aussi de répéter sans cesse qu'il est homme du peuple, ignorant, prolétaire, né dans la fange, et qu'il s'estime en dépit de tous ces désavantages. C'est à nous de l'estimer, à nous de le placer à son rang. C'est à lui, roturier, artisan, de conserver dans son rapport avec les hommes cette politesse naturelle que les hommes se doivent réciproquement; il l'oublie quelquefois. Bien qu'il doive marquer dans son époque, peut-être n'a-t-il pas lu dans les livres avec autant de soin et d'attention qu'il en a mis à consulter le livre du monde. Sa destinée sera courte et son avenir poétique borné par ces invectives véhémentes qu'il lance contre les gens qui le privent de son pain. Il ne sait pas ce qui s'est passé, avant lui, ce que l'on a cru, imaginé, senti, deviné.

Philarète Chasles.]

ELLIPSE (*Grammaire* et *Rhétorique*). Ce mot d'origine grecque, ἔλλειψις, signifie *défaut*, *manque*. Les rhéteurs et les grammairiens l'emploient pour exprimer le retranchement d'un ou de plusieurs mots qui sembleraient nécessaires pour rendre la construction complète. L'ellipse est une des figures les plus communes du langage. Qu'un homme soit fortement ému, ses paroles deviennent *elliptiques*, parce que, pressé par la passion qui le domine, il franchit toutes les idées intermédiaires et accessoires pour arriver plus vite à l'idée principale dont il est occupé. Il y a aussi dans la conversation une foule d'ellipses, espèce de monnaie courante, qui consiste en des phrases toutes faites, que tout le monde comprend dès l'abord, sans avoir besoin de commentaire. Quant à l'emploi de cette figure dans les ouvrages de poésie et d'éloquence, il est des précautions à prendre par les écrivains : il ne faut jamais abuser de l'ellipse, sous peine de devenir inintelligible.

J'évite d'être long, et je deviens obscur,

a dit Boileau, en traduisant mot à mot Horace. En effet, l'obscurité est l'écueil de l'ellipse. Que cherche-t-on en supprimant un ou plusieurs mots d'une phrase? On cherche à donner plus de précision, plus de nerf à la pensée. Très-bien; mais il faut songer avant tout à ne rien ôter à la clarté, qui est l'âme du discours. Quand Racine fait dire à Hermione :

Je t'aimais inconstant, qu'aurais-je fait fidèle?

il n'est personne qui ne comprenne à l'instant que l'amante passionnée de Pyrrhus veut dire à celui qu'elle aime : *Qu'aurais-je fait si tu avais été fidèle?* Aussi l'ellipse est-elle parfaite. » Voilà, dit La Harpe, de toutes les ellipses connues, la plus hardie et la plus naturelle. » Les ellipses sont plus fréquentes dans la poésie que dans l'éloquence, parce que, ayant plus d'entraves, le poëte jouit aussi de plus de licences que l'orateur. La *concision elliptique* convient même plus au style de l'histoire qu'à celui de l'éloquence. L'historien donne de l'aliment à la méditation de ses lecteurs, au lieu que l'orateur cherche surtout à émouvoir ceux qui l'écoutent, et ne doit pas négliger les cadences de l'harmonie, peu favorables en général à la concision. Les historiens latins, notamment Salluste et Tacite, abondent en ellipses. Le mécanisme méthodique de notre langue ne permet pas souvent à nos écrivains d'user de cette figure avec avantage. Cependant, on en trouve de beaux exemples dans Pascal, dans La Bruyère, dans Bossuet, dans Montesquieu, dans Rousseau. On peut comparer l'ellipse à un trait, lancé d'une main sûre, invisible quand il franchit l'espace, devenant lumineux quand il atteint le but.

Champagnac.

ELLIPSE (du grec ἔλλειψις, défaut; *voyez* t. VI, p. 279). Cette courbe du second degré peut être définie de plusieurs manières :

1° L'ellipse est la courbe qui résulte de l'intersection d'un cône à base circulaire par un plan rencontrant toutes les génératrices d'un même côté du sommet; c'est donc une des trois espèces de sections coniques. Les Grecs, qui partaient de cette définition de l'ellipse, l'obtenaient en coupant par un plan perpendiculaire à l'une de ses génératrices un cône à base circulaire dont l'angle au sommet était aigu. Quand, au contraire, cet angle était droit ou obtus, la section ainsi formée devenait une parabole ou une hyperbole. Les géomètres modernes étudient ces trois courbes dans le même cône.

2° Si l'on construit une courbe telle que le rapport des distances de chacun de ses points à un point fixe (*foyer*) et à une droite fixe (*directrice*) soit constant, cette courbe est une section conique : dans le cas où ce rapport est plus petit que l'unité, c'est une ellipse; si ce rapport est égal ou supérieur à l'unité, la courbe est une parabole ou une hyperbole.

3° L'ellipse est une courbe telle que la somme des distances de chacun de ses points à deux points fixes (*foyers*) situés dans son plan est constante.

4° Pour emprunter une définition à l'analyse, on peut dire que l'ellipse est une courbe du second degré, telle que dans l'équation générale que nous avons donnée à l'article Coniques (Sections), on ait $B^2-4AC<0$.

En s'appuyant sur les procédés de la géométrie et de l'analyse, on reconnaît que ces différentes définitions s'appliquent à la même courbe, et on en déduit un grand nombre de résultats dont nous n'énoncerons que les plus importants.

L'ellipse est une courbe fermée, pourvue d'un centre, et symétrique par rapport à ses deux axes qui se coupent à angle droit; dans les arts, on lui donne improprement le nom d'*ovale*; on pourrait avec plus de justesse la comparer à l'anse de panier, si cet assemblage d'arcs de cercles n'offrait en plusieurs points un brusque changement de courbure. Les extrémités du grand axe et du petit axe de l'ellipse, que l'on nomme *sommets*, sont les seuls points où la tangente soit perpendiculaire au rayon issu du centre. Si l'on nomme a le demi-grand axe, et b le demi petit axe de l'ellipse, et que l'on construise un cercle sur le grand axe comme diamètre, en considérant les axes de l'ellipse comme axes des **coordonnées**, on reconnaît que, pour une même abscisse, l'ordonnée de l'ellipse est à celle du cercle comme b est à a; d'où l'on voit que moins les axes de l'ellipse diffèrent entre eux, plus cette courbe se rapproche d'un **cercle**; elle devient un cercle quand $a = b$, car alors l'équation $a^2y^2 + b^2x^2 = a^2b^2$ se transforme en $y^2 + x^2 = a^2$.

Pour obtenir les **foyers** de l'ellipse, il faut, d'une des extrémités du petit axe comme centre et avec un rayon égal au demi-grand axe, décrire un arc de cercle qui coupe le grand axe en deux points, dont la distance au centre de l'ellipse est représentée par $\sqrt{a^2-b^2}$. C'est cette distance de l'un quelconque des foyers au centre que l'on nomme *excentricité*. Plus l'excentricité est grande, plus la courbe est allongée et plus elle s'éloigne de la forme circulaire. En se reportant à la troisième définition que nous avons donnée, on voit que la somme constante des rayons vecteurs, c'est-à-dire des droites menées des deux foyers à un même point de l'ellipse, est égale au grand axe. Il est à remarquer aussi que les distances de chaque point de l'ellipse à l'un des foyers et à la directrice voisine de ce foyer sont entre elles comme l'excentricité est au demi-grand axe.

De ces propriétés fondamentales, on en déduit un grand nombre d'autres, telles que celles-ci : Dans l'ellipse, les rayons vecteurs menés au point de contact d'une tangente font avec cette droite des angles égaux. La surface du parallélogramme construit sur deux **diamètres** conjugués est constante. La somme des carrés de deux diamètres conjugués est constante; etc.

L'aire de l'ellipse est représentée par πab; c'est-à-dire que c'est une moyenne proportionnelle entre les surfaces des cercles décrits, l'un avec le grand axe, l'autre avec le petit axe pour diamètre. Mais la rectification de l'ellipse ne s'obtient pas aussi facilement que sa quadrature. Elle dépend de l'intégration de **fonctions** qui ont reçu le nom d'*elliptiques*. Cette surface est représentée par

$$\int dx \frac{\sqrt{1-e^2x^2}}{\sqrt{1-x^2}},$$

en prenant a pour unité.

Par toutes ses belles propriétés, l'ellipse avait depuis longtemps attiré l'attention des géomètres, quand **Képler** découvrit ses admirables lois, d'où il résulte que les orbites que décrivent les planètes autour du soleil sont des ellipses, et non des cercles, comme le croyaient les astronomes précédents. Cette opinion reçut à son apparition le nom d'*hypothèse elliptique*; mais **Newton** en a depuis démontré la réalité d'une manière irrécusable. L'ellipse a donc pour les astronomes une importance toute particulière.

Pour décrire une ellipse d'une manière continue, on se sert d'*ellipsographes* ou *compas à ellipses*, dont nous ne donnerons pas la description. Sur le terrain, on fixe deux piquets aux foyers de l'ellipse; on attache à chacun l'une des extrémités d'un cordeau dont la longueur est égale à celle du grand axe; on tend ce cordeau à l'aide d'un troisième piquet que l'on fait glisser, de manière à ce que sa pointe touche le sol; après une révolution entière, l'ellipse est décrite.

E. Merlieux.

ELLIPSOGRAPHE (de ἔλλειψις, ellipse, et γράφω, je décris). *Voyez* Ellipse et Compas.

ELLIPSOÏDE (de ἔλλειψις, ellipse, et εἶδος, forme), surface courbe du second degré, douée d'un **centre** et de trois **axes** rectangulaires. En la rapportant à ces axes, dont nous représenterons les valeurs par $2a$, $2b$, $2c$, l'équation de l'ellipsoïde,

$$\frac{x^2}{a^2} + \frac{y^2}{b^2} + \frac{z^2}{c^2} = 1,$$

montre que cette surface est dans l'espace ce qu'est l'**ellipse** dans le plan. Les propriétés de l'ellipsoïde offrent du reste la plus grande analogie avec celles de l'ellipse; ainsi, la somme des carrés des diamètres conjugués d'un ellipsoïde est constante; le volume du parallélipipède construit sur trois diamètres conjugués est constant; etc.

Parmi les ellipsoïdes, on distingue les *ellipsoïdes de révolution*, c'est-à-dire ceux que l'on peut concevoir comme engendrés par la moitié d'une ellipse tournant autour d'un de ses axes. Suivant que la rotation s'exécute autour du grand axe ou du petit axe, on a un *ellipsoïde allongé* ou un *ellipsoïde aplati*. C'est cette dernière forme, ou plutôt celle d'un **sphéroïde** qui en diffère très-peu, que présentent la Terre et les planètes de notre système; ce qui s'explique par l'action de la force **centrifuge**. L'étude des ellipsoïdes et surtout des attractions qui s'exercent entre ces corps a donc beaucoup occupé les géomètres, et est de la plus haute importance dans les recherches relatives à la mécanique céleste.

Dans les ellipsoïdes de révolution, deux des axes sont égaux. S'ils étaient tous trois égaux, l'ellipsoïde deviendrait une **sphère**. L'équation de l'ellipsoïde comprend aussi comme cas particuliers celle du **cylindre** à base elliptique ou circulaire, et celle de deux plans parallèles à l'un des plans coordonnés.

Les procédés du calcul **intégral** donnent pour le volume de l'ellipsoïde, $\frac{4}{3}\pi abc$.

E. Merlieux.

ELLIPTICITÉ, nom qu'on donne à la fraction qui exprime le rapport de longueur entre le petit et le grand axe d'une **ellipse** : plus cette fraction est grande, plus la longueur du petit axe se rapproche de celle du plus grand, et l'ellipse, dans cette supposition, devient cercle lorsque le numérateur de la fraction est égal à son dénominateur.

Teyssèdre.

ELLIPTIQUE (Hypothèse). *Voyez* Ellipse.

ELLIPTIQUES (Fonctions). *Voyez* Fonctions.

ELLORA, ÉLORA ou ÉLOUROU, village de l'Hindoustan, dans le **Dekkan**, à peu de distance d'**Aurengabad** et de **Daulatabad**. C'est à un kilomètre d'Ellora qu'on va visiter des temples célèbres, taillés dans la roche vive, sur les versants d'une petite chaîne de montagnes ramification des monts **Ghattes**. Ces temples sont à bon droit considérés comme la merveille architecturale de l'Inde. Il est certain qu'on chercherait vainement dans toute l'étendue de la presqu'île, depuis le Thibet jusqu'au cap Comorin, un si grand nombre de remarquables monuments réunis dans un si petit espace. C'est à Siva qu'est dédié le plus beau de tous ces temples; il est destiné à représenter le *keilaça*, sorte de paradis où ce dieu tient sa cour et où les adorateurs du lingam, qui, par leurs bonnes œuvres, ont évité la métempsychose, viennent après leur mort jouir de la béatitude éternelle. Ce monument n'est pas, comme les autres, creusé souterrainement; il s'élève, à fleur de sol, au milieu d'une vaste arène, plus basse de 26 mètres que le plateau qui l'environne, et entourée de hautes murailles de roc, coupées à pic. Aussi, quoiqu'il soit taillé en entier dans la roche vive, et que toutes ses parties ne forment qu'un seul et même bloc, il a toute l'apparence d'un édifice construit pierre à pierre. Il se compose d'un portique d'entrée, d'une chapelle et d'une grande pagode, placés à la suite les uns des autres et joints entre eux par une sorte de pont ménagé dans chacun des deux intervalles qui les séparent. Ces trois corps de bâtiments sont surmontés d'un étage; mais dans la chapelle et dans le temple, le rez-de-chaussée, figuré à l'extérieur, n'ayant point été creusé intérieurement, n'est en réalité qu'une masse solide de granit qui supporte la partie supérieure, comme ferait un énorme piédestal. Le portique, flanqué de deux tours soigneusement crénelées, et orné, au-dessus de la porte, d'un balcon à peu près semblable à ces tribunes d'orchestre (*nôbat khâna*) qu'on trouve à l'entrée de la plupart des palais de l'Inde, fait face, du côté de la montagne, à une esplanade assez spacieuse. Il débouche, de l'autre côté, vis-à-vis de la chapelle, avec laquelle il communique par le premier des deux ponts dont nous avons parlé.

Cette chapelle s'élève entre deux majestueux obélisques de 19 mètres 50 centimètres de hauteur, et deux éléphants gigantesques, à moitié ruinés. Elle est carrée et ornée sur ses quatre faces intérieures de belles sculptures, principalement du côté du portique, où la déesse Bavani, aux huit bras, est représentée assise sur un trône de lotus entre deux éléphants nains, qui soulèvent leurs trompes pour l'arroser. Le taureau sacré Naudi, monture ordinaire de Siva, occupe le centre de la salle supérieure : cette idole y est placée sur un soc peu élevé, la tête tournée vers le second pont. La grande pagode, à laquelle ce pont conduit, forme un parallélogramme d'environ 52 mètres de long sur 28 de large. La façade, taillée en façon de péristyle, présente, en regard de la chapelle, une rangée d'élégants piliers, auxquels des figures de lions accroupis tiennent lieu de chapiteau. La ligne des deux grands côtés est interrompue, à distances égales, par trois portiques qui s'avancent en dehors du corps principal de l'édifice et y semblent adossés; et celle de l'extrémité, par trois chapelles disposées à peu près comme le chevet de nos cathédrales. Chacune de ces neuf saillies est couronnée par un groupe de dieux, d'hommes et d'animaux, agencés de telle sorte qu'il résulte de leur masse une de ces pyramides appelées *goparam*, qui servent de portail à la plupart des pagodes du sud de l'Inde. Une série non interrompue de bas-reliefs, représentant toute l'histoire de l'enlèvement de la belle Sitté, épouse de Rama, et la conquête par ce dieu de l'île de Lanka (Ceylan), à la tête d'une armée d'ours et de singes, suit tout le contour du temple et l'enveloppe comme d'une ceinture. Ces bas-reliefs s'abritent sous une sorte de corniche, au-dessus de laquelle s'élancent des faisceaux de colonnettes finement ciselées, entre lesquelles sont percées les ouvertures qui éclairent l'intérieur, ou peintes des fresques qui, quoique exposées aux injures de l'air, ont conservé une étonnante fraîcheur. Ces colonnettes soutiennent un entablement découpé à jour qui dessine le sommet de l'édifice et en termine toutes les parties qui ne sont pas surmontées de pyramides.

Enfin, la masse entière du monument a pour base une file continue de lions, de tigres, d'éléphants et d'animaux fantastiques, de toutes formes, étroitement serrés les uns contre les autres, et qui semblent prêts, comme les serviteurs du génie des contes arabes, à emporter sur leurs colossales épaules ce temple, non moins merveilleux que le palais d'Aladin. L'intérieur ne le cède à l'extérieur ni pour l'originalité du style, ni pour le luxe des ornements. La salle principale, dans laquelle on entre en sortant du péristyle qui fait face à la chapelle, repose sur seize piliers et autant de pilastres, taillés en forme de figures humaines, de dix mètres de haut; elle est terminée par un sanctuaire obscur, dans lequel un lingam colossal est exposé sur un autel carré. Les chapelles de l'extrémité, quoique vides, sont décorées avec autant de soin que de magnificence. C'est partout la même ingénieuse variété, la même exubérante profusion de peintures, de sculptures et de décorations de tous genres. On retrouve cette richesse jusque sur les murailles de rocher qui forment l'enceinte de l'arène, au bas desquelles on a creusé des salles, ou galeries souterraines, dont une moitié est décorée dans le style des autres temples; le reste, disposé en façon de portique, est divisé en quarante-deux compartiments ouverts, dans chacun desquels est assise une des principales divinités de la mythologie hindoue, entourée de figures accessoires qui en expliquent le caractère et en font connaître l'histoire. Mis DE LA GRANGE, sénateur.

ÉLOCUTION. D'après tous nos dictionnaires, l'*élocution* est le langage lui-même; elle constitue la manière dont on s'exprime en parlant; elle caractérise le discours. Ce mot *élocution* vient du verbe latin *eloqui*, ainsi développé par Quintilien : *Eloqui est omnia quæ mente conceperis promere atque ad audientes perferre.* Il résulte de cette étymologie que l'*élocution* est plus particulièrement du domaine de l'art oratoire. Par extension, on a donné ce nom à cette importante partie de la rhétorique qui a pour objet le choix et l'arrangement des mots dans le discours. Les principales qualités de l'élocution sont la clarté, la correction, l'ornement. La clarté dépend surtout de la propriété et de la disposition naturelle des mots; la correction résulte de la régularité des constructions; l'ornement naît de l'heureux emploi des figures. Ces trois qualités reposent entièrement sur le principe fondamental de la liaison des idées. Si l'on est fidèle à ce principe, l'élocution sera claire, parce que les mots, suivant les idées qu'ils représentent, se prêteront une lumière mutuelle; elle sera correcte, parce que les phrases, se modelant parfaitement sur les pensées, se succéderont avec une régularité qui exclura la confusion; elle sera ornée, parce que la justesse du jugement aura nécessairement présidé au choix des figures et des images pour bannir du discours tout ce qui pourrait présenter des incohérences ou des disparates. Il ne faut pas conclure cependant de tout ce qui précède que dans un discours, ou toute autre composition oratoire, il ne faille s'occuper que des mots. Une semblable théorie, qui n'aurait pour objet qu'un agencement machinal des termes, ne produirait que des phrases creuses et sans effet. Or, l'éloquence veut tout autre chose, et le principe de la liaison des idées doit toujours être le guide de l'élocution. On en trouve la raison dans l'ordre même des trois parties de la rhétorique. D'abord, c'est l'*invention*; il faut avant tout trouver son sujet, le creuser, rassembler ses matériaux; vient ensuite la *disposition*, qui est l'art de mettre ces matériaux à la place qui convient à chacun d'eux; puis enfin l'*élocution*, dont la fonction est de faire valoir les deux autres, mais qui ne produit pourtant rien par elle-même, si elle est seule. L'élocution est le vêtement de la pensée; sa mission est de la mettre dans tout son jour, de l'orner, de lui prêter tout le charme ou tout l'éclat dont elle est susceptible.

Sans doute il est des circonstances où l'on peut être éloquent sans le secours de l'élocution. Un mot a quelquefois suffi pour soulever une nation, pour rallier une armée, pour faire tomber le poignard de la main d'un meurtrier. Ainsi, Marius, proscrit, désarme le Gaulois prêt à le frapper, par ces seules paroles, prononcées d'une voix terrible : « Misérable! oserais-tu bien tuer Caius Marius? » Ainsi, Rafi, capitaine arabe, voyant ses soldats épouvantés de la perte de leur général, les ramène au combat en leur criant : « Qu'importe que Dérar soit mort? Dieu est vivant et vous regarde! » Mais ces mots sublimes, ces traits éloquents et soudains n'auraient pas suffi à Démosthène pour soulever les Athéniens contre le roi de Macédoine, ni à Cicéron, soit pour exhorter César à la clémence, soit pour amener le peuple romain à renoncer au partage des terres, soit pour triompher d'un Catilina. Afin d'assurer le succès de leurs discours, il fallait à ces grands orateurs le puissant secours de l'élocution. C'est elle qui a fait ranger parmi les plus beaux monuments de notre littérature les oraisons funèbres de Bossuet, les sermons de Bourdaloue et de Massillon; c'est elle qui constitue la perfection continue des vers de Racine et de Boileau; c'est elle qui protége la gloire littéraire de Buffon, quoique ses écrits ne soient plus de nos jours au niveau de la science. En un mot, l'élocution, ou plutôt la réunion de toutes les qualités qui la distinguent, peut seule consacrer d'une manière durable le succès d'un ouvrage littéraire. La singularité, la bizarrerie, obtiennent parfois une vogue d'engouement qui ressemble à de la renommée, mais qui passe comme une fantaisie : les seuls livres qui restent sont ceux qui offrent d'un bout à l'autre les trésors et les charmes d'une élocution épurée par le goût et fécondée par le génie.

L'élocution, qui est l'ornement conservateur de tout bon

ouvrage, est aussi l'élément indispensable des délices de la conversation, et concourt ainsi aux agréments de la société. On dit d'un homme qui parle bien qu'il a une belle, une agréable *élocution*. Il est inutile de chercher à faire sentir ici la différence que l'on remarque, dans les entretiens familiers, entre une *élocution* nette, pure, élégante, variée, ingénieuse, et une *élocution* embarrassée, confuse, triviale et pesante. Il n'est pas de jour que chacun de nous n'en puisse juger par sa propre expérience, et bien souvent à ses risques et périls. CHAMPAGNAC

ÉLOGE (du latin *elogium*, dérivé d'εὐλογέω, dire du bien, louer), expression de l'estime qu'on fait des personnes ou des choses. L'éloge de la vertu est un instinct du cœur. L'admiration qu'excitent les belles actions, surtout quand l'homme de bien est en même temps un homme de génie, se manifeste par l'éloge, et plus l'admiration est vive et profonde, plus l'expression du sentiment qu'on éprouve est éloquente. Il est naturel que les grandes vertus, les grands services, les talents extraordinaires, exaltent ce sentiment jusqu'à l'enthousiasme. Les peuples décernent volontiers des hommages publics à leurs bienfaiteurs. C'est pour ceux-ci une récompense et un stimulant pendant leur vie. A leur mort, la douleur publique s'exhale par des regrets et par des éloges. Un parent, un ami du grand homme, de l'homme vertueux que l'on a perdu, est choisi pour interprète : voilà l'*oraison funèbre*. C'est un encouragement à l'imitation des bons et beaux exemples. L'éloge des hommes rares par leurs facultés devient ainsi bientôt une institution. On a blâmé les **panégyriques** adressés à des hommes vivants : ce genre d'éloges est en effet une atteinte portée à deux sentiments moraux : point de véritable vertu sans modestie, point d'éloge sincère et utile sans liberté. Tout éloge décerné en face au pouvoir tend à le corrompre par l'orgueil, et il est suspect de flatterie. L'apprêt et la solennité du panégyrique font violence à la pudeur de l'homme de bien; aussi est-il difficile de concevoir la patience de Trajan, s'il fut obligé d'écouter la longue harangue de Pline. Dion Chrysostôme, en lui offrant l'éloge sous la forme d'une leçon, devait mieux captiver l'oreille de ce bon prince. Il fallut à Louis XIV une rare naïveté d'orgueil pour se plaire à entendre, et même, dit-on, à répéter les prologues de Quinault. La Grèce nous a laissé un monument célèbre de l'éloge décerné comme récompense nationale et pour propager l'héroïsme patriotique par un bel exemple : c'est le panégyrique public que prononça Périclès en l'honneur des guerriers morts au commencement de la guerre du Péloponnèse, éloge reproduit par Platon, sous le nom d'Aspasie, dans son *Ménexène*. Plus beau encore peut-être est l'éloge de Léonidas et des 300 héros des Thermopyles, inscrit en une ligne sur leurs tombeaux : « Passant, va dire à Sparte que nous sommes morts ici pour obéir à ses saintes lois. » A Rome, sous la république, l'éloge funèbre ne fut qu'un privilége du patriciat. Il nous reste cependant un beau monument de l'éloquence romaine dans le genre laudatif : c'est le magnifique éloge de Pompée vivant, mais absent, prononcé par Cicéron dans sa harangue en faveur de la loi *Manilia*.

L'éloge, considéré comme genre, comprend plusieurs espèces : l'éloge historique, le panégyrique des saints, l'oraison funèbre et l'éloge académique.

L'éloge des grands hommes, comme institution, devrait être un honneur décerné par la puissance publique, aux époques où le règne des lois manifeste en elle l'organe de l'opinion générale. Dans l'ancien régime, un corps littéraire, qu'elle avouait pour interprète, voulut ranimer les vertus patriotiques et la culture des sciences et des lettres en honorant la mémoire des hommes illustres. De là les *Éloges* proposés et couronnés par nos académies. Thomas est le plus ancien, et est resté le premier des orateurs que ces concours ont rendus célèbres. Son *Essai sur les éloges* vivra comme une rhétorique classique pour cette branche de littérature, et comme un fort bon résumé d'histoire universelle. On lira toujours avec plaisir les éloges de Marc-Aurèle par Thomas, de Catinat et de Fénelon, par La Harpe, de Molière et de La Fontaine par Chamfort. Un écrivain a comparé l'*éloge académique* à un cheval d'Espagne, qui piaffe toujours et n'avance pas. Cette espèce de composition oratoire et le cadre adopté par les académies prêtent en effet souvent beaucoup trop à l'épigramme. Ce qui lui donne un air de fausseté, c'est ce qui lui manque : pourquoi cet art prétendu, qui consiste à cacher les fautes et les faiblesses des hommes célèbres? L'éloge solennel des grandes vertus et des grands talents, quel que soit le pouvoir de l'éloquence, perdra toujours par l'appareil et l'art oratoires. Toujours l'affliction sincère des familles, des amis et des peuples, sera le plus beau comme le plus pur hommage rendu à la vertu. Quel éloge officiel vaudra jamais le récit naïf et touchant que Seyssel et l'abbé de Marolles nous ont laissé, l'un des regrets de la nation à la mort de Louis XII, l'autre, de la prospérité que goûtait la France quand le fer d'un assassin lui ravit Henri IV? Enfin, la plus belle oraison funèbre, fût-ce l'un des chefs-d'œuvre de Bossuet, excitera-t-elle jamais pour le génie et la vertu autant de respect et d'amour qu'en inspirent pour leurs héros l'une des vies de Plutarque, ou celle d'Agricola par Tacite? AUBERT DE VITRY.

C'était sous la monarchie parlementaire un usage à la chambre des pairs que l'éloge de chaque membre qu'elle perdait fût prononcé par un de ses collègues survivants. Les secrétaires perpétuels de l'Académie des Sciences font aussi l'éloge des académiciens morts; à l'Académie Française chaque nouveau récipiendiaire prononce l'éloge du membre qu'il remplace; mais tous ces éloges ne sont pas toujours uniquement laudatifs, et la critique y trouve bien aussi quelquefois sa place. On les appelle alors des *Notices historiques*. On cite les éloges de **Fontenelle**, de **D'Alembert**, de **Cuvier**, de **Fourier**, **d'Arago**, de MM. **Flourens**, **Mignet**, etc.

ÉLOGES BURLESQUES. Les savants du seizième et du dix-septième siècle ont innocemment composé un grand nombre d'éloges burlesques; quelques-uns, et les plus fameux, furent de véritables satires. Parmi les *éloges burlesques*, nous citerons l'*Éloge de la Folie*, d'**Erasme** (1511), qui, écrit en latin à une époque où tout ce qui lisait connaissait la langue latine, fut pourtant bientôt traduit dans tous les idiomes européens et souvent réimprimé; l'*Éloge de l'Ivrognerie*, par le philosophe allemand Hegendorf (mort en 1540); l'*Éloge de la Rape* (*Rapina, seu rapparum encomium*), de Claude Begotier (Lyon, 1540); l'*Éloge de Néron*, de Jérôme Cardan; *la Défense des Rats*, de Jérôme Rorario; l'*Éloge de l'Ane* et l'*Éloge du Pou* (*Laus Asini, Laus Pediculi*, 1620), du célèbre Daniel Heinsius. Au dix-huitième siècle, *la Goutte* fut célébrée par Coulet, les *Perruques* furent l'objet d'un *éloge* de la part du savant docteur Akerlio (pseudonyme de Deguerle), et dans ce même dix-huitième siècle, qui riait de tout, parce qu'il prévoyait que tout allait être renouvelé, un anonyme publia l'*Éloge de l'Enfer*. Ceux de nos lecteurs qui désireraient connaître à fond les richesses du genre pourront amplement satisfaire leur curiosité en lisant l'*Histoire de la Littérature comique*, par Flogel; l'*Histoire Burlesque*, du même auteur; *Homo diabolus*, de Domau (Francfort, 1618), qui renferme les *Éloges de la Cécité, de Personne, du Pinson, du Pélican*, et *Amphitheatrum Sapientiæ socraticæ jocoseriæ* (Hanau, 1618 ou 1670). Pauline ROLAND.

ÉLOHA, et au pluriel ÉLOHIM, l'un des noms de Dieu en hébreu. Ce mot veut dire : *Celui qu'on contemple et qu'on redoute*. De ce que ce mot *Eloha* est susceptible de prendre la forme du pluriel, on a conclu que ceci devait tenir au penchant pour l'idolâtrie que les Hébreux manifestèrent, même après la venue de Moïse; et par conséquent qu'à l'origine ils adoraient plusieurs dieux auxquels présidait comme Dieu suprême Jéhovah. Mais, d'après le génie particulier de la langue hébraïque, l'emploi de la forme plurielle pour les mots désignant Dieu ou le souverain maître, n'implique nullement qu'il n'y ait point unité de personne. Aussi bien les mots *Eloha* et *Elohim* sont maintes fois employés dans l'Ancien Testament pour désigner d'autres dieux que Jéhovah; et souvent les anges et les rois y sont appelés fils d'*Elohim* et même *Elohim*.

ÉLOI (Saint). Un saint comme celui-ci ne doit être négligé dans aucun dictionnaire. Si une chanson fameuse a jeté sur son nom quelque ridicule, ce ridicule tombe devant la réalité d'une belle vie. Il y a près de treize cents ans, sur la fin du sixième siècle (vers l'année 588), un enfant naissait à Châtelat dans le Limousin, d'un père nommé *Eucher* et d'une mère nommée *Terigia*, appartenant à cette classe qui vit du travail de ses mains, et on lui donnait le nom d'*Eligius*, en français *Éloi*. De très-bonne heure, il manifesta une grande aptitude pour les arts du dessin, et entra, presque enfant, par la protection d'Abbon, maître de la monnaie de Limoges, dans les ateliers de cet établissement. Bientôt, il devint si habile dans l'art de travailler l'or et l'argent, que Bobbon, trésorier du roi Clotaire II, en ayant ouï parler, le tira de la monnaie de Limoges; et lui fournit l'occasion de se distinguer. On sait comment tout d'abord Éloi s'acquit la bienveillance de Clotaire : ayant été chargé de confectionner pour ce prince un trône d'or orné de pierreries, il en avait reçu la quantité de métal que plusieurs orfévres avaient jugée nécessaire à l'exécution de ce travail; mais, avec la même matière, au lieu d'un trône, il en fit deux, de forme pareille, également magnifiques; et il fit cela sans miracle, par sa seule habileté à mettre en œuvre la matière à lui fournie. On raconte que l'habile artiste ne présenta d'abord que l'un des trônes au roi, et que quand on se fut bien récrié sur la beauté et la richesse du travail, ainsi que sur le goût exquis de l'artiste, il montra le second. Dès ce moment, la cour fut ouverte à l'orfévre; il y gagna non-seulement l'estime, mais l'affection du roi, et y fut chargé de tout ce qui concernait l'art du monétaire à cette époque.

Clotaire mort, Dagobert Ier, ce roi qu'une chanson a ridiculisé en même temps que notre saint, avec non moins d'injustice, Dagobert Ier, amateur du luxe, des riches ornements, des œuvres de l'art, nomma Éloi non-seulement son orfèvre et son monétaire, mais encore son trésorier. Le Blanc, dans son *Traité des Monnaies de France*, dit qu'on trouve encore le nom de saint Éloi (*Eligius*) sur de petites monnaies d'or appelées *trémisses*, frappées sous Dagobert, et sous son fils Clovis II. Le tombeau de saint Germain fut décoré par Éloi; c'est lui qui en composa les bas-reliefs. Les châsses de saint Denis, de sainte Geneviève, de saint Martin de Tours, de sainte Colombe, étaient de lui.

Éloi ne fut pas seulement un orfévre excellent (*aurifex peritissimus*), comme l'appelle son ami saint Ouen, archevêque de Rouen; ce fut aussi un diplomate. En 636, Judicael, duc de Bretagne, s'étant révolté contre le roi de France, Dagobert envoya son trésorier auprès de lui, et ses négociations eurent pour résultat de couper court à des différends fâcheux. Jusqu'à cette époque, il s'était laissé entraîner aux séductions de la vie mondaine. On ne se fait pas une idée du luxe de ces âges reculés : Éloi, avant de se vêtir si simplement qu'une corde grossière retenait autour de son corps une robe de bure, avait porté des chemises brodées d'or, d'un travail exquis, des ceintures et des bourses garnies de pierreries, des robes de soie d'une grande richesse et d'une grande valeur, car la soie alors était d'une rareté et d'un prix excessifs. Bientôt, tout en pratiquant les vertus de l'homme public, il en abjura, il en expia le faste. Il donna tout son bien aux pauvres, ne vécut plus que pour eux, et forma plusieurs établissements qui n'avaient pour but que de soulager les misères humaines. Il avait embrassé la prêtrise : en 640, il devint évêque de Noyon, et il est à remarquer que les évêques étaient alors élus par le peuple : « Il convient, disait saint Cyprien, que tous élisent le pasteur qui doit les régir tous. » Mais, tout en se livrant avec un zèle ardent à tous les devoirs de l'épiscopat, il trouva encore le moyen de produire plusieurs beaux ouvrages d'orfévrerie. Dans un portrait d'Éloi qui orne l'édition de l'office de ce saint, il est représenté debout, en chappe, la mitre en tête, tenant d'une main la crosse épiscopale, et bénissant de l'autre le fourneau allumé de sa forge. Une enclume est devant le fourneau, et sur l'enclume un compas et un marteau.

L'ouvrier avait son éloquence aussi, il en donna des preuves dans deux conciles qui eurent lieu à Orléans en 644, et à Rome vers 651. Il s'éleva contre le commerce des esclaves qui était en vigueur à cette époque, et trouva des paroles éloquentes pour le flétrir au nom de l'Évangile. Sa charité était telle qu'il recueillait pieusement le corps des criminels suppliciés, et leur donnait la sépulture de ses propres mains. Tous les jours, il recevait douze pauvres à sa table, et les servait lui-même : « Là où vous verrez un grand concours de pauvres, vous trouverez Éloi, » disait-on. Ayant ainsi vécu, il couronna une vie au-dessus de tout éloge par une mort simple, dans la vingtième année de son épiscopat, le 1er décembre 659 : il avait soixante-dix ans accomplis. On lui rendit de grands honneurs. Sa renommée s'étendit encore après sa mort, et enfin il fut mis au nombre des saints.

ÉLONGATION ou **DIGRESSION**. On appelle ainsi en astronomie la distance angulaire d'une planète au soleil, telle qu'elle apparaît de la terre. Le mot *digression* est plus fréquemment employé quand il s'agit des planètes intérieures, Mercure et Vénus. La digression ne surpasse pas 28° 20' pour Mercure, et 47° 48' pour Vénus. Quant aux autres planètes, leur élongation peut aller à 180°, puisque la terre est située entre elles et le soleil.

ELOPEMENT. C'est le mot dont se servent nos voisins d'outre Manche pour désigner l'évasion d'une jeune fille de la maison paternelle, ou d'une femme de la maison conjugale, en compagnie d'un séducteur. D'ordinaire l'*elopement* était naguère encore le premier acte d'une course rapide à *Gretna-Green*, alors qu'une manière de mariage *à la hussarde* pouvait jusqu'à un certain point réparer le scandale aux yeux du monde. Dans le cas contraire, lorsqu'il y a tout bonnement évasion du domicile conjugal, l'affaire aboutit à un vulgaire procès en adultère, pour peu que l'époux outragé ait intérêt à obtenir la rupture de liens évidemment mal assortis. Les *elopements* dans les hautes classes (*in high life*) sont une bonne fortune pour les journaux, qui ne manquent jamais de les exploiter, enregistrant avec une maligne joie jusqu'aux détails les plus minutieux. C'est que quelquefois aussi ces évasions sont accompagnées de circonstances très-romanesques, par suite des précautions que prennent les fugitifs, soit pour endormir la vigilance des parents, soit pour les dépister. La femme mariée en état d'*elopement* avec un séducteur se dirige presque toujours vers le continent, le bénéfice des traités d'extradition n'étant pas encore applicable aux maris délaissés. Mais malheur au complice qui se laisse atteindre avant d'avoir franchi le détroit! il est appréhendé et mis sous verrous, à moins qu'il ne puisse fournir caution. Dans ce cas, la législation anglaise, plus chevaleresque, ou plutôt plus logique que la nôtre, ne sévit point contre la femme, et l'action du mari est uniquement dirigée contre le séducteur. Cette action est purement civile, et elle n'en est que plus efficace, tous les jurys anglais s'entendant pour accorder à l'époux outragé des dommages-intérêts énormes.

ÉLOQUENCE. Un écrivain de génie, Byron, a dit : « La poésie, c'est le cœur! » Cette définition, grande autant que simple, nous paraît merveilleusement convenir à l'éloquence. En effet, si vous êtes frappé par une impression vive et profonde, si vos yeux ont des larmes, si vous sentez frémir votre âme, ouvrez la bouche et parlez hardiment, dites un seul mot, ou prononcez un discours, vous serez éloquent; car sentir est tout le secret de l'art d'émouvoir. On a dit : *Fiunt oratores, nascuntur poetæ;* cet adage renferme une erreur; on naît orateur tout comme on naît poète. Les dons divins de l'éloquence et de la poésie sortent de la même source; les grands artistes viennent tous au monde avec une exquise sensibilité, qui fait leur génie à tous. Cicéron a défini l'orateur : *Vir probus dicendi peritus.* Cette définition fait honneur à celui qui l'a trouvée dans son cœur ; mais elle est aussi fausse que la vieille traduction qu'on en a faite : *L'éloquence est le parler d'un homme de bien.* Si l'antiquité ne nous avait pas transmis les noms de tant de grands orateurs sans conscience et sans vertu, l'histoire de nos soixante-cinq dernières années fournirait de trop nombreux exemples de l'inexactitude de cette définition. D'ailleurs, ne voyons-nous pas chaque jour des malheureux convaincus des crimes les plus affreux trouver parfois devant leurs juges des mouvements d'une haute éloquence? Ces hommes, que la nature avait doués avec magnificence, n'ont pu corrompre entièrement tous ses dons, et le sentiment profond de leur péril r'ouvre dans leur cœur les sources de cette faculté presque divine.

Telle que la comprenaient Athènes et Rome, l'éloquence était le partage exclusif des avocats et des orateurs politiques : elles ne disaient point d'Homère et de Sophocle qu'ils étaient éloquents. Chez nous, le mot *éloquence* a une signification plus générale et plus vaste. Corneille est éloquent dans ses tragédies, comme Bossuet dans sa chaire; chacun d'eux a l'éloquence qui convient à son sujet, au lieu dans lequel il se fait entendre, à l'auditoire auquel il s'adresse. Toute expression vraie d'un sentiment vif et profond est un trait d'éloquence. Le vieux sauvage répondant à un Européen qui voulait le chasser de son pays natal : « Dirai-je aux os de nos pères : levez-vous, et marchez devant nous vers une terre étrangère! » est pour moi aussi éloquent que Fox ou que Mirabeau. L'éloquence est donc tout entière dans le cœur; l'art ne vient que perfectionner ce don de la nature, apprendre à l'homme à lire dans son âme et à se dominer assez, même lorsqu'il est le plus vivement impressionné, pour peindre en traits de feu ce qu'il ressent, et faire passer dans les autres les émotions qui l'agitent. Dans les sociétés qui s'éteignent, qui s'écroulent, faute de mœurs ou de liberté, l'éloquence se perd. Les nobles passions ne remuent plus le cœur de l'homme; sa voix, impuissante pour les grandes choses, n'a plus de magie, et, au lieu d'une harangue de Démosthène, ou d'un chant de Tyrtée, on ne sait que soupirer un hymne de plaisir, comme ces indignes Romains qui chantaient des odes anacréontiques, tandis que les barbares préludaient par la ruine de la nouvelle Carthage à la destruction de la ville éternelle.

Pour nous renfermer dans le cadre qui nous est tracé, nous nous contenterons de traiter rapidement les différents genres d'éloquence *parlée*. Nous rangerons les orateurs dans trois grandes divisions : les prédicateurs, les avocats et les hommes d'État.

Le sacerdoce des temps antiques ne nous a laissé aucun monument de la puissance de ses paroles. Sanctifiée par le Christ, la bouche des apôtres devint éloquente; le maître leur avait accordé le don des langues, et longtemps les successeurs des premiers disciples de l'Homme-Dieu firent retentir les catacombes d'accents dignes de la Divinité. La grande voix des **Paul**, des **Jérôme**, des **Tertullien**, des **Augustin**, des **Jean Chrysostome**, convertit le monde. Chefs d'un culte nouveau, qui s'établissait sur un monde vieilli, ils promettaient, avec une foi ardente, une régénération universelle, et les peuples malheureux couraient les entendre. Vinrent les barbares : dans la confusion générale, les hommes d'esclavage, de débauches, de voluptés, sentirent leur langue glacée par la terreur : il n'y eut que la voix des disciples du Christ pour désarmer les Attila, et conserver les droits de la sainte humanité.

Au milieu des ténèbres du moyen âge, brillent d'un éclat inattendu les Thomas **Becket**, les saint **Bernard**, les **Abélard** et les **Gerson**. Après ces hommes, qui, venus plus tard, eussent été les rivaux des **Bossuet** et des **Massillon**, la parole de Dieu ne trouve plus un digne interprète jusqu'à **Mascaron**, moins orateur que dialecticien habile et sermonaire d'esprit et de goût; puis apparaissent **Fléchier**, l'Isocrate de la chaire, et Bossuet, son Démosthène! A ce nom de Bossuet, on voudrait posséder son éloquence pour saisir d'une manière assez puissante tout le génie de cet enfant d'Homère, de la Bible et des prophètes. Jamais peut-être la pensée humaine ne s'éleva plus haut. Le sublime évêque de Meaux, comme le Dieu de Sinaï, s'avance au milieu de la foudre et des éclairs; quand il parle au nom de la religion, sa voix domine le monde.

A côté de Bossuet, brille le profond et sage **Bourdaloue**, qui avait érigé dans son cœur un autel à la vérité, et Massillon, le premier de nos sermonaires. Massillon semble avoir compris l'éloquence tout autrement que Bossuet. Il ne terrasse pas, il émeut; une seule fois, il emploie le ressort de la terreur, et l'on sait avec quel succès. Tandis que l'un montre le vide des choses de ce monde et la fin déplorable des générations oublieuses de Dieu, l'autre parle sans cesse d'une Divinité si bonne et si douce que l'on a honte et remords de ne pas lui rendre le culte qu'on lui doit. Tous les deux sont peut-être les plus grands moralistes connus. A la suite de ces grands maîtres, viennent le suave et tendre **Fénelon**, qui laisse couler de ses lèvres la parole divine, comme elle sortait de la bouche du disciple bien-aimé, et le Père **Bridaine**. Ce dernier forme un étonnant contraste avec le cygne de Cambrai. Orateur puissant, nourri de l'Écriture, ayant un cœur et des paroles de feu, il s'élève quelquefois à la hauteur de Bossuet; mais, malheureusement inégal, il va par bonds et par saillies, et mêle à des morceaux inimitables de verve et de chaleur, des choses désordonnées et gigantesques. On dirait qu'il a toujours improvisé ses discours. Sous Louis XV, l'évêque de Senez se fit un nom dans la chaire. Plus tard, l'abbé Poule obtint aussi une grande réputation. Plus tard encore, l'abbé **Maury**, qui depuis a jeté tant d'éclat à la tribune politique, laisse quelques sermons dignes d'être cités. De nos jours, l'abbé **Lacordaire** passe pour un sermonaire éloquent.

Dans l'Église réformée, nous citerons **Luther**, **Mélanchton**; en Angleterre, Tillotson, **Sterne**, **Blair**; en Hollande, **Saurin**, réfugié français, dont la parole sombre et austère rappelle celle d'un prophète menaçant.

Après la chaire vient le barreau. Nous avons montré l'éloquence excitée par ces deux grands mots : *Dieu et l'humanité*; nous allons maintenant la voir occupée à faire triompher la justice et l'innocence. Du moins, telle devrait être la mission des avocats. Malheur à ceux qui abusent des dons qu'ils ont reçus de la nature! Quand je lis dans l'histoire qu'après un plaidoyer éloquent, un tribunal séduit a commis une erreur, je maudis le Cicéron qui a faussé la justice et souillé son talent. Chez les Grecs, le barreau était la grande arène dans laquelle joûtaient les orateurs qui voulaient acquérir la faveur populaire pour arriver à conduire les choses de la république. Cependant, nous n'avons qu'un bien petit nombre de discours prononcés par les avocats de la Grèce. L'héritage que Rome nous a laissé en ce genre est plus considérable : sans parler d'Antoine, de Crassus, de Scævola, de Sulpitius, de **Cotta**, de **Carbon** et d'**Hortensius**, surnommé le *roi du barreau*, aucun orateur n'a possédé à un aussi haut degré que **Cicéron** le talent d'orner un discours, de tourner ou de résoudre les difficultés d'une cause, et de tirer d'un sujet tout ce qu'il contient. Riche jusqu'à la profusion, il prodigue tous les trésors d'une langue nombreuse et sonore; il charme et captive; malheureusement, il semble prendre plaisir à vaincre des obstacles qu'il aime à se créer, comme pour montrer les ressources et la souplesse de sa merveilleuse parole. Après Cicéron, vint la décadence du barreau romain, qui mourut avec la liberté.

Enthousiastes de Rome et de la Grèce, les premiers avocats en France semaient leurs plaidoyers de citations sans fin puisées dans l'antiquité. Cependant, quelques orateurs, s'abandonnant avec plus de naïveté à ce qu'ils éprouvaient, rentrèrent dans les véritables voies de l'éloquence. Du temps des guerres religieuses, Loysel repoussait avec dignité l'esprit de parti du sanctuaire des lois, comme L'Hôpital, du conseil des princes. Le peu de paroles que prononça sous la tyrannie de Richelieu le jeune et infortuné de Thou sont d'un homme qui promettait un orateur. Sous Louis XIV, à cette époque de progrès, brillent Patru, Lemaître, Pélisson, Omer et David Talon, Domat, le grand jurisconsulte; tous ces hommes illustres ouvrent la carrière aux Cochin, aux Gerbier, aux de La Chalotais, à Servan, à Dupaty, à Lally-Tolendal, au spirituel Beaumarchais, dont Voltaire disait: « Si Figaro ne réussit pas, qu'il fasse jouer ses factums! » A côté de Beaumarchais s'élève Mirabeau, auquel toute sa force n'était pas révélée; Bergasse, Portalis et le vertueux Malesherbes. Depuis notre grande crise révolutionnaire, le sceptre du barreau a été tenu tour à tour par Tronchet, Lainé, de Serre, Berryer, Dupin, Odilon Barrot, Berville, Mauguin, Chaix d'Est-Ange, et un grand nombre d'autres, destinés à faire, ou beaucoup de bien, ou beaucoup de mal à la société, suivant qu'ils abandonneront les rênes de leur éloquence à l'intérêt ou à la probité. En Angleterre, le barreau a pu citer avec orgueil O'Connell et lord Brougham.

Nous avons dit que les grands prédicateurs avaient pris pour devise *Dieu et l'humanité;* les grands avocats, *justice et innocence;* la tribune politique aurait dû invoquer aussi avant tout *l'amour de la patrie*. Quel attachement pour la Grèce n'avait pas ce Démosthène, l'implacable ennemi de Philippe! Démosthène est à la fois le Tacite et le Bossuet des orateurs : sans cesse occupé à serrer sa pensée, il n'est satisfait que lorsqu'il l'a rendue si concise, si brève, qu'elle frappe comme un trait. Chaque partie de son discours est enchaînée à ce qui précède et à ce qui suit avec une logique inexorable; il presse son adversaire, il le pousse, l'accable, et ne s'arrête que lorsqu'il l'a renversé dans la poussière. L'ironie qui tombe des lèvres de Démosthène au milieu de ses graves paroles est foudroyante. A Rome, les grands orateurs politiques furent les Gracques, les Sylla, les Marius, les Caton, les Cicéron, les César. Au jour de la tyrannie, la ville immortelle eut quelques hommes qui payèrent de leur vie un trait d'éloquence inspiré par un généreux amour de la liberté. Burrhus, Helvidius, Thraséas, furent de nobles et généreux martyrs. Depuis le monde renouvelé par les Barbares, au moyen âge, quelques hommes brillèrent dans les états généraux de notre nation; leurs discours ne furent que d'heureux éclairs au milieu de ténèbres qu'ils ne pouvaient parvenir à dissiper. En Angleterre, la tribune politique prend de bonne heure de la dignité et de la puissance; lord Chatam est un des plus grands orateurs qui aient jamais existé; Fox, Pitt, Burke, marchent sur les traces de cet homme de génie, le dépassent quelquefois, et donnent au monde le spectacle d'une lutte où l'esprit humain déploie tout ce qu'il peut avoir de force et d'éloquence. L'Irlandais Grattan, qui aurait désiré ne mourir que lorsqu'il aurait vu le dernier anneau de la chaîne britannique tomber de la jambe du dernier des paysans de son île, retrouva souvent dans son noble cœur les accents des Gracques. En France, notre révolution fut soutenue par de gigantesques orateurs : au-dessus de tous paraît Mirabeau. Méprisé et haï au début de sa carrière parlementaire, à peine quelques jours se sont-ils écoulés que déjà il dominait par sa parole souveraine ses collègues, saisis d'admiration ou d'épouvante. A côté de ce géant brillent les Thouret, les Barnave, les Maury. Mirabeau tombe; un homme nouveau saisit le sceptre, c'est Vergniaud. Châtié autant que le député d'Aix était incorrect, moins véhément que lui, n'ayant pas ses grandes vues, il ne maîtrise pas du premier mot son auditoire; mais son style attique, brillant, coloré, plein de vie et de chaleur, enchante et ravit. Hélas! comme l'a dit Nodier, Vergniaud jetait des fleurs dans la bouche d'un volcan, qui le dévora ainsi que ses amis, le véhément Guadet, Gensonné à la parole ferme et sévère, Brissot, habile discoureur, Barbaroux au cœur noble, à la parole de feu, et le brillant Ducos. La Convention et les clubs virent aussi paraître de grands orateurs populaires, entre lesquels Danton est au premier rang par la puissance de remuer les masses. A côté de lui, nous avons vu paraître des paysans du Danube comme Legendre et quelques autres.

Sous l'empire, la tribune fut fermée, pour ne se r'ouvrir qu'avec le retour des Bourbons. Foy, déposant une épée devenue inutile, combattit avec une parole chevaleresque et brillante contre des lois fatales. Manuel, dissimulant moins ses convictions et ses espérances, osant hardiment nommer par leur nom et les hommes et les choses, eut l'honneur d'être chassé d'une tribune où il grandissait chaque jour. Benjamin Constant, riche de doctrines politiques, se servit avec habileté, pour défendre nos droits, de toutes les ressources d'un esprit exercé comme celui d'un rhéteur de la Grèce; sans être éloquent, il obtint de mémorables triomphes. Lainé, de Serre, Lamarque, Casimir Perrier, Dupin et Berryer surtout, puis Mauguin, Odilon Barrot, le premier Garnier Pagès, Thiers, Lamartine, Ledru-Rollin, etc., ont eu d'admirables mouvements d'éloquence. M. de Cormenin a tracé d'un pinceau ingénieux et brillant les portraits de la plupart des orateurs qui ont illustré en France la tribune politique. En Amérique, le congrès a vu dans son sein s'élever de vrais orateurs. Franklin semblait dans ses discours avoir retrouvé la simplicité ornée des anciens.

Dans cet aperçu rapide sur l'éloquence, nous ne devons pas oublier celle des camps. Les illustres chefs de la Grèce combattant les Perses, les consuls romains, quelques empereurs aussi, furent d'admirables orateurs. Attila et d'autres barbares ont prononcé, à la tête de leurs soldats, des paroles d'une sublimité sauvage. Harold, Richard Plantagenet, Philippe-Auguste, Jeanne d'Arc, François Ier, Henri IV, Gustave Wasa, Charles XII, les généraux de notre république, et l'empereur Napoléon Ier, au-dessus de tous, ont trouvé, pour parler à leurs compagnons de guerre, des traits qui enfantent l'héroïsme et la victoire.

P.-F. Tissot, de l'Académie Française.

ELPHINSTONE (Famille). Cette ancienne maison d'Écosse jouit depuis 1509 des prérogatives de la pairie de ce royaume, et par son alliance avec les Keith prend aussi ce dernier nom pour ses cadets. Un Elphinstone, officier distingué de la marine anglaise, entra en 1770 au service de Catherine II, qui lui donna le grade de contre-amiral. Il contribua beaucoup aux succès que la flotte russe remporta dans les eaux de l'Archipel sur la flotte du grand-seigneur, notamment dans la baie de Tschesmé et dans le golfe de Napoli de Romanie. Le représentant actuel de cette famille est lord *John* Elphinstone, né en 1807, et l'un des seize pairs représentatifs d'Écosse. Au commencement du règne de la reine Victoria, on fut tout surpris d'apprendre que ce lord, l'un des plus brillants cavaliers de la cour de Saint-James et capitaine des *Horse-guards*, était exilé à quelques milles lieues d'Angleterre, sous prétexte d'un important commandement à exercer dans l'Inde anglaise. La raison d'État était le motif de cette petite révolution de palais. On avait cru remarquer que la jeune reine, que l'on n'avait point encore pourvue de son Cobourg de rigueur, dont le cœur par conséquent était libre, n'avait pu voir impunément son beau capitaine des gardes; et l'on assure que les ministres, pour prévenir toute difficulté politique ou d'alcôve, avaient alors résolu de couper le mal à la racine, en envoyant le trop sémillant jeune lord prendre du ventre et se bronzer sous le ciel d'airain des Indes orientales. Depuis on n'a plus entendu reparler d'un homme à qui déjà l'on prêtait tout au moins la destinée de Leicester, et mieux encore.

ELSENEUR ou HELSINGŒR, importante ville maritime et commerçante de l'île Séelande (Danemark), sur le Sund, qui en cet endroit n'a pas plus de 3 1/2 kilomètres de large, mais dont la plus grande profondeur est à 3,000 mètres de la rive danoise, en face d'*Helsingborg*, sur la côte de Suède, est petite, mais bien bâtie, très-animée, et renferme environ 8,000 habitants dont le commerce de transit et la vente d'approvisionnements de tous genres aux nombreux vaisseaux qui franchissent le Sund constituent les principales ressources. On y trouve un collége, un établissement de bains de mer, un établissement de quarantaine, et depuis 1820 un port sûr et spacieux pour des vaisseaux ne tirant pas plus de sept pieds d'eau.

Presque toutes les nations commerçantes entretiennent des consuls à Elseneur, et ce qui donne une importance toute particulière à cette ville, c'est qu'on y acquitte les droits du Sund, motivés à l'origine, comme on sait, par la nécessité d'entretenir de nombreux phares sur cette côte, dont la navigation est rendue dangereuse par les nuits de brumes et de tempêtes qui descendent des froides terres de la Norvège, Pour assurer le payement de ces droits, devenus à la longue une des ressources les plus claires et les plus importantes de leur trésor, les rois de Danemark y firent construire de 1577 à 1585, à quelques centaines de mètres d'Elseneur et tout à l'extrémité d'un promontoire, une forteresse appelée *Kronborg* ou *Kronenburg*, qui reçut de notables augmentations de 1688 à 1691. Entourée de remparts et de larges fossés, elle renferme un arsenal, des casemattes et un château où l'on voit une galerie de tableaux et une chapelle. Non loin d'Elseneur s'élève au nord, sur une colline, un château appartenant au roi de Danemark et appelé *Marienlust*. Une tradition locale y place le tombeau d'Hamlet. On voit aussi dans les environs d'Elseneur, à *Hammermolls*, une grande manufacture d'armes à feu.

Elseneur, qui obtint en 1425 les priviléges de ville, fut prise et incendiée en 1522 par les Lubeckois, reprise en 1535 au nom de Christiern II, puis agrandie et repeuplée en 1576 par des colons hollandais.

Le 6 septembre 1658, la forteresse de Kronborg fut prise par les Suédois aux ordres de Wrangel. Le 16 octobre de la même année, leur flotte y fut battue par celle des Hollandais, que commandait Wassenaer et en 1660 force leur fut d'évacuer la forteresse.

ELSSLER (FANNY et THÉRÈSE), danseuses célèbres qui ont longtemps fait fureur sur les diverses grandes scènes de l'Europe.

Fanny ELSSLER est née à Vienne, en 1810. Elle eut pour maître Herschelt, alors maître de ballets du théâtre de Vienne, où une troupe d'enfants, dirigée par Palfy, tenait lieu de corps de ballet. Dès 1817 elle figurait sur le théâtre de la Porte-de-Carinthie; mais elle obtint de bonne heure avec sa sœur *Thérèse* (née en 1806) un engagement pour le théâtre de Naples, où les deux sœurs se perfectionnèrent et parvinrent à passer *pemiers sujets*. Ce ne fut qu'à Berlin toutefois qu'elles obtinrent pour la première fois un de ces succès qui classent désormais les artistes au premier rang. Le public viennois, quand il revit Fanny Essler, lui fit l'accueil le plus enthousiaste; et la belle danseuse compta alors parmi ses plus fervents admirateurs *le fils de l'homme*, cet infortuné duc de Reichstadt, né sur le trône le plus puissant de l'Europe et mort obscur colonel autrichien.

Lorsque Fanny Elssler vint à Paris (1834), elle avait perdu le charme de la première jeunesse; les voluptueux des avant-scènes essayèrent vainement de vanter ses perfections, le vrai public persistait à ne pas apercevoir les beautés qu'on lui signalait. Dans celle dont on avait tant célébré les attraits et les délices, plusieurs hommes d'un goût sûr ne virent qu'une nature frêle, délicate, souple et flexible sans doute, mais fatiguée et affaiblie par une lassitude précoce, et portant avant l'âge des signes d'altération profonde. Cette teinte morbide dont on essaya de faire une grâce se retrouvait dans toute l'attitude et surtout dans les traits du visage, sur lesquels des traces d'abattement trahissaient une nature maladive et énervée. Évidemment Fanny Elssler avait le tort grave d'être venue à Paris un peu tard pour y recevoir ce baptême de renommée qui donne à chaque artiste illustre son nom dans l'avenir. Comme danseuse, elle avait une irréprochable légèreté; elle étonnait plus qu'elle ne charmait, mais par les tours de force et les évolutions surprenantes qu'elle exécutait *sur les pointes*; elle revenait sans cesse à ces exercices, qui n'avaient point tout à fait la saveur de l'art, et qui étaient au-dessous des mérites qui font l'honneur de la scène.

Il y eut donc un moment où l'on put croire que, malgré tout ce qu'avaient fait l'engouement et la prodigalité des plus fastueux hommages, Fanny Elssler, rendue à ses triomphes germaniques, ne laisserait à Paris qu'un touchant souvenir, comme celui d'un oiseau blessé, dont l'aile pendante ne pouvait plus battre.

Un jour, dans le somptueux appartement que Fanny occupait rue Laffitte, étaient réunis la danseuse, sa sœur Thérèse, *Anna soror*, une cousine dévouée, et le banquier de la maison..... Tout ce monde-là était triste et abattu. Tout à coup, un orgue de Barbarie joue dans la rue un air déjà bien connu et cher aux Parisiens. Fanny écoute, son regard brille, ses joues, si pâles, s'animent et se colorent, son pied, sa main, sa tête, tout son corps, par un frémissement cadencé, battent la mesure de l'air, et la vie revient active et circule dans cette femme jeune maintenant. Fanny se lève, saisit les castagnettes que lui présente Thérèse, qui a tout suivi et tout compris; elle danse, elle s'ébat, elle a retrouvé sa souplesse, sa grâce et sa vigueur. Voilà donc cette belle et ravissante danseuse dont toute la vieille Allemagne a salué les succès avec transport! La danse que Fanny venait d'exécuter était la *cachucha*, danse espagnole dont tout Paris raffolait. Fanny Elssler avait *étudié* et *travaillé* ce pas dans une pensée de progrès; et, sans trop savoir ce qu'elle en ferait, elle le tenait en réserve pour l'employer dans le premier ballet sur lequel elle fonderait quelque chance de réussite. L'heureuse nouvelle fut portée bien vite à l'Opéra, où tout le monde s'embrassa de joie, car à ce moment l'Opéra menaçait ruine. La première fois que Fanny parut dans le ballet du *Diable boiteux* pour danser la *cachucha*, il fut facile de remarquer qu'il s'était opéré en elle une révolution décisive et favorable à son succès : dans ses regards brillants éclatait la confiance, et sur ses traits rayonnait la fierté coquette et piquante des filles d'Espagne. C'était une renaissance complète. Aux premiers signes de l'orchestre, après de molles ondulations et des poses adorables de langueur voluptueuse, la danseuse bondit. Alors, ce fut un cliquetis de castagnettes, des pas et des gestes passionnés, un tumulte de tous les sens, que conduisait et précipitait ou entraînait une mélodie d'une exécution merveilleuse et sonore; puis revenaient les souples et tendres inflexions, le balancement d'un corps tout frémissant d'amour; et de nouveaux transports, et des extases nouvelles! Il est impossible de décrire le charme et l'ivresse de ce spectacle.

La *cachucha* devint les délices de la société parisienne; on la donna et on l'accepta sans se lasser. Lorsque après de nombreuses représentations, on croyait la curiosité épuisée, un nouveau trait ou une attitude imprévue la ranimait. Sous les applaudissements, la danseuse exaltée sentait redoubler ses élans, et chaque jour lui apportait des inspirations fraîches et renouvelées. Ce fut une longue suite de triomphes. Alors, Fanny Elssler fut casée à côté de Taglioni.

Thérèse Elssler, que l'on nommait *la Majestueuse*, possédait la théorie de la danse, sans en avoir les dispositions et la pratique; elle était près de Fanny comme Anna près de Didon. Instituteur, guide, appui et chaperon de Fanny, Thérèse dansait toujours à ses côtés, la soutenant d'un bras nerveux et lui permettant ainsi de *poser* fermement et avec sécurité ses attitudes et ses élancements les plus hardis : elle était comme le support de fer qui maintient la fragile statuette. Thérèse ne saurait être séparée de la fortune de Fanny, à laquelle s'est associé son dévouement constant et sans bornes.

En 1841 les sœurs Elssler se décidèrent à s'arracher à l'admiration des Parisiens pour aller donner quelques instants d'ivresse extatique aux grossiers *yankees*, et mirent l'Atlantique entre elles et l'Europe. Leur course à travers les États-Unis fut un véritable triomphe, et en plusieurs endroits d'austères républicains dételèrent les chevaux de la voiture de Fanny pour s'y attacher et la conduire ainsi à son hôtel. Les représentations données aux États-Unis par les sœurs Elssler leur rapportèrent des sommes immenses, et Fanny ne put même pas sans peine se débarrasser des poursuites de bon nombre de millionnaires de ce pays, qui lui offraient à l'envi leur main et leurs millions.

Après avoir été faire à Saint-Pétersbourg une autre et non moins ample moisson de couronnes, de bouquets et surtout de roubles, Fanny Elssler renonça définitivement à la scène en 1851, mais non pourtant sans avoir consenti a donner encore auparavant à Vienne quelques représentations d'adieux. Elle vit aujourd'hui retirée dans une belle propriété qu'elle a achetée aux portes de Hambourg.

Thérèse Elssler a épousé *morganatiquement*, en 1851, le prince Adalbert de Prusse, et, en considération de ce mariage, a été anoblie par le roi de Prusse sous le nom de *Madame de Barnim*. Eugène BRIFFAULT.

ELSTER, nom commun à plusieurs cours d'eau de l'Allemagne.

L'*Elster Noir* a sa source dans la Haute-Lusace, et vient se jeter dans l'Elbe, entre Torgau et Wittenberg, après avoir baigné, dans la partie de la Saxe dépendante de la Prusse, les murs d'*Elsterwerda*, gros bourg de neuf cents habitants, avec un beau château, et centre d'importantes expéditions de bois flotté. C'est à son embouchure dans l'Elbe que, le 3 octobre 1813, les généraux prussiens, Blücher et York passèrent sur la rive gauche de l'Elbe pour aller battre à Wartenburg le général Bertrand.

L'*Elster Blanc* prend sa source au-dessus de la petite ville d'Elster, dans le Voigtland saxon, près des frontières de la Saxe, et va se jeter dans la Saale, près de Halle, après s'être en chemin séparé de la Luppe, non loin de Leipzig, et s'être grossi des eaux de la Pleiss. C'est dans les flots de l'*Elster Blanc* que le brave Poniatowski trouva la mort, en 1813.

ELSTER, village situé à environ 5 kilomètres de la petite ville d'Adorf, dans le Voigtland saxon, et près des frontières de Bohême, dans la belle et pittoresque vallée de l'Elster, environnée de toutes parts de montagnes boisées, avec une population d'environ 900 habitants, est devenu tout récemment célèbre, à cause de l'établissement d'eaux minérales qu'on y a ouvert, et qui est connu sous le nom d'*Elsterbad*. Ces sources étaient connues depuis longtemps, et Lampadius, Choulant, Flechsig en avaient parlé avec éloges; mais on ne les fréquentait pas. Ce n'est qu'à partir de 1846 qu'elles sont devenues plus suivies, parce qu'alors le propriétaire se décida à y créer et organiser tout ce qui était nécessaire. En 1851 le nombre des visiteurs avait déjà été de plus de 500. Ces eaux, qui sont ferrugineuses, contiennent en même temps une certaine quantité de carbonates, de sorte qu'elles tiennent le milieu entre les eaux de *Marienbad* et celles de *Franzensbad*. En 1849, ces bains ont été acquis par l'État, qui y a fait construire de vastes bâtiments, et un particulier a commencé à y édifier tout un quartier nouveau, qui avant peu sera une ville.

ÉLUCUBRATION. Ce terme didactique vient des mots latins *ex luce*. Il signifie un ouvrage composé à force de veilles et de travail; en un mot, un de ces livres qui *sentent la lampe*, comme les écrits d'Aristote, de Bacon, de Leibnitz, de Locke, de Newton, de Descartes, de Malebranche. Ce mot, pris dans son acception simple, donne à la fois bonne idée du livre et de l'auteur. Qui n'estime et l'homme et son œuvre dans les écrits de Domat, de Marca, de Pothier? Quelquefois, des *élucubrations*, en coûtant beaucoup de peines à l'auteur, ne lui ont procuré que des traverses et des railleries : témoin les *élucubrations* morales de Trublet, où cependant il y a du bon; les *élucubrations* poétiques de Pompignan et de J.-B. Rousseau sur les Psaumes de David, qui vivront, en dépit de Voltaire, tant qu'il y aura parmi les hommes mémoire de notre belle langue, toute considération religieuse à part. L'écrivain consciencieux qui a pris pour texte cet axiome

> Vingt fois sur le métier remettez votre ouvrage,
> Polissez-le sans cesse et le repolissez....

se livre à des *élucubrations*, quelque éphémère et souvent frivole que soit le sujet qu'il traite. Ainsi, tel discours politique de Royer-Collard sous la Restauration fut une véritable *élucubration*. Certains beaux esprits en retard prétendaient ne pas les comprendre : c'était tant pis pour eux. Tel lexicographe, tel feuilletonniste (mais, dans les journaux surtout, c'est le bien petit nombre) peut s'honorer d'être l'auteur d'articles qui sentent la lampe, et qui n'en plaisent pas moins au public; mais, en pareil cas, il faut imiter la concision d'un Royer-Collard, d'un Boissonade ou d'un Dussault. Le mot *élucubration* s'emploie souvent avec ironie dans la polémique : les *élucubrations politiques* de tel lourd pamphlétaire ne sont lues ni comprises par personne. Charles DU ROZOIR.

ELUL ou **ÉLOUL**, mois hébreu. *Voyez* ANNÉE.

ELUS se dit dans le style de l'Écriture de ceux que Dieu a prédestinés à la vie éternelle, par opposition aux réprouvés ou damnés (*voyez* DAMNATION). Ce mot désignait aussi jadis les magistrats d'une *élection*, ainsi nommés parce qu'originairement ils étaient élus par leurs concitoyens. Des charges d'*élus*, érigées plus tard en titre d'office devinrent ensuite vénales, comme toutes les autres, et par conséquent héréditaires. Ceux qui en étaient revêtus substituaient généralement à ce titre celui de *conseillers de l'élection*. Les élus étaient exempts de tailles, emprunts, subventions, logement de gens de guerre, contribution d'étape, etc. L'office d'*élus* ne conférait pas, du reste, la noblesse, ainsi qu'un grand nombre d'offices municipaux. Leurs femmes, comme celles des autres fonctionnaires, partageaient dans le monde la qualification de leurs époux. Molière, historien fidèle des mœurs et des usages de son temps, a dit :

> Vous irez visiter pour votre bienvenue
> Madame la baillive et madame l'*élue*.

DUFEY (de l'Yonne).

ÉLYMAÏDE, *Voyez* ELAM.

ÉLYSÉE ou CHAMPS-ÉLYSIENS. *Voyez* CHAMPS-ÉLYSÉES, t. V, p. 142.

ÉLYSÉE (Palais de l'). C'est le nom de l'un des plus

beaux hôtels de Paris. Il a sa principale entrée dans la rue du faubourg Saint-Honoré, et ses jardins donnent sur les Champs-Élysées.

Ce magnifique hôtel fut bâti en 1728, par ordre et aux frais du comte d'Évreux, sur les dessins de l'architecte Molet. La marquise de Pompadour, en ayant fait l'acquisition, l'occupa jusqu'à sa mort. Le marquis de Marigny, son frère, en hérita, et le céda à Louis XV, qui avait l'intention d'en faire l'hôtel des ambassadeurs extraordinaires; mais on préféra y loger le mobilier de la couronne, jusqu'à l'achèvement des bâtiments destinés à servir de garde-meuble dans une des colonnades de la place Louis XV, aujourd'hui place de la Concorde. Le financier Beaujon acheta cet hôtel en 1773, et y fit faire, par l'architecte Boullé, des embellissements et des dépenses considérables. Après la mort de Beaujon, en 1786, la dernière duchesse de Bourbon l'acquit et l'habita jusqu'à l'époque de son arrestation, en 1793. Cet édifice devint alors une propriété nationale. Depuis 1797 il fut loué à divers entrepreneurs, prit le nom d'*Élysée*, puis, quelques années après, celui de *Hameau de Chantilly*, et sous ces deux dénominations ses beaux jardins, rivalisant avec ceux de l'ancien Tivoli, de Monceaux, d'Idalie, Marbeuf, de Paphos, etc., servirent de théâtre à des fêtes champêtres, à des ascensions aérostatiques, feux d'artifice, danses et amusements de toutes espèces, tandis que ses appartements étaient changés en salles de bals, de trente-et-un, de roulette, et autres jeux de hasard. Il devint en 1803 la propriété de Joachim Murat, qui y tint sa petite cour jusqu'à son départ pour Naples, en 1808. Cet édifice avait repris alors le nom d'*Élysée*, auquel on ajouta celui de *Napoléon*, lorsque l'empereur, qui se l'était fait céder par son beau-frère, l'eut pris en affection, et vint souvent y résider. A la Restauration ce palais prit le nom d'*Élysée-Bourbon*, et le garda jusqu'à la chute de Louis-Philippe. Il a été occupé en 1814 et 1815 par Alexandre, empereur de Russie. En 1816, le duc et la duchesse de Berri vinrent l'habiter; mais à la mort du prince, en 1820, il fut abandonné par sa veuve, et fut possédé ensuite par son fils, le duc de Bordeaux, jusqu'à la révolution de juillet 1830. Le palais de l'Élysée-Bourbon fit alors partie de la liste civile de Louis-Philippe, et devait servir d'apanage à sa veuve. Après la révolution de 1848, l'Élysée changea encore une fois de nom, et s'appela *Élysée national*; on y installa la commission des dons patriotiques. Ce palais fut ensuite désigné pour servir de logement au président de la république. Louis-Napoléon Bonaparte l'habita depuis son élection jusque longtemps encore après le coup d'État du 2 décembre. Le palais de l'Élysée augmenté de l'ancien hôtel Sébastiani, célèbre par l'assassinat de Mme de Praslin, est aujourd'hui en complète reconstruction. Une nouvelle avenue parallèle à l'allée Marigny doit l'isoler complétement, en joignant l'avenue Gabrielle à la rue du faubourg Saint-Honoré.

La marquise de Pompadour avait agrandi ses jardins aux dépens des Champs-Élysées : ce terrain usurpé fut repris par la nation pendant la révolution; mais Murat s'en empara de nouveau; et comme *ce qui est bon à prendre est bon à garder*, ses successeurs n'ont pas songé à rétablir l'Élysée dans ses anciennes limites; et la promenade des Champs-Élysées se trouve interrompue et obstruée de ce côté par un long et désagréable circuit.

H. Audiffret.

ÉLYSÉES (Champs). *Voyez* Champs-Élysées.

ÉLYTRES (du grec ἔλυτρον, étui, enveloppe). On désigne ainsi des appendices roides et cornés, formant une sorte de gaine aux véritables ailes, dans tout un ordre d'insectes, le plus nombreux, le plus recherché des amateurs, celui des coléoptères. Ce sont des organes essentiellement protecteurs, car on ne peut guère supposer, vu leur rigidité et leur immobilité pendant le vol, qu'ils puissent contribuer à la locomotion, tout au plus servent-ils de parachute ou de moyen de maintenir le corps de l'insecte en équilibre. Ce qui prouverait, au reste, que les élytres sont plutôt embarrassantes qu'utiles dans l'acte du vol, c'est que certains insectes, par exemple les cétoines, les tiennent fermées pendant cet acte.

Dans un assez grand nombre de coléoptères, les élytres sont intimement soudées par leur bord interne : dans ce cas, les secondes ailes manquent ou n'offrent plus qu'un état rudimentaire, et l'insecte ne jouit point de la faculté de se jouer dans l'air; mais, en revanche, tous ses téguments sont beaucoup plus durs que dans les autres espèces de sa classe, et par suite ses rapports incessants avec les corps extérieurs lui deviennent moins redoutables.

Par extension, on désigne aussi sous le nom d'*élytres* les premières ailes de divers insectes autres que les coléoptères, lorsqu'elles offrent certain degré de force et de rigidité, ce qui se présente surtout chez les orthoptères et les hémiptères. Aussi quelques entomologistes ont-ils proposé de réunir les *coléoptères*, les *orthoptères* et les *hémiptères* sous le nom commun d'*élytroptères*.

Le Guillou.

ÉLYTROPTÈRES. *Voyez* Élytres.

ELZEVIER ou ELZEVIR, et encore ELSEVIER, en latin *Elzevirius*, célèbre famille d'imprimeurs, qui, de 1583 à 1680, fit paraître plus particulièrement à Leyde et à Amsterdam une foule de belles éditions. Quelques-uns la font originaire de Liége ou de Louvain, d'autres même de l'Espagne.

Louis Elzevier, né en 1540, à Louvain, fut déterminé par les troubles religieux qui agitaient sa ville natale à l'abandonner, et alla, en 1580, s'établir comme relieur-libraire à Leyde, où en 1586 il obtint la charge de massier de l'université, en 1594 le droit de bourgeoisie, et mourut en 1617. Le premier livre qu'il ait publié est intitulé : *Drusii Ebraicorum quæstionum ac responsionum libri duo, videlicet secundus et tertius, in academia Lugdunensi* MDLXXXIII. *Veneunt Lugduni Batavorum apud Elseuirium, e regione Scholæ Novæ.* Le second est un *Eutrope* de P. Merula; il porte la date de 1592, et fut longtemps considéré à tort comme la plus ancienne impression des Elzevier. On attribue à Louis Elzevier d'avoir distingué le premier les *u* et *i*, voyelles des *v* et *j*, consonnes, mais non pas dans les capitales, où cette distinction est due depuis 1619 à Louis Zetzner de Strasbourg. Sa devise était celle de la république batave: *Concordia res parvæ crescunt*. Des sept fils de Louis il y en eut cinq qui continuèrent son commerce d'éditeur et de libraire :

1° *Matthys*, né en 1565, libraire et massier de l'université à Leyde. En 1622 il céda la suite de ses affaires à son fils Abraham, et mourut en 1646. Il édita, entre autres, les ouvrages militaires et mathématiques de Simon Stevin;

2° *Louis II* fonda en 1590 une librairie à La Haye, et mourut, en 1621, sans laisser de postérité;

3° *Ægidius* était vraisemblablement à la tête d'une maison de librairie à La Haye, vers 1599, mais ne tarda pas alors à embrasser une autre industrie, qu'il exerça à Leyde.

4° *Jodocus* (Joost) fut bourgeois et libraire de l'université à Utrecht, où il mourut, en 1617.

5° *Bonaventure*, né en 1583, imprimait déjà en 1608, et s'associa à Leyde avec son frère Matthys; puis, à partir de 1622, avec le fils de celui-ci, Abraham. En 1625 les deux associés achetèrent l'officine du fils cadet de Matthys, *Isaac* Elzevier (libraire de l'université de Leyde depuis 1620, né en 1593, mort en 1651), ainsi que les types orientaux de Jaçomine Buyes, femme du célèbre orientaliste Thomas Van Erpen (*voyez* Erpenius), et furent les véritables fondateurs de la renommée qui est demeurée jusque de nos jours attachée aux éditions in-12 et in-16 des Elzevier, à cause de leur élégance et de leur correction. Tous deux moururent en 1652, après avoir, cinq années auparavant, associé à leurs affaires *Jean* (né en 1622), fils d'Abraham. Celui-ci continua l'imprimerie jusqu'en 1654 en société avec *Daniel*, fils de Bonaventure. Puis alors, Daniel étant allé s'établir à Amsterdam, il continua seul les affaires, et mourut en 1661. Sa veuve, Ève Van Elphen, continua ses affaires jusqu'en 1681, époque où elle céda la maison à son fils *Abraham* (né en 1653). Celui-ci, qui, en 1710, fut nommé échevin de la ville, négligea tellement l'imprimerie, qu'à sa mort, arrivée en 1712, le fonds fut adjugé au faible prix de 2,000 florins.

La maison des Elzevier d'Amsterdam fut fondée en 1638 par *Louis III*, fils de Jodocus, qui s'associa en 1644 avec son cousin, le Daniel dont il a été fait mention plus haut, fils de Bonaventure. Louis mourut en 1670, et Daniel dix ans plus tard. La veuve de ce dernier, Anna Beerninck, continua les affaires jusqu'en 1691, année de sa mort. Le fonds fut alors vendu, et passa ainsi pour la plus grande partie entre les mains d'Adrien Moetjens, imprimeur-libraire à La Haye.

Enfin, il nous faut encore mentionner un petit-fils de Jodocus (*Pierre* ELZEVIER), qui fut conseiller, échevin et trésorier à Utrecht, où il faisait le commerce de la librairie, et où il mourut, en 1696.

La famille Elzevier subsiste encore aujourd'hui, représentée en ligne mâle et directe par M. Rammelmann-Elzevier, d'Amsterdam, fils d'un gouverneur de l'île de Curaçao mort en 1841.

Si sous le rapport de l'érudition, de même que pour leurs éditions grecques et hébraïques, les Elzevier furent inférieurs aux deux Étienne de Paris, il faut reconnaître que personne ne les dépassa pour ce qui est de l'heureux choix des ouvrages et de l'élégance des caractères. Leurs éditions de Virgile, de Térence et des autres classiques latins, ainsi que du Nouveau Testament, du Psautier, etc., ornées de lettres rouges, sont des chefs-d'œuvre de typographie, et pour la correction des textes et pour la beauté de l'impression. On raconte qu'ils avaient pour maxime de faire corriger la plus grande partie de leurs impressions par des femmes, dans l'espoir que celles-ci ne se permettraient jamais de modifications arbitraires au texte. Les collections de petits ouvrages relatifs à la politique connues sous le nom de *Respublicæ* d'Elzevier, ne proviennent pas tout entières des presses des Elzevier; et c'est bien plus à cause de l'intérêt littéraire qu'elles présentent qu'en raison de leur mérite typographique qu'on les a recueillies et qu'on les a réunies dans le format in-16, quoique différant de caractères et provenant de diverses officines. Consultez La Faye, *Catalogue complet des Républiques imprimées en Hollande* (Paris, 1842). Les Elzevier ont publié divers Catalogues de leur fonds. On en compte 18 de 1628 à 1681, mais qui contiennent en même temps la mention d'un grand nombre d'ouvrages dont on leur avait seulement confié la vente, et qui ne sortaient pas de leurs presses. Consultez Adry, *Notice sur les Imprimeurs de la famille des Elzevier* (Paris, 1806); Nodier, *Mélanges tirés d'une petite bibliothèque* (Paris, 1829); et surtout Pieter, *Annales de l'imprimerie elzévirienne* (Gand, 1851-1852).

ELZHEIMER (ADAM), paysagiste estimé, né en 1574, à Francfort-sur-le-Mein, étudia à Rome les paysagistes flamands, et se rapprocha beaucoup de la direction suivie par Paul Bril. Alors le paysage ne s'était point encore complétement émancipé de la peinture historique; aussi trouve-t-on toujours dans les petits tableaux d'Elzheimer quelque chose de roide et de compassé. L'exécution technique, et notamment la couleur, est très-soignée chez lui, et dans son genre plus parfaite que chez Paul Bril. Elzheimer mourut dans la misère, en 1620.

EMA ou ÉMEU. *Voyez* CASOAR.

ÉMAIL. C'est le nom que l'on donne à certaines matières vitrifiées et colorées, ordinairement opaques; cependant, il y a quelques émaux transparents, mais l'emploi en est plus difficile, et ce n'est que sur l'or que l'on peut en faire usage, tandis que c'est ordinairement sur cuivre que l'on peint en émail.

Les émaux sont tous formés par des oxydes métalliques, avec addition de fluate, de phosphate, de borate, ou autres sels. L'émail le plus simple, et celui qui sert de base à tous les autres, est l'émail que l'on obtient par la calcination du plomb et de l'étain. Ce mélange n'est pas toujours dans les mêmes proportions, et la quantité d'étain varie depuis un sixième jusqu'à la moitié. Pour réduire ces métaux à l'état d'oxyde, on les met dans une chaudière de fonte, et lorsqu'ils arrivent au rouge cerise, on retire l'oxyde à mesure qu'il se forme, en ayant soin de ne pas enlever des parties métalliques non oxydées. La calcination terminée et l'oxyde refroidi, on le fait passer dans des moulins, ensuite on le broie sur le porphyre, et lorsqu'il est en poudre impalpable, on en sépare soigneusement toutes les parties métalliques qui peuvent se trouver mêlées à l'oxyde, et dont la présence pourrait occasionner ensuite des taches lorsque l'émail passerait au feu. L'oxyde ainsi préparé porte le nom de *castine;* on le mêle avec une partie égale de sable et environ un dixième de sel marin, de potasse ou de soude; ce mélange placé dans un creuset à un feu doux, éprouve une demi-vitrification, et reçoit alors le nom de *fritte,* puis il sert ensuite de radical à presque tous les émaux, dont on peut varier l'opacité, la fusibilité ou la blancheur, en changeant la proportion des ingrédients qui les composent. Par l'augmentation du sable, l'émail est plus fusible; en mettant plus d'étain, il devient plus blanc et plus opaque. Si, dans les opérations successives qui ont eu lieu, quelque accident a donné de la couleur à l'émail, on peut y remédier en mettant la matière en fusion, et en y joignant quelques parties d'oxyde de manganèse, connu sous le nom de *savon des verriers*, parce que, employé en petite quantité, il a la propriété de détruire la matière colorante charbonneuse.

Pour obtenir des *émaux de couleur*, on doit ajouter différentes matières à celles que nous venons d'indiquer : ainsi, l'*émail bleu* se fait par l'addition d'une faible partie d'oxyde de cobalt; l'*émail jaune* est assez difficile à obtenir, et on emploie diverses matières, telles que du phosphate d'argent, ou bien de l'oxyde de plomb mêlé avec de l'oxyde de fer, ou enfin une partie d'oxyde blanc d'antimoine, avec deux ou trois parties d'oxyde de plomb, une d'alun, et une de sel ammoniac; l'*émail vert* se fait avec l'oxyde de chrôme, ou bien avec l'oxyde de cuivre et une légère partie d'oxyde de fer; l'*émail rouge* est produit par un mélange composé de parties égales de soude et d'acétate de cuivre; on y ajoute quelques parties d'oxyde de fer pour changer la nuance du rouge; l'*émail noir* est donné par l'oxyde de manganèse, auquel on ajoute quelquefois, soit de l'oxyde de fer, soit de l'oxyde de cobalt. En employant le manganèse seul et en petite quantité, on obtient un émail d'un beau *violet*. Tels sont les émaux ou couvertes dont on fait usage pour couvrir tous nos ustensiles de ménage, employant des matières plus ou moins chères, suivant que l'émail est destiné aux terres communes, aux faïences ou aux porcelaines.

Les anciens savaient fabriquer des vitrifications colorées, mais ils n'avaient pas un mot particulier pour les désigner. Cependant, ils en faisaient un usage assez fréquent, puisque dans leurs pavés en mosaïque les cubes ne sont pas toujours formés de pierres naturelles. On connaît quelques monuments égyptiens avec des parties émaillées; mais c'est principalement sous le Bas-Empire que l'on s'est servi d'émaux pour tracer des inscriptions ou des ornements sur des armures, des vases, des bottes en bronze. En France, ce n'est que depuis saint Louis que l'on trouve des crosses, des vases, des couvertures de livres ou autres objets émaillés. Les tombeaux de Blanche, fille de saint Louis, et de

Jean, son second fils, que l'on voyait autrefois dans l'abbaye de Royaumont, étaient ornés de plaques de cuivre émaillées avec beaucoup d'art. Dès le douzième siècle la ville de Limoges était renommée pour ses *peintures en émail* : un acte de 1197 désigne sous les noms de *opus de Limogia*, *labor Limogiæ*, différents vases, bassins, boîtes à hosties, croix et candélabres ornés de peintures en émail. C'est encore aujourd'hui sous le nom d'*émaux de Limoges* que sont désignés, dans la *curiosité*, les flambeaux, salières, aiguières, et autres vases couverts de peintures en émail. Les compositions peintes sur ces objets sont généralement peintes en camaïeux blanc et noir, avec quelques rehauts en or; les visages, les mains et les autres parties nues recevaient une légère couleur de carnation.

D'autres peintures sur émail sont celles que l'on fit dans le commencement du seizième siècle à Urbino, et principalement à Faenza, d'où est venu le nom de *faïence*. Ces peintures furent faites sur des vases de terre, couverts d'abord d'un émail blanc, sur lequel on peignait ensuite avec des couleurs variées différents sujets de l'Histoire Sainte ou de la mythologie. Comme plusieurs de ces sujets furent copiés d'après les compositions de Raphael, quelques personnes ont pensé que l'illustre peintre avait pu lui-même s'exercer à cet art dans sa jeunesse, mais on a reconnu depuis la fausseté d'une telle assertion. D'ailleurs, on trouve aussi sur les vases de Faënza des compositions de Michel-Ange et d'autres grands maîtres italiens que l'on sait bien n'avoir jamais peint la faïence, mais dont les dessins ont souvent été gravés exprès pour servir de modèles aux ouvriers employés dans les manufactures.

Jusqu'au dix-septième siècle, la peinture en émail n'avait servi qu'à embellir des objets d'un usage journalier; mais plus tard des artistes français apportèrent tant de perfection dans leurs travaux, que l'on vit cette peinture s'élever à un si haut degré qu'elle put se placer au même rang que les autres manières de peindre employées par les plus grands artistes. Avons-nous besoin de parler des avantages que présente la peinture en émail? Il est facile de sentir qu'exécutée avec des couleurs fusibles au feu, comme le verre, la fusion qu'elles éprouvent en mettant au four la pièce émaillée amalgame toutes les couleurs avec le fond, et rend ces petits tableaux très-durables. Ils ne peuvent être endommagés ni par l'humidité ni par la sécheresse. La poussière, la fumée, ne peuvent non plus les altérer; ils n'ont donc à éprouver d'autres accidents que celui d'être brisés.

On croit que c'est Jean Toutin, orfèvre à Châteaudun, qui le premier, vers 1630, imagina de faire des émaux de belles couleurs opaques, et de les employer à peindre des portraits inaltérables, ainsi que des sujets historiques. Gribelin, son élève, améliora ses procédés, et le *secret* de faire des émaux fut communiqué à d'autres personnes, qui contribuèrent à leur perfectionnement. Dubié, orfèvre, travaillait dans ce genre à Paris : il demeurait à la galerie du Louvre. Morlière, natif d'Orléans, et qui demeurait à Blois, eut une grande réputation pour peindre des bagues et des boîtes de montres. Il eut pour élève Robert Vauques, de Blois, qui surpassa ses prédécesseurs, et mourut en 1670. Pierre Chartier, aussi de Blois, peignit des fleurs, et y réussit parfaitement. Plusieurs autres artistes dans Paris exercèrent la même industrie, et parmi eux on distingua surtout Jacques Bordier et Jean Petitot, dont il existe de si beaux portraits au Musée du Louvre. Louis Hence et Louis de Guernier, bons peintres en miniature, firent aussi des portraits alors fort estimés. Mais après eux cet art déchut considérablement. Il se trouvait en quelque sorte oublié, et ne servait plus que pour des boîtes de montre ou pour des bagues, sur lesquelles on traçait quelques fleurs ou des emblèmes d'amour, que par ce moyen on semblait faire croire immuable. Au commencement de ce siècle, on vit cependant reparaître d'assez beaux portraits peints en émail par Augustin. Le talent de Salomon-Guillaume Counis, né à Genève en 1785, s'est fait remarquer d'une manière particulière dans un grand nombre de portraits, dont ceux de Mme de Staël et de Louis XVIII, et par la *Galatée* d'après Girodet, émail de 14 centimètres de haut. Mais bientôt, trouvant trop petit le champ sur lequel jusque alors avaient travaillé les peintres en émail, on s'imagina de remplacer la plaque métallique qui servait de fond, et qui n'avait que 12 ou 15 centimètres, par une plaque de porcelaine, à laquelle on donne maintenant de grandes dimensions. Alors on vit de véritables tableaux peints par Abraham Constantin, Charles Étienne Leguay, et surtout par Mme Jacquotot. Consultez la *Notice des émaux exposés dans les galeries du Louvre*, par M. le comte de Laborde, membre de l'Institut. DUCHESNE aîné.

ÉMAIL, partie extérieure de la dent.

ÉMANATION, action par laquelle les substances volatiles se détachent, en s'évaporant, des corps auxquels elles appartiennent ou au moins auxquelles elles adhèrent. Il n'est point de corps dans la nature qui n'éprouve cette déperdition de sa propre substance; mais comme tous ne jouissent pas à un égal degré de la faculté de se volatiliser, ou qu'ils n'offrent pas tous à l'observation les mêmes propriétés, il en est résulté pour les physiciens le besoin de distinguer les variétés d'un même phénomène par diverses dénominations, souvent confondues, et dont nous allons rappeler la distinction. Ces dénominations sont : 1° les *vapeurs*; 2° les *émanations* proprement dites, qui se manifestent essentiellement par leur odeur, car tandis que les vapeurs peuvent être condensées par le froid, recueillies et mesurées, les émanations, plus subtiles, semblent impondérables et incapables d'être pareillement recueillies et condensées; 3° les *exhalaisons*; 4° les *miasmes*; 5° les *effluves*; et 6° la *fumée*. E. RICHER.

ÉMANATION (Système d') ou ÉMANATISME. On appelle ainsi en philosophie la théorie qui fait provenir toutes choses d'un principe suprême. D'après ce système, l'origine de toutes choses n'est que le débordement de la plénitude divine, un écoulement de lumière résultant de la nécessité intérieure, et non point de la libre activité de Dieu. Les êtres émanés de la perfection primitive s'éloignent de plus en plus de leur source, et successivement deviennent de plus en plus mauvais; fait par lequel s'expliquerait l'existence du mal ici-bas. Cette doctrine est originaire de l'Orient; on la trouve plus particulièrement dans la mythologie des Hindous, dans le système de Zoroastre, ainsi que dans les systèmes, plus récents, des néoplatoniciens d'Alexandrie. Le christianisme ne pouvait l'admettre, vu l'incompatibilité que, d'accord sur ce point avec le platonisme, il reconnaissait entre la divinité et la matière. Elle est opposée au système de l'éternité du monde, comme à celui de l'éternité de la matière, et n'est au fond que le panthéisme.

Les théologiens appellent aussi *doctrine de l'émanation* celle qui enseigne que le Fils est le Saint-Esprit émanent du Père, première personne de la Trinité.

ÉMANCHE (*Blason*), pièce héraldique honorable qui signifie : *ennemis vaincus et dépouillés*. Elle tire son nom de sa ressemblance avec une manche antique, fort large par un côté et étroite par l'autre, laquelle étant décousue et déployée, présente plus ou moins de pièces triangulaires, comme enclavées dans l'écu où elle est posée : *Vaudrey porte de gueules à deux émanches d'argent*.

Émanché se dit de l'écu divisé par émanches des deux émaux alternés.

ÉMANCIPATION. L'émancipation, en droit, est l'acte qui confère au mineur le droit d'administrer sa personne et ses biens dans les limites posées par la loi. Elle constitue une sorte d'état intermédiaire entre la minorité et la majorité.

Selon le langage de l'ancien droit romain, l'émancipation

était l'action qui rendait un homme *proprii juris*, et le faisait cesser d'être une *chose*, une propriété, *res mancipii*; c'était, comme dans notre droit, *actus quo filius familias sui juris efficiebatur*, mais avec cette notable différence que, loin de mettre fin à la tutelle, l'émancipation y faisait au contraire entrer le fils de famille impubère. Elle résolvait seulement la puissance paternelle; et même sur ce point les priviléges en étaient encore restreints par le droit qu'un père avait de jouir de la moitié des biens de son fils émancipé et par la dépendance dans laquelle il le retenait, dépendance qui était à peu près la même que celle des affranchis à l'égard de leur maître. Pour connaître l'origine de l'émancipation chez les Romains, il faut se rappeler que Romulus avait accordé aux pères un pouvoir illimité sur leurs enfants : un père pouvait vendre son fils, le tuer, le priver de ses biens. Mais cette loi ne fut jamais suivie à la rigueur; et Numa y mit une première restriction, en interdisant au père la faculté de vendre son fils marié solennellement suivant les lois. Romulus avait ordonné qu'un père qui aurait vendu son fils trois fois serait privé de la puissance paternelle : *Si pater filium ter venumdedit, filius a patre liber esto*. Là est vraisemblablement l'origine de cette singulière formalité de l'émancipation, qui fut longtemps observée à Rome : lorsqu'un père voulait émanciper son fils, il le vendait trois fois en présence de sept témoins, citoyens romains, dont un portait une balance pour peser un prix imaginaire. L'acquéreur, appelé *pater fiduciarius*, affranchissait chaque fois l'enfant qu'on supposait être devenu son esclave, et l'émancipation était faite. Dans la suite, on reconnut l'inutilité et la futilité de ces formes. L'empereur Anastase introduisit un mode beaucoup plus simple, en ce qu'il ne consistait que dans l'insinuation juridique d'un *rescrit*, par lequel l'empereur accordait l'émancipation. Justinien permit aux pères d'*émanciper* leurs enfants devant les juges ou magistrats compétents, et en les émancipant de leur faire telle libéralité qu'ils voudraient. L'empereur Léon donna à l'émancipation le dernier degré de simplicité, en ordonnant que la simple déclaration de la volonté du père suffisait pour opérer l'émancipation, et que lorsqu'un père aurait souffert que son fils formât un établissement particulier et allât demeurer hors de la maison paternelle, ce fils serait censé émancipé. Dans l'ancien droit romain, le fils émancipé n'était plus mis au nombre des enfants; il ne succédait pas avec ses frères et sœurs, et le père pouvait impunément ne pas faire mention de lui dans son testament. Par la suite, le prêteur corrigea ces dispositions trop rigoureuses des Douze-Tables, et il accorda aux enfants émancipés la possession des biens de leur père décédé *ab intestat*. Enfin, Justinien appela indistinctement les enfants émancipés, comme ceux qui ne l'étaient pas, à la succession de leur père.

Dans notre droit l'émancipation est de deux espèces : elle est *tacite* lorsqu'elle s'opère *de plein droit*, par le seul fait du mariage; elle est *volontaire* ou *expresse* lorsqu'elle a lieu par la volonté du père; à défaut du père (s'il est décédé, absent ou interdit), par la volonté de la mère, et à défaut de père et de mère, par délibération du conseil de famille. Le mineur *émancipé* reçoit du conseil de famille un curateur, dont les fonctions consistent à surveiller son administration, à l'aider de ses conseils, et spécialement à l'assister dans les actes les plus importants. Nous disons de l'*assister*, car tous les actes sont passés au nom du mineur, et toutes les demandes judiciaires doivent, à peine de nullité, être formées contre lui.

L'émancipation du mineur par le mariage s'opère sans que les parents aient besoin d'exprimer leur volonté à cet égard, et par conséquent sans aucune espèce de formalités; en consentant au mariage, ils ont tacitement consenti à l'émancipation. Il est naturel en effet de reconnaître apte à se gouverner lui-même celui qu'on a jugé capable d'exercer la puissance maritale et paternelle. La femme qui, en vertu d'une dispense du chef de l'État, se marie avant l'âge de quinze ans, est émancipée comme celle qui ne s'est mariée qu'après cet âge; et si elle devient veuve, même avant d'avoir accompli sa quinzième année, elle ne rentre pas sous l'autorité paternelle, car elle en a été affranchie purement et simplement par la loi. Le mari mineur est placé néanmoins sous l'assistance d'un curateur; mais la femme n'a d'autre protecteur que son mari; la puissance maritale comprend en effet tous les attributs de la curatelle.

Quant à l'*émancipation expresse* ou *volontaire*, elle peut être conférée à l'âge de quinze ans révolus, par la seule déclaration du père ou de la mère, reçue par le juge de paix; mais si le mineur n'a plus ni père ni mère, il ne peut être émancipé qu'*à dix-huit ans accomplis*, et après délibération du conseil de famille; jamais, hors le cas de mariage, il ne peut être avant cet âge affranchi de la tutelle. L'émancipation ne serait qu'un abandon si elle livrait un mineur à lui-même, alors que sa faiblesse a encore besoin de protection; et l'on a dû craindre que le tuteur, pour se libérer d'une charge pénible, ne provoquât une émancipation prématurée, tandis qu'à l'égard des père et mère cette crainte est entièrement dissipée, par l'affection qu'ils doivent porter à leur enfant, et par leur intérêt même, puisque l'émancipation leur enlève l'usufruit légal de ses biens.

A l'égard de l'enfant admis dans un hospice, sous quelque dénomination et à quelque titre que ce soit, il peut être émancipé à quinze ans révolus par le membre de la commission administrative qui a été désigné tuteur, et qui comparaît seul à cet effet devant le juge de paix.

Les effets de l'émancipation sont relatifs à la personne et aux biens du mineur. *Relativement à la personne*, l'émancipation fait cesser la puissance paternelle; le mineur peut dès lors faire choix d'un domicile et résider où bon lui semble. Elle l'affranchit de toute tutelle, et lui attribue en conséquence l'administration et par suite la jouissance de ses biens. Du moment où elle lui est conférée, le mineur cesse d'être soumis au droit de correction; toutefois, il ne pourrait sans le consentement formel de ses parents contracter un enrôlement volontaire. *Relativement aux biens*, le mineur émancipé n'est plus, comme auparavant, représenté et suppléé par un tuteur : tous les actes qui le concernent sont passés en son nom. Toutefois, la loi ne le répute point encore doué d'un jugement assez mûr pour lui laisser sans restriction le libre exercice des droits attachés à la propriété; en réalité, il est encore mineur, et la loi a sagement mesuré la capacité qu'elle lui reconnaît sur l'importance des actes qu'elle lui a permis de souscrire. Il y a donc des actes qu'il peut faire *seul*, d'autres qu'il ne peut faire *sans l'assistance de son curateur*; d'autres pour lesquels l'*autorisation du conseil de famille* lui est nécessaire; d'autres, enfin, qui lui sont interdits.

Le mineur émancipé peut faire *seul* tous les actes de *pure administration*. Mais cette administration est loin d'être aussi complète que celle du majeur; il peut disposer seul de ses meubles usuels, contracter pour cet objet des engagements par voie d'achat ou autrement, et intenter en justice toute action mobilière; il peut prendre toutes les mesures nécessaires pour assurer le produit de ses propriétés, et en conséquence les réparer, les embellir, les donner à loyer ou à ferme. Mais la loi lui interdit la faculté de faire des baux dont la durée excéderait neuf années, parce qu'un bail qui se prolonge au delà de ce terme est considéré comme une aliénation. Il peut encore sans l'assistance de son curateur toucher ses revenus, par exemple les loyers de ses maisons, le fermage de ses biens ruraux, les intérêts de ses capitaux, et en disposer comme il le juge convenable, obtenir des condamnations contre un fermier ou contre un débiteur rétardataire, et donner décharge des payements qui lui sont faits, etc.

Le mineur émancipé *doit être assisté* de son curateur pour certains actes d'administration qui concernent le fonds du patrimoine, par exemple pour recevoir son compte de tutelle, pour donner décharge d'un capital mobilier, pour défendre à une demande en partage, enfin, pour comparaître en justice, lorsqu'il s'agit d'immeubles ou de capitaux. On ne confie pas au mineur émancipé le droit de faire valoir lui-même ses capitaux, parce que les revenus de ces sortes de biens ne s'obtiennent que par des placements : or, un mauvais placement peut exposer le capital.

Le mineur émancipé ne peut contracter d'emprunt *sans être autorisé* du conseil de famille. Il ne peut non plus sans cette autorisation vendre ni aliéner ses immeubles, accepter ou répudier une succession, transiger sur des actes dont il ne peut disposer sans observer les formalités prescrites au mineur non émancipé. Cependant, il est à remarquer que cette prohibition générale est modifiée par une disposition de l'article 484 du Code Napoléon, qui en déclarant réductibles les obligations excessives qu'il aurait contractées présuppose par cela même qu'il a la capacité d'en consentir. Il a d'ailleurs la faculté de vendre valablement sans l'assistance de son curateur, des choses mobilières bien plus importantes qu'une rente de 50 fr., qui est un capital mobilier, par exemple une coupe de bois-taillis; et avec le droit de passer des baux n'excédant pas neuf années, il peut ainsi aliéner neuf coupes au lieu d'une. Il est à regretter que la capacité du mineur émancipé ne soit pas mieux déterminée et circonscrite par le Code; l'obscurité de la loi sur cette importante matière a fait naître presque autant de systèmes qu'il y a d'interprètes.

Enfin, le mineur émancipé ne peut dans aucun cas, même avec l'autorisation du conseil de famille, compromettre, donner entre vifs, si ce n'est à son conjoint, ni disposer par testament, si ce n'est jusqu'à concurrence de la moitié des biens dont la loi permet au majeur de disposer.

Le mineur émancipé dont les engagements ont été réduits par les tribunaux, à raison de son inconduite ou de sa mauvaise gestion, peut être privé du bénéfice de l'émancipation, laquelle lui est retirée en suivant les mêmes formes que celles qui ont eu lieu pour la lui conférer. Mais si l'émancipation a été opérée par le mariage, elle est absolue et irrévocable, non pas seulement parce que dans ce cas l'emploi de ces mêmes formes est impraticable; mais encore parce que dans nos mœurs, dans l'esprit de nos lois, l'état de mari ou d'épouse est incompatible avec l'état de mineur en tutelle. Le mineur privé de l'émancipation rentre en tutelle; mais il n'est pas replacé de plein droit sous l'autorité de son tuteur testamentaire ou datif : une nouvelle tutelle commence, une nouvelle délibération du conseil de famille est nécessaire. La révocation produit donc deux effets : elle fait rentrer le mineur en tutelle jusqu'à sa majorité ou son mariage, elle ôte à la famille le droit de l'en faire sortir.

Quant à la capacité de contracter valablement comme commerçant ou comme banquier, elle est conférée au mineur en suivant les formalités tracées par l'art. 2 du Code de Commerce, formalités qui du reste ne sont pas nécessaires pour que le mineur puisse exercer un art ou une industrie non réputés faits de commerce, car la loi distingue le mineur artisan du mineur commerçant. Aug. Husson.

Dans le langage ordinaire, émancipation se dit dans le sens d'affranchissement, de liberté accordée. L'*émancipation* des colonies, des communes, des peuples, etc. Avant d'émanciper la multitude, il faut l'instruire, dit avec beaucoup de raison le *Dictionnaire de l'Académie*.

Avec le pronom personnel, le verbe *émanciper* signifie en général se donner trop de licence, sortir des bornes du devoir, de la bienséance, ne pas garder la mesure convenable.

ÉMANCIPATION DE LA CHAIR. Deux grandes voies morales se sont présentées à l'humanité apparaissant sur le globe. Suivra-t-elle ses penchants matériels, comme les autres animaux, qui paraissent à tant d'égards ses frères? ou plutôt, orgueilleuse de leur commander et se distinguant d'eux tous par la supériorité de son intelligence, aspirera-t-elle à une vie moins terrestre et moins ignoble? La plupart des législateurs ont compris le besoin de nous rattacher à cette existence plus relevée pour civiliser et ennoblir notre race, destinée à s'élancer, par le cerveau ou par la pensée, jusqu'à la vie céleste. Il fallait donc diminuer les propensions brutes qui la courbent vers la nourriture et la génération. De là, nécessité de réfréner les appétits charnels, de mettre en honneur les abstinences, les mortifications, les jeûnes et les carêmes, avec la chasteté et la continence. Les deux sources les plus délicieuses des plaisirs du corps étant la reproduction et l'alimentation, la compensation de ces sacrifices pénibles ne pouvait se trouver que dans l'espérance magnifique d'une renaissance dans un monde supérieur et immortel. D'ailleurs, on reconnut bientôt qu'avec l'indépendance sauvage de notre espèce ni la sécurité des mariages, ni la sainteté des mœurs de la famille, ni même la virginité ne pouvaient être protégées contre la force. Des attentats imposant violemment des productions vouées à l'abandon et à la misère ne pouvaient être le but d'une société conservatrice, ni même un instinct régulier de notre nature personnelle. Dès lors dut naître en nous l'idée morale consacrant la liberté, le culte du devoir, le respect des droits d'autrui...

Nous arrivons ici à la longue histoire des institutions religieuses qui dans l'Inde proclamèrent les bienfaits des abstinences : d'abord, l'antique doctrine des brahmes, d'où sont émanées celles de tant de sectes : celles de Pythagore, celles des esséniens, des thérapeutes et d'autres ermites ou cénobites; puis les fakirs, les bonzes et tous ces religieux de l'Orient et de l'Asie se condamnant, abstèmes, chastes, silencieux, aux déserts. Pour s'ôter jusqu'aux moyens de contrevenir aux préceptes de la continence, ce n'était pas assez des cloîtres, des serments solennels, des austérités du jeûne, d'un régime frugal et tout végétal, comme chez les brahmes, les chartreux; il ne suffisait point davantage de se faire saigner à plusieurs reprises (*minuere monacum*). quelques dévots poussèrent la ferveur jusqu'à se priver, comme Origène et les prêtres corybantes dédiés à Cybèle, des organes de la génération. Ainsi aujourd'hui encore, dans l'Inde, des brahmes et des joghuis s'*infibulent* (comme on l'exigeait des chanteurs dans l'antiquité, afin de leur conserver une voix de *ténor*). Ce rigorisme exalté, surtout chez les premiers chrétiens, habitants des solitudes de l'Orient et des retraites de la Thébaïde, leur fit exercer, sous le cilice et la cendre, les plus cruelles mortifications de la chair.

Ces idées se transmirent, pendant le moyen âge, dans l'Occident chrétien par de sévères pratiques; c'est ainsi que la Trappe et d'autres refuges contre les enchantements du siècle faisaient mourir au monde pour atteindre plus sûrement les cieux. Nous lisons même dans plusieurs ouvrages de médecine qu'à cette époque les élèves du collége Montaigu, par exemple, nourris chétivement toute l'année de haricots et de harengs saurs, étaient encore châtiés par la discipline, et que saint Ignace de Loyola y subit, à l'âge de trente ans, la punition du fouet. Il n'était question alors de rien qui ressemblât à Grimod de la Reynière ou à Brillat-Savarin. Les peintures de ce temps représentent toujours des personnages amaigris et pâles. C'est par les croyances reçues que s'expliquent ces tristes idées de fin du monde, de réformes, de monastères, de pauvreté et d'aumônes, qui dominaient alors; ce dégoût général du travail, cette prédilection universelle pour la vie contemplative, s'écoulant dans la misère, mais en revanche dans la paresse. C'est ce lugubre abandon de la terre qui portait les trappistes à creuser leur tombe en silence ou en s'écriant :

Frère, il faut mourir! La sombre mélancolie, l'âpreté de la vie janséniste, jusque chez les religieuses austères de *Port-Royal des Champs*, contrastent bien vivement avec les pompes et le faste insolent de la cour du grand roi. Ne voit-on pas l'illustre Pascal lui-même mourir couvert d'un cilice en crin et de scapulaires, après des jeûnes sévères; puis, plus tard, au cimetière Saint-Médard, des jansénistes fanatiques, des femmes même, consentir avec une joie indicible à recevoir des coups de bûche et à ce qu'on leur enfonçât des clous dans la chair (*voyez* CONVULSIONNAIRES), tant l'imbécillité humaine se précipite toujours dans les extrêmes!

Que si l'on veut contempler un spectacle contraire, celui de *l'émancipation de la chair*, on n'a qu'à remonter en Orient vers ces époques antiques du culte des passions les plus emportées, à l'adoration de *Vénus Astarté* et d'*Adonis* (ou de la volupté), lorsque la jeunesse babylonienne immolait sa virginité au premier venu, dit l'histoire, dans les temples. Quoi de plus curieux que de suivre à travers les diverses nations et une longue chaîne de siècles la marche des dissolutions, surtout dans les climats ardents qui allument l'amour; que de retracer les débauches des bayadères de l'Inde, des almées de l'Égypte, des hétaires de la Grèce, ou les débordements licencieux des sectes, soit religieuses, comme certains gnostiques, soit philosophiques, comme les cyrénaïques, admettant la communauté des femmes; que de pénétrer les mystères de la bonne déesse (*dea syria*), se répandant jusqu'en Italie; que de retrouver les cultes nocturnes parmi les *agapes* ou festins fraternels des premiers chrétiens, priant en commun, et cependant accusés de se livrer en secret aux orgies les plus effrénées; accusation renouvelée, au moyen âge, contre les initiés de la gnose, contre les pauliciens, les valentiniens, les catharins, les albigeois et les templiers, adorateurs du baphomet, etc. Car, on l'a remarqué, le mysticisme religieux, ou l'amour divin, défend assez mal de l'amour terrestre; il y prédispose même les âmes tendres et exaltables, qui passent aisément de la contemplation aux profanations. De là les égarements de certains cultes obscènes célébrant comme sanctification l'état de nature.

Mais qu'est-il besoin de remonter si loin? Ne vivons nous pas dans cette cité qu'on appelle *le paradis des femmes*, à Paris? C'est bien là vraiment que devait éclore le *saint-simonisme*, cette religion nouvelle qui proclama l'union des sexes la manière la plus sublime d'adorer Dieu, et l'acte de produire son semblable le sacrifice le plus agréable au *créateur* en même temps que le plus délectable à la *créature*! C'est ainsi que toutes les jouissances de la vie corporelle furent sanctifiées, déifiées, sous prétexte de suivre les impulsions sacrées de la nature. Suivant un de ces sectaires, M. Buchez (qui depuis s'est converti au catholicisme), toute l'existence actuelle devrait consister à *faire son paradis en cette vie*, à profiter le plus possible de tous les biens, en organisant la promiscuité des sexes, la communauté des fortunes, en proclamant l'abolition des liens du mariage, l'émancipation de *la femme*, désormais *libre* dans ses choix, en un mot la *réhabilitation de la chair*. Alors s'établiraient d'ineffables jouissances en commun dans des associations, des phalanstères (les enfants appartenant à la république, puisque *tous seraient à tous*), et des festins joyeux et fraternels avec un mélange universel, dans la célébration des solennités, au milieu de l'entraînement général. *Dieu est tout, et le tout est Dieu*, disaient les réformateurs répétant dévotement ces paroles du Père Enfantin; il est la nature, le principe créateur, l'amour ou la volupté: donc plus on engendre, plus on s'enivre de l'émancipation, et plus on est saint. Bientôt la pauvreté, la misère, suites inévitables de ces belles inventions sociales, assaillirent l'asile saint-simonien, car tout le monde voulait jouir et personne n'entendait travailler dans cette Église nouvelle. Aussi, quand le pécule apporté par les plus simples eût été consommé en orgies, les plus fanatiques eux-mêmes se refusèrent-ils à cirer plus longtemps les bottes du Père suprême.

Que des monstruosités telles que la fameuse doctrine de l'*émancipation de la chair* de l'école saint-simonienne aient pu être publiquement enseignées en France; que d'ardents et parfois d'éloquents missionnaires aient pu les prêcher impunément sur tous les points du pays, il n'y a dans un tel fait, si affligeant qu'il puisse être, rien d'extraordinaire. C'est à la suite d'une révolution politique qui avait promis d'*émanciper* la nation que se sont produits les faux docteurs chargés de donner le change aux esprits en leur promettant la révélation d'un secret infaillible pour gagner beaucoup d'or, et surtout en leur annonçant la nécessité de l'*émancipation de la chair*. Les peuples qui se vautrent dans les voluptés et ceux qui n'aspirent qu'à s'y vautrer ne sont jamais bien dangereux pour leurs maîtres! Mais ce qui restera une honte éternelle pour notre époque, c'est que les hommes qui appartinrent à cette immorale école aient pu être amnistiés, nous ne disons pas par le pouvoir, dont ils n'étaient en réalité que les instruments, mais par cette même société qu'ils avaient reçu la mission d'empoisonner; mission dont ils se sont acquittés avec un succès qui a dépassé certes leurs plus ferventes espérances. Comment s'étonner des effrayants progrès du vice, de la débauche et de l'immoralité, quand on voit aujourd'hui les anciens disciples du Père Enfantin professeurs, conseillers d'État, législateurs; que dis-je, ministres même!

Il se tromperait étrangement celui qui s'imaginerait qu'il ne nous est rien resté des bizarres doctrines prêchées par les saint-simoniens. Elles se retrouvent plus vivaces que jamais dans le caractère nouveau d'effronterie et de naïveté que l'immoralité et la débauche ont pris de nos jours, en adoptant la doctrine de l'*émancipation de la chair* avec ses déplorables conséquences. Il ne nous appartient pas d'anathématiser la Babylone moderne, la grande prostituée des nations, ainsi que la maudissent beaucoup d'entre ceux qui viennent se plonger avec délices dans cette fournaise infernale pour échanger contre leur or les vices et les jouissances de toutes les corruptions qui y bouillonnent. S'il n'y régnait que les séductions de ses sirènes, que les ignobles enivrements de la chair et de la table, qu'on peut rencontrer ailleurs, Paris n'enchanterait pas longtemps ses hôtes ou de curieux admirateurs. Mais, à propos de la question qui nous occupe, une observation qui nous a frappé trouve naturellement sa place ici. Dans la région nouvelle, là où depuis un demi-siècle grandissent les pompeuses demeures de l'opulence, se trouvent trois temples: *Notre-Dame de Lorette*, *la Madeleine* et *Saint-Vincent de Paul*, éblouissants d'or, de sculptures et de peintures, attestant la splendeur, la gloire artistique de notre temps, accumulées par le peuple le plus ardent pour tout ce qui brille dans les délectations mondaines de la vie temporelle. Personne n'ignore que cette chapelle de Lorette, par son luxe coquet, par la fréquentation des jolies dévotes habitant ses alentours, passe pour le boudoir de Vénus desservi par ses prêtresses. Aussi a-t-il donné son nom à toutes ces jeunes femmes accourues dans la grande ville sans autres ressources que leurs charmes. La est le premier acte du drame qui doit se dérouler dans le cours de leur vie; dès le début immolation de la pudeur cédant aux séductions de l'opulence...

Vient le deuxième temple, celui de l'indulgent et digne prêtre saint Vincent de Paul, recueillant aux Enfants-Trouvés les tristes résultats de l'oubli de la primitive innocence. C'est une suite forcée de la promiscuité des sexes.... Que si la beauté, traversant non sans péril les écueils qui entourent sa jeunesse, sait échapper aux prestiges d'un siècle corrupteur, après avoir trop sacrifié à de prodigues jouissances, qu'elle se réfugie, *Madeleine repentante*, dans cet autre temple éclatant et splendide. Que désormais, redoutant avec la vieillesse les flétrissures du dédain de ses charmes, elle retrouve dans le désenchantement un reste de vertu, elle accomplira le dernier acte de ce drame ordinaire à la femme émancipée, *séduction, abandon* et *repentir* : voilà les trois stations par lesquelles elle doit passer. Et cependant dans ces asiles consacrés au culte religieux, tout respire encore les illusions de la terre. En vain on relève sa vue pour chercher aux cieux l'immensité ou les pensées consolatrices d'une meilleure existence : on ne rencontre que ces lambris d'or ou ces peintures qui ramènent aux images de beautés séductrices, à des concupiscences sacriléges; elles dérobent à la pensée un redoutable avenir de misère et d'éternelle perdition. Oui, par ces voûtes, ces riches plafonds, sculptés avec tant de magnificence, les cieux sont fermés; sortes de prisons d'où ne peuvent même s'exhaler les soupirs d'une âme convertie. Elles l'enclosent dans la sphère bornée de l'existence animale, et semblent lui dire qu'elle doit ici-bas limiter ses jouissances à la sensualité charnelle, comme aux délices et aux enivrements immondes. Oui, ces églises d'or n'inspirent que l'amour de l'or, l'ardeur du lucre, seul charme et destin de l'animalité sur cette terre! Par tout le globe, avec des femmes et beaucoup d'or, vous pourrez vous entourer d'un cortége semblable de délices jusqu'à l'enivrement et l'orgie; mais bientôt arrivera l'épuisement, la satiété rebutante, puis la fange, qui salit et révolte jusqu'à se faire honte à soi-même....

Qu'on ne se hâte pas pourtant de triompher de ces aveux pour répudier cette capitale de la sociabilité moderne, comme un gouffre pestilentiel où périssent toutes les vertus. Cette Babylone est aussi l'Athènes moderne. Au milieu des trésors d'une civilisation ingénieuse, jaillissent d'autres sources de plaisirs purs, de délicates jouissances émanant de l'intelligence. Tels sont le charme des beaux-arts, la pompe des spectacles, l'éclat ravissant des joûtes littéraires et scientifiques, qui rejettent les idées ignobles, les affections sordides. Ils font éclore au sein d'une société brillante et polie cette inépuisable production de nouveautés que le goût invente ou multiplie chaque jour. Par là s'enchaîne l'existence dans un cercle perpétuel de fêtes excluant l'ennui, ou plutôt cet entraînement rapide qui trompe la satiété par d'autres délassements. Ainsi s'écoule cette vie enviée même des rois étrangers, dans ces scènes mobiles, songe enchanteur qui fait glisser les heureux du siècle à travers les épines et les routes escarpées du monde. Ainsi s'oublient parfois les douleurs corporelles, ou même se calment les peines, bien autrement cuisantes, de l'esprit, en s'exemptant des dépravations.

Concluons. L'émancipation luxurieuse et luxueuse est consumante, tandis que les abstinences sont conservatrices. La vie est courte, a-t-on dit; d'accord : mais souvent c'est nous-mêmes qui la rendons telle. Apprenons à tempérer sa fuite rapide par les délices des arts, des lettres et des sciences, à ne pas la dépenser trop vite. Les vices ne sont pas nécessaires à son bonheur. C'est une liqueur précieuse que la raison nous enseigne à ménager en détournant vers la pensée une grande partie des jouissances du corps. L'émancipation intellectuelle répare ainsi ce que l'autre énerve et détruit. J.-J. VIREY.

ÉMANCIPATION DE LA FEMME. L'émancipation a été demandée par les femmes : à cela rien d'étonnant, que leur erreur. L'une d'elles a consacré à cette cause un beau talent, un talent hors de ligne, et qui appliqué à la défense de l'ordre social eût été d'une grande influence sur la morale publique. Tout en gémissant de l'emploi qui en a été fait, nous ne pouvons nous empêcher d'y voir le cachet d'une des plus hautes intelligences qui aient paru dans ce siècle, Mme la baronne Dudevant (pourquoi ne la nommerions-nous pas?), dans ses écrits, trop remarquables de style, trop captieux de conséquences déduites de prémisses insoutenables, a battu en brèche l'institution du mariage, sans nous dire ce qu'elle mettrait à la place; et par une bizarrerie qui s'expliquerait mal, elle a publié ses pages sous le nom d'un homme, comme si elle s'était fait à elle-même l'aveu du rôle interverti dont elle se saisissait au sein d'une société à laquelle il ne reste guère que le respect des convenances.

Il nous semble pourtant que les femmes jouissent en France de tous les avantages attachés à une existence sociale. Au moins, celles que leur fortune et leur éducation ont placées dans des rangs supérieurs ont perdu le droit de la plainte. Si le malheur les atteint, il est rare qu'elles ne l'aient pas mérité. Quant aux autres, dans tous les pays du monde, elles ont été et elles seront à jamais solidaires des bonnes ou des mauvaises mœurs de leurs époux, soumis à la même réciprocité. C'est à la législation, peut-être plus à la religion, d'y pourvoir : encore craindrons-nous leur impuissance. Nous serions tenté de demander quelles entraves, dans ce bon pays de France, ont été mises à la liberté des femmes? Elles vont partout, elles sont reçues partout; elles frappent à toutes les portes, et toutes les portes s'ouvrent devant elles, même celles des cours d'assises, où leur présence est un scandale ajouté au triste scandale du débordement des passions humaines. Pourquoi poursuivraient-elles de leurs regrets rétrospectifs les siècles de la chevalerie? Ce ne sont pas des égards, mais un culte, une sorte d'adoration que les écrivains modernes leur ont voué. Ouvrez les livres, parcourez les feuilletons des journaux : vous y verrez la femme mise sur l'autel, non la femme modeste, non la pieuse fille consacrant ses talents et ses forces à la vieillesse de ses auteurs, non l'épouse fidèle, non la mère religieusement occupée de l'éducation de ses enfants, mais la femme sensuelle, la femme voluptueuse, attisant le feu des passions, foulant aux pieds ses devoirs, et superbe de ses formes dénudées. C'est une idolâtrie qui n'a pas même l'excuse du respect. Cependant, elle enivre ces jeunes têtes qui, dans les mécomptes de la vie réelle, se plaindront ensuite d'avoir été *incomprises*. Après ce miel d'adulation, tout ne sera qu'absynthe à leurs lèvres.

En définitive, que réclame-t-on pour les femmes? Est-ce l'administration des biens de la famille ou la libre disposition de ceux qui leur appartiennent en propre? Dans le premier cas, il faudrait prononcer l'interdiction de l'homme; dans le second, on oublierait que ses biens personnels répondent de ceux de son épouse, et que si par de fausses spéculations, des malheurs ou des imprudences, il se voyait ruiné, ce désastre n'atteindra pas la légitime de sa femme, inaliénable sans le consentement de celle-ci. La loi est tellement protectrice à cet égard, qu'au détriment des créanciers, elle lui assure la possession de valeurs, souvent fictives, reconnues par contrat de mariage. On objecte que, par suite de sévices ou de tendresses mensongères, on voit tous les jours un mari obtenir cette signature fatale qui dépouille la mère et les enfants au profit d'une prostituée. C'est un malheur, il est grand; nous le déplorons : mais pour l'empêcher il faudrait que la loi rendit les propres de la femme inaliénables malgré son acquiescement. Or, combien de fois, faute de ce secours, dans les meilleurs ménages, l'intérêt de la famille ne serait-il pas compromis? combien n'arriveraient pas de faillites que l'engagement de l'épouse eût sagement prévenues? Et qu'il serait cruel pour un homme d'honneur de laisser à ses enfants un nom entaché parce qu'il n'aurait pu user de ressources que l'intérêt bien entendu de sa compagne eût dû naturellement mettre sous sa main! L'union conjugale certes n'est pas exempte d'inconvénients, mais c'est à elle que le genre humain doit sa perpétuité, l'État sa force, la famille son harmonie. La restreindre, ce serait y introduire une division d'intérêts qui, pour satisfaire à quelques tristes exceptions, lui enlèverait sa mutualité et par conséquent son charme le plus touchant.

Par hasard, demanderait-on pour la femme une participation aux droits civiques? Voudrait-on qu'elle parût dans les assemblées électorales, qu'elle y portât son vote à l'urne des scrutins? Sera-t-elle admise aux conseils municipaux ou de département? Mon Dieu, ces questions, si elles n'appelaient déjà un sourire ironique sur les lèvres du lecteur, auraient leur réponse toute prête, et cette réponse se traduirait par une autre question que voici : Pendant que la femme s'occupera d'une manière aussi directe de l'administration du pays, qui vaquera aux soins domestiques, qui veillera sur les enfants, qui leur donnera leur première éducation, qui leur fera sucer avec le lait des sentiments d'honneur et de vertu? Ne perdons pas de vue que, la conduite des affaires intérieures et extérieures étant accordée à la femme dans une mesure plus large que nos mœurs ne le comportent, le département de l'homme dans son propre domicile sera réduit à bien peu de chose. Ses forces vives auront dès lors à s'exercer uniquement sur la glèbe et sur les métaux; tout au plus, il lui sera permis de marcher à la guerre et de se battre pour le maintien d'un pouvoir qui ne lui appartiendra pas; car sa compagne, déjà en possession d'une influence que lui assurent ses grâces naturelles et sa beauté, ajoutant à cet avantage celui d'une institution qui lui donnerait des droits égaux à ceux de l'homme, le dominerait bientôt en maître. Ce serait une autorité sans mesure, substituée à celle que le ciel a sagement tempérée en la plaçant ailleurs, et à coup sûr l'homme aurait à son tour à réclamer sa propre émancipation, ou plutôt il s'en saisirait avec violence, puisque ce qui est contre nature ne saurait subsister longtemps.

Un aveu, assez pénible par ses conséquences, nous reste à faire : des intérêts nouveaux ne surgiront jamais sans en déplacer d'autres. La puissance de la vapeur appliquée aux divers mécanismes a déjà opéré de grandes révolutions sur la terre. Bien habile serait celui qui nous en apprendrait le terme! Il n'y a que Dieu qui ait le droit de dire au génie des peuples, émanation lui-même de la Divinité : « Tu iras jusque là, et tu n'iras pas plus loin. » Ces efforts vraiment gigantesques, dont nous sommes les témoins émerveillés, auront pourtant une limite; la borne contre laquelle ils se briseront nous est inconnue. Sera-ce un cataclysme, une invasion de hordes barbares, une famine ou une dissolution sociale! Nous l'ignorons. La Babel des anciens âges a péri par la confusion des langues : la Babel moderne, avant d'escalader le ciel, trouvera sa fin. Mais il est toujours avéré que des progrès immenses n'ont pu se manifester dans des industries qui occupaient beaucoup de bras sans que ces bras soient restés inactifs. C'est ce qui a eu lieu surtout au détriment des femmes; la couture, la filature, l'estame, la broderie, la passementerie, le travail des dentelles, leur ont été successivement enlevés. Chaque jour voit se réduire leurs moyens d'existence. Chassées par la machine à vapeur du domaine où s'exerçait l'adresse de leurs doigts et où leur goût naturel se livrait à de charmantes fantaisies, est-il étonnant qu'elles se soient réfugiées dans celui des beaux-arts? Nous doutons qu'elles gagnent à cet échange. C'est une des difficultés du moment présent; elle nous afflige tellement que nous n'aurions pas le courage de barrer le chemin à ces pauvres voyageuses, pas plus à celles qui, un portefeuille au bras, traversent les carrefours pour arriver aux établissements publics, et dont la tête fermente sous le feu d'élucubrations de prose ou de poésie, qu'à d'autres, plus modestes, dont les vœux se bornent à l'obtention d'un mince bureau de postes aux lettres ou de tabac. Si elles vont jusqu'à solliciter auprès de M. le directeur général des beaux-arts l'exécution de tableaux pour lesquels il leur faudra le modèle, si elles demandent aux directeurs de théâtres à être chargées de partitions qu'elles auront à réchauffer des feux d'une passion jusque là étrangère à leur cœur, nous en gémirons peut-être, mais aucune parole de blâme ne sortira de notre bouche. Tout au plus dirons-nous qu'à ses risques et périls la société entre dans une ère nouvelle!

Dernier aveu : Nous n'ignorons pas qu'il y aura toujours des mariages formés sous de tristes auspices; qu'engagé dans ce lien, le sexe faible, qui a aussi ses imperfections, a souvent à souffrir les sévices et même la brutalité du sexe fort. Nous confessons que la loi, tout en promettant une protection à la faiblesse, ne tient pas toujours parole; mais ceci rentre dans la question du divorce ou de la séparation, et d'autres la traiteront dans ce livre. Nous ne nous permettrons plus qu'une seule remarque, c'est que les femmes qui réclament à cor et à cri leur émancipation sont en général celles qui se sont déjà mises en possession de l'objet de leurs vœux. KÉRATRY.

La révolution de 1848 aurait évidemment manqué à sa mission providentielle si la question de l'*émancipation politique de la femme* n'avait pas été portée alors à la tribune nationale.

A propos d'un projet de loi sur une nouvelle organisation à donner aux communes, M. Pierre Leroux proposa un jour à ses collègues de rédiger l'article 1er de la loi nouvelle comme suit : « La liste des électeurs comprend les Français et *Françaises* majeurs, etc... » Appelé à développer cet amendement à la tribune, le célèbre montagnard, après un exorde dans lequel il regrettait modestement qu'une si grande et si belle cause eût un défenseur aussi faible que lui, ajouta :

« Je réclame donc, citoyens, votre silence et votre attention au moment où je viens vous faire une proposition que « vous pouvez trouver excentique (On rit)... Oui, citoyens, « c'est un devoir de conscience que je remplis ici. Je soutiens « que la constitution est favorable à ma thèse, car elle exclut bien les femmes du droit électoral politique, mais « elle ne les a pas exclues du droit municipal... Le préambule de la constitution dit qu'elle a pour but de faire « parvenir tous les citoyens à un plus haut degré de lumières et de bien-être... Comment croire que la constitution ait entendu par là un seul sexe?... Je vous demande « si la liberté, l'égalité, la fraternité (*Une voix!* Et la maternité!), si ces grands mots, ces grands principes, ne « s'appliquent pas à toutes les créatures humaines... Ceux « qui ont écrit la constitution ont très-bien compris que l'union des deux sexes.... (Hilarité générale et prolongée. « *Une voix* à la Montagne : Quittez la tribune! vous voyez « bien qu'on se moque de vous!)... Du reste, citoyens, « cette question a été tranchée par le mot sublime d'Olympe « de Gouges : La femme a le droit de monter à la tribune, puisqu'elle a le droit de monter à l'échafaud!... » (Le général Husson : A-t-elle le droit de tirer à la conscription? — *Plusieurs voix :* Assez! Assez!)

L'orateur, faisant un suprême effort pour dominer le tumulte, établit que l'émancipation de la femme est l'un des grands buts que se propose le socialisme. Il rappelle une conversation qu'il eut autrefois avec Saint-Simon, lequel lui présageait dès lors les succès *contagieux* des idées sociales. C'est ainsi, ajoute-t-il, que quand la grippe se montre dans une localité, tout le monde tousse. Eh bien! avant peu, tous vous serez *grippés!* (Hilarité universelle).

Nous renverrons ceux de nos lecteurs qui seraient curieux de connaître *in extenso* l'argumentation présentée par M. Pierre Leroux à l'appui de sa thèse, au *Moniteur* du 22 novembre 1851.

Les deux immenses colonnes que le journal officiel consacre à reproduire ce discours, prononcé au milieu des éclats de rire et des huées, demeureront pour apprendre aux générations à venir quel emploi faisait du peu de temps qui lui restait à vivre l'Assemblée politique alors dépositaire des destinées de la France.

ÉMANCIPATION DES CATHOLIQUES. C'est le nom que, dans l'histoire de la Grande-Bretagne, on donne à la grande mesure politique qui a rendu possible aux catholiques de ce royaume de prêter le serment dit de *suprématie*, par lequel tout sujet anglais était tenu de reconnaître que la suprême puissance tant en matières temporelles qu'en matières spirituelles appartient au souverain, et de s'engager à le défendre en cette qualité envers et contre tous. Ce serment fut aggravé à diverses reprises. Plus tard on en exigea encore un des fonctionnaires publics relativement aux doctrines religieuses, dit *serment d'abjuration*; et le serment de fidélité à prêter au souverain fut formulé de telle façon que pas un catholique ne put le prêter.

Une loi de 1673 ayant prescrit à tous les fonctionnaires publics de prêter ce serment, comme aussi, en entrant en fonctions, de recevoir la communion suivant le rite protestant, on donna le nom d'*acte d'épreuve* à cette loi qui mettait en effet tous les fonctionnaires à l'épreuve, et aux prescriptions de laquelle de nouvelles rigueurs furent encore ajoutées par la suite. Des peines sévères étaient prononcées contre ceux qui refusaient de prêter ces différents serments. Dans quelques cas même, comme par exemple lorsqu'on abandonnait le protestantisme pour le catholicisme, il y allait de la mort; cette pénalité frappait également le prêtre catholique convaincu d'avoir résidé en Angleterre, et jusqu'à celui qui lui donnait asile. Ces lois draconiennes tombèrent, il est vrai, peu à peu en désuétude, et furent adoucies par d'autres mesures législatives, de même qu'on s'efforça de rédiger les serments de suprématie et de foi et hommage de telle façon que les catholiques pussent aussi les prêter. Mais, en dépit de tous ces adoucissements, les catholiques n'en restèrent pas moins exclus du parlement et de toutes fonctions publiques. C'était là une injustice que chacun reconnaissait, mais qu'on laissait subsister. Pitt, au moment où s'effectua la réunion de l'Irlande avec l'Angleterre, promit aux Irlandais la suppression des lois d'incapacité existant contre les catholiques, et, n'ayant pu faire sanctionner cette mesure par le roi George III, donna sa démission. C'est à partir de ce moment seulement que l'égalité civile et politique des catholiques et des protestants fut reconnue constituer l'une des réformes les plus urgentes et pouvant seule maintenir le repos public en Irlande. Mais toutes les fois que cette mesure passait à la chambre basse, non sans de vifs débats, la chambre des lords ne manquait jamais de la rejeter. Canning fit de l'émancipation le but politique du ministère dont il fut le chef, et sa douleur fut profonde en voyant l'aristocratie et le clergé anglican s'opposer à ce qu'il l'atteignît. Son principal adversaire, le duc de Wellington, ne l'eut pas plus tôt remplacé à la direction des affaires, que, lui aussi, il comprit enfin que le seul moyen de prévenir les troubles les plus dangereux, c'était de se montrer juste envers les catholiques; et il fit adopter par la chambre haute cette même mesure réparatrice qu'il avait tant contribué à faire repousser quand Canning l'avait présentée à la sanction législative.

Aux termes d'un acte rendu par le parlement le 13 avril 1829, le serment politique fut alors rédigé de manière à pouvoir être prêté par tout catholique. Il condamne d'ailleurs la doctrine suivant laquelle un roi excommunié par le pape peut être légalement assassiné, de même que celle qui reconnaît au pape une autorité temporelle quelconque dans le royaume. Le catholique qui consent à prêter le serment dans ces termes est admissible à tous les emplois publics. La seule incapacité qui le frappe encore, c'est qu'il ne saurait être tuteur du roi, non plus que régent pendant sa minorité, grand-chancelier, lord-chancelier, lord-lieutenant d'Irlande, ou premier commissaire royal près l'autorité ecclésiastique supérieure d'Écosse. Aussitôt après l'adoption de cette loi, plusieurs pairs restés catholiques, comme le duc de Norfolk, et plusieurs députés catholiques, comme O' Connell, Shiel, etc., entrèrent au parlement.

ÉMANCIPATION DES COMMUNES. *Voyez* COMMUNES.

ÉMANCIPATION INTELLECTUELLE, ou ENSEIGNEMENT UNIVERSEL. *Voyez* JACOTOT.

ÉMARGEMENT. On appelle ainsi la mention d'un payement ou toute autre annotation inscrite à la marge d'un compte, d'un registre, d'un mémoire, etc.

Tous les fonctionnaires publics qui touchent un traitement du trésor apposent leur signature en marge de chaque état de payement. Ce mode offre l'avantage de simplifier la comptabilité, en dispensant de multiplier les pièces justificatives. De là l'acception généralement donnée au mot *émarger*, qui se prend pour toucher des appointements.

ÉMARGINÉ. *Voyez* ÉCHANCRURE.

ÉMAUX (*Blason*). On donne ce nom collectif à tous les métaux, couleurs et fourrures qui entrent dans la composition des armoiries. L'or et l'argent sont les seuls métaux énoncés dans le blason. La gravure exprime le premier par un grand nombre de petits points; les écus d'argent, quand ils ne sont point enluminés de ce métal n'ont aucune hachure ni aucun signe qui les distingue des écus blancs ou d'attente. Il n'y a peut-être en France qu'une seule famille, celle de Pellejay, qui porte un écu d'argent sans aucune pièce ni meuble qui le charge. S'il se trouve dans l'écu des objets de cuivre, de fer ou d'acier, comme des canons, des casques, des cuirasses, des épées, on les désigne *au naturel*. Les couleurs sont : l'*azur* ou bleu, figuré dans les gravures par des lignes horizontales (le mot *azur*, avec sa signification propre, est emprunté des Persans et des Arabes); le *gueule* ou rouge (terme également emprunté aux Orientaux), représenté par des lignes perpendiculaires; le *sinople* ou vert, qui tire son nom de la ville de Sinope dans l'Asie Mineure : il est exprimé par des lignes diagonales à droite; le *sable* ou noir, emprunté du *sabellina pellis*, animal commun dans les pays que traversèrent les croisés. La gravure le représente par le croisement de lignes perpendiculaires et horizontales, comme les fils d'une toile claire; enfin, le *pourpre* ou violet, figuré par des lignes diagonales à gauche. Les Anglais ont de plus le *tané*, l'*orangé* et la *sanguine*, et les Allemands le *brun*. Le blason n'admet que deux fourrures, le *vair* et l'*hermine*. Une opposition de figures dans la première, et une inversion d'émaux dans la seconde, produisent le *contre-vair* et le *contre-hermine*. Le vair est figuré par un champ d'azur chargé de quatre rangées (tires) de petites pièces d'argent en forme de clochettes renversées. Il y a quatre cloches aux première et troisième tires, et trois cloches et deux demies aux deuxième et quatrième tires. Les variétés du vair sont, outre le contre-vair, le *menu vair* (plus petit et plus nombreux en clochettes) et le *menu contre-vair*. Si le champ n'est pas d'azur, ou si les cloches ne sont pas d'argent, il n'y a plus de fourrures de vair, mais seulement l'imitation : on l'exprime par les mots *vairé*, *contre-vairé*, *menu vairé*, *menu contre-vairé*, en spécifiant les émaux. La fourrure de vair est composée de la dépouille d'un rat de Sarmatie et de Russie, dont le dos est gris-bleu et le ventre blanchâtre. L'hermine est représentée par un fond d'argent ou blanc, semé de mouchetures de sable ou noires, semblables à celles dont les pelletiers parsèment la dépouille de l'hermine pour en faire ressortir la blancheur et l'éclat. A ces neuf émaux, on ajoute la couleur de chair, dite *carnation* pour les parties du corps humain, et la *couleur naturelle* pour les animaux, arbres, plantes, fruits, etc., lorsqu'ils paraissent tels que la nature les produit.

Une des règles fondamentales de l'art héraldique est d'alterner les émaux dans la composition des armoiries, de manière à ne pas placer métal sur métal, couleur sur couleur, ni fourrure sur fourrure. Quand cette règle est violée, on en fait l'observation, en disant que telles armoiries sont *à enquerre*, c'est-à-dire qu'on doit s'enquérir du motif qui les a fait constituer contrairement aux règles. Il n'y a dérogation qu'en faveur du *chef* et de la *champagne* et de toute figure héraldique qui serait mouvante des bords de l'écu. On les dit alors *cousues*, pour faire entendre qu'elles sont ajoutées au champ et non posées dessus. Les émaux mixtes ne sont pas non plus astreints à la règle générale. Ainsi, le pourpre se place indifféremment sur tous les émaux. Il en est de même de la carnation et de tous les objets au naturel. Les fourrures se posent indistinctement sur la couleur et le métal; il n'y a que fourrure sur fourrure qui ne soit pas admis. LAINÉ.

EMBALLAGE, EMBALLEUR. L'*emballage* est un art comme un autre, qui demande beaucoup d'intelligence, beaucoup d'adresse, et même quelques connaissances en mécanique. De nos jours, cet art a fait beaucoup de progrès, non pas précisément pour l'emballage en lui-même, mais pour les objets auxquels on l'applique. Autrefois, par exemple, on ne pouvait emporter en voyage une infinité d'objets sans les abîmer, les froisser, ou les casser. Aujourd'hui, grâce à une foule de petites inventions, de moyens ingénieux, on transporte du midi au nord une quantité de choses très-fragiles, tout en leur conservant leur premier état; des chapeaux de femmes, à plumes, des gazes *montées*, etc., se placent si artistement dans les boîtes que le tout parvient en Amérique sans être seulement froissé.

On donne le nom d'*emballeurs* aux ouvriers qui font le métier d'*emballer* les objets que le commerce ou les particuliers expédient, soit par terre, soit par mer, dans toutes les parties du monde. Ils sont, à Paris surtout, généralement désignés aussi sous le nom de *layetiers*.

Dès que des objets sont présentés au layetier, il doit d'abord combiner la position la plus favorable qu'il faut donner à chaque objet pour qu'il présente le plus de chances possible contre la casse, le dérangement des matières, et pour que le volume de la caisse soit le plus petit possible. Ce n'est qu'après ce calcul, qui demande une grande habitude, que le layetier doit prendre les mesures de sa caisse. Une fois faite, il y place les objets, en laissant entre eux la distance qu'il a prévue, en les éloignant du fond et des parois de la caisse, et en remplissant les intervalles avec des matières, telles que de la paille, du foin, du papier rogné, de l'étoupe, du coton même, pour les objets très-délicats. L'emploi de ces divers ingrédients dépend de la nature des objets, de la distance qu'ils ont à parcourir, du mode de transport, etc. Parmi ces objets, les verreries, les cristaux, les cloches ou cylindres, les pendules, les porcelaines, demandent le plus de soins. Il en est d'autres, tels que les marbres, les meubles, les bronzes massifs, qui exigent moins de précautions. Pour les marbres, il suffit de mettre au fond de la caisse un lit en paille ou en foin; on place dessus les plaques de marbre, mais en mettant entre le marbre et le foin des feuilles de papier épais, car il y a tel marbre dont la surface se rayerait pendant le voyage sans cette précaution. On cale la plaque en mettant des taquets ou morceaux de bois, qu'il est prudent de clouer contre les parois de la caisse, pour qu'ils ne cèdent pas à un effort de pression, et pour que le marbre ne puisse pas vaciller. Pour le second marbre, on le pose sur le premier en mettant toujours en regard la surface polie, et non point une surface polie contre une brute. Les tableaux, les glaces, s'emballent à peu près de la même manière, en ayant soin de caler séparément chacune des glaces. On sépare la première de la seconde par des liteaux qui traversent la caisse dans toute sa longueur, et sur lesquels repose celle-ci, et ainsi des autres.

Mais l'art du layetier ne se borne pas à renfermer le plus d'objets possible sous le plus petit volume, il faut encore qu'il sache les mettre à l'abri de l'humidité et des accidents du voyage. Pour les préserver de l'humidité, surtout quand il s'agit d'envois à faire par eau, on a recours, à une première caisse en feuilles de fer blanc très-minces; et on garnit extérieurement la caisse en bois qui la reçoit, d'une *toile d'emballage*, tissée à large maille et destinée à envelopper le tout après qu'on a mis de la paille ou du foin entre la toile et la caisse extérieure. Si la caisse doit faire un voyage de longueurs ou être déposée longtemps dans des lieux humides, cette enveloppe ne suffit pas. On la fait précéder d'une autre enveloppe en toile bitumineuse, qu'on chauffe un peu pour que les matières grasses s'attachent au bois de la caisse et bouchent les issues ou pores de ce bois. On met ensuite par dessus la seconde enveloppe. Pour que la caisse soit posée de la manière la plus convenable sur la charrette ou le brancard qui doit la transporter, on écrit en grosses lettres : *fragile;* et par le mot *dessus* on indique au roulier ou chargeur que cette face doit regarder le ciel. Malgré ces précautions, fort bonnes sans doute, on ne se met pas à l'abri des inconvénients résultant de l'insouciance bien coupable des rouliers et des conducteurs. La France est sous ce rapport le pays où l'on prend le moins de précautions. Des caisses renfermant des objets très-précieux sont souvent précipitées du haut d'une voiture sur le sol de la cour du roulage, ou bien placées sous d'autres qui les écrasent, ou reléguées dans des endroits où la pluie les abîme.

Depuis quelques années, on a beaucoup amélioré la confection des malles, porte-manteaux, sacs de nuit, et celle des différentes boîtes propres à renfermer des objets faisant partie de la toilette des femmes. V. DE MOLÉON.

EMBARCADÈRE et DÉBARCADÈRE, lieu disposé de manière à faciliter l'embarquement et le débarquement des voyageurs et des marchandises qu'emportent ou qu'apportent les navires ou les chemins de fer. De ces deux termes synonymes, le second est le moins usité, et ceux qui l'ont fabriqué dans les temps anciens pour la navigation, ou qui l'ont rajeuni dans les temps modernes pour les *rail-ways*, n'ont pas songé qu'il était superflu, car là où l'on peut embarquer, on peut évidemment débarquer.

Lors de la découverte de l'Amérique, les Espagnols et les Portugais donnèrent ce double nom aux points de la côte le plus favorablement situés, dans le voisinage des grandes villes, où il était possible d'embarquer les marchandises et les expéditions de toute nature, provenant de ces villes et destinées à l'exportation. La Vera-Cruz était et est encore l'*embarcadère* de la ville de Mexico. Ensuite, pour faciliter les embarquements des marchandises, etc., on a construit dans ces divers *embarcadères* des massifs de maçonnerie, des espèces de jetées, qui du rivage s'avancent dans la mer, en s'élevant à la hauteur du bord d'une *embarcation* ordinaire, et, par extension, on a donné à ces sortes d'avances le nom d'*embarcadères* ou de *débarcadères*. En certains lieux, ils sont formés par des pilotis sur la tête desquels on a établi une espèce de pont en madriers.

En Europe, l'embarcadère maritime ne sert pas à l'embarquement et au débarquement, ce qui le distingue des *cales de chargement et de déchargement :* il est plutôt destiné au passage des personnes et des choses d'un navire à terre et réciproquement. Aussi quelquefois n'est-ce pas une cale, mais un escalier et même une simple échelle appliquée contre la jetée ou le quai d'un port. Cependant, partout où il y a un grand mouvement de voyageurs, on a soin que les embarcadères soient larges et commodes. Le plus magnifique est celui de Brighton : c'est un môle construit à l'instar des ponts suspendus et qui fait l'admiration de tous les étrangers. Malheureusement, la mer, qui dans ces parages est indomptable, l'endommage fréquemment.

Les embarcadères des chemins de fer sont quelquefois des monuments remarquables.

EMBARCATION. On donne en général ce nom à tous les bateaux à rames non pontés, de quelque dimension qu'ils soient, depuis les plus grandes *chaloupes* jusqu'aux plus petites *yoles*. Le nombre des embarcations affectées au service d'un bâtiment varie de deux à six, suivant la force de ces navires. La grande *chaloupe*, le grand *canot*, la *poste aux choux*, le *canot d'état-major*, la *yole* du commandant, etc., sont autant d'embarcations à destinations différentes. Elles servent, en rade, à communiquer avec la terre, à faire les provisions de bouche, à lever l'ancre lors du départ; sous voile, à porter secours à un homme tombé à la mer, à recevoir au besoin l'équipage et les passagers en cas de naufrage. Dans le port, ou en rade, par le beau temps, les embarcations des navires restent à l'eau; en cas de mauvais temps, ou de départ, elles sont hissées à bord et placées, les chaloupes et canots sur le pont, l'un dans l'autre, entre le mât de misaine et le grand mât; la yole en *porte-manteau* (c'est-à-dire suspendue en dehors du navire, d'un bord à l'autre, au-dessus du gouvernail, à hauteur du gaillard d'arrière). La construction arrondie, adoptée pour l'arrière de quelques bâtiments, a changé à leur égard cette dernière disposition. Dans les navigations sous la zone torride ou les régions tropicales, on doit avoir soin de couvrir d'un prélart (tapis de forte toile à voile) les embarcations placées sur le pont, afin d'éviter l'effet du soleil et de la sécheresse, qui produiraient des ouvertures entre les bordages et mettraient ces embarcations hors d'état de servir immédiatement en cas d'événement. Indépendamment des embarcations affectées spécialement aux bâtiments, il existe aussi de grandes barques de ce nom attachées au service des ports et rades. MERLIN.

EMBARGO. Ce mot signifie *séquestre*, *arrêt de navires* ou *de marchandises*, et par extension *empêchement ou interdiction de commerce*. Son origine est espagnole, et l'idée qu'il représente appartient à l'Espagne; c'est son exemple et le fréquent usage qu'elle en a fait qui l'ont introduit dans la langue, dans le droit et dans la loi des nations. L'antiquité n'avait pas un droit des gens si raffiné. Carthage procédait d'une manière plus barbare, mais plus simple : elle faisait noyer tous les étrangers qu'elle rencontrait sur les routes de son commerce maritime et confisquait leurs navires : le secret de son négoce était le secret de sa grandeur. Rome n'eut pas besoin de loi à cet égard : cette maîtresse du monde n'avait que des légions et des armes. C'est dans les siècles de la féodalité qu'il faut chercher la source de ce droit de l'Europe moderne. Les petits États, souvent en guerre, eurent souvent des ménagements à garder entre eux avant d'en venir à une rupture ouverte; l'embargo se présenta naturellement comme un *mezzo-termine* parfaitement en rapport avec la politique nouvelle. Un recueil de lois navales, compilé en Catalogne vers le quatorzième siècle, le consacre et l'accepte comme de notoriété publique. Ces idées étaient si bien entrées dans tous les esprits de la péninsule espagnole, que la première colonisation de l'Amérique et de l'Inde fut basée sur l'exclusion absolue des étrangers. Christophe Colomb, dès son premier voyage, recommande cette politique à ses souverains : « Vos altesses, leur écrit-il du petit port de Barracoa dans l'île de Cuba, ne doivent permettre à aucun étranger de mettre le pied dans ce pays, ni d'avoir avec lui la moindre communication, etc. » Et les Espagnols, convaincus que leurs richesses d'outre-mer reposaient sur le monopole et sur l'ignorance des autres nations à l'égard de leurs possessions, mirent en usage ce principe, et souvent le poussèrent à la rigueur qui rendait exécrable le droit des gens de Carthage; les premiers aventuriers français qui se lancèrent sur leurs traces en firent la rude épreuve, et les cruautés auxquelles ils furent soumis arrêtèrent longtemps nos expéditions. Mais la haine des nations que souleva leur barbarie, les sanglantes punitions que leur infligèrent par représailles les f l i b u s t i e r s, adoucirent un peu leurs principes : ils s'arrêtèrent à l'embargo.

Telle est l'origine de ce droit des nations modernes; les Anglais et les Français l'adoptèrent à la suite de l'Espagne, et tous les peuples furent entraînés. Le terme *embargo* fut naturalisé dans la langue anglaise bien avant que nous l'eussions adopté; sous Louis XV, on se servait encore du mot *interdiction de commerce*.

L'embargo se met sur tous les navires marchands des sujets, des étrangers, des puissances neutres, alliées ou non; les bâtiments de guerre seuls n'y sont pas soumis. Sa loi est l'utilité : il est juste, dès qu'il est avantageux. Comme tous les peuples le pratiquent, la réciprocité établit l'égalité : la justice du code des nations consiste ici à pouvoir se nuire également. C'est le souverain qui prononce l'embargo; qui seul juge de son opportunité. Les lois fondamentales de la Grande-Bretagne confèrent ce privilége au roi; une proclamation royale a dans ce cas la force d'un bill du parlement. Mais il ne peut être prononcé qu'au moment d'une guerre imminente; autrement, d'après quelques statuts, les conseillers de cette mesure en sont responsables. Chez nous, il résulte immédiatement du droit de paix et de guerre. Du reste, tous les codes de commerce maritime se sont accordés à ranger l'embargo parmi les dangers de la mer, sur la même ligne que les naufrages, les échouages, les captures par corsaire ou pirate, et autres s i n i s t r e s énoncés dans les contrats d'assurance. Théogène PAGE.

EMBARQUEMENT. L'*embarquement* est l'introduction à bord d'un navire d'une partie ou de la totalité du personnel et du matériel qu'exige sa destination militaire ou commerciale. Le *d é b a r q u e m e n t* est l'opération contraire. Ce n'est pas toujours la mise à terre des hommes ou des choses, car le transbordement d'un navire à un autre est un véritable débarquement pour le premier, en même temps qu'il est un embarquement pour le second. Les marchandises, une fois embarquées à bord des bâtiments de commerce, sont placées de manière à ménager le plus possible l'espace, c'est ce que l'on appelle *a r r i m e r*. On donne encore le nom d'*embarquement* à l'inscription d'un marin au rôle d'équipage, ou d'un passager au registre du bord; ainsi on dit qu'un maître ou un matelot a deux ans *d'embarquement*, pour exprimer qu'il est resté pendant ce même temps inscrit au rôle d'équipage d'un bâtiment. Dans les ports de commerce, les courtiers ou les commissionnaires font figurer sur le relevé de leurs frais d'expédition de marchandises, sous le titre *embarquement....* tout ce qui se rapporte aux frais occasionnés par cette opération.

Embarquer, comme verbe, peut être actif ou neutre. Dans l'acception active, *embarquer* des canons, des munitions, des marchandises, etc., c'est les prendre à bord et les placer convenablement; *s'embarquer* sur un navire, c'est se rendre à son bord pour y rester plus ou moins longtemps. *Embarquer*, dans l'acception neutre, se dit des objets qui arrivent à bord par une force majeure. Dans les tempêtes, lorsque les lames, passant par-dessus la muraille du navire, tombent dans la cale, par les écoutilles, on dit que la *mer embarque*. Sous les tropiques, on a souvent vu des bandes de poissons-volants *embarquer* par les sabords, c'est-à-dire tomber dans la batterie, en s'élançant par les sabords.

MERLIN.

EMBARRAS. On entend par ce mot, dans le *sens propre*, un objet qui matériellement entrave une route, un chemin, une rue. Dans le *sens figuré*, c'est une difficulté, un obstacle, qui n'existe que momentanément, et dont on peut s'affranchir en mille occasions, ne fût-ce que par la patience, c'est-à-dire en sachant attendre. En définitive, ce qui caractérise l'*embarras*, c'est quelque chose de passager. Il est vrai cependant qu'il existe des affaires dont on n'a jamais pu voir la fin, puisqu'à peine un embarras a-t-il été écarté qu'un autre est survenu : c'est une sorte de tactique qu'entendent bien les diplomates qui ne veulent pas terminer, et les plaideurs de mauvaise foi qui aspirent à ne pas payer : les uns et les autres font naître une foule d'incidents qui par leur succession étouffent l'affaire principale : ce sont des embarras que les peuples comme les familles reçoivent quelquefois pour des siècles. Les hommes qui sont doués d'un véritable esprit d'ensemble embrassent d'un seul coup d'œil toute une opération; ils discernent sur-le-champ d'où peut provenir telle ou telle nature d'embarras, et coupent le mal à la racine. Ceux, au contraire, qui n'ont que l'aptitude des détails ne sont propres qu'à maintenir dans sa prospérité primitive une entreprise qui, dès l'origine, a été bien conçue ; mais que des embarras surgissent, comme ils n'ont pu les prévoir, ils ne peuvent les surmonter, et périssent à la première rencontre.

Un individu qui vit dans la solitude tient pour d'horribles embarras certains usages, certains assujettissements dont s'aperçoit à peine l'homme du monde : l'un a le savoir-vivre, l'autre possède souvent le génie ; mais, faute de consentir à le mettre en œuvre en vivant comme les autres, il manque la fortune. Les gens qu'un coup du sort enrichit à l'improviste éprouvent l'*embarras des richesses*, jusqu'à en perdre quelquefois la raison. Échappent-ils à ce malheur, ils parviennent avec un luxe prodigieux à rendre ridicules les plus nobles dépenses. Dans l'ancienne société, il y avait des races antiques où la splendeur et les *embarras d'argent* marchaient de front depuis des siècles ; les domaines étaient immenses, les revenus prodigieux, la représentation magnifique, mais la gêne continuelle. Ces personnages si enviés par la foule étaient maintes fois dénués d'argent de poche ; ils étaient les titulaires de leur fortune, d'autres en touchaient la partie utile. Il arrive que, faute de connaître tous ceux en présence desquels on parle, on se jette et on jette quelquefois les autres dans de prodigieux embarras. Ils sont nombreux les embarras du salon. On n'en rencontre pas moins dans la salle à manger, quand il s'agit de placer des convives à la même table ; l'art et la lutte sont partout ; et il faut souvent huit jours de réflexion et de diplomatie, surtout en province, pour réussir à faire passer quelques heures de plaisir et d'agrément à ses meilleurs amis. *Faire de l'embarras*, *des embarras*, *faire ses embarras*, c'est, figurément, familièrement, se donner de grands airs, afficher de grandes prétentions. SAINT-PROSPER.

EMBARRAS GASTRIQUE. On comprend sous la dénomination d'*embarras gastrique*, d'*embarras des premières voies*, une surabondance, un amas accidentel de saburres ou de matières muqueuses résultant d'une altération de sécrétion des follicules muqueux de la membrane interne de l'estomac et même des intestins, d'où encore le nom d'*embarras intestinal*, donné aussi à cette sorte de maladie. L'*embarras gastrique*, qui n'est que rarement accompagné de fièvre, doit être distingué de la *fièvre bilieuse*, quoiqu'il ne soit assez souvent que le début de cette *pyrexie*. Cet état morbide attaque particulièrement les individus d'un tempérament bilieux, dans la force de l'âge, plus souvent les hommes que les femmes. On l'observe communément par un temps chaud et humide, dans le courant de l'automne ou vers la fin de l'été, chez les personnes livrées aux excès de la table ou bien se nourrissant d'aliments huileux, de mauvaise nature, faisant usage de boissons malsaines ; chez ceux qui habitent des localités marécageuses ou devenues insalubres par l'encombrement, le défaut de précautions hygiéniques, etc. L'embarras gastrique se développe aussi accidentellement dans les hôpitaux, parmi les blessés, les paresseux, les incurables, qui y prolongent leur séjour ; à bord des vaisseaux pourvus de mauvais aliments, dans les prisons, etc.

Les malades éprouvent d'abord un sentiment de malaise, une pesanteur de tête, de l'anorexie, des nausées, du dégoût pour les aliments gras ; la langue est couverte d'un enduit jaunâtre ; les yeux, les ailes du nez, le pourtour des lèvres, sont jaunes, tandis que le reste de la figure est livide et coloré en certains points. Quand la maladie est plus intense, il survient une forte céphalalgie, de l'accablement, de la tristesse, de l'embarras dans les facultés intellectuelles ; la bouche devient pâteuse, amère ; les malades éprouvent de la chaleur, de la soif, de la douleur à l'épigastre ou de la cardialgie ; ils ont l'haleine chaude, forte et souvent fétide, et sont incommodés d'éructations fades, aigres, provenant d'aliments mal digérés, ou de la nature du mucus qui enduit la face interne de l'estomac. A ces divers symptômes se joignent quelquefois des vomissements de matières amères, bilieuses, muqueuses ou glaireuses, comme on dit vulgairement ; des douleurs contusives dans les membres ; les urines sont épaisses et jaunâtres ; tantôt il y a de la sueur ou une simple moiteur ; d'autres fois, des bouffées de chaleur âcre, incommode, de l'insomnie, etc.

La durée de l'embarras gastrique est de quelques jours seulement, à moins que ceux qui en sont atteints restent sous l'empire des causes qui l'ont produit, ou bien encore que cet état morbide ne soit qu'un premier degré de la fièvre bilieuse. Il se termine par résolution, c'est-à-dire par la disparition rapide des symptômes qui le caractérisent ; par l'évacuation spontanée des matières mucoso bilieuses qui l'ont produit ou simplement accompagné. Enfin, il se change quelquefois en une autre maladie, plus grave et plus dangereuse, telle que la fièvre typhoïde, la pneumonie, le typhus des camps ou des prisons, la fièvre intermittente, etc.

Une diète d'autant plus facile à supporter que le malade n'a pas d'appétit, l'usage d'une boisson acidulée, ou légèrement amère, telle que la limonade, l'eau de chicorée, suffisent souvent à la guérison de l'embarras gastrique, surtout lorsqu'on garde le repos et qu'on s'abstient de toute occupation corporelle ou intellectuelle. Si ces premiers moyens ne suffisent pas, on a recours à une légère dose d'émétique en lavage, ou bien à un léger purgatif amer ou acidulé, s'il y a ce qu'on appelle *embarras intestinal*. Quelques tasses de tisane amère et aromatique suffisent communément pour achever la guérison. Il est bien entendu qu'il faut se soustraire aux causes qui ont produit cette indisposition, si on veut éviter une rechute, ou la transformation d'un simple embarras des *premières voies* en une affection plus sérieuse et plus grave. Si l'irritation inflammatoire vient compliquer l'irritation bilieuse, on appliquera des sangsues à l'épigastre avant l'administration de l'émétique.

Dr BRICHETEAU.

EMBASE (du grec ἐμβάσις, entrée, siége). En termes d'artillerie, c'est un renfort de métal aux tourillons des bouches à feu, pour en empêcher le ploiement et mettre obstacle au vacillement de la pièce entre les flasques de l'affût, vacillement qui peut en occasionner la rupture au moment de l'explosion.

Une *embase d'enclume* est une espèce de ressaut aux enclumes dont se servent plus particulièrement les taillandiers : elle marque la différence de niveau entre la table de l'enclume et sa bigorne.

En termes d'armuriers, l'embase est une partie de métal sur laquelle une autre pièce vient s'appuyer. En technologie, c'est le renflement ménagé sur l'arbre d'une roue pour la recevoir et lui servir de soutien par un côté ; la partie renflée d'une lame de couteau ; la partie d'un ouvrage de menuiserie qui repose sur une autre pièce, etc. MERLIN.

EMBAUCHAGE, mot dérivé du vieux mot *bauche*, corruption de l'italien *bottega*, boutique ; ou bien de *boge* ou *bouge*, signifiant *demeure*.

Le verbe *embaucher* a été employé d'abord dans le style du négoce et des arts mécaniques ; il ne s'y prenait pas en mauvaise part : il signifiait simplement, *retenir*, *engager* un ouvrier pour travailler dans une boutique. Richelet n'interprète *embaucher* que dans le sens de *contracter engagement* avec un ouvrier, et de le prendre à son service. Il s'est pris ensuite en mauvaise part, parce que souvent c'était de la boutique d'un voisin qu'un chef d'atelier attirait un ouvrier dans la sienne ; alors, *embaucher* ou *débaucher*, d'abord opposés, devenaient même chose.

Il y a moins d'un siècle que les mots *embaucher*, *embaucheur*, se sont appliqués à la chose militaire, et ils ont été pris en mauvaise part ; *embaucher*, dans la langue du soldat, a signifié *entraîner* dans un service étranger ou ennemi un individu déjà au service. Le mot *embauchage* figure pour la première fois dans la loi de 1791 ; mais déjà le mot *embauchement* était consigné dans le règlement de 1768.

L'embauchage est une provocation à la désertion, l'équivalent d'une conspiration ou d'une trahison ; et les mesures répressives le poursuivent à l'égal de l'**espionnage**. Les tribunaux militaires furent investis, en l'an III, de la connaissance du crime d'embauchage dont se rendraient coupables des particuliers non militaires. Ces mêmes dispositions se retrouvent dans la loi de l'an IV ; elle a été confirmée le 21 brumaire an V, et le jugement de l'embauchage a été déféré aux conseils permanents. La loi de l'an IX et un décret de l'an X ont dessaisi de cette juridiction ces conseils, et ont remis le droit d'en connaître à des tribunaux spéciaux, mi-partie militaires et mi-partie civils. Le premier consul transféra à des commissions spéciales la connaissance de l'embauchage, par la loi de l'an XII. La charte abolit les commissions spéciales, et une ordonnance renvoya la connaissance de tous les délits militaires aux conseils permanents : ainsi, de nouveau, les citoyens prévenus d'embauchage sont justiciables des conseils de guerre ; la cour de cassation l'a décidé formellement. Gal BARDIN.

EMBAUMEMENT (en latin *balsamatio*) désigne, d'après son étymologie l'emploi des *baumes* ou des *matières balsamiques*. C'est une opération qui a généralement pour objet de garantir les **cadavres** de la **putréfaction**. On dit plus généralement *embaumement des corps*, pour mieux désigner que cette opération est destinée à la conservation des cadavres ou corps morts.

L'usage des embaumements date des premiers âges de la civilisation. Presque tous les peuples de l'antiquité, ceux même dont la raison a été le moins cultivée, ont voulu honorer les morts en cherchant à les soustraire à la loi naturelle de la décomposition. Ils croyaient éterniser par ce moyen leurs témoignages de tendresse, de reconnaissance ou de piété religieuses envers les personnes qui s'en étaient rendues dignes. C'était un simulacre d'immortalité, une ingénieuse protestation contre le néant. Toutefois, l'usage des embaumements n'a guère été général que chez les Orientaux et chez les Guanches, anciens peuples des îles Canaries. L'histoire des autres peuples nous prouve que, depuis la plus haute antiquité jusqu'à nos jours, les honneurs de l'embaumement n'ont été en général que le partage des rois, des guerriers illustres et des hommes distingués par leur position sociale. Ainsi, Alexandre fit embaumer le corps de Darius, et fut lui-même embaumé peu de temps après par des Égyptiens et des Chaldéens. La *Genèse* (ch. 50) rapporte que Joseph fit embaumer son père, ce qui dura quarante jours, comme c'était la coutume. Saint Jean l'évangéliste (ch. 19) rapporte aussi qu'après la mort de Jésus-Christ, Nicodème embauma son corps au moyen d'une composition de myrrhe, d'aloès et autres substances balsamiques. Perse dit quelque part qu'on embauma le corps de Tarquinius. La belle Cléopâtre fut également embaumée et retrouvée intacte, 126 olympiades après, par l'empereur Héraclius. Sous le pontificat de Sixte IV, on découvrit aussi le cadavre embaumé de Tulliola, fille de Cicéron : il était dans le plus bel état de conservation. Enfin, il n'est personne qui n'ait vu ou n'ait entendu parler des **momies** parfaitement conservées que l'on retire journellement des tombes égyptiennes, et dont l'origine remonte à plus de trois mille ans.

Relativement aux embaumements des Égyptiens, voici comment s'exprime Diodore de Sicile sur la manière dont ils y procédaient. « Les Égyptiens, dit-il, ont trois sortes d'embaumements : les pompeux, les médiocres et les simples. Les premiers coûtent un talent d'argent, les seconds vingt mines, et les troisièmes presque rien. Ceux qui font profession d'embaumer les morts l'ont appris dès l'enfance. Le premier indique sur le côté gauche du mort le morceau de chair qu'il faut couper ; après celui-ci vient un second individu, nommé le *coupeur* ou *parachyste*, qui pratique cette opération au moyen d'une pierre d'Ethiopie aiguisée. Ceux qui salent viennent ensuite ; ils s'assemblent tous autour du mort qu'on vient d'ouvrir, et l'un d'eux introduit, par l'incision, sa main dans le corps, et en tire tous les viscères, excepté le cœur et les reins ; un autre les lave avec du vin de palmier et des liqueurs odoriférantes. Ils oignent ensuite le corps pendant plus de trente jours avec de la gomme de cèdre, de la myrrhe, du cinnamome, et d'autres parfums, qui non-seulement contribuent à le conserver pendant très-longtemps, mais qui lui font encore répandre une odeur très-suave. Ils rendent alors aux parents le corps revenu à sa première forme, de telle sorte que les poils même des sourcils, des paupières, sont démêlés, et que le mort semble avoir gardé l'air de son visage et le port de sa personne. » Hérodote et Porphyre s'expriment à peu près de la même manière sur les embaumements égyptiens ; ils ajoutent seulement quelques détails plus circonstanciés sur le manuel opératoire, et font en outre mention d'une forte solution de *natrum*, qu'on injectait dans toutes les cavités du corps, après avoir eu soin de les vider, et d'une sorte de macération que l'on faisait subir au cadavre en le laissant plongé pendant plusieurs jours dans une solution sur-saturée de ce même natrum. Après quoi on lavait le mort, et l'on procédait au reste de l'opération, ainsi que le raconte Diodore de Sicile.

Il est évident, d'après le passage que nous venons de rapporter, que l'embaumement n'était pas seulement réservé pour les rois, mais qu'il en existait de simples et de peu coûteux, qui se trouvaient à la portée de toutes les classes du peuple. Tout le système d'embaumement des anciens Égyptiens peut donc se réduire aux opérations suivantes : 1° vider toutes les cavités du corps, soit par l'extraction des viscères, qu'ils lavaient dans une liqueur aromatique, soit en les dissolvant par une liqueur caustique ; 2° enlever aux corps leur graisse et leurs parties muqueuses par l'action du natrum longtemps prolongée ; 3° opérer la dessiccation des corps, soit à l'air, soit dans une étuve, les oindre de vernis colorés, les emmailloter dans un nombre considérable de bandelettes trempées dans des liqueurs aromatiques, les décorer ensuite de divers ornements, et les enfermer dans des espèces d'étuis en bois ayant la forme humaine. Durant les nombreuses excursions que j'ai faites dans la plaine de Sakara, nommée *plaine des momies*, j'ai eu occasion de vérifier un grand nombre de fois l'exactitude des renseignements que nous ont transmis les anciens historiens sur les embaumements égyptiens. En cela, je ne fais que partager l'opinion de M. Rouyer, de l'Institut, qui, ayant aussi examiné beaucoup de momies sur les lieux, et analysé les différentes substances qui avaient servi à leur embaumement, a reconnu la vérité des narrations d'Hérodote, de Diodore de Sicile, etc. C'est par conséquent à tort que le comte de Caylus a traité d'invraisemblable la description d'Hérodote.

Avant que **Gannal** eût mis en vogue le procédé d'embaumement par injection, lorsqu'on voulait embaumer un corps, on pouvait choisir entre les deux modes suivants. Le premier consiste à ouvrir toutes les cavités du corps, pour en extraire les viscères qu'on lave à grande eau après les avoir profondément incisés. On les roule ensuite dans un mélange de poudre, composé de tan, de sel marin décrépité, de quinquina, de cannelle, de benjoin, de baume de Judée et autres substances absorbantes, astringentes et aromatiques. Après quoi on fait des incisions nombreuses à la face interne des cavités, on les lave d'abord avec de l'eau simple, puis après avec du vinaigre et de l'eau-de-vie camphrée. Enfin l'on promène dans toutes les incisions un pinceau trempé dans une forte solution alcoolique de sublimé corrosif. Cette partie de l'opération achevée, on enduit d'un vernis la face interne des cavités, on y replace les viscères, l'on remplit tous leurs intervalles avec la poudre ci-dessus mentionnée, et l'on ferme ensuite les ouvertures extérieures au moyen de quelques points de suture. On pratique également dans l'épaisseur des membres et du tronc des incisions profondes suivant la direction des principaux muscles; on lave, on vernit, on saupoudre, comme nous l'avons dit précédemment, après quoi on passe un vernis général sur tout le corps; on l'environne de bandelettes également trempées de vernis, et l'on place enfin le cadavre dans un cercueil de plomb, que l'on achève de remplir de poudre, et dont on soude le couvercle. Ce procédé d'embaumement, en outre des grandes dépenses qu'il nécessite, ne suffit pas pour obtenir la parfaite conservation des corps, puisqu'ils ne peuvent être complétement privés des fluides que contiennent les tissus. C'est ce qui faisait préférer l'autre méthode. Elle consiste à priver les tissus de toute humidité et à les combiner avec certaines préparations chimiques qui les rendent insolubles dans l'eau et par conséquent inaccessibles à l'action de l'humidité, grand agent de destruction des matières organiques. On obtient ce résultat par l'immersion dans une dissolution concentrée de sublimé corrosif, substance à laquelle Chaussier a reconnu la propriété de former avec les matières animales un composé insoluble, qui se dessèche facilement à l'air sans être susceptible, d'éprouver la moindre décomposition. Néanmoins ce dernier procédé est presque complétement abandonné aussi.

Quoique l'art des embaumements fût parvenu à un haut degré de perfectionnement chez les Égyptiens, leur *modus faciendi* exigeant une soixantaine de jours, nos chimistes modernes sont parvenus à un résultat plus satisfaisant, puisqu'ils peuvent en une seule journée, et à beaucoup moins de frais, procéder à un embaumement tout aussi durable. Au nombre des personnes qui ont le plus contribué au perfectionnement des diverses sortes d'embaumement employées aujourd'hui, nous citerons MM. Julia de Fontenelle, Capron, Boniface, et particulièrement Gannal. Les améliorations que ces chimistes ont apportées dans ce genre de préparations permettent de l'exécuter à si peu de frais qu'il est peu de familles qui ne puissent maintenant perpétuer leurs témoignages d'affection et de regrets envers ceux que la mort leur a enlevés. N'est-il pas naturel qu'après avoir épuisé toutes les ressources de la médecine pour éloigner le moment inévitable de la mort, on cherche encore à prolonger l'existence matérielle de ceux que nous avons affectionnés? Enfin, l'embaumement n'est-il point le digne complément de l'usage généralement répandu d'acheter à perpétuité un emplacement pour y laisser reposer en paix ceux dont la mémoire nous sera toujours chère? Faire l'acquisition d'un terrain à perpétuité pour y déposer à grands frais un corps éminemment destructible est évidemment un contre-sens dont le temps doit faire justice. Répétons donc avec Manget : *Qui mortem evitare non possunt, corporis saltem gaudeant duratione.* Dr L. LABAT.

EMBELLIE, changement favorable et passager du temps ou de l'état de l'atmosphère; ce mot exprime toujours une amélioration relative de la situation dans laquelle on se trouve; d'après cela, pour un bâtiment à rames, l'*embellie* ne se rapporte qu'à l'état de la mer. On donne le nom d'*embelli* à l'intervalle séparant des lames qui se succèdent. Dans les Antilles et dans l'Amérique méridionale, lorsqu'on débarque dans une anse ou sur une plage avec une pirogue, on la tire sur le sable hors de l'eau. Pour se rembarquer, on pousse la pirogue à l'eau, perpendiculairement à la lame, en profitant de l'*embellie;* si le moment n'est pas bien saisi, la pirogue s'emplit quelquefois, ou, du moins, les personnes qui la montent sont couvertes par la lame. MERLIN.

EMBELLISSEMENT. Ce mot se dit également de l'*action d'embellir* et du *genre d'ornement qui sert à embellir*. Ce dernier mot, *ornement*, ne peut donc être regardé comme synonyme du mot *embellissement*, puisqu'il n'exprime que la chose qui sert à embellir, c'est-à-dire seulement une partie des acceptions que comprend le terme d'embellissement, qui pourrait être regardé comme complexe à son égard. Le goût le plus exquis doit présider au *choix* et à la *répartition* des embellissements d'un objet quelconque. Tels genres d'ornements, comme un jet d'eau dans un jardin, des dorures dans la décoration d'une salle de théâtre, etc., produiront, s'ils sont disposés sans goût, un effet diamétralement contraire à celui que représente l'idée d'*embellissement*.

EMBLAVURES, terres ensemencées en blé. Elles ont besoin d'engrais abondants et souvent répétés, surtout après la culture du froment, car ces plantes, comme toutes celles fournies de chevelu, et qui restent longtemps attachées au sol, l'effritent promptement. Cultivées seules, comme elles le sont encore dans la plus grande partie de la France, elles condamnent au système des jachères et réduisent ainsi l'agriculture à un *statu quo* ruineux, surtout lorsque les céréales sont à vil prix. Avec des terres uniquement ensemencées en blé, les chances de désastre sont presque certaines pour le fermier, puisque ses espérances se fondent sur une seule nature de produits; point d'accroissement possible dans les engrais, partant point d'amélioration du sol, point de fourrages abondants, point de récoltes de plantes farineuses ou sucrées, point d'éducation, point d'engrais de bestiaux. P. GAUBERT.

EMBLÈME. Ce mot, formé de ἔμβλημα, désigne proprement un ornement. La différence entre l'*emblème* et la *devise* est facile à établir : l'un exprime par la représentation des objets ce que l'autre cherche à faire comprendre par les mots. Les Grecs donnèrent le nom d'*emblèmes* aux ouvrages de marqueterie et à tous les ornements des vases et des habits. C'est le terme dont les anciens jurisconsultes latins se servent pour désigner ces ornements. On rapporte que l'empereur Tibère, l'ayant entendu prononcer dans le sénat, fut choqué de cette expression étrangère, et voulut qu'on y substituât un autre mot de la langue latine, qui, disait-il, était trop polie, trop abondante, pour emprunter quelque chose aux peuples vaincus. Mais Tibère voulait étendre sa tyrannie beaucoup trop loin : le mot grec fut d'un commun usage pour désigner tous les ouvrages en relief, les pavés en mosaïque, les images de pièces assemblées de diverses couleurs, la broderie des habits, et généralement tous les ornements attachés aux meubles. Alciat, auteur d'un recueil d'*emblèmes* qui fut célèbre au seizième siècle, étend la signification de ce terme à toutes les images et aux chiffres secrets dont on se sert pour composer les lettres, quand on veut en cacher le contenu. Cet écrivain semble avoir été le premier qui ait fait passer cette expression dans notre langue et qui lui ait appliqué surtout le sens moral, le seul qu'elle conserve aujourd'hui.

L'usage des emblèmes est presque aussi ancien que les premiers monuments de l'histoire, et nous en trouvons plusieurs exemples dans les livres de la Sainte Écriture; ainsi, au chapitre 39 de l'*Exode*, nous lisons que le grand-prêtre Aaron portait sur sa poitrine douze pierres qui représentaient les douze tribus d'Israel. Parmi les hiéroglyphes égyptiens, il se trouve un grand nombre de représentations emblématiques, et nous voyons dans Homère, dans Hésiode et dans les mythographes surtout, que les armes des héros, les vases sacrés, les portes des temples, les vaisseaux, les meubles des anciens, étaient chargés d'emblèmes tirés principalement des actions attribuées à leurs nombreuses divinités. A l'exemple des Chaldéens, qui les premiers, dit-on, avaient mis la représentation du ciel en *emblèmes* quand ils inventèrent les douze signes du zodiaque, Pythagore mit toute la philosophie en paraboles emblématiques, et poussa jusqu'à la plus grande obscurité ces prétendues représentations de la pensée. Il fut peut-être sous un rapport imité par Socrate, non pas sous celui de l'obscurité, car ce grand philosophe s'attacha à rendre clairs et faciles les emblèmes sous lesquels il représentait la pensée; mais il est un de ceux qui firent adopter en Occident l'apologue ou la fable, qu'on peut aussi nommer un emblème écrit.

« Ces images se réduisent quatre chefs, a dit le père Ménétrier : elles peuvent être mathématiques, philosophiques, théologiques ou morales; c'est-à-dire qu'on peut emprunter aux objets qui forment ces grandes divisions la composition des emblèmes. Ainsi, pour citer quelques exemples, la fumée est l'emblème du feu qui la produit; un torrent qui se précipite, celui du temps qui s'envole; un calice avec une hostie, l'emblème de la foi catholique. » C'est le propre des emblèmes de rendre intelligibles les objets, les pensées les plus obscures, parce que c'est le propre des emblèmes d'enseigner; il n'en est pas de même des *devises* et des *symboles*, qui ont presque toujours quelque chose de mystérieux, que tout le monde ne pénètre pas.

Le Roux de Lincy.

EMBOÎTEMENT (*Sciences naturelles*). Des hommes justement célèbres dans les sciences naturelles ont supposé que les premiers germes créés d'une espèce animale ou végétale contenaient en miniature tous les individus qui devaient paraître les uns à la suite des autres dans la série des temps, en sorte qu'une génération renfermait non-seulement celle qui devait venir immédiatement après, mais encore toutes les autres générations, et ils ont donné à cette hypothèse le nom de *théorie de l'emboîtement des germes*. Mais peut-on admettre que réellement le premier germe, excessivement petit, puisse remplir l'office d'une première boîte à l'égard du deuxième germe ou celui de la génération immédiatement subséquente, et ainsi de suite? L'examen anatomique du premier germe suffisait pour y démontrer l'absence de tout organe, et, à plus forte raison, celle de l'organe qui doit produire soit le germe d'un ovule, soit le germe d'un zoosperme. Or, l'absence d'un organe producteur implique nécessairement celle de son produit; dès lors il ne peut même pas y avoir *emboîtement* d'un deuxième germe dans celui qui le précède immédiatement. Mais lorsqu'un individu femelle porte un ou plusieurs petits, femelles ou mâles, chez lesquels les organes producteurs des ovules ou des zoospermes existent et sont très-avancés dans leur développement, on peut, ainsi que l'a pratiqué M. Carus, sur une femme morte enceinte d'une fille peu avant le terme de la grossesse, démontrer qu'avant la naissance l'ovaire de l'enfant femelle contient déjà des ovules bien formés. On est alors fondé à conclure qu'il y a dans ces cas *emboîtement de trois générations*, dont la troisième étant à l'état de germe n'en peut contenir d'autres. La théorie purement hypothétique de l'*emboîtement* des germes n'est pas plus admissible en physiologie végétale qu'en physiologie animale. Mais le phénomène de l'*emboîtement des parties* les unes par les autres est un fait très-bien étudié par les botanistes dans les *bourgeons à feuilles* et dans les *boutons* ou *bourgeons à fleurs*. L'hypothèse de l'emboîtement des germes impliquant le développement d'êtres existant depuis le premier instant de la création, avait aussi porté les physiologistes à expliquer le développement des embryons par la théorie de l'*évolution*.

L. Laurent.

EMBOÎTER, proprement mettre une chose dans une boîte, et, par extension, faire entrer une chose dans une autre. Les mortaises d'une charpente doivent être bien justes pour que les pièces s'emboîtent très-exactement les unes dans les autres. Des tuyaux de bois ou de métal s'emboîtent les uns dans les autres pour conduire de l'eau. On dit aussi *emboîter* des cloches de melon l'une dans l'autre. Ce mot désigne également la manière d'être de certaines articulations, comme celle du fémur avec l'ischion (coxo-fémorale). On disait autrefois à la Monnaie *emboîter* des pièces d'or ou d'argent : c'était les mettre dans une espèce de boîte d'essai, fermant à trois clés, dont l'ancien garde, l'essayeur et le maître, gardaient chacun une. Cette opération avait pour but de conserver les échantillons qui devaient dans la suite servir au jugement que la cour des monnaies avait ordre de faire des espèces fabriquées et délivrées.

Le mot *emboîtement* a été reçu quelque temps dans l'art militaire pour désigner l'espèce d'entrelacement de soldats qu'on faisait tirer à la fois, sur quatre et même cinq rangs, de façon que les armes des derniers rangs ne pussent pas nuire aux premiers. C'était une attitude très-gênante. Les deux premiers rangs avaient le genou en terre, et les jambes entrelacées. Le troisième et le quatrième rang étaient droits, mais forts serrés sur les premiers, de façon que les soldats du troisième rang avaient les jambes dans celles du second, et ceux du quatrième dans celles du troisième. On a fait tirer ainsi jusqu'à cinq rangs, dit La Fontaine dans sa *Doctrine militaire* (Paris, 1667). Les deux premiers étaient à genoux, le troisième fort courbé, le quatrième un peu moins courbé, le cinquième passait le bout de son mousquet par-dessus l'épaule du quatrième.

Emboîter le pas, ou simplement *emboîter*, se dit encore dans les exercices de l'infanterie pour exprimer l'action des soldats marchant les uns derrière les autres et se rapprochant tellement que le pied de chaque homme vient se poser à la place où était celui de l'homme qui le précède.

EMBOLISME (du grec ἐμβολισμός, intercalation). Les Grecs appelaient ainsi l'addition qu'ils faisaient, tous les deux ou trois ans, d'un treizième mois à l'*année lunaire*, afin de l'approcher de l'année solaire. Le mois ainsi intercalé se nommait *embolismique*, de même que l'année qui le renfermait.

EMBOLON. Ce mot tout grec, ainsi que ἔμβολος, dont les Latins ont fait *embolus*, signifiait proprement éperon ou proue de vaisseau. L'embolon était un ordre tactique usité dans la milice grecque : c'était l'arrangement d'une troupe en ordre plus ou moins convexe, ayant moins de front que de profondeur. Était-ce simplement un carré long destiné aux charges impulsives? était-ce le même ordre que le coin ou l'ordre central des Latins (*cuneus, embolus*), ou leur tête de porc (*caput porcicum*)? C'est ce qu'il est impossible de déterminer précisément, à raison des contradictions formelles des écrivains. Mais il est indubitable que c'était l'opposé du *coelembolon*. L'embolon était un ordre offensif, non de résistance; Denys d'Halicarnasse, Elien, Arrien, en attribuent l'invention à Philippe, roi de Macédoine, et rapportent qu'il le préférait au carré. L'embolon, suivant quelques-uns, se composait d'autant d'hommes de front qu'en hauteur. Ce n'eût été autre chose alors qu'une colonne d'attaque, un ordre central, un parallélogramme compacte, d'une grande profondeur et d'un grand front. L'embolon passe pour avoir été connu de tous les peuples d'Asie, et surtout des Hébreux, avant d'avoir été pratiqué par les Grecs. Ammien, Plutarque, Polybe, Thucydide, Xénophon, en parlent; mais cet embolon qu'ils mentionnent aurait-il été analogue à l'ordre tricorne adopté plus tard par la milice turque? C'est ce qui reste insoluble.

Dans les auteurs grecs qui ont écrit sur les guerres des Romains, le mot *embolon* est employé quelquefois en guise du mot *cohorte de légion romaine*, qui se retrouve dans la narration latine des mêmes actions. Aussi reproche-t-on à Tite-Live, qui a recopié Polybe, d'avoir donné au mot *embolon* le sens de *triangle* ou de *coin tactique*, tandis que Polybe donne, en en parlant, l'idée d'une *colonne profonde* ou d'une *cohorte*. Vitruve emploie le mot *embolus* dans le sens de *piston de pompe*, ou objet qui presse et pousse, mais cela ne donne pas l'idée d'un triangle. Cependant, en tactique, l'*embolus* latin ne paraît pas avoir différé du *coin*. Une similitude entre l'*embolon* et l'*embolus*, c'est qu'ils ne se remettaient en bataille qu'à l'aide de déploiements, et que l'un était l'opposé du *péplegmenon*, et l'autre du *forceps* ou *forfex*, c'est-à-dire de la *tenaille*. Quelle que fût la forme de l'embolon, cet ordre a été également propre et à l'infanterie et à la cavalerie. L'évolution, ou attaque au moyen de l'embolon, s'est appelée *emboloïde*.

Bouchard de Bussy, militaire savant, a approfondi ces matières et réfuté Folard : il est d'avis que Polybe, Xénophon, Thucydide, n'ont jamais cherché à exprimer par les mots *embolon* ou *embolos* « une phalange doublée, triplée; un corps serré, condensé, formé sur plus de hauteur que de front; enfin, une colonne. » Bouchard ajoute que, dans le récit du combat naval d'Ecnome, le mot *embolon* désigne l'ordonnance triangulaire de la flotte des Romains, et qu'Élien entend par *embolon* un corps large par sa base, qui du côté opposé se termine en pointe aiguë ou émoussée. Boussanelle et Mézeroi traitent de ces questions sans les éclaircir. Praissac prend *embolon* dans le sens de *tétrarchie*. Delatour, très-vieil auteur français, donne idée d'une manœuvre d'infanterie usitée de son temps, qui devait ressembler à l'embolon ou en remplacer l'effet : il l'appelle *cercle saillant*. Un autre écrivain, Delanoue-Bras-de-Fer, offre le dessin d'une évolution analogue, qu'il appelle *lunaire*. L'infanterie prussienne pratiquait, comme on le voit dans Mirabeau, une manœuvre qui avait quelques formes de l'ancien embolon : elle consistait à suspendre l'exécution d'un changement de front central, de manière à répondre à une attaque de l'ennemi en lui opposant une ligne à plusieurs brisures, soit à cinq saillants ou rentrants, soit à un angle saillant d'un côté, rentrant de l'autre. Gal Bardin.

EMBONPOINT. Cette dénomination sert à désigner l'état du corps humain dans lequel le tissu cellulaire étant abondant, doué d'une vitalité énergique et contenant une quantité modérée de graisse, les saillies osseuses sont, ou cachées, ou peu sensibles, et les formes musculaires arrondies, fondues par un modèle gracieux, selon le langage des statuaires. L'abondance et l'éréthisme du tissu cellulaire ne se rencontrant qu'avec une bonne santé, l'embonpoint exprime une telle situation de la vie de l'homme, et il la résume même verbalement, ce mot signifiant qu'une personne est en bon point (du latin *in bonum punctum*, que l'on trouve écrit encore dans Marot *en-bon-poinct*). Quand l'ensemble de l'organisme est grossi par une accumulation exagérée de graisse dans les mailles du tissu cellulaire, cet état prend le nom de *corpulence*, *obésité*, *polysarcie*; alors les diverses parties du corps se déforment, parce que la graisse surabonde plus sur l'une que sur l'autre, et elles n'ont plus entre elles l'harmonie qui chez nous est une condition de la beauté. Chez d'autres, l'excès de l'embonpoint, loin d'enlaidir, est au contraire le type du beau : un modèle vivant de la Vénus de Praxitèle serait délaissé dans un bazar de Tunis, tandis qu'on y achèterait à haut prix une de ces Flamandes pétries de graisse et de vermillon qu'on voit dans quelques tableaux de Rubens.

La disposition à l'embonpoint varie sous plusieurs rapports, tels que l'âge, le sexe, les tempéraments et différentes circonstances. Cet état du corps est principalement propre à l'enfance, parce qu'à cette époque de la vie le tissu cellulaire est très-abondant et la nutrition très-active; les formes des muscles sont alors peu dessinées. Cette surabondance du tissu cellulaire se perd graduellement quand les enfants atteignent l'âge de puberté, et sa disparition produit un changement plus ou moins marqué. Mais quand cette époque critique de la vie est heureusement franchie, le tissu cellulaire renaît, et on voit reparaître avec lui l'aspect gracieux de l'ensemble des organes extérieurs; il disparaît dans la vieillesse et souvent, dans l'âge mûr il est remplacé par la *polysarcie* ou surabondance de graisse.

Les individus qui ont un tempéramment nerveux, ceux surtout chez lesquels en même temps le système veineux prédomine sur le système artériel, présentent peu ou ne présentent point du tout d'embonpoint : leurs saillies musculaires sont heurtées. On rencontre souvent l'embonpoint avec le tempérament sanguin, et la beauté des formes est unie à l'éclat du coloris : aussi la santé paraît-elle plus florissante que dans tout autre état; la couleur est même luxuriante dans les cas de pléthore sanguine. Les individus lymphatiques acquièrent ordinairement de l'embonpoint; mais chez eux le tissu cellulaire, quoique abondant, manque de l'élasticité et de l'éréthisme qui donnent de la fermeté et du soutien aux chairs. En ces cas, l'avantage du dessin n'est point uni à une couleur brillante comme dans le tempérament sanguin.

Le sexe féminin est plus prédisposé à l'embonpoint que le sexe masculin. Certaines professions, favorisant la nutrition, produisent l'état dont nous nous occupons. Les bouchers, les charcutiers, qui vivent au milieu d'émanations animales en présentent des exemples très-communs. Généralement, une alimentation abondante, le contentement de l'esprit, un exercice modéré, procurent et entretiennent l'embonpoint. De même, toutes les conditions contraires causent la *maigreur*. L'embonpoint ne se concilie pas avec les maladies un peu graves, surtout celles des organes digestifs. On peut le rencontrer cependant avec la nuance d'irritation qui rend l'action des organes plus active sans être maladive. C'est ce qu'on remarque chez les personnes qui s'adonnent aux plaisirs que la table peut procurer. C'est ainsi que se prépare l'embonpoint des chanoines, qui a souvent pour compagnes la goutte, la néphrite ou les hémorrhoïdes. Dr Charbonnier.

EMBOSSAGE, EMBOSSER. Lorsqu'un navire veut présenter son travers (son flanc), soit pour se défendre contre d'autres vaisseaux, soit pour battre un fort, soit pour protéger l'entrée d'un passage ou d'un mouillage quelconque, il *s'embosse*, c'est-à-dire qu'il dispose des cables, grelins ou aussières, de manière à les roidir, au moyen du cabestan, jusqu'à ce qu'il soit suffisamment traversé. *L'embossage*, c'est le résultat de l'action de *s'embosser*. On dit aussi alors que le navire *est embossé*. Les *embossures* sont les préparations de câbles, grelins, aussières, pour les frapper sur une ancre mouillée. Ainsi, on dit qu'un navire fait ses *embossures* pour exprimer qu'il se dispose à s'embosser. Quelquefois un vaisseau veut *s'embosser* en mouillant : on a *étalingué* pour cela une *embossure* sur l'organeau de l'ancre qu'il laisse tomber. Lorsqu'un navire, mouillé dans une passe étroite ou près d'un danger, veut éviter d'abattre (se tourner) d'un côté déterminé, en appareillant, il fait une embossure pour abattre du côté opposé. Une division, une escadre, une flotte *s'embosse* dans une rade, un port, etc., en ligne de bataille, en ligne courbe, ou sur deux lignes par endentement. Merlin.

EMBOUCHOIR, pièce d'armurerie qui embrasse l'extrémité du bois et du canon du fusil de munition français. Sur le devant de l'embouchoir sont deux bandes, dont l'une, la bande inférieure, porte un guidon en forme de grain d'orge, qui sert à viser, et qu'on appelle *point de mire*. Sur le derrière est un entonnoir, donnant passage à la baguette du fusil. Le fusil dit d'*infanterie* porte l'*embouchoir* en fer et le point de mire en cuivre. Le fusil dit de voltigeur porte l'*embouchoir* en cuivre et le point de mire en fer. Les soldats avaient sous l'empire la mauvaise habitude de dégager ou couper le bois de leur arme au-dessous de l'*embouchoir*, pour la faire résonner. Cette détérioration avait l'inconvénient grave de faire varier la position de l'embouchoir dans le maniement d'arme, et conséquemment de détruire la justesse du tir, dans le mouvement de *en joue*, par le dérangement du point de mire. De sévères prescriptions de discipline empêchent maintenant de dégager l'*embouchoir*, et tout bois de fusil entamé est immédiatement remplacé au compte du soldat. Merlin.

EMBOUCHURE, partie d'un instrument à vent sur laquelle se posent les lèvres pour y introduire le souffle. Par extension on donne le même nom à la forme qu'affectent les lèvres de l'exécutant : on dit d'un corniste, d'un hauboïste, d'un flutiste, qu'il a *une bonne embouchure*. Cette qualité, que l'étude peut quelquefois faire acquérir, est plus souvent le résultat d'une conformation particulière des lèvres, due à la nature.

EMBOUCHURE DES FLEUVES. La géographie physique nous apprend que les *eaux courantes* rongent et dégradent sans cesse leur lit et leurs rives, surtout aux lieux où elles ont beaucoup de pente; elles se chargent de vase, et, par des secousses répétées, poussent devant elles des pierres jusque dans la partie inférieure de leurs cours; là, les grands cours qu'on nomme *rivières* et *fleuves*, près de se déverser dans le bassin des mers, par des ouvertures appelées *bouches* ou *embouchures*, rencontrant une masse en repos, perdent de leur vitesse, deviennent un moment stagnants, déposent les corps étrangers qu'ils ont entraînés, et en forment des atterrissements qu'une fraîche végétation recouvre bientôt. Tel le Mississipi fait chaque jour marcher devant lui ses rivages, et envahit presque à vue d'œil le golfe du Mexique; tels encore l'Orénoque et le Saint-Laurent, et en général tous les fleuves dont le cours est étendu et rapide. Jetez les yeux sur une carte générale du globe, observez les traces qui représentent dans les terres le cours des fleuves : ne remarquez-vous pas qu'au moment où ils vont atteindre le littoral de la mer, leurs sinuosités augmentent, en même temps que leur lit s'élargit? c'est qu'en heurtant la mer, ils éprouvent un instant d'arrêt, quelquefois même ils sont refoulés au loin par les marées de l'Océan, et alors, moins précipités dans leur marche, ils choisissent la pente du terrain, et vont, par un méandre doucement incliné, aboutir au terme de leur existence. Les tribus sauvages, dans leurs émigrations à travers les vastes forêts et les prairies inexplorées du Nouveau Monde, profitent de cette particularité pour éclairer leur marche. Veulent-ils savoir s'ils sont loin encore des bords de la mer, ils suivent les rives d'une grande rivière, et, selon qu'elle est plus ou moins sinueuse, ils jugent à peu près de leur éloignement de son embouchure : le remous des eaux leur sert encore d'indice, car ces tournoiements continuels que tout le monde peut observer le long de nos rivières, ont lieu, mais sur une plus grande échelle, à grande distance de l'embouchure; enfin, ils tiennent compte encore des marées, car souvent le flux et le reflux de la mer est appréciable dans les fleuves jusque très-avant dans l'intérieur des terres. Les mêmes raisons donnent encore l'explication des nombreuses embouchures des grands fleuves : leurs eaux réunies dans une espèce de bassin tendent à s'échapper par toutes les pentes, et souvent s'ouvrent de nouveaux canaux. Le Gange a d'innombrables *bouches*, et souvent elles changent de place, parce que les atterrissements du fleuve modifient à chaque instant les accidents du terrain. Les terres d'alluvion qui entourent les embouchures occupent quelquefois de vastes espaces; on en voit de fréquents exemples près des fleuves de la presqu'île de l'Inde, au Bengale; presque tout le royaume de Siam n'est guère qu'un produit d'alluvion du Laya; et ces terrains, quoique inondés chaque année, sont très-peuplés, car leur fertilité y attire une foule d'habitants. Théogène PAGE, capitaine de vaisseau.

EMBRANCHEMENT se dit d'un chemin moins important qui part d'une route principale, parce que cette disposition a été comparée à celle d'une branche relativement à une plus grosse sur laquelle elle s'insère. De là, le mot *embranchement* est passé dans le langage didactique, où il indique les principales divisions d'une science; mais son emploi a particulièrement lieu en zoologie : Cuvier a divisé toute la série animale en quatre grands embranchements (*voyez* ANIMAL).

EMBRASSÉ se dit, dans la langue du blason, d'un écu parti, coupé, ou tranché d'une seule émanchure, qui s'étend d'un flanc à l'autre.

EMBRASURE. Nos embrasures rappellent, par analogie, les *arbalestières*, les *barbacanes*, les *créneaux*, les *machicoulis*, les *sorties de béliers*, pratiqués aux batteries des machines de guerre, aux remparts, aux tours des anciens; elles consistent dans une ouverture ou une espèce de fenêtre, de forme prismatique, percée dans le massif d'une batterie à épaulement, et ménagée pour donner passage à la bouche d'une pièce. L'embouchure des embrasures, ou leur mesure à la sortie de l'ouvrage, est ordinairement de trois mètres de large; la largeur de la gorge est d'un mètre environ; ainsi, elles s'évasent vers la campagne pour faciliter l'obliquité des tirs. Les embrasures en plein champ sont à un mètre au-dessus du sol; celles du rempart d'une forteresse ont la même inclinaison que le parapet, afin de permettre au canon de tirer sur le chemin couvert. L'espacement entre les embrasures est de six mètres; mais en général la place où elles sont percées et leurs dimensions sont coordonnées au calibre des pièces. Les embrasures sont séparées par les *merlons*. On appelle *genouillère* leur appui, *joues* leurs parois intérieurs, et *directrice* la ligne imaginaire qui les partage en deux portions égales. Les embrasures revêtues en gazon sont préférables à celles qu'on construit en fascines, parce que le boulet de l'ennemi s'y enterrant, cause, par-là, moins de ravages. Quand l'ennemi tente l'attaque du chemin couvert à force ouverte, il dirige surtout ses feux vers les embrasures de la place assiégée. On donne le nom de *batteries masquées* à celles dont les embrasures ne sont pas apparentes, et de *batteries à barbette* à celles qui sont sans embrasures (*voyez* BATTERIE). Les embrasures propres à de petites armes se sont anciennement nommées *canonnières* et *meurtrières*. Les embrasures de certaines casemates à feu ou de batteries de chemin couvert ferment au moyen de volets ou de portières en chêne. On dégorge l'embrasure quand on perce à cet effet le parapet; on la démasque quand on fait disparaître ce qui la tenait momentanément cachée à l'ennemi. Gal BARDIN.

EMBRIGADEMENT. Ce mot a été inventé par des esprits faux, comme tant d'autres expressions louches de notre langue militaire; car il ne signifiait pas formation des brigades d'une armée, comme on le supposerait, mais au contraire il donnait à l'égard de la cavalerie française l'idée d'une incorporation par régiments, et à l'égard de l'infanterie française l'idée d'une formation par demi-brigades. L'opération de l'embrigadement répond au ministère de Beurnonville; elle eut lieu en vertu du décret de 1793, sur la proposition de Dubois-Crancé. Mais, si l'on en croit les Mémoires de Dumouriez, le général Valence en avait conçu le projet et donné le plan dès la fin de 1792. Cette composition nouvelle dans l'infanterie consistait dans l'amalgame d'un bataillon d'infanterie de ligne et de deux bataillons de volontaires, ou même plus; elle avait pour but d'opérer la fusion de neuf cents bataillons de volontaires et de cent quatre régiments, et de former une seule et même armée, tandis que jusque là les gardes nationales en activité, les bataillons de volontaires du camp de Soissons, les bataillons de fédérés, etc., étaient distincts de l'armée de ligne. L'embrigadement ne se réalisa que partiellement d'abord; il fut suspendu ensuite devant de nombreux obstacles. Le 19 nivose an II l'embrigadement de l'infanterie et de la cavalerie fut arrêté en principe, et les décrets des 6 et 9 pluviose même année entrèrent dans les détails de cette opération. La loi de l'an III régla de nouveau l'embrigadement; il s'effectua vers le commencement de l'an IV. Gal BARDIN.

EMBROCATION (en latin *embrocatio*, du grec ἐμβρέχειν, arroser). Ce nom se donne également au remède liquide avec lequel on arrose lentement une partie malade, et à l'action de pratiquer l'arrosement. Les embrocations ne sont qu'une forme de *liniments*; elles suppléent aux bains, et on y a recours pour les parties qu'on ne peut plonger seules dans un liquide peu abondant. Comme elles tendent à plusieurs fins, telles que d'apaiser une vive douleur, de déterger une plaie, de résoudre une tumeur, on leur donne, suivant les cas, toute espèce de propriété médicamenteuse, émolliente, excitante, astringente, narcotique : l'huile d'olive en est le plus ordinairement la base. On se sert de linge, de flanelle, ou d'une éponge que l'on trempe dans le liquide légèrement chauffé, et que l'on presse sur la partie malade. L'opération terminée, on essuie avec soin la surface que l'on vient d'arroser, et on l'enveloppe chaudement. N. Clermont.

EMBRUN, ville de France, chef-lieu d'arrondissement dans le département des Hautes-Alpes, à 30 kilomètres de Gap, sur la rive droite de la Durance, avec une population de 4,794 habitants. Place forte, située sur un rocher, autrefois siége d'évêché, Embrun possède aujourd'hui un collége, un tribunal de première instance, un petit séminaire, une maison de détention, où l'on fabrique des draps grossiers et où l'on tisse la soie, une fabrication de chapellerie, un commerce de moutons, de cuirs et de comestibles. Son édifice le plus remarquable est sa cathédrale.

C'était avant l'époque romaine une des principales cités des *Caturiges*. Plus tard, sous Adrien, elle fut la métropole de la division des Alpes-Maritimes. Dans les temps modernes, capitale de l'*Embrunois*, elle fut prise et pillée par les grandes bandes en 1573 et par le duc de Savoie en 1692. Il s'y tint plusieurs conciles, dont le dernier fut assemblé en 1727.

EMBRYOLOGIE et EMBRYOGÉNIE. Dans l'état actuel des sciences naturelles, on désigne sous le premier de ces deux noms (formé de ἔμβρυον, embryon, et λόγος, discours) l'étude de l'histoire complète des embryons. Pour progresser dans la connaissance de l'embryologie, il fallait étudier soigneusement l'ordre d'apparition de toutes les parties du nouvel individu qu'on voit se former, s'accroître et se parfaire comme embryon (*voyez* Fœtus). Cette étude des formations et des métamorphoses embryonnaires, celle des premières fonctions qui précèdent les autres (nutrition, circulation), constituent une branche importante de la physiologie comparée, et on a été conduit naturellement à lui donner le nom d'*embryogénie* (de ἔμβρυον, et γενεά, naissance), qui signifie *développement des embryons.*

EMBRYON. On nomme ainsi la première ébauche visible des êtres procréés : dans l'usage le plus ordinaire, c'est plus qu'un *germe*, c'est moins qu'un *fœtus*. Composé de deux mots grecs qui veulent dire *accroissement en dedans*, le mot *embryon* désigne l'origine des corps organisés et leurs premiers progrès, soit dans l'utérus pour les animaux vivipares, soit dans l'œuf fécondé pour les oiseaux et les autres ovipares, soit dans la graine pour les végétaux. *Embryon* et *fœtus* sont souvent employés comme de parfaits synonymes : cependant *fœtus* ne se dit guère que des petits déjà bien formés, soit de l'homme, soit des grands animaux. Quand Boileau parle d'aller voir chez Sauveur un curieux embryon, il veut dire un fœtus informe ou encore peu avancé. Le fœtus humain n'est qu'un embryon jusqu'à trois et quatre mois, à cette époque où les organes, alors très-mous, sont encore peu distincts, et les os seulement ébauchés. Le *germe* est l'embryon sans vie, sans organisation apparente; l'*embryon* est le germe accru et animé; le *fœtus* est l'embryon dont les organes sont distincts, et l'*enfant* un fœtus qui voit le jour et qui respire. L'embryon séparé de l'œuf, ou de sa mère, ne saurait vivre à cet état d'isolement; le fœtus, au contraire, peut être viable ou à terme, ce qui ne veut pas dire exactement la même chose, car le fœtus humain qui est viable dès sept mois, n'est à terme qu'à neuf.

On emploie rarement le mot *fœtus* pour désigner les jeunes ovipares; on se sert alors de préférence du mot *embryon.*

Nous ne connaissons qu'approximativement l'époque de la première apparition de l'embryon des vivipares. Harvey ne put en trouver nulle trace dans l'ovule des biches avant le dix-neuvième jour de la gestation; et Haller n'a rien vu de plus précoce dans la brebis. Cependant l'Anglais E. Home a découvert les premiers linéaments d'un embryon dans un ovule humain qui n'avait, assure-t-il, pas plus de huit jours; et M. Coste a présenté à l'Institut des embryons humains qu'il croyait aussi jeunes que celui dont Home fait mention. Or, à ce premier âge, où l'embryon a moins de cinq millimètres de longueur, il paraît que l'ombilic est largement ouvert, le cordon ombilical encore absent, l'allantoïde visible sous la forme d'une masse membraneuse et vasculaire de couleur rouge et même, s'il faut en croire un auteur moderne c'est cette membrane allantoïde qui se transforme ultérieurement en cordon ombilical.

Remarquons toutefois qu'il n'est pas une famille d'animaux où l'âge des embryons soit aussi difficile à préciser que dans notre espèce, tant son intempérance et sa pudeur répandent d'incertitude ou de mystère sur les supputations relatives au commerce des sexes. Ajoutez, d'ailleurs, que les préventions théoriques dont chaque observateur se préoccupe exercent à son insu une bien grande influence sur la valeur et l'appréciation des faits qu'il raconte : souvent il croit voir ce qu'il suppose, et croit devoir au témoignage de ses yeux ce que son imagination seule lui a suggéré... Sans donc attacher trop d'importance à ce qui concerne les premiers temps et les progrès successifs de l'embryon humain, voici les documents qui nous paraissent les plus exacts.

A sa première apparition dans l'espèce d'œuf qui le renferme, l'embryon n'offre aucun organe, presque aucune partie distincte. La petite masse qu'on aperçoit vers le dixième ou douzième jour paraît quasi homogène dans tous ses points. C'est comme un ver à l'état muqueux, sans aucune ouverture visible, si ce n'est l'ombilic, n'ayant que deux à six millimètres d'étendue, et privé de mouvement. Il est difficile de juger, quoi qu'on dise, si ce petit embryon tient à l'œuf, ou si cette masse informe et presque imperceptible naît tout simplement au sein de l'amnios, sans connexion avec les enveloppes de ce liquide. Toujours est-il qu'il n'y a rien encore d'appréciable, rien qui indique une tête, des yeux ou des membres. A ce premier âge, tout est blanc, tout est fluide, tout paraît homogène et non organisé; mais quand les organes paraissent, tout est d'abord symétrique. Sans les avortements, beaucoup plus fréquents dans notre espèce qu'en nulle autre, et fréquents surtout dans les commencements de la grossesse, on aurait encore moins de renseignements sur ces premières ébauches du fœtus.

L'homme est, de tous les animaux, celui qui a les progrès les plus rapides dans ses premiers commencements. L'embryon de trente à quarante jours a la grosseur d'une fourmi, comme dit Aristote; il est long d'environ douze millimètres, et il pèse à peu près un gramme. La tête, qui était d'abord représentée par une simple saillie séparée du reste par une sorte d'échancrure, devient alors reconnaissable. Il n'y avait d'abord aucun vestige de membres; mais on voit alors les bourgeons d'origine des bras; les membres inférieurs apparaissent plus tard. Les yeux sont indiqués par deux points noirs, au-devant desquels on voit les premiers vestiges des paupières, alors transparentes. Les oreilles ne sont encore que deux pores déliés, mais bien évidents, sans garniture d'aucune sorte. La bouche n'offre qu'une étroite ouverture béante, ouverture horizontale et sans lèvres. On distingue déjà la vésicule ombilicale et de très-petits vaisseaux, déjà l'aorte, et le canal artériel allant de l'aorte à l'artère pulmonaire, aussi bien que le canal originaire du cœur, et l'œsophage. Le cerveau et la moëlle épinière n'apparaissent encore que sous la forme d'un liquide grisâtre, et les os sont mous ou cartilagineux.

De quarante à cinquante jours, l'œuf humain offre à peu près le même volume que celui de la poule, et alors le petit embryon a le volume d'une mouche à miel : c'est à cette époque que le placenta devient visible. On prétend que les embryons femelles croissent plus lentement, de sorte que les accouchements tardifs sont d'ordinaire pour les enfants de ce sexe. Mais il faut remarquer à ce sujet que c'est le contraire après la naissance, c'est-à-dire que les filles se développent plus rapidement que les garçons, grandissent et vieillissent plus vite. Au second mois de la gestation, la longueur de l'embryon est au moins de cinq centimètres : les oreilles et le nez sont encore fermés par des membranes. La tête est alors d'un volume fort disproportionné avec le reste du corps; elle forme à elle seule presque la moitié de tout l'embryon : la face est pour bien peu de chose dans ce volume. Le tronc est courbé en devant à ses deux extrémités, et le menton appuie sur la poitrine. Jusqu'à la fin du second mois, le cou, très-gros, ne se distingue pas du reste : cette sorte d'isthme est aussi large que les deux régions qu'elle unit l'une à l'autre; et cela fait ressembler l'embryon de deux mois au corps accompli et permanent des poissons. A la même époque, les membres inférieurs dépassent déjà un peu l'espèce de queue formée par le coccyx (car l'embryon humain a d'abord une queue, comme beaucoup de quadrupèdes); les lèvres apparaissent, les alvéoles des dents deviennent évidentes : il y a dès lors du méconium blanchâtre dans l'estomac, et une espèce de peau mucilagineuse recouvre tout le corps. Dès lors le nom de *fœtus* appartient au nouvel être.

Le mot *embryon* est le seul dont on use à l'égard des plantes. On trouve dans chaque graine une petite plante en miniature : c'est l'embryon végétal, la partie essentielle de toute semence. En regardant de très-près et avec attention, on voit là une *radicule*, ou l'origine de la jeune racine; la *plumule*, ou premier rudiment de la jeune tige; le *collet*, partie intermédiaire aux deux autres, qui les réunit et les sépare. Le collet a été considéré comme le centre de la plante, le cœur végétal et le *nœud de la vie*. La radicule tend toujours vers le centre de la terre, et elle sort avant la tige : la plumule, ou jeune tige, s'élève constamment vers le ciel (si ce n'est dans quelques plantes parasites, comme le gui); mais le collet garde invariablement sa position intermédiaire ou de juste milieu. Ensuite, toute graine de plante ayant des feuilles, a, près de son embryon, des *cotylédons*, ou feuilles séminales : ce sont ces derniers corps qui nourrissent d'abord la jeune plante; ce sont donc des espèces de mamelles végétales. L'embryon est en outre environné par des vaisseaux de plusieurs ordres : ceux d'abord qui ont donné passage au pollen pour la fécondation de l'ovule : ceux-là occupent le sommet ou le mamelon de la graine; puis ceux qui, remplis de sève, proviennent du cordon ombilical : ceux-ci faisaient communiquer la semence avec la plante mère. Conduits nourriciers, ces derniers vaisseaux établissent ensuite de nouvelles communications entre la graine qui germe et la terre qui l'imprègne de sucs et la nourrit. Il est aisé de voir combien la graine végétale ressemble à l'œuf fécondé et déjà incubé des animaux : on trouve également dans tous les deux un embryon, des chalazes ou ligaments, un placenta, un cordon ombilical, une cicatricule ou tache, un amnios et des membranes et des vaisseaux nourriciers. Les cotylédons de la graine sont l'équivalent du vitellus des oiseaux et de la vésicule ombilicale des mammifères; l'albumen ou périsperme des graines est l'analogue du blanc d'œuf des oiseaux ou de l'allantoïde des vivipares : la similitude est frappante. Dr Isidore Bourdon.

EMBRYOTOMIE (de ἔμβρυον, embryon, et τομή, section, coupure). En chirurgie, on nomme ainsi une opération qui consiste à diviser dans le sein de la mère pour l'extraire par parties, un fœtus mort, lorsque son volume s'oppose à son expulsion naturelle. L'embryotomie s'exécute à l'aide de perforateurs, de ciseaux, de forceps, etc. Cette opération, pratiquée avec habileté, n'offre pas pour la mère autant de danger qu'on pourrait le supposer.

On donne aussi le nom *d'embryotomie* à la branche de l'anatomie comparée qui a pour objet spécial l'étude de l'embryon et du fœtus.

EMBU. C'est ce qui arrive dans la peinture à l'huile lorsque l'impression mise sur la toile n'est pas assez ancienne, ou même lorsque l'on retravaille à des parties déjà peintes, et dont la couleur n'est pas parfaitement sèche. Dans ce cas, l'huile de la couleur superposée la quitte pour *s'emboire* ou *s'imbiber* dans la couleur de dessous; alors la nouvelle devient terne, perd une partie de sa valeur, et donne à l'artiste de la difficulté pour bien juger de son effet. On remédie passagèrement à cet inconvénient en mouillant tout le tableau, ou seulement la partie embue. L'embu disparaît pour un peu plus de temps en le frottant légèrement avec de l'huile. Lorsqu'un tableau est terminé, on fait disparaître entièrement les embus en passant sur la peinture un blanc d'œuf battu, ou mieux encore en le couvrant entièrement avec du vernis. Duchesne aîné.

EMBÛCHE, acte par lequel on tente d'attirer son ennemi dans une position telle que, pour l'abattre sûrement, on n'a plus qu'à le frapper. Dans la pensée seule de l'embûche, il y a donc toujours quelque chose de criminel, quelque chose même de bas et de perfide, car on veut arriver à sa fin en évitant tout péril. C'est dans un intérêt de profit et de vengeance qu'on tend des embûches, du moins en général. Il est vrai cependant qu'on descend quelquefois aussi bas, même pour se satisfaire dans ses sens : on devient infâme afin de ne pas laisser échapper un plaisir dont on a soif. Ainsi, on a vu tel homme puissant, repoussé par la sagesse d'une femme, lui tendre des embûches d'une nature si imprévue, qué, sans l'amener à faillir à ses devoirs, il restait le maître de sa personne.

Il n'y a que la guerre où les embûches soient permises : alors il y a rupture passagère avec la civilisation. Jusque dans le siècle dernier, on s'est permis de tendre des embûches au jeu, qu'on regardait comme une espèce de petite guerre quotidienne. Aujourd'hui, une morale plus exacte a fait justice des *chevaliers de Gramont*, et non-seulement les salons ne s'ouvrent plus pour eux, mais on s'habitue à les traduire tout droit en police correctionnelle. Il est plus difficile d'atteindre les gens qui tendent des embûches au joueur naïf à la Bourse. Saint-Prosper.

EMBUSCADE, mot dérivé du latin barbare *emboscata*, provenu de *boscus*, bois, parce que les lieux boisés sont les plus propres à ce genre de guerre et d'embûches. En bonne latinité, on nommait *insidiæ* les embuscades ou les embûches. Les traducteurs des historiens anciens ont appelé *insidiateurs* les troupes ou soldats qui étaient préposés aux embuscades dans les milices byzantines et dans les légions romaines. Les embuscades entrent surtout dans les attributions des officiers de troupes légères; elles ont pour but d'assaillir des troupes au milieu d'une marche, de détruire un convoi, d'enlever un poste, une grand'garde : ce sont des surprises préparées suivant la nature du pays et suivant ses accidents géologiques. On évite de conduire aux embuscades des chiens, des juments, des chevaux entiers, de peur d'être trahi par les aboiements ou les hennissements.

Être en embuscade et *être embusqué* sembleraient offrir un même sens; mais il n'en est pas ainsi dans la langue de l'armée, et *débusquer* ne signifie pas repousser ou dissiper une embuscade, mais il signifie forcer l'ennemi à abandonner un poste quelconque qu'il occupe. On tend des embuscades après avoir reçu des espions l'avis d'un passage de troupes, ou après avoir induit en de fausses démarches l'ennemi par mille stratagèmes pratiqués en guerre. On profite des nuits obscures et des brouillards; on masque les troupes dans des ravins de facile issue, ou au moyen d'un monument isolé, d'une élévation, d'un village, d'une digue, d'une chaussée, de quelques meules de grains; mais on ne saurait la placer mieux que dans des vignes ou dans des grains sur pied. On cache, s'il se peut, les sentinelles dans des arbres, derrière des rideaux, dans des greniers ou des clochers. En général, on dispose les embuscades en profitant des chemins creux que l'ennemi suivra, en couronnant la corniche des défilés où il s'engagera; en combinant l'accord des deux troupes, dont l'une lui coupe le chemin s'il donne dans l'embuscade, quand l'autre le prend en flanc et en queue. Dans les pays découverts, une embuscade est d'autant plus dangereuse pour les troupes en marche qu'elles négligent souvent de sonder le pays : cette exploration ne saurait être trop recommandée aux chefs des escortes de convois. Les découvertes peuvent seules éventer les embuscades; les anciens, pour y réussir mieux, dressaient des chiens à ce genre de chasse. Si les embuscades ont pour but une attaque nocturne, dirigée contre des troupes de passage, elles peuvent avoir lieu sur un point plus rapproché du passage de l'ennemi. Philippe de Clèves conseille à l'infanterie qui se rend à un lieu d'embuscade de traîner derrière elle des branchages qui effacent sur la poussière les traces de ses pas.

On distinguait dans le siècle dernier les embuscades en *grandes* et en *petites*; mais depuis la multiplication des troupes légères, depuis le perfectionnement qu'elles ont produit dans l'art de s'éclairer et de poser les grand'gardes, les embuscades sont devenues rares, de peu d'effet, et faciles à enlever. La bataille de la Trebia fut gagnée par Annibal sur Sempronius à l'aide d'une embuscade célèbre dans l'histoire de Rome. Maurice de Saxe cite comme une des plus habiles embuscades celle de l'armée du prince Eugène à Luzzara. Gal BARDIN.

EMDEN, la cité commerciale la plus importante du Hanovre, située dans la province d'Aurich, à quelque distance de l'Ems, qui jadis baignait ses murailles et qu'un canal, construit en 1847 et susceptible de recevoir des navires de long cours, met en communication directe avec elle, est une ville bien bâtie et parcourue en tous sens par de nombreux canaux qui ont nécessité la construction de plus d'une trentaine de ponts, dont les plus remarquables sont celui de l'hôtel de Ville, sur le Delf, et le pont suspendu du Falderndelf. Parmi les édifices publics, il faut citer l'hôtel de ville, construit en 1574, sur le modèle de celui d'Anvers, l'hôtel des douanes, l'hospice des orphelins, et le palais de justice, construit en 1821; la grande église de Saint-Côme et Saint-Damien, bâtie en 1455, et affectée aujourd'hui au culte réformé; l'église catholique, édifice du meilleur style; enfin, une église protestante, construite en 1774. Emden possède un gymnase, une école de sourds-muets, une école d'accouchement, une école des arts et métiers, et diverses sociétés. On y compte 12,000 habitants, professant pour la plupart le culte de l'Église réformée, et dont le commerce maritime et la navigation forment les principales ressources. La pêche du hareng sur les côtes d'Écosse, pour l'exploitation de laquelle existent encore aujourd'hui deux sociétés commerciales, a singulièrement perdu de l'importance qu'elle avait jadis. On trouve aussi à Emden d'importantes fabriques de toile à voiles, de cordages, de tabac, de bas; des distilleries, des brasseries, des teintureries, etc.

Après s'être soustraite, vers la fin du seizième siècle, à la suzeraineté des comtes de la Frise-Orientale, Emden fut créée ville libre impériale, sous la protection de la Hollande, et demeura depuis lors jusqu'au milieu du dix-huitième siècle l'objet de contestations continuelles entre les comtes de la Frise et la puissance protectrice. En 1774 elle passa avec toute la Frise orientale sous la souveraineté de la Prusse; en 1806 elle fut adjugée à la Hollande, puis en 1809 incorporée à l'empire français. Les événements de 1814 la rendirent à la Prusse, et en 1815 les décisions du congrès de Vienne l'attribuèrent au Hanovre.

ÉMENDER, du verbe latin *emendare*, corriger. Ce mot ne s'emploie qu'au palais, où il est de style dans les juridictions supérieures : *émender une décision*, c'est la corriger, la réformer, ou, comme on le dit encore, l'*infirmer*. Tous les arrêts d'infirmation se terminent par la formule suivante, qui était d'usage dans les anciens parlements : « La cour a mis et met l'appellation et ce dont est appel au néant; *émendant* et faisant ce que les premiers juges auraient dû faire, elle infirme leur décision, et ordonne, etc. »

ÉMERAUDE. Ce silicate double d'alumine et de glucine est formé de silice (de 66 à 68 parties), d'alumine (de 15 à 17), et de glucine (de 12 à 15). Il contient en outre de la chaux, de l'oxyde de tantale, de l'oxyde de fer et de l'oxyde de chrôme, en petites proportions. Sa forme cristalline primitive est le prisme hexaèdre régulier, dont les pans sont sensiblement des carrés. Souvent ces prismes sont cylindroïdes, et chargés de stries ou cannelures longitudinales. Souvent aussi ils sont réunis en groupes dans les roches qui leur servent de gangue.

Le poids spécifique de l'émeraude est 2,7. Elle raye le verre, difficilement le quartz, et est rayée par la topaze. Sa cassure est vitreuse et raboteuse; elle est fusible au chalumeau en verre bulleux; elle ne se dissout point dans les acides; elle s'électrise par le frottement seulement, ce qui la distingue de la tourmaline, dite *émeraude du Brésil*, qui s'électrise par la chaleur; elle est transparente ou opaque. Les couleurs de l'émeraude transparente sont : 1° le vert pur (Pérou, Salzbourg), dû à l'oxyde de chrôme; 2° le vert jaunâtre (Sibérie, Philadelphie, France); 3° le jaune (Sibérie); 4° le bleu (Sibérie, Salzbourg); 5° le bleu verdâtre (Sibérie, Brésil, France). La variété opaque est blanche plus ou moins jaunâtre ou grisâtre (Bavière, Bohême, France) : dans ce dernier pays, quelques masses sont nuancées de violet. Une variété d'émeraude est chatoyante.

Les lapidaires ont partagé cette espèce en : *aigue-marine* (vert bleuâtre); *béryl* (vert jaunâtre); et *émeraude* (vert foncé). Cette substance minérale est recherchée en bijouterie. Le gisement de l'émeraude est dans les pegmatites (France, Suède, États-Unis, Sibérie), dans les gneiss (Salzbourg), dans les micachistes (Égypte), dans les phyllades (Pérou). L'émeraude des anciens (*smaragdus*) était exploitée en Égypte, près de Cosséir. Elle est moins estimée que l'émeraude exploitée dans les mines du Pérou, comme étant moins pure, et contenant une matière étrangère, qui est, dit-on, du talc. L. DUSSIEUX.

Dans le commerce, on donne à tort le nom d'*émeraude orientale* à une pierre d'un beau vert et d'un vif éclat, qui, ne renfermant aucune trace de silice, est classée par les minéralogistes parmi les corindons.

ÉMERAUDE DU BRÉSIL. *Voyez* TOURMALINE.

ÉMERAUDINE. *Voyez* CÉTOINE.

ÉMERGENCE, ÉMERGENT (du latin *e*, de, et *mergere*, plonger). On nomme *angle d'émergence*, l'angle formé par un rayon lumineux et par la surface d'un milieu d'où il sort ou d'un corps qui le réfléchit. Un tel rayon qui après s'être réfléchi, ou après avoir traversé un milieu quelconque, tel que l'air, l'eau, en sort, est dit *rayon émergent*. Ce sont des *rayons émergents* qui transmettent à l'œil du spectateur l'image d'objets situés au-dessous d'une masse d'eau.

ÉMERI ou ÉMERIL (en latin *smyris*, fait du grec σμύρις, dérivé lui-même de σμάω, je nettoie, je polis). C'est une pierre très-dure, d'un gris bleuâtre, quelquefois rougeâtre, pesant trois ou quatre fois autant que l'eau. Autrefois on la regardait comme une sorte de mine de fer. Haüy l'appelle *fer oxydé quartzifère*; l'émeri de Jersey, analysé par Vauquelin, a donné : Alumine, 70; oxyde de fer, 30.

L'émeri de Naxos, suivant Tennant, serait ainsi composé : Alumine, 80; oxyde de fer, 4; silice, 3; résidu insoluble, 13.

L'émeri, que les minéralogistes modernes ont rangé parmi les corindons, sous le nom de *corindon ferrifère*, est très-dur; il raye le verre, l'acier trempé, etc.; il est d'un grand usage dans les arts mécaniques, pour user, polir les cristaux, les métaux, etc. On le réduit en poudre plus ou moins fine par des procédés qui n'ont rien de particulier. La poussière d'émeri imbibée d'huile et répandue sur une règle de bois de tilleul est très-propre à donner le fil aux rasoirs, canifs, etc. TEYSSÈDRE.

ÉMERIC-DAVID (TOUSSAINT-BERNARD), archéologue et littérateur, naquit à Aix, en Provence, le 20 août 1755. Ayant perdu, à l'âge de dix-huit mois, son père, honnête négociant, il fut élevé par sa mère et par ses oncles maternels, les frères David, imprimeurs du roi et du parlement. Placé au collège des pères de la doctrine chrétienne, où il fit de bonnes études, il fut reçu docteur en droit le 4 juin 1775, et vint ensuite à Paris pour y suivre les audiences du palais et les conférences des jeunes avocats. Quelques années après, il fit un voyage en Italie, séjourna longtemps à Florence et à Rome, et s'y lia avec plusieurs jeunes artistes de l'école française, David, Peyron, etc., relations qui contribuèrent, autant que la vue des célèbres monuments, à développer son goût prononcé pour les beaux-arts. De retour à Aix, il y exerçait les fonctions d'avocat quand la mort de son oncle Antoine David le laissa, en 1787, héritier de son brevet d'imprimeur. Partisan de la révolution de 1789, avec cette modération qui fut toujours le fonds de son caractère, il fut nommé officier municipal par le suffrage de ses concitoyens, et élu, le 13 février 1791, maire d'Aix, fonctions dont il se démit le 27 novembre de la même année.

Dans l'espoir d'échapper à la haine des sociétés démagogiques, il quitta la Provence pour venir à Paris, dans la famille de sa femme. Frappé de deux mandats d'arrêt en 1793, il n'y échappa qu'en menant une vie errante et se cachant dans une ferme des environs de Bondy, d'où il sortit après le 9 thermidor, vendit désavantageusement son imprimerie d'Aix à un de ses parents, et se fixa à Paris, où il s'occupa quelques années d'affaires de banque, de commerce et de liquidations. Mais, effrayé par les nombreuses faillites qui éclatèrent depuis la débâcle de la caisse des comptes courants, et craignant de risquer les débris de sa fortune, il renonça entièrement au commerce et à la jurisprudence, vers 1800, pour se livrer uniquement aux arts et à la littérature. Déjà, en 1796, il avait publié : *Musée olympique de l'école vivante des beaux-arts;* il y démontrait la nécessité d'un muséum destiné à l'exposition permanente des ouvrages des artistes vivants, et celle d'un musée des arts et métiers. Autorisé à lire ce Mémoire à la classe des beaux-arts de l'Institut, à le faire imprimer et à l'adresser au ministre de l'intérieur, il vit accueillir ses idées, car elles donnèrent lieu à la création du Muséum du Luxembourg et à celui des Arts et Métiers.

Émeric-David avait retrouvé à Paris les artistes ses anciens amis, avec lesquels il continuait d'être en relation. Après avoir été deux fois couronné par l'Institut, il fut nommé par l'empereur, en 1806, sur la proposition de Visconti et de Denon, pour continuer la rédaction des notices du *Musée Napoléon*. En 1809 il fut appelé au Corps législatif par le vœu des électeurs du département des Bouches-du-Rhône et par le choix du sénat; il partagea le silence forcé des trois cents muets, et ce ne fut qu'après avoir adhéré, le 3 avril 1814, à la déchéance de Napoléon, qu'il parla, dans la chambre des députés, sur des questions de commerce, d'administration et d'économie politique, ou contre des projets de loi en opposition avec ses principes libéraux. Retiré de la scène politique après la dissolution de la chambre des députés, en 1815, il fut nommé, le 11 avril 1816, membre de l'Institut, Académie des inscriptions et belles-lettres. Quelque temps après la mort de Millin, Émeric-David obtint sa chaire d'archéologie à la Bibliothèque royale.

Membre de la commission nommée dans l'Académie des inscriptions pour continuer l'*Histoire littéraire de la France*, commencée par les bénédictins, il enrichit les tomes XVII, XVIII et XIX de plusieurs articles sur les troubadours. Il avait lu à l'Académie divers Mémoires sur la sculpture et sur la mythologie païenne, qui dans ses dernières années fut l'objet principal de ses investigations et de ses travaux. En 1833 il publia : *Jupiter, recherches sur ce dieu, sur son culte, avec les monuments qui le représentent*, ouvrage précédé d'une *Introduction à l'étude de la mythologie, ou Essai sur l'esprit de la religion grecque* (2 vol. in-8°). Émeric-David avait lu, en 1824, un *Essai historique sur Apollon*, etc. En 1828, il publia : *Vulcain, recherches sur ce dieu, sur son culte et sur les principaux monuments qui le représentent* (in-8°). A la fin d'août 1837, une attaque d'apoplexie l'avait paralysé du côté droit, sans affecter ses facultés intellectuelles : il continuait de dicter à sa fille et à son fils des Notices et des Mémoires, un entre autres *sur la Dénomination et les usages de l'architecture gothique*. Frappé d'une nouvelle attaque, le 31 mars 1839, il succomba le 2 avril.

Depuis la mort d'Émeric-David, sa famille a publié quelques-uns de ses ouvrages, dont son fils a revu les épreuves : *Neptune, recherches sur ce dieu*, etc. (1839, in-8°); *Histoire de la peinture au moyen âge, suivie de l'histoire de la gravure* (en taille-douce et en bois); *De l'influence de l'art du dessin sur le commerce et la richesse des nations*, mémoire couronné en 1804; *Musée olympique de l'école vivante des beaux-arts*, avec une *Notice sur l'auteur*, par le bibliophile Jacob (Paris, 1842, in-12).

H. AUDIFFRET.

ÉMÉRIGON (BALTHAZAR-MARIE), jurisconsulte, naquit à Aix, en 1725. L'étude de la législation commerciale fut l'occupation de toute sa vie. A la profonde érudition qui distingue ses parères et ses ouvrages sur le droit maritime, on pourrait croire que cette partie avait absorbé toutes ses études et tous ses instants; cependant il possédait à fond le droit particulier de Provence et le droit romain. Sa modestie le retint longtemps dans les travaux du cabinet. Ses tardifs débuts au barreau obtinrent un accueil brillant et mérité. Il eût pu bientôt éclipser tous ses rivaux, s'il eût persisté à suivre l'éclatante carrière de la plaidoirie; mais il abandonna de bonne heure sa ville natale, et vint se fixer à Marseille où il se voua tout entier aux consultations. La ville de Marseille lui donna un honorable témoignage d'estime et de confiance en le choisissant pour son conseil. Avant de s'établir à Marseille, il avait exercé pendant quelques années les fonctions de conseiller de l'amirauté d'Aix. Il ne publia son premier ouvrage qu'à la fin de sa longue carrière, en 1780. Il avait, avec la modestie la plus désintéressée, fourni de précieux documents à Valin, et ce jurisconsulte a déclaré, dans la préface de son excellent commentaire sur l'ordonnance maritime de 1681, qu'il devait aux avis, aux conseils d'Émérigon, la meilleure partie de son ouvrage. Émérigon publia à Marseille, en 1780, ses *Mémoires et Recherches sur les contestations maritimes*, et un *Commentaire sur l'ordonnance du mois d'août 1681*, 2 vol. in-12. Dans l'année suivante parut le grand ouvrage qui l'a immortalisé, son *Traité des assurances maritimes et des contrats à la grosse*, 2 vol. in-4°.

Le texte de nos ordonnances, les seuls ouvrages d'Émérigon, de Valin, et d'un seul étranger (Casaregi), composent toute la bibliothèque utile du droit maritime des consuls, des négociants, des armateurs et des magistrats.

Émérigon ne survécut qu'une année à la publication de son grand ouvrage : il mourut en 1785, âgé de soixante ans. DUFEY (de l'Yonne).

ÉMÉRILLON, nom vulgaire d'un oiseau qui appartient au genre *faucon*, où les naturalistes le rangent sous le nom de *falco æsalon*. Cette dernière dénomination embrasse non-seulement l'oiseau connu sous celle d'*émérillon de la Caroline*, mais encore l'*émérillon de Cayenne*, celui de Saint-Domingue et celui des Antilles, ou le *gry-gry* du P. du Tertre. Les émérillons exotiques ressemblent assez à celui d'Europe, le plus petit de nos oiseaux de proie, et la différence de plumage semble tenir plutôt à l'âge et au sexe qu'à aucune autre cause. L'émérillon d'Europe a 30 centimètres, ceux d'Amérique n'en ont que 24. Il est d'un blanc cendré bleuâtre, tacheté de noir sur les parties supérieures, et porte cinq bandes de taches noires sur les rectrices, dont l'extrémité est noire, bordée de blanchâtre; sa gorge est blanche, ses parties inférieures sont roussâtres avec des taches oblongues brunes; enfin, il a le bec bleuâtre, l'iris brun et les pieds jaunes. Sa femelle est un peu plus forte; elle a des taches bleuâtres plus prononcées.

Ces oiseaux vivent principalement de sauterelles, et recherchent les petits poulets, qu'ils dépècent volontiers. Ils nichent dans les forêts, à la cime des grands arbres, et se comportent en général comme les autres oiseaux de proie. Les émérillons étant les plus familiers et les plus dociles des oiseaux de chasse, leur affaitage n'est pas long : il n'est pas nécessaire de leur couvrir la tête d'un chaperon. Quand le fauconnier les a deux ou trois fois affriandés par quelques beccades, ils s'empressent de voler vers lui dès qu'ils le voient. Une fois dressés, ils chassent très-bien les alouettes, les merles, les cailles et les perdreaux (*voyez* FAUCONNERIE). N. CLERMONT.

ÉMÉRILLON (*Artillerie*). *Voyez* CANON, tome IV, p. 365.

ÉMÉRITE, du latin *emeritus*, signifiant chez les anciens un soldat qui avait fait son temps de service (*e meritis*), un guerrier qui avait blanchi sous la cuirasse. Notre langue ne se sert au propre du mot *émérite* que pour désigner un docteur qui a professé un certain nombre d'années dans une université. Il se trouve souvent employé en ce sens par Bayle. Dans l'université de Paris, les professeurs, après vingt ans d'exercice, pouvaient, en qualité d'*émérites*, quitter leur chaire avec une pension de 1,500 livres pour les plus jeunes, et de 1,700 livres pour les plus anciens. Cette pension ne leur était point payée par le trésor royal, mais par les professeurs en fonctions, qui tous les trois mois sacrifiaient pour cet usage une partie de leur traitement, dans la certitude de jouir à leur tour de la reconnaissance de leurs successeurs. Dans l'université nouvelle, ce n'est qu'après trente ans de service qu'on a droit à la pension d'*émérite*.

Émérite s'emploie quelquefois au figuré dans le style familier : dire un rimeur *émérite*, c'est accuser un poëte de n'avoir plus de verve; on appelle aussi galant *émérite* un Lovelace sur le retour. Charles DU ROZOIR.

EMERSION, réapparition d'un corps qui était caché dans l'ombre, dans un liquide, etc. En astronomie, on se sert de ce mot pour désigner le moment où un astre se montre de nouveau après avoir été éclipsé. L'émersion d'un corps solide est son élévation spontanée au-dessus de la surface d'un liquide dans lequel on l'avait plongé avec force.

ÉMERSON (WILLIAM), célèbre mathématicien anglais, naquit en 1701, à Hurworth, petit village du comté de Durham, où son père tenait une école. Celui-ci lui enseigna les premiers éléments des sciences, et le ministre du village l'initia à la connaissance des langues mortes. A son début dans la vie active, il voulut, lui aussi, essayer de l'instruction publique; mais, soit que sa méthode fût trop concise, soit qu'il ne fût pas heureux dans l'exposition de ses idées, il ne fit point ses affaires, et dut bientôt fermer l'école qu'il avait ouverte. Satisfait du modeste patrimoine que lui avait légué son père, il se consacra à une studieuse retraite dans l'obscur village où il était né, et où il termina ses jours, le 20 mai 1782, après avoir fourni une carrière de plus de quatre-vingts ans. Dans les derniers mois de 1781, sentant sa fin s'approcher, il avait vendu toute sa bibliothèque à un libraire d'Yorc. Voici la liste de ses ouvrages : *Traité des Fluxions; Projection de la Sphère, orthographique, stéréographique et gnomonique; Éléments de Trigonométrie; Principes de Mécanique; Traité de Navigation; Traité d'Arithmétique; Traité de Géométrie; Traité d'Algèbre; Méthode des Incréments; Arithmétique des Infinis; Éléments d'Optique et de Perspective; De la Mécanique et des forces centripètes et centrifuges; Principes mécaniques de Géographie, de Navigation et de Gnomonique; Commentaire sur les Principes, avec une défense de Newton*. Émerson, à force de travail et d'application, était parvenu à savoir tout ce que l'on savait de son temps en fait de physique et de mathématiques; mais il n'avait point le génie créateur, et on ne trouverait dans ses nombreux ouvrages rien dont on puisse lui attribuer l'invention.

EMERSON (RALPH WALDO), le penseur le plus célèbre qu'ait encore produit l'Amérique, est né à Boston, en 1803. Il se consacra à l'étude de la théologie, et fut nommé aux fonctions de prédicateur dans l'église unitaire de sa ville natale; mais, par suite des opinions particulières qu'il émettait sur le dogme de la communion, il ne tarda pas à se voir forcé de renoncer à cette position. Depuis lors il vécut isolé, soit à Boston, soit à Concord, où il chercha à propager ses idées par des cours publics et par des publications. Il commença par donner de nombreux articles au *North-American Review* et au *Christian Examiner*, et de 1840 à 1844 il fut l'éditeur du *Dial*, journal littéraire paraissant à Boston. Parmi celles de ses leçons publiques qui ont été livrées à l'impression, nous devons plus particulièrement mentionner les suivantes : *Man thinking* (Boston, 1837); *Literary Ethics* (1838); *The Method of Nature and man the reformer* (1841). Ses ouvrages les plus importants et qui ont eu du retentissement même en Europe, sont : *Nature* (1836; et souvent réimprimé depuis), ouvrage plein des plus brillantes antithèses, des réflexions les plus ingénieuses, et qui demande à être médité; et *Representative Men* (Londres, 1849), sept leçons publiques faites pendant un voyage en Angleterre.

Dans ces divers écrits, Emerson, dont les idées se rapprochent beaucoup de celles de Carlyle, se montre le représentant le plus éminent de cette philosophie transcendante américaine qui pousse le principe de l'indépendance personnelle jusqu'à ses plus extrêmes limites, qui veut que tous les hommes aient été également doués par la nature en ce qui de l'intelligence et de la moralité est, que chacun dès lors porte en soi le germe du génie, soit comme héros, soit comme poëte soit comme penseur; germe qui pour se développer n'a besoin que d'être placé dans des circonstances favorables.

Les *Poëmes* d'Emerson (Boston, 1847) témoignent d'un assez remarquable talent poétique.

ÉMERY (JACQUES-ANDRÉ), supérieur général de la congrégation de Saint-Sulpice, naquit à Gex, en 1732, d'un père lieutenant-criminel au bailliage de cette ville. Élève des jésuites de Mâcon, il entra vers 1750 à la petite communauté de Saint-Sulpice à Paris. Ordonné prêtre en 1756, il alla, trois ans après, professer le dogme au séminaire d'Orléans, d'où il passa à celui de Lyon pour y enseigner la morale, et fut reçu docteur en théologie à Valence en 1764. Ce fut pendant son séjour à Lyon qu'il publia ses deux premiers ouvrages : *L'Esprit de Leibnitz* et *L'Esprit de sainte Thérèse*. En 1776 il fut nommé supérieur du séminaire d'Angers, et l'évêque de cette ville le fit sur le champ son grand-vicaire. Cette même année, par suite de la démission de Le Gallic, il fut nommé supérieur général de sa congrégation. Il était d'usage que les supérieurs généraux de Saint-Sulpice eussent une abbaye; le roi lui donna, en 1784, celle de Bois-Groland, dans le diocèse de Luçon : elle était d'un revenu peu considérable. En 1789, lors des premiers orages de la révolution, il établit un séminaire de sa congrégation à Baltimore (États-Unis), qui venait d'être érigé en évêché. Pendant qu'elle prospérait là-bas, elle fut détruite en France, et lui-même enfermé deux fois, l'une à Sainte-Pélagie, où il ne resta que six semaines, l'autre à la Conciergerie, où il passa quinze mois. Il vit se renouveler souvent le personnel de cette prison qui était comme le vestibule de l'échafaud. Fouquier-Tinville avait dit : *Ce petit prêtre empêche les autres de crier.*

Rendu à la liberté après la Terreur, il devint un des principaux administrateurs du diocèse de Paris, dont l'évêque de Juigné, alors en exil, l'avait nommé grand-vicaire, et passa bientôt pour le chef patent du clergé insermenté. Comme tel, il publia divers écrits contre le serment ordonné par l'Assemblée constituante, et sur plusieurs autres sujets, entre autres sur le *Christianisme de Bacon*, sur les *Pensées de Descartes*, sur les *Opuscules de Fleury*. Au concordat, il fut nommé évêque d'Arras; mais il refusa, aimant mieux reprendre ses fonctions de supérieur de séminaire. Cependant, il consentit en 1802 à être grand-vicaire du nouvel archevêque de Paris, de Belloy. En 1809 et 1810 il fit partie de deux commissions créées à l'occasion du refus des bulles aux évêques nommés. Il paraît que Napoléon attachait de l'importance à son opinion, car il demandait souvent : « Qu'en pense, qu'en dit M. Émery? » A la fondation de l'université, il l'avait mis, de son propre mouvement, le second sur la liste des conseillers. Émery mourut, à Issy, le 28 avril 1811, âgé de soixante-dix-neuf ans.

Il était d'abord gallican; il devint ensuite au moins demi-ultramontain. Il avait fait un brillant éloge des libertés de l'Église gallicane dans la première édition de son *Esprit de Leibnitz*; non-seulement il le supprima dans la seconde, mais il expulsa même un séminariste qui avait osé les défendre dans une thèse, et travailla à les ruiner dans son volume des *Nouveaux opuscules de Fleury*. On peut le considérer comme le formateur du clergé actuel. C'était un homme recommandable par des qualités éminentes, d'un esprit délié, d'un caractère se pliant aux circonstances, néanmoins modéré et conciliant Lorsque la chute du Directoire eut rendu plus de liberté aux prêtres, il reparut pour prêcher la paix et la soumission à l'ordre établi, cherchant à rapprocher les deux clergés. Il ne voulait point qu'on obligeât les constitutionnels à une rétractation; à ses yeux, une simple déclaration de foi suffisait. Accusé enfin de relâchement par les fanatiques de son parti, il répondit que le zèle poussé trop loin avait enfanté la plupart des hérésies et des schismes. Eug. G. DE MONGLAVE.

ÉMÈSE, *Emesa*, appelée aujourd'hui *Hems* ou *Homs*, ville fort ancienne de la Cœlésyrie, sur l'Oronte, fut jadis la capitale d'un État particulier. Plus tard elle passa sous la domination des Romains si qui y établirent une de ces colonies à l'aide desquelles ils parvenaient à rattacher, étroitement les pays conquis à leur empire.

Émèse était célèbre par son temple du Soleil, dont Héliogabale fut longtemps grand-prêtre avant de revêtir la pourpre impériale. Cet empereur romain ne naquit pas d'ailleurs à Émèse, comme le prétendent quelques historiens, mais à Antioche, vers l'an 204. Seulement son aïeule maternelle, Mœsa, le fit élever dans le temple du Soleil à Émèse; et c'est de là qu'il prit le nom d'Héliogabale. La splendeur des ornements pontificaux dont ce fol empereur aimait à se parer; la poussière d'or qu'on semait sur son passage, donnent une idée de la richesse de ce temple d'Émèse. Une pierre noire conique, tombée du ciel, disait-on, vraisemblablement une aérolithe, était conservée avec dévotion dans le sanctuaire comme l'image de la Divinité. Héliogabale la fit transporter en grande pompe à Rome, et la plaça dans un nouveau temple éblouissant de magnificence élevé en l'honneur du dieu de la lumière.

En l'an 273, l'empereur Aurélien vainquit aux environs d'Émèse la célèbre reine de Palmyre Zénobie, dont la puissance s'étendait sur toute cette partie de la Cœlésyrie.

Émèse, après la chute de l'empire romain, partagea le sort des autres villes de la Syrie, et devint successivement la proie des Arabes, des croisés, des Seldjoucides, des Mongols, des Mamelouks et enfin des Turcs, qui la possèdent encore aujourd'hui. Au douzième siècle, un tremblement de terre renversa les monuments, derniers débris de sa splendeur passée, dont les ruines qui jonchent au loin le sol dans les environs rappellent encore le souvenir. On y compte aujourd'hui environ 20,000 habitants.

ÉMÉTINE (*emetina*, dérivé de ἐμεῖν, vomir). On appelle ainsi un alcali végétal ou alcaloïde découvert par Pelletier et Caventou, dans la racine de l'ipécacuanha officinal; on l'a trouvé aussi dans plusieurs autres espèces de cette racine vomitive, et même dans quelques plantes du même genre et de la même famille, comme la violette des jardins. L'émétine se présente sous la forme d'une poudre blanche, inodore et légèrement amère, peu soluble dans l'eau, mais très-soluble dans l'alcool et les éthers; elle est susceptible de former avec les acides des sels peu connus. Cet alcali s'obtient difficilement à l'état de pureté, et à l'aide de procédés chimiques et pharmaceutiques très-compliqués : aussi est-il d'un prix très-élevé. C'est à peine si un hectogramme d'ipécacuanha peut fournir un gramme d'émétine pure. Mais il y a une autre émétine qu'on appelle *colorée*, et qui est fort impure; on la prépare à moindres frais; c'est celle qu'on appelle *officinale*, et qu'on emploie presque toujours en médecine. Elle est d'un brun rougeâtre, très-déliquescente, et a beaucoup de rapports avec les anciens extraits d'ipécacuanha qu'on préparait avant de connaître l'alcali qui nous occupe. Cette nouvelle substance médicinale est douée d'une vertu *émétique* assez active, quoique peu sûre; on peut parfois la substituer à l'ipécacuanha, et elle a sur cette racine l'avantage de pouvoir être administrée sous un petit volume, et de n'être pas désagréable au goût; mais il ne faut pas croire qu'elle puisse remplacer dans tous les cas ce moyen précieux, qui jouit souvent d'une propriété curative toute spéciale. On donne communément l'émétine à la dose de 5 à 20 centigrammes chez les adultes, dans des potions de 150 à 250 grammes, ou bien en lavage dissoute dans des boissons. Elle entre pour une dose très-minime dans la composition de pastilles analogues à celles d'ipécacuanha. Ce qui prouve, du reste, que ce médicament ne manque pas d'activité, c'est que 30, 40 ou 50 centigrammes ont suffi pour causer des accidents et même la mort à des chiens soumis à des expériences par Magendie.

L'émétine est surtout utile chez les enfants qui prennent avec répugnance la poudre d'ipécacuanha; j'en ai fait souvent usage avec succès dans les premiers temps de la coqueluche; mais elle m'a paru moins efficace et d'un effet assez incertain chez les adultes, lorsqu'on l'emploie comme évacuant général. Dr BRICHETEAU.

ÉMÉTIQUE, nom vulgaire d'un médicament héroïque qu'on appelle encore *tartre stibié, tartre émétique, tartrate antimonié de potasse, proto-tartrate d'antimoine et de potassium*. Ce médicament, que les chimistes considèrent comme un sel double, composé d'acide tartrique, d'antimoine et de potasse, fut découvert en 1631 par Adrien Mynsicht, et presque aussitôt préconisé avec enthousiasme par les médecins chimistes de ce temps-là. Comme de tous les remèdes nouveaux, on abusa de l'émétique en l'employant sans discernement dans une multitude de cas où il ne pouvait que nuire. Un médecin, doyen de la faculté de Paris (Gui Patin), grand partisan de la saignée, et antagoniste déclaré de ce nouveau remède, obtint du parlement de Paris un arrêt qui en défendit l'usage. Cela n'empêcha pas, comme on le présume bien, de l'employer; on osa même le donner à une tête couronnée, à Louis XIV, qui s'en trouva fort bien. Les succès nombreux obtenus plus tard par l'émétique, plus judicieusement administré, firent révoquer cet arrêt vers 1666. Depuis cette époque, il a toujours été considéré comme un des principaux agents de la thérapeutique et l'une des ressources les plus précieuses de l'art de guérir. En vain de nouveaux *Gui-Patin* ont cherché à le proscrire; son usage est mieux apprécié que jamais, car jamais la médecine n'en retira plus d'avantages qu'aujourd'hui, où il remplace presque toutes les préparations antimoniales.

L'émétique, préparé avec soin d'après des procédés pharmaceutiques, dont nous nous abstiendrons de parler, contient (d'après Berzélius) environ 53 parties d'acide tartrique, 27 de protoxyde d'antimoine, 12 de potasse et 7 parties d'eau; il s'obtient en traitant la potasse par la *poudre d'algaroth* (sous-chlorure d'antimoine). Il existe dans les pharmacies sous la forme de petits cristaux octaèdres, qui s'effleurissent à l'air, en perdant quatre ou cinq centièmes de leur poids; sa saveur est âpre et métallique; il se dissout dans l'eau dans des proportions plus faibles à chaud qu'à froid; sa dissolution est légèrement acide et facilement décomposable par les alcalis, les acides, les sulfhydrates, les chlorhydrates alcalins, etc.; d'où il résulte nécessairement qu'il ne faut pas l'administrer avec ces substances neutralisantes, si on veut obtenir des résultats énergiques. On sait en effet qu'en associant le *tartre stibié* au petit lait, qui renferme des sels, ou à des limonades, qui contiennent des acides, son action, sans être abolie, est considérablement dénaturée; l'eau qui contient des sels décomposant aussi l'émétique, on doit préférer l'eau distillée.

L'émétique est l'excitant spécial de l'estomac, le vomitif par excellence; il est d'un usage très-commode, à raison de l'énergie de son action à petites doses, et du peu de sapidité qu'il présente dissous dans une grande quantité d'eau; un, deux, trois ou quatre centigrammes, dissous dans des potions et même des tisanes, suffisent pour exciter le vomissement chez beaucoup de malades dont l'estomac est facile à émouvoir. Le plus ordinairement on l'administre à la dose d'un décigramme à un décigramme et demi dans deux ou trois verres de liquide pris à certains intervalles. C'est ce qu'on appelle donner l'émétique à dose vomitive. A plus forte dose chez des individus sains ou atteints d'un simple embarras gastrique, ce médicament pourrait produire des accidents, et même un véritable empoisonnement. Nous devons faire remarquer toutefois à cette occasion que dans certaines maladies inflammatoires, telles que la pneumonie, le rhumatisme, etc., les malades ont la faculté de supporter de grandes doses d'émétique (de trente centigrammes à deux grammes et plus), et qu'on en retire même beaucoup d'avantages. Cette découverte de l'action *contre-stimulante* de l'émétique est due à un médecin italien (Rasori), et a été fortement mise à contribution dans diverses parties de l'Italie, et même en France. Cette propriété du tartre stibié, comparée à celle qu'il possède à dose très-fractionnée, explique jusqu'à un certain point les vertus nombreuses qu'on lui a depuis longtemps attribuées, et pourquoi on l'a fait si souvent entrer dans une multitude de compositions médicamenteuses *purgatives*, *incisives*, *dérivatives*, *hydragogues*, *altérantes*, *diaphorétiques*, *fondantes*, etc.

L'émétique n'agit pas seulement sur la membrane muqueuse de l'estomac: appliqué sur d'autres surfaces muqueuses, et en particulier sur la conjonctive, il y exerce une action contre-stimulante, tonique et résolutive, très-efficace; enfin, mis en contact avec la peau, soit en poudre, soit en dissolution, soit associé à de l'axonge pour former la pommade stibiée, il enflamme le derme, y fait naître des pustules exactement semblables à celles de la vaccine, mode de révulsion très-puissant, journellement employé par les praticiens.

Non-seulement le médicament qui nous occupe est *émétique* et purgatif, selon la dose à laquelle on le donne, mais encore il excite une abondante transpiration, et stimule puissamment toutes les sécrétions; il convient de remarquer que dans le dernier cas il n'y a presque jamais d'évacuation par les voies digestives: c'est même à cette absence d'évacuation que les médecins italiens reconnaissent l'action *contre-stimulante* du tartre stibié; ils disent alors qu'il y a *tolérance*, et regardent généralement ce phénomène comme de très-bon augure. Si l'émétique administré à forte dose produisait des accidents toxiques imprévus, ou s'il arrivait qu'un estomac d'une grande susceptibilité fût irrité, enflammé, par une petite dose, on pourrait neutraliser l'action du médicament devenu vénéneux par des décoctions astringentes, et particulièrement celle de quinquina, associé à des adoucissants et à des antiphlogistiques.

On fait usage de l'émétique dans les affections bilieuses, vermineuses, dans les inflammations compliquées d'embarras des premières voies, de symptômes appelés gastriques. En lavage, comme laxatif, c'est un dérivatif puissant, usité dans une foule de maladies qu'il serait fastidieux d'énumérer. Dans beaucoup de cas, tels que les plaies de tête, l'apoplexie, les inflammations de la gorge, de la trachée, des bronches, du cerveau et de ses membranes, c'est, après la saignée, le moyen le plus efficace; il offre encore une ressource précieuse au praticien qui a besoin d'exciter des secousses dans l'économie, comme lorsqu'il s'agit d'expulser des corps étrangers, de fausses membranes croupales, etc., d'exciter sur l'estomac une révulsion énergique qui peut arrêter des diarrhées dyssentériques, des fluxions catarrhales ou muqueuses, etc., sur des parties qui sympathisent avec l'estomac.

Les formes pharmaceutiques sous lesquelles on peut donner l'émétique sont très-nombreuses, depuis la solution simple dans l'eau jusqu'aux médicaments solides les plus compliqués; il entre comme élément dans quelques compositions devenues célèbres, que par cette raison nous croyons devoir mentionner en terminant cet article; ce sont: le *bolus ad quartanas*, remède contre les fièvres quartes, où le tartre stibié se trouve associé au quinquina; le *remède de Peysson*, où il se combine avec l'opium; l'*eau bénite de la Charité*, usitée dans la colique de plomb; le *lavement des peintres*, prescrit dans le même cas; l'*eau fondante de Trèves*; les *grains de santé* de Franck; des *pommades* et *emplâtres stibiés* à toutes les doses, et sous les formes les plus variées.

L'émétique, employé imprudemment, peut produire des accidents très-graves; il y a une foule d'états morbides qui contre-indiquent son emploi: telles sont les inflammations aiguës des voies digestives et particulièrement de l'estomac, les maladies du cœur, les congestions récentes de l'encéphale, la plus grande partie des maladies nerveuses, etc.

Dr Bricheteau.

ÉMÉTIQUES (de ἐμέω, je vomis), médicaments qui provoquent le vomissement: tels sont l'émétique, le sulfate de zinc, le sulfate de cuivre, l'ipécacuanha, l'ellébore, et la plupart des poisons âcres et irritants, administrés à doses convenables. L'eau tiède, l'huile en quantité suffisante, ingérées dans l'estomac, produisent le même effet; mais on ne leur donne pas le nom d'*émétiques*, que l'on réserve aux substances qui amènent le vomissement par quelque voie qu'on les introduise, et qui par suite agissent également par voie d'absorption ou en injection. L'action spéciale des émétiques sur les organes digestifs consiste à leur imprimer un mouvement antipéristaltique, c'est-à-dire en sens inverse de celui de la digestion. En général, les émétiques sont employés, soit comme évacuants, soit pour exciter le canal intestinal. Il faut s'en abstenir dans les cas de grossesse, de congestion cérébrale, etc.

On donne le nom d'*éméto-cathartique* (de χαθαίρω, je purge) à tout médicament ayant le double but de déterminer des vomissements et des purgations. C'est ordinairement un mélange d'émétique et d'un sel purgatif. On s'en sert quand on veut agir sur toute la longueur du tube intestinal.

ÉMÉTO-CATHARTIQUES. *Voyez* ÉMÉTIQUES.

ÉMEU. *Voyez* CASOAR.

ÉMEUTE. Ce mot s'applique spécialement aux troubles excités ou par des dissensions civiles, ou par l'aversion qu'inspire une mesure de l'autorité publique. Ces troubles peuvent être provoqués, soit par la colère d'une classe d'hommes blessée dans ses intérêts, soit par l'irritation populaire, soit enfin par les manœuvres d'une faction, par l'imprudence ou par l'injuste exigence de l'administration. L'émeute n'entraîne pas nécessairement l'idée d'une résistance ou d'une attaque à main armée. Pour qu'il y ait émeute, il suffit qu'une partie du peuple, plus ou moins nombreuse, se rassemble en tumulte, et porte atteinte à la paix publique, en exhalant, sur les places et dans les rues, son mécontentement ou sa fureur. Les émeutes sont souvent des tentatives de sédition, de révolte, d'insurrection et même de révolution. Si l'émeute s'apaise, ou si elle est dissipée, ce n'est qu'un trouble passager. Elle n'est point allée jusqu'à la sédition ou à la révolte, encore moins jusqu'au renversement de l'ordre établi. Il peut cependant y avoir du sang répandu dans une émeute, quand la fureur et la soif d'une vengeance l'ont excitée. L'effusion du sang peut encore contrister la société dans une émeute, et trop souvent celle d'un sang innocent, lorsque la force armée intervient pour la réprimer. Si on l'attaque, ou si elle est livrée à une colère aveugle, de graves malheurs, quelquefois des cruautés atroces, feront gémir l'humanité, et provoqueront l'indignation des gens de bien.

L'émeute n'est un signal de révolution que quand les mécontentements, l'exaspération et la résolution d'une résistance outrée sont presque unanimes. La dissidence la plus violente n'aboutit jamais qu'à des émeutes, à des révoltes et, lorsque sa fureur met les armes à la main d'un grand nombre d'adhérents, aux guerres civiles, fléau le plus terrible qui puisse affliger un pays où ne sont pas tout à fait éteints l'amour de la patrie et un noble sentiment de nationalité. Ce fut par des émeutes que le patriciat romain parvint à exécuter le meurtre des Gracques, dont les lois attaquaient à la fois son avarice et son pouvoir. Les émeutes du *Forum* préparèrent encore la sanguinaire domination de Marius, et la dictature de César. A Bruxelles et dans les autres villes des Pays-Bas, les quarante ans d'insurrection et de guerre qui arrachèrent les Provinces-Unies à la puissance espagnole avaient commencé par des émeutes. Celle de l'armée de Jacques II, qui ne s'y trompa pas quand il l'entendit applaudir en tumulte à l'acquittement des évêques, fut pour lui le présage de sa chute. La Convention de 1792 fut amenée, par une continuité d'émeutes préparées, et toujours de plus en plus menaçantes, à subir le joug du parti atroce qui avait annoncé son règne par les massacres de septembre. L'émeute des ouvriers donna en 1830 et en 1848 le signal de ces deux insurrections populaires qui opérèrent les deux premières révolutions où, depuis tant de siècles, la multitude livrée à elle-même ait montré pendant une longue et sanglante lutte, comme après la victoire, une humanité pure de tout excès. Ces remèdes violents aux maux publics n'en sont pas moins de grandes calamités, que le pouvoir doit prévenir par sa sagesse, comme les peuples doivent chercher à éviter toute secousse, en épuisant tous les moyens que les lois leur ont laissés, et que l'esprit public peut leur fournir, pour obtenir le redressement des abus.

AUBERT DE VITRY.

ÉMIGRANT, ÉMIGRETTE ou ÉMIGRÉ, nom d'un jeu qui était à la mode à la fin du dix-huitième siècle. L'instrument de ce jeu consiste en un disque de bois, d'ivoire ou d'écaille, creusé dans son pourtour à une certaine profondeur, et traversé par un cordon qu'une légère secousse fait enrouler autour de la rainure, de sorte que le disque remonte le long du cordon.

ÉMIGRATION. C'est l'action volontaire de quitter sa patrie pour aller s'établir sous des cieux lointains.

Les émigrations remontent aux temps les plus reculés. A une époque dont le souvenir même est perdu, il s'en est opéré sur les différents points du globe, et l'on explique par elles les analogies surprenantes qui existent entre les langues des peuples les plus opposés. Les nations civilisées de l'antiquité ont été également tourmentées à diverses reprises par le besoin d'émigrer. Qu'est-ce que la fuite des Hébreux sous Moïse, si ce n'est une émigration? et les colonies grecques, phéniciennes, carthaginoises, romaines? et les Gaulois sous Brennus, et tant d'autres encore?

Le mouvement le plus remarquable que l'histoire rapporte en ce genre, c'est incontestablement ces grandes migrations des peuples, ces invasions de barbares qui commencèrent quelque temps avant l'ère chrétienne pour ne s'arrêter que plusieurs siècles après. Il en est d'autres encore qui sont dignes d'intérêt : les temps modernes nous montrent des peuples, se levant en masse et fuyant leur patrie, sous l'influence de causes diverses : tels sont les Maures, chassés d'Espagne en 1609, et les Polonais après la destruction de leur nationalité par le tsar. Quelquefois ce n'est qu'une partie, qu'une fraction d'un peuple qui abandonne ses foyers devant la persécution, par les exemple les protestants français après la révocation de l'Édit de Nantes, les sectaires et les dissidents en Angleterre, les nobles et les prêtres pendant la révolution, et tout récemment encore les révolutionnaires et les socialistes Européens après le triomphe de leurs adversaires.

Mais nous ne nous occuperons ici que d'un genre particulier d'émigrations, celles que produisent, de nos jours les crises industrielles et la situation précaire des classes laborieuses. Un encombrement funeste afflige diverses contrées de l'Europe; le travail manque, toutes les places sont prises; la concurrence réduit sans cesse les salaires et les fait descendre à un prix qui ne permet plus de faire face aux besoins les plus indispensables. D'un autre côté, au delà des mers, d'immenses pays d'une fertilité prodigieuse n'offrent que des terres désertes et sans occupants. On comprend qu'il y aurait un grand avantage à ce que le trop-plein d'une population condamnée à de rudes privations se versât dans des contrées nouvelles qui sortiraient alors de la classe des déserts improductifs; mais les difficultés du transport, la répugnance à se diriger vers des contrées mal connues et parfois malsaines opposent à l'émigration de bien graves obstacles.

C'est en Angleterre qu'elle s'est d'abord développée, et le paupérisme toujours croissant de l'Irlande et des districts manufacturiers ne l'explique que trop. D'ailleurs, la ténacité froide et intrépide, le besoin de locomotion qui caractérisent la race saxonne, permettent à nos voisins d'accueillir sans la moindre répugnance le projet d'aller au delà des mers chercher une autre patrie. L'Allemagne, où l'habitant se trouve trop pressé sur son territoire, a suivi ce mouvement et l'a peut-être même dépassé.

Jadis, les gouvernements voyaient l'émigration de mauvais œil; on la regardait comme affaiblissant le pays; des notions plus exactes ont prévalu depuis. On a reconnu que, loin de faire décroître la population, elle tend au contraire à l'augmenter; le vide qu'elle occasionne est en général promptement comblé et au delà. Toutefois, on a senti le besoin de la contenir dans de sages limites, de l'asseoir sur des principes solides. Jusqu'à 1831, les terres immenses qui se trouvent dans certaines colonies anglaises avaient été cédées gratuitement à qui en voulait. Il en était résulté que les nouveaux propriétaires d'un sol qu'ils n'avaient pas les moyens de cultiver le laissaient en friche. Il fut alors décrété qu'il ne se ferait à l'avenir aucune concession, et que le terrain serait vendu à un prix fixé d'avance. En 1842, une loi régla tout ce qui avait trait à cette matière, stipulant en outre que la moitié au moins du produit de la vente serait mise en réserve pour fournir les moyens d'encourager l'émigration, et que le surplus serait consacré aux dépenses de la colonie. Des règlements particuliers s'appliquent à ce qui se fait en chaque pays. Au Canada, par exemple, le sol se vend de 4 à 8 shellings l'acre (12 fr. 50 à 25 fr. par hectare); les lots sont de 200 acres (80 hectares); les ventes ont souvent lieu par demi-lots. Dans l'Australie, les choses se font sur une plus grande échelle. Les ventes ont lieu à l'encan. Le prix le plus bas est fixé à une livre sterling par acre; le payement doit être effectué dans l'espace d'un mois. Toute personne qui dépose à Londres, entre les mains de l'agent général des colonies de la couronne, une somme de 100 livres sterling reçoit un bon de pareille somme dont il lui sera tenu compte dans l'achat qu'elle fera de terrains dans la colonie; et elle est en outre autorisée à obtenir pour six mois, à partir du versement, passage gratis pour quatre adultes émigrants; deux enfants au-dessous de quatorze ans sont regardés comme équivalant à un adulte. Ces passagers doivent être des ouvriers ou des cultivateurs. L'administration de l'Australie ne vend d'autres terrains que ceux qui sont renfermés dans certains districts reconnus par les ingénieurs; au delà de ces limites, elle accorde des *licences* aux propriétaires de troupeaux, les autorisant à employer comme pâturages un *run* ou espace de terrain qui comprend ordinairement de 3,000 à 5,000 acres.

Depuis les cinq ou six dernières années surtout, la tendance à coloniser, ou, si l'on veut, les habitudes d'émigration, semblent entrer chaque jour davantage dans l'esprit des sociétés modernes; une force irrésistible pousse une partie de leurs populations vers les contrées de l'ouest et du sud américains, comme vers les terres aurifères d'A u s t r a l i e et de C a l i f o r n i e. Ce ne sont plus aujourd'hui, comme dans le passé, quelques milliers de *colonistes* seulement qui vont chaque année demander à ces terres nouvelles du travail et un bien-être qu'ils semblent ne plus espérer sur le sol de l'Europe; c'est maintenant un demi-million d'hommes qui tous les ans désertent en masse les pays germaniques, la Poméranie, la Thuringe, le Mecklenbourg, les duchés de Bade et de Hesse, la Suisse, les pays scandinaves, l'Angleterre, l'Irlande surtout, pour se répandre aux États-Unis; au Canada, au Brésil, en Océanie, enfin dans presque toutes les contrées lointaines dont nous séparent les deux océans.

Ce grand mouvement d'émigration compte trois principaux points de départ, d'où il se ramifie sur le globe entier : L i v e r p o o l, les ports hanséatiques (B r ê m e et H a m b o u r g), puis le H a v r e. Mais Liverpool est de beaucoup le plus important; à lui seul, il dessert près de la moitié du mouvement total. Le chiffre des émigrants partis de cette ville avait été de 229,099 en 1852; mais il s'en faut pourtant que tous ces colons fussent fournis par la population britannique. La même année 30,000 Allemands étaient partis de Hambourg, et la marine de Brême en avait transporté 37,493. La municipalité de cette dernière ville a fait d'intelligents efforts pour attirer et fixer dans son port le courant de l'émigration du nord. Là en effet le coloniste allemand, qui a quitté sa chaumière avec un modeste pécule, et de plus une femme et souvent deux, trois ou quatre enfants, est sûr de trouver, au prix le plus modique, dans un établissement affecté à cet usage, le gîte, la nourriture, des instruments, des outils, des soins personnels, une chapelle pour prier, un théâtre même pour se distraire, et surtout une direction bienveillante et éclairée, direction qui l'accueille à l'arrivée, l'accompagne dans la traversée, le guide encore sur le sol étranger, le renseigne, l'éclaire, le met en rapport avec les comités d'émigration allemands existants dans le pays, et l'accompagne enfin jusqu'à ce qu'il ait pris un parti, arrêté sa destination ou trouvé l'emploi de ses bras. Liverpool a depuis suivi cet exemple. Quant au Havre, en 1851, il s'y était embarqué 44,159 émigrants, et l'on assure qu'en 1852 ce nombre avait presque doublé. L'achèvement du chemin de fer de Strasbourg y aura certainement été pour quelque chose, car c'est de la Suisse, de la Bavière, du bassin rhénan méridional, de l'Allemagne du sud principalement, que viennent, avec un fort petit nombre de nos nationaux, les émigrants qui s'embarquent dans ce port.

D'après le rapport des commissaires de l'émigration et des terres coloniales présenté au parlement anglais en 1853, depuis la paix générale, il y a trente-huit ans, 3 millions 463,292 émigrants ont quitté le Royaume-Uni, dont 1 million 791,446 (plus de la moitié), avaient émigré dans les six années qui commencent à 1847. Il paraît que l'émigration annuelle pendant les six dernières années a été en moyenne de 198,584, et que le nombre de ceux qui ont quitté le Royaume-Uni en 1852 a été de 368,764. La grande masse de l'émigration du Royaume-Uni s'est composée depuis plusieurs années d'Irlandais, et dans les six dernières années leur nombre a été d'environ 1 million 313,226. En 1852, l'émigration pour l'Australie a été de 87,881 personnes, dont 53,527 parties spontanément et 34,354 envoyées par le gouvernement.

Le rapport de la Société allemande d'émigration établie à New-York, rapport publié en d'octobre 1853, constate que depuis le 1er janvier jusqu'au 1er novembre 1853 le nombre total des émigrants débarqué à New-York avait été de 95,285, tandis que pendant les dix mois correspondants de 1852 il en était arrivé 294,779.

En France l'émigration a longtemps été insignifiante. En vingt-cinq années l'A l g é r i e n'a reçu qu'un nombre assez faible de colons. Sur un seul point du territoire, sur les côtes de la Biscaye; les effets en sont sensibles; des milliers de B a s q u e s sont allés s'établir à Montévidéo, et malgré la guerre qui n'a cessé de désoler les rives de la Plata, la fièvre d'émigration n'a fait que redoubler d'intensité dans les contrées pyrénéennes. Enfin la découverte de l'or en Californie et en Australie a déterminé le départ de plus de soixante mille de nos compatriotes; mais ce n'est là qu'une émigration factice; le plus grand nombre d'entre eux emportait l'esprit de retour et ne cherchait pas à coloniser, mais à s'enrichir rapidement. Beaucoup sont déjà revenus, et ceux qui les remplacent ont le même but que leurs devanciers. W.-A. Duckett.

ÉMIGRATION, ÉMIGRÉS. Ces mots rappellent un grand fait de notre histoire contemporaine, c'est-à-dire le départ de France d'un grand nombre de personnes et de familles opposées à la révolution qui s'y opéra en 1789. Les scènes des 5 et 6 o c t o b r e 1789, où la majesté royale avait été insultée et menacée, où l'asile intime de la reine, sa chambre à coucher, n'avait pas même été respecté; où des gardes-du-corps avaient été tués presque sous ses yeux; où l'on vit enfin des têtes portées au bout de piques de Versailles à Paris, et promenées dans toutes les rues de cette dernière ville, avaient causé dans la famille royale, et dans tous ceux qui l'approchaient, une épouvante bien légitime. Les princes furent des premiers à s'éloigner; Mesdames, tantes du roi, partirent pour Rome; elles furent arrêtées à Arnay-le-Duc, mais l'Assemblée constituante les fit mettre en liberté, et elles continuèrent leur route; Louis XVI lui-même, avec toute sa famille, partit secrètement le 21 juin 1791; reconnu à V a r e n n e s, il fut ramené à Paris, et de ce jour la royauté n'exista plus que de nom. Le 1er août suivant, un décret enjoint aux émigrés de rentrer sous peine de payer une triple contribution, et prescrit aux municipalités de dresser une liste des émigrés.

Ce décret fut rapporté le 14 septembre suivant; mais les princes français et les émigrés formaient des rassemblements hostiles : Monsieur reçut l'injonction de rentrer en France dans un délai de deux mois, faute de quoi il serait censé avoir abdiqué son droit éventuel à la régence (30-31 octobre, 6 novembre 1791). Bientôt les trois princes, Monsieur, le comte d'Artois et le prince de Condé, furent décrétés d'arrestation; Monsieur fut, en outre, déclaré déchu de son droit de régence (janvier et février 1792).

Cependant, la noblesse abandonnait de plus en plus ses châteaux; des officiers passaient la frontière, entraînant même quelquefois avec eux leurs compagnies. Des nuées de prêtres et de moines se dérobaient par la fuite à l'obligation de prêter serment à la constitution civile du clergé. La Belgique, la Hollande, la Suisse, le Piémont, l'Allemagne surtout, furent encombrés d'émigrés de tout sexe et de tout âge. Dans cette foule le petit nombre seul avait sauvé sa fortune. La grande masse se trouva bientot en proie à un affreux dénuement. Une petite cour s'était formée à **Coblentz**, autour des princes. On y avait établi un gouvernement avec des ministres et une cour de justice. La *France du dehors*, comme on l'appelait, noua des relations suivies avec toutes celles des puissances étrangères qui se montraient hostiles à la révolution.

Les émigrés s'étaient réunis en corps d'armée, sous les ordres du prince de Condé, et portaient les armes contre la France. La Convention prit contre eux des mesures vigoureuses. Le Code Pénal, rédigé par l'Assemblée constituante, prononçait la peine de la déportation contre l'émigration; le roi n'avait point sanctionné cette partie du Code, et le 12 novembre 1791 il fit une proclamation pour inviter les émigrés à rentrer : cette proclamation fut, comme il était facile de le prévoir, sans résultat. Le roi au Temple, la royauté abolie par un décret du 21 septembre 1792, la Convention passa des menaces aux effets.

Par un décret du 9 février 1792, l'Assemblée législative avait mis les biens des émigrés sous la main de la nation; ce n'était qu'une manifestation, qu'un séquestre nominal, car les moyens d'exécution n'étaient ni indiqués ni prescrits. Le 30 mars suivant, un autre décret affecta ces biens et leurs revenus à l'indemnité due à la nation; révoqua les dispositions que les propriétaires émigrés auraient pu faire de leurs biens depuis le précédent décret; ordonna la prise de possession des biens meubles et immeubles par l'administration des domaines; laissa aux femmes, enfants, père et mère des émigrés *la jouissance provisoire* du logement qu'ils occupaient, ainsi que des meubles à leur usage, dont il dut être fait un inventaire; accorda enfin à ces mêmes personnes, *si elles étaient dans le besoin*, un secours annuel sur les revenus des biens desdits émigrés. Le 14 août 1792, un décret, modificatif d'un précédent du 27 juillet, ordonna la vente immédiate des châteaux, édifices et bois non susceptibles de division, et l'aliénation en rente, par petites portions, des terres, vignes et prés. Le 15, les pères, mères, femmes, enfants des émigrés, sont consignés dans leurs municipalités, sous la protection de la loi et la surveillance des officiers municipaux, sans la permission desquels ils ne peuvent en sortir, sous peine d'arrestation. Le 2 septembre, décret qui prononce que les biens des émigrés sont confisqués et acquis à la nation pour lui tenir lieu de l'indemnité réservée par le décret du 30 mars; ordre de vendre les biens, de payer les créanciers inscrits et de verser le surplus dans la caisse du séquestre établi par ce même décret du 30 mars; réserve en faveur des parents dans le besoin, d'une portion des biens de l'émigré, laquelle toutefois ne pourra excéder le quart, en usufruit, pour les pères et mères, en toute propriété pour les enfants. Le 12, les pères et mères dont les fils sont absents sont tenus de justifier, dans le délai de trois semaines, à leurs municipalités, de l'existence en France de leurs fils disparus, de leur mort, ou de leur séjour en pays étranger pour le service de la nation. Les pères et mères qui ont des enfants émigrés doivent fournir l'habillement et la solde de deux hommes par chaque enfant émigré, et en verser la valeur sous quinzaine.

Des détachements d'émigrés avaient suivi les Prussiens en Champagne; mais leur présence n'avait provoqué en France que des sentiments de répulsion, surtout après la publication du manifeste du duc de Brunswick. Un décret du 9 octobre 1792 déclare que les émigrés pris les armes à la main seront mis à mort dans les vingt-quatre heures, et les procès-verbaux d'exécution transmis à la Convention. « Les puissances ennemies (porte ce décret) seront responsables de toute violation du droit des gens qui, par une fausse application du droit de représailles, pourrait être commise par les émigrés français. » Le 12, décret qui ordonne de livrer à l'exécuteur de la justice, pour être brûlé, le guidon pris sur les émigrés. Le 22, le ministre de l'intérieur est autorisé à faire vendre sans délai le mobilier du château des Tuileries, des autres maisons royales, des maisons religieuses et de celles des émigrés. Le 23, tous les émigrés français sont bannis à perpétuité du territoire de la république; ceux qui, au mépris de cette loi, y rentreraient seront punis de mort, sans déroger aux décrets précédents, qui condamnent à la peine de mort les émigrés pris les armes à la main. Il restait à statuer sur ceux qui étaient rentrés, car beaucoup, effrayés du sort qui menaçait leurs familles, et voyant qu'ils allaient être réduits à la misère, quelques-uns, d'ailleurs, regrettant peut-être le parti qu'ils avaient pris, étaient revenus en France, et, ne se montrant pas ouvertement, attendaient le moment de pouvoir le faire avec sécurité. La Convention, d'accord avec son décret du 23 octobre, qui prononçait le bannissement perpétuel de ceux qui étaient hors de France, rend, le 10 novembre, un nouveau décret par lequel elle donne à ceux qui sont rentrés sur le territoire de la patrie un délai de quinze jours pour sortir de France, passé lequel ils seront punis de mort. Nous passons par-dessus plusieurs mesures secondaires, pour arriver au décret du 14 février 1793, qui accorde une récompense de 100 livres à qui découvrira ou fera arrêter toute personne rangée par la loi dans la classe des émigrés ou dans celle des prêtres qui doivent être déportés.

Le 23 du même mois, la Convention fulmine contre les tribunaux qui oseraient connaître des faits d'émigration, et mande à sa barre les juges du tribunal d'Amiens, qui ont concouru à un jugement de cette nature, ainsi que le *directeur du jury*. Le même jour, autre décret qui autorise les directoires de département et de district, ainsi que les corps municipaux, à nommer des commissaires qui, accompagnés de la force publique, se transporteront dans toutes les maisons suspectées de receler des individus mis par la loi dans la classe des émigrés ou des prêtres déportés. Décret du 18 mars, portant que les émigrés et les prêtres déportés qui huitaine après la publication seraient surpris sur le territoire de la république, seront à l'instant conduits en prison, et ceux qui seraient convaincus d'émigration ou qui étaient dans le cas de la déportation, seront punis de mort dans les vingt-quatre heures. La loi du 28 du même mois de mars est un code entier sur l'émigration; il serait impossible d'en rapporter toutes les dispositions. Pour en juger l'effet et la portée, il suffira d'en citer les deux premiers articles : 1° Les émigrés sont bannis à perpétuité du territoire français; *ils sont morts civilement*; leurs biens sont acquis à la république; 2° l'infraction du bannissement prononcé par l'article premier sera punie de mort. Aux termes de cette loi, toutes les successions échues aux émigrés et toutes celles qui leur écherraient dans cinquante ans sont acquises à l'État; il doit être dressé et imprimé une liste générale des émigrés. Cette liste fut faite; elle embrasse plus de 30,000 individus, et existe dans les Archives de l'empire : ce fut un arrêt prononcé contre tous ceux qui y avaient été portés; on avait beau prouver que l'on n'avait pas quitté la France, l'inscription sur la liste était invinciblement opposée. Ce fut une source de vengeances et d'inimitiés particulières.

La loi du 28 mars, en répétant les mots de *bannissement* et de *peine de mort* n'avait fait que consacrer ce qui avait été inséré dans les lois antérieures. On alla plus loin encore: on prononça la peine terrible de la mort civile, avec des aggravations et une rétroactivité d'effets incroyables. Un décret du 26 avril portait que dans aucun cas les émigrés ne devaient être jugés par des jurés, mais par une commission militaire, composée de cinq membres. Un autre décret, du 11 septembre, déclare que les administrateurs qui, *sous quelque prétexte que ce fût*, refuseraient de vendre, et les agents de l'administration des domaines qui, *sous quelque prétexte que ce fût*, refuseraient d'affermer les biens des émigrés, seraient punis de *dix années de fers*. L'art. 18 du décret du 2 septembre 1792 avait attribué aux pères, mères, femmes et enfants d'émigrés, qui seraient reconnus être dans le besoin, une part des biens confisqués; un décret du 13 septembre 1793, intitulé: « Mesure pour accélérer la vente des biens des émigrés, et faciliter aux chefs de famille indigente et aux défenseurs de la patrie les moyens d'en acquérir, » annule cette disposition dans les termes suivants: « L'art. 18, etc., est rapporté; la Convention nationale statuera incessamment sur le sort des pères ou mères, femmes ou enfants des émigrés, *dont le civisme sera reconnu.* » Quant aux autres articles de ce décret, ils ont effectivement pour objet de faciliter le plus possible aux régnicoles pauvres et aux soldats l'acquisition des biens d'émigrés. Il est évident que, dans le but que se proposait la Convention, cette mesure était excellente.

Le 17 frimaire an II, décret qui pose en principe que les biens appartenant aux pères et mères qui ont des enfants émigrés, majeurs ou mineurs, sont séquestrés et mis sous la main de la nation. Pendant le cours de l'an II il y eut une sorte de surséance à la rigueur; mais en l'an III la Convention se réveilla. Le 25 brumaire, nouveau code de l'émigration; le 1er nivôse suivant, décret qui ordonne que les comités de législation, de salut public et des finances réunis, présenteront, sous trois jours pour tout délai, le mode d'exécution de celui du 17 frimaire an II. Le 13, les créanciers des émigrés sont déclarés créanciers directs de l'État. Le 1er floréal est promulguée une loi relative aux créances et droits sur les biens des émigrés. Nous n'entrerons pas dans l'examen de toutes ses dispositions; nous dirons seulement que les femmes et les enfants des émigrés qui avaient des droits à exercer sur les biens de leurs maris ou pères, durent se pourvoir, comme les autres créanciers, pour être payés de même; d'après l'article 59, les biens meubles et immeubles de la communauté devaient être partagés ou vendus, comme les autres biens indivis avec les émigrés. L'art. 93 est tout à fait conforme à l'esprit de cette époque: « Tous biens possédés en indivis avec des émigrés seront mis provisoirement sous le séquestre. » Le 9 du même mois, nouvelle loi, dont nous ne rapporterons que le premier article: « Chaque père, chaque mère d'émigré, chaque aïeul, chaque aïeule et autre ascendant ou ascendante dont un émigré se trouve héritier présomptif et immédiat, comme représentant son père ou sa mère décédé, sera tenu, dans les deux mois de la publication du présent décret, de fournir au directoire de district de son domicile la déclaration de ses biens. »

Ici la Convention s'arrête: elle déclare elle-même qu'elle n'ira pas plus loin. « Au moyen des dispositions ci-dessus, dit-elle (art. 25), toute la législation relative aux familles des émigrés est abolie, et la nation renonce à toutes les successions qui pourraient leur échoir à l'avenir, tant en ligne directe que collatérale, n'entendant recueillir que celles ouvertes jusqu'à ce jour. Après l'exécution du présent décret (art. 26), on ne reconnaîtra plus en France de père, mère, aïeul, aïeule, parent ni parente d'émigrés. » Et en effet, à la suite de l'insuccès de la tentative de débarquement faite, en 1795, à Quiberon, avec l'appui de l'Angleterre, ils avaient renoncé à toute idée de pénétrer désormais par la force des armes sur le territoire français. L'armée de Condé, jusque alors entretenue aux frais de l'Empire germanique, dut se dissoudre à la conclusion du traité de Lunéville, et ses débris se réfugièrent surtout en Russie, où des terres et des secours en argent furent accordés aux plus nécessiteux. Toutefois, le Directoire ne fut pas plus tôt au pouvoir, que grand nombre d'émigrés sollicitèrent et obtinrent l'autorisation de rentrer en France.

Cependant jusqu'au 18 brumaire la législation qui les concernait reçut une exécution plus ou moins rigoureuse, selon le caractère des époques et l'opinion des hommes qui tenaient le pouvoir; la Constitution de l'an VIII fut une transition à un ordre de choses plus doux. L'art. 93 portait: « La nation française déclare qu'en aucun cas elle ne souffrira le retour des Français qui, ayant abandonné leur patrie depuis le 14 juillet 1789, ne sont pas compris dans les exceptions portées aux lois rendues contre les émigrés; elle interdit toute exception nouvelle sur ce point. Les biens des émigrés sont irrévocablement acquis au profit de la république. » C'était une garantie donnée aux hommes politiques que le général Bonaparte venait de renverser; mais après la bataille de Marengo et la paix d'Amiens, le premier consul se crut assez fort pour rompre avec eux, et, par un sénatus-consulte du 6 floréal an X, les émigrés furent amnistiés. Cette amnistie fut accordée sous plusieurs conditions: 1° que les émigrés rentreraient avant le 1er vendémiaire an X, et par les villes qui leur étaient désignées; 2° qu'ils prêteraient serment de fidélité au gouvernement établi par la constitution, et qu'ils resteraient pendant dix ans sous la surveillance spéciale du gouvernement. Ce même sénatus-consulte accordait aux émigrés la remise de leurs biens non vendus autres que les bois et forêts déclarés inaliénables par la loi du 2 nivose an IV, les immeubles affectés à un service public, les droits de propriété sur les grands canaux de navigation, les créances sur le trésor, dont l'extinction s'était opérée par confusion, et il leur était expressément interdit d'attaquer les partages de présuccession, succession et autres actes faits en vertu des lois antérieures. Il y eut plusieurs exceptions à cette amnistie; mais, pour être juste, il faut dire qu'elles étaient nécessaires; le nouveau gouvernement n'avait guère plus de deux ans d'existence, et il ne pouvait pas encore tout braver.

Une grande quantité d'émigrés rentrèrent en France, par suite du sénatus-consulte du 6 floréal an X; le délai qui avait été fixé ne fut considéré que comme une stipulation comminatoire; Bonaparte, devenu empereur, appela près de lui et plaça partout les anciennes familles; mais en général elles ne le considérèrent jamais que comme un *usurpateur*. Les anciens titres étaient abolis; il en créa de nouveaux, que quelques-unes acceptèrent, et tel marquis de l'ancien régime devint comte de l'empire. Ce fut une des conceptions qui firent le plus de tort à l'empereur. La vanité de l'ancienne noblesse était vivement blessée de ne pouvoir se parer publiquement de ses titres, et de voir ce qu'elle appelait des *parvenus* en être revêtus. Il est vrai que dans l'intérieur de leurs hôtels et de leurs châteaux ils s'en dédommageaient; mais enfin le premier rang était occupé par la nouvelle noblesse. C'était une situation que les souvenirs et l'espérance pouvaient seuls adoucir. Cette espérance ne fut pas trompée: la restauration eut lieu, et l'on vit *la queue de l'émigration* rentrer avec l'ancienne dynastie. Ce fut alors l'ancienne noblesse qui fut victorieuse; elle occupa toutes les avenues du trône, et quoique Louis XVIII eût conservé la nouvelle, celle-ci éprouva des humiliations et des dégoûts que le peuple ressentit, parce qu'elle n'avait pas encore eu le temps de s'en détacher tout à fait. Une ordonnance royale du 21 août 1814 statua qu'à dater du jour de la publication de la charte constitutionnelle toutes les inscriptions encore existantes sur les listes d'émigrés, et non encore radiées, seraient considérées comme abolies. Le 5 décembre suivant, une loi fort importante fut rendue. Comme il était impossible de revenir sur tout ce qui avait été consommé sous le régime des lois relatives à l'émigration, on ne pouvait rendre aux anciens propriétaires que les biens non vendus : ce n'était qu'une faible partie des propriétés confisquées; cependant, l'État avait payé les dettes des émigrés, à la vérité soit en assignats, soit par la déchéance; mais enfin la plupart des anciens propriétaires se trouvaient libérés. Si, les considérant en masse, on avait voulu déduire les dettes payées, on n'aurait rien eu à leur remettre; la restitution fut donc pure et simple, et alors il arriva une singulière chose : plusieurs anciens grands seigneurs possédaient de vastes forêts qui avaient été réunies à celles de l'État, et qui n'avaient point été aliénées, les forêts domaniales ayant été déclarées inaliénables par la loi. Ces anciens grands seigneurs retrouvèrent donc leurs forêts en entier, bien aménagées, et en bon état; et comme leurs dettes avaient été payées par le trésor, ils se virent plus riches qu'avant la révolution de 1789. C'était une singulière péripétie, mais ce ne fut, au reste, que l'exception.

Il avait été vendu pour plus de deux milliards de biens d'émigrés. En 1825, alors que M. de Villèle disposait de la majorité des deux chambres, une loi fut rendue qui affectait trente millions de rentes, au capital d'un milliard, à l'*indemnité due par l'État* aux Français dont les biens-fonds avaient été confisqués et aliénés en exécution des lois sur les émigrés, les déportés et les condamnés révolutionnairement. Il faut remarquer que sur le montant des ventes faites nationalement il y avait à déduire, et que l'on déduisit effectivement, les dettes payées par l'État; que, d'un autre côté, beaucoup de familles étaient éteintes : c'est ce qui explique comment un milliard pouvait suffire à cette indemnité. Il avait été stipulé que lorsque les liquidations seraient terminées, la somme qui pourrait rester libre serait employée à réparer les inégalités résultant des bases fixées par la loi pour opérer cette liquidation. C'était une source de faveurs que le gouvernement se réservait; mais cette source fut tarie : la révolution de 1830, tout en respectant l'exécution d'une loi qui avait été profondément impopulaire, fixa cependant un délai, passé lequel il ne serait plus reçu de réclamations, et elle annula la réserve (loi du 5 janvier 1831).

Il était de principe en France autrefois que tout noble se devait corps et biens au service du roi. La révolution n'avait pas tardé à menacer non-seulement la monarchie, dont la noblesse était une partie constitutive, mais encore la personne même du souverain. Les princes, la noblesse, ne trouvant pas d'appui dans la nation pour soutenir la monarchie, allèrent chercher cet appui chez l'étranger; à mesure que la vie du roi fut plus en danger, les émigrés redoublèrent d'efforts pour le sauver, et ces efforts contribuèrent au contraire à sa perte. Au reste, l'émigration elle-même ne tarda peut-être pas à se repentir de la position où elle s'était mise; mais les portes de la France lui étaient fermées, et lorsque sa petite armée, après bien des désastres, après bien des pertes, eut été obligée de se dissoudre, les émigrés traînèrent à l'étranger une existence en général misérable. Les secours qu'ils recevaient, surtout en Angleterre, étaient bien loin de les mettre dans une position qui pût leur faire oublier celle qu'ils avaient perdue; et ce qui prouve qu'aux yeux des émigrés eux-mêmes l'émigration fut une faute, c'est qu'en 1815, non plus qu'en 1830 et en 1848, il n'y a pas eu d'émigration. Sans doute quelques personnes ont suivi à ces trois époques les princes exilés, mais il ne s'est passé rien de semblable à ce qui avait eu lieu lors de notre première révolution.

Si les émigrés de cette époque ont été coupables de porter les armes contre leur pays, pour y établir une forme de gouvernement à laquelle, par un honneur peut-être mal entendu, ils se croyaient obligés de tout sacrifier, il faut dire, d'un autre côté, que la Convention poussa trop loin la rigueur envers eux. Pères, mères, femmes, enfants, tout fut englobé dans la vengeance, et l'on comprend dès lors qu'ils aient cru juste de faire tout pour renverser un gouvernement qui leur déclarait une guerre implacable. On a dit que, dans l'intérêt même du principe qu'ils voulaient défendre, les émigrés n'auraient pas dû quitter la France; cela se peut, mais on ne s'en est aperçu qu'après coup; or, les jugements de cette nature n'ont jamais arrêté la marche des événements, et il était bien difficile à cette époque d'en apprécier toute la portée. P.-A. Coupin.

ÉMILE (Paul). *Voyez* Paul-Émile.

ÉMILIENNE (République). *Voyez* Cisalpine (République.)

ÉMINCÉS, terme de cuisine, qu'on emploie pour désigner des tranches de viandes rôties dont on veut faire un ragoût après les avoir coupées en lames très-minces. Les *émincés de filet de bœuf rôti* doivent s'apprêter avec une sauce piquante. Les *émincés de bœuf bouilli*, relevés par force oignons au roux, prennent le nom de *miroton*; les mauvaises langues prétendent que c'est le grand régal des portières, mais il faut savoir, en ménage, se mettre au-dessus de pareils *cancans*. Les *émincés de mouton* se servent ordinairement sur de la chicorée à la crème; ceux de chevreuil, sur une purée de champignons. Enfin, on donne encore le nom d'*émincés* à des tranches de bœuf et de veau destinées à garnir les *braises*, c'est-à-dire les viandes qu'on veut faire cuire feu dessus, feu dessous.

EMINEH-DAGH. *Voyez* Balkan.

ÉMINENCE, en italien *eminenza*, mot formé du latin *mons, montis*. On entend au propre par ce mot une petite élévation. En topographie c'est également une expression générique, qui sert à désigner toute élévation du terrain au-dessus du niveau du sol; chaque espèce d'*éminence*, selon son caractère particulier, prend un nom qui lui est propre, comme *colline*, *butte*, *montagne*, etc.

En anatomie on donne le nom d'*éminences* aux saillies que présentent nos organes, soit dans l'état de santé, soit dans l'état de maladie. Les *éminences des os* sont appelées *apophyses*.

Éminence pris au figuré indique une grande supériorité, soit de caractère, soit d'intelligence. L'Académie, qui n'admet pas cette acception, dit pourtant à l'article *Éminent* que ce qualificatif « signifie figurément *excellent et surpassant tous les autres* ». Saint-Prosper jeune.

ÉMINENCE, titre d'honneur réservé jadis aux cardinaux, aux trois électeurs ecclésiastiques de l'Empire et au grand-maître de l'ordre de Malte, en vertu d'une bulle d'Urbain VIII, qui ne remonte qu'à l'année 1630. Cette bulle défend aux archevêques, évêques, patriarches, et à tous les dignitaires de l'Église d'oser prendre la qualification d'*éminence*, sous peine de mériter l'indignation pontificale, et d'être déclarés indignes d'exercer aucune fonction sacerdotale. C'était dépouiller les évêques en possession de ce titre depuis le sixième siècle, où il leur avait été accordé par Grégoire le Grand. Cette dénomination avait longtemps aussi appartenu aux empereurs et aux rois de France, et ce fut peut-être ce souvenir qui poussa les cardinaux à s'en revêtir exclusivement. La révolution française, débordant de toutes parts, renversa les électeurs, et, voguant en Égypte, anéantit, en passant, Malte et ses chevaliers. Abattue à son tour, Rome s'est relevée, et les cardinaux seuls jouissent aujourd'hui du droit de se faire traiter d'*éminence*. Saint-Prosper jeune.

ÉMIR, mot arabe qui répond à notre mot *prince*; c'est en Orient et dans le nord de l'Afrique que ce titre se donne, et aux chefs des tribus restées indépendantes, et aux descendants réels ou prétendus de Mahomet (par sa fille *Fatime*). Le nombre de ces émirs est si considérable dans l'empire othoman qu'on l'évalue à la trentième partie de la nation. Confondus dans tous les ordres de l'État, on en trouve même parmi les mendiants. A la vérité, plusieurs s'arrogent le titre d'*émir* sans en avoir le droit, sans pouvoir prouver l'authenticité de leur noble extraction, mais aussi sans qu'il soit facile de démontrer leur imposture, parce qu'il n'y a point de généalogistes chez les musulmans. Mais si les faux *émirs* sont soupçonnés et dénoncés, leur irréligieuse audace est sévèrement punie. On les signale dans le quartier qu'ils habitent, on leur fait subir une amende honorable et une détention rigoureuse, jusqu'à ce qu'ils aient témoigné un sincère repentir. Ceux qui sont *émirs* par leur mère sont plus estimés que ceux qui le sont du chef de leur père; mais les émirs qui tirent leur noblesse des deux côtés jouissent d'une plus grande considération. Au reste, les prérogatives des émirs, tant hommes que femmes, se bornent à peu près au droit exclusif de porter des turbans verts, la couleur favorite de Mahomet. Cette marque distinctive suffit pour leur concilier le respect général, et à certains égards la protection spéciale et les faveurs du gouvernement; ce qui n'empêche pas qu'ils ne puissent être condamnés à des peines afflictives. Le seul honneur qu'on leur fasse en pareil cas, c'est de leur ôter préalablement leur turban, qu'ils ne reprennent qu'après la correction. Les *émirs* forment, avec les oulémas, le premier des quatre ordres de l'État en Turquie, et lorsqu'il s'en trouve dans les divans et les tribunaux, ils sont toujours admis les premiers à l'audience. Un domestique qui est *émir* ne peut porter le turban vert, qu'il dégraderait par ses fonctions serviles, et qui affaiblirait l'autorité de son maître Mais, d'autre part, les *émirs* qui sont ministres, généraux ou pachas, se dispensent par modestie, surtout dans les cérémonies publiques, de porter le turban vert. Le grand-vizir et le moufty même, s'ils sont émirs, ne le portent jamais, de peur d'offusquer le sulthan, qui n'a pas droit à cet honneur, n'étant point de la race de Mahomet.

Le titre d'*émir* indique aussi l'autorité temporelle, et répond alors à ceux de *mélik* et de *sulthan* (roi, monarque, souverain). Il est même plus ancien, et les premiers princes musulmans qui se rendirent indépendants, sans se soustraire aux hommages dûs à la dignité sacerdotale des khalifes, prirent seulement le tire d'*émir*. Tels furent en Perse les Thahérides, les Samanides, etc.; en Égypte, les Thoulounides, et en Espagne les sept premiers princes Ommiades, qui occupèrent le trône de Cordoue. Les khalifes eux-mêmes, tant ceux de Médine, de Damas et de Bagdad, que d'Égypte, d'Espagne et d'Afrique, prenaient le titre d'*émir-al-moumenin* (prince des fidèles, commandeur des croyants) : c'était leur qualification la plus imposante et la plus significative. Ce fut Omar qui le premier se fit honneur de la porter. Quelques monarques africains de Maroc, de Tunis, s'intitulaient *émir-al-mouslémin* (prince des musulmans) et *émir-al-mowahedin* (prince des adorateurs de l'unité). Les deux premiers de ces titres ont été défigurés par les historiens espagnols, par les auteurs du moyen âge et par leurs traducteurs, sous le nom ridicule de *miramolin*.

Il y a encore des *émirs* en Syrie, tel que celui des Druses, ainsi qu'en Arabie, en Afrique, qui sont souverains, mais tributaires du grand-seigneur, ou du vice-roi d'Égypte, ou du roi de Maroc, ou du bey de Tunis. Dans notre colonie d'Alger, Abd-el-Kader, qui était d'abord notre allié sous le titre de *chéikh*, prit ensuite celui d'*émir*, quand nous lui eûmes fourni les moyens d'être notre ennemi.

Le pluriel d'*émir* est *omara* ou *omrah*. De là vinrent le titre et la dignité d'*émir-al-omrah* (émir des émirs, prince des princes) que les khalifes de Bagdad, à l'époque de leur décadence, instituèrent en faveur d'un ministre, qui, étant tout à la fois chef des conseils et des armées, devint plus puissant que son maître, et acheva d'avilir et d'affaiblir le khalifat.

Le mot *émir* entre dans la composition de plusieurs autres noms de dignités : l'*émir-akhor* (prince des écuries) est le grand-écuyer; l'*émir-alem* (prince des étendards), porte-enseigne, est un des grands dignitaires de l'empire othoman. L'*émir-bazar* est le surintendant des marchés. Mais de toutes les dignités auxquelles est attaché le mot d'*émir*, la plus honorable, la plus respectée chez tous les peuples musulmans, c'est celle d'*émir-hadjy* ou *émir-el-hadji* (chef ou prince des pèlerins). Abou-Bekr, beau-père et successeur de Mahomet, est le premier qui ait porté le titre d'émir-el-hadji, et qui en ait rempli les fonctions. Chaque caravane de pèlerins qui vont visiter la Mecque ou Jérusalem a son *emir-el-hadji*, chargé non-seulement de la protéger pendant le voyage contre les Arabes du désert, mais de conclure avec eux des marchés pour le transport des marchandises et des hommes, et pour la nourriture des pèlerins et des bêtes de somme. H. AUDIFFRET.

ÉMISSAIRE, mot qui signifie au propre ce qu'on émet, ou celui qui émet. Les Romains distinguaient ces deux termes : *emissarium*, endroit par où l'eau s'écoule; et *emissarius*, agent qu'on envoie à la découverte, à la recherche, etc. Dans le premier cas, ils disaient et l'on dit encore l'*émissaire* ou canal d'écoulement souterrain du lac Fucin. On appelait également *canal émissaire* la voie par laquelle les disciples de Pythagore croyaient qu'un objet lance au loin des particules de sa propre substance qui se dirigeant vers l'œil de l'observateur. C'est dans le sens *d'emissarius* qu'on a rendu le mot hébreu *hazazel* par bouc émissaire, mot qui se trouve dans le *Lévitique*, et qui est devenu proverbial pour désigner un homme sur lequel on fait retomber tous les torts, toutes les fautes des autres.

Émissaire en général désigne, au masculin et au féminin, une personne affidée et adroite qu'on envoie sourdement sonder les sentiments d'autrui, lui faire quelque proposition, lui donner des conseils, celui qui fait courir des bruits, qui épie les actions et la contenance d'un ennemi, d'un parti contraire, pour tirer avantage de toutes ces choses; en latin, *explorator, emissarius*. Les chefs de parti ont toujours quelques émissaires qui s'emploient pour leurs intérêts, et qui leur rapportent tout ce qui se passe dans le monde pour qu'ils puissent là-dessus prendre leurs mesures.

Selon Roubaud, *émissaire* indique celui qui est chargé d'une commission. Il diffère de l'*envoyé* et de l'*ambassadeur* en ce que ces derniers ont une mission publique et avouée, tandis que l'émissaire est sans pouvoir apparent. Son métier est de répandre des bruits, de fausses alarmes, de suggérer, de soulever: aussi ce mot n'est-il pris qu'en mauvaise part. C'est par des émissaires qu'on gagne un camp, une ville, une contrée; c'est par des *émissaires* qu'on tâte, qu'on sonde la disposition des esprits; leur occupation est de machiner. Agents actifs d'un complot, ils en ignorent souvent la profondeur; ils ne sont que subalternes. L'habileté de celui qui les emploie consiste à les bien choisir et à ne jamais compromettre ses projets, alors même que ses émissaires ne réussiraient pas. L'*émissaire* est quelque peu parent de l'*espion*. Cependant, il y a entre eux certaines différences : l'*émissaire* doit avoir le talent de l'*à-propos*; il se montre et parle. L'*espion* n'a besoin que de voir; il se cache et se tait. L'*émissaire* sème. Les événements qu'il a préparés sont la réponse à ses commettants. L'*espion* vient recueillir; il emporte furtivement ce qu'il trouve, et se met en rapport avec celui qui l'emploie. Celui qui veut fomenter se sert d'*émissaires*, celui qui veut savoir se sert d'*espions*. Au demeurant, ils sont aussi méprisables l'un que l'autre; entre leur métier et tout autre la probité ne balance jamais. A Sparte, le métier d'*espion* n'était pas considéré comme vil : c'était un dévouement que l'on enseignait aux enfants, mais il était gratuit. Les Spartiates ne connaissaient pas les *émissaires*. Ed. LEMOINE.

ÉMISSION (du latin *e*, de, et *mittere*, envoyer, lancer). En physique, l'application de ce mot est restreinte au mode suivant lequel Newton a supposé que la lumière se manifeste, en projetant dans tous les sens des molécules d'une ténuité extrême qui se meuvent en ligne droite pour arriver jusqu'à l'organe de la vue; aujourd'hui encore les physiciens sont partagés entre la théorie de l'émission et celle de l'ondulation, hypothèses qui toutes deux expliquent les phénomènes lumineux.

Le mot *émission*, en économie politique, ou plutôt en style de finance, appliqué à la monnaie ou au papier-monnaie, tel qu'assignats, billets de banque, actions, coupons de rentes, etc,, indique la *création* et la *mise en circulation* d'une certaine quantité de ces signes représentatifs de la richesse publique. Faire une *émission de rentes, d'obligations*, etc., c'est *créer* et *mettre en circulation* des titres ou effets garantissant le capital prêté à l'État, à une commune, à une compagnie, etc., et l'intérêt de ce capital. L'émission est dite faite *au pair* quand le prêteur donne en échange du titre qu'il reçoit la somme que ce titre représente. Mais il est rare qu'il en soit ainsi : depuis 1815, les emprunts publics effectués en France n'ont donné ce résultat qu'en 1832 et en 1837. Dans la plupart des cas, l'État n'a reçu au lieu de la *valeur nominale* de ses coupons que des sommes variables suivant le degré de confiance qu'inspirait le gouvernement au moment de l'émission des titres. Ainsi, en mai et juin 1815 l'État donnait un titre de 100 francs rapportant 5 p. 100 pour 51 fr. 23 c.; le 12 janvier 1830 le même titre à 4 p. 100 était émis à 102 fr. 07. Les actions industrielles, celles des chemins de fer, des canaux, etc., donnent lieu aux mêmes remarques.

On nomme *émission de voix* l'acte par lequel on produit au dehors un son de l'organe vocal, et le produit de cet acte, considéré abstractivement de sa *tonalité*, dont le plus ou le moins d'*élévation* constitue l'*intonation*. Ainsi, l'*émission de voix* est la base et l'acte préalable de toutes les opérations dont la voix est le mobile.

Enfin, en terme de jurisprudence canonique, l'*émission des vœux* est leur prononciation solennelle. C'est de ce moment que comptait autrefois la mort civile de celui qui prenait l'habit religieux.

EMMAGASINEMENT, EMMAGASINER. C'est mettre dans un magasin ou en magasin diverses marchandises, c'est préparer un approvisionnement dont on peut avoir besoin plus tard, et mettre à l'abri les objets destinés à la vente de toutes les avaries qu'ils éprouveraient par le contact de l'humidité, de la pluie ou d'une trop grande sécheresse, ou enfin de tous les accidents qui arrivent lorsque des marchandises se trouvent sur la voie publique.

Beaucoup de particuliers donnent à loyer des magasins pour les objets à emmagasiner : on leur paye un *droit d'emmagasinage*. Les villes et le gouvernement lui-même construisent à grands frais des édifices entiers pour satisfaire les besoins du commerce et de l'industrie. Les établissements de *douanes*, les *entrepôts*, les *docks*, ne sont autre chose que des lieux où l'on *emmagasine*, en se conformant à certaines règles, en payant certains droits.

EMMANUEL (de deux mots hébreux, *imanou*, avec nous, et *el*, Dieu : *Dieu avec nous*). Isaïe emploie ce terme au quatorzième verset de son septième chapitre : « Voici, dit-il, qu'une vierge concevra et qu'elle enfantera un fils, dont le nom sera *Emmanuel*. » Les écrivains israélites antérieurs à la dernière dispersion de ce peuple n'ont pas hésité à reconnaître dans ce passage la désignation prophétique du Messie, et les chrétiens ont adopté cette interprétation, parfaitement conforme au sens de ce qui suit ce verset et de ce qui le précède : cette explication s'applique on ne peut mieux à la personne de Jésus-Christ. C'est effectivement d'Emmanuel que parle Isaïe depuis et y compris son septième chapitre jusqu'à son chapitre onzième inclusivement : or, de tous les traits par lesquels il caractérise ce personnage, il n'en est aucun qui ne convienne au fils de Joseph et de Marie; il n'en est même pas un seul qui se puisse rapporter à d'autres qu'à lui. Ainsi, au sixième verset du chapitre neuvième, Emmanuel est appelé *le Dieu fort, le père du siècle futur* : « Un petit enfant nous est né, et il nous a été donné un fils, et l'insigne de sa souveraineté a reposé sur son épaule (la croix); et il aura nom l'admirable, le conseiller, le Dieu fort, le père du siècle futur, le prince de la paix. » Il n'est pas ici une seule expression qui ne s'adapte à Jésus-Christ. Si nous nous arrêtons au premier verset du chapitre onzième, nous y lirons : « Il sortira un rejeton du trône de Jessé; l'esprit de Dieu se reposera sur lui, etc. » Les Juifs eux-mêmes conviennent que c'est au Messie que se rapportent ces paroles. Par là sont réfutées toutes les interprétations qu'ils ont tenté d'opposer à celles des chrétiens; par là il est démontré qu'Isaïe n'a entendu parler ni de son propre fils, qui devait se nommer *Maher-Schalal*, et non pas Emmanuel, ni du fils d'Ézéchias, auquel ne convenait aucun des magnifiques éloges décernés à Emmanuel par le prophète.

A. Fresse-Montval.

EMMANUEL LE GRAND ou *le Fortuné*, fils de Ferdinand, duc de Viseu, et de Béatrix, fille de Jean, grand-maître de Saint-Jacques, né le 3 mai 1469, remplaça, en 1495, sur le trône de Portugal, le roi Jean II, son cousin, qui, mort sans héritier légitime, l'avait déclaré son successeur. Presque aussitôt après son avénement, il promulgua une loi pour bannir de ses États tous les juifs. Ceux qui restèrent en embrassant le christianisme furent appelés par mépris *nouveaux chrétiens*, et exclus de toutes charges ecclésiastiques et civiles. Emmanuel, marchant sur les traces de ses prédécesseurs, mit plusieurs fois des vaisseaux en mer pour faire des découvertes et des conquêtes dans les pays inconnus. En 1497, Vasco de Gama doubla pour la première fois le cap de Bonne-Espérance. En 1500, Alvarez Cabral découvrit le Brésil. Emmanuel, attentif à profiter des occasions d'agrandir ses États et d'en étendre le commerce, ne négligeait pas les intérêts du catholicisme, auquel il était entièrement devoué. Sur les flottes qu'il envoyait en Asie, il embarquait des missionnaires pour convertir à la foi les peuples qu'elles découvriraient. Là ne s'arrêta pas son zèle : il voyait avec peine la dépravation du clergé de Portugal et d'Espagne. Il écrivit, l'an 1499, de concert avec Ferdinand le Catholique, au pape Alexandre VI pour lui en demander la réformation. Alexandre VI ne fit que des promesses.

Les Vénitiens, voyant le commerce d'épiceries, qu'ils allaient faire en Égypte, diminuer depuis les navigations des Portugais, excitèrent contre eux, vers l'an 1504, Kansou-Algouri, sultan de cette contrée, qui se ligua avec le roi de Calicut, ennemi des Portugais. Lopez Suarez, un de leurs amiraux, prit la ville de Cananore, dont il brûla une partie et épargna l'autre, à cause des chrétiens qui l'habitaient. L'an 1506, François d'Alméida, vice-roi, forma dans les Indes de nouveaux établissements. La distinction des anciens et des nouveaux chrétiens, établie en Portugal, occasionna la même année dans ce royaume une violente sédition, que le monarque ne put apaiser qu'en promettant de détruire la cause qui l'avait produite. Aussi révoqua-t-il, en 1507, la loi qui établissait cette odieuse distinction, par un édit dans lequel il promettait de ne plus mettre désormais de différence entre les juifs convertis et les autres fidèles, et d'admettre les uns comme les autres à toutes les charges et emplois civils et ecclésiastiques. En même temps, les conquêtes de la nation continuaient dans les Indes orientales au nom d'Emmanuel (*voyez* Albuquerque, etc.). Ce prince, en étendant au loin le commerce de ses États, et en travaillant à les enrichir, s'occupait en même temps des affaires de l'Église en Europe. Il écrivit, le 21 avril 1521, une lettre très-forte à Frédéric le Sage, électeur de Saxe, pour l'exhorter à se défaire de Luther comme d'une peste publique. La même année, il mourut d'une maladie épidémique à Lisbonne, le 13 décembre, et fut inhumé dans le monastère de Belem, qu'il avait fait bâtir. Il avait été marié trois fois, en dernier lieu à Éléonore d'Autriche, sœur de Charles-Quint, qui épousa en secondes noces François Ier, roi de France.

Le règne d'Emmanuel est célèbre par les grandes actions de ce prince, qui doit être regardé comme un des meilleurs rois qui aient porté le sceptre de Portugal, et par les exploits des Portugais en Asie, en Afrique et dans les Indes, ce qui a fait considérer son époque comme l'âge d'or de la nation. On voit dans le sceau de ce prince son écusson surmonté d'une sphère, symbole de son amour pour l'astronomie, et des découvertes que les Portugais firent sous son règne dans les pays éloignés. Il cultivait les lettres, et on assure qu'il avait composé une *Histoire des Indes*, dont on a conservé des fragments. La seule guerre qu'il eut à soutenir (indépendamment des expéditions de l'Inde) fut contre les Maures d'Afrique. Dans une circonstance difficile, il voulut se mettre à la tête de l'armée, mais son conseil l'en empêcha. Aug. SAVAGNER.

EMMAÜS, bourg de Judée qui, au rapport de la Bible (S. Luc, XXIV, 13) et de Josèphe, était situé à soixante stades, ou environ 11 kilomètres, de Jérusalem. Sur le chemin qui y conduisait, Jésus ressuscité apparut à deux de ses disciples, qui, suivant la version la plus accréditée, faisaient partie des Septante, et leur adressa la parole, sans que d'abord ceux-ci le reconnussent.

Le livre des Machabées fait mention d'un autre *Emmaüs*, situé à cent soixante-seize stades de Jérusalem, et qui plus tard, après avoir été brûlé par Quintilius Varus, gouverneur de Syrie, fut réédifié par Vespasien, et reçut le nom de Nicopolis.

EMMÉNAGEMENT, EMMÉNAGER, action de ranger des meubles dans un nouveau logement.

Dans la construction navale, on désigne par ce terme tous les logements et compartiments pratiqués dans l'intérieur des navires à l'aide de planchers et de cloisons.

Un auteur grec nous a transmis la description d'un navire εἰκόσορος, ou à vingt rangs de rames, d'Hiéron. « L'intérieur, dit-il, était divisé en trois étages, à partir du fond de la cale, avec trois corridors pour le dégagement des pièces de chaque étage. On y communiquait par un grand nombre d'escaliers. L'étage du bas servait pour les provisions, celui du milieu pour les appartements, celui du haut pour les soldats et pour les armes. Le corridor de l'étage du milieu conduisait d'un côté à 30 chambres à 4 lits, de l'autre à 15 chambres pour les matelots. Aux extrémités, il y avait 3 salles à manger à 3 lits, et une cuisine du côté de la poupe. Le pavé de ces salles était en mosaïque représentant toute l'*Iliade* d'Homère; les plafonds, les portes et les lambris, travaillés avec beaucoup de perfection; à l'étage supérieur un gymnase, avec des portiques proportionnés à la grandeur du navire; autour, des jardins agréablement distribués et garnis de toutes sortes de plantes. On y voyait des berceaux et des cabinets de treillage, couverts de vigne et de lierre blanc, dont les racines plongeaient dans des tonneaux remplis de terre. A l'extrémité, on admirait un édifice consacré à Vénus, qui renfermait une chambre à 3 lits, avec pavillons formés de compartiments d'agates et de belles pierres précieuses venues de Sicile. Les lambris et les plafonds étaient en bois de cyprès, les portes en cèdre, incrusté d'ivoire, et le surplus orné de peintures, de vases et de statues. Il y avait encore un édifice, appelé σχολαστήριον, qui contenait une salle de repos à 5 lits, une bibliothèque et une salle de bain : les lambris et les portes étaient en buis. Au sommet du fronton, on avait posé une espèce de cadran solaire appelé *pôle*, à l'imitation de celui qui est à l'Achradine. On remarquait dans la salle de bain trois chaudières d'airain, et une cuve d'une seule pièce en pierre tauroménite, qui pouvait contenir 5 métrètes d'eau (150 litres). On y avait aussi construit des logements pour les cavaliers, pour leurs palefreniers, et 10 écuries séparées et placées de chaque bord, avec des greniers à fourrages et des magasins pour les vivres des maîtres et des valets. Du côté de la poupe régnait un grand réservoir qui contenait 2,000 métrètes d'eau (1,752 ⅗ pieds cubes). Ce réservoir était formé de planches revêtues de toiles enduites de poix. Auprès, on voyait un vivier, doublé de lames de plomb, et rempli d'eau de mer, dans lequel on nourrissait beaucoup de poissons. Les fours, les moulins, les cuisines, les bûchers, et autres constructions à l'usage de ceux qui préparaient les vivres, étaient en dehors, sur des pièces de bois en saillie, espacées à peu de distance les unes des autres. L'intérieur du navire avait pour décoration des figures d'Atlas, de six coudées de haut, placées à des distances égales, afin de soutenir les saillies des planchers supérieurs. Les espaces entre ces figures laissaient trois ouvertures pour le passage des rames. Le surplus était orné de peintures curieuses. »

Nous venons de décrire le palais flottant d'un roi. Pour trouver de nos jours quelque chose qui rappelât l'idée, même affaiblie, de tant d'élégance et de luxe, il faudrait nous transporter à bord des plus brillants paquebots américains : là, les spéculations commerciales ont mis à contribution toutes les industries pour décorer de glaces, de cristaux, de cuivre doré, de meubles en bois d'acajou, leurs hôtels garnis ambulants. L'Angleterre peut-être pourrait nous offrir des bâtiments dignes d'être cités après la célèbre galère du roi de Syracuse : l'esprit de cette nation est éminemment maritime, et son gouvernement favorise toutes les institutions qui tendent à mettre la marine en honneur. Il s'y est formé, sous le nom de *compagnie de plaisance*, une association de riches particuliers qui luttent de zèle et de dépenses pour obtenir de la construction navale des navires plus vites à la course et plus commodément *emménagés*. Habitués aux dangers de la mer, ils font en se promenant de longues campagnes maritimes sur leurs propres navires, où ils réunissent tout ce que le *comfort* anglais ménage de plus agréable à la vie intérieure. En montant à bord de quelques-uns de ces yachts de plaisance, il est difficile de retenir un mouvement d'admiration. Ce n'est point à nos compagnies françaises qu'il faut demander de pareilles merveilles : le Havre et la vanité bordelaise elle-même ne nous ont rien fourni de comparable. Que dire des navires de guerre? Nos plus belles frégates ne sont que des casernes, où l'on ne trouve que ce que la sévérité militaire ne peut refuser. Ainsi que la galère d'Hiéron, nos frégates ont trois étages : la cale, dont nous avons déjà indiqué la distribution; le faux-pont, où sont les logements des officiers et des maîtres, et les crocs auxquels on suspend les hamacs des matelots; et encore ces logements d'officiers, qu'on décore du nom de *chambres*, ne sont que des cabanes où la grossièreté du travail et la mauvaise disposition des ouvertures par où pénètrent l'air et la lumière attestent assez l'incurie ou l'insouciance de l'ingénieur, qui n'est pas appelé à y établir sa demeure. Le troisième étage est la batterie, avec ses noirs canons dans toute sa longueur; et vers l'arrière, le logement du commandant : c'est le seul point du bâtiment où l'on remarque quelque recherche. Comme dans les galères antiques, le pont supérieur est destiné au combat et à la manœuvre.

Depuis quelques années, cependant, il faut le dire, on a fait aux emménagements des bâtiments de guerre quelques modifications qui en rendent le séjour beaucoup plus supportable : les chambres et le faux-pont, dans toute son étendue, peuvent aujourd'hui recevoir l'air extérieur à l'aide de trous cylindriques pratiqués dans l'épaisseur de la muraille; d'autres dispositions ont aussi rendu la propreté plus facile à entretenir, et la santé des équipages s'en est ressentie. Les premiers qui introduisirent ces améliorations furent cités comme des officiers de mérite; d'autres vinrent ensuite qui, ne trouvant rien à faire dans les loisirs de la paix, voulurent pourtant être distingués à tout prix, et firent de véritables tours de force. Tel conquit une réputation en escamotant un canon tout entier sous un meuble de toilette; tel autre, pour avoir donné une apparence plus élégante à son navire, en se privant d'une partie des vivres ou autres objets nécessaires à la navigation; et l'on poussa si loin ce travers qu'un jour le ministre de la marine fut obligé de nommer une commission pour s'enquérir des raisons qui empêchaient les vaisseaux de ligne d'embarquer, comme par le passé, une provision de quatre mois d'eau, alors que son emmagasinage dans des caisses en tôle la rendait si peu encombrante.

Théogène Page, capitaine de vaisseau.

EMMÉNAGOGUES (de ἔμμηνα, menstrues, et ἄγω, je pousse, j'excite). On donne ce nom aux médicaments propres à provoquer chez les femmes l'écoulement du flux menstruel, et à combattre l'aménorrhée. Les principaux emménagognes sont l'armoise, le safran, la rue et la sabine. Ce deux dernières substances ont une action très-énergique, et ont été employées plus d'une fois dans une intention criminelle; elles ne doivent donc être prescrites qu'avec la plus grande circonspection, et produisent souvent de graves accidents (*voyez* Avortement).

EMMENTHAL. *Voyez* Berne (Canton de).

ÉMOLLIENT (en latin *emolliens*, fait du verbe *emollire*, amollir). En thérapeutique, on désigne par cette épithète certains médicaments qui, en relâchant le tissu des organes internes ou externes avec lesquels on les met en contact, diminuent leur tonicité et émoussent leur sensibilité. Outre l'effet local qu'ils produiseut, ils finissent par étendre leur action à toute l'économie au moyen des sympathies qu'ils mettent en jeu, et surtout en raison de l'absorption de l'eau qui leur est presque toujours associée en grande quantité: aussi ce liquide doit-il être considéré comme possédant au plus haut degré la propriété émolliente. Ceux de ces médicaments qu'on met le plus ordinairement en usage sont les gommes arabique et adragant, la guimauve, la mauve, la graine de lin, les diverses fécules, les fruits sucrés, la gélatine, les sucs huileux, végétaux et animaux, etc.

P.-L. Cottereau.

ÉMOLUMENT. On appelle ainsi les profits casuels que les magistrats et officiers publics reçoivent de leurs fonctions, le salaire que la loi attribue aux notaires, aux officiers ministériels, pour les actes de leur ministère. Les émoluments sont fixés par un tarif de frais et dépens en matière judiciaire : il est défendu d'exiger de plus forts droits que ceux énoncés en ce tarif, à peine de restitution, dommages et intérêts et d'interdiction, s'il y a lieu, contre ceux qui les ont reçus. Les fonctionnaires et officiers publics qui ont perçu ou exigé ce qu'ils savaient ne leur être pas dû se rendent coupables du crime de concussion.

ÉMONDER (de *mundare*, nettoyer). *Émonder un arbre*, c'est le débarrasser des branches mortes, de la mousse, des lichens, ou même des parties vivantes qui le défigurent. On émonde les arbres fruitiers en plein vent, ceux qui forment les massifs des jardins, les allées et les charmilles. On voit souvent des arbres frappés d'une vieillesse prématurée et condamnés à la stérilité, reprendre de la vigueur et porter des fruits abondants après avoir été émondés et rajeunis (*voyez* Ébranchement et Élagage). P Gaubert.

ÉMORITES. *Voyez* Amorites.

ÉMOTION. Ce phénomène de la sensibilité ne serait pas suffisamment défini si on se bornait à le présenter comme l'état où se trouve l'âme quand elle est envahie par un vif sentiment de plaisir ou de peine. Ce qui caractérise essentiellement l'émotion, ce qui la détermine comme fait particulier et *sui generis*, ce qui lui assigne une place distincte parmi les autres phénomènes affectifs, c'est le fait physiologique qui l'accompagne, ou, si l'on veut, qui naît à sa suite. Ce fait consiste dans une secousse intérieure, un ébranlement nerveux, un mouvement remarquable dans l'organe du cœur. En effet, quelle que fût l'intensité du sentiment qui se manifeste dans l'âme, si ce sentiment n'était point accompagné du phénomène organique dont nous venons de parler, on n'aurait pas le droit de l'appeler *émotion*. C'est même ce qui se passe alors dans l'organisme qui a fait nommer ainsi cette sorte de sentiment. *Émotion* vient d'*emovere*, ébranler, faire sortir violemment de..., car il semble alors que le cœur, fortement agité, soit près de se déplacer par les secousses qu'il éprouve. Ainsi, le fait physiologique ne peut être séparé du fait psychologique, si l'on veut qu'il y ait émotion; de cette sorte que l'émotion semble un phénomène complexe, c'est-à-dire à la fois physique et moral, une affection vive de l'âme, accompagnée d'une agitation plus ou moins vive dans les régions du cœur. Voilà sa vraie définition. Toutefois, quelle que soit ici la part de l'organisme, elle n'est pas la plus importante, car le fait organique n'est que la suite, le résultat de l'affection morale, et le psychologiste n'en tient compte que parce qu'il sert à la caractériser, et qu'il est l'infaillible symptôme auquel on doit la reconnaître : l'affection morale joue le rôle principal dans l'émotion, elle en est l'élément constitutif, et c'est sous ce point de vue seulement que ce phénomène est intéressant à considérer.

Comme les sentiments qui donnent lieu aux émotions sont de deux sortes, les sentiments de peine ou de plaisir, il y a aussi deux sortes principales d'émotions, les *émotions agréables* et les *émotions pénibles*. Les sentiments les plus propres à faire naître les émotions agréables sont : l'espoir succédant subitement à la crainte, la joie causée par quelque bien inattendu, par une heureuse nouvelle, par une découverte inespérée; les plaisirs du cœur, comme les épanchements de l'amitié ou de l'amour, la vive satisfaction de la conscience à la suite d'une bonne action, le sentiment religieux porté à un certain degré d'exaltation, les sentiments excités par les sons de la musique, qui sait remuer les passions en leur empruntant leur langage; enfin, l'admiration causée par les beautés de la nature, par les chefs-d'œuvre de l'art, ou encore par la vue d'une belle action, d'un héroïque dévouement. Si après une longue absence vous vous retrouvez dans les bras d'un ami, vous éprouvez alors de *touchantes* émotions. En présence des tableaux frais et riants que la nature déploie à vos regards, c'est une émotion *délicieuse, pleine de charmes*, qui fait battre votre cœur. Pénétrez-vous sous les voûtes d'une forêt ou d'un temple antique, dont la majestueuse élévation, le demi-jour, le silence, vous révèlent la Divinité et sa grandeur empreinte dans ces œuvres imposantes, vous ne pouvez alors vous défendre d'une *profonde* émotion.

En envisageant les *émotions agréables* sous le point de vue de leur plus ou moins de force, on en distinguera deux sortes principales : les *émotions douces*, celles qui caressent et chatouillent l'âme pour ainsi dire, sans l'ébranler fortement, comme celles qu'on goûte à la vue d'un site gracieux, ou à la suite d'une bonne action accomplie, ou dans les épanchements du cœur; et les *émotions vives*, celles qu'on peut ressentir en recevant inopinément une nouvelle qui nous comble de joie. Les émotions vives causées par un bonheur inespéré acquièrent parfois un tel degré de force qu'elles portent le trouble dans tous les organes, arrachent des larmes, et peuvent amener l'évanouissement. On les qualifie alors de *violentes*. Les émotions de cette nature peuvent devenir funestes à ceux qui les ressentent, témoin ce père qui mourut en embrassant son fils qu'il venait de voir couronner dans les jeux de la Grèce. Il est à remarquer que les émotions qui ont le plus de prix sont les émotions douces qui naissent de la contemplation des œuvres du Créateur, ou de la satisfaction de la conscience, soit parce que les émotions trop vives fatiguent l'âme et ne peuvent se prolonger ou se renouveler autant, soit parce que l'objet des émotions douces a lui-même plus de droits à nos sympathies.

Les sentiments qui donnent naissance aux *émotions pénibles* sont : la crainte causée par un danger ou un malheur imminent; l'effroi qu'inspire un horrible spectacle; la douleur qu'on ressent de la perte d'un bien qui vient à nous être enlevé tout à coup; la pitié que nous éprouvons à la vue de cruelles infortunes; enfin, l'indignation qu'excite en nous l'aspect de l'injustice et du crime. Les émotions de cette nature ont, comme les émotions agréables, leurs degrés et leur variétés. Elles sont ou simplement *pénibles*, comme celles que causera le spectacle d'une nature triste et désolée; ou *cruelles* et *déchirantes*, comme lorsque nous avons à déplorer la perte d'une personne qui nous est chère; ou *terribles*, *atroces*, comme celles du malheureux qui voit tout à coup se lever sur lui l'affreux instrument du trépas.

Il y a dans les émotions pénibles un fait singulièrement remarquable et d'un haut intérêt pour le psychologiste, c'est que, toutes pénibles qu'elles sont, l'âme y trouve parfois du plaisir, et même un plaisir si grand qu'il peut devenir pour elle l'objet des plus vifs désirs. Les sources auxquelles l'homme va puiser le plaisir sont si nombreuses qu'il peut tirer ses jouissances même de la douleur; c'est là une loi du principe affectif, loi étrange, mais dont l'existence est incontestable. Ainsi, le jeu n'a tant d'attraits pour les hommes possédés de cette passion funeste que parce qu'il procure à l'âme de violentes émotions; car ce n'est pas à posséder de l'or que le joueur aspire autant qu'à sentir en lui cette lutte de crainte et d'espérance qui déchire le cœur. Pourquoi la multitude se presse-t-elle autour des échafauds, si ce n'est parce qu'elle trouve du plaisir dans de pénibles émotions? Bien des gens aiment à affronter les dangers, à mener une vie aventureuse, semée de maux, de combats et d'obstacles, non point pour les périls et les combats eux-mêmes, mais pour les émotions qu'ils font naître. En quoi consiste l'intérêt d'un poëme, d'un drame, si ce n'est dans les émotions pénibles que le poëte sait exciter dans l'âme du lecteur ou du spectateur, en éveillant les sentiments de terreur et de pitié? On éprouve en effet une souffrance réelle au récit ou à la vue de grandes infortunes, de situations affreuses, car elles font couler nos larmes, nous font trembler et pâlir; mais nous aimons ces souffrances, nous attachons un prix infini à ces tortures de l'âme; c'est ici une réaction de la sensibilité sur elle-même, c'est le sentiment pénible qui a l'inconcevable pouvoir d'engendrer un sentiment de plaisir. Quel gré ne sait-on pas à un auteur qui possède le talent de faire battre le cœur avec violence, et de bouleverser l'âme par les scènes terribles qu'il lui présente?

Remarquons cependant à ce sujet qu'une œuvre dont le principal mérite consiste à exciter des émotions n'est point aussi belle ni aussi durable que celle qui tire son mérite de la peinture vraie des mœurs et des caractères. On pourra nous objecter le goût actuel de notre époque, ce besoin d'émotions qui travaille tous les esprits, et qui leur fait préférer à des écrits simples et naturels une littérature qu'on a justement qualifiée de *galvanique*. Mais que prouve cette préférence du public? Que les auteurs qui ont adopté ce genre ont un succès plus mérité? Point du tout; elle prouve seulement que le public a besoin d'émotions fortes, que les esprits sont dans un état d'irritation et de fièvre qui ne leur permet plus d'être sensibles aux plaisirs doux et calmes que procurent des tableaux simples et vrais. Or, pourquoi sa sensibilité est-elle devenue si exigeante? pourquoi l'âme ne sent-elle plus que ce qui l'agite et la remue violemment? La cause en est dans la situation même de notre époque, époque de crise et de malaise moral, où l'âme, dépourvue de sentiments religieux et de croyances, c'est-à-dire de ce qui constitue son véritable bien, ne sait où se prendre pour compenser le bonheur qui se trouve dans de nobles convictions, et va chercher alors ces émotions énergiques, ces plaisirs âcres et brûlants par lesquels elle essaye de se ranimer et de dissiper le froid qui la glace, comme ferait un médecin qui voudrait rappeler la vie dans un corps d'où elle se retire, par l'emploi d'alkalis ou de commotions électriques. Voyez les Romains : quand l'élément moral eut disparu de leur société, quand ils furent privés des sentiments naturels que leur procuraient les croyances religieuses, le bonheur d'une vie simple, la conscience de leur liberté et l'amour de la patrie, les Romains eurent besoin d'amphithéâtres, ils eurent besoin de voir des bêtes féroces se disputant les membres des condamnés, ou des hommes s'égorgeant entre eux; en un mot, ils eurent besoin d'*émotions violentes*. Chez nous, où les mœurs adoucies ne permettraient plus de semblables spectacles, avec quelle fureur nous voyons la foule se précipiter dans les théâtres pour assister à ces drames terribles où le sang et le poison jouent les principaux rôles, et où les auteurs entassent les crimes, les atrocités et les catastrophes de toutes espèces! Or, le peuple serait-il si avide de ces hideux spectacles, et même ne les condamnerait-il pas comme un objet de scandale capable de flétrir le cœur et de souiller l'imagination, si les idées morales avaient plus d'empire, si les âmes pouvaient se reposer au sein de croyances nobles et consolantes, si elles pouvaient savourer les plaisirs des *douces émotions* qui naissent de la contemplation de la vérité, de l'amour du beau et de la pratique du bien?

C.-M. Paffe.

ÉMOU, oiseau de la Nouvelle-Galles du Sud, ainsi nommé par les colons anglais à cause de sa ressemblance avec l'*émeu* ou casoar à casque, ressemblance qui l'a fait désigner aussi sous le nom de *casoar de la Nouvelle-Hollande*. La place du genre *émou* paraît devoir être entre les genres *casoar* et nandou. Le corps massif de cet oiseau a la forme de l'autruche et la taille du nandou; sa tête, petite, garnie d'un petit bouquet de plumes crépues, portée sur un cou plus long que celui du casoar, mais plus épais du bas que celui de l'autruche, est couverte de plumes courtes et duvéteuses, excepté à la face, qui est dénudée; le bec est noir, aussi long que la tête; les ailes et la queue sont nulles; les jambes sont fortes et emplumées; leur longueur est le tiers de celle du torse; les doigts sont au nombre de trois, l'interne et l'externe égaux, le médian deux fois aussi long. La couleur générale de l'émou est le brun mêlé. Les jeunes ont pour livrée quatre bandes d'un roux foncé sur un fond d'un blanc sale.

Cet oiseau est très-farouche. Privé de la faculté de voler, il rachète ce désavantage par une course tellement rapide, qu'elle lui permet d'échapper aux poursuites des chiens les plus agiles. Sa nourriture consiste en herbes et en fruits. Sa chair a, dit-on, le goût de celle du bœuf.

ÉMOUCHET. C'est le nom que les oiseleurs de France donnent à la cresserelle, particulièrement à la femelle de cette espèce de faucons. Le nom d'*émouchet* est encore donné au mâle de l'épervier commun.

EMPAILLAGE. On parvient, au moyen de certains procédés mécaniques et chimiques, à préserver de la dissolution divers animaux, tout en conservant leurs formes, leur pose naturelle, leurs habitudes. C'est cet art qu'on appelle *empaillage*. L'ouvrier qui l'exécute ne se nomme cependant pas *empailleur*. Cette dernière épithète n'est donnée qu'à celui qui empaille des chaises.

Les premiers procédés constituent un art véritable (appelé *taxidermie*), très-estimé par tous ceux qui cultivent l'histoire naturelle, par les amateurs de collections et par les marchands de curiosités. Un assez grand nombre d'ouvriers savent bien les procédés matériels de conservation; mais il n'est réservé qu'à un petit nombre de donner, pour ainsi dire, la vie aux animaux qu'ils empaillent, en leur conservant les formes les plus délicates, en donnant à chacun d'eux la pose qui lui convient, en rappelant, par plusieurs détails, leurs habitudes, etc., etc. C'est ce que les amateurs payent des prix assez élevés. Les artistes les plus habiles sont ceux qui éliminent de l'intérieur des animaux qu'on leur confie la plus grande quantité possible de parties internes, pour éviter toute cause de putréfaction, soit prompte, soit éloignée; chaque partie de l'animal, telle que les yeux, la peau, le poil, les plumes, exige des compositions ou des soins différents pour que les insectes ne puissent pas l'attaquer; ceux-ci sont repoussés, tantôt par la matière elle-même qui forme la composition chimique, tantôt par l'odeur seule. Pour ce qui concerne la pose naturelle des animaux, leurs habitudes, leur regard, les ouvriers consultent les bons dessins d'histoire naturelle, où toutes ces choses sont rappelées avec une grande vérité. En parcourant les belles galeries du *Muséum d'histoire naturelle*, on peut se convaincre que nous ne manquons pas à Paris d'habiles ouvriers dans ce genre. V. DE MOLÉON.

EMPALEMENT. *Voyez* PAL.

EMPAN. *Voyez* COUDÉE.

EMPÂTEMENT, EMPATER. Ces deux termes étant le plus souvent pris en mauvaise part, il nous semble utile de dire qu'en peinture, au contraire, ils sont employés pour désigner une des qualités matérielles de la couleur, qualité précieuse, qui lui donne en même temps plus de relief, de vigueur et de solidité. On dit que les couleurs sont bien *empâtées* dans un tableau lorsqu'elles sont étendues avec assez d'abondance pour offrir à l'œil une sorte de corps semblable à l'objet qu'on a voulu représenter. L'effet de l'*empâtement* est d'aider à rendre mieux que par le glacis la rondeur des formes, en prêtant au modelé une consistance plus ferme. Cependant, sous le rapport de l'art, la peinture empâtée ne l'emporte nullement sur celle qui ne l'est pas. Car nous avons Le Corrége, qui sans se servir de ce procédé a fait un chef-d'œuvre dans son *Antiope*. De même sans recourir à l'*empâtement*, Lesueur a su produire des choses ravissantes. Enfin, de nos jours, on peut citer M. Ingres, comme ayant réussi à faire de la belle peinture sans user de ce moyen. Les plus célèbres peintres qui ont employé avec succès l'*empâtement* sont surtout Titien, Rubens et Van-Dyck. On le retrouve aussi quelquefois dans les portraits de Rembrandt, mais plus souvent dans ses esquisses. Il ne faut pas passer sous silence notre Prudhon, qui a mérité d'être surnommé Le Corrége français. CHAMPAGNAC.

EMPÊCHEMENT (du latin *impedimentum*, obstacle). L'empêchement exprime, en général, tout obstacle plus ou moins grave qui s'oppose à ce qu'une chose puisse se faire (*voyez* DIFFICULTÉ). C'est l'expression consacrée en droit pour désigner l'obstacle que met la loi à ce que certains mariages puissent s'accomplir. Il y a diverses sortes d'empêchements au mariage. On appelle *empêchements dirimants* ceux qui reposent sur des causes de nullité radicale et absolue, telles que le mariage ne puisse jamais être considéré comme valable. Les nullités qui ne sont que relatives ne constituent que des *empêchements prohibitifs*; la loi défend, mais s'il arrive que l'on parvienne à l'éluder, le mariage pourra subsister. On peut ranger dans la classe des empêchements simplement prohibitifs les empêchements pour lesquels on peut obtenir des dispenses. Ces différentes distinctions n'ont plus aujourd'hui un grand intérêt, mais autrefois, alors que le mariage était un contrat purement religieux, il importait de connaître quelles étaient à cet égard les règles du *droit canon*.

Les *empêchements prohibitifs* consacrés par l'Église comprenaient quatre cas, que l'on exprimait par ce vers latin :

> Ecclesiæ vetitum tempus, sponsalia, votum.

L'Église défendait de se marier avec un hérétique, avec une personne non instruite de ses devoirs religieux. Quant à l'époque même de la célébration, elle ne pouvait avoir lieu pendant le temps consacré au jeûne et à la prière : il comprenait depuis le premier dimanche de l'Avent jusqu'au jour de l'Épiphanie, et depuis le mercredi des cendres jusqu'au dimanche de l'octave de Pâques. Les fiançailles contractées devant l'Église pouvaient être résiliées volontairement ou par sentence du juge d'église. Par *vœu* on n'entendait que le simple vœu de chasteté. Les *empêchements dirimants canoniques*, que l'on a toujours distingués, même dans l'ancienne législation, des *empêchements dirimants civils*, se trouvent énumérés dans ces quatre vers latins :

> Error, conditio, votum, cognatio, crimen,
> Cultus disparitas, vis, ordo, ligamen, honestas.
> Amens, affinis, si clandestinus et impos,
> Si mulier sit capta, loco nec reddita tuto.

Ces empêchements portent : 1° sur l'erreur concernant la personne que l'on épouse; 2° sur l'état de cette personne, lorsqu'on se mariait à une femme esclave, la croyant libre; 3° sur l'engagement dans des vœux solennels; 4° sur la parenté, lorsque les époux étaient unis par des liens de famille : la parenté collatérale n'est un empêchement que jusques et compris le 4° degré; 5° sur le crime qui aurait été commis par l'un des époux ou par tous les deux pour parvenir au mariage; 6° sur la diversité de cultes entre les époux, l'Église ne permettant point le mélange des cultes; 7° sur la violence exercée contre l'un des époux pour le forcer de donner son consentement au mariage; 8° sur l'engagement dans les ordres sacrés; 9° sur l'engagement dans les liens d'un premier mariage encore subsistant; 10° sur tout motif qui pourrait être contraire à l'honnêteté publique; 11° sur la folie; 12° sur l'affinité temporelle ou spirituelle qui pourrait se trouver entre les époux; 13° sur la clandestinité; 14° sur l'impuissance du mari ou l'incapacité de la femme; 15° et enfin sur le rapt commis contre la femme, à moins qu'au moment de la célébration elle ne se trouvât plus au pouvoir du ravisseur.

EMPECINADO (DON JUAN-MARTIN DIAZ, EL), l'un des principaux chefs de la révolution espagnole en 1820, né en 1775, à Castillo del Duero, de parents pauvres, entra en 1792 dans l'armée espagnole comme simple soldat. A la tête d'une bande de *guerilleros*, forte de 5 à 6,000 hommes, il se fit une grande réputation pendant la guerre de l'indépendance. En 1814 la régence de Cadix le nomma colonel, et bientôt Ferdinand VII, rétabli sur le trône de ses pères, lui conféra le grade de maréchal de camp, en même temps qu'il lui accordait l'autorisation de substituer à son nom de famille le sobriquet d'*Empecinado*, qui veut dire *engoudronné, empoissé*. L'année suivante, ayant osé remettre un placet au roi pour lui demander le rétablissement de la constitution des Cortès, il fut exilé. A l'époque de la révolution de 1820, il fut nommé commandant en second de cette ville, puis gouverneur de Zamora. Investi d'un commandement important lors de l'entrée d'une armée française en Espagne, en 1823, il chercha à se réfugier en Portugal après le rétablissement du pouvoir absolu; mais arrêté alors, il fut renfermé dans une cage de fer et exposé en cet état aux insultes d'une vile populace; puis, après huit mois de captivité, condamné à être pendu. Arrivé au lieu du supplice, il opposa à ses bourreaux une telle résistance qu'il fallut le faire tuer à coups de baïonnette par les soldats chargés d'assister à l'exécution.

EMPÉDOCLE, issu d'une des plus illustres familles de la Sicile, naquit à Agrigente, vers la 84° olympiade. On ne peut se faire une idée de ses talents que par l'opinion des écrivains qui les ont loués, et par quelques fragments de ses poésies et de ses maximes, cités par Diogène-Laerce et plusieurs auteurs de l'antiquité. Philosophe, poëte, historien, Empédocle composa de nombreux ouvrages, que les siècles ont anéantis : la postérité n'a recueilli que son grand nom, qu'elle entoure de gloire; mais cette sorte de renommée n'inspire qu'une admiration vague, aucune preuve ne la renouvelle. On sait qu'Empédocle étudia la philosophie de Pythagore, et développa un système analogue aux principes qu'adoptèrent Démocrite et Épicure : on en trouve une preuve incontestable dans le brillant éloge que Lucrèce lui consacre, tout en combattant quelques points de sa doctrine. Cet éloge de Lucrèce, la réfutation qu'il y joint, les fragments cités par Diogène-Laerce, les dissertations de divers auteurs anciens, peuvent donner une idée des travaux poétiques d'Empédocle. On sait aussi qu'il composa plusieurs tragédies; mais on ignore de quelle histoire il fut l'auteur. Éloquent moraliste, il essaya, dit-on, de réformer les mœurs des Agrigentins. Il leur reprochait d'accumuler tous les plaisirs à la fois, comme s'ils ne devaient vivre qu'un seul jour, et de se construire des maisons comme s'ils eussent dû toujours vivre. Ses vers, que l'on comparait à ceux d'Homère, étaient chantés dans les solennités et dans les jeux olympiques. Lambin en a trouvé quelques-uns dans Ammonius.

La renommée d'Empédocle fut éclatante. Tout concourait à l'accroître, la supériorité et la diversité de ses talents, sa fortune et sa haute naissance : aussi, dans leur enthousiasme, ses compatriotes lui offrirent-ils le pouvoir souverain. Mais le philosophe, qui plaçait le bonheur dans la liberté, ne voulut ni la ravir à ses concitoyens ni la perdre lui-même dans les chaînes de la royauté : il se contenta d'exercer l'heureuse influence de son génie et de faire tout le bien dont ses immenses richesses lui ouvraient la source. On croit qu'il contesta l'existence des dieux de son temps, et qu'il ne voyait la Divinité que dans la puissance de la nature, dans cette âme universelle, qu'il dépeint dans ses vers. Des dieux qu'on représentait comme des despotes, vicieux, injustes et cruels, ne pouvaient être admis par le philosophe, qui ne voulait souffrir de tyrans ni sur la terre ni dans les cieux. Voilà à peu près les inductions qu'il est possible de tirer sur le caractère, les principes et les travaux d'Empédocle. L'imagination des commentateurs a créé des fables plus ou moins absurdes sur les événements de sa vie et sur la catastrophe qui l'a terminée. Tel est en général le sort des hommes célèbres. Leurs portraits ne deviennent que trop souvent, à travers les siècles, des portraits de fantaisie. Nous croirons volontiers qu'Empédocle refusa la couronne royale, que ses poëmes étaient admirables, que son talent d'historien était du premier ordre; nous le croirons parce que l'antiquité tout entière nous l'atteste. Nous croirons aussi qu'il fut généreux, bienfaisant, modéré dans ses désirs, simple dans ses goûts, ennemi courageux du vice, ami sincère de la vertu, parce qu'une puissante raison, un esprit supérieur aux préjugés, peut atteindre à ce degré de la perfection humaine; mais nous ne croirons pas, d'après des récits invraisemblables et contradictoires, qu'Empédocle, sur la seule inspection de la physionomie d'un convive qu'il rencontra à la table d'un ami, l'ait jugé conspirateur, traître à sa patrie, l'ait dénoncé, et, sur ce soupçon, l'ait fait condamner à mort; nous ne croirons pas qu'un jeune homme, voulant venger la mort de son père injustement condamné par un magistrat, ait renoncé à l'homicide lorsque Empédocle, qui n'avait pu l'adoucir par ses discours, eut fait résonner devant ce furieux sa lyre harmonieuse. Nous croirons moins encore que le philosophe, qui avait combattu le polythéisme, ait eu la fantaisie de se faire passer pour dieu, et d'arriver à ce but étrange par le moyen le plus extravagant : en se précipitant dans la bouche brûlante de l'Etna, afin que, ne retrouvant aucun vestige de son corps, on le crût remonté dans les cieux. On ajoute que le perfide volcan, après avoir dévoré Empédocle, respecta ses sandales, et les revomit intactes pour révéler la supercherie d'un orgueilleux suicide. Comme de tous les contes faits sur ce philosophe, celui-ci est le plus absurde, il obtint nécessairement le plus de créance. Plusieurs graves écrivains l'ont froidement répété, en traitant de fou un sage qui certainement n'a pu sacrifier à l'imposture une vie consacrée tout entière à la vérité. Il paraît certain qu'Empédocle atteignit une extrême vieillesse, et périt dans un naufrage en retournant de Parthénope en Sicile, vers l'an 440 avant l'ère vulgaire.

On croit qu'il exista un autre Empédocle, neveu de celui-ci, et qui cultiva la poésie.

De Pongerville, de l'Académie Française.

EMPENNER. L'usage de ce mot a cessé presque complétement avec celui de l'objet qu'il était destiné à représenter. Il signifie garnir une flèche d'ailerons de plumes, nommées *empennes*, pour la conduire en l'air et la faire aller plus droit.

En blason, le mot *empenné* se dit d'un dard, trait ou javelot, ayant ses ailerons ou *pennes*.

EMPEREUR. Ce mot est la traduction du latin *imperator*, titre honorifique dont les Romains décoraient leurs généraux après une victoire décisive qui accomplissait la ruine et l'asservissement des vaincus. Ce titre d'honneur emportait en même temps l'idée du commandement absolu. Auguste le réunit, comme chef de toutes les troupes, à ceux de prince du sénat et de tribun perpétuel du peuple, pour concentrer en sa personne tous les pouvoirs de l'État. La puissance suprême s'étant consolidée dans la famille de César le dictateur, jusqu'à la mort de Néron, le nom de ce grand usurpateur, ou celui de prince, et par la suite celui d'Auguste, furent employés pour désigner le chef de l'empire, concurremment avec le titre d'empereur, qui finit par prévaloir. Comme ces monarques régnaient à peu près sur tout le monde civilisé, leur titre devint le signe de la monarchie universelle. Comment la dignité de celui qui comptait des rois pour vassaux n'aurait-elle pas signalé sa prééminence? Tout autre pouvoir était censé dériver de son pouvoir absolu, comme de sa source.

Après le partage de l'empire romain, en 395, il y eut un empereur d'occident ou romain, et un empereur d'orient, byzantin ou grec (*imperator augustus*). La dignité d'empereur d'occident périt en 476, après la ruine de Rome. Elle fut renouvelée par le roi des Franks, Charlemagne, qui, en l'an 800, se fit couronner à Rome par le pape Léon III en qualité d'empereur romain. Charlemagne rattacha à ce titre des prétentions à la souveraineté de tous les États de la chrétienté; et pendant longtemps on regarda le titre d'empereur romain comme impliquant le droit de souveraineté sur Rome. Aussi, lors du partage de l'empire frank entre les fils de Louis le Débonnaire, échut-il à l'aîné, Lothaire, en sa qualité de roi d'Italie, et fut-il ensuite porté par Charles le Chauve et divers souverains d'Italie, jusqu'à ce qu'en 962 Othon Ier réunit pour toujours la couronne impériale au titre de roi des Allemands. Toutefois, jusqu'à l'empereur Maximilien Ier, le titre d'empereur romain ne fut donné qu'à ceux des rois d'Allemagne qui avaient été couronnés par les papes. Tant qu'ils n'avaient pas été couronnés, ils ne portaient d'autre titre que celui de *roi des Romains*.

Le titre de *semper augustus*, dont l'usage s'introduisit à partir de Constantin le Grand, passa aussi aux empereurs allemands, et depuis Rodolphe de Hapsbourg fut germanisé en *Allzeit Mehrer des Reichs*. Maximilien fut le premier qui se fit appeler *empereur élu des Romains*; et après lui les rois d'Allemagne prirent le titre d'empereurs, sans même être allés à Rome ni avoir été couronnés. Le dernier roi d'Allemagne qui alla se faire couronner en Italie fut l'empereur Charles-Quint.

Après l'extinction de la race carlovingienne, les rois allemands furent d'abord élus par tous les princes allemands, mais plus tard seulement par les plus puissants d'entre eux, qui reçurent dès lors le titre d'électeurs (*Kurfurst*, prince choisissant). L'électeur de Mayence était chargé de toutes les dispositions à prendre pour l'élection, laquelle devait avoir lieu dans une ville libre impériale. Suivant un antique usage, le prince à élire devait être de race franque ou germaine (par conséquent ne pouvait, par exemple, appartenir à la race slave), de naissance honorable, de haute noblesse, ne point être d'église, avoir au moins dix-huit ans, et, aux termes de la Bulle d'Or, être un homme juste, bon et aimant le bien général. Rien n'était prescrit relativement à sa foi religieuse; mais toutes les cérémonies du couronnement, et notamment le serment à prêter par l'empereur, étaient conçues et ordonnées de telle sorte, qu'un catholique seul pouvait s'y soumettre. L'élection une fois faite, il était tenu de signer la capitulation qui lui était soumise. Son couronnement en qualité de roi allemand avait ensuite lieu à Aix-la-Chapelle; plus tard, ce fut à Augsbourg, à Ratisbonne, et le plus souvent à Francfort sur le Mein. La remise des *insignes de l'Empire* et en outre autrefois, à Milan, l'imposition de la couronne de fer, enfin à Rome le sacre en qualité d'empereur romain par le pape en personne, tels étaient les derniers actes de cette cérémonie politique.

Les revenus de l'empereur romain-allemand étaient très-faibles, surtout dans les derniers temps de l'existence de l'Empire. Les empereurs résidèrent d'abord dans les nombreux palatinats dispersés dans les différentes parties de l'Empire, mais plus tard dans leurs États héréditaires.

Après avoir duré près de mille années, ce titre d'empereur romain disparut en 1806, lors de la dissolution de l'Empire germanique et à la suite de l'abdication de l'empereur François II, qui dès l'année 1804 avait officiellement pris le titre d'empereur héréditaire d'Autriche.

L'empire d'orient après la prise de Constantinople par les croisés, en 1204, se divisa en un empire *latin*, dont Constantinople fut le chef-lieu, et un empire *grec*, ayant son centre à Nicée. En 1263 il y eut réunion de ces deux empires; mais en 1328 il s'opéra une nouvelle division, par suite de laquelle il y eut un empire grec de Constantinople et un empire grec de Trébisonde. Celui-ci disparut en 1453, et celui-là en 1461, lors de la prise de Constantinople par les Turcs, dont les souverains, quoique n'ayant pas pris officiellement le titre d'empereurs, n'en sont pas moins reconnus comme tels par toutes les puissances de l'Europe.

Les rois de Castille, de France et d'Angleterre s'attribuèrent aussi autrefois la dignité *impériale;* et de nos jours encore, par une espèce de fiction légale, on continue à considérer la Grande-Bretagne comme un empire et la couronne d'Angleterre comme une couronne impériale, de même que le parlement est appelé *the imperial parliament of Great-Britain and Ireland*. Toutefois, jamais les souverains de ce pays ne prirent le titre d'empereur.

En Russie, le tsar Pierre Ier prit le titre d'empereur, que les autres puissances ne reconnurent que fort longtemps après. Il n'en fut pas ainsi de Napoléon, qui n'eut pas plutôt pris, en 1804, le titre d'*empereur des Français*, qu'il fut reconnu comme tel par toutes les autres puissances, l'Angleterre exceptée. Ce titre disparut avec sa puissance, jusqu'à ce qu'en 1852 son neveu Louis-Napoléon l'eut repris, sous le nom de Napoléon III.

Hors d'Europe, les souverains du Brésil (depuis 1822), d'Haïti, de la Chine, du Japon, du Maroc, portent le titre d'empereur. L'empire du Mexique sous Iturbide, en 1822, ne fut qu'un fait tout éphémère.

EMPESÉ. Ce mot vient des mots grecs εν, dans, et πίσσα, poix. Quelques auteurs le font aussi venir d'*ampes*, mot celtique, ou bas-breton, qui veut dire *empois*. Au propre, c'est *mettre de l'empois :* c'est une partie de l'art des blanchisseuses, qui consiste à accommoder le linge avec de l'empois, pour lui donner plus de fermeté, de roideur De cette propriété donnée au linge par l'empois a été tiré le sens figuré du mot *empesé*. On dit d'un homme qu'il est empesé lorsqu'il y a dans sa démarche, ses habitudes, ses manières, quelque chose de trop affecté, de trop guindé, de trop roide. C'est le défaut général des provinciaux qui arrivent à Paris : à leur démarche lourde, lente, maniérée, il suffit d'un coup d'œil pour les reconnaître.

On dit aussi du style qu'il est *empesé* quand il pèche par une trop grande affectation d'exactitude, de pureté, d'arrangement de phrases, de mots, etc. C'est un peu le vice des écoliers et de tous ceux qui se mêlent d'écrire sans en avoir l'habitude; c'est aussi celui du paysan ou de l'homme du bas peuple qui paraît toujours d'abord un peu roide, guindé, empesé, s'il jette subitement sa défroque pour revêtir le costume d'une classe supérieure à la sienne et aux usages de laquelle il n'est point encore habitué.

En termes de marine, *empeser une voile*, c'est la mouiller pour qu'elle laisse passer le vent moins facilement à travers ses mailles. BILLOT.

EMPHASE. C'est, dans un écrit ou dans un discours, une sorte de pompe déplacée, qui n'est ni en harmonie avec le sujet traité ni conforme aux règles d'une bonne prononciation. Ce défaut se rencontre plus rarement chez les gens du monde que dans les autres classes de la société, mais il appartient de tradition aux orateurs novices et à la milice des professeurs. Les premiers, courant après l'effet, prennent les mots pour des idées, et l'exagération pour de la force; les seconds, amoureux de la phrase, s'y renferment tout entiers, et, soigneux d'arrondir une période, négligent de penser par eux-mêmes. Tous, en un mot, dédaignent le style simple, qui en général est au-dessus de leur portée.

En politique, l'*emphase* est quelquefois nécessaire, et dans mainte occasion on l'a vue produire les mêmes effets que l'éloquence. Quand des pétitionnaires armés vinrent au sein de la Convention exiger la proscription de ses membres les plus distingués, le président Isnard repoussa cette demande en s'écriant : « Oui, si l'on attente à la représentation nationale, la France entière se soulèvera pour la défendre, la capitale elle-même sera détruite, et l'on cherchera en vain sur les rives de la Seine si Paris exista. » Étourdis par l'emphase de ces grands mots, les pétitionnaires ne purent répondre, et les girondins furent sauvés, du moins pour ce jour-là.

Dans les livres, l'emphase se soutient plus difficilement que dans le discours : le lecteur n'est pas placé comme l'auditeur sous l'influence du regard et de la vibration de la voix; rien ne s'adresse à ses sens et ne tend à les émouvoir. Aussi l'emphase écrite a-t-elle moins de chances de succès que l'emphase parlée. Chez un auteur, elle signale, sinon un manque absolu d'idées ou d'imagination, du moins un défaut de goût, dont les écrivains placés au premier rang sont toujours exempts. Ceux-ci sentent trop vivement pour manquer l'expression juste : elle naît spontanément, ou ils ne la cherchent jamais sans la rencontrer. Les esprits médiocres s'épuisent, au contraire, à parer leur pensée, et la fardent, croyant l'embellir. C'est ainsi que Thomas tombe dans l'*emphase* quand il veut s'élever, tandis que Bossuet, Rousseau, Bernardin de Saint-Pierre, touchent le cœur ou l'enflamment sans cesser d'être simples.

Au résumé, l'emphase permanente est le signe certain de l'impuissance dans les lettres, les arts et la politique. L'emphase, proscrite par le bon goût en Occident, s'est réfugiée dans la littérature orientale, dont elle forme le cachet distinctif. Elle caractérise non-seulement les poëtes, les historiens, les moralistes, mais règne encore jusque dans les actes de la diplomatie et les rapports de la vie privée. Les Espagnols, subjugués jadis par les Arabes, en ont retenu un penchant marqué à l'*emphase*, dont s'est empreinte leur langue, ainsi que leurs mœurs. SAINT-PROSPER jeune.

EMPHYSÈME (de ἐμφύσημα, gonflement), affection qui consiste dans l'infiltration de gaz ou fluides aériformes dans la substance des organes. Ces gaz peuvent provenir de deux sources : ou de l'introduction de l'air atmosphérique, ou de la production spontanée de gaz divers dans les tissus de l'économie. Lorsqu'il se forme à l'extérieur, l'emphysème est caractérisé par une tumeur élastique, rénitente, sans changement de couleur à la peau, et donnant à la pression du doigt une sensation de crépitation due au déplacement de l'air dans les vacuoles du tissu cellulaire; lorsqu'il occupe un organe profond, on ne le reconnait plus qu'à des signes indirects et souvent obscurs. Selon son étendue, l'emphysème peut être local ou général.

Dans la plupart des cas, l'emphysème reconnaît pour cause une solution de continuité des conduits aériens : qu'un choc violent vienne à briser les os et à déchirer la membrane qui forme les parois des sinus frontaux ou du canal nasal, l'air introduit dans ces cavités par l'acte de la respiration, pénétrant par la blessure, s'infiltrera dans le tissu cellulaire environnant, et produira l'emphysème de la face. Qu'un instrument vulnérant traverse obliquement les parois de la poitrine et blesse le poumon, l'air inspiré s'épanchera par cette plaie, filtrera dans le tissu cellulaire sous-cutané, et, de proche en proche, pourra s'étendre à toute la superficie du corps, auquel il communiquera un volume énorme; le même effet pourra résulter d'une fracture de côte dont les extrémités aiguës auront traversé les plèvres et blessé le poumon. Il suffit quelquefois des seuls efforts de la respiration pour produire l'emphysème; c'est ainsi que les cris, la toux, le travail expulsif de l'accouchement, peuvent amener la rupture de quelques cellules pulmonaires et l'emphysème consécutif. D'autres fois, l'emphysème accompagne de simples blessures sans lésion des voies pulmonaires, et souvent alors on ne peut s'expliquer par quel mécanisme l'air extérieur vient à pénétrer dans le tissu cellulaire.

Les déformations monstrueuses et généralement peu graves résultant de l'emphysème accidentel ont sans doute donné l'idée de produire l'emphysème artificiel. C'est ainsi que Fabrice de Hilden rapporte qu'en 1593 des bateleurs faisaient voir un enfant dont la tête était énorme. On vint à découvrir qu'ils produisaient cette apparente monstruosité au moyen de l'insufflation de l'air par une petite plaie du cuir chevelu; ces misérables furent pendus. M. Kéraudren a vu un histrion qui produisait par le même moyen d'énormes difformités dans diverses parties de son corps; aujourd'hui même quelques conscrits ont recours à ce grossier stratagème pour se soustraire au service militaire. Enfin, les maquignons savent employer le même moyen pour donner à leurs chevaux un aspect d'embonpoint éphémère et mensonger.

L'emphysème spontané, ou par production de gaz dans les tissus, est le plus souvent le résultat de l'action d'une cause délétère : c'est ainsi que les piqûres de certains insectes, et surtout la morsure des serpents venimeux, donnent lieu, entre autres symptômes, à un gonflement avec emphysème des tissus; tel est aussi celui qui caractérise la pustule maligne, affection contagieuse, qui se transmet par inoculation. Les parties frappées de gangrène donnent également lieu au dégagement de certains gaz, et dans ce cas la nature vivante offre un des phénomènes de la putréfaction.

Parmi les organes intérieurs susceptibles d'être atteints d'emphysème, le poumon occupe le premier rang, et il le doit à ses fonctions : ainsi, lorsque l'air inspiré éprouve des obstacles pour sortir des cellules qui le contiennent, celles-ci peuvent se distendre, se rompre, et l'air qu'elles renferment s'épand alors dans le parenchyme de l'organe. Cette lésion, selon certains auteurs, est celle qui constitue la cause de l'asthme.

Il faut bien distinguer l'*emphysème* de la *pneumatose* : dans le premier, le parenchyme des organes est le siége de l'infiltration gazeuse; dans la pneumatose, l'air épanché occupe des cavités naturelles, telles que celles de la plèvre, du péritoine, de l'estomac, de l'utérus, etc. Mais on conçoit que ces deux lésions peuvent se compliquer et devenir la source ou la cause l'une de l'autre.

La gravité de l'emphysème est naturellement relative à son étendue, à sa cause et à son siége : lorsqu'il est général, il peut faire périr le malade de suffocation; lorsqu'il tient à une cause délétère, telle que la morsure d'un serpent, il n'est que l'épiphénomène d'un empoisonnement qui peut être funeste; enfin, lorsqu'il occupe un organe important, tel que le poumon, il peut compromettre la vie. On a vu l'emphysème pulmonaire produit par une passion violente, telle qu'un accès de colère, donner immédiatement la mort.

Le traitement de l'emphysème consiste à favoriser l'issue de l'air infiltré au moyen d'incisions méthodiques; à s'opposer à l'épanchement ultérieur au moyen de la compression; à favoriser la résorption de l'air à l'aide d'applications résolutives; enfin à prévenir la suffocation en évacuant par la saignée la quantité de sang nécessaire pour rétablir la circulation. Dr Forget.

EMPHYTÉOSE (du grec ἐμφυτεύω, établir dans) C'est un contrat d'une espèce toute particulière qui participe à la fois du bail à long terme et de la vente sous pacte de rachat. Par ce contrat le propriétaire d'un fonds en transfère à quelqu'un la propriété utile pour droits à long temps, à la charge par celui-ci d'y faire certaines améliorations et en outre de payer certaines redevances annuelles qu'on appelle *canon emphytéotique*, en reconnaissance du domaine direct réservé par le cédant.

L'emphytéose eut dans son origine pour objet de faire défricher et cultiver des terres que les propriétaires ne pouvaient affermer, à cause des dépenses considérables que le défrichement aurait nécessitées et du risque qu'aurait couru le fermier d'être congédié par un acquéreur, en vertu de la loi romaine, avant d'être dédommagé de ses avances.

Le Code a gardé sur l'emphytéose un silence qui a fait penser qu'on ne pouvait plus l'employer; mais c'est là une erreur, et si aujourd'hui l'emphytéose perpétuelle, que l'on admettait autrefois, n'aurait pas d'autre effet que la vente, l'emphytéose à temps limité peut encore, sous l'empire des lois nouvelles, avoir lieu et obtenir la plus grande partie des effets qu'on lui attribuait sous l'ancienne jurisprudence.

L'emphytéose ne se fait pas ordinairement pour moins de vingt ans, ni pour plus de quatre-vingt-dix-neuf. L'État, les communes, les établissements publics dûment autorisés en font particulièrement usage. L'emphytéote acquiert sur sa chose un droit de propriété dont il peut disposer par donation, vente, échange, ou autrement, avec la charge toutefois des droits du bailleur. A ce titre, il pourrait intenter les actions possessoires, et notamment la complainte. Il a également le droit d'hypothéquer l'héritage emphytéotique. Ses créanciers pourraient, par la même raison, saisir cet héritage sur lui et l'en exproprier. Il acquiert le droit de percevoir tous les fruits de la chose, même de couper les hautes futaies. Ses obligations sont de payer la prestation annuelle, de faire les améliorations communes, de payer l'impôt foncier et toutes les autres charges réelles, de faire les réparations d'entretien et même les grosses; mais il n'est pas tenu de rebâtir les édifices renversés ou brûlés par cas fortuit. Quant aux édifices qu'il a construits sans y être obligé, il n'est pas tenu de les entretenir ni de les remettre à la fin du bail en bon état. Il ne peut néanmoins ni les démolir, ni emporter les matériaux; il n'a droit d'enlever que les simples embellissements et petites augmentations volontaires, pourvu que ce soit sans détérioration.

De son côté, le bailleur est tenu de la garantie de la propriété utile qu'il a concédée. Il pourrait demander en justice résiliation du contrat pour cause de non-exécution des obligations imposées au preneur. Le droit de commise, en vertu duquel le propriétaire pouvait rentrer sans jugement dans sa propriété à défaut de payement pendant trois années, n'existe plus maintenant. Le preneur ne pourrait plus davantage se débarrasser de ses obligations par le **déguerpissement**. L'emphytéote, n'étant pas un fermier ordinaire, ne serait pas fondé à réclamer une indemnité en cas de diminution ou de destruction de ses récoltes. Il ne serait pas admis non plus par la même raison à invoquer la *tacite reconduction*. A la différence de ce qui avait lieu sous l'ancienne jurisprudence, l'emphytéose n'est plus rescindable pour cause de lésion. Quelque longue que soit la possession du preneur, elle ne peut jamais lui servir, tant que dure l'emphytéose, et même après son expiration, pour acquérir la prescription parce qu'on ne peut pas prescrire contre son propre titre.

EMPIERREMENT. *Voyez* MAC-ADAM.

EMPIRE. Une idée de suprématie est attachée à ce mot, traduction du latin *imperium* (commandement absolu, domination). Aussi dit-on *révolution des empires*, sans égard à la constitution des États ni au mode de leur gouvernement intérieur, lorsque l'on veut signaler les crises qui en ont renouvelé la face. Dans l'histoire du genre humain, l'*empire*, c'est-à-dire une domination plus ou moins étendue, passe successivement des Égyptiens, des Assyriens et des Babyloniens ou Chaldéens aux Mèdes et aux Perses, puis aux Grecs et aux Macédoniens, et enfin aux Romains. Il y a eu l'empire d'Occident, l'empire d'Orient et le Bas-Empire. Le Tatar Attila et ses Huns, Genséric et ses Vandales, Ataulphe et Théodoric avec leurs Goths, le Sicambre Clovis avec ses Francs, arrachent aux empereurs d'Occident leurs provinces, qu'ils se disputent ou se partagent. Après avoir renversé l'idole impériale, réfugiée aux murs de Ravenne, les conquérants, sur les débris de son antique puissance, élèvent de nouveaux royaumes. L'*empire des Arabes* se fonde, et s'étend par le glaive des khalifes successeurs de Mahomet. Le Koran menace à la fois l'Asie, l'Europe et l'Afrique. L'Espagne presque entière et le midi des Gaules sont envahis par les musulmans. Mais leur ardeur conquérante vient échouer dans les plaines de Poitiers contre la valeur de Charles Martel et de ses Francs. Ils sauvent l'Europe de la domination du turban, comme ils l'avaient déjà sauvée dans les champs catalauniques du knout des Tatars. Charles, par ses victoires, a préparé les voies à son petit-fils pour l'établissement d'un nouvel empire d'Occident.

On désigne plus spécialement sous le nom d'*empires* les États dont les chefs, revêtus de la pourpre, ont porté le titre d'empereur.

Dans l'ancienne pratique, *l'empire de Galilée* était une juridiction en dernier ressort accordée aux clercs des procureurs de la chambre des comptes pour terminer leurs contestations (*voyez* BAZOCHE).

Empire, au moral, dans un sens plus restreint, est synonyme de commandement, puissance, autorité, ascendant. Il est des hommes qui exercent un empire despotique dans leur maison, sur leurs domestiques, sur leur femme, sur leurs enfants; d'autres, qui prennent un grand empire sur l'esprit de leurs amis; d'autres qui savent commander à leurs passions et prendre de l'empire sur eux-mêmes. On dit dans le même sens l'empire de la raison, des passions, de l'amour, de la mode, etc.

EMPIRE (Bas-). *Voyez* BAS-EMPIRE et ORIENT (Empire d').

EMPIRE D'ALLEMAGNE, SAINT-EMPIRE, EMPIRE D'OCCIDENT ou EMPIRE ROMAIN. Nous avons dit à l'article EMPEREUR comment se forma peu à peu cette bizarre constitution dite du *Saint-Empire Romain*, quoiqu'il ne fût, comme le fait observer Voltaire, ni saint, ni empire, ni romain.

Ces titres pris par le *corps germanique*, dans ses rapports avec les autres États, remontent selon les uns à 962, époque à laquelle Jean XII couronna dans Rome Othon Ier; d'autres en rapportent l'origine au couronnement de Charlemagne par Léon III en 800. L'empereur était le premier prince chrétien; il prêtait serment à l'Empire après son élection, et devait passer à d'autres ses charges et fiefs. En cas de vacance, l'empereur était remplacé par un **vicaire**. Ce n'était pas seulement pour faire des lois que les *États de l'Empire* devaient être convoqués, mais pour toutes les affaires générales. Dans certains cas, l'empereur avait besoin du consentement des **électeurs**. Certaines assemblées prenaient le nom de *députations*. Jusqu'au treizième siècle les princes temporels et spirituels et les seigneurs eurent tous droit de séance aux **diètes**. Depuis Rodolphe Ier les villes impériales y parurent, et acquirent en réunissant leurs voix une grande influence. Au quinzième siècle, les États de l'Empire se divisèrent en trois collèges : 1° celui des électeurs; 2° celui des **princes** et seigneurs, où siégeaient également les prélats et les comtes qui possédaient un territoire; 3° enfin, celui des **villes impériales**.

On appelait *lois de l'Empire* les décisions légales rendues en diète par les États de l'empire réunis. Elles devaient avoir été ratifiées par les trois *colléges de l'Empire*, et à la majorité des voix dans chacune de ces assemblées, enfin avoir reçu la sanction de l'empereur. Jusqu'à l'année 1663 il avait été d'usage de réunir en un tout, appelé *récès de l'Empire*, les différentes résolutions arrêtées par chaque diète; mais depuis, par une fiction légale, la diète n'ayant plus discontinué d'être rassemblée, il ne put plus y avoir lieu à rédiger de récès; et quoiqu'il en ait été souvent question, on ne réalisa jamais le projet d'une collection complète de toutes les résolutions et décisions des diètes. Les lois de l'Empire étaient obligatoires pour tous les souverains territoriaux; mais plus tard ceux-ci obtinrent le privilége de faire des lois particulières pour leurs États respectifs. Elles avaient donc force entière sur tous les points de l'Allemagne où n'était pas intervenue une législation particulière. On considérait surtout comme lois fondamentales de l'Empire la **Bulle d'Or** de 1356, la **capitulation** d'élection imposée aux empereurs, quoiqu'elle ne procédât que des électeurs seuls, et l'acte final de la **paix de Westphalie**.

Les habitants de l'Empire se divisaient en deux grandes classes : 1° les *Landsassen*, qui n'étaient sous la protection de personne, comme les cloîtres et fondations pieuses, qui ne relevaient pas immédiatement de l'Empire, une grande partie des seigneurs, les chevaliers, enfin les villes qui n'étaient point immédiates; 2° les *Hintersassen* comprenant les hommes, libres ou non, qui étaient sous la protection du souverain, des prélats, des chevaliers ou des villes.

L'Empire était divisé juridiquement en *Landgerichte*, tribunaux provinciaux présidés à la place et au nom du souverain par un juge provincial (*Landvogt*). Le ressort de ce tribunal se partageait en *Vogteien* ou *Æmter*; sorte de bailliages où un bailli (*Vogt* ou *Amtman*) exerçait une juridiction inférieure. La juridiction suprême appartenait au souverain sur toutes personnes ne ressortissant point à ces tribunaux. A sa place et en son nom, le souverain commettait ordinairement un *juge aulique*. Sous l'empereur Maximilien Ier fut établie la **chambre impériale**. Bientôt on institua les **austrègues**. Le conseil **aulique** dut aussi son institution à Maximilien Ier. Sous le même prince, les États de l'Empire furent réunis en *cercles*.

Cependant l'Empire subissait de grandes pertes territoriales. Il ne lui restait plus que quelques parties de l'ancien royaume de Bourgogne. De l'ancien duché de la Basse-Lorraine ou **Pays-Bas**, se détachèrent sept provinces. L'ancien duché de la **Lorraine** supérieure fut peu après cédé à la France, et l'**Alsace** devait aussi finir par se réunir à ce royaume. A l'est et au sud, la Livonie et les possessions de l'ordre Teutonique en Prusse avaient depuis longtemps cessé d'appartenir à l'Empire. On comptait encore cependant de ce côté comme faisant partie de l'Empire d'Allemagne le royaume de Bohême, le margraviat de

Moravie, celui de Lusace, le duché de Silésie et le comté de Glatz. En Italie l'Empire ne possédait plus que de simples droits féodaux, bien que quelques princes reconnussent d'une manière fictive les droits et les prétentions de l'empereur. Lorsque la révolution française vint briser cette monarchie, l'Empire, borné par la Pologne, la Hongrie, l'Italie, la Suisse, la France, les Provinces-Unies, la mer du Nord, le duché de Schleswig et la mer Baltique, avait encore plus de 6,000 myriamètres carrés d'étendue et renfermait 24,000,000 d'habitants. L'Empire avait dû subir de nouvelles réductions lorsque, le 12 juillet 1806, les princes, qui sous la protection de l'empereur des Français, formèrent la confédération du Rhin déclarèrent se séparer de l'Empire germanique. L'empereur prit le titre d'empereur héréditaire d'Autriche, et plus tard se forma la Confédération germanique. Ainsi finit l'Empire d'Allemagne, après plus de neuf siècles d'existence.

EMPIRE FRANÇAIS. *Voyez* France, Napoléon Ier et Napoléon III.

EMPIRIQUE. Ce mot est devenu synonyme de *charlatan*, en ce sens qu'il signifie un médecin qui ne suit d'autres règles que l'usage, l'expérience et la routine, sans s'attacher à la méthode, sans étudier la nature, les livres et les bons auteurs. La secte des empiriques est fort ancienne; elle commença en Sicile, et l'on cite comme les premiers, Apollonius et Glaucias. Aujourd'hui le nom d'*empirique* est injurieux; on ne le donne qu'aux gens qui, sans être médecins, prétendent guérir par des spécifiques, par des remèdes particuliers, et à ceux qui font des essays, des expériences, au risque de tuer les malades (*voyez* Empirisme).

H. Audiffret.

EMPIRISME. La véritable signification du terme *empirisme* exprime qu'on s'essaye aux dépens d'autrui, qu'on expérimente aux périls et risques du public, qu'on fait, comme dit Pline, des tentatives, *per pericula et mortes*, en tuant le tiers et le quart, en appliquant à tort et à travers ses remèdes ou ses expériences, sans réflexion ni raisonnement suffisant pour distinguer les circonstances utiles et les cas dangereux. Cependant, l'*empirisme* ne doit pas être uniquement considéré en médecine, car il s'applique à tous les autres objets de la vie; il vient du terme ἐμπειρία, qui signifie l'*expérience*. Or, le résultat acquis de l'expérience est fort nécessaire à consulter en toutes choses, puisque nous ne savons rien de certain, à moins que l'expérimentation n'en ait été faite, même à plusieurs reprises. Sous ce rapport, l'empirisme serait une méthode excellente si elle se bornait à l'application des vérités obtenues par des épreuves répétées. Mais les empiriques ont la manie de tenter sans cesse de nouvelles recherches hasardeuses ou des innovations en politique, en législation, en philosophie, en littérature, etc., pour savoir ce qu'il en adviendra et pour acquérir de nouvelles connaissances, ou pour faire marcher les sciences, les arts, etc. Tout cela sans doute a ses avantages incontestables. On ne peut pas, comme les Chinois, les peuples stationnaires de l'Orient et des Indes, se renfermer dans le cadre étroit des connaissances et des simples habitudes de nos ancêtres.

Les grands hommes tracent de longs sillons de lumière à travers les siècles pour éclairer leurs contemporains et la postérité; c'est au milieu des bouleversements et des tempêtes que s'opèrent de nouvelles inventions, à la suite de collisions, tantôt désastreuses, tantôt triomphantes, que les nations s'élancent à la gloire ou se précipitent dans la ruine. Je ne sais quelle indéfinissable inquiétude travaille les âmes dans nos siècles : nul n'est satisfait de son état et de sa fortune. L'étude, en éveillant les intelligences, allume le flambeau dévorant de l'ambition. L'on aspire à sortir de sa sphère; chacun se dit :

> Tentanda via est qua me quoque possim
> Tollere humo, victorque virum volitare per ora.

Cependant, tout le monde ne pouvant atteindre le faîte, il en résulte un bouillonnement incessant qui fait élever les uns et retomber les autres par une lutte furieuse, chacun tentant, comme Sisyphe, de soulever son rocher, au risque d'être écrasé de sa chute. Telle est l'image de la vie, ou plutôt des enfers. L'*empirisme*, l'*essai du nouveau*, est donc une nécessité fatale : en effet, quiconque se contenterait de ce qui était autrefois resterait bientôt arriéré dans cette course précipitée vers l'avenir ou l'inconnu.

Il y a donc toujours en présence, pour les hommes, deux modes de perfectionnement et d'instruction, le *dogmatisme* et l'*empirisme*. Réunis, ils se prêtent un mutuel appui, ou se corrigent l'un par l'autre, et ainsi rendent à l'humanité les plus signalés services. Séparés, ils sont dangereux, soit en laissant l'expérience errer à l'aventure parmi les abîmes, soit en abandonnant à des raisonnements oisifs, à de creuses spéculations métaphysiques, les intelligences croupissant dans l'inaction.

Voyons aussi les effets de l'un et de l'autre système. Il y a des *nations dogmatiques* et des *nations empiriques* sur le globe. Les premières, soumises, ou plutôt asservies à des croyances religieuses, politiques, littéraires ou philosophiques, pensant avoir reçu la vraie sagesse de leurs ancêtres ou de leurs premiers législateurs, n'osent pas se départir des doctrines sacrées et inviolables qu'ils leur ont inculquées. Les peuples stationnaires de l'Inde, de la Chine, du Thibet, comme les anciens Égyptiens, étaient régis avec une éternelle uniformité; enclos dans une sorte de moule intellectuel par leurs codes, et frappés au même type comme une monnaie, ils furent une copie partout semblable, comme si la nature humaine s'était arrêtée et immobilisée chez eux. Tel fut aussi notre moyen âge, réduit aux formules religieuses immuables du christianisme, et aux œuvres d'Aristote pour seule pâture intellectuelle. Il n'était pas permis, sous peine d'être taxé d'hérésie et brûlé comme tel, de dire autrement que le maître. *Magister ipse dixit*. Toute innovation était regardée comme la ruine du monde. Au contraire, le *système empirique*, novateur et expérimentateur, a pris naissance en Europe vers le quinzième et le seizième siècle, soit par la réforme religieuse, soit par les nouveaux systèmes de philosophie expérimentale, et les découvertes qui ont changé la face du globe, telles que la boussole, la poudre à canon, l'imprimerie, aujourd'hui la vapeur, etc. Il n'a plus été possible de rester entre les mêmes limites; on a franchi les mers des Indes et d'un autre hémisphère; les opinions anciennes, les idées surannées, se sont détraquées en présence de ces modernes carrières; comme par l'essor de la publicité, l'intelligence humaine élance ses regards dans les profondeurs de l'univers. Bientôt, rompant le respect de l'antiquité et des vieilles doctrines, on a brisé comme d'ignobles chaînes les lois et les habitudes usitées parmi nos ancêtres. De là ces bouleversements religieux et politiques qui ont signalé les derniers siècles jusqu'à nos jours, où le même mouvement de révolution se perpétue sans atteindre peut-être jamais l'équilibre qui l'amènerait au repos.

En effet, la nature de l'empirisme est de toujours chercher et expérimenter, par cette soif inextinguible du mieux, qui ne reconnaît aucune borne. Naturellement, l'esprit comme l'ambition sont insatiables, car on peut toujours supposer un état de perfection supérieur à ce qu'on avait obtenu. Si c'est le mérite de cette curiosité de s'élancer vers tout ce qu'il y a de grand et de sublime, c'est aussi le péril irrémédiable de son inquiétude qui la fait ensuite se précipiter dans les abîmes plutôt que de rester oisive et fixée à un principe.

La jeunesse, avide d'avenir, et toujours aventureuse, est naturellement empirique, essayante. La vieillesse, expérimentée, au contraire, est dogmatique, fixée à des principes dont elle refuse de se départir. Ainsi, elle aime le classique en littérature, tandis que le hasardeux romantisme trouve ses principaux adeptes enthousiastes parmi les jeunes écrivains. L'empirisme, d'après sa direction instinctive, remuante, doute en effet de tout; il scrute tout et brise tout, à la manière de l'enfant curieux qui démonte une horloge sans pouvoir en rassembler les pièces. Rien n'est certain à ses yeux tant qu'on peut soupçonner quelque chose au delà. Il offre sans cesse de nouveaux appâts qui sollicitent aux conquêtes; la destruction même de ce qui existe devient l'aliment de modernes reconstructions. On se fait héros de ruines, quand on n'a pu être héros d'institutions. De là naît une nécessité de régulariser cet essor vagabond et funeste de notre intelligence, lorsqu'elle n'accorde plus de confiance à rien. Dites-moi s'il existe aujourd'hui dans les esprits les plus éclairés quelque croyance fixe, immuable, au milieu des étranges et perpétuels bouleversements dont la société est la proie? Alors, on ne s'attache plus qu'au matériel, comme dans un naufrage universel on s'accroche à la seule planche de salut, au seul rocher où l'on puisse trouver un asile. Jouir du présent, tenter l'avenir, vienne après le néant, voilà la vie empirique. Religion, morale, philosophie, et tout le reste, sont pour elle autant de chimères. La mort est un mal sans doute, mais la vie sans jouissances paraît à cet empirisme un mal plus insupportable : il y a profit encore à se suicider. Le dogmatique, qui croit et espère, supporte la vie et le malheur; il se soumet aux lois, il accepte même une triste destinée comme l'épreuve d'un meilleur avenir. L'empirique joue le tout le pour tout; il est écrasé ou il monte au trône. Ne le prenez pas pour votre médecin, à moins que vous n'ayez aucune autre ressource de vous tirer du danger. Il a toujours en pensée cet adage : *Faciamus experimentum in anima vili.* Paraît-il un poison, un remède énergique nouveau, aussitôt il l'essaye. On voit des expérimentateurs éprouver sur eux-mêmes l'action d'un médicament périlleux. C'est par la même raison qu'on tente des recherches de physiologie expérimentale sur les animaux vivants. Il faut convenir qu'aucun progrès, aucune découverte ne sauraient avoir lieu sans épreuves ni tentatives nouvelles, sans manger le fruit de l'arbre de la science, quoiqu'il puisse en résulter la perdition, ou plus de mal que de bien.

L'empirisme, guidé par une saine raison dans la série de ses investigations, est donc encore la méthode la plus assurée des découvertes, puisqu'il emploie l'observation et l'expérience. L'observation des faits spontanés ne violente pas la nature, comme le fait trop souvent l'expérience sur les êtres animés. Des épreuves tentées à l'aide des déchirements et de la douleur ne sont que de fausses et cruelles expériences, puisqu'elles s'opèrent au milieu des convulsions et des tortures physiques et morales, qui en dénaturent les résultats. Au contraire, les expériences sur des corps inanimés, sur des matières minérales, comme le fait la chimie, offrent le plus utile empirisme. Par lui, nous avons conquis les plus importantes découvertes. Il n'en est pas de même des essais tentés sur le corps social. Là sans doute les enseignements de l'histoire et du gouvernement des nations, dans tous les siècles et dans tous les lieux, sont des guides prudents et indispensables à consulter pour quiconque ose toucher aux colonnes des États politiques. Les plus petites altérations des lois peuvent faire éclater au loin d'immenses ébranlements. Un seul mot mal interprété peut ravager des empires, comme un atome de poison introduit dans les principaux centres nerveux est capable d'immoler soudain un puissant quadrupède. Il faut donc que la raison préside sans cesse à l'empirisme, et qu'on ne marche dans les sentiers ténébreux de l'expérimentation qu'avec le flambeau de la pensée à la main. J.-J. Virey.

EMPLASTIQUE. *Voyez* Emplatre.

EMPLÂTRE (de ἐμπλάσσω, j'enduis, je couvre). Ce nom sert à désigner des préparations pharmaceutiques solides, mais s'amollissant par la chaleur, et adhérant plus ou moins aux parties sur lesquelles on les applique. Il y en a de très-simples : telle est l'*emplâtre de poix de Bourgogne;* d'autres sont plus ou moins compliquées; les bases en sont la cire, les résines, les huiles et les graisses. Après avoir fait chauffer ces substances et liquéfier celles qui sont solides, on y mélange diverses poudres. Cette manipulation est la plus simple; mais on augmente la consistance de la composition en y ajoutant des oxydes, et principalement ceux de plomb. Pour faire usage des emplâtres, on les étend sur de la peau ou sur du linge, selon la grandeur et la forme nécessaires : à cet effet, on les ramollit dans de l'eau chaude, et on les malaxe avec les doigts, qu'on a eu soin d'huiler. Indépendamment des préparations médicales que les emplâtres doivent aux parties qui les constituent, ils ont un mode d'action commun, c'est d'empêcher la transpiration cutanée de s'effectuer sur la partie qu'ils recouvrent : ils procurent ainsi une sorte de bain local; la peau devient humide et s'échauffe sous l'emplâtre; elle s'irrite aussi, et la médication devient ainsi révulsive. C'est pour cet effet qu'on applique l'emplâtre de poix de Bourgogne entre les deux épaules, aussitôt qu'on remarque quelques changements dans la respiration et qu'on ressent des douleurs sur le torse. La plupart du temps cette application est inutile, parce que les accidents auxquels on veut remédier sont sympathiques, et on se soumet en pure perte à une gêne incommode. Un morceau de taffetas gommé, si on peut le tenir solidement appliqué sur la peau, produirait le même effet.

Certains emplâtres ne servent que de moyens pour contenir ou réunir des parties divisées : tel est le diachylon agglutinatif; il est fréquemment usité par les chirurgiens pour réunir les plaies produites par des instruments tranchants. Le taffetas d'Angleterre, d'un usage habituel, sert aux pansements des blessures moins considérables. C'est un véritable emplâtre agglutinatif, aussi simple qu'utile. Le diachylon agglutinatif sert aussi pour établir des cautères avec des substances caustiques qu'il maintient en place, et dont il borne les effets dans la proportion désirée. D'autres emplâtres, composés de substances peu actives et peu adhésives, servent très-utilement pour remplacer l'épiderme enlevé accidentellement, lésion qui constitue l'écorchure ou l'e x c o r i a t i o n. On emploie à cet effet l'emplâtre diachylon simple, de même que la toile de mai, que *toute bonne femme* sait préparer.

L'action d'autres emplâtres dépend des substances médicinales qu'on y a introduites. Il en est un très-fréquemment usité, et qui contient du mercure; c'est l'*emplâtre de Vigo.* Il procure souvent la résolution de tumeurs indolentes. Ainsi, les petites indurations qui se forment assez fréquemment dans l'épaisseur des paupières se résolvent à la longue, en les tenant couvertes pendant longtemps avec un morceau de taffetas ou de peau enduite de cet emplâtre. On parvient avec le même topique à guérir, ou au moins à amender les cors aux pieds. La ciguë mêlée aux bases emplastiques est réputée comme propre à fondre des tumeurs squirrheuses : malheureusement, cette propriété est presque toujours illusoire, et on perd souvent un temps précieux en s'y fiant. Tous les emplâtres appelés *émollients* ne doivent cette qualité qu'à l'action commune de ces préparations, celle d'établir une sorte de bain. Les oxydes de plomb communiquent aux emplâtres une propriété astringente et résolutive. On compose des emplâtres vésicatoires avec les euphorbes, les daphnés, les thyméiées; la poudre de cantharides en est la base la plus active. L'opium est aussi associé aux emplâtres dans le but d'obtenir des effets calmants dans diverses affections nerveuses et douloureuses; mais ces topiques sont très-peu usités maintenant, et l'on conçoit d'après leur composition qu'ils doivent céder peu de leurs parties constituantes à l'absorption de la peau. On devrait essayer de les corriger sous ce rapport; ils pourraient alors devenir plus utiles, car il suffit d'introduire dans le corps humain des doses minimes de médicaments pour produire des effets généraux très-marqués. Le système d'Hahnemann, quelle que soit sa valeur, nous a révélé à ce sujet un phénomène surprenant.

On désigne par l'adjectif *emplastique* les substances médicamenteuses qu'on peut employer à la manière des emplâtres.

Dr CHARBONNIER.

EMPLOI. Il y a deux grandes sortes d'emplois, les emplois de l'industrie privée et les emplois de l'administration. De la netteté dans les idées, de la méthode, de l'intelligence, et une connaissance générale des hommes et des affaires, sont des qualités indispensables pour bien remplir un emploi quelconque. L'industrie sait généralement choisir ses hommes, et n'occupe que ceux dont l'aptitude est bien établie. L'intérêt personnel est ici une garantie des choix. Mais les choses ne se passent point de même dans les gouvernements, où l'intrigue et la faveur sont dispensatrices souveraines. On a proposé à plusieurs reprises et on a même fondé après la révolution de février 1848 une école d'administration destinée à fournir le personnel des différents services publics. Elle ne dura que quelques mois. Cependant cette idée a de l'avenir. Pourquoi ne soustrairait-on pas également les emplois civils à l'arbitraire du pouvoir? La fureur des emplois publics est une maladie caractéristique de notre siècle. Paul-Louis Courier rappelle à ce sujet que Philippe de Comines faisait un pareil reproche aux Français de son temps. Puis il ajoute : « Les choses ont peu changé. Seulement, cette convoitise des *offices et états* (curée autrefois réservée à nobles limiers) est devenue plus âpre encore depuis que tous peuvent y prétendre... Quelque multiplié que paraisse aujourd'hui le nombre des emplois, qui ne se compare plus qu'aux étoiles du ciel ou au sable de la mer, il n'a pourtant nulle proportion avec celui des demandeurs, et on est loin de pouvoir contenter tout le monde... Que de solliciteurs actuellement dans les antichambres, *le chapeau dans la main, se tenant sur leurs membres*, comme dit un poëte!... Chacun cherche à se placer, ou, s'il est placé, à se pousser. Dès qu'un jeune homme sait faire la révérence, riche ou non, peu importe, il se met sur les rangs; il demande des gages, en tirant un pied derrière l'autre; cela s'appelle *se présenter*. Tout le monde se présente pour être quelque chose. On est quelque chose en raison du mal qu'on peut faire. Un laboureur... n'est rien; un homme qui cultive, qui bâtit... n'est rien. Un gendarme est quelque chose. Un préfet est beaucoup. Voilà la direction générale des esprits... »

Emploi se dit au théâtre des rôles dont un acteur est particulièrement chargé. Pour prévenir les rivalités et les collisions entre comédiens, les gens les plus difficiles à mener qu'il y ait au monde, suivant le maréchal de Saxe, qui se connaissait à mener les hommes, on a assigné à chacun des fonctions dont il ne doit pas sortir et que nul en retour ne doit usurper à son préjudice. Tous les rôles qui peuvent se présenter au théâtre ont été ainsi soumis à une classification, et chaque genre constitue un emploi. Dans la tragédie on distingue : pour les hommes, les emplois de pères nobles, premiers rôles, jeunes premiers rôles, deuxièmes rôles, rois, troisièmes rôles, confidents, utilités, accessoires; pour les femmes, les reines, premiers rôles, grandes princesses, jeunes premières, confidentes, rôles à récit, utilités. Dans la comédie ce sont : pour les hommes, les premiers rôles, jeunes premiers, troisièmes rôles et raisonneurs, pères nobles, financiers, manteaux, grimes, premiers comiques, deuxièmes comiques, utilités, accessoires; pour les femmes, les premiers rôles, jeunes premières, amoureuses, ingénues, duègnes, caractères, soubrettes, utilités. On a en outre réuni certains rôles excentriques et nouveaux, introduits par le vaudeville et le drame, sous la dénomination commune de *rôles de genre*. Ces rôles sont ordinairement l'apanage d'un artiste de talent qui les a créés. Mentionnons encore les *travestis*, genre de rôle féminin qui a fait la fortune de Mlle Déjazet, et dont le vaudeville abuse un peu trop.

Sur les scènes lyriques les mêmes démarcations existent entre les emplois, et plus marquées encore; en effet, la plupart du temps, elles sont déterminées par le genre de voix des chanteurs (*voyez* TÉNOR, BARYTON, BASSE-TAILLE, SOPRANO, CONTRALTO, etc.). En province la désignation des emplois s'emprunte au nom d'un artiste devenu célèbre dans chaque genre; ainsi l'on dit un Elleviou, un Martin, un Arnal, un Bouffé, un Alcide Tousez, une Dugazon, etc. Un ou plusieurs *doubles* sont pour l'ordinaire adjoints à chaque *chef d'emploi*, pour le remplacer en cas d'absence.

EMPLOYÉ, scribe généralement attaché aux bureaux des ministères et aux diverses administrations civiles, militaires ou financières, l'un des rouages indispensables de cette énorme puissance qu'on appelle la bureaucratie. L'employé est cet homme que l'immense division du travail administratif a condamné à recommencer la même chose tous les jours : des bordereaux, des quittances, des additions, des classements, des actes toujours les mêmes, imperceptibles fractions d'un tout vaste comme le budget de nos huit ou dix ministères. Dans les opérations qui sont du domaine de l'intelligence, l'employé c'est le manœuvre, l'ouvrier l'esclave. Si la nature lui a donné des facultés supérieures à ses opérations mécaniques de chaque jour, il est malheureux, et sa vie s'écoule dans un profond ennui. Sous l'ancien régime les *employés* subalternes n'ayant que des espérances très-éloignées, et surtout très-bornées, d'avancement, on n'exigeait pas d'eux une grande capacité. A présent les simples *employés* sont nécessairement moins ignorants, sinon moins paresseux; néanmoins ce sont eux qui font la besogne, mais avec quelle lenteur! Pour devenir *employé* dans un ministère ou une administration supérieure, il faut de longues sollicitations, de puissantes recommandations, des concours, quelquefois même le résultat d'informations favorables et un pénible surnumérariat, tandis que sans examen préalable on nomme souvent un chef de bureau ou de division.

L'impassibilité, la résignation de l'*employé* sont égales à sa régularité méthodique, qui est passée en proverbe. Le balancier de l'horloge détermine exactement la minute où il doit sortir et rentrer, ainsi que tous les instants, tous les actes de sa vie privée, essentiellement uniforme et monotone. Chaque jour, à la même heure, il passera inévitablement par la même rue, et les habitants du quartier pourraient se fier à son passage pour régler leur montre. L'épouse du petit rentier raffole de l'*employé* pour gendre. Il gagne peu, mais au moins c'est sûr. Quant à lui, sa position équivoque dans le monde, entre la bourgeoisie, à laquelle il appartient par l'éducation, les goûts et les mœurs, et la classe des artisans, qui au moins n'est pas tenue au même décorum, et dont il se rapproche par ses faibles émoluments, influe singulièrement sur son existence, et en fait souvent le malheur. Soumis à l'arbitraire d'un pouvoir oscillant, de chefs qui tombent, se relèvent, sans cesse changés et eux-mêmes changeant sans cesse de langage et de sentiments, que devient, au milieu de pareils feux croisés, le pauvre diable qu'on nomme *employé*? Hélas!... il ne trouve quelque garantie de stabilité que dans la souplesse de son caractère et de ses opinions, dans l'humilité de son intelligence et surtout dans la prudente circonspection d'un langage toujours bien élastique.

On crie contre le nombre exorbitant des *employés*, contre leur inutilité, contre ce qu'ils coûtent à l'État; mais, soyons justes, bien souvent ils font la besogne des chefs, et ce sont toujours les derniers venus, les plus mal rétribués, qui travaillent le plus. La plupart n'ont que de 1,000 à 2,000 fr. de traitement : c'est à peine le strict nécessaire, et pour le gagner ils doivent travailler six à sept heures tous les jours. D'ailleurs, nous pourrions citer sans peine plus d'un établissement où le nombre des chefs est aussi considérable et aussi dispendieux que celui des *employés*.

EMPLURES. *Voyez* BATTEUR D'OR.

EMPOÈSE ou EMPOISE. *Voyez* COUSSINET.

EMPOIS. Cette préparation de fécule obtenue en mêlant celle-ci à de l'eau, que l'on porte ensuite graduellement à l'ébullition, en agitant sans cesse le mélange, se fait ordinairement avec l'amidon. L'on a cru pendant longtemps que tout dans cette opération se bornait à combiner l'eau à la fécule; mais depuis que l'on sait, par des expériences irrécusables, que les grains d'amidon et en général les fécules amilacées se composent d'un sac ou enveloppe et d'une matière renfermée dans ces téguments, les fécules ont cessé d'être rangées parmi les principes immédiats; et l'on a pu se convaincre, en les faisant bouillir avec une grande quantité d'eau, qu'elles cèdent à ce véhicule un principe soluble, l'*amidine*. Dans l'eau bouillante l'enveloppe se déchire, la substance qu'elle renferme se dissout, et les téguments restent en suspension. Si la fécule est en excès, ils forment en s'agglutinant des couches tremblotantes qui épaississent le liquide et le rendent opaque. Cette matière, que l'on nomme *empois*, sert à la fabrication de la colle, à l'apprêt des étoffes et du linge; on l'emploie aussi comme aliment.

Théodore de Saussure a observé qu'en abandonnant l'empois à lui-même, soit à l'air, soit hors du contact de l'air, pendant quelques mois, il se transformait en une substance gommeuse, que ses propriétés rangeaient entre la gomme et l'amidon, en ligneux amilacé et en sucre de seconde espèce; il y reconnut aussi l'amidine, mais on ignorait alors qu'elle existât toute formée dans l'amidon. Pendant cette réaction de l'empois sur lui-même, le savant observateur que nous venons de citer a observé une production d'eau et d'acide carbonique au contact de l'air, et dans ce cas le résidu pèse moins que l'amidon employé à la fabrication de l'empois. Si l'action a lieu hors des atteintes de l'air, il n'y a plus formation d'eau, mais un dégagement d'un peu de gaz acide carbonique et de gaz hydrogène pur ou presque pur. J'ai moi-même reconnu que l'empois était dénaturé par un froid violent. Ayant exposé ce corps à la gelée dans un hiver très-rigoureux, lorsque je le soumis le lendemain au dégel, je le trouvai transformé en une substance spongieuse, d'où je retirai par l'expression un liquide qui me parut gommeux et sucré. Cette expérience a quelques rapports avec celles de Saussure, puisqu'au moyen d'une température de plusieurs degrés au-dessus de zéro, j'ai, au gaz près, obtenu des produits analogues, savoir, une sorte de fibre végétale, une matière visqueuse comme une solution de gomme et un principe sucré. COLIN.

EMPOISONNEMENT. On donne ce nom à l'ensemble des phénomènes ou des accidents produits par des substances vénéneuses appliquées sur quelque partie du corps. La loi appelle *empoisonnement* « tout attentat à la vie d'une personne par l'effet de substances qui peuvent donner la mort plus ou moins promptement, de quelque manière que ces substances aient été employées ou administrées, et quelles qu'en aient été les suites. Tout coupable d'empoisonnement sera puni de mort. Toute tentative de crime qui aura été manifestée par des actes extérieurs, et suivie d'un commencement d'exécution, si elle n'a été suspendue ou n'a manqué son effet que par des circonstances fortuites et indépendantes de la volonté de l'auteur, est considérée comme le crime même. »

Le crime d'empoisonnement a toujours été si odieux, que chez toutes les nations on le punissait de peines plus fortes que pour tout autre assassinat commis également de guet-apens. Les statuts de Henri VIII condamnaient l'empoisonneur à périr dans l'eau bouillante; l'ancienne constitution des États de Milan le dévouait aux flammes. Les législateurs ont eu en vue de punir plus rigoureusement un attentat dans lequel tout semble favoriser le coupable, tant par l'obscurité de son crime que par la difficulté de le prouver.

Quoique l'administration de toute substance vénéneuse porte le titre d'*empoisonnement*, les effets de cette administration ne produisent pas toujours le *crime d'empoisonnement*, parce qu'il n'y a pas toujours intention d'ôter la vie, et que tous les poisons ne jouissent pas tous d'une même énergie. Aussi la loi ne punit pas des mêmes peines un empoisonnement occasionné par la faute ou la négligence d'un individu, dans lequel elle ne découvre pas l'intention formelle de donner la mort. Il est possible que les aliments, les boissons falsifiées soient de nature à causer la mort; il peut y avoir erreur chez un droguiste, un pharmacien : cependant ces événements ne peuvent être regardés comme assassinat; dans le premier cas, il y a infraction à l'article 318 du Code Pénal sur les boissons falsifiées; dans le second, meurtre par négligence.

Les différents états de l'économie animale, suivant que l'homme est en santé ou en maladie, les diverses manières d'être de l'estomac, donnent l'explication de l'action relative des poisons : c'est ainsi que dans l'empoisonnement simultané de plusieurs personnes, chacune éprouve des accidents divers d'une intensité très-variable, suivant l'état de ses organes, la vigueur de sa constitution, et principalement l'état de son estomac. Cet organe, qui peut dans certaines circonstances modifier l'activité des poisons, peut aussi faire agir comme poisons des substances qui n'appartiennent pas à cette classe; c'est ainsi qu'un vomitif léger, d'autres médicaments plus innocents encore, ont donné lieu à tous les symptômes de l'empoisonnement. L'action des poisons est très-différente suivant l'état de santé ou de maladie : ils agissent assez souvent d'une manière plus nuisible chez un individu en bonne santé que chez une personne faible. On donne par mégarde à une phthisique une dose très-forte de cantharides, les accidents primitifs cèdent avec la plus grande facilité; une personne robuste et bien portante placée près d'elle en avale une petite quantité pour l'encourager à prendre ce remède, elle succombe promptement. L'habitude émousse la susceptibilité de nos organes; sans parler de Mithridate, tant de fois cité, des Orientaux, qui font de l'opium un usage si immodéré, ne voit-on pas des ouvriers buvant un alcool d'un degré auquel des substances animales qu'on y conserverait seraient crispées? La dose énorme à laquelle on parvient à donner l'émétique est encore un exemple de ce fait; enfin, on a vu des individus qui, après avoir fait usage des boissons les plus fortes, ont été jusqu'à boire impunément de l'acide nitrique. Il est des questions d'âge et de force qui deviennent nulles pour expliquer les divers modes d'action des substances toxiques, et si l'action vénéneuse n'est pas la même pour tous les hommes, elle ne l'est pas également aussi pour toutes les espèces d'animaux. Le suc du manioc, si dangereux pour l'homme, ne l'est ni à la volaille ni aux pourceaux. L'aloès, à une dose légère, fait périr les renards et les chiens. La noix vomique agit vigoureusement sur les chiens, et ne devient poison pour l'homme qu'à une dose beaucoup plus élevée.

Les symptômes de l'empoisonnement peuvent être déterminés par l'application de substances sur les membranes muqueuses, non-seulement de l'estomac, ce qui a lieu le plus ordinairement, mais de la bouche, du nez, de l'œil; on le voit déterminé par l'injection de substances vénéneuses introduites dans un lavement. Il est des substances qu'il suffit de mettre en contact avec la peau pour déterminer une inflammation violente, et tous les symptômes de l'empoisonnement. Dans un siècle où ce crime était encore plus commun qu'aujourd'hui, au temps des Brinvilliers et des Desrues d'horrible mémoire, cet art infernal était parvenu à une effrayante perfection; on a vu l'empoisonnement occasionné par des habits, de la poudre à poudrer, des boîtes qu'il suffisait d'ouvrir pour causer la mort, des gants qui portent une odeur qui tue. Zacchias raconte que le pape Clément VII fut empoisonné par la fumée d'un flambeau dont la mèche recélait un poison. Et si ces faits paraissent extraordinaires, si nous croyons difficilement à l'art de ces Locustes de temps peu éloignés de nous, ne sommes-nous pas témoins de nos jours des terribles effets de plusieurs substances vénéneuses, de l'acide cyanhydrique, par exemple, qui semble foudroyer l'être vivant, soit qu'il ait été placé sur une muqueuse ou qu'il ait été ingéré dans l'estomac, quoique dans cette dernière circonstance son action paraisse moins certaine et moins instantanée?

Les phénomènes primitifs communs à la plupart des poisons âcres ou caustiques sont une saveur styptique, brûlante et âcre; rougeur et sécheresse de la langue, de la bouche, qui offrent souvent des escarres variables d'étendue et de couleur : ainsi, noires pour l'acide sulfurique et le phosphore, jaunes pour l'acide nitrique, blanches pour l'acide chlorhydrique, elles sont ordinairement grisâtres dans les empoisonnements par les alcalis. Les dents sont agacées; il y a salivation abondante; sensation de constriction et de corrosion de l'arrière-bouche, de l'œsophage et de l'estomac, qui ne peut supporter les liquides les plus doux; déglutition très-difficile, celle des liquides souvent impossible, soif ardente et inextinguible; douleur déchirante ou brûlante à l'épigastre, qui est souvent ballonné, ainsi que tout le ventre, et tellement sensible qu'on ne peut y apposer les corps les plus légers; nausées fréquentes, vomissements violents, opiniâtres, avec efforts qui augmentent la sécheresse, l'âcreté de la bouche et de la gorge; matières des vomissements noirâtres, bilieuses, sanguinolentes ou de sang pur, contenant souvent des portions d'escarres ou de membranes; douleur atroce, qui suit le trajet du canal intestinal; le plus ordinairement déjections fréquentes, douloureuses, de matières analogues à celles des vomissements. Si l'empoisonnement est causé par un acide minéral concentré, la saveur est d'une acidité brûlante, la bouche et la gorge sont recouvertes d'escarres, qui en se détachant occasionnent une toux fatigante, altèrent la voix ou causent une aphonie complète. La saveur, ainsi que l'odeur, est ordinairement urineuse ou de lessive dans l'empoisonnement par les alcalis. J'ajouterai que les matières rejetées bouillonnent sur le carreau et rougissent la teinture de tournesol si c'est un acide, ce qui n'a pas lieu lorsque l'empoisonnement est dû à un alcali, les matières rendant la couleur primitive au papier rougi par un acide, et verdissant le sirop de violette. La saveur est variable pour les métaux; les préparations de plomb ont un goût douceâtre et comme sucré; il est difficile de définir le goût insupportable des poisons mercuriels, ou du nitrate d'argent, mais il est facile de les reconnaître une fois qu'on les a perçus.

Après les symptômes qui suivent immédiatement l'ingestion du poison, la face se décompose, elle devient livide et cadavéreuse. La peau, sèche, brûlante ou froide, se recouvre d'ecchymoses, de taches pourpres, livides, ou d'éruptions miliaires et boutonneuses. Les convulsions apparaissent avec une inexprimable anxiété, des crampes, des soubresauts des tendons; froid glacial, ou chaleur âcre, feu dévorant, insomnie, palpitations, syncopes, pouls petit, serré, irrégulier, filiforme; respiration difficile, hoquets, haleine fétide, langue sèche, recouverte d'un enduit noirâtre; météorisme du ventre, qui peut être au contraire rentré et touchant la colonne vertébrale; facultés intellectuelles altérées, anéanties; sueurs froides, visqueuses, laissant sur la peau un enduit terreux; le pouls devient insensible, le froid des extrémités gagne le centre, le malade s'éteint avec ses souffrances.

A l'ouverture, on rencontre dans le canal alimentaire des escarres, des ecchymoses, des érosions plus ou moins étendues; l'estomac est quelquefois perforé, et les matières sont épanchées dans l'abdomen. On voit l'inflammation se propager depuis la bouche jusqu'à l'anus; le plus ordinairement l'inflammation a plus d'intensité à l'estomac et aux intestins grêles. La rougeur varie de ton. Les membranes, si elles ne sont pas enlevées, sont épaissies; le canal est rétréci en plusieurs points. Une chose utile à constater en médecine légale, c'est que la muqueuse du pharynx et de l'œsophage est enflammée ou cautérisée principalement sur les saillies des plis longitudinaux que présentent ces membranes, de sorte que l'intervalle qui sépare ces plis se trouve quelquefois tout à fait sain, ce qui n'a pas lieu dans les cas de phlegmasie produite par d'autres causes. Des viscères étrangers au tube digestif sont aussi altérés. Le péritoine et le foie sont les viscères qui sont sur la première ligne; on trouve une hépatisation des poumons; enfin, dans certains empoisonnements il y a des ulcérations dans les cavités du cœur. On a prétendu que chaque substance vénéneuse produisait un genre particulier d'altération, qui pouvait les faire distinguer entre elles, mais cette assertion est hasardée.

L'empoisonnement par les narcotiques et les narcotico-âcres a les caractères suivants : il semble agir primitivement sur le système nerveux et le cerveau en particulier; engourdissement, pesanteur de tête, somnolence, vertiges, ivresse, assoupissement, état apoplectique, délire furieux ou gai; douleurs légères d'abord, puis intolérables; mouvements convulsifs, partiels ou généraux; faiblesse ou paralysie des membres, dilatation ou resserrement des pupilles, sensibilité diminuée, nausées et vomissements, pouls fort plein ou rare, respiration naturelle ou accélérée. Lorsque l'empoisonnement se termine par la mort, les vaisseaux du cerveau sont souvent engorgés; les poumons, peu crépitants, présentent un engorgement semblable; le sang contenu dans les cavités du cœur et les veines est souvent coagulé peu de temps après la mort; les autres organes ne sont ordinairement le siége d'aucune lésion remarquable, et le plus souvent cet empoisonnement ne laisse aucune trace; l'absorption paraît porter la substance vénéneuse dans le torrent de la circulation, et les mêmes accidents sont déterminés, soit qu'elle ait été portée sur la peau ulcérée, le tissu cellulaire, le canal digestif, les séreuses, ou qu'elle ait été injectée dans les veines. L'empoisonnement par les narcotico-âcres présente les phénomènes les plus variables : le plus souvent ceux que l'on rencontre dans l'empoisonnement par les narcotiques se trouvent réunis dans cette circonstance avec l'inflammation du canal intestinal ou de la partie sur laquelle la substance a été appliquée.

Les symptômes de l'empoisonnement par les substances septiques se manifestent avec une rapidité ordinairement extrême; ils agissent dans certaines circonstances sur l'économie tout entière : on voit la putréfaction s'emparer de tout le corps, dans la morsure des crotales et d'autres reptiles. Une Américaine mordue par un de ces animaux non-seulement mourut presque instantanément; mais la putréfaction fut tellement rapide que les membres et les chairs étaient détachés et tombaient en lambeaux avant que le corps fût transporté à l'église. Cependant, toutes les substances septiques n'agissent pas avec une semblable intensité et de la même manière; il en est qui paraissent suspendre l'influence nerveuse dans toute l'économie.

Les divers symptômes que nous venons d'énumérer peuvent donc être occasionnés par des substances vénéneuses prises à l'intérieur ou appliquées extérieurement; peuvent être le résultat d'un crime ou d'un suicide; peuvent avoir lieu par négligence ou par mégarde. Ils peuvent aussi être étrangers à un empoisonnement, et dépendre de certaines affections développées promptement, et qui simulent les effets du poison. On voit combien il importe de reconnaître s'ils sont dus au poison ou à une maladie pour pouvoir porter sur-le-champ les remèdes nécessaires ou présenter à la justice un rapport exact.

Des recherches que nous avons entreprises sur l'empoisonnement nous ont démontré qu'il surpassait les autres crimes en fréquence, surtout dans quelques contrées. Nous avons fait aussi la remarque que ce crime était plus souvent commis par les femmes que par les hommes. Parmi les causes qui y donnent lieu, la cupidité tient la première place, ensuite l'envie d'être débarrassé de liens qui mettent obstacle à de nouvelles passions. La jalousie vient en troisième ligne, puis la vengeance; enfin des motifs plus ou moins singuliers tenant à la folie ou à l'idiotisme. Trois enfants, dont l'aîné n'avait pas quatorze ans, ont commencé une tentative d'empoisonnement sur leur grand'mère pour posséder une robe et quelques pièces de monnaie. On a vu des filles ayant tous les dehors d'une bonne conduite exécuter l'empoisonnement de familles entières; l'Allemagne nous offre plusieurs exemples de ce crime commis, pour ainsi dire, de sang-froid. Une de ces malheureuses, qui était dame de confiance dans une famille qu'elle détruisit presque entièrement, révéla à la justice qu'elle employait l'arsenic délayé dans une grande quantité de liquide, espérant par ce moyen empêcher les experts d'en retrouver des traces sur ses victimes.

La fréquence de l'emploi des diverses substances toxiques m'a paru être dans le rapport suivant : l'oxyde blanc d'arsenic à lui seul est beaucoup plus fréquemment administré que tous les autres poisons ensemble; ensuite le sublimé corrosif, le cobalt, la noix vomique, l'émétique, l'acide sulfurique, l'acide nitrique, le nitrate d'argent, le sulfate de cuivre, les plantes vireuses, la poudre de cantharides, le nitrate de mercure, l'acétate de morphine, l'acide prussique. Ces diverses substances ont été le plus souvent mélangées dans la soupe, dans la farine, dans des médicaments, dans du lait ou du café. Plus d'une fois elles l'ont été dans du vin, et dans ce cas la coloration a presque toujours fait échapper la victime : c'est ainsi qu'un prêtre, au moment de la consécration, s'aperçut que le vin qu'il avait versé dans le calice avait une couleur verdâtre, il ne le but pas : ce vin avait été empoisonné par le sulfate de cuivre.

Le médecin légiste ne peut affirmer qu'il y ait eu empoisonnement qu'autant qu'il aura prouvé l'existence de la substance vénéneuse d'une manière irrévocable, par l'anayse chimique ou par les propriétés physiques (Orfila, *Toxicologie*). Cette doctrine a été vivement combattue par quelques hommes d'un mérite reconnu, qui se fondent sur l'impossibilité où l'on est quelquefois de retrouver le corps vénéneux, soit qu'appartenant au règne organique, l'analyse reste impuissante pour le découvrir, soit qu'appartenant au règne minéral, il ait été rejeté par les évacuations dont on n'aurait pu faire l'examen. Ces médecins ont prétendu qu'exiger dans toutes les circonstances la représentation de la substance délétère serait professer une doctrine dangereuse et pouvant livrer des citoyens honnêtes au poison de lâches assassins. L'une des deux doctrines peut, il est vrai, sauver quelques coupables, l'autre peut couvrir d'opprobre des familles respectables et traîner l'innocent à l'échafaud. Comment balancer entre ces deux alternatives? Le crime qui n'est pas prouvé n'existe pas devant la loi; son impunité ne saurait devenir dangereuse pour la morale publique. On doit se soumettre à cet adage : *Il vaut mieux sauver cent coupables que d'immoler un seul innocent*. Nous savons que le criminel peut quelquefois se soustraire à la justice des hommes, mais le cri de la conscience, les remords, le souvenir des forfaits sont là pour le poursuivre, ce sont des instruments d'un supplice de tous les instants et sans cesse renouvelé.

Boys de Loury.

L'empoisonnement des chevaux ou autres bêtes de voiture, de monture ou de charge, des bestiaux à cornes, des moutons, chèvres ou porcs, ou des poissons dans des étangs, viviers ou reservoirs, est puni d'un emprisonnement d'un an à cinq ans et d'une amende de 16 francs à 300 francs. Ceux qui jettent dans les eaux d'un fleuve ou d'une rivière des drogues ou appâts de nature à enivrer le poisson ou à le détruire sont punis d'une amende de 30 francs à 300 francs et d'un emprisonnement d'un mois à trois ans.

EMPORTEMENT, mouvement déréglé, violent, causé par quelque passion, par la colère surtout, disparition momentanée de la raison. L'emportement tient à une mauvaise éducation, à un défaut complet de savoir-vivre, quelquefois encore à un état maladif. Hors de rares circonstances où le caractère se fait jour, les gens du monde, lorsqu'ils sont en société, excellent à se posséder; ont-ils à soutenir l'inconvenance de certaines attaques, ils les reçoivent avec un sang-froid si inaltérable, ils réussissent si bien à mettre les formes de leur côté, ils paraissent si calmes, si désintéressés dans leur propre cause, qu'on leur donne raison sans les avoir à peine entendus. Quant à ces petites contrariétés qui traversent inopinément les rapports quotidiens, ils s'efforcent les premiers d'en rire, ou rencontrent sur le champ mille raisons pour s'en consoler, et les expliquent à tous ceux qui sont présents. Les femmes qui dès leur plus tendre jeunesse ont été conduites dans les salons font plus que de contenir les mouvements de leur cœur, elles les déguisent à leur gré; en proie aux haines ou aux rivalités les plus prononcées, elles ne se désespèrent entre ennemies que par des contre-vérités qu'elles enveloppent d'une douceur si parfaite, d'une mesure si complète, qu'elles trompent les témoins qui ne sont pas dans le secret : ce qu'elles veulent éviter, c'est tout ce qui est scène. Bref, elles se font du mal entre elles, et pour elles seules, jusque par la manière de s'embrasser. Il arrive tous les jours que des hommes que rien ne ferait éclater dans le monde se livrent dans leur intérieur aux emportements les plus terribles pour un léger contre-temps, ou pour faire dominer leur volonté sur des objets dénués de toute importance. On attend, et ils oublient ce qui d'abord les a tant remués, et, avec un peu de persévérance et d'adresse, on leur insinue une volonté tout-à-fait différente de leur volonté première.

C'est un talent précieux chez l'orateur et chez l'avocat de savoir bien feindre l'emportement dans certaines circonstances; mais du sein même de cette chaleur ne doivent sortir que des coups bien mesurés : il faut blesser l'adversaire sans cependant inspirer pour lui la pitié à ceux qui vous entendent; autrement, ils cessent d'être de votre parti. Les enfants, qui sont élevés dans l'intérieur de familles riches, où on les gâte, contractent des habitudes d'emportement, dont souvent le malheur ne les corrige que trop tôt. Les gens d'affaires s'emportent rarement : ils y perdraient trop en aplomb, en discernement et en ruse. Il y a un certain emportement de passions qui, dans la jeunesse, est souvent l'annonce de grands talents, sans en être cependant la preuve. Quand cet emportement passe vite, il fertilise le génie lui-même; dure-t-il longtemps, il use jusqu'à l'intelligence.

Saint-Prosper.

EMPORTE-PIÈCE ou **DÉCOUPOIR**, outil tranchant qui enlève d'un seul coup une pièce ronde, festonée, etc., d'une plaque de cuivre, de tôle, de fer, d'une pièce de drap, de cuir, etc. Les pains à cacheter, plusieurs ornements de bijouterie, d'habillement militaire, etc., sont découpés au moyen d'emporte-pièces. Ces outils se font en acier; la partie qui coupe est seule trempée et dure. On les fait pénétrer dans la matière à découper, soit à coups de marteau, soit au moyen d'une vis ou d'un levier analogue à ceux que l'on emploie dans les presses.

EMPREINTE (*Technologie*). *Empreindre*, c'est imprimer en relief ou en creux sur une matière molle ou mobile la forme, les ornements d'un cachet, d'une médaille, d'une lettre. Ce verbe n'est guère usité qu'au passif.

L'*empreinte* est la marque, la trace que laisse un corps dur sur une matière plus molle qu'il a touchée ou sur laquelle il a été appliqué avec une certaine force : un cachet appliqué sur de la cire molle y laisse son empreinte ; les monnaies, les médailles, sont des empreintes des matrices ou poinçons creux qui ont servi à les frapper. L'empreinte n'est quelquefois ni en relief ni en creux : telles sont les estampes, les lettres d'un livre imprimé. Dans les arts, on prend des empreintes ou des copies d'un objet de plusieurs manières : le graveur veut-il s'assurer si le creux du cachet qu'il burine approche de la correction qu'il cherche à lui donner, il l'applique sur de la cire molle, et il juge, par le relief qu'il obtient, de la perfection de son travail. Quelquefois on fait usage de matières fondues ou délayées avec de l'eau, telles que le soufre, le plâtre, etc. C'est avec ces matières, coulées dans des creux, qu'on obtient des empreintes de médailles, de bas-reliefs, etc. On prend encore des empreintes de monnaies et autres objets semblables en appliquant dessus une feuille mince de métal, que l'on foule ensuite avec une masse de plomb, de façon que la feuille prend exactement la forme du relief de la pièce de monnaie, ou du relief dont on veut avoir la copie ; c'est de cette manière qu'on forme les plaques qui ornent les shakos des soldats, etc. Les fondeurs en caractères d'imprimerie prennent des empreintes des pages, composées en caractères mobiles, d'une manière fort ingénieuse, et qui donne des résultas très-satisfaisants ; cette opération s'appelle *clichage* (*voyez* STÉRÉOTYPIE). TEYSSÈDRE.

En morale, on nomme *empreinte* l'impression plus ou moins profonde qu'on a reçue en général dans l'enfance. A une époque où l'éducation était surtout religieuse, elle donnait au caractère une empreinte qui s'effaçait fort difficilement, même à l'âge où les passions ont le plus d'impétuosité : à son entrée dans le monde, on triomphait alors des piéges qu'il tend et des tentations qu'il offre. Si quelquefois cependant cette empreinte si énergique semblait disparaître, elle ne s'en conservait pas moins, et ressortait toute vivante à l'âge où la raison reprenait son empire. De nos jours, les enfants échappent trop à toute empreinte durable ; on leur explique, il est vrai, la théorie des devoirs, mais on ne parvient pas à les graver dans leur conscience. Ces devoirs, à leur entrée dans le monde, ils les voient livrés à la dérision et au mépris ; ils les repoussent donc bien vite à leur tour, d'autant qu'ils contrarient le penchant qui les entraîne vers les plaisirs. On n'en retrouve une certaine empreinte que chez les jeunes gens élevés en province, dans l'intérieur d'antiques familles, nourris chaque jour des principes et des croyances héréditaires : et encore faut-il qu'ils ne soient pas lancés trop tôt dans Paris ; autrement, ils changent aussi. Cette absence de toute empreinte profonde explique comment dans l'espace de soixante-cinq années le même peuple a refait et défait tant de fois les formes de son gouvernement, puis ses lois civiles et jusqu'à ses simples habitudes. On aurait dû croire que chaque homme, se délivrant de cette sorte d'empreinte générale que donne la morale, revêtirait en retour un caractère individuel ; il n'en a point été ainsi. Dans un pays comme le nôtre, où la fixité n'est nulle part, le seul souverain auquel on se soumette, c'est la mode. A Paris, vêtements, discours, tout en un instant a porté l'empreinte d'une liberté dite *républicaine* ; sous l'*empire*, tout a été taillé au patron de l'obéissance militaire ; sous la Restauration, sous le gouvernement de Juillet, sous la nouvelle république, sous le nouvel empire, que d'empreintes différentes remplacées par d'autres ! que de fois dans l'espace d'un peu plus d'un demi-siècle ce qui était *devoir* a été proclamé *crime !* A bien dire, la seule empreinte qui manque à nos actions, c'est celle de ce bon sens qui est impérissable, parce qu'il est fondé sur l'expérience de faits accomplis ; mais cette empreinte nous manquera encore longtemps : nous visons trop au nouveau dans tous les genres ; et comme nous ne prenons pas assez le temps de nous y préparer, nous campons et nous camperons longtemps encore probablement sur des ruines.

SAINT-PROSPER.

EMPRISE, vieux mot de la langue du moyen âge, emprunté à l'espagnol *empressa*, entreprise de guerre, combat, aventure à laquelle des chevaliers s'engageaient par serment. Quelques auteurs ont considéré *emprise* comme synonyme de *behourd* ou de *joûte à la lance*, car les emprises avaient bien plus pour but la gloire d'un fait d'armes que la mort d'un ennemi ; d'autres écrivains ont vu dans emprise un synonyme de *signe apparent d'un serment* ou *d'un vœu :* de là cette locution, *attacher l'emprise* (manifester par marque extérieure un engagement pris). Ce genre d'emprise, considéré comme chaîne morale et volontaire, répond à l'italien *empresa*, devise. Au moyen âge, l'objet d'une emprise était surtout de défendre un pas d'armes ; cette intention était annoncée par un écriteau ordinairement accompagné d'une devise. Les emprises étaient courtoises ou à outrance ; elles résultaient quelquefois d'un engagement ostensiblement exprimé par des emblèmes sur le bouclier, par des chaînes de métal qui croisaient et surchargeaient l'armure. Olivier de la Marche rend témoignage de ces usages ; on voit dans ses récits comment un chevalier, *en faisant arme* contre un autre, *levait l'emprise*, c'est-à-dire relevait de son vœu et dégageait de la chaîne qu'il s'était imposée le chevalier dont l'engagement ne pouvait cesser que par un combat.

Gal BARDIN.

EMPRISONNEMENT, c'est l'acte par lequel on met quelqu'un *en prison*. Dans notre législation l'emprisonnement peut avoir lieu dans un intérêt purement privé et dans un intérêt public ; au premier cas, c'est la voie d'exécution des jugements ou des conventions civiles ou commerciales (*voyez* CONTRAINTE PAR CORPS) ; au second, c'est lorsqu'il s'agit de la poursuite ou de la répression des crimes et délits ; et ici encore l'emprisonnement se présente avec deux caractères bien distincts : l'emprisonnement *préventif* (*voyez* PRÉVENTION) et l'emprisonnement *définitif*, qui seul est une peine.

L'emprisonnement est une peine commune aux délits et aux contraventions, c'est-à-dire qu'il est prononcé par les tribunaux correctionnels et par ceux de simple police. Il rentre dans les peines correctionelles, lorsqu'il est prononcé par la loi depuis six jours jusqu'à cinq années ; c'est une peine de simple police lorsqu'il est prononcé par la loi depuis un jour jusqu'à cinq au plus.

L'emprisonnement diffère de la détention et de la réclusion, soit parce que celles-ci sont des peines afflictives et infamantes, soit parce que les condamnés à la réclusion doivent être enfermés dans une maison de force, pour y être employés à des travaux qui leur sont commandés, et les condamnés à la détention, dans une forteresse, tandis que le condamné à l'emprisonnement ne doit l'être que dans une maison de correction, où il n'est employé qu'à des travaux de son choix.

Carnot, Berryat-Saint-Prix et M. Dupin aîné ont fait sentir l'injustice qu'il y a à ne pas précompter au condamné à l'emprisonnement le temps qu'il a passé en détention provisoire pendant l'instruction de son procès. Lors de sa révision en 1832, le Code Pénal a seulement été modifié en ce sens qu'à l'égard des condamnations à l'emprisonnement prononcé contre des individus en état de détention préalable, la durée de la peine, au lieu de compter du jour où les condamnations sont devenues irrévocables, compte du jour de leur date, nonobstant l'appel ou pourvoi du ministère public et quel qu'en soit le résultat, et qu'il en est de même dans le cas où la peine est réduite sur l'appel ou le pourvoi du condamné.

La peine d'emprisonnement s'exécute sur les réquisitions du ministère public. C'est également lui qui doit veiller à ce que les condamnés soient mis en liberté après l'expiration de leur peine.

EMPRUNT. C'est l'acte par lequel le prêteur cède à l'emprunteur l'usage d'une *valeur*. L'emprunt suppose la restitution ultérieure de la valeur empruntée, soit en une seule fois, soit au bout de certains termes, comme dans l'emprunt viager ou par annuités où l'emprunteur rembourse une partie du fonds en même temps qu'il acquitte les arrérages (voyez Prêt). La chose empruntée est la valeur, et n'est pas la *marchandise*, n'est pas l'argent, par exemple, sous la forme duquel cette valeur se trouvait au moment de l'emprunt. Ce n'est pas en conséquence l'abondance de l'argent qui rend les emprunts faciles, c'est l'abondance des valeurs disposées à être prêtées, des valeurs en *circulation* pour cet objet-là. J.-B. Say.

EMPRUNTS PUBLICS. Ce sont les valeurs empruntées par un gouvernement au nom de la société qu'il représente. Les valeurs ainsi empruntées sont des *capitaux*, fruits des *accumulations* des particuliers. Lorsque le montant des emprunts est employé, comme c'est l'ordinaire, à des *consommations improductives*, ils sont un moyen de détruire des capitaux, et par conséquent de supprimer, pour la nation en bloc, les *revenus annuels* de ces capitaux. Il ne faut pas croire que les revenus annuels de ces capitaux consommés ne sont pas supprimés, parce qu'on voit des arrérages payés aux rentiers de l'État; ils leur sont payés au moyen des *contributions*; les contributions sont prises sur les *revenus* des *contribuables*. Ce n'est plus le revenu du capital prêté qui est payé au rentier : ce capital n'existe plus, et par conséquent ne fournit plus de revenu à personne. Ce qu'on paye au rentier est une rente prise sur d'autres revenus. J.-B. Say.

Sous bien des rapports, l'*emprunt public* ne diffère guère d'un *emprunt particulier* qu'en ce qu'il se fait par le gouvernement au nom et pour le compte de la nation. Or, tout le monde connaît le motif, la voie et souvent l'issue des emprunts privés. En général, quand nous dépensons ou désirons dépenser plus que nous n'avons à dépenser, nous empruntons ou cherchons à emprunter; mais on peut vouloir emprunter sans songer ni à rendre ni comment rendre, ou avec certitude et intention de rembourser, emprunter pour dissiper follement le capital ou pour faire face à des dépenses utiles, pour réaliser à coup sûr des bénéfices plus grands que l'intérêt de l'emprunt, et par conséquent pour s'enrichir, ou pour s'exposer à toutes les chances de la loterie commerciale, prospérer avec le bien d'autrui ou l'emporter dans notre ruine.

Selon que les emprunts des particuliers dérivent de l'un ou de l'autre de ces motifs, ils sont bons ou mauvais, légitimes ou illicites. Il en est de même de ceux que les gouvernements contractent; mais là s'arrête la similitude, et l'on s'exposerait à errer en la portant jusque dans les moyens de la libération, la convenance morale du remboursement, la durée de la dette, etc. Il suffit en effet, pour se rendre compte de cette déviation, de considérer qu'un particulier n'a point l'avenir pour lui, que sa vie est bornée à quelques années, au delà desquelles sa puissance et ses ressources périclitent, tandis qu'un gouvernement est le centre durable d'où part toute vie, où convergent tous les intérêts, et que la prospérité de la nation dépend presque toujours de ses vicissitudes.

Jusqu'à ces derniers temps c'était presque toujours sur les banquiers et les gros capitalistes que les gouvernements se reposaient pour réaliser des emprunts. Plusieurs personnages, comme on sait, doivent à ce seul rôle une célébrité européenne et une importance politique qui les place presqu'au niveau des têtes couronnées. Voici le procédé ordinaire de l'administration : le ministre des finances fait connaître officiellement qu'il va émettre des rentes pour telle somme, c'est-à-dire contracter l'emprunt, à terme ou perpétuel, d'un capital dont les intérêts montant à cette même somme, formeront l'ensemble des rentes payables aux prêteurs ou à ceux auxquels ils auront transféré leurs titres. Un ou plusieurs banquiers réunis font leurs offres, et le ministère adjuge l'emprunt à ceux qui font les conditions les plus favorables. En 1854 le gouvernement français a procédé d'une autre manière à l'émission d'un emprunt de 250 millions en capital. Il a fixé le taux d'émission du 4 ½ p. 100 à 92 fr. 50, et du 3 p. 100 à 65 fr. 25, chiffres un peu plus bas alors que le cours de la Bourse, et il a appelé tout le monde à souscrire directement aux caisses du Trésor et des receveurs généraux, sauf à déduire les titres au prorata du surplus souscrit pour toutes les demandes dépassant 50 fr. de rentes. Le gouvernement pourrait aussi se passer de l'intervention des banquiers, en traitant directement avec les particuliers et négociant sur la place ses emprunts extraordinaires, comme il fait pour ses bons du Trésor, quand il a besoin d'anticiper momentanément sur ses rentrées ou de renouveler quelque portion de sa dette *flottante*; mais cette voie ne serait pas toujours peut-être aussi expéditive et ne réussirait point dans les moments de discrédit ou de terreur panique des rentiers et des capitalistes intérieurs. Les banquiers se substituent donc ordinairement au gouvernement pour contracter à leur tour l'emprunt, dont alors ils se font garants; car réellement ce n'est pas de leurs propres et uniques fonds qu'ils disposent dans ce cas : ils n'y sauraient suffire le plus souvent. Ils interviennent donc nominalement et prennent des termes pour le payement, c'est-à-dire qu'ils promettent de livrer en plusieurs fois; seulement, ils avancent le premier à-compte de leurs propres deniers, et, durant l'intervalle du premier au second terme, ils s'industrient à trouver, à l'intérieur comme à l'étranger, des personnes qui consentent à fournir une portion quelconque des capitaux de l'emprunt, en retour des titres de rentes que le gouvernement promet de payer. Les contractants primitifs suppléent donc facilement, à l'aide de ces prêteurs secondaires, aux termes successifs de leurs engagements, et ne sont plus alors que des *courtiers d'emprunt*, qui s'obligent à conduire à époque fixe des acheteurs, qui payeront les rentes et en retireront les titres. Ainsi, ceux qui traitent d'un emprunt ne peuvent en fournir les fonds sans revendre les rentes qu'on leur donne avant même qu'elles soient créées ou livrées.

Un gouvernement, comme un particulier, trouve plus ou moins facilement à emprunter et à des conditions plus ou moins rigoureuses, selon qu'on a plus ou moins confiance dans ses ressources futures, dans sa bonne foi et dans ses chances de stabilité. C'est là ce qui constitue le *crédit public* et ce qui fait la valeur de convention des titres de rentes qu'il émet, et qui les rend tout aussi susceptibles de négociation que les lettres de change ou autres billets des commerçants. C'est ainsi que les prêteurs dont nous venons de parler ont la faculté de rentrer dans leurs fonds à tout moment; mais ils courent la chance de supporter une perte, comme aussi, il est vrai, de réaliser un bénéfice; car l'imminence d'une guerre, une émeute, quelque événement politique extérieur, en un mot, tout ce qui peut ébranler ou fortifier un pouvoir, mettent la valeur des rentes dans une éternelle vicissitude.

Autrefois, quand l'impôt établi ne suffisait point à payer leurs dépenses, les gouvernements couvraient l'excédant par une augmentation d'impôt proportionnelle, et l'industrie se trouvait ainsi privée d'une plus ou moins forte portion des capitaux qui l'alimentaient : il en résultait des crises et des bouleversements dont le pouvoir était solidaire, et dont il s'inquiétait trop pour ne pas s'ingénier à trouver un autre mode de subvenir aux dépenses extraordinaires. Les emprunts furent donc imaginés; mais longtemps ils furent temporaires, remboursables à époques fixes, avec jouissance d'un certain intérêt tant que durait l'emprunt.

L'expédient parut merveilleux aux princes : ils en usèrent tant et si vite que le remboursement devint bientôt impraticable. Dès lors il ne fut plus question de restituer le capital, et pour couvrir cette quasi-banqueroute on déclara que la *rente* ou *intérêt* payé jusque-là aux prêteurs, tant qu'il n'était pas remboursé, serait *perpétuel*, obligatoire et sacré comme dette nationale.

L'emprunt est donc partout adopté maintenant; mais est-il bien certain que l'impôt ne soit pas le plus souvent préférable, ou que du moins il ne faille recourir à l'emprunt qu'aux dernières extrémités? L'opinion publique, et même celle des économistes, semble encore indécise ou partagée sur ce point capital. Cependant, la solution est facile, pour peu que l'on veuille considérer sans préoccupation la nature des exigences sociales. Une guerre, une révolution, une inondation, d'urgents travaux de communications, etc., réclament comme à l'improviste la disposition de sommes énormes. Les demandera-t-on à l'impôt, précisément lorsque les citoyens sont ailleurs menacés dans leur sécurité et leur fortune? La première, sinon la meilleure raison que l'on puisse invoquer en faveur de l'emprunt, c'est donc déjà la *nécessité;* mais une autre considération, toute puissante en économie sociale, c'est que l'emprunt prélève les capitaux sur les revenus, tandis que l'impôt les détourne de la production. L'impôt en effet s'adresse à la masse de la nation, aux hommes actifs, aux producteurs réels; l'emprunt puise au contraire au superflu des propriétaires, et va chercher l'argent où il *dort*, où il fructifie le moins. Sans doute, en définitive, les contribuables, qui ont échappé à l'impôt du *principal*, dans le cas de l'emprunt, n'échappent point à l'impôt de l'*intérêt* qui est payé aux rentiers prêteurs pour les sommes avancées; car avec quoi se payent les bénéfices *perpétuels* des rentiers? Évidemment avec l'argent des travailleurs, avec l'impôt *perpétuel*. Néanmoins, la différence est prodigieuse. Les producteurs en masse ont retiré du capital, équivalant à l'emprunt pris ailleurs, un profit annuel bien plus considérable que le total de l'intérêt qu'ils doivent payer aux rentiers. Il y a donc bénéfice pour eux, et par conséquent pour la nation, de tout l'excédant de leur profit sur l'intérêt de la dette publique.

L'emprunt, par la simplicité de sa réalisation, épargne encore à la nation les frais énormes qu'entraîne la perception d'un impôt, ainsi que l'improductif emploi d'un corps d'employés dont mille travaux utiles réclament l'activité. D'un autre côté, il ne semble pas que les rentiers y trouvent leur désavantage : en prêtant à l'État, ils se sentent en toute commodité, car ils savent qu'avec lui ils sont exposés aux moindres chances possibles de perte. L'État est, après tout, le débiteur le moins faillible. Quand son crédit est ébranlé, celui des particuliers l'est doublement, à cause de commotions politiques et des crises commerciales que ce discrédit public présage ou suit.

On peut encore considérer le mode de l'emprunt comme un tempérament fiscal, qui a pour résultat de charger l'avenir d'acquitter graduellement la dette du présent; or, rien de plus légitime toutes les fois que l'emprunt a été contracté pour la sauvegarde de la société, menacée dans son existence, ou si, par l'usage qu'il en est fait, il doit positivement profiter aux générations prochaines. Au contraire, que les capitaux empruntés soient prodigués à la vanité glorieuse, à la frénétique concupiscence des princes et de leurs cours, etc., l'avenir ne peut que maudire et répudier l'héritage d'un passé odieux, qui ne lui laisse que des désastres à réparer. Malheureusement, c'est là l'histoire des emprunts dans les pays les plus *civilisés* de l'Europe. Il faut pourtant bien reconnaître que souvent, par l'usage qu'en a fait le pouvoir, surtout en France et en Angleterre, les emprunts ont été un puissant instrument de civilisation et de prospérité, qu'il eût été bien difficile de remplacer par la voie ordinaire des impôts. Si les guerres de la révolution de 89, si la lutte de Napoléon avec l'Angleterre, ont développé et hâté en Europe les germes des futurs progrès, certes la science des finances des deux côtés a eu une grande part dans la possibilité des efforts et de la résistance. Vu sous cet aspect, le système des emprunts se trouve réhabilité; mais aussi que de difficultés préparées à l'avenir, qui pour nous est devenu le présent!

L'un des inconvénients inséparables de la première application du mode des emprunts devait donc être de rendre les gouvernements indifférents aux intérêts des générations à venir, en permettant de les grever à la moindre détresse; ils ont en outre détourné d'une manière permanente les capitaux de l'industrie, en faisant naître l'immoral trafic de la *bourse*. Toujours est-il que l'emprunt et l'impôt sont également des expédients monstrueux, lorsqu'ils n'ont pour fin que le gaspillage de la guerre; mais employés dans des vues économiques et civilisatrices, ils n'ont plus une égale valeur, et l'emprunt devra prévaloir dans la plupart des circonstances contemporaines, où tant d'améliorations matérielles sollicitent des sacrifices et des dépenses si gigantesques que la prévoyance et le crédit gouvernemental peuvent seuls y subvenir, en appelant, sous une direction unitaire et la garantie sociale le concours généreux des capitaux et des facultés éparses. C. Pecqueur.

EMPUSE, spectre horrible envoyé par *Hécate*, objet de terreur pour les superstitieuses populations de la Grèce, et qui, prenant les formes les plus hideuses, apparaissait surtout aux voyageurs. On le confond souvent avec les *lamies*.

EMPYÈME (de ἐν, dans, et πύον, pus). Toutes les fois que les moyens employés pour faire résorber les épanchements de la poitrine demeurent impuissants, il convient de leur donner issue par une ouverture pratiquée aux parois de la poitrine. Ces épanchements en effet, formés dans la cavité de la plèvre, tantôt par du sang, tantôt par du pus ou de la sérosité, refoulent les poumons, les compriment, et lorsqu'ils sont considérables ne laissent plus à ces organes l'espace nécessaire pour se dilater. Ils sont donc souvent une cause imminente d'asphyxie. C'est dans ces cas de pressant danger qu'on se détermine à inciser les parois de la poitrine et à évacuer au dehors toute la matière de l'épanchement pour rendre aux poumons la liberté de leur jeu. Cette opération a reçu la dénomination d'*empyème*, qu'on applique également aux épanchements qui la nécessitent, et qu'on trouve même dans les anciens auteurs usitée pour indiquer toutes les collections purulentes qui se forment dans l'intérieur des viscères. Cette opération est grave, à cause de la suppuration qu'entretient la présence continuellement irritante de l'air, et il est rare que les malades y survivent. Dr Fondreton.

EMPYRÉE (en latin *empyreum*). Ce mot, fait du grec ἐν, dans, et πῦρ, feu, désigne, d'après les Pères de l'Église et les anciens théologiens, le point le plus haut des cieux, le *paradis*, le lieu où les saints jouissent de la vision béatifique. Il indique en même temps la splendeur, l'éclat du *ciel*. *Lucem Deus habitat inaccessibilem*, dit saint *Paul*, qui n'a pu voir et entendre ce qu'il ne lui a pas été permis de révéler aux mortels, qu'après avoir été ravi au *troisième ciel*.

EMPYREUME (de ἐμπυρόω, je brûle, j'enflamme). On désigne par ce nom une saveur, une odeur particulières que les matières animales et végétales contractent quand elles sont chauffées trop fortemement et trop longtemps. Le vulgaire l'appelle *goût de feu*, et c'est un défaut commun dans plusieurs produits des arts, surtout dans la distillation des plantes. On y a beaucoup remédié en distillant au bain-marie, procédé qui empêche les substances placées dans la cucurbite de l'alambic d'être autant en contact avec le feu du fourneau. Le goût et l'odeur *empyreumatiques* sont cependant des qualités recommandables pour un produit commun de la distillation, la liqueur alcoolique appelée *rhum*. Autant on cherche à éviter l'empyreume dans la distillation des autres liqueurs, autant on s'efforce de l'obtenir pour celle-ci. On a essayé de l'imiter avec du caramel pour la communiquer à l'eau-de-vie, mais ces tentatives ont été inutiles : on n'est parvenu qu'à composer une boisson repoussante.

Malgré toutes les précautions qu'on prend, on ne peut pas toujours éviter le goût de feu ; en ce cas, on le corrige en filtrant les liqueurs altérées sur du charbon, et en les tenant dans des vases à peine bouchés. Dr CHARBONNIER.

EMS, fleuve du nord de l'Allemagne, qui prend sa source dans la province de Westphalie (Prusse), reçoit les eaux de la Hase, non loin des limites de la Frise orientale, traverse, entre Pozum et Borsum, le golfe de Dollart, au sortir duquel il va se jeter dans la mer du Nord, après un parcours d'environ 30 myriamètres. Les eaux de ce fleuve, qui, dans sa partie inférieure, traverse des tourbières et des marécages, sont en partie salées, en partie vaseuses, et dès lors peu poissonneuses. Un canal qui le met en communication avec la Lippe, et par suite avec le Rhin, établissant par conséquent une communication directe entre le Rhin et la mer du Nord, lui donne, depuis 1818, une grande importance pour le commerce et la navigation.

A l'époque où Napoléon jugea à propos d'incorporer à l'empire français toute l'étendue de côtes commençant à Anvers et se terminant à Hambourg, l'Ems donna son nom à trois départements : celui de l'*Ems-Occidental* (chef-lieu, Groningue), celui de l'*Ems-Oriental* (chef-lieu, Aurich), et celui de l'*Ems-Supérieur* (chef-lieu, Osnabruck).

EMS, petite ville du duché de Nassau, célèbre en Allemagne depuis le quatorzième siècle par ses établissements thermaux, que les Romains aussi connaissaient fort bien, et située sur la rive droite de la Lahn, dans une étroite vallée, encaissée entre des rochers très-élevés, à vingt kilomètres environ de Coblentz, à peu de distance de la plus belle partie des rives du Rhin, et riche en sources thermales et minérales. Ses sources thermales appartiennent à la classe de celles qui contiennent du natron. Les plus renommées sont *Krænchenquelle, Kesselbrunnen, Furstenbrunnen*, dont on boit l'eau sur les lieux mêmes, et qu'on expédie aussi dans les contrées les plus éloignées. Viennent ensuite ses nombreuses sources employées pour bains. Les unes et les autres se distinguent essentiellement par la différence de leur température, laquelle varie de 24° R. à 46°, de même que par la plus ou moins grande quantité d'acide carbonique qu'elles contiennent. Kastner, Struve et Tromsdorf ont fait, dans ces derniers temps, l'analyse des eaux d'Ems ; mais la plus récente et la plus exacte est celle qu'en a faite Fresenius. Elles ont pour vertu de calmer les douleurs nerveuses, d'activer la résorption dans les maladies cutanées, dans les affections des organes de la respiration, du canal intestinal et des organes génitaux ; de là leur grande efficacité dans les maladies nerveuses chroniques, les douleurs des organes respiratoires, les engorgements et les embarras du canal intestinal et les maladies des femmes, à l'infécondité desquelles elle remédie. Les eaux d'Ems sont extrêmement fréquentées, et attirent chaque année un grand nombre de visiteurs dans cette petite ville, dont la population sédentaire ne dépasse pas trois mille six cents habitants. Consultez Vogler, *De l'usage des Eaux minérales, et en particulier de celles d'Ems* (en allemand et en français ; Francfort, 1840).

EMS (Punctations d'). Nom sous lequel est connue dans l'histoire ecclésiastique une convention conclue à Ems, en 1785, entre les électeurs-archevêques de Mayence, de Trèves, de Cologne et l'archevêque de Salzbourg, pour la défense de leurs droits contre les empiétements de la cour de Rome. Provoquée par les usurpations de Zoglio, nonce du pape à Munich, elle eut pour but de rétablir les archevêques dans la jouissance de tous leurs anciens droits, de ne reconnaître la suprématie romaine que dans le sens qu'on y attachait aux premiers siècles de l'Église, d'interdire les appels en cour de Rome, enfin de supprimer les immunités et la juridiction immédiate que s'étaient arrogées les nonces du saint-siége. Pie VI fit réfuter fort au long les *Punctations d'Ems* dans la *Responsio ad Metropolitanos mogunt., trevis., colon. et salisb., super Nunciaturis* (Rome, 1794, in-4°).

ÉMULATION. C'est un des sentiments les plus caractéristiques de l'espèce humaine, et qui annonce qu'elle est née pour vivre en société. Aussi, du moment où l'émulation se retire de toute agrégation, elle penche vite vers la barbarie, et finit même quelquefois par disparaître complétement. C'est grâce à une émulation continuelle, dirigée avec habileté, que, de progrès en progrès, un peuple s'élève jusqu'à la véritable civilisation. Mais par cela même que l'émulation tient tant de place dans notre cœur, il faut lui épargner tout stimulant un peu vif ; c'est sur ce point surtout que la mesure est de rigueur : autrement l'émulation fait naître, à son tour, un autre sentiment, l'amour-propre, qui, franchissant vite toutes les bornes, déprave la raison. Et comme l'amour-propre n'est pas le partage d'un seul, il en résulte que tout amour-propre individuel, qui est trop expressif, soulève une foule d'ennemis, fait naître une multitude de résistances, et, à force de nous désespérer, nous porte aux plus fâcheuses extrémités. Le moraliste ne saurait donc trop répéter qu'il faut retenir toujours d'une main ferme et serrée les rênes de l'émulation.

Malheureusement, les mères, par une tendresse aveugle, ou en vue de certains avantages, aiguillonnent sans cesse l'émulation de leurs filles, relativement à ce qu'elles appellent la bonne grâce et le bon goût pour la toilette et l'habillement. Il en résulte qu'elles poussent jusqu'à un accroissement pernicieux des dispositions qui auraient bien su se développer sans elles. Sous d'autres formes, on retrouve le même vice d'éducation dans les pensionnats : tout chef d'institution qui a quelques élèves donnant des espérances surexcite leur émulation, pour les pousser à des succès d'éclat, qu'il fait ensuite prôner dans les journaux ; de sorte que le nom de ces malheureux enfants est étalé en spectacle au monde, qui devrait ignorer leur existence. Qu'arrive-t-il ? C'est qu'épuisés d'efforts par une émulation aussi pernicieuse, ces élèves, en possession d'une renommée précoce, n'ont plus de forces au moment où ils en auraient le plus besoin : ils entrent dans la société en pleine caducité, et manquent l'avenir qui aurait dû leur appartenir. Il en est de même dans les pensionnats de jeunes filles : on les livre à la publicité, on en fait des demi-savantes, et rarement de bonnes mères de famille.

Quant à nos institutions politiques, elles ont érigé l'émulation en principe de gouvernement ; elles offrent en perspective dans toutes les carrières des avantages que les masses ne peuvent atteindre ; voilà ce qui explique cette inquiétude d'esprit, cette ardeur de changer sa position, qui tourmentent toutes les classes de la société. L'œuvre essentielle de nos jours, ce serait de contenir, de discipliner l'émulation, de la restreindre dans ses véritables limites ; mais c'est ce qu'on ne fera pas, parce que, dans tous les genres, pour s'assurer les hommes, on leur promet cent fois plus qu'on ne pourra jamais leur donner : c'est l'avenir qu'on sacrifie au présent. SAINT-PROSPER.

ÉMULSIF et ÉMULSION sont deux expressions pharmaceutiques faites du latin *emulgere*, traire, tirer du lait. On donne l'épithète d'*émulsives* à un grand nombre de semences dicotylédones, telles que amandes, noix, noisettes, pistaches, semences de melon, de citrouilles, de concombre, etc., etc. Pour être ainsi nommées, ces graines doivent être oléagineuses, et propres à former, lorsqu'elles sont pilées et unies avec de l'eau, une espèce de lait végétal ou liquide opaque, qui reçoit le nom d'*émulsion*. Ainsi, ce que l'on appelle *émulsion* est la suspension d'un corps huileux dans un liquide à la faveur d'un mucilage.

Il existe plusieurs procédés pour faire les émulsions; en général, on se conduit de la manière suivante : il faut préalablement enlever l'enveloppe des semences, qui pourrait leur communiquer de l'âcreté; on y parvient aisément après les avoir plongées un instant dans l'eau bouillante; ensuite, on les réduit en une pâte très-fine dans un mortier de marbre; alors on y verse peu à peu de l'eau, que l'on agite en tous sens avec le pilon, et on édulcore avec du sirop ou du sucre. Le jaune d'œuf, étendu d'eau et légèrement sucré, forme à lui seul une émulsion animale à laquelle on donne le nom de *lait de poule;* il sert aussi d'intermède pour composer plusieurs émulsions artificielles, car il a la propriété de s'unir aux résines.

Les médecins prescrivent ordinairement les émulsions comme étant adoucissantes, rafraîchissantes, pectorales. Mais puisqu'on en fait avec des substances de propriétés diverses, elles peuvent remplir un grand nombre d'indications : ainsi, tandis que celle d'amandes douces, qui n'est autre chose que du sirop d'orgeat étendu d'eau, rafraîchit, celle préparée avec la résine de jalap, purge; et celle dans laquelle on fait entrer l'essence de térébenthine agit avec efficacité dans les maladies des reins et de la vessie.

N. Clermont.

ÉMYDE (de ἐμὺς, tortue d'eau). *Voyez* Tortue.

ÉNALLAGE (en grec ἐναλλαγή, du verbe ἐναλλάσσω, changer, troquer, confondre), figure de grammaire qui fait subir à un discours un changement dans l'ordre naturel de sa construction. C'est l'emploi d'un genre, d'un nombre, d'un temps ou d'une personne pour une autre, toutes les fois que les règles grammaticales ne peuvent rendre raison de cette substitution. Il y a, par exemple, *énallage* de genre dans ces vers de Térence :

> Tamen vel virtus tua me, vel vicinitas,
> *Quod* ego in propinquâ parte amicitiæ puto,
> Facit.....

Quod, disent-ils, est mis là pour *quæ*. Ils trouvent une *énallage* de temps dans cet exemple tiré d'une lettre de Cicéron à Atticus : « Huic si esse in orbe tuto liceat, *vicimus*, » où *vicimus* est employé pour *vincemus*, comme quand nous disons familièrement en français, nous *partons* demain, c'est-à-dire nous *partirons*. Enfin, il y a *énallage* de nombre quand Cicéron dit : « *dedimus* operam » pour *dedi*, ou quand nous nous servons, dans notre langue, en parlant à une seule personne, de *vous* au lieu de *tu*.

H. Thibaud.

ÉNALLOSTÈGUES (de ἔναλλος, différent, et στεγη, toit), nom donné par M. Alcide d'Orbigny à la seconde famille de ses foraminifères.

ÉNARTHROSE (de ἐν, dans, et ἄρθρον, articulation). *Voyez* Diarthrose.

ENCADREMENT, ENCADRER, action qui consiste à placer un tableau, un dessin ou une estampe dans un cadre. Pour les tableaux à l'huile, on les fixe à leur cadre au moyen de clous ou de clavettes; on emploie le même procédé pour les gravures et les dessins, en interposant un verre devant et un carton dessous. Souvent on colle le dessin dessus ce même carton, en ayant soin d'humecter préalablement le papier pour qu'il s'étende davantage en séchant, et enfin on colle des bandes de papier sur les joints du cadre et du carton pour empêcher la poussière de pénétrer. On fait aussi des encadrements sans cadre, mettant l'image entre une glace et un carton et entourant le tout d'une bande de papier. Quelquefois on interpose entre le verre et le dessin une feuille de carton ou de papier, découpée et ornée de filets dorés, qu'on nomme *passe-partout*.

ENCAISSEMENT, action d'*encaisser*, c'est-à-dire, au propre, de mettre une chose dans une caisse, et par analogie, action d'enfermer, d'entourer une chose de toutes parts; résultat de cette action. En termes de commerce et de finances, encaisser de l'argent, des fonds, c'est mettre dans la caisse l'argent, les fonds qu'on a reçus.

En architecture hydraulique, on donne le nom d'*encaissement* à une charpente, en forme de coffre de grande dimension, que l'on remplit de maçonnerie pour établir une pile de pont : on monte cette maçonnerie bien également et par assises sur toute la surface de la crèche ou charpente, afin qu'elle arrive bien horizontalement sur les pilots, qui ont dû préalablement être enfoncés pour raffermir le terrain.

On nomme encore *encaissement* la tranchée creusée dans le sol d'une route ou d'une rue pour recevoir les matériaux qui la composent (*voyez* Chaussée).

On entend par *encaissement* naturel d'*une rivière* la disposition de ses berges, naturellement escarpées ou assez élevées du moins pour s'opposer aux inondations. Tous les fleuves et rivières dont la source s'échappe de hautes montagnes, telles que les Alpes, les Pyrénées, les Vosges et les chaînes qui en dépendent, sont en général fortement encaissées sur une assez grande distance à leur origine, par des rochers qui souvent forment autant d'obstacles à l'amélioration de leur cours. On dit qu'une rivière est rendue navigable *par encaissement*, lorsque, par des berges artificielles plus ou moins rapprochées de son lit, par des digues continues placées sur les deux rives, on régularise son cours et sa profondeur. Dans ce cas, le mot d'*encaissement* diffère peu de celui d'*endiguement*. Moins un fleuve est encaissé, plus il est sujet aux débordements, et plus il est par conséquent indispensable que les travaux offrent de consistance et de solidité, surtout lorsque sa pente est rapide.

E. Grangez.

ENCAN. Ce mot a été formé des deux mots latins *in quantum*, cri que faisait entendre dans la vente le crieur public : *A combien y a-t-il marchand?* Cependant Ménage et Du Cange le font venir du latin *incantare*, chanter. Les *ventes à l'encan* n'ont rien de particulier; elles se confondent entièrement avec les *ventes aux criées* et les *ventes aux enchères;* autrefois, ce terme se rapportait exclusivement aux ventes de meubles qui se faisaient soit par autorité de justice, soit par le ministère d'un officier public, tandis que les ventes aux criées et les ventes aux enchères se rapportaient plus spécialement aux immeubles.

ENCAQUER ou CAQUER *le hareng*, c'est le placer dans une caque après lui avoir fait subir les préparations nécessaires pour le conserver. La manière d'encaquer le hareng a été imaginée en Hollande, vers le commencement du quinzième siècle (en 1416), par Wilhelm Bulkels, et sa découverte a paru si importante que celui qui l'a faite est considéré comme un des hommes qui ont le mieux mérité de leurs semblables. On rapporte que Charles-Quint, se trouvant dans les Pays-Bas, fit tout exprès le voyage de Bier-Vliet pour y voir le tombeau de cet homme, alors très-célèbre.

Voici comment se fait l'opération d'encaquer le hareng. Le matelot chargé de ce soin, et auquel on donne le nom de *caqueur*, reçoit chaque hareng à sa sortie de l'eau, lui ouvre la gorge, et extrait de son ventre les entrailles et tout ce qu'il renferme, à l'exception des œufs ou des laitances. Il lave ensuite le corps et le jette dans une cuve contenant une saumure préparée avec de l'eau douce et du sel et très-chargée, dans laquelle il doit le laisser pendant douze ou quinze heures. Au sortir de la cuve, le hareng est égoutté, ou, en terme de pêche, *varandé*. On l'arrange ensuite dans le baril par couches superposées, ayant soin de les faire bien régulières et d'y presser les poissons les uns contre les autres, de manière à ne laisser aucun vide entre eux. Les pêcheurs appellent cette opération *paquer*. Au-dessous de la première couche, on a eu soin d'étendre un lit de sel de moyenne épaisseur. On en fait autant par dessus la dernière, et on ferme le baril avec son fond, qui porte sur cette couche de sel. Chaque caque contient de mille à douze cents harengs, suivant le plus ou le moins de grosseur du poisson, et suivant qu'il a été *paqué* avec plus ou moins de soin. C'est de la grande attention qu'a le caqueur à faire comme il faut toutes les opérations, et à n'encaquer que des harengs de choix, c'est-à-dire de bonne grosseur, gras et ayant tous une laitance ou des œufs, que dépend la bonne qualité d'une caque, qualité très-variable, et qui donne au poisson un prix plus ou moins élevé. Les harengs qui ne remplissent pas les conditions précédentes sont considérés comme rebut et encaqués séparément.

On encaque aussi ce que l'on nomme le hareng *saur*. Mais, desséché à la fumée, il n'exige pas autant de précautions que celui qui n'est que salé. V. DE MOLÉON.

EN CAS. *Voyez* CAS (En).

ENCASTREMENT. Ce mot, fait du verbe italien *incastrare*, qui signifie *joindre*, *enchâsser* deux pièces l'une dans l'autre, est principalement usité en architecture. On *encastre* une pierre dans une autre par entaille ou par feuillure; on encastre un crampon dans deux pierres pour les joindre. En termes d'artillerie, on nomme *encastrements* des entailles demi-circulaires pratiquées dans l'épaisseur des flasques des affûts de canon, pour recevoir les tourillons de la bouche à feu. Les tourillons des pièces de siége sont engagés des deux tiers de leur diamètre dans les flasques, et des trois quarts dans les affûts de place et de côte. Cette entaille, dans laquelle doit tourner aisément le tourillon, est garnie d'une bande de fer qu'on appelle *sous-bande;* le tourillon se recouvre aussi d'une autre bande, pliée conformément à la grosseur du tourillon qu'il couvre, pour assujettir la pièce sur les flasques : c'est la sous-bande, qui est retenue à une de ses extrémités par un mentonnet, à l'autre par une clavette. Les affûts des pièces de 8 et de 12 du système de Gribeauval avaient des *encastrements de tir* et des *encastrements de route*, ce qui nécessitait un *changement d'encastrement* chaque fois qu'on changeait de position, opération embarrassante, beaucoup trop longue, et dont le moindre inconvénient était de faire perdre un temps précieux lorsqu'on se mettait en batterie pour commencer le feu. Le nouveau matériel, en ne conservant qu'un seul encastrement, a introduit une amélioration importante dans les dispositions des manœuvres de l'artillerie, et conséquemment dans leurs résultats. Dans le corps de platine des armes à feu, il existe une entaille destinée à recevoir le bassinet; on lui donne le nom d'*encastrement du bassinet.* MERLIN.

ENCAUSSE ou ENCOSSE (Eaux d'). Encausse est le nom d'un simple village thermal du département de la Haute-Garonne, en Languedoc. Cette commune est dans l'arrondissement et à 9 kilomètres sud de Saint-Gaudens, au pied des Pyrénées, et elle dépend du canton d'Aspet. Chapelle et Bachaumont, au dix-septième siècle, écrivaient *Encosse*, à l'époque où ils firent ce célèbre voyage en prose et en vers à rimes redoublées, dont les eaux minérales d'Encausse furent l'occasion. Encausse se compose d'une centaine de maisons, et l'on y compte 5 à 600 habitants. Élevé à 420 mètres au-dessus du niveau de la mer, Encausse est dans une gorge étroite qui termine la vallée de Ton. Il se trouve enclavé entre les montagnes du Plech et du Caubech, qui un peu plus loin, à la Roère, se rapprochent l'une de l'autre, au point d'être contiguës. C'est comme d'énormes protubérances calcaires qui servent de contreforts inférieurs à la montagne dite de Kagyre, une des plus élevées du système pyrénéen. Kagyre, de très-loin, signale Encausse aux infirmes qui vont y chercher guérison. Voici ce que disent Chapelle et Bachaumont de ce lieu un peu sauvage : « Encosse est au pied des Pyrénées, éloigné de tout commerce, et l'on n'y peut avoir aucun divertissement que celui de voir revenir sa santé. Un petit ruisseau (le Job) qui serpente à vingt pas (à 450 mètres) du village, entre des saules et des prés, les plus verts qu'on puisse s'imaginer, était notre seule consolation. Nous allions tous les matins prendre nos eaux en ce bel endroit.

Les deux tiers de la commune sont occupés par une forêt, de sorte qu'Encausse est un lieu humide pour toutes sortes de causes : gorges de montagnes, forêt qu'accostent les brouillards, sol où abonde la terre glaise, sources minérales toujours fluentes, et ruisseaux coulant sous des ombrages... Cependant l'eau n'y croupit jamais : la pente du sol fait qu'elle s'écoule naturellement vers la vallée du Ton.

Les sources minérales d'Encausse sont au nombre de trois. L'une d'elles, celle dont parle Chapelle, est dans un pré, hors du village; elle est maintenant abandonnée. Les deux autres, la grande et la petite sources, sortent de terre sur les bords de la route et près de l'entrée du village. Un grand bâtiment sert à les abriter en même temps qu'à les desservir, à les exploiter. Cet établissement, peu élégant, qui datait du règne de Louis XIII, fut reconstruit sous Louis XVIII, en 1823, et de nouveau restauré en 1842. Les eaux d'Encausse sont salines et purgatives. Elles ont une température constante de 23° 75 centigrades. Quant à l'air, sa température mesurée à midi, à partir du 12 juin jusqu'au 10 octobre, varie entre 22 et 32 degrés centigrades. Ces eaux sont incolores, limpides et presque insipides, nullement dégoûtantes. Les grandes pluies et les débordements du ruisseau n'en augmentent jamais l'abondance ni n'en abaissent la température. On les prend surtout en boisson, et principalement dans les affections gastriques; mais on s'y baigne aussi, on y reçoit des douches. On boit d'un à deux litres de cette eau le matin à jeun, et à cette dose elles sont ordinairement purgatives.

Encausse jouit encore d'une assez grande réputation, quoiqu'il soit voisin d'eaux très-célèbres. Dans le dix-septième siècle, ces sources étaient presque sur la même ligne que celles de Bourbon-l'Archambault et Vichy, mais avec une utilité spéciale qui les différenciait. Plusieurs poëtes les ont chantées, et quelques historiens en ont dit merveille. Louis Guyon est le premier médecin qui en ait précisé les vertus. Originaire du village même, Gassen du Plantin a publié tout un volume sur ces sources célèbres. P. Rigal et Dubernard, doyen de l'école de médecine de Toulouse, ont publié sur elles de bonnes dissertations, et M. de Saint-André, dans sa topographie du département de la Haute-Garonne (an XII), en a parlé pertinemment. Enfin, M. Save de Saint-Planquart, chimiste de Toulouse, en a publié l'analyse suivante dans le *Bulletin de pharmacie*, décembre 1809 :

Sulfate de chaux, 8 gr,00; sulfate de magnésie, 1,50; sulfate de soude, 2,00; muriate de magnésie, 3,50; carbonate de magnésie, 0,40; carbonate de chaux, 2,00; acide carbonique, 30 pouces cubes; eau, 5 litres. Une nouvelle analyse vient d'être faite par M. Filhol, qui a trouvé deux cinquièmes moins de principes fixes, mais les mêmes éléments.

Les eaux d'Encausse conviennent plus particulièrement dans les embarras d'estomac, dans les gastralgies ou gastrites sans inflammation, dans les engorgements de la rate et du foie, dans les fièvres intermittentes qui ont résisté au quinquina, mais surtout dans les fièvres tierces, et dans plusieurs maladies des femmes. Quand elles ne purgent pas assez, le médecin du lieu leur donne pour auxiliaire du sel d'epsom, ou sulfate de magnésie. Ces eaux ont ainsi guéri des paralytiques; mais c'est une classe de malades qu'il ne faut pas trop laver, comme a raison de le dire le docteur Douell : le breuvage purgatif est tout pour eux. On voit aussi là quelques gens replets et des calculeux : on cite un malade qui rendit à Encausse soixante-douze graviers. Il n'existe peut-être pas d'eaux minérales qui soient aussi peu dispendieuses que celles dont nous parlons. Il est vrai que l'établissement dépend d'un hôpital qui a ses règlements restrictifs quant au régime et à la durée du séjour. C'est d'ailleurs une règle commune à toutes les eaux qui purgent, de n'exiger qu'une courte résidence. On ne résisterait pas à se purger chaque matin durant vingt-cinq à trente jours. Aussi est-il rare qu'on reste à Encausse beaucoup plus de huit à quatorze jours, à part les paralytiques et quelques rhumatisants. Vingt et quelques jours est le terme extrême, et peu de malades l'atteignent.

Chapelle et Bachaumont prirent ces eaux avec assez de suite; mais ils étaient trop peu tempérants pour en retirer de bons et durables effets. Or, je l'ai dit, soit dans le *Guide aux Eaux minérales*, soit dans mes notes sur les eaux de Passy, « les eaux minérales ont d'autant plus d'action qu'il s'agit de personnes sobres, ne buvant presque pas de vin... Elles ont peu d'efficacité sur les intempérants : Voilà pourquoi les eaux ont ordinairement plus d'effet sur les femmes que sur les hommes, et plus sur les pauvres que sur les riches. » Aussi Chapelle n'a-t-il impliqué le nom d'Encausse dans aucun de ses vers; mais lui et son compagnon ont dit en prose que « *les eaux d'Encosse* étaient admirables pour l'estomac », le seul organe qu'ils eussent fatigué.

Dr Isidore Bourdon.

ENCAUSTIQUE (du grec ἐγκαυστικος, de ενκαιω, je brûle). La peinture à l'encaustique, dont les auteurs anciens font souvent mention, a dû son nom à l'emploi que l'on faisait du feu pour appliquer les couleurs. Il ne nous reste aucune de ces peintures à l'encaustique. Le procédé dont les anciens se servaient n'a pas même été retrouvé d'une manière certaine, malgré les nombreux essais que firent plusieurs artistes dont les premiers en date furent le comte de Caylus et le peintre Bachelier. D'après les *Pandectes*, cette peinture était encore en usage dans les quatrième et cinquième siècles. Le procédé général, qu'on a cru avoir été celui des anciens, consisterait, d'après les essais du comte de Caylus, dans le délayement des couleurs au moyen de la cire fondue, et dans l'application de ces pigments à chaud.

Les décorateurs et tapissiers modernes ont donné le nom d'*encaustique* à une espèce de vernis plus ou moins chargé de cire, qu'ils appliquent sur les meubles, les lambris et les parquets pour leur conservation ou pour ajouter à leur éclat et à leur agrément. Cette encaustique est bien loin d'offrir une composition constante et uniforme. Chaque artisan a, pour ainsi dire, la sienne. Supposons que la mise en couleur a déjà été faite : ce sont ordinairement des couleurs à la colle qu'on y emploie. On obtiendra une bonne encaustique avec 750 grammes de cire jaune, 150 grammes de sel de tartre (sous-carbonate de potasse), un seau d'eau pure, dite douce (celle qui dissout bien le savon). On met l'eau dans un chaudron sur le feu; lorsqu'elle bout, on y jette la cire brisée en morceaux; dès qu'elle est fondue, on ralentit le feu et l'on verse peu à peu le sel de tartre, préalablement dissous dans de l'eau chaude; on agite fortement à l'aide d'une spatule. Quand le liquide est devenu blanc et comme laiteux, on a obtenu une espèce de savonule cireux, qui peut être appliqué à la brosse sur la peinture sèche : au bout de vingt-quatre heures plus ou moins, tout étant bien sec, on donne l'éclat et le luisant à l'aide de la brosse du frotteur. On obtient une autre encaustique plus durable et plus éclatante en faisant fondre 125 grammes de cire jaune avec 30 grammes d'huile de térébenthine; on verse le mélange dans un mortier en fonte que l'on a préalablement échauffé en y tenant de l'eau bouillante; on incorpore dans ce mélange, et petit à petit, huit jaunes d'œuf; il faut triturer longtemps. La pâte qui en résulte est ensuite délayée dans un litre environ d'eau chaude, versée peu à peu et en agitant continuellement. Ordinairement, cette seconde espèce d'encaustique s'applique avec l'éponge : elle sèche en moins de deux heures, et on peut frotter à la brosse dure.

Pelouze père.

ENCEINTE (*Fortification*). Dans l'antiquité et au moyen âge, les enceintes étaient plus ou moins régulièrement circulaires, ou à pans; on sentit ensuite le besoin de les surmonter de brétèches et de les disposer à redans, ou de les entremêler de tours : tels furent les essais qui amenèrent l'invention du système de la fortification polygonale. Le *Dictionnaire de Trévoux* appelle *avant-murs* des portions de première enceinte ou d'enceinte extérieure de l'ancienne fortification. L'effet puissant du canon a donné naissance aux enceintes terrassées : alors on a renoncé aux machicoulis, on a élargi les tours, on les a converties en bastions, on a supprimé les brétèches. Depuis qu'on a pratiqué la fortification moderne et qu'on a perfectionné l'art de flanquer, le mot *enceinte* donne idée d'une ligne magistrale et d'un ensemble de bastions et de courtines formant la clôture ou l'escarpe du corps d'une place; le parapet royal la surmonte; quelquefois cet ensemble est entouré d'une fausse braie, ou comprend des demi-bastions. L'enceinte a toujours pour limites la contrescarpe, et pour poste avancé, ou pour enceinte extérieure, le chemin couvert. Parfois, des pâtés y sont attachés, ou des enveloppes la précèdent. Quelquefois on appelle *première enceinte* l'enveloppe de murailles et de terre-pleins qui entourent, y compris le chemin couvert, une forteresse, quand la place est, en outre, munie d'une double enceinte.

L'enceinte proprement dite se divise par fronts de fortifications; elle a des ouvrages intérieurs et extérieurs. On appelle *polygone extérieur* son tracé mesuré par la pointe des bastions, et *polygone intérieur* son tracé en mesurant le développement par le centre des bastions. Si des militaires de grade égal mais d'armes différentes devaient concourir pour le commandement d'une ville, le commandement, si la ville était ouverte, appartenait à l'officier de cavalerie, celui d'une ville à enceinte à l'officier d'infanterie. L'enceinte se mesure géométriquement en additionnant le produit des côtés de la forteresse; on ajoute à ce calcul celui des surfaces comprises depuis la gorge jusqu'à la pointe des bastions. L'enceinte d'une place est compromise à l'instant où l'assiégeant, après avoir complété l'investissement, et s'être approché à la faveur des boyaux, se rend maître du glacis, opère le couronnement du chemin couvert, et entreprend la descente du fossé et les travaux de la guerre souterraine; si le fossé est inondé, le danger est moindre. L'enceinte d'une place doit être assurée contre les insultes de l'ennemi par la vigilance des sentinelles, la protection des dehors et les explorations des découvertes. Si des côtés d'enceinte sont trop longs, à raison de la nature du terrain, ou par suite d'un vice de construction, ils sont quelquefois gardés par des demi-lunes à flancs. Montalembert donne le nom de *couvre-face général* à une double enceinte.

Gal Bardin.

ENCEINTE CONTINUE. *Voyez* Fortifications de Paris.

ENCELADE (du grec ἐν, dans, et κελαδος, tumulte, c'est-à-dire bruit intérieur) était fils de Titan, frère aîné de Saturne et de la Terre. On l'a à tort confondu avec Typhée, ou Typhoée et Typhon. De tous les géants qui combattirent contre Jupiter et les grands dieux de l'Olympe, Encelade fut le plus formidable. Élevé dans un antre de Cilicie, ses pieds touchaient le sol, et il cachait dans le ciel cent têtes, dont les cent bouches vomissaient des tourbillons de flamme et de fumée, mêlés de rugissements qui glaçaient d'effroi les hommes et les dieux, dit Homère. Il était conséquemment pourvu d'une fois autant d'yeux, du fond desquels jaillissaient au loin des feux livides. Il eut d'*Échidna* (vipère), monstre moitié femme et moitié serpent, qui habitait une caverne dans le pays d'Hylée, une postérité monstrueuse comme leur mère. Ce furent le Sphynx, la Gorgone, l'hydre de Lerne, Cerbère, Géryon au triple corps, roi de Gadès (Cadix), et Orthus, chien terrible, qui gardait le palais de ce prince. Une autre origine d'Encelade s'harmonie parfaitement avec les sciences naturelles. On lui donne pour mère Junon (l'air), qui l'aurait créé, sans aucun commerce amoureux, des vapeurs terrestres, par jalousie de Jupiter, qui avait enfanté Minerve (la sagesse) des émanations de son cerveau (de la pensée divine). Dans ce cas, on le représentait comme un géant, dont la partie supérieure était couverte de plumes, et dont l'inférieure formait une torsade de serpents. En effet, les vapeurs et les miasmes, sortent des entrailles de la terre comme une colonne gigantesque dont la base touche souvent à des marais pleins de reptiles, et dont le sommet se perd dans les nues où vole l'espèce emplumée. Encelade, devenu grand, dit la Fable, résolut de venger la défaite de ses frères, et vint assaillir Jupiter, qu'il vainquit. Qui ne voit là ces feux volcaniques, ces émanations du globe, qui s'emparent du ciel? Bientôt Mercure (la science) et Pan (la nature) arrivent, et délivrent Jupiter captif, qui, sur un char attelé de chevaux ailés, poursuit Encelade et le terrasse d'un coup de foudre. Mercure n'est donc que la science humaine aidée de la nature, dont Pan (le tout) était l'emblème; et l'air pur, qui a repris sa circulation, est le char ailé du maître des dieux.

Encelade foudroyé gisait étendu sous les roches énormes de l'Etna, dont Jupiter avait jeté la masse sur son corps. Les Grecs prétendaient que lorsqu'il se retournait et respirait, il faisait trembler toute l'île, et la remplissait du feu et de la fumée qu'exhalait sa poitrine. Ils placèrent sa tête vers les côtes de l'Italie, sous le promontoire Pélore, parce que ce mot en grec signifie *monstre effroyable*; ils tournèrent l'une de ses jambes vers la Grèce, et firent peser dessus le promontoire Pachyn; ils dirigèrent l'autre vers la mer Tyrrhénienne, et l'écrasèrent sous le poids du promontoire Lilybée. C'est ainsi qu'étaient merveilleusement figurés les terribles phénomènes de l'Etna et son sinistre repos.

DENNE-BARON.

ENCENS. Ce mot vient d'*incensus*, brûlé, en prenant l'effet pour la cause. Le véritable encens, connu dans le commerce sous les noms d'*oliban*, d'*encens mâle* ou d'*encens indien*, est une espèce de résine d'un jaune pâle ou transparent, fournie par un arbre de l'Inde, le *boswellia thurifera*. L'encens, particulièrement destiné à honorer les dieux, a été connu des Grecs, des Arabes, et, de presque tous les peuples de la terre, et dans tous les temps. Les sacrifices se faisaient autrefois avec de l'encens, qui servait, comme aujourd'hui, à répandre un parfum suave dans les temples. Cette dernière propriété semble même d'abord avoir été l'unique cause qui ait fait admettre l'usage de l'encens dans l'église romaine. Il servit seulement lors des premiers temps du christianisme à chasser la mauvaise odeur, à purifier l'air humide et malsain des lieux souterrains, bas et humides, où les partisans du nouveau culte étaient forcés de se retirer pour se soustraire à la persécution. Il fut ainsi pendant des siècles moins une partie du culte qu'un moyen de désinfection de l'air, ainsi que l'affirme positivement Tertullien dans son *Apologétique* (liv. XXX). L'agréable odeur de cette substance brûlée en fit ensuite continuer l'usage, à l'imitation des mages, qui avaient marqué leur respect au nouveau dieu par une offrande d'or et d'encens. Offert d'abord en hommage aux divinités du ciel, il ne tarda pas à l'être à celles de la terre. On en brûla devant les princes, le clergé, puis devant les seigneurs, dont le grade se distinguait par un plus ou moins grand nombre de coups d'encensoirs, ce qui entraîna un grand nombre de procès, dans lesquels il serait difficile de dire laquelle des deux parties jouait réellement le rôle le plus ridicule.

Encens se dit aussi figurément des flatteries et des louanges qu'on donne à quelqu'un. Ainsi considéré, c'est une monnaie également convoitée et commune, et à qui sa banale prodigalité n'a fait néanmoins rien perdre de son cours. On dit communément *donner à quelqu'un de l'encensoir sur le nez* pour faire entendre qu'il ne mérite pas les louanges qu'on lui donne, et qu'elles ne doivent être considérées que comme une raillerie. Sous ce point de vue, combien de courtisans passent leur vie à casser l'encensoir sur le nez de leur maître! On appelle aussi *encens de cour* ou *eau bénite de cour* des promesses sans fondement, qu'on ne veut pas ou qu'on ne peut pas tenir. On dit d'un auteur qu'il donne de l'encens à son Mécène. L'encens, pris au figuré, a fait tourner bien des têtes, et gâté bien des talents qu'eût sauvés une sévère et inflexible critique.

> Je ne puis en esclave, à la suite des grands,
> A des dieux sans vertu prodiguer mon *encens*.
> (MOLIÈRE.)
> Pour moi, je ne vois rien de plus sot, à mon sens,
> Qu'un auteur qui partout va gueuser de l'*encens*.
> (*Le même.*)

L'*encensement* est l'action d'*encenser*. L'*encensoir* est une petite cassolette suspendue à de petites chaînes, et dont on se sert pour encenser.

BILLOT.

ENCENSOIR. *Voyez* ENCENS.

ENCÉPHALE (de ἐν, dans, et κεφαλή, tête). *Voyez* CÉRÉBRAL (Système).

ENCÉPHALITE. *Voyez* FIÈVRE CÉRÉBRALE.

ENCHAINEMENT. Ce mot a perdu au propre sa signification; au figuré, il veut dire une suite, une liaison entre des choses de même qualité ou propriété, et dépendant les unes des autres. C'est ainsi qu'on dit un *enchaînement de propositions, de malheurs*, etc. L'acception du mot *enchaînement* serait beaucoup plus vaste si nous connaissions toute l'histoire de la nature, puisqu'il n'y aurait pas un fait dans l'ordre physique et dans l'ordre moral auquel il ne dût s'appliquer relativement à un autre fait, auquel il est toujours nécessairement et intimement lié, mais par des moyens qui échappent à l'imperfection de notre intelligence. La plupart des sciences naturelles, telles que la botanique, etc., reposent sur un système d'enchaînement entre les corps qui en sont l'objet (*voyez* CHAINE).

BILLOT.

ENCHANTEMENT, cérémonie mystérieuse, accompagnée de paroles auxquelles on attribue un pouvoir surnaturel. Ce mot vient d'*incantare*, parce qu'apparemment les conjurations se chantaient dans l'antiquité. Philippe Mouskes, auteur du treizième siècle, raconte que la basilique d'Aix-la-Chapelle fut bâtie du temps de Charlemagne par *enchantement*; le marbre et les colonnes, dit-il, vinrent de Rome, et il ajoute :

> Un mestre ki bien sot *canter*,
> Les fist venir par *encanter*.
> Li déables les sporta
> Pour le mestre ki l'enorta.

Les enchantements ont fait partie de l'art de guérir dès les temps les plus reculés : les médecins du temps de Brantôme faisaient grand usage des phylactères et des paroles magiques. L'usage d'*envoûter* son ennemi remonte à une époque très-reculée. Horace le décrit, et du temps de la ligue on plaçait sur l'autel une image de Henri III, qu'on piquait au cœur à certain passage de la messe. Si la haine a eu souvent recours aux enchantements, l'amour ne les a pas dédaignés. Un des *enchanteurs* les plus fameux est sans contredit Merlin, qu'on fait vivre en Écosse au cinquième siècle. Il joue un grand rôle dans les romans de la *Table ronde*. Ses *Prophéties*, ou du moins celles qu'on lui attribue, ont été traduites dans toutes les langues de l'Europe : on s'en servit pour justifier la légitimité de la mission de la *Pucelle d'Orléans*.

Le mot *enchanteresse* est passé, par métaphore, dans la langue de la galanterie : *grâce, simplicité, douceur enchanteresse*, sont des expressions toutes faites, qui n'ont rien cependant, quand elles sont convenablement placées, de l'afféterie du madrigal.

DE REIFFENBERG.

ENCHÂSSER. Ce mot, qui n'a guère aujourd'hui de signification bien usitée que comme terme d'art, désignait autrefois une opération toute différente, l'action de *mettre un mort dans sa bière, dans son cercueil.* Il venait du latin *capsa*, caisse. On disait dans le même sens, *enchâsser des reliques, un morceau de la vraie croix*, et tout ce qui pouvait être dans le culte un objet d'hommage ou d'adoration.

En termes d'art, *enchâsser* signifie proprement faire tenir une chose dans une autre, l'encadrer exactement, à poste fixe ou d'une manière mobile. Ainsi on dit : *enchâsser* ou renfermer une porte dans un *châssis*, une croisée dans son *dormant*, *enchâsser* un tableau dans sa bordure. On *enchâsse* dans le bois, la pierre, l'or, l'argent, etc., dans tout ce qui peut contenir enfin un objet qu'on veut lui faire recevoir ou supporter. On *enchâsse* des cheveux, une pierre précieuse, un diamant, un rubis, etc., dans le chaton d'une bague; des perles, du corail dans de l'or.

On disait autrefois *enchâsser* un passage, un trait d'histoire, etc., dans un discours, pour dire l'y faire entrer.

BILLOT.

EN CHEF. *Voyez* CHEF (*Blason*).

ENCHÈRE. C'est une offre supérieure soit à la mise à prix, soit au prix offert par quelqu'un pour une chose qui se vend ou s'afferme au plus offrant par justice, ou devant un officier public. Le dernier enchérisseur est seul obligé, en sorte que s'il était insolvable, on ne pourrait s'adresser au précédent enchérisseur qui s'est trouvé pleinement libéré. Les enchères se font en justice ou devant notaire, toujours de vive voix; celles qui ont lieu en justice ne peuvent se faire que par le ministère d'avoués; dans les adjudications administratives on emploie la voie des enchères par écrit et cachetées, lesquelles prennent alors le nom de *soumissions*. On nomme *folle enchère* celle aux conditions de laquelle l'enchérisseur ne peut ensuite satisfaire. Ceux qui entravent la liberté des enchères par voies de fait, violences ou menaces, ou qui par dons et promesses écartent les enchérisseurs, encourent un emprisonnement de quinze jours à trois mois et une amende de 100 francs à 5,000 francs. La même disposition est applicable à toute association secrète ou manœuvre entre les marchands de bois ou autres tendant à nuire aux enchères, à les troubler ou à obtenir les bois à plus bas prix.

ENCHEVÊTREMENT. S'*enchevêtrer*, c'est s'embrouiller dans des discours, s'engager, s'embarrasser tellement dans certaines affaires, qu'on ne puisse plus s'en tirer du tout, ou du moins que très-difficilement. Ce mot semble directement venir de celui d'*écheveau*, c'est-à-dire de l'action de dérouler une pelote de fil plus ou moins embrouillée. Il est assez ordinaire de voir s'enchevêtrer dans des raisonnements plus ou moins obscurs ceux qui ont la manie des discussions métaphysiques. Avec une logique un peu adroite et un peu serrée, rien n'est plus facile que de les pousser à s'embrouiller eux-mêmes dans un chaos dont ils ne peuvent plus sortir.

BILLOT.

ENCHIFRÈNEMENT. On désigne par ce nom l'obstruction et l'embarras des fosses nasales qui accompagnent le *coryza*. Cette affection légère, comparativement à d'autres, n'est pas cependant sans gravité quand elle est devenue habituelle, ou qu'elle récidive souvent, comme on en voit des exemples fréquents. Le sens de l'odorat est plus ou moins obtus, et souvent il est aboli; l'air ne pénétrant plus dans la poitrine par les narines, la respiration est moins facile; le timbre de la voix est altéré et devient nasillard; la sécrétion du mucus nasal est tarie ou abondante, et dans ce cas il faut sans cesse se moucher : on est fatigué par des éternuments fréquents. La gêne et la plénitude qu'on ressent dans le nez sont toujours incommodes, et quelquefois douloureuses. Le nez grossit et déforme l'ensemble des traits de la physionomie. La tuméfaction de la glande lacrymale et des conduits lacrymaux, qui survient assez souvent, cause et entretient l'écoulement de larmes appelé *épiphora*. Dans les cas où cette affection a duré longtemps, on voit aussi naître quelquefois des polypes dans les cavités du nez, ou se former des ulcérations dont un des résultats fâcheux est l'odeur si répulsive qu'on appelle *punais*. L'affection consiste dans l'irritation de la membrane muqueuse qui tapisse les cavités nasales et les sinus frontaux : en cet état l'épaisseur de cette membrane, qui est assez étendue, augmente et sa vitalité se pervertit. C'est cette irritation qu'il faut prévenir, éteindre, pour obtenir la guérison de l'enchifrènement. Malheureusement les moyens médicaux sont peu puissants; les bains de pieds, fussent-ils sinapisés, ne peuvent dévier l'irritation. Des fumigations émollientes qu'on dirige dans le nez ont plus d'inconvénients qu'elles ne sont utiles. Les vésicatoires sur la nuque sont même ordinairement des révulsifs inutiles. On a retiré quelque avantage de l'emploi du nitrate d'argent.

La plupart des personnes habituellement enchifrenées, surtout celles qui ne mouchent pas, ont recours au tabac : cette coutume banale doit être signalée comme dangereuse; car, loin de guérir l'enchifrènement, elle l'accroît très-souvent. Tout en provoquant une sécrétion de la membrane pituitaire, l'usage de priser cause même fréquemment cette affection : on ne doit pas s'en étonner, puisque le tabac est une poudre très-irritante et dont l'habitude seule peut atténuer les effets.

Dr CHARBONNIER.

ENCINA ou ENZINA (JUAN DE LA), le père de l'art dramatique en Espagne, naquit à Salamanque, vers l'an 1469, et parut de bonne heure à la cour, où il trouva un protecteur zélé dans la personne de don Fadrique de Tolède, premier duc d'Albe. Son talent poétique fut très-précoce. En 1492, à peine âgé de vingt-quatre ans, il publia un recueil de ses écrits, un *Cancionero*, qui eut six éditions réelles en une vingtaine d'années. Chacune de ces éditions offre des additions et des corrections consciencieuses. Indépendamment d'un grand nombre de poëmes détachés, et d'une imitation fort bien faite des Églogues de Virgile, l'ouvrage, qui est précédé d'une curieuse dissertation sur la poésie espagnole, renferme onze pièces, représentées pour la plupart à l'occasion des fêtes de Noël ou de Pâques. Ici ce sont des bergers qui célèbrent par des chants la naissance du Sauveur, là des ermites qui se rendent en pèlerinage au Saint-Sépulcre. Parmi les œuvres en dehors du théâtre sacré, il en est une où des pasteurs déplorent l'arrivée du dernier jour du carnaval; une autre célèbre la paix conclue avec la France. Il y a de la grâce et de la vivacité dans un petit drame, mêlé de danse et de chant, où l'on voit un chevalier se déguiser en berger, et un berger endosser le costume d'un courtisan. Ces pièces dramatiques sont intitulées *Representaciones;* elles furent jouées dans la maison du protecteur de notre poëte, le duc d'Albe. Plus d'une fois même, on vit Encina y remplir les rôles de *gracioso* (comique). Sous le titre d'*Auto del Repelon*, il a composé une pièce bouffonne où il met en scène deux paysans crédules et simples que trompent deux vauriens d'étudiants. Ces essais sont heureux pour un écrivain de la fin du quinzième siècle, et bien supérieurs à tout ce qui paraissait ailleurs dans le même genre.

Quittant l'Espagne, Encina passa en Italie, s'établit à Rome, et en 1514 y publia une *farsa* intitulée : *Placida e Vitoriano;* l'auteur s'y étant permis quelques libertés un peu trop vives, l'inquisition supprima si exactement l'ouvrage qu'il n'en est parvenu jusqu'à nous aucun exemplaire. Poëte aimable et joyeux, musicien habile, Encina plut à Léon X; il fut nommé directeur de la chapelle papale. Obéissant à son humeur aventureuse non moins qu'à des sentiments de piété, il quitta un jour le Vatican, et accompagna à Jérusalem le marquis de Tarifa. De retour de ce voyage, alors fort dangereux et fort pénible, il en célébra les principaux incidents dans un poëme auquel il donna le nom de *Tribagia, o via sagra de Hierusalem* (Rome, 1521; dernière édition, Madrid, 1786). L'aspect des lieux saints avait mis dans le cœur d'Encina une ferveur toute nouvelle : il entra dans les ordres, revint dans sa patrie, et ne tarda pas à être pourvu d'un riche bénéfice. Plus tard, le prieuré de Léon lui fut conféré. Il mourut à Salamanque, en 1534.

G. Brunet.

ENCISE (Crime d') On appelait autrefois ainsi l'action de celui qui donnait volontairement la mort à une femme enceinte pour arriver à la destruction de l'enfant, ou à l'enfant même qu'elle porte dans son sein. Ce mot vient du latin *mulier inciens*, femme enceinte. Ce crime était puni de mort.

ENCKE (Jean-François), directeur de l'Observatoire et secrétaire de l'Académie des Sciences de Berlin, est né le 23 septembre 1791, à Hambourg, où son père remplissait les fonctions de pasteur évangélique. Après avoir étudié à Gœttingue, sous Gauss, il entra dans l'artillerie lors de la guerre de l'indépendance, en 1813, avec le grade de lieutenant des villes anséatiques, et passa en la même qualité au service de la Prusse en 1815. La paix une fois rétablie, il se disposait à aller reprendre ses études interrompues, quand on lui offrit une place d'adjoint à l'Observatoire de Seeberg, près de Gotha. A partir de 1817, il en fut réellement le directeur, par suite du départ du titulaire, Lindenau, et en 1825 il obtint le titre de vice-directeur. La même année, à la recommandation surtout de Bessel, il fut appelé à remplacer Tralles en qualité de secrétaire de l'Académie des Sciences et nommé directeur de l'Observatoire de Berlin, où il vécut encore une année avec Bode, son prédécesseur dans ces fonctions. A la suggestion de M. A. de Humboldt, le gouvernement se décida en 1835 à faire confectionner un grand télescope parallactique ou réfracteur, et à faire bâtir un nouvel observatoire sur les plans de Schinkel.

M. Encke habitait encore Gotha quand il remporta le prix d'astronomie fondé par Cotta; il lui fut décerné, au jugement des astronomes Gauss et Olbers, pour son mémoire sur la comète de 1680. A cette occasion, il fut amené à résoudre, par la discussion des deux passages de Vénus de 1761 et 1769, le problème de l'éloignement du soleil à la terre, qui se rattache à celui des comètes, dans deux petites dissertations imprimées séparément (Gotha, 1822-1824). En 1819 il démontra qu'une comète, découverte par Pons, le 26 novembre 1818, achevait sa révolution en 1,200 jours environ (ce qu'auparavant on n'aurait jamais cru possible), et avait déjà été observée en 1786, 1795 et 1805. En suivant les apparitions successives de cette comète, qui à partir de 1819 a pu être régulièrement observée dans les années 1822, 1825, 1828, 1832, 1835, 1838, 1842, 1845, 1848 et 1852, il fut conduit à admettre, indépendamment des forces perturbatrices qu'on a pu remarquer dans les corps célestes, l'existence d'une autre cause, qui à chaque période rend plus court leur temps de révolution et peut s'expliquer de la manière la plus simple par la résistance d'un milieu (éther) dans lequel se meuvent les comètes. Ses recherches sur ce sujet sont consignées dans les *Mémoires de l'Académie de Berlin*. En 1830 il prit la direction des *Annales astronomiques de Berlin*, où, en calculant d'une manière plus rigoureuse les lieux des corps célestes, il a rendu un grand service aux astronomes, et il ajouta à ce recueil une suite de dissertations astronomiques. Trois volumes de ses *Observations astronomiques, faites à l'observatoire de Berlin*, ont paru jusqu'à ce moment (1840-1851).

ENCLAVE. On appelle ainsi un terrain entièrement enfermé dans un autre sans en dépendre, et qui n'a aucune issue sur la voie publique. Le propriétaire d'un pareil fonds a droit de réclamer un passage moyennant indemnité sur ceux de ses voisins. Ce mot est employé avec le même sens dans le langage de la politique : il désigne les portions de territoire qui appartiennent à un souverain autre que celui du territoire environnant. La principauté de Monaco est une enclave des États Sardes. Le comtat Venaissin était une des enclaves de la France avant 1789.

On appelait également *enclave* autrefois le territoire dans l'étendue duquel les anciens seigneurs exerçaient le droit de justice.

ENCLOS, terrain fermé de murs ou de haies. Suivant le Code Pénal est réputé *parc*, ou *enclos* tout terrain environné de fossés, de pieux, de claies, de planches, de haies vives ou sèches, ou de murs de quelque espèce de matériaux que ce soit, quelles que soient la hauteur, la profondeur, la vétusté, la dégradation de ces diverses clôtures, quand il n'y aurait pas de porte fermant à clef ou autrement, ou quand la porte serait à claire-voie et ouverte habituellement. Les parcs mobiles destinés à contenir du bétail dans la campagne, de quelque matière qu'ils soient faits, sont aussi réputés *enclos;* et lorsqu'ils tiennent aux cabanes mobiles ou autres abris destinés aux gardiens, ils sont réputés dépendant de maisons habitées. Le vol commis dans les parcs et enclos est puni de peines plus ou moins graves, suivant les circonstances dont il est accompagné.

ENCLOUAGE DU CANON, opération propre à mettre subitement des pièces de canon hors d'état de servir. Ce procédé est aussi ancien que l'usage de la grosse artillerie. Il était employé déjà sous Charles VI; Juvénal des Ursins raconte qu'au siége de Compiègne, en 1415, on y eut recours. Pour enclouer une pièce, on fiche à force dans sa lumière un clou d'acier préparé à cet effet, de forme triangulaire ou carrée. Si le temps ou les moyens manquent pour cette opération, on insinue du gravier dans la lumière, ou bien l'on introduit dans la pièce, non chargée, un boulet entouré d'un feutre, d'une forme de chapeau ou de toute autre matière souple et spongieuse. D'anciens écrivains ont proposé de forer une lumière nouvelle aux pièces enclouées. L'enclouage du canon exécuté sans ordre est un crime prévu par notre législation pénale. Gal Bardin.

ENCLOUURE. On donne ce nom à l'incommodité qu'éprouve un cheval lorsqu'il rencontre en marchant un clou qui lui entre dans le pied, ou lorsqu'un maréchal maladroit le pique jusqu'au vif en le ferrant. Un peu de repos et l'extraction du clou qui cause le mal, telles sont les indications que suggère le seul bon sens. Une enclouure négligée peut entraîner des accidents plus graves et même rendre un cheval boiteux.

ENCLUME. Nous ne chercherons pas ici quelle était la forme des enclumes dont Vulcain et les cyclopes se servaient dans les usines de Lemnos ou de Lipari. Nous nous en tiendrons à dire que tout métallurgiste dut impérieusement autrefois placer, comme on le fait encore aujourd'hui, la matière qu'il voulait forger sur une masse incapable de se fondre sous la chaleur de la pièce incandescente qu'elle recevait, ou de fléchir sous les coups qu'elle supportait. Cette masse, en arrivant jusqu'à nous, tout en subissant une foule de métamorphoses dans ses formes, a pris le nom d'*enclume* (du latin *incudine*, ablatif d'*incudo*, fait du verbe *cudere*, frapper).

Soit qu'elle appartienne au forgeron, au maréchal, au coutelier, au taillandier, au serrurier, ou au mécanicien, toute enclume se divise en trois parties, savoir : celle du milieu, présentant habituellement une surface parallélogrammique appelée *table*, et celles des extrémités, nommées *bigornes*, dont l'une est conique et l'autre pyramidale. Près de l'un des bords de la table, on ménage un trou pour recevoir un tranchet, sur lequel le forgeron puisse couper son fer. Peut-être quelques personnes s'imaginent-elles qu'il suffit, pour fabriquer une bonne enclume, de prendre une masse de fer, de lui donner la forme habituelle, et d'en tremper la surface après l'avoir polie; il n'en est rien, et une telle enclume ne résisterait pas à un travail de quelques jours. Pour arriver à obtenir une surface capable de résister longtemps, on commence par briser des barres d'acier en petits morceaux d'environ trois centimètres de longueur, à souder ensemble, l'un à côté de l'autre, tous ces petits morceaux, et à en faire une plaque de la grandeur et de la forme de la surface de l'enclume, sur laquelle on soude cette plaque; puis on met cette surface aciérée dans une caisse remplie de charbon, et placée elle-même dans un fourneau que l'on chauffe à grand feu. Cette cémentation donne une plus grande dureté à l'acier, dont il faut ensuite polir la surface pour la faire rougir et la tremper, non en la plongeant dans de l'eau, mais en y faisant tomber une colonne d'eau fraîche, qui se renouvelle jusqu'à ce que la chaleur de l'enclume ne puisse plus amener le recuit.

Donner un son clair et argentin sous le marteau, et le faire rebondir avec force, telle est l'indication d'une bonne enclume, qui demande toujours à être assise sur un massif de maçonnerie, à distance de $1^{m},50$ environ du feu de chaufferie. Habituellement, lorsque les enclumes atteignent un poids de plus de 7 à 8,000 kilogrammes, on les coule simplement en fonte; alors leur prix n'est guère que du tiers de celles en fer, et leur service pour les gros ouvrages est tout aussi bon. Quant aux petites enclumes, ou bigornes sans table, elles ne présentent d'autres difficultés que d'exiger un beau poli. J. Odolant-Desnos.

ENCOIGNURE, qu'il vaudrait mieux écrire *encognure*, puisque l'*i* ne se doit pas faire entendre dans la prononciation, est le nom qu'on donne généralement aux angles saillants d'un bâtiment et à ceux de ses avant-corps. Quand ces avant-corps sont flanqués de pilastres, on les nomme *antes*. *Encoignure* vient évidemment de *cuneus*, coin. Le mot latin *angulus*, en français *angle*, nous semble donner une définition du terme encoignure meilleure ou plutôt moins inexacte, puisqu'il peut également s'appliquer aux angles saillants et rentrants que forment deux murailles, deux surfaces quelconques, à leur réunion, et que les derniers de ces angles doivent être également considérés comme formant encoignure ou coin, quoique dans le sens inverse des premiers. Billot.

ENCOLLAGE. L'acception du mot *encollage* n'est pas la même que celle du mot *collage*. Ce dernier n'exprime que l'application d'une matière adhésive sur une surface quelconque pour y fixer une surface correspondante, au lieu que par *encollage* on doit entendre un excipient ou menstrue du corps auquel on veut donner de la consistance. Par exemple, dans la peinture en détrempe, cet excipient est la gélatine, ou colle forte, ou le lait, etc.; c'est ce que le peintre appelle *délayer* la couleur. Il en imprègne un liquide de manière à communiquer à celui-ci une teinte uniforme, et à le rendre d'une consistance telle qu'on puisse l'appliquer à la brosse.

On appelle encore *encollage* une certaine préparation qu'on donne aux bois des parquets et des panneaux d'appartement, aux plafonds, etc., pour boucher les pores du bois et préparer une assiette bien unie aux couleurs qui y seront subséquemment appliquées. Dans ce cas, on fait bouillir dans un litre d'eau une forte poignée de feuilles d'absinthe et deux ou trois têtes d'ail. Le liquide étant réduit à moitié de son volume par l'évaporation, et passé à travers un linge, on ajoute à la liqueur une demi-poignée de sel de cuisine et deux décilitres de fort vinaigre blanc. Toutes ces additions ont pour objet de dégraisser le bois, de le mieux disposer à recevoir les apprêts, et de le préserver d'ailleurs de la piqûre des vers. Dans ce dernier but, quelques personnes ajoutent même un peu de sublimé corrosif (deutochlorure de mercure). Dans le liquide ainsi préparé, on fait dissoudre la colle. Si l'encollage est destiné à des plâtres ou à des pierres poreuses, il faut retrancher le sel de cuisine de la recette donnée, afin d'éviter la déliquescence dans les temps pluvieux ou humides. Pelouze père.

L'encollage du papier est une opération qui consiste à le tremper dans une dissolution de gélatine et d'alun pour l'empêcher de *boire*. On encolle ordinairement les papiers non collés pour l'enluminure et le lavis.

ENCOLURE, mot dérivé de *col* : on a dit autrefois *encoulure*; partie du cheval qui s'étend depuis la tête jusqu'aux épaules et au poitrail. On dit, en mauvaise part, qu'un cheval est chargé d'encolure, qu'il a l'encolure fausse, trop épaisse, etc., et, en bonne part, qu'il a l'encolure fine, bien tournée, bien dégagée; on appelle *encolure de jument* l'encolure qui est trop effilée ou trop peu chargée de chair. On recherche surtout une encolure fine dans les chevaux de parade; mais un cheval de harnais n'en vaut pas moins pour avoir l'*encolure* un peu épaisse et charnue.

Encolure se dit figurément et familièrement des hommes pour indiquer l'air, l'apparence, et se prend toujours en mauvaise part. C'est dans ce sens que Molière l'emploie dans *Tartufe*. E. Héreau.

ENCOMBRE, ENCOMBRER, ENCOMBREMENT. Ces termes qui ont la même source que le mot *décombres*, s'emploient, surtout au figuré, dans le sens d'*empêchement*, *embarras*, *obstacle*, *malheur*, *accident*, principalement dans le style plaisant ou familier. Citons à l'appui ces vers de La Fontaine :

> Perrette, sur sa tête ayant un pot au lait,
> Bien posé sur un coussinet,
> Prétendait arriver sans *encombre* à la ville.

Dans le commerce de transport, on nomme *marchandises emcombrantes* ou *d'encombrement*, celles qui sont lourdes, ou présentent de grandes surfaces, comme la houille, la fonte, les métaux, les vins, le coton, etc.

ENCORBELLEMENT, terme d'architecture, formé du mot *corbeau*; construction en saillie qui porte à faux hors du nu d'un mur et soutenue par plusieurs pierres posées l'une sur l'autre, et plus saillantes les unes que les autres. On construit des *balcons*, des *galeries en encorbellement*, c'est-à-dire des balcons, ou galeries, tenus en saillie du mur sur le prolongement des solives du plancher intérieur, ou seulement par des consoles de fer. « L'usage des *encorbellements*, dit Quatremère de Quincy, fut jadis presque général dans le nord de l'Europe. On en retrouve des vestiges encore à Paris, dans un grand nombre d'autres villes de France, et dans toute l'Allemagne. Il est à croire que ces villes ayant eu, dans l'origine, des rues très étroites, on imagina ce système de bâtisse pour donner plus de largeur à la voie publique sans en ôter trop aux étages des maisons. »

ENCOSSE. *Voyez* Encausse.

ENCOUBERT. *Voyez* Tatou.

ENCOURAGEMENT, manière, plus ou moins bien entendue, d'exciter le zèle ou de hâter le développement de certaines qualités : ici le but est secondaire; les moyens qui y conduisent, voilà la partie essentielle. Que de fois des encouragements, pour manquer de mesure et d'à-propos, ont perdu ceux auxquels ils étaient accordés! Entre enfants du même âge, et qui sont placés sous les mêmes conditions, quelle différence à observer pour les encouragements! Aux uns il faut à peine les montrer; aux autres il faut les prodiguer. C'est un des grands avantages de l'éducation de famille, qu'elle permet de graduer les encouragements, d'en rajeunir la nature, de les proportionner à chaque circonstance nouvelle, et de les nuancer à l'infini. L'éducation publique, au contraire, échoue dans la distribution des encouragements : elle est forcée de leur imprimer un caractère de généralité presque toujours funeste. Un maître, un professeur qui auront à instruire et à surveiller seulement quarante élèves, succomberont sous le poids d'une pareille tâche. Dans la famille, au contraire, où l'on suit pas à pas les enfants, on sait tout à la fois les réveiller par des encouragements, comme les retenir par des punitions. Il en résulte qu'on parvient à leur donner un caractère essentiellement moral. Les enfants livrés aux chances de l'éducation publique l'emportent sans doute sur ceux-ci par les talents, grâce à une émulation continuelle, mais ils leur cèdent toujours pour les vertus : les uns ont plus d'instruction, les autres plus d'éducation.

Rien de plus instructif, pour ceux qui aiment à observer, que cette suite de petits encouragements qu'une mère bonne et intelligente donne sans cesse à ses filles; on la voit les mener, comme par la main, dans la pratique des vertus, et les rendre parfaites sans même qu'elles s'en aperçoivent. Les mères sont moins habiles s'il s'agit d'élever un fils : il y a là quelque chose qui est au-dessus de leur force, et surtout de leur expérience. En toutes choses, les encouragements forment une science d'autant plus difficile, d'autant plus délicate, qu'elle est toute *relative*. Du moment qu'on y veut faire entrer l'*absolu*, on la fausse, on la dénature.

Il en est des gouvernements comme des particuliers : il faut qu'ils apportent beaucoup de tact dans les encouragements qu'ils donnent. Certaines entreprises d'art, de science et d'utilité publique ne peuvent se soutenir *seules*, surtout dans les commencements. C'est le devoir de ceux qui exercent le pouvoir d'inventer alors de nouveaux encouragements, et ils doivent les offrir, car il est quelquefois trop tard quand on les demande; c'est une extrémité à laquelle n'aime pas à recourir le génie, et que d'ailleurs lui enlève presque toujours l'intrigue. Le pouvoir est tenu, dans ces rares circonstances, de se montrer plein de promptitude et de discernement. Mais en général ceux qui gouvernent jettent avec tant de prodigalité l'or, les places et les encouragements à ceux qui les flattent, les amusent ou les servent dans leurs vices, que pour les autres ils n'ont jamais d'argent en caisse.

SAINT-PROSPER.

ENCOURAGEMENT POUR L'INDUSTRIE NATIONALE (Société d'). Cette société, fondée avant 1789, fut réorganisée en 1801 par le concours d'un grand nombre de savants, de fonctionnaires publics, de propriétaires et de manufacturiers; mais ses statuts ne furent homologués qu'en 1824. Son but est de seconder les efforts du gouvernement pour l'amélioration de toutes les branches de l'industrie française. Ses principaux moyens d'action sont des distributions de prix, des médailles d'encouragement de toutes sortes pour l'invention, le perfectionnement et l'exécution des machines ou des procédés utiles aux diverses branches de l'industrie; l'introduction en France de procédés expérimentés avec succès dans des manufactures étrangères; des expériences ou des essais ayant pour but d'apprécier de nouvelles méthodes annoncées au public; des envois de modèles, dessins ou descriptions des découvertes nouvelles, et d'instructions ou de renseignements pour les fabricants et les agriculteurs; la publication enfin d'un *Bulletin* mensuel, avec planches, destiné à répandre l'instruction relative aux principaux arts et métiers. Cette société a attaché son nom à bien des conquêtes industrielles dont la France s'est enrichie depuis le commencement de ce siècle. Elle a popularisé le *métier à la Jacquart*, qui a opéré une véritable révolution dans nos fabriques de tissus, l'*industrie du plaqué d'or et d'argent*, dont l'Angleterre avait seule jusque là le monopole, l'*outre-mer factice*, découverte aussi importante qu'inespérée, et elle a provoqué et dirigé l'importation en France des *machines à fabriquer les draps*, qui ont augmenté la consommation des étoffes de laine en faisant baisser leur prix; elle a donné un énorme développement à l'*industrie des soies* en multipliant la production de la *soie blanche de la Chine*, dont la récolte ne se faisait plus que dans un ou deux établissements; elle a fait revivre les *thermolampes*, qui ont donné naissance à l'*éclairage au gaz*; elle a répandu et accrédité les procédés pour la *conservation des substances alimentaires*, immense service rendu à la marine, à l'économie domestique, à l'humanité; elle a vulgarisé l'emploi du *carton-pierre*, et puissamment contribué à la propagation des *machines à fabriquer le papier*, des *impressions sur tissus*, des *sucreries de betteraves*, de la *fabrication du flint-glass* et du *crown-glass*, du *verre coloré à deux couches ou dans la masse*, façon de Bohême, et de plusieurs branches d'économie rurale, telles que l'*éducation des mérinos*, la *culture des prairies artificielles*, la *propagation du mûrier*, le *drainage*, la *pisciculture*, etc. Enfin on lui doit divers ouvrages sur les *puits artésiens*, le *daguerréotype*, le *chloroforme*, le *caoutchouc*, la *gutta-percha*, etc.

Toute communication, toute présentation d'objets peuvent être faites à la société, sans qu'il soit nécessaire d'en être membre. Lorsqu'une invention ou un perfectionnement reçoit son approbation, le rapport en est inséré dans le *Bulletin*, avec planche gravée, si l'objet l'exige : aussi la collection complète en est-elle considérée à juste titre comme une histoire raisonnée et progressive des arts et métiers en France et à l'étranger. L'association a quatre places gratuites et quatre places à 3/4 de bourse à sa nomination dans les Écoles d'Arts et Métiers. Tous les sociétaires ont le droit de présenter des candidats à ces Écoles. Les membres de la Société peuvent concourir pour les prix qu'elle propose; il n'y a d'excepté, que les membres du conseil d'administration.

ENCRATITES, hérétiques du deuxième siècle de notre ère, qui reconnaissaient pour fondateur Tatien, disciple de saint Martin, martyr, homme éloquent, qui avait écrit en faveur du christianisme. Mais après la mort de son maître il tomba dans les extravagances de Valentin, de Marcion et de Saturnin. Il soutenait, entre autres erreurs, qu'Adam n'était pas sauvé, et traitait le mariage de corruption et de débauche, en attribuant l'origine au démon. De là ses sectateurs furent appelés *encratites* ou *continents* (du grec ἐγκρατής, continent, tempérant, maître de soi). Ils s'abstenaient de viande et de vin, ne se servant pas même de ce liquide pour l'Eucharistie, ce qui leur fit donner les noms d'*aquariens* et d'*hydroparatates*. Ils fondaient cette répugnance pour le vin sur ce qu'ils regardaient cette boisson comme une production du diable, alléguant pour preuve l'ivresse de Noé et la nudité qui en fut la suite, ce qui ne les empêchait pas de faire bon marché de l'Ancien Testament, dont ils interprétaient les passages à leur fantaisie.

ENCRE, mot fait de la basse latinité, *incaustum*; liqueur ou pâte liquide, qui sert pour l'écriture, pour l'impression ou le dessin.

Encre à écrire. C'est ordinairement une encre noire, liquide, servant, à l'aide d'une plume, à tracer les caractères manuscrits. Le précipité noir qu'on tient suspendu dans une menstrue, ordinairement aqueuse, au moyen de la gomme, est un gallate ou tannate de fer, et le plus souvent un mélange des deux. Mais on observe que l'encre est d'autant meilleure et moins altérable qu'il s'y trouve plus de gallate, comparativement à la quantité de tannate. Aussi quand on a voulu substituer, le tan ou le cachou à la noix de galle, dans la fabrication de l'encre, n'a-t-on obtenu qu'un mauvais produit. On a donné un très-grand nombre de recettes et de dosages variés pour la composition de l'encre. Voici les doses d'ingrédients le plus généralement usitées, et qui réussissent le mieux. Pour préparer 200 litres d'encre, prenez belle noix de galle d'Alep, 15 kilogrammes, et sulfate de fer ancien, dix kilogrammes; gomme du Sénégal, 20 kilogrammes, et eau, 200 kilogrammes. On met les noix de galle concassées dans une chaudière en cuivre, d'une profondeur égale à son diamètre, si elle est cylindrique, avec environ 150 kilogrammes d'eau pure. On place un couvercle sur la chaudière, et on la chauffe jusqu'à l'ébullition. Cette température doit être maintenue pendant environ trois heures, en remplaçant continuellement l'eau qui s'évapore.

Au bout de ce temps, on soufre dans un récipient, on laisse déposer, puis on tire à clair, et l'on fait égoutter le marc sur un filtre. On ferait peut-être bien de clarifier la liqueur par l'albumine du blanc d'œuf ou du sang, ce qui précipiterait l'excès de tannin. On a d'autre part fait dissoudre séparément la gomme dans la plus petite quantité possible d'eau tiède. Cette dissolution est soigneusement mêlée par agitation dans la décoction de noix de galle tirée à clair. On a également fait dissoudre à part le sulfate de fer, et le tout est mêlé et fortement agité à l'aide d'un mouveron. Le liquide prend une teinte brune; on le laisse exposé à l'air dans des tonneaux défoncés d'un bout; on favorise l'absorption de l'oxygène, qui fait passer la liqueur au noir, en agitant fréquemment pendant plusieurs jours. Mais en général on met l'encre en bouteilles avant qu'elle ait passé au maximum du noir, car alors elle aurait perdu de sa fluidité; il vaut mieux écrire avec de l'encre plus pâle et qui coule bien de la plume; elle s'oxygène sur le papier et y noircit suffisamment. Si l'on a besoin d'obtenir une encre très-noire le jour même de sa fabrication, on n'a qu'à calciner préalablement le sulfate de fer pour l'oxygéner d'avance. Quelques fabricants ajoutent une petite quantité de carbonate de manganèse, afin de donner à l'encre une teinte violacée, qui est très-belle et très-durable. La noix de galle n'est pas entièrement épuisée d'acide gallique par une première ébullition; le marc en contient encore beaucoup, et assez ordinairement ce marc est employé dans une seconde opération en mélange avec de la noix de galle neuve, à laquelle on ajoute du sumac. Mais il est certain que le sumac porte trop de tannin dans l'encre. Les dépôts noirs ou *boues d'encre*, qu'on enlève du fond des tonneaux sont vendus aux emballeurs pour numéroter au pinceau les caisses et les ballots. Chaptal s'était beaucoup occupé du perfectionnement de l'encre; il a observé qu'une addition de copeaux de bois de Campèche, qu'il faisait bouillir avec la noix de galle pendant deux heures, ajoutait beaucoup à la teinte franche de l'encre. Ribaucourt a aussi donné une recette qu'il a beaucoup vantée. Mais il n'est que trop certain que toutes ces encres sont fort sujettes à des altérations spontanées, et qu'elles se couvrent fréquemment de moisissures suivies d'un dépôt abondant et boueux. Comme il est presque sûr que ces altérations sont produites par la présence d'animalcules vivants, on a proposé comme remède d'introduire dans l'encre un poison subtil, tel que le sublimé corrosif.

[Depuis plusieurs années, on a généralement remplacé l'encre noire par l'*encre bleu-noir*, ainsi appelée parce que sa couleur, bleue ou verdâtre au moment où l'on écrit, devient par la suite du noir le plus foncé. Nous donnerons seulement la composition de celle de Perry, très-renommée en Angleterre et en France. On fait bouillir dans une quantité suffisante d'eau : Noix de galles concassées, 9 kilogrammes; sulfate de fer, 4 kilogrammes; bois d'Inde, 1 kilogramme. Quand la teinture est bien faite, on retire les noix de galle et le bois d'Inde, qui sont épuisés, et on ajoute : sucre blanc et gomme arabique, de chaque 4 kilogrammes. On fait évaporer jusqu'à la consistance d'un extrait liquide, puis on ajoute : Indigo en poudre, 250 grammes; chlorhydrate d'ammoniaque, 375 grammes; essence de citron, 30 grammes; essence de lavande, 90 grammes; acide acétique, 250 grammes; cyanure de potassium, 125 grammes. On incorpore bien le tout ensemble, et l'encre est faite. Cette encre coule de la plume avec facilité. Elle se distingue par la permanence de sa limpidité, l'absence de toute moisissure et de rouille sur les plumes métalliques.

Plusieurs encres ont été considérées comme *indélébiles*; il n'en est aucune qui puisse prétendre à ce titre d'une manière absolue.

On a aussi inventé de nombreuses encres communicatives pour copier les lettres. Telle est celle que l'on obtient en mélangeant 500 parties d'eau, 15 de noix de galle, 15 de sulfate de fer, 10 de sucre commun, 12 de gomme arabique, et en ajoutant à 72 parties de cette encre ordinaire, 25 parties de sucre candi et 10 de sel marin.]

Encres de couleur. Pour obtenir l'*encre rouge*, on fait infuser dans du fort vinaigre, pendant trois jours, 100 grammes de bois de Brésil en poudre; on porte l'infusion à la température de l'eau bouillante, que l'on soutient pendant une heure, puis on filtre. On fait dissoudre à chaud, dans la solution filtrée, 12 grammes de gomme arabique, 12 grammes de sucre et autant d'alun; on laisse refroidir, et l'on met en bouteilles, que l'on ferme hermétiquement. Quant à l'encre dite *carmin*, qui est beaucoup plus riche en couleur, c'est une décoction filtrée et engommée de cochenille. Pour l'avoir encore plus belle, c'est le carmin même qu'on fait dissoudre dans l'ammoniaque. L'*encre verte* s'obtient en faisant bouillir un mélange de deux parties de vert-de-gris avec une partie de crême de tartre et huit parties d'eau, jusqu'à réduction de moitié. On passe alors par un linge, on laisse refroidir et on met en bouteilles. On peut encore préparer cette encre en mélangeant en proportions convenables une *encre bleue* (faite avec de l'indigo ou du bleu de Prusse soluble) avec une *encre jaune*. Pour cette dernière, on fait dissoudre dans 500 grammes d'eau bouillante 15 grammes d'alun; on y ajoute 125 grammes de graine d'Avignon; on soutient la température à l'ébullition pendant une heure; on passe le liquide au travers d'une toile, et l'on y fait fondre 4 grammes de gomme arabique. Si à la graine d'Avignon on substitue, mais en plus petite dose, du safran, on obtient une encre jaune plus belle. On en fait aussi une assez belle et beaucoup plus durable avec la gomme-gutte. Au surplus, les solutions concentrées de la plupart des substances tinctoriales sont susceptibles de donner des encres colorées, plus ou moins belles et durables.

Encre de Chine. Pendant longtemps on a eu de fausses idées sur la nature de cette substance. Suivant Hermann, c'était la liqueur atramentaire de la sèche ou *sépia*, mêlée à quelque suc végétal et évaporée à siccité. Dans son *Système de chimie*, Thompson dit que la préparation de l'encre de la Chine consiste dans un mélange de noir de fumée avec une solution de borax (sous-borate de soude). Cependant, l'histoire nous fait connaître qu'en l'année 620 de l'ère chrétienne le roi de Corée, dans les présents annuels qu'il faisait à l'empereur de la Chine, avait mis plusieurs morceaux d'une encre composée de *noir de fumée* et de *gélatine* de corne de cerf. Cette encre était brillante comme un vernis. D'après la recette publiée par le P. Duhalde, comme extraite d'un livre chinois, on met ensemble, dans de l'eau, les plantes *hohiang* et *kang-sung*, des gousses d'un arbrisseau nommé *tchu-hia-sta-ko*, et du suc de gingembre. On fait bouillir, on clarifie, et l'on fait évaporer jusqu'à consistance d'extrait. On ajoute, sur 10 onces de cet extrait, 4 onces de colle de peau d'âne, puis on incorpore dans ce mélange 10 onces de noir de fumée; on en fait une pâte homogène, qui prend différentes formes, des dessins et des lettres, etc., en relief, dans des moules où on la comprime. Au sortir de ces moules, on tient pendant quelque temps les bâtons d'encre plongés dans de la cendre. A l'exception du gingembre, aucune des plantes indiquées ici par les noms de pays ne sont connues de nos naturalistes. Quoi qu'il en soit, il est certain que si l'on fait calciner dans un tube un fragment de véritable encre de Chine, on obtiendra les produits des matières animales; et Proust, qui a analysé un grand nombre des meilleures encres de la Chine, les a trouvées toutes composées de gélatine, de noir de fumée et d'une très-petite quantité de camphre, contenu peut-être dans les sucs végétaux employés. Proust assure que le noir de fumée dégraissé par la potasse, mêlé avec de la colle forte, lui a produit une encre que les gens de l'art ont trouvée préférable à celle qui vient de Chine.

Mérimée vante beaucoup les résultats du procédé suivant.

On rend la gélatine fluide et on l'empêche, au moyen d'une très-longue ébullition, d'être désormais susceptible de se prendre en gelée par le refroidissement; on en précipite une partie par une infusion de noix de galle; on fait dissoudre ce précipité dans l'ammoniaque, puis on ajoute le reste de la gélatine altérée. Il faut que cette solution soit assez dense pour former avec le noir de fumée une pâte consistante et susceptible d'être moulée. Le noir de fumée doit être choisi de la plus grande ténuité possible; on peut prendre celui qui dans le commerce est connu sous le nom de *noir léger* fin; on le mêle avec une quantité suffisante de la colle préparée; on y ajoute un peu de musc ou quelque autre aromate, afin de masquer l'odeur désagréable de la colle forte; puis on broie le tout avec soin sur une glace, à l'aide d'une molette. On donne ensuite à la pâte ainsi obtenue la forme de parallélipipèdes rectangles, à l'aide de moules en bois incrustés de lettres et dessins, qui doivent paraître en relief sur toutes les faces. On fait dessécher très-lentement ces bâtons, en les tenant recouverts de cendre; enfin, on dore ou on argente la plupart en appliquant des feuilles de *livret* de ces métaux sur les bâtons dont la superficie a été préalablement humectée.

Voici les caractères que doit présenter la bonne encre de Chine : cassure d'un beau noir luisant; si on la mouille, quand elle se dessèche, elle offre une superficie brillante, légèrement cuivrée; la pâte en est complétement homogène et excessivement fine; délayée, elle donne, suivant les proportions d'eau, des teintes plus ou moins foncées, depuis les plus légères jusqu'aux plus intenses, mais toujours parfaitement uniformes, dont les bords peuvent se *fondre*, si l'on passe à temps un pinceau mouillé d'eau pure dessus, et qui, étant desséchées, ne sont plus susceptibles de se délayer. Cette dernière propriété est la preuve que l'encre de Chine réagit sur l'une des substances contenues dans le papier; car étendue sur de la porcelaine ou sur une coquille unie, du marbre poli, de l'ivoire, etc., etc., elle est facilement délayée et enlevée par le pinceau. L'encre de Chine vraie délayée dans une quantité d'eau telle qu'elle produise un brun intense est encore susceptible de couler facilement sous la plume, et permet de tracer les traits les plus déliés des esquisses à l'*encre*, ou des dessins les plus légers au *trait*.

Encre d'imprimerie. Cette encre consiste dans un mélange de noir de fumée et d'huile de lin cuite. L'encre employée dans les impressions lithographiques, qu'on appelle aussi *vernis*, diffère peu de l'encre d'imprimerie. On y emploie l'huile de lin ou l'huile de noix : il est essentiel que ces huiles soient bien pures et bien lampantes (claires); plus elles sont vieilles, et mieux vaut. On met dans une marmite en fonte, contenant je suppose 25 litres, huit à dix kilogrammes d'huile de lin, bien dégraissée, et rendue siccative par la litharge; on ferme hermétiquement cette marmite avec son couvercle, on la pose sur un trépied, et on chauffe par degrés; aussitôt que l'huile bout, on achève de dégraisser par des tranches de pain brûlé, des oignons brûlés, etc.; ensuite, on pousse vivement le feu jusqu'à ce que l'huile commence à se décomposer et à fumer. Alors on l'allume avec une papillote. On ne peut ici prescrire la durée du brûlage; il faut que l'huile ait éprouvé un commencement de carbonisation. Alors on retire la marmite de dessus le feu : c'est ce vernis qui, broyé avec du noir de fumée, léger pour la lithographie, plus lourd pour l'impression en lettres, constitue les encres d'imprimerie ordinaire et de lithographie. L'encre pour l'impression en taille-douce diffère de l'encre typographique par l'état de l'huile cuite, qui ne doit pas être soumise à une ébullition prolongée capable de lui faire acquérir la propriété d'adhérer; ce qui la rendrait moins propre à entrer dans le creux de la gravure et plus difficile à étendre ou à enlever. Le noir est également d'une espèce différente, et composé de noir d'os et de noir de lie de vin brûlée. On emploie souvent aussi du *noir de Francfort*, charbon plus dense, qu'on dit être fait avec de jeunes branches de vigne.

Encre autographique. Voici la composition le plus ordinaire de l'encre employée dans l'a u t o g r a p h i e : savon de suif, 100 parties; cire blanche pure, 100 parties, suif, 50 parties; mastic en larmes, 50 parties; noir de fumée léger, non calciné, 50 parties. On fait fondre le suif, le savon et la cire dans un vase de cuivre non étamé, ou bien de fonte, que l'on fait chauffer sur un feu vif; quand ces substances sont complétement liquéfiées, on les met à feu et on les tient allumées pendant une minute; on éteint et on projette peu à peu le mastic dans le bain; on allume de nouveau la matière et on laisse brûler assez longtemps; le noir de fumée ne doit s'ajouter qu'à la fin de l'opération.

Encre de sympathie. On a donné ce nom bizarre, et fondé sur des idées de sortilége, aux liquides qui ne laissent aucune trace bien sensible des caractères qu'on dessine avec eux sur le papier, et que des agents chimiques, ou l'application simple de la chaleur, font apparaître sous diverses couleurs. Dans le fait, la plupart des solutions métalliques ou même végétales, susceptibles de former des précipités colorés par l'action de divers réactifs, comme les jus d'oignon, de citron, de cerise, le vinaigre, etc., offrent le phénomène de la *sympathie* des encres, qui aux yeux du chimiste éclairé n'a plus rien d'étonnant. C'est ainsi que l'acide sulfhydrique, les sulfhydrates, le cyanhydrate ferruré de potasse, la noix de galle, etc., peuvent fournir des encres de sympathie. L'encre de sympathie qui fut observée la première, l'une des mieux caractérisées et des plus jolies, se compose d'une solution aqueuse de chlorhydrate de cobalt suffisamment étendu pour que sa couleur soit à peine sensible vue dans un flacon d'un décilitre. Quand le sel dissous et l'eau employée sont bien purs, les caractères tracés avec cette solution sont invisibles à froid; mais si l'on chauffe légèrement le papier qui les a reçus, ils apparaissent tout à coup en bleu; que l'on éloigne le papier du feu, les lettres disparaissent par degrés. On peut hâter cet effet en exhalant sur ce papier l'air humide des poumons. M. Thénard a justement observé que tous ces changements sont dus uniquement aux proportions différentes d'eau que le chlorhydrate retient dans des circonstances différentes. On sait en effet que la solution étendue de chlorhydrate de cobalt est d'un rose léger, invisible même sous une faible épaisseur, tandis qu'étant concentrée, elle est d'un bleu intense. Or, à la température ordinaire de l'atmosphère, l'eau hygrométrique suffit pour empêcher la coloration de la très-mince couche de sel étendue sur le papier : qu'on chauffe ce même papier, ainsi imprégné, la solution se concentre par l'évaporation de l'eau, et elle passe au bleu; enfin, s'éloigne-t-on tout à fait du feu, l'humidité de l'air est de nouveau attirée, et la couleur disparaît. En ajoutant au chlorhydrate de cobalt une petite quantité de chlorhydrate de tritoxyde de fer, la couleur jaune de ce dernier sel rend l'encre sympathique de couleur verte.

On peut au moyen des encres de sympathie se procurer de curieuses récréations. Que l'on dessine à l'encre de la Chine un paysage représentant une scène d'hiver; qu'ensuite on ajoute sur les blancs réservés un tracé fait avec de la solution de cobalt mêlée de celle de tritoxyde de fer, pour représenter les feuilles des arbres et le gazon sur les blancs qui indiquent la neige : rien de ces traits ajoutés ne sera visible jusqu'à ce que l'on ait approché le papier du feu; mais à ce moment les arbres paraîtront se garnir de leur feuillage, l'herbe verdira, et il succédera une scène d'été à une scène d'hiver. Veut-on faire reparaître celle-ci, il ne faut pour cela que laisser le dessin exposé à l'air. Veut-on avoir un autre effet bien marqué : que l'on trace des caractères avec de l'acétate de plomb en solution, et qu'on laisse exposé le papier à la vapeur de la *liqueur fumante de B o y l e*, les ca ractères, d'incolores qu'ils étaient auparavant, passeront au noir foncé sur-le-champ. Mais, comme nous l'avons dit plus haut, pour peu que l'on connaisse la réaction des ingrédients chimiques les uns sur les autres, on pourra produire une foule d'effets de coloration que les anciens attribuaient à une vertu occulte de sympathie. PELOUZE père.

ENCRINE. Les encrines, que Linné et Lamarck ont rangées parmi les polypiers, mais que Cuvier a classées dans les rayonnés échinodermes, ont été nommées *crinoïdes* par Müller, qui les a décrites avec une exactitude remarquable dans son bel ouvrage intitulé : *Histoire naturelle des Crinoïdes*. Les caractères que l'on assigne à ces animaux sont de présenter des colonnes rondes, ovales ou angulaires, composées de nombreuses articulations ayant à leur sommet une série de lames ou de plaques formant un corps qui ressemble à une coupe contenant les viscères. Du bord supérieur de ce corps sortent cinq bras articulés, se divisant en doigts tentaculés plus ou moins nombreux, lesquels entourent l'ouverture de la bouche, située au centre du tégument écailleux, qui s'étend sur la cavité abdominale, et qui peut se contracter en forme de cône ou de trompe. Ces animaux vivant dans le fond des mers, où ils sont toujours fixés à des corps sous-marins, il n'a encore été possible d'en découvrir que deux ou trois espèces vivantes (*pentacrinus caput Medusæ* et *pentacrinus europæus*). Mais si l'on ne possède que peu d'encrines à l'état naturel, on en connaît un très-grand nombre à l'état fossile, tantôt plus ou moins entières, tantôt ne présentant plus que de très-nombreux débris, ou seulement des articulations séparées, qui par leurs formes diverses annoncent avoir appartenu à des espèces et même à des genres différents. Ces articulations, ainsi que les portions peu considérables de tiges d'encrines, ont été et sont encore souvent décrites sous les noms d'*entroques*, de *trochites*, etc.

Les encrines fossiles (*encrinites* pour quelques auteurs) ont attiré depuis longtemps l'attention des géologues, parce qu'elles sont répandues dans presque tous les terrains, dont plusieurs sont caractérisés par certaines espèces, et même par certains genres, qu'on ne trouve plus dans les autres dépôts. Elles commencent à paraître dans la craie et deviennent de plus en plus nombreuses à mesure qu'on descend vers les formations les plus anciennes des terrains de transition. Les encrines varient assez de forme pour avoir été divisées en plusieurs genres, savoir : *apiocrinites, encrinites, pentacrinites, platycrinites, potérocrinites, cyathocrinites, actinocrinites, rhodocrinites, engéniacrinites*, etc. C. D'ORBIGNY.

ENCRINITE. Voyez ENCRINE.

ENCYCLIQUE (Lettre), du mot grec κύκλος, cercle, circulaire adressée par le souverain pontife aux évêques de la chrétienté, pour leur faire connaître sa pensée sur quelque point de dogme ou de discipline ecclésiastique. Laissant aux gallicans et aux ultramontains le soin de s'accorder sur l'infaillibilité du pape, lorsqu'il s'adresse à toute l'Église, nous dirons qu'en vertu de la primauté et du droit de surveillance qu'accorde au chef suprême des fidèles l'institution divine, tout catholique digne de ce nom doit écouter sa voix avec un religieux respect, et se soumettre au moins provisoirement à ses décisions. Toute autre manière d'agir n'est pas selon l'esprit de l'Évangile. M. de la Mennais, en refusant de se soumettre à l'encyclique de Grégoire XVI, qu'il avait provoquée pourtant, préludait à l'affligeant spectacle de son apostasie. Au moyen âge, on appelait *Code encyclique* un règlement disciplinaire adopté par un synode ou un concile, et qu'on envoyait aux diverses Églises. L'abbé J. BARTHÉLEMY.

ENCYCLOPÉDIE (ἐγκυκλοπαιδεία, de ἐγ, en, κύκλος, cercle, παιδεία, instruction, enseignement), instruction circulaire, c'est-à-dire embrassant le cercle des sciences, ou, d'après la définition claire et précise de Diderot, *enchaînement des connaissances humaines*. « Qu'avons-nous besoin de savoir? que pouvons-nous savoir? que savons-nous? » Telles sont les questions que se fait tout homme sensé qui cherche la vérité avec zèle et bonne foi. Une *encyclopédie* a pour objet de répondre à la troisième, et si elle y a bien répondu, elle aura mis celui qui la consulte sur la voie d'une solution pour les deux premières. C'est le bilan de nos connaissances qu'elle est chargée de nous présenter. Si ce bilan est dressé avec exactitude, chacun y trouvera ce qui fait l'objet particulier de ses recherches. Une encyclopédie bien faite offrira à chacun un résumé fidèle des notions acquises dans chaque branche de nos connaissances. Si elle y ajoute les *desiderata*, c'est-à-dire des indications suffisantes pour celles qui nous manquent, le tableau sera aussi achevé qu'il peut l'être, et l'œuvre encyclopédique aura atteint le degré de perfection dont elle est susceptible.

Dans tout recueil de ce genre, ce que l'on se propose surtout, c'est de fournir à toute personne intelligente des renseignements précis et clairs sur la partie de nos connaissances, ou sur un point, sur une question, sur un fait capital, qui l'occupe dans l'instant, et sur quoi l'on veut être promptement et bien éclairé. C'est cette instruction prompte et sûre que demandent à une collection de documents scientifiques l'homme du monde, que les longues études effrayent, celui que ses travaux et ses affaires empêchent de s'y livrer, le littérateur, ou le savant même, étranger, par ses études habituelles, à ce qu'il veut savoir pour le moment, le jeune adepte qui cherche à se mettre sur la voie d'un genre d'étude, et enfin un père ou une mère jaloux de satisfaire la curiosité de leur enfant, et d'ouvrir à son esprit l'accès de belles et utiles connaissances. Voilà les avantages les plus usuels d'un *Recueil encyclopédique*. Il doit tenir lieu des ouvrages spéciaux que l'on n'a pas sous la main, ou qu'il serait trop long et trop pénible de consulter. Exiger davantage serait, à notre avis, s'exposer à manquer le but. En effet, vouloir suppléer les traités spéciaux par une collection de traités complets, c'est d'un côté risquer de faire moins bien ce qui déjà était bien fait; c'est, d'un autre côté, se lancer dans une carrière sans terme, ou à laquelle on ne saurait prescrire que des limites arbitraires, en sacrifiant telle branche de nos connaissances à telle autre ; autrement, une encyclopédie formera à elle seule une bibliothèque, sans pouvoir jamais y suppléer. Se réduira-t-on au contraire à un tableau de l'état actuel des connaissances humaines? Ceci est un autre genre de travail, dont la belle esquisse de Condorcet peut donner une idée; ce n'est plus une *encyclopédie*. D'ailleurs, en élevant trop haut le but, on ôte à la multitude la faculté d'y atteindre. Ce n'est donc point à former des savants que l'on doit aspirer; il ne faut prétendre qu'à donner une idée exacte de toutes les sciences, qu'à réunir toutes les notions usuelles et préliminaires aux études sérieuses et suivies. Ces notions bien recueillies suffiront à un esprit capable de réflexion, pour qu'il puisse au besoin, et s'il le veut, concevoir l'ensemble des progrès de l'intelligence humaine et se rendre compte des fruits qu'a produits chaque branche du savoir.

Si l'on a bien saisi la destination et le genre d'utilité que peut et que doit avoir une encyclopédie, on se convaincra que l'ordre alphabétique est le seul convenable. En effet, il existe sans doute une chaîne qui lie entre elles toutes nos connaissances, un ordre naturel pour toutes les études. Mais combien de difficultés pour reconnaître cet enchaînement, cette filiation des sciences! Il nous paraît donc impossible d'adopter un plan systématique pour une encyclopédie. Comment en effet éviter dans le choix de ce plan toute apparence d'arbitraire, et comment satisfaire tous les esprits? Tous reconnaîtront-ils l'ordre véritable des sciences dans la règle que vous vous serez faite pour la distribution des matières, tous verront-ils dans votre synthèse l'harmonie naturelle des connaissances humaines? D'un autre côté, la méthode analytique, excellente pour chaque étude, peut-elle vous servir à établir un système qui les embrasse toutes, et à en démontrer la bonne ordonnance? Non, sans doute; car pour convaincre chacun de l'excellence de l'ordre adopté, il ne faudrait rien moins que la découverte et l'évidence généralement reconnue de toutes les vérités. Outre ce vice radical d'arbitraire au moins présumé dans un ordre quelconque de matières, il y aurait encore, quant à l'exécution du plan, la difficulté des recherches pour le lecteur, même avec la table la mieux faite; car il faudrait d'abord deux opérations, au lieu d'une : en premier lieu, consulter la table, puis recourir à l'ouvrage; ensuite, le traité spécial qu'on a ouvert peut renvoyer à un autre; enfin, et ce sera le cas le plus fréquent, l'éclaircissement cherché ne s'y trouvera pas, ou sera insuffisant pour le lecteur, ou l'obligera, pour être compris, à lire plus et plus attentivement qu'il ne voudrait ou ne pourrait le faire.

Le chancelier Bacon a le premier systématisé nos connaissances. Ses beaux traités sont la plus ancienne et la plus belle esquisse d'*encyclopédie méthodique*. Sa division des sciences et des arts, d'après les trois principales facultés de l'entendement humain, la mémoire, l'imagination, et la raison, est encore la plus usitée, parce qu'elle est la plus commode pour une classification. Combien cependant la réflexion n'y découvre-t-elle pas d'arbitraire? Ainsi, par exemple, la raison n'est-elle pas le guide essentiel dans toutes les sciences et dans tous les arts, même pour ceux où paraît dominer l'imagination? La mémoire, de son côté, n'est-elle pas, pour ainsi dire, le magasin nécessaire à toutes les études, et l'histoire, parce qu'elle est un répertoire de faits, lui appartient-elle plus qu'à la raison, sans laquelle ce répertoire n'est plus qu'une instruction de perroquet? Il n'est pas vrai non plus que la chaîne qui lie nos connaissances forme un cercle. Si l'on voulait absolument pour ce lien un emblème physique, il faudrait plutôt imaginer une spirale, ou une pyramide s'élevant de la terre vers les cieux.

Malgré toute l'admiration et la reconnaissance dues au beau génie de Bacon, et dont Diderot et D'Alembert lui payaient amplement le tribut, ceux-ci firent subir de grandes modifications à son *arbre encyclopédique*, et ils n'en crurent pas l'emploi praticable pour la direction de leur vaste entreprise. Ces hommes d'un savoir et d'un talent si éminents avaient reconnu que, pour être vraiment utile et d'un facile usage, une *encyclopédie* ne pouvait être qu'un *dictionnaire universel*, où tout ce qui appartient à chacune de nos connaissances viendrait se ranger *par ordre alphabétique*. Leur *arbre scientifique*, ou celui de Bacon, ne fut à leurs yeux qu'un fil d'Ariadne offert aux curieux et aux hommes studieux, pour se reconnaître au milieu de ce labyrinthe, et leur en faire parcourir aisément tous les détours. Ainsi chaque article d'un bon *dictionnaire encyclopédique* fournit au lecteur l'instruction qu'il souhaite, à l'instant même où il la cherche; et en consultant successivement, d'après des renvois bien faits, tous les articles relatifs à une science et à un art quelconque, on acquiert sur les branches diverses et sur l'ensemble de l'art ou de la science des notions suffisantes pour se former des parties et du tout une idée exacte. A-t-on le désir d'acquérir les mêmes lumières sur un certain nombre de sciences et d'arts, ou même d'en embrasser le vaste ensemble, on suivra le même procédé pour chaque étude, et l'*arbre scientifique* de Bacon, ou celui de D'Alembert et de Diderot, pourra servir de flambeau pour guider l'amateur dans ses recherches. Notre volumineuse *Encyclopédie* française, dite *méthodique*, loin de lui en épargner aucune, ne fait souvent, au contraire, que les multiplier, puisque ce recueil n'est qu'une série de *dictionnaires spéciaux* accolés ensemble, et qu'il faut chercher dans un autre ce que l'on n'a pas trouvé dans le premier que l'on a cru pouvoir consulter. AUBERT DE VITRY.

Le mot *Encyclopédie* désignait dans l'antiquité l'ensemble de connaissances relatives aux sciences et aux arts que chez les Grecs et les Romains tout homme libre était tenu de s'être assimilées avant de se livrer aux études préparatoires particulières à chaque carrière. Ce cercle de notions générales et préliminaires comprit d'abord la grammaire, la musique, la géométrie, l'astronomie et les exercices du corps, plus tard ce qu'on appela les *sept arts libéraux* dont Marcianus Capella, le véritable créateur de l'enseignement encyclopédique au moyen âge, exposa les principes fondamentaux dans son *Satiricon*. Speusippe, disciple de Platon, passe pour avoir composé le premier ouvrage encyclopédique. Chez les Romains, Varron et Pline l'Ancien firent quelque chose de semblable, l'un dans les livres, aujourd'hui perdus, qui avaient pour titres : *Rerum humanarum et divinarum antiquitates* et *Disciplinarum libri* IX; l'autre, dans son *Historia naturalis*. On peut également ranger dans la même catégorie les collections de Stobée et de Suidas. De même que les *Origines* d'Isidore et les 22 livres *De Universo* de Raban Maur. Mais tous ces ouvrages, de même que celui de Capella, n'étaient que des essais sans plan, d'indigestes expositions des sciences et des arts alors connus. Ils furent tous surpassés par Vincent de Beauvais, qui comprit et exposa, à l'aide d'un travail énorme, l'ensemble des connaissances humaines au moyen âge dans les trois immenses ouvrages intitulés : *Speculum historiale*, *Speculum naturale* et *Speculum doctrinale*, auxquels un inconnu ne tarda point à ajouter un *Speculum morale*, conçu d'après le même plan. Toutefois, ces différents ouvrages, et autres analogues qui virent le jour à des époques postérieures du moyen âge sous le titre de *Summa*, ou encore de *Speculum*, et qui traitaient particulièrement de quelqu'une des branches alors les plus cultivées de la science, manquaient complétement d'esprit philosophique. Les matériaux y étaient si grossièrement joints les uns à la suite des autres, qu'il est impossible de donner à ces entreprises le nom d'*encyclopédies* avec le sens que nous attachons aujourd'hui à ce nom, c'est-à-dire l'enseignement et la connexité organique de toutes les sciences et de tous les arts.

En ce sens, on peut considérer comme le véritable créateur de l'*Encyclopédie*, ou exposition universelle des sciences, Bacon de Verulam, cet homme qui devança tant son siècle, et qui dans son *Organon scientiarum* et plus encore dans son traité *De Dignitate et de augmentis Scientiarum*, essaya d'établir une division des sciences d'après des principes philosophiques. Mais on ne suivit nulle part ailleurs la voie qu'il avait indiquée. On peut qualifier de compilations indigestes non-seulement les ouvrages des prédécesseurs et des contemporains de Bacon, tels que la *Cyclopædia* de Ringelberg (Bâle, 1541); l'*Encyclopædia, seu orbis disciplinarum, tum sacrarum tum profanarum* (Bâle, 1559), de Paul Scalich; la *Margarita philosophica* de Reisch (Fribourg, 1503); l'*Idea methodicæ et brevis encyclopædiæ, sive adumbratio universitatis* (Herborn, 1606) de Martini, ainsi que l'*Encyclopædia VII tomis distincta* d'Alsted (Herborn, 1620), mais encore ceux de ses successeurs. Les nombreuses encyclopédies du dix-septième et de la première moitié du dix-huitième siècle furent destinées soit à l'instruction de la jeunesse et des ignorants, comme *La Science des personnes de la cour, de l'épée et de la robe* (4 vol., 5e édition; Amsterdam 1717), de Chevigny, et la *Pera librorum juvenilium* (5 vol., Altdorf, 1695), de Wagenseil, soit à être feuilletées par les savants. D'autres, comme par exemple Moshof; dans son *Polyhistor* (4 édit., Lubeck, 1747), travaillèrent sans doute avec plus de goût, mais firent preuve d'une absence complète de plan et de vues philosophiques; lorsque enfin, à l'instar des *Primæ Lineæ isagoges in eruditionem universalem* (Gœttingue

1776), de J.-M. Gesner, Sulzer essaya, dans l'ouvrage intitulé : *Abrégé des Connaissances humaines* (Berlin, 1756) d'exposer l'intime connexité de toutes les branches du savoir humain. Sa classification fut généralement approuvée ; et la plupart des encyclopédistes subséquents l'adoptèrent, par exemple Reimarus (1775), Busch (1795), Klugel (1788), etc.

Dans son *Manuel des Sciences* (Berlin, 3e édit., 1806), Eschenburg fut le premier qui essaya de composer une encyclopédie conformément aux idées émises par Kant. Son livre trouva de nombreux admirateurs, et les essais tentés par Krug à l'effet d'établir une nouvelle méthode d'exposition et une nouvelle classification des sciences, ne le firent pas oublier. Habel, Ruf et Strass développèrent les idées d'Eschenburg à l'usage de la jeunesse des écoles, tandis que l'*Exposition et système philosophiques de toutes les Sciences* de Hefter (Leipzig, 1806); l'*Organisme du savoir et de l'art humain* de Burdach (Leipzig, 1809), et les *Considérations encyclopédiques* de Kraus (1809, Kœnigsberg), s'adressaient plus particulièrement aux hommes de science. Schaller, dans son *Encyclopédie et méthodologie des Sciences* (Magdebourg, 1812) à l'usage des étudiants, utilisa les idées émises par E. Schmid dans son *Encyclopédie et méthodologie universelle des Sciences* (Iéna, 1811), ouvrage où celui-ci adopte rigoureusement toutes les classifications établies par Kant. Il y avait beaucoup de pensées originales dans l'*Introduction à une Architectonique des Sciences*, de Iœsche (Dorpat, 1816); et dans la *Théorie universelle des Sciences* de Kromburg (Berlin, 1825). Depuis une vingtaine d'années, en dépit des recommandations de Fichte, de Gruber et surtout de Friedemann, on a à peu près renoncé dans les universités et les colléges de l'Allemagne à faire des cours consacrés à l'exposition de l'ensemble des connaissances humaines : les ouvrages encyclopédiques sont dès lors devenus rares. En revanche le mot *encyclopédie* a été employé récemment pour des ouvrages consacrés à l'exposition d'une science particulière, et nous avons eu des Encyclopédies de jurisprudence, de médecine, de théologie, de philosophie, etc.

Tandis qu'en Allemagne Gesner et Sulzer fondaient une nouvelle discipline, l'encyclopédie ou la théorie de la science, un ouvrage de la plus haute importance se créait en France, l'*Encyclopédie, ou dictionnaire raisonné des sciences des arts et métiers*. Il parut d'abord à Paris, de 1751 à 1772, en 28 volumes in-fol., dont 11 avec planches. En 1776 et 1777 il y parut un Supplément, en 5 volumes et en 1780 une *Table analytique et raisonnée des matières*, en 2 volumes. Les volumes supplémentaires ont été refondus dans diverses éditions postérieures, par exemple : Genève 1777, 39 volumes ; Berne et Lausanne, 1778, 59 volumes, avec des additions par de Félice. Cet ouvrage fut accueilli partout avec enthousiasme ; il assura non-seulement à ses éditeurs Diderot et D'Alembert, mais à leurs principaux collaborateurs, désignés dès lors sous la dénomination commune d'*Encyclopédistes*, une place dans l'histoire de la philosophie ; il fut en outre cause que le mot *encyclopédie* resta désormais attaché aux ouvrages de ce genre. Sans doute il en existait déjà longtemps auparavant ; et il y avait déjà un siècle qu'on avait commencé à traiter de l'ensemble des connaissances humaines sous la forme encyclopédique. C'est ainsi qu'en France Th. Corneille avait déjà publié le *Dictionnaire des Arts et des Sciences* (2 vol., Paris, 1694 ; souvent réimprimés), qu'en Italie Coronelli avait entrepris une *Biblioteca universale sacro-profana* (t. 1-7, Venise, 1701-1717), et que Pivati avait achevé son *Dizionario scientifico e curioso sacro-profano* (12 vol., Venise, 1746-1751). En Allemagne, où dès le dix-septième on eut le *Lexicon universale* de J.-J. Hoffmann (4 vol., Bâle, 1677), la première place parmi les plus anciens ouvrages de ce genre appartient au *Lexique universel des Arts et des Sciences* de Iablonski (Leipzig, 1721 ; dern. édit., Kœnigsberg, 1767). Mais le plus étendu de tous fut le *Grand Lexique de toutes les Sciences et de tous les Arts* (64 vol., Leipzig, 1731-1750 ; et supplément en 4 vol., 1751-1754), publié par J.-P. de Ludewig, puis par Frankenstein, Longolius, etc., et désigné assez généralement sous le titre de *Zedler's Lexicon*, du nom de son éditeur ; ouvrage qui contient beaucoup de renseignements précieux, notamment en matière de généalogie. A cet ouvrage se rattache l'*Encyclopédie allemande* (tomes 1 à 23 ; Francfort, 1778-1804), rédigée par Kœster et par Roos, et demeurée inachevée.

En Angleterre, Harris avait publié dès 1706 un *Lexicon Technicum, or an universal dictionary of arts and sciences* (5e édit., 2 vol. ; Londres, 1736), ouvrage surpassé, sous le rapport du plus grand nombre de notions réunies, par la *Cyclopædia* d'Ephraïm Chambers (2 vol., Dublin, 1728 ; nouv. édit., Londres, 1786, chez Rees). Depuis lors il a paru en Angleterre un certain nombre d'ouvrages de ce genre, beaucoup plus étendus et plus complets, mais aussi plus chers, et remarquables par des articles relatifs aux sciences naturelles et à la technologie, dus à des écrivains de premier ordre. Les plus célèbres sont l'*Encyclopædia Britannica*, rédigée par Napier (3 vol., Édimbourg, 1771 ; 4e édit. 20 volumes, 1810 ; 7e édition, 1831-1842) ; la *Cyclopædia*, dirigée par Rees (45 vol. ; Londres, 1802-1819) ; l'*Edinburgh Cyclopædia*, de Brewster (18 vol., Edimbourg, 1810-1830) et l'*Encyclopædia metropolitana* de Smedley (25 vol., Londres, 1818-1845), pour laquelle on a suivi tantôt l'ordre alphabétique, tantôt l'ordre systématique.

L'ouvrage de Diderot servit de base à l'*Encyclopédie méthodique par ordre des matières*, publiée par Panckoucke et Agasse (201 vol. in-4° ; dont 47 avec planches ; Paris, 1781-1832), consistant en une série de dictionnaires sur les diverses sciences, le plus volumineux de tous les ouvrages encyclopédiques commencés jusqu'à ce jour qu'il ait été possible de terminer. Une traduction en espagnol qu'on en avait commencée n'a pu s'achever (t. 1-11 ; Madrid, 1789-1806). Il n'a pas paru depuis lors, en France, d'ouvrage scientifique de cette importance. L'*Encyclopédie universelle des Sciences et des Arts*, fondée en 1818 par les professeurs Ersch et Gruber, et publiée par le libraire Richter, de Leipzig, que continue aujourd'hui la maison Brockhaus, jouit de plus de renom encore ; malheureusement il est difficile qu'elle puisse être terminée avant 1880, et elle aura alors coûté près de 4,000 fr. à ceux de ses acquéreurs qui ne seront pas morts dans les soixante et quelques années qu'aura exigées sa publication. Mentionnons encore l'*Encyclopédie économique et technologique* commencée à Berlin en 1773, sous la direction de Krunitz, qui se composait en 1852 de 209 volumes, et en était alors arrivée au commencement de la lettre V. Il y a chance, comme on voit, que cet ouvrage, qui a fini par devenir une encyclopédie universelle des sciences et des arts, soit enfin terminé dans une douzaine d'années d'ici. Sa publication aura donc exigé environ un siècle. Heureux les souscripteurs, et surtout trois fois heureux les éditeurs ! La publication du Lexique de conversation (*Conversation's Lexicon*) de Brockhaus provoqua en Allemagne un grand nombre d'imitations, et peut-être encore plus de contrefaçons. On a peu d'exemples en librairie d'un succès semblable ; et il était mérité à tous égards. Aussi cet ouvrage a-t-il été traduit en Suède, en Danemark, en Russie, en Hollande, en Espagne, en Italie, en Hongrie et aux États-Unis. Il a servi de modèle à tous les recueils encyclopédiques publiés en France depuis vingt cinq ans, et tous lui ont fait de larges emprunts.

ENCYCLOPÉDIQUE (Arbre). L'*arbre encyclopédique* tel que l'ont élevé Bacon et, après lui, Diderot et D'Alembert, est une sorte de guide pour les lecteurs qui veulent recueillir dans une encyclopédie, soit toutes les notions qui s'y trouvent disséminées par articles rédigés suivant l'ordre alphabétique, sur une science ou sur un art ; soit des aperçus sur diverses sciences ou arts liés entre eux par des rapports quelconques, soit enfin des vues générales sur l'ensemble des connaissances humaines. Voici leur classification. Division générale, d'après les trois principales facultés de notre esprit, la *mémoire*, la *raison* et l'*imagination*.

Dérivation et distribution des connaissances diverses :

1° *Mémoire*, d'où *histoire*, qui comprend l'*histoire sacrée* ou *ecclésiastique*, l'*histoire civile* et *littéraire*, laquelle se subdivise en *mémoires*, *antiquités* et *histoire complète*; et enfin l'*histoire naturelle*, embrassant l'*histoire des cieux*, *de la terre et des mers*, c'est-à-dire l'histoire des astres ou des corps célestes, celle des météores ou *météorologie*, la géographie ou description de la terre, et l'histoire des trois règnes de la nature terrestre, minéraux, végétaux et animaux. L'étude du globe et de ses productions, depuis quatre-vingts ans, a donné lieu à des travaux et à des subdivisions nouvelles, telles que l'histoire de la formation de la terre, ou la *géologie*, la *conchyliologie* (histoire des mollusques ou coquillages), l'*entomologie* (histoire des insectes), la *cristallographie*, etc., c'est-à-dire l'*histoire de la nature employée* (histoire des sciences appliquées aux arts, ou *technologie*), comprenant tous les arts et métiers, dont une nomenclature serait superflue.

2° *Raison*, d'où *philosophie*, comprenant la philosophie ou science, I, de *Dieu*, II, de *l'homme*, et III, de *la nature*. Dans la première de ces subdivisions sont comprises l'*ontologie*, science de l'être, et la *pneumatologie*, science de l'esprit (haute métaphysique), la *théologie naturelle*, la *théologie révélée*, et la science de l'âme ou *psychologie* (qui serait mieux placée en tête de la subdivision suivante).

A la deuxième subdivision (*science de l'homme*) appartiennent : *la logique*, règle de l'*entendement*, embrassant l'*art de penser*, la *grammaire*, la *rhétorique*, ou art du discours; la *critique*, ou examen raisonné des ouvrages, de leur texte, etc.; la *pédagogique*, qui traite du choix des études et de la manière d'enseigner; la *philologie*, ou connaissance des diverses littératures; la *morale*, règle de la *volonté*, comprenant la *morale générale*, ou connaissance des principes de nos devoirs; *la science du droit privé*, relatif aux obligations de la famille et des familles dans leurs rapports mutuels; la *science du droit public* ou *politique*, qui règle les devoirs et les droits respectifs du citoyen et de la société, ainsi que les intérêts d'un peuple dans ses relations avec les autres peuples; enfin, la *science du droit des gens*, qui fixe les principes des relations entre les nations.

La *science de la nature* se partage entre la *physique* et les *mathématiques*. La métaphysique des corps, ou connaissance des propriétés communes à tous, constitue la *physique générale*. La *physique particulière* s'occupe des qualités spéciales à chaque espèce de corps. La *quantité* ou *grandeur* fait l'objet des *mathématiques*, qui comprennent l'*arithmétique* (science des chiffres); l'*algèbre* (science des opérations arithmétiques abrégées et formulées par des lettres); la *géométrie* (science des lignes); la *mécanique*, subdivisée en *statique* (corps en équilibre) et en *dynamique* (corps en mouvement); l'*optique* (science de la lumière), etc.; enfin, la *chimie* (science de la décomposition, transformation et recomposition des corps), dont la *métallurgie*, ou l'art de traiter les métaux en grand, est l'une des branches les plus importantes. La *médecine*, avec ses dépendances (*chirurgie*, *anatomie*, *physiologie*, etc.) est classée dans ce tableau sous la rubrique *zoologie* (histoire des animaux), comme art de guérir l'homme, ainsi que la *vétérinaire* est l'art de soigner et de guérir les autres espèces animales.

3° *Imagination*, d'où *poésie*, comprenant tous les genres d'imitation poétique, tels qu'*Épopée*, ou poëme épique *art dramatique*, tragédie, comédie, opéra, poésie lyrique, satirique, didactique, élégiaque, etc. Cette troisième division générale comprend également tous les autres genres d'imitation, soit par les sons ou la *musique*, soit par les arts du dessin, c'est-à-dire l'*architecture*, la *sculpture*, ou art statuaire, la *peinture*, la *gravure*, etc. AUBERT DE VITRY.

ENCYCLOPÉDISTES. On a donné ce nom aux écrivains qui participèrent à la rédaction de l'*Encyclopédie* du dix-huitième siècle, et qui formèrent l'école philosophique dont la suprématie échut à **Voltaire**.

A toutes les phases de son développement, l'esprit humain a eu besoin de s'élever à un point de vue synthétique d'où il pût embrasser, enchaîner et coordonner toutes les parties du domaine de ses connaissances. Nulle doctrine, religieuse, philosophique ou politique, n'a régné sur le monde sans l'appui de ces enchaînements. L'arbre encyclopédique avait donc existé nécessairement au fond de ces doctrines, alors même qu'on était loin de penser à faire des *encyclopédies*. Toutes les époques ayant ainsi subi l'empire d'une idée générale, tantôt dogmatique et affirmative, tantôt critique et négative, le dix-huitième siècle, venant après Descartes et Bacon, était destiné à vulgariser la négation des anciennes croyances, que la méthode philosophique de ces grands penseurs avait ébranlées. Son encyclopédie devait donc être l'œuvre du scepticisme et devenir une espèce d'évangile pour les incrédules. Les rédacteurs lui arrivèrent en foule : les hommes ne manquent jamais aux circonstances, selon la remarque de Montesquieu. Tout ce qu'il y eut de plus illustre dans les sciences et dans les lettres se fit apôtre du doute et se para du titre d'*encyclopédiste*. Ce fut **Diderot** qui conçut le plan de cette immense publication, qu'il se mit bientôt à réaliser avec **D'Alembert**, son ami, déjà parvenu au premier rang parmi les savants de l'Europe. Tout le monde sait que D'Alembert se chargea de la Préface de l'*Encyclopédie*, et que son travail obtint un succès éclatant. « Cette préface, dit un écrivain de nos jours, était à elle seule un traité philosophique d'une fierté et d'une vigueur inconnues jusque là. » On ne pouvait faire un appel plus solennel et plus entraînant aux intelligences et aux talents de l'époque : aussi fut-il entendu dans toute la république des lettres et suivi d'acclamations presque unanimes.

Autour des fondateurs de l'édifice encyclopédique vinrent se grouper les célébrités anciennes et les réputations naissantes : **Turgot**, **Helvétius**, **Duclos**, **Condillac**, **Mably**, **Buffon**, **La Harpe**, **Marmontel**, **Raynal**, **Morellet**, **Grimm**, **Saint-Lambert**, etc., etc. Cependant Diderot et D'Alembert, bien que placés à la tête de la rédaction de l'*Encyclopédie*, avaient au-dessus d'eux un inspirateur suprême, qui était le vrai chef de la nouvelle école philosophique. De sa retraite de Ferney, Voltaire gouvernait les salons de Paris, et, pour mieux dire, la littérature, la philosophie et quelquefois même la politique de toute l'Europe. **Rousseau**, seul, refusa de reconnaître cette suprématie, et s'obstina à travailler isolément à l'œuvre du siècle. Son indépendance ne le préserva pas toutefois des attaques qui furent dirigées contre les philosophes, alors confondus avec les encyclopédistes; il fut même l'un des plus maltraités dans les satires dramatiques de **Palissot**. Dès 1754 ce dernier avait mis en scène et grossièrement outragé ses plus illustres contemporains. Dans une comédie intitulée *Le Cercle*, et jouée à Nanci, en présence Stanislas, il avait représenté l'auteur de l'*Émile* marchant à quatre pattes et broutant une laitue. Mais les encyclopédistes, enrôlés sous un drapeau qui menaçait les institutions, les privilèges et les préjugés de la vieille France, devaient rencontrer des adversaires ailleurs que sur les tréteaux. Socrate, dans la hardiesse de son enseignement et de sa critique, n'en fut pas quitte pour la raillerie d'Aristophane. Seulement le bouffon de la multitude prépara l'arrêt des juges, et son dévergondage comique ne fut que le prélude d'une sentence de mort. Au dix-huitième siècle, le persiflage servit encore d'avant-coureur à la proscription. La magistrature française, comme celle d'Athènes, faisait partie de l'ordre ancien que l'audace philosophique mettait en péril; et si elle n'était pas assujettie aux exigences bruyantes et homicides d'une populace souveraine, elle subissait cependant l'influence secrète et non moins irrésistible d'une cour qui exerçait le pouvoir absolu par l'intermédiaire du roi, et dont les volontés capricieuses étaient souvent aussi déraisonnables, sans être aussi cruelles, que celles de la populace athénienne. Palissot, avons-nous dit, avait publié *Le Cercle* en 1754; le 6 février 1759, le parlement de Paris condamna le livre *De l'Esprit*, l'*Encyclopédie*, ainsi que divers autres écrits émanés des principaux écrivains de la même école. Ce fut le dauphin, père des rois Louis XVI, Louis XVIII et Charles X, et partisan déclaré des jésuites, qui provoqua cette persécution en montrant à la reine *les belles choses* que faisait imprimer le maître d'hôtel de cette princesse, Helvétius. Voltaire écrivit à cette occasion à Thiériot : « Je vous prie de me dire quel est le conseiller ou le président, géomètre, métaphysicien, mécanicien, théologien, poëte, grammairien, médecin, apothicaire, musicien, comédien, qui est à la tête des juges de l'*Encyclopédie*. Il me semble que je vois l'inquisition condamner Galilée. L'esprit de vertige est bien répandu dans notre pauvre ville de Paris. »

L'*Encyclopédie* avait eu les honneurs d'une dénonciation particulière : Fréron s'en était chargé, de concert avec un architecte nommé Latte. Les magistrats qui se distinguèrent dans le sein du parlement contre les publications philosophiques, et spécialement contre le dictionnaire de Diderot, furent Abraham de Chaumaix et Joly de Fleury. Voltaire leur en tient compte dans sa correspondance et dans ses poésies satiriques, où il leur applique les épithètes les plus triviales et les plus outrageantes. Cependant, l'arrêt du parlement ne pouvait manquer d'enhardir les écrivains et les courtisans qui nourrissaient une haine profonde contre l'*Encyclopédie* et ses rédacteurs. Palissot se remit en campagne et fit paraître la comédie des *Philosophes*. La cour en masse assista et applaudit à la première représentation de cette pièce. La princesse de Robecq, dont l'influence était grande sur le duc de Choiseul, premier ministre, voulut partager, quoique mourante, les joies de cette soirée, et encourager par sa présence la flagellation des encyclopédistes. Elle expia cruellement cette démarche inconsidérée. Les philosophes trouvèrent un vengeur parmi eux : ce fut l'abbé Morellet, dont le style mordant et l'esprit acéré n'épargnèrent pas la grande dame. Dans *La Vision de Charles Palissot*, le jeune encyclopédiste mit en effet en scène la malheureuse princesse, et la signala comme l'inspiratrice des haines et des intrigues des bigots de Versailles, alors qu'elle ne devait songer qu'à mourir. Un exemplaire de cet écrit, adressé à Mme de Robecq, lui révéla son état désespéré, que les médecins s'efforçaient de lui laisser ignorer. Voltaire, qui tenait à conserver ses bonnes relations avec M. de Choiseul, fut vivement contrarié de cet acte de vengeance peu philosophique. Tout en rendant justice au talent et aux sentiments de l'auteur de *La Vision*, il ne cesse de protester, dans ses lettres, contre le coup de mort donné à la *fille d'un Montmorency, une femme expirante*! Il craint que la *vision* ne soit celle de la ruine de Jérusalem. « Voilà la philosophie perdue, écrit-il à Thiériot, et en horreur à ceux qui ne l'auraient pas persécutée. » L'abbé Morellet fut en effet mis à la Bastille, et les dévots de la cour triomphèrent. Mais il était plus facile d'emprisonner un philosophe que d'étouffer la philosophie.

La cause des encyclopédistes n'était pas autre que celle de l'esprit, dont la nature progressive finit toujours par vaincre les inévitables résistances du génie rétrograde. Le patriarche de Ferney ne resta pas trop longtemps sous l'impression du mécontentement et des appréhensions que lui avait occasionnées *La Vision* à l'endroit de Mme de Robecq. « Patience, écrit-il à D'Alembert, ne nous décourageons point; Dieu nous aidera si nous sommes unis et gais. » Cette idée de la nécessité de l'union entre les philosophes le domine, et il y revient dans toute sa correspondance avec les encyclopédistes. « Je ne serai content, dit-il à l'un d'eux, que lorsque vous m'apprendrez que *les frères* dînent ensemble au moins une fois par semaine. Les exhortations pressantes et incessantes de Voltaire produisirent leur effet. Les frères se virent plus souvent, resserrèrent leurs liens, et constituèrent l'école ou la secte philosophique. Leur influence ne tarda pas à se ressentir de cette constitution; ils reprirent avec plus d'activité que jamais la publication de l'*Encyclopédie*, et ils firent sortir les encyclopédistes de la Bastille. Après la mort de Louis XV, et sous le règne d'un prince qui était peu favorable aux idées philosophiques, l'école donna néanmoins des ministres, et de grands et vertueux ministres, à la France, tels que Turgot et Malesherbes. Lorsque la révolution éclata, ce fut encore l'esprit de l'*Encyclopédie* qui présida aux réformes de l'Assemblée constituante. Les principaux encyclopédistes étaient morts sans avoir pu assister à la réalisation de leurs vœux et de leurs doctrines. Quelques-uns de ceux qui purent jouir de ce spectacle le payèrent plus tard de leur vie, et entre autres Malesherbes, Bailly, Condorcet et Champfort. D'autres survécurent à la révolution et moururent dans le calme et la retraite sous le consulat, l'empire et la restauration. De ce nombre furent Marmontel, qui avait siégé au Conseil des Anciens; La Harpe, redevenu chrétien; Lalande, obstiné dans son athéisme, et le spirituel auteur de *La Vision*, l'abbé Morellet, que Voltaire appelait l'abbé *Mords-les*, et qui fit partie du Corps législatif jusqu'en 1814.

LAURENT (de l'Ardeche).

ENCYPROTYPE (de ἐν, dans, κύπρῳ, datif de κύπρος [employé pour χαλκὸς Κύπριος, cuivre de Chypre]; et τύπος, empreinte : c'est-à-dire empreinte ou type dans le cuivre). Cet adjectif ne s'emploie que pour désigner les cartes géographiques, qui, au lieu d'être gravées d'après un dessin antérieur, sont immédiatement exécutées sur le cuivre. C'est le procédé usité au dépôt de la marine, et bon nombre de cartographes l'ont adopté.

ENDEAVOUR (Terre d'), contrée de la Nouvelle-Hollande, qui s'étend depuis le fleuve du même nom jusqu'à la baie de la Trinité. L'*Endeavour River* a sa source dans la partie de ce continent, désignée sous le nom de *Nouvelle-Galles du Sud*.

ENDÉCAGONE. *Voyez* HENDÉCAGONE.

ENDÉCASYLLABE. *Voyez* HENDÉCASYLLABE.

ENDÉMIQUES (Maladies). Le mot *endémique* est dérivé du grec ἐνδήμος, indigène (de δῆμος, peuple). On appelle *maladies endémiques* celles qui attaquent la population de telle ou telle contrée, et qui dépendent de causes locales, comme l'air qu'on respire, les aliments dont on se nourrit, les lieux qu'on habite, les usages auxquels on est assujetti, les mœurs, les habitudes, etc. C'est un fait déjà signalé, il y a deux mille ans, par Hippocrate, que la nature des lieux et le régime modifient les habitants d'un pays et les prédisposent à plusieurs espèces de maladies. Pour ne citer que quelques exemples, quand on eut abattu les forêts de la Gaule, de la Germanie, de la Pensylvanie; quand on eut, avec le temps, complétement changé la face du sol de ces pays non encore civilisés, les maladies prirent un autre caractère. Toutes les fois qu'on a cultivé et assaini dans des pays civilisés des provinces couvertes d'étangs et de marais, on a vu disparaître les fièvres intermittentes endémiques de ces contrées, et s'améliorer les constitutions des habitants. Enfin, en changeant les habitations malsaines, le mauvais régime des pauvres habitants de certaines localités, on est parvenu à les guérir de beaucoup de maladies de la peau, des glandes, du système lymphatique, etc. Les maladies endémiques ne doivent donc pas être confondues avec les épidémies.

Les principales maladies endémiques que l'on a observées sont : les goîtres, les scrofules, le crétinisme, si communs dans les gorges chaudes et humides de la Suisse, de la Savoie, surtout du Valais; le scorbut, dans quelques parties de la Finlande, de la Suède, du Danemark, de la Courlande, où le froid vient se joindre à l'humidité, et où règnent également les hydropisies; ces dernières affections se développent sous l'influence des exhalaisons marécageuses de certaines provinces de la Hollande, où les catarrhes sont aussi endémiques. Ces mêmes causes multiplient les hydropisies en Piémont, et les catarrhes sur les rives du Don et du Volga. Sont encore endémiques : la fièvre jaune aux environs de la Véra-Cruz et sur les côtes fangeuses, de la Nouvelle-Espagne; le choléra, la lèpre, en Asie; la plique polonaise; les fièvres intermittentes dans les lieux où règne le scorbut; les rhumatismes intenses, les péripneumonies aiguës, les ophthalmies, dans les pays nus, élevés, battus par des vents desséchants, comme certaines parties de la Provence, de la Suisse, de l'Auvergne; ces mêmes ophthalmies chez les peuples tatars, où elles sont causées par la poussière du sablon noirâtre des steppes; les phlegmasies aiguës qu'amènent les vents froids de Kazan, du pays des Cosaques; les fièvres pernicieuses des pays chauds et humides, où un soleil ardent vaporise sans cesse des eaux marécageuses, comme plusieurs parties de la Hongrie, de la campagne de Rome, du Milanais, du pays vénitien, du Mantouan; le tarentisme, les affections spasmodiques, les fièvres ardentes de la Toscane, de l'Étrurie, de la Calabre, de l'Abruzze, de la Pouille; l'éléphantiasis des Arabes; la peste, en Égypte; la syphilis, au Pérou, au Brésil, aux Antilles, etc.

Ce ne sont pas seulement le climat, les températures, la disposition des lieux qui affligent profondément l'organisation des peuples dont nous venons de parler, il faut y ajouter encore les mauvaises eaux dont ils s'abreuvent, les aliments dont ils font exclusivement usage, tels que la châtaigne, le blé noir ou sarrasin, le maïs, les fromages, les laitages, les mauvais légumes. La négligence que les peuples insouciants et paresseux de quelques cantons de l'Italie, de l'Espagne, du royaume de Naples, apportent dans leurs vêtements, leurs habitations, les soins hygiéniques de propreté, concourent également à la production des affections endémiques. Si nous passons le détroit, nous trouverons aussi en Angleterre un grand nombre de maladies endémiques, qui ne tiennent plus ici au défaut de précautions hygiéniques, mais uniquement aux lieux, au climat, et, qu'on nous passe l'expression, aux excès de la civilisation. Les consomptions pulmonaire et nerveuse y enlèvent beaucoup de monde; on y remarque souvent le diabète et un grand nombre de dispositions mélancoliques, qui conduisent même au suicide, surtout dans les saisons sombres et froides de l'hiver et de l'automne; les flueurs blanches, les dyssenteries, les fièvres d'accès, s'y multiplient avec l'atrabile anglaise, connue sous le nom de *spleen*. Sans doute que l'état politique des Anglais, les chances de leurs fortunes, toutes commerciales, contribuent, avec l'air brumeux de leur île, à entretenir cette disposition. C'est probablement en partie pour cette raison qu'on remarque parmi eux beaucoup de fous, d'originaux, d'esprits hétéroclites. Ajoutons encore que l'esprit de religion, les sectes nombreuses qui inondent l'Angleterre, sont aussi une cause puissante de maladies du système nerveux endémiques dans ce pays.

L'art possède un grand nombre de moyens de neutraliser les causes des maladies endémiques et même de les détruire; il peut changer les conditions hygiéniques qui leur donnent naissance, ou soustraire par une prompte émigration ceux qui en redoutent les funestes effets; mais c'est une tâche presque toujours remplie de difficultés : comment en effet enlever un individu à sa famille, à ses habitudes, à son commerce, quand des causes majeures, la soif des spéculations, l'ont attiré dans un lieu malsain, comme il en existe tant sur les côtes d'Afrique, dans l'Inde, aux Antilles, etc.? Il est sans doute plus difficile encore de changer la position d'une ville tout entière, de modifier son sol, sa construction. On ne peut que chercher à assainir la ville, éloigner de son centre les hôpitaux, les cimetières, dessécher les mares infectes, fournir de l'eau potable aux habitants.

ENDENTURE. *Voyez* CHARTE, tome V, p. 301.

ENDERBY (Ile d'), l'une de celles qui composent le groupe d'Auckland, archipel de la Nouvelle-Zélande ou Tasmanie, dans l'Océanie centrale. Toutes ces îles sont habitées par des tribus de race malaisienne, qui, malgré leur état social supérieur à celui des habitants de plusieurs autres parties de l'Océanie, sont anthropophages. Leurs fréquentes relations avec les Européens n'ont guère servi jusqu'à ce jour qu'à leur fournir les moyens de s'entre-détruire avec plus de succès. La civilisation et le christianisme paraissent, de longtemps encore, condamnés à n'y faire que des progrès bien lents; ce qui n'empêche pas les colons anglais de l'Australie de faire avec ces insulaires un commerce assez considérable.

ENDERMIQUE (Méthode), de deux mots grecs, ἐν, dans, et δέρμα, peau. On donne ce nom à l'administration des médicaments par la surface cutanée, préalablement dénudée de son épiderme, à l'aide d'une substance vésicante. Cette méthode, employée depuis fort longtemps en médecine, mais sans principes bien arrêtés, fut formulée en 1824 par Lambert et Lesieur. Depuis, l'usage en est devenu fort général, et on y a recours aujourd'hui dans tous les cas où les médicaments ne peuvent pas être pris par la bouche, soit par impossibilité de la déglutition, soit par susceptibilité de l'estomac, ni administrés en lavements.

Quand il y a sur le corps quelque plaie, on peut se servir de cette surface accidentelle pour y déposer le médicament; dans le cas contraire, il faut appliquer un vésicatoire peu étendu sur la partie où l'on veut déposer le médicament; lorsque le vésicatoire a bien pris, on enlève l'épiderme et la petite exsudation membraneuse qui se forme au-dessous, puis l'on dépose sur le corps réticulaire de la peau, qui se trouve alors à nu, le médicament que l'on veut administrer. Le même vésicatoire peut servir pendant plusieurs jours; mais au bout d'un certain temps, qui varie suivant les individus, et qui est habituellement d'une à deux semaines, la surface devient moins propre à l'absorption, et l'on est obligé, si l'on veut continuer la même médication d'appliquer un nouveau vésicatoire.

La méthode endermique, d'après ce que l'on vient de voir, est loin de pouvoir remplacer les autres modes d'administrer les médicaments. En effet, la surface sur laquelle on applique le médicament étant très-peu étendue d'une part, et l'absorption y étant peu considérable d'autre part, il en résulte qu'on ne peut appliquer avec succès sur cette plaie accidentelle que des médicaments qui, sous un petit volume, ont une grande énergie. Il faut encore que ces médicaments n'aient pas des propriétés irritantes trop développées, encore moins des propriétés caustiques, car alors ils détermineraient des inflammations locales qui auraient d'abord l'inconvénient d'empêcher l'absorption, et qui de plus pourraient elles-mêmes avoir des suites plus ou moins graves. Enfin, il faut que ces médicaments soient pulvérulents, car sur des substances solides l'absorption n'agit que faiblement, et les substances liquides sont trop difficiles à maintenir sur la surface dénudée pour que l'absorption puisse s'effectuer régulièrement. Ces conditions réduisent à un petit nombre les substances propres à être administrées par la méthode endermique. Les plus employées sont les préparations d'opium, celles de noix vomique, le sulfate de quinine, les antispasmodiques, tels que l'assa fœtida, le musc, le castoréum, la valériane, etc.

La méthode endermique ne s'emploie pas toujours, il s'en faut, à défaut d'une autre méthode; il est des cas où on s'en sert de préférence aux autres, parce que les médicaments employés endermiquement ont une action plus directe sur la maladie. Ainsi, dans les douleurs locales, telles que les névralgies, les douleurs goutteuses ou rhumatismales, on agit beaucoup plus efficacement en appliquant le médicament sur le lieu même de la douleur, à l'aide d'un vésicatoire, qu'en donnant ce médicament à l'intérieur. Au contraire, dans les cas où la maladie est générale, ou qu'au moins elle siége dans un organe volumineux ou profondément situé, la méthode endermique doit être rejetée, et ce n'est qu'en désespoir de cause que l'on doit y avoir recours. Dr Castelnau.

ENDIGUEMENT, action d'*endiguer*, de *construire une digue*. Les *travaux d'endiguement* ont pour objet exclusif d'opposer aux inondations d'un fleuve, d'un cours d'eau ou d'un étang, un obstacle qui puisse en garantir les propriétés riveraines. On donne à ces travaux le nom d'*encaissement* lorsqu'ils s'exécutent sur les deux rives à la fois pour resserrer le lit d'une rivière, afin d'en régulariser le cours et la profondeur. Souvent les moyens d'endiguement se réduisent à l'établissement de digues de bordage ou levées en terre, suivant des directions plus ou moins rapprochées des berges, comme celles qui bordent les rivières dont le régime est connu et dont le cours est généralement paisible. Dans d'autres cas, ces digues sont revêtues de maçonneries en pierres dont le pied doit être garanti par des pieux et des jetées en moellon. Les travaux d'endiguement ayant pour but exclusif de protéger les propriétés qui bordent un fleuve, il faut, indépendamment des limites que les digues de bordage assignent aux inondations, donner à ces ouvrages les directions les mieux appropriées à la localité, rectifier aussi quelquefois le cours du fleuve par des coupures, et fermer les faux bras par des barrages, à l'effet de prévenir les irruptions sur les banlieues voisines. Ces barrages sont disposés de manière à provoquer l'atterrissement des bras qu'ils ferment. Les berges sont défendues ensuite, soit par des enrochements, soit par des ouvrages saillants, suivant les diverses circonstances de localité.

Les travaux d'endiguement peuvent souvent se composer, comme ceux du Rhin, d'ouvrages temporaires et d'ouvrages permanents. Les ouvrages temporaires sont destinés à fermer les bras, tant principaux que secondaires, à former des atterrissements et à se confondre dans les dépôts qu'ils doivent occasionner. Ces travaux ne sont qu'accidentels, et s'exécutent tous en fascinage. Comme le but est d'agir avec de grandes masses, de produire des effets instantanés dont les résultats deviennent indépendants des travaux qui les ont fait naître, il n'est pas nécessaire, une fois ces résultats obtenus, que les matériaux employés aient une grande durée; de là l'emploi des fascinages, parfaitement appliqués à cet objet comme moyen suffisant et à la fois aussi économique que facilement praticable. Dans bien des cas même, on trouve en quelque sorte sur place les matériaux nécessaires. On peut d'ailleurs, soit par des plantations, soit par des entretiens peu coûteux, prolonger singulièrement l'existence de cette nature d'ouvrages, quand l'effet n'est pas aussi prompt qu'on l'espérait. Les travaux permanents comprennent les digues d'inondation et la plupart des ouvrages qui s'exécutent pour la défense des berges. Ces digues d'inondation, pour avoir de la durée, ont besoin surtout d'une bonne assiette; il faut encore qu'elles soient établies suivant les proportions convenables, et construites avec des matériaux qui les rendent le moins perméables possible. Il faut aussi, pour en prévenir la submersion, que leur hauteur soit bien déterminée par rapport aux grandes crues, ce qui n'est pas toujours facile, à cause des variations du cours principal du fleuve, de la forme et de l'étendue de la nouvelle section.

ENDIVE. *Voyez* Chicorée.

ENDLICHER (Étienne-Ladislas), savant botaniste et polygraphe érudit, naquit le 26 juin 1804, à Presbourg. Destiné à l'état ecclésiastique, il avait déjà reçu les ordres mineurs, lorsqu'en 1826, il se décida à rentrer dans le monde. Deux ans plus tard, il obtint un emploi à la bibliothèque impériale de Vienne, dont les émoluments joints à sa fortune personnelle lui assurèrent une heureuse indépendance. A partir de 1827 il se consacra avec ardeur à l'étude des sciences naturelles, de la botanique surtout, de même qu'à celle des langues de l'Asie orientale, de la langue chinoise en particulier. Bientôt il se fit un nom tel parmi les botanistes, que dès 1836 on l'appela au poste de conservateur du Cabinet d'Histoire Naturelle à Vienne. C'est en 1840 qu'on lui confia la chaire de botanique à l'université de cette ville, en même temps que la direction du Jardin Botanique, que son premier soin fut de complétement réorganiser.

La simple énumération des ouvrages dont on est redevable à ce savant, s'il était possible de la présenter ici, serait la meilleure preuve à donner de l'étendue et de la variété de ses connaissances ainsi que de son infatigable activité. Nous nous bornerons à citer : *Examen criticum codicis IV Evangeliorum Byzantino-Corviniani* (Leipzig, 1825); *Flora Posoniensis* (Pesth, 1830); *Prodromus floræ Norfolkicæ* (1833); *De Ulpiani Institutionum Fragmento* (1835); *Genera plantarum secundum ordines naturales disposita* (1836-40); *Iconographia generum Plantarum* (1838); *Enchiridion botanicum* (Leipzig, 1841); *Atlas de la Chine, d'après les données des missionnaires jésuites* (1843); *Éléments de Grammaire Chinoise* (1845); *Les Lois de Saint Étienne* (Vienne, 1849); *Rerum Hungaricarum Monumenta Arpadiana* (S. Gall, 1849), etc., etc. Il a en outre pris part, comme collaborateur, à l'édition des *Œuvres diverses* de Robert Brown, publiée par Nees d'Esenbeck, au *Nova Genera et Species Plantarum* de Pœppig, aux *Annales du Muséum d'Histoire Naturelle de Vienne*, entreprises surtout à sa sollicitation; et à partir de 1840 il rédigea avec Martius la *Flora Brasiliensis* (Vienne et Munich, 1840 et années suiv.)

Si Endlicher prouva par le nombre prodigieux et par la diversité de ses ouvrages, la vaste étendue de ses connaissances, leur contenu ne témoigne pas moins de la profondeur de sa science et de la fertilité de son esprit, de l'indépendance et de la promptitude de son jugement, de l'originalité de ses idées et de ses observations. Après avoir pris une part des plus actives aux mouvements révolutionnaires de 1848, il mourut le 28 mars 1849.

ENDOBRANCHE. *Voyez* Branchie et Branchiodèles.

ENDOCARDE (de ἔνδον, dedans, et καρδία, cœur), membrane qui tapisse les cavités du cœur.

ENDOCARDITE, nom donné par M. Bouillaud à l'inflammation de l'*endocarde*. Les cavités gauches du cœur en sont plus souvent le siége que les cavités droites. Souvent aiguë, l'endocardite peut néanmoins affecter une marche chronique. Elle peut se présenter à l'état de phlegmasie simple et isolée; le plus souvent elle se montre comme complication d'une *péricardite*, d'une *cardite*, d'une fluxion de poitrine, d'un rhumatisme, d'une fièvre éruptive, etc. Les altérations de l'endocarde portent sur sa coloration, sa consistance, ses adhérences avec les tissus sous-jacents, son épaisseur, sa transparence, son poli, etc. Elle peut d'ailleurs présenter des érosions, de véritables ulcérations dans plusieurs points, qui peuvent devenir la base d'une perforation, ou favoriser le développement d'un *anévrisme* vrai du cœur. Une double exsudation peut s'opérer à sa surface libre, ou à la surface adhérente de cette membrane. L'exsudation à la surface libre est analogue à celle qui s'opère à la surface des membranes séreuses enflammées; elle se présente sous forme de grumeaux, de petites plaques minces et isolées, de couches plus ou moins étendues, molles et peu adhérentes au début, qui finissent par acquérir de la consistance, par adhérer à la membrane, en se confondant avec elle.

Dans l'endocardite comme dans la cardite, l'action physiologique du cœur est augmentée. Le premier phénomène que l'on observe est l'accélération de la circulation. Le pouls bat 100, 140 et 150 fois par minute; il est quelquefois tellement fréquent qu'il devient impossible de le compter. Mais un caractère remarquable, c'est une sorte de crépitation du pouls, que M. Simonet désigne sous le nom de *frottement globulaire :* le sang qui circule dans l'artère semble divisé en petits globules. Un autre phénomène fréquemment observé, c'est l'épistaxis. L'auscultation est surtout utile pour établir le diagnostic de l'endocardite. Quelquefois la cardite et l'endocardite sont presque éphémères, ou du moins disparaissent dans un espace de temps très-court. Mais le plus souvent elles laissent à leur suite des produits s'organiser, ou des altérations plus ou moins profondes du tissu musculaire; elles peuvent aussi se terminer par la mort, qui est produite soit par une concrétion sanguine (*polype* des anciens) obstruant des cavités ou des orifices, soit par un ramollissement profond du cœur avec ou sans abcès, soit enfin par une perforation, ou par la gangrène. La résolution est annoncée par la diminution de la fièvre et la cessation des phénomènes locaux.

Dans le traitement de l'endocardite, la première indication consiste à combattre l'état inflammatoire, afin de s'opposer au développement de ses produits; la seconde, à favoriser la résorption de ces produits lorsqu'ils sont exhalés; la troisième, à s'opposer, autant que possible, aux lésions consécutives. Il faut d'abord exiger le repos absolu du corps et de l'esprit, soumettre le malade à une diète rigoureuse, et à l'usage des boissons tempérantes, adoucissantes, acidulées. Si la phlegmasie du cœur est primitive, si l'on a affaire à un sujet pléthorique, on doit immédiatement recourir aux émissions sanguines générales et locales; l'expérience seule peut ici guider le médecin. Conjointement avec les émissions sanguines, on emploie avantageusement des topiques émollients sur la région du cœur. Si les saignées étaient contre-indiquées, on pourrait recourir à l'émétique à haute dose. De doux laxatifs peuvent être prescrits au début de l'inflammation. Des bains généraux, tièdes et prolongés pendant une ou plusieurs heures, lorsqu'ils sont bien supportés, sont favorables à la résolution de l'endocardite.

ENDOMMAGEMENT. Ce mot peu usité est synonyme de *dommage*, de *dépérissement*, de *détérioration* des héritages, des maisons, des meubles, etc.

ENDOR (en hébreu *Haïn-Dor*, de *haïn*, fontaine, et de *dor.*, génération) était une ville de la Palestine dans la tribu de Manassé, dont l'étendard couleur d'or, mêlé de vert, portait une licorne; elle était située en deçà du Jourdain, au sud de Naïm. Josué, le psalmiste et le premier livre des Rois en font mention dans la Bible. C'était dans une vallée solitaire, non loin de cette ville, qu'habitait la fameuse pythonisse qu'alla consulter, en secret et travesti, Saül, roi d'Israel, la veille de la bataille de Gelboé, qu'il perdit avec la vie. Cette femme évoqua, à sa prière, l'ombre du grand-prêtre Samuel. Le morne vieillard, couvert d'un manteau, adressa à Saül ces terribles paroles : « Demain tu seras avec moi. » Et le lendemain les corps du roi et de ses trois fils, dont les Philistins avaient coupé la tête, étaient accrochés en dehors aux murailles de Bethsan, leur ville, voisine d'Endor. Cette scène est une des plus effrayantes de la Bible. DENNE-BARON.

ENDORMIE, nom vulgaire du *datura stramonium.*

ENDOSMOSE, EXOSMOSE. Lorsque deux fluides gazeux sont mis en contact avec les deux surfaces d'une membrane animale humide, l'un étant en dehors et l'autre en dedans, chacun d'eux traverse cette membrane jusqu'à ce qu'ils soient parfaitement mêlés ensemble. Lorsqu'on attache un lambeau de membrane animale humide sur l'orifice d'un vase plein d'eau, de manière à ce qu'elle se trouve en contact avec la surface du liquide, et qu'on répand ensuite un sel soluble quelconque sur la surface externe de cette membrane, ce sel est bientôt dissous par l'eau qui pénètre à travers la paroi membraneuse, et il va se mêler au liquide qui remplit le vase. Une substance quelconque à l'état de dissolution, mise en contact avec un tissu humide, tend à se répandre non-seulement dans les fluides qui remplissent ses pores, mais encore par l'intermédiaire de ces pores dans les fluides qui se trouvent en contact avec la surface opposée de la membrane, jusqu'à ce qu'il y ait équilibre de distribution, c'est-à-dire mélange complet entre les deux liquides séparés par cette simple membrane. Mais lorsque deux fluides différents sont mis simultanément en contact avec les deux surfaces d'une même membrane, on observe un phénomène tout particulier. Ainsi, que l'on prenne un tube de verre préalablement fermé à sa partie inférieure par un morceau de membrane animale, de vessie, par exemple, que l'on verse une dissolution de sucre dans ce tube, et que l'on plonge ensuite l'extrémité de ce tube dans un vase contenant de l'eau distillée, on verra le niveau du liquide monter graduellement dans le tube. Il est facile dans ce cas de reconnaître que pendant ce temps une portion de la dissolution sucrée a passé dans le vase extérieur. Le niveau du liquide dans le tube ne cesse de s'élever que lorsque les deux fluides ne forment plus qu'un liquide homogène, c'est-à-dire contenant une égale proportion de sucre, soit dans le tube, soit dans le vase. Si, au contraire, on verse de l'eau distillée dans le tube, et que ce soit le vase qui contienne une dissolution sucrée, le niveau de l'eau baissera dans le tube, au lieu de s'élever comme dans l'expérience précédente. Ces phénomènes ont été découverts par Dutrochet, qui disait qu'il y avait *endosmose* du liquide dont le niveau s'abaisse à celui dont le niveau s'élève, et *exosmose* du second au premier. Mais comme les deux courants ont toujours lieu simultanément, ces expressions (dérivées du grec ἔνδον dedans ou ἐξ, dehors, et ὠσμός ou ὦσις, impulsion), qui signifient *courant entrant* et *courant sortant*, ne sont pas justifiées. On n'emploie plus aujourd'hui que le terme *endosmose*, et par là on désigne le courant plus puissant qui a pour effet de faire monter le niveau du liquide.

Les phénomènes de l'endosmose se produisent également quand, au lieu d'un tissu animal humide, on se sert d'un corps minéral poreux. En général, le fluide le plus dense attire le moins dense plus fortement que celui-ci n'attire le premier; mais cette règle souffre des exceptions. L'endosmose des fluides gazeux est soumise aux mêmes lois générales. Si l'on introduit sous une cloche pleine de gaz acide carbonique une vessie contenant du gaz hydrogène, la vessie se distend jusqu'à ce qu'elle éclate. Si, au contraire, c'est la cloche qui contient le gaz le plus léger, et que la vessie soit remplie du gaz le plus dense, on voit cette dernière s'affaisser sur elle-même.

L'explication la plus simple du phénomène de l'endosmose est la suivante. On peut considérer la membrane animale poreuse comme un système de tubes capillaires qui exercent une attraction sur les fluides qui tendent à traverser les pores de la membrane pour se mêler ensemble. Si l'on admet que l'un de ces fluides est plus fortement attiré que l'autre par le tissu animal, il doit naturellement mettre plus de temps que l'autre à traverser les pores plus que capillaires. Par conséquent le niveau du liquide qui passe plus rapidement à travers le tissu baissera nécessairement dans le vase qui le contient. Quant au liquide qui traverse la membrane avec lenteur, son niveau s'élèvera jusqu'à ce que la pression toujours croissante de la colonne de liquide qui s'élève contre-balance l'effet produit par l'attraction de la membrane.

On a prétendu expliquer l'absorption par les phénomènes physico-chimiques de l'endosmose; mais cette théorie est complétement incapable d'expliquer tous les phénomènes que présente l'absorption organique dans les corps vivants. Ainsi, par exemple, il est impossible de se rendre compte, avec cette théorie, de l'absorption des liquides que contiennent les cavités dans les hydropisies: ici en effet le liquide absorbé est plus dense que les liquides circulatoires. Cependant, c'est évidemment l'absorption qui est le moyen curatif employé dans les cas de ce genre par la nature. BERTET-DUPINEY.

On a nommé *endosmose électrique* la propriété que possède le courant de la pile de solliciter le passage des liquides à travers les cloisons poreuses. Si par exemple un vase est partagé en deux compartiments par une cloison de terre de pipe ou par une membrane perméable, on remarque qu'un même liquide admis dans les deux cellules et mis en communication avec la pile tend à prendre, sous la seule influence du courant, une différence croissante de niveau. Généralement le liquide s'accumule du côté du pôle négatif, et le niveau baisse du côté opposé. En attendant l'explication du phénomène, on en a fait provisoirement une propriété primitive du courant. Suivant M. F. Raoult, la théorie de l'endosmose électrique reposerait tout entière sur le principe suivant : Toute dissolution dans l'eau d'un acide, d'un alcali ou d'un sel est une véritable combinaison dans laquelle l'eau joue tantôt le rôle de l'élément électro-positif, tantôt le rôle de l'élément électro-négatif; et toutes les fois que l'on dirige un courant au sein d'une semblable dissolution, celle-ci se sépare en deux parties : l'une formée d'eau pure, l'autre renfermant toute la substance dissoute. Si par exemple on opère sur l'acide sulfurique étendu, il se produit, suivant la commune loi, une sorte de décomposition qui porte l'acide au pôle positif, et l'eau elle-même au pôle négatif; et comme l'eau est plus volumineuse que l'acide, il en résulte qu'il y a en même temps d'un côté élévation du niveau et affaiblissement de la dissolution, tandis que l'inverse se produit du côté opposé.

ENDOSPERME (de ἔνδον, dedans, et σπέρμα, grain), masse de tissu cellulaire sans vaisseaux apparents, qui dans la plupart des graines accompagne l'embryon, et qui à l'époque de la germination se détruit pour fournir au jeune végétal les premiers matériaux de sa nutrition. L'endosperme remplissant dans la graine le même rôle que l'albumine dans l'œuf, a aussi reçu le nom d'*albumen*. Quelques auteurs le nomment *périsperme* (de περὶ, autour, et σπέρμα). Cela tient à ce que sa position relativement à l'embryon est très-variable : dans les soudes, les amaranthes, la belle de nuit, etc., l'embryon est en quelque sorte roulé autour de l'endosperme, qu'il embrasse plus ou moins complétement; le contraire a lieu dans les rubiacées, les euphorbiacées, etc.; l'embryon du blé, du maïs, etc., est placé sur un point de la surface extérieure de l'endosperme. Charnu dans le ricin, le coco, dur et corné dans le café, la datte, l'endosperme devient farinacé dans les graminées. Il manque dans les synanthérées, les dipsacées, les crucifères, les rosacées, les légumineuses.

ENDOSSEMENT. La propriété d'une lettre de change ou d'un billet à ordre se transmet par la voie de l'*endossement*, c'est-à-dire par le transport que celui à l'ordre de qui la lettre ou le billet est écrit ou passé fait de ses droits à un autre cessionnaire. Ce transport est écrit au *dos* de la lettre, d'où lui vient le nom d'*endossement*.

On appelle *endosseur* celui qui effectue l'endossement. L'endossement est daté : il exprime la valeur fournie, et il énonce le nom de celui à l'ordre de qui il est passé. Ces mêmes énonciations de date, de valeur et de nom, sont de rigueur, non-seulement dans le corps de la lettre, mais dans chaque endossement. Tout endossement qui est défectueux en l'un de ces points est dit *irrégulier*, et n'opère pas le transport; il n'est qu'une procuration. L'*endossement en blanc*, fort usité dans certaines localités commerciales, est essentiellement un endossement *irrégulier*, puisque l'endosseur signe sans spécifier la valeur ou sans indiquer la date. Dans cet état, cependant, s'il vient à se perdre, l'ordre en blanc peut en être faussement rempli par celui qui l'a trouvé. Le porteur peut le toucher alors avant qu'on ait découvert la fraude, et le propriétaire demeure sans recours contre le payant.

La nature ou la formule de la valeur exprimée prête plus ou moins à contestation, et il importe de se prémunir : ainsi, l'endossement qui porte *valeur reçue comptant* est certes assez explicite; cependant, cet aveu est encore attaquable par les moyens extraordinaires avec lesquels une quittance pourrait être déclarée fausse ou illusoire : cette chance est due à l'impossibilité de vérifier le fait, le payement en argent. *Valeur reçue en marchandises*, quoique également formel, est bien plus susceptible de vérification. Les marchandises livrées laissent nécessairement des traces irrécusables de leur passage. La plus grande partie des lettres de change circule avec cette expression : *Valeur en compte*, qui signifie que l'argent n'a pas été réellement et spécialement compté, mais qu'on a fait entrer la valeur dans un compte courant, où elle sera balancée avec d'autres articles venus ou à venir; si donc il y a contestation, c'est un compte à établir. Cette forme est indispensable dans les lettres envoyées par le propriétaire pour son compte, ou même lorsqu'il s'agit de lettres vendues dans un lieu pour un autre, puisque la distance empêche la numération actuelle des deniers.

Les expressions vagues et douteuses de *valeur entendue*, *valeur en nom*, *valeur en contractant*, etc., rendent l'endossement *irrégulier*, en donnant la présomption que la valeur n'est point passée. Enfin, le mot *valeur reçue* constitue également un endossement *irrégulier*, quoique généralement tenu dans le commerce pour l'équivalent de *valeur reçue comptant*, car la loi exige qu'on exprime si la valeur fournie est en espèces, en marchandises, en compte ou autrement.

L'endossement peut se faire à l'ordre d'une personne, et cependant exprimer que la valeur reçue comptant provient d'une autre personne. Souvent un commissionnaire, voulant envoyer à son commettant des deniers, achète et paye une lettre de change qu'il fait créer ou endosser à l'ordre de celui-ci comme étant acquise de ses propres deniers et devant lui aller à profit; et le mandataire a évité ainsi de se rendre solidaire de la lettre de change.

Des endossements sont quelquefois signés avec cette clause : *sans ma garantie*, *sans ma responsabilité*, laquelle permet à celui qui reçoit une lettre de change *conditionnellement*, dans le seul but de la transmettre à un autre pour compte du remettant, de pouvoir se faire intermédiaire sans contracter lui-même l'obligation de répondre d'une lettre qui lui est étrangère et qu'il ne peut renvoyer en arrière quand l'échéance est imminente.

Les endossements d'une lettre de change sont en quelque sorte la continuation de son contenu. Ainsi, une première lettre sans endossements, jointe à une seconde, ou à un *duplicata* quelconque, ou même à une copie portant les endossements, ne fait qu'un seul et même titre. En un mot, un ou plusieurs exemplaires, pris ensemble, ou les endossements originaux se suivant depuis le *tireur*, c'est-à-dire celui qui crée ou fournit la lettre, jusqu'au dernier *preneur* ou porteur actuel, ont la même force que si toutes les signatures étaient sur une seule et même pièce. Les lois françaises ne pouvant prescrire la forme des lettres de change que pour celles qui sont créées ou endossées en France, toutes les lettres qui nous viennent de l'étranger sont suffisamment valables dès qu'elles sont conformes aux usages du pays d'où elles viennent et y sont réputées telles. On tient généralement aussi que quant aux effets, c'est la loi du pays où est payable la lettre qui les régit. Toutefois, le Code français n'a point adopté de dispositions spéciales sur les endossements étrangers. Le tireur et les endosseurs d'une lettre de change sont garants solidaires de l'acceptation et du payement à l'échéance.

Toutes les dispositions relatives aux lettres de change concernant l'*endossement* sont applicables aux m a n d a t s et aux billets à ordre. C. PECQUEUR.

ENDOTHÈQUE (de ἔνδον, dedans, et θήκη, bourse, fourreau). *Voyez* ANTHÈRE.

ENDUIT. Ce mot, sans autre spécification, n'a plus aujourd'hui de valeur bien déterminée; car tout ce qui est propre à boucher les pores, à garantir de l'humidité ou de toute autre atteinte un corps quelconque, peut être considéré comme un enduit. Sous ce point de vue l'imprégnation oléo-résineuse des toiles dites *cirées*, le gommage du taffetas dit d'*Angleterre*, etc., tout cela est dû à une sorte d'enduit; nous ne pourrions ici les énumérer toutes. Une autre espèce d'enduit est le b a d i g e o n, fort en usage pour empêcher que les pierres ne perdent bientôt leur teinte primitive, et en même temps pour les préserver de la destruction humide et météorique.

Les *enduits hydrofuges* garantissent des ravages de l'humidité les parties basses de nos habitations, humidité souvent funeste à la santé des hommes et non moins destructive des meubles, des effets, marchandises, etc. Ce sont surtout les papiers de tenture collés sur les murs, qui éprouvent rapidement l'effet si désastreux de l'humidité; ils ne tardent pas à perdre leurs couleurs, à se faner et enfin à se détacher en lambeaux. Les murs en pierre d'appareil sont moins sujets aux atteintes de l'humidité, mais ils n'en sont jamais totalement exempts, quelle que soit la nature de la pierre. Quant aux constructions en moellons liés entre eux par du mortier, et surtout aux murs de plâtre, l'humidité ne tarde pas à leur être funeste.

Lorsqu'on veut éviter l'altération du papier qui doit recouvrir les murs légèrement humides, on applique sur leur surface des feuilles de plomb. Dans ce cas, ce qu'il y a de mieux à faire est de donner au mur un enduit de bitume très-chaud, qui le pénètre, et forme à sa surface une couche solide et imperméable sur laquelle on étend, pendant qu'elle est encore molle, la feuille de plomb. On peut aussi enduire une muraille d'une couche de mastic bitumineux très-chaude, qui en se solidifiant par le refroidissement, et se desséchant ensuite complétement à l'air, forme un revêtement très-solide et d'une certaine épaisseur. Ceci réussit toujours assez bien sur la pierre d'appareil, médiocrement sur les plâtres neufs, et pas du tout sur les vieux plâtres, qui sont d'ailleurs, la plupart du temps, enlevés, arrachés par l'application de cet enduit.

Quand il s'agit de peindre la coupole de la belle église de Sainte-Geneviève à Paris, G r o s, chargé de ce travail, conçut beaucoup d'inquiétude sur la solidité indispensable de l'assiette à donner à ses couleurs; il consulta MM. Thénard et Darcet; ceux-ci se livrèrent à des travaux d'essai qui ont eu le plus heureux résultat. La pierre fut grattée à vif pour enlever le fond de colle et de blanc de plomb qu'on y avait appliqué d'abord. A l'aide du réchaud voyageur de doreur, on échauffa la pierre, en opérant par mètre carré successivement, et le mastic fut appliqué à la surface promptement et avec un très-large pinceau; les pores de la pierre absorbèrent rapidement une première couche. Le nombre des couches fut porté jusqu'à cinq. C'est alors seulement qu'il y eut refus complet d'absorber. A chaque application on échauffait la place aussi fortement qu'il était possible de le faire sans décomposer l'huile. Malgré la nature très-dure de la pierre, le mastic y pénétra jusqu'à près de quatre millimètres de profondeur. Les choses étant en cet état, on recouvrit le mastic d'une couche de blanc de plomb, broyé à l'huile, et c'est sur cette assiette que les peintures furent exécutées par notre grand artiste. Ces peintures de la coupole, commencées en 1813, n'ont jusque ici éprouvé aucune espèce d'altération. L'enduit employé était un mélange d'huile de lin lithargirée (rendue siccative par l'ébullition avec la litharge) et de cire jaune. Cet enduit ne laisse pas que d'être assez cher. Pour des travaux moins précieux, on opère avec plus d'économie et un succès presque égal en employant une partie d'huile de lin, une dixième de partie de litharge, et deux parties de résine ordinaire.

PELOUZE père.

ENDURCISSEMENT, état où l'âme, ayant perdu le sentiment de la piété et de la vertu, reste fermée à toute idée morale, et descend quelquefois à un tel point de dégradation qu'elle ne peut même plus concevoir l'existence de ce qui est juste, honnête, irréprochable. Il y a différents genres d'endurcissements : l'un, après s'être longtemps prolongé, a un terme; l'autre ne finit qu'avec nous; il est sans ressource. S'il est un endurcissement dont il ne faut jamais désespérer, c'est celui qui ne tient qu'à l'impétuosité des sens, et même souvent à la contagion de mœurs contemporaines. SAINT-PROSPER.

ENDYMION, berger de la Carie (dans l'Asie Mineure), d'une beauté ravissante, qui se retirait chaque nuit dans une grotte du mont Latmos, que l'on visitait encore du temps de Pausanias, et que l'on nommait *la grotte d'Endymion*. Les Grecs ont feint que la Lune, amoureuse de ce berger, se cachait derrière les montagnes pour le contempler plus à son aise, et qu'elle le caressait de ses rayons; il n'y a là que les effets naturels de cet astre, qui, dans sa course nocturne, se dérobe derrière les collines, d'où il ressort pour tout argenter autour de lui. Souvent la lune descendait de son char pour aller visiter son amant, et par suite de ce tendre commerce Endymion eut d'elle cinquante enfants. On attribuait les éclipses de l'astre des nuits à ces visites amoureuses.

Il n'y eut pas que Diane ou la Lune qui fut éprise du charmant berger de Carie; Morphée, le Sommeil, selon des mythologues, le faisait dormir les yeux ouverts, afin de mieux admirer leur éclat. Quelques-uns veulent qu'Endymion ait été surpris avec Junon, et que Jupiter, pour punir l'audace de ce berger, le condamna à un sommeil perpétuel sur le mont Latmos; d'autres disent de cinquante années seulement. Pline et plusieurs avec lui ont vu dans ce personnage mythologique un des premiers astronomes de la Grèce, après le déluge de Deucalion. C'était sur la lune que cet astronome berger avait de préférence tourné ses observations. Les cinquante enfants qu'il aurait eus d'elle seraient autant de problèmes au moyen desquels il aurait résolu les phases de cette planète secondaire; ses yeux tenus ouverts par Morphée durant son sommeil peignent les veilles savantes de l'astronome, l'éclat de ses yeux la beauté de cette science, et son éternelle jeunesse l'immortalité qu'elle donne à ses amants. Le commerce clandestin du berger carien avec Junon ou l'atmosphère explique toutes ces nuits qu'il passa en plein air sur le mont Latmos, et les cinquante années de sommeil auxquelles il fut condamné sont les cinquante années de méditations qu'il employa à observer la planète compagne de la Terre.

Parmi les antiques qui ont reproduit ce mythe, on distingue un bas-relief du Capitole, qui représente Endymion dans tout l'éclat de la jeunesse, assis sur un roc sur lequel il dort profondément, son chien à ses côtés. Le Capitole possède aussi un sarcophage offrant Endymion endormi, et dans les bras de Morphée; Diane, descendue de son char, y semble venir à lui, et est précédée d'un Amour portant un flambeau à la main. Nous possédons un charmant tableau de notre Girodet où l'artifice de son pinceau a merveilleusement rendu cette nuit des silencieuses amours.

Sophie Denne-Baron.

ÉNÉE, nom d'un héros troyen qui nous apparaît sous un triple point de vue, comme personnage à la fois mythologique et historique ; puis, comme caractère épique. Les Romains affectaient de proclamer Énée et ses Troyens fugitifs comme les auteurs de leur race. Ce n'était pas chez eux une opinion isolée : c'était celle de l'État, c'était un point de la religion romaine ; mais il ne manque point à Rome de savants sceptiques qui attaquèrent cette tradition. Chez les modernes, la critique historique en a fait totalement justice ; mais la politique du sénat romain sut en tirer un grand parti. Quand César et Auguste se donnèrent pour descendants d'Énée, il ne fut plus permis de combattre publiquement une opinion qui avait pour elle l'appui des dépositaires du pouvoir et de leurs flatteurs. Cependant, il est fort douteux qu'Énée ait jamais vu l'Italie. Homère le fait rester dans la Troade, où régna sa postérité ; d'autres le font voyager avec Ulysse. Il mourut, suivant les uns, dans la Thrace, selon les autres en Arcadie. Mais, à en croire les Romains, Énée, fugitif après la guerre de Troie, et tourmenté longtemps sur terre et sur mer par les destins, aborda en Italie, dans le Latium, obtint Lavinie, fille du roi Latinus, et fonda une ville qu'il appela Lavinium, du nom de cette princesse. Turnus, roi des Rutules, auquel Lavinie avait été promise en mariage avant l'arrivée d'Énée, déclara la guerre à celui dont il n'avait pu devenir le gendre. De là une suite de combats, dans lesquels succombèrent successivement Latinus et Turnus. Énée survécut peu à ses victoires. Il périt dans un fleuve, et fut honoré dans la suite par les Romains, sous le nom de *Jupiter indigète*. Après sa mort, Ascagne, fils d'Énée et de la Troyenne Créuse, pour échapper à l'inimitié de sa belle-mère Lavinie, fonda Albe-la-Longue ; enfin, Romulus, le quinzième descendant d'Énée, bâtit Rome. Voilà la fable ou l'histoire d'Énée, prétendu fondateur de la grandeur romaine. Si l'on veut des détails, il faut lire le chapitre étendu que Niebuhr, dans son *Histoire Romaine*, a consacré à ce héros.

Un Grec, nommé Dioclès, est, à notre connaissance, le premier auteur qui ait fait aborder Énée dans le Latium. Fabius Pictor, qui le premier d'entre les Romains entreprit d'écrire les annales de son pays, adopta le récit de Dioclès ; il fut suivi par les historiens qui vinrent après lui, et ceux-ci par les orateurs et les poëtes. Parmi ces derniers, Nævius fit de l'évasion d'Énée un épisode de son épopée sur la guerre punique. Virgile paraît lui avoir fait plus d'un emprunt. Niebuhr ne doute pas que Nævius n'ait, au mépris de la chronologie, amené Énée à Carthage. Le nom de la sœur de Didon, *Anna*, est de lui : bien certainement aussi, ce poëte faisait naître des infortunes de Didon l'inimitié nationale entre Rome et Carthage. Ainsi, Virgile, de toute son *Énéide*, n'aurait rien à lui que son style, si parfait.

Comme caractère héroïque ou épique, Énée a été l'objet de bien des portraits divers. Homère le représente comme le plus vaillant des Grecs après Hector. Une tradition montre ce héros comme trahissant la cause troyenne, et, de concert avec Anténor, vendant sa patrie aux Grecs. Virgile et Quintus de Smyrne s'accordent à le faire combattre jusqu'au bout pour sauver Troie. Il ne se retire qu'à la dernière extrémité. Le trait d'amour filial par lequel Énée signala sa fuite lui a valu le surnom de *Pius*, et il n'est personne qui n'admire dans le Jardin des Tuileries le beau groupe qui représente si chaudement dans un marbre froid ce trait capable d'émouvoir tous les cœurs. En faveur d'Anchise faudra-t-il pardonner à Énée d'avoir abandonné la pauvre Créuse, sa femme? Honneur au mythologue compatissant qui a bien voulu nous apprendre que la *bonne mère*, que Cybèle avait retenu Créuse en route et l'avait mise au nombre de ses nymphes ! Le *pieux* Énée n'en agit pas mieux avec Didon, sa maîtresse : il était, à ce qu'il paraît, comme beaucoup d'hommes, qui se piquent de probité dans toutes leurs relations sociales, en exceptant toutefois la partie féminine de la race mortelle. Quoi qu'il en soit, malgré tout le talent de Virgile et quelques vers touchants de Pompignan, Énée est un Lovelace bien maussade, un roué bien lourd.

Charles Du Rozoir.

ÉNÉE *le tacticien*. Tout ce qu'on sait de lui, c'est qu'il avait composé sur les devoirs d'un général d'armée et l'art de défendre une ville assiégée un traité fort étendu et très-estimé des anciens. Aucune autre circonstance de sa vie n'est connue, et l'on ignore jusqu'au temps précis où il vécut et à la contrée de la Grèce qui lui donna le jour. Rien ne prouve en effet que l'*Énée de Stymphale*, dont parle Xénophon, et qui était général des Arcadiens vers l'année 361 avant J.-C., soit le même qu'*Énée le tacticien*, mais il est vrai que rien n'établit le contraire. C'est bien de lui, au reste, que parlent Polybe, Élien et Suidas ; ils se bornent à nous le représenter comme auteur de différents écrits sur la stratégie, et cela en deux lignes, sans entrer dans aucun autre détail sur sa vie. Ses ouvrages sont perdus : mais l'abrégé qu'en avait fait Cinéas, qui vivait auprès de Pyrrhus, est parvenu jusqu'à nous. Par malheur, il n'est pas complet ; plusieurs chapitres manquent, et les quarante-et-un qui nous restent ne sont même pas tous sans lacunes. Cet abrégé avait eu un grand succès chez les Romains, et était devenu comme le *vade-mecum* de leurs généraux, qui n'entraient jamais en campagne sans en avoir un exemplaire dans leurs bagages. La Bibliothèque Impériale possède trois manuscrits de ce curieux monument de l'art militaire des anciens ; mais ils n'ont rien de bien remarquable, si ce n'est que l'un d'eux est tout entier de la main d'Ange Végèce, l'un des derniers calligraphes que la Grèce ait produits. François Ier l'avait fait venir à Paris, et, comme l'atteste la suscription, il y écrivit ce manuscrit sous Henri II, en 1549. On croit que la miniature et la vignette, en style grec, qui lui servent d'ornement, sont dues au pinceau de la fille de Végèce ; il contient, outre l'œuvre d'*Énée*, *la Tactique* d'Élien et *la Stratégique* d'Onosandre. Un des deux autres manuscrits paraît avoir été écrit vers le milieu du quinzième siècle ; il a appartenu à Colbert, et porte sur une page de garde une table des matières qu'il contient, tracée par le célèbre Ducange lui-même. La première édition qui ait été faite de l'abrégé d'Énée est d'Isaac Casaubon, qui la publia à Paris, en 1609, à la suite de son Polybe. La meilleure est celle que J.-C. Oreilli donna à Leipzig, en 1818 (in-8°), comme supplément au Polybe de Schweighæuser.

Hippolyte Thibaud.

ÉNERGIE. Par ce terme on exprime plus que la force ou la vigueur du corps et de l'âme ; on signale une ardeur impétueuse, une exaltation d'activité et de puissance, un effort violent, plus ou moins persévérant, et qui jaillit d'une source interne de sentiment et de vie (ἐνέργεια, du grec ἐν, dans, et ἔργον, action, travail).

Quelque égaux que soient par l'âge, le sexe, le tempérament, la nourriture, les exercices, ou l'habitude et l'éducation, plusieurs individus soumis aux mêmes circonstances, on ne les trouve point tous animés d'un pareil degré d'activité, de courage et d'énergie, quoiqu'ils paraissent également sains, forts et bien constitués. Il est probable, par l'exemple même des animaux nés d'une race généreuse, qu'un enfant procréé par ses père et mère dans toute la vigueur de l'âge, dans le feu des premières amours, sera doué d'un caractère plus énergique ou plus impétueux que ces descendants abâtardis, que ces avortons languissants d'une vieillesse énervée. L'exemple des mariages lacédémoniens, celui des enfants nés d'un amour furtif, violent, qui développent souvent une âme plus hasardeuse, une audace plus fière que les autres hommes (d'ailleurs ces bâtards n'ont rien à perdre, ils ont tout à gagner), ces exemples doivent servir de base à la véritable *mégalanthropogénésie*, en supposant qu'elle soit possible. Ainsi, le croisement des belles races, suivant Buffon et Vandermonde ennoblit les types. Ainsi, les Arabes, les Anglais, ont perfectionné leurs races de chevaux, comme on l'a tenté pareillement pour les chiens, les moutons, etc. Toutefois, cette ardeur native, ce déploiement vigoureux des formes, pourrait n'amener qu'un plus grand accroissement de l'appareil musculaire et de son activité contractile. En effet, on voit des individus acquérir une constitution athlétique, des membres robustes, développer des formes carrées, anguleuses, solides, une peau dure, velue, tous les attributs d'un Hercule. Des nourritures abondantes de chair, avec un exercice habituel du corps, fortifient surtout de telles complexions; mais pour l'ordinaire sous ces masses de chair et de sang l'âme, le sentiment, sont ensevelis dans la torpeur et l'apathie. Jamais ces hommes de force ne furent que de puissantes machines, mises en œuvre pour des travaux qui n'exigent qu'une vigueur toute matérielle.

Loin d'être, comme l'énergie physique, dans une sorte de proportion avec la puissance musculaire, l'*énergie morale* paraît bien plutôt tenir à la prépondérance d'action du système nerveux ou sensitif. On voit des tempéraments chétifs, maigres, doués cependant d'une activité infatigable; ils sont ardents, zélés à poursuivre une entreprise, remplis d'une volonté inébranlable, persévérante, préparée à tous les genres de sacrifices. Telles sont surtout les constitutions *bilieuses*, parce que d'ordinaire l'activité de l'appareil hépatique stimule le système sensitif, et l'exalte de ses passions. Le pouls chez ces individus est large ou rapide; la chaleur du corps paraît âcre ou fiévreuse; l'inquiétude, l'irascibilité, un sommeil interrompu, des actions brusques, emportées, décèlent un essor indomptable, une excitation profonde de l'appareil nerveux. Les passions ardentes, l'ambition, la colère, la haine vigoureuse, cette chaleureuse indignation d'une âme ulcérée par des outrages, dévorent le cœur, poussent tantôt à des résolutions magnanimes, tantôt à d'horribles attentats. Telle est pareillement cette sauvage énergie d'un barbare dont la vengeance s'exalte jusqu'à l'anthropophagie. Telle paraît être l'impétuosité d'un animal féroce qui, comme le tigre, porte la cruauté jusque dans ses amours; telle est surtout cette atrocité furibonde de plusieurs maniaques, de forcenés enthousiastes, qui ne connaissent plus rien au milieu de leur rage, soit par l'effet de l'exaltation mentale, soit par quelque exaspération inconnue dans leur système nerveux en état de spasme.

Indépendamment de l'énergie ou de l'apathie natives des individus, on ne peut méconnaître que certaines conditions ne soient capables de les accroître comme de les affaiblir. Le climat peut attribuer aux hommes plus ou moins d'énergie selon sa nature. Hippocrate signalait déjà dans les Européens plus de courage, d'industrie et d'activité, en général, que chez les Asiatiques. On remarque de tout temps plus d'énergie parmi les montagnards, habitant des lieux arides, exposés aux vents piquants qui stimulent la fibre, que parmi les peuples croupissant dans des bas-fonds, sous l'influence d'une température humide, tiède, relâchante. Les Athéniens avaient ainsi plus de vivacité et d'esprit que les Béotiens. Nous voyons en effet, partout le globe, que les nations vivant au milieu des montagnes, les Suisses, les Écossais, les Serviens, les Kurdes et les Druses du Liban, les Espagnols dans leurs *sierras*, etc., se garantissent avec énergie contre l'oppression, non-seulement par la disposition peu accessible des lieux, mais encore par un courage plus fier, plus indomptable. Les Suisses d'Uri, de Schwitz, d'Underwald, sont plus démocratiques et moins maniables que ceux des autres cantons. Combien les Albanais, les Transylvains, ont-ils résisté à la puissance formidable des Othomans! Mais les doux peuples des plaines où coule le Nil, l'Euphrate, le Gange et la Jumnah, ont été autant de fois asservis qu'il s'est présenté de conquérants. Enfin, dans le Nouveau-Monde, ce sont les populations des Andes qui ont résisté le plus longtemps aux armes espagnoles, comme la petite république de Tlascala s'est maintenue contre le vaste empire de Cusco et du Mexique.

La situation insulaire paraît encore favorable au développement des caractères énergiques. Les Anglais, les Écossais, les Japonais, les peuplades éparses des archipels malais, comme les insulaires de la Méditerranée, les Corses, les Hellènes, et en général les pirates, les flibustiers, tous les forbans et écumeurs de mers se réfugiant entre les écueils et les rochers battus par mille tempêtes, déploient une énergie bien autrement prononcée que celle des nations continentales de leur voisinage. Ils affrontent avec audace les flots qui les environnent. Il semble que l'isolement, qui réduit les individus à leurs uniques ressources, concentre en eux davantage la vigueur du caractère; il donne aussi une plus superbe opinion de son propre mérite et de sa valeur. Ainsi, les marins, toujours placés, par état, dans une situation périlleuse, aussi agitée que les vagues de l'Océan, sont d'ordinaire plus brusques, plus énergiques, que les tranquilles habitants de terre ferme. Il est constant aussi que le genre de nourriture influe également sur l'énergie. Les hommes vivant habituellement de chair, d'aliments très-restaurants, excitants, aromatisés, montrent plus de vigueur physique et d'activité que ces tristes anachorètes, ces sobres pythagoriciens, qui se contentent de racines, de fruits rafraîchissants, d'aliments purement végétaux, bien doux et bien fades. De même, les animaux carnivores sont autrement forts et courageux que les ruminants et d'autres timides herbivores. Les médecins qui ont voyagé dans le Levant observent que les maladies de langueur sont bien plus fréquentes en Turquie, comme dans l'Inde, partout où règne un écrasant despotisme, qu'ailleurs. Benjamin Rush et d'autres médecins ont remarqué, en revanche, que les sauvages Iroquois, Hurons, Chéroquis, et autres du nord de l'Amérique, qui jouissent de toute l'indépendance de la nature, n'étaient guère exposés qu'à des maladies aiguës, bilieuses, à des phlegmasies vives, etc. Il en doit être de même des autres individus libres comparés aux hommes les plus asservis et à la jeunesse indomptée, par rapport à la vieillesse, esclave de ses longues accoutumances.

Il faut donc convenir que la forme des gouvernements, de même que le genre d'éducation qui leur est approprié, contribue, avec la nature des religions, à comprimer ou exalter l'énergie des peuples qui y sont soumis. La religion de l'islamisme, avec le dogme de la fatalité, a poussé autrefois les musulmans au fanatisme; elle a rendu belliqueux et conquérants les Arabes et les Sarrasins, en les précipitant dans les entreprises les plus hasardeuses et les plus lointaines. Si les Turcs étaient encore exaltés par cette énergie féroce du prosélytisme, loin de tomber en décadence dans leur apathie d'aujourd'hui, sans croyance, sans ressort, ils seraient demeurés, comme dans leurs premiers siècles, la nation la plus redoutable de l'univers. Le christianisme, qui établit l'esprit d'humilité et de douceur comme la vertu la plus méritoire, semble contraire au développement de l'énergie dans la vie civile. Toutefois, en prêchant la soumission et l'obéissance, il prescrit cependant les plus austères vertus; leur pratique n'a point paru inférieure à celle du rigide stoïcisme. Ainsi, le jansénisme représente à quelques égards la morale d'Épictète et celle du Portique. Le calvinisme et le méthodisme revendiquent la sévérité et l'énergie dans les mœurs et les habitudes.

Il est facile de reconnaître combien le mode de gouvernement peut augmenter ou diminuer l'énergie dans une nation. Ces vieux Romains, que leur vigueur rendit maîtres de l'ancien monde, aussi fiers à la tribune et sous la toge que le glaive à la main, ne déchurent-ils pas aussitôt que pévirent chez eux les vertus et la liberté? Les Grecs, jadis la première nation de l'univers par leur génie, leurs arts, leur courage, que sont-ils devenus après avoir été asservis par les Romains? Qu'étaient-ils dans le Bas-Empire? Que sont encore les Fanariotes de Constantinople? Le sceptre de la puissance, de la valeur, passe tour à tour dans les mains des nations; tantôt on les voit étinceler d'audace avec l'indépendance, compagne ou plutôt mère de toute énergie; tantôt on les retrouve frappées d'apathie, endormies au sein du luxe et de la mollesse, oubliant leurs anciens triomphes : Sparte se transforme en Sybaris. Il y a même des nations éternellement vouées à la servitude : à la Chine, le *bambou*, depuis quatre mille ans, gouverne tout. Des lois, des coutumes inviolables enchaînent toutes les actions; l'écriture tient captif l'essor même de la pensée. Que serait aujourd'hui l'Europe si les peuples y vivaient encore attachés à la glèbe, comme en Russie, comme sous le servage féodal du moyen âge? Pourquoi les beaux-arts ou l'audace de l'intelligence ont-ils commencé à resplendir d'un vif éclat pendant les luttes sanglantes des Guelfes et des Gibelins en Italie? Pourquoi les secousses des États, les guerres de religion ou de politique et de liberté, tous ces fléaux qui lancent les âmes au milieu de ces tempêtes sociales, n'exciteraient-elles pas l'énergie, tandis qu'une oppression sourde et longue les étouffe dans le sein de la paix, de la tranquillité, du repos civil et domestique, les engourdit dans le bonheur même?

Qui voudrait atteindre le plus haut degré d'énergie dont sa constitution le rend susceptible devrait considérer : 1° qu'elle se déploie principalement dans le sexe masculin, dans l'âge de la complète croissance, dans le tempérament bilieux : 2° qu'il est convenable d'habiter un air sec et pur, vif et piquant, comme celui des montagnes, et plutôt froid que chaud; 3° que les exercices tels que la chasse, ou des actes de vigueur physique et morale, qu'une vie indépendante, une âme nourrie de sentiments élevés et généreux, entretiennent l'énergie; 4° que les aliments doivent être principalement tirés du règne animal; qu'il faut éviter les boissons abondantes ou ce qui humecte trop, repousser l'ivresse, les plaisirs qui amollissent le caractère; 5° qu'il faut préférer la solitude, l'isolement, ou même s'abstenir des agréments de la société, qui détendent et dissipent sur mille objets la sensibilité : celle-ci s'accumule, au contraire, comme dans l'obscurité la force visuelle s'accroît, et l'œil parvient à percer les ténèbres. Les sentiments se grossissent plus impétueux en se prodiguant moins. Ainsi, Démosthène se repliant sur lui-même dans la retraite, apportait ensuite à la tribune aux harangues sa foudroyante énergie; ainsi Mahomet s'inspira pendant quinze années au désert avant que d'enflammer les Arabes de son enthousiasme; 6° enfin, le plus important précepte est celui de la continence.

Par cet *impetum faciens* (ἐνορμον des Grecs), le génie s'exalte, la poésie s'enrichit de nobles sentiments ou se colore de brillantes images; tous les beaux-arts s'allument à ce flambeau de vie. Sans cette source d'énergie, on ne saurait espérer d'avoir *le diable au corps*. Aussi, sans l'amour tout se décolore : rien ne désenchante, ne refroidit tant l'imagination que cette effusion des plaisirs, et, comme on l'a dit, le bon goût tient aux bonnes mœurs. Minerve couvre de son égide sa poitrine contre les traits de l'amour, et le véritable amant des Muses, chaste comme elle, *Abstinuit Venere et vino*, selon le précepte d'Horace, pour conserver son génie.

Jusqu'ici, nous n'avons traité que des moyens d'accroître l'énergie. Si nous retracions son auguste empreinte, quel plus noble spectacle pourrions-nous déployer aux regards des lecteurs que celui de Caton d'Utique déchirant ses entrailles pour ne pas subir le joug d'un tyran, et l'exemple de tant de Romains illustres, enfantés par cette ville immortelle de l'énergie (Ῥώμη, *robur*)? *Facere et pati fortia, romanum est*, telle fut sa devise. Quel exemple que celui de Lacédémone! Combien s'étaient exaltés ces mâles sentiments, cette magnanimité si glorieuse pour la dignité de notre nature, si incompatible avec l'avilissement cupide et l'ignoble bassesse de nos siècles modernes! Il y a certes parmi nous quelques vertus encore, mais on ne les admire même plus. Nous nous piquons de valeur dans les combats; l'Europe et le monde connaissent celle du guerrier français : je le sais. On ne redoute point la mort : tant de suicides et de duels de notre temps le prouvent; cependant, combien peu d'hommes savent conserver dans la longue milice de la vie civile cette fierté de caractère, cette digne énergie, plus difficile peut-être à montrer dans la société, parmi les égards d'une fausse politesse, les honteux ménagements du monde, les soins vils de la fortune, qu'à exposer son sang dans le feu des batailles! Faut-il caresser indignement la main qui nous écrase, ou essuyer l'insolente hauteur d'un fripon en crédit, flagorner jusqu'à des valets en faveur...? Non, le temps est passé; mais il n'y a guère moins de lâcheté à insulter sans courage ce qui est sans défense, à vivre de mensonge, à se souiller des poisons de la calomnie. Quiconque vit esclave, soit des honneurs, soit du gain et des voluptés, soit de son amour-propre, ou se fait le servile instrument des passions; quiconque brave l'infamie pour le lucre, préfère quelque chose à sa liberté, à sa dignité d'homme, à la vérité, à la vertu, celui-là ne peut avoir de véritable énergie : il perd avec elle les hauts sentiments, et le génie qu'elle seule est capable d'allumer dans les grands cœurs. En vain on espérerait, sans énergie, de s'élancer à ces divins transports qui font les artistes, les écrivains illustres, les hommes sublimes; elle seule communique cette étincelle de vie qui immortalise les productions de la pensée.

Voilà la source sacrée de l'Hippocrène. C'est toujours au foyer éclatant de la valeur et de la gloire qu'ont resplendi les siècles les plus célèbres, chez les nations les plus généreuses de l'univers. C'est par l'avilissement des âmes, au contraire, c'est par la dégradation physique et morale que la lâcheté et la corruption étouffent tout génie. Ainsi s'éclipsent dans l'opprobre les nations comme les individus. En vain le cœur s'indigne en secret de ses chaînes; la liberté, la vertu étaient sa vie, la servitude et la corruption deviennent son tombeau. La femme elle-même, que sa faiblesse rend si bon juge de la vaillance, méprise l'être avili; elle adore en secret la mâle fierté, l'audace du caractère dans l'homme; elle ne succombe avec orgueil que sous un vainqueur généreux. Elle croirait se dégrader en s'abaissant à une âme lâche, incapable de devenir son appui, ses amours et sa gloire.

Le qualificatif *énergique* s'applique également à des substances, à des médicaments ou poisons, comme à tous les actes d'une puissance vive et poignante, pour ainsi parler; ainsi des organes, même faibles, peuvent obtenir un surcroît d'activité énergique au détriment d'autres fonctions. L'énergie de l'action cérébrale, par exemple, diminue celle de l'estomac ou d'autres parties. L'énergie vitale sera d'autant plus complète que toutes les facultés peuvent y concourir avec harmonie. Ce concert régulier de plusieurs actions se nomme aussi *synergie*.

L'*énergumène* est agité par une sorte d'énergie furibonde, ou d'exaltation voisine de l'enthousiasme.

J.-J. VIREY.

ÉNERGUMÈNE (du grec ἐνεργέω, agir, travailler, exercer une action, une influence quelconque). Dans le Nouveau Testament, ἐνεργέομαι a le même sens; il se prend pour faire effort. Tous deux sont synonymes de possédé, démoniaque. La croyance aux *énergumènes* est aussi ancienne que l'Église. Il en est question dans la vie de Jésus-Christ et dans celle des apôtres. Depuis, on a toujours fait des exorcismes sur les hommes, sur les choses; et encore aujourd'hui l'évêque dit au jeune clerc tonsuré, en lui présentant le livre des exorcismes · « Recevez et apprenez ce livre, et ayez le pouvoir d'imposer les mains aux *énergumènes*, soit baptisés, soit catéchumènes.

Energumène se dit figurément, dans le langage ordinaire, d'un homme qui se livre à des mouvements excessifs d'enthousiasme, de colère, de rage, qui parle et s'agite avec violence : *Quel ton d'énergumène! C'est un énergumène. Crier, s'agiter comme un énergumène.*

ÉNERVATION, ENERVÉ, ENERVEMENT. Ces noms trouvent leur étymologie dans la particule négative *é* ou *ex* et dans le substantif latin *nervus*, nerf; c'est-à-dire *défaut de force nerveuse*. C'est donc un résultat de l'affaiblissement, de la perte de la vigueur, ou d'une débilitation, d'un découragement qui mine profondément la puissance de la vie. La physiologie démontre en effet que l'appareil nerveux chez tous les animaux est le foyer essentiel de la vie, comme du sentiment et du mouvement; qu'il imprime la première impulsion à toute la trame de nos organes dès l'époque initiale de l'existence; qu'en lui seul gît le sanctuaire sacré de nos plus hautes facultés. Or, le système nerveux épuise principalement son énergie par trois sources. Ce sont : 1° l'abus des jouissances de Vénus, et surtout le vice solitaire, qu'on a qualifié du nom de détestable Circé de la jeunesse (*voyez* ONANISME); 2° les passions tristes et concentrées, telles qu'un amour malheureux ou non satisfait, une jalousie profonde et secrète, le dépit d'une ambition déçue ou le chagrin d'une perte de fortune et d'honneur, la nostalgie, etc.; 3° enfin, une série de travaux, soit intellectuels, soit physiques, sans repos ni une restauration suffisante. Parmi ces genres de fatigues, il convient de ranger aussi cette croissance trop rapide et trop considérable qui énerve singulièrement des jeunes gens minces et fluets à l'époque de leur puberté. Tels sont ces grands et maigres dégingandés, *quibus longa internodia crurum* ; ils manquent de vigueur, ils succombent au moindre choc physique ou moral, lors même qu'ils ignorent encore, dans leur innocence virginale, ces plaisirs ardents qui les consumeraient à la fleur de l'âge. Les jeunes vierges trop tôt pubères éprouvent souvent des syncopes spontanées dans leur menstruation; c'est alors que se préparent les germes de la phthisie, ou ces fièvres de consomption inaperçues qui moissonnent tant de beautés délicates à peines épanouies.

Tant que l'énervation, dans un corps jeune, n'est point accompagnée d'irritation fébrile, elle n'offre encore qu'un symptôme passager d'épuisement, mais réparable, en faisant cesser la cause des déperditions de forces, si cela se peut. Il n'en est point ainsi de l'énervement de la vieillesse, s'il résulte surtout de longues peines de cœur que rien ne saurait adoucir :

> Afferat ipse licet sacras Épidaurius herbas,
> Sanabit nulla vulnera cordis, ope.

Dans tous les états d'énervation qui conservent le trait acéré au fond de ces plaies de l'âme, il s'allume en effet une fièvre hectique presque insensible au pouls, tant elle agite peu les organes intérieurs. Telle personne en proie à l'énervation, dévoré d'un feu interne, comme Phèdre, amante d'Hippolyte, montre un visage pâle, des yeux abattus, des traits affaissés, des lèvres décolorées, un regard terne, une démarche languissante, une voix cassée et sourde; elle maigrit, elle se traîne pendant de longs jours. Son sommeil fiévreux, fatigué d'horreurs funèbres, l'agite sans cesse sur sa couche, en lui faisant désirer le jour; ni la fraîcheur ni l'astre du matin n'apportent le calme et le délassement dans ses membres harassés. D'ordinaire, l'énervé dissimule au médecin la cause secrète qui l'entraîne au tombeau, surtout si c'est une femme. On n'avoue pas ce qu'on regarde comme sa honte, ni le mystère de sa ruine, ni ses passions. Cependant, les système général des muscles reste sans force; les voies digestives se délabrent; il n'y a ni appétit ni facile élaboration des aliments; la peau devient aride, quoique lâche et ridée; on est tantôt constipé, tantôt tropre lâché; des frissons courent parfois irrégulièrement le long de l'épine du dos, puis on ressent des bouffées de chaleur qui montent vers la tête; la sensibilité, abattue, est vague, incertaine; un dégoût de la vie, indicible, inexplicable, rembrunit l'existence; le cœur est tantôt comprimé, *comme dans un étau*, selon l'expression des malades; tantôt il est assailli de palpitations qui semblent le crever. A tous ces symptômes se joignent des spasmes convulsifs, des resserrements à la gorge, à la région précordiale et aux hypochondres; on voudrait mourir, et on redoute horriblement le trépas, dans les noirs accès de l'hystérie chez les femmes ou de la mélancolie chez les hommes.

Le premier, le plus important précepte d'hygiène contre l'énervation, est donc celui de la continence. Le même effet produit chez l'homme par l'abus des jouissances se remarque également parmi les animaux, qui retombent, après la saison de leurs amours, dans un abattement excessifs. Le cerf y perd son pelage et son armure; les oiseaux déposent tout l'éclat de leur plumage par la mue; l'insecte même paye ces plaisirs de la perte de sa vie, comme tous les papillons et autres hexapodes à métamorphose. Jadis, il était défendu aux soldats, chez les Hébreux et d'autres peuples, d'approcher de leurs femmes en temps de guerre. Ainsi, les délices de Capoue causèrent la ruine de l'armée d'Annibal. Les anciens philosophes, observant combien les jouissances énervaient l'appareil cérébro-spinal, croyaient y voir une déperdition des facultés du cerveau : *stilla cerebri*. Y a-t-il quelque chose, en réalité, qui fane plus le cœur, qui blase plus la sensibilité, qui déprave et corrompe plus profondément le goût que ces jouissances débordées, que cet ignoble et révoltant abrutissement dans lequel plonge le libertinage ou la licence des mœurs? Également vils et lâches, aucun sentiment généreux, aucune pensée élevée ne germe dans ces fumiers de vice. Que ces êtres énervés se trouvent sur le champ de bataille en face d'ennemis remplis de cette sauvage énergie dont les vices n'ont point comprimé l'essor, vous les voyez tremblants, prosternés à genoux, accepter le joug le plus dur sans oser se plaindre. Le peuple le plus nombreux, le plus corrompu peut-être de toute la terre par les voluptés, le Chinois, n'a-t-il pas vu 40,000 Tatars mantchoux assujettir en peu de temps sa nation, composée de plus de 200 millions de têtes? Comment cet ancien Romain, ce vainqueur audacieux de tant de rois, à l'époque de sa simplicité austère, s'est-il ensuite transformé en humble esclave de Caligula, des méprisables affranchis de la cour corrompue de Messaline ou d'Héliogabale? Alors se sont levés les redoutables enfants du Nord, le Germain, vierge dans ses forêts. Ils ont dit : « Marchons! puisque le Romain s'énerve de luxe et de dépravation, il n'a plus de vaillance : qui manque de vertu n'est plus digne de l'empire du monde. » Chez les anciens eux-mêmes, l'impudicité et la débauche étaient des preuves de lâcheté qui excusaient du crime des grands attentats : *Cesoninus vitiis protectus est, tanquam illo fœdissimo cœtu passus muliebria*, dit Tacite (*Annal.*, lib. XI), et Suétone (*In Nerone*, c. 29).

L'énervement est donc bien manifestement un résultat de la *débauche*; mais il en est un autre tout opposé : c'est celui qu'amène l'excès des travaux intellectuels sur les autres fonctions de l'économie. Il est certain que la déperdition de la pensée enlève la puissance générative. Malheur à l'homme de lettres, au poëte, à l'artiste, comme au savant, qui s'abandonnent à l'abus des voluptés! ils y rompent les nerfs de leur génie, ils y épuisent leur sensibilité; la carrière du talent, comme celle de la guerre exige l'homme tout entier, et la vraie gloire est le partage des forts. Ainsi, en s'adonnant à la génération spirituelle, on conserve d'autant plus de génie intérieur (*ingenium*) qu'on en dépense moins par la voie corporelle. Newton mourut vierge, dit-on, ainsi que W. Pitt; et Kant haïssait les femmes. Aucun des plus grands hommes de l'antiquité ne fut très-adonné aux voluptés, suivant la remarque de Bacon de Vérulam; ils étaient comme énervés à cet égard, tandis que les brutes les plus lubriques, l'âne, le verrat, etc., sont aussi les plus stupides et les plus insensibles. D'autres exemples confirmeraient cette loi. Gentil Bernard n'était pas né sans talent. Mal prit à l'auteur de l'*Art d'aimer* de le mettre trop en pratique. Combien d'Hercules, ayant trop filé aux genoux de leurs Omphales, n'ont plus su porter et leur massue et la peau du lion! Il y a donc énervation des facultés spirituelles par l'abus des fonctions reproductives, comme énervation de ces dernières par les travaux excessifs du cerveau.

Le troisième genre d'énervement est la suite des grandes passions qui consument l'existence. Rien plus n'est capable d'épuiser le genre nerveux qu'une appétence perpétuellement prolongée d'amour, sans jamais être satisfaite, comme dans une passion malheureuse. Ainsi se consumait l'infortuné Orphée après la mort de son Eurydice; ainsi les chagrins éternels dessèchent les ossements jusqu'à la moelle, selon l'expression vulgaire; ainsi des enfants même, percés des traits profonds de la jalousie, en voyant leurs frères ou sœurs préférés, sentent s'allumer un feu secret qui les dévore au cœur. Ils deviennent sombres, solitaires, taciturnes; ils maigrissent, ils ont un sommeil inquiet, interrompu; ils perdent l'appétit; leur teint pâlit, perd cet éclat florissant du jeune âge; leurs joues creuses, leur regard fixe, incertain, envieux, à la moindre apparence d'une caresse qui n'est pas pour eux, décèle cette fatale amertume d'une âme déjà en proie à une affection rongeante. Nul jeu ne leur plaît, nulle friandise ne les flatte. Concentré dans sa douleur secrète, bientôt ce petit être tombe dans le marasme et dépérit mortellement si l'on n'en découvre pas la cause et si l'on n'éloigne pas promptement l'objet de son cruel déplaisir.

Que de ravages ces passions d'envie, de haine et d'ambition, déjà si retentissantes au cœur humain dès le berceau, doivent causer dans le reste de la vie! Quelles rages profondes couvent dans les âmes, lors même qu'elles n'osent point armer la main du poignard ou du poison homicide! Mais, pour être intimidées par la terreur de la justice humaine, ces âmes n'en sont pas moins transpercées de dépits cachés et déchirées de fureurs, à grand'peine refoulées au dedans. Combien de consciences bourrelées, combien de supplices intérieurs parmi ces grandes sociétés, où il faut contempler toutes les inégalités, toutes les injustices de la fortune et des rangs, supporter les affronts, les mépris d'un œil sec et avec le sourire sur les lèvres! Oh! qu'on ne s'étonne plus de voir terrassés de langueurs inconnues ces puissants de la terre que l'on croit environnés de délices! qu'on ne soit plus surpris de voir se flétrir une beauté à la fleur des années, devant ses rivales préférées! Qu'on sache pénétrer dans ces asiles mystérieux des cours, et l'on y surprendra le trait invisible qui perce le ministre, le favori d'un prince, même au faîte de la puissance. L'épée de Damoclès brille suspendue sur les têtes entourées du diadème: pour elles, tout aliment peut devenir suspect, tout plaisir une embuscade.

Lors même que les joies seraient exemptes de tout péril, leurs excès les plus ravissants, comme ceux de la mollesse, n'en sont que plus pernicieux: ils énervent bientôt les corps et les âmes. Rien ne consume ardemment les jours autant que les hautes fortunes. Jamais homme trop riche ne vécut longtemps: c'est pour la pauvreté que l'économie des années, comme celle des plaisirs, prolonge l'existence. Ainsi, la chaleur et l'abondance des engrais, sollicitant vivement la végétation, font rapidement fleurir et fructifier les plantes: elles avortent ou périssent par leur précocité hâtive. De même, l'homme dévore sa vie par cette avidité de jouissances anticipées: il s'éteint bientôt au milieu de sa carrière, tel qu'un flambeau trop ardent brûle vite sous le vent des passions.

Trop vivre en peu de jours, ou intensivement, trop sentir, trop jouir, trop penser, voilà donc la cause la plus universelle des énervements de tous genres. Il suit de là qu'une existence inerte, insensible, animale ou brute, que le sommeil, le repos, les nourritures restaurantes, tout ce qui engourdit et épaissit les sens, l'éloignement du monde, la campagne, etc., s'opposent aux énervations ou les guérissent. La civilisation, le luxe, la fortune, sont ainsi des sources épuisantes, qui dissolvent les sociétés humaines et les font périr, en présence des rangs infimes, devenus vigoureux et robustes dans des conditions de vie tout opposées.

J.-J. Virey.

ÉNERVÉS DE JUMIÉGES. *Voyez* Jumiéges.

ÉNÉSIDÈME ou ÆNÉSIDÈME, philosophe grec contemporain de Cicéron, qui vécut à Alexandrie et fut élève d'Héraclide, mais dont nous ne connaissons les ouvrages que par un fragment que Photius nous a conservé dans sa *Bibliothèque*; il était né à Cnosse, dans l'île de Crète; c'est à peu près tout ce que nous en savons. Il passe pour avoir fait une profonde étude des livres d'Héraclite, qu'il faut distinguer de l'Héraclide, qui fut son maître. Il prisait surtout la philosophie de Pyrrhon, en ce qu'elle enseignait qu'on ne savait rien de certain. Énésidème avait dédié ses livres à un célèbre Romain, Lucius Tubéron, l'académicien.

ENFANCE. C'est le premier âge de la vie, et, par malheur, c'en est aussi quelquefois le dernier. C'est que l'homme commence et finit par la faiblesse, et toute sa vie est empreinte de ce cachet de débilité. L'enfance est aussi l'âge de l'innocence; il devrait être celui du bonheur, mais le bonheur est un fruit de l'imagination des hommes. L'enfance jouit de la vie sans savoir que jamais elle ne lui aura été plus belle, plus propice, ou moins douloureuse. Mais du moins c'est l'âge des plaisirs sans trouble et des voluptés sans remords; c'est quelque chose de gagné sur les jours qui viendront ensuite. L'enfance, qui est un objet de soins, pourrait aussi être un objet d'études. C'est dans l'enfance que la philosophie peut surprendre le travail par lequel l'homme est façonné à l'intelligence. Le développement de la raison est là mieux aperçu que dans les théories métaphysiques. L'enfance explique l'homme, c'est-à-dire révèle la loi d'enseignement à laquelle il a été soumis. Aussi la religion la plus philosophique est celle qui a les plus tendres soins de l'enfance: je parle, on le voit, du christianisme. Le christianisme prend l'homme au berceau, et couvre de son aile ses premières années. Il a pour lui, dès le commencement, des bienfaits et des leçons; et cet âge de l'enfance lui est précieux par son innocence. Les anciens peuples ne connaissaient pas cette espèce de culte pour l'enfance. L'enfance était profanée, et souvent sacrifiée par eux. Les mœurs chrétiennes l'ont rendue sainte et pure. Sa faiblesse la protége dans la guerre comme dans la paix, et je ne sais quoi de sinistre s'attache à l'idée d'une iniquité commise envers elle.

La *durée de l'enfance* varie suivant la précocité de l'éducation. Il ne paraît pas profitable de la rendre trop courte. L'homme a besoin d'être longtemps enfant; il semblerait même qu'il a besoin de l'être toujours. Pourquoi se hâter de lui ôter le premier ornement de sa vie, la naïveté et la candeur? La jeunesse hâtive n'en est pas, d'ailleurs, plus mûre ou plus forte, et il y a quelque chose de trompeur dans cette abréviation des années que la nature semble avoir abandonnées à la liberté des jeux et du plaisir. Les phénomènes de l'enfance n'ont jamais eu de durée, et quoi qu'on fasse pour arriver à des succès de vanité, on ne fera pas un homme avant l'âge qui a été marqué pour la maturité de l'esprit comme pour le développement du corps.

Le mot *enfance* reçoit des significations métaphoriques; on dit l'*enfance des arts*, l'*enfance de la société*, l'*enfance de la civilisation*, etc. A ce mot se rattache toujours l'idée de faiblesse. LAURENTIE.

ENFANT. L'enfant, c'est l'homme qui entre dans la vie. Il y entre par les larmes. Il y marche ensuite avec faiblesse et timidité. Dans tout ce début, il a besoin de consolation et de secours, ou bien il ne naîtrait que pour mourir. Aussi un grand intérêt s'attache à cet âge, et la religion le protége comme la famille. Pour devenir un homme, l'enfant appelle les soins les plus tendres, et quelquefois les plus difficiles. Dès le berceau, il a besoin d'être réprimé, et cette répression doit pourtant avoir un caractère ingénieusement accommodé à sa débilité. Aussi ce soin est confié à une mère. Une mère est admirable pour venir au secours de cette faiblesse déjà rebelle. L'enfant sait de bonne heure apprécier les soins dont il est l'objet; il y répond par l'amour, et son premier rire est une expression de reconnaissance. Ainsi, deux natures se révèlent, une nature bonne et une nature mauvaise ou altérée. Tout le mystère de l'homme se découvre à son berceau.

On a fait beaucoup de systèmes sur l'*éducation de l'enfant*. L'inspiration d'une mère est plus ingénieuse que toutes les philosophies. Il faut lui laisser beaucoup de sa liberté. Mais que la raison paraisse toutefois dans ces soins de la maternité. C'est une éducation fort importante que celle de l'enfant : elle aura son influence sur toute la vie. Alors le caractère paraît déjà, et le caractère, c'est tout l'homme. Ne hâtez pas les premiers efforts de l'enfant vers l'étude, ou la science ou les beaux-arts. La précocité est funeste, même au génie. Surtout, n'ôtez pas à l'enfant l'ornement si aimable de l'ingénuité : laissez l'enfant dans son âge de candeur le plus longtemps possible. Faites que cette candeur soit aimable, et empêchez surtout qu'elle ne soit affectée. Par les soins d'une éducation maladroite, elle devient quelquefois de la m i n a u d e r i e; mais alors ce n'est plus de la *candeur* : la naïveté a fait place à l'imitation, et l'enfant n'a ni le charme de son âge ni la grâce d'un âge plus avancé. Il faut laisser à chaque âge sa vérité : c'est là son attrait. L'enfant ne doit pas être inculte : nul ne le pourrait souffrir. La grossièreté de l'enfant trahit l'incurie de la mère; et quand elle ne révèlerait que sa faiblesse, ce serait beaucoup trop encore. Que l'enfant soit dressé de bonne heure à la politesse; qu'il soit de même exercé aux vertus réelles, à la bonté surtout, qui est tout l'ornement de la vie.

L'enfant est admirablement disposé à recevoir toutes les impressions de bienveillance; mais il faut les lui inspirer. Autrement, le penchant de la nature vers le mal pourrait l'emporter. *Cet âge est sans pitié*, dit La Fontaine : c'est que peut-être il n'a pas tout le sentiment de la souffrance morale; l'éducation le lui donnera. Je parle de l'*éducation chrétienne*, car seule elle rend les hommes bienveillants. Toute autre éducation les rend égoïstes, et l'égoïsme, c'est le plus souvent l'insensibilité. C'est donc au christianisme qu'il faut confier l'enfant, à mesure que son indépendance paraît le soustraire à l'autorité de la famille. Le christianisme est l'ami de l'enfance. Le Sauveur disait : *Laissez venir à moi les petits enfants;* et la religion s'entoure d'eux à plaisir. Pour eux, elle change ses temples en écoles, et c'est peut-être un des signes les plus sinistres de notre époque que cette touchante transformation ne soit pas toujours tolérée.

On a fait l'*Histoire des Enfants célèbres :* j'aimerais mieux l'histoire des *enfants aimables*. La célébrité des enfants est trompeuse; rarement elle promet quelque chose à l'avenir : c'est que la gloire est autre chose que la vanité, et le génie échappe dès qu'il n'est plus mûri par le travail. Il y a des hommes chez qui le caractère de l'enfance se perpétue. On dit d'eux qu'ils sont *enfants :* on veut dire qu'ils sont légers ou imprévoyants; mais ce mot emporte à la fois une idée de bonté. On dit aussi que l'homme est toujours *enfant :* c'est que toujours il s'amuse à des jouets. Les jouets de l'homme, ce sont les honneurs : il les souhaite, et n'en est point satisfait. Il faudrait qu'il pût les changer à son gré. Le caprice, c'est toute la vie humaine, et l'enfance est l'emblème de cette mobilité. LAURENTIE.

L'enfant qui naît n'a ni vue, ni ouïe, ni pensée, ni parole; l'instinct seul dirige ses actions; et comme il n'est point d'animaux qui n'aient beaucoup plus d'instinct que lui, pas un d'eux au moment de la naissance ne paraît aussi stupide. C'est par instinct qu'il exprime au moyen de cris l'espèce de douleur que lui fait éprouver le contact d'un air plus froid et moins doux que les eaux de l'amnios d'où il sort; ces cris ensuite incitent les puissances respiratoires, épanouissent les poumons, soutiennent les rapides battements du cœur, alors imparfait, et déterminent l'excrétion du m é c o n i u m. C'est également par un instinct tout providentiel qu'il saisit le sein maternel; c'est par instinct que sa langue enroulée s'adapte au palais, et les lèvres au sein maternel, pour exercer la succion du lait : les fonctions respiratoires sont tout à fait étrangères à l'action de teter; c'est la langue seule qui effectue le vide dans la bouche, à la manière d'une machine pneumatique. S'asseyant d'abord quatre ou cinq fois par jour au banquet maternel, l'enfant dort, pleure et crie le reste du temps. Deux à quatre jours après la naissance, les yeux s'ouvrent à la lumière, et la première impression qu'ils en reçoivent a quelquefois suffi pour dévier l'axe visuel, pour rendre les yeux louches toute la vie. Vers deux mois, quelques sourires de reconnaissance sillonnent la jeune figure : c'est comme l'aurore de l'intelligence. De quatre à sept mois, quelquefois plus tôt, les premières dents incisives apparaissent, sorte d'avertissement que le lait maternel va bientôt cesser d'être un aliment suffisant. Vient ensuite le toucher : de six à dix mois, l'enfant promène ses petites mains sur tous les objets à la manière des aveugles; c'est un indice de curiosité, et le prélude du discernement : la mémoire et la curiosité sont contemporaines. Après avoir vu et touché les objets, l'enfant s'essaye à les dénommer et à les visiter l'un après l'autre. La marche et la parole sont à peu près simultanées; mais l'époque n'est pas la même pour chaque enfant. Les garçons sont plus précoces que les filles, même pour la parole. Vers un an, le pouls ne bat plus guère que 120 à 130 fois par minute; il était d'abord plus fréquent, la fréquence du pouls se proportionnant toujours à la faiblesse. C'est à cette époque où l'enfant observe, retient et copie, qu'il faut bien se garder de lui donner l'exemple de quelque défaut. L'imitation, dès le plus jeune âge, a de grandes conséquences pour les actions de toute la vie : un geste faux, un accent, des grimaces ou des tics, l'enfant imite tout ce qu'il observe. Voilà pourquoi Quintilien attachait tant d'importance au choix d'une nourrice et des premiers camarades. Que de gens fussent devenus des Grandisson s'ils n'eussent d'abord vécu avec des Blifil! Voulant être sobre de conseils, et confiant dans l'amour si intelligent des mères, lesquelles s'instruisent mutuellement à l'affectueux préceptorat du jeune âge, nous ne donnerons que le conseil que voici : *Point de sucre aux enfants*. Le sucre est si sapide qu'il désenchante de tout ce qui n'est pas lui. Il tarit la source de la salive, et congédie l'appétit : or, ce qu'on mange sans appétit ni salive est toujours mal digéré, mal assimilé, peu profitable. Dr Isid. BOURDON.

A peine l'enfant est-il venu au monde qu'il est déjà exposé à une foule de maladies différentes. « Ces maladies du premier âge de la vie, dit le docteur Guersant, ont été longtemps mal observées et mal connues. L'abandon et la négligence des médecins, il faut le dire, n'ont pas peu contribué à laisser cette partie importante de la médecine en arrière et sous l'empire des préjugés des matrones et des commères. La dentition, les vers, l'accroissement ont été pendant des siècles considérés comme les causes principales des maladies du premier âge, tandis que ces causes ne sont le plus souvent que très-secondaires ou simplement occasionnelles. Il est très-naturel cependant que les enfants, qui sont organisés à la manière des adultes, soient exposés aux mêmes influences physiques, et qu'étant encore beaucoup plus impressionnables et plus faibles, ils soient sujets aux mêmes maladies. Celles du premier âge ont peut-être, sous plusieurs rapports, beaucoup plus d'analogie avec les maladies de la vieillesse qu'avec celles de l'âge adulte. Le jeune enfant semble toutefois très-différent d'abord du vieillard sous le point de vue physiologique : dans l'un, tous les organes sont flexibles, mobiles, et tendent au développement; dans l'autre, il y a au contraire sécheresse, rigidité, difficulté à se mouvoir, et tous les organes tendent à se rétracter. Chez l'enfant il y a un afflux abondant de sensations et de mouvements de relations, tandisque chez le second toutes les excitations s'affaiblissent et les rapports de relations diminuent. L'enfant commence et s'essaye à vivre; le vieillard s'éteint et meurt par degrés. Néanmoins, malgré ces grandes différences, les maladies des extrêmes de la vie présentent plusieurs points remarquables de ressemblance. La faiblesse, qui est le caractère distinctif de la vieillesse et de l'enfance, quoique dépendante de causes différentes, imprime à leurs maladies des formes communes et une marche analogue. Ainsi la prédominance de l'activité du cerveau chez les enfants et l'affaiblissement de ce foyer d'excitation chez les vieillards amènent des résultats à peu près semblables; les maladies de l'encéphale sont plus communes chez les uns et les autres que dans l'âge adulte, et presque toutes les affections graves dans l'enfance et la vieillesse commencent par des symptômes cérébraux, qui masquent bien souvent d'abord les lésions principales. La délicatesse des organes chez les enfants, leur affaiblissement chez les vieillards, impriment à la marche de leurs maladies un caractère commun, tantôt une terminaison prompte et souvent funeste, tantôt, au contraire, une marche longue et chronique; sous cette dernière forme l'amaigrissement est alors chez tous deux porté au dernier degré, et les traits de la face s'altèrent de la même manière : les enfants ressemblent à de petits vieillards, et rappellent les figures de leurs grands parents : mais la grande différence qui existe toutefois entre les maladies graves des enfants et celles des vieillards, c'est que si les uns et les autres tombent souvent rapidement dans une grande prostration de forces, les premiers se relèvent beaucoup plus souvent et beaucoup plus rapidement que les autres, parce que les organes de l'enfant, étant seulement médiocrement épuisés, peuvent facilement réagir, au lieu que chez le vieillard la sensibilité des organes est tarie, et n'est plus qu'à peine susceptible de réaction. »

Les premières maladies qui se présentent chez les nouveaux-nés sont ordinairement celles des organes de la digestion, la jaunisse, les coliques spasmodiques de l'estomac et des intestins, les inflammations gastro-intestinales, la diarrhée, et surtout l'entérite. Après les maladies du tube digestif, les plus communes chez les enfants du premier âge sont les inflammations de la bouche (aphthes, muguet), du larynx et des bronches (rhumes et catarrhes des bronches, pleurésies, pleuropneumonies), du pharynx et des amigdales (inflammations couenneuses). Ces dernières, qui précèdent en général le croup, sont d'ordinaire plus rares chez les très-jeunes enfants que dans le second âge de la vie, mais cependant se rencontrent quelquefois.

Plus tard viennent la fièvre cérébrale, les convulsions et toutes les maladies du système nerveux, souvent suivis de strabisme, de hernies inguinales, etc. Les maladies cutanées subaiguës ou chroniques, comme les éxéma, les impetigo, les lichen, les herpès, les psoriasis, etc., sont très-communes chez les enfants, même en bas âge. Plusieurs de ces maladies, d'ailleurs, sont souvent héréditaires. Quant à la rougeole et à la scarlatine, la plupart des enfants en sont atteints.

C'est dans l'intervalle qui se passe entre le commencement de la seconde dentition et l'âge de la puberté que l'enfant est le plus exposé à certaines maladies fâcheuses, qu'on ne rencontre pas aussi fréquemment dans les autres âges de la vie, particulièrement aux affections tuberculeuses (*voyez* PHTHISIE, SCROFULES) et au rachitisme. C'est aussi dans cette période, et surtout à l'approche de la puberté, que les enfants contractent souvent certaines mauvaises habitudes, contre lesquelles doit se tenir en garde la surveillance paternelle (*voyez* ONANISME).

Nous n'avons pas parlé du bec-de-lièvre, de l'hydrocéphale, etc., qui constituent plutôt des difformités que des maladies. Elles sont souvent congéniales, et il faudrait faire une longue énumération si nous devions citer toutes les affections de cette nature résultant de la mauvaise constitution du père ou de la mère (syphilis, etc.) Quant à la petite vérole, qui sévit, il est vrai, beaucoup plus fréquemment sur les enfants que sur les adultes, elle devient de plus en plus rare, grâce à la propagation de la vaccine.

ENFANT (*Droit*), du latin *infans*, celui qui ne parle pas. On comprend sous cette dénomination commune le fils et la fille, quel que soit leur âge, par rapport au père et à la mère. Par extension on donne le même nom à tous les descendants d'une même souche. Leur filiation est établie par l'acte contenant la déclaration de leur naissance.

L'enfant qui n'est que *conçu* est censé *né* toutes les fois qu'il s'agit de ses intérêts. Ainsi on lui conserve les successions qui peuvent s'ouvrir à son profit; il peut recevoir par donation entre vifs ou par testament; mais comme il est incertain s'il naîtra vivant ou viable, et que la mère qui n'est point encore tutrice ne peut gérer, on lui nomme un agent chargé de veiller à la conservation de ses biens et de ses droits éventuels, que l'on appelle *curateur au ventre*.

On distingue les enfants *légitimes*, les enfants *naturels* et les enfants *adoptifs*.

Les enfants légitimes sont ceux qui ont été procréés dans le mariage. On considère comme enfants légitimes ceux qui sont issus de deux individus qui sont morts après avoir vécu publiquement comme mari et femme, quoique l'acte de la célébration de leur mariage ne soit pas représenté; lorsque la légitimité des enfants est prouvée par une possession d'état non contredite par leur acte de naissance. L'enfant reste sous l'autorité de ses père et mère jusqu'à sa majorité ou son émancipation. A tout âge il leur doit honneur et respect. De leur côté, les parents contractent par le mariage l'obligation de nourrir, d'entretenir et d'élever leurs enfants. Il y a du reste obligation réciproque de la part des enfants et des père et mère de se fournir des aliments dans le besoin. Ils peuvent être admis au conseil de famille qui doit prononcer sur l'interdiction de leurs parents; mais ils n'y ont pas voix délibérative; ils ne peuvent être admis à témoigner en justice pour ou contre eux. Ils succèdent à leurs père et mère et autres ascendants, sans distinction de sexe et de primogéniture, et encore qu'ils soient nés de mariages différents; par égales portions et par tête, quand ils sont tous au premier degré et appelés de leur chef; et par souche, lorsqu'ils viennent par représentation. La seule cause d'inégalité qui puisse être admise résulte de l'attribution que peut faire le père ou la mère en faveur de l'un des enfants de la quotité disponible; mais aucune disposition ne peut réduire la *légitime*, plus connue aujourd'hui sous le nom de *réserve légale*, que la loi a assurée à tous les enfants sur les biens de leurs parents.

Ils ne peuvent se marier sans le consentement de leurs parents; cependant lorsqu'ils ont atteint un certain âge ils peuvent, à l'aide de quelques formalités, se dispenser de l'obtenir.

L'enfant légitime occupe le premier rang dans l'ordre social, parce qu'il appartient par sa naissance à la seule union qui soit avouée par la loi, et il est légitime par cela seul qu'il est né pendant le mariage. Cependant cette présomption légale n'est pas tellement irrévocable qu'elle ne puisse céder devant des preuves contraires; mais la loi a entouré de conditions très-rigoureuses l'action en désaveu de **paternité**. Des enfants nés hors mariage peuvent devenir par la suite enfants légitimes; c'est lorsque leurs parents s'unissent par un mariage subséquent.

L'enfant naturel proprement dit est celui qui est né hors mariage de personnes libres.

La **légitimation**, la reconnaissance volontaire ou forcée sont autant de moyens institués en faveur de l'enfant naturel pour racheter ou atténuer le désavantage de son origine.

Sous l'ancienne jurisprudence, la mère d'un enfant naturel était autorisée à prouver quel en était le père. Le scandale de pareils débats et l'incertitude des décisions judiciaires avaient fait sentir le besoin de réformer la législation sur ce point. Le Code Napoléon a pris soin de le faire. Déjà la réforme avait été commencée par la loi du 12 brumaire an II. Aujourd'hui il est de principe que la recherche de la paternité hors le mariage est interdite; la reconnaissance du père, excepté dans quelques cas rares, le rapt et le viol, ne peut être que volontaire, et la recherche de la **maternité** est seule permise.

La reconnaissance d'un enfant naturel peut avoir lieu de deux manières.

On peut se présenter devant l'officier de l'état civil, qui insère la déclaration dans l'acte de naissance de l'enfant. On peut aussi faire plus tard la reconnaissance par un acte authentique et spécial, sans que l'intervention et le consentement de l'enfant naturel soient nécessaires. L'acte de reconnaissance doit être inscrit sur les registres de l'état civil à sa date, et il en est fait mention en marge de l'acte de naissance, s'il en existe un. La reconnaissance contenue dans un testament olographe est régulière et valable. Pour qu'un enfant puisse être reconnu, il n'est pas nécessaire qu'il soit né, il suffit qu'il soit conçu. La reconnaissance du père, sans l'indication de l'aveu de la mère, n'a d'effet qu'à l'égard du père. Celle qui serait faite pendant le mariage par l'un des époux au profit d'un enfant naturel qu'il aurait eu avant son mariage d'un autre que de son conjoint, ne pourrait nuire ni à celui-ci ni aux enfants nés de ce mariage. Néanmoins, elle produirait son effet après la dissolution de ce mariage, s'il n'en restait pas d'enfants.

La reconnaissance volontaire ou forcée produit divers effets quant à la personne et quant aux biens de l'enfant naturel. Il acquiert le droit de porter le nom de son père, si ce dernier l'a reconnu, et celui de sa mère dans le cas où il ne l'a pas fait; il suit sous le rapport de la nationalité la condition de celui qui l'a reconnu.

La **puissance paternelle** s'exerce à certains égards sur lui comme sur les enfants légitimes durant sa minorité. Tant qu'il est en bas âge, la mère doit toutefois obtenir la préférence. Ses père et mère ont le droit de mettre obstacle à son mariage, en refusant d'y consentir, et ils peuvent dans certains cas requérir la détention correctionnelle. Cette puissance ne s'étend pas sur les biens de l'enfant; ses père et mère n'ont pas l'usufruit légal de ce qui lui appartient jusqu'à l'âge de dix-huit ans. Les liens qui unissent l'enfant naturel à ses père et mère leur imposent des obligations réciproques. Ainsi ils sont tenus de lui fournir dans le besoin des secours et des **aliments**.

Lorsqu'ils ont été reconnus, bien qu'ils ne soient pas héritiers, la loi accorde aux enfants naturels certains droits sur les biens de leurs père et mère décédés. Du reste, ils n'ont aucun droit sur les biens des parents de leurs père et mère, avec lesquels ils n'ont aucune relation de parenté civile. Leurs droits s'exercent ainsi qu'il suit: ils prennent la totalité des biens composant l'hérédité de leurs père et mère, lorsque ceux-ci ne laissent point de parents au degré successible, c'est-à-dire au douzième degré. Si le père ou la mère a laissé des descendants légitimes, le droit de l'enfant naturel est d'un tiers de la portion héréditaire qu'il aurait eue s'il eût été légitime; il est de la moitié lorsque le père ou la mère ne laissent pas de descendants, mais bien des ascendants ou des frères et sœurs; il est des trois quarts lorsque les père et mère ne laissent ni descendants ni ascendants, ni frères ni sœurs, ni descendants de frères et de sœurs. Il faut décider que l'enfant naturel a droit, comme l'enfant légitime, à une réserve légale; seulement elle est beaucoup plus restreinte, et l'on peut dire qu'elle forme à la fois pour le père ou la mère disposant et la réserve légale et la quotité disponible, car il leur est interdit de lui attribuer, sous aucun prétexte, par donation entre vifs ou par acte testamentaire, directement ou indirectement, une part plus forte que celle qui lui est assignée.

Cette part si restreinte peut encore être réduite par leurs père et mère à la moitié seulement de ce qui leur est attribué par la loi. Mais il faut que l'enfant ait reçu du vivant de son père ou de sa mère ce qui lui est attribué pour tenir lieu de ses droits dans la succession future, et qu'il y ait déclaration expresse de la part des parents, que leur intention est de réduire l'enfant naturel à la portion qui lui est assignée. Si cette portion était inférieure à la moitié de ce qui devrait revenir à l'enfant naturel, il ne pourrait réclamer que le supplément nécessaire pour parfaire cette moitié. Les enfants naturels n'ont point la **saisine**, la loi leur impose la nécessité de se faire envoyer en possession par justice.

Réciproquement la succession de l'enfant naturel décédé sans postérité est dévolue au père ou à la mère qui l'a reconnu ou par moitié à tous les deux, s'il a été reconnu par l'un et par l'autre. En cas de prédécès des père et mère de l'enfant naturel, les biens qu'il en avait reçus passent aux frères et sœurs légitimes; tous les autres biens passent aux frères et sœurs naturels et à leurs descendants.

L'enfant adoptif est celui au profit duquel un étranger fait dans les formes déterminées par la loi une déclaration d'**adoption**.

On appelle *germains* les enfants nés du même père et de la même mère, *consanguins* ceux qui sont nés seulement d'un même père, *utérins* ceux qui sont nés d'une même mère.

L'enfant *adultérin* est celui qui est né du commerce de deux personnes, dont l'une ou l'autre ou toutes les deux étaient mariées à un tiers. Est *incestueux* l'enfant né de personnes parentes entre elles au degré prohibé. Les enfants dont la naissance est entachée de ces vices ne peuvent être ni reconnus par leurs père et mère, ni être légitimés par mariage subséquent, ni être admis à la recherche soit de la paternité, soit de la maternité. Non-seulement ils ne sont pas admis à recueillir la succession de leurs auteurs, quand ils sont connus, mais encore ils ne peuvent, soit par eux-mêmes, soit sous le nom de personnes interposées, rien en recevoir à titre de donation ou de testament, si ce n'est à titre de simples aliments. Les aliments sont réglés eu égard aux facultés du père et de la mère et à la qualité des héritiers légitimes. Lorsque le père et la mère de l'enfant adultérin et incestueux lui ont fait apprendre un art mécanique ou lorsque l'un d'eux lui a assuré des aliments de son vivant, l'enfant ne peut élever aucune réclamation contre leur succession. De même les parents de l'enfant adultérin ou incestueux n'ont aucun droit à sa succession, qui est dévolue aux enfants légitimes ou naturels, et à leur défaut au conjoint, ou à l'État.

ENFANTIN (BARTHÉLEMY-PROSPER), l'un des fondateurs du **Saint-Simonisme**, acclamé plus tard par les adeptes de cette nouvelle religion chef ou pape, sous la dénomination de *Père suprême*, est né à Paris, le 8 février 1796. Son père, originaire de Romans, en Dauphiné, avait été, à l'époque du Directoire et sous le Consulat, l'un des chefs d'une maison de banque connue sous la raison sociale *Enfantin frères*, laquelle, victime, à ce qu'on nous dit, des rancunes du pouvoir d'alors, dut se mettre en liquidation dès les premiers temps de l'Empire. Quoi qu'il en ait été, le banquier ruiné par le despotisme impérial n'en laissa pas moins à sa famille, hâtons-nous de le dire, des débris de fortune qui dans toute autre sphère sociale eussent constitué une véritable opulence. Le jeune Enfantin, à qui le gouvernement, avec son discernement habituel, avait accordé dès 1807 une place gratuite dans un lycée, se fit admettre à l'École Polytechnique vers la fin de 1813, c'est-à-dire à une époque où la pénurie de sujets en état de se présenter aux examens d'admission rendait les épreuves autrement faciles qu'aujourd'hui. Il avait calculé avec beaucoup de justesse que c'était à cette époque le moyen le plus prompt d'arriver à l'épaulette, et que quelques mois plus tard l'inexorable conscription le transformerait, malgré qu'il en eût et probablement pour longtemps, en simple *pousse-caillou*, comme le vulgaire a l'impolitesse d'appeler les apprentis maréchaux de France. C'est de la sorte que dans la journée du 30 mars 1814 il lui fut donné, ainsi qu'à ses deux cents condisciples, artilleurs encore bien inexpérimentés, de pointer des hauteurs de Montmartre ou de Saint-Chaumont quelques-unes des dernières volées de mitraille que des batteries françaises aient envoyées aux bandes de la coalition arrivées victorieuses sous les murs de la capitale, qui le lendemain leur ouvrit ses portes aux cris de *A bas le tyran! Vivent les ennemis!*

Le rétablissement du trône des Bourbons révéla à Prosper Enfantin sa vocation véritable. Il n'était pas plus né pour la vie des camps que pour la vie de garnison. Il renonça donc de grand cœur à la carrière dans laquelle il était entré six mois auparavant et qui l'eût condamné à deux années d'études et de casernement de plus. Dès la fin de cette même année 1814, on le voit donc placé en qualité de commis dans une grande maison de commerce de vins à Romans, où s'était retirée sa famille. L'année suivante, cette même maison l'élevait aux fonctions de *voyageur;* et pendant cinq années il parcourut l'Allemagne, la Belgique et la Hollande, offrant partout à la consommation extérieure des échantillons de nos meilleurs crûs du Rhône, et s'acquittant de sa mission avec une habileté, une intelligence, qui ne pouvaient manquer de le signaler d'une manière toute particulière à l'estime et à la confiance des négociants étrangers avec lesquels il avait des rapports. Aussi entra-t-il en 1821 en qualité de commis intéressé dans une maison de banque et de commission récemment établie à Saint-Pétersbourg. Deux ans après, en 1823, il revint se fixer à Paris, avec le dessein de s'y occuper plus que jamais d'affaires commerciales, de liquidations, etc. C'était encore le bon temps des sociétés secrètes, l'époque florissante de la Charbonnerie : notre futur réformateur s'y fit affilier, et réussit bientôt à jouir dans les *ventes* d'une grande considération, grâce à son titre d'élève *démissionnaire* de l'*école*, grâce surtout aux souvenirs du 30 mars 1814 habilement invoqués par ses amis et au besoin par lui-même. Plus tard, il parvint à quelque chose de plus positif et de plus solide, et obtint la très-productive place de caissier de la *Caisse hypothécaire*, fonctions qui n'absorbaient qu'une minime partie de son temps et qui le laissaient libre de continuer à faire du courtage et de la commission.

Le courtage et un peu aussi les conspirations mirent Enfantin en rapport avec un juif portugais appelé Olindes Rodrigues, qu'il avait autrefois connu *pion* au lycée Napoléon, et qui, lui aussi, s'était lancé dans les affaires et était même parvenu à se faire sur la place de Paris une assez belle clientèle comme courtier-marron. Ce Rodrigues était l'un des quelques songe-creux qui de temps à autre allaient ouïr curieusement les divagations économiques, morales et politiques du comte de Saint-Simon. Il introduisit son ancien élève dans le grenier où ce vieux gentilhomme ruiné s'amusait à poser en réformateur de l'humanité et en prophète de l'avenir aux yeux éblouis d'une demi-douzaine de jeunes bourgeois pétris de vanité et suffoquant d'ambition, qui dans cette comédie de paravents prenaient modestement avec lui le titre de *représentants des générations nouvelles*. Ce qui charmait surtout l'auditoire, c'était d'entendre un homme porteur d'un des grands noms de l'ancienne monarchie, mais depuis longtemps exclu par le scandale de sa conduite privée des hautes sphères où l'appelait sa naissance, prédire avec l'exaltation de la haine l'infaillible triomphe des classes moyennes et industrielles sur les insolentes prétentions qu'essayaient de faire prévaloir en ce moment même les derniers débris de l'ordre de choses à jamais anéanti par la révolution émancipatrice de 1789.

De complaisants biographes ont grand soin de nous apprendre que de tous les disciples de Saint-Simon, Olindes Rodrigues et Enfantin furent les seuls qui, en 1825, eurent l'insigne honneur d'assister à l'agonie de leur maître, de recueillir ses dernières paroles et de lui fermer les yeux. Quelques jours avant sa mort, Saint-Simon avait fait paraître le prospectus-spécimen ou, si l'on veut, le premier numéro d'un nouveau recueil de sa façon, intitulé *le Producteur*, à l'aide duquel il se proposait de vulgariser et d'élucider s'il était possible, les idées baroques, les contradictions, les excentricités que déjà il avait développées une première fois dans son *Nouveau Christianisme*. Ses disciples *bien aimés* tinrent à honneur de continuer l'œuvre du maître; et *le Producteur*, en dépit de l'inattention et de l'indifférence du public, parut plus ou moins régulièrement jusqu'à la fin de 1826.

Les curieux qui s'avisent de feuilleter les deux volumes que forme la collection (aujourd'hui fort rare) du *Producteur*, y reconnaissent facilement, à la facture générale des articles et surtout au style tout à la fois emphatique et mystique, quoiqu'il ne s'agisse que des questions les plus matérielles, des écrivains évidemment encore bien jeunes, ou plutôt bien novices, qui se sont grisés d'une idée que déjà ils regardent moins comme leur propriété commune que comme un héritage dont ils doivent compte à leurs semblables, et qui sont convaincus qu'avec cette idée ils vont renouveler dans un avenir très-prochain la face du monde. L'importance toujours plus grande du rôle de l'industrie; la prééminence que le travail doit avoir sur tous les autres éléments sociaux; la nécessité pour les gouvernements de faciliter et d'assurer de plus en plus ses libres développements, source infaillible de prospérité pour les masses; tel est le point de départ des enseignements de la nouvelle école. Tout cela sans doute était vieux comme l'économie politique, qui avait déjà alors quelque soixante-dix ans; mais la forme en était rajeunie, grâce à une phraséologie nouvelle, empruntant ses termes et ses formules indistinctement aux sciences exactes ou naturelles et à la littérature ascétique; bizarre mélange du positivisme le plus repoussant, le plus sordide, et du spiritualisme le plus romantique. D'ailleurs, les adeptes ne tardèrent point à prendre un ton fatidique et à s'encenser les uns les autres avec le plus imperturbable sang-froid, suppléant aux sympathies publiques par une admiration réciproque portée à sa dernière puissance. Ils vantaient incessamment et sur tous les tons les incomparables bienfaits de l'association, et, joignant l'exemple au précepte, ils avaient commencé par organiser une véritable société d'assurances mutuelles sur les profits de la célébrité; société dont les révolutions elles-mêmes n'ont pu provoquer la déconfiture, et qui aujourd'hui encore distribue de fort beaux dividendes à ses premiers actionnaires. Rien n'y fit cependant, et un beau jour *le Producteur* mourut faute de lecteurs, car ce n'était pas l'argent qui avait manqué. Quelques banquiers, notamment Laffitte, en avaient fourni bien au-delà de ce qu'exigeaient les besoins très-restreints d'une publication d'abord mensuelle, puis, sur la fin, hebdomadaire, mais toujours peu volumineuse. « Ils n'avaient vu, » nous apprend un biographe, M. Laurent (de l'Ardèche), ancien cardinal de l'Église saint-simonienne, « ils n'avaient vu dans *le Producteur* que l'organe de l'industrialisme, ou l'application du libéralisme à l'ordre matériel. Quelques-uns, et Armand Carrel était de ce nombre, pensaient que c'était une nouvelle manière d'attaquer la vieille aristocratie et le système politique dont le renversement avait été poursuivi en vain par les sociétés secrètes. Nul d'entre eux ne soupçonnait qu'il y eût là derrière un nouveau dogmatisme, une doctrine générale tout entière. Dès qu'ils s'en aperçurent, ils se retirèrent à la hâte, criant avec Benjamin Constant : *A la théocratie! Aux prêtres de Thèbes et de Memphis !* »

Certes, cet effroi instinctif, cette répulsion profonde inspirés au parti libéral et vraiment progressif par les apôtres de l'industrialisme érigé en religion, en culte, lui font le plus grand honneur. Ses meneurs avaient pressenti, dès la fin de 1826, dans les vaniteux sophistes parvenus à constituer une coterie avec laquelle il fallait déjà compter, les insolents réformateurs qui quatre ans plus tard devaient oser se donner pour des envoyés de Dieu, pour autant de Moïse ou de Samuel chargés par lui de diriger l'humanité dans des voies nouvelles, et de substituer la parole de leur maître, d'un autre homme-dieu, de Saint-Simon, à celle de Jésus-Christ, dont la religion, disaient-ils, avait définitivement fait son temps.

Il fallait une révolution politique, avec la confusion extrême et le désordre général que de tels événements provoquent toujours dans les intelligences, pour que ces réformateurs prêchant l'abolition de tous les devoirs, pour que ces naïfs adorateurs du *veau d'or* sous les noms d'*industrie* et de *production*, pussent librement étaler au grand jour les monstrueuses aberrations de leur orgueil, et rêver la constitution d'une société nouvelle dans laquelle ils se réservaient le rôle de pasteurs suprêmes des hommes, de dispensateurs de tous les biens de ce monde, de régulateurs absolus des nations modernes, sans pouvoir invoquer d'autre titre que l'impudeur avec laquelle ils essayaient de réhabiliter et même de sanctifier des idées frappées jusqu'alors de réprobation par tous les systèmes religieux et philosophiques, comme faisant déchoir l'homme de sa grandeur originelle, comme le ravalant jusqu'à l'état de la brute, comme destructives de toute société. La révolution de 1830 avait été, dans ses origines, un mouvement de réaction, de protestation, contre les tendances d'un pouvoir essentiellement hostile au principe de liberté, et peut-être plus encore contre les envahissements de l'esprit sacerdotal affichant la prétention de soumettre l'État à l'Église, de faire du clergé non pas seulement un corps politique, mais le premier ou plutôt le seul corps politique de la France. A cet intolérable abus de la puissance du dogme et de l'idée religieuse on avait d'abord instinctivement opposé dans les masses l'arme empoisonnée du voltairianisme, pour arriver bientôt, les uns au rationalisme philosophique, les autres à la négation absolue, le plus grand nombre à l'indifférence. C'était là un état des esprits éminemment favorable aux entreprises qui pouvaient être tentées pour asservir les intelligences à des idées nouvelles, bonnes ou mauvaises. Il y avait partout alors répulsion profonde pour le passé, pour les institutions ou les principes qui pouvaient le rappeler; besoin vague et mal compris de transformation, de rénovation. En dépit d'une législation qui prohibait de pareilles réunions, les disciples de Saint-Simon, réduits à ne pouvoir plus se mettre en rapport avec le public par le moyen de leur journal, n'en continuèrent pas moins ce qu'ils appelaient déjà leur *apostolat*, au moyen de conférences particulières auxquelles la curiosité d'abord, la nouveauté du spectacle, l'étrangeté des idées émises, l'imperturbable aplomb des prédicants, les horizons inconnus mais radieux qu'ils faisaient entrevoir, attirèrent un grand nombre d'auditeurs, plus généralement recrutés dans la jeunesse des écoles. A ce moment, nous dit-on, M. Enfantin, pour se consacrer exclusivement à sa mission *humanitaire*, renonça, à la lucrative position qu'il occupait à la Caisse hypothécaire; acte de désintéressement et de dévouement qu'on a soin de faire sonner bien haut, mais que nous admirerions davantage encore si on nous édifiait complétement sur la part de sacrifices supportés par chacun des membres du collége saint-simonien dans les dépenses, déjà très-considérables, occasionnées par les conférences de la rue Monsiguy, par les bals et les fêtes dont elles étaient le prétexte. En fait de rénovations sociales, de progrès, etc., nous sommes de ces sceptiques qui demandent à voir la *carte à payer*, de ces indiscrets qui veulent savoir quels sont ceux qui en définitive se chargent de la solder.

En 1827, nous dit le biographe que nous avons déjà cité, l'école tout entière ne se composait encore que de six individus : Rodrigues, Enfantin, Bazard, Buchez, Rouen aîné et Laurent (de l'ardèche). C'était bien peu sans doute, car six défections avaient été déterminées par cette terrible accusation : Aux prêtres de Thèbes et de Memphis ! A la théocratie ! Mais enfin il y avait là le noyau tout élaboré d'une coterie qui s'était fait sa place au soleil. Elle ouvrait avec empressement ses rangs à tous les aventuriers de la pensée, à tous les génies incompris, laissés en dehors du mouvement directeur des idées par une presse monopolisée au très-grand profit de quelques autres coteries, plus nombreuses sans doute, mais moins puissantes peut-être sous le rapport de l'unité de volonté et de l'effectif réel de capacités, et qui n'en étaient pas moins parvenues depuis longtemps à dominer le pouvoir et à exploiter fructueusement l'opinion. Quoi de plus naturel de la part des derniers venus que d'espérer arriver à leur tour? L'entrée de M. de Polignac aux affaires agrandit encore le cercle d'action des prédicants de la rue Monsigny, et la révolution de 1830 leur donna liberté entière de formuler sans réticences aucunes les principes que les *vieux libéraux* n'avaient fait que pressentir en 1826, et qui pourtant les avaient déjà fait reculer de dégoût et d'effroi.

Le besoin d'un chef et d'une discipline s'était de bonne heure fait sentir, et lors de l'inauguration des salons de la rue Monsigny, Rodrigues, l'*héritier direct* de Saint-Simon, était venu déclarer qu'il se regardait désormais « comme l'inférieur de deux hommes qui avaient reçu de « lui l'*initiation*, et qu'il proclamait Enfantin et Bazard « les *premiers* et les *chefs* de la société Saint-Simonienne ». Quand l'école eut acquis *le Globe*, quand elle eut son journal politique et quotidien, les auditeurs accoururent bien autrement nombreux encore aux prédications de la nouvelle doctrine, à tel point qu'il fallut maintenant les tenir dans une salle de concerts; et c'est à bien dire du jour où le public fut admis *gratis*, sans billets, sans invitations préalables, aux conférences *religieuses* de la *salle Taitbout*, que le Saint-Simonisme fut une puissance, un engin de destruction. C'est là qu'on se porta en foule pour entendre prêcher, avec une exaltation approchant quelquefois du délire, la *réhabilitation* et l'*émancipation de la chair*, l'*affranchissement de la femme*, la nécessité et les bienfaits de l'*association*, le *classement selon la capacité*, etc., toutes belles choses exposées dans un langage à la fois révolutionnaire et mystique, par des hommes paraissant intimement convaincus et promettant à ceux qui auraient foi en leur parole un bonheur sans mesure, des jouissances ineffables. Si faible que fût alors le pouvoir, quelques-uns de ses amis s'émurent du scandale de ces représentations, du danger des idées qui y étaient exposées, car elles allaient directement à l'abolition de la famille et de la propriété, à la promiscuité des sexes, au communisme et à la confusion générale. Dès la fin de 1831 la tribune de la chambre des députés retentit à ce sujet de dénonciations expresses; mais, sachant bien qu'un des moyens à employer pour opérer des ralliements, c'était d'effrayer les intérêts, le pouvoir laissa faire; et l'école saint-simonienne se proclama ouvertement à l'état de secte religieuse, réclamant en cette qualité toutes les immunités, tous les privilèges accordés aux cultes dissidents par une constitution qui garantissait solennellement l'égalité des cultes devant la loi.

Pour les profanes, pour ceux qui se contentaient de lire *Le Globe*, le rédacteur en chef de ce journal, M. Michel Chevalier, était la pensée inspiratrice de la nouvelle école, les prédicants de la salle Taitbout ne faisant guère que *broder* sur les thèmes philosophiques qu'il leur traçait dans ses premiers-Paris. Nulle part, on ne voyait poindre l'influence directe et personnelle de M. Enfantin, qui sans doute réservait pour les conférences particulières les prestiges de sa parole, toujours reçue là, nous dit-on, à l'égal de la parole de Dieu. Il est difficile à ceux qui n'ont pas sollicité la faveur d'être admis dans le cénacle saint-simonien d'expliquer par quel genre de fascination M. Enfantin était parvenu à se faire considérer par ses disciples comme une émanation, une espèce d'incarnation de Dieu. A la salle Taitbout, où il nous a été donné, comme à vingt mille autres, de le voir trôner sur une espèce d'estrade surmontée d'un baldaquin, il ne prenait jamais la parole, et se bornait à *magnétiser* du regard la partie la plus impressionnable de l'auditoire, les femmes de tout âge et de toute condition venues là autant pour écouter les nouveaux apôtres que pour les *voir*, car c'étaient en général des hommes dans la force de l'âge, affectant déjà de laisser pousser leur barbe outre mesure, vêtus uniformément, avec une simplicité n'excluant pas l'élégance, et pouvant presque tous passer à la rigueur pour de fort présentables échantillons de la moins belle moitié du genre humain.

Nous avons déjà raconté aux articles Bazard, Buchez, Chevalier (Michel), les grandeurs et la décadence de l'école saint-simonienne. Il serait superflu d'y revenir. Quand de nouvelles scissions éclatèrent dans son sein, quand une minorité *factieuse* protesta contre la prétention hautement avouée par M. Enfantin de se faire reconnaître en qualité de Pape et de Père Suprême, voici la circulaire par laquelle celui-ci fit savoir ce grand événement aux quarante mille adhérents que l'école se flattait déjà de compter en France :

« Le Père Suprême aux Saint-Simoniens.

« Chers enfants,

« Lorsque, dans sa religieuse audace, un homme, moi, votre Père, lorsque dans ma sainte audace, dis-je, j'ai osé porter la main sur les bases de la famille ancienne, j'ai dû, comme notre glorieux et divin maître (Saint-Simon !), j'ai dû être d'abord méconnu. L'homme à qui Dieu a donné mission d'appeler la femme au sacerdoce définitif, celui qui doit avec elle et par elle poser les bases morales que Dieu réserve à l'avenir, celui de qui doit naître une famille nouvelle, celui-là n'avait pas pu et n'avait pas dû porter volontairement les liens de la famille chrétienne. Or, cet homme, c'est moi ; et j'avais près de moi d'autres enfants de Saint-Simon, dont les noms seront éternellement liés au mien, Bazard et Rodrigues; trinité mâle, analyse vivante de notre maître, christianisme, judaïsme, Saint-Simonisme. Rodrigues et Bazard, pliés, courbés depuis longtemps sous le joug de la famille ancienne, ont durant quinze mois cherché à contenir l'essor de ma religieuse pensée. Je leur rends grâce. Dans cette lutte, ma foi est devenue plus précise, plus claire; car plusieurs aujourd'hui la comprennent et l'enseignent, qui d'abord la repoussaient comme eux. Ma patience ne s'est point lassée. Bazard s'est éloigné de moi, je ne l'ai point repoussé ; il s'est éloigné, protestant contre mon autorité et ma doctrine : au même instant Rodrigues déclarait mon autorité religieuse et légitime, et me proclamait l'homme le plus moral de son temps. Et cependant, aujourd'hui Rodrigues, l'héritier direct de Saint-Simon, celui qui nous a transmis à tous la vie nouvelle, se retire et proteste contre moi. Il ne m'a donc pas été donné, à moi homme, à moi, privé de l'inspiration religieuse de la femme, de rallier à ma foi dans l'avenir ces deux puissants représentants de la moralité passée, le juif et le chrétien, Rodrigues et Bazard ! Il ne m'a pas été donné, à moi homme, de faire aimer, comprendre et pratiquer par ces hommes l'affranchissement de la femme, et de leur faire répéter mon appel ! Eh bien, aujourd'hui la parole de votre Père se sent libre des entraves dans lesquelles si longtemps elle fut comprimée : ils m'ont quitté, gloire à Dieu ! leur mission était accomplie, et vraiment la mienne commence. Depuis trois mois vous connaissez mon appel aux femmes ; je ne vous ai point fait entendre ma voix, et à peine de distance en distance *Le Globe* a essayé quelques pas mal assurés dans cette route nouvelle. J'avais hâte cependant de parler au monde ce langage, car notre apostolat s'est merveilleusement développé pour nous donner le droit de dire notre morale, après avoir fait connaître notre science et notre politique, après avoir profondément pénétré les esprits et remué vivement les intérêts. J'aime que le monde soit saisi de notre moralité et prétende la juger ; car, au nom des Saint-Simoniens, moi aussi je prétends juger la morale humaine ; et si j'entends chaque jour résonner autour de nous ces mots : *promiscuité, communauté des femmes*, je veux savoir d'où ils partent et quels sont leurs échos......

Quelles que soient l'outrecuidance et la fatuité de ces paroles, elles n'étaient qu'au diapason de tout ce qui se débitait alors à la salle Taitbout et de tout ce qu'on imprimait dans *Le Globe*. Nous les avons rapportées parce qu'une citation textuelle, empruntée à un acte officiel du *Père Suprême*, agissant en sa qualité de *Loi vivante*, nous a paru la justification nécessaire de nos appréciations. La fatuité et l'outrecuidance furent en effet le type de l'école Saint-Simonienne, type resté indélébile, mais peut-être moins énergiquement accusé encore parmi les meneurs et les docteurs que parmi les grimauds qu'on y enrôlait pour faire nombre ou en considération de l'importance de leurs offrandes et de leurs sacrifices. N'est-il pas partout de la nature du vulgaire d'exagérer les ridicules, les défauts et les vices de ceux qu'il prend pour guides ou pour modèles ?

La scission dans le sein de la secte une fois accomplie, quand, avec Bazard et consorts, la fraction politique eut solennellement divorcé d'avec l'*homme de la chair* et ses adhérents, on voit Enfantin et ses fidèles faire et débiter tant de sottises et de folies (nous aurions le droit d'être plus sévères), que force est de reconnaître que c'était la partie la plus intelligente et la moins immorale de l'école qui refusait de suivre plus loin le chef dans ses témérités et ses aventures. Les *déserteurs*, c'étaient ceux qui, avant d'avoir été illuminés par la *divine* lumière du saint-simonisme, avaient eu le malheur de contracter avec la vieille société des engagements qu'ils n'avaient pas maintenant le courage de complétement briser. « Après avoir admis *théologiquement*, nous dit avec beaucoup de naïveté M. Laurent (de l'Ardèche), la sanctification de la matière, après avoir déduit toutes les conséquences de cette théologie, dans l'ordre politique, par l'élévation sociale de l'industrie et la réhabilitation du travail, ils reculèrent le jour où ils *crurent* apercevoir l'application *morale* du dogme nouveau. » Et vraiment il y avait bien de quoi! Le Père Suprême, arrivé célibataire à l'âge de trente-six ans, était alors à la recherche de la *femme-Messie* prédestinée à procréer avec lui une autre incarnation de la loi, un héritier présomptif de la papauté Saint-Simonienne. Sur tous les points de la France où les Saint-Simoniens avaient fondé des succursales, les adeptes avaient reçu l'ordre d'aider le Père Suprême à découvrir l'objet de ses vœux, le vase d'élection destiné à recevoir de lui l'imprégnation divine ; mais une révélation subite pouvait le lui montrer dans les épouses ou les filles des fidèles immédiatement groupés autour de lui ; et, si détachés qu'ils fussent de tous les préjugés du vieux monde, les dissidents ne purent trouver dans leurs convictions la force de se mettre au-dessus de celui-là. C'est à ce moment que l'Église *orthodoxe* se donna un costume particulier et un ridicule de plus. Peu après pourtant elle était réduite à se retirer dans une vaste habitation située aux portes de Paris, sur la crête du plateau de Ménilmontant, propriété du Père Suprême, et que, fidèle à son rôle, celui-ci mettait *provisoirement* en commun. Deux cents individus des deux sexes passèrent là environ deux mois, se livrant à ce qu'ils appelaient la méditation et la contemplation, et mettant en pratique entre eux leurs belles maximes sur la nécessité et la sainteté de l'émancipation de la chair. A leurs moments perdus, ils faisaient retentir les échos d'alentour de *pieux* cantiques de la composition du Père Suprême, devenu tout à coup poëte pour la plus grande édification de ses fidèles. On jugera de son génie poétique par cette strophe, que nous prenons au hasard dans l'un des hymnes sacrés qui accompagnaient la célébration du culte saint-simonien :

Dieu est tout ce qui est;
Tout est en lui, tout est *par* lui.
Nul de nous n'est hors de lui,
Mais aucun de nous n'est lui.
Chacun de nous vit de sa vie,
Et tous nous communions en lui,
Car il est tout ce qui est.

Traduit aux assises de la Seine sous la prévention de réunions illicites et d'outrages aux mœurs, le Père Enfantin, à l'effet de mieux *réhabiliter* la femme, éleva la prétention de n'avoir d'autres défenseurs que deux de ses plus ferventes disciples du sexe féminin, *Cécile* FOURNAL et *Aglaé* SAINT-HILAIRE; mais le ministère public refusa de se prêter à cette farce indécente. Les sectaires furent déclarés coupables sur tous les chefs d'accusation, et l'arrêt qui leur distribua inégalement un certain nombre de mois de prison ordonna en même temps la dispersion immédiate de la société et la clôture du temple-monastère de Ménilmontant.

Le pouvoir, nous l'avons dit ailleurs, ne tint pas longtemps rancune aux saint-simoniens. Les plus compromis eux-mêmes furent dispensés d'accomplir entièrement leurs peine; et le Père Enfantin, rendu à la liberté peu de temps après son incarcération, eut la liberté d'aller tâcher de se faire oublier à l'étranger. Il partit alors avec une douzaine de ses disciples pour l'Égypte, dans l'intention de la *saint simoniser*. Mais les appels qu'à cet effet, tout aussitôt après son arrivée sur l'antique terre des Pharaons, il adressa aux sympathies et surtout aux offrandes de la colonie européenne, firent le *fiasco* le plus complet. Méhémet-Ali ne consentit à employer dans ses travaux d'endiguement du Nil trois ou quatre d'entre les compagnons du Père Suprême que lorsqu'ils eurent publiquement embrassé la loi de Mahomet. Quelques autres, enlevés par la peste, n'eurent pas le temps de suivre cet exemple. Mais le *Père* avait en lui une foi trop profonde pour, d'apostat chrétien, devenir jamais apostat saint-simonien. Donc, après une couple d'années passées à jouer au billard dans les cafés du Caire, il revint sans bruit en France, où il resta longtemps incognito aux environs de Grenoble, dans une propriété appartenant à un de ses anciens et toujours dévoués adhérents. Plus tard, pour s'occuper d'agriculture, il se fit maître de poste aux environs de Lyon. Mais dès 1841 il était revenu à Paris, rappelé par quelques-uns de ses anciens disciples, qui, à la honte de notre époque, étaient devenus d'influents personnages; protégé d'ailleurs contre les terribles accusations qu'eût dû lui valoir à chaque instant son déplorable passé par les nombreux complices qu'il comptait dans la presse périodique et dans l'administration, tous intéressés à réhabiliter l'homme au nom duquel se rattachaient des faits dont ils avaient autant à rougir que lui, et dont l'oublieuse population parisienne avait d'ailleurs déjà perdu le souvenir. Cela explique comment le gouvernement le nomma d'abord membre de la commission scientifique de l'Algérie, et comment ensuite il se prêta à une combinaison imaginée pour transformer l'ex-Père Suprême en puissance financière et industrielle de premier ordre. C'est ainsi qu'il fut placé en 1845 à la tête de la première entreprise, fondée au capital de 200 millions, pour la création et l'exploitation du chemin de fer de Lyon. Nous ne demandons pas mieux que de croire qu'il faut attribuer uniquement à la catastrophe de 1848 la ruine de cette entreprise; ce qu'il y a de certain, c'est que lorsqu'une autre société se reconstitua dans le même but, celle-ci crut devoir se dispenser du concours du Père Enfantin, qui occupe aujourd'hui un lucratif emploi au chemin de fer du Nord. Ses cheveux, s'il lui en reste, sont devenus blancs; ses regards peuvent bien déceler encore la haute idée qu'il avait jadis de lui-même, et sans laquelle il n'eût jamais pu remplir la mission qui lui échut dans l'œuvre Saint Simonienne; mais nous espérons qu'ils n'ont plus depuis longtemps rien de magnétique et de fascinateur, car cela ne s'appellerait plus aujourd'hui que de la lubricité. Soyons juste cependant, comment ne s'apprécierait-il pas encore quelque peu au-dessus de sa valeur réelle, en songeant au temps où, dans sa retraite à Ménilmontant, tel homme aujourd'hui puissant, tel grand seigneur couvert de crachats, se tenaient très-honorés de cirer ses bottes.

En 1848, M. Enfantin tenta de rentrer dans les luttes de la presse périodique. Il acclama la république de tout ce qu'il y avait encore de force dans ses poumons, et publia sous le titre de *Le Crédit public* un journal à l'aide duquel il essaya de réaccréditer les doctrines économiques et sociales de l'école saint-simonienne, en un mot de refaire *Le Globe*, tout en l'accommodant aux circonstances nouvelles où se trouvait le pays. Mais *Le Crédit public*, après avoir traîné pendant quelques mois une existence poussive et inconnue, mourut, non faute de répondre à un pressant besoin du moment, comme on dit, mais hélas! faute de dévouement *à l'idée*..... de la part de l'imprimeur et du marchand de papier.

ENFANT PRODIGUE, tel est le titre d'une parabole justement célèbre de l'Évangile. C'est, après l'histoire de Joseph vendu par ses frères, une des plus touchantes de l'Écriture. Il faut la lire au chapitre XV de l'Évangile selon saint Luc, qui l'écrivit en langue grecque, dans l'Achaïe, vers la 53e année de J.-C. Un père avait deux fils; le plus jeune lui demanda la portion qui lui revenait de son bien; après l'avoir obtenue, il s'en alla en un pays étranger (on croit que c'est en Égypte), où il le dissipa en toutes sortes de débauches. Tombé dans une profonde misère, il se fût estimé heureux s'il eût eu pour assouvir sa faim les glands que l'on jetait aux pourceaux. Il résolut donc de retourner chez son père, et de lui dire : « Mon père, j'ai péché contre le ciel et contre vous! » Son père, qui le vit venir de loin, courut à lui, et l'embrassa le premier, puis ordonna un grand festin pour célébrer le retour de ce fils ressuscité. Le fils aîné, jaloux de cette faveur, qu'il n'avait jamais goûtée, en fit à son père d'amers reproches.

Origène pense que saint Luc écrivit cette parabole pour la défense des gentils convertis au christianisme. Selon lui, le fils envieux et sédentaire représente les Juifs, qui n'ont point quitté le temple, et l'enfant prodigue, les païens, ces dissipateurs de la parole de Dieu. Dans l'évangéliste, c'est aux présomptueux docteurs de la loi, aux pharisiens, dont le nom signifie *les séparés*, que Jésus-Christ adresse cette parabole, au moment où ces *sépulcres blanchis*, comme il les nomme, viennent lui reprocher de fréquenter des publicains (receveurs subalternes des impôts) et des gens de mauvaise vie, comme si la présence d'un sage n'épurait point tout autour de lui! La robe éclatante dont le père, dans la parabole, couvre son jeune fils, est l'emblème de la pure lumière dont les justes convertis sont revêtus dans le ciel, et l'anneau qu'il lui met au doigt, le symbole de l'alliance éternelle que Dieu fait avec eux. L'anneau en

Orient était en même temps une marque d'amour et de dignité. L'image d'un Dieu bon et miséricordieux est admirablement peinte dans ce verset : « Et lorsqu'il était encore bien loin, son père l'aperçut, et fut touché de compassion, et, courant à lui, il se jeta à son cou et le baisa! » Le père, célébrant par un festin, des danses et des chants, la résurrection morale de son fils, peint les joies de l'Église indulgente et miséricordieuse, ouvrant son sein au pécheur. Qui ne voit dans la colère du fils aîné ces dévots de profession, au cœur dur, qui veulent sevrer leurs frères des biens que, dans sa bonté, notre Père céleste a mis en commun, et dont eux jouissent abondamment!

Cette parabole a été assez malheureusement exploitée par plusieurs de nos dramaturges. Il y a eu deux comédies sous ce titre, jouées vers le milieu du seizième siècle. Le P. Ducerceau en a fait le sujet d'un drame latin, dont il a donné lui-même une imitation libre en vers français. Au lieu de temple, de désert, de Juifs, le révérend Père y fait mention de châteaux, de maisons de campagne, de gens de qualité. Voltaire a dénaturé sur notre scène cette belle légende : à côté de son intéressante Lise et des deux Euphémions, il jette un *Fierenfat* et une baronne de *Croupillac;* cela vaut *Galifre* et *Claque-Dent*, d'une comédie de L'*Enfant prodigue* écrite en latin par un Hollandais, et traduite en français par Ant. Tiron, en 1564. Il y a aussi un tableau sur ce sujet, sous le titre de *Lai Courtois*, où l'enfant prodigue, se gaudissant dans une hôtellerie avec une certaine Perrette, fille de joie, va jusqu'à dire « qu'il fait meilleur au cabaret qu'à l'église ». En revanche, Massillon a fait de cette parabole un de ses sermons les plus touchants, et Campenon un poëme fort agréablement versifié. DENNE-BARON.

ENFANTS DE CHOEUR. *Voyez* CHOEUR.

ENFANTS DE FRANCE, dénomination assez moderne, dérivée de celle d'*infants* en Espagne et en Portugal, et qui était particulière en France aux enfants, petits-enfants, frères et sœurs du roi régnant. Le nom *de France* ne fut donné que très-tard aux fils des rois. Ils ne le prenaient point dans leurs chartes, et, à l'exemple du souverain, ils ne signaient que de leur seul nom de baptême. Lorsque les fils de roi eurent adopté l'usage de se qualifier *fils de France*, les enfants de ces princes prenaient dans les actes le titre de *petits-fils de France*, et on les désignait par le surnom de leur apanage, comme d'Orléans, d'Artois, de Berri, etc. Au delà de ce degré, la qualité de fils ou petit-fils de France cessait ; elle était remplacée par celle de *prince du sang*. Le régent Philippe II, duc d'Orléans, se qualifiait de *petit-fils de France*, comme fils de Philippe Ier, duc d'Orléans, *fils de France*, second fils de Louis XIII. Le duc Louis, fils de Philippe II, prit le titre de *premier prince du sang*. Le surnom de *France* appartenait aux filles des rois, soit qu'elles fussent nées durant le règne, soit que leur naissance eût précédé. Dans ce dernier cas, elles prenaient ce surnom à l'avénement. Au temps où Philippe le Long exerça la régence pendant la grossesse de Clémence de Hongrie, la princesse Jeanne s'intitulait simplement Jeanne, fille du régent du royaume (charte de 1316); mais à l'avénement de son père elle fut appelée *Madame*, et surnommée de *France*. Ce surnom fut aussi donné à quelques fils légitimés. Une fille naturelle de Louis XI le porta. Charles VII donna celui *de Valois* à Marie et Marguerite, ses filles naturelles.

Le surnom de *France* fut toujours interdit aux fils bâtards des rois, tandis qu'on leur tolérait quelquefois l'épithète de *Monsieur*, qui distinguait le frère aîné du monarque. Dans le testament de Nicole de Savigny, du 12 janvier 1590, cette dame déclare que le feu roi Henri II avait fait don à Henri, *Monsieur*, son fils, de la somme de 30,000 livres, qu'elle avait reçue de ce prince en 1558. C'est de ce bâtard qu'était issue la famille de Saint-Remy de Valois, dont faisait partie la comtesse de la Motte, à laquelle l'affaire du *collier* acquit une si triste célébrité.

Le titre de *dauphin* étant inférieur, dans la hiérarchie féodale, à celui de *duc*, Charles, duc de Normandie, et Louis de France, duc de Guienne, fils aîné de Charles VI, faisaient précéder dans les diplômes le titre de dauphin du titre ducal; mais depuis Henri II, qui s'intitulait *fils aîné du roi de France*, *dauphin* de Viennois et *duc* de Bretagne, le titre de dauphin prévalut définitivement. On a remarqué que le dauphin (François II), après son mariage avec Marie Stuart, prenait dans les chartes le titre de *roi;* mais dans l'usage ordinaire on l'appelait le *roi-dauphin*. Le fils aîné du roi continua de porter le nom de *dauphin de Viennois* jusqu'en 1711. Depuis cette époque, on l'appela *dauphin* de *France*. LAINÉ.

ENFANTS DE L'AMOUR. *Voyez* BATARDS.

ENFANTS DE LANGUES. *Voyez* JEUNES DE LANGUES.

ENFANTS DE TROUPE. C'est le nom qu'on donne aux fils de sous-officiers et de soldats admis, dans l'armée française, à jouir d'une demi-solde et d'une demi-ration de vivres. Cet avantage n'est accordé qu'aux enfants qui ont atteint l'âge de deux ans et qui sont issus de légitime mariage. On les inscrit sur le registre matricule du corps, et on les place sous la surveillance directe d'un officier, secondé par un nombre de sous-officiers déterminé par les règlements; ils apprennent à lire, à écrire, à calculer, et reçoivent, en outre, des leçons de gymnastique et de natation. Lorsqu'ils ont atteint l'âge de quatorze ans, ils peuvent être employés comme musiciens, tambours, cornets ou trompettes, être envoyés au gymnase musical à Paris, ou entrer comme apprentis dans les ateliers de leur corps. Dans ces diverses positions, ils reçoivent intégralement la solde et les vivres. Ceux qui ayant accompli leur dix-huitième année désirent rester au service, doivent contracter un engagement. On autorise deux enfants de troupe par compagnie d'infanterie, deux par escadron de cavalerie, deux par batterie d'artillerie, deux par compagnie du génie.

ENFANTS PERDUS, ou *compagnons perdus*, comme les appelle Philippe de Clèves, soldats d'infanterie légère, qu'on a nommés aussi *fantassins*, car les mots *enfant*, *fantassin*, *infanterie*, appartiennent à une étymologie commune. Nos *partisans* du siècle dernier avaient quelque analogie avec ces enfants perdus. De nos jours, les *francs tireurs* d'infanterie en peuvent être regardés comme une renaissance. Les enfants perdus figurent dans la milice française depuis la naissance de notre infanterie. Le P. Daniel en retrouve même le nom dès la naissance de la langue française : il suppose qu'ils étaient une imitation des *vélites* romains, et une troupe analogue aux *bravi* des Turcs. A la bataille de Bouvines, en 1214, des satellites, sorte de cavaliers légers, firent un service d'enfants perdus. Ceux des Suisses, suivant le comte Philippe de Ségur, « étaient en 1494 armés de coulevrines et d'arquebuses, qu'ils tiraient soit sur chevalet, soit à deux : l'épaule de l'un servait d'affût. » L'usage des enfants perdus était si fréquent et si ancien, que Delanoue Bras de Fer remarque avec surprise, dans ses mémoires, qu'en 1562, la bataille de Dreux fut livrée sans qu'ils eussent escarmouché. Au pas de Suze, sous les yeux de Louis XIII, Bassompierre et Créquy chargèrent à la tête des enfants perdus. Langeai-Dubellai nous en entretient souvent, et propose de les former par bandes de 868 hommes : telle aurait été la première idée de nos bataillons de *chasseurs*. Carré, dans sa *Panoplie*, regarde comme synonymes les expressions *enfants perdus* et *ribauds*; il en dessine un, faisant partie de la milice du moyen âge, coiffé d'un chaperon, armé d'un couteau d'arme, d'une massue, et portant un cornet ou cornabouk. Montluc combattit à la Bicoque, en 1522, avec les enfants perdus. Brantôme dit que, dans sa jeunesse, il les a vus portant de longues dagues, et il ajoute : « On y pouvoit combattre (à l'avant-garde) avec une rondelle, ou manche de mailles (maille d'armes), ou hallebarde, ou armé (cuirassé), ou désarmé (en pourpoint), tandis qu'à la bataille (corps de bataille), on ne pouvoit combattre qu'armé. » Gustave-Adolphe abolit dans ses troupes les enfants perdus, ou du moins il ne souffrit plus qu'ils continuassent à s'aventurer à quatre ou cinq cents pas en avant de ses piquiers, parce qu'il avait remarqué en Allemagne qu'avant l'engagement général leur retraite, qui ressemblait à une fuite, produisait une impression fâcheuse sur le moral de ses *enseignes*, ou bataillons.

Les enfants perdus ont formé à une époque une classe ou agrégation à part; mais en général c'étaient parmi les combattants ceux qui s'offraient de bonne volonté pour des expéditions périlleuses ou pour des actions isolées. Quand les généraux étaient opulents ou diposés à faire des libéralités, ils encourageaient les enfants perdus par des primes. S'il s'en presentait un trop grand nombre, on les tirait au sort. Ils faisaient le service d'*éclaireurs*, de *partisans*, d'hommes armés à la légère; ils *attachoient l'escarmouche*, ou *engageoient l'affaire*, voltigeaient autour de leur bataillon et battaient en retraite par les intervalles. Depuis l'usage de la grenade, ce rôle appartenait aux grenadiers, faisant partie des pistoliers ou des mousquetaires. Au commencement du règne de Louis XIV, et pendant la guerre de 1665, l'usage des enfants perdus, tirés des mousquetaires, était fréquent : dans les siéges offensifs, ils jetaient les grenades. En 1666 il fut affecté à chaque compagnie de mousquetaires quatre enfants perdus, *grenadiers*, chargés de jeter à la main les grenades qu'ils portaient dans une grenadière. Dans la guerre de 1667, ils formèrent des compagnies provisoires. Enfin, leur amalgame forma les compagnies de grenadiers, de même que, bien plus anciennement, l'amalgame des enfants perdus, à qui on avait donné de petits chevaux, avait été la souche des dragons français. Les enfants perdus, ainsi associés en compagnies, ressemblaient d'abord à nos compagnies actuelles de voltigeurs, mais n'avaient aucune analogie avec nos grenadiers. Au siècle dernier les mots *volontaires* et *corps francs* eurent à peu près le même sens qu'*enfants perdus*.

Gal BARDIN.

ENFANTS SANS SOUCI. Les *confrères de la Passion* avaient établi une sorte de théâtre à Paris, sous le règne de Charles VI. Les sujets qu'ils mettaient en scène n'étant pas de nature à inspirer la gaieté, ils s'adjoignirent une troupe de baladins, désignée sous le nom d'*enfants sans souci*, et présidée par le *prince des sots*, qui mêlaient la gaieté de leurs farces à la tristesse des mystères. Villon, notre vieux poëte, fait au *prince des sots* le legs suivant :

> *Item :* donne au prince des sots,
> Pour un bon sot, Michault Dufour,
> Qui à la fois dit de bons mots
> Et chante bien *ma doulce amour.*

Les farces des *enfants sans souci* étaient quelquefois semées de chansons. A la fin de la pièce, on entendait toujours une chanson fort gaillarde. Du reste, la troupe ne résidait pas continuellement à Paris. Sous le règne de Louis XII, le jour du mardi gras de l'an 1511, il fut joué par les *enfants sans souci*, aux halles de Paris, une *sotie* ou pièce satirique, dirigée contre le pape Jules II et la cour de Rome; elle était intitulée *Le Jeu du Prince des Sots et mère Sotte.* Les confrères de la Passion avaient acquis le droit de donner leurs représentations à l'hôtel de Bourgogne. Vers le milieu du seizème siècle, ils louèrent leur théâtre aux *enfants sans souci*. Ceux-ci furent remplacés dans cet hôtel par des comédiens italiens appelés à Paris par le cardinal Mazarin, vers l'an 1659. Auguste SAVAGNER.

ENFANTS TROUVÉS. De tous temps, et dans tous les pays, on a vu des parents assez dénaturés pour abandonner leur enfants. Chez les anciens, les Perses, les Égyptiens, prenaient le plus grand soin de leurs enfants; les Grecs (les Thébains exceptés) pouvaient sans honte abandonner les leurs; les farouches Lacédémoniens faisaient jeter dans les abîmes du Taygète ceux qui étaient contrefaits ou mal conformés. Les Romains, imitateurs des Grecs, avaient la faculté d'exposer, et même de tuer leurs enfants. Lorsqu'ils les exposaient, ils leur attachaient au cou, aux bras, etc., certains ornements de peu de valeur, tels que colliers, bracelets : c'étaient des signes qu'ils faisaient valoir lorsqu'ils voulaient reprendre l'enfant des mains de celui qui l'avait recueilli, faculté que la loi leur donnait le plus souvent sans qu'ils fussent obligés de rembourser les dépenses que le nourrisson avait coûtées. L'enfant qui n'était point réclamé devenait la propriété absolue de celui qui l'avait recueilli. Cet usage subsista jusqu'à Constantin, qui, en 331, ordonna qu'en aucun cas l'enfant abandonné ne pourrait être enlevé à celui qui l'avait élevé, et qui pouvait en faire son esclave. Constantin ordonna encore qu'on donnât aux parents indigents des secours tirés du trésor public pour les aider à élever leurs enfants; Valens, Gratien, déclarèrent que celui qui exposerait ses enfants serait punissable. Les empereurs Honorius et Théodose étendirent les bienfaits de la loi de Constantin aux enfants des esclaves que leurs maîtres avaient fait exposer. Enfin, en 530, Justinien défendit de traiter comme esclaves les enfants abandonnés. Il paraît qu'à cette époque il existait dans l'empire des établissements où l'on élevait des enfants abandonnés, car l'empereur comprend ces asiles au nombre des maisons de charité.

En Chine, les pauvres font à l'Esprit de la rivière la plus voisine le sacrifice de l'enfant qu'ils ne peuvent nourrir; ils l'y jettent avec une calebasse au cou, afin qu'il ne se noie pas immédiatement, et que des personnes charitables aient la faculté de le recueillir. On choisit le plus souvent des enfants du sexe féminin pour ce cruel sacrifice, parce qu'on a calculé que leur perte est moins grande que celle des garçons, les filles étant considérées comme la propriété de la famille dans laquelle on les marie, au lieu que les fils vivent avec leurs parents et sont le soutien de leur vieillesse. Les enfants sont exposés immédiatement après leur naissance, avant que leur figure paraisse assez animée pour exciter les affections des parents. Le gouvernement entretient des personnes qui sont chargées de recueillir ces innocentes créatures. Les missionnaires chrétiens partagent avec zèle des soins si charitables, baptisant le plus tôt possible ceux qui donnent quelque signe de vie. Au rapport d'un de ces vénérables ecclésiastiques, deux mille enfants, dont un grand nombre périt, sont ainsi exposés tous les ans à Pékin. L'exposition dans cet empire est à ce point tolérée que l'on ne recherche personne pour ce délit : chaque jour, avant l'aurore, cinq tombereaux, traînés chacun par un bœuf, parcourent les cinq principaux quartiers de Pékin; on est averti par certains signaux du passage des voitures, et ceux qui veulent se débarrasser de leurs enfants morts ou vivants les leur livrent pour être portés dans un *yu-yng-tang*, c'est-à-dire dans une maison de charité, surveillée par des mandarins et desservie par des médecins et des nourrices. Les enfants morts sont déposés dans une espèce de crypte; on les couvre d'une couche de chaux pour en consumer les chairs. Au commencement du *tsing-ming* (printemps) on dresse un bûcher dans lequel on jette les petits squelettes pour y être réduits en cendres. Pendant que le feu brûle, les bonzes adressent des prières aux esprits de la terre et à ceux qui président aux générations, pour les supplier d'être plus favorables à ces petits êtres qu'ils ne l'ont été, etc. Le *yu-ying-tang* est en tout temps ouvert à quiconque, n'ayant pas d'enfants, désire se donner un successeur qui puisse le remplacer dans tous ses droits. La passion extraordinaire qu'ont les Chinois de laisser quelqu'un qui doive les pleurer après leur mort fait que les adoptions sont très-fréquentes dans leur pays; les eunuques mêmes emploient le premier argent qu'ils ont pu amasser à l'éducation de l'enfant qu'ils ont adopté.

Nous avons peu de lumières sur l'état des enfants abandonnés dans les premiers siècles du moyen âge. Il paraîtrait qu'il existait en France plusieurs asiles pour les enfants délaissés. On lit dans la vie de saint Mainbeuf que cet homme charitable avait fait bâtir un hospice d'enfants trouvés à Angers en 654. Chez les Francs, et du temps de Charlemagne, les enfants devenaient la propriété de ceux qui les avaient recueillis; néanmoins, les parents avaient dix jours pour les réclamer. Le comte Guido, d'autres disent Olivier de la Crau, fonda pour eux un hospice à Montpellier, en 1180, sous le nom de *Saint-Esprit*. Un hôpital ayant la même dénomination fut ouvert à Paris : il en est fait mention en 1445, sous Charles VII. Un arrêt du parlement de Paris de 1552 ordonne aux seigneurs de nourrir les enfants déposés sur leur territoire. Pendant le moyen âge, les enfants étaient déposés dans une coquille de marbre placée à la porte des églises; les marguilliers les recueillaient, et leur cherchaient des parents adoptifs. Dès 1563 l'hôtel-Dieu de Lyon recevait et élevait des enfants trouvés. En 1536 François Ier érigea pour les enfants dont les père ou mère seraient décédés à l'hôtel-Dieu un refuge, appelé d'abord les *Enfants-Dieu*, puis les *Enfants Rouges*. Sous ce roi il y avait dans l'église cathédrale de Paris un grabat appelé *la Crèche*. Pendant les offices, des filles de charité y exposaient des enfants abandonnés, et recueillaient les dons des fidèles pour l'entretien de ces infortunés.

Une veuve charitable, dont le nom n'est point parvenu jusqu'à nous, donna une maison située près Saint-Landry, qu'elle destinait à servir d'asile aux enfants abandonnés. Cet établissement, ayant peu de ressources à sa disposition, remplit fort mal l'objet pour lequel on l'avait fondé : la pénurie de moyens obligeait la directrice à tirer au sort les petits malheureux qu'on lui présentait, ne pouvant pas les recevoir tous. Dans la suite, les servantes de la maison les vendaient vingt sous pièce à des bateleurs, qui les mutilaient pour exciter la compassion du public. Une autre veuve, Mme Legras, nièce du garde des sceaux Marillac, ouvrit aussi en 1638 une maison d'enfants trouvés près Saint-Landry, dans laquelle, suivant quelques-uns, se commettaient les mêmes abus. Cet asile était connu sous le nom de *Maison de la Couche*. Saint Vincent de Paul se montra le plus actif, le plus ingénieux protecteur des malheureux enfants délaissés : son zèle fut partagé par Élisabeth Lhuillier et son époux le chancelier d'Aligre. Louis XIII s'unit à leurs bonnes intentions, et il assigna 4,000 livres de rente pour l'entretien d'une maison d'enfants trouvés, qui fut d'abord établie rue Saint-Victor, puis à Bicêtre; en 1670 on transporta l'établissement dans le faubourg Saint-Lazare, puis dans une maison appelée *la Marguerite*, près le parvis Notre-Dame, où l'on établit le bureau de réception appelé *la Couche*. Deux ans plus tard, on acheta, dans le faubourg Saint-Antoine, une autre maison, où furent placés les enfants qui avaient atteint un certain âge.

Ce fut en 1670 seulement que, par édit du mois de Juin, Louis XIV déclara l'établissement des Enfants trouvés un des hôpitaux de Paris, et l'autorisa à agir en cette qualité. On lit dans le préambule de cet édit : « Il n'y a pas de devoir plus conforme à la charité chrétienne que d'avoir soin des pauvres enfants exposés..... Considérant aussi combien leur conservation est avantageuse, puisque les uns peuvent devenir soldats, les autres ouvriers ou habitants des colonies. » La dotation royale fut portée à 12,000 francs; la dépense s'élevait à 40,000 francs; le déficit était couvert par des dons de plusieurs dames charitables. L'hospice était desservi par les sœurs de la congrégation de la Charité, fondée par saint Vincent de Paul. Lorsqu'on sut dans les provinces qu'il existait à Paris un asile ouvert indistinctement à tous les enfants abandonnés, on lui en expédia de tous les côtés, même des pays étrangers. L'abus s'accrut à tel point que l'autorité se vit forcée de défendre sous des peines très-sévères d'amener à Paris des enfants étrangers à cette ville.

L'abolition des droits féodaux, lors de la révolution française, entraîna la suppression des charges qui y étaient jointes. Les seigneurs furent donc dispensés de l'obligation légale de pourvoir à l'entretien des enfants trouvés sur leur territoire. Le législateur se borna d'abord à dire que les enfants abandonnés nouvellement nés seraient reçus gratuitement dans tous les hospices civils de la république, et que le trésor national suppléerait au défaut de fonds affectés à cette dépense. La constitution du 3 septembre 1791 contient la promesse d'un établissement général de secours publics, qui, entre autres destinations, aurait celle d'élever les enfants abandonnés. La loi du 20 septembre 1792 renferme quelques dispositions sur l'état civil des enfants trouvés; mais la loi du 28 juin 1793 en devint le code durant le régime révolutionnaire : « La nation, y est-il dit, se charge de l'éducation physique et morale des enfants trouvés. Ils seront désormais désignés sous le nom d'*orphelins;* toute autre dénomination est interdite. Toute fille mère qui déclarera vouloir allaiter elle-même son enfant aura le droit de réclamer les secours de la nation; elle ne sera tenue qu'aux formalités prescrites pour les mères de famille. Le secret le plus inviolable sera observé. Les enfants abandonnés jouiront des mêmes pensions que la loi promet aux enfants des familles indigentes. » La loi du 4 juillet 1793 alla plus loin : encourageant et honorant les filles mères, elle adopta leurs enfants, sous le titre pompeux d'*enfants de la patrie*. Les promesses de la législation ne purent être accomplies : la détresse du trésor public ne permit d'affecter à des dépenses aussi considérables que de faibles allocations; les hospices eux-mêmes avaient été dépouillés de leurs revenus.

D'après le décret du 19 janvier 1811, il doit y avoir dans chaque arrondissement, en France un hospice destiné à recevoir les enfants trouvés; on doit y tenir des registres sur lesquels on constate jour par jour l'arrivée, le sexe, l'âge apparent des enfants, les signes particuliers, les langes, les marques, etc., qui peuvent les faire reconnaître. A la porte de chaque hospice doit être un *tour* (espèce d'armoire cylindrique, logée dans l'épaisseur du mur et tournant sur son axe); l'ouverture de cette machine est habituellement tournée en dehors. La personne qui y dépose un enfant, tire le cordon d'une sonnette; aussitôt une sœur hospitalière arrive, amène l'ouverture du tour de son côté, et recueille l'enfant sans qu'il lui soit possible d'apercevoir la personne qui l'a déposé. Les enfants trouvés nouveau-nés sont mis en nourrice le plus tôt possible, et de préférence à la campagne. Des nourrices résidant dans l'établissement leur donnent les premiers soins. L'hospice fournit la layette. Les enfants qui ont atteint l'âge de douze ans sont mis en apprentissage, les garçons chez des laboureurs ou des artisans, et les filles chez des courturières, des mères de famille, etc. Par le contrat d'apprentissage, il est stipulé que le maître nourrira, logera et habillera l'apprenti, moyennant un travail gratuit, qui ne peut durer au delà de vingt-cinq ans de son âge. Ceux qui pour une cause quelconque ne peuvent être mis en apprentissage trouvent de l'occupation dans les hospices. Les enfants abandonnés restent sous la tutelle de l'administration, qui leur tient lieu de parents jusqu'à leur majorité.

A Paris, quiconque se présente à l'hospice pour demander un apprenti doit être muni d'un certificat du maire, attestant sa bonne conduite et le genre de profession qu'il exerce : on lui permet alors de choisir le sujet qui lui convient. Il doit le ramener un mois après, soit pour le rendre à l'hospice, soit pour stipuler les conditions du contrat d'apprentissage, lequel exige, entre autres choses, que l'enfant soit convenablement nourri et vêtu, que son trousseau soit toujours au complet, qu'il couche seul, qu'on lui enseigne la morale, la religion, la lecture, l'écriture, le calcul ; qu'on ne l'emploie pas à d'autre métier que celui pour lequel il est engagé, qu'on ne puisse le renvoyer sans en prévenir l'administration, qui se réserve le droit de se le faire présenter toutes les fois qu'elle le juge nécessaire. Tous les deux mois, les jeunes apprentis sont visités par un inspecteur, qui les punit de quelques jours de détention dans la prison de l'hospice s'ils ont des torts graves envers leur maître. Si celui-ci les maltraite ou ne remplit pas les conditions du contrat, on lui retire l'enfant, et quelquefois même on lui fait payer une indemnité à son profit. La rare activité de cette administration va au secours de ses enfants dans les circonstances les plus critiques. Il y a peu d'années qu'une jeune orpheline, accusée de vol domestique, fut soutenue énergiquement par les délégués de l'hospice et acquittée avec honneur. En attendant qu'ils soient en état d'entrer en apprentissage, les enfants sont exercés dans l'intérieur de l'hospice à des occupations compatibles avec leur âge et leurs forces; on leur donne le tiers du faible produit de leurs journées. Quant aux filles, on les occupe dès l'âge de six ans à des travaux d'aiguille.

Dans les premières années du règne de Louis-Philippe, des préfets ordonnèrent que les asiles seraient multipliés, afin que les petits infortunés fussent élevés pour ainsi dire sous les yeux de leurs mères, excellent moyen pour réveiller en elles des sentiments de tendresse, car un enfant qu'on envoie au loin est souvent bientôt oublié. Mais cette mesure fit naître un abus; plusieurs mères mettaient leurs enfants à l'hospice, allaient ensuite les reprendre en qualité de nourrices, et se procuraient ainsi le double avantage de posséder leur enfant et de recevoir pour cela une rétribution. On a été obligé de remédier à cet abus en faisant passer les enfants d'un département dans l'hospice d'un département voisin.

TEYSSÈDRE.

Le nombre toujours croissant des enfants trouvés frappa l'attention des hommes d'État; ce nombre augmentait avec une rapidité qui n'était nullement en harmonie avec les progrès de la population. L'état de choses en vigueur avait engendré une multitude d'abus. On reprocha aux hospices d'admettre avec trop de facilité les enfants abandonnés par leurs parents; on s'éleva contre le mode d'admission, qui consistait dans le dépôt des enfants au tour. L'administration eut l'idée de déplacer, c'est-à-dire d'échanger entre les divers arrondissements d'un même département ou des départements voisins les enfants en âge d'être ainsi transportés sans inconvénients. Appliquée sur quelques points en 1827, suspendue, remise en vigueur dans trente-et-un départements, de 1834 à 1837, cette mesure a amené des résultats plus étendus qu'on ne l'avait prévu; 36,493 enfants ayant été ainsi déplacés, 16,339, près de la moitié, furent gardés par leurs nourrices ou retirés par leurs parents. Mais le caractère d'inhumanité dont était entaché le système du déplacement suscita contre lui une réprobation générale; ce n'était d'ailleurs qu'un palliatif passager; il fut définitivement abandonné. On songea alors qu'il fallait s'attaquer directement au trop de facilité qu'offrait le mode d'admission. La multiplicité des tours fut regardée comme une provocation à l'abandon des enfants; de 1825 à 1835, on ferma vingt-un tours, on supprima vingt-six hospices sur les 295 qui existaient au 31 décembre 1824. A partir de 1835 cette suppression devint plus générale, et chaque année a vu détruire quelques hospices, anéantir quelques tours. Au 1er janvier 1844, on ne comptait plus que 104 tours et 171 hospices. Ces suppressions ont eu lieu dans 52 départements; 12 départements n'ont pas gardé un seul tour, 25 n'en ont conservé qu'un seul; et comme déjà il n'y en avait plus dans 8 départements, et qu'il ne s'en trouvait qu'un dans 14 autres, il en résulte qu'au 1er janvier 1844 il n'y avait point de tours dans 20 départements; 39 autres départements n'en avaient que chacun un; restaient 27 département accumulant ensemble 65 tours; les deux départements de l'Yonne et de la Meuse en conservaient chacun quatre, n'ayant fait aucune suppression. La réduction des établissements a amené une diminution d'un tiers à peu près dans le nombre des enfants à la charge de l'État; l'opinion publique, émue par les chaleureuses paroles de M. de Lamartine, se prononça pourtant en général contre les mesures qui ont amené ces résultats. On prétendait qu'elles ne pouvaient manquer de multiplier les *infanticides* et les *avortements*.

En 1843, une statistique publiée par le ministre de l'agriculture et du commerce donne pour le nombre des enfants admis dans les hospices : En 1815, 28,429 ; en 1820, 32,197 ; en 1825, 32,274 ; en 1830, 33,423 ; en 1835, 31,413 ; en 1839, 27,164 ; en 1840, 26,984 ; en 1841, 26,352. Durant cette période de dix-sept années, le total des admissions a été de 849,612 enfants, dont 354,650 garçons et 339,718 filles ; le sexe de 155,244 enfants n'a point été mentionné dans les documents transmis à l'administration. Le maximum des admissions a eu lieu en 1831 (35,863); le minimum en 1841. La mortalité dépasse la moitié des admissions : elle a été de 509,222 durant les dix-sept années que nous venons d'indiquer. A la fin de 1815 il y avait à la charge de l'administration 85,808 enfants trouvés ; à la fin de 1830, 122,645 ; à la fin de 1832, 130,731 ; à la fin de 1841, 98,297. Le nombre des enfants qui sont arrivés à l'âge où ils cessent d'être à la charge des hospices a été de 204,898. 120,813 ont été retirés par les parents ou par des bienfaiteurs. Le nombre total des journées de présence avait été de 42,623,469 en 1824; il arriva à 46,691,608 en 1832. Il s'est graduellement abaissé jusqu'à 34,930,962 en 1841. Le total des dépenses avait été de 9,800,213 fr. en 1824; en 1832 il dépassa, pour la première fois, dix millions; il atteignit 10,242,047 fr. en 1833. Il est ensuite descendu par degrés jusqu'à 7,638,828 fr., chiffre de 1841. La moyenne de la dépense annuelle de chaque enfant a eu pour limites extrêmes, durant les dix-sept années en question, 76 fr. 31 centimes et 83 fr. 92 cent. Elle a présenté 80 fr. 26 cent. en 1840, et 79 fr. 82 cent. en 1841.

Dans le département de la Seine, le nombre des admissions a été : en 1815, de 16,475 ; en 1820, de 16,923 ; en 1825, de 19,756 ; en 1830, de 21, 504 ; en 1835, de 21,007 ; en 1840, de 18,542 ; en 1841, de 18,265. Les dépenses pour ce même département ont été : en 1840, 1,574,943 fr. (113 fr. 20 cent. par enfant); et en 1841, 1,521,391 fr. (112 fr, 26 cent.). Les dépenses ont roulé dans presque tous les départements de 60 à 100 fr. par tête (118 fr. 43 cent. dans le Pas-de-Calais, 126 fr. 78 cent. dans la Corse, 133 fr. 05 c. dans le Doubs). Dans les départements des Basses-Alpes, du Cantal, de la Creuse, de la Haute-Garonne, du Puy-de-Dôme, des Hautes-Pyrénées, elle n'a pas excédé 50 ou 51 fr.

Hâtons-nous de reconnaître que les enseignements de la statistique, utiles quant à la connaissance des faits, ne révèlent ni les causes du mal ni la nature du remède. La question de chiffres et de finances reste ici bien au-dessous de la question morale. Il est sans doute fâcheux que les enfants trouvés grèvent l'État de dépenses considérables et croissantes ; mais dans une région fort surpérieure à d'égoïstes calculs doit planer la charité prête à veiller à la conservation de l'enfance.

A Paris, l'hospice des Enfants-Trouvés est situé rue d'Enfer, dans un édifice qui servait de noviciat aux Pères de l'Oratoire. L'un et l'autre sexe fournissent à peu près un contingent égal ; il n'existe pour déterminer le nombre des enfants légitimes ou naturels que des indices très-vagues : sur 103,159 enfants exposés dans un intervalle de vingt ans (1816-1835), 6,774 seulement ont été présumés légitimes. C'est dans l'hiver que les expositions sont les plus fréquentes. La mortalité est fort considérable, surtout dans les premiers jours qui suivent l'admission des enfants ; les soins les plus vigilants leur sont prodigués, mais une foule de ces petits êtres arrivent à l'hospice déjà atteints de maladies sans remède, roides de froid, devant le jour à des parents voués à toutes les horreurs de la misère ; souvent ils ont eu à souffrir d'un pénible voyage, car de vingt lieues à la ronde on apporte des enfants à l'hospice de Paris. Une autre cause de mortalité, c'est la disette de nourrices sédentaires. Les enfants regardés comme trop faibles pour pouvoir supporter la fatigue d'un déplacement sont nourris dans l'hospice, par des femmes que la réclusion et la tristesse d'un semblable séjour mettent en général dans des conditions assez peu favorables. La plupart de ces nourrices sont des filles mères. Jadis on les chargeait de deux nourrissons à la fois ; il a fallu reconnaître que cette tâche était au-dessus des forces de la nature. L'allaitement artificiel, l'emploi des chèvres, n'a jamais conduit à d'heureux résultats. Les nourrices à la campagne sont en grande partie dans les départements du centre : elles viennent à Paris, reçoivent les enfants qu'on leur donne, et repartent pour retrouver leur domicile. Des *préposés* visitent les enfants pour s'assurer s'ils reçoivent les soins convenables. Il serait fort difficile de décider si cette inspection amène les résultats qu'on devrait en attendre. Un médecin est chargé de veiller à la santé de tous les enfants trouvés placés dans un arrondissement. Il meurt bien moins d'enfants trouvés à la campagne qu'à l'hospice, mais dans une proportion très-supérieure encore à la mortalité ordinaire de l'enfance.

Les enfants trouvés qui échappent à l'abîme qui les engloutit par milliers conservent en général les traces des circonstances pénibles qui ont accompagné leur vie intra-utérine, et qui ont pesé sur leurs premiers pas en ce monde ; ils sont d'ordinaire rachitiques et faibles ; leur taille est petite, leur santé débile. A l'époque du tirage pour la conscription, la moitié d'entre eux se trouve impropre à passer sous les drapeaux. Napoléon ne leur avait pas laissé les chances de ce tirage ; il les avait tous mis à la disposition du ministre de la guerre ou du ministre de la marine. Ces dispositions rigoureuses ne sont plus en vigueur. L'administration accorde à la nourrice pour tout enfant placé à la campagne neuf francs durant les premiers mois ; cette somme subit une réduction graduelle jusqu'à l'âge de sept années ; elle se transforme alors en une pension annuelle de quarante-huit francs. A douze ans la pension cesse, l'enfant n'est plus à la charge de l'hospice ; il entre en apprentissage ; il devient laboureur ou artisan. Quant à leur instruction, elle reste tout à fait élémentaire ; l'administration alloue *un franc* par mois au maître d'école de la commune par chaque élève que fournit cette malheureuse population. Il ne faut donc pas s'étonner si le nombre des enfants trouvés qui ont pu s'élever au-dessus des conditions les plus obscures a toujours été très-restreint. G. Brunet.

Les statistiques officielles constatent que Paris reçoit à lui seul près du septième des enfants trouvés de toute la France, et le budget des hospices de 1853 a inscrit pour cette dépense le chiffre énorme de 1 million 387,000 fr., dont les quatre cinquièmes, ou 1 million 109,000 fr., incombent au département, et le surplus (277,400 fr.) reste a la charge de la ville. Deux causes principales ont amené ce fâcheux état de choses : la facilité que donnent les chemins de fer aux filles mères de province de venir à Paris cacher leur faute, et la tolérance avec laquelle les maisons d'accouchement les accueillent pour mettre au monde des enfants qui restent ensuite à la charge de la charité publique. Le décret du 19 janvier 1811 avait bien entouré de toutes les garanties désirables l'admission des enfants trouvés et abandonnés ; mais les sages dispositions du législateur, renouvelées par le règlement du 25 janvier 1837, restaient inexécutées la plupart du temps : aussi le conseil général des hospices crut-il devoir prendre, le 6 août 1845, un arrêté qui tout en remettant en vigueur les anciens principes, les appuyait de nouvelles garanties plus efficaces. Cet arrêté n'a reçu la sanction du ministre de l'intérieur que le 5 mars 1852.

Nous allons énumérer les principes qu'il proclame, en faisant en même temps l'analyse des dispositions qu'il a suggérées au préfet de police, et qui sont détaillées dans sa circulaire du 3 août 1852. L'arrêté du 6 août 1845, aujourd'hui obligatoire, s'occupe de trois points principaux : l'admission des femmes enceintes dans les maisons d'accouchement, la réception des enfants abandonnés, et les secours pour prévenir les abandons.

Les femmes enceintes ne peuvent être admises à la maison d'accouchement que si elles se trouvent dans le neuvième mois de leur grossesse ; elles ont en outre à produire un certificat constatant qu'elles ont le domicile de secours à Paris, c'est-à-dire qu'elles y habitent depuis un an, et qu'elles sont trop pauvres pour pouvoir faire leurs couches en ville. Ces formalités ne sont toutefois pas obligatoires dans les cas d'urgence. Ce certificat est délivré par les commissaires de police, concurremment avec les bureaux de bienfaisance.

Après l'accouchement, les mères doivent allaiter leur enfant pendant quelques jours et ensuite l'emporter avec elles ; néanmoins des nourrices sédentaires sont attachées aux établissements hospitaliers pour allaiter, jusqu'à la sortie des mères, les enfants que celles-ci sont trop faibles pour nourrir elles-mêmes. Grâce à ces mesures, grâce aux conseils des sœurs, la mère qui aura déjà allaité son enfant pendant quelques jours se résoudra plus difficilement à l'abandonner, et le sentiment de la maternité se développera chez elle à la vue de l'enfant qui sera toujours sous ses yeux dans la maison d'accouchement.

La réception des enfants dans les hospices d'enfants trouvés est entourée de formalités encore plus rigoureuses. L'arrêté du conseil des hospices se réfère ici aux dispositions précises du décret de 1811 qui règle la matière. Les enfants sont divisés en trois catégories :

1° *Enfants trouvés*, c'est-à-dire nés de père et de mère inconnus et ramassés sur la voie publique ;

2° *Enfants abandonnés* par leurs parents qui ont disparu après s'être d'abord fait connaître, ou enfants de père et mère condamnés et retenus en prison ;

3° Enfin, *orphelins pauvres* dont les père et mère sont morts, et qui trouvent à l'hospice une nouvelle famille.

A Paris, dans l'hospice d'enfants trouvés, un bureau d'admission reçoit les déclarations de la personne qui apporte un enfant, soit qu'elle l'ait ramassé dans la rue, soit qu'une personne étrangère le lui ait confié pour l'abandonner, ou qu'elle-même, par pauvreté, se trouve réduite à s'en séparer et à confier son éducation à la charité publique. Toutes ces déclarations, accompagnées de pièces officielles, de procès-verbaux et de tous les renseignements que l'administration peut se procurer, sont consignées avec soin pour servir plus tard à découvrir ou à reconnaître les parents. Les commissaires de police doivent faire ces enquêtes avec beaucoup de soins ; du reste, les environs de l'hospice sont toujours surveillés par des agents payés par l'administration hospitalière ; en suivant les mères, on apprend facilement le domicile de secours, et, d'autre part, on espère prévenir les abandons en inspirant aux parents la crainte d'un interrogatoire qui révélerait à l'autorité leur faute et leurs projets coupables.

Enfin l'administration, pour arriver à ce même but, accorde des secours mensuels aux mères pauvres qui prennent elles-mêmes soin de leurs enfants, ou qui, dans l'impossibilité de les garder auprès d'elles, les ont placés en nourrice et continuent de les visiter. En outre, et pour que les parents que la misère a forcés à abandonner leurs enfants puissent plus tard les retrouver, s'ils arrivent jamais à une position meilleure, ou même si le remords seul, et non pas seulement l'aisance, les pousse à rechercher un jour l'enfant que, dans un moment d'égarement, ils ont délaissé, le droit de recherche, autrefois fixé à 30 fr., est réduit à 5 fr. seulement par l'administration.

Ces mesures portèrent immédiatement leurs fruits. Dans l'espace de cinq mois, le nombre des femmes enceintes entrées à la maison d'accouchement diminua considérablement, et celui des abandons, qui l'année précédente avait été dans cet établissement de 33 pour 100 par rapport aux naissances, descendit au-dessous de 4 pour 100. Le nombre total des abandons à l'hospice des enfants trouvés diminua également de 19 pour 100, comparativement aux chiffres que la même période offrait en 1851. En résumé, le chiffre réel des abandons s'abaissa de 269 dans le département de la Seine pendant les cinq premiers mois de la mise à exécution des dispositions nouvelles.

Au milieu de 1852, le nombre des enfants qui se trouvaient placés à la campagne, soit en nourrice, soit en apprentissage, s'élevait pour le département de la Seine à plus de 22,000, sur lesquels 16,987 étaient à la charge du département, qui contribuait à leur entretien pour une somme de 919,600 fr. L'administration, après avoir veillé à ce que ses pupilles soient entourés des premiers soins que réclame leur jeune âge, s'occupe de leur instruction, et contraint les nourriciers à les envoyer chaque jour dans les écoles primaires, ne permettant pas qu'on leur impose des obligations de travail exclusives avant qu'ils aient atteint leur douzième année. A cet âge les enfants sont mis en apprentissage; mais alors encore ils continuent à être entourés de l'assistance qui a pourvu à leurs premiers besoins. Par un nouveau règlement, le préfet de la Seine, tout en opérant de notables changements dans le personnel des médecins chargés de donner des soins aux enfants trouvés placés dans les campagnes, a exigé de ces médecins une surveillance morale qu'ils doivent exercer spécialement sur les enfants hors pension. Cette surveillance est aussi confiée aux maires, aux curés et aux instituteurs de chaque commune. Les nouvelles réformes ne se sont pas toutefois bornées à ces améliorations, et le préfet a en outre prescrit à ses préposés chargés d'intervenir aux contrats d'apprentissage de stipuler en faveur des enfants des avantages supérieurs à ceux qui leur étaient faits habituellement, et plus en rapport avec les services qu'ils rendaient à leurs maîtres. Ainsi les pécules à payer par ceux-ci à leurs apprentis devenus majeurs, qui n'étaient que de 30 à 50 fr., sont élevés dans les nouveaux contrats de 200 à 200 fr.

Cette vigilance de l'administration, les encouragements qu'elle donne en distribuant des récompenses aux élèves les plus méritants et des dots aux jeunes filles qui se sont fait remarquer par leur bonne conduite, ont déjà produit de salutaires effets sur la moralité des pupilles. Un très-petit nombre exige que des mesures de rigueur soient employées, afin de réprimer des penchants mauvais ou des habitudes vicieuses. Mais dans ce cas encore des précautions ont été prises pour que l'avenir des élèves ne fût pas compromis, et que leur insubordination seule fût réprimée. Dans ce but, des traités ont été passés avec M. Fournet, propriétaire d'un établissement agricole à Montagny, près de Châlons-sur-Saône, pour le placement des garçons de douze à quinze ans et de quinze à dix-huit ans, moyennant une rétribution de 70 c. par jour pour les premiers, et de 50 c. pour les enfants de la deuxième catégorie; gratuitement enfin pour le placement des élèves de dix-huit à vingt-et-un ans. Ces élèves doivent en outre recevoir à leur sortie de l'établissement de M. Fournet un pécule de 100 fr. au minimum.

Les enfants vicieux de huit à douze ans sont envoyés à Varaignes (Dordogne), dans l'institution agricole charitable fondée par M. l'abbé Vedey, qui se charge de leur éducation moyennant une pension mensuelle de 15 fr. pour la première année, et de 10 fr. au plus pour les suivantes.

Les jeunes filles indisciplinées sont confiées aux dames charitables fondatrices de l'asile-ouvroir de Vaugirard, où des habitudes de travail et une éducation religieuse leur sont données.

Soigneuse de ménager les sommes qui lui sont allouées, de diminuer les dépenses considérables que nécessite cette vaste direction, l'administration s'occupe aussi de poursuivre le remboursement des indemnités qui lui sont dues pour le prix d'entretien des enfants indûment conduits dans les hospices du département de la Seine, quoique légalement domiciliés dans d'autres départements. Le recouvrement de ces indemnités, opéré avec zèle et persévérance, s'est naturellement accru depuis huit ans, et s'est élevé pour l'année 1851 à la somme de 36,705 fr. 28 c., tandis qu'en 1844 il n'avait été que de 684 fr. 67 c.

En 1853 un projet de loi relatif aux enfants confiés à l'assistance publique fut présenté au corps législatif pour restreindre la liberté des expositions, particulièrement en ce qui concerne l'institution des tours. Une disposition de ce projet attribue au ministre de l'intérieur le droit de supprimer et d'établir des tours, à la seule condition de prendre l'avis du conseil général, mais sans l'obliger de suivre cet avis, s'il est contraire au sien. La réduction du nombre des hospices destinés à recevoir les enfants délaissés est laissée à l'appréciation du préfet, mais sa décision sera soumise à l'approbation du ministre compétent; en outre, les conseils généraux et les commissions administratives des hospices seront consultés sur les mesures de ce genre, comme sur celles qui concernent les tours. Les arrêtés pris par le préfet sur tout ce qui concerne l'admission des enfants dans les hospices, ainsi que les moyens de prévenir les abandons, et notamment les secours temporaires qui pourront être accordés aux mères illégitimes, seront soumis aux mêmes conditions. La partie du projet relatif au placement et à l'éducation des enfants ne présente qu'une seule modification de quelque importance. La durée de la pension des enfants, jusqu'alors fixée à douze ans, peut être étendue par le préfet jusqu'à quinze ans dans les départemens où elle serait reconnue insuffisante.

ENFER (du mot latin *infernus*, bas). On appelle ainsi, par opposition au Paradis, le lieu souterrain où les âmes des méchants doivent, après la mort, subir le châtiment de leurs crimes. L'idée d'un séjour des morts, commune à presque tous les peuples de l'antiquité, fut amplifiée par l'imagination des poëtes, qui entrèrent dans les détails les plus minutieux sur les délices qui attendent l'homme vertueux et sur les supplices réservés aux pécheurs. Tout le monde connait les fables grecques et romaines sur l'Enfer, qui avait Pluton pour dieu et pour roi, et dont on trouve la description dans le 6ᵉ livre de l'*Énéide*. Il était arrosé par cinq fleuves, l'Achéron, le Cocyte, le Styx, le Phlégéthon et le Léthé. Après avoir passé l'Achéron, on subissait le jugement, et l'on était envoyé, soit dans le Tartare, séjour des méchants, qu'entourait le Styx, soit dans les Champs-Élysées, séjour heureux des justes, qu'arrosait le Léthé. Les poëtes plaçaient généralement l'entrée des Enfers près du marais d'Achérusie, en Épire, ou de l'Averne, en Italie. Plusieurs héros descendirent aux Enfers, et purent revenir sur la terre : tels sont Hercule, Thésée, Orphée, Énée, etc. Les Grecs, si l'on en croit Diodore de Sicile, avaient emprunté aux Égyptiens leurs idées sur le règne de Hadès, qui, tel que nous le voyons dans les poésies d'Homère, est l'Amenthès des Égyptiens. Il en est de même du *scheôl* des anciens Hébreux, séjour sombre et triste dans l'intérieur de la terre, où se réunissaient les âmes des défunts. Voltaire et d'autres détracteurs de la Bible ont prétendu que les Hébreux ignoraient complétement l'immortalité de l'âme; mais celui qui lit l'Ancien Testament sans prévention reconnaîtra clairement dans le *scheól* un séjour des ombres semblable au Tartare. Il est vrai que Moïse n'a pas fait de la doctrine de l'immortalité un dogme religieux, et que les écrits des anciens Hébreux ne donnent nulle part une idée bien précise de l'état de l'homme après la mort; mais la croyance subsistait, et il paraît même résulter de quelques passages de la Bible qu'on admettait une différence entre les âmes des hommes vertueux et celles des méchants (*voyez* le 1er liv. de Samuel, ch. XXV, v. 29).

Dans l'intérieur de l'Asie, les idées de paradis et d'enfer paraissent s'être développées de bonne heure. Ainsi, selon les Indous, les âmes des morts sont transportées dans la demeure de Yama, dieu de la mort; là, une cour de justice décide de leur sort. Si le défunt a été vertueux, son âme va au *svarga*, ou ciel d'Indra; s'il s'est adonné au vice, il est précipité dans le *naraka*, enfer, où des peines sévères lui sont réservées. Là, les voluptueux sont jetés dans les bras d'une statue de femme rougie au feu; les gourmands doivent manger des balles de fer brûlantes, hérissées de pointes, etc. Les livres de Zoroastre renferment des traditions analogues.

Ce fut pendant l'exil de Babylone que la doctrine de l'immortalité de l'âme reçut de plus grands développements chez les Juifs, qui adoptèrent alors beaucoup de doctrines chaldaïques et parses (*voyez* CABALE, DÉMON, DIABLE), défigurés par des fables païennes. Au retour de l'exil, ils désignèrent l'enfer par les mots *Gué-Hinnóm*, nom d'une vallée située près de Jérusalem, où l'atroce culte de Moloch avait été exercé autrefois par des Hébreux idolâtres; de là le mot *gehenna* dans le Nouveau Testament. Les écrits des cabalistes donnent les descriptions les plus détaillées et les plus bizarres des *sept étages* de l'enfer, des démons qui les gouvernent, et des supplices qu'ils y préparent aux méchants pour un certain temps. Les chrétiens, et encore plus les musulmans, adoptèrent en substance les traditions juives; mais ils les modifièrent selon les exigences de leurs dogmes respectifs.

Les Pères de l'Église enseignent qu'il existe un lieu particulier pour les justes avant l'arrivée du Christ, et pour les enfants qui, morts sans baptême, ne peuvent participer au salut éternel. Ce lieu, situé au-dessus de l'enfer, est appelé *limbus* (les limbes). On a cru trouver une allusion aux limbes dans un passage de l'Évangile où le mauvais riche, précipité dans l'enfer, reconnaît au-dessus de lui Lazare dans le sein d'Abraham. Partout la théologie rationnelle n'a pu voir dans ces traditions que des fictions poétiques, imaginées pour représenter aux intelligences moins élevées un monde invisible, auquel un besoin moral nous force de croire, mais dont il ne nous est pas donné de soulever le voile.

S. MUNK.

L'*enfer* est proprement le lieu destiné aux réprouvés (*voyez* DAMNATION). Quelquefois, pourtant, l'Église donne par métaphore le nom d'*enfer* aux peines du purgatoire: c'est ainsi qu'à la messe des morts elle prie Dieu de délivrer les âmes des fidèles défunts des peines de l'*enfer* et du lac profond. On dit aussi que Jésus-Christ est descendu aux *enfers* après sa mort, c'est-à-dire dans les limbes, où reposaient les justes qui l'avaient précédé, pour leur annoncer l'heure de la délivrance; ce qui fait dire à saint Paul, dans son *Épître aux Éphésiens*, que Jésus-Christ est descendu dans les entrailles de la terre, et qu'il a emmené captive la captivité même. Outre ces diverses acceptions, la Bible emploie encore le mot *enfer*, ou du moins les mots latins, grecs ou hébreux qui y répondent, pour désigner la *mort* ou le *tombeau*. C'est sans doute à cause de quelques passages semblables que des écrivains ont avancé que le dogme de l'enfer, tel que l'enseigne l'Église catholique, était inconnu avant l'Évangile. Plus familiers avec les livres saints, ils eussent évité cette étrange assertion.

On admet bien l'existence de Dieu et l'immortalité de l'âme. On ne croit pas que le crime et la vertu soient choses indifférentes. On pense qu'il faut à l'un des châtiments, comme à l'autre des récompenses, et, après cela, on nie l'enfer! On laisse les Néron, les Caligula, dormir en paix à côté de leurs victimes, la prostitution à côté de la pudeur, le crime heureux à côté de l'innocence opprimée. On consent bien à ce que le juste aille jouir de la félicité, prix de la vertu; mais on se contente de plonger le criminel dans le néant, comme si ce n'était pas le conduire au terme de ses désirs! Il se sera vautré dans la fange des vices, il se sera fait un jeu de la pudeur, de la bonne foi, il aura pesé de tout son poids sur le malheureux, il se sera gorgé de rapines, abreuvé de sang, et pour toute justice il n'aura point de récompense! pour toute peine il ne jouira point d'un bien qui lui est inconnu, dont il ne fait aucun cas, dont il ne sentira jamais la perte! Son âme, d'une autre nature que celle du juste, ne sera point immortelle, parce qu'il redoute l'immortalité! Il arrivera au néant, objet de son espérance, qui le délivrera de cette crainte vague des supplices, de ces doutes affreux qu'il n'a pu vaincre! Otez l'enfer, il n'y a plus de châtiment pour le crime, plus d'immortalité pour l'âme; disons plus : point d'enfer, point de Dieu!

Mais ce dogme n'est-il pas plutôt un outrage à la Divinité? Comment accorder un Dieu infiniment bon avec des peines éternelles? Il nous souvient d'avoir lu quelque part, à propos de la bonté divine, qu'il était *aussi déraisonnable qu'impie* de supposer à Dieu la pensée de vouer un seul être à un malheur éternel. Vous l'avez entendu, Bourdaloue, Bossuet, Fénelon; vous avez cru, vous avez enseigné l'éternité des peines: eh bien! vous déraisonniez! Pères de l'Église, dont le savoir égalait la vertu, vous avez admis des peines éternelles; vous étiez des impies! Le même dogme se retrouve dans les écrits des apôtres....... impies! impies! Mais, dans l'Évangile, Jésus-Christ lui-même parle de feu qui ne s'éteint point, de supplices éternels..... A cela on répond qu'on ne sait sur quel raisonnement sérieux faire reposer une pareille croyance: Mais qu'on lise donc les pages de Bourdaloue sur l'éternité! Vous ne pouvez, dites-vous, supposer qu'un Dieu bon ait voué un seul être à un malheur éternel. Eh qui vous dit qu'il l'ait fait! Dieu a placé devant l'homme le bien et le mal, avec la liberté de choisir: il lui a fait entrevoir la vertu, avec ses aspérités, conduisant à un bonheur sans fin et sans mélange; le vice, avec ses séductions, aboutissant à un gouffre sans fond. L'homme s'est déterminé librement pour le mal. Une fois engagé dans cette route fatale, on lui ménageait encore des moyens de retour, les remords cuisants, les douleurs aiguës, les maladies cruelles; et toujours le terrible but l'avertissait de rétrograder. Rien ne l'a ébranlé : il est arrivé jusqu'au bord du précipice, il s'est jeté de lui-même dans l'abîme; et vous voulez que Dieu en soit responsable, que sa bonté en souffre quelque atteinte?

Mais, ajoutez-vous, quelle proportion entre la peine et l'offense : une faute d'un moment, et des supplices éternels! Un bonheur éternel pour des vertus d'un jour ne vous paraît pas excessif, parce que cette idée vous flatte; les supplices vous semblent démesurés, parce qu'ils vous effrayent. Mais de ce qu'une vérité est terrible, faut-il en conclure qu'elle doive être rejetée? Une faute d'un moment! Oui, parce que la vie elle-même n'est que d'un moment, parce que l'impie, atteint au milieu de sa course, n'a pu combler la mesure; mais prolongez sa carrière : quand cesseront ses désordres? Assurez-lui l'immortalité, n'immortaliserez-vous pas aussi ses crimes? Et l'homme lui-même, tout passager qu'il est, a pour le crime une sorte d'éternité, des peines sur lesquelles les siècles n'ont aucune puissance : aujourd'hui encore l'histoire flétrit la mémoire d'un Néron, les débauches d'un Sardanapale, le fratricide de Caïn; et vous voulez que Dieu les oublie? Quand vous aurez supprimé l'enfer, que mettrez-vous à la place? Le néant? Nous avons déjà vu que ce n'est point une peine, et il faut bien que le crime soit puni. Des peines temporelles? Mais, après l'expiation de la peine viendraient sans doute des jours de repos et de bonheur..... Du bonheur pour l'impie!.... Eh mon Dieu! l'enfer avec toutes ses horreurs, avec son éternité, n'empêche pas les chutes de ceux même qui l'admettent; et vous voudriez qu'un *purgatoire* (il faudrait bien l'appeler ainsi) pût produire une impression plus puissante? L'enfer serait peu de chose aux yeux du coupable s'il nourrissait l'espérance d'en sortir; il ne commence à lui paraître terrible que quand il mesure l'étendue et la durée des supplices, et qu'il lit gravée sur la porte cette inscription que le Dante y avait lue : *Déposez toute espérance, vous tous qui entrez ici!* Le paganisme lui-même, qu'on n'accusera pas de sévérité, admettait la nécessité des peines éternelles : le tonneau des Danaïdes, perdant l'eau à mesure qu'il la recevait; le rocher de Sisyphe, sans cesse retombant sur lui-même; le foie toujours renaissant de Titye, immortel aliment d'un insatiable vautour, n'étaient que des images affaiblies de l'éternité.

Où est l'enfer, demande-t-on, et quelles sont les peines qu'on y endure? Où est l'enfer? Nous l'ignorons, nous savons seulement qu'il existe : l'ignorance où nous sommes du lieu de notre mort n'en diminue pas pour nous la certitude. Que l'enfer soit au centre de la terre, comme on le croit communément; qu'il soit dans les feux du soleil, comme l'ont prétendu certains auteurs, peu nous importe, pourvu que nous l'évitions! Dieu a voulu nous en faire un secret, pourquoi chercherions-nous à le pénétrer? C'est un vaste champ pour l'imagination qu'une description de l'enfer; aussi un pareil sujet n'a-t-il pas manqué d'exploitants. Mais nous ne sommes pas obligés d'y voir tout ce qu'y ont vu des têtes ardentes, des imaginations poétiques. Ces serpents, ces monstres, ces spectres, ces figures diaboliques, dont les peintres chargent leurs tableaux, images qui inspirent les Muses d'Homère et de Virgile, du Dante et de Fénelon, ne seront jamais *articles de foi*. L'enfer a assez d'horreurs sans qu'on lui en prête : le regret du bonheur perdu, la douleur d'un supplice sans fin, c'est tout ce que nous apprend l'Écriture; et toutes les peintures imaginaires demeureront toujours au-dessous de cette terrible simplicité.

L'abbé C. BANDEVILLE.

Les Chinois et les Celtes, qui sont les anciens de la terre, comme les Égyptiens, n'avaient point à l'égard de l'enfer de doctrine bien arrêtée. Ils admettaient des récompenses et des peines dans une autre vie; mais celles-ci n'étaient, pour ainsi dire, que la privation des plaisirs éternels qu'ils promettaient aux hommes vertueux. Les Celtes septentrionaux les envoyaient dans leur *Walhalla*, lieu de délices et de volupté; les Gètes les faisaient résider auprès de leur dieu Zamolxis; les Chinois les plaçaient dans le séjour de Shang-ti. Ils parlaient tous vaguement des peines éternelles; mais un enfer proprement dit n'était pas au nombre de leurs croyances. Les Guèbres seuls avaient admis un lieu de tourments où les méchants étaient plongés dans un feu perpétuel, qui les brûlait sans les consumer, et dans une atmosphère qu'empoisonnaient les fétides émanations de leur haleine. Les flots noirs et glacés d'un fleuve, des cachots pleins d'une fumée suffocante ou de reptiles vénimeux, des caves où les damnés étaient suspendus par les pieds, des diables dont les dents aiguës les déchiraient à toute heure, étaient des supplices d'une autre espèce, dont l'horrible peinture est contenue dans le livre que les parsis nommaient *Erda-Viraph-Nama*. On voit que cet enfer se rapproche du nôtre, et que le Tartare, renouvelé des Égyptiens par les Grecs, était un lieu presque agréable auprès de celui-là. Le nord de l'Asie et de l'Europe ne présente dans les temps primitifs que deux peuples où un séjour de tourments soit assigné aux âmes des criminels. Ce sont les Ostiaques, nation scythe, qui croyaient à une caverne placée au centre de la terre, où régnait un dieu terrible, une sorte de Pluton ou de Satan; et à l'extrémité de l'Europe, les vieux Irlandais qui avaient leur *Nifflheim*, dont ils faisaient le séjour des vauriens et de la canaille. L'entrée de ce séjour fut appelée plus tard *le trou de Saint-Patrick*.

L'enfer des mahométans ressemble un peu à celui des guèbres et des chrétiens. On y entre par sept portes, une de moins qu'au paradis. A chacune veille une garde de dix-neuf démons, qui distribuent les damnés dans ce redoutable séjour. Ils y sont chargés de chaînes de soixante-dix coudées, plongés et replongés sans cesse dans des torrents de feu et de soufre. Les infidèles y trouvent de plus des serpents, des grenouilles et de corneilles qui les déchirent; mais ces supplices ont un maximum de durée que le prophète a fixé à sept mille ans, au bout desquels ces malheureux sont admis dans le paradis des vrais croyants; les chefs des sept gardes décident du temps qu'ils ont à passer dans cet enfer. Les habitants de l'Islande admettent aussi le feu; mais ils y ajoutent un froid violent et perpétuel, ce qui prouve que le froid est un des tourments de leur misérable vie. Dans l'enfer des sauvages du Mississipi, les méchants étaient dirigés après leur mort vers un pays où il n'y avait pas de chasse. Les Japonais de la secte des *sintos* ajoutent à cette privation le supplice de Tantale. Les réprouvés, suivant eux, errent sans cesse autour d'un paradis où les âmes vertueuses se gorgent de toutes les délices imaginables, sans pouvoir jamais y pénétrer elles-mêmes; et le supplice doit être terrible pour ceux qui ont déjà fait leur paradis sur la terre. C'est aussi par la théorie des compensations que les talapoins du royaume de Laos privent les méchants du commerce des femmes, et qu'ils condamnent les femmes criminelles à épouser des diables ou des vieillards laids et malpropres. Ils donnent à leur enfer six degrés différents, où le les supplices sont gradués selon les crimes. Les habitants de la Floride, qui vivaient sous un climat chaud, plaçaient leur enfer dans les Apalaches, montagnes froides et neigeuses. Les peuples de la Virginie suspendaient les âmes des méchants entre le ciel et la terre, dans une contrée aérienne, qu'ils nommaient *Popoguno*; les plus scélérats étaient jetés dans un immense volcan, placé au bout occidental du monde.

Au lieu du feu, les naturels de l'île Formose avaient inventé un gouffre d'ordures, sur lequel était jeté en travers un bambou. Toutes les âmes passaient sur ce pont étroit, qui rompait sous le poids des criminels, et ils étaient noyés dans cette boue fétide. C'était la mer que les habitants du royaume de Benin prenaient pour leur enfer, et cette idée était assez naturelle à de pauvres diables que décimait la traite des nègres. Cependant ceux du royaume de Juida, sur la côte africaine dite des *Esclaves*, le plaçaient sur une partie de la terre où brûlait un feu perpétuel. D'autres peuples en comptaient plusieurs. Les Siamois en admettaient neuf, et les reléguaient dans les profonds abîmes de la terre; mais ils ne croyaient pas à la perpétuité de ces tourments. Après un certain temps, les âmes passaient dans un autre corps, à la façon des pythagoriciens, pour subir une nouvelle épreuve, et celles qui s'amendaient étaient seules reçues dans un paradis, appelé *Nireupan*, où le bonheur suprême était de dormir sans cesse. Les peuples du royaume de Camboge avaient une échelle de crimes un peu plus étendue : leur enfer était composé de treize régions.

Tous ces exemples et beaucoup d'autres ont un sens moral et philosophique. C'est la présence presque partout du dogme de l'immortalité de l'âme, tandis que le matérialisme n'est que l'erreur du plus petit nombre.

VIENNET, de l'Académie Française.

ENFERS DE LONDRES. Sous le nom d'*enfer* on entend de l'autre côté de la Manche ce que nous appelons prosaïquement un *tripot*, une *maison de jeu*. De riches tentures, des lustres et des girandoles, des plafonds revêtus par une main habile des teintes du soleil couchant ou de figurines charmantes, des glaces sans nombre, un ameublement qui ferait honneur au lord le plus riche et le plus somptueux des trois royaumes, des cristaux taillés en facettes, des métaux précieux, des tableaux de prix, y frappent partout les regards. On y trouve une société élégante mais mêlée, dans laquelle on aperçoit bien quelques hommes appartenant aux premières classes de la société, des orateurs du parlement, des gens à la mode, mais où un œil exercé reconnaît bien vite aussi force individus de bas étage et de mauvais ton, à la face vulgaire et souvent patibulaire, appartenant à la classe des laquais ou des jockeys congédiés, des maquignons de tous les genres ou des repris de justice; les uns couchés nonchalamment sur des ottomanes couvertes d'étoffes soyeuses, et causant agréablement entre eux, les autres remuant à poignées l'or et les *banknotes*. Rarement on voit confondus des hommes si différents par l'éducation et les manières; mais ici ils paraissent tous unis par les liens d'une étroite intimité. C'est la passion du jeu qui a effacé les distances sociales, et qui a opéré ces rapprochements. Les uns sont les grands-prêtres du lieu, les autres sont des joueurs. Ceux-ci se ruinent, ceux-là s'engraissent de leurs dépouilles.

Bien longtemps avant que la législature française eût songé à abolir les maisons de jeu de Paris, le parlement anglais avait rendu un bill dans la même intention. La loi française a produit les résultats qu'on en attendait. Le jeu public, dans l'acception un peu large du mot, n'existe plus à Paris, et le désordre officiel a cessé le jour même de la promulgation de la loi. La loi anglaise, quoique plus ancienne, semble avoir produit des effets tout contraires. Aussi, à la différence de Paris, Londres voit-il le nombre de ses *enfers* augmenter tous les jours, surtout dans les quartiers habités par l'aristocratie. Cela ne tient pas à la loi en elle-même, ni à la mollesse ou à l'indifférence des magistrats pour la faire observer, mais aux dispositions de différentes autres lois qui, garantissant aux citoyens l'inviolabilité de leur domicile, en rendent l'accès fort difficile aux magistrats. Ceux-ci dès lors, ayant à lutter à cet égard contre des hommes passés maîtres au métier de la ruse, constamment à l'affût des projets de descentes que la police a l'intention de faire dans leurs cavernes et n'admettant les joueurs dans le sanctuaire qu'à bonne enseigne, c'est-à-dire qu'après les avoir examinés de la tête aux pieds à travers les guichets des deux ou trois portes qui y conduisent, voient rarement leurs efforts couronnés de succès. Là est tout le secret de la prospérité et du nombre toujours croissant des *enfers* de Londres.

Tout ce qui peut allumer les sens, vins exquis, chère délicate, s'y trouve en abondance à la libre disposition des joueurs. Les entrepreneurs des *enfers* les plus en vogue donnent jusqu'à 500 liv. st. (12, 500 fr.) de gages à leur chef de cuisine. De l'autel où se consomme le sacrifice, on passe à la table; et de la table on revient à l'autel. Les enjeux sont quelquefois très-élevés; il n'est pas rare de voir des joueurs perdre dans une soirée dix, et jusqu'à 15 et 20,000 liv. sterl. On joue indistinctement tous les jeux de hasard, mais principalement le trente et quarante, le baccarat, l'écarté, le creps, la roulette.

ENFILADE, ligne droite que suit un projectile qui a la liberté d'agir parallèlement à un chemin couvert, à une fausse braie, aux défenses d'une ligne ou du corps d'une place, le long du milieu d'un boyau de siége, d'un chemin resserré, d'une communication de siége offensif, etc. Les batteries de bricole ont pour objet de remédier en certains cas, à l'impossibilité qu'on éprouve de tirer par enfilade, ou d'agir du haut d'un commandement. Les coups à ricochets suppléent l'enfilade franche, et sont une espèce d'enfilade courbe et à reprises. Ce n'est pas un médiocre talent chez un général d'armée que de juger, de prévoir les enfilades, et d'en garantir ses troupes par de soudaines dispositions. Les crochets de retour, les chandeliers de tranchée, dont la direction coupe à angles plus ou moins obtus les capitales de la fortification attaquée, sont les moyens adoptés pour préserver des feux d'enfilade les boyaux ou les lignes de troupes que des feux menaceraient de flanc. On a quelquefois érigé des cavaliers de forteresse en vue de barrer une enfilade. L'ancien usage des contre-approches multipliait les moyens d'enfilade auxquels la troupe attaquée pouvait recourir. Aujourd'hui, les défilements des ouvrages neutralisent l'enfilade. Dans une enfilade défendue par des tranchées, par des traverses, plus le point battu est voisin du lieu du tir, moins le danger est grand; mais dans le cas contraire le projectile, près d'arriver à son terme et se ralentissant, déclinant, rasant la terre, ricochant, produit de grands désordres. Les traverses, quelque hautes qu'elles soient, peuvent en ce cas être insuffisantes, parce que le projectile les franchit, ou les écrête dans sa ligne de déclinaison, et enfile les entre-deux. Gal BARDIN.

ENFLE-BOEUF. *Voyez* BUPRESTE.

ENFLURE. Ce mot sert à désigner généralement l'augmentation du volume du corps entier de l'homme ou de ses parties. Il n'est presque pas usité en médecine. Les médecins nomment en effet *tuméfaction* l'enflure produite par l'inflammation, *boursouflure* celle qui n'a rien d'inflammatoire, *œdème* l'augmentation de volume causée par l'épanchement d'un liquide séreux, *emphysème* le même effet produit par l'épanchement d'un gaz, *anasarque* l'enflure de tout le corps résultant d'un épanchement séreux.

ENFLURE DE STYLE. Le défaut du *style enflé*, dit Boileau, « est de vouloir aller au delà du grand ». Nous pensons plutôt, avec Roubaud, que ce défaut consiste à excéder la mesure naturelle du sujet. Le style est *bouffi* lorsqu'il sort tout à fait du sujet, et qu'en affectant beaucoup de grandeur et de force, il décèle beaucoup de faiblesse et de lâcheté. Il est *boursouflé* lorsqu'il n'est rempli que de mots, de grands mots vides de sens et d'idées (*voyez* EMPHASE).

ENGADINE, ENGIADINA ou ENGATINA, l'une des plus remarquables vallées de la Suisse, située aux sources de l'Inn, qui la traverse, et, suivant la tradition locale, tirant de là son nom (*en co d'Oen*, à la source de l'Inn). Le Maloya la sépare au sud-ouest du Brigell, pittoresque vallée par laquelle on atteint en quelques heures la végétation méridionale des lacs de la haute Italie. Le *Septimer*, le *Julier* et l'*Albula* forment à l'ouest les passages par où on arrive dans le pays des Grisons, avec lequel la vallée d'Engadine constituait autrefois le vieille ligue de la *Maison-Dieu* ou *Caddée*. Outre ces routes ordinaires, en partie devenues carrossables et parfaitement restaurées, comme celle du *Julier*, par exemple, divers défilés conduisent au delà de la gigantesque chaîne de montagnes qui sépare l'Engadine des pays de Davos et Prættigau, dépendances des Grisons; c'est ainsi que peuvent se franchir la *Scaletta*, le *Fluela* et le *Selvretta*. A l'est et au sud-est, l'Engadine est séparée de la Valteline et du Vintschgau tyrolien par des masses montagneuses non moins puissantes que domine le *Bernina*, dont le volume de glace égale, sous le rapport de la beauté et de l'étendue, les glaciers les plus renommés de la Suisse occidentale. Dans ces derniers temps, une route magnifique a été pratiquée sur le Bernina, dont les pics les plus élevés atteignent une altitude de 4,000 à 4,400 mètres; elle a eu pour but d'établir entre le Puschlav et la Valteline des relations plus actives et plus suivies que ne le permettait autrefois l'étroit sentier tracé dans la montagne et qui jusque alors avait constitué de ce côté la seule voie de communication praticable. Toute la vallée d'Engadine, depuis le Maloya jusqu'au défilé tyrolien du *Finstermüntz*, longue d'environ 15 myriamètres, se divise en *haut* et *bas Engadine*. Le haut Engadine, depuis le Maloya jusqu'à Pontalt, où un vieux pont sert de limite aux deux juridictions, long d'environ 6 myriamètres, n'est pas seulement une des contrées les plus pittoresques de la Suisse, mais est en outre remarquable par sa végétation et par l'élévation de son sol. A une hauteur de 18 à 1990 mètres, en dépit du proverbe qui dit que *dans l'Engadine il y a neuf mois d'hiver et trois mois de froid*, on ne laisse pas que de cultiver encore le lin et même les céréales, et on rencontre toute une suite de bourgs charmants, comme *Sils*, *Silvaplana*, *Saint-Maurice*, *Celerina*, *Pontresina*, *Samaden*, etc., qu'on pourrait presque comparer à des villes, tant les maisons en sont jolies.

Outre l'agriculture, telle qu'on peut la pratiquer dans les montagnes, l'émigration, surtout dans la partie la plus élevée de la vallée, constitue une des ressources de la population. Tous les ans un grand nombre d'habitants des Engadines abandonnent leur pays natal pour aller à l'étranger amasser, comme garçons de cafés, d'auberge, et encore comme confiseurs, un petit pécule que d'ordinaire ils rapportent dans leur froide patrie. C'est ce qui explique l'air d'aisance et de bonheur qui constitue le caractère distinctif de ces villages des Alpes. Leurs habitants vivent simples et calmes, comme c'est le propre de toute leur race, dans de solides maisons en pierre, percées de fenêtres fort étroites, afin qu'on y soit mieux garanti contre le froid, et dont l'ornementation extérieure, quelquefois bizarre et exagérée, ne laisse pas que de présenter des traces de l'élégance que leurs propriétaires ont eu occasion de voir à l'etranger, et qu'ils cherchent à reproduire dans leur pays. Dans le bas Engadine l'émigration n'est pas si générale. La nature y est moins parcimonieuse, et la rive gauche de l'Inn, parfaitement cultivée, produit des grains en abondance, tandis que la rive droite est couverte d'épaisses forêts, dans lesquelles on trouve encore des ours. Dans les environs du *Bernina* la chasse au chamois occupe toujours un grand nombre d'hommes. La nature s'est surtout montrée généreuse envers les Engadines, en y plaçant un grand nombre de sources minérales, dont les plus en renom sont celles de *Saint-Maurice* et de *Tarasp* : les premières ferrugineuses, les secondes alcalines.

La population des Engadines est évaluée à 11,000 âmes. C'est une race vigoureuse, d'origine romane, et qui, à l'exception de Saméane et de Tarasp, demeura longtemps sous la domination autrichienne, d'ailleurs protestante zélée. Le dialecte roman dont elle fait usage, et appelé *ladin*, diffère à beaucoup d'égards des autres dialectes romans parlés par la population des Alpes rhétiennes. Par leur religion et par leur constitution politique, par leur rigorisme protestant et par leur simplicité républicaine, les habitants de l'Engadine présentent un frappant contraste avec leurs voisins romans d'au delà des monts. Lorsque la puissance impériale était à son apogée, la souveraineté de l'empire s'étendait aussi sur cette vallée; et c'est à l'époque de sa décadence, au quatorzième et au quinzième siècle, que se formèrent les confédérations rhétiennes. La ligue de la *Maison-Dieu* ou *Caddée*, dont l'Engadine partagea toutes les destinées fut l'une de ces confédérations. L'Engadine fut presque toujours le théâtre des guerres que la Suisse eut à soutenir contre l'Autriche, cherchant à rétablir sa souveraineté sur ces contrées, d'abord en 1498 et 1499, et plus tard encore à diverses reprises, notamment au milieu des sanglants épisodes de la guerre de Trente ans. Peu à peu l'Autriche y perdit tout droit de souveraineté, à l'exception de Tarasp, qui en fut également affranchi au commencement de ce siècle, en 1815.

ENGAGEMENT (*Morale*). C'est tout ce qui lie envers la conscience agissant dans la plénitude de sa liberté. Ainsi, s'il y a contrainte, erreur matérielle, absence complète de raison, ou bien encore défaut d'âge, un engagement est nul : il a donc ses conditions substantielles sans lesquelles il est dépourvu de force et d'autorité. Ces conditions relèvent toutes de la conscience, qui en pareille matière doit être reconnue pour juge suprême. Mais en établissant que les engagements sont tous sous la dépendance de la conscience, il n'en est toujours pas moins certain qu'il y a entre eux une hiérarchie, et qu'il est des engagements qui, dans leur réalisation, doivent avoir le pas sur d'autres. Les engagements pris avec tous les membres d'une famille peuvent être tels que si on ne les tient pas, elle aura notablement à souffrir dans son honneur. Ils méritent la préférence : plus le mal menace d'avoir de l'étendue, plus on doit éviter qu'il ait lieu. Il est des engagements d'une nature secondaire, mais qu'il faut tenir parce que la délicatesse l'exige.

Il y en a que dans le monde on contracte avec une déplorable légèreté, ce sont les *engagements de cœur*. Au début de toute passion, il importerait de bien réfléchir sur la route où l'on va s'aventurer; c'est alors, au contraire, qu'on ferme les yeux. On prend engagement sur engagement, parce qu'on n'a la force de rien refuser. Qu'arrive-t-il? C'est qu'on compromet l'avenir d'une jeune fille par des engagements qu'elle doit tenir pour sacrés. Au moment de la réalisation, l'intérêt fait hésiter; on craint la colère de ses proches, qu'on n'a pas consultés; puis les amis interviennent; on écoute tout, hors sa conscience; et, faute de savoir adopter le parti qu'elle indique, on se met pour le reste de sa vie dans une position fausse et malheureuse.

Il est des engagements d'une autre nature, qui de part et d'autre ne sont pas toujours bien appréciés, les *engagements d'argent* : on les contracte avec l'espoir qu'ils procureront certains avantages; mais ces avantages ne dépendent pas seulement de l'habileté, ils dépendent encore d'une foule d'événements que la sagacité humaine ne saurait prévoir : on est ruiné sans qu'aucun reproche raisonnable puisse être fait. Dans ce dernier cas, il est de l'intérêt commun que le débiteur ne succombe pas sous le poids d'engagements, qui, le gênant dans sa liberté, le rendraient toujours incapable de se libérer. Mais, en vertu de ces avantages que lui assure la loi civile, parvient-il à se créer une fortune, ou lui arrive-t-elle d'héritage, il ne doit s'en considérer comme véritable possesseur que lorsqu'il aura satisfait à ses anciens engagements. La loi le laisse libre à cet égard, parce que son empire ne peut s'exercer que dans certaines limites; mais la conscience individuelle est plus étendue dans sa puissance, elle commande de payer : si on ne lui obéit pas, on cesse d'être un homme de bien pour rester un homme riche.

Ce n'est pas assez de dire aux hommes qu'ils doivent être fidèles à leurs engagements; ce qu'il faudrait leur enseigner dès l'enfance, c'est à n'en prendre que fort rarement. Malheureusement la jeunesse s'en préoccupe fort peu; il lui semble que le temps et les ressources ne lui manqueront jamais pour les tenir; et en quelques heures elle escompte souvent une longue et florissante existence. Quant aux engagements que l'on contracte envers Dieu, ou dans lesquels on fait intervenir la présence de Dieu, ils ne doivent céder ni à la mobilité ni à la puissance des hommes : jusqu'au dernier soupir, ils commandent notre volonté et la rendent plus forte que la douleur des supplices : c'est la partie invincible de notre être; on la détruit, on ne la surmonte pas. C'est cette doctrine admirable qui a fait naître les martyrs. Pour ce qui est de l'engagement que nous contractons envers Dieu de déclarer dans une cause criminelle la vérité, toute la vérité, rien que la vérité, on y trouve la seule garantie de l'honneur et même de la vie des hommes.

SAINT-PROSPER.

ENGAGEMENT (*Commerce*). C'est l'acte par lequel une personne quelconque se lie, *s'oblige* envers une autre à faire, à donner ou à payer telle ou telle chose, telle ou telle somme, à une époque future convenue. En général, tout engagement suppose des raisons qui ne blessent ni l'équité naturelle, ni les lois, ni les mœurs. C'est pourquoi le Code Civil déclare que l'engagement sans cause, ou sur une fausse cause, ou sur une cause illicite, ne peut avoir aucun effet; et pourquoi le Code de Commerce exige que les lettres de change et billets à ordre expriment la nature et le motif de l'engagement en spécifiant si la valeur a été fournie en espèces, en marchandises, en compte ou de toute autre manière. Il y a autant d'espèces d'engagements qu'il y a d'espèces d'effets de commerce et de manières de vendre et d'acheter. Chacun de ces engagements entraîne des conséquences fort diverses : ils lient plus ou moins étroitement celui qui les forme, et garantissent plus ou moins celui qui les reçoit. Quant aux formes et aux conséquences des *engagements civils*, *voyez* les mots CONTRATS et OBLIGATIONS.

C. PECQUEUR.

ENGAGEMENT (*Art militaire*). En présence de l'ennemi, ce terme indique les actions partielles qui ne peuvent prendre le nom de *combat* ou de *bataille*. On dit : Tel *corps d'armée*, telle *division*, telle *brigade*, tel *régiment*, a eu un *engagement avec l'ennemi*, ce qui signifie qu'on s'est battu, mais sans aucun résultat majeur, ou qu'on a été forcé d'*engager* quelques troupes pour soutenir une retraite, couvrir un convoi, se frayer un passage à travers l'ennemi. Le mot *affaire* rend à peu près la même idée. On dit aussi : Tel général, tel officier s'est *engagé* dans un défilé, dans un bois, dans un ravin, pour exprimer qu'il s'est imprudemment aventuré sur un terrain où avait lieu un mouvement en avant ou rétrograde. Le mot *engagement* était peu usité dans ce sens avant les guerres de notre révolution de 1789, et on ne le trouve dans aucun dictionnaire militaire antérieur à cette époque.

ENGAGEMENT MILITAIRE. C'est l'acte sous seing privé par lequel un individu contracte l'obligation d'entrer au service militaire pour un temps déterminé. La *durée des engagements* a beaucoup varié en France; elle a été tour à tour ou simultanément de deux, trois, quatre, six et sept ans. Avant 1789 l'engagement limité et à prix d'argent ne pouvait être moindre de huit ans. L'*engagé* devait avoir seize ans accomplis et jouir d'une bonne constitution. Au-dessous de cet âge, l'enfant ou ses parents avaient le droit de faire annuler le titre qui l'avait constitué. Le *prix de l'engagement* était fixé à 92 livres, dont 30 *pour-boire* et 12 pour les frais du recruteur. La somme du *pour-boire* n'était comptée qu'après la signature de l'acte par l'engagé et la vérification des titres. Le surplus était payé, moitié à l'arrivée au dépôt, moitié au moment où l'on passait sous les drapeaux. L'engagé ne pouvait parvenir au grade de caporal ou de brigadier, et successivement à ceux de sous-officier, si après ses années de service révolues il ne contractait pas un nouvel engagement égal. A l'époque dont nous parlons ce mode de recrutement était limité par certaines conditions : un corps ne pouvait, par exemple, engager les habitants des îles d'Oleron et de Ré, destinés au service de la marine, non plus que les matelots classés, les miliciens, les déserteurs, etc. D'après un privilége accordé à la seule université de Douai, il était expressément défendu d'engager aucun de ses étudiants.

Le système de la *conscription* et celui du *recrutement* ont successivement apporté de nouveaux changements au mode des engagements. Aujourd'hui que l'armée se recrute par des appels faits à la population et à toutes les classes de la société, on ne connaît plus d'engagements que ceux qui sont contractés volontairement et gratuitement. Notre législation militaire exige que l'acte par lequel un individu contracte l'obligation volontaire de servir sous les drapeaux soit passé à la municipalité du lieu qu'il habite et avec le consentement de ses père et mère. La loi en vigueur autorise les engagements depuis l'âge de dix-sept jusqu'à celui de quarante ans; l'enrôlé a le droit de choisir l'arme et le corps dans lesquels il veut servir. Celui qui a contracté un engagement volontaire est soumis aux dispositions pénales qui régissent l'armée; il doit en outre, comme les jeunes gens appelés à former un contingent, être astreint aux dispositions de la loi sur le recrutement.

ENGAGER. En termes de marine, un bâtiment *engage* quand, écrasé par la force du vent qui le charge d'un bord, il plonge de l'autre dans l'eau et ne se relève point. Dans ce moment terrible, il faut tâcher d'*arriver*, en mettant la *barre* au vent, en s'allégeant autant que possible de l'arrière, dont on coupe même la mâture, en étendant au vent des *prélarts* dans les haubans de *misaine*, où des matelots montent aussi pour opposer la masse de leurs corps au vent, trop heureux quand il finit par emporter sur la lame le navire fuyant devant lui. Quand toutes ces mesures ont été prises avec la rapidité qu'exige une position aussi critique, les marins attendent l'événement en s'accrochant au *bastingages* du vent, le regard fixé sur le côté qui plonge. Si le bâtiment ne se relève pas, il chavire; alors les hommes disparaissent soudain, ou, se cramponnant au bois qui surnage, ils périssent peu à peu de lassitude, de froid, ou de faim. On a retrouvé, à la suite de ces catastrophes, des mâchoires d'homme contractées, dont les dents étaient encore enfoncées dans les planches au moyen desquelles les malheureux avaient voulu se sauver; le reste du corps ayant été déchiqueté, dévoré par les requins.

Il y a pour ce terme maritime deux nuances à saisir : un bâtiment *s'engage* parmi des bas-fonds, des récifs, dans une passe, mais *il engage* quand il menace de chavirer. D'après l'habitude qu'a le marin de s'identifier avec son navire, il s'applique cette expression à lui-même. Par exemple, un capitaine dira : *J'engage, j'ai engagé*; à bord du brick *la Ménagère*, *nous avons engagé* dans l'Atlantique.

ENGASTRIMYSME (de ἐν, dans; γαστήρ, ventre; et μῦθος, parole; c'est-à-dire parole du ventre). C'est une espèce de voix sourde, tantôt lointaine, tantôt rapprochée, qui produit les illusions vocales les plus variées. Les *engastrimysthes* ou *ventriloques* étaient autrefois regardés comme des possédés du démon, parce que les hommes ignorants et superstitieux ont toujours attribué à des causes surnaturelles tout ce qui dépassait leur intelligence; mais aujourd'hui que les progrès des sciences ont en partie dissipé les ténèbres de la superstition, en éclairant l'horizon de l'esprit humain, nous avons des idées plus exactes sur la ventriloquie, et on est généralement d'accord sur ce point que cet art peut s'apprendre comme un autre, et que ses effets, en apparence magiques, sont dus à un ordre spécial d'action des organes vocaux. L'engastrimysme était connu dès la plus haute antiquité, car il en est question dans plusieurs ouvrages très-anciens, entre autres dans ceux d'Hippocrate. C'était même avec le secours des illusions vocales produites par cet art que les prêtres païens captivaient la confiance des peuples et rendaient dans les temples les oracles de leurs dieux. Depuis longtemps, la ventriloquie n'est plus qu'un objet de spectacle et d'amusement.

Il est démontré aujourd'hui que l'engastrimysme n'est pas le résultat du jeu d'un organe particulier situé dans le ventre et capable d'articuler des sons, mais que cet art n'est autre chose qu'une simple modification du langage ordinaire, qui est fondée sur la faculté d'imiter tous les sons en général, et plus particulièrement le caractère spécial de chaque espèce de voix. Les ventriloques, en variant artificiellement les inflexions et les intonations vocales, ne font qu'user en cela des ressources ordinaires que fournit une voix étendue, libre et bien exercée. C'est donc à tort que l'on a longtemps cru que la voix des ventriloques est produite dans le ventre, et que d'après cette idée on a si mal à propos formé le mot de *ventriloquie*. Rolandi (*Aglosso-Stomagraphia*, liv. III, cap. 6) dit que lorsque les deux feuillets ordinairement unis de la duplicature du médiastin restent séparés, la voix semble provenir de la cavité pectorale, et que les individus sont ventriloques. Amman, Nollet, Haller et quelques physiologistes modernes pensent que la voix des engastrimysthes se forme pendant l'inspiration. En 1770, le baron de Mengen, colonel autrichien, qui était ventriloque, donna l'explication suivante, qu'il avait faite, disait-il, d'après lui-même : la langue se pressait contre les dents, et la joue gauche y circonscrivait une cavité dans laquelle la voix était produite avec de l'air tenu en réserve dans le gosier. Les sons prenaient alors un timbre creux et sourd, qui faisait croire qu'ils venaient de loin. Il fallait, suivant lui, ménager l'air et respirer le moins souvent possible. Dumas et Lauth (*Mémoires de la Société des Sciences et des Arts de Strasbourg*) disent que la ventriloquie est une rumination des sons, qui, après avoir été formés dans le larynx, sont repoussés dans la poitrine, où ils prennent un timbre particulier, et ne sortent qu'avec un caractère sourd et lointain, qui est la cause de l'illusion. MM. Richerand et Fournier sont d'avis que la voix, formée dans la glotte, est refoulée ensuite dans les poumons, d'où elle ne sort que d'une manière graduelle, pour être étouffée alors par le larynx, qui réagit sur elle comme la sourdine d'un instrument de musique. M. Comte, notre célèbre ventriloque, dit que la voix se forme, comme à l'ordinaire, au larynx, mais que le jeu des autres parties de l'appareil la modifie, et que l'inspiration la dirige dans le thorax, où elle résonne. Enfin, M. le docteur Lespagnol a soutenu, en 1811, dans sa dissertation inaugurale, que c'est principalement à l'aide du voile du palais que l'on peut modifier les sons, de manière à graduer l'intensité de la voix pour produire l'illusion de la ventriloquie. Cette dernière théorie se rapproche beaucoup de la nôtre, car elle n'en diffère que parce que son auteur, qui, comme nous, est engastrimysthe, ne parle que de l'action du voile du palais, et dit que c'est seulement cette action qui produit la ventriloquie, en empêchant que l'air ne sorte par les fosses nasales. D'après ce savant et estimable confrère, la différence qui existe entre la voix qui vient de près et celle qui vient de loin, c'est que l'on entend dans la première des sons qui sortent de la bouche et du nez, tandis que dans la seconde ils ne sortent que de la cavité buccale. Ce que dit ce médecin sur la sortie de l'air est un fait que chacun peut vérifier, si surtout on veut employer le mécanisme vocal que nous allons bientôt indiquer, comme étant celui qui, d'après notre propre expérience, produit la ventriloquie. Pour parler comme les engastrimysthes, ou, si on aime mieux, pour *parler du ventre*, comme on le dit si improprement dans le monde, il n'est pas besoin d'avoir une conformation particulière des organes de la respiration et de la voix ; il suffit seulement d'être doué d'une certaine souplesse de la partie supérieure de l'appareil phonateur ; et avec un peu d'habitude et d'exercice, on parvient assez facilement à produire toutes les illusions vocales qui constituent l'art des ventriloques.

Comme, d'une part, les hommes ont en général un penchant secret et involontaire qui les porte à imiter toutes les actions dont ils sont témoins, et que, d'un autre côté, on a observé que de tous nos organes nul n'est plus propre à l'imitation que celui de la voix, je crois ne pas trop m'avancer en disant qu'une personne, surtout si elle est jeune, qui vivrait dans la société d'un ventriloque, ne tarderait pas à le devenir presque involontairement ; de même que deux individus qui vivent longtemps ensemble finissent par être à l'unisson pour le ton de la voix, et, ce qui est plus admirable encore, leur voix acquiert à peu près le même timbre. Convaincu que pour être ventriloque il suffit d'avoir des organes vocaux bien conformés et très-mobiles, ainsi que des poumons très-amples et perméables à l'air, nous sommes parvenus avec un peu d'exercice, en faisant sur nous-même des expériences sur la formation de tous les sons vocaux, à imiter assez bien ceux des engastrimysthes : pour produire parfaitement toutes les illusions qui constituent leur art, il ne nous manque qu'une plus grande habitude, et surtout la faculté si prédominante chez eux d'imiter toutes les inflexions vocales.

Pour parler avec la voix des ventriloques, il suffit d'employer le mécanisme suivant : d'abord, après avoir fait une profonde inspiration, qui a pour but d'introduire la plus grande quantité d'air dans la poitrine, il faut contracter très-fortement le voile du palais, afin de l'élever, comme dans la voix de fausset, de manière à boucher complétement l'orifice postérieur des fosses nasales ; on doit également avoir soin de contracter la base de la langue, le pharynx, le larynx, les piliers, les amygdales, enfin, toutes les parties qui forment le gosier, en même temps que l'on fixera la pointe de la langue derrière les dents de la mâchoire supérieure, de telle sorte que le sommet de l'organe phonateur reste tout à fait immobile. L'émission de la voix devra se faire en chassant le moins possible de l'air des poumons, et l'on parviendra facilement à ce résultat en contractant fortement tous les muscles du ventre, de la poitrine et du cou.

On voit que le principal secret des ventriloques est d'empêcher que l'air ne sorte par le nez, et de faire en sorte que ce fluide s'échappe par la bouche, d'une manière lente et tout à fait forcée, en sorte que la voix semble sourde, et ait la faiblesse et le timbre de la voix éloignée, ce qui, pour cette raison, fait croire qu'elle vient de loin. Afin d'augmenter encore le prestige, en donnant à la voix un son qui paraît venir d'un lieu déterminé, il suffit d'appeler adroitement l'attention vers ce lieu, et de parler ensuite dans cette direction en contractant plus ou moins le voile du palais pour que la voix s'éloigne ou s'approche à volonté. Il faut aussi tâcher de parler en faisant le moins que l'on pourra des mouvements de la mâchoire inférieure, et avoir soin d'articuler, en quelque sorte, la bouche fermée ; enfin, le ventriloque devra se présenter le plus souvent possible de profil, pour que sa figure paraisse plus impassible et aussi dépourvue de physionomie que celle d'un aveugle ; par ce moyen, il paraîtra encore plus ne prendre aucune part aux sons vocaux qu'il fait entendre, et il parviendra à produire l'illusion la plus complète. Pour avoir des détails curieux sur la ventriloquie, on fera bien de consulter le mémoire de Roullant, et surtout celui de l'abbé de Lachapelle, intitulé *Le Ventriloque, ou l'Engastrimysthe*.

Colombat (de l'Isère).

ENGEL (Jean-Jacques), l'un des meilleurs prosateurs qu'ait encore eus l'Allemagne, naquit à Parchim, en 1741, et fut le précepteur du roi Frédéric-Guillaume III. Plus tard il fut chargé de la direction du théâtre de Berlin, et conserva ces fonctions jusqu'en 1794, époque où des contrariétés administratives et l'affaiblissement de sa santé le déterminèrent à donner sa démission pour se retirer à Schwerin. Mais à l'avénement de son royal élève au trône, il revint se fixer à Berlin. Il mourut en 1802 à Parchim.

Critique de goût et de savoir, il mérita bien de l'esthétique générale. Son *Philosophe pour le monde* (2 vol., 1788), où l'on trouve des observations pleines de finesse et d'esprit sur les mœurs et sur les hommes, et son *Miroir des Princes* (1798) lui assignent un rang distingué parmi les philosophes pratiques et populaires de l'Allemagne. Ses œuvres dramatiques, *Le Fils reconnaissant* (1770) et *Le Page* sont au total des productions médiocres ; en revanche, son roman de mœurs *Lorenz Stark* (1774) est un excellent livre.

ENGELMANN (Godefroy), naquit à Mulhouse, le 16 août 1788, de parents riches et bien posés. Vers l'âge de douze ans, il alla passer quelques années chez un ami de son père, chef d'une maison de commerce à La Rochelle. On voulut lui apprendre la théorie des chiffres, mais il s'était senti un vif penchant pour les arts ; et comme chaque jour semblait lui donner un nouvel essor, on n'hésita pas à l'encourager dans ses résolutions. A l'âge de dix-huit ans, il entra chez le peintre Régnault, pour suivre pendant quelque temps les travaux de son atelier. Il retourna en 1811 à Mulhouse, où il ne tarda pas à se marier. Son beau-père était chef de la principale fabrique d'indiennes de Mulhouse, dans laquelle il entra bientôt comme directeur de la partie du dessin. Mais les désastres de la première invasion ruinèrent complétement la fabrique, et ce fut alors (en 1813) que, pour la première fois, Engelmann eut occasion de voir certains résultats de la lithographie, qu'un de ses amis, M. Édouard Kœchlin, avait rapportés d'Allemagne. Ces résultats le frappèrent, et, muni de l'instruction qui avait été publiée sur cet art, il commença ses studieux essais. En 1814 il fit un voyage à Munich, où il étudia à fond, dans les ateliers de M. Stuntz, les divers procédés lithographiques alors en usage, et, revenu dans sa ville natale quelques mois après, il ne cessa de s'occuper de cet art. Dès 1815 ses ateliers à Mulhouse étaient en activité, et en 1816 il fonda à Paris le premier établissement lithographique sérieux et pouvant arriver à des résultats certains.

On a quelquefois contesté à Engelmann la gloire d'avoir introduit la lithographie en France. En effet, divers artistes avaient avant lui étudié avec plus ou moins de soin les procédés lithographiques connus à cette époque, et s'étaient rendus en France, mais tous échouèrent. Ce qu'il y a de positif, c'est que le premier dépôt, selon la loi, d'épreuves lithographiques a été fait par Engelmann. Du reste, dans l'ouvrage qu'il a publié plus tard sur la lithographie, il discute cette question à fond, et fournit les preuves les plus convaincantes en faveur de sa priorité. Il est bon de faire remarquer qu'à cette époque les procédés lithographiques n'étaient encore que fort pauvres et fort incorrects; il y avait beaucoup à faire pour fixer toutes les incertitudes et pour trouver les procédés tels qu'ils sont employés aujourd'hui. La lithographie existait en Allemagne depuis 1800, et n'avait, pour ainsi dire, rien enfanté. Ce n'est que depuis que la France s'en est emparée qu'elle a pris cet essor que tout le monde a pu remarquer, ce qui revient presqu'à dire que sans Engelmann cet art serait tombé dans l'oubli le plus complet.

Engelmann, étant artiste en même temps qu'industriel et commerçant, se trouva parfaitement placé pour faire prospérer cet art nouveau; aussi dès l'abord les Horace et Carle Vernet, les Géricault, les Isabey, les Girodet, les Athalin, etc., etc., s'y intéressèrent-ils vivement. Tous les procédés ont été remaniés par Engelmann, et tous ont été modifiés, perfectionnés ou inventés par lui : c'est ainsi qu'il découvrit dès les premiers pas un procédé de lavis lithographique qui rendit de si grands services, et qui ne disparut plus tard que parce qu'il était devenu inutile, tant les progrès des dessinateurs laissaient en arrière la partie mécanique de l'art; les contre-épreuves, les encres, les crayons qui portent encore le nom d'Engelmann, en un mot, tout le mécanisme de la lithographie, a été soumis par lui à de sévères investigations, et sa dernière invention a été celle d'un procédé propre à l'impression lithographique en couleur, laquelle, sous le nom de *chromolithographie*, rend aujourd'hui d'éminents services au commerce et aux arts. Il venait de terminer un ouvrage important sur l'art auquel il avait consacré une partie de sa vie, lorsqu'une cruelle maladie l'arrêta dans sa carrière laborieuse. Les soins les plus éclairés ne purent combattre le mal, qui l'emporta le 24 avril 1839, dans sa cinquante-et-unième année.

Jacques Arago.

ENGELURE. Ce mot, dérivé du latin *gelu*, gelée, exprime l'idée de la congélation. Il sert à désigner une inflammation superficielle, produite par l'action du froid, dont les mains et les pieds sont principalement le siége, mais qu'on voit aussi se manifester sur les coudes, le nez, les oreilles, les joues, et même les lèvres. Les enfants, les jeunes gens d'une constitution lymphatique et débile, les femmes, en sont principalement affectés. On l'observe aussi dans l'âge adulte chez les individus dont la vitalité a peu d'énergie, qui ont la santé altérée par des maladies chroniques, ou qui ne sont point accoutumés aux variations atmosphériques, et principalement chez ceux qui, en raison de leur profession, ne peuvent se soustraire à l'action du froid. Les engelures, par exemple, sont un inconvénient de métier pour les blanchisseuses, les garçons épiciers, etc. La seule température froide ne cause pas cette inflammation autant que les alternatives de froid et de chaud. Après avoir pâli, puis rougi, successivement et à plusieurs reprises, la peau finit par conserver une teinte rosée; une démangeaison constante et désagréable s'y fait sentir. La partie se tuméfie, devient chaude et cuisante comme dans la brûlure. Cet état peut persister longtemps sans beaucoup s'aggraver, mais il est extrêmement incommode; il excite et entretient un mouvement fébrile, une agitation continuelle et l'insomnie. Souvent aussi il s'aggrave : la tuméfaction s'amollit, la peau prend une couleur bleuâtre, violacée, se couvre de phlyctènes (pustules), s'entr'ouvre, et il en découle un fluide ichoreux (âcre); des phlyctènes dont le fond est grisâtre se creusent et forment des ulcérations qui dénudent les muscles. Dans ces cas extrêmes, et qui ne sont pas très-rares, l'engelure réclame des soins chirurgicaux. L'habitude émousse cette inflammation, comme il arrive dans tout état chronique. Les nuances de l'irritabilité qui est départie à chacun font aussi varier l'affection : il est des personnes chez lesquelles l'engelure est indolente, tandis que chez d'autres elle cause des douleurs très-vives. Quoi qu'il en soit, elle est toujours redoutable, et d'autant plus qu'il n'est aucune maladie plus sujette à récidiver : si on en a été affecté pendant un hiver, il est rare qu'on ne le soit pas les années suivantes. Il est cependant un terme pour les enfants où cette disposition cesse, c'est l'époque de la puberté.

L'engelure est donc une affection qu'on doit chercher à prévenir autant que possible; il est nécessaire d'abord d'éviter toutes les transitions brusques du froid au chaud, et avoir soin de ne pas aller se réchauffer les mains près du feu, lorsqu'on rentre au logis. Aux approches de l'hiver, les individus qui sont disposés aux engelures, et qui en sont annuellement affectés, pourraient retirer quelque avantage de la pratique suivante : Se baigner plusieurs fois par jour les pieds et les mains dans une décoction d'écorce de chêne et de grenade, dans laquelle on ferait dissoudre un peu d'alun, ou à laquelle on ajouterait de l'extrait de Saturne. Ce bain devrait être plus froid que chaud pour les mains; mais pour les pieds, il faudrait qu'il fût tiède, le refroidissement de ces extrémités étant à craindre. Il conviendrait aussi d'oindre les extrémités avec du cérat.

Si l'engelure n'a point été prévenue, il faut s'efforcer de la guérir : pour parvenir à ce but, on recommande divers traitements, et malheureusement, dans le nombre, il s'en trouve qui augmentent le mal et qui pourtant ont un crédit populaire. Telle est l'exposition de la partie malade à une chaleur forte et soutenue, aussi longtemps qu'on peut endurer la douleur violente que cette exposition excite. L'inflammation s'accroît par ce moyen cruel, et si la douleur cesse quelquefois, c'est parce que la peau se détruit par une sorte de gangrène humide. On recommande aussi de frotter les parties malades avec de la neige, de les recouvrir ensuite chaudement, et même avec du taffetas gommé. La réfrigération est rationnelle comme dans le traitement de la brûlure, où elle est si puissante; mais pour qu'elle eût cette efficacité, il faudrait la continuer longtemps, autrement elle est suivie d'une forte réaction de chaleur qui augmente le mal. L'application du froid est très-utile; mais il faut savoir la diriger, car elle a des inconvénients quand l'affection est intense. Il est nuisible d'envelopper chaudement les parties après les avoir refroidies; il faut au contraire que la chaleur ne revienne que par degrés et soit modérée. C'est à tort qu'on recommande aussi d'avoir recours à des lotions avec de l'eau-de-vie, de l'eau de Cologne, du vinaigre et de l'urine, qui aggravent le mal en l'irritant.

Les engelures constituent une affection plus qu'inflammatoire; on doit ne la combattre que par des topiques plutôt adoucissants que stimulants. Dans ces cas extrêmes où les parties sont ulcérées profondément, où les chairs se détruisent, où même des os peuvent être mis à nu, il faut appliquer des sangsues autour du foyer du mal, et les placer près du cercle rouge qui le borne. Cette application est surtout indiquée quand il y a beaucoup de rougeur, de tumeur et de douleur. On doit laisser couler le sang abondamment, panser les ulcères avec de la charpie, et recouvrir le siége du mal avec un cataplasme émollient et froid. En persistant dans ce procédé, on verra les accidents se calmer progressivement. Si l'engelure n'est pas ulcérée, mais accompagnée d'une violente inflammation, le même traitement est encore nécessaire comme moyen curatif ou comme moyen de prévenir une aggravation ultérieure. Dans les cas ordinaires, des cataplasmes de farine de graine de lin froids et arrosés d'eau de Goulard suffisent souvent pour guérir les engelures, ou du moins pour amender les accidents qu'elles causent; mais il faut les continuer avec constance et éviter l'action de l'air froid, ce qui n'est pas possible malheureusement pour un grand nombre de personnes des classes ouvrières. Peut-être emploierait-on avec avantage le coton cardé pour envelopper les parties affectées d'engelures. On pourrait peut-être se servir avantageusement encore d'eau de suie pour préparer les cataplasmes de farine de graine de lin. Cette eau se prépare absolument comme le café, et on ne doit prendre de la suie que dans les cheminées où on brûle du bois. De l'eau de goudron pourrait servir à la même destination, ainsi que l'eau de créosote. Dr CHARBONNIER.

ENGHIEN (*Angia*), petite ville du royaume de Belgique, dans le Hainaut, à 28 kilomètres nord de Mons, sur la Marcq, affluent de la Dendre, peuplée de 4,000 habitants environ, chef-lieu de canton, avec un collége, des fabriques de toile, de cotonnades et de dentelles, dites *points de Paris*, de raffineries de sel, des blanchisseries, des savonneries, et un beau parc, appartenant à la famille d'Aremberg. C'était autrefois la première baronie du Hainaut. Hugues d'Enghien, seigneur du lieu, y bâtit, en 1167, un château fort. Aux treizième et quatorzième siècles, elle fut entourée de murailles par Wautier III et Pierre de Luxembourg, seigneurs d'Enghien. Elle était passée en 1389 dans cette dernière maison par le mariage de Marguerite d'Enghien, comtesse de Converrans et de Brienne, avec Jean de Luxembourg, seigneur de Beaurevoir et Richebourg. La baronnie d'Enghien entra en 1485 dans la famille de Bourbon par suite du mariage de Marie de Luxembourg, comtesse de Saint-Pol et dame d'Enghien, avec François de Bourbon, dont le fils, Charles, duc de Vendôme et de Bourbon, fut le père d'Antoine de Bourbon, roi de Navarre et père de Henri IV. Ce dernier prince, devenu roi de France, vendit la ville d'Enghien et son bailliage à Charles de Ligne, prince d'Aremberg. Cependant, le titre d'Enghien rentra en France. Louis de Bourbon, premier prince de Condé, voulant partager avec son frère aîné le titre de baron d'Enghien, en fit transporter le nom à Nogent-le-Rotrou. Henri II de Condé, son petit-fils, transporta ce même nom à la ville d'Issoudun, et depuis il fut transféré, une troisième fois, au duché-pairie de Montmorency, qui porta depuis le nom de duché d'Enghien. Les fils aînés des princes de Condé avaient le titre de duc d'Enghien du vivant de leur père. Ce titre s'est éteint avec le malheureux prince fusillé dans les fossés de Vincennes, en 1804.

ENGHIEN, ENGHIEN-MONTMORENCY, ENGHIEN-LES-BAINS, village du département de Seine-et-Oise, annexe de la commune de Montmorency, à 15 kilomètres de Paris, célèbre par son établissement d'eaux minérales auquel il doit sa création, et par son *étang* de 120 arpents, dont les Parisiens ont tenu à faire un *lac*.

Le territoire d'Enghien fit partie jusqu'à la révolution du domaine de Saint-Gratien, ancienne propriété du maréchal de Catinat, et même on y voit encore aujourd'hui, le long de ses avenues macadamisées, les traces des fossés et des haies de ce parc immense. Morcelé à plusieurs reprises, ce vaste terrain ne se couvrit d'habitations que lorsque la faveur publique eut adopté les eaux minérales des sources voisines.

Aujourd'hui Enghien est un des plus jolis villages de plaisance qui existent aux environs de Paris; il n'est habité que pendant la belle saison, et l'on n'y trouverait pas une maison de cultivateur : ce ne sont que coquettes habitations, que gracieux chalets, abrités par de hauts peupliers, encadrant de verdure et de fleurs son lac, sillonné d'embarcations aux voiles blanches. Il y a là de petites maisons avec un demi-arpent de jardin alentour, et qu'à l'extérieur vous prendriez pour de misérables chaumines de paysans; vous entrez, et vous trouvez un mobilier de cent mille écus! C'est même une joute, une lutte d'amour-propre dans ce singulier pays, à qui sera le plus original en ce genre; ils sont là une vingtaine de millionnaires qui se font humbles et gueux extérieurement, que c'est un plaisir!...

Ajoutons, pour achever le tableau, qu'Enghien, situé au milieu de la vallée de Montmorency, est environné de collines boisées, sur les flancs desquelles s'étagent de superbes châteaux et de nombreux villages, Andilly, Soisy, Eau-Bonne, etc. Si près de la ville, on pourrait s'en croire à cent lieues, tant l'air y est pur, tant l'air y est calme.

Hélas! ce calme mystérieux, cette harmonie pure et suave, un seul jour suffit pour les faire évanouir. C'était en 1846. La déplorable fureur des bals publics était alors à son plus haut période; la paisible et gracieuse retraite ne put s'y soustraire. Un soir du mois de mai, une brillante illumination frappe soudain le feuillage sombre, mille fois répétée dans l'eau; les notes stridentes du cornet à piston firent taire le chant du rossignol; en même temps à chaque convoi du chemin de fer s'abattait par centaines cette population équivoque et mêlée, personnel ordinaire des réunions chorégraphiques. Le parc d'Enghien devint une succursale de Mabille et du Château-Rouge. Des restaurants somptueux s'y établirent comme par enchantement. Aussi ces dames de Breda-Street en raffolèrent, et toutes voulurent faire

> ....des châteaux en Espagne,
> A deux le soir, au bord du lac d'Enghien.

Pour comble de malheur, le lac lui-même, jusque alors réservé aux riverains, fut bientôt envahi par des individus étrangers à la localité et que le bruit y avait attirés, gens à l'aspect farouche, aux mœurs étranges, au costume fantastique, par les canotiers enfin, s'il faut les nommer.

Si bien que ce fut un sauve-qui-peut, une désertion générale parmi les infortunés agents de change, banquiers et autres amateurs de villégiature... Heureusement pour eux, et pour l'homme de goût, l'administration du bal d'Enghien ne fit pas longtemps de bonnes affaires, et depuis quatre ans déjà le rossignol a reconquis sa place usurpée par Pilodo.

ENGHIEN (Eaux d'). Ces eaux ne furent pendant longtemps qu'un ruisseau puant, perdu dans le déchargeoir du moulin d'Enghien, jusqu'à ce que l'abbé Coste, curé de Montmorency, crut reconnaître leur nature sulfureuse. Il en écrivit à l'abbé Nollet, célèbre physicien de cette époque, qui communiqua sa lettre à l'Académie des Sciences; on chargea le chimiste Macquer d'aller en constater la nature : c'était en 1766 (il y aura bientôt quatre-vingt-dix ans). Macquer y constata la présence d'un foie de soufre terreux, et, les comparant aux autres espèces d'eaux sulfureuses déjà connues, il les assimila aux eaux d'Aix-la-Chapelle, et surtout à celles de Bagnères de Bigorre et de Saint-Amand. Il était difficile de faire une appréciation moins exacte, car nous ignorons complétement la nature sulfureuse des eaux de Saint-Amand; celle des eaux d'Aix-la-Chapelle est encore fort équivoque, et les sources de Bagnères ne contiennent point de soufre.

Depuis cette époque, l'analyse en a été reprise bien des fois : en 1771, par un M. Le Vieillard, propriétaire de la source; en 1774, par Deyeux et Roux, commissaires de la Société royale de Médecine; en 1785, par Fourcroy et de La Porte. Ce dernier travail mérite une mention particulière, à cause du nom de Vauquelin, qui pendant cinq ans suivit toutes les expériences avec conscience, et parce qu'il y signala le premier la présence d'une matière organique, dont l'existence est du moins problématique. Il résulte de l'analyse de Vauquelin que l'eau d'Enghien doit son odeur sulfureuse à de l'hydrogène sulfuré qu'elle tient en dissolution, et qu'on y rencontre des sulfates, des muriates et des carbonates de potasse, de chaux et de magnésie; elle renferme également une petite quantité de silice et d'alumine. Conduit par une fausse analogie, Vauquelin a cherché dans l'eau d'Enghien cette matière à demi organisée qui se trouve en si grande abondance dans les eaux thermales sulfureuses; il en signala même la présence, mais sans certitude.

On se contentait alors, et longtemps encore on s'est contenté de boire l'eau d'Enghien. Cela est facile à comprendre, en songeant à la température de la source; les appréciations les plus exactes la portent de 14 à 15 degrés. Employée par quelques médecins, l'eau sulfureuse accidentelle d'Enghien resta jusqu'en 1822 à peu près ignorée pour le grand nombre. A cette époque elles avaient été conseillées à Louis XVIII, qui croyait s'être bien trouvé de leur usage, et les personnes de la cour voulurent, comme le maître, prendre les eaux d'Enghien. Alors on eut l'idée de les chauffer pour les donner en bains, alors aussi vinrent de nouvelles analyses (en dernier lieu par M. Henri), qui n'offrent que fort peu de différence avec celles de Fourcroy et Vauquelin.

En résumé, Enghien est un lieu de plaisance fait pour attirer et retenir nos jolies Parisiennes, qui y retrouveront cette fraîcheur de santé, si souvent altérée par les fatigues de nos soirées d'hiver et de nos fêtes de nuit; elles trouveront dans la vallée de Montmorency un pays enchanteur, un air sain, une atmosphère salubre; il est même un grand nombre de maladies réelles que guériront les eaux d'Enghien, tandis que le séjour des montagnes ne pourrait que les aggraver. Toutefois, s'il s'agit d'une altération de sécrétion, d'une affection scrofuleuse ou rhumatismale, et surtout lorsque la maladie a son siége sur l'organe respiratoire, ne vous arrêtez pas à Enghien; prenez, au contraire, la route du midi; les Pyrénées seules apporteront du remède à vos maux.

ENGHIEN (Louis-Antoine-Henri de BOURBON, duc d'), fils unique de Louis-Henri-Joseph, duc de Bourbon, et de Louise-Marie-Thérèse-Bathilde d'Orléans, était né le 2 août 1772, à Chantilly, et avait eu pour précepteur l'abbé Millot. Dès 1789, partageant la répulsion profonde des classes privilégiés pour les principes et les idées qui excitaient dans la France entière le plus vif enthousiasme, il s'éloigna avec son grand-père, son père et le comte d'Artois, et se rendit à Turin, où il résida pendant dix-huit mois. En 1792 il fut des premiers à s'enrôler dans le corps d'émigrés réuni par son grand-père, le prince de Condé, sur les bords du Rhin, et il en commanda l'avant-garde de 1796 à 1799. Tous les témoignages contemporains s'accordent à reconnaître que sur les champs de bataille le jeune prince se montra toujours digne de ses aïeux. Le licenciement définitif de l'armée de Condé en 1801, à la suite de la paix de Lunéville, vint clore sa carrière militaire. L'Angleterre était alors un sûr asile pour les princes de la famille exilée et pour leurs serviteurs. Le duc d'Enghien eût pu s'y retirer; mais, marié secrètement, dit-on, depuis plusieurs années avec la princesse Charlotte de Rohan-Rochefort, il préféra se fixer dans le duché de Bade, au château d'Ettenheim, sur la rive droite du Rhin, à 20 kilomètres au plus de Strasbourg, aux portes de la patrie. Une telle détermination cachait-elle de sa part une pensée politique? Est-il vrai qu'il se mêla aux machinations, aux intrigues, aux conspirations de tous genres incessamment ourdies contre le premier consul par les différents partis que sa main puissante avait bien pu comprimer, mais qu'elle n'avait point encore réussi à complétement écraser? Faut-il admettre qu'oublieux de ce qu'il devait à son nom, il aspira alors à poser sur sa tête la couronne de France au mépris des droits des aînés de sa race? C'est ce que prétendirent les agents d'une police généralement assez peu scrupuleuse dans le choix de ses moyens, et qui ne dut pas se faire faute de calomnier celui qu'elle avait résolu d'assassiner. Mais jamais, avant comme après la déplorable catastrophe du 21 mars 1804, elle ne songea à fournir les preuves de cette banale accusation, évidemment imaginée après coup pour atténuer l'intérêt qui devait s'attacher à la victime du plus odieux des guet-apens. Comment croire que le duc d'Enghien ne conserva pas toujours au fond du cœur l'espoir de rentrer quelque jour dans sa patrie et d'y retrouver les honneurs qui avaient entouré son berceau? N'était-il pas dès lors tout naturel que les aventuriers politiques qui tentaient de lutter contre les volontés de la France et de lui imposer une forme de gouvernement dont elle ne voulait plus, s'efforçassent de mettre dans leur confidence tantôt tel ou tel prince de la famille détrônée, tantôt telle ou telle puissance étrangère, suivant les relations qu'ils avaient pu se créer? Le jeune prince était-il tenu au courant des projets imaginés à ce moment par quelques conspirateurs pour renverser le gouvernement consulaire et rétablir la royauté? C'est possible, vraisemblable même; mais tous les témoignages recueillis s'accordent à démontrer qu'il n'y prenait point autrement part.

La conspiration de Moreau, de Georges et de Pichegru, tramée avec l'assentiment du cabinet de Saint-James contre les jours du premier consul, fournit à Bonaparte le prétexte dont il avait besoin pour réaliser enfin le projet qu'il avait depuis longtemps conçu d'effrayer ses ennemis secrets, de frapper un grand coup, et de se rendre maître de la personne du seul prince de la maison de Bourbon qui eût été assez imprudent pour venir en quelque sorte s'offrir à ses coups en fixant sa résidence à une couple de lieues seulement des frontières de la France. Des rapports de police (et on sait quelle foi méritent généralement les renseignements de cette espèce-là!) prétendirent que le duc d'Enghien était venu plusieurs fois à Paris sous un déguisement (ce qui était positivement faux); et le conseiller d'État Réal fut chargé de s'assurer de l'exactitude du fait. Celui-ci savait parfaitement ce qu'on voulait de lui; il déclara donc tenir d'un espion que le prince faisait de fréquentes absences d'Ettenheim et avait été vu en divers endroits en compagnie de Dumouriez. C'en fut assez pour que Bonaparte trouvât là des éléments de justification ou d'excuse pour le crime qu'il méditait. Son aide de camp Caulaincourt reçut ordre de se rendre à Strasbourg avec des instructions cachetées, qu'il ne devait ouvrir que lorsqu'il serait à destination, et qui lui indiqueraient ce qu'il aurait à faire ultérieurement. En même temps il fut enjoint au général Ordener de partir secrètement pour la même destination, de se porter de là sur Ettenheim avec un fort détachement de troupes, de cerner le château, et d'y enlever le duc d'Enghien.

Des avis non suspects avaient depuis longtemps averti le prince de ce qui se tramait contre lui; et dès le 10 juin 1803 son grand-père lui-même, le prince de Condé, lui avait écrit d'Angleterre à ce sujet dans les termes de la plus vive inquiétude. Le prince refusa longtemps de croire aux dangers qu'on lui signalait; mais les prières de la princesse de Rohan avaient enfin déterminé le duc d'Enghien à demander à la cour de Vienne des passeports pour se retirer en Angleterre. La chancellerie autrichienne ne se pressa point de les expédier, et le prince fut perdu.

Dans la nuit du 15 au 16 mars, trois à quatre cents soldats de la garnison de Strasbourg pénètrent en pleine paix, au mépris du droit des gens, sur le territoire du duché de Bade, et viennent en armes investir à Ettenheim l'habitation du duc d'Enghien. Le bruit de leur approche réveille le prince. Il s'élance hors de son lit, saute sur un fusil à deux coups, et s'apprête à vendre chèrement sa vie. L'un de ses officiers, le baron de Grunstein, qui s'était hâté d'accourir près de lui, le détermine à ne point tenter une résistance inutile. Bientôt les satellites du despotisme se précipitent dans l'appartement, le commandant Charlot à leur tête. Le prince est arrêté avec tous les siens : on l'entraîne à demi vêtu, on le conduit à la citadelle de Strasbourg, et le 18 au matin on le fait monter dans une chaise de poste attelée de six chevaux, qui l'amène en moins de deux jours au château de Vincennes. Il y arriva le 20 mars, entre cinq et six heures du soir. La femme de Harel, commandant du château, qui était la sœur de lait du duc d'Enghien, le reconnut avec effroi. Excédé de fatigue, le prince se coucha après un court repas, quoiqu'il ne fût encore que huit heures, et s'endormit d'un profond sommeil. Mais tout était déjà préparé pour son supplice; sa fosse même avait été creusée d'avance...

Un arrêté des consuls, daté du jour même de son arrivée, le renvoyait devant une commission militaire comme « prévenu d'avoir porté les armes contre la république; d'avoir été et d'être encore à la solde de l'Angleterre, et de faire partie des complots tramés par cette dernière puissance contre la sûreté intérieure et extérieure de la république ». Cette commission militaire avait été immédiatement nommée par Murat, alors gouverneur de Paris, qui la composa du général Hulin, président, du colonel Guitton, du colonel Bazancourt, du colonel Bavier, du colonel Barrois, du colonel Rabbe, du capitaine-major d'Autancourt, investi des fonctions de rapporteur, et du capitaine Molin, chargé de celles de greffier.

Entre minuit et une heure du matin, le duc d'Enghien est brusquement arraché à son sommeil, et après avoir été interrogé par le capitaine d'Autancourt, il est amené devant ses juges, réunis dans l'une des chambres du pavillon de la Porte du bois. Là il est interrogé de nouveau par le président de la commission ; et il répond à toutes ses interpellations avec une mâle assurance. A l'accusation d'avoir porté les armes contre sa patrie : « J'ai combattu avec ma famille, répondit-il, pour recouvrer l'héritage de mes ancêtres; depuis la paix, j'ai déposé les armes : il n'y a plus de rois en Europe. »

Mais c'est en vain que la noblesse et la franchise des réponses du prince établissaient son innocence; c'est en vain que les lois contre les émigrés ne poursuivaient que les *émigrés arrêtés sur le territoire de la république ou en pays ennemi et conquis*; c'est en vain que la législation en vigueur interdisait formellement aux commissions militaires la connaissance des *complots tramés contre la sûreté intérieure de la république*; c'est en vain que la règle générale de la justice ordonnait de ne procéder que publiquement et de jour dans les affaires criminelles; c'est en vain qu'aucune pièce à charge n'existait au procès. Qu'importaient les lois et la justice? ne fallait-il pas verser le sang d'un Bourbon pour détruire tout soupçon d'un pacte secret avec cette famille et s'aplanir la voie du trône!.. Les membres de la commission se montrèrent dignes de la confiance de leur maître. Sans avoir daigné avertir leur victime de faire choix d'un défenseur, sans même lui en avoir nommé un d'office, sans avoir aucun égard à la demande faite par le duc d'une entrevue avec le premier consul, la commission, *à l'unanimité!* condamna à mort cet infortuné, par un jugement où l'ignorance complète des lois qu'elle appliquait força le greffier d'en laisser non-seulement le texte, mais même la date en blanc. Le jugement ordonnait de plus l'exécution immédiate; et pourtant les lois réservaient expressément au condamné le droit de recours en révision ou de pourvoi en cassation. A peine cet arrêt de sang fut-il rendu qu'un officier général, Savary, devenu plus tard ministre de la police générale et duc de Rovigo, qui avait assisté au jugement derrière le fauteuil du président, en arracha des mains de ce dernier la minute informe, et s'occupa de pourvoir sans délai à son exécution.

Il était environ quatre heures du matin. Le prince est extrait de sa prison par des gendarmes d'élite; on le mène par un escalier étroit et tournant. Saisi d'un mouvement involontaire, il s'adresse à l'officier de gendarmerie qui l'accompagnait, et lui dit : « Est-ce que l'on veut me plonger tout vivant dans un cachot? Suis-je destiné à périr dans les oubliettes? » L'escalier conduisait dans la partie orientale des fossés du château. Ce fut alors seulement que le jeune prince, qui jusque là avait ignoré où il se trouvait, dit en regardant autour de lui : « Je reconnais Vincennes! » En voyant l'appareil militaire qui l'attendait, il ajouta : « Ah! grâce au ciel, je mourrai de la mort d'un soldat! marchons! » Parvenu au lieu du supplice, il remet à l'un de ses bourreaux des cheveux, un anneau d'or et une lettre pour la princesse de Rohan, le suppliant d'accomplir religieusement ce lugubre message; puis il se met à genoux à quelques pas de la fosse ouverte pour le recevoir, et prie le Dieu de miséricorde de l'accueillir dans son sein. Impatienté sans doute de ce retard, Savary ordonne à deux ou trois reprises d'exécuter le feu. Le noble prince, quand il a achevé de régler ses comptes avec Dieu, se relève enfin; son regard et sa contenance respirent la plus mâle intrépidité. Il fait signe qu'il est prêt à mourir. Les fusils s'abaissent, et le descendant du grand Condé tombe privé de vie. Les gendarmes d'élite instruments de ce meurtre juridique, comme s'ils redoutaient que le jour, sur le point de paraître, ne vînt découvrir la rougeur de leur front, se hâtèrent de précipiter le cadavre de leur victime dans le trou qui l'attendait béant depuis plus de douze heures; quelques pelletées de terre précipitamment jetées sur ce corps encore chaud achevèrent de combler la fosse; et alors l'homme qui avait médité cet odieux attentat put espérer que rien ne serait plus. Il avait oublié l'inexorable histoire, aux yeux de laquelle le crime ne se prescrit jamais.... Ainsi périt le 21 mars 1804, entre quatre et cinq heures du matin, à la lueur encore incertaine du crépuscule, dans la fleur et dans toute la force de l'âge, le dernier rejeton des Condé, de cette grande race militaire descendant de Robert, l'un des fils de saint Louis, marié à l'héritière de Bourbon!.. A quarante jours de là un sénateur faisait la motion de déclarer le premier consul Bonaparte empereur des Français et de rendre le trône de France héréditaire dans sa famille!

En 1816, le prince de Condé et le duc de Bourbon firent exhumer le corps de leur malheureux fils, dont la dépouille mortelle fut alors déposée sous les voûtes de l'antique chapelle du château de Vincennes et placée dans une tombe digne de sa mémoire.

A Sainte-Hélène, Napoléon essaya de rejeter sur M. de Talleyrand la responsabilité de la mort du duc d'Enghien, et de faire croire à la postérité que très-certainement s'il avait tout su, si surtout une lettre que lui aurait adressée le duc lui avait été remise à temps, il eût pardonné... C'était là de sa part faire à bon marché de la générosité posthume, car il est avéré aujourd'hui que le duc d'Enghien ne s'abaissa point à lui écrire. Un grand nombre de brochures parurent en 1823, provoquées par les assertions contenues dans le *Mémorial de Sainte-Hélène* sur les faits que nous venons de raconter. M. de Talleyrand, à ce qu'il paraît, dédaigna de relever l'accusation que faisait tomber sur lui l'implacable rancune du prisonnier de Sainte-Hélène; mais il remit à Louis XVIII des preuves établissant qu'il était demeuré étranger à toute cette odieuse machination, preuves que le vieux roi trouva concluantes. Savary, duc de Rovigo, fut moins heureux. Il tenta de se laver des terribles inculpations dont on chargeait son nom, et n'y put réussir. Le vieux général Hulin, qui ne pouvait nier, lui, sa complicité passive, puisque c'est lui qui avait présidé la commission militaire, crut devoir apporter aussi son témoignage dans ce débat, et il établit péremptoirement que Savary avait tout au moins précipité l'exécution sans nécessité. Tout ce que le duc de Rovigo parvint à peu près à démontrer, c'est que la voix publique l'avait calomnié quand elle l'avait accusé d'avoir attaché de ses propres mains une lanterne sur la poitrine du malheureux prince, afin que dans la demi-obscurité où ils se trouvaient les gendarmes d'élite chargés d'exécuter la sentence de mort pussent tirer juste.

M. Dupin aîné, l'un de ces hommes à préjugés qui croient que la politique n'autorise pas plus le vol que l'assassinat, a publié toutes les pièces de ce monstrueux procès et les a fait précéder de la discussion des actes de la commission militaire (Paris, 1823).

ENGIN. Si ce terme, déjà usité chez les Français pendant la croisade de 1248, n'est pas originaire d'Italie, du moins les termes *ingénieur* et *génie* en sont provenus, parce que les Italiens ont été la première nation moderne qui ait eu une balistique, des ingénieurs et un génie militaire. Nous avons ensuite transmis ces expressions d'Italie aux Anglais; de là leur mot *engine*, signifiant matériel ou mobile, et *engineer*, signifiant ingénieur.

Notre mot *engin* était synonyme du grec ὄργανον, en latin *organum*, et en français *instrument* ou *machine*. Il répondait aussi au mot *ouvrage de fortification*. Les engins étaient ou mobiles ou fixes, ou défensifs ou offensifs; quelques-uns s'appelaient *engins de batterie :* ces instruments ont dépendu, suivant les temps, des *ingignours*, des maîtres d'arbalétriers et d'artillerie, des maîtres d'engins, du grand-maître des arbalétriers, du grand-maître de l'artillerie. L'historien de Charles VII appelle *engins à verge* ceux qui comprenaient les diverses espèces de catapultes, les coullards, les pierriers, etc. Velly, à la date de 1452 et à celle de 1461, parle des engins volants de Charles VII, et les compare à nos bombes; mais les premiers engins étaient plutôt l'instrument qui lançait que l'instrument lancé, et lorsqu'ils commencèrent à être comparables à notre artillerie moderne, ils jetèrent des dards à feu et des molières. Plusieurs voyageurs ont parlé dans leurs récits des engins de forme ancienne que l'on conservait comme curiosité en Prusse, et qu'on voyait aux écuries royales de Berlin.

Quand l'expression *engin* a commencé à tomber en désuétude, le terme *artifice* l'a remplacée, comme celui-ci a été remplacé, à son tour, par le mot *chicane*. Gal Bardin.

On appelle aussi *engins* les filets et autres outils nécessaires à la chasse et à la pêche.

ENGORGEMENT. On emploie ce mot pour désigner l'augmentation d'une partie du corps, qu'on suppose causée par l'épaississement, l'accumulation des fluides dans leurs conduits naturels. Cet état, qui se rencontre fréquemment, est l'effet de diverses maladies. Un engorgement peut être inflammatoire, squirrheux, cancéreux, scrofuleux, etc. Les scrofules portent aussi le nom d'*engorgements blancs*.

ENGOUEMENT. Ce mot, peu harmonieux, mais expressif, signifiait d'abord un embarras ou une plénitude de la gorge. Il a vieilli dans ce sens; maintenant il désigne ce mouvement d'exaltation passagère qui nous porte à prodiguer à un homme ou à un ouvrage l'admiration et les éloges. L'engouement diffère de l'enthousiasme en ce que ce dernier ne s'éprouve que pour un objet digne de l'inspirer, tandis que l'autre surgit presque toujours pour un sujet futile, ou qui est loin de mériter de pareils transports. *Le Cid* du grand Corneille excita l'enthousiasme, et on l'admire encore aujourd'hui; le *Timocrate* de son frère Thomas fit naître l'engouement, et depuis longtemps il est profondément oublié.

L'engouement est exclusif de sa nature; il n'y a pour lui qu'un savant, qu'un poëte, qu'un peintre; pour ne pas en apercevoir d'autres, il se prosterne devant son idole, en s'écriant : *Divin !...* Et il ne sort pas de là. Mais cette adoration convulsive n'est pas de longue durée. C'est ce qu'exprimait fort ingénieusement un médecin philosophe, que consultait une dame pour savoir si elle devait user d'un remède alors en grande faveur : « Prenez-en, lui dit-il : sans doute qu'il guérit encore. » De tout temps, la nation française a été regardée comme la plus disposée à s'*engouer* des hommes et des choses; et de nombreux exemples ne nous permettent guère de contester cette assertion, mais c'est aussi chez nous que ce sentiment exagéré est le moins durable. Un homme de talent et d'esprit a dit de notre engouement politique : « C'est une omelette soufflée. Si l'on ne veut pas qu'elle tombe, il ne faut pas lui laisser le temps de se refroidir. » Cependant, il est juste de faire remarquer que nombre de déceptions et de désappointements de toute espèce ont beaucoup diminué ce penchant à s'engouer, qui caractérisait le Français et surtout le Parisien. Prenons garde de tomber dans l'excès contraire; le *nil admirari* est une fâcheuse devise, et le dénigrement un triste plaisir. Si l'engouement est souvent une duperie, c'est du moins, en fait d'art et de littérature, une source de rapides mais agréables émotions. Ourry.

ENGOULEVENT, oiseau de l'ordre des passereaux, de la tribu des fissirostres. L'engoulevent, placé près des hirondelles par les nomenclateurs, a en effet avec elles des rapports d'organisation et de forme assez nombreux pour les justifier; mais sous certains rapports l'engoulevent se distingue aisément de tous les autres oiseaux. Les noms bizarres qui lui ont été donnés prouvent d'abord que sa singularité a frappé l'homme depuis bien longtemps et a donné lieu à une infinité d'erreurs, que ces noms sont souvent propres à perpétuer; on l'a nommé *tette-chèvre*, *crapaud-volant*, *chasse-crapaud*, *foule-crapaud*, *sèche-terrine*, *hirondelle à queue carrée*, *corbeau de nuit*, etc., toutes dénominations qui ont rapport à des particularités qu'on lui attribuait avec ou sans raison. Montbeillard lui a réservé le nom d'*engoulevent*, usité dans quelques provinces : « Ce nom, quoiqu'un peu vulgaire, dit-il, peint assez bien l'oiseau, lorsque, les ailes déployées, l'œil hagard, et le gosier ouvert de toute sa largeur, il vole avec un bourdonnement sourd à la rencontre des insectes dont il fait sa proie, et qu'il semble *engouler* par aspiration. » Sa taille est un peu plus élevée que celle d'un merle; sa couleur, d'un gris mêlé de petites taches noires, est assez obscure; son plumage, très-finement duveté, comme chez les oiseaux de nuit, est très-agréable à la vue, sa forme régulière; cependant il a une tête volumineuse, de très-gros yeux noirs, et le bec si couvert de plumes à sa base qu'il paraît fort petit : néanmoins, l'engoulevent peut l'ouvrir très-largement, car il est fendu jusque sous les yeux. Les mandibules cornées du bec sont minces et légèrement courbées; le tour est garni de rangées de soies noires, roides, très-fortes, dirigées en avant, à l'aide desquelles l'oiseau, par un mouvement de corrugation de la peau, peut retenir la proie qu'il a saisie. De ses quatre doigts, le postérieur a beaucoup de disposition à se tourner en avant. La longueur totale de l'oiseau est de 27 à 30 centimètres; la queue carrée, et de dix pennes seulement, a 14 centimètres : elle dépasse les ailes d'environ 54 millimètres; l'envergure de l'engoulevent est de 55 à 60 centimètres. Cet oiseau se nourrit de hannetons, grillons, courtilières, libellules, guêpes, etc., et plus particulièrement de phalènes, qu'il happe en volant le bec ouvert. Il jette pendant la nuit un cri assez perçant, quoique filé, qu'il répète trois fois de suite, et qui paraît avoir pour objet de faire lever les insectes qu'il recherche. Le jour, il se tient caché dans les taillis épais et fourrés; et comme sa couleur est sombre, il est difficile à découvrir. Il chasse la nuit et surtout au crépuscule du matin et du soir.

La femelle pond ses œufs à terre, dans un simple enfoncement, sans se donner la peine de creuser un nid véritable. Ces œufs, au nombre de deux ou trois, sont un peu plus gros que ceux du merle; ils sont oblongs, blanchâtres et tachetés de brun. La femelle sait, dit-on, les faire rouler d'un trou dans un autre où elle les juge plus en sûreté. L'engoulevent perche rarement, et lorsque cela arrive, il se place longitudinalement sur la branche, qu'il semble *cocher;* de là son nom provençal de *chauche-branche* (prononcez *cauche-branche*). Les noms de *crapaud-volant* et de *foule-crapaud* paraissent dus à une habitude singulière qui est propre à cet oiseau : il fait cent fois de suite le tour de quelque gros tronc d'arbre effeuillé, puis se laisse tomber brusquement dans les broussailles, et se relève aussi brusquement donnant ainsi la chasse aux insectes, mais troublant le chasseur à l'affût. Quant au nom de *tette-chèvre,* que les Grecs et les Romains lui donnaient aussi, et qui rappelle une grossière erreur, il vient sans doute de ce que les engoulevents visitent assidûment les troupeaux pour les délivrer des insectes qu'ils attirent à leur suite.

Les engoulevents sont très-répandus, mais assez rares dans les pays où on les rencontre. Nous n'en avons qu'une seule espèce; les autres parties du monde en renferment plusieurs, dont quelques-unes sont parées des plus beaux ornements. Il paraît que ce sont partout des oiseaux de passage, qui suivent l'éclosion des insectes dont ils se repaissent. On les rencontre en France depuis le printemps jusqu'en septembre. On dit que leur chair est un manger agréable, malgré un certain goût musqué de fourmi, qu'on y trouve, et qui déplaît assez généralement. Mais quel est l'animal qui n'ait tenté quelquefois la sensualité des gastronomes? BAUDRY DE BALZAC.

ENGOURDISSEMENT. Cette expression désigne la suspension ou la diminution momentanée des facultés de sentir et de mouvoir, soit généralement, soit localement. Ainsi, quand notre intelligence est obtuse, quand nous sommes inhabiles à penser, à faire usage de nos sens, à marcher, etc., nous sommes *engourdis* au physique comme au moral. C'est ce qui nous arrive journellement quand nous éprouvons le besoin du sommeil. Les facultés du mouvement et du sentiment ne sont souvent abolies ou diminuées momentanément que sur une seule partie. C'est ce qu'on éprouve fréquemment quand un de nos membres a été comprimé pendant quelque temps : le tact est perdu sur cette partie; on y ressent une sensation désagréable de fourmillement, et souvent notre volonté ne peut la faire mouvoir. Plusieurs autres causes produisent l'engourdissement; ce sont la fatigue, la veille, un froid vif et soutenu, une commotion, une attitude trop longtemps conservée, etc.; quand il est ainsi produit, l'engourdissement s'explique facilement, et les alarmes qu'il peut inspirer sont proportionnées à la cause; mais s'il survient sans ces circonstances et qu'il dure, il doit éveiller la sollicitude, car en ce cas il provient souvent d'une affection des centres nerveux.

Les moyens de remédier à l'engourdissement sont subordonnés aux causes. Le repos suffit pour le dissiper quand il est l'effet de travaux du corps ou de l'esprit forts et soutenus; s'il est le résultat du froid, il faut réchauffer la partie par des frictions, par une température peu élevée d'abord, et qu'il ne faut augmenter qu'avec beaucoup de réserve; une caléfaction brusque aurait des inconvénients. Les engelures sont souvent produites ainsi. La gangrène peut en être le résultat. Quand une partie est engourdie par la position, la compression, il suffit de faire cesser ces causes, et de recourir à quelques frictions. Si la commotion qui a causé l'engourdissement est le résultat d'un coup ou d'une chute graves, l'intervention d'un chirurgien est nécessaire. Dans tous ces cas l'engourdissement est engendré par une cause passagère, et disparaît rapidement avec elle. Lorsqu'il est dû à une cause permanente, c'est encore cette cause qu'il faut combattre; mais alors sa durée est subordonnée à celle de l'affection dont il n'est qu'un symptôme. Dr CHARBONNIER.

ENGRAIS. On donne ce nom aux principes fertilisants qui concourent à la nutrition des végétaux. A l'article AIR, notre savant collaborateur, M. J.-B. Dumas a énuméré les principaux éléments de toute végétation. Procurer aux plantes ces éléments, tel est le but des engrais, qui ne doivent pas être confondus avec les amendements.

La puissance des engrais a été attribuée en grande partie, par MM. Payen, Boussingault et de Gasparin, à l'azote qu'ils renferment. M. Liebig, tout en reconnaissant l'influence de l'azote, est cependant convaincu que l'efficacité des engrais n'est jamais proportionnée à la quantité de ce corps qu'ils renferment. Des travaux des différents chimistes que nous venons de nommer, il résulte que les sels terreux et les sels alcalins sont tout au moins aussi indispensables pour l'alimentation des végétaux que l'azote lui-même, et que par conséquent le meilleur engrais est celui qui peut offrir à la plante cultivée non-seulement l'azote, mais encore tous les principes qui entrent dans la composition de cette plante. L'analyse des cendres résultant de l'incinération des plantes que l'on veut cultiver permet de reconnaître les sels que ces plantes s'assimilent de préférence.

La distinction faite de tout temps d'*engrais chauds* et d'*engrais froids* est fort équivoque. On entend par les premiers (crottin de brebis, colombine, guano, etc.) ceux dont l'action est très-rapide, à cause de leur grande aptitude à la fermentation et de l'extrême solubilité de plusieurs de leurs constituants; ou bien encore à cause des matières salées, excitantes, qu'ils contiennent. Les engrais dits *froids* sont ceux dont le mode d'action est lent, peut-être parce que les tissus des substances qui les composent sont difficiles à briser, à détruire; peut-être aussi parce qu'ils sont en grande partie privés de matières âcres et excitantes. Un excès d'eau, dans laquelle les fumiers peuvent être délayés, les refroidit, dans l'acception vulgaire du mot.

L'engrais le plus commun est le fumier des différents animaux domestiques. Parmi les autres matières formées d'excrétions animales, on remarque les excréments de chauves-souris, dont on trouve des amas considérables dans certaines grottes; la colombine; le guano; les excréments de poissons, qui forment des dépôts au fond des étangs bien peuplés; les excréments de vers à soie, dont sont chargées leurs litières dans les magnaneries du midi; les déjections de l'homme; la poudrette; l'engrais flamand ou gadoue; l'urine des animaux, reçue dans une citerne et plus ou moins fermentée (purin, lizé). Les débris d'animaux morts sont aussi des engrais puissants : tels sont la chair musculaire, les os, la râpure de corne, les tendons, rognures de peaux, crins, plumes, résidus de colle d'os, les poissons qui commencent à se putréfier, le marc de colle, le pain de creton, le suint, les chiffons de laine, le noir animal, etc. Quelques substances minérales mélangées de matières azotées sont employées comme engrais : de ce nombre sont les coquilles, les vases de mer ou de rivière, et les terres salpêtrées de toutes provenances; en Bretagne, on se sert de sables de mer appelés *merl,* et *trèz* ou *tangue.* Citons aussi les suies, que les agriculteurs emploient en quantités considérables; les cendres de Picardie, qui proviennent de la combustion lente et imparfaite des tourbes pyriteuses, exploitées dans le département de l'Aisne pour la fabrication de l'alun et du sulfate de fer; les cendres vitrioliques, résidus de la fabrication de la couperose; enfin les produits de l'écobuage. Pami les engrais verts, on range les fanes de carottes, de pommes de terre, les feuilles de betteraves, de navets, etc., les goémons, les roseaux, les fougères, les bruyères, le buis, les sarments, le gazon des prairies, le lupin, les fèves, les vesces, le seigle, la spergule, le sarrasin, le *madia sativa,* la navette. D'autres débris végétaux servant généralement d'engrais sont le terreau, la tourbe, l'orge germée ayant servi à la fabrication de la bière, le marc de raisin, celui des pommes à cidre, les pulpes provenant de la fabrication de la fécule, le tan, les tourteaux de graines oléagineuses.

En mélangeant plusieurs de ces substances en proportions convenables, on forme des *engrais composés* propres à telle ou telle culture. Le plus connu est l'*engrais Jauffret*, mélange de végétaux divers arrosés avec une lessive de fumiers animaux délayés et de substances salines, destinées à ajouter à l'engrais les éléments manquant aux végétaux employés. Malgré son imperfection, l'engrais Jauffret a rendu de véritables services dans des localités pauvres et manquant de fourrages, mais possédant auprès de leurs terres épuisées de vastes espaces couverts de végétaux sauvages.

Ajoutons que le parcage des bêtes à laine et à cornes est un excellent mode d'application des engrais.

ENGRAISSEMENT DES ANIMAUX, ENGRAISSAGE. Si l'on abandonne à leur liberté les animaux domestiques, sans les soumettre à un régime particulier de nourriture, ils ne prennent jamais un état d'embonpoint tel que leur viande soit assez savoureuse peur permettre de la servir sur nos tables. L'habitude nous a appris que les animaux les plus gras ont la viande la plus onctueuse; dès lors, on s'est occupé de mettre les bestiaux déjà privés dans cet état de graisse que nous estimons. Les Anglais surtout, grands amateurs de viande, ont mis leurs soins à créer et à obtenir certaines races d'animaux, particulièrement plus propres que d'autres à *prendre le gras*. Aussi, ils sont tellement fiers de leurs races pour l'engraissement qu'ils en empêchent autant que possible l'exportation. Un de leurs fermiers les plus célèbres, le fameux Bakewell, était même arrivé à cette perfection que ses bestiaux prenaient la graisse dans les parties du corps destinées à faire les meilleurs morceaux, telles que les reins, la croupe, le dos et les cuisses. Ainsi, il a montré à Londres un bœuf dont l'aloyau était excessivement entouré de graisse, tandis que le reste de la chair était presque maigre. Les recherches de ces habiles nourrisseurs les ont amenés à reconnaître que la nature forme la graisse avec l'excédant des sucs nourriciers qui servent à augmenter la masse du corps des animaux, ou à réparer les pertes qu'ils éprouvent pendant le cours de leur vie. De là ils ont conclu avec raison que l'engraissement est plus difficile et plus long dans la jeunesse et dans la vieillesse des animaux; que le véritable moment à choisir est celui où ils cessent de croître, que les substances les plus nourrissantes sont les plus propres à les engraisser promptement, et qu'il ne faut pas en épargner la quantité; qu'on doit enfin employer tous les moyens possibles pour diminuer la perte de leur substance en les empêchant de propager leur espèce, en les tenant dans un repos continuel et dans une obscurité assez grande pour leur éviter toute distraction.

Le premier degré de l'engraissement se nomme *embonpoint*; il est caractérisé par la diminution des cavités musculeuses et osseuses, par la légèreté, la gaieté et la vigueur des animaux. Un habile vétérinaire, M. Chabert, a observé le premier que les bêtes à cornes élevées et engraissées à l'air dans les pâturages ont plus de tendance à prendre de la graisse intérieurement, et que celles qui sont élevées presque constamment à l'étable, avec du foin, des racines, des grains secs, ont une plus grande disposition à un embonpoint extérieur, vu que l'action de l'air froid empêche leur peau de pouvoir suffisamment se distendre, tandis que la température chaude et humide des étables produit un effet contraire. D'un autre côté, M. Lepertière a calculé qu'il en coûtait un tiers de plus de nourriture pour faire de la chair que pour faire de la graisse.

Un bœuf, pour présenter, d'après les Anglais, les caractères éminemment convenables à l'engraissement, doit avoir les os très-petits relativement à sa grandeur, un tronc long, la poitrine et le ventre autant cylindriques que possible, l'échine droite, depuis le garrot jusqu'à la naissance de la queue, les membres courts, la tête et l'encolure légères, le dos et les reins très-larges et plats, la croupe et les cuisses très-développées, la peau mince, souple, moelleuse au toucher, une physionomie douce, et ne pas être porté à s'effrayer. Alors le bœuf de cette espèce s'engraisse facilement et très-promptement. Dès qu'il est arrivé à son complet développement, il fournit après sa mort un poids de chair nette plus considérable et plus abondant en morceaux de qualité supérieure que celui dont la conformation serait différente. Tel est le bœuf si propre au *graissage* de la race de Bakewell; mais son peu de vigueur et la pesanteur de son corps l'empêchant de convenir au travail, les nourrisseurs français ne pourraient guère l'adopter. Aussi, dans les circonstances actuelles, doivent-ils s'en tenir à élever des bœufs réunissant autant que possible la moyenne entre les extrêmes aptitudes au travail et à l'engrais. Les races françaises, gasconne, charolaise, angevine, auvergnate et normande, sont les plus propres à l'engraissement; elles fournissent pour la boucherie des bœufs du poids moyen de 300 à 400 kilogrammes. Les vaches propres à l'engrais ont les cornes volumineuses et un air masculin qui facilement les fait distinguer des vaches laitières. Les moutons les plus profitables en produits de boucherie ont la tête très-petite, dépourvue de cornes, le cou mince et court, le poitrail fort large, ainsi que le dos, les reins et la croupe, qui de plus doivent être plats et se trouver sur le même plan; ils doivent aussi avoir les cuisses très-développées, le ventre et les côtés cylindriques, les extrémités des membres fines et courtes : alors un mouton gras et pesé à jeun pourra rendre après sa mort de 70 à 75 pour 100 du poids qu'il avait en vie. Les grands porcs de la Normandie sont fort longtemps à engraisser; ceux d'un poids moyen de la Sarthe prennent plus promptement le gras et produisent proportionnellement davantage (*voyez* COCHON). Du reste, tout porte à croire qu'en France comme en Angleterre les bestiaux généralement de petite race s'engraissent plus aisément que ceux de grosse race.

La taille des animaux que l'on veut engraisser doit être proportionnée à la richesse des pâturages où on les met à l'engrais ou à la quantité de nourriture qu'on peut leur donner à l'étable. Cependant, il est bon d'observer que les pâturages élevés, tout en donnant moins d'herbes, sont plus propres à l'engrais que les prairies des vallées. Quant à l'engrais artificiel, on le commence toujours par des herbes fraîches, des feuilles de chou, des raves, afin de rafraîchir et même d'affaiblir les animaux; ensuite, on leur donne du foin de bonne qualité, et non des regains ou des herbes de relais et de bas prés; puis on entremêle cette nourriture de panais, de carottes, de pommes de terre et de topinambours; enfin on termine leur engraissement en leur donnant ou des farines légèrement humectées d'orge, d'avoine, de sarrasin, de fèves, de pois et de vesce, ou ces mêmes grains entiers, mais bouillis et décrevés, et mieux germés et assaisonnés d'un peu de sel; si en hiver on possède des turneps, on les fait manger aux bœufs en plein air, et l'on termine leur engraissement en les mettant, quand il est possible, sur des prairies artificielles de ray-grass. Dans quelques contrées, on remplace les grains que nous venons d'indiquer par de la graine de lin, des marcs de bierre, des tourteaux ou résidus d'huile, des châtaignes et des glands.

Les Anglais, pour arriver à donner un engraissement plus prompt, entourent la tête et le corps de leurs bestiaux de trois ou quatre couvertures de laine, afin de les tenir toujours en moiteur et de les empêcher de voir ou d'entendre. La propreté est encore une des conditions essentielles de l'engrais à l'étable. Donner de la nourriture peu et souvent, tel est le principe que doit suivre tout bon engraisseur, car ce ne sont pas les animaux mangeant le plus considérablement et le plus vite qui s'engraissent le plus promptement (leur digestion étant toujours longue et pénible), mais bien les bestiaux qui mangent peu, souvent et lentement. Les mêmes principes doivent diriger la maîtresse de maison dans l'engraissement de ses volailles : à tort on a la cruauté de leur crever les yeux, de leur clouer les pattes au plancher, de leur contourner les ailes. Ces tortures ont le grave inconvénient de les faire souffrir, et par là de retarder beaucoup leur engraissement. Il en est de même de l'*empâtement* : cette méthode les tourmente et ne les engraisse pas plus promptement, tout en dépensant beaucoup plus que si on leur laissait manger naturellement la nourriture qu'on leur destine. Cependant, l'habitude et la beauté des volailles que l'on fait au moyen de l'empâtement aux environs d'Angers, du Mans et d'Argentan, feront conserver probablement longtemps encore ce système d'engraissement réprouvé par une saine théorie, par un sentiment de pitié et même par une foule d'expériences. J. Odolant-Desnos.

ENGRÊLÉ, ENGRÊLURE (*Blason*). Toute pièce honorable bordée des deux côtés de petites dents à intervalles creux et arrondis, est dite *engrêlée*. Ce mot vient du latin *gracilis*, délié, mince, délicat.

L'engrêlure est un petit filet engrêlé, posé le long du bord supérieur de l'écu.

ENGRENAGE, système de roues dentées au moyen duquel on transmet, on modifie l'action d'un moteur. Que deux cylindres, deux cercles, appliqués l'un contre l'autre dans le sens de l'axe, viennent à se presser alors qu'on appliquera à l'un des deux un mouvement de rotation, celui qui est mis en mouvement en imprimera un correspondant, mais en sens contraire, au cylindre contre lequel il frottera. Ceci peut suffire dans bien des cas pour l'effet qu'on a en vue de produire, principalement lorsqu'on interpose entre les cylindres un corps élastique : tel est le cas, par exemple, de la presse de l'imprimeur en taille-douce. Mais souvent aussi, quand la résistance devient très-grande, sans qu'on soit aidé de cette interposition, le cylindre rotatoire ne suffit plus pour entraîner celui qui lui est géminé, et sa surface glisse sur celui-ci. Il faut alors avoir recours à la denture d'une section de chacun des deux cylindres, et cette section prend le nom de *roue dentée*. La surface courbe se garnit de *filets*, d'*alluchons* ou de *fuseaux* disposés dans un ordre tel que les reliefs de chaque cylindre correspondent exactement avec les creux ou espaces vides ménagés sur l'autre. Alors, la rotation de la roue entraînée par celle qui est mise en mouvement devient une conséquence nécessaire. La forme de ces filets, la distance à laquelle ils doivent être tenus entre eux, et leur correspondance avec ceux de la seconde roue, ne sont point des données arbitraires. On peut avoir pour objet d'imprimer un mouvement de rotation d'une vitesse égale sur les deux cylindres ou cercles. Dans ce cas, les filets seront en nombre égal et d'égale dimension sur les deux cylindres : c'est l'hypothèse la plus simple. S'il s'agit, au contraire, de vitesses inégales, les filets resteront encore semblables, sans quoi ils ne pourraient engrener, mais leurs nombres changeront respectivement dans le rapport de la vitesse qu'on voudra conserver à la rotation de chacun des cylindres, car *ces nombres sont en raison inverse des vitesses* : or, puisque les dents ou filets doivent être d'égale grandeur dans les deux roues, pour pouvoir engrener, il s'ensuit que les circonférences des roues, et par conséquent leurs rayons, devront être dans le rapport inverse des vitesses ; ce qui déterminera leurs grandeurs relatives. Ainsi, lorsqu'une roue doit en entraîner une autre et tourner six fois moins vite qu'elle, elle doit porter six fois plus de dents, avoir un rayon six fois plus grand, et la distance des axes de rotation doit être partagée en sept parties, savoir six pour l'un des rayons, et une pour l'autre.

Les engrenages peuvent donc servir à transformer un mouvement circulaire continu en un autre de même nature d'une vitesse quelconque. Lorsque le rapport des vitesses doit être considérable, au lieu d'un seul engrenage, on en emploie plusieurs situés dans des plans parallèles de la manière suivante : Une première roue engrène avec un autre roue, d'un rayon bien moindre, qu'on appelle *pignon* ; sur le même axe que le pignon est montée une roue solidaire avec lui ; cette seconde roue engrène avec un second pignon sur l'axe duquel est pareillement montée une roue solidaire, et ainsi de suite. Dans un tel assemblage de roues dentées, en ne tenant pas compte du frottement, la puissance est à la résistance comme le produit des rayons des pignons est au produit des rayons des roues (si la puissance agit sur la première roue, cas où l'on se propose d'augmenter la force ; si la puissance agit sur le premier pignon, le rapport doit être pris en sens inverse, et c'est la vitesse qui est augmentée).

Il est certains cas où la *denture* d'une roue n'a pas pour objet d'entraîner une autre roue dans son mouvement de rotation, mais de changer le mouvement circulaire continu imprimé à la roue en un *rectiligne continu*, comme dans le cric. Souvent aussi on veut obtenir un *va-et-vient* vertical ou un *alternatif rectiligne*. C'est ce que nous trouvons dans le cas du moulin à poudre, du moulin à papier, toutes les fois, en un mot, qu'il s'agit de soulever des pilons au moyen de cames pour les laisser ensuite retomber et agir par leurs propres poids sur les substances qu'on veut diviser, atténuer, réduire en pâte ou en poudre.

Les engrenages sont encore susceptibles d'une foule d'applications. Les *engrenages coniques* sont des troncs de cône armés de dents, dont les axes sont situés dans un même plan. On leur donne aussi le nom de *roues d'angle*. Ils permettent de transformer un mouvement circulaire continu en un autre de même nature s'exécutant dans un plan situé d'une manière quelconque.

On divise les roues d'engrenage à l'aide d'un instrument qu'on appelle *machine à fendre* ; une roue d'acier appelée *fraise*, taillée comme une lime, enlève la matière qui se trouve comprise entre deux dents. Cette manière de former une roue dentée a fait naître l'idée d'un autre instrument, qui n'est pas moins ingénieux, nous voulons parler de la machine qui sert à *arrondir* les dents ou à leur donner mécaniquement la courbure convenable. La géométrie nous apprend qu'il faut donner aux dents la forme d'épicycloïdes déterminés de manière que le contact soit continu et que la perte d'action soit la plus petite possible. Dans la pratique on substitue souvent aux épicycloïdes des portions de cercles qui en diffèrent très-peu.

Le défaut des engrenages est de produire beaucoup de frottements et de neutraliser une partie de la force motrice. Aussi les mécaniciens habiles ne les emploient-ils qu'autant qu'ils y sont forcés par une nécessité majeure. La théorie et la pratique fournissent quelques règles pour atténuer les inconvénients des engrenages. Il est avantageux : 1° de faire en matières différentes les roues qui engrènent ensemble ; 2° de donner aux pignons des diamètres plutôt trop grands que trop courts ; 3° de réduire le nombre des roues autant que possible. Enfin, pour combattre la prompte usure à laquelle sont exposées les dents des engrenages, on interpose entre elles des substances grasses, comme de l'huile, de la graisse, de la plombagine, qui diminuent le frottement.

ENGUERRAND DE MARIGNY naquit vers 1260, en Normandie, d'une famille dont le nom était *Le Portier* ; ce fut sous le règne de Philippe le Bel qu'il parut à la cour avec tous les avantages extérieurs réunis à ceux de l'esprit le mieux cultivé. Aussi le roi sut-il bientôt l'apprécier, et dans la guerre contre les Flamands révoltés il le chargea dans plusieurs occasions du commandement des armées, et lui confia le soin des négociations les plus importantes. A son retour, il le nomma successivement chambellan, comte de Longueville, châtelain du Louvre, grand-maître-d'hôtel, principal ministre et surintendant des finances; enfin, selon le texte de la grande *Chronique de Saint-Denys*, Enguerrand fut promu à la dignité de *coadjuteur au gouvernement du royaume*. Des faveurs si subites, une fortune si brillante, devaient faire naître l'envie : Marigny devint l'objet de la jalousie des grands. Toutefois, tant que dura le règne de Philippe, les ennemis du ministre furent réduits au silence par la volonté impérieuse du monarque. Mais en 1314, le trône de France étant échu à Louis X, dit *le Hutin*, déjà roi de Navarre, le comte Charles de Valois, son oncle, maître de toute l'autorité, résolut la perte d'Enguerrand. Dans un conseil tenu en présence du roi, il lui reprocha d'avoir accru les impôts et altéré les monnaies. Marigny, outré de la hauteur avec laquelle le prince lui parlait, mit l'épée à la main, et le força d'en faire autant. Arrêté, quelques jours après, au sortir du conseil, il fut jeté dans la tour du Louvre, dont il était châtelain, puis transféré au Temple. Ses biens furent confisqués, ses amis arrêtés, entre autres le célèbre avocat Raoul de Presles.

Cependant, on ne put tout d'abord trouver des raisons suffisantes pour dresser un acte d'accusation. Il fallait des preuves, et il n'en existait pas une assez convaincante pour motiver une condamnation. Dans cette circonstance, le comte de Valois, afin de trouver des accusateurs publics, fit, mais inutilement, inviter par proclamation, *riches et pauvres, tous ceux auxquels Enguerrand avait méfait, à venir à la cour du roi pour en faire leurs complaintes, et qu'on leur rendroit bon droit*. Personne ne se présenta. Force fut au prince d'avoir recours à d'autres moyens. Le surintendant, transféré à Vincennes, fut accusé d'avoir placé sa statue sur les degrés du palais, tout à côté de celle du roi, et surtout d'avoir employé des maléfices. C'était la dernière raison de l'injustice en ce temps de superstition. On lui lut son acte d'accusation. En vain les évêques de Beauvais et de Sens, ses frères, essayèrent de présenter sa défense; en vain le roi lui-même pencha pour l'indulgence, la victime était condamnée d'avance, et il ne lui fut pas même permis de parler. *Si ne lui fut en aucune manière audience donnée de soi défendre.* Ce fut le 30 avril 1315 que Marigny alla au supplice avec un grand courage, en disant au peuple : « Bonnes gens, priez pour moi. » Il fut exécuté à Montfaucon, gibet que lui-même avait fait dresser, et pendu avant le lever du soleil, par arrêt d'une commission de barons et de chevaliers convoqués à Vincennes. C'était la première qu'on assemblait dans ce lieu ; la dernière a condamné le duc d'Enghien.

Louis le Hutin éprouva bientôt, dit-on, un si violent remords de cette sentence, qu'il légua, en expiation, des sommes considérabes à la veuve de son ancien ministre. Les regrets du prince son oncle furent plus amers encore : on assure qu'ils hâtèrent sa mort. Quelque temps auparavant, il avait distribué d'abondantes aumônes et fait crier dans les rues de Paris par des porte-sonnette : « Priez Dieu pour monseigneur Enguerrand de Marigny et pour monseigneur Charles de Valois. » Il fit de plus transporter le corps de la victime, des Chartreux, où il avait été d'abord déposé, à l'église collégiale d'Ecouis, que le surintendant avait fondée. En 1475, Louis XI, descendant du comte de Valois, fit élever à Enguerrand un mausolée sur lequel on inscrivit une épitaphe louangeuse, qui ne fait pas mention du jugement. Tous les écrivains ont taxé d'œuvre inique la condamnation de Marigny; seul, dans sa haine pour toutes les sommités financières, Mézerai s'abandonne à l'occasion de ce supplice à des plaisanteries inconvenantes : « Comme maître du logis, dit-il, Enguerrand eut l'honneur d'être mis au haut-bout du gibet qu'il avait élevé, au-dessus de tous les voleurs. »

V. Moléon.

ENHARMONIQUE (de ἐν, dans, et ἁρμονία, accord, liaison). En musique, le *genre enharmonique* consiste à passer d'un ton où il y a plusieurs dièses dans un autre où il y a plusieurs bémols, et *vice versa* : par exemple, d'*ut* dièse en *ré* bémol. Cette transition sera insensible sur le piano, l'orgue, la flûte, la clarinette, etc., parce que sur ces instruments les dièses et les bémols se font sur la même touche ou avec la même clef. Il n'en sera pas de même des instruments à cordes : ceux-ci ayant les dièses et les bémols bien distincts, il faudra que le compositeur ait le soin de leur faire faire successivement la modulation, pour en adoucir l'effet.

F. Benoist.

ENHYDRE (de ἐν, dans, et ὕδωρ, eau). On donne ce nom aux minéraux qui contiennent de l'eau dans leurs cavités intérieures : ainsi, on l'applique parfois au quartz hyalin ou à la fluorine; mais on le réserve particulièrement à de petites géodes de calcédoine, dont la cavité est occupée par une goutte d'eau.

ÉNIGME. L'énigme était chez les anciens une sentence mystérieuse, une proposition qui se cachait sous des termes obscurs et le plus souvent contradictoires en apparence. Parmi les modernes, c'est un petit ouvrage, quelquefois en vers, où sans nommer une chose on la décrit par ses causes, ses effets, ses propriétés, mais sous des termes et des idées équivoques, pour exciter l'esprit à la découvrir. L'énigme remonte à l'antiquité la plus reculée : les rois d'Orient, qui entendaient la gloire bien mieux que les rois d'aujourd'hui, la faisaient consister à résoudre des énigmes. C'était chez eux l'usage, pour éprouver leur sagacité, de se présenter ou de s'envoyer les uns aux autres des énigmes, et d'y attacher des peines et des récompenses. Le dix-septième siècle habilla les énigmes avec plus d'art, de finesse et de goût : on les soumit, comme tous les autres poëmes, à des lois et à des règles étroites. C'est en vain qu'on a usé de sévérité contre cette espèce de jeu d'esprit : il n'est aucun exercice qui puisse contribuer plus avantageusement à augmenter la souplesse, la vivacité, la force naturelle de l'organe de la pensée. Lisez, par exemple, cette jolie énigme de La Mothe :

J'ai vu, j'en suis témoin croyable,
Un jeune enfant armé d'un fer vainqueur,
Le bandeau sur les yeux, tenter l'assaut d'un cœur,
Aussi peu sensible qu'aimable.
Bientôt après, le front élevé dans les airs,
L'enfant, tout fier de sa victoire,
D'une voix triomphante en célébrait la gloire,
Et semblait pour témoin vouloir tout l'univers.
Quel est donc cet enfant dont j'admirais l'audace ?

Vous qui ne doutez de rien, vous vous écriez aussitôt : « Parbleu ! c'est l'*Amour;* » et vous êtes tout fier de votre pénétration ; eh bien ! pas du tout, ça n'est pas plus l'Amour que vous et moi; La Mothe nous le dit lui-même :

Ce n'était pas l'Amour, cela vous embarrasse.

Certainement, cela vous embarrasse, et beaucoup. Eh bien! passez quelques jours dans la méditation, et vous devinerez enfin que ce jeune enfant était *un ramoneur* : n'est-ce pas admirable? Écoutez encore celle-ci :

Je suis le frère de mon père.
Aux monstres des forêts d'abord abandonné,
J'en fus préservé par ma mère;
Et reçu dans son sein, bientôt je lui donnai
Un enfant, à la fois et mon fils et mon frère,
Qui doit lui-même, s'il prospère,
Rendre à son tour fécond le sein dont il est né.

Il s'agit du mot *gland* : vous ne l'eussiez pas deviné; ni moi non plus, bien que j'en fasse mon état. Cependant, lorsque cette énigme parut, elle fut très-blâmée, comme étant trop claire et trop facile ; un enfant de six ans la devina sans aucun effort. Vous voyez bien, monsieur, que l'intelligence humaine marche en se rétrécissant, comme la peau de chagrin de Balzac.

Jules Sandeau.

Le Sphinx,

> Ce monstre à voix humaine, aigle, femme et lion,

comme le peint Voltaire, dans un vers qu'il emprunte tout entier à Corneille,

> D'un sens embarrassé dans des mots captieux,
> Le monstre, chaque jour, dans Thèbe épouvantée,
> Proposait une énigme avec art concertée.

Et il était bien important de

> . . . . Percer les ténèbres frivoles
> D'un vrai sens, déguisé sous d'obscures paroles,

puisqu'il y allait de la vie ou du trône. C'était l'époque des plus anciennes et des plus redoutables énigmes. C'était également celle des *gryphes*, moins terribles, innocent amusement de l'antiquité. Le mot *gryphe* signifie filet. Suidas nous apprend que pendant le souper les Grecs s'amusaient à proposer de ces sortes de problèmes, dont la solution tenait en effet les convives comme dans un rets embarrassant. Athénée nous en a conservé deux; les voici : « Je suis très-grande à ma naissance; je ne le suis pas moins dans ma vieillesse; je deviens très-petite au milieu de ma carrière. — Nous sommes deux sœurs qui ne cessons de nous engendrer l'une et l'autre. » Le mot de la première est l'*ombre*; celui de la seconde, la *journée* et la *nuit*. On attribue cette dernière à Cléobore. Bias, *qui portait tout avec lui*, était également chargé d'excellentes énigmes : voyez plutôt les *Analectes* de Brunck. Il vous citera encore Simonide, Archiloque, Théognis et même Sapho; car, depuis la reine de Saba jusqu'à la marquise de Lignoles du roman de Louvet, les dames ne sont pas fâchées de jouer un certain rôle dans les énigmes et les charades. Salomon met sur la même ligne les paroles des sages et leurs énigmes. C'est pourquoi, d'après Flavius Josèphe et quelques historiens qu'il cite, Salomon et son voisin Hiram, roi de Tyr, s'adressaient par estafette de curieuses énigmes, dans la solution desquelles le premier eut toujours l'avantage, jusqu'à ce que le prince tyrien se fit aider par un de ses plus spirituels sujets, appelé Abdemon. Mais ne battait pas qui voulait l'homme aux 700 femmes et aux 300 concubines, qui, au surplus, prit sa revanche. En effet, lorsque Nicausis, reine de Saba, se déplaça pour aller visiter ce monarque, il ne faut pas croire que ce fut pour autre chose que pour le tenter avec des énigmes (*venit tentare cum ænigmatibus*), et, malgré la finesse des dames, les énigmes de la princesse furent toutes devinées. Voilà ce que dit positivement la Bible.

Rabelais nous garantit, et on peut l'en croire, que l'archiduc des chats fourrés, Grippeminaud, proposa à Panurge une énigme, dont celui-ci trouva fort bien le mot. Tout le monde s'en mêlait. Fénelon lui-même, dans *Télémaque*, et Voltaire, dans *Zadig*, font adjuger des trônes pour des énigmes bien devinées. C'était tout profit. Ne serait-ce point pour avoir été désappointés dans quelque espérance de ce genre que tous les Parisiens furent si fortement indignés, selon Marmontel, parce que *le Mercure* s'était permis d'insérer une énigme qui n'avait pas de mot? Si, comme beaucoup d'autres choses, l'énigme a tant déchu de nos jours, c'est probablement parce que saint Paul, écrivant aux Corinthiens, leur a dit bravement : « *Nunc videmus per speculum in ænigmate* (Nous ne trouvons plus d'énigmes indéchiffrables). L'énigme qui paraît la plus ancienne est celle que le Sphinx proposait à Œdipe : « Quel est l'animal qui le matin marche sur quatre pieds, vers le milieu du jour à deux, et le soir à trois, » ou, comme dit Ausone :

> *Qui bipes et quadrupes foret et tripes, omnia solus?*

C'est l'homme. Passons à une autre! S'il fallait bien sept jours pour deviner celle-ci, valait-elle réellement trente robes, et surtout devait-elle occasionner la mort de trente hommes, cette énigme que Samson proposait aux Philistins : « De celui qui mangeait est sortie la viande; du fort est sortie la douceur? » Samson avait tué un lion, et deux jours après il découvrit dans la gueule de cet animal un rayon de miel que les abeilles y avaient déposé.

On connaît cette énigme qui se trouve dans les nombreuses rêveries publiées sur Homère. Le poëte demande à des pêcheurs qui se reposaient sur le bord d'un fleuve : « Avez-vous fait une bonne capture? — Nous avons jeté, lui répondent ceux-ci, ce que nous avons pris, et nous emportons ce que nous n'avons pu prendre. » Le génie d'Homère sommeillait sans doute : il ne put deviner que ces pauvres gens s'étaient amusés à se débarrasser de ces insectes incommodes qui sont les hôtes de l'indigence et de la malpropreté. L'énigme que Sénèque met dans la bouche d'Œdipe, mari de sa mère, et qui n'est pourtant que l'histoire de ce malheureux prince, est l'une des plus compliquées que nous ait léguées l'antiquité : « Je suis le gendre de mon aïeul, le rival de mon père, le frère et le père de mes enfants; et la grand'mère, dans une seule couche, a donné à son mari des enfants qui sont les petits-fils de leur mère. » Virgile aussi ne dédaigne pas de faire proposer des énigmes par les bergers de ses *Églogues* : « Dans quel lieu, dit Damète, le ciel n'a-t-il que trois brasses d'étendue? » Dans le fond d'un puits. Cicéron dit en parlant de l'histoire : « C'est le témoin des temps, la lumière de la vérité, la vie de la mémoire, le guide de la conduite, et la messagère de l'antiquité. » Ce serait une belle énigme si l'auteur n'avait pas commencé par en donner le mot. Suivant Thalès de Milet, de toutes les énigmes la plus ancienne est *Dieu*, la plus étonnante le *monde*, et la plus commune l'*espérance*, qui est *le songe de l'homme éveillé*. Le savant La Condamine avouait qu'il avait fait pendant quarante ans une étude sérieuse de l'art des énigmes. Boileau avait composé celle de la *Puce*, Dufresny celle de l'*Orange*, La Mothe celle du *Ramoneur*, Voltaire celle de *la Tête à perruque*, J.-J. Rousseau celle du *Portrait*, l'abbé Blanchet celle du *Fiacre*. On doit à Schiller beaucoup de bonnes énigmes, versifiées en allemand. On sait quel rôle important ce divertissement intellectuel joue dans sa pièce de *Turandot*. De graves auteurs nous ont fait part de leurs doctes élucubrations en ce genre : on cite Lilio Giraldi en Italie, et chez nous le père Menestrier, dont le traité parut en 1694. Le fameux abbé Cotin, qui assure qu'on l'appelait le *père de l'énigme*, a mis un discours sur cette spécialité en tête de son *Recueil des Énigmes de ce temps* (in-12, Paris, 1646; et Lyon, 1648). Symposius a composé quelques énigmes latines; Isaac Pontanus en a également versifié beaucoup. Depuis le Recueil de l'abbé Cotin, il a paru une nouvelle collection de 544 énigmes, publiée par Gayot de Pitaval (1740); vingt-six ans après, le libraire Duchesne a mis en lumière le *Magasin énigmatique*, qui, composé de 337 énigmes, a reparu dans le tome XXII de la *Bibliothèque de Campagne*.

L. Du Bois.

Longtemps le *Mercure de France* fut un magasin d'énigmes; il en publiait une chaque samedi, sans préjudice de la charade et du logogriphe obligés, et il suffisait d'en trouver le premier le mot pour se créer une réputation de société. L'énigme est aujourd'hui bien déchue de sa gloire antique et moderne; on ne fait même plus guère d'énigmes proprement dites, mais employé métaphoriquement, ce terme est d'un fréquent usage. Ainsi, dans une affaire, dans un événement obscur ou mystérieux, chacun veut deviner *le mot de l'énigme*. Dans la première édition de *La Henriade*, Voltaire débutait par ces deux vers :

> Je chante les combats et ce roi généreux
> Qui força les Français à devenir heureux.

« Monsieur, dit au poëte un Grec spirituel, interprète du roi de la Grande-Bretagne, je suis du pays d'Homère; il ne commençait pas ses poëmes par des énigmes. » Voltaire changea les deux premiers vers de son poëme.

ENIVREMENT. On s'est servi d'abord de ce mot dans le sens propre, pour peindre l'état produit par l'excès du vin ou des liqueurs fortes; mais depuis longtemps le mot *ivresse* a prévalu, et l'expression *enivrement* ne s'emploie qu'au figuré. On dit l'*enivrement de la puissance*, l'*enivrement des passions*, ce qui signifie que tant qu'on est sous leur empire on est non-seulement incapable de se maîtriser, mais qu'on a perdu jusqu'à la conscience de ses actions. De tous les hommes, ce sont les conquérants qui cèdent le plus facilement à l'enivrement du pouvoir, non pas qu'ils manquent de lumières ni de force d'esprit, mais ils se trouvent en présence de difficultés auxquelles le prince et le ministre qui ne font que gouverner restent étrangers. Ces difficultés sont telles que, lorsqu'ils en triomphent, il est impossible qu'ils ne conçoivent pas d'eux-mêmes une très-haute idée. Les objets matériels exercent d'ailleurs sur eux une influence particulière, ineffaçable. Le général qui a vaincu et détruit des masses considérables sur le champ de bataille, qui a soumis des cités sans nombre, qui voit tomber à ses pieds des populations entières, ne peut guère éviter une sorte d'enivrement: c'est le sort qui a été réservé à tous les conquérants qui ont plus ou moins changé la face du monde. Alexandre n'a pu échapper à cette terrible contagion, César en a été atteint, et, de nos jours, Napoléon lui-même a dû les fautes capitales qui ont amené sa chute à l'enivrement dans lequel il était plongé. Il en était venu à ce point de ne plus se croire un homme; il dédaignait avis, conseils, et ne pouvait concevoir qu'il y eût encore pour lui des impossibilités.

Les parvenus sont d'ordinaire exigeants, parce qu'ils vivent dans la crainte continuelle qu'on ne leur dispute ce qu'ils ont acquis avec tant de peine. Comme ils ont des moments dans lesquels ils se surprennent à douter de la fortune où ils sont montés, à plus forte raison s'imaginent-ils qu'à leur égard tous les autres en font autant; ils n'aspirent dès lors qu'à ajouter sans cesse aux droits qu'ils ont déjà. A son tour, cette masse de succès les jette dans un enivrement qui les perd. Un auteur qui dans une lecture publique obtient d'unanimes applaudissements chancelle bien vite dans sa modestie : il est très-adroit s'il dissimule même un peu l'enivrement qu'il éprouve. Un écrivain qui par la publicité de la presse recueille un succès en réalité beaucoup plus étendu ne s'en émeut pas toujours autant, parce qu'il ne le sent pas d'une manière aussi directe. Les femmes qui sont jeunes et belles parviennent bientôt à un enivrement qui ne les quitte pas, parce que l'effet qu'elles produisent est de tous les instants. SAINT-PROSPER.

ENJAMBEMENT. Dans notre versification française, quand le sens demeure suspendu à la fin d'un vers et ne finit qu'au commencement du vers suivant, on dit qu'il y a *enjambement*, parce que le premier vers *enjambe*, pour ainsi dire, sur le second.

> Elle est votre nourrice. Elle vous ramena,
> Suivit exactement l'ordre que lui donna
> Votre père, etc.

Dans ces vers, on voit que *votre père* a une liaison nécessaire avec la fin du vers qui précède, puisqu'il est le sujet du verbe *donna* : il y a *enjambement*. Aux premiers temps de notre poésie, à l'époque où les Ronsard, les Desportes, les Bertaut et les Bartas régnaient sur notre Parnasse, on faisait, à leur exemple, un étrange abus de l'enjambement, croyant par là rompre d'une manière heureuse la symétrique uniformité de notre versification. Le poëte Malherbe, doué d'un sens poétique plus délicat et plus vrai, ramena l'art des vers à des règles sanctionnées depuis par le goût, et introduisit une réforme salutaire. Alors

> Les stances avec grâce apprirent à tomber,
> Et le vers sur le vers n'osa plus *enjamber*.

Après Malherbe, Racine et Boileau, en fixant le génie de notre versification, firent voir ce que l'art peut offrir de ressources et de variétés à la construction de nos vers, sans dénaturer les caractères essentiels de notre langue poétique et de notre rhythme. Ils ont eux-mêmes donné d'heureux exemples d'enjambement, dans lesquels la grâce et l'élégance satisfont aux exigences de l'harmonie.

Il serait difficile d'indiquer les cas où l'enjambement peut devenir une beauté. Le goût et l'étude des bons modèles peuvent seuls guider à cet égard. Dans tous les cas, on ne doit en user qu'avec une extrême sobriété, et toujours avec l'intention de produire quelque effet poétique. Il faut surtout se garder d'imiter quelques-uns de nos poëtes, tant du siècle dernier que de l'époque actuelle, qui pour diversifier leur phrase poétique ne se font aucun scrupule de la construire tout uniment comme de la prose, sans se soucier s'il y restera forme de vers. C'est pousser trop loin la manie de l'*enjambement*. Tout ce que nous en disons néanmoins ne concerne que le vers alexandrin ou héroïque, et généralement la haute poésie, comme l'épopée, la tragédie, l'ode, l'épître sérieuse, etc.; mais la règle se relâche beaucoup de sa sévérité à l'égard des poésies familières, de l'apologue, où l'enjambement peut être prodigué sans inconvénient. Dans la comédie même il produit souvent un bon effet, en donnant au dialogue une vivacité piquante. Il est encore une autre sorte d'enjambement qu'il faut toujours éviter. Il se rencontre quelquefois dans les vers entrelacés, et produit alors un effet d'autant plus désagréable que dans ces sortes de vers la rime et la pensée doivent se clore ensemble, si l'on veut que la période poétique soit nombreuse et bien arrondie. Voici un exemple de cet enjambement vicieux, tiré des poésies de Chaulieu :

> Il faut encor que mon exemple,
> Mieux qu'une stoïque leçon,
> T'apprenne à supporter le faix de la vieillesse,
> A braver l'injure des ans.

« Qui croirait, dit Marmontel, que ces vers soient d'une pièce rimée? Si la rime enjambe d'un sens à l'autre, la pensée a parcouru son cercle avant que l'harmonie ait achevé le sien : l'esprit est en repos, l'oreille est encore en suspens. » CHAMPAGNAC.

ENK VON DER BURG (MICHEL-LÉOPOLD), penseur ingénieux et savant critique, naquit en 1788, à Vienne. En 1810 il entra dans les ordres, moins par vocation que par nécessité, et fut nommé professeur au gymnase de Mœlck. Persuadé que son mérite était méconnu, même comme professeur, il en conçut un chagrin amer et une lassitude de la vie qui le déterminèrent à mettre lui-même fin à ses jours, le 11 juin 1843. La lutte qu'il eut à soutenir contre la misère énerva chez lui la faculté créatrice; la polémique et la contemplation firent de lui un psychologiste et un critique. Dans la première de ces directions il a produit plusieurs ouvrages d'un grand mérite, entre autres ses romans philosophiques et ses recherches psychologiques : *Eudoxie, ou les sources de la paix de l'âme* (Vienne, 1824); *L'Image de Némésis* (1827); *Sur le Commerce avec nous-même* (1829); *Don Tiburzio* (1831); *la Mort de Dorat* (1833); *Des Jugements d'Autrui* (1835); *Hermès et Sophrosyne* (1838); *De l'Amitié* (1840); *De l'Éducation de soi-même* (1842), productions qui toutes dénotent un observateur sagace et profond. Comme critique d'art, en matière de théâtre surtout, il a rendu aux lettres des services plus notables encore. Nous nous bornerons à mentionner ici sa *Melpomène, ou de l'intérêt dramatique* (1827); ses *Lettres sur le Faust de Gœthe* (1834); ses *Études sur Lope de Vega Carpio* (1839); et sa petite brochure satirique, *Épîtres de Q. Horatius Flaccus sur la poésie, traduite à l'usage des poëtes et poëtereaux* (1841). On n'a de lui, d'ailleurs, qu'un seul ouvrage en vers, *Les Fleurs*, poëme didactique (1822).

ENLÈVEMENT, action d'emporter quelque chose ou une personne d'un lieu. On procède à l'enlèvement d'un corps, d'un cadavre. Le locataire qui a reçu congé doit opérer l'enlèvement de ses meubles dans le délai déterminé par l'usage. L'adjudicataire d'une coupe de bois doit également opérer l'enlèvement de sa coupe dans un certain délai. En parlant des personnes, ce mot suppose en général la soustraction de la personne enlevée à la surveillance légale sous laquelle elle est placée et sa mise sous la puissance d'une personne sans titre. Si l'enlèvement s'exerce par violence sur une personne majeure et maîtresse de ses droits, il constitue le crime connu sous le nom de *séquestration de personne*, et peut s'aggraver de diverses circonstances, comme de viol, d'extorsion de signature, etc. L'enlèvement d'un enfant peut aussi être commis pour arriver à la *suppression d'état*. L'enlèvement d'une fille mineure ou d'une femme mariée constitue le crime qu'on appelait autrefois *rapt*. La législation moderne a répudié ce dernier mot; mais on l'a conservé dans le langage juridique pour spécifier l'enlèvement avec violence. La recherche de la paternité peut être autorisée dans le cas d'enlèvement lorsque l'époque de cet enlèvement coïncide avec celle de la conception de l'enfant; mais il faut que l'enlèvement ait eu lieu par violence, contre le consentement de la personne enlevée. A l'égard de l'enlèvement de la fille mineure, la loi n'admet en aucun cas son consentement, si elle était âgée de moins de seize ans à l'époque du rapt. Après cet âge, la question de libre consentement peut être posée, ce qui détruirait la culpabilité du fait. Le crime d'enlèvement d'une mineure est puni de peines infamantes.

ENLÈVEMENT DES PRINCES. *Voyez* KAUFUNGEN (Kunz de).

ENLUMINURE. Plusieurs manuscrits du moyen âge nous montrent qu'à cette époque l'*enluminure* unissait le mérite de l'invention à celui de l'exécution. C'était alors un art employé surtout pour l'*illustration* des livres de sainteté. Aujourd'hui ce n'est plus qu'un métier, dont l'objet est de donner à la gravure, à la lithographie, la couleur dont elles sont dépourvues. Ses produits font les délices des petits enfants, de la plupart de nos paysans, des habitués de cabaret; c'est là, dans la salle humide et enfumée d'un bouge infect, que les buveurs interrompent quelquefois leurs libations par de judicieuses et artistiques observations sur le saint Jérôme pendu à la muraille, et qui a du gros rouge-brique à la culotte et du bleu indigo sur sa casaque, le tout bonne mesure et sans atténuation ni dégradation sur les lignes de contour.

Chacun connaît la coloration des cartes d'un jeu de piquet; c'est l'archétype de l'enluminure proprement dite. Mais depuis les progrès qu'a faits la lithographie, il s'est établi une branche plus relevée, qui, avec quelques prétentions artistiques, s'est donné le nom de *coloriage*. De jeunes personnes, plus ou moins initiées aux arts du dessin, douées d'un certain goût et d'une grande légèreté dans les doigts, se sont faites *enlumineuses*, tout en repoussant ce titre pour prendre celui de *coloristes*. A elles d'interpréter les fines créations de Granville, de Gavarni; d'ajouter un nouveau prix aux belles publications iconographiques sur l'histoire naturelle, l'anatomie, l'ethnographie, etc. Dans leur domaine rentrent aussi les caricatures, gravures de modes, etc.

Pour le coloriage, il faut que la gravure soit fine et très-légère; il faut que les contours soient plutôt indiqués seulement que tranchés : alors, sous les doigts délicats de la coloriste (car ce sont des femmes qui font ordinairement les ouvrages courants), les teintes de la couleur se fondent, se marient avec le trait de la gravure, et souvent on ne pourrait, sans y regarder de près, s'assurer que des couleurs si bien fondues, si bien nuancées, dégradées, n'appartiennent pas à une aquarelle véritable. Les produits de la lithographie se prêtent en général beaucoup mieux que ceux d'aucun genre de gravure au procédé du coloriage.

Dans ces deux sortes d'enluminures, les couleurs doivent être assez transparentes pour laisser voir le travail de la gravure. On les prépare à l'eau légèrement gommée, et on les applique à l'aide de petits pinceaux de blaireau. Presque toujours la gravure que l'on veut enluminer doit être soumise à un léger encollage qui donne au papier la consistance nécessaire.

ENNÉANDRIE (de ἐννέα, neuf, et ἀνήρ, ἀνδρός, homme, pris ici pour *étamine*). C'est la neuvième classe du système sexuel de Linné. Elle comprend toutes les fleurs à neuf étamines, qui toutes sont hermaphrodites. Elle ne contient que trois ordres, déterminés par le nombre des styles, savoir : la *monogynie*, la *trigynie* et l'*hexagynie*. Le premier ordre, formé de toutes les plantes à neuf étamines et à un style, se compose des genres *laurus*, *anacardium*, *panke*, *plegorhiza* et *cassytha*. Le second, caractérisé par trois styles, ne renferme que le genre *rheum*. Enfin, le troisième ordre, distingué par six styles, n'offre de même qu'un seul genre, celui du *butomus*.

ENNEMI (en latin *inimicus*). Ce mot, dans son acception la plus ordinaire, désigne celui qui fait la guerre ou celui à qui on la fait, par l'ordre d'un souverain. On nomme *voleurs*, *brigands*, *pirates*, etc., ceux qui guerroient sans cette condition, bien qu'elle ne justifie pas toujours l'acte dont il s'agit. Il y a peu d'idées qui aient soulevé d'aussi graves questions que celle qui est attachée à ce mot, et la solution n'a pu s'en donner que d'après une modification de ce qu'on appelle *justice*, relative à l'état de l'homme vivant en société. La condition d'ennemi, qui n'est chez les animaux qu'un effet de l'organisation, du besoin, de l'instinct, ou de quelque passion du moment, ne résulte chez l'homme que d'une pure convention, et ne doit être proportionnée qu'à la gravité des intérêts qui l'ont fait naître; elle doit cesser avec eux. La simple déclaration de guerre suffit pour constituer entre des nations l'état d'*ennemi*, et il n'est pas douteux, d'après toutes les règles de justice de ces mêmes nations, qu'on ne puisse tuer innocemment son ennemi. Ce droit, néanmoins, est indispensablement limité par le besoin; et le pouvoir de donner la mort à l'ennemi ne saurait s'étendre sur tous les sujets de la nation avec laquelle on est en guerre, comme les femmes, les vieillards, les enfants, par exemple, et en général tous ceux qui ne sont pas reconnus pour prendre une part active à la guerre. Les mêmes restrictions s'étendent à la manière de combattre, et l'on ne peut sans injustice, sans une insigne lâcheté, employer pour donner la mort à son ennemi tous les moyens possibles, tels que la trahison, l'empoisonnement et autres recours semblables. L'inégalité de forces, le besoin, la plus indispensable nécessité, ne sauraient même justifier de pareils expédients, qui couvriront toujours de honte celui qui les emploie.

Joseph, roi d'Espagne, ayant publié qu'avec 40,000 hommes de troupes régulières il avait battu 120,000 insurgés, son frère Napoléon lui répondit : « Tout est opinion à la guerre, opinion sur l'*ennemi*, opinion sur ses propres soldats. Après une bataille perdue, la différence du vainqueur au vaincu est peu de chose; c'est l'influence morale qui est tout, puisque deux ou trois escadrons suffisent alors pour produire un grand effet.... L'art des grands capitaines a toujours été de publier et de faire apparaître à leurs troupes l'ennemi comme très-inférieur. C'est la première fois qu'on voit un chef déprécier ses moyens au-dessous de la vérité, en exaltant ceux de l'ennemi.... J'entends que de pareilles inadvertances n'arrivent plus désormais, et que sous quelque prétexte que ce soit on ne fasse ni un ordre du jour ni une proclamation qui tendent à faire connaître la force de mes armées; j'entends même qu'on prenne des mesures directes ou indirectes pour donner la plus haute opinion de leur nombre.... Quand j'ai vaincu à Eckmuhl, l'armée autrichienne, *j'étais un contre cinq*, et cependant mes soldats croyaient être au moins égaux aux ennemis.... Loin d'avouer que je n'avais à la bataille de Wagram que cent mille hommes, je m'attachai à prouver que j'en avais deux cent vingt mille. Constamment, dans mes campagnes d'Italie, où j'avais une poignée de monde, j'ai exagéré ma force. Cela a servi mes projets et n'a point diminué ma gloire. Les généraux et les militaires instruits savaient, après les événements, reconnaître tout le mérite de mes opérations, même celui d'avoir exagéré le nombre de mes troupes..... »

Le *droit des gens* consiste, entre nations, à se faire dans la paix le plus de bien et dans la guerre le moins de mal possible, sans nuire à leurs véritables intérêts. Le *droit de guerre*, en un mot, ne doit pas s'étendre au delà de notre propre conservation, et il cesse dès que nous ne sommes plus dans le cas de défense naturelle. Il ne saurait donc aller jusqu'à faire à l'ennemi des outrages inutiles, et l'on ne peut que déplorer les scènes atroces et sans nécessité auxquelles l'état de guerre a parfois donné lieu. Quelque avantage qui puisse résulter de l'assassinat d'un ennemi surpris, jamais un homme d'honneur n'y aura recours. Un tel acte, dans tous les temps et dans tous les lieux, sera toujours signalé comme une exécrable lâcheté. Nous ne pouvons nous habituer à cette espèce de rudesse, ou plutôt de férocité de mœurs, qui dans l'ancienne Rome semblait honorer, au lieu de les flétrir, les assassins d'un tyran. C'est toutefois une question bien grave que de discuter la moralité de l'homicide dans ces sortes de cas, où la loi était impuissante pour remédier à un mal auquel pouvait seulement mettre fin un coup de poignard. Il n'est pas plus permis de manquer de foi à un ennemi qu'à tout autre. C'est, dit Quintilien, le respect pour la foi publique qui procure à deux ennemis encore armés le repos d'une trêve; c'est lui qui assure aux villes rendues les droits qu'elles se sont réservés par l'acte de la capitulation; c'est enfin le lien le plus sacré qui existe parmi les hommes. BILLOT.

ENNEMOSER (JOSEPH), médecin allemand, célèbre parmi les adeptes du magnétisme animal, est né en 1787 dans le Tyrol. Étudiant à l'époque où éclatait l'insurrection d'André Hofer, il s'associa à cette patriotique levée de boucliers. En 1812 et 1813 il travailla activement à la réorganisation des éléments insurrectionnels contre le joug français, et prit encore une part importante au grand mouvement de cette époque. Au rétablissement de la paix, il put enfin se faire recevoir docteur. En 1819 il fut nommé professeur titulaire de médecine à la nouvelle université de Bonn, où il mérita l'estime générale par ses beaux travaux en anthropologie, en médecine psychique et en pathologie. En 1837 il renonça à sa chaire pour venir s'établir comme médecin praticien à Inspruck. Plus tard, en 1841, le désir de se rapprocher des sources scientifiques et littéraires le détermina à se fixer à Munich, où il s'est fait une clientèle considérable, et où ses cures ont eu un grand retentissement. On a de lui : *Le Magnétisme dans son développement historique* (Leipzig, 1819); une 2e édition de cet ouvrage a paru à Bonn, en 1844, sous le titre d'*Histoire du Magnétisme;* il est divisé en deux parties, dont la première forme une Histoire de la magie; *Recheches historiques et psychologiques sur l'origine et l'essence de l'âme humaine* (1824); *Le Magnétisme dans ses rapports avec la nature et la religion* (1842); *L'Esprit de l'Homme dans la nature* (1849); *Qu'est-ce que le Choléra?* (1850); *Introduction à la pratique mesmérienne* (1852).

ENNIS. *Voyez* CLARE.

ENNIUS (QUINTUS), poëte latin, naquit à Rudies (*Rudix*), dans la partie de l'Italie appelée *Calabre*, l'an 240 avant l'ère vulgaire. On prétend qu'il vécut en Sardaigne jusqu'à l'âge de quarante ans, et qu'il se lia d'amitié avec Caton l'Ancien, qui gouvernait cette île sous le titre de préteur. Leur liaison fut intime. Ennius donna des leçons de grec au rigide préteur, qui sous la rudesse de son enveloppe nourrissait l'amour de la littérature. Attaché à ce poëte par une amitié sincère, il le détermina à le suivre à Rome, où il lui fit don d'une charmante maison, située sur le mont Aventin. Le séjour du poëte dans la capitale du monde accrut sa renommée. Il obtint une distinction au-dessus de toutes les faveurs que pouvaient accorder les rois, le titre de citoyen romain. Cornelius Nepos remarque que le plus beau triomphe de Caton est sans contredit la conquête d'Ennius.

Il nous est resté peu d'ouvrages de ce poëte; son style se ressent de son époque, se ressent aussi des lieux où il passa les premières années de sa vie : l'âpreté des montagnes de son île, la solitude qui l'environna si longtemps, ont influé sur les plus belles compositions de son génie. La langue latine, quoique déjà harmonieuse, n'était point encore fixée. Plus d'un siècle et demi sépare Ennius de Lucrèce, qui parle ainsi du poëte sarde :

Couronné le premier des palmes du génie,
Ennius autrefois, aux champs de l'Ausonie,
De vingt rêves flatteurs a bercé nos aïeux ;
Mais bientôt, variant ses sons mélodieux,
L'immortel Ennius lui-même nous retrace
Du séjour de la mort le ténébreux espace,
Où n'arrivent jamais ni l'âme ni le corps.
Son art prodigieux fait errer sur ses bords
De simulacres vains l'assemblage éphémère,
Tel qu'en sortit pour lui le fantôme d'Homère,
Quand ce chantre divin, dans ses nobles regrets,
Du monde à son génie ouvrit les grands secrets.

On sait que Quintilien convient que le style du poëte avait la rudesse du siècle où il vécut, et que ce n'est qu'au milieu de ses imperfections que brillèrent les éclairs de son génie. Ovide avait eu cette opinion. On trouve dans ses *Tristes* (livre II) :

Ennius, ingenio maximus, arte rudis.

Virgile emprunta plusieurs passages à Ennius, et, comme le dit un ancien, il recueillit des pierres précieuses dans le fumier du grand poëte.

Ennius acquit l'amitié de Scipion l'Africain : il vécut longtemps dans la maison de campagne du vainqueur de Carthage. C'est là qu'il composa un poëme où il célébra les exploits de son héroïque ami, et un autre ouvrage consacré aux glorieuses annales de la république romaine. L'attachement du héros fut tel pour le poëte qu'il voulut qu'un même tombeau les réunît : il y précéda son ami de dix-huit ans. C'est sur ce tombeau qu'on éleva une statue à Ennius. On le dit aussi auteur de satires et de plusieurs comédies, où il développe une connaissance profonde du cœur humain. Il ne nous reste de tant d'ouvrages que quelques fragments recueillis dans le *Corpus poetarum*. Il composa une tragédie de *Médée*, qui, dit-on, servit de modèle à celle d'Ovide. Il n'est pas étonnant que les ouvrages d'Ennius n'aient surnagé que par débris dans le naufrage du temps : quel que soit le génie de l'auteur, ses créations n'obtiennent une éternelle durée que par la perfection du langage. On prétend qu'Ennius avait un amour-propre de grand poëte : *Oportet poetam de se bene sentire*, a dit un Père de l'Église, qui par là semblait absoudre l'orgueil du talent. Ennius était tellement convaincu de sa supériorité dans son art, qu'il s'appelait lui-même l'Homère des Latins.

DE PONCERVILLE, de l'Académie Française.

ENNOBLIR. *Voyez* ANOBLIR.

ENNODIUS (MAGNUS-FELIX), évêque de Pavie, que ses connaissances littéraires ont rendu célèbre, vivait vers l'an 505, et fut contemporain de Boèce et de Cassiodore. Outre un grand nombre de poëmes, on a de lui un *Panégyrique de Théodoric*, ouvrage écrit d'un style emphatique et déclamatoire, imprimé en dernier lieu dans l'*Histoire de l'Empire des Ostrogoths*, de Manso (Breslau, 1824); des *Vies de saint Antoine* et de *saint Epiphane*; enfin des *Lettres* (publiées par Sirmond [Paris, 1611]), où l'on retrouve le langage et l'imagination des païens. Une édition complète de ses œuvres a été publiée à Paris, en 1699; il en a été fait une autre à Venise (1729, in-fol.).

ENNUI, mot qui exprime à la fois le malaise, le dégoût, la lassitude morale. C'est sans contredit une des plus cruelles maladies de l'âme : le chagrin, la douleur même, lui sont bien préférables; du moins ils occupent. En général, l'ennui ne s'attaque qu'aux peuples civilisés : le sauvage restera couché dans sa hutte des journées entières; le Turc, les jambes croisées, fumera sa pipe de longues heures, sans songer à rien, et sans éprouver d'ennui; chez les nations blasées, au contraire, c'est une maladie de tous les instants, qui trop souvent finit par engendrer le *spleen*, ou la consomption, et quelquefois ne trouve de remède que dans le suicide. Le duc de Lauraguais, voulant jouer un tour au prince d'Hénin, riche et ennuyeux amant de Sophie Arnould, rassembla de graves médecins pour leur soumettre la question suivante : « L'ennui, porté à un certain degré, ne peut-il pas occasionner la mort ? » Le résultat de la consultation fut affirmatif, et le duc ne manqua pas de le faire signifier par huissier au dangereux protecteur de l'actrice. La plaisanterie avait un fonds de vérité; l'ennui est non-seulement un mal contagieux, mais tel sot peut le communiquer aux autres sans le ressentir lui-même. Un de ces mortels fatigants que cherchait à éconduire un homme d'esprit, redoutant la prolongation de sa visite, lui disait naïvement : « Oh! je puis rester encore: » quand je viens voir quelqu'un, je ne m'ennuie jamais le premier. — Je m'en aperçois, répondit son interlocuteur. Aussi est-ce un art dans le monde que de savoir s'ennuyer poliment, car il est souvent difficile de comprimer le bâillement, signe trop évident de cette souffrance.

Quant à l'ennui individuel, ou, pour mieux dire, personnel, il est deux moyens d'y échapper : sentir ou réfléchir; s'émouvoir, ou travailler, soit d'esprit, soit de corps. Le premier moyen n'est pas toujours à notre disposition; l'autre est plus facile à employer. La Bruyère a dit que l'ennui était entré dans le monde par la paresse; il en est aussi le châtiment. Une ardente dévotion peut l'empêcher de se glisser dans la cellule du cénobite; mais il est rare d'être favorisé de la grâce à ce point, et en général il faut en revenir à l'oracle de la sagesse divine : « Il n'est pas bon que l'homme soit seul. » On ne se fait pas toujours bonne compagnie à soi-même; et si le grand monde est souvent ennuyeux, il n'en est pas de même des causeries de l'amitié, des petits cercles de l'intimité. N'est-ce pas en effet parce que cette double ressource n'est guère à leur usage, que les rois et les grands sont dévorés de cet *ennui* si bien décrit dans une lettre de Mme de Maintenon, qui en périssait elle-même auprès d'un prince désormais *inamusable?* Il est vrai que dans ces derniers temps les émeutes, les révolutions fréquentes, se sont chargées de dissiper l'ennui des souverains. « Heureux, a-t-on dit, les peuples dont l'histoire est *ennuyeuse!* »

Une distribution bien calculée d'occupations et de plaisirs, voilà ce qu'a trouvé de mieux la nature humaine pour combattre l'ennui, *notre ennemi le plus grand*, suivant l'expression de Voltaire; car un autre écrivain, Lamothe-Houdard, a dit avec raison :

L'ennui naquit un jour de l'uniformité.

Et c'est principalement dans celle des jouissances que notre molle civilisation doit craindre d'en trouver l'origine. Notre ancien langage poétique prenait aussi *ennui* pour *douleur, peine, chagrin, affliction*. Les héros tragiques de Corneille et de Racine nous parlent souvent de leur *ennuis*, de leurs *ennuis*. Il est heureux pour nos auteurs modernes que le terme ait vieilli dans ce sens, car le public eût pu quelquefois trouver qu'ils lui faisaient partager l'*ennui* de leurs personnages.

OURRY.

ÉNOCH, fils de Jared et père de Mathusalem, fut le septième des premiers patriarches. Tout ce que la *Genèse* dit de lui, c'est qu'il fut juste, et que Dieu l'enleva de ce monde. Des commentateurs ont vu dans ce passage qu'Énoch mourut réellement, mais d'une mort prématurée. Les autres, forts du sentiment des SS. Pères, soutiennent qu'il est encore en vie. Saint Paul tranche la question, en disant qu'Énoch fut enlevé *pour qu'il ne vît point la mort*. L'*Ecclésiastique* dit que Dieu le réserve pour prêcher la pénitence aux nations; de là on a conclu qu'Énoch reparaîtrait à la fin du monde. Dans des questions aussi problématiques, nous n'avons point à nous expliquer.

L'apôtre saint Jude, dans son Épître catholique, cite une prophétie d'Énoch, ce qui a fait demander si ce patriarche a pu écrire. Il parut en effet sous le nom d'Énoch un livre dont il reste encore d'assez longs fragments; mais ce livre, plein de contes ridicules, paraît avoir été fabriqué dans le deuxième siècle de l'Église, ou du moins considérablement altéré : ce n'est donc pas cet écrit dont saint Jude invoque l'autorité. Il est naturel de penser que la prophétie dont il s'agit s'était conservée chez les Juifs par la tradition, à laquelle l'apôtre a pu l'emprunter aussi bien que l'auteur du livre apocryphe.

L'abbé C. BANDEVILLE.

Cité par plusieurs Pères de l'Église, objet de respect pour Tertullien, traité moins favorablement par Origène, saint Jérôme et saint Augustin, le *Livre d'Énoch* n'a longtemps été connu que par quelques citations grecques incomplètes. Un érudit du dix-septième siècle, un infatigable collectionneur, Pieresc, n'avait rien épargné pour se le procurer en Égypte, et, victime d'une fraude qui n'est pas rare, il paya fort cher un manuscrit qu'avaient fabriqué d'impudents faussaires. Enfin, le célèbre Bruce, revenant de ses longs et périlleux voyages aux sources du Nil, rapporta d'Abyssinie trois copies en langue éthiopienne du livre en question. Il en donna une à la Bibliothèque du Roi, à Paris; il déposa les deux autres dans la Bibliothèque Bodleyenne, à Oxford. Silvestre de Sacy examina le manuscrit de Paris, traduisit quelques chapitres en latin, et donna sur le tout une notice insérée au *Magasin Encyclopédique*, en 1795. Vingt-cinq ans plus tard, un prélat anglican, R. Laurence, fit imprimer à Oxford, en 1821, une double traduction latine et anglaise du *Livre d'Énoch*, d'après les manuscrits bodleyens. Un autre théologien anglais, J. Murray, mettait de son côté au jour, en 1833, un volume intitulé : *Enoch restitutus*, dans lequel il s'efforçait de distinguer ce qui, dans cet ouvrage, remonte à des périodes extrêmement reculées, est antérieur à Moïse, et ce qui revient à des temps bien plus modernes.

Depuis les tentatives de ces divers érudits, cette composition étrange a attiré plusieurs fois l'attention des théologiens et des critiques les plus éclairés d'outre-Rhin. Ils l'ont jugée comme étant, ainsi que les divers livres apocryphes de l'Ancien et du Nouveau Testament, d'un grand secours pour connaître les doctrines qui dominaient dans les contrées et à l'époque où il a été composé. Le séjour que firent les Hébreux sur les bords de l'Euphrate répandit parmi eux des croyances empruntées aux dogmes des sectateurs de Zoroastre, et il reste si peu de traces de l'état des esprits dans ces temps reculés, qu'on ne saurait recueillir avec trop de soin tout ce qui peut témoigner de la révolution intellectuelle qui s'effectua alors au sein du peuple d'Israel. En maint endroit, le *Livre d'Énoch* rappelle les sombres beautés et les images grandioses de l'Apocalypse; l'imagination fougueuse de l'auteur, quel qu'il soit, le transporte au delà des limites du monde; elle déploie devant lui tous les secrets de la création; elle le promène à travers les splendeurs du ciel et les terreurs de l'enfer, dans le séjour des âmes séparées des corps qu'elles ont animés, parmi les myriades d'habitants dont se peuple la voûte céleste, les chérubins, les séraphins, les ophonim qui entourent le trône éblouissant et célèbrent le nom du souverain seigneur des esprits. Ce sont des dithyrambes lyriques, ce sont les cris d'un inspiré, c'est la voix d'un prophète; et s'il y a du désordre, de l'obscurité, des redites, on sait que ces défauts sont communs à toutes les productions littéraires de l'Orient.

Aucune portion du *Livre d'Énoch* n'a été mise en langue française, et parmi nous c'est à peine si l'on connaît de nom cet écrit, où, parmi beaucoup de visions, de rêveries, au milieu d'un système astronomique qui fera sourire les professeurs de l'Observatoire, il se rencontre une énergie, un coloris sombre et effrayant qui se rapprochent parfois des mystérieux et grandioses accents d'Isaïe et d'Ezéchiel.

G. BRUNET.

ÉNOMOTIE. *Voyez* DÉCURIE.

ÉNONCIATION. *Voyez* BLASPHÈME.

ENOPTROMANCIE (du grec ἔνοπτρον, miroir, et μαντεία, divination), espèce de divination par le miroir, qu'il ne faut pas confondre avec la *catoptromancie*, qui s'en servait également. D'abord, cette dernière, comme la *cristallomancie*, ne montrait dans la glace que les événements à venir, tandis que la première faisait également apparaître le passé et le futur aux yeux du néophyte, eût-il même les yeux bandés. L'*enoptromant* était toujours un jeune garçon ou une femme. Les Thessaliennes écrivaient leurs réponses sur le miroir en caractères de sang; et ceux qui les avaient consultées lisaient leurs destins, non dans la glace, mais dans la lune, qu'elles se vantaient de faire descendre du ciel par leurs enchantements.

ÉNOTIKON· *Voyez* HÉNOTICON.

ENQUERRE (Armoiries à). *Voyez* ÉMAUX.

ENQUÊTE (du latin *quærere* ou *inquirere*, chercher, s'informer), terme judiciaire et administratif, qui désigne une recherche faite au moyen du témoignage des hommes, pour vérifier l'existence ou la non-existence de faits allégués dans un procès civil, ou indispensables à connaître pour éclairer l'autorité supérieure et servir de base à une décision administrative. L'enquête, c'est-à-dire l'audition de toutes personnes ayant connaissance, comme témoins ou parties intéressées, de faits douteux ou contestés, concernant des intérêts privés ou publics, est l'un des modes de procéder les plus propres à arriver à la découverte de la vérité, quand d'ailleurs l'évidence ne jaillit pas de titres authentiques ou d'autres preuves irrécusables. Aussi cette voie d'instruction n'est pas seulement usitée en justice, mais encore en administration; quelquefois même, sous le gouvernement parlementaire ou républicain, elle était ordonnée par la législature, et exécutée en son nom, lorsque les assemblées éprouvaient le besoin de s'éclairer davantage, de recueillir des témoignages, de rassembler des documents, pour statuer en pleine connaissance de cause sur de graves intérêts matériels ou financiers, ou pour améliorer une partie quelconque de la législation.

L'*enquête judiciaire* est l'audition de *témoins* sur des faits articulés par une partie et méconnus par l'autre dans un procès civil. Au criminel, elle prend le titre d'*information*. C'est une vérité reconnue dès longtemps par l'expérience, qu'en justice surtout le témoignage des hommes ne doit être admis qu'avec beaucoup de prudence et de réserve. Aussi une ancienne ordonnance voulait-elle qu'on n'admît point la preuve vocale lorsqu'un procès pouvait être décidé par des questions de droit ou des fins de *non recevoir*, méthode qu'on regardait alors comme plus sûre. Aujourd'hui la loi, repoussant cette excessive méfiance, n'autorise néanmoins la preuve testimoniale ou vocale que dans les circonstances qu'elle détermine expressément. Voici les règles principales que pose à cet égard le droit civil : 1° celui qui a pu se procurer une preuve littérale, c'est-à-dire résultant d'un titre, n'est pas admis à faire la preuve testimoniale, lorsque l'objet dont il s'agit vaut plus de 150 fr., s'il n'a un commencement de preuve par écrit; 2° lorsqu'il y a un acte écrit, les contractants et leurs successeurs ne peuvent être admis à la preuve testimoniale *contre* et *outre* cet acte, quand même l'objet vaut moins de 150 fr., s'ils n'ont aussi un commencement de preuve par écrit; 3° on est admis à la preuve testimoniale des objets sur lesquels on n'a pu se procurer de preuve littérale, quelle que soit leur valeur; 4° il en est de même lorsque, par un cas fortuit, avoué ou constaté, la preuve littérale a été perdue.

En déterminant et en limitant d'une manière aussi précise les cas où la preuve testimoniale peut être admise, la loi prend en outre une foule de précautions pour la rendre aussi certaine que possible. Ces précautions sont l'objet du *titre* XII *du Code de Procédure civile*. Ce n'est qu'autant que toutes les formalités prescrites ont été rigoureusement observées que l'enquête est de quelque poids aux yeux de la justice; ces formalités en effet, ne fût-ce que la solennité du serment et la présence imposante du juge qui interroge, mettent une très-grande différence entre des dépositions légales et de simples attestations privées, lesquelles ne sont trop souvent que l'effet de la complaisance, de la faiblesse ou de la prévention. Toutes les fois qu'on admet une partie à faire une preuve par témoins, on autorise en même temps la partie adverse à faire la preuve contraire, ce qu'on appelle *contre-enquête*; cet acte, fondé sur la maxime que la condition des parties doit être égale en justice, lui appartient de plein droit. L'enquête se fait devant un juge commis par le tribunal de la cause, et les dépositions des témoins sont fidèlement consignées dans un procès-verbal. Le cahier qui contient ces dépositions prend aussi le nom d'*enquête*. Il faut remarquer qu'au tribunal de paix, dans les causes de nature à être jugées en dernier ressort, et dans toutes les affaires sommaires et commerciales non susceptibles d'appel, l'enquête a lieu à l'audience même, et que les dépositions n'y sont point rédigées par écrit; cette exception est fondée sur la célérité qu'exige la solution de ces sortes d'affaires.

Pour être admis à faire une enquête, il faut que les *faits* dont on demande la preuve soient essentiellement admissibles, c'est-à-dire pertinents et concluants : ils sont *pertinents* lorsqu'ils ont un rapport direct à la cause, et *concluants* lorsqu'ils peuvent avoir une influence réelle sur la décision. Les *délais* sont déterminés rigoureusement, à peine de nullité, afin de rendre plus difficile la subornation des témoins. Ils sont de deux sortes, l'une et l'autre de huitaine : pendant le premier, qui court à dater de la signification du jugement ou de l'expiration du temps d'opposition, l'enquête doit être commencée, le procès-verbal ouvert, et la partie adverse assignée pour y assister trois jours au moins avant l'audition; pendant le second délai, qui court à dater de l'audition du premier témoin, l'enquête doit être achevée, sauf le cas où le tribunal jugerait à propos d'accorder une prorogation.

La preuve vocale étant souvent la seule qu'on puisse fournir de l'existence des conventions, il serait contraire à l'intérêt social, d'une part, que, sans motifs légitimes, on refusât son témoignage en justice; d'autre part, que toute espèce de témoignage suffit pour établir la vérité d'un fait contesté. D'après cette considération, on a adopté les règles suivantes : 1° on ne peut être témoin dans sa propre cause; 2° tout particulier cité comme témoin est obligé de paraître, mais on ne peut citer les parents et alliés en ligne directe, ni les époux des parties; 3° on admet les femmes à déposer. Il en est de même des mineurs de quinze ans, sauf à avoir tel égard que de raison à leur témoignage. Parmi les personnes qu'on a le droit d'appeler en qualité de témoins, il en est qui peuvent être *reprochées*, c'est-à-dire dont la déposition peut être écartée : les reproches sont fondés en général sur la crainte qu'un témoin ne soit entraîné à déposer contrairement à la vérité en faveur d'une partie à laquelle il est lié par parenté, affection, intérêt, etc. Les personnes qu'on a le droit de reprocher sont : les parents et alliés, jusqu'au sixième degré, des parties ou de leurs conjoints, les héritiers présomptifs ou donataires, les serviteurs et domestiques, les accusés et les condamnés à une peine afflictive et même à une peine correctionnelle pour vol ; ceux qui ont bu ou mangé avec la partie, à ses frais ; enfin ceux qui ont donné des certificats relatifs à la cause. « Autrefois, dit Berriat-Saint-Prix, le parlement de Toulouse avait une jurisprudence bien étrange : selon le plus ou moins d'importance du reproche, il ne rejetait la déposition que pour une partie seulement, une moitié, un tiers, un quart, etc., et joignait cette fraction à d'autres pour former un témoignage. Ainsi, trois dépositions conservées chacune pour un tiers équivalaient à la preuve tirée d'un déposition complète. »

Avant de déposer, les témoins doivent : 1° déclarer leurs noms, profession, âge et demeure, s'ils sont parents, alliés ou serviteurs des parties ; 2° jurer de dire la vérité. Ils déposent séparément devant le juge, de vive voix, et sans pouvoir lire de projet écrit. D'après le droit ancien, il fallait au moins deux témoignages pour établir chaque fait ; et même les jurisconsultes accordaient si peu de confiance aux femmes, qu'ils posaient en principe que le témoignage de deux hommes valait celui de trois femmes. Rien de semblable n'existe aujourd'hui : il est admis dans la procédure civile, comme dans la procédure criminelle, qu'en matière de preuve vocale, le juge doit être considéré comme un juré, et par conséquent qu'il n'a pas besoin d'avoir plusieurs témoignages pour la preuve d'un fait, et qu'il n'est pas forcé de regarder comme prouvé le fait attesté par plusieurs témoignages. Si plusieurs témoignages représentent le même fait d'une manière différente, le juge, pour découvrir la vérité, doit prendre en considération moins le nombre des déposants que leur moralité, leur réputation, etc. ; examiner s'ils n'ont point vacillé et s'ils ne se contredisent pas ; si leurs dépositions paraissent avoir été concertées, enfin si elles sont faites d'après ce qu'ils ont vu et entendu, et non d'après des ouï-dire.

L'*enquête administrative* est un mode d'information au moyen duquel l'administration recueille des renseignements sur des choses d'utilité commune, avant de prendre une détermination. Cette sorte d'enquête, appelée ordinairement enquête *de commodo et incommodo*, a pour but d'éclairer l'autorité supérieure et de constater, d'après l'état de l'opinion publique, les avantages et les inconvénients d'un projet quelconque, afin de s'assurer qu'il ne nuira pas à des tiers. Ainsi, les demandes faites pour former des établissements dangereux et insalubres sont en général précédées de ces sortes d'enquêtes. L'art. 64 du Code Forestier en contient un autre exemple : il porte qu'un conseil de préfecture ne peut statuer qu'après une enquête *de commodo et incommodo*, sur les contestations qui s'élèvent entre une ou plusieurs communes et l'administration forestière, relativement aux droits d'usage dans les forêts de l'État. Lorsqu'il s'agit d'aliénations, d'acquisitions, d'échanges, d'expropriations, etc., pour cause d'utilité publique, proposées, soit par les communes, soit par l'État, soit même par des compagnies, l'administration, après avoir mûrement examiné le mérite et l'utilité des projets, peut ordonner une enquête ; contrairement à ce qui a lieu en justice, les avis et réclamations des parties intéressées sont soigneusement recueillis, et forment la partie essentielle de cette enquête, qui sert souvent de base aux décisions administratives. La législation sur cette matière réside dans l'ordonnance de 1667 (titre 22), dont un grand nombre de dispositions sont encore en vigueur, dans une instruction ministérielle du 20 avril 1815, et dans diverses ordonnances spéciales plus récentes, faites pour l'exécution des lois relatives aux grands travaux publics, tels que routes, canaux, établissements d'utilité commune, etc.

Le soin de l'enquête est ordinairement confié au juge de paix ou à tout autre fonctionnaire délégué par le préfet ou le sous-préfet ; elle est faite sans frais, par les moyens propres à l'autorité administrative, et doit être annoncée huit jours à l'avance, à son de trompe ou de tambour et par voie d'affiches placardées au lieu principal de réunion publique. Le préambule du procès-verbal doit contenir un exposé exact de la nature des motifs et des fins du projet annoncé. Les personnes admises à émettre leur vœu doivent expliquer librement ce qu'elles en pensent, à déduire les motifs de leur opinion, et signer leurs déclarations consignées dans le procès-verbal. C'est surtout en matière d'expropriation que les formalités protectrices de l'enquête reçoivent d'utiles développements, et que la déclaration d'utilité publique et l'évaluation des indemnités à accorder aux propriétaires sont environnées de nombreuses garanties.

L'administration peut ordonner des enquêtes dans toutes les circonstances où elle juge convenable et utile de consulter des intérêts et des droits engagés ou compromis, dans les travaux d'utilité générale à entreprendre ou dans les projets de loi à élaborer. C'est ainsi que nous avons vu s'exécuter sur tous les points de la France et dans la capitale même, où ont été mandés tous les intéressés, d'immenses enquêtes sur les fers, sur les houilles, sur les douanes, sous la présidence du ministre du commerce et des principaux membres du conseil d'État. C'était comme une vaste tribune ouverte à la discussion des intérêts et des droits industriels, manufacturiers et commerciaux, dont la libre exposition devait servir de base à des réformes dans la législation sur les impôts et sur les douanes. On ne peut nier cependant que ces sortes d'enquêtes, faute d'être régularisées par des lois spéciales, n'ont pas produit tout le bien, toutes les lumières qu'on en attendait.

L'*enquête parlementaire* est l'enquête ordonnée par une assemblée législative, et faite en son nom par une commisson spéciale, composée de membres choisis dans son sein, en vue de constater des faits, de consulter des opinions diverses, et de recueillir des renseignements propres à éclairer sa religion sur des matières d'intérêt *public*. En tout temps, toute enquête ayant un but d'utilité générale est ordonnée et dirigée par l'autorité administrative, qui a pour mission principale de rechercher les éléments et d'élaborer les projets destinés à servir de base aux lois de l'État ; autrefois la législature pouvait, si elle ne se trouvait pas assez éclairée, demander, provoquer une enquête. Lorsque des conjonctures difficiles, imprévues, se présentaient, lorsqu'il y avait eu négligence ou inhabileté de la part de l'administration, lorsque l'obscurité des faits, la complication des intérêts compromis et l'incertitude des opinions étaient telles que la législature appelée à se prononcer partageait le doute et l'embarras universels, dès lors il pouvait arriver qu'elle ordonnât et fît exécuter en son nom une enquête qui lui fournît les lumières nécessaires pour exercer pleinement ses attributions souveraines. Ses investigations, d'ailleurs, ne devaient porter que sur des questions essentiellement législatives, et jamais sur les matières qui sont du domaine exclusif de l'administration.

Le *droit d'enquête parlementaire* naquit chez nous avec la charte de 1830 ; il fut reconnu et proclamé par la chambre des députés, au mois de février 1834, à l'occasion de la nomination d'une commission d'enquête chargée d'examiner toutes les questions relatives à la culture, à la fabrication et à la vente du tabac. Ce nouveau pouvoir parlementaire fut toutefois vivement contesté ; il éprouva au sein de la chambre une résistance opiniâtre ; des prédictions sinistres sur l'abus et le danger des enquêtes se firent entendre, et ce ne fut qu'après la discussion la plus orageuse que le droit d'enquête fut sanctionné par le vote de la majorité.

En Angleterre, le droit d'enquête est une prérogative incontestée du parlement; mais il a une autre origine : il dérive de la puissance judiciaire de la chambre des lords; et les commissions d'enquête y jouissent d'un pouvoir exorbitant : elles se font obéir par tous : par un fonctionnaire, par le vice-roi d'Irlande, par le chef de la Compagnie des Indes, et quiconque ne se rend pas à l'appel qui lui est fait est frappé de peines rigoureuses. Aug. HUSSON.

ENRAGÉ se dit d'une personne ou d'un animal atteint d'hydrophobie, affecté de la rage, et, au moral, d'une personne qui ne sait plus se contenir.

ENRAGÉS (Club des). *Voyez* CLUB et CORDELIERS (Club des).

ENRAYER. Si les animaux éprouvent des fatigues extraordinaires pour traîner une voiture du bas d'une colline à son sommet, ils éprouvent aussi de grandes peines pour la retenir lorsqu'elle descend une pente rapide; on a donc, afin d'éviter des accidents souvent très-dangereux, imaginé plusieurs moyens pour empêcher les roues d'un chariot, d'une diligence, de tourner. On y parvient de deux manières : 1° les rouliers appliquent fortement une barre contre le moyeu : le frottement qui en résulte empêche la roue de tourner librement; 2° on *enraye* d'une manière infiniment plus ingénieuse en plaçant sous une des roues de la voiture une sorte de semelle de fer appelée *sabot*, laquelle est attachée au brancard de la voiture par une chaîne, de sorte que la roue ne peut pas tourner sans que le sabot la suive; la voiture devient alors traîneau en partie. Dans tous les cas, on se propose de produire un frottement suffisant pour détruire une partie de la force qui tend à entraîner la voiture. Sur les chemins de fer, la vitesse étant généralement beaucoup plus grande, on a recours à des freins.

ENREGISTREMENT. Dans l'acception grammaticale, ce mot signifie l'*action d'enregistrer*, *de mettre une chose sur un registre*, soit en entier, soit par extrait, dans le but ou de la rendre plus authentique, de lui donner plus de force, ou seulement de constater la perception d'un impôt. Défini légalement, le *droit d'enregistrement* est le prix direct de la formalité qui fixe la date des actes et assure aux transactions la force de la loi. Le droit d'enregistrement doit donc être envisagé : premièrement, comme formalité essentielle dans notre organisation sociale, comme complément nécessaire de nos lois civiles; secondement, comme branche importante de revenus publics. Et en effet, il ne suffisait point d'avoir, par de sages combinaisons, déterminé les divers modes sous lesquels les citoyens pouvaient régler entre eux les mille intérêts divers résultant du mouvement continu d'une société avancée; ce n'était point assez d'avoir en quelque sorte tracé les formes de certaines transactions, d'avoir désigné des officiers publics pour rédiger ces conventions, d'avoir institué des tribunaux pour terminer les contestations : il fallait encore donner une existence réelle, légale, aux actes contenant les volontés et les accords des particuliers, aux décisions des tribunaux; il fallait prémunir l'inexpérience, protéger contre elles-mêmes l'insouciance et la légèreté, élever une barrière infranchissable à l'homme de mauvaise foi; en un mot, il fallait donner une date certaine aux actes, leur assurer la force de la loi, les soumettre à l'action d'une véritable magistrature qui leur imprimât un caractère d'inviolabilité, une existence authentique.

Considéré comme branche de revenus publics, le droit d'enregistrement est peut-être de tous les éléments de produits celui qui peut, avec le moins de désavantage et le plus de latitude, fournir aux besoins de la chose commune. Sa perception, sagement combinée, est prompte, facile et entièrement dépouillée de formes inquiétantes ou vexatoires; et il est à remarquer que loin que le receveur des droits d'enregistrement soit obligé d'aller troubler la paix du citoyen en pénétrant dans son domicile, c'est le citoyen qui, dans son propre intérêt, va chez le receveur, dont il reçoit, en échange de l'impôt, un service public. Enfin, bien que les droits d'enregistrement occupent la seconde ligne du budget des recettes de l'État, les frais de perception qu'ils nécessitent atteignent à peine 5 p. 100 des produits.

Ajoutons que s'il est vrai que les mœurs et les besoins publics se résument en lois, il est vrai aussi que les lois bien faites réagissent sur les mœurs. Or, dépouillé de sa partie fiscale et considéré dans ses rapports avec la législation civile, le droit d'enregistrement, bien conçu, devient un moyen d'amener insensiblement les hommes à contracter plus ordinairement les actes qui peuvent concourir à améliorer la prospérité publique, à aider même à la morale. Et pour cela il n'a fallu qu'examiner quels sont les actes qu'il faut favoriser, afin d'y ramener plus souvent les volontés particulières des citoyens, et quels sont ceux qu'il faut traiter sévèrement pour en détourner l'égoïsme, qui les préfère. Mille exemples pourraient rendre sensible ce résultat : ainsi, la loi encourage et traite avec faveur, en ne taxant que d'un faible droit, tout ce qui peut aider à la prospérité du commerce et de l'agriculture, tandis qu'elle frappe de droits considérables tous les actes dont le but est d'enlever les biens de famille aux héritiers naturels pour en gratifier des collatéraux avides ou des étrangers intéressés.

Le *droit d'enregistrement* n'est nullement d'institution récente : en 1581, Henri III créa dans chaque siége royal du royaume un contrôleur des titres, afin d'enregistrer un certain nombre d'actes désignés. En 1627, Louis XIII établit un contrôleur de tous les actes que recevraient les notaires du Châtelet de Paris. Les choses restèrent ainsi jusqu'en 1693, époque où Louis XIV, pour réprimer de nombreux abus et prévenir les inconvénients et les discussions résultant du défaut de contrôle de la plupart des actes, donna, au mois de mars, un édit qui organisa le système et l'impôt du contrôle d'une manière régulière. La déclaration du 20 mars 1708 et celle du 20 septembre 1722 vinrent compléter ce système. Les dispositions essentielles de ces édits et ordonnances ont été reproduites dans les lois actuelles. Mais ces impôts étaient de natures diverses et participaient aux vices inhérants au système de morcellement et de féodalité qui pesait sur la France. Ainsi, il y avait le *contrôle* des actes, qui concourait à assurer la priorité d'hypothèques; le *contrôle* des exploits, celui des greffes; le droit d'*insinuation*, appliqué spécialement aux actes de donation : son origine remonte, assure-t-on, à l'empereur Constantin; le *centième denier*, les droits de *lods* et *ventes* sur toutes les mutations; le droit de *scel* sur les sentences des juges, le droit *d'amortissement*, les droits *réservés*, de *nouvel acquêt*, etc. Aussi cette multiplicité d'impôts, ayant des origines et des titres divers, donnait-elle naissance à des difficultés sans nombre; et Montesquieu, se méprenant sur l'utilité de l'idée première, a-t-il appelé ces droits *une mauvaise sorte d'impôts*.

Après quelques changements successifs, la loi du 22 frimaire an VII est venue fixer la véritable base du système d'impôts du droit d'enregistrement, et elle en forme aujourd'hui la loi organique. Nous ne suivrons point ici le développement des dispositions diverses de cette loi, nous bornant à faire observer que les droits d'enregistrement se divisent en deux grandes classes : les uns sont *fixes*, et s'appliquent aux actes de toute nature qui ne sont que de simples formalités, ou n'ont point immédiatement des valeurs pour objet; les autres sont *proportionnels*, c'est-à-dire en proportion des valeurs sur lesquelles ils sont assis. Cette même loi organique a déterminé le mode d'appréciation des valeurs, les délais pour acquitter les droits, les bureaux où ils doivent être acquittés, les obligations diverses des fonctionnaires, préposés et citoyens, enfin les pénalités attachées à son infraction, ainsi que les recours devant les tribunaux dans les cas de contestations. Il est à regretter que plus de deux cents lois soient venues modifier la loi primitive, principalement en ce qui touche la partie du tarif; et depuis longtemps le besoin se fait sentir d'une refonte générale, de manière à avoir un *code des droits d'enregistrement* mis en harmonie vraie avec nos lois civiles.

Les impôts sur les actes et mutations furent longtemps adjugés à une régie intéressée, qui les prenait à ferme, comme s'adjugent encore aujourd'hui les bacs, octrois, etc. ; le vice d'un pareil système est facile à concevoir. La perception des droits d'enregistrement est confiée par la loi à l'*administration de l'enregistrement et des domaines*, la plus ancienne des régies financières, mais ne formant actuellement qu'une branche de notre vaste système financier. Importante par les services qu'elle rend à la société et par l'abondance de ses produits, l'administration des domaines concourt en outre au maintien de l'ordre et de la conservation des minutes dans les dépôts publics et à la rigoureuse observation des formalités prescrites par la loi.

H. DE SAINT-GENIS, vérificateur des domaines.

ENRIQUEZ GOMEZ (ANTONIO), dont le véritable nom était *Enriquez de Paz*, poëte espagnol du second rang et de l'âge d'or de la littérature castillane, était le fils d'un juif portugais converti au christianisme. Né à Ségovie, il eut à peine atteint l'âge de vingt ans qu'il entra au service, où il s'éleva jusqu'au grade de capitaine. Il n'en fut pas moins exposé aux persécutions de l'inquisition, à qui il était devenu suspect d'être en secret partisan des opinions religieuses de ses pères. En 1636 il se vit forcé de fuir d'Espagne; et après avoir erré en différents pays, il finit par s'établir à Amsterdam, où effectivement il rentra dans le judaïsme; acte pour le quel il fut brûlé en effigie à Seville, à l'occasion de grand auto-da-fé célébré dans cette ville le 14 avril 1660.

Alors qu'il habitait encore l'Espagne, Enriquez s'était déjà fait connaître comme poëte dramatique. Il raconte lui même avoir composé vingt-deux comédies, qui toutes avaient obtenu un grand succès sur la scène, puisque plusieurs d'entre elles furent attribuées à Calderon. *La prudente Abigaïl*, *Engañar para reinar Celos no ofenden al sol* et *A lo que obligan los Celos*, notamment, parurent sous le nom de Fernando de Zarate. Une de ses comédies, *A lo que obliga el honor*, a servi évidemment de modèle à Calderon pour son *Medico de su Honra* et pour son *A Secreto agravio secreta venganza*.

Les comédies d'Enriquez témoignent qu'il était doué d'invention; mais l'exécution en est mal conduite, les caractères faiblement tracés, et le style attaché à un haut degré de *cultorisme*. Ce dernier défaut domine encore davantage dans les ouvrages qu'il publia plus tard, tant en vers qu'en prose, et dont à partir de 1642 il parut pendant neuf années de suite un nouveau volume chaque année, notamment : *Las Academias morales* (Rouen, 1642; Madrid, 1660; Barcelone, 1701); quatre comédies et une collection de poésies lyriques, dont les meilleures sont encore celles dans lesquelles l'ardent désir de revoir le ciel de la patrie, qu'il avait conservé au fond du cœur, s'exprime avec une douce sensibilité tout à fait de la nature de l'élégie; *La Culpa del primer Peregrino* (Rouen, 1649), poëme théologico-mystique; *El Siglo Pitagorico* (Rouen, 1647 et 1682; Bruxelles, 1727), suite de quatorze portraits satiriques à laquelle il donne la forme bizarre de la métempsychose, moitié vers, moitié prose, dont la meilleure partie est un petit roman comique à la manière de Quevedo, intitulé : *La Vida de Don Gregorio Guadana*; *La Politica angelica* (Rouen, 1647), le premier ouvrage où il se soit essayé dans la politique; *Luis dado à Dios* (Paris, 1645), ouvrage contenant des aperçus sur l'économie politique; *La Torre de Babilonia* (Rouen, 1647); et *El Samson Nazareno* (Rouen, 1656), poëme épique manqué. On trouvera de plus amples détails sur la vie et les ouvrages d'Enriquez Gomez dans l'ouvrage de José Amador de los Rios, intitulé : *Estudios historicos, politicos y literarios sobre los Judios de España* (Madrid, 1848).

On compte trois autres poëtes de ce nom : *Andres Gil* ENRIQUEZ, *Diego* ENRIQUEZ, et *Rodrigo* ENRIQUEZ. Tous trois travaillèrent pour le théâtre sous le règne de Philippe IV; et on trouve de leurs pièces dans la collection des *Comedias escogidas*.

ENRÔLEMENT. A proprement parler, ce terme ne devrait signifier autre chose que l'action d'inscrire sur une matricule (d'*involuter*, comme on disait jadis) un homme qui entre au service; mais il a d'autres significations : il se prend pour l'action même de devenir soldat, et devient alors synonyme d'*engagement*. L'enrôlement est l'initiation moderne: il concourt à l'accomplissement de la mesure politique qu'on nomme *recrutement*. Il est en certains cas contracté et constaté au moyen d'un acte d'enrôlement. En 1818 l'enrôlement était de six ans dans l'infanterie française; aujourd'hui les engagements sont de sept ans. L'*enrôlement forcé* ou *par appel* est une conséquence de la levée d'une conscription; de jour en jour cette forme d'enrôlement tend à devenir d'une nécessité plus absolue, à cause de l'insuffisance de l'enrôlement volontaire. L'enrôlement conscriptif est l'ensemble de toutes les opérations municipales et départementales par lesquelles s'accomplissent des levées forcées; il est suivi de l'immatriculation des hommes appelés ou des jeunes soldats rejoignant le corps sur lequel ils sont dirigés en vertu de la loi. L'*enrôlement libre* ou *volontaire* a succédé à la convocation du ban et arrière-ban; son origine remonte en France au temps des compagnies d'ordonnances, ou du moins ce n'est qu'à partir de cette époque qu'une loi royale en a posé les principes. Louis XI, après la suppression des francs-archers, n'eut recours qu'à l'enrôlement volontaire. Il y a de milice à milice, et de période à période, des différences marquées dans les usages qui régissent l'enrôlement. Depuis Louis XIV jusqu'en 1789 l'enrôlement a été le principal moyen de recrutement; le tirage à la milice était le moyen secondaire. En 1688 l'engagement n'était permis que pour deux ans, dans le siècle suivant il fut de huit ans. Le décret de 1789 changeait l'ancienne législation; il disposait que l'enrôlement volontaire serait le seul moyen de recruter nos troupes. L'insuffisance de cette ressource fut bientôt reconnue : la levée en masse, la première réquisition, la conscription, les appels alimentèrent depuis lors l'armée française, et devinrent à leur tour le moyen principal.

Les règles relatives à l'enrôlement ont varié quant au chiffre de l'âge militaire légal, quant au chiffre de l'âge d'inhabilité à l'enrôlement, quant aux formules et à la confection de l'acte qui le sanctionne, quant aux primes que la loi accordait aux recrues. La loi a permis que l'âge d'enrôlement volontaire fût moins avancé que celui de l'enrôlement forcé; elle a déclaré nul l'enrôlement s'il est contracté par un homme appelé, par un homme inscrit dans les classes maritimes. L'enrôlement volontaire ne peut avoir lieu qu'autant que celui qui le contracte est exempt d'infirmités; une visite ordonnée par le maire qui reçoit l'enrôlement constate ce fait. L'enrôlement volontaire est devenu accessoire, après avoir été le mode principal. Cette révolution tient à ce que ses résultats sont d'autant moins assurés que les propriétés sont plus divisées, et que les peuples sont plus heureux. Cet effet d'une cause qu'il faut bénir impose à la France la *conscription*, sous quelque nom qu'on la désigne, comme une charge inévitable pour les particuliers; il faut s'y résigner, à cause du prix élevé des salaires, comparé à la modicité de la solde; cette différence éloigne du service volontaire presque tous les jeunes hommes à qui la moindre industrie assure une existence douce. Aussi ne voit-on que rarement en temps de paix de bons sujets se faire volontairement soldats; plus il y a eu de ces enrôlés, plus le nombre des déserteurs à l'étranger a été grand. Dans les milices anglaise, autrichienne, etc., etc., ce n'est trop souvent que le rebut de la nation qui s'enrôle. Le ministre Gouvion et la loi de 1818 consacraient vicieusement une fiction en supposant que l'armée était un résultat d'engagements dont les appels comblaient l'insuffisance ; c'était une concession faite à ce principe étourdiment professé en 1814 : *Plus de conscription!*

Jamais avant la révolution de 1789 le recrutement par enrôlement spontané n'avait pu annuellement produire plus de vingt mille hommes; suivant quelques autorités, ce nombre n'était même que de seize mille; encore le tiers provenait-il de Paris, et c'était la lie de cette capitale. Le midi, par exemple, marquait une invincible répugnance pour le service de terre, et fournissait à peine un homme sur deux cent quatre-vingts. De 1818 au 1er octobre 1819 il ne se présenta que 15,371 volontaires; il s'en engagea en 1823 12,000. Les calculs établis en 1828 témoignent que de 1818 à 1824 le terme moyen des enrôlements fut de 6,955, et que de 1824 à 1828 il ne fut que de 4,874; le ministre Decaux affirmait même en 1829, à la tribune, que l'enrôlement n'étant ouvert que pour certains corps, ne fournissait, terme moyen, que de 3 à 4,000 hommes par an; mais qu'à l'approche de l'expédition de Morée le nombre s'était élevé à 8,000. Comparativement aux années antérieures à la révolution de 1789, il s'engage annuellement deux fois moins d'hommes, quoique la profession des armes soit devenue et mieux rétribuée, et moins dure, et plus honorable. Cette différence du nombre des recrues prouve que le peuple est deux fois plus heureux qu'autrefois. En temps de paix l'infanterie est le genre de troupes auquel l'enrôlement volontaire fournit le moins; quand la guerre est imminente, il augmente pour tous les corps dans une progression rapide.

Gal Bardin.

ENROUEMENT. On nomme ainsi une altération de la voix trop connue pour qu'il soit nécessaire de la définir : elle est le signal d'un changement matériel ou physiologique survenu dans un appareil important d'organes, et dont les affections sont redoutables quand elles durent. Quand l'enrouement accompagne les rhumes ordinaires, quand il est le résultat de la fatigue produite par une longue lecture faite à haute voix, ou bien d'un long discours, il cesse avec les causes qui l'ont provoqué; mais il peut être l'effet de lésions plus ou moins graves : il est souvent engendré par l'inflammation, l'ulcération des amygdales ou de l'arrière-bouche et des tubes qui conduisent l'air dans les poumons. Dans ces derniers cas, s'il persiste, il est le signe d'une phthisie pulmonaire ou laryngée.

Dans l'enrouement comme dans toutes les affections de poitrine, on doit se défier de toutes les pâtes et sirops que les pharmaciens débitent à l'envi les uns des autres, et que les journalistes prônent à *un franc cinquante centimes la ligne* (grand motif pour eux d'amplifier les éloges). La plupart de ces drogues sucrées ne sont pas nuisibles, mais elles inspirent une folle espérance, entretiennent une sécurité dangereuse, et font perdre l'opportunité de guérison, qui souvent ne se retrouve plus. Dr Charbonnier.

ENROULEMENT. C'est le mot que l'on emploie pour désigner tous les ornements formés en spirale, et qui ordinairement s'enlacent l'un dans l'autre de manière à former des ornements arabesques, soit en peinture, soit en sculpture, soit même en architecture. Ainsi, dans ce dernier art, on donne le nom d'*enroulement* aux volutes des chapiteaux ioniques et corinthiens, de même qu'à la partie d'ornements placée sur le profil des consoles et des modillons. Les Grecs ont laissé de bons modèles dans ce genre, et l'acanthe était souvent le type dont ils se servaient. On trouve aussi dans les monuments moresques des choses gracieuses, qui semblent puisées dans la nature et principalement dans l'imitation des chardons.

Les modernes, se laissant entraîner par l'inconstance de la mode, ont cru devoir varier les enroulements à l'infini; et on est arrivé à faire dans ce genre des choses d'abord bizarres, puis enfin complétement ridicules. Borromini en Italie, Oppenort à Paris, ont poussé l'abus aussi loin que possible dans les sculptures dont étaient chargés les écussons, les cartouches et les clefs de voûte de leurs monuments; c'est avec raison que maintenant, pour blâmer leurs compositions, on les compare à des *chicorées*. Les peintres aussi emploient beaucoup d'enroulements dans les arabesques, soit comme ornements se reproduisant d'une manière uniforme ou symétrique, soit comme servant à donner naissance à des sirènes, des griffons, des sphinx ou autres animaux chimériques.

Enroulement était encore le nom que l'on donnait autrefois dans le jardinage à certains ornements en buis et en gazon, dont on composait les parterres, usage presque complétement abandonné aujourd'hui. Duchesne aîné.

ENS ou ENNS, rivière d'Autriche, qui traverse le Tyrol et l'archiduché d'Autriche, où elle vient se jeter dans le Danube, près de la ville d'Ens, cercle de Traun. Elle partage l'archiduché en deux parties appelées à cause de cela *pays au dessus de l'Ens* et *pays au dessous de l'Ens*, l'un comprenant la Basse-Autriche, l'autre la Haute-Autriche, dans laquelle on comprend aussi la partie de l'évêché de Salzbourg cédée en 1816 par la Bavière à l'Autriche.

ENSEIGNE. Le puriste Henri Estienne s'indignait de l'admission de ce néologisme italique. L'expression *enseigne*, ainsi que presque tous nos termes militaires, n'eut d'abord rien de technique : elle signifiait également des *faveurs*, des *livrées*, des *ajustements*, que les femmes distribuaient aux guerriers dans les tournois, ou à la veille d'une action. Les *enseignes* étaient en général des ornements portés soit au bras, soit sur le cimier, soit sur l'écu. Le terme a été mis en vogue par les historiens, par les poëtes, par l'armée de mer; c'est en ce sens qu'ils disent : *combattre sous les enseignes*. Les tacticiens de terre s'en sont servis à l'imitation de la marine, comme synonyme de drapeau et d'*étendard*.

On a appelé *enseigne* une petite troupe qui marchait sous une enseigne d'équipement portée par un enseigne vivant. Cette troupe était comparable, suivant les temps et les pays, à une compagnie ou à un bataillon. Le terme *enseigne*, qui lui servait de dénomination, était ainsi le tout pris pour la partie. Sous le règne de Charles VII les dénombrements des armées se faisaient en comptant la quantité des enseignes et des cornettes. Les enseignes de Charles-Quint étaient une imitation des légions romaines au temps de leur décadence. Sous Louis XII les enseignes étaient de deux cents hommes, et elles formaient une des subdivisions de la bande. Sous François Ier il y avait des enseignes où servaient comme simples soldats des capitaines entretenus; car en fait de désignations, de charges, de grades, rien n'était bien déterminé. Delanoue Bras-de-Fer proposait, dans le seizième siècle, de créer des enseignes de cinq cents hommes, d'en réunir deux dans une bande, de composer de la levée de cinq bandes une légion. Les enseignes de Gustave-Adolphe étaient de quatre à cinq cents hommes; leur forme et leur manière de servir amenèrent l'usage de nos bataillons actuels. Les enseignes que Montecuculli forma en régiments dans la milice autrichienne furent d'abord de trois cents hommes; il donna ensuite la préférence à celles de deux cents hommes, savoir : cent piquiers, cinquante hallebardiers ou espadons, et cinquante surnuméraires ou enfants perdus. Les enseignes de quelques milices étrangères étaient de même force que les bandes françaises, c'est-à-dire de quatre à cinq cents hommes; c'était aussi la force des enseignes des lansquenets. Suivant le temps ou les pays, il y a eu de la similitude ou de la différence entre les enseignes et les corps nommés *bandes* : maints auteurs prennent fréquemment l'un de ces mots pour l'autre. En France le système de la formation par enseignes n'a jamais eu rien de positivement réglé ; on les rassemblait pour une courte durée de temps, sous un mestre-de-camp ; le gouvernement les payait, tant bien que mal, pendant la guerre, s'en défaisait pendant le cours même de la campagne, quand l'argent lui manquait pour leur solde, et licenciait à la paix celles qui restaient sur pied,

Il y avait des enseignes uniquement armées de piques ; d'autres, entremêlées d'arquebusiers à pied. En 1563, un régiment nommé les *Dix Enseignes* devint la souche des *Gardes françaises*. Hormis sur le champ de bataille, chaque capitaine d'enseigne était indépendant, et réglait à son gré la composition, la discipline, l'armement de son enseigne. Souvent même, quand une action s'engageait, le maréchal de camp de l'armée perdait toute autorité sur les enseignes, et chaque capitaine ordonnait de lui-même, ou de tomber sur l'ennemi, ou de tirer, ou de prendre une position de résistance ; enfin, il ne recevait conseil que de ses inspirations, ou ne se réglait que sur le plus ou le moins d'ardeur de sa troupe. La profondeur des enseignes variait de six à dix rangs ; celles qui étaient entièrement formées de piquiers étaient les plus pressées de charger, et s'y portaient en masse ; celles dans lesquelles il y avait des arquebusiers se divisaient en deux et en trois pelotons, et restaient plus en arrière. Les étrangers, comme on l'avait vu à **Cérisoles**, formaient en un gros bataillon leurs enseignes, sur dix à douze hommes de profondeur ; mais on manquait de règles propres à fixer les intervalles et à placer les chefs d'une manière égale et symétrique. Cette troupe, serrée vers le centre, crevait bientôt, quand en marche elle rencontrait le moindre obstacle, ou qu'elle était exposée au feu de l'artillerie. De là un désordre sans remède : l'alignement se perdait, les rangs se confondaient, le front devenait plus large que la queue, et une quantité de files étaient creuses. Cependant, la milice espagnole avait fait déjà d'immenses progrès, puisqu'à une époque où les principes étaient si grossiers, son infanterie à l'affaire de Lens, dans le fort d'une mêlée, avait su former subitement un carré vide, renfermant dans son milieu dix-huit pièces d'artillerie, évolution qui est un chef-d'œuvre de tactique.

On a appelé *enseigne*, dans l'acception d'*effet d'équipement*, un étendard qui répondait au grec σύμβολον et πολύσημα, et aux mots latins *vexillum*, *signum*, d'où sont venus les termes *symbole*, *vexille*, *vexillaire*. Ce dernier était synonyme ou générique de *porte-enseigne*. Cependant, les substantifs latins *signum* et *vexillum* et le mot français *enseigne* ne sont pas d'une synonymie absolue. Les *enseignes*, auxquelles on a donné fort tard le nom de **drapeaux**, tirent leur origine de la nécessité de distinguer à une certaine distance le corps auquel appartient une troupe, et de donner à chaque individu qui la compose la facilité de se rallier à elle. Les premiers guerriers portèrent une botte de foin au bout d'une pique ; plus tard, on la remplaça par de grands quadrupèdes ou de grands oiseaux empaillés. A ceux-ci succédèrent de grossières peintures sur étoffes de fil ou de laine, représentant d'abord des emblèmes, des symboles, puis l'image de quelque chef célèbre par ses exploits. Stewechius, s'appuyant sur Diodore de Sicile, fait honneur de l'invention des enseignes aux Égyptiens ; elles seraient passées de là chez les Grecs, et de ce peuple chez les Romains. Quelques-unes de celles de l'Inde et de l'Orient ont eu originairement la forme de nos drapeaux actuels, ou du moins ont consisté en une draperie attachée à une hampe. Des queues de cheval, de buffle, de taureau, ont été les symboles d'autres milices asiatiques, chinoise, turque. Aux temps héroïques une pièce d'armure assujettie au fer d'un javelot servait d'enseigne. Les Assyriens avaient une colombe armée d'une épée, parce que Sémiramis signifiait en assyrien *colombe*. Les enseignes nationales présentaient des images hiéroglyphiques chez presque tous les peuples. Quantité d'enseignes étaient surmontées d'une ou de plusieurs mains. Celles des Égyptiens portaient l'image de leurs dieux ou des symboles de leurs princes ; on y voyait figurer le taureau, le crocodile, le serpent, le lézard. Les Grecs portaient au milieu des leurs différentes lettres de l'alphabet, ou divers animaux. C'était l'*alpha* chez les Lacédémoniens, le *mu* chez les Messéniens, la chouette chez les Athéniens, les sphinx chez les Thébains, le cheval ailé chez les Corinthiens. Le *signum militare* des Romains était commun à l'infanterie, le *vexillum* à la cavalerie. Avant Marius ces enseignes étaient décorées de l'aigle, du loup, du minotaure, du cheval, du sanglier ou d'autres animaux. Ce général ne conserva que l'aigle aux ailes éployées, tenant un foudre dans ses serres ; ce fut l'enseigne de toutes les légions. Les aigles étaient d'or, d'argent, de bronze ou de fer : elles reposaient au bout d'une pique, sur un piédestal rond ou carré, de même métal ; leur grosseur était à peu près celle d'un pigeon. Ces enseignes étaient ornées de figures et de médaillons représentant les images des dieux ou des grands hommes que la république avait vus naître. Chaque cohorte, chaque manipule, chaque centurie, avait aussi son enseigne. Les premières consistaient en une bannière d'étoffe de pourpre, sur laquelle étaient peints ou brodés un dragon ou d'autres animaux ; les deux autres, de même couleur, étaient tissues des lettres de l'alphabet, servant à les distinguer. Le *vexillum*, pièce d'étoffe précieuse attachée au bout d'une pique, avait environ 55,10 centimètres carrés. Tite-Live rapporte qu'en temps de paix les légions qui n'avaient point de service déposaient leurs enseignes au trésor public, sous la garde des questeurs, qui les en tiraient pour les porter au Champ de Mars lorsque les troupes se disposaient à se mettre en campagne. Le manteau que le général romain arborait sur sa tente fut aussi quelque temps, comme le manteau que les rois de Perse faisaient porter devant eux par leurs doryphores, une enseigne comparable à un pennon. C'était, du reste, moins un signe de ralliement qu'un moyen donné au général de faire mouvoir les troupes par une sorte de commandement télégraphique. C'est ainsi que chez les Grecs les hérauts transmettaient aux enseignes les commandements. Chez les Romains le jeu des enseignes était même une conséquence des commandements donnés par la buccine. L'Écriture Sainte nous a conservé le souvenir des enseignes affectées aux douze tribus d'Israel ; elles avaient chacune une couleur et un signe symboliques : la tribu de Juda un lion, celle de Zabulon un navire, celle d'Issachar un firmament parsemé d'étoiles, celles de Ruben, de Dan et d'Ephraïm des figures d'hommes, d'aigles, d'animaux. Après la captivité de Babylone les drapeaux des Juifs ne furent plus chargés que de quelques lettres ou signes conventionnels à la gloire de Dieu.

Les bannières des premiers Francs furent faites à l'imitation de celles des Romains, et portèrent différents emblèmes. Les *Francs ripuaires* avaient pour symbole une épée, la pointe en haut, et quelquefois entourée de feuilles de chêne ; les *Francs saliens* et les *Sicambres*, une tête de bœuf. En général, les enseignes furent en forme de **bannière**, c'est-à-dire à hampe envergée, ou en croix, jusqu'à l'apparition des Maures en Espagne : ce seraient eux qui auraient introduit l'usage des flammes à draperie flottante ; jusque là les enseignes étaient des vexilles (*vexillatio, vexillum*) ; mais il est plus exact de dire que ce sont les croisades qui ont donné aux Occidentaux le goût des enseignes de forme orientale. A l'abolition des bannières particulières le mot *enseigne* prend un sens plus technique ; Velly en fait mention dès le commencement du quinzième siècle. A la fin du moyen âge l'enseigne était un drapeau du second ordre, marchant après la bannière nationale ou le pennon du général, Machiavel déplore le peu d'utilité qu'on tire de l'enseigne, qu'on tient plutôt (suivant les termes de son traducteur) « pour une parade et belle monstre que pour autre usage de guerre ». Dans les légions de François Ier, la nuance et les ornements des quatorze enseignes dépendaient de la volonté des capitaines. Pour établir à cet égard quelque règle, Langeai-Dubellai proposait de donner une même couleur et un numéro distinctif aux enseignes de chaque bande. Montluc et Brantôme parlent sans cesse d'enseignes, sans témoigner qu'il s'y soit fait de leur temps aucune amélioration. Billon nous représente l'enseigne proprement dite comme une variété du drapeau, et comme ayant une draperie moitié moindre, également carrée et flottante; sa hampe avait une poignée comme celle des lances. L'enseigne était nuancée, soit de couleurs particulières et personnelles, soit de couleurs nationales. Sous Henri II c'était un drapeau d'infanterie aussi bien qu'une cornette de cavalerie. Quand l'art de la guerre redevint plus savant, le mot prit un sens plus précis : ce fut à l'infanterie seule qu'il s'appliqua; alors l'enseigne se tenait au centre des piquiers, et le nom d'enseigne devint aussi celui du *porte-enseigne*. L'enseigne, d'abord portée par le premier sergent, venait d'être depuis peu donnée à des cadets, susceptibles ensuite de passer lieutenants : telle est l'origine du grade *d'enseigne* et de l'usage des cravates.

Depuis deux siècles le mot *enseigne* avait cessé d'être technique. Les historiens l'employaient pour donner génériquement l'idée des aigles, banderoles, bandons, bandières, bannières, fanions, flammes, gonfalons, pavillons. L'expression se rapportait également à la chape de saint Martin, à l'orillamme, aux cornettes, dragons, drapeaux, étendards, guidons, manipules, queues de cheval, pennons, vexilles. En prenant ainsi le terme sous une acception générique, voici le résumé de son histoire chez nous : Les *bandes*, empruntées des Byzantins, ont été les plus anciens de nos symboles; la *chape* de saint Martin et les *gonfalons* leur ont succédé; les *bannières* et les *pennons* ont appartenu à un système différent, qui faisait oublier l'autre; l'*oriflamme* remplaçait la chape, et les bandes renaissaient avec l'infanterie; la *bannière de France*, les *cornettes*, les *guidons*, ont été une modification de l'orillamme, des bannières, des pennons; les *drapeaux* et les *étendards*, adoptés ensuite, ont fait place aux *aigles*, aux *coqs*, aux *fleurs de lis*, aux *aigles* encore. De cette manière générale d'envisager le mot, abstraction faite du temps et de la forme des attributs, est provenu l'usage des locutions : *suivre les enseignes* d'un général, *marcher sous les enseignes*, s'avancer *enseignes déployées*. Les ordonnances ont voulu qu'on voilât de crêpe les enseignes, soit dans les convois funèbres, soit en signe d'un deuil militaire de quelque durée. Ne pas défendre l'enseigne a de tout temps été un déshonneur, un cas de peine grave. Pendant la guerre de 1792 le mot *enseigne* est redevenu un instant technique et spécial. Quand Bonaparte donna une enseigne à ceux des bataillons de l'infanterie française de ligne qui n'avaient pas d'aigle, ces enseignes répondaient à ce qu'on a désigné ensuite sous les noms de *fanions* et de *drapeaux de couleur*. Aujourd'hui, le mot *enseigne* est de nouveau redevenu un simple terme historique ou pittoresque, depuis que l'infanterie a ses *aigles* et la cavalerie ses *étendards*.

Gal Bardin.

Enseigne, comme on l'a vu, est l'abrégé de *porte-enseigne*, grade spécial dans certains corps. En France on dit *porte-drapeau*, *porte-aigle* pour l'infanterie, *porte-étendard*, *porte-aigle* pour la cavalerie; mais dans plusieurs États étrangers les *enseignes* sont de jeunes officiers ayant le grade de sous-lieutenant, ou celui qui est immédiatement au-dessous, et dont la place est près du drapeau, quand ils ne le portent pas. Il y a eu des *écoles d'enseignes*, comme il existe encore des *écoles de cadets*.

ENSEIGNE, nom que l'on donne à un tableau, à un écriteau, à une marque quelconque, exposés publiquement et en évidence, pour indiquer la demeure d'une personne, le débit ou la fabrication d'une chose, la destination d'un lieu, etc. Les *enseignes* diffèrent ordinairement des *écriteaux* en ce qu'au-dessus des mots écrits en or ou en couleur : *Au Soleil Levant*, *Au Cheval Blanc*, *Au Lion d'Or*, *A la Maison Rouge*, *Au Grand Cerf*, etc., enseignes banales de la plupart des auberges, se trouve représenté l'objet indiqué par l'écriteau. Plusieurs marchands et artisans prennent pour enseignes des allégories, des attributs de leur commerce, de leur métier. Des écussons dorés et fixés sur trois barres de fer indiquent le domicile d'un notaire. Un simple rameau vert ou sec est la modeste enseigne de la plupart des bouchons et des cabarets. Ces enseignes sont rarement accompagnées d'un écriteau. Mais il y en a qui, au contraire, ne sont que des écriteaux sans figure, annonçant seulement le nom du marchand, du fabricant, ainsi que la nature de son commerce et de son industrie. Les merciers se sont longtemps contentés du simple et classique Y. Un grand nombre d'enseignes ont été imaginées par le caprice ou par la mode, et n'offrent aucune analogie avec ce qui se fait, ce qui se voit, ce qui se débite dans les boutiques et magasins auxquels elles sont adhérentes. Ainsi, *le Diable Boiteux*, *le Grand Condé*, *les Deux Magots*, *M. Pigeon*, *Saint Vincent de Paul*, *le Prince Eugène*, *le Fidèle Berger*, *les Indiens*, *la Cloche d'Or*, *le Grand Mogol*, etc., n'indiquent nullement que dans tel ou tel magasin on vend des châles, du calicot, des vêtements confectionnés, des bas, des bonbons ou des drogues. Autrefois les enseignes à Paris pendaient à de longues potences de fer; et quand le vent soufflait fort, les potences, les enseignes, se balançaient, s'entre-choquaient, formaient un carillon plaintif et discordant, et menaçaient d'autant plus d'écraser les passants, qu'elles étaient généralement colossales et en relief. C'était tantôt une épée de six pieds de haut, tantôt un gant, un cervelas colossal, un bas énorme, une botte, une tête monstrueuse, etc. Ces enseignes avaient un autre inconvénient : leurs larges ombres pendant la nuit interceptaient la faible lueur des lanternes et protégeaient les voleurs. Une ordonnance du lieutenant général de police Sartines les fit disparaître, environ vingt ans avant la révolution de 1789.

Du temps où les maisons n'étaient pas encore numérotées on ne distinguait celles qui étaient en vente qu'en disant : *C'est celle où pend telle enseigne*. Le mauvais goût ne présidait pas seul au choix ou à la métamorphose des enseignes : l'orthographe y était défigurée de la manière la plus grossière, et quelquefois aussi la plus plaisante. Cet abus, enfanté et perpétué par l'ignorance, exista longtemps, et il a fourni à Molière l'excellente scène du correcteur d'enseignes, monsieur Caritidès, dans sa comédie des *Fâcheux*. Les enseignes, comme toutes les choses d'ici-bas, sont sujettes aux révolutions de la mode et de la politique. Celles qui représentent la Vierge et les Saints (*A l'Image Saint Jacques*, *Au Grand Saint Nicolas*) sont devenues fort rares en France, après y avoir été anciennement aussi communes qu'en Espagne et en Italie, où les théâtres mêmes sont placés sous leur patronage. Bientôt le profane vint disputer la place au sacré : *le Soleil Levant*, *le Chariot d'Or*, cherchèrent à éblouir les chalands. Les calembours et les épigrammes s'en mêlèrent : un cabaretier fit peindre un coing sur sa porte, avec ces mots : *Au Bon Coin*. Un marchand de denrées coloniales, un épi scié, avec ceux-ci : *A l'Épicier*. Un marchand de toiles, un singe en batiste, ou en manchettes, avec ces mots : *Au Saint Jean-Baptiste*; un autre marchand, une femme sans tête, avec ceux-ci : *A la Bonne Femme*, etc., etc. Les lis, les piques, les bonnets de liberté, les abeilles, les coqs, les aigles, les violettes, ont tour à tour figuré sur les enseignes. La fortune d'un marchand a dépendu souvent du choix spirituel ou bizarre de la sienne.

Aussi le titre d'une enseigne est-il une propriété reconnue par la loi pour le commerçant qui l'a prise le premier. Les progrès des lumières et des arts ont influé sur leur perfectionnement et leur luxe. On en trouve bien peu, du moins à Paris et dans les grandes villes, où la langue ne soit pas respectée. On y voit briller l'or, l'émail, les marbres précieux; quelques-unes offrent des tableaux, des peintures assez agréables. Les marchands payent à la police une taxe pour avoir le droit de poser ou de changer leur enseigne. Plusieurs familles bourgeoises, voulant singer la noblesse, adoptèrent pour armoiries les enseignes de leurs anciennes boutiques.

Comme il y a toujours eu, et plus encore de nos jours que jamais, des enseignes trompeuses, nous recommandons, sous plus d'un rapport, aux gens sages de ne point juger les hommes et les choses *sur l'enseigne*, et de se rappeler le vieux proverbe : *A bon vin point d'enseigne.*

Enseigne en termes de draperie signifie une mesure équivalante à trois aunes, soit 3^{m},60; en termes de joaillerie l'*enseigne* était autrefois une espèce d'aigrette, ornée de brillants et de pierreries, que l'on portait au chapeau. L'expression de *peintre d'enseignes* est peu flatteuse pour celui à qui on l'applique : c'est qu'en général les enseignes sont moins que de mauvaises croûtes.

Employé au pluriel dans certaines locutions familières, *enseignes* est synonyme de *titres*, de *mérite*, de *bon droit*, de *justes motifs* : c'est à bonnes *enseignes* que ce général a été nommé maréchal de France; cet homme est de l'Académie, à bonnes *enseignes*; je ne m'embarquerai qu'à bonnes *enseignes*. Il signifie aussi *indices*, *marques*, *preuves*, vraies ou fausses, bonnes ou mauvaises; vous livrerez ce dépôt quand on viendra le réclamer à telles *enseignes*; je vous ai connu à Marengo, à telles *enseignes* que vous y fûtes blessé; il n'a pas donné de bonnes *enseignes*; on l'a cherché à fausses *enseignes*; on vous a assigné à fausses *enseignes*, etc. Dans ce sens il a vieilli.

H. AUDIFFRET.

ENSEIGNE DE VAISSEAU. Le titre d'*enseigne* est plus ancien dans la hiérarchie militaire que celui de cornette, avec lequel il a beaucoup d'analogie. Que l'*enseigne de vaisseau* ait eu longtemps la mission de veiller sur l'enseigne de poupe et de la défendre pendant le combat, c'est ce qui ne paraît pas douteux. Aujourd'hui l'enseigne fait le service du bord comme le lieutenant de vaisseau, sous les ordres duquel il est placé; le pavillon ne lui est pas expressément confié; il garde son titre traditionnel seulement par respect pour la tradition. Un moment cependant l'enseigne échangea ce titre, consacré par un long usage, contre celui de *lieutenant de frégate* : ce fut le 1er mars 1831; mais le 20 décembre 1836 on revint à l'ancienne dénomination. L'enseigne a aujourd'hui le rang de lieutenant en premier d'artillerie; il est le dernier des officiers de la marine; car l'aspirant n'est pas encore officier. C'est avec le titre d'enseigne que les capitaines au long cours entrent dans la marine militaire lorsqu'ils y sont appelés par le besoin du service. On nommait autrefois *gaule d'enseigne* un petit mât placé à l'arrière du bâtiment et portant le pavillon national.

ENSEIGNEMENT. Pris dans sa plus grande généralité, le mot *enseignement* est tout le fondement de la philosophie humaine. En effet, l'intelligence de l'homme grandit et se forme par l'enseignement. L'enseignement prend l'homme au berceau, et le conduit au terme de la vie. L'enseignement lui transmet les notions fondamentales qui servent de règle à sa croyance et de loi même à sa conduite. L'enseignement fait toute la culture de son âme, aussi bien que de son intelligence. C'est par l'enseignement, en un mot, que sa nature morale arrive à son plein développement, et par l'enseignement aussi qu'il reçoit l'usage des simples arts qui ont pour objet l'utilité ou les nécessités de son existence. Il est vrai que l'homme ainsi formé par l'enseignement a la puissante faculté de se replier en lui-même et de féconder par sa réflexion les notions premières qu'il a reçues, et cette faculté, c'est la raison. Mais la raison, caractère moral de l'homme, a besoin de l'enseignement pour arriver à sa pleine énergie. Dieu l'a soumise à cette condition, afin de l'accoutumer à remonter, par cette suite de notions perpétuellement reçues et perpétuellement transmises, à la première origine de l'humanité; et ainsi l'enseignement, entendu dans le sens le plus large, le plus philosophique et le plus vrai, va se confondre avec la révélation, qui est la seule source possible des premières vérités enseignées. Toute philosophie éclairée est contrainte d'arriver, de près ou de loin, à ce principe naturel du développement moral ou scientifique de l'homme. Quelquefois, elle le déguise, mais elle ne saurait le faire disparaître tout à fait. C'est pourquoi Bacon, le père de la philosophie expérimentale, a prononcé cette grande parole, qui semble d'abord si éloignée de tous les systèmes qui sont venus après lui : *Discentem credere oportet, doctum expendere* (l'homme qui apprend doit croire, celui qui sait doit examiner). C'est le double principe de l'enseignement, qui forme la raison, et de la raison, qui féconde l'enseignement. Descartes a été moins philosophe que Bacon, parce qu'il a isolé ces deux points fondamentaux de l'intelligence. Il a pensé que l'examen suffisait à l'homme, et sa première opération a été de le dépouiller des notions reçues, ne voyant pas que, dans cette abstraction des réalités enseignées ou communiquées, l'examen lui-même n'avait plus d'objet. Pour conserver l'examen dans sa liberté, il faut conserver l'enseignement dans son intégrité; autrement, l'examen, qui, d'après Bacon, doit fortifier la raison, en serait la ruine.

L'enseignement philosophique est oral ou écrit. Considéré sous ces deux points de vue, on peut le confondre avec ce qu'on nomme la tradition, puisque la tradition ne se perpétue que par l'enseignement de l'écriture ou par celui de la parole. Tous les peuples du monde participent plus ou moins à ce double enseignement, et c'est par là que se conservent dans la société humaine certaines doctrines fondamentales, sans lesquelles elle ne saurait exister, comme sont les doctrines morales ou la connaissance des croyances et des devoirs. Mais aussi on comprend que l'enseignement ainsi entendu est quelque chose d'élevé au-dessus du caprice variable des écoles ou des sectes purement humaines. L'enseignement tel que nous le présentons ici porte en soi un caractère d'autorité qui empêche la mobilité des idées. C'est pourquoi il se confond avec la religion, qui seule le confirme et le perpétue. Lorsque l'enseignement a manqué de cette règle nécessaire, il a pu conserver le fonds des idées primitives qu'il était destiné à perpétuer sur la terre; mais les passions humaines, les préjugés, les superstitions, ont fini par les altérer, et ainsi l'enseignement, contre sa destination même, a pu servir à la transmission de l'erreur. Toutefois, Dieu n'a pas permis que l'enseignement se corrompît jamais à tel point qu'il cessât de servir à la perpétuité de la vérité, c'est-à-dire au moins à la conservation de certaines vérités primitives, qui constituent le fonds de l'intelligence et servent de base à toute constitution de société. Mais l'enseignement envisagé de cette manière n'a dû se trouver complet que sous la lumière de la révélation, et particulièrement sous l'autorité du christianisme, où la première manifestation de la vérité est venue recevoir un éclat nouveau.

L'enseignement s'entend d'ordinaire de l'art par lequel on transmet à d'autres des vérités connues, ou des applications déjà éprouvées. L'enseignement ainsi envisagé est une carrière, soit morale, soit sociale, soit politique, dans laquelle on se propose de former les générations par des communications scientifiques plus ou moins étendues. L'enseignement a donc naturellement plusieurs degrés, comme il a plusieurs objets. S'il consiste à transmettre les notions les plus élémentaires de la science humaine, on le nommera, si l'on veut, *enseignement primaire*. Et à mesure qu'il montera vers des points plus élevés, on le nommera *enseignement secondaire* ou *enseignement supérieur*. Le premier se donne dans les *écoles primaires*, le second dans les *colléges*, les *lycées*, les *institutions*, etc.; le troisième dans les *facultés* et quelques établissements élevés. Puis, les objets d'instruction étant divers, on aura l'*enseignement littéraire*, l'*enseignement scientifique*, l'*enseignement religieux*, etc. Et pour chacune de ces sortes d'enseignements on aura soit des écoles, soit des méthodes d'une variété infinie. Enfin, comme l'enseignement, avec tous ces objets et toutes ces formes, touche de près à la pratique de la vie, il se pourra faire que la société, représentée plus ou moins par l'*État*, entende le régler par des lois et le dominer souverainement par sa volonté. De là l'*enseignement public*, en opposition avec l'*enseignement privé*, bien que, dans cette hypothèse, l'enseignement public puisse n'être rien autre chose que l'enseignement arbitraire de ce qu'on nomme le pouvoir.

Ici se présente une question souvent débattue, mais souvent obscurcie de nos jours : L'État a-t-il en soi le droit de maîtriser l'*enseignement scientifique*? Et la *liberté d'enseignement* est-elle une chimère? Pour mieux éclairer cette question, il faudrait comprendre d'abord la différence qui peut exister entre la *liberté d'éducation* et la *liberté d'enseignement*. La *liberté d'éducation* est une liberté naturelle, qui tient à la constitution radicale de la famille. Elle a pour objet de former l'enfant par la tradition domestique. Toute puissance qui tenterait d'extirper cette liberté serait aussi despotique et aussi atroce que si elle essayait d'extirper la famille elle-même. La *liberté d'enseignement* est très-distincte de cette liberté naturelle, car elle sort de la famille, elle se produit au dehors ; elle est enfin un droit politique. Or, les droits politiques peuvent dériver plus ou moins de la nature des choses ; mais ils ne sont pas tous également absolus, et leur exercice n'est pas toujours également obligé. Il y a telle constitution publique où la liberté d'enseignement va se perdre dans le droit public et naturel de l'État. Il y en a telle autre où elle sort comme un droit inviolable de la nature des situations.

Cependant, on ne saurait admettre en aucun cas que la liberté d'enseignement puisse être tellement illimitée qu'il n'y ait dans l'État aucune force naturelle ou aucune raison supérieure qui la doive tempérer. On entend bien que la liberté d'éducation doive toujours être pleinement exercée par la famille ; mais on n'entend pas de même que la liberté d'enseignement puisse être un droit souverainement exercé par chaque citoyen, à moins que ce ne soit par une de ces nécessités politiques qui se rencontrent dans les révolutions, et où le droit social est contraint à s'abdiquer pour faire place à la logique de l'anarchie. Et, d'un autre côté, ce serait une grande erreur, et pis qu'une erreur, si, sous le prétexte que la liberté d'enseignement n'a pas le même caractère de droit naturel que la liberté d'éducation, l'État, en de certaines rencontres, où le despotisme se méprend, pensait pouvoir utilement créer un système de monopole universel sur les esprits, et si, voulant fuir l'anarchie intellectuelle, il courait à la tyrannie. Pour arriver à un terme moyen raisonnable entre ces deux nécessités extrêmes, on peut remarquer d'abord que, malgré la différence du *droit d'éducation* et du *droit d'enseignement*, l'exercice de l'un entraîne jusqu'à un certain point l'exercice de l'autre, si ce n'est que le *droit d'éducation est privé*, et que le *droit d'enseignement est public*. Mais, à vrai dire, pour que la famille soit libre dans l'exercice de son droit naturel, il faut bien qu'elle soit libre dans le choix de l'enseignement, ce qui ne saurait être si l'enseignement lui-même n'avait sa liberté. En second lieu, la liberté d'éducation, pour être quelque chose de réel, doit être quelque chose de moral. Le père n'a pas plus le droit de corrompre son enfant par l'éducation que de le tuer par le poison. *Le droit, c'est ce qui est conforme à la nature des choses.* Sous ce rapport encore, la liberté d'éducation entraîne la liberté d'enseignement, parce que l'une et l'autre sont naturellement limitées dans l'exercice d'un droit de justice, et ne sauraient aller jusqu'à un droit de désordre ou d'anarchie, droit qui n'est pas le droit. La conséquence de ce peu de mots, c'est que, si la liberté d'enseignement se tient renfermée dans ces bornes, elle est sacrée ; et même toute législation raisonnable doit avoir pour objet de lui assurer son exercice, car l'objet des législations, c'est le droit, ou ce n'est rien.

Il resterait à parler des *méthodes d'enseignement*. Ce sujet s'est déjà présenté plusieurs fois et se présentera encore dans cet ouvrage. Disons simplement qu'en fait de méthodes l'intelligence du maître est sans doute ce qui les féconde, ou les supplée le plus sûrement. Il est toujours dangereux de se jeter dans les nouveautés sans trop d'examen : l'expérience est vénérable dans l'enseignement comme partout ; mais comme on doit supposer que chaque méthode nouvellement proposée est elle-même le résultat d'une étude quelconque, il est sage de ne la point repousser parce qu'elle est nouvelle, mais de la supposer praticable, puisque d'autres en ont fait l'essai. Par cette modération dans les jugements, on profiterait de ce qui est nouveau, sans renoncer à ce qui est ancien. Les méthodes sont des instruments d'enseignement ; elles peuvent donc être utiles ou funestes, selon la direction morale des maîtres. Leur mécanisme plus ou moins ingénieux ne produit rien de lui-même ; il n'est réellement fécond en résultats quelconques que par la pensée qui le fait mouvoir. Que la méthode *mutuelle* ou *simultanée* soit aux mains d'un maître chrétien ou d'un maître sans foi, ce n'est plus la même méthode. D'un côté, on dira qu'elle sanctifie l'enseignement, de l'autre qu'elle le corrompt. Ce n'est pas la méthode, c'est le maître qui fait l'un ou l'autre. Toutefois, le mécanisme des méthodes peut avoir son influence, sinon sur la direction, au moins sur l'efficacité de l'enseignement. Les seules méthodes *rationnelles*, dans l'enseignement public, sont celles qui établissent une action réciproque des intelligences ; et il est sûr que par ce contact et cette activité mutuelle l'instruction est hâtée d'une manière sensible. L'enseignement privé retient toutefois ses avantages, qui sont d'une autre nature, et surtout celui de provoquer ce qu'on appelle aujourd'hui la *spécialité*, et qu'en d'autres temps on eût appelé la *vocation*. La vocation est quelquefois le génie. Elle est plus prompte à se former avec ses puissants instincts sous les inspirations assidues d'un enseignement privé. Ainsi, sous le rapport de l'intelligence cet enseignement pourrait lutter, ce semble, avec l'enseignement public. Mais l'enseignement public répand plus universellement des idées communes ; il convient mieux à des temps où l'instruction est répartie également entre tous les hommes. La pensée humaine est alors moins féconde, mais les lumières sont plus diffuses. La civilisation le veut ainsi, et il ne servirait à rien de dire qu'à cette diffusion l'intelligence publique s'amoindrit. Il faut laisser à chaque âge son caractère ; le caractère du nôtre est peut-être un ingénieux déguisement de la frivolité sous les formes brillantes de l'enseignement. LAURENTIE.

ENSEIGNEMENT MUTUEL, méthode d'enseignement primaire qui fit grand bruit sous la Restauration, qui eut même alors toute l'importance d'une question politique, et dont on a depuis longtemps cessé de parler, parce que, le premier engouement passé, on n'a pas tardé à reconnaître ce qu'il y avait d'exagéré dans les éloges des uns et dans les critiques des autres. Sous la Restauration en effet tout était bon pour l'antagonisme des passions politiques, qui, ne pouvant ouvertement lutter sur le terrain brûlant des questions sociales, se contentaient, faute de mieux, de transporter leurs querelles dans le domaine de la littérature ou de la philosophie. Voici en quels termes Dégérando, l'un des plus ardents et des plus constants propagateurs de l'enseignement mutuel, établit la différence existant entre cette méthode et celles de l'*enseignement individuel*, pratiqué encore aujourd'hui dans quelques écoles primaires de France, et de l'*enseignement simultané*, créé avec d'incroyables difficultés par le respectable abbé de Lasalle, dès les premières années du dix-huitième siècle, et donné par lui à la congrégation des **frères de la doctrine chrétienne**, qu'il fonda : « Dans l'*enseignement individuel*, chaque élève reçoit directement et séparément la leçon de l'instituteur. Quoiqu'un certain nombre soient à la fois réunis dans la même salle, ils reçoivent peu de directions communes; chacun se comporte à peu près comme s'il était seul; le maître passe successivement de l'un à l'autre, lui trace sa besogne et le corrige. Dans l'*enseignement simultané*, l'instituteur instruit et dirige à la fois un certain nombre d'élèves, et s'adresse à tous par une même parole et par un même signe. Tous exécutent en même temps les mêmes choses, agissent avec ensemble. Cependant, comme tous les élèves de l'école ne sont point égaux en capacité, comme tous n'ont pas commencé le même jour, ni avancé aussi rapidement, l'école se divise nécessairement en un certain nombre de classes, dans lesquelles les élèves sont distribués suivant leurs forces. L'*enseignement simultané*, comme l'*enseignement individuel*, établit un rapport immédiat et direct entre l'instituteur et les élèves. L'*enseignement mutuel* interpose, lui, entre le maître et les élèves un certain nombre de **moniteurs**, pris parmi les élèves eux-mêmes : par là il permet tout ensemble d'introduire dans l'école de nombreuses sous-divisions, que ne comportait pas l'*enseignement simultané*, comme aussi d'*individualiser* la direction et la surveillance, sans rompre l'harmonie et l'ensemble. » Aujourd'hui, que la question a été placée sur son véritable terrain, celle de l'amélioration des méthodes, on a pu apprécier à leur juste valeur les arguments pour et contre l'enseignement mutuel. Un heureux et utile rapprochement s'est opéré entre les deux opinions; et de la fusion opérée entre la *méthode simultanée* et la *méthode mutuelle* est résultée une *méthode mixte*, qui, conservant dans l'organisation de l'école ces rapports de moniteur à auditeur, où les enfants font l'apprentissage des relations de la vie sociale, et admettant plus fréquemment l'action directe du maître sur l'élève, concilie les avantages de l'une et de l'autre, et acquiert chaque jour plus de faveur.

Disons, en terminant, que sous la Restauration l'enseignement mutuel fut adopté, recommandé, prôné avec chaleur par les libéraux, et anathématisé, proscrit avec fanatisme par le clergé et par les royalistes, sans que de part ni d'autre on se rendit bien compte des motifs de son engouement ou de sa répulsion. Beaucoup de braves abonnés du *Constitutionnel* eussent été fort surpris d'apprendre alors que la méthode nouvelle, si chaudement patronée par leur journal, n'avait absolument rien de nouveau; qu'on la pratiquait depuis un temps immémorial dans l'Inde; que Rollin a développé dans son *Traité des études* les principes qui en forment la base, et qu'il l'avait même vue en pratique dans une école à Orléans; que Mme de Maintenon l'avait introduite à Saint-Cyr; qu'à son exemple, plusieurs congrégations religieuses, livrées à l'éducation des filles, en avaient adopté des parties plus ou moins nombreuses; qu'un certain Herbault l'établit dans une école qu'il dirigeait en 1717 à l'hospice de la Pitié, et qu'il avait partagée en sept classes, dont les meilleurs élèves étaient chargés de répéter ses leçons à leurs camarades; qu'un curé de Neuville, en Lorraine, paraît avoir aussi fondé, vers la même époque, une véritable école d'enseignement mutuel; enfin, qu'en 1780, un chevalier Paulet, ou Pawlet, Irlandais naturalisé, en avait fait la base d'une école qu'il avait créée à Vincennes, pour deux cents enfants des deux sexes, institution qui avait obtenu la protection et les libéralités particulières de Louis XVI. Nous en passons, et des meilleurs. Le seul mérite de l'anglais **Lancaster**, qui attacha en 1811 son nom à cette méthode, fut de l'avoir le premier développée et répandue sur un plan infiniment plus vaste que ses prédécesseurs; c'est d'avoir popularisé ce mode expéditif et peu dispendieux d'instruire tous les enfants d'un État.

ENSEIGNEMENT UNIVERSEL. *Voyez* Jacotot.

ENSEMBLE (*Beaux-arts*), expression qui indique la concordance de toutes les parties dans un tout; cette disposition tient essentiellement au sacrifice du détail, fait convenablement au bénéfice de la masse. L'*ensemble* complet d'une œuvre artistique résulte du rapport heureux de chacun des éléments dont elle se compose. Ainsi, dans la peinture, il faut considérer l'*ensemble* des lignes, du dessin, de la couleur, des lumières et des ombres, en rapportant à un terme total la somme de ces *ensembles* partiels, liés entre eux par un caractère commun d'homogénéité relatif à l'idée mère dominante. La réunion de ces diverses qualités subsidiaires est rare; les plus célèbres artistes n'ont souvent brillé que par l'entente de l'une d'elles. Michel-Ange doit sa réputation colossale à l'*ensemble* grandiose de ses groupes et de ses formes. Raphael a surpassé ses émules par un *ensemble* gracieux de lignes suaves et pures.

En architecture, c'est par divisions larges qu'il faut procéder pour désigner clairement la destination du monument et prédisposer l'âme du spectateur aux impressions que l'arrangement intérieur de l'édifice doit produire, en raison de sa spécialité. La simplicité du plan et de l'élévation est le mode le plus certain pour obtenir un résultat positif. On conçoit aisément que la multiplicité des ornements ne peut que nuire, par l'extrême difficulté de la subordonner à l'effet général. L'architecture gothique, bien moins sévère et plus prodigue de détails que celle des Grecs, a néanmoins classé toutes ses petites saillies dans de vastes circonscriptions, en les noyant dans des flots de rayons volumineux ou bien en les éteignant dans le vague de l'obscurité.

La décoration, l'enchaînement des différentes distributions doivent former un *ensemble* analogue à leur usage respectif, approprié aux exigences de la localité. Existe-t-il à cet égard des règles mathématiques fixes et invariables? Nous ne le pensons pas. L'expérience a le droit incontestable de tenir le flambeau, mais c'est au génie à diriger la marche.

On dit *mettre un ensemble* en dessinant une figure, pour exprimer qu'après lui avoir donné le mouvement du modèle, on jalonne, en quelque sorte, ses proportions particulières. J.-B. Delestre.

ENSEMBLE (Morceau d'). C'est le nom qui s'applique en musique à tout morceau composé pour plusieurs voix ou pour plusieurs instruments. Le concerto, la symphonie, les nocturnes même, sont des morceaux d'ensemble; plus particulièrement on désigne ainsi, dans une partition d'opéra ou d'oratorio, les chœurs, les quintetti, les quatuors, les trios, les duos, etc. La beauté des *morceaux d'ensemble* peut ressortir tour à tour ou de l'enchaînement des effets harmoniques, ou du jeu combiné des mélodies simultanées, ou de l'égal intérêt des parties, ou de leurs contrastes habilement ménagés, ce que la situation et le génie font seuls apprécier et concevoir

Les *morceaux d'ensemble* sont en général composés sur des vers **concordants**.

ENSEMENCEMENT. *Ensemencer une terre*, c'est *y déposer la semence*. Ce mot, toutefois, désigne le plus souvent l'ensemble des opérations, telles que le **labour**, la dispersion des **engrais** et les **semailles** : si donc l'on dit d'une terre qu'elle est bien ensemencée, on doit entendre qu'elle a été convenablement labourée, fumée et pourvue de semence. C'est un terme de grande culture.

ENSETÉ, plante qui appartient au genre *bananier*, et qui croît dans les marais de l'Abyssinie. Elle est à peu près la seule nourriture des Gallas, peuple nomade et presque sauvage de cette contrée africaine. Ils en mangent la tige, qu'ils font bouillir lorsqu'elle est jeune. Le goût de l'enseté est celui du pain de froment tendre; ils l'accommodent aussi avec du lait ou du beurre, et en composent un aliment excellent, nourrissant, sain et de facile digestion.

ENSEVELISSEMENT, mot fait de la préposition latine *in*, dans, et du verbe *sepelire*, qui avait chez les anciens la même signification que notre verbe français *ensevelir*. Il marque au propre l'acte qui précède l'*enterrement* ou l'*inhumation*, c'est-à-dire le soin que l'on prend d'envelopper un corps mort dans un drap, un *linceul*, un *suaire*, avant de lui donner la sépulture, de le rendre à la terre. On dit quelquefois, dans ce sens, pour exprimer la profonde misère où vivait un homme : « Il est mort si pauvre, qu'il n'a pas laissé un drap pour l'*ensevelir*. » C'est donc une œuvre de charité que d'ensevelir les morts. Dans les temps de peste et d'épidémie, les moyens manquent souvent pour rendre ce dernier devoir aux dépouilles humaines. Par extension et par analogie, on a transporté le mot *ensevelir* aux objets inanimés, pour indiquer leur perte; c'est ainsi qu'on dit qu'un équipage, qu'un vaisseau a péri, a été *enseveli* sous les ondes; qu'une maison, en s'écroulant, une ville même, par suite d'un tremblement de terre, ont *enseveli* leurs habitants sous leurs décombres; qu'un bon citoyen doit défendre sa patrie jusqu'à la dernière extrémité, et *s'ensevelir* sous ses ruines. On a poussé plus loin l'emploi de cette figure en l'appliquant à des choses qui sont purement du domaine de l'esprit ou de la morale; et nous disons, à l'exemple des Latins, *ensevelir sa douleur*, s'*ensevelir* dans le vin et dans la bonne chère. Les plus belles actions, les plus beaux écrits, sont avec le temps *ensevelis* dans un profond oubli. On dit encore d'un homme qui se retire du monde pour vivre dans l'isolement, qu'il est allé *s'ensevelir* dans la solitude; de celui qui dort profondément, qu'il est *enseveli* dans un profond sommeil : ce que l'on peut dire avec la même justesse du sommeil de l'esprit et de l'intelligence. Edme Héreau.

ENSISHEIM, et par abréviation ENSHEIM, petite ville d'environ 4,000 habitants, chef-lieu de canton du département du Haut-Rhin, était autrefois une place fort importante, et fut prise trois fois pendant la guerre de trente ans. On y remarque un hôtel de ville de construction gothique, et l'ancien collége des Jésuites, transformé de nos jours en maison centrale de détention. Autrefois capitale de l'Alsace autrichienne, cette petite ville fut cédée à la France par la paix de Munster. C'est dans ses murs qu'avait été signé, le 28 octobre 1444, entre le dauphin Louis, qui depuis fut notre Louis XI, et les nobles et bourgeois des villes et communes suisses, un traité qui mit fin aux hostilités existant depuis longtemps entre les parties contractantes, et que Louis, quoique vainqueur des Suisses au combat de Saint-Jacques, près de Bâle, désirait voir cesser, parce qu'il avait conçu le projet de pousser plus avant ses excursions en Allemagne, et que dès lors il lui importait d'assurer de ce côté la liberté de ses opérations.

Un village du même nom, *Ensheim* ou *Entz-hein*, situé dans le département du Bas-Rhin (ancienne basse Alsace), ne doit pas être confondu avec la ville d'Ensheim, dont nous venons de parler. Il est historiquement célèbre par la bataille que Turenne y livra le 4 octobre 1674, pour empêcher les Impériaux de pénétrer en France par l'Alsace. Trois mille impériaux restés sur le champ de bataille, dix pièces de canon et trente étendards ou drapeaux enlevés à l'ennemi, outre une grande quantité de prisonniers, tels furent les résultats de cette affaire, qui dura, malgré une pluie continuelle, depuis la pointe du jour jusqu'au soir, et dont nos troupes purent à bon droit s'attribuer tout l'avantage, malgré l'acharnement avec lequel les Impériaux leur disputèrent pied à pied le terrain.

ENSORCELER, ENSORCELLEMENT, ENSORCELEUR, mots dérivés, comme ceux de *sorcier*, *sorcière*, *sort*, *sortilége*, du latin *sors, sortis*, et par lesquels on marque l'action de jeter un *sort*, un maléfice, sur une personne, et celui qui se livre à cette pratique prétendue. Urbain Grandier fut accusé d'avoir *ensorcelé* les religieuses de Loudun. Tous les jours encore nous voyons, parmi les habitants peu éclairés de nos campagnes, de pauvres gens s'accuser entre eux de *sorts* jetés sur leurs troupeaux, et quelquefois sur eux eux-mêmes. Figurément, les mots *ensorceler*, *ensorcellement*, se disent de l'action d'inspirer à quelqu'un une violente passion, un amour qui trouble la raison, et va jusqu'à l'exaltation, juqu'à la folie. Cette influence-là est bien plus certaine que la première, et il est beaucoup plus difficile de s'en garantir. Edme Héreau.

ENSUPLE ou ENSOUPLE, nom donné à de gros cylindres, qui font partie du métier de tisserand. Le plus souvent on s'en sert de deux : l'un, placé sur le derrière du métier, porte la chaîne de l'étoffe prête à mettre en œuvre; l'autre, placé sur le devant, sert au tisserand à enrouler l'étoffe au fur et à mesure qu'il la fabrique. Ils sont mis en jeu lorsqu'il s'agit de *régler l'ouvrage*. Cette opération consiste, quand il y a un peu plus d'un centimètre d'étoffe de fait, à rétablir chaque fil dans son milieu, dans sa croisure, avec ceux qui sont à ses côtés. Les fils cassés sont raccommodés, les fils lâches sont retendus, on remplace ceux qui sont perdus, et c'est alors qu'on attache ceux-ci sur l'*ensouple*.

Lorsque le tisserand *place le temple*, c'est-à-dire deux règles de bois dur, qui servent à fixer et à conserver la même largeur à la matière qu'il tisse, il se sert encore de l'*ensouple*. Il lève le *temple*, et le replace en avant vers les dernières duites lancées; il enroule ensuite l'étoffe sur l'*ensouple* de la même quantité dont il a porté le *temple* en avant. V. de Moléon.

ENTABLEMENT (de *tabulatum*, plancher). Dans les édifices d'architecture grecque, les colonnades, les murailles, sont couronnées d'une bande plus ou moins ornée de moulures, de bas-reliefs, de modillons, etc. C'est ce qu'on est convenu d'appeler *entablement*. L'entablement a ordinairement le cinquième de la hauteur totale de l'édifice. Il se compose de trois parties principales, qui sont : l'*architrave*, la *frise* et la *corniche*. Tous les édifices de quelque importance, égyptiens, indiens, gothiques, etc., ont un entablement : celui de l'architecture grecque est incomparablement le mieux raisonné de tous; il est susceptible d'un grand nombre d'ornements variés et du premier goût, tels que bas-reliefs, modillons, etc. Plusieurs édifices anciens et modernes en offrent des modèles d'une richesse admirable. Teyssèdre.

ENTAGE. *Voyez* Bijouterie.

ENTE, jeune pousse d'arbre greffée sur un autre arbre : c'est la *greffe en fente*. Ce mot s'applique aussi au sujet sur lequel on a fait l'opération ; on dit : *planter de jeunes entes*.

Voici les détails de cette espèce de greffe telle qu'elle se pratique le plus ordinairement : 1° prendre au printemps une jeune pousse de la dernière séve, la rogner à sa partie supérieure, treize millimètres plus haut que le dernier œil conservé (on en conserve quatre ou cinq), la tailler à sa partie inférieure de manière que l'extrémité et le côté tourné vers le centre de l'arbre présentent un biseau tranchant, et que le bord externe, pourvu de son écorce bien conservée, offre une surface trois ou quatre fois plus épaisse; 2° amputer la tête du sujet sur lequel on opère, à une hauteur qui varie depuis le collet de la racine, comme on le fait pour former les quenouilles, jusqu'à plus de deux mètres au-dessus du sol; 3° pratiquer à la surface de la plaie avec la serpette ou tout autre instrument tranchant une fente bien nette, surtout du côté de l'écorce, et perpendiculaire à la tige; 4° glisser dans la fente tenue entr'ouverte la jeune pousse préparée, et cela de manière à ce qu'elle entre sans efforts, et que les points d'ascension de la séve soient en contact exact, condition indispensable à la réussite de la greffe; 5° lier circulairement avec du chanvre, de l'osier, ou une écorce flexible, pour maintenir les parties rapprochées et dans la même position; 6° préserver du contact de l'air, des pluies, etc., au moyen d'un emplâtre *ad hoc*, qui recouvre la plaie; 7° enfin veiller ultérieurement à ce que la végétation se dirige vers le jeune rameau.

P. GAUBERT.

ENTÉ (*Blason*) se dit de deux parties de l'écu qui entrent l'une dans l'autre par des échancrures rondes.

Enté en pointe se dit d'une entaille qui se fait à la pointe de l'écu par deux émaux arrondis.

ENTÉLÉCHIE, mot employé par Aristote, et qui a mis à la torture les commentateurs et tous ceux qui veulent comprendre ce qui est inintelligible. Suivant le philosophe de Stagyre, l'âme est exclusivement le principe actif de la vie, une *entéléchie*, la forme première de tout corps capable de vie, c'est-à-dire organisé. L'âme est distincte du corps, mais, comme forme ou *entéléchie*, elle en est inséparable. Cicéron estime que ce mot signifie *mouvement sans discontinuation et sans fin*, interprétation que n'acceptent nullement Gassendi et Leibnitz. Mais telle est la difficulté de voir clair dans l'*entéléchie*, ou l'âme d'Aristote, qu'elle a donné lieu à un conte ridicule, rapporté par Crinitus (*De honesta Disciplina*, VI, 11). Selon lui, Hermolao Barbaro, noble vénitien et savant philosophe, qui mourut patriarche d'Aquilée, en 1439, eut une conférence avec le diable, pour savoir de lui quelle idée Aristote attachait à ce terme, dont nulle part il ne donne une définition exacte; mais on ignore si le diable trouva le mot de l'énigme.

DE REIFFENBERG.

ENTELLE, espèce de singe de l'Indoustan, appartenant à la famille de semnopithèques. L'entelle (*semnopithecus entellus*, Fr. Cuvier) prend place parmi les innombrables divinités des Indous, qui le laissent s'établir avec sécurité dans le voisinage de leurs habitations, où il vit le plus souvent par petites familles, quelquefois par grandes troupes. Son pelage est d'un gris cendré sur tout le corps, excepté le visage et les mains, qui sont noirâtres. Les rares entelles que l'on peut observer dans les ménageries sont très-doux et très-éducables dans leur jeunesse; mais, comme la plupart des singes, ils deviennent en vieillissant méchants, turbulents et même dangereux.

ENTENDEMENT. Il existe dans la langue philosophique un grand nombre de mots dont la signification n'est point arrêtée d'une manière précise, parce qu'ils ont été employés sans qu'on ait pris soin de déterminer les idées qui entrent comme éléments dans l'idée complexe que ces mots représentent : le terme *entendement* est de ce nombre. Ainsi, on ne voit pas au premier abord en quoi sa signification diffère de celle du mot *intelligence*; on ne sait même pas si elle en diffère, et si ce terme n'a pas été créé inutilement par les philosophes qui en ont fait usage. Pour préciser le sens de ce mot, le meilleur et le seul moyen auquel on puisse recourir est d'ouvrir les ouvrages philosophiques où il est employé, et de remarquer les idées que leurs auteurs ont rassemblées sous ce nom. Or, nous voyons d'abord qu'il ne s'applique qu'à l'homme, et que si l'on dit l'*intelligence suprême*, l'*intelligence manifestée par les animaux*, on ne s'est jamais servi du mot *entendement* pour l'appliquer aux animaux ou à Dieu. Cependant, ce mot n'est point encore synonyme d'*intelligence humaine*, si l'on y regarde de bien près, ou du moins si l'on consulte les ouvrages des philosophes qui traitent de l'entendement. Il semble en effet, d'après l'examen de ces ouvrages, qu'on entende par là l'ensemble des facultés qui concourent à l'*acquisition* des connaissances dont peut être pourvu l'esprit de l'homme. Ainsi, dans l'*Essai* de Locke *sur l'Entendement humain*, il est expressément et exclusivement traité des idées et de leur origine. Laromiguière, après avoir fait l'analyse des facultés intellectuelles, qui se réduisent pour lui à l'attention, à la comparaison et au raisonnement, les résume sous le nom d'*entendement*. Or, la fonction de ces facultés consiste à nous donner toutes nos connaissances. Enfin, l'étymologie du mot lui-même (*entendre*) semble prouver qu'on doit y attacher l'idée de ce pouvoir dont l'esprit est doué de comprendre tout ce qui est accessible à la pensée.

D'après cette définition de l'entendement, l'imagination s'en trouverait exclue, car autre chose est d'acquérir des connaissances, de se frayer par le raisonnement un chemin à la découverte de la vérité, autre chose est de combiner des idées à la manière du poëte, c'est-à-dire de créer à l'aide d'idées acquises et d'éléments épars une œuvre destinée à plaire à l'esprit par la nouveauté de son aspect; en un mot, ce sont deux choses différentes qu'*imaginer* et *comprendre*. Au reste, ce n'est ici qu'une simple question de mots; nous ne prétendons pas imposer notre définition, et nous n'empêchons personne de prendre *entendement* pour synonyme d'*intelligence*. Cependant, nous avons cru cette distinction plus juste, car il n'est guère possible qu'une langue aussi pauvre que la langue philosophique ait deux mots qui désignent exactement la même idée : quelque légère que soit la différence entre ces deux termes, il doit en exister une, et la langue usuelle nous autorise à regarder cette différence comme réelle, car on dit tous les jours une *intelligence créatrice*, et l'on n'a jamais dit un *entendement créateur*.

C.-M. PAFFE.

ENTÉRINEMENT. Ce mot, qui passe pour une interversion du mot *entièrement*, se dit d'une formalité servant à compléter un acte qui sans cela serait demeuré imparfait. Il y a cette différence entre l'homologation et l'entérinement que l'*homologation* s'applique à tous les actes faits réellement ou supposés avoir été faits par délégation de justice; tandis que l'*entérinement* s'applique aux actes du prince dont la connaissance est transmise aux tribunaux pour qu'ils aient à donner seulement une sorte de consécration exécutoire. C'est pourquoi ce mot était beaucoup plus en usage autrefois qu'il ne l'est aujourd'hui, parce que tous les actes d'intérêt privé pouvaient se faire alors par des lettres du prince, que l'on nommait *lettres de chancellerie* : c'est ainsi que les tribunaux devaient *entériner* non-seulement des lettres de grâce, mais des lettres de rescision, des lettres de requête civile, d'émancipation, de bénéfice d'inventaire, de relief de laps de temps; il ne se dit plus guère aujourd'hui qu'en parlant des lettres de grâce. Le Code de procédure a aussi conservé le mot *entérinement* pour les requêtes civiles et pour les rapports d'experts.

ENTÉRITE (de ἔντερον, intestin). On donne le nom d'*entérite* à la phlegmasie de la membrane muqueuse du canal intestinal, et particulièrement de la portion qui revêt le duodénum et l'intestin grêle; l'irritation inflammatoire du gros intestin est plus particulièrement connue sous la dénomination de *dyssenterie*. Bien que cette maladie soit très-fréquente et très-anciennement connue, il est certain pourtant qu'elle n'était qu'imparfaitement décrite dans les auteurs avant les travaux de Broussais et de son école, et les recherches presque simultanées de MM. Petit, Serres, Bretonneau, etc. Il est juste de dire aussi que les travaux des anatomistes modernes, et en particulier ceux de Meckel, qui a su mettre à profit les investigations patientes et minutieuses de Brunner, de Peyer, de Lieberkuhn, ont jeté beaucoup de lumière sur cette maladie, l'une de celles qui affligent le plus souvent l'humanité. Il suffit d'avoir présente à l'esprit la vaste étendue de la membrane muqueuse intestinale, ses sympathies et ses rapports journaliers avec les corps irritants introduits dans les voies digestives, pour comprendre l'importance et la gravité de l'affection qui nous occupe.

Outre que l'entérite se divise naturellement en *aiguë* et en *chronique*, on a admis une autre distinction, fondée sur les lésions isolées et partielles de deux des principaux éléments de la membrane muqueuse intestinale : nous voulons dire les *villosités* et les *follicules* muqueux, d'où les deux espèces d'entérites connues sous les noms de *villeuse* et de *folliculeuse*. Cette distinction nous paraît ingénieuse et vraie, et nous l'acceptons volontiers comme propre à faciliter l'étude de cette affection complexe. Les causes de la première espèce d'entérite, que les auteurs ont le plus souvent décrite, et qui nous présente une phlegmasie exempte de complications, sont l'usage ou plutôt l'abus des aliments irritants, des boissons alcooliques, des acides, des purgatifs, des substances narcotico-âcres comme médicaments, l'ingestion des poisons corrosifs, le refroidissement subit quand le corps est en sueur, la répercussion de quelques affections cutanées, la suppression d'une évacuation habituelle périodique, qu'elle soit fonctionnelle ou maladive, etc. Ajoutons qu'une constitution irritable et nerveuse prédispose singulièrement à l'entérite, qui peut quelquefois aussi être le résultat de la digestion difficile, réitérée, d'aliments d'ailleurs légers et sains pour des tempéraments robustes, sanguins ou bilieux.

On reconnaît cette maladie à l'état aigu, et lorsqu'elle n'a qu'une intensité moyenne, aux symptômes suivants : le ventre est plus ou moins tendu, le siége d'une douleur sourde, profonde, peu susceptible d'augmenter par la pression. Les aliments nourrissants tirés des animaux et les boissons fermentées produisent des coliques, de la chaleur morbide, de la soif, le plus souvent de la constipation, quelquefois de la diarrhée, des borborygmes incommodes et des vents; les déjections sont muqueuses, contiennent quelquefois de fausses membranes analogues à des râclures de boyaux, rarement du sang, comme dans la dyssenterie; la peau est sèche, la perspiration cutanée et les urines rares, la langue rouge sur les bords et vers la pointe, la bouche pâteuse, l'appétit presque nul, le pouls dur, petit, abdominal, et rarement fébrile. Ces symptômes peuvent sans doute se compliquer de quelques signes d'embarras bilieux; mais c'est une erreur de croire que ce que les auteurs ont appelé embarras bilieux intestinal soit une variété d'entérite. Cette maladie offre-t-elle à son début, ou plus tard, une intensité plus grande (quand elle est due à une substance vénéneuse, par exemple), on observe alors un ensemble de symptômes bien plus graves : il s'établit une vive réaction sur les autres appareils d'organes, et particulièrement sur le cerveau, d'où la fréquence du pouls, la rougeur, la sécheresse de la langue, l'agitation, le délire, les soubresauts des tendons, l'anxiété, l'insomnie, un trouble manifeste dans l'excrétion des urines, etc., phénomènes qui constituaient autrefois en partie ce qu'on appelait les fièvres *malignes*, *ataxiques* ou *putrides*, mais qui peuvent aussi dépendre d'une autre lésion que l'inflammation de l'intestin.

La durée de l'entérite aiguë est d'une à trois semaines (sept à vingt et un jours) : elle se termine le plus souvent par la guérison; ce n'est que dans un petit nombre de cas et par suite de l'oubli des préceptes de l'hygiène, qu'elle passe à l'état chronique, ou conduit les malades au tombeau. Cet état est caractérisé par une souffrance sourde du ventre, peu sensible, mais qui s'exaspère aux moindres excès et particulièrement ceux que le malade fait dans le boire et le manger, et qu'il ressent plus vivement trois ou quatre heures après le repas. « Les malades, dit M. Roche, sont en général tourmentés par une petite soif continuelle; ils ont souvent les lèvres d'un rouge foncé, habituellement sèches et parfois fendillées; leur peau est aride, et l'épiderme s'en détache par écailles pulvérulentes; ils sont fatigués par des vents et des borborygmes continuels; les garderobes sont rares, difficiles, et les matières excrétées noires, desséchées et roulées en petites boules; de temps en temps, cependant, il se déclare un peu de diarrhée; le ventre se tend, se ballonne ordinairement pendant les digestions, et se rétracte dans l'intervalle; un amaigrissement lent, mais graduel et continu, s'opère; les forces se perdent chaque jour. C'est après les repas, et surtout celui du soir, que la soif et la douleur se manifestent, et il s'y joint presque toujours un peu de chaleur, de la sueur, de la fréquence dans le pouls, etc. » La durée de l'entérite chronique est indéterminée, et elle se termine souvent par la guérison. Quand les malades succombent dans le marasme, après une agonie plus ou moins longue, au bout d'un temps variable, on trouve la tunique intestinale rouge, injectée, épaissie ou ramollie; les valvules conniventes sont développées et les villosités gorgées de sang et très-saillantes; on rencontre aussi des ulcérations à bords usés, entourées d'un cercle rouge, tandis que la face est bleuâtre; des perforations, etc.

L'entérite se complique souvent avec la gastrite, et reçoit alors le nom de *gastro-entérite*. Elle précède et accompagne quelquefois la dyssenterie, survient dans le cours de la colique de plomb, de la phthisie pulmonaire, des maladies éruptives, etc. Le traitement de cette maladie consiste dans l'emploi combiné des saignées par les sangsues, des boissons adoucissantes, mucilagineuses, des bains tièdes, des lavements émollients, des applications de même nature sur l'abdomen. L'entérite aiguë exige une diète sévère. Dans l'entérite chronique, on doit permettre quelques aliments légers, comme du lait, des fécules, des bouillons de viandes blanches, gélatineuses; on pourra y ajouter le séjour de la campagne, les frictions sèches, les bains stimulants, les révulsifs ou irritants dérivatifs sur la peau, l'usage de la flanelle, l'emploi de petites doses de préparations opiacées, etc. Les individus qui ont été affectés de l'entérite doivent prendre de grandes précautions, car cette affection a une grande tendance à récidiver, à raison de la permanence des fonctions des organes qui en sont le siége.

Quant à la seconde espèce d'entérite que nous avons admise, l'*entérite folliculeuse*, c'est la *fièvre entéro-mésentérique* de MM. Petit et Serres, la *fièvre muqueuse* ou *adéno-méningée* de Pinel, la *fièvre typhoïde* d'aujourd'hui, et la *dothinenterie* de M. Bretonneau.

Dr Bricheteau.

ENTÉROBRANCHES (de ἔντερον, intestin, et βράγχια, branchie), *Voyez* Branchie.

ENTÉROTOME (de ἔντερον, intestin, et τομή, incision), instrument chirurgical servant à pratiquer l'*entérotomie*, ou section d'un intestin.

ENTERRER, ENTERREMENT, action d'*inhumer*, c'est-à-dire de *mettre en terre* les corps de ceux qui sont morts, mode de *sépulture* le plus généralement répandu chez les nations modernes. Les anciens brûlaient leurs morts (*voyez* Brulement des corps). La coutume de brûler les corps cessa parmi les Romains sous l'empire des Antonins, longtemps avant qu'on permît aux fidèles d'inhumer leurs morts dans les églises, car dans les premiers siècles on ne le souffrait pas, même pour les rois et les empereurs. On *enterre* encore dans des caveaux, et l'on *enterrait* jadis les personnes de marque dans les églises. Mais dès 563 un concile tenu à Prague se prononça contre cet usage. Personne en France n'est privé de sépulture; seulement les excommuniés et les suppliciés ne sont pas *enterrés* en terre sainte, mais dans un lieu séparé, hors de l'enceinte réservée aux fidèles. Une fosse commune, que l'on renouvelle selon les besoins, est destinée à recevoir la dépouille des pauvres. Les riches et les puissants, qui ont le moyen d'acheter une place, à temps ou à perpétuité, dans nos cimetières publics, y font enterrer les personnes qui leur étaient chères et qu'ils ont perdues. On peut obtenir l'autorisation de faire inhumer ses parents dans des caveaux particuliers, et même dans ses terres; mais on ne peut plus inhumer dans l'intérieur des églises (*voyez* INHUMATION).

Autrefois on appliquait le supplice d'*enterrer vif*. Aujourd'hui, si des personnes sont enterrées vivantes, chez les nations civilisées, ce ne peut plus être que par une déplorable erreur (*voyez* INHUMATIONS PRÉCIPITÉES).

Le verbe *enterrer* s'emploie aussi dans le sens direct, en parlant des plantes : les jardiniers *enterrent* la chicorée pour la faire blanchir et la rendre plus tendre. On *enterre* les graines, les sauvageons, les boutures, etc.

Enterrer se prend encore dans l'acception d'*enfouir*, de *cacher une chose en terre*. Dans les temps de guerre et dans les villes assiégées, on enterre les effets les plus précieux pour les soustraire à l'avidité de l'ennemi. Molière fait dire à l'Avare : « Je ne sais si j'aurai bien fait d'avoir *enterré* dans mon jardin dix mille écus qu'on me rendit hier. » Puis, quand on l'a volé, Harpagon s'écrie, dans sa douleur : « C'en est fait, je n'en puis plus! je me meurs! je suis mort! je suis *enterré!* » On dit également bien, d'une jolie femme ou d'un homme habile, qu'ils se doivent au monde, et qu'il ne faut pas qu'ils *enterrent*, l'une sa beauté, ses grâces, l'autre ses talents, son esprit, dans la solitude. *S'enterrer* dans la province, dans son château, c'est quitter le grand monde pour vivre en province, à la campagne, dans ses terres. On dit d'un homme qu'*il s'est enterré tout vif*, quand il a quitté le commerce du monde pour vivre dans l'isolement le plus absolu. On dit encore figurément : *enterrer le carnaval*, pour dire faire les dernières réjouissances, les dernières folies du carnaval. Edme HÉREAU.

ENTERRÉ VIF. On *enterre vif* chez beaucoup de peuples barbares, et ce supplice est encore en vigueur dans l'Orient. C'était à Rome celui des vestales qui manquaient à l'honneur et laissaient éteindre le feu sacré. Sous Louis XI, Perrette Mauger le subit, comme voleuse et recéleuse. Au dix-huitième siècle cette peine était encore appliquée en Allemagne, suivant le Code carolin, aux femmes qui faisaient mourir leurs enfants.

ENTÊTEMENT. On appelle ainsi une sorte de fixité de l'esprit, dont la raison ne peut parvenir à triompher, et qui se distingue à plusieurs égards de la *fermeté*, de l'*obstination* et de l'*opiniâtreté*. Les gens qui sont dépourvus d'instruction et de lumières sont plus sujets que d'autres à cette infirmité intellectuelle. Comme ils manquent de points de comparaison pour s'éclairer, tout aperçu incomplet, et surtout toute idée fausse, pourvu qu'elle corresponde à leurs passions, s'emparent promptement de leurs convictions et s'y enracinent. Certaines classes du peuple cèdent par faiblesse, par ignorance et quelquefois par entraînement, aux sophismes dangereux qui se perpétuent avec elles. Les habitants des campagnes sont exposés plus que d'autres aux suites fâcheuses de l'entêtement, parce que, à part leurs travaux, ils vivent dans un isolement absolu des faits, et dans une inaction presque complète de la pensée; ils se contentent d'opinions toutes faites, et souvent détestables, qu'ils reçoivent d'autrui, et auxquelles ils se cramponnent. D'autre part, les artisans des grandes villes, qui sont mêlés à un vaste mouvement d'esprit, loin d'être sujets à l'entêtement, vivent dans une inconstance continuelle: ils ne s'attachent à rien, et ne croient à rien.

Il y a des individus qu'on peut dire nés avec l'instinct de l'entêtement : ils en contractent une sorte de puissance de caractère; mais arrivent-ils au timon des affaires, ils trouvent entre les systèmes auxquels ils ont été jusque là attachés et la réalité des choses une différence tellement marquée, qu'ils changent tout à coup de manière d'être, et que le doute chez eux remplace l'entêtement. On rencontre tous les jours, dans la vie privée, des hommes qui, doués de lumières et de talents, les rehaussent encore par un véritable esprit de discernement; ils sont quelquefois, néanmoins, en proie à une sorte d'entêtement dérivant d'une imagination qui exagère et dénature tout. Ces hommes viennent-ils à exercer une influence principale, ils sont à redouter: avec du génie, ils compromettent tout le monde, et brisent tout ce qu'ils touchent. Ceux qui dès l'enfance ont été conduits de bonne heure dans la société échappent en général, à l'entêtement: à force d'entrer dans les opinions des autres pour leur complaire, ils finissent par n'en avoir plus de personnelles, à moins, cependant, qu'une vive impression ne s'empare d'eux; mais alors même ils savent adoucir par la magie des formes l'aspérité de leur langage et ce qu'en eux l'entêtement a d'inattendu. D'autres, qui, dans le monde cèdent au premier mot, conservent dans leur intérieur un entêtement intraitable, qui fait le malheur de ceux qui les entourent; cette différence tient à ce que l'on se *refait* pour la société, tandis qu'on reste *soi* dans les relations intimes. Par suite de la disposition merveilleuse qu'ont les esprits à composer avec la conscience et l'amour propre, ceux qui sont entachés du défaut que l'on nomme *entê nent* se présentent comme des hommes *à caractère*: il faut leur laisser cette fiche de consolation.

Edme HÉREAU.

ENTHOUSIASME. Ce mot grec, formé d'ἔνθους, adjectif, qui se compose de θεός et ἐν (ayant Dieu en soi), fut d'abord exclusivement consacré à peindre l'état de l'âme des pythies et des sibylles, agitées sur le trépied d'une fureur divine, sous la puissance de laquelle elles succombaient quelquefois. On en a vu mourir immédiatement après leurs transports, dit Lucain. Bientôt les poëtes, tourmentés par leur propre génie, ne tardèrent point à s'emparer de cette belle expression pour peindre leur docte ivresse. Elle convenait en effet à ces hommes privilégiés qui s'appelaient *vates* (prophètes) parmi les Latins, *roë* (voyants) chez les Hébreux, et que l'on confondit quelquefois, mais mal à propos, avec les *enthousiastes*, secte qui florissait 260 ans après J.-C. et dont Porphyre, ennemi fougueux des chrétiens, et Plotin, son maître, étaient les chefs. L'*enthousiaste*, dans une acception plus générale, est celui qui est sujet à s'engouer et par conséquent à laisser éblouir sa raison. L'enthousiaste d'un poëte, d'un homme d'État, d'un guerrier, admire tout en eux, défauts, excès, vices même. L'enthousiaste d'une idée, d'un principe, d'un système, ne recule devant aucune conséquence: il sacrifierait sa fortune, sa vie aux doctrines les plus étranges, les plus absurdes, les plus inutiles. Dans les dissensions politiques, comme dans les sectes religieuses, chaque parti, chaque nuance compte ses enthousiastes, qui trop souvent les perdent par leurs folles exagérations.

Le véritable enthousiasme, émanation d'en haut, enfante des choses extraordinaires, et fait que tout ce qui est présent demeure comme anéanti autour de lui, hors les images des objets dont il est frappé. L'homme dont cette espèce de démon sublime s'est emparé verse tour à tour des larmes et sourit, s'emporte, puis tout à coup s'apaise, passe soudain de l'horreur à l'admiration, de la crainte à l'audace; enfin, toutes les passions le déchirent, le ravissent ou l'enchantent. Cet état de l'âme serait la folie, si la raison, au centre de ce délire, ne tenait dans ses mains fermes tous les rayons divergents de cette comète errante et échevelée. Qui croirait que c'est cet enthousiasme, alliance de la raison et du délire, ce *mens divinior* (cet esprit de Dieu) que Boileau a analysé dans ce vers si froid de son *Art poétique* :

> Souvent un beau désordre est un effet de l'art.

L'enthousiasme est comme l'étincelle électrique qui s'élance de son foyer et se communique à tous. On compte deux enthousiasmes, celui qui produit et celui qui admire, et tous deux ont leur source dans l'amour du beau, du grand et du sublime. Tel est le double effet d'une brûlante pièce de vers, d'un drame chaleureux. Quoi qu'en aient dit de froids critiques, l'enthousiasme est l'âme aussi des harangues, des homélies, des plaidoyers. Quand Massillon prêcha son sermon des *Élus*, l'auditoire se leva spontanément d'admiration, applaudit même jusqu'à troubler le prédicateur ; c'est Voltaire qui raconte ce fait. Longin met l'enthousiasme au rang des qualités essentielles de l'orateur. Démosthène, dans ses *Philippiques*, Cicéron dans son oraison *Pro Milone*, ont prouvé quelle était sa puissance. L'enthousiasme est le foyer où la poésie, la peinture, la sculpture même, la musique, viennent puiser leur feu divin. Certains airs sur le mode phrygien inspiraient la fureur aux soldats avant une bataille. En général, cependant, l'enthousiasme n'est le partage que des âmes élevées et religieuses : Orphée, Linus, Pindare, en sont des exemples. C'est une émotion si violente, si rapide, et dont la véhémence est si peu proportionnée à la faiblesse humaine, qu'elle est rare, même chez les grands poëtes. Elle ne se montre que de loin en loin dans Pindare, toujours majestueux, et quelquefois dans Horace; une seule fois dans Virgile, dans une églogue, *Pollion*. Chez les Hébreux, le torrent de l'enthousiasme déborde à pleines rives. Leurs prophètes ont prouvé qu'il était un don d'en haut, ainsi que le don des larmes. Moïse, dans ses cantiques; Job, Bossuet, sont les élus sur lesquels est descendu l'esprit d'enthousiasme.

Il faut distinguer l'*enthousiasme* de l'*exaltation* : le premier est instantané, l'autre est habituelle. On peut passer d'un calme profond à l'enthousiasme; l'exaltation est souvent permanente; jamais le premier n'est durable, parce que ses assauts sont trop violents pour notre humanité ; c'est de l'exaltation que la foi ardente de Polyeucte dans Corneille. Il y a une belle ode de M. de Lamartine *sur l'enthousiasme* qui justifie son titre; mais le seul morceau de notre langue peut-être où il respire tout entier est le monologue de Joad, le grand-prêtre, dans l'*Athalie* de Racine. En général, les écrivains et les orateurs de nos jours sont dépourvus de cette vertu de style. Leurs écrits ou discours, verbeux et bizarres, fortement colorés à la vérité, sont sans flamme. C'est que pour ravir, comme l'ange, ce feu sacré sur l'autel des holocaustes, il faut avant tout avoir une âme pure, franche, généreuse, religieuse et noble, et non maculée de cette astuce, de cet égoïsme et de cette cupidité qui rongent notre siècle. DENNE-BARON.

ENTHOUSIASTES. *Voyez* ENTHOUSIASME, ÉCLECTIQUES, PORPHYRE, PLOTIN, etc.

ENTHYMÈME, argument qui se compose de deux propositions seulement; la première se nomme *antécédent*, et la seconde *conséquent*. L'enthymème est un *syllogisme* dont on a retranché une des prémisses : ce qui le faisait définir dans l'école *syllogismus truncatus, detruncatus*. C'est un argument incomplet dans l'expression, mais complet dans l'esprit (ἐν θύμῳ), d'où son nom. Exemples : *Je pense, donc je suis ; la lune n'est pas lumineuse par elle-même, donc elle est une planète*. La proposition retranchée peut être indifféremment la majeure ou la mineure : la seule règle que l'on suive en cela, c'est de retrancher celle des deux prémisses qui peut être le plus facilement suppléée. Quoique l'on définisse vulgairement l'enthymème un *syllogisme tronqué*, et que par conséquent on considère le syllogisme comme une forme de raisonnement antérieure à l'enthymème, quelques logiciens pensent qu'au contraire, la forme primitive du raisonnement est l'enthymème, et que le syllogisme est un procédé tout artificiel, qui n'a été imaginé que pour compléter et développer l'enthymème. Ils s'appuient sur ce que, quand on raisonne dans les affaires ordinaires de la vie, on ne fait que des enthymèmes, et qu'on ne songe guère à faire des syllogismes en règle.

L'enthymème a sur le syllogisme l'avantage d'une plus grande concision, d'une plus grande énergie; en outre, en laissant quelque chose à suppléer à l'esprit, il le flatte et le satisfait. Aussi les poëtes et les orateurs l'emploient-ils de préférence; il se produit chez eux sous plusieurs formes diverses, tantôt sous sa forme naturelle, comme dans ces arguments que La Fontaine met dans la bouche de ce chat-huant qui avait su se faire une provision de souris vivantes.

Voyez que d'arguments il fit :
Quand ce peuple est pris, il s'enfuit;
Donc il faut le croquer aussitôt qu'on le happe.
Tout! il est impossible; et puis, pour le besoin n'en dois-je pas garder?
Donc il faut avoir soin de le nourrir sans qu'il échappe.
Mais comment? Otons-lui les pieds.

Tantôt, sous des formes abrégées ou déguisées, comme dans ces vers si connus :

Servare potui, perdere an possim rogas.
(*Médée*, OVIDE.)
Mortel, ne garde pas une haine immortelle.
(EURIPIDE.)
Mortelle, subissez le sort d'une mortelle!

Mais si l'enthymème a tant d'avantages sur le syllogisme, il a aussi l'inconvénient de prêter beaucoup plus à l'obscurité et au sophisme. L'ignorant qui entend prononcer hardiment un raisonnement enthymématique craint de demander des explications qui trahiraient son ignorance, et il se laisse ainsi entraîner à de ridicules erreurs : il donne gain de cause au paradoxe et au charlatanisme. Pour échapper aux piéges que nous tend l'enthymème, il suffit de le ramener à ses formes de syllogismes en suppléant ou en faisant suppléer par l'argumentateur la proposition sous-entendue. Alors l'erreur, si elle existe, nous frappera dans tout son jour; ou bien il sera facile de faire éclarcir et démontrer ce qui était douteux.

Il est certaines espèces de raisonnements qui, par leur nature, prennent nécessairement la forme d'enthymèmes, et dans lesquels il n'entre jamais que deux propositions : ce sont ceux que les logiciens nomment *arguments immédiats*, ceux, par exemple, qui sont fondés sur l'opposition des termes, ou dans lesquels on déduit un fait de la connaissance de son contraire, et ceux qui sont fondés sur ce qu'on appelle en logique *conversion*. BOUILLET.

ENTIER. Ce mot désigne un corps composé de toutes ses parties, ou autrement la réunion de chacune des parties qui composent un tout dans un ordre déterminé pour que ce tout jouisse des propriétés qui peuvent lui être propres comme corps entier.

Entier considéré comme adjectif s'applique, au figuré ou au propre, à des corps ou systèmes de corps complets dans toutes leurs parties : une heure entière, un jour entier, faire son devoir entier, obtenir une grâce entière. *Entier*, se disant d'un homme, est pris ordinairement pour opiniâtre. On dit d'un cheval qui n'a pas subi l'opération de la castration qu'il est *entier*. Ce mot s'emploie quelquefois proverbialement : laisser ou remettre une chose *en son entier*.

Ce n'est guère qu'en arithmétique que l'on emploie substantivement le mot *entier* ; il est alors synonyme de *nombre entier*. BILLOT.

ENTITÉ (du latin *entitas*, fait de *ens*, *entis*, être), ce qui constitue l'être ou l'essence de quelque chose. Dans la scolastique ce mot servait à désigner une existence, un être déterminé, sans indiquer cependant aucune de ces modifications. Ainsi l'on disait l'*entité de Pierre*, pour signifier la qualité par laquelle *Pierre* est *être*, comme on disait sa *corporéité*, son *animalité*, sa *rationalité*, sa *paternité*, pour exprimer la qualité par laquelle il est *corps*, *animal*, *raisonnable*, *père*, etc. *Entité* se dit aussi quelquefois d'idées abstraites, d'abstractions que l'on personnifie.

ENTIUS. *Voyez* ENZIO.

ENTOILAGE. *Voyez* RENTOILAGE.

ENTOMOLITHE (de ἔντομον, insecte, et λίθος, pierre), Linné a donné ce nom à un genre de fossiles dans lequel il réunissait et confondait tous les insectes et les crustacés pétrifiés. L'espèce qu'il avait nommée *entomolithe paradoxal* a reçu de Brongniart le nom générique de *paradoxide*; l'entomolithe de Blumenbach a été appelé *calymène* par le même naturaliste, dans son beau travail sur les trilobites.

C. D'ORBIGNY.

ENTOMOLOGIE (de ἔντομον, insecte, et λόγος, discours), partie de la zoologie qui a pour objet l'étude des insectes, c'est-à-dire des animaux sans vertèbres, sans branchies, respirant par des trachées, et dont le corps et les membres sont articulés en dehors. Sous le rapport de son étymologie, le mot que nous traitons rappelle assez bien la conformation générale des insectes, lesquels sont composés de pièces ou anneaux articulés les uns sur les autres de manière à former autant d'intersections; ἔντομον signifie entre-coupé, comme le mot latin *intersectum*, formé comme *insectum*, du verbe *secare*. Le philosophe Bonnet prétendit que le mot *entomologie* était dur à l'oreille, et voulut lui substituer celui d'*insectologie*, mauvaise alliance de latin et de grec, et qui d'ailleurs ne paraissant pas plus agréable aux naturalistes, n'a pas été conservé.

De toutes les classes de la zoologie, a dit un entomologiste célèbre, celle des insectes est la plus étendue, la plus belle et la plus variée; une fécondité inconcevable, une richesse étonnante de merveilles, nous invitent à la contemplation et à l'étude de ces animaux. Cependant l'entomologie n'aurait jamais trouvé un aussi grand nombre d'admirateurs si elle n'avait été considérée que comme un objet de pure curiosité. Elle contribue aussi pour sa part (comme toutes les sciences) au bonheur de l'espèce humaine; et s'il nous importe de connaître les propriétés bonnes ou malfaisantes des végétaux, il nous importe également beaucoup de ne pas ignorer les propriétés des insectes. Il en est un bon nombre qui nous sont utiles et beaucoup aussi dont nous avons à redouter la fâcheuse influence. Tandis que des uns nous retirons d'excellents moyens médicinaux, du miel et de la cire, de la soie, de la gomme laque, de la cochenille, des noix de galle, des bédégars, nous avons à nous garantir des attaques de quelques autres, qui dévastent nos greniers, tels que les blattes, les dermestes; il en est d'autres, qui nous attaquent nous-mêmes ou nos animaux domestiques: tels sont, par exemple, les cousins, les mouches, les guêpes, les brachynes, etc. Travaillons avec ardeur, ne négligeons aucun essai; lorsque nous ne croirons trouver qu'une connaissance sans application, peut-être trouverons-nous quelque médicament nouveau, quelque principe colorant, enfin quelque moyen qui viendra augmenter les ressources de l'industrie. Or, au milieu de ces myriades d'insectes, comment se reconnaître sans une méthode qui serve à les classer, à les signaler, en passant successivement d'une grande peuplade à une tribu, d'une tribu à une famille, puis au genre, et enfin à l'individu que l'on désire trouver. Il fallait une méthode, elle était indispensable; mais, au lieu d'une, on en a vu surgir plusieurs, qui se sont successivement détruites : de là les différents systèmes d'entomologie.

Cette partie de la zoologie n'était pas totalement ignorée des Égyptiens : le scorpion dont on voit encore la ressemblance sur des bas-reliefs, et que ce peuple regardait comme un mauvais génie; les scarabées naturels ou imités que l'on plaçait dans les tombeaux, nous montrent cette science dans sa première enfance. Elle n'était guère plus avancée chez les Hébreux; néanmoins, ils connaissaient les mœurs de quelques insectes, et savaient distinguer un certain nombre d'espèces, ainsi qu'il est constaté par les livres de l'Ancien Testament. Aristote montre dans ses écrits quelques légères traces de l'entomologie considérée comme science. Il avait distingué la différence qui existe entre les insectes broyeurs et les insectes suceurs. Les Grecs ne poussèrent pas plus loin les découvertes d'Aristote, et les Latins aussi répétèrent ce qu'il avait dit, sans rien ajouter de bien remarquable : pour eux, cette dénomination d'ἔντομον comprenait en une seule classe les arachnides, les insectes proprement dits, les annélides et les vers intestinaux; Pline traite des insectes en 23 articles, il s'étend particulièrement sur les abeilles, et glisse un grand nombre d'erreurs dans le peu de propositions qu'il avance.

A l'époque de la renaissance, Albert le Grand consacra un de ses 22 vol. in-fol. à l'histoire naturelle; il y parle des insectes, qu'il sépare des crustacés. En 1602, c'est-à-dire plus d'un siècle après, Aldrovande publia un traité spécial sur ce sujet : les annélides sont confondues avec les insectes, qu'il divise en terrestres et aquatiques; puis les coupes secondaires sont établies sur la présence ou l'absence des pieds, des ailes, etc. C'est ensuite à Redi et à Malpighi que l'on doit les travaux les plus importants sur ce sujet : le premier, à l'aide d'expériences, éclaira la génération des insectes; le second publia des recherches sur leur anatomie. Bientôt après, Swammerdam enrichit la science de ses belles observations sur l'organisation et les métamorphoses des insectes; il fonda même sur ces derniers phénomènes une classification nouvelle, abandonnée aujourd'hui, mais qui fut d'un grand secours pour les découvertes subséquentes. Vers la même époque, Lister, Leuvenhœck, Mérian, Vallisnieri et Ray, donnèrent la description d'un grand nombre d'insectes. Toujours vers le même temps, Réaumur, s'attachant principalement à décrire les mœurs de ces animaux, publia un immense ouvrage en 6 vol. in-4°; il enrichit la science d'une foule d'observations les plus neuves et les plus curieuses, surtout sur les abeilles.

Dans cette première moitié du dix-huitième siècle, nous trouvons encore, occupé d'entomologie, un homme extraordinaire, l'immortel Linné. Ses ouvrages parurent de 1735 à 1770. Une grande clarté, une précision extrême dans les définitions, l'établissement des caractères, des genres, et la désignation des espèces par un nom spécial pour chacune d'elles, c'est là ce qui distingue les travaux de Linné. Il introduisit une grande réforme dans toute l'histoire naturelle, et, pour ce qui concerne les insectes, il les divisa en sept classes de la manière suivante : 1° espèces à élytres ou ailes couvertes, comme les scarabés; 2° celles qui ont les ailes découvertes, comme les papillons, les demoiselles, les guêpes, les mouches; 3° les demi-ailées ou sans étui, ce sont les sauterelles, les fourmis, les punaises, les scorpions aquatiques; 4° les espèces non ailées, cloportes, mille-pieds, pous et puces; les lombrics, ténias, sangsues; 6° les mollusques à coquille, terrestres et aquatiques; 7° les zoophytes. C'était là une amélioration immense, mais il restait encore beaucoup à faire, et il était réservé à un de nos contemporains de reprendre ce système par sa base, et de l'étayer sur des principes solides.

L'époque qui a vu naître Réaumur et Linné produisit encore des hommes habiles en entomologie, et qui ont laissé d'excellentes descriptions : tels sont Roësel, Frisch et G. Edward, Bonnet, qui fit avancer d'un grand pas la physiologie générale par ses recherches sur la génération des pucerons, et Lyonnet, qui a laissé un chef-d'œuvre de détails anatomiques et de gravure, résultat d'un travail admirable sur la chenille du cossus. En 1778 écrivait le baron suédois C. De Geer; ses *Mémoires pour servir à l'histoire des insectes*, publiés à Stockholm, mais écrits en français, peuvent être cités sous le rapport de l'anatomie, de la physiologie et de l'observation des mœurs. On doit à Geoffroy une histoire des insectes des environs de Paris; elle est entre les mains de tous les entomologistes, et renferme une division des coléoptères suivie encore aujourd'hui. Nous arrivons à Fabricius, élève et émule de Linné. Il consacra la plus grande partie de sa vie au perfectionnement d'un système nouveau de classification qu'il avait proposé, et qui était fondé uniquement sur la structure de la bouche des insectes. Cette méthode fut assez généralement adoptée en Allemagne et en Suisse, mais elle eut peu de partisans en France et en Angleterre, et fut bientôt remplacée. Vient ensuite Olivier, qui a laissé deux ouvrages principaux: l'un forme la partie des insectes de l'*Encyclopédie méthodique*, l'autre est une *Histoire naturelle des coléoptères*. L'auteur, quoiqu'il ait entrevu la possibilité de distribuer les insectes d'après les rapports qu'ils ont entre eux, a conservé la nomenclature de Linné, tandis que son successeur, Latreille, accomplit le premier cette réforme, et fit pour l'entomologie ce que son compatriote Bernard de Jussieu avait fait pour la botanique. Il se servit, pour classer les insectes, de tous les caractères que ces animaux présentent, mais surtout de la considération des organes du mouvement et de la bouche; il ne négligea ni les métamorphoses ni les organes de la génération, et il parvint à établir des groupes naturels.

Depuis que Latreille a établi cette nomenclature, tous les travaux des entomologistes ont été dirigés vers le même but. Non-seulement cet auteur a cherché à rendre plus parfaites ses premières vues, mais aussi Cuvier, Duméril, Lamarck, Savigny, Macleay, Kirby, Macgen, Schœnherr, le comte Dejean, et un grand nombre d'autres savants ont suivi une marche analogue, et ont contribué à rendre les méthodes naturelles plus parfaites et mieux applicables. On voit que sous le rapport de la distribution des insectes c'est de nos jours qu'on a fait le plus de progrès. Cela devait être, puisqu'on appliquait à l'entomologie la méthode des botanistes modernes. Autrefois on prenait en considération une seule série d'organes, et les classes réunissant des individus qui n'avaient qu'un point de semblable n'indiquaient aucune des coupes que la nature elle-même semble avoir établies; aussi un tel système d'entomologie, n'ayant rien de stable, était facilement remplacé par un nouveau. Aujourd'hui, au contraire, on rassemble dans une même division les insectes qui ont entre eux les points de ressemblance les plus nombreux et les plus importants. L'organisation anatomique de ces animaux a aussi fait de grands progrès, dus principalement à la création de l'anatomie comparée par G. Cuvier. Marcel de Serres, Hérold, Tréviranus, Léon Dufour, Strauss, Sonnini, etc., ont suivi la même impulsion, et ont enrichi la science de belles découvertes. L'entomologie a été encore cultivée avec succès par Audouin, par MM. Milne Edwards, Boisduval, Guérin-Méneville, etc. Les mœurs des insectes ont été étudiées avec un zèle surprenant; parmi les travaux de ce genre, on remarque les observations des deux Huber sur les abeilles et les fourmis. Il ne suffit pas en effet de parcourir la campagne, en ne s'arrêtant que le temps nécessaire pour percer d'un dard meurtrier les infortunés pris dans ses filets, et de s'estimer seulement heureux quand sa gibecière renferme un grand nombre de cadavres que l'on se propose d'examiner lorsqu'on sera de retour chez soi. L'homme qui n'étudie les insectes que dans son cabinet peut être descripteur, mais il ne sera jamais profond entomologiste. Il faut, avec attention et patience, considérer longtemps ces animaux vivants, surprendre leurs habitudes, leurs instincts, et ne laisser rien échapper de ce qui caractérise leurs petites sociétés. N. CLERMONT.

ENTOMOPHAGES (de ἔντομον, insecte, et φαγεῖν, manger), nom par lequel on désigne les individus et les peuples qui se nourrissent d'insectes. Les Athéniens étaient *entomophages* en ce sens qu'ils mangeaient des cigales, surtout à l'état de larves. Suivant Aristote, ils les faisaient griller, et leur donnaient alors le nom de *tettigometra*. Les Arabes, les Égyptiens et autres peuples de l'Orient, mangent encore des sauterelles ainsi que des criquets; ils sont donc *entomophages*. Du reste, on pense que cet aliment n'est point étranger à la maladie pédiculaire si commune dans ces contrées. Les Indiens et les Américains doivent être regardés aussi comme *entomophages*, car ils mangent la larve du cossus ou ver palmiste, dont les anciens Phrygiens faisaient leurs délices.

Lesson a donné le nom d'*entomophages* à la seconde tribu, très-peu naturelle, de ses passereaux insectivores; il y range les pies-grièches, les cotingas, les engoulevents, les hirondelles, les martinets, etc.

ENTOMOSTÈGUES, nom donné à une famille de coquilles microscopiques appartenant à des animaux d'abord rapprochés des céphalopodes microscopiques. Les entomostègues font partie du groupe institué par M. A. d'Orbigny sous le nom de *foraminifères*.

ENTOMOSTRACÉS (de ἔντομον, insecte, et ὄστρακον, coquille, écaille). Sous ce nom on a désigné un groupe de crustacés broyeurs, caractérisés par l'absence de branchies ou d'organes qui puissent en tenir lieu, la respiration se faisant par la peau, et qui, contrairement à ce que l'on observe dans d'autres genres voisins, ont les yeux presque toujours sessiles. M. Milne-Edwards, qui a modifié la classification adoptée par Cuvier pour les animaux de cette classe, distingue deux ordres d'entomostracés, celui des *copépodes*, et celui des *ostrapodes*. Les uns et les autres sont de petits animaux presque microscopiques, dont la bouche est armée de mâchoires et de mandibules propres à la mastication; aussi se nourrissent-ils habituellement d'aliments solides.

Les *copépodes* ont le corps renfermé dans un bouclier composé de deux valves latérales. Leurs yeux occupent le milieu du front: tels sont les *cyclopes*, le principal genre de ce groupe. Ce sont de petits crustacés communs dans les eaux douces, et même dans la mer. Leur corps, pyriforme, donne attache à trois paires de pattes natatoires, et se termine par une longue queue, qui est un prolongement de l'abdomen. Ils subissent des métamorphoses considérables.

Les *ostrapodes* ont le corps entièrement renfermé dans un test en forme de coquille bivalve. Les *cypris*, qui nous en offrent le type, sont très abondants dans les eaux douces. Leurs deux antennes se terminent par un faisceau de soies en manière de pinceau. Dr SAUCEROTTE.

ENTOMOZOAIRES (de ἔντομον, insecte, articulé, et ζῷον, animal), nom sous lequel Blainville a désigné le type de plusieurs classes d'animaux dont l'ensemble des caractères principaux est d'avoir le système nerveux de la locomotion au-dessous du canal intestinal, la fibre musculaire contractile soutenue par une peau plus ou moins endurcie, et par suite le corps et les membres, quand ils existent, articulés d'une manière visible à l'extérieur. Dans son vaste groupe des entomozoaires, l'auteur comprend non-seulement les insectes proprement dits, mais encore les arachnides, les crustacés et les vers. C'est sur l'existence et l'absence, la nature, la disposition générale, les usages et même le nombre des appendices ou membres, que sont établies les coupes classiques de ce type, que nous avons données à l'article ANIMAL. N. CLERMONT.

ENTORSE, FOULURE, en latin *distorsio*, en grec διάστασις, écartement). Cette affection consiste en effet dans une distorsion, un tiraillement, qui produisent l'écartement des surfaces articulaires des os, ce qui ne peut s'opérer sans violences exercées sur les ligaments et les parties molles qui environnent l'articulation, violences qui peuvent aller jusqu'à la rupture. L'entorse est en quelque sorte le premier degré de la luxation. Elle peut affecter toutes les articulations, mais on l'observe plus particulièrement à celles du pied avec la jambe, et du poignet avec l'avant-bras.

L'entorse est généralement accompagnée d'une vive douleur, qu'on attribuait depuis Bichat à la sensibilité propre des ligaments tiraillés, mais que des expériences plus modernes ont démontrée provenir de la distension ou de la rupture des filets nerveux articulaires. Quoi qu'il en soit, l'entorse, selon ses degrés, est suivie de gonflement, d'infiltration sanguine, et d'inflammation plus ou moins intense, qui s'opposent aux mouvements de l'articulation. Si l'affection est légère, ces accidents peuvent se dissiper d'eux-mêmes, et les parties reprennent progressivement leur jeu naturel; mais si la lésion est plus grave, si les ligaments sont rompus, les parties molles déchirées, il en résulte parfois de terribles accidents, suppuration, carie, tumeur blanche, ankylose, tétanos même. Il n'est pas sans exemple qu'une entorse ait nécessité, par suite, l'amputation du membre. Le moindre accident qu'il puisse résulter d'une entorse violente est une faiblesse prolongée de l'articulation, qui la prédispose aux récidives.

La première chose à faire lorsqu'une entorse est produite, c'est de plonger le membre dans l'eau la plus froide qu'on puisse trouver, dans la neige ou la glace si l'on peut s'en procurer. Ce topique vaut mieux que tous les résolutifs, tels que l'acétate de plomb, l'eau-de-vie camphrée. Une condition essentielle est de prolonger l'action du froid pendant le temps nécessaire pour prévenir la réaction, c'est-à-dire pendant plusieurs jours. Les irrigations continues d'eau froide sont un excellent moyen contre l'entorse. Si malgré ce traitement, ou à défaut de traitement convenable, l'inflammation vient à se développer, on aura recours aux saignées, aux émollients et à tout l'appareil du traitement antiphlogistique le plus énergique. On opposera les calmants à la douleur, les résolutifs à l'engorgement indolent consécutif; mais ici la compression méthodiquement appliquée est le meilleur moyen à mettre en usage. Il faut condamner l'articulation au repos le plus absolu, et ne commencer à la faire agir que lorsque les accidents sont entièrement dissipés. Dr Forget.

L'*entorse de la colonne vertébrale*, vulgairement nommée *tour de reins*, est le résultat de mouvements brusques, de torsion du corps d'un côté ou d'un autre, d'une mauvaise position longtemps conservée dans le lit, d'efforts énergiques pour soulever un fardeau. Ces diverses causes peuvent même amener la rupture de quelques faisceaux musculaires. La douleur très-vive qui caractérise ordinairement les entorses de la colonne vertébrale occupe le plus souvent la région des reins; elle se calme dans certaines positions du corps, surtout l'extension, et s'exaspère au moindre mouvement, au point d'arracher des cris; elle est quelquefois accompagnée d'un engorgement dans le point où elle se fait sentir. Quand cet engorgement est très-considérable, il faut faire une ou deux applications de sangsues (de trente à soixante, suivant la constitution du sujet). On applique sur la partie engorgée des cataplasmes arrosés de laudanum de Sydenham. On obtient aussi de bons effets des bains d'eau tiède prolongés pendant plusieurs heures, et des frictions d'eau-de-vie camphrée.

ENTOZOAIRES (du grec ἐντός, dedans, et ζῶον, animal), classe particulière, entomozoaires, appelés aussi *apodes*. Ce sont des parasites plus généralement connus sous le nom de *vers intestinaux*.

ENTR'ACTE. C'est, comme le mot l'indique, l'espace de temps qui s'écoule entre deux actes d'une œuvre dramatique. Une pièce en trois actes a donc deux entr'actes; une pièce en cinq actes en a quatre. Dans un temps où l'on pensait qu'il est des objets

> Que l'art judicieux
> Doit offrir à l'oreille et reculer des yeux,

l'entr'acte n'était point une chose indifférente : les auteurs avaient imaginé l'intervalle des actes pour y rejeter tout ce qui, dans l'action représentée, ne devait point intéresser le spectateur, ou tout ce qui lui offrait un spectacle révoltant. Alors, quoique la durée de l'entr'acte n'eût point de limites absolument déterminées, elle était plus ou moins longue, à proportion de l'action qui était supposée se passer. Ainsi, cette durée avait toujours des bornes pour que la totalité des faits concourant à l'action principale pussent avoir lieu durant les vingt-quatre heures, pendant lesquelles l'action devait commencer, se poursuivre et se terminer. Diderot, Mercier, les dramaturges enfin, voulaient même, pour rendre l'illusion scénique plus complète, que, dans les entr'actes le théâtre fût occupé, soit par des passants, s'il représentait une place publique, soit par des valets remettant les meubles à leur place dans un salon, etc; c'était encore une suite du respect qu'ils conservaient pour l'*unité de lieu*. Cette règle avait été universellement adoptée en France, par extension probablement au précepte de l'*unité d'action* recommandé par Aristote, car il n'indique l'*unité de temps* que comme une chose d'usage, et il ne prescrit point l'unité de lieu: il ne pouvait pas même en parler. Chez les Grecs, les ouvrages dramatiques n'étaient point divisés par *actes*: le chœur et les personnages, agissant dans l'action, remplissaient tour à tour le théâtre; c'était un spectacle continu, sans la moindre pause. L'action ne pouvait donc passer d'un lieu dans un autre, et il était inutile de recommander de ne pas faire une chose impossible. Ce furent les Romains qui, les premiers, partagèrent le spectacle par intervalles, dans lesquels des histrions amusaient le public; on lui débite maintenant des chansonnettes.

Aujourd'hui que la règle des trois unités n'est plus si scrupuleusement observée, la durée de l'entr'acte n'a de terme que la volonté de l'auteur; elle peut renfermer un grand nombre d'années. Viollet le Duc.

Le passage d'une pièce à une autre donne encore lieu à un entr'acte. Pendant l'entr'acte, le rideau reste baissé; les acteurs se reposent s'habillent, jouent au billard, se *rafraîchissent*; le public se promène au foyer, se couvre, crie d'impatience, trépigne, demande la toile. Dans les grands théâtres on vous offre le journal, la pièce, des lorgnettes; dans les petits, le sucre d'orge, la limonade, la bonne bière. Il est toujours d'une bonne administration théâtrale de ne pas faire de trop longs entr'actes. Dans les pièces divisées en *tableaux*, les décors changent quelquefois à vue; d'autres fois on baisse une toile plus simple, et l'on a un petit entr'acte, toujours plus court que le véritable.

Nous ne pouvons nous dispenser de mentionner, en terminant cet article, un *entr'acte* d'un autre genre. C'est un petit journal de spectacle qui se vend à la porte et dans l'intérieur des théâtres, et qui est destiné à être lu dans les entr'actes; malheureusement il ne réussit pas souvent à les faire supporter avec plus de patience.

ENTRAIGUES (Henri-Alexandre AUDAINEL [*Delaunai*] comte d'), né dans le département de l'Ardèche (ancien Vivarais), mourut assassiné avec son épouse, si célèbre auparavant sous le nom de *Saint-Huberti*, le 22 juillet 1812, près de Londres. Nommé député aux états généraux, il s'y était présenté signalé par le bruit qu'avait fait, en 1788, l'apparition de son fameux *Mémoire* sur ces états. Dans ce factum, plus remarquable par une sorte d'éloquence déclamatoire que par la connaissance des faits de notre histoire, il s'était montré l'adversaire le plus fougueux du despotisme ministériel et aristocratique. Il y dénonçait la noblesse héréditaire comme *le plus épouvantable fléau dont le ciel dans sa colère pût frapper une nation libre*. Mais à peine entré dans l'assemblée, il prit rang parmi les plus ardents défenseurs de cette noblesse qu'il avait maudite, et à laquelle l'historien Montgaillard prétend qu'il n'appartenait même pas. Jamais palinodie ne fut plus scandaleuse, ou conversion plus subite. Il s'opposa avec chaleur à la réunion des ordres. Il ne figura pas, du reste, longtemps à l'Assemblée constituante, dont il s'éloigna après les journées des 5 et 6 octobre 1789. Il ne tarda même pas à quitter la France, se mit au service de la cause des princes français émigrés, ou plutôt chercha successivement en

Russie, en Autriche, en Italie et en Angleterre, par ses écrits, ses intrigues et ses missions secrètes, à jouer entre les partisans et les serviteurs dévoués de l'ancienne monarchie un rôle qui le menât à la fortune. Il réussit en effet à se faire bien payer, mais n'inspira jamais une grande confiance, et passa même pour avoir puisé en même temps à plusieurs sources, en trafiquant des secrets dont il était instruit ou des projets qu'il croyait avoir découverts. Arrêté à Milan en 1797, il parvint à s'évader à la faveur des démarches de Mme Saint-Huberti, devenue sa femme après avoir été longtemps sa maîtresse. Il avait obtenu en Angleterre une forte pension, et passait pour être consulté par les ministres, qui faisaient cas de ses talents et de son habileté en intrigues politiques. Il y périt victime, dit-on, de sa confiance dans un domestique italien, nommé Lorenzo, qui, au moment du départ du comte et de la comtesse, ne pouvant produire un mémoire communiqué par le valet infidèle aux agents du gouvernement français, se détermina à se tuer, après avoir poignardé ses maîtres. Au surplus, les circonstances de ces meurtres ne paraissent pas avoir été jamais bien éclaircies. On a accusé les deux gouvernements ennemis de s'être délivrés du domestique après l'assassinat, déclaré constant par un jury anglais. Ce qu'il y a de certain, c'est que le ministère de Londres s'empara de tous les papiers du comte d'Entraigues, saisis dans la maison qu'il habitait.

Parmi ses nombreux ouvrages, on doit citer, après le fameux mémoire, sa *Dénonciation aux Français catholiques contre la philosophie du dix-huitième siècle*, J. J. Rousseau excepté, ses *Réflexions sur le divorce*, et son *Fragment du XVIIIe livre de Polybe*, prétendu trouvé au Mont Athos, pamphlet dirigé contre la république française sous le pseudonyme de la république romaine.

ENTRAIGUES (Antoinette-Cécile CLAVEL, comtesse d'), femme du précédent, célèbre dans les annales de la tragédie lyrique, sous le nom de *Saint-Huberti*. Mariée d'abord, dit-on, à un chevalier de Croisy, elle épousa ensuite le comte d'Entraigues, dont elle partagea la funeste destinée. L'époque précise et le lieu de sa naissance sont incertains. La plupart des biographes la font naître, vers 1756, à Toul, ou à Manheim. L'accent allemand qu'elle conserva longtemps semblerait indiquer cette dernière ville ou quelque autre lieu de l'Allemagne. Sa manière de chanter, sa prédilection passionnée pour Gluck et pour la musique allemande, seraient aussi des indices. Ce fut au moins au delà du Rhin, et à Varsovie, qu'elle commença sa carrière, comme cantatrice dramatique. Les biographies diverses ont donné sur sa vie théâtrale d'intéressants détails. Ayant nous-même connu, suivi assidûment et admiré Mme Saint-Huberti, depuis ses débuts à notre grand Opéra, dans *Armide* (1777), jusque vers la fin de sa carrière lyrique, nous en parlerons d'après nos propres souvenirs. C'est à juste titre qu'on l'a désignée comme la plus grande tragédienne du chant. Après s'être essayée avec succès dans le *Roland* de Piccini, rôle d'Angélique, et surtout dans le *Seigneur bienfaisant*, de Floquet, où elle exprimait par une pantomime effrayante de vérité le désespoir d'une mère; après avoir créé avec un rare talent les rôles d'*Ariadne*, dans le mélodrame d'Edelmann, et d'Églé, dans le *Thésée* de Gossec, ce ne fut cependant qu'en 1783 (février), lors de l'apparition du *Renaud* de Sacchini, que le beau rôle d'Armide l'éleva tout d'un coup au premier rang; ce rôle devint pour la Saint-Huberti un véritable triomphe. L'actrice, sortant de la ligne à l'improviste, excita l'enthousiasme du public. Son talent révélé dans cette soirée, avec toute sa puissance et tout son charme, lui conquit une vogue qui ne fit que s'accroître.

Didon, dans le chef-d'œuvre de Piccini, mit le sceau de la perfection au talent de la Saint-Huberti. L'art du jeu et du chant dramatiques n'a jamais été porté plus loin. Sa renommée, dès lors à son apogée, fut pour toujours consacrée. *Chimène*, dans le bel opéra de Sacchini; *Alceste*, dans l'un des chefs-d'œuvre de Gluck; *Armide*, dans celui de Quinault, où elle surpassa Rosalie Levasseur, qui avait cependant créé le rôle avec un talent d'actrice assez éminent; *Pénélope*, dans l'opéra de Piccini; *Phèdre*, dans la meilleure tragédie lyrique de Lemoyne; Hypermnestre, dans les *Danaïdes*, ajoutèrent de nouveaux fleurons à sa couronne. Elle avait prouvé la souplesse de son génie mimique dans les rôles de *Délie*, héroïne de l'agréable composition mise au théâtre par Mlle Beaumesnil, et de *Climène*, l'amante de *Panurge*. La Saint-Huberti se montrait dans ces pièces comédienne aussi remarquable par la finesse, la grâce et la gaieté de son jeu, qu'elle était ailleurs grande tragédienne. On s'est trompé en lui attribuant une taille élevée : elle était au contraire fort petite, maigre et de chétive apparence; mais sa physionomie petillait de vivacité, d'intelligence et d'expression. Au théâtre, la transformation était complète comme l'illusion. C'était une reine majestueuse, imposante, une épouse, une amante passionnée, pleine de charme dans sa tendresse, pathétique et sublime dans sa douleur. Le travail et l'art n'avaient pas seulement assoupli, ils avaient façonné et en quelque sorte fabriqué la voix de la Saint-Huberti; car si cette voix avait de l'étendue et un volume étonnant pour une personne si frêle, elle manquait de timbre. Ses anciennes habitudes laissaient quelquefois entendre encore l'*urlo tedesco*; mais, à force d'études et à l'aide de ses heureuses inspirations, en conservant pour les grands effets dramatiques la puissance de l'organe, elle était parvenue à lui donner au besoin de la douceur, de la grâce et du charme. Sacchini, cependant, était loin de partager cette opinion générale. « On chante comme cela, disait-il, dans les rues de Rome; elle est toujours à côté du ton. » Les oreilles gauloises des Parisiens ne s'apercevaient pas de ces défauts; jamais on n'a bien su les causes de l'antipathie qui existait entre la grande artiste et l'illustre maître à qui elle devait ses premiers succès. Aubert de Vitry.

ENTRAILLES. Ce mot, qui est synonyme d'*intestins*, mais qui ne s'emploie qu'au pluriel, sert à désigner les viscères contenus dans la cavité abdominale, lesquels forment une espèce de long canal d'environ six fois la longueur du corps, dans lequel s'opèrent les principaux phénomènes de la digestion et de la nutrition.

On dit figurément les *entrailles de la terre* pour indiquer les parties ou couches les plus intérieures de la terre. Les anciens, qui supposaient que le centre de toute affection douce, bienveillante, siégeait dans les entrailles, se servaient de ce mot pour indiquer l'affection qu'un père ou qu'une mère peut porter à son fils, ou une personne à une autre. Les nouvelles connaissances anatomiques ont fait rejeter la vieille idée qui plaçait le siége d'un sentiment doux et généreux dans une partie aussi peu noble; mais l'expression figurée n'en est pas moins restée dans le langage ordinaire.

Les devins ou aruspices consultaient chez les anciens les *entrailles des victimes*.

L'*extirpation des entrailles* a constitué chez certains peuples, et à certaines époques, un supplice horrible, qu'on infligeait quelquefois à des condamnés. Ce fut après la mort de Cromwell, et sous la restauration, celui par lequel on punit les principaux adhérents du protecteur; ils furent traînés sur la claie au lieu du supplice, suspendus au gibet et décrochés avant que la mort eût saisi sa victime, et leurs entrailles furent arrachées et brûlées. Billot.

ENTRAINEMENT (*Morale*). C'est cette impression vive, rapide, spontanée, qui saisit un individu comme elle saisit des masses. L'entraînement est d'une nature tout à la fois si communicative et si impétueuse, qu'il ne laisse pas place à la plus légère réflexion : ses effets sont produits avant même qu'on ait eu le temps d'en prévoir les résultats. Il est donc, en général, fort sage de se tenir en garde contre tout ce qui est entraînement, même lorsqu'il s'agit du bien, parce qu'en le faisant sans mesure et sans ordre, on le dépouille de ses plus précieux avantages. Rien n'est plus opposé au discernement que l'entraînement : l'un, après avoir reconnu, relativement aux choses et aux personnes, les différences qui les distinguent, fait ensuite son choix; l'autre, au contraire, ne considère rien; il ne va que par sauts et par débordements. On trouve néanmoins dans l'histoire des peuples quelques rares circonstances où un homme de génie et de courage a produit un entraînement tel que l'indépendance nationale en a été conservée. Mais c'est une de ces ressources violentes qui laissent à leur suite un ébranlement dangereux, et quelquefois une langueur qui finit par être mortelle. Au début d'une révolution règne un entraînement incalculable; la parole, surtout lorsqu'elle tombe du haut de la tribune, soulève toutes les classes; c'est l'époque des grands dévouements; mais comme la réflexion ne les éclaire pas, ils périssent souvent stériles. Arrivent alors les sophistes, qui, trompant toutes les passions, égarant même les sentiments dans ce qu'ils ont de plus généreux, font surgir tous les crimes qu'exploitent à leur profit les spéculateurs, et que ne cessent d'entretenir les énergumènes.

Les femmes, qui sentent beaucoup plus qu'elles ne réfléchissent, passent leur vie à nous faire éprouver des entraînements plus ou moins irrésistibles; mais c'est une puissance à laquelle elles cèdent aussi à leur tour : à cet égard, elles vivent dans une action et une réaction perpétuelles; c'est ce qui explique tout à la fois leur influence et leurs fautes. Un entraînement de quelques minutes suffit souvent pour décider de leur sort, et si elles ne perdent pas l'honneur, leur réputation peut être compromise pour avoir cédé à un sentiment honorable, vertueux même, mais qu'elles n'ont écouté qu'en blessant les convenances du moment. Les mères de famille doivent surtout dès l'enfance prémunir leurs filles contre toute espèce d'entraînement : c'est la partie difficile et délicate de l'éducation; mais ici, plus qu'ailleurs, il faut que l'exemple vienne à l'appui du précepte.

SAINT-PROSPER.

ENTRAINEMENT, ENTRAINEURS (*Hippiatrique*). Quand un cheval doit figurer dans une course, on le soumet plusieurs semaines à l'avance à un régime particulier de nourriture et d'exercices. La nature et la durée de cette espèce de médication varient selon l'âge, la force et le tempérament des individus. Deux principes dominent dans l'*entraînement* : augmenter la vigueur de l'animal en exaltant au plus haut point toutes ses facultés et toutes ses forces, puis lui donner la plus grande légèreté possible en le débarrassant de toutes les chairs inutiles. Ses aliments sont choisis de manière à contenir la somme de nourriture qui lui est nécessaire sous un très-petit volume. A mesure qu'avance le jour fixé pour la lutte, on augmente l'énergie et la durée de ses exercices; on étudie son fonds, sa vélocité, et de la connaissance parfaite de ses moyens dépend la conduite du jockey chargé de le monter; car il est des chevaux qu'il faut *pousser* dès le départ, tandis que d'autres veulent être ménagés au commencement de la course, et ne doivent être *poussés* qu'à une certaine distance du but. Quand le trop de chair des chevaux *entraînés* ne cède pas au régime adopté pour la nourriture, on combat cet embarras de poids par de violents galops, qui sont appelés *suées*. L'*entraînement* est toute une science; de cette préparation dépend souvent le succès d'un cheval de course; aussi les bons *entraîneurs* sont-ils fort rares et très-recherchés. En Angleterre l'*entraînement* des chevaux de course est une industrie qui compte de nombreux et riches établissements; en France et dans presque tout le reste de l'Europe, les chevaux de course ont pour *entraîneurs* habituels les jokeys mêmes qui doivent les monter.

Achille DE VAULABELLE.

ENTRAIT, terme de charpenterie dont on se sert pour désigner la principale pièce de bois qui traverse un comble et lie les deux parties opposées de la charpente à des distances plus ou moins élevées au-dessus des murs. Lorsque les combles ont une grande élévation, on place un second entrait, qui est désigné sous le nom de *petit entrait*. Les entraits sont aussi nommés *tirants*, lorsqu'ils supportent un *poinçon*, c'est-à-dire la pièce de bois qui, assemblée dans le faîte des *chevrons de ferme*, tombe perpendiculairement au milieu de l'entrait.

DUCHESNE aîné.

ENTRAVES. On appelle ainsi, au propre, une courroie terminée aux deux extrémités par des espèces de bracelets, ou *entravons*, qui unissent ensemble deux jambes d'un cheval pour l'empêcher d'être trop mutin à l'écurie ou de s'éloigner d'une prairie ou d'un champ dans lequel il est lâché. Pour forcer un cheval à prendre l'habitude de mettre en mouvement à la fois les pieds du même côté, ce qui rend son allure douce, on lui attache, pendant un certain temps, au moyen d'*entraves*, une jambe de devant avec une jambe de derrière. Enfin, veut-on s'en rendre maître afin de l'abattre pour une opération quelconque, on lui attache aux *entraves* des jambes de devant une corde; on passe cette corde dans un anneau fixé aux entraves des jambes de derrière, et l'on tire : les quatre pieds se réunissent sur un seul point, et l'animal est renversé; on continue à tirer, et l'on tient la tête contre terre : l'animal ne peut plus faire aucun mouvement.

Au figuré, on donne le nom d'*entraves* à tout ce qui restreint la liberté d'action, à tout ce qui fait obstacle à la volonté, aux passions, aux désirs. Les entraves sont nécessaires lorsqu'elles concourent au bien général; elles sont abusives quand elles profitent à quelques-uns au détriment de plusieurs. Les hommes réunis en société, pour se constituer utilement, pour que l'union profite à tous et à chacun, ont dû imposer des *entraves* à toute liberté d'agir individuelle qui pouvait nuire à la généralité; les lois et les institutions sont des *entraves* indispensables. Le pouvoir étant aux mains d'un seul, il arrive que, pour assurer sa domination et le règne de sa volonté absolue, un chef circonvient la masse populaire par des liens de tous genre : ces liens sont les *entraves* impies que le despotisme met à la liberté. Puis, il arrive aussi que les peuples, par une violente secousse, brisent ces entraves et imposent à leur tour au pouvoir qui a mérité leur défiance des *entraves* souvent élastiques sous le nom de charte ou de constitution. Les cultes religieux mettent de saintes entraves à la liberté de conscience et à l'orgueil humain. Les différents systèmes de philosophie tendent à retenir notre esprit par des entraves dans les voies qu'ils nous prescrivent. La littérature elle-même a ses entraves, chères à quelques bons esprits, sous le nom de *règles du goût*. Mais l'esprit d'indépendance a fait là de si grands progrès, qu'il est bien peu d'entraves docilement acceptées de nos jours. Aussi, depuis que nous pouvons hardiment tout produire, que de chefs-d'œuvre ont paru !

Ed. BARRÉ.

ENTRECASTEAUX (JOSEPH-ANTOINE BRUNI, chevalier D'). Le 29 juillet 1793, deux corvettes françaises, perdues dans l'immensité de l'océan, avaient leurs pavillons en berne, leurs vergues baissées, et donnaient tous les signes du deuil : D'Entrecasteaux, le brave marin, le hardi navigateur, venait de mourir; il avait succombé à la noble tâche que lui avait confiée la France, la recherche du malheureux Lapérouse. D'Entrecasteaux était né à Aix, en 1739, d'un président au parlement de Provence; son naturel doux et paisible, son caractère pieux et bienveillant, son éducation elle-même, toute religieuse, puisqu'il avait été élevé par les jésuites, semblaient l'éloigner de la redoutable carrière qu'il embrassa; mais il était le parent du grand Suffren : il se fit marin. Comme guerrier, il eut vite l'occasion de faire ses preuves, et donna des marques non équivoques de bravoure dans une croisière qu'il fit, en qualité d'enseigne, sur un tout petit bâtiment; plus tard, en 1778, il commandait une frégate de 36, avec laquelle il reçut l'ordre d'escorter un convoi important; deux corsaires ennemis, chacun de force supérieure, lui offrent le combat; il les met en fuite, et sauve son convoi. Quelque temps après, il était nommé capitaine de pavillon à bord du *Majestueux*, de 100 canons, monté par M. de Rochechouart. Commandant des forces navales de l'Inde, en 1785, il effectua une navigation aussi hardie que périlleuse, en cinglant vers la Chine à contre-mousson. Un peu plus tard, il était nommé gouverneur de l'île de France. C'était surtout par une intelligence supérieure de l'administration et de tout ce qui s'y rattache que brillait D'Entrecasteaux : le maréchal de Castries sut l'apprécier, et le nomma directeur-adjoint des arsenaux et ports de la marine.

Affecté par une perte cruelle, D'Entrecasteaux allait donner sa démission et vivre dans la retraite, pour laquelle il semblait être né, quand on lui proposa le commandement de l'expédition votée par l'Assemblée nationale pour aller à la recherche de Lapérouse. Le 7 septembre 1791, *La Boussole* et *L'Astrolabe* mirent à la voile, et commencèrent leur circumnavigation. C'était surtout aux îles de l'Amirauté que l'on espérait trouver des traces de celui dont la France redoutait la perte; c'est là que les instructions de D'Entrecasteaux lui prescrivaient de faire spécialement les recherches les plus actives. Arrivé devant la Nouvelle-Hollande, il longea les côtes de la terre de Van-Diemen, sur une étendue de plus de 1,200 kilomètres : cette exploration longue et pénible l'amena à l'une des plus utiles découvertes pour la marine : il traversa des canaux faciles, et nota sur les cartes une grande quantité de ports vastes et sûrs, de fleuves dont on ignorait l'existence : le canal qui reçut son nom est sans contredit la plus belle de toutes ces découvertes. De la terre de Van-Diemen il se dirigea sur la Nouvelle-Calédonie, dont il longea toute la partie occidentale, entourée d'une ceinture de récifs qui s'étend parfois jusqu'à 200 kilomètres au large. L'île Bougainville, la partie occidentale de la Nouvelle-Irlande, et enfin les îles de l'Amirauté (*Admiralty*) furent successivement explorées par lui avec un grand profit pour la science, mais inutilement pour le but spécial de l'expédition. Après avoir continué sa route par le nord de la Nouvelle-Guinée, il jette l'ancre à Amboine, le 6 septembre 1792, pour laisser reposer ses équipages. Après une relâche nécessaire, il visite encore Timor, Java, la terre de Nuyts (Nouvelle-Hollande) sur une étendue de huit cents kilomètres, et vient se réparer dans le port auquel ses marins avaient donné son nom. Reparti le 21 février 1793, par le Cap-Nord, il reconnut les îles des Amis, la Nouvelle-Calédonie, les Arsacides, qui ne sont autres que les îles Salomon, Mendana, l'archipel de petites îles, à peu près inabordable, à cause des récifs, appelé la Louisiade, la Nouvelle-Guinée (partie orientale), et la Nouvelle-Bretagne (côte nord). Il revenait à Java, après deux années de périls, de fatigues incalculables, pendant lesquelles il avait déployé toute la douceur, la prudence, la fermeté de son caractère; mais il avait contracté dans cette expédition une cruelle maladie, fatale aux navigateurs. Rongé par le scorbut, il mourut à l'œuvre, laissant des regrets universels. M. de Rossel a publié l'intéressante relation de ce voyage important. Napoléon Gallois.

ENTRECHAT (de l'italien *intrecciato*, entrelacé), pas de danse consistant en un saut vif, léger et brillant, pendant lequel les deux pieds se croisent rapidement et à plusieurs reprises, pour retomber à la troisième position. On en doit, dit-on, l'invention ou du moins l'importation sur notre scène à la célèbre Camargo, qui en 1730 battit les premiers entrechats qu'on eût encore vus à l'Opéra. L'entrechat s'exécute dans la partie principale du ballet, celle que les Italiens appellent *il ballabile*. Au moment d'exécuter l'entrechat, le danseur se pose; il prend la seconde position, celle qui détache le pied droit du pied gauche, dans la direction horizontale; puis il s'élance, *bat l'entrechat*, et retombe les deux pieds réunis, de manière que le talon du pied droit s'appuie sur la naissance du pouce du pied gauche; c'est la troisième position, celle qui est l'attitude normale du danseur, et à laquelle doivent aboutir tous ses pas.

Un entrechat sans défauts est presque aussi difficile à rencontrer dans la danse qu'un sonnet irréprochable dans la poésie; du reste, il a le même mérite. Autrefois un entrechat fameux faisait la réputation d'un danseur. Un bon entrechat est prompt, pur et correct; les talons se heurtent rapidement, mais d'une manière précise et sans tâtonnement; il faut que de l'orchestre on puisse compter les coups, dont le nombre qualifie l'entrechat; on dit un *six*, un *huit*, etc. Il y avait à l'Opéra de vieux amateurs qui prétendaient avoir vu Auguste Vestris battre un *seize!* L'entrechat doit être souple, gracieux, bien détaillé, bien lancé, bien *retombé;* il doit être exécuté les pointes basses et sans choc de mollets. Les danseurs disaient que dans un bon entrechat *les talons devaient tricoter.*

Les trois Vestris brillaient dans l'entrechat, mais Auguste en était le roi; c'est de lui que Gaëtan, son père, disait : *Si lé diou de la danse veut bien toucher à terre de temps en temps, c'est pour ne pas houmilier ses camarades.* Albert et Paul, qui faisaient leur entrée de Zéphire tout en entrechats, ont été les derniers héros de ce pas, que le *taglionisme* a chassé du ballet. Perrot a beaucoup contribué à cette réforme. L'entrechat a toujours été un pas masculin; son règne devait finir avec celui des danseurs, dont on ne veut plus. Eugène. Briffault.

ENTRE-COLONNEMENT. C'est l'espace compris entre deux colonnes, et qui varie suivant le goût de l'architecte et en raison de l'ordre qu'il emploie. Cet espace varie de trois à six modules, que l'on prend ordinairement au bas du fût de la colonne. Quelques auteurs croient plus convenable de prendre cette mesure de l'axe même des colonnes.

Les entre-colonnements sont ordinairement égaux; cependant quelques architectes ont cru que dans un portique celui du milieu pouvait être plus large, mais cela n'est pas de bon goût. Quelquefois aussi on s'est permis de donner plus d'espace à un des entre-colonnements, afin de laisser aux voitures la facilité de passer. C'est ce que l'on peut voir dans la cour du Palais-Royal à Paris, au passage qui conduit au Théâtre-Français, et à celui de la cour des Fontaines. La même chose a été observée à Londres dans une rue dit *le Cadran*, et qui est ornée de galeries à colonnes, dont quelques-unes sont plus espacées, pour procurer un débouché aux rues qui y arrivent. Duchesne aîné.

ENTRÉE. Au théâtre, ce nom était jadis celui d'un air de violon, sur lequel les divertissements d'un acte d'opéra *entraient* sur la scène. On a aussi donné ce nom au pas qu'exécute un sujet de la danse, à son *entrée*. Chaque danseur et chaque danseuse d'élite, dans un ballet, ont leur *entrée*. Dans les divertissements des pièces de Molière, les intermèdes sont toujours désignés par ces mots : *entrée de ballet*. Les nouvelles habitudes de la scène ont consacré le mot *entrée* à l'apparition d'un acteur dont la présence a quelque solennité, ou qui, par la situation de son personnage, inspire un vif intérêt. Pour les acteurs célèbres les entrées ont une grande importance : aussi sont-elles toujours de la part des claqueurs l'objet de soins particuliers. Cela s'appelle dans l'argot des coulisses *soigner une entrée*. Des premiers sujets la manie des entrées à fracas est passée dans les derniers rangs, et il n'est pas une *utilité* qui ne fasse *soigner son entrée*. Cette ovation du parterre gagé a plusieurs formes : on *soigne une entrée* par applaudissements : c'est la manière la plus usitée; par acclamations, par hilarité et par sensation, comme jadis pour les débats des deux chambres. Lorsque les *camarades* ont quelque soupçon de ces arrangements préliminaires, ils n'omettent rien de ce qui peut déconcerter l'entrée et changer le triomphe en confusion. La chronique du foyer intime a sur ce point des souvenirs plaisants et nombreux. Talma avait quelques entrées fameuses : celle du second acte de *Britannicus* brillait entre toutes ; il avait aussi une magnifique entrée, celle de *Sylla* donnant audience, debout, aux ambassadeurs des rois vaincus : il y était admirable de majesté simple et familière. L'entrée de *Figaro*, celle du *Glorieux*, lorsqu'il prononce ce vers : *Qu'on dise de ma part à mon maître d'hôtel*, et surtout celle du *Tartufe*, produisent toujours beaucoup d'effet ; il en est de même de celle de Béjears, au dernier acte de *La Mère coupable*. En général, lorsque l'arrivée du personnage est attendue ou imprévue, cela se passe ainsi. Les acteurs aimés du public sont toujours salués à leur entrée ; on n'a jamais manqué à cette politesse envers Mlle Mars ; on la remplissait également avec enthousiasme envers Mlle Rachel. Eugène BRIFFAULT.

ENTRÉE (Droits d'). *Voyez* DOUANES, OCTROIS et BOISSONS (Impôts sur les).

ENTRÉES (Grandes et Petites). D'après l'étiquette de la cour, jusqu'en 1789, on appelait *entrées* les réceptions journalières chez le roi, la reine, le dauphin, etc. La distinction en *grandes* et *petites entrées* était établie par la différence des heures. Ces deux espèces d'entrées étaient précédées de l'*entrée familière*, qui appartenait de droit aux princes de la famille royale et aux princes du sang. Elle avait lieu au réveil du roi, et était accordée à quelques grands seigneurs comme un honneur particulier. Les grandes et petites entrées étaient une prérogative attachée aux grandes charges de la couronne et de la maison du roi. Les princes étrangers reconnus, les ambassadeurs, les ducs et pairs, les grands d'Espagne, y avaient droit ; elles étaient octroyées par brevet à des seigneurs particuliers ; plus tard, on accorda aussi de simples présentations, d'après des preuves de noblesse remontant à 1400, avec service militaire, ou de haute magistrature, et sans traces d'anoblissement antérieur. Les femmes ou veuves des grands officiers et des ambassadeurs, les duchesses, les grands d'Espagne, avaient, outre les entrées, le tabouret chez le roi et la reine. Les maréchales non duchesses n'avaient qu'un carreau, et la chancelière un siége pliant. Indépendamment de ces entrées, il y avait encore chez le roi l'*entrée du cabinet*, où étaient admis le grand et le premier aumônier, le grand et le premier écuyer, le capitaine des gardes-du-corps de quartier, le capitaine des Cent-Suisses, le commandant des gendarmes, le colonel des gardes françaises, les ministres et secrétaires d'État, etc. Dans les maisons de la reine, du dauphin et des autres princes et princesses du sang, le cérémonial était réglé sur le même pied (*voyez* COUCHER et LEVER DU ROI). LAINÉ.

ENTRÉES (*Théâtre*), droit ou faculté dont jouissent à divers titres certaines personnes de prendre place dans une salle de spectacle sans rien payer. Le journalisme et le théâtre, la scène et la critique, sont unis par des liens trop étroits pour vivre, comme le juge et le prévenu, dans un impartial éloignement. Les directeurs, mûs par un sentiment de convenance qui se comprend fort bien, ne voulurent pas que le représentant de l'opinion publique, qui devait dans son feuilleton apprécier la pièce qu'on allait jouer, se présentât au bureau avec la masse du public pour y payer le prix d'un billet. Le théâtre fut donc ouvert à la critique ; et chaque journal eut son entrée. Bientôt pourtant ce qui n'était d'abord qu'une attention de bon goût devint une exploitation de la crainte : les feuilles publiques n'eurent plus une entrée, mais deux, mais trois, mais davantage. Ce ne fut plus une place qu'on offrit à chaque Aristarque, ce fut une loge ; enfin, cette entrée gratuite ne fut plus une faveur, ce fut un droit. On conçoit combien cette exigence, en face de l'extension qu'a prise le journalisme, peut obérer une direction.

Jadis une foule d'autres individus s'étaient arrogé le droit abusif des entrées gratuites. Sous Louis XIV, il s'étendait à toute la maison militaire du roi ; et quand Molière en obtint la révocation, ce ne fut pas sans une résistance, même sanglante, des privilégiés. Sous Louis XV, cet abus s'étant partiellement glissé derechef dans les théâtres royaux, quand on voulut y mettre un terme, les mousquetaires gris et noirs bornèrent leur vengeance à siffler ; mais les comédiens tenant bon, ils trouvèrent qu'elle leur revenait trop cher, et se résignèrent à leur sort.

Aujourd'hui les journalistes ne sont pas seuls à occuper la liste des entrées gratuites. Il y a dans chaque théâtre un usage, très-juste du reste, qui accorde à l'auteur d'une pièce représentée, ou en répétition, ou même reçue seulement, ses entrées pour un certain laps de temps, six mois ou un an. Ce terme écoulé, ces entrées de droit pourraient être supprimées ; mais presque jamais cela n'a lieu : les rapports des auteurs et des directeurs sont tels, que cette suppression serait considérée comme un mauvais procédé : on a ou l'on peut avoir de l'auteur une nouvelle pièce dans les cartons. Un certain nombre d'ouvrages donne droit en outre à une entrée ou deux entrées à vie.

Par une concession bénévole, les auteurs ont également leurs entrées sur la scène, privilége qu'on leur envie bien à tort, car rien ne désillusionne plus que l'intérieur d'un théâtre. A l'exception de ces messieurs qui les ont conquises, des journalistes, qui les payent ordinairement par de petits services, et des actionnaires, qui souvent les achètent plus cher qu'à la porte, peu de personnes ont des *entrées de droit* ; mais beaucoup en ont *de faveur*, les soirs même où une trompeuse affiche les déclare *suspendues* et où la direction fait le plus grand abus de l'utile fiction des loges ou stalles *louées*.

ENTRÉES (*Art culinaire*). C'est le nom que la science culinaire a donné aux préparations alimentaires qu'il est d'usage de servir avec ou immédiatement après les potages. Les *entrées* sont la partie capitale, nourrissante, splendide du dîner. Le nombre en est incalculable ; les *entrées* fondamentales et habituelles sont composées de viandes différentes et *faites*. On les nomme *grosses entrées*, *entrées de broches*, *entrées de braises* et quelquefois *relevés*. Laguipière et Carême en comptaient plus de cinq cents. On en doit d'importantes à l'appétit connaisseur et hardi du congrès de Vienne (1815). Toutes les productions animales sont matières à *entrées* : la viande de boucherie, les issues, les agneaux, le gibier, la volaille, les beaux poissons de mer et de rivière. Il y a différents genres et séries d'*entrées*. Il en est de naturelles, de masquées, de grasses, de maigres, de boucherie, de basse-cour, de forêts, de plaines, de volières, de marais, etc. Quatre *entrées* bien méditées et bien exécutées suffisent au dîner, quand les convives sont gens de goût ; deux au déjeûner.

Les *entrées* sont presque toujours des mets chauds. Ainsi, le beurre, les radis, les artichauts, les huîtres, etc., qu'on sert avec les *entrées*, ne doivent pas être confondus avec elles : ce sont des *hors-d'œuvre*. Il faut aussi distinguer les *entrées* des *entremets*.

ENTRÉES ROYALES. Nos historiens nous ont transmis les détails de plusieurs entrées solennelles de rois et de reines dans les différentes villes de France ; et souvent leur récit offre des particularités très-curieuses comme peintures de mœurs. Parmi les premières fêtes de ce genre sur lesquelles on trouve des renseignements précis figurent celles qu'offrirent à Philippe-Auguste, après la brillante victoire de Bouvines, les populations placées sur son passage. On cite, plus tard, celle de Louis VIII rentrant à Paris après la cérémonie de son sacre, époque depuis laquelle le *présent* de la ville, le *droit de joyeuse entrée* est enregistré comme accessoire essentiel, indispensable, d'une entrée royale. Ce présent consistait en argent, ou en vin, épices, objets précieux, etc. Lorsque c'était une somme d'argent, le cadeau prenait le nom de *droit de gîte* : les bourgeois en offraient un premier, l'évêque un second, le chapitre un troisième. Arrivé à Vincennes, de retour de sa malencontreuse expédition en Palestine, Louis IX voulut se dérober à toute manifestation bruyante ; mais une nombreuse députation de bourgeois parisiens vint le supplier à genoux de faire une entrée solennelle, et il dut céder. Ce fut pour honorer l'entrée de Charles IV dans leurs murs que les bourgeois de Toulouse fondèrent, en 1323, les jeux floraux. Le roi Jean, revenant de sa captivité « fut, dit Froissart, reçu partout grandement et noblement, et à Paris, à grandes processions de tout le clergé, amené et aconvoyé jusques au palais... Si lui donna-t-on de beaux dons. »

Mais la capitale vit sous Charles V, successeur de ce prince, une entrée bien plus solennelle encore, celle de l'empereur de Rome Charles IV, dont Christine de Pisan nous a conservé le récit naïf et circonstancié, sans oublier les riches présents que le prévôt des marchands et les échevins firent au nom de la ville à son hôte auguste. Six ans après (février 1383), au commencement d'un règne qui devait être bien funeste à la France, Charles VI, arrivant de la guerre de Flandre, violemment irrité de la révolte des maillotins, vit venir à sa rencontre plus de 20,000 Parisiens, qui lui préparaient une entrée solennelle. Mais ordre leur fut donné de se désarmer immédiatement et de s'en aller chacun chez soi : ils obéirent. Alors le roi fit son entrée, et gagna le Louvre, enlevant les portes de la ville de leurs gonds et faisant porter au château les chaînes de toutes les rues. Puis un grand nombre de bourgeois furent mis en prison et suppliciés, ce qui n'empêcha pas les autres, quelques années après, de préparer une entrée splendide et ruineuse à Isabeau de Bavière, femme de Charles VI, entrée que Froissart, témoin oculaire, décrit avec complaisance. Ajoutons que le roi, curieux de voir la fête, s'étant mêlé à la foule, reçut des sergents, dit Juvénal des Ursins, coups et horions sur les épaules.

Trois jours après, les braves Parisiens envoyaient à leurs majestés de magnifiques présents, valant plus de soixante mille couronnes d'or, portés par des hommes déguisés en Sarrasins, en ours et en licornes. Après leur avoir dit : « Grand merci, bonnes gens; vos présents sont beaux et riches », les augustes personnages continuèrent une semaine encore à banqueter, puis quittèrent Paris; après quoi on haussa la gabelle et l'on démonétisa les pièces d'argent de 12 et 4 deniers, avec défense de les passer, sous peine de mort.

En 1431, les Parisiens célébrèrent encore splendidement l'entrée de Henri VI, *roi de France et d'Angleterre*. Six ans plus tard, mêmes réjouissances pour celle de Charles VII. Le programme ne variait guère. Vinrent ensuite celles de Louis XI et d'Anne de Bretagne. Les villes de province ne déployaient pas dans ses occasions une magnificence moins extraordinaire. Les historiens citent, entre autres, l'entrée de Henri II à Dieppe en 1550. Celles qui avaient lieu à Reims, la ville du sacre, étaient entourées d'une grande pompe. Charles VIII, Henri II, François II surtout, avec Élisabeth de Valois, fille de Henri II, mariée à Philippe d'Autriche, y furent splendidement reçus.

Nous n'omettrons pas de mentionner ici celle de François Ier à Paris, en 1515. Peu d'entrées royales furent plus remarquables. Celle de Henri IV parut très-différente de celles de ses prédécesseurs dans cette capitale, dont Brissac venait de lui *vendre* les clefs. Il portait sa cuirasse de guerre sur son coursier caparaçonné comme en un jour de bataille, et ses gardes brisaient la foule silencieuse sur son passage. En 1622, Louis XIII, après la guerre contre les huguenots, visita les provinces du midi, et partout on lui fit de magnifiques réceptions. On conserve au cabinet des estampes de la Bibliothèque impériale, dans la collection de l'histoire de France, des gravures où ont été représentées par des artistes contemporains toutes les entrées royales qui ont eu lieu depuis l'invention de la gravure.

Aujourd'hui, l'antique formalité de la présentation des clefs, des harangues, du carrosse doré, d'un cortége nombreux, des réceptions et du banquet compose à peu près tout le menu de ces entrées. Parmi celles qui ont eu lieu depuis quarante ans, nous mentionnerons celle du comte d'Artois, le 12 avril 1814 ; de Louis XVIII, le 3 mai suivant ; de Napoléon, le soir du 20 mars 1815, à la lueur des flambeaux; de Louis XVIII, le 8 juillet 1815; de Charles X, le 6 juin 1825, après son sacre; celle de Louis-Napoléon à son retour d'un voyage dans le midi, en 1852, voyage à la suite duquel l'empire fut rétabli en France.

Eug. G. DE MONCLAVE.

ENTRELARDER, terme de cuisine, piquer de lard une viande. On dit dans ce sens entrelarder un filet de bœuf, un fricandeau, un lièvre, une volaille. Il s'applique par analogie à certains mets, lorsqu'on y entremêle certains ingrédients : entrelarder un pâté, une daube, un pain d'épice, de clous de girofle, de cannelle, d'écorce de citron, etc. Au figuré et familièrement, *entrelarder* un discours, un ouvrage, une pièce de vers, c'est y entremêler par bouffonnerie des passages grecs ou latins. Les productions littéraires *entrelardées* sont contemporaines de ces causes grasses que les clercs de la basoche plaidaient aux jours gras, sur la table de marbre du palais.

On lisait sur les murs du réfectoire des Jacobins à Beaune les deux quatrains entrelardés suivants

Fratres bene veneritis,
Bien las aux pieds comme aux genoux
Sititis et essuritis,
C'est la manière d'entre nous.
Séez-vous ici de par Dieu,
Comedentes et bibentes.
Selon la pauvreté du lieu
Quem dederunt nobis gentes.

Qui ne se rappelle cet autre quatrain *entrelardé*, surmonté de la grossière effigie d'un pendu, espèce de palladium contre le vol, que tout écolier croit devoir consciencieusement griffonner sur ses livres de classe?

Aspice Pierrot pendu,
Quod librum n'a pas rendu.
Si librum reddidisset,
Pierrot pendu non fuisset.

ENTREMETS. On entendait autrefois par ce mot des divertissements imaginés pour amuser les convives dans l'intervalle des services d'un grand festin, et, par extension, certaines scènes allégoriques mêlées aux danses ambulatoires, en vogue dans les diverses provinces de France au quinzième siècle. C'est ce que les Espagnols appelaient et appellent encore *entremes*, ce que le moyen âge qualifiait d'*interludia*, et la vieille langue anglaise d'*interludes*. Ils étaient représentés non-seulement dans les grands repas, mais dans les tournois, les fêtes de cour et les processions. Plus tard les *entremes* prirent, en Espagne, une forme dramatique, et dès le commencement du seizième siècle on donna ce nom dans ce pays à des farces ou scènes populaires se rattachant aux fêtes de l'église et précédant d'ordinaire les autos. Ensuite, on appela ainsi les intermèdes, précédemment nommés *pasos*, semés dans les *comedias*. Ils sont généralement entremêlés de musique et de danses. Les plus célèbres poëtes dramatiques, Lope de Vega, Calderon, Cervantes, en ont composé. On les nomme aujourd'hui sainetes (sauce, assaisonnement); mais la nature de ces pièces n'en a été modifiée en rien.

En France aujourd'hui on nomme *entremets* ce qui se sert sur une table bien ordonnée entre les rôtis, les relevés et le dessert, aux confins d'un dîner. D'après cette double définition, on voit que les entremets étaient anciennement et sont encore de nos jours au dîner splendide ce que les *intermèdes* ou *entr'actes* étaient au théâtre chez les Grecs, chez les Romains, et même chez nous, dans l'enfance de notre scène, ce que les *entremes* ont été et ce que sont les *sainetes* chez les Espagnols. On peut en effet admettre qu'il en est d'un dîner bien disposé comme des cinq actes d'une comédie ou d'une tragédie bien conçues. Un dîner, c'est presque une véritable œuvre dramatique, qui a son *exposition* dans la table et le couvert, son nœud dans le potage, les relevés et hors-d'œuvre, son *intrigue* dans les entrées, tandis que le rôti et les entremets constituent son *action*, qui trouve son *dénoûment* dans le dessert, le café, les liqueurs, etc. Dans un repas ainsi ordonné, l'attente d'un service ne se trouve plus être qu'une sorte d'*entr'acte*, repos d'un instant, qui réveille l'appétit, donne à l'amphitryon le temps de reprendre haleine et aux convives celui de lui distribuer des éloges.

Mais que le cuisinier habile, qui a su être substantiel au premier service et brillant au deuxième, prenne bien garde de voir échouer sa gloire à l'apparition des entremets! Qu'il n'oublie pas de flatter à la fois la vue, l'odorat et le goût! Tout semble contribuer à rendre ce service difficile; il est la transition entre le solide et le brillant. S'il tient encore à ce qui l'a précédé, il doit, comme ce qui va le suivre, étaler toute la puissance du luxe, toute la séduction de l'élégance et des grâces... Et puis ici encore les éléments sont presque nuls pour l'artiste, qui reste seul avec son talent et son art. En effet, quelques légumes, des pâtes, des fruits, du sucre, voilà toutes les ressources du cuisinier, et sa tâche devient d'autant plus difficile à remplir qu'il s'adresse à des estomacs rassasiés, à des palais blasés : aussi est-ce vraiment à l'entremets que l'on juge un dîner... C'est à ce moment que la gaieté, le rire, les joyeux couplets et le champagne jaillissent à la fois, que la salle prend un aspect de joie, d'abandon, un air de plaisir et de fête; c'est à ce moment que l'on peut apprécier toute la coquetterie de l'art, et déclarer franchement si l'artiste a su graduer la saveur de ses mets d'après les bases que l'on peut appeler la *métaphysique* de l'appétit. Or, il y a trois sortes d'appétits, celui qu'on éprouve à jeun, appétit brutal, facile à décevoir, qui ressemble au premier amour; l'appétit du second service, moins impatient, mais non moins vif, que l'on peut comparer à l'amour conjugal, et le dernier appétit, enfin, celui que ravivent les entremets, et qui, pour être tardif, n'en a pas moins de charmes et ressemble aux rêves de bonheur d'un vieillard bien portant. Combien est rare cette alliance heureuse de la connaissance profonde du cœur humain et de la science de la cuisine! et combien ils sont aussi difficiles à trouver les artistes habiles à composer les entremets! V. DE MOLÉON.

ENTREMETTEUR, ENTREMISE. *Entremetteur* est celui qui *s'interpose* dans une affaire pour arriver à la conclusion d'un marché. « L'engagement d'un entremetteur, dit Domat dans ses *Lois civiles*, est semblable à celui d'un procureur constitué, d'un commis ou autre préposé, avec cette différence que l'entremetteur étant employé par des personnes qui ménagent des intérêts opposés, il est comme commis de l'un et de l'autre pour négocier le commerce ou l'affaire dont il s'entremet : ainsi, son engagement est double, et consiste à conserver envers toutes les parties la fidélité dans l'exécution de ce que chacun veut lui confier, et son pouvoir n'est pas de traiter, mais d'expliquer les intentions de part et d'autre, et de négocier pour mettre ceux qui l'emploient en état de traiter eux-mêmes. » Les entremetteurs sont donc des mandataires dont le mandat expire au moment où les parties étant tombées d'accord, il ne leur reste plus qu'à réaliser la convention. Les *courtiers de commerce*, les *agents de change*, n'étaient dans l'origine que des entremetteurs.

Ce nom ne s'emploie plus guère, surtout au féminin, qu'en mauvaise part, en parlant d'une personne qui se mêle d'une intrigue galante, d'un commerce illicite, pour les faciliter.

ENTREPAS ou TRAQUENARD. On nomme ainsi, en termes de manége, une allure défectueuse du cheval, approchant beaucoup de l'amble, moitié pas, moitié amble, et cependant différente de l'un et de l'autre, provenant d'ailleurs toujours d'excès de fatigue ou de faiblesse des reins de l'animal. C'est, à proprement parler, le train des chevaux qui vont sur les épaules.

ENTRE-PONT, espace compris entre deux ponts d'un navire. Tous les bâtiments de guerre et les navires marchands destinés au long cours ont au moins un entre-pont. A bord des vaisseaux de ligne, c'est dans l'entre-pont inférieur que s'établit la première batterie, composée du plus gros calibre. A bord des frégates, corvettes, bricks et grandes flûtes, on appelle plus particulièrement *entre-pont* l'espace situé au-dessous de la batterie et au-dessus du faux pont; c'est là que couchent ordinairement les équipages : les hamacs y sont suspendus; les cambusiers y distribuent les rations. Les *entre-ponts* des vaisseaux et frégates ont environ 2 mètres de hauteur; ceux des anciens bâtiments de même force avaient au plus 1^m, 80 sous planches, moins de 1^m, 60 sous barreaux. MERLIN.

ENTREPÔT. Les marchandises introduites dans un pays pour la consommation de ses habitants sont généralement frappées, au profit du trésor public, de droits plus ou moins élevés, recueillis par les soins des douanes. Ces droits remplacèrent les impôts que les travailleurs nationaux auraient payés sous diverses formes pendant la durée de la production. Quelques objets peuvent, si on sent la nécessité de les attirer dans le pays, être admis *en franchise*, mais le nombre en est si limité qu'on ne peut les considérer que comme de rares exceptions. De la méthode de percevoir les droits à l'arrivée, il résulte deux inconvénients dommageables au commerce du pays : le premier est de forcer les négociants à faire l'avance de droits, souvent d'une grande importance, longtemps avant l'époque où ils trouveront à revendre leurs marchandises aux consommateurs, de les gêner par conséquent dans leurs affaires en les privant d'un capital qu'ils auraient fait fructifier; le second de ces inconvénients est de nuire à la revente que l'on pourrait faire de l'objet importé au moyen de relations avec d'autres peuples moins bien placés pour se le procurer directement, et qui cependant ne peuvent l'acquérir quand la valeur primitive se trouvera augmentée d'une taxe au profit de l'étranger. Les gouvernements, dans la vue de favoriser le commerce, ont cherché à remédier à cet état de choses par divers moyens. L'on a consenti, comme cela s'est fait longtemps en Angleterre, à la restitution, sous le nom de *drawback* du droit payé à l'entrée, en en gardant cependant une portion, qui devenait d'autant plus forte si la marchandise était exportée sous un pavillon étranger. Ou bien, comme aux États-Unis et ailleurs, on a accordé des termes de crédit avec plus ou moins de garanties, en annulant la dette, lorsque l'on prouvait la réexportation dans un temps donné et avec de certaines formalités. Une autre combinaison a encore été imaginée, c'est celle de déclarer *port franc* quelque point du territoire où la marchandise arrive, et de comprendre dans cette franchise la cité ou le quartier tout entier dont le port dépend. L'importation et la réexportation se font alors en toute liberté, et les droits au profit du trésor ne sont perçus que lorsqu'on passe de la ville dans les autres parties du territoire. Mais ce privilége de port franc a toujours été fort limité, tant il a paru exorbitant, et de nature à ne pouvoir être appliqué à toutes les places qui auraient des droits égaux à le réclamer. Il établit d'ailleurs en faveur d'une population spéciale l'exemption de l'impôt de douanes qui est supporté par les autres citoyens, et dont l'équivalent est difficile à déterminer.

L'idée de déposer les marchandises dans un magasin particulier, fermé de clefs différentes, remises d'une part au propriétaire, et de l'autre à l'administration des douanes, et de les considérer là comme si elles étaient encore hors du territoire, remonte en France à 1687. Mais l'ordonnance rendue alors ne permettait ce dépôt que pour la marchandise exclusivement destinée au commerce étranger. Il était défendu d'acquitter sur cette marchandise les droits établis par le tarif à aucune époque et sous de graves peines. La réexportation était donc obligatoire, quels que fussent les besoins et la situation du commerce. Cela se comprend : les droits à percevoir étaient affermés pour un temps déterminé, et il importait à la ferme de ne pas accorder de termes de liquidation qui auraient pu se prolonger au-delà de son bail. Cette faculté d'entrepôt, bien que fort bornée, comme on le voit, portait encore ombrage aux fermiers, et ils en obtinrent la révocation au bout d'une année. Depuis lors, plus d'un siècle s'écoula avant que le gouvernement en revint à songer aux moyens de concilier les intérêts du fisc avec ceux d'un mouvement commercial qui ne saurait trop être encouragé. A diverses époques, et plus particulièrement de 1791 à 1803, on avait reconnu des entrepôts ou des dépôts pour de certaines marchandises et en de certaines circonstances ; mais un système complet n'existait pas. Ce n'est que par la loi du 8 floréal an XI qu'on a enfin rétabli et régularisé le droit d'entrepôt pour les marchandises étrangères apportées volontairement, et pouvant recevoir la double destination de la réexportation en franchise ou de la mise en consommation en France, au moyen de l'aquittement des droits, si aucune prohibition ne pèse sur elles.

A mesure que le commerce s'est agrandi et développé, et surtout depuis la paix de 1815, la grande utilité des entrepôts s'est manifestée. Les rapports journaliers des négociants avec l'administration ont dissipé la prévention et la méfiance dont cette dernière était encore imbue. On a vu que, sans préjudice pour le fisc, la richesse publique s'accroissait en raison de toutes les facilités que des garanties suffisantes pouvaient laisser au commerce, et que l'État tout entier en recueillait le bénéfice. Des préjugés de diverses natures, des rivalités puériles, des jalousies sans cause et des craintes sans fondement ont enfin disparu. La raison prenant le dessus, la loi a sanctionné de grandes extensions à la faculté d'entrepôt, et, sans nous occuper des phases diverses par lesquelles son développement a passé, nous examinerons en quoi elle consiste à cette heure.

La loi du 8 floréal an XI a créé deux espèces d'entrepôts dans les ports maritimes, l'*entrepôt réel*, c'est-à-dire le dépôt de la marchandise dans un magasin unique, placé sous la surveillance immédiate de la douane, fermant à deux clés, dont l'une est remise au commerce ; et l'*entrepôt fictif*, c'est-à-dire le dépôt dans les magasins mêmes du commerçant, et sous sa seule clé, des objets par lui importés, à charge de garantir le payement des droits dont ils sont passibles s'ils entrent en consommation. Quelques villes ont ensuite obtenu l'entrepôt réel pour des marchandises appartenant à leur commerce local. Ces établissements sont appelés *entrepôts spéciaux*. Enfin, d'après la loi du 27 février 1832, toute ville de l'intérieur peut, moyennant certaines conditions, obtenir un entrepôt réel. Plusieurs villes, ayant satisfait à ces conditions, se trouvent dès à présent en possession de cet établissement. Ce qui concerne ces quatre sortes d'entrepôts peut donc être examiné dans l'ordre suivant : *Entrepôts réels et dépôts*, *entrepôts fictifs*, *entrepôts spéciaux*, *entrepôts intérieurs*.

Les villes qui jouissent de l'entrepôt réel doivent y affecter des magasins sûrs, réunis en un seul corps de bâtiments, à proximité du port ou du bureau des douanes. Ces magasins sont entretenus par le commerce, et ferment à deux clés, dont l'une reste au contrôleur de la douane, et la seconde au délégué des commerçants. La durée de l'entrepôt est de trois années. Les marchandises de grand encombrement, ou exhalant une mauvaise odeur, doivent être séparées, et même au besoin mises dans un local extérieur, que la douane aura trouvé sûr et convenable, et qui sera également fermé à deux clés. Pour les marchandises ainsi placées, la durée de l'entrepôt n'est que d'une année. La propriété d'une marchandise entreposée peut passer d'une personne à une autre au moyen de la formalité du *transfert*. Les marchandises nom prohibées peuvent être retirées de l'entrepôt pour la *consommation*, cas auquel elles acquittent les droits du tarif ; pour la *réexportation par mer* et pour le *transit par terre*, qui sont autorisés sous de certaines précautions ; enfin pour *mutation d'entrepôt*, c'est-à-dire pour l'envoi dans un autre entrepôt, où la marchandise est réintégrée aux mêmes conditions que si elle y avait été primitivement dirigée. Le nombre des ports où les *marchandise prohibées* sont admises en entrepôt réel est limité à huit. Des magasins spéciaux y sont affectés dans l'enceinte de l'entrepôt général, et des précautions excessives sont prises lors de la réexportation par mer, du transit ou d'une mutation d'entrepôt.

L'*entrepôt fictif* est l'emmagasinement de la marchandise dans un magasin particulier dont la douane ne conserve pas la clef. Elle prend seulement l'engagement du négociant, cautionné par un tiers, que cette marchandise ne sera pas déplacée sans que les droits en aient été acquittés. Les marchandises qui peuvent être mises en entrepôt fictif sont les denrées produites par nos propres colonies, pour lesquelles les droits sont plus modérés, et aussi de certaines marchandises d'encombrement. Il existe pour ces dernières deux classifications : l'une, des denrées qui ne peuvent être apportées que par navires français, l'autre, de celles qui peuvent venir sous tous les pavillons. Avec l'entrepôt fictif, les habitants d'un port peuvent tirer parti des magasins particuliers qu'ils possèdent, mais, en revanche, ils répondent de la totalité des droits sur la marchandise reconnue à l'arrivée, quelque déchet qu'elle ait pu faire jusqu'à la mise en consommation. La douane accorde cependant de placer les marchandises sujettes à coulage dans des magasins à deux clefs, dont l'une lui est réservée, et à ce moyen les droits ne sont perçus que sur ce qui reste lors de la mise en consommation. De graves amendes atteignent ceux qui déplacent ou soustraient, avant le payement des droits, les marchandises mises en entrepôt fictif. La durée de l'entrepôt fictif est d'une année, sauf une autorisation de prolongation, qui est facilement accordée. Les formalités pour la réexportation sont les mêmes qu'à la sortie de l'entrepôt réel. La faculté d'entrepôt fictif existe en France pour vingt-cinq ports, qui sont en même temps ouverts au commerce des colonies françaises.

Les *entrepôts spéciaux* sont ceux qui sont restreints à de certaines marchandises ou à de certaines provenances, nommément désignées. Ils peuvent être soit *réels*, soit *fictifs*. Il y en a à Marseille, Lyon, Strasbourg, Saint-Martin, île de Ré, et dans les ports de la Manche. Quelques-uns tendent à se soumettre au régime général des entrepôts intérieurs.

Les *entrepôts intérieurs* ont été créés par la loi du 27 février 1832, à laquelle la loi du 26 juin 1835 a ajouté de nouvelles facultés. Ces entrepôts, qui ne peuvent être que *réels*, sont accordés à toutes les villes de l'intérieur ou des frontières qui le demandent, en satisfaisant aux conditions imposées par la loi. Les principales obligations sont de fournir un édifice agréé par le gouvernement, isolé et disposé intérieurement de manière à séparer les marchandises d'origines diverses, et spécialement celles qui sont prohibées à la consommation. Le local doit être fermé à deux clefs, l'une pour l'agent du commerce, et l'autre pour celui de la douane, qui en restent dépositaires quand les opérations de chaque journée sont terminées. Les villes se soumettent encore à pourvoir à toutes les dépenses nécessitées par cette création, et aux salaires des employés. La perception des droits de magasinage, suivant un tarif approuvé par l'autorité, se fait pour leur compte. Elles peuvent concéder l'établissement de l'entrepôt, sous de certaines charges, à des compagnies qui les représentent auprès du commerce. Les villes de Metz, Toulouse, Orléans, Paris et Mulhouse, ont été mises en possession d'entrepôts. Toutes les marchandises, *admissibles au transit*, expédiées, soit des ports d'entrepôt réel, soit des bureaux frontières ouverts au transit, peuvent être dirigées sur les entrepôts intérieurs. La circulation pour y arriver et celle qui serait nécessaire pour en sortir à destination de transit, de réexportation ou de mutation d'entrepôt, sont sujettes aux formalités d'acquits à caution, et à toutes les précautions ordinaires. La sortie pour la consommation, à charge d'acquittement des droits, s'opère comme dans les entrepôts réels des ports.

Les impôts prélevés aux entrées de presque toutes les villes de France, sous le nom d'*octrois*, apportent, relativement au commerce local, les mêmes entraves que les droits de douane relativement au commerce extérieur. L'on a donc reconnu une semblable nécessité d'établir dans plusieurs grandes villes des entrepôts qui offrent par leur régime une analogie complète avec les entrepôts de douanes. L'entrepôt d'octroi peut être *réel*, comme à Paris pour les vins, les spiritueux, les huiles, etc., ou *fictif*, comme dans plusieurs villes qui sont au centre de grands vignobles. Ces entrepôts agissent, comme ceux des douanes, en suspendant la perception d'un impôt onéreux, ou en permettant la revente et l'expédition pour toute autre destination que la localité sujette à l'*octroi*. D.-L. Rodet.

ENTREPRENEUR. Ce mot peut être pris sous une double acception : en économie politique, c'est le nom donné à ceux qui se mettent à la tête d'une entreprise quelconque pour la diriger ou pour trouver des capitaux avec lesquels on la fait prospérer, ou pour exploiter eux-mêmes avec les fonds qui leur appartiennent. En architecture, ou dans l'art des constructions, ce sont les personnes avec lesquelles on peut traiter à forfait pour la construction d'une maison, d'une manufacture, d'un édifice quelconque. Le plan est donné par l'architecte ou l'ingénieur, mais c'est ordinairement l'entrepreneur qui traite avec les maçons, charpentiers, menuisiers, serruriers, couvreurs, plombiers, peintres, vitriers, carreleurs, sculpteurs, marbriers, paveurs, etc.

Les qualités de l'*entrepreneur de bâtiments* doivent consister dans une instruction assez étendue, dans une grande habitude d'appréciations et de calculs, pour se rendre compte à l'avance de la dépense effective que pourront occasionner les devis, les projets, les aperçus qu'on lui présente ; dans une activité soutenue, qui lui fasse trouver en temps convenable la quantité de matériaux qu'il lui faut, le nombre d'ouvriers nécessaire pour qu'en un temps donné les travaux soient achevés; qui enfin le fasse veiller à ce que les ouvriers et les matériaux soient employés de la manière la plus économique, à ce qu'on évite tout vice de construction, etc. Ses devoirs sont également nombreux, et il ne peut en éluder l'accomplissement, car la loi est sévère à leur égard : elle ordonne que tout devis signé par l'entrepreneur et un propriétaire soit aux risques et périls du premier, et qu'il soit responsable avec l'architecte des vices de construction. Cette garantie imposée par la loi devient souvent imaginaire, et elle ne le serait pas si le gouvernement se décidait à exiger des entrepreneurs un *brevet de capacité*, lui donnant seul le droit de concourir aux entreprises des travaux publics.

Le bénéfice d'un entrepreneur qui fait exécuter son devis arrêté d'avance est du dixième du montant des dépenses; mais il est responsable des matériaux qu'il a fournis. Il arrive quelquefois que l'entrepreneur travaille pour son propre compte. Il achète le terrain, les matériaux pour bâtir, paye les ouvriers, et lorsque l'édifice est construit, il le vend ou le loue. L'expérience prouve que le métier d'entrepreneur, lorsqu'il est exercé avec des connaissances pratiques, devient très-lucratif. V. de Moléon.

ENTREPRISE. Ce mot, dont le sens a subi diverses variations depuis un demi-siècle, peut être considéré comme représentant à la fois l'action de former un plan, de concevoir un projet, un dessein quelconque, et de procéder ensuite à son exécution par soi-même ou par autrui. Il résume à lui seul la plus grande partie de l'histoire des sociétés, ce qu'elles offrent à la fois de plus grand, de plus noble, de plus beau, et ce qu'elles ont de plus hideux, de plus injuste, de plus atroce, puisqu'il n'est aucune opération sociale, considérée chez les hommes, pris individuellement ou en masse, qui ne soit le résultat d'une entreprise quelconque, formée par des individus isolés ou en corps.

En industrie, l'*entreprise* est une opération, d'une durée plus ou moins longue, dont le résultat espéré doit être un bénéfice quelconque pour celui qui la tente. Ce mot entraîne toujours avec lui l'idée de chances incertaines.

Il faut ordinairement un grand tact, des facultés intellectuelles peu ordinaires pour concevoir et exécuter à propos ce qu'à la guerre on appelle une *entreprise*, surtout en ce qui regarde l'application des règles de la haute stratégie. Ce fut par une application bien entendue de quelques principes généraux qu'il sembla découvrir et mettre le premier en pratique, de même que par la hardiesse et la soudaineté de ses résolutions, que Bonaparte réussit presque constamment dans ses *entreprises* militaires, et mérita d'être regardé comme le premier homme de guerre de son temps. A ce sujet, on sera sans doute curieux d'avoir l'opinion d'un homme autrement compétent que nous. Or voici ce qu'un juge dont personne ne récusera l'autorité, le maréchal Soult, dit dans ses Mémoires.

« S'il est vrai qu'à la guerre les *entreprises* qui en apparence offrent le moins de succès réussissent presque toujours, on doit être surpris de voir des chefs d'armée qui devraient les craindre ne rien faire cependant pour s'en préserver. Dire qu'ils ont ignoré les nombreux exemples dont l'histoire consacre le souvenir, leur supposerait un défaut d'instruction qui n'est pas vraisemblable; les considérer comme ayant manqué de talent serait aussi peu exact, car ils n'ont pu arriver à des commandements supérieurs sans les avoir gagnés par de grands et honorables services. J'accorde donc qu'ils avaient tout cela, connaissance de l'histoire, instruction, talent, et généralement tout ce qui peut s'acquérir; mais ils ne possédaient pas ce don de la nature qui produit l'invention. Accoutumés souvent par la routine à pratiquer le mécanisme de l'art, ils s'y appliquent avec méthode, s'occupent des détails, font très-bien ce qui est ordinaire, montrent, si l'on veut, un véritable mérite; mais c'est toute leur portée : ils ne peuvent sortir du cercle circonscrit de leurs idées, et ils ne voient rien au delà, là où l'homme de génie aperçoit le germe de ses créations, des ressources inespérées, de nouvelles combinaisons. Sous sa main tout s'agrandit, change de forme, d'action et d'emploi; les difficultés disparaissent; il conçoit à la fois l'ordonnance d'un plan dont l'exécution doit étonner, la résistance qui lui sera opposée, les obstacles qu'il devra surmonter, ce qu'il doit faire pour les aplanir, et les résultats qu'il obtiendra. Déjà il est en mouvement, que son adversaire sommeille encore; plus ce qu'il entreprend est extraordinaire, plus l'effet sera grand et frappera d'admiration : de là les apparitions imprévues, les surprises, les projets renversés, les changements de positions et de combinaisons, et toutes les conséquences qui s'y rattachent.

« La différence que je mets entre l'homme de talent et l'homme de génie, quoique la même personne réunisse souvent ces deux qualités, nous donne, je crois, la raison de ces grands événements militaires qui ont bouleversé les États. Nous remarquons en effet que tous les conquérants dont la mémoire est conservée étaient doués d'un génie transcendant, qui leur faisait quitter les routes

« pratiquées, pour aller à la gloire par des chemins nou-« veaux. Devant eux, le talent était insuffisant : il était pris « en défaut, il devait succomber ; heureux s'il évitait d'or-« ner le triomphe d'une éclatante témérité. Aussi nous « voyons que les *entreprises* dont la grandeur et la vaste « conception nous étonnent ont toujours mené à des résul-« tats encore plus étonnants, et qu'elles ont réussi, parce « que d'une part on s'y livrait soudainement, et que de l'au-« tre on n'avait rien fait pour s'en garantir : elles étaient im-« prévues. »

ENTRE-RIOS, l'une des provinces unies du Rio-de-la-Plata, Amérique méridionale, au sud de celle des Corrientes, et du 30ᵉ degré de latitude sud, entre les deux grands cours d'eau le Parana et l'Uruguay (circonstance à laquelle elle doit son nom), comprend 1,500 myriamètres carrés, et compte une population de 60 à 70,000 âmes, qui peut aller à 100,000 avec les Indiens. L'agriculture et l'élève du bétail constituent les principales occupations de ses habitants. Le pays est généralement plat, surtout au sud et à l'ouest, couvert à perte de vue de vert gazon, très-fertile là où on l'a mis en culture, offrant d'ailleurs de plantureux pâturages, richement arrosé par les deux fleuves qui le limitent ainsi que par les nombreux affluents qu'il leur envoie et qui forment autant de voies de communication naturelles (*voyez* PAMPAS).

Son chef-lieu est PARANA ou *Baxada de Santa-Fé*, sur le Parana, avec 3,000 habitants. *Concepcion de la China*, sur l'Uruguay ; *Gualeguay*, avec un bon port sur l'Uruguay ; *Gualeguaychu*, sur la rivière du même nom, et *San Nicolas*, sur le Parana, sont les autres localités principales. Quelques-unes de ces villes ont une population qui dépasse celle du chef-lieu.

ENTRE-SOL. C'est ainsi que l'on désigne de petits appartements placés *entre le sol* de deux autres : ainsi, on dit l'entre-sol du premier, l'entre-sol du second étage. C'est le plus ordinairement sur la hauteur des pièces du rez-de-chaussée que l'on prend un entre-sol, et il sert de logement aux habitants des magasins et des boutiques.

Autrefois, les entre-sols n'avaient guère que deux mètres à $2^{m},30$ d'élévation ; ils n'étaient composés que d'une ou deux pièces, souvent mal éclairées, et ne servaient qu'aux personnes qui étaient forcées de viser à l'économie. Aussi disait-on avec un espèce de dédain : *Il est logé à l'entre-sol, Il demeure dans un entre-sol.* Depuis que les loyers sont devenus excessifs dans certains quartiers de Paris, on a donné aux entre-sols jusqu'à $2^{m},75$ de hauteur. On en augmente ainsi beaucoup le prix, et l'appartement du premier, quoiqu'à la même hauteur qu'un second étage, n'en conserve pas moins la même valeur.

ENTRE-SOL (Club de l'). Bolingbroke, amené en France par les révolutions de son pays, y importa ce nom de Club, qu'on donna pour la première fois à une société composée d'une vingtaine de magistrats et de publicistes qui se réunissaient périodiquement chez l'abbé Alaric, dans un entre-sol de la place Vendôme ; d'où le nom de *club de l'Entre-sol*. Parmi les membres, on remarque surtout l'abbé de Saint-Pierre, auteur du projet de la paix universelle, et le marquis d'Argenson, qui résuma les doctrines politiques de cette société dans ses *Considérations sur le gouvernement de la France*. La présence de Bolingbroke dans cette assemblée semblait indiquer une grande indépendance en religion ; cependant, sauf des principes de tolérance hautement déclarés, et le mot saillant de d'Argenson : « Aimer Dieu, se méfier des prêtres, » on ne sortait pas du gallicanisme de Bossuet ; ce qui était loin du courant de l'époque. En politique on était plus hardi : on y parlait « de diète européenne, de listes de scrutins pour chaque catégorie de fonctionnaires, de décentralisation administrative absolue, de centralisation politique, de liberté du commerce au dedans et au dehors, d'abolition des priviléges nobiliaires ». De pareils principes devaient effaroucher le timide cardinal Fleury : aussi fit-il fermer le club, après une existence de sept années (1724-1731). A. FEILLET.

ENTROQUE. *Voyez* ENCRINE.

ENTYCHITES, secte de débauchés, issue des doctrines de Simon le Magicien. Ils pratiquaient tout ce qu'il y a de plus vicieux dans la volupté, et, pour justifier leur dégoûtante conduite, ils en faisaient un dogme, et enseignaient que les âmes n'étaient réunies aux corps que pour jouir de tous les plaisirs des sens. VIENNET.

ÉNUMÉRATION. Ce mot signifie proprement l'action de compter, d'*énumérer*, c'est-à-dire de se rendre compte des parties qui forment un tout, ou d'une quantité plus ou moins grande d'objets quelconques, dont on veut savoir le nombre. Le sens du mot *énumération* est beaucoup plus général que celui qu'on attache d'ordinaire au mot *dénombrement*, qui semble devoir être appliqué exclusivement à l'action de compter des individus, de faire le recensement du nombre d'habitants que contient un pays.

En rhétorique, le mot *énumération* désigne une figure de pensée dans laquelle l'orateur rassemble tout ce qui dans un sujet est le plus capable d'émouvoir et de persuader. Racine nous en donne un fort bel exemple dans *Bérénice*, lorsque cette princesse, tout occupée de Titus, *énumère* si brillamment ses qualités, sa gloire et sa popularité à sa confidente. BILLOT.

ENVAHISSEMENT. La propriété est le droit de continuer à jouir d'une chose dont on a obtenu la jouissance avant les autres ; chaque fois que les autres portent atteinte à ce droit, et nous dépossèdent sans notre consentement, il y a *envahissement*. Un voisin plante sa borne dans mon champ, et s'empare d'une partie de terrain dont jusque là j'avais recueilli les fruits, il commet un envahissement sur ma propriété. Par nos lois, le droit de transmission équivaut au droit de possession antérieure. A la mort de mon père, à l'aide d'un faux titre, quelqu'un s'empare des biens qui me reviennent : il y a envahissement de mon héritage. Par des envahissements successifs, la France s'était agrandie de quelques provinces ; en 1815, un envahissement lui a enlevé ces provinces. Il ne faut pas confondre l'*invasion* avec l'*envahissement*, quoique ces deux mots aient le même générateur *envahir*. L'*invasion* est une irruption violente et instantanée sur un territoire, et peut se terminer par l'*envahissement*. L'envahissement commencé par l'invasion est une occupation permanente. Ainsi, la France a subi, en 1814 et 1815, deux invasions, et quoiqu'on lui ait ôté quelques-unes de ses conquêtes les plus récentes, elle n'a pas subi un envahissement général. Dans l'État, les pouvoirs, exécutif, législatif, judiciaire et religieux, étant séparés, et devant se renfermer dans des limites prescrites, il y a envahissement de l'un d'eux lorsqu'il sort de ses limites pour empiéter sur les attributions des autres. L'envahissement est la cause de tout le mal que se font les hommes. Il est aussi le but de tous les actes hostiles dont l'intérêt personnel est le mobile : guerres d'ambition, guerres de religion, guerres de princes, guerres civiles, tout vient de là. On tue, on vole, on est faussaire, adultère, par esprit d'envahissement. Que d'intrigues, de ruses, de moyens, d'intelligence, employés pour prendre à autrui son bien, son argent, sa femme, sa réputation, ses idées, son esprit ! Mais ces envahissements ne sont pas seulement le fait de l'humanité ; la nature nous offre sans cesse le spectacle d'une lutte semblable : la terre et la mer se combattent par des envahissements continuels : tantôt, c'est la terre qui est victorieuse, lorsque le génie de l'homme vient à son secours pour défendre son domaine ; la mer alors est refoulée bien loin par des digues et des môles ; des royaumes entiers sont envahis sur elle, comme la Hollande : mais, vaincue d'un côté, la mer se porte sur une autre plage, et étend son empire aux dépens des terres qu'elle envahit, dans les lieux où le travail et la vigilance de l'homme sont en défaut. Édouard BARRÉ.

ENVELOPPE. Ce terme, d'une signification très-générale et par conséquent peu précise, est employé en histoire naturelle dans un grand nombre de circonstances différentes. Ainsi, en botanique, tout ce qui sert à couvrir une ou plusieurs parties du végétal est une *enveloppe*. Cependant, pour conserver à ce mot une valeur réelle dans la nomenclature, il faut nécessairement en limiter l'emploi, et le réserver seulement pour désigner : 1° les *enveloppes séminales*, qui ont d'ailleurs chacune leur nom particulier (voyez ANTHÈRE, GRAINE); 2° les *enveloppes florales*, c'est-à-dire le calice ou la corolle, ou ce qui en tient lieu (*périanthe*, *périgone* [voyez FLEUR]); 3° l'*enveloppe herbacée* ou *cellulaire*, appelée aussi *moelle externe*, couche spongieuse, verte, abreuvée de sucs, placée entre l'écorce et l'aubier.

En anatomie, on donne le nom d'*enveloppe* à des membranes qui couvrent et protégent certains organes. Ainsi, en parlant des méninges ou de la triple membrane qui recouvre l'encéphale, on dit les *enveloppes cérébrales*. En parlant des membranes qui constituent l'extérieur de l'œuf dans les mammifères, on dit les *enveloppes du fœtus*.

Dr SAUCEROTTE.

ENVERGUER, ENVERGURE. *Enverguer* une voile, c'est l'unir à la vergue qui doit la porter et la faire manœuvrer : on fixe une voile contre sa vergue au moyen de rabans (menus cordages) qui passent par les œils de pie (ou œillets) de cette voile, et s'attachent autour de la vergue. On dit aussi *enverguer des pavillons de signaux* : c'est en passer la gaîne ou coulisse dans un bâton, sans autre but que celui de les mettre à l'air. L'*envergure* est la largeur d'une voile, par le haut, le long de la vergue. On dit qu'un bâtiment a *beaucoup d'envergure*, a *peu d'envergure*, selon qu'il porte ses voiles larges ou étroites. On comprend dès lors que celui qui a beaucoup d'envergure offre plus de chances de célérité dans sa marche qu'un autre qui en aurait moins. On se sert du mot *envergué* comme adjectif, pour exprimer qu'un navire est embarrassé, engagé, dans une position difficile. Des manœuvres courantes peuvent être accrochées quelque part dans leur longueur : on dit alors qu'elles sont *envergués*. MERLIN.

ENVIE. Voici un mot qui offre quatre acceptions bien diverses, à chacune desquelles il faudrait un nom différent.

Nous appelons d'abord *envie* certaines marques qu'on trouve quelquefois sur le corps de l'enfant au moment de la naissance. Les Latins les nommaient *nævus*, et les Italiens les nomment *néo*. Ces taches se présentent sous des formes et des couleurs différentes : rouge, livide, violette, brune, jaunâtre; il y en a avec ou sans poils, etc.; et selon leur aspect divers, on les compare dans le peuple au vin, aux fruits, au lard, à un poisson, à une chenille, à un crapaud, etc. C'est à tort que l'on regarde ces difformités comme la suite, le résultat immédiat d'une vive émotion ou d'un désir que la mère n'aurait pu satisfaire pendant sa grossesse. Les faits et l'autorité des meilleurs observateurs, tout concourt au contraire à prouver que l'imagination n'est pour rien dans ces sortes de vices organiques de la peau. Les chirurgiens ont employé différents moyens pour les faire disparaître; mais il est plus prudent, et surtout moins dangereux, de les laisser subsister, à moins qu'elles n'aient un pédicule étroit, ou qu'elles ne tendent à se développer et à faire des progrès rapides. L'application des corrosifs et des caustiques leur fait prendre facilement l'aspect cancéreux.

On donne aussi le nom d'*envie* (en latin *reduvia*, en italien *pipita*) à de petites pellicules qui résultent d'une gerçure qui a lieu aux doigts des mains vers la racine des ongles. Ces envies sont assez incommodes, et sont accompagnées quelquefois de vives douleurs. Il faut couper les envies avec des ciseaux bien affilés, et ne les jamais les arracher ni les ronger; il pourrait résulter de ces deux dernières pratiques une inflammation, et même un panaris. Par les gerçures des envies, les chirurgiens sont exposés quelquefois à l'absorption des virus contagieux.

Le *Dictionnaire de l'Académie* définit l'envie, dans son acception la plus générale : « un chagrin qu'on ressent du bonheur, du succès, des avantages d'autrui ». Les phrénologistes la considèrent comme une affection d'un organe propre du cerveau, combinée avec l'activité ou le manque d'énergie d'autres facultés. Ce qu'on appelle les *affections de l'âme* ne peut exister ou être réalisé qu'au moyen d'*organes cérébraux*. Or, il y a un organe qui nous porte tous à avoir pour nous-même plus ou moins d'estime; il nous fait désirer l'estime des autres, et il est la source de l'ambition, de l'orgueil, de la hauteur. Quand l'organe de l'estime de soi est très-actif dans un individu, et que cet individu est en même temps privé des organes de la justice et de la bienveillance, il est désagréablement affecté du bonheur et du succès des autres. Il croit fermement mériter tous les avantages dont il est privé et qu'il voit chez autrui. L'envieux, toutefois, ne l'est pas généralement pour toutes choses, il l'est seulement à l'égard des objets pour lesquels il a des organes plus actifs : ainsi, celui qui aura l'organe de la propriété très-développé sera envieux de la fortune et des richesses d'un autre; celui qui aura l'organe de l'approbation ou de la vanité très-actif, sera envieux des décorations, des distinctions et des éloges qu'il entendra faire des autres; et celui qui aura un fort penchant pour le sexe, sera envieux seulement des bonnes fortunes des autres, et ainsi de suite de tous les penchants naturels à l'homme. L'envieux est porté à vouloir, non-seulement toutes les jouissances pour lui exclusivement, mais il voudrait anéantir celles qu'il ne peut posséder, afin qu'aucun autre ne pût en jouir. Il est extrêmement difficile de corriger les envieux : il paraît que la nature les a condamnés à souffrir toute leur vie des biens des autres, sans leur permettre de jouir de ceux qu'ils possèdent eux-mêmes. L'éducation, cependant, corrigera beaucoup cette mauvaise direction de nos sentiments et de nos facultés. Les pères et mères et les instituteurs doivent faire attention aux tendances des enfants, et aussitôt qu'un premier signe d'envie se manifeste en eux, tâcher de réveiller dans leur esprit les sentiments de la justice et de la bienveillance, en s'appuyant sur la raison et les exemples; ils doivent leur faire voir que l'envie rend malheureux celui qui se laisse dominer par cette triste affection, et leur dire que ceux qui sont les objets de notre envie sont souvent plus malheureux que nous. Mais généralement les parents font le contraire de ce qu'ils doivent faire; et en croyant exciter dans leurs enfants une juste émulation, ils ne font que féconder dans leurs âmes le sentiment de l'envie qui doit plus tard rendre leur existence bien malheureuse.

Le mot *envie* s'emploie enfin comme synonyme de *désir* ou de *volonté*. Il est fâcheux qu'il n'y ait qu'un seul et même terme pour des sentiments si différents de celui dont nous venons de parler. Nous essaierons, au point de vue phrénologique, une brève explication de la manière dont un désir se forme en nous.

L'homme et les animaux apportent en naissant des facultés et des penchants déterminés, qui ne peuvent se manifester qu'en vertu d'une portion du cerveau également déterminée, que les phrénologistes appellent *organe*. C'est la condition matérielle voulue par la nature pour la manifestation de chacune de nos facultés. Dans le monde extérieur, en dehors de l'individu, il y a des objets différents qui sont destinés à être mis en rapport avec chacun des organes du cerveau. Ordinairement, quand un objet se présente à un individu, il réveille l'activité de l'organe auquel il correspond, et l'organe mis en action demande à être satisfait. L'*envie* est donc cet état d'un organe cérébral qui a besoin d'être satisfait par l'exercice de la faculté qu'il représente, ou par la possession de l'objet qui est en rapport avec lui. Dès lors on comprendra qu'on peut avoir autant de désirs, d'envies différentes, qu'on a d'organes différents, et comment nous pouvons avoir tantôt envie d'une chose, tantôt d'une autre, en raison de la variété des objets qui se présentent devant nous et peuvent satisfaire aux besoins de nos organes. L'instinct du sexe fait naître dans l'homme l'envie de posséder une compagne; l'instinct de la propre défense fait naître dans celui-ci l'envie de se battre à la vue d'un ennemi; l'organe de la propriété donnera à un autre l'envie de s'enrichir et de posséder beaucoup, etc. De même, s'il y a des organes pour le sens du rapport de l'espace ou des lieux, et un autre organe pour le rapport des sons, il y a aussi en dehors de nous des lieux et des sons, et quand les lieux ou les sons réveillent en nous l'activité de l'organe des localités et de la musique, nous avons envie de nous promener, de voyager, ou d'entendre et de faire de la musique, etc. Il n'est pas absolument nécessaire que l'objet soit présent pour réveiller l'activité d'un organe, il nous suffit que l'objet existe, et qu'il ait pu donner à l'individu l'idée de son existence; l'organe peut alors entrer en activité en vertu de sa propre vitalité. Dans nos institutions sociales, il faudrait donc tâcher de présenter aux différents individus des objets qui déterminent les bons penchants et des facultés dont l'exercice peut être utile à l'individu et à la société entière, et éloigner autant que possible la présence de ceux qui pourraient réveiller l'activité des organes malfaisants. Dr Fossati.

ENVOI EN POSSESSION. C'est l'autorisation émanant soit d'un jugement, soit d'une ordonnance du président, en vertu de laquelle certains ayant-droit se mettent en possession des biens qui leur sont dévolus, sans qu'ils en soient saisis de fait. L'envoi en possession a lieu au profit des héritiers présomptifs des absents déclarés (*voyez* Absence). Il doit être sollicité par les héritiers irréguliers, c'est-à-dire les enfants naturels, le conjoint survivant, et l'État (*voyez* Succession, Déshérence). Enfin, il a lieu au profit du légataire universel, dispensé de former une demande en délivrance lorsqu'il n'existe pas d'héritiers à réserve, mais qui doit se faire envoyer en possession par une ordonnance du président du tribunal lorsqu'il est institué par un testament olographe ou mystique, et non par acte public.

ENVOÛTER (en latin *invultare*), action d'exécuter un prétendu maléfice en piquant, déchirant, brûlant une image de cire, tout en prononçant certaines paroles, ou en pratiquant certaines cérémonies, dans la persuasion que la personne représentée par cette image souffrira les mêmes maux (*voyez* Céroplastique).

ENVOYÉ. Selon le *Dictionnaire de Trévoux*, l'*envoyé* est un homme député exprès pour négocier une affaire avec quelque prince ou quelque État. Ceux qui vont de la cour de France vers les puissances du second ordre n'ont point la qualité d'*ambassadeurs*, mais de simples *envoyés*. Les *envoyés ordinaires* ou *extraordinaires* jouissent de tous les privilèges des ambassadeurs, mais ne reçoivent pas tout à fait les mêmes honneurs. Au seizième siècle, on leur donnait en France les carrosses du roi et de la reine pour les conduire à l'audience; toutefois, en 1639 il fut bien déclaré qu'on ne rendrait plus ces honneurs à *cette sorte de ministres*, et on ne le fit point plus tard. Justiniani, le premier *envoyé extraordinaire* de la république de Venise à la cour de France, depuis que les honneurs y furent réglés, prétendit se couvrir en parlant au roi, mais il ne put l'obtenir : le roi déclara lui-même qu'il ne voulait pas que ses envoyés fussent autrement regardés que des résidents ordinaires. Depuis le congrès de Vienne, ce titre d'envoyé extraordinaire est généralement joint à celui de ministre plénipotentiaire.

ENZINA. *Voyez* Encina.

ENZIO ou **ENTIUS** (traduction du nom du baptême allemand Hans, *Jean*), roi de Sardaigne, né à Palerme, en 1225, était fils naturel de l'empereur Frédéric II et de la belle Bianca Lancia. Doué des plus heureuses qualités, remarquable surtout par sa mâle et fière beauté, il ne tarda pas à être le compagnon d'armes le plus dévoué de son père, aux côtés duquel il assistait, dès l'an 1237, à la bataille de Cortenuova, livrée aux Lombards révoltés. A peu de temps de là, il l'emporta sur tous les rivaux qui lui disputaient la main de la riche Adelasia, veuve d'Ubaldo Visconti, souveraine de la Sardaigne et de la Corse. Il l'épousa à l'âge de quinze ans à peine, et à cette occasion son père le créa roi de Sardaigne. Nommé en même temps gouverneur de toute l'Italie, il en soumettait successivement les places fortes, et se disposait à envahir la Marche d'Ancône, lorsque Grégoire IX lança l'excommunication contre lui et son père; mais elle fut impuissante à l'arrêter dans sa marche victorieuse. L'Italie était alors divisée entre les Guelfes et les Gibelins. Généralissime de ces derniers, Enzio se couvrit de gloire dans ses différentes expéditions, et notamment par la grande victoire navale qu'il remporta, en 1241, sur les flottes combinées de Gênes, de Pise et de Sicile.

Le pape venait de convoquer à Rome un concile contre Frédéric II, et, au mépris des défenses formelles de l'empereur, les prélats appelés à faire partie de cette assemblée accouraient de toutes parts, dociles à la voix de leur chef spirituel, prêter aide et appui au saint-siége. Le 3 mai 1241, Enzio rencontra les flottes combinées non loin de Livourne, à la hauteur de la petite île de Melorio, les mit en déroute complète, et fit prisonniers trois légats du saint-siége, ainsi qu'une centaine d'archevêques et évêques qui se rendaient par la voie de mer au concile où la déchéance de son père devait être prononcée. Il s'empara en outre d'un butin immense, consistant surtout en argent monnoyé. Aussi, pour se railler des redoutables ennemis que la victoire avait jetés dans ses mains, fit-il charger de chaînes d'argent massif tous ces prélats avant de les envoyer dans divers châteaux forts de la Pouille et de la Calabre. Mais il devait, à huit ans de là, éprouver à son tour toute l'inconstance de la fortune. Dans une bataille qu'à la tête de ceux de Modène et de Reggio, il livra le 26 mai 1249, aux Bolonais, dans les environs de Fossalta, il tomba entre les mains de l'ennemi, après avoir eu un cheval tué sous lui. Les Bolonais attachèrent tout de suite tant d'importance à cette capture, qu'à voir Enzio, quoique prisonnier, entrer à Bologne au bruit des fanfares et aux applaudissements de la foule, on eût dit un heureux vainqueur porté en triomphe par des concitoyens reconnaissants. En vain l'empereur eut tour à tour recours à la menace et à la prière pour obtenir qu'on lui rendît son fils; en vain, pour sa rançon, il offrit aux Bolonais un anneau d'argent massif aussi grand que l'enceinte de leur cité. Les prétentions et les cruautés de Frédéric II avaient allumé une haine si profonde dans le cœur de ce peuple, qu'il refusa tout, et qu'une loi spéciale interdit à jamais la mise en liberté ou l'échange du captif.

Des amis dévoués, Pedro de' Asinelli et Rainerio de' Gonfalonieri, ne furent pas plus heureux dans les efforts qu'ils tentèrent pour briser ses fers. Reconnaissant qu'il n'y avait rien à espérer de la force, ils eurent recours à la ruse. Une grande barrique dans laquelle on apportait le vin destiné au prisonnier leur parut propre à faciliter son évasion. Ils le déterminèrent à s'y cacher; mais une mèche de ses blonds cheveux, venant à passer par la bonde, restée ouverte pour qu'il pût respirer, fit échouer ce stratagème, qui n'eut d'autre résultat que de rendre sa captivité plus rigoureuse. Quelques historiens prétendent qu'on alla même jusqu'à l'enfermer dans une cage de fer; mais le fait est loin d'être avéré. Au jour où la fortune l'avait abandonné il n'avait que vingt-quatre ans. Sa captivité dura vingt-deux années, c'est-à-dire jusqu'à sa mort, arrivée le 15 mars 1272. Les Bolonais lui firent de royales obsèques, et déposèrent sa dépouille mortelle dans l'église de Saint-Dominique, où une colonne funéraire, surmontée d'une couronne, et une inscription indiquent son tombeau. Enzio, beau, spirituel et poëte, fut éperdument aimé par une grande dame bolonaise, appelée Lucia Vindageli. De cette liaison romanesque naquit un fils, dont s'enorgueillissaient de descendre les Bentivoglio. Au reste, aujourd'hui encore Bologne est toute pleine du souvenir d'Enzio ; la salle du palais où on l'enferma a conservé son nom ; et l'on montre aux voyageurs une tour d'où l'on surveillait le royal captif. Les beaux vers de la *Secchia rapita*, de Tassoni, ont popularisé ses malheurs en Italie.

ENZOOTIE (de ἐν, dans, et ζῶον, animal). Les maladies *enzootiques* sont pour les animaux ce que les maladies endémiques sont pour les hommes ; elles tiennent à une cause locale permanente, et ne s'étendent pas hors du cercle des localités où ces causes existent. La *pomelière*, espèce de phthisie tuberculeuse, assez commune chez les vaches que l'on tient dans les étables de Paris ; la *pourriture*, ou cachexie hydatydeuse, qui affecte les moutons dans les pays marécageux, sont deux maladies enzootiques.

N. CLERMONT.

EOETVOES (JOSEPH, baron), écrivain hongrois, né le 3 septembre 1813, à Ofen, entra dans la carrière administrative quand il eut terminé ses études universitaires, mais ne tarda point à l'abandonner pour se livrer exclusivement à la culture des lettres. Dès 1830 il avait fait paraître les comédies intitulées : *Kritikusok* et *Hazasulok*, ainsi que la tragédie de *Boszu*, qui eurent beaucoup de succès. Au retour d'un voyage en Allemagne, en France, en Angleterre, aux Pays-Bas et en Suisse, il publia en 1338 son *Essai sur la Réforme des Prisons*, qui eut pour résultat de faire opérer d'importantes réformes dans cette partie du service administratif. Vint ensuite son roman *Le Chartreux*, l'une des meilleures productions de la littérature hongroise. La vie nouvelle donnée en Hongrie au journalisme par Kossuth frappa vivement Eœtvœs, qui se décida à prendre part aux luttes de la presse périodique, à propos de la grande discussion survenue entre Kossuth et Széchenyi. Il se rangea au nombre des défenseurs de Kossuth, et l'ouvrage qu'il publia à cette occasion sous le titre de *Kelet nepe s a pesti hirlap* (Pest, 1841), l'emportait pour la clarté et la force de dialectique sur le plaidoyer de Kossuth lui-même. Quand survint dans le parti libéral la grande scission des *municipalistes* et des *centralistes*, Eœtvœs prit fait et cause pour ces derniers. Les nombreux articles qu'il publia sur cette question dans le *Pesti Hirlap*, tous remarquables par la science des hommes et des choses dont il y fait preuve, ainsi que par la rare élégance du style, furent réunis en un volume, sous le titre de *Reform* (Leipzig, 1846). C'est à peu près à la même époque que parurent de lui deux grands romans, *A' Lalu' Jegyzője* (*Le Notaire de Village*, 3 vol. Pesth, 1844) et *Magyarország* 1514-*ben* (*La Hongrie en* 1514) ; l'un consacré à la peinture des mœurs de comitat actuelles, l'autre au récit de l'insurrection de paysans qui éclata en 1514 sous les ordres de Dozsa, tous deux remarquables par une grande vérité de détails.

Nommé ministre des cultes après la révolution de mars 1848, Eœtvœs ne répondit pas aux espérances qu'on avait pu concevoir de lui. Il n'était pas l'homme qui convenait à une époque si orageuse. Peu après la dissolution du ministère Batthyanyi, en août 1848, il se retira à Munich, pour ne plus s'y occuper que de littérature. Vers la fin de l'année 1851, il est revenu habiter la Hongrie. Entre autres ouvrages importants qu'il a publiés depuis, nous citerons son *Essai sur l'influence des idées au dix-neuvième siècle* (Pesth et Vienne, 1851), et le livre intitulé : *Égalité des nationalités* (Vienne, 1851). Consultez Csengery, *Les Orateurs et les hommes politiques de la Hongrie* (Vienne, 1851).

ÉOLE (en grec Αἴολος,), fils d'Hellen et de la nymphe Orséis, petit-fils de Deucalion, et frère de Dorus et de Xuthus, était l'un des ancêtres du peuple grec et l'époux d'Enarété, de laquelle il eut sept fils et cinq filles, auxquels on attribue la fondation des diverses villes et républiques éoliennes en Thessalie, où elles formaient une contrée particulière, appelée *Éolie*. Diodore rapporte qu'il y eut trois personnages du nom d'Éole : l'un, fils d'Hellen, père de Mimas et grand-père d'Hippotées, lequel eut de Ménalippe *Eole II*. La fille de ce second Éole eut de Neptune Éole III, et Bœotus, qui s'établirent dans les îles de la mer Tyrrhénienne, notamment à Lipara. Homère dépeint cette île comme retentissant nuit et jour du bruit des instruments. Les vents qui s'engouffraient dans ses cavernes, où frémissaient aussi les feux souterrains des volcans si répandus dans la mer de Tyrrhène, et qui faisaient à l'oreille des navigateurs l'effet d'une musique lointaine, avaient donné lieu à cette fiction, qui cessait d'en être une : car déjà les Phéniciens avaient donné à cette terre le nom de *Menagginin*, ou île des Musiciens.

Éole, prince hospitalier, joignait à une haute prudence quelques connaissances en astronomie. Ses continuelles observations sur la variété, l'inconstance des vents et leur direction, qu'il connaissait à l'inspection de la fumée qui s'exhalait des entrailles de son île volcanique par les crevasses du sol, en firent l'oracle des matelots, qui le consultaient toujours avant de mettre à la voile. Après sa mort, ils mirent leur bienfaiteur au rang des divinités. Homère, dans son *Odyssée*, vante l'hospitalité d'Éole, dont il fut presque contemporain. Il feint que ce roi de Lipara fit présent à Ulysse d'une outre où tous les vents étaient renfermés, excepté le Zéphyre : fable ingénieuse, qui cache le bon conseil que donna ce prince au fils de Laerte d'attendre pour se remettre en mer le souffle d'Iapyx, vent doux, qui portait les vaisseaux d'Italie en Grèce. Encore aujourd'hui, dans les glaces du pôle, en Laponie, des jongleurs vendent le vent aux matelots. L'antiquité crédule était persuadée qu'avant Éole les vents étaient tous déchaînés sur la terre, et que c'est à ces génies fougueux des airs, qu'il enferma depuis dans des cavernes, qu'est due la séparation de l'Europe et de l'Afrique (le détroit de Gibraltar) ainsi que le déchirement de la Sicile d'avec le continent.

Sophie DENNE-BARON.

ÉOLIDE. *Voyez* ÉOLIE.

ÉOLIDES. *Voyez* ÉOLIDIENS.

ÉOLIDIENS, genre de mollusques rangés par G. Cuvier dans son ordre des gastéropodes nudibranches, et par de Blainville dans l'ordre des polybranches, à côté des glaucus, des laniogères et des tergipes. Ces mollusques sont tous marins ; ils vivent près des rivages sur les fucus. Ils rampent et ne nagent point ; on les voit aussi venir à la surface de l'eau et s'y mouvoir le pied en haut et en contact avec l'air. Ce sont des animaux ressemblant aux limaces ; à tête distincte, pourvue de tentacules ; dont le corps est recouvert de prolongements cirriformes, coniques ou aplatis, et offre à l'extérieur quatre orifices, savoir : la bouche en avant, deux orifices génitaux, réunis sur un même tubercule, sur le côté droit, et l'anus sur le même côté, un peu en arrière. Les prolongements cirriformes offrent cette particularité, qu'ils remplissent à la fois les fonctions de branchies, ici non abritées par un repli du manteau, et celles de lobe hépatique, ou de foie, qui renferme à l'intérieur un canal destiné à verser dans l'estomac la bile. Les éolidiens sont divisés en deux groupes. Dans le premier, les branchies sont plus ou moins serrées et disposées longitudinalement des deux côtés du dos : ce sont les *éolides* proprement dites, dont on connaît plusieurs espèces. Dans le deuxième groupe, les branchies sont en forme de filets et disposées sur le dos en rangées transversales ; les espèces qu'on y a rangées forment maintenant le genre *cavoline*.

On a aussi donné le nom d'*éolides* à des coquilles fossiles qu'on a rangées tantôt parmi les céphalopodes polythalames, et tantôt parmi les foraminifères.

L. LAURENT.

ÉOLIE, ÉOLIENS. Les Éoliens formaient une des principales tribus grecques, ils descendaient d'Éole (*Æolus*), et habitaient à l'origine la Thessalie ; et de là ils se répandirent surtout à l'ouest de la Grèce en fondant sur leur route différents petits États. Dans le onzième siècle avant J.-C., et par suite de diverses immigrations, une partie de ces populations passèrent dans l'Asie Mineure, où elles s'établirent, dans la belle et fertile contrée à laquelle demeura le nom d'*Eolie*, sur la côte nord-ouest, et dans les îles qui l'avoisinent. Favorisée par son heureuse position commerciale et par le genre actif et entreprenant de ses nouveaux habitants, l'Éolie se couvrit bientôt de villes, qui finirent par rivaliser de puissance et de richesse avec les premières cités de la mère patrie. Ces villes, au nombre de trente, étaient alliées de fait par leur origine commune, et mieux encore par la conformité de leur principe de gouvernement. Les plus considérables de ces villes étaient, sur la terre ferme, Kymé et Smyrne, qui plus tard passa sous la domination des Ioniens; et dans les îles, Mitylène, dans celle de Lesbos, importante par son commerce et par sa navigation. C'est surtout à Lesbos que se forma le *dialecte éolien*, l'un des trois principaux dialectes de la langue grecque, assez rapproché du dialecte dorique, mais ayant conservé le plus de traces de la langue grecque primitive, et cultivé de bonne heure par des poëtes lyriques, dont les plus célèbres furent Alcée et Sapho, vers l'an 609 av. J.-C.

Les colonies éoliennes partagèrent les destinées des autres colonies grecques de l'Asie Mineure. D'abord attaquées et soumises en partie par les rois de Lydie, puis par Cyrus, elles redevinrent libres à la suite des guerres contre les Perses; mais elles eurent alors de nombreux démêlés à soutenir avec Athènes et Sparte. Sacrifiées aux Perses lors de la paix conclue par Antalcidas, elles firent plus tard partie du grand empire fondé par Alexandre; par la suite, elles dépendirent de celui des Séleucides, et finirent par passer sous la domination des Romains, quand ceux-ci eurent réduit l'Asie Mineure en province. L'Éolie fait aujourd'hui partie de l'Anatolie, et c'est encore un des plus beaux domaines de la puissance othomane.

ÉOLIEN (Mode). Ce mode musical, dont la corde fondamentale était immédiatement au-dessus de celle du mode phrygien, était grave. C'est du moins ce qu'on doit inférer du passage suivant de Lasus, poëte et musicien qui vivait 550 ans avant J.-C. : « Je chante Cérès et sa fille Mélibée, épouse de Pluton, sur le mode éolien, *rempli de gravité.* »

ÉOLIENNE (Harpe) ou HARPE D'ÉOLE, nom d'un instrument plus curieux qu'utile, employé, surtout en Angleterre, pour l'agrément de quelques jardins de plaisance.

Si l'on exposait une harpe ordinaire à un courant d'air, on verrait, surtout au moment d'un changement dans la température, les cordes frémir, et l'on entendrait, par le mélange des divers tons de la gamme, une espèce de concert; mais une partie des cordes sonores se briseraient. On a donc fabriqué tout exprès des instruments fort simples que les Allemands appellent aussi *harpes météoroliques*. La harpe éolienne des Anglais consiste en deux tables harmoniques de forme carrée, sur lesquelles deux cordes de métal sont tendues à l'aide d'un chevalet. Ces cordes, par l'excitation de l'air, et surtout quand il survient dans l'état de l'atmosphère une variation brusque, font, par la décomposition des ventres et des nœuds, résonner les notes de l'accord parfait. Lorsque plusieurs harpes éoliennes sont tendues à de courtes distances, elles se répondent l'une à l'autre et produisent dans un site solitaire un effet des plus agréables.

Le premier auteur de cette découverte fut l'abbé Gattoni, de Milan. Il avait tendu d'un clocher à un autre sept cordes qui représentaient les sept notes de l'échelle diatonique. Chacun des monocordes, au moyen des subdivisions qu'opérait successivement l'agitation de l'air, faisait entendre un son simple, une ou plusieurs octaves, puis les quinzièmes et les dix-septièmes majeures, c'est-à-dire les octaves des tierces et des quintes. On avait donné à ces cordes, ainsi disposées, le nom de *harpe géante*. Il est probable que l'abbé Gattoni fut conduit par le pur hasard à cette expérience; mais il ne serait pas impossible d'en faire remonter l'origine à la fameuse statue de Memnon.

Le phénomène de la *harpe éolienne*, considéré en lui-même, s'explique fort bien par les lois de l'acoustique. Le plus grave de tous les sons appréciables à l'oreille est celui que produit une corde donnant environ 32 vibrations par seconde. Si, par les décompositions du monocorde, les diverses parties produisent 64, 128,... 2048 vibrations, on obtient ainsi la première, la deuxième,... la sixième octave du son primitif. Si la section du monocorde est telle qu'il s'engendre des tierces, des quartes et des quintes, la harpe éolienne peut faire entendre de petits airs, créés au hasard, sans aucune observation des règles, mais qui n'en sont pas moins mélodieux. Nos airs populaires, nos vieux ponts-neufs, consistent dans les notes les plus simples se succédant d'une manière à peu près symétrique, et chacun pourrait en quelque sorte les inventer de nouveau en promenant sans intention ses doigts sur un clavier. Tel est le phénomène de la harpe éolienne. BRETON.

ÉOLIENS. *Voyez* ÉOLIE.

ÉOLIPYLE (du grec Αἴολος, Éole, et πύλη, porte, passage). Ce joli petit instrument de physique sert à lancer un jet par la force élastique du fluide qui s'échappe d'un liquide en ébullition, ou à diriger le souffle d'une vapeur sur un point déterminé. En 1629, un Romain, nommé Giovanni Bianca, s'en servit, mais à tort, pour faire tourner les ailes d'un moulin : c'est un mauvais emploi de la vapeur, parce qu'alors elle se refroidit et perd beaucoup de son élasticité en se mêlant à l'air et en s'éloignant du foyer où elle a pris naissance. On en a fait deux applications élégantes : l'une consiste à souffler la lampe d'émailleur et à augmenter sa puissance par un jet de vapeur enflammée, l'autre à déterminer l'ébullition d'un liquide par la projection de ce jet de flamme sur la paroi latérale de l'instrument où, par exemple, se filtre le café.

L'éolipyle est ordinairement formée d'une petite sphère métallique creuse, à laquelle se visse un col de peu de longueur, habituellement arqué et terminé par un trou capillaire. Lorsqu'on l'a remplie aux deux tiers d'eau ou d'alcool, on la place sur une petite lampe, au-dessus de laquelle on la maintient par une pièce formée de deux segments sphériques, supportés par deux montants égaux, verticaux et parallèles, fixés de part et d'autre par leurs extrémités inférieures aux parois de la lampe. Le liquide de l'éolipyle entrant en ébullition, il en résulte un souffle impétueux, et si l'on renverse l'éolipyle, le liquide en occupe le col, et, fuyant sous la vapeur qui le presse, il forme un jet dont la portée est d'autant plus grande que l'élasticité de la vapeur est plus intense. On conçoit, d'après cette description, que l'éolipyle est un appareil à réaction, ce qui veut dire qu'il s'y développe une force de recul. C'est pour constater cette réaction que, dans les cabinets de physique, l'instrument est ordinairement monté sur des roues. COLIN.

ÉOLODICON, instrument de musique à vent et à clavier, dans lequel le son est produit par des lames métalliques fixées par un bout et mises en vibration par un courant d'air que produit un soufflet mis en mouvement par une pédale; ce qui permet d'augmenter et de diminuer le son à volonté. L'éolodicon, inventé vers 1810 par Eschenbach, a été perfectionné depuis par Voigt, Fr. Sturm, etc.

ÉON, mot grec signifiant au propre *époque*, âge du *monde* et même *éternité*. Dans un sens particulier les gnostiques désignaient sous le nom d'*éons* des forces émanées de Dieu avant le temps, et existant comme substances, comme esprits. Ils les appelaient ainsi, soit à cause de leur participation à l'être éternel de Dieu, soit parce qu'ils se les représentaient comme ayant présidé aux différentes époques et aux diverses créations du monde.

ÉON DE BEAUMONT (CHARLES-GENEVIÈVE-LOUISE-AUGUSTE-ANDRÉ-TIMOTHÉE D'). Vers la fin du dix-huitième siècle, la curiosité publique fut vivement et longtemps excité par un personnage auquel on se plaisait à prêter tous les caractères d'une femme. Les conjectures du public à son égard semblaient d'autant plus fondées, qu'il réunissait à un singulier mélange de noms masculins et féminins une physionomie plutôt de l'autre sexe que du sien, et que diverses circonstances l'obligèrent à revêtir la robe et la dentelle. Mais son acte de naissance, relevé sur les lieux mêmes, le témoignage du Père Élisée, premier chirurgien de Louis XVIII, et celui de deux médecins anglais qui firent l'autopsie de son cadavre, n'ont laissé aucun doute sur sa qualité d'homme. D'ailleurs, il était une chose qui militait en faveur des partisans de cette opinion, c'est qu'il ne porta dans sa jeunesse d'autre habit que celui de garçon, et qu'il fut envoyé à Paris pour y faire ses études au collège Mazarin.

Le *chevalier* d'Éon naquit à Tonnerre, le 5 octobre 1728, d'une noble famille originaire de Bretagne. L'étude des langues, après l'avoir d'abord rebuté, devint l'objet de toute sa jeune attention. Il fut bientôt reçu docteur en droit civil et en droit canon, avec dispense d'âge, et peu de temps après avocat au parlement de Paris. C'est à cette même époque qu'il écrivit en latin les deux éloges de la duchesse de Penthièvre et du comte d'Ons-en-Bray. Associant ensuite l'étude de la politique à celle des belles-lettres, il publia un *Essai historique sur les différentes situations de la France par rapport aux finances*, et deux volumes de *Considérations politiques sur l'administration des peuples anciens et modernes*, ouvrages remplis de recherches, et qui furent suivis d'un Mémoire sur la vie et les ouvrages de Lenglet-Dufresnoy, inséré dans l'*Année littéraire*, et qui depuis a servi de base à tous les articles biographiques consacrés à ce personnage.

Sa vie s'écoulait ainsi entre la culture des lettres et l'étude de l'escrime, où il avait acquis une certaine célébrité, lorsque, sur la présentation du prince de Conti, il fut chargé par Louis XV de se rendre en Russie, avec le chevalier de Douglas, d'abord sans caractère particulier, et ensuite comme secrétaire, afin de rétablir les relations d'amitié entre cette puissance et la France, qui avaient cessé à la suite de la célèbre indiscrétion du marquis de La Chétardie, notre ambassadeur près de l'impératrice Élisabeth. Cette mission délicate fut remplie avec toute la finesse du sexe qu'on lui prêtait, unie au tact du diplomate le plus consommé. La Russie, d'abord décidée à soutenir la Prusse, réunit ses armes à celles de l'Autriche et de la France contre cette puissance. D'Éon se rendit à Vienne pour communiquer le plan de campagne adopté, et de là en France, où il apporta en même temps la nouvelle du gain de la bataille de Prague (6 mai 1757), et l'accession de l'impératrice au traité de Versailles du 1er mai 1756. Il fut envoyé à Saint-Pétersbourg avec des marques flatteuses de la satisfaction du roi (entre autres une nomination de lieutenant de dragons dans la colonelle-générale), pour faire avorter les projets du grand-chancelier Bestouscheff, entièrement opposé aux intérêts de la France. Cette nouvelle mission eut le même succès que la précédente, et une pension de 200 ducats, accompagnée d'un brevet de capitaine de dragons, fut la nouvelle marque de la sollicitude royale. Obligé de quitter la Russie par suite d'une maladie occasionnée par ses travaux assidus, d'Éon se rendit en France en passant par Vienne, où il dut rester quelque temps, et apporta à Paris la ratification par l'impératrice du nouveau traité du 30 décembre 1758. Ce fut à cette époque que le maréchal de Broglie, après l'avoir eu pour aide de camp, le fit passer dans le régiment d'Autichamp, où il fut admis en qualité de capitaine. Ses services dans cette nouvelle carrière ne furent pas moins distingués que dans l'autre, et parmi les divers exploits dont il fut le héros, on cita celui d'Osterwick, où, à la tête de 100 hommes, tant dragons que hussards, il fit mettre bas les armes à un bataillon prussien de 700 hommes. La prise de Wolfenbuttel et le dégagement du corps d'armée qui agissait devant cette place, furent le résultat de ce coup de main.

Au mois de septembre 1762, les préliminaires de la paix vinrent réclamer sa présence. Envoyé à Saint-Pétersbourg pour remplacer le baron de Breteuil, il lui fut ensuite attaché, puis envoyé quelque temps après en Angleterre avec le duc de Nivernais, pour y remplir une mission non moins difficile que celle par laquelle il avait débuté si heureusement, et qu'il remplit avec un talent non moins remarquable. Habile à se ménager les bonnes grâces des cours, il fut choisi par le roi d'Angleterre lui-même, en février 1763, contre l'usage ordinaire, pour porter à la cour de France la ratification définitive du traité de paix. Cette affaire lui valut la croix de Saint-Louis. Tel était, du reste, le cas que l'on faisait de ses talents, qu'il fut appelé à remplacer le duc de Nivernais dans son poste, comme ministre résident, et ensuite comme ministre plénipotentiaire. Mais cette longue prospérité devait avoir le sort des choses d'ici-bas. Le comte de Guerchy fut bientôt envoyé à Londres comme ambassadeur *officiel*. D'Éon, en apparence son subordonné, était l'ambassadeur *intime* et entretenait une correspondance mystérieuse avec Louis XV. Une discussion s'éleva un jour entre Guerchy et lui, et d'Éon s'emporta jusqu'à un outrage qui eût exigé une sanglante réparation. Le comte ne la demanda point; il se plaignit au roi, qui, agissant avec cette dissimulation compagne ordinaire de la faiblesse, donna tort hautement au chevalier, et signa même l'ordre de l'arrêter. Mais il eut soin de l'en prévenir vingt-quatre heures à l'avance pour qu'il se plaçât sous la protection de l'Angleterre, et pût continuer à Londres sa correspondance secrète. Guerchy, cependant, mourut quelque temps après. Son jeune fils, qui grandissait, avait juré à sa mère de venger l'affront paternel. Que fit alors Louis XV, qui voulait éviter un éclat et conserver dans la Grande-Bretagne un si habile *observateur* ? En profitant de quelques circonstances de la jeunesse du chevalier, de quelques aventures galantes qui ont fourni plus d'un chapitre au roman de *Faublas*, il fit répandre le bruit que ce militaire diplomate n'était qu'une femme; et le monarque, protecteur de la morale publique, lui fit entendre qu'il eût à *reprendre les habits de son sexe*.

Certes, jamais marque d'obéissance n'avait dû coûter autant au chevalier; il s'y soumit cependant, et le capitaine de dragons emprisonna son corps dans un corset et une jupe, sous lesquels il eut dans les premiers temps une singulière tournure. Il paraît néanmoins qu'il finit par les porter avec plus d'aisance et à produire une certaine illusion, puisqu'il se trouva à Londres des masses de parieurs attestant qu'il était une femme. Ces gageures, qui ne s'élevaient pas à moins de sept millions de francs, furent annulées, comme immorales, par la cour du banc du roi. Sacrifié par Louis XV à ses ministres, le chevalier d'Éon vécut quatorze ans dans cette capitale, veillant toujours à *huis clos* aux intérêts de sa patrie. C'est là qu'il rassembla cette bibliothèque et ces manuscrits précieux, dont le catalogue fut publié en 1791, et dont la vente devait plus tard subvenir à ses besoins. Il est précédé d'un exposé historique assez curieux. Cependant, la faveur royale ne l'abandonna pas dans sa disgrâce, et il reçut même une pension de 12,000 livres, avec l'assurance d'un changement de position. La culture des lettres prenait tous ses moments, et c'est à lui qu'est dû l'éloge en vers lapidaires du marquis de Tavistock, fils unique du duc de Bedford, ambassadeur en France.

Quand Louis XVI monta sur le trône, il voulut retirer des mains de la prétendue *chevalière d'Éon* l'importante correspondance de Louis XV, dont on craignait qu'*elle* ne trafiquât avec les Anglais. Beaumarchais fut même envoyé à Londres pour traiter cette affaire délicate. D'Éon ne consentit pas sans peine à cette remise, en échange de laquelle il obtint le payement de ses dettes, une nouvelle pension et l'autorisation de rentrer en France, mais avec son costume féminin, sur lequel il lui était permis seulement de porter sa croix de Saint-Louis. Déclarée *demoiselle* par ordonnance du roi, et *héroïne* par sa *Vie militaire, politique et privée*, œuvre d'un sieur de Lafortelle (1775), et, de plus, par une galante épître de Dorat, cette singulière amazone sentit se réveiller son ardeur belliqueuse lors de la guerre d'Amérique, et demanda au ministre de Vergennes de reparaître comme *chevalier* sous le drapeau de la France. Elle osa même se présenter à Versailles *dans l'uniforme de son régiment*, qu'il lui fut enjoint de quitter pour reprendre ses habits de femme et aller en exil à Tonnerre.

Piqué de ce procédé, d'Éon profita des premiers moments de la paix de 1783 pour retourner en Angleterre, y réunir, sous le titre de *Loisirs du chevalier d'Éon* (13 vol. in-8°), ses productions en tous genres, et se livrer de nouveau à la culture des lettres. La révolution de 1789 l'ayant privé de ses pensions royales, il vint, malgré ses soixante-cinq ans, offrir à la Convention ses services militaires, qui furent refusés. Son rôle était fini : il revit Londres, où ses derniers jours s'écoulèrent dans un état voisin de l'indigence, réduit qu'il était à donner des leçons d'escrime, et où il mourut, en mai 1810, à l'âge de quatre-vingt-deux ans. La *masculinité* de la prétendue chevalière d'Éon ne peut plus désormais être révoquée en doute. Quelques circonstances cependant sont encore restées peu éclaircies dans cette bizarre existence. On en a profité pour nous donner récemment sous ce nom des *Mémoires*, en partie vrais et appuyés de pièces authentiques, en partie romanesques, hasardés et plus que douteux.

ÉON DE L'ESTOILE, gentilhomme du pays de Loudéac, en Basse-Bretagne, qui vivait au douzième siècle, s'avisa de s'appliquer à lui-même la formule liturgique : *Per eum qui venturus est judicare*, etc. (*N. B.* On prononçait alors le mot latin *eum* de la même manière que *Eon*). Il en conclut naturellement qu'il était le fils de Dieu, appelé à juger les vivants et les morts, et désigné depuis des siècles par les Saintes Écritures pour cette terrible mission. Ce fanatique, ou plutôt cet insensé, rencontra une foule d'individus, plus insensés encore, qui crurent à sa prétendue mission et à ses miracles. Le nombre de ces fanatiques allait toujours croissant, car Éon de l'Estoile parcourait les provinces en prêchant partout ses doctrines. L'Église s'en émut enfin. Un concile fut convoqué à Reims, en 1148, sous la présidence d'Eugène III, à l'effet d'examiner toute cette affaire; et le premier soin de cette assemblée fut de s'assurer de la personne de ce pauvre fou. Les prélats ne tardèrent pas à reconnaître à qui ils avaient à faire, et que le plus sage parti à prendre était de condamner le nouveau Christ à la prison. Toutefois, on se montra moins indulgent à l'égard de ses disciples, appelés *Éoniens*, dont bon nombre périrent dans les flammes, en punition de leur entêtement fanatique. La seule grâce qu'on leur accorda fut de les exorciser avant de les livrer au feu. Éon leur avait annoncé que la foi qu'ils auraient en lui leur donnerait la force de commander aux éléments; ils s'aperçurent trop tard de la vanité de ses promesses.

ÉONIENS. *Voyez* ÉON DE L'ESTOILE.

ÉORIES ou **ÉORÉS**. *Voyez* ALÉTIDES.

EOS. C'est le nom que portait chez les Grecs la déesse appelée par les Romains *Aurora*, l'Aurore.

ÉPACTE (de ἐπακτος, surajouté). L'âge de la Lune au 1er janvier d'une année est dit l'*épacte* de cette année, parce qu'il indique le nombre de jours dont l'année lunaire diffère en ce moment de l'année solaire. On se sert quelquefois de l'épacte d'une année pour calculer les époques des diverses phases de la lune, et voici comment on opère : on additionne le nombre de l'épacte, celui des jours du mois courant et celui des mois écoulés en commençant à compter au mois de mars. Si tous ces nombres réunis sont au-dessous de 30, le nombre qui en résulte est celui des jours de la lune; s'ils excèdent 30, il faut en retrancher ce nombre, et le reste sera le jour de la lune. Mais cette méthode imparfaite (elle peut donner jusqu'à deux jours d'erreur) est généralement abandonnée par les astronomes, et l'épacte n'est plus guère employée que par les computistes ecclésiastiques, qui en déduisent la date de la fête de Pâques.

La détermination de l'épacte pour une année donnée repose sur ces deux conditions : 1° l'année solaire diffère de l'année lunaire de 11 jours; 2° le cycle de Méton commence avec une nouvelle lune, d'où il résulte que le nombre d'or étant 1, l'épacte est 0. Mais comme ces données ne sont qu'approximatives, on ne peut établir une règle constante pour calculer les épactes. Cependant, jusqu'à la fin de ce siècle, on trouvera l'épacte d'une année quelconque en multipliant par 11 le nombre d'or diminué d'une unité, et divisant le produit obtenu par 30; le reste de cette division sera l'épacte. Ainsi, pour l'année présente 1854, dont le nombre d'or est 12, on trouvera, en opérant comme nous venons de le dire, que l'épacte est égale à 1. L'épacte étant connue pour une année, on a généralement celle de l'année suivante en ajoutant 11 à cette première épacte, et ainsi de suite; quand la somme surpasse 30, on retranche ce nombre. On trouve ainsi que l'épacte de 1854 étant 1, celles de 1855, 1856, 1857, 1858, 1859, 1860, etc., seront respectivement 12, 23, 4, 15, 26, 7, etc.

La formule que nous venons d'employer pour calculer l'épacte de 1854 est applicable jusqu'à l'année 1900; mais dans cette année elle donnerait 1, tandis que l'épacte véritable sera 29; c'est-à-dire qu'à partir de 1900 la nouvelle lune arrivera un jour plus tard qu'elle ne sera arrivée auparavant. Il y aura alors ce qu'on appelle une *métemptose*, variation qui se renouvelle au plus tôt tous les siècles, car elle résulte de la réforme grégorienne, qui sur quatre années séculaires n'en fait qu'une bissextile. E. MERLIEUX.

ÉPAGNEULS, famille appartenant au genre *chien*. Les épagneuls ont la tête médiocrement allongée; les pariétaux ne tendent pas à se rapprocher dès leur naissance au-dessus des temporaux, s'écartent au contraire, et se renflent de manière à agrandir la cavité cérébrale; les sinus frontaux prennent aussi beaucoup d'étendue. C'est à cette famille qu'appartiennent les races les plus intelligentes, telles que celles du barbet, du braque, du basset, du chien de Terre-Neuve, du limier, et plusieurs autres dont nous dirons quelques mots ici.

L'*épagneul* proprement dit est couvert de poils longs et soyeux; ses oreilles sont pendantes et ses jambes peu élevées, sa queue redressée; son pelage est généralement blanc, avec des taches noires ou brunes. On distingue le *grand épagneul* ou *épagneul français* (*canis extrarius* de Linné) et le *petit épagneul*. L'épagneul noir est le *gredin* (*canis brevipilis* de Linné); le *pyrame* est l'épagneul noir marqué de feu. Le *bichon*, *chien bouffe*, *chien de Malte* (*canis militæus* de Linné), paraît être un métis d'un petit épagneul et d'un petit barbet; il a le museau court et petit, le poil de tout le corps et de la tête extrêmement long et soyeux, ordinairement la taille très-petite; le *chien-lion* (*canis leoninus* de Linné) ne diffère du bichon qu'en ce que le poil est court sur le corps et la moitié de la queue, tandis qu'il est aussi long que celui du bichon sur la tête, le cou, les épaules, les ambes et le bout de la queue. L'épagneul est très-intelligent et très-attaché à son maître; il est employé à la chasse comme chien couchant ou chien d'arrêt. Les petites variétés ne sont élevées que pour l'agrément.

Le *chien courant* (*canis gallicus* de Linné) est remarquable par la longueur de ses oreilles pendantes, et par celle de ses jambes charnues; il a le museau aussi long et plus gros que celui du mâtin, la tête grosse et ronde, le corps vigoureux et allongé, la queue relevée, le poil court, d'un blanc uniforme ou d'un blanc varié de taches noires, brunes ou fauves. Il montre beaucoup d'intelligence, et son odorat est d'une finesse extrême. C'est le chasseur par excellence.

Le *chien de berger* (*canis domesticus* de Linné), que d'autres classificateurs placent parmi les mâtins, est d'une taille moyenne; ses oreilles sont courtes et droites; il porte la queue horizontalement en arrière ou pendante, mais quelquefois aussi relevée; ses poils sont très-longs sur tout le corps, excepté sur le museau; le noir est sa couleur dominante. On sait combien il est utile à la garde des troupeaux.

Le *chien-loup* (*canis pomeranus* de Linné), dont le naturel est analogue à celui du chien de berger, pourrait comme lui servir à la garde des troupeaux. Il a les oreilles droites et pointues, la tête longue, le museau long et effilé, la queue très-élevée, le poil court sur la tête, les pieds et les oreilles, long et soyeux sur le reste du corps, principalement sur la queue; le pelage blanc, gris-noir ou fauve; la taille moyenne.

Le *chien de Sibérie* (*canis sibiricus* de Linné), couvert partout de grands poils, même sur la tête et les pattes, est du reste, en tout semblable au chien-loup.

Le *chien des Esquimaux* (*canis borealis*, Fr. Cuvier), employé par ces peuples comme bête de trait pour tirer leurs traîneaux, est long d'un mètre, depuis le bout du museau jusqu'à l'origine de la queue. Il a la tête semblable à celle du chien-loup, la queue relevée en cercle, les oreilles droites, les poils soyeux très peu abondants; les laineux, au contraire, excessivement serrés, très-fins et ondulés, se détachant par flocons dans la mue; les couleurs du pelage variées de grandes taches irrégulièrement distribuées de blanc, de noir pur ou de gris. DÉMEZIL.

ÉPAGNY (JEAN-BAPTISTE-BONAVENTURE DE VIOLET D'). On connaît celui dont nous avons mission d'écrire la vie lorsqu'on a lu ses œuvres. Nous ne parlerons pas de l'élégance de sa phrase, du choix et de la sobriété de ses épithètes, du nombre et du coloris de ses périodes, de la coupe heureuse et facile de son vers; ce sont là de grands mérites sans doute, mais ce que les penseurs louent surtout en M. d'Épagny, c'est l'idée première dominant tous ses ouvrages, idée saine, morale, sympathique, vous forçant à aimer à la fois l'homme et l'écrivain, le causeur et le philosophe. Un des principaux mérites de son style, c'est l'ordre et la limpidité. Sa phrase est nette, audacieuse quelquefois, mais sans ambition; elle arrive à vous dégagée d'oripeaux, sobre sans pauvreté, harmonieuse sans prétention; elle frappe votre oreille comme une de ces bonnes visiteuses qu'on n'attend pas, et qui sont toujours les bien-venues. Dès que notre poëte se fut élancé dans la carrière dramatique, il se traça une place large et rationnelle, voulant que l'œuvre d'aujourd'hui pût passer pour le corollaire de l'œuvre de la veille.

Les titres littéraires de M. d'Épagny à la réputation qu'il s'est acquise, les voici : D'abord, au second Théâtre-Français, en 1824, *Luxe et Indigence*, en cinq actes et en vers; en 1826, *L'Homme habile*, en cinq actes et en vers; en 1829, *Lancastre*, en cinq actes et en vers. Ces trois ouvrages forment une trilogie; le premier met en scène le désir de briller par l'affectation de luxe; le second, le désir de briller par le rang et les emplois, même mal acquis; et le troisième, le désir de briller au-dessus de tous, puisque Lancastre occupe un trône. Dans la première, vol de diamants; dans la seconde, vol d'une place; dans la troisième, vol d'une royauté. Le Théâtre-Français, qui avait commencé par refuser ces trois ouvrages, accueillit chacun d'eux après le brillant et légitime succès qu'ils obtinrent à l'Odéon. M. d'Épagny donna également au théâtre de la rue Richelieu quatre pièces en prose : *Dominique le possédé*, cinq actes; *Jacques Clément*, cinq actes; *Jocelin et Guillemette*, un acte; les *Préventions*, un acte. Malgré ces succès sur ces deux scènes élevées, il fit aussi des opéras-comiques, des mélodrames, des vaudevilles, parmi lesquels nous citerons : *L'Auberge d'Auray*, *La Cruche cassée*, *Les Malcontents*, *Charles III*, *La Porte de Bussy*, *Les Hommes du lendemain*, en vers, etc. Cet écrivain est né à Gray (Haute-Saône), en 1780. Pourquoi, dans toute la force, si ce n'est de l'âge, du moins du talent, a-t-il quitté la scène, où il pouvait encore espérer des succès? pourquoi, comme tant d'autres, cédant à l'appât d'une direction de théâtre, était-il allé compromettre, si ce n'est sa réputation, du moins sa bourse et sa santé, dans celle de l'Odéon?

Jacques ARAGO.

ÉPAGOMÈNES (en grec ἐπαγόμενος, surajouté). Les Égyptiens et les Chaldéens, qui partageaient l'année en 12 mois égaux, de 30 jours chacun, étaient obligés, pour compléter le temps que le soleil met à parcourir son orbite, d'ajouter à la fin du douzième mois cinq jours, qu'ils nommaient *épagomènes*. Le même nom fut aussi donné aux *jours complémentaires* de notre calendrier républicain.

ÉPAMINONDAS, issu des rois de Béotie, et né l'an 411 avant J.-C., vécut dans l'obscurité jusqu'à l'âge de quarante ans; cependant il s'était appliqué de bonne heure aux beaux-arts, à la philosophie, et avait fréquenté l'école de Lysis le pythagoricien. Son père était le Thébain Polymnis. Épaminondas se montra fort habile dans la musique, qui était alors une partie essentielle de l'éducation des jeunes Grecs; il apprit de Denys à jouer de la cithare, et à s'accompagner de cet instrument. Calliphron, non moins célèbre, fut son maître de danse. Plus tard, il s'adonna aussi à la gymnastique; mais il se fit plus remarquer par l'agilité que par la force, estimant que la première était le fait du guerrier, la seconde le propre de l'athlète. En somme il était modeste, prudent, grave, habile à saisir l'occasion, courageux, et tellement ami de la vérité qu'il ne mentait pas même en plaisantant. La patience et la clémence faisaient le fond de son caractère : il oubliait les injures avec une rare facilité. La pauvreté ne l'affrayait pas, il ne remporta de l'administration des affaires publiques d'autre profit que la gloire. Un de ses concitoyens tombait-il au pouvoir de l'ennemi, une jeune fille ne pouvait-elle s'établir faute de dot, Épaminondas réunissait ses amis, chacun se cotisait selon ses facultés, et il allait chercher celui qui devait recevoir le bienfait, afin qu'il sût à qui il en était redevable.

La carrière publique d'Épaminondas s'ouvrit par une mission à Sparte; il y fit preuve d'une grande éloquence, et dans une réunion de tous les députés des alliés, il attaqua vivement la tyrannie des Lacédémoniens, à laquelle ce discours ne fut guère moins funeste que la bataille de Leuctres, parce qu'il détacha de la cause de Sparte un grand nombre de peuples. Il refusa obstinément l'évacuation des villes de Béotie, occupées par les Thébains. A son retour, il fut investi du commandement suprême, pour avoir tiré d'un mauvais pas, où l'avaient engagée ses chefs, l'armée dans laquelle il servait comme simple soldat; on lui donna pour collègue Pélopidas et un autre encore. Des intrigues leur firent presque aussitôt retirer ce commandement; mais Épaminondas refusa d'obéir, prévoyant que les chefs qu'on leur substituait conduiraient l'armée à sa perte. A la tête de six mille hommes, il livra bataille à des forces doubles en nombre; Pélopidas conduisit le bataillon sacré sur le flanc de l'ennemi. Ce fut à Leuctres, l'an 378 avant J.-C. Là périrent Cléombrote, roi de Sparte, et 4,000 hommes. Les vainqueurs pénétrèrent dans le Péloponnèse, délivrèrent les Messéniens, et rebâtirent leur ville. Après avoir ravagé la Laconie et menacé Sparte elle-même, Épaminondas revint à Thèbes. Il y avait peine de mort pour quiconque s'arrogeait le commandement au-delà du terme fixé; Épaminondas prit sur lui toute la responsabilité du fait, puis il parut en justice, et dit : « Thébains, j'ai mérité la mort, mais il faut écrire dans mon arrêt : Épaminondas a été condamné par les Thébains pour les avoir forcés à vaincre à Leuctres les Spartiates, qu'auparavant aucun Béotien n'osait regarder en face sur le champ de bataille; il est condamné parce qu'en une seule rencontre il a non-seulement sauvé Thèbes d'une perte certaine, mais affranchi toute la Grèce; parce qu'il a mis les choses au point que les Thébains sont devenus les assiégeants, tandis que les Lacédémoniens tremblent pour leur salut; enfin, parce qu'il n'a quitté le commandement qu'après avoir rétabli Messène et l'avoir entourée de murailles. » Quand il eut parlé, ce fut dans l'assemblée un rire universel; les juges n'allèrent point aux voix.

Pélopidas était prisonnier du tyran de Phères; Épaminondas le délivra par le seul effet de sa considération. Il reparut devant Sparte. Agésilas revint en toute hâte pour la défendre. Les Thébains pénétrèrent jusque dans les rues, mais le courage désespéré des Spartiates les contraignit à la retraite. Alors Épaminondas se jeta dans l'Arcadie, à la tête de trente-trois mille hommes : là l'ennemi avait encore des forces considérables. La bataille fut livrée à Mantinée. Épaminondas mit en déroute la phalange lacédémonienne; mais, tandis qu'il en poursuivait les débris, il fut cerné, accablé par le nombre, et percé d'un javelot. Les Thébains combattirent vaillamment autour de lui, et parvinrent à le sauver des mains des ennemis, ainsi que son bouclier. Cependant, à l'autre aile de l'armée le succès était incertain, et les médecins avaient déclaré qu'Épaminondas mourrait quand le fer serait retiré de la blessure : aussitôt qu'il sut que la victoire était complète : *J'ai assez vécu*, s'écria-t-il, et il arracha lui-même le javelot. On regrettait devant lui qu'il n'eût point d'enfants : « Je laisse, répondit-il avant d'expirer, deux filles immortelles : Leuctres et Mantinée. Il mourut à quarante-huit ans, l'an 363 avant J.-C.

P. DE GOLBÉRY.

ÉPANCHEMENT (*Médecine*). L'acception de ce mot est souvent la même que celle d'*effusion* ou d'*écoulement :* il exprime la sortie des fluides qui concourent à la composition du corps humain hors des vaisseaux qui les conduisent, comme aussi le versement du produit des sécrétions. Ainsi, le sang s'épanche par l'ouverture d'une veine; les larmes, sécrétées par la glande lacrymale, s'épanchent dans le conduit nasal. Le mot *épanchement* s'applique surtout aux collections anormales qui résultent de l'effusion des fluides : ainsi, la sérosité, étant versée sans être résorbée dans une des cavités cérébrales qu'on appelle *ventricules*, forme un épanchement. Il en est de même quand les vaisseaux capillaires laissent exhaler du sang dans la substance du cerveau. Les épanchements sont des accidents plus ou moins redoutables : ceux qui se forment dans la tête causent souvent l'apoplexie, la paralysie, la mort, pervertissant ou abolissant l'intelligence. Dans la poitrine, le sang, le pus épanchés sont souvent des causes de mort; on en voit des exemples communs dans les plaies faites par des armes blanches. C'est un épanchement de sang semblable qui causa la mort du duc de Berry, à la suite du coup de poignard que lui porta Louvel. Plusieurs chirurgiens ont beaucoup critiqué la conduite que tint celui qui fut appelé alors à donner ses soins au prince : il aurait dû, disent-ils, former une ouverture à la partie inférieure de la poitrine, afin de donner issue au sang épanché. Il est certain qu'en recourant à ce moyen on a souvent conservé la vie de blessés qui se sont trouvés dans le même cas.

Les hydropisies sont dues à des épanchements de sérosités dans des sacs membraneux. Des tumeurs froides sont souvent formées par des épanchements de pus dont la source peut être éloignée. Quelle que soit la nature du fluide épanché, ces collections sont des accidents graves, et il n'appartient qu'aux médecins et aux chirurgiens de les juger ainsi que de les traiter. Dr CHARBONNIER.

ÉPANCHEMENT (*Morale*), aveu, confidence, qui suppose toujours un certain attendrissement dans celui qui parle, et annonce qu'il se confie entièrement à celui qui l'écoute. Il y a plus de besoin, d'instinct de nature, dans l'épanchement, que de raisonnement. On ne résiste guère à *s'épancher* avec l'objet qu'on aime : faire le récit de malheurs cachés, révéler un projet important, avouer que l'on redoute certains dangers, confier quelques fautes ignorées, dont on rougit, c'est *s'épancher*, lorsque aucune nécessité ne motive de pareils actes, et qu'ils n'ont pour but que le soulagement d'un chagrin, d'une inquiétude, ou la simple satisfaction qu'éprouve l'homme en communiquant ses sentiments. Les douleurs, les joies vives que l'on est obligé de concentrer, disposent à l'épanchement; dès que l'on croit pouvoir s'y abandonner. On doit être sensible aux épanchements d'une personne sage et prudente dans sa conduite, et s'en trouver honoré : les épanchements d'une personne inconsidérée ne sont que de l'indiscrétion, et ne résultent que de l'habitude de parler beaucoup. L'épanchement simulé avec habileté est un des plus puissants moyens d'induire en erreur ceux que l'on veut tromper : Agrippine, quittant Néron, convaincue qu'elle a repris sur lui tout son empire, et qu'il est réconcilié avec Britannicus, dit de lui :

> Il *s'épanchait* en fils qui vient en liberté
> Dans le sein de sa mère oublier sa fierté.

Le besoin d'épanchement devient, si on ne lui résiste pas, tellement impérieux, qu'il peut compromettre dans une foule de circonstances; mais on est heureux d'avoir des amis auprès desquels on peut s'y livrer sans contrainte.

C^sse DE BRADI.

ÉPANNELER. *Voyez* DÉGROSSIR.

ÉPANORTHOSE (en grec ἐπανόρθωσις, d'ἐπανορθόω, redresser). *Voyez* CORRECTION (*Rhétorique*).

ÉPANOUISSEMENT. Ce mot, tant au propre qu'au figuré, représente une des plus belles idées qui puissent sourire à l'imagination : c'est celle de l'expression de la beauté dans toute sa fleur. Son acception au sens propre est purement botanique, et se rapporte au passage de ce qu'on appelle le bouton à l'état de fleur dans tout son développement. Cette définition, quoique vraie en général, ne l'est pas absolument, en ceci que quelques fleurs peuvent se fermer et s'ouvrir ou s'épanouir par suite de circonstances propres à leur organisation. Telles sont les belles de nuit ou d'autres fleurs dont la corolle, quoique l'état de bouton ait depuis longtemps cessé, n'en continue pas moins de se fermer et de s'épanouir à des époques déterminées du jour ou de la nuit.

Épanouir s'applique aussi, par analogie, à tout état de choses dans lequel un être organisé quelconque développe instantanément quelque genre de perfection, de qualité, ou de manière d'être particulière. C'est ainsi que La Fontaine dit d'une huître de belle apparence, et bâillant au soleil, qu'elle s'y *épanouissait*, pour indiquer sans doute l'état de bien-être que devait lui faire éprouver une pareille situation. Le mot *épanouir* a été aussi appliqué aux phénomènes que produit la joie sur les traits d'un homme qui l'éprouve; et quand on dit d'une chose (en se servant d'une expression populaire, et même un peu triviale) qu'elle est de nature à faire *épanouir la rate*, on ne fait qu'employer la figure de rhétorique qui consiste à prendre le siége ou la cause d'un effet quelconque pour cet effet lui-même, et désigner en même temps la manière dont cet effet se reproduit dans les formes du visage. BILLOT.

ÉPAPHUS, fils de Jupiter et d'Io, fut enlevé, après sa naissance, par la jalouse Junon, et livré aux Curètes; mais Jupiter irrité les tua. Épaphus, devenu grand, eut un jour querelle avec Phaéton, à qui il se permit de contester sa qualité de fils du Soleil, dont sa mère Clymène l'entretenait sans cesse. Ce fut là l'origine de la catastrophe de

Phaéton. Hérodote prétend qu'Epaphus fut roi d'Égypte, et qu'il n'est autre que le bœuf Apis; mais les Égyptiens de cette époque ont constamment nié cette identité.

ÉPARCHIE, ÉPARQUE. Les Grecs anciens donnaient la qualification d'*éparque* (Ἔπαρχος) à tout homme investi d'une autorité administrative ou militaire. Plus tard, comme chez les Romains les mots *proconsul* et *propréteur*, cette qualification fut exclusivement attribuée au gouverneur ou administrateur d'une province; et on appela sa fonction ainsi que le territoire qu'il était chargé d'administrer, *éparchie*, de même que chez les Romains on disait *provincia* et *præfectura*. Ainsi, à l'époque où l'empire byzantin fut divisé en *themata* (divisions militaires), le *thema* de Thrace se subdivisait en cinq *éparchies* ou *préfectures*. Les diocèses des évêques et archevêques grecs reçurent également la dénomination d'*éparchies*, et il en est encore ainsi de nos jours en Russie.

Tout récemment le mot *éparchie*, dans les fréquents changements qu'a subis de 1833 à 1846 la division territoriale de la Grèce, a de nouveau été employé pour désigner les départements des différents *nomoi* ou *nomarchies*. Chaque éparchie se subdivise en *dèmes*, ou communes.

ÉPARGNE. L'épargne représente ce que l'on retranche sur les besoins présents, dans la prévision de l'avenir. Bien que ce mot soit souvent employé comme synonyme d'*économie*, il est loin d'en avoir la signification. On dit plus souvent les *économies du riche* et les *épargnes du pauvre*. L'économie se pratique sur le superflu; l'épargne s'exerce sur le nécessaire. Que de gens sont obligés de s'imposer aujourd'hui des privations pénibles pour être assurés du lendemain. L'épargne est souvent le manteau sous lequel l'avarice se dissimule; mais elle fait ici abus d'un nom respectable, qui ne saurait légitimer ses stériles accumulations. L'avarice entasse pour le plaisir d'entasser, l'épargne met de côté parce qu'elle sait que l'avenir se prépare et qu'il faut y faire face dès le présent, sous peine des plus cruelles privations. L'épargne n'est ici, comme l'économie, qu'un sage aménagement des ressources que l'on a; l'avarice en est le stérile enfouissement.

L'économie politique attache à l'épargne une grande importance; l'épargne constitue des capitaux qui en temps de calamité publique sont pour l'État qui l'a pratiquée de précieuses ressources. Il est d'une bonne administration financière d'épargner les deniers publics de manière à avoir en réserve des ressources éventuelles; il est d'une mauvaise administration d'augmenter sans cesse ses dettes, de recourir sans cesse à des emprunts que l'épargne des deniers publics eût prévenus. L'État qui règle ses dépenses sur ses recettes peut en arriver à l'épargne; celui qui force ses recettes en raison des dépenses qu'il ne modère pas, touche à la ruine.

L'épargne publique, l'épargne de l'État, c'était autrefois ce que nous appelons aujourd'hui, dans le langage financier, le trésor public, le trésor; mais de ce que le trésor d'un État fonctionne régulièrement, de ce qu'il a un grand mouvement de capitaux, il ne s'ensuit pas, tant s'en faut, qu'il constitue une épargne publique; s'il doit plus qu'il n'a dans ses caisses, si l'on peut exiger immédiatement plus qu'il ne peut payer, on voit que le mot épargne lui est à tort appliqué.

ÉPARGNE (Caisses d'). Provoquer l'esprit d'ordre et d'économie chez l'ouvrier, en faisant valoir ses moindres épargnes, diminuer ainsi ses dépenses improductives, si dangereuses pour sa santé, et lui assurer, dans un avenir plus ou moins éloigné selon l'importance de ses dépôts, un capital qui lui permette de lutter contre les chômages de sa profession et quelquefois de former un établissement, tel a été le principal but de la création des caisses d'épargne. On peut même dire que ce but est le seul qui se soit d'abord présenté à l'esprit de leurs fondateurs. Mais l'expérience a prouvé qu'elles ont un autre intérêt que celui de l'amélioration de la condition matérielle et, par voie de conséquence, de l'amélioration morale des classes ouvrières. Cet intérêt, c'est la formation, à l'aide d'une multitude d'épargnes d'une très-faible valeur, d'un capital très-considérable propre à recevoir une destination d'utilité publique, soit par les mains du gouvernement, dans les pays où, comme en France et en Angleterre, le trésor public centralise les fonds des caisses d'épargne, soit directement par les mains des administrateurs, dans ceux où, comme en Allemagne, l'État n'intervient qu'à titre de surveillant de leurs opérations.

C'est à Berne, en Suisse, que l'on place, à la date de 1787, la création d'un établissement analogue aux caisses d'épargne actuelles. A la suite de quelques tentatives sans succès, en 1798, 1804 et 1808, à Tottenham et à Bath, sous les titres de *Banque charitable*, *Institution de prévoyance*, une véritable banque d'épargne fut instituée à Ruthwel, en Écosse, en mai 1818, par les soins d'une société pour l'extinction de la mendicité. Une banque de même nature établie à Édimbourg, en 1813, par une société semblable, devint le modèle de toutes celles qui s'organisèrent successivement dans cette partie du Royaume-Uni. En 1816, le célèbre banquier Thomas Baring fonda la banque d'épargne de Londres. La même année il trouvait à Genève un imitateur dans un généreux citoyen, M. Tronchin, qui donnait hypothèque sur ses biens et s'engageait à pourvoir aux frais d'administration de la caisse de cette ville pendant un nombre considérable d'années.

La première caisse d'épargne française fut instituée à Paris par les soins de la Compagnie royale d'assurances maritimes et avec le concours de la Banque de France, de plusieurs banquiers et d'un grand nombre de souscripteurs. Elle s'ouvrit le 15 novembre 1818, sous la présidence du vénérable La Rochefoucaud-Liancourt, dans le local même de la Compagnie, rue Richelieu. Plus tard, en 1844, elle s'installa dans un vaste hôtel de la rue Coq Héron, devenu sa propriété. Presqua à son début elle dut se préoccuper de la situation grave que lui faisait l'art. 2 de ses statuts, aux termes desquels elle devait employer tous ses fonds en rentes sur l'État et ne transférer que des inscriptions de rentes de 50 fr. à ceux de ses déposants qui y avaient droit. Il résultait en effet de cet état de choses qu'elle restait débitrice d'une somme considérable, exigible en espèces et dont la quotité était fixe, tandis que cette quotité était représentée par des rentes sur l'État dont le prix, essentiellement variable, devait subir toutes les chances de hausse et de baisse auxquelles sont soumises les valeurs publiques. Dans la supposition d'une baisse notable du prix de la rente et d'une demande générale de remboursement, on pouvait craindre que le produit des rentes qu'on serait obligé de vendre à bas prix ne pût suffire aux réclamations des déposants et qu'on fût obligé d'attaquer la réserve et la dotation. La loi du 17 avril 1822 fit cesser cette difficulté en réduisant de 50 à 10 fr. le minimum des rentes 5 p. 100 inscriptibles sur le grand-livre et transférables. En appliquant le bénéfice de cette mesure aux caisses d'épargne, une ordonnance de 30 septembre 1822 les autorisa à transférer des inscriptions au nom des déposants, aussitôt que la créance de chacun d'eux aurait atteint la valeur de 10 fr. de rentes. Les caisses d'épargne n'étaient plus exposées désormais aux variations du cours de la rente que pour une somme cinq fois moins forte que sous la législation antérieure. Toutefois, une partie des inconvénients résultant de l'obligation d'employer le montant des dépôts en rentes subsistait encore, et la nécessité se faisait sentir de trouver pour ces dépôts un emploi à l'abri de toute variation et qui permît de rembourser en tout temps l'intégralité du capital réclamé.

L'ordonnance du 3 juin 1829, confirmée d'abord par l'art. 7 de la loi du 2 août 1829, et modifiée ensuite par les lois des 5 juin 1835 et 31 mars 1837, pourvut à cette nécessité, en admettant les caisses d'épargne à verser leurs fonds en compte courant au trésor. Plus tard, la loi du 31 mars 1837 substitua la Caisse des dépôts et consignations au trésor pour l'encaissement et l'administration de ces fonds, mais sous la garantie de l'État. Cette loi, d'abord accueillie par des prédictions sinistres, qui ne craignaient pas d'annoncer un retrait général des dépôts, fut, au contraire, après quelque temps de réflexion, favorablement accueillie par les clients des caisses d'épargne, dont les versements reprirent une marche ascendante très-rapide. Cet accroissement devint même tel que ce ne fut plus le public mais le gouvernement qui prit alarme en présence de l'énorme capital en voie de formation à la Caisse des dépôts et consignations, et qui plaçait le trésor sous le coup d'un remboursement immédiat de plusieurs centaines de millions. Cette préoccupation devenant chaque jour plus motivée, le pouvoir crut devoir provoquer des mesures de précaution. La loi du 16 juillet 1833 en maintenant à 300 fr. la limite des versements hebdomadaires avait statué que dès qu'un déposant serait créancier d'un crédit de 3,000 fr. en capital et intérêts, il ne lui serait bonifié aucun intérêt sur les sommes excédant ce maximum. La loi du 22 juin 1845 réduisit le maximum des dépôts à 1,500 fr. et à 2,000 francs avec la capitalisation des intérêts, sauf quelques exceptions en faveur des remplaçants, des marins et des sociétés de secours mutuels. Cette loi accorda d'ailleurs aux déposants la faveur de faire acheter des inscriptions de rentes, sans frais, par l'intermédiaire de la Caisse d'épargne, sur leur demande expresse.

Telle était la législation de ces établissements de prévoyance, lorsque éclata la crise de février 1848. Une demande de remboursement intégral en fut la conséquence immédiate. Pour atténuer l'effet d'une exigibilité qui portait sur une somme de 355 millions, dont 80 à Paris seulement, le gouvernement provisoire, par un décret du 7 mars, proclama que les caisses d'épargne étaient placées sous la garantie de la loyauté nationale et que le trésor public tiendrait ses engagements à leur égard. En même temps il éleva de 4 à 5 p. 100 l'intérêt alloué à leurs dépôts. Des mesures plus décisives ayant été jugées nécessaires, un autre décret, du 9, suspendit le remboursement en espèces, ou plutôt le limita à la somme de 100 fr. par livret, et offrit la conversion du surplus, moitié en bons du trésor à six et quatre mois, moitié en rentes 5 p. 100 au pair. A ce moment les bons du trésor s'escomptaient à 30 ou 40 p. 100 de perte, et la rente était à 70; l'offre était donc peu acceptable. Le décret du 7 juillet suivant, améliorant ces conditions sans cependant réparer complétement l'injustice commise par le précédent, fixa à 80 le taux des rentes offertes aux déposants, et en même temps rendit la conversion obligatoire. Une loi du 21 novembre, faisant retour au principe de la fidélité dans les engagements, bonifia aux dépôts qui avaient été convertis au taux de 80 fr. une somme de 8 fr. 40 pour 5 fr. de rentes, formant la différence entre 80 fr. et 71 fr. 60, cours moyen des trois mois qui avaient précédé le jour où la conversion avait été ordonnée. Mais en même temps, prenant en considération la situation critique du trésor, elle arrêta que cette compensation ne deviendrait disponible qu'à l'époque que fixerait une loi à intervenir. Cette disponibilité fut prescrite par la loi du 29 avril 1850, à partir du 1er juin suivant.

Les caisses d'épargne, remises de cette crise formidable, avaient repris le cours paisible de leurs opérations, lorsque l'accroissement assez rapide des dépôts fit naître de nouvelles inquiétudes. Une loi du 30 juin 1851 abaissa de 1,500 à 1,000 fr. le maximum de chaque compte, et disposa que si, par suite du règlement annuel des intérêts, ce maximum était dépassé, et si le déposant ne réduisait pas son compte, dans un délai de trois mois, à la limite légale, l'administration emploierait l'excédant à lui acheter, mais sans frais, de la rente à 5 p. 100, lorsque cette rente serait au-dessous du pair, et du 3 p. 100 dans le cas contraire. Elle réduisit en même temps de 5 à 4 1/2 p. 100 l'intérêt servi aux caisses d'épargne par la Caisse des dépôts et consignations, en autorisant, pour les frais de gestion, une retenue plus forte que par le passé. Enfin, elle prescrivit qu'un règlement d'administration publique déterminerait le mode de surveillance auquel la comptabilité des caisses d'épargne serait soumise désormais.

La dernière loi qui les concerne est du 7 mai 1853. Cette loi a d'abord abaissé de 4 1/2 à 4 p. 100 le taux de l'intérêt alloué par la Caisse des dépôts et consignations; elle a prescrit de ramener au-dessous du maximum de 1,000 fr., par un achat officieux de rentes, les comptes demeurés supérieurs à ce maximum depuis la loi du 30 juin 1851 et frappés par suite d'une stérilité complète. Elle a, en outre, rendu applicables aux fonds versés dans les caisses d'épargne les formalités abrégées consacrées par la loi du 28 floréal an VII, pour la transmission des rentes sur l'État. Enfin, elle a fixé un terme (trente ans) au delà duquel les dépôts dont les titulaires auront cessé de faire acte d'existence seront transférés à la Caisse des dépôts et consignations à la décharge des caisses, qui n'auront plus, en conséquence, à conserver dans leurs archives une masse de pièces anciennes et inutiles.

Au 31 janvier 1854 il existait en France 377 caisses d'épargne, dont 85 dans des chefs-lieux de département; 208 dans des chefs-lieux d'arrondissement; 82 dans des chefs-lieux de canton, et 2 dans des communes non chefs-lieux. Au 1er janvier 1850 (dernière année dont les comptes aient été officiellement publiés) leurs opérations se résumaient ainsi qu'il suit. Le solde dû aux déposants s'élevait à 74 millions 1/2; les versements reçus dans le courant de l'année avaient atteint le chiffre de 98 millions; la somme des intérêts alloués aux déposants, celui de 4,800,000; les arrérages de rentes touchés pour les déposants avaient été de 158,000 fr.; les remboursements en rentes sur leur demande, d'un peu plus de 3 millions; les remboursements en espèces, de 39 millions 1/2, et le solde au 31 septembre s'élevait à 35 millions en chiffres ronds. A la même date, les livrets de la classe de 500 fr. et au-dessous étaient à la totalité des livrets dans la proportion de 84,09 p. 100; ceux de 501 à 1,000 fr., de 9,77; ceux de 1,001 à 2,000, de 6,07; ceux de 2,001 à 3,000, de 0,04; ceux de 3,001 et au-dessus, de 0,03. Les professions se classaient ainsi qu'il suit: ouvriers 28,7 p. 100; domestiques, 17,1; employés, 5,1; militaires et marins, 7,0; professions diverses, 28,4; mineurs, 13,5; sociétés de secours mutuels, 0,2.

Les caisses d'épargne ont été soumises pour la première fois en 1853 aux vérifications des receveurs, des finances, conformément au décret du 15 avril 1852. Ces vérifications ont mis en évidence quelques désordres, et plusieurs caissiers infidèles ont eu à répondre de malversations devant les tribunaux. Mais le petit nombre de ces poursuites (5 ou 6 sur 375 caisses) ne peut que confirmer la juste confiance des déposants dans le zèle des conseils d'administration et la probité de leurs agents. Ajoutons qu'il a été pourvu aux déficits par les conseils municipaux et généraux et parfois même par de généreux particuliers. A. Legoyt.

ÉPAULARD, espèce de cétacé appartenant au genre *marsouin*. Le *marsouin épaulard* ou *des saintongeois* (*phocœna communis*, Fr. Cuvier) a pour caractères distinctifs: un museau très-court, une grande taille, une nageoire dorsale très-élevée, les dents grosses, mais en petit nombre, une peau noire sur le dos, blanche sous le ventre; une tache blanchâtre au-dessus de l'œil. L'épaulard est le plus grand des marsouins; il mesure quelquefois au delà de huit mètres dans sa plus grande longueur, et sa plus grande circonférence, qui se trouve vers sa partie moyenne, est de quatre mètres; une nageoire dorsale, haute de $1^m,30$, recourbée en arrière et terminée en pointe, s'élève sur le milieu de son dos; ses deux nageoires pectorales sont arrondies à leurs extrémités et élargies, et sa nageoire caudale, qui mesure environ deux mètres d'envergure, est partagée en deux par une échancrure médiane. Les épaulards fréquentaient jadis, en troupes assez nombreuses, le golfe de Gascogne; aujourd'hui ils paraissent avoir complétement abandonné nos côtes pour se réfugier avec les **baleines** dans les glaces du Nord. Rondelet, Fabricius, Bonnaterre et quelques autres naturalistes ont pensé que l'épaulard des Saintongeois pouvait bien être l'*orca* de Festus et de Pline; mais il paraît plus probable, ainsi que l'a avancé G. Cuvier, qu'il faut voir des épaulards dans ces béliers marins (*aries marinus*) que les flots abandonnaient sur les côtes de la Saintonge (*Pline*, lib. IX, cap. v), et qui, au dire d'Élien, avaient le front orné d'une bandelette blanche. L'épaulard est excellent nageur et très-vorace. Sa chair est dure, coriace et très-difficile à digérer.

BELFIELD-LEFÈVRE.

ÉPAULE. On nomme ainsi la partie la plus élevée de l'extrémité supérieure du **bras** chez l'homme, et de la jambe de devant chez les quadrupèdes. Nous nous occuperons ici de l'épaule de l'homme seulement. La charpente de cette partie est formée par l'**omoplate**, l'extrémité supérieure de l'**humérus** et l'extrémité extrême de la **clavicule**, unies entre elles par des substances ligamenteuses.

Des muscles nombreux et forts entrent dans l'organisation de l'épaule; plusieurs d'entre eux concourent avec la clavicule à l'unir au tronc. Ces derniers sont, en devant, le petit pectoral sur le côté, et en arrière le grand dentelé, le trapèze, l'angulaire et le rhomboïde. Ces muscles font exécuter à l'épaule des mouvements nombreux, mais peu sensibles. Les muscles propres à l'épaule sont : le sus-épineux, le sous-épineux, le grand rond, le sous-scapulaire et le **deltoïde**, qui forme à lui seul la partie charnue du moignon de l'épaule. Les muscles de cette partie, comme tous ceux de l'économie, sont unis entre eux par du tissu cellulaire lâche et abondant, mais en plus grande quantité chez la femme, qui a les épaules proportionnellement plus arrondies, plus gracieuses et en même temps plus écartées l'une de l'autre que l'homme.

Toutes les parties qui concourent à former l'épaule reçoivent des artères, des veines et des vaisseaux lymphatiques, qui y entretiennent la vie et le mouvement. Les nerfs naissent du plexus brachial, les **artères** sont fournies par la sous-clavière et l'axillaire. Les veines qui traversent l'épaule se rendent à la veine axillaire par plusieurs branches, accompagnent les artères de même nom qu'elles, et se distribuent de la même manière. Les vaisseaux lymphatiques se rendent à la glande axillaire, accompagnant les veines et les artères qui se distribuent à cette glande. La peau qui recouvre l'épaule est en général d'un tissu plus dense et plus serré que celle de la plupart des autres parties du corps; elle n'est point recouverte de poils comme la peau de l'aisselle; sa sensibilité est aussi plus obtuse.

Un grand nombre de maladies peuvent avoir leur siége à l'épaule : telles sont, par exemple, les plaies, les ulcères, les dartres, les diverses sortes de tumeurs, les corps étrangers, les gangrènes, etc.; mais la luxation des os entre eux constitue une maladie très-commune à cette région.

N. CLERMONT.

ÉPAULEMENT (*Fortification*). D'après son étymologie, ce mot indique une masse élevée, soit en terre, soit en fascines, soit en sacs à laine, dans le genre des **parapets**, pour couvrir en flanc ou *épauler* les militaires placés sous le feu des ouvrages de l'ennemi. Les défenseurs d'un ouvrage fortifié combattent vis-à-vis du parapet et à côté de l'épaulement; le parapet permet qu'on fasse feu, l'épaulement ne doit pas le permettre; cette proposition est cependant susceptible d'exceptions. Les lignes fortifiées, les appuis fixes, sont couverts, au besoin, par des épaulements. Dans la fortification offensive, on élève passagèrement des épaulements, à l'effet de se garantir des feux de l'ennemi, de favoriser les approches, de masquer la cavalerie attachée aux parallèles, d'opérer une descente à ciel ouvert. Quelquefois les épaulements sont des ouvrages construits avec plus de soin et de précaution, et formés de gabions, de gazons, de sacs à terre, de saucissons. Les anciens connaissaient l'usage de ces moyens de défense, et les employaient à garantir les *plutei*, les batteries de machines de guerre, les engins, les tours rouleresses. Les épaulements en usage parmi les modernes sont assez surhaussés pour mettre à couvert des hommes à pied, et, au besoin, des hommes à cheval. Il y a des épaulements pardessus lesquels des hommes d'infanterie peuvent tirer : tels sont les épaulements sans embrasure et à parapets, construits en avant des batteries de mortiers.

Gal BARDIN.

ÉPAULETTE. L'épaulette généralement est une bande de toile, d'étoffe, cousue, attachée sur la partie du vêtement qui couvre le dessus d'une robe; on dit les épaulettes d'une chemise, d'une robe. Particulièrement, c'est une bande de passementerie que les militaires portent boutonnée ou agrafée, sur l'une ou l'autre épaule, ou sur les deux, et qui est garnie à son extrémité d'une touffe de filets pendants. L'épaulette qui en est privée est une *contre-épaulette*. Les soldats portent des épaulettes de laine; les officiers des épaulettes d'or ou d'argent, et quelquefois d'argent et d'or à la fois. Elles servent à distinguer les grades et les compagnies; il y a des épaulettes de soldat, de sous-officier, de sous-lieutenant, de lieutenant, de capitaine, de chef de bataillon, de lieutenant-colonel, de colonel, de général, de maréchal. Ce mot se dit quelquefois particulièrement des épaulettes d'officier : *porter l'épaulette, gagner ses épaulettes*.

On a longtemps improprement désigné les épaulettes d'officier sous le nom absolu de *décoration*, sans réfléchir que l'**écharpe** et le **hausse-col** avaient été bien plus anciennement la décoration des officiers. L'usage des épaulettes est d'origine française. On doit au ministre Belle-Isle cette marque distinctive; elle a été imitée dans quelques pays étrangers, mais non dans la milice autrichienne, l'écharpe et la dragonne en tenant lieu. Nos officiers de hussards et de guides n'en portent pas; les chasseurs à cheval n'en portent plus. Le règlement de 1759 prescrivait l'emploi des épaulettes; les ordonnances de 1777 et 1779 en fixaient les formes. Cette création était le fruit d'une pensée sage, celle de mettre un terme aux dépenses ruineuses du costume brodé des officiers, et d'établir un signe extérieur simple, point embarrassant, qui, par l'ornement de l'habit, distinguât d'une manière nette, positive et apparente, de loin comme de près, l'espèce du grade. Si les épaulettes ne remplissent pas ou ne remplissent plus cette destination, les modifier ou y renoncer serait sage. Pour juger la question de l'utilité des épaulettes, on pourrait interroger les officiers supérieurs, qui sont dans le cas de faire à cheval une marche prolongée et rapide : ils avoueraient peut-être quelle impatience, quelle fatigue même, leur cause le mouvement d'une lourde épaulette, jouant comme un marteau à chaque mouvement du trot de la monture. Après quelques semaines d'une vie active, d'un service en campagne, ce n'est plus qu'un ornement flétri; il demande à être coûteusement renouvelé. L'étui en carton des épaulettes en est venu au point de remplir la moitié du porte-manteau. Demandez à un aide-de-camp, qui de loin cherche des yeux un colonel, s'il le distingue d'un capitaine, s'il distinguera un major d'un lieutenant, un chef de bataillon d'un lieutenant?

De 1758 à 1761 les habits des officiers de l'infanterie française commencent à être accompagnés sur chaque épaule d'une petite bandelette en galon large d'un doigt; il y pendait quelques accompagnements en manière de franges. La nécessité de contenir la banderole de la giberne, alors en usage parmi les officiers particuliers, avait nécessité l'adoption de cette épaulette, retenue à un bouton. Aussi dans le principe les officiers supérieurs, n'ayant pas de giberne, ne portaient-ils pas d'épaulettes. Il commence à être question d'épaulettes dans le règlement de 1762 : elles distinguaient l'officier, mais sans accuser le grade. Les règlements postérieurs défendaient d'orner de paillettes et de broderies cette bandelette, qui successivement, changeant de dimension, avait pris un corps d'épaulette maintenu par une bride. Sous Bonaparte, les grades fictifs commencent à donner droit à des épaulettes qui ne sont pas en rapport avec la fonction. La notice de 1815 est la première qui ait entrepris de déterminer, de décrire les distinctions et les mesures des épaulettes. Le règlement mort-né de 1817 entrait avec le plus complet détail dans les explications des épaulettes, depuis le maréchal jusqu'à l'adjudant sous-officier; il en traçait linéairement et de grandeur naturelle toutes les figures; il en dénommait les moindres parties; il en énonçait avec précision les rapports, les poids, les dimensions. Un ouvrage composé à cette époque en fournit la preuve. Depuis, les innovations ont été si nombreuses, si frivoles, qu'il semble que le ministère de la guerre n'ait eu en vue que de justifier ce sarcasme de Fiévée : « S'il était un peuple chez lequel depuis trente ans on n'eût pas encore pu arrêter la forme des épaulettes, quel fond faudrait-il faire sur ses institutions? »

L'usage des épaulettes est commun aux milices anglaise, danoise, espagnole, portugaise, brésilienne et wurtembergeoise. Jusqu'à nos jours, en vertu de tous les règlements, les épaulettes des officiers particuliers devaient être à frange dite à graine simple : c'est ce qui les distinguait des épaulettes à graines d'épinards des officiers supérieurs. Depuis 1815 les corps privilégiés, l'état-major général, et même les régiments de carabiniers, ont eu la petite torsade, tant sont constants les empiétements du luxe, la passion pour le privilége, la manie des distinctions frivoles, l'obsession qui assiége les ministres. Les épaulettes d'officier supérieur sont d'un usage bien moins ancien que celles des officiers particuliers : les officiers supérieurs de l'infanterie espagnole n'en portent point encore généralement, et n'ont souvent que de minces galons au bas des manches, tandis que dans cette armée il n'est pas rare de rencontrer des sous-lieutenants affublés de monstrueuses épaulettes à graines d'épinards. Gal BARDIN.

ÉPAULIÈRE, partie de l'armure du chevalier, qui couvrait et défendait l'épaule (*voyez* CUIRASSE).

ÉPAVES. Ce mot dans l'origine désignait les animaux qui, ayant pris la fuite par peur (*expavefacta*), se trouvaient égarés; maintenant on appelle ainsi toutes les choses mobilières trouvées à l'abandon et dont on ne connaît point le propriétaire. Chez les Romains les épaves appartenaient à celui qui les avait trouvées ou au premier occupant, à moins que le propriétaire ne les réclamât dans le temps nécessaire pour la prescription. Au moyen âge, les épaves appartenaient au seigneur haut justicier si elles n'étaient pas réclamées dans les délais fixés par les diverses coutumes. D'après le Code Civil, les détenteurs d'objets perdus ne sont tenus de remplir aucune formalité; ils peuvent en disposer librement, sauf au propriétaire à exercer, dans le délai de trois ans à compter du jour de la perte, une action en revendication. Néanmoins l'usage s'est répandu à Paris de remettre à la préfecture de police, par l'intermédiaire des commissaires de police, les objets trouvés; au bout d'un an, si l'objet n'a pas été réclamé, il est rendu à celui qui l'a trouvé; si ce dernier est resté trois ans sans exercer ce droit, l'objet appartient aux hospices. Chaque semaine le *Moniteur* enregistre les épaves ainsi déposées.

Les *épaves maritimes* sont les effets que la mer pousse et jette à terre et dont le propriétaire n'est pas connu. En Normandie on les appelait *varech*. L'ordonnance de 1681 attribuait pour deux tiers au domaine et pour l'autre tiers à celui qui les trouvait, l'ambre, le corail et les *poissons à lard*, lorsque la mer les avait rejetés sur la grève. Les herbes rejetées sur la rive appartenaient au premier occupant; la coupe de celles qui étaient attachées aux rochers ou au rivage était réservée aux habitants de chaque paroisse. Les vaisseaux et les effets échoués ou trouvés sur le rivage appartiennent à l'État lorsqu'ils ne sont pas réclamés dans l'an et jour. Mais pour les effets trouvés en pleine mer ou tirés du fond des eaux, le tiers en doit être délivré, en espèces ou en deniers, à ceux qui les ont sauvés. Les deux autres tiers doivent être déposés pour être rendus aux propriétaires s'ils les réclament dans l'an et jour. A défaut de réclamation, les effets sont dévolus au fisc.

Aux termes de l'ordonnance des eaux et forêts de 1669, les *épaves d'eau*, c'est-à-dire celles qui sont trouvées au milieu des fleuves ou rivières navigables, ou que l'eau a déposées sur leurs rives, sont vendues au profit du domaine si elles n'ont été réclamées dans le mois, à compter du jour où le procès verbal qui doit en être rapporté a été lu à l'audience du tribunal civil; après la vente le propriétaire peut encore réclamer le prix pendant un mois. Les épaves des rivières non navigables ne sont pas comprises dans ces prescriptions.

Tous les effets, paquets, balles ou ballots trouvés dans les bureaux des carrosses, coches, messageries, chemins de fer, et maisons ou gares où se tiennent des voitures publiques, qui n'ont point été réclamés dans l'espace de deux ans révolus et dont on ne connaît pas les propriétaires, appartiennent au domaine à titre d'*épaves*.

Les effets abandonnés dans les greffes criminels et non réclamés doivent également être vendus au profit du domaine. Les propriétaires ne peuvent réclamer que pendant un an à compter du jour de la vente. Néanmoins une ordonnance de 1829 ne déclare acquis à l'État le produit de ces ventes qu'après le délai de trente ans.

ÉPEAUTRE (*triticum spelta*), genre de plantes monocotylédones, de la famille des graminées. Bory de Saint-Vincent, Bosc et la plupart des naturalistes en font une espèce distincte : le *triticum zea* n'en est qu'une variété; on en connaît plusieurs autres, toutes cultivées dans les pays de montagnes, dans les sols pierreux. Autrefois, elle était généralement répandue; maintenant elle l'est beaucoup moins; cependant, on la conserve dans les climats froids, parce qu'elle résiste aux hivers les plus rigoureux. Ses épis, presque tétragones, inclinés à l'époque de la maturité, renferment un grain allongé, pointu, de moyenne grosseur. L'épeautre donne une farine moins abondante que plusieurs autres espèces de froments, et d'une fermentation plus difficile; c'est probablement la cause qui l'a fait abandonner, car elle fournit d'ailleurs un pain d'une nature excellente, lorsqu'elle est convenablement manipulée. On en prépare des bouillies et des pâtes d'une bonne qualité. Elle était fort estimée à Rome, s'il faut en croire la lettre charmante que Pline adresse à Septicius Clarus à l'occasion d'un dîner auquel ce dernier avait manqué : au nombre des mets délicats dont il voulait régaler son ami, Pline avait fait préparer un gâteau à l'épeautre : *Alica cum mulso et nive*. P. GAUBERT.

ÉPÉE. Ce mot provient du grec σπάθη. Les Romains en ont fait *spatha*, pour exprimer la longue et large épée des Gaulois, faite en forme de spatule. Apulée, Tacite, Végèce, se servent de *spatha* dans le même sens. Diodore donne à entendre que c'est une expression celtique; elle avait peut-être été apportée en Grèce par les Gaulois qui avaient pris du service dans les armées de quelques États grecs. Le terme *épée* serait donc de souche gauloise, et cette souche, corrompue dans le bas latin, *spada*, restée dans l'italien, et modifiée dans l'espagnol en *espada*, a produit nos mots *espadon*, et *spadassin*. L'histoire de l'épée demanderait à être embrassée depuis le stylet de quelques centimètres jusqu'au glaive de deux mètres de lame : ce serait une immense étude d'antiquaire. L'épée est une arme du genre de celles qu'on appelle *matérielles* ou *simples;* on s'en est servi de toute antiquité, et bien antérieurement à la découverte du fer. Sa lame fut longtemps en airain; une partie de fer et cinq parties de cuivre fondues ensemble composaient l'étoffe de l'épée romaine : celle de l'infanterie était courte, sans pointe, accompagnée ou non, suivant les temps, du poignard; elle était supportée par la *parazone*. Quand on eut commencé à forger le fer, l'usage de l'épée devint universel, et militairement cette arme prit alors une importance marquée.

Dans la langue des Romains, *ensis* signifiait plus génériquement une arme soit à pointe, soit à taillant; *gladius* signifiait plutôt un estoc, ou une arme uniquement à pointe. Voilà pourquoi le mot *glaive,* directement dérivé de *gladius,* a donné l'idée d'une lance, d'une arme à pointe, d'une épée proprement dite, tandis que, *ensis falcatus* signifiait sabre ou épée en faulx, ou fauchon. Les *célères* de Romulus avaient pour épée un sabre long à pointe; l'infanterie des maîtres du monde emprunta l'épée espagnole, sabre court à lame droite et plate. Chez les Romains, le retentissement des boucliers s'entre-choquant, ou le cliquetis des épées de l'infanterie frappant le bouclier, étaient l'accompagnement habituel ou la basse continue du cri de guerre. Quand la république perfectionna ses armes, l'épée et la grève du légionnaire devinrent d'un usage inséparable et coordonné. Les peuples que les Romains appelaient *barbares*, les Perses, les Germains, les Gaulois, portaient l'épée en temps de paix comme en temps de guerre, et même dans les festins, les cérémonies religeuses, les fêtes publiques. On en a le témoignage dans Ammien, dans Tacite, etc. De là ces formes de l'affiliation des jeunes Germains, cette initiation des leudes, des chevaliers, des connétables, etc. Au contraire, les Grecs et les Romains ne ceignaient l'épée qu'en temps de guerre; aussi l'usage du duel était-il inconnu chez ces peuples.

Plutarque dit que les Germains et, à leur imitation, les Francs avaient un sabre lourd, peu long, sans pointe et à double taillant; voilà pourquoi des savants ont cru que c'était une *besaguë* (*bis acuta*). Tite-Live parle de l'épée courte des Espagnols, si différente de l'épée longue et sans pointe des Gaulois. Les Celtibères, dit Polybe, ont les meilleures épées, car elles ont une forte pointe, assènent de grands coups de taille, et tranchent des deux côtés. Juste-Lipse donne de longs détails au sujet des épées des anciens; mais en cela, comme en tout, son érudition est dépourvue de clarté. Stewechius a tiré des marbres antiques l'image de soldats légionnaires portant l'épée à droite. Horace et et Polybe indiquent cette coutume, et nous apprennent que depuis les campagnes d'Annibal l'épée à l'espagnole, espèce de sabre court, se portait à droite et était l'épée des hastaires. Mais la cavalerie romaine portait, à gauche, l'épée longue, comme la colonne trajane et le traité de Fabretti le témoignent : cette arme était le *gladius*. Le peu de longueur de la lame de l'espèce du poignard oriental dont se servait l'infanterie et le danger qu'il y aurait eu à déplacer le bouclier, pour aller chercher à gauche l'épée, expliquent l'usage de l'épée à droite. Au déclin de l'empire, on portait à gauche de longues épées. Josèphe nous apprend que les soldats romains en avaient souvent deux, l'une courte et à droite : elle avait une palme, ou 32 centimètres; l'autre, longue et à gauche : celle-ci s'appelait *ensis*, *gladius*, *spatha* (qui s'est changé en *spada*), et la première, *semi-spatha* ou *pugio*, ou, suivant Dion, *gladiolus*.

L'épée des Francs conserva sa forme sous les deux premières races; elle était portée au côté gauche par une chaîne en bandoulière; mais il n'en a pas toujours été ainsi. Après la conquête des Gaules, les Francs, lorsqu'ils commencèrent a prendre l'usage du bouclier, portèrent, disent quelques écrivains, l'épée non plus à gauche, mais à droite. Cette circonstance n'est peut-être pas d'une vérité absolue; il a pu en être ainsi par exception, par le caprice de quelques hommes de pied; mais leurs chefs combattant à cheval, mais la cavalerie, n'eussent pu avoir l'épée à droite, à moins qu'ils ne montassent à cheval du côté droit; et il paraît que jamais la cavalerie, même quand elle avait le bouclier nommé *parme*, n'a porté l'épée qu'à gauche : si une arme blanche était portée à droite, c'était un court poignard. D'importantes manufactures d'épées étaient établies jadis à Reims. Dans les premières croisades, l'épée ou du moins un genre d'épée s'appelait *braquemar*. Pendant tout le moyen âge, aucune uniformité ne règne à l'égard des armes, ou du moins aucune disposition réglementaire qui s'en occupe n'est venue à notre connaissance; car il est indubitable qu'il doit avoir existé des règles que nous ignorons, puisque les armes des champions devaient se ressembler, que l'épée du connétable a été constamment de même forme, et qu'à Valence, ville renommée pour la fabrication des épées, comme nous l'apprend Rabelais, les ouvriors se conformaient probablement à des modèles, à des traditions qui suppléaient à l'absence des règles écrites. Au temps de Louis IX, l'épée, portée avec le haubert, était encore généralement courte; il y en avait qui pesaient jusqu'à 2 kilog. et demi. Willemin nous montre une épée droite à deux tranchants, de 65 centimètres de lame environ; elle était portée, en 1265, par un maréchal de France.

A l'époque où la cotte de mailles commença à passer de mode, et où se rétablit l'usage de l'armure de fer plein, l'épée s'allégea et s'allongea. Les Suisses avaient deux épées, dont l'une, nommée *espadon*, se portait sur le dos, et s'attachait par une courroie à la hauteur des épaules; l'autre était suspendue à un baudrier ou à un ceinturon. Aussi longtemps que l'état de troubles et de guerre fut une situation habituelle, tous les hommes libres portèrent en France l'épée, ou du moins en eurent une dans leur logis. Les archers, en outre de leurs armes de trait, les vilains même, avaient l'épée au nombre de leurs *bastons*, comme on le voit dans le roman de l'*Outillement du vilain*. Jusque là l'épée était une arme de guerre et la première des armes offensives, comme le heaume était la première des armes défensives; on la regardait comme la pièce principale de l'armement d'honneur : voilà pourquoi elle était ordinairement le prix décerné dans les tournois aux vainqueurs qui tenaient parti avec les assaillants. L'épée des chevaliers, étant considérée par l'Église comme destinée à combattre les ennemis de la religion, était soumise à la cérémonie de la bénédiction. Au quatorzième siècle, « le bon fer de Bordeaux », dit M. de Barante, en faisait rechercher les épées. Les guerriers du Mexique au temps de la découverte de l'Amérique n'étaient armés que d'épées à lame de bois.

Vers le milieu du quinzième siècle, les épées de paix prennent vogue, l'habillement bourgeois et l'épée s'unissent; alliance, ou plutôt contradiction, qui a duré jusqu'à la fin du règne de Louis XVI. Depuis l'adoption de la coutille, les Français avaient la double épée. Clément Marot dit que de son temps on portait à droite une épée tranchante : cet usage se rattachait à la coutume des combats à la *mazza*. Montfaucon nous montre, vers le temps de Charles VI, l'usage de petits poignards de ceinture portés en costume de cour; mais la première figure où se montre l'épée jointe au costume civil est un portrait de Charles VII. Velly nous parle de *l'épée de parement* ou *de cérémonie* qui était portée devant Charles VII, le jour de son entrée triomphale à Rouen. Cependant, on reste en doute si le terme signifiait épée de parade ou d'ornement, ou bien épée de rempart; car parement se rapportait aussi bien à ornement qu'à fortification. Les épées étaient longues au temps de François Ier, comme le témoignent Montluc et Dubellay. Willemin en donne une image détaillée et curieuse. Au quatorzième siècle les Français de cour portaient deux épées, l'une à droite, l'autre à gauche. C'était une modification d'un usage plus commun dans les pays étrangers, celui de l'épée longue à laquelle adhérait la *miséricorde*.

Le *braquemar* reparut sous Henri IV, mais c'est surtout l'*espadon* que ce prince portait habituellement : les épées de cavalerie, alors substituées aux lances, étaient d'une grande lourdeur. A compter de Louis XIII, on adopta l'épée d'escrime. Cette espèce d'épée a varié en ce qu'elle était à pistolet, à coquille, à garde ou poignée en simple croix, à garde en pas d'âne, comme le témoigne Furetière. Il y en a eu en spatule, flamboyante, à poignée en panier, à poignée en grille, à demi-coquille, à miséricorde, à demi-croisette. Mais telles de ces armes offensives, oubliées maintenant pour la plupart, étaient les unes d'estoc, les autres de taille; elles étaient aussi bien des épées que des sabres ou des poignards : ainsi, les vieux romans appliquent à l'épée l'action de *hachier*, comme arme coupante. Démêler actuellement les anciennes différences entre l'épée, le sabre, le poignard, est devenu aussi impossible que de déterminer la signification positive de tous les synonymes dont il a été question dans le cours de cet article. Si l'on ne modifiait l'acception du mot suivant l'écrivain par lequel il en est fait mention et le temps où il écrit, on concevrait mal le texte des récits. Un des effets de la découverte de la poudre a été la substitution de l'épée à la lance des gens d'armes, car la lance ne permettait de charger que sur un rang, ce qui était un ordre trop faible depuis l'usage des armes à feu.

Gal BARDIN.

ÉPÉE (Ordre de l'). Cet ordre de chevalerie, institué, dit-on, par Gustave Wasa, en 1522, était d'abord destiné, comme l'indique son nom, à défendre l'Église catholique par les armes, et dut disparaître lorsque le luthéranisme se fut établi en Suède. Il fut reconstitué en 1748, par Frédéric Ier, sur de nouvelles bases, et eut pour destination de récompenser les actions d'éclat, les longs services militaires, la fidélité au roi et à la religion de l'État (le luthéranisme). Les statuts furent réformés en 1772, 1798, et dernièrement en 1814. Cet ordre comprend cinq classes : les simples *chevaliers*, au nombre desquels sont reçus les capitaines ayant vingt ans de service, les *chevaliers grands-croix de deuxième classe*, qui doivent être colonels; les *chevaliers grands-croix de première classe*, qui doivent être majors-généraux; les *commandeurs*, qui doivent être au moins généraux : les princes du sang font de droit partie de cette classe; enfin, les *commandeurs grands-croix*, dignité fort élevée, qui n'est conférée qu'en temps de guerre, et dont le roi lui-même ne porte l'insigne que lorsqu'il a remporté en personne une victoire à la tête des armées suédoises. L'insigne de l'ordre est une croix de Saint-André en or, formée par des épées croisées; au centre est un écusson d'azur, chargé d'un côté des armes de Suède, et de l'autre d'une épée en pal, dont la pointe est entourée d'une guirlande de lauriers, avec cette légende : *Pro patriâ*. BOUILLET.

ÉPÉE (CHARLES-MICHEL DE L') naquit à Versailles, le 25 novembre 1712, d'un père architecte du roi. De bonne heure il se sentit porté vers la carrière ecclésiastique. Après avoir triomphé de l'opposition de ses parents, il dirigea tous ses efforts vers les études théologiques, et parvint bientôt au diaconat; mais au moment de recevoir la prêtrise, un obstacle vint l'arrêter tout à coup : on était au plus fort de cette malheureuse querelle janséniste, léguée par Louis XIV à son successeur; il fallait signer le *formulaire*, sorte de déclaration d'orthodoxie moliniste, imposée au diocèse de Paris. Le nouvel aspirant, qui penchait pour les opinions contraires, refusa de signer, et dut dès lors renoncer à être admis dans les ordres. Repoussé des autels, il tourna sa pensée vers le barreau, et se fit recevoir avocat à Paris; mais ce n'était pas la carrière qui pouvait suffire à son âme qui débordait de l'amour du bien. Enfin, un évêque de Troyes, qui avait l'honneur de porter le nom du grand Bossuet, dont il était le neveu, lui offrit, avec les ordres sacrés, un modeste canonicat dans son diocèse. Là, de l'Épée se montra prêtre aux mœurs pures, à la parole onctueuse et pénétrante; ses succès furent grands dans la prédication; mais ses opinions, qui l'avaient lié avec le fameux évêque de Sénez, Soanen, le firent tomber dans une disgrâce commune avec cet adversaire opiniâtre de la bulle *Unigenitus*. Il fut interdit par l'archevêque de Paris, de Beaumont. Écarté ainsi des fonctions ecclésiastiques, il dut porter vers un autre but ce besoin d'être utile aux hommes dont son cœur était embrasé. Le hasard lui offrit deux jeunes sœurs sourdes-muettes, qu'un prêtre de la doctrine chrétienne, le père Vanin, avait essayé, au moyen d'estampes, de tirer de l'ignorance où la nature les plongeait; malheureusement ce religieux venait de mourir. De l'Épée, ne consultant que son zèle, proposa à la mère, attristée, de le remplacer; et dès lors, s'ouvrit pour lui une nouvelle et plus glorieuse carrière.

L'abbé de l'Épée n'est point, comme le croient quelques personnes, l'inventeur de l'art d'instruire les sourds-muets : cet art avait déjà pris naissance en Espagne, et il date du seizième siècle (*voyez* SOURDS-MUETS); mais jusque alors on avait instruit individuellement les malheureux condamnés au mutisme, en leur apprenant à lire la parole sur les lèvres et à prononcer eux-mêmes des mots sans les entendre. Tel était le système de l'Espagnol Ponce de Léon, le premier entré dans la carrière, et qui en obtint, au dire de ses contemporains, des résultats prodigieux. A l'époque même où l'abbé de l'Épée entreprit l'éducation des deux jeunes filles, un juif portugais, Pereira, était déjà en grand renom à Paris par des succès obtenus, selon toute apparence, à l'aide d'une méthode semblable, à laquelle il joignit l'*alphabet manuel*, dont l'invention ne lui appartient pas davantage : du reste, comme il faisait mystère de ses procédés et n'a rien écrit, on ne peut que conjecturer qu'il était simplement un émule de Ponce de Léon. La méthode de l'abbé de l'Épée est très-distincte; elle consiste à s'emparer des signes dont la nature a doté les sourds-muets, et qui leur servent pour communiquer avec leurs proches; à les perfectionner, à en faire une langue véritable, langue expressive et féconde, et qui doit sans doute avoir bien des rapports avec celle que les mimes romains avaient inventée, et au moyen de laquelle Roscius se vantait d'interpréter une oraison de Cicéron aussi nettement que par la parole. Quoi qu'il en soit, cette langue des *signes* est bien véritablement l'œuvre de l'abbé de l'Épée. Elle suppose une patiente et laborieuse analyse de la pensée, ainsi qu'une connaissance très-approfondie de ses rapports avec la parole. L'Anglais Wallis l'avait pressentie, il est vrai; mais ici, comme en tout, à celui qui applique et systématise, l'honneur de l'invention!

Avec cette méthode, qui se perfectionna de plus en plus à mesure qu'elle fut mise en pratique, de l'Épée parvint à instruire en peu de temps quelques sourds-muets; il les prit chez lui pour pouvoir mieux suivre leur éducation : un petit établissement se forma ainsi aux frais du bon prêtre. Les dépenses ayant promptement dépassé ses revenus, il eut recours à quelques personnes bienfaisantes, notamment au vertueux duc de Penthièvre, qui le mit à même de persévérer dans son œuvre. Toutefois, il ne put, malgré tous ses efforts, obtenir l'appui direct du gouvernement, et donner ainsi de solides bases à son institution naissante. L'étranger y prit alors plus d'intérêt que la France : l'illustre fondateur reçut de plusieurs cours des témoignages de la vénération que devait inspirer son généreux dévouement : Catherine et Joseph II lui firent des offres brillantes : l'abbé de l'Épée demanda seulement à l'ambassadeur de la tsarine, comme preuve de l'estime de sa souveraine, l'envoi d'un jeune sourd-muet de ses États, qu'il se chargerait d'instruire; et il répondit à l'empereur, qui était venu lui-même le visiter pendant son séjour en France : « Je suis déjà vieux ; si V. M. veut du bien aux sourds-muets, ce n'est pas sur ma tête, déjà courbée vers la tombe, qu'il faut le placer, c'est sur l'œuvre même : il est digne d'un grand prince de perpétuer tout ce qui est utile à l'humanité. » Joseph, pour répondre à ce vœu, lui envoya un ecclésiastique qui, après avoir reçu ses leçons, devint à Vienne le directeur du premier établissement autrichien en faveur des sourds-muets.

Comme toutes les carrières véritablement utiles, celle-ci fut traversée par l'envie : elle prit prétexte, pour éclater, de l'aventure de ce jeune sourd-muet abandonné dans lequel de l'Épée crut découvrir l'héritier dépouillé d'une riche et puissante famille, et qu'il entreprit de faire réintégrer dans ses droits : singulier épisode de sa vie, heureusement traduit sur la scène par B o u i l l y. Ses ennemis s'attachèrent alors à attribuer sa sollicitude active à des vues de cupidité personnelle. C'est par des faits qu'il faut répondre à de telles imputations ; c'est en rappelant que l'abbé de l'Épée, déjà presque octogénaire et atteint de plusieurs infirmités, se privait secrètement de bois, dans l'hiver rigoureux de 1788, pour pouvoir subvenir aux besoins des enfants qu'il élevait à ses frais. Un jour, la privation que s'imposait le pauvre vieillard fut découverte, et ses élèves accoururent, les yeux baignés de larmes, le supplier à genoux, dans leur langage animé, de se conserver pour eux, scène touchante, digne du pinceau d'un maître ! Il expira l'année suivante, le 23 décembre, recevant au lit de mort l'assurance consolante que le gouvernement ne laisserait pas périr après lui l'établissement auquel il s'était voué tout entier. Son oraison funèbre fut prononcée à Saint-Étienne-du-Mont, devant un auditoire composé de tout ce que les sciences et les lettres avaient de plus notable, par l'abbé Fauchet, qui devait bientôt figurer parmi les principaux acteurs de notre grande scène révolutionnaire. Ses restes mortels, découverts par ses fils d'adoption dans un caveau de Saint-Roch, ont été déposés en cette même église, dans un monument dû au statuaire Préault. L'abbé de l'Épée a composé, indépendamment d'un petit écrit théologique sans valeur littéraire, un ouvrage où il expose sa méthode, et qui est intitulé : *Institution des sourds-muets par la voie des signes méthodiques* (1774 et 1776). Il avait commencé un *Dictionnaire général des signes employés dans la langue des sourds-muets.* P.-A. Dufau.

ÉPÉE DE MER. *Voyez* Espadon (*Ichthyologue*).

ÉPÉIOS ou ÉPÉUS, fils de Panopeus, partit des îles Cyclades, au rapport de Dictys, à la tête de trente navires pour prendre part à l'expédition contre T r o i e. Ce fut lui qui, avec l'aide d'Athéné (Minerve), construisit le fameux cheval de bois dans le ventre duquel, suivant Virgile, il se cacha lui-même. Longtemps encore après le sac de Troie, on montrait dans le temple qu'Athéné avait à Métaponte les instruments qu'il avait employés pour cette construction. Homère le représente comme un rude joûteur, qui remporte le prix du pugilat dans les jeux célébrés à l'occasion des funérailles de Patrocle. Stésichore, au contraire, fait de lui un simple valet des Atrides, et c'est ainsi qu'il était représenté dans le temple d'Apollon à Carthéa, dans l'île de Céos.

ÉPÉIRE, genre établi par Walckenaër dans sa classification de la famille des a r a c h n i d e s. Il a pour type l'*araignée diadème*, espèce très-commune dans les environs de Paris. Le genre *épéire* renferme des espèces dont l'industrie peut rivaliser avec celle des chenilles d'h y p o m é n e u t e s.

ÉPELLATION. *Épeler*, du latin *appellare*, appeler, c'est nommer l'une après l'autre, avant de les réunir dans une même émission de voix, les lettres dont se compose une syllabe. On distingue communément deux manières différentes d'épeler : l'une, dite *ancienne épellation*, est celle qui conserve aux lettres le nom traditionnel qu'elles portent dans notre alphabet : cette méthode remonte fort loin, puisqu'elle a été honorée de la sanction des Pères de l'Église ; l'autre, dite *nouvelle épellation*, ou épellation de Port-Royal, est celle dans laquelle, pour nommer les consonnes, on place uniformément après l'articulation qu'elles représentent le son improprement dit *e* muet. Cette dernière méthode, qui a en effet été recommandée par les savants auteurs de la *Grammaire générale*, présente assurément une grande amélioration sur l'autre. On ajoute en effet moins d'éléments étrangers en prononçant *be*, *fe*, *he*, *je*, *ke*, *ze*, qu'en disant *bé*, *effe*, *hache*, *ji*, *ka*, *zède*. Toutefois, s'il est absurde, pour faire lire le mot *table*, par exemple, de faire prononcer : *té*, *a*, *ta* ; *bé*, *elle*, *é*, *ble*, il n'est pas encore parfaitement logique de faire dire : *te*, *a*, *ta* ; *be*, *le*, *e*, *ble*. Peut-être le nom, si faux, d'*e* muet, donné à la voyelle que nous faisons entendre dans les mots *le*, *de*, *me*, est-il en partie cause de la fausse route que l'on a encore faite, tandis que l'on semblait être sur la voie d'un perfectionnement plus réel. On n'a pas vu que l'*e*, qui est en effet muet à la fin des mots, soit après une voyelle, comme dans *vie*, *lue*, *moue*, soit après une consonne, quand il y a dans le mot une autre voyelle, comme dans *âge*, *ère*, *île*, n'est pas plus muet que toute autre lettre chaque fois qu'il est, comme dans le cas où on l'emploie dans l'épellation nouvelle, la voyelle unique de la syllabe que l'on prononce, et que par conséquent son intercallation après chacune des consonnes d'un mot le défigure encore, bien que, par l'effet même de l'uniformité de cette addition parasite, ce ne soit pas d'une manière aussi choquante que lorsque l'on épelle par l'ancienne méthode.

Frappées de cet inconvénient, quelques personnes ont proposé la *méthode sans épellation*, d'après laquelle l'élève, ne décomposant plus la syllabe, n'a plus à retrouver dans ce même mot *table* que deux éléments, *ta-ble*. Cette méthode multiplie à un point considérable le nombre des éléments dans la lecture, et nécessite par conséquent l'emploi d'énormes syllabaires, dont l'étude est pour l'élève aussi longue que fastidieuse. Aussi bien des instituteurs l'ont-ils appliquée avec peu de succès. Nous proposerons une méthode de lecture par l'*épellation rationnelle*, c'est-à-dire qui, en évitant l'inconvénient immense de faire entendre dans un mot des éléments qui lui sont étrangers, conserve l'avantage de faire l'analyse de la syllabe, et maintient à chaque lettre sa véritable valeur. Ce procédé, bien simple du reste, consiste à montrer successivement et isolément, à l'élève, chacune des lettres effectives, en lui faisant prononcer (pour revenir au mot que nous avons pris pour exemple) les consonnes *t*, *b*, *l*, comme nous les prononçons dans *fat*, *horeb*, *tel*, où elles se font fort bien entendre sans le secours du faux *e* muet. On doit seulement, dans le principe, pour faire bien distinguer chaque articulation, l'émettre avec plus de force, d'une manière plus emphatique qu'on ne le fait dans la parole ordinaire. Quant aux voyelles *a* et *e*, elles ne peuvent pas avoir dans notre lecture d'autre valeur que celle qu'elles auraient dans la lecture sans épellation. Il est bien entendu qu'il ne faut pas décomposer les groupes de lettres qui, comme *ai*, *au*, *eu*, *ou*, *ph*, *ch*, *gn*, présentent, en réalité, des sons ou des articulations simples. On ne doit pas, non plus, dans une orthographe anormale, telle que celle de la diphthongue *oi*, manquer de faire remarquer à l'élève la valeur exceptionnelle que prennent certains caractères, comme ici le caractère *i*, qui se prononce *a*. Ces détails suffiront pour faire saisir le principe de l'*épellation rationnelle*. Nous ne dirons pas de cette méthode, comme on l'a dit de la *lecture sans épellation*, qu'avec elle « l'oraison dominicale suffit pour apprendre à lire ». Il ne faut pas avoir réfléchi longtemps aux difficultés que présente pour la lecture notre système d'orthographe, pour voir le ridicule d'une pareille prétention ; mais nous affirmerons, comme l'expérience nous donne le droit de le faire, qu'en la suivant on peut avec une heure de leçon par jour apprendre à un enfant d'une intelligence ordinaire à lire couramment en trois mois. Léon Vaïsse.

ÉPÉRIÈS, ville libre royale dans le comitat de Saros, sur la rive gauche de la Tarcza, est une des plus anciennes et des plus intéressantes, et, après Kaschau, la plus belle ville de la haute Hongrie. Elle est entourée d'une muraille encore en bon état, et sa population, presque tout entière d'origine slave, est de 8,900 habitants, dont 5,680 appartiennent à l'Église catholique romaine, 1,530 à l'Église luthérienne; le reste se compose de grecs unis et non unis, et d'israélites. Chef-lieu du comitat de Saros, Épériès est le siége d'un évêque grec-catholique, d'une cour d'appel, et depuis 1840 d'un tribunal de commerce. On y trouve quatre églises catholiques, un temple protestant, une synagogue, un collége protestant, comptant 500 élèves et possédant une bibliothèque riche de 14,000 volumes, une école normale et un couvent de franciscains. Cette ville fort industrieuse fait un commerce des plus importants en céréales, draps grossiers, vins d'Hegyaly, eaux-de-vie, etc. Les plus beaux édifices publics sont l'église Saint-Nicolas, la salle du Comitat, l'hôtel du Chapitre et le théâtre, construit par une société d'actionnaires.

Épériès, doit, dit-on, son origine à une colonie allemande que le roi Geysa II y établit, vers le milieu du douzième siècle, et cent ans après elle était déjà parvenue à un remarquable degré de prospérité. Élevée, en 1374, au rang de ville libre royale par Louis Ier, elle fut plus tard fortifiée et pourvue de nombreux priviléges et immunités. Cependant, dans le cours des temps elle eut aussi beaucoup à souffrir de la guerre, de la peste et d'autres calamités.

En 1687, c'est là que le général impérial Caraffa établit le sanglant tribunal resté fameux dans l'histoire sous le nom de *tribunal d'Épériès*, et qu'il fit dresser au milieu de la grande place un échafaud permanent, sur lequel en une seule journée (le 9 mai) trente des plus notables habitants de la ville trouvèrent la mort.

ÉPERLAN. C'est parmi les poissons malacoptérygiens abdominaux, dans la famille des s a u m o n s, un genre établi par Linné, sous le nom de *salmo eperlanus*, et conservé sous celui d'*osmerus* par les ichthyologistes modernes. On n'en connaît encore qu'une seule espèce, l'*osmerus eperlanus*; c'est un joli petit poisson, long d'un décimètre environ et brillant des plus belles teintes d'argent ou de vert clair. On le pêche dans la mer et à l'embouchure des grands fleuves, particulièrement de la Seine, d'où on en apporte en grande quantité à Paris. Sa chair en effet, d'une odeur de violette, ou, suivant M. H. Cloquet, se rapprochant un peu de celle des concombres, est blanche, tendre, et d'une digestion facile.

L'éperlan a un grand nombre des caractères anatomiques des saumons, des truites, des ombres, puisqu'il appartient à la même famille; c'est pourquoi nous ne parlerons ici que des caractères qui lui sont propres, et que l'on peut réduire aux suivants : deux rangées de dents écartées à chaque palatin, mais seulement quelques dents implantées sur le devant de leur vomer; nageoire ventrale, répondant au bord antérieur de la première nageoire dorsale; la membrane des ouïes n'ayant que huit rayons.

On appelle aussi *éperlan de Seine* le *cyprinus bipunctatus*, espèce du genre *able*. N. CLERMONT.

ÉPERLAN (Faux). Voyez CABASSOU.

ÉPERNAY (en latin *Sparnacum*), ville de l'ancienne Champagne, aujourd'hui chef-lieu de sous-préfecture du département de la M a r n e, située à 25 kilomètres au sud de Reims, à 31 kil. ouest de Châlons-sur-Marne, et à 138 kilomètres à l'est de Paris, compte 7,546 habitants, et possède des tribunaux de première instance et de commerce, un collége communal et une bibliothèque publique de 10,000 volumes. Située sur la rive gauche de la Marne, qu'on y passe sur un pont en pierre d'une assez grande hardiesse, dans un vallon fertile et agréable, entourée de coteaux, elle possède une station du chemin de fer de Paris à Strasbourg de laquelle part un embranchement sur Reims, un théâtre, une église d'assez bon style, construite de 1828 à 1832, et une belle promenade, appelée *le Jars*. Épernay est célèbre par l'important commerce de vins de Champagne mousseux et non mousseux, dont elle est le centre; les fameuses caves où on le travaille et où on le conserve, creusées toutes dans le roc, peuvent par leur immense étendue et les nombreuses sinuosités qu'elles décrivent être comparées au labyrinthe des anciens. C'est une curiosité vraiment digne d'être vue, et les voyageurs ne manquent non plus jamais d'aller visiter celles de la maison Moët, situées dans le faubourg de la Folie. On fabrique aussi à Épernay de fort belles poteries, connues dans le commerce sous le nom de *terres de Champagne*.

Suivant quelques auteurs, l'origine de cette ville remonterait à une haute antiquité; son nom primitif serait *Aquæ perennes*, qui ne serait devenu *Sparnacum* que vers la fin du sixième siècle. Sous Clovis elle appartenait à un seigneur gaulois, appelé *Eulogius*, qui la vendit à saint Remi, évêque de Reims, moyennant 5,000 livres pesant d'argent. A sa mort, saint Remi la légua à son église, qui continua de la posséder jusqu'au règne de Hugues Capet. En 1544, lors de l'invasion de cette partie de la France par les troupes de Charles-Quint, François Ier la fit brûler, pour empêcher les immenses approvisionnements qui y avaient été réunis de tomber au pouvoir de l'ennemi; mais, à la paix, il la fit reconstruire à ses frais, et pour dédommager les habitants des pertes qu'ils avaient pu éprouver, il leur accorda de nombreuses immunités. Partie intégrante du domaine de la couronne, la ville d'Épernay avait été assignée, en même temps que la Touraine et le Poitou, en douaire à Marie Stuart; et en 1569 elle fut vendue pour acquitter la rançon de cette malheureuse princesse. Prise et reprise tour à tour pendant les guerres de religion, elle tomba, en 1592, au pouvoir de Henri IV, après un siége assez long, pendant lequel le maréchal de Biron, un de ses serviteurs les plus dévoués, eut la tête emportée par un boulet de canon, au moment où il poussait une reconnaissance. En 1642, le duc de Bouillon la reçut en échange du comté de Sedan.

ÉPERNON (en latin *Sparnonum*), petite ville de 1,500 âmes environ, située dans le département d'E u r e-e t-L o i r, à 28 kilomètres de Chartres et 60 de Paris, avec un beau château, des fabriques de drap, des lavoirs de laine, des tanneries, des mégisseries, des fours à plâtre, un grand commerce de grains et de farines, était autrefois une place forte, entourée de murs et de fossés, défendue par un château fort, dont la construction était attribuée à Hugues Capet, et dont les Anglais se rendirent maîtres sous le règne de Charles VI. Longtemps elle appartint à la maison de Bourbon-Vendôme; elle avait alors le titre de baronnie, et fut vendue par Henri de Navarre à Jean-Louis Nogaret de la Valette. C'est en faveur de son fils, le fameux d'É p e r n o n, qu'elle fut érigée en duché-pairie, l'an 1582, par Henri III. Le fils de d'Épernon, *Bernard* DE FOIX DE LA VALETTE, lui succéda dans son titre de duc et pair et dans son gouvernement de Guyenne, où sa conduite fut en tous points digne des précédents paternels. Il est surtout connu dans l'histoire par le dévouement sans bornes qu'il témoigna à Mazarin, qu'il soutint chaudement contre le parlement de Bordeaux, et dont il partagea la disgrâce momentanée. Quand le cardinal dut chercher un refuge à Liége, d'Épernon fut contraint de céder son gouvernement au prince de Condé et de se retirer à Loches. Il mourut insolvable, en 1660, sans laisser d'autre héritier qu'une nièce, fille de son frère aîné, le duc de Candale. En 1661, par suite de l'extinction de la maison d'Épernon, ce duché passa dans la famille Goth de Rouillac, puis successivement dans les maisons d'*Antin* et de *Noailles*.

ÉPERNON ou ESPERNON (JEAN-LOUIS DE NOGARET DE LAVALETTE, duc D'), né en 1554, aux environs de Toulouse. C'était un cadet de Gascogne, qui vint chercher fortune à la cour, où il se fit connaître sous le nom de *Caumont*. Charles IX venait d'expirer : son frère, quittant la Pologne en fugitif, accourait en France pour s'emparer du trône, resté vacant. Catherine, dépositaire du pouvoir, ne fit rien pour Caumont; alors il s'attacha au roi de Navarre, et le suivit quand ce prince s'échappa du Louvre pour se retirer en Normandie. Le Béarnais reprit sur le champ l'exercice du culte de Calvin, auquel il avait renoncé par force. Réduit à abjurer le catholicisme ou à se sentir froissé chaque jour dans ses convictions religieuses, le jeune courtisan ne tarda pas à abandonner son nouveau maître. Admis dans la familiarité de Henri III, il devint l'un des objets de ses honteuses prédilections. Le monarque prit soin tout à la fois de son instruction et de sa fortune : il chargea le célèbre Desportes de l'initier à la connaissance de la politique et des lettres, tandis que Fontenai-Mareuil reçut mission de proposer deux fois par semaine les moyens de pourvoir à son élévation. A en juger par les effets, ce dernier office ne fut pas le moins bien rempli. Cependant, sa faveur n'éclata aux yeux du public qu'en 1579, à la seconde promotion des chevaliers du Saint-Esprit. Il y fut compris, et parut à la cérémonie marchant après le roi, vêtu d'un habit semblable au sien, et paré des mêmes couleurs. A dater de ce jour, il prit place parmi les favoris que la malignité contemporaine et le burin de l'histoire ont stigmatisés de l'épithète de *mignons*. Créé *duc d'Épernon*, avec le privilége de précéder tous les autres pairs, amiral de France, colonel général de l'infanterie, il réunit à ces hautes dignités les gouvernements les plus importants, la Touraine, l'Aunis, l'Angoumois, la Normandie, puis Metz, Toul, Verdun. En lui conférant ce dernier commandement, Henri poussa l'entraînement jusqu'à vouloir lui en donner la souveraineté; mais le duc eut la sagesse de refuser un honneur si difficile à soutenir. Tant de grâces accumulées sur un seul homme devaient soulever la jalousie des grands et éveiller la vigilance du plus puissant de tous, le duc de Guise. Aussi essaya-t-il de gagner d'Épernon. Ce dernier repoussa ses offres, et s'efforça vainement d'inspirer à Henri sa fermeté. Guise exigea son éloignement de la cour; il parvint même à le rendre suspect, en l'accusant d'entretenir des liaisons avec le roi de Navarre.

D'Épernon s'était retiré à Angoulême, sur l'ordre du faible monarque. Il fut assailli dans le château par des hommes armés. Barricadé dans sa chambre, il soutint l'attaque pendant quarante heures, chassa les uns, tint les autres assiégés dans un donjon, et sortit sain et sauf, grâce à une capitulation qu'il arracha par son audace. Échappé à ce péril, il se tint à l'écart. Mais à la nouvelle de la catastrophe qui mit fin aux états de Blois, il marcha au secours de Henri III, et l'accompagna devant Paris. Valois, tombé sous le couteau d'un moine fanatique, laissait le trône à Henri de Navarre. Plusieurs seigneurs catholiques, ayant à leur tête d'Épernon, refusèrent de reconnaître un roi huguenot, et le duc quitta le camp, emmenant la meilleure partie des troupes qui le composaient. Il essaya, dit-on, de former un tiers parti, afin de se faire acheter plus chèrement. Toutefois, n'ayant ni les qualités ni l'influence nécessaires à un tel rôle, il échoua dans son projet. Henri IV, aimant mieux risquer de s'en servir que de le combattre, l'opposa au duc de Savoie, qui, reçu en Provence comme allié, travaillait à s'en rendre maître. Après la retraite du duc, rappelé dans ses États envahis par Lesdiguières, d'Épernon se vit forcé d'accepter le Limousin en échange de la Provence, dont les habitants se soulevèrent contre son despotisme et sa rapacité.

Durant tout le règne du Béarnais, il vécut dans une sorte d'hostilité couverte, qui éclatait par des brouilleries, soit avec les ministres, soit avec le roi, auprès duquel il conserva toujours son franc parler. Ainsi, dans une discussion assez vive, Henri lui ayant dit qu'il ne l'aimait pas, d'Épernon répondit hardiment : « Pour ce qui est de l'amitié, votre majesté sait bien qu'elle ne s'acquiert que par l'amitié. » Quand ce prince fut frappé par Ravaillac, le duc était auprès de lui dans son carrosse : il envoya sur-le-champ un de ses officiers faire prendre les armes au régiment des gardes placé sous son commandement. Ces gardes formaient 4,000 hommes d'élite. De retour au Louvre, il distribua lui-même ses soldats sur le Pont-Neuf et autour du couvent des Augustins, où siégeait le parlement. Les magistrats ayant été convoqués, il entra armé dans la salle, et, mettant la main sur la garde de son épée, il dit qu'elle était encore dans le fourreau, mais que si avant de se séparer on ne déclarait pas la reine régente, il se verrait à son grand regret forcé de la tirer contre les ennemis de la couronne et de remplir la ville de sang et de confusion. Le parlement ne crut pas devoir refuser une demande si bien appuyée et qui l'investissait lui-même du droit de décerner la puissance souveraine. Marie de Médicis proclamée régente, d'Épernon s'empara des affaires en formant un conseil entièrement soumis à ses volontés, et où il prit place. Mais, malgré son crédit, il ne put éviter d'être décrété comme soupçonné de n'avoir pas été étranger au meurtre de Henri. Un capitaine Laplace, entre autres, l'accusa d'avoir eu des rapports avec Ravaillac : celui-ci avait fait le même aveu. Les juges n'osèrent pousser plus loin une investigation qui aurait pu remonter encore plus haut. Le duc, sans être tenu de se justifier, obtint de poursuivre ses accusateurs. Cependant, le capitaine Laplace sortit de prison sans jugement, gratifié d'un emploi et d'une pension. Toutes les pièces de la procédure furent enlevées du greffe. D'Épernon usa de sa faveur avec tant d'insolence qu'il entrait dans le cabinet de la reine suivi de gentilshommes et de soldats armés, sous prétexte de se mettre à couvert des violences de ses ennemis. Néanmoins, il ne put résister longtemps à l'ascendant des Concini, maîtres absolus de l'esprit de Marie. Obligé de quitter la cour, il se retira dans un de ses gouvernements, et se prépara à la résistance, en s'alliant secrètement avec les ducs de Lesdiguières et de Montmorency. Sur ces entrefaites, Concini, devenu maréchal d'Ancre, périt immolé à l'instigation du jeune de Luynes, qui lui succéda au pouvoir. La reine mère fut reléguée à Blois; elle implora le secours de d'Épernon : celui-ci, traversant le cœur du royaume au milieu de l'hiver, assura son évasion, la remit à la tête d'une petite armée, et dicta les conditions du traité d'Angoulême, conclu entre Marie et son fils. Ce nouveau service fut stérile pour le duc, qui, par son caractère hautain et son humeur impérieuse, rendait sa domination insupportable.

Enfin, Richelieu parut sur la scène. Son but était d'abattre la puissance des grands et d'étouffer leur indépendance. A ce titre, d'Épernon fut écarté des affaires, puis dépouillé de ses gouvernements. On lui laissa cependant la Guienne, où, à peine installé, il se mit en guerre avec le parlement et l'archevêque de Bordeaux. Il fit arrêter la voiture du prélat par ses gardes, et, l'ayant rencontré dans une rue de la ville, revêtu de ses habits pontificaux, il s'emporta jusqu'à le frapper et jeter sa mitre à terre d'un coup de canne. Suspendu de ses fonctions de gouverneur, et excommunié par l'Église, il se vit obligé de demander grâce à genoux à son adversaire devant la porte de l'église de Coutras, et n'obtint qu'à ce prix humiliant le pardon de sa faute. Lorsque le comte de Soissons vint attaquer Richelieu à main armée, d'Épernon refusa de paraître sous ses drapeaux, et se contenta de prendre secrètement ses mesures pour tirer parti de l'événement. Il eût payé cher cette conduite s'il n'eût été garanti par ses enfants, qui servaient avec zèle la fortune du cardinal. Ils étaient au nombre de trois, le duc de Candale, le duc et le cardinal de Lavalette. D'Épernon eut la douleur de survivre à deux d'entre eux : celui qui restait, le duc de Lavalette, condamné à mort sur une accusation de haute trahison, fut obligé de fuir, et ne put fermer les yeux de son vieux père. Ce dernier, relégué au château de Loches, y mourut, en 1643, accablé par le chagrin et par la vieillesse. A la veille d'expirer, il dicta une lettre pour Richelieu; mais, s'étant rappelé qu'il la terminait en se disant *son très-obéissant serviteur*, il fit courir après sa missive, y substitua *le très-affectionné*, et s'éteignit avec la satisfaction d'être resté fidèle aux lois de l'étiquette. Depuis longtemps la famille du vieux mignon s'est éteinte dans la personne de Mlle d'Épernon, une de ses arrière-petites-nièces, qui se retira dans un couvent après la mort de son amant, le chevalier de Fiesque, tué au siége de Mardick. SAINT-PROSPER jeune.

ÉPERON, pièce très-connue de l'équipement du cavalier, qui s'adapte aux talons et sert à piquer le cheval. Son nom provient, suivant Caseneuve, de l'allemand *sporen*, d'où est venu le bas latin *spouro*, *spouronis*, employé au temps de Louis le Débonnaire. Thiard, au contraire, le fait dériver du grec πτερονη. Ménage prétend qu'il a été fait de l'italien *sperone*, *sprone*, venu de l'allemand *sporn*, dont les Anglais ont fait *spur*. Le mot *éperon* a probablement une origine commune avec tous ces termes étrangers; mais il n'est pas démontré que nous ayons tiré de l'Italie l'usage des éperons, ni par conséquent leur nom, puisqu'on s'en servait bien avant la création de la langue italienne. L'*Encyclopédie* est d'avis que les Grecs et les anciens connaissaient l'éperon, et elle en cite comme preuve ce vers de Virgile :

> Quadrupedemque citum ferrata calce fatigat.
> *Son pied d'un fer sanglant anime son coursier.*

Silius Italicus se sert également du *ferratâ calce*, et les Romains disaient *calcar cruentare*, s'ensanglanter le talon (le carcaire), en pressant un cheval. Ce substantif *calcar* se retrouve dans Cicéron. Térence se sert de cette locution *contrà stimulum ut calces*; et toutefois aucun monument ancien n'offre une image du *stimulus* ou éperon, du *calcar* ou ergot, ce qui a fait penser aux uns qu'il n'en existait pas, aux autres qu'il ne consistait qu'en une courte broche fixée au talon de la chaussure, et y étant à peine apparente. L'éperon le plus antique qu'on ait retrouvé, en 1632, à Autun, comme le témoigne Carré, dans sa *Panoplie*, fut tiré du tombeau de Brunehaut, morte en 613. Planche, savant écrivain anglais, donne une image d'éperons anglo-saxons.

On pourrait croire les éperons d'invention française, puisqu'ils ont été de tout temps un des attributs, des prérogatives, des marques distinctives de la chevalerie d'affiliation, dont la France est la patrie. De cette primauté française est provenue cette locution : devenue européenne, *gagner ses éperons*, c'est-à-dire faire son coup d'essai en se montrant digne d'être *adoubé* ou armé chevalier. Les éperons de chevalier ou éperons dorés étaient d'or ou imitaient l'or. Au moyen âge, ils étaient une distinction du rang militaire, et constituaient une des parties principales de l'armement d'honneur des bannerets, des chevaliers. Les uns les portaient fixés aux grèves, comme ceux des hussards aux bottes; les autres les attachaient avec des boucles. La cérémonie de la réception des chevaliers commençait par la *prise des éperons;* le personnage qui conférait le grade, fût-il prince ou roi, prenait la peine de chausser lui-même les éperons au récipiendaire, en commençant par la jambe gauche. La dégradation de noblesse d'un chevalier s'ouvrait par l'opération contraire, c'est-à-dire qu'un bourreau ou un cuisinier lui coupait avec une hache les courroies des éperons; et s'il redescendait seulement au grade d'écuyer, un héraut d'armes lui faisait chausser des éperons d'argent. Les Flamands, à la bataille de Courtrai, prirent quatre mille paires d'éperons dorés aux chevaliers de Philippe le Bel. Les statuts des *templiers* leur interdisaient l'usage des éperons dorés; mais se regardant plus comme chevaliers que comme moines, ils ne faisaient aucun cas de cette défense, ainsi que nous l'apprend Walter Scott.

Le *Dictionnaire étymologique* de Roquefort mentionne la vieille expression française *carcaire*, corruption du *calcar* des Latins, et affirme qu'anciennement on disait plutôt *broces* ou *broches* qu'*éperons*, parce que dans l'origine, ils n'étaient pas à molette, mais en fer de dard, en gros poinçon, en longue pointe de broche, ou en manière de dague, sortant du talon de la chaussure, et comparable pour la forme et la disposition à un ergot de coq. Un sceau d'un duc de Bretagne, qu'on peut rapporter à l'année 1084 le représente éperonné de cette manière. Les *molettes* d'éperons ne sont en usage que depuis le quatorzième siècle. Au moyen âge, les éperons étaient, les uns à dard, les autres à étoiles, les autres à rose roulante. Les élégants sous le règne de Charles VII portaient des éperons dont la molette, large comme la paume de la main, était fixée à l'extrémité d'une branche longue d'un demi-pied. C'était une imitation des usages d'Orient : à cette époque, les cavaliers de la milice turque avaient des éperons de 32 centimètres, pour piquer leurs chevaux sous la cuisse. Suivant quelques opinions, le meuble de blason nommé *pairle* est une image des anciens éperons. Gal BARDIN.

En termes de fortification, on appelle *éperon* un ouvrage élevé au milieu des courtines et au devant des portes d'une place, ou encore sur les bords d'une rivière, à l'effet d'empêcher l'ennemi de pénétrer par là.

En termes d'architecture, ce sont des piliers arc-boutants, ou bien des contre-murs, servant à consolider une terrasse ; et on donne, généralement parlant, ce nom à tout ouvrage de maçonnerie se terminant en pointe et ajouté à une muraille, à un bâtiment, pour les soutenir. Les massifs placés au devant des piles des ponts pour les préserver du choc des glaces, des bois flottants, etc., ont reçu aussi le nom d'*éperons*.

Les marins désignent de la sorte l'assemblage des diverses pièces mises en saillie en avant de l'étrave et à ses côtés, soit pour terminer cette partie d'un vaisseau d'une manière agréable à l'œil, soit pour y former un point d'appui au beaupré, pour amener la misaine, etc.

En ornithologie, on appelle *éperon* une apophyse cornée qui se trouve à la partie postérieure du tarse, au-dessus du pouce, dans les mâles des gallinacés.

En botanique, on donne ce même nom à un appendice tubuleux faisant partie du calice ou de la corolle, comme cela se voit dans les capucines et les linaires.

ÉPERON-D'OR, ordre pontifical, dont l'origine, peu connue, est généralement attribuée au pape Paul III (1534). Les chevaliers, désignés d'abord sous la dénomination de comtes palatins de Saint-Jean de Latran, portèrent plus tard celle de chevaliers de la milice d'or (*uratæ militiæ equites*). Les prélats des hautes cours de justice, les nonces apostoliques et la maison de Sforza-Césarini avaient obtenu du fondateur, sous certaines réserves, le privilége de créer des chevaliers. Cet ordre, prostitué dès sa naissance, n'a pas été cependant dédaigné toujours chez les étrangers par des familles princières, quoique les Sforza en tinssent bureau ouvert à une pistole le diplôme, et que les nonces, les auditeurs de rote et d'autres prélats de la cour romaine créassent encore plus de chevaliers qu'ils n'en avaient le droit. La décoration consiste en une croix d'or à huit pointes émaillée de rouge, de laquelle pend un éperon d'or. Le ruban rouge auquel elle est suspendue lui avait donné une certaine vogue en France depuis 1814 : une foule de chevaliers d'industries, dans l'espoir de trouver ainsi des dupes, achetaient à peu de frais des diplômes de l'Éperon-d'Or, dont la décoration, représentée *en négligé* par le simple ruban, pouvait les faire prendre pour des chevaliers de Saint-Louis ou de la Légion d'Honneur. Le gouvernement français a bien essayé de faire cesser cette équivoque en astreignant les chevaliers romains à joindre leur croix à leur ruban; mais les intéressés surent presque toujours, au moyen d'une décoration microscopique, rendre cette obligation illusoire. En le pape Grégoire XVI enleva à la maison de Sforza le privilége de distribuer des *Éperons d'Or*, et, pour remédier à l'abus, décida que désormais l'ordre ne comprendrait plus que 300 membres.

Un ancien ordre militaire de l'Éperon, fondé en 1266, par Charles Ier d'Anjou, roi de Naples et de Sicile, pour récompenser les guerriers qui l'avaient aidé à conquérir cette couronne sur Mainfroi, n'exista pas longtemps. LAINÉ.

ÉPERONNIERS. Les éperonniers fabriquent tous les articles en fer, en cuivre ou en acier, qui ont rapport soit aux harnachements des chevaux de selle ou d'attelage (éperons, étriers, mors, gourmettes, etc.), soit à un certain nombre de pièces qui entrent dans la confection de la carrosserie (attelles, compas, clefs, panurges, crapauds, clous à vis, porte-mousquetons, etc.), et généralement toute la bouclerie, grosse et petite. Les principales fabriques d'éperonnerie en France sont celles de Laigle, Verneuil, Sedan, Maubeuge et Paris.

ÉPERONS (Journée des). Deux batailles ont reçu ce nom dans l'histoire, mais pour des motifs différents : la bataille de Courtrai (1302), à cause des éperons qu'on y recueillit comme trophée; et, celle de Guinegatte (1513), parce qu'il y fut fait plus usage des éperons que des armes.

ÉPERVIER (*Ornithologie*), espèce du genre *autour*, famille des oiseaux de proie diurnes, tribu des faucons. L'épervier a les mêmes couleurs que l'autour commun, mais les tarses plus hauts, et la taille d'un tiers moindre. Il est répandu sur presque toute la surface du globe; il est commun en Europe, et les voyageurs l'ont également rencontré en Égypte, en Barbarie, au Japon, à Cayenne, au Paraguay, etc. Comme il a moins de force que l'autour, il ne peut faire sa proie que d'animaux très-faibles; aussi sa nourriture ordinaire consiste-t-elle en taupes, souris, grives, alouettes, cailles et autres petits oiseaux; il va jusqu'à manger des lézards et des limaçons. Il fait son nid comme l'autour; ses œufs sont blancs, marqués de grandes taches rousses vers le gros bout. Beaucoup de nos individus d'Europe restent chez nous toute l'année, mais il en est aussi qui traversent les mers, pour aller passer l'hiver dans un climat plus doux; les marins de la Méditerranée, qui les rencontrent souvent dans la traversée, les appellent *corsaires*. On donne vulgairement au mâle le nom de *tiercelet*. Dressé pour la chasse, il reçoit alors le nom d'*émouchet*; il peut saisir les cailles, les grives, les perdrix, quelquefois même les lapins et les lièvres. Ce doit être un oiseau plein d'ardeur et de hardiesse, assez docile et disposé à devenir familier. Il sera excellent pour la fauconnerie s'il présente les caractères suivants : une tête ronde et le bec gros, les yeux cavés avec l'iris entre vert et bleu, le cou un peu long, les épaules bossues, le corps aminci vers la queue, les pennes de la queue grosses et pointues, les pieds déliés, les ongles noirs et pointus; tels sont ceux d'Espagne et d'Esclavonie, qui sont réputés les meilleurs pour la chasse.

Tandis qu'une partie des ornithologistes persiste à ne voir dans l'épervier qu'une espèce ou tout au plus un sous-genre du genre *autour*, des nomenclateurs plus modernes, réservant à l'autour commun et à ses variétés le nom d'*astur*, reconnaissent plusieurs espèces d'éperviers dont ils font le genre *accipiter*, et placent ces oiseaux entre les milans et les autours. Le genre *épervier*, pour ceux qui l'admettent, se subdivise en un grand nombre d'espèces, variables surtout par la couleur du plumage : telles sont celles que l'on nomme *épervier ardoisé*, *à collier*, *à cou roux*, *à gorge cendrée*, *épervier des alouettes* ou *cresserelle*, etc.

ÉPERVIER (*Pêche*), espèce de filet, au moyen duquel on prend le poisson dans les fleuves et rivières profondes. C'est un grand rets en forme de cône, dont les mailles doivent retenir le gros poisson seulement. La base inférieure ou la circonférence de ce filet est garnie de balles de plomb, et une longue corde est fixée au sommet du cône ou centre du cercle. Le pêcheur pose ce filet sur l'épaule gauche, en le drapant comme un manteau à l'espagnole, les balles pendantes sur les reins, la corde du sommet retenue en avant à une certaine longueur dans la main droite. Le talent du pêcheur consiste à lancer vivement l'épervier à l'eau avec la main droite, de manière qu'il se développe horizontalement, et qu'il arrive sur la surface de l'eau comme une nappe. Les balles de plomb, par leur poids, font descendre au fond l'extrémité des rayons de l'épervier, qui, lorsqu'on le retire se rapprochent, et forment ainsi un sac dans lequel le poisson reste enfermé, pendant qu'on retire le filet par la corde du sommet. Le maniement de l'épervier est très-difficile, et exige une grande habitude. Très-souvent il arrive que le pêcheur est entraîné par son filet lorsqu'il le lance, ou bien que l'épervier ne se déploie pas suffisamment.

La pêche à l'épervier est très-productive. Elle était d'un tel rapport qu'une ordonnance de Louis XIV l'avait prohibée, comme dépeuplant les rivières. MERLIN.

ÉPHÈBES. Les Grecs appelaient ainsi les jeunes gens de l'âge de seize à dix-huit ans, qui à cette époque de leur vie, indépendamment des exercices gymnastiques, suivaient assidûment les leçons des grammairiens, des rhéteurs et des philosophes, et qui d'ordinaire, notamment dans l'Attique et la Béotie, étaient placés sous la surveillance spéciale d'un gymnasiarque.

Chez les Athéniens le mot *éphébie* était synonyme d'entrée dans la virilité et majorité civile, acte qui avait lieu publiquement, et sous l'observation de certaines cérémonies particulières, aussitôt qu'on avait dépassé l'âge de dix-huit ans.

ÉPHÈDRE (de ἐπί, sur, et ἕδρα, siége), genre de la famille des conifères. L'éphèdre est ainsi appelé parce qu'il grimpe sur les autres arbres. Il est dépourvu de feuilles; ses rameaux cylindriques articulés ont beaucoup de ressemblance avec les prêles; et comme ils sont très-nombreux, on peut faire avec ces arbrisseaux, dont quelques espèces s'élèvent jusqu'à trois ou quatre mètres, de jolis bosquets d'hiver. Les éphèdres, indigènes d'Europe se plaisent sur les bords de la mer et dans les terres où se trouvent des mines de sel ou des eaux salées. L'*ephedra distachya* (vulgairement *raisin de mer*) est commune sur notre littoral méditerranéen. Les éphèdres prospèrent aussi dans un terrain humide et fort, et supportent avec succès les froids ordinaires de nos hivers. On multiplie ces arbrisseaux par les rejetons que leurs racines rampantes produisent en abondance. Les sommités des tiges et les fruits des éphèdres sont astringents et détersifs. Les voyageurs s'estiment heureux de rencontrer les baies mûres de ces arbrisseaux, quand la soif les tourmente.

Éphèdre était aussi le nom de l'athlète qui, chez les anciens, n'ayant pas d'antagoniste, combattait avec le dernier vainqueur. On l'appelait ainsi parce qu'il se tenait assis pendant que les autres se disputaient la victoire.

TEYSSÈDRE.

EPHELIDES (du grec ἐπί, sur, et ἥλιος, soleil). Parmi les affections les plus simples, mais aussi les plus communes et les plus bizarres du système cutané, il faut placer sans doute au premier rang ces vices de coloration innés ou accidentels qui attaquent tous les êtres organisés, frappent tous les âges, impriment leur sceau hideux sur toutes les constitutions, et n'épargnent pas plus la faiblesse que la force, la laideur que la beauté. Des taches aussi variées dans leurs formes que dans leur position, tantôt affectant la rondeur et les étroites dimensions d'une lentille, tantôt étendues en couches inégales qui bigarrent l'épiderme, quelquefois solitaires, plus souvent encore disséminées au hasard ou resserrées en groupes symétriques, voilà les principaux caractères auxquels on reconnaît la famille des éphélides, famille composée d'êtres assez disparates, que l'analyse pathologique a compris sous deux genres abstraits, les éphélides purement idiopathiques, et celles qui, produites par une altération indirecte du tissu cutané, trahissent l'existence actuelle ou passée d'une maladie viscérale. Bien différentes de ces imperfections naturelles connues sous le nom d'*envies, taches de vin*, etc., mais presque semblables aux *dartres*, dont elles prennent souvent la place, non moins rebelles à la puissance de l'art, qui leur oppose les mêmes moyens de guérison, également lentes ou rapides dans leur marche, anéantissant la transpiration insensible sur tous les points qu'elles envahissent, les éphélides n'ont cependant rien de contagieux, et leur action se borne à dénaturer d'une manière plus ou moins profonde le pigment du réseau muqueux, aux lésions duquel elles doivent probablement leur origine. Aussi la variété des couleurs qui les distinguent n'est pas moins prononcée que celle de leurs formes : ici vous les voyez empreintes d'une légère nuance de safran, là passant du roux au brun par diverses gradations, ailleurs déployant sur quelques parties du corps un *masque* noirâtre qui présente le plus monstrueux contraste avec le reste de la surface cutanée. Enfin, il n'est pas jusqu'à l'odeur qui ne forme un trait distinctif de ces singulières dermatoses : les unes, telles que l'*éphélide scorbutique* (*scorbutica* d'Alibert), en sont complétement dépourvues; d'autres, au contraire, parmi lesquelles on cite l'*éphélide lenticulaire* (vulgairement *taches de rousseur* ou *sons*, apanage habituel des tempéraments caractérisés par l'éclatante blancheur du teint et le roux ardent de la chevelure, développent une fétidité repoussante, qu'il faut peut-être attribuer à la stagnation de l'humeur excrémentitielle condensée par l'inertie du système exhalant.

N'envisager les éphélides que comme la conséquence directe d'un affaiblissement survenu dans les facultés vitales de la peau ou dans la contractilité que possède son tissu, ce serait se faire une idée bien incomplète de leur nature. Il est encore une foule d'autres causes qui peuvent concourir à la production des mêmes accidents. Quelques-unes ont un caractère purement organique : telles sont les maladies de l'utérus, celles du foie, qu'accompagne toujours une altération correspondante dans les fonctions cutanées; la cachexie scorbutique, l'âcreté de la lymphe, les constrictions nerveuses causées par de vives frayeurs, les suppressions de l'écoulement hémorrhoïdal ou menstruel, et généralement tous les désordres qui favorisent le ralentissement de la circulation abdominale. Les autres, douées d'une aussi puissante énergie, mais tout à fait extérieures, déploient immédiatement leur activité sur la peau. Qui ne connaît l'action irritante du calorique et de la lumière sur cette délicate et légère membrane, dont la surface souvent desséchée par le reflet brûlant de nos foyers, ou par le contact des rayons solaires, se rubéfie, s'endurcit, et perd sa blancheur naturelle pour acquérir les teintes livides du hâle ou se couvrir de douloureux érysipèles? C'est peu. L'influence prolongée des habitations obscures, humides ou privées d'air, le séjour des prisons, l'usage des aliments insalubres ou corrompus, sont encore autant de sources où l'homme peut puiser ces stigmates de douleur qui flétrissent ses grâces, déshonorent son front par de grotesques outrages, et le rendent pour les autres et pour lui-même un objet d'horreur ou de dégoût.

Si les éphélides n'offrent pas en général des symptômes assez graves pour intéresser essentiellement la santé de leurs victimes, elles se dédommagent bien sur elles de cette apparente innocuité par une longue tyrannie, par une résistance opiniâtre aux tentatives de l'art. On peut les affaiblir, rarement on parvient à les extirper. Toutefois, il est pour en détruire le siége ou pour en arrêter les progrès quelques palliatifs avoués par l'expérience, et dont l'application varie comme la nature et le principe du mal. L'existence des éphélides tient-elle à quelque dérangement du foie, à quelque embarras de la veine porte, l'analogie prescrit alors les substances hépatiques et fondantes, comme elle indique les remèdes affectés au traitement du scorbut, toutes les fois qu'il s'agit de combattre les éphélides développées par l'énergie sympathique de cette dernière maladie. Au reste, le choix des moyens n'est pas toujours assujetti aux conditions d'une rigoureuse spécialité. Dans une foule de cas, on administre avec succès les diurétiques, les laxatifs, et plus souvent encore les médicaments diaphorétiques, les préparations antimoniales ou sulfureuses, qui forment généralement la base de nos méthodes curatives. Si nous ajoutons qu'une pratique éclairée recommande surtout les soins de propreté, les lotions, les bains d'eau salée, enfin tous les auxiliaires qui tendent à relever le ton des vaisseaux exhalants, à faciliter la transpiration insensible, nous aurons fait connaître les principales ressources que la thérapeutique et l'hygiène fournissent au médecin pour subjuguer un fléau qui presque toujours trompe ses soins, brave ses efforts, et l'accuse d'une malheureuse impuissance. Em. Dunaime.

ÉPHÉMÈRE (en grec ἐφήμερος; de ἐπί, dans, et ημερα, un jour). Ce mot, qu'on emploie comme adjectif et comme substantif, sert à qualifier ou à nommer divers phénomènes dont l'existence est bornée à quelques instants, ou ne dure pas plus d'un jour.

Un accident simple, qui ne se lie par aucune influence à la maladie principale, ou bien une *lueur de mieux*, lueur qu'éprouvent souvent les malades par le rétablissement d'une sécrétion, ou bien encore une maladie qui ne dure que peu d'instants, un jour au plus, sont autant de phénomènes *éphémères*. Les anciens médecins nommaient *éphémère* une fièvre dont l'accès survient et passe en vingt-quatre heures, et détermine peu de trouble dans l'économie.

Aujourd'hui, le langage médical devient de plus en plus précis; on cherche à rappeler le siége ou la nature d'une maladie par le nom qu'on lui donne, et l'on se passe aisément de cette épithète, qui n'est pas caractéristique, car l'homme éprouve une foule de sensations éphémères : combien ne ressent-il pas de douleurs qui ne méritent pas d'autre nom? Il en conserve cependant longtemps le souvenir; tandis qu'il oublie facilement les vives sensations de plaisir et de volupté, qui, par la rapidité avec laquelle elles passent, méritent bien mieux l'épithète d'*éphémères*.

En botanique, on dit généralement qu'une fleur est *éphémère* quand, éclose le matin, elle doit perdre sa corolle dans la même journée, comme le *cercus grandiflorus*, le *tigridia pavonia*, etc. Quelques plantes ont aussi reçu le nom d'*éphémères*, telles sont : une espèce de *lysimachie* et l'*éphémère de Virginie*. Dioscoride donnait la même épithète à la *digitale*, et les anciens botanistes la réservaient au *muguet*.

ÉPHÉMÈRES (*Entomologie*), groupe assez remarquable de l'ordre des névroptères, dans la famille des subulicornes. Ces insectes en effet, parvenus à leur dernière métamorphose, ne vivent qu'un seul jour. Voici leurs caractères génériques : Bouche entièrement membraneuse ou très-molle, et composée de parties peu distinctes, ce qui suppose la nutrition difficile et explique peut-être la courte existence des éphémères; cinq articles aux tarses; les ailes inférieures beaucoup plus petites que les supérieures ou même nulles; l'abdomen terminé par deux ou trois soies, mou, très-long, effilé; le devant de la tête avancé en manière de chaperon, souvent caréné et échancré.

Si l'insecte parfait ne vit qu'une journée, il n'en est pas de même de la larve, qui reste près de trois ans à se développer; elle habite dans l'eau, et se cache, du moins pendant le jour, dans la vase ou sous des pierres, quelquefois encore dans des trous horizontaux, divisés intérieurement en deux canaux réunis et ayant chacun leur ouverture propre. Ces habitations sont toujours pratiquées dans de la terre glaise baignée par l'eau qui en occupe les cavités; on croit même que la larve se nourrit de cette terre. Quoiqu'elle ait des rapports avec l'insecte parfait, elle s'en éloigne cependant à quelques égards : les antennes sont plus longues; les yeux lisses manquent; la bouche offre deux saillies en forme de cornes, qu'on regarde comme deux mandibules; comme elle vit dans l'eau, elle a en outre des trachées, de fausses branchies ou lames membraneuses, qui lui servent non-seulement à la respiration, mais encore pour nager ou se mouvoir avec facilité. La demi-nymphe ne diffère de la larve que par la présence des fourreaux renfermant les ailes. Au moment où celles-ci doivent se développer, la nymphe sort de l'eau et se montre, après avoir changé de peau, sous une forme nouvelle; mais il faut encore que ces insectes muent une fois, avant de devenir propres à la génération; souvent on trouve leur dernière dépouille sur les arbres ou sur les murs, et quelquefois sur ses propres vêtements, quand on s'est promené le soir près des lieux aquatiques. C'est en effet après le coucher du soleil que les éphémères s'attroupent dans les airs, y voltigent et s'y balancent à la manière de certaines espèces de cousins, en tenant écartés les filets de leur queue; alors les sexes se réunissent, les mâles saisissent les femelles avec les deux crochets qu'ils portent à l'extrémité de l'abdomen. Ces couples, s'étant formés, se posent sur des arbres ou sur des plantes pour achever leur accouplement, qui ne dure qu'un instant. La femelle bientôt après répand dans l'eau tous ses œufs à la fois, rassemblés en un paquet, qui est assez lourd pour descendre au fond. L'acte de la propagation de leur race est la seule fonction que ces insectes aient à remplir; le lendemain dès l'aube du matin tous sont morts; ceux qui tombent dans l'eau sont un régal pour les poissons; aussi les pêcheurs leur ont donné le nom de *manne*. C'est après les beaux jours d'été ou d'automne qu'ils apparaissent; ils tombent quelquefois en si grande abondance que le sol et les rivières en sont couverts, et que les paysans de certains cantons les amassent par charretées pour fumer leurs terres.

On connait quatre ou cinq espèces d'éphémères : l'une d'elles, surnommée *albipennis* (à cause de la blancheur de ses ailes), renouvelle au milieu de l'été le spectacle que nous offre une matinée d'hiver, lorsque la neige pendant la nuit est tombée par gros flocons. N. CLERMONT.

ÉPHÉMÉRIDES (d'ἐπί, pendant, et ἡμέρα, jour). On entend par *éphémérides* la notation des faits qui ont rendu chaque jour remarquable. Chaque ordre d'événements et d'institutions a pu avoir chez les divers peuples civilisés ses éphémérides; il y en a eu pour la religion, pour la législation, pour l'histoire. Chaque événement important dans les annales d'une nation a pu entrer, à sa date, dans ses éphémérides, et les hommes éminents en vertus, en génie ou en talents, dont les actions ou les œuvres ont honoré leurs pays et l'humanité, ont eu le droit de figurer dans ces registres quotidiens, à la date de leur naissance ou de leur mort. Les rites religieux, les fêtes, les usages civils, les faits militaires, signalés par des époques et des dates précises, ont été consignés dans des recueils sous le titre d'*éphémérides*, ou que l'on peut considérer comme appartenant à cette manière de réunir en un faisceau d'intéressants souvenirs. Tels sont pour l'ancienne Rome les *Fastes* d'Ovide et pour nous le poëme de Lemierre.

Un choix d'événements de tout genre, extraits des annales de tous les peuples et encadrés sous leur date de jour, de mois et d'année, a fourni chez nous la matière de deux collections fort répandues sous le titre d'*Éphémérides*. Quelques journaux ou recueils périodiques en publient encore. AUBERT DE VITRY.

On appelle aussi *éphémérides* des tables qui donnent pour chaque jour de l'année la position des astres. Les astronomes de diverses nations publient des éphémérides dont les plus célèbres sont : en France, la *Connaissance des Temps*; en Angleterre, l'*Almanach nautique*; en Italie, les *Éphémérides de Bologne*.

ÉPHÈSE, l'une des douze villes ioniennes, dans l'Asie Mineure, centre de tout le commerce de ces contrées que les vastes proportions de son port n'avaient pas peu contribué à y attirer, appelée aussi dans les temps fabuleux *Ortygia* et *Ptéléa*, avait été fondée, suivant Strabon, par Androclès, fils de Codrus, et suivant Justin, par les Amazones, lorsque, poussées par leur ardeur guerrière, elles descendirent des bords du Thermodon pour aller combattre les Athéniens et Thésée, héros et roi.

A cette époque il existait déjà dans la plaine d'Éphèse un temple de Diane, d'une architecture égyptienne. C'était le culte d'Isis, introduit dans l'Asie Mineure par l'Égyptien Sésostris. Cet édifice, aussi vaste que magnifique, fut à juste titre mis au rang des sept merveilles du monde. Sa longueur était de 140 mètres, sa largeur de 73. Le plus svelte et le plus élégant des ordres, l'ordre ionique, remplaça l'architecture grave et massive de Memphis et de Thèbes. La longue nef de ce temple fut supportée par 127 colonnes de 20 mètres de haut. Chacune d'elles était le produit des trésors des rois et des dons volontaires de toutes les villes de l'Asie. La sculpture avait épuisé sur 36 de ces colonnes les prodiges de son art; l'une d'elles, l'admiration des peuples, était tout entière du ciseau de Scopas. L'architecte Ctésiphon avait tracé le plan de cet admirable édifice, qu'on mit deux cent vingt ans à bâtir. Un insensé, bien que saisi d'admiration à l'aspect de cet édifice, voulut, à l'exemple des conquérants, se rendre immortel par une destruction mémorable. Il incendia une nuit cette merveille de la terre. Elle s'écroula dans les flammes, la même nuit qu'Alexandre le Grand vint au monde. Cet incendiaire est le trop célèbre Érostrate. Plus tard, quand le roi de Macédoine eut passé le Granique à la tête de ses phalanges victorieuses, il demanda à subvenir seul à tous les frais de la réédification de ce temple, pourvu qu'on lui permit de graver son nom sur le frontispice : un refus unanime fut la noble réponse des Éphésiens. Toutes les femmes accoururent offrir leurs colliers d'or; les peuples apportèrent des extrémités de l'Asie des offrandes innombrables, et l'on rendit à la déesse un temple plus magnifique encore que le premier. Cheiromocrate en fut l'architecte. Le jeune Alexandre admira le patriotisme des Éphésiens : il déclara leur ville *libre*. Son temple renfermait des trésors incalculables : il était, après celui de Delphes, le plus riche en offrandes. Apelle et Parrhasius y avaient prodigué leurs chefs-d'œuvre. L'autel était de la main de Praxitèle, et la statue de la déesse était d'or. Lysimaque, un des successeurs d'Alexandre, l'embellit encore; il fit comprendre dans ses murs une partie du mont Coressus, au sommet duquel était bâtie la citadelle, et changea son nom en celui d'Arsinoé, sa femme bien aimée.

Mais après la mort de ce prince Éphèse reprit le doux nom de son berceau, tomba sous la domination des rois de Syrie, puis finit par accepter le joug des Romains, l'an 130 avant l'ère vulgaire. L'admiration de Pompée, d'Auguste et de Cicéron pour cette ville, qu'ils visitèrent, justifie le surnom de *Lumière de l'Asie*, que lui donne Pline. Elle s'enorgueillissait encore d'avoir donné le jour au philosophe Héraclite, à Parrhasius et Appelle, peintres immortels; au poëte Hipponax, à Alexandre, poëte et orateur, et au légiste Hermodore, surnommé Lychnus (la Lampe). Un nouvel Érostrate, l'empereur Constantin, chrétien cruel et fanatique, fit raser le temple d'Éphèse avec tous les temples païens, qu'il appelait *les repaires des démons*. Déjà, au commencement de l'ère vulgaire, Éphèse avait été prise et pillée par les Perses. Depuis 1206, Éphèse, ou plutôt ses ruines, furent tour à tour le butin des Grecs et des musulmans; elle finit par n'être plus qu'un misérable village turc, sous le nom d'Aïa-Salouck, corruption des deux mots grecs ἅγιος θεολόγος (le saint théologue), parce que le corps de saint Jean l'Évangéliste fut inhumé à la place qu'occupe ce village.

Éphèse fut encore illustrée par la prédication de l'apôtre saint Paul, l'an 57, par le martyre de Timothée, son ami, son disciple et le premier évêque de cette cité célèbre, ce Timothée que saint Jean, dans son Apocalypse, désigne sous le nom de l'ange d'Éphèse; et plus tard, par son *concile*.

DENNE-BARON.

ÉPHÈSE (Concile d'), troisième concile œcuménique tenu, l'an 431 de l'ère chrétienne, dans la ville dont il porte le nom. C'est cette assemblée qui approuva, maintint et confirma le titre de *théotokos* (mère de Dieu), donné précédemment par les fidèles à la Vierge Marie, mère de Jésus-Christ. Ce titre lui était contesté par Nestorius, patriarche de Constantinople, qui, depuis son avénement à ce siége patriarcal, avait développé sa doctrine à ce sujet dans un assez grand nombre de sermons. Ce n'était point là une dispute de mots, comme cet hérésiarque affectait de le répandre, mais une question de dogme et de catholicité. A l'entendre, le *Verbe divin* n'avait ni souffert, ni n'était mort, ni n'était ressuscité; la souffrance, la mort, la résurrection, ne devaient s'imputer qu'à Jésus-Christ: l'humanité de Jésus-Christ et la Divinité n'étaient pas substantiellement unies, et, rigoureusement parlant, Jésus-Christ n'aurait pas été Dieu; de là cette extrême répugnance de Nestorius pour la dénomination de *théotokos*, et le motif de sa préférence pour celle de *Christotokos* (mère du Christ). Afin de juger ce différend, un concile œcuménique ou universel se réunit à Éphèse, d'après les sollicitations de saint Cyrille, patriarche d'Alexandrie, et de plusieurs autres saints évêques. Un ordre exprès de l'empereur Théodose en prescrivit la convocation, et fixa l'époque où s'en ferait l'ouverture. Cette époque était le 7 juin de l'an 431. Les chefs des deux doctrines opposées se mirent aussitôt en route. Nestorius était accompagné de dix évêques et de deux comtes, Irénée et Candidien. Le premier sans aucun titre, le second, qui était capitaine des gardes de l'empereur, avaient mission de prêter main-forte aux Pères du concile. Saint Cyrille amenait à sa suite cinquante évêques, qui relevaient tous de sa juridiction. Il arriva à Éphèse quatre ou cinq jours avant celui qu'avait indiqué l'empereur. Jean, patriarche d'Antioche et les prélats syriens qui le suivaient n'étaient point encore venus. Le temps qu'on passa à les attendre fut employé en prédications, dans lesquelles saint Cyrille, Acace de Mélitène et Théodote d'Ancyre réfutèrent publiquement les erreurs de Nestorius. Après s'être longtemps fait attendre, Jean d'Antioche envoya à saint Cyrille deux évêques métropolitains de sa suite, Alexandre d'Apamée et Alexandre d'Hiéraple. Ces deux personnages annoncèrent que Jean n'était plus qu'à quelques journées; il allait arriver, ajoutaient-ils, et dans le cas où il tarderait trop, on pouvait commencer sans lui. Près de quinze jours s'étaient déjà écoulés depuis celui que l'empereur avait indiqué pour la première session du concile; plus de deux cents évêques s'étaient rassemblés; beaucoup d'entre eux trouvaient trop onéreuses les dépenses que leur imposait le séjour d'une ville éloignée de leur diocèse; plusieurs étaient tombés malades, et quelques-uns étaient morts; enfin, l'empereur avait expressément déclaré dans ses lettres de convocation qu'il n'y aurait point d'excuse valable pour ceux qui au jour marqué par lui ne se seraient point rendus à Éphèse.

Toutes ces considérations déterminèrent saint Cyrille et ses collègues à décider que le concile s'ouvrirait le 22 juin, dans la grande église dédiée à la Vierge, et dès la veille ils en prévinrent Nestorius par l'organe de quatre évêques. Nestorius et ses adhérents répondirent qu'*ils verraient et qu'ils iraient s'ils devaient y aller*. Ils demandèrent à Memnon, évêque d'Éphèse, l'église de Saint-Jean pour s'y réunir en particulier. Sur le refus de Memnon, appuyé par tous les fidèles, ils protestèrent contre tout ce qui émanerait du concile qui allait s'ouvrir, et demandèrent qu'on attendît le patriarche d'Antioche. Cette protestation, que Nestorius ne signa point, fut souscrite par 68 de ses partisans, évêques de Syrie, d'Asie et de Thrace, qui la notifièrent à saint Cyrille et à Juvénal, patriarche de Jérusalem. De son côté, le comte Candidien se rendit, le jour suivant, au concile assemblé à l'église de la Vierge, et pour en empêcher la tenue il allégua les lettres de l'empereur. Les évêques demandèrent à les voir, et ils n'y trouvèrent que des ordres relatifs à la police et à l'ordre que le comte devait entretenir à Éphèse durant la réunion des évêques. Ceux-ci n'eurent donc aucun égard aux instances de Candidien, et procédèrent sur-le-champ à l'ouverture de leur première session. Ils étaient au nombre de 158, sous la présidence de saint Cyrille, chargé de représenter le pape saint Célestin. Au milieu d'eux s'élevait un trône sur lequel on avait placé l'Évangile, emblème de la présence de Jésus-Christ. Pierre, prêtre d'Alexandrie et primicier des notaires, exposa comment l'hérésie de Nestorius ayant été découverte dans ses sermons, saint Cyrille avait d'abord écrit à ce patriarche pour le ramener à la foi catholique et s'était ensuite adressé au pape saint Célestin. Il raconta la résistance de l'hérésiarque aux avertissements du patriarche d'Alexandrie, et la condamnation portée par Célestin contre les sermons incriminés. Après ce discours, Pierre lut la lettre de convocation adressée par Théodose aux métropolitains. A la demande de Théodore, évêque d'Ancyre, et de Flavien, évêque de Philippes, trois prélats allèrent, à deux reprises différentes, adresser, au nom du concile, une citation à Nestorius; mais les soldats dont s'entourait ce patriarche, les empêchèrent de pénétrer jusqu'à lui. Juvénal de Jérusalem requit alors que Nestorius fût déclaré contumace, et que l'on procédât à l'examen de sa doctrine.

Afin d'y mettre plus d'impartialité, on lut d'abord le symbole de Nicée, puis la lettre de saint Cyrille à Nestorius, laquelle fut approuvée de tous les Pères; ensuite, on donna lecture de la réponse de Nestorius à saint Cyrille, et tous les Pères anathématisèrent cette réponse; on constata canoniquement l'opiniâtre persévérance de Nestorius dans sa doctrine, malgré de nouvelles réfutations, tant de saint Cyrille, que du pape saint Célestin; on fortifia ces réfutations en citant les opinions de dix ou douze Pères de l'Église, qui tous réprouvaient unanimement les erreurs de l'hérésiarque; comme pièces de conviction, on cita textuellement vingt passages extraits du livre des *Blasphèmes*, composé par Nestorius; et l'on termina cette session en privant ce patriarche de toute dignité épiscopale, et en le retranchant de toute assemblée ecclésiastique. Cette sentence fut souscrite ce même jour par 198 évêques. Le concile était resté en séance depuis le matin jusqu'à huit heures du soir. Le peuple, qui durant tout ce temps-là avait attendu la décision des Pères, les reconduisit chez eux en triomphe, à la clarté des flambeaux. Le jour suivant, 23 juin, on signifia à Nestorius sa condamnation. Le comte Candidien y répondit par une nouvelle protestation et par une relation mensongère, qu'il envoya à Constantinople. Les Pères du concile en adressèrent aussi une à l'empereur, et ils y déduisirent les motifs qui avaient déterminé leur conduite. Cinq jours après la condamnation de Nestorius, Jean d'Antioche arriva à Éphèse. Le concile lui députa des évêques et des clercs. Les soldats qui escortaient Jean les empêchèrent d'abord de pénétrer jusqu'à lui et les insultèrent. Ce patriarche, les ayant ensuite admis en sa présence, se hâta de les congédier en les abandonnant à sa suite, qui les maltraita cruellement. Immédiatement après, il se joignit à Nestorius et à ses fauteurs, tint avec eux un conciliabule dans lequel il déposa de leur dignité saint Cyrille et l'évêque d'Éphèse, annula la condamnation portée contre Nestorius, et excommunia tous ceux qui l'avaient souscrite. Cette sentence fut signée par 43 évêques, et envoyée à Constantinople, sans avoir été publiée à Éphèse. La conséquence de cet envoi fut un rescrit par lequel l'empereur cassait la déposition de Nestorius et ordonnait une nouvelle instruction en présence de ses officiers.

Le 10 juillet, les légats du pape arrivèrent à Éphèse, et le concile tint sa seconde session. On y lut en latin et en grec les lettres que Célestin adressait aux Pères, lettres par lesquelles il condamnait Nestorius et accréditait les légats. Le lendemain, 11, on lut les actes de la première session, que confirmèrent les légats et tous les autres évêques; la nouvelle en fut transmise à l'empereur par lettres synodales. Dans la quatrième session, tenue le 16, saint Cyrille et Memnon d'Éphèse déférèrent au concile Jean d'Antioche et le synode schismatique par lequel ils avaient été condamnés. Le concile envoya deux fois citer le patriarche Jean : celui-ci ne se laissa point approcher par ceux qui lui apportaient cette citation. Il fut déclaré contumace; son arrêt contre Memnon et Cyrille fut annulé, et l'on décida que Jean serait cité une troisième fois. Cette mesure fut exécutée le lendemain, mais sans plus de succès que la veille, et le concile retrancha de la communion ecclésiastique le patriarche d'Antioche ainsi que les 43 évêques qu'il avait entraînés dans son schisme; des peines plus rigoureuses leur furent réservées pour l'avenir, s'ils ne revenaient à résipiscence, et l'on cassa de nouveau la condamnation portée contre Memnon et Cyrille. Cette sentence, à laquelle souscrivirent, avec tous les autres prélats, les légats du pape saint Célestin, fut portée à la connaissance de Théodose II, au moyen de lettres synodales. Dans la sixième session, qui s'ouvrit le 22, on annexa au symbole de Nicée une définition explicative de ce symbole, et l'on y ajouta les extraits des Pères lus à la première session. Le concile condamna ensuite une profession de foi hétérodoxe qui lui avait été déférée par Charisius, prêtre économe de l'église lydienne de Philadelphie. Enfin, dans sa septième et dernière session, à la requête de Réginus, évêque de Constantia en Chypre, il maintint les églises de cette île dans une entière indépendance de l'église d'Antioche, rendit le titre et les honneurs de l'épiscopat à Eustache, évêque de Side, qui en avait été privé pour s'être démis de son siége, prononça des peines sévères contre les messaliens, qui infestaient de leurs erreurs la province de Pamphylie, et autorisa enfin les évêques de Thrace à réunir, selon l'usage de leur pays, plusieurs diocèses sous une même juridiction. Ainsi se termina le concile d'Éphèse, l'un des plus célèbres et des plus importants qui aient jamais été tenus. Les jugements qu'il porta finirent par prévaloir, et, malgré les amis que Nestorius avait à la cour, malgré son adresse à circonvenir l'empereur, ce prince finit par les approuver : l'hérésiarque fut exilé et relégué dans un monastère. Théodoret de Cyr, l'un des plus savants hommes de cette époque, ami de Nestorius, en faveur duquel il avait écrit un ouvrage, rétracta cette défense et se réconcilia avec saint Cyrille. Cet exemple fut suivi par Jean d'Antioche. A. FRESSE-MONTVAL.

ÉPHESTION ou **HÉPHESTION**, favori d'Alexandre le Grand, avait été élevé avec lui et était le dépositaire de tous ses secrets. Son père, Amynton, était de Pella en Macédoine et sa mère avait nourri le fils de Philippe. Plus beau que le roi, on le prenait souvent pour lui. Captive, Sysicambis, mère de Darius, se jeta à ses pieds; et quand elle s'excusa sur ce qu'elle l'avait pris pour le roi : « Vous ne vous trompez point, ma mère, s'écria ce dernier, c'est un autre Alexandre. » Pour rappeler qu'il était auprès de ce prince ce que Patrocle avait été pour Achille, il porta des couronnes sur le tombeau de Patrocle. Pendant qu'Alexandre marchait sur Gaza, Ephestion suivait avec une flotte la côte de Phénicie. Plus tard, il fut mis à la tête d'une division de l'armée, et pénétra dans la Bactriane, afin de ramasser des vivres pour les quartiers d'hiver. Ensuite, il s'avança vers l'Indus, et ordonna à Perdiccas de préparer des bateaux pour jeter des ponts sur les divers fleuves que l'armée aurait à traverser. Dans cette campagne, il contribua à la prise de plusieurs villes. Le roi Omphis le reçut avec distinction, et lui fit cadeau d'une grande quantité de grains. Pour rapprocher plus encore de lui son ami d'enfance, Alexandre le maria à Drypatis, fille de Darius et sœur de Statia, qu'il épousa lui-même. Tout à coup il fut atteint de la fièvre. A cette nouvelle, Alexandre, frappé de douleur, se hâta de l'aller joindre; mais quand il arriva, Éphestion n'existait plus. C'était à Ecbatane, l'an 325 avant J. C. Le roi résolut de célébrer ses funérailles à Babylone. Elles coûtèrent des sommes considérables, et un deuil général fut ordonné dans tout l'empire.

Éphestion, resté simple dans l'opulence, était l'ami sincère d'Alexandre, qui n'éprouva jamais de plus grand chagrin que celui que lui causa sa mort. P. DE GOLBÉRY.

ÉPHÈTES, nom des cinquante-et-un juges au criminel institués à Athènes par Dracon et chargés des prononcer en certaines causes, telles que les homicides non prémédités, les embûches tendant à faciliter un assassinat, les meurtres ou blessures occasionnés par la chute d'un corps inanimé, etc. On pouvait aussi en appeler à eux, soit de la sentence de l'archonte roi, soit de celles d'autres juges inférieurs. De là leur nom, dérivé du verbe grec ἐφίημι, *en appeler*. Ils composaient un tribunal qui, dans la hiérarchie des institutions judiciaires d'Athènes, venait immédiatement après l'aréopage, la plus élevée de toutes. Ils siégeaient, selon la nature des causes qu'ils avaient à juger, dans l'une des quatre *agoras* ou places du Prytanée, de Pallas, d'Apollon, ou du Pnyx, qu'on appelait pour cette raison les *agoras des éphètes*. Chacune des dix tribus en élisait cinq parmi les citoyens âgés de cinquante ans et de mœurs irréprochables; le cinquante et unième était désigné par le sort. Solon, lorsqu'il remania les institutions d'Athènes, diminua l'importance des éphètes, en transportant à l'aréopage une grande partie de leurs attributions. H. THIBAUD.

ÉPHIALTE. *Voyez* ALOÏDES.

ÉPHOD, vêtement sacerdotal en usage chez les Juifs, et dont le nom est dérivé d'un mot hébraïque signifiant *habiller*. Il y avait deux sortes d'*éphod*, l'un pour le grand-prêtre, l'autre pour les ministres inférieurs. Le premier avait la forme d'une tunique, raccourcie par devant et descendant jusqu'aux talons par derrière. Il était d'or, d'hyacinthe, de pourpre, de cramoisi et de fin lin retors. Il avait des manches, mais laissait découvert sur l'estomac un espace de quatre doigts en carré, où se plaçait le rational. Deux sardoines, enchâssées dans de l'or, rattachaient l'éphod et le fermaient sur les deux épaules. Ces pierres précieuses portaient les noms des douze fils de Jacob, gravés en lettres hébraïques. L'éphod que revêtaient les ministres inférieurs était de lin seulement. Ce vêtement paraît encore avoir fait partie du costume affecté aux juges et aux rois. Gédéon ordonna qu'on en confectionnât un avec les dépouilles des Madianites, et le déposa dans sa résidence d'Éphra. On ignore s'il s'en servait comme d'un insigne de la suprême judicature, ou s'il le réservait au grand-prêtre, quand il le chargeait de consulter le Seigneur. Dans la suite, les Israélites en revêtirent les idoles dont ils substituèrent le culte à celui de Dieu, et ce crime fut puni par la ruine de la famille de Gédéon. On lit au second Livre des Rois que David, marchant devant l'arche, portait un éphod de lin. Sans l'éphod, le grand-prêtre ne pouvait accomplir aucune fonction du souverain pontificat. A. FRESSE-MONTVAL.

ÉPHORE, historien grec dont Polybe nous fait les plus vifs éloges, était l'auteur d'un grand ouvrage historique en trente livres, dans lequel il avait le premier employé une judicieuse critique à soigneusement distinguer ce qui dans les traditions appartient à la Fable, de même que l'élément géographique, de l'histoire proprement dite. Malheureusement nous n'en possédons qu'un très-petit nombre de fragments, qui ont été réunis et publiés par Meier Merz (Carlsruhe, 1815). Il paraît, d'après les diverses mentions éparses dans les textes anciens, qu'Éphore était né à Cumes, dans l'Éolide, à la fin de la 93e olympiade. Il y a beaucoup d'opinions diverses sur l'âge auquel il parvint. Son histoire s'arrêtait à la quatrième année de la 109e olympiade; elle fut continuée par Diyllus l'Athénien. Suidas, qui nous apprend qu'il était disciple d'Isocrate ainsi que Théopompe, établit un parallèle entre les qualités de ces deux historiens. Isocrate aurait dit qu'à Théopompe il fallait la bride, à Éphore l'éperon. Il est souvent parlé de l'un et de l'autre dans les ouvrages de Cicéron; celui-ci nous apprend qu'Éphore, ayant peu de dispositions pour l'art oratoire, fut dirigé par Isocrate vers les études historiques. Éphore écrivit aussi seize livres sur les Biens et les Maux, un Traité sur les Choses Merveilleuses, et un autre sur les Inventions. Il ne faut pas le confondre avec l'Éphore auteur d'une histoire de l'empereur Gallien, fils de Valérien. P. de Golbéry.

ÉPHORES (du mot grec ἐφοράω, observer). Cette magistrature populaire de Sparte fut, suivant Plutarque (*Vie de Lycurgue*), créée environ 130 ans après la mort de ce législateur, pour servir de frein au pouvoir des rois et du sénat. Les éphores (inspecteurs ou contrôleurs) étaient au nombre de cinq : on les choisissait annuellement parmi les sénateurs. C'était un emprunt fait à la législation de la Crète, où des magistrats nommés *cosmes* tenaient la balance entre le sénat et le peuple. Aussi dans l'origine la puissance des éphores, comme ensuite celle des tribuns à Rome, et dans les temps modernes celle du *justiza* ou grand-justicier de l'Aragon, avait-elle pour but de surveiller les autres pouvoirs, et d'empêcher qu'il ne fût porté atteinte aux lois. Si l'on s'en rapporte au discours que Plutarque (*Vie de Cléomène*) fait tenir à ce roi de Sparte pour justifier le meurtre des éphores qu'il avait fait périr, ces magistrats avaient commencé par être les délégués des rois qu'ils remplaçaient à Lacédémone, pendant que ceux-ci étaient occupés aux guerres contre les Messéniens. Il leur reproche d'avoir usurpé un pouvoir sans bornes, d'avoir banni et fait tuer des rois sans jugement, entre autres son prédécesseur Agis, qui s'était attiré leur haine par ses tentatives pour la réforme des mœurs et le rétablissement des lois de Lycurgue. On voit dans la *Vie d'Agésilas* qu'avant de s'arroger le pouvoir de proscrire les rois, ils les condamnaient à des amendes, puisqu'ils prononcèrent cette peine contre Agésilas lui-même, après y avoir soumis son père Archidamus. Les éphores rappelèrent le premier à la défense de Sparte, au moment où ses armes victorieuses menaçaient le trône du roi de Perse, et il s'empressa de leur obéir. On connaît la belle réponse du roi Théopompe, lors de la création des éphores : sa femme lui reprochait de laisser, par sa faiblesse, à ses successeurs un pouvoir inférieur à celui que ses prédécesseurs lui avaient transmis : « Il sera d'autant plus grand, répondit-il, qu'il sera plus durable et plus sûr. »

Toutefois, Montesquieu condamne avec raison, comme tyrannique et comme trop semblable à celle des *trois inquisiteurs d'État* de Venise, la puissance que les éphores étaient parvenus à s'attribuer. Aubert de Vitry.

ÉPHRAÏM, deuxième fils de Joseph et frère de Manassé, fut la souche d'une des douze tribus. Sa postérité devint le noyau d'une peuplade qui habita, dans la Palestine, le territoire situé entre le Jourdain à l'est, la Méditerranée à l'ouest, les tribus de Dan et de Benjamain au sud, et la demi-tribu occidentale de Manassé au nord. Avant l'arrivée des Hébreux, ce territoire appartenait aux Phéniciens.

ÉPHRAÏMITES, une des dix tribus du royaume d'Israel. Elle tirait son nom d'Ephraïm, fils de Joseph. L'histoire de cette tribu, dont le territoire était situé au centre de la terre de Chanaan, est d'une haute importance pour celui qui veut bien connaître du peuple juif. Une jalousie secrète qui se manifesta de bonne heure dans le sein la tribu d'Éphraïm pour celle de Juda finit par dégénérer en haine ouverte et acharnée. Aussi, après la mort de Saül, se rattacha-t-elle à Isboseth, de même que les autres tribus (qui, du reste, firent toujours cause commune avec elle), pour se soustraire à la domination de David, issu de la tribu de Juda. Celui-ci réussit, il est vrai, à réprimer ce mouvement; mais la scission n'en continua pas moins à exister et se manifesta, entre autres signes, par l'affectation que mirent Éphraïm et les autres tribus à s'attribuer exclusivement la dénomination toute nationale de *peuple d'Israel*. La nouvelle lutte à main armée qui éclata plus tard sous la direction de l'Éphraïmite Jéroboam, bien qu'elle n'eût encore aucun succès, amena cependant, après la mort de Salomon, la défection des dix tribus qui refusèrent d'obéir plus longtemps à Roboam, et qui se donnèrent un roi particulier et un culte distinct. Cette division, dont les prophètes désiraient d'autant plus ardemment voir la fin que ses conséquences se montraient plus funestes à l'intérêt général du peuple de Dieu, devint, après la captivité, plus tranchée encore qu'auparavant. La construction du temple de Samarie la rendit irrévocable.

ÉPHRAÏMITES, monnaie d'un genre particulier, frappée pendant la guerre de sept ans par une société de juifs fermiers des monnaies prussiennes et ayant à leur tête un certain *Éphraïm*. L'atelier principal où se fabriquaient ces pièces fut à Leipzig. Elles étaient de si bas aloi, que le marc d'argent fin en vint jusqu'à valoir quarante cinq thalers. Une telle disproportion entre la valeur réelle et la valeur idéale, ne pouvait durer longtemps. Les *éphraïmites* tombèrent bientôt dans un discrédit tel, que les monnaies frappées au titre légal atteignirent un cours fort élevé. On crut pendant quelque temps réussir à continuer encore l'exploitation fructueuse de cette espèce de fausse monnaie, en la frappant désormais au faux millésime de 1753 (notamment les pièces un peu fortes, telles que les florins). La paix d'Hubertsbourg seule put mettre un terme aux embarras commerciaux causés par cette grave atteinte à la foi publique. Quoiqu'il en ait été émis pour des sommes énormes, les *éphraïmites* sont aujourd'hui extrêmement rares.

ÉPHREM (Saint), *Ephraem Syrus*, surnommé aussi le prophète des Syriens (*propheta Syrorum*), à cause des services qu'il rendit à l'Église de Syrie, dans laquelle il introduisit la science des Grecs, l'un des docteurs de l'Église au quatrième siècle, naquit à Nisibe, en Mésopotamie. Quoique consacré à Dieu dès sa naissance, il ne reçut le baptême qu'à l'âge de dix-huit ans. A en juger par l'amertume de ses regrets, par la sévérité avec laquelle il s'accuse lui-même, on croirait qu'il dût être avant son baptême le plus coupable des hommes. Ses deux plus grandes fautes, celles du moins qu'il se reprocha comme des crimes et qu'il pleura toute sa vie, étaient : 1° d'avoir, dans son enfance, chassé à coups de pierres la vache d'un pauvre voisin dans les montagnes, où elle fut dévorée par les bêtes; 2° d'avoir une fois douté de la providence de Dieu. Aussitôt après son baptême, frappé de la terreur des jugements du Très-Haut, il se retira dans le désert pour s'abandonner à toutes les austérités de la vie érémitique. Pendant plusieurs années qu'il y passa, il eut beaucoup à souffrir de la part de quelques moines sans ferveur; mais il trouvait des forces et des consolations dans les exemples de saint Julien et dans les conseils de saint Jacques de Nisibe. Après la mort de ce dernier, en 338, Éphrem vint à Édesse, où il fut ordonné diacre par Saint Basile le Grand. Il se livra alors avec zèle à la prédication. Il était naturellement éloquent; mais ce talent se perfectionna en lui par le travail et l'étude. « Quoiqu'il n'eût point eu de maîtres, » dit Sozomène, et que rien jusque là n'eût fait pressentir ce qu'il serait un jour, il parvint tout d'un coup à un si haut degré d'érudition, qu'il put traiter les questions les plus ardues de la philosophie, et que pour la facilité et l'éclat du style, la profondeur et la sagesse des pensées, il laissa loin derrière lui les écrivains de la Grèce. » Sa parole vive et ardente entraînait en effet comme un torrent impétueux, les esprits de ceux qui l'écoutaient; saint Grégoire de Nysse assure qu'on ne pouvait l'entendre sans émotion et sans verser des larmes; touché lui-même des vérités qu'il annonçait, il était obligé d'interrompre souvent ses instructions pour donner un libre cours à ses sanglots et à ceux de ses auditeurs. Toujours simple, quoique sublime, il savait s'accommoder à toutes les intelligences; saint Jérôme dit que pour cette raison on lisait ses discours dans plusieurs églises après l'Écriture sainte. En réalité, cependant, le mérite des écrits de saint Éphrem consiste moins dans les grâces du style que dans la force des pensées, dans la vivacité des sentiments, si bien qu'en quelque langue qu'ils soient traduits, ils perdent peu de leur beauté primitive. C'est le sentiment de Sozomène, confirmé par saint Jérôme. Saint Éphrem mourut dans un âge très-avancé, en 379, la même année que saint Basile, après avoir écrit sur son lit de mort son *Testament*, qui nous est parvenu avec ses ouvrages, et dans lequel il semble avoir déposé son âme tout entière.

Les œuvres de saint Éphrem se composent de commentaires sur l'Écriture Sainte, de traités dogmatiques, dans lesquels il combat les erreurs de Bardesanes, des Marcionites et des Manichéens, de simples homélies, adressées pour la plupart à des religieux, d'instructions morales sur les devoirs de la vie chrétienne, de chants sacrés, etc. Elles ont été recueillies d'abord par Vossius, 3 vol. in-fol. (1589-1597); puis, par Assemani (Rome, 1732). Aucher a retrouvé aussi dans une traduction arménienne du cinquième siècle une explication des Épîtres de saint Paul par saint Éphrem, et l'a publiée (Venise, 1833). L'abbé C. Bandeville.

ÉPI (du latin *spica*), forme qu'affectent les fleurs des graminées et de plusieurs autres plantes : les fleurs en épi, sessiles ou pédonculées, sont portées sur un axe commun, assez allongé. L'épi offre une grande variété d'aspects, due à la variété dans le mode d'insertion de chaque fleur autour de l'axe commun : dans l'ivraie annuelle (*lolium temulentum*), plusieurs fleurs réunies sur un même pédoncule forment un petit épi ou *épillet;* l'ensemble des épillets, séparés les uns des autres et disposés en alternes sur la tige, compose l'épi de cette plante. Dans l'orge commun (*hordeum vulgare*), l'épi est aplati, les fleurs disposées sur deux rangs; chacune est sessile et comme imbriquée. D'autres plantes ont toutes les fleurs tournées du même côté, et alors l'épi est *unilatéral;* d'autres imitent en quelque sorte la forme de la queue du chat; les fleurs sont insérées tout autour de l'axe commun, et l'épi se nomme chaton, etc.

Dans le langage figuré et poétique, le mot *épi* ne s'entend que des céréales, et dans ce cas il sert à désigner la plante tout entière; c'est la partie prise pour le tout.

P. Gaubert.

ÉPI (*Constructions hydrauliques*). *Voyez* Digues.

ÉPIAN. *Voyez* Pian.

ÉPICE (Pain d'). *Voyez* Pain d'épice.

ÉPICÉA. *Voyez* Sapin.

ÉPICERIE, ÉPICIER. Dans l'état de promiscuité actuel de tous les états, de liberté indéfinie de toutes les professions, comment caractériser l'épicerie? Elle échappe à toute classification. Quel est donc aujourd'hui le marchand qui n'est pas plus ou moins épicier? Avec la botte d'allumettes et la bouteille de cirage, on trouve dans la même échoppe la cassonade et le poivre; avec les clous à sabots et les clous d'épingle, on trouve la muscade, la casse, la manne, la vanille et le rocou.

Jadis, on distinguait l'*épicerie* proprement dite de la *droguerie;* puis il y avait intermédiairement l'*épicier-droguiste*, auquel les règlements permettaient une certaine cumulation d'attributions, mais dans des limites qui ne pouvaient être franchies. L'épicerie proprement dite et la droguerie constituaient un commerce qui appelait souvent de vastes capitaux, mais surtout des connaissances, de la méthode, le génie de la spéculation lointaine. On ne pouvait guère, à moins d'être favorisé par quelque heureux hasard, profiter dans ces carrières sans y apporter de l'étude, des connaissances en géographie, celle de la matière médicale, des produits exotiques. Encore aujourd'hui, nous avons bien des négociants doués de ces facultés, et nous voyons le commerce des substances étrangères habilement conduit par quelques hommes d'un vrai mérite. Cette carrière est vaste et belle, et c'est sur cette ligne d'affaires incontestablement que se trouve le chemin des fortunes les plus belles comme les plus légitimement acquises. On ne sait donc comment le caricaturiste Charlet a imaginé son jeune France, son barbe moyen âge, se frappant le front en s'écriant : *Être né pour être homme et devenir épicier!*

Mais ramenons les mots à leur véritable acception. L'épicier, à proprement parler, est celui qui vend les différentes denrées coloniales employées, soit comme comestibles, soit comme condiments. Si l'on ajoute à ce commerce celui des autres substances exotiques en usage dans beaucoup d'arts et dans la médecine des hommes ou des animaux, l'on devient *épicier-droguiste*.

Ce que nous venons de dire se rapporte à l'épicier ou au droguiste en gros, au négociant. Mais dans le commerce de détail on trouve tous les objets qui servent journellement dans l'économie domestique, tels que le vinaigre et les préparations dans lesquelles il entre, les liqueurs de table, les chocolats, les sirops et les confitures et conserves le plus en usage; les savons, les huiles comestibles et d'éclairage, les chandelles, la bougie, etc.

Le commerce de l'*épicerie de détail*, ou de l'*épicerie grosserie*, fut d'abord entrepris par les chandeliers vendeurs de suif. Ce n'est que sous François Ier que ce commerce ayant pris un très-grand développement, les *épiciers-grossiers* furent constitués en corporation particulière et régis par des statuts *ad hoc*. Leur profession n'est plus restreinte aujourd'hui que par la loi du 21 germinal an XI, qui leur interdit la préparation et la vente d'aucune composition pharmaceutique.

Les épiciers sont soumis à une visite annuelle, faite à Paris par des professeurs des écoles de médecine et de pharmacie, assistés d'un commissaire de police, et dans les départements par des membres du jury médical. Cette visite a pour objet de constater la bonne ou mauvaise qualité des denrées mises en vente, et de s'assurer de la stricte exécution de la loi du 21 germinal an XI. Pelouze père.

ÉPICES. Sous ce nom générique, on comprend toutes les substances végétales aromatiques, ayant une saveur chaude et piquante, dont on se sert comme condiments : tels sont la cannelle, la muscade, la girofle, le poivre, le citron, etc. La plupart proviennent du Levant ou des Indes orientales. Avant que les Portugais eussent doublé le cap de Bonne-Espérance, elles étaient à peine connues, ou du moins tellement rares qu'on les considérait comme objets de luxe. Les épices ne figuraient que dans les fêtes solennelles, ou bien encore comme un présent honorable que l'on faisait surtout aux juges pour se les rendre favorables.

ÉPICES (*Droit*). On donnait autrefois ce nom aux droits ou honoraires qui étaient dus aux juges. Ce mot vient de ce que dans l'origine celui qui gagnait son procès faisait présent au juge de sucre, de dragées et de confitures. Par la suite ces objets furent remplacés par de l'argent, et la libéralité convertie en dette. Il n'était point dû d'épices pour les affaires qui se plaidaient et se jugeaient à l'audience, mais seulement pour les affaires instruites par écrit. Elles se payaient, sur la taxe du juge, entre les mains du greffier qui la distribuait aux juges, parmi lesquels le rapporteur recevait une part plus forte. Aucun exécutoire ne pouvait être donné pour leur payement; mais les pièces ne pouvaient être exigées par les parties qu'après que les épices avaient été acquittées et la sentence levée. Celui qui gagnait son procès était tenu d'en faire l'avance, sauf son recours contre le perdant. Ces usages ont été abolis par la loi du 4 août 1789 et par la loi du 24 août 1790. E. DE CHABROL.

ÉPICES (Iles aux). *Voyez* MOLUQUES.

ÉPICHARIS. Quand les crimes et les folies de Néron, portés à l'excès, eurent lassé les Romains, il se forma contre lui un complot, dirigé par Pison, dans lequel entrèrent des consulaires, des sénateurs, le préfet du prétoire, des chevaliers, des personnes, dit Tacite, de tout rang, de tout âge, de tout sexe, riches, aisées, pauvres, etc. Parmi les conspirateurs figurait une femme, une affranchie, une courtisane, nommée Épicharis, venue là sans qu'on sût comment ni pourquoi. Voyant ses complices temporiser, tergiverser, flotter entre l'espoir et la crainte, elle prit bravement le parti de leur faire des reproches et de les encourager à la persévérance. Ennuyée enfin de leurs lenteurs, qu'elle ne pouvait vaincre, elle vole en Campanie gagner les officiers de la flotte de Misène, et s'attache surtout à séduire Volusius Proculus, dont elle était connue, et qui y avait un commandement de mille hommes. Ce misérable, un des instruments de Néron dans l'assassinat de sa mère, se plaignait d'en avoir été mal récompensé. Il écouta Épicharis, qui eut toutefois la prudence de lui taire les noms des conjurés, et alla révéler à l'empereur le peu qu'il tenait d'elle. Mise en présence du délateur, la courtisane n'eut pas de peine à faire tomber une accusation qui n'était appuyée, disait-elle, d'aucune preuve. Mais Néron ne la retint pas moins en prison, prétendant que la conspiration pouvait être fort bien vraie, quoique non démontrée.

Sur ces entrefaites, arrive une nouvelle délation d'un affranchi de Natalis, chevalier, ami de Pison. Natalis est arrêté et conduit devant l'empereur, avec les sénateurs Scevinus et Quintianus, avec Lucain et Sénécion. Intimidés par les menaces et la crainte des tortures, gagnés peut-être aussi par l'espoir de leur grâce, ils avouent tout, et chargent leurs principaux amis. Néron se rappelle alors Épicharis, et espérant qu'une femme cédera sans peine à la douleur, il ordonne qu'on la soumette aux plus terribles épreuves; mais ni les fouets, ni les dents de fer, ni le feu, ni la fureur des bourreaux, honteux de se voir vaincre par une frêle créature, ne lui arrachent aucun aveu. Le lendemain elle est apportée de nouveau, les membres aux trois quarts disloqués, pour subir encore les tourments de la question; mais, passant son cou dans le nœud d'un mouchoir qu'elle a détaché de son sein et attaché aux barreaux de son siége, elle s'étrangle, aidée du poids de son corps mourant, et expire aussitôt.

Ximenès, littérateur français, aujourd'hui oublié, et qui fut l'ami de Voltaire, fit représenter en 1753 une tragédie d'*Épicharis*. Legouvé en a aussi donné une sur le même sujet.

ÉPICHARME, poète et philosophe pythagoricien, fils d'Élothalès, vécut vers l'an 444 avant J.-C. Il naquit, selon quelques auteurs, en Sicile; selon Diogène Laerce, dans l'île de Cos, d'où il aurait été transporté dès l'âge de trois mois à Mégare, et de là à Syracuse. Bientôt, justifiant son nom grec ἐπίχαρμος, qui signifie *joyeuseté*, il introduisit la comédie en Sicile, sous Hiéron Ier, le protecteur des lettres, donnant le premier une juste mesure à l'action, et en liant les parties par des actes et des scènes proportionnés. Il crut devoir sacrifier au goût des Syracusains pour les jeux de mots, pour la raillerie, et il fit bien, puisqu'il réussit à leur plaire; mais il mérita des critiques le reproche de s'être éloigné de la politesse attique. Auteur de 52 drames, suivant les uns, de 35, selon d'autres, il ne démentit pas l'heureuse fécondité des poëtes grecs. L'antiquité avait une estime particulière pour ses pièces : elles devaient abonder en *vis comica*, puisqu'elles servirent de modèle à Plaute. Il composa aussi plusieurs livres de médecine et de philosophie. Platon faisait tant de cas de ces derniers, qu'il les imita quelquefois. Deux des principales maximes de ce philosophe-poëte étaient que « les choses dans la nature ne sont pas les mêmes du jour au lendemain, qu'elles sont comme le flux et le reflux de l'immense Océan, puisque les dieux vendent aux hommes la vie et ses biens au prix du travail ». Aristote et Pline s'accordent à attribuer à Épicharme l'invention et l'introduction du Θ et du X dans l'alphabet grec. Cette invention du poëte se borne, du reste, à la figure nouvelle par laquelle il fixa dans sa langue l'aspiration du T et du K, dont certains mots commençant par ces lettres étaient affectés. Épicharme vécut un siècle moins une année. DENNE-BARON.

ÉPICHÉRÊME (du grec ἐπιχείρημα, preuve, argument, dérivé d'ἐπιχειρέω, avoir sous la main, formé d'ἐπί, dans, et χείρ, main). Si dans l'*enthymême* on sous-entend celles des parties du raisonnement que l'esprit peut facilement suppléer, dans l'épichérême on renforce celles qui ont besoin de preuves, en y ajoutant des idées ou des faits subsidiaires : l'épichérême est un syllogisme développé. Tout ouvrage où le raisonnement domine peut, quelle que soit son étendue, se résumer en un épichérême. Ainsi, le plaidoyer de Cicéron pour Milon se réduit à un argument composé, dont la majeure est qu'il est permis de tuer celui qui nous dresse des embûches afin de nous ôter la vie. Les preuves de cette majeure se tirent de la loi naturelle, du droit des gens, des exemples. La mineure est que Clodius a voulu, par un guet-apens, faire mourir Milon, ce que prouvent l'équipage de ce factieux, sa suite, etc.; d'où l'orateur conclut qu'il a été licite à Milon de tuer Clodius. DE REIFFENBERG.

ÉPICTÈTE, célèbre philosophe stoïcien, naquit à Hiéropolis en Phrygie vers le milieu du premier siècle de notre ère. L'histoire raconte que dans sa jeunesse il fut esclave d'Épaphrodite, affranchi de Néron. C'est à ce maître cruel qu'il dut l'occasion de déployer l'admirable patience à laquelle il s'était formé. L'anecdote suivante se trouve dans tous les traités de morale : Épaphrodite frappait Épictète sur la jambe : « Vous me la casserez, » lui dit l'esclave philosophe, et quand l'événement eut justifié sa prédiction : « Je vous l'avais bien dit, » ajouta-t-il tranquillement. Cette exagération d'insensibilité contre la douleur est une des bases de la philosophie d'Épictète; mais elle n'en est pas la plus sage. A côté de cette prétention stoïque, qu'il n'est plus nécessaire de réfuter sérieusement, se trouvent des principes pleins de vérité, qui émanent d'un esprit à la fois délicat et profond. Il paraît qu'Épictète fut affranchi sans qu'on puisse assigner une date et une cause à ce changement de condition, ou nommer celui auquel il dut ce bienfait. Enveloppé dans la proscription dont Domitien frappa les philosophes, il se retira à Nicopolis, en Épire, où il ouvrit une école de stoïcisme, et eut les entretiens qu'Arrien nous a conservés en partie. Mourut-il à Nicopolis, ou revint-il à Rome, rappelé par Trajan et Adrien? C'est une question que plusieurs savants se sont proposé de résoudre. Il nous paraît probable qu'il revint à Rome, puisqu'il est constant qu'il vécut dans une grande familiarité avec l'empereur Adrien. On sait que ce prince favorisait les orateurs, les philosophes et les mathématiciens. Épictète habitait dans cette ville une maison qui, dit-on, n'avait pas de porte, et qui d'ailleurs, remarquable par la plus grande pauvreté, ne recevait d'éclat que de son maître. On raconte qu'un voleur lui ayant dérobé une lampe de fer, il dit : « Il sera bien attrapé demain s'il revient, car il n'en trouvera qu'une de terre. » Nous ne nous demanderons pas, comme l'auteur d'une vie de ce philosophe, s'il fut marié. Nous inclinerions volontiers pour la négative. L'esprit stoïque a plus d'un rapport avec l'esprit ascétique, ennemi, comme on sait, du lien conjugal. L'époque de la mort d'Épictète nous est inconnue; mais il est raisonnable de croire qu'il mourut avant le règne de Marc-Aurèle, car ce prince a bien pu rendre de grands honneurs à sa mémoire sans avoir connu ce philosophe autrement que par les ouvrages d'Arrien.

Au milieu d'une foule de pensées solides et bien exprimées, on en trouve chez lui plusieurs dont la subtilité porterait à croire qu'il ne se rendait pas toujours un compte bien exact de sa pensée. Voici, par exemple, comment il prouve que l'*Iliade* n'est qu'une pure imagination, un fantôme : « Pâris imagina d'enlever Hélène, Hélène imagina de le suivre; si Ménélas eût imaginé de regarder comme un bonheur la perte de sa femme, il n'y aurait pas eu d'*Iliade*. » (Arrien.) Quelques-unes de ses maximes feraient soupçonner qu'il eut connaissance du christianisme; celle-ci, par exemple : « Que la mort et l'exil, et toutes les autres choses qui paraissent terribles, soient toujours devant tes yeux, particulièrement la mort : tu n'auras jamais de pensées basses, et tu ne désireras rien avec trop d'ardeur. » (*Manuel*). Une autre, citée par Aulu-Gelle (*Nuits attiques*), semble copiée dans l'Évangile : « As-tu pris garde, disait-il à un homme studieux, mais dissolu, si ton vase est pur et net avant d'y rien verser ». (*Matth.*, liv. XVIII, 26). *Abstine et sustine*, telle est la formule la plus générale de la philosophie d'Épictète, qui peut se résumer de la manière suivante : 1° la philosophie est pratique; et, en cette qualité, elle maintient l'énergie de la volonté; elle est théorétique, et elle élève la connaissance au-dessus de toute contradiction; 2° la vraie connaissance consiste en ce que chaque homme sait qu'il est partie nécessaire du tout éternel; 3° l'homme parfait est immédiatement convaincu que Dieu est; 4° il a avec lui une seule volonté. On voit qu'il est facile de faire sortir de ces principes un fatalisme et un panthéisme universel. La doctrine d'Épictète avait été conservée par Arrien, son disciple, dans ses ouvrages : 1° *De la Vie et de la Mort d'Épictète* (perdu); *Discours familiers d'Épictète* (perdu); *Dissertations sur Épictète et sa philosophie*, en huit livres, dont quatre seulement nous restent; 4° le *Manuel* (*Enchiridion*).

H. BOUCHITTÉ,
Recteur de l'Académie d'Eure-et-Loir.

ÉPICURE, l'un des plus illustres philosophes de l'antiquité, fondateur d'une des sectes les plus nombreuses, penseur hardi, novateur brillant, écrivain fécond, n'est cependant connu que par de légers fragments de ses nombreux ouvrages, des citations de divers auteurs grecs, et par le poëme *De la Nature des Choses*, dans lequel Lucrèce expose le vaste système du philosophe grec, qu'il regarde comme son maître et son guide, et qu'il place au rang de ces hommes que la puissance du génie semble élever jusqu'à l'essence divine. Gargette, bourg de l'Attique, est regardé par plusieurs écrivains comme le berceau d'Épicure; mais il paraît certain qu'il naquit à Samos, où son père avait été obligé de se rendre avec la colonie que le conseil d'Athènes y fit transporter pour contenir les Samiens, dont on craignait la révolte. Diogène Laerce fixe l'époque de sa naissance 341 ans avant l'ère chrétienne; il prétend que sa famille descendait de Philéus, fils d'Ajax, et que le père d'Épicure, qui se nommait Néoclès, avait fondé une école à Samos, où son fils reçut sa première instruction; il ajoute que dans son enfance il suivait sa mère, qui faisait profession de purifier les maisons, et qu'il récitait les formules expiatoires.

Né pour la philosophie, il avait à peine quinze ans lorsqu'il se lia avec Pamphilus et Nausiphanes; il étudia les écrits d'Anaxagore, de Démocrite et d'Archélaüs, précepteur de Socrate, et commença à professer ses principes à Mitylène, puis à Lampsaque; ses trois frères furent au nombre de ses disciples. A l'âge de dix-huit ans, il se rendit à Athènes, et fut obligé d'en sortir presque aussitôt, à cause des troubles qui éclatèrent après la mort d'Alexandre. Il y revint enfin, et l'un des jardins délicieux de cette ville fut le lieu qu'il choisit pour donner les leçons de sa douce philosophie : au bord des ruisseaux, sous l'ombre des bocages, environné de fleurs embaumées, il expliquait à ses sectateurs l'ordre pompeux de l'univers, et semblait chercher à se rapprocher de la nature, dont il était le disciple et l'admirateur. La simplicité et la justesse de ses raisonnements inspiraient la confiance; ses mœurs commandaient l'estime, et son éloquence entraînante prêtait des armes à la force de son génie. Après avoir marché sur les traces des plus grands philosophes, il rejeta ce qu'il crut vicieux dans leurs systèmes, développa leurs idées, étendit leurs découvertes, et se fraya une route nouvelle. Sa célébrité s'accrut rapidement; chaque jour ajoutait à sa gloire; le monde civilisé retentit de son nom, et l'élite de la Grèce s'empressa d'augmenter le nombre de ses disciples. Les succès d'Épicure, l'admiration qu'il inspirait, éveillèrent la jalousie de ses rivaux, et lui suscitèrent une foule d'ennemis; les stoïciens surtout ne bornèrent pas leur vengeance à attaquer ses opinions, ils calomnièrent sa personne : l'accusation d'impiété, qui avait coûté la vie à Socrate, menaça les jours d'Épicure. Mais son triomphe le rendit plus cher à ses amis, et sa gloire en acquit un nouvel éclat. On trouva que ses ouvrages, remplis d'une morale touchante, attestaient que leur auteur avait une piété plus sincère que ceux qui l'accusaient d'en manquer.

Épicure croyait que les dieux, toujours calmes, toujours bons, jetaient sur la terre des regards satisfaits et souriaient au bonheur des hommes; les stoïciens, au contraire, en faisaient des tyrans occupés à épier les moindres faiblesses pour se donner le plaisir de les punir cruellement. Ces sectateurs austères enlevaient à l'espèce humaine les plaisirs de la vie, ne lui promettant qu'un avenir peu certain, et sur l'espérance duquel leurs propres opinions se combattaient sans cesse; en un mot, ils abreuvaient l'existence d'amertume et ne laissaient entrevoir qu'une éternité vague, peu faite pour compenser les douleurs qu'ils s'infligeaient volontairement. Épicure, dont l'âme noble et pure se faisait une juste idée de l'intelligence suprême, attachait l'homme à la Divinité par la reconnaissance; il voulait qu'on embellît de fleurs la route qu'elle-même nous a tracée; il voulait que l'ascendant de la vertu remédiât aux maux que la nature nous impose pour prix de ses bienfaits. Certes, il ne prétendait pas que le plaisir devînt l'unique but de nos actions; mais il le promettait comme la récompense de la sagesse. « Pour être heureux, disait-il, il faut souvent faire des sacrifices à la nature; il faut aussi calculer si le bien que l'on désire vaut le prix qu'il doit coûter. » Épicure répétait à ses disciples : « Usez de vos facultés, n'en abusez jamais; ne sacrifiez pas de longs jours à une courte jouissance; ne contrariez jamais la nature, ni votre conscience; que la sobriété et la modération rendent vos plaisirs plus vifs et plus purs; évitez les excès, qui tourmentent le présent et appauvrissent l'avenir : en vivant selon la nature, vous ne serez jamais pauvres; en vivant selon l'opinion, vous ne serez jamais riches; s'il est du caractère des dieux de se passer de tout, il est du caractère des sages de se contenter de peu; pour rendre un homme opulent, il vaut mieux diminuer ses désirs que d'augmenter ses richesses. »

Telle était la doctrine de ce philosophe, que Lucrèce embellit des charmes de la poésie latine; telle était cette doctrine admirée pendant tant de siècles, et si méconnue ou si malignement défigurée dans le nôtre. Si la morale d'Épicure avait besoin d'éloges, on les trouverait dans l'accord de ses disciples, qui ne se désunirent jamais, et qui s'aimèrent en frères, quand le fanatisme et l'ignorance divisaient les familles et versaient des flots de sang. Pline le naturaliste rapporte que dans son temps, plus de trois siècles après la mort d'Épicure, l'époque de la naissance de ce grand homme était célébrée comme l'un des jours où la terre avait reçu du ciel un de ses plus précieux bienfaits. Ses sectateurs se multiplièrent à l'infini dans les républiques de la Grèce, en Égypte, en Asie : pendant plusieurs siècles, ses écoles furent ouvertes dans toute l'Europe civilisée. En 484 de l'ère chrétienne, il s'établit à la Chine même une secte de philosophes sous le nom d'*épicuriens;* mais dans un tel pays elle dut perdre une partie de sa pureté primitive.

Gassendi le premier fit connaître au siècle de Louis XIV la philosophie d'Épicure : il développa avec une grande clarté le système corpusculaire, jusque là absolument inconnu. Gassendi eut pour disciples Chapelle, Bernier, Molière et Saint-Évremond, qui répandit dans Londres les opinions de son maître. Walter, regardé alors comme l'Ovide de l'Angleterre, aidé de l'esprit sémillant du chevalier de Gramont, et peut-être des charmes de la célèbre Hortense Mancini, parvint à propager la doctrine d'Épicure à la cour voluptueuse de Charles II, où tant d'hommes d'esprit, mais d'un talent médiocre, insultaient à l'infortune, à la misère du premier des poètes anglais, dont le génie resta si longtemps méconnu, et dont la vie chaste et pure, les sentiments généreux, le noble patriotisme, faisaient ressortir par le plus singulier contraste le hideux scandale de la tourbe éhontée dont la restauration s'entourait. Ces hommes, couverts de la fange du crime et du vice, s'enivrant de tous les plaisirs au milieu de femmes impudiques, que Milton appelle les *bacchantes de cour,* se parent avec empressement du titre d'épicuriens. Bientôt ce titre cesse d'être une dérision. Épicure vantait la volupté : on range donc volontiers les voluptueux parmi ses sectateurs ; on oublie que la volupté préconisée par Épicure consiste dans l'art d'éviter les excès, de vivre de peu, pour satisfaire aisément ses besoins, et surtout de posséder une âme calme au milieu des séductions de la fortune, comme dans les angoisses du malheur. En un mot, la *volupté* d'Épicure, c'est la *vertu.* La pure sagesse née dans le cœur du philosophe athénien devint à la cour de Charles II la déesse de la licence la plus effrénée. Cette étrange aberration, qui avait eu des antécédents dans l'antiquité, si l'on en juge par les plaisanteries d'Horace et de Pétrone, acheva de répandre la fausse opinion qui depuis a rendu si méconnaissable le système d'Épicure.

Les actions de ce philosophe répondirent constamment à la noblesse de ses principes. S'il prêcha la vertu, il la fit chérir par son exemple. Heureux du bonheur des autres, il partagea sa fortune avec les indigents, et rendit la liberté à ses esclaves. Quoiqu'il fût persuadé que le sanctuaire de la Divinité est la nature entière, il se crut obligé de fréquenter quelquefois les temples; Dioclès, l'un de ses plus cruels ennemis, ne put s'empêcher de s'écrier en le voyant au pied des autels : « Jupiter, tu ne me parais jamais si grand que lorsque Épicure est à tes genoux ! » Attaqué depuis longtemps d'une maladie douloureuse, il mourut à Athènes, à l'âge de soixante-douze ans, avec la résignation d'un sage qui sait que la vie n'est qu'un prêt de la nature, et qui le restitue toujours avec calme quand il en a fait un digne usage. On peut encore espérer de retrouver les œuvres d'Épicure, que d'innombrables copies avaient répandues chez tous les peuples. Déjà on a découvert dans les débris d'Herculanum des *papyrus* faisant partie d'un de ses ouvrages. La patience laborieuse de la science a déchiffré des lignes dont une partie des lettres avaient cédé à l'action du feu, mais qui permettaient d'en réunir les vestiges. Le titre de l'ouvrage, écrit en gros caractères, en atteste suffisamment l'authenticité : ΕΠΙΚΟΥΡΟΥ ΠΕΡΙ ΦΥΣΕΩΣ. E. Toutes les phrases obtenues sur ces lambeaux se trouvent reproduites pour le sens dans des passages du poëme de Lucrèce. Ces fragments de papyrus, recueillis sous les cendres du Vésuve, ont été publiés, avec un fac-similé, dans la première édition de notre traduction de Lucrèce.

DE PONGERVILLE, de l'Académie française.

ÉPICURÉISME, ÉPICURIENS. La secte éléatique donna naissance à la *secte épicurienne.* Jamais philosophie ne fut moins comprise et plus calomniée que celle d'Épicure. On accusa ce philosophe d'athéisme, quoiqu'il admît l'existence des dieux, qu'il fréquentât les temples et n'eût aucune répugnance à se prosterner au pied des autels. On le regarda comme l'apologiste de la débauche, lui dont la vie était une pratique continuelle de toutes les vertus et surtout de la tempérance.

Suivant l'*épicuréisme,* l'homme est né pour penser et pour agir; la philosophie est faite pour régler l'entendement et la volonté de l'homme : tout ce qui s'écarte de ce but est frivole. Le bonheur s'acquiert par l'exercice de la raison, la pratique de la vertu et l'usage modéré des plaisirs : ce qui suppose la santé du corps et de l'âme. La véritable logique se réduit à très-peu de règles. Il n'y a dans la nature que des choses et des idées; et conséquemment que deux sortes de vérités, les unes d'existence et les autres d'induction; les premières appartenant aux sens, les secondes à la raison. La précipitation est la source principale de nos erreurs. Mais ce n'est pas assez de savoir mettre de la vérité dans ses raisonnements, il faut savoir mettre de la sagesse dans ses actions. En général, quand la volupté n'entraîne aucune peine à sa suite, on doit l'embrasser; si la peine qu'elle entraîne est moindre qu'elle, il faut l'embrasser encore; il faut embrasser même la peine dont on se promet un grand plaisir. On ne calcule mal que lorsqu'on s'abandonne à une volupté qui causera une trop grande peine ou privera d'un plus grand plaisir.

Le but de la philosophie dans l'épicuréisme est de connaître les causes générales des phénomènes, afin que, délivré de toutes vaines terreurs, on s'abandonne sans remords à ses appétits raisonnables, et qu'après avoir joui de la vie, on la quitte sans regret. Il ne s'est rien fait de rien. L'univers a toujours été et sera toujours. Il n'existe que la matière et le vide. Joignez à la notion du vide l'impénétrabilité, la figure, la pesanteur, et vous aurez l'idée de la matière. Séparez de l'idée de matière les mêmes qualités, et vous aurez la notion du vide. On ne conçoit ni formation ni résolution sans idée de composition, et l'on n'a point l'idée de composition sans admettre des particules simples, primitives, constituantes, appelées atomes. Considéré relativement à ses parties et à leur ordre réciproque, le monde est un; il n'a point d'âme : ce n'est donc point un dieu; sa formation n'exige aucune cause intelligente et suprême. Pourquoi recourir à de pareilles causes dans la philosophie, lorsque tout a pu s'engendrer et peut s'expliquer par le mouvement, la matière et le vide? Le monde est l'effet du hasard, et non l'exécution d'un dessein. Laissons là aussi les génies et les démons.

Pour Épicure, la terre n'est point un corps sphérique, c'est un grand disque, que l'atmosphère tient suspendu dans l'espace. L'âme humaine est corporelle; ceux qui affirment le contraire ne s'entendent pas, et parlent sans avoir d'idées. Si elle était incorporelle, comme ils le prétendent, elle ne pourrait ni agir ni souffrir; son hétérogénéité rendrait impossible son action sur le corps. Recourir à un principe immatériel pour expliquer cette action, ce n'est pas résoudre la difficulté, c'est la transposer. La mort n'est que la cessation de la sensibilité. Le corps dissous, l'âme est dissoute; ses facultés sont anéanties; elle ne pense plus, elle ne se ressouvient point; elle ne souffre ni n'agit. La dissolution n'est pas une annihilation; c'est surtout une séparation de particules élémentaires. L'âme n'était pas avant la formation du corps, pourquoi serait-elle après sa destruction? Loin de nous la fable des enfers et de l'Élysée, et tous ces récits mensongers dont la superstition effraye les méchants, qu'elle ne trouve pas assez punis par leurs crimes mêmes, ou repaît les bons qui ne se trouvent pas assez récompensés par leur propre vertu. Les astres sont des amas de feu. Le soleil est un corps spongieux dont les cavités immenses sont pénétrées d'une manière ignée, qui s'en élance dans tous les sens, etc., etc.

Après avoir posé pour principe qu'il n'y a dans la nature que de la matière et du vide, que penser des dieux? Les épicuriens doivent-ils abandonner leur philosophie pour s'asservir aux opinions populaires, ou dire que les dieux sont des êtres corporels? Puisque ce sont des dieux, ils sont heureux; ils jouissent d'eux-mêmes en paix; rien de ce qui se passe ici-bas ne les affecte ni ne les trouble, et il est suffisamment démontré par les phénomènes du monde physique et du monde moral qu'ils n'ont eu aucune part à la production des êtres et qu'ils n'en prennent aucune à leur conservation. Nous n'avons donc rien à en espérer ni à en craindre. S'il leur est dû quelque culte, c'est celui qu'on ne peut refuser à tout ce qui nous offre l'image séduisante de la perfection et du bonheur.

Le bonheur est la fin de la vie : c'est l'aveu secret du cœur humain; c'est le terme évident des actions mêmes qui en éloignent. La peine est toujours un mal, la volupté toujours un bien, mais il n'est point de volupté pure. La volupté échauffe la froide raison; de son énergie naissent la fermeté de l'âme et la force de la volonté. Après la santé de l'âme, il n'y a rien de plus précieux que la santé du corps. Si nous faisons quelque cas de nos semblables, nous trouverons du plaisir à remplir nos devoirs, parce que c'est un moyen sûr d'en être considéré. Nous ne mépriserons pas les plaisirs des sens, mais nous ne nous ferons point l'injure de comparer l'honnête au sensuel. Il ne faut pas confondre les besoins de la nature, les appétits de la passion, et les écarts de la fantaisie. Tout doit tendre à la pratique de la vertu, à la conservation de la liberté et de la vie, au mépris de la mort. Tant que nous sommes, la mort n'est rien, et ce n'est rien encore quand nous ne sommes plus. Le *droit naturel* n'est que le symbole de l'utilité générale; règle de nos actions. Il n'y a jamais certitude que le crime restera ignoré; le criminel est donc un fou qui joue un jeu où il y a plus à perdre qu'à gagner. L'amitié est un des plus grands biens de la vie; la décence, une des plus grandes vertus de la société. Soyons décents, parce que nous ne sommes point des animaux, parce que nous vivons dans des villes, et non au fond des forêts.

Voilà les points principaux de la doctrine d'Épicure, philosophe qui voulut concilier ses préceptes sur les appétits et les besoins de la nature avec les prescriptions de la vertu : aussi a-t-il eu, dans tous les temps, beaucoup de disciples. Cette philosophie fut professée sans interruption depuis son institution jusqu'au temps d'Auguste; elle fit dans Rome d'immenses progrès : c'était la secte de la plupart des gens de lettres et des hommes d'État. Lucrèce chanta l'*épicuréisme*, Celse le professa sous Adrien, Pline le naturaliste sous Tibère; les noms de Lucain et de Diogène Laerce sont encore célèbres parmi les Épicuriens.

L'épicuréisme eut à la décadence de l'empire romain le sort de toutes les connaissances humaines; il ne sortit d'un oubli de plus de mille ans qu'au commencement du dix-septième siècle. Magnen, médecin de Luxeuil en Bourgogne, écrivit alors son *Démocritus reviviscens, sive de atomis*, livre médiocre, qui fait peu d'honneur à cet étrange interprète d'Épicure. Gassendi lui succéda, et fut le véritable restaurateur de l'épicuréisme. Il eut pour disciples ou pour sectateurs Chapelle, Molière, Bernier, Chaulieu, Gresset, le prieur de Vendôme, La Fare, le chevalier de Bouillon, le maréchal de Catinat, etc., réunissant l'héroïsme et la mollesse, le goût de la vertu et celui du plaisir, les grandes vues politiques et les talents littéraires. La première école où l'on professa et pratiqua en France cette morale eut son siége rue des Tournelles, à Paris, chez Ninon de Lenclos. Là se réunissait tout ce que la cour et la ville avaient de gens polis, voluptueux, éclairés : Mme Scarron, la comtesse de la Suze, la comtesse d'Olonne, Saint-Évremond, le comte de Gramont, le poëte anglais Waller, Mme Mazarin, la duchesse de Bouillon-Mancini, des Yvetaux, Gourville, Mme de La Fayette, le duc de La Rochefoucault, et plusieurs autres transfuges de l'hôtel de Rambouillet.

De la rue des Tournelles l'école fut transférée à Auteuil, où elle se recruta de Bachaumont, du baron de Blot, de Desbarreaux, de Mme Deshoulières. A l'école d'Auteuil succéda celle de Neuilly, tenue par Chapelle, Sonnings, etc, et qui se fondit dans celles d'Anet et du Temple. Cette dernière nous offre plusieurs de nos anciennes connaissances : Chapelle et son disciple Chaulieu, Vendôme, Mme de Bouillon, La Fare, Rousseau, Sonnings, l'abbé Courtin, Campistron, Palaprat, le baron de Breteuil, père de la marquise Du Châtelet; le président de Mesmes, le président Ferrand, Dangeau, le duc de Nevers, Catinat, le comte de Fiesque, le duc de Foix, Périgny, Renier, Lassère, le duc de la Feuillade, etc., etc. Cette école est la même que celle de Saint-Maur ou de Mme la duchesse.

L'école de Sceaux, sous la présidence, un peu guindée, de la duchesse du Maine, recueillit tout ce qui restait de ces sectateurs du luxe, de l'élégance, de la politesse, de la philosophie, des vertus, des lettres et de la volupté; elle eut encore le cardinal de Polignac, qui devait réfuter Épicure; Hamilton, Saint-Aulaire, l'abbé Genet, Malesieu, La Motte, Fontenelle, Voltaire, et quelques femmes illustres par leur esprit. Le commencement de ce siècle a vu en outre échouer chez nous une tentative de résurrection de l'école épicurienne, dont les derniers représentants en France, qu'il ne faut pas confondre avec ceux de l'école gastronomique proprement dite, ont été Désaugiers et Armand Gouffé, l'auteur du dernier chant écrit dans notre langue à la gloire d'Épicure.

EPICYCLE (de ἐπί, sur, κύκλος, cercle). Pour expliquer les mouvements directs, rétrogrades, stationnaires ou très-lents des planètes, les anciens astronomes prétendaient, ou du moins supposaient que ces astres étaient fixés sur la circonférence d'un cercle qui tournait sur son centre, se mouvant lui-même sur la circonférence d'un plus grand cercle dont la terre occupait le centre. Ce dernier cercle recevait le nom de *déférent* (qui transporte).

C'est à Ptolémée que l'on doit l'hypothèse très-ingénieuse des épicycles; mais cet astronome ignorait la mobilité de la terre dont la découverte a singulièrement simplifié l'explication de l'inégalité apparente du mouvement des astres. Depuis, Képler et Newton ont complétement déterminé les orbites des corps célestes, et la théorie des épicycles a dû être abandonnée.

EPICYCLOÏDE, ligne décrite par un point de la circonférence d'un cercle qui tourne, ou est censé tourner autour de la circonférence d'un autre, soit en dedans, soit en dehors. Si le cercle tourne en dedans, le point de sa circonférence, qui à l'instant où commence le mouvement est en contact avec la circonférence du cercle en repos, décrit une courbe qui forme avec l'arc de cercle compris entre les deux points de contact une sorte d'ellipse. Si le cercle roule sur l'extérieur de la circonférence, il en résulte une espèce de croissant.

Ces courbes remarquables ont été l'objet des nombreuses recherches du marquis de L'Hopital, de Maupertuis, de La Hire, des Bernouilli, de Clairaut, etc. Aujourd'hui que leur théorie est bien connue, on s'en occupe beaucoup moins. Dans la pratique, elles servent à déterminer la courbure que l'on doit donner aux dents des engrenages des machines qui demandent une grande précision.

TEYSSÈDRE.

ÉPIDAMNUS. *Voyez* DURAZZO.

ÉPIDAURE, aujourd'hui *Epidavro*, ville de l'Argolide, située sur le golfe Saronique et centre d'un commerce assez important, était au rapport de Strabon, une colonie carienne qui s'était d'abord appelée *Epicaros*, et formait avec son territoire, un État particulier demeuré toujours indépendant d'Argos. Épidaure était surtout célèbre par le temple magnifique qu'y avait Esculape. Cet édifice était situé à l'ouest de la ville, sur le chemin d'Argos, entre deux montagnes et au milieu d'un bois épais. Une inscription placée au fronton avertissait que l'entrée du temple n'était permise qu'aux âmes pures. Il y avait aussi interdiction de s'y faire transporter soit pour accoucher soit pour mourir. Une statue d'or et d'ivoire représentant Esculape ornait le temple d'Épidaure, et dans un bâtiment accessoire (appelé *Tholos*) étaient exposés sur des tables des remèdes contre toutes les maladies. Les ruines du temple sont connues sous le nom de *Iero*.

[Les serpents abondaient aux environs d'Épidaure, et c'est sous cette forme que le dieu, disait-on, était arrivé d'Épidaure à Rome. Pline rapporte ce fait, et Pausanias nous apprend que l'on élevait des serpents dans le temple. S'il en faut croire l'*Epitome* de Tite-Live, Rome étant affligée d'une peste, des ambassadeurs furent envoyés à Épidaure pour y chercher la statue du dieu. Ils ramenèrent aussi un serpent qui de lui-même était venu dans leur vaisseau, et qui n'était autre que ce Dieu. Ce serpent s'élança dans une île du Tibre, et là fut construit un temple à Esculape. Ce fait se rapporte à l'année 461, sous le consulat de L. Postumius et de C. Junius Brutus.

Il se faisait à Épidaure de fréquents pèlerinages de malades qui attendaient leur guérison de leurs offrandes, ce qui ne laisse pas que de faire une assez belle généalogie aux *ex-voto*. P. DE GOLBÉRY.]

ÉPI DE LA VIERGE, brillante étoile de première grandeur, située dans la constellation de la Vierge.

C'est aussi l'un des noms vulgaires d'une plante, l'ornithogale pyramidal, que l'on désigne encore sous celui d'*épi de lait*.

ÉPIDÉMIE. Cette expression vient de deux mots grecs qui signifient *sur le peuple* (ἐπί sur, δῆμος, peuple), par opposition à l'expression *endémie*, qui veut dire *dans le peuple*. Il semble en effet que la cause des maladies épidémiques soit tout à fait étrangère à la constitution, aux habitudes des populations sur lesquelles elle exerce son action, tandis que les maladies endémiques, tenant essentiellement à des causes locales permanentes, qui finissent par altérer l'organisation des habitants des lieux malsains, sont véritablement *dans le peuple*, en ce sens que l'économie finit par retenir en elle le germe des affections endémiques. Les fièvres intermittentes des pays marécageux, par exemple, sont des affections endémiques, dues à la présence des eaux dormantes; les maladies épidémiques, au contraire, sont le résultat d'influences générales, vagues, errantes, mobiles et passagères. Tantôt ces influences se font sentir dans un lieu très-circonscrit, où elles bornent toute leur action; tantôt cette action s'étend, soit successivement, soit simultanément, à des contrées entières.

Il est des maladies épidémiques dont la succession des saisons et les variations physiques des qualités de l'atmosphère peuvent permettre de concevoir le développement : il en est d'autres qui, telles que le choléra, appartiennent à des influences tout à fait en dehors de nos observations, et dont il ne nous est pas même permis de soupçonner la nature. En général, les médecins se croient trop facilement en état d'expliquer l'apparition des maladies épidémiques. Quand une épidémie survient, ils constatent les variations qui ont eu lieu dans les qualités barométriques, thermométriques et hygrométriques de l'atmosphère, et ils n'hésitent pas à leur attribuer la maladie régnante; mais si on leur demandait pourquoi il n'en est pas résulté telle maladie plutôt que telle autre, pourquoi cette cause a déterminé des symptômes cérébraux plutôt que des symptômes thoraciques ou abdominaux, ou même pourquoi, examinés dans les même organes, ces symptômes ont annoncé telle variété d'inflammation plutôt que telle autre, qu'auraient-ils à répondre? Quelle influence peut produire une épidémie de colique ou de dyssenterie plutôt qu'une épidémie de diarrhée ordinaire ou de choléra? Quelle influence peut amener une gastro-entérite plutôt que telles autres phlegmasies gastriques ci-dessus mentionnées? Certainement des effets différents supposent des causes différentes, et cependant la variété des maladies dues aux modifications de l'atmosphère est infiniment plus grande ou plus tranchée que la variation apparente des influences atmosphériques que nous pouvons enregistrer.

Tantôt les maladies épidémiques sont contagieuses, tantôt elles ne le sont pas. Il y a des épidémies de petite vérole, de scarlatine; et on a même admis en Angleterre la possibilité d'une épidémie de symptômes siphylitiques, dont la transmission, ne pouvant s'expliquer par un contact immédiat qui n'avait pu avoir lieu entre tous les habitants d'une même ville, a dû se faire à la manière des épidémies ordinaires, qui n'ont que l'air pour moyen ou pour véhicule. Quoi qu'il en soit de toutes ces distinctions, voici ce qu'il importe le plus de bien connaître sur la nature même des maladies épidémiques.

Nous vivons au milieu de circonstances physiques qui impriment leur cachet particulier sur notre constitution matérielle. Ce sont les différents degrés de ces influences qui donnent à nos fonctions non-seulement leur mode d'énergie ou d'activité, mais encore leur caractère spécifique. On peut dire qu'à chaque état physique de l'atmosphère est attaché un mode particulier de l'exercice de nos organes. Tant que les variations atmosphériques, tant que les variations du milieu dans lequel nous vivons, ne dépassent pas certaines limites, la santé a lieu; mais sitôt que ces limites sont atteintes et franchies, alors la maladie commence par les individus déjà disposés à produire par eux-mêmes les modifications de fonctions que l'influence régnante est susceptible de provoquer, c'est-à-dire qu'au commencement d'une épidémie les premiers atteints sont naturellement ceux qui seraient tombés malades par le jeu même de leurs dispositions individuelles, lors même qu'aucune action extérieure ne serait venue accélérer ce résultat. Quand je parle ici de variations atmosphériques, je ne veux pas parler de celles que nous pouvons constater à l'aide de nos instruments de physique ordinaires. Ces changements ne sont rien auprès des causes puissantes qui font naître les grandes épidémies. Voyez le choléra, qui, parti du fond de l'Asie, son berceau, est venu prendre droit d'habitation parmi nous : qui pourrait jamais imaginer d'en rechercher la cause dans quelques-unes de ces variations insignifiantes qui nous sont révélées par nos instruments, dans la pesanteur, la température, l'humidité ou la sécheresse de l'air? Quelle différence entre l'organisation humaine, fonctionnant l'été aux Indes ou en Égypte, et l'hiver à Saint-Pétersbourg ou en Pologne! Et cependant, quand le choléra se met en marche, il exerce une telle puissance d'action sur des individus qui se ressemblent si peu, il domine tellement toutes les différences organiques acquises ou accidentelles dues aux climats, aux habitudes, à la nourriture et aux saisons, il produit une impression si profonde, que toutes les prédispositions locales et individuelles se taisent pour laisser apparaître le grand phénomène organique éveillé par l'influence épidémique, quelle qu'elle soit?

Pour bien faire comprendre ce que c'est que cette influence, et combien elle est en dehors des qualités variables de l'atmosphère, je ne puis mieux la comparer qu'à un agent spécifique qui, comme les virus, les poisons, éveille en général dans toutes les économies les mêmes phénomènes généraux. Sans doute cet agent peut produire des effets secondaires variables, quand il éveille des maladies au milieu de telle constitution atmosphérique plutôt que de telle autre; mais il est encore facile au milieu de ces petites variations de le reconnaître à des effets généraux qui n'appartiennent qu'à lui. Quand la peste éclata à Constantinople, mille causes devaient contribuer à propager et à conserver les germes de la contagion. Ces germes passent par mille mains, qui doivent augmenter d'une manière prodigieuse leur dispersion dans toutes les parties de la ville et des faubourgs. Et cependant, quand des milliers d'individus ont été emportés par cette épidémie, quand elle est arrivée à son plus haut degré d'intensité, on la voit décroître d'une manière progressive; chaque jour le nombre des nouveaux atteints est de moins en moins considérable; enfin, elle disparaît complétement, et la santé générale redevient tout aussi belle qu'avant l'invasion de cette terrible affection! Et pourtant les germes en sont partout, et pourtant des milliers de foyers nouveaux vont exister impunément au milieu d'une population nombreuse, condensée, malpropre, misérable, exposée par son peu d'aisance aux affections de toutes les espèces; des années se passeront, et aucun symptôme contagieux ne sera plus observé. N'est-il pas évident que si la peste était indéfiniment contagieuse, que s'il existait d'elle un miasme dont la présence seule pût suffire à sa transmission, il ne devrait pas, depuis longtemps, exister un seul être animé à Constantinople?

Si la peste, malgré la présence évidemment permanente et universelle des émanations qui peuvent la propager (car je puis faire la concession d'un tel miasme à la théorie des contagionistes), finit par s'éteindre au milieu de tant de chances de développement, c'est que la première condition de son existence consiste essentiellement dans cette influence épidémique, dont la nature intime, pour nous être inconnue, ne se manifeste pas moins à nous par des effets si puissants. Pourquoi, avec les mêmes conditions atmosphériques appréciables, pourquoi, avec les mêmes successions des saisons, avec le même degré de chaleur, d'humidité et de sécheresse qui existaient pendant la durée de la peste, ne voit-on plus celle-ci se reproduire, bien qu'en réalité les miasmes qui sont censés la développer aient été déposés dans des milliers de foyers accessibles à toute une population, qui les colporte impunément pendant des années entières? C'est que, je le répète, les conditions physiques du milieu ambiant, en un mot, l'*influence épidémique*, n'existe plus et ne monte plus les différentes organisations humaines sur le ton nécessaire à la conception de la peste, que celle-ci soit ou non le produit d'un miasme contagieux par le contact.

Cette *influence épidémique*, que j'appellerais volontiers *tellurique*, pour la distinguer des influences épidémiques secondaires dues véritablement aux saisons ou aux variations quotidiennes de l'atmosphère, est un fait extrêmement important à étudier, tant sous le point de vue de la médecine pratique que sous celui de la physique et de la philosophie générales. Sa connaissance approfondie nous révélerait de nouvelles relations qui existent bien certainement entre la nature physique du globe et les êtres vivants qui existent à sa surface; elle nous montrerait comment l'organisation est excitée, abattue, modifiée, entraînée, exaltée, par tous ces grands mouvements des fluides impondérables qui, tels que la lumière, les fluides électrique, magnétique et d'autres encore peut-être, jouent dans l'univers un rôle dont les grandes épidémies seules peuvent nous faire soupçonner l'étendue et l'importance.

Ce que nous venons de dire suffit pour démontrer combien l'expression *épidémie* a été appliquée à des maladies différentes entre elles, depuis celle qui peut s'expliquer par le plus léger refroidissement de l'atmosphère dans une localité limitée, jusqu'à ces épouvantables fléaux dus à des causes telluriques générales, plus puissantes sur l'économie animale que toutes les causes locales, toutes les influences des saisons et des climats.

La direction donnée dans ces derniers temps aux études médicales, en forçant les médecins à étudier le jeu des organes malades, les a détournés de l'observation des grandes causes qui agissent sur l'économie; tous les faits d'ensemble, tous les faits généraux ont été négligés. L'attention, étant épuisée par la contemplation des faits de détail, a dû laisser de côté les grands phénomènes qui ont une part si active dans le maintien de la santé comme dans la production des maladies. Aussi, tout ce que nous savons des épidémies date-t-il d'une époque antérieure à la nôtre. Malheureusement, les sciences ne se perfectionnent que de cette manière: ce n'est jamais en même temps qu'on fait faire des progrès à la connaissance des faits d'ensemble et à celle des faits de détail; les mêmes hommes ont rarement une assez haute portée d'esprit pour faire marcher de front ces deux ordres de travaux. Mais quand cette période de perfectionnement de détails sera arrivée à son terme, quand les idées courtes, mesquines et rétrécies qui naissent forcément de l'étude des spécialités seront épuisées, alors l'esprit des observateurs, en profitant des connaissances analytiques positives, se reportera sur les phénomènes d'ensemble, dont la coordination profitera de toutes les connaissances positives acquises dans la classe des phénomènes secondaires.

Rappelons en terminant combien il est important au praticien de tenir compte de la *constitution épidémique* régnante dans le traitement de la presque totalité des affections. L'*influence épidémique*, en agissant sur des milliers de constitutions différentes, y dépose (qu'on me passe cette figure) *un fond* de maladie qui exige le même *fond* de traitement, quels que soient les symptômes apparents par lesquels ce fond se traduise au dehors. Ainsi, pendant la constitution des fièvres intermittentes de Rome, le phénomène pathologique, qui est éveillé par cette constitution régnante, et que l'expérience a démontré exiger le plus souvent l'emploi du quinquina, ce phénomène pathologique, *ce fond*, cette modification imprimée à l'économie, ne se traduit pas toujours par des accès réguliers ou irréguliers de fièvre intermittente; elle se traduit souvent par des symptômes tellement évidents d'inflammations continues que les médecins même les plus habitués à ces sortes de déguisements commencent par s'y tromper, et ne reviennent de leur erreur que par la résistance qu'ils éprouvent, et le quinquina vient promptement amener une guérison qu'on aurait vainement attendue des autres moyens. Eh bien, ce que je dis de la constitution de Rome peut s'appliquer à tous les pays, à toutes les saisons, à toutes les épidémies. Stoll, Sydenham et tant d'autres praticiens distingués ont toujours cherché à reconnaître le vrai caractère de la constitution régnante, afin de baser leur méthode de traitement sur ce qui fait le *fond* de l'épidémie, au lieu de se laisser aller à la considération des symptômes apparents, qui n'en sont que la forme variable. Il est donc vrai qu'il y a dans toutes les maladies épidémiques autre chose à considérer que les symptômes provoqués; il est donc vrai qu'il doit y avoir un phénomène général, commun chez des malades différents par leurs dispositions individuelles, et que ce phénomène, révélé par la pratique des meilleurs observateurs, acquerra un jour une grande importance, non-seulement pour la guérison des maladies, mais encore pour l'étude du globe terrestre dans ses relations avec l'existence des êtres organisés.

Dr Bailly (de Blois).

ÉPIDERME (de ἐπί, sur, et δέρμα, peau). C'est le nom qu'on donne à une membrane très-mince qui recouvre toutes les parties des végétaux, et qui chez les animaux forme la pellicule externe de la peau. Nous dirons seulement ici quelque chose de ce que les botanistes appellent *épiderme*.

L'épiderme des végétaux est une lame mince, presque diaphane, formée d'un tissu uniforme, qui paraît composé d'un grand nombre de cellules, d'une forme excessivement variable, et qui présente un grand nombre de petites ouvertures que les auteurs regardent comme des espèces de bouches aspirantes (*voyez* STOMATES). L'épiderme est surtout apparent sur les jeunes tiges, dont on peut facilement l'isoler avec quelque précaution. Comme il ne jouit que d'un certain degré d'extensibilité, au-delà duquel il ne peut plus s'étendre, il se déchire et se fendille quand le tronc a acquis un certain volume, ainsi qu'on l'observe dans le chêne et l'orme; d'autres fois, il se détache par lambeaux et par plaques, comme dans le bouleau ou le platane. Lorsqu'on l'enlève sur les jeunes tiges, il se régénère avec facilité; il résiste à la décomposition. Il est incolore, et ne doit la couleur qu'on lui voit qu'à celle du tissu sur lequel l'épiderme est appliqué. Amici a démontré par de belles expériences que l'épiderme est une membrane tout-à-fait distincte du tissu cellulaire, et qu'il n'en est point la surface la plus exterieure, comme on l'a cru longtemps. Il paraît résulter des expériences de Decandolle que l'épiderme a pour usage de dégager l'oxygène que les végétaux ont en excès. N. CLERMONT,

EPIDOTE, substance minérale placée par les anciens minéralogistes dans les schorls verts, et composée de silice, d'alumine, de chaux et d'oxyde de fer, qui dans quelques variétés devient assez abondant. La forme primitive de ce minéral est un prisme droit irrégulier. L'épidote est plus souvent bacillaire ou compacte (en Égypte), ou granulaire (c'est alors la *delphinite* de Saussure), ou arénacée (*scorza* de Transylvanie). Son poids spécifique est de 3, 4. L'épidote s'électrise difficilement par le frottement et ne s'électrise point par la chaleur. Elle fond au chalumeau en une scorie noirâtre. Elle étincelle par le choc du briquet. Elle raye le verre, le felsdspath, le pyroxène, etc., et est rayée par le quartz. Ses couleurs sont le vert, le brun, le jaune-rouge, et son éclat est assez vif. On a fait plusieurs espèces de cette substance, quoique les unes et les autres, comme on va le voir, contiennent les mêmes éléments, quelquefois en quantités presque égales : ainsi l'*épidote zoïsite* (ainsi nommée du baron de Zoïs, savant minéralogiste) est composée de silice, 34 à 45; alumine, 26,6 à 32; chaux, 20 à 22,5; protoxyde de fer, 3,5 à 13; et *l'épidote thallite* (de θαλλός, feuillage vert) de : silice, 37 à 40,9; alumine, 27 à 28,9; chaux, 14 à 16,2; protoxyde de fer, 9, 66 à 17. Chacune de ces espèces enferme en outre une petite quantité d'oxyde de manganèse. Quelquefois l'épidote est surchargée de manganèse. M. Cordier, qui a fait connaître cette dernière variété, en a donné l'analyse suivante : silice 33, 5; alumine 15; chaux 14,5; oxyde de fer 19,5; oxyde de manganèse 12. Cette variété est bacillaire, colorée en violet par le manganèse, avec lequel elle est associée. Elle est aussi accompagnée d'amphibole trémolite violette, d'où vient qu'on les a souvent prises l'une pour l'autre.

On peut confondre l'épidote avec l'amphibole actinote, avec la tourmaline, avec l'aigue marine, avec l'asbeste; mais aucune de ces quatre substances ne fond en scorie noirâtre. On trouve l'épidote associée : avec le talc chlorite (Suède), avec grenat, calcaire, quartz (Sibérie), avec hypersthène et feldspath (Groënland), avec calcaire (Suède), avec quartz et chlorite (Isère). Elle a son gisement dans le granit (Suisse, Caroline du Sud), le diorite (Isère, Tyrol), dans le talchiste chloriteux (Isère), dans la protogyne (Savoie), la syénite (Vosges, Hongrie), le gneiss et le micachiste (Écosse), dans les filons de fer (Arandal) et dans les filons d'argent (Kœnigsberg). L'épidote constitue la roche appelée *sélagite*, composée de zoïsite, de diallage, grenat, disthène et quartz. L. DUSSIEUX.

ÉPIEU. Ce mot répond à ce que les Latins ont nommé *lancea*, lance; il provient de l'italien *spiede* ou *spiedo*, et indique une arme de demi-longueur, employée quelquefois comme dardelle ou haste, quelquefois comme demi-pique, c'est-à dire que la main du combattant ne s'en dessaisissait pas et s'en servait en manière d'estoc. Son fer était pointu et aplati; elle avait donc du rapport avec le *pilum* de la milice romaine. Aussi plusieurs auteurs ont-ils regardé l'épieu comme une arme des légions. En France, l'épieu était plutôt une arme de chasse qu'une arme propre à la guerre. Cependant, l'infanterie de la milice française s'en servait sous le règne de Philippe-Auguste; Guillaume Lebreton l'appelle en latin *contus* ou *sudes*; et Roquefort mentionne dans le sens de bâton ferré ou d'épieu les substantifs *sachanre, santon, sappe, tihays, tireboute*. On voit dans les collections d'armes des épieux qui ont le fer long et très-large, et dont le talon ou extrémité opposée se termine en houlette de fer : ces épieux à houlette étaient principalement à l'usage des chasseurs et des valets de chien. Les épieux à lame très-large servaient surtout à la chasse au sanglier. Mais la guerre aussi les employait, car au moyen âge les instruments de chasse et d'agriculture se changeaient fréquemment en armes de guerre. Dans les usages de la chasse, on a fait en certains pays l'emploi d'épieux empoisonnés, comme l'étaient et le sont encore les flèches de certains peuples. Brantôme a voué à notre exécration le catholique Besme, qu'il cite en parlant de la Saint-Barthélemy dans le passage suivant : *Besme, gentilhomme allemand, vint à l'amiral* (Coligny) *avec un grand épieu, et lui fourra dans le corps ce large épieu.* Gal BARDIN.

ÉPIGASTRE (de ἐπί, sur, et γαστήρ, ventre). On appelle ainsi la région supérieure de l'abdomen ou du ventre, comprise de haut en bas, entre l'extrémité inférieure du sternum et la région du nombril, et, latéralement, entre les hypochondres, là où existe une dépression qu'on désigne vulgairement sous le nom de *creux de l'estomac*. C'est ce qu'on appelle aussi *région précordiale*, dénomination impropre, qui ne devrait être appliquée qu'à la partie antérieure de la poitrine correspondante au cœur.

L'épigastre ou *centre épigastrique* est chez l'homme le point de réunion d'un grand nombre d'organes importants; tels sont l'estomac, les intestins duodénum et colon transverse, l'épiploon, le pancréas, une partie du foie, l'artère aorte, le vaste réseau nerveux désigné sous le nom de plexus solaire, et au-desus, le diaphragme, la base des poumons, le cœur, etc. Il en résulte qu'une foule de maladies viennent, en quelque sorte, se réfléchir dans la région épigastrique, par quelques symptômes dont les principaux sont la douleur, la tuméfaction, la dépression, des battements insolites, un sentiment d'ardeur, d'anxiété, etc.; aussi cette partie doit-elle être toujours soigneusement explorée lorsqu'il s'agit d'établir un diagnostic précis. C'est encore là qu'on applique les remèdes destinés à combattre quantité d'affections morbides. L'importance médicale de l'épigastre s'est surtout agrandie depuis que Broussais a créé la gastrite.

Si l'épigastre joue un rôle considérable dans la médecine proprement dite, ses attributions physiologiques ne sont pas moins étendues. Longtemps on en a fait le siége primitif des instincts et des passions. C'est là que Van Helmont avait placé le trône de son *archée* ou principe de la vie. Cette autocratie du centre épigastrique était en grande partie basée sur l'observation d'un phénomène vulgaire, la sensation que réveillent dans ce point la plupart des vives impressions morales. Il n'est personne, en effet, qui n'ait éprouvé ce sentiment de constriction douloureuse que les chagrins violents ou prolongés, la frayeur et presque toutes les passions concentriques, impriment à la région épigastrique, de même que la sensation d'épanouissement voluptueux que les passions excentriques, telles que la joie, l'attendrissement, l'amour, y font également éprouver. Mais si l'on songe que toutes ces impressions arrivent par la voie des sens extérieurs, et vont primitivement affecter l'organe percevant, le cerveau, par l'intermédiaire duquel elles retentissent à l'épigastre, on n'accordera plus aux sensations de celui-ci que la qualité de phénomènes secondaires, et l'encéphale reprendra sa suprématie. Quoi qu'il en soit, cette étroite sympathie de l'épigastre non-seulement avec l'encéphale, mais encore avec la plupart des organes de l'économie, est un phénomène bien digne d'occuper les méditations du physiologiste et du médecin. Dr Forget

EPIGLOTTE (de ἐπί, sur, et γλῶττα ou γλῶσσα, langue). On nomme ainsi un cartilage mobile faisant l'office d'une soupape, et placé sur l'orifice supérieur ou antérieur du larynx, chez la plupart des mammifères. Chez l'homme sa forme est ovalaire, sa couleur d'un jaune pâle; sa face linguale, inclinée en haut et recouverte dans sa partie supérieure par la membrane muqueuse de la bouche, semble divisée en deux parties par une ligne longitudinale et peu saillante. Sa face laryngée, c'est-à-dire qui touche au larynx, tournée en bas, est revêtue par la membrane muqueuse du larynx. Considérée d'une manière générale, l'épiglotte est plus épaisse à la base qu'à la pointe, au milieu que sur les côtés. Son tissu est très-élastique; ses deux surfaces, l'inférieure surtout, sont creusées d'un grand nombre de petits enfoncements semblables à des piqûres d'épingle et contenant des cryptes muqueuses; quelques-uns de ces enfoncements sont de véritables trous, qui traversent l'épiglotte et dont plusieurs donnent passage à des filets nerveux. L'épiglotte s'ossifie rarement : lorsque cela arrive, elle présente une foule de petits noyaux osseux, irrégulièrement disséminés et séparés par des aréoles très-visibles. La direction de l'épiglotte est sujette à varier dans les différentes circonstances de la vie : elle est verticale dans l'état le plus ordinaire; mais lorsque les aliments passent de la cavité buccale dans l'œsophage, l'épiglotte s'abaisse sur le larynx et s'oppose à ce qu'aucun corps étranger ne pénètre dans les voies aériennes. Ce cartilage a encore pour usage de modifier l'intensité de la voix (*voyez* Glotte). N. Clermont.

ÉPIGONES (en grec, Επίγονοι, dont la véritable signification est *puînés*), nom sous lequel sont généralement désignés les fils des sept héros qui vinrent assiéger Thèbes et qui y périrent tous, à l'exception d'Adraste. Pour venger la défaite de leurs pères, ces fils entreprirent eux-mêmes, dix ans plus tard, sous la conduite d'Adraste ou d'Alcméon, une nouvelle expédition contre les Thébains, et les défirent si complétement qu'ils durent abandonner leur ville dans la nuit même qui suivit le combat. Voici les noms des Épigones : *Alcméon* et *Amphiloque*, fils d'Amphiaraüs; *Egialée*, fils d'Adraste; *Diomède*, fils de Tydée; *Promaque*, fils de Parthénopée; *Sthénélée*, fils de Capanée; *Thersandre*, fils de Polynice; et *Euryale*, fils de Mécistée. Leurs statues étaient placées dans le temple de Delphes, et consacrées à Phœbus.

Dès les temps les plus reculés, la guerre des Épigones servit de sujet à la poésie épique; mais ce fut plus tard que les poëtes tragiques s'en emparèrent.

ÉPIGRAMME (du grec ἐπίγραμμα, inscription, formé d'ἐπί, sur, et γράμμα, lettre). Ce n'était chez les Grecs qu'une pensée délicate exprimée avec grâce, et avec la précision qu'exigeait son but, qui était presque toujours l'*inscription*. On l'inscrivait en effet souvent sur les monuments, les statues et les tombeaux. Les épigrammes qui nous ont été conservées dans l'*Anthologie* sont ou ennuyeuses ou galantes; on aurait peine à en trouver quelques-unes malignes ou satiriques. Les Latins sont probablement les inventeurs de l'épigramme comme de la satire, et Martial, particulièrement, est le modèle que nos vieux auteurs français semblent avoir suivi. Il a laissé quatre livres d'épigrammes, dont le nombre s'élève à près de 1,700; mais il s'en faut de beaucoup, comme du reste il l'avoue lui-même, que la qualité chez lui soit en rapport exact avec la quantité. Celles de Catulle, beaucoup moins nombreuses, leur sont généralement supérieures. Mais on regrette de trouver souvent dans les unes comme dans les autres tant de licence de pensée et d'expression. L'épigramme est une satire vive et courte, dont le principal mérite réside dans l'inattendu et le piquant de la *pointe*, ou du trait qui la termine. Montesquieu la définit dans les *Lettres persanes* : « une petite flèche déliée, qui fait une plaie profonde et inaccessible aux remèdes. » Elle emprunte quelquefois la forme de l'*épitaphe*.

Cette espèce de poésie malicieuse devait plaire aux Français, frondeurs et moqueurs par caractère; aussi remonte-t-elle chez eux jusqu'à Mellin de Saint-Gelais, mort en 1558, dans un âge avancé. Il fut le premier qui se distingua dans ce genre de poésie, et qui se fit par ses épigrammes une telle réputation de méchanceté, que Ronsard, jeune alors, disait :

> Et fais que devant mon prince
> Désormais plus ne me pince
> La tenaille de Mellin.

Mellin de Saint-Gelais eut bientôt une foule d'imitateurs, parmi lesquels on distingue Clément Marot, et plus tard J.-B. Rousseau, Racine, La Fontaine et Piron. Boileau et Voltaire, ces deux génies, si éminemment railleurs, sont restés inférieurs dans l'épigramme à beaucoup d'écrivains qui ne les valaient pas. On conçoit fort bien que, dans un siècle d'oppression et d'intolérance, la famille irritable des poëtes trouvât quelque satisfaction à répondre par le sarcasme à une humiliation ou à l'arbitraire. Quelques épigrammes sont devenues proverbiales, et plusieurs auteurs ne sont connus que par des poésies de cette espèce. Il fut un temps où il n'y avait point de petite gloire littéraire : tel écrivain s'est fait un nom par une épigramme qui souvent n'avait d'autre mérite que l'esprit d'à-propos. On pourrait rassembler les événements principaux de notre histoire en épigrammes toutes faites, et ce recueil ne serait point sans intérêt. Au commencement de la révolution de 1789, ses réformes sérieuses et graves, en tombant la plupart sur des hommes légers, en possession de tout l'esprit de la société *comme il faut* de cette époque, furent l'objet d'épigrammes piquantes, conservées dans un volumineux recueil intitulé : *Les Actes des Apôtres*. Cette lecture nous prouve aujourd'hui que l'on ne saurait perdre plus gaiement sa fortune, ses dignités, souvent même sa vie. Depuis, quelques bonnes épigrammes personnelles, la plupart de Lebrun et de Chénier, flagellant de malheureux auteurs, ne purent remettre en faveur ce genre épuisé. Cependant, beaucoup de couplets de vaudeville sont encore des épigrammes qui réunissent toutes la conditions du genre, et l'on donne même figurément ce nom aux personnalités piquantes qui ne se présentent que trop fréquemment dans la conversation. Viollet-le-Duc.

ÉPIGRAPHE (du grec ἐπί, sur, et γράφω, j'écris). Les Athéniens appelaient *épigraphe*, ἐπιγραφεύς, l'officier qui réglait le chiffre des contributions, tenait les comptes publics et poursuivait le recouvrement des arrérages. De là le mot ἐπιγραφή pour désigner, tantôt l'imposition elle-même, tantôt le rôle des contribuables. *Épigraphe* se dit spécialement en français d'une sentence courte, d'un passage de peu d'étendue, placé au bas d'une estampe, à la tête d'un livre ou d'une section de volume, pour en désigner le sujet ou l'esprit. Il en est de fort piquantes au bas des plus spirituelles caricatures de ces dernières années. Une épigraphe juste et bien choisie prévient favorablement le lecteur; une épigraphe ambitieuse excite, au contraire, sa sévérité. Mais telle prétention, orgueilleuse en apparence, peut se justifier, lorsque l'on connaît la secrète pensée de l'auteur. En voici deux exemples remarquables, tirés de la vie littéraire de Montesquieu : il venait d'achever les *Causes de la grandeur et de la décadence des Romains*. Il y avait parmi les présidents du parlement de Bordeaux un homme d'esprit, aimant la belle littérature, et commençant à goûter la philosophie, comme on disait alors; Montesquieu lui confia son manuscrit, en le priant de lui en dire son avis. Quelque temps après, il reçoit de la bouche de cet ami le conseil de supprimer l'ouvrage, comme trop faible, trop au-dessous des *Lettres persanes*, et comme devant nuire à sa réputation. Le philosophe écoute ce conseil, sans trouble, sans humeur, reprend son manuscrit, y ajoute pour épigraphe : *Docuit quæ maximus Atlas*, et livre le tout à l'impression. Environ onze ans après, Montesquieu arrive à Paris, apportant avec lui en manuscrit son grand ouvrage de l'*Esprit des Lois*, qu'il voulait publier après qu'Helvétius, son ami, lui en aurait dit sa pensée. Helvétius lit attentivement l'ouvrage, en porte le jugement le plus défavorable; mais, se défiant de lui-même, il admet dans la confidence du manuscrit un homme versé dans ces matières, qui prononce comme lui. Plus hardi alors, Helvétius parle avec franchise à Montesquieu, et lui donne le conseil d'oublier entièrement l'*Esprit des Lois*, et même de le brûler. Montesquieu reçoit encore tranquillement cet avis, reprend son manuscrit, y ajoute pour épigraphe : *Prolem sine matre natam*, et l'envoie aux presses de Genève.

De nos jours, l'abus des épigraphes a été porté jusqu'au ridicule. A l'exemple de Walter Scott, on ne se contente plus d'en attacher à ses ouvrages mêmes, mais il en faut à toutes leurs parties, à tous leurs paragraphes; et il en faut une demi-douzaine, dont quelques-unes sont souvent d'une longueur démesurée. Il ne se publie pas une chanson qui ne soit escortée de cinq ou six épigraphes en grec, en latin, en danois, en anglais, en allemand, en espagnol, dans la langue des Caraïbes ou des trouvères, en sanscrit ou en pali, en hébreu ou en basque. Les livres les plus musqués sont hérissés de cette sorte d'ornement, affecté par les écrivains qui affichent le plus de haine contre le pédantisme. Ce qu'il y a de plaisant, c'est que la plupart, même des plus vantés, seraient fort embarrassés, s'ils devaient traduire les préliminaires polyglottes de leurs écrits. On sait assez en effet que l'érudition de nos *hommes forts* n'est pas souvent moins mensongère que leur gravité. DE REIFFENBERG.

ÉPIGRAPHIE. Pris dans son sens étymologique, le mot *épigraphe* signifie absolument la même chose qu'*inscription* : le premier vient du grec, le second du latin; mais *épigraphe* ne s'emploie aujourd'hui qu'en parlant de sentences ou légendes, en prose ou en vers, écrites au bas d'un tableau, d'une gravure, pour en indiquer le sujet; en tête d'un livre pour en exprimer la pensée fondamentale. Les épigraphes tracées sur un monument, une médaille, un piédestal de statue, etc., portent plus spécialement le nom d'*inscriptions*. Toutefois, par une de ces anomalies assez communes dans notre langue, c'est justement la science des inscriptions qui a gardé le titre d'*épigraphie*. Cette science était fort cultivée des anciens, quoiqu'ils ne l'appliquassent qu'aux monuments et aux médailles. Ils y excellaient par la concision avec laquelle ils savaient, au besoin, exprimer noblement toute chose. Il est vrai que leurs langues, la latine surtout, s'y prêtaient merveilleusement. Cet art ne périt pas tout à fait en Italie avec elle, mais il s'y ressentit, comme toute chose, du contact des barbares, et ne reprit quelque éclat qu'à la renaissance des lettres. Plus tard il subit, comme elles, l'influence de ce mauvais goût qui envahit l'Italie au dix-septième siècle. La résurrection en France de l'*épigraphie monumentale* et de celle des médailles n'a guère précédé que d'un siècle le règne de Louis XIV; mais cet art atteignit bien vite, sous le règne du grand roi, sinon un degré de perfection, du moins une importance qu'il n'avait eue nulle part. Appliquée aux livres, l'*épigraphie* est tout à fait moderne, et ne remonte pas au delà de l'invention de l'imprimerie. Je ne sache pas qu'aucun auteur de l'antiquité, ni même du moyen âge, se soit avisé jamais d'inscrire en tête de ses écrits ces sentences, quelquefois si orgueilleuses, qu'on commence à voir figurer, quoique rarement encore, sur la première page de quelques livres du seizième siècle, et qui sont devenues si fréquentes de nos jours, où on les multiplie jusqu'à l'abus. Hippolyte THIBAUD.

ÉPIGYNE (de ἐπί, sur, et γυνή, femme). La corolle d'une fleur est dite *épigyne* quand elle naît sur l'ovaire ou au-dessus. Cette qualification s'applique également aux étamines et aux nectaires qui offrent la même disposition.

ÉPILEPSIE (du grec ἐπιληψία, formé d'ἐπί, sur, et λαμβάνω, je prends). On l'appelle aussi vulgairement *haut mal, mal caduc, mal de Saint-Jean*, etc. L'épilepsie est une maladie de l'encéphale, apyrétique, c'est-à-dire sans fièvre, caractérisée par des attaques convulsives avec perte complète de connaissance, revenant à des intervalles plus ou moins éloignés, ordinairement sans aucun symptôme précurseur, pendant lesquelles le malade rend souvent de l'écume par la bouche, présente les pupilles dilatées et immobiles, les yeux à découvert et dirigés en haut et de côté. Plusieurs autres symptômes accompagnent, précèdent et suivent les accès épileptiques, mais ils sont moins constants que les précédents, et varient d'un individu à l'autre. Les épileptiques sont quelquefois sujets à des attaques de délire furieux; ils perdent la mémoire; leur intelligence s'affaiblit, et très-souvent ils finissent par tomber dans un état de démence complète, ou bien ils succombent à une attaque d'apoplexie. Les fonctions nutritives des épileptiques se conservent pendant longtemps dans leur intégrité, et c'est pour cela qu'on les voit ordinairement gras, bien nourris, et ayant l'aspect de personnes bien portantes.

L'épilepsie est une maladie connue de la plus haute antiquité; on la rencontre encore parmi tous les peuples et dans toutes les parties habitées du globe : il y a même beaucoup d'animaux qui sont sujets à des attaques épileptiques. Il faut donc regarder cette maladie comme inhérente à l'organisation, et provenant d'un désordre accidentel dans les fonctions vitales. On ne peut conséquemment l'attribuer ni à l'air, ni au climat, ni à la manière de vivre, etc., quoique ces causes puissent exercer quelque influence sur la fréquence ou l'intensité des accès. L'épilepsie ne ressemble ni aux maladies épidémiques ni aux maladies endémiques. Tous les auteurs qui ont écrit sur cette maladie sont d'accord à la regarder comme inexplicable. Esquirol dit que « cette maladie est tellement extraordinaire, tellement au-dessus de toute intelligence et de toute explication, relativement à ses causes et à ses symptômes, que les anciens ont cru qu'elle dépendait du courroux des dieux : aussi l'ont-ils appelée *maladie sacrée* ou *divine, mal d'Hercule*, etc. » Georget dit aussi : « Avouons donc que nous ne savons rien de satisfaisant sur la nature de l'épilepsie. » Abercrombie, auteur anglais, qui a écrit un excellent traité sur les maladies de l'encéphale, ne dit pas un mot de l'épilepsie, comme s'il ne la reconnaissait pas pour une maladie encéphalique.

Les causes de l'épilepsie peuvent être de natures bien différente. L'enfance et l'approche de la puberté, de même que les affections morales de la mère pendant qu'elle était enceinte, prédisposent à cette maladie. Les passions violentes, les vives émotions, la frayeur surtout, déterminent facilement les accès épileptiques. La masturbation est regardée comme cause fréquente de cette maladie; mais cette malheureuse habitude est déjà elle-même considérée par nous comme la suite d'une surexcitation d'une partie déterminée de l'encéphale. Enfin, les altérations organiques du cerveau ou de ses enveloppes, les irritations sur quelque point éloigné de l'organisme, comme les vers intestinaux, etc., peuvent faire naître l'épilepsie. Les attaques épileptiques ordinairement sont instantanées : le malade jette un cri et tombe subitement comme une masse; les fonctions de l'intellect sont suspendues; il devient insensible à toute impression sensoriale; les coups, les contusions, les plaies qu'il se fait, les brûlures les plus profondes, ne l'affectent aucunement, et il n'en conserve pas le moindre souvenir. Avec la perte du sentiment se manifestent des désordres convulsifs et des contractions irrégulières dans le système musculaire; les muscles de la face s'agitent, les yeux tournent avec rapidité dans l'orbite, ou deviennent immobiles; la pupille est fixe, dilatée, insensible à la lumière; l'écume sort par la bouche, la langue est quelquefois prise entre les mâchoires; la tête est ordinairement portée en arrière et de côté; le thorax est tenu fixe et immobile; la respiration est lente, et quelquefois suspendue pendant une ou deux minutes; le sang a de la peine à circuler; la face est tuméfiée, rouge, violette, livide. L'attaque dure depuis deux ou trois minutes jusqu'à un quart d'heure, une demi-heure et plus; mais quand elle se prolonge, il y a des moments de calme et des reprises. L'attaque passée, le malade a toujours l'air étonné, hébété; il éprouve une fatigue extrême, et il lui reste une céphalalgie violente. Les fréquentes attaques de l'épilepsie produisent des altérations permanentes dans le cerveau; les facultés intellectuelles s'affaiblissent; les malades perdent la mémoire, ils deviennent maniaques, et tombent en démence; leur physionomie se décompose, et la consomption suit immédiatement cet état.

L'épilepsie, dit Georget, est une maladie très-fâcheuse, qui jusqu'à présent a résisté à tous les moyens employés pour la guérir. En effet, nous convenons avec lui que celles qui sont héréditaires ou de naissance, celles qui suivent l'abus de la masturbation et celles qu'on rencontre dans les individus tombés dans l'idiotisme et la démence, sont incurables. Mais il n'en est pas de même pour celles qui reconnaissent une cause accidentelle, et qui ne sont pas très-anciennes; elles peuvent être traitées avec succès, et nous en avons des exemples. L'histoire de cette maladie est très-curieuse par rapport aux différents traitements qu'on a essayés pour la combattre. On voit toujours que l'homme, lorsqu'il est entouré de dangers, et dans l'ignorance des causes qui les produisent et des moyens de s'y soustraire, imagine et essaye de tout; il n'y a pas d'extravagance, d'absurdité à laquelle l'esprit de quelqu'un n'ait recours. Nous l'avons vu malheureusement à l'apparition du choléra; mais rien n'est comparable à ce qu'on a fait de tout temps contre l'épilepsie. Tout a été tenté empiriquement, sans indication rationnelle, ni fondée sur des connaissances positives, physiologiques, pathologiques et thérapeutiques. On a essayé contre cette maladie toutes les espèces de poisons, les opérations chirurgicales les plus douloureuses, telles que l'ustion de la peau, les cautères, les sétons, etc. Aux uns, on a fait prendre la râclure du crâne humain, à d'autres on a fait boire le sang chaud des décapités; on en a jeté d'autres, par surprise, à l'eau, dans une rivière, à la mer, avec des moyens préparés pour les sauver, etc. Nous ne compterons pas toutes les conjurations et les invocations adressées par tous les hommes à leurs divinités, selon leurs croyances.

Les moyens que les bons praticiens conseillent dans les cas d'épilepsie susceptible de traitement peuvent se réduire aux bains tièdes, aux saignées locales et à l'application soutenue de l'eau glacée et de la glace pilée sur la tête. Pendant les attaques, on aura soin de contenir les malades de manière à ce qu'ils ne puissent se faire aucun mal. Les épileptiques éviteront avec soin tout ce qui peut les exciter, spécialement les boissons spiritueuses et les aliments épicés. Ils éviteront les fortes chaleurs, et s'abstiendront des plaisirs sexuels. Si dans les intervalles des attaques les malades éprouvent des vertiges, des céphalalgies, des tintements d'oreilles, des pesanteurs de tête, ils doivent se faire saigner, avoir recours aux applications froides à la tête, et se soumettre à un régime nutritif rafraîchissant. Dr FOSSATI.

ÉPILER, ÉPILATOIRE. *Voyez* DÉPILATION.

ÉPILLET. *Voyez* ÉPI.

ÉPILOBE, genre de plantes de la famille des œnothéracées, type de la tribu des *épilobiées*, établi par Linné, qui le rangeait dans l'octandrie monogynie. Les épilobes sont des plantes à tiges herbacées; leurs feuilles sont opposées ou alternes; leurs fleurs, d'un beau rouge, d'un rose plus ou moins foncé, ou violettes, sont solitaires aux aisselles des feuilles ou disposées en long épi terminal accompagné de bractées (*epilobium spicatum*). Les fleurs ont pour caractères : Calice oblong et cylindrique, divisé supérieurement en quatre parties caduques; quatre pétales insérés en alterne relativement aux divisions du calice; huit étamines, dont les filets, réunis à leur insertion, portent des anthères allongées; stigmate à quatre lobes plus ou moins distincts; capsules polyvalves faisant corps avec le calice. Les principales espèces sont : 1° l'*épilobe à épis* (*epilobium angustifolium, spicatum*), grande et belle plante, qui fleurit en été; elle pousse naturellement dans les bois de la France; on la trouve en abondance dans les parties humides et couvertes de l'Orléanais et de la Sologne; elle pourrait convenir à la décoration des jardins anglais; ses racines, ses jeunes pousses et la moelle de ses tiges servent d'aliment dans quelques cantons du Nord; ses feuilles sont un fourrage vert très-recherché par les vaches et les chèvres, ainsi que celles des espèces suivantes; 2° l'*épilobe amplexicaule* (*epilobium hirsutum*) a les feuilles et les tiges velues; il s'élève à 1^{m} ou $1^{m},30$, sur le bord des fossés, le long des étangs, sur la lisière des bois humides; ses fleurs, rouges, disposées en panicule, sont d'un très-bel effet; 3° l'*épilobe mollet* (*epilobium molle*) acquiert à peu près le même développement que le précédent, mais sa fleur est moins grande et moins belle; cependant, on peut aussi le cultiver pour l'ornement; 4° l'*épilobe des marais* (*epilobium palustre*) s'élève moins; il fleurit tout l'été; il croît dans les eaux stagnantes; 5° enfin l'*épilobe des montagnes* (*epilobium montanum*), qui ne s'élève que de $0^{m},30$ à $0^{m},60$, et fleurit vers la fin de l'été. P. GAUBERT.

ÉPILOGUE (du grec ἐπί, sur, après, et λόγος, discours). C'est le nom que l'on donne, dans l'art oratoire, à la conclusion ou dernière partie d'un discours ou d'un traité, en un mot, à la *péroraison*. Dans l'un comme dans l'autre, on fait ordinairement la récapitulation des principaux points traités dans le discours ou l'ouvrage; on rassemble les preuves, on réunit ce qui doit servir de base à la conclusion. Généralement chez nous on réserve le nom de péroraison aux épilogues en prose et celui d'épilogue aux péroraisons en vers. La Fontaine a terminé presque tous les livres qui servent de division à ses fables par des épilogues, qui sont des modèles de grâce et de naturel. Chez les anciens, on donnait le nom d'*épilogue* au discours qu'un acteur adressait au public à la fin d'une pièce, et dans lequel il l'entretenait de la pièce et du rôle qu'il y avait rempli. Le but de cet épilogue était de calmer les passions ou d'effacer les impressions fâcheuses qu'avait pu laisser la tragédie dans l'esprit des spectateurs. *Ut quidquid lacrymarum ac tristitiæ cepissent ex tragicis affectibus, hujus spectaculi risus detergeret*, dit le scoliaste de Juvénal. L'épilogue scénique était aussi parfois un appel fait à l'indulgence du public et à ses *bravos*, avec la formule ordinaire *vos valete et plaudite, cives!* formule simple, invariable, autant qu'humble et polie, que l'esprit de nos vaudevillistes s'ingénie, depuis si longtemps, dans leur *couplet final*, à traduire et à commenter de mille façons. En Angleterre, l'épilogue scénique est composé souvent par un autre auteur que celui de la pièce; et on le demande de préférence aux poëtes le plus en vogue, comme chez nous on demande à des auteurs connus des préfaces ou des notices pour servir d'appui à une nouvelle publication. Au reste, l'épilogue, beaucoup plus récent que le *prologue*, ne fut pas toujours en usage chez les anciens. Quelques auteurs, trompés par une fausse définition d'Aristote, ont confondu l'épilogue et l'*exode*. L'exode, qui formait la quatrième et dernière partie de la tragédie, s'y liait intimement; l'épilogue n'avait avec la tragédie que des rapports fort éloignés, ou, du moins, tout-à-fait secondaires.

C'est une bizarrerie de notre langue que le mot *épilogue* y soit exclusivement réservé à la littérature, tandis que ceux d'*épiloguer* et d'*épilogueur* sont pris dans un sens tout différent et appliqués surtout à ce besoin incessant de censurer et de trouver à redire qui chez certains individus, mâles ou femelles, est devenu une seconde nature.

ÉPIMÉNIDE était Crétois et né à Cnosse, dans le cours du cinquième siècle avant J.-C. On n'est point d'accord sur le nom de son père : les uns l'appellent Phæstius, d'autres Dosinde, d'autres Agésarchus. On raconte que, fuyant la chaleur du jour, il entra dans une caverne, où il s'endormit. Son sommeil dura cinquante-sept ans. Ce fut avec la plus grande peine que, retournant à la ville, il put se faire reconnaître de son frère, qu'il avait quitté jeune, et qu'il retrouvait vieux. Le bruit de cet événement s'étant répandu dans la Grèce, on regarda Épiménide comme le favori des dieux. Les Athéniens, tourmentés de la peste, invoquèrent son secours ; il vint, et les délivra de ce fléau par un sacrifice. Il prit des brebis noires et blanches, et, les ayant conduites à l'aréopage, il les laissa aller de là où elles voulurent, recommandant à ceux qui les suivaient de les sacrifier à un dieu particulier, chacune dans le lieu où elle se reposerait. D'autres assurent qu'il attribua ce fléau à un sacrilége, et y mit fin par une expiation. Il refusa l'argent des Athéniens, et ne voulut pour prix du service qu'il leur avait rendu que leur alliance avec Cnosse, sa patrie. De retour en Crète, il mourut, âgé de cent cinquante-sept ans selon Théopompe, de deux cent quatre-vingt-dix-neuf au dire des Crétois, et de cent cinquante-quatre seulement selon Xénophane. Il avait célébré en vers la génération des Curètes et des Corybantes, le voyage des Argonautes et la gloire de Minos et de Rhadamanthe. On cite aussi de lui un ouvrage en prose sur les sacrifices et la république de Crète. Une lettre d'Épiménide à Solon, qui ne nous a point été conservée, est regardée comme controuvée par Démétrius de Magnésie, et celle que rapporte Diogène Laerce (livre 1er, *Vie d'Épiménide*) ne paraît pas plus authentique. On n'a aucun renseignement sur sa doctrine ; il n'est point cité dans le chapitre où Aristote fait l'histoire des systèmes qui l'ont précédé ; cependant, si l'on réfléchit au mystérieux qui environne sa vie, aux miracles et aux prophéties qu'on lui attribue, on est autorisé à le ranger dans la classe des philosophes mystiques ou *théosophes*.

Le *sommeil* et le *réveil d'Épiménide* sont passés en proverbe et ont souvent servi de texte et d'allégorie dans les grands changements politiques. Ce lieu commun a été transporté sur la scène dans notre première révolution par Flindes Oliviers et par le tribun Riouffe. H. BOUCHITTÉ.

ÉPIMÉTHÉE, fils de Japet, frère de Prométhée, se mêla aussi de fabriquer des hommes ; mais, soit que la matière qu'il mit en œuvre fût plus grossière que celle qu'avait employée son frère, soit qu'il manquât du génie nécessaire pour l'animer, il ne fit que des sots et des stupides, tandis que Prométhée créa des gens d'esprit. Jupiter, qui trouvait souverainement impertinent que de simples mortels usurpassent ses priviléges de père du genre humain, résolut de s'en venger. Il envoya Pandore sur la terre : Épiméthée l'épousa ; il eut même la fatale imprudence d'ouvrir la boîte que cette femme avait reçue de Jupiter, et que Prométhée avait refusée. Épiméthée fut père de Pyrrha, femme de Deucalion.

ÉPINAL, ville de France, chef-lieu du département des Vosges, est situé à 378 kilomètres E.-S.-E. de Paris, sur la Moselle, qui la partage en deux parties presque égales, au pied des Vosges. Ses remparts ont été détruits ; il ne reste plus que quelques ruines de son ancien château. Sa population s'élève à 11,000 âmes. C'est le chef-lieu du 9e arrondissement forestier. Elle possède un collége communal de plein exercice, une bibliothèque publique de 18,000 volumes, un musée, une société d'émulation, un tribunal de première instance, de belles promenades, qui l'environnent et côtoient la Moselle, une statue de Claude Lorrain ; né aux environs. Des exploitations de grès et de marbres gris, noirs, bleu turquin, blancs ; des fabriques de chaudronnerie, coutellerie, taillanderie et produits chimiques ; des huileries, scieries de marbre, tanneries, mégisseries, papeteries et trois typographies. Il s'y fait un grand commerce de grains, plantes oléagineuses, chanvre, vins, chevaux, bétail, planches, mercerie, papier et toiles.

Épinal, anciennement *Espinaux*, ou *Spinal*, passe pour avoir été fondé, vers 970, par l'évêque de Metz Thierry 1er d'Hamelan. N'ayant encore que quelques maisons isolées sur les bords de la Moselle, cette localité jouissait des priviléges des villes libres et de la protection des évêques, qui la garantissaient des entreprises des seigneurs. Elle fut fortifiée, vers 1250, par l'évêque Jacques de Lorraine, et se donna à la France en 1444, lorsque Charles VII fit alliance avec René contre la république messine. Louis XI la céda à Thiébaut de Neufchâtel, maréchal de Bourgogne ; mais les habitants refusèrent de le reconnaître. Ils choisirent pour leur protecteur le duc Jean II de Lorraine. Tandis que celui-ci guerroyait en Catalogne et en Aragon ; Thiébaut, ayant tenté de surprendre la ville, fut trois fois battu par les comtes de Fénestranges et de Salm, représentants du duc. Charles le Téméraire fut plus heureux dans la guerre qu'il fit à René II : Épinal tomba en son pouvoir ; mais assiégée en 1670 par les Français, cette place fut prise et démantelée. Elle faisait partie de la Lorraine, comme chef-lieu de bailliage, et possédait un célèbre chapitre de chanoine.

Les évêques de Metz avaient à Épinal le droit de monnayage, accordé à Thierry par une charte de l'empereur Othon, de 983. Le dernier acte qui y signale l'existence d'un hôtel de monnaies est de 1459, et émane de l'évêque Conrad Rayer. On possède des deniers de cette ville, avec la tête de saint Étienne d'un côté, de l'autre une croix ou un temple, et le mot *Spinal*.

ÉPINARD, genre de la famille des chénopodées. C'est aux parties tempérées et septentrionales de l'Asie que nous devons l'épinard annuel à petites feuilles allongées et à graines piquantes, qui fut pendant très-longtemps exclusivement cultivé et qui est encore de nos jours l'épinard des contrées de l'Europe qui sont restées stationnaires dans la carrière de l'horticulture. Cet épinard primitif est l'*épinard commun* (*spinacia oleracea*, Linné). La Hollande, et plus particulièrement Harlem, obtint de l'épinard commun, il y a une soixantaine d'années, un épinard à graines dépourvues d'épines, ou, comme on dit, de piquants, et à feuilles arrondies, plus épaisses, plus charnues, plus alimentaires que celles de l'épinard primitif, importé de l'Asie septentrionale. Cet épinard est connu sous le nom d'*épinard de Hollande*. Vingt années plus tard, il naquit dans les jardins du roi d'Angleterre, d'un semis de l'épinard piquant ordinaire, un épinard qui, tout en conservant ses épines, produisit des feuilles encore plus grandes que celles de la variété obtenue en Hollande. Cet épinard est connu sous le nom d'*épinard d'Angleterre*. Il convient pour les cultures d'hiver. Enfin, l'épinard dit de *Hollande*, ayant été répandu en Flandre, y a acquis un volume très-considérable dans toutes ses parties, et cette sous-variété a pris le nom d'*épinard de Flandre*. Ce dernier épinard est remarquable par ses très-larges feuilles et la force de sa constitution, qui permet de le cultiver avec succès dans tous les sols et dans toutes les circonstances. C'est le plus beau, le plus succulent, le plus alimentaire et le plus productif de tous les épinards.

L'épinard étant une plante annuelle, monte très-facilement. Pour obvier à cet inconvénient, on le sème, autant que les circonstances le permettent, dans les parties légèrement ombragées du potager, et on l'arrose abondamment ; et pour en avoir toujours il faut en semer tous les mois.

On a fait beaucoup de plaisanteries sur l'épinard, qui n'a,

dit-on, aucune propriété alimentaire, et qui a été qualifié de *balai de l'estomac* : ce sont des erreurs : l'épinard est alimentaire et plait au contraire beaucoup à l'estomac, dont il ne serait, pour me servir de l'expression de ses antagonistes, le *balai* qu'en ce sens qu'il convient tellement à cet organe que ce dernier le digère avec une facilité remarquable. C. Tollard aîné.

ÉPINARD SAUVAGE. *Voyez* Ansérine.

ÉPINAY (Louise-Florence-Pétronille de LA LIVE d'). Elle avait pour père Tardieu de Clavelles ou d'Esclavelles, brigadier d'infanterie, tué, en 1735, au service, lorsqu'elle était encore dans l'enfance. Quoique sa fortune fût très-médiocre, elle épousa M. d'Épinay, fils de M. de La Live-Bellegarde, fermier général, et qui lui-même le devint. Il serait peut-être assez difficile de s'accorder sur le caractère de Mme d'Épinay, après avoir lu les *Confessions* de Jean-Jacques, qui s'en plaint beaucoup, et la *Correspondance* de Grimm, qui ne s'en loue pas moins. Rousseau fit la connaissance de Mme d'Épinay quelques années après son retour de Venise. Il fut reçu avec empressement chez elle, et bientôt une tendre amitié s'établit entre eux, amitié que Grimm, présenté dans la maison par Jean-Jacques, chercha à rompre. Grimm devint l'amant de Mme d'Épinay, et, abusant de son influence sur son esprit, il desservit son ami par tous les moyens. Il est fâcheux pour la mémoire de Jean-Jacques qu'il ait méconnu les bienfaits de son ancienne protectrice au point de se déclarer son ennemi et de parler d'elle en termes désobligeants. Sans doute Mme d'Épinay fut aveuglée par son amour pour Grimm, et se laissa aller à l'influence fâcheuse de ses conseils; mais ne faut-il pas attribuer aussi cette rupture au caractère irritable de Jean-Jacques?

Lorsque, brouillé avec le parti philosophique, Rousseau se décida à quitter Paris, Mme d'Épinay lui donna pour habitation une petite maison, bâtie exprès pour lui, attenante à son parc de La Chevrette, dans la vallée de Montmorency. Elle mit dans cette offre toute la délicatesse que réclamait l'extrême susceptibilité de celui à qui elle la faisait. Rousseau, quelque temps auparavant, en visitant ce parc, au bout duquel se trouvait une masure, nommée l'Ermitage, s'était écrié : « Ah! madame, quelle délicieuse habitation! Voilà un asile tout fait pour moi. » Mme d'Épinay fit reconstruire la maisonnette, et y conduisit Rousseau : « Mon *ours*, lui dit-elle, voilà votre asile : c'est vous qui l'avez choisi; c'est l'amitié qui vous l'offre. « Rousseau vint s'y établir avec Thérèse et sa mère, et au bout de dix-huit mois, la mésintelligence préparée par Grimm arriva, et Jean-Jacques sortit de l'Ermitage pour aller s'établir à Montmorency. Cette offre, qui honorait Mme d'Épinay et Jean-Jacques, est racontée par Grimm d'un ton pédant, où sa haine pour Rousseau perce dans chaque mot. « M. Rousseau, dit-il, s'était attaché à la femme d'un fermier général, célèbre autrefois par sa beauté; il fut pendant plusieurs années son *homme de lettres et son secrétaire*. La gêne et l'humiliation qu'il éprouva dans cet état ne contribuèrent pas peu à lui aigrir le caractère. Il persécuta long-temps Mme d'Épinay pour se faire prêter une petite maisonnette dépendante de son parc. Une fois établi, il y devint sauvage. La solitude échauffa sa tête davantage et roidit son caractère contre ses amis. » Si Mme d'Épinay eut quelques torts envers Jean-Jacques, il en eut certes de plus grands envers elle. Les torts de Mme d'Épinay venaient des conseils de Grimm, et Rousseau n'eût jamais dû oublier ses bienfaits, toujours si adroitement déguisés, et qui ne pouvaient le tenir, comme le dit méchamment Grimm, dans un état d'humiliation.

Mme d'Épinay a laissé les *Conversations d'Émilie*, 2 vol. in-12, 1781, composées pour l'éducation de sa petite fille, Mlle de Belzunce, depuis Mme de Beuil. Cet ouvrage, un peu sec et d'un cercle restreint, mais d'un fond et d'un style sages, obtint en 1783 le prix Monthyon, comme ouvrage le plus utile aux mœurs. Mme de Genlis disputait le prix, avec son roman d'*Adèle et Théodore*. Mme d'Épinay mourut quelque temps après son triomphe, au mois d'avril 1783. On a publié sous son nom des Mémoires et quelques ouvrages que rien ne porte à croire sortis de sa plume. Ses lettres à Rousseau, D'Alembert, Diderot, Grimm, l'abbé Galiani, etc., annoncent une femme d'un esprit aimable et gracieux, qualité que Jean-Jacques ne lui a jamais refusée, même après leur rupture. Joncières.

ÉPINAY-SAINT-LUC (Famille d'). Cette maison, dont plusieurs généalogistes ont rattaché l'origine à un puîné des vicomtes de Melun, paraît être issue des seigneurs d'Épinay de Bretagne, qui s'éteignirent en 1764, et qui avaient pris leur nom d'une terre située à 12 kilomètres environ de Rennes. Ce nom figure sur les rôles des compagnons d'armes de Guillaume le Conquérant, ainsi que dans la liste des chevaliers des croisades de Philippe-Auguste (1191) et de Damiette (1218).

ÉPINAY (François d'), surnommé le *brave Saint-Luc*, fut le compagnon d'armes et le confident intime de Henri III. Il tomba dans la disgrâce de ce prince pour avoir usé d'un stratagème singulier, afin de l'arracher à la licence et aux mœurs dissolues de sa cour. S'étant glissé de nuit au chevet du lit du roi, il lui avait fait entendre au nom du ciel des menaces terribles sur sa conduite. Le brave Saint-Luc mérita par ses services et son dévouement la faveur de Henri IV, qui lui donna le collier des ordres et la charge de grand-maître de l'artillerie de France. Il périt d'un coup d'arquebuse, au siége d'Amiens, en 1597.

ÉPINAY (Timoléon d'), marquis de SAINT-LUC, fils du précédent, accompagna Sully dans son ambassade en Angleterre. Nommé vice-amiral, il se distingua contre les Rochellois révoltés par des exploits qui lui méritèrent le bâton de maréchal de France, en 1628. Il commandait les catholiques en Languedoc lorsqu'il fit prisonnier Agrippa d'Aubigné, aïeul de Mme de Maintenon et chef du parti protestant. La cour, qui voulait se défaire de ce dangereux ennemi, envoya l'ordre à Saint-Luc de le transférer à Bordeaux; mais Guitten, gouverneur des îles de Ré et d'Oléron, étant tombé au pouvoir des religionnaires, ceux-ci menaçaient de le jeter à la mer, si l'on attentait à la vie de D'Aubigné. D'Épinay profita de cette circonstance pour garder près de lui son prisonnier et l'arracher à une mort certaine. Le maréchal Saint-Luc mourut à Bordeaux, le 12 septembre 1644.

ÉPINAY-SAINT-LUC (Adrien-Joseph, marquis d'), né en 1740, fut nommé aide-de-camp du maréchal de Soubise, son parent, en 1762, après avoir fait plusieurs campagnes de la guerre de sept ans, dans laquelle il avait été blessé à Minden. Il obtint les honneurs de la cour en 1768, et s'éleva de grade en grade jusqu'à celui de maréchal de camp. Lors de l'émigration, il exerça à Mons les fonctions de commissaire royal, chargé d'incorporer les Français qui venaient se rallier à leurs princes.

ÉPINAY-SAINT-LUC (Timoléon-Joseph, marquis d'), chef actuel de la maison et fils du précédent, naquit en 1778 et fut reçu, l'année suivante, chevalier de Malte de minorité. Ce gentilhomme et Alexandre, son frère, par une faveur spéciale du roi Louis XVI, accordée à leur aïeul, entrèrent au service avant l'âge dans le régiment du Perche, que commandait leur père. Le marquis d'Épinay-Saint-Luc fit ses premières armes dans le corps de troupes du duc de Bourbon, assista aux siéges de Quiévrain, de Bavay, de Lille, de Jemmapes et à la défense de Maestricht. Après le désastre de Quiberon, où il servait comme capitaine au régiment d'Allonville, il rejoignit l'armée de l'archiduc Charles, entra dans la division du prince de Rohan, et fit les campagnes d'Allemagne de 1796 à 1798, celles de 1799 et 1800 en Italie, et celle de 1801 sous le feld-maréchal de Bellegarde. Dans une action d'éclat au mont Saint-Bernard, il reçut un coup de feu au travers du corps. Après la campagne d'Austerlitz, il quitta le service actif, qu'il reprit à la restauration. Il fut nommé colonel de cavalerie, en 1815, maréchal de camp en 1825, et donna sa démission en 1830.

[ÉPINAY-SAINT-LUC (Mlle D'), l'une des femmes dont l'existence romanesque fut le plus diversement agitée, naquit en 1771, à Nantes. Elle descendait de l'illustre famille d'Épinay-Saint-Luc, et était même, dit-on, arrière-petite-fille de Timoléon, maréchal de France sous Louis XIII. Deux ans après sa naissance, la mère de Mlle d'Épinay quitta la France et s'embarqua pour l'Amérique, où sa famille s'était fixée depuis quelque temps. Elle emmenait sa fille avec elle. Pendant la traversée, le navire qui les portait fut attaqué par des corsaires algériens, dont elles devinrent les captives. La douleur de se voir ainsi prisonnière ne tarda pas à conduire au tombeau la mère de Mlle d'Épinay, qui elle-même, n'ayant que trois ans à peine, dut rester ainsi orpheline aux mains des corsaires d'Alger. Le maître qui l'avait achetée, fut bientôt frappé de la remarquable beauté que l'âge développait en elle. Sa cupidité s'en émut; et comme il prévit qu'il pourrait plus tard mettre à très-haut prix une si belle captive, il la garda dans son harem jusqu'à treize ans, âge nubile chez les Orientaux. Cette époque venue, il vendit Mlle d'Épinay pour le sérail du dey d'Alger. Ce prince, surpris lui même de cette éclatante beauté, qui effaçait celle de toutes ses femmes, et trouvant que Mlle d'Épinay serait la digne favorite d'un seigneur plus puissant que lui, l'envoya en présent au vieil Abd-ul-Hamyd, sultan des Turcs, dont il était le feudataire. Abd-ul Hamyd, malgré son âge, se sentit pris d'amour pour elle, et l'agréa au rang de ses femmes les plus chères. Un an après son entrée au sérail, le 25 juillet 1785, Mlle d'Épinay lui donna un fils, qui, après les règnes successifs de Sélim, son cousin, et de Mustapha IV, son frère aîné, devait occuper lui-même le trône des sultans sous le nom, devenu si célèbre, de M a h m o u d II. En 1808, quand ce fils commença à régner, Mlle d'Épinay vivait encore, et elle fut alors élevée par lui au rang suprême de *sultane Validé* ou d'impératrice-mère. Mahmoud avait pour elle tous les égards pieux du zèle et du respect filial. Il voulait lui-même subvenir à ses dépenses, et il l'avait logée près de Beschik-Taseh, dans un palais voisin du sien. C'est en 1820 que mourut Mlle d'Épinay. Mahmoud en ressentit la plus vive douleur. Il chassa le médecin ignorant qui n'avait pas su guérir sa mère de la fièvre maligne qui l'avait mise au tombeau. Pieux pour son souvenir comme il l'avait été pour sa personne, il s'imposa le devoir de continuer les bienfaits qu'elle aimait à répandre. La sultane Validé avait obtenu de son fils le droit de laisser par testament ses bijoux à sa famille. Mahmoud consacra par un firman cette volonté de sa mère, et l'ambassadeur de France, qu'il en fit instruire, dut recbercher les parents aux mains desquels il devait, après avoir reconnu la légitimité de leurs droits, remettre l'écrin de Mlle d'Épinay. ÉD. FOURNIER.]

ÉPINE (du latin *spina*), production saillante, dure et pointue, qui protège la tige et les branches d'un grand nombre d'arbres et d'arbustes. L'*épine* diffère de l'*ai g u i l l o n* en ce que celui-ci naît de l'écorce et s'enlève avec elle, tandis que l'épine naît de la substance même du bois, auquel elle adhère intimement : le rosier porte des *aiguillons*, le poirier sauvage des *épines*.

Souvent par l'effet de la culture, les épines se convertissent en branches; ce fait a déterminé plusieurs botanistes à présenter les épines comme des branches avortées, conclusion qui ne nous semble pas fondée, car outre que beaucoup d'arbres cultivés avec soin (des poiriers) conservent leurs épines et produisent cependant des fruits beaux et succulents, ne serait-on pas conduit, en procédant de la même manière, à considérer les étamines comme des pétales avortés, puisque par la culture elles éprouvent une transformation analogue? Et pourtant cette conclusion serait sans fondement.

Les arbustes épineux sont utiles pour former les clôtures autour des champs, et pour soustraire aux atteintes de l'homme et des animaux les arbres nouvellement plantés et les semis de différentes plantes cultivées dans les jardins.

P. GAUBERT.

On a donné le nom d'*épine*, en anatomie et en pathologie, à quelques parties des os qui ont la forme des épines des végétaux : ainsi, l'os du front porte à sa partie moyenne qui correspond à la racine du nez, une saillie aiguë qu'on nomme l'*épine nasale*. Ce nom substantif a engendré l'adjectif *épineux*, qu'on applique, tantôt aux corps dont la forme rappelle celle des épines, tantôt aux parties qui ont des rapports avec ces corps. Ainsi, les saillies pointues des os dont la réunion forme la colonne vertébrale se nomment des *apophyses épineuses*, et leur ensemble constitue l'*épine du dos* ou *épine dorsale* (*voyez* COLONNE VERTÉBRALE). Les *muscles* qui s'attachent aux *épines osseuses* reçoivent le surnom d'*épineux*.

Les épines végétales sont au nombre des c o r p s é t r a n g e r s dont l'introduction dans les chairs cause des blessures communes : si elles y restent fichées elles forment un foyer d'inflammation qui est souvent cité dans les livres de médecine comme un exemple de la naissance et du développement des phlegmasies, affections qui composent une si grande part des maladies. Aussitôt qu'on est blessé par une épine qui demeure dans la chair, il faut s'empresser de l'extraire et se comporter comme lorsqu'il s'agit d'une é c h a r d e.

Dr CHARBONNIER.

ÉPINE BLANCHE, NOBLE ÉPINE, noms vulgaires de l'a u b é p i n e. La variété à fleurs roses s'appelle *épine rose;* celle à fleurs doubles *épine double*.

ÉPINE DU CHRIST, ÉPINE AUX CERISES. *Voyez* JUJUBIER.

ÉPINE TOUJOURS VERTE. On donne ce nom au h o u x et au f r a g o n.

ÉPINETTE, instrument de musique en usage depuis le quinzième siècle jusqu'à la fin du siècle dernier. Sa forme était assez semblable à celle du c l a v e c i n.

Vers la fin du dix-septième siècle, les cordes de l'épinette étaient encore en boyaux. A cette époque on leur substitua des cordes de fer et de cuivre. Mais chaque touche ne répondait qu'à une corde qui était pincée. On imagina un peu plus tard de faire frapper la corde par un marteau : l'*épinette à marteau* a enfin disparu pour faire place au p i a n o.

ÉPINETTE BLANCHE, nom vulgaire de l'*abies canadensis*. *Voyez* SAPIN.

ÉPINETTE ROUGE, nom vulgaire du *larix americana*. *Voyez* MÉLÈZE.

ÉPINE-VINETTE, ou VINETIER COMMUN. L'épine-vinette (*berberis vulgaris* de Linné) est un joli arbrisseau de 1^m,30 à 2 mèt. d'élévation, à écorce grisâtre, au bois jaune et fragile, présentant, ainsi que son nom vulgaire semble l'indiquer, de nombreuses et fortes épines, et constituant avec trois ou quatre autres arbrisseaux le genre *b e r b e r i s*. Ses feuilles sont pétiolées, ovales, assez fermes, et épineuses à la circonférence; elles forment d'abord de petites rosettes qui s'allongent en un rameau. Ses fleurs, colorées en jaune, apparaissent en mai, à l'aisselle des feuilles, et pendent d'un même côté, en forme de petites grappes. Elles sont un des exemples frappants de l'irritabilité des plantes, car si on touche légèrement avec une épingle le filet de leurs étamines, elles se replient aussitôt du côté du pistil. Aux fleurs succèdent les fruits, petites baies ovoïdes, d'abord vertes, mais qui deviennent rouges, violettes ou blanches, suivant l'espèce.

L'épine-vinette croît dans toute l'Europe et dans une grande partie de l'Asie; elle se développe mieux dans les pays chauds. La nature du terrain lui importe peu; elle vient très-bien dans les lieux arides et pierreux, dans les bois, les haies, les buissons. On la cultive néanmoins dans plusieurs pays, et surtout aux environs de Dijon, où on en fait des confitures renommées. Cet arbrisseau se multiplie par graines ou par les rejetons nombreux que donnent ses racines. Lors de la floraison, les émanations qui proviennent du pollen des fleurs répandent une odeur fade, et peuvent produire la rouille, et même la carie des froments, des seigles, en un mot, de toutes les céréales; c'est là du moins une croyance généralement accréditée, et que les expériences de M. Yvart et de quelques autres habiles agriculteurs n'ont pas montrée fautive; aussi est-il prudent de ne pas laisser croître le vinetier commun dans les haies, autour des champs semés de blés.

A cause de leur acidité, souvent extrême, mais assez agréable, les fruits de l'épine-vinette, mêlés à une certaine quantité d'eau et de sucre, servent à composer une boisson rafraîchissante, que les médecins prescrivent dans la gastrite peu intense et dans le scorbut. Ces fruits, convenablement préparés, peuvent suppléer aux câpres; on en fait aussi des confitures, des conserves, des sirops, et, par la fermentation, une sorte de vin acide. Dans quelques cantons, on assaisonne en guise d'oseille les feuilles nouvelles, dont les bestiaux sont très-friands. Le bois n'est guère utile qu'à chauffer les fours; il serait assez recherché par les tourneurs et par les ébénistes, si les morceaux assez gros pour être travaillés n'étaient très-rares. Quant à l'écorce, elle est amère et styptique; son infusion est purgative. Dans le commerce, on cherche quelquefois à la substituer à la racine de grenadier, qui possède une action énergique contre les vers intestinaux; mais cette sophistication est facile à reconnaître : en effet, si l'on mêle de l'acétate de plomb à la teinture de grenadier, on la décolore entièrement, tandis que le même mélange ne fait subir à la teinture d'épine-vinette aucune sensible altération. N. CLERMONT.

ÉPINGARD. *Voyez* CANON.

ÉPINGLE. Les premières épingles furent, comme tout porte à le croire, des épines ou des petites chevilles de bois; plus tard, on en fit grossièrement en métal. L'usage de ces petits dards s'étant beaucoup répandu, on établit des fabriques pour les confectionner en grand; aujourd'hui la fabrication des épingles s'exécute avec une célérité qui tient du prodige, et à des prix si bas, qu'on en donne dix pour un centime! C'est une des plus grandes merveilles de la division du travail.

Les épingles se font ordinairement en fil de laiton. Les fabriques de L'Aigle (Normandie) tirent ces matières des pays du nord de l'Europe; elles sont, à peu de chose près, en état d'être coupées, aiguisées, etc., pour devenir épingles. Après avoir décrassé les bottes de fil contournées en cercles, on les fait passer deux ou trois fois à la filière pour écrouir (durcir) le métal et bien polir sa surface. Si l'on coupait par petits bouts le fil tant qu'il est roulé en cercle, il serait difficile de donner à ces bouts des longueurs égales; d'ailleurs, on ne parviendrait pas à faire promptement la pointe d'une épingle courbée. Il est donc indispensable de rectifier le fil de laiton avant de le couper en bouts. Cette opération s'appelle *dressage* : l'ouvrier place l'écheveau de fil de laiton sur un dévidoir; il en saisit le bout avec des tenailles, et le faisant passer entre les clous d'un instrument qu'on nomme *engin*, il le tire en courant sur une longueur d'environ 10 mètres. Cela fait, il retourne auprès de l'engin, coupe le fil tout près des clous, saisit le bout qui reste engagé dans la machine et s'éloigne pour dresser une nouvelle longueur de 10 mètres; il continue cette manœuvre jusqu'à ce que toute la botte soit dressée. Un ouvrier peut dresser ainsi 300 mètres de fil par heure, et comme il est obligé, dans cette opération, de s'éloigner et de s'approcher alternativement de l'engin, sa vitesse est de 600 mètres par heure. Quand toute la botte, dont le poids est d'environ 12 kilog. et demi, est dressée, l'ouvrier prend tous les bouts, en forme un faisceau, et frappant avec une planchette les extrémités des fils, il fait de leur ensemble une surface plane; puis il lie fortement le faisceau avec un fil de laiton vers le bout, qu'il a régularisé avec la planchette. Cela fait, il s'assied par terre et attache à sa cuisse gauche un appareil dans lequel il fixe à volonté la botte, qu'il coupe en tronçons de même longueur au moyen d'une cisaille. Une boîte de fer lui sert de régulateur pour donner à tous les tronçons une même longueur, laquelle équivaut à celle de deux ou quatre épingles, suivant leur grosseur. Un ouvrier peut dresser et couper en un jour assez de fil pour fabriquer vingt douzaines de milliers d'épingles.

Du coupeur les tronçons passent aux *empointeurs* (qui font la pointe). La machine dont on fait usage dans cette opération est une meule d'acier trempé, taillée en lime sur son contour; cette lime circulaire est montée et mise en mouvement comme les meules des couteliers. Il y a deux sortes de meules, l'une propre à dégrossir et l'autre à finir; la taille de celle-ci est plus fine que celle de la première. Ces meules, qui ont de $0^m,48$ à $0^m,54$ de circonférence, tournent avec une vitesse de 120 kilomètres à l'heure. Les empointeurs se placent devant leurs meules, assis les jambes croisées à la manière des tailleurs; ils prennent de vingt à quarante tronçons, suivant la grosseur du fil, et, les tenant des deux mains entre l'index et le pouce, ils les présentent par un bout à la meule, ayant soin que les uns ne dépassent pas les autres, de façon qu'ils offrent la forme d'un peigne droit. Pendant que la meule use les tronçons, l'ouvrier les roule entre ses doigts, afin que la pointe de l'épingle soit aiguë et conique. Comme il y a deux sortes de meules, l'opération de l'empointage se fait en deux fois : l'ouvrier empointeur est celui qui ébauche sur la meule à la taille grossière; le *repasseur* finit les pointes sur la meule à la taille fine, dont le diamètre est de dix à douze centimètres. Les tronçons dont les deux bouts sont aiguisés passent des empointeurs à l'ouvrier coupeur. Celui-ci, armé d'une cisaille, et muni d'une boîte qui lui sert de régulateur, retranche, vers les deux bouts du tronçon, deux longueurs : ces deux parties détachées représentent deux épingles privées de têtes. Du coupeur, les restes des tronçons retournent aux empointeurs, qui les aiguisent de nouveau vers les deux bouts, après quoi ils retournent au coupeur. Cette manœuvre se répète jusqu'à ce que le tronçon soit réduit à la longueur de deux épingles. Les épingles sans tête s'appellent *hanses*. Un ouvrier peut dans un jour faire la pointe à quinze douzaines de milliers d'épingles, grosses ou petites, et le treizième en sus pour le déchet.

Les têtes des épingles se font avec du laiton roulé en tire-bouchon, plus menu que celui dont l'épingle est faite. Pour rouler ce laiton, on fait usage d'une machine assez simple, et dont on peut aisément se faire une idée : elle se compose d'un petit arbre de fer bien poli, qu'on fait tourner, soit avec la main, soit au moyen d'une roue et d'une corde; à l'extrémité de l'arbre est ajusté un fil de laiton un peu plus gros que les épingles pour lesquelles on veut faire des têtes. C'est sur ce fil, appelé *moule*, que se roule le laiton des têtes, d'où résultent des hélices tout-à-fait semblables aux ressorts de bretelles. L'ouvrier coupeur de têtes s'assied par terre, prend d'une main une douzaine de *torons* ou hélices, ajuste bien leurs bouts, et au moyen d'une cisaille, qu'il tient de la main droite, il coupe d'un seul coup deux tours de chaque toron. Il faut qu'il ait acquis une grande habitude pour bien exécuter cette opération, car l'expérience a fait connaître qu'une tête d'épingle qui a plus ou moins de deux tours d'hélice ne vaut rien. Un ouvrier habile peut couper jusqu'à 12,000 têtes à l'heure. Comme le laiton acquiert une certaine dureté en passant par la filière, et qu'il importe que les têtes aient un peu de mollesse pour bien s'adapter sur le corps de l'épingle, on les fait rougir dans une cuillère de fer. Pour fixer les têtes, on fait usage d'une machine appelée *mouton*; en voici une idée : Sur un billot est fixée une petite enclume, sur laquelle on a pratiqué une cavité hémisphérique de la grandeur de la moitié d'une tête d'épingle; cette enclume porte aussi une rainure. Un châssis coule sans ballottement le long de montants, ou règles parallèles en fer, réunies vers le haut par une traverse et fixées par le bas sur le billot. Ce châssis porte un cylindre de fer dont le bout est en acier; on a pratiqué une cavité en tout semblable et pareille à celle de l'enclume. Le tout est disposé de façon que les deux cavités forment une petite sphère creuse lorsque le cylindre arrive sur l'enclume. Le châssis est chargé d'une masse de plomb de manière qu'il tombe de lui-même sur l'enclume; pour le relever, l'ouvrier qui ajuste les têtes appuie avec le pied sur un bout de planche qui fait l'office de la pédale de la meule du remouleur; lorsque cette planche baisse, elle tire en haut, par un jeu de bascule, une corde ainsi que le châssis auquel elle est attachée. L'ouvrier ajusteur a trois sébilles autour de lui : une contient des têtes, la seconde des hanses, et la troisième reçoit les épingles qui ont des têtes, que l'ouvrier fixe ainsi : il prend une hanse du côté de la pointe, et l'enfonce au hasard par l'autre bout dans la sébille aux têtes; il en enfile au moins une, la fait couler vers le gros bout de la hanse, la place dans le creux de l'enclume, tourne l'épingle sur elle-même pendant que le bout du cylindre frappe cinq ou six coups. Un ouvrier peut frapper 20 têtes d'épingle par minute; et comme il faut cinq ou six coups pour fixer chaque tête, il est obligé de faire jouer le petit mouton deux fois par seconde.

Quand les épingles ont reçu leurs têtes, elles sont terminées; mais, ayant passé et repassé par plusieurs mains, elles sont fort sales. Pour les décrasser, on les fait bouillir pendant une demi-heure dans de la lie de vin, ou bien on les jette dans un baquet contenant de l'eau qu'on a fait bouillir pendant une demi-heure avec 250 grammes de tartre de vin; on les agite dans cette eau pendant une demi-heure. Cela fait, on les lave à plusieurs reprises dans de l'eau bien nette.

Le laiton étant sujet à se couvrir de crasse et même de vert-de-gris, on obvie à cet inconvénient en couvrant les épingles d'une pellicule d'étain. Voici comment on obtient ce résultat : sur le fond de bassins d'étain fin, de 4 à 5 décimètre de diamètre, on met une couche d'épingles de même numéro de 15 millimètres d'épaisseur ; on empile ces bassins, au nombre de vingt, sur une grille de fer, munie de quatre cordes qui servent à descendre le tout dans une chaudière de cuivre rouge de 5 décimètres de diamètre sur 8 de profondeur ; on met dans cette chaudière autant de bassins d'étain qu'elle peut en contenir; après quoi, on la remplit d'eau limpide dans laquelle on a mis 2 kilogr. de tartre de vin blanc et de la meilleure qualité. On fait bouillir pendant quatre heures à gros bouillons, après quoi on retire les bassins les uns après les autres, et on les plonge dans des baquets contenant de l'eau fraîche et nette. Les épingles sont alors étamées ce qui s'explique facilement : la crème de tartre produits par le tartre blanc qu'on a mis dans l'eau décompose une petite quantité de l'étain des bassins; cet étain, ainsi dissous, s'étend comme une poussière sur les épingles, et suffit pour les blanchir. Les épingles étant bien lavées, on les étend sur de grosses toiles pour les faire sécher; enfin, on les nettoie en les agitant avec du son dans un sac de peau de mouton, puis on les vanne dans un grand plat de bois, afin d'en séparer le son. Lorsque les épingles ont été vannées, on en remplit, de chaque espèce, de petits boisseaux que l'on donne aux *bouteuses*. Ces femmes se chargent de les placer sur des papiers, qui sont percés au moyen d'une sorte de peigne de fer dont les dents sont en acier; on l'appelle *quarteron*, et afin de percer plusieurs doubles de papier à la fois, on frappe dessus avec un marteau. Une bouteuse peut percer douze douzaines de milliers de trous par jour, gros ou petits; une bonne bouteuse peut placer dans les trous des papiers quatre douzaines de milliers d'épingles par jour. Les bouteuses sont en outre chargées du soin de trier les épingles et de rejeter celles qui sont défectueuses; enfin, les bouteuses sont encore obligées d'imprimer sur les papiers la marque des marchands; elles en impriment un millier par heure

Le métier d'épinglier est sale et très-malsain, ce qui est dû au cuivre, l'unique matière, à peu de chose près, qu'on travaille dans les ateliers à épingles. L'oxyde de cuivre est un poison : plus le métal est divisé en particules fines, plus il est dangereux. Les tireurs, les dresseurs, les coupeurs, etc., ont peu de chose à redouter des fils métalliques qui passent par leurs mains; mais les empointeurs produisent autour d'eux une sorte d'atmosphère de cuivre qui est un poison dont ils sont tôt ou tard les victimes : nous voulons parler de la limaille que leurs meules détachent des épingles. Cette poussière, extrêmement fine, vole de tous côtés, entre par le nez, par la bouche; il en descend plus ou moins dans l'estomac, malgré le carreau de verre que les empointeurs placent devant leur visage. Les épingliers, les empointeurs sutout, ont presque toujours les gencives d'un noir tirant sur le vert; la crasse qui se forme entre leurs dents; est d'une couleur semblable; la limaille cuivreuse s'attache si fortement à leur peau qu'il est impossible à un ouvrier de se décrasser complétement. Les empointeurs meurent généralement de bonne heure; presque tous ceux qui ont pu résister au poison abandonnent leur état quand ils ont atteint l'âge de quarante à cinquante ans. La plupart des épingliers ont les cheveux colorés en vert par l'oxyde de cuivre.

Autrefois, les épingliers faisaient des agrafes, des grillages, des chaînes, etc., et toutes sortes d'ouvrages dans lesquels le fil de laiton est employé. Aujourd'hui, ces diverses industries sont exploitées par des artisans spéciaux : les agrafes, par exemple, se font à la mécanique. Teyssèdre.

Les bijoutiers font aussi des *épingles;* mais celles-ci sont en métal précieux, et leur tête est le plus souvent ornée d'une ou plusieurs pierreries. Ces épingles servent à attacher la cravate. Depuis la découverte de la dorure galvanoplastique les épingles dorées sont devenues à la mode.

On fabrique aussi des épingles de tantaisie, ordinairement en fer ou en acier dont la tête est en jais, en verre coloré, etc.

Les *épingles à cheveux*, qui concourent à la solidité de la coiffure des femmes, sont beaucoup plus longues que les épingles ordinaires. Elles sont ou simples ou doubles. Les premières n'ont rien de particulier dans leur forme; les doubles n'ont point de têtes. Les unes et les autres sont en fer recouvert d'une sorte de vernis noir, qui les protége contre l'oxydation. Dans certains pays la coiffure est retenue par de longues épingles quelquefois en métaux précieux.

ÉPINGLE NOIRE (Conspiration de l'). A la fin de 1815, et dans les premiers mois de 1816, de nombreuses sociétés secrètes, ayant toutes le même but, le renversement du trône des Bourbons, s'organisèrent à Paris, comme dans le reste de la France. Ce fut à prévenir les conspirations, plus ou moins réelles, ourdies dans les conciliabules de ces diverses associations que la police de l'époque employa son savoir-faire. Celle de l'*Épingle noire* à elle seule occupa pendant dix-huit mois les pourvoyeurs des cours prévôtales et les juges d'instruction de la Seine. Le mode d'initiation était d'ailleurs à peu près le même pour toutes ces sociétés, composées le plus souvent de malheureux sous-officiers ayant fait partie de l'armée licenciée par un des premiers actes de Louis XVIII, à son retour de Gand, hommes peu éclairés pour la plupart, mais pleins d'énergie, que la gloire de l'Empire avait fascinés, professant un véritable culte pour Napoléon, et qui, en raison de la position précaire que leur avait faite le régime nouveau, n'étaient que trop facilement disposés à prêter l'oreille aux embaucheurs embrigadés par la police d'alors à l'effet d'organiser sous-main de ces bons petits complots dont la découverte, faite au moment même où ils vont éclater, prouve toujours à propos aux pouvoirs anti-populaires que la Providence veille sur eux. Chaque initié avait le droit d'initier des tiers, sans autre formalité que la prestation d'un serment. Ainsi, tout entre les conspirateurs se passait sans témoins. Si l'association du *Lion dormant* avait adopté la plupart des formules de la maçonnerie, les *chevaliers de l'Épingle noire*, au contraire, n'imposaient à leurs néophytes aucune épreuve et n'exigeaient sur leurs précédents aucun renseignement. Seulement, pour se reconnaître entre eux, ils portaient sur la poitrine, au-dessous de la cravate, une épingle noire ronde, taillée à facettes, de la grosseur d'une merise. Le but avoué de ces singuliers *conspirateurs* était de *délivrer du joug de l'étranger la France et le roi*. Ce sont les termes de l'acte d'accusation.

Les procès du *Lion dormant*, des *Francs régénérés*, des *Patriotes de* 1816, du *Nain tricolore*, et de tant d'autres conspirations, vraies ou fausses, étaient depuis longtemps terminés, que l'instruction de celle de *l'Épingle noire* était encore incomplète, et que les accusés attendaient dans les diverses prisons de la capitale qu'il plût enfin au grand pourvoyeur des cours prévôtales de les faire passer en jugement. Les prévenus militaires avaient bien avoué dans leurs interrogatoires par qui ils avaient été initiés, et révélé les noms de ceux qu'à leur tour ils avaient reçus. Mais les accusés non militaires se renfermaient dans un système absolu de dénégation. Les magistrats instructeurs se voyaient hors d'état de donner suite à leurs investigations. Il fallait dès lors, pour en finir, trouver un corps de délit, qu'il était impossible d'obtenir autrement qu'en rattachant cet étrange procès à un autre. Ce dernier épisode de l'affaire de l'*Épingle noire* est un des faits les plus bizarres de cette déplorable époque. Un adjudant du génie, appelé Monier, naguère l'un des compagnons de l'Empereur à l'île d'Elbe, avait été accusé d'avoir voulu s'emparer de la place de Vincennes, et, pour paralyser la bravoure de la garnison, d'avoir imaginé de jeter dans le conduit d'eau qui alimente la place une grande quantité de substances éminemment purgatives. Le prévenu avait comparu seul sur les bancs de la cour; les débats, comme l'instruction, n'avaient pas fourni contre lui la moindre preuve; cependant il n'en avait pas moins été condamné à la peine capitale. Cet arrêt, que réprouvaient la raison, la justice et l'humanité, allait recevoir son exécution; l'échafaud était dressé, la foule accoutumée se pressait aux abords du Palais de Justice, sur le pont Notre-Dame, les quais et la place de Grève; le bourreau et ses aides allaient procéder à la fatale toilette : mais l'avocat du condamné ne l'avait pas abandonné; dans l'espoir d'obtenir une commutation, il le presse de nommer ses complices. En ce moment suprême, un nom, celui d'un officier de la garnison, est enfin prononcé. Aussitôt l'exécution est suspendue, l'échafaud démonté, et le malheureux Monier bien vite ramené à Bicêtre. Quelques jours après, comme son défenseur l'avait prévu, une ordonnance royale commuait sa peine en celle des travaux forcés à perpétuité. L'officier dont le nom avait de la sorte été prononcé par le patient au milieu des bourreaux fut arrêté le soir même, et l'instruction de l'*Épingle noire* reprit son cours, si souvent interrompu. Le jour des débats publics arriva enfin; c'était le 4 octobre 1817 : l'infortuné Monier figurait dans la dernière scène de ce long drame judiciaire comme coaccusé et comme témoin. Tous les accusés, au nombre de neuf, furent absous; mais, ajoute M. Bérenger (de la Drôme), « des hommes qui, suivant l'acte de l'accusation, auraient formé le projet, qualifié coupable, de délivrer la France et le roi du joug de l'étranger, ne furent acquittés qu'après une détention de dix-huit mois pour quelques-uns, quinze, treize et huit mois pour les autres! » Cet arrêt d'acquittement fit enfin comprendre que les conspirations de police étaient un moyen de gouvernement désormais usé pour lontemps; aussi, à partir de ce moment, les procès politiques devinrent-ils plus rares à Paris; malheureusement il fallut encore du temps pour que dans nos départements du midi les préfets renonçassent à s'en servir pour faire parade de zèle monarchique.

Dufey (de l'Yonne).

ÉPINGLES. En droit, on appelle *épingles* la somme donnée pour la conclusion d'un marché, du consentement des parties contractantes, soit à l'une d'elles, soit à des tiers désignés par elles. Les *épingles* ont un caractère d'honnêteté que n'a pas le *pot de vin*, malgré leur ressemblance avec lui, car le pot de vin est une remise frauduleuse exigée d'une des parties contractantes à l'insu des autres par un tiers entremetteur. L'usage des épingles n'est qu'une transformation du *denier à Dieu*; mais le denier à Dieu était donné pour les pauvres, et en général les *épingles* sont destinées à la femme, aux enfants du vendeur, quand ce n'est pas à lui-même. Tout fait supposer que la locution dont nous nous occupons a pris son origine à l'époque où commença la fabrication des épingles; elles étaient alors une nouveauté fort chère et fort luxueuse; les pauvres se donnèrent de simples épingles dans la conclusion de leurs marchés, les riches des épingles d'or montées en bijou : il y avait dans cette manière de donner ou de recevoir une certaine délicatesse qui n'existe plus, aujourd'hui que les épingles ont été converties tout matériellement en une somme d'argent déterminée. En cas de résiliation de la convention qui a donné lieu à des *épingles*, celles-ci doivent être restituées.

ÉPINGLETTE, aiguille en fer ou en cuivre, de $0^m,10$ de longueur, terminée en pointe d'un côté et en anneau de l'autre, servant à dégorger la lumière des fusils. Chaque homme d'infanterie est muni d'une *épinglette* fixée au second bouton du haut de l'habit, au moyen d'une chaînette en fil de laiton. Quelle que soit la couleur du bouton de l'arme, infanterie légère ou infanterie de ligne, l'épinglette n'en est pas moins en cuivre. Quelques compagnies de l'ancienne garde nationale de Paris portaient l'*épinglette blanche*. On a institué depuis la création des chasseurs à pied, pour ces corps et pour les divers régiments d'infanterie, des *épinglettes d'honneur* en argent qui sont données en récompense aux meilleurs tireurs.

Dans la marine, on donne le nom d'*épinglette* à l'instrument appelé *dégorgeoir* dans l'artillerie de terre.

Merlin.

ÉPINOCHE, genre de poissons osseux rangés par G. Cuvier dans la famille des poissons à joues cuirassées, dont la tête n'est ni tuberculeuse ni épineuse. Les épinoches se reconnaissent à leurs épines dorsales libres, ne formant point une nageoire, et à une sorte de cuirasse osseuse qui garnit leur ventre (d'où leur nom scientifique de *gasterosteus*). Cette cuirasse résulte de l'union de leur bassin avec les os de leurs épaules, qui sont plus grands, plus épais et moins cachés sous les téguments que dans les autres poissons. Les nageoires ventrales, placées plus en arrière que les pectorales, sont réduites à une seule épine. Leurs ouïes n'ont que trois rayons. Les épinoches sont des poissons très-agiles et à mouvements très-vifs; ils sont très-voraces. Les espèces de ce genre sont établies d'après le nombre de leurs rayons libres sur le dos, d'après l'absence ou la présence d'écailles carénées sur les côtés de la queue. Elles sont presque toutes d'eau douce. G. Cuvier a fait une sous-genre à part de l'*épinoche de mer* (*gasterosteus spinachia*, Linné) ou *gastré*, dont le bouclier ventral est divisé en deux. Quoique d'une petite taille, les épinoches, étant armés d'épines aiguës, ne redoutent point les autres poissons plus grands qu'eux. Leur multiplication est quelquefois extrêmement prodigieuse, au point qu'on les emploie à fumer les terres, à nourrir les cochons et à faire de l'huile.

Une espèce de ce genre de poissons, qui vit dans la Seine, a été observée avec soin par M. Coste, qui a communiqué à l'Académie des Sciences, touchant leur reproduction, des particularités fort remarquables. Les mâles, nous dit-il, choisissent d'abord un lieu pour la ponte, puis ils entassent dans ce lieu des brins d'herbes de toute nature. Ils ont ensuite la prévoyance d'aller chercher du sable, dont ils remplissent leur bouche, et qu'ils viennent déposer sur le nid pour le mieux assujettir; puis, pour donner à tous ces éléments réunis une cohésion qui les tienne enchaînés les uns aux autres, ils appliquent sur eux leur face ventrale, glissent lentement, comme par une sorte de reptation vibratoire, et les agglutinent en essuyant sur eux le mucus qui suinte de leur peau. Pour s'assurer si toutes les parties sont suffisamment unies, ils agitent leurs nageoires pectorales avec rapidité, de manière à produire des courants qu'ils dirigent contre le nid. Ces premières fondations établies, ils prennent tantôt de petits morceaux de bois, tantôt des brins de paille, qu'ils fichent dans l'épaisseur, ou placent à la surface de leur première construction, et finissent ainsi par construire un lit solide, dont tous les compartiments sont reliés par la matière visqueuse dont ils les engluent. Après le plancher, après les parois, vient la toiture, toujours de la même façon. Une ouverture convenable est réservée pour que la femelle puisse s'y engager et y pondre les œufs. Lorsque ce nid est terminé, le mâle s'élance avec agitation au milieu du groupe des femelles pour y fixer l'attention de celle qui est disposée à pondre, et lui offre un asile pour sa progéniture. Celle-ci peut aisément le distinguer des mâles ordinaires, car il porte maintenant la riche livrée des amours, et se pare des plus riantes couleurs. Aussi, dès qu'elle le voit s'avancer, elle s'empresse, le recherche, glisse sur son dos, et, par une série de petits mouvements coquets, d'agaceries réciproques, semble lui exprimer qu'elle est prête à le suivre. Alors, le mâle, averti par les signes animés de ce mystérieux langage, se précipite vers son nid, comme pour lui en indiquer le chemin, plonge sa tête dans son ouverture béante, l'élargit, puis cède la place à la femelle, qui en y pénétrant semble obéir à son invitation. Elle s'y engage tout entière, y reste deux à trois minutes, durant lesquelles ses mouvements convulsifs indiquent les efforts qu'elle fait pour pondre ses œufs. Puis elle s'élance, *pâle et décolorée*, après avoir percé le nid de part en part, en sorte que ce nid, qui n'avait d'abord qu'une seule ouverture, en a maintenant deux. Pendant que la femelle occupe le nid, le mâle, dont la coloration mobile, les mouvements animés, expriment l'agitation croissante, paraît en proie à une sorte de paroxysme, et semble vouloir hâter le moment où il pourra pénétrer à son tour. Il assiste la femelle, la caresse avec son museau comme pour l'encourager. Dès qu'elle a accompli la douloureuse mission de la ponte, il entre par la même voie qu'elle a suivie, glisse sur les œufs en frétillant, et sort presque aussitôt pour réparer les désordres.... de son établissement.

ÉPIPHANE (Saint), évêque de Salamine et docteur de l'Église, naquit au commencement du quatrième siècle, dans le territoire d'Éleuthéropolis, en Palestine. Issu d'une famille juive, l'amour de la retraite le conduisit, dès sa plus tendre jeunesse, auprès des solitaires, dont il admirait les vertus et dont il embrassa le genre de vie, dans les déserts de l'Égypte. Là, aux pratiques de la pénitence il joignit les travaux de l'étude, et, pour mieux acquérir l'intelligence des livres saints, résolut d'apprendre l'hébreu, l'égyptien, le syriaque, le latin et le grec. Revenu dans sa patrie, il y fonda un monastère, dont il devint le supérieur, et où pendant plus de trente ans il ne cessa d'édifier ses religieux par une piété sincère, de les diriger par de sages avis, de les confirmer dans la foi par des écrits pleins de lumière et de vérité. Sa réputation, qui s'étendait de jour en jour, engagea, en 367, le clergé et le peuple de Salamine, dans l'île de Chypre, à le choisir pour évêque. Sur un théâtre plus élevé, ses vertus ne firent que briller d'un plus vif éclat : elles paraissaient si pures, qu'elles lui concilièrent la vénération des hérétiques eux-mêmes, au point que dans la persécution suscitée par les Ariens, sous Valens, il fut presque le seul évêque catholique épargné. Ce n'est pas qu'il transigeât avec l'hérésie : toutes les doctrines contraires à la foi, surtout celles d'Arius, d'Apollinaire, les écrits d'Origène, trouvaient en lui un adversaire plein d'ardeur et de zèle. On peut même dire que ce zèle ne fut pas toujours accompagné de prudence.

Après un voyage à Rome, en 382, il prêcha à Jérusalem contre l'origénisme, en présence de Jean, patriarche de cette ville, qui favorisait cette doctrine : aussi son discours fut-il assez mal accueilli. A ce premier grief il ajouta celui d'ordonner prêtre Paulinien, frère de saint Jérôme, dans le diocèse de Jean, sans son autorisation. Le patriarche se plaignant de cet empiétement de ses droits ; Épiphane allégua pour excuses que Paulinien, en qualité de moine, n'était pas sujet de Jean, et qu'il avait cru pouvoir faire dans un diocèse étranger ce qu'il tolérait dans le sien. Ce fut aussi un excès de zèle qui dicta sa conduite à l'égard de saint Jean Chrysostôme, contre lequel il s'était laissé prévenir par Théophile d'Alexandrie. Ce dernier ne pouvait pardonner à l'évêque de Constantinople la protection qu'il accordait à quatre moines, nommés *les grands frères*, que lui, Théophile, regardait comme ses ennemis, et qu'il accusait d'origénisme. Cédant à ses sollicitations, Épiphane était venu à Constantinople demander, mais en vain, au prélat de cette ville, de souscrire à la condamnation d'Origène, et d'exclure de sa communion ceux que Théophile accusait. Ceux-ci allèrent trouver l'évêque de Salamine et lui demandèrent s'il avait lu quelques-uns de leurs écrits : « Non, répondit l'évêque. — Et comment, dit Ammonius, l'un d'eux, nous jugez-vous hérétiques, sans preuves de nos sentiments? — Je l'ai ouï dire, répondit Épiphane. — Et nous, reprit Ammonius, nous avons fait le contraire : on taxait vos ouvrages d'hérésie, notamment votre *Anchora*; nous les avons lus, et nous en avons pris la défense. Vous ne deviez donc pas nous condamner sans nous entendre, ni traiter comme vous l'avez fait ceux qui ne disaient de vous que du bien. » — Épiphane reconnut sa précipitation, et usa à leur égard de plus de ménagements. Mais il refusait toujours de communiquer avec saint Jean Chrysostôme; il devait même, dans un discours public, renouveler à Constantinople la scène de Jérusalem; mais, retenu par un message du saint évêque, qui le rendait responsable des troubles qu'il pourrait exciter, il s'abstint, et le scandale n'eut pas lieu.

Il reprit peu après par mer le chemin de son diocèse, où il n'arriva pas : il mourut en route, dans le mois de mai 403, âgé de plus de quatre vingt-dix ans. On ne trouve pas dans ses écrits la profondeur de pensées, la richesse d'expressions, la politesse de langage qu'on remarque dans la plupart de ceux des saints Pères. Quoique dépourvus de ces ornements, ils ne laissent pas d'être généralement estimés, à cause des renseignements utiles qu'on y rencontre, et qu'on chercherait vainement ailleurs. On cite surtout son *Panarium*, ou Livre des Remèdes, dans lequel il donne l'histoire et la réfutation de vingt hérésies antérieures à Jésus-Christ, et de quatre-vingt postérieures à cette époque. Ses autres ouvrages sont : 1° l'*Anchora* (ancre du salut), où il expose les principes de la foi catholique; 2° un livre *Des Poids et des Mesures* en usage chez les Juifs, pour l'intelligence de l'Ecriture sainte; 3° un traité *Des Douze Pierres précieuses*, ou explication des qualités symboliques des pierres qui ornaient le rational du grand-prêtre des Juifs; 4° deux lettres, l'une à Jean de Jérusalem, pour justifier sa conduite envers ce patriarche, l'autre à saint Jérôme, pour lui annoncer la condamnation des livres d'Origène. On a trouvé dans les manuscrits de la bibliothèque du Vatican un commentaire d'Épiphane sur le Cantique des Cantiques. L'abbé C. BANDEVILLE.

Un autre ÉPIPHANE, surnommé *le scolastique*, vécut au sixième siècle et compila avec Cassiodore, d'après Socrate, Sozomène et Théodoret, l'*Historia tripartita*, manuel d'histoire ecclésiastique du moyen âge.

ÉPIPHANIE (du grec ἐπιφάνεια, apparition, manifestation), jour où Jésus-Christ se révéla aux gentils par l'adoration des mages. Jésus étant né à Bethléem de Juda, au temps du roi Hérode, dit l'évangéliste saint Matthieu, des mages vinrent d'Orient à Jérusalem, demandant à adorer le roi des Juifs nouvellement né, dont ils avaient vu l'étoile apparaître en Orient. Hérode les envoya à Bethléem, et l'étoile qu'ils avaient vue en Orient reparut à leurs yeux jusqu'à ce qu'elle vint s'arrêter au-dessus de l'endroit où était l'enfant. Entrant dans la maison, ils le trouvèrent avec Marie, sa mère, et, se prosternant, ils l'adorèrent; puis, ayant ouvert leurs trésors, ils lui offrirent en présents de l'or, de l'encens et de la myrrhe. C'est ainsi que l'Évangile rapporte l'événement qui fait l'objet principal de la fête de l'Épiphanie. Pour apprécier le but de cette fête, il faut se rappeler qu'avant l'*apparition* du Messie, le vrai Dieu n'était connu que du peuple qu'il s'était choisi dans la famille d'Abraham; les autres nations, selon le langage de l'Écriture, *étaient assises dans les ténèbres et dans les ombres de la mort*. En appelant les mages à son berceau, Jésus annonce l'intention de se faire connaître à d'autres peuples, de n'exclure aucune nation du bienfait de l'adoption divine, justifiant ainsi la promesse faite à Abraham, qu'en lui seront bénis tous les peuples de l'univers. C'est donc la *manifestation* de Dieu aux gentils, ou notre vocation au christianisme, que l'Église a dessein de célébrer en ce jour.

Cette fête est encore appelée *Jour des Rois*, parce qu'on suppose que les personnages qui vinrent adorer Jésus-Christ avaient cette qualité: l'Évangile ne leur donne que le titre de mages; l'opinion qui les fait rois est fondée sur ce verset du psaume 71: *Les rois de Tarsis et des îles offriront des présents, les rois d'Arabie et de Saba apporteront des offrandes*. On croit qu'ils sont venus de l'Arabie heureuse; c'est le sentiment de Tertullien, appuyé sur le verset cité plus haut et sur la nature des présents qu'ils offrirent. Le nom de mages et l'Orient, d'où ils vinrent, semblent indiquer plutôt la Perse, ou quelque contrée voisine. On veut aussi qu'ils aient été trois, quoique l'Évangile n'en détermine pas le nombre. Cette croyance, qui vient de saint Léon, est suivie par tous les peintres.

L'Église rappelle encore dans cette fête deux autres circonstances de la vie de Jésus-Christ: 1° le baptême qu'il reçut de saint Jean dans les eaux du Jourdain; 2° le miracle qu'il fit aux noces de Cana, en changeant l'eau en vin. Pour expliquer la réunion de ces divers événements en une seule fête, on a prétendu qu'ils étaient arrivés le même jour en différentes années; c'est une opinion toute gratuite, en faveur de laquelle on ne peut fournir aucune preuve. Nous croyons que l'Église n'a eu en cela d'autre intention que de célébrer à la fois les premières circonstances qui ont *manifesté* aux hommes la puissance et la divinité de Jésus-Christ.

Les Grecs appellent cette fête *Théophanie* (apparition de Dieu); ils la célèbrent avec celle de Noël. Il paraît que cette coutume était générale dans les trois premiers siècles; c'est au quatrième siècle, sous Jules Ier, que les deux fêtes furent séparées, dans l'Église latine, comme elles le sont aujourd'hui; cette séparation fut adoptée, au commencement du cinquième siècle, par les Églises de Syrie et celle d'Alexandrie.

Le jour de l'Épiphanie, le diacre annonce à la messe, après l'Évangile, le jour où doit tomber la fête de Pâques. La raison de cet usage est que, Pâques étant la règle du calendrier, le pivot de toutes les fêtes mobiles, le temps le plus convenable pour l'annoncer, c'est la fête la plus rapprochée qui précède toutes celles que Pâques dirige.

L'Épiphanie était autrefois fête chômée; depuis le concordat de 1801, elle doit être transférée au dimanche qui la suit. L'abbé C. Bandeville.

ÉPIPHLOSE (du grec ἐπί, sur, φλοιός, écorce, peau, enveloppe), nom donné par Lamarck à l'épiderme corné qui recouvre un grand nombre de coquilles.

ÉPIPHONÈME, terme de rhétorique, dérivé des mots grecs ἐπί, sur, et φώνημα, parole, exclamation. C'est en effet une exclamation courte et sentencieuse par laquelle on termine un récit ou un exposé didactique, et qui est comme une réflexion rapide suggérée par ce qui précède. Virgile nous en offre deux beaux exemples dès le début de l'*Énéide*: Après avoir rappelé les malheurs des Troyens, si longtemps ballottés sur les mers avant d'aborder en Italie, il s'écrie:

Tantæ molis erat romanam condere gentem,

pensée que Delille rend avec assez de bonheur par ces deux vers:

Tant dut coûter de peine
Le long enfantement de la grandeur romaine.

Il termine aussi par un *épiphonème* le passage où il parle de la vengeance que Junon poursuit sur Énée et les Troyens:

Tantæne animis cœlestibus iræ!

passage si plaisamment imité par Boileau dans *Le Lutrin*, par ce vers:

Tant de fiel entre-t-il dans l'âme des dévots?

Lucrèce termine par un célèbre *épiphonème* le beau passage où il vient de tracer les cruels effets du fanatisme:

Tantum religio potuit suadere malorum.

Voltaire, dans *La Henriade*, termine le récit des horreurs de la Saint-Barthélemy par une réflexion analogue:

Des fureurs des humains c'est ce qu'on peut attendre.

La Fontaine abonde en *épiphonèmes*; souvent la morale de ses Fables n'est exprimée que par une exclamation ou par une courte sentence, qui naît naturellement du sujet. Les rhéteurs ont fait de l'*épiphonème* une figure de rhétorique: autant vaudrait dire que la réflexion, l'admiration ou l'indignation sont des figures de rhétorique. Quoi qu'il en soit, on recommande de ne pas prodiguer l'*épiphonème*, si l'on ne veut pas donner à son style un air pédantesque; on recommande aussi de l'exclure du langage de la passion, que de graves sentences et de froides réflexions ne pourraient qu'affaiblir. Quand, au contraire, l'*épiphonème* est employé à propos, il est d'un grand effet, en faisant puissamment ressortir une pensée déjà préparée par le récit ou les réflexions qui le précèdent. Bouillet.

ÉPIPHORA. On entend par ce mot grec, signifiant *affluence, fluxion*, l'accumulation des larmes au-devant de l'œil et leur écoulement continuel sur le visage. L'individu affecté de cette incommodité est à chaque instant obligé d'essuyer ses yeux, non-seulement pour empêcher les larmes de couler sur ses joues, mais encore pour voir distinctement les objets, car la lumière, avant d'arriver à l'organe visuel lui-même, traverse un plus ou moins grand nombre de gouttes de liquide qui lui font éprouver une réfraction plus ou moins considérable. L'épiphora n'est jamais qu'un symptôme: ainsi, ce n'est pas le larmoiement lui-même que l'on doit traiter, mais bien la maladie ou l'affection sous la dépendance de laquelle il se trouve. Bertet-Dupiney.

ÉPIPHRAGME (du grec ἐπί, sur, et φράγμα, clôture, palissade), nom donné par Draparnaud à une espèce d'opercule au moyen duquel certains mollusques gastéropodes bouchent leur coquille en hiver.

ÉPIPHYSE (de ἐπί, sur, et φύω, je nais), nom sous lequel on désigne certaines apophyses pendant l'époque de la jeunesse, où elles sont encore séparées, par une couche cartilagineuse, du corps de l'os avec lequel elles doivent se solidifier plus tard. On ne les remarque que dans les os longs et ceux qui sont formés par la réunion d'os courbes et larges, comme les vertèbres, par exemple (*voyez* Ossification).

ÉPIPLOCÈLE (du grec ἐπίπλοον, épiploon, et κήλη, tumeur), hernie de l'épiploon.

ÉPIPLOON (de ἐπί, sur, et πλέω, je flotte). L'épiploon, auquel le vulgaire donne le nom de *coiffe*, est un repli du péritoine, qui, semblable à un petit coussin mollet, propre à défendre les intestins du froid et d'un choc trop rude, se porte de la face concave du diaphragme, du foie et de la rate, à l'estomac, dont il revêt les deux faces; il déborde ensuite la grande courbure de l'estomac, descend plus ou moins bas sur le paquet formé par l'intestin grêle, puis se replie de bas en haut vers l'arc du colon, et présente dans toute son étendue des ramifications vasculaires qu'accompagnent des stries ou bandelettes graisseuses. La plupart des anatomistes admettent plusieurs épiploons dans l'homme; mais Chaussier et H. Cloquet, partageant sur ce point l'opinion des anciens médecins, n'en admettent qu'un seul, qui se subdivise en trois parties : *gastro-hépatique*, *gastro-colique* et *gastro-splénique*.

Parmi les nombreux usages que l'on a attribués à l'épiploon, il en était beaucoup d'hypothétiques, dont nous ne parlerons pas; ceux que nous allons rapporter sont regardés comme réels. Outre qu'il garantit du froid et des soubresauts les organes qu'il enveloppe, il sert de *diverticulum* au sang de l'estomac, hors le temps de la digestion. C'est aussi une sorte de réservoir de matière nutritive pour les animaux. Ce dernier fait paraît indubitable quand on examine les animaux dormeurs ou *hibernants*, comme les marmottes, les loirs, les blaireaux et les ours; ils ont tous pendant l'automne des épiploons très-gras et très-volumineux; au printemps ces animaux se réveillent lestes et moins ventrus, car pendant qu'ils sommeillent en hiver, la graisse de ces épiploons se résorbe en grande partie dans le torrent circulatoire, afin de suppléer au défaut d'autre nourriture.

Beaucoup d'individus doivent leur obésité, leur état désolant d'embonpoint à l'immensité de la graisse accumulée dans leurs épiploons.

Quand l'épiploon est blessé, et qu'il ne sort pas de l'abdomen, il n'y a pas de signe spécial pour indiquer le siége de la lésion; la guérison peut avoir lieu, mais elle est souvent suivie d'adhérences entre l'épiploon et les intestins, ce qui rend la digestion pénible. Si cette membrane fait hernie à travers les parois du ventre, il faut la remettre en place, quand elle est saine, et l'éponger avec soin, si elle était imprégnée de quelques substances étrangères. Il peut arriver que la partie de l'épiploon qui sort de la cavité abdominale soit ulcérée : dans ce cas, il convient de la retrancher près de l'ouverture de la plaie. La hernie de l'épiploon porte le nom d'*épiplocèle*.

ÉPIQUE (Poëme). *Voyez* ÉPOPÉE.

ÉPIRE, contrée de l'ancienne Grèce, très-montagneuse, mais fertile sur les côtes, et entourée par l'Illyrie, la Macédoine, la Thessalie, l'Étolie, l'Acarnanie et la mer Ionienne, qui était arrosée par l'Achéron et le Cocyte. Elle doit à sa proximité de la Grèce une importance qui lui permet de figurer avec éclat dans quelques périodes de l'histoire ancienne. Ses villes, parmi lesquelles on remarquait Larta, Ambracie, résidence de Pyrrhus II, Orchine, Argire, Élatrie, étaient si populeuses que Théopompe, cité par Strabon, comptait parmi leurs habitants quatorze nations bien distinctes, telles que les Chaoniens, les Thesprotes, les Hellopes, et surtout les Molosses, qui occupaient Dodone, et qu'on considère comme les habitants aborigènes de cette contrée. Toutefois, il serait impossible d'en tracer la carte avec une précision satisfaisante, parce que son étendue varia comme les alternatives de sa fortune. Lorsque les Grecs vinrent se fixer dans l'Épire, ils y établirent une nouvelle division géographique : la partie qu'ils habitaient au sud reçut le nom d'*Épire grecque*; celle dont ils ne purent expulser les indigènes prit celui d'*Épire barbare*. La première renfermait l'Acarnanie, l'Amphilochie, l'Athamanie, la Dolopie et la Molosside; on ne comptait dans la seconde que trois États secondaires, la *Chaonie*, la *Thesprotie* et la *Cassiopie*.

L'Épire, si l'on en croit Eustache, abondait en bestiaux et en riches pâturages; ses coursiers étaient renommés pour leur vitesse. Les plaines de Chaonie nourrissaient encore une race de dogues appelés *molosses*, animaux terribles, dont la force et le courage ont souvent mérité des éloges de l'antique poésie.

Peuplée de bonne heure par des colons, l'Épire conserva longtemps son indépendance. Parmi ses souverains on remarque surtout Pyrrhus, qui lutta pendant longtemps avec avantage contre les Romains eux-mêmes. Vers l'an 192 avant J.-C. les Épirotes ayant adopté la république pour forme de gouvernement, furent bientôt en proie aux dissensions civiles, de sorte que les Macédoniens purent facilement les subjuguer. Ce fut seulement lorsque les Romains eurent défait Philippe II de Macédoine, que les Épirotes recouvrèrent leur indépendance. Les secours qu'ils fournirent à Antiochus et au roi Persée de Macédoine dans leurs luttes contre la puissance romaine furent cause de leur perte. Paul Émile les battit l'an 168 av. J.-C., pilla leurs villes, en détruisit soixante-dix, et emmena avec lui 150,000 habitants comme esclaves. Devenue à ce moment province romaine, l'Epire partagea depuis lors toutes les destinées de l'empire romain jusqu'en 1432, époque où elle fut conquise par les Turcs aux ordres d'Amurath II. Georges Castriota, dit *Skanderbeg*, le dernier rejeton des souverains indigènes réussit, il est vrai, en 1407, à secouer le joug des Turcs; mais peu de temps après sa mort, sous le règne de Mahomet II, en 1466, ceux-ci conquirent de nouveau l'Épire et en firent une province de leur empire. Elle forme aujourd'hui l'extrémité méridionale de la Nouvelle-Albanie ou du pachalick de Janina.

La population de l'Épire est évaluée maintenant (1854) à environ 375,000 âmes. Sur ce nombre on compte 311,000, chrétiens, dont 247,000 appartiennent à la race grecque, 47,000 à la race albanaise, et 17,000 à la race valaque. Les mahométans y figurent pour un chiffre total de 61,500, dont 3,500 de race grecque et 58,000 de race albanaise. On estime aussi qu'il existe de 12 à 1,500 israélites. Les chrétiens constituent donc plus des deux tiers de la population de l'Épire; et par sa civilisation, de même que par ses mœurs, toute cette population chrétienne appartient à la nationalité grecque.

Avant l'insurrection de 1821, la population chrétienne de l'Épire était, avec celle de Constantinople, de Chios et de Smyrne, la plus civilisée de la race hellénique. Un grand nombre de Grecs établis à Janina entretenaient même, avant le commencement de ce siècle, d'actives relations de commerce avec Venise; et plusieurs étaient parvenus à acquérir des richesses considérables, que le plus ordinairement ils employaient en œuvres charitables et en fondations d'écoles. C'est ce qui explique comment il n'est pas aujourd'hui de si petit village en Épire qui n'ait son école, entretenue aux frais des Grecs, des Albanais ou des Valaques. Ces trois races, qui ne diffèrent que par leur langue, se considèrent comme des Grecs; et les deux dernières, qui n'ont pas d'écriture qui leur soit propre, se servent de caractères grecs et parlent même le grec.

Les mahométans de l'Épire, à l'exception de ceux de Janina et d'Arta, c'est-à-dire de 4 à 5,000, parlent grec; et très-peu apprennent le turc. Tous les beys de l'Épire (et même de la haute Albanie) n'ont pour secrétaires que des Grecs; les bureaux du fameux Ali-Pacha de Tebelen étaient exclusivement composés de Grecs, et, à l'exception de la correspondance officielle avec la Porte, tout y était rédigé en grec.

La conclusion à tirer des détails qu'on vient de lire, c'est que l'Épire, pour n'avoir pas été comprise en 1826 par les grandes puissances dans le territoire dont elles composèrent alors un État chrétien indépendant sous le nom de *royaume de Grèce*, n'en appartient pas moins à la nationalité grecque par ses mœurs, sa langue et tous ses intérêts. Rien dès lors de plus naturel qu'une insurrection dans le sens hellénique y ait éclaté dans la présente année 1854, dès que la tempête politique que couvait depuis si longtemps la fameuse *question d'Orient* s'est déchaînée sur l'Europe.

EPISCENIUM. C'était chez les Grecs le nom d'une partie du théâtre, et probablement les trois rangées de gradins superposés où les spectateurs prenaient place. Suivant d'autres archéologues, c'était un emplacement ménagé au-dessus de la scène pour les machines, ou deux ordres d'architecture, au-dessus du rez-de-chaussée, décorant le fond du théâtre appelé proprement *la scène*.

ÉPISCOPALE (Église). *Voyez* ANGLICANE (Église).

ÉPISCOPAT (du latin *episcopatus*), ordre ou dignité d'un évêque, plénitude et complément du sacerdoce de la loi nouvelle. Ce mot se dit aussi du corps des évêques et du temps pendant lequel un évêque a occupé un siége. On convient généralement que tous les évêques, en vertu de la dignité épiscopale, ont une égale puissance d'ordre, et c'est en ce sens qu'on dit qu'il n'y a qu'un épiscopat, et que cet épiscopat est solidairement possédé par chacun des évêques en particulier : *episcopatus unus est*, dit saint Cyprien, *cujus pars a singulis in solidum tenetur*.

Les théologiens sont partagés sur la question de savoir si l'épiscopat, c'est-à-dire l'ordination épiscopale, est un ordre et un sacrement. Guillaume d'Auxerre, Almani, Cajetan, Bellarmin, Maldonat, Isambert, etc., soutiennent que c'est un sacrement et un ordre proprement dit, distingué de la prêtrise, mais qui doit toujours néanmoins en être précédé. Hugues de Saint-Victor, Pierre Lombard, saint Bonaventure, etc., prétendent, au contraire, que l'épiscopat n'est ni un ordre, ni un sacrement, mais que l'ordination épiscopale confère à celui qui la reçoit une puissance et une dignité supérieures à celles des prêtres. D'autres enfin regardent simplement l'épiscopat comme une extension du caractère sacerdotal. Ceux qui soutiennent la première de ces opinions sont encore divisés sur ce qui constitue la matière et la forme de l'épiscopat considéré comme sacrement. Est-ce l'imposition des mains, l'onction sur la tête et sur les mains, l'imposition de l'Évangile sur le cou et les épaules, la tradition de la crosse et de l'anneau? Mais la plupart de ces cérémonies n'ont été ni partout ni de tout temps en usage dans la consécration des évêques. L'onction de la tête et des mains n'est point admise chez les Grecs. Isidore de Séville, qui vivait au septième siècle, ne parle pas de l'imposition de l'Évangile sur la tête et les épaules. Almani et Amalaire la citent comme une cérémonie nouvelle, qu'on ne pratiquait pas encore de leur temps dans les églises de France et d'Allemagne. Enfin, la tradition de l'Évangile, de la crosse et de l'anneau, est d'un usage plus récent encore; elle est inconnue chez les Grecs. D'où il est aisé de conclure que l'imposition des mains est seule la matière de l'épiscopat et le signe sensible qui confère la grâce.

Une autre question importante se présente à propos de l'épiscopat; c'est celle de savoir si une personne qui n'est pas prêtre peut être ordonnée évêque, et si alors son ordination est valide. Tous les théologiens conviennent qu'elle est illicite, parce que les canons de l'Église veulent qu'on monte par degrés à l'épiscopat et qu'avant d'y arriver on reçoive successivement les ordres inférieurs; mais ils se partagent sur la validité de l'ordination épiscopale qui n'est pas immédiatement précédée de l'ordination sacerdotale. Bingham cite plusieurs diacre ordonnés évêques sans avoir passé par l'ordre de la prêtrise : Cécilien, selon Optat, n'était qu'archidiacre, ou premier diacre de l'église de Carthage quand il en fut nommé évêque. Théodoret et saint Épiphane assurent le même fait de saint Athanase, élevé sur le siége d'Alexandrie. Liberat, Socrate et Théodoret disent aussi que les papes Agapet, Virgile et Félix n'étaient que diacres lorsqu'ils furent appelés au souverain pontificat. Mais, outre que ces auteurs indiquent simplement le degré où étaient placés les sujets dont ils parlent lorsqu'ils furent élus et qu'ils ne mentionnent pas qu'entre leur élection et leur consécration ils n'ont pas été ordonnés prêtres, il paraît que la coutume de l'Église était de n'ordonner aucun évêque qui n'eût préalablement passé par l'ordre de la prêtrise, ce qui résulte du reste formellement du dixième canon du concile de Sardique, lequel exige même qu'entre chaque ordre on ménage des intervalles assez longs pour s'assurer de la foi et des mœurs du candidat. Si en des occasions extraordinaires, comme dans la promotion de saint Ambroise, on négligeait ces intervalles, on ne dispensait pas pour cela de la réception des ordres et par conséquent de la prêtrise.

ÉPISCOPAUX (d'*episcopus*, évêque). C'est le nom sous lequel on désigne les membres de l'Église anglicane, et des autres Églises protestantes qui ont conservé l'épiscopat.

EPISCOPIUS (SIMON), dont le nom véritable était *Bishop*, devenu le chef des Arminiens ou Remontrants, à la mort d'Arminius, naquit en 1583, et fut, en 1610, nommé pasteur aux environs de Rotterdam, puis l'année d'après, professeur de théologie à Leyde. Quand, en 1618, les Remontrants furent cités devant le synode de Dordrecht, Episcopius y comparut à la tête de treize prêtres, mais ne fut point admis à y défendre sa foi religieuse. Exclu de la communauté ecclésiastique et banni même du pays, il ne revint en Hollande qu'en l'an 1630, époque où des principes plus tolérants avaient fini par prévaloir, et à partir de 1634 il enseigna la théologie dans le nouveau séminaire *remontrant* créé à Amsterdam; fonctions qu'il conserva jusqu'à sa mort, arrivée en 1643. Ses ouvrages les plus importants sont : *Confessio seu declaratio sententiæ pastorum qui Remonstrantes vocantur, super præcipuis articulis religionis christianæ* (1621). *Apologia pro confessione* (1629), et des *Institutiones theologicæ*, demeurées inachevées.

ÉPISODE (du grec ἐπεισόδιον, *intermède*, qui arrive, qui survient), action subordonnée à l'action principale d'un poëme ou d'un roman, servant à développer le sujet et à y jeter du mouvement et de la variété. *Épisode* se dit aussi en termes de peinture, et dans un sens analogue. Il est entendu que les épisodes doivent être tirés du fond même du sujet, ou y être amenés d'une manière naturelle, sans quoi ils deviendraient des *hors-d'œuvre*. Pope compare un poëme à un jardin : la principale allée est grande et longue; à côté, il y a de petites allées, où l'on va se délasser, et qui tendent toutes à la grande, comparaison qui ne manque pas de justesse, pourvu que ces chemins ne soient pas en trop grand nombre et ne forment point un labyrinthe sans issue. Examinons les grandes compositions que l'on considère comme les chefs-d'œuvre de l'esprit humain et le patrimoine le plus glorieux des siècles : ce sont bien plutôt les épisodes que l'ensemble qui en ont fondé et popularisé la renommée. Si cette observation semble paradoxale, les faits sont là pour la confirmer. Peu d'hommes, même instruits, ont lu d'un bout à l'autre les épopées les plus célèbres; mais il n'est presque personne qui n'en connaisse les épisodes les plus remarquables. La colère d'Achille est le sujet de l'*Iliade*; cependant le sommeil de Jupiter sur le mont Ida, la ceinture de Vénus, les adieux d'Hector et d'Andromaque, et tant d'autres fictions, ont laissé de plus vifs souvenirs que les rivalités d'Agamemnon et du fils de Pélée. L'établissement des Troyens en Italie forme le sujet de l'*Énéide*; mais que serait ce sujet sans le sac de Troie, sans les amours d'Énée et de Didon, sans la descente aux enfers, sans Nisus et Euryale? Qu'a-t-on retenu des *Géorgiques*, si ce n'est l'épisode du vieillard du Galèse, ceux d'Aristée, de l'orage, des guerres civiles, etc.? Dans *La Pharsale*, la forêt de Marseille; dans la *Jérusalem*, les amours de Renaud et d'Armide, les aventures de Clorinde, de Tancrède, d'Herminie et la forêt enchantée; dans le *Dante*, Françoise de Rimini et Ugolin; dans *La Henriade*, la Saint-Barthélemy, les superstitions des ligueurs, le temple de l'Amour; dans

Les Lusiades, le géant Adamastor et Inès de Castro; dans *Le Paradis perdu*, la création d'Adam et d'Ève, et la chute des anges rebelles, etc., sont des morceaux qu'on relira toujours, et qui protégeront éternellement leurs auteurs contre les critiques qu'on serait tenté de faire des poëmes dont ces épisodes font partie, ou contre la paresse, qui redoute les lectures de longue baleine, et les plaisirs qui exigent de la suite et de l'étude. DE REIFFENBERG.

ÉPISPASTIQUE (de ἐπισπάω, je tire au dehors). En thérapeutique et en pharmacologie, on donne ce nom, ainsi que celui de *vésicant*, à toute substance ou préparation médicamenteuse qui, appliquée sur la peau, y détermine de la douleur, de la chaleur et une rougeur plus ou moins intense, accompagnée d'une sécrétion de sérosité. La sérosité sécrétée s'amasse sous l'épiderme, le soulève, et donne naissance à des ampoules ou vésicules nommées *phlyctènes*, analogues à celles qui résultent d'une brûlure légère. Outre leur effet local, ces médicaments peuvent exercer une action excitante sur divers appareils organiques plus ou moins éloignés du point d'application, souvent même sur toute l'économie, soit par la voie des sympathies, soit, comme il arrive pour quelques-uns, par suite de leur absorption. Les épispastiques les plus employés sont les cantharides, l'écorce de garou, l'ammoniaque liquide, l'acide acétique concentré, l'eau bouillante, etc. P.-L. COTTEREAU.

ÉPISPERME (de ἐπί, sur, et σπέρμα, graine), tégument propre de la graine : telles sont la *robe* de la fève, l'enveloppe membraneuse du haricot, etc.

ÉPISSER. Lorsqu'à la suite d'un combat, d'une tempête continue, des câbles, grelins, manœuvres, ont été rompus, ou lorsqu'il s'agit de les allonger, on réunit les deux bouts des cordages, on les ajoute ensemble; c'est ce que l'on appelle *épisser* un cordage. Pour cela, on détord le cordage d'une longueur plus ou moins grande, selon la grosseur, on croise les torons les uns dans les autres et en dessus les uns des autres. Un cordage *épissé* augmente ordinairement de grosseur à l'endroit de la jonction. Les manœuvres courantes sont réunies par des *épissures* longues qui n'augmentent pas la grosseur du cordage. Ces bouts étant d'égale longueur, on élonge, en le tordant, un toron à la place de l'autre, et on les arrête sur trois points éloignés de 16 à 22 centimètres. MERLIN.

ÉPISSOIR ou ÉPISSOIRE, espèce de poinçon en fer, en tête de marteau d'un côté, et pointu de l'autre, légèrement courbé de ce dernier côté, en forme de corne de bœuf. Il sert à lever les torons des cordages que l'on veut *épisser*, pour faciliter le passage des torons qu'on entrelace sous ceux qui ne sont pas décordés. MERLIN.

ÉPISSURE, jonction de deux cordages ensemble par des passes de leurs torons les uns sur les autres. Il y a plusieurs sortes d'*épissures*. L'*épissure carrée*, qui s'opère sur deux câbles ou manœuvres dormantes, et qui augmente le volume de ce câble; l'*épissure longue*, qui s'emploie pour les manœuvres courantes et cordages de petite dimension, et qui consiste à décorder les trois torons de chaque bout et de la même longueur; on en détourne un de l'autre bout, que l'on *épisse* jusqu'à ce qu'on le fasse s'entrelacer deux ou trois fois sous les torons du cordage entier, en faisant faire les mêmes passes du côté de l'*épissure* au toron que l'on a remplacé; puis, on fait exactement la même opération sur l'autre bout de l'*épissure*, qui se trouve alors achevée, de manière que la grosseur n'en augmente que d'un tiers. Indépendamment de ces deux *épissures*, on en fait, sur les lignes de sonde et de loch, qui sont longues, mais on ne décommet pas un toron; les deux bouts s'épissent par deux passes entre les torons de la ligne, à une distance de 24 à 27 centimètres, ce qui rend la ligne double dans cette longueur. MERLIN.

ÉPISTAXIS, HÉMORRHAGIE NASALE. *Epistaxis* (formé du verbe grec ἐπιστάζειν, tomber goutte à goutte sur quelque chose) est le nom scientifique donné au *saignement de nez*. Le nez est tapissé à l'intérieur d'une membrane muqueuse très-vasculaire, dont l'exaltation sanguine produit l'épistaxis. Cet accident peut tenir à une foule de causes, dont les plus évidentes sont des lésions directes résultant d'une chute sur le nez, d'un coup porté sur cet organe, ou d'une érosion occasionnée par un corps étranger dans les narines : c'est ainsi que les enfants provoquent l'épistaxis, auquel leur âge les prédispose d'ailleurs, en portant fréquemment leurs doigts dans les narines. A cet âge, où l'activité circulatoire paraît se porter vers la tête, l'épistaxis spontané est très-commun. Il n'est pas rare non plus dans l'adolescence et dans l'âge mûr; mais alors il dépend ou d'une constitution pléthorique, ou, ce qui est plus fâcheux, d'une fatale prédisposition à la phthisie pulmonaire. On l'observe en effet chez les jeunes gens aux formes grêles, élancées, à poitrine étroite, à peau blanche, aux pommettes colorées; il ne faudrait cependant pas en exagérer les conséquences, car souvent, même alors, il est simplement idiopathique, et non symptomatique des tubercules pulmonaires. Une circonstance dépendante du sexe peut le produire chez les femmes : nous voulons parler de la déviation des menstrues. L'épistaxis accompagne certaines maladies : dans les inflammations franches, il est le plus souvent de bon augure; dans les affections dites putrides, adynamiques, c'est un signe fâcheux.

L'épistaxis est rarement assez abondant pour donner des inquiétudes, quant à ses suites immédiates; chez beaucoup d'individus, c'est un écoulement salutaire, qui peut prévenir des affections plus graves. Mais lorsqu'il est porté à l'excès, et surtout dans les affections avec débilité, il est important d'interrompre l'écoulement du sang. Dans les cas les plus simples, il suffit de laver le nez avec de l'eau froide, simple ou vinaigrée, ou mieux d'aspirer par les narines un peu du liquide réfrigérant; c'est en déterminant un spasme par réfrigération qu'agit la clef que le vulgaire est dans l'usage de glisser dans le dos du malade. Dans les cas plus graves, la médecine possède des moyens plus énergiques, consistant dans les injections styptiques, la saignée, les rubéfiants appliqués aux extrémités, enfin le tamponnement, qui s'opère en introduisant méthodiquement des tampons de charpie par les ouvertures antérieures et postérieures des fosses nasales. Les individus pléthoriques sujets à l'épistaxis doivent s'imposer un régime sobre et léger, s'abstenir de liqueurs et autres substances excitantes, éviter les vives impressions morales, les exercices violents, l'impression d'une forte chaleur; se soumettre enfin aux règles hygiéniques préservatives des affections aiguës.

Dr FORGET.

EPISTOLÆ OBSCURORUM VIRORUM, *Lettres écrites par des hommes obscurs*. Tel est le titre d'une célèbre collection de lettres satiriques écrites au commencement du seizième siècle en latin barbare, autrement dit *latin de cuisine*, sous le nom de professeurs et d'ecclésiastiques alors en grand renom dans les contrées rhénanes et surtout Cologne, et dans lesquelles était flagellé sans pitié le parti obscurantiste qui dominait encore dans les écoles et chez les moines, dont on tournait en ridicule les doctrines, les écrits, les mœurs, la façon de parler, la manière de vivre, la bêtise et la dépravation; ouvrage qui ne contribua pas peu à préparer les voies à la Réformation. Il paraît que ce qui en inspira la première idée, ce furent les discussions que Reuchlin eut à soutenir avec un juif converti, appelé *Pfefferkorn*, au sujet de la véritable ponctuation hébraïque; et il se peut même que les *Epistolæ clarorum virorum ad Reuchlinum Phorcensem* (1514) aient donné la première idée du titre.

Toutes ces lettres sont adressées à Ortuinus Gratius, à Deventer, homme qui était loin d'être aussi ignorant qu'on pourrait le supposer, mais qui fut choisi pour plastron a cause de son style présomptueux et plein d'obscurités, en même temps que comme l'un des adversaires les plus décidés du progrès. A la première apparition du livre, Reuchlin en fut généralement regardé comme le seul auteur; plus tard on l'attribua collectivement à Reuchlin, à Érasme et à Hutten. Des recherches récentes ont établi que le premier livre des *Epistolæ obscurorum virorum*, qui parut en 1515 à Haguenau, avec la fausse indication, au titre, de *Venise, chez Minutius* (au lieu de *Manutius*), aurait eu pour auteur Wolfgang Angst, imprimeur spirituel et instruit, établi à Haguenau, opinion qui a soulevé d'ailleurs de nombreux contradicteurs; enfin, que Crotus Rubeanus est, après Ulric de Hutten, celui qui eut la plus grande part à la composition du second livre, publié en 1519. Une circonstance qui ne contribua pas peu à assurer aux *Epistolæ obscurorum virorum* une large et rapide circulation en Europe, c'est que dès 1517 cet ouvrage fut mit à l'Index par une bulle spéciale du pape.

[Parmi toutes les satires qui parurent au commencement du seizième siècle, il n'en est point où la superstition, l'esprit de controverse, la soif de dominer, l'intolérance, la débauche, la turpitude, l'ignorance et la latinité barbare des moines mendiants et des scolastiques, soient ridiculisés avec plus de finesse que dans ces lettres. Bien que les *hommes obscurs* y paraissent sous l'aspect de véritables caricatures, on y remarque cependant une foule de détails dont il est impossible de méconnaître les originaux dans le type général du siècle, et qu'on reconnaîtrait encore mieux dans les individus, si l'on pouvait ressusciter tant de noms oubliés, saisir toutes les allusions, comprendre le sel de toutes les plaisanteries. Paul Jove, tout évêque qu'il était, atteste que cette satire fut lue avec avidité en Italie, et il ne fait pas difficulté de se ranger du parti des rieurs contre ceux qu'il appelle *theologi cucullati*. En général, on impute les *Epistolæ* soit à Reuchlin, soit au célèbre Ulric de Hutten, en leur adjoignant différents collaborateurs, car il est de la nature de ces sortes de facéties que chacun y mette son mot. Quelques-uns prétendent qu'Érasme prit aussi part à cette malice; mais il le nie lui-même formellement, ce qui au surplus ne prouve pas grand'chose, et l'exemple de Voltaire, qui désavouait à grands cris les pamphlets qu'il distribuait ouvertement, nous montre assez comment on peut se tirer d'affaire en de telles circonstances. Quoi qu'il en soit, la lecture de ces lettres excita la gaîté de l'auteur de l'*Éloge de la Folie* au point qu'à force de rire il creva un abcès qu'il avait au visage. M. Weiss prétend que la plaisanterie y revêt quelquefois les formes de la plus haute éloquence; mais il est vrai de dire que cette plaisanterie, un peu trop prolongée, est plutôt dans le goût du *Gargantua* que des *Provinciales*. On y a si bien imité le ton grotesque et sauvage des ignorants fourrés du siècle, que le prieur des récollets de Bruxelles, dupe de cette fidèle imitation, en acheta quantité d'exemplaires pour en gratifier ses amis, persuadé qu'une pareille publicité ne pouvait qu'être utile à la bonne cause. Il fallut la bulle du pape qui frappait ce livre d'anathème pour lui dessiller les yeux. C'est ainsi que le clergé anglican prit au pied de la lettre le pamphlet de Daniel de Foe intitulé : *Le plus court chemin à prendre avec les dissidents*.

La plus large part de ridicule était faite au dominicain et inquisiteur Jacques Hoogstraet ou Kochstraet. Les éditions les plus recherchées sont encore celles de Londres 1710 et 1742. De Reiffenberg].

Dans les premiers mois de l'année 1849 il parut à Francfort des *Epistolæ novæ obscurorum virorum ex Francoforto Mœnano ad Dr. Arnoldum Rugium philosophum rubrum necnon abstractissimum datæ*. C'étaient autant de spirituelles et mordantes satires dont les meneurs de l'assemblée nationale de Francfort étaient le sujet; et elles obtinrent en peu de temps les honneurs de plusieurs éditions.

ÉPISTOLAIRE (Genre). Ce genre de littérature comprend d'abord les recueils de *Lettres familières* écrites par des personnages célèbres; puis, par extension, tous les ouvrages, soit romanesques, soit polémiques, soit didactiques, publiés fictivement sous la *forme épistolaire*.

Sans doute, les lettres que des amis s'écrivent en confidence devraient jouir d'un secret inviolable; mais ce principe de morale universelle ne semble point comprendre dans sa prohibition les personnes qui ont joué quelque rôle important sur la scène du monde. Dans tous les temps, on a cru pouvoir publier les lettres particulières des grands hommes; et, il faut en convenir, les inconvénients de cette publicité sont plus que balancés par les avantages qui en résultent. Il nous reste de l'antiquité romaine deux monuments précieux en ce genre : les *Lettres de Cicéron* et celles de *Pline le jeune*. Ces deux recueils, consacrés par l'admiration des siècles, outre l'utilité qu'on peut en retirer dans l'enseignement classique, ont encore le mérite d'offrir de curieux documents pour l'histoire. En France, nous avons un grand nombre de collections de correspondances épistolaires, qui ont eu plus ou moins de succès. Balzac et Voiture se firent dans ce genre une réputation qui ne leur a pas survécu. Le premier, qui d'ailleurs a contribué à donner de l'harmonie à notre prose, assomme le lecteur par ses longues et lourdes phrases hyperboliques; le second ne fatigue pas moins par les pointes et les jeux de mots dont il abuse à tout propos, et presque toujours hors de propos. Comme on l'a remarqué, ces écrivains n'avaient guère que l'esprit de leur temps, et non cet esprit qui passe à la postérité; on s'aperçoit en les lisant que leurs lettres avaient été écrites pour le public, et cela seul, en les privant nécessairement du naturel qu'elles devaient avoir, les dépouillait de ce qui pouvait leur donner le plus de charme. Car c'est le naturel qui fait le principal mérite du *style épistolaire;* plus ce style approche de la manière libre, aisée, dégagée, dont on converse avec des amis, plus il approche de la perfection qui lui est propre.

C'est ce naturel, d'une heureuse simplicité, que l'on admire dans les lettres qui nous restent de la plupart des grands écrivains du siècle de Louis XIV, de Racine et de Boileau surtout; mais un véritable modèle en ce genre, c'est le recueil des lettres de Mme de Sévigné. « Si le plus grand éloge d'un livre, dit La Harpe, est d'être beaucoup relu, qui a été plus loué que ces lettres? Elles sont de toutes les heures : à la ville, à la campagne, en voyage, on lit Mme de Sévigné... C'est l'entretien d'une femme très-aimable, dans lequel on n'est point obligé de mettre du sien, ce qui est un grand attrait pour les esprits paresseux, et presque tous les hommes le sont au moins la moitié de la journée. » Quant au style de Mme de Sévigné, c'est lui qui doit faire vivre sa mémoire dans la postérité. Les répétitions, les négligences qui s'échappent de sa plume *impétueuse*, et qui partout ailleurs paraîtraient choquantes, sont dans sa correspondance autant de grâces qu'on regretterait de n'y pas rencontrer. Qu'on essaye d'y substituer une correction académique, et presque tout le charme va disparaître. Le style de cette femme restera dans le genre épistolaire ce que La Fontaine est dans celui de l'apologue. Ses lettres ont encore un autre avantage, c'est de pouvoir servir à l'intelligence de plusieurs points de l'histoire du temps : ce sont de véritables Mémoires, où l'on peut apprendre à connaître les mœurs, le ton, l'esprit, les usages et les anecdotes de la cour de Louis XIV.

En général chez nous ce sont les femmes qui tiennent le sceptre du genre épistolaire : cette sorte de causerie sans prétention semble convenir parfaitement à la vivacité de leur esprit, à la mobilité de leurs impressions. On peut citer, après Mme de Sévigné, un assez grand nombre de femmes dont les lettres sont estimés à des degrés différents, entre autres Mmes de La Fayette, de Villars, de Tencin, du

Deffant, de Maintenon, du Châtelet, et Mlle de Lespinasse. Un homme qui a enrichi de ses chefs-d'œuvre presque toutes les branches de notre littérature, Voltaire, a montré aussi une supériorité incontestable dans le genre épistolaire. On trouve une foule d'excellents modèles dans sa *Correspondance*, aussi volumineuse que variée, collection précieuse à plus d'un titre, dans laquelle on peut admirer la plus merveilleuse flexibilité de tons unie au tact le plus exquis et à un charme de diction presque continu. Le recueil de lettres le plus piquant qui ait été publié de nos jours est sans contredit la Correspondance de Paul-Louis Courier : une verve tantôt malicieusement naïve, tantôt acérée et mordante, éclate dans la plupart. Il en est quelques-unes qui sont des chefs-d'œuvre de narration; d'autres se distinguent par des détails d'une grâce pleine de naturel.

Passons maintenant aux diverses applications que l'on a faites de la *forme épistolaire*. On a vu plus d'une fois la polémique en user avec avantage. En permettant de s'adresser directement à ses adversaires, elle donne au raisonnement une allure plus pressante, et laisse d'ailleurs le champ libre à tous les mouvements de l'éloquence. Au seizième siècle, les fameuses lettres d'hommes obscurs (*Epistolæ obscurorum virorum*), satires pleines d'esprit et de sel, couvrirent de honte les fauteurs de l'ignorance et de l'obscurantisme. On sait quel rude coup portèrent aux jésuites les célèbres *Lettres provinciales* de Pascal; on sait également quelle profonde sensation firent en Angleterre les *Lettres* publiées sous le pseudonyme de *Junius*. Nous avons de J.-J. Rousseau plusieurs pièces éloquentes en ce genre, notamment sa *Lettre à D'Alembert* sur les spectacles, celle qu'il adressa à Christophe de Beaumont, archevêque de Paris, et ses *Lettres de la Montagne*.

Il existe aussi des ouvrages qui sont publiés sous la forme de lettres : nous en avons, quelquefois mêlées de prose et de vers, sur l'histoire et la mythologie, sur les sciences naturelles. Elles se prêtent à toutes sortes de sujets, et peuvent répandre quelque agrément sur les matières les plus sérieuses. Il est encore un autre genre de correspondance, comme celle de *L'Espion turc*, les *Lettres juives*, *chinoises*, *cabalistiques*, etc. Comme le remarque Voltaire, on voit bien que ce ne sont pas de véritables lettres, mais un petit artifice usité, soit pour débiter des choses hardies, soit pour écrire des nouvelles vraies ou fausses. Ces livres, qui amusent quelquefois la jeunesse crédule et oisive, sont méprisés des personnes éclairées. Il en faut excepter toutefois les *Lettres persanes*, brillant coup d'essai de l'immortel auteur de l'*Esprit des Lois*. Enfin, dans toutes les littératures modernes, il est une foule de romans qui se rattachent par la forme au genre épistolaire. L'immense succès de *Clarisse Harlowe* (de Richardson) et de la *Julie* (de J.-J. Rousseau) prouve tout le parti que des écrivains d'un grand talent peuvent tirer de la forme épistolaire. Sans doute, elle est on ne peut plus favorable à la peinture animée des passions, à la rapidité des transitions, à la préparation des péripéties. Mais à côté de tous ces avantages se trouve un inconvénient qui répand presque toujours de la froideur sur la composition, c'est celui de laisser trop voir l'auteur écrivant les lettres de tous ses personnages, et leur prêtant toujours son esprit et son style. Dans la *Nouvelle Héloïse*, Saint-Preux, Julie, Claire, mylord Édouard, M. de Wolmar, raisonnent, dissertent, philosophent tous comme Rousseau. Il faudrait que de pareils ouvrages pussent être faits par plusieurs personnes, que les lettres de femmes fussent écrites par des femmes, celles d'hommes par des hommes. En admettant de part et d'autre la dose de talent nécessaire et la parfaite intelligence d'un plan arrêté, à coup sûr il en résulterait plus de vraisemblance et de variété, partant plus d'intérêt. CHAMPAGNAC.

ÉPISTOLIER, livre renfermant les épîtres de l'Église, qui doivent être chantées. Les églises riches ont un livre de ce genre spécialement destiné à être porté par le sous-diacre quand il se rend à l'ambon. On possède encore d'anciens épistoliers manuscrits ou imprimés, d'un très-grand luxe de reliure. Mais en général on affectait de décorer le livre des épîtres avec moins de soin que l'*évangélistaire*, par respect pour son divin auteur. Ainsi, un écrivain liturgique dit avoir vu un épistolier du quinzième siècle dont la couverture était chargée d'ornements d'argent, tandis que l'évangélistaire rayonnait de l'éclat de l'or et des pierres précieuses.

Les lettres pédantes et emphatiques de Balzac l'ancien lui méritèrent de ses contemporains le titre de *grand épistolier*. Il aurait été plus juste d'appeler Mme de Sévigné *l'épistolière*, comme la Fontaine fut surnommé *le Fablier*.

ÉPISTOLOGRAPHES. C'est l'appellation commune par laquelle on désigne les écrivains grecs ou romains qui nous ont laissé des lettres. Denys d'Halicarnasse et Démétrius de Phalère soumirent les premiers ce genre à des règles fixes. Platon, Aristote, Isocrate, Démosthène, Eschine, Phalaris, Aristénète, Alciphron, Cicéron, Pline le jeune, Sénèque, l'empereur Julien, Fronton, Aurelius, Symmaque, saint Paulin, Sidoine Apollinaire, peuvent être appelés *épistolographes*, puisque nous possédons d'eux tous des lettres remarquables.

ÉPISTYLE. *Voyez* ARCHITRAVE.

ÉPITAPHE (du grec ἐπιτάφιος, composé de τάφος, tombeau, et de ἐπί, sur, sous-entendu *inscription*), inscription gravée ou destinée à être gravée sur un tombeau. Ce n'était point chez les Grecs un honneur prodigué : témoin celle de Léonidas et de ses compagnons aux Thermopyles. Rome en fut moins avare : *Sta, viator* ! (Arrête, voyageur !) était la formule presque inévitable des siennes, placées en effet ordinairement le long des routes. Les peuples modernes ont souvent rendu les épitaphes louangeuses et prolixes. Voici par exception, celles de trois grands poëtes anglais, français et italien : DRYDEN; JACQUES DELILLE; LES OS DU TASSE. Un bel exemple d'épitaphe philosophique est celle du comte de Tenia, qui, mourant comblé d'honneurs et de biens, voulut qu'on écrivît sur sa tombe ces deux seuls mots : *Tandem felix !* (Heureux enfin !). Scarron, Piron, Désaugiers et beaucoup d'autres auteurs se sont fait eux-mêmes des épitaphes originales. « Celle de La Fontaine, dit Marmontel, modèle de naïveté, est connue de tout le monde. Il serait à souhaiter que chacun fît la sienne de bonne heure; qu'il la fît la plus flatteuse possible, et qu'il employât toute sa vie à la mériter. » Ce fut une singulière attention que celle d'un écrivailleur du siècle dernier, la Place, qui, publiant, en 1782, trois gros volumes formant un *Recueil d'Epitaphes*, eut la gracieuseté de régaler de la leur ses amis vivants et bien portants.

Aujourd'hui on fait beaucoup moins d'épitaphes poétiques; en revanche, l'épitaphe en prose se prélasse sur toutes les tombes de nos cimetières, et pour deux touchantes par leur simplicité, comme celle d'une mère: *La première au rendez-vous*, et celle d'un frère : *Ci gît mon meilleur ami*, combien prêtent au ridicule par leur emphase ou leur niaiserie ! On a pu en citer qui contenaient l'adresse du lieu où le défunt faisait son commerce pendant sa vie, avec l'avertissement que sa veuve inconsolable le continuait. Parfois, l'épitaphe a été une forme employée par les poëtes pour jeter du ridicule sur un mort ou même sur un vivant : alors ce ne fut qu'une *épigramme*. Il est inutile de faire remarquer que celles-ci n'étaient pas gravées sur les tombeaux.

ÉPITASE. C'était dans l'ancienne tragédie, la seconde partie, celle qu'aujourd'hui nous nommons le *nœud*, l'*intrigue*; le dénouement s'appelait *catastase*; l'exposition *protase*. Ces dénominations ont disparu. Pour s'en faire une idée, il faut recourir aux scoliastes de Térence.

L'épitase commençait au second acte, ou au plus tard au troisième. P. DE GOLBÉRY.

ÉPITHALAME (du grec ἐπιθαλάμιον, chant nuptial, composé de ἐπὶ, sur, et θάλαμος, lit ou chambre de personnes mariées), poëme à l'occasion d'un mariage, affectant une origine grecque quant à l'étymologie, à la forme et au refrain, mais indiquant une plus haute antiquité quant à sa première source, puisque l'Europe le tenait de l'Orient à une époque où ce poëme était déjà parvenu à une grande perfection. Le beau psaume XLIV de David passe pour être un épithalame, et Origène regarde comme tel le *Cantique des Cantiques*. Dans l'Évangile il est dit : « L'époux est celui à qui est l'épouse, mais l'ami de l'époux qui se tient debout est ravi de joie. » Cet ami était chez les Grecs le *paranymphe* (celui qui restait debout près de l'épouse). Lorsque les solennités de l'autel et les joies du festin étaient terminées, les parents et amis de l'époux ou de l'épouse, des torches brillantes et parfumées à la main, accompagnaient l'heureux couple jusqu'au seuil de la chambre du mari, en chantant : *O hymèn ! ô hyménaios* (Ὦ Ὑμὴν ! ὦ Ὑμέναιος !), invocation au dieu particulier qui présidait aux mariages. Dans la suite, on composa des poëmes ou des chants réguliers sur ces solennités, qui se renouvelaient si souvent chez un peuple ami des fêtes et des plaisirs. Les grands poëtes réservèrent pour les alliances illustres leurs chants, dont l'acclamation vulgaire, *O Hymen ! ô Hyménée !* ne fut plus que le refrain. Les noces si fameuses de Thétis et de Pélée, qui furent célébrées dans le riant vallon de Tempé, et auxquelles assistèrent les dieux, c'est-à-dire tout ce qu'il y avait alors d'heureux et de puissants dans la Grèce, fournirent à Hésiode, que trois mille ans séparent de nous, le sujet d'un épithalame, dont un vieux scoliaste nous a conservé un fragment.

Stésichore, qui existait sous la 42e olympiade, passe donc à tort pour l'inventeur de l'épithalame chez les Grecs, genre dans lequel excella **Sapho**. Sans doute Stésichore, poëte exclusivement lyrique, eut le mérite d'assujettir ce poëme aux rhythmes de la musique et y ajouta des chœurs. Les divinités du temps, Vénus, les Amours et les Grâces étaient les riants acteurs de ces scènes charmantes. Des lyres, des flambeaux, des couronnes de fleurs, distinguaient chacun des chœurs. Les anciens poëtes, malgré la volupté du sujet, y étaient chastes pour la plupart. Leur délicatesse même est remarquable. Les bergers de Théocrite, à l'exception de Daphnis, sont tous d'une naïveté grossière et obscène comparativement à son célèbre épithalame de Ménélas et d'Hélène, la moins pudique des héroïnes, cependant, puisqu'elle eut trois époux, dont le premier survécut aux deux autres. Dans ce sujet, où la plus ravissante des héroïnes et le jeune Ménélas, frère du roi des rois, animent tout autour d'eux du feu de leur amour, il n'échappe pas au poëte une expression qui ne soit riante, calme, enchanteresse et réservée. Tel fut et tel doit être le vrai modèle de l'épithalame.

L'épithalame latin fut une imitation de l'épithalame grec; seulement l'acclamation du refrain, de *O Hymen ! ô Hyménée !* fut *Talassius* ! En voici l'origine. Des soldats romains, lors du rapt des Sabines, en emportaient une, d'une beauté ravissante et d'une taille admirable. Craignant que d'autres ne leur enlevassent un si précieux butin, ils crièrent qu'elle était réservée à Talassius, jeune homme de distinction, honoré pour sa bravoure et d'une beauté égale à celle de la jeune fille. Alors, le nom de Talassius courut de bouche en bouche par acclamation. Se voir et s'aimer fut pour la Sabine et le Romain l'instant d'un éclair. Leur union eut lieu; elle fut heureuse, et dès lors le cri : *Talassius* ! remplaça l'acclamation grecque dans le chant nuptial. Par la suite, il s'y glissa des images obscènes, exprimées en vers *fescennins*, lorsque vint **Catulle**, qui releva l'épithalame par le charme et le coloris de sa poésie; mais, reflet des chants de Sapho, ce n'était en réalité qu'un voile transparent, qui laissait apercevoir la licence des mœurs d'alors. Tel est son épithalame de Junie; telle est encore une petite pièce de ce genre qui nous est restée de l'empereur Gallien. Ausone, poëte bordelais, demi-païen, demi-chrétien, dans son *Centon* nuptial, lambeau de vers déchiré du plus chaste des poëtes, de Virgile, a poussé l'obscénité si loin qu'elle eût fait rougir le dieu des jardins lui-même, et que Messaline seule l'eût payée du trône impérial. **Stace**, dans l'épithalame de Violentille et de Stella, garde une retenue convenable; **Claudien**, dans celui d'Honorius et de Marie, n'a pas le même scrupule.

Résumons, avant de finir, le caractère de l'épithalame antique. Il fut un récit, ou simple, ou entremêlé de chants, soit que le poëte y parlât seul, soit qu'il y introduisît des personnages. Le lieu de la scène fut primitivement le lieu de l'appartement de l'époux. Il varia depuis. Parmi les auteurs anciens que nous avons cités, auxquels ce genre de poésie doit son illustration, nous compterons encore Sidoine Apollinaire, et parmi les modernes, **Ronsard**, l'Écossais **Buchanan**, **Malherbe**, **Scarron** et l'italien Marini. Au commencement de ce siècle, l'alliance de Napoléon avec une archiduchesse d'Autriche fit éclore une foule d'épithalames, mais aucun de leurs auteurs n'effaça ni Catulle ni Théocrite. DENNE-BARON.

ÉPITHÉLIUM, épiderme qui recouvre l'origine des membranes muqueuses.

ÉPITHÈTE (du grec ἐπίθετος, ajouté, superposé). Ce mot a grammaticalement le même sens à peu près que celui d'*adjectif*; il est surtout à l'usage de la poésie et en général du discours écrit. Les poëtes grecs et latins ont fait un grand emploi des épithètes, qui, dans leurs langues mélodieuses, augmentaient souvent l'harmonie du vers. Tantôt ils les formaient de la réunion de deux ou plusieurs mots : ainsi, Jupiter est chez Homère *assemble-nuages*, chez Virgile *altitonans*, tonnant de haut. Parfois, l'épithète exprimait une des qualités morales ou physiques d'un personnage, comme Achille *aux pieds légers*, et se joignait presque toujours à son nom; d'autres fois encore, comme dans le *pallida mors* d'Horace, elle s'employait au figuré. Dans notre langue, l'*épithète* fut d'abord du genre masculin, conformément à son origine; en s'en éloignant, et par un usage plus fréquent, ce terme devint féminin. Boileau, l'un des premiers, l'employa ainsi :

> Encor si pour rimer, dans sa verve indiscrète,
> Ma muse au moins souffrait une froide épithète....

L'épithète en effet est pour beaucoup de nos versificateurs une véritable **cheville**, toujours prête à s'ajuster au bout de leurs vers, pour en faciliter la rime. En vain leur a-t-on dit dans tous les traités de poésie, dans toutes les rhétoriques, que loin d'allanguir la pensée ou l'expression, elle doit les rendre plus significatives ou plus énergiques; généralement rien de plus mou, de plus flasque, que des vers rimés par épithètes. Corneille lui-même est tombé quelquefois dans cette faute; elle est poussée jusqu'au ridicule dans ce passage de *La Mort de Pompée* :

> Antoine, avez-vous vu cette reine *adorable*.
> —Oui, seigneur, je l'ai vue, elle est *incomparable*.

C'est bien le cas de dire, avec un homme d'esprit, « que l'adjectif est souvent le plus terrible ennemi du substantif ». Veut-on, au contraire, un exemple de l'heureux effet d'épithètes bien choisies, on le trouvera dans ces deux vers de *La Henriade* :

> Sur un autel de feu, ce livre *inexplicable*
> Contient de l'avenir l'histoire *irrévocable*.

On peut même dire que l'emploi de la dernière est ici un trait de génie. La prose, au surplus, ne doit pas plus que la poésie embarrasser sa marche d'épithètes inutiles ; ces superfétations seraient même plus inexcusables chez elle, qui n'est point astreinte aux lois de la rime et de la mesure. L'abus des épithètes est plus sensible encore dans la conversation, à laquelle il donne un ton de pédantisme et d'emphase. Il est des gens qui ne vous aborderont pas sans vous demander des nouvelles de votre *vénérable* père, de votre *respectable* tante et de votre *honorable* famille. Picard, dans un de ses romans, a dépeint assez gaiement cette *épithétomanie*.

OURRY.

ÉPITOGE (du mot grec ἐπί, sur, et du mot latin *toga*, toge), espèce de manteau que les Romains mettaient sur la toge, qui était leur vêtement distinctif. Depuis, on a donné ce nom à une espèce de chaperon ou de fourrure que les présidents à mortier et le greffier en chef du parlement portaient sur la tête dans les grandes cérémonies, et qui plus tard ne se porta plus que sur l'épaule.

ÉPITOME (du grec ἐπι-τομή, composé de ἐπί, sur, et τέμνω, je coupe), mot servant à désigner dans notre langue l'abrégé, l'extrait d'un grand ouvrage, et plus particulièrement le résumé d'une science ; car chez les Grecs et les Romains il était déjà d'usage de faire de semblables abrégés d'anciens ouvrages. La littérature de ces derniers nous offre, sous le titre d'*Epitome*, des abrégés de l'histoire romaine, par Florus; de la guerre des Gaules, par Eutrope; des novelles de Julien, ainsi qu'un *Epitome Iliadis Homeri*. On reproche souvent aux auteurs d'*epitome* la perte des originaux ; on attribue ainsi à celui de Justin la perte de l'histoire universelle de Trogue-Pompée, que nous ne possédons plus ; et à celui de Florus, la perte d'une grande partie des décades de Tite-Live. On désigne aussi par ce nom les sommaires que l'on possède encore des livres de l'histoire de ce dernier auteur, depuis longtemps perdus (*voyez* ABRÉGÉ et COMPENDIUM).

ÉPITRE (du grec ἐπί, sur, et στέλλω, j'envoie). Ce terme n'est plus guère en usage que pour les lettres écrites en vers et pour les dédicaces des livres. Quand on parle des lettres écrites en prose, dans les langues vivantes, par des auteurs modernes, on ne se sert point du mot *épître*, et l'on dit les lettres de Balzac, de Voiture, de Mme de Sévigné.

L'*épître* est donc une pièce de vers qui peut se monter et se plier à tous les tons : elle est épique, descriptive, morale, satirique ou badine.

Horace est le premier qui ait écrit des épîtres en vers, et elles sont les seules qui nous restent de l'antiquité. Boileau, dans *Le Passage du Rhin*, a montré jusqu'où elle peut s'élever ; un autre versificateur habile, J.-B. Rousseau, en a composé aussi; mais fort inférieures à ses odes, elles sont bizarres, incohérentes, affectées, sans élégance et sans goût. Voltaire a su mêler aux idées nobles, philosophiques et profondes que l'on peut remarquer dans quelques-unes de ses épîtres, son piquant badinage, qui était l'expression naturelle et maligne de la société au siècle dernier. Supérieur à Voltaire, à Boileau peut-être, Pope, dans ses épîtres de *L'Essai sur l'Homme*, a donné à ce genre une plus grande portée, l'a élevé à une plus haute sphère. Mais la création la plus heureuse du poëte anglais, et la plus heureuse de la poésie moderne, a dit M. Villemain, est l'épître d'Héloïse à Abeilard. Young, connu en France par ses *Nuits*, a fait aussi des épîtres satiriques, peu estimées de nos jours, même dans son pays. On y trouve beaucoup trop d'esprit et une absence déplorable de mesure et de goût.

Le style de l'épître, tout en se conformant au ton grave ou léger que l'on adopte, doit cependant conserver l'aisance et la facilité qui la distinguent du discours en vers. Il faut surtout en bannir les phrases longues et traînantes, les expressions faibles ou forcées, les figures véhémentes, qui supposent dans l'âme une sorte de passion peu convenable à un auteur épistolaire, qui raconte, instruit ou amuse. Sauf donc les nuances que le sujet que l'on traite peut apporter à l'épître, son véritable caractère est une élégante simplicité, quelquefois de la finesse, plus souvent de l'ingénuité, des transitions naturelles, qui paraissent plutôt l'expression des sentiments communiqués à un ami que le fruit du travail ; de la vivacité, des saillies même, qui semblent n'avoir rien coûté ; plus d'enjouement, enfin, que de critique, plus de badinage que de raillerie, plus de grâce que de noblesse. Le grand vers à rime plate s'emploie de préférence dans l'épître sérieuse. Voltaire et Gresset en ont composé de légères en vers de dix syllabes, dont la liberté s'harmonise avec celle du sujet. Enfin, quoique l'épître participe du discours, de la satire, parfois même du conte, elle doit toujours conserver un caractère qui la distingue de ces pièces de poésie, et que son titre seul peut faire sentir mieux qu'aucun précepte.

VIOLLET-LE-DUC.

EPITRES À LA MONTAURON. *Voyez* DÉDICACES.

ÉPITRES DES APOTRES, partie du Nouveau Testament qui comprend les lettres adressées par les apôtres aux fidèles de la primitive Église. Ces *lettres* sont partagées en deux classes : 1° les *épîtres particulières* de saint Paul à différentes Églises, ou à quelques disciples ; 2° les *épîtres catholiques*, écrites par saint Pierre, saint Jacques, saint Jude et saint Jean à tous les chrétiens en général.

Les épîtres de saint Paul, au nombre de quatorze, sont ainsi classées dans le Nouveau Testament : une aux Romains, deux aux Corinthiens, une aux Galates, une aux Éphésiens, une aux Philippiens, une aux Colossiens, deux aux Thessaloniciens, deux à Timothée, une à Tite, une à Philémon et une aux Hébreux. Cet ordre des épîtres, qui n'est nullement celui de leur date, paraît avoir été réglé d'après leur importance : on a placé les épîtres aux Églises avant celles aux disciples ; cependant, l'épître aux Hébreux, qui n'est pas la moins importante, figure au dernier rang, parce qu'elle ne fut insérée dans le canon que longtemps après les autres. Les premières qui sortirent de la plume de saint Paul sont les deux *épîtres aux Thessaloniciens*, écrites de Corinthe, l'une en 52, pour confirmer dans la foi, au milieu des persécutions, les nouveaux chrétiens de Thessalonique, l'autre en 53, pour les prémunir contre les séductions des ennemis de la foi. L'*épître aux Galates* parut en 56, pour démontrer aux fidèles de la Galatie l'inutilité des observances et des cérémonies de la loi mosaïque, selon ce qui avait été décidé quelques années auparavant dans le premier concile de Jérusalem. Vinrent ensuite les deux *épîtres aux Corinthiens* : la première, écrite en 56, a pour but de mettre fin aux dissensions qui menaçaient de diviser l'Église de Corinthe, et à certains désordres de mœurs importés du paganisme par quelques nouveaux convertis. Cette lettre, au rapport de saint Paul lui-même, avait produit parmi les fidèles une vive impression de tristesse ; ce fut pour les consoler que l'apôtre leur écrivit sa seconde lettre l'année suivante. L'*épître aux Romains*, première dans le catalogue, n'est que la sixième en date : elle fut écrite de Corinthe en 68, à l'occasion d'un différend qui s'était élevé entre les chrétiens de la circoncision et ceux qui étaient venus des gentils, touchant la prédestination et le mérite de leur vocation à la foi. L'apôtre leur montre que leur conversion n'est due ni à leurs mérites ni à la vertu des lois qu'ils ont violées, mais à un don purement gratuit de la miséricorde divine.

L'*épître aux Philippiens* leur fut adressée par saint Paul, de sa première prison, en 62, pour les remercier des secours qu'ils lui avaient fait passer, les féliciter de leur courage et de leurs bonnes œuvres, les exhorter à la persévérance, et les rassurer contre les tribulations qui commençaient à les assaillir. Du même lieu, de la même année, fut écrite l'*épître à Philémon*, pour demander la grâce d'un esclave, Onésime, qui s'était enfui, après s'être rendu coupable de vol, et qui, d'après la législation du temps, pouvait être puni de mort. L'esclave, que l'apôtre convertit dans les fers, fut lui-même porteur de la lettre. A ne la juger que sous le rapport littéraire, cette épître est généralement regardée comme un chef-d'œuvre, comme un modèle de style épistolaire, et de cette douce et simple éloquence qui sait toucher et gagner les cœurs. Le même esclave fut aussi chargé de l'*épître aux Colossiens*, qui est de la même date. Saint Paul paraît y avoir eu pour but de mettre en garde les fidèles auxquels il s'adrese contre les sophismes d'une fausse philosophie, contre une certaine tendance à retourner aux cérémonies du judaïsme, contre un culte superstitieux des anges, prêché par les disciples de Simon le Magicien. L'*épître aux Hébreux* paraît être de l'année 63. L'apôtre y démontre, par des passages multipliés de l'Ancien Testament, la puissance, la divinité, le sacerdoce de Jésus-Christ, l'excellence du sacrifice de la loi nouvelle, comparé à ceux de l'ancienne. Cette épître, reçue tout d'abord dans l'Église grecque, ne le fut que plus tard dans l'Église latine, parce qu'il y avait quelques doutes sur son authenticité : Tertullien l'attribuait à saint Barnabé, d'autres à l'évangéliste saint Luc, ou au pape saint Clément. La raison de ces doutes était qu'elle ne porte point, comme toutes les autres, le nom de saint Paul en tête, avec le salut accoutumé, et que le style en est plus élevé, plus riche en figures. Cette différence de style est due à l'élévation même du sujet; l'omission du nom vient, selon saint Jérôme, ou de ce que ce nom était peu agréable aux Hébreux, ou de ce que l'épître est écrite en forme de traité. L'authenticité et la canonicité en ont été reconnues dans les conciles de Laodicée et de Carthage, au quatrième siècle.

L'*épître à Tite*, venue de l'Achaïe en 64, les deux *épîtres à Thimothée*, écrites, l'une en 64, de Nicopolis en Épire, ou de Philippes en Macédoine; l'autre en 65, de Rome, où l'apôtre était captif, présentent le tableau des vertus et des devoirs des pasteurs de l'église. Le titre de prisonnier, que se donne saint Paul dans celle *aux Éphésiens*, fait voir que cette épître doit être rapportée à l'une des deux captivités de l'apôtre; les rapports de similitude qu'elle offre avec celle des Colossiens, dont elle emprunte un grand nombre d'expressions et de passages, ont fait penser qu'elle était de la même date; mais la plupart des commentateurs la font précéder de peu le martyre du saint, arrivé en 66.

On rencontre dans ces épîtres, comme le dit saint Pierre (II *Petr.*, III, 16), beaucoup de passages difficiles à comprendre : cette obscurité vient ou de la profondeur des matières qui y sont traitées, ou de la manière d'écrire de saint Paul dans une langue qui n'était pas la sienne, ou enfin de l'ignorance où nous sommes des circonstances particulières qui excitaient son zèle; mais on y trouve partout les expressions vives et ardentes d'un cœur profondément touché, et l'inspiration d'un homme instruit à l'école de Dieu même. Tous les écrivains catholiques les signalent comme de précieuses sources d'éloquence chrétienne.

Les *épîtres catholiques*, au nombre de sept, ainsi nommées parce qu'elles s'adressent à l'universalité des fidèles, sont, d'après saint Jérôme, aussi pleines de mystères que succinctes, brèves en paroles, longues en pensées. Elles se composent : 1° d'une de saint Jacques, écrite en 59, pour établir, contre certains hérétiques, l'utilité et la nécessité des bonnes œuvres; 2° de deux de saint Pierre, ayant pour but de soutenir les fidèles dans la foi, de les rassurer contre les persécutions, de les exciter à la pratique des bonnes œuvres, de donner à toutes les conditions des règles de conduite; de les prémunir contre les faux prophètes et les faux docteurs; 3° de trois de saint Jean, dont la première démontre la divinité de Jésus-Christ, contre Simon et Cérinthe; la seconde signale le danger du commerce des hérétiques; la troisième recommande l'hospitalité envers les frères; 4° d'une de saint Jude, contre les nicolaïtes, les simoniens et les gnostiques. Toutes ces épîtres, excepté la première de saint Pierre, et la première de saint Jean, qui n'ont jamais été contestées, n'ont été admises dans le canon des Saintes Écritures que longtemps après les autres : quelques incertitudes sur les véritables auteurs : quelques différences de style entre les deux de saint Pierre, deux citations de livres apocryphes dans celle de saint Jude, avaient inspiré des doutes sur l'inspiration de ces lettres; mais elles sont citées comme livres saints par la plupart des saints Pères, insérées comme telles dans les catalogues de saint Athanase et de saint Cyrille de Jérusalem, dans les canons des conciles de Laodicée et de Carthage, reçues par l'usage constant de l'Église catholique, et enfin confirmées par les décrets du concile de Trente.

L'usage de lire ou de chanter les épîtres des apôtres dans les offices de l'Église, pendant que le clergé et les fidèles restent ordinairement assis, remonte à la plus haute antiquité, comme le témoigne saint Justin dans sa première apologie : cet usage, perpétué jusqu'à nous, se retrouve dans cette leçon de la messe qui est récitée par le prêtre, ou chantée par le sous-diacre, avant l'évangile. Quoique cette leçon soit quelquefois prise des *Actes des Apôtres*, ou de l'Ancien Testament, elle a conservé le nom d'*Épître*, parce que plus ordinairement c'est un passage des épîtres de saint Paul ou des autres apôtres. Dans les églises catholiques *le côté de l'épître* est le côté droit de l'autel en entrant dans le chœur; le *côté de l'évangile* est le côté gauche.

L'abbé C. Bandeville.

ÉPIZOAIRES (de ἐπί, sur, et ζῶον, animal), animaux qui vivent à la surface du corps d'autres animaux vivants. Lamarck et de Blainville ont groupé sous ce nom des animaux crustacés qui appartiennent aux genres *chondracanthe, lernée, calyge* et *cherrolle*. Les épizoaires ne sont pas les seuls animaux qui vivent aux dépens d'autres animaux vivants (*voyez* Parasites, Vers intestinaux).

ÉPIZOOTIE (du grec ἐπί, sur, et ζῶος, animal), maladie qui attaque, à la fois ou en quelques jours, un grand nombre d'animaux. D'après cette définition, on voit qu'il convient de donner au mot *épizootie* la même acception qu'au mot *épidémie*, avec cette différence que ce dernier fléau sévit contre les hommes, et le premier contre les animaux. En effet, l'épidémie, de même que l'épizootie, dépend toujours d'influences extérieures; elles peuvent toutes les deux être contagieuses ou ne l'être pas : ce sont là des vérités que des expériences malheureusement trop fréquentes ont rendues incontestables. En conséquence, les principes généraux applicables aux épidémies le sont aussi aux épizooties.

Une épizootie peut s'étendre sur plusieurs communes à la fois, lors même que toutes ne sont pas assujetties aux mêmes influences insalubres. On n'est pas plus instruit des causes les plus fréquentes des épizooties que de celles des maladies épidémiques : il est de ces agents cachés dont la nature nous sera peut-être à jamais inconnue. Tout à coup des milliers d'animaux sont frappés de torpeur; leurs membres ne les soutiennent plus; les voies respiratoires et digestives sont le siége d'une vive inflammation, suivie de pustules, de sécrétions muqueuses; les fonctions sont altérées, quelques-unes totalement suspendues. C'est en vain que l'on applique les moyens que l'on croit les plus efficaces; l'épizootie n'en continue pas moins ses ravages, et quand elle a détruit la richesse d'une foule de fermiers et de manufacturiers, elle disparaît ou se porte dans un autre pays, et ne laisse après elle aucune connaissance sur sa nature, sur ses causes, sur les moyens de la combattre. Cependant on sait positivement que l'humidité, une grande sécheresse, peuvent produire des affections catarrhales ou inflammatoires; que le trop de chaleur engendre le typhus parmi le bétail; enfin, que les épizooties sont souvent la conséquence de l'encombrement et de l'insalubrité des étables, de la mauvaise qualité des eaux et des pâturages, de l'excès de fatigue ou du manque prolongé d'exercice.

Nous ne pouvons indiquer aucun traitement propre à

combattre les épizooties; car non-seulement ces maladies varient suivant les climats, les saisons, mais encore elles se montrent diverses suivant qu'elles atteignent les chevaux, les bêtes à cornes ou les volailles, et on les voit rarement attaquer tous les genres d'animaux à la fois. Néanmoins, nous donnerons quelques indications générales : la principale chose à faire est de chercher la source de la maladie, et de la détruire au plus tôt, comme semble le conseiller l'adage latin : *sublata causa, tollitur effectus;* cela n'est pas rigoureusement vrai, puisque les effets peuvent exister longtemps après leur cause; mais l'application de ce principe empêche de nouvelles victimes, et presque toujours on atteindra ce but par l'isolement des animaux attaqués, le changement de climat ou d'habitation, une propreté attentive, une nourriture saine et appropriée à la nature des circonstances. L'abattage a été désapprouvé par quelques auteurs, qui l'ont trouvé contraire aux intérêts des cultivateurs. Sans doute, il convient mieux de guérir les animaux malades que de les détruire; mais cette mesure est la plus efficace pour arrêter une épizootie contagieuse. Il faut encore, par tous les moyens possibles, interdire le transit des animaux malades dans les pays où ne règne pas l'épizootie. Enfin, les animaux abattus doivent être enterrés profondément, avec *poils et peaux :* leurs produits pourraient donner des maladies aux personnes qui s'en serviraient, et particulièrement des maladies charbonneuses. Un an avant la mort de Dupuytren, ce célèbre chirurgien reçut à l'Hôtel-Dieu une femme atteinte d'une pustule maligne à la joue gauche; en peu de jours les symptômes devinrent alarmants; heureusement la cautérisation au fer rouge avait atteint le mal dans sa racine, et notre illustre professeur triompha d'une maladie contractée en cardant de la laine qui sans doute provenait de moutons charbonnés.

Les personnes chargées de soigner les animaux malades feront bien de veiller aussi attentivement sur leur propre santé; elles ne doivent négliger aucun précepte d'hygiène. Leur travail ne dépassera pas leurs forces, leurs vêtements seront souvent renouvelés, leur habitation assainie et leur nourriture légèrement excitante. Le conseil de salubrité publique a donné (1816) une excellente instruction sur les mesures que les nourrisseurs doivent prendre pour opérer la désinfection de leurs étables et préserver leurs bestiaux de l'épizootie, ainsi que sur celles relatives soit aux personnes, soit aux animaux. N. Cebrmont.

ÉPODE (du grec ἐπί, au dessus, après, et ᾠδή chant). Dans les pièces dramatiques des Grecs, le chœur, à la gauche du théâtre, chantait une partie d'une ode ou d'un hymne, que l'on appelait *strophe,* puis, se tournant vers le côté opposé, c'est-à-dire vers la droite, il chantait l'*antistrophe;* enfin, au milieu du théâtre, il finissait en chantant l'*épode.* Pareille chose avait lieu dans les cérémonies religieuses, en passant également de la gauche à la droite de l'autel. On donnait aussi le nom d'*épode* à un petit poëme lyrique, composé de plusieurs distiques, dont les premiers vers étaient autant d'ïambes trimètres, ou de six pieds, et les derniers seulement des ïambes dimètres, ou de quatre pieds. Enfin, on a étendu la signification du mot *épode* jusqu'à désigner par là tout petit vers mis à la suite d'un ou de plusieurs grands vers. On appelle les *épodes* d'Horace le dernier des livres de ses poésies lyriques, ou le cinquième livre, soit parce que ce livre est effectivement le dernier, soit à cause du rhythme. Torrentius veut qu'au lieu de *liber epodon* (livre d'épodes), on lise *liber epodos* (livre épode, *livre enchanteur*); il prétend qu'il a été nommé ainsi à cause des enchantements dont il est parlé à l'ode cinquième, dirigée contre Canidie; mais cette explication est une finesse d'érudit, qu'il est impossible d'admettre. Dacier se décide pour la seconde opinion, en remarquant que les dix premières odes du livre sont seules de véritables épodes. Au surplus, il pense qu'Horace n'est pas l'auteur de ce livre, et qu'il faut seulement l'attribuer aux grammairiens qui recueillirent ses ouvrages. De Reiffenberg.

ÉPONGE. « L'éponge, dit Lamarck est une production naturelle que tout le monde connaît, par l'usage habituel qu'on en fait chez soi; et cependant c'est un corps dont la nature est encore bien peu connue, et sur lequel les naturalistes, même les modernes, n'ont pu parvenir à se former une idée juste et claire. Après l'avoir considéré comme intermédiaire entre les végétaux et les animaux, on s'accorde assez maintenant à ranger cette production dans le règne animal; mais on pense qu'elle appartient aux plus imparfaits et aux plus simples de tous les animaux; en un mot, que les éponges offrent effectivement *le terme de la nature animale,* c'est-à-dire que dans l'ordre naturel, elles constituent le premier anneau de la chaîne que forment les animaux. » G. Cuvier avait en effet placé l'éponge à la fin de son tableau élémentaire du règne animal avant que Lamarck eût exprimé l'opinion qu'il a émise dans les remarques que nous venons de citer textuellement. Mais G. Cuvier ne persista point dans sa première détermination et se laissa influencer par la manière dont Lamarck fut conduit à interpréter le caractère zoologique des spongiaires, et ce fut de Blainville qui dut mettre à profit les remarques de Lamarck et les féconder au moyen d'un principe qui n'est autre chose que l'interprétation géométrale des formes paires et symétriques, rayonnées, et irrégulières, en procédant de l'homme et des vertébrés jusqu'aux éponges, auxquelles, en raison même de l'irrégularité de leurs formes, il donna les noms d'*animaux amorphes* ou *amorphozoaires* ou d'*animaux hétéromorphes* ou *hétérozoaires.* En procédant ainsi, Lamarck, G. Cuvier et de Blainville croyaient que les éponges sont de véritables animaux et les classaient d'après leur manière de les envisager et de les définir. Lamarck, qui considérait les éponges comme des polypiers polymorphes, dont les animaux prétendus polypes, quoique très-petits, lui semblaient devoir exister et être découverts ultérieurement, les avait rangés dans la classe des polypes, et en avait constitué la septième section sous le nom de *polype empâtés.* Il avait même fait entrer dans cette section des corps organisés (genres *pinceau* et *flabellaire*) que l'on a reconnus être des plantes, et il n'est pas étonnant qu'il ait donné le nom d'*alcyon* à de véritables spongiaires. De Blainville dans son *Actinologie* et M. Edwards dans ses notes à la deuxième édition des *Animaux sans vertèbres* ont été conduits à rectifier les assertions et les opinions erronées de Lamarck par suite de leurs observations propres et de celles de Savigny, de Fleming et Grant.

Ceux qui réclament les éponges pour le règne végétal s'étayent de leur insensibilité, nient la réalité de leurs mouvements de locomotion et de translation, et regardent la couleur verte de quelques variétés de l'éponge d'eau douce comme un signe certain de leur nature végétale. Pour eux, les éponges devraient figurer auprès des masses spongiformes formées par les *protococcus* et par les nostocs. D'autres, qui croient à l'existence d'un règne naturel intermédiaire aux animaux et aux végétaux, ayant égard aux mouvements de locomotion des éponges très-jeunes, mouvements semblables à ceux des spores des végétaux confervoïdes, et prenant ensuite en considération leur immobilité et leur immotilité après qu'elles se sont fixées, et enfin leur vie purement végétative, croient que les éponges sont primitivement des animaux très-simples qui deviennent bientôt des végétaux très-inférieurs. D'autre part, enfin, des naturalistes qui considèrent les éponges comme des animaux, mais sans en donner une véritable démonstration, croyaient avoir découvert, d'après les errements de Lamarck, les véritables individus empâtés dans la masse des éponges. L'un d'eux (M. Raspail) en donnait une figure purement idéale. Deux autres savants, bien connus par leur habileté dans les observations microscopiques (MM. Dujardin et Turpin) crurent pouvoir regarder des parcelles du tissu de la *spongille* ou *éponge d'eau douce* comme les individus ou les petits animaux empâtés dans la masse, en raison de ce que ces parcelles offraient des expansions protéiformes et des filaments vibratiles et locomoteurs. Mais des parcelles de tissus vivants, qu'on détache des animaux plus ou moins élevés dans la série, et qu'on voit se mouvoir pendant un certain temps de la même manière, au moyen de cils vibratiles, ne peuvent et ne doivent point être considérées comme des individus, puisqu'elles sont incapables de reproduire l'espèce. Au reste, MM. Turpin et Dujardin n'ont pu que supposer que ces parcelles du tissu des éponges d'eau douce, qu'ils regardaient comme des individus, étaient capables de reproduire l'espèce, ce qui n'était pas impossible, et ils n'en ont pas donné la démonstration expérimentale. Quant à nous, voici les résultats de nos propres observations : 1° l'*éponge d'eau douce* présente, ainsi qu'un grand nombre d'animaux inférieurs et de même que les végétaux, les trois modes de reproduction connus sous le nom de *oviparité*, *gemmiparité* et *fissiparité*. Ces corps reproducteurs sont donc des œufs, des bourgeons ou germes, et des boutures. 2° Elle produit deux sortes d'œufs, les uns de première, les autres d'arrière-saison, d'où sort un corps embryonnaire qui reste fixé sur la coque des œufs et sur les corps environnants. Ces corps embryonnaires sont composés d'un grand nombre de globules glutineux qu'on aurait pu prendre pour des spores ; mais ces globules ne se disséminent jamais, et sont les parties constituantes du tissu de cette première sorte de corps embryonnaires. 3° En outre des œufs, l'éponge d'eau douce donne deux sortes de germes ou bourgeons : les premiers se transforment en corps embryonnaires ellipsoïdes, garnis de cils vibratiles, sortent du corps de la mère, et se promènent dans l'eau pendant cinq ou six jours, et finissent par se fixer en perdant leurs cils et en se moulant sur les corps sous-fluviatiles ou lacustres. Ce sont ces jeunes spongilles qui jouissent d'un mouvement de locomotion plus vif et bien plus soutenu que celui des spores des végétaux confervoïdes. La deuxième sorte de bourgeons est une sorte de caïeu, qui se forme pendant qu'une mère se meurt ; le corps embryonnaire qui en provient est fixe comme ceux qui proviennent des œufs. Ces bourgeons ne fournissent aussi que des spongilles fixes. 4° Les diverses sortes de corps reproducteurs fournissent des individus isolés, qui ont leur base appliquée sur les corps environnants, et leur surface libre surmontée d'un mamelon prolongé en un long tube, d'où sort un courant d'eau presque continu et saccadé. C'est en frottant ce tube et la pellicule intérieure de l'éponge qu'on les voit l'un et l'autre se contracter lentement. Le tube raccourci graduellement disparaît, son ouverture se ferme et le courant s'arrête. Lorsqu'on cesse d'irriter ces individus, ils reprennent leur expansion vitale ; le tube se forme de nouveau et livre passage au courant, qui entraîne le détritus de la nutrition. Aucun végétal inférieur aquatique ne présente des mouvements semblables ni un courant aussi vif ; on voit en outre les jeunes spongilles provenant des corps embryonnaires ciliés et vagants marcher à la manière des protées (animaux infusoires sans forme), au moment où elles s'aplatissent pour se fixer. C'est donc à côté de ces derniers animaux qu'il conviendrait de classer les éponges, parce que, comme eux, ils ont une forme très-irrégulière, d'où le nom d'*animaux amorphes* ou d'*amorphozoaires*, que leur a donné de Blainville. 5° Les individus isolés n'atteignent qu'une taille de 11 à 14 millimètres, et n'ont jamais qu'un seul tube ; 6° les grandes éponges d'eau douce sont des masses qui résultent de la soudure et de la fusion d'un très-grand nombre d'individus primitivement isolés : aussi présentent-elles un nombre variable de tubes excréteurs qui offrent les mêmes mouvements lorsqu'on les irrite. Ces masses sont, en quelque sorte, des monstruosités viables et vivantes. Leur existence prouve que l'individualité, d'abord isolée et distincte, tend à la fusion, et la subit souvent sans entraîner la mort des individus fondus en un seul monstrueux. 7° Les éponges d'eau douce, lors même qu'elles auraient toutes une couleur verte, ce qui n'a lieu que dans une variété de cette espèce, ne seraient pas pour cela des végétaux, pas plus que l'hydre verte. 8° Enfin, nous n'avons jamais vu ces éponges se transformer en végétaux, et, d'après un certain nombre d'observations sur les éponges marines, confirmatives de celles que nous avons faites sur la spongille, nous croyons pouvoir conclure que les éponges en général sont des corps organisés animaux qui doivent être rangés dans la série animale après les animaux infusoires amorphes. Elles forment donc la limite extrême du monde animal, sur lequel règne l'espèce humaine, dont l'individualité, pouvant atteindre un très-haut degré d'intelligence et de moralité, s'élève à la dignité du rang de personne. On peut donc dire que sous ce rapport l'éponge est l'antipode de la forme et de l'organisation les plus élevées dans la série des êtres animés.

La physiologie des spongiaires n'ayant été étudiée expérimentalement que par un très-petit nombre d'observateurs, on sait seulement : 1° quels sont dans la spongille, d'après nos recherches, et dans quelques spongiaires, d'après celles de Grant, les mouvements des embryons ciliés et libres et ceux de la membrane enveloppante ; 2° que les courants sortant de l'éponge sont dus à la contractilité du parenchyme et de l'enveloppe générale ; 3° que l'absorption ou l'endosmose qui y fait pénétrer l'eau aérée ambiante est en même temps nutritive et respiratoire ; 4° que les excrétions ou les fèces sont entraînées par les courants sortants ; 5° que la substance mucoso cornée s'y transforme en réseau, et que d'autres éléments solides (silice et carbonate de chaux) sont déposés dans le parenchyme sous forme de spicules ou aciculés diversiformes, fasciculés ou disposés en réseau plus ou moins élégant ; 6° que quoiqu'il soit possible que dans toute la classe des spongiaires la reproduction se fasse comme dans la spongille, par les trois modes connus sous les noms de oviparité, gemmiparité et fissiparité, on est bien loin encore de posséder les données nécessaires pour cette démonstration ; et même il semblerait, en l'état actuel, que toutes les éponges marines ne se propageraient que par des gemmes, normalement, et par boutures, éventuellement ou expérimentalement ; et 7° enfin, que ce qu'on sait des mœurs des spongiaires en général se réduit à la notion de l'instinct qui pousse les embryons ciliés à se mouvoir pendant quelques jours avant de se fixer et à exécuter ces mouvements protéiformes qu'exige l'acte de leur fixation sur les corps sous-marins ou sous-fluviatiles. On ignore encore si les éponges marines pourraient s'habituer à vivre dans des eaux saumâtres d'abord et ensuite dans l'eau douce, et *vice versa*, si l'éponge d'eau douce pourrait graduellement s'habituer à vivre dans l'eau de mer.

Lamarck a établi dans le genre *éponges* sept sections d'après les formes sessiles pédiculées, concaves en entonnoir ou en tube, ou arborescentes, que présentent les masses. Mais évidemment cette détermination est sans valeur en raison de ce qu'une seule et même espèce de spongiaires peut présenter sinon toutes, du moins la plupart de ces formes diverses. Savigny, dans le grand ouvrage sur l'Égypte, a établi trois groupes d'éponges, savoir celles en réseau, celles dites charnues, et les troisièmes à piquants. Fleming, réunissant les éponges et les alcyons de Lamarck et prenant en considération les éléments solides de la charpente des éponges, les a distribuées en trois genres, sous les noms de *spongia*, *halichondria* et *grantia* : ce sont ces trois genres que de Blainville a adoptés en leur donnant les dénominations de : 1° *éponges*, c'est-à-dire à réseau corné ; 2° *haléponges*, ou éponges à spicules siliceuses ; 3° *calcéponges*, ou éponges à spicules calcaires. Pour les mieux caractériser, nous avons proposé de les appeler : 1° éponges cornées ou *céraléponges;* 2° éponges calcaires ou *calcéponges;* 3° éponges siliceuses ou *siliciéponges.* M. Johnston, en 1838, et Hogg, en 1840, ont publié en Angleterre leurs observations sur les genres d'éponges, classés dans la direction de MM. Fleming et Grant.

On trouve les nombreuses espèces de spongiaires dans toutes les mers, surtout dans celles des pays chauds; une seule espèce (la spongille) est d'eau douce; on la trouve dans toutes les contrées de l'Europe et en Amérique. Dans les environs de Paris, elle encroûte les parois et les portes des écluses des canaux, et les diverses constructions ou bâtiments en bois sur la Seine. Parmi les éponges siliceuses marines, il est quelques espèces qui sont térébrantes, et qui percent les pierres calcaires les plus dures pour s'y loger.

Les éponges proprement dites sont celles dont le réseau, de nature cornée et flexible, se prête à tous les besoins de l'économie domestique et de l'industrie. Ce sont celles qui sont l'objet des pêches qu'on en fait en Syrie, dans les diverses îles de l'archipel de Grèce, et dans quelques localités de l'Amérique, et qui, après les préparations qu'on leur fait subir pour les débarrasser de leur matière animale, sont livrées au commerce. Les pêcheurs placent à cet effet les éponges retirées de la mer dans un creux; ils en font des lits ou couches qu'ils recouvrent de sable, qu'ils piétinent de temps en temps, ce qui fait entrer les grains de sable dans l'éponge et en augmente le poids. Les pêcheurs du Maroc ajoutent de l'eau gommeuse pour augmenter l'adhérence du sable aux épong s. Ces fraudes se font non-seulement sur les éponges venant de Marseille, mais encore sur celles provenant des autres ports. La qualité des éponges du commerce est établie d'après la finesse des fibres du réseau corné, et l'étroitesse des mailles de ce réseau, ce dont on peut juger à l'extérieur par l'aspect du diamètre des orifices des canaux afférents et de ceux des canaux efférents qui sont de grandes oscules. Ce sont probablement deux espèces : la *spongia laciniosa* (*éponge pluchée*), et la *spongia usitatissima* (*éponge commune*), et toutes leurs variétés, vraisemblablement très-nombreuses, qui fournissent les trois principales qualités diverses des éponges du commerce, qu'on distingue en *fines blanches*, à petit grain, destinées pour la toilette; *fines dures*, encore à petit grain, mais jaunâtres, dites *chimousses*, et *grosses communes*, appelées aussi *venises*, pour l'appartement, l'écurie, les voitures. On a constaté que les éponges qui vivent sur un fond rocailleux sont d'une qualité supérieure à celles qui se trouvent habituellement sur un fond de sable. La pêche des éponges qui se fait dans le Levant commence en mai ou juin, et finit en août pour les Grecs (Hydriotes et Moréotes), qui se servent de la drague, et pour les Syriens, qui plongent et les saisissent avec la main, en septembre seulement. On peut trouver dans les éponges fraîches un très-grand nombre de corps étrangers, surtout des débris d'algues, de petits animaux marins et des cailloux. Nous avons constaté, dans une localité de la rade de Toulon, que l'éponge pluchée qui y vit se trouve gênée dans son développement par une algue de la famille des floridées. On trouve aussi sur le littoral des côtes de Provence l'éponge commune, et il se pourrait qu'on y trouvât des fonds rocailleux ou sablonneux sur lesquels on la pêcherait avec plus ou moins de succès, soit comme objet d'histoire naturelle, soit comme utile à l'économie domestique. On a aussi établi dans les éponges du commerce les distinctions suivantes : 1° *éponge fine, douce de Syrie*, pour la toilette; 2° l'*éponge fine de l'Archipel*, qu'on croit être une variété de la précédente, qui sert également à la toilette et en outre dans les manufactures de porcelaine, dans la corroierie et la lithographie; 3° l'*éponge fine dure, dite grecque*, employée aux usages domestiques et à quelques fabrications; 4° l'*éponge blanche de Syrie*, dite *de Venise*, qui sert encore aux usages domestiques et très-estimée, en raison de sa légèreté, de ses formes régulières et de sa texture solide; 5° l'*éponge blonde de l'Archipel*, dite aussi *de Venise*, employée aux mêmes usages que les précédentes, 6° l'*éponge gélissé*, qui vient des côtes de la Barbarie; 7° l'*éponge brune de Barbarie*, dite *de Marseille* (*éponge commune* des naturalistes), très-propre au lessivage à l'eau seconde et aux usages les plus grossiers de l'économie domestique; on la pêche sur les côtes de Tunis; 8° l'*éponge de Salonique*, qui est encore d'un tissu fin et serré, mais ordinairement chargée de sable; 9° l'*éponge de Bahama*, répandue depuis quelques années dans le commerce du continent, par les Anglais, dont le tissu est très-fin, et la surface extrêmement unie, dont la forme est celle d'une masse, soit arrondie et mamelonnée, soit arrondie, mais aplatie à son extrémité qui est en coin, dont le tranchant est en croissant; 10° enfin les éponges pêchées sur nos côtes de l'Océan, qui, en raison de leurs qualités inférieures, ont été repoussées par les consommateurs. Tous les autres spongiaires, savoir : les éponges siliceuses et les éponges calcaires, pourraient être employées comme engrais dans les lieux où elles abonderaient. Depuis la découverte de l'iode, les éponges, qui renferment cette substance à l'état d'iodhydrate de soude, ne sont plus employées en médecine contre le goître et les affections scrofuleuses.

On sait que les éponges fossiles, dont la nomenclature exigerait trop d'espace, ont été trouvées même dans les terrains primaires, qu'on les rencontre dans les terrains jurassiques, et principalement dans les terrains crétacés.

L. Laurent.

ÉPONINE. Ce beau nom a traversé les siècles, et tant que la vertu conservera sa puissance parmi les hommes, il vivra entouré d'hommages et de la gloire la plus pure. *Eponine!* A ce nom se réveille le souvenir du dévouement conjugal, de cette vertu pour laquelle Dieu a fait la femme, lorsque, sur cette terre de misère et de déception, il la donna à l'homme comme un doux rayon de sa providence. Mais qu'apprendre à nos lecteurs sur l'héroïsme de l'épouse de Julius Sabinus? Qui ne sait que cet ambitieux Gaulois, chef des *Lingones*, qui se prétendait issu de Jules César, entreprit, l'an 69 de notre ère, de concert avec Civilis, d'affranchir sa patrie du joug des Romains, qu'il osa revêtir la pourpre impériale, puis vaincu, non par les troupes de Vespasien, mais par celles d'une autre faction gauloise les Séquaniens, alliés de Rome, qu'il se retira dans sa maison, l'incendia, et répandit de toutes parts le bruit de sa mort? La douleur et le deuil d'Éponine y firent croire, et Sabinus, caché dans un souterrain, avec deux serviteurs fidèles, put apprendre à sa femme le secret de son existence. Heureuse de se réunir à lui, Éponine alla s'enfermer dans son cachot, où il vécut neuf années auprès d'elle, en passant pour mort. Dans cette sépulture anticipée, il fut consolé, soutenu, heureux même, par la présence, l'amour et les soins de cette épouse admirable. On la croyait veuve et retirée du monde, au sein d'une campagne isolée, pour se consacrer tout entière à la mémoire de son mari défunt. La naissance de deux fils vint ajouter pour eux aux consolations de cette sombre retraite. Mais, dans la terrible unité du monde romain, quel proscrit pouvait se flatter d'échapper pour toujours à l'œil de la police impériale? La retraite des deux époux est découverte : ils sont conduits à Vespasien. Éponine, retrouvant toute son énergie dans ses sentiments d'épouse et de mère, lui présente ses deux fils : « Je les ai enfantés, je les ai nourris, dit-elle, dans cette sombre retraite, afin que nous fussions plus de suppliants pour implorer ta clémence. » Vespasien fut insensible à ces paroles, qui arrachèrent des larmes à tous les assistants (Dion-Cassius). Il condamna Sabinus à mort, et laissa la vie à ses enfants et à sa femme; mais Éponine ne voulut pas survivre à l'époux qu'elle n'avait pu sauver; elle mourut avec lui, l'an 78 de notre ère, héroïne et martyre de l'amour conjugal. Leurs deux fils finirent leurs jours, l'un en Égypte, l'autre en Grèce. Plutarque, qui vit le dernier à Delphes, a écrit l'histoire incomplète de cette famille. On a perdu les pages où Tacite l'avait retracée, d'une manière plus digne sans doute. Il y avait probablement dans la cruauté inusitée de Vespasien un motif de politique sur lequel la fierté des historiens romains a gardé le silence. Éponine, rendue à la Gaule, l'eût peut-être agitée, soulevée de nouveau, bien plus puissamment que Sabinus vivant. Quel enthousiasme ne se fût pas attaché au nom de cette femme héroïque! Quoi qu'il en soit, ce seul acte a flétri le nom de Vespasien, et balance le mérite d'un règne sage et modéré.

Éponine a excité la verve de trois poëtes tragiques, Passerat, Richer et Chabanon. *Sabinus* est le titre des tragédies des deux premiers, représentées l'une en 1695, l'autre en 1734. L'*Éponine* de Chabanon, jouée en 1762, fut à peine achevée à la première représentation, et l'auteur ne la fit pas imprimer.

Charles Du Rozoir.

ÉPOPÉE, POËME ÉPIQUE. La poésie primitive, crédule et disposée aux merveilles, croit voir partout des agents surnaturels, fantômes d'une imagination superstitieuse : dans l'ignorance des causes, elle attribue à des prodiges les effets naturels qui étonnent ses sens. Recueillis et transmis de l'aïeul au père, et du père au fils, ces récits poétiques composent les annales originelles de tout peuple, et sa première histoire est une *épopée*. Que sont en effet nos *chansons de gestes*, nos poëmes d'Arthur et de Charlemagne, le grand cycle des Nibelungs allemands, les chants des Slaves et des Grecs modernes, les ballades écossaises, les chansons guerrières du Cid en Espagne, des Euscariens au pied des Pyrénées, des vieux Bretons dans l'Armorique, sinon les épopées d'un art au berceau, où une versification inculte, une langue brute, mais pittoresque, sert d'encadrement à des créations originales, à des tableaux de mœurs quelquefois incorrects, mais souvent plus neufs que les conceptions de l'épopée régulière.

Ce mot, dans son origine grecque, signifiait une *narration*, un *dit* (ἔπος, mot, discours, récit). On l'a restreint depuis aux récits en vers d'une aventure extraordinaire, d'une action héroïque, dans laquelle le merveilleux, soit qu'il naisse de l'imagination, soit qu'il existe en germe dans les chroniques, est introduit par le poëte, afin de communiquer au sujet plus de grandeur; les épisodes y viennent à leur tour répandre une piquante variété, en même temps qu'ils aident à conduire l'action principale à son but. L'épopée doit renfermer, dit le P. Le Bossu, une vérité morale sous le voile de l'allégorie. Le Tasse, quand l'infortune l'eut rendu timide devant la critique, soutint qu'on trouvait ce genre de mérite dans sa *Jérusalem*, image du bonheur acquis à grand' peine; que Bouillon était le symbole de l'âme, Tancrède et Renaud les emblèmes de ses facultés, Armide et Ismen la figure des tentations qui l'assiègent. Mais il est probable que si le Tasse eût asservi son génie à ces puériles entraves, il n'aurait pu concevoir un poëme d'une ordonnance supérieure peut-être à toutes les épopées modernes. D'autres veulent que l'on commence par imaginer la fable, et qu'ensuite on choisisse dans l'histoire une action et des personnages : nouvelle erreur! la fable inventée, comment trouver dans l'histoire, si vaste et si diverse qu'elle soit, une action qui puisse s'y adapter exactement? Enfin, le sujet trouvé et la fable inventée, il reste à la développer dans un plan vaste et fécond, où l'on distinguera l'*exposition*, le *nœud*, l'*intrigue* et le *dénouement*.

L'exposition contient elle-même le *début*, l'*invocation* et l'*avant-scène*. Le début n'est que le titre expliqué. L'auteur énonce avec simplicité et sans faste le dessein qu'il se propose :

> Arma virumque cano, Trojæ qui primus ab oris, etc.

Dans l'invocation, il prie les Muses de soutenir ses chants et de lui ouvrir les pages du passé et de l'avenir : « car vous seules, vierges sacrées, dit le père de l'épopée, savez ce qui fut et sera jamais dans le ciel ou sur la terre, et de vous seules descend toute la science des mortels. » Camoëns adresse sa prière aux nymphes du Tage, car son héros, plus grand qu'Énée, Ulysse et Jason, ne doit rien de sa grandeur à la fable. Milton invoque l'esprit sacré qui inspira Moïse avec les prophètes; et Voltaire supplie la Vérité de permettre à l'Allégorie l'entrée de son poëme. Lucain seul se jette dans son sujet sans invocation et par un mouvement passionné. *L'avant-scène* est l'exposé de la situation où se trouve le héros à l'ouverture du poëme. Tantôt l'auteur conte les faits en suivant l'ordre historique, et cette manière est nommée *simple*. Tantôt il entraîne le lecteur au milieu des événements, comme si les causes lui en étaient déjà connues, son art lui ménageant alors d'heureux incidents, d'où il prend occasion de raconter tout ce qui a précédé : seconde espèce de fable, nommée *implexe*, qui est la plus saisissante, car elle répand sur l'avant-scène tout l'intérêt de la situation; aussi est-elle adoptée par toutes les épopées modèles, anciennes ou modernes.

On entend par *nœud* les obstacles que la haine d'un ennemi ou les intérêts opposés d'un rival, mortel ou dieu, suscitent au héros et opposent à l'accomplissement de sa mission : ainsi, dans *Les Lusiades*, c'est la jalousie de Bacchus qui forme le nœud, en soulevant contre Gama tantôt les démons-païens de la mer, tantôt les peuples idolâtres de l'Afrique ou de l'Asie; ainsi, dans *Le Paradis perdu*, le nœud se montre à l'instant où Satan sort de l'abîme, découvre avec envie la terre au milieu des sphères nouvellement créées, et, trompant la vigilance de l'archange, se glisse dans le paradis, où, sous les formes empruntées du tigre, du vautour, du crapaud et du serpent, il dressera ses embûches à la simplicité de la femme. *L'intrigue* se compose des moyens employés pour délier ou serrer le nœud. La trame doit en être si habilement ourdie, que la curiosité soit vivement intéressée et continuellement suspendue entre l'espérance et la crainte. Tout le plan est dans le nœud et l'intrigue, où entrent, comme ornements utiles, les *épisodes*, dans lesquels on a coutume d'étaler toutes les richesses de la poésie, d'amuser l'esprit par les tableaux les plus séduisants, d'aller au cœur par les émotions les plus vives, de mettre en jeu tout l'art des contrastes, toute l'adresse des préparations. Il faut qu'il y règne unité et simplicité; car l'esprit se fatigue à démêler et la mémoire à conserver les incidents croisés d'une action multiple, et l'Arioste eût mérité à cet égard un reproche, que n'eût peut être pas excusé la souplesse de son génie, sans l'entraînante frivolité de son sujet.

Que l'action de l'épopée soit grande; que cette importance lui vienne d'elle-même plutôt que des personnages; qu'elle tienne en suspens le bonheur, la gloire, l'existence d'un peuple, comme l'*Iliade* et l'*Énéide*; qu'elle mette en péril l'humanité entière, comme *le Paradis perdu!* et elle sera intéressante, si le lecteur a continuellement le cœur ému, l'imagination récréée par une alternative de situations pathétiques ou de tableaux enchanteurs. Ainsi, le Tasse nous peint tantôt la Volupté satisfaite dans les bosquets d'Armide, tantôt Clorinde qui sur le sein de Tancrède exhale son dernier soupir avec son premier mot d'amour. L'action de l'épopée sera complète si le poëte est fidèle aux promesses de son début, s'il conduit son lecteur au terme annoncé, et ne l'abandonne pas au milieu de la carrière, palpitant de curiosité et déçu dans son espérance. Mais surtout, comme l'a dit Boileau :

> Que l'action, marchant où la raison la guide,
> Ne se perde jamais dans une scène vide.

Cette règle, imposée à la tragédie, convient également à l'épopée; car la tragédie, selon Brumoy, est une épopée en raccourci, et l'épopée, suivant Aristote, une tragédie en récit. On n'a fixé à l'une ni à l'autre le nombre d'actes ou de chants qu'elles ne peuvent dépasser. Camoëns et Voltaire en ont donné dix à leurs poèmes, Virgile et Milton douze; *La Messiade* en a vingt, et la *Jérusalem* vingt-deux, tandis que l'*Araucana* est allée jusqu'à trente-six. Mais la lecture de cette dernière épopée confirme qu'il vaut mieux rester en deçà que de dépasser la borne homérique, si l'on veut soutenir l'intérêt, captiver l'attention et ne pas inspirer sinon la satiété, au moins l'impatience de toucher un rivage qui semble fuir sans cesse. Les commentateurs n'ont pas déterminé le nombre de jours, de mois ou d'années que l'action peut renfermer dans sa durée, et la comparaison des épopées ne fournit pas une règle invariable : *L'Iliade* emploie quarante-sept jours à son action, suivant la supputation du P. Le Bossu; l'*Odyssée* en consume cinquante-huit; la *Jérusalem délivrée* se développe entre ces deux termes; *les Lusiades* ne vont guère au-delà du second; l'action du *Paradis perdu* s'effectue en dix jours, à la vérité, mais celle de l'*Énéide* exige un an et quelques mois. D'après ces divers exemples, on peut accorder une assez grande latitude à cette durée, et dire qu'elle doit s'arrêter entre des limites que la mémoire puisse embrasser facilement, et de manière à conserver une idée nette de l'action dominante, avec l'enchaînement de toutes les parties subordonnées.

L'intrigue, avec les caractères, est le plus grand moyen d'intérêt dans l'épopée, comme dans la tragédie. Inventez des ressorts qui remuent toutes les fibres du cœur par des coups de fortune imprévus, par des succès inespérés, par des renversements inattendus. Que toujours, passant d'une émotion épuisée à une émotion nouvelle, le lecteur conçoive toutes les passions du poète, s'enthousiasme ou s'indigne, s'irrite ou s'apaise avec lui que tour à tour, les pleurs viennent à ses yeux ou le sourire sur ses lèvres. Ni la tragédie ni l'épopée ne suivent l'ordre historique; elles déplacent les événements pour les faire naître les uns des autres, toutes deux avec plus d'intérêt, et celle-ci avec plus de merveilleux. Néanmoins, comme l'action épique a une durée plus longue que l'action de la tragédie, renfermée à peu près dans l'espace nécessaire à une représentation, l'épopée se complaît dans les comparaisons, les descriptions, les portraits; elle accorde plus de temps aux préparations, elle s'étend davantage sur les scènes épisodiques. Mais l'intrigue, cette partie de l'art où le théâtre moderne a surpassé la scène antique, n'a pas obtenu les mêmes succès dans l'épopée : le plan de Camoëns et de Voltaire est encore celui de Virgile. Partout les temps passés avant l'action sont racontés dans un festin, et l'avenir, soit dans une descente aux enfers, comme au guerrier troyen, soit dans un ravissement aux régions célestes, comme au vainqueur de la Ligue, soit qu'Adam et Gama suivent sur une montagne, celui-ci Téthys et celui-là Michel, qui leur montrent, à l'un, dans une extase, la terre déjà peuplée de sa postérité, à l'autre, les contrées que son audace vient d'ouvrir aux exploits de ses successeurs. Homère a peint Circé l'enchanteresse, dans les bras de qui sommeille la sagesse d'Ulysse; il est imité par l'Arioste, et celui-ci est copié par le Tasse, qui dessine son Armide d'après Alcine, et Renaud sur le modèle de Roger, pour être lui-même le type d'une quatrième imitation par Voltaire, en son dixième chant, où l'Amour berce Henri sur le sein de Gabrielle, et répand dans Anet les prestiges de la féerie. Aussi, grâce à cette imitation timide, le poëme épique est-il, entre tous les genres, celui où l'on trouve le moins d'originalité, si l'on en excepte la *Jérusalem*, genre mixte entre l'épopée homérique et les romans de chevalerie.

Quant au *dénouement*, Aristote a dit que les *péripéties* n'étaient pas moins nécessaires à l'épopée qu'à la tragédie; mais se manifesteront-elles par des changements subits de mal en bien ou de bien en mal? Les premières sont à préférer; car cet enchaînement d'obstacles vaincus et de périls surmontés avec tant d'efforts, de vertus et de courage, semble exiger qu'on soulage le lecteur par le triomphe du héros. Le dénouement du *Paradis perdu* est une péripétie toute différente; mais l'archange adoucit la plaie en montrant aux yeux du premier homme l'espérance d'un Dieu réparateur, qui doit naître de sa race. Enfin, dans l'épopée comme dans la tragédie, les caractères auront de la grandeur : seront-ils parfaits? Non, la perfection n'est pas dans la nature humaine. Le personnage mis sur le premier plan peut-il être vicieux? Non, car le poëte doit prêter un nouveau lustre aux belles actions, et conduire les cœurs au désir de les imiter. Les caractères auront la même variété que les physionomies, et la règle des contrastes fera ressortir leurs nuances. Ils seront moins tracés par des portraits que révélés par des actions; ils se montreront passionnés, car la passion est à l'âme ce que le mouvement est au corps, et auront une ressemblance étudiée sur l'histoire, bien qu'il soit permis au poëte, comme au peintre, de flatter son modèle sans trop s'éloigner de la ressemblance.

Quant au style, même analogie : en général, il exige dans l'épopée, comme dans la tragédie, une élégance soutenue, de la dignité et de la noblesse. C'est l'opinion qu'en avait le Dante, car il donnait à l'*Énéide* le nom de *tragédie*, à cause de cette majesté de paroles, de ce langage en quelque façon royal, de cette élocution où brille la soie, l'or et la pourpre des cours, tandis qu'il attachait modestement le titre de *comédie* à son poëme, qui néanmoins s'élève souvent au ton de l'épopée. Quant à Stace et à Silius Italicus, ces poëtes de la décadence latine n'ont laissé que des essais impuissants. Il serait injuste cependant de ne pas reconnaître dans Stace des passages empreints d'une verve énergique et chaleureuse. Le style de l'épopée doit être toujours conforme aux situations. Ainsi, tantôt il éclatera avec la trompette héroïque, tantôt il jouera avec le chalumeau pastoral, tantôt il soupirera comme l'élégie, tantôt il assortira les riches couleurs de la poésie descriptive; là, sur les ailes de l'inspiration, il s'élèvera jusqu'à l'ode; ici il empruntera à la tragédie son éloquence et son dialogue vif, énergique, pénétrant et passionné : merveilleux assemblage de talents divers, qui suffiraient isolés à la gloire d'un beau nom.

Aussi, les Muses jalouses semblent-elles n'accorder qu'une fois cet immortel présent aux peuples : la palme de Klopstock fleurit seule en Allemagne; le Tage n'a pas deux Camoëns, ni la Tamise deux Milton, et la Seine n'a qu'une *Henriade*. Il est moins facile de marquer les rangs de ces épopées que d'en indiquer certaines différences. Entre tous ses rivaux, Milton étale plus de richesses dues à son propre génie; Voltaire a le moins d'invention. Le poëme des *Lusiades*, comme un panthéon où Camoëns a réuni toutes les gloires de sa patrie, est la plus nationale des épopées modernes, et par conséquent la plus populaire : aussi, semblables aux gondoliers qui redisent les vers du Tasse aux lagunes enchantées, les Portugais, au siége de Colombo, excédés de fatigue et de besoin, répétaient en chœur les stances de Camoëns pour amuser leurs peines et ranimer leur courage. Le Tasse est plus heureux que tous les modernes dans la contexture de son plan; Klopstock y serait inférieur à tous, si d'Ercilla ne venait au dernier rang, ourdissant avec lenteur la trame relâchée de ses tableaux. Si l'on excepte de ses épisodes celui d'Olinde et de Sophronie, le Tasse les enchaîne à son sujet avec une telle adresse, qu'on ne peut en détacher un seul sans ôter un membre nécessaire à l'action principale. Dans Klopstock, elle peut marcher indépendamment des épisodes, ornements rapportés et semblables aux scènes de ces comédies qu'on appelait autrefois *pièces à tiroir*. L'Italien triomphe par la variété de ses caractères; Voltaire excelle à tracer les portraits, mais il cède au Tasse l'art de les dramatiser par les actions. Aucun ne dispute la supériorité au chantre de Clorinde et d'Herminie pour imaginer une situation pathétique; mais il ne sait pas au même degré lui donner un langage; les accents du cœur sont souvent immolés dans ses vers au jeu des *concetti*. Ce défaut est, du reste, celui du siècle où le Tasse a vécu, comme le goût et la correction de Voltaire sont les qualités du sien. L'éloquence des situations n'était assurément pas inconnue à l'auteur de *Mérope* et de *Zaïre;* mais, par une étrange fatalité, ce sont les situations mêmes que le père de *La Henriade* n'a pas su inventer. Aucun poëte épique n'a mieux su que Camoëns remplir les fonctions du *chœur* dans cette *tragédie en récit*, se mettre en scène par des mouvements de l'âme, ouvrir et fermer un chant par de plus salutaires leçons aux rois, à leurs ministres et aux peuples.

C'est à tort que, faute de le comprendre, on a blâmé le merveilleux des *Lusiades* et crié au mélange adultère du paganisme dans un sujet chrétien : Camoëns croit dévotement au Père, au Fils, au Saint-Esprit, à la Vierge, aux anges et aux saints; mais il croit aussi, comme à des démons déchus et foudroyés, aux anciens maîtres de l'Olympe de la Grèce et de Rome. Voltaire est moins excusable d'avoir adopté pour tout merveilleux l'allégorie, qui échauffe, il est vrai, et vivifie la nature physique, mais qui refroidit et paralyse la nature morale. Il règne d'ailleurs chez lui une singulière inadvertance : si dans une matière empruntée à des temps voisins on ne peut employer que des allégories, parce qu'elles sont les signes des choses, pourquoi donc user du merveilleux chrétien aux I, VI, IX et X^e chants? La *Politique*, le *Dieu d'Idalie* et *saint Louis* (réunion bizarre !), sont trois systèmes de merveilleux mêlés par lui dans un seul poëme.

N'est-il pas étonnant que la France, où vit un peuple littérateur et belliqueux, où tant de princes chevaliers ont porté avec le même honneur le sceptre et l'épée, où l'histoire s'enrichit chaque jour d'actions épiques, qui multiplient nos gloires, n'ait pas obtenu dans l'épopée le rang où l'ont élevée Bossuet dans l'éloquence sacrée, Corneille, Racine et Molière sur la scène, La Fontaine dans l'apologue? L'homme a-t-il trop vécu, comme dit M. de Lamartine, pour s'amuser au récit de l'épopée, et l'expérience a-t-elle détruit sa foi aux merveilles dont le poëme épique enchantait autrefois sa crédulité? Mais il en est du merveilleux épique comme de l'illusion théâtrale : la question est moins dans la croyance que dans les impressions. Pourquoi le poëme épique ne pourrait-il plus nous intéresser par l'espèce de charme qui nous attache à la lecture du roman? Quels sont parmi nos contemporains ceux dont les romans ont mérité le plus de succès? Walter Scott et Hoffman. Cependant, l'un n'a pas dédaigné le merveilleux, l'autre s'en est souvent servi. D'ailleurs, il ne faut pas se persuader que le merveilleux soit tellement indispensable au poëme épique qu'on ne l'en puisse dépouiller, si l'œuvre d'ailleurs se recommande par le charme du style, la beauté des caractères, le jeu des passions, un enchaînement de situations neuves, attachantes et variées, par le mérite, enfin, d'un plan dont l'intérêt va toujours croissant. Mais s'il est d'une exigence outrée de vouloir à tout prix du merveilleux dans l'épopée, on tombe dans l'excès opposé si l'on exclut ses prestiges d'un poëme qui fut son premier domaine. Le poëte usera du merveilleux, non parce qu'Homère s'en est servi, mais parce qu'il a tiré, comme l'antique Homère, son sujet d'une époque où l'imagination des peuples mêlait du prodige à toutes les actions extraordinaires. Plus un siècle est reculé du nôtre, plus nous sommes disposés à grandir ses personnages, et à les croire d'une nature supérieure. Que sera-ce donc en un sujet où le merveilleux se présentera de lui-même, et tirera de l'histoire une sorte d'authenticité?

Avant *La Henriade*, le dix-septième siècle avait vu paraître en France une quantité innombrable d'épopées, telles que le *Moïse* de Saint-Amant, l'*Alaric* de Scudéry, les *Clovis* du Père Lemoine et de Desmarets, et la fameuse *Pucelle* de Chapelain, épopées dont il ne resterait pas le moindre souvenir si Boileau ne leur avait assuré l'immortalité du ridicule. Nous ne parlerons pas, par respect pour les auteurs, de l'épopée *humanitaire* contemporaine de M. Lamartine, ni même de la *divine épopée* de Soumet, au titre beaucoup trop ambitieux.

Las de ces essais malheureux, de tout temps on a essayé chez nous de prendre plus d'une revanche en composant de prétendues épopées en prose, telles que le *Télémaque* de Fénelon, le *Bélisaire* et *Les Incas* de Marmontel, le *Joseph* de Bitaubé, le *Numa Pompilius* de Florian, *Les Martyrs* de Châteaubriand, etc., etc., œuvres dont quelques-unes sans doute sont loin d'être sans mérite, mais qui, quelle qu'ait été l'intention des auteurs, mériteront toujours, à part même l'absence des vers, de figurer plutôt parmi les romans qu'au nombre des poëmes épiques proprement dits.

Hippolyte Fauche.

ÉPOQUE. Lorsque l'historien, dans ses travaux, arrive à un grand événement qui paraît terminer une suite de faits ou en commencer une nouvelle série, il s'arrête pour porter ses réflexions sur ce qui s'est passé sous ses yeux, et pour deviner s'il est possible les conséquences qui vont se développer devant lui. Les Grecs, dans leur langue flexible, ont appelé *époque* (ἐποχή, point d'arrêt, de ἐπέχω, arrêter) un tel point de repos. L'époque est donc une partie quelconque du temps passé, soit année, soit mois ou jour, qu'on regarde comme le point d'où l'on compte les autres parties du temps, soit en avant, soit à rebours, suivant que l'événement qu'on veut rapporter au temps est arrivé avant ou après le point de départ. On dénomme ce point de départ ou cette époque d'après l'événement qui l'a fait choisir pour telle. Sous certains rapports, l'époque se confond avec l'*ère*.

On appelle *époques civiles* celles qui ont été prescrites par les législateurs civils ou religieux, ou qui ont prévalu par l'usage des peuples. L'historien a d'autres *époques :* il s'arrête aux différents événements qui lui paraissent les plus propres pour servir de cadre dans lequel on puisse classer les événements qu'il raconte. Ces *époques historiques* sont arbitraires; chaque historien les choisit d'après l'objet qu'il a en vue, ou d'après que, selon sa manière de voir, les événements ont eu plus ou moins d'influence sur le temps ou le peuple dont il écrit l'histoire.

A. Savagner.

C'est sous le nom d'*époques de la nature* que Buffon a présenté l'esquisse des principaux faits à l'appui de sa théorie de la terre, qui n'est autre chose que l'histoire naturelle du globe terrestre que nous habitons.

ÉPOUSAILLES. L'étymologie de ce mot, qui dérive du latin *spondere*, promettre, démontre péremptoirement qu'autrefois les épousailles étaient distinctes de la célébration du mariage; les épousailles étaient accompagnées de cérémonies qui scellaient irrévocablement l'union entre le mari et la femme, bien que le mariage ne fût point consommé; les *fiançailles* constituant un lien moins sérieux, car souvent elles demeuraient sans effet. Plus tard, on a pris le mot *épousailles* dans le sens même de célébration du mariage : c'est dans cette dernière acception seulement que cette expression est employée aujourd'hui.

ÉPOUVANTE. *Voyez* Crainte.

ÉPOUX. Ce nom, formé, comme *épousailles*, de *spondere*, promettre, s'emploie pour désigner des personnes unies par le mariage. Dans le langage familier, on dit plus ordinairement *mon mari* ou *ma femme*, que *mon époux* ou *mon épouse*. Figurément, par l'*époux des Vierges*, le *céleste époux*, on entend Jésus-Christ. On dit aussi que le Christ est l'époux de son Église, et on appelle l'Église l'épouse de Jésus-Christ.

ÉPRÉMESNIL (Jean-Jacques DUVAL d'), né à Pondichéry, devint le gendre du célèbre Dupleix, fut membre du conseil souverain de cette colonie, puis président de celui de Madras, et se distingua également dans la carrière civile et dans la carrière militaire. Dans un temps où sa tête était mise à prix, il fit le voyage de Chandernagor, pour mieux connaître les principes de la religion des Indiens. Il mourut en 1767. On a de lui quelques écrits.

ÉPRÉMESNIL (JEAN-JACQUES DUVAL D'), fils du précédent, né à Pondichéry, en 1746, vint en France avec son père en 1750. Il y resta, et devint avocat du roi au Châtelet de Paris. Il jeta les fondements de sa réputation, en défendant, devant le parlement de Rouen, la mémoire de son oncle Duval Leyrit, gouverneur de Pondichéry, accusé d'avoir été le dénonciateur de Lally. Plus tard, il acheta une charge au parlement de Paris, où il se fit remarquer par ses talents et par son exaltation politique. Il fut l'un des plus zélés champions des priviléges de ces vieux corps, moitié judiciaires et moitié politiques, qui, tout en tenant tête à la royauté, voulaient ne pas faire aux idées du siècle le sacrifice de leur position et de ce qu'ils regardaient comme leurs droits. D'une part, d'Éprémesnil défendit les principes d'une sage humanité, en attaquant avec vigueur les *prisons privées*; d'autre part, il attira sur lui quelque ridicule par l'exaltation avec laquelle il s'attacha au magnétiseur Mesmer. Ce n'était pas ce dernier rôle qui devait assurer sa célébrité.

En mai 1788, un ouvrier imprimeur lui remit, avant le tirage et la publication, une épreuve de l'édit qui devait remplacer les cours souveraines par de grands bailliages, et créer une cour plénière. Aussitôt d'Éprémesnil court au parlement; il annonce à ce corps le coup qui va le frapper. Alors le parlement, dans une déclaration solennelle, résume les principes sur lesquels, selon lui, se fonde la monarchie française, et proteste d'avance contre les atteintes qu'on essayerait d'y porter. Les ministres ordonnèrent l'arrestation des conseillers Goislart-Monsabert et d'Éprémesnil. Lorsqu'on vint les saisir, tous leurs collègues se levèrent en s'écriant : *Nous sommes tous d'Éprémesnil et Monsabert.* A la suite d'un lit de justice, tenu trois jours après, d'Éprémesnil fut exilé aux îles Sainte-Marguerite, où il resta jusqu'à la chute de Loménie de Brienne.

Son retour fut l'époque de sa plus grande popularité. Il se montra un des adversaires déclarés de la cour, et ses sarcasmes attaquaient surtout la reine Marie-Antoinette. Le roi lui permit de revenir à Paris, et ce retour fut pour lui un triomphe. Nommé député aux états généraux par la noblesse de Paris, il abandonna la cause populaire. Durant les agitations de l'année 1792, il courut plus d'un danger. Après le 10 août, il s'était retiré dans une terre qu'il possédait aux environs du Havre; mais il fut arrêté, traduit devant le tribunal révolutionnaire, et conduit à l'échafaud sur la même charrette que Chapelier, son ancien et constant adversaire à l'Assemblée constituante. Un instant avant de partir, Chapelier lui dit : « A qui de nous deux vont s'adresser les huées du peuple? — A tous deux, répondit d'Éprémesnil. » L'exécution eut lieu le 23 avril 1794. On attribue à d'Éprémesnil plusieurs écrits relatifs aux affaires du temps.

Auguste SAVAGNER.

ÉPREUVE. En morale, c'est un essai tenté sur le caractère des individus, et qui en fait saillir les qualités et les défauts. Il y a des épreuves pour tous les âges. L'adversité, cette grande épreuve qui attend la plupart des hommes, produit des effets fort différents : elle grandit les uns en retrempant leur âme, en fécondant leurs talents; elle en abat d'autres ou les déprave. Quant à la prospérité, elle corrompt encore plus sûrement ceux qu'elle favorise : peu de gens ont la force de la supporter. De toutes les épreuves, la plus difficile à vaincre pour les esprits élevés, c'est celle qui les précipite d'une haute position sociale. Rentrés dans une condition privée, ils se trouvent en présence des exigences de la pauvreté, et succombent souvent à des infortunes de détail, qui froissent la hauteur de leurs sentiments et tendent à les dégrader. Les grands ont besoin de subir quelques rudes épreuves, afin d'apprendre à se connaître et à connaître les hommes par eux-mêmes. Ils en sortent meilleurs et plus habiles. Une dernière épreuve, et l'une des plus douloureuses, est celle qui attend les princes déchus. Ils ne comptent plus parmi les rois, et ne peuvent cependant consentir à rentrer dans la foule : ils sont condamnés à vivre dans l'isolement, loin de la puissance qui les écrase et de la familiarité qui les humilie. Ne pouvant oublier ce qu'ils ont été ou ce qu'ils aspirent à redevenir, ils passent ballottés entre des espérances toujours trompeuses et des mécomptes pleins d'amertume, et meurent sans avoir pu se reposer dans aucune condition. Ce fut le destin des derniers Stuarts.

SAINT-PROSPER jeune.

Épreuve est donc en général l'action d'éprouver; l'essai, l'expérience qu'on fait d'une chose quelconque. Ainsi on fait l'épreuve d'un canon, des canons de fusil, l'épreuve d'une machine nouvelle, d'une cuirasse, d'un remède, etc.; on donne une montre à l'épreuve. Dans un sens analogue, on dit en parlant des personnes : les francs-maçons font subir des épreuves à leurs néophytes; on tente une épreuve, des épreuves sur quelqu'un; on le met à de rudes épreuves; on met sa constance, sa fidélité, sa patience à l'épreuve. Il se dit particulièrement des malheurs et des dangers où il est nécessaire de montrer de la fermeté, du courage, de la constance : passer par de rudes épreuves, supporter courageusement toutes les épreuves de la mauvaise fortune. *Épreuve par assis et levé* dans une assemblée délibérante, c'est la manifestation que l'on fait de son vote en se levant ou en restant assis. Dire qu'une chose est *à l'épreuve du feu*, c'est dire que le feu ne peut la consumer, la calciner, l'altérer. Une cuirasse à *l'épreuve de la balle* est celle que les balles ne percent point; une casematte *à l'épreuve de la bombe*, celle que les bombes ne traversent pas; un chapeau, un manteau *à l'épreuve de la pluie*, ceux que la pluie ne pénètre pas. Être à l'épreuve de l'argent, c'est être incorruptible; être à l'épreuve de la médisance, de la calomnie, c'est être au-dessus de leurs atteintes et ne pas les redouter; être à l'épreuve de tout, être à toute épreuve, c'est être d'un probité reconnue, d'une fidélité incorruptible; un courage à toute épreuve, un zèle, un dévouement à toute épreuve, c'est un courage, un zèle, un dévouement que rien n'ébranle, ne rebute, n'affaiblit. Un ami à toute épreuve, c'est un ami sur lequel on peut compter dans toutes les occasions. On dit aussi d'un domestique fidèle et dévoué que c'est un serviteur à toute épreuve; être à l'épreuve de la tentation, de la séduction, c'est savoir leur résister. N'être point à l'épreuve de la raillerie ou des injures, c'est ne savoir en souffrir aucune. Chez les gens irascibles, la patience n'est jamais à l'épreuve d'une injure.

ÉPREUVE (*Beaux-Arts*). A bien dire, ce mot signifie *essai*, et c'est ainsi que l'on s'en est servi d'abord dans l'art de la gravure. Afin de pouvoir juger sainement de l'état de sa planche, le graveur en faisait faire une *épreuve*, c'est-à-dire qu'il faisait imprimer sa planche pour en avoir un *essai*, afin de savoir si son travail touchait à la perfection qu'il désirait y donner : c'est alors seulement qu'il livrait sa planche à l'éditeur, pour la faire imprimer et mettre son *estampe* au jour. Une *épreuve* ne devrait donc être naturellement qu'une estampe imparfaite, incomplète.

Lorsqu'un graveur a fait son travail à la pointe sur le vernis, et qu'il a fait mordre sa planche, il en tire ordinairement quelques épreuves : c'est ce que l'on nomme *épreuve d'eau-forte*. Quand ensuite sa planche est ébauchée, qu'il a établi presque tous ses travaux, sans pourtant leur avoir donné la vigueur à laquelle ils doivent atteindre, afin de pouvoir juger de leur disposition et de leur accord, il fait faire une nouvelle épreuve, qui se nomme *épreuve d'essai*; terme usité parmi les artistes et les amateurs, quoique l'on puisse, avec raison, regarder cette expression comme un pléonasme. Le graveur répète cette opération plusieurs fois et autant qu'il le juge nécessaire, jusqu'au moment où, regardant sa planche comme entièrement finie, il fait faire les *épreuves terminées*. C'est ordinairement sur le vu de ces dernières épreuves que l'on solde le prix d'une planche : quelquefois, cependant, si la planche est d'une grande étendue, et que le travail doive durer longtemps, le prix s'en partage et se paye par tiers, savoir : à l'épreuve d'eau-forte, à l'épreuve terminée, et à un point intermédiaire sur lequel il est souvent difficile de bien s'entendre.

Le nom d'*épreuves* se donne souvent par extension à toutes les estampes, lorsque, sans considérer le talent du graveur, on ne veut parler que de la beauté de l'impression : ainsi, on dit une *première épreuve*, une *épreuve usée*, une *bonne* ou une *mauvaise épreuve*. Une épreuve est *brillante* quand la planche a été bien encrée et bien essuyée, que tous les travaux se voient bien distinctement, et que les blancs sont bien vifs. Une épreuve est *boueuse* quand la planche a été mal essuyée, qu'il y est resté trop de noir, et que les travaux se confondent. Elle est *grise* quand la planche commence à s'user, ou quand la presse n'est pas assez *chargée*, c'est-à-dire quand sa pression n'est pas assez forte; elle est *neigeuse* quand, l'imprimeur employant une encre trop épaisse, ou bien n'ayant pas encré sa planche avec assez de soin, on aperçoit dans les tailles de petites taches blanches qui en interrompent la continuité.

Des amateurs, ayant cru quelquefois obtenir du graveur lui-même des épreuves plus belles que celles que pouvait fournir le marchand, demandèrent à avoir de celles que l'artiste avait tirées pour lui avant de livrer sa planche à son éditeur. Ces épreuves se trouvant sans inscriptions, elles furent désignées sous le nom d'*épreuves avant la lettre*. Les marchands, voulant aussi partager le bénéfice, souvent illicite que se permettait le graveur, firent tirer des *épreuves avant la lettre*, et poussèrent cet abus si loin que l'on connait des estampes dont on a tiré jusqu'à trois-cents *épreuves avant la lettre*. Alors un nouveau subterfuge fut imaginé pour distinguer les premières épreuves, ce fut de tirer un petit nombre d'épreuves *avant toute lettre*, puis on fit tracer légèrement l'inscriptions, et ces secondes épreuves furent nommées épreuves avec *la lettre grise*, épreuves avec *la lettre tracée*. Quelquefois aussi des fautes d'orthographe ou de ponctuation ayant été faites par le graveur en lettres, on en fit, soit par hasard, soit exprès, tirer un certain nombre avant que de faire faire la correction, et on leur donna le nom d'*épreuve avec la remarque*. Toutes les épreuves de cette espèce sont payées le double et le quadruple des épreuves avec la lettre. Cependant toutes ces différences ne donnent par elles-mêmes aucun mérite à l'*estampe* ni à l'*épreuve*; elles constatent seulement deux choses : 1° l'antériorité de l'épreuve, 2° sa rareté. Car ce n'est que vers le milieu du dix-huitième siècle que, pour obtenir plus d'argent des amateurs, on a multiplié ces épreuves et fait avec intention ce qui jusque là n'avait été que le produit du hasard. En effet, pour les estampes du dix-septième siècle, on cite comme de grandes raretés les *épreuves avant la lettre* et les *épreuves avec remarque*. Il n'existe que deux *épreuves avant la lettre* de la célèbre *Sainte-Famille*, gravée par Edelinck d'après Raphael : l'une d'elles, vendue en Angleterre en 1834, fut acquise par la Bibliothèque royale de Paris pour le prix de 2,300 fr. On ne connait que trois *épreuves avant la lettre* de la *Rébecca* gravée par Drevet d'après Coypel : la plus belle fut acquise 1,000 fr. en 1810. On ne connait pas d'épreuves avant la lettre de son beau portrait de Bossuet d'après Rigaud; mais il en existe quelques unes avec une partie trop brillante sur le dos du fauteuil et avec la faute *constorianus* au lieu de *consistorianus*. Il n'existe non plus qu'une seule *épreuve avant la lettre* du portrait du roi de Pologne gravé par Baléchou d'après Rigaud; elle a aussi été payée 1,000 fr. en 1806.

On a beaucoup parlé de la variété d'épreuves qui se trouve dans les estampes gravées par Rembrandt; il est même à croire que souvent un motif de cupidité a engagé ce peintre habile à multiplier des différences très-légères, et qui n'ont pas toujours d'importance sous le rapport de l'art. Quelquefois aussi il n'a tiré qu'une ou deux *épreuves* de ces *différences*, que nous croyons qu'il serait plus convenable de désigner par le mot *état*, afin de laisser toute sa valeur au mot *épreuve* pour en faire connaitre la qualité, car il est très-fréquent, dans les estampes de Rembrandt surtout, d'avoir une *belle épreuve* du deuxième *état*, tandis que le premier *état* n'a fourni que des *épreuves faibles ou boueuses*.

Il n'est sans doute pas nécessaire en terminant cet article de faire observer que si toutes ces variations d'épreuves ou d'états peuvent quelquefois améliorer l'*estampe* sous le rapport de l'art, et servir à spécifier son degré de rareté, elles ne doivent jamais rien faire quant à la qualité de l'épreuve; les yeux seuls et le goût pourront donc faire bien juger de la beauté d'une épreuve, qui quoique avec la lettre peut réellement être *plus belle*, et surtout mieux *conservée* qu'une *épreuve avant la lettre*. Il faut aussi prévenir les amateurs encore novices que souvent on peut leur présenter comme valant un prix fort élevé une épreuve réellement avant la lettre, mais qui en réalité ne serait qu'une épreuve d'essai, dans laquelle ne se retrouveraient pas les derniers travaux du graveur, et qui par cette raison manquerait d'effet et serait un peu grise au lieu d'avoir la vigueur qui ordinairement est une des qualités les premières épreuves.

Peut-être sera-t-on bien aise de savoir qu'une gravure à l'eau-forte peut tirer de six à huit cents épreuves, une gravure au burin trois à quatre mille, sans être retouchée, et encore autant après les retouches. Une gravure à l'*aquatinte*, ou bien en *mezzo-tinte*, ne tire guère plus de trois ou quatre cents épreuves bonnes, et les retouches, toujours mauvaises, la portent tout au plus au double. Quant aux gravures sur bois, le procédé de l'impression étant fort différent, et la planche n'éprouvant pas de frottement pour être encrée, essuyée, ni imprimée, on en peut tirer un nombre indéfini. Papillon cite une vignette qu'il avait gravée pour le *Mercure de France*, et qui donna jusqu'à 456,000 épreuves.

Duchesne aîné.

ÉPREUVE (*Typographie*). C'est le premier tirage que subit une forme après son imposition. La première *épreuve* d'une feuille doit être lue à l'imprimerie par un correcteur, qui la collationne avec la copie, pour voir si le compositeur s'y est exactement conformé, en même temps qu'il relève les fautes qui peuvent exister sur l'original même. Quelle que soit la quantité d'*épreuves* qui se tire sur une même feuille, l'imprimeur ne doit que deux lectures. L'une a toujours lieu pour la première de toutes les épreuves, qu'on appelle *première typographique*; l'autre, pour la dernière, qui est le *bon à tirer*. La *tierce* est le premier exemplaire tiré au moment de l'impression, et dès que la forme est sous presse. Elle sert à vérifier les dernières corrections faites au *bon à tirer*, et à s'assurer s'il ne s'est pas commis de nouvelles fautes, ou s'il n'est pas tombé quelques lettres pendant le transport ou le lavage de la forme. On sent combien est difficile la lecture des épreuves d'un ouvrage tel que le nôtre, composé par tant d'auteurs différents, s'occupant de matières si diverses. On ne s'étonnera donc pas de quelques erreurs qui peuvent nous échapper. Il nous est impossible, en l'admirant, d'imiter l'exemple de Robert Estienne, premier du nom, qui, dit-on, pour s'assurer davantage de la correction des ouvrages qu'il imprimait, en affichait les *épreuves*, en promettant des récompenses à ceux qui y découvriraient des fautes. Son fils, Henri, a fait un petit poëme latin intitulé : *Plaintes de la Typographie contre quelques Imprimeurs illettrés*, 1569, in-4°. Almeloven et Maittaire l'ont inséré dans les ouvrages qu'ils ont publiés sur les Estienne, et

Lottin l'a réimprimé avec une traduction française; Paris, 1785, in-4°. De son côté, le savant Corneille Kilianus, ou Van-Kiel, qui remplissait les fonctions de correcteur dans l'imprimerie plantinienne, comme Érasme n'avait pas dédaigné de le faire chez Manuce et Frobein, a fait une épigramme en dix-huit vers latins contre les écrivains qui rejettent leurs fautes sur les imprimeurs. On la trouve dans le *Theatrum Vitæ humanæ*, de Beyerlinck, et dans Zeltner et Chevillier, qui ont traité des correcteurs célèbres, etc.

Rétif de la Bretonne, ce cynique, fécond et bizarre *réformateur*, *composa* plus d'une fois *sans copie*, comme il l'atteste lui-même. Imprimeur, il n'avait d'autre *épreuve* que la forme dont il assortissait les caractères. Mme de Staël n'achevait véritablement ses ouvrages que sur les *épreuves;* son manuscrit n'était que le premier jet de sa pensée, qui se développait seulement sur la feuille imprimée. Bien d'autres, et des plus illustres, Chateaubriand, Balzac, etc., adoptèrent ce système, ruineux pour l'éditeur. Il est certain que la lettre moulée répand pour tout le monde un jour plus vif sur les détails de la composition, et que telle négligence qui n'avait point choqué dans la copie devient saillante lorsque l'imprimerie l'a fixée. Nous connaissons même des auteurs qui n'ouvrent qu'en tremblant leurs propres ouvrages lorsqu'ils sortent de la presse, de peur d'y découvrir des fautes. DE REIFFENBERG.

ÉPREUVES JUDICIAIRES. La plupart des peuples barbares qui s'établirent sur les ruines de l'empire romain d'Occident crurent avoir découvert une méthode infaillible de démêler la vérité et de prévenir toute espèce de fraude dans les procédures juridiques : ils en appelèrent au ciel même, au jugement de Dieu, et imaginèrent de laisser la décision de tous les cas litigieux à l'auteur de toute sagesse et de toute justice. Dans certains cas, l'accusé, pour prouver son innocence, se soumettait publiquement à diverses épreuves également périlleuses et effrayantes, parmi lesquelles on remarque celles de l'eau, du feu, de la croix, etc. Le duel ou combat judiciaire était une épreuve du même genre.

Dans l'*épreuve de l'eau*, l'accusé se plongeait le corps tout entier, ou le bras seulement, dans l'eau bouillante; dans ce dernier cas, il devait tirer de la chaudière une pierre qui était plus ou moins enfoncée, selon la nature du crime; ensuite on enveloppait sa main; le juge mettait son sceau sur l'enveloppe, qu'on levait au bout de trois jours : si l'accusé n'avait pas de brûlure, il était déclaré innocent. Mabillon assure que le pape Eugène II inventa cette cérémonie pour détruire la coutume de faire serment en posant la main sur les reliques des saints, coutume qui avait dégénéré en abus. Innocent III interdit cette épreuve par le concile de Latran. Thietberge, femme de Lothaire, ayant été accusée d'avoir commis avant son mariage un inceste avec son frère le duc Hubert, s'élevait avec force contre une imputation si infâme. Dans le doute, on consulta les évêques sur les moyens de connaître la vérité. Les prélats furent d'avis que l'on eût recours à l'épreuve de l'eau bouillante. Le rang et la qualité de Thietberge la dispensèrent de subir elle-même cette épreuve. Un homme, par zèle pour la vie et l'honneur de cette princesse, ou pour de l'argent, consentit à mettre sa main dans l'eau bouillante, et il la retira sans aucun mal. Les hommes qui n'étaient pas de libre condition étaient soumis à l'épreuve de l'*eau froide*. Après qu'on avait fait quelques prières, on liait l'accusé en peloton, et on le jetait dans une rivière, dans un lac ou dans une cuve pleine d'eau; s'il surnageait, il était tenu pour coupable; s'il s'enfonçait, il était regardé comme innocent.

L'*épreuve du feu* consistait à faire passer l'accusé à travers un bûcher : s'il en sortait en vie, son innocence était regardée comme manifeste. L'histoire des croisades nous offre un exemple célèbre de cette épreuve. Il fallait prouver l'authenticité de la sainte lance qui avait servi à percer le flanc de Jésus-Christ, et que l'on prétendait avoir été découverte à Antioche, d'après des révélations miraculeuses faites à Barthélemi, homme simple et d'une imagination facile à exalter. Au siége d'Arcas, des doutes s'élevèrent parmi les croisés sur la découverte de cette lance, dont la vue avait ranimé leur courage à la bataille d'Antioche. Pour terminer les débats, le prêtre Barthélemi résolut de se soumettre à l'épreuve du feu. Cette résolution ramena le calme dans l'armée chrétienne, et tous les pèlerins furent convoqués pour être témoins du jugement de Dieu. Au jour fixé (c'était un vendredi saint), un bûcher, formé de branches d'olivier, fut dressé au milieu d'une vaste plaine. La plupart des croisés étaient rassemblés, et tout se préparait pour l'épreuve terrible, lorsqu'on vit arriver Barthélemi, accompagné des prêtres, qui s'avançaient en silence, les pieds nus, et revêtus de leurs habits sacerdotaux. Couvert d'une simple tunique, le prêtre de Marseille portait la sainte lance, dont le fer était enveloppé d'une étoffe de soie. Lorsqu'il fut arrivé à quelques pas du bûcher, le chapelain du comte de Saint-Gilles prononça à haute voix ces paroles : « Si celui-ci a vu Jésus-Christ face à face, et si l'apôtre André lui a révélé la divine lance, qu'il passe sain et sauf à travers les flammes; si, au contraire, il est coupable de mensonge, qu'il soit brûlé avec la lance qu'il porte dans ses mains. » A ces mots, les assistants s'inclinèrent, et répondirent tous ensemble : « Que la volonté de Dieu soit faite! » Alors Barthélemy se jette à genoux, prend le ciel à témoin de la vérité de ses paroles, et, s'étant recommandé aux prières des prêtres et des fidèles, il entre dans le bûcher, où deux piles de bois entassé laissent un espace vide pour son passage. Il resta un moment, dit Raimond d'Agiles, au milieu des flammes, et il en sortit, *par la grâce de Dieu*, sans que sa tunique fût brûlée, et même sans que le voile très-léger qui recouvrait la lance du Seigneur eût reçu aucune atteinte. Il fit aussitôt sur la foule empressée à le recevoir le signe de la croix avec la lance, et s'écria à haute voix : « Que Dieu me soit en aide! » Comme chacun voulait s'approcher de lui et le toucher, dans la persuasion où l'on était qu'il avait changé de nature, il fut violemment pressé et foulé par la multitude; ses vêtements furent déchirés, son corps couvert de meurtrissures; il aurait expiré, si Raimond Pelet, suivi de quelques guerriers, n'eût écarté la foule et ne l'eût sauvé au péril de sa vie. Barthélemy mourut peu de jours après, et, dans les angoisses de la mort, il reprocha à ses plus chauds partisans de l'avoir mis dans la nécessité de prouver la vérité de ses discours par une épreuve aussi redoutable. Son corps fut enseveli dans le lieu même où le bûcher avait été dressé. Cette crédulité opiniâtre, qui l'avait poussé à devenir le martyr de ses propres visions, fit révérer sa mémoire parmi les Provençaux : mais le plus grand nombre des pèlerins ne souscrivirent pas au *jugement de Dieu*; ils refusèrent de croire aux merveilles qu'on leur avait annoncées, et la lance miraculeuse cessa dès lors d'opérer des prodiges. L'épreuve du feu, comme celle du fer, fut adoptée par la législation du royaume de Jérusalem.

L'*épreuve du fer ardent ou du fer chaud* se pratiquait de différentes manières. Quelquefois l'accusé, pour prouver son innocence, marchait sur douze socs de charrue ardents; quelquefois il prenait en main une barre de fer rouge, et la jetait par deux ou trois fois dans l'espace de neuf pas; quelquefois le fer chaud avait la forme d'un gant dans lequel on engageait la main et le bras. Cette coutume était fort ancienne, car l'un des articles de la loi salique porte : *De manu ab æneo redimenda*, parce qu'on rachetait quelquefois la rigueur du fer chaud ou airain chaud moyennant une certaine somme d'argent. Ce jugement était particulièrement appliqué à ceux qui ne pouvaient plus se battre en duel, à cause de leur âge, de leur faible santé ou de leurs difformités, surtout à ceux qui étaient de condition libre, même aux moines et aux ecclésiastiques. Il n'avait pas lieu dans les semaines où il y avait des fêtes. On faisait plus ou moins rougir le fer, selon l'énormité du crime, ou selon les présomptions qui s'élevaient contre l'accusé. Ce fer était bénit, et gardé avec beaucoup de soin par les ecclésiastiques qui avaient droit d'en avoir un. Tous n'avaient pas ce droit : c'était une distinction aussi utile qu'honorable; car, avant de toucher ce fer on payait une somme à l'église à laquelle il appartenait. Ces jugements ont été plusieurs fois défendus par les papes, les conciles et les princes.

L'*épreuve de la croix* consistait en ceci : lorsque deux personnes s'y soumettaient pour la décision de quelque différend, l'une et l'autre se tenaient debout, ayant les bras étendus en forme de croix, pendant la célébration de l'office divin : celui qui remuait le premier le bras ou le corps perdait sa cause.

Il y avait un office, c'est-à-dire des prières et une messe pour les épreuves judiciaires. On en trouve encore dans les anciens livres d'église, tels que le *Mandatum* de l'église de Soissons, où on lit la cérémonie de l'épreuve de l'eau froide. En général, le prêtre exorcisait l'eau ou le fer : il récitait trois oraisons, ensuite il disait une messe solennelle dont toutes les prières étaient relatives à l'épreuve qui allait se faire à la fin de cette messe; le célébrant donnait la communion aux personnes qui devaient subir l'épreuve; ensuite il leur faisait baiser l'Évangile et la croix.

D'après les statuts de l'inquisition d'Espagne, lorsque le prévenu devait passer par l'*épreuve canonique*, le jour de cette cérémonie était annoncé d'avance. Elle se faisait dans la cathédrale ou dans une autre église principale, un dimanche ou un jour de fête majeure. Le greffier lisait l'exposé des faits avérés qui justifiaient le soupçon d'hérésie, et la réputation que l'accusé s'était faite; l'inquisiteur montait ensuite en chaire, pour prêcher et pour annoncer qu'il était enjoint au soupçonné de détruire la diffamation qui pesait sur lui, par son propre serment et par celui de douze témoins dignes de foi, qui l'auraient connu et fréquenté pendant les dix dernières années : lorsqu'il avait juré qu'il n'était point hérétique, les témoins déclaraient avec serment qu'ils croyaient sa protestation véritable. Après l'accomplissement de cette double formalité, l'accusé abjurait toutes les hérésies en général, et en particulier celles qui l'avaient rendu suspect et exposé à la diffamation. Aug. SAVAGNER.

ÉPROUVE. La veille des tournois, les chevaliers qui devaient combattre le lendemain venaient, avec leurs écuyers, visiter l'espace destiné aux joutes. « Si venoit, dit un chroniqueur de l'époque, devant eux un hérault qui crioit tout en hault : seigneurs chevaliers, vous allez avoir la veille du tournoy, où prouesse sera vendue et achetée au fer et à l'acier. » Puis, on solennisait cette veille des tournois par des joutes, appelées tantôt *éprouves*, épreuves ou essais, tantôt *vespres* ou *vesprées*, quelquefois *escrémies* ou escrimes, dans lesquelles les écuyers s'essayaient les uns contre les autres avec des armes plus légères à porter et plus aisées à manier que celles des chevaliers, plus faciles à rompre et moins dangereuses pour ceux qu'elles blessaient. C'était le prélude du spectacle nommé *le grand tournoi*, *le maître tournoi*, *le maître éprouve*, que les plus braves et les plus adroits chevaliers devaient donner le lendemain.

ÉPROUVETTE. En termes d'artillerie, c'est une bouche à feu, en forme de mortier, destinée à essayer et à constater la force de la poudre. Ce petit mortier en bronze est coulé d'une seule pièce avec sa *semelle*, du même métal, et de manière que l'axe de cette bouche à feu forme un angle de 45 degrés avec le plan de la semelle. L'éprouvette est donc toujours pointée à 45 degrés. Le calibre de cette bouche à feu est de 191 millimètres. Son projectile, de même métal que le mortier, en bronze, pèse 29 kil. 37, et a 189 millimètres de circonférence. L'âme de l'éprouvette est cylindrique, et est terminée par une chambre courte en forme de tronc de cône.

Le nom d'*éprouvette* donné à cette machine indique suffisamment sa destination; ce n'est pas une machine de guerre. Elle est exclusivement affectée à l'épreuve de la poudre de guerre, qui ne peut pas être reçue si elle ne donne à l'éprouvette, avec une charge de 92 grammes, une portée de 225 mètres au moins. La plate-forme de l'éprouvette doit être nécessairement établie sur un massif très-solide en maçonnerie. Elle est horizontale et faite de lambourdes de 16 centimètres de largeur, sur 10 centimètres d'épaisseur, assemblées par deux traverses. La longueur des lambourdes doit être parallèle à la ligne de tir, afin de ne pas gêner l'éprouvette dans le recul.

L'éprouvette que nous venons de décrire n'est pas sans imperfection; mais elle est en usage depuis 1686, et est encore meilleure que toutes celles qui ont été imaginées depuis cette époque. Indépendamment de cette machine destinée à l'essai de la poudre de guerre, il existe diverses autres éprouvettes dites *dentées*, *à peson*, en forme de canon de pistolet, pour la poudre de chasse.

On donne le nom d'*éprouvettes de cémentation* aux barres de fer placées dans le fourneau de cémentation, pour juger de l'aciération du fer. MERLIN.

EPSOM, village de 3,500 habitants, dans le comté de Surrey, à deux myriamètres de Londres, et où les riches de la capitale de l'Angleterre possèdent de belles maisons de plaisance. En 1618 on y découvrit une source minérale qui a pour principe le sulfate de magnésie, lequel soumis à la cristallisation produit le célèbre *sel d'Epsom*.

Chaque année, depuis 1779, il se tient le 21 mai à Epsom des courses de chevaux qui attirent des curieux de toutes les parties de l'Angleterre et auxquelles accourt surtout la population de Londres.

EPTACORDE. *Voyez* HEPTACORDE.

EPTAGONE. *Voyez* HEPTAGONE.

ÉPUISEMENT, opération qui a pour but d'enlever l'eau des tranchées, des bâtardeaux, et en général de tous les points où l'on veut établir des constructions hydrauliques, telles que ponts, digues, écluses, etc. Un épuisement de peu d'étendue peut se pratiquer à l'aide de baquets, de seaux, d'écopes, etc. Mais quand la nappe d'eau est un peu considérable, il faut recourir à des machines mues soit à bras d'hommes, soit par un manége, soit enfin par la vapeur; telles sont la vis d'Archimède, le chapelet, les roues à aubes, la noria, les pompes, la turbine, etc. (*voyez* DESSÈCHEMENT).

[Cette expression a été transportée dans le monde moral et intellectuel; elle désigne toute espèce de succion ou d'extraction jusqu'à siccité, d'un ou de plusieurs principes. Ainsi, une nation peut être *épuisée* d'hommes ou d'argent; la fortune *s'épuise* par de folles prodigalités et la santé par tous les excès. Un composé organique peut être chimiquement *épuisé* par diverses menstrues, qui enlèveront la résine par l'alcool, les parties solubles de l'eau, les corps gras au moyen des huiles ou de l'éther, les alcalis par les acides, etc., en sorte qu'il ne reste plus, après l'avoir soumis à ces divers agents, que la fibre aride du tissu végétal ou animal. Telles sont les analyses par des réactifs. Une terre salpêtrée est *épuisée* de ses sels par le lessivage. On *épuise* le quinquina de sa quinine et cinchonine, et l'opium de sa morphine et de ses autres principes actifs, etc. Les corps *épuisés* restent donc inertes et sans valeur. Toutefois, l'*épuisement*, chez l'homme est d'une importance trop grande pour ne pas réclamer ici quelques développements sur ses causes et ses effets, puisqu'il s'agit de la ruine de l'existence.

Le jeu de la vie consistant dans un travail de composition et de décomposition des éléments de l'organisme, il y a sans cesse des pertes à réparer, sans quoi le corps tomberait dans l'épuisement. Ainsi, le défaut de nourriture, de repos et de sommeil, après l'activité et l'absence de moyens de restauration, ou l'impuissance d'assimilation et de nutrition précipitent l'organisme dans un état de consomption qui le ruine ou l'anéantit. Il en est de même des grandes pertes de sang, des évacuations énormes par haut et bas, dans le choléra, la dyssenterie, etc. Les émissions trop abondantes du fluide générateur par les débauches, surtout après des blessures et des maladies; les travaux excessifs d'esprit, les longues veilles, les chagrins profonds, les passions trop vives, même de joie et d'amour, consument les forces physiques et morales. Il y a des individus qui paraissent pleins de sucs et de vie; ils sont gras et replets, leur teint fleuri dénonce une brillante santé : cependant, le moindre effort les abat, ils ne soutiennent ni la fatigue d'une longue marche ni l'attention suivie de l'esprit. Cette délicatesse native se remarque chez les jeunes gens amollis des grandes villes; quoique très-bien développés de taille, ils n'ont ni courage ni vigueur, et sont les plus faibles des conscrits à vingt ans. C'est que déjà ils se sont épuisés eux-mêmes, et qu'une éducation trop molle, trop lâche, a laissé engourdir, sans réaction, leur système nerveux; car l'épuisement de nos forces est relatif à leur étendue, soit naturelle, soit acquise. L'homme de lettres peut consacrer dix heures par jour à la méditation et à l'étude, que ne supporteraient pas seulement deux heures sans épuisement tel brave militaire, tel robuste manœuvre, qui résistent aux plus longues fatigues du corps. L'inverse a lieu pour le littérateur épuisé par les moindres travaux physiques. Il y a des épuisements même par suite de trop abondantes nutritions. Tel Lucullus opulent, dont la table est chaque jour surchargée de mets excitants, de vins généreux, et qui abuse immodérément de ces jouissances, fatigue ses organes digestifs au point d'en sacrifier l'activité; il périt de consomption même au milieu de la bonne chère. *On ne digère plus en ce siècle*, disait Cambacérès, jauni et épuisé dans ses dernières années.

Les principales causes d'épuisement sont : 1° l'amour trop fréquent dans chaque sexe, soit uni, soit séparé, soit volontairement, soit involontairement, etc.; 2° les hémorrhagies ou autres évacuations sanguines excessives; 3° les flux colliquatifs, tels que les diarrhées chroniques, les leucorrhées permanentes chez les femmes, l'allaitement immodéré ou la galactirrhée, le diabète, les sueurs nocturnes dans la phthisie et l'éthisie, les longues suppurations externes, et les internes surtout; 4° les maladies dont la solution ou la convalescence ne sont pas établies ni complètes; 5° les conditions ou états trop fatigants et disproportionnés avec les forces; 6° les affections tristes de l'âme comme les souffrances continuelles du corps; 7° les contentions d'esprit, les veilles trop prolongées; 8° des nourritures insuffisantes ou de mauvaise qualité, un air vicié, dans les prisons, etc., car on y vieillit rapidement; 9° une croissance trop subite ou un allongement précoce de taille; 10° enfin, les progrès de l'âge, ou la consomption sénile, surtout sous l'influence débilitante des chagrins ou de la pauvreté et des besoins, sans excitants, comme à l'ombre, dans l'humidité, le dénuement, etc.

Arétée dépeint en ces termes l'homme épuisé : « Il marche courbé, abattu, pâle et triste, comme les vieillards; son corps prend même les marques anticipées de la décrépitude; il devient lourd, cassé; tout est relâché, énervé, refroidi, amorti : ses membres se meuvent à peine; l'esprit tombe dans l'imbécillité; les jambes plient sous le faix : on n'a ni courage, ni force, ni goût à rien; l'estomac n'appète plus les aliments, tous les sens s'émoussent; on est sujet à tomber en paralysie. » Le dépérissement rapide de toutes les facultés physiques et morales est le funeste fruit de la déperdition d'un fluide nécessaire; chacune d'elles équivaut, selon Warthon à vingt fois, et selon Buffon à quarante fois la même quantité de sang.

L'on comprend que les substances restaurantes prises avec modération et prudence sont requises contre toutes les causes d'épuisement, mais qu'il n'en faut pas même abuser, non plus que du repos contre les fatigues et les contentions d'esprit. Il ne faut pas subitement se jeter dans un état trop opposé; la mutation trop prompte est souvent funeste. On a conseillé contre certains épuisements l'allaitement par des nourrices, et l'on voit le roi David, devenu vieux, réchauffer sa couche près d'une jeune Sunamite. Nous avons moins confiance dans ces moyens en eux-mêmes que dans les excitations qu'ils doivent réveiller; mais malheur à ceux qui s'exposent à des tentations pour y succomber : la mort les attend; le plaisir les immole. Les anciens ont placé la déesse funèbre, *Libitina*, auprès de la fausse jouissance, *Libido*. Il ne faut pas se permettre tout ce qu'on veut dans la vie : *Non licet semper quod libet*. Il faut savoir ralentir ses pas, surtout lorsqu'ils s'approchent de la tombe. Presque toutes nos délices sont des appâts de la mort; leurs étreintes consumantes nous entraînent doucement dans l'abîme, comme la voix des sirènes. J.-J. VIREY.]

EPULIE (de ἐπί, sur, et οὖλον, gencive). *Épulie, épulis, époulie, époulée* tels sont les divers noms que les praticiens donnent au fongus des gencives, maladie rare, dont les causes sont assez obscures, comme celles de tous les fongus, mais dont le médecin ne doit pas négliger l'étude, car il en rencontrera sans doute plus d'un cas dans l'exercice de sa profession. On a remarqué que l'inflammation générale de la bouche, la carie d'une dent ou celle du bord alvéolaire, précèdent ordinairement le fongus de la gencive, et que cette maladie siége plus souvent de préférence à la mâchoire inférieure qu'à la supérieure ; enfin, que, naissant fréquemment de l'intervalle de deux dents ou du fond d'une alvéole, elle fait plus souvent saillie vers la face convexe que vers la face concave de la gencive. Lorsque l'épulie apparaît, elle a la forme d'un petit tubercule rouge-pâle, souvent pédiculé, et peu sensible au toucher; plus tard, irrité par le mouvement des mâchoires et le choc des dents, lors de la mastication, enflammé aussi par l'action des substances alimentaires, par la succion à laquelle le malade se laisse entraîner par la présence du tubercule, celui-ci devient plus gros, plus douloureux et d'un rouge plus foncé; les symptômes augmentent de gravité; l'épulie accroît à tel point son volume qu'elle incommode beaucoup le malade; bientôt elle s'ulcère, et laisse écouler un sang purulent, souvent en assez grande quantité pour mettre en danger les jours du malade; quelquefois aussi, elle passe à l'état cancéreux. Heureusement on voit dans quelques cas l'épulie conserver son petit volume, son tissu se condenser, pâlir, et n'être plus qu'un cartilage. Or, cette dernière terminaison n'étant pas la plus ordinaire, et comme l'épulie tend à dégénérer et se reproduit facilement, il ne faut l'attaquer ni avec le caustique, qui en hâterait la désorganisation, ni par la ligature, qui laisserait survivre une partie de son pédicule. Le médecin doit employer le bistouri et enlever en totalité la tumeur fongueuse, puis brûler avec un fer rouge ou avec un caustique la partie de l'os qui laisserait entrevoir quelques vestiges du mal et en ferait craindre la reproduction. Ordinairement la plaie devient fistuleuse, et ne se cicatrise qu'après la guérison complète de l'os. Avant de procéder à l'opération, il est nécessaire d'arracher les dents cariées ou ébranlées, qui empêchent de bien découvrir le point d'origine de la tumeur.

N. CLERMONT.

ÉPURATION, action d'épurer ou de séparer une matière, un corps quelconque, de tous les autres corps étrangers avec lesquels il peut être mêlé. Dans la distillation, le feu est l'agent dont on se sert pour épurer les corps. C'est en les épurant, ou plutôt en les décomposant les uns par les autres que la chimie est arrivée au point de perfection où des savants l'ont portée de nos jours. Le mot *épuration* s'emploie aussi dans le sens figuré pour indiquer qu'une chose est arrivée au *maximum* de perfection qu'elle peut avoir. Ce mot désigne aussi parfois un changement, une modification que l'on fait subir à un corps constitué, à une société, à une réunion quelconque d'individus. Le lendemain des révolutions est quelquefois pour les États une époque d'*épurations*. En Espagne, les fonctionnaires *épurés* par le gouvernement absolu n'obtenaient, avant la mort de Ferdinand VII, leur rentrée dans le royaume qu'après s'être *purifiés*. BILLOT.

ÉPURE, dessin tracé sur une grande échelle, et qui doit servir de guide pour l'exécution d'une machine, d'une construction en pierre de taille, d'un ouvrage de charpente. Ces sortes de dessins sont ainsi appelés parce qu'ils sont *épurés*, ce qui veut dire qu'on n'a plus de corrections à y faire. Les menuisiers, les mécaniciens tracent leurs épures sur des planches, des tables plus ou moins larges. Il arrive souvent que, faute d'espace, on est obligé de ne tracer les pièces que par parties. Les architectes tracent leurs épures sur de larges planchers, ou bien sur des murs d'une hauteur et d'une largeur plus ou moins considérables ; le plus souvent, ils font couvrir ces planchers ou ces murs d'une couche de plâtre bien unie, puis c'est là-dessus qu'ils tracent les profils des entablements, des bases et des fûts des colonnes, des voûtes, et toujours, autant que possible, avec les dimensions que ces parties de l'édifice projeté doivent avoir. Ces tracés servent ensuite de règle pour donner des figures convenables aux calibres dont les ouvriers doivent se servir pour que les pièces qu'ils exécutent aient les formes et les dimensions requises. Les charpentiers donnent à leurs épures le nom d'*ételons*; ils les tracent sur le sol même de leurs chantiers, et c'est sur l'épure même qu'ils déterminent la coupe et les assemblages des diverses pièces, qui, mises en place, formeront un plancher, un toit. Dans les arsenaux maritimes, les constructeurs de vaisseaux ont à leur disposition de vastes galeries qui leur offrent des surfaces larges et commodes pour tracer leurs épures; c'est ensuite d'après celles-ci qu'ils forment leurs *gabarits* ou *calibres*. TEYSSÈDRE.

ÉPYORNIS (de αἰπύς, grand, haut, et ὄρνις, oiseaux.) En 1850, un navire marchand ayant rapporté de Madagascar trois œufs gigantesques et quelques ossements subfossiles aussi de très-grande taille, M. Isidore-Geoffroy, Saint-Hilaire a vu dans ces débris, les restes d'un oiseau plus grand encore que le dinornis, et auquel il a donné le nom d'*épyornis*. Nous empruntons les détails suivants à la communication qu'il a faite à ce sujet à l'Académie des Sciences.

La grande circonférence de l'un des deux œufs qui n'ont pas été brisés dans le voyage, est de 0m,84, et celle de l'autre, de 0m,85, tandis que cette même circonférence, mesurée dans les plus grandes espèces connues, n'est que de 0m,46 chez l'autruche, 0m,365 chez le casoar, 0m,35 chez le nandou, et 0m,335 chez l'émou (elle est de 0m,16 chez la poule). La capacité de l'œuf du grand oiseau de Madagascar est d'environ 8 litres ¾; pour représenter son volume, il faudrait près de 6 œufs d'autruche, 12 de nandou, 16 ½ de casoar, 17 d'émou, ou 148 de poule. Passant à l'examen des fragments d'os, le savant professeur en conclut qu'ils ne peuvent provenir que d'un oiseau dont il établit les analogies de forme avec l'autruche, et dont il fait le type d'un genre nouveau dans le groupe des brévipennes.

Selon les Malgaches de la tribu des Sakalawas, l'oiseau gigantesque de Madagascar existerait encore, mais il serait extrêmement rare. Dans d'autres parties de l'île, au contraire, on ne croit pas à son existence actuelle; mais on retrouve du moins une tradition fort ancienne, relative à un oiseau de taille colossale qui terrassait un bœuf et en faisait sa pâture.

EQUARRISSAGE, ÉQUARRISSEUR. *Voyez* ÉCARRISSAGE, ÉCARRISSEUR.

EQUATEUR (en latin *æquator*, fait de *æquare*, égaliser), grand cercle perpendiculaire à l'axe d'une sphère douée d'un mouvement de rotation. L'*équateur terrestre* et l'*équateur céleste* passent tous deux par le centre de la terre; ils ont pour pôles, l'un les pôles terrestres, l'autre les pôles célestes. Chacun partage la sphère à laquelle il appartient en un hémisphère austral et un hémisphère boréal. L'équateur terrestre coupe la zone torride en deux parties égales. On l'appelle encore *ligne équinoxiale*, parce que les équinoxes sont situés à sa rencontre avec l'écliptique; les marins le nomment simplement *la ligne*; le passage sous la ligne est pour eux l'occasion d'une cérémonie semblable au baptême du tropique.

Sous l'équateur, en ne tenant pas compte de la réfraction, les jours sont tous égaux aux nuits, parce que l'horizon passant toujours par l'axe de la terre, coupe en deux parties égales chacun des parallèles que le soleil semble parcourir en vingt-quatre heures.

Par analogie, on a donné le nom d'*équateur*, 1° à un cercle qui entre dans la construction des aérostats; 2° à la *ligne neutre* d'un aimant.

L'*équateur magnétique* est la courbe qui passe par les différents points de la surface de la terre où l'inclinaison de l'aiguille aimantée est nulle (*voyez* AIMANT, T. 1, p. 217). Une grande partie de cette courbe a été déterminée avec soin par le capitaine Duperrey.

ÉQUATEUR (République de l'), en espagnol *Ecuador*, l'un des trois États libres de l'Amérique méridionale qui se sont formés des débris de la ci-devant république de Colombie, s'étend des deux côtés de l'équateur, du 2° de latitude septentrionale au 6° de latitude méridionale. Il est borné au nord par la Nouvelle-Grenade, à l'est par le Brésil, à l'ouest par l'océan Pacifique, au sud par le Pérou, et occupe une superficie de 15,385 milles géographiques carrés. La configuration de ce pays, qui varie à l'infini, présente les plus frappants contrastes. La moitié orientale se compose de la profonde vallée que forme le gigantesque Marañan, contrée extrêmement riche en forêts et en cours d'eau. Son autre moitié, l'occidentale, appartient au plateau des Cordillères *de las Andes*. A l'extrémité méridionale du territoire de la république, la Cordillère centrale du Pérou septentrional, après avoir franchi le Marañan, va se rattacher à la Cordillère occidentale ou chaîne de Caxamarca, pour former à peu près sous le cinquième degré de latitude méridionale la grande crête de Loxa. Celle-ci atteint une altitude moyenne de 2,000 à 2,300 mètres; un petit nombre de pics seulement s'élèvent jusqu'à 3,000 et 3,500, mais sans atteindre la limite des neiges. A l'est, ces masses montagneuses s'abaissent tout à coup de la manière la plus abrupte. La douceur de climat de ce groupe de montagnes, composées de schiste micacé, le rend éminemment propre à la végétation du quinquina, arbrisseau particulier aux parties moyennes des cordillères tropicales, et que pendant des siècles on crut n'exister que dans ces régions.

A Loxa, la montagne se divise en deux crêtes courant parallèlement au nord : la cordillère de Quito, qui se prolonge à travers le territoire de la république de l'Ecuador, sur une étendue de 80 milles géographiques, et la chaîne de Los Pastos. Ces deux crêtes, de formation géologique presque identique, abruptes, sauvages et désertes, entrecoupées de fondrières profondes, mais n'offrant qu'un petit nombre de passages, aussi escarpées d'ailleurs l'une que l'autre et s'abaissant brusquement à l'ouest vers la côte et à l'est du côté de la vallée, ceignent, à l'instar de deux immenses murailles, une grande et haute vallée, toute en longueur, divisée, par les montagnes transversales d'Assuay, plateau trachytique de 4,850 mètres, et de Chinsincha, en trois bassins : la haute vallée de Cuenca ou de Riobamba, la vallée de Tapia et celle de Quito. La plaine de Cuenca offre peu d'intérêt; celle de Tapia est grandiose, et le plateau de Quito d'une beauté extraordinaire. De chaque côté s'élèvent une suite de pics couverts de neige, célèbres à tous égards dans l'histoire des sciences, comme toute la vallée elle-même l'est dans l'histoire du Pérou.

Dans nulle autre partie des Andes on ne trouve autant de montagnes si rapprochées l'une de l'autre qu'à l'est et à l'ouest de ce bassin, l'un des plus anciens berceaux de la civilisation indigène. La cordillère orientale de Quito présente du sud au nord une longue succession de *nevados*, ou pics couverts de neige; par exemple : le Sangay ou volcan de Macas, haut de 5,360 mètres; le Capac Urcu ou El Altar, 5,080 mètres; le Llunganate; le Cotopaxi (le plus effrayant des volcans), haut de 5,900 mètres; le volcan Sinchulagua, 5,333 mètres; l'énorme Antisana, 5,986 mètres, avec la métairie du même nom, située à 4,218 mètres; le Guamani; le volcan d'Imbaburu, qui domine la ville d'Ibarra, et le Cayambe Urcu, dont le pic majestueux, haut de 6,110 mètres, traversé par l'équateur, est peut-être le point de la terre le plus remarquable. C'est au nord-est le dernier pic du bassin de Quito. Dans la cordillère occidentale s'élèvent, dans la direction du sud au nord, le Cumambay, le colossal dôme trachytique du Chimborazo, haut de 6,700 mètres, non loin de l'Hambato, son voisin septentrional; le volcan de Carguairasso, haut de 4,900 mètres (il s'abaissa considérablement à la suite d'un terrible éboulement arrivé le 19 juillet 1698); le pyramidal Ilinissa, haut de 5,433 mètres, le moignon d'un ancien volcan; le Corasan, haut de 4,925 mètres; l'Atacaso; le Pichincha, célèbre par ses quatre pics, haut de 4,980 mètres et dominant au nord-ouest la ville de Quito; enfin le Catacache, haut de 5,140 mètres. Entre ce dernier et l'Imbaburu, les deux cordillères viennent se réunir pour former la crête de Los Pastos, dont les plateaux habités sont situés à plus de 3,600 mètres au-dessus du niveau de l'Océan. Sur cette crête s'élèvent les volcans de Cumbal et de Chiles, et sur son versant septentrional celui de Los Pastos (4,218 mètres).

La double et imposante rangée des volcans de Quito, les uns éteints, les autres en ignition, entre le deuxième degré de latitude sud et le premier degré de latitude nord, est comme le sommet d'une seule et même montagne assise sur une immense voûte volcanique de plus de 600 milles géographiques carrés; ils servent, tantôt l'un, tantôt l'autre, de tuyaux de dégagement au feu qui brûle à l'intérieur. Le plateau de Quito a lui-même 43 myriamètres de longueur sur 7 de largeur, avec une élévation moyenne de 3,133 mètres. La capitale, *Quito*, est située à 2,985 mètres au-dessus de la mer. Quelques vallées de la région du sud sont infertiles; mais au total le terrain est bon et presque partout couvert de la plus riche végétation. Le climat est modéré et d'une douceur uniforme; aussi l'activité de la végétation ne s'y interrompt-elle jamais. Malheureusement les tremblements de terre y sont fréquents, et on a surtout conservé le souvenir de celui de 1797, qui bouleversa toute la vallée supérieure, détruisit entre autres la riche ville de Riobamba et coûta la vie à 40,000 individus. La côte occidentale, le long de la baie de Guyaquil et plus au nord encore, est richement arrosée, et produit en abondance toutes les plantes tropicales, mais elle n'est encore que très-insuffisamment cultivée et d'ailleurs couverte de vastes forêts marécageuses, dès lors extrêmement malsaine, exposée à d'effroyables pluies diluviennes et à de violentes explosions électriques.

Tandis que cette région des côtes, de même que les plaines boisées orientales du bassin du Marañan, et les profondes gorges du pays haut, éprouvent la chaleur tout à fait tropicale et souvent étouffante de l'équateur, et que sur les crêtes glacées des Cordillères, au contraire, règne un éternel hiver, les régions moyennes des montagnes jouissent d'un printemps perpétuel. Aussi, la population de la république de l'Ecuador s'y est-elle groupée presque tout entière. Ces régions, avec leurs montagnes et leurs vallées, avec leurs lacs et leurs rivières, avec leurs plaines cultivées et leurs villes populeuses, présentent sous l'équateur l'aspect d'une culture et d'une civilisation auxquelles on ne saurait rien comparer sur aucun autre point du globe. On y trouve encore un grand nombre de monuments remontant à l'époque des Incas, par exemple des débris magnifiques de temples, de palais et de mausolées, encore fort bien conservés, par exemple ceux du palais de Callo près de La Tacunga, de la magnifique chaussée des Incas, etc., etc.

L'Ecuador est magnifiquement arrosé. Le pays haut contient un grand nombre de lacs. Beaucoup de fleuves des côtes, tels que le Mira, le Rio Santiago, l'Esmeraldas et le Daule vont se jeter à l'ouest dans l'Océan; mais la plupart des cours d'eau et les plus puissants coulent à l'est et au sud-est, puis vont se jeter dans le Marañan. C'est le grand fleuve du pays, et tout son cours central lui appartient. Indépendamment de l'Huallaga et du gigantesque Ucayali, venant du Pérou, qu'il reçoit à sa droite, sa rive gauche est échancrée par les embouchures d'une foule de majestueuses rivières, toutes navigables, facilitant de ce côté l'accès du pays haut et formant dans les régions des plaines d'innombrables deltas et lagunes, par exemple : le Paute, le Marona Moscas, le Pastaça, le Rio Veleno ou Piquena, l'imposant Napo le Putumayo ou Iça; le Iapura ou Caqueta, etc., etc. Mais, à la suite de l'expulsion des fils de Loyola, ces régions boisées et riches en cours d'eau, habitées par de nombreuses tribus d'Indiens indépendants, et jadis le théâtre de l'activité des Jésuites, qui en avaient fait un pays riche et puissant, plein d'établissements de culture et de villes populeuses, sont retombées dans un état de complète barbarie. Des villes où l'on comptait autrefois 10,000 habitants, telles que San-Miguel de Ecija, Avila, Beza, Archidona et une foule de missions, sont ou complétement dépeuplées, ou devenues de misérables bourgades, et souvent même ont entièrement disparu.

L'Ecuador est une riche contrée. Le règne minéral y fournit de l'or, de l'argent, du mercure, du soufre, des émeraudes, des rubis, etc., etc. Diverses compagnies se sont formées pour l'exploitation de ces mines. Sur le plateau de Quito, on se livre aux cultures les plus variées et on élève beaucoup de bétail : aussi la fabrication des fromages est-elle au nombre des plus productives industries de la population. A Ibarra, on cultive beaucoup le froment, et à Hambato l'élève de la cochenille se fait sur une large échelle. L'un des principaux produits des forêts est l'écorce du quinquina. Dans les plus chaudes vallées, notamment sur les côtes où règne une chaleur humide, la végétation tropicale atteint la plus grande puissance de développement et de diversité. Le cacao, la canne à sucre (aux environs de Guayaquil et d'Esmeraldas) et la racine d'yam en sont les principaux produits. On y récolte aussi de la vanille et beaucoup de tabac, ainsi que du riz, de l'indigo, d'excellent bois de construction, des bois de teinture, du tamarin, du caoutchouc, de la salsepareille, de l'*orchilla*, etc., des drogues, du miel et du sel marin.

Malgré l'état déplorable de luttes intestines auquel ce pays est toujours en proie, l'industrie et le commerce n'ont pas laissé dans ces derniers temps que d'y faire de remarquables progrès. Par exemple Quito, La Tacunga et Ibarra sont les centres d'une fabrication fort importante de cotonnades et d'étoffes de laine. Dans les intérêts du commerce, le gouvernement fait en ce moment construire une route qui conduira directement de Quito au port d'Esmeraldas. Celui de Guayaquil est l'un des meilleurs et des plus fréquentés de la côte occidentale de l'Amérique du Sud. Toutefois, les importations directes d'Europe y sont encore fort peu considérables. Les trois quarts de la consommation se tirent des entrepôts du Pérou et du Chili. Dans les dernières années, le mouvement général des importations et des exportations s'est élevé à une valeur moyenne d'environ huit millions de francs. Le cacao constitue le principal article d'exportation; viennent ensuite les chapeaux de paille, les cuirs, les fils à coudre, de pita ou d'aloès, le bois de construction, le tabac, le quinquina, la salsepareille, l'*orchilla*, l'or et d'argent. Ces deux derniers articles donnent lieu à une contrebande considérable. Les principaux articles d'importation sont les étoffes fines en laine et en coton, les soieries et les toiles, etc., etc.

Le chiffre de la population, non compris les Indiens indépendants des plaines de l'est, est évalué à 600,000 âmes, dont 15 p. 100 appartiennent à la race blanche, 50 à la race rouge et 35 à la race métis. Les Indiens, qui en conséquence forment la grande majorité, sont de la famille péruvienne, et dans le pays haut ils parlent le *quitena*, l'un des dialectes du *quichua*. Ce sont les plus civilisés, quoiqu'ils croupissent dans une ignorance complète. Ils professent la religion chrétienne et habitent des villes et des villages. Les populations des régions orientales, à savoir les Omaguas, les Yamaos, les Maynas, les Sucumbias, etc., qui appartiennent au groupe d'Antisa, forment les unes des hordes errantes, vivant de la chasse et de la pêche, tandis que les autres habitent des villes et des bourgades, où elles subsistent des produits de l'agriculture et de l'élève du bétail.

La population créole de l'Ecuador, notamment celle de la capitale, nous est dépeinte par les voyageurs comme douce, spirituelle, désireuse de s'instruire, et comme la plus policée de toute l'Amérique méridionale. Les deux universités de Quito et de Cuenca sont chargées de distribuer l'instruction supérieure. Au point de vue administratif, la république est divisée en trois départements : celui de l'Ecuador, où se trouve situé Quito, capitale de toute la république, celui de Guayaquil, avec la ville du même nom pour chef-lieu, et celui d'Assuay, chef-lieu Cuenca. Le premier et le plus considérable de tous ces départements est subdivisé en trois provinces : Pichincha (Quito); Chimboraço (Riobamba) et Imbaburu (Ibarra); le second, en provinces de Guayaquil et de Manabi (Babahoyo); le troisième, en provinces de Cuenca, de Loxa et de Jaen de Braçamôros. Depuis 1832 la république élève des prétentions à la propriété du groupe des îles Gallapagos.

Après la dissolution de la Colombie en trois États différents, événement qui remonte à l'année 1831, une longue et désastreuse guerre civile éclata dans l'Ecuador. En vain, le président de la Nouvelle-Grenade, le général Santander, essaya d'intervenir comme médiateur entre les parties contendantes et de déterminer Don Juan Flores, élu en 1833 président de l'Ecuador, ancien partisan de Bolivar et créé par lui lieutenant général et commandant supérieur de la Colombie méridionale, à se démettre de ses fonctions. Celui-ci persista à soutenir la lutte dans laquelle, battu d'abord, il finit par être vainqueur, tantôt du général Barragan, défenseur du gouvernement, tantôt de Rocafuerte; et en mai 1835 un traité de paix et de réconciliation fut conclu entre ce dernier et Flores. Une assemblée constituante, ouverte le 9 août 1835 par Flores, donna à la nouvelle république une constitution que ne modifia que d'une manière insignifiante le congrès de 1838, et en vertu de laquelle un président fut placé à la tête du pouvoir exécutif, en même temps que le pouvoir législatif était confié à un congrès composé de deux chambres. Rocafuerte fut élu président, et sous son intelligente administration le calme et la prospérité ne tardèrent pas à renaître. En 1837 la lutte qui éclata entre le Chili et le Pérou faillit compromettre le repos de l'Ecuador; mais le danger fut heureusement évité. En 1838 une insurrection militaire, qui éclata à Riobamba, fut comprimée par les troupes du gouvernement; et les troubles qui désolèrent les frontières du côté de la Nouvelle-Grenade n'eurent pas de suite.

En 1839 le général Flores succéda au général Rocafuerte comme président; il renouvela contre le Pérou d'anciennes réclamations d'argent, par suite desquelles on arma de part et d'autre; mais un compromis termina amiablement ce différend. En vertu d'un décret rendu par le sénat et par le congrès de Quito, le 27 mars 1839, les ports de la république de l'Ecuador furent ouverts au commerce et aux navires de l'Espagne; et le 18 février 1840 le gouvernement espagnol accorda, par réciprocité, les mêmes avantages à l'Ecuador. Enfin, en novembre 1841 un traité formel de paix et de bonne amitié fut définitivement conclu entre l'ancienne mère-patrie et la ci-devant colonie. Par suite, des mesures nouvelles furent prises de chaque côté pour aider au développement du commerce entre les deux pays. La constitution proclamée le 31 mars 1843 laissa subsister dans ses clauses essentielles l'ancienne constitution représentative. Au commencement de l'année 1844 un traité fut signé avec la Nouvelle-Grenade, en vertu duquel cet État consentit à prendre à sa charge la somme de 21 pour 100 dans la dette totale de la Colombie en Angleterre, montant à 1,464,793 liv. sterl.; somme mise à la charge de l'Ecuador par une convention conclue en 1834 et ratifiée en 1837 par les assemblées législatives des deux États.

En 1843 Flores avait de nouveau été élu président pour demeurer en fonctions pendant huit années, qui devaient expirer en 1851; mais à la suite d'une révolution qui éclata à Guayaquil et à la tête de laquelle se plaça Rocafuerte, Flores se démit de la présidence, et consentit à aller résider à l'étranger, conformément à un arrangement qui lui assurait le titre de général en chef et un traitement de 20,000 dollars. Rocafuerte ne fut pourtant pas élu, ainsi qu'il avait pu l'espérer; les suffrages se portèrent sur un homme de couleur, Vicente Roca; et Rocafuerte en mourut de chagrin, à Lima, en 1847.

En mai 1847 éclata entre l'Ecuador et la Nouvelle-Grenade une guerre à laquelle, faute d'argent et de soldats, mit fin, dès le 29 du même mois, un traité de paix signé à Santa-Rosa de Carchi. Une insurrection qui eut lieu à Guayaquil le 1er octobre 1846, et dans laquelle le parti, toujours puissant de Flores, essaya une démonstration en faveur de son chef, échoua dans son but. La tentative faite ensuite par Flores lui-même pour rentrer dans l'Ecuador les armes à la main et s'y emparer du pouvoir suprême, fut déjouée par l'intervention combinée de la France et de l'Angleterre. Dans la session qui s'ouvrit le 15 septembre 1847, le président Vicente Roca put non-seulement rassurer le congrès sur les suites qu'on avait pu redouter d'un tel conflit, mais encore lui annoncer que les relations les plus amicales s'étaient établies entre la république et les puissances de l'Europe, ainsi que les États-Unis, qu'un traité de commerce venait même d'être conclu avec la Belgique et une convention particulière avec l'Angleterre pour l'abolition de l'esclavage. Toutefois, de nouveaux troubles, qui éclatèrent à Guayaquil, prirent un tel caractère de gravité, que les étrangers ne s'y crurent plus en sûreté et qu'un vaisseau de guerre anglais vint jeter l'ancre dans le port pour y protéger la personne et les propriétés des sujets britanniques.

Flores, à la Jamaïque, vit également échouer ses nouvelles tentatives; il ne fut pas plus heureux à la Nouvelle-Grenade, où en 1848, d'accord avec le président Mosquera, il conçut le plan de réunir en une seule monarchie les États qui avaient autrefois constitué la république de Colombie. Quatre années plus tard, il essayait encore une fois de réaliser son ancien plan. Il avait en secret fait des armements, d'abord dans les États Centro-Américains, ensuite au Pérou, dont le gouvernement favorisait la réalisation de ses projets; le 14 mars 1852 il paraissait à la tête d'une petite escadre dans les eaux de Hourbas, près de Guayaquil, où d'ailleurs on était préparé de longue main à son attaque. Aussi cette attaque échoua-t-elle comme les précédentes; et, de guerre lasse, ce général remuant rentra dans la *hacienda* du Chili, où il a fixé sa résidence.

Consultez *Histoire des Pyramides de Quito, élevées par les Académiciens envoyés sous l'équateur par ordre du roi* (Paris, 1851); Juan de Velasco, *Histoire du royaume de Quito* (publiée par Ternaux-Compans, 2 vol. 1840); Gaetano Osculati, *Esplorazione delle regioni equatoriali* (Milano, 1850); Walpole, *Four Years in the Pacific* (2 vol., Londres, 1850).

ÉQUATION (de *æquatio*, égalité). On nomme ainsi toute relation entre des quantités connues et inconnues exprimée par une égalité. Mais si toute équation affecte la forme d'une égalité, il ne s'ensuit pas que toute égalité soit une équation. Ainsi $4x = 12$ est une équation dont nous concluons qu'on ne satisfait à la condition posée qu'en prenant 3 pour valeur de x. Au contraire, $7x = 4x + 3x$, est simplement une égalité qui ne nous apprend rien relativement à la quantité x; cette égalité est satisfaite, quelque valeur que l'on donne à x; il y a donc là une *identité*, et non une équation.

La *résolution des équations*, c'est-à-dire la recherche des valeurs qu'il faut donner aux inconnues pour transformer les équations en identités, constitue la partie la plus importante de l'algèbre. Cette recherche s'appuie sur quelques principes fondamentaux, qu'il suffit d'énoncer : Toute équation étant nécessairement composée de deux *membres* séparés par le signe $=$, et pouvant par conséquent être représentée par $A = B$, une telle égalité n'est nullement altérée si l'on ajoute à ses deux membres, ou si l'on en retranche une même quantité, si on les multiplie ou si on les divise par une même quantité, etc. De là il résulte que l'on peut faire passer un terme d'un membre dans un autre en le changeant de signe, que l'on peut faire disparaître les dénominateurs, etc. Prenons pour exemple l'équation

$$4x + \frac{1}{15} = 9 - \frac{x}{6} - \frac{3}{5} \quad (1).$$

En multipliant tous les termes par 30, plus petit multiple commun aux dénominateurs 15, 6 et 5, ces dénominateurs disparaissent, et il vient :

$$120x + 2 = 270 - 5x - 18.$$

Ajoutant $5x$ aux deux membres,

$$120x + 5x + 2 = 270 - 18.$$

Retranchant 2, $120x + 5x = 270 - 18 - 2.$

Effectuant les calculs indiqués,

$$125x = 250.$$

Il ne reste plus qu'à trouver un nombre qui multiplié par 125 produise 250. Une simple division donne $x = 2$. Si nous mettons ce résultat à la place de x dans l'équation (1), cette équation se transforme en une identité.

Les équations sont *algébriques* ou *transcendantes*, suivant la nature des fonctions qui les composent. Les équations algébriques se classent d'après leur degré. On distingue aussi les équations par le nombre des inconnues qu'elles renferment. Nous ne parlerons pas ici des équations à plusieurs inconnues, car l'élimination ramène toujours leur résolution à celle d'une équation à une inconnue. Nous dirons seulement qu'il faut que le nombre des équations soit égal à celui des inconnues; s'il y a plus d'inconnues que d'équations, le problème est indéterminé; s'il y a plus d'équations que d'inconnues, il peut être impossible, ou du moins les données doivent satisfaire à un certain nombre d'équations dites *équations de condition*.

Rappelons qu'il est d'usage, en algèbre, de représenter les quantités connues par les premières lettres de l'alphabet, a, b, c, etc., et les inconnues par les dernières x, y, z, etc. Cela posé, en suivant pour une équation quelconque du premier degré à une seule inconnue la même marche que pour l'équation (1) prise tout à l'heure pour exemple, cette équation se ramènera toujours à la forme $ax = b$, d'où $x = \frac{b}{a}$.

Nous passons à dessein sur les cas particuliers dont la discussion rentrerait dans le cadre d'un traité spécial.

Parmi les équations du second degré, la plus simple est celle qui ne renferme pas la première puissance de l'inconnue. On peut la mettre sous la forme $ax^2 = b$, d'où $x^2 = \frac{b}{a}$.

On aura donc x en cherchant la racine carrée de $\frac{b}{a}$. Mais ici se présente une remarque importante : si l'on a, par exemple, $x^2 = 16$, on peut aussi bien déduire de cette équation $x = -4$ que $x = 4$, car 16 est à la fois le carré de $+4$ et celui de -4. L'équation $ax^2 = b$ a donc deux *racines*, c'est-à-dire qu'il existe deux valeurs qui satisfont à la condition posée, valeurs que l'on exprime par la seule formule $x = \pm\sqrt{\frac{b}{a}}$, où le signe $\pm$ indique que le radical peut être indifféremment considéré comme positif ou comme négatif. Il peut se faire que les quantités a et b soient de signes contraires, d'où il résulterait que x^2 serait égal à une quantité négative; les racines de l'équation $ax^2 = b$ seraient alors imaginaires.

Une équation complète du second degré peut toujours se ramener à la forme $ax^2 + bx + c = 0$, ou, en divisant tous les termes par a, et posant $\frac{b}{a} = p$, $\frac{c}{a} = q$,

$$x^2 + px + q = 0 \quad (2).$$

Si $x^2 + px + q$ était un carré parfait, on n'aurait qu'à extraire la racine carrée de ce trinôme et à l'égaler à zéro pour obtenir une équation du premier degré. Mais un trinôme ne peut être que le carré d'un binôme, et en se rappelant la forme d'un tel carré, on voit que x devant être le premier terme de sa racine, si l'on désigne par y le second terme de cette racine, il faudra que l'on ait $2xy = px$, d'où $y = \frac{p}{2}$. Par conséquent le carré dont les deux premiers termes sont $x^2 + px$ a pour troisième terme $\frac{p^2}{4}$, carré de $\frac{p}{2}$. Or, en général q n'étant pas égal à $\frac{p^2}{4}$, on est obligé pour résoudre l'équation d'employer un artifice de calcul : on ajoute aux deux membres $\frac{p^2}{4}$, on fait passer q dans le second membre, et il vient

$$x^2 + px + \frac{p^2}{4} = \frac{p^2}{4} - q,$$

ce qui peut s'écrire $\left(x + \frac{p}{2}\right)^2 = \frac{p^2}{4} - q,$

d'où
$$x + \frac{p}{2} = \pm\sqrt{\frac{p^2}{4} - q},$$

ou enfin
$$x = -\frac{p}{2} \pm \sqrt{\frac{p^2}{4} - q}.$$

En désignant par x' et x'' les racines de l'équation (2), on a donc :

$$x' = -\frac{p}{2} + \sqrt{\frac{p^2}{4} - q}, \quad x'' = -\frac{p}{2} - \sqrt{\frac{p^2}{4} - q} \quad (3).$$

Ces racines sont réelles et inégales quand on a $\frac{p^2}{4} > q$, réelles et égales pour $\frac{p^2}{4} = q$, imaginaires pour $\frac{p^2}{4} < q$.

Pour donner un exemple numérique de l'application des formules (3), supposons que l'on ait à résoudre l'équation :

$$x^2 - 7x + 10 = 0 \quad (4);$$

il faudra faire $p = -7$, $q = 10$, et il viendra :

$$x' = 5, \quad x'' = 2.$$

Ces deux nombres satisfont en effet à l'équation (4); en y remplaçant successivement x par 5 et par 2, on a :

$$5^2 - 7 \times 5 + 10 = 25 - 35 + 10 = 0;$$
$$2^2 - 7 \times 2 + 10 = 4 - 14 + 10 = 0.$$

On est également parvenu à résoudre les équations générales des troisième et quatrième degrés, et l'on a trouvé trois racinq pour la première et quatre pour la seconde; mais les formules se présentent avec des radicaux imaginaires qui compliquent beaucoup leur emploi. Cependant certains cas particuliers sont sans difficulté. C'est ainsi que l'*équation bicarrée*

$$x^4 + px^2 + q = 0 \quad (5),$$

quoique du quatrième degré, peut être *abaissée* au second; c'est-à-dire qu'en posant $z = x^2$, elle devient

$$z^2 + pz + q = 0,$$

équation du second degré dont on connaît les racines. A cause de $x = \pm\sqrt{z}$, il vient enfin :

$$x = \pm\sqrt{-\frac{p}{2} \pm \sqrt{\frac{p^2}{4} - q}},$$

expression qui renferme les quatre racines de l'équation (5).

A partir du cinquième degré, quelque nombreuses qu'aient été les tentatives des analystes, on n'a pu parvenir à trouver une relation qui donne l'inconnue en fonction des coefficients de l'équation considérés dans toute leur généralité. D'Alembert a bien pu établir que toute équation a une racine, théorème important dont M. Cauchy a publié depuis une élégante démonstration, et dont il est facile de déduire que toute équation du degré m a m racines, soit réelles soit imaginaires. Descartes avait déjà fait connaître sa célèbre *règle des signes*, que l'on peut énoncer ainsi : Dans toute équation ramenée à la forme

$$x^m + A_1 x^{m-1} + A_2 x^{m-2} + \ldots + A_{m-1} x + A_m = 0 \ (6),$$

le nombre des racines positives ne peut pas surpasser le nombre des *variations* (changements de signes qui ont lieu d'un terme au suivant); si l'équation est complète, le nombre des racines négatives ne peut pas surpasser le nombre des *permanences* (conservations de signes d'un terme au suivant). On sait encore qu'en représentant par $\alpha, \beta, \gamma, \delta$ etc., les racines de l'équation (6), on a

$$\alpha + \beta + \gamma + \delta + \ldots = -A_1$$
$$\alpha\beta + \alpha\gamma + \alpha\delta + \ldots = A_2$$
$$\alpha\beta\gamma + \alpha\beta\delta + \ldots = -A_3$$
$$\ldots\ldots\ldots$$
$$\alpha\beta\gamma\delta \ldots = \pm A_m \ (7),$$

c'est-à-dire : Le coefficient du second terme est égal à la somme des racines prise en signe contraire; le coefficient du troisième terme est égal à la somme des combinaisons sans répétitions des racines prises 2 à 2, etc.; enfin, le dernier terme est égal au produit des racines, pris avec son signe si l'équation est de degré pair, et avec un signe contraire si le degré est impair. Mais malgré ces belles découvertes, à côté desquelles il faut placer le théorème de M. Sturm, la résolution générale des équations est restée un problème contre lequel est venu se briser le génie des Euler, des Waring, des Vandermonde, des Bezout, des Lagrange.

Les recherches de tous ces savants n'ont cependant pas été infructueuses. Certaines formes d'équations ont pu être, les unes résolues, les autres simplifiées. Telles sont les *équations réciproques* : on nomme ainsi celles dont les termes à égale distance des extrêmes sont affectés des mêmes coefficients, parce que si elles admettent α pour racine, elles admettront aussi $\frac{1}{\alpha}$. Ainsi :

$$Ax^4 + Bx^3 + Cx^2 + Bx + A = 0 \quad (8)$$

est une équation réciproque; car, si on y remplace x par $\frac{1}{x}$, elle devient :

$$\frac{A}{x^4} + \frac{B}{x^3} + \frac{C}{x^2} + \frac{B}{x} + A = 0,$$

ou, en chassant les dénominateurs,

$$A + Bx + Cx^2 + Bx^3 + Ax^4 = 0,$$

ce qui est la même équation écrite dans un ordre inverse. Or, si l'on prend l'équation (8) et que l'on divise tous ses termes par x^2, il vient :

$$Ax^2 + Bx + C + \frac{B}{x} + \frac{A}{x^2} = 0,$$

et en groupant ensemble les termes également distants des extrêmes,

$$A\left(x^2 + \frac{1}{x^2}\right) + B\left(x + \frac{1}{x}\right) + C = 0 \ (9).$$

En posant $x + \frac{1}{x} = z$ (10),

on a $x^2 + \frac{1}{x^2} = z^2 - 2$,

et l'équation (9) se transforme en

$$A(z^2 - 2) + Bz + C = 0,$$

ou, toutes réductions faites,

$$Az^2 + Bz + C - 2A = 0,$$

équation du second degré, que l'on sait résoudre. En remarquant que (10) devient :

$$x^2 - zx + 1 = 0,$$

on aura les quatre racines de l'équation (8). En général, une équation réciproque du degré $2n$ peut être abaissée au degré n.

Les *équations binômes* sont de la forme $Ax^m + B = 0$. Divisant par A et transposant le terme connu, on les ramène à $x^m = K$. Considérons seulement le cas où m est impair et K positif; en désignant par k la valeur arithmétique de $\sqrt[m]{K}$, l'équation revient à $x^m = k^m$, et en faisant $x = kz$, on a $k^m z^m = k^m$ ou $z^m = 1$. Il suffit donc de savoir résoudre cette équation. Or, on peut l'écrire $z^m - 1 = 0$; et comme

$$z^m - 1 = (z - 1)(z^{m-1} + z^{m-2} + z^{m-3} + \ldots + z^2 + z + 1),$$

on aura d'abord $z - 1 = 0$, d'où $z = 1$, et

$$z^{m-1} + z^{m-2} + z^{m-3} + \ldots + z^2 + z + 1 = 0,$$

équation réciproque, que l'on abaissera au degré $\frac{m-1}{2}$. Les autres équations binômes se traitent de la même manière.

Nous pourrions encore parler des *équations trinômes* dont la forme générale est $x^{2m} + px^m + q = 0$, et qui, en posant $x^m = z$, sont ramenées à la résolution d'une équation du second degré et de deux équations binômes. Mais nous avons hâte d'arriver à la résolution des *équations numériques*.

Les analystes n'étant pas parvenus à résoudre généralement les équations d'un degré supérieur au quatrième, ils ont cherché des moyens de trouver les racines de celles qui ont des coefficients numériques. Cette recherche se divise en deux parties bien distinctes, suivant qu'il s'agit de racines commensurables ou incommensurables. Les relations (7) ont permis de trouver pour les premières des méthodes très-rapides. Pour n'en donner qu'un exemple, soit l'équation :

$$x^3 - 5x^2 - 18x + 72 = 0 \quad (11).$$

Cette équation ne peut avoir pour racines commensurables que des nombres entiers qui divisent son dernier terme 72. Formons un tableau des diviseurs, tant positifs que négatifs, de ce nombre; nous aurons 1, 2, 3, 4, 6, 8, 9, 12, 18, 24, 36, 72, -1 -2, -3, etc. Si nous essayons 1, il vient $1 - 5 - 18 + 72$, qui n'est pas nul; si nous essayons 2, nous avons $8 - 20 - 36 + 72$ qui ne se réduit pas non plus à zéro; mais 3 donne $27 - 45 - 54 + 72$, qui est nul; donc 3 est racine. Divisant le premier membre de l'équation (11) par $x - 3$, il vient

$$x^2 - 2x - 24 = 0,$$

qui nous donne 6 et -4 pour les deux autres racines de la proposée.

La recherche des racines incommensurables des équations, quoique plus longue, ne présente pas autant de difficulté qu'on pourrait le croire, grâce aux théorèmes de Taylor, de Rolle, et aux méthodes données par Newton, par Lagrange et par Fourier.

La géométrie peut aussi servir à déterminer les racines des équations. Soit l'équation $F(x) = 0$. Posons $y = F(x)$, et construisons la courbe représentée par cette équation ; il est clair que les abscisses des points où cette courbe coupera l'axe des x représenteront les racines, car pour ces différents points on a l'ordonnée $y = 0$. Si l'on a deux équations entre deux inconnues, $F(x, y) = 0, f(x, y) = 0$, les points communs aux courbes qu'elles représentent donnent les solutions communes aux deux équations. La trigonométrie a aussi apporté son contingent à la résolution des équations, principalement par le beau théorème de Moivre.

Entre les équations algébriques et les équations transcendantes, il faut placer les *équations exponentielles*, dont la forme la plus simple est $a^x = b$, ce qui donne $x \log a = \log b$, d'où $x = \frac{\log b}{\log a}$. Quant aux équations transcendantes, elles se présentent sous trop de formes différentes pour que nous abordions ici leur étude. D'ailleurs leur résolution repose sur des parties plus élevées de l'analyse. Il en est de même des *équations aux différences* et des *équations différentielles*.

En astronomie, on donne le nom d'*équation* à la différence qui existe entre un élément vrai et un élément moyen : comme l'*équation du temps*, l'*équation du centre*.

E. MERLIEUX.

ÉQUATION DU CENTRE ou ÉQUATION DE L'ORBITE, différence entre le mouvement inégal d'une planète dans son orbite et le mouvement moyen, égal et uniforme qu'on lui suppose pour pouvoir calculer plus facilement son lieu vrai. Cette différence est égale à celle qui existe entre l'anomalie vraie et l'anomalie moyenne. On lui a aussi donné le nom de *prostaphérèse*.

[Les anciens astronomes connaissant la durée de l'année solaire, c'est-à-dire le temps que le soleil emploie à décrire 360°, reconnurent aisément qu'il était quelquefois plus avancé d'environ 2° qu'il n'aurait dû l'être, en supposant son mouvement égal pour tous les jours de l'année, et que six mois après, la longitude observée ou longitude vraie était au contraire moins avancée ou plus petite de 2° que la longitude moyenne; ils appelèrent cette différence ou cette inégalité *équation du centre* ou *équation de l'orbite*, et l'expliquèrent par le moyen d'un excentrique ou d'un épicycle. Il en fut de même pour les autres planètes, qui toutes ont en effet des orbites excentriques. Lorsque Ptolémée voulut établir la théorie lunaire avec plus d'exactitude et de précision que ses devanciers, il employa pour déterminer l'*équation du centre* trois éclipses de lune observées à Babylone, dans les années 719 et 720 avant J.-C., et il la trouva de 5° 1'; mais en signalant cette inégalité, il reconnut qu'elle satisfaisait aux positions du soleil dans les conjonctions et les oppositions, c'est-à-dire dans les syzygies, mais qu'il existait une seconde inégalité, qui atteint son maximum dans les quadratures; c'est l'*évection*. Une autre inégalité, connue sous le nom de *variation*, a lieu dans les octants. L.-Am. SÉDILLOT.]

ÉQUATION DU TEMPS. *Voyez* TEMPS.

ÉQUATORIAL, instrument qui sert à mesurer l'ascension droite et la déclinaison des astres, et à suivre toutes les circonstances de leur mouvement diurne. Ses pièces principales sont deux cercles qui représentent l'équateur et le cercle de déclinaison, et un quart de cercle dirigé dans le méridien et servant à élever l'équateur pour la latitude du lieu de l'observation. Ces instruments sont munis de lunettes puissantes qui permettent de voir les étoiles de premières grandeurs en plein jour.

ÉQUERRE (de *ex*, de, et *quadra*, table carrée), instrument qui sert à tracer sur le papier, le bois, la pierre, les tables de métal, etc., des angles droits. Une équerre ordinaire est composée de deux règles assemblées à tenons et à mortaises ou tout autrement. Souvent une des règles déborde l'autre en épaisseur des deux côtés : l'équerre alors est dite *à chapeau*. Les menuisiers font usage d'une petite équerre qui est à chapeau; elle donne l'angle droit à l'intérieur, et de plus l'angle de 45 degrés, appelé *onglet* par les ouvriers. Les équerres en métal sont le plus ordinairement d'une seule pièce; elles sont, comme celles en bois, simples, ou à chapeau, etc. En général elles sont exécutées avec beaucoup plus de précision que celles qu'on fait en bois. Ces dernières ont quelquefois la forme d'un triangle rectangle percé d'un petit trou destiné à recevoir le doigt de celui qui en fait usage. Elles servent, comme les autres, à construire des perpendiculaires, et en outre à mener des parallèles à une droite donnée.

Il y a des équerres dites à *coulisse*, qu'on exécute difficilement avec précision; elles sont très-utiles aux tourneurs, etc. Dans une mortaise, pratiquée dans une règle de fer, coule une règle, que l'on fixe au point où l'on veut, au moyen d'une vis de pression : l'instrument est satisfaisant lorsque les faces de la mortaise sont bien perpendiculaires à la direction de la règle. On fait usage de cette équerre pour rendre les parois d'une boîte que l'on creuse sur le tour bien perpendiculaires à son fond, etc., parce que la règle monte et descend à volonté : cette équerre a donc une de ses branches variable en longueur.

On appelle abusivement *équerres* des calibres servant à tailler en fer, bois, etc., des angles de 45, 60°, etc.

L'*équerre d'arpenteur* est un cylindre ou un prisme dans lequel on a pratiqué quatre ou huit fentes, qui forment entre elles des angles égaux : cet instrument, fixé sur le bout d'un pieu planté en terre, sert à déterminer sur le terrain des angles, des perpendiculaires.

On peut se donner une équerre avec la plus grande facilité : prenez une feuille de papier, pliez-la en deux, aplatissez bien le pli, et repliez la feuille de manière que les arrêtes du pli se confondent : vous aurez une équerre assez exacte pour les usages ordinaires.

Les ouvriers appellent *équerres* toutes sortes de pièces de fer courbées à peu près à angle droit, et qui fixées avec des clous, des vis, sont destinées à consolider des ouvrages de menuiserie, de charpente.

La *fausse équerre* ou *sauterelle* est un instrument dont les branches, réunies à charnière comme celles d'un compas, permettent de prendre l'ouverture de tous les angles.

TEYSSÈDRE.

L'Équerre et la Règle est le nom qu'a donné La Caille à l'une de ses quatorze nouvelles constellations australes. Elle est placée en grande partie dans la voie lactée, entre le *Loup* et *l'Autel*, au-dessous de la queue du *Scorpion*.

ÉQUES (*Æqui*, dits aussi *Æquiculi* et *Æquicolæ*), petit peuple d'Italie, au nord des Herniques et des Volsques. Les Èques furent une des premières nations du Latium qu'alarma la politique ambitieuse de Rome, et qui s'opposèrent avec le plus d'opiniâtreté au développement de sa puissance. Ils étaient d'origine étrusque. On a voulu qu'ils tirassent leur nom des mots étrusques *opsc, op*; on a voulu aussi qu'ils le dussent à leur grande réputation de justice (en latin *æquitas*). Ce qu'il y a de certain, c'est que Numa leur emprunta le *droit fécial*, qui consistait à ne jamais faire la guerre à un peuple sans la lui avoir préalablement déclarée par le ministère d'une espèce de héraut d'armes, appelé lui-même *fécial*.

L'an de Rome 260 (493 av. J.C.), les Èques prirent les armes de concert avec les Volsques et les Sabins, et fondirent sur les terres des Latins, qu'ils ravagèrent. Le consul P. Vetusius marcha contre eux, les repoussa et les défit ensuite dans un combat dont ils se souvinrent pendant vingt ans. Mais en 280 (473 av. J.-C.), ils envahirent le pays des Herniques, et les traitèrent comme ils avaient traité les Latins. Rome envoya contre eux le consul Sp. Furius, de l'illustre famille des Camille, qui, ayant mal pris ses mesures et engagé hors de propos la bataille, fut repoussé avec perte et obligé de se retirer dans son camp. Les Èques l'y assiégèrent le lendemain. Ils l'y tinrent enfermé de si près, qu'il ne put même dépêcher un courrier pour informer le sénat de sa situation critique. Mais bientôt la nouvelle s'en répandit de proche en proche chez les peuples alliés, et arriva jusqu'à Rome. Le sénat s'assemble et donne à l'autre consul, A. Possumius, un pouvoir absolu. Celui-ci ordonne donc que toutes les affaires soient suspendues, les boutiques et les tribunaux fermés, lève des troupes, et les envoie sur-le-champ au secours de Furius, qui allait être forcé dans ses retranchements. Il reprit alors l'offensive, fit une sortie, et, soutenu par les troupes du dehors, chassa les Èques.

Vaincus, mais non domptés, les Èques restèrent dix ans en repos, en attendant une occasion. Elle se présenta enfin : la peste désolait Rome; ils profitèrent de la terreur et des pertes qu'y causait ce fléau, pour se liguer encore avec les Volsques, ravager la campagne et faire une pointe jusqu'aux portes de la ville, qui était perdue, dit Tite-Live, si les dieux tutélaires n'eussent pris soin de la sauver, en suggérant aux ennemis la crainte d'être eux-mêmes atteints de la peste et la résolution de s'éloigner. Dans leur retraite, ils emportèrent un butin considérable. En 296, ils se remirent en campagne. Le consul L. Minutius, chargé de les combattre, alla donner dans une embuscade qu'ils lui avaient dressée dans un défilé, et où, enfermé de toutes parts, il allait être forcé par la famine à mettre bas les armes. L'alarme fut grande à Rome : on réclama un dictateur; Q. Cincinnatus fut arraché à sa charrue, marcha à l'ennemi, délivra Minutius, et obligea les Èques à demander grâce. Le dictateur exigea d'abord qu'ils lui livrassent leurs chefs; on ne sait quel châtiment il leur infligea, mais il fit passer leur armée sous le joug, et vint ensuite reprendre sa charrue. En 304 les Èques recommencent la guerre; ils se jettent dans le Tusculum. L'armée romaine qu'on leur oppose se laisse battre, préférant la honte d'être vaincue à l'honneur de procurer la victoire à des généraux qu'elle hait. C'était le temps de la lutte des plébéiens et des patriciens. Le camp des Romains fut pris; mais les Èques ne poursuivirent pas leurs avantages; cinq ans après, profitant de la discorde qui croissait toujours dans la ville, ils se réunirent aux Volsques, et pour la seconde fois s'avancèrent jusque sous ses murs. Là, ravageant à leur aise les terres de la république, ils s'en retournèrent chargés d'un immense butin. Enfin, la guerre entre ce peuple et les Romains était devenue comme annuelle.

En 337, deux tribuns militaires ne pouvant parvenir à se mettre d'accord sur les obligations du commandement et la nécessité de l'exercer à tour de rôle, les Romains furent vaincus encore et réduits à une fuite honteuse. Les Èques en firent un grand carnage. Le dictateur Servilius Priscus répara ce désastre, repoussa l'ennemi, le poursuivit jusque dans Lavicum, prit cette place d'assaut, et l'abandonna au pillage. Les Èques se tinrent assez tranquilles jusqu'en 448; mais alors, ayant prêté du secours aux Samnites et pris à tâche de se jouer des Romains, ceux-ci marchèrent contre eux. Quand ils virent l'armée romaine sur leurs terres, ils n'osèrent pas aller à sa rencontre, quoiqu'ils eussent des forces considérables à lui opposer. Ils prirent le parti de se retirer dans leurs villes, résolus de s'y bien défendre. Les Romains les attaquèrent toutes, les unes après les autres, et les prirent de vive force en cinquante-cinq jours, au nombre de quarante-trois. Ils en ruinèrent et en brûlèrent la plupart, et la nation des Èques fut presque entièrement détruite. *Præneste*, aujourd'hui Palestrina, *Carseoli* (Arsoli), *Treba* (Trevi), étaient les villes principales de ce peuple. C'est de cette dernière que part le bel aqueduc qui depuis dix-huit siècles conduit à Rome la plus pure et la plus abondante de ses eaux. Le pays des Èques, traversé dans toute sa longueur par l'Anio aujourd'hui Teverone, était une des contrées les plus pittoresques de l'Italie.

Charles Nisard.

ÉQUESTRE (en latin *equestris*, d'*equus*, cheval), adjectif qu'on emploie pour désigner un objet qui a du rapport avec le cheval. Chez les Romains l'*ordre équestre* était formé des chevaliers. Les statues équestres sont celles où l'on voit un homme à cheval; elles ne sont ordinairement érigées qu'à des princes, ou à de grands capitaines; le plus souvent elles sont fondues en bronze.

ÉQUIANGLE (de *æquus*, égal, et *angulus*, angle), terme de géométrie par lequel on désigne des figures qui ont tous leurs angles égaux : tels sont tous les polygones réguliers. On se sert encore de ce mot dans une autre acception : on dit que deux polygones sont *équiangles entre eux* quand les angles du premier sont respectivement égaux à ceux du second et semblablement placés; ainsi, deux polygones semblables sont équiangles entre eux. Pour éviter l'équivoque, D'Alembert avait proposé de n'employer le mot *équiangle* que dans ce dernier sens, et de se servir dans l'autre cas du mot *équiangulaire*; mais l'usage a prévalu.

ÉQUIDIFFÉRENCE, expression introduite par Lacroix pour remplacer celle de *proportion arithmétique*.

ÉQUIDISTANT, terme qui exprime la relation de deux corps placés à une égale distance d'un troisième. Tous les points de la circonférence sont équidistants du centre.

ÉQUILATÉRAL (de *æquus*, égal, et *latus*, côté) se dit de tout polygone dont les côtés sont égaux. On l'applique plus particulièrement au triangle dont les côtés offrent cette condition. C'est dans cette figure seule que l'égalité des côtés entraîne celle des angles, et *vice versâ*. Tous les polygones réguliers sont équilatéraux.

ÉQUILATÈRE. Ce mot ne s'applique qu'à l'hyperbole dont les axes sont égaux.

ÉQUILIBRE (de *æquus*, égal, et *libra*, balance, contrepoids), état d'un corps ou d'un système de corps soumis à l'action simultanée de plusieurs forces qui se détruisent mutuellement. L'apparence d'un corps en équilibre est donc la même que s'il était en repos; or, comme nous ne connaissons dans la nature aucun corps dont nous puissions affirmer qu'il soit dans un repos absolu (*voyez* Mouvement), de même quand nous disons qu'un corps est en équilibre, il faut entendre par là que, faisant abstraction de certaines forces connues ou inconnues auxquelles il est soumis, nous constatons que certaines autres forces agissant sur lui s'annihilent réciproquement. Ainsi, les corps qui se trouvent à la surface de la terre y restent en équilibre sous l'action contraire des forces centripète et centrifuge; mais ils n'en sont pas moins entraînés dans notre double mouvement de rotation et de révolution.

La science de l'équilibre est la *statique* s'il est question de corps solides, ou l'*hydrostatique* lorsqu'il s'agit de liquides.

L'équilibre des corps solides soumis à l'action de la pesanteur donne lieu à considérer plusieurs cas particuliers, entre autres celui où le corps est suspendu par un de ses points, et celui où le corps s'appuie sur un plan. Dans le premier cas, pour qu'il y ait équilibre, il faut que le point de suspension et le centre de gravité du corps se trouvent sur une même verticale; dans le second, il suffit que la verticale qui passe par le centre de gravité rencontre le plan dans la base de sustentation. Dans l'un et l'autre cas, il y a lieu de distinguer ce qu'on appelle *équilibre stable* de l'*équilibre instable* et de l'*équilibre indifférent*. L'équilibre est stable quand le centre de gravité du corps est le plus bas possible; si on écarte alors ce corps de sa position d'équilibre, il tend, comme le pendule, à y revenir par une suite d'oscillations; ces jouets d'enfants qui représentent des figures grotesques placées sur une demi-sphère convenablement lestée nous en offrent un exemple. L'équilibre instable dans le cas opposé ; ainsi, on peut bien faire tenir un cône sur son sommet; mais le moindre écartement de cette position suffit pour le renverser. Enfin l'équilibre est indifférent, lorsqu'il a lieu dans toutes les positions, comme pour une roue suspendue autour d'un axe horizontal, pour une sphère s'appuyant sur un plan horizontal, etc. Ces principes doivent souvent être pris en considération; ils ont leur importance dans la construction des balances; c'est pour éviter les dangers qu'entraînerait avec lui l'équilibre instable que l'administration a imposé des limites au chargement de l'impériale des voitures publiques.

Le mot *équilibre* n'appartient pas exclusivement à la statique. On sait que tous les corps rayonnent continuellement de la chaleur. Plusieurs corps à différentes températures étant renfermés dans un même espace; ceux dont la température est la plus haute échauffent graduellement les autres. Il arrive un moment où tous les corps sont à la même température; mais le rayonnement ne cesse pas pour cela; et les corps continuent à échanger une certaine quantité de chaleur. On dit alors qu'il y a *équilibre mobile de température*.

ÉQUILIBRE DES ÉTATS. On appelle équilibre des États un système qui balance la puissance respective des souverainetés. Tous les États ne sont pas de forces égales, et de cette situation résulteraient des guerres, des conquêtes, des envahissements. Le but de la politique a donc été depuis deux cent ans de rétablir l'équilibre brisé par les accidents nombreux qui surgissent dans le cours des événements; ce qui constitue la science diplomatique, cette intelligence parfaite de l'équilibre des États entre eux. Quand une souveraineté s'étend au-delà des bornes, quand elle menace de dominer les principautés qui l'avoisinent, quand l'Europe est ébranlée par le poids trop puissant d'un empire, la diplomatie cherche à rétablir l'harmonie par les alliances des petites souverainetés, et par l'appui des États de second ordre. L'antiquité ne connaissait pas cette science de l'équilibre des États; il y avait des empires vastes, des peuplades à côté des empires, et ce vaste tout n'était pondéré par aucune de ces idées qui constituent la science diplomatique moderne; on se heurtait par des guerres immenses, on se trompait dans les négociations; il y avait la *foi punique*, les violences de la conquête; mais rien de tout cela ne constituait un système avec sa science, son but, son résultat. L'empire romain absorbait toutes les terres qui s'étendaient depuis la vieille Bretagne jusqu'aux confins de l'Asie, depuis la Germanie jusqu'à l'extrémité de l'Égypte; il y avait des rois tributaires qui venaient abaisser leur front devant le sénat, et en face d'immenses peuplades barbares qui disputaient pied à pied leur terres incultes aux légions de l'empire : mais il n'était jamais entré dans la pensée du sénat ou des rois d'établir une pondération entre les différentes forces du monde. Sous le Bas-Empire, même chaos : c'est la lutte désordonnée d'une civilisation abâtardie et l'époque de ces grandes invasions de barbares qui de tous côté s'établissent au centre de l'Europe. Qu'est-ce que l'empire de Constantinople sous les rois byzantins? Une souveraineté éclatante encore, mais qui se meurt; il n'y a point de rapports réguliers établis entre les États; les empereurs se disent les souverains du monde, quand l'invasion gronde autour d'eux, quand les chevaux des barbares bondissent aux rives du Danube. Quel équilibre aurait-on pu établir dans ce tumulte de peuples, dans ce grand choc qui poussait du nord au midi les barbares victorieux?

Au moyen âge les souverainetés se morcellent et s'éparpillent en mille pièces; c'eût été sans doute l'époque où l'équilibre des États aurait pu se constituer, car ces vassalités dispersées, ces États qui consistaient dans un peu de terre et le clocher d'une paroisse, auraient pu chercher par des alliances à balancer la force des territoires plus étendus; mais le système féodal avait créé des rapports d'obéissance, avait constitué des liens de respect et de foi de l'inférieur au supérieur, du vassal au suzerain. D'ailleurs, les communications n'étaient pas assez actives de terres à terres, d'États à États, et les relations trop difficiles pour qu'il pût jamais entrer dans la pensée de rattacher les uns aux autres les États indépendants ou les vassalités. Il y avait quelques alliances conçues sous l'empire des circonstances; quand on allait en guerre, à la croisade, on se groupait comme multitude autour d'un commun étendard, mais on eût vainement cherché une pensée dans cette fusion instantanée de rois, de vassaux et de peuples; il n'y avait qu'un instinct grossier de la conquête et de la force. La science diplomatique, qui constitue l'équilibre des États, n'a commencé à être bien comprise qu'au seizième siècle, époque où s'introduisit le droit public européen; les grandes guerres religieuses, en modifiant les rapports de souveraineté à souveraineté, imposèrent l'obligation de corriger les inégalités naturelles. Ce fut ainsi, par exemple, qu'en Allemagne les petits États cherchèrent des alliances à l'extérieur contre l'Empire, et par ce moyen tâchèrent de balancer l'influence absorbante de l'immense couronne de Charles-Quint.

C'est ce grand empereur qui, en visant à la monarchie universelle, tenta de briser l'équilibre des États; non-seulement il gouvernait en Allemagne, mais encore son sceptre d'or pesait sur les Pays-Bas, l'Espagne, l'Italie, et en donnant à son fils Philippe II une princesse d'Angleterre, il réunissait sous sa main des forces telles que la France devait tôt ou tard être engloutie dans la monarchie universelle sous la couronne impériale. François Ier, à l'aide de la réforme, commença à lutter contre cette monarchie universelle, sous laquelle les électeurs de l'Empire eux-mêmes auraient succombé; c'est en s'attirant l'alliance de ces électeurs que le roi de France chercha à ramener l'équilibre des États entre eux. Cette politique fut adoptée par les successeurs de François Ier; c'est alors qu'on suit avec persévérance l'idée d'une grande alliance des Pays-Bas révoltés, de l'Angleterre, de la Suède, contre cette maison d'Autriche, qui menaçait de tout envahir. L'histoire du seizième siècle est toute remplie de cette lutte : d'une part, la ligue, le principe catholique, l'unité, sous le sceptre et la couronne de Philippe II; de l'autre, la France et ses souverains s'agitant de toutes manières, cherchant dans les alliances des petites souverainetés à balancer la prépondérance exclusive de l'Espagne. Sous Henri IV l'équilibre se rétablit : la France, arrachée à la guerre civile, est en pleine possession d'une multitude d'alliances à l'extérieur, qui la mettent à même de lutter avec avantage contre la prépondérance autrichienne. Le plan de Henri IV était d'aller droit et haut vers l'abaissement complet de la maison d'Autriche au profit de la dynastie des Bourbons; il existe même un projet écrit de la main du roi au moment de se mettre à la tête de ses armées pour une expédition de Flandre; on voit dans cet acte curieux combien sont déjà avancées les idées de la diplomatie en ce qui touche la balance des souverainetés entre elles.

Richelieu n'est en quelque sorte que l'exécuteur de la haute pensée de Henri IV. Ce ne fut point un plan neuf que celui du cardinal : il le trouvait tout fait, tout écrit; mais alors les forces respectives se sont modifiées. Ce n'est plus la maison d'Autriche qui pèse comme une puissance universelle; elle est elle-même abaissée : le rôle dominant appartient à la France. Richelieu prépare le règne de Louis XIV. C'est le grand roi qui peut être justement accusé de prétendre à son tour à la monarchie universelle; ses conquêtes le disent assez haut. Aussi, pour rétablir l'équilibre des États, les ennemis de Louis XIV se réunissent par des alliances; de là les coalitions de l'Angleterre, des États de Hollande, de l'Autriche, contre la France : cette lutte qui s'engage pour empêcher la maison de Bourbon de réaliser la pensée que Charles-Quint avait essayée se termine dans les congrès de Munster, de Nimègue et de Riswick. Ces trois actes diplomatiques commencent à jeter quelques idées exactes sur les principes de l'équilibre européen; ce ne sont plus seulement des instincts, des pensées vagues, sans concordance, sans suite; les principes sont nettement posés. on cherche à grouper les petits États contre les grands, à fixer les droits de chacun, à reconstituer l'Europe sur des bases telles qu'elle présente une réunion de forces sinon égales, au moins capables de se balancer mutuellement. Telle est aussi la pensée de toutes les transactions diplomatiques qui suivent le règne de Louis XIV; les négociations ont pour but d'établir un juste balancement entre les États. Quand une souveraineté est vaincue dans la lutte, elle perd une province, quelques villes; des agglomérations ont lieu, des séparations également. Mais à mesure qu'un État grandit trop, une inquiétude soudaine se répand; on surveille l'ambition du cabinet, on veut en arrêter le développement; on craint toujours cette monarchie universelle que se disputent les souverainetés entre elles.

La révolution française jeta l'Europe dans une voie toute nouvelle; elle partait d'un principe qui ne permettait plus aucun équilibre d'États, à savoir : que les peuples, étant souverains eux-mêmes, devaient s'affranchir des vieux principes qui constituaient les rapports des princes aux sujets. De là résultait un bouleversement général dans les souveraineté. Il y eut donc un nouveau droit public; la conquête et la liberté furent les principes posés par la victoire; il n'y eut plus de bornes aux envahissements. La France s'empara de la Belgique, conquit les limites du Rhin, envahit l'Italie, réunit la Savoie. Aussi l'essai du congrès de Rastadt fut-il infructueux : il n'y avait pas moyen de traiter avec un État dont le principe était la force matérielle. Le congrès de Lunéville assura à la France une circonscription territoriale plus vaste encore; il n'y avait plus de limites à la conquête. On reconnaissait bien en fait l'indépendance de quelques États, tels que la Hollande, l'Italie; mais par le fait la France dominait ces gouvernements éphémères, et quand le premier consul se fit empereur, toutes ces barrières furent brisées. La couronne de fer du royaume d'Italie se réunit dans le blason impérial à la grande couronne de l'empire. Bientôt la confédération du Rhin, l'usurpation d'Espagne, la réunion de la Hollande au territoire français, la médiation de la Suisse, la souveraineté de Rome et de Naples, mettaient le sceau à cette pensée de monarchie universelle qui devenait le rêve de Napoléon. La puissance qui alors lutta avec persévérance pour rétablir l'équilibre violemment brisé en Europe fut l'Angleterre; c'est dans cette pensée qu'elle prépara et poursuivit les coalitions successives contre l'empire français. Le but de l'Angleterre se manifeste en tout point; elle sent que la gigantesque puissance de Napoléon ne permet plus des rapports d'égalité d'État à État en Europe; elle prépare la coalition de l'Autriche, de la Prusse et de la Russie en 1805; la guerre d'Autriche en 1809. Enfin, quand, dans la grande lutte de la Russie et de la France en 1812, la fortune tourne contre Napoléon, l'Angleterre persuade aux peuples comme aux cabinets que pour rétablir l'équilibre des États il est nécessaire d'en finir avec l'empire français et son souverain. De là cette union de toutes les puissances de l'Europe, qui marchent contre l'empire français en 1813 : le résultat, c'est l'invasion du territoire, l'occupation de Paris, le traité de 1814 et le congrès de Vienne, qui en fut la suite.

Ce congrès de Vienne eut pour but de rétablir l'équilibre des États, de restaurer enfin les rapports stables de souveraineté à souveraineté; mais dans ce grand bouleversement que l'invasion de la France avait amené, était-il possible d'être complétement juste, complétement équitable, et de constituer enfin ces rapports respectifs reposant sur les bases de l'équité? Quatre grandes puissances avaient fait des efforts extraordinaires pour se débarrasser de Napoléon : l'Angleterre, la Russie, l'Autriche et la Prusse, toutes prétendaient à l'*uti possidetis*, c'est-à-dire à la possession effective de ce qu'elles occupaient par leurs troupes, savoir : la Pologne pour la Russie, la Saxe pour la Prusse, l'Italie pour l'Autriche. Dans cet arrangement, il est évident que la France n'entrait que comme puissance secondaire dans l'équilibre des États. L'Angleterre avait fait des conquêtes considérables en colonies pendant la guerre; la Russie acquérait une population de quatre millions d'hommes; l'Autriche, indépendamment de ses anciennes possessions en Italie et le royaume Lombardo-Vénitien, avait encore l'Istrie, la Dalmatie, la Croatie; la Prusse obtenait une partie de la Saxe et le grand-duché du Rhin au détriment de la France. L'équilibre était ainsi brisé. Pour rétablir quelque harmonie et balancer les forces de chaque État, le congrès de Vienne établit aussi des petites souverainetés intermédiaires, indépendantes, mais qui par la force des choses devaient être sous l'influence des grandes puissances qui les avoisinaient. Tel fut, au nord, le royaume des Pays-Bas; au midi, le Piémont; au centre, la Confédération germanique et la Suisse; puis, à l'extrémité de l'Italie, Rome et Naples. L'Espagne restait dans son isolement, et la France dans son unité territoriale. L'équilibre devait ici se maintenir par l'accession de ces États à un système, chose toujours fort difficile lorsque l'indépendance n'est point la base des alliances politiques.

Sous la Restauration, cette situation respective des souverainetés se maintint. La Russie et l'Angleterre, en face l'une de l'autre, cherchèrent à maintenir l'équilibre par des alliances, des traités et des influences réciproques. La convention dite de la *sainte-alliance* établit un droit public européen tout nouveau : les cabinets de l'Europe, en pleine possession de la plus étendue des souverainetés, se liguèrent non plus contre les envahissements d'un prince, mais contre un principe politique, contre ce qu'ils appelaient les idées désorganisatrices, la révolution en un mot. Il y eut moins alors équilibre territorial des États entre eux que l'équilibre des idées souveraines, absolues, et du principe libéral, qui grandissait. La sainte-alliance domina l'Europe jusqu'en 1827, époque où, les intérêts particuliers d'États prenant le dessus, la sainte-alliance fut complétement dominée. C'est ainsi, par exemple, que l'Autriche se rapprocha de l'Angleterre en 1827 en ce qui touchait la question d'Orient, pour maintenir l'équilibre prêt à être ébranlé par les envahissements successifs de la Russie.

La révolution de Juillet posa les fondements d'un nouveau système européen, et la quadruple alliance fut destinée à établir un autre équilibre dans les relations d'État à État. Il fut évident que la conception d'une ligue méridionale pourrait seule balancer la prépondérance russe. La Russie a une étendue de territoire telle que le vieil équilibre des États en est menacé. La Belgique, la Prusse et l'Autriche entreront tôt ou tard dans cette alliance, sinon comme parties contractantes, au moins comme puissances médiatrices, empêchant ou modérant le choc entre l'Europe méridionale et l'Europe septentrionale; et c'est ce qui pourra ramener la balance des États. CAPEFIGUE.

Depuis que cet article a paru dans notre livre, l'Angleterre, on s'en souvient, s'écarta de la France en 1840, à propos de cette question d'Orient, qui depuis longtemps menace l'équilibre européen. La France soutenait l'Égypte, que l'Angleterre avec les trois autres grandes puissances voulait ramener sous la suzeraineté du grand-turc. L'année suivante, on se mit d'accord; mais en 1846 les mariages espagnols éloignèrent encore la France de l'Angleterre. La révolution de Février ne fit rien pour rompre l'équilibre européen; les insurrections furent comprimées partout, et, grâce à l'intervention russe, plusieurs nationalités furent rayées de la carte de l'Europe. La Russie put peser davantage sur le système politique de l'Europe, et bientôt elle offrit de négocier l'éventualité du partage de l'empire Ottoman. La question des lieux saints lui servit de prétexte pour intervenir en Orient et occuper les principautés danubiennes. Cette occupation amena la crise à laquelle nous assistons, et d'où sortira sans doute un nouveau système d'équilibre européen qu'il n'est donné à personne de prévoir.

ÉQUILIBRISTE. L'équilibriste est celui qui sait se tenir en équilibre. On désigne sous le nom d'équilibriste des gens qui conservent l'équilibre en quelque position que leur corps soit placé, en maintenant avec dextérité la verticale de son centre de gravité sur une base très-étroite, jouant sur les places publiques avec des poignards, des épées, des chaises, des roues, des échelles, etc., qu'ils tiennent en équilibre. Mais le type de l'*équilibriste*, c'est le danseur de corde. L'équilibriste a pour patrie la Bohême, et pour habitation le champ de foire. Son art consiste encore à danser sur la corde roide, à marcher sur la tête, à faire enfin force tours d'agilité, aux applaudissements de la foule. Aussi appartient-il à ce monde de sorciers et de bateleurs dont le poëte a dit qu'ils n'avaient,

Exempts d'orgueil,
Ni berceau, ni toit, ni cercueil.

Qui n'a vu, dans les carrefours de nos villes, ces familles de faiseurs de tours allant de foire en foire élever leurs mobiles tréteaux? Qui ne s'est attendri sur le sort de ces pauvres enfants, avec leurs vêtements pailletés et leurs oripeaux couverts de fange, qui vont disloquant leurs membres, et gagnant, pauvres saltimbanques! les gros sous que donne la gloire populaire? La race des équilibristes en plein vent commence, du reste, à s'éteindre; mais leurs habitudes sont éternelles; nous n'avons qu'à changer de théâtre pour les retrouver. Le mot *équilibriste* en effet ne s'emploie pas seulement au propre, mais encore au figuré.

L'*équilibre* n'est pas exclusivement une loi de la physique, c'est aussi une loi de la morale et de l'intelligence. Sous ce rapport, il n'y a pas dans notre ingénieuse langue de mot plus riche; il embrasse tout. L'*équilibre*, c'est la clef de toutes les sciences, le résumé de toutes les philosophies, le dernier mot de toutes les politiques. Sans l'équilibre, adieu la sagesse elle-même! Qu'est-ce que le sage, en effet? N'est-ce pas l'homme qui sait tenir ses passions en équilibre? Si l'équilibre est la condition de tous les succès, la perte de l'équilibre est la cause de toutes les chutes. Tous ceux qui tombent, que ce soit de cheval ou du trône, ne tombent que pour avoir méconnu les lois de cette puissance universelle. L'équilibre enfin ne régit pas seulement la terre, il régit encore le ciel, où des millions d'astres obéissent à ses lois, sous la main toute-puissante du divin architecte des mondes. Joséphine DESMAREST.

ÉQUILLE. Parmi ces groupes de poissons au corps serpentiforme auxquels l'anguille peut servir de type, on remarque certaines espèces qui s'en distinguent par leur corps comprimé, par leur museau aigu, par leur caudale fourchue. Ce sont les *équilles* ou *ammodytes*, plus vulgairement connues sous le nom d'*anguilles de sable*, petits poissons que l'on trouve sur nos côtes, enfoncés dans le sable, qu'ils creusent avec leur mâchoire mince et extensible, et où l'on va les chercher à la marée basse, soit pour en amorcer les hameçons, soit pour les manger. Les équilles appartiennent, comme l'anguille, dont ils sont voisins, à l'ordre des malacoptérygiens apodes. Il y en a deux espèces : l'*équille appât* et le *lançon*, toutes deux longues de vingt et quelques centimètres, d'un gris argenté, la seconde offrant un museau plus pointu que la première. Il faut pour les déterrer remuer le sable à plusieurs centimètres de profondeur. On les y découvre roulées sur elles-mêmes, comme des serpents. Là elles trouvent non-seulement les vers dont elles font leur principale nourriture, mais un abri contre la dent de plusieurs poissons qui leur livrent une guerre acharnée. La femelle pond vers le printemps et dépose ses œufs près de la côte. Ce poisson est peu estimé; c'est avec le goujon qu'il a le plus d'analogie. Dr SAUCEROTTE.

ÉQUIMULTIPLE. Plusieurs nombres sont dits *équimultiples* d'autant d'autres nombres quand ils proviennent de la multiplication de ces derniers par un même facteur; ainsi 30, 45, 50 sont des équimultiples de 6, 9, 10, car on les obtient en multipliant ces derniers nombres par 5. Le rapport de deux quantités équimultiples de deux autres est toujours le même que celui de ces dernières.

ÉQUINOXES ou POINTS ÉQUINOXIAUX. On nomme ainsi les deux points d'intersection de l'équateur et de l'écliptique. Ils sont diamétralement opposés, comme le démontrent l'observation et le calcul. La ligne droite qui les joint est appelée *ligne des équinoxes*. Il ne faut pas la confondre avec la trace de l'équateur sur la terre, à laquelle les marins donnent le nom de *ligne équinoxiale*, ou simplement *ligne*. Il y a égalité de jour et de nuit par toute la terre quand le soleil passe par les points équinoxiaux. On nomme *équinoxe du printemps* celui où le soleil coupe l'équateur en remontant de l'hémisphère austral vers le Nord; et *équinoxe d'automne* celui par lequel passe cet astre en redescendant du tropique boréal vers le Sud. Il se désigne par ce caractère ♎ (signe de la *Balance*), et l'équinoxe du printemps par celui-ci ♈ (signe du *Bélier*). C'est de ce dernier point, faisant partie de la constellation du *Bélier*, que les astronomes comptent les ascensions droites du soleil et de tous les astres.

La ligne joignant les points équinoxiaux offre un phénomène remarquable, connu sous le nom de *précession des équinoxes*, ou rétrogradation de cette ligne sur le plan de l'écliptique. Comme l'inclinaison de l'écliptique sur l'équateur n'est pas très-forte, ce mouvement rétrograde conspire en quelque sorte avec le mouvement diurne, de façon que par rapport à ce dernier l'équinoxe avance continuellement sur les étoiles, d'où on l'a nommé *précession des équinoxes*. En d'autres termes, la position de l'équinoxe relativement aux étoiles précède à chaque instant, par rapport au mouvement diurne, celle qu'il avait l'instant d'auparavant. La théorie de l'attraction a démontré que ce curieux phénomène dépendait de l'attraction inégale de la lune et du soleil sur les différents points du sphéroïde aplati de la terre; l'inégalité de cette attraction, à cause de l'aplatissement, détournant sans cesse le plan de l'équateur de sa direction, et le forçant à rétrograder sur l'écliptique, il en résulte que la précession n'existerait pas (du moins n'ayant égard qu'au genre d'attraction dont nous parlons) si la terre était sphérique. Les attractions exercées par le soleil et la lune variant avec la position de ces astres relativement à la terre, il en résulte encore, dans le phénomène dont nous parlons, de petites oscillations qui tantôt l'augmentent, tantôt le diminuent. Leurs périodes diffèrent pour le soleil et la lune, et dépendent du temps nécessaire pour que l'astre revienne à une même position, et ait une même influence relativement à la terre. La durée de ces inégalités est d'une demi-année tropique pour le soleil, et de dix-huit ans pour la lune. Elles ont lieu les unes et les autres avec des oscillations analogues dans l'obliquité de l'écliptique, et font partie d'un autre phénomène appelé *nutation*.

La précession est de 50",10 par an, ce qui, après un certain nombre d'années, trouble l'arrangement des catalogues d'étoiles, et oblige à en faire d'autres. Depuis la formation de celui d'Hipparque, le plus ancien qu'on connaisse, le mouvement de rétrogradation a été d'environ 30°. Il doit faire tout le tour de l'écliptique dans une période d'environ vingt-six mille ans. La longitude de tous les corps célestes, fixes ou errants, est le résultat uranographique nécessaire du phénomène de la précession. L'équinoxe du printemps étant en effet le point initial d'où elle se compte, ainsi que les ascensions droites, une rétrogradation de ce point sur l'écliptique change nécessairement les longitudes de tous les astres en repos ou en mouvement, et produit l'apparence d'un mouvement en longitude commun à tous, comme si la sphère céleste décrivait une rotation lente autour des pôles de l'écliptique dans le cours d'environ vingt-six mille ans, de la même manière qu'elle tourne en vingt-quatre heures autour des pôles de l'équateur. Les étoiles et les constellations éprouvent, en vertu de la précession, un mouvement apparent, qui fait que les unes semblent se rapprocher du pôle, les autres s'en éloigner. Ainsi, les plus anciens catalogues placent à 12° du pôle l'étoile polaire de la petite Ourse, qui n'en est plus aujourd'hui qu'à 1° 24. Elle s'en rapprochera encore jusqu'à environ 1/2 degré, puis elle s'en éloignera pour faire place à d'autres, qui lui succéderont dans le voisinage du pôle. Ainsi, l'étoile *α* de la lyre, la plus brillante de notre hémisphère, ne sera plus qu'à environ 5° du pôle, après environ douze mille ans.

BILLOT.

Aux jours qui précèdent ou qui suivent les équinoxes, et particulièrement l'équinoxe d'automne dans notre hémisphère, les agitations de l'atmosphère redoublent, la nature semble éprouver une crise universelle; les vents réguliers de certains parages soufflent avec une violence inaccoutumée; la mer de Chine est bouleversée par ses typhons; le petit nuage blanc du cap de Bonne-Espérance, que les marins ont nommé *œil-de-bœuf*, sinistre et infaillible avant-coureur des orages, se montre plus souvent sur la montagne de la Table : il se pose là comme le génie des tempêtes sur son trône, et donne aux navigateurs de menaçants enseignements; le mistral, ou vent du nord-ouest, sur la côte de Provence, manque rarement de faire entendre ses sifflements; aux *atterrages* de la Bretagne, dans le golfe de Gascogne et sur les sondes qui annoncent les approches de la Manche, les subites renverses de vent mettent en danger bien des navires; dans les régions équatoriales, sous le brûlant climat de la Guinée, les calmes habituels sont interrompus par les tornados; les pomperos du Brésil, les nortes du golfe de Mexique, et dans les Antilles, les ouragans, que les premiers habitants conjuraient comme le déchaînement des noirs esprits, impriment partout la terreur et l'épouvante, car partout ils ont laissé de funestes traces de leur passage, et les traditions populaires les ont animés de poétiques et sombres couleurs. Le nègre marron de la Jamaïque abandonne sa cachette, et descend des montagnes bleues; il n'oserait pas attendre sur leurs cimes la voix du grand sorcier qui éclate au milieu de l'ouragan; son imagination sauvage lui retrace encore la fin du monde dans ces convulsions de l'atmosphère. Par un singulier concours de causes diverses, les grandes *marées* des équinoxes s'élèvent quelquefois à une prodigieuse hauteur, et aux ravages des tempêtes de l'air ajoutent encore des désastres aussi redoutables, mais plus imprévus.

Dans la recherche des causes de ce phénomène, comme de tous ceux qu'embrasse la physique générale, et qui se compliquent d'un mouvement de fluides, il ne faut pas s'attendre à une explication rigoureuse et mathématique. La raison première, c'est l'action du soleil sur l'atmosphère terrestre. Quand cet astre a régné pendant six mois sur notre hémisphère, il s'est établi dans toutes les parties de l'air qui nous environne une sorte d'équilibre, une moyenne de température qui s'abaisse soudain, et considérablement, vers les régions polaires, dès que la cause efficiente disparaît et passe de l'autre côté de l'équateur. L'atmosphère de notre pôle, condensée par un vif refroidissement, descend vers la zone torride, toute brûlante encore et toute raréfiée, et c'est ce mouvement général qui produit les coups de vent de l'équinoxe. On conçoit que des circonstances locales ou particulières aux diverses années accélèrent ou retardent ces transports aériens; mais il suffit d'avoir exprimé le principe général, la solution du problème dans tous ses détails exigerait la connaissance de données qui échapperont probablement toujours à notre intelligence. Il y a surtout une particularité de ces coups de vent qui m'a paru inexplicable : c'est leur durée, le plus ordinairement de trois jours, quelquefois de six ou neuf. Ces nombres, un tant soit peu cabalistiques, et que l'expérience simple du peuple a promptement saisis, se reproduisent généralement dans l'existence du phénomène : il est bien rare qu'une tempête d'équinoxe tombe au second ou au quatrième jour. Pourquoi? Quel rapport peut-il y avoir entre ces nombres de jours et l'écoulement de la masse d'air en mouvement? Je ne sais. Dans tous les cas, on peut observer une relation évidente entre l'intensité et la durée : les plus longs sont les moins violents.

Théogène PAGE.

ÉQUINOXIALE (Ligne). *Voyez* ÉQUATEUR.

ÉQUIPAGE (*Marine*). De la racine *skip*, signifiant vaisseau dans les langues du Nord, et dont la nôtre aurait fait *esquipe*, puis *équipe* (esquif). Dans la marine, le mot *équipage* s'applique spécialement aux personnes, et signifie l'ensemble de celles qui sont embarquées pour le service d'un vaisseau, à l'exception toutefois des officiers, qui forment l'état-major. Ainsi, les maîtres, contre-maîtres, quartiers-maîtres, les timonniers, gabiers, matelots, mousses, les artilleurs et soldats, composent, dans leur ensemble, l'*équipage* du vaisseau sur lequel ils sont embarqués. En France, dans la marine de l'État, la force des équipages se règle sur le nombre des canons que portent les vaisseaux. On compte en général dix hommes par chaque canon; de sorte qu'un vaisseau de 80 canons a 800 hommes d'équipage, une frégate de 40 canons en a peu près 400. En Angleterre, la proportion est ordinairement moins forte, et pour un vaisseau de 80 canons, l'équipage n'est guère que de 720 à 750 hommes. Longtemps les matelots embarqués sur les vaisseaux de l'État n'eurent aucune marque qui pût servir à les faire reconnaître. Maintenant, habillés uniformément, ils forment une sorte de corps régulier, organisé sous le nom d'*équipages de ligne*. Leur service à bord des vaisseaux de l'État est forcé comme celui de l'armée de terre; mais le recrutement ne s'en fait pas de la même manière : il est fourni presque exclusivement au moyen de l'inscription maritime. En Angleterre, lorsqu'il ne se présente pas assez de matelots de bonne volonté pour former la totalité d'un équipage, on le complète au moyen de ce qu'on appelle *la presse*.

V. DE MOLÉON.

Quand, assis sur le rivage de la mer, on découvre un vaisseau dans le lointain, au moment où il sort de la voûte bleuâtre de l'horizon, on croit voir un oiseau qui effleure de ses ailes la crête brillante des vagues : mais si l'on s'approche, et qu'on mette le pied sur cette machine, la plus belle qu'ait encore construite la main de l'homme, qu'on l'examine dans son ensemble et dans ses détails, on reconnaît qu'un vaisseau est un monde, ayant ses habitants, ses lois, ses mœurs, et divisé en petits États, dont chacun aussi a ses habitants et son caractère. D'abord, au milieu de cette multitude de cordes qui soutiennent les mâts, les vergues, les voiles, s'agite une classe d'hommes particulière : ce sont les *gabiers*, race légère comme l'écureuil, vivant dans les hunes, le nez au vent, l'œil à la découverte, race babillarde et capricieuse comme la brise. Sous le pont, dans les batteries, où sont symétriquement alignés d'énormes canons tout noirs, serrés à la muraille et maintenus par des crocs, des boucles, des cordes mathématiquement embrouillées, on trouve les *canonniers* : leur allure est moins inégale, leur tête posée plus verticalement sur leurs épaules; ils veillent avec une sollicitude touchante à l'entretien de la pièce qui leur est assignée; ils sont fiers de la voir reluire comme un miroir; ils ont toujours dans leur poche quelque vieux morceau d'étoffe pour donner le coup de polissoir si quelque éclaboussure de l'écume de la mer vient la ternir. Quand l'aigre son du sifflet les appelle sur le pont, ils courent à la manœuvre comme les autres matelots; mais dès qu'il s'agit de leur canon, ils reprennent leur mouvements posés, calculés. L'artillerie imprime à leur esprit un cachet géométrique.

Plus bas, et à une profondeur égale au moins à l'élévation de la coque au-dessus du niveau de la mer, s'étend un vaste empire sous-marin, connu sous le nom de *cale*, région ténébreuse, où la lumière du soleil ne pénètre jamais, où l'air est humide, stagnant, éternellement chargé de miasmes de décomposition, où l'œil ne distingue les objets qu'à l'aide d'une lampe dont la lueur livide s'échappe de la double corne d'un fanal sourd. C'est là qu'on entasse tout ce qui est destiné à la consommation de la campagne : bois, vin, eau, farine, biscuit, câbles, grelins, cordes, poulies de toutes grosseurs, grappins d'abordage; et tout cela semble un désordre, un chaos indébrouillable à l'œil qui n'y est point habitué. Les habitants de ce séjour plutonien prennent le nom de *caliers*; leur chef est le *contre-maître de la cale*. Là tout est différent du reste du navire : les hommes, presque tous d'une haute stature, aux formes athlétiques et puissantes, ont les mouvements lents; ils pratiquent des traces au milieu des monceaux de cordes dont la cale est encombrée, et s'y traînent en rampant pour saisir le cordage dont ils ont besoin. Le commandement du contre-maître n'y est pas bref, impératif, saccadé, comme sur le pont; il sait qu'il parle à des républicains sournois, fiers de leur travail dur, incessant, qu'il partage avec eux, et pour lequel ils ont été spécialement élus : car le *calier* est un matelot de choix, qui le plus souvent, a déjà navigué sur toutes les mers et bravé de nombreux orages : on dirait que la lymphe s'épaissit dans son atmosphère. Rarement il s'élève dans les régions supérieures du navire; il se tient tapi au fond de sa cale. Quelquefois, cependant, il montre sur le pont sa tête crépue, couverte d'étoupes et de poussière; il clignote de l'œil, offusqué qu'il est de la lumière du soleil, fait une courte promenade sur le gaillard d'avant, jette un coup d'œil intelligent sur la voilure, sur le ciel, sur l'horizon. Il est d'argile aux plaisanteries; elles ne rebondissent pas sur lui, et il reçoit sans s'émouvoir les lazzis semi-respectueux qu'on lui adresse sur son passage. Dès que sa tournée est faite, qu'il a dit son mot à l'élève de quart, que les gorgées d'air frais qu'il a avalées ont rendu à sa figure blême un incarnat passager, il plonge, ou, comme l'on dit, il *s'affale*, et disparaît dans son trou. A chaque instant on réclame ses services. *Ho! de la cale!* Et sa voix creuse répond : *Ho-hé!* Et il tire de sa cale tout ce que l'on demande en l'accompagnant du grognement de rigueur. Quand le tambour bat le rappel d'inspection, les dernières notes du roulement sont passées depuis longtemps avant qu'on voie arriver le contre-maître de la cale et son escouade. L'officier est indulgent pour eux; il les laisse prendre place à l'extrémité des rangs, car c'est tout un travail que de les faire aligner; leur tenue d'inspection est soignée : boutons brillants, paletot flambant neuf, un peu fripé, toujours marqué des mêmes plis : c'est le cachet du sac, car il se hâte de le renfermer dans son étui dès que l'inspection est passée. Du reste, beau temps ou tempête, tout lui est égal; il ne se doute guère que l'orage gronde qu'au craquement des mâts, et à l'espèce de cordage qu'on vient lui demander.

Tel est en abrégé l'équipage d'un vaisseau.

Théogène PAGE, Capitaine de vaisseau.

On dit encore l'*équipage d'une pompe*, l'*équipage d'un atelier*, l'*équipage d'un roulier*, pour exprimer l'ensemble des objets qui entrent dans la construction d'une pompe ou servent à son jeu, de ceux qu'il est nécessaire d'avoir dans un atelier pour le travail spécial qui s'y fait, de ceux enfin qui servent au roulier pour le transport d'un lieu à un autre des marchandises dont il se charge, etc. Ce mot désigne encore toutes choses nécessaires à certaines entreprises et opérations, à certains exercices : *équipage de guerre*, *de siége*, *de chasse* etc.

Lorsqu'en parlant de quelqu'un on dit qu'il a *équipage*, cela signifie que c'est une personne riche, ou dans l'aisance, qui possède un carrosse, des chevaux, des laquais, et tout ce qui est nécessaire pour l'usage et l'entretien de cet objet de luxe. *Équipage* en effet se dit du train, de la suite, chevaux, mulets, carrosses, valets, hardes, etc; équipages d'un prince, *équipage de Bohême* (équipage délabré). *Être en mauvais équipage*, c'est être mal vêtu.

V. de MOLÉON.

ÉQUIPAGE (Maître d'). *Voyez* MAITRE.

EQUIPAGES (*Art militaire*). Les Romains exprimaient par *impedimenta* (embarras, empêchements) le matériel représenté par ce mot. Le P. Daniel témoigne qu'autrefois *équipages*, *array*, *harnais*, avaient une acception pareille. Beaucoup d'écrivains se servent indifféremment des mots *bagages* et *équipages*, termes jusqu'ici mal définis; leur différence la plus marquée, c'est que le premier s'emploie indifféremment au singulier et au pluriel, tandis qu'on ne se sert du second qu'au pluriel, excepté dans les mots *équipage de fusées*, *équipage de ponts*, etc. L'exiguïté des équipages de l'infanterie des anciens était admirable : le second Scipion l'Africain ne souffrait pas que ses soldats eussent d'autre attirail de bouche qu'une marmite et une broche, comme effets de communauté, une écuelle de bois comme effet personnel. Frontin témoigne, par maints exemples, que les anciens généraux de la milice romaine observaient la même simplicité. Épaminondas n'était pas plus fastueux qu'un simple soldat. Le comte d'Harcourt (Henri de Lorraine), qui avait commandé les armées sous Louis XIII et lors de la minorité de Louis XIV, est le premier qui ait étalé dans les camps le faste d'une vaisselle plate, luxe renouvelé de nos jours par des maréchaux et des généraux. Les désordres des équipages étaient venus à leur comble dans les dernières guerres de Louis XIV. Simplifier, réduire les équipages des officiers de tous grades, les soumettre à une police, a été infructueusement l'objet d'ordonnances nombreuses. A l'égard de l'abus des équipages, il y a eu cependant unanimité de blâme de la part de tous les écrivains. Dans la guerre d'Amérique, la simplicité des équipages fut remise en honneur. « On ne parviendra, disait Daru, à bannir des armées les embarras que lorsqu'on aura, avant la guerre, réglé les formes, matières, poids, nombre de choses qu'il est permis à chacun d'avoir. » Mais l'espoir d'obtenir la perfection dans cette partie semble chimérique; trop d'obstacles s'y opposent. En effet, il faudrait que les lois concernant les femmes d'armée et les valets fussent non-seulement écrites, mais observées; que la loi qui détermine le nombre des chevaux de bât et de trait ne pût être transgressée par qui que ce fût, même par un général d'armée. Il faudrait qu'aucune bouche inutile, aucune femme inutile, ne fussent tolérées; qu'aucune voiture de luxe ne fût permise; que tous les ustensiles de guerre, tels que harnais, cantines portatives, charriots, etc., fussent de même nature, poids et dimension, enfin, absolument identiques et exécutés sur un modèle uniforme, le plus solide, le plus simple, le plus léger, le moins dispendieux.

Les équipages d'une armée se composent généralement : 1° des équipages d'artillerie, comprenant les équipages d'artillerie de campagne et de montagne, de pont et de siége; 2° des équipages du génie; 3° des équipages militaires, comprenant les ambulances et les convois de vivres, d'effets; 4° les équipages ou bagages que chaque régiment, bataillon ou fraction de troupes traîne à sa suite; 5° des équipages des quartiers généraux (*voyez* TRAIN). Gal BARDIN.

ÉQUIPÉE, action téméraire, indiscrète, extravagante, dessein qui ne peut réussir ni être de durée. Une femme quitte son mari sans dire mot; elle fait une plaisante *équipée*.

ce mot est du style familier. *Équipée* n'a pas le même sens qu'*échauffourée* : ce dernier mot exprime une action étourdie, tumultueuse, qui suppose du bruit et un concours de personnes. *Équipée* semble indiquer, au contraire, une action individuelle sans conflit, une sottise prétentieuse et préméditée. Charles Du Rozoir.

ÉQUIPEMENT, ou *adoubement*, ou *équipage*, ou *harnais*; car ces mots ont été synonymes. Le mot français *équipement* s'est germanisé dans l'expression *equipirung* ; il a la même racine que le mot *équipage* : on l'a créé pour ne plus confondre certains effets d'uniforme propres aux hommes, certains attirails relatifs au harnachement des chevaux, certains enseignes attachés aux armées. Un soldat tout *équipé* est un soldat revêtu de son costume et armé de toutes pièces. Il semblerait donc que, militairement parlant, *l'équipement* dût signifier l'ensemble de la tenue du soldat. Ce n'est pas là pourtant le sens que les règlements attachent à ce mot, et l'on distingue dans le bagage du fantassin le *grand équipement* et le *petit équipement*; mais le soldat, plus vrai dans son langage naïf, appelle son grand équipement sa *buffleterie*, et son petit équipement ses *effets de linge et chaussure*. Il a raison, car son grand équipement se compose de la giberne, du ceinturon, de la bretelle. Ses soucis à lui sont d'avoir tout cela bien luisant, bien *asticoté*. Le soldat reçoit pour faire l'acquisition de son petit équipement une première mise en argent, qui varie selon l'arme à laquelle il appartient; on lui fournit sur cet argent des chemises, des souliers, des cols, un sac, un pompon, des épaulettes, des gants, des mouchoirs, etc., etc. Le restant de la première mise forme le fonds de la masse individuelle, et par suite il doit s'entretenir de tous les objets de petit équipement au moyen de cette masse et de dix centimes par jour qu'on lui alloue.

Il est du devoir des inspecteurs généraux de s'assurer si dans l'intérieur des corps il n'est pas fait usage d'effets de luxe; si les règles qui fixent la nature, l'espèce, les dimensions, les prix de l'équipement sont observées; si les registres et l'administration de l'équipement sont en ordre. Les prix de l'équipement sont fixés par des tarifs ministériels; et l'espèce et la quantité des effets, déterminés par des devis. Ils doivent être conformes à des modèles adressés aux corps par le ministère de la guerre. La comptabilité spéciale qui en résulte est vérifiée par les membres de l'intendance sur les contrôles du capitaine d'habillement, sur le registre de l'officier de détails, sur le livre de compagnie, sur les livrets individuels. S'il y a même lieu, un fonctionnaire de l'intendance procède à des visites matérielles. Les règlements chargent les capitaines de l'administration de l'équipement : pour en assurer la conservation, ils en font faire la visite tous les samedis par les officiers de section. Ces règlements veulent même qu'il leur en soit remis un état. Gal Bardin.

ÉQUIPOLÉS (Points). En termes de blason, on appelle points neuf carrés en forme de cases d'échiquier, enfermés dans un écu : de ces cases ou carrés, ceux des angles et celui du milieu sont d'un métal différent des quatre autres. On désigne ces cinq cases ou points par la qualification d'*équipolés* : Saint-Priest en Forez porte cinq points d'or *équipolés* à quatre d'azur.

ÉQUIPOLLENCE, d'*æquipollens*, égal en pouvoir, formé d'*æquus*, égal, et *pollere* pouvoir beaucoup. C'est, en logique, le rapport de deux jugements ayant une même valeur. Par jugements ayant une même valeur on entend tous ceux qui sont d'une teneur équivalente, non-seulement au point de vue logique, mais encore quant à l'expression grammaticale, quant à la forme même qu'y revêt la pensée. Par exemple, ces deux propositions : *Aristote fut le précepteur d'Alexandre*, et *Alexandre fut l'élève d'Aristote* sont équipollentes, et leur rapport est tel que du moment où l'une est reconnue vraie, il faut nécessairement admettre la vérité de l'autre. C'est sur des rapports de cette espèce qu'est basée la classe des raisonnements dits d'équipollence, *ratiocinia per æquipollentiam*.

ÉQUISÉTACÉES, famille de cryptogames vasculaires ne renfermant que le genre *prêle* (*equisetum*), qui lui a donné son nom, et, suivant Endlicher, le genre fossile *calamite*. Les botanistes s'accordent généralement à placer les équisétacées après les mousses et avant les fougères.

ÉQUITATION. L'équitation, ou l'art de monter à cheval, semble être aussi ancien que le monde. La même lumière qui dirigeait le choix des hommes lorsqu'ils soumettaient à leur domaine la brebis, la chèvre, le taureau, les éclaira sans doute sur les avantages qu'ils devaient retirer du cheval, soit pour passer rapidement d'un lieu dans un autre, soit pour le transport des fardeaux, soit enfin pour la facilité des relations commerciales. Il y a beaucoup d'apparence que le cheval ne servit d'abord qu'à soulager son maître dans le cours de ses occupations paisibles. Ce serait trop présumer que de croire qu'il fut employé dans les premières guerres que les hommes se firent. D'après les témoignages les plus irrécusables, il est prouvé que l'usage de monter à cheval ne commença en Grèce que vers l'an du monde 2650, c'est-à-dire 13 à 1400 ans avant l'ère chrétienne; mais s'il était connu et pratiqué longtemps auparavant en Égypte, il paraît établi par plusieurs passages épars dans beaucoup d'ouvrages anciens, que les Grecs du moins cherchèrent les premiers à régulariser cette informe équitation primitive, qui n'était autre chose que celle de nos paysans actuels, montés à poil et conduisant leurs chevaux à l'abreuvoir et aux pacages avec une corde dans la bouche ou un simple licou. L'Athénien Timon est le plus ancien écrivain connu qui ait rédigé des principes sur la manière de monter les chevaux; et pour que ces principes tombassent plus facilement sous les sens de ses concitoyens, il consacra dans le temple d'Éleusis un cheval de bronze, sur le piédestal duquel il avait fait sculpter en relief tout ce qui avait rapport à l'équitation et à l'usage du cheval. Mais l'on concevra aisément à quel point cette science s'était arrêtée chez eux, lorsqu'on saura que les premières *selles* datent du règne de Constantin, et les *étriers* des premières invasions des Francs. Si les anciens ont été nos maîtres dans l'art de dresser et d'assouplir les chevaux, nous les avons bien surpassés en créant véritablement l'art de monter et surtout de combattre à cheval. Nous disons *véritablement*, car l'usage d'employer des combattants à cheval dans les armées paraît remonter à la plus haute antiquité (*voyez* Cavalerie). L'homme ne fut pas longtemps à reconnaître les inclinations guerrières du cheval; sa vigueur, sa docilité, n'échappèrent point à sa perspicacité et méritèrent à ce bel animal l'honneur de devenir bientôt le compagnon de ses dangers et de sa gloire. *Equus paratur in diem belli* (*Prov.*, ch. 21).

Gal Comte de La Roche-Aimon, ancien pair de France.

Dans les temps reculés, l'homme le plus robuste et le plus courageux était celui qui avait la plus haute réputation d'écuyer. Rester ferme sur un cheval dans toute sa vitesse était alors le grand mérite; aussi donnait-on le nom de *centaure* au cavalier le plus intrépide. Aujourd'hui que l'équitation est soumise à des principes fixes, et que son domaine est beaucoup plus étendu, on n'appelle plus que *casse-cou* celui dont tout le talent est de se maintenir à cheval. Laissons donc de côté les anciens, puisque ce qui nous reste d'eux nous prouve clairement qu'ils n'avaient aucune règle certaine pour parler intelligiblement au cheval. Il existe sur cet art beaucoup d'ouvrages, et cependant il est encore assujetti à mille préceptes erronés. Cela vient de ce que l'on n'est jamais parti du véritable point, et qu'une fausse interprétation dans l'emploi des forces a conduit à mille préceptes impraticables. Si les principes de l'équitation eussent été uniquement basés sur l'anatomie et la mécanique animale, on n'eût point, dans leurs applications, autant contrarié la nature, et l'on eût fait faire à cet art des progrès bien plus rapides.

On entend par *équitation* l'art de bien monter et de bien diriger un cheval. Bien monter à cheval, c'est placer toutes les parties du corps de telle sorte qu'on puisse à volonté faire un juste emploi de ses forces pour se maintenir sur l'animal et le conduire. Comment arriver à ce but? En donnant un appui fixe aux parties qui servent de base à celles qui agissent : ainsi, les fesses doivent être adhérentes à la selle, et cette immobilité leur sera donnée par la disposition des reins, qui elle-même résulte du jeu multiplié des vertèbres lombaires. C'est par les flexions d'arrière en avant que chaque vertèbre supérieure reposera sur celle qui lui est unie inférieurement : de là s'ensuivra cette extension du buste si nécessaire à la grâce, à la solidité, et par suite au bien-mener du cheval. Les cuisses, faisant partie de ce qui constitue l'assiette, doivent aussi être assujetties à des règles immuables; car si la fixité des fesses sur la selle sert à amortir les réactions de l'animal, les cuisses, à leur tour, servent à nous fixer sur cette base mobile et à nous y lier le plus intimement possible. Elles doivent donc, règle invariable, être adhérentes et perpendiculaires. Les mouvements de rotation leur donnent promptement la force propre à les maintenir dans ce que l'on appelle, en langage anatomique, la plus parfaite adduction. Cette position une fois acquise, il faudra peu de force pour la conserver.

Si le cavalier doit assouplir les parties qui le mettent d'à-plomb et en rapport avec l'animal qu'il veut assujettir, la même chose aura lieu à l'égard du cheval : il faut, par un travail méthodique et graduel, équilibrer ses forces, et lui donner cette position première d'où découlent naturellement et son instruction et sa soumission. Il faut aussi l'amener, par une suite d'exercices, à répondre à l'impulsion de nos forces et à se soumettre à notre volonté. Ce sont ces exercices qui constituent la base de son éducation, et donnent l'*action* et la *position*. L'action est l'effet de la force qui met l'animal en mouvement. La position est une disposition des propres forces du cheval, telle qu'aucune de ses forces ne puisse échapper à l'exigence des nôtres. Que la force soit bien celle que donne la position, et elle s'obtiendra aussitôt; que la position soit en rapport avec l'allure ou le changement de direction qu'on veut faire exécuter à l'animal, et il ne pourra s'y refuser. Cette vérité, dont on a méconnu les conséquences, peut seule nous mettre à même de parler à son intelligence : nous disons avec intention *parler à son intelligence*, parce qu'en effet nos mouvements sont des phrases qui lui indiquent ce que nous exigeons de lui, et le résultat en est d'autant plus prompt qu'elles sont plus claires. Pour que le dialogue soit serré et que l'homme ne cède aucun avantage au cheval, il faut que celui-ci soit dans une position telle qu'il ne puisse faire aucun mouvement sans la participation de son guide; et pour arriver à ce but, le principe de toute éducation doit être, comme nous venons de le dire, la position. Les chevaux, en général, ne sont maladroits et disposés à se défendre que parce qu'ils ne sont pas suffisamment bien placés. Il faut donc, avant de rien exiger d'eux, employer les moyens propres à obvier à ce défaut essentiel.

Ces moyens consistent d'abord à combattre, par des forces opposées, les parties qui offrent de la résistance; ensuite, à assouplir l'encolure, ce qui conduira infailliblement à cette position indispensable sans laquelle il n'est pas de travail régulier. Supposons le cheval à dresser âgé de cinq ans au moins; supposons qu'il ait été sellé, et qu'il supporte déjà l'homme, comment résistera-t-il à l'action de nos forces? Par l'encolure : rejetons comme erroné tout ce qu'on a dit sur la prétendue dureté de la bouche! Nous agirons donc d'abord sur l'encolure, puisque sa roideur rend la soumission de l'animal difficile, et lui donne l'envie de se défendre. Pour la lui ôter, commençons son éducation par l'assouplissement de l'encolure, et bientôt nous serons maîtres des autres parties du corps. Nous nous servons d'un mors extrêmement doux avec tous les chevaux, et nous en faisons usage même avec ceux que nous montons pour la première fois. Le gros bridon étant nuisible aux progrès de l'éducation, même dans le cas où ils auraient une grande susceptibilité, la seule précaution qu'il faut prendre avec eux est de leur laisser le mors dans la bouche sans qu'ils soient montés, afin de les familiariser avec ce frein. Le mors sera accompagné d'un filet qui remplacera le bridon; sa propriété spéciale est d'agir sur l'encolure, pour l'élever et la faire fléchir à droite et à gauche. Le gros bridon produit bien le même effet, mais, n'étant point accompagné de levier, il ne peut arrêter l'éloignement du nez qu'entraîne son action. A raison de la force très-grande que déploient les jeunes chevaux, et de l'incertitude de leurs mouvements, il faut leur opposer une juste résistance : ainsi, avec eux, pour que le filet agisse directement et arrête les déplacements, pour qu'il transmette immédiatement l'effet de nos forces, il faut le placer sous la partie concave du mors appelée *liberté de la langue*. Plus tard, quand l'animal commencera à répondre à sa sujétion, on rendra au filet sa position normale, et avec elle l'action qu'il doit avoir.

Avec le mors et le filet disposés comme nous venons de le dire, nous commencerons à travailler sur place la tête et l'encolure du cheval, et à lui apprendre à répondre aux mouvements qui élèvent sa tête et la portent à droite et à gauche. A l'aide du mouvement rendu par l'expression *scier du bridon*, et qui consiste à faire aller et venir l'embouchure de ce frein, en tirant alternativement sur l'une et l'autre rêne, on donnera toute l'extension possible à l'encolure, tandis que des pressions réitérées à droite et à gauche l'habitueront aux flexions latérales. La nécessité de ce travail préliminaire se conçoit d'elle-même pour l'animal qui tend à affaisser son encolure et à tomber sur les épaules; pour tous les chevaux, il est d'une utilité réelle, puisque ce n'est qu'en élevant l'encolure, afin d'alléger l'avant-main, qu'on peut aisément porter le cheval en avant. En effet, en examinant un cheval qui se dispose à marcher, on voit qu'il élève le cou et la tête, et les porte un peu en arrière; or, comme il faut ne devoir qu'à nos propres mouvements tous ceux que l'animal exécute sous son cavalier, il est nécessaire que les forces qui l'assujettissent aident bien exactement celles dont il ferait usage dans l'état de liberté; notre premier soin pour le faire avancer sera donc d'élever son encolure. De même, pour le déterminer à droite ou à gauche, l'encolure doit d'abord céder d'un de ces côtés; les flexions auxquelles on l'aura accoutumé rendront ces mouvements plus faciles. Nous avons dit que ces essais préparatoires devaient se faire en place; en voici la raison : quand le cheval est brut encore, les forces qu'il emploie pour ses mouvements instinctifs entraînent une lutte souvent à notre désavantage; d'où s'ensuit pour l'animal l'idée de la défense et un retour difficile à la soumission. Si, au lieu de batailler inutilement avec lui, on s'occupe d'abord à le travailler dans l'inaction, il comprendra ce qu'on lui demande et ne confondra pas la force isolée qui sollicite la position avec la force plus complexe qui exige à la fois et la position et la continuité de l'action.

C'est à la suite de ce premier travail, qui doit se continuer jusqu'à ce que l'encolure du cheval soit parfaitement assouplie, qu'on le mettra en action pour lui faire prendre l'allure du pas; c'est un premier progrès, sur lequel il faut s'arrêter tant qu'il offre de la résistance. Le pas doit suivre immédiatement l'inaction, parce que dans cette allure l'animal a encore trois points d'appui sur le sol, et son action étant moins considérable que pour le trot ou le galop, il est plus facile de le régler et de le régulariser; ce qui le conduira à prendre beaucoup plus vite la position à laquelle on veut le soumettre. Les volontés du cheval ne seront soumises à celles du cavalier que quand l'assouplissement l'aura conduit à prendre une bonne position; alors il comprendra facilement tout ce qu'on lui demandera, et quelques répétitions du même travail le lui feront exécuter sans peine. Mais pour arriver à ce résultat on doit d'abord chercher les moyens de s'emparer entièrement de ses forces, de façon que notre volonté devienne la sienne; il faut ensuite mettre assez de progression dans ce que nous lui demandons pour que son intelligence nous suive, et comprenne qu'il n'y a dans nos actes ni méchanceté ni maladresse. Sous ce rapport, le talent de l'écuyer consiste à trouver les moyens d'agir si directement, si localement sur son cheval, que celui-ci ne puisse pas se refuser aux mouvements qu'on lui demande. Or, cette habileté de l'écuyer ne saurait lui venir qu'à la suite d'une étude indispensable, celle des moyens par lesquels le cheval opère tel ou tel mouvement ou par lesquels il résiste. Une fois cette connaissance acquise, en disposant les muscles de l'animal d'une façon telle qu'il n'ait plus besoin que d'action pour exécuter, en lui donnant, en un mot, la position nécessaire, on sera sûrement obéi. Pourquoi le cheval refuse-t-il de tourner à droite ou à gauche, de galoper, ou de fuir les hanches? C'est qu'on lui demande des choses à l'exécution desquelles sa position première apporte un obstacle physique. Aussi doit-on bien se garder d'exiger aucun de ces mouvements avant d'être bien certain qu'il y soit parfaitement disposé.

C'est une erreur de regarder le trot comme l'allure la plus favorable à un prompt développement. Il est, au contraire, indispensable de donner aux chevaux une souplesse préalable, pour qu'ils puissent se maintenir gracieusement dans cette belle allure. Les mouvements avec lesquels l'équilibre s'obtient le plus aisément doivent précéder ceux qui présentent plus de difficultés. Ce n'est pas assez que l'animal trotte vite il faut encore que l'effort qu'il fait dans cette allure ne prenne pas seul son équilibre, et qu'il réponde aussi vivement qu'au pas et avec autant de précision à tout ce que le cavalier lui demande; alors seulement on pourra se glorifier de la vélocité du trot de son cheval, puisqu'on ne lui en transmettra pas moins les forces nécessaires à toutes les directions. Nous ne sommes point partisan de la plate-longe pour assouplir les jeunes chevaux : comme l'animal ne se meut régulièrement qu'à la suite d'une bonne position, celle qu'il prend par ce genre d'exercice, où il est libre de disposer de ses forces, ne peut pas être la position que vous lui donnerez quand vous le monterez. Si le cheval a quelques parties défectueuses, il néglige de les utiliser, et s'habitue à de fausses attitudes; si, au contraire, toutes les parties sont bien constituées, la plate-longe est inutile et ne fait que prolonger le temps de l'éducation. Le seul cas où l'usage en soit admissible est celui où nos mouvements ne peuvent calmer chez le jeune cheval une gaieté excessive, capable de dégénérer en défense. Alors, en le laissant trotter dix minutes en cercle, on calme sa fougue, et il devient plus attentif aux observations. Mais ce qui est une partie essentielle de l'éducation, c'est la rectification des mauvaises positions, au moyen desquelles les chevaux résistent.

Indiquons maintenant la position normale : la tête doit être presque perpendiculaire au sol. Pour qu'un cheval ait cet avantage, il faut, ou qu'il ait une belle conformation, ou qu'il soit savamment monté. Malheureusement les chevaux bien conformés sont rares, et les cavaliers assez instruits pour suppléer par l'art aux imperfections de la nature le sont peut-être encore davantage. Cependant, la bonne position de la tête et de l'encolure est de première nécessité pour celle des autres parties du corps. En effet, si l'encolure est basse ou tendue, il n'y a plus d'action possible du cavalier sur l'animal, parce que toute celle qu'il exerce n'est ressentie que par l'encolure seule, et n'agit pas sur le reste du corps. La main ne parvient à le diriger que parce que l'impulsion qu'elle donne à la tête réagit sur le reste et détermine son mouvement; mais si cette partie, par une contraction quelconque, absorbe l'effort du cavalier, il est clair que toute direction devient impossible. Que le cheval mette plus de force dans l'un des deux côtés de l'encolure, et celle-ci ne sera plus droite, et l'inégalité des forces fera perdre aux rênes et au mors de la bride leur effet déterminant. La tête suit toujours les mauvaises attitudes de l'encolure, ce qui fait naître des positions souvent dangereuses et toujours disgracieuses; nous en signalerons deux qui rendent les effets du mors impuissants pour ralentir, arrêter, ou enlever, et qui ôtent aux rênes leur effet déterminant à droite ou à gauche : l'une quand le cheval éloigne son nez (ou porte au vent), l'autre, quand il s'encapuchonne.

L'animal prend la première position en contractant les muscles supérieurs de son encolure; et comme c'est par la flexion de ces muscles qu'on fait refluer la force et le poids de la partie antérieure sur l'arrière-main, cette translation devient impossible : aussi ces chevaux sont-ils fort désagréables à conduire, la grande quantité de force dont cette position leur permet de disposer se trouvant toujours en opposition avec les moyens de résistance du cavalier. Ce défaut ne tarde même pas à en amener un autre : il rend l'animal ombrageux; son rayon visuel, parcourant un trop grand espace, lui fait apercevoir des objets qu'il ne peut ni distinguer ni apprécier : aussi cherche-t-il d'abord à les fuir; et il le peut d'autant plus aisément que son conducteur a perdu les moyens de le maîtriser. Quand la tête, au contraire, outrepasse la ligne perpendiculaire vers le poitrail, le cheval s'encapuchonne; dès lors l'équilibre est détruit. L'animal est porté sur ses épaules, son menton touche au gosier, le mors perd sa puissance. En supposant même que le cheval n'en abuse pas, toujours est-il qu'il ne peut plus voir assez loin devant lui pour éviter ce qui obstruerait son passage; il devient maladroit, et oblige le cavalier à une plus grande attention. C'est à corriger ces vices de position que l'écuyer doit mettre tous ses soins, et le travail en place seul l'y conduira promptement; les difficultés seront vaincues dès que l'animal sera disposé de manière à céder aux mouvements les plus imperceptibles, aux forces les plus minimes; et c'est ce que l'équilibre amènera infailliblement. Combien ne voyons-nous pas d'écuyers subir tous les caprices de leurs chevaux, faute de ce travail préalable? Combien assurent qu'ils sont des mieux dressés, qui cependant avouent qu'ils sont fantasques, et que leurs dispositions varient au jour le jour? Si, au lieu de s'en fier aux bons moments de son coursier, on s'occupait de le bien placer, il est indubitable que les positions de la veille, qui ont donné de bons résultats, les amèneraient encore le lendemain; mais on néglige ce point principal, et de là l'incertitude. Comment en effet le cheval se portera t-il sur une ligne droite s'il n'est pas droit lui-même? Comment se maintiendra-t-il sur une ligne courbe s'il n'est pas incliné comme elle? Comment la partie antérieure s'enlèvera-t-elle si elle n'est pas plus allégée que la partie postérieure.

Résumons-nous. Nous avons admis que le cheval était déjà familiarisé avec le poids de l'homme : qu'il le soit du reste ou non, le travail en place est toujours celui par lequel il faudra commencer. Si l'animal n'avait pas été monté, on l'habituerait à supporter la selle et la bride, qu'il garderait pendant un quart d'heure, trois ou quatre fois par jour. Après l'avoir enfourché, on l'exercerait matin et soir en place, durant une demi-heure, et huit jours le mettraient en état de comprendre un travail plus compliqué. Le *reculer* suivrait immédiatement; on ne devrait d'abord chercher qu'à obtenir un pas ou deux la première fois, pour augmenter successivement. Dès que le cheval ne présenterait plus de résistance, on commencerait à le faire marcher au pas, toujours droit devant lui. Sa légèreté indiquerait si sa position ne s'est pas altérée. On passerait ensuite aux changements de direction, en le prévenant assez à l'avance pour éviter toute fâcheuse opposition. Dix jours après cette gradation pour l'allure du pas, on pourrait l'acheminer à celle du trot; il faudrait observer la même suite et la même précaution, et n'augmenter la vitesse de l'allure que progressivement. Si, malgré cette attention, il se jette sur la main, il ne faut pas craindre de le ramener aux premières leçons par les moyens inverses, c'est-à-dire le petit trot, le pas et le travail en place. Réussit-on seulement en diminuant la vitesse de l'allure, on peut en rester là. Quand tous les mouvements obtenus au pas et au trot s'exécutent sans roideur ni contraction, alors il est possible de commencer le galop. Il faut éviter de trop longues leçons; elles épuisent les forces et amortissent le sens du toucher. On s'attachera à faire partir et arrêter souvent le cheval, également aux deux mains. La leçon où il galope pourra être précédée ou suivie du travail sur les hanches. On devra commencer par là s'il manque d'action primitive, et terminer par cet exercice s'il a une action considérable. L'apathie et la fougue sont deux causes qui peuvent retarder ses progrès. Il faut donc se contenter les premières fois de deux pas de côté, à l'extrémité d'une des lignes qui traversent le milieu du manége, et augmenter progressivement.

Le temps de la leçon doit toujours être d'une demi-heure; mais on conçoit qu'il faut en graduer la répartition selon le degré d'instruction du cheval : pendant les premières leçons, la demi-heure entière se passera au travail en place, moins les cinq dernières minutes, durant lesquelles on l'exercera au reculer; ensuite, un quart d'heure seulement sera réservé au travail dans l'inaction; dix minutes seront employées au pas, et cinq au reculer. Quand on passera au trot, cinq minutes seront encore données à l'inaction, dix au pas, dix au trot et cinq au reculer. Enfin, la leçon complète se composera de *cinq minutes en place, dix au pas, sept au galop et pas alterne, sept au pas de côté et deux au reculer*. Des leçons ainsi réparties ne sauraient fatiguer le cheval; on peut donc les répéter matin et soir, rester une huitaine sur chacune d'elles, et en six semaines, ou deux mois au plus, l'animal a pris toutes les allures avec grâce et légèreté. Alors est complète son éducation, qui n'a roulé sur rien d'inutile, puisqu'on ne lui a jamais demandé une chose impossible; aussi son organisation reste-t-elle intacte, et sa soumission ne laisse rien à désirer. A voir le résultat de cette façon de dresser les chevaux, on croirait que pour y atteindre il faut une patience exemplaire; c'est une erreur : chaque minute amène une amélioration, chaque effort un progrès; l'animal bien ménagé obéit comme s'il savait déjà, et le cavalier trouve trop de plaisir dans le succès de son entreprise pour se rappeler qu'il lui faut de la patience.

F. BAUCHER, professeur d'équitation.

ÉQUITÉ. Deux idées distinctes à quelques égards, analogues sous d'autres aspects, sont exprimées par les mots *justice*, *équité* : assignons les différences qui indiqueront en même temps les analogies. La justice suppose un *droit;* l'équité ne s'en occupe nullement, et cesse même de prendre part à ce qui est dans le domaine d'un droit positif et reconnu. Comme le *juste* n'est que le *vrai* en matière de droit, l'intelligence se charge seule de ce qui le concerne, au lieu que les recherches relatives à l'*équitable* sont confiées à un tact moral qui tient à la fois au sentiment et à la raison. Si des infortunes égales réclament en même temps les secours de la bienfaisance, l'équité veut que le bienfait soit également partagé entre toutes, et si l'une obtenait une faveur spéciale, la distribution ne serait plus *équitable*, sans devenir *injuste*. En Angleterre, la *taxe des pauvres* devient une propriété de cette partie de la population, et chaque indigent a *droit* à une part qui ne peut être refusée ni diminuée sans *injustice*. Le raisonnement est appliqué à la recherche et à l'exposition de ce qui est *juste;* le calcul vient quelquefois à son aide, et ces deux instruments ne sont pas exempts d'erreur; l'erreur dans ce cas est une *injustice* répréhensible, sans doute, mais non blâmable. Les fautes contre l'équité sont jugées plus sévèrement : c'est au cœur, aux passions qu'on les attribue, et le blâme les atteint très-*justement*. Remarquons ici que cet adverbe est le mot propre, car le blâme dont il s'agit est l'expression d'un acte de raisonnement, d'une comparaison impartiale entre ce qu'il convenait de faire et ce que l'on a fait. Quant au droit, fondement essentiel de toute justice, il dérive d'une loi qui n'a pas besoin d'être écrite ni insérée dans un code; la raison l'a dictée, et toutes nos facultés intellectuelles et sentimentales se sont empressées de la sanctionner : l'estime ne doit être accordée qu'à la vertu et à ce qui est utile à l'humanité, sans que l'on ait le droit de l'exiger. Suivant la définition des légistes, la justice, considérée comme une qualité du juge, est « la volonté constante et perpétuelle d'attribuer à chacun ce qui lui *appartient* » : ce dernier mot suffit pour qu'on ne la confonde pas avec l'équité; elle est pour le juge un devoir impérieux et non une vertu : tout ce que ce magistrat peut recueillir du plus long exercice de ses fonctions avec une scrupuleuse intégrité, c'est d'être sans reproche. L'équité doit être mise au rang des vertus, et puisqu'elle a le droit d'en réclamer le prix, elle s'expose aussi à le perdre lorsque des passions la font dévier, et que ses actes cessent d'être vertueux.

FERRY.

ÉQUIVALENT, qui est de même prix, de même valeur. Vingt pièces de 5 fr. sont équivalentes à cinq pièces d'or de 20 fr. Il ne faut pas confondre *équivalent* avec *égal;* deux choses sont égales lorsqu'elles ont la même forme, les mêmes dimensions : par exemple, deux triangles sont égaux lorsque étant superposés, ils se recouvrent parfaitement sans que l'un déborde l'autre. Deux figures, telle qu'un cercle, un triangle, sont équivalentes en surface, quand leurs aires contiennent le même nombre de mètres carrés.

TEYSSÈDRE.

ÉQUIVALENTS CHIMIQUES. La loi des *équivalents chimiques* est fondée sur cette observation, que les combinaisons des corps ont toujours lieu entre des quantités de ces corps ayant des rapports constants. Elle a été établie par l'expérience. Ainsi, que l'on prenne 100 parties (en poids) d'oxygène, et que l'on cherche ce qu'il en faudra de plomb pour former du protoxyde de plomb, on reconnaîtra que le nombre de ces parties est invariablement de 1294. Or, cette quantité de plomb, c'est justement celle qu'il faut unir à 201,17 parties de soufre pour former un sulfure, à 442,65 de chlore pour former un chlorure, etc. C'est pourquoi 100 d'oxygène, 201,17 de soufre, 442,65 de chlore, sont dits être *équivalents*, et ces quantités *s'équivalent* réellement, car si au lieu de nos 1294 parties de plomb, nous prenons 1351 parties d'argent, il nous faudra encore 100 d'oxygène, ou 201,17 de soufre, ou 442,65 de chlore, etc., suivant que nous voudrons avoir un oxyde, un sulfure, un chlorure d'argent, etc. Cependant deux corps simples, tels que l'azote et l'oxygène, par exemple, sont souvent susceptibles de former plusieurs composés différents; mais alors l'un de ces composés renferme un équivalent d'oxygène pour un équivalent d'azote; l'autre contient deux équivalents d'oxygène pour un d'azote, etc., toujours dans un rapport très-simple. Les chimistes représentent ces composés par les signes distinctifs de leurs éléments accompagnés d'un exposant qui fait connaître le nombre d'équivalents de chacun d'eux : c'est ainsi qu'ils représentent le protoxyde d'azote par $Az\,O$, le deutoxyde par $Az\,O^2$, etc.

Les équivalents chimiques ont aussi reçu le nom de *nombres porportionnels*. La loi des équivalents s'applique aussi bien aux corps composés qu'aux corps simples.

E. MERLIEUX.

ÉQUIVALVE. On donne ce nom à toute coquille bivalve dont les deux valves sont symétriques.

ÉQUIVOQUE.

> Du langage français bizarre hermaphrodite,
> De quel genre te faire, *équivoque maudite*,
> Ou *maudit*? car sans peine aux rimeurs hasardeux
> L'usage encor, je crois, laisse le choix des deux.

A cette question, qui était douteuse du temps de Boileau, l'usage, d'accord cette fois avec la raison, s'est chargé de répondre, et depuis longtemps on ne fait plus *équivoque* que du féminin. Le *Dictionnaire de Trévoux* en donne l'exemple, Vaugelas et Ménage l'avaient ainsi décidé, contre l'avis de plusieurs auteurs. Il suffisait de se reporter à l'étymologie de ce mot, fait de deux termes latins, *æquus*, égal, et *vox*, voix, pour se convaincre que ce dernier, qui doit être considéré comme son principal radical, ayant pris dans notre langue le genre féminin, devait le transmettre à son composé. Ce mot, considéré comme substantif, sert à désigner une chose douteuse, ambiguë, qui a ou qui peut avoir deux ou plusieurs sens, l'un vrai, l'autre faux, en un mot une proposition *à double entente*. Quant à l'adjectif, qui ne diffère en rien du substantif, il se joint également, et sans modification, à un nom masculin, ou à un nom féminin, auquel il donne la même signification, soit qu'il s'applique aux choses, soit que par extension, et dans des cas fort rares, on le transporte aux individus. « Un habile négociateur, a dit La Bruyère, sait parler ambigument et se servir de tours et de mots *équivoques*, pour les interpréter ensuite selon les occasions. » Non-seulement on dit d'un discours, d'une parole, d'un terme, d'un mot, d'une expression, qu'ils sont *équivoques;* mais on le dit également d'une action, de la réputation, du mérite, de la vertu, quand on a quelque raison de les suspecter. La vertu, par exemple, lorsqu'elle n'est point *équivoque*, ne se dément jamais. Il y a aussi des louanges *équivoques* qui sont de fines railleries et autant de manières détournées de rendre ridicules ceux qui en sont l'objet. Enfin, on peut dire que la *finesse* est une qualité *équivoque*, placée entre le *vice* et la *vertu*. On appelle *homme* ou *femme équivoque* celui ou celle dont le caractère, la position dans le monde et la réputation ne sont pas bien sûrs, et avec qui, par conséquent, la prudence défend d'avoir des relations.

Il ne faut point confondre le qualificatif *équivoque* avec ses synonymes *douteux*, *incertain*, *problématique*, *louche* et *amphibologique*. Les trois premiers marquent cet état d'hésitation que les objets peuvent faire naître dans notre esprit. *Douteux* désigne l'embarras où peut se trouver notre raison, notre jugement, en considérant un objet qui a deux vues, deux faces différentes. *Incertain*, qui est l'opposé de *certain*, marque également une chose qui n'est pas déterminée d'une manière claire et irréfragable, une chose enfin dont la vérité n'est pas victorieusement démontrée, et qui ne saisit point l'esprit d'une façon impérieuse et irrésistible. Une proposition, une question, une chose *problématiques* sont celles qui demandent à être examinées, débattues, éclaircies, résolues. Quant aux qualificatifs *louche* et *amphibologique*, ils répandent sur les choses un degré de plus d'incertitude pour l'esprit. « Ce qui rend une phrase *louche*, dit Beauzée, vient de la disposition particulière des mots qui la composent, lorsqu'ils semblent au premier aspect avoir un certain rapport, quoique véritablement ils en aient un autre : c'est ainsi que les personnes *louches* paraissent regarder d'un côté pendant qu'elles regardent d'un autre. Ce qui rend une phrase *équivoque* vient du défaut, du manque de détermination essentielle à certains mots, lorsqu'ils sont employés de manière que l'application actuelle n'en est pas fixée avec assez de précision. Toute phrase *louche* ou *équivoque* est par là même *amphibologique*. Ce dernier terme est plus général, et comprend en soi les deux premiers, comme le genre comprend les espèces. Toute expression susceptible de deux sens différents est *amphibologique*, selon la force du terme, et c'est tout ce qu'il signifie. Les deux autres ajoutent à cette idée principale l'indication des causes qui doublent le sens (*voyez* AMPHIBOLOGIE).

Nos anciens poëtes français nommaient *rime équivoque* une espèce de poésie dans laquelle la dernière syllabe de chaque vers était reprise en une autre signification au commencement ou à la fin du vers qui suivait; en voici un exemple pris dans Marot :

> En m'ébattant, je fais rondeaux *en rime*,
> Et *en rimant* bien souvent je *m'enrime*.
> Bref, c'est pitié, entre nous *rimailleurs*,
> Car vous trouvez assez de *rime ailleurs*,
> Et quand vous plaist, mieux que moi *rimassez*,
> Des biens avez et de la *rime assez*.

« Depuis longtemps, dit M. Carpentier dans son *Gradus français*, la raison et le goût ont fait justice de ces puérilités. »

Le substantif *équivoque* a encore pour synonyme *ambiguïté* et *double sens*. « L'*équivoque*, dit l'abbé Girard, a deux sens : l'un naturel, qui paraît être celui qu'on veut faire entendre, et qui est effectivement entendu de ceux qui écoutent; l'autre, détourné, qui n'est entendu que de la personne qui parle, et qu'on ne soupçonne pas même pouvoir être celui qu'elle a intention de faire entendre. On se sert de l'*équivoque* pour tromper, de l'*ambiguïté* pour ne pas trop instruire, du *double sens* pour instruire avec précaution. Il est bas et indigne d'un honnête homme d'user d'*équivoque :* il n'y a que la subtilité d'une éducation scolastique qui puisse persuader qu'elle soit un moyen de sauver du naufrage sa sincérité; car dans le monde elle n'empêche pas de passer pour menteur ou pour malhonnête homme, et elle y donne de plus un ridicule d'esprit très-méprisable. L'*ambiguïté* est peut-être plus souvent l'effet d'une confusion d'idées que d'un dessein prémédité de ne point éclairer ceux qui écoutent : on ne doit en faire usage que dans les occasions où il est dangereux de trop instruire. Le *double sens* est d'un esprit fin : la malignité et la politesse en ont introduit l'usage; il faudrait seulement que ce ne fût jamais aux dépens de la réputation du prochain. »

Comme le remarque Voltaire, « tous les oracles de l'antiquité étaient équivoques ». Quand Aurélien consulta le dieu Palmyre, ce dieu lui répondit que *les colombes craignaient le faucon*. Quelque chose qui arrivât, le dieu se tirait d'affaire : le faucon était le vainqueur, les colombes étaient les vaincues. « Quelquefois, ajoute Voltaire, des souverains ont employé l'*équivoque* aussi bien que les dieux. Je ne sais quel tyran, ayant juré à un captif de ne pas le tuer, ordonna qu'on ne lui donnât pas à manger, disant qu'il lui avait promis de ne pas le faire mourir, mais non de contribuer à le faire vivre. » Voilà un véritable *abus de mots*. Il en est de même du procédé de ce *bon* évêque qui, à la bataille de Bouvines se servait d'une massue pour éclaircir les rangs des ennemis, et qui pensait ne point mentir à son caractère, « parce que, disait-il, si l'Église défend de *répandre le sang* de son semblable (*Ecclesia abhorret a sanguine*), elle ne défend pas de l'*assommer*. » « Faute de définir les termes, dit encore Voltaire, faute surtout de netteté dans l'esprit, presque toutes les lois, qui devraient être claires comme l'arithmétique et la géométrie, sont obscures comme des logogriphes. La triste preuve en est que presque tous les procès sont fondés sur le sens des lois, entendues presque toujours différemment par les plaideurs, les avocats et les juges. »

Le verbe neutre *équivoquer*, c'est-à-dire *user d'équivoque*, indiqué par tous les dictionnaires, depuis celui de *Trévoux* jusqu'à la dernière édition de l'*Académie*, n'est guère usité; mais, malgré l'autorité de la célèbre société, nous devons faire observer qu'il ne s'emploie plus aujourd'hui, comme autrefois, avec le pronom personnel, dans le sens de *se tromper, se méprendre*, et l'on ne serait pas admis à dire avec elle : *il s'est équivoqué plaisamment.*

Edme Héreau.

ÉRABLE, genre de plantes qui comprend au moins vingt-cinq espèces, dont les unes donnent des arbres d'une assez grande élévation, et d'autres de simples arbustes. L'érable appartient à la XXIII classe ou à la polygamie-monœcie de Linné, où il est le type de la petite famille des *acéracées*. Parmi les espèces qui croissent naturellement en Europe, on distingue principalement l'*érable de montagne* (*acer platanoides*), dit *sycomore*, et l'*érable faux-platane* (*acer pseudo-platanus*), très-propres l'un et l'autre à être employés en avenues ou dans les plantations destinées à unir l'utile à l'agréable.

On peut retirer de plusieurs espèces d'érables, en perçant leur écorce et leur aubier, une séve dont on obtient un véritable sucre en la faisant bouillir et évaporer; mais il en est une qui en donne en bien plus grande quantité que les autres, et qui, à raison de cette propriété, a reçu le nom spécial d'*érable à sucre* (*acer saccharinum*). Celle-ci est originaire de l'Amérique septentrionale, et on l'y trouve en abondance dans la plupart des forêts, depuis la Louisiane jusqu'au Canada inclusivement. Dans cette dernière contrée, et surtout dans la partie de l'ouest des États-Unis, la fabrication du sucre d'érable est générale dans les campagnes, et forme un objet important, le sucre d'érable qui se fait dans les ménages suppléant très-bien celui de canne, que l'éloignement des marchés et la difficulté des communications mettent souvent l'habitant dans la presque impossibilité de se procurer. Pour obtenir la séve sucrée de l'érable, on perfore avec une tarière l'écorce et une partie de l'aubier de l'arbre, dès les premiers jours du printemps; on place au-dessous du trou un vase pour recevoir le suc, qui s'y rend au moyen d'une espèce de cannelle ou de tuyau dont un des bouts est introduit dans le trou, de manière à ce que le suc n'ait pas d'autre voie pour s'écouler. On fait d'abord un premier trou du côté du midi, et plus tard on en ouvre un second dans la partie de l'arbre exposée au nord. Ces trous étant faits convenablement n'empêchent pas l'arbre de vivre assez longtemps. Un érable de moyenne grosseur peut donner, quand la saison est favorable, de 100 à 120 litres de suc, dont on retirera par l'évaporation environ trois kilogrammes de très-bon sucre. Le travail qu'exige la fabrication du sucre brut d'érable peut facilement être fait par les femmes, lorsque, comme cela est ordinaire aux États-Unis, la chaudière d'évaporation se trouve placée sous quelque hangar construit pour cet objet sur le terrain même où sont les érables. Elles n'ont d'autre peine que celle de vider dans la chaudière les vases à mesure qu'ils se remplissent, et d'entretenir et surveiller l'évaporation. Le temps que dure l'écoulement de la séve varie depuis cinq semaines jusqu'à six, suivant que le printemps se trouve être plus ou moins chaud. V. de Moléon.

ÉRARD (Sébastien), ingénieur mécanicien, célèbre facteur d'intruments de musique, né à Strasbourg, le 5 avril 1752, mort au château de La Muette, à Passy, près Paris, le 5 août 1831. Le bisaïeul de Sébastien Érard quitta la France à la révocation de l'édit de Nantes pour cause de religion; son fils, le grand-père de Sébastien, était établi à Porentruy, où, comme notaire-géomètre et père de sept fils, il jouissait de certains priviléges. Le plus jeune des sept fils revint dans la mère patrie et se fit catholique, en s'établissant à Strasbourg. Celui-ci, père de Sébastien, ne se maria qu'à l'âge de soixante-deux ans.

Sébastien était le plus jeune de trois frères; l'aîné d'entre eux, *Antoine*, resta dans la ville paternelle, et y fonda une académie de dessin et de géométrie; c'est à cette école que le général Kléber, Strasbourgeois, puisa les premières notions qui, développées avec l'âge, en firent un de nos officiers les plus distingués. Le second frère, *Jean-Baptiste*, quitta la maison paternelle pour aller se perfectionner en Allemagne chez les facteurs d'instruments, et revint ensuite en France s'associer aux travaux de son frère Sébastien, dont il fut l'ami constant et le digne émule. Sébastien, le plus jeune, tourna tout de suite ses regards vers l'intérieur de la France; il n'avait pas dix-huit ans lorsqu'il débarqua à Paris. En arrivant dans cette capitale, le jeune Érard, sans fortune, sans amis, eut à lutter contre bien des obstacles; mais le courage et la persévérance naturels à son caractère et les excellents principes qu'il avait puisés dans sa première éducation l'en firent triompher.

Érard possédait personnellement des éléments de succès que l'on trouve rarement réunis chez un seul homme : excellent ouvrier, il pouvait mettre lui-même à exécution les idées que son génie fécond lui suggérait, et qu'il mûrissait d'abord, avec le secours du dessin géométrique, cette langue des machines, dans lequel il excellait. C'est ainsi qu'il abordait avec une extrême facilité les travaux les plus compliqués, et qu'il trouvait en lui-même les ressources nécessaires pour arriver au but proposé. Recommandé à la duchesse de Villeroy, qui aimait à s'occuper de la construction d'instruments de musique, il s'acquitta si bien de la tâche difficile qu'il avait acceptée, que la duchesse voulut se l'attacher par un engagement avantageux de plusieurs années; mais notre jeune facteur tenait à sa liberté : il méditait déjà le projet d'un établissement modèle, et ses premiers travaux n'étaient que le prélude de toutes ses belles découvertes pour le perfectionnement des instruments de musique, dont il s'est occupé, tels que l'orgue, la harpe et le piano.

C'est dans l'hôtel de la duchesse de Villeroy qu'Érard construisit son premier piano; il eut un si grand retentissement dans le monde musical, qu'on peut le regarder comme l'origine de cet intrument en France. Mais quelle distance il y avait à parcourir de ce point de départ jusqu'au degré de perfection, impossible à prévoir alors, auquel les inventions d'Érard l'ont porté de nos jours! A l'époque dont nous parlons (1780), le clavecin était le seul instrument de chambre qu'on fabriquât sur une certaine échelle; d'autres instruments en vogue de nos jours, tels que la harpe, l'orgue de chambre et le piano, n'étaient encore à Paris que des objets de curiosité. On ne fabriquait pas encore de pianos chez nous, et le petit nombre de ces instruments répandus dans le monde musical était importé d'Angleterre ou d'Allemagne. On ne saurait trop le répéter, c'est aux efforts persévérants et réunis de Sébastien Érard et de son frère Jean-Baptiste, pendant plus d'un demi-siècle, que l'on doit l'établissement en France de cet art nouveau, qui sert de base à l'une des branches d'industrie les plus importantes sous le rapport commercial. Ce sont les frères Érard qui ont inventé les premiers instruments, créé des modèles, établi le travail, inventé les outils d'où dépendent la précision et la plus grande perfection du mécanisme.

Prony, dans un rapport qu'il fit sur la harpe à double mouvement d'Érard, en 1815, conclut en disant que Sébastien Érard était du petit nombre des hommes privilégiés *qui ont commencé et fini leur art*. En effet, lorsque Érard commença à s'occuper de la harpe, elle était dans l'enfance; par son invention du double mouvement, il a certainement acquis des droits éternels à la reconnaissance des amateurs de ce bel instrument. Ce que Érard avait fait pour la harpe, il avait à cœur de l'accomplir aussi pour le piano; son invention du double échappement, au milieu de tant d'autres dont il a doté le piano, a complétement résolu ce problème où tous ses devanciers avaient échoué.

Pour des hommes de génie tels que Sébastien Érard, la vie est trop courte. A l'âge de près de quatre-vingts ans, terme de la carrière de notre célèbre facteur, il méditait de nouveaux perfectionnements; il s'écriait quelquefois que c'est au moment où, par l'expérience acquise, on peut être utile, qu'il faut quitter ce monde ! Son esprit était toujours en activité, et cependant les dernières années de sa vie avaient été remplies par un travail si difficile et si important qu'il aurait suffi pour absorber tous les moyens d'artistes plus jeunes, mais moins féconds et moins expérimentés. Nous voulons parler des magnifiques orgues qu'il avait construites de 1827 à 1830 pour la chapelle du roi, aux Tuileries, et dont le souvenir ne peut s'effacer de la mémoire des nombreux amateurs qui les ont admirées au château de La Muette. Des souvenirs ! c'est tout ce qui nous reste de ce superbe instrument, détruit dans la chapelle des Tuileries aux journées de Juillet. Ce dernier chef-d'œuvre était peut-être celui auquel Érard attachait le plus d'importance. Indépendamment de plusieurs perfectionnements qui ont tourné à profit pour la fabrication des grandes orgues, on remarquait dans cet instrument un jeu expressif au doigt, construit sur le principe qu'Érard avait inventé pour ses orgues de chambre, cinquante ans auparavant. J. d'Ortigue.

ÉRARIC, chef des Rugiens, peuple du Nord, qui avait accompagné Théodoric en Italie, fut élu roi des Ostrogoths en 541. Il traitait avec Justinien, lorsqu'il fut tué par ses soldats et remplacé par Totila.

ÉRASISTRATE, célèbre médecin dont la mère était fille d'Aristote, naquit dans l'île de Céos, vers l'an 300 avant J.-C., vécut à la cour de Séleucus-Nicanor, et fut le chef d'une secte de son nom, qui enseigna à Smyrne jusqu'au temps de Galien, c'est-à-dire pendant près de quatre cent ans. On la nomme aussi quelquefois la secte des *méthodistes*, par opposition à celle des *empiriques*. Le trait le plus saillant de la vie d'Érasistrate est la guérison d'Antiochus, fils de Séleucus, qui périssait d'amour pour Stratonice, la seconde femme de son père, et qu'il obtint pour son malade du roi de Syrie. Pline dit que cette cure lui fut payée plus tard cent talents par le roi Ptolémée, fils d'Antiochus. On dit qu'Érasistrate, attaqué d'un ulcère, avala de la ciguë. Il fut inhumé près de Mycale. Pline le cite en beaucoup d'endroits, et toujours avec un grand respect pour sa science. Ph. de Golbéry.

Érasistrate n'excellait pas moins dans la théorie que dans la pratique, et n'admettait dans la composition du corps humain que deux principes élémentaires, l'esprit vital et le sang. L'origine de toutes les maladies était suivant lui dans la trop grande abondance de l'alimentation, qu'il combattait par la diète la plus rigoureuse. Il passe pour avoir le premier disséqué des corps humains, et fit dans cette voie d'importantes découvertes sur les fonctions du cerveau et du système nerveux. Il avait écrit de nombreux traités, dont nous ne possédons plus que les titres ou des fragments très-incomplets. On peut à cet égard consulter l'ouvrage de *Hieronymus* intitulé : *Erasistrati et Erasistrateorum Historia* (Iéna, 1790).

ÉRASME (Didier ou Désiré), *Erasmus Desiderius*, naquit à Rotterdam, le 28 octobre 1467. Son père, s'appelait *Gheraerds*, et habitait Gouda. Pressé par ses parents d'entrer dans les ordres, Gheraerds quitta le pays pour se soustraire à ces obsessions, abandonnant, à son départ, la fille d'un médecin, sa fiancée, Marguerite, qui se réfugia à Rotterdam pour y devenir mère. L'enfant qu'elle mit au monde avait à peine un souffle de vie : il était destiné à rendre à jamais célèbre ce nom d'*Érasme*, qu'il prit par la suite, faute de pouvoir porter celui de son père, et que, suivant l'usage des lettrés de son époque, il forgea d'un mot grec, ἐραμαι, *j'aime*, je *désire*, Gheraerds se retira à Rome, où il gagna facilement sa vie en transcrivant des manuscrits ; mais ses parents, ayant appris le lieu de sa retraite, lui écrivirent que Marguerite était morte. Désespéré, il s'engagea dans les ordres sacrés. A son retour en Hollande, on lui dit que la mort de Marguerite était un mensonge ; mais, lié à l'autel par ses serments, obligé d'accepter le titre de père sans avoir celui d'époux, il consacra le peu de vie que lui laissa le chagrin à l'éducation de son fils. Érasme, qui avait la voix agréable, devint enfant de chœur dans la cathédrale d'Utrecht. A neuf ans, on l'envoya à Deventer étudier sous Alexandre Stégo : c'est là que Rodolphe Agricola lui prédit qu'il serait un grand homme. Tout en effet présageait en lui de l'avenir : à douze ans il savait Horace et Térence par cœur. Cependant, une maladie contagieuse ayant enlevé sa mère, il fut forcé de revenir à Rotterdam ; un nouveau malheur l'y attendait : son père mourut, laissant une fortune médiocre, que des tuteurs peu fidèles ne tardèrent pas à dissiper. Pour ne pas avoir de compte à rendre de leur gestion, ils voulurent faire d'Érasme un moine : malgré la résistance du jeune homme, malgré ses goûts opposés, malgré même une maladie qu'il ne devait qu'à cette tyrannie, il fut envoyé dans le monastère de Stein. Mais ses illusions se dissipèrent bientôt ; ses laborieuses études sur les classiques de l'antiquité, son amitié mystique avec Herman, ne l'empêchèrent pas de prendre bientôt en aversion cette vie ascétique et contemplative. Sa santé toujours faible, ses idées déjà tournées vers le doute et la négation, son caractère remuant, que dévorait le désir de lire dans le monde l'énigme de sa destinée, et surtout la vie retirée du cloître, le dégoûtèrent d'un genre d'existence pour lequel il n'était pas né.

Une occasion se présenta de quitter le monastère. Il n'hésita pas à en profiter. Henri de Bergue, évêque de Cambrai, l'appelait auprès de lui pour l'accompagner à Rome ; mais le voyage manqua, et Érasme obtint de son protecteur la permission d'aller se perfectionner à Paris. On lui donna une bourse au collége de Montaigu ; mais, comme nous le lisons dans une de ses lettres, les œufs pourris, les vins gâtés, une chambre sous les combles, blanchie avec de la chaux infecte, ne tardèrent pas à altérer sa constitution, déjà si faible. Il faillit périr. La santé lui étant revenue peu à peu, il quitta enfin les murs noircis de sa cellule, et descendit dans cette arène du monde où sa vie devait être un continuel holocauste à la souffrance et à l'agitation.

Alors il commença à travers toutes les contrées de l'Europe, ces courses aventureuses qui ont fait dire à un ancien critique que son existence n'avait été qu'un perpétuel voyage. La protection de Montjoie, gentilhomme anglais, auquel il donna des leçons, et qui devint son Mécène, les soins et la bienveillante amitié de la marquise de Veere, le soutinrent dans les commencements difficiles de sa carrière ; mais il était toujours malheureux dans ses aventures : à son retour d'Angleterre, il fut dépouillé et presque mis à nu sur la plage. Une autre fois il tomba de cheval et faillit se tuer. A Boulogne, lors de l'entrée de Jules II, on le prit pour un médecin à cause du scapulaire blanc qu'il portait, et le peuple, que la peste décimait, voulut l'assommer. Cependant, au milieu de ces accidents et de ces voyages, il s'était déjà fait connaître par plusieurs productions pleines de science et de talent ; mais comme il était près de Venise, il songea à faire imprimer chez le célèbre Alde-Manuce un ouvrage qu'il mûrissait depuis longtemps. C'étaient ses *Adages*, c'est-à-dire toutes les pensées, les sentences, les maximes de l'antiquité, ramenées comme des rayons à un seul foyer.

Il continuait pourtant sa vie errante. Après s'être fait recevoir docteur en théologie, il dirigea l'éducation du fils naturel de Jacques IV, roi d'Écosse, et alla enfin avec son élève visiter Rome, qu'il voulait voir avant de mourir. Là, tout s'inclina devant la majesté de son génie. Léon X lui fit le plus brillant accueil, et les cardinaux ne voulurent jamais souffrir qu'il se découvrît devant eux. On essaya même de le fixer près du saint-siége en lui offrant la charge de pénitencier. Mais Érasme, à la vie duquel l'agitation était nécessaire comme le battement au cœur, ne voulut pas s'enchaîner. D'ailleurs, l'amitié d'Henri VIII l'attirait de nouveau vers l'Angleterre, et lui présageait de ce côté un brillant avenir. C'était en 1509 : il passa de nouveau le détroit. C'est pendant ce voyage qu'il fit la connaissance d'un grand homme, qui devint depuis son meilleur ami. Un étranger s'étant un jour présenté chez Thomas Morus, après une conversation de quelques instants, le chancelier s'écria : « Ou vous êtes un démon, ou vous êtes Érasme. » C'était Érasme. C'est encore à cette époque qu'il faut rapporter sa liaison avec un génie d'une haute portée, Jean Colet, doyen de l'église de Saint-Paul de Londres. Mais rien ne pouvait fixer Erasme : le génie des voyages le poursuivait toujours. Il revint à Paris, après avoir fait des cours publics aux universités de Cambridge et d'Oxford. Depuis lors (1510) jusqu'en 1521, ce ne furent encore que des courses continuelles. Alors, soit fatigue, soit impuissance, il cessa quelque peu cette vie nomade qui le faisait échouer à toutes les côtes sans jamais trouver de port. Ce fut à Bâle qu'il fixa désormais son séjour. Le célèbre imprimeur Froben, qui fut à la fois son éditeur et son ami, fit paraître, d'après ses soins, la premère édition du Nouveau Testament en grec.

Ses publications et les bienfaits des princes et des grands du monde l'avaient enfin retiré de cette gêne pécuniaire dont plus d'une fois son génie ne put suffire à le tirer. Le roi des Pays-Bas, Charles d'Autriche (depuis Charles-Quint), le fit conseiller royal avec une pension; Ferdinand de Hongrie, Sigismond de Pologne et François Ier l'engagèrent en vain à venir habiter leurs États. La France, où une place lui était réservée dans le Collége royal, l'aurait sans doute emporté dans son cœur, d'autant plus que Guillaume Budé était son ami. Mais les querelles de son roi naturel, Charles-Quint, avec François Ier le retinrent loin de Paris : il n'oubliait pas cependant la France, et après la bataille de Pavie il conseilla hardiment au vainqueur d'user généreusement de son triomphe. Les années arrivaient néanmoins. Les troubles qui eurent lieu à Bâle, à l'occasion de la réforme, le forcèrent de se retirer, en 1529, à Fribourg, où il fut reçu dans le palais de l'empereur Maximilien. Certes, on ne devait pas moins à l'homme qui avait refusé la pourpre que lui offrait Jules III, à l'écrivain qui comptait au rang de ses amis Vivès, Sadolet, Budé, Pierre Gilles, et Thomas Morus. Erasme, d'ailleurs, était habitué à de pareilles ovations : on allait au-devant de lui comme au-devant des rois; il recevait des lettres et des présents de tous les monarques d'Europe, car il était roi aussi : il tenait le sceptre de l'intelligence. Après six ans de séjour à Fribourg, mécontent de sa santé, attaqué d'une gravelle qui ne lui laissait pas un instant de repos, il revint à Bâle en 1535; mais ses jours étaient comptés : une dyssenterie affreuse vint aggraver ses douleurs; l'agonie suivit, et il mourut le 12 juillet 1536, âgé de soixante-dix ans.

Trois jours auparavant, il avait prédit, assure-t-on, l'heure de sa fin. Il institua pour son héritier Boniface Amerbach, célèbre juriste. On l'enterra dans la cathédrale, sous les degrés du chœur. Le sénat et l'université avaient assisté à ses funérailles; les étudiants, dont il avait toute sa vie secouru les pauvres, voulurent porter eux-mêmes son corps à sa dernière demeure. On montre encore à Bâle son cabinet, où est l'autographe de son testament, son portrait par Holbein, son cachet, où est gravé sa devise, si connue : *nemini cedo*. Rotterdam lui consacra aussi un souvenir : elle lui éleva en 1549 une statue de bois, qui fut remplacée bientôt par une statue en pierre, et enfin cette dernière céda la place à une troisième, en bronze, qui subsiste encore.

Érasme était de petite taille; il avait le regard agréable, la voix douce, la prononciation belle. Railleur sans amertume, aimable et prévenant dans la conversation, ami fidèle et généreux, il est comme l'anneau qui lie le quinzième siècle au dix-septième, les ténèbres à la lumière. Chef d'une réaction violente contre la scolastique, il eut bien des querelles à soutenir. On cite dans le nombre ses discussions avec Luther et Scaliger. Mais il faut d'abord lui rendre cette justice, qu'il ne garda jamais rancune à personne et fut toujours facile à la réconciliation. Il s'était moqué avec infiniment d'esprit des ridicules exagérations des littérateurs *cicéroniens* de son temps : J.-C. Scaliger, furieux, vomit contre lui les injures les plus grossières. « C'est, lit-on, dans ses œuvres, un scélérat, un fils de l'amour, un homme de néant, qui a gagné sa vie à Venise, chez Manuce, au métier de correcteur; un ivrogne d'habitude, qui regorge sur les caractères de l'imprimerie le vin qu'il a pris; c'est le prince des menteurs, un furieux, une vipère, un Busiris, un triple parricide. »

Hâtons-nous d'arriver aux rapports d'Érasme avec Luther. Le moine de Wittemberg lui écrivit le premier. Érasme lui répondit avec politesse, sans déguiser son admiration pour le réformateur. Mais quand la querelle se fut envenimée, lorsque Luther, à la diète de Worms, se fut mesuré avec la puissance romaine, Erasme, esprit timide, hésita. C'était allumer la colère du fougueux réformateur. Luther écrivit une lettre d'injures à Érasme; Érasme eût voulu que la querelle se vidât dans les gymnases, au milieu des savants et des hommes de lettres. L'émeute l'effrayait; la voix populaire de Luther le faisait trembler jusqu'au fond de sa retraite de Bâle. « Je n'aime pas la vérité séditieuse, » disait-il. Cependant, pressé de prendre un parti, il finit par pencher du côté de Luther, et ne fut même pas inutile à la réussite de ses grands projets. Néanmoins, harcelé de toutes parts, Érasme condescendit à attaquer Luther, non sur le dogme, mais sur un point de philosophie générale : il était vieux et ridé; il voyait devant lui rugir le lion de la réforme : comment oser se mesurer avec lui. Aussi ne publia-t-il que son traité du *Libre arbitre*. « J'ai été battu par les deux partis, » disait-il.

Outre les éditions de presque tous les pères de l'Église qu'il fit paraître, outre ses commentaires sur l'Écriture et sur plusieurs classiques, Érasme a écrit en latin une foule de traités ingénieux et savants, qui ont fait le charme de son siècle; et il a donné lui-même à Bâle, chez Froben, une édition compléte de ses œuvres. La meilleure est celle de Leyde (1603-1606). Mais il ne restera que deux ouvrages de lui : son *Encomium Moriæ* (Éloge de la folie), illustré par Holbein, livre plein d'esprit à la manière, de la satire Ménippée; et ses *Colloquia*, condamnés par la Sorbonne, critique ingénieuse et sceptique, à la manière de Lucien.

Charles Labitte.

ÉRATO, l'une des neuf Muses, était, comme ses sœurs, fille de Jupiter et de Mnémosyne. Dans la théogonie d'Hésiode, elle occupe parmi elles la sixième place. Son nom, entièrement grec, signifie *aimable*, ou qui appartient à l'amour. En effet, elle était la protectrice des cérémonies nuptiales et la muse des épithalames et des vers lyriques, riants et enjoués. Presque toujours on la représentait couronnée de myrte et de roses. La verdeur du myrte était l'emblème de la vivacité des plaisirs, et la couleur tendre de la rose celui de leur fragilité. Quelquefois Érato présidait à la philosophie voluptueuse : alors elle portait une couronne de laurier, et son front était empreint d'une certaine rêverie; mais le plus souvent il était joyeux et ouvert. Elle passait pour être l'inventrice de la lyre, honneur qu'elle disputait à Mercure, ainsi que du *plectrum*, faussement appelé archet par les modernes; car c'était une espèce de baguette avec laquelle on touchait les cordes de l'instrument. Vêtue chastement, comme ses autres sœurs, Érato, sur les monuments, est figurée avec une simple tunique, et par dessus un *amiculum*, petit surtout sans manches, retenu par une ceinture. Elle présidait aussi à la danse, mais non exclusivement comme Therpsichore, sa sœur. Aussi est-elle figurée quelquefois avec une guirlande de fleurs dans la main gauche, et de la droite, relevant avec grâce son vêtement de dessous, à la manière des danseuses, posture qui l'a fait souvent confondre avec Flore. Tantôt elle tient la grande lyre, *barbitos*, tantôt la petite, appelée *chélys* (tortue), parce qu'elle était faite de l'écaille de ce testacé. Un petit Amour est auprès d'elle avec son arc, ses flèches, et son flambeau allumé. Comme Flore, elle présidait au mois d'avril, la saison des amants.

Ceux des poëtes lyriques qui aimaient le plaisir lui adressaient leurs vœux durant ce mois.

Une océanide et une néréide ont également chacune porté ce doux nom d'*Erato*. DENNE-BARON.

ÉRATOSTHÈNE, philosophe, géomètre, géographe, astronome, historien, grammairien et poëte, naquit à Cyrène, ville d'Afrique, capitale de la Cyrénaïque, 276 ans av. J.-C. Fils d'Aglaüs, il eut pour maîtres le grammairien Lysanias et le poëte Callimaque. D'Alexandrie, il passa à Athènes, l'école de la Grèce et de toutes les parties du monde alors connues. Sa renommée parvint jusqu'à Ptolémée III Évergète, roi d'Égypte, qui l'appela à Alexandrie, où il lui confia la surintendance de la fameuse bibliothèque de cette ville; Ératosthène y fut le successeur de Zénodote. Bien que selon Strabon il fût loin d'approcher de la divine philosophie et de la sublimité du style de l'élève de Socrate, il eut le glorieux surnom de *second Platon*. On le gratifia aussi de celui de *bêta*, deuxième lettre de l'alphabet grec, pour marquer, dit-on, que toutes ses connaissances n'étaient que secondaires. Ératosthène avec Hipparque n'en fut pas moins une des lumières de la Grèce en fait d'astronomie. Delambre a analysé les travaux de ce grand homme, auquel on doit une mesure de l'arc du méridien. Pour parvenir à ce résultat, Cléomède rapporte qu'Ératosthène ayant observé qu'à l'époque du solstice et à midi les rayons solaires étaient verticaux sous la latitude de Syène, eut l'idée de mesurer à la même époque et sous la latitude d'Alexandrie, que l'on croyait placée sous le même méridien, la longueur de l'ombre d'un gnomon vertical, et d'en déduire l'angle des deux verticales aux deux stations. Connaissant d'ailleurs la longueur de l'arc compris entre les deux lieux, il en conclut que la circonférence entière de la terre valait 252,000 stades. Si l'histoire est véritable, le procédé peut passer pour assez ingénieux en théorie, mais en pratique personne n'oserait s'y fier. Aussi Letronne, qui s'occupa de cette question, n'hésitait-il point à nier qu'Ératosthène eût exécuté l'opération qu'on lui attribue. M. Vincent n'en a pas moins eu la curiosité de rechercher ce que valait le stade d'Ératosthène, et quelle étendue prenait le degré évalué en cette unité. Le stade valait 300 coudées; quant à la coudée, en faisant concourir à sa détermination non-seulement les divers étalons connus et déposés au Musée du Louvre, mais la coudée du nilomètre, et divers autres éléments qui devaient entrer en ligne de compte, M. Vincent est arrivé à une valeur moyenne de 527 millimètres 1/2, nombre qui multiplié par 300, et ensuite par 700, pour obtenir le degré d'Ératosthène, donne exactement 110,775 mètres, c'est-à-dire le nombre juste auquel on s'arrête aujourd'hui. Cette belle expérience lui mérita encore un titre, celui de l'*arpenteur de la terre*. Ce fut aussi Ératosthène qui démontra l'inclinaison de l'écliptique sur l'équateur, inclinaison qu'il prouva être de 23° 51′ 20″, et qui est en effet de 23° 28′, légère différence.

Ératosthène inventa une méthode pour connaître par exclusion tous les nombres premiers, c'est-à-dire ceux qui n'ont d'autres diviseurs qu'eux-mêmes ou l'unité : elle s'appela de son nom le *crible d'Ératosthène*. Il résolut en outre le problème de la duplication du cube. Les sciences dans ces temps lui furent encore redevables d'un instrument appelé *mésolabe*, propre à connaître les moyennes proportionnelles. Son canon ou chronologie des rois thébains, dont il compte 91, jette sur l'histoire d'Égypte un grand jour selon les uns, et d'impénétrables ténèbres selon les autres. Au reste, la chronographie d'Ératosthène est, après les marbres de Paros et d'Arundel, la plus ancienne que nous ayons pour guide. Ératosthène fut le continuateur des antiquités égyptiennes de Manéthon, prêtre du soleil à Héliopolis. Géographe et historien, il écrivit une description de la Grèce, et un précis des conquêtes d'Alexandre; poëte médiocre, il composa des vers sur différents sujets scientifiques. On lui attribuait un commentaire du poëme grec de l'Astronomie d'Aratus et un ouvrage peu estimé, intitulé *Catastérismes*, où il traitait des étoiles et des constellations. Tant de connaissances variées ajoutent à tous ces titres un dernier surnom, celui de *Pentathlé* (propre aux cinq combats), comme si le savoir était une véritable lutte contre l'ignorance. Ératosthène acheva sa carrière dans la neuvième année du règne de Ptolémée V, ou Épiphane, à l'âge de quatre-vingt-deux ans; il eut Appollonius pour successeur à l'intendance de la bibliothèque. Devenu aveugle, il passe pour s'être laissé mourir de faim. Ce philosophe, moins philosophe qu'Homère et Milton, moins résigné que notre Cassini, n'eut point le courage de supporter cette infirmité. Les fragments de ses ouvrages ont été réunis en 1 vol. in-8°.

Il y eut un autre ÉRATOSTHÈNE, qu'il ne faut pas confondre avec le premier; car il naquit cent ans après, dans la Gaule Narbonnaise. Il écrivit une histoire des Gaules. DENNE-BARON.

ERBACH, noble famille de Franconie, qui fait remonter son arbre généalogique jusqu'à Eginhard, époux d'Emma, fille de Charlemagne, et qui fut médiatisée lors de la création de la Confédération du Rhin. Après avoir pendant longtemps compté de nombreux rameaux, elle ne forma plus, vers le milieu du dix-septième siècle, que deux lignes principales, celle d'*Erbach-Erbach*, et celle d'*Erbach-Furstenau*. La première s'éteignit en 1731; la seconde s'est divisée de nouveau pour former les branches d'*Erbach-Furstenau*, *Erbach-Erbach* (ci-devant *Erbach-Reichenberg*) et *Erbach-Schœnberg*, qui toutes professent la religion protestante, et dont les possessions sont situées partie dans le grand-duché de Hesse, partie en Bavière, et partie en Wurtemberg. Le chef actuel de cette maison est le comte Albert d'Erbach-Furstenau, né le 18 mai 1787, lieutenant général au service de Hesse, et père de onze enfants, tous vivants.

Le château d'Erbach, berceau de la famille, et d'où elle tire son nom, situé dans l'*Odenwald* (grand-duché de Hesse), est justement célèbre pour sa magnifique salle des chevaliers, pour son musée, qui contient une foule d'antiquités grecques, romaines, et surtout allemandes, une riche galerie de tableaux et de dessins de l'école moderne, et une collection d'armes, unique en son genre. Dans la chapelle, qui sert de lieu de sépulture aux membres de la famille, se trouvent les cercueils d'Eginhard et d'Emma, qu'on y a transportés du monastère de Seligenstadt.

ERBIUM, métal récemment découvert, qui se trouve à l'état d'oxyde un aux oxydes de deux autres métaux dans le minéral appelé *gadolinite*. L'erbium n'a point encore été obtenu à l'état pur. Son oxyde se présente sous forme de poudre d'un jaune foncé; combiné à des acides, il donne des sels remarquables par la douceur de leur goût. L'oxyde d'erbium n'a qu'un intérêt scientifique.

ERCILLA Y ZUNIGA (Don ALONSO DE), que les Espagnols regardent comme le premier de leurs poëtes épiques, naquit à Madrid, le 7 août 1533, d'une famille ancienne et considérée. Il était le troisième fils de Fortunio Garcia, seigneur d'Ercilla, chevalier de Saint-Jacques, homme qui joignait à une illustration héréditaire la réputation d'un savant jurisconsulte, et qui donna les soins les plus assidus à sa première éducation. Une mort prématurée ne lui permit pas de la terminer, et Alonso, à peine âgé de dix ans, se trouva sous la tutelle de sa mère, qui obtint une charge à la cour d'Isabelle, femme de Charles-Quint, et qui fit nommer son fils page du jeune prince Philippe, fils de l'empereur. C'est de sa mère qu'Ercilla hérita du nom de *Zuñiga*. Il reçut les leçons des mêmes maîtres que l'infant, dont il était le compagnon et l'émule. Bientôt deux goûts passionnés se manifestèrent dans Alonso, le goût de la poésie et celui de la guerre. Ses premiers vers, dédiés aux dames de la cour, commencèrent sa réputation à treize ans. Il en avait dix-sept lorsqu'il accompagna dans ses voyages le prince don Philippe, et visita avec lui l'Allemagne, l'Italie et la France;

il le suivit en 1554 en Angleterre, où il assista aux fêtes célébrées à l'occasion de son mariage avec la reine Marie. A peu de temps de là, quelques peuplades de l'Amérique méridionale s'armèrent pour reconquérir leur indépendance. L'Espagne envoya contre elles un corps de troupes aux ordres de Hurtado de Mendoza. Ercilla demanda à faire partie de l'expédition, et s'embarqua comme simple volontaire. Impatients du joug, ces sauvages, les *Araucos* ou *Araucans*, qui habitaient un partie montueuse et presque inaccessible du Chili, luttèrent pendant cinq ans contre une armée disciplinée, commandée par un général habile, appartenant à une nation alors puissante et aguerrie. Ercilla fut étonné de trouver des héros là où il ne pensait rencontrer qu'une horde de barbares. Plein d'estime pour ses adversaires, il apporta dans cette lutte une loyauté chevaleresque et une humanité peu pratiquée par les autres chefs espagnols, déployant en même temps une intrépidité qui lui fit un grand renom chez les Indiens. A la bataille de Millarapué, par exemple, les *Araucos*, grâce à la connaissance qu'ils avaient du pays, surent, en se divisant par petites troupes, entourer de toutes parts les Espagnols dans une vallée, où ils auraient infailliblement péri sans Ercilla, qui leur ouvrit un passage en s'exposant presque seul à une grêle de dards empoisonnés.

Ce fut au milieu de cette vie militaire si active qu'Ercilla commença son *Araucana*. Ce nom indique à la fois le sujet et l'esprit du poëme. Ercilla y raconte les événements d'une guerre dont il a été un des principaux acteurs. S'il vante le courage des Espagnols, il se plaît encore plus à exalter la constance et l'héroïsme des *Araucos*. Il combattait souvent tout le jour, et la nuit, à la clarté des feux du bivouac, il écrivait sur des ardoises, des planchettes, des morceaux de cuir, les vers inspirés par les émotions de la journée. Enfin, les Espagnols triomphèrent de leurs braves adversaires; mais Ercilla ne songea point encore à retourner dans sa patrie, pour y jouir paisiblement de la gloire qui déjà entourait son nom. Il traversa, autant en conquérant qu'en voyageur, des contrées alors inexplorées, dont il prit possession au nom du roi d'Espagne. Ces courses militaires, faites à la tête de trente soldats, qui formaient toute son armée, ont quelque chose de plus prodigieux encore que les fictions de son poëme.

Tant de services rendus à son ingrat pays ne le mirent point à l'abri de la calomnie. Accusé d'avoir fomenté une sédition, il fut jeté dans les fers, puis condamné à mort, et son innocence ne fut reconnue qu'au moment où il allait monter sur l'échafaud. C'en fut assez pour le décider à retourner en Espagne, où il espérait qu'on rendrait mieux justice à son dévouement. Il revint en Europe vers 1560, et présenta à son ancien compagnon devenu roi, à Philippe II, la première partie de son poëme, qui parut tout entier de 1577 à 1590. Il avait été nommé en 1571 chevalier de Saint-Jacques, et avait épousé l'année précédente Maria de Bazan, dont il a plusieurs fois célébré les charmes et les vertus. Mais ni son œuvre ni ses services militaires n'obtinrent le plus léger témoignage d'intérêt. Le froid accueil qu'il reçut du prince le détermina à entreprendre en France, en Italie, en Allemagne, en Bohême et en Hongrie de nouveaux voyages, qui remplirent à peu près le reste de sa vie. Il exerça aussi quelque temps les fonctions de chambellan de l'empereur Rodolphe II. Après sa mort, arrivée vers 1595, dans la misère et l'isolement, deux chants furent ajoutés à son *Araucana* par don Diégo San-Estevan Osorio de Léon. L'œuvre d'Ercilla, que des poëtes et des critiques étrangers à l'Espagne jugent si diversement et presque toujours si sévèrement, est placée bien haut par ses compatriotes. Elle a des rapports avec *Les Lusiades* de Camoëns. De même que le poëte portugais, Ercilla chante des exploits auxquels il a pris part. Dans son *Don Quichotte*, Cervantes la compare aux meilleures épopées de la littérature italienne. Cette œuvre attache, impressionne, et sa lecture éveille de nobles sentiments. Il en a paru une traduction médiocre en français en 1824.

Pauline FLAUGERGUES.

ÈRE (du grec εἴρειν, s'arrêter), méthode chronologique de compter les années, en prenant pour point de départ un grand événement historique, un fait astronomique. Par suite de ce mode de compter les années à partir d'un point fixe, chaque peuple a eu son ère particulière, comme chaque peuple avait son calendrier différant de celui des autres. Les Juifs avaient l'*ère de la création du monde*; l'*ère mondaine* commençait 3761 avant Jésus-Christ; elle était réglée par le cycle de dix-neuf ans, recevant un embolismique ou intercalation. L'*ère d'Abraham*, adoptée, à l'instigation d'Eusèbe, par quelques chroniqueurs chrétiens, partait du 1er octobre 2015 ans avant Jésus-Christ.

Les Grecs eurent l'*ère des olympiades*, tirant son nom des jeux célèbres dont la ville d'Olympie était le théâtre. L'origine de cette ère fut longtemps indéterminée, car on ignorait l'époque précise où ils furent institués : on finit par la reporter à l'an 776 avant Jésus-Christ, en lui donnant pour origine l'époque où pour la première fois on avait décerné une statue au vainqueur des jeux, à Cœrebus.

Les Assyriens eurent l'*ère de Nabonassar*, le fondateur présumé de Babylone; elle commençait à midi le mercredi 26 février de l'année 747 avant Jésus-Christ. Les années de l'ère de Nabonassar sont de 365 jours sans intercalations. Les astronomes se sont longtemps servis de cette ère dans leurs supputations.

Les Romains comptaient à partir de la fondation de Rome. L'*ère romaine* remontait à l'an 753 avant la naissance de Jésus-Christ. L'*ère d'Alexandre le Grand* partait de sa mort, arrivée le 12 novembre 324 ans avant Jésus-Christ, la 424e année de l'ère de Nabonassar. Elle est connue aussi sous le nom d'*ère de Philippe* ou des *Lagides*, et a été usitée chez les astronomes. L'*ère des Séleucides*, ou des *Syro-Macédoniens*, ou des *contrats*, ou d'*Alexandre*, par rapport au fils du conquérant Macédonien, est la plus usitée historiquement : le livre des Machabées, les médailles et les inscriptions, les Pères de l'Église, les Arabes anciens, l'histoire ecclésiastique, les conciles ont tour à tour employé cette ère dans leurs désignations chronologiques. Cette ère prenait naissance à la mort d'Alexandre, roi de Macédoine, et à l'avénement de Seleucus Nicator au trône babylonien, après la défaite de Démétrius Poliorcète, à Gaza.

L'*ère de Denys*, dont le premier jour remontait au 24 juin 283 ans avant Jésus-Christ, était purement astronomique, et partait de l'avénement de Ptolémée Philadelphe : les années de cette ère étaient divisées en 12 mois, portant chacun le nom d'un signe du zodiaque.

L'*ère de Tyr* remontait au 19 novembre l'an 125 avant Jésus-Christ : son point de départ historique était l'octroi fait aux Tyriens par le roi de Syrie, Bala, du droit de se gouverner d'après leurs propres lois.

L'*ère césarienne* ou d'*Antioche* prit naissance dans la ville d'Antioche, où l'esprit de courtisanerie devait être fort développé alors, car elle avait déjà institué l'*ère de Pompée*, qui ne mérite que d'être mentionnée en passant; l'*ère césarienne* commençait à la victoire de Pharsale, 48 ans avant Jésus-Christ. L'*ère julienne* avait pour point de départ la réforme introduite dans le calendrier par Jules César, dont elle prit le nom; elle ne commença que l'année 45 avant Jésus-Christ, mais les chronologistes ne l'emploient pas moins usuellement pour remonter le cours des siècles écoulés avant qu'elle fût instituée.

L'*ère d'Espagne*, qui a été usitée dans toute la péninsule ibérique jusqu'au quinzième siècle, partait du 1er janvier de l'an 38 avant Jésus-Christ, et se rapportait à ce grand fait historique, la conquête entière de l'Espagne par Auguste. Elle fut usitée même en Afrique et dans le midi de la France.

L'*ère actiaque*, comme celle de Pompée, comme l'ère césarienne, ne fut qu'une ère de circonstance et de courtisanerie en l'honneur de la bataille d'Actium. L'*ère des Augustes* fut plus durable ; elle partait du 29 août julien de l'an 25 avant notre ère, et tirait son origine historique de l'établissement de l'année fixée en Égypte par Auguste : elle ne s'éteignit que quelques siècles après sa création. Nous arrivons maintenant à l'*ère chrétienne*, si universellement usitée aujourd'hui. Ce fut un moine, Denys le Petit, qui par des calculs chronologiques parvint à trouver l'année de la naissance de Jésus-Christ; mais l'inventeur avait commis dans ses calculs une erreur de quatre ans, car il est admis aujourd'hui que Jésus-Christ est né dans la 4000[e] année de la création du monde et dans la 750e de la fondation de Rome. Denys le Petit proposa l'ère chrétienne à l'Italie, dans le sixième siècle; mais elle ne fut adoptée et vulgarisée qu'un ou deux siècles après. La computation de Denys continue à être adoptée, malgré l'erreur de quatre ans qu'on y a relevée, et dont la rectification a mis une certaine confusion dans la chronologie. L'année proposée par Denys le Petit commençait 9 mois et 7 jours avant l'époque où elle commence chez nous, le 25 mars, jour de l'Annonciation, de la Conception et de l'Incarnation : cette division de l'année s'est maintenue longtemps chez bien des peuples ; elle était encore usitée à Pise, au milieu du siècle dernier; de là vint qu'on l'appelait *calcul pisan*.

L'Église grecque plaçant la création du monde à 5,508 ans avant l'ère chrétienne, l'*ère de Constantinople* est une ère mondaine : elle offre assez de difficultés pour le rapport des années des autres ères avec elle, parce que les Grecs y faisant commencer l'année au 1er septembre, tandis que les Romains en plaçaient le premier jour au 1er janvier, et que l'année ecclésiastique, de son côté, commençait ou le 21 mars ou le 1er avril. A partir du septième siècle les conciles adoptèrent dans leurs déterminations de dates l'ère de Constantinople ; elle est démeurée en vigueur chez les Russes jusqu'à Pierre le Grand.

L'*ère de Dioclétien* a été instituée par les Égyptiens en l'honneur de ce prince, dont ils faisaient dater le règne du 29 août 284, pour en reporter la date à leur jour de l'an. Les incessantes persécutions dont Dioclétien accabla les chrétiens la firent appeler aussi l'*ère des martyrs*.

Le concile de Chalcédoine ayant amené un schisme définitif entre l'Église arménienne, qui s'est à jamais séparée de l'Eglise latine, les Arméniens établirent l'*ère arménienne*, partant de la date de cette séparation et commençant d'abord le 9 juillet à partir de l'an 552 de notre ère. Elle ne comptait que 365 jours ; le commencement de l'année en fut ensuite porté au 11 août julien.

L'*ère d'Heisdedger*, chez les Persans, se rapporte au 16 juin de l'année 632 de notre ère, époque de l'avénement du roi Heisdedger. Cette ère avait pour base une année fixe de 365 jours ; mais environ quatre siècles et demi plus tard ; l'année, d'après les calculs et les avis d'astronomes distingués, en fut formée de 365 jours 4 heures 49[m] 15[s].

L'*ère de l'hégire*, par laquelle comptent exclusivement tous les musulmans, a pour point de départ la fuite de Mahomet de La Mecque à Médine. Elle part du 16 juillet 622 de notre ère.

L'*ère de la république française*, ère instituée complétement d'après des notions astronomiques, commençait le 22 septembre 1792, jour de l'équinoxe vrai d'automne : elle a été en usage légal jusqu'au 10 nivôse an XIV, époque où le calendrier grégorien fut remis en vigueur.

ÉRÈBE (en grec Ἔρεβος, obscurité, ténèbres), dieu des enfers, fils du Chaos et de la Nuit, père du Jour, fut changé en fleuve des enfers, où il fut précipité par Jupiter, pour avoir secouru les Titans, les fils de la Terre. Généralement l'Érèbe est pris pour un lieu de l'enfer païen, dans lequel descendaient les âmes des justes. C'était une espèce de purgatoire, d'où quelques-unes sortaient purifiées, pour aller mener une vie éternelle et délicieuse dans les Champs Élysées, réservés à un petit nombre, dit Virgile. Il y avait un sacerdoce particulier pour les âmes de l'Érèbe, chargé de certaines cérémonies expiatoires et commémoratives.

DENNE-BARON.

ÉRECHTHÉE ou ÉRICHTHONIUS. S'il faut en croire les annales dans lesquelles la Grèce nous a transmis une connaissance imparfaite de ses premiers âges, Érechthée, fils et successeur de Pandion Ier, monta, vers l'an 1410 av. J.-C., sur le trône d'Athènes, qu'il usurpa au préjudice de son frère Butès. Il épousa la fille de Phrasime et de Drogénie, Praxithée, dont il eut trois enfants mâles : Cécrops II, héritier de sa couronne, Pandorus et Métion ; et quatre filles : Procris, Créuse, Chthonie, et Orithye, qui fut enlevée par le Thrace Boréas. Placé à la tête d'un État naissant, Érechthée y accéléra, durant son long règne, les progrès de la civilisation, et y fonda une religion nouvelle, en consacrant dans le bourg de Rhamnus une statue à Némésis, chargée de prévenir le crime par une terreur salutaire, ou de le punir par le remords, quand il échappait à la justice humaine. La quinzième année de son règne fut surtout marquée par un événement mémorable, l'arrivée de Cérès à Athènes, et l'introduction de la culture du blé par Triptolème, fils de Célée, dans le champ de Rharia, près d'Éleusis. Les marbres d'Arundel placent sous le même règne l'enlèvement de Proserpine et la première célébration des Éleusinies, fondées par Eumolpe ; mais, selon Diodore de Sicile, les traditions d'un autre peuple présentaient sur ce point quelques traits de discordance avec les données de l'histoire grecque. Aux yeux des prêtres de Thèbes, Érechthée n'était plus le fils de Pandion, mais un simple Égyptien, à qui d'heureuses circonstances auraient frayé le chemin au trône d'Athènes. Une grande famine désolant cette ville, Érechthée, homme riche et puissant, aurait apporté lui-même une quantité considérable de blé, et reçu la couronne pour prix de ce bienfait. Tranquille possesseur d'un trône qu'il devait à la reconnaissance, le nouveau souverain initia ses peuples au culte de Cérès, la même qu'Isis, suivant le témoignage d'Hérodote, en instituant dans la ville d'Éleusis des mystères absolument semblables à ceux de l'Égypte.

Au reste, les monuments s'accordent presque tous à représenter Érechthée comme le sixième prince qui ait occupé le trône d'Athènes. Son règne dura près de cinquante ans, et se termina par un accident aussi tragique que bizarre. Les Thraces ayant franchi les Thermopyles, et s'étant rendus maîtres d'Éleusis, Érechthée, docile à l'oracle qui lui promettait la victoire s'il voulait immoler sa fille Chthonie, consomma ce pénible sacrifice, et périt lui-même après avoir triomphé des ennemis. L'époque de sa mort, solennisée par les pompes d'une brillante apothéose et la dédicace d'un temple, devint le signal d'une nouvelle organisation politique.

La fable est d'accord avec l'histoire pour donner quatre filles à Érechthée : elle ajoute que ces jeunes princesses s'engagèrent par serment à ne pas se survivre les unes aux autres, et convinrent que si l'une d'elles venait à mourir, les autres se condamneraient à subir la même destinée. Ce rare dévouement fut bientôt mis à l'épreuve : Eumolpe ayant déclaré la guerre aux Athéniens, sous prétexte que l'Attique appartenait à son père, éprouva un échec qui retomba sur la famille d'Érechthée. Neptune, père du vaincu, exigea que Chthonie, fille du roi d'Athènes, lui fût immolée, et le malheureux prince se vit obligé d'accorder la réparation qu'un dieu lui demandait. Chthonie périt, et ses fidèles compagnes la suivirent volontairement dans la tombe. Là ne se borna pas la vengeance de Neptune : quelque temps après, Érechthée expirait foudroyé par Jupiter.

Les mythographes et les poëtes citent un autre Érechthée, que Minerve prit soin d'élever elle-même, si l'on en croit Homère, et qu'elle fit proclamer roi des Athéniens. Euripide, dans sa tragédie d'*Ion*, assure que Neptune le précipita, vivant dans le sein de la terre, qu'il ouvrit d'un coup de son trident. E. DUNAIME.

ÉRECTILE. Cette épithète fut proposée par Dupuytren et Rullier, pour désigner un tissu particulier disséminé dans un grand nombre de parties du corps, et qui a pour caractère principal de se mouvoir, par une véritable dilatation active, par une augmentation de volume et par une turgescence; il est contraire en cela à tous les autres tissus de l'économie qui se resserrent sur eux-mêmes quand ils se meuvent. Le *tissu érectile*, aussi appelé par les mêmes auteurs *tissu spongieux* ou *caverneux*, forme une grande partie des organes générateurs dans l'un et l'autre sexe, le mamelon du sein, l'iris, les papilles nerveuses et les nombreuses villosités répandues dans toute la longueur du tube intestinal. Ces diverses parties ont en effet une analogie dans l'exercice de leurs fonctions; elles se laissent pénétrer par une plus grande quantité de sang, qui en augmente le volume. Cuvier et Tiedmann ont cherché avec soin dans les animaux, et surtout sur le cheval, quelle est l'organisation du tissu érectile, et l'ont trouvé formé d'un réseau veineux, entrelacé d'une multitude de petits filets nerveux. La rate fonctionne à peu près comme les tissus érectiles : si on la met à découvert sur un animal vivant, et si on arrête par la compression le cours du sang dans la veine splénique, cet organe se gonfle et augmente beaucoup de volume, mais il revient promptement sur lui-même, aussitôt qu'on rétablit la circulation.

Le tissu érectile se développe accidentellement dans l'économie, et cette production a été décrite sous les noms de *tumeur variqueuse, anévrisme par anastomose, anévrisme des petites artères*. Dans ces cas pathologiques, les caractères anatomiques du tissu érectile sont les mêmes que ceux que l'on trouve dans l'état normal. C'est une masse plus ou moins volumineuse, entourée quelquefois d'une enveloppe fibreuse, siégeant le plus ordinairement dans l'épaisseur de la peau, surtout dans celle de la face, près des lèvres, et semblable à la crête ou autres parties analogues des gallinacés. En appliquant les doigts sur ces sortes de tumeurs, on sent, d'une manière plus ou moins manifeste une vibration, un bruissement ou une pulsation assez forte. L'extirpation est le moyen le plus convenable pour le traitement de ces tumeurs érectiles, qui peuvent se rompre et donner lieu à des hémorrhagies difficiles à réprimer.

De l'épithète *érectile* on a fait le substantif *érectilité*, par lequel on désigne la propriété active ou la force à laquelle on a attribué les phénomènes de l'érection. N. CLERMONT.

ÉRECTION, élévation d'une ligne (*erectio*). L'*érection* d'une ligne perpendiculaire sur une autre est un problème enseigné dans les éléments d'Euclide. *Érection*, *ériger*, se disent aussi dans le sens de consacrer, dresser, élever un autel, des trophées, une statue, un temple, un monument. Quelqu'un demandait à Caton le Censeur pourquoi on ne lui avait point *érigé* de statue : « J'aime beaucoup mieux, dit-il, qu'on me fasse cette demande, que si on demandait pourquoi on m'en a *érigé*. » *Érection* signifie encore figurément *institution*, *établissement* : l'*érection* d'un tribunal, d'un évêché; l'*érection* d'une terre en comté, en marquisat, en duché : le roi, par lettres patentes, avait *érigé* cette terre en duché. On a dit aussi *ériger* une commission, une fonction en titre d'office, c'est-à-dire faire d'une commission, d'une fonction amovible, une charge inamovible; *ériger* une église en cathédrale, en faire une cathédrale. On dit de même *ériger* un diocèse, en archevêché. S'*ériger*, avec le pronom personnel, signifie *s'attribuer* une autorité, un droit, une qualité qu'on n'a pas, ou qui ne convient pas : *s'ériger* en censeur public, en réformateur, en bel esprit, en savant, en diseur de bons mots.

> Quand des Costards et des Ménages
> S'*érigent* en grands personnages,
> On s'en rit.

« L'oisiveté, dit Saint-Évremond, *érige* bien des gens en mauvais poëtes. »

ÉRÉSICHTHON. *Voyez* ÉRYSICHTHON.

ÉRÉSIPÈLE, orthographe vicieuse (quoique admise par l'Académie) du mot *érysipèle*.

ÉRÉTHISME (de ερεθισμος, irritation). Les médecins appellent ainsi l'état morbide qui résulte d'une excessive irritabilité nerveuse. C'est l'éréthisme des nerfs sensoriaux qui produit les bourdonnements d'oreilles, les éblouissements, qui fait éprouver de la répugnance pour certaines odeurs, qui rend le contact des objets douloureux au toucher, etc.

ÉRÉTRIA, aujourd'hui *Palæo-Castro*, l'une des villes les plus considérables et les plus anciennes de l'île d'Eubée, et fondée, suivant toute apparence, par les Athéniens, parvint bientôt, grâce à l'activité de son commerce maritime, à une prospérité telle qu'elle put disputer à Chalcis la suprématie sur le reste de l'île d'Eubée, et qu'elle parvint même à se rendre tributaires quelques petites îles de son voisinage; mais à l'époque de la première guerre des Perses, en l'année 490 avant J.-C., elle fut entièrement détruite par Darius.

Ménédème y avait fondé une école philosophique particulière, connue dans l'histoire de la philosophie sous le nom d'*école d'Érétria*, et dont les doctrines offraient beaucoup d'analogie avec celle de l'école d'*Élée*.

ERFURT, chef-lieu de la Thuringe et de l'arrondissement du même nom, dans la Saxe prussienne, est situé sur la Géra, parmi les premières assises de la montagne appelée *Thuringervald*. Déjà entourée depuis longtemps d'un système de défense respectable, elle est devenue depuis 1814 une place forte de premier ordre. A l'ouest de cette ville s'élèvent deux citadelles : le *Petersberg*, construit sur une hauteur qui touche à la ville; et le *Cyriaksburg*, construit sur un plateau encore plus élevé et à une certaine distance d'Erfurt : toutes deux sont d'anciennes abbayes. L'étendue de la ville n'est nullement en rapport avec l'importance de sa population, car sa partie sud-ouest est presque entièrement déserte et occupée seulement par des jardins. On n'y compte pas moins de vingt églises, les unes catholiques, les autres protestantes. La cathédrale, dont le chœur fut construit de 1349 à 1353, est un des plus beaux édifices gothiques qu'on puisse voir. Son portail est orné de sculptures et d'ornements en bronze exécutés du onzième au seizième siècle. Dans l'ancien couvent des moines augustins, célèbre par le séjour qu'y fit Luther, et où l'on montre encore la cellule qu'il habita, existe depuis 1820 un établissement de refuge pour les enfants abandonnés. L'université d'Erfurt, fondée dès 1378, mais inaugurée seulement en 1392, et qui dans le premier siècle de son existence parvint à une grande célébrité, mais déchut rapidement au commencement du seizième siècle, à la suite des fréquentes et sanglantes collisions qui survinrent alors entre les étudiants et la garnison, et qui avait fini par ne plus compter que cinquante étudiants, fut supprimée en 1816. Les fonds appartenant à cet établissement furent assignés à l'entretien d'autres institutions; et les seuls débris qui en rappellent aujourd'hui le souvenir sont une académie des connaissances utiles, fondée en 1758, une bibliothèque riche de 40,000 volumes et d'un millier de manuscrits, un jardin botanique et diverses collections scientifiques. Outre la maison de refuge pour les enfants abandonnés, on trouve à Erfurt deux hospices d'orphelins, un hôpital, deux hospices, une maison de correction et un établissement pour le traitement des maladies des yeux; une société industrielle, deux sociétés des beaux-arts, deux sociétés musicales et une société biblique, un collége, une école normale d'instituteurs primaires, une école des beaux-arts et d'architecture, une école de commerce et d'industrie, une école de sages-femmes, et divers autres établissements d'instruction publique. En 1849 le chiffre de sa population, y compris la garnison, était de 32,200 habitants, dont 6,000 catholiques et une centaine de juifs. A l'époque de sa grande prospérité, au moyen âge, elle renfermait plus de 60,000 habitants. On y compte un assez grand nombre de manufactures, de fabriques et d'usines, ainsi que des brasseries et des distilleries importantes.

Erfurt, si l'on en croit la tradition locale, aurait été fondée au cinquième siècle par un certain *Erpes*, qui lui aurait donné le nom d'*Erpesford*. Vers 740, saint Boniface y fonda un évêché, qui disparut bientôt. En 805 Charlemagne érigea Erfurt en place de commerce pour les Slaves, et dès lors son importance alla toujours croissant. Au douzième siècle elle fut admise à faire partie de la Hanse; et bien qu'elle n'eût jamais été formellement érigée en ville libre impériale, elle réussit pendant presque toute la durée du moyen âge à se maintenir indépendante, et ce ne fut qu'au milieu du dix-septième siècle que les électeurs parvinrent à faire triompher les prétentions qu'ils avaient constamment élevées à être considérés comme les suzerains de cette ville. Depuis 1667 Erfurt continua jusqu'en 1802 à faire partie de l'électorat de Mayence; mais elle fut alors attribuée à la Prusse à titre d'indemnité pour l'abandon de plusieurs de ses possessions. Le 16 octobre 1806, à la suite de la bataille d'Iéna, Erfurt ouvrit ses portes aux Français, et fut dès lors considérée comme partie intégrante de l'empire Français. Du 27 septembre au 14 octobre 1808, Napoléon y eut avec l'empereur de Russie des conférences auxquelles vinrent assister les rois de Saxe, de Bavière, de Wurtemberg et de Westphalie, le prince Primat Dalberg et divers autres grands personnages; ce congrès donna lieu à des fêtes extrêmement brillantes. Lorsque les désastres de la campagne de 1813 eurent forcé les Français à évacuer l'Allemagne, Erfurt se rendit par capitulation à l'armée prussienne; ce ne fut toutefois qu'au printemps de 1814 que la garnison française renfermée dans la citadelle de Petersberg consentit à capituler. Une des clauses du traité de Vienne a assuré pour toujours les droits de la Prusse à la possession de cette ville importante. En 1850 le parlement formé pour les États qui avaient accédé à l'acte d'union y tint ses séances dans l'église du ci-devant couvent des Augustins.

ERGOT (*Zoologie*). Les zoologistes donnent à ce mot deux significations. En parlant des mammifères, ils nomment *ergots* les ongles des doigts imparfaitement développés, et qui sont en général placés derrière les autres : tels sont, par exemple, les ongles des doigts rudimentaires du sanglier domestique (cochon) et des ruminants. Les ornithologistes appellent *ergot* l'apophyse cornée qui se remarque à la partie postérieure du tarse et au-dessus du pouce, dans plusieurs oiseaux, et notamment parmi les gallinacés. Cette partie, qui sert d'arme offensive, et avec laquelle les coqs déchirent leur adversaire, se nomme aussi *éperon*, et n'existe que dans les mâles de certaines espèces, ou bien n'est que très-petite chez les femelles qui en sont pourvues. L'ergot est formé intérieurement par une épine osseuse, dont la surface est recouverte par une substance semblable à la corne. Il s'allonge à mesure que l'oiseau vieillit, et fournit un moyen de juger de son âge. Sa forme est assez variable : obtus dans le dindon, d'une longueur médiocre dans le faisan, il est au contraire très-long et très-pointu dans le coq. Ces animaux n'en ont qu'un à chaque patte. L'éperonnier, oiseau voisin du paon, en a deux, quelquefois trois, qui sont séparés ou réunis à leur base. L'ergot d'un coq extrait du tarse et implanté dans la crête y conserve le principe vital, et devient une sorte de greffe animale.

L'anatomiste Morand a donné aussi le nom d'*ergot* à une saillie que l'on voit dans la cavité digitale du cerveau, et qui répond à une anfractuosité assez profonde.

N. Clermont.

ERGOT (*Botanique*). On appelle *ergot* une dégénération du grain de plusieurs graminées ou cypéracées, que se rencontre le plus souvent dans les épis du seigle, qu'on nomme pour cette raison *seigle ergoté*; on lui a donné ce nom à cause de sa ressemblance avec l'ergot des gallinacés. Le développement de cette monstruosité végétale a été attribué tantôt à l'influence de l'humidité, tantôt à des piqûres d'insectes. Les naturalistes de notre époque considèrent l'ergot comme un champignon dont le mode de production n'est pas connu. La semence ergotée du seigle est oblongue, anguleuse, de 15 à 40 millimètres de long sur quatre et demi de large, plus ou moins courbée en arc (d'où le nom de *blé cornu*, qu'on lui donne dans nos campagnes), cannelée à l'extérieur, mais offrant une surface nette lorsqu'on vient à la casser; elle est ordinairement enveloppée d'une pellicule noirâtre, tandis que son intérieur est jaunâtre. L'analyse chimique a trouvé dans l'ergot une matière colorante fauve, une espèce d'huile blanche, un acide libre participant de l'acide phosphorique, une substance végéto-animale abondante, qui fournit de l'ammoniaque à la température, de l'eau bouillante.

L'ergot recèle un principe toxique très-actif, l'ergotine, que la thérapeutique met à profit en l'employant comme stimulant spécial de la matrice dans le cas d'accouchements longs, laborieux, et quand ce viscère, frappé d'inertie, tarde trop à se débarrasser du produit de la conception. Lorsque, réduit en farine, il se trouve dans le pain qu'on fait avec du seigle ou de la monture, l'ergot détermine des accidents graves, fort dangereux, et suivis d'une gangrène presque toujours mortelle. Ces accidents sont connus sous la dénomination générique d'*ergotisme*.

L'usage du seigle ergoté pour hâter l'enfantement est fort ancien, et semble avoir été dans le principe suggéré à des matrones ignorantes par une expérience fortuite. Le danger que pouvait avoir d'ailleurs un tel moyen et l'opinion accréditée qu'en des mains criminelles il pouvait produire l'avortement, l'ont fait longtemps proscrire par un grand nombre d'accoucheurs; mais l'expérience a définitivement démontré son utilité et son innocuité, lorsqu'il est administré en temps opportun par une main habile, et on doit même le considérer comme une ressource précieuse dans les accouchements, ressource assurément préférable à l'emploi du forceps. On a aussi proposé le seigle ergoté contre les hémorrhagies utérines, les leucorrhées ou flueurs blanches, la paralysie, etc. L'ergot n'est pas moins funeste aux animaux domestiques qu'à l'homme et à la femme, qui en est plus particulièrement affectée. Des observateurs, tels que Tessier (*Journal des Savants*, 1776), Salerne (*Académie des Sciences*, 1710), ont fait de nombreuses expériences, dans lesquelles des gallinacés ont péri par suite de l'usage d'une nourriture dans laquelle le *blé cornu* entrait pour une grande proportion : il faut remarquer en même temps que l'instinct de ces animaux les éloignait de cette funeste nourriture, et qu'ils ne la prenaient que lorsqu'ils étaient pressés par la faim : ils succombaient aussi à des affections gangréneuses, qui avaient la plus grande analogie avec celles qu'on observe chez l'homme.

Dr Bricheteau.

ERGOTEUR, celui qui dispute sur les choses les plus simples et qui enveloppe des formes de l'argumentation les niaiseries les plus vulgaires. Ce mot vient d'*ergo*, qui marque la conclusion dans le syllogisme, tel que l'employaient les scolastiques. Ne nous moquons pas trop du passé cependant, car, sans passer pour un esprit chagrin, nous avons le droit de dire que quant à la scolastique, nous y avons surpassé le moyen âge. Si nos formes sont peut-être plus élégantes, plus ingénieuses, nous avons prodigieusement perfectionné l'art déplorable de mettre des mots à la place des choses, de substituer les subtilités aux principes et les intérêts aux devoirs, d'obscurcir la morale en l'invoquant, d'embrouiller les notions les plus claires, de suppléer à la raison par le raisonnement, à la science par la technologie; d'être frivoles et superficiels sous les dehors guindés de la gravité, lâches et vils sous le masque de la générosité et de la sagesse. Le peuple, que son instinct trompe rarement, exprimait naguère cette vérité en disant que le *règne des avocats était advenu*. Nous ressemblions beaucoup trops aux Grecs du Bas-Empire, pour qu'il y ait lieu de s'étonner que nous ayons fini comme eux. De Reiffenberg.

ERGOTINE. En 1831, Wiggers, en traitant l'ergot de seigle successivement par l'éther, par l'alcool bouillant et par l'eau, a obtenu pour résidu un principe pulvérulent, rougeâtre, d'une composition encore inconnue, et auquel on a donné le nom d'*ergotine*. Cet alcaloïde, d'une saveur âcre, légèrement amère, d'une odeur nauséabonde, est insoluble dans l'eau et dans l'éther, tandis qu'il se dissout très-bien dans l'alcool, dans l'acide nitrique, qui le colore en jaune, et dans l'acide sulfurique concentré, qui lui donne une couleur rouge foncé. L'ergotine, émostatique puissant est le principe actif du seigle ergoté; son effet sur l'utérus est comparable à celui de la belladone sur l'iris de l'œil.

ERGOTISME. On appelle *ergotisme* tantôt les accidents isolés qui sont produits par l'usage accidentel du seigle ergoté, tantôt les maladies endémiques ou épidémiques qui règnent dans un pays par suite de la présence de l'ergot récolté dans des circonstances données, et en proportion déterminée (un quart, par exemple) dans les farines employées à la confection du pain. Les auteurs ont décrit sous le nom d'*ergotisme* un grand nombre d'épidémies, qu'on aurait pu aussi rapporter quelquefois à d'autres causes, et qui ont souvent affligé les provinces les plus pauvres de la France, de la Suisse, de la Silésie, de la Suède, de la Saxe, etc. Cet ergotisme a été distingué en *convulsif* et en *gangréneux*, selon qu'il offrait comme phénomènes caractéristiques des accidents spasmodiques et nerveux, ou bien une gangrène prompte et presque toujours mortelle des extrémités. Les principales épidémies dues au seigle ergoté ont été observées en 1630, en Sologne et quelques autres provinces de France; en 1709, dans l'Orléanais et le Blésois; en 1715 et 1716, dans les cantons de Berne et de Zurich. En 1747 et 1748, Duhamel et Salerne observèrent de nouveau l'ergotisme en Sologne; Read le vit en 1764 aux environs de Douai et d'Arras. Tessier, en 1777, le décrivit par ordre de l'Académie des Sciences, dans quelques cantons de la Sologne; enfin, en 1816, M. Huchédé eut occasion d'observer ses ravages dans les départements de l'ancienne Lorraine et de l'ancienne Bourgogne. En parcourant la description de ces épidémies, on voit qu'elles sont presque toujours dues à des intempéries de saisons, qui nuisent à la culture du seigle et altèrent le grain de cette céréale, si précieuse pour beaucoup de pays pauvres : on remarque aussi combien l'ergotisme est favorisé par l'incurie des habitants des campagnes, qui, soit par ignorance, soit par oubli, négligent de purger leur grain du *blé cornu*, comme on l'appelle; ce qui pourtant serait assez facile, puisqu'il est beaucoup plus gros que le seigle ordinaire, et qu'il affecte la forme particulière qui lui a fait donner son nom. On peut aussi se convaincre par la lecture des nombreux documents publiés sur les épidémies d'ergotisme, qu'il serait possible de prévenir leurs ravages en supprimant, dès l'apparition des premiers accidents, la nourriture qui les produit; mais en même temps on acquiert la triste certitude qu'une fois qu'ils ont pris une certaine intensité, par suite d'un usage assez longtemps continué du pain infecté de l'ergot, presqu'aucun moyen de l'art, même l'emploi des antiseptiques, recommandé dans les affections gangréneuses, ne peut y remédier. Heureusement que les progrès de l'agriculture et l'accroissement de l'aisance dans les campagnes ont rendu les ravages de l'ergotisme de plus en plus rares, en France du moins. Dr Bricheteau.

ÉRIC, en suédois ERIK, nom qui a été porté par quatorze rois de Suède, dont les sept premiers appartiennent à une époque plus ou moins fabuleuse.

ÉRIC VIII (Bonde), soumit en 1138 la partie méridionale de la Finlande, et y introduisit le christianisme. Surpris et fait prisonnier à Upsal par le prince danois Magnus, il fut décapité en 1160, puis canonisé après sa mort, et adoré comme le patron de la Suède.

ÉRIC XIV, fils de Gustave-Wasa, à qui il succéda en 1560, s'occupa activement, dans les premières années de son règne, des affaires de l'État et du bien-être de ses sujets. Il protégea les arts et l'industrie, fit fleurir le commerce et la navigation, porta la puissance navale de la Suède à une hauteur inconnue avant lui, et à laquelle elle n'a pu jamais parvenir depuis lors, et prit une foule de mesures propres à assurer l'impartiale et équitable distribution de la justice. Les titres de *comte* et de *baron*, jusqu'alors inconnus en Suède, et qu'il répartit entre les seigneurs les plus distingués, peuvent le faire considérer comme le créateur d'une haute noblesse dans ce pays. Mais les attaques de folie auxquelles il devint périodiquement sujet lui firent commettre des actions cruelles, qu'il regrettait amèrement une fois que ses accès étaient passés. La confiance qu'il avait placée dans son chancelier, Jœran Person, homme orgueilleux et hostile à l'aristocratie, le rendit odieux à la noblesse, en même temps que l'issue malheureuse de la guerre contre le Danemark le faisait haïr par le peuple. Ses frères, Jean, qu'il avait déjà fait deux fois arrêter et détenir comme prisonnier, et Charles, finirent par se révolter contre lui; ils s'emparèrent en 1568 de Stockholm, et Jean monta sur le trône. A son tour, ce prince fit jeter le malheureux Éric dans les fers, et en 1577 il s'en débarrassa en le faisant empoisonner.

Les jugements de la postérité sur Éric XIV ont singulièrement varié. Les contemporains de ce prince et les générations suivantes ne virent en lui qu'un tyran sanguinaire. Gustave III le considérait comme un martyr. Sur son tombeau, qui se trouve dans l'église cathédrale de Westeræs, il fit élever un monument magnifique. Il ordonna en outre qu'on enlevât le sceptre et la couronne qui ornaient le tombeau du roi Jean, à Upsal, et qu'on les plaçât sur celui de son frère. Des historiens plus récents, tels que Fryxell et Geijer, ont jugé les deux frères rivaux avec plus d'impartialité.

ÉRICACÉES, famille de plantes dicotylédonées, monopétales, à étamines hypogynes, et qui se recommande à l'attention des horticulteurs par les charmants arbrisseaux qui la composent. Jadis désignée sous le nom de *bruyères*, et partagée en deux groupes par l'immortel auteur du *Genera*, cette famille a, comme beaucoup d'autres, subi une foule de remaniements, qui témoignent de l'anarchie de la science, depuis qu'elle est livrée aux démembreurs dont l'ambition vise, faute de mieux, à attacher leur nom à la création d'une famille, voire même d'un genre. C'est ainsi que les *vaccinium*, les *epacris*, les *empetrum*, les *rhododendron*, les *pyrola*, qui ne constituaient naguère qu'une famille très-naturelle, divisée en plusieurs groupes, forment aujourd'hui les *vacciniées*, les *épacridées*, les *empétriées*, les *rhodoracées*, les *pyrolées*, les *monotropées*, que nous ne désespérons pas de voir un jour partagées elles-mêmes en plusieurs autres familles, sans qu'il soit possible de dire où s'arrêtera ce morcellemnnt, si quelque Linné nouveau ne vient pas, du droit du génie, mettre un terme à l'abus des distinctions subtiles et des démembrements non motivés dans les genres. Quoi qu'il en soit, les éricacées, considérées en un seul groupe, sont des arbrisseaux ou des arbustes d'un port généralement assez élégant, à feuilles alternes, quelquefois verticillées, persistantes, à inflorescence variable. Le calice, tantôt infère et libre, tantôt adhérent, est généralement monophylle, à quatre ou cinq lobes; la corolle, monopétale, régulière, à quatre ou cinq divisions, est marcescente; les étamines sont en nombre double de celui des lobes de la corolle, à anthères le plus souvent biloculaires et munies d'un appendice soyeux ou cornu, à filets libres ou réunis et insérés autour de la base de l'ovaire, lequel est libre ou adhérent, et surmonté d'un style simple et d'un stigmate offrant autant de petits lobes qu'il y a de loges à l'ovaire. Le fruit est une capsule ou une baie multiloculaire, polysperme. Les feuilles et les tiges des éricacées sont plus ou moins astringentes. On mange la plupart des fruits à péricarpe charnu; ils ont généralement une saveur douceâtre et acidule.

Dans la tribu des *épacridées*, presque toutes originaires de la Nouvelle-Hollande, on distingue l'*epacris longiflora* (*épacride à longues fleurs*), à corolles d'un beau rouge; les *épacris pungens*, *pulchella*, etc., que l'on cultive aujourd'hui dans les jardins. Dans la tribu des *vacciniées*, nous citerons : le *vaccinium myrtillus* (*airelle-myrtille*), le *vaccinium palustre* (*canneberge*), à tiges rampantes, croissant dans les forêts marécageuses, et dont la baie rouge, acidule, a la propriété de blanchir l'argenterie. Dans la tribu des *éricinées*, figurent le genre *bruyère*, qui fournit environ quatre cents espèces; les *arbousiers*, aux petites corolles en grelot; les *chletra*, aux élégantes grappes de fleurs blanches et suaves; les *andromèdes*, dont une espèce originaire de l'Amérique, l'*andromeda arborea*, s'élève à la hauteur d'un arbre, et contribue à l'embellissement de nos jardins. Enfin, dans la tribu des *rhodoracées*, nous avons à citer plusieurs espèces, qui ne méritent pas moins les soins de l'horticulteur : d'abord, en première ligne, les *rhododendron* (*rosages*), arbres ou arbrisseaux remarquables par la beauté de leurs corymbes chargés de fleurs, variant du rose au rouge le plus vif; les *kalmia*, aux fleurs purpurines; les *azalées*, qui ressemblent beaucoup aux rosages; les *ledum*, les *menziezia*, aux tiges grimpantes; les *itea*, dont les fleurs blanches et odorantes se détachent merveilleusement sur le beau vert des feuilles.

Dr SAUCEROTTE.

ÉRICHTHONIUS. *Voyez* ÉRECHTHÉE.

ÉRICHTHONIUS (*Astronomie*). *Voyez* COCHER.

ÉRICINÉES. *Voyez* ÉRICACÉES.

ÉRICSSON (JOHANN), né en Suède, en 1803, montra dès l'enfance des dispositions si remarquables pour la mécanique, que le comte Platen s'intéressa tout particulièrement à son sort, et obtint pour lui, quand il n'avait encore que neuf ans, le titre de cadet dans le corps du génie de l'armée suédoise. Très-jeune encore, M. Ericsson entra dans la ligne, où il parvint au grade de capitaine. Tous les loisirs que lui laissait la vie militaire étaient consacrés à l'étude des sciences, et bientôt il put s'y vouer exclusivement. Sorti de l'armée en 1820, il passa en Angleterre, et ce fut alors sans doute que lui vint la première idée de sa machine calorique, dont il exécuta un petit modèle en 1833. On loua hautement les combinaisons ingénieuses de l'inventeur; mais plusieurs hommes compétents, entre autres Brunel et Faraday, condamnèrent le principe même sur lequel la machine était construite. Ils prétendaient que cette machine ne pouvait pas être utilement employée; qu'elle ne saurait jamais produire de grandes vitesses; qu'elle exigeait des appareils d'une perfection presque impossible et des dimensions, pour les grandes puissances, que l'industrie ne saurait peut-être jamais atteindre, et ils concluaient en disant que, tout compensé, avantages et inconvénients, l'ancienne machine à vapeur conservait, sous tous les rapports et pour tous les besoins, une incontestable supériorité sur le nouveau système. Comblé d'éloges par tout le monde, M. Ericsson se vit, en définitive, complétement évincé; et les négociations qu'il avait déjà entamées avec l'Amirauté pour la construction d'un navire qui devait être muni de sa machine ne purent pas aboutir. Il ne renonça pas à son idée, mais il renonça à l'espoir de l'appliquer en Angleterre, et il partit pour les États-Unis. Là aussi, pendant près de vingt ans, il rencontra de redoutables obstacles. Il employa ce temps en créant un beau modèle d'*hélice*, en inventant un appareil de soufflerie pour les forges, en perfectionnant un grand nombre d'instruments d'un emploi continuel dans la navigation et l'industrie. Tant de travaux utiles finirent par lui conquérir la confiance de plusieurs capitalistes, qui le mirent enfin à même de réaliser sa conception la plus importante, la machine calorique, ou, comme tout le monde la nomme aujourd'hui, la *machine Ericsson*, qui fonctionne sur un navire auquel l'inventeur a donné son nom.

Prise dans toute sa simplicité, la machine Ericsson se compose, comme éléments essentiels, d'un réservoir d'air comprimé, d'un grand cylindre à piston moteur maintenu par un foyer à une certaine température, d'un cylindre alimentaire plus petit, également pourvu de son piston, et d'un appareil nouveau désigné sous le nom de *régénérateur*. Faisant abstraction de ce dernier, on voit que le système, pourvu de tiroirs distributeurs peut déjà fonctionner comme une machine à vapeur. En effet, le réservoir étant mis en communication avec les deux cylindres, l'air comprimé tend à repousser les deux pistons antagonistes; mais le plus petit cède au plus grand, et tous deux fournissent leur course en sens inverse. De plus, comme le grand cylindre est surchauffé à une température suffisante pour doubler le volume de l'air, le réservoir ne se vide pas, car il reçoit autant d'un côté qu'il fournit de l'autre. Cette première course des pistons réalise un travail moteur mesuré par la tension de l'air comprimé, par l'excès de surface du grand piston sur le petit, et par l'étendue de leur course. Pour fournir un nouveau travail, il faut que la machine reprenne sa position initiale; c'est alors que la distribution s'intervertit par le jeu des tiroirs. Aussitôt les pistons marchent en sens inverse : l'air chaud sort d'un côté, l'air froid rentre de l'autre, et la machine est prête à répéter sa première évolution, et ainsi de suite. Jusque là tout se passe à peu près comme dans la machine à vapeur, si ce n'est que l'air est substitué à l'eau. Le réservoir représente assez bien la chaudière; le petit cylindre rappelle la pompe alimentaire, et le grand cylindre moteur fonctionne identiquement comme à l'ordinaire. Mais si telle était simplement la machine, il n'y aurait aucun avantage, car à chaque oscillation on rejetterait dans l'atmosphère la presque totalité de la chaleur dont l'air se serait pénétré pour se dilater et soulever utilement le grand piston moteur. Cette chaleur perdue ne se retrouverait jamais, et représenterait au bout d'un certain temps bien des kilogrammes de charbon. C'est pour retenir cette précieuse chaleur et la faire servir jusqu'à épuisement complet que M. Ericsson emploie le *régénérateur*. On nomme ainsi une boîte remplie de deux cents disques en toile métallique fine dont l'ensemble forme un crible perméable tantôt à l'air chaud et tantôt à l'air froid. C'est à travers ce crible que les tiroirs dirigent l'air qui a fourni son travail et qui possède encore sa haute température; c'est à travers ce crible que passe également l'air froid, quand il se rend du réservoir au cylindre moteur; mais dans le premier cas l'air chaud va dans un sens, dans le second cas l'air froid circule en sens opposé; il en résulte qu'au bout de très-peu de temps les températures s'étagent au sein du régénérateur, dont la face la plus proche du cylindre moteur se soutient presqu'au même degré que lui, et dont la face opposée n'excède que de fort peu la température ordinaire. L'effet produit par l'interposition de ce merveilleux organe est bien simple et bien évident. Au lieu de se répandre en pure perte dans l'atmosphère, le calorique de l'air expulsé est mis en dépôt dans les mailles de ce réseau métallique; puis, quelques secondes après, l'air froid vient le reprendre au moment de travailler à son tour, de sorte qu'en pénétrant dans le cylindre moteur il n'a plus qu'à emprunter au réchaud un complément de calorique presque insignifiant. Depuis longtemps on savait que les gaz à la plus haute température, en traversant les toiles métalliques, se dépouillaient de la plus grande partie de leur calorique pour sortir comparativement très-refroidis, et c'est même sur ce principe qu'est basée la lampe de Davy employée dans les mines; mais ce que l'on ignorait, c'est que les toiles qui s'étaient ainsi emparées de cette masse de calorique la retenaient en réserve et jouissaient de la propriété de la restituer presque intégralement à un nouveau courant de gaz qui venait à les pénétrer dans un sens inverse. Tel est le principe qui a servi de base à la découverte de M. Ericsson, et que l'expérience a complétement établi.

Mais M. Ericsson a apporté de nombreux perfectionnements à son œuvre primitive, et sa machine actuelle, quoique fonctionnant toujours d'après les principes que nous venons d'exposer, tire une nouvelle puissance de la substitution de l'air condensé à l'air atmosphérique ordinaire. Les premiers essais ont déjà donné de bons résultats; on doit encore attendre cependant une expérience décisive pour se prononcer sur la valeur du nouvel appareil.

ÉRIDAN. Ce fleuve, que les géographes anciens et modernes appellent plus souvent *Padus* ou *Pô*, n'occupa d'abord qu'une place assez modeste parmi les divinités sublunaires et terrestres de l'antique mythologie, lorsqu'un fils du Soleil, le jeune et téméraire Éridan, plus connu sous le nom symbolique de *Phaéton*, égara le char de son père dans les routes du ciel, et fut précipité par le foudre vengeur dans les eaux du fleuve, auquel sa chute assura les honneurs d'une nouvelle apothéose. Phaéton était tendrement aimé. Sa mort fut pour les filles du Soleil une source de regrets. Inconsolables de cette perte, les jeunes immortelles accoururent sur les rives de l'Éridan, qu'elles remplirent de leurs cris douloureux. Elles pleurèrent longtemps. Enfin, Jupiter, auteur de leurs peines, ne put résister à la pitié qui lui commandait d'en adoucir l'amertume. Pour flatter leur amour-propre et consacrer la mémoire de leur frère, en même temps que celle du fleuve dépositaire de ses restes, il plaça l'Éridan dans le ciel austral, sous la forme d'une constellation, voisine de la *Baleine*, et composée de quatre-vingt-cinq étoiles, parmi lesquelles on en distingue une de première grandeur, nommée *Achernar* ou *Acharnar*.

Le nom d'*Éridan* s'applique encore à plusieurs objets différents : tantôt il désigne une montagne, si l'on en croit Vibius-Sequester, dans sa légende géographique; tantôt il indique, selon Pausanias, un ruisseau qui coulait à l'occident d'Athènes et se confondait avec l'Ilissus, au-dessus de la même ville. Hérodote le donne à une rivière dont l'existence lui paraît tout à fait hypothétique, mais qu'une ancienne tradition signalait comme produisant une grande quantité d'ambre. Il est probable que l'historien grec a voulu parler de la Vistule, à l'embouchure de laquelle se trouvaient les Électrides, îles où l'on recueillait autrefois la même substance. Ém. Dunaime.

ÉRIÉ (Lac), dans l'ordre où les rencontre le voyageur, le quatrième des cinq grands lacs du Canada (Amérique septentrionale), est limité par le Canada la moitié de sa propre superficie est comprise dans les délimitations de cette contrée et les États de Michigan, d'Ohio, de Pensylvanie et de New-York, appartenant à l'Union-Américaine du Nord. Sa superficie est d'environ 370 myriamètres carrés. Sa hauteur absolue au-dessus du niveau de l'Océan est de 174 mètres. Il se trouve à 10 mètres plus bas que le troisième lac, le lac Huron, et à 103 mètres au-dessus du cinquième, le lac Ontario, avec lequel il communique par le Niagara, cours d'eau d'environ 5 myriamètres d'étendue et si célèbre par sa cataracte. De Buffalo, dans le canton d'Érié, le canal d'Érié conduit du lac dans l'État de New-York, à l'est, jusqu'à son chef-lieu, Albany sur l'Hudson. C'est jusqu'à présent le canal le plus étendu qu'il y ait aux États-Unis. Sans y comprendre les canaux latéraux, tel que celui d'Oswego, conduisant au lac Ontario, il a 50 myriamètres de parcours, 13^{m},33 de largeur sur 1^{m},33 de profondeur, et offre 81 écluses. Sa construction, qui dura de 1823 à 1825, a entraîné une dépense de 1,800,000 liv. sterl. (45,000,000 de fr.). Le 3 décembre 1844 eut lieu l'ouverture du *canal d'extension d'Érié*, dans l'État de Pensylvanie, lequel met le lac Érié en communication avec le Delaware.

Sur la rive méridionale du lac Érié, et dans le territoire appartenant à la Pensylvanie, on rencontre la ville d'Érié, chef-lieu du comité de Pittsburg, et à l'ouest, là où le Niagara entre dans le Canada, le fort *Érié*, dont les Américains, dans leur guerre contre l'Angleterre, se rendirent maîtres le 28 mai 1813, et qu'ils rasèrent le 5 novembre 1814, après y avoir soutenu à leur tour le siége le plus opiniâtre.

Le 10 septembre 1813, la flotte américaine, aux ordres de Parry, battit la flotte anglaise, commandée par Barclay, à la hauteur d'Amherstburgh, à l'embouchure du détroit dans le lac Érié.

ÉRIGÈNE (Jean), surnommé **SCOT** (*Scotus*, l'Écossais), l'un des hommes les plus savants du neuvième siècle, était probablement Écossais et né à Ergène, dans le comté d'Herford, vers l'an 833. L'Angleterre et l'Écosse à cette époque étaient peut-être les contrées de l'Europe où les sciences et les lettres étaient le mieux cultivées; et quoiqu'il soit douteux qu'Érigène eût voyagé en Grèce et qu'il connût l'hébreu, il n'en est pas moins avéré qu'il savait tout ce que l'on pouvait apprendre de son temps. Appelé par Charles le Chauve à sa cour, il y vécut longtemps; mais, devenu suspect d'hérésie, il finit par être obligé de quitter la France. En 877, Alfred le Grand l'invita à se fixer à Oxford, et on rapporte qu'à quelques années de là il périt assassiné, par ses propres disciples, à Malmesbury.

Érigène prit une part active aux discussions de son époque relatives au dogme de la prédestination et de la transsubstantiation. Ses doctrines philosophiques se rapprochaient beaucoup de celles de l'école néoplatonicienne d'Alexandrie; et on en a la preuve dans sa traduction de Denys l'Aréopagite, où le moyen âge alla puiser la plupart de ses idées mystiques. Érigène avait cependant à l'égard de l'eucharistie et de la grâce des opinions très-libres, qu'il n'hésitait pas à professer hautement. Suivant sa doctrine, qui était une espèce de doctrine d'*émanation*, spéculative et mystique, Dieu est l'essence de toutes choses; c'est de lui que proviennent toutes les causes premières d'où procède la nature infinie, et toutes choses retournent également se perdre et se confondre dans son essence.

L'ouvrage principal d'Érigène a pour titre : *De Divisione Naturæ* (publié par Gale; Oxford, 1681, in-fol.); on y trouve cette pensée remarquable, que la vraie philosophie et la vraie religion sont une seule et même chose. Consultez Taillandier, *Scot Érigène et la philosophie scolastique* (Strasbourg et Paris, 1843).

ÉRIGNE. *Voyez* Airigne.

ÉRIGONE, fille de l'Athénien Icarius, et sœur de Pénélope, vécut dans les temps héroïques. Elle a trois genres de célébrité : la passion qu'elle inspira à Bacchus, qui pour la séduire prit la forme d'une belle grappe de raisin, emblème de l'ivresse amoureuse; sa fin tragique, et la place brillante qu'elle occupe encore aujourd'hui comme constellation dans le zodiaque.

Le dieu de la vendange ayant fait présent à Icarius, en récompense de l'hospitalité qu'il en avait reçue, d'une outre pleine d'un vin généreux, alors du plus grand prix, ce dernier en fit boire à des bergers, qui tombèrent ivres. Revenus à eux, ceux-ci se croyant empoisonnés, massacrèrent Icarius, et l'enterrèrent dans une fosse profonde, qu'ils recouvrirent de gazon. Quelques jours après, Mœra, la chienne d'Icarius, conduisit Érigone à un endroit où l'herbe n'avait point été foulée, et s'y arrêta en hurlant. Érigone, étonnée, fouilla la terre, et y trouva le cadavre mutilé de son père. De désespoir, elle se pendit à un arbre voisin. Plusieurs mois s'étaient à peine écoulés, qu'une monomanie s'empara des dames athéniennes : celle de se pendre aussi, à l'envi l'une de l'autre. Les époux athéniens, menacés d'un veuvage universel, consultèrent l'oracle : « Instituez des fêtes, répondit-il, en l'honneur des mânes des deux victimes, et cette contagion morale cessera. » On ne se douterait pas quel fut le jeu inventé à cette occasion : ce fut l'escarpolette. Les jeunes filles, et surtout les femmes, y prirent un goût très-vif : son balancement doux et mesuré rétablissant chez elles la circulation du sang et des humeurs, leur monomanie disparut bientôt. Il y avait une chanson spéciale pour la fête des escarpolettes : elle s'appelait *la vagabonde*.

Cependant, Jupiter avait récompensé la pieuse tendresse d'Érigone, ainsi que la fidélité et l'attachement de la chienne Mœra. La première était déjà placée dans le zodiaque, entre les signes du Lion et de la Balance, sous le nom de la *Vierge*; la seconde, constellation importante, brillait en même temps sous le nom de grand-chien ou *canicule*.

Il y eut une autre Érigone, née du commerce adultère d'Égysthe et de Clytemnestre; Oreste, selon les uns, touché de la jeunesse et de l'innocence de cette jeune princesse, l'épargna, et la consacra au culte de Diane; il l'épousa, selon d'autres. Denne-Baron.

ÉRINITE, variété de cuivre arséniaté cristallisant en rhomboïdes, ainsi nommée parce qu'on l'a crue originaire de l'Irlande (*Érin*); mais la substance trouvée à Limerick, en Irlande, et avec laquelle elle a été confondue, paraît être un arséniate de cuivre d'une composition différente, et on ne trouve guère l'érinite que dans les filons de Redputh, en Cornouailles.

ÉRINNE, femme poëte, née à Lesbos, vécut à peine vingt ans. On veut qu'elle ait été contemporaine de Sapho, ce que l'on ne peut admettre qu'en supposant qu'il y ait eu deux Sapho, l'une auteur des odes qui nous sont restées par fragments, l'autre la maîtresse de Phaon, qui aurait vécu beaucoup plus tard. Mais j'aime mieux repousser cette distinction de deux Sapho, qui est un peu paradoxale, et reconnaître que l'ode d'Érinne, que l'on joint à quelques éditions d'Anacréon et de Sapho, est adressée non à la ville de Rome, mais à la Force. C'est d'ailleurs l'opinion de Grotius. Au surplus, Fulvius Ursinus, qui a réuni les fragments d'Érinne, n'y a pas admis cette pièce. L'Anthologie renferme plusieurs vers d'Érinne, qui a fait aussi un poëme assez étendu sur *La Quenouille*. P. de Golbéry.

ÉRIODE (de ἐριώδης, laineux), genre de singes de la tribu des cébiens, créé sous ce nom par M. Isidore Geoffroy Saint-Hilaire, aux dépens du genre *atèle*. Les ériodes semblent établir le passage entre les singes de l'ancien continent et ceux du Nouveau-Monde; car, de même que les premiers, ils ont les narines ouvertes inférieurement, tandis que leurs autres caractères sont propres aux seconds. Ils ne présentent ni abajoues ni callosités; leur queue est longue et prenante. Ils sont surtout caractérisés par leurs vingt-quatre molaires, généralement très-grosses et de forme quadrangulaire, par leurs incisives, beaucoup moins grosses et rangées à peu près sur une ligne droite. Leurs oreilles sont petites et en grande partie velues.

Les ériodes ont des formes grêles et des membres très-allongés. Leur voix est sonore et *claquante*, comme le disent les voyageurs; ils la font entendre pendant une grande partie de la journée. Ils fuient à l'aspect de l'homme, et vont se réfugier sur les plus hautes branches des arbres. On ne connaît que trois espèces de ce genre, qui toutes habitent les forêts du Brésil. Celle qu'on a pu le mieux étudier jusque ici est l'*eriodes arachnoides*, ou *singe-araignée*.

ÉRIODON (de ἐριώδης, laineux), genre d'arachnides.

ÉRIOMÈTRE (d'ἔριον, laine, et μέτρον, mesure). Parmi les qualités qu'on aime à trouver dans la laine, on distingue sa finesse, dont on apprécie le degré à la vue et au toucher; mais ce moyen est imparfait, et ne peut donner que des résultats incertains. On a donc essayé d'atteindre le but avec plus de certitude par l'emploi d'un instrument, dont la première idée appartient aux Russes, et qui a été perfectionné en Saxe. Il sert à mesurer la grosseur des brins ou des poils de la laine; voici comment on y parvient : on forme un paquet de cent brins, on le place dans une entaille; une languette sur laquelle agit un poids qui est toujours le même appuie dessus; une aiguille indique, sur un limbe divisé en parties égales, la quantité dont le poids est descendu, et donne la finesse comparative de la laine. On prend donc une sorte de laine pour terme de comparaison; on en met cent brins dans l'instrument, et l'on note les divisions du limbe qui répond à l'extrémité de l'aiguille : c'est le point fixe ou le *zéro* de l'instrument. Les divisions du limbe ont un tiers de millimètre; la quantité dont l'aiguille se déplace est soixante fois aussi grande que le mouvement du poids, c'est-à-dire que si celui-ci baisse seulement d'un cent quatre-vingtième de millimètre, l'aiguille avancera d'une division sur le limbe. Cette fraction $\frac{1}{180}$ de millimètre est prise pour limite des nombres qui expriment les finesses des laines. On appelle en Saxe *laines électorales* celles pour lesquelles l'ériomètre marque une des divisions comprises entre les nombres 2 et 4 : ainsi, lorsqu'on dit qu'une laine électorale est du n° 2, on doit entendre que le petit paquet de laine comprimé par le poids a pour hauteur $\frac{2}{180}$ de millimètre. On doit prendre la laine qu'on veut mesurer sur le corps de l'animal, la laver par de simples immersions dans de l'eau de savon à 60° du thermomètre centigrade, éviter les torsions des brins de laine destinés à former la pincée, et ne pas déranger leur position naturelle. Ayant reconnu que les poils de laine sont plus gros au milieu que vers les extrémités, on conseille de les mesurer par le milieu. M. Hachette s'est assuré, par un examen attentif du mesureur de laine, que cet instrument donne la finesse de cent brins de laine réunis à $\frac{7}{180}$, et celle d'un brin isolé à $\frac{1}{18000}$ de millimètre.

ÉRIPHYLE, fille de Talaüs et de Lysimaque, sœur d'Adraste et femme d'Amphiaraüs, trahit son époux, qui s'était caché pour ne pas aller à la guerre de Thèbes, excitée à commettre cette perfidie par le don du collier d'Harmonia, que lui avait fait Polynice. Amphiaraüs hésitait à prendre part à cette expédition, parce que son art lui avait appris qu'il devait y périr, et il avait confié ce terrible secret à son épouse. Alcméon, le propre fils d'Ériphyle, vengea la mort de son père en immolant sa mère. Sophocle avait pris cette horrible histoire pour sujet d'une de ses tragédies aujourd'hui perdues.

ÉRIS, la déesse de la discorde chez les Grecs, était, suivant Homère, l'amie et la sœur d'Arès. Là où elle apparaissait, elle était d'abord d'une petitesse presque imperceptible, puis elle grandissait si rapidement qu'elle ne tardait pas à toucher les nues. Cette déesse répond à la *Discordia* des Romains, compagne inséparable de Bellone.

ÉRIVÂN (en persan *Revân*), ville forte et chef-lieu de l'Arménie russe, au nord du mont Ararat, à 1,104 mètres au-dessus du niveau de l'Océan, située sur le plateau de l'Aras ou Araxe supérieur, se compose de la ville proprement dite et de la forteresse, qui est entourée de hautes murailles sur trois de ses côtés. On y voit des aqueducs, un pont en pierre jeté sur la Sanga, rivière qui vient se jeter là dans l'Araxe, une caserne occupant l'emplacement de l'ancien harem, trois mosquées, dont l'une a été transformée en église grecque; un palais du Sardar, un bazar. Sa population est d'environ 12,000 habitants, qui se livrent à l'agriculture et au commerce.

Erivân était autrefois le chef-lieu de la province persane appelée *Arân*, et célèbre pour la culture de la soie. Elle eut pour fondateur un marchand protégé par Tamerlan, et qui vint s'établir dans cette contrée, afin de s'y livrer à la culture du riz. Au commencement du seizième siècle, le khan Revân y construisit, par ordre du chah de Perse Ismael, un château fort auquel il donna son nom. Une école supérieure, fondée en 1629 à Erivân, pour les études arméniennes, fut transférée, dès l'année 1631, à Edchmiadzin. Dans la dernière guerre entre la Perse et la Russie, Erivân fut prise d'assaut, le 13 octobre 1827, par le général russe Paskewitch, qui reçut en conséquence de son souverain le surnom d'*Erivanski*. Aux termes de la paix conclue le 22 février 1828 à Turkmandschaï, Erivân et la province du même nom furent cédées par la Perse à la Russie, dont elle est devenue une importante place d'armes, de même qu'elle était autrefois le boulevard de la Perse contre la Turquie et contre la Russie. Un tremblement de terre arrivé au mois de juin 1840 exerça de grands ravages à Erivân et dans toutes les contrées d'alentour.

ERLACH, l'une des plus anciennes familles de la Suisse, originaire de la Bourgogne, et qui figure avec éclat depuis le commencement du douzième siècle dans les annales de la ville de Berne.

Ulrich d'Erlach, fut en 1298 le chef des Bernois, dans leur glorieuse lutte contre la noblesse et le parti d'Albert.

Rodolphe d'Erlach son fils, gagna, en 1339, la bataille de Laupen, qui décida du sort de la république. Il eut la générosité de recueillir les fils du comte de Nydau, qu'il avait vaincu, de les faire élever, et de leur conserver leur héritage avec le zèle le plus scrupuleux. En 1360, il fut assassiné par Jost de Rudens, son gendre.

Jean-Louis d'Erlach, né en 1595, mort en 1650, joua un rôle important dans les événements de la guerre de trente ans, et plus tard, au service de France, dans les guerres de Louis XIII et des premières années du règne de Louis XIV. Il avait aussi rendu précédemment de grands services au roi de Suède Gustave-Adolphe et au duc Bernhard de Saxe-Weimar.

Jérôme d'Erlach, né en 1667, mort en 1748, l'un des plus habiles généraux de son siècle, après avoir été d'abord au service de France, passa plus tard à celui de l'empereur, et fut particulièrement lié avec le prince Eugène.

Charles-Louis d'Erlach, né à Berne en 1726, demeuré au service de France jusqu'au moment où éclata la révolution, reçut du sénat de Berne, lors de l'invasion de l'armée française commandée par Brune, en 1798, l'ordre de présider à la levée en masse. Il réussit à se faire conférer les pouvoirs les plus étendus pour résister à l'armée française; mais on ne tarda pas à les lui retirer. Attaqué par des forces supérieures, il se comporta vaillamment, mais fut malheureux, et périt dans la déroute, assassiné par ses propres soldats, quand ils apprirent la prise de Berne.

Louis-Rodolphe d'Erlach, né à Berne en 1749, essaya également, lors de l'invasion des Français, de défendre Berne; et en 1802, quand éclata une insurrection depuis longtemps préparée, il fut nommé commandant en chef de l'armée nationale. Bonaparte ayant comprimé ce mouvement par son acte de médiation, le comte d'Erlach se retira dans la vie privée, et se consacra exclusivement à la culture des lettres et des sciences. On a de lui un *Code du Bonheur*, dédié à l'impératrice Catherine II.

ERLANGEN, ville de Bavière, dans le cercle de la Franconie centrale, sur la Régnitz, compte, sur une population d'environ 11,000 habitants, 500 catholiques seulement. Elle se divise en vieille ville et nouvelle ville, et on nomme aussi cette dernière *Christian-Erlangen*, en l'honneur du margrave Christian-Ernest, qui fit don du terrain sur lequel elle a été bâtie aux protestants français expulsés lors de la révocation de l'édit de Nantes, en 1678. Le *chemin de fer du Nord et du Sud* et le Canal-Louis du Danube et du Mein passent sous ses murs. Elle est le siége d'une université, d'un collége, d'une école d'agriculture, d'une école d'arts et métiers, de divers tribunaux, et des autorités administratives du cercle. Les édifices les plus remarquables qu'on y trouve sont l'université, l'ancienne église de la cour, l'orangerie, le théâtre et la redoute. De ses cinq églises, deux sont consacrées au culte luthérien, deux au culte calviniste, et une au culte catholique. Elle a toujours été très-industrieuse, et compte depuis longtemps d'importantes fabriques de draps, de chapeaux, de chaussures, de glaces et de tabac.

L'université fut fondée, en 1742, par le margrave Frédéric de Brandebourg-Bayreuth; établie d'abord dans sa résidence de Bayreuth, elle fut, dès l'année suivante, transférée à Erlangen, puis réorganisée par le margrave Alexandre, et appelée en son honneur *université de Frédéric-Alexandre*. Depuis longtemps le chiffre moyen des étudiants qui viennent en suivre les cours varie entre 400 et 500. La bibliothèque de l'université est riche de plus de 100,000 volumes et de 1,000 manuscrits. Un hospice d'accouchements, fondé en 1827, un hôpital, un amphithéâtre d'anatomie, un jardin botanique et un muséum d'histoire naturelle, complètent cette savante institution.

ERLAU (en hongrois *Eger*), ville épiscopale du comitat de Hèves, est située sur les deux rives de l'Erlau, d'où elle tire son nom, dans une vallée profondément encaissée et tout entourée de vignobles dont la culture constitue la principale industrie de la population. Les vins rouges d'Erlau sont les meilleurs qu'on récolte dans toute la Hongrie, et ils sont fort appréciés à l'étranger. Le commerce et l'industrie de cette ville, favorisés par d'importants marchés hebdomadaires, sont très-florissants. Erlau n'a pas moins de quatre faubourgs, et si ses rues sont en général étroites et sales, on ne laisse pas que d'y voir plusieurs beaux édifices. Les plus importants sont : le lycée, avec une riche bibliothèque et un observatoire ; la nouvelle cathédrale, le palais épiscopal, le couvent des Franciscains et celui des Minorites, l'église de la Miséricorde, surmontée d'une vieille tour, de construction turque, l'église grecque, richement ornée, une école normale, une école de dessin et divers établissements de bienfaisance, parmi lesquels nous mentionnerons surtout l'hôpital, moitié épiscopal, moitié municipal, fondé en 1730 par le chanoine J. Komaromy, lequel possède environ 400,000 florins de biens fonds, nourrit à demeure 90 vieillards pauvres, recueille de 70 à 80 malades et accorde à 400 indigents des secours réguliers variant de 1 à 4 florins par mois.

Les deux sources thermales qui jaillissent près de la rivière sont employées avec succès contre les maladies de la peau, et attirent à Erlau un grand nombre de baigneurs.

Les 18,700 habitants qu'on compte à Erlau appartiennent en presque totalité à la communion romaine et à la nationalité magyare. Cette ville doit son importance à l'évêché qu'y fonda saint Étienne Ier, évêché tellement opulent que jadis il était tenu de fournir aux frais d'éducation et d'entretien du quatrième fils du roi. En 1804 l'évêché d'Erlau fut érigé en archevêché; et quoique de son ancien diocèse on ait encore formé deux évêchés nouveaux, ceux de Kaschau et de Szathmar, l'archevêché d'Erlau n'en comprend pas moins encore aujourd'hui les comitats de Hèves, Borsod, Szabolcs, Jazygie et Grande Kumanie, avec une population de 400,000 habitants.

ERMAN (Adolphe-Georges), professeur de physique à l'université de Berlin, né dans cette ville, en 1806, el mort en 1851, s'est fait connaître du monde savant par un voyage autour du monde, exécuté à ses propres frais dans les années 1828 à 1830, et dont le but était de faire, d'après les meilleurs méthodes et avec les instruments les plus parfaits, une série d'observations magnétiques sur différents points de notre planète; c'est surtout sur les observations que ce voyage scientifique lui donna lieu de recueillir, que Gauss put établir et baser pour la première fois une théorie du magnétisme terrestre. Pour la première partie de ce voyage, Erman s'attacha jusqu'à Irkoutsk à l'expédition magnétométrique dont Hansteen avait été chargé par le gouvernement suédois dans la partie occidentale de la Sibérie. Il acheva seul le reste de l'immense tournée à travers l'Asie septentrionale, depuis l'embouchure de l'Obi par Ochotzk, jusqu'au Kamschatka, et de là par mer jusqu'à Saint-Pétersbourg et Berlin, en passant par les colonies russes de l'Amérique septentrionale, la Californie, Otahiti, le cap Horn et Rio-Janeiro. La description de son *Voyage autour du monde par le nord de l'Asie et les deux océans* est divisée en deux parties, l'une historique (2 vol., 1833-38), l'autre scientifique (2 vol., 1835-41, avec atlas). Ce bel ouvrage lui valut de la part de la Société de Géographie de Paris l'un de ses grands prix. Ses travaux sur le magnétisme terrestre et sur divers autres sujets de physique ont paru dans les *Annales* de Poggendorf, dans les *Nouvelles astronomiques* de Schumacher, dans divers recueils anglais et dans les *Archives de l'exploitation scientifique de la Russie*, publiées par lui-même (Berlin, 1841-1852).

ERMELANDE, belle et fertile contrée de la Prusse orientale, dont la superficie peut être évaluée à environ 90 myriamètres carrés. C'était dans le principe l'une des onze provinces qui composaient l'ancienne Prusse, et quand les chevaliers teutoniques en eurent fait la conquête, elle devint l'un des quatre évêchés que le pape créa en 1243 dans ces contrées, nouvellement converties à la foi chrétienne. Les évêques d'Ermelande restèrent indépendants de l'ordre Teutonique, ne reconnurent d'autre supérieur que le pape, et furent élevés dans le courant du quatorzième siècle à la dignité de princes de l'Empire. Les plus célèbres furent Æneas Sylvius Piccolomini, Dantiscus, Hosius, dont les mesures rigoureuses contre la Réforme eurent pour résultat de conserver cette contrée au Catholicisme, et Cromer.

En 1466, la paix de Thorn fit passer l'Ermelande, ainsi que toute la Prusse occidentale, sous la domination des rois de Pologne. L'évêque d'Ermelande fit dès lors partie de la diète, et eut le privilége, lorsque le trône venait à vaquer, de convoquer les États de la Prusse, comme l'archevêque de Gnesen avait celui de convoquer les États de la Pologne. Braunsberg d'abord, et Heilsberg ensuite, furent la résidence des évêques d'Ermelande; aujourd'hui, c'est à Frauenburg que réside le chapitre. En 1772 l'Ermelande fut de nouveau incorporée à la Prusse.

ERMENONVILLE. Ce village du département de l'Oise, situé à 50 kilomètres de Paris, entre Dammartin et Senlis, est célèbre non-seulement par le séjour et la mort de J.-J. Rousseau, mais aussi par les beautés pittoresques du domaine où ce philosophe trouva son dernier asile. En 1603 la seigneurie d'Ermenonville, qui appartenait à un certain Dominic de Vicq (famille dont l'un des membres devint garde des sceaux en 1621), fut érigée en vicomté par Henri IV. Cette vaste propriété n'était guère, sauf quelques parties voisines du château, qu'une sorte de marais, quand René de Girardin la métamorphosa, en 1763, en un immense parc, ou jardin anglais, dont le talent de Morel fit une réunion de sites, de monuments, de paysages, qui semblent avoir été inspirés par le génie du Poussin. Il faudrait un volume pour les décrire. En 1778 le propriétaire y offrit un asile à Jean-Jacques Rousseau, qui après un court séjour y rendit le dernier soupir. Ce qui aujourd'hui y fixe surtout l'attention du voyageur, c'est l'*Ile des Peupliers*, dans laquelle il fut inhumé. Bien que cette tombe soit veuve des restes de l'écrivain illustre, transportés au Panthéon en 1794, on n'en contemple pas moins avec émotion cette simple pierre sur laquelle avait été placée l'inscription : *Ici repose l'homme de la nature et de la vérité*, accompagnée de la devise du philosophe de Genève : *Vitam impendere vero*. On y lit maintenant ces mots : « Ils ont violé mes mânes en voulant m'honorer ; ils ont méconnu ma dernière volonté en m'arrachant à ce champêtre asile. » Dans une autre partie du parc, un bâtiment rappelle des souvenirs d'un tout autre genre : c'est la *tour de la belle Gabrielle*, où la royale courtisane reçut plus d'une fois le vainqueur d'Ivry. Au pied de cette tour se trouvait jadis un objet plus honorable pour la mémoire de Henri IV ; c'était la lourde armure d'un de ses plus braves compagnons d'armes, De Vicq, qui mourut de douleur en apprenant l'assassinat de son roi. Dans la partie du parc nommée *le Désert*, on remarque une chaumière, intéressante à un autre titre : Jean-Jacques venait y travailler, et avait fait placer au-dessus cette inscription, qu'on y a conservée : *Celui-là est véritablement libre qui n'a pas besoin de mettre les bras d'un autre au bout des siens*. On gardait aussi dans cette cabane une table très-commune, sur laquelle le philosophe avait écrit ; mais déjà, il y a plusieurs années, les nombreux fragments qu'en avaient successivement emportés les visiteurs l'avaient presque réduite à rien.

Longtemps il fut de mode dans le monde parisien d'aller faire des pèlerinages philosophiques à Ermenonville. Cette retraite a reçu dans son enceinte des personnages du rang le plus élevé, entre autres l'empereur Joseph II et la reine Marie-Antoinette. On y lit une foule d'inscriptions françaises, latines, italiennes (ces dernières empruntées surtout au Tasse et à Pétrarque). Deux autres personnes ont été inhumées dans le parc d'Ermenonville : un peintre genevois, nommé Maillard, qui repose dans une île voisine de celle des Peupliers, et un Anglais, qui vint s'y brûler la cervelle, en l'année 1791, en demandant, par son testament, cette singulière faveur. Des bois très-étendus faisant partie de ce domaine, le feu duc de Bourbon, grand amateur de la chasse, l'avait acheté viagèrement de la famille Girardin, que sa mort en a remis en possession. Stanislas de Girardin réclama plusieurs fois, mais en vain, sous la Restauration, ce qu'il regardait comme une propriété précieuse et sacrée, les cendres de Rousseau, reléguées dans un caveau fermé de Sainte-Geneviève.

Ce lieu a inspiré de nombreuses descriptions, dont les plus estimées sont celles de Meyer, Letourneur, Fayolle et Thiébaud de Bernéaud. Chose remarquable ! en 1815, l'ombre de Jean-Jacques sembla protéger encore les sites où elle avait erré : un ordre du jour publié par le commandant supérieur des troupes alliées campées dans le voisinage d'Ermenonville déclara ce domaine exempt de toutes corvées de guerre, et les Cosaques eux-mêmes, bien et dûment prévenus par leurs chefs, n'y commirent pas la moindre dévastation.

OURRY.

ERMITAGE, ERMITE. Ces deux mots sont sortis du berceau du christianisme; leur étymologie vient du grec ἐρημος, désert. L'ermitage est donc la demeure de l'ermite dans un lieu infréquenté. La contemplation et le *psychisme* (la connaissance de l'âme et des êtres immatériels) tourmentaient peu le cœur des païens. Timon le misanthrope, et le rieur Démocrite, méditant dans les tombeaux d'Abdère, sont à peu près les seuls solitaires qu'ils aient comptés. Élie et saint Jean dans le désert passent pour les plus anciens anachorètes; viennent ensuite saint Paul surnommé l'*ermite*, et saint Antoine, qui l'ensevelit. Ces anachorètes, à l'insu l'un de l'autre, s'étaient enfoncés dans le vaste silence de cette Thébaïde, dont les seuls habitants étaient depuis longtemps les momies de toute une nation éteinte. L'ermitage de saint Paul, jeune Égyptien de la basse Thébaïde, fut une caverne qui avait servi de retraite à de faux monnayeurs du temps de Cléopâtre. Après lui, Antoine, Jérôme, Macaire, une foule de chrétiens, vinrent dans le désert chercher un abri contre la méchanceté des puissants ou contre leur propre faiblesse. Bientôt la Syrie, dans ses grottes, les cèdres du Liban, sous leurs palmes, virent arriver de l'Europe et de l'Asie des hommes qui fuyaient la tourmente d'un monde, alors en convulsion. Dans la suite, ces ermitages, agrandis, prirent le nom de *chartreuses*, d'un désert du même nom, près de Grenoble, octroyé à saint Bruno par un saint évêque de cette ville, en 1080. Une chartreuse aussi ne tarda pas à surgir du milieu des thermes somptueux de Dioclétien, à Rome. Celle de Saint-Martin, à Naples, est une des plus pittoresques de l'Europe. Encore aujourd'hui, il y a des ermites sur le mont Athos, qui voient en même temps et les flots de la mer et ceux des passions humaines mourir à leurs pieds. Il y en a aux flancs du Vésuve, qui dorment paisiblement sur un lit de laves. Jusque vers la fin du siècle dernier les belles et vertes forêts de France furent poétisées par de pauvres ermites, qui recueillaient les enfants égarés, réchauffaient à leur foyer le bûcheron transi, et sanctifiaient sur un petit autel de gazon une passion coupable. Souvent ces anachorètes, par le bruit de leur vertu, attirèrent près d'eux des disciples : alors les forêts étaient défrichées, la terre ensemencée ; l'ermitage devenait un couvent, puis le couvent une ville, quelquefois d'un grand nom dans l'histoire. C'était alors que l'ermite pouvait prendre le titre grec d'*archimandrite* (archi-solitaire). De nos jours, avec quel transport de reconnaissance et d'admiration ne devons-nous pas signaler les ermites du mont Saint-Bernard, ces solitaires qui, déjà à moitié dans les cieux, où est le seul trésor qu'ils attendent, arrachent aux avalanches, aux glaciers, aux abîmes, des hommes qui sont venus de loin troubler ces saintes solitudes des pas de leurs avides caravanes, ou du fracas de leur artillerie meurtrière. C'est seulement par exception que quelques femmes, telles que sainte Madeleine et Marie l'Égyptienne, ont recherché une solitude absolue, que leur faiblesse et la prudence interdisent également à leur sexe.

Pendant longtemps un assez mauvais goût décorait les jardins des riches d'ermitages de contrebande. On donne encore ce nom à la petite maison que Mme d'Épinay mit à la disposition de Rousseau à Montmorency.

Saint-Pétersbourg possède un palais du même nom attenant au Palais d'Hiver. DENNE-BARON.

ERMITAGE (Vins de l'), appellation commune aux produits de divers crus de la rive gauche du Rhône, dans le département de la Drôme, et qu'ils tirent de la montagne granitique du même nom, située en face de la ville de Tournon (Ardèche). Cette montagne, qui s'élève à 160 mètres au-dessus du fleuve, se compose de plusieurs coteaux, tous exposés au midi, et étagés par de petits murs, au moyen desquels le vigneron industrieux retient sur la pente des rochers la couche, peu épaisse, de terre végétale qui les recouvre. Ces divers coteaux sont appelés *mas* par les habitants. On y récolte des vins rouges et blancs, mais les premiers sont beaucoup plus estimés que les seconds. Les gourmets placent en première ligne, avec les meilleurs vins de Bordeaux et de Bourgogne, ceux qui proviennent des crus de Méal et de Greffieux ; viennent après ceux de Bessas, de Baume et de Raucoule. Les Crozes, les Gervant et les Mercurol ne passent qu'en troisième ordre.

Les véritables vins de l'Ermitage se distinguent par la plénitude de leur corps, par leur couleur rouge foncé, leur bouquet exquis et leur goût de framboise. Comme ils déposent beaucoup, ce n'est qu'après être restés de huit à dix années en cercles, qu'ils se trouvent assez adoucis pour pouvoir être mis en bouteilles. Ils se conservent alors fort longtemps, et ce n'est que lorsqu'ils ont déjà plusieurs années de bouteille, que leurs qualités fines se trouvent complétement développées.

ERNEST, électeur de Saxe, fondateur de la ligne *ernestine*, ou ligne aînée de la maison de Saxe, était fils de l'électeur Frédéric le Pacifique et de l'archiduchesse Marguerite d'Autriche. Enlevé à l'âge de quatorze ans, en l'année 1455, du château d'Altenburg, avec son frère Albert, par Kunz de Kaufungen et ses alliés, puis échappé comme par miracle à ce guet-apens fameux, il succéda en 1464 à son père comme électeur, et gouverna d'abord en commun avec son frère Albert les divers pays saxons pendant l'espace de vingt-une années, jusqu'au partage qu'effectuèrent entre eux les deux frères, le 28 août 1485. Le 24 février 1486, à l'occasion de l'élection de son fils Maximilien comme roi des Romains, à Francfort, l'empereur accorda aux deux frères l'investiture de leurs États respectifs et confirma la loi de succession qu'ils avaient établie entre eux ; ainsi que le partage des États saxons, qui a détruit à jamais l'unité de cette maison souveraine, ainsi que la force et la puissance de ce beau pays. Au reste, Ernest, pendant tout le temps de son règne, s'occupa activement de la prospérité intérieure de ses États et d'accroître leur influence extérieure. Il mourut en 1486, à Kolditz. De sa femme Élisabeth, née princesse de Bavière, il eut quatre fils, dont l'aîné, Frédéric le Sage, et le plus jeune, Jean le Constant, lui succédèrent dans sa dignité électorale.

ERNEST. Quatre princes de la maison de Saxe ont régné sous ce nom dans le duché de Saxe-Cobourg et Gotha.

ERNEST Ier, surnommé *le Pieux*, à cause du zèle tout particulier qu'il témoigna dans les dernières années de sa vie pour la protection et la propagation du luthéranisme, duc de Saxe-Gotha et Altenburg, souche de la maison de Saxe-Gotha, né le 24 décembre 1601, au château d'Altenburg, était le neuvième de dix frères, dont le plus jeune fut le duc Bernard de Weimar. Lors de l'arrivée de Gustave-Adolphe en Allemagne, il prit du service dans les armées de ce prince, assista aux siéges de Kœnigshofen, Schweinfurt et Wurtzbourg, déploya le courage et l'habileté d'un général aux journées de Nuremberg et de Lutzen, et dans cette dernière bataille, après la mort de Gustave-Adolphe, battit seul le corps de troupes fraîches arrivé sous les ordres de Pappenheim ; c'est à ce moment que son frère Bernard prit le commandement en chef de l'armée suédoise. Après la bataille de Nordlingen (26 août 1634), Ernest se retira complétement du théâtre de la guerre, et accéda en 1635 à la paix de Prague. L'année suivante, il épousa Élisabeth-Sophie, fille unique du duc Jean-Philippe d'Altenburg, et s'occupa dès lors activement de la réorganisation de son pays, qui avait eu beaucoup à souffrir des suites de la guerre. Après la mort de son frère Albert, en 1644, il hérita de la moitié du duché d'Eisenach, et en 1673, à la mort de Frédéric-Guillaume III, dernier duc d'Altenburg, les duchés de Cobourg et d'Altenburg lui firent retour ; mais comme la maison de Weimar élevait aussi des prétentions à cet héritage, son amour pour la paix le porta à lui en faire cession d'une partie en vertu d'une convention conclue à Altenburg en 1672. Il mourut en 1675. L'aîné de ses sept fils, Frédéric, continua la ligne de Gotha ; le troisième, Bernard, devint la souche de la ligne de Meiningen ; et le septième, Ernest, fonda la ligne de Saalfeld.

ERNEST II, duc de Saxe-Gotha et d'Altenburg, né en 1745, fils cadet du duc Frédéric III, succéda à son père en 1772, et gouverna avec autant de sagesse que de justice. Il rétablit l'ordre et la prospérité dans les finances, que la guerre de sept-ans avait réduites aux abois, fonda des hôpitaux, des maisons de travail pour les pauvres, et des institutions de prévoyance pour les veuves et orphelins de fonctionnaires publics, s'occupa efficacement du perfectionnement de l'instruction publique, et enfin protégea les arts et les sciences avec une noble générosité. Il était très-versé dans les matières astronomiques, sur lesquelles il composa divers ouvrages. La fondation de l'observatoire de Seeberg, dont son épouse fit terminer la construction par le savant de Zach, grand-maître de sa cour, fut un des services notables qu'il rendit à l'astronomie. Ce fut lui qui le premier en Allemagne s'occupa de faire mesurer le méridien, et on lui doit une foule d'autres travaux mathématiques, notamment une ingénieuse théorie du jeu des échecs. Une sage économie et une extrême simplicité dans sa manière de vivre lui fournirent les ressources nécessaires pour faire face aux dépenses considérables qu'entraînèrent ces utiles entreprises. Il déploya toujours la plus grande fermeté pour mettre ses États à l'abri des intrigues de l'étranger, et refusa les sommes considérables que le roi d'Angleterre, son proche parent, lui offrait pour y lever des troupes destinées à aller combattre les insurgés de l'Amérique du Nord. Ce prince mourut le 20 avril 1804.

ERNEST III, duc de Saxe-Cobourg-Gotha, fils du duc François, naquit le 2 janvier 1784, et hérita du pouvoir souverain le 9 décembre 1806. Comme il avait pris part à la campagne du roi de Prusse contre Napoléon, en 1806, ses États lui furent enlevés par la France à titre de pays conquis; mais à la paix de Tilsitt, l'intervention de l'empereur Alexandre les lui fit restituer, et il rentra le 28 juillet 1807 à Cobourg. Les réclamations personnelles qu'il alla faire alors à Paris pour obtenir l'indemnité qui lui avait été promise par Napoléon pour les contributions levées dans ses États, demeurèrent sans résultat. Dès lors il s'occupa exclusivement de la réorganisation de l'administration dans ses États, devenus régulièrement à cette époque le champ de bataille de l'Europe, et ruinés par les contributions qu'y frappaient sans cesse les Français. Après la bataille de Leipzig, il prit fait et cause pour les puissances alliées, et, chargé alors du commandement en chef du cinquième corps, composé des contingents des différents petits États de l'Allemagne, il opéra le blocus de Mayence, et contraignit cette place à capituler. La paix de Paris, conclue en 1815, lui valut un accroissement de territoire de 35,000 âmes, qu'en 1834 il rétrocéda à la Prusse moyennant une indemnité de deux millions de thalers. En vertu d'une convention signée en novembre 1826, l'extinction de la branche ducale de Gotha lui valut dans le duché même de Gotha une augmentation de territoire bien plus considérable. En 1817 il se maria à *Louise*, fille du duc Auguste de Saxe-Gotha, et après la mort de cette princesse, arrivée le 30 août 1831, il épousa en secondes noces *Marie*, fille du duc de Wurtemberg. Lui-même mourut après une courte maladie, le 29 janvier 1844, laissant de son premier mariage deux princes, dont l'aîné, *Ernest*, lui succéda sur le trône; déjà le plus jeune, *Albert*, avait obtenu en 1840 la main de la reine d'Angleterre Victoria.

Sous le règne d'Ernest III la maison de Saxe-Cobourg a vu son patrimoine héréditaire s'agrandir comme peut-être il n'était encore jamais arrivé à une maison princière, de même qu'on ne vit jamais autant de trônes d'Europe occupés en même temps par des princes de la même famille. En effet, outre le prince Albert, son fils cadet, la sœur d'Ernest III, par son mariage avec le duc de Kent, était devenue mère de la reine d'Angleterre, aujourd'hui régnante; son frère cadet, Ferdinand, épousa en 1816 la plus riche héritière de Hongrie, fille unique du prince de Cohary; son plus jeune frère, le duc Léopold, après avoir épousé en 1816 la princesse de Galles, morte en couches l'année suivante, fut élu en 1831 roi des Belges et épousa en secondes noces la fille aînée du roi des Français, Louis-Philippe; enfin, son neveu, le prince Ferdinand, était devenu, dès 1836, l'époux de feu Dona Maria da Gloria, reine de Portugal.

ERNEST IV (Auguste-Charles-Jean-Léopold-Alexandre-Édouard), deuxième du nom dans la ligne de Cobourg, fils d'Ernest III, duc de Saxe-Cobourg, est né à Cobourg, le 21 juin 1818. Comme son frère, le prince Albert, il reçut l'éducation à la fois la plus brillante et la plus solide, et fit preuve de bonne heure des plus remarquables dispositions pour les sciences naturelles et pour la musique. Après avoir voyagé en Espagne, en Italie, en Portugal et en Afrique, il épousa en 1842 la princesse *Alexandrine-Louise-Amélie*, fille du grand-duc de Bade, et succéda à son père en 1844. Enfant du siècle, et partageant toutes ses généreuses aspirations, il se montra, comme souverain, animé des intentions les plus libérales, et s'efforça d'introduire dans l'administration de ses États toutes les réformes réclamées par l'esprit du temps. Dans les calamiteuses années de 1848 et 1849, il sût par sa fermeté, sa modération et sa sagesse, les préserver des cruelles épreuves par lesquelles durent alors passer diverses autres contrés de l'Allemagne. Partageant sincèrement l'enthousiasme des populations germaniques pour la grande nationalité allemande avec la communauté de droits et d'intérêts qu'elle implique, il accepta en 1849, à la demande du vicaire de l'Empire, un commandement dans le corps d'armée mis par l'Allemagne à la disposition du gouvernement national des duchés de Schleswig Holstein luttant contre les prétentions du gouvernement danois, et remporta le 5 avril 1849 un avantage brillant sur les troupes danoises, à l'affaire d'Eckernfœrde. Quand les différentes combinaisons mises en avant pour arriver à constituer l'unité politique et nationale de l'Allemagne eurent échoué, il se rattacha à l'alliance appelée alors *des trois rois*, et réussit à provoquer la tenue à Berlin d'un congrès de souverains, dans les séances duquel il insista toujours chaleureusement pour qu'il fût donné satisfaction aux vœux et aux espérances des générations actuelles. La réaction l'ayant définitivement emporté en 1850, on le vit alors adopter une ligne de conduite dont la sagesse et la modération étaient de nature à lui concilier à un haut degré les sympathies de l'opinion. Rien de plus simple, de plus *bourgeois*, que la vie privée du duc, qui consacre noblement ses heures de loisir à la culture des sciences et des arts. Les partitions de ses opéras, *Zayre* et *Casilda*, lui assignent un rang distingué parmi les compositeurs contemporains.

ERNEST-AUGUSTE, roi de Hanovre, né le 5 juin 1771, était le cinquième fils du roi d'Angleterre Georges III, et portait avant son avénement au trône de Hanovre le titre de *duc de Cumberland*, sous lequel il acquit en Angleterre une impopularité justifiée par de trop fréquents oublis des plus simples convenances sociales, et surtout par le mépris insolent qu'en toutes circonstances il afficha pour les principes politiques servant de base à la constitution du pays. Sa jeunesse fut plus qu'orageuse, et le scandale de ses mœurs privées devint tel que la haute société anglaise dut en quelque sorte l'expulser de son sein. Depuis longtemps il était arrivé à l'âge de maturité, passant obscurément sa vie dans un cercle crapuleux, lorsqu'un événement tragique, dont l'intérieur de son hôtel à Londres fut le théâtre, en 1810, acheva de le perdre dans l'estime publique en provoquant les suppositions les plus injurieuses pour son honneur. Après une nuit d'orgie, dit-on, un valet de chambre, étranger de naissance, attenta à sa vie, et, n'ayant pu réussir dans cette tentative, se coupa la gorge dans la chambre même de son maître, qui, pour sauver ses jours menacés, dut lutter quelque temps contre l'assassin. Quelque soin qu'on prît pour arranger et étouffer cette déplorable affaire, elle donna lieu aux inculpations les plus flétrissantes pour l'honneur du duc de Cumberland, comme homme privé. On ne craignit pas de raconter que s'il y avait eu dans cette tragique affaire un assassin, c'était le prince; et qu'après avoir coupé le cou de sa victime, il avait froidement recueilli son sang dans un plat....

Le duc de Cumberland, mis au ban de l'opinion, essaya au reste de se roidir contre l'animadversion générale, et de braver les jugements d'une société assurément peu scrupuleuse et que des énormités avaient seules pu révolter. Il affecta donc de se poser dès lors en champion déterminé des principes et des intérêts du torysme le plus ardent, comptant peut-être donner ainsi le change sur les véritables causes des haines profondes et de l'injurieux mépris dont il était arrivé à être l'objet de la part des diverses couches de la société anglaise.

En 1793 et 1794, officier supérieur dans l'armée britannique en vertu de la grâce d'état qui en tous temps et par tous pays, fait naître les princes avec des épaulettes et des crachats, le duc de Cumberland toujours par la même grâce d'état, parvint dans la suite au grade de feld-maréchal de l'armée anglaise; mais ses déportements seuls occupèrent la déesse aux cent bouches, jusqu'au moment où la mort de plusieurs de ses frères aînés, en le rapprochant du trône, dut le faire compter au nombre des héritiers probables de la couronne, et vint donner aux actes de sa vie publique comme à ceux de sa vie privée une importance que sans cela ils n'auraient jamais pu avoir aux yeux du pays. L'opinion se montra d'autant plus sévère envers lui, que l'attitude politique qu'il avait prise le signalait comme un ennemi déclaré des principes de progrès et de liberté, comme le digne champion d'une oligarchie corrompue et corruptrice, enfin, comme l'avoué de l'Église anglicane, que les sympathies d'un prince si peu austère étaient peu propres à rehausser dans l'estime des dissidents opprimés. En 1813, lorsque les revers des armées françaises eurent replacé le Hanovre sous la domination de l'Angleterre, il souhaita ardemment d'être nommé vice-roi de ce pays, où, en vertu des prescriptions de la loi salique qui régissent l'Allemagne, il était appelé à ceindre quelque jour la couronne, à défaut d'héritiers mâles plus proches que lui. Le profond dépit qu'il ressentit d'avoir échoué dans sa candidature le détermina à passer sur le continent et à aller se fixer à Berlin, où la conformité de vues politiques établit bien vite une étroite intimité entre lui et le duc Charles de Mecklenbourg. En 1815, il épousa même la sœur de ce prince, veuve, d'abord du prince Charles de Prusse, mort en 1796, puis du prince Guillaume de Solms, et déjà fiancée à ce moment avec le duc de Cambridge. Quoique borgne, le duc de Cumberland l'emporta sur son cadet dans le cœur de l'inconstante veuve.

Ce mariage acheva, en quelque sorte, de le germaniser, et il parut ne plus se souvenir qu'il était né prince anglais que dans les occasions où il s'agissait d'user de ses prérogatives de pair pour combattre par son vote dans le parlement toutes les mesures libérales arrachées au ministère par l'opinion, et surtout pour y défendre, avec une édifiante dévotion, les priviléges et les immunités de l'Église anglicane, dont son titre de chancelier de l'université d'Oxford faisait de lui le patron naturel. L'émancipation des catholiques ne compta pas d'adversaire plus implacable que lui. Il échangea même, à ce propos, dans la chambre haute, de dures paroles avec son frère le duc de Clarence, et ne quitta l'Angleterre qu'après le triomphe de cette réparatrice mesure. On ne le revit à Londres que lors du couronnement de son frère le duc de Clarence (Guillaume IV), et à cette occasion la populace ne lui épargna pas les plus humiliantes manifestations de sa haine et de son mépris.

Les antécédents du duc de Cumberland, on le conçoit, n'étaient guère de nature à rassurer l'opinion publique, en Hanovre, sur l'avenir réservé à la constitution représentative octroyée à ce pays en 1833. Il se trouvait en Angleterre lorsque le roi Guillaume IV mourut, le 20 juin 1837; et il se hâta alors d'aller prendre possession du Hanovre, où il prit le titre d'*Ernest-Auguste* Ier. Son premier acte fut de prononcer l'ajournement des états, que suivit bientôt après leur dissolution, et enfin l'abolition de la constitution.

Le mariage de la reine Victoria avec Albert de Saxe-Cobourg, et la nombreuse lignée issue de cette union avaient à jamais détruit les espérances qu'Ernest-Auguste avait pu nourrir de monter quelque jour sur le trône de la Grande-Bretagne. En 1840, il jugea à propos d'octroyer à son peuple une constitution telle qu'on pouvait en attendre une d'un pareil législateur, et qu'il ne se fit pas faute de violer toutes les fois que l'occasion s'en présenta. Jusqu'en 1848 son règne ne fut donc qu'une suite non interrompue d'actes arbitraires; et, fidèle à ses principes de vieux *torysme* anglais, toutes les mesures de son gouvernement eurent pour objet de favoriser la noblesse au détriment des classes moyennes. Mais à ce moment il eut le bon esprit de comprendre que le génie du siècle l'emportait, que l'ancien régime était définitivement vaincu; alors, faisant bonne mine à mauvais jeu, il consentit à toutes les réformes politiques et administratives réclamées par l'opinion. La mort vint le frapper le 18 novembre 1851, à l'âge de quatre-vingts ans. Il était veuf déjà depuis dix ans. Le fils unique issu de son mariage, prince affecté depuis sa naissance d'une cécité presque complète, lui a succédé sur le trône, et règne aujourd'hui sous le nom de Georges V.

ERNESTI (Jean-Auguste), célèbre comme théologien et plus encore à l'étranger comme philologue, né en 1707, à Tennestadt, en Thuringe, fut nommé en 1742 professeur agrégé de littérature ancienne à l'université Leipzig, puis en 1756 professeur titulaire d'éloquence, chaire qu'à partir de 1759 il cumula avec celle de théologie. Il mourut en 1781. L'étude approfondie de la philologie lui ouvrit des voies nouvelles pour la critique théologique, science qu'il contribua entre tous à faire progresser en tant qu'elle s'appuie sur la philosophie et de rigoureuses explications grammaticales. Parmi les bonnes et correctes éditions de classiques grecs et latins qu'il donna, nous citerons celles des *Dits mémorables de Socrate*, de Xénophon (1772); des *Nuées* d'Aristophane (1753; nouvelle édition, 1830); d'Homère (1759-64; 2e édition, 1824); de Callimaque (1761); de Polybe (1764); de Suétone (1748; 2e édit., 1775); de Tacite (1752; 2e édit., 1772; dernière édition, 1830); et surtout son excellente édition de Cicéron (5 vol., Leipzig, 1737-39; 3e édition, Halle, 1776-7), à laquelle il ajouta une *Clavis ciceroniana* (1739; 6e édit.), qui en forme le 6e volume.

Le premier, il apprit à l'Allemagne ce que c'est que la véritable éloquence, et sa latinité irréprochable l'a fait à bon droit surnommer le Cicéron allemand. Ses ouvrages théologiques ne furent pas moins nombreux; nous citerons surtout ses *Opuscula theologica* (1792). Il rendit de véritables services à la science en publiant sa *Nouvelle Bibliothèque théologique* (13 vol., 1760-1779).

Son neveu, *Auguste-Guillaume* Ernesti, né en 1733, mort professeur d'éloquence à Leipzig, en 1801, a donné une édition de Tite-Live (3 vol., 1768; nouvelle édition, 5 vol., 1785); et une édition d'Ammien-Marcellin (1773).

ERNESTINE (Ligne). *Voyez* Saxe (Maison de).

ERNOLD LE NOIR (Ernoldus Nigellus), poëte du neuvième siècle, fut disgracié, en 825, par Louis le Débonnaire, et relégué à Strasbourg. Il y composa, en vers élégiaques, un long poëme, qui lui valut d'abord la liberté, puis la faveur et la confiance du prince, qui le chargea de négociations délicates. On ne sait ni quand, ni où, ni comment il mourut; son nom même nous serait resté inconnu sans le soin bizarre qu'il a pris de composer, avec les premières et dernières lettres de chaque vers de sa dédicace le vers suivant :

Ernoldus cecinit Hludoici Cæsaris arma.

Le poëme d'Ernold, divisé en quatre livres, contient le récit des expéditions guerrières de Louis et des autres événements mémorables de son règne. La latinité en est barbare; mais on y trouve des détails poétiques beaucoup plus propres à faire connaître la société de ces temps reculés que tous les récits des chroniqueurs. Sous ce rapport on peut le considérer comme un monument historique d'assez grande importance. Il est surtout précieux pour ce qui regarde la chevalerie.

ÉROS, mot grec qui signifie amour, et dont la racine est ἐράω, j'aime. Il ne faut pas confondre le dieu qu'il désigne avec Cupidon, ou *Iméros*, le désir, quoiqu'ils soient tous deux de la suite de Vénus. *Eros*, suivant Cicéron, était fils de Jupiter et de Vénus; l'autre, fils de la Nuit et de l'Érèbe. Eros allumait dans l'âme les passions violentes; Iméros les sentiments tendres et doux. L'un et l'autre étaient représentés sous les traits d'un enfant, et on les confondait souvent.

ÉROSION (en latin *erosio*, du verbe *erodere*, ronger). Cette dénomination, comme son étymologie l'annonce, désigne la destruction superficielle d'une partie, comme produite par usure : les plaies qui résultent des brûlures légères en donnent une idée assez précise. C'est une sorte d'écorchure ou d'ustion : les parties les plus solides du corps humain peuvent être érodées. C'est ainsi qu'une tumeur anévrismale finit par user à la longue un os avec lequel elle est en contact, le creuser et le détruire. Les érosions des parties molles sont ordinairement produites par des substances âcres, irritantes, qui détruisent l'épiderme et causent une ulcération légère. Le mot *érosion* dépeint très-exactement la destruction de la peau qui accompagne diverses dartres et des affections cancéreuses, affections qu'on appelle *rongeantes*. Il est facile de guérir les érosions récentes qui résultent d'une application irritante ou d'une action mécanique ; il suffit de couvrir la partie avec un cataplasme de farine de graine de lin : en quelques jours l'épiderme recouvre le derme dénudé. Mais dans le cas où la peau est détruite par un ulcère dartreux ou carcinomateux, le traitement est difficile et souvent stérile ; l'affection appartient alors à un ordre de maladies dont il serait déplacé de s'occuper ici. Dr CHARBONNIER.

ÉROSTRATE, né à Éphèse, homme obscur et sans génie, tourmenté du délire de la célébrité, s'avisa, afin d'avoir sa part d'immortalité sur la terre, d'effacer par les flammes ce qu'il y avait de plus beau au monde ; il brûla le temple de Diane à Éphèse, l'une des sept merveilles du monde. Les Éphésiens, indignés, rendirent à ce sujet une loi qui défendait expressément de prononcer le nom de l'incendiaire. Cette loi, plus insensée encore que le sacrilége d'un insensé, produisit un effet contraire à son but : elle perpétua à jamais dans l'avenir l'odieux nom d'Érostrate. Ce fut une nuit de l'an 356 avant J.-C., la nuit même de la naissance d'Alexandre le Grand, que s'écroulèrent dans un monceau de cendres les dernières colonnes de ce temple admirable. DENNE-BARON.

ÉROTIEN (EROTIANUS), médecin grec, vécut dans le premier siècle de notre ère, sous le règne de Néron. C'est à tort que Fabricius a prétendu que le nom d'*Erotianus* avait été formé de celui d'*Herodicus*. C'est aussi sans autorité suffisante que quelques critiques lui ont contesté le titre de médecin pour en faire un grammairien. Ce qui est incontestable, c'est qu'antérieur à Galien, il écrivit en grec un glossaire alphabétique d'Hippocrate, dédié à Andromachus, premier médecin (archiâtre) de Néron, lequel a été imprimé pour la première fois à Paris, en 1564, par Henry Estienne, qui l'a placé en tête de son *Dictionarium medicum* (grec-latin) ; puis, à Venise, en 1566, et, enfin, avec les éditions d'Hippocrate publiées par Mercuriali et Chartier. Ses interprétations sont en général si brèves, si ambiguës, qu'il n'offre souvent au lecteur que des énigmes à deviner. On croit même que c'est uniquement pour dissiper ces ténèbres que Foës a composé son dictionnaire intitulé *Œconomia Hippocratis*. La meilleure édition d'Érotien est celle de J.-G. Frédéric Franz, in-8°, publiée à Leipzig, en 1780.

ÉROTIQUE (Genre), qui appartient à l'amour, qui en procède (de ἔρως, amour). Ce mot peut en effet s'appliquer à tout ce qui a rapport à cette passion ; mais son principal emploi est de désigner tout ce qui dans les arts a pour objet d'en peindre les effets ou d'en célébrer les charmes. Ainsi, un livre, un tableau, une statue, peuvent également être *érotiques*. On appelle *poëme érotique* celui qui a pour objet la peinture de l'amour : une élégie, une épître, une ode, peuvent être érotiques. Quand cette peinture passe les bornes posées par la décence, quand la poésie se dégrade jusqu'à outrager la pudeur, elle prend le nom de *sotadique*, du vers iambique irrégulier que les anciens employaient de préférence pour ce genre de poésie. Chez les anciens, Anacréon et Sapho sont les principaux poëtes érotiques des Grecs ; Ovide, Tibulle, Catulle et Properce, ceux des latins.

Les peuples du nord de l'Europe, les Français et les *trouvères*, leurs premiers poëtes, ne composèrent des chants érotiques, selon l'acception littérale du mot, que lorsque l'imitation des anciens vint modifier leur poésie nationale, tandis que le genre érotique était cultivé chez les poëtes de la plus haute antiquité, sous le soleil radieux du midi et de l'orient. Les *troubadours* français de l'autre côté de la Loire, avant le quinzième siècle, s'adonnaient à ce genre, qui leur avait peut-être été apporté par les Maures d'Espagne. Cependant, le sentiment de l'amour est tellement poétique, qu'il perce à travers et domine même souvent les sujets auxquels il semble étranger : ainsi, la première partie du roman de *la Rose*, composé par G. de Lorris, mort en 1240, est presque entièrement érotique. Jehan de Meun, son continuateur, n'adopte, au contraire, que la partie satirique de l'ouvrage. Le joli conte du *Châtelain de Coucy*, manuscrit du treizième siècle, imprimé par Crapelet, est un petit poëme érotique. Il en est de même des chansons de Thibault, comte de Champagne. Ces exemples rares, car nous croyons qu'il serait difficile d'en citer d'autres parmi les innombrables poésies de ce temps, ne peuvent que confirmer l'observation faite précédemment. Mais quand, au seizième siècle, l'étude plus intime de la littérature grecque et romaine se répandit généralement, alors seulement furent composées des pièces entières de poésie dont le but était bien évidemment de peindre les effets de l'amour. Les poëtes les plus connus de cette époque, Marot, Joachim du Bellay, Olivier de Magny, Ronsard, Baïf, célébrèrent leurs amours dans des milliers de sonnets. *Le Tuteur d'amour*, de Gilles d'Aurigny, les *Soupirs amoureux*, de Guy de Tours, sont des œuvres érotiques. Les poëtes du dix-septième siècle en composèrent un grand nombre sous la forme de *madrigaux*, d'*élégies*, d'*idylles*, etc., etc., où la galanterie, il est vrai, se manifeste plutôt que la passion. Ce ne fut guère que dans le siècle dernier que la poésie érotique se montra avec son véritable caractère sous la plume de Bertin, de Parny et surtout d'André Chénier ; encore faut-il avouer que les deux premiers n'ont fait que reproduire le sentiment amoureux des hommes qui fréquentaient les boudoirs musqués de leur époque. André Chénier est plus véritablement passionné, parce qu'il copie plus exactement les anciens. VIOLLET-LE-DUC.

ÉROTOMANIE (du grec ἔρως, amour, μανία, délire), délire d'amour ou érotique, mélancolie amoureuse. L'érotomanie est une maladie du cerveau, comme toutes les autres monomanies, et elle attaque indistinctement les hommes et les femmes, depuis l'âge de la puberté jusqu'à la vieillesse. Par monomanie nous entendons le délire sur un seul ordre d'idées ; et nous regardons chaque monomanie comme la suite du dérangement des fonctions d'un ou de plusieurs organes déterminés du cerveau. En effet, si l'on n'admettait pas la pluralité des organes cérébraux, il serait impossible de se rendre compte du délire dans un seul genre d'idées déterminées, et de la raison, de l'ordre, du calme, de la régularité de toutes les autres facultés morales et intellectuelles ; et cependant c'est de cette manière que l'érotomanie se présente. Si la maladie se prolonge, si elle est mal traitée, si le malade a un mauvais tempérament ou une organisation très-forte qui le prédispose à ce genre de maladie, alors elle finit par dégénérer en manie complète, en démence, en consomption.

L'érotomanie est considérée différemment par les écrivains ; elle est confondue avec l'hystéralgie, la *nymphomanie* ou la fureur utérine pour les femmes ; et avec l'*hypochondrie* et le *satyriasis* pour les hommes. Toutefois, il y a des différences et des nuances dans la forme et les symptômes de chacune de ces maladies, quoiqu'elles émanent toutes du cerveau, et qu'il y ait beaucoup d'analogie entre elles. L'érotomanie consiste dans un amour exclusif et très-vif, tantôt pour un objet réel, tantôt pour un objet imaginaire. Dans l'érotomanie, dit Esquirol, les yeux sont vifs, animés, le regard passionné, les propos tendres; les actions expansives; mais ceux qui en sont affectés ne sortent jamais des bornes de la décence; ils s'oublient en quelque sorte eux-mêmes; ils vouent à leur divinité un culte pur, souvent secret; ils se rendent esclaves : ils exécutent les ordres de leur déité avec une fidélité souvent puérile; ils obéissent même aux caprices qu'ils lui prêtent; ils sont en extase, contemplant ses perfections souvent imaginaires; désespérés par l'absence, leur regard est alors abattu, ils sont pâles; les traits s'altèrent; ils perdent le sommeil et l'appétit; ils sont inquiets, rêveurs, colères, etc. Le retour les rend ivres de joie; le bonheur dont ils jouissent se montre dans toute leur personne et se répand sur tout ce qui les entoure; leur activité musculaire augmente, mais elle est convulsive; ils parlent beaucoup et toujours de leur amour; pendant le sommeil, ils ont des rêves; ils sont sujets à des illusions qui ont enfanté les *succubes* et les *incubes*.

Les érotomaniaques sont constamment poursuivis par les mêmes idées, par les mêmes affections, qui sont d'autant plus cruelles qu'elles s'irritent de toutes les passions conjurées : la crainte, l'espoir, la jalousie, la joie, la fureur, etc., semblent concourir pour faire le tourment de ces infortunés; ils négligent, ils abandonnent, puis ils fuient leurs parents, leurs amis; ils méprisent la fortune, les convenances sociales; ils sont capables des choses les plus extraordinaires, les plus difficiles, les plus pénibles, les plus bizarres. Quelquefois les malades sont tristes, sombres, taciturnes, et ne donnent aucun signe du désordre de leur esprit; ils raisonnent parfaitement bien et ne font aucune extravagance, mais ils sont malheureux et cherchent soigneusement à cacher leurs chagrins et leurs désirs; ils concentrent dans le fond de leur âme leurs sentiments et leur passion. C'est la pudeur, la fierté ou les principes d'une éducation sévère ou d'une religion mal entendue qui leur font taire leur passion aux personnes même qui leur sont les plus intimes. Cependant, ce travail cérébral use et fatigue l'organe, et finit par détruire complétement la santé ou la raison des personnes qui en sont atteintes. Le mariage, s'il n'a pas lieu avec la personne aimée, accélère souvent plutôt qu'il n'empêche la mort de l'individu.

L'érotomanie est quelquefois suivie du suicide : nous n'avons pas besoin d'en chercher les exemples parmi les anciens et de citer à ce propos le rocher de Leucade, qui mit fin au délire amoureux de la célèbre *Sapho*. Dans Paris, malheureusement, et beaucoup trop souvent, nous avons quelque chose de moins poétique dans ce genre : des eaux de la Seine ou la vapeur du charbon remplacent prosaïquement le fameux saut de Leucade. Nous ne pouvons nous étendre sur ce sujet : contentons-nous de dire que l'érotomanie ou mélancolie amoureuse est le résultat d'une affection, d'une surexcitation des organes de l'attachement et de l'amativité ou instinct de la génération. Nous mettons l'attachement en premier, parce que nous pensons que l'amour vrai ne peut pas exister sans l'attachement, tandis que l'instinct génératif peut s'exercer sans attachement.

Le traitement de l'érotomanie doit être analogue à celui de toutes les autres *monomanies*. Si l'on peut découvrir l'objet de la passion du malade, et que le mariage puisse avoir lieu, certainement ce sera le meilleur de tous les traitements. En cas différents, il faudra chercher à faire reposer l'organe malade en mettant en activité d'autres organes cérébraux, tels que ceux de la musique, du dessin, de la mécanique, des voyages, etc.; il faudra mettre en activité le système musculaire par le travail, les promenades et les exercices gymnastiques. Parmi les médicaments, on fera usage des boissons rafraîchissantes, de quelques purgations, des bains, et d'un régime végétal. Mais tous ces moyens, utiles en eux-mêmes, doivent être dirigés par des médecins habiles et bien expérimentés. D. Fossati.

ERPENIUS (Thomas), dont le nom véritable était *Van Erpen*, l'un des plus illustres orientalistes que la Hollande ait produits, naquit à Gorcum, en 1584, et mourut en 1624, à quarante ans, d'une maladie contagieuse. Cette vie si courte fut admirablement remplie; en 1612, il avait déjà visité les principaux pays de l'Europe, avait étudié en France l'arabe, à Venise le persan, le turc et l'éthiopien, et s'était lié d'amitié avec les hommes les plus érudits de son temps. Nommé professeur des langues orientales à Leyde, il fut choisi par les États de Hollande pour être leur interprète et leur secrétaire dans leur correspondance avec les différents princes musulmans de l'Asie et de l'Afrique. Les Arabes lettrés admiraient l'élégance toute particulière avec laquelle il était parvenu à parler, à écrire leur langue, si remplie d'idiotisme, si riche en finesses.

Le plus important de ses ouvrages fut sans contredit sa grammaire arabe (Leyde, 1631), la première qui eût été imprimée en Europe et réimprimée un grand nombre de fois. La grammaire de Silvestre de Sacy, le chef-d'œuvre du genre, n'a cependant point fait oublier celle d'Erpenius, que les commençants consultent toujours avec fruit. On a aussi de lui une excellente édition de l'*Historia Saracenica* d'El-Mazin (Leyde, 1625).

ERPÉTOLOGIE (de ἑρπετόν, reptile, et λόγος, discours), partie de la zoologie qui traite des reptiles.

ERRANTES. *Voyez* Annélides.

ERRARD (Charles), peintre et architecte, naquit à Nantes, en 1606. Il fit plusieurs plafonds pour Fontainebleau. Louis XIII le chargea de la direction de toutes les peintures qu'il fit exécuter dans ce château et au Louvre. Le cardinal de Richelieu l'envoya à Rome pour y faire mouler plusieurs statues antiques. Du nombre de ces statues devaient être les admirables colosses de Monte-Cavallo, qui, coulées ensuite en bronze, auraient été placés devant l'entrée du Louvre. Mais ce projet n'eut pas de suite. Errard s'attacha à l'étude des monuments antiques, et en releva même les mesures. Toutefois il ne mit pas ces études à profit lorsqu'il éleva, à Paris, l'église de l'Assomption, dont le portique corinthien ne manque pas d'élégance, mais dont les colonnes sont écrasées par l'entablement, par le fronton et par le dôme, lourd et sans grâce, qui surmonte toute cette composition. Pour excuser ces défauts, on a supposé que les plans qu'avait envoyés Errard avaient été mal exécutés. En 1648 il fut un des douze artistes qui fondèrent l'académie de peinture, sous la protection du chancelier Séguier. Il en fut nommé directeur, puis directeur de celle de Rome, où il mourut, en 1689. Ni Félicien ni Orlandi ne parlent de ce peintre-architecte; mais l'abbé Guilbert, dans son *Histoire de Fontainebleau*, donne quelques détails sur ses ouvrages.

Th. Delbare.

ERRATIQUES (Blocs). *Voyez* Blocs erratiques.

ERRATUM, Errata. La facilité de reproduire les fruits de ses veilles rend un auteur moderne moins scrupuleux sur les négligences de sa première composition. Pressé de se jeter dans le public, d'éprouver l'opinion, d'occuper la renommée, il passe sur bien des fautes qu'il remet à corriger dans une autre édition. Cet espoir étant moins fondé chez les anciens, ils n'en étaient que plus circonspects, et tâchaient de se montrer de prime abord tels qu'ils voulaient toujours être. Pour eux principalement ce proverbe était plein de vérité : *nescit vox missa reverti*. Ils n'en traitaient les protes qu'avec moins d'indulgence :

> . . . Scriptor si peccat idem librarius usque,
> Quamvis est monitus, venia caret.

Cette rigueur d'Horace ne nous révolte en rien. Un auteur n'a-t-il pas assez de ses propres fautes sans être obligé de répondre de celles d'un *prote* ignorant ou inattentif? Que d'écrivains dont la gloire a dépendu d'une simple erreur de casse ! En vain l'*errata* vient au secours de leurs réputations chancelantes : on ignore souvent son existence, ou dédaigne d'y recourir ; et d'ailleurs, la malignité ne renonce point aisément au plaisir de mettre une sottise sur le compte d'un homme d'esprit. Un *errata* est un acte de contrition qui vient toujours trop tard. On a dit qu'il n'y a qu'un juge capable d'aller dîner après avoir prononcé une condamnation capitale ; on peut dire pareillement qu'il n'y a qu'un typographe endurci qui puisse se mettre au lit sans remords, après avoir rendu ridicule un pauvre homme de lettres qui se livre à lui sans défiance. Les *errata corrigenda* des premiers monuments de l'imprimerie n'étaient point imprimés. Les calligraphes ou les enlumineurs (*miniatores, rubricatores*) faisaient les corrections à la main ; et dans le cours de l'ouvrage. Ce fut Henri Estienne Ier qui introduisit les *errata*.

Érasme, faisait imprimer chez Froben sa *Veuve chrétienne*, dédiée à la reine Marie de Hongrie. Les ouvriers, mécontents de sa générosité, au mot *mens*, destiné à exprimer la *grande âme* de la princesse, substituèrent méchamment le mot *mentula*, que l'honnêteté nous défend de traduire. Quel scandale, quand les princesses lisaient mieux le latin que nos docteurs d'académie ! On n'eut que le temps de faire des cartons. Le satirique Despazes, tombé maintenant dans l'oubli, avait glissé dans ses rimes le nom d'un certain *Dubaud*. On imprima *Dubaud*. Un chef d'administration qui portait ce nom se tint pour offensé ; il alla trouver le poëte, qui tâcha inutilement de se disculper. Il fallut se battre, et le satirique malencontreux fut blessé. Comment s'en venger-t-il ? Par des vers : il guérit sa blessure avec l'arme qui l'avait faite. Dans une nouvelle édition, il ajouta ces lignes :

> *Dubaud* voulut punir l'audace
> D'un mot qui dans mes vers lui a surpris la place,
> Et pour ce grand forfait m'atteint d'un plomb brûlant,
> Sur un lit de douleur je fus jeté sanglant.

Dom Gervaise, qui a écrit la vie de l'abbé Suger, rapporte, à la page 31 du tome 1er, que dans un acte de partage fait par les religieux de Saint-Denis, ceux-ci exigèrent, entre autres choses, qu'on leur fournît *onze cents bœufs* par an. Quelque idée que l'on ait de la voracité des moines, quelque nombreux que fussent ceux de Saint-Denis, encore ne peut-on croire qu'il leur fallût *onze cents bœufs* par an. L'abbé Grosier, un des rédacteurs de l'*Année littéraire*, résolut d'éclaircir ce fait ; il recourut au titre original, qui lui prouva qu'au lieu de *onze cents bœufs*, il fallait lire *onze cents œufs : mille et centum ova*. L'erreur venait du typographe. La femme d'un imprimeur, en Allemagne, saisit l'occasion de s'introduire la nuit dans les ateliers, à l'époque où il s'y imprimait une nouvelle édition de la traduction de la Bible, et fit un changement dans la sentence de soumission prononcée contre Ève, dans la Genèse, chapitre III, verset 16. Elle enleva les deux premières lettres du mot *herr* (maître ou seigneur) et y substitua les lettres *na*, changeant ainsi la sentence : « Il sera ton maître (*herr*), » en celle-ci : « Il sera ton fou (*narr*). » On raconte que cette gentillesse lui coûta la vie, et que quelques exemplaires de cette Bible se sont vendus à des prix exorbitants. Ces sortes de fautes sont de l'espèce de celles que commettait sciemment le caustique Fréron, afin de turlupiner Voltaire. L'une des erreurs littéraires les plus célèbres est celle de l'édition de la *Vulgate* par Sixte-Quint. Sa Sainteté surveillait très-soigneusement la correction de chaque épreuve ; mais, au grand étonnement de l'univers, l'ouvrage se trouva rempli de fautes. Le livre fit une figure très-bizarre, avec ses corrections rapportées, et fournit des armes aux incrédules contre l'infaillibilité du pape. La plupart des exemplaires furent retirés, et l'on fit les plus grands efforts pour n'en pas laisser subsister. Il en reste cependant encore quelques-uns, grâce au ciel, pour satisfaire la curiosité des bibliomanes. A une vente de livres à Londres, la Bible de Sixte-Quint a monté à 60 guinées. On s'amusa surtout de la bulle du pontife et du nom de l'éditeur, dont l'autorité infaillible excommuniait tous les imprimeurs qui s'aviseraient, en réimprimant cet ouvrage, de faire quelque changement dans le texte.

L'état déplorable auquel des spéculations peu sages et la concurrence illimitée réduisent la librairie est cause que le public est inondé d'impressions bâtardes, qui cachent, sous un faux vernis d'élégance et sous le charlatanisme des *illustrations*, un papier sans consistance et sans durée, une encre sans mordant et sans netteté, une *justification* bizarre, un mélange affecté de *caractères* qui s'excluent, et surtout l'incorrection la plus choquante. Un *errata* aujourd'hui devrait être le plus souvent une nouvelle édition, et cette nouvelle édition, elle-même hérissée de fautes, réclamerait à son tour un *errata*, tant il est difficile, avec les livres et les journaux *à bon marché*, d'avoir un prote qui sache l'orthographe, et qui comprenne non pas le latin et le grec (la plupart des *auteurs* aujourd'hui sont étrangers aux études classiques), mais les premiers éléments du français. Ceux qui exaltent nos progrès en tout devraient rougir en présence de l'antiquité et des premiers essais de la typographie. Quel est celui de nos imprimeurs, par exemple, qui pourrait soutenir la comparaison avec l'honnête industrie dont parle Aulu-Gelle ? « M'étant un jour assis, dit-il, dans une librairie du quartier des Sigillaires, nous y vîmes en vente un exemplaire des *Annales de Fabius Pictor*, précieux par son antiquité et par la pureté du texte. Le libraire prétendait qu'il était impossible d'y trouver une seule faute. Un grammairien distingué, venu avec un acheteur pour examiner les livres, dit en avoir trouvé une dans celui-ci. Le libraire, de son côté, était prêt à parier tout ce qu'on voudrait qu'il n'y avait pas même une seule lettre incorrecte dans son exemplaire. » Le libraire avait raison. On est frappé d'admiration et de surprise quand on examine les premiers produits de l'imprimerie attribués à Guttenberg et à quelques typographes contemporains : pour la qualité de l'encre, la noble simplicité des caractères et les autres détails de l'exécution, ils laissent bien loin derrière eux nos pompons bibliologiques. Cependant, même à l'époque où, dans les imprimeries, beaucoup de protes étaient des savants dont un seul défrayerait plusieurs des nôtres, l'inexactitude et l'ignorance affligeaient de leurs méprises les écrivains désespérés. La première édition des œuvres de Pic de la Mirandole, qui savait tout et même quelque autre chose, édition donnée à Strasbourg, en 1507, renferme un *errata* de quinze pages. En 1608, le cardinal Bellarmin fut obligé de publier, en quatre-vingt-huit pages l'*errata* de ses œuvres. Le dominicain F. Caccia fit imprimer, en 1578, in-4°, une liste des fautes qui s'étaient glissées dans une édition de la *Somme de saint Thomas* ; elle occupait cent onze pages. DE REIFFENBERG.

ERREMENT. Les plaideurs donnaient autrefois des gages, des arrhes, au moment où ils introduisaient une instance ; cet usage se retrouve encore aujourd'hui dans l'obligation imposée aux étrangers de produire la caution *judicatum solvi*. Ces gages, ces arrhes, se nommèrent d'abord *aires*, du mot latin *arrha*, puis *airements*, et enfin *errements du plaid*. L'usage de donner des arrhes pour plaider est passé, et le mot est resté, mais dans une application toute nouvelle. Les *errements* de la procédure n'expliquent plus aujourd'hui que ses marches et ses contremarches, errante qu'elle est souvent dans tous les labyrinthes de la chicane, à travers toutes les exceptions préjudicielles, dilatoires, toutes les fins de non recevoir, toutes les juridictions qu'elle peut parcourir dans un nombre indéfini d'années, avant d'aboutir. Continuer une procédure sur ses *derniers errements*, c'est la reprendre dans l'état où elle se trouve, avant d'être arrivée à terme, d'avoir abouti à un jugement définitif. Du palais le mot errement a passé dans le langage usuel et surtout dans le langage politique. Les gouvernements sont souvent accusés de suivre les *errements* de ceux qui les ont précédés.

ERREUR. L'erreur est cet état où se trouve l'esprit quand le jugement qu'il porte est en contradiction avec les faits, ou, si l'on veut, avec la vérité. Vouloir signaler toutes les erreurs qui ont égaré et égarent encore l'humanité, considérée dans l'espèce et dans l'individu, vouloir faire l'histoire de toutes ses folies, ce serait évidemment entreprendre une tâche interminable. Le seul moyen de simplifier la question, d'y introduire de l'ordre et de tirer de cet examen un résultat profitable, c'est de remonter aux *causes* de nos erreurs. On conçoit en effet que le moyen le plus sûr de prémunir l'homme contre les illusions dont il est la dupe, c'est de lui en signaler les causes. Des philosophes ont cru rendre un éminent service à l'esprit humain, et lui faciliter singulièrement le redressement de ses erreurs, en essayant de les rapporter toutes à une cause unique. Celui-ci les rapporte à l'abus que nous faisons de notre liberté, celui-là à la précipitation de nos jugements, l'un à la faiblesse de la mémoire, l'autre à l'indétermination du langage. Si l'on voulait à toute force assigner à nos erreurs une cause unique, on serait, je crois, davantage dans le vrai, et l'on se servirait d'expressions plus exactes, en disant qu'elles découlent toutes de l'*incomplet de nos connaissances*. Mais outre qu'une telle synthèse est toujours obscure et ne peut guère porter de fruits, elle ne simplifierait point le travail, en ce qu'il resterait encore à déterminer les causes qui font que nos connaissances sont incomplètes, causes qui sont nombreuses et de diverse nature.

Pour que le témoignage des sens soit véridique, il faut qu'ils remplissent certaines conditions hors desquelles nous risquons à chaque pas de nous tromper. Que nos organes soient en mauvais état, et la nature va changer d'aspect à nos yeux. Qu'un excès de sang ou d'humeur, par exemple, engorge les vaisseaux répandus sur la surface de l'organe visuel, et tous les objets nous apparaissent colorés en rouge ou en jaune. Un enfant attribue à certains aliments une saveur désagréable, lorsque cette saveur est le fait de l'affection morbide qui modifie chez lui l'organe du goût. Voulons-nous porter des jugements sur des objets placés hors des limites que la nature a assignées à nos sens, tout change pour nous, et la forme et la grandeur, et le mouvement et la distance : c'est à cette cause qu'il faut attribuer toutes les illusions d'optique. Mais les erreurs des sens sont les moins importantes, en ce que l'homme apprend de bonne heure à se défier de ces témoins infidèles.

Le penchant qui nous porte à avoir confiance à la parole des autres hommes est assurément pour nous la source la plus féconde de lumières. Où en serait en effet notre intelligence, bornée à ses ressources individuelles? Mais aussi en combien de circonstances la confiance dans le témoignage n'égare-t-elle pas l'esprit humain? L'enfant, dont le dénuement intellectuel est si grand, et dont le discernement est si faible, peut-il faire autrement que d'admettre comme vrai tout ce que lui enseignent des hommes qui lui paraissent si supérieurs à lui-même par leur expérience et leur savoir? Or que d'erreurs et de préjugés qui n'ont point une autre origine! que peuvent des hommes ignorants, des peuples simples et grossiers, contre l'autorité d'un homme de génie ou d'un poëte éloquent! Pourvu qu'aux fables ingénieuses qu'il leur débite se trouvent mêlées quelques-unes des vérités morales que révèle naturellement la raison, ils ajouteront la foi la plus vive à ces œuvres de l'imagination, ils s'attacheront à ces erreurs avec autant de force qu'aux vérités les plus évidentes, ils combattront et ils mourront pour elles; ces erreurs passeront aux générations suivantes, en se grossissant encore en chemin; et le temps, loin de les affaiblir, semblera les consacrer; car, plus leur origine se perdra dans la nuit du passé, plus elles seront saintes pour le vulgaire. Mais cette confiance au témoignage n'a pas seulement pour dupes des enfants ou des esprits grossiers; combien d'hommes elle abuse qui sont assez éclairés pour se défier de traditions mensongères, et qui se laisseront prendre à d'autres piéges! Il suffit de vivre au milieu d'une société où certaines opinions ont cours pour les admettre et subir malgré soi l'influence des intelligences environnantes. Le mot *idées reçues* est bien souvent synonyme d'*erreurs*. Il est bien des esprits forts qui se laisseront persuader par des discours débités gravement et avec l'accent de la conviction!

Nous sommes souvent disposés à croire un homme plutôt en raison de sa position sociale que de la justesse de ses paroles. « *Dives locutus est, et omnes tacuerunt, et verbum illius ad nubes perducent. Pauper locutus est, et dicunt : quis est hic?* le riche ouvre la bouche, et l'on se tait et l'on exalte ses discours; le pauvre a parlé, et l'on se demande : Quel est cet homme? » Quoique nous ne soyons plus à cet état d'ignorance naïve et crédule où étaient les peuples à leur enfance, nous n'en sommes pas moins disposés à accepter le joug de l'autorité qu'exercera toujours le génie, et à croire de préférence et sans réserve celui dont l'éloquence et le savoir commandent notre admiration, quoiqu'il ne puisse être en toute chose un infaillible oracle. Nous ne jurerons plus par Aristote, nous jurerons par Montesquieu, ou par tout autre, qui n'a pourtant pas plus de droit qu'Aristote à être cru sans examen.

L'induction, la mère des sciences, le flambeau qui a guidé l'homme à la découverte des vérités les plus cachées, dans quelles erreurs ne l'entraîne-t-elle pas, s'il ne sait se renfermer dans les limites d'une observation rigoureuse, s'il n'est point en garde contre de trompeuses analogies, s'il généralise avec trop de précipitation! Ainsi, qu'il voie deux faits s'accompagner dans la nature, comme il sait que l'effet ne peut marcher sans la cause, dans son empressement de conclure, il s'écrie que le premier est *cause* du second, sans s'inquiéter si ce dernier ne peut être attribué à une autre cause qu'il ne connaît pas. De là il va conclure que l'apparition d'une comète, qu'une éclipse, sont le présage ou la cause de grands malheurs; qu'il faut attribuer la maladie des troupeaux à la présence de certaines personnes, la guérison d'une maladie à certains gestes, à l'émision de certaines paroles, à l'invocation de tel saint, au contact des reliques, etc., etc.; en un mot, c'est sur un pareil fondement que s'appuyaient l'astrologie, la magie, et la plupart des croyances superstitieuses qui infestent les sociétés dans leur enfance.

Ou bien nous concluons trop précipitamment du particulier au général : nous croyons, par exemple, que ce qui convient à l'individu convient à tous ceux de l'espèce, ou que ce qui convient à une espèce convient aussi à des espèces différentes. La médecine, qui ne peut procéder que par induction, nous fournit bien des erreurs de ce genre : un remède a réussi sur tel sujet, donc il est applicable à tout le monde; et voilà comme certains médicaments deviennent, au dire de ceux qui les emploient, de véritables panacées. Un médecin remarque que telle substance guérit les pourceaux de la lèpre, et il l'applique à des moines qui en meurent, et lèguent en mourant leur nom à ce remède (l'*antimoine*). Nous ne jugeons guère les autres hommes que d'après les idées que nous a fournies l'observation de nous-même. C'est ce qui fait que l'homme de bien ne peut croire au mal, ni l'égoïste à l'existence de sentiments généreux dans ses semblables.

Nous ne nous trompons pas moins souvent en voulant conclure du général au particulier. Il nous faut peu de temps pour acquérir la connaissance de certaines lois de la nature, et les principes que nous posons alors sont toujours vrais, tant que nous restons dans leur généralité. Mais, si nous voulons descendre à leurs applications particulières, et leur rapporter certains faits que nous n'observons pas avec assez de soin, il arrive plus d'une fois que nous sommes dupes de fausses analogies, et que certains cas particuliers que nous croyons l'application de telle loi lui sont tout à fait étrangers. Les erreurs des physionomistes n'ont pas d'autre cause. On a remarqué, en général, que certains traits de la physionomie sont accompagnés de certaines qualités morales. De là on conclut à l'existence de tel penchant dans un individu, qui peut être doué d'un penchant contraire. Telle maladie offre ordinairement tel symptôme : on reconnaît ce symptôme dans un malade, on se hâte alors de conclure à l'existence de l'affection qui en est habituellement accompagnée; et il se trouve que ce symptôme est celui d'une autre maladie. L'induction a été cause de bien des guérisons : combien de trépas n'a-t-elle pas aussi amenés?

Que ne doit pas l'étude de la vérité à la faculté d'abstraction? Mais, par cela même que nous pouvons observer séparément les diverses parties d'une même chose, il arrive que la partie qui est devenue l'objet exclusif de nos regards acquiert une importance excessive, et efface à nos yeux celles qui nous ont moins frappés ou que nous n'avons point encore envisagées. Ainsi, les qualités extérieures nous frappent plus vivement dans une personne que les qualités morales, plus difficiles et plus longues à connaître. Nous nous laissons aisément séduire par les manières, le langage, les avantages du physique ou de la fortune, le luxe, les riches vêtements, etc. : le talent et les qualités de l'esprit nous éblouissent et nous cachent les imperfections morales, que nous révélerait une observation plus attentive. Nos yeux, charmés par les beautés d'un écrivain, laissent passer inaperçus ses défauts. Des institutions politiques nous séduisent par un côté brillant, par des avantages qu'elles présentent sous un rapport, et nous les proclamons les meilleures, sans prendre garde aux inconvénients qui résultent des autres éléments que nous n'avons point soumis encore à notre examen.

L'abstraction nous trompe encore d'une autre manière, en nous faisant accorder une existence indépendante à des qualités que nous pouvons mentalement abstraire du sujet où elles existent, mais qui en sont réellement inséparables dans la nature : c'est ce qu'on appelle *réaliser des abstractions.* Ainsi, les anciens peuples réalisaient des abstractions quand ils faisaient autant de divinités des diverses qualités morales, quand ils élevaient des statues et des temples à la sagesse, à l'amour, à la beauté, au courage, etc., pour les adorer sous les traits de Minerve, de Vénus, de Bellone, etc. Les *idées* de Platon, sur le type desquelles avaient été créées, selon lui, les différentes espèces des êtres, et qu'il prétendait exister indépendamment de ces mêmes espèces, qu'est-ce autre chose que des abstractions réalisées?

La mémoire est chargée de conserver le précieux dépôt de nos connaissances, mais ce dépositaire est souvent infidèle : ou bien il laisse échapper les faits qu'on lui avait confiés, ou bien il en intervertit l'ordre et les confond. C'est ce qui a lieu surtout quand il s'agit de faits éloignés ou compliqués. Ainsi, dans l'étude de l'histoire, on se trompera sur les dates des événements ou sur leur enchaînement. Ces erreurs ont de plus fâcheuses conséquences quand les faits que la mémoire laisse échapper ou déplace doivent servir à tirer des inductions; car ces omissions donnent lieu à autant de conclusions erronées.

C'est à la vivacité excessive de nos *conceptions* qu'il faut attribuer les erreurs où nous tombons lorsque nous accordons une existence réelle et présente aux objets de notre pensée qui sont absents ou qui n'existent plus. C'est ce qui a lieu dans le sommeil, où nos conceptions ont une vivacité extrême; l'erreur dans les rêves ne peut être corrigée comme dans la veille, car notre intelligence n'a plus alors l'activité nécessaire pour distinguer le caractère de la conception, et d'ailleurs nos sens, n'agissant pas, nous laissent dans l'impossibilité de faire la comparaison entre leurs perceptions et la réapparition de ces perceptions dans l'esprit. C'est ce qui a lieu aussi dans l'extase, dans le délire, états dans lesquels nous sommes tellement dominés par une conception exclusive, que nous perdons en quelque sorte la conscience de toutes les autres perceptions, et que nous croyons présent l'objet de cette conception, parce qu'elle est devenue aussi forte que si l'objet était réellement en notre présence. La conception nous fait encore tomber dans une autre espèce d'erreur que l'on corrige plus difficilement. Comme les objets visibles sont ceux que l'on conçoit le plus habituellement et avec le plus de facilité, nous sommes portés à nous représenter toutes choses sous une forme visible. C'est ainsi que le paganisme, après avoir réalisé des abstractions, revêtit ces abstractions de formes humaines et matérialisa pour ainsi dire la Divinité. C'est cette cause d'erreur qui faisait regarder l'âme aux philosophes anciens comme une matière ignée, un feu subtil, un cinquième élément, etc.; c'est ce qui fait encore aujourd'hui que beaucoup de gens refusent d'accorder l'existence à tout ce qui ne peut tomber sous les sens.

Les illusions où nous jette l'imagination sont nombreuses, et ce n'est pas sans raison qu'elle a été appelée la *folle du logis*. Rien n'est beau que le vrai, dit-on; mais aussi rien n'a plus d'attrait pour l'esprit que la fiction et le merveilleux. C'est ce qui explique comment les nations à leur enfance ont admis sans examen des fables dont la raison est aujourd'hui révoltée, mais qui charmaient alors l'imagination. C'est ce qui fait aussi que les enfants ajoutent foi si facilement aux contes absurdes avec lesquels on les berce, et prêtent une existence réelle aux êtres fantastiques qu'on dépeint à leurs regards émerveillés. C'est pour la même raison qu'on signale comme dangereuse la lecture des romans, dans lesquels les auteurs se proposent moins d'instruire que d'intéresser et de plaire, et présentent les hommes et les choses sous des couleurs si séduisantes et si fausses. L'esprit se trouve alors jeté dans un monde tout imaginaire, qui n'a que de faibles rapports avec le monde réel où nous sommes obligés de vivre. Les héros de ces ouvrages sont des personnages qu'on voudrait en vain retrouver dans la nature, et sur lesquels l'imagination du poëte s'est plu à accumuler tous les vices ou toutes les vertus. Les situations, la plupart du temps exceptionnelles et bizarres, fruit d'une ingénieuse combinaison, s'éloignent également des scènes ordinaires de la vie. Or, quand de jeunes têtes faciles à exalter ont devant elles de pareils tableaux, elles se persuadent aisément qu'ils sont la peinture fidèle de la société, qu'on peut rencontrer tous les jours ces héros de roman, ces modèles de perfection, qui n'ont d'existence que dans le cerveau du poëte; le lecteur, qui s'accoutume à ne voir le monde qu'à travers ce prisme trompeur, devient bientôt la victime de ses illusions, et ne peut plus faire un pas dans le monde de la réalité sans y rencontrer l'erreur ou le mécompte. Une autre influence, non moins funeste, de l'imagination est celle qu'elle exerce sur les esprits qui, tout en se livrant à des études scientifiques, ne laissent pas de suivre ses conseils au lieu de se borner à l'exacte observation des faits. Le plaisir qu'ils trouvent à combiner les idées au caprice de leur pensée fait qu'ils s'étudient moins à observer la nature et à l'analyser rigoureusement qu'à construire un ingénieux système, qui les flatte par sa nouveauté et par l'habileté avec laquelle les parties en sont combinées, mais auquel rien ne correspond dans la réalité.

Condillac, grand partisan de l'unité, a prétendu que le langage était la source unique de toutes nos erreurs. Sans être aussi exclusif, nous reconnaîtrons qu'il en est peut-être la source la plus féconde. En effet, nous ne pouvons porter de jugement sur les choses qu'au moyen des idées que nous nous en sommes formées. Mais remarquons que le plus fréquemment nous n'acquérons les idées que par les mots, et que nous entendons nommer les choses presque toujours avant de les connaître. Nous allons donc des mots aux idées, au lieu de marcher, comme nous le devrions, des idées aux mots. Si l'on prenait la peine de nous expliquer chaque mot, de nous analyser toutes les idées dont il est la représentation et que sa signification contient, le langage ne serait point un instrument d'erreur. Mais il n'en est point ainsi. C'est nous-mêmes presque toujours qui sommes chargés de ce travail ; c'est nous-mêmes qui définissons les mots et leur attachons leur sens, d'après les circonstances où nous les avons entendu employer. C'est donc à peu près le hasard qui détermine pour nous la signification des mots. De là les idées fausses ou incomplètes que nous nous formons sur la plupart des choses, et principalement sur les choses métaphysiques, qui n'ont rien d'extérieur et de palpable à quoi nous puissions recourir pour réformer nos jugements. Ainsi, que nous ayons attaché au mot *religion* l'idée de pratiques superstitieuses, de dogmes mensongers, et nous condamnerons sans appel tout ce qui se fait en son nom. Que nous définissions la *liberté* le pouvoir de faire tout ce qui plait, et nous conclurons que l'homme n'est point fait pour jouir de sa liberté.

Cet exemple nous donne lieu de remarquer un autre inconvénient du langage, qui consiste en ce qu'un mot peut être pris dans plusieurs sens. De là tous les sophismes qui peuvent égarer notre raison, car ce n'est jamais le raisonnement par lui-même qui nous trompe, c'est l'indétermination des termes sur lesquels il opère. De là aussi ces interminables discussions entre des personnes qui s'entendent au fond sur les choses, et qui ne s'accusent mutuellement d'erreur que parce qu'elles ne s'entendent point sur les mots. On comprend par là combien il est important d'analyser les idées contenues dans un mot, de distinguer les différents sens qu'il présente, si nous voulons parler le langage de la vérité, et ne pas nous laisser induire en erreur par ceux qui parlent devant nous sans prendre soin de déterminer suffisamment les mots dont ils se servent. C'est alors seulement que la langue pourra devenir, selon l'expression de Condillac, une véritable méthode analytique.

Quand nos facultés, par leurs imperfections et le mauvais usage que nous pouvons en faire, ne nous entraîneraient point hors des voies de la vérité, nous aurions encore d'autres ennemis à combattre que la faiblesse de notre intelligence : ces ennemis, ce sont nos passions, qui viennent dérober à nos yeux les lumières de notre raison déjà si vacillantes et si pâles. Dans la plupart des choses, c'est avec le cœur que nous jugeons; et s'il n'est rien de plus absurde, il n'est rien non plus de moins facile à réfuter que les sophismes du cœur. C'est lui le plus souvent qui détermine nos opinions et nous impose nos croyances. Pour l'homme, esclave de sa passion, les choses ne sont pas ce que la nature les a faites; elles sont ce qu'il veut qu'elles soient, et il semble que la réalité se modifie au gré de ses désirs. Dans quelles illusions n'est point sujet à tomber l'homme préoccupé trop vivement de lui-même et de ses intérêts, de quelque nature qu'ils soient? Vous perdrez votre peine si vous voulez prouver à un privilégié que les prérogatives dont il jouit n'ont rien de légitime et sont autant d'atteintes portées aux droits de ses semblables ; si vous voulez persuader au colon qui s'engraisse des sueurs et du sang des Noirs, que ces hommes ne sont pas nés plus que lui pour l'esclavage. Le plus grand obstacle à l'adoption des théories de la morale, ce n'est pas leur obscurité et la difficulté de les établir sur des bases rationnelles, c'est la préférence accordée par l'égoïsme aux intérêts matériels et aux jouissances de cette vie. Rien aussi n'est plus capable que l'orgueil de fausser notre esprit.

Mais ce n'est pas seulement l'amour de nous-mêmes qui nous égare ; nous sommes également dupes des passions les plus désintéressées. L'amour proprement dit, l'amitié, les affections domestiques, nous aveuglent presque toujours sur l'objet de notre passion, l'embellissent à nos regards, nous cachent tous ses défauts; et ce n'est point sans raison que les anciens représentaient l'Amour avec un bandeau sur les yeux. Devenons-nous enthousiastes d'une opinion, d'une croyance, tous ceux qui la partagent sont les plus sensés, les plus méritants des hommes, tout ce qu'ils font pour la soutenir est juste et sacré. De là l'esprit de parti, le fanatisme et ses sanglantes erreurs. Mais si nous avons conçu de la haine contre telle personne, ou tel parti, tout va changer de face. Il suffira qu'on se soit attiré notre aversion pour devenir tout d'un coup orgueilleux, ignorant, sans talent, sans honneur, sans conscience. Les bonnes qualités s'effacent, les défauts sont grossis outre mesure; un homme est de tel parti, donc il est fourbe, lâche ou méchant; ses discours sont insensés, ses actions criminelles. En un mot, rien n'est plus propre que l'amour ou la haine à pervertir notre jugement. Il en est de même du désir, de l'espoir et de la crainte, qui grossissent toujours leurs objets à nos yeux, et nous abusent si étrangement. Le désir que nous avons de voir triompher une cause nous aveugle sur ses chances de succès ; il n'est pas jusqu'aux faits accomplis dont il nous fait nier l'évidence. La crainte semble donner l'existence à ce qui n'a de réalité que dans notre imagination effrayée. Un homme fasciné par la peur verra les dangers se multiplier autour de lui ; un arbuste à ses yeux prendra la forme d'un brigand, et des spectres menaçants sortiront des tombeaux.

Mais si nous devons maudire les déplorables influences que le cœur exerce sur la raison, pourtant il est un sentiment auquel nous devons pardonner les illusions qu'il nous cause ; si l'espérance dérobe parfois la vérité à nos regards, du moins elle leur cache les tristes menaces de l'avenir, qu'elle embellit au contraire de ses riantes promesses. Sachons-lui gré de nous faire croire au bonheur.

C.-M. PAFFE.

ERREUR (*Droit*). L'article 1109 du Code Civil porte que si une des parties contractantes dans une convention a fait ce qu'elle n'avait pas l'intention de faire, si elle a cédé à l'*erreur*, la convention est nulle en droit. Les auteurs distinguent quatre sortes d'erreurs bien caractérisées : erreur sur le motif, erreur sur la personne, erreur sur la chose, et erreur de droit. Une obligation sans cause ou reposant sur une fausse cause est entachée de nullité ; ainsi la personne qui aurait payé ce qu'elle aurait cru devoir, et qui découvrirait plus tard qu'elle ne devait pas, aurait commis l'*erreur de motif*; elle pourrait donc réclamer la somme qu'elle aurait indûment donnée. L'*erreur sur la personne* entraîne nullité de la convention conclue, lorsque la considération de la personne a été la cause déterminante de cette convention : l'art. 2053 du Code Civil est fort précis à cet égard. « Une transaction peut être rescindée lorsqu'il y a erreur de la personne. » Ainsi, par exemple, dans le mariage, la personne est certainement la cause principale du contrat ; l'erreur sur la personne est donc un cas de nullité. Mais la simple erreur sur l'état civil, le nom, la famille, la patrie de la personne ne constituent cette nullité que lorsque les tribunaux trouvent dans l'espèce des présomptions que la fausse qualité prise a été la cause déterminante du mariage. L'article 1110 du Code Civil ne fait de l'*erreur sur la chose* un cas de nullité qu'autant qu'elle touche sur la substance même de la chose : ainsi, vous achetez un cheval ; vous voulez un cheval normand, on vous donne un cheval anglais, l'erreur ne portant que sur une qualité accidentelle, tout trompé que vous soyez, il n'y a pas lieu à rescision ; mais si vous voulez acheter un cheval, et que l'on vous livre une jument, il y aura erreur sur la substance même de la chose, et partant nullité du contrat. L'ignorance d'un fait ou d'une disposition de loi, quand elle a été la cause principale et déterminante d'un contrat, en entraîne en général la nullité; c'est l'*erreur de droit*; « Il n'y a pas de consentement, dit l'article 1131 du Code Civil, si le consentement n'a été donné que par erreur. » Le Code Civil ne fait pas de distinction entre l'erreur de fait et l'erreur de droit. La **répétition** ou l'action en **rescision** pour cause d'erreur ne peut être intentée que pendant dix années, à partir du jour où l'erreur a été découverte.

ERRHIN (de ἐν, dans, et ῥίν, ῥινός, nez). Cette qualification s'applique à tous les médicaments destinés à être introduits dans le nez, soit en poudre, soit en pommade, soit en liniment, etc. Lorsque les substances errhines sont destinées à provoquer l'**éternuement**, on les nomme ***sternutatoires***.

ERS. *Voyez* LENTILLE.

ERSCH (JEAN-SAMUEL), le fondateur de la bibliographie moderne en Allemagne, né dans la basse Silésie, en 1766 commença par étudier la théologie à Halle, et se consacra bientôt entièrement aux sciences historiques. Ses travaux de prédilection l'amenèrent à entreprendre un *Répertoire universel de la Littérature* et une *Gazette littéraire universelle*. Dans ce vaste ouvrage (8 vol., 1793-1809), il a catalogué et décrit toute la littérature d'une période de quinze années (1785 à 1800), ne donnant pas seulement les titres de tous les ouvrages publiés isolément, mais citant encore, avec une admirable exactitude et d'après un plan extrêmement ingénieux, jusqu'aux moindres mémoires et dissertations imprimés dans des journaux ou des recueils périodiques, et en y ajoutant même les simples *comptes-rendus* d'ouvrages, avec des signes particuliers aidant à reconnaître la tendance approbative ou critique de chaque article. Il s'occupa en même temps d'arrêter le plan d'un *Dictionnaire général des Écrivains modernes*, qu'il borna plus tard à un simple répertoire de la littérature moderne des nations européennes. Ce travail l'amena à se fixer pour quelque temps à Gœttingue, dont le séjour lui fut d'une grande utilité pour ses recherches historiques. Devenu en 1795 rédacteur de la *Nouvelle Gazette de Hambourg*, il fit aussi paraître à cette époque *La France littéraire* (3 vol.; Hambourg, 1797-8), dont un supplément en deux volumes fut publié en 1802 et 1806. Nommé bibliothécaire à Halle, en 1808, il entreprit dans cette ville son *Manuel de la Littérature allemande depuis le milieu du dix-huitième siècle jusqu'à ce jour* (4 vol., Leipzig, 1812-14; 2e édit., 1822-40), livre qui, en raison de l'universalité et de l'exactitude des renseignements, ainsi que de l'ordre ingénieux avec lequel l'auteur a su les ranger, peut à bon droit être cité comme un modèle. Cet important travail ne l'empêcha pas d'entreprendre en société avec Gruber la publication de l'*Encyclopédie universelle des Sciences et des Arts* (Leipzig, in-4°, 1818, et années suivantes), ouvrage aux proportions colossales, connu plus généralement sous la dénomination de *Grande Encyclopédie d'Ersch et Gruber*, dont Ersch demeura jusqu'à sa mort, arrivée en 1828, le zélé et actif collaborateur, mais qui, après quarante années environ, est à peine parvenu encore au tiers de la carrière qu'il doit fournir.

ERSE ou **ERINACH**, l'un des trois dialectes de la langue **gaélique** ou celtique, et celui qu'on parle encore dans certaines parties de l'Irlande, dans les parties occidentale et septentrionale surtout, c'est-à-dire dans les localités les plus reculées de l'île et demeurées jusqu'ici, grâce à leur situation, à peu près en dehors de l'influence absorbante de l'élément anglais.

ERSE (*Marine*). On donne ce nom à un cordage de forte proportion, de peu de longueur, dont les extrémités sont réunies pour former une espèce de cercle, d'anneau, de bague, suivant leurs grandeurs et leurs diverses grosseurs. Telle est l'*élingue*, à quelque différence près. Les *erses* les plus en usage sont en fil de caret; le nombre de ces fils est plus ou moins multiplié, selon le degré de force que l'on veut donner à l'*erse*. Deux erses sont ordinairement placées au gouvernail, un peu au-dessus de la flottaison des bâtiments armés. Elle ont pour but de les contenir. Les *erses* ou *estropes* des avirons sont appelées *erseau* ou *hersiau*, parce qu'elles sont de petite dimension; on les fait d'un toron de même cordage, en le recordant en trois sur lui-même.

ERSKINE (THOMAS, lord), l'une des gloires du barreau anglais, était le troisième fils du comte écossais Buchan, et naquit en 1750. A dix-huit ans, et après avoir terminé ses études à l'université de Saint-André, il entra dans la marine; mais il quitta bientôt cette carrière pour celle de l'armée de terre, quoique ses goûts ne le portassent point vers l'état militaire. Il avait à peine atteint l'âge de vingt et un ans, qu'il eut l'imprudence de se marier sans avoir d'état assuré. Après avoir longtemps hésité sur le choix définitif d'une carrière, et devenu déjà père de famille, il avait vingt-six ans accomplis lorsqu'il se décida à commencer l'étude du droit. Il entra donc en qualité de *fellow commoner* (sorte d'étudiant pensionnaire) au collége de la Trinité, à Cambridge, et se fit inscrire aussi sur le registre des étudiants de Lincoln's-Inn (collége de droit à Londres). Quoiqu'il parût consacrer tout son temps à la jurisprudence, il trouvait des instants pour cultiver les lettres. Son imagination naturellement exaltée, lui faisait chérir la poésie, et l'on sait qu'il est l'auteur d'une jolie imitation du *Barbier* de Gray.

Au sortir de l'université, et pour acquérir la pratique de la profession qu'il allait exercer, il travailla, en qualité d'élève, dans le cabinet de Buller, avocat distingué de ce temps; puis, celui-ci ayant été promu à la dignité de juge, il continua de travailler sous la direction de Wood.

Ce fut en 1778 qu'Erskine développa pour la première fois en public toutes les ressources de son admirable éloquence. Le capitaine Baillie, lieutenant-gouverneur de l'hôpital de Greenwich, ayant perdu cette place par l'influence de lord Sandwich, premier lord de l'amirauté, fut accusé d'avoir publié contre lui un libelle diffamatoire, et traduit devant la cour du banc du roi. Le capitaine confia sa cause à Erskine, alors encore complétement inconnu au barreau, et il eut lieu de s'applaudir de son choix, qui servit à révéler à son pays l'existence d'un grand orateur de plus. Erskine, après le triomphe éclatant qu'il remporta dans cette cause, dut s'attendre à voir singulièrement augmenter sa clientèle. En effet, les causes les plus importantes lui furent confiées, et à partir de ce moment chacun de ses pas dans la carrière fut marqué par un succès. On ne pouvait se lasser de l'entendre; et toujours il étonnait par la puissance de son talent. Il faudrait citer tous ses plaidoyers pour mettre le lecteur à même de connaître les immenses travaux sur lesquels sa réputation est fondée. Les plus importants ont été réunis en cinq volumes in-8° (Londres, 1810-1812), et Mme de Staël les recommande, avec raison, aux lecteurs français. Nous signalerons plus particulièrement dans le nombre ceux qu'il prononça dans les causes de Thomas Payne, de James Perry, éditeur du *Morning-Chronicle*, de Hardy, de Horne-Tooke, du comte de Thanet, du libraire Stockdale, prévenu de publication de libelle, etc. De si éclatants succès valurent à Erskine l'amitié du prince de Galles, qui le choisit pour son avocat général, et le nomma plus tard son chancelier et garde des sceaux du du duché de Cornouailles.

En 1783 les électeurs de Portsmouth le nommèrent leur représentant à la chambre des communes, où il s'assit sur les bancs de l'opposition. Il y prit part à toutes les grandes discussions qui eurent lieu à cette époque entre Pitt et Fox. Ses opinions ne pouvaient être douteuses : souvent dans ses plaidoyers il avait été à portée de les manifester, et toujours il s'efforça de seconder Fox dans ses propositions généreuses. Une brochure qu'il avait publiée en 1789 à propos du grand mouvement de rénovation sociale qui s'accomplissait à ce moment en France, obtint en peu de mois les honneurs de quarante-huit éditions ; un tel succès s'explique par le libéralisme dont l'auteur faisait preuve dans la manière dont il appréciait notre révolution. Mais sa vive sympathie pour la cause de l'émancipation des classes jusqu'alors tenues en servage par l'aristocratie et le clergé ne l'empêcha pas, une fois que la guerre eut été déclarée entre l'Angleterre et la France, de se mettre à la tête d'un corps de volontaire pour, au besoin, repousser l'invasion du sol britannique par une armée française.

En sa qualité de membre du parlement, Erskine resta constamment fidèle aux principes de l'opposition des whigs ; et lorsqu'en 1806, après la mort de Pitt, Fox, chef de cette opposition, fut appelé de nouveau au ministère, celui-ci fit conférer les fonctions de lord-chancelier à Erskine, créé à cette occasion pair du royaume avec le titre de baron et membre du conseil privé. La nouvelle administration qui se constitua alors était composée d'éléments trop hétérogènes pour avoir des chances de durée. D'un côté étaient Fox, lord Henri Petty, lord Erskine, lord Holland, lord Gray et Shéridan; de l'autre, lord Grenville, Windham et lord Sidmouth. De pareils hommes ne pouvaient être longtemps d'accord ; aussi ce ministère n'eut-il qu'une passagère existence, durant laquelle il ne put réaliser toutes les espérances qu'il avait fait concevoir. Cependant, c'est à ce cabinet qu'appartient l'éternel honneur d'avoir présenté au parlement le bill pour l'abolition de la traite des Noirs, et d'avoir fait cesser ce trafic infâme. Comme lord-chancelier, Erskine resta fidèle aux principes de toute sa vie. Maintes fois il plaida la cause des catholiques d'Irlande, et il appuya constamment les propositions qui tendaient à la réformation des lois pénales; enfin, il éleva la voix en faveur des Grecs pour engager le cabinet britannique à provoquer une alliance contre les mahométans, et à embrasser la défense des chrétiens opprimés.

Lord Erskine mourut, à l'âge de soixante-treize ans, d'une maladie de poitrine, le 17 novembre 1823, chez son frère, à Almoudale, auprès d'Édimbourg, où il était allé passer quelque temps. Il eut de son premier mariage quatre fils et quatre filles; le second de ses fils, *David Montagu* Erskine, a hérité de son titre de pair et a longtemps rempli les fonctions de ministre plénipotentiaire de la Grande-Bretagne à Munich. Devenu veuf, et déjà avancé en âge, Erskine contracta un second mariage. On assure qu'il fut loin d'avoir à se louer de cette nouvelle union; ce qu'il y a de certain, c'est que ses vieux jours s'écoulèrent dans un état voisin de l'indigence. Le fait suivant peut faire apprécier la situation où il se trouvait au moment de son décès. Dans le courant de juillet 1826, une femme vêtue pauvrement, mais dont les manières annonçaient l'habitude d'une condition meilleure, se présenta à l'audience du lord-maire, confondue dans la foule des pétitionnaires les plus obscurs. Quand son tour d'obtenir audience fut arrivé, elle annonça qu'elle venait demander au magistrat des conseils sur les moyens de soulager sa détresse, parce qu'elle manquait des choses les plus nécessaires à la vie. Le lord-maire lui demanda son nom : « Je suis, répondit-elle, la veuve de lord Erskine!... » Le lord-maire, à ce nom des plus respectés d'Angleterre, pria cette dame de passer dans un appartement voisin, et après lui avoir fait donner les secours les plus indispensables à sa position, car elle succombait de besoin, l'interrogea sur les causes de son infortune. Il sut alors que son mari l'avait laissée sans ressource, et qu'elle n'avait pour vivre, ainsi que son enfant, que le travail de l'aiguille et une somme de 12 shillings par semaine, prise sur la pension faite par le roi à la famille de lord Erskine, et qu'encore cette somme de 12 shillings n'était pas régulièrement payée. La misère à laquelle se trouvait réduite la veuve du lord grand-chancelier d'Angleterre était si grande, que cette dame avait été présentée au lord-maire par un ramoneur, comme un objet digne de toute sa compassion.

Lord Erskine avait une physionomie ouverte, des manières élégantes, une grande vivacité d'esprit et un caractère qui fut toujours jeune. Comme orateur, il soutenait sans désavantage la comparaison avec ses contemporains les plus illustres, avec les **Pitt**, les **Fox**, les **Burke**, les **Shéridan**, les Samuël Romilly, et tous les grands hommes qui sont restés l'éternel honneur du parlement anglais. La vie entière de cet illustre citoyen fut consacrée au perfectionnement des institutions fondamentales de son pays. La liberté de la presse, la pureté des élections, le jugement par jury, furent les objets constants de ses efforts, et toute l'Angleterre applaudit lorsque le roi lui donna pour armes douze jurés assis autour d'une table, avec cette devise : *Trial by jury.*

On a de lui différents ouvrages, qui n'ont rien ajouté à sa réputation. Cependant on remarque dans le nombre ses *Considérations sur les causes et les conséquences de la guerre actuelle avec la France* (en 1797); une *Préface* pour les *Discours de Fox*; un roman politique en deux volumes, intitulé: *Armata*, et une *Lettre au comte de Liverpool, au sujet des Grecs*, dans laquelle il embrasse avec chaleur la cause sacrée de ce peuple.

ÉRUCTATION (en latin *eructatio*, de *eructare*, faire un rot), se dit de l'action de rendre par la bouche des gaz qui se sont dégagés de l'estomac, et de la partie même de ces gaz. C'est ordinairement l'indice d'une digestion laborieuse. Les personnes qui sont sujettes aux éructations se débarrassent de cet inconvénient en prenant un peu de magnésie calcinée quelque temps après leur repas.

ÉRUDIT, ÉRUDITION. Ces deux mots dérivent du latin *è, rudis*. *Eruditus* voulait dire chez les Romains un gladiateur que l'on avait affranchi, en lui mettant dans la main la baguette *rude*, non polie, dont on se servait pour s'exercer, pour s'escrimer. De là, par affinité, le mot *eruditus* a été étendu à l'étudiant qui sortait bien instruit de l'école. *Eruditus*, comme plus tard *docteur*, fut un titre au moyen âge. Le chroniqueur Frédégaire, continuateur de Grégoire de Tours, est qualifié d'*eruditus* au titre de son livre. Toutefois, le mot *érudit* est d'un usage très-moderne dans notre langue. L'abbé Desfontaines, dans le *Dictionnaire néologique*, nous apprend que l'abbé de Pons, qui se vantait d'être le créateur de cette expression, l'avait employée pour la première fois dans cette phrase : « Le peuple *érudit* vante fort le bon Homère. » Vers la même époque, l'abbé Houteville, dans son livre intitulé : *La Religion prouvée par les faits*, hasarda ce nouvel adjectif d'une façon assez ambitieuse, en appelant le savoir immense qui est répandu dans les écrits d'Origène *une profusion érudite*. Le mot fit fortune ; mais appliqué à des individus, et synonyme de *docte* et de *savant*, il entraina dès l'origine une idée de pédantisme et d'affectation, et signifia un homme non moins entêté de son érudition que fortement prévenu pour les anciens. « Ne prenez point l'ordre de ces stupides *érudits* qui ont prêté serment de fidélité à Homère, » disait encore l'abbé de Pons. Les *érudits*, ajoutait le même auteur, sont comme les médecins, ils ont un idiome incommunicable au vulgaire : ce qu'ils feraient aisément comprendre en usant des expressions reçues, ils le rendent inintelligible par des termes ignorés, qui ont eux-mêmes besoin d'être définis. Puis l'abbé Desfontaines disait : « Ce mot est aujourd'hui assez à la mode pour signifier un homme d'esprit médiocre, qui a peu de talents, mais qui sait des faits. » Enfin, La Motte a ainsi défini l'érudit dans une de ses fables :

> Pour l'*érudit*, il méprisait,
> Qui ? — Tout le monde et ses voisins sans doute.
> Mais il fallait jaser : où chercher qui l'écoute ?
> Chez les voisins il le faisait.

Si l'on peut employer indifféremment les termes d'*érudit* ou de *docte*, c'est lorsqu'on ne veut indiquer que l'objet du savoir, sans rien dire de la manière dont on sait ; car *docte* exprime toujours un savoir intelligent, tandis qu'il n'en est pas de même constamment du mot *érudit*. On a été longtemps partagé sur l'emploi de ce mot appliqué à des ouvrages ; l'Académie proscrivait cette expression : *un ouvrage érudit*. Elle voulait que, d'un livre contenant beaucoup de faits et de citations, on dit non pas qu'il est *érudit*, mais qu'il est rempli d'*érudition*. L'usage a prévalu sur ce rigorisme, et l'Académie elle-même a adopté dans son Dictionnaire cette heureuse acception d'un mot indispensable.

Le mot *érudition* est d'un usage très-ancien dans notre langue. Il désigne une grande étendue de savoir en littérature ancienne, en philologie, en histoire. Les Scaliger, les Budée, les Muret, ont été d'une grande et profonde érudition. L'*érudition* de Bayle était à la fois philosophique et universelle. On peut accuser l'*érudition* de Voltaire d'avoir été superficielle. Le compilateur Velly avait une *érudition* à la fois lourde et très-bornée. Il est aujourd'hui tel faiseur de notes et de commentaires à tant la feuille d'impression qui n'a qu'une *érudition* d'emprunt. « Il y a une certaine *érudition* qui ne sert à rien ou qui ne sert qu'à fatiguer les lecteurs » dit Bouhours. « Quand on a l'esprit faux, l'ignorance vaut mieux qu'une vaste *érudition*, qui ne produit que de la confusion et de l'obscurité, » dit Saint-Évremond. Bayle a dit : *un fanfaron d'érudition*. Le même, dans ses *Nouvelles de la République des Lettres*, a traité à fond de l'utilité, des inconvénients et des travaux de l'*érudition*. Aux quatorzième, quinzième et seizième siècles, presque toute la littérature consistait dans l'*érudition*, c'est-à-dire dans les travaux des savants interprètes et commentateurs qui éditaient et expliquaient les trésors de l'antiquité. Bayle, dans son *Dictionnaire critique*, déplorait déjà avec douleur la décadence de l'*érudition*. Depuis cette époque, et malgré quelques travaux des Bénédictins et de l'Académie des inscriptions et belles-lettres, l'érudition n'avait fait que décliner en France, où l'on affectait même de la mépriser ; mais depuis, grâce à l'émulation inspirée par les doctes philologues de l'érudite Allemagne, elle commence à revenir en honneur parmi nous, et produit déjà quelques fruits. Les langues, l'histoire ancienne, aussi bien que notre histoire nationale, mieux connues, mieux appréciées dans les travaux récents des Burnouf, des Boissonade, des Sismondi, des Guizot, des Daunou, des Thierry, des Michelet, et des disciples qu'ils ont formés, en sont une preuve éclatante. Enfin, cette singulière estime rendue à l'*érudition* véritable, atteste encore que le caractère français a perdu quelque chose de son antique légèreté.

Dans le seizième siècle, les érudits, affectant de former un peuple à part parmi les nations modernes, et pour se donner un air d'antiquité, altéraient leurs noms propres, et leur imposaient une désinence grecque ou latine.

On dit ouvrage d'*érudition*, travaux d'*érudition*, recherches d'*érudition*. « Il est plus utile de se remplir la tête de réflexions que de remarques d'*érudition*, » dit Bayle.

Ce mot s'est employé quelquefois au pluriel, et signifiait une remarque savante. « On n'estime point, disait-on alors, les *éruditions* pédantesques » ; et Ménage prétendait qu'il y avait vingt-deux *éruditions*, l'une portant l'autre, dans son Histoire de Sablé.

Charles Du Rozoir.

ÉRUPTION (en latin *eruptio*, de *erumpere*, sortir avec force). On donne généralement ce nom au phénomène par lequel se caractérise à la surface d'un corps quelconque l'action d'une force plus ou moins intense qui opère de l'intérieur vers les parties extérieures de ce même corps, comme dans l'*éruption* d'un volcan, et, par analogie, on a désigné sous ce nom toute espèce d'effort par lequel un corps soumis à l'influence d'une force quelconque tend à changer et change en effet ses dimensions, ses limites, ses propriétés, etc. : phénomène qui peut s'offrir à chaque instant dans la nature, sous les formes les plus variées, comme l'éruption d'une maladie cutanée, celle d'un volcan, d'un fleuve qui a rompu les digues qui servaient à lui tracer un cours déterminé, etc.

Le mot qui nous occupe a en médecine une acception différente, sinon par son mode d'agir, au moins par ses effets, de celle qui lui convient dans tous les autres cas. On appelle *éruption*, dans ce sens, l'apparition, plus ou moins lente ou rapide, à la surface du corps d'un plus ou moins grand nombre de pustules ou petites tumeurs, désignées par différents noms, suivant leurs divers caractères, et dont l'histoire ou la marche maladive peut offrir des ensembles de phénomènes variés à l'infini. La variole, la rougeole, l'urticaire, la gale, etc, sont considérées comme des éruptions. Les affections qui apparaissent sous la forme éruptive sont assez nombreuses : aussi le mot *éruption* ne saurait-il caractériser une maladie ; il ne fait qu'indiquer une de ses manières d'être. Souvent une éruption se manifeste au milieu d'une maladie comme épiphénomène et quelquefois comme crise; lorsqu'une éruption, dans une fièvre grave, a le caractère inflammatoire, elle est souvent une crise heureuse; lorsqu'au contraire la circonférence des taches éruptives est pâle, sans cercle rouge, c'est un indice funeste.

Quant aux *éruptions rentrées*, voyez Contagion, t. VI, p. 408.

ERWEIN DE STEINBACH. Ainsi s'appelait l'architecte illustre auquel l'évêque Conrad de Lichtenberg confia le soin d'élever la magnifique tour de la célèbre cathédrale de Strasbourg. On ne sait rien de précis sur sa naissance; seulement, une tradition fort accréditée veut qu'il soit né à Steinbach, petite ville du grand-duché de Bade. Il aurait donc, selon l'usage de beaucoup d'artistes, ajouté à son nom celui de sa ville natale. A cette époque Steinbach avait déjà une belle église et jouissait des mêmes franchises que Fribourg; ce lieu était célèbre aussi par ses carrières. Il est assez probable qu'Erwein y fit d'abord partie de la corporation des tailleurs de pierre, ce qui suppose qu'il était de condition libre, surtout s'il fut admis dans la confrérie des architectes d'église. Quant à ses premiers travaux, nous en sommes réduits à des conjectures fort vagues : on pense néanmoins qu'il fut employé dans les ateliers de construction créés pour la cathédrale de Fribourg. On érigeait alors cette flèche pyramidale, si élégante et pourtant si majestueuse, qui fait l'admiration de la postérité; la tradition en rapporte tout l'honneur à Erwein, qui de la sorte ne se serait illustré à Strasbourg qu'après avoir accompli ce chef-d'œuvre; mais il y a beaucoup de raisons pour repousser cette tradition, et croire qu'il fit seulement partie du personnel d'artistes et d'ouvriers employés à l'achèvement de ce monument. Conrad de Lichtenberg dut rechercher des ouvriers habiles et expérimentés, Erwein bien connu à Steinbach, aura été nécessairement appelé; mais rien ne démontre qu'on lui ait de prime abord confié les tours ou la façade. Il se sera essayé à des détails de moindre importance, tels que la partie de la croisée méridionale où sont plusieurs statues fort élégantes, reconnues pour être de la main de sa fille Sabine. Il est constant aussi qu'après l'incendie de 1298 Erwein rebâtit la portion supérieure de la nef, depuis les galeries et les arceaux qui la séparent des bas-côtés. On lui doit une grande partie de la façade. Enfin, il est probable qu'il commença les deux tours, et que celle du midi (précisément celle qui n'a jamais dépassé la plate-forme actuelle) fut plus avancée par lui que l'autre, dont nous admirons aujourd'hui la hauteur. Les épitaphes d'Erwein, de sa femme et de son fils, sont sur des contre-forts de la chapelle de Saint-Jean-Baptiste; on présume que Sabine, dont nous ne retrouvons point la tombe, repose aussi dans cette église, qu'elle a décorée de si belles statues. Jean, son fils, continua son ouvrage jusqu'en 1338. Le père est qualifié de *magister Ervinus gubernator fabricæ ecclesiæ Argentinensis*; le fils n'a que le titre de *maître* (magister). P. DE GOLBÉRY.

ÉRYCINE, surnom donné par les Grecs à Vénus, et dérivé du mont Éryx, situé à la pointe nord-ouest de la Sicile, où la déesse avait un temple magnifique, construit par son fils Éryx, au rapport de Diodore, et par Énée, suivant Virgile. Son culte, qui était répandu dans toute l'île, s'introduisit aussi, vers le commencement de la deuxième guerre punique, à Rome, où un temple lui fut élevé, l'an 181 avant J.-C., devant la porte Collatine. Cette déesse était encore adorée sous ce nom à Psophis, en Arcadie.

ÉRYMANTHE, fils d'Arcas et père de Xanthe, donna, dit-on, son nom à un affluent de l'Alphée, qui séparait l'Arcadie d'avec l'Élide, ainsi qu'à une petite chaine de montagnes située au nord-ouest de l'Arcadie, et où il prenait sa source. C'est dans les forêts du mont Érymanthe (aujourd'hui mont Xiria) qu'Hercule tua le fameux sanglier d'Érymanthe.

Un autre ÉRYMANTHE, fils d'Apollon, fut rendu aveugle par Aphrodite, en punition de ce qu'il l'avait surprise au bain.

ÉRYSICHTHON, fils de Triopas, roi de Thessalie, ayant abattu un chêne dans une forêt consacrée à Cérès, la déesse l'en punit en le condamnant à endurer une faim qu'il lui était impossible de jamais assouvir. Il finit par dévorer ses propres membres.

Un autre ÉRYSICHTHON, fils de Cécrops et d'Agraulos, mourut sans laisser de postérité, du vivant de son père, au moment même où celui-ci revenait de Délos, où il était allé porter les offrandes d'Athènes.

ÉRYSIPÈLE (en grec ἐρυσίπελας, dérivé d'ἐρύω, attirer, et de πέλας, proche, parce que l'érysipèle s'étend quelquefois de proche en proche sur les parties voisines). On appelle ainsi une maladie inflammatoire de la peau, caractérisée par une rougeur qui disparait sous la pression du doigt et reparait ensuite, avec léger gonflement, douleur vive, ardente ou pongitive, occupant une étendue variable, sans symptômes généraux, ou bien accompagnée de fièvre, d'embarras gastrique, etc. Tel est l'*érysipèle simple*, qui le plus souvent nait et meurt à la même place (*érysipèle fixe*), mais qui parfois affecte une fâcheuse tendance à se propager ou à se reproduire sur divers points de la peau (*érysipèle ambulant*). Lorsque le tissu cellulaire sous-jacent participe à l'inflammation, l'affection devient plus grave, et prend le nom d'*érysipèle phlegmoneux*. Lorsque ce tissu cellulaire s'infiltre de sérosité, la maladie prend le nom d'*érysipèle œdémateux*.

L'érysipèle peut affecter toutes les régions de l'enveloppe cutanée, mais il se montre plus fréquemment à la face, aux membres, aux mamelles chez les femmes, à l'ombilic, aux aines et aux bourses chez les enfants en bas âge. Toute irritation portée sur la peau peut déterminer directement l'érysipèle, surtout chez les personnes dont le tissu cutané jouit de beaucoup de finesse et de sensibilité. Ainsi, les frottements rudes, les applications ou le simple contact de substances âcres, l'impression du froid, qui produit les engelures, espèce d'érysipèle œdémateux, l'impression de la chaleur artificielle ou solaire, qui produit les coups de soleil, les piqûres d'insectes, les blessures de toutes espèces, les ulcères, sont les causes les plus fréquentes de l'érysipèle, qui peut naître aussi sous l'influence de vives impressions morales, comme chez cette femme dont le visage se couvrait d'un érysipèle chaque fois qu'elle se mettait en colère; on signale également l'abus d'aliments et de breuvages excitants, ou le simple usage d'une alimentation grossière ou détériorée; enfin, l'érysipèle peut régner épidémiquement, sous l'influence de conditions indéterminées, comme cela s'observe dans les hôpitaux, où à certaines époques cette affection vient compliquer la plupart des maladies; la saignée, l'application des sangsues, l'ouverture d'un abcès, donnent immédiatement naissance à des érysipèles plus ou moins graves.

La marche et la durée de cette maladie varient suivant ses espèces, la nature et l'intensité de la cause, la disposition du sujet. Simple et résultant d'une cause extérieure, l'érysipèle se résout ordinairement en peu de jours par une légère desquammation de la peau; plus intense, il donne lieu à une exhalation séreuse qui soulève l'épiderme en forme d'ampoules, dont la rupture et le desséchement produisent des croûtes. On ne peut ordinairement prévoir les suites et la durée de l'érysipèle ambulant. L'érysipèle phlegmoneux est fort grave, et souvent suivi de mortification ou gangrène du tissu cellulaire, d'où résultent de vastes décollements de la peau et des suppurations longues et abondantes. L'érysipèle occupant la face peut devenir funeste, par la propagation de l'inflammation aux parties contenues dans le crâne. Celui des mamelles est d'autant plus fâcheux, qu'il affecte particulièrement les femmes en couches et les nourrices. L'érysipèle peut se compliquer de plusieurs autres maladies: les plus graves sont les inflammations cérébrales et gastro-intestinales.

Des diverses terminaisons de cette affection, la plus commune et la plus favorable est la résolution; mais elle peut se terminer par suppuration, par gangrène, par métastase ou transport de l'inflammation sur un organe important; et dans ces cas divers l'érysipèle peut amener la mort. Le traitement est celui qui convient à la plupart des inflammations. Lorsque l'inflammation de la peau est légère et dépendante d'une cause locale, on la fait disparaître au moyen des applications réfrigérantes ou émollientes; mais lorsqu'elle est violente et qu'elle dépend d'une cause interne ou générale, c'est au médecin qu'il appartient de diriger le traitement et de choisir entre les saignées locales et générales, les vomitifs et les purgatifs, les onctions mercurielles, les vésicatoires, la cautérisation avec le nitrate d'argent, la compression, les mouchetures, etc. Dr FORGET.

ÉRYTHRÉE ou ÉRYTHRÉENNE (Mer). C'est le nom que les anciens donnaient à la mer Rouge, ou golfe Arabique, qui sépare l'Égypte et l'Arabie de l'Inde, et l'Afrique de l'Asie. Les Arabes et les Grecs d'Égypte ont fait les premiers le commerce de cette mer des Indes. Les Arabes sabéens étaient en possession de ce commerce lors des premières navigations des Grecs. C'était de ces Arabes que les Phéniciens recevaient les marchandises qui enrichissaient Tyr et Sidon. Pline décrit exactement la route du commerce des Romains par la mer Érythrée. La principale chaine des montagnes d'Arabie paraît suivre la mer Rouge ou Érythrée, à une distance de dix à trente lieues: le golfe Arabique occupe un enfoncement dans lequel aucun fleuve ne s'écoule.

L'historien d'Alexandre, Arrien, a donné un *Périple de la mer Érithrée*, l'un des monuments les plus précieux de la géographie ancienne. AUBERT DE VITRY.

ERZEROUM ou ARZ-ROUM, capitale et ville forte de l'Arménie turque, non loin du bras septentrional de l'Euphrate, à 1,900 mètres au-dessus du niveau de l'Océan, dans une contrée très-froide en hiver, très-aride en été, et néanmoins assez soigneusement cultivée, est le chef-lieu de l'Eyalet le plus considérable qu'il y ait dans l'empire turc, et dont dépendent les trois sandjacs de Tshelder, de Kars et de Bajazid. Erzeroum est le siége de consulats anglais, russe et français, et compte aujourd'hui une population de 35,000 âmes, composée de Turcs, d'Arméniens et de Persans, qui se distinguent par leurs habitudes industrieuses, par le commerce actif qu'ils entretiennent, enfin par l'aisance peu commune dont ils jouissent. Les célèbres mines de cuivre et de fer situées dans les environs méritent une mention particulière. Située dans un endroit où venaient aboutir des grandes routes de premier ordre, telles que celles de Trébizonde, de la Transcaucasie, de la Perse, du Kourdistan, de la Mésopotamie et de l'Anatolie, Erzeroum forme l'une des principales étapes du commerce entre l'Europe et le port de Trébizonde d'une part, et l'Asie centrale, la Perse surtout, de l'autre. Les consuls qu'y entretiennent diverses puissances étrangères, et dont la plupart, autorisés à faire du commerce pour leur propre compte, possèdent des capitaux importants, à l'aide desquels ils concentrent entre leurs mains presque tout le commerce en gros, contribuent beaucoup à la prospérité générale de cette place, de même qu'à la sécurité dont y jouissent les chrétiens. Les Arméniens, spécialement placés sous leur protection, ont réussi à s'emparer du reste des affaires commerciales.

Les rues d'Erzeroum sont étroites, tortueuses et sales. On y trouve les ruines d'un grand nombre d'édifices aux plus larges propositions et attestant encore aujourd'hui sa grandeur passée, des maisons et des constructions abandonnées. La ville se compose de la forteresse, ou ville proprement dite, et de quatre faubourgs, dont la séparent de hautes murailles. La ville est dominée à l'ouest par une citadelle appelée *Itschkaleh* (château fort intérieur) et renfermant beaucoup de monuments remarquables, ainsi qu'une mosquée qui à l'origine fut une église chrétienne. On remarque en outre dans la ville quinze autres mosquées, le sérail du gouverneur général, plusieurs caravansérails et quelques habitations élégantes appartenant à de hauts fonctionnaires ou à de riches négociants musulmans. Il existe dans les faubourgs vingt-quatre marchés, diverses églises arméniennes, et plusieurs grands bazars et caravansérails.

Erzeroum, ville d'une très-haute antiquité, est appelée par les Arméniens *Karin* ou *Garin-Khalakh* (ville de la contrée de Garin), d'où les Arabes ont fait *Kalikalah*. Elle reçut celui de *Théodosiopolis*, vers l'an 415 de l'ère chrétienne, en l'honneur de l'empereur Théodose le jeune, et fut longtemps un des boulevards de l'empire d'Orient contre les invasions des peuples barbares de l'Asie. Son nom moderne est dérivé, par altération, de celui d'*Arzen-Erroum*, (terre des Romains), qu'elle porta depuis que la ville d'Artzen ou Arzen, qui en était voisine, ayant été prise et saccagée, l'an 1049, par les Turcs seldjoukides, dominateurs de la Perse, ses habitants se retirèrent à Théodosiopolis, et lui imposèrent le nom de leur patrie ruinée; les musulmans, pour la distinguer de plusieurs autres villes nommées *Arzen*, l'appelèrent *Arzen-Erroum*, parce qu'elle appartint plus longtemps aux Romains qu'aux Grecs. Elle tomba au pouvoir des Seldjoukides de Perse à la fin du onzième siècle; mais après la chute de cette puissance, elle fut possédée pendant quarante ans par la dynastie des Salikides, à qui les sulthans seldjoukides d'Iconium l'enlevèrent, en 1201. Les Mongols s'en emparèrent en 1241, sous le règne d'Oktaï, fils de Djinghiz-Khan, et tous ses habitants furent égorgés ou réduits en esclavage. Elle passa successivement sous la domination de quelques dynasties musulmanes, entre autres de celle des Turkomans Cara-Coinlu, ou du *Mouton noir*, sur lesquels Tamerlan la conquit en 1387. Peu d'années après sa mort, ses descendants perdirent Erzeroum, qui demeura soumis aux Turkomans Ac-Coinlu, ou du *Mouton blanc*, jusqu'en 1400, époque où le sulthan Mahomet II s'en rendit maître, et la réunit à l'empire othoman.

En dépit de la mauvaise administration des Turks, Erzeroum est demeurée la plus importante cité de tout ce plateau; et au commencement de notre siècle on y comptait encore une population de 100,000 âmes. Dans la guerre de 1828-1829 entre les Turks et les Russes, la prise par le général Paskéwitch d'Erzeroum (9 juillet 1829), boulevard de la Turquie tout à la fois contre la Russie et la Perse, décida le succès de la campagne d'Asie. Toutefois le traité d'Andrinople la restitua au grand-seigneur; mais les Russes y avaient commis les plus grandes dévastations, et à leur départ un grand nombre de familles arméniennes les accompagnèrent pour aller se fixer en Russie.

ERZGEBIRGE. Sous ce nom, qui signifie littéralement *montagnes de minerai*, on désigne une chaîne de montagnes riches en veines métalliques, longue d'environ 15 myriamètres, formant la limite de la Saxe du côté de la Bohême et s'étendant, dans la direction du nord-est au sud-ouest, depuis la vallée de l'Elbe jusqu'au Fichtelgebirge, tandis qu'au sud, devenant tout à coup roi de et escarpée, elle atteint une altitude de 7 à 800 mètres, et qu'à l'ouest elle s'étend en formant jusqu'à la Saale un large plateau ardoisier qui va en s'abaissant toujours insensiblement vers la Saxe, et qu'au nord-ouest elle disparaît dans la profonde vallée d'Altenbourg et de Leipzig. Sous le rapport géologique on peut dire que ces montagnes ont généralement pour base le gneiss et le granit, et c'est dans les terrains de cette formation qu'on rencontre la plupart des gisements métalliques. Du côté de la Saxe, à la base de granit et de gneiss succède une couche d'argile et d'ardoise, supportant à son tour des masses de granit, de syénite et de porphyre; tandis que du côté de la Bohême ce sont, sur une vaste étendue, des masses de manganèse, puis des couches d'argile et d'ardoise qui recouvrent les terrains primordiaux.

Jusqu'en 1835, époque où eut lieu la nouvelle division politique et administrative du territoire saxon, on appelait *cercle d'Erzgebirge* l'un des quatre cercles héréditaires du royaume, dont la superficie, y comprise la seigneurie de Schœnburg, est d'environ 83 myriamètres carrés, avec une population de près de 550,000 âmes. Aujourd'hui le cercle de l'Erzgebirge, de même que celui du Voigtland, dépend de la direction du cercle de Zwickau; cependant quelques-uns de ses bailliages ont été incorporés dans les directions des cercles de Dresde et de Leipzig. Les principaux cours d'eau de cette contrée sont : la Mulde orientale ou de Freiberg, et la Mulde occidentale ou de Zwickau, ainsi que la Zschopau, l'un des affluents de la Mulde.

ÉSAÜ était fils d'Isaac et de Rebecca. Celle-ci, après une longue stérilité, avait enfanté deux jumeaux. Esaü vint au monde le premier. Il était tout couvert de poils, et fut nommé Esaü, qui signifie *homme fait*. Il s'adonna à la chasse et à la culture des champs, tandis que son frère Jacob restait sous la tente auprès de sa mère, qui avait pour lui un sentiment de préférence. Isaac, au contraire, affectionnait davantage Esaü. Celui-ci, rentrant un jour accablé de fatigue et mourant de faim, vendit à Jacob, pour un plat de lentilles, son droit d'aînesse, droit d'une grande importance chez les Hébreux, puisqu'il remettait aux mains du premier-né la possession des biens et un pouvoir absolu sur tous les membres de la famille. A l'âge de quarante ans, Esaü épousa deux femmes cananéennes contre le vœu de ses parents. Néanmoins, il était toujours l'objet de la prédilection de son père, qui lui dit un matin : « Prends ton arc et tes flèches, et apporte-moi le fruit de ta chasse; apprête-le de tes propres mains, car je veux te bénir avant de mourir. » Rebecca entendit ce discours, et, ayant accommodé deux chevreaux, elle couvrit les mains et le cou de Jacob de la peau de ces animaux, le revêtit des habits d'Esaü et l'envoya auprès d'Isaac. Le vieillard, privé de la vue, ayant tâté les mains et les vêtements de Jacob, le bénit comme son premier-né. La ruse de Jacob fut découverte quand Esaü vint se présenter à son tour, et le vieillard, touché de ses pleurs, lui accorda aussi sa bénédiction; mais il souhaita seulement que le ciel engraissât ses champs et les humectât de sa rosée.

Esaü dissimula son ressentiment, et se promit dans son cœur de tuer son frère aussitôt après la mort d'Isaac. Rebecca, qui avait pénétré son projet, prit le parti d'éloigner Jacob, et l'envoya en Mésopotamie, chez son frère Laban. Esaü resta sous les tentes paternelles, et augmenta le nombre de ses épouses de plusieurs filles d'Ismaël et de Nabajoth.

Après une absence de plus de vingt années, Jacob se mit en chemin pour aller retrouver son frère; mais, craignant sa colère, il se fit précéder par des messagers, qui lui offrirent deux cents chèvres, vingt boucs, vingt béliers, trente chamelles avec leurs petits, quatre-vingts vaches, trente taureaux, vingt ânesses et dix ânons. A l'approche d'Esaü, qui était accompagné de trois cents serviteurs, Jacob se prosterna sept fois devant lui, et implora sa bienveillance. Esaü l'accueillit avec tendresse et l'accompagna jusqu'au delà du Jourdain, puis il retourna dans sa demeure habituelle au pays de Séhir. L'Écriture se tait sur le reste de sa vie, et n'annonce pas l'époque de sa mort; on sait seulement qu'il fut le père d'Éliphaz, lequel engendra Amalec, tige des Amalécites. SAINT-PROSPER jeune.

ESCADRE (*Art militaire*). La langue italienne a donné à notre infanterie les mots *escadre* et *cap d'escadre*, qui ont été employés depuis le règne de François Ier jusqu'à la fin du règne de Louis XIV. Ainsi, on disait *escadre* comme nous disons aujourd'hui *escouade*, si ce n'est que l'escadre avait en même temps un caractère administratif et tactique, tandis qu'actuellement l'escouade n'a plus rien de tactique. Froissart parle souvent de petites troupes qu'il appelle *escadres* : celles des légions de François Ier comptaient vingt-cinq hommes. Les escadres de Gustave-Adolphe et de Montécuculli étaient des carrés longs composés de vingt-quatre fantassins sur quatre files et sur six rangs. Le terme *escadre* n'est usité maintenant que dans la marine.

Gal BARDIN.

ESCADRE (*Marine*), subdivision d'une armée navale, générale ou spéciale. On comprend généralement sous ce nom un détachement de moins de vingt vaisseaux de ligne, et aussi chacun des trois corps principaux d'une flotte considérable. Pour la facilité des évolutions, on est convenu de partager les armées navales en trois parties que l'on nomme *escadres*, chacune distinguée par un pavillon d'une couleur particulière. Il y a l'*escadre blanche*, l'*escadre blanche et bleue* et l'*escadre bleue*. L'Angleterre aussi a adopté des désignations analogues, mais elles ont plus d'extension. En France elles ne sont employées que passagèrement, et leur existence tient à l'armement ou à la dissolution d'une armée navale; tandis que les Anglais embrassent toute leur marine sous les trois divisions, *escadre rouge*, *escadre blanche*, *escadre bleue*. Quand une armée navale est formée en ligne de bataille, l'amiral ou commandant en chef se tient au centre, et son escadre forme le corps de bataille; il porte le pavillon carré blanc en tête du grand mât. Le vice-amiral commande l'avant-garde, il a pour marque distinctive le pavillon blanc et bleu. Le contre-amiral commande l'arrière-garde : son pavillon de commandement est un carré bleu percé de blanc.

Les vice-amiraux et les contre-amiraux peuvent commander des escadres en chef ou en sous-ordre. Alors le chef d'escadre reçoit un haut salaire et une allocation journalière connue sous le nom de traitement de table.

L'éducation de l'officier de marine n'est pas complète encore quand il sait faire manœuvrer un navire : il est une science plus difficile qu'il doit apprendre, car elle décide souvent de la gloire et de la puissance des nations, c'est la tactique ou l'art des évolutions navales. Considérée théoriquement, son étude est fort simple, et quoique peu avancée et presque dans l'enfance, on peut aisément s'en former une idée nette et précise; mais son application dans les mers dangereuses et surtout au milieu du désordre et de l'émotion des combats présente des difficultés qui donnent à l'expérience une autorité puissante. On ne saurait trop façonner les officiers aux grandes évolutions, et c'est dans ce but qu'ont été imaginées les *escadres d'évolution* : c'est la meilleure école des marins, c'est l'école des amiraux. Là ils apprennent à faire manœuvrer une flotte entière comme un seul bâtiment, à réunir en masse ou diviser rapidement leurs forces pour les porter contre l'ennemi ou pour l'éviter; là se forme admirablement le coup d'œil du marin, là se fait l'apprentissage des grandes victoires. Malheureusement cette école si utile entraîne des frais considérables, devant lesquels reculent les gouvernements : aussi n'en pouvons-nous rappeler que peu d'exemples. Les plus célèbres furent celles de 1776 et 1777, que le comte d'Orvilliers exerça avec une rare intelligence, et qui préparèrent si avantageusement notre intervention dans la guerre de l'indépendance américaine. De nos jours, quelques officiers peuvent attester que les campagnes d'évolution de l'amiral Duperré et d'autres plus récentes les ont initiés plus profondément à l'art de la marine que toutes les autres expéditions.

TH. PAGE, capitaine de vaisseau.

ESCADRILLE. Une escadre composée de petits navires ou de bateaux prend le nom d'*escadrille*. Tout le monde a entendu parler de la flottille de Boulogne, que Napoléon destinait à la conquête de l'Angleterre : ses divisions étaient des escadrilles. Quand une division navale ou une escadre est réunie dans une rade, on forme quelquefois, pour l'exercice des marins, une escadrille des chaloupes et canots des grands navires : toutes les embarcations sont armées en guerre, et elles vont évoluer au milieu de la rade, sous les ordres de quelques officiers. Ce simulacre d'escadre peut avoir d'excellents résultats : on peut y répéter tous les signaux et les manœuvres de la tactique, se former en bataille, en colonnes, en ligne de marche, de convoi, se diviser rapidement en deux corps séparés et simuler l'attaque de deux escadres ennemies, opérer un débarquement, attaquer et défendre un bastion sur la plage; en un mot, c'est l'exercice de rade le plus intéressant et le plus utile. TH. PAGE, capitaine de vaisseau.

ESCADRON. Ce terme a, suivant quelques-uns, de l'analogie avec *escarmouche*; il a été appliqué d'abord aux combats *à la foule* de la chevalerie, aux évolutions de la cavalerie et de l'infanterie, et en dernier lieu aux seules troupes à cheval. Froissart passe pour le plus ancien écrivain qui ait donné au terme *escadron* une signification à peu près analogue à celle qu'il a de nos jours. Les vieux auteurs espagnols, tels que Juan de Medina, ne disent jamais autrement qu'*escadron d'infanterie*, parce que quand l'infanterie se restaura, elle était dépourvue d'une langue qui lui fût propre, et se trouva forcée d'emprunter les termes de la cavalerie, qui était la seule arme dont les écrivains se fussent occupés. Le mot *escadron*, cessant de se prendre dans le sens de bataillon, devint ensuite particulier à la cavalerie, et signifia *aile* d'une armée agissante, ou bien il fut synonyme de brigade.

Considérons maintenant l'escadron comme uniquement équestre, et comme étant, dans l'état militaire des modernes, une subdivision d'un régiment de cavalerie, ou bien comme étant lui-même une agrégation régimentaire, ou un corps à un escadron, car l'escadron a été sur ces divers pieds. Dans tous les cas, c'est comme le bataillon ou la batterie, un groupe élémentaire, suivant l'expression de quelques écrivains; d'autres le regardent, par rapport aux manœuvres d'une division d'armée, comme une unité tactique d'hommes à cheval. Lycurgue passe pour avoir le premier partagé la cavalerie grecque par masses comparables à des escadrons. Suivant Xénophon, les escadrons de la grosse cavalerie de la milice perse étaient de cent hommes sur huit rangs; d'autres escadrons de cette nation, à ce que dit le colonel Carrion, *étaient ordonnés sur douze rangs*. L'escadron grec, ou la subdivision tactique de l'épitagme, qu'on peut comparer à l'escadron, se nommait *épitarchie*, et se composait de 128 cavaliers sur huit rangs. L'escadron romain, ou du moins la subdivision que les Latins nommaient *turma*, était de 40 cavaliers sur quatre rangs. Les milices modernes ont adopté l'escadron, après avoir éprouvé combien les gens d'armes sur un seul rang agissaient avec peu d'efficacité, et à quel point il était difficile d'exécuter les charges en longue et mince muraille. Dès le commencement du dix-septième siècle, la milice suédoise ordonnait sa cavalerie en escadrons; bientôt les cavaleries autrichienne et espagnole se formèrent de même : ainsi, en 1631, neuf escadrons espagnols furent battus par le rhingrave Otto, qui servait sous Gustave-Adolphe. Vers ce même temps, Llorente et Xéa composaient des traités relatifs à l'organisation des escadrons espagnols. En 1635, les escadrons français prenaient naissance et se partagaient, suivant les temps, en compagnies, ou en pelotons. Gal BARDIN.

Une ordonnance du 9 mars 1834, nécessitée par les exigences budgétaires, avait réduit de six escadrons à cinq cinquante-trois de nos régiments de cavalerie. Un décret du 20 avril 1854 les a rétablis sur le premier pied : c'était une mesure jugée indispensable pour donner à l'organisation de nos régiments de cavalerie la consistance nécessaire pour que l'arme pût passer avec facilité du pied de paix au pied de guerre, et faire face à toutes les éventualités. Le cadre de ce sixième escadron est composé en officiers, sous-officiers et brigadiers, comme les anciens; mais, par suite de la nouvelle organisation, il est créé, dans chaque régiment de cavalerie un troisième emploi de chef d'escadron, un troisième de capitaine adjudant-major, un deuxième de médecin aide-major, un deuxième d'aide-vétérinaire et un nouvel emploi d'adjudant sous-officier. En outre, chaque fois qu'un de ces régiments sera mobilisé, le chiffre de ses maréchaux-des-logis sera porté à huit et celui de ses brigadiers à seize par escadron.

ESCADRON (Chef d'). *Voyez* CHEF D'ESCADRON.

ESCALADE, mot tiré de l'italien *scalata*, provenu de *scala*, échelle. Le mot français est peu ancien : il commençait à être en usage quand Henri Estienne écrivait, ainsi que ce grammairien le déclare. La poliorcétique des Latins rendait la même expression par *scalarum oppugnatio*. L'escalade est une action de guerre, ou un assaut, qui a lieu à l'aide d'échelles, et sans qu'il soit pratiqué de brèche, ou du moins sans que la brèche forme rampe. Souvent même l'escalade est une insulte brusque, une attaque d'emblée, qui a lieu sans qu'un siége en règle soit assis. Diodore de Sicile, Tacite, Tite-Live, citent quantité d'exemples d'escalade. L'escalade des forteresses des anciens offrait une difficulté qui n'existe plus depuis le changement du système de fortification : les assaillants ayant atteint le haut des murailles, ou la bretèche, n'étaient pas à la moitié de leur entreprise; car ces murailles n'étaient pas terrassées, et par conséquent il était plus difficile de descendre dans la place qu'il ne l'avait été de monter jusqu'à la crête du mur. Cette crête était d'ailleurs dominée par les défenseurs qui garnissaient le haut des tours, et qui faisaient jouer de là toutes les armes propres aux siéges défensifs. Si l'ennemi se rendait maître de la bastille, ou étage supérieur de la tour, l'assiégé culbutait les eschiffles qui servaient d'escaliers, et l'assaillant se trouvait comme emprisonné. Végèce donne une idée de la manière dont les escalades avaient lieu de son temps. On y employait la sambuque, ou la harpe offensive, l'exostre et le tollenon. Un des moyens de défense pratiqués par les Romains, quand ils étaient assiégés, consistait en une invention, ou machine, qu'ils appelaient *metella, metellæ*, peut-être en souvenir de Metellus : on disposait sur la crête du rempart des gabions remplis de pierres, ajustés de manière à basculer facilement en dehors. L'assaillant prêt à atteindre le terme de son entreprise, et venant à toucher cette machine, était renversé et écrasé par la chute des gabions ou barils. Folard a répété des récits peu croyables quand il a affirmé, sur l'autorité de Juste-Lipse, que la tortue tactique, moyen et base d'escalade, était quelquefois simple, quelquefois à deux étages, et que sur ce plancher de boucliers, sur cette fondation vivante, on parvenait à faire courir des chars et à dresser des échelles par lesquelles le reste de l'armée montait à l'escalade. Ammien, Hérodien, Hérodote, Quinte-Curce, Silius-Italicus et Tite-Live parlent de l'escalade qu'ils appellent *attaque en couronne* : elle consistait à insulter à la fois et les remparts, et les portes.

Deux des escalades les plus célèbres dans l'histoire sont celles d'Andrinople par les Goths, et de Beauvais par Charles le Téméraire, en 1472. L'escalade de Fécamp, en 1593, le long d'un rocher à pic de 195 mètres de haut, est aussi une des plus étonnantes. Une escalade d'une vigueur inouïe fut celle qui fut tentée en 1717 par Schulembourg, que les Turcs tenaient enfermé dans Corfou. L'ennemi ayant réduit la place aux dernières extrémités par la prise des dehors, il fait à la hâte préparer des échelles, et marchant en tête de ses soldats les plus résolus, reprend, après un affreux carnage, les ouvrages qu'il a perdus, et poursuit l'ennemi jusqu'en Épire. L'escalade de Prague, en 1741, racontée par Despagnac, dans son *Histoire du maréchal de Saxe*, eut, ainsi que celle de Gand, en 1745, par Lowendal, le rare mérite de n'être suivie d'aucun pillage.

Les machicoulis du moyen âge étaient une des précautions contre les escalades. Jadis très-fréquentes, elles ont cessé de l'être depuis le perfectionnement de l'artillerie, l'art de flanquer les ouvrages, et l'invention des dehors; elles ont été rares dans le siècle dernier : il n'en avait pas été tenté depuis celle de Modène, en 1706; il s'en est vue cependant dans la guerre de 1741. Maintenant l'escalade, et surtout celle des lignes fortifiées, se fait ordinairement de nuit, sans bruit, à l'arme blanche; l'infanterie passe le fusil à la grenadière, s'approche à la course, plante l'échelle et s'élance sur l'ouvrage. De son côté, la troupe insultée se saisit de ses armes de parapet, et s'attache à culbuter les échelles. Au temps où les escalades étaient fréquentes, elle y employait surtout les fourches ferrées. Les escalades échouent souvent, soit parce que l'ennemi a construit sur un arrière-plan des ouvrages dont l'attaquant ignore l'existence, et qu'il les a encombrés d'abatis, ou hérissés de chausses-trapes, de chevaux-de-frise, de fraises, soit parce que l'assaillant connaît mal ou juge inexactement la hauteur des remparts : il en fut ainsi à Acre. Des réflexions et des conseils sur ce genre d'inconvénients sont de toute antiquité. *En ces sortes d'affaires*, dit Polybe, en parlant d'escalades, *rien n'est impunément négligé : la peine suit toujours la faute.* Dans la guerre de 1832, au siége de la citadelle d'Anvers, des échelles de cinq mètres se trouvèrent trop courtes pour l'attaque de la gorge de la lunette Saint-Laurent mais, au moyen d'échelles plus longues elle fut escaladée à l'extrémité des flancs. Gal BARDIN.

ESCALE, échelle à pétard, ayant un nombre plus ou moins grand d'entre-toises. On s'en servait quand une porte qu'on voulait pétarder ou renverser était précédée d'un fossé. L'escale était moins large que le madrier du pétard, et plus longue que le fossé n'était large. Elle avait une force proportionnée à sa longueur, et servait de poulain pour faire arriver le pétard au-delà du fossé; à cet effet elle se rattachait à des pieds-de-chèvre, ou supports, qu'on plantait au milieu du fossé, et basculait de manière à venir s'appliquer à la porte. Gal BARDIN.

ESCALE (*Droit maritime*). *Voyez* ÉCHELLE.

ESCALIER. L'escalier, dont tout le monde connaît l'usage, est un des ouvrages de charpenterie les plus difficiles à bien exécuter, en raison des courbures qu'il faut donner à différentes pièces de bois entrant dans sa construction; courbures variables à l'infini, selon qu'elles doivent avoir plus ou moins d'élévation, et que les marches de l'escalier sont subordonnées à telles formes ou à telles dimensions, en largeur, en épaisseur, etc.

On distingue plusieurs classes d'escaliers : on nomme *grands escaliers* ceux qui communiquent depuis le rez-de-chaussée jusqu'aux étages les plus élevés d'une maison, et *petits escaliers*, *escaliers de dégagement*, *escaliers dérobés*, etc., ceux qui ouvrent simplement une communication entre un étage ou portion d'étage et un autre, entre un appartement et un cabinet, une garde-robe, une issue extérieure, particulière ou secrète, etc. Les petits et les grands escaliers se placent dans des espaces dits *cages d'escalier*, de forme carrée, ronde ou irrégulière, suivant l'espèce d'escalier que l'on veut faire et l'étendue superficielle dont dispose l'architecte. C'est un travail que les charpentiers peuvent toujours exécuter; cependant, il arrive souvent que l'on confie à des menuisiers la construction des escaliers de dégagement, surtout lorsqu'on tient à l'apparence, et que les bois qui entrent dans leur construction sont des bois précieux, exigeant un travail très-fini.

Indépendamment des escaliers où le bois entre comme partie principale, on en construit souvent dont les marches et toutes les parties servant à les établir et à les maintenir sont en pierre de taille. Les rampes de ces escaliers, lorsqu'elles ne sont pas en marbre ou en pierre sculptée, sont ordinairement en fer, et l'on en voit beaucoup qui sont autant d'ouvrages de serrurerie des plus remarquables. Il existe en France un assez grand nombre d'escaliers considérés comme de véritables chefs-d'œuvre; nous citerons seulement ici ceux du château de Versailles, le magnifique escalier du Palais-Royal, à Paris, un escalier du palais des Tuileries, remarquable par son élégance et sa richesse. Mais c'est surtout dans les palais d'Italie qu'il faut aller admirer le génie et le goût des architectes pour ce genre de construction.

V. de Moléon.

ESCAMOTEUR, ESCAMOTER. Ces deux mots dérivent d'*escamote*, petite balle de liége que les saltimbanques prennent adroitement avec le bout des doigts, font disparaître, changer de place, reparaître subitement, et multiplier à leur gré, sans que les spectateurs s'en aperçoivent. *Escamoter* signifie donc, dans le sens propre, l'action de faire de ces tours d'adresse et de subtilité; et l'*escamoteur* est celui qui fait métier d'*escamoter*, soit comme joueur de gobelets ou prestidigitateur, pour amuser les passants sur les places publiques, ou une nombreuse assemblée dans une salle de spectacle, soit comme amateur dans un salon. Les habiles *escamoteurs* ne se bornent pas d'ailleurs à escamoter des balles de liége : ils font disparaître aussi des balles et des pommes de toutes les grosseurs, des cartes, des montres, des lapins, des enfants, et jusqu'à des personnes adultes. Il y a de très-honnêtes et très-habiles *escamoteurs* dont le talent tient jusqu'à un certain point aux connaissances physiques et chimiques : tels ont été Pinetti, Bienvenu, Olivier et Ledru, plus généralement connu sous le sobriquet de *Comus*, dont le petit-fils est devenu si célèbre dans l'histoire politique contemporaine sous le nom de Ledru-Rollin : tels sont encore Bosco, Robert Houdin et Comte. Mais il en est d'autres qui, abusant de l'adresse dont ils font métier ou amusement, ne sont que des escrocs et des filous, dont il faut plus se défier que des voleurs de grand chemin; car ils exercent leur industrie dans la bonne société, dans les bals de bienfaisance et jusque dans les salons des ministres et des princes : les uns trompent au jeu, font *sauter la coupe*, substituent des cartes ou des dés; les autres *escamotent* des bourses, des tabatières, des montres, des colliers, des cachemires, etc.; sans parler de ceux qui changent la farine en sucre, le genièvre en poivre, la poussière en tabac, etc. *Escamoter* dans ce sens est synonyme de *tromper*, *voler*. On disait autrefois *corbiner*, dérober en corbeau.

On dit aussi, au figuré, *escamoter une place*, *une nomination*, lorsqu'on y parvient par des moyens illicites, par intrigues, au détriment d'un homme simple et honnête. On a vu de nos jours *escamoter* non pas seulement les libertés d'une nation, c'est là un *tour* devenu vulgaire, mais jusqu'à des couronnes; *tour* autrement difficile et chanceux, et qui, à bien dire, constitue le *nec plus ultra* de l'art.

En termes de broderie au métier, *escamoter* signifie faire disparaître, au moyen d'une aiguille, les bouts d'or et de soie, en les faisant rentrer sous l'ouvrage. H. Audiffret.

ESCARBILLES, parties de houille incomplétement brûlées, qui tombent sous la grille d'un fourneau. La production des escarbilles, quand elle est considérable, indique des vices dans la construction du foyer ou bien de la négligence de la part du chauffeur. Cependant on n'a pu encore complétement l'éviter. Si on les jetait avec les cendres, ce serait une perte assez grande pour les manufacturiers. C'est pourquoi on tamise les cendres au moyen d'un crible ou d'une claie, qui retient les plus grosses escarbilles. Pour recueillir les fragments plus petits, les cendres provenant de cette opération sont agitées à la pelle dans un baquet à moitié rempli d'eau, où les escarbilles viennent surnager. Les escarbilles peuvent servir avantageusement dans des foyers où la température n'est pas très-haute, par exemple dans les appareils de chauffage pour les ateliers, bureaux, etc. Les cantonniers des chemins de fer ramassent sur la voie les escarbilles qui tombent des locomotives; on les emploie pour le chauffage des stations.

ESCARBOT. On donne aujourd'hui ce nom à un genre d'insectes coléoptères pentamères de la famille des clavicornes, au genre *hister* des entomologistes. Il est ainsi caractérisé : Antennes insérées sur le bord du front et terminées par une massue ovale de trois articles; prosternum arrondi ou tronqué postérieurement; tibias postérieurs épineux extérieurement; abdomen avec le pénultième segment déclive, et le dernier également déclive ou perpendiculaire; corps peu épais. L'*hister cadaverinus*, qui peut être considéré comme type du genre, est entièrement noir. L'*hister quadrimaculatus* doit son nom aux deux taches rouges qui marquent chacune de ses élytres. Ces deux espèces se trouvent aux environs de Paris.

Mais ces escarbots ne sont pas ceux de l'antiquité; ces derniers, dont le plus célèbre était le *scarabée sacré* des Égyptiens, appartiennent au genre *bousier*.

ESCARBOUCLE, pierre précieuse qui présentée au soleil luisait comme un charbon ardent; de là son nom grec ἄνθραξ, et son nom latin *carbunculus*, deux substantifs qui signifient *charbon*. Selon les anciens, elle conservait les rayons de l'astre du jour, et les reflétait dans tout leur éclat au sein des ténèbres, propriété que n'ont ni le grenat ni le rubis, les seules d'entre les pierres précieuses qui soient, le dernier, d'un rouge vif et pur, le premier, d'un pourpre sombre : de là l'opinion que cette pierre est perdue, opinion assez mal fondée, puisque l'on ne conteste pas à certains rubis, à certaines pierres, la propriété de retenir tant soit peu quelques rayons de la lumière solaire. Théophraste a écrit que l'escarboucle ne cédait rien à l'action du feu, propriété attribuée aux grenats; aujourd'hui ils ne peuvent résister à l'active puissance de nos lentilles. Dans le *rational*, qui étincelait sur la poitrine du grand-prêtre chez les Hébreux, et qui était composé de quatre rangs de pierreries, au nombre de douze, autant que de tribus, l'escarboucle, nommée dans l'Exode *nophec*, était la première du second rang. Ces pierreries étaient collectivement nommées *urim*, les feux, à cause de leur vive splendeur. Saint Épiphane parle d'une pierre précieuse qui du milieu du rational jetait dans l'ombre une lueur indicible, qui révélait la volonté de Jéhovah. Serait-ce l'escarboucle des anciens? car l'on n'est pas d'accord sur les noms des pierres précieuses du rational; souvent dans les traductions elles s'échangent l'une pour l'autre. L'éclat des minéraux, qui lutte avec celui de la lumière, attachait quelque chose de merveilleux à leur nature, dont la dureté faisait croire chez les anciens à une durée sans limites connues. Ils étaient persuadés que celui qui portait au doigt une escarboucle guérissait de l'ophthalmie, bravait la peste même, et écartait de sa couche les songes sinistres. Il est raisonnable de croire que l'escarboucle de l'antiquité n'est autre que notre rubis.

La pierre précieuse désignée aujourd'hui sous le nom d'*escarboucle* ou de grenat almandin est un silicate double d'alumine de couleur rouge, composé de trente-neuf parties d'alumine et de soixante de silicate de fer.

DENNE-BARON.

ESCARGOT, nom vulgaire de l'hélice commune. Il s'en fait aujourd'hui une certaine consommation comme aliment.

Dans plusieurs départements on cultive avec succès les *escargotières*, que les Romains, nos maîtres en fait de gastronomie, connaissaient fort bien. Au seizième siècle, les capucins de Fribourg avaient retrouvé l'art d'élever et d'engraisser les escargots; art qui n'est pas perdu de nos jours, car en Franche-Comté, en Lorraine et en Bourgogne, on élève d'excellents escargots, qui trouvent un débit assuré sur le marché de Paris. La capitale compte en effet à présent 50 restaurants et 1,000 à 1,200 tables particulières où l'escargot fait les délices de 8 à 10,000 consommateurs. On évalue à un demi-million la consommation mensuelle de ce mollusque, dont l'élève ne manque pas d'importance, car on cite une escargotière des environs de Dijon qui rapporte, bon an mal an, à son propriétaire de 6 à 7,000 fr.

Nous ne pouvons passer ici sous silence les *escargots sympathiques*.

Il y a quelques années à peine, le monde savant s'émut d'une découverte annoncée avec bruit. Deux savants avaient trouvé pour transmettre la pensée à toutes les distances un moyen qui laissait bien loin derrière lui le télégraphe électrique. Or, ce moyen, c'étaient les escargots qui en avaient fourni l'idée. Quoi d'extraordinaire? N'est-ce pas aux escargots qu'on doit, dit-on, la pensée du mécanisme du télescope?

Les savants dont nous parlons et leurs disciples, car ils en eurent de fervents, avaient remarqué, disaient-ils, que deux escargots qui avaient été accouplés restaient continuellement, rapprochés ou éloignés, sous l'influence sympathique l'un de l'autre; la commotion que l'un éprouvait à Paris, l'autre devait instantanément la ressentir à Londres ou à New York; pour cela, il suffisait de les placer dans certaines conditions nécessaires à l'entretien de cette sympathie; les escargots sympathiques étaient séparés l'un de l'autre, placés similairement dans des boîtes mobiles, divisées en cases portant toutes les lettres de l'alphabet, chaque paire dans chaque lettre; une préparation particulière, une roue voltaïque, préparée également d'une manière toute particulière, entretenaient les conditions de sympathie voulues, en permettant de donner à l'escargot la commotion que devait reproduire son similaire.

De cette façon, disaient les inventeurs de cet appareil, qu'ils appelaient la *boussole pasilalinique-sympathique*, on n'avait qu'à imprimer une commotion à l'escargot z d'une boîte pour que l'escargot z la reproduisît, n'importe où il se trouverait, et ainsi des autres.

Des expériences solennelles furent annoncées; le résultat en demeura mystérieux, et depuis lors les escargots sympathiques eurent contre eux les petits journaux, les théâtres, et les rieurs. Ils n'ont plus fait parler d'eux depuis. Leur annonce était-elle donc une mystification? Ceux qui s'en sont occupés l'ont fait avec une trop grande bonne foi, avec trop de conscience, pour que l'on ne soit pas autorisé à dire qu'ils croyaient à leur découverte.

ESCARMOUCHE. Les Latins rendaient la même idée par *velitation*, action de vélites. C'était un combat sans importance, tel que l'étaient chez les Grecs les chicanes des acrobalistes; au moyen âge, les attaques des ribauds; au temps des compagnies d'ordonnance, les engagements des archers à cheval, et dans le dix-septième siècle, la fonction des enfants perdus et des grenadiers. Les mots escarmouche et escaramouche ont pour racine l'italien *scaramuccia*, farce, gaieté, qui a produit *Scaramuccio*, acteur napolitain; ou bien ils viennent de *mucciare*, qui signifie *railler*, *plaisanter*, *agacer*, parce qu'une escarmouche est une espièglerie militaire, une plaisanterie de guerre. Le savant Piémontais Grassi emploie également *scaramuccio* et *scaramugio*. Le fond de ces expressions a été emprunté par les Espagnols quand ils se rendirent maîtres de Naples; le terme s'est de même francisé, lors de nos expéditions en Italie, et il a produit les mots *escarmoucher*, *escarmoucheur*; aussi ces expressions et la locution *attacher l'escarmouche* se trouvent-elles communément dans Brantôme, Delanoue, Lancelot et Philippe de Clèves.

Il arrive fréquemment que les escarmouches sont des actions fortuites : dans ce cas, on ne s'occupe guère de les soutenir; mais quand elles tiennent à un plan arrêté, on les alimente, pour que ceux qu'on y envoie ne soient pas ramenés. Dans ce cas, on a soin d'y employer l'espèce de troupes qui convient au terrain, et le plus généralement de l'infanterie légère. Feuquières donne pour principe que les escarmouches combinées doivent s'entamer mollement, par peu de troupes, et se soutenir avec des forces assez imposantes pour que l'entreprise profite et puisse à volonté se terminer, parce que si elle dégénère en action générale, il en résulte un engagement tumultueux qui ne peut jamais être que d'un mince avantage.

L'objet des escarmouches combinées est d'aguerrir les troupes, de tâter l'ennemi, de l'amuser, de contrarier, de ralentir ou de suspendre sa marche, pour donner le temps à des secours de s'approcher. On engage aussi les escarmouches pour sonder les intentions de l'adversaire, apprécier sa force, détourner son attention, masquer une opération, reconnaître une position, explorer un terrain, faire des prisonniers, afin d'en obtenir des renseignements, dérober un mouvement, masquer un travail, tendre la main à une troupe amie, ou donner le temps au gros de l'armée de prendre position.

La milice turque était en réputation pour la vigueur et la légèreté de ses escarmouches; c'était à peu près tout son mérite dans les siècles derniers.

Gal BARDIN.

ESCAROLE, SCAROLE ou **SCARIOLE.** *Voyez* CHICORÉE.

ESCAROTIQUE. *Voyez* CAUSTIQUE (*Thérapeutique*).

ESCARPE. En termes de fortification, l'escarpe est la pente donnée à la muraille ou terre-plein d'un ouvrage ou d'une enceinte; c'est l'un des talus d'un fossé; il regarde la campagne; sa base est circonscrite par la ligne magistrale. L'escarpe a moins de saillie au sommet qu'au pied; elle a du *fruit*, comme on dit en termes d'architecture; les unes appuient sur des contre-forts, d'autres sont terminées par une berme, ou environnées d'une fausse braie, ou garnies d'une fraise. Le gouverneur d'une place de guerre prend poste sur l'escarpe s'il reçoit le chef de l'État dans l'enceinte : c'était du moins un vieil usage. L'escarpe d'un rempart revêtu commence au-dessous du cordon, puisqu'au-dessus le parapet monte verticalement. L'escarpe des remparts non revêtus commence à la partie supérieure du parapet. C'est au pied même de l'escarpe que viennent aboutir les travaux du siége offensif qu'on nomme la descente du fossé et le trou du mineur. C'est l'escarpe que les batteries de brèche insultent.

Gal BARDIN.

ESCARPOLETTE, petite planche suspendue par des cordes, sur laquelle on se place pour se balancer, jeu dont l'invention suivit, dit-on, la mort d'Érigone. On le nomme aussi balançoire. Cependant ce dernier nom semble plutôt devoir s'appliquer à une pièce de bois mise en équilibre sur un point d'appui élevé, et à chaque extrémité de laquelle se place une personne. Le moindre mouvement de l'un des joueurs suffit pour amener une série d'oscillations d'une amplitude plus ou moins grande.

ESCARRE (en grec ἐσχάρα), croûte résultant de la mortification d'une partie détruite par la gangrène ou un caustique violent. De la suppuration se manifeste, quelques jours après l'action du caustique, autour de la partie qui a été détruite, et cette suppuration a pour objet de détacher l'escarre et de séparer les portions vivantes de celles qui ont été frappées de mort.

ESCARS (Famille d'). Le nom *d'Escars*, sous lequel les rejetons de la maison de Pérusse sont connus depuis plusieurs siècles, est celui d'une terre située en Limousin. Il s'écrit de diverses manières, et l'on trouve dans les chroniques tantôt *Descars*, tantôt *d'Escars*, et plus anciennement, en latin, *de Cario* et *de Quadris*. On dit encore dans le pays : Aller *aux Cars*, habiter dans *les Cars*, la paroisse *des Cars*. Quoi qu'il en soit, l'usage d'écrire *d'Escars* avait prévalu depuis deux siècles, lorsque, de nos jours, le duc actuel a voulu reprendre l'ancienne orthographe. Un grand nombre de membres de cette maison ont occupé des emplois honorables, et l'on cite parmi eux un cardinal, des évêques, des chambellans, des généraux et plusieurs chevaliers de l'ordre.

ESCARS (François-Nicolas-René de PÉRUSSE, comte d'), né en 1759, entra fort jeune au service, devint colonel du régiment des dragons d'Artois, et fut député par la noblesse de Châtellerault à l'assemblée des états généraux, où il fit partie de la minorité, et signa toutes les protestations contre les réformes. Il était alors gentilhomme du comte d'Artois, qu'il suivit dans l'émigration, et qui lui confia plusieurs négociations importantes. Rentré en France à la Restauration, il fut créé lieutenant général et capitaine des gardes de Monsieur. Son dévouement à ce prince pendant les cent-jours le fit élever à la pairie le 17 août 1815. Il mourut en 1822.

ESCARS (Amédée-François Régis de PÉRUSSE, comte, puis duc d'), fils du précédent, est né en 1790, à Chambéry. Nommé successivement, après la Restauration, colonel et aide de camp du duc d'Angoulême, il fit près de ce prince la malheureuse campagne de 1815. A la suite du licenciement de l'armée royale, il le suivit en Espagne, et rentra avec lui à la seconde restauration. Le comte d'Escars fut alors confirmé dans le grade de maréchal de camp, qu'il avait reçu du duc d'Angoulême. En 1822 il recueillit la dignité de pair de France par succession de son père, et le titre de duc lui fut accordé par lettres patentes de 1825. Il fit la campagne d'Espagne en 1823, et dirigea la deuxième colonne d'attaque à la prise du Trocadero. Louis XVIII le nomma à cette occasion grand-officier de la Légion d'Honneur, commandeur de Saint-Louis, et lieutenant général. Il commandait en 1830 une division d'infanterie de l'armée d'Afrique à la conquête d'Alger. La nouvelle des événements de Juillet lui fit quitter le service, et donner sa démission de tous ses emplois. Il se rendit ensuite auprès de Charles X, à Lulleworth. Rentré plus tard en France, il s'est depuis constamment tenu éloigné des affaires publiques. En 1850, la circulaire Barthélemy le fit connaître comme un des mandataires de M. le comte de Chambord.

ESCARS (Jean-François de PÉRUSSE, baron, et puis duc d'), né en 1747, entra, comme cadet, dans l'ordre de Malte, passa ensuite dans la marine, puis dans l'armée, devint en 1774 colonel du régiment des dragons d'Artois, obtint la survivance de la charge de premier maître d'hôtel du roi, et était maréchal de camp quand il émigra en 1791. Il prit alors du service dans l'armée prussienne, et rentré en France en 1814, avec les Bourbons, fut créé lieutenant général et duc, et mourut sans postérité, à Paris, en 1824.

ESCAUT, le *Scaldis* des anciens, d'où dérive sans doute son nom flamand et hollandais, *Schelde*; l'un des fleuves les plus importants de la Belgique, qui prend sa source en France, à l'ancienne abbaye du mont Saint-Martin, près du bourg du Catelet, dans le département de l'Aisne, et arrose celui du Nord, en passant par Cambrai, Bouchain, Valenciennes et Condé. Au delà de cette ville il entre en Belgique. Là il traverse Tournai, Audenarde, reçoit la Lys à Gand, et la Dender à Dendermonde, et à Rupelmonde le Rupel, produite par la jonction de la Dyle et de la grande et petite Nèthe, passe devant Anvers, et se jette dans la mer du Nord, vis-à-vis de l'embouchure de la Tamise, par deux larges bouches (l'Escaut occidental, Hond ou Wester-Schelde, où il baigne Flessingue, et l'Escaut oriental, ou Ooster-Schelde, où il baigne Berg-op-Zoom), mises en communication avec la Meuse et avec le Rhin, et qui séparent les îles de Beveland du nord et du midi, tout en communiquant ensemble par plusieurs branches. Le cours de l'Escaut est généralement du sud au nord-est. Sa longueur est de 334 kilomètres, dont 310 sont navigables depuis Cambrai. Sa largeur, qui est de 200 mètres à Dendermonde, et de plus de 500 à Anvers, avec une profondeur de 15 mètres, devient bientôt telle qu'à l'une et l'autre de ses embouchures elle est de 1 à 1 myriamètre 1/2.

L'Escaut est demeuré célèbre dans l'histoire, par la prétention qu'élevèrent les Hollandais d'en interdire l'entrée en cas de guerre; prétention qu'ils réussirent à faire valoir de 1648 à 1792, et qu'ils renouvelèrent encore, mais avec moins de succès, lors de la séparation de la Belgique d'avec la Hollande, en 1830.

Les transports en marchandises de tous genres y sont immenses. Cependant la navigation y est assez dangereuse dans la partie inférieure, où se trouvent de nombreux bancs de sable. Les petits bâtiments marchands remontent jusqu'à Audenarde. Au delà, on se sert de bateaux de diverses grandeurs. Dans la partie comprise entre Cambrai et Condé, la navigation a été établie, de 1750 à 1788, au moyen de 18 écluses. Les principaux affluents de l'Escaut sont, après la Lys et la Dender en Belgique, la Scarpe et la Sensée en France. Son extrémité supérieure est longée par le canal de Saint-Quentin; à droite se détache celui de Condé à Mons. On voit à Anvers l'extrémité de celui de Bruxelles à cette ville.

ESCHATOLOGIE (du grec ἔσχατος, dernier, et λόγος, discours). Les théologiens d'outre-Rhin emploient ce terme pour désigner l'ensemble des dogmes relatifs aux fins dernières de l'homme, c'est-à-dire aux destinées qui lui sont réservées après sa mort. Les dogmatistes ne sont pas d'accord sur ce qui constitue l'eschatologie. Les uns n'y comprennent que trois notions : résurrection, jugement dernier, et transformation de la terre; les autres quatre : mort, résurrection, jugement dernier, fin du monde. Quelques-uns en comptent cinq, en y ajoutant la notion de la félicité ou de la damnation éternelle, et les rangent dans l'ordre suivant : la mort, le retour de Jésus-Christ, la résurrection, le jugement dernier, et la félicité ou la damnation éternelle; d'autres encore en établissent six, en faisant de cette dernière deux notions différentes.

ESCHENBACH (Wolfram d'), le plus fécond et aussi le plus remarquable des poëtes allemands du siècle des Hohenstaufen, autrement dit *période de Souabe*, naquit dans la seconde moitié du douzième siècle, d'une famille noble et ancienne qui tirait ce nom d'Eschenbach d'une petite ville existant encore aujourd'hui près d'Anspach. Armé chevalier à Henneberg, il passa la plus grande partie de sa vie en entreprises chevaleresques, vivant de son talent poétique et de la générosité des princes. En 1204 il vint à la cour du landgrave Hermann de Thuringe, et y brilla entre tous les poëtes contemporains, à l'occasion des joûtes littéraires désignées sous le nom de guerre de la *Wartbourg*. Louis le Saint, successeur du landgrave Hermann, ne paraît avoir été ni bienveillant ni généreux à son égard; aussi, vers la fin de sa carrière, Eschenbach quitta-t-il la cour de Thuringe. Il mourut entre 1219 et 1225.

Ses poésies sont tantôt originales, tantôt imitées de modes trouvères français et provençaux. Plein d'imagination et d'esprit, de richesse et de nouveauté d'exposition, maître passé dans l'art de manier la langue et de lui donner un tour poétique, Wolfram d'Eschenbach s'élève fréquemment à toute la hauteur de l'épopée. Ses principaux ouvrages sont : *Parzival*, terminé avant 1212 ; *Guillaume d'Orange*, et le *Titurel*, poëme contenant l'histoire antérieure de Parzival, mais dont on ne possède plus aujourd'hui que deux fragments en 170 strophes, et qu'il faut se garder de confondre avec un poëme plus récent ayant le même titre, *Titurel*, que pendant longtemps on lui attribua par erreur ; enfin, quelques *Minnelieder*. Wolfram d'Eschenbach exerça sur son siècle une influence puissante ; mais plus tard il tomba dans un injuste oubli, et c'est récemment seulement qu'on lui a rendu sur le Parnasse allemand la place honorable qui lui appartient. La première édition critique de ses œuvres est celle de Lachmann (Berlin, 1833) ; elles ont été traduites en langue moderne, d'abord par San-Marte (1836-41), puis par Simrock (1842).

ESCHENBURG (Jean-Joachim), né à Hambourg, le 1er décembre 1743, était un de ces écrivains patients, laborieux ; plus solides que brillants, qui, en raison même de l'utilité de leurs travaux, n'arrivent point à la fortune. Il n'était point de langue ancienne ou moderne que ne connût cet érudit ; tous les genres lui étaient familiers ; il a donné une traduction complète de Shakespeare. Cette version, extrêmement correcte, peut même pour l'élégance rivaliser avec celle de Wieland. Il a voulu aussi faire connaître à ceux de ses compatriotes qui sont peu familiarisés avec notre langue plusieurs de nos chefs-d'œuvre dramatiques. Sa traduction d'*Esther* et de *Zaïre* en vers allemands ne laisserait rien à désirer si à l'imitation fidèle de la poésie il avait pu joindre l'harmonie de la versification. Dès l'âge de vingt-trois ans J.-J. Eschenburg était professeur au collége de Charles, à Brunswick. Il perdit cette place lors de la création du royaume de Westphalie. Le roi Jérôme ayant remplacé le collége de Charles par une école militaire, Eschenburg fut mis à la retraite ; mais au retour des anciens ducs, il fut nommé *doyen* du chapitre de *Cyriak*, et élevé au rang de conseiller intime de justice. Il mourut le 29 février 1820.

Dans le cours de sa longue carrière, Eschenburg publia de nombreux ouvrages, dont il serait fastidieux d'indiquer les titres. Nous nous contenterons de citer son Recueil d'exemples pour servir à la théorie et à la pratique des belles-lettres (Berlin et Stettin, 1788 à 1795, huit volumes in-8°). Il faut cependant avouer que le travail propre à Eschenburg entre pour peu de chose dans cette vaste compilation. Il a classé par ordre les différentes sortes de compositions littéraires, et rédigé une courte notice sur chacun des principaux auteurs grecs, latins, allemands, français, anglais, italiens, espagnols et portugais, et ces notices sont suivies ou de pièces entières ou de longs fragments de leurs meilleurs écrits en tout genre. Tel qu'il est, son Recueil n'en est pas moins précieux à consulter lorsque l'on veut se faire par soi-même une idée de la manière de tel ou tel écrivain. Breton.

ESCHENMAYER (Christophe-Adolphe), né le 4 juin 1770, à Neuenburg, en Wurtemberg, fut nommé en 1811 professeur agrégé de philosophie et de médecine, puis, en 1818, professeur de philosophie pratique à l'université de Tubingue. En 1836 il renonça à toutes fonctions, et vit depuis lors dans la retraite à Turckheim sous Teck. Sa philosophie a beaucoup de rapports avec la métaphysique naturelle de Kant. Il s'est aussi inspiré, dans ses conceptions les plus élevées sur la science de la nature, de beaucoup d'idées spéculatives de Schelling ; mais il n'admit point son système de *l'identité absolue*. Parmi ses nombreux écrits, nous mentionnerons : *La philosophie dans sa transition à ce qui n'est pas philosophie* (1803) ; *Essai d'explication de la magie apparente du magnétisme animal par des lois physiologiques et psychiques* (1816) ; *Dogmatique simplifiée et basée sur la raison, sur l'histoire et sur la révélation* (1826).

La tendance à un mysticisme plus ou moins mêlé de religiosité et de philosophie naturelle, qu'on y découvre déjà, n'a fait que devenir plus prononcée dans ces derniers temps, et s'est manifestée tantôt dans la polémique violente qu'il a engagée contre l'école de Hegel, tantôt dans la chaleur avec laquelle il a maintes fois pris la défense des prétendues apparitions d'*esprits*. C'est cette tendance qui lui a inspiré les écrits intitulés : *La philosophie religieuse de Hegel comparée avec le principe chrétien* (1834) ; *l'Ischariotisme de nos jours* (1836), pamphlet contre *la Vie de Jésus* par Strauss, et auquel celui-ci a vertement répondu ; *Conflit entre le ciel et l'enfer, observé sur le démon d'une jeune fille possédée* (1837) ; *Caractéristique de l'incrédulité, de la demi-foi et de la foi complète* (1838) ; enfin, *Considérations sur la construction physique de l'univers* (1852), toutes publications dans lesquelles l'auteur se montre de plus en plus livré à ces hallucinations mystiques si en faveur aujourd'hui dans quelques parties de l'Allemagne protestante et ailleurs.

ESCHER (Jean-Henri-Alfred), l'un des hommes politiques les plus éminents qu'il y ait aujourd'hui en Suisse, né en 1819, à Zurich, fut reçu docteur en droit en 1842, et vint alors passer deux années à Paris, pour s'y livrer à l'étude approfondie du droit romain, tout en suivant assidûment les audiences du palais et les séances de la chambre des députés afin d'apprendre à bien connaître le côté pratique des affaires. Nommé à son retour dans sa patrie professeur à Zurich, il y fit un cours spécial sur le droit public de la Suisse, et sa nomination au grand conseil de ce canton lui ouvrit tout de suite la carrière politique. Depuis cette époque il n'a pas cessé de jouer un rôle important dans les affaires de son pays. Il est un de ceux qui ont le plus contribué à l'expulsion des jésuites, ainsi qu'à la déroute du parti rétrograde, dit *conservateur*.

ESCHER VON DER LINTH (Jean-Conrad), l'un des citoyens de la Suisse qui ont le mieux mérité de leur patrie, né à Zurich, le 24 août 1767, avait été destiné par ses parents au commerce, mais n'en avait pas moins été perfectionner son éducation à Gœttingue et en Italie. Depuis longtemps il secondait son père dans la direction de l'importante fabrique de crêpe que celui-ci possédait aux environs de Zurich, quand la révolution française l'appela à jouer un rôle dans la vie publique. En 1798 il fut élu membre de l'assemblée législative du canton de Zurich, et s'efforça alors de mettre la constitution de son pays en harmonie avec les besoins nouveaux des populations.

L'un des services les plus notables qu'il ait rendus à son pays est incontestablement l'amélioration du lit de la Linth. Après en avoir fait la proposition à la diète fédérale, il fut chargé par cette assemblée, en 1804, de diriger les travaux de cette grande entreprise, qu'il mena à bonne fin avec un zèle et un désintéressement rares. En 1812 on le chargea également de présider aux travaux d'amélioration du cours de la Glatz, rivière dont les fréquents débordements causaient de grands dommages.

En 1815 Escher fut nommé membre du grand conseil de Zurich ; il mourut le 9 mars 1823, regretté par l'universalité de ses concitoyens. Le grand conseil, en reconnaissance des services qu'il avait rendus à son pays natal, décida que ses descendants ajouteraient à leur nom les mots *von der Linth* (de la Linth) ; et la diète lui fit élever un monument sur le canal de la Linth.

Escher von der Linth, savant géologue, n'a publié qu'un très-petit nombre des curieuses observations géologiques qu'il avait eu lieu de faire ; elles se trouvent disséminées dans divers recueils.

ESCHERNY (François-Louis, comte d'), l'ami de J.-J. Rousseau, était né le 24 novembre 1733, à Neufchâtel.

Il se retira dans les montagnes du Jura, étudia le latin, lut les auteurs classiques, et travailla pendant quatre années consécutives avec une ardeur sans égale, pour bientôt se rejeter dans tous les plaisirs du monde. Ces contrastes, si piquants, se renouvelèrent souvent dans le cours de sa longue vie. Il se retirait dans la solitude, commençait l'étude de telle ou telle science qui lui était encore inconnue, les mathématiques, par exemple, ou bien la philosophie, s'y consacrait exclusivement pendant quatre ou cinq ans, puis rentrait dans le monde, reparaissait à la cour, et entreprenait des voyages à l'étranger. A Vienne, où habitait une partie de sa famille, il était parfaitement en cour et l'ami particulier du ministre de Kaunitz. A Potsdam, où il arriva précédé des plus instantes recommandations de D'Alembert, il se fit bien venir de Frédéric, et se fit aussi un ami de son premier ministre Hertzberg. A Varsovie, les cercles les plus brillants se le disputèrent; à Pétersbourg, il fut particulièrement distingué par Catherine II.

C'est vers 1764, lors de sa retraite dans le Jura, qu'il avait fait la connaissance de Rousseau, à Motiers-Travers, et il l'accompagna dans de nombreuses excursions qu'il décrit de la manière la plus gracieuse dans ses *Mélanges*. Le comte d'Escherny s'enorgueillit fort d'être resté l'ami de Rousseau jusqu'à sa mort, et de n'avoir jamais eu la moindre contrariété avec lui, qui se brouillait avec tout le monde. Le premier ouvrage qu'il fit paraître avait pour titre *Les Lacunes de la Philosophie* (Paris, 1783); mais ce n'était qu'un fragment d'un livre beaucoup plus considérable auquel il travailla pendant trente ans de sa vie : *Le Moi humain, ou de l'égoïsme et de la vertu*. Il publia ensuite sa *Correspondance d'un habitant de Paris avec ses amis de Suisse et d'Angleterre sur les événements de* 1789, 1790, *et jusqu'au mois d'avril* 1791 (Paris, 1791). Dans sa brochure intitulée : *De l'Égalité, ou principes généraux sur les institutions civiles, politiques et religieuses* (Paris, 1796), il s'efforce de démontrer que l'égalité est le principe le plus anti-social et le plus subversif de toute société humaine. Ses *Mélanges de littérature, d'histoire, de morale, et de philosophie* (3 vol., Paris, 1811), sont le dernier ouvrage qu'il ait publié. On a aussi de lui un *Éloge de Rousseau*, dans lequel il tâche de justifier Rousseau des nombreuses contradictions qu'on lui reproche.

Le comte d'Escherny mourut à Paris, le 15 juillet 1815.

ESCHINE, le plus célèbre des orateurs grecs après Démosthène et le plus constant de ses antagonistes, était né à Cothocide, bourg de l'Attique, vers l'an 389 avant J.-C. Son père, s'il faut en croire Démosthène, se nommait Tromès, et avait servi comme esclave chez un maître d'école; sa mère, appelée Glaucothée, exerçait les fonctions de prêtresse inférieure de Bacchus, et, comme telle, jouissait d'une assez triste réputation. Eschine ne contestait point ce dernier fait; mais il soutenait que l'auteur de ses jours portait le nom d'Atromète, et n'avait jamais été esclave. Un fait certain, c'est qu'Eschine naquit pauvre et passa dans des conditions subalternes les premières années de sa vie. Il fut d'abord écrivain-copiste chez Aristophon et chez Eubulos, orateurs populaires influents, puis comédien. Mais les désagréments qu'il éprouva l'obligèrent bientôt à renoncer au théâtre. Après avoir servi dans les armées de la république, et fréquenté quelque temps l'école de Platon, il embrassa enfin la carrière oratoire. Un beau physique, un organe flatteur, une grande facilité d'élocution, joints aux connaissances pratiques qu'il avait acquises dans le droit civil de son pays, assurèrent ses premiers succès dans cette brillante, mais orageuse carrière. Personne n'ignore combien était étroite à Athènes la liaison entre l'éloquence et la politique. Orateur distingué, Eschine ne tarda pas à compter parmi les hommes d'État de la république, et manifesta d'abord une haine très-vive contre Philippe de Macédoine. Il fit partie avec Démosthène de l'ambassade que les Athéniens envoyèrent à ce prince, après la prise d'Olynthe, pour le faire expliquer sur ses intentions. Arrivé à la cour de Macédoine, il paraît que les dispositions antipathiques qu'il avait témoignées tombèrent tout à coup devant les prévenances de Philippe, et qu'il revint à Athènes entièrement gagné à ses intérêts. L'adroit monarque n'eut pas de peine à consommer sa séduction par des largesses, dont l'acceptation fournit plus tard à Démosthène le texte d'une de ses invectives les plus éloquentes. Eschine ne cessa dès lors de se prononcer pour le parti de la paix. Envoyé une seconde fois en ambassade auprès du roi, afin de lui faire jurer l'observation de la paix conclue, il voyagea si lentement que Philippe eut encore tout le temps d'enlever aux Athéniens plusieurs villes en Thrace et dans la Propontide. Enfin, les hostilités cessèrent, et le traité fut conclu; traité auquel Eschine n'avait que trop contribué, et où il n'entrait pas moins de légèreté de la part des Athéniens que de mauvaise foi de la part de Philippe. Aussi ce roi saisit-il le premier prétexte qui lui fut offert pour en violer les conditions. L'invasion et la destruction de la Phocide, l'occupation de la Thessalie, révélèrent aux Athéniens la gravité des périls auxquels ils étaient exposés; mais la sécurité succéda bientôt aux alarmes, et les pressantes exhortations de Démosthène ne parvinrent point à arracher ce peuple frivole à son insouciance habituelle. Ce fut alors que, revenant sur les faits de la première ambassade, celui-ci dirigea contre Eschine l'accusation de haute trahison consignée dans sa fameuse *Harangue sur les prévarications de l'ambassade*, monument de passion et d'éloquence.

Eschine soutint dignement cette attaque formidable. A l'énergie, à la véhémence des déclamations de son antagoniste, il opposa une discussion pleine d'ordre, d'adresse et de précision. Après avoir exprimé et exagéré sans doute le sentiment de confiance que lui inspiraient la bienveillance de ses juges et la justice de sa cause, il réfuta successivement les diverses inculpations qui lui étaient faites, et renvoya plus d'une fois à Démosthène ses reproches de perfidie, de bassesse et de vénalité. Eschine ne nia pas d'ailleurs avoir conseillé aux Athéniens un rapprochement avec le roi de Macédoine; mais il motiva cette disposition sur le besoin de la paix, et déclara qu'il regardait comme honorable celle qui avait été conclue. Sans excuser les dernières hostilités de Philippe, il affirma avoir, ainsi que ses collègues, ajouté la foi la plus pure aux promesses de ce prince, et s'étonna d'être seul à rendre compte d'une ambassade dont il avait partagé la responsabilité avec neuf de ses concitoyens. La défense d'Eschine, que quelques critiques ont jugée supérieure à l'accusation même de Démosthène, fut couronnée d'un plein succès. Son antagoniste ne réunit que trente suffrages. Ce succès, loin de réveiller son patriotisme, n'eut d'autre effet que d'enhardir Eschine à se prononcer de plus en plus en faveur du monarque macédonien. Ses intrigues, traversant les efforts de Démosthène, réussirent à faire absoudre par le peuple le traître Antiphon, qui avait promis à ce prince d'incendier la flotte athénienne; mais l'aréopage ayant pris, à l'instigation de Démosthène, connaissance de cette affaire, fit arrêter de nouveau Antiphon, qui périt dans les tourments de la question. Élu peu de temps après (340 av. J.-C.) député à l'amphictyonie de Delphes, Eschine usa de ce titre pour faciliter à Philippe l'occupation d'Élatée, ville importante par sa position, et qu'on pouvait considérer comme la clé de l'Attique. La victoire de Chéronée couronna enfin les entreprises ambitieuses de ce monarque.

On sait quels témoignages éclatants d'intérêt et de considération les Athéniens prodiguèrent à Démosthène à cette occasion. On sait aussi combien ils excitèrent la jalousie de son rival. Le sénat ayant accueilli la proposition que lui avait faite Ctésiphon de décerner une couronne d'or à Démosthène, pour prix de ses services et de son zèle, Eschine forma opposition devant le peuple au décret du sénat. Ce débat si mémorable de patriotisme et d'éloquence s'ouvrit à Athènes, l'an 330 avant l'ère chrétienne, en présence, pour ainsi dire, de la Grèce entière. Dans une harangue où la méthode de l'argumentation le dispute à la véhémence du langage, mais à laquelle on a reproché trop de subtilités, de la diffusion et quelques détails insignifiants, Eschine embrassa l'ensemble de la vie de Démosthène, il accumula contre lui les imputations les plus graves et les plus odieuses, et combattit avec énergie l'idée de couronner sur le théâtre, en présence des Athéniens et de tous les Grecs, celui qu'il appelait l'assassin des guerriers morts à Chéronée, l'auteur funeste des désastres des infortunés Thébains et des calamités de toute la Grèce. Sa péroraison eut particulièrement pour objet de fermer les cœurs à la compassion que Démosthène chercherait à inspirer, et surtout de mettre les esprits en garde contre les ressources de son éloquence. Ces précautions, qui se reproduisent plusieurs fois dans le cours de sa harangue, décèlent assez combien Eschine redoutait la supériorité de son adversaire, et de tous les hommages rendus à la puissance oratoire de Démosthène, il n'en est point d'aussi remarquable peut-être.

La magnifique apologie de Démosthène est trop connue pour trouver ici une mention plus détaillée. Tout le monde sait quel succès elle obtint. Eschine ne recueillit pas même la cinquième partie des suffrages, et condamné à une amende de mille drachmes, qu'il ne put acquitter, il se vit obligé de s'expatrier, et alla rejoindre Alexandre en Asie. A la mort de ce prince, Eschine se retira à Éphèse, puis à Rhodes, où il ouvrit une école publique d'éloquence, qui pendant plusieurs années jouit d'une grande célébrité. Il commença ses leçons par la lecture des deux harangues qui avaient causé son bannissement. Celle d'Eschine obtint de grands éloges; mais quand il lut le discours de Démosthène, les applaudissements redoublèrent. *Eh! que serait-ce donc*, s'écria-t-il, *si vous eussiez entendu le monstre lui-même!*

Cet orateur mourut l'an 314, à Samos, où il était allé passer quelque temps.

Eschine avait cultivé la poésie avec succès. Ses mœurs étaient douces, et leur urbanité contrastait avec l'âpreté vraiment stoïque du caractère de son rival. Les Grecs, charmés de l'atticisme de son langage, avaient donné le nom des trois Grâces à ses trois principales harangues. Il nous reste de lui, indépendamment des deux discours que nous avons rappelés plus haut, une invective éloquente contre l'orateur Timarque, et douze lettres que quelques critiques ont attribuées à des sophistes grecs. La meilleure édition des œuvres d'Eschine est celle qui figure dans les *Orateurs grecs* de Reiske. Ses principaux traducteurs français sont Ricard, Auger, et M. l'abbé Jager, qui n'a encore publié que la harangue sur la couronne. M. Plougoulm a également donné, en 1834, une version française de la même harangue.

A. BOULLÉE.

ESCHINE *le Philosophe*, dit aussi le *Socratique*, pour le distinguer d'un autre philosophe du même nom, était né à Athènes, et avait été l'un des disciples de Socrate, à la mort duquel il alla vivre pendant quelque temps à Syracuse, à la cour de Denis. Revenu plus tard à Athènes, la pauvreté l'y contraignit à donner des leçons et à écrire des plaidoyers pour des avocats. On a perdu les sept dialogues qu'il avait composés sur autant de questions philosophiques, et dont les auteurs anciens parlent avec beaucoup d'éloges. On lui en a longtemps attribué trois autres sur *la vertu*, *la richesse et la mort*, qui existent encore, et dont la dernière édition est celle que Bœckh en a donnée (Heidelberg, 1810); mais la critique a démontré qu'elles étaient apocryphes.

Un autre Eschine, dit *l'Académicien*, natif de Néapolis, élève de Carnéade, vivait vers la fin du second siècle av. J.-C.

ESCHRAKIS, illuminés mahométans, qui se plaisent dans la contemplation de l'idée de Dieu, dont ils admettent l'unité, sans nier le dogme de la trinité même. Mais ils l'expliquent en faisant trois plis dans un mouchoir, qui n'en reste pas moins un morceau de toile unique. J'ai entendu une variante de ce raisonnement en écoutant, dans ma jeunesse, un prédicateur languedocien qui expliquait la trinité par un tricorne, qui n'était au fond qu'un seul et même chapeau. Nous n'avons pas réellement le droit de nous moquer des peuples que nous appelons *barbares*. Les Eschrakis ne reconnaissent que les chapitres du Coran qui sont favorables à leurs principes. Mais ils se distinguent par une rigoureuse assiduité dans leurs dévotions, par une sobriété exemplaire, et par un vrai talent pour la poésie et pour la musique. Ils joignent à ces qualités une vertu qui est rare partout; c'est une indulgence extrême pour les faiblesses humaines. L'estime et la vénération des Turcs de Constantinople les récompensent de ce mélange d'austérité et de mansuétude. Nos dévots devraient aller à leur école.

VIENNET, de l'Académie Française.

ESCHSCHOLTZ (JEAN-FRÉDÉRIC), voyageur et naturaliste distingué, né le 1er novembre 1793, à Dorpat, où il fit ses études, accompagna, comme médecin de la marine, Otto de Kotzebue dans son voyage autour du monde (1815-1818). Avec Chamisso, qui faisait aussi partie de cette expédition scientifique, il recueillit une grande quantité d'objets d'histoire naturelle et d'observations scientifiques du plus haut intérêt, notamment sur l'organisation des habitants infimes des mers. Ses observations sur la formation des îles de corail dans la mer du Sud ont été publiées par Kotzebue dans le troisième et le quatrième volume de son *Voyage de découvertes dans l'océan Pacifique et au détroit de Behring, à la recherche d'un passage par le nord-ouest* (Weimar, 1821, in-4°). Il fit don de ses collections minéralogiques à l'université de Dorpat, où à son retour il avait été nommé professeur de médecine et directeur du cabinet zoologique. En 1823 il accompagna encore Kotzebue dans sa nouvelle expédition, et au retour, en 1826, il en publia la relation à Londres. Il fournit aussi, pour le récit que Kotzebue publia lui-même de son voyage (Weimar et Pétersbourg, 1830), un aperçu des recherches zoologiques faites dans le cours de l'expédition, et contenant la description de plus de 2,400 animaux jusqu'alors entièrement inconnus. Nous citerons encore de lui ses *Entomographies*, et surtout son *Système des Acalèphes ou animaux rayonnants, semblables aux méduses*. Il n'a paru que cinq livraisons de l'*Atlas Zoologique*, qui devait contenir la description des nouvelles espèces animales observées par lui pendant son voyage de circumnavigation. Il est mort le 19 mai 1831.

ESCHSCHOLTZIA, nom donné en l'honneur d'Eschscholtz, par Chamisso, son compagnon de voyage, à un genre de plantes de la famille des papavéracées, dont il découvrit l'unique espèce, l'*eschscholtzia californica*, sur la rive sablonneuse de la baie de San-Francisco, en Californie. Cette plante, remarquable par ses belles fleurs terminales, d'un jaune pur, vif et brillant, safrané au centre, fait aujourd'hui l'ornement de nos jardins, où on cultive avec succès ses nombreuses variétés.

ESCHYLE, fils d'Euphorion, était né à Éleusis, bourg de l'Attique, vers le commencement de la 63e olympiade suivant les uns, dans la dernière année de la 63e olympiade suivant les marbres d'Arundel. Il embrassa les dogmes de Pythagore. On raconte que s'étant endormi auprès d'une vigne, dans son adolescence, il crut voir en songe Bacchus, qui lui ordonnait de faire des tragédies. Quoi qu'il en soit, il ne négligea point le culte du dieu; Lucien l'accuse même, avec sa malice ordinaire, d'avoir été trop dévot à Liber; mais, d'après le candide Plutarque, il paraîtrait seulement que le vin échauffait la verve du poète, et qu'il puisait de beaux vers dans sa coupe, comme Anacréon et Horace. Avant de devenir du créateur du théâtre, Eschyle était un grand citoyen et un guerrier renommé; il avait combattu avec gloire à Marathon, à Salamine et à Platée; son frère Cynégire, distingué comme lui par le plus brillant courage, mourut à Marathon. Eschyle avait un génie libre et indépendant, qui faillit lui coûter cher, car les légers Athéniens se montraient très-sévères sur tout ce qui touchait à la religion. Cité devant l'aréopage pour avoir indiscrètement révélé les mystères de Cérès, il allait être condamné, lorsque Aminias, son autre frère, qui avait combattu avec lui à Marathon, se levant tout à coup, et découvrant un bras mutilé au service de la république, peignit avec tant de chaleur le courage et les exploits de son frère, que celui-ci fut acquitté par les fanatiques adorateurs des dieux de l'Olympe.

L'esprit belliqueux domine dans plusieurs pièces d'Eschyle : sa tragédie des *Sept Chefs contre Thèbes* fut appelée par excellence *l'Enfantement de Mars* : effectivement, on sent à la lecture de cette mâle tragédie que l'auteur avait vu des combats et des champs de bataille. Comme les héros de l'*Iliade*, les personnages de la tragédie des *Sept* ont chacun leur caractère et leur courage particulier : son Tydée, son Capanée, sont tracés avec une fierté de pinceau extraordinaire. Le même caractère éclate dans *Les Perses*, où la bataille de Salamine se trouve racontée si vivement que l'on croit y assister et entendre le fracas des armes, le bruit de la guerre, les cris des mourants. Dans *l'Agamemnon*, Eschyle, inspiré par *l'Iliade*, nous montre le roi des rois rentrant dans son royaume et dans son palais; il y surprend, dans la pleine jouissance, et tout à coup dans les terreurs de son crime, Clytemnestre, digne sœur d'Hélène, et plus coupable encore, qui a déshonoré la couche nuptiale, souillé la demeure des rois et mis son complice presque sur le trône. Il faut qu'Agamemnon ou qu'Égisthe meure; le choix de la reine n'est pas douteux : l'époux périt égorgé, comme le vieux Priam et d'une manière plus misérable encore, parce qu'il a vu le poignard levé sur sa tête par la mère de ses enfants. Eschyle avait fait une étude constante du père de l'épopée : on reconnaît partout les traces de cette étude dans ses ouvrages; qu'il appelait *les reliefs des festins d'Homère*. C'est encore dans Homère et dans l'*Odyssée* qu'il a pris le sujet de ses *Coëphores* et de ses *Euménides*, qui forment avec l'*Agamemnon*, une trilogie complète. Le principe de la terreur tragique, toujours croissante dans cette trilogie, se trouve dans le récit de la mort d'Agamemnon par Ménélas; mais le poëte dramatique a développé ce principe avec une vigueur extraordinaire. On sait que le chœur des Euménides, acharnées à la punition d'Oreste, qu'elles poursuivent partout, faisait avorter les mères dans l'enceinte même du théâtre d'Athènes. *Les Suppliantes* et le *Prométhée* complètent ce qui nous reste des nombreuses tragédies d'Eschyle. Le *Prométhée* me paraît le commentaire du début si connu de l'ode d'Horace :

Justum et tenacem propositi virum,

et de l'admirable esquisse du Satan de Milton, que la foudre sillonne sans pouvoir l'abattre.

Eschyle n'a pas seulement créé la tragédie : outre l'élévation du génie, outre l'enthousiasme d'une pythonisse sur le trépied, outre le mérite de la composition, et une grandeur qui ajouta quelquefois à celle d'Homère, il possédait encore un esprit fertile en inventions dramatiques : décorations, machines, architecture scénique, costumes, invention des chœurs, réunion des divers moyens qui peuvent produire l'illusion, il embrassait tout, et encore aujourd'hui nous vivons du bienfait de ses créations. Il y a quelque chose d'inspiré, de solennel et de religieux dans Eschyle. Ce poëte avait un grand talent, qui provenait d'une grande âme. Enfant d'Homère, il s'élève parfois au-dessus de lui; à la vérité, il a les défauts de ses qualités : l'hyperbole et l'enflure ne lui sont que trop naturelles; il emploie des figures forcées, il hérisse son style de mots composés qui lui ôtent le mérite de la clarté comme celui de l'harmonie. A force de prodiguer ce qu'on appelle le *trait*, il manque de naturel dans son dialogue, comme il manque de régularité dans ses plans, et de vraisemblance dans ses intrigues. Mais après trois mille ans il n'a pas encore été surpassé dans certaines parties de l'art : cette vérité, unanimement reconnue par les maîtres, suffit à sa gloire.

Eschyle aurait dû applaudir le premier aux triomphes d'un rival tel que Sophocle, et les mettre même au nombre de ses propres victoires; mais cette soif de gloire, *laudum immensa cupido*, qui tourmente sans cesse les grands écrivains, est une passion ombrageuse et jalouse : pour elle, une défaite devient presque un coup mortel. Eschyle, vaincu par Sophocle, dans un concours où les juges étaient les dix généraux d'armée venus pour assister à une cérémonie religieuse en l'honneur des ossements de Thésée, rapportés à Athènes par Cimon, ne put supporter sa disgrâce, et dit un éternel adieu aux Athéniens : il se retira en Sicile, à la cour d'Hiéron, qui le traita avec la même distinction que Simonide, Épicharme et Pindare. Ce fut dans cette terre classique des arts et des lettres que le vieux poëte mourut, écrasé, dit-on, par une tortue qu'un aigle laissa tomber sur sa tête. Il laissait après lui deux fils, Euphorion et Dion, qui se distinguèrent, à son exemple, dans la carrière des lettres. Les Siciliens élevèrent un tombeau à leur poëte adoptif; les Athéniens, qui l'avaient laissé partir avec indifférence, rendirent de grands honneurs à sa mémoire; ils la célébraient pendant les fêtes de Bacchus. Un décret public ordonna que ses poëmes seraient remis sur la scène; on l'appela *le Père de la tragédie*. Les auteurs dramatiques allaient l'invoquer et déclamer leurs pièces sur son tombeau. Il avait composé un grand nombre de tragédies, soixante suivant l'auteur anonyme de sa vie, quatre-vingt-dix suivant Suidas; sept seulement ont échappé aux ravages du temps.

P.-F. Tissot, de l'Académie Française.

ESCLAVAGE. C'est l'état dans lequel un homme est considéré et traité comme la propriété particulière d'un autre homme. Dans un tel état, l'homme cesse d'être une personne, un être, ayant le droit de se manifester extérieurement par des actes rapportés à lui-même comme but final. Il n'est plus qu'une chose. Il est sans doute inutile de démontrer qu'un tel état est tout aussi contraire à la nature d'un individu doué de raison, qu'immoral et calamiteux. Cependant cette exploitation de l'homme par l'homme n'a pas seulement eu lieu alors que la civilisation était encore dans son état de développement le plus infime, mais à toutes les époques, chez tous les peuples et sous toutes les formes de gouvernement. Il existe même des pays, des États, où ce n'est pas une partie de la population qui se trouve seule en esclavage, mais où tous, sans distinction, sont esclaves par rapport à un seul, au souverain. C'est là ce qu'on appelle l'*esclavage politique*, tel qu'on le rencontre en Asie, en Afrique, en Turquie; et il accompagne toujours l'esclavage proprement dit, l'esclavage privé. Il est facile de s'expliquer comment l'esclavage a pu naître dans l'enfance des sociétés humaines. La puissance dont étaient investis autrefois le père de famille, le patriarche, faisait déjà des enfants et des serviteurs autant d'esclaves. Les peuples guerriers, en devenant nations agricoles et sédentaires, ne purent que développer plus complétement l'esclavage. L'orgueilleux guerrier, qui considérait le travail comme déshonorant, y employa dès lors les prisonniers de guerre qu'auparavant il était dans l'habitude d'immoler. C'était donc, comme on dirait aujourd'hui, un *progrès*; progrès que nous ne voulons pas nier, mais qu'il faut prendre pour ce qu'il est, sans essayer d'y voir l'origine d'un droit. Dans toute l'antiquité ce fut un des principes du droit des gens de considérer comme esclaves ceux qui tombaient entre les mains du vainqueur. Par la suite, le besoin d'esclaves occasionna des guerres, des enlèvements, des vols d'hommes, et donna au commerce d'esclaves une large et régulière organisation. Indépendamment des autres peuples de l'antiquité, ceux-là mêmes qui ont exercé la plus décisive influence sur notre civilisation, les Juifs, les Grecs et les Romains, basèrent leur organisation sociale sur l'esclavage.

Le mot hébreu qu'on traduit par celui de *serviteur* répond proprement à notre mot *esclave*; et un passage de la Genèse semble montrer que même avant le déluge un certain nombre d'hommes étaient déjà devenus la propriété des autres. Il est incontestable qu'au temps d'Abraham, les serviteurs, soit qu'ils eussent été achetés, soit qu'ils fussent nés dans la famille, faisaient partie des possessions de son chef patriarcal. Dans une foule de passages, l'historien sacré, énumérant les richesses de ces chefs, compte avec les chameaux et les tentes les serviteurs de l'un et de l'autre sexe. La législation posa divers principes pour régulariser cette condition : elle condamna à mort un homme qui avait vendu un autre homme dont la possession ne lui était pas légitimement acquise.

Il y eut donc chez les *Juifs*, comme chez leurs voisins de Syrie et d'Arabie, tous les genres d'esclavage et de commerce d'esclaves. Ainsi ils avaient des esclaves qui s'étaient vendus eux-mêmes par misère, ou qui avaient été vendus soit par d'autres, soit par leurs propres parents, ou bien encore qui portaient le joug comme conséquence de la guerre et du rapt ; enfin, il y en avait aussi qui étaient nés esclaves. La loi mosaïque établissait d'ailleurs une distinction essentielle entre les esclaves indigènes et les esclaves achetés de l'étranger. Les premiers, après dix années de servitude, devaient être rendus à la liberté, à moins qu'ils n'eussent solennellement renoncé pour toujours à leur affranchissement. Les étrangers, au contraire, restaient en servage perpétuel. Les enfants des esclaves, tant indigènes qu'étrangers, demeuraient la propriété perpétuelle des maîtres. Les restrictions successivement apportées par la loi mosaïque à la puissance des maîtres sur leurs esclaves prouvent tout ce qu'elle avait autrefois d'excessif.

Il est possible qu'aux temps primitifs de la *Grèce* l'esclavage y ait été peu usité; mais on voit dès l'époque d'Homère les prisonniers de guerre réduits en esclavage. Au rapport d'Athénée, ce furent les habitants de Chios, habitués à faire exploiter leurs mines par des esclaves, qui propagèrent l'esclavage dans le reste de la Grèce. A l'époque la plus florissante des républiques de cette contrée, la population esclave était presque partout beaucoup plus considérable que la population libre. Dès lors les bons esprits pressentaient les graves périls résultant de cette exubérance de la population esclave; mais ils n'y voyaient pas de remède. L'esclavage en était arrivé à être tellement la base de toutes les relations sociales, que la barbarie elle-même était jugée chose nécessaire. Les philosophes grecs Platon, Aristote, par exemple, convenaient bien que l'esclavage est contraire à la nature humaine; mais ils en justifiaient l'existence en alléguant que sans esclavage il n'y avait pas d'état politique possible. Dans quelques États de la Grèce, les esclaves étaient des barbares achetés comme tels soit dans l'île de Chypre, soit sur tel autre grand marché du bassin de la Méditerranée, et originaires notamment de la Thrace et de la Carie; dans d'autres, c'étaient les descendants de Grecs réduits à l'esclavage. Le sort des esclaves variait aussi beaucoup dans les divers États. A Sparte les esclaves n'étaient pas la propriété des particuliers, mais celle de l'État. Ils y étaient désignés sous le nom d'ilotes (*Hélotes*), parce qu'ils descendaient des habitants d'*Hélos*, primitivement réduits en esclavage. Plus tard, la conquête de la Messénie eut aussi pour résultat de réduire en esclavage toute la population de cette contrée. Comme la législation de Lycurgue interdisait toute occupation industrielle aux hommes libres, la pratique des différents métiers, et surtout de l'agriculture, fut abandonnée aux esclaves. Jamais la nature humaine ne fut plus indignement outragée que dans la personne des esclaves à Sparte. Leurs maîtres les contraignaient à se livrer à tous les vices et à tous les excès pour détruire en eux toute énergie morale et pour offrir à la jeunesse spartiate des exemples propres à lui faire prendre le vice en dégoût et en horreur. Et puis, comme il arrivait quelquefois que la population esclave s'accrût d'une manière effrayante, on y remédiait en allant à la chasse aux esclaves. Malgré cette barbarie, et en dépit de la surveillance la plus oppressive, la république de Sparte faillit pourtant plusieurs fois être subjuguée et anéantie par ses propres esclaves. A Athènes, quoique les lois qui les régissaient fussent encore très-sévères, la situation des esclaves ne laissait pas que d'être beaucoup plus douce. Les Athéniens achetaient leurs esclaves de tous les peuples avec lesquels ils avaient des rapports, et les employaient soit à la culture des terres, soit à la pratique des métiers, ou encore dans les travaux domestiques. Leur nombre s'accrut considérablement avec le luxe. Vers l'an 300 avant J.-C., on comptait à Athènes 21,000 citoyens, 10,000 alliés admis comme défenseurs de la cité et 400,000 esclaves. L'État avait aussi un grand nombre d'esclaves en propre, qu'il employait principalement comme rameurs. Quand un maître maltraitait trop son esclave, le temple de Thésée offrait à celui-ci un asile sûr et inviolable. Les esclaves athéniens recouvraient la liberté en se rachetant eux-mêmes, ou bien par l'affranchissement que leur accordaient des maîtres humains. L'État, lui aussi, rendait la liberté à ses esclaves quand ils s'étaient signalés à la guerre par quelque action d'éclat et qu'ils avaient fait preuve de dévouement à la patrie. Les esclaves étaient extrêmement nombreux à Égine et à Corinthe, où on les employait pour le commerce et pour la navigation. En Phocide, les populations s'opposèrent pendant longtemps à l'introduction de l'esclavage, parce qu'on y redoutait avec raison qu'une telle institution n'eût pour conséquence de diminuer encore les ressources de travail, déjà fort restreintes, de la partie la plus pauvre de la population.

Ce fut surtout chez les *Romains* que l'esclavage prit les plus larges développements, rattaché qu'il se trouva de la manière la plus entière aux mœurs, à la politique et à tous les détails de l'économie domestique. Plus qu'en aucun lieu du monde, la vie de famille y porta l'empreinte de l'esclavage. Dans les premiers temps de la république, le père de famille possédait la puissance la plus étendue sur la vie et la liberté de ses enfants. Aux termes de la plus ancienne législation, le débiteur devenu insolvable perdait sa liberté, s'il ne lui restait pas d'autre ressource pour satisfaire ses créanciers. Quand ils avaient commis quelque crime capital, les citoyens romains étaient d'abord dégradés, afin que la peine à laquelle ils étaient condamnés pût recevoir son exécution, et ensuite réduits à l'état d'esclaves. L'étroitesse de vues qui était propre aux Romains, l'orgueilleux préjugé qui les portait à mépriser souverainement toutes les autres nations, enfin leur politique, essentiellement conquérante, transformèrent bientôt la république romaine en pays à esclaves, en aristocratie faisant reposer son existence sur le travail d'hommes opprimés et dégradés. On amena à Rome et on y vendit comme esclaves non pas seulement les prisonniers de guerre, mais en outre toute la fleur de la jeunesse des différents peuples que subjugnaient les armées romaines. Aux yeux des Romains, comme à ceux de tous les peuples de l'antiquité, la servitude passait en effet pour le prix parfaitement légitime de la vie laissée au vaincu par le vainqueur. De là ce nom de *servus*, donné par eux à l'esclave, et qui indiquait qu'il avait été *sauvé, conservé*. Ce fut surtout à partir des guerres puniques que Rome se trouva encombrée d'une masse d'esclaves qui commencèrent la démoralisation et la décadence intérieure de la puissance romaine. Quand il ne resta plus de peuples à subjuguer, on chercha à suppléer à la déperdition qui en résulta dans la population esclave, par une organisation et une législation formelles de l'esclavage; car avec leurs immenses propriété territoriales, les grands à Rome avaient besoin d'esclaves pour les mettre en culture. L'État lui-même entretenait un grand nombre d'esclaves, qu'il employait aux travaux publics, aux mines, et au service des magistrats. Tout citoyen romain un peu aisé possédait de nombreux esclaves, qui remplissaient toutes les fonctions et exerçaient tous les métiers. Les riches et les grands entretenaient des hordes de 5, de 10 et même de 20,000 esclaves, employés les uns comme objets de luxe aux différents travaux de l'intérieur de la maison, les autres à la culture des terres, ou pour des entreprises industrielles et des métiers. Florus disait d'eux, comme on dit aujourd'hui des malheureux nègres dans les États à esclaves de l'Union-Américaine, qu'ils constituaient *une seconde espèce humaine*. Plus philosophe, Sénèque consentait à ne voir en eux que des *mercenaires à perpétuité*. O philosophie!

Lorsqu'on voulait vendre un esclave à Rome, on l'exposait au marché, nu et les mains liées, un écriteau sur le front: chacun examinait librement les diverses parties de son corps; le prix était réglé d'après un tarif variant suivant la valeur matérielle ou intellectuelle de l'individu offert en vente. Ce prix s'élevait quelquefois à des sommes considérables. Il existait en général deux grandes catégories d'esclaves: les esclaves domestiques et les esclaves agriculteurs. Les premiers, de même que ceux qui exerçaient des métiers ou des professions artistiques étaient beaucoup plus prisés que les esclaves employés aux travaux de la terre. Tous les esclaves étaient partagés en décuries; et afin de pouvoir les surveiller plus exactement, on avait poussé à l'extrême parmi eux le principe de la division du travail. Dans une maison romaine où se trouvaient des esclaves par centaines, à chacun était minutieusement départie une fonction spéciale: les écrivains ont conservé de curieuses énumérations de ces distinctions diverses, qui font bien connaître la vie intérieure des Romains: il y avait des *cellarii* pour soigner la cave, des *dispensatores* et des *procuratores* pour s'occuper des dépenses de la maison, des *nutritii* pour élever les petits enfants, des *silentiarii* pour faire faire silence, des *analectæ* ou balayeurs, des *pocillatores* ou échansons, des *janitores* ou portiers, des *vestispici* et des *cubilarii* ou valets de chambre, etc.; au dehors, les *ambulones* précédaient le maître pour lui faire faire place, les *nomenclatores* se chargeaient de lui dire les noms des passants, les *calculatores* faisaient pour lui les calculs dont il avait besoin, et les *librarii* prenaient ses notes. Quelques-uns, barbarement rendus contrefaits dès l'enfance, et qu'on appelait *distorti*, *moriones*, avaient pour destination d'amuser par leurs jeux les convives pendant les repas.

A l'origine l'esclave romain n'avait aucune espèce de droits. Ce qu'il gagnait appartenait à son propriétaire. Ce ne fut que plus tard que les esclaves obtinrent, comme rémunération accessoire, une espèce de propriété particulière (*peculium*), qu'il leur fut permis d'employer à racheter leur liberté. Jamais l'esclave ne pouvait contracter de mariage véritable; il n'avait pas de famille et était incapable de tester. Les esclaves étaient en outre exclus du service militaire; il n'y eut d'exceptions à cette règle qu'à l'époque des guerres puniques et sous les empereurs. L'esclave pouvait bien être admis en témoignage, mais c'est seulement en affrontant les tourments de la torture qu'il donnait de la force à son témoignage. Les esclaves étaient en fait, malgré quelques dispositions protectrices de leur vie, à la merci entière de leurs maîtres; les châtiments qu'on leur infligeait souvent pour la faute la plus légère font horreur. On les battait de verges jusqu'à la mort, on les livrait aux bêtes féroces, on les faisait périr de faim. Juvénal (sat. v) parle d'une femme qui veut, par caprice, qu'on crucifie un de ses esclaves; et comme son mari lui demande quel est le crime qu'a commis cet homme, elle se récrie en disant: *Ita servus homo est?* (Un esclave est-il un homme?) Tout le monde connaît ce trait de Vedius Pollion, courtisan d'Auguste, qui, coutumier du fait, voulait un jour faire dévorer par les poissons de son vivier un esclave qui avait brisé un vase. Auguste sauva ce malheureux, et fit combler le vivier. Mais sous son règne fut porté un sénatus consulte qui ordonnait en cas de meurtre d'un citoyen dans sa maison, de mettre à mort indistinctement tous les esclaves qui habitaient sous le même toit que lui. C'est ainsi que sous Néron, Pedianus Secundus ayant été assassiné dans sa demeure, ses 400 esclaves furent tous impitoyablement égorgés. Les peines qu'on appliquait ordinairement aux esclaves étaient le fouet, la mise aux fers, l'imposition au cou d'une fourche de bois, le travail de la meule, celui de la boulangerie, et l'emprisonnement dans des cachots souterrains. Jusqu'à l'époque de Constantin tout esclave fugitif fut marqué d'un fer rouge. Les esclaves romains ne portaient pas d'ailleurs de vêtement particulier, parce qu'on eût cru dangereux de laisser voir ainsi aux opprimés combien ils étaient plus nombreux que leurs oppresseurs. A partir de l'an 265 avant J.-C. les esclaves furent employés à Rome à de sanglants exercices de lutteurs et à combattre des animaux: genre de représentations devenu bientôt le divertissement favori de la foule. Dès lors d'énormes quantités d'esclaves durent périodiquement s'entre égorger pour le plus grand amusement du peuple. A cet effet les grands et les empereurs entretenaient une espèce particulière d'esclaves, les gladiateurs, dont on se servait aussi dans les guerres civiles. Sous Trajan, on vit en 123 jours 10,000 gladiateurs figurer dans les combats du cirque et combattre contre 11,000 bêtes féroces.

Les horribles cruautés qu'on exerçait sur les esclaves provoquèrent plus d'une fois parmi eux des conjurations et des insurrections (*voyez* ESCLAVES [Guerre des]). On essaya à plusieurs reprises, sous la république, d'améliorer la condition des esclaves; mais tout ce qu'on fit aboutit à peu de chose, parce que les réformes de ce genre passaient pour des attaques à la propriété. Les empereurs mirent les premiers, moins par humanité que par politique, des bornes à l'arbitraire des maîtres, et accordèrent quelques droits aux esclaves maltraités, qui dès qu'ils se réfugiaient sous la statue de l'empereur étaient désormais sous la protection du prince. Alors aussi les esclaves purent considérer leurs profits accessoires comme une espèce de propriété, prêter et même accroître leur avoir par le travail d'autres esclaves, qu'ils prenaient en location. L'appauvrissement de la race romaine, la dissolution de plus en plus grande du lien social contribuèrent puissamment aussi à renverser les barrières qui séparaient le maître de l'esclave. Antonin commença d'abord par enlever aux maîtres le droit de vie et de mort sur leurs esclaves. Déjà pour régénérer la bourgeoisie romaine il avait fallu plutôt favoriser que prohiber les rachats de bons et laborieux esclaves. D'un autre côté, les affranchissements opérés par les maîtres eux-mêmes devinrent si multipliés, que la loi dut intervenir pour régler et limiter l'exercice de ce droit. L'affranchissement (*manumissio*), d'après les rigoureuses prescriptions de l'ancien droit, ne pouvait avoir lieu que par l'inscription des esclaves sur la liste du cens ou par testament.

Chez les peuples de l'*Asie*, dont les idées, les mœurs et la constitution politique, en dépit des plus effroyables bouleversements politiques, sont toujours restées les mêmes, l'esclavage s'est aussi maintenu avec ses formes naïves et originelles. Les esclaves en Orient ont davantage le caractère de la domesticité. En raison de l'oppression politique qui là pèse également sur tous, il y a déjà plus de points de contact entre eux et leurs maîtres. Ils ne voient pas dans leur état une honte, mais l'effet de la destinée. L'islamisme, lui aussi, maintint l'esclavage, qui a continué de subsister jusqu'à nos jours chez tous les peuples mahométans de l'Asie, de l'Afrique et de l'Europe. Le Coran défend formellement de traiter des coréligionnaires en esclaves; il recommande aux maîtres la douceur, et il leur représente l'affranchissement comme un acte méritoire. Il n'existe pas la moindre trace que Mahomet et ses successeurs, les khalifes, aient réduit en esclavage les prisonniers de guerre. A la cour des khalifes, il n'y avait guère d'autres esclaves que des nègres, que l'on se procurait de l'intérieur de l'Afrique par la voie du commerce. Ce n'est qu'à l'époque des croisades que les mahométans paraissent avoir adopté en Asie la coutume de faire de leurs prisonniers de guerre des esclaves. D'ailleurs, les croisés en firent autant en Orient à l'égard des mahométans. Dans les provinces immédiates de l'empire ottoman, chez les Turcs, l'esclavage revêt un caractère extrêmement doux. Les Turcs le maintiennent aujourd'hui en partie par des achats de nègres, et en partie par des achats de blancs opérés dans les montagnes du Caucase. Quoique les esclaves nègres ne soient pas moins humainement traités, d'ordinaire les jeunes gens des deux sexes qu'on amène de la Georgie et de la Circassie sur les marchés turcs à esclaves ont un sort beaucoup plus heureux. Les femmes vont peupler les harems; quant aux hommes, comme serviteurs des grands, la carrière des emplois les plus élevés, des charges les plus honorifiques, leur est ouverte. La qualité d'esclave est même de rigueur pour beaucoup de charges de cour. Le chef des eunuques noirs dans le sérail du sultan, le *kislar-aga*, de même que le chef des eunuques blancs, le *kapi-aga*, doivent être des esclaves. Jadis en Égypte il n'y avait que des **Mamelouks** qui pussent parvenir à la dignité de beys. L'appauvrissement des Turcs en général est cause que le nombre des esclaves a énormément diminué chez eux. Les occupations de l'esclave turc sont essentiellement domestiques; c'est dans les ports de mer seulement qu'il est astreint à de rudes travaux. Pour transformer sa position en celle de simple serviteur, il lui suffit de se bien conduire et d'embrasser l'islamisme. D'ordinaire les esclaves se marient, et ceux de leurs enfants qui naissent dans la maison à laquelle ils sont attachés sont considérés comme des membres de la famille et effacent souvent par le mariage la tache de leur origine. A la mort de leur maître, les esclaves devenant co-héritiers, beaucoup d'entre eux doivent à cette circonstance non pas seulement la liberté, mais une fortune plus ou moins considérable. Un grand nombre de Turcs concèdent à leurs esclaves des terres en toute propriété, leur font apprendre un métier et donner une éducation qui assurent leur existence lorsqu'ils seront libres. Les esclaves turcs ou sont complétement courbés sous les lois de l'esclavage, ou obtiennent certains droits, comme celui de ne pouvoir plus être revendus et d'être affranchis à la mort de leur maître. Une esclave qui a donné un enfant à son maître se trouve dans cette classe privilégiée. Tout esclave est d'ailleurs placé sous la protection de la loi.

L'esclavage a un caractère beaucoup plus grossier chez les mahométans de la côte septentrionale de l'*Afrique*. Dans l'empire de Maroc, dans les États barbaresques de **Tunis** et de **Tripoli**, et autrefois aussi à Alger, il y a toujours eu depuis le moyen âge esclavage des nègres, et esclavage des blancs, l'un et l'autre entretenus au moyen de la piraterie exercée dans la Méditerranée contre toutes les nations chrétiennes. Les luttes acharnées des chrétiens et des Maures en Espagne, qui eurent pour résultat de refouler successivement ces derniers sur la côte d'Afrique, développèrent les rapts d'hommes, et leur donnèrent toute la fureur des guerres de religion. Les cruautés que les esclaves chrétiens eurent à souffrir de la part des Maures, la constance avec laquelle les captifs supportèrent souvent les traitements les plus horribles plutôt que de consentir à embrasser l'islamisme pour adoucir leur sort; les aventures à la suite desquelles beaucoup d'entre eux parvinrent à s'échapper des mains des barbares, entretinrent jusqu'au dix-neuvième siècle chez les Européens une haine ardente et une horreur toute poétique des oppresseurs. Dès le treizième et le quatorzième siècle, les Français, les Anglais, les *Génois* et les Vénitiens entreprirent des expéditions contre la côte d'Afrique, sans que d'ailleurs ces expéditions produisissent grand fruit. Le fractionnement des pays riverains de la Méditerranée en un grand nombre de petits États distincts, la chute de Grenade, et en 1492 l'expulsion du sol espagnol des derniers Maures et juifs, enfin, au commencement du seizième siècle, l'asservissement des Barbaresques à la puissance ottomane, donnèrent à la piraterie une extension qui anéantit tout commerce, et en firent même une espèce d'industrie organisée. Ferdinand le Catholique, les Portugais, Charles-Quint essayèrent déjà de dompter les États pirates; mais aucune de ces expéditions n'eut de résultats décisifs. L'insuffisance des moyens employés par l'Espagne et les jalousies réciproques des puissances maritimes chrétiennes rendaient les audacieux pirates inextirpables. Toutes les puissances chrétiennes durent donc s'abaisser jusqu'à acheter la paix de ces barbares moyennant un tribut annuel, paix toujours précaire et mal observée. Seule la France sut de bonne heure prendre avec les États barbaresques une attitude convenable. Les Anglais conclurent en 1662 avec Alger, Tunis et Tripoli, et en 1721 avec le Maroc, des traités en vertu desquels les sujets britanniques ne purent plus désormais être réduits en esclavage, non plus que les vaisseaux anglais être visités et pillés. Mais, à l'exception de Maroc, les États barbaresques furent loin de toujours observer ces traités. Au dix-huitième siècle l'Autriche, la Russie et la Prusse obtinrent de la Porte gratuitement, la Suède et le Danemark moyennant finances, des firmans protecteurs contre les États barbaresques. En 1795 le Portugal somma les villes Hanséatiques d'avoir à contribuer à la surveillance du littoral et à la protection du commerce dans la Méditerranée. En 1806 Lubeck et Brême conclurent encore des traités avec le Maroc. Malgré cela, les petites puissances étaient tellement exposées aux déprédations des Barbaresques, que leur commerce dans la Méditerranée finit par se trouver réduit à rien. Au congrès de Vienne, enfin, on arrêta en principe la répression et la suppression absolue de la piraterie sur les côtes d'Afrique; mais on s'en tint là. En 1813 Alger avait été bombardé et châtié par une flotille américaine, et en 1816 par la flotte anglaise aux ordres de l'amiral Exmouth. Les Barbaresques n'en continuèrent pourtant pas moins leurs déprédations contre tous les pavillons qui ne se trouvaient point sous la protection soit de la Porte soit de l'Angleterre. En 1815 l'amiral anglais Smith fonda à Paris une société pour l'abolition de la piraterie et de l'esclavage des blancs; mais au bout de trois années, elle dut se dissoudre, et autant en arriva à une autre société, fondée dans le même but à Hambourg.

Au congrès d'Aix-la-Chapelle, on agita de nouveau la question de la suppression de la piraterie, mais sans prendre non plus à cet effet de mesures réelles et efficaces; et la politique mercantile des Anglais fut cause que les résolutions prises alors demeurèrent inexécutées. Les vexations sans nombre que la France avait à souffrir du plus puissant et du plus brutal des États barbaresques, c'est-à-dire d'**Alger**, déterminèrent enfin le gouvernement français à entreprendre en 1830 la conquête de ce nid de forbans et à s'emparer de tout ce territoire pour en faire une colonie française. Depuis lors, l'état de dépendance et de sévère surveillance dans lequel les autres puissances barbaresques ont toujours été maintenues par l'Europe, et la salutaire terreur qu'elle a su leur inspirer, ont mis fin à la piraterie; cependant à l'heure qu'il est, des Européens chrétiens languissent encore dans l'esclavage à Tripoli et au Maroc. En revanche, le bey de Tunis a aboli en 1845 l'esclavage dans ses États, aussi bien l'esclavage des nègres que celui des blancs; tandis que ce n'a été qu'à la suite de la révolution de Février 1848 que la France s'est enfin décidée à abolir l'esclavage des nègres tant à Alger que dans ses autres colonies.

Les efforts faits par les Anglais pour arriver à l'abolition de la traite des nègres sur tous les points du globe ont eu aussi pour résultat de procurer quelques lumières sur la traite et sur l'esclavage des nègres dans les pays mahométans. Dans les États mahométans et les provinces de l'intérieur de l'Afrique, la grande masse de la population se compose d'esclaves noirs, chargés des travaux de toute espèce dans les champs et à la maison. On se procure ces esclaves en partie par la guerre, et en partie par les relations de commerce qu'on entretient avec les races nègres idolâtres. Il n'y a qu'une très faible partie de ces esclaves qu'on réexporte. On évalue à 50,000 le nombre de ceux qui sont amenés chaque année sur les marchés du Maroc, de Tripoli, d'Égypte, de Turquie et d'Arabie. La moitié en est fournie par le commerce du désert, l'autre moitié par des navigateurs arabes, qui vont s'approvisionner sur les côtes nord-est de l'Afrique. L'iman de Mascate est celui qui domine surtout ce commerce, et il emploie ses esclaves dans ses plantations de Zanguebar. Par suite d'un traité conclu avec l'Angleterre, ce souverain se chargea en 1821 d'inquiéter et d'expulser les marchands d'esclaves de la côte orientale, mais sans pour cela renoncer lui-même à ce trafic. Pendant toute la durée de son règne, Méhémet-Ali, vice-roi d'Égypte, fit incorporer chaque année à bon marché des milliers d'esclaves noirs dans son armée, au moyen de *chasses à esclaves* régulièrement exécutées par ses troupes aux confins de la Nubie. Ces chasses, appelées *gazzouas* ou *gaswas*, se faisaient avec une révoltante barbarie. Ce moyen de recrutement imaginé pour l'armée égyptienne est encore aujourd'hui en vigueur. (Consulter Léon de Laborde, *Chasses aux Nègres* (Paris, 1838).) Les esclaves ainsi *attrappés* à la chasse servent à payer aux officiers de l'armée, ou encore aux fonctionnaires publics, ce qui leur reste dû sur leur solde, ou bien sont incorporés dans des régiments de nègres réguliers, où ces malheureux meurent par milliers, victimes des rigueurs d'une discipline à laquelle ils ne peuvent s'accoutumer. Maintes fois l'Angleterre a fait faire de pressantes représentations au gouvernement égyptien pour qu'il eût à prendre les mesures propres à faire cesser en Égypte le commerce des esclaves. Le pacha a toujours promis, mais n'a jamais tenu.

Dans les États européens chrétiens qui se fondèrent sur les ruines de l'empire romain, l'esclavage et le commerce des esclaves, en dépit des prescriptions du christianisme, subsistèrent encore plus de mille années, c'est-à-dire pendant toute la durée du moyen âge. Au rapport de Tacite, les anciens Germains avaient des esclaves qui n'étaient employés qu'aux travaux de la terre et qu'on traitait bien. Il est vraisemblable que ces esclaves étaient des prisonniers de guerre ou qu'ils provenaient de peuplades subjuguées. Tacite toutefois parle d'esclaves qui se faisaient une ressource de leur propre liberté. Ces esclaves étaient originaires de la tribu même qui les vendait à l'étranger, et leurs créanciers touchaient le prix de la vente. Mais d'ordinaire ces esclaves-là ne tardaient point à s'enfuir, et revenaient ensuite dans leur pays natal, où dès lors ils étaient de nouveau considérés comme hommes libres; aussi les Romains n'achetaient-ils pas volontiers des esclaves germains. Ce n'est qu'à l'époque de la grande migration des peuples, lors de l'invasion des provinces romaines par les Germains, que paraît s'être constituée une classe double d'individus non libres. Indépendamment des esclaves cultivant les terres qui leur avaient été concédées, il y eut encore les esclaves privés de toute espèce de possession, qu'on entretenait dans l'intérieur de la maison, et dont on faisait trafic. Le nombre des esclaves de cette catégorie s'accrut démesurément, lorsque, à partir de l'époque de Charlemagne, commencèrent les expéditions militaires ayant pour but de repousser les invasions slaves. La continuation de ces guerres par les Allemands eut pour résultat de maintenir en Allemagne l'esclavage et le commerce des esclaves.

A la suite de luttes qui durèrent plusieurs siècles, les tribus slaves, venues s'établir en Germanie depuis les bords de la Baltique jusqu'aux rives de l'Elbe furent subjuguées, exterminées, ou réduites en esclavage par les Allemands. Les prisonniers faits dans ces expéditions se vendaient en France, en Angleterre, en Italie et jusqu'à Constantinople; et le mot français *esclave* n'a évidemment d'autre étymologie que le nom même de la nation *slave*. Une preuve de l'immense essor qu'avait pris à cette époque le trafic d'hommes fait par les Allemands, c'est que le nom donné par eux à l'objet vendu (*sklave*) a passé dans presque toutes les langues de l'Europe (en français, *esclave*, en anglais, *slave*, en espagnol, *esclavo*, en italien, *schiavo*). La situation des esclaves domestiques chez les Allemands, de ceux-là même qui exerçaient des métiers, était certainement beaucoup moins favorable que celle des esclaves attachés à la culture du sol. Il n'existait point de droit des gens pour les esclaves sans possession, on ne distinguait pas leur nationalité; en ce qui les touchait, le *wehrgeld* (voyez Composition [droit des barbares]) se réduisait à peu de chose; il leur était interdit de porter d'armes d'aucune espèce. C'est au treizième siècle seulement que cet esclavage si dur, commença à recevoir quelques adoucissements.

Le commerce des esclaves cessa peu à peu; les grands marchés de la Baltique et de la mer du Nord se fermèrent; et l'esclave, jusqu'alors considéré uniquement comme une chose, obtint enfin quelques droits protecteurs. Pour tous les individus non-libres, pour ceux qui n'avaient pas de demeure fixe, comme pour ceux qui en avaient une, qui étaient *glebæ adscripti*, attachés, inscrits à la glèbe, se forma l'état de *servage*, dont les droits et les devoirs furent de plus en plus régulièrement déterminés. L'Église n'eut pas moins part à ce progrès de l'humanité que l'intérêt des seigneurs et que la civilisation générale, qui commençait alors à sortir des langes de l'enfance. Partout les prêtres s'élevèrent contre l'achat et la vente des hommes, partout ils obtinrent des seigneurs qu'ils reconnussent les mariages contractés entre des individus non libres, et souvent ils firent entrer le remords dans l'âme de l'oppresseur quand celui-ci, malade ou en danger de mort, les appelait en demandant leurs prières et leurs consolations. D'innombrables affranchissements furent alors opérés pour l'amour de Dieu et en vue du salut éternel. L'Église ne borna pas là sa bienfaisante intervention; elle prit soin en outre d'assurer des demeures et des établissements fixes aux individus non libres dans les vastes propriétés qu'elle possédait elle-même.

En *Angleterre*, où déjà les Romains avaient organisé l'esclavage tel qu'il existait chez eux, toute la population bretonne fut réduite en esclavage lors de la conquête de ce pays par les Anglo-Saxons. La plus grande partie des vaincus furent sans doute condamnés à cultiver le sol au profit des vainqueurs; toutefois, il y eut aussi là des esclaves domestiques qui devenaient des objets de trafic, et dont le sort était beaucoup plus misérable. Bristol et Londres étaient encore sous les derniers rois de la dynastie anglo-saxonne de célèbres marchés d'esclaves. Dès les premiers siècles de la période normande, l'esclavage proprement dit se transforma peu à peu en *servage*, état beaucoup moins cruel et qui a surtout disparu au commencement du seizième siècle, sans même que la législation eût besoin d'intervenir à cet égard.

En *France* également, à côté du dur servage dans lequel les envahisseurs francs réduisirent les populations gauloises, il y eut aussi l'esclavage domestique, qui fut en grande partie entretenu au moyen des prisonniers de guerre faits aux envahisseurs espagnols et maures. Lors de la déroute que les Maures essuyèrent en l'an 1018 sous les murs de Narbonne, les prisonniers furent partagés entre les vainqueurs, qui firent vendre leur butin sur le marché de Carcassonne. Dans les contrées romanes, c'étaient surtout les juifs qui faisaient le commerce des esclaves et qui s'y enrichissaient.

Le grand marché à esclaves était alors à Lyon, où l'on envoyait par bandes nombreuses les esclaves d'origine slave, de même que les Maures pris en Espagne. Le clergé se prononça toujours, il est vrai, contre ce trafic de créatures humaines; mais la royauté, quand elle fut devenue plus puissante, put seule mettre des limites à ce commerce barbare. Au treizième siècle, saint Louis adoucit, tout au moins dans les domaines de la couronne, le joug du servage; et ses successeurs s'efforcèrent de poursuivre son œuvre, parce que la politique leur fit comprendre qu'il y avait là un moyen certain d'affaiblir une trop orgueilleuse noblesse. Le servage, cependant, continua de subsister en France, et parfois sous sa forme la plus cruelle et la plus oppressive, jusque vers la fin du dix-huitième siècle.

L'*Italie*, elle aussi, pendant tout le cours du moyen âge, n'eut pas seulement ses serfs, mais encore ses esclaves proprement dits. La ville de Rome était demeurée le grand centre du commerce d'hommes; et les Vénitiens venaient y acheter des esclaves chrétiens pour les revendre aux mahométans. En revanche, les Espagnols y amenaient aussi des esclaves mahométans, faits soit sur terre, soit sur mer.

Que si vers la fin du treizième siècle l'esclavage proprement dit et le trafic d'hommes disparurent du reste de l'Europe, l'un et l'autre demeurèrent encore longtemps en usage dans la *péninsule Pyrénéenne*. L'invasion de l'Espagne par les Maures, au huitième siècle, et la chute de la monarchie chrétienne des Goths amenèrent une lutte qui se perpétua pendant sept siècles, et dans laquelle chrétiens et Maures condamnèrent leurs prisonniers à l'esclavage, les traitant avec d'autant plus d'inhumanité, que les uns et les autres se tenaient réciproquement pour des mécréants, des infidèles. Telle était la surabondance des esclaves maures chez les Espagnols, que ceux-ci se trouvèrent pendant toute la durée du moyen âge en mesure d'approvisionner les marchés à esclaves du nord et de l'ouest de l'Europe. Quand, en 1492, les derniers débris de la puissance musulmane en Espagne eurent été anéantis, la chasse aux hommes recommença de part et d'autre sur les côtes de la Méditerranée. Au commencement du seizième siècle, des milliers de Maures languissaient encore en Espagne et en Portugal dans le plus cruel esclavage.

La découverte de l'Amérique et la prise de possession de la côte occidentale de l'Afrique par les Portugais au commencement du seizième siècle, donnerent lieu à la création d'un nouveau système d'esclavage : à l'introduction des esclaves nègres dans les colonies transatlantiques des nations européennes. Dans toute l'antiquité, il n'y a pas eu de système d'esclavage plus égoïste, plus cruel, plus attentatoire à la dignité humaine que celui-là. Né à l'aurore de notre civilisation moderne, cet odieux système, à la honte éternelle des générations qui l'ont toléré, s'est maintenu jusqu'à nos jours; mais c'est à l'article Nègres (Traite des) que se trouvera plus naturellement placée l'histoire des horribles forfaits qui furent la suite de cette face nouvelle de l'esclavage, et des efforts si malheureusement infructueux tentés jusqu'à ce jour pour en finir avec une institution qui depuis longtemps ne devrait plus déshonorer le genre humain.

ESCLAVES (Guerres des). On désigne ainsi deux ou plutôt trois guerres que Rome eut à soutenir contre ses esclaves révoltés. Les conquêtes toujours croissantes de ses armées augmentaient de plus en plus le nombre des esclaves, et la république pouvait déjà pressentir quels embarras lui causerait un jour cette immense population, composée d'éléments les plus disparates. Et cependant, tel était le prestige de sa puissance, telle était même la foi qu'on avait dans la constance de son heureuse fortune, que non-seulement les Romains pouvaient impunément laisser derrière eux dans leur propre pays un ennemi irréconciliable et presque aussi nombreux qu'eux-mêmes, mais encore aller au loin porter leurs armes et envahir de nouvelles contrées, sans autre garantie contre les révoltes que la terreur du nom romain et la perspective du châtiment. Ils fondaient leur orgueilleuse sécurité sur le mépris qu'ils professaient pour leurs esclaves; et cela est si vrai, qu'après la bataille de Cannes, quand toutes les forces vives de la république furent anéanties et qu'il n'y eut plus assez d'hommes libres pour en former une armée capable de combattre Annibal, ils enrôlèrent huit mille esclaves, sans les contraindre, sans les violenter, en se contentant de leur demander s'ils prenaient les armes de leur plein gré. Deux mille servirent deux ans dans l'armée de T. Gracchus; ils combattirent les Carthaginois avec une bravoure si extraordinaire, qu'à la demande du général romain le sénat leur accorda la liberté. Du reste, les Romains prodiguèrent peu ces affranchissements en masse jusqu'à Marius, qui en abusa scandaleusement, dans l'intérêt de sa cause. Ils cherchèrent plutôt à affaiblir les esclaves en les disséminant, et ils en concentrèrent une grande partie dans la Sicile, où ils en firent des cultivateurs.

Or, environ soixante ans après la seconde guerre punique, l'an de Rome 617, la Sicile, ce grenier de Rome, jouissait d'une paix profonde : les propriétaires romains ou indigènes s'y livraient au commerce très-lucratif des grains, et s'enrichissaient en peu de temps. Le luxe et la corruption des mœurs les rendirent insolents et cruels envers leurs esclaves; ils les maltraitèrent, leur refusèrent les choses les plus nécessaires à la vie, et les poussèrent à bout. Quatre cents appartenant à Démophile, d'Enna, maître cruel et sanguinaire, donnèrent le signal de la révolte. Ayant mis à leur tête un certain Eunus, Syrien d'origine, qui jouait l'inspiré, ils s'armèrent de bâtons, de pieux, de broches, entrèrent dans la ville d'Enna et la saccagèrent. Démophile fut soumis à un procès en forme, jugé, condamné et massacré. Sa femme, aussi cruelle que lui, fut livrée aux femmes des esclaves, tourmentée par elles de mille manières, puis précipitée du haut d'un rocher. Sa fille seule, qui s'était toujours montrée compatissante, fut épargnée, reconduite avec honneur à Catane et rendue à ses parents. Cependant, Eunus, s'étant vu bientôt à la tête de plus de 6,000 hommes, ceignit le diadème, se fit appeler roi, eut des officiers, des gardes-du-corps, une cour, prit le nom d'*Antiochus*, donna à ses nouveaux sujets celui de *Syriens*, attaqua les troupes romaines, les défit dans plusieurs rencontres; puis, réuni à Cléon, autre chef qui ravageait les terres d'Agrigente à la tête d'une bande nombreuse, battit jusqu'à quatre préteurs. Ces victoires grossirent prodigieusement son armée : elle s'éleva bientôt à 200,000 hommes. La révolte gagna l'Italie; mais elle fut promptement réprimée : Q. Métellus et Cn. Servilius Cépion surprirent et dissipèrent 4,000 esclaves à Sinuesse; et en firent pendre 450 à Minturne; 150, qui avaient conspiré à Rome, subirent le même sort. Cependant, Eunus poursuivait ses ravages en Sicile : on envoya contre lui, en 619, le consul L. Pison, qui rétablit la plus sévère discipline dans l'armée romaine démoralisée, marcha contre les esclaves qui assiégeaient Messine, leur livra bataille, leur tua 8,000 hommes, et fit périr sur la croix tous ses prisonniers. L'année suivante, le consul Rupilius assiégea Tauroménium, la seconde place importante dont s'étaient emparés les rebelles, réduisit la ville à la famine, et la prit. Tout ce qui s'y trouva d'esclaves fut passé au fil de l'épée, ou périt dans les supplices. Enna subit le même sort. Cléon y fut pris, et mourut presque aussitôt de ses blessures. Quant à Eunus, il s'enfuit avec 600 esclaves, qui s'entre-tuèrent de désespoir. Seul, il n'eut pas ce courage. Caché dans une caverne, les Romains l'y découvrirent, et le jetèrent dans un cachot, où il mourut de la maladie pédiculaire.

Telle fut la *première guerre des esclaves*. La *seconde* éclata dans la même île, vers l'an 648, et coïncida avec celle des Cimbres. Elle dura environ quatre ans. Quelques mouvements avaient semblé y préluder en Italie. Vettius, jeune chevalier romain, criblé de dettes et poursuivi par ses créanciens, avait armé ses esclaves. Il en gagna d'autres, et en eut bientôt 3,500 sous ses ordres. Il fit d'abord main basse sur ses créanciers importuns. Mais, vendu par un des siens à Lucullus, il n'eut d'autre ressource que de se donner la mort. Tous les siens furent exterminés, à l'exception du dénonciateur. Le contre-coup de cette révolte se fit sentir en Sicile. Le sénat avait défendu par un décret de retenir en servitude dans les provinces de la république aucun homme libre des pays alliés ou amis. Le préteur de la Sicile, Licinius Nerva, obéit au sénat et mit en liberté quelques centaines d'esclaves. Mais, gagné par l'argent des propriétaires, il trouva un moyen de révoquer son ordre. A l'instant, les esclaves, indignés, se soulèvent. Ils prennent pour roi Salvius, autre inspiré, attaquent, au nombre de 20,000 fantassins et de 2,000 chevaux, Murgantia, place considérable de l'île, et mettent l'armée du préteur en déroute. Sur ces entrefaites, Athénion, esclave cilicien, assiégeait aussi Lilybée, avec dix mille hommes, qu'il commandait sous le titre et avec les insignes de roi. Il se résigna à devenir le lieutenant de Salvius, qui s'empara de Triocale, se donna des gardes, un conseil privé, et se bâtit un palais. Il avait quarante mille hommes, avec les troupes d'Athénion. Lucullus marcha contre lui à la tête de seize mille. Après plusieurs escarmouches, on en vint à une action générale. Athénion, que Salvius avait un moment soupçonné, et qu'il avait fait arrêter, puis relâcher, fit des prodiges de bravoure et fut laissé pour mort sur le champ de bataille. Les esclaves, à demi vaincus, délibérèrent s'ils ne retourneraient pas chez leurs maîtres. Mais la perspective des supplices qui les y attendaient les ramena bientôt à d'autres sentiments, et ils résolurent de vendre chèrement leur vie.

Neuf jours après, Lucullus vint assiéger Triocale. Il échoua, et se tint depuis dans l'inaction. Rome l'accusa de s'être plus occupé de s'enrichir dans la province, que de la pacifier, et le condamna comme concussionnaire. L'année suivante, Servilius le remplaça en Sicile. Les esclaves vainquirent ce dernier et prirent son camp. Sur ces entrefaites, Salvius mourut. Athénion lui succéda, et s'empara de plusieurs villes. Enfin, M. Aquilius, collègue de Marius dans son cinquième consulat, fut envoyé contre les révoltés. Il remporta sur eux une victoire signalée, et tua de sa propre main Athénion. Comme ils s'étaient jetés dans divers refuges, il les y bloqua. Ceux qui échappèrent à la famine périrent par le fer. Mille seulement se rendirent à discrétion. Aquilius les fit conduire à Rome et voulut les faire combattre contre les bêtes. Mais eux, voyant qu'on ne les avait épargnés que pour les faire servir de divertissement au peuple, tournèrent leurs armes les uns contre les autres, et s'égorgèrent mutuellement. Satyrus, leur chef, qui resta le dernier, se tua lui-même. Aquilius eut les honneurs de l'ovation.

La troisième et dernière guerre des esclaves, celle qui fut la plus longue, la plus balancée et donna les plus sérieuses inquiétudes à la république, est connue sous le nom de révolte de S p a r t a c u s.

ESCLAVONIE ou plutôt SLAVONIE, en allemand *Slavonien*, et en hongrois *Toth-Orszag*, province de l'empire d'Autriche qui porte le titre de royaume, et qui forme avec la C r o a t i e et la D a l m a t i e une des annexes des États héréditaires hongrois. Située au sud de la Hongrie proprement dite, elle a pour limites, à l'ouest, la Croatie, contrée à laquelle la rattachent les liens les plus étroits; au nord, elle est séparée de la Hongrie par la D r a v e et par la S a v e, qui lui servent aussi de frontières à l'est, tandis que la Save la sépare au sud de la Bosnie et de la Servie. En y comprenant les Frontières militaires Syrmiennes ou d'Esclavonie, on peut évaluer sa superficie totale à 209 myriamètres carrés, et sa population à un peu plus de 700,000 habitants. Dans toute sa longueur elle est traversée par une chaîne de montagnes venant de la Croatie, à l'ouest, et se dirigeant à l'est en occupant le centre du pays où elles forment de nombreuses vallées. Après avoir atteint le Danube au-dessous de Bukowar, elles suivent la rive méridionale de ce fleuve jusqu'à Rumma et Karlowitz, où elles s'abaissent insensiblement et finissent par disparaître. Les points les plus élevés qu'elles présentent dans l'Esclavonie sont situés dans le comitat de Poséga, où le *Papouk* atteint une hauteur de 953 mètres au-dessus du niveau de la mer, et dans le comitat de Verœcz, où l'on remarque surtout le *Kerhdul* et le *Cernagora*. Ces montagnes se rattachent également à une chaîne venant de la Croatie, et qui s'étend jusqu'aux Frontières militaires en s'inclinant de plus en plus à partir de Diakovar, pour s'effacer complétement aux environs de Vinkovcze. Mais cette chaîne se relève à l'est pour former la belle et romantique crête de *Fruskagora*, toute couronnée de forêts et de vignobles, traversant en ligne droite la majeure partie de la Syrmie, et prolongeant ses derniers versants jusqu'en Servie. Ces montagnes renferment diverses sources d'eaux minérales, dont les plus célèbres sont les bains de Daruvar ou de Podborj, les *Thermæ Jasokvenses* des Romains, et la source de Lippik, située à 20 kilomètres de Poséga. Ces montagnes renferment très-certainement des gisements métalliques, mais on les laisse inexploités. Elles sont assez riches en pierre, en marbre, en houille, et on trouve même de la serpentine dans les monts Stalikamény dans la partie orientale de la Fruskagora.

Les cours d'eau qui arrosent l'Esclavonie sont le Danube, la Drave et la Save. La fertilité de cette contrée est des plus grandes, et si le sol était cultivé avec plus d'intelligence, ses produits seraient bien plus considérables. On y récolte beaucoup de céréales, de froment, de maïs, des fruits de toute espèce en quantité, des melons, du tabac, beaucoup de soie et de vin (dans les bonnes années, la production de ce dernier article ne va pas à moins d'un million d'*eimers*), beaucoup de prunes, desquelles on extrait une espèce d'eau-de-vie appelée *schlibowitza*, et enfin beaucoup de noix. On y trouve en grande abondance du gibier et du poisson de toute espèce, ainsi que tous les animaux domestiques particuliers à l'Europe; et l'éducation des abeilles s'y fait sur la plus large échelle. De vastes forêts de chênes y produisent beaucoup de noix de galle pour la teinture, et les forêts de châtaigniers n'y sont pas moins nombreuses.

Les Esclavons proprement dits forment une belle race d'hommes, d'une taille élevée et élancée, qui se rattache à la grande souche des nations slaves, et parlant le dialecte illyrien ou serbe. Mais on y trouve aussi des Allemands, quelques Magyares, deux villages d'Albanais sur la frontière de Peterwardein, des juifs et des Bohémiens. La religion catholique est celle qui domine; mais l'Église grecque non unie y compte aussi beaucoup d'adhérents. Le pays est divisé en *partie provinciale* et *partie militaire*. La première se compose de trois comitats: ceux de Verœcz, de Poséga et de Syrmie. La partie militaire, désignée sous la dénomination de *généralat esclavon-syrmien*, comprend trois arrondissements: ceux de Brod, de Gradiska et de Peterwardein, indépendamment du district du bataillon tchaïkiste. Elle est administrée militairement et placée sous les ordres d'un général commandant, qui réside à Peterwardein. Les comitats font partie de ce qu'on appelle *les annexes de la Hongrie*; ils ont chacun à leur tête un grand-palatin, de même que siége et voix délibérative dans les diètes de Croatie et d'Esclavonie, sous la présidence du ban de Croatie, d'Esclavonie et de Dalmatie; assemblées où on délibère sur les intérêts particuliers qui se rattachent à la constitution de ces trois royaumes ou provinces.

La capitale de l'Esclavonie est *Essek* ou *Osek*, ville libre royale, de 15,000 habitants, dans une belle et fertile plaine arrosée par la Drave. C'est l'antique *Mursia*, fondée par l'empereur Adrien. On y remarque surtout la citadelle, dont l'esplanade est décorée d'une colonne en l'honneur de la Sainte-Trinité, et qui renferme de beaux bâtiments;

La ville possède un couvent de moines franciscains, un gymnase royal, une imprimerie, une école pour les enfants de militaires, et un arsenal, où l'on conserve beaucoup de drapeaux enlevés aux Turcs. Dans la partie qu'on appelle la haute ville, et où se trouve situé l'hôtel du comitat, grand édifice de fort bon style, il se tient chaque année quatre foires, qui sont au nombre des plus importantes qu'il y ait dans toute la monarchie. Il faut, en outre, mentionner : dans le comitat de Veroecz *Diakowar*, siége d'un évêché catholique auquel est attaché le titre d'évêque de Bosnie et de Syrmie, et *Veroecz*, bourg qui a donné son nom au comitat ; dans le comitat de Syrmie, *Bukowar*, avec 5,000 habitants et un commerce des plus actifs, au point où un petit cours d'eau appelé Vouka vient se décharger dans le Danube ; *Illok*, sur les bords du Danube, dans une belle contrée riche en vignobles et où l'on a découvert de nombreuses ruines romaines, entre autres celles d'un temple de Diane ; dans l'église des Franciscains de cette ville on voit les tombeaux de Laurent Vilak, prince de Bosnie et duc de Syrmie, et du célèbre Jean Hunyad ; enfin les treize couvents de moines grecs de l'ordre de Saint-Basile, situés le long de la chaîne de la Fruskagora ; dans le comitat de Posega, *Posega*, ville libre royale de 3,000 habitants, avec un château fort dans lequel Jean Horvath retint prisonnières les reines Marie et Élisabeth ; dans les Frontières militaires d'Esclavonie, *Peterwardein*, *Karlowitz*, *Semlin*, *Mitrovitz* (le *Sirmium* des anciens), avec 5,000 habitants ; *Slankamen*, célèbre par une victoire remportée sur les Turcs en 1699 ; *Vinkoucze*, avec 3,400 habitants ; Brod et *Gradiska*.

L'Esclavonie devint sous Auguste une partie de l'*Illyricum* (voyez ILLYRIE) ; elle dépendait de la province de **Pannonie**, et empruntait à la Save sa dénomination de *Pannonia Savia*. L'empereur Probus, né en Syrmie, fit beaucoup pour le pays qui lui avait donné le jour. Il y fit creuser des canaux, construire de nombreux édifices, et introduisit le premier en Syrmie la culture de la vigne. Plus tard, cette contrée fit partie de l'empire byzantin, dont, à l'exception de la Syrmie, restée fidèle à Byzance, elle secoua le joug lors de la grande migration des peuples barbares. Ensuite elle fut en proie aux dévastations des Avares ; cependant, elle parvint à les réparer, et sous le règne de Louis le Débonnaire elle eut en *Ljudevit* un prince indépendant, mais qui n'en était pas moins tenu de reconnaître les droits de suzeraineté de l'empire des Franks. A cette époque, la Croatie dépendait de l'Esclavonie, avec laquelle elle forma pendant longtemps un tout ; c'est de là que la plus grande partie de la Croatie actuelle était désignée alors sous le nom d'Esclavonie. En l'année 827 les Bulgares envahirent l'Esclavonie ; mais ils ne tardèrent pas à en être chassés. Les habitants, longtemps avant cette époque, avaient embrassé le christianisme ; mais, faute de prêtres et d'instituteurs du peuple, cette religion n'avait pas pu y pousser de bien vigoureuses racines. Les Byzantins Cyrille et Méthode, qui vinrent se fixer dans cette contrée, en 864, furent ceux qui déterminèrent le triomphe définitif de la religion de Jésus-Christ, et Méthode devint évêque de Syrmie. L'Esclavonie demeura étroitement unie à la Croatie, sous l'autorité de souverains indépendants, jusqu'à ce qu'au onzième siècle elle eut été réunie à la couronne de Hongrie. Malgré cette réunion, elle n'en continua pas moins à être assez longtemps gouvernée par des princes particuliers issus de la maison royale de Hongrie. En l'an 1127 elle fut le théâtre de la sanglante lutte de l'empereur Constantin VIII de Byzance avec le roi Étienne, qui fit construire alors la forteresse de Semlin. En 1153 la guerre ayant éclaté de nouveau entre l'empereur Emmanuel et le roi Geisa II, les Byzantins occupèrent toute l'Esclavonie, et s'emparèrent aussi de Semlin. La guerre continua également sous le règne d'Étienne III, qui dut acheter la paix moyennant l'abandon de la Syrmie et de toute l'Esclavonie à l'empereur de Byzance. Mais quand, en 1165, Bela III, prince dévoué aux intérêts de la cour byzantine, monta sur le trône de Hongrie, l'Esclavonie et la Syrmie furent restituées à la Hongrie et gouvernées dès lors par leurs propres bans, quelquefois aussi par des rejetons du sang royal hongrois. En l'an 1442, après le premier siége de Belgrade, commencèrent les luttes des Turcs avec les habitants de l'Esclavonie ; elles se renouvelèrent en 1448, et en 1471 les Turcs envahirent pour la première fois ce territoire, où ils exercèrent ensuite les plus effroyables dévastations en 1472, 1473, 1475, 1476 et 1484.

En 1490, Jean Corvin, fils naturel de Matthias Corvin, roi de Hongrie, reçut toute l'Esclavonie, à l'exception de la Syrmie, sous la condition de renoncer à toute prétention à la couronne de Hongrie, en même temps que le roi de Bohême et de Hongrie, Ladislas, prenait le titre de roi d'Esclavonie et concédait à ce pays des armoiries particulières. La Syrmie était alors gouvernée par Laurent, duc de Vilak ou Illok, fils du roi Nicolas de Bosnie, qui obtint cette province sous le règne de Matthias Corvin, et mourut en 1526 sans laisser d'héritiers.

Les Turcs s'étaient emparés en 1521 de Belgrade, et en 1524 de toute l'Esclavonie. Après la bataille de Mohatsch, livrée en 1556, les trois comitats supérieurs de l'Esclavonie, Agram, Kreutz et Warasdin passèrent sous les lois de l'Autriche, avec la dénomination de Croatie, et on réserva alors celle d'Esclavonie pour les comitats inférieurs, à savoir, Verœcze, Valpo, Posega et Syrmie, restés sous le joug des Turcs. A la paix conclue en 1562, ces parties furent formellement cédées à la Turquie, et demeurèrent sous l'administration du pacha résidant à Posega jusqu'à ce qu'en 1687, à la suite de quinze années de sanglantes guerres, l'empereur Léopold Ier les enleva de nouveau aux Turcs. En 1690 les Turcs, il est vrai, se rendirent encore une fois maîtres de Belgrade, et envahirent l'Esclavonie ; mais complétement battus à Slankamen, il leur fallut évacuer Essek et toute l'Esclavonie, dont la paix conclue à Karlowitz, en 1699, assura la possession définitive à Léopold Ier, et qui reçut alors une organisation toute militaire. Les habitants en furent affranchis de toute espèce d'impôts, à la charge de surveiller leur frontière et de s'efforcer de la garantir contre toute attaque ennemie. Lors de la diète tenue en 1724, les états de Croatie avaient déjà demandé, mais inutilement, au gouvernement autrichien de réunir de nouveau l'Esclavonie à leur province. Ce ne fut qu'en 1747 qu'elle fut divisée en trois comitats, ainsi qu'elle l'est encore aujourd'hui ; et la diète de Hongrie, tenue en 1751, confirma cette division du territoire. Quant à la partie immédiatement voisine de la frontière turque, on lui conserva son organisation militaire, et elle fut partagée en trois *régiments* ; à savoir, ceux de Brod, de Gradiska et de Peterwardein.

ESCOBAR, ESCOBARDERIE. *Antonio* ESCOBAR Y MENDOZA est le plus connu de ces casuistes, apôtres d'une morale relâchée, que Pascal a stigmatisés dans ses *Provinciales*. Né à Valladolid, en Espagne, l'an 1589, il était déjà jésuite à quinze ans. Son premier ouvrage fut un poëme en vers latins, consacré à la gloire de saint Ignace de Loyola. Il se distingua ensuite dans son ordre comme prédicateur ; sa facilité d'élocution était si grande, que souvent il montait deux fois en chaire dans la même journée. Mais ses nombreux ouvrages théologiques et ascétiques, dont la collection forme plus de quarante volumes in-folio, firent bientôt beaucoup plus de bruit dans le monde chrétien que ses sermons. Dans sa *Théologie morale*, il recueillit comme articles de foi les opinions et sentiments de vingt quatre de ses confrères, tendant à aplanir aux fidèles la route du salut. Dans son traité sur les *Cas de conscience*, il se montra encore plus prodigue de ces concessions jésuitiques à la faiblesse humaine et aux mauvais penchants. Ainsi, il permettait au chrétien de prêter à usure pourvu qu'il ne reçût un intérêt illégal de son argent que comme un témoignage de la reconnaissance de l'empruntour. Par une condescendance plus coupable, ce fut lui qui mit en avant cette détestable maxime que la *pureté d'intention* peut justifier une action mauvaise, sauf-conduit mystique accordé d'avance à tous les crimes. La verve janséniste et satirique de Pascal eut de quoi s'exercer sur ces principes non moins ridicules que dangereux. Boileau contribua aussi à rendre populaire chez nous le nom du casuiste espagnol, par ce petit coup de patte lancé à sa *morale* :

> Si Bourdaloue, un peu sévère,
> Nous dit : Craignez la volupté,
> Escobar, lui dit-on, mon père,
> Nous la permet pour la santé.

Il n'est pas jusqu'au bon La Fontaine qui n'ait aussi dit son fait à ce singulier moraliste dans une ballade qu'il publia en 1664, et dans laquelle on trouve ces trois vers :

> Veut-on monter sur les célestes tours,
> Chemin pierreux est grande rêverie :
> Escobar fait un chemin de velours.

On ne peut douter non plus que Molière, dans plusieurs maximes prêtées à son *Tartufe*, ne se soit inspiré de celles de l'indulgent casuiste. Ce vers célèbre :

> Il est avec le ciel des accommodements,

en est à lui seul le résumé fidèle. Du reste, ces justes et malignes censures, prononcées par les meilleurs esprits de notre nation, n'empêchèrent point la vogue prodigieuse des écrits d'Escobar parmi ses compatriotes : sa *Théologie morale*, entre autres, eut en Espagne jusqu'à trente-neuf éditions.

On assure que l'auteur de cette *immorale* théologie se distingua par des vertus privées, et que son zèle pieux et charitable le conduisait souvent dans les prisons et dans les familles atteintes de quelque affection. Il mourut à quatre-vingts ans, en 1669. Il ne paraît point que sa plume féconde se soit occupée de répondre aux attaques de Pascal, dont les *Lettres provinciales* avaient paru en 1660.

On a essayé de nos jours une sorte de réhabilitation de la renommée d'Escobar dans la *Biographie universelle* de Michaud : il a, dit-on dans cet article, été calomnié par Pascal... *Le pauvre homme!* Il n'en est pas moins certain que la postérité a ratifié l'arrêt du grand écrivain par la création de deux mots dérivés du nom du jésuite espagnol : *escobarder* et *escobarderie*, dont il n'est pas besoin d'indiquer le sens. C'est une flétrissure indélébile appliquée dans notre langue à la mémoire d'Escobar. OURRY.

ESCOBAR (LOUIS D'), écrivain fort peu connu, quoiqu'il nous ait pourtant laissé un livre curieux à plus d'un titre. Cet écrit est un in-folio, dont la rareté est extrême. Il a pour titre : *Las Quatrocientas Respuestas à otras preguntas que el señor don Fadrique Enriquez, Almirante de Castilla, y otras personas embiaron à preguntar à diversas veces al autor*. C'est, comme on voit, un recueil contenant les réponses faites à quatre cents questions adressées à l'auteur par des personnes de la plus haute distinction. Ce volume parut en 1550, à Valladolid; il fut suivi d'une seconde partie, publiée en 1552, et renfermant de même quatre cents questions. Le premier tome obtint coup sur coup les honneurs de quatre ou cinq réimpressions; le second, moins heureux, n'a eu qu'une seule édition. A la vente des livres du marquis de Blandford, en 1812, à Londres, un exemplaire complet fut poussé jusqu'à la somme de 75 liv. 12 sh. (1,925 fr. environ). Escobar appartenait à l'ordre de Saint-François; et, cédant sans doute, à un sentiment d'humilité chrétienne, il n'a pas voulu que son nom figurât sur le frontispice de son livre : il l'a glissé dans un acrostiche. Une troisième partie était promise; elle n'a point vu le jour : aussi l'ouvrage ne contient-il guère au delà de 50,000 vers. Les cent cinquante dernières questions du second tome sont presque toutes en prose; elles n'offrent point d'intérêt : ce sont d'ennuyeuses réponses à de plates et puériles demandes, faites la plupart par deux religieuses du couvent de Sainte-Claire, à Tordesillas. Les précédentes n'en ont guère plus à la vérité, et roulent sur des sujets comme ceux-ci : Qu'est devenue l'arche d'alliance? L'enfant dans le sein de sa mère a-t-il un ange gardien? L'Antechrist aura-t-il un ange gardien? Dans quelle partie du corps réside l'âme? Par où sort-elle au moment de la mort? Combien y a-t-il d'intestins dans le corps humain? Comment faire cesser le mal de dents? Ève ne peut-elle pas être appelée la fille d'Adam puisqu'elle a été faite de lui? etc. Ne faut-il pas en vérité avoir bien de l'argent à perdre pour acheter si cher de pareilles balivernes?

ESCOFFION. *Voyez* COIFFURE.

ESCOIQUIZ (DON JUAN), le confident de Ferdinand VII, roi d'Espagne, né en 1762, d'une ancienne famille noble de Navarre, fut d'abord page du roi Charles III. Son goût pour les sciences sérieuses le porta à préférer l'état ecclésiastique au service militaire, et il obtint un canonicat à Saragosse. Ses qualités aimables lui firent à la cour de nombreux protecteurs, et quand il fut question de donner un précepteur au prince des Asturies, le choix du roi et de la reine se fixa tout naturellement sur lui, encore bien, dit-on, que ses mœurs ne fussent pas très-régulières. Il ne tarda pas à gagner toute la confiance et toute l'amitié du jeune prince, son élève, et lui voua même un attachement vraiment paternel. La franchise avec laquelle, pendant les années 1797 et 1798, il s'exprima, en présence du roi et de la reine, au sujet des souffrances qui accablaient l'Espagne, lui attira l'inimitié de Godoy, prince de la Paix, qui ne tarda pas à le faire exiler à Tolède. Le prince des Asturies, en se séparant de son précepteur bien aimé, éprouva une tristesse profonde, et entretint toujours secrètement avec lui un commerce de lettres. Pendant son exil, Escoiquiz chercha encore à dessiller les yeux du roi et de la reine au sujet de leur indigne favori, par différents mémoires qu'il leur adressa; mais tous ses efforts demeurèrent inutiles. Tout au contraire, le prince de la Paix parvint à obtenir un tel ascendant sur l'esprit de ses vieux maîtres, et à leur faire prendre leur héritier présomptif en une aversion telle, qu'en 1807 Ferdinand commença à s'inquiéter pour ses droits de succession au trône, et fit part de ses craintes à Escoiquiz, en lui demandant aide et conseil. Celui-ci se hâta de revenir à Madrid, où s'instruisait alors contre le prince des Asturies le procès de l'Escurial. Il le défendit de la manière la plus énergique, et contribua beaucoup à faire prononcer l'opinion publique en sa faveur.

Quand, en 1808, par suite de l'abdication de son père, Ferdinand VII monta sur le trône, Escoiquiz fut nommé conseiller d'État. Ce fut lui, à ce qu'il paraît, qui conseilla au nouveau roi d'entreprendre le voyage de Bayonne. Il y suivit son élève, et fit preuve d'autant de finesse et de fermeté que d'attachement pour Ferdinand VII, dans ses conférences avec Napoléon, qui, connaissant parfaitement son influence sur l'esprit du roi, chercha tout d'abord à le gagner à ses idées; mais Escoiquiz conseilla à Ferdinand de ne point renoncer à la couronne, quoi qu'il pût arriver. L'abdication n'en eut pas moins lieu, et Escoiquiz suivit le roi à Valençay; mais il ne tarda pas à être séparé de lui et exilé à Bourg. Il ne put revenir à Valençay qu'en 1813, lorsque les changements survenus dans la position politique de Napoléon lui firent désirer de se réconcilier avec les Bourbons d'Espagne. Il prit part alors à toutes les négociations qui eurent pour résultat la restauration des Bourbons d'Espagne avant la chute de l'empire. Il n'en tomba pas moins en disgrâce en 1814, et fut même mis en prison. Quelque temps après, il est vrai, on le rappela à la cour; mais ce ne fut que pour retomber en disgrâce; il mourut dans l'exil, à la Ronda, le 29 novembre 1820. Son ouvrage intitulé : *Idea sencilla*, etc. (1808), contenant l'exposition des motifs qui déterminèrent Ferdinand VII à se rendre à Bayonne, est d'une haute importance pour l'histoire contemporaine. Il a été traduit dans toutes les langues de l'Europe. On a encore de lui une mauvaise épopée sur *la conquête du Mexique*, et des traductions espagnoles des *Nuits d'Young*, du *Paradis perdu de Milton*, et même d'un roman de Pigault-Lebrun, *Monsieur Botte*.

ESCOMPTE. Il arrive souvent que le possesseur ou cessionnaire d'une lettre de change, d'un bon du trésor ou d'un effet commercial ou public quelconque payable à époque fixe, ne veut ou ne peut pas en attendre l'échéance : il s'adresse alors à un banquier qui lui prend l'effet et lui en paye le montant par anticipation, moyennant un certain bénéfice qui le dédommage de l'avance et lui permet d'attendre l'échéance. Si le billet en question échoit dans 3, 6, 9 ou 12 mois, et que l'intérêt annuel convenu de l'argent soit de 4 pour 100 par exemple, le banquier prélèvera pour lui 1, 2, 3 où 4 pour 100 sur le montant du billet, et ainsi proportionnellement au temps qui restera à courir. Cette avance, moyennant intérêt, constitue l'opération qu'on appelle *escompte*. Elle consiste ainsi de la part du possesseur à vendre son billet à un autre, et de la part de ce nouveau porteur à remplacer l'ancien auprès de l'accepteur, d'où cette sorte de contrat aboutit enfin à un endossement ordinaire. Comme il y a toujours incertitude sur le payement d'une créance quelconque tant qu'il n'est pas consommé, on peut encore voir dans l'escompte un placement de capitaux avec plus ou moins de chances de la part du banquier, et considérer l'escompte comme exprimant la différence de la valeur nominale et de la valeur réelle d'un effet dont le payement n'est pas arrivé, ou dont le payement entier peut n'être pas effectué lors de son échéance. Mais le sens vraiment social de cette opération, en apparence toute secondaire, est d'activer singulièrement la circulation des richesses et leur production, en augmentant le crédit des industriels par la transmission continuelle qu'elle sert à effectuer de capitaux qui resteraient improductifs dans les mains des possesseurs oisifs. La plupart des banques sont aujourd'hui destinées principalement à faciliter les opérations des négociants, commerçants, entrepreneurs, etc., et prennent plus particulièrement le nom de *banques d'escompte*, pour se distinguer des banques qui ne se chargent que des *dépôts*, etc. C. Pecqueur.

L'escompte devrait simplement représenter l'intérêt de l'argent dont le banquier fait l'avance jusqu'à échéance du papier escompté; il ne devrait être autre chose que la différence entre la *valeur nominale* du billet ou de la lettre de change, et sa *valeur réelle*. Ainsi, l'intérêt étant supposé à 6 pour 100, un billet de 10,000 francs à deux mois d'échance ne devrait donner lieu qu'à une retenue de 99 fr. 01; car à ce taux, une somme de 100 francs rapportant 1 franc en deux mois, une somme de 101 francs payable dans ce délai doit donner lieu à une retenue de 1 franc, et par suite la retenue à faire sur 10,000 francs ne doit être que de $\frac{10000}{101}$ ou 99 fr. 01. Cette méthode équitable donne l'*escompte en dedans*. Mais les banquiers calculent autrement l'escompte; ils prennent l'*escompte en dehors*, qui n'est autre chose que l'intérêt de la somme énoncée dans le corps du billet, de sorte que dans l'exemple précédent ils retiennent 100 fr.; en un mot, au lieu de prendre seulement l'intérêt de la somme qu'ils avancent ils prennent en outre l'intérêt de cet intérêt. Paul prête pour trois mois 10000 francs à Pierre, à raison de 6 pour 100 l'an; comme pendant la durée du prêt cette somme rapporterait 150 francs, Pierre donne en échange un billet de 10,150 francs payable dans trois mois; à l'instant même Paul veut escompter cet effet : quoique le banquier n'ait pas un taux plus élevé, le billet ne vaut pour lui que 9997 fr. 75, c'est-à-dire 2 fr. 25 de moins que le bon sens ne l'indique. D'une manière plus générale, a désignant la valeur nominale du billet, i le taux de l'intérêt, t le temps exprimé en prenant l'année pour unité, la formule de l'escompte en dedans est

$$\frac{ait}{100+it},$$

tandis que l'on a pour celle de l'escompte en dehors,

$$\frac{ait}{100}.$$

La différence entre ces deux quantités est peu de chose; mais souvent répétée elle devient la source de bénéfices assez importants. D'un autre côté, les banquiers préfèrent l'escompte en dehors parce que son calcul est beaucoup plus rapide : il n'exige qu'une division par 100, opération qui se borne dans notre système de numération décimale à un simple déplacement de virgule, tandis que l'escompte en dedans substitue à cette opération une division bien plus longue à faire, le diviseur étant 100 augmenté de l'intérêt de cette somme calculé pour le nombre de jours que le billet a encore à courir.

Prenons donc avec les banquiers la seconde formule, et supposons que nous voulions escompter à raison de $4\frac{1}{2}$ pour 100 un effet de 4235 fr, payable dans 40 jours. Il faudra faire $a=4235$, $i=4\frac{1}{2}$; t devrait être regardé comme égal à $\frac{40}{365}$ puisqu'il y a 365 jours dans une année commune; mais, toujours pour simplifier les opérations, les banquiers, ne comptant que 360 jours dans l'année, posent $t=\frac{40}{360}$; ce qui amène encore un petit bénéfice, car une fraction augmente quand son dénominateur diminue. On aura ainsi pour l'escompte de l'effet pris pour exemple, 21 fr. 75, tandis que la formule de l'escompte en dehors rigoureusement appliquée donne 20 fr. 884, et que l'on a par celle de l'escompte en dedans 20 fr. 782.

Comme les taux sur lesquels on opère sont peu variables, les banquiers simplifient encore l'application de la formule de l'escompte. Soit par exemple une somme a à 6 p. 100 pendant n jours, faisant $i=6$ et $t=\frac{n}{360}$, il vient pour l'escompte à prélever $\frac{a\times 6\times n}{360\times 100}=\frac{an}{6\times 1000}$, d'où l'on voit que le taux étant à 6 p. 100 il suffit de multiplier la somme par le nombre des jours, de diviser le produit par 6, et de séparer trois chiffres sur la droite du quotient. Si le taux était $4\frac{1}{2}$, on trouverait qu'il faut opérer de même, à cela près que le diviseur 6 serait remplacé par 8, etc. E. Merlieux.

L'escompte est d'un usage général dans le commerce. Presque toujours le comptant entraîne une remise sous le nom d'escompte. Qu'un fabricant achète des matières premières, qu'un commissionnaire achète des marchandises au fabricant, qu'un commerçant en détail achète au négociant en gros, ou l'acheteur règlera avec des billets ou il retiendra sur le prix un escompte qui s'élève suivant les usages des diverses industries. Trois fois heureux le commerçant qui peut mettre sur ses factures : *au comptant sans escompte* et imposer cette obligation à ses clients. Quelques chefs d'atelier ont poussé cet usage jusqu'à retenir un escompte sur le salaire de leurs ouvriers.

A la Bourse, on appelle *escompte* l'achat de rentes ou d'effets publics forcé par l'exigence de celui qui ayant acheté à terme offre de faire immédiatement le payement. Le vendeur étant censé en possession du titre qu'il vend, même à terme, doit les livrer immédiatement si l'acheteur offre de payer tout de suite. Les escomptes, pour peu que le titre soit rare, ont l'avantage de faire vivement hausser la côte de la Bourse en amenant de forts achats. L. Louvet.

ESCOMPTE (Comptoirs d'). *Voyez* Comptoirs d'escompte.

ESCOPETTE. Gébelin tire, par onomatopée, ce mot du latin *sclopus*, signifiant bruit que l'on fait en frappant sur ses joues gonflées de vent. Ménage n'a pas mieux rencontré. Ducange tombe dans le ridicule en tirant escopette de *scopitum*, balai; et en se fondant sur des ressemblances que nous ne comprenons pas. Le mot *escopette* vient du grec σκοπός, ou du latin *scopus*, qu'on trouve dans Cicéron, et qui signifie *but de tir*; ou bien il vient de *scopa*, dont Végèce se sert pour donner idée de la cible en face de laquelle les frondeurs s'exerçaient à l'art du tir. De ces expressions, grecque et latine, les Espagnols ont fait *escopeta* (fusil de chasse), et les Italiens *schiopetta*, *scopo*, but, et *scoppio*, bruit éclatant. Les Français en ont fait, comme le témoigne Rabelais, le mot *sciope*. Le mot *schioppo*, analogue à l'ancien nom du fusil, exprime encore actuellement dans cette langue un fusil de chasse; de là est venu le verbe *scoppiare*, détonner, crever. L'escopette, en usage depuis Charles VIII jusqu'à Louis XIII, et remplacée alors par le mousquet, était une arquebuse à rouet, d'environ un mètre de long. Elle avait le canon rayé à raies droites et différait peu du pétrinal; elle devint l'arme à feu des argoulets et des carabins, ce qui fit qu'elle prit ensuite le nom de *carabine*; elle avait occasionné une modification dans la forme de la cuirasse, et se portait attachée à droite de la selle. La manière dont les argoulets ou les carabins de la milice française portaient leur barbe et leurs moustaches a donné naissance à l'expression *barbe à l'escopette*, c'est-à-dire à la mode des escopettiers, car *escopette* a été synonyme d'*escopettier*, comme *lance* de *lancier*. Ferri a traité des blessures causées par les escopettes.

Gal BARDIN.

ESCORCHEURS ou ESCORCHOURS. *Voyez* ÉCORCHEURS.

ESCORTE. Nous avons emprunté *escorte* de l'italien *scorta*, force armée destinée à accompagner et défendre ce qui lui est confié. *Scorta* viendrait lui-même, à ce que croit Ménage, du latin *cohors*. Le verbe *convoyer* se prend quelquefois comme signifiant *servir d'escorte*. Une escorte de convoi consiste en un détachement mis, en vertu d'un ordre de route, sous un chef spécial, accompagné du nombre nécessaire d'officiers : elle se compose de cavalerie et d'infanterie. La force de l'escorte se proportionne à celle du convoi : s'il est considérable, l'escorte se partage, pour la facilité de la marche et pour la sûreté de la défense, en avant-garde, en corps de bataille, en réserve et en arrière-garde; elle s'entoure d'éclaireurs, s'il y a moyen et nécessité : ce sont ordinairement des hussards, ou autres troupes légères. Si l'on traverse des pays de plaine, la réserve du convoi se place du côté que l'ennemi menace. En général, la répartition des différentes portions de troupes qui viennent d'être indiquées résulte de la direction dans laquelle l'ennemi se meut ou est censé se mouvoir. Éventer les embuscades et masquer le convoi, telle est la destination, tel est le genre de service et de manœuvres de l'avant-garde du convoi et de ses éclaireurs. Quant au corps du centre, il doit, au besoin, trouver dans l'arrangement du parc, si l'on stationne, ou bien dans la disposition des voitures, si l'on marche, un retranchement tout préparé en cas d'attaque : c'est là qu'il doit faire bonne contenance jusqu'à ce que les détachements envoyés en reconnaissance soient venus se joindre à lui.

Gal BARDIN.

ESCOSURA (Don PATRICIO DE LA), homme d'État et écrivain espagnol distingué, est né à Madrid, le 5 novembre 1807. Son père, qui servait dans l'armée de Castaños, alla s'établir en Portugal, puis à Valladolid; là il lui fit commencer ses études, qu'il alla continuer, à partir de 1820, à Madrid, où, comme la plupart des jeunes poëtes espagnols contemporains, il eut le célèbre Lista pour professeur de mathématiques et de poésie. Mais, s'étant fait aussi affilier à cette époque à la société secrète des *Numantinos*, force lui fut en 1824 de s'éloigner de sa patrie. Il vint alors à Paris, où, sous la direction de Lacroix, il continua ses études mathémathiques. Après être allé plus tard passer quelque temps à Londres, il revint à Madrid en 1826, où, vers la fin de cette même année, il entra dans un régiment d'artillerie, et obtint, en 1829, l'épaulette d'officier. C'est de cette époque que date l'une de ses premières compositions littéraires, *El Amante novicio*, comédie restée inédite. Mais il ne tarda pas à faire paraître *El conde de Candespina*, roman historique, imprimé à Madrid, en 1832, dans la *Coleccion de Novelas historicas originales españolas*. Le succès qu'obtint son œuvre, ne put que l'encourager à cultiver la littérature; et ayant été exilé, en 1834, à Olivera, comme suspect d'opinions carlistes, il y acheva son second roman historique *Ni Rey, ni Roque* (publié en 1835 dans la même collection). Dans l'intervalle, son dévouement à la cause de la reine ayant été reconnu, le général Cordova le prit pour aide de camp et pour secrétaire. Au milieu du tumulte des guerres civiles, il trouva encore le temps de composer, à Pampelune, un poëme épique, *El bulto vestido de negro capuz*, qui parut d'abord dans le journal *El Artista*. Quand, à la suite de l'insurrection de Saint-Ildefonse, Cordova dut résigner son commandement, Escosura quitta aussi le service, et se consacra dès lors au théâtre. Il débuta au *Teatro del Principe*, en 1837, par la pièce intitulée : *La Corte del Buen-Retiro*. Vint après *Barbara Blomberg*, œuvre qui obtint moins de succès, quoique le mérite en soit de beaucoup supérieur à celui de la première. Les pièces qu'il donna ensuite, *Don Jaime el Conquistador*, *La Aurora de Colon*, *El Higuamota* (1838) ont moins d'importance.

En même temps, Escosura, revenant à la politique, prenait la rédaction en chef du journal *El Eco de la Razon y de la Justizia*, et devenait l'un des membres les plus influents de la société littéraire créée sous le nom de *Liceo*. En 1838 il entra dans l'administration, et fut nommé *gefe politico* de Guadalajara. Quand, en 1840, Espartero s'empara du pouvoir, Escosura, à la tête des élèves de l'École du Génie, défendit courageusement la ville de Guadalajara dans les intérêts de la régente, et par suite fut obligé encore une fois de venir demander un asile à la France. A Paris, il chercha à soutenir sa famille à l'aide des travaux littéraires. C'est ainsi qu'il rédigea dans cette ville, presque à lui seul, le texte du magnifique ouvrage intitulé : *La España artistica y monumental*, qu'il devint l'un des rédacteurs de la *Revista Encyclopedica*, qu'il y composa un excellent manuel de Mythologie, adopté aujourd'hui dans toutes les universités de l'Espagne, et qu'il y commença un poëme épique : *Hernan Cortes en Cholula*.

En 1843, il rentra à Madrid avec l'armée de Catalogne, remplit alors les fonctions de sous-secrétaire d'État du gouvernement provisoire jusqu'à la majorité de la reine, et obtint une place dans le ministère Narvaez, avec lequel il donna sa démission. Demandant alors, une fois de plus, à la culture des lettres ses moyens de subsistance, il ajouta, en 1844, une seconde partie à sa pièce *La Corte del Buen-Retiro*, où il se hasarda à intercaler dans l'action principale la Zarzuela de Caldéron *Fieras afemina Amor*. Il réussit mieux dans la pièce intitulée : *La Mocedades de Hernan Cortes*, à laquelle succédèrent bientôt *Roger de Flor*, *Cada cosa en su tiempo*, *El tio Marcelo*.

Mais son véritable domaine, c'est le roman historique. Dans celui qui a pour titre *El Patriarca del Valle* (2 vol., Madrid, 1846), il a peint les dernières révolutions dont l'Espagne a été le théâtre; et les révélations qu'on y trouve sur les intrigues et les contre-intrigues des émigrés espagnols à Paris et à Londres donnent à cet ouvrage l'intérêt qui s'attache aux mémoires. Dans ces dernières années, où la politique a subi tant et de si grands revirements en Espagne, on a vu Escosura, tantôt dans les hautes régions du pouvoir, tantôt retombé dans l'obscurité de la vie privée; mais ses compatriotes ont toujours rendu hommage à la complète honorabilité de son caractère comme homme politique, ainsi qu'à la sincérité de ses convictions.

ESCOUADE Les *décuries* grecque et romaine étaient comparables à nos escouades d'infanterie. Les *quadrilles* du moyen âge étaient des espèces d'escouades de cavalerie. Depuis l'institution des régiments de cavalerie, les escouades s'y sont nommées *brigades*. Les *escadres* ou *centaines* de l'infanterie ont été originairement une même chose; mais depuis François Ier les centaines se divisaient par escadres ou escouades. Suivant le sens que Montecuculli attachait au mot *escouade*, elle était un composé de quatre files et un ensemble de 24 soldats divisés en décuries. L'escouade d'infanterie de la milice portugaise s'appelle *escadron*, celle de la milice autrichienne *zug*. Notre escouade ou escadre a été le tiers d'une compagnie, car les usages consacrés dans l'infanterie espagnole ont d'abord été adoptés par nos pères; mais, depuis longtemps elle était d'une dimension plus petite; elle fut mise sous les ordres d'un *cap d'escadre*, ensuite sous ceux d'un *caporal*; enfin, en son absence, sous la direction d'un *appointé*. La garde se montait par escouades. L'ordonnance de 1762 formait l'escouade française de sept hommes, y compris le caporal et l'appointé; c'était une agrégation à la fois administrative et tactique : ainsi, les sept plus anciens soldats, ordonnés par rang de taille, formaient la première escouade. L'ordonnance de 1788 reconnaissait huit escouades par *compagnie*, et elle en faisait varier la force suivant que la compagnie était sur le pied de paix ou sur l'un des pieds de guerre. En garnison, et quand la troupe occupe une caserne, une escouade est quelquefois une chambrée de soldats, quelquefois une portion de chambrée : dans le premier cas, il y a autant de cuisiniers et de marmites que d'escouades; mais de plus sages méthodes commencent à s'établir, et quatre escouades au moins se servent d'une seule marmite. Au reste, dans les définitions, dans les détails que notre législation fournit à ce sujet, tout est oubli ou obscurité. L'assiette du logement a lieu par escouade. Chaque escouade est responsable des dégradations du casernement ou des effets de casernement dans la portion du bâtiment qu'elle occupe. L'inspecteur général exerce sur cet objet sa surveillance. En route, les fourriers délivrent quelquefois par escouades les billets de logement des compagnies : ils tiennent à cet effet un contrôle d'escouades.

Gal BARDIN.

ESCOUBLEAU (Famille d'). Cette maison, originaire du Poitou, et qui tirait son nom du bourg d'Escoubleau ou Escoublac (Loire-Inférieure), enseveli au milieu du siècle dernier sous les sables de l'Océan, dut l'illustration momentanée dont elle jouit vers la fin du seizième siècle et au commencement du dix-septième siècle aux relations de proche parenté existant entre elle et la belle Gabrielle d'Estrées. Les personnages les plus remarquables qu'elle ait produits furent tous deux archevêques de Bordeaux et étaient frères.

L'un, *François* D'ESCOUBLEAU, cardinal de Sourdis, né vers 1570, obtint le chapeau en 1598, à la demande de Henri IV. Il montra fort peu de sagesse dans l'administration de son diocèse, et eut la prétention de dérober à la juridiction du parlement un scélérat convaincu de crimes énormes, mais qui, après avoir été condamné à avoir la tête tranchée, avait invoqué sa protection. Le conflit scandaleux qui en résulta agita longtemps Bordeaux. Il mourut dans cette ville en 1628, et de Thou, qui était son parent, témoigne pour lui fort peu d'estime.

Henri D'ESCOUBLEAU, son frère, né en 1594, fut sacré par lui évêque en 1623, et à sa mort lui succéda sur le siége de Bordeaux. Il fut du nombre des prélats-guerriers qui, sous le règne de Richelieu, donnèrent au monde le fort peu édifiant spectacle de prêtres faisant le coup de feu et endossant la cuirasse après avoir célébré les saints mystères. Il fut d'ailleurs fort avant dans l'intimité du cardinal, qui au mois d'avril 1636, la guerre ayant été déclarée à l'Espagne, le nomma chef des conseils du roi en l'armée navale, près du sieur d'Harcourt, et directeur général du matériel de l'armée. L'archevêque, à ce qu'il paraît, fit preuve dans l'exercice de ces fonctions importantes d'un grand sens stratégique et d'une rare intelligence des opérations navales; c'est du moins ce qu'on est autorisé à conclure de la prise des îles Marguerite, de la descente d'Oristan, de l'heureux combat de Gattari; car les contemporains n'hésitent pas à lui attribuer la meilleure part de ces divers succès. Il avait quitté son diocèse en 1645 pour venir présider à Paris l'assemblée générale du clergé de France, lorsqu'il fut atteint de la maladie qui le conduisit au tombeau, et il mourut à Auteuil le 18 juin de cette même année. Dans l'exercice de ses fonctions épiscopales, il avait, à l'instar de son frère le cardinal, maintes fois cherché à empiéter sur les prérogatives de l'autorité civile, et Bordeaux conserva longtemps le souvenir de ses fâcheux débats avec le duc d'*Épernon*, gouverneur de cette ville, au nom du roi, qui fut publiquement excommunié par ce prélat, en punition des actes de violence qu'il n'avait pas craint de se permettre contre sa personne. Les choses à cette occasion allèrent si loin, que l'archevêque interdit toutes les églises de la ville, à l'exception de la chapelle particulière du parlement, par reconnaissance sans doute pour l'appui que cette compagnie lui avait prêté contre son fougueux adversaire. Le mariage du duc de la Valette, fils de d'Épernon, avec une nièce de Richelieu, put seul mettre un terme à ces scandaleux débats.

ESCRIME, art de *faire des armes*, exercice par lequel on apprend à manier l'*épée*, le *sabre*, la *baïonnette*, la lance et la canne. C'est : 1° un moyen de conservation dans le *duel;* 2° un exercice utile au développement du corps et à la santé. Tout a été dit contre le *duel;* et pourtant il est resté dans nos mœurs. L'art de l'escrime, bien que perfectionné par l'observation et les études approfondies de quelques maîtres habiles, est aujourd'hui moins généralement répandu, moins cultivé à Paris même; il se perd tout à fait en province. Faut-il s'en réjouir avec les nombreux adversaires du duel? Oui, si malheureusement à côté du bien, ne surgissait pas le mal; si le pistolet, substitué à l'épée, ne rendait pas les rencontres encore plus fréquentes et plus meurtrières. Les duels à l'épée étaient devenus fort rares; mais depuis que tous les quartiers de Paris, toutes les villes de France ont leur *tir*, il n'est pas de gamin de quinze ans, pas d'échappé de magasin, fier d'avoir fait une fois *sauter la renommée* dans sa récréation du dimanche, qui n'ait le désir et ne saisisse l'occasion d'exercer son adresse sur un homme. Et cependant, la plupart des duels au pistolet sont de véritables assassinats. Toutes les blessures du coup de feu sont atroces, sinon mortelles, et entraînent presque toujours pour la vie de cruelles souffrances. A l'épée, sur dix duels, un seul à peine a une issue fatale. Considérant l'escrime comme *exercice*, il n'en est pas de plus convenable aux jeunes gens et de plus complet : tous les muscles, tous les ressorts du corps humain sont en jeu; les jambes et les bras acquièrent une grande vigueur et une souplesse égale, les reins une admirable élasticité; les épaules se fortifient, s'effacent; la poitrine s'élargit, la respiration devient aisée, la tête est noblement portée, la démarche libre et facile. L'escrime fait agir continuellement le cerveau; toutes les facultés sont en jeu. L'attention doit toujours être tendue, le coup d'œil vif, la pensée prompte, la volonté déterminée, la décision rapide, entraînant une exécution instantanée, franche et hardie; il faut à l'audace joindre la prudence, la circonspection, le jugement. Une leçon d'armes est une bonne leçon de philosophie.

L'escrime fut cultivée par les anciens. Son origine se rattache à la Rome antique : les professeurs des gladiateurs, requis par le consul Rutilius, devinrent les maîtres d'armes des légionnaires ; l'art qu'ils enseignaient et qui s'appelait *armatura*, était toutefois loin des finesses modernes : il consistait dans l'accord du placement des jambes et surtout de celle que la grève défendait, dans les mouvements cardinaux du bouclier, dans l'habileté à frapper de l'arme blanche le point visé. Cette dernière partie s'apprenait au poteau ou au pieu, et en avait le nom : c'est ce qu'on appellerait maintenant *tirer au mur*. Mais ce n'était pas avec des lames sans pesanteur, ou avec les sabres de bois qu'on nomme *paniers*, que les élèves étudiaient : c'était avec des armes une fois plus lourdes que les véritables. A l'époque de la corruption de la milice, le rôle d'instructeur était celui des armures doubles (*armaturæ duplares*), des campigènes, des rudiaires. Le terrible Marius, le géant Maximin, qui parvint au trône impérial, avaient été maîtres d'armes. L'escrime, ou du moins la démonstration par principes disparaît quand à l'épée-poignard de l'infanterie romaine succède le sabre plus long, plus taillant, des hommes de cheval qui constituent le fond des armées ; le jeu de pointe, le seul savant alors, faisant nécessairement place au jeu de taille, jeu brutal, qu'on a plus tard nommé *contre-pointe* et *espadon*.

S'il y a eu au moyen âge une escrime, c'était cette gymnastique de la chevalerie qui consistait à *courre* le faquin, à enfiler les têtes mauresques du manége, à combattre à la genette, escrimes qui reposaient plus sur l'équitation que sur le glaive. C'était l'époque de la *digladation*, mot qui est resté dans l'anglais, et qui s'appliquait aussi bien à un combat réel qu'à une passe d'armes innocente. C'est à partir de là aussi qu'il faut chercher dans la langue allemande l'étymologie du latin barbare *scrama*, *scrimia*, devenu l'italien *schiema*, et de tous ses dérivés venus de l'anglo-saxon *scriman*, et du tudesque *schirmen*, *schermen*, dans le bas-latin *schermire*, *schermare*, dans le vieux français *escremir*, dont nous avons fait il y a deux siècles *escrimer*, *escrime*, et qui avait pour radicaux et pour accessoires *escarmie*, *escremie*, *escrimie*, *estormey*, *ostormie*, *estounmie*, *scramasaxe* et *stramasson*, qui sembleraient donner une souche commune à *escarmouche* et à *escrime*.

Mais bientôt, à raison de la forme différente des lames, le vrai sens du mot *escrime* ne pouvait manquer de se modifier. Les lames romaine, gauloise, celtibérienne, l'estramaçon, l'épée des Croisades, la claymore, l'espadon, quoiqu'on les désignât sous le nom générique d'épée, n'étaient en réalité que de lourds sabres ; il en fut ainsi jusqu'à l'époque où les Allemands inventèrent la coutille, ou allumelle, lame longue, mince, pointue, élastique, qui avait pour destination de trouver le défaut de la cuirasse de fer plein qui avait remplacé le haubert et ne devint commune qu'à partir de Philippe de Valois. Le costume de fer plein, alourdi, épaissi, à mesure que les coups d'armes à feu devinrent plus menaçants et plus communs, finit par être d'un poids insupportable, et le préservatif fut reconnu pire que le mal. On abandonna donc en partie l'habillement de fer forgé, mais l'allumelle, la coutille se conservèrent.

L'Espagne la changea bientôt en colismardes légères, en lames longues, à large talon, effilées à peu de distance de la garde, s'aplatissant à trois carres et à trois cannelures. Ce fut le point de départ de l'*escrime* moderne : elle naquit sous le règne d'Isabelle ; tous ses termes restés techniques témoignent de leur origine espagnole. Les premiers maîtres de ce pays avaient comme accompagnement de l'estocade le secours du manteau, manié du bras gauche en guise de bouclier, mode qui devait durer jusqu'au règne de Philippe II. De faux braves s'étant portés garnis sur le pré, l'usage de jeter bas le pourpoint en résulta : le manteau ne fut plus qu'une parade de rencontre imprévue, ou qu'une défense d'un seul contre plusieurs.

D'Espagne l'escrime passa en Italie avec les bandes de Charles-Quint : elle s'y raffina, et le grand Tappe de Milan, comme l'appelle Brantôme, en était le professeur le plus illustre et, pour ainsi dire, le prince. Les premiers maîtres italiens accompagnèrent pourtant l'escrime de la *traîtrise du croc en jambe*, imitation ou trace des coutumes des gladiateurs nommés *dimachères*, et de ces anciens duels où la main gauche était armée d'un poignard. L'usage s'en effaça néanmoins rapidement, comme peu loyal ; mais plus tard les théoriciens recoururent à la *passe* pour désarmer l'adversaire, le saisir au collet et se mettre en garde derrière lui. Le Vénitien Marozzo fut le premier qui transmit par écrit les principes de l'escrime. Son traité intitulé : *Arte de gli Armi*, imprimé à Modène, fut publié en 1536. Son fils, qui se qualifiait pompeusement de *maître général des armes*, agrandit le cercle tracé par son père, et donna en 1568, à Venise, un second traité. Enchérissant sur eux, Grassi en fit paraître en 1570, dans la même ville, un troisième, dont Meyer publia une traduction allemande à Strasbourg. Sous le titre de *Traité de l'épée, seule mère de toutes les armes*. Saint-Didier réunit enfin ces divers ouvrages en une édition française, qui vit le jour à Paris en 1573.

C'est ainsi qu'aux seizième et dix-septième siècles l'Italie fournissait l'Europe de professeurs d'escrime ; mais depuis Henri II les Français commencèrent à leur disputer l'art de manier l'épée, et y devinrent de première force. Cette science qui s'éteignait au delà des Alpes, devenait sous Louis XIII éminemment française. Elle n'est plus aujourd'hui bien connue et pratiquée avec éclat qu'en France, et surtout à Paris. En Italie et en Espagne, elle ne consiste qu'en contorsions et pirouettes ; c'est un jeu sans danger après le premier moment, et toujours sans grâce et sans élégance. En Allemagne, en Angleterre, en Russie, c'est l'art enseigné par des maîtres français, l'art français, moins la finesse, la grâce et la vivacité. Paris est la ville du monde qui possède les plus éminents professeurs en ce genre.

ESCROQUERIE, ESCROC (du grec κέρδος, gain, αἰσχρόν, honteux). Il est assez difficile de donner une définition exacte et précise de l'*escroquerie*, car la loi elle-même ne la caractérise qu'à l'aide d'une longue énumération. « Quiconque, porte l'art. 405 du Code Pénal, soit en faisant usage de faux noms ou de fausses qualités, soit en employant des manœuvres frauduleuses pour persuader l'existence de fausses entreprises, d'un pouvoir ou d'un crédit imaginaire, ou pour faire naître l'espérance ou la crainte d'un succès, d'un accident ou de tout autre événement chimérique, se sera fait remettre ou délivrer des fonds, des meubles ou des obligations, dispositions, billets, promesses, quittances, ou décharges, et aura, par un de ces moyens, escroqué ou tenté d'escroquer la totalité ou partie de la fortune d'autrui, sera puni d'un emprisonnement d'un an au moins, et de cinq ans au plus, et d'une amende de cinquante francs au moins et de trois mille francs au plus. » Quelque étendue que soit cette définition, elle est loin d'embrasser tous les cas divers que présente le caractère de l'escroquerie : aussi les recueils de jurisprudence criminelle sont-ils surchargés de décisions qui, tout en complétant le système de législation sur la matière, peuvent apporter une sorte de confusion que la capacité d'un magistrat exercé peut seule écarter.

Nous n'entreprendrons pas de rapporter de nombreux exemples de cette espèce de délit : nous nous contenterons de signaler deux cas particuliers, qui, nous l'espérons, feront comprendre combien les nuances qui séparent l'escroquerie des autres vols sont difficiles à saisir. Qu'un homme emprunte une somme d'argent, et que pour sûreté du remboursement il hypothèque un immeuble qu'il affirme franc et quitte de toute dette, tandis qu'il savait que cet immeuble était déjà grevé d'une ou plusieurs inscriptions hypothécaires, assurément il fait une action blâmable, mensongère, frauduleuse même dans l'acception que les gens du monde attachent ordinairement à la fraude; mais aux yeux de la loi il a commis un délit qui, sous la qualification de *stellionat*, rentre dans les attributions des tribunaux civils. De même, qu'une femme mariée contracte des emprunts par-devant notaire, et qu'elle s'engage comme *fille majeure jouissant de ses droits*, elle aura souscrit des obligations sans valeur; mais le créancier trompé ne pourra point exercer contre cette femme une action correctionnelle, parce qu'il a dû s'assurer lui-même, avant de contracter, de la capacité de la personne, et qu'aux termes de l'art. 1307 du Code Civil, un mineur ne peut être poursuivi comme escroc pour avoir faussement pris dans un acte la qualité de majeur. Au surplus, disent les jurisconsultes, l'escroquerie est un délit dont le caractère est en quelque sorte dans le vague, qui se compose de faits souvent indéterminés, et dont la moralité ne s'apprécie jamais sans difficulté. C'est un délit de ruse, de fourberie; il est subtil, il échappe à l'œil, et le plus souvent ce n'est que par la consommation qu'il peut être déterminé. Aussi la tentative d'escroquerie n'est-elle pas assimilée, comme la tentative de tant d'autres délits, au délit lui-même, et la peine n'est-elle infligée qu'à la consommation. C'est particulièrement à l'occasion de la conscription, et dans le temps où l'on employait tant de moyens pour s'y soustraire, que les délits d'escroquerie ont été nombreux. Sous la foi de promesses trompeuses, sous l'apparence d'un crédit imaginaire, des sommes considérables ont été extorquées à mille familles empressées de mettre leurs fils à l'abri des conséquences de l'impôt destructeur. Des condamnations multipliées ont été prononcées, et les recueils du temps font mention d'une multitude d'escroqueries consommées en cette matière.

Du reste, il n'est pas inutile de faire observer que la facilité que trouvent les malfaiteurs à commettre le délit d'escroquerie les induit à le pratiquer, et que la durée limitée de la peine qu'ils encourent leur permet trop souvent de se livrer de nouveau à leur coupable industrie. C'est pour obvier à ce grave inconvénient que l'art. 405 déjà cité permet aux juges de placer le condamné pendant cinq ans au moins et dix ans au plus dans un état d'interdiction civile qui peut faire obstacle à ses projets criminels. Bien plus, en cas de récidive, c'est-à-dire en cas de nouveau délit, il doit être condamné au *maximum* de la peine portée par la loi, et cette peine peut même être élevée jusqu'au *double*.

DUBARD.

ESCUALDUNAC ou EUSKALDOUNAC. *Voyez* BASQUES.

ESCUARA (Langue). *Voyez* BASQUES.

ESCUDO ou *écu espagnol*. C'est seulement une monnaie de compte imaginaire, et dans ces expressions *doblon de à ocho, de à cuatro* (*voyez* DOUBLON), on doit sous-entendre *escudos*. Cet écu a varié en valeur entre 10 fr. 18 c., et 10 fr. 50 c.

ESCULAPE (chez les Grecs, Ἀσκληπιός), apparaît dans Homère comme un excellent médecin, de race mortelle; mais dans les hymnes homériques on le voit déjà figurer en qualité de dieu de la médecine. Les traditions postérieures font de lui un fils d'Apollon et d'Arsinoé, fille de Leucippe; d'autres, d'Apollon et de Coronis, fille de Phlégyas, prince thessalien. On rapporte diversement aussi les prodiges qui environnèrent son berceau. Les uns veulent qu'il ait été exposé par sa mère Coronis sur le mont Thitthion, qu'une chèvre l'y ait allaité, et qu'il ait été recueilli par des bergers qui l'avaient trouvé tout rayonnant de lumière. Suivant d'autres, Coronis aurait eu en même temps commerce avec l'Arcadien Ischys. Apollon, irrité, fit tuer l'infidèle par sa sœur Diane, mais sauva l'enfant, qu'il amena à Chiron, en chargeant celui-ci de lui enseigner l'art de guérir et la chasse. Esculape parvint à un tel degré d'habileté dans la médecine, que bientôt il éclipsa la réputation de son maître lui même. Il pouvait non-seulement conserver la vie aux motels, mais encore rappeler les morts à la vie. Mais Zeus, déterminé par les plaintes amères que lui porta Pluton au sujet du tort que cela lui causait, foudroya le bienfaiteur des hommes, à qui dès lors on rendit par reconnaissance des honneurs divins. Il était particulièrement adoré à Épidaure, sur la côte de Laconie, lieu de sa naissance, où un temple entouré d'un bois lui était consacré. D'ailleurs, Apollon vengeur de son fils, tua de toutes ses flèches les Cyclopes fabricateurs du foudre meurtrier; et le roi de l'Olympe s'efforça de consoler Apollon en déifiant Esculape et en le plaçant parmi les constellations sous le nom de *Serpentaire*.

Dans le culte d'Esculape qui s'établit à Épidaure il était entré de bonne heure quelques éléments orientaux, notamment le culte des serpents : aussi ses prêtres, qu'il ne faut pas confondre avec les *Asclépiades*, traitaient-ils à la manière orientale, c'est-à-dire au moyen de formules magiques, d'incubations et de sacrifices, les malades qui venaient les consulter. Il n'était pas donné à tout le monde d'éprouver les bienfaisants effets de la proximité et de la puissance du dieu, mais aux seuls croyants convenablement préparés par les fantastiques artifices des prêtres. D'Épidaure le culte d'Esculape se répandit dans toute la Grèce, et finit par arriver jusqu'à Rome.

Esculape, au rapport d'Homère, eut deux fils, *Machaon* et *Podalirios*, qui furent les médecins de l'armée grecque au siége de Troie et dont les Asclépiades furent les descendants. Parmi les filles de ce dieu on cite *Hygie*, *Panacée* et *Églé*, dont la première était adorée comme déesse de la santé. Les temples d'Esculape étaient d'ordinaire situés en dehors des villes, dans les bois, aux environs de sources d'eau possédant des vertus médicinales, ou sur des montagnes fort élevées. Dans les principaux endroits où on l'adorait, on célébrait des fêtes, dont les plus célèbres étaient celles qui avaient lieu tous les cinq ans à Épidaure.

Il est naturel qu'un dieu si généralement adoré ait été souvent représenté par les artistes. La statue d'ivoire et d'or qu'il avait à Épidaure était l'œuvre du sculpteur Thrasymède. Il était représenté assis sur un trône, tenant à la main un bâton autour duquel s'enroulait un serpent; son autre main s'appuyait sur la tête d'un serpent, car le serpent est son inséparable symbole; et à ses pieds on voyait un chien, symbole de la vigilance. Les artistes les plus distingués, tels que Praxitèle et autres, sculptèrent des statues d'Esculape, et firent de ce dieu le beau idéal de l'homme, tandis qu'auparavant on le représentait sous forme de nain; et de la sorte sa figure en vint à ressembler de plus en plus à celle de Jupiter. Ses cheveux, comme ceux du maître des dieux, s'élèvent au-dessus de son front et retombent en boucles de chaque côté de la tête. La partie supérieure de son corps est nue; un manteau tombant de son dos en plis nombreux couvre la partie inférieure. Sa physionomie exprime le calme et la prudence. Souvent aussi sa tête est surmontée d'une couronne de lauriers, et on voit à ses pieds soit un coq, soit un hibou. Près de lui se tient souvent aussi une espèce de nain, auquel on donne le nom de *Télesphore*.

ESCURIAL (en espagnol *Escorial*). Le 10 août 1557 un homme environné de la pompe des rois priait un Dieu de paix de bénir les succès de ses armes dans une bataille dont le bruit seul parvenait à ses oreilles. N'ayant ni calendrier ni almanach, il implorait l'intercession toute puissante du saint qui devait présider aux événements du jour, lui promettant d'élever en son honneur le plus magnifique monastère qui fût au monde. Soit protection d'en haut, soit habileté de ses généraux, le succès suivit le dernier verset de la prière, et l'exécution de la promesse ne se fit pas attendre. Cet homme était le lâche et sanguinaire Philippe II;

cette bataille, le siége de Saint-Quentin; ce saint, le bienheureux saint Laurent. Tel est l'incident singulier qui donna lieu à la fondation de l'Escurial. Ce fameux monastère est situé à mi-côte sur le revers de la chaîne de montagnes qui sert de limite à la Vieille-Castille, dans une position escarpée et aride, à 35 kilomètres nord-ouest de Madrid. C'est un bâtiment quadrangulaire, dont la façade principale est tournée vers l'occident, et où tout rappelle le gril, instrument du martyre de saint Laurent, dont il a même la forme. Sur le côté qui fait face à Madrid s'avance le manche écourté du gril renversé, et ses quatre pieds sont figurés par les flèches de quatre petites tours carrées qui surmontent les quatre angles. Sa masse a certainement quelque chose d'imposant; mais il ne remplit pas tout à fait l'idée qu'on en conçoit d'après sa réputation. Son architecture n'a rien de magnifique : elle respire plutôt la simplicité sérieuse qui convient à un couvent que le faste qui annonce le séjour d'un souverain. La seule façade de l'occident possède un beau portail, par lequel on parvient à une cour carrée, au fond de laquelle s'élève l'église. Cette entrée principale ne s'ouvre pour les rois d'Espagne et les princes de leur maison que dans deux occasions solennelles : la première fois lorsqu'après leur naissance ils sont portés à l'Escurial, la seconde lorsqu'on va déposer leurs dépouilles mortelles dans le caveau qui les attend. C'est au nord que se trouvent les deux grandes portes par lesquelles on entre ordinairement. Tout l'édifice est bâti en une espèce de granit bâtard, qu'on trouve dans le voisinage, et dont la teinte rembrunie par le temps ajoute à l'austérité du monument.

Lorsque la cour n'est pas à l'Escurial, ce n'est qu'un vaste couvent, où habitaient jadis près de deux cents hyéronimites, qu'on vient d'y rétablir tout récemment (1854). A l'arrivée de la cour, le couvent se transforme en palais. L'église, élevée sur le modèle de Saint-Pierre de Rome, a la forme d'une croix grecque, surmontée d'un dôme. Son architecture est simple et majestueuse. Sur les voûtes du dôme et de la nef, le pinceau magique de Luc Giordano a peint à fresque plusieurs traits de l'Histoire Sainte et quelques allégories religieuses. Quant au maître-autel, on n'a rien épargné pour sa décoration : son tabernacle réunit la richesse à l'élégance. Mais ce qu'il y a de véritablement beau, ce sont les deux tombeaux de Charles-Quint et de Philippe II, qui l'accompagnent. L'église offre encore de bons tableaux de quelques peintres du second ordre; mais c'est surtout dans les deux sacristies que les chefs-d'œuvre de la peinture sont répandus avec une profusion capable de lasser l'admiration même des connaisseurs. On remarque dans la première trois Paul Véronèse, un Titien, deux Tintoret, un Rubens et un Ribeira; la seconde en renferme un bien plus grand nombre, qui seuls suffiraient pour justifier la réputation dont jouit l'Escurial. Cette profusion se retrouve, au reste, dans d'autres parties, telles que la salle capitulaire, l'ancienne église, l'escalier principal, etc. Il va sans dire que cette sacristie contient de vastes tiroirs, des ornements sacerdotaux de la plus grande richesse, des vases sacrés, qui attestent la magnificence des souverains de l'Espagne plutôt que leur piété. On peut dire la même chose du Panthéon, leur sépulture; vaste hypogée, entièrement revêtu de marbre, et qui est divisé en plusieurs chambres, dont l'une, appelée *el podridero* (le pourrissoir), ne sert de dernier asile qu'aux rois et reines d'Espagne. Des deux côtés de l'autel sont distribués, par trois étages et en différents compartiments formés par de beaux pilastres de marbre cannelés, les cercueils de bronze qui contiennent les corps. Philippe II repose dans le plus élevé de la première division.

La bibliothèque de l'Escurial renferme 90,000 volumes et 10,000 manuscrits grecs et arabes, dont le catalogue a été publié par Casiri dans sa *Bibliotheca Arabico-Hispanica* (Madrid, 1760-1770).

Tous les arts, et surtout la peinture, ont concouru à la décoration de l'Escurial, décoration qui est peut-être trop grandiose. Malgré ses défauts, cet édifice n'en est pas moins l'un des plus beaux qu'il y ait en Espagne. Ce fut Bramante qui en fournit les plans. Les travaux de construction exigèrent dix-neuf années; et la dépense totale dépassa la somme de cinq millions de ducats (plus de 55 millions de francs.) La situation de cette demeure royale rend pénibles les promenades dans ses environs, dénués, du reste, à peu près de tout ce qui peut offrir quelque charme. En outre, il y règne souvent des vents violents qui s'engouffrent dans des gorges profondes. Le voisinage du couvent a donné lieu à la fondation d'un village qui est devenu par la suite une petite ville, où l'on compte environ 3,000 habitants.

ESDRAS ou EZRA, prêtre hébreu, vivant à Babylone, sous le règne du roi de Perse Artaxerxès Longue-Main, s'est rendu célèbre par le rétablissement de l'ancien culte de Moïse dans la Judée. Malgré les intrigues des Samaritains, la réédification du temple, ordonnée par Cyrus, avait été achevée sous le règne de Darius, fils d'Hystaspe. Une nouvelle colonie se rendit à Jérusalem, dans la septième année du règne d'Artaxercès; elle fut conduite par Esdras, homme profondément instruit dans les lois de Moïse, et portant par excellence le titre de *sopher* ou *scribe.* Muni par le roi de Perse des pouvoirs nécessaires, il arriva à Jérusalem. Là, il engagea les Juifs à renvoyer les femmes idolâtres qu'ils avaient épousées pendant l'exil, et il régla avec le plus grand zèle tout ce qui concernait le culte. Plus de vingt ans après nous le voyons encore agir de commun accord avec Néhémie, qui était venu rétablir les murs de Jérusalem. Il lut en présence du peuple le livre de la loi, et en donna l'explication. Les rabbins lui attribuent même la fondation d'un corps savant, sous le nom de *grande synagogue,* qu'il présidait lui-même, et qui s'occupait à régler le *canon* des livres sacrés. L'estime que professent les rabbins pour ce restaurateur de la loi de Moïse est si grande qu'ils le mettent à côté de ce législateur. Esdras, disent-ils, aurait mérité que la loi fût révélée par lui, si Moïse ne l'eût pas précédé. Ils lui attribuent aussi l'introduction du caractère assyrien, en place du caractère hébreu, qui fut conservé par les Samaritains. Le livre qui porte son nom dans le *canon* de l'Ancien Testament est composé partie en hébreu et partie en chaldéen. A partir du septième chapitre il appartient sans doute à Esdras, mais il peut y avoir des doutes sur les six premiers chapitres. On le croit aussi auteur des deux livres de la *Chronique* ou des *Paralipomènes.* La version alexandrine renferme deux autres livres sous le nom d'*Esdras*, mais qui sont reconnus depuis longtemps pour apocryphes. S. MUNK.

ESKI-HISSAR. *Voyez* LAODICÉE.

ESKIMAUX. *Voyez* ESQUIMAUX.

ESLING, village des environs de Vienne, à jamais mémorable par la bataille qui s'y livra les 21 et 22 mai 1809, et qui valut à Masséna le titre de *prince d'Esling*.

Vienne avait ouvert par capitulation, le 12 mai, ses portes à l'armée française, commandée par Napoléon en personne, et présentant à ce moment un effectif de 100,000 combattants. L'archiduc Charles l'y laissa effectuer sans obstacle le passage du Danube, son plan consistant à s'assurer d'abord d'une position favorable, pour ensuite attaquer l'ennemi et le rejeter en désordre sur l'autre rive du fleuve. A cet effet il prit position entre la montagne appelée *le Bisamberg* et le village de Russdorf; et le 21 mai dans l'après-midi, Napoléon ayant quitté l'île de Lobau avec la moitié de ses forces et franchi le dernier bras du Danube, l'archiduc choisit ce moment pour lui offrir la bataille

Ce même jour 21, aux premiers feux de l'aurore, Napoléon était venu reconnaître la position de la rive gauche du Danube et avait disposé ainsi son ordre de bataille : la droite appuyée au village d'Esling, la gauche à celui de Gross-Aspern : ces deux villages et le terrain intermédiaire (deux kilomètres environ) furent immédiatement occupés par les troupes du 4e corps. La division Molitor prit position à Gross-Aspern; celle du général Legrand s'établit sur le terrain situé entre Aspern et Esling, ayant à sa droite la division Carra-Saint-Cyr; la division Boudet occupa Esling. Une partie de la cavalerie, en bataille dans la plaine, devait observer les mouvements de l'ennemi, la cavalerie légère en première ligne, la grosse cavalerie en seconde ligne. Le reste de la cavalerie, la division Saint-Hilaire et les grenadiers Oudinot du 2e corps ne passèrent les ponts que dans la nuit du 21 au 22. La garde impériale fut placée en réserve dans l'île de Lobau.

L'armée autrichienne, qui présentait un effectif de 103 bataillons, de 148 escadrons et de 288 bouches à feu, se mit en mouvement vers les trois heures de l'après-midi : elle s'avança sur cinq colonnes, se dirigeant, les trois premières sur la rive droite, sur le centre et sur la gauche de Gross-Aspern; la quatrième sur Esling; la cinquième manœuvra de manière à tourner la position d'Esling; sa cavalerie opérait au même moment, son mouvement entre la 3e et la 4e colonne, ayant derrière elle le corps des grenadiers de réserve. L'ennemi entreprit vainement de culbuter notre avant-garde. Le maréchal Masséna, attaqué dans Gross-Aspern par le corps de Bellegarde, manœuvre pendant toute la soirée avec les divisions Molitor et Legrand, et rend inutiles toutes les tentatives de son adversaire. Cependant le village d'Aspern, assailli avec la plus grande vigueur, est défendu avec une égale intrépidité pas le général Molitor, qui s'y maintient malgré les efforts tentés pour l'en déloger : il donne ainsi le temps au général Legrand de venir à son secours. Repoussé avec perte, l'ennemi revient à la charge, et réussit enfin à se rendre maître d'une partie du village. Les Français veulent reprendre ce qu'ils ont perdu; alors chaque maison, chaque rue devient un champ de bataille, et Aspern est pris et repris jusqu'à six fois. La nuit seule peut mettre un terme à cette scène de carnage et séparer les combattants. Chaque parti reste dans la portion de village qu'il a si chèrement conquise. Les Autrichiens échouèrent dans l'attaque qu'ils tentèrent contre Esling; mais les efforts réitérés de Napoléon pour percer leur centre échouèrent aussi contre l'impassible intrépidité de l'ennemi. Le combat cessa à huit heures du soir, et l'armée française resta maîtresse du champ de bataille.

Le 22, dès quatre heures du matin, Masséna est attaqué avec encore plus de fureur que la veille. Aspern et Esling sont de nouveau assaillis. L'ennemi est si nombreux, il est soutenu par une artillerie si formidable, qu'il parvient à se rendre maître du premier de ces villages, après un combat des plus acharnés; mais il ne l'a pas plus tôt occupé qu'il en est délogé par le 24e léger. Quatre fois il cherche à s'établir sur quelque autre point du village, quatre fois les postes dont il est parvenu à s'emparer lui sont enlevés par les braves 4e et 46e de ligne. Pendant ce combat long et meurtrier, l'armée autrichienne, voulant profiter de sa supériorité numérique, étendait ses ailes afin de déborder l'armée française. Napoléon, s'apercevant de ce mouvement, forme aussitôt le projet de couper l'ennemi par son centre. Le maréchal Lannes, à la tête des grenadiers Oudinot, des divisions Saint-Hilaire et Boudet, quitte aussitôt la défensive et se précipite sur les colonnes ennemies. Au même instant le maréchal Bessières fait charger avec succès sa cavalerie, tandis que Masséna attaque l'aile droite. Alors les Autrichiens s'arrêtent, leur centre plie et perd du terrain. Ce mouvement rétrograde pouvait devenir une déroute complète, et c'en était fait de leur armée, lorsque, vers neuf heures du matin, un aide de camp vint annoncer à l'empereur que de gros arbres, des moulins flottants, des bateaux chargés de pierre, lancés par l'ennemi dans le grand courant Danube, avaient rompu les ponts qui joignaient l'île Lobau à la rive droite, et que, par suite de ce désastre imprévu, toute communication devenait impossible avec les parcs de réserve, les cuirassiers Saint-Sulpice et le corps du maréchal Davoust, restés sur la rive droite du fleuve. Napoléon se décide aussitôt à arrêter le mouvement en avant, et n'a plus d'autre but que de se maintenir dans ses positions. Le maréchal Lannes reçoit l'ordre de se replier, de concentrer ses forces et d'appuyer sa droite au village d'Esling, sa gauche à un rideau qui couvrait le 4e corps.

Instruits de l'événement qui venait mettre obstacle à leur entière déroute, les Autrichiens, revenus de leur première frayeur, se rallient et se présentent de nouveau au combat; mais c'est en vain que, secondés par 200 pièces de canon, ils font, depuis neuf heures du matin jusqu'à sept heures du soir, des efforts inouïs pour entamer l'armée française; ils sont constamment repoussés avec vigueur. Esling, attaqué quatre fois, demeure toujours au pouvoir des Français. Toutefois, l'archiduc Charles, décidé à tout entreprendre pour s'emparer de ce village, ordonne une cinquième attaque, et fait avancer sa réserve de grenadiers, comptant d'ailleurs sur un succès certain contre des troupes épuisées de fatigue, et qui commençaient à manquer de munitions. Mais le général Mouton, qui s'était porté sur le lieu du combat à la tête des fusiliers et des tirailleurs de la garde, reçoit le choc des Autrichiens et rend nuls tous leurs efforts; il prend l'offensive à son tour, culbute la réserve ennemie, et par cette action brillante termine la journée et assure à l'armée française la possession d'un champ de bataille si longtemps et si vivement disputé. L'armée française passa la nuit sur le champ de bataille. Les Autrichiens reprirent leurs anciennes positions. Les pertes de cette journée furent considérables : les bulletins officiels les élèvent de 8 à 9,000 hommes tués ou blessés, de part et d'autre. On prit à l'ennemi 4 drapeaux, quelques bouches à feu, un officier général et 1,500 prisonniers. Mais la perte la plus douloureuse que fit l'armée française fut celle du maréchal Lannes, qui eut la cuisse emportée par un boulet le 22 au soir, vers huit heures. Il ne survécut que huit jours à l'amputation, et mourut le 31 mai, à Vienne, où il avait été transporté.

Le 23 au matin, Napoléon, ayant reconnu l'impossibilité de réparer assez promptement les ponts rompus, fit repasser son armée de la rive gauche dans l'île de Lobau, où elle prit position, se contentant d'assurer les têtes de pont et d'établir des retranchements pour se garantir des tentatives de l'ennemi, qui d'ailleurs ne s'opposa que faiblement au passage dans l'île. L'armée autrichienne resta dans ses positions, et parut attendre avec une orgueilleuse confiance le sort que lui réservait le génie puissant de son adversaire. La victoire de Wagram détruisit ses illusions.

ESMÉNARD (Joseph-Alphonse), fils d'Étienne Ésménard, avocat au parlement de Provence, naquit en 1770, à Pélissane, bourg considérable du département des Bouches-du-Rhône. Peu d'existences ont été plus agitées, plus ballottées en tous sens que la sienne. L'envie et la haine s'acharnèrent à ses succès; sa vie fut une lutte continuelle. Nous ne chercherons point à savoir si ses mœurs justifièrent les inimitiés qui s'attachèrent à sa personne. Esménard est encore trop près de nous pour que nous puissions porter sur lui un jugement bien impartial; le rôle de la postérité est trop grave pour que nous osions nous l'arroger. Nous dirons seulement que nous nous défions des jugements sévères qui ont été portés sur l'auteur du poëme de *La Navigation*. Il débuta dans la vie par des traversées de long cours. Après trois voyages aux îles et sur le continent de l'Amérique, il vint à Paris, et se lia avec Marmontel. Cette amitié lui inspira l'amour des lettres, qu'il avait d'ailleurs apporté en naissant. Ces goûts pacifiques ne l'empêchèrent pas néanmoins de prendre une part active aux affaires politiques : il succomba avec le club des Feuillants, dont il faisait partie, et fut obligé de s'exiler, après le 10 août 1792. Il parcourut l'Angleterre, l'Allemagne, l'Italie, visita Constantinople, et revint à Venise, où il esquissa son poëme de *La Navigation*. De retour en France, en 1797, il fut poursuivi comme écrivain politique, et obligé de s'exiler de nouveau.

Après deux années passées à l'étranger, le 18 brumaire le rappela à Paris. Il connut alors La Harpe et Fontanes, et prit part à la rédaction du *Mercure de France*. La vie calme et assise ne convenait pas à cette âme aventureuse, que le besoin de mouvement et d'action tourmentait incessamment. Il accompagna le général Leclerc à Saint-Domingue, revint occuper une place au ministère de l'intérieur, et repartit bientôt pour la Martinique avec l'amiral Villaret-Joyeuse. Il ne se fixa à Paris qu'en 1805 : ce fut en cette année que parut le poëme de *La Navigation*. Esménard était poëte à la manière de Delille, versificateur harmonieux, pur, correct, aux périodes sonores, mais sans verve, sans enthousiasme, sans poésie véritable. Quoi qu'il en soit, son poëme remua le monde littéraire, et le succès en fut assez grand pour valoir plus d'une haine à son auteur. En 1808 il fit jouer à l'Opéra sa tragédie de *Trajan*, qui obtint quelque succès, grâce au gouvernement et aux circonstances. L'année suivante, il donna au même théâtre, en société avec Jouy, *Fernand Cortès*. Censeur des théâtres, censeur de la librairie, chef de la première division de la police, il fut nommé à l'Institut en 1810. Plus tard, l'empereur l'exila, à cause d'un article inséré dans le *Journal des Débats*, alors *Journal de l'Empire*, dirigé contre un agent du cabinet de Saint-Pétersbourg. Après trois mois passés en Italie, il fut rappelé en France. A quelques kilomètres de Naples, aux environs de Fondi, comme sa chaise de poste, entraînée par les chevaux, menaçait de rouler dans un précipice, il s'élança sur la chaussée de la route, et sa tête porta contre l'angle d'un rocher : il mourut des suites de sa blessure, le 25 juin 1811, laissant une gloire littéraire qui ne justifie ni l'envie ni la haine qu'il souleva de son vivant. Jules Sandeau.

ESNEH, petite ville de la haute Égypte, sur la rive gauche du Nil, à 44 kilomètres de Thèbes, et siége d'un évêché copte, avec une population de 4,000 habitants, dont environ 1,500 coptes. Excepté sa partie centrale, qui présente quelques maisons assez bien construites, et une grande place ornée de bâtiments en briques colorées, le reste est aussi mal bâti que dans les autres villes du pays. Les voyageurs y admirent un portique de 24 colonnes, regardé comme l'un des plus beaux monuments d'un pays si riche en merveilles de ce genre. C'était un des édifices publics de l'ancienne *Snè*, la *Latopolis* des Grecs; il sert aujourd'hui de magasin de coton. Son plafond présente un zodiaque, que Champollion jeune regarde comme le plus moderne de tous ceux de l'Égypte.

Esneh possède quelques fabriques de beaux tissus de coton et de mélayehs, sortes de châles; des fours à poterie et des pressoirs à huile. Sa position sur la route des caravanes du Sennâr et son voisinage de la Nubie y donnent lieu à un commerce assez actif. Il s'y tient un marché de chameaux, renommé dans toute l'Égypte.

A quelque distance, au nord, on voit les ruines d'un autre temple, dans lequel se trouve aussi un zodiaque, moins bien conservé cependant que le précédent. Près de là, au sud-est, on découvre le village d'*El-Kab*, avec les hypogées si intéressants de l'ancienne *Eileythya*, les ruines d'un temple périptéral et les murailles assez bien conservées, de l'ancienne ville.

ÉSOCES, deuxième famille des poissons malacoptérygiens abdominaux de Cuvier. Elle a pour caractères : mâchoires garnies de fortes dents; orifice des opercules très-grand; pas de nageoire adipeuse, la dorsale en dessus de l'anale; intestins courts et sans cæcum. Les principaux genres de cette famille sont les brochets, les exocets, les orphies, etc.

ÉSON (en grec Αἰσών), fils de l'héroïne Tyro et de Créthée, roi d'Iolchos, en Thessalie, et époux d'Alcimède, fut le père de Jason. Éson ayant été détrôné par Pélias, son propre frère, dont il était l'aîné, Jason, qu'Alcimède venait de mettre au jour, faillit être mis à mort par l'usurpateur. Heureusement il s'était hâté de soustraire ce frêle rejeton à l'ambition de son frère, en le cachant dans l'antre de Chiron. Le scoliaste d'Homère veut qu'Éson ait été jusqu'à sa mort possesseur paisible de la couronne d'Iolchos. Il prétend que ce prince, près d'expirer, confia Jason, enfant, à la tutelle de Pélias, son frère. D'après cette tradition, Éson serait mort longtemps avant l'expédition des Argonautes. Valerius Flaccus, Diodore de Sicile, Apollodore et Tzetzès s'accordent à peu de chose près entre eux sur les événements et les catastrophes de son règne. Selon ces critiques, Alcimède se serait percé le cœur, ou se serait pendue, pour ne pas tomber vivante dans les mains de Pélias. Nous suivrons l'opinion la plus commune, celle d'Euripide et d'Ovide; la voici : Éson, accablé de vieillesse, ne put assister aux fêtes que donna la Thessalie, dans l'exaltation de sa joie du retour inespéré de Jason et de l'expulsion de Pélias. Jason n'eut pas de peine à engager son épouse Médée à rendre à son père la fleur de ses années. Les larmes aux yeux, elle se souvint du vieil Ætès son père, rassembla toutes les ressources de son art, dressa deux autels, un à Hécate, divinité infernale, et l'autre à Hébé (la Jeunesse), et entre deux fosses pleines de sang d'une brebis noire, égorgea le vieillard que ses charmes avaient endormi; puis, par la plaie, transfusa le suc de diverses herbes de la Thessalie, qu'elle avait fait bouillir. Le cadavre décharné du vieillard se ranime peu à peu; il se relève jeune homme, conservant, par une faveur spéciale des dieux, le plus précieux trésor de la vieillesse, l'expérience. Denne-Baron.

ÉSOPE, le fabuliste, naquit en Phrygie : il vivait cinq siècles et demi avant J.-C., et fut contemporain des sept sages de la Grèce, de Sapho, de Crésus, de Pisistrate, etc.; il passa les premières années de sa vie dans la servitude à Athènes, chez Démarque, et à Samos, chez Xanthus et Iadmon. Suivant Hérodote, il servit ce dernier maître avec la célèbre courtisane Rhodopis, qui devait plus tard, à cause de sa beauté, devenir l'épouse du roi d'Égypte Psammétique. Ésope sut se concilier l'affection de Iadmon par la sagesse de sa conduite, ses reparties spirituelles, et le talent avec lequel il présentait ses leçons de morale, sous la forme d'apologues : aussi obtint-il en récompense la liberté. Il passa alors de Samos dans l'Asie Mineure, et à Sardes, auprès de Crésus, dont il posséda plusieurs années la faveur. Plutarque rapporte que le fabuliste dit à Solon, qui venait visiter ce prince : « Solon, il faut, ou ne jamais approcher des rois, ou ne leur dire que des choses agréables, — Dites plutôt, répondit Solon, qu'il faut, ou ne pas les approcher, ou ne leur dire que des choses utiles. »

Plus tard, Ésope fut envoyé par Crésus en Grèce; il assista, suivant Plutarque, au banquet des sept sages, qui eut lieu chez Périandre, tyran de Corinthe, l'un d'entre eux. Ce fut probablement dans ce même voyage qu'il chercha à faire supporter plus patiemment aux Athéniens la domination de Pisistrate, en leur racontant la fable des *Grenouilles qui demandent un roi*. Enfin, il se rendit à Delphes, où il devait, d'après l'ordre de Crésus, offrir un grand sacrifice à Apollon, et donner à chaque habitant une somme considérable. Mais, indigné de la cupidité et de la perfidie des Delphiens, il renvoya à Crésus l'argent qu'il devait distribuer, et blessa vivement leur amour-propre en leur appliquant la fable des *Bâtons flottants*. Irrités de cette raillerie, ils résolurent de se venger : ils cachèrent dans les bagages d'Ésope une coupe d'or qui appartenait au trésor du temple. Accusé de l'avoir dérobée, Ésope fut poursuivi, fouillé, déclaré coupable, et condamné à être précipité, comme sacrilége, du rocher Hyampéen. Cette action attira sur les Delphiens le courroux des dieux : ils furent affligés de la peste et de la famine, et l'oracle déclara qu'ils ne seraient délivrés de ces fléaux que lorsqu'ils auraient expié leur crime. Ils firent donc plusieurs fois demander par des hérauts publics s'il existait quelqu'un qui voulût poursuivre la vengeance de la mort d'Ésope. Enfin, il se présenta, pour recevoir satisfaction, un fils de Iadmon, de qui Ésope avait été esclave, et les Delphiens, s'étant acquittés envers lui, furent délivrés de la peste et de la famine.

Tels sont les faits de la vie d'Ésope qui sont garantis par des auteurs anciens. On trouve en tête de la plupart des recueils des fables qu'on lui a attribuées sa vie, qu'on croit généralement de Maxime Planude, écrivain grec du quatorzième siècle, mais qui ne peut être de lui, puisqu'elle fait partie d'un manuscrit du douzième. Cette vie se compose de traditions anciennes, choisies sans aucune critique, entremêlées de contes absurdes et pleines d'anachronismes. Phèdre et Agathias nous apprennent qu'on avait placé à Athènes la statue d'Ésope auprès de celles des sept sages; et Visconti cherche à établir, dans l'*Iconographie grecque*, que sa figure nous est parvenue représentée par un buste bossu par derrière et par devant, le ventre gonflé et la tête pointue.

Ésope n'est pas l'inventeur de l'apologue, puisqu'on en trouve des exemples dans les livres de l'Ancien Testament, dans le poëme d'Hésiode intitulé *Les Œuvres et les Jours*, et qu'Archiloque, Stésichore, Alcée, en ont aussi inséré dans leurs poésies. Mais il a cultivé ce genre de composition avec une facilité inconnue jusqu'à lui; il a déployée dans l'invention de ses fables, dans leur à propos, dans la justesse de leur application, un génie si admirable, que les Grecs lui donnèrent le nom de *fabuliste par excellence*, et lui attribuèrent toutes celles qui avaient été inventées avant lui. Quelques savants critiques, Bentley entre autres, ont prétendu qu'Esope n'avait pas écrit ses fables, et qu'elles n'étaient connues que par tradition; cependant, Aristophane, Platon, Aristote, en citent quelques-unes, et la manière dont ils s'expriment, ne semble pas donner beaucoup de poids à cette hypothèse. Quoi qu'il en soit, le livre d'Esope n'est pas arrivé jusqu'à nous, et la nature même de ses compositions ne permettait pas qu'elles nous parvinssent intactes. Le recueil authentique de ses apologues, s'il a jamais existé, devait s'altérer par les additions et les changements.

Démétrius de Phalère, qui vivait environ 250 ans après Ésope, c'est-à-dire trois siècles avant J.-C., fit le premier un recueil de fables attribuées à l'esclave phrygien. Environ trente ans avant notre ère, Babrias ou B a b r i u s, ayant mis en vers grecs un certain nombre de fables d'Esope, fit oublier les recueils en prose. Mais au bout de quelques siècles, lorsque le goût se fut altéré, et qu'on ne sut plus apprécier l'harmonie des vers de Babrias, des écrivains sans mérite remirent en prose ces petits poëmes, et remplacèrent par des expressions nouvelles et des locutions triviales, mieux comprises de leurs contemporains, les termes anciens, mais choisis, de Babrias. C'est ainsi que l'ouvrage du poëte s'est perdu; il ne nous en reste que quelques fragments : nous avons à la place des recueils de fables dites d'*Esope*, en mauvaise prose grecque du Bas-Empire, où l'on retrouve cependant quelquefois les membres épars du poëte (*disjecti membra poetæ*). On doit surtout attribuer cette perte à Ignatius Magister, qui eut la malheureuse idée de réduire toutes les fables de Babrias à quatre vers iambiques, quels qu'en fussent le sujet et l'étendue; et ce tour de force, conforme au goût du temps (c'était au neuvième siècle), fut assez bien accueilli pour supplanter l'élégant recueil de Babrias. Cinquante-quatre fables rédigées de la sorte par Ignatius sont parvenues jusqu'à nous. Les bibliothèques contiennent en manuscrits plusieurs collections de fables ésopiques en prose; elles ont toutes un fonds commun, mais six d'entre elles présentent des différences notables, et sont connues sous les noms de *Recueils* de Florence, de Paris, de Planude, de Heidelberg, d'Augsbourg et du Vatican. Le premier et le plus ancien ne paraît pas remonter au-delà du douzième siècle. La première édition grecque des fables dites d'*Esope* est due à Buonacorso de Pise, qui publia vers l'an 1479 le recueil de Planude; Robert Estienne fit paraître en 1546 ce même recueil de Planude d'après un manuscrit de Paris. Nevelet mit au jour en 1610 le recueil de Heidelberg; Rochefort fit connaître en 1789 celui de Paris; Furia publia en 1809 ceux de Florence et du Vatican, et J.-G. Shneider celui d'Augsbourg en 1812. Outre ces éditions, nous devons mentionner encore celle de Schœfer, qui a paru à Leipzig en 1810, et celle que le savant Koraï publia à Paris la même année, et qui fait partie de sa *Bibliothèque grecque*.

Parmi les autres personnages de l'antiquité qui ont porté le nom d'*Esope*, le plus connu est l'acteur tragique, contemporain et ami de Cicéron, auprès de qui l'orateur allait s'instruire dans l'art de déclamer. Cet Esope est cité par Pline l'ancien, Valère-Maxime et Macrobe, à cause du luxe de sa table, et l'on rapporte qu'il fit un jour servir dans un festin un mets qui lui coûtait 10,000 fr. : c'était un plat de terre rempli d'oiseaux qui avaient appris à parler et à chanter. Horace nous dit aussi que le fils d'Esope, comme C l é o p â t r e, fit dissoudre dans du vinaigre et avala une perle de grand prix qu'il avait enlevée de l'oreille de Metella, sa femme ou sa maîtresse. L. VAUCHER.

ÉSOTÉRIQUE (du grec ἔσω, au dedans), le contraire d'*exotérique* ou *extérieur* (ἔξω, au dehors). Ce dernier mot se dit proprement de la doctrine et des ouvrages des anciens philosophes, qui étaient à la portée de toutes les classes d'auditeurs ou de lecteurs, par opposition à la doctrine *ésotérique*, ou *secrète*, qu'ils ne communiquaient qu'à des disciples de choix : ainsi, P y t h a g o r e, qui fonda à Crotone une sorte de congrégation philosophique, dans le but de perfectionner les habitudes intellectuelles, religieuses et morales, avait encore des vues politiques qu'il n'avouait pas. Cette dernière prétention causa la ruine de la société, vers 500, et la mort du fondateur. L'enseignement des *frères de la Rose-Croix* était aussi *ésotérique*. DE REIFFENBERG.

ESPACE, *spatium*, dont la racine originaire est *patere*, s'étendre, désigne en effet l'é t e n d u e. C'est le *lieu des corps*, qui ont longueur, largeur, profondeur, en toutes dimensions quelconques. Quoique, par lui-même l'espace ou le lieu n'ait pas de parties séparées, il donne place à toute substance limitée, il signale leurs existences réciproques; et quoiqu'il soit immobile, qu'il n'ait ni haut ni bas dans son immensité, il laisse carrière à tous les mouvements des matières contenues dans son ample sein. L'espace est donc tout par son étendue, mais n'est rien corporellement. C'est en quoi se trompaient les cartésiens, qui, attribuant l'étendue à la matière seule comme propriété, se trouvaient forcés de n'admettre aucun espace vide ou libre au delà des corps, et de regarder comme plein de quelque matière, si raréfiée fût-elle, tout l'univers. Il s'en est suivi cette difficulté insoluble, que si tout était privé de vide, aucun corps ne pourrait changer de place :

> Que Rohault vainement sèche pour concevoir
> Comment, tout étant plein, tout a pu se mouvoir.

Les épicuriens, à cet égard meilleurs physiciens, établissaient le vide et les atomes :

> Tum porro locus ac spatium quod inane vocamus
> Si nullum foret, haud usquam sita corpora possent
> Esse, neque omnino quaquam diversa meare.
>
> (LUCRET., I, I.)

On a prouvé d'ailleurs qu'il fallait quelque espace libre pour commencer le mouvement, puisque la matière, qui par son essence, est impénétrable, ferait obstacle à ce qu'un autre vînt prendre sa place. De même qu'on peut comprimer l'air dans un fusil à vent, et qu'avec la machine pneumatique on peut purger presque entièrement d'air une cloche de verre, il faut bien qu'il y ait possibilité du vide dans la nature, quoiqu'elle aspire à le remplir, suivant l'axiome ancien, *natura abhorret a vacuo.*

L'espace en lui-même est donc tout autre chose que les corps tangibles ou apercevables à nos sens. Son unique propriété consiste dans la capacité de recevoir, comme lieu disponible, des matériaux ou corps, et de leur donner la parfaite liberté de s'y étendre et de s'y mouvoir à toute distance. C'est au sein des vastes espaces célestes que roulent les astres et s'étendent les mondes. Ainsi, quoiqu'on ait dit que l'espace en lui-même étant le *vide*, la *négation des corps*, le *néant*, n'était rien, on ne saurait nier cependant qu'il existe, et qu'il ne pourrait pas même être anéanti, quand tous les astres et les mondes qui le peuplent seraient abolis et disparaîtraient par la puissance divine. On conçoit la permanence indestructible de l'espace ou de la place qu'occupaient ces mondes; on conçoit même parfaitement qu'au delà de ces mondes, s'ils sont limités en nombre, s'ils cessent quelque part, que l'espace reste au contraire sans fin, sans limites possibles dans la pensée : il est inabolissable.

Mœnia mundi
Discedunt; totum video per inane geri res.
(LUCRET. l. III.)

Les physiciens et astronomes se sont, avec raison, occupés des propriétés de ces espaces immenses dans lesquels semblent nager tant de soleils fixes et d'astres à révolutions plus ou moins étendues et régulières. En effet, ces intermondes, ces milieux sont-ils entièrement vides, sont-ils remplis de quelques fluides imperceptibles à la vue? Certainement, ils sont traversés par les milliards de rayons lumineux dont les infinies flèches d'or se croisent sans cesse en tous sens; et cette joûte éternelle dans les cieux, en y répandant la clarté, doit y semer également la chaleur, les éléments de fécondité et de vie qui se réfléchissent à la surface des planètes. Cette lumière qui descend des étoiles si lointaines, et qui voyage des années entières pour arriver jusqu'à nos yeux, tombe sur eux aussi distincte, aussi éclatante que celle de nos flambeaux; il faut donc que les milieux célestes ne lui présentent aucune puissance réfractive, aucun élément dense à traverser. L'imagination ne fait plus les frais des cieux de cristal supposés par les anciens. On a voulu chercher cependant si les espaces célestes étaient assez exempts de toute matière capable de retarder plus ou moins la marche des grandes sphères dans leurs orbites autour du soleil. Pour qu'il n'y eût aucune résistance possible, il faudrait un vide absolu; s'il y a quelque ralentissement dans la course observée, il doit provenir d'un obstacle causé par un fluide quelconque. C'est ce qu'a fait voir la comète de Encke. Son orbite, calculé dans ses fréquents retours depuis 1795 à ses diverses apparitions, en 1805 et autres, en 1819, en 1825, en 1828, a prouvé par ses retards *qu'il y a un milieu résistant dans les espaces célestes.* L'ancienne opinion de l'existence d'un *éther*, d'un fluide extrêmement raréfié dans les espaces, est donc aujourd'hui appuyée sur ces observations.

De même, on a cherché quelle pouvait être la température des espaces célestes. Comme on voit augmenter le froid à mesure qu'on s'élève sur les hautes montagnes et près des pôles, on a été porté à penser qu'au delà de notre atmosphère le froid devait être beaucoup plus rigoureux encore; on en a conclu d'abord que les espaces célestes devaient avoir pour température *un froid absolu.* Toutefois, on ne peut admettre cette conclusion, si d'abord l'absence de toute chaleur ne peut être déterminée d'une manière *absolue;* ensuite, on ne peut pas supposer que des espaces traversés sans cesse par tant de rayons lumineux et calorifères des astres demeurent nécessairement froids. Poisson, d'après quelques calculs sur la théorie de la distribution de la chaleur, après Fourier, pense que la chaleur moyenne des espaces célestes s'éloigne peu de celle propre à la surface terrestre (indépendamment des rayons du soleil). Rien ne s'oppose d'ailleurs dans ces vastes espaces libres à l'expansion de tous les fluides incoërcibles, tels que l'électricité, le magnétisme, et peut-être de beaucoup d'autres qui sont hors de la portée de nos sens et de nos instruments. Il n'est point à croire que dans l'immensité des éléments et des sphères innombrables qui peuplent l'empyrée tout soit de même nature qu'à la proximité de notre imperceptible planète, si reculée, si perdue dans cet océan de toutes choses.

Il faut reconnaître encore, soit par les atmosphères des comètes à queue et à longue chevelure qui se dispersent dans les cieux, soit par celle du soleil qui constitue la lumière zodiacale, soit peut-être encore par la formation des astéroïdes (Cérès, Pallas, Junon, Vesta), par celle des bolides enflammés ou des aérolithes, qu'il doit flotter dans les vastes espaces des cieux des substances gazeuses bien au delà de notre atmosphère. Les planètes, en roulant dans ces campagnes éthérées, attirent sans doute à elles, sur leur noyau primitif, ces matériaux qui les grossissent, comme on voit les poussières accumulées former des couches concentriques de terrains qui s'exhaussent. C'est ainsi que, selon l'hypothèse de Laplace, l'atmosphère solaire, jadis extraordinairement dilatée, a servi à former les planètes de notre système. Celles-ci, en roulant dans leurs orbites, y ramassaient, par la force attractive de leur masse, les éléments épars de ce vaste tourbillon, et d'autres petits noyaux, détachés d'un plus gros, circulaient en satellites autour de leur principale planète dans le même ordre.

Et cette hypothèse ne paraît pas si dépouillée de toute vraisemblance quand on considère, avec W. Herschell, que dans la voie lactée, par exemple, les plus puissants télescopes découvrent une foule incalculable de petits soleils rapprochés, ou plutôt des étoiles dites *nébuleuses*, qui semblent être encore la matière lumineuse de ces astres à l'état épars. Ce sont, s'il est permis de le dire, des soleils qui se constituent, ou le chaos qui se régularise par l'attraction des éléments. Au lieu de remplir les espaces, comme on peut le supposer dans l'origine des siècles et des mondes, les matériaux de ces énormes sphères tendent à s'agréger, à se grouper en systèmes, non moins qu'il en arrive dans nos combinaisons chimiques, où il se forme des précipitations et des cristallisations par l'attraction moléculaire. Dans le grand univers, comme dans le plus petit espace, la nature doit être toujours conforme à ses lois générales : *natura semper sibi consona.*

Est-il vrai, de plus, que notre terre ne reçoit aucune autre influence des espaces célestes qu'elle parcourt, que celles de la lumière et de la chaleur, comme on s'est empressé de l'affirmer? N'est-elle pas pénétrée de ces forces d'attraction et de ces fluides vivifiants, électro-magnétiques, etc.? Les comètes enflammées ne lancent-elles point du calorique et peut-être d'autres effluves dans le voisinage des sphères entre lesquelles elles passent?

Conçu hors de notre vue et de nos plus puissants télescopes, au delà des soleils et des mondes de l'empyrée, l'espace ne peut être limité par rien; il est nécessairement imbornable, sans termes ni mesure possibles. C'est bien de lui que Pascal a pu dire, comme de Dieu même, qu'*il est une sphère infinie dont le centre est partout et la circonférence nulle part.* Cet indéfinissable abîme, qui ne cesse pas même au delà de l'universalité des choses, ce vague ténébreux dans lequel se perdent les étoiles et viennent expirer leurs rayons, est un fait qu'on ne saurait exclure de la pensée humaine, lors même qu'elle recule d'effroi de s'y laisser engloutir. Mais, a-t-on dit, ce sont des espaces *imaginaires*, et dont s'est moquée même la philosophie : *num detur chimæra combinans in vacuo?* L'espace et le temps, dans leur infinité, ne sont que de pures relations ou abstractions, comme le pensait Leibnitz. Cependant, de ce que notre intelligence limitée ne saurait concevoir toute l'immensité, soit de l'espace, soit du temps, il ne s'ensuit aucunement que leur infinité ne soit pas une vérité. C'est ce que démontre solidement Clarke contre Leibnitz. L'espace, *en étendue*, le temps, *en durée*, sont deux modes ou manières d'être de l'infini; leurs parties ou fractions, soit passées, soit présentes, soit à venir, sont inséparables d'un tout. En effet, l'espace pur, étant partout également pénétrable, ne présente qu'une continuité sans fin. Une ligne droite, si vous la poussez à l'infini, dit Galilée, ne peut être conçue dans l'immensité que comme une courbe éternelle, recevant la propriété du cercle ou de la sphère en tous sens.

Tout être se trouvant nécessairement compris dans l'espace et la durée, ceux-ci deviennent les modes de son existence. Ainsi, l'*espace pur*, le *temps*, également éternels, immuables par leur nature, subsistent par eux-mêmes, n'y eût-il aucun univers, aucune matière; ils sont des attributs de l'être nécessaire ou de Dieu. Telle fut la doctrine développée par Samuel Clarke, et proposée par Newton. Malebranche avait dit que *Dieu est le lieu des esprits comme l'espace est le lieu des corps*; de même que la lumière d'un flambeau est absorbée dans l'immense éclat des rayons du soleil, pareillement l'intelligence de l'homme n'est par rapport à la Divinité que comme un point dans l'infinité, un instant dans l'éternité. Toutefois, cette doctrine d'un espace réel, absolu, externe à toutes choses, a conduit ces philosophes à conclure que Dieu lui-même est l'espace (le *sensorium* de Dieu selon Newton). Alors nous serions dans Dieu, nous ferions partie de son être, suivant la doctrine ancienne des stoïciens et du panthéisme. *In deo vivimus, movemur et sumus*, disent Aratus et l'apôtre saint Paul. Tel est aussi ce vers de Lucain :

Jupiter est quodcumque vides, quocumque moveris.

Il est certain que les mathématiciens, les astronomes, les physiciens, les naturalistes, sont toujours en présence de cette immensité des espaces dont ils étudient des parties ou des fractions transitoires. Ils ne peuvent voir le fini que dans l'infini; c'est le charme de leur vie et le désespoir de leur pensée. Il prouve et notre grandeur et notre néant. En effet, les attributs incommunicables de la Divinité ne paraissent convenir qu'à l'espace pur, comme l'infinité, l'immutabilité, l'indivisibilité, les facultés d'être incorporel, incréé, impassible, sans commencement ni fin. Cependant il faudrait considérer que ces propriétés négatives peuvent également s'approprier au vide, au néant : ainsi, le néant n'a point de bornes, ne peut être ni mu, ni changé, ni divisé, ni créé, ni détruit; c'est le rien. Aussi des philosophes allemands modernes, suivant la *Philosophie de la nature* de Schelling, établissent que Dieu est le néant de la matière, ou son absence. C'est le contraire, à cet égard, de la philosophie panthéistique, depuis Xénophane jusqu'à Spinosa, puisque ces philosophes confondaient Dieu et la matière, l'ouvrier et l'ouvrage. Or, la matière ne doit pas son étendue à sa propre essence, mais à l'espace qu'elle occupe. Elle est dans Dieu dont elle émane, mais elle n'est pas Dieu.

J.-J. VIREY.

ESPADON. Ce mot dérive de l'augmentatif italien *spadone*, grosse épée : ce dernier substantif avait lui-même pour augmentatif le mot *spadone à due mani*, épée à deux mains, ou épée d'armes. Cette synonymie, établie par quelques écrivains, a occasionné plus d'une erreur, car l'acception de ces termes n'a pas été toujours la même. L'épée à deux mains, arme d'estoc, dont on se servait sous Philippe le Bel, comme le témoigne l'édit de ce monarque (*Cérémonies des gages de bataille*), était une longue lame pointue, avec garde ou poignée ayant, au lieu de pommeau, ou au delà du pommeau, un pivot qui entrait dans une virole du plastron de la cuirasse de fer plein; cette poignée était garnie de deux coquilles à 19 ou 22 centimètres de distance; chacune d'elles garantissait une des deux mains du guerrier : c'était ainsi une espèce de lance courte dont se servaient, à pied, des chevaliers armés de pied en cap. Un autre genre d'épée à deux mains, ou épée de rempart, était plus conforme à ce qu'on a appelé *espadon* : elle avait pour garde une longue et forte croisette; sa large lame était à deux tranchants; c'était surtout une arme de taille.

La *colismarde* était une modification de l'espadon : aussi les Anglais nomment ils l'une et l'autre *broad sword*, large épée. La *flamberge*, ou *grande flambe*, était un espadon. Il y a des espadons dont la lame est armée de deux dents ou crocs, qui y sont situés presque perpendiculairement à quelques centimètres de la poignée; la destination de ces deux dents s'explique par le nom d'*épée* à deux mains, la main droite tenant la poignée, tandis que la main gauche tenait la lame en avant de la poignée, et ayant pour croisette ou pour garantie les dents, qui étaient comme une double garde; ces sortes d'espadons étaient trop lourds pour être maniés autrement. Il y avait des espadons à lame flamboyante; on en voyait de ces diverses espèces à Jend'heurs, chez le maréchal Oudinot : un d'eux porte le millésime de 1201 ; les plus longs ont une lame de $1^m,35$, qui a dans sa plus grande largeur $0^m,055$; mais dans d'autres cabinets il en est conservé d'une dimension bien plus grande. La poignée des espadons n'était qu'à simple croix, sans garde, comme celle des épées dont on s'escrimait en manière de lance.

Machiavel nous montre l'infanterie suisse ayant un espadon attaché sur le dos, outre l'épée à la ceinture : de là vient que dans les corps de cette milice, qu'on nommait *enseignes*, on appelait également *espadons* ou *hallebardes* les hallebardiers armés d'espadon. Ces derniers avaient aussi la dénomination de *joueurs d'épée*, comme les désigne le comte Philippe de Ségur. C'étaient des hommes d'élite; ils composaient l'infanterie légère des piquiers; leur rôle était de s'élancer du sein du hérisson qui les renfermait, pour disperser ou achever les ennemis qui avaient insulté sans succès, le carré. Les unes ou les autres de ces armes étaient mises en mouvement à l'instant des charges de cavalerie exécutées contre les enseignes; les piques, au contraire, restaient immobiles. Les Suisses jouèrent surtout de la grande épée à Grandson et à Morat : « Leurs espadons, dit l'*Encyclopédie*, y triomphèrent de la grosse artillerie et de la gendarmerie de Bourgogne. » L'escrime ou les coups d'espadon s'exprimaient alors en un langage maintenant oublié : c'étaient l'estoc, le faux montant, le moulinet, le plat, le revers, la taille, le tors, etc. Les hallebardiers suisses de Rome ont encore l'espadon, et des armes de ce genre ornent en quantité l'arsenal de Berne.

L'exercice connu en Bretagne et à Rouen sous le nom de *jeu de bâton*, ou *art du bâtonniste*, et à Paris sous le nom de *jeu de canne*, est une trace de l'ancien maniement de l'espadon à deux mains, quand on s'en servait à pied. Cette escrime de l'ancien bâton d'armes, escrime plus savante qu'on ne le croit, et dont les principes sont analogues à ceux que professent les maîtres d'armes, se compose de coups presque tous doubles, accompagnés chacun de sa parade; leur rapidité est telle, qu'un bâtonniste porte ou tire plus de 100 coups à la minute.

De l'usage de l'espadon, passé de mode depuis longtemps, il reste le *demi-espadon*, que sous l'empire les maîtres d'armes et prévôts de régiment d'infanterie étaient autorisés à porter au lieu du briquet. Si l'on se sert encore du terme *espadon*, c'est dans le sens qu'avait le mot latin *rudis*, baguette d'escrime, d'où est venue l'expression *ars rudiaria*, escrime d'espadonneur, ou art d'espadonner. Cet art, qui se démontre avec le panier, consiste à porter surtout des coups de taille. Dans le siècle dernier il n'était enseigné que par les maîtres d'armes des régiments français; il ne se démontre plus guère maintenant que dans les écoles et universités d'Allemagne. Gal BARDIN.

ESPADON (*Ichthyologie*). Ce nom et celui *d'épée de mer* s'appliquent à un poisson de la famille des scombéroïdes, et rappellent le trait le plus frappant de sa configuration, savoir : le prologement de son museau en une lame comprimée, tranchante des deux côtés, terminée en pointe aiguë, semblable, en un mot, à une lame d'épée ou de sabre. Le corps de l'espadon est allongé, fusiforme, rond de l'arrière, et un peu comprimé à la région pectorale. La nageoire pectorale, longue et en faux, est attachée si bas qu'on pourrait la prendre pour une ventrale. Cette seconde nageoire n'existe pas. La dorsale s'élève sur la nuque par une pointe très-haute, puis il vient un nombre assez considérable de rayons très-bas, et enfin sur le dos de la queue les derniers rayons relèvent un peu. Cette nageoire ainsi composée dans les jeunes sujets occupe donc toute la longueur du dos; mais dans l'adulte les rayons mitoyens s'usent et finissent par s'effacer, de sorte qu'il ne reste plus que les rayons antérieurs et postérieurs, qui semblent représenter alors deux nageoires. L'anale, quoique plus courte, a les mêmes formes que la dorsale; la caudale est profondément divisée en deux lobes aigus et taillés en faux. Le corps de l'espadon est couvert d'une peau rude, qui est même hérissée de petits tubercules sur les jeunes sujets; mais ces aspérités disparaissent avec l'âge. Les couleurs de ce poisson sont le bleu noirâtre sur le dos, et le blanc argenté très-brillant sous le ventre. L'espadon devient énorme; car il n'est pas rare d'en voir de 4 mètres, et l'on en cite de 6 à 7 mètres de longueur et du poids de 150 à 200 kilogrammes.

La chair de l'espadon, quoique sèche, est d'assez bon goût, et se rapproche de celle du thon, avec lequel ce poisson a d'ailleurs de nombreux rapports de conformation. C'est principalement autour de la Sicile que l'on pêche l'espadon, quand il arrive avec les bandes de thons de l'Atlantique, où on le trouve jusqu'au cap de Bonne-Espérance. Il est encore assez commun sur les côtes d'Espagne, et il s'avance même sur celles de France et d'Angleterre. On le prend dans la mer du Nord et dans la Baltique; mais il ne paraît pas dépasser la Suède méridionale.

On croit que les espadons marchent ordinairement par paires. Ils nagent avec rapidité, et poursuivent les navires en marche de manière à se lancer sur leur coque et à la percer de leur *bec*, dont on trouve fréquemment des fragments dans les carènes des bâtiments abattus en radoub. On prétend que l'espadon livre des combats opiniâtres à la baleine, au requin.

On ne connaît qu'une seule espèce de ce genre, désigné par les ichthyologistes sous le nom de *xiphias*.

ESPAGNE, royaume d'Europe, dans la Péninsule pyrénéenne, borné au nord par le golfe de Biscaye et par la France, à l'est par la Méditerranée, au sud aussi par la Méditerranée, par le territoire et le détroit de Gibraltar et par l'océan Atlantique, à l'ouest par le royaume de Portugal et encore par l'océan Atlantique. Il s'étend du 36° au 43° 46' de latitude septentrionale, et du 11° 36' de latitude occidentale au 1° 0' de longitude orientale, en comprenant une superficie totale evaluée, d'après les plus récentes opérations géométriques, à 14,855 *leguas* carrées.

La Péninsule pyrénéenne, dont l'Espagne occupe la plus grande partie, forme un carré irrégulier, dont les côtés regardent à peu près les quatre points cardinaux, que la mer n'échancre que d'une manière insensible, et qui se compose presque entièrement d'un pays haut, dont le centre est un vaste plateau, s'abaissant en terrasses successives du nord au sud jusqu'à la vallée de l'Andalousie, tandis que la pente en est peu sensible, bien que continuelle, dans la direction de l'est à l'ouest jusqu'à l'océan Atlantique; entouré d'ailleurs, au nord et au midi, d'une épaisse ceinture de montagnes, et traversé à son centre par des chaînes courant toutes dans la direction de l'est à l'ouest. Le versant oriental de ce plateau, au contraire, est formé moins par des chaînes que par une pente abrupte envoyant de nombreuses ramifications vers les côtes basses et unies de Valence et de Murcie, sur les bords de la Méditerranée. La base de ce plateau est, au nord, la grande chaîne de montagnes qui, dans la direction de l'ouest à l'est, s'étend depuis le cap Finistère, extrémité nord-ouest de la Péninsule pyrénéenne, sur un développement total de 91 myriamètres, jusqu'au cap-Creuz qui en est l'extrémité nord-est, en formant le versant nord de l'Espagne du côté du golfe de Biscaye et de la France. On divise cette chaîne en partie orientale et partie occidentale. Celle-ci, généralement désignée sous le nom de *monts Cantabres*, couvre, au moyen de ramifications décrivant les sinuosités les plus tourmentées, la Galice, province située à l'extrémité septentrionale de l'Espagne. Elle se dirige ensuite à l'est, à travers l'Asturie, région septentrionale du royaume; puis encore à travers le royaume de Léon, la Vieille-Castille et les provinces Basques, jusqu'à l'angle sud-est du golfe de Biscaye; et de là, toujours dans la même direction, sous la dénomination de Pyrénées, jusqu'à la Méditerranée, en servant de frontières à l'Espagne et à la France. Cette chaîne des *monts Cantabres*, composée de plusieurs groupes dont les ramifications portent des noms différents, atteignant et même parfois dépassant la limite des neiges éternelles, présente une crête d'une altitude variant entre 1,300 et 2,000 mètres, et s'abaisse vers le nord jusqu'au golfe de Biscaye en une suite de terrasses à base granitique, abruptes et extrêmement accidentées, desquelles se détachent parfois de petites plaines de la nature de celles qu'on rencontre aux approches des côtes. Au sud, au contraire, elle s'appuie sur le grand plateau du royaume de Léon et de la Vieille-Castille, d'une élévation variant entre 650 et 850 mètres, bassin du Duero, contrée nue, aride, parsemée de blocs de rochers et de cailloux enroulés, offrant toute l'apparence des steppes, dont le niveau uniforme n'est que fort rarement interrompu par de minimes ondulations du sol, et n'offre presque point de vallées de quelque étendue. C'est seulement plus à l'ouest, surtout en Portugal où le bas Duero et ses affluents creusent de plus profonds sillons de vallées, que ce plateau continu se trouve séparé par ces différents cours d'eau en divers plateaux secondaires, auxquels leur abaissement abrupte du côté de l'Atlantique donne l'apparence de montagnes. Par contre, à l'extrémité orientale du plateau de la Vieille-Castille, le sol est d'une nature bien plus accidentée. Il s'y élève peu à peu, au nord-est, de manière à former le biez de partage entre le Duero et l'Èbre; et des chaînes, s'élevant au plus de 200 à 350 mètres au-dessus du plateau, sans pourtant constituer une montagne isolée, s'étendent dans la direction du nord-ouest au sud-est depuis le versant méridional des *monts Cantabres* jusqu'aux montagnes qui les séparent de la Vieille-Castille, en s'abaissant d'une manière plus abrupte vers la vallée de l'Èbre que du côté du plateau. Au sud, le plateau du royaume de Léon et de la Vieille-Castille est limité et séparé du plateau de la Nouvelle-Castille et de l'Estramadure par une montagne située entre cette contrée et la Castille. Cette montagne, qui s'élève insensiblement du nord, puis qui s'abaisse de la manière la plus abrupte du côté du plateau de la Nouvelle-Castille et de l'Estramadure, ne forme point un groupe isolé, mais une accumulation et une succession continue de ramifications de montagnes portant différentes dénominations, dont les masses principales s'étendent à peu près entre le 40e et le 41e degré de latitude nord, dans la direction générale de l'est à l'ouest, depuis le versant oriental du plateau jusqu'à l'océan Atlantique. Au centre, au nord de Madrid, où la montagne porte le nom de *sierra da Gua-*

darama, elle est fort étroite; mais c'est là aussi qu'elle est le plus élevée, car elle y atteint une altitude de 2,300 à 2,700 mètres. Plus on avance à l'ouest, et plus on rencontre de contreforts se rattachant au versant sud de la montagne. C'est là qu'on trouve les *sierras* si sauvages et accidentées de Gredos, de Francia et de Gata, dont la dernière se détacher du groupe principale pour se prolonger en Portugal sous le nom de *sierra Estrelha* jusqu'à l'océan Atlantique. Dans sa partie orientale, au contraire, cette montagne forme la continuation sud-est de la chaîne limitant au nord-est le plateau de la Vieille-Castille, et constitue avec lui le grand réservoir de la Péninsule et son biez de partage entre la Méditerranée et l'Atlantique. Toute cette masse montagneuse, dont les divers embranchements ont chacun leur dénomination particulière, et qui atteint jusqu'à 1,500 mètres d'élévation, est nue, peu accidentée, et n'offre guère de vallées qu'à l'est, où elle forme le pays de montagnes situé entre le sud de l'Aragon, le nord du royaume de Valence et le nord-est de la Nouvelle-Castille. De nombreuses masses montagneuses, séparées par une foule de profondes et sinueuses vallées, et dont les plus importantes sont la *sierra de Albaracin* et la *Peña Golosa*, atteignant quelquefois une élévation de 2,000 à 2,300 mètres, s'étendent jusqu'à l'embouchure de l'Èbre et près de la mer.

Le plateau de la Nouvelle-Castille et de l'Estramadure, qui constitue tant par sa position que par sa hauteur la région centrale de la Péninsule, offre en moyenne une élévation de 600 mètres, et présente tous les caractères physiques de celui de la Vieille-Castille. Des plaine sarides, poussiéreuses, pauvrement arrosées, en occupent également le centre; elles s'élèvent à l'est en constituant une région plus haute, dite crête de Cuenca, et forment par une série de steppes le versant oriental du plateau; puis, flanquées d'un grand nombre de contreforts, elles s'abaissent vers la longue et étroite plaine du royaume de Valence. Ce qui distingue, en revanche, le plateau de la Nouvelle-Castille de celui de la Vieille-Castille, c'est qu'il est moins monotone. En effet, à l'ouest on voit ses surfaces dénudées se transformer insensiblement en une crête montagneuse entrecoupée par de nombreuses vallées formant, sous diverses dénominations, le bief de partage entre le Tage et la Guadiana, dont les deux bassins composent en grande partie les plateaux de la Nouvelle-Castille et de l'Estramadure. Au sud, le plateau de la Nouvelle-Castille, est limité par les montagnes de l'Andalousie, qui, partant à l'est du plateau montagneux de Murcie, versant sud-est de celui de la Nouvelle-Castille, se prolongent le long du côté sud-est de ce dernier jusqu'à l'océan Atlantique, en s'abaissant profondément dans la vallée du Guadalquivir, pays bas de l'Andalousie. Cette montagne est au total médiocrement élevée; et dans sa partie la plus haute, sa partie orientale, appelée *sierra Morena*, son altitude ne dépasse guère 1,200 mètres. Dans sa partie supérieure, où il forme une contrée onduleusement montagneuse, le bas pays de l'Andalousie n'a, à Andujar, qu'une élévation de 100 mètres; mais au-dessous de Cordoue, et jusqu'à l'embouchure du Guadalquivir dans l'océan Atlantique, ce n'est plus qu'une vallée profonde, avec des plaines marécageuses à l'ouest, sablonneuses à l'est, dans la partie inférieure du cours du Guadalquivir. Au sud, cette vallée a pour rempart un pays haut, qui s'élève à l'est du plateau de Murcie, et se prolonge à l'ouest jusqu'au détroit de Gibraltar. Ce plateau du pays haut, composé de diverses chaînes, a son noyau dans la *sierra Nevada*, où le *Cumbre de Mulahacen* s'élève à 2,700 mètres, et le *Picacho de Veleta* à 2,600, et atteint ensuite la région des neiges éternelles, sans offrir d'ailleurs les d e n t s ou formes coniques qu'affectent en général les sommets des Alpes et des Pyrénées; de même que, faute de glaciers proprement dits, cette région est au total assez mal arrosée, et par suite nue et aride. En général le plateau de l'Andalousie s'abaisse abruptement au sud vers la Méditerranée, et n'offre qu'un très-petit nombre de plaines, tandis qu'au nord il s'abaisse en contreforts de moins en moins élevés, présentant les formes les plus diverses de même que les sites les plus ravissants; par exemple la délicieuse *vega de Granada*, qui s'abaisse insensiblement dans la vallée du Guadalquivir. Au sud-est du plateau d'Andalousie, s'élève, tout à fait isolé, le rocher de G i b r a l t a r.

Les *fleuves* de la Péninsule, sauf un petit nombre de cours d'eau voisins des côtes et prenant leur source soit dans les *monts Cantabres*, soit dans le plateau de l'Andalousie, coulent tous de l'est à l'ouest ou de l'ouest à l'est, suivant que cette source est située sur le versant oriental ou occidental du grand plateau central de l'Espagne. Des cinq grands fleuves dont nous avons déjà parlé, quatre, le Duero, le Tage, la Guadiana et le Guadalquivir, prennent leur source sur le versant oriental de ce plateau, et après un cours dirigé d'abord vers l'est vont se jeter dans l'océan Atlantique. Seul, l'Èbre, qui a sa source dans le coude formé par les *monts Cantabres* et le versant nord-est du plateau de la Vieille-Castille, se dirige toujours à l'est et vient se jeter dans la Méditerranée. Parmi les fleuves de moyenne grandeur, le Miño, qui prend sa source dans les montagnes de Galice, se jette dans l'Atlantique, et le Xucar, qui a sa source dans le plateau de Cuenca et va se jeter dans la Méditerranée, en traversant le royaume de Valence, sont les seuls qui méritent d'être mentionnés. Les différents fleuves de la Péninsule (qui, on peut le dire, est assez pauvre en cours d'eau), ne sont navigables, à l'exception du Guadalquivir, que sur un très-faible parcours, n'offrent que très-peu de profondeur, et pendant la saison des pluies sont sujets à des des crues violentes. Ils ne rendent dès lors que très-peu de services comme voies de communication. Des quelques canaux qui existent en Espagne, le canal d'Aragon ou canal de l'Empereur, conduisant le long de la rive droite de l'Èbre depuis Tudela jusqu'à Saragosse, est le seul qui vaille la peine d'être cité.

Le *climat* de l'Espagne appartient en général à la zone tempérée la plus chaude, mais est sujet à de grandes variations dépendant soit de l'élévation du sol, soit de sa situation dans les montagnes ou dans les plaines. Dans les parties basses et centrales des régions pyrénéennes et cantabres, que l'air de la mer rend plus humides, nous trouvons une température douce, mais point assez chaude cependant pour permettre la culture des fruits du sud, attendu qu'en hiver le thermomètre y descend au-dessous du point de congélation; et dans les parties élevées de cette même région elle est encore plus rude. Le climat des plaines de Valence et de Murcie est autrement doux et agréable. C'est presque un printemps perpétuel. Les plateaux des deux Castilles et de l'Estramadure, arides, généralement dépourvus de forêts et souvent même de toute espèce de végétation, manquent de pluie parfois pendant six mois de suite. Sur ce plateau, pauvre en eau, que ne rafraîchit pas l'air de la mer, que de hautes chaînes de montagnes mettent à l'abri du réfrigérant vent du nord et exposé aux vents chauds du sud, la chaleur est intolérable en été, puisqu'elle dépasse quelque fois 30° Réaumur, tandis que l'hiver y est sensiblement froid et accompagné souvent de neiges abondantes. Les basses terres d'Andalousie et le versant sud du plateau du même nom offrent tout à fait, par contre, le climat du nord de l'Afrique, doux en hiver, très-chaud et très-sec en été.

Parmi les *vents* particuliers à l'Espagne, il faut mentionner le *gallego*, vif et piquant vent du nord, venant de la Galice, d'où il tire son nom; et le *solano*, le s i r o c c o espagnol. Les tremblements de terre n'y sont pas sans exemple, et même particulièrement fréquents et redoutables au sud de Valence et de Murcie, où on a surtout conservé le souvenir de celui de 1829.

Le *sol* de l'Espagne, surtout sur les plateaux qui se distinguent par l'absence d'arbres, et qui ne sont quelquefois que d'immenses steppes ou même d'arides déserts, ne peut pas être appelé fertile, généralement parlant, puisque dans sa plus grande partie il est dépourvu de moyens d'irrigation ; aussi rien n'y vient bien, à cause du manque de pluies pendant l'été. Le versant de la côte septentrionale, par conséquent les montagnes et les vallées des provinces basques, du nord de la Castille, de l'Asturie et de la Galice, lesquelles sont rafraîchies par les vents humides de la mer, font exception. C'est là seulement, et aussi sur plusieurs des points les plus élevés des Pyrénées, qu'on trouve de vastes forêts, tandis que la plupart des autres montagnes de l'Espagne ne présentent que des crêtes nues et déboisées. Il n'y a d'ailleurs qu'un petit nombre d'endroits qu'on puisse appeler fertiles, parce que l'irrigation artificielle y est possible et pratiquée, par exemple en Aragon et en Catalogne, mais surtout dans la région de plaines du royaume de Valence, le pays le mieux cultivé de l'Espagne après les provinces Basques, de même que dans quelques parties de l'Andalousie, province qui pourtant ne laisse pas que d'offrir encore bon nombre de localités désertes, parce qu'on néglige d'y pratiquer le système des irrigations artificielles.

Les *produits* de l'Espagne sont aussi nombreux que remarquables, bien que tous ne soient pas importants en ce qui est de la quantité. Le froment, le maïs, et dans les terres basses, le riz, sont les céréales les plus ordinaires. L'oignon joue un grand rôle dans l'alimentation du peuple espagnol; il y faut ajouter depuis peu la pomme de terre. Aussi ces deux articles, de même que les châtaignes et les pois chiches, sont-ils l'objet d'une culture fort étendue. Celle de la vigne, partout répandue, fournit au sud d'excellents vins sucrés ou bien des raisins secs, donnant lieu à un grand commerce d'exportation. Le chanvre, le lin, le chêne-liége et différentes plantes tinctoriales y réussissent aussi parfaitement, surtout dans les provinces du nord; les régions plus chaudes du sud produisent de l'huile, des amandes, des câpres, des carouges et même du coton, de la canne à sucre et des dattes, et les côtes sont riches en plantes salines servant à faire de la soude, autre important article d'exportation.

Parmi les races d'*animaux*, le cheval andalou est remarquable et renommé par la noblesse de ses formes; mais l'espèce en est peu abondante. Il en est de même du gros bétail, qui d'ailleurs est d'une nature tout à fait supérieure; cependant il n'y a guère de célèbre que celui qu'on élève au sud, dans les montagnes. Ces animaux y vivent presque à l'état sauvage, et on les emploie de préférence pour les combats de taureaux. L'élève de l'âne, du mulet et de la chèvre s'y fait sur une échelle beaucoup plus large; aussi n'y a-t-il pas de pays au monde où ces animaux soient plus nombreux. Mais de toutes les races d'animaux domestiques de l'Espagne la plus célèbre est sa race ovine, dans laquelle on distingue les moutons à demeures fixes et les moutons errants, dits **mérinos** (*voyez* MOUTONS [Élève des]). Ces derniers, dont on compte en Espagne cinq millions environ tandis que les premiers sont au nombre de plus de huit millions, sont promenés chaque année par troupeaux immenses d'une extrémité de l'Espagne à l'autre, attendu qu'ils jouissent sur toutes les terres du droit de pacage, appelé *nesta* et cause de grands préjudices pour l'agriculture. Leur laine constitue l'un des principaux articles d'exportation de l'Espagne; toutefois, faute de soins et d'intelligence dans l'éducation des moutons, la qualité en a singulièrement dégénéré dans ces derniers temps. Le gibier est assez rare; mais les loups abondent dans les montagnes. On rencontre des ours et des chamois dans les Pyrénées, et le chat sauvage au sud. Il y a des singes sur le rocher de Gibraltar et des caméléons aux environs de Cadix. En fait de gibier à plumes, il faut surtout mentionner les flamingos et les oiseaux de proie habitants des montagnes. Les rivières, généralement pauvres en eau, sont par suite peu poissonneuses. En revanche, les mers adjacentes le sont beaucoup et la pêche de la sardine de même que celle du thon constituent d'importantes industries. L'éducation des vers à soie ne laisse pas non plus que d'être productive, et des essais ont été tentés avec beaucoup de succès pour acclimater la cochenille. Enfin on trouve en Espagne beaucoup d'abeilles, de cantharides, de kermès et de scorpions, ainsi que des sauterelles. Ses montagnes abondent en richesses minérales, dont l'exploitation a pris dans ces derniers temps un essor des plus considérables. En fait de métaux précieux, on recueille beaucoup d'argent à l'est de la province de Grenade et dans celle de Murcie, et même de l'or, ainsi qu'un peu de platine. Les mines de mercure d'Almaden sont les plus riches qui existent au monde. Les montagnes de Grenade contiennent en outre une grande quantité de minerai de plomb, et celles du nord, des provinces Basques surtout, du fer. On y trouve aussi du cuivre, du cobalt, et de riches gisements de houille, notamment en Asturie; de l'alun, du salpêtre, du vitriol, de belles espèces de marbre et d'alun, du sel, etc.

Les habitants actuels de l'Espagne descendent des Celtibériens, population aborigène (*voyez* plus loin le paragraphe consacré à l'HISTOIRE de l'Espagne) qui se mélangea de bonne heure sur les côtes méridionale et orientale avec des émigrés phéniciens et carthaginois; et plus tard, sur tous les points, avec de si nombreux éléments romains, qu'à l'exception du pays Basque, toute la contrée se trouva alors *romanisée*. Postérieurement encore, à l'époque de l'invasion des barbares, il s'y ajouta des éléments germains, dont on peut encore constater l'existence dans les provinces du nord-est et dans les plaines du centre, tandis qu'au sud le mélange du sang arabe est encore visible. En raison des différences physiques si tranchées qui existent entre les diverses régions de l'Espagne, il s'y est formé un provincialisme des plus vivement accusés, consistant moins encore dans les différences de races et de mœurs, que dans la diversité des dialectes romans qu'on y parle, et parmi lesquels le castillan est parvenu à l'état de langue écrite. Indépendamment de cette masse de population romano-germaine, les débris de deux autres petits peuples s'y sont encore conservés jusqu'à nos jours avec leurs usages et leur langue : les **Basques**, dans les provinces auxquelles ils ont donné leur nom et dans une partie de la Navarre, et les *Moriscos* ou *Modejares*, derniers restes de la population mauresque-arabe demeurés purs de tout mélange avec la population romano-germaine, au nombre d'environ 60,000 têtes, dans quelques vallées du plateau de l'Andalousie et de la *sierra Morena*. On y rencontre aussi bon nombre de **bohémiens**, appelés ici *Gitanos*, vivant à l'état nomade, et quelques **juifs**, quoiqu'ils ne soient pas légalement tolérés en Espagne, où pendant longtemps au contraire ils furent traités comme de véritables bêtes fauves.

La superficie de l'Espagne est de 14,855 *leguas* carrées et le dernier recensement publié lui donne une population d'environ 13,000,000 d'habitants. Les documents de 1825 et 1826 portaient le chiffre de la population à 13,953,959 âmes. Il y a donc eu diminution sensible, et c'est là un fait dont il faut sans doute demander l'explication aux calamiteux résultats des guerres civiles et des révolutions. Le dernier recensement donnerait en moyenne 875 habitants par *legua* carrée; mais la population est très-inégalement répartie. Ainsi, dans la province de Lugo (Galice) on compte 1,042 habitants par *legua* carrée, 1,120 dans la province d'Oviedo (Asturie), 2,050 dans celle de Barcelone, et même 2,624 dans celle de Pontevedra (Galice); et seulement 524 dans la province de Léon, 445 dans celle de Salamanque, et même 442 dans celle de Cuenca (Nouvelle-Castille). Les grandes villes (*ciudades*) sont au nombre 160, et les petites (*villas*) au nombre de 4,700. Parmi les grandes villes, les plus peuplées sont : *Madrid* (250,000 habitants), *Barcelone* (170,000), *Séville* (120,000), *Valence* (60,000, sans compter 30,000 dans les environs), *Grenade* (56,000), *Cadix* (60,000), *Malaga* (52,000), *Cordoue* (39,000), *Valladolid* (21,000); *la Corogne* (20,000). Le nombre total d'*ayuntamientos* (municipalités) est de 12,000.

L'Espagne est aujourd'hui divisée en 47 provinces, réparties comme suit entre les anciens royaumes, principautés et provinces, dont se composait jadis la monarchie :

1° *Royaume de Galice* : Provinces de la Corogne, de Lugo, de Pontevedra et d'Orense.

2° *Royaume de Léon* : Provinces de Léon, de Zamora et de Salamanque.

3° *Vieille Castille* : Provinces de Santander, de Burgos, de Logrono, de Soria, de Ségovie, d'Avila, de Valladolid et de Palencia.

4° *Nouvelle Castille* : Provinces de Madrid, de Tolède, de Ciudad-Réal, de Cuenca et de Guadalajara.

5° *Principauté des Asturies* : Province d'Oviedo.

6° *Provinces Basques* : Biscaye, Guipuzcoa, Alava.

7° *Royaume de Navarre* : Province de Pampelune.

8° *Royaume d'Aragon* : Provinces de Saragosse, de Huesca et de Teruel.

9° *Principauté de Catalogne* : Provinces de Lerida, de Girone, de Barcelone et de Tarragone.

10° *Royaume de Valence* : Provinces de Castellon de la Plana, de Valence et d'Alicante.

11° *Royaume de Murcie* : Provinces de Murcie et d'Albacète.

12° *Andalousie* : Provinces d'Almeria, de Grenade, de Malaga, de Jaen, de Cordoue, de Séville, de Huelva et de Cadix.

13° *Estramadure* : Provinces de Badajoz et de Cacerès.

Dans cette division politique de l'Espagne, on distingue : 1° L'Espagne constitutionnelle pure (*España uniforme*), comprenant les 34 provinces de la couronne de Castille et de Léon, toutes uniformes en ce qui est de l'administration, de l'impôt, et de l'organisation judiciaire, civile et militaire; 2° l'Espagne incorporée (*España assimilada*), comprenant les onze provinces de la couronne d'Aragon, différant les unes des autres en ce qui touche l'assiette de l'impôt et quelques droits particuliers; 3° l'*España foreal*, comprenant les trois provinces Basques et la Navarre, exemptes de l'obligation du service militaire, ne reconnaissant pas les droits de régale et ayant conservé leur ancien droit provincial.

Sous le rapport militaire, l'Espagne est divisée en onze capitaineries générales : la Nouvelle Castille, la Catalogne, l'Andalousie, Valence et Murcie, la Galice, l'Aragon, Grenade, la Vieille Castille, l'Estramadure, Burgos et la Navarre. Dans chaque capitainerie générale, il existe autant de généraux commandants que de provinces.

Sous le rapport maritime, le royaume est divisé en trois départements : celui du Ferrol; celui de Carthagène et celui de Cadix.

En 1851 on comptait, tant sur le continent que dans les *adyacentes* (Iles Baléares, possessions de la côte nord de l'Afrique et Iles Canaries) 8 archevêchés, 54 évêchés, 65 cathédrales, 100 églises collégiales et 20,462 paroisses. Ces huit archevêchés sont : Santiago, Burgos, Saragosse, Tarragone, Valence, Grenade, Séville et Tolède (le titulaire de ce dernier siége porte le titre de *Primado de las Españas*). La suppression des couvents d'hommes, effectuée en 1835, fut légalisée par les décrets du 29 juillet 1837 et 1er septembre 1841. Il n'existe plus aujourd'hui que cinq maisons de missions pour l'Asie : à Valladolid, Ocaña et Monteagudo. Par contre, on y compte encore 600 couvents de femmes, avec 12,000 religieuses, ainsi que 14,000 moines sécularisés et recevant du trésor une pension alimentaire, l'Etat s'étant emparé de leurs biens. Le nombre de couvents existant en Espagne en 1834 était de 1,940, avec une population de 30,905 moines et de 24,700 religieuses. En 1830 le chiffre total du clergé espagnol était de 152,305 individus.

L'instruction publique fait aujourd'hui en Espagne partie des attributions du ministre de la justice; mais l'instruction élémentaire y est toujours dans un état déplorable. En 1852 on n'évaluait qu'à 1,898,288 le nombre des individus sachant lire; et celui des individus sachant lire et écrire, à 1,221,001. En 1852 on y comptait 17,009 écoles primaires pour les garçons, et 5,021 écoles pour les filles, et le nombre des enfants qui les fréquentaient était évalué à 500,000. L'instruction supérieure a été l'objet de plus de sollicitude, à en juger du moins par le nombre des établissements qui lui sont consacrés. En effet, on ne compte pas en Espagne moins de 10 universités, dont les cours sont suivis par environ dix mille étudiants plus ou moins inégalement répartis entre elles. La plus fréquentée de toutes, qui est établie à Madrid, comprend 5 facultés (philosophie, théologie, droit, médecine, pharmacie) avec 71 professeurs. Les autres universités sont à Barcelone (4 facultés, 36 professeurs), Grenade (4 facultés), Oviedo, Salamanque (chacune 3 facultés), Séville (4 facultés), Santiago, Valence, Valladolid et Saragosse (chacune 3 facultés). On voit par le chiffre de leurs facultés respectives combien dans la plupart l'enseignement doit être incomplet. Comme écoles préparatoires à l'enseignement supérieur, il existe en outre 774 écoles latines, et 8 gymnases royaux (*estudios reales*). Les élèves de ces établissements n'en sortent que pour aller suivre les cours des universités ou entrer dans les séminaires destinés au recrutement du clergé, au nombre de 56. Mentionnons encore les écoles d'architecture, des ponts et chaussées, de commerce, de sourds-muets, d'aveugles, enfin les écoles vétérinaires. Après la grande *Biblioteca national* de Madrid, les bibliothèques publiques les plus importantes sont celles de l'Escurial, de Barcelone, de Grenade, d'Oviedo, de Salamanque, de Santiago, de Séville, de Tolède et de Valence. Les Académies et les sociétés savantes, les sociétés des beaux-arts et les galeries artistiques ne laissent pas que d'être assez nombreuses en Espagne; mais les premières ne font rien ou du moins fort peu de chose; quant aux secondes, à l'exception de la galerie de Madrid, l'une des plus riches qu'il y ait en Europe, elles sont ou pauvres ou négligées, et partant à peu près inutiles. L'état de la culture intellectuelle du pays n'est donc, au total, rien moins que satisfaisant. La masse du peuple, toute énergique, toute richement douée qu'elle soit par la nature, croupit dans l'ignorance, la paresse, la superstition ou l'athéisme. Ainsi, tandis que dans les couches inférieures de la société continuent à régner les ténèbres de l'ignorance, dans les sphères supérieures on voit dominer les opinions politiques, religieuses et philosophiques si essentiellement dissolvantes de la civilisation française moderne. Aussi peut-on dire que les bouleversements opérés par les dernières révolutions ont enlevé au peuple espagnol la force de résistance qu'il eût pu puiser dans des idées morales fermement arrêtées. On a la preuve de la profonde démoralisation à laquelle il est en proie, dans tous les détails de sa vie sociale actuelle. Il en résulte que les défauts particuliers à la nation : l'orgueil, la paresse, le penchant à la colère et à la vengeance, apparaissent aujourd'hui d'autant plus, à mesure que s'effacent ses antiques vertus nationales : la simplicité digne et noble, l'esprit chevaleresque, la fermeté et la résolution.

Un autre résultat de l'état de conflagration politique et sociale auquel l'Espagne continue d'être toujours en proie, c'est que, sauf de bien rares exceptions, toutes les industries y sont en voie de décadence ou tout au moins de souffrance; et on s'en aperçoit d'autant plus, que l'Espagnol en général manque des qualités morales nécessaires à la prospérité industrielle d'un peuple. Il n'y a pas de pays au monde où, toutes proportions gardées, les classes improductives de la population; soient aussi nombreuses sans compter le fléau de la mendicité, endémique en Espagne.

Les classes agricoles forment plus des quatre cinquièmes de la population totale. Mais l'agriculture est restée tellement en arrière en Espagne, qu'il n'y a guère encore que la moitié du sol qui ait été mise en culture, et que la production suffit à grand peine aux besoins de la consommation. L'élève du betail, bien que généralement répandue, n'est pas moins négligée que l'agriculture; et cependant ses produits sont fort importants. L'exploitation des mines, qui, à la suite de la découverte du Nouveau Monde, était restée fort arriérée, est aujourd'hui la seule industrie en voie de progrès, la perte des possessions de l'Espagne en Amérique ayant amené la nécessité de demander au sol même de la Péninsule les produits qu'elle s'était trop habituée à tirer d'outre-mer. Le plus souvent d'ailleurs, cette exploitation n'est encore rien moins que rationnelle et le résultat plutôt de la fièvre de l'agiotage que de l'activité sage et regulière de l'industrie. La culture de la soie, l'éducation des abeilles, la sylviculture, sont loin d'être aussi productives qu'elles pourraient l'être. La pêche donne sur les côtes des résultats assez importants, quoiqu'elle ne puisse suffire aux besoins de la consommation.

L'industrie n'est pas restée moins en arrière, faute de capitaux suffisants et aussi faute d'ouvriers intelligents. Aussi bien, la plus grande partie de la population est trop pauvre pour fournir des débouchés à une industrie qui aurait pris de grands développements. Les seules branches de fabrication dans lesquelles existe une certaine activité sont les soieries, les lainages, les toiles, les cuirs, les ustensiles en fer et en acier. Mais la production, toute protégée qu'elle soit par des tarifs de douanes et par un vaste système de prohibitions, ne va pas au delà des besoins de la consommation indigène, si tant est même qu'elle puisse y suffire. Que si dans ces derniers temps la fabrication du coton a singulièrement progressé en Catalogne et dans le royaume de Valence, en revanche leurs fabriques de cuirs, jadis si célèbres, sont en décadence. Les localités où règne la plus grande activité industrielle sont la Catalogne, le Guipuzcoa et le royaume de Valence, où les villes de Barcelone, de Reus, de Bilbao et de Valence sont autant de grands centres manufacturiers. La seule espèce de fabrication qui continue à être en voie de progrès et de prospérité, c'est celle des armes de tout genre. Les fusils fabriqués dans les provinces basques, en Catalogne et à Ségovie, sont peut-être les meilleurs qu'on connaisse au monde : les sabres et épées de Tolède et du Guipuzcoa conservent leur antique réputation, et les fonderies de canons de Séville, de Lierganes, de Trubia et Barcelone, sont au nombre des meilleures de l'Europe.

Le commerce de l'Espagne a encore bien plus souffert que son industrie des suites de la révolution qui lui a fait perdre ses colonies de l'Amérique. Quoiqu'elle soit si avantageusement placée sur deux mers, le peu de navigabilité de ses fleuves, l'absence de bonnes voies de communication intérieures (car c'est depuis fort peu de temps seulement que l'Espagne possède environ 350 myriamètres de routes tracées et construites), le défaut de sécurité du pays, une fausse politique commerciale, qui souffre encore des lignes de douanes à l'intérieur, et qui, par l'exagération de ses mesures prohibitives, fait de la contrebande une industrie régulière, qui a pris des développements tels qu'on n'en voit nulle part ailleurs, opposent au commerce d'insurmontables difficultés qu'aggravent encore, comme c'est le cas pour l'industrie, les défauts particuliers au caractère espagnol. Les ports de mer et les places de commerce de l'Espagne, pour ce qui est de leur importance respective, peuvent être classés dans l'ordre suivant : Cadix, Barcelone, Malaga, Alicante, Santander, Bilbao, San-Sébastien, Santona, Gijon et La Corogne. Les principaux articles d'exportation sont : le mercure, le plomb, la laine, le vin, les fruits du sud, l'huile d'olive, le liége, un peu de soie, de cuirs et de quincaillerie. On importe, par contre, presque tous les articles possibles de luxe et d'industrie fine, attendu qu'il ne s'en fabrique point en Espagne, ou seulement de qualités tout à fait inférieures, des céréales, des poissons secs, des bois de construction, etc.

Les finances sont encore le côté le plus faible de l'organisation politique de l'Espagne, qui depuis un demi-siècle, est en état de faillite. Tel est le désordre qui règne dans tout ce qui a trait à cette partie de son administration, que les initiés eux-même ne parviennent pas sans peine à connaître approximativement l'importance réelle de son passif. Tous les gouvernements qui se succèdent en Espagne s'attachent toujours à laisser planer sur ce point la plus vague incertitude lorsqu'ils ne publient pas de frauduleux budgets. Si on peut s'en rapporter à celui de l'année 1853, la recette pour cet exercice était évaluée à un milliard 308,972,813 réaux et, déduction faite des frais de perception, à un milliard 137,926,454 réaux nets (274 millions de francs); et les dépenses, à un milliard 156,761,456 réaux (287 millions de francs). Le déficit n'aurait dès lors été que d'environ treize millions de francs, tandis qu'en réalité il devait être d'aumoins 49 millions, et ne pouvait être couvert qu'au moyen d'emprunts nouveaux. Quant à la dette publique, sur le chiffre réel de laquelle règne la même incertitnde, on l'évalue à dix-sept milliards de réaux (4 milliards 250 millions); et nous n'apprendrons rien à personne en ajoutant que les intérêts n'en sont rien moins qu'exactement payés.

Aux termes de sa constitution actuelle, l'Espagne est une monarchie constitutionnelle héréditaire dans la ligne masculine et féminine, dans laquelle le roi ou la reine exerce le pouvoir exécutif et possède tous les droits de souveraineté, délègue la puissance judiciaire à des juges et partage la puissance législative avec les cortès, lesquelles forment deux assemblées : le sénat et le congrès. Le sénat se compose de *membres-nés* (1° le prince des Asturies, quand il a atteint l'âge de quatorze ans; 2° les infants d'Espagne âgés de vingt ans révolus; 3° les capitaines généraux des armées de terre et de mer; 4° le patriarche des Indes et les archevêques); 5° de *membres héréditaires* (les grands d'Espagne désignés par le monarque, mais qui doivent avoir vingt-cinq ans révolus et posséder un majorat d'aumoins 60,000 fr. de revenus); 6° et *de membres à vie*, choisis par la couronne parmi les ministres, les généraux, les grands d'Espagne, les députés au congrès, les conseillers d'État, sous certaines conditions restrictives d'éligibilité fixées par la loi. Les membres du congrès sont élus pour trois ans, à raison d'un par 50,000 âmes de population. Sous ce rapport, l'Espagne est divisée en 249 districts électoraux. L'administration civile est placée sous la direction du ministère de l'intérieur (*ministerio del fomento*). A la tête de chaque province est un gouverneur civil (à Madrid, il porte ce titre de *gefe politico*), appelé aussi *delegado del fomento;* et chaque province à son tour est divisée en un certain nombre de *partidas*, administrées par des *subdelegados*.

L'Espagne est divisée, sous le rapport judiciaire, en 13 cours d'appel (*audiencias territoriales*), siégeant à La Corogne, Oviedo, Valladolid, Burgos, Pampelune, Saragosse, Barcelone, Valence, Albacète, Grenade, Séville, Caceres et Madrid, et auxquelles ressortissent 484 tribunaux de première instance (*partidos judiciales*).

L'effectif de l'armée est de 132,993 hommes, et la milice nationale est forte de 43,000 hommes. La marine se trouve dans un déplorable état de délabrement : elle ne compte que trois mauvais vaisseaux de ligne, six frégates, dont quatre seulement sont armées, cinq sloops, quatorze bricks, dix schooners, sept transports : total 78 navires portant 884 canons; plus, 29 *steamers* armés de 116 canons et présentant ensemble une force de 7,952 chevaux de vapeur.

Les seules colonies qui restent aujourd'hui à l'Espagne sont : en Afrique, les *Présidios* de la côte septentrionale d'Afrique, les îles *Canaries*, et les îles de la côte de

Guinée; dans les Indes occidentales, les îles de Cuba; de Portorico et des Vierges; dans l'Archipel des Indes orientales, les Philippines et les îles Marianes.

Histoire.

Les plus anciens habitants de l'Espagne furent des Ibères (*voyez* Ibérie), auxquels vinrent s'adjoindre, à une époque dont il n'est pas resté de traces dans l'histoire, des peuplades celtes, arrivant de l'autre côté des Pyrénées, mais que les premiers occupants n'admirent au partage du sol qu'après de longues et sanglantes luttes, qui amenèrent cependant à la longue la fusion des deux races en une seule et même nation, désignée dès lors sous le nom de *Celtibériens*. Les Phéniciens, qui les premiers découvrirent ce pays, lui donnèrent le nom de *Spanija*, dont plus tard les Romains firent *Hispania*. Ils y trafiquaient déjà peu après la guerre de Troie, et ils y fondèrent diverses colonies, dont la plus célèbre porte aujourd'hui le nom de Cadix. Plus tard les Grecs y créèrent plusieurs établissements, dont le plus important fut *Sagonte*. Les colonies qu'y fondèrent ensuite les Carthaginois eurent une tout autre importance. C'est après la première guerre punique qu'ils vinrent en Espagne, avec l'espoir de s'y refaire des pertes que cette guerre leur avait fait éprouver dans la Méditerranée; et, sous les ordres d'Amilcar et d'Asdrubal, ils eurent en peu de temps subjugué une foule de petits peuples sur les côtes méridionale et orientale. C'est à cette époque qu'ils fondèrent la nouvelle Carthage, aujourd'hui Carthagène, qui devint bientôt pour eux une importante place d'armes et un grand centre commercial. Peu après l'Espagne fut le théâtre de la guerre dans laquelle Rome et Carthage se disputèrent l'empire du monde. Les progrès des Carthaginois en Espagne avaient en effet excité la jalousie des Romains, qui conclurent une alliance avec les habitants de Sagonte. Annibal, général en chef des forces carthaginoises, étant arrivé en Espagne, commença par réduire diverses peuplades indigènes, puis s'en vint assiéger Sagonte. Ce siége, qui se termina par l'entière destruction de la ville, provoqua la seconde guerre punique.

Après une lutte des plus acharnées, et à laquelle les peuplades indigènes se trouvèrent obligées de participer, les Carthaginois furent complétement expulsés d'Espagne en l'an 206 av. J.-C. Leur domination fut remplacée par celle des Romains, qui, se considérant comme leurs héritiers naturels, songèrent aussitôt à assujettir toute la Péninsule. De là entre les indigènes et la puissance romaine une lutte qui ne dura pas moins de deux cents ans, et pendant laquelle les premiers défendirent leur indépendance avec le plus héroïque courage (*voyez* Numance, Viriathe et Sertorius). Ce fut seulement l'an 19 av. J.-C. que les Romains, vainqueurs des Cantabres, eurent enfin achevé la conquête de la Péninsule. Seuls, les Basques, derniers débris de la population aborigène, conservèrent alors, comme aussi plus tard, et même jusqu'à nos jours, leur indépendance, grâce aux montagnes inaccessibles de leur pays. De toutes les conquêtes que les Romains eussent encore faites, l'Espagne était celle qui leur avait le plus coûté; en revanche, aucune ne leur valut un si riche butin.

Auguste, devenu empereur, donna à l'Espagne une nouvelle organisation. Avant lui, elle n'avait été divisée qu'en *Espagne Tarraconaise*, ou en deçà de l'Èbre, et en *Espagne Bétique*, ou au delà de l'Èbre. Cette dernière province fut alors subdivisée en Bétique et en Lusitanie. La Tarraconaise et la Lusitanie furent érigées en provinces impériales, et administrées à ce titre par des légats cumulant les pouvoirs militaire et civil, tandis que la Bétique demeura encore assez longtemps une province sénatoriale, sous l'autorité d'un proconsul investi seulement de la puissance civile. Les villes, pour la plupart anciennes colonies militaires romaines, étaient régies par des lois différentes; et il en fut ainsi jusqu'à ce que l'empereur Antonin le Pieux, en accordant les droits de citoyens romains à tous les sujets de son empire, leur eut donné une constitution et une législation uniformes. Le résultat de ces mesures, et d'autres encore que les Romains avaient pour habitude d'introduire dans chacune de leurs nouvelles conquêtes, fut de romaniser peu à peu l'Espagne, de telle sorte qu'il y eut une époque où elle se trouva le centre de la civilisation romaine en même temps que l'une des provinces les plus florissantes de l'empire.

Le christianisme compta de bonne heure de nombreux adhérents en Espagne, et en dépit de cruelles persécutions, s'y propagea toujours de plus en plus jusqu'à l'époque où, par suite de la conversion de Constantin *le Grand*, il y devint la religion dominante. Après la chute de l'empire romain, l'Espagne se trouva dans un état de désorganisation et de confusion qui ne put que faciliter la conquête de ce pays aux hordes germaines accourues du nord. Au commencement du cinquième siècle, les Vandales, les Suèves et les Alains, à la suite de sanglantes batailles, s'emparèrent de la partie occidentale de la Péninsule, tandis que la domination romaine se soutint encore plus ou moins dans la partie orientale. Au nord-ouest, dans la contrée appelée aujourd'hui Galice, s'établirent les Suèves, qui y fondèrent un royaume à part. Les Alains se fixèrent dans la Lusitanie, aujourd'hui le Portugal; et les Vandales, au sud, dans la contrée qui reçut de là le nom de *Vandalousie*, et qu'on appelle aujourd'hui Andalousie. Après de nombreuses luttes intérieures avec les Romains (c'est-à-dire avec les indigènes *romanisés*) et avec les Suèves, les Alains furent attaqués par le Visigoths, que les Romains avaient appelés à leur secours, et s'en trouvèrent tellement affaiblis, que vers l'an 418 ils furent réduits à contracter alliance avec les Vandales, lesquels quoique plus heureux contre les Visigoths et les Romains réunis, jugèrent prudent, après la perte d'une bataille livrée aux Suèves sous les murs d'*Emerita* (aujourd'hui Mérida), de prêter l'oreille aux ouvertures qui leur étaient faites pour passer en Afrique, où ils se rendirent effectivement, en l'an 428. Dans l'intervalle, les Visigoths (*voyez* Goths) avaient étendu jusqu'à l'Èbre le royaume primitivement fondé par eux dans la partie sud-ouest de la Gaule; mais après le départ des Vandales et des Alains, ils s'emparèrent peu à peu des autres provinces de l'Espagne, contraints qu'ils étaient d'abandonner aux Francs la partie de ce royaume située au nord des Pyrénées.

Ainsi se fonda en Espagne la puissance des Visigoths. Le célèbre Euric agrandit encore leur territoire en expulsant les Romains de la Péninsule, et le premier il leur donna des lois écrites. En l'an 585, Léowigild mit fin à la domination des Suèves en Galice. Sous son successeur, Reccared Ier, la fusion complète des Goths vainqueurs avec les Romains vaincus fut le résultat de la conversion à la foi catholique des Goths, restés jusque alors ariens. Bientôt même ils renoncèrent à l'usage de leur langue, pour adopter celle des Romains; et il n'y eut plus dès lors en Espagne qu'une seule et même nation. L'organisation du royaume des Goths fut complète de fort bonne heure. La puissance des rois, pris toujours par une espèce d'élection dans l'ancienne race souveraine, était très-grande, mais fixée et limitée par des lois. Tolède était leur capitale; et ils y imitaient l'étiquette en usage à la cour de Rome. Au total, l'organisation politique était conforme à celle en usage chez les peuples germains. Ce qu'elle offre de plus remarquable, c'est le développement qui y avaient pris la jurisprudence et la législation.

Après moins de deux siècles d'existence, des convulsions intérieures amenèrent également la destruction de cet empire. La famille d'Alaric, dont les droits avaient été méconnus lors de l'élection au trône, appela à son secours les Arabes ou Maures d'Afrique. Le roi Roderich périt dans une bataille contre Tarick, livrée sous les murs de Xerès de la Fronteira, en Andousie. Elle dura sept jours entiers, et avait commencé le 19 de juillet 711. La plus grande partie de l'Espagne se trouva alors réduite à l'état de province du khalifat de Bagdad; et c'est de là qu'à la suite d'une série de rapides conquêtes, on vit les Arabes franchir les Pyrénées et envahir l'Aquitaine. Mais en l'an 732 le duc des Francs, Charles Martel, leur fit essuyer près de Tours une déroute décisive. Vers l'an 756, Abderrhaman, le dernier khalife de la dynastie des Ommiades, arracha l'Espagne aux Abassides, et fonda à Cordoue un khalifat particulier, qui sous Abderrhaman III et son fils Hakem II, mort en 976, atteignit l'apogée de sa puissance et de sa prospérité, mais dont la décadence fut rapide après la déposition d'Hescham III, parce que divers gouverneurs de province se déclarèrent alors indépendants, et prirent le titre de rois (*voyez* OMMIADES). C'est ainsi que des princes arabes régnèrent à Saragosse, à Tolède, à Valence et à Séville, où non-seulement la langue, mais aussi les mœurs des Maures dominèrent alors généralement. Les chrétiens n'en conservèrent pas moins le libre exercice de leur culte, notamment sous les Al-Moravides. Les Arabes laissèrent d'ailleurs à leurs nouveaux sujets (appelés *Mozarabes*, c'est-à-dire serviteurs des Arabes) leur langue, leurs lois et leurs magistrats; ils les traitèrent avec douceur, et ne leur enlevèrent que leurs droits politiques. C'est à la même époque que les juifs se répandirent dans toute l'Espagne.

Cependant les Visigoths, sous les ordres de leur héros national, *Pelayo*, à partir de l'an 712, et ensuite sous ceux de ses descendants appelés *Pélagiens*, réussirent à se maintenir libres et indépendants dans les montagnes de l'Asturie et de la Galice, où ils fondèrent le royaume d'Oviedo, qu'ils agrandirent au dixième siècle par la conquête de Léon, de même qu'ils allèrent dès lors toujours en s'étendant davantage vers le sud. Les États maures s'affaiblissant par les fréquents changements de souverains et par leurs troubles intérieurs, Charlemagne réussit à refouler les Arabes jusque par de là l'Èbre (*Marca Hispanica*), comme aussi les rois chrétiens goths parvinrent plus tard à leur arracher leurs provinces les unes après les autres; de sorte que dès le commencement du onzième siècle les royaumes chrétiens de Léon, de Castille, d'Aragon et de Navarre occupaient près de la moitié du sol espagnol. Incessamment en guerre avec les Maures, affaiblis par leur civilisation raffinée, ces royaumes se développèrent toujours davantage. Le courage et l'esprit chevaleresque y restèrent le propre de la noblesse, tandis que la bourgeoisie acquérait une foule de droits et de priviléges. En vain les Arabes appelèrent à leur secours les Al-Moravides du Maroc. Les avantages qu'il leur fut donné de remporter grâce à l'appui de ces auxiliaires s'évanouirent bientôt; et les fanatiques Al-Mohades, qui leur succédèrent ensuite en Espagne, furent à la longue tout aussi impuissants à résister au mouvement chrétien. Depuis la grande victoire remportée près de Tolosa, en 1212, dans la Sierra Morena, sur les Al-Mohades, par les princes chrétiens confédérés, que commandait le roi de Castille Alphonse III, il ne resta plus aux Arabes que les royaumes de Cordoue et de Grenade; lesquels, quelques siècles plus tard, furent aussi subjugués à leur tour par la Castille. Dès lors la situation des populations arabes en Espagne fut celle de vaincus; ils durent subir la suprématie des chrétiens.

L'agriculture, le commerce, les arts et les sciences fleurirent, et les progrès de la population furent des plus considérables en Espagne pendant la période arabe. A Tarragone on ne comptait pas moins de 350,000 habitants; la riche ville de Grenade en avait 250,000, et pouvait mettre sur pied une armée de 50,000 hommes. Les Ommiades entretenaient des relations régulières avec les empereurs de Byzance. Les écoles supérieures ainsi que les bibliothèques de Grenade et d'autres villes, foyers de la science grecque et arabe et de la philosophie aristotélicienne étaient fréquentées par une foule de chrétiens. C'est de là que l'Europe reçut ses nouveaux signes numériques, la connaissance de la poudre à canon, l'art de fabriquer du papier de chiffon, etc. Le courage chevaleresque et l'enthousiasme religieux provoquèrent chez les Goths espagnols la fondation de divers ordres de chevalerie. Depuis la fin du onzième siècle, le grand Cid devint le héros du peuple comme celui de la poésie. L'essor romantique d'un sentiment national, avec la foi et l'Église pour points d'appui, sauva les états chrétiens de la Navarre, de l'Aragon et de l'Asturie de nombreux périls intérieurs et extérieurs.

Parmi les divers États chrétiens de l'Espagne, il en était deux qui, avec la suite des temps, avaient réussi à acquérir une grande importance et qui avaient fini par absorber peu à peu tous les autres: l'Aragon et la Castille, demeurés indépendants l'un de l'autre pendant plusieurs siècles, jusqu'à ce qu'enfin leur réunion produisît l'Espagne actuelle. L'Aragon s'agrandit surtout par ses acquisitions successives sur la côte orientale. C'est ainsi que le mariage du comte Raymond de Catalogne avec l'héritière du royaume d'Aragon, en 1131, eut pour résultat de réunir ce comté au royaume et de faire monter la famille souveraine de Catalogne sur le trône d'Aragon. L'un des descendants de Raymond, l'énergique Jayme ou Jacques Ier, ajouta, en 1250, le royaume de Murcie à ses États. Son fils Pierre III les accrut encore de la Sicile, et fonda ainsi l'influence de la maison royale d'Aragon dans la basse Italie. C'est de même que les îles de Majorque et de Minorque furent incorporées au royaume d'Aragon. La constitution politique de ce royaume ne se développa pas moins sous le règne de ce prince, et les cortès, déjà en possession de droits et de priviléges importants, les accrurent encore sous Pierre III et son fils Alphonse III. Les rois ne pouvaient rien entreprendre d'important sans l'assentiment préalable des cortès, qui n'avaient pas seulement le droit de faire des lois et de consentir l'impôt, mais qui obtinrent encore les priviléges dits *d'union*, d'après lesquels les rois étaient tenus de prendre l'avis des cortès pour le choix de leurs conseillers, de même qu'ils investissaient cette assemblée du droit d'élire un autre souverain s'il arrivait que le roi régnant infligeât sans jugement préalable une peine quelconque à l'un de ses membres. Ces priviléges excessifs furent anéantis par le roi Pierre IV (1336-1381), après la répression d'une révolte; mais à cette occasion même ce prince n'en confirma pas moins les antiques droits du pays. Le grand juge (*justitia*) vit agrandir ses attributions, et fut investi du droit de prononcer en dernier ressort sur les différends survenant entre le roi et les cortès. La maison royale d'Aragon du rameau de Catalogne étant venue à s'éteindre au commencement du quinzième siècle, les cortès proclamèrent roi en 1412 l'infant Ferdinand de Castille, en sa qualité de seul héritier légitime du trône. Sous ce prince et son fils Alphonse V (1416-1456), qui conquit Naples, les droits des cortès reçurent encore une extension nouvelle, de même qu'elles concoururent depuis lors à la nomination du *Justitia* (justicier) ou grand juge. Le descendant d'Alphonse, Ferdinand V *le Catholique* (1479-1516), épousa Isabelle de Castille. Ce mariage opéra la réunion des deux royaumes, et avec l'acquisition de la Navarre et d'autres territoires devint la base de la future monarchie espagnole.

La Castille, réunie dès l'an 1038 au royaume de Léon par Ferdinand Ier, en avait ensuite été séparée, pour y être de nouveau réunie définitivement par Ferdinand III, *le Saint* (1217-1252). Ce prince, à la suite de guerres heureuses contre les Arabes, parvint à placer sous son autorité Cordoue, Séville et Cadix. Son fils Alphonse X *le Saye* (1252-1284) favorisa les sciences et les lettres; mais par sa mauvaise administration laissa tellement déchoir son royaume, que les Arabes purent de nouveau faire quelques conquêtes au sud. Sa mort fut le signal de guerres civiles qui affligèrent le pays pendant quarante ans et affaiblirent singulièrement la royauté, en même temps qu'elles accrurent la puissance de la noblesse. Ce fut Alphonse XI (1324-1350) qui le premier réussit à rétablir l'ordre et la tranquillité dans le pays; et par la victoire signalée qu'il remporta sur les rives du Salado il anéantit à jamais la puissance arabe dans l'Espagne méridionale. Après sa mort la Castille se trouva de nouveau en proie pendant plus d'un siècle à d'incessantes convulsions intérieures. Pierre le Cruel (1350-1369) exerça ses fureurs contre ses frères et ses parents, jusqu'à ce que Henri de Transtamare, son frère consanguin, le vainquit, le tua et monta sur le trône à sa place. Sous ses successeurs, à la suite de plusieurs minorités, pendant lesquelles la puissance suprême se trouva aux mains de tuteurs ambitieux et égoïstes, la Castille fut de nouveau en proie à de sanglants déchirements intérieurs, dont la noblesse et le clergé profitèrent au détriment de la couronne, de sorte qu'en montant sur le trône Isabelle (1474-1504) trouva la royauté déconsidérée, sans pouvoir, et dépendant des caprices d'une anarchique noblesse.

La réunion de l'Aragon et de la Castille, par le mariage de Ferdinand et d'Isabelle, ne fut que nominale, de leur vivant, attendu que l'un et l'autre gouvernaient à leur guise leurs États respectifs; mais, guidés en tout par l'habile cardinal Ximénès, les deux époux tendaient au même but. Ce qu'ils voulaient, c'était affaiblir le pouvoir de la noblesse et du clergé, pour accroître d'autant celui de la couronne. Le principal moyen employé à cet effet, d'après les conseils de Ximénès, par Ferdinand, indépendamment d'une organisation nouvelle et plus vigoureuse donnée à la Sainte-Hermandad, consista à charger de la distribution de la justice des tribunaux appliquant la loi dans toute sa rigueur et dont les membres étaient nommés par lui, à s'attribuer le droit de nommer les évêques et les grands-maîtres des ordres de Calatrava, de Saint-Jacques de Compostelle et d'Alcantara, et surtout à introduire dans ses États l'inquisition, qui lui servit non pas seulement à punir les hérétiques et les mécréants, mais aussi à tenir en bride une noblesse et un clergé trop habitués depuis longtemps à vivre en état de révolte ouverte contre l'autorité royale. Depuis ce moment on voit exister en Espagne la plus complète solidarité entre la royauté et l'Église romaine luttant contre l'esprit de liberté et de progrès. Outre ces transformations opérées dans l'intérieur de leurs États et les agrandissements de territoire que leur valut la conquête de Naples et de la Navarre, le règne de Ferdinand et d'Isabelle fut marqué par deux immenses événements: 1° la conquête du dernier État musulman qui existât encore dans la Péninsule, Grenade, et l'expulsion des Maures, qui en fut la suite; 2° la découverte de l'Amérique.

C'est à ce moment que commence l'histoire moderne de l'Espagne et qu'on voit sa puissance se développer rapidement à l'intérieur, pour se constituer en monarchie absolue; à l'extérieur, pour exercer pendant un certain laps de temps la direction suprême dans le système politique des États de l'Europe. Tous les enfants de Ferdinand et d'Isabelle moururent de bonne heure, à l'exception de *Jeanne*, qui à la mort de sa mère, en 1504, monta sur le trône de Castille avec son époux, le roi Philippe Ier, fils de l'empereur d'Allemagne Maximilien. Ce prince étant mort jeune, et Jeanne ayant été frappée d'aliénation mentale, les états de Castille déclarèrent Ferdinand tuteur de son petit-fils Charles Ier, qu'il avait institué son héritier universel, et qui fut plus tard le célèbre empereur d'Allemagne Charles-Quint. A la mort de Ferdinand, en 1516, le cardinal Ximenès prit la régence au nom de Charles Ier, alors âgé de seize ans seulement et résidant dans les Pays-Bas; et, quoique la reine Jeanne vécût encore, il réussit à le faire reconnaître dès l'année suivante en qualité de roi de Castille et d'Aragon. Ximenès avait mis les finances et l'armée sur un pied tel, que les cortès se trouvaient dans l'impossibilité de contrarier un seul de ses projets. Mais à son arrivée en Espagne le jeune et inexpérimenté monarque ayant congédié le cardinal et conféré à des Flamands les charges les plus importantes de l'État et de l'Église, il en résulta un mécontentement si universel, qu'en 1519, pendant une absence qu'il était allé faire en Allemagne, la noblesse de Castille et de Valence se ligua avec les villes et chercha à restreindre la toute-puissance royale en recourant à la révolte. L'insurrection, qui avait pour chef le brave et généreux Juan de Padilla, fit d'abord de rapides progrès; mais les villes ayant introduit dans leur sein une organisation communale essentiellement démocratique, constitué entre elles une junte ou fédération particulière, et réclamé la suppression de l'exemption d'impôts dont jouissait la noblesse, il en résulta des tiraillements et des conflits intérieurs bien propres à amener la perte des révoltés. Écrasés à la bataille qu'ils livrèrent sous les murs de Villalar, et où périt leur chef Juan de Padilla, ils furent dès lors réduits à l'impuissance. Toutefois, ce ne fut qu'au bout de six mois de siége que l'armée royale se trouva maîtresse de Tolède, où l'héroïque défense opposée par la femme de Padilla rappela le siége de Numance par les Romains et ses émouvantes péripéties. L'insuccès d'une insurrection qui avait fait courir de si graves périls à la monarchie espagnole eût pour résultat la mise à néant des droits populaires qui avaient jusqu'alors limité la puissance royale et la complète suppression de toute vie politique en Espagne. Le progrès intérieur s'y trouva dès lors arrêté court. La noblesse et le clergé se rattachèrent bientôt au trône de la manière la plus étroite. Les villes perdirent leurs droits et leurs immunités politiques; les assemblées des cortès devinrent toujours plus rares, et l'opposition que purent encore essayer d'y faire les représentants des villes resta sans écho. Les progrès de l'Espagne à l'extérieur n'en furent que plus grands; les quatre guerres que Charles eut à soutenir contre François Ier, et qui lui valurent l'acquisition du Milanais, de même que l'expédition entreprise en 1325 par lui contre les barbaresques, firent de l'Espagne la première puissance politique et militaire de l'Europe. Les conquêtes opérées à la même époque en Amérique par Fernand Cortez et par Pizzare l'élevèrent à l'état de puissance coloniale et parurent lui ouvrir une inépuisable source de richesses dont elle avait d'autant plus besoin alors qu'à la suite des nombreuses guerres de Charles-Quint l'épuisement complet du trésor avait mis le gouvernement dans la nécessité d'augmenter les impôts et de contracter des dettes énormes. L'union intime qui pendant les trente-cinq années du règne de Charles-Quint exista entre l'Espagne et l'Allemagne facilita sans doute les relations de peuple à peuple, mais profita bien moins à l'Espagne qu'à l'Allemagne. Comme il arrive à toute puissance dont la force est essentiellement extérieure, rapide fut la décadence de l'Espagne. Elle commença aussitôt après l'arrivée de Philippe II au trône (1556-1598). Le fils de Charles-Quint héritait pourtant, indépendamment de l'Espagne, des Pays-Bas, du royaume des deux Siciles, du duché de Milan (*voyez* LOMBARDIE), de la Sardaigne, de la Franche-Comté et d'immenses colonies en Amérique et en Asie. Esprit sombre et froid, il poursuivit exclusivement trois buts pendant toute sa vie: l'accroissement de sa puissance, l'extirpation de l'hérésie, et l'anéantissement de toutes les libertés populaires, mais il ne réussit à atteindre complétement que le troisième. En effet, si en 1580 il réunit pendant quelque temps le Portugal à ses États, en revanche il provoqua la séparation des Pays-Bas, devenue irrévocable peu après sa mort, de même que, sauf quelques victoires isolées remportées de loin en loin par ses armées, il ne fut rien moins qu'heureux dans ses guerres contre les barbaresques, contre l'Angleterre (*voyez* ARMADA et GRANDE-BRETAGNE) et contre les Pays-Bas. Il ne réussit pas davantage à extirper l'hérésie. Sans doute, grâce à l'inquisition, il put empêcher le protestantisme de pénétrer en Espagne, et même y anéantir les derniers débris du mahométisme (*voyez* MAURES); mais, en dépit de toutes ses cruautés, il ne put ni empêcher les progrès de la Réforme dans les Pays-Bas ni introduire l'inquisition dans ses États d'Italie. A bien dire, il ne fut heureux que dans ses efforts pour détruire toutes les libertés ou immunités populaires. Les nombreuses guerres de Philippe II et sa détestable politique conduisirent d'ailleurs l'Espagne, en dépit des immenses trésors qu'il tirait d'Amérique, au bord d'un abîme financier dont une écrasante augmentation d'impôts put seule la sauver. Cette calamiteuse époque est pourtant l'âge d'or de l'art et de la littérature en Espagne. En effet c'étaient alors les langues et les modes de l'Espagne qui donnaient le ton en Europe. Mais cette influence ne fut que le résultat d'une civilisation plus sensuelle que morale et intellectuelle; elle manquait de bases solides, et dut rapidement disparaître, sans laisser après elle de traces durables. Déjà sous le règne de l'indolent et incapable Philippe III (1598-1621), la visible décadence de l'Espagne marcha à pas de géant. Le tout-puissant favori du monarque, l'avide et ambitieux duc de Lerme, n'eut en vue que sa fortune et celle de ses partisans. Les revenus publics furent scandaleusement dilapidés, alors que l'État manquait de tout, que le commerce, l'industrie et l'instruction générale déclinaient chaque jour davantage, surtout à la suite de l'expulsion des derniers débris des *Moriscos*. L'insolence de la noblesse et le vain éclat d'une cour asservie aux minutieuses prescriptions d'une ridicule étiquette se maintinrent seuls, et même s'accrurent encore, s'il est possible, sous Philippe IV (1621-1665), pendant le règne duquel l'état du pays alla toujours de mal en pis, malgré quelques mesures énergiques prises par Olivarez, ministre plus capable et plus désintéressé que ses devanciers. Des guerres en Allemagne, en Italie et dans les Pays-Bas, et en dernier lieu une guerre avec la France qui coûta à l'Espagne la perte du Roussillon, dévorèrent le plus pur de la substance du pays et provoquèrent les actes de l'arbitraire le plus violent et le plus oppressif; actes à la suite desquels éclatèrent, d'abord en Catalogne une opiniâtre guerre civile, qui ne dura pas moins de dix ans, et ensuite d'autres révoltes en Andalousie, à Naples (*voyez* MASANIELLO) et en Portugal, royaume qui en 1640 recouvra son indépendance politique.

Sous le fils et successeur de Philippe IV, Charles II (1665-1700), prince aussi faible d'esprit que de corps, la situation des choses empira encore. Son gouvernement, sans force et sans considération à l'intérieur, fut malheureux dans les guerres contre la France, à laquelle il fallut abandonner la Franche-Comté et une notable partie des Pays-Bas. Dans les dernières années du règne de Charles II, la monarchie était déjà complètement déchue; et la population de l'Espagne, qui en 1688 atteignait encore à peu près le chiffre de onze millions d'âmes, n'en comprenait plus que huit millions au commencement du dix-huitième siècle.

Charles II, le dernier roi d'Espagne de la maison de Hapsbourg, avait désigné par un second acte testamentaire un petit-fils de sa sœur aînée, femme de Louis XIV, Philippe, duc d'Anjou, fils cadet du dauphin, comme l'unique héritier de la monarchie espagnole, qui avait déjà été l'objet entre l'Angleterre, la Hollande et la France d'un traité *de partage*. En vertu de ce testament, Louis XIV reconnut son petit-fils comme roi d'Espagne. Mais Léopold Ier, en sa qualité de représentant de la maison de Hapsbourg, éleva des prétentions à recueillir l'héritage de Charles II; tandis que Guillaume III, roi d'Angleterre et stadhouder héréditaire en Hollande, mû par des considérations d'équilibre politique, persistait à en vouloir le partage. Les arrogantes prétentions de Louis XIV finirent par déterminer l'Angleterre à en appeler à la force. Telle fut l'origine de la guerre de la succession d'Espagne, qui dura douze années, et dans laquelle le Bourbon Philippe V (1701-1746), après bien des alternatives de revers et de succès, grâce aux victoires remportées par Berwick et Vendôme, se maintint définitivement sur le trône, au détriment de Charles d'Autriche, devenu plus tard empereur d'Allemagne sous le nom de Charles VI. Mais aux termes de la paix d'Utrecht il dut renoncer aux possessions accessoires de la couronne d'Espagne en Europe : abandonner Naples, la Sardaigne, le Milanais et les Pays-Bas à l'Autriche, ainsi que la Sicile à la Savoie. Les Anglais conservèrent Gibraltar, et aussi Minorque, qu'ils rendirent cependant plus tard. Sous les Bourbons, la nation espagnole perdit ses derniers droits constitutionnels. En effet, la Catalogne, l'Aragon et le royaume de Valence furent traités par Philippe V tout à fait en pays conquis. La dernière assemblée des cortès se tint en 1713 en Castille, et en 1720 en Aragon. La Biscaye et la Navarre seules conservèrent leurs antiques immunités (*voyez* FUEROS).

A partir de 1717, les relations extérieures de l'Espagne furent dirigées par Alberoni, dont l'ambition mit en peu de temps le feu aux quatre coins de l'Europe. Toutefois, en 1735, l'Espagne recouvra la possession des Deux-Siciles pour l'infant don Carlos, de même qu'en 1748 celle de Parme pour l'infant Philippe. Naples et la Sicile furent cédés à un cadet de la famille des Bourbons d'Espagne. A l'intérieur, sous Philippe V, prince faible, dominé par les femmes et en outre d'humeur mélancolique, la situation générale ne s'améliora que fort peu; et il en fut de même sous son hypochondriaque fils Ferdinand VI (1746-1759). Ce fut seulement sous Charles III (1759-1788), prince éclairé, que des temps meilleurs commencèrent à luire pour l'Espagne. A la vérité, le pacte de famille conclu entre les princes de la maison de Bourbon entraîna l'Espagne, à son très-grand détriment, dans la guerre pendante entre l'Angleterre et la France. Il est vrai aussi que les entreprises tentées contre Alger en 1775, et le siége de Gibraltar pendant la guerre de 1779 à 1783, échouèrent plus ou moins complétement. Mais ces accidents ne réagirent point sur l'administration intérieure du pays, à l'amélioration de laquelle travaillèrent des ministres tels qu'Aranda, Campomanès, Olavidès et Florida Blanca. Ces hommes d'État s'attachèrent à faire fleurir l'agriculture, l'industrie et le commerce : aussi la population ne tarda-t-elle point à augmenter sensiblement. D'après le recensement fait en 1768, elle s'élevait à 9,300,000 âmes; et d'après celui de 1798, à 10,061,000. L'inquisition devint aussi l'objet de mesures restrictives, en même temps que la pragmatique sanction en date du 2 avril 1767 anéantissait d'un coup la sourde opposition des jésuites, qui furent expulsés du royaume en même temps que leurs biens confisqués au profit du trésor. La tendance au progrès devint d'ailleurs encore plus manifeste au commencement du règne de Charles IV (1788-1808), et Florida Blanca réussit aussi à donner le change au désir de plus en plus général dans la nation de voir de nouveau convoquer les anciennes cortès. Mais il fut remplacé au pouvoir en 1792 par Godoy, duc d'Alcudia, avec lequel commença un régime de favoritisme qui, en présence de la révolution française et de ses envahissements, fit preuve de l'incapacité la plus complète et en même temps la plus fatale à l'État. D'abord l'Espagne prit part avec une grande vigueur à la guerre de la coalition contre la France; mais Godoy perdit tout, et s'empressa de signer la paix peu honorable de Bâle, du 22 juillet 1795, en vertu de laquelle l'Espagne céda à la France sa partie de l'île de Saint-Domingue. Godoy conclut ensuite, en 1796, le déplorable traité d'alliance offensive et défensive de Saint Ildefonse, et déclara la guerre à l'Angleterre. Battue sur mer, l'Espagne, aux termes de la paix signée à Amiens en 1802, perdit encore l'île de la Trinité. L'interruption complète survenue dans ses relations avec ses colonies augmenta et les charges et les dettes de l'État, en même temps que le crédit public allait toujours s'affaiblissant davantage. Godoy, il est vrai, donna alors sa démission; mais ce fut son parent, Cevallos, qu'il se choisit pour successeur au ministère. Quant à lui, grâce à la reine, dont il possédait la faveur la plus intime, il n'en conserva pas moins une influence directe sur la direction réelle des affaires, et monta encore en honneurs et en dignités. Appuyant dès lors sans réserve la politique de Napoléon, il fit envahir, en 1801, le Portugal, qui, par la paix de Badajoz, fut contraint de céder Olivenza à l'Espagne, tandis que la France prenait possession de Parme, dont le duc était créé roi d'Étrurie; service en échange duquel l'Espagne dut céder la Louisiane à Napoléon, qui, en 1803, vendit cette importante province aux États-Unis. Charles IV ayant ensuite, dans la guerre qui éclata entre la France et l'Angleterre en 1803, vendu sa neutralité à Napoléon moyennant un subside de cinq millions de piastres par mois, les Anglais, au mois d'octobre 1804, s'en vengèrent en donnant la chasse aux gallions espagnols; et alors l'Espagne, manquant de tout, ravagée par la fièvre jaune, et souffrant du renchérissement général des objets de consommation les plus indispensables, se vit réduite à déclarer la guerre à l'Angleterre. Le désastre de Trafalgar (21 octobre 1805) anéantit sa marine. Le courageux Miranda sut réveiller dans l'Amérique méridionale, à partir de 1806 le sentiment national et faire naître le désir de l'indépendance; et Napoléon à la même époque chassa les Bourbons de Naples de leur trône. Mais tout ce qui dans l'administration intérieure se faisait de bon et de convenable, jusqu'aux sages limites apportées à la puissance cléricale, n'était le plus souvent que le résultat de l'arbitraire, et n'avait guère d'autre but que de mettre toutes les forces vives du pays à la disposition de la France. De là le mécontentement de plus en plus général contre l'influence de l'insolent favori, créé dans l'intervalle *prince de la Paix*. Les seigneurs mécontents cherchèrent bien, par l'intermédiaire du prince des Asturies, à ouvrir les yeux du roi. Mais cette intervention donna lieu, en 1807, au procès dit *de l'Escurial*, qui amena, en 1808, l'insurrection d'Aranjuez et le bouleversement général du pays.

Godoy, ayant lancé, le 3 octobre 1806, un manifeste dans lequel il appelait vaguement la nation à une prise d'armes, détruisit la confiance que Napoléon avait pu avoir jusque là dans le dévouement de l'Espagne à sa politique. Pour l'affaiblir d'autant, l'empereur des Français fit passer en Danemark une armée espagnole aux ordres de la *Romana*, et en envoya une autre en Toscane, commandée par O'Farill. Il conclut ensuite à Fontainebleau, le 27 octobre 1807, avec le prince de la Paix un secret traité de partage du Portugal, aux termes duquel la reine d'Étrurie devait céder la Toscane à la France et recevoir comme indemnité le territoire situé entre le Mino et le Duero, tandis que l'Alemtejo et les Algarves seraient constitués en principauté indépendante en faveur du prince de la Paix, et que le reste du Portugal demeurerait occupé par une armée française jusqu'à la paix générale, pour n'être rendu à la maison de Bragance qu'en échange de Gibraltar et de Trinité. Il était stipulé en outre que la France partagerait avec l'Espagne les colonies du Portugal, et que le roi d'Espagne prendrait le titre d'*empereur d'Amérique*. Une armée française de 28,000 hommes franchit donc les Pyrénées, et un corps espagnol de 11,000 hommes vint grossir ses rangs, en même temps que d'autres corps espagnols étaient chargés d'occuper différentes provinces du Portugal. L'Espagne était déjà à l'entière discrétion de Napoléon, lorsque celui-ci vit les discordes intérieures de la famille royale favoriser encore davantage l'exécution de ses projets. Le prince des Asturies s'était refusé à épouser la belle sœur du prince de la Paix. Pour se mettre à l'abri des rancunes du favori, il avait suivi le conseil de son ancien précepteur Escoiquiz, et, de l'Escurial il avait écrit à Napoléon pour lui demander sa protection et la main d'une de ses nièces. En même temps, dans un mémoire adressé au roi sur les vices de l'administration intérieure, le prince avait prié Charles VII de se tenir en garde contre les suggestions de son entourage et de permettre à son fils de prendre quelque part à la direction des affaires. Cette démarche porta jusqu'à la fureur la haine que la reine avait vouée à son fils; en conséquence le prince des Asturies, son conseiller Escoiquiz et le duc de l'Infantando furent arrêtés. D'après les conseils de Godoy, Charles IV écrivit à Napoléon, sous la date du 29 octobre, que son fils avait voulu le détrôner et attenter aux jours de sa mère, et que le châtiment réservé à ce crime serait la perte de tous droits de succession à la couronne; mais la junte chargée de l'examen de cette affaire prononça l'acquittement du prince, et mit les autres accusés en liberté. Cependant, dès le 23 octobre un corps français était entré en Espagne. A ce moment Godoy parut avoir deviné les intentions de Napoléon; car la cour d'Espagne fit des préparatifs pour se rendre d'Aranjuez à Séville, et le bruit se répandit même qu'elle allait se réfugier au Mexique. Il en résulta une vive agitation dans la population de Madrid, qui se porta tumultueusement sur Aranjuez. Mais la garde même chargée d'y veiller à la défense de la famille royale partageait les sentiments de peuple; et le 18 mars 1808 sa fureur éclata ouvertement contre le favori, qui ne fut pas sauvé sans peine. Godoy se démit de tous ses emplois; et telle fut la terreur inspirée au roi par cette révolte, tout à la fois populaire et militaire, que dès le lendemain il abdiqua la couronne au profit de son fils, le prince des Asturies.

Ferdinand VII fut alors acclamé roi au milieu des démonstrations de la joie universelle. Le 24 il fit son entrée solennelle à Madrid, qui dès la veille, à la nouvelle des événements d'Aranjuez, avait été militairement occupé par Murat, général en chef de l'armée française. Le nouveau roi chargea trois grands d'Espagne d'aller annoncer son avènement à Napoléon, arrivé le 15 avril à Bayonne. Cependant Charles IV, à l'instigation de sa femme, qui tremblait pour la vie de son favori, avait révoqué son abdication dans une déclaration secrète, en date du 21 mars, et en instruisit Napoléon par une lettre, datée du 23. L'empereur des Français saisit cette occasion pour s'établir l'arbitre des discordes auxquelles était en proie la famille royale d'Espagne. Une suite d'intrigues et de roueries diplomatiques déterminèrent Ferdinand VII à se rendre à Bayonne auprès de Napoléon. Celui-ci reçut le 20 avril ce prince de la manière la plus amicale; mais dès la première visite Savary fut chargé de lui faire savoir que ce que voulait l'empereur, c'est que Ferdinand abdiquât le trône d'Espagne en échange du trône d'Étrurie. Longtemps les hommes d'État qui accompagnaient Ferdinand VII ne voulurent voir rien de sérieux dans les déclarations de Napoléon, qui fit intervenir alors le vieux roi et Godoy, arrivés tous deux sur ces entrefaites à Bayonne avec la reine et les autres membres de la famille royale. Charles IV, irrité de plus en plus contre son fils par le prince de la Paix, et surtout par la reine, qui en vint jusqu'à supplier Napoléon d'envoyer son fils à l'échafaud, consentit sans peine à renoncer tant en son propre nom qu'au nom de toute sa famille, à tous ses droits à la couronne d'Espagne moyennant une pension. Ferdinand refusa d'abord de se prêter aux vues de Napoléon; mais à la nouvelle des scènes dont Madrid avait été le théâtre le 2 mai, il ne fut pas difficile de triompher de sa résistance en le menaçant de le faire juger comme coupable du crime de lèse-majesté et d'attentat à la vie de ses parents; et le 5 mai il se déclara prêt à restituer sans conditions la couronne à son père. Le 10 mai il renonça, lui aussi, à tous ses droits. Les infants don Carlos et don Antonio souscrivirent la même déclaration. Il n'y eut pas jusqu'au cardinal de Bourbon qui, par une lettre de Tolède en date du 22 mai, n'accédât à cette abdication en masse et ne reconnût Napoléon en qualité de souverain légitime de l'Espagne et des Indes.

Charles IV, sa femme, le prince de la Paix et la reine d'Étrurie se rendirent d'abord à Compiègne, et de là à Rome. Ferdinand et les infants eurent pour prison le château de Valençay, propriété de Talleyrand. Alors Napoléon, en sa qualité de roi d'Espagne, convoqua à Bayonne une junte de cent cinquante députés, tant espagnols qu'américains, et proclama son frère Joseph, jusqu'alors roi de Naples, en qualité de *roi d'Espagne et des Indes*. La junte, qui avait prêté serment au nouveau roi dès son arrivée à Bayonne, le 7 juin 1808, ouvrit ses séances le 17 du même mois. Mais quatre-vingt-dix membres seulement répondirent à l'appel qui leur avait été adressé. Le 7 juillet la Constitution nouvelle de l'Espagne fut soumise à l'acceptation de cette assemblée, qui fit tout ce qu'on lui demandait; et alors le roi Joseph, accompagné des membres de la junte et de tous les ministres de Ferdinand, quitta Bayonne le 9, et fit son entrée solennelle à Madrid le 20 juillet. Napoléon, qui croyait le succès de sa machiavélique combinaison désormais assuré, s'était complétement mépris sur la nature du caractère espagnol. Dès le mois de mai, aussitôt qu'on avait reçu la nouvelle de l'abdication de Charles IV, la population des Asturies avait couru aux armes; celles de l'Aragon, de Séville, de Badajoz, imitèrent cet exemple. Palafox apporta de Bayonne à Saragosse l'ordre de Ferdinand d'armer les habitants, et la junte suprême fut autorisée à convoquer les cortès si elle le jugeait nécessaire. Alors la fureur du peuple se déchaîna contre les Français et leurs partisans. Plusieurs espagnols de haut rang en furent les victimes. La noblesse et les autorités faisant cause commune avec les classes populaires, les armées françaises étaient trop faibles pour comprimer un tel mouvement; aussi Moncey fut-il réduit à se réfugier à Valence. Les généraux Dupont et Wedel, cernés en Andalousie, furent battus à Baylen le 19 et le 20 juillet 1808 par Castaños, et faits prisonniers; le siége de Saragosse dut être levé; événements qui portèrent au comble l'exaltation patriotique du peuple espagnol. Le 6 juin, la junte suprême de Séville, agissant comme autorité insurrectionnelle, lança un appel aux armes, et le conseil de Castille ordonna une levée de 300,000 hommes. Pendant ce temps-là, l'escadre française mouillée dans les eaux de Cadix était contrainte à amener son pavillon, et six jours plus tard l'insurrection éclatait également en Portugal. Le 4 juillet fut publiée l'alliance offensive et défensive conclue entre l'Angleterre et l'Espagne. Le général Cuesta, parti de la Galice à la tête de 40,000 hommes, vint attaquer Bessières le 14 juillet, à Médina del Rio Secco; mais il fut battu et obligé de se réfugier à Salamanque.

A la nouvelle du désastre de Baylen, le roi Joseph crut prudent d'évacuer la capitale, qu'il abandonna le 31 juillet 1808 pour se retirer à Vittoria, et le 23 août suivant Castaños entra en triomphe à Madrid. Alors Napoléon rappela ses vieilles bandes des rives du Niémen (du 15 août au 20 novembre 1808); mais elles n'étaient point assez nombreuses pour pouvoir vaincre partout. L'Autriche, de son côté, se préparait de nouveau à une prise d'armes. Pendant ce temps-là Wellesley, à la tête des forces anglaises débarquées en Portugal, battait le 21 août à Vimeira les troupes françaises commandées par Junot, qui le 22 fut réduit à signer à Centra une capitulation aux termes de laquelle il évacua le Portugal. Une armée anglaise était dans la Péninsule, et le roi Joseph attendait encore sur les rives de l'Èbre les secours que lui annonçait son frère. Heureusement pour lui, la junte centrale, créée le 25 septembre 1808 à Aranjuez, laissa échapper le moment favorable. Des conflits, en ôtant toute unité au mouvement national, nuisirent à la rapide exécution des diverses mesures rentrant dans le plan général de défense; et quelques actes de la junte suprême causèrent en outre un vif mécontentement.

Le 6 novembre Napoléon arriva sur les bords de l'Èbre à la tête de masses imposantes; dès le 10 Soult battait à Gamonal le corps principal de l'armée espagnole, commandé par le marquis de Belvedere, et entrait à Burgos pêle-mêle avec les fuyards. La victoire remportée le 11 à Espinosa sur l'aile gauche des Espagnols par Lefèvre et Victor leur ouvrit la route de l'Asturie. Vainqueur à Tudela, le 22 novembre, de l'aile droite espagnole, Lannes rejeta les fuyards dans Saragosse (*voyez* PALAFOX), et le 2 décembre l'armée française arriva sous les murs de Madrid. Trente-six heures après elle s'était emparée du *Buen-Retiro*, malgré les ouvrages de défense qu'on y avait élevés; et le 4 la capitale reconnaissait de nouveau l'autorité du roi Joseph. Cependant la guerre de partisans n'en continuait pas moins sur tous les points de la Péninsule. La junte centrale s'était transférée de Badajoz à Séville. L'armée accourue du fond de l'Estramadure au secours de Madrid se débanda quand elle sut qu'elle arriverait trop tard. Comme le peuple espagnol, dans son exaltation patriotique, ne savait attribuer qu'à la trahison les victoires de l'étranger, bon nombre de généraux devenus suspects périrent massacrés par leurs propres troupes. Le 5 décembre 1808 la place forte de Rosas tombait au pouvoir des Français, et autant en arrivait le 10 décembre 1809 à celle de Girone après un siége qui avait duré six mois. Gouvion Saint-Cyr battit Castanos à Wals; et le général anglais Moore, quand Napoléon menaça de lui couper la route de la mer, ramena son armée en Galice, où, attaqué par Soult, le 16 janvier 1809, sous les murs de La Corogne, il paya de sa vie un avantage qui permit du moins à ses troupes de se rembarquer librement. La victoire remportée par Sébastiani sur Urbino, le 27 mars, à Ciudad-Réal, et celle de Victor sur Cuesta, à Medellin, le 28 mars, semblèrent ouvrir à l'armée française la route de la Sierra-Morena et de Séville; mais ces avantages remportés en rase campagne n'eurent d'autre résultat que de permettre aux vainqueurs de conserver leurs positions. Entourés de guérillas, ils étaient toujours débordés ou tournés. Le sol accidenté et dépourvu de routes favorisait éminemment la petite guerre, et toutes les classes de la population y prenaient part avec le plus vif enthousiasme. Bientôt les Français en vinrent à manquer d'approvisionnements, et leurs lignes de communications ne furent plus assez fortes pour assurer leurs positions et leurs mouvements. Le moindre convoi nécessitait une escorte imposante. En vain Napoléon crut trouver une force et un appui dans un appel aux idées libérales; en vain il mit à prix les têtes des chefs de l'insurrection. Rien n'y fit; et Joseph essaya non moins inutilement de tous les moyens pour se concilier l'affection du peuple et guérir les profondes blessures faites à l'orgueil national par l'invasion.

A ce moment l'Autriche en appela encore une fois au sort des armes. Dans ce pressant danger, Napoléon s'en rapporta à ses maréchaux pour ses intérêts en Espagne, et à la fin de janvier 1809 il accourut en toute hâte à Paris, pour aller de là se mesurer de nouveau avec les Autrichiens. Son départ fut considéré par les Espagnols à l'égal d'une décisive victoire. Dès lors, en effet on vit les lieutenants de Napoléon employer vainement pendant cinq années toutes les ressources du talent, de la bravoure et de la tactique pour dompter la Péninsule. Ils manquaient du prestige puissant qui s'attachait à la personne même de Napoléon, et bientôt ils eurent en outre à lutter contre Wellington. A ces causes d'infériorité vint encore se joindre la mésintelligence profonde qui éclata entre Napoléon et Joseph, quand ce dernier comprit que son frère n'avait jamais entendu faire de lui autre chose qu'un préfet couronné. La guerre prit alors tous les caractères d'une lutte essentiellement nationale; de part et d'autre, elle se fit avec fureur, avec cruauté même, ainsi qu'on devait l'attendre du déchaînement de tant de passions. Cette fureur explique la facilité avec laquelle la junte insurrectionnelle put incessamment remplacer par de nouvelles levées des armées que l'ennemi anéantissait l'une après l'autre. Les efforts de Napoléon furent d'ailleurs à la hauteur des difficultés et des périls d'une telle lutte. Alors que les différents corps chargés de l'occupation de la Péninsule étaient au grand complet, c'est-à-dire quand Masséna put envahir le Portugal avec 80,000 hommes, l'armée française présenta un moment un effectif de 200,000 hommes et de 30,000 chevaux. En 1813, après qu'elle eut été forcée d'évacuer Madrid et Valladolid, cet effectif était encore de 130,000 fantassins et de 20,000 chevaux. M. de Pradt évalue à deux cent trente millions par an ce qu'il en coûtait à la France.

Tous les efforts tentés pendant les années 1809 et 1810 par les généraux français pour conquérir le Portugal et s'emparer de Cadix, dernier rempart de l'indépendance espagnole, furent inutiles. Toutefois, le plan hardi formé par les généraux anglais Wellesley (plus tard Wellington) et Wilson d'une part, et les généraux espagnols Cuesta et Venegas de l'autre, pour chasser les Français de Madrid, échoua également. Les Anglais commandés par Wellington battirent, il est vrai, à Talavera, les 27 et 28 juillet 1809, les Français aux ordres de Victor, de Jourdan et du roi Joseph; mais, mal secondés par les Espagnols et menacés sur leurs flancs par l'arrivée prochaine de Soult et de Ney, ils durent se retirer en Portugal. Ce mouvement contraignit Venegas à battre également en retraite; et par suite celui-ci essuya une déroute décisive à Almonacid, le 11 août. Autant en arriva à Wilson, obligé de lutter contre Ney dans les défilés de Baros. Madrid fut sauvé, et ce succès donna au roi Joseph le courage de rendre, le 18 août, un décret qui prononçait la suppression des différents ordres religieux existants en Espagne. C'était de sa part verser de l'huile sur le feu. En outre, l'accroissement des impôts et les progrès incessants de la misère contribuaient à rendre toujours plus odieux son gouvernement et ses partisans désignés sous le nom de *Josephinos*. A ces causes de mécontentement vinrent s'ajouter à Madrid le renchérissement excessif de tous les objets de consommation et une véritable famine. La junte centrale de Séville en profita pour convoquer les cortès et instituer une régence. De nouvelles armées furent organisées. Arezaga, à la tête de 55,000 hommes, s'avança par Tolède jusqu'à Ocaña, où, le 18 novembre, Mortier lui fit essuyer une déroute complète. Dans la vieille Castille, en Catalogne, en Aragon, en Biscaye et en Navarre, les colonnes mobiles et les places fortes aux mains des Français, furent impuissantes à tenir en respect les guérillas. Les chefs les plus célèbres de ces bandes furent l'*Empecinado*, Barrioluchio, Couvillas, Rodriguez, Jacobe, Mina et Marquesito. Cependant les Français réussirent dans leur expédition en Andalousie, à laquelle Arezaga eut l'imprudence de vouloir mettre obstacle alors qu'il n'avait à sa disposition que 22,000 recrues pour lutter contre 60,000 hommes d'élite. Le 6 février 1810 les Français se trouvèrent maîtres de toute l'Andalousie, sauf Cadix. Dès le 1er du même mois Joseph était entré à Séville, d'où la junte centrale s'était enfuie le 25 janvier pour se réfugier à Cadix. Mais la tentative des Français contre cette ville demeura sans résultat. Au mois d'avril, ils organisèrent une expédition contre le Portugal. Il s'y trouvait au nord du Tage une armée anglaise de 30,000 hommes aux ordres de Wellington, et une armée portugaise de 59,500 hommes commandée par Beresford, sans compter 52,800 hommes de milice. Sur l'aile droite de Wellington à Badajoz s'appuyaient une armée de 20,000 hommes aux ordres de la Romana et un corps de 8,000 hommes ayant Ballesteros à sa tête. Le gros de l'armée alliée avait pris position sur les hauteurs qui entourent Lisbonne et que des travaux de défense avaient rendues imprenables. Après s'être emparé en août de Ciudad Rodrigo et d'Alméida, Masséna envahit le Portugal à la tête d'une armée formidable; mais Wellington, au lieu de marcher à sa rencontre pour lui offrir le combat, se borna à dévaster tout le territoire par lequel son adversaire devait passer. Avant d'aller plus avant, Masséna dut perdre quatre semaines à assurer ses subsistances. Enfin, le 18 septembre, il se dirigea sur Coïmbre. Dans cette marche, il éprouva un assez grave échec, le 27, à Busaco; mais il n'en atteignit pas moins les hauteurs de Sardico, qui dominent la plaine où est bâtie Lisbonne. C'est à ce moment que Wellington prit sa célèbre position de *Torres-Vedras*, composée de deux lignes sur des hauteurs plus rapprochées de Lisbonne, défendues par 170 ouvrages exécutés avec le plus grand soin, et garnies de 444 bouches à feu. Masséna, la jugeant inexpugnable, se retira à Santarem, où il resta jusqu'en mars 1811, époque où le manque de vivres le contraignit à évacuer le Portugal. Ce ne fut pas sans peine, ni sans avoir à soutenir à Fuentes d'Onoro un combat qui se prolongea pendant deux jours, qu'il réussit à emmener avec lui la garnison d'Almeida qui fit sauter les fortifications de cette place, et pour le rejoindre dut se faire jour à travers l'ennemi.

En revanche Suchet se rendit maître, le 2 janvier 1811, de Tortosa en Catalogne, et le 28 juin suivant, après cinq jours d'assaut, de Tarragone. Soult s'empara le 10 mars d'Olivença et de Badajoz, places fortes qui protégent la frontière d'Espagne du côté du Portugal; et le 3 mars Victor battit à Chiclana le général anglais Graham, qui tentait de débloquer Cadix. A l'automne, Suchet marcha sur Valence. Après avoir battu l'armée de Valence et d'Aragon aux ordres de Blake, il s'empara de Murviedro le 26 octobre, et Valence lui ouvrit ses portes le 9 janvier 1812. Mais alors Wellington pénétra de nouveau en Espagne. Le 19 janvier Ciudad-Rodrigo tomba en son pouvoir, puis Badajoz, le 7 avril; et il aurait obtenu de plus grands avantages encore, s'il avait été mieux secondé par la régence de Cadix et par ses généraux. L'armée de Portugal était à ce moment sous les ordres de Marmont. Mais la perte de la bataille de Salamanque (22 juillet 1812) le força d'abandonner Madrid, d'où Joseph s'enfuit en toute hâte, et qui fut occupée le 12 août par Wellington. Les Français levèrent alors le siége de Cadix (25 août 1812) pour concentrer leurs forces au sud et à l'est de l'Espagne. Le siége de Burgos empêcha Wellington de les poursuivre plus loin. Après divers assauts infructueux contre cette place, Wellington, insuffisamment soutenu par les Espagnols, dut battre de nouveau en retraite vers le Portugal, et les Français purent encore une fois occuper Madrid. Ainsi finit l'année 1812, pendant laquelle l'assemblée des cortès avait voté, le 18 mars, à Cadix le nouveau pacte constitutionnel, qui devait être désormais la loi fondamentale de la monarchie. Le 20 mars la régence prêta solennellement serment à la constitution, qui fut reconnue non-seulement par l'Angleterre, mais encore par la Russie. Cependant les désastres éprouvés en Russie par l'armée de Napoléon décidaient aussi des destinées de la Péninsule. Au commencement de 1813, Soult fut rappelé d'Espagne avec 30,000 hommes. Suchet, obligé d'évacuer au mois de juillet le royaume de Valence, réussit pourtant à se maintenir encore pendant quelque temps sur le Llobregat contre le général Clinton. Mais dès le 27 mai Joseph s'était vu forcé de fuir une dernière fois de Madrid, et le 26 Wellington était venu occuper Salamanque. L'armée commandée par Joseph et Jourdan se retira alors à Vittoria, où le 21 juin Wellington remporta une victoire par suite de laquelle les Français durent évacuer la Péninsule, repasser les Pyrénées et venir prendre position sous les murs de Bayonne. L'armée victorieuse investit aussitôt Pampelune, et le 9 juillet Wellington arriva à la frontière de France. Pendant ce temps-là Napoléon, par un decret daté de son quartier général de Dresde, le 1er juillet, avait nommé Soult général en chef en Espagne. Celui-ci, ralliant les débris de l'armée française, parvint encore à opposer à l'ennemi des forces imposantes. Le 24 juillet la lutte commença dans les Pyrénées. On s'y battit jusqu'au 1er août; mais Wellington resta maître de toutes ses positions, et le 31 août il prit d'assaut Saint-Sébastien. Le 7 octobre il franchit la Bidassoa. Pampelune ayant été réduite à capituler le 31 octobre, il ne resta plus un seul français en Espagne, à l'exception de Barcelone et de quelques autres places de la Catalogne. Wellington attaqua bientôt après l'armée ennemie, retranchée sur les bords de la Nivelle, et Soult fut réduit à venir prendre position sous les murs de Bayonne. Le 26 février le général anglais lui fit essuyer un échec près d'Orthez, et le contraignit à battre en retraite vers la haute Garonne, où l'armée française prit position aux environs de Toulouse. La sanglante bataille qui s'y livra le 10 avril 1814 et la prise de cette ville par les Anglais terminèrent enfin cette guerre, si longue et si acharnée.

Dès le 15 janvier 1814, les cortès extraordinaires étaient revenues siéger à Madrid. Conformément au décret du 1er janvier 1811 elles décidèrent que le roi Ferdinand VII, aussitôt qu'il rentrerait sur le sol espagnol, prêterait serment à la constitution, et qu'il ne serait considéré comme roi qu'après qu'il aurait accompli cette formalité en présence de l'assemblée nationale, Ferdinand VII, qui avait quitté Valençay le 13 mars, arriva à Girone le 24. De Girone, en dépit des invitations pressantes que lui adressaient les cortès, il gagna Saragosse par Tortosa, et arriva le 16 avril à Valence. Peu de temps après, par une proclamation en date de Valence, le 4 mai, il déclara nulle et non avenue la constitution présentée par les cortès à son acceptation; puis, le 10, il fit arrêter à Madrid par le général Éguia trois ministres ainsi que les principaux membres de la régence et des cortès, et le 14 il fit son entrée dans la capitale. Le peuple, que les cortès s'étaient aliéné par une innovation financière, l'établissement de l'impôt direct, le reçut avec enthousiasme. Ferdinand apporta quelques adoucissements aux sévères prescriptions de l'étiquette qui jusqu'alors avait toujours entouré les rois d'Espagne, mais n'en déploya que plus de rigueur à l'égard des partisans du roi Joseph et de ceux des cortès. Tous les officiers supérieurs qui avaient servi le roi intrus furent bannis d'Espagne à perpétuité, ainsi que leurs femmes et leurs enfants majeurs. La même mesure fut appliquée aux fonctionnaires publics, de sorte qu'en 1819 plus de 6,000 Espagnols vivaient en exil. On évaluait à 12,000 le nombre des individus soit privés de la jouissance de leurs droits civils et détenus dans les cachots, soit bannis. L'ordre des francs-maçons fut supprimé, en même temps qu'on rétablissait l'inquisition. On rendit aussi leurs biens aux moines et aux couvents; et un décret, en date du 29 mai 1815, autorisa le retour des membres de la Société de Jésus, auxquels on restitua les biens et les privilèges qu'ils avaient perdus depuis 1767. Par sa proclamation du 4 mai, le roi avait, à la vérité, promis d'établir une constitution basée sur des principes libéraux, et de convoquer les cortès, sans l'assentiment desquelles il ne serait plus établi ni levé aucun impôt. Dans cet acte, Ferdinand VII exprimait son horreur pour le despotisme, garantissait à ses sujets la jouissance de la liberté individuelle, et déclarait qu'à l'avenir sa liste civile serait complètement distincte du trésor public. Il y promettait la liberté de la presse sous certaines conditions de légalité, et qu'à l'avenir il ne serait plus rendu de lois nouvelles sans qu'elles n'eussent été discutées et votées par les cortès. Mais il n'en fut rien. Tout au contraire, on vit alors s'organiser un despotisme impitoyable dans ses rigueurs, qui fit périr sur l'échafaud bon nombre de ceux-là même qui avaient combattu pour la cause de Ferdinand VII, et qui en contraignit encore bien davantage à prendre la fuite, rien que parce qu'ils étaient hostiles à un gourvernement de *camarilla* et de sacristie. De là des conspirations et des révoltes qui provoquèrent de sanglantes répressions. C'est dans les rangs de l'armée qu'on comptait le plus de mécontents, et de nombreuses *guerillas* enlevaient de plus en plus toute sécurité au pays. La masse de la population, tout indifférente qu'elle fût, au fond, aux idées libérales, en vint bientôt à prendre en haine un gouvernement sous lequel la misère générale et le désordre ne faisaient que s'accroître avec l'arbitraire. Dans une sphère plus élevée, les partis étaient vivement tranchés, et se divisaient en *serviles* et en *liberales*. Les nombreux changements de cabinet témoignaient et du peu de fixité des principes gouvernementaux, et des intrigues dont la cour était le théâtre. De 1814 à 1819, on n'en compta pas moins de vingt-cinq. En juin 1819 le ministre de la justice Lozano de Torres prit le dessus dans les conseils du roi, et devint le véritable ministre dirigeant; cependant, il ne tarda pas à être renversé par le duc de San-Fernando. Les personnages qui possédaient la confiance toute particulière du roi étaient le Père Cirillo et le confesseur Bencomo. Le procureur Ugarte et le Père Manrique étaient aussi au nombre des principaux soutiens du parti absolutiste. En lutte avec de semblables conseillers, il fut impossible au ministre des finances Garay de réaliser les réformes qu'il avait projetées, et il dut se retirer. Ferdinand régna ainsi dans la plénitude du pouvoir absolu de 1814 à 1820.

La paix signée à Paris en 1814 avait restitué à l'Espagne la partie de Saint-Domingue précédemment cédée à la France. Le différend survenu avec le Brésil, dont l'armée avait occupé Montevideo, sur la rive orientale de la Plata, parce que l'Espagne se refusait à restituer Olivença au Portugal, se termina en 1816 par le double mariage du roi et de son frère, l'infant don Carlos, avec deux princesses portugaises. En vertu d'un traité conclu avec les États-Unis, Ferdinand VII leur céda les Florides moyennant cinq millions de dollars, et employa cette ressource extraordinaire en préparatifs pour replacer les colonies espagnoles sous l'autorité de la mère-patrie. Au lieu de faire droit à leurs griefs, il les déclara rebelles, et les somma d'avoir à se soumettre sans délai. Mais, par suite de l'état d'épuisement absolu dans lequel se trouvaient les finances de l'État, les armements ne purent se faire qu'avec une lenteur extrême; aussi les corsaires des insurgés ne craignaient-ils pas de venir enlever des navires espagnols en vue même des côtes d'Espagne, tandis que les officiers de la marine royale, auxquels depuis longtemps on avait cessé de payer aucune espèce de solde, mouraient littéralement de faim. La ville de Cadix obtint enfin l'autorisation d'équipper à ses frais quelques frégates pour protéger elle-même son commerce; et la perte des colonies de l'Amérique accéléra encore le renversement d'un système miné dans ses fondements par une foule d'abus de tous genres.

Ce renversement, ce fut l'armée qui l'opéra en 1820. Déjà des officiers avaient essayé de se mettre à la tête des partisans de la constitution abolie par le roi; mais leurs diverses tentatives avaient échoué. Dans les provinces de Valence et de Grenade, Eguia et Elio régnaient par la terreur. Pendant ce temps-là les anciennes colonies consolidaient leurs jeunes institutions; et les immenses armements faits à Cadix par Ferdinand pour les réduire dévoraient successivement les ressources produites par les impôts, sans pouvoir jamais se terminer. Le roi n'en persistait pas moins dans sa résolution. Une insurrection générale s'étant organisée sur différents points du royaume, les conspirateurs fixèrent au 1er mai 1820 leur levée de boucliers. Des sociétés secrètes se créèrent aussi parmi les officiers, dans le but de rétablir la constitution. On résolut, à cet effet, de mettre à profit l'éloignement marqué que témoignaient les soldats pour l'expédition d'Amérique. La première insurrection qui éclata, le 8 juillet 1819, à Cadix, échoua sans doute; mais le mois de janvier 1820 ayant été définitivement fixé pour l'embarquement de l'armée expéditionnaire, quatre bataillons, sous les ordres du lieutenant-colonel don Rafael Riego, proclamèrent à San-Juan, le 1er janvier, la constitution de 1812, se rendirent maîtres des forts de *San-Fernando* et de *San-Pedro*, ainsi que de la ville d'*Isla de Leon*, puis s'emparèrent de *la Carraca*. En peu de temps l'armée nationale compta 9,000 hommes. Quiroga, qui fut placé à sa tête, déclara en son nom que ce qu'on demandait c'était l'acceptation par le roi et la mise en vigueur de la constitution. En même temps un gouvernement provisoire fut institué à *Isla de Leon*. Un appel à l'armée retraça vivement les causes de la décadence de l'État et de la nation. En peu de temps la plupart des villes se prononcèrent en faveur de la constitution. Riego parcourut l'Andalousie en la proclamant partout sans opposition; don Pedro Agar prit la présidence de la junte de Galice; le 29 février la constitution fut proclamée à Murcie, où le peuple détruisit de fond en comble le palais de l'Inquisition; Alpuente et Torrijos y furent arrachés des cachots du saint-office et placés à la tête de l'administration. Au même moment les côtes de la Cantabrie se soulevaient, et quelques jours après l'Aragon en faisait autant. Mina arbora en Navarre le drapeau de l'armée nationale; à Pampelune le vice-roi Espeleta mit la constitution en vigueur, et Madrid même s'agita. Le général O'Donnel, comte de l'Abisbal, en était parti pour Ocaña, où il était question de concentrer une armée pour la sûreté du roi. Il y proclama la constitution le 4 mars, et se réunit à Riego. Le général Freyre, envoyé pour combattre les rebelles, quand il eut vu quatre des bataillons sous ses ordres passer dans les rangs de l'armée nationale, proclama lui-même la constitution à Séville et en Andalousie.

Tous ces événements inspirèrent une vive terreur au roi, qui se mit à demander à chacun des conseils et des secours. Mais les hommes dont il avait jusqu'alors suivi les inspirations semblaient être devenus muets; et les autres s'accordaient à lui conseiller la convocation des cortès. Enfin, le 7 mars, après une série de demi-mesures, il prit le parti de céder et, sous la pression de la plus impérieuse des nécessités, d'accorder ce que pendant si longtemps il avait refusé aux instances de ses peuples. Le 8 mars, de grand matin, parut un décret par lequel le roi se déclarait disposé à convoquer les cortès et à prêter serment à la constitution. Cette résolution rétablit la tranquillité dans la capitale. Le même jour amnistie complète fut accordée à tous les exilés et à tous les individus emprisonnés pour délits politiques, et le peuple s'en alla ouvrir lui-même les cachots de l'Inquisition. Le 9 Ferdinand institua une junte provisoire pour l'expédition des affaires jusqu'au moment où les cortès commenceraient leurs travaux. Le même jour le roi, devant cette junte et une députation de l'*ayuntamiento* de Madrid, prêta serment à la constitution, et renouvela encore cet acte solennel du haut du balcon de son palais en présence du peuple, qui en encombrait au loin toutes les approches. Aux termes de cette constitution, qui offre beaucoup de points de ressemblance avec la constitution française de 1791, les cortès, qui ne composent qu'une seule assemblée, exercent d'accord avec le roi la puissance suprême. Chargé du pouvoir exécutif, le roi n'a à l'égard des décisions prises par les cortès que le droit de *veto*. Ses ministres seuls sont responsables. Il nomme, sur la proposition des cortès, un conseil d'État, composé de quarante membres, dans lequel ne peuvent siéger que quatre ecclésiastiques et quatre grands d'Espagne. Pour se réunir, les cortès n'ont pas besoin d'être convoquées par le roi. La sécurité des personnes et la liberté de la presse sont garanties par des lois organiques.

Le 10 mars Ferdinand abolit l'inquisition. Un nouveau ministère remit immédiatement en vigueur toutes les dispositions de lois relatives à la liberté individuelle et à la liberté de la presse. Dès le 10 mars la constitution avait été proclamée en Catalogne; elle le fut le même jour à Séville, le 12 à Murcie et à Alicante. C'est ainsi que dans l'espace de six jours le nouveau système de gouvernement se trouva établi et reconnu sur tous les points de l'Espagne. Ce fut à Cadix seulement qu'une protestation violente eut lieu contre ce mouvement si général. Le 10 mars y avait été fixé pour la proclamation solennelle de la constitution, et ce jour-là les troupes attaquèrent tout à coup les citoyens rassemblés pour cette cérémonie. Il y en eut 150 de tués et un plus grand nombre de blessés. La constitution ne put donc être proclamée dans cette ville que dans les journées des 20 et 21 mars, et seulement après qu'on en eut fait partir la garnison.

Le roi, d'accord avec la junte provisoire, continua maintenant à transformer tout l'ensemble du système administratif conformément à l'esprit de la constitution. Dans les provinces, au lieu de milices, on institua des *gardes nationales*. Les religieux furent autorisés à quitter leurs couvents; on résolut en outre la suppression des corporations et des maîtrises, la mise à exécution du décret des cortès de 1812 relatif à l'abolition des juridictions patrimoniales, et une nouvelle division politique du territoire. Le 9 juillet 1820 eut lieu l'ouverture de la session des cortès. L'assemblée se composait de 149 membres députés par la Péninsule, sans compter les siéges réservés aux députés américains, et qu'on fit provisoirement occuper par autant de colons résidant à ce moment en Espagne. Dans les quatre mois que dura cette session (la dernière séance eut lieu le 9 novembre), les cortès s'efforcèrent avant tout de porter remède au délabrement des finances et aux autres plaies de l'État. Mais les mesures adoptées à cet effet, telles que la suppression d'une grande partie des couvents et l'abolition des majorats, ainsi que le bannissement d'un certain nombre d'ecclésiastiques qui refusèrent de prêter serment à la constitution, excitèrent un grand mécontentement. Bientôt une junte *apostolique* se forma sur les frontières du Portugal; et on vit apparaître dans plusieurs provinces des bandes de *guerillas* annonçant hautement le projet de rétablir le roi dans la plénitude de ses droits, ainsi que les ordres religieux dans la jouissance de leurs biens. D'un autre côté, dans diverses villes, l'esprit révolutionnaire des clubs provoqua de déplorables excès. Les cortès ayant déclaré, le 15 avril 1821, l'Espagne tout entière en état de siége, puis ayant mis à la tête de la force armée de Madrid le célèbre général Morillo, revenu de Caracas, la partie saine de la population et de l'armée réussit à y mettre un terme; mais les événements qui s'accomplissaient en Piémont et dans le royaume de Naples étaient malheureusement de nature à irriter de plus en plus le parti des *exaltados* (libéraux exaltés). Le 21 septembre 1821, le roi convoqua les cortès extraordinaires. A ce moment, la destitution du capitaine général de l'Aragon, don Rafael Riego, homme qui possédait toutes les sympathies des *exaltados*, occasionna de nouveaux encore troubles.

Les ravages exercés par la fièvre jaune, surtout en Catalogne, ne pouvaient qu'ajouter aux difficultés de la position. Le gouvernement français s'en autorisa pour établir au pied des Pyrénées, et sous le nom de *cordon sanitaire*, une véritable armée d'observation. Dans cette situation critique, les emprunts que le gouvernement réussit encore à conclure à l'étranger, la création d'un impôt direct et la vente des biens nationaux, ne purent combler le gouffre du déficit; les négociations ouvertes avec les colonies insurgées demeurèrent également sans résultat. L'Espagne perdit cette même année sa portion de l'île Saint-Domingue, qui se réunit à la république d'Haïti. Dans le dédale d'embarras où il se trouvait, le gouvernement crut que la modération était le seul moyen de rétablir la paix à l'intérieur et de la maintenir à l'extérieur.; mais les *comuneros*, ou partisans rigides de la constitution, en prirent prétexte pour accuser le ministère de faiblesse et d'incapacité, et les cortès elles-mêmes, en décembre 1821, votèrent une adresse au roi pour l'engager à nommer un ministère plus énergique. Après divers tâtonnements, il finit par s'en constituer un, et alors le calme se rétablit dans les provinces. Toutefois, pour consolider encore mieux la tranquillité publique, les cortès votèrent des lois restrictives de la liberté de la presse, de la liberté de réunion et du droit de pétition. Ces mesures déjouèrent complétement les projets des *descamisados* (sans chemises), parti extrême répondant tout-à-fait à ce qu'en France on appelait les *sans-culottes*; et la lutte ne continua plus sur quelques points que contre les bandes de la *Foi*, organisées et salariées par le clergé pour opérer la restauration de l'ancien gouvernement.

Dans la troisième session des cortès ordinaires, qui dura du 1er au 30 juin 1822, et pendant laquelle le général Riego remplit un mois les fonctions de président, le parti libéral modéré eut d'abord le dessus; et le ministère, dans lequel Martinez de la Rosa tint le portefeuille des relations extérieures, adopta une politique de modération, grâce à laquelle la tranquillité intérieure sembla renaître peu à peu avec l'ordre et la confiance; mais alors les périls vinrent de l'extérieur, et la paix avec l'Europe parut compromise. Le grand nombre de troupes françaises réunies au pied des Pyrénées, sous le nom de *cordon sanitaire*, et les projets hautement annoncés par les individus que le nouveau régime avait bannis d'Espagne, firent soupçonner que la France favorisait les troubles excités par les prêtres parmi les paysans de la Catalogne et de la Navarre. Comme d'autres provinces étaient parcourues par des bandes armées dites *soldats de la Foi*, les cortès ordonnèrent que toute localité en état de rébellion serait traitée suivant la rigueur des lois militaires, et décrétèrent en même temps la mobilisation de la milice nationale. Les troupes constitutionnelles l'emportèrent alors partout; mais les menées occultes des factions paralysaient toujours l'action du pouvoir. En juillet 1822 le parti de l'ancienne *camarilla* et des absolutistes osa, avec l'appui de la garde royale, tenter de rétablir le pouvoir absolu. Le 7 juillet quatre bataillons se mirent en devoir d'enlever le roi de son palais; mais ils ne furent pas plutôt arrivés à la *Puerta del Sol*, qu'ils furent attaqués et dispersés par la garde nationale, commandée par Ballesteros. Une partie de cette bande chercha un asile dans le palais. Le roi, qui d'abord parut approuver les projets de son entourage et qui retint même un instant ses ministres en charte privée au palais, fit preuve à ce moment de faiblesse et d'hésitation. Il ordonna aux bataillons révoltés de rendre leurs armes; mais ceux-ci, au lieu d'obéir, firent feu sur la garde nationale, qui alors les écharpa. Un changement de ministère, force exils et destitutions: tels furent les résultats de cette échauffourée. Les bandes de la Foi ne s'en battirent qu'avec plus d'acharnement en Biscaye, en Navarre et en Catalogne, et quelques-uns de leurs chefs y commirent de révoltantes atrocités. En Catalogne, les fauteurs de l'absolutisme instituèrent à *Seu de Urgel*, une régence, qui au nom du roi, « en ce moment prisonnier, » ordonna de rétablir en Espagne toutes choses en l'état où elles se trouvaient avant le 7 mars 1820. Enfin Mina réussit à disperser en Catalogne les bandes de la soi-disant *armée de la Foi*; et en novembre 1822 la régence et les chefs de bandes étaient réduits à se réfugier avec les débris de leurs forces sur le territoire français. *Seu de Urgel* et d'autres points fortifiés ne tombèrent pourtant qu'en février 1823 au pouvoir des constitutionnels.

C'est au milieu de cette confusion que Ferdinand VII convoqua les cortès extraordinaires, qui s'occupèrent surtout de la mise en état de défense du pays et des relations de l'Espagne avec les puissances étrangères. Indépendamment d'un conflit avec le pape, qui refusa de recevoir le marquis de Villaneva, nommé ambassadeur d'Espagne, conflit par suite duquel le nonce du pape à Madrid reçut ses passeports le 22 janvier 1823, les négociations suivies avec la France prirent une haute importance. Le gouvernement français, qui tolérait le séjour des émigrés et des exilés à Bayonne et autres lieux voisins de la frontière d'Espagne d'où le parti clérical attisait le feu de la guerre civile dans le royaume, finit par transformer son cordon sanitaire en armée d'observation. Non content de recueillir les débris de l'armée de la Foi et les membres de la régence, il permettait même à cette régence de négocier publiquement un emprunt sur la place de Paris; enfin, il favorisait de tout son pouvoir les armements faits sur le sol français par les bandes de l'armée de la Foi. C'est sur ces entrefaites qu'au congrès réuni à Vérone, en novembre 1822, il accéda au projet d'une intervention armée en Espagne. Par suite de cette détermination, Louis XVIII donna ordre à son ministre à Madrid d'insister pour que la constitution fût modifiée, et d'en faire la condition du maintien de la paix. Les chargés d'affaires de Russie, de Prusse et d'Autriche firent la même demande. Ces exigences de l'étranger étaient de nature à révolter l'orgueil national. Par une circulaire en date du 9 janvier 1823, le gouvernement espagnol repoussa donc les conseils des cabinets. Dans l'assemblée des cortès, le parti des *exaltados* et celui des *moderados* se réunirent alors pour défendre la constitution envers et contre tous; bientôt après, la menace faite par le congrès de Vérone d'une rupture de toutes relations diplomatiques avec l'Espagne fut réalisée. Pendant ce temps-là environ 100,000 soldats français se concentraient sous Bayonne et Perpignan; et les cortès, de leur côté, appelaient sous les drapeaux la garde nationale active. Mais le gouvernement ne put guère organiser d'armée que sur le papier et la majeure partie de ses troupes durent constamment lutter contre les bandes de guerillas. Le plan de transférer au sud le roi et le siége du gouvernement, à cause de l'imminente invasion du sol, provoqua un conflit entre Ferdinand VII et ses ministres. Après deux inutiles tentatives faites pour constituer un autre cabinet, le roi fut obligé de garder son ministère et, après l'ouverture de la quatrième session ordinaire des cortès, d'aller s'établir à Séville avec l'assemblée.

Sur ces entrefaites, les hostilités avaient commencé. Comme général en chef de l'armée d'invasion, le duc d'Angoulême adressa au peuple espagnol un manifeste dans lequel il déclarait que les Français n'entraient en Espagne qu'à titre d'auxiliaires, et que la France n'avait d'autre but que d'affranchir l'Espagne des calamités de la révolution. Le 7 avril l'armée française franchit la Bidassoa pour de là se porter sur l'Èbre. Le maréchal Moncey n'entra en Catalogne qu'à la fin de ce même mois. Les bandes de la Foi, récemment réorganisées, pénétrèrent en même temps dans la Péninsule, où la junte instituée par le duc d'Angoulême forma un gouvernement provisoire dont les pouvoirs devaient durer jusqu'à la délivrance du roi. Cette *junte de régence d'Espagne et des Indes* fit savoir à la nation, par un manifeste daté de Bayonne, 6 avril, que toutes choses devaient provisoirement être remises en l'état où elles se trouvaient avant l'*attentat* du 7 mars 1820. En même temps elle déclarait nulles et non avenues toutes les mesures prises par les cortès et par le gouvernement constitutionnel. Les cortès, n'ayant point d'alliés, persistèrent dans un système de défense consistant à inquiéter sans cesse l'ennemi au moyen de bandes de guerillas, à éviter les engagements décisifs et à se maintenir en possession des points fortifiés. Le 23 avril le roi déclara la guerre à la France; mais le parti dominant ne sut point inspirer à la nation l'enthousiasme qui eût été nécessaire pour soutenir une lutte à outrance. Les classes éclairées témoignaient, il est vrai, beaucoup d'attachement à la constitution; mais la population des campagnes se montrait indifférente, lorsqu'elle n'était pas entièrement dévouée au parti clérical. Quant à la populace, ce n'était qu'un instrument, aujourd'hui aux mains de quelques prêtres fanatiques comme naguère aux mains de quelques audacieux démagogues. Aussi une levée de 30,000 recrues ordonnée par les cortès ne s'effectua-t-elle qu'avec une extrême lenteur. Le gouvernement n'avait ni argent ni crédit. C'est à grand peine qu'on put se procurer les fonds pour le voyage de Séville, où le roi s'était rendu le 11 avril et où la session des cortès s'ouvrit le 23.

L'armée française, forte d'environ 90,000 hommes et appuyée par l'armée royaliste, qui comptait un effectif de près de 30,000 hommes, était divisée en quatre corps, aux ordres des maréchaux ducs de Reggio et de Conegliano, du général Molitor et du prince de Hohenlohe. Le gouvernement français dépensait des sommes énormes pour assurer l'approvisionnement de cette armée, dont toutes les fournitures étaient payées comptant. Elle observait une discipline admirable; personne n'était inquiété par elle pour opinions ou pour des faits se rattachant à la politique. Les royalistes, au contraire se livraient à tous les excès; partout le clergé venait au-devant des troupes françaises, pour lesquelles partout aussi il avait bien disposé les masses.

Indépendamment de 52,000 hommes employés à garder les places fortes, le gouvernement espagnol avait formé quatre corps d'armée : le premier, fort de 20,000 hommes et commandé par Ballesteros, se retira derrière l'Èbre à l'approche des Français; le second, de même force et placé sous les ordres de Mina, était chargé de défendre la Catalogne; le troisième, fort de 18,000 hommes, aux ordres d'Abisbal (*voyez* O' DONNEL), occupait Madrid et ses environs; le quatrième, en Galice et en Asturie, était fort de 10,000 hommes et sous les ordres de Morillo. Ballesteros battit en retraite sur Valence. Molitor se mit à sa poursuite, et lui coupa ses communications avec Mina en Catalogne, où la campagne s'ouvrit le 18 avril. Mina se retira alors dans la position de Vich, et Moncey vint établir, le 2 mai, son quartier général à Girone qui lui ouvrit ses portes sans résistance. Les Français occupèrent aussi presque sans combat la haute Catalogne, la Biscaye, l'Aragon et la Castille. Mais la petite guerre commença alors dans la basse Catalogne. Par la rapidité de ses mouvements, Mina sut éviter tout engagement décisif, battant ici l'ennemi, le fatigant là par ses marches audacieuses, et le tenant occupé partout, de telle sorte que Moncey ne put nulle part faire de progrès importants. Au nord de l'Espagne, la division Bourck s'empara de l'Asturie, tandis que Morillo concentrait les gardes nationales en Galice et y formait une légion étrangère. Le duc d'Angoulême, général en chef de l'armée expéditionnaire, marcha par Aranda et Buitrago, et le duc de Reggio par Burgos et Valladolid sur Madrid. Pendant ce temps-là Abisbal, chargé de la défense de Madrid, était devenu suspect aux libéraux pour n'avoir fait aucune disposition à l'effet de défendre les défilés de la Somo-Sierra et de la Guadarama, et aussi pour avoir tenté assez intempestivement d'inutiles efforts afin que des modifications à la constitution fussent opérées par la législature dans le sens des résolutions du congrès de Vérone. En conséquence, il donna sa démission, et se retira en France. Celui qui lui succéda dans son commandement, le marquis de Castel dos Rios, évacua Madrid, et se retira en Estramadure; de sorte que dès le 23 l'avant-garde de l'armée française occupa la capitale. Le 24 le duc d'Angoulême y fit son entrée, aux bruyantes acclamations de la foule; le 26 mai il y institua une régence, qui rétablit toutes choses en l'état où elles se trouvaient avant le 7 mars 1820 et opéra un grand nombre d'arrestations. Toutefois cette régence, manquant d'argent et de crédit, ne subsistant qu'aux dépens de la caisse militaire de l'armée française, était hors d'état de remédier au désordre existant dans l'administration. Elle ne put pas même organiser militairement les bandes indisciplinées des soldats de la *Foi;* et sans la présence du duc d'Angoulême, la réaction la plus sanglante eût évidemment eu lieu. Le théâtre des opérations militaires fut alors transporté en Andalousie et en Estramadure, où Lopez Baños et Zayas commandaient l'armée d'Abisbal, et où Villacampa était chargé de concentrer une réserve. Les Français les y suivirent; mais les résultats qu'ils y obtinrent se réduisirent à peu de chose, parce que partout les Espagnols évitaient les affaires décisives. Mais partout aussi le peuple accueillait les envahisseurs comme de véritables libérateurs.

Cependant, à Séville, les cortès tentaient d'organiser la guerre de *guerillas* dans toute l'Espagne. Pour se procurer de l'argent elles ordonnèrent la confiscation des biens appartenant aux Espagnols du parti opposé, un emprunt forcé de 200 millions de réaux, la fonte et le monnayage de l'argenterie des églises qui n'était pas indispensable au culte, et autres mesures analogues, qui leur aliénèrent encore davantage l'esprit des masses. Les ministres n'osèrent pas communiquer aux cortès une offre de médiation faite par l'Angleterre, l'assemblée ayant décidé qu'il y avait lieu d'engager et au besoin de contraindre le roi à se retirer avec elle à Cadix. Sur le refus de Ferdinand de partir de Séville, une régence provisoire fut établie et chargée de la puissance exécutive pendant le voyage de Cadix. Le 12 eut lieu le départ de Séville, et tout aussitôt éclatèrent dans cette ville d'affreux désordres, qui se prolongèrent jusqu'à ce qu'un corps de troupes espagnoles fut venu y mettre un terme. Mais les Français le contraignirent bientôt à s'éloigner, et le 21 ils occupèrent la ville. Cependant le roi était arrivé le 15 juin à Cadix, où les cortès reprirent le 18 le cours interrompu de leurs séances. De son côté, la régence royaliste de Madrid, reconnue maintenant par toutes les puissances continentales, déclarait coupables du crime de haute trahison les députés qui avaient assisté à Séville à la séance du 11 juin; et vers la même époque Morillo, au nord de l'Espagne, se prononçait contre les cortès. D'accord avec un certain nombre d'officiers et avec les plus notables habitants de la Galice, il entra en négociations avec le général Bourck, finit par signer un armistice, et reconnut la régence de Madrid, moyennant la promesse formelle pour lui et ses adhérents de n'être jamais poursuivis ni inquiétés pour leurs opinions et leurs antécédents politiques, en même temps qu'on leur garantissait leurs traitements et leurs grades. Les généraux placés sous ses ordres essayèrent, il est vrai, de résister; mais quand le brave Quiroga, convaincu de l'impossibilité de continuer plus longtemps la lutte, se fut embarqué à Cadix pour l'Angleterre, le reste se soumit aux mêmes conditions que Morillo, et la guerre se trouva ainsi terminée en Galice.

Cependant en Catalogne, Mina, à la tête de 6,000 hommes au plus, continua encore pendant trois mois la guerre de montagnes avec une habileté et une bravoure extrêmes contre les divisions Donnadieu et Éroles. Le général Saarsfield abandonna à ce moment la cause constitutionnelle, et offrit ses services au maréchal Moncey. La garnison de Cardona arbora le drapeau de Ferdinand, et Barcelone fut bloquée par mer. Pendant ce temps-là, Molitor avait investi Lérida et forcé le général Ballesteros à lever le siége de Muviedro et à évacuer Valence, que Molitor occupa le 13 juin. Le 7 juillet Molitor entra à Murcie, et le 13 son avant-garde s'empara de Lorca, point fortifié avec beaucoup de soin. Grenade fut évacuée. Molitor battit le 28 Ballesteros à Campello, et le contraignit à abandonner cette forte position pour se jeter dans les montagnes. Dès lors l'armée constitutionnelle fut entièrement désorganisée, et le 4 août Ballesteros conclut une capitulation qui garantissait aux officiers sous ses ordres leurs grades, solde et emplois, en même temps qu'elle les mettait à l'abri de toutes poursuites pour opinions et faits politiques.

Alors commença, en dépit des efforts du duc d'Angoulême, la plus impitoyable des réactions. Le 23 juillet la régence rendit un décret qui enlevait à tous les volontaires et à tous les membres des sociétés secrètes les décorations et les fonctions dont ils pouvaient être revêtus, sous la réserve de poursuites ultérieures. Les ultra-royalistes, désignés sous le nom de *manalos*, eurent maintenant partout la haute main; et dans les provinces les arrestations arbitraires furent à l'ordre du jour.

Pendant ce temps-là, à Cadix, on avait investi Gaetano Valdès du commandement en chef; mais ce général n'avait pas en tout sous ses ordres plus de 15,000 hommes. Bordesoulle et Bourmont vinrent avec 17,000 hommes investir Cadix, et le 16 juillet ils repoussèrent une sortie faite par la garnison. Du côté de la mer, cette ville fut bloquée par une flotte de 29 bâtiments de diverses grandeurs. Le roi y avait clos le 5 août la session des cortès. Le gouverneur Valdès fut désigné pour présider le comité permanent des cortès. On ne se fit pas faute alors de rendre les décrets les plus violents; mais ils ne donnèrent ni force ni confiance. Le 16 août le duc d'Angoulême arriva sous les murs de Cadix, où l'armée assiégeante présentait un effectif de 30,000 hommes; et le 30 août commença l'attaque du Trocadero, qui le lendemain tomba au pouvoir des Français. Cependant Riego avait conçu le hardi projet de se frayer passage avec une poignée d'hommes jusqu'à Malaga, à l'effet d'y rallier à la cause constitutionnelle les troupes de Ballesteros, de Zayas, etc. Il parvint en effet jusqu'à Ballesteros; mais celui-ci refusa de se joindre à lui, et alors Riego chercha à s'échapper par la Catalogne. A la suite de plusieurs engagements, Riego, gravement blessé le 14 à Jodar, engagea ses compagnons d'armes à pourvoir chacun à leur sûreté, et le 15 il fut fait prisonnier. A Cadix, le gouvernement ayant convoqué les cortès extraordinaires pour le 6 septembre, cette assemblée confia alors à la junte de défense des pouvoirs à peu près illimités. La lutte recommença de nouveau. Le 20 septembre le fort *Santi-Petri* capitula, et le 22 des chaloupes canonières jetèrent dans Cadix un grand nombre de bombes, qui l'incendièrent sur divers points. Les assiégeants se disposaient a tenter un assaut général, quand, le 28 septembre, les cortès se décidèrent à rendre à Ferdinand VII la jouissance du pouvoir absolu. Le roi les ayant garanties contre toute espèce de vengeance, les cortès se déclarèrent dissoutes, et Ferdinand fit annoncer au duc d'Angoulême son arrivée à Puerto-Santa-Maria. Ceux des gardes nationaux de Madrid qui avaient suivi les Cortès à Cadix mettant pour condition au libre départ du roi que des garanties positives d'amnistie leur fussent données par le généralissime de l'armée française, le général Alava fut envoyé à cet effet au camp ennemi; mais le duc d'Angoulême refusa de le recevoir, et ne laissa à la garnison d'autre alternative que l'assaut ou la reddition de la ville sans conditions. Cette déclaration provoqua la confusion la plus extrême dans Cadix; et pour calmer l'irritation des esprits, on fit paraître alors une proclamation où Ferdinand VII promettait l'oubli du passé, la reconnaissance de toutes les dettes contractées et la confirmation de tous les grades, dignités ou emplois conférés par le gouvernement national, ainsi que l'octroi d'une constitution ayant pour bases la liberté civile et la sécurité des personnes et des propriétés. Cette publication tranquillisa les gardes nationaux, et le 1er octobre le roi et toute sa famille furent reçus à Puerto Santa-Maria par le duc d'Angoulême.

Le premier acte du roi fut alors d'annuler tous les décrets rendus par le gouvernement constitutionnel depuis le 7 mars 1820 jusqu'au 1er octobre 1823, attendu, était-il dit dans le décret, que le roi n'avait point été libre pendant cet intervalle. En même temps Ferdinand VII approuvait toutes les mesures prises par la régence, dont les pouvoirs cessèrent à ce moment. Le roi conserva d'ailleurs tous les ministres qu'elle avait provisoirement nommés, et parmi lesquels son confesseur don Victor Saez, ministre des affaires étrangères, était celui qui exerçait la plus grande influence. Tout annonça bientôt une violente réaction politique. Ferdinand VII se rendit de Puerto Santa-Maria à Séville. Le 3 et le 4 octobre les troupes françaises occupèrent Cadix et l'île de Léon, d'où presque tous les membres du gouvernement, ainsi qu'un grand nombre d'officiers et de partisans de la révolution, avaient gagné Gibraltar, l'Amérique ou l'Angleterre. En Catalogne, de toutes les parties d'Espagne celle qui opposa la résistance la plus vive, la guerre continua encore jusqu'en novembre. Mais quand les places fortes de cette province, suivant en cela l'exemple de toutes les autres places fortes du royaume, eurent capitulé à d'honorables conditions, Mina comprit qu'il lui était impossible de tenir plus longtemps, et s'embarqua pour l'Angleterre. Le duc d'Angoulême quitta Madrid le 4 novembre, et par un ordre du jour daté d'Oyarzun, le 22 novembre, il prit congé de l'armée française, qui pendant toute cette campagne avait fait preuve de la plus grande discipline et d'une louable modération politique. La France, pour atteindre son but, avait dépensé 200 millions; mais elle n'avait perdu que 4,000 hommes. Le duc d'Angoulême avait réussi dans sa mission militaire; il échoua dans sa mission politique, qui était de faire prévaloir dans les conseils de Ferdinand VII un système de modération. L'esprit de vengeance et de persécution domina, au contraire, plus que jamais en Espagne.

Le roi bannit de Madrid et de toutes les résidences royales tous les membres des cortès et tous les fonctionnaires du gouvernement constitutionnel, ainsi que tous les officiers de l'armée et de la garde nationale, laquelle fut partout licenciée. Ensuite on réorganisa les universités, dont les chaires furent confiées à des jésuites, chargés aussi de l'enseignement dans le séminaire noble et dans tous les colléges. Six jours après le supplice de Riego, le roi rentra à Madrid aux acclamations de la populace. Tout aussitôt les prisons furent combles, et les *volontaires royalistes*, espèce de prétoriens de l'absolutisme et du parti prêtre recrutés dans la lie de la population des villes, se livrèrent impunément à tous les sévices contre les individus suspects de sympathie pour la cause constitutionnelle, de même que contre les francs-maçons. Enfin, sur les représentations des puissances étrangères, un nouveau cabinet fut établi, sous la présidence du comte d'Ofalia, homme dont les vues étaient modérées, mais qui se trouva bientôt débordé par la junte apostolique. Les finances étant aux abois et l'impôt ne rentrant point, les dangers de tous genres que présentait la situation déterminèrent le gouvernement à conclure avec la France une convention par laquelle un corps de 45,000 français aux ordres du général Bourmont dut continuer à occuper la Péninsule jusqu'à ce qu'il eût été possible de réorganiser l'armée espagnole. C'est à cette époque qu'Ugarte, l'un des favoris du roi, fut appelé à faire partie comme secrétaire du conseil privé. La modération relative dont Ferdinand faisait personnellement preuve inspira les projets les plus violents aux absolutistes. Comme ils parlaient hautement d'élever sur le trône l'infant don Carlos, ils reçurent dès lors la qualification de *carlistes*. Un décret d'amnistie, rendu le 1er mai 1824, contenait tant d'exceptions, que c'était là une mesure dérisoire. Le cabinet Ofalia ayant été remplacé par le ministère Zéa Bermudez, un vaste système de *purification* fut appliqué à tous les degrés de la hiérarchie. Un decret en date du 1er août ordonna à tous les ex-francs-maçons et autres membres de sociétés secrètes, de se dénoncer eux-mêmes, sous peine d'être traités comme coupables de haute trahison. Vers la même époque une populace fanatique assaillait les prisons à Cordoue, à Cuenca et à Salamanca, et égorgeait les constitutionnels, dont elles étaient encombrées. A la fin de 1824 la situation générale était encore telle qu'il y eut nécessité de renouveler avec la France la convention relative à l'entretien d'un corps d'occupation. Toutefois, l'effectif en fut réduit à 22,000 hommes.

Des idées plus modérées se firent enfin jour dans les conseils de Ferdinand, et les proscriptions cessèrent; mais l'état déplorable des finances était toujours la grande difficulté du moment. A la fin de 1824 le déficit s'élevait à 590 millions de réaux (128 millions de francs). Des conspirations éclatèrent à Tortosa et à Valence. Bessières, l'Empecinado et un grand nombre de francs-maçons, qui s'y trouvèrent plus ou moins compromis, payèrent ce crime de leur vie. L'influence du parti absolutiste devint si grande, que Ferdinand dut finir par lui sacrifier son ministre Zéa, qui le 24 octobre, fut remplacé par le duc de l'Infantado. Mais celui-ci ne garda le pouvoir qu'un an. Un cabinet composé de Salmon aux affaires étrangères, de Zambrano à la guerre, et de Ballesteros aux finances, lui succéda, le 18 août 1826. Une insurrection carliste qui éclata en novembre de la même année en Catalogne, où le parti des *agraviados* réclamait le rétablissement de l'inquisition, détermina Ferdinand VII à se rendre à Barcelone. Ce ne fut qu'en août 1828 qu'il revint à Madrid, en passant par Saragosse; mais tout aussitôt après de nouvelles bandes carlistes parcoururent la Catalogne. Quand, en juillet 1828, dom Miguel usurpa le trône de Portugal, le cabinet de Madrid adopta vis-à-vis de lui la ligne de conduite suivie par l'Angleterre et la France. Cette même année les derniers régiments français qui tenaient encore garnison à Cadix évacuèrent définitivement cette place. Dans l'intervalle de 1823 à l'époque où nous sommes arrivés, l'Espagne avait perdu les deux derniers points qu'elle occupât en Amérique: Saint-Jean d'Ulloa, près de Vera-Cruz, le 22 nov. 1825; et Callao, près de Lima, le 22 janv. 1826.

L'ordre semblait rétabli, mais le calme ne régnait qu'à la surface. Le gouvernement manquait toujours de force à l'intérieur, pendant que fermentaient en silence, mais de la manière la plus menaçante, d'une part l'esprit de réaction, qui dominait toujours à la cour, et de l'autre l'esprit de liberté et de progrès, qui chaque jour se propageait davantage parmi la population des villes maritimes. Ferdinand VII, prince aussi égoïste que faible et irrésolu, cédant à l'amour que lui avait inspiré sa quatrième femme, la belle mais vindicative princesse napolitaine Marie-Christine, et aussi par suite de l'éloignement qu'il avait conçu pour son frère don Carlos, et surtout pour la femme de celui-ci, alluma vers ce temps-là un incendie qui n'est point encore complétement éteint à l'heure qu'il est, et dont les ravages ont couvert l'Espagne de ruines et de sang. Par une pragmatique sanction, en date du 29 mars 1830, il supprima la loi salique, qui avait toujours régi les princes de la maison de Bourbon et qui excluait du trône les filles. Ce décret fit perdre aux frères du roi et à leurs enfants leurs droits de succession à la couronne, quand le 10 octobre de la même année Marie-Christine accoucha d'une fille, *Isabelle*, à laquelle Ferdinand VII donna aussitôt le titre de *princesse des Asturies*, et qu'il désignait ainsi comme l'héritière de la monarchie. Cette mesure était bien faite pour jeter la haine et la discorde parmi les membres de la famille royale. Les apostoliques conspirèrent de plus belle, et une insurrection éclata dans les provinces Basques à l'effet de mettre l'infant don Carlos sur le trône. D'un autre côté, la révolution qui avait éclaté en juillet 1830 à Paris était venue inspirer une confiance nouvelle au parti constitutionnel. Ses chefs, Mina entre autres, accoururent d'Angleterre et de France en Espagne se mettre à la tête de quelques bandes armées. Mais les troupes royales les contraignirent sans peine à repasser la frontière. De toutes ces échauffourées, celle qui eut l'issue la plus fatale fut une tentative de débarquement opérée à la fin de décembre 1831 par le colonel Torrijos aux environs de Malaga. Pris les armes à la main, il fut fusillé avec bon nombre de ses compagnons. Une tentative faite à Cadix par les troupes de marine pour proclamer la constitution, et dans laquelle le gouverneur de cette ville périt égorgé, fut réprimée le 3 mars 1832 par le général Quesada. Le ministre de la justice Calomarde poursuivit alors avec plus de rigueur que jamais les partisans du système constitutionnel, et le triomphe de l'absolutisme fut complet quand le portefeuille des affaires étrangères se trouva confié au comte d'Alcudia, dont les tendances apostoliques étaient notoires.

C'est dans ces circonstances que, Ferdinand VII étant tombé dangereusement malade en septembre 1832, le parti apostolique parvint, par l'entremise de Calomarde, à lui faire apposer une signature à peu près illisible au bas d'un acte portant révocation de la pragmatique sanction et détruisant dès lors les droits de sa fille Isabelle comme héritière de la couronne. Mais le roi ayant repris connaissance, Marie-Christine déjoua cette manœuvre. Le ministère fut chassé, et un décret royal en date du 6 octobre 1832 institua Marie-Christine régente pour tout le temps que durerait encore la maladie de son époux. Calomarde, exilé, se réfugia en France; et un nouveau cabinet fut formé, dans lequel Ofalia eut le portefeuille de l'intérieur, et Zéa Bermudez celui des affaires étrangères. La régente publia alors une amnistie partielle pour les détenus et les bannis politiques, rouvrit les universités, fermées depuis plusieurs années, et destitua les fonctionnaires publics les plus compromis avec l'opinion. Le 31 décembre 1832 un nouveau décret de Ferdinand remit en vigueur la pragmatique sanction; et don Carlos, dont les droits se trouvaient ainsi annulés, alla se réfugier avec sa famille auprès de don Miguel, d'où il lança une protestation à laquelle se joignirent plus tard les princes de la maison de Bourbon possessionnés en Italie.

Cependant Ferdinand VII avait convoqué les anciennes cortès à Madrid, afin de leur faire solennellement prêter serment à sa fille Isabelle en sa qualité d'héritière légitime de la couronne. Cette cérémonie eut lieu le 20 juin 1833, et fut entourée de toute la pompe espagnole; la formalité de la prestation du serment s'opéra sans la moindre difficulté sur tous les points du royaume. Enfin, le roi mourut le 29 septembre 1833. Conformément à l'acte contenant ses dernières volontés, sa veuve, Marie-Christine (dont les partisans furent dès lors désignés sous le nom de *Christinos*), prit la tutelle de sa fille mineure, et se saisit de la régence jusqu'à sa majorité, fixée à dix-huit ans, avec l'assistance d'un conseil de régence. Ce conseil, désuni, irrésolu comme le ministère, et nullement à la hauteur des circonstances, fut impuissant à arrêter les progrès rapides du parti carliste, que plusieurs fausses mesures du gouvernement décidèrent à lever hautement la tête. Les provinces basques et la Navarre, dont on avait violé les priviléges, devinrent le foyer de la révolte; et le mouvement insurrectionnel s'étendit bientôt aussi en Catalogne. En vain les généraux Saarsfield, Castañon et Lander essayèrent de le comprimer. Il en résulta une guerre de buissons et de broussailles, dans laquelle les insurgés, favorisés par la population, par leur parfaite connaissance des localités et par l'habitude de la guerre de montagnes, fatiguèrent les troupes royales lancées à leur poursuite, ne leur laissèrent pas un instant de repos, réussirent plus d'une fois à intercepter complétement les relations entre l'Espagne et la France, et en vinrent jusqu'à menacer les places fortes. Le péril devenant de plus en plus pressant, la régente comprit que l'appui du parti constitutionnel pouvait seul assurer le triomphe des droits de sa fille. De toutes parts en effet l'opinion réclamait hautement l'exercice de la liberté de la presse ainsi que la formation d'une garde nationale, et les capitaines généraux des différentes provinces se rendaient eux-mêmes l'écho de ces vœux. De là le changement de ministère qui eut lieu en janvier 1834. Martinez de la Rosa remplaça Zéa à la direction des affaires, et inaugura une ère de réformes politiques et administratives que couronna l'octroi d'une constitution représentative (15 avril 1834) connue sous le nom d'*estatuto real*, avec deux chambres (*estamentos*), celle des *proceres*, ou des pairs, et celle des *procuradores del reino*, ou députés.

Pendant ce temps-là le chef de bandes carlistes Zuma-

Jacarreguy faisait chaque jour de nouveaux progrès dans les provinces basques; et les périls, toujours plus grands, qui menaçaient le nouveau gouvernement espagnol amenèrent, le 22 avril 1834, la signature de la fameuse quadruple alliance entre les cours de Paris, de Londres, de Madrid et de Lisbonne. Déjà, le 15 du même mois, le général Rodil était entré à la tête d'un corps de 6,000 hommes en Portugal pour en chasser le prétendant don Carlos, qui le 30 mai se trouva réduit à s'embarquer pour l'Angleterre. Rodil, au retour de cette expédition, reçut le commandement en chef de l'armée de Biscaye et de Navarre; et il ne fut pas plutôt rendu à son poste qu'on apprit que don Carlos, quittant secrètement l'Angleterre, avait pu traverser sans obstacle toute la France, et arriver à Élisondo, où siégeait la junte carliste et où ce prince se fit proclamer roi, sous le nom de *Charles V*. Divers districts de la Catalogne se prononcèrent en sa faveur, et cet exemple gagna de proche en proche. Ce n'est pas d'ailleurs que l'arrivée de don Carlos eût donné d'autres proportions à la guerre civile elle restait toujours une guerre de *guerillas*, de bandes indisciplinées, qu'on retrouvait partout, qu'on ne pouvait rejoindre nulle part. Il vint pourtant un moment où les troupes constitutionnelles ne purent plus tenir en rase campagne et durent se réfugier dans les places fortes. Des défaites sérieuses éprouvées par les *christinos* à Guernica le 1er, et à Hernan le 12 mai, ne firent qu'irriter davantage le parti des *exaltados*, qui rejeta sur le gouvernement la responsabilité de ces désastres. Après dix-huit mois d'efforts inutiles pour comprimer cette insurrection, le gouvernement, également menacé par les carlistes et les *exaltados*, invoqua le secours des puissances signataires du traité de la quadruple alliance. Du consentement de l'Angleterre, bon nombre de Français entrèrent au service du gouvernement espagnol, qui en août 1835 prit même à sa solde la légion étrangère que la France avait jusqu'alors entretenue en Algérie.

Le 10 juin Martinez de la Rosa fut renversé du ministère, et remplacé par le comte de Toreno; et quinze jours plus tard, le 25 juin, un événement imprévu, la mort de Zumalacarreguy, à la suite d'une blessure, vint complétement modifier la situation des affaires et en même temps diminuer de beaucoup les chances de succès de la cause carliste.

Irrité par la prolongation de l'insurrection carliste, le parti libéral s'en vengea en se ruant, dans le reste de l'Espagne, sur les moines, signalés partout comme les complices des révoltés. Les scènes les plus sanglantes eurent lieu à Barcelone, à Murcie, où bientôt aussi on en vint à proclamer la constitution de 1812. Alors il fut impossible à Toreno de rester plus longtemps à la tête des affaires, et le 14 septembre la régente lui donna Mendizabal pour successeur. Une forte bande carliste, organisée en Andalousie par le comte de Las Navas, ayant marché audacieusement sur Madrid, ce mouvement provoqua dans la plupart des grandes villes où dominait le parti libéral, les plus sanglantes manifestations de la part de la populace. La guerre civile prit à ce moment dans les provinces insurgées du nord un caractère d'acharnement et de cruauté qu'elle n'avait point encore eu. Le général Cordova, commandant en chef de l'armée constitutionnelle, quoique battu à diverses reprises par les insurgés, réussit pourtant à les empêcher de rompre sa ligne de défense et d'envahir la Castille ainsi que le royaume de Valence; mais ce fut à la condition de se tenir renfermé dans les places fortes et de leur abandonner la rase campagne. Cette impuissance des généraux constitutionnels, l'état de confusion et de désordre auquel le pays se trouvait en proie, expliquent les audacieuses expéditions tentées alors sur divers points de l'Espagne par quelques bandes carlistes. La plus célèbre de toutes est celle de Gomez. Au commencement de 1836, il partit des provinces du nord à la tête de 5,000 hommes, traversa toute la Péninsule jusqu'à Gibraltar, puis s'en revint par un autre chemin, toujours inutilement poursuivi par les troupes constitutionnelles, et rapportant un immense butin.

Au ministère Mendizabal succéda, le 13 mai 1836, celui d'Isturitz, lequel, pas plus que celui qui l'avait précédé aux affaires, ne réussit à inspirer de confiance aux cortès et à la nation. Les insurrections en faveur de la constitution de 1812 devinrent alors à l'ordre du jour en Espagne; et après deux années d'une existence précaire, l'*estatuto real* fut mis à néant par une révolte militaire dont le château de la Granja fut le théâtre (14 août 1836), et à la suite de laquelle la régente fut contrainte de proclamer la constitution de 1812, en même temps que des scènes sanglantes éclataient à Madrid, où, le 15, le général Quesada et un grand nombre d'officiers de son état-major furent égorgés par la populace. A ce moment les représentants des puissances du Nord qui jusque alors avaient continué de résider à Madrid, bien que leurs gouvernements respectifs n'eussent pas officiellement reconnu Isabelle, prirent leurs passeports et quittèrent l'Espagne.

Le 24 octobre s'ouvrit la session des cortès constituantes, qui avaient été convoquées après la révolution de la Granja. Elles modifièrent la constitution de 1812 dans un sens un peu plus monarchique, et même de manière à la rendre assez semblable à la charte française de 1830. La constitution ainsi remaniée fut solennellement proclamée le 18 juin 1837; mais elle ne portait pas en elle-même plus de garanties d'une longue existence que l'*estatuto real*, car l'Espagne était encore trop novice au jeu des institutions parlementaires pour pouvoir supporter un tel régime avec les intrigues et les cabales de tous genres qui en sont l'essence. Le cabinet progressiste, qu'une révolte militaire avait porté au pouvoir, demeura impopulaire; et la constitution nouvelle venait à peine d'être proclamée, qu'une seconde révolte militaire lui enleva la direction des affaires. La reine régente réussit alors à y faire arriver des hommes appartenant au parti modéré. Pendant ce temps-là le général Espartero, appelé au commandement en chef de l'armée du nord dès le mois de décembre 1836, après avoir longtemps lutté contre Cabrera, conclut enfin à Bergara, le 31 août 1839, avec Maroto une convention par laquelle ce général en chef de l'armée de don Carlos, trahissant la cause de son prince, mit bas les armes avec les troupes placées sous ses ordres et fortes encore à ce moment de 18 bataillons d'infanterie et de cinq escadrons de cavalerie. Cette défection contraignit quinze jours après don Carlos à se réfugier sur le sol français, où il fut considéré comme prisonnier de guerre. Cabrera tint encore la campagne pendant près de huit mois en Catalogne; mais, lui aussi, il dut venir, le 6 juillet 1840, demander un asile à la France avec les sept ou huit mille hommes qu'il avait encore autour de lui. La cause du prétendant était donc décidément perdue, et les provinces du nord de la Péninsule, après avoir été pendant six années consécutives le théâtre de la guerre civile la plus acharnée, purent enfin respirer.

Enhardie par ces succès, et surtout par le résultat des élections générales, qui à la fin de 1839 avaient donné aux *moderados* une grande majorité dans les cortès, la reine régente voulut, à l'instar de Louis-Philippe, faire désormais du *gouvernement personnel*. Mais elle s'était exagéré la portée réelle des forces dont elle disposait. Il s'en fallait de beaucoup que la révolution fût muselée à toujours, comme le lui répétaient ses conseillers, et l'événement ne tarda pas à le prouver. Un projet de loi sur les *ayuntamientos*, ayant pour but de détruire les antiques priviléges et immunités des communes, en même temps que de centraliser à Madrid l'administration communale de toute l'Espagne, à la manière du système qui a prévalu en France, provoqua une révolution nouvelle. Une minorité violente lutta vainement dans l'assemblée des cortès contre cette loi, dont l'adoption fut suivie dans plusieurs grandes villes de la Péninsuite de démonstrations populaires auxquelles vint en aide la défection de l'armée et de son général en chef Espartero. Pour la seconde fois de sa vie, Marie-Christine se trouva à la discrétion d'une soldatesque ameutée. Espartero lui devait son rapide avancement; mais dans cet instant critique il n'hésita point à sacrifier sa reconnaissance à son ambition. Il contraignit Marie-Christine à renoncer au pouvoir, et la veuve de Ferdinand VII dut, elle aussi, aller demander un asile à la terre de France avec Muñoz, qu'elle avait fait général et épousé morganatiquement (octobre 1840).

La révolution s'arrêta devant le trône de la jeune Isabelle. Investi d'abord de la régence provisoire, Espartero ne tarda point à être définitivement nommé par les cortès (mai 1841) régent du royaume jusqu'à la majorité de la jeune reine. L'administration de ce général, qui dura à peine deux ans, ne justifia point les espérances du parti libéral. Il manquait des qualités qui lui eussent été nécessaires pour dominer la position difficile où il se trouvait placé. Peut-être voulait-il sincèrement gouverner dans l'esprit de la constitution proclamée en 1837; mais le désintéressement personnel qu'il lui eût fallu pour se soumettre à ses conséquences naturelles et immédiates lui manquait. Il ne fit d'ailleurs preuve ni d'énergie ni de capacité dans son administration. La même inextricable confusion que par le passé continua à régner dans les finances; l'armée, mal vêtue, mal nourrie, n'était que très-irrégulièrement payée; aucune mesure n'était prise pour favoriser le développement de l'industrie nationale. Par les faveurs injustifiables qu'il prodiguait à une coterie d'anciens libéraux, ainsi qu'à une *camarilla* militaire composée d'officiers sur le dévouement desquels il croyait pouvoir compter, il ne tarda pas à s'aliéner tout ce qu'il y avait d'énergique et de jeune dans le parti progressiste, qui finit par obtenir une majorité décidée dans l'assemblée des cortès. Une courte lutte entre le régent et le pouvoir parlementaire fut suivie d'une insurrection générale des provinces et de la défection de l'armée; et Espartero ayant été contraint de prendre la fuite (juillet 1843), il se forma un gouvernement provisoire, dans lequel le pouvoir sembla appartenir à des ministres progressistes, tandis qu'en réalité des généraux *moderados* conservaient la haute main sur la direction des affaires. Une tentative audacieuse faite auprès de la jeune reine (novembre 1843) par Olozaga, à l'effet de prévenir par une rapide intrigue la défaite qui menaçait son parti, échoua et accéléra la chute de son auteur et de toute la coalition progressiste. La main vigoureuse du général Narvaez, qui déjà gouvernait l'Espagne derrière le rideau, se saisit alors ostensiblement des rênes du pouvoir (mai 1844), et donna le signal à la plus violente des réactions. Les *moderados* signalèrent leur triomphe en rappelant la reine mère, chargée d'assister de ses conseils la jeune reine, sa fille, dont la majorité avait été déclarée, de même que par un remaniement et une révision parlementaires de la constitution de 1837, du frontispice de laquelle on prit soin d'effacer le principe de la souveraineté du peuple. D'électif qu'il était, le sénat devint alors une assemblée dont la couronne fut chargée de nommer les membres à vie; et un cens fut fixé comme condition de la jouissance des droits électoraux. Vinrent ensuite des lois restrictives de la liberté de la presse et de l'indépendance des corporations municipales. Toutefois, cette réaction politique ne laissa point que d'être accompagnée de quelques améliorations réelles et de progrès importants dans l'ordre matériel. Une administration plus intelligente des finances accrut les ressources du trésor, et permit de complétement réorganiser l'armée, qui fut dès lors mieux équipée, mieux nourrie, plus régulièrement payée surtout, et dans les rangs de laquelle on vit renaître l'ordre et la discipline. La prospérité générale se ressentit bien vite du rétablissement de la tranquillité publique, et s'accrut dans des proportions rapides. Plusieurs tentatives d'insurrections progressistes furent énergiquement réprimées sous l'administration arbitraire mais ferme, de Narvaez. Toutefois, au commencement de 1846, la discorde se glissa au sein du ministère; elle provenait en partie des justes susceptibilités des collègues du premier ministre, que choquaient ses manières impérieuses, et en partie aussi d'intrigues de palais. Une tentative de Narvaez pour constituer un nouveau cabinet échoua, et une nuance plus adoucie du parti des *moderados* arriva au pouvoir sous la présidence de Miraflores. Ce changement ne devait être que le prélude d'une rapide succession de crises et de tiraillements. Un mois après une nouvelle intrigue renversait de la manière la plus scandaleuse Miraflores du pouvoir, dont se saisit de nouveau Narvaez, qui se trouva aussitôt en conflit avec la grande masse des *moderados*, de même qu'avec la majorité dans les cortès. Il eut recours alors aux mesures réactionnaires les plus violentes; on eût dit volontiers qu'il y avait gageure de précipiter encore une fois de plus l'Espagne dans l'abîme des révolutions. Mais quelques semaines après ce cabinet réactionnaire disparaissait honteusement à son tour, emporté par des cabales et des intrigues de palais; et Narvaez dut consentir à s'éloigner pour quelque temps d'Espagne, éloignement d'abord volontaire, mais bientôt changé formellement en exil (mai 1846).

L'éloignement de Narvaez et la présidence d'Isturiz ramenèrent au pouvoir deux hommes considérables du parti modéré, Mon et Pidal. Le premier est très-certainement le meilleur ministre des finances que l'Espagne ait eu depuis longtemps; et grâce à ses intelligents efforts les sources, si profondément taries, de la prospérité publique commencèrent bientôt à se rouvrir. Le nouveau cabinet dura d'ailleurs dix mois à peine; mais son passage aux affaires fut signalé par un acte qui devait exercer une influence décisive sur les destinées de l'Espagne, et par contre coup sur celles de l'Europe : nous voulons parler des mariages que contractèrent alors les deux filles que Ferdinand VII avaient laissées au berceau : l'une, la reine Isabelle, avec le fils aîné de l'infant Francisco de Paula, et l'autre, l'infante Louise, avec le duc de Montpensier. C'est ce double mariage (novembre 1846) qui amena la rupture des liens étroits qui pendant tout le règne de Louis-Philippe avaient rattaché l'Angleterre à la France. Aussitôt qu'il eut été conclu, le ministère prononça la dissolution des cortès, et convoqua les colléges électoraux d'après la loi nouvelle qui avait élevé le cens électoral. Le résultat des élections ne fut pas tel que le ministère avait pu l'espérer, et amena au congrès un grand nombre de *puritanos*, nom donné par les *moderados* à ceux de leurs amis politiques demeurés fidèles à Narvaez et blâmant la politique qui avait présidé à l'affaire des mariages. Le cabinet, obligé de se retirer dès les premiers votes du congrès sur la question de la présidence, fut remplacé par un ministère que présida le duc de Sotomayor, mais appartenant toujours au parti modéré. Les intrigues de l'Angleterre avaient été pour beaucoup dans cette petite révolution intérieure; elle ne s'en tint pas là, et son hardi et rancuneux représentant à Madrid, sir Henri Bulwer, trouva dans le jeune et beau général Serrano, favori de la jeune reine, un instrument commode pour la réalisation de ses secrets desseins. Cette intrigue d'alcôve força d'une part la reine-mère à reprendre avec son mari Muñoz, créé dans l'intervalle duc de *Rianzarès*, le chemin de Paris, et de l'autre le ministère à se retirer devant un vote de la majorité. Un cabinet *puritano* se forma alors sous l'influence du favori et l'inspiration du tout-puissant ministre anglais. On mit ostensiblement à sa tête Pacheco, homme honnête mais incapable, et rien moins que diplomate; mais le rusé et habile banquier Salamanca, chargé du portefeuille des finances, en fut le véritable chef. C'est sous ce ministère qu'un décret d'amnistie fut rendu à l'égard d'Olozaga et qu'éclata une scandaleuse scission entre la jeune reine et son époux. Isabelle pendant ce temps-là passait joyeusement son temps à la Granja, dans la société de Serrano et d'un essaim de jeunes et aimables officiers, sans se soucier des affaires de l'État ni des misères du pays. La politique de Louis-Philippe, déjouée par l'influence que l'Angleterre, dupe dans l'affaire des mariages, était parvenue à exercer en Espagne, et les rancunes bien naturelles de Marie-Christine, les portèrent alors tous deux à implorer l'appui de Narvaez, si dédaigneusement repoussé naguère, et qui remplissait à ce moment les fonctions d'ambassadeur à Paris et avait été créé *duc de Valence* en 1845. Narvaez retourna alors en Espagne, où bientôt il réussit à amener la retraite de Pacheco et à forcer Serrano à s'offrir lui-même pour renverser Salamanca. Le 4 octobre 1847 il était nommé président du conseil. Serrano fut alors envoyé à Grenade en qualité de capitaine général. En même temps une réconciliation s'opérait sous l'intervention de Narvaez entre la reine et son jeune époux, de même qu'entre le royal couple et la reine-mère. La politique française l'emporta encore plus complétement, quand le duc de Valence eut fait renvoyer du ministère Mon et Pidal, dont les sympathies pour l'Angleterre étaient notoires. Narvaez s'efforça ensuite d'opérer un rapprochement entre l'opposition *puritana* et l'opposition progressiste. Il se réconcilia avec Olozaga, et alla jusqu'à autoriser Espartero à rentrer en Espagne.

Malgré ces résultats obtenus par un large système de conciliation, l'Espagne renfermait encore tant d'éléments de dissolution sociale, qu'à la nouvelle de la merveilleuse révolution qui s'accomplit le 24 février 1848 à Paris on dut s'attendre à voir avant peu le feu aux quatre coins de la Péninsule. Il n'en fut rien pourtant; et de tous les pays de l'Europe, l'Espagne fut peut-être celui qui ressentit le moins vivement le contre-coup de cet immense événement. C'est, à vrai dire, que les populations étaient lasses de troubles et de révolutions. Sans doute la situation fut des plus critiques; sans doute les partis extrêmes purent concevoir les espérances les plus exagérées, car la cour était terrifiée et ne savait que résoudre en face des périls qui la menaçaient. Marie-Christine était devenue généralement odieuse à la nation, et la fidélité de l'armée semblait équivoque. Narvaez sauva tout par son énergie et son inébranlable force de volonté. Dès le 26 mars une émeute dans le sens républicain éclatait à Madrid, provoquée par des émissaires français et d'anciennes créatures d'Espartero. Mais après une mêlée des plus sanglantes, qui ne dura pas moins de dix heures et pendant laquelle on vit toujours Narvaez là où il y avait le plus de danger, l'émeute fut écrasée et Madrid déclaré en état de siége. Les émissaires français pris les armes à la main eussent mérité d'être fusillés. Narvaez se borna à les faire reconduire de l'autre côté de la frontière, et évita ainsi toute possibilité de conflit avec le nouveau gouvernement qui venait de se constituer en France.

Le 27 avril Narvaez crut l'ordre assez fermement rétabli pour pouvoir lever l'état de siége; mais une nouvelle émeute, qui éclata dans la nuit du 6 au 7 mai, et qui avait pour appui une partie du régiment de Baza, le contraignit encore une fois à recourir à une prompte et énergique répression. Ce mouvement, qui trouva des imitateurs sur divers points de l'Espagne, fut généralement attribué aux intrigues de l'ambassadeur d'Angleterre, à qui Narvaez fit résolument envoyer ses passeports, avec ordre d'avoir à quitter Madrid immédiatement et l'Espagne dans les quarante-huit heures. Cet acte de vigueur fut hautement approuvé par l'opinion. Lord Palmerston, singulièrement blessé par la déconvenue arrivée à son agent, eût bien voulu alors déclarer la guerre à l'Espagne; mais il ne l'osa pas, car il comprit que jamais il n'aurait pour lui l'opinion dans un conflit provenant d'une telle cause. C'est dans ces conjonctures que les puissances du Nord se décidèrent enfin à reconnaître Isabelle comme reine d'Espagne.

Presque en même temps Cabrera rentrait en Espagne, et tentait de soulever encore une fois la Catalogne dans les intérêts de don Carlos; mais dès la fin de mai, grâce aux mesures habiles du général Manuel de la Concha, il était rejeté avec sa bande de l'autre côté des Pyrénées. Narvaez fit alors paraître une amnistie générale; acte d'une sage politique, et qui prouvait que le gouvernement était désormais assez fort pour braver les factions. Des mesures financières ayant pour but de donner satisfaction aux réclamations que depuis longtemps l'opinion faisait entendre contre le fructueux monopole constitué en faveur des manufacturiers de la Catalogne par le tarif douanier jusque alors en vigueur provoquèrent dans cette province une assez vive irritation; mais le général de la Concha, par la fermeté de son attitude, prévint toute explosion, et épargna ainsi de nouveaux malheurs à la ville de Barcelone en particulier.

Cet instant fut très-certainement le moment le plus brillant de la carrière politique de Narvaez. Il avait réuni autour de lui les hommes les plus marquants du parti modéré; mais des intrigues de camarilla vinrent alors ébranler une administration qui réunissait tant d'éléments de force et de stabilité. Isabelle se brouilla encore une fois avec son mari. La reine ayant montré à l'un de ses ministres une lettre dans laquelle son mari accusait Narvaez de vouloir la livrer aux progressistes, le cabinet tout entier donna sa démission; et le lendemain la gazette annonça son remplacement par des hommes dont les noms étaient jusqu'alors restés dans la plus profonde obscurité. Mais à quelques jours de là. Isabelle rendait leurs portefeuilles à Narvaez et à ses collègues; et l'on sut bientôt que les cours de Naples et de Rome avaient été pour beaucoup dans cette intrigue. Le mariage du comte de Montemolin (fils du prétendant) avec une princesse de Naples amena à ce moment une rupture complète contre les deux gouvernements.

En 1850, un rapprochement s'opéra entre le cabinet de Londres et celui de Madrid. Au mois de juillet de la même année, Isabelle accoucha d'un enfant mâle, mort-né. En août suivant, Narvaez prononça la dissolution des cortès et en appela à de nouvelles élections dont les résultats lui aliénèrent complétement l'opinion, parce qu'ils prouvèrent l'intervention illégale du gouvernement dans cette manifestation de la volonté nationale. Un conflit qui survint alors entre Bravo-Murillo, ministre du commerce, et Narvaez, amena la dissolution du cabinet. Le 11 janvier 1851 Narvaez remit à la reine sa démission.

Des négociations avec la cour de Rome, qui amenèrent la conclusion d'un concordat, signalèrent l'administration du ministère constitué sous la présidence de Bravo-Murillo. Le 20 décembre 1851 la reine accoucha d'une princesse; et la nouvelle de cet événement fut accueillie avec la joie la plus vive par la nation, qui se plut à y voir un gage de sécurité pour l'avenir. Le 2 février suivant, un prêtre appelé *Merino* tentait d'assassiner Isabelle; et ce crime donna encore lieu, de la part de l'immense majorité des populations, aux plus chaleureuses démonstrations d'attachement à la royauté et aux institutions nouvelles. Cependant, dès le milieu de janvier précédent, de notables restrictions avaient été apportées à la liberté de la presse, qui se trouvait désormais à peu près réduite à un mutisme aussi complet que celui que le coup d'État du 2 décembre 1851 a imposé à la presse française. Ces mesures contre-révolutionnaires, et d'autres encore, telles que le rétablissement de la garde royale, corps privilégié détruit par Espartero, n'étaient d'ailleurs que le prélude de celles que le gouvernement méditait pour *remanier* encore une fois la constitution et la *monarchiser* davantage. Les tendances du cabinet à entreprendre, à l'usage du peuple espagnol, une contrefaçon du coup d'État qui avait si bien réussi de l'autre côté des Pyrénées étaient si évidentes, et l'influence de la France sur sa politique si visible, que, par une note insérée au *Moniteur* le 7 décembre 1852, vraisemblablement pour tranquilliser l'Angleterre, le gouvernement français crut devoir désavouer officiellement les bruits publics qui lui attribuaient une participation quelconque aux actes et aux projets du gouvernement espagnol.

Les courtisans d'Isabelle parlaient hautement d'en finir avec le principe révolutionnaire et avec la constitution qui le consacrait. Cette constitution n'était pourtant autre chose que celle qui avait été *revisée* et *monarchisée* en 1845 par Narvaez; mais on lui adressait les mêmes reproches qu'en 1845 on faisait déjà à la constitution de 1837. Elle ne protégeait pas assez l'Église catholique, elle ne faisait point au clergé la part qui lui est due dans la direction supérieure des affaires du pays; elle laissait à la presse trop de liberté de langage, et ne défendait contre sa licence ni les grands pouvoirs de l'État, ni la religion, ni la morale, ni les personnes publiques, ni les personnes privées. En un mot, elle était encore beaucoup trop démocratique, par conséquent elle avait trop vécu... D'abord, la *camarilla* voulait procéder à ce qu'elle appelait la *réforme* de la constitution à la façon de l'absolutisme pur, c'est-à-dire par voie de simples décrets. Plus tard on en revint à l'idée de confier à une nouvelle assemblée des cortès le soin d'en donner ce que nous appellerions volontiers une édition entièrement nouvelle et surtout *expurgée* de tout venin révolutionnaire. Les cortès furent donc convoquées à cet effet pour le 1er décembre 1852. Sous prétexte de mettre la législature à l'abri de toute pression extérieure dans le vote qu'elle était appelée à formuler, ordre péremptoire fut donné aux journaux d'avoir à s'abstenir de toute espèce de réflexions et de commentaires sur le projet de loi relatif à la révision de la constitution; mais la majorité de la chambre élective répondit d'une manière bien significative aux projets hautement annoncés par le gouvernement, en portant à la présidence Martinez de la Rosa, homme connu par son sincère attachement aux principes constitutionnels. Cette élection ne fut pas plus tôt connue, qu'un décret prononça la dissolution des cortès et en convoqua de nouvelles pour le 1er mars suivant. Cependant, dix jours plus tard le ministère Bravo-Murillo avait cessé d'exister, et faisait place à un cabinet présidé par le général Roncali.

Les projets de contre-révolution et de dictature, conçus de longue main par la *camarilla*, avaient donc encore une fois subi un grave échec, puisqu'à un cabinet violemment contre-révolutionnaire succédait une administration plus modérée, ou du moins qui semblait apporter au pouvoir des idées plus conciliatrices. Le ministère Roncali imita pourtant de tous points la conduite de ministère Bravo-Murillo, et déclara vouloir, lui aussi, faire voter la révision de la constitution par l'assemblée convoquée pour le 1er mars 1853. Narvaez, par sa présence à Madrid, par son attitude au sénat, gênait le gouvernement. On se décida à l'exiler sous prétexte d'une mission militaire en Autriche, qu'il lui fallut accepter malgré toutes sortes de protestations. Mais une fois qu'il eut franchi les Pyrénées, il reçut l'autorisation d'aller résider à Paris.

L'assemblée convoquée pour le 1er mars choisit encore une fois pour président Martinez de la Rosa. Les séances en furent des plus tumultueuses; on y dénonça formellement les scandaleux tripotages auxquels avaient donné lieu les différentes concessions de chemins de fer; tripotages auxquels se trouvaient mêlés, comme toujours, les noms de Marie Christine et de son mari Muñoz. Laissé en minorité, le cabinet Roncali dut à son tour faire place à une administration nouvelle, présidée par Lersundi, mais à laquelle refusèrent de s'associer les hommes un peu considérables du parti *moderado* qu'on sonda à ce sujet, parce qu'ils croyaient encore, eux, au gouvernement constitutionnel et à la possibilité de le faire fleurir en Espagne. Après six mois d'intrigues et de contre-intrigues, le cabinet Lersundi céda la place à un ministère présidé par Sartorius, comte de San-Luis. Cet homme d'État déclara tout aussitôt qu'il ne croyait pas à la nécessité de la révision de la constitution; et, comme gage de ses dispositions conciliatrices, il s'empressa de rappeler Narvaez d'exil. C'est ce cabinet qui est encore aujourd'hui à la tête des affaires (mai 1854).

La situation générale s'est incontestablement beaucoup améliorée depuis une dizaine d'années, et rien ne semble même en ce moment compromettre la perpétuité d'une dynastie qui devrait fonder ses droits au trône, moins sur la pragmatique-sanction de Ferdinand VII que sur l'assentiment tacite donné à cette combinaison monarchique par l'immense majorité du pays. Le parti carliste, qui se meurt de vieillesse et de faiblesse, n'a été pour rien dans l'échauffourée militaire tentée en février 1854 à Saragosse, par le brigadier Hore; mouvement immédiatement comprimé, mais dont le gouvernement se servit pour user de nouvelles rigueurs à l'égard de la presse et pour se venger de quelques journalistes, en les emprisonnant d'abord par mesure de précaution, et en les exilant ensuite par mesure de sûreté générale.

Quoi qu'il en soit, l'Espagne pourrait encore espérer des jours tranquilles, si les hommes qui la gouvernent comprenaient que le respect du pouvoir pour les droits de la nation, pour les libertés populaires, en sont la seule base possible. On ne saurait d'ailleurs se dissimuler tout ce qu'il y a de périls pour l'Espagne dans la convoitise que les États-Unis manifestent hautement depuis quelques années pour la possession de Cuba, cette reine des Antilles.

P. S. (Juillet). A la suite d'un *pronunciamento* tenté le 28 juin dernier par les généraux O' Donnell et Dulce avec une partie de la garnison de Madrid, une révolution nouvelle vient de s'accomplir dans la Péninsule. Le sang a encore une fois coulé à flots. Isabelle, attaquée dans son palais par l'insurrection victorieuse, a dû consentir au rétablissement de la constitution de 1837 et rappeler Espartero à la direction des affaires. Reste à savoir si ces tardives concessions sauveront son trône!

ESPAGNE (Ère d'). *Voyez* Ère.

FIN DU HUITIÈME VOLUME.

www.ingramcontent.com/pod-product-compliance
Lightning Source LLC
Chambersburg PA
CBHW061730300426
44115CB00009B/1158

* 9 7 8 2 0 1 9 1 5 9 6 7 2 *